国家重点出版项目

PEKING UNIVERSITY ENCYCLOPEDIA OF JURISPRUDENCE

北京大学法学百科全书

民法学 商法学

北京大学法学百科全书编委会

北京大学出版社

国家重点出版项目

北京大学法学百科全书

民法学 商法学

《北京大学法学百科全书》编委会

民法学主编　魏振瀛
商法学主编　徐学鹿　郭明瑞

北京大学出版社
PEKING UNIVERSITY PRESS

图书在版编目（CIP）数据

北京大学法学百科全书：民法学、商法学/魏振瀛，徐学鹿主编．—北京：北京大学出版社，2004.5
ISBN 7-301-07045-4

Ⅰ．北…　Ⅱ．①魏…②徐…　Ⅲ．①法学-百科全书②民法-法的理论③商法-法的理论　Ⅳ．D90-61

中国版本图书馆 CIP 数据核字（2004）第 015420 号

书　　　名：北京大学法学百科全书　民法学　商法学
著作责任者：《北京大学法学百科全书》编委会
责 任 编 辑：杨立范　刘金海　冯益娜　邓丽华等
封 面 设 计：张　虹
标 准 书 号：ISBN 7-301-07045-4/D·0854
出 版 发 行：北京大学出版社
地　　　址：北京市海淀区中关村北京大学校内　100871
网　　　址：http://cbs.pku.edu.cn
电　　　话：邮购部 62752015　发行部 62750672　编辑部 62753121
电 子 信 箱：zpup@pup.pku.edu.cn
排 版 者：北京高新特打字服务社　51736661
印 刷 者：北京大学印刷厂
经 销 者：新华书店
　　　　　787 毫米×1092 毫米　16 开本　93.5 印张　3361 千字
　　　　　2004 年 5 月第 1 版　2004 年 5 月第 1 次印刷
定　　价：230.00 元

未经许可，不得以任何方式复制或抄袭本书之部分或全部内容。
版权所有　侵权必究
盗版举报电话：(010) 62752017　62752033

《北京大学法学百科全书》编委会

主任委员　陈守一

顾　　问　（以姓氏笔画为序）
　　　　　王铁崖　甘雨沛　芮　沐　沈宗灵　张国华　赵理海　龚祥瑞

委　　员　（以姓氏笔画为序）
　　　　　马小红　马忆南　王　哲　王　慧　王小能　王以真
　　　　　王存厚　王守渝　王国枢　文盛堂　田大忠　由　嵘
　　　　　付子堂　朱苏力　朱启超　刘升平　刘延寿　刘凯湘
　　　　　刘家兴　刘瑞复　孙东东　孙孝堃　李仁玉　李志敏
　　　　　李宝珍　李贵连　汪　劲　杨春洗　杨联华　杨紫烜
　　　　　杨敦先　杨殿升　肖蔚云　吴志攀　张　文　张玉镶
　　　　　张若羽　张建国　张晓秦　张潇剑　陈兴良　陈瑞华
　　　　　邵　津　武树臣　罗玉中　金瑞林　周旺生　郑成思
　　　　　郑胜利　孟宪伟　宝音胡日雅克琪　赵昆坡　赵国玲
　　　　　赵震江　郝晓峰　饶戈平　饶鑫贤　姜明安　贾俊玲
　　　　　钱明星　徐爱国　郭明瑞　阎丽萍　龚刃韧　康树华
　　　　　彭松建　程味秋　程道德　储槐植　蓝绍江　蒲　坚
　　　　　魏定仁　魏振瀛

《北京大学法学百科全书》编辑部主任、副主任

主　任　魏振瀛　吴志攀　朱苏力
副主任　金瑞林　王存厚（常务）　张　文　武树臣　周旺生
　　　　刘瑞复（常务）　张晓秦　陈兴良　杨立范

本卷学科主编、副主编、撰搞人

民 法 学

主　编　魏振瀛
副主编　钱明星　郭明瑞　李仁玉　马忆南
撰稿人　（以姓氏笔画为序）

万　霞	马忆南	尹　田	方志平	王　轶	王卫劲	王歌雅	卢志强
田东平	申卫星	任自力	刘言浩	刘经靖	邢　道	齐　菲	张　谷
张　洁	张　淳	张平华	张玉敏	张贤钰	李云波	李仁玉	李成林
李富成	杜　颖	杨　朝	杨大文	肖　燕	邹川宁	陈　苇	陈　敦
周巧凌	周志豪	姜　林	赵志毅	奚晓明	郭明瑞	钱明星	常鹏翱
提爱莲	葛云松	蒋　月	魏振瀛				

商 法 学

主　编　徐学鹿　郭明瑞
副主编　（以姓氏笔画为序）
　　　　王小能　王亦平　刘凯湘　郭　瑜　顾功耘
撰稿人　（以姓氏笔画为序）

丁艳琴	孔志明	王　青	王小能	王亦平	史卫进	关　涛	刘弓强
刘凯湘	刘剑华	吕来明	何　兵	宋士心	宋春风	张　宁	张　琳
张永坚	李　军	李　倩	李世奇	李四海	李洪积	杨　璐	沈茂树
辛丽燕	邹海林	陆艳平	陈耀权	孟志强	房绍坤	於向平	林桂华
金　强	金福海	施余兵	胡冰子	唐广良	夏　松	徐学鹿	郭　瑜
郭明瑞	顾功耘	高雅丽	梁　鹏	梁　聪	温世扬	温慧卿	

本卷主要编辑与出版工作人员

特约执行编辑　刘瑞复　钱明星
责 任 编 辑　杨立范　刘金海　冯益娜　邓丽华等
装 帧 设 计　张　虹

前　言

数千年来各国所创造的法律文化，是人类社会的宝贵财富。不独西方法律文化自古希腊以来弥漫久远，从一个广阔侧面促成了西方文明的繁衍进化。二千年间绵延不绝的中华法系，源远流长，为我们中华民族文化增添了光辉，对东亚以至更大范围的文化发展产生了重大影响。新中国法制尤其是近二十年法制建设与法学探索的路程，蕴涵着丰富的法律文化经验。为汇聚人类法律文化的精粹，扩大海内外法律文化的交流，为推进我国法治建设，适应社会变革对法学教育和研究不断增长的需求，以北京大学命名的多卷本《北京大学法学百科全书》陆续面世。

北京大学作为五四运动的发源地和新文化运动的传播中心，深具爱国、进步、民主、科学的光荣传统，勤奋、严谨、求实、创新的优良学风。北大在迎接人类纪元以来第三个千年转换的时刻，将继续肩负光荣的使命。而这种传统、学风和使命，正是我们编纂《北京大学法学百科全书》的巨大动力源泉。创设于清末京师大学堂时期的北京大学法学学科，合中外学术之文采，开现代法学之新风，百载薪传，而至今日。鲁迅先生说过，北大是常为新的、改进的运动的先锋，要使中国向着好的、往上的道路走。如今，我们充满信心地预期：北京大学将伴随国家的日益富强昌盛而加速迈向世界一流大学的行列，本书的编纂出版，或将在法学教育和研究方面为此作出贡献。

《北京大学法学百科全书》的编纂者以北京大学法学院及北京大学知识产权学院、北京大学经济法研究所、北京大学国际法研究所、北京大学立法学研究中心、北京大学科技法研究中心、北京大学犯罪问题研究中心、北京大学港澳台法律研究中心的教授、学者为主体，延揽曾经在北大学习和工作过的专家、学者及兼职教授参加。

《北京大学法学百科全书》设理论法学卷、历史法学卷、宪法学行政法学卷、民商法学卷、刑事法学卷、经济法学卷、劳动环境知识产权法学卷、诉讼法学卷、国际法学卷共9卷。内分26个新老结合的分支学科：法理学、立法学、法律社会学；中国法律思想史、中国法制史、外国法律思想史、外国法制史；宪法学、行政法学；民法学、商法学；刑法学、犯罪学、监狱法学；经济法学；劳动法学、环境法学、知识产权法学；民事诉讼法学、刑事诉讼法学、行政诉讼法学、司法鉴定学、刑事侦查学；国际法学、国际私法学、国际经济法学。

《北京大学法学百科全书》着力于对古今中外尤其是中国和世界上有代表性的国家的法学和法律制度给予全面、系统的总结性研究。力求学科齐全、体系完整，对各家学说兼容并蓄，充分反映各学科研究的新发展、新成果，解说周密、确当、深刻。《北京大学法学百科全书》适合从事法学研究、法制实践和法律实务的人员各方面的需用。

《北京大学法学百科全书》编纂和出版过程中，蒙海内外学界同仁、社会贤达广为关切和垂注。谨致谢忱。

在文化的积累与传播上，百科全书被誉为思想与智慧的殿堂，其编纂工作被认为是充满了史诗般的创造性的劳动。对于这样一项复杂艰巨的系统工程，仰之愈高，行之愈艰，北大学人不敢懈怠。尽管如此，疏误之处仍恐不免。敬待读者惠教，俾再版匡正。

《北京大学法学百科全书》编辑部
2004 年 3 月

凡 例

全书按学科分卷出版，相邻近的数门学科合为一卷，共 9 卷。全书另设辞条总目索引，自成 1 卷，总计 10 卷。

一、辞条分类目录

1. 每卷卷首都列有本卷各学科的辞条分类目录，以便读者了解该学科所收辞条的全貌及其体系，玻可供按类检索。

2. 分类目录中的辞条名称，除中国法律思想史和中国法制史两门学科以及日本、朝鲜、越南等国人名外，均括注外文，以资对照。

3. 分类目录中的"提示标题"（加括六角号）本身不是辞条，只对有关辞条起分类集合的提示作用。

4. 同一卷学科之间相互交叉的辞条，在各该学科的分类目录中分别列出，但在正文中，同名辞条只有一个释文。

二、释 文

1. 各卷辞条释文按辞条名称的汉语拼音字母顺序编排，辞条名称上方加注汉语拼音。

2. 除中国法律思想史、中国法制史辞条以及日本、朝鲜、越南等国人物辞条外，辞条标题均括注外文，所注外文，一般用英文；括注其他外文的，注明语种；同时括注英文和其他外文的，其他外文在前，中间用分号隔开。

3. 人物辞条标题括注生卒或在位年代。

4. 法规、条约、著作、刊物类辞条标题加括书名号；与现行法规同名的历史上的法规，括注其制定年代，以资区别。

5. 释文开始一般不重复辞条标题，直接写定义或定性表述。辞义解释，以法学领域或与法学相关为限。一辞多义的辞条，用阴文序❶、❷等标示，分项解释。

6. 释文中出现的外国人物、法规、条约、著作、刊物、组织，未设辞条的，酌注外文和生卒、制定、出版、建立年代。

7. 释文中出现的法规、机构或组织，一般用全称；多次出现时，在不致产生误解的情况下，从第二次出现起用简称或略称。

8. 释文中引文的出处括注于引文后面，同一著作被多次引用时，从第二次引用起，引文出处中的该著作名称写作"同前"。

9. 释文中的数字，除中国法律思想史、中国法制史辞条以及某些习惯用汉字表示的以外，一般用阿拉伯数字。

10. 辞条释文较长的，根据需要设层次标题，但不超过两层。只设一层标题的，标题用楷体字；设两层标题的，分别用黑体字和楷体字。

三、参见辞条和释文中的"参见"

1. 只列辞条标题，不写释文，释义见其他辞条的，是参见辞条。所参见辞条名称用楷体字排印。参见辞条与所参见的辞条的关系分别为：①名称不同但含义相同；②对应关系；③包容或交叉关系。

2. 释文内容涉及到其他辞条时，采用释文内标注"参见"的方式。所参见的辞条名称在本释文中直接出现的，用楷体字排印；所参见的辞条名称未直接在本释文中出现的，在需要参见处另用括号加"见"字并用楷体字标注该辞条名称。所参见的辞条名称在本释文中多次出现时，一般只在第一次出现时标注一次。

四、索　引

各卷除设学科辞条分类目录外，正文按汉语拼音字母顺序编排，为便于读者按汉语拼音和汉字笔画检索辞条，每卷均附有本卷辞条的汉语拼音索引和汉字笔画索引。

五、其　他

1. 本书所用汉字，除个别必须用繁体字的以外，一律用1964年出版的《简化汉字总表》所列的简体字。

2. 本书辞条的设立和释文的审订，实行学科主编负责制。编辑部负责对各卷书稿进行统编。

3. 本书各卷所收辞条数及引用的文件、资料的截止时间，在各卷"编后记"中分别予以说明。

目 录

民法学辞条分类目录（中外文对照）……………………………………… 1—59
商法学辞条分类目录（中外文对照）……………………………………… 60—103
辞条汉语拼音索引………………………………………………………… 104—155
辞条汉字笔画索引………………………………………………………… 156—206
正　　文…………………………………………………………………… 1—1275

民法学辞条分类目录(中外文对照)

〔民法总论〕

民法学(science of civil law) ……………………………………………………………… (639)
民法(civil law) …………………………………………………………………………… (632)
    实质民法(德 Buergerliches Recht im Materiellen Sinne) ……………………………… (845)
    形式民法(德 buergerlieches Recht im formellen Sinne) ……………………………… (1044)
    民法典(civil code) ……………………………………………………………………… (638)
    民法总则(the general principles of the civil law) …………………………………… (641)
    民法分则(specific parts of civil law) ………………………………………………… (638)
    民事普通法(general civil law)(参见民事特别法条) ………………………………… (646)
    民事特别法(special civil law;德 Sonderprivatrechte) ………………………………… (649)
    民事制定法(德 Gesetzsrecht)(参见民法渊源条) ……………………………………… (654)
    民事习惯法(customary civil law;德 Gewohnheitsrecht)(参见民法渊源条) ………… (649)
    民事判例法(case law)(参见民法渊源条) ……………………………………………… (646)
    民商合一(the system of civil law and commercial law formulated together)(参见民商分立条) ……… (643)
    民商分立(the system of civil law and commercial law formulated seperately) ……… (642)
    民法渊源(sources of civil law;德 Rechtsquellen) …………………………………… (640)
    民法的解释(the interpretation of civil law) …………………………………………… (637)
    民法的效力范围(the scope of validity of civil law) ………………………………… (637)
    民法的基本原则(basic principles of civil law) ……………………………………… (636)
        平等原则(the principle of equal treatment) ……………………………………… (730)
        公平原则(the principle of fairness) ……………………………………………… (277)
        等价有偿原则(principle of exchange of equale value; the principle of reciprocity in transactions) ……… (166)
        自愿原则(the principle of voluntariness)(参见意思自治原则条) ……………… (1264)
        意思自治原则(the principle of private autonomy) ……………………………… (1095)
        诚实信用原则(the principle of good faith;德 Treu und Glauben;法 bonne foi) ……… (114)
        公共秩序、善良风俗原则(the principle of public order and good morals) ……… (273)
        私法自治原则(the principle of private autonomy;德 Privatautonomie)(参见意思自治原则条) ……… (877)
        禁止权利滥用原则(the principle to prohibit the abuse of rights) ……………… (552)
        计划原则(the principle of economic plan) ……………………………………… (506)
    民事法律关系(legal relationship in civil law; 德 Rechtsverhaeltnis) ……………… (643)
        民事法律关系的主体(the subject of legal relationship in civil law) …………… (644)
        民事法律关系的内容(the content of legal relationship in civil law) …………… (644)
        民事法律关系的客体(the object of legal relationship in civil law) ……………… (644)
        民事法律关系的发生(the establishment of legal relationshp in civil law) ……… (643)
        民事法律关系的变更(the changing of legal relationship in civil law) …………… (643)
        民事法律关系的消灭(the extinction of legal relationship in civil law) ………… (644)
    民事法律事实(civil legal facts; 德 juristischer Tatbestand) ………………………… (644)
        行为(德 juristishe Handlungen) ………………………………………………… (1042)
        表示行为(德 Erklärungshandlung) ……………………………………………… (67)
        事实行为(德 Realakte) …………………………………………………………… (848)
        失权行为(德 Verwirkungen) ……………………………………………………… (840)
        合法行为(德 rechtmäßige Handlungen)(参见行为条) ………………………… (425)

违法行为(illegal action) ……………………………………………………………… (952)
　　放任行为(德 Nothandlung) …………………………………………………………… (231)
　自然事实(德 Zustand und Ereignisse) ……………………………………………………… (1260)
　　状态(德 Zustand)(参见自然事实条) …………………………………………………… (1249)
　　事件(德 Ereignisse)(参见自然事实条) ………………………………………………… (847)
　民事法律事实之构成(德 Rechtstatbestand) ……………………………………………… (644)
民事权利(private right) ………………………………………………………………………… (646)
　权利本位(德 Recht-Orientierung) ………………………………………………………… (764)
　义务本位(德 Pflicht-Orientierung) ………………………………………………………… (1091)
　公权(public right) …………………………………………………………………………… (277)
　私权(private right; 德 Privatrecht) ………………………………………………………… (877)
　无体财产权(德 Immaterialgueterrecht) …………………………………………………… (975)
　能权(德 kannrecht) ………………………………………………………………………… (665)
　财产权(property rights) ……………………………………………………………………… (88)
　主权利(principal rights) …………………………………………………………………… (1240)
　从权利(secondary right) …………………………………………………………………… (137)
　绝对权(德 absolutes Recht) ………………………………………………………………… (568)
　相对权(德 relatives Recht) ………………………………………………………………… (1009)
　对世权(rights against all the world; real rights; rights in rem)(参见绝对权条) ……… (196)
　对人权(rights against particular persons; personal rights; rights in personam)(参见相对权条) …… (196)
　请求权(right of claim) ……………………………………………………………………… (759)
　形成权(right of evolvement; 德 Gestaltungsrecht) ……………………………………… (1042)
　支配权(control) …………………………………………………………………………… (1207)
　抗辩权(right to plea; 德 Einrede) ………………………………………………………… (572)
　单独权利(several right) …………………………………………………………………… (153)
　主观权利(right) …………………………………………………………………………… (1240)
　客观权利(law; 德 Recht, objektives Recht) ……………………………………………… (577)
　专属权利(exclusive rights) ………………………………………………………………… (1244)
　非专属权利(non-exclusive rights, transferable rights; 德 uebertragbare Rechte) ……… (237)
　既得权利(vested rights; acquired rights) ………………………………………………… (509)
　期待权利(德 Anwartschaftsrecht) ………………………………………………………… (733)
　原权利(primary rights, sanctioned rights, rights of enjoyment) ………………………… (1142)
　救济权(secondary rights, sanctioning rights, restitutory rights, rights of redress) …… (557)
　权利的并存(德 konkurrenz von rechten) ………………………………………………… (764)
　请求权的竞合(德 konkurrenz von anspruechen) ………………………………………… (761)
　权利滥用(德 missbrauch des rechts; 法 abus du droit) ………………………………… (765)
民事权利保护(德 Rechtsschutz) ……………………………………………………………… (647)
民事义务(duty) ………………………………………………………………………………… (651)
　公义务(duty in public law) ………………………………………………………………… (300)
　私义务(duty in private law; 德 Privatrechtliche Pflicht) ………………………………… (878)
　第一次义务(德 primaere pflicht) …………………………………………………………… (179)
　第二次义务(德 sekundaere Pflicht) ………………………………………………………… (178)
　主义务(德 haupte Pflicht) ………………………………………………………………… (1242)
　从义务(accessory obligation; 德 Nebenpflicht) …………………………………………… (138)
　一般义务(德 absolute Pflicht) ……………………………………………………………… (1070)
　对应义务(德 relative Pflicht) ……………………………………………………………… (198)
　积极义务(positive obligation) ……………………………………………………………… (495)

  消极义务(negative obligation；德 negative Verpflichtung) …………………… (1015)
  法定义务(德 gesetzliche Pflicht) ………………………………………………… (207)
  约定义务(德 vertragliche Pflicht) ……………………………………………… (1144)
  不作为义务(参见消极义务条) …………………………………………………… (85)
民事权利的客体(object of the right；德 Objekt des Rechtes) ……………………… (648)
  物(thing) …………………………………………………………………………… (989)
标的(object；德 objekt) ………………………………………………………………… (63)
标的物(objects of performance；德 gegenstaende der leistung) …………………… (64)
  动产(movables) …………………………………………………………………… (189)
  不动产(real estate, real things；德 unbewegliche sache) …………………… (74)
  单一物(single thing) ……………………………………………………………… (155)
  结合物(mixed thing conjuncts) ………………………………………………… (540)
  集合物(德 Inbegriff) ……………………………………………………………… (503)
  流通物(merchantable objects) …………………………………………………… (608)
  限制流通物(restricted things) …………………………………………………… (1008)
  禁止流通物(banned things) ……………………………………………………… (552)
  消费物(consumable things) ……………………………………………………… (1014)
  非消费物(德 unverbrauchbare Sache) ………………………………………… (237)
  种类物(indefinite thing) ………………………………………………………… (1236)
  特定物(special thing, particular thing) ………………………………………… (903)
  代替物(fungible things) ………………………………………………………… (149)
  不代替物(special things；德 nicht vertretbare sachen) ……………………… (72)
  可分物(divisible thing) …………………………………………………………… (575)
  不可分物(indivisible things；德 unteilbare Sache) …………………………… (78)
  固定资产(fixed assets；德 Grundmittel) ……………………………………… (375)
  流动资产(德 fluessige Mittel) …………………………………………………… (607)
  生产资料(means of production；德 Produktionsmittel) ……………………… (837)
  生活资料(德 Verbrauchsgueter, Lebensmittel) ……………………………… (837)
  主物(main thing) ………………………………………………………………… (1241)
  从物(appendant；accessory thing)(参见主物条) …………………………… (138)
  原物(substance；德 Substanz) ………………………………………………… (1143)
  孳息(fruits) ………………………………………………………………………… (1257)
  法定孳息(legal fruits) …………………………………………………………… (208)
  人工孳息(拉丁 fructus industriales) …………………………………………… (773)
  天然孳息(natural fruits) ………………………………………………………… (915)
  国库(the state treasury；拉丁 fiscus) ………………………………………… (393)
  要式移转物(拉丁 res mancipi) ………………………………………………… (1061)
  略式移转物(拉丁 res nec mancipi) …………………………………………… (616)
  人法物(拉丁 humani iuris) ……………………………………………………… (770)
  神法物(拉丁 res divini juris) …………………………………………………… (837)
  公有物(public goods) …………………………………………………………… (302)
  公有财产(common property) …………………………………………………… (301)
  私有财产(private property) ……………………………………………………… (879)
  定着物(fixture) …………………………………………………………………… (188)
  附属物(德 Zubehoer) …………………………………………………………… (259)
  搁置物或悬挂物(things posited or suspended；拉丁 positum et suspensum) …… (266)
  出产物(product) ………………………………………………………………… (119)

- 有主物(拉丁 res cum domino) (1137)
- 无主物(拉丁 res sine domino) (988)
- 系争物(法 chose litigieuse) (1003)
- 债券(bond) (1171)
- 记名有价证券(德 Namenspapier) (507)
- 无记名有价证券(德 Inhaberpapier) (972)
- 指示有价证券(德 Orderpapier) (1217)
- 货币(currency；德 Geld) (484)
  - 外币(foreign currency; foreign money) (941)
- 民事主体(subject of civil rights) (654)
  - 民事权利主体(subject of civil rights)(参见民事主体条) (649)
  - 民事义务主体(obligee)(参见民事主体条) (651)
- 自然人(natural person) (1259)
  - 公民(citizenship) (275)
  - 成年人(adult) (101)
  - 准成年人(quasi-adult) (1254)
  - 未成年人(minor) (966)
  - 出生(birth) (120)
  - 胎儿(fetus) (897)
  - 外国人(foreigner) (944)
  - 无国籍人(stateless person) (971)
  - 民事权利能力(capacity for civil rights) (648)
  - 自然人的民事权利能力(natural person's capacity for civil rights) (1259)
  - 权利能力的开始(the beginning of capacity for civil rights) (765)
  - 权利能力的消灭(the termination of capacity for civil rights) (765)
  - 自然死亡(death) (1261)
  - 失踪(missing) (841)
  - 宣告失踪(declaration of missing) (1048)
  - 宣告死亡(declaration of death) (1049)
  - 法律人格(legal personality) (213)
  - 人格变更(拉丁 capitis deminutio) (771)
  - 民事行为能力(capacity for civil conduct) (650)
  - 自然人的民事行为能力(natural person's capacity for civil conduct) (1260)
  - 完全民事行为能力(full capacity for civil conduct) (947)
  - 限制民事行为能力(limited capacity for civil conduct) (1008)
  - 无民事行为能力(incapacity for civil conduct) (972)
  - 意思能力(mental capacity) (1094)
  - 责任能力(capacity for responsibility) (1154)
  - 禁治产人(interdicted person) (552)
  - 精神病人(mental patient) (554)
- 户籍(domiciliary register) (456)
- 住所(domicile) (1242)
  - 法定住所(legal domicile) (208)
  - 意定住所(selected domicile) (1093)
  - 拟制住所(fictitious domicile) (666)
  - 原始住所(original domicile; 德 ursprünglicher Sitz) (1143)
  - 选择住所(selected domicile) (1052)

夫妻住所(spouse's domicile) ……………………………………………………………………… (246)
　　自然人住所(natural person's domicile) ………………………………………………………… (1260)
居所(residence) …………………………………………………………………………………………… (563)
　　选定居所(selected residence) …………………………………………………………………… (1051)
监护(guardianship) ……………………………………………………………………………………… (523)
　　广义的监护(德 Vormund im weiteren Sinne) …………………………………………………… (382)
　　狭义的监护(guardianship) ……………………………………………………………………… (1003)
　　法定监护(legal guardianship) …………………………………………………………………… (206)
　　指定监护(designated guardianship) …………………………………………………………… (1216)
　　遗嘱监护(testamental guardianship) …………………………………………………………… (1087)
　　约定监护(guardianship by contract) …………………………………………………………… (1144)
　　单一监护(single guardianship) ………………………………………………………………… (155)
　　共同监护(common guardianship) ……………………………………………………………… (312)
　　婚姻监护(guardianship of marriage) …………………………………………………………… (478)
　　禁治产人的监护(guardianship of interdicted person) ………………………………………… (553)
　　未成年人的监护(guardianship of minor) ……………………………………………………… (966)
　　精神病人的监护(guardianship of mental patient) …………………………………………… (555)
　　监护人(guardian) ………………………………………………………………………………… (525)
　　被监护人(person under guardianship) ………………………………………………………… (52)
　　选任监护人(appointive guardian) ……………………………………………………………… (1051)
　　监护机关(organization in charge of guardianship) …………………………………………… (524)
　　监护人的消极资格(incapacity of guardian) …………………………………………………… (525)
　　监护监督人(supervisor of guardianship) ……………………………………………………… (525)
　　自然及养育的监护人(guardian by nature and nurture) …………………………………… (1259)
　　监护法院(guardianship court) ………………………………………………………………… (524)
　　监护职责(guardianship) ………………………………………………………………………… (526)
　　监护责任(liability of guardianship) …………………………………………………………… (526)
　　监护人的侵权责任(tort liability of a guardian) ……………………………………………… (525)
　　监护职责的委任(commission of guardianship) ……………………………………………… (526)
　　拒绝监护(refusal of guardianship) …………………………………………………………… (564)
　　辞去监护(demission of guardianship) ………………………………………………………… (137)
　　监护人的解任(revocation of guardianship) …………………………………………………… (525)
　　监护的变更(alteration of guardianship) ……………………………………………………… (524)
　　监护人的报酬(guardian's reward) ……………………………………………………………… (525)
　　监护的终止(termination of guardianship) …………………………………………………… (524)
保佐(tutelage) …………………………………………………………………………………………… (47)
　　补充性的保佐(supplemental of tutelage) ……………………………………………………… (70)
　　残疾人保佐(拉丁 cura debilium personarum) ………………………………………………… (95)
　　不在人保佐(missing person's tutelage) ……………………………………………………… (83)
　　胎儿保佐(fetus' tutelage) ……………………………………………………………………… (897)
　　公募财产的保佐(purse's tutelage) …………………………………………………………… (276)
　　浪费人保佐(拉丁 cura prodigi) ………………………………………………………………… (584)
　　精神病人保佐(拉丁 cura furiosi) ……………………………………………………………… (554)
　　监护保佐(拉丁 curae tutelari) ………………………………………………………………… (524)
　　临时性保佐(temporary tutelage) ……………………………………………………………… (606)
非法人组织(organizations without capacity of legal person) ……………………………………… (235)
合伙(partnership) ……………………………………………………………………………………… (426)

合伙合同(contract of partnership) …… (430)
合伙章程(charter of partnership) …… (435)
合伙财产(partnership property;partnership assets) …… (428)
合伙股份(percentage share in partnership) …… (429)
合伙股份扣押(detention of percentage share in partnership) …… (429)
合伙股份让与(assignment of percentage share in partnership) …… (429)
合伙股份质押(pledge on percentage share in partnership) …… (430)
合伙竞业禁止(prohibition of competing business for partners) …… (431)
合伙商号(business name of partnership) …… (434)
有限合伙(limited partnership) …… (1134)
隐名合伙(dormant partnership) …… (1102)
隐名合伙人(dormant partner) …… (1102)
出名营业人(proprietor of the business) …… (120)
民事合伙(civil partnership) …… (646)
普通合伙(common partnership) …… (731)
显名合伙(general partnership) …… (1006)
默示合伙(implied partnership) …… (659)
合伙人的默示授权(implied authorization of partner) …… (433)
特业合伙(special partnership) …… (907)
矿业合伙(mining partnership) …… (582)
法定合伙联合(statutory partnership association) …… (205)
合伙联合(partnership association) …… (431)
任意合伙(partnership at will) …… (785)
特殊合伙(particular partnership) …… (905)
家庭合伙(family partnership) …… (519)
家庭生活费用(matrimonial fee) …… (519)
临时性合伙(partnership of provisionality) …… (607)
长期性合伙(long term partnership) …… (100)
个人合伙(natural person's partnership) …… (267)
法人合伙(legal person's partnership) …… (224)
合伙代理(partnership agency) …… (428)
预定可随时清算合伙(collapsible partnership) …… (1140)
合伙事务执行人(executor of partnership) …… (434)
合伙合并(consolidation of partnerships) …… (430)
合伙撤销(rescission of partnership) …… (428)
合伙清算(winding up of partnership, liquidation of partnership) …… (431)
合伙清算人(liquidator of partnership) …… (431)
合伙负责人(principal of partnership) …… (429)
合伙人的连带责任(joint and several liability of partners) …… (433)
准合伙人(quasi-partner) …… (1254)
合伙的补充连带责任(supplemental joint and several liability of partner) …… (428)
生存合伙人(surviving partner) …… (837)
名义合伙人(nominal partner) …… (656)
挂名合伙人(ostensible partner) …… (378)
合伙人的除名(removal of partner) …… (433)
合伙人破产(bankruptcy of partner) …… (434)
合伙人死亡(death of partner) …… (434)

入伙(to join an existing partnership) ……………………………………………………………… (795)
　　退伙(secede from partnership) …………………………………………………………………… (937)
　　　　强制退伙(compulsory withdrawal from partnership) …………………………………… (749)
　　　　声明退伙(to secede from partnership at will) ……………………………………………… (839)
　　　　法定退伙(secede from partnership by law) ………………………………………………… (207)
　　　　任意退伙(arbitrary withdrawal from partnership) …………………………………………… (785)
　　合伙企业(partnership enterprise) ………………………………………………………………… (431)
　　合伙期限(duration of the partnership, term of the partnership) ………………………………… (431)
　　合伙解散(dissolution of partnership) …………………………………………………………… (430)
　　合伙的设立(formation of partnership) ………………………………………………………… (429)
　　合伙债务(obligations of partnership) …………………………………………………………… (435)
　　双重优先权规则(dual priorities) ………………………………………………………………… (875)
　　　　合伙吞并(merger of partnerships) ………………………………………………………… (434)
个体工商户(individual business or privately-owned small industrial and commercial business) …… (268)
农村承包经营户(farm-leaseholding household) ……………………………………………………… (668)
个人独资企业(sole proprietorship) …………………………………………………………………… (267)
筹建中的法人(德 Vorverein) ………………………………………………………………………… (118)
法人(legal person) ……………………………………………………………………………………… (215)
　　法人的民事权利能力(legal person's capacity for civil rights) ………………………………… (220)
　　法人的民事行为能力(legal person's capacity for civil conduct) ……………………………… (221)
　　法人的责任能力(legal person's capacity for civil liability) ……………………………………… (222)
　　法人章程(articles of legal person) ……………………………………………………………… (227)
　　捐助章程(charter of foundation) ………………………………………………………………… (567)
　　法人住所(legal person's domicile) ……………………………………………………………… (227)
　　法人名称(legal person's name) ………………………………………………………………… (226)
　　法人机关(organs of legal person) ……………………………………………………………… (225)
　　法人意思(will of legal person) …………………………………………………………………… (227)
　　法人的过错(fault of legal person) ……………………………………………………………… (219)
　　法人的监督(supervision of legal person) ……………………………………………………… (220)
　　法人的法定代表人(legal representative of legal person) ……………………………………… (218)
　　法人分支机构(branches of legal person) ……………………………………………………… (223)
　　法人代理机构(agency of legal person) ………………………………………………………… (216)
　　法人的独立财产(independent property of legal person) ……………………………………… (217)
　　法人的成立(establishment of legal person) …………………………………………………… (217)
　　法人的设立(preparing for establishment of legal person) …………………………………… (222)
　　法人登记(registration of legal person) ………………………………………………………… (223)
　　法人设立登记(establishment registration of legal person) …………………………………… (226)
　　法人变更登记(alteration registeration of legal person) ……………………………………… (216)
　　法人注销登记(cancellation registration of legal person) ……………………………………… (227)
　　法人的公示(publishing; to publish; disclosure legal person's registration) …………………… (218)
　　法人的变更(alteration of legal person) ………………………………………………………… (217)
　　法人的分立(division of legal person) …………………………………………………………… (218)
　　法人的合并(merger of legal person) …………………………………………………………… (220)
　　法人的改组(transformation of legal person) …………………………………………………… (218)
　　法人的归并(the incorporation of legal person) ………………………………………………… (218)
　　法人的转产(alteration of business scope) ……………………………………………………… (223)
　　法人的消灭(termination of legal person) ……………………………………………………… (222)

7

法人的解散(dissolusion of legal person) …………………………………………………… (220)
法人的撤销(cancellation of legal person) …………………………………………………… (217)
法人的破产(bankruptcy of legal person) …………………………………………………… (221)
法人的清算(liquidation of legal person) ……………………………………………………… (221)
清算法人(legal person under liquidation) …………………………………………………… (758)
联营(affiliation) …………………………………………………………………………………… (599)
国家机关法人(state organ as legal person) ………………………………………………… (391)
国有企业法人(state-owned enterprise as legal person) …………………………………… (397)
集体企业法人(collective-owned corporation) ……………………………………………… (504)
私有企业法人(privately owned enterprise) ………………………………………………… (879)
联营企业法人(joint venture enterprise) ……………………………………………………… (599)
中外合资企业法人(chinese-foreign joint venture) ………………………………………… (1232)
中外合作企业法人(sino-foreign cooperative joint venture with legal personal status) … (1233)
外资企业法人(foreign-owned enterprise) …………………………………………………… (945)
事业法人(public institution as legal person) ………………………………………………… (849)
社会团体法人(association as legal person) ………………………………………………… (830)
公法人(public corporation) …………………………………………………………………… (272)
私法人(private legal person;德 Juristische Personen des Privatrechts) ………………… (877)
公益法人(public welfare legal entity) ………………………………………………………… (300)
营利法人(for-profit legal person;德 privatnützige juristische Person) ………………… (1110)
中间法人(legal person between making profits and public welfare) …………………… (1231)
财团法人(foundation;德 Stiftung) ……………………………………………………………… (90)
基金会法人(foundation) ………………………………………………………………………… (501)
教会法人(spiritual corporation) ……………………………………………………………… (538)
世俗法人(lay corporation) ……………………………………………………………………… (846)
独任法人(corporation sole) …………………………………………………………………… (194)
集体法人(corporations aggregate) …………………………………………………………… (503)
法定财团(statutory consortium;德 sollmasse) …………………………………………… (204)
实在财团(德 Istmasse) ………………………………………………………………………… (844)
自由财团(德 freies Vermögen) ……………………………………………………………… (1262)
公路交通财团(highroad traffic consortium) ………………………………………………… (274)
无人格财团(德 Stiftung ohne Rechtsfähigkeit) …………………………………………… (974)
家庭财团(family consortium) ………………………………………………………………… (519)
社团(association;德 Vereine) ………………………………………………………………… (831)
    社团法人(德 Verein Körperschaft) ………………………………………………………… (831)
    营利社团(德 Geschäftsverein) ……………………………………………………………… (1110)
    公益社团(德 idealer Verein) ………………………………………………………………… (300)
    中间社团(neutral society) …………………………………………………………………… (1231)
    自治社团(municipal corporations) ………………………………………………………… (1265)
    社团决议(corporation resolution) ………………………………………………………… (832)
        社员(corporation member) ……………………………………………………………… (832)
        公团(corporation in public law) ………………………………………………………… (299)
        登记社团(registered accociation) ……………………………………………………… (166)
        社团董事会(board of corporation directors) ………………………………………… (831)
        社团董事(corporation director) ………………………………………………………… (831)
        社团监事(corporation supervisor) ……………………………………………………… (831)
        社员名簿(registry of members) ………………………………………………………… (832)

自治利益共同体(autonomous community of interests) ……………………………………… (1264)
　　　　联合劳动组织(joint labour organization) ……………………………………………… (598)
　　　　社员总会(general meeting of members) ……………………………………………… (832)
　　　　社员权(德 Mitgliedschaftsrecht oder Mitgliedsrecht) ……………………………… (832)
　　无人格社团(德 Verein ohne Rechtsfähigkeit) ……………………………………………… (974)
合作社法人(cooperative as legal person) …………………………………………………………… (451)
　　合作社(cooperative) ……………………………………………………………………………… (449)
　　合作社法(cooperative law) ……………………………………………………………………… (451)
　　联社(joint co-operative) ………………………………………………………………………… (599)
　　供销合作社(co-operative of supplying and selling) …………………………………………… (304)
　　信用合作社(credit cooperative) ………………………………………………………………… (1039)
　　生产合作社(production co-operative) …………………………………………………………… (837)
　　农业合作社(agricultural production cooperative) …………………………………………… (670)
　　城市消费合作社(urban co-operative of consumption) ……………………………………… (115)
　　合作社的机关(organs of cooperative) ………………………………………………………… (450)
　　合作社的出资(contribution to capital of cooperative) ……………………………………… (450)
　　合作社的股份(share of cooperative) …………………………………………………………… (450)
　　合作社名称(name of cooperative) ……………………………………………………………… (451)
　　合作社章程(charter of cooperative) …………………………………………………………… (452)
　　合作社社员(cooperative member) ……………………………………………………………… (452)
　　入社(to join a cooperative) ……………………………………………………………………… (796)
　　退社(withdrawal from cooperative) …………………………………………………………… (938)
　　合作社的设立(establishment of cooperative) ………………………………………………… (450)
农村人民公社(rural people's communes) …………………………………………………………… (669)
国营农场(state farm) …………………………………………………………………………………… (397)
托拉斯(trust) …………………………………………………………………………………………… (938)
康采恩(德 Konzern) …………………………………………………………………………………… (571)
企业集团(corporate group) …………………………………………………………………………… (739)
中国法人(Chinese legal person) ……………………………………………………………………… (1219)
外国法人(foreign legal person) ……………………………………………………………………… (941)
外国法人的认许(recognition of foreign legal person) …………………………………………… (942)
多国籍法人(multinational legal person) …………………………………………………………… (199)
敌国法人(corporation with enemy character) …………………………………………………… (167)
法人的属人法(personal law of corporations) ……………………………………………………… (223)
法人的国籍(nationality of corporation) …………………………………………………………… (219)
民事行为(civil act) …………………………………………………………………………………… (649)
　　民法上的行为(德 juristische Handlungen) ……………………………………………………… (638)
　　法律行为(juristic acts;德 rechtsgeschäft) …………………………………………………… (214)
　　民事法律行为(civil juristic acts; act in law; legal act) ……………………………………… (645)
　　意思表示(declaration of intention) …………………………………………………………… (1093)
　　　　表示意思(德 Errklärungswille) ……………………………………………………………… (67)
　　　　意思受领能力(德 Empfangsfähigkeit) …………………………………………………… (1094)
　　　　明示的意思表示(express declaration of will) …………………………………………… (658)
　　　　默示的意思表示(implied or will) …………………………………………………………… (659)
　　　　有相对人的意思表示(德 empfangsbeduerftige Willenserklärung) ………………… (1137)
　　　　　　对特定人的意思表示(declaration of intention to particular person) …………… (197)
　　　　　　对不特定人的意思表示(declaration of intention to indefinite person) ………… (195)

对话的意思表示(德 Willenerklärung unter Anwesenden) …………………………… (195)
　　非对话的意思表示(德 Willenerklärung unter Abwesenden) ……………………… (234)
　无相对人的意思表示(德 nicht empfangsbeduerftige Willenserklärung) ……………… (982)
　健全的意思表示(effective declaration of intention) …………………………………… (534)
　不健全的意思表示(德 Abweichung des Willens von der Erklärung) ………………… (78)
　意思与表示不一致的意思表示(德 Abweichung des Willens von der Erklärung) …… (1094)
　有瑕疵的意思表示(德 Willensmangel) ………………………………………………… (1125)
　有意识的非真意表示(德 bewusstes Felhen des Willens) …………………………… (1137)
　无意识的非真意表示(德 Erklärugsirrtum)(参见错误条) …………………………… (986)
　独立的意思表示(independent declaration of intention;德 selbständige Willenerklärung) …… (193)
　非独立的意思表示(德 unselbständige Willenerklärung) …………………………… (234)
　单纯的意思表示(德 reinen Rechtsakt) ………………………………………………… (152)
　要物的意思表示(德 Realakt) …………………………………………………………… (1061)
　要式的意思表示(德 formbedürftige Erklärungen) …………………………………… (1060)
　不要式的意思表示(德 formfreie Willenerklärung) …………………………………… (83)
　真意保留(德 mental reservation) ………………………………………………………… (1178)
　虚假表示(德 bewusstes Felhen des Willens) ………………………………………… (1046)
　虚伪表示(德 Simulation) ………………………………………………………………… (1046)
　虚假陈述(misrepresentation) ……………………………………………………………… (1046)
　隐藏行为(德 dissimuliertes oder verdecktes Geschäft) ………………………………… (1101)
　错误(error) ………………………………………………………………………………… (140)
　表示内容中的错误(德 irrtum über den erklärungin-halt) …………………………… (67)
　表示行为中的错误(德 Irrtum in der Erklärungsh-andlung) ………………………… (67)
　主要错误(德 Wesentlicher Irrtum) ……………………………………………………… (1242)
　非主要错误(德 Nitch wesentlich irrtum) ……………………………………………… (237)
　动机错误(德 Irrtum in Beweggrund) …………………………………………………… (192)
　游戏表示(德 Scherzerklärung) …………………………………………………………… (1119)
　误解(misconstruction) ……………………………………………………………………… (1001)
　重大误解(mistake;德 Irrtum) ………………………………………………………… (1238)
　表意人(expresser of will) ………………………………………………………………… (68)
　受领意思表示的人(acceptor of will) …………………………………………………… (856)
　误传(德 falsche übermittlung) …………………………………………………………… (1000)
　欺诈(fraud) ………………………………………………………………………………… (736)
　胁迫(duress;德 Drohung) ……………………………………………………………… (1019)
　威胁(threaten) …………………………………………………………………………… (951)
　强迫(coerce) ……………………………………………………………………………… (747)
　乘人之危(德 Wucher) …………………………………………………………………… (115)
　暴利行为(德 Wucherisches Geschäft)(参见乘人之危条) ……………………………… (47)
表示主义(德 Aeusserungstheorie) …………………………………………………………… (67)
到达主义(arrival rule) ………………………………………………………………………… (157)
了解主义(德 Vernehmungstheorie) ………………………………………………………… (606)
意思表示的解释(interpretation of declaration of intention;德 Auslegung von Willenerklärungen) ……… (1094)
财产法律行为(juristic act about property) ………………………………………………… (88)
负担行为(德 Verpflichtungsgeschäfte) ……………………………………………………… (253)
身份法律行为(juristic act about status) …………………………………………………… (835)
单方法律行为(德 einseitige Rechtsgeschäft) ……………………………………………… (154)
多方法律行为(德 mehrseitige Rechtsgeschäft) …………………………………………… (199)

双方法律行为(德 Zweiseitige Rechtsgeschäft) ………………………………………… (874)
要式法律行为(德 formelles Geschäft) …………………………………………………… (1060)
不要式法律行为(德 formfreies geschäft) ………………………………………………… (83)
实践性法律行为(德 Realgeschäft) ………………………………………………………… (844)
诺成性法律行为(德 Konsensualgeschäft) ………………………………………………… (670)
要因法律行为(德 kausales Geschäft) ……………………………………………………… (1061)
不要因法律行为(德 abstraktes Geschäft) ………………………………………………… (83)
有偿法律行为(德 entgeltliches Geschäft) ………………………………………………… (1119)
无偿法律行为(德 unentgeltliche Geschäft) ……………………………………………… (969)
主法律行为(德 nebensachliches Geschäft) ……………………………………………… (1239)
从法律行为(secondary lawful act；德 hauptsächliches Geschäft) ……………………… (137)
独立法律行为(德 Grundgeschäft) ………………………………………………………… (193)
辅助法律行为(德 Hilfsgeschäft) …………………………………………………………… (249)
生前法律行为(德 Rechtsgeschäft unter Lebenden) ……………………………………… (838)
死后法律行为(德 Rechtsgeschäft von Todes Wegen) …………………………………… (879)
管理行为(法 akte de láministration) ……………………………………………………… (381)
中性行为(德 rechtlich neutrale Geschäft) ………………………………………………… (1234)
完全行为(德 vollkommenes Geschäft) …………………………………………………… (948)
不完全行为(德 unvollkommenes Geschäft) ……………………………………………… (82)
财产给付行为(德 Zuwendung) …………………………………………………………… (88)
非财产给付行为(德 Unzuwendung Geschäft) …………………………………………… (232)
信托行为(act of trust) ……………………………………………………………………… (1036)
准法律行为(德 geschäftsähnliche Handlungen) ………………………………………… (1254)
民事行为的成立(establishment/inanguration civil acts) ………………………………… (650)
民事行为的生效(civil acts coming into force) …………………………………………… (650)
民事法律行为的形式(form of civil juristic acts) ………………………………………… (646)
  书面形式(written form；德 Schriftform) ……………………………………………… (873)
  公证形式(notarial form) ………………………………………………………………… (302)
  鉴证形式(form of certification) ………………………………………………………… (534)
  默示形式(implied forms) ………………………………………………………………… (660)
无效民事行为(void civil act) ……………………………………………………………… (984)
以合法形式掩盖非法目的的民事行为(德 Gesetzesumgehung) ………………………… (1090)
受欺诈的民事行为(civil act under the fraud of counterparts)(参见欺诈条) …………… (856)
受胁迫的民事行为(civil act under the duress of counterparts)(参见胁迫条) ………… (866)
乘人之危的民事行为(德 wucherlisches Rechtsges-chäft)(参见乘人之危条) ………… (116)
恶意串通的民事行为(collusive civil acts) ………………………………………………… (201)
违反社会公共利益的民事行为(civil acts against pubilc interest) ……………………… (953)
违反法律的民事行为(illegal civil acts) …………………………………………………… (953)
脱法行为(德 Gesetzesumgehung) ………………………………………………………… (940)
完全无效(completely void) ………………………………………………………………… (948)
部分无效(partial invalidity) ………………………………………………………………… (85)
绝对无效(absolutely nullity) ……………………………………………………………… (568)
相对无效(法 nullité relative) ……………………………………………………………… (1010)
确定无效(德 entschiedene Nichtigkeit) …………………………………………………… (767)
不确定无效(unentschiedene Nichtigkeit) ………………………………………………… (81)
裁判上无效(void in judgement) …………………………………………………………… (90)
一般无效(generally void) …………………………………………………………………… (1070)

11

特别无效(special void) …………………………………………………… (902)
当初无效(void in the first instance) …………………………………… (157)
事后无效(void afterwards) ……………………………………………… (847)
无效民事行为的补正(afterwards admit of void civil act) …………… (985)
无效民事行为的转换(conversion of void civil act) …………………… (985)
可撤销的民事行为(voidable acts) ……………………………………… (573)
  重大误解的民事行为(德 Geschäft aus Irrtum)(参见重大误解条) ……… (1239)
  显失公平的民事行为(gross unfair civil acts)(参见显失公平条) ……… (1007)
  显失公平(gross unfairness) ………………………………………… (1006)
效力未定的民事行为(德 schwebende Unwirksamkeit) ……………… (1017)
法律行为的标的(object of legal act) …………………………………… (214)
  标的可能(possibility of object;德 Möglichkeit des Objekt) ……… (64)
  标的不能(impossibility of object;德 Unmöglichkeit des Objekt) … (64)
  法律不能(impossibility of object in law) ………………………… (213)
  事实不能(impossibility of object in fact;德 Natürliche Unmöglichkeit) … (847)
  主观不能(subjective impossibility of object;德 subjektive Unmöglichkeit) … (1239)
  客观不能(impersonal impossibility of object) …………………… (577)
  原始不能(originally impossibility of object;德 ursprüngliche Unmöglichkeit) … (1142)
  后发不能(德 nachträgliche Unmöglichkeit) ……………………… (454)
  全部不能(德 totale Unmöglichkeit) ……………………………… (763)
  一部不能(partial imposibilty of object;德 teilweise Unmöglichkeit) … (1072)
  永久不能(permanent impossilibilty of object;德 dauernde Unmöglichkeit) … (1113)
  一时不能(temporary imposilibilty of object;德 zeitweise Unmöglichkeit) … (1074)
  给付不能(impossibility of prestation;德 Unmöglichkeit) ………… (494)
  标的的合法(legality of object;德 Rechtmäßigkeit des Objekt) … (64)
  标的确定(certainty of object;德 Bestimmtheit des Objekt) …… (64)
  标的妥当(justness of object) ……………………………………… (64)
附条件的民事法律行为(德 bedingtes rechtsgeschäft) ……………… (257)
  条件(condition) ……………………………………………………… (918)
  条件不确定(uncertainty of condition) …………………………… (919)
  延缓条件(德 aufschiebende Bedingung) ………………………… (1055)
  停止条件(德 aufschiebende bedingung)(参见延缓条件条) ……… (920)
  解除条件(德 auflösende Bedingung) ……………………………… (542)
  消灭条件(德 auflösende Bedingung)(参见解除条件条) ………… (1015)
  肯定条件(德 affirmative Bedingung) ……………………………… (577)
  否定条件(德 negative Bedingung) ………………………………… (244)
  随意条件(德 Potestativebedingungen) …………………………… (887)
  偶成条件(拉丁 condicio casualis;德 kausale Bedinung) ………… (671)
  混合条件(mixed terms) …………………………………………… (481)
  表见条件(德 Scheinbedingungen) ………………………………… (66)
  不法条件(拉丁 condicio turpis) …………………………………… (76)
  既定条件(established condition;拉丁 condicio in praesens) …… (509)
  必至条件(拉丁 condicio necessaris) ……………………………… (63)
  不能条件(拉丁 condicio impossibilis;德 unmögliche Bedingung) … (81)
  矛盾条件(德 perplexe Bedingung) ………………………………… (624)
  条件的成就(拉丁 condicio existit) ………………………………… (919)
  条件的不成就(拉丁 condicio deficit) ……………………………… (919)

条件成就的拟制(拉丁 fictio condicio existit) ……………………………………… (919)
　　条件不成就的拟制(拉丁 fictio condicio deficit) …………………………………… (918)
　　附延缓条件的法律行为(legal act with condition precedent) ……………………… (259)
　　附解除条件的法律行为(legal act with resolutive condition；德 Geschäfts mit Resolutivbedingung) …… (256)
　　附肯定条件的法律行为(legal act with active conditions；德 Geschäfts mit positiver Bedingung) ……… (256)
　　附否定条件的法律行为(legal act with negative condition) ………………………… (254)
　　不许附条件的法律行为(德 bedingungsfeindliche rechtsgeschäfte) ……………… (82)
　附期限的法律行为(德 befriste Geschäfte) ……………………………………………… (256)
　　附始期的法律行为(legal act with begining time；德 Geschäfts mit Aufangstermin) …… (257)
　　附终期的法律行为(legal act with ending time) …………………………………… (259)
　　不许附期限的法律行为(juristic act without time) ………………………………… (82)
代理(agency) ……………………………………………………………………………………… (143)
　广义的代理(agency in broad sense) …………………………………………………… (382)
　狭义的代理(agency in narrow sense) ………………………………………………… (1003)
　代理关系(agency relation) ……………………………………………………………… (145)
　代理行为(act as agent) ………………………………………………………………… (148)
　代理人(agent；procuracy) ……………………………………………………………… (147)
　被代理人(principal) ……………………………………………………………………… (51)
　商业代理(commercial agent) …………………………………………………………… (814)
　不动产代理人(real estate agent) ……………………………………………………… (76)
　委托代理(agency by authorization) …………………………………………………… (960)
　　委托代理人(authorized agent) ……………………………………………………… (960)
　　授权行为(act of authorization) ……………………………………………………… (872)
　　外表授权(authorization apparent) …………………………………………………… (941)
　　授权不明(hazy authorization) ………………………………………………………… (871)
　　授权委托书(certificate of appointment, certificate of authorization) …………… (872)
　　代理证书(certificate of agency) ……………………………………………………… (148)
　法定代理(legal agency) ………………………………………………………………… (204)
　指定代理(demonstrative agency) ……………………………………………………… (1215)
　本代理(original agency) ………………………………………………………………… (53)
　再代理(transferred agency) …………………………………………………………… (1149)
　复代理(subagency)(参见再代理条) …………………………………………………… (261)
　直接代理(direct representation；德 unmitteldare Stellvertretung) ………………… (1212)
　间接代理(德 mitteldare Stellvertretung) ……………………………………………… (521)
　一般代理(general agency) ……………………………………………………………… (1068)
　特别代理(special agency) ……………………………………………………………… (902)
　单独代理(sole agency) ………………………………………………………………… (152)
　共同代理(joint agency) ………………………………………………………………… (306)
　积极代理(positive agency) ……………………………………………………………… (495)
　消极代理(passive agency) ……………………………………………………………… (1014)
　有权代理(德 berufene Vertretung) …………………………………………………… (1124)
　无权代理(德 unberufene Vertretung) ………………………………………………… (973)
　狭义的无权代理(德 Vertretung ohne Vertretungsmacht) ………………………… (1003)
　表见代理(德 scheinbare Vollmacht；法 mandat apparent) ………………………… (65)
　排他代理(exclusive agency) …………………………………………………………… (675)
　商店代理(德 Ladenvollmacht) ………………………………………………………… (803)
　管理代理(managing agency) …………………………………………………………… (381)

13

- 职务代理(agency in duty) …………………………………………………………… (1215)
- 诉讼代理(agent ad litem) …………………………………………………………… (882)
- 民事代理(agency in civil law or civil agency) …………………………………… (643)
- 事实代理(agency in fact) …………………………………………………………… (847)
- 不可否认代理(agency by estoppel) ………………………………………………… (79)
- 代理权(agent's authority) …………………………………………………………… (145)
  - 代理权的行使(exercise agent right) ………………………………………… (146)
  - 代理权限(delegated authority) ………………………………………………… (147)
  - 滥用代理权(abuse of right of representation) ……………………………… (584)
  - 自己代理(德 Selbstkoutrahieren) ……………………………………………… (1258)
  - 双方代理(dual agency) ………………………………………………………… (874)
- 代理的终止(termination of agency) ………………………………………………… (145)
- 内部代理权(德 innenvollmacht) …………………………………………………… (663)
- 外部代理权(德 Außenvollmacht) …………………………………………………… (941)
- 向外部告知的内部代理权(德 nach außen mitgeteeilte Innenvollmacht) ……… (1013)
- 容忍代理权(德 Duldungsvollmacht) ………………………………………………… (793)

时效(德 Verjährung) ……………………………………………………………………… (841)
- 时效期间(poriod of prescription) …………………………………………………… (842)
- 消灭时效(prescription extinctive；德 Verjährung) ………………………………… (1015)
- 诉讼时效(limitation period, prescription of action, limitation of action) ……… (882)
- 普通诉讼时效(general prescription) ………………………………………………… (731)
- 长期诉讼时效(long term prescription) ……………………………………………… (100)
- 最长诉讼时效(longest-term prescription) …………………………………………… (1271)
- 短期诉讼时效(short-term prescription) ……………………………………………… (194)
- 特殊诉讼时效(special prescription of action) ……………………………………… (906)
- 时效利益(benefit of prescription) …………………………………………………… (842)
- 诉讼时效的起算(the beginning of prescription) …………………………………… (883)
- 诉讼时效的中断(interruption of prescription) ……………………………………… (885)
- 诉讼时效的中止(suspension of prescription) ……………………………………… (886)
- 诉讼时效的延长(prolong of prescription) …………………………………………… (885)
- 诉讼时效的适用范围(applicable area of prescription of action) ………………… (884)
- 诉讼时效的客体(object of prescription)(参见诉讼时效的适用范围条) …………… (883)
- 诉讼时效的完成(expiration of prescription) ………………………………………… (885)
- 诉讼时效的不完成(suspension of completion of prescription) …………………… (883)
- 诉讼时效的援用(application of prescription) ……………………………………… (885)

期限(德 zeitbestimmung) ……………………………………………………………… (736)
- 始期(德 Anfangsetermin) …………………………………………………………… (846)
- 终期(德 Endtermin) ………………………………………………………………… (1235)
- 确定期限(德 gewisse zeitbestimmung) ……………………………………………… (767)
- 不确定期限(德 ungewisse Zeitbestimmung) ………………………………………… (81)
- 假装期限(pretended timelimit) ……………………………………………………… (521)
- 不能期限(德 unmögliche Frist) ……………………………………………………… (81)
- 犹豫期限(grace period；法 terme de grace) ………………………………………… (1119)
- 既存期限(existing deadline timelimit) ……………………………………………… (509)
- 法定期限(legal time limit) ………………………………………………………… (207)
- 约定期限(agreed time limit) ………………………………………………………… (1144)
- 期间(period of time；德 Fristen) …………………………………………………… (734)

除斥期间(scheduled period) …… (122)
职务期间(period in duty) …… (1215)
逾期(overdue) …… (1138)
准备期间(period for preparation) …… (1254)
补正期间(period of revision) …… (71)
恩惠期间(grace period) …… (201)
协定期间(voluntary period) …… (1018)
存立期间(existing period) …… (140)
清偿期间(period of payment) …… (757)
期间的计算(computation of period of time) …… (734)
期间的起算点(beginning time of period of time) …… (735)
期间的终结点(届满点)(end of period of time) …… (735)
期间的起算(beginning of period of time) …… (735)
期日(dates；德 Termine；法 échéances) …… (735)
存续期间(period of existence) …… (140)
届至(approach) …… (543)
期满(expiry) …… (735)

〔物权〕

物权法(property law；德 Sachnrecht) …… (996)
物权(real right；right in rem) …… (989)
物权的效力(effects of right in rem) …… (995)
物权的优先效力(preferential effect of right in rem) …… (995)
物上请求权(claim of right in rem；德 dinglicher Anspruch) …… (1000)
返还请求权(claim for restitution) …… (228)
不作为请求权(德 Unterlassungsanspruch) …… (84)
妨害除去请求权(claim for removal of obstacles) …… (229)
妨害预防请求权(claim for elimination of dangers) …… (230)
保全请求权(claim for elimination of dangers) …… (11)
一物一权主义(one ownership on one res) …… (1074)
物权客体特定主义(principle of speciality) …… (997)
物权法定主义(closed catalogue of rights in rem；德 Beschlossenheit des dinglichen Rechts) …… (997)
物权的类型强制(德 Typenzwang) …… (993)
物权的类型固定(德 Typenfixierung) …… (993)
自物权(德 Eigentum) …… (1262)
他物权(right on other's res；拉丁 jus in re aliena) …… (897)
定限物权(limited right in rem；德 begrenztes Sachenrecht) …… (188)
动产物权(right in rem in movables) …… (192)
不动产物权(right in rem in immovables；德 Sachenrecht an Immobilien) …… (76)
权利物权(right in rem in right) …… (766)
主物权(main right in rem；德 Hauptsachenrecht) …… (1242)
从物权(subordinary right in rem；accessory real right) …… (138)
有期限物权(right in rem of limited terms) …… (1124)
无期限物权(right in rem of unlimited terms) …… (973)
物权的取得权(德 Dingliche Erwerbsrechte) …… (997)
本权(original right) …… (61)
民法上物权(right in rem in civil law) …… (638)

特别法上物权(right in rem in special law) …………………………………… (902)
　物权变动(change of right in rem) ………………………………………………… (990)
　　物权变动模式(change mode of right in rem) …………………………………… (991)
　　物权行为(juristic act of right in rem；德 dingliches Rechtsgeschäft) ………… (998)
　　　物权行为的独立性(德 Trennungsgrundsatz des dinglichen Rechtgeschäfts) … (999)
　　　物权行为的无因性(德 Abstraktionsprizip des dinglichen Rechtschäft) ……… (999)
　　公示原则(德 Publizitätsprinzip) ………………………………………………… (278)
　　公信原则(德 Prinzip der Guteglaubenswerkung) ……………………………… (299)
　　物权的取得(acquisition of property) …………………………………………… (993)
　　物权的消灭(extermination of property) ………………………………………… (994)
　　　抛弃(德 waiver) ………………………………………………………………… (676)
　　　混同(confusion) ………………………………………………………………… (482)
　　物权的公示(德 Publizitaet des Sachenrecht) …………………………………… (993)
　　　曼兮帕蓄(拉丁 mancipatio) …………………………………………………… (623)
　　　拟诉弃权(拉丁 cessio in jure) ………………………………………………… (665)
　　　交付(delivery) ………………………………………………………………… (535)
　　　　占有的公信力(德 Oeffentliche Glaube des Besitzes) …………………… (1175)
　　　　现实交付(current delivery) ………………………………………………… (1007)
　　　　简易交付(拉丁 traditio brevi manu) ……………………………………… (528)
　　　　占有改定(德 Besitzkonstitut) ……………………………………………… (1176)
　　　　指示交付(德 Vindikationszession) ………………………………………… (1217)
　　　　拟制交付(constructive delivery) …………………………………………… (666)
　　　登记(register of immovables) ………………………………………………… (164)
　　　　登记的公信力(德 der oeffentliche Glaube des Grundbuchs) ……………… (166)
　　　　登记簿(registry) ……………………………………………………………… (166)
　　　　登记机关(register office) …………………………………………………… (166)
　　　　登记顺位(德 die Reihenfolge der Eintragung) …………………………… (166)
　　　　本登记(register in end) ……………………………………………………… (53)
　　　　预备登记(preparatory register) …………………………………………… (1139)
　　　　异议登记(德 Widerspruch) ………………………………………………… (1092)
　　　　设权登记(constituted registration) ………………………………………… (829)
　　　　宣示登记(declaratory registration) ………………………………………… (1050)
所有权(ownership；德 Eigentum) ………………………………………………… (891)
　所有权的权能(powers or functions of ownership) ……………………………… (894)
　　使用 ……………………………………………………………………………… (845)
　　收益(fruit) ……………………………………………………………………… (853)
　　处分(disposal) …………………………………………………………………… (124)
　所有权的实现(realization of ownership) ………………………………………… (894)
　所有权的保护(protection of ownership) ………………………………………… (893)
　　基于所有权的请求权(德 Anspruch aus dem Eigentum) …………………… (502)
　　确认产权(confirmation of title) ………………………………………………… (767)
　　返还原物(return of the original items; return of original terms) …………… (229)
　　排除妨碍(elimination of obstruction) ………………………………………… (674)
　　赔偿损失(compensation；德 Schadenersatz) ………………………………… (677)
　国家所有权(state ownership) …………………………………………………… (391)
　　没收(confiscation) ……………………………………………………………… (624)
　　赎买(redemption) ……………………………………………………………… (873)

税收(taxation) ……(876)
　　　征用(requisition) ……(1178)
　集体组织财产所有权(collective ownership) ……(504)
　　三级所有、队为基础(three-level collective ownership with "production-brigade"
　　　(village)-ownership as the basis) ……(799)
　　公民个人财产所有权(private ownership) ……(275)
　　不动产所有权(immovable ownership) ……(76)
　　　土地所有权(ownership of land) ……(931)
　　　集体土地所有权(collective ownership of land) ……(504)
　　　　土地(land) ……(929)
　　　　耕地(farmland) ……(269)
　　　　自留地(family plot) ……(1259)
　　　　宅基地(curtilage) ……(1159)
　　　　地籍(land register) ……(174)
　　　建筑物区分所有权(divided ownership of building) ……(532)
　　动产所有权(德 Eigentum an beweglichen Sachen) ……(192)
　　动产善意取得(bona fide acquisition of movables) ……(190)
　　先占(occupancy) ……(1006)
　　遗失物取回权(德 recherche des epaves; Abholunganspruch) ……(1092)
　　拾得遗失物(finding of lost thing) ……(845)
　　发现埋藏物(finding of hidden property) ……(202)
　　添附(accession; 拉丁 accessio; 德 Zwachsrecht Akzession) ……(916)
　　时效取得(acquisition by prescription) ……(842)
　　　取得时效的中止(abatement of prescription) ……(763)
　　　取得时效的中断(interruption of prescription) ……(763)
　　许可取得(acquisition by permission) ……(1047)
　　货币所有权(ownership of currency) ……(485)
　　有价证券所有权(ownership of securities) ……(1122)
共有(co-ownership; 德 gemeinschaftliches Eigentum) ……(316)
　总有(德 Gesamteigentum) ……(1266)
　合有(joint right) ……(449)
　互有(法 mitoyenneté) ……(455)
　按份共有(several co-ownership) ……(2)
　共同共有(德 Eigentumsgemeischaft Zur gesamten Hand) ……(307)
　公同共有(德 Eigentum zu gesamter Hand) ……(299)
　共有财产的分割(division of common property) ……(317)
　共有权利(right held by multiple parties) ……(317)
相邻关系(德 Nachbarrecht) ……(1011)
　逾界自落(德 Ueberfall) ……(1138)
　不可量物的侵入(德 Einwirkung) ……(80)
　疏水权(right of dredging waters) ……(873)
　排水权(德 Entwasserungsrecht; 法 ecoulement des eaux) ……(675)
　过水权(right of water passage) ……(401)
　用水权(德 Wasserrecht) ……(1114)
　流水使用权(right of using water) ……(607)
　流水变更权(right of changing the stream) ……(607)
　管线安设权(德 Duechleitungsrecht) ……(381)

17

- 邻地通行权(德 Notwegrecht) …………………………………………………………………… (606)
- 邻地使用权(德 Betretrecht; Hammerschlagsrecht; Leiterrcht) ……………………… (606)
- 樵牧权(right of collecting and herding) ………………………………………………… (750)

用益物权(usufruct of immovable property) ……………………………………………………… (1114)
- 经营权(德 Geschäftsrecht) …………………………………………………………………… (554)
- 承包经营权(agricultural land use right) ………………………………………………… (102)
- 地上权(德 Erbbaurecht) ……………………………………………………………………… (175)
  - 法定地上权(德 gesetzliches erbbaurecht) ………………………………………… (204)
  - 土地使用权(land use right; 德 Bodennutzungsrecht) …………………………… (930)
  - 宅基地使用权(use of curtilage) ……………………………………………………… (1159)
- 典权(dianship) ………………………………………………………………………………… (180)
  - 典物(德 antichretischer Gegenstand) ……………………………………………… (182)
  - 典价(德 Entgelt des Nutzungspfandrechts an Grundstü-chen) ………………… (180)
  - 出典(establishment of dien) …………………………………………………………… (119)
  - 转典(re-dien) …………………………………………………………………………… (1244)
- 永佃权(德 Erbpacht; 拉丁 emphyteusis; 法 emphytéose) ……………………………… (1112)
- 土地负担(德 reallasten) ……………………………………………………………………… (930)
- 役权(德 Dienstbarkeit) ………………………………………………………………………… (1092)
  - 人役权(德 Serritutes personarum) …………………………………………………… (780)
    - 用益权(拉丁 usus fructus; 德 Niessbrauch an Sachen) ……………………… (1114)
    - 物上用益权(德 Nießbrauch an der Sachen) …………………………………… (1000)
    - 权利用益权(德 nießbrauch an rechten) ………………………………………… (766)
    - 财产用益权(德 Nießbrauch an einem Vermögen) …………………………… (89)
    - 使用权(德 Usus) …………………………………………………………………… (846)
    - 居住权(right of dwelling; 德 habitatio) ………………………………………… (563)
    - 限制的人役权(德 beschrankte personliche dienstarkeiten) ………………… (1008)
  - 地役权(servitude) ……………………………………………………………………… (176)
    - 积极地役权(positive servitude; 德 servitutes affirmativae) ………………… (495)
    - 消极地役权(德 servitutes negativae) …………………………………………… (1014)
    - 继续地役权(continuous easement; 德 servitutes continuae) ………………… (515)
    - 非继续地役权(拉丁 servitutes discontinuae) …………………………………… (236)
    - 表现的地役权(拉 servitutes apparentes; 德 offene oder ins Auge fallende Diensbarkeiten) ……… (68)
    - 不表现的地役权(拉 servitutes simplices; 德 Verborgene Dienstbarkeiten) …… (72)

担保物权(real rights for security) ………………………………………………………………… (155)
- 物上代位权(德 dingliche Surrogation) …………………………………………………… (1000)
- 代位物(德 surrogat) …………………………………………………………………………… (150)
- 物上保证人(guarantor on thing) …………………………………………………………… (1000)
- 抵销(set-off) …………………………………………………………………………………… (167)
- 抵押(mortgage) ………………………………………………………………………………… (168)
  - 抵押权的取得(acquisition of mortgage) …………………………………………… (170)
  - 抵押权的效力(effect of mortgage) …………………………………………………… (171)
  - 抵押权的次序(德 Rangverhältnis mehrerer Hypotheken) ……………………… (170)
  - 抵押权的顺位(德 Hypothekenstelle) ………………………………………………… (171)
  - 顺位的保留(德 Rangvorbehalt) ……………………………………………………… (876)
  - 抵押物(德 Gegenstand der Hypothek) ……………………………………………… (174)
  - 抵押合同(contracts for mortgage) …………………………………………………… (168)
  - 抵押权的实行(foreclosure) …………………………………………………………… (171)

- 动产抵押(chattel mortgage) …………………………………………………………… (189)
- 共同抵押(德 Gesamthypothek) ……………………………………………………… (306)
- 最高额抵押(德 Höchstbetragshypothek) …………………………………………… (1272)
- 所有人抵押(德 Eigentümershypothek) ……………………………………………… (894)
- 法定抵押权(德 gesetzliche hypothek) ……………………………………………… (204)
- 财团抵押(德 Behneiunheit) …………………………………………………………… (89)
- 浮动担保(floating charge) …………………………………………………………… (248)
- 证券抵押(德 Briefhypothek) ………………………………………………………… (1182)
- 工厂抵押(mortgage of factory and consortium) …………………………………… (269)
- 保全抵押权(德 Sicherungshypothek) ………………………………………………… (11)
- 流通抵押权(德 Verkehrshypothek) ………………………………………………… (608)
- 矿业抵押(mortgage of mineral industry) …………………………………………… (582)
- 权利抵押(mortgage of right) ………………………………………………………… (764)
- 质权(pledge) …………………………………………………………………………… (1217)
  - 质押(德 Pfändung) ………………………………………………………………… (1218)
  - 出质(德 Verpfändung) …………………………………………………………… (121)
    - 质押合同(contracts for pledge) ……………………………………………… (1218)
  - 转质(德 Afterpfand) ……………………………………………………………… (1247)
    - 责任转质(responsible sub-pledge) …………………………………………… (1156)
    - 承诺转质(sub-pledge by acceptance) ………………………………………… (111)
  - 法定质权(德 gesetzliches Pfandrecht) ………………………………………… (208)
  - 占有质权(德 Faustpfandrecht; Besitzpfandrecht) …………………………… (1176)
  - 收益质权(德 Nutzpfand, Nutzungspfand) ……………………………………… (853)
  - 归属质权(德 Verfallpfandrecht) ………………………………………………… (383)
  - 给付权质权(pledge on receivatles) ……………………………………………… (494)
  - 营业质权(commercial pledge) …………………………………………………… (1112)
  - 最高额质权(maximum pledge) …………………………………………………… (1272)
  - 权利质权(德 pfandrecht an rechten) …………………………………………… (766)
  - 债权质权(pledge on creditor's right) …………………………………………… (1171)
  - 股权质权(pledge on share; 德 Pfandrecht an Aktie) ………………………… (374)
  - 知识产权质权(pledge on intellectual property) ……………………………… (1212)
  - 流质契约(德 Verfallpfand; 拉丁 lex commissoria) …………………………… (608)
- 留置权(possessory lien; 德 Zurückbehaltungrecht oder Retionsrecht) ………… (608)
  - 留置权的条件(the conditions of lien) …………………………………………… (610)
  - 留置权的效力(the effect of lien) ………………………………………………… (610)
  - 留置权的实行(realization of lien) ………………………………………………… (609)
- 优先权(preemptire power; 法 privilége) …………………………………………… (1118)
- 先买权(德 Vorkaufsrecht) …………………………………………………………… (1005)
- 所有权保留(retention of title; 德 Eigentumsvorbehalt) ………………………… (892)
  - 简单所有权保留(simple retention of title) ……………………………………… (527)
  - 延长所有权保留(prolonged retention of title) ………………………………… (1054)
  - 扩大的所有权保留(extended retention of title) ……………………………… (583)
  - 余额结转所有权保留(德 Kontokorrentvorbehalt) ……………………………… (1138)
  - 康采恩式所有权保留(德 Konzern-Eigentumsvorbehalt) ……………………… (571)
- 让与担保(德 Sicherunguebereignung) ……………………………………………… (769)
- 衡平法上的赎回权(equitable redemptions) ………………………………………… (453)

〔占有〕
- 占有(possession；德 Besitz) …… (1174)
  - 有权占有(拉丁 Iusta possession；德 rechtmaessier Besitz) …… (1124)
  - 无权占有(德 iniusta Possession；unrechtmaessiger Besitz) …… (973)
  - 善意占有(bona fide possession；德 Bonae fidei Possession, redlicher Besitz, possession de bonne foi) …… (801)
  - 恶意占有(拉丁 malae fidei possession；德 unredlicher Besitz；法 possession de mauvaise) …… (201)
  - 有瑕疵的占有(拉丁 possessio vitiosa；德 fehlerhafter Besitz；法 possession vicieuse) …… (1125)
  - 无瑕疵占有(德 possessio non vitiosa；fehlerfreier Besitz；possession non vicieuse) …… (975)
  - 正权源占有(iusta possessio；德 rechtmaessiger Besitz；possession juste)(参见有权占有条) …… (1179)
  - 无权源占有(德 Iniusta possession；unrechtmaessiger Besitz；possession injuste)(参见无权占有条) …… (973)
  - 有过失占有(negligent possession) …… (1121)
  - 无过失占有(innegligent possession) …… (971)
  - 和平占有(peaceful possession) …… (453)
  - 强暴占有(violent possession) …… (747)
  - 公然占有(德 öffentlicher Besitz) …… (277)
  - 隐秘占有(heimlicher besitz/possession clandestine；德 covert possession) …… (1102)
  - 继续占有(continuous possession) …… (516)
  - 不继续占有(德 nichtständiger Besitz) …… (78)
  - 直接占有(德 unmittelbarer Besitz) …… (1214)
  - 间接占有(德 mittelbarer Besitz) …… (522)
  - 多重间接占有(德 mehrfacher mittelbarer Besitz) …… (198)
  - 自主占有(possession of one's own；德 Eigenbesitz) …… (1265)
  - 他主占有(德 Fremdbesiz) …… (897)
  - 自己占有(德 Eigenbesitz) …… (1259)
  - 占有辅助(德 Fremdbesitz) …… (1176)
  - 单独占有(德 Alleinbesitz) …… (154)
  - 共同占有(德 Mitbesitz) …… (316)
- 持有(德 Gewahrsam) …… (117)
- 占有权(德 Besitzrecht) …… (1176)
- 占有的效力(effects of possession) …… (1175)
  - 占有之诉(德 Besitzklage) …… (1176)
  - 本权之诉(拉 petitorium) …… (61)
  - 占有的权利推定效力(德 Rechtigkeitsvermutung) …… (1176)
  - 占有状态的推定(德 Vermutung des Besitz) …… (1177)
- 占有的保护(protection of possession) …… (1175)
  - 占有防御权(德 Recht zur Bisitzwehrung) …… (1175)
  - 占有物的取回权(德 Recht zur Besitzkehrung) …… (1176)
  - 占有保护请求权(德 Besitzschutzanspruch) …… (1175)
    - 占有物返还请求权(right for petition of returning things in possession) …… (1176)
    - 占有妨害除去请求权(德 Anspruch wegen Besitzstoerung) …… (1175)
    - 占有妨害防止请求权(德 Auspruch wegen Besitzs-toerung) …… (1176)
  - 准占有(quasi possession) …… (1256)

〔信托〕
- 信托(trust) …… (1024)

信托当事人(trust parties) …………………………………………………………………… (1030)
信托关系人(trust parties)(参见信托当事人条) ………………………………………… (1031)
信托人(trustor)(参见委托人条) ………………………………………………………… (1034)
信托利害关系人(trust interested parties) ……………………………………………… (1033)
法定信托(legal trust) ……………………………………………………………………… (207)
设定信托(created trust) …………………………………………………………………… (828)
意定信托(trust by agreement) …………………………………………………………… (1092)
明示信托(express trust) …………………………………………………………………… (658)
私人信托(private trust) …………………………………………………………………… (878)
私益信托(private benefit trust)(参见私人信托条) …………………………………… (879)
自益信托(self-benefit trust) ……………………………………………………………… (1262)
他益信托(benefit-to-other trust) ………………………………………………………… (897)
管理信托(administrative trust) …………………………………………………………… (381)
纯正信托(pure trust) ……………………………………………………………………… (136)
担保信托(guaranty trust) ………………………………………………………………… (156)
不纯正信托(impure trust)(参见担保信托条) …………………………………………… (72)
可执行的信托(feasible) …………………………………………………………………… (576)
不可执行的信托(non-executory trust) …………………………………………………… (80)
完全成立的信托(completely constituted trust) ………………………………………… (947)
未完全成立的信托(incompletely constituted trust) …………………………………… (967)
固定信托(fixed trust) ……………………………………………………………………… (375)
可酌情处理的信托(discretionary trust) ………………………………………………… (576)
自由裁量信托(discretionary trust)(见可酌情处理的信托条) ………………………… (1262)
能动信托(active trust) …………………………………………………………………… (665)
积极信托(active trust)(参见能动信托条) ……………………………………………… (495)
被动信托(passive trust) …………………………………………………………………… (51)
消极信托(passive trust)(参见被动信托条) …………………………………………… (1015)
保管信托(custodial trust) ………………………………………………………………… (9)
个别信托(sole trust) ……………………………………………………………………… (267)
集团信托(group trust) …………………………………………………………………… (506)
生前信托(living trust; trust inter vivos) ……………………………………………… (838)
目的信托(purpose trust) …………………………………………………………………… (661)
私人目的信托(private purpose trust) …………………………………………………… (878)
秘密信托(secret trust) …………………………………………………………………… (630)
不可撤销的信托(irrevocable trust) ……………………………………………………… (78)
涉外信托(trust involving foreign element) …………………………………………… (835)
国际信托(international trust)(参见涉外信托条) ……………………………………… (389)
离岸信托(offshore trust) ………………………………………………………………… (587)
信托品种(trust variety) …………………………………………………………………… (1034)
指定信托(trust caused by appointment) ………………………………………………… (1216)
强制信托(compulsory trust) ……………………………………………………………… (749)
公职人员财产信托(trust of the property of public employee) ……………………… (302)
默示信托(implied trust) …………………………………………………………………… (660)
隐含信托(implied trust)(参见默示信托条) …………………………………………… (1101)
归复信托(resulting trust) ………………………………………………………………… (382)
结果信托(resulting trust)(参见归复信托条) ………………………………………… (539)
推定信托(constructive trust) …………………………………………………………… (936)

拟制信托(constructive trust)(参见推定信托条) ……………………………… (666)
发展公共事业的信托(the trust of expansion of communal cause) ………… (203)
信托设立(creation of trust) ……………………………………………………… (1034)
 信托目的(trust purpose) …………………………………………………… (1034)
 信托意图(trust intention) ………………………………………………… (1038)
 信托形式(forms of trust) …………………………………………………… (1037)
 信托文件(trust instrument) ……………………………………………… (1036)
 信托契约(contract of trust)(参见信托合同条) ………………………… (1034)
 合同信托(trust caused by contract) ……………………………………… (447)
 契约信托(trust caused by contract)(参见合同信托条) ……………… (745)
 信托遗嘱(testament of trust) …………………………………………… (1038)
 遗嘱信托(trust caused by testament) …………………………………… (1088)
 死后信托(trust after death)(参见遗嘱信托条) ………………………… (879)
 恳求信托(precatory trust) ………………………………………………… (577)
 信托宣言(declaration of trust) …………………………………………… (1037)
 宣言信托(trust by declaration) …………………………………………… (1050)
 信托事项(trust matters) …………………………………………………… (1035)
 信托条款(trust terms) ……………………………………………………… (1036)
 信托生效条件(the conditions of vadility of trust) ……………………… (1035)
 信托事项确定(certainty of trust matters) ……………………………… (1035)
 信托条款确定(certainty of trust terms)(参见信托事项确定条) …… (1036)
 无效信托(void trust) ……………………………………………………… (985)
 目的违法的信托(trust of the purpose against law) …………………… (661)
 目的损害社会公共利益的信托(trust of the purpose damnifing social public interest) …… (661)
 目的违反公序良俗的信托(trust of the purpose against public order and good moral)
  (参见目的损害社会公共利益的信托条) ……………………………… (661)
 脱法信托(trust of evasion of law) ………………………………………… (940)
 信托财产不能确定的信托(trust of the uncertainty of trust property) … (1026)
 信托财产不适当的信托(trust of the impropriety of trust property) …… (1026)
 诉讼信托(trust of action) ………………………………………………… (887)
 索债信托(trust of claim of debt) ………………………………………… (896)
 受益人不能确定的信托(trust of the uncertainty of beneficiary) …… (868)
 可撤销的信托(revocable trust) …………………………………………… (574)
 诈害债权信托(trust of damage of claim) ……………………………… (1158)
 信托公示(announcement of trust) ……………………………………… (1031)
 信托登记(registration of trust) …………………………………………… (1030)
 信托财产(trust property) ………………………………………………… (1026)
 金钱信托(money trust) …………………………………………………… (546)
 金钱债权信托(money claim trust) ……………………………………… (547)
 动产信托(cattle trust) ……………………………………………………… (192)
 不动产信托(real estate trust) …………………………………………… (76)
 知识产权信托(intellectual property trust) ……………………………… (1211)
 无形财产权信托(immaterial property trust)(参见知识产权信托条) … (986)
 衡平法权益信托(equitable interest trust) ……………………………… (453)
 信托财产权(trust property) ……………………………………………… (1028)
 固有财产(individual property) …………………………………………… (375)
 信托财产添附(accession of trust res) …………………………………… (1028)

信托财产物上代位性(substitutional nature of trust res) …………………… (1029)
信托财产独立性(independence of trust property) …………………… (1026)
信托财产共有(trust property in common) …………………… (1027)
信托财产合有(joint tenancy of trust property) …………………… (1027)
信托财产占有瑕疵(defect of possession of trust res) …………………… (1029)
信托基金(trust fund) …………………… (1032)
共同信托基金(common trust fund) …………………… (314)
信托投资基金(trust investment fund)(参见共同信托基金条) …………………… (1036)
单位信托基金(unit trust fund)(参见共同信托基金条) …………………… (154)
证券投资信托基金(securities investment trust fund) …………………… (1201)
产业投资信托基金(industrial investment trust fund) …………………… (100)
信托财产管理方法(administrative method of trust property) …………………… (1027)
信托利益(trust interest) …………………… (1033)
信托事务(trust routine) …………………… (1035)
委托人条件(conditions of trustor) …………………… (966)
委托人的信托财产强制执行异议权(trustor's right to object to the enforcement of trust property) …………………… (964)
委托人的信托知情权(trustor's right to know about the trust) …………………… (965)
委托人的查阅信托账目权(trustor's right to read trust account)(参见委托人的信托知情权条) …………………… (962)
委托人的信托变更权(trustor's right to alter trust) …………………… (964)
委托人的不当行为撤销权(trustor's right to revoke improper act) …………………… (962)
委托人的损害赔偿请求权(trustor's claim of compensation of damages) …………………… (963)
委托人的解任权(trustor's right of dissolution of duty) …………………… (962)
委托人的许可辞任权(trustor's right to agree resignation) …………………… (965)
委托人的新受托人选任权(trustor's right to appoint new trustee) …………………… (963)
委托人的认可报告权(trustor's right to agree report) …………………… (963)
委托人的信托解除权(trustor's right to dissolve trust) …………………… (965)
委托人的信托终止权(trustor's right to terminate trust)(参见委托人的信托解除权条) …………………… (965)
委托人的信托监督请求权(trustor's claim of supervision for trust) …………………… (965)
委托人选任信托监察人的请求权(trustor's claim of appointment of trust supervisor) …………………… (966)
委托人的信托财产取回权(trustor' right to reseize trust property) …………………… (964)
委托人的交付信托财产义务(trustor's duty to give trust property) …………………… (962)
委托人的确保信托财产权转移义务(trustor's duty to avouch trust property transference) …………………… (963)
委托人的支付报酬义务(trustor's duty to give remuneration) …………………… (966)
受托人(mandatory; trustee; bailee; holder on trust) …………………… (856)
原始受托人(original trustee) …………………… (1142)
原受托人(last trustee) …………………… (1143)
留任受托人(continuing trustee) …………………… (608)
新受托人(new trustee) …………………… (1022)
继任受托人(successor trustee)(参见新受托人条) …………………… (514)
普通受托人(ordinary trustee) …………………… (731)
私人受托人(private trustee) …………………… (878)
司法受托人(judicial trustee) …………………… (876)
公共受托人(public trustee) …………………… (272)
营业受托人(commercial trustee) …………………… (1111)
商业受托人(commercial trustee)(参见营业受托人条) …………………… (822)
信托营业人(the person doing business of trust)(参见营业受托人条) …………………… (1038)
信托公司(trust company) …………………… (1031)

信托业(trust trades)(参见信托公司条) …………………………………… (1037)
信托投资公司(trust and investment company) ……………………………… (1036)
公益受托人(beneficial public trustee) ………………………………………… (300)
慈善受托人(charitable trustee)(参见公益受托人条) ………………………… (137)
推定受托人(constructive trustee) …………………………………………… (936)
单独受托人(sole trustee) ……………………………………………………… (153)
共同受托人(cotrustee) ………………………………………………………… (313)
多数受托人(several trustees)(参见共同受托人条) …………………………… (199)
保管受托人(custodian trustee) ………………………………………………… (9)
继续存在的受托人(surviving trustees) ………………………………………… (515)
生存的受托人(surviving trustees)(参见继续存在的受托人条) ……………… (837)
受托人条件(conditions of trustee) …………………………………………… (865)
受托人职责终止(termination of the office of trustee) ……………………… (865)
受托人辞任(retirement of trustee) …………………………………………… (858)
受托人解任(removal of trustee) ……………………………………………… (864)
受托人的职权(power of trustee) ……………………………………………… (863)
受托人的酌情处理权(trustee's discretionary power) ………………………… (864)
受托人的自由裁量权(trustee's discretionary power)(参见受托人的酌情处理权条) … (864)
受托人的委托代理权(trustee's power to delegate agents) ………………… (862)
受托人的信托财产强制执行异议权(trustee's right to object to the enforcement of trust property) …… (862)
受托人的信托变更权(trustee's right to alter trust) ………………………… (862)
受托人的费用补偿权(trustee's right of compensation) …………………… (859)
受托人的报酬权(trustee's right of remuneration) ………………………… (859)
受托人报酬规则(rule of trustee's remuneration) ………………………… (858)
受托人的遵从信托条款义务(trustee's duty to comply with terms of trust) … (864)
受托人的忠实义务(trustee's duty of loyalty) ……………………………… (864)
受托人的受信任义务(trustee's duty of fiduciary)(参见受托人的忠实义务条) … (862)
受托人的为受益人谋求最大利益义务(trustee's duty for beneficiary seeking greatest interest) …… (862)
受托人的勤勉谨慎义务(trustee's duty of diligence and prudence) ………… (861)
受托人的注意义务(trustee's duty of care)(参见受托人的勤勉谨慎义务条) …… (864)
谨慎投资人规则(the prudent investor rule) ………………………………… (549)
受托人的分别管理信托财产义务(trustee's duty to separate trust property administration) ……… (860)
受托人的亲自执行信托义务(trustee's duty to execute trust himself) ……… (861)
受托人的保存账目义务(trustee's duty to preserve account) ……………… (858)
受托人的告知义务(trustee's duty of information) ………………………… (860)
受托人的保护信托财产义务(trustee's duty to preserve trust property) …… (859)
受托人的交付信托利益义务(trustee's duty to pay trust interest) ………… (861)
受托人的公平对待受益人义务(trustee's duty to deal impartially with beneficiaries) …… (861)
受托人的保密义务(trustee's duty to keep secret) ………………………… (859)
受托人的清算义务(trustee's duty to liquidation) ………………………… (861)
受托人的责任(liability of trustee) …………………………………………… (863)
单独受益人(sole beneficiary) ………………………………………………… (153)
共同受益人(cobeneficiary) …………………………………………………… (314)
多数受益人(several beneficiaries)(参见共同受益人条) …………………… (199)
受益人条件(conditions of beneficiary) ……………………………………… (871)
信托受益权(trust beneficial interest) ……………………………………… (1035)
受益人的信托财产强制执行异议权(beneficiary's right to object to the enforcement

of trust property) …………………………………………………………………………(870)
　受益人的信托知情权(beneficiary's right to know about the trust) ………………………(870)
　受益人的查阅信托账目权(beneficiary's right to read trust account)(参见受益人的信托知情权条)……(868)
　受益人的信托变更权(beneficiary's right to alter trust) ……………………………………(869)
　受益人的不当行为撤销权(beneficiary's right to revoke improper act) …………………(868)
　受益人的损害赔偿请求权(beneficiary's claim of compensation of damage) ……………(869)
　受益人的解任权(beneficiary's right of dissolution of duty) ………………………………(869)
　受益人的许可辞任权(beneficiary's right to permit resignation) …………………………(871)
　受益人的新受托人选任权(beneficiary's right to appoint new trustee) …………………(869)
　受益人的认可报告权(beneficiary's right to agree report) …………………………………(869)
　受益人的信托解除权(beneficiary's right to dissolve trust) ………………………………(870)
　受益人的信托终止权(beneficiary's right to terminate trust)(参见受益人的信托解除权条)……(871)
　受益人的信托监督请求权(beneficiary's claim of supervision for trust) …………………(870)
　受益人的信托财产取得权(beneficiary's right to acquire trust property) ………………(870)
　受益人的费用补偿义务(beneficiary's duty of compensation) ……………………………(869)
　受益人的支付报酬义务(beneficiary's duty to give remuneration) ………………………(871)
　信托监察人(supervisor of trust) ……………………………………………………………(1032)
　信托管理人(manager of trust)(参见信托监察人条) ………………………………………(1031)
信托期间(duration of trust)………………………………………………………………………(1034)
　反对永久信托规则(the rule against perpetual trust) ……………………………………(228)
　信托变更(alteration of trust) ………………………………………………………………(1025)
　信托解除(dissolution of trust) ………………………………………………………………(1033)
　信托撤销(revocation of trust) ………………………………………………………………(1030)
　信托终止(termination of trust) ………………………………………………………………(1038)
　信托清算(liquidation of trust) ………………………………………………………………(1034)
　信托财产权利归属人(attributor of trust property) ………………………………………(1028)
　信托监督(supervision for trust) ……………………………………………………………(1033)
民事信托(civil trust) ……………………………………………………………………………(649)
　非营业信托(noncommercial trust)(参见民事信托条) ……………………………………(237)
　抚养费信托(maintenance trust) ……………………………………………………………(248)
　供养信托(support trust)(参见抚养费信托条) ……………………………………………(304)
　扶养费信托(alimony trust) …………………………………………………………………(247)
　混合信托(blended trust) ……………………………………………………………………(481)
　保护信托(protective trust) ……………………………………………………………………(10)
　扶助信托(alimentary trust)(参见保护信托条) ……………………………………………(248)
　浪费者信托(spendthrift trust) ………………………………………………………………(584)
　年金信托(annuity trust) ………………………………………………………………………(667)
　简单信托(simple trust) ………………………………………………………………………(527)
　单纯信托(bare trust)(参见简单信托条) ……………………………………………………(152)
　光头信托(naked trust)(参见简单信托条) …………………………………………………(381)
　特设信托(special trust) ………………………………………………………………………(905)
　继承财产信托(estate trust) …………………………………………………………………(510)
　积累信托(accumulation trust) ………………………………………………………………(495)
　表决权信托(voting trust) ………………………………………………………………………(67)
　职工持股信托(staff shares trust) ……………………………………………………………(1214)
　营业信托(commercial trust) …………………………………………………………………(1111)
　商业信托(business trust, commercial trust)(参见马萨诸塞州信托条、营业信托条) ………(822)

有价证券信托(securities trust) …………………………………………………………… (1123)
贷款信托(loan trust) ……………………………………………………………………… (151)
贷款信托合同(contract of loan on trust) ……………………………………………… (151)
贷款信托受益证券(loan trust beneficial interest security) ………………………… (151)
投资信托(investment trust) ……………………………………………………………… (928)
合同型投资信托(contract type investment trust)(参见投资信托条) ……………… (447)
证券投资信托(securities investment trust) …………………………………………… (1201)
证券投资信托合同(securities investment trust deed) ……………………………… (1201)
投资信托受益证券(investment trust beneficial interest security) ………………… (928)
产业投资信托(industrial investment trust) …………………………………………… (100)
附担保公司债信托(secured debenture trust) ………………………………………… (253)
养老金信托(old-age pension trust) …………………………………………………… (1059)
马萨诸塞州信托(Massachusetts Trust) ……………………………………………… (620)
公益信托(public benefit trust) ………………………………………………………… (301)
慈善信托(charitable trust)(参见公益信托条) ………………………………………… (137)
力求近似原则(cy-pres doctrine) ……………………………………………………… (592)
救济贫困的信托(the trust of relief of poverty) ……………………………………… (557)
促进教育的信托(the trust of advancement of education) ………………………… (139)
提倡宗教的信托(the trust of advocacy of religion) ………………………………… (908)
增进健康的信托(the trust of promotion of health) ………………………………… (1156)
维护公墓或纪念碑的信托(the trust of maintenance of cemetery or monument) … (958)

〔债权〕

债权法(law of obligation) ………………………………………………………………… (1165)
债(拉丁 obligation) ……………………………………………………………………… (1159)
债的要素(elements of obligation) ……………………………………………………… (1163)
债的主体(subject of obligation) ………………………………………………………… (1164)
　多数债权人(majority creditor) ……………………………………………………… (199)
　判定债权人(judgment creditor) …………………………………………………… (675)
债务人(德 Schuldner; 拉丁 debter; loanee; obligor) ………………………………… (1174)
　多数债务人(majority debtor) ………………………………………………………… (200)
　从债务人(accessory debtor) ………………………………………………………… (138)
　判定债务人(judgment debtor) ……………………………………………………… (675)
　债务奴隶(拉丁 nexus) ……………………………………………………………… (1173)
债的内容(content of obligation) ………………………………………………………… (1162)
　债权(creditor's right; obligatory right) ……………………………………………… (1164)
　　主债权(德 hauptforderungsrecht) ………………………………………………… (1242)
　　从债权(德 Nebenforderung) ……………………………………………………… (138)
　　记名债权(credit with sepcific obligee; credit by name)(参见指名债权条) …… (507)
　　取物债权(credit of retrieval real) ………………………………………………… (763)
　　指名债权(credit with specific obligee, credit by name) ………………………… (1217)
　　债权行为(德 Verpflichtungsgeschäft) ……………………………………………… (1170)
　　总债(general obligation) …………………………………………………………… (1267)
　　除斥债权(excluded creditor's claim right) ……………………………………… (122)
　债务(debt, engagement, liabilities, obligation) ……………………………………… (1172)
　　主债务(德 Hauptschuldverhaeltnisse) ……………………………………………… (1242)
　　从债务(德 Nebenschuld) …………………………………………………………… (138)

债的标的(object of obligation) …… (1160)
债的客体(object of obligation) …… (1161)
 特定之债(德 Bestimmteschuld) …… (904)
 种类之债(德 gattungsschuld) …… (1237)
 单一之债(single obligation) …… (155)
 简单之债(德 einfache obligation) …… (528)
 选择之债(alternative obligation;德 Walschuld;法 obligation alternative) …… (1052)
 选择债权(alternative creditors) …… (1052)
 选择债务(alternative debtors) …… (1052)
 限定之债(德 Schuld ohne alternative Ermächtigung) …… (1007)
 任意之债(拉丁 obligatio facultativa) …… (785)
 法定债(legal obligation) …… (208)
 补充之债(complementary debt) …… (71)
 附加之债(additional debt)(参见补充之债条) …… (256)
 原本之债(debt of principal) …… (1142)
 货币之债(德 Wertschuld;Geldschuld) …… (485)
 利息之债(德 Zinsschuld) …… (593)
 单务之债(unilateral debt) …… (155)
 劳务之债(obligation of personal service) …… (587)
 财物之债(obligation of property) …… (90)
 双务之债(bilateral debt) …… (875)
 自然债(natural obligation) …… (1261)
 有效债务(valid obligation) …… (1137)
 积极债务(德 positive Schuld) …… (495)
 消极债务(德 negative Schuld) …… (1015)
 无条件之债(unconditional obligation) …… (975)
 附条件之债(conditional obligation) …… (258)
 优先之债(preferential debt) …… (1118)
 特殊之债(debt of special contract) …… (906)
 可转换的债(convertible debenture) …… (576)
 流动债务(floating debt) …… (607)
 长期债务(funded debt) …… (101)
 分期履行之债(obligation of instalment) …… (242)
 指名之债(obligition with specified obligor) …… (1217)
 证书之债(德 Schlichte-beweisurkunde schuld) …… (1206)
 取物之债(拉丁 obligatio ad rem) …… (763)
 明示之债(express obligation) …… (658)
 暗示之债(implied obligation) …… (3)
 公债(public debt) …… (302)
 行政命令之债(obligations based on administrative order) …… (1042)
 人身债(personal contract) …… (778)
 判决之债(judgement debt) …… (675)
 主债(德 hauptschuld) …… (1242)
 从债(德 Nebenschulddverhältnis) …… (138)
债的效力(effects of obligation;德 Wirkung der Obligation) …… (1163)
 给付(performance) …… (493)
 给付行为(act of performance) …… (494)

给付标的(object of performance) …………………………………………………… (494)
　　　积极给付(positive performance) ………………………………………………… (495)
　　　消极给付(negative performance) ………………………………………………… (1014)
　　　混合给付(combine performance) ………………………………………………… (480)
　　　可分给付(divisible prestation) …………………………………………………… (575)
　　　不可分给付(德 unteilbare Leistung) …………………………………………… (78)
　　　继续给付(德 dauerde Leistung) ………………………………………………… (515)
　　　不继续给付(德 einmalige Leistung) …………………………………………… (78)
　　　特定给付(particular presentation) ……………………………………………… (903)
　　　不特定给付(indefinite presentation) …………………………………………… (82)
　　　单纯给付(single perstation) ……………………………………………………… (152)
　　　合成给付(compound perstation) ………………………………………………… (425)
　债的履行(performance of debt；德 die Erfüllung der Obligation) ………………… (1162)
　　债的实际履行(sepcific performance of obligation) ……………………………… (1162)
　　债的适当履行(proper performance of debt) …………………………………… (1162)
　　债的正确履行(correctly performance of obligation) …………………………… (1164)
　　债的履行地(德 Leistungsort) …………………………………………………… (1162)
　　债务清偿地(德 Leistungsort) …………………………………………………… (1174)
　　债的履行不能(德 Unmöglichkeit der Leistung) ………………………………… (1162)
　　债的不履行(德 Nichterfuellung) ………………………………………………… (1160)
　　债的不履行责任(德 Haftung der Nichterfuellung) …………………………… (1160)
　债的迟延(delay of performance) …………………………………………………… (1160)
　　债权人迟延(拉丁 mora creditoris；德 verzug des glaubigers) ……………… (1169)
　　受领迟延(拉丁 mora accipiendi；德 Annahmeverzug) ……………………… (855)
　　债务人迟延(拉丁 mora debitoris；德 verzug des schulduers)(参见给付迟延条) ……… (1174)
　　给付迟延(拉丁 mora solvendi) ………………………………………………… (494)
　　事变迟延(delay due to accident) ………………………………………………… (847)
　债的保全(preservation of creditor's right) ………………………………………… (1160)
　　债权人代位权(subrogation of creditor) ………………………………………… (1169)
　　债权人撤销权(德 glaeubigeranfechtungsrecht) ……………………………… (1168)
债的担保(security of debt) …………………………………………………………… (1161)
　担保之债(warranted obligation) …………………………………………………… (156)
　担保责任(warranty liability) ………………………………………………………… (156)
　流通担保(德 Verkehrssicherheit) ………………………………………………… (607)
　保全担保(德 Sicherungssicherheit) ……………………………………………… (11)
　人的担保(guaranty of people) …………………………………………………… (770)
　　保证合同(contract of guaranty) ………………………………………………… (44)
　　保证契约(contract of guaranty)(参见保证合同条) ……………………………… (45)
　　保证债务(guarantee's obligation) ……………………………………………… (46)
　　无限保证债务(limitless debt of guaranty) ……………………………………… (975)
　　有限保证债务(limited debt of guaranty) ……………………………………… (1125)
　　共同保证债务(joint guaranty of the debt) ……………………………………… (306)
　　一般保证(general guaranty) …………………………………………………… (1068)
　　先诉抗辩权(德 Einrede der Vorausklage) …………………………………… (1006)
　　检索抗辩权(拉丁 beneficium excussinis)(参见先诉抗辩权条) ……………… (527)
　　连带责任保证(joint and several guaranty) …………………………………… (595)
　　允诺保证(sponsio) ……………………………………………………………… (1146)

诚意允诺保证(fidepromissio) ……………………………………………………………… (115)
　　　诚意负责保证(fidejussio) ………………………………………………………………… (115)
　　　赔偿保证(德 Schadlosbuergschaft, Ausfallbürgschaft) ……………………………… (677)
　　　求偿保证(guaranty of claim) …………………………………………………………… (763)
　　　再保证(re-guaranty) …………………………………………………………………… (1149)
　　　委任保证(拉丁 mandatum pecuniae credendae) ……………………………………… (959)
　　　简约保证(拉丁 constitum debiti alieni) ………………………………………………… (529)
　　　补充保证(德 Nachbuergschaft) ………………………………………………………… (70)
　　　定期保证(fixed-term surety) …………………………………………………………… (186)
　　　不定期保证(guaranty without fixed-term) ……………………………………………… (74)
　　　银行保证(surety provided by bank) …………………………………………………… (1099)
　　　明示保证(express warrantg or exprtss gualanteeship) ………………………………… (657)
　　　默示保证(implied warranty) …………………………………………………………… (658)
　　　人事保证(德 personalkaution) ………………………………………………………… (779)
　　　物上担保(real guarantee) ……………………………………………………………… (1000)
　　　金钱担保(money guarantee) …………………………………………………………… (545)
　　　定金之债(earnest money obligation) …………………………………………………… (186)
　　　定金契约(earnest money contract) ……………………………………………………… (185)
　　　定金(earnest money) …………………………………………………………………… (184)
　　　　违约定金(arrha poenalis) …………………………………………………………… (954)
　　　　成约定金(earnest for existing agreement;德 Handgeld) …………………………… (102)
　　　　解约定金(拉丁 arrha poenitentialis;德 Reugeld) …………………………………… (542)
　　　　证约定金(arrha confirmatoria) ……………………………………………………… (1206)
多数人之债(obligation with several creditors or debtors) ………………………………………… (199)
　　复数之债(plural obligation) ……………………………………………………………… (261)
　　共同之债(德 gemeinschafitliche Schuldverhaltnisse) …………………………………… (316)
　　可分之债(德 geteiltes Schuldverhaltnis) ………………………………………………… (575)
　　分割之债(divisible obligation)(参见可分之债条) ………………………………………… (240)
　　不可分之债(德 unteilbarres Schuldverhaltnis;法 obligation indivisibles) ………………… (78)
　　按份之债(德 geteiltes Schuldverhältnis;法 obligations conjointes) ……………………… (3)
　　　按份债权(德 Teilforderung) …………………………………………………………… (3)
　　　按份债务(德 Teilschuld) ……………………………………………………………… (3)
　　连带之债(德 Gesamtschuldverhaltnis;法 obligations solidaires) ………………………… (596)
　　　连带债权(joint creditors;德 Gesamtforderung;法 solidarita entre creanciers) ……… (596)
　　　连带债务(joint debtors;德 Gesamtverpfichtung;法 solidarite de la part des debiteurs) … (596)
债的变更(alteration of obligation) ………………………………………………………………… (1160)
　　债的移转(transfer of obligation;assignment of obligation) ……………………………… (1163)
　　债务移转(transfer of obligation)(参见债务承担条) ……………………………………… (1174)
　　债权移转(transfer of creditor's right)(参见债权让与条) ………………………………… (1171)
　　债务承担(transfer of obligation) ………………………………………………………… (1172)
　　债权让与(transfer of claim or creditor's right) …………………………………………… (1167)
债的消灭(discharge of obligation;德 Erlöschen der Schuldverhältnisse) ……………………… (1162)
　　略式免除(acceptilatio Aquilius) ………………………………………………………… (616)
　　要式免除(拉丁 acceptilatio) …………………………………………………………… (1061)
　　清偿(拉丁 solutio;德 Erfuellung) ……………………………………………………… (756)
　　指定清偿(specified payment) …………………………………………………………… (1216)
　　代物清偿(拉丁 datio in solutum;德 Annahme an Erfüllungs Statt) …………………… (150)

29

  代偿取回权(right of retrieval for compensation) …… (143)
 更改(alteration of obligation) …… (269)
 提存(lodgment;德 Hinterlegung) …… (908)
 抵销(set-off) …… (167)
 交互计算(current account;德 laufende Rechnung;法 compte courant) …… (536)
 免除(release;德 Erlass) …… (630)
债的发生根据(creation of obligation) …… (1161)

〔合同〕
合同之债(obligation of contract;德 Schuldverhältnis aus Vertrag) …… (448)
 简单合同之债(obligation of informal contract) …… (527)
合同(contract) …… (437)
允诺(promise) …… (1146)
契约(contract;德 Vertrag) …… (743)
 狭义契约(contract in narrow sense) …… (1004)
 广义契约(contract in broad sense) …… (382)
 准契约(quasi-contract) …… (1255)
协议(agreement;拉丁 consensus, conventio) …… (1018)
合意(agreement;德 konsens) …… (449)
不合意(德 Dissens) …… (77)
合同行为(德 Gesamtact) …… (447)
侥幸行为(aleatory act) …… (538)
合同原则 …… (448)
 合同自由原则(principle of freedom of contract) …… (448)
 违约过错责任原则(principle of fault liability on breach of contract) …… (954)
质剂(zhi ji) …… (1217)
傅别(fu bie) …… (262)
买卖约剂(written sales contract) …… (623)
要式现金借贷(拉丁 nexum) …… (1061)
解放宣誓(拉丁 jurata promissio libertis; promissio iurata) …… (542)
嫁资口约(拉丁 dotis dictio) …… (521)
要式口约(拉丁 stiplatio, stiplazione) …… (1060)
副债权契约(adstipulatio) …… (262)
文书契约(拉丁 contractus lilteris) …… (968)
约据(拉丁 singrafe) …… (1145)
亲笔字据(拉丁 chirografi, chirographum) …… (750)
债权证书(certificate of creditor's right) …… (1171)
严法契约(拉丁 stricti iuris) …… (1056)
简约(拉丁 pactum, pactio, pactum conventum) …… (529)
 裸体简约(nuda pactum) …… (619)
 穿衣简约(pacta vestita) …… (124)
 附加简约(拉丁 pacta adjecta) …… (255)
 独立简约(拉丁 pacta vestita) …… (193)
 大法官简约(拉丁 pacta praetoria) …… (141)
 敕令简约(pacta legitima;拉丁 pacta legitimum) …… (118)
无名契约(age sui generis) …… (973)
容假占有(precarium) …… (793)

君子协议(gentleman's agreement) …… (569)
有名合同(德 benannte Vertrage) …… (1124)
无名合同(德 nichtbenannte Vertrage) …… (972)
典型合同(typical contracts; 德 typische Verträge)(参见有名合同条) …… (182)
非典型合同(德 nichttypische Verträge)(参见无名合同条) …… (234)
束己合同(contract for the benefit of the selves) …… (874)
涉他契约(德 Versprechen der Leistung an einen Dritten und Versprechen zu Lasten eines Dritten) …… (833)
第三人负担契约(德 Vertrag zu lnsten Eines Dritten) …… (178)
第三人利益合同(德 Vertrag zu gunsten dritter) …… (178)
物权合同(德 dinglicher Vertag) …… (997)
债权合同(德 obligatorischer Vertrag) …… (1167)
双务合同(德 Zweiseitiger od. Gegenseitiger Vertrag) …… (875)
单务合同(德 einseitiger Vertrag) …… (154)
片务契约(德 einseitiger Vertrag)(参见单务合同条) …… (679)
有偿合同(法 contrat a title onereux; 德 entgeltlicher vertrag) …… (1119)
无偿合同(德 unentgeltlicher Vertrag; 法 contrat au titre gratuit) …… (969)
诺成合同(德 konsensualvertrag) …… (670)
实践合同(德 Realvertrag) …… (844)
要物合同(real contract)(参见实践合同条) …… (1061)
要式合同(formal contract) …… (1060)
登记合同(contract of record) …… (166)
书面合同(contract in written form; 德 Schriftlicher Vertrag) …… (872)
不要式合同(informal contract; 德 formfreier Vertrag) …… (83)
口头合同(parol contract) …… (580)
电子合同(electronic contract) …… (183)
电子邮件(electronic mail) …… (183)
电子商务(electronic commerce) …… (183)
计划合同(contract based on state plan) …… (506)
非计划合同(contract not based on state plan) …… (236)
标准合同(德 allgemeine geschäftsbedingung) …… (65)
格式合同(standard contract)(参见标准合同条) …… (266)
格式之争(the battle of forms) …… (267)
定式合同(法 contracts d'adhésion) …… (188)
附从合同(法 contracts d, ad-hesion) …… (253)
非附从合同(non-standard-term contract) …… (235)
本合同(德 Hauptvertrag) …… (54)
预约合同(德 Vorvertrag) …… (1142)
预约(德 Vorvertrag)(参见预约合同条) …… (1142)
连带合同(joint contract) …… (595)
按份合同(divisible contract) …… (3)
主合同(德 Hauptvertrag) …… (1240)
从合同(德 Nebenvertrag) …… (137)
附属合同(subordinate contract)(参见从合同条) …… (259)
从属的契约(accessory contract) …… (137)
民事合同(civil contract) …… (646)
经济合同(economic contract) …… (553)
私法契约(contract on private law; 德 Privatrechtlicher Vertrag) …… (877)

公法契约(contract on public law) ……(271)
社会合同(social contract) ……(830)
要因合同(德 kausaler Vertrag) ……(1061)
无因合同(德 abstrakter Vertrag) ……(987)
已履行的合同(executed contract) ……(1090)
待履行的合同(executory contract) ……(151)
生前合同(德 Vertrag unter Lebenden) ……(838)
死后合同(德 Vertrag von Todes Wegen) ……(879)
事实推定合同(implied contract) ……(848)
法律推定合同(legal presumed contract) ……(214)
有效合同(valid contract) ……(1137)
无效合同(void contract) ……(983)
违法合同(illegal agreement)(参见非法合同条) ……(952)
非法合同(illegal contract) ……(234)
可能无效的合同(voidable contract) ……(575)
可撤销的合同(voidable contract) ……(573)
假合同(sham contract) ……(520)
真意合同(genuine contract) ……(1178)
合并的契约(德 Vertragsverbindunqen) ……(425)
综合性合同(comprehensive contract) ……(1266)
并向结合合同(德 Kombinationsvertrage) ……(69)
对向结合合同(德 Zwittervertrag；doppeltypische Vertrag) ……(198)
合同联立(德 Vertragsverbindungen) ……(445)
竞争契约(competitive-formation contract) ……(556)
自己契约(德 Selbstkontrahieren) ……(1259)
即时合同(immediate contract) ……(503)
信用契约(credit contract) ……(1040)
最大诚信契约(contract of the utmost good faith) ……(1271)
继续性合同(德 Dauervertrage) ……(516)
连续履行的合同(continuous performative contract) ……(597)
选择合同(alternative contract；德 Wahlvertrag) ……(1051)
无请求权的合同(unenforceable contract) ……(973)
有转让权的合同(transferable contract) ……(1137)
无诉权的契约(no actionable contract) ……(975)
射幸契约(speculation contract) ……(833)
指名契约(contract with nominating right) ……(1217)
消费契约(consumer contract) ……(1014)
直接契约(direct contract) ……(1213)
间接契约(indirect contract) ……(521)
地产契约(estate contract) ……(174)
双边合同(bilateral contract) ……(874)
单边合同(unilateral contract) ……(152)
选择权契约(option contract) ……(1051)
特殊协议(special agreement) ……(906)
部分完整的协议(partial integrated contract) ……(85)
强制性的契约(enforceable contract) ……(750)
简单契约(informal contract) ……(527)

临时契约(binder) …………………………………………………………………………… (606)
　　完备的正式的契约(perfect and formal contract) …………………………………………… (946)
　　完全完整的协议(integrated contract) ……………………………………………………… (948)
强制缔约(德 kontrahierungszwang) ………………………………………………………………… (747)
事实过程缔约(德 Tatsachliche Vorgange) ………………………………………………………… (847)
要约(offer) …………………………………………………………………………………………… (1061)
　　发信主义(德 Absendungstheorie) ………………………………………………………… (203)
　　确定的要约(firm offer) …………………………………………………………………… (767)
　　要约的拘束力(effects of offer) …………………………………………………………… (1062)
　　可撤销的要约(revocable offer) …………………………………………………………… (575)
　　不可撤销的要约(德 unanfechtbarer Antrag) ……………………………………………… (78)
　　撤回要约(withdrawal of an offer) ………………………………………………………… (101)
　　要约的撤销(revocation of offer) ………………………………………………………… (1062)
　　要约的消灭(lapse of offer) ……………………………………………………………… (1062)
　　交错要约(cross-offer) ……………………………………………………………………… (535)
　　要约引诱(invitation to offer)(参见要约邀请条) ………………………………………… (1063)
　　要约邀请(invitation to offer) ……………………………………………………………… (1063)
　　新要约(counter-offer) ……………………………………………………………………… (1022)
承诺(acceptance) …………………………………………………………………………………… (110)
　　明示承诺(express acceptance) …………………………………………………………… (658)
　　默示承诺(implied acceptance) …………………………………………………………… (659)
　　承诺人(offree who accept an offer；德 annehmender) ………………………………… (111)
　　承诺书(acceptance document) …………………………………………………………… (111)
　　承诺期限(effective period of offer；德 Annahmefrist) ………………………………… (111)
　　承诺的效力(effect of acceptance；德 Wirkung der Annahme)………………………… (110)
发盘(offer) …………………………………………………………………………………………… (202)
询盘(inquiry) ………………………………………………………………………………………… (1053)
接盘(acceptance) …………………………………………………………………………………… (538)
还盘(counter offer) ………………………………………………………………………………… (457)
收盘(acceptance)(参见接盘条) …………………………………………………………………… (851)
约因(consideration) ………………………………………………………………………………… (1145)
　　未完成的约因(executory consideration) ………………………………………………… (967)
　　已完成的约因(executed consideration) ………………………………………………… (1090)
允诺禁反言(promissory estoppel) ………………………………………………………………… (1146)
衡平禁反言(equitable estoppel)…………………………………………………………………… (454)
对价(consideration) ………………………………………………………………………………… (195)
优等悬赏广告(德 Preisschreiben) ………………………………………………………………… (1117)
悬赏广告(advertisement to offer a prize or reward；德 Auslobung) ………………………… (1050)
开标(open bid tender) ……………………………………………………………………………… (570)
合同成立的时间(time of formation of contract) ………………………………………………… (437)
合同成立的地点(拉丁 locus contractus)(参见合同签订地条) ………………………………… (437)
合同签订地(拉丁 locus contractus) ……………………………………………………………… (446)
契据(deed) …………………………………………………………………………………………… (743)
平边契据(polt deed) ………………………………………………………………………………… (729)
双联契据(indenture)(参见契据条) ………………………………………………………………… (875)
骑缝契据(chirograph) ……………………………………………………………………………… (737)
契据印章(seal) ……………………………………………………………………………………… (743)

33

契据登记簿(registry of deed) ……………………………………………………………… (743)
契据格式与令状程式书籍(books of forms of deeds and writs) ………………………… (743)
防止诈欺条例(statute of frauds) ………………………………………………………… (229)
合同条款(contract clause) ………………………………………………………………… (447)
  合同的普通条款(ordinary terms of contract) ……………………………………… (443)
  合同的基本条款(essential terms of a contract)(参见合同的必要条款条) ……… (440)
  合同的主要条款(essential terms of contract) ……………………………………… (444)
  合同的必要条款(essential terms of a contract) …………………………………… (437)
  验证条款(testing clause) ……………………………………………………………… (1057)
  黄金保留条款(gold clause) …………………………………………………………… (458)
  合同的仲裁条款(arbitration clause in contract) …………………………………… (444)
  合同的不可抗力条款(force majeure clause of contract) …………………………… (438)
  合同的解除条款(clause about the right to rescind a contract) …………………… (440)
  要挟条款(coercion clause) …………………………………………………………… (1061)
  格式条款(standard contract terms) ………………………………………………… (266)
  欺压性条款(unfair clauses) …………………………………………………………… (736)
  欺诈的买卖合同条款(deceit clause in sales contract) …………………………… (737)
  所有权保留条款(term of title retention; 拉丁 pactum reservati domini) ………… (893)
合同管理机关(state organs of supervision on contract) ………………………………… (444)
合同的变更(alteration of contract) ……………………………………………………… (438)
合同的标的(object of contract) …………………………………………………………… (438)
合同的订立(formation of contract) ……………………………………………………… (439)
合同的公证(notariation of contract) ……………………………………………………… (440)
合同的履行(performance of contract) …………………………………………………… (441)
合同的内容(content of contract) ………………………………………………………… (443)
合同的形式(form of contract) …………………………………………………………… (443)
合同的解除(rescission of contract; 德 Vertraqsauflösung) …………………………… (440)
合同的审批(examination and approval of contract) …………………………………… (443)
合同的鉴证(authentic of contract) ……………………………………………………… (440)
合同管理(supervision on contract) ……………………………………………………… (444)
合同仲裁(arbitration of contract) ………………………………………………………… (448)
合同仲裁机关(institute of arbitration of contract) ……………………………………… (448)
涉外合同仲裁(arbitration on contract involving foreign element) …………………… (834)
无效的合同条款(invalid term of contract) ……………………………………………… (983)
不法约定(illegal agreement; illegal contract) …………………………………………… (76)
不正当影响(undue influence) …………………………………………………………… (84)
强制性规则(mandatory rules) …………………………………………………………… (750)
催告(summon exhortation) ……………………………………………………………… (139)
适当保证履行原则(principle of guaranty proper performance) ……………………… (850)
履行行为(act of performance) …………………………………………………………… (616)
继续履行(specific performance) ………………………………………………………… (515)
合同履行地(拉丁 loci solutionis) ………………………………………………………… (445)
同时履行抗辩权(德 Einrede des nicht erfüllten Vertrags) …………………………… (921)
后履行抗辩权(defense of later performance) ………………………………………… (454)
保证履行抗辩权(德 Einrede der Unsicherkeit) ……………………………………… (45)
不安抗辩权(德 Einrede de Unsicherkeit) ……………………………………………… (71)
催告抗辩权(right of defence to summon exhortation) ………………………………… (139)

对物抗辩(拉丁 exceptio in rem) …………………………………………………………… (197)
对人抗辩(拉丁 exceptio in personam) ………………………………………………… (196)
穷困抗辩(donor's hardship defense) …………………………………………………… (762)
无债务抗辩(demurrer to no debt) ……………………………………………………… (987)
合同的转让(transfer of contract) ……………………………………………………… (444)
合同的法定解除(to rescind a contract according to law)(参见合同的解除条) ……… (439)
合同的协议解除(recission of contract by agreement)(参见合同的解除条) ………… (443)
合同的约定解除(removal by recission of contract according to the agreed terms)(参见合同的解除条) ……… (444)
买卖合同(sale；德 Kauf) ………………………………………………………………… (622)
即时买卖(present sale；德 Barkauf, Handkauf) ……………………………………… (503)
确定期买卖(time-essential sale) ………………………………………………………… (767)
现金买卖(sale in cash) …………………………………………………………………… (1007)
计划买卖(sale for state plan) …………………………………………………………… (506)
任意买卖(purchase and sale by will) …………………………………………………… (785)
自由买卖(free transaction) ……………………………………………………………… (1263)
强制买卖(compulsory sale) ……………………………………………………………… (749)
种类物买卖(sale of general goods) ……………………………………………………… (1237)
特定物买卖(sale of specific goods) ……………………………………………………… (903)
信用买卖(credit sale) …………………………………………………………………… (1040)
赊买卖(credit sale) ……………………………………………………………………… (828)
购销合同(contract of sale of goods) …………………………………………………… (318)
工矿产品购销合同(contract of purchasing and selling of industrial products) ……… (270)
供应合同(contract for the supply of goods) …………………………………………… (304)
调剂合同(contract of adjustment) ……………………………………………………… (183)
协作合同(cooperative contract) ………………………………………………………… (1019)
农副产品购销合同(contract of purchasing and selling agricultural products) ……… (669)
预购合同(contract of purchasing goods in advance) ………………………………… (1141)
定购合同(contract of fixed purchasing) ………………………………………………… (184)
投机买卖(speculative trade) …………………………………………………………… (927)
填补买卖(average sale；cover) ………………………………………………………… (917)
权利买卖(sales of intangible property) ………………………………………………… (765)
继续供给合同(德 Sukzessivilieferungsvertrag) ………………………………………… (515)
互易合同(contract of exchange) ………………………………………………………… (455)
单纯的互易(simple；absolute barter) …………………………………………………… (152)
附补足金的互易(additional price barter) ……………………………………………… (253)
价值的互易(priced barter) ……………………………………………………………… (520)
零售买卖(retail trade) …………………………………………………………………… (607)
对国家所需商品的供应合同(goverment procurement) ……………………………… (195)
统购合同(central purchasing contract) ………………………………………………… (923)
买卖预约(preliminary agreement of transaction) ……………………………………… (623)
统销合同(central selling contract) ……………………………………………………… (923)
派购合同(contract of purchase of planned) …………………………………………… (675)
议购合同(contract of purchase) ………………………………………………………… (1091)
采购合同(purchasing contract；contract for the purchase of goods) ……………… (90)
附条件的买卖合同(conditional sale contract) ………………………………………… (257)
　　分等级买卖(graduated sale) ……………………………………………………… (240)
　　青田买卖(pre-sale of crops) ……………………………………………………… (755)

青苗买卖(pre-sale of crops)(参见青田买卖条) ……………………………………… (755)
　　委托买卖(commission business) ……………………………………………………… (961)
　　ABC 交易(ABC transaction) …………………………………………………………… (1)
　　房屋买卖合同(contract of purchasing and selling houses) ………………………… (230)
　　换房合同(contract for exchange of lease of real estate) …………………………… (457)
　　房屋预售合同(housing presale contract) …………………………………………… (230)
　　附终身扶养条件的住房买卖(house sales contract in condition of life support) … (259)
标买标卖(biding purchase and sale) ……………………………………………………… (65)
　　标底(base amount of a tender; minimum bid set by the caller) ………………… (65)
　　招标(invitation to bid) ………………………………………………………………… (1177)
　　投标(offer a bid; submit a tender; tender bidding) ……………………………… (927)
　　评标(德 Angebotswertung) …………………………………………………………… (730)
　　决标(decide on a bid) ………………………………………………………………… (567)
　　定标(award of bid)(参见决标条) …………………………………………………… (184)
　　废标(invalid bid) ……………………………………………………………………… (239)
拍卖(auction) ……………………………………………………………………………… (672)
　　拍卖人(auctioneer) …………………………………………………………………… (673)
　　竞买人(bidder) ………………………………………………………………………… (556)
　　增价拍卖(德 Versteigerung auf Aufschlag) ………………………………………… (1156)
　　强价拍卖(raise price auction) ……………………………………………………… (747)
　　任意拍卖(voluntary auction) ………………………………………………………… (785)
　　拍卖场所(auction place, salesroom) ………………………………………………… (673)
　　拍卖日期(auction date) ……………………………………………………………… (674)
　　拍卖标的(auction target) …………………………………………………………… (673)
　　拍卖人用的小锤(auctioneer's gravel) ……………………………………………… (674)
　　拍卖笔录(auction record of words) ………………………………………………… (672)
　　拍卖公告(notice of auction) ………………………………………………………… (673)
　　拍卖说明书(articles of roup) ………………………………………………………… (674)
　　应买(bid) ……………………………………………………………………………… (1104)
　　再拍卖(reauction) …………………………………………………………………… (1150)
　　拍定(highest bidding) ………………………………………………………………… (672)
　　拍定的撤回(withdrawl of highest bidding) ………………………………………… (672)
　　拍卖中标(on the auction) …………………………………………………………… (674)
　　拍卖中标许可决定(decision on the permission of auction) ……………………… (674)
　　离岸价格合同(free-on-board contract) …………………………………………… (587)
　　内陆交货合同(inland delivery contract) …………………………………………… (664)
　　目的地交货合同(arrival terms) ……………………………………………………… (661)
　　许可证贸易(licensing trade) ………………………………………………………… (1047)
特种买卖(special sale) …………………………………………………………………… (907)
　　专卖(monopoly) ……………………………………………………………………… (1244)
　　试验买卖(sale on approval or on inspection; 德 Kauf auf Probe) ……………… (849)
　　货样买卖(sale by sample) …………………………………………………………… (489)
　　零售分期支付合同(instalment selling) ……………………………………………… (607)
　　分期付款的买卖(德 Abzahlungsgeschüft; Instatement selling) ………………… (241)
　　优先买卖(sale with preemption claimant) ………………………………………… (1118)
　　互惠或互保交易(reciprocal or intersurance exchange) …………………………… (455)
买卖合同当事人(parties to a contract of sale) ………………………………………… (622)

36

买受人(buyer) …… (623)
出卖人(seller) …… (120)
需方(demander) …… (1047)
收购方(purchaser) …… (851)
应买人(bidder) …… (1104)
先买人(德 vorkaufsrecht Person) …… (1005)
定购者(orderer) …… (184)
有酬购买者(purchase for value) …… (1120)
销售卡特尔(cartel for sale) …… (1015)
善意买主(bona fide purchaser) …… (801)
买回(redemption) …… (620)
买回人(redemption person) …… (621)
假买手(pretented bidder) …… (521)
买卖标的(subject matter of sales) …… (621)
出卖物(subject matter of sale) …… (120)
通用产品(general products) …… (921)
专用产品(special products) …… (1244)
产品的包装标准(packaging standard of products) …… (98)
产品的技术标准(technical standard of products) …… (98)
尾差(more or less clause) …… (959)
磅差(more or less clause) …… (6)
瑕疵(defect;blot) …… (1004)
买主当心(caveat buyer) …… (623)
卖者当心(caveat seller) …… (623)
隐蔽瑕疵(concealed defect) …… (1101)
表面瑕疵(superficial defect) …… (67)
善意出卖(bona fide sale) …… (801)
价金(price in money) …… (520)
预付款(payment in advance) …… (1140)
超欠幅度(more or less in degree) …… (101)
哄价(bidding up) …… (454)
国家定价(state-fixed price) …… (391)
浮动价(floating prices) …… (248)
卖价(selling price) …… (623)
买价(buying price) …… (621)
定货单(purchase order) …… (184)
买空(buying long) …… (621)
卖空(selling short) …… (623)
提货(pick up goods) …… (914)
价金支付(payment of price) …… (520)
出卖物的利益承受(collection of fruits of subject matter of sale) …… (120)
产品数量的计算方法(quantity measurements) …… (98)
货物鉴定(cargo inspection) …… (486)
出卖物的风险负担(distribution of risk under sales contract) …… (120)
第三者货物请求权利通知(notification of third party claim) …… (179)
排他贸易协议(exclusive dealing arrangements) …… (675)
国际贸易惯例(international trade customs and practices) …… (388)

《国际贸易术语解释通则》(International Rules for the Interpretation of Trade Terms, Incoterms) …… (388)
 公平交易(fair dealing) …… (276)
 市场交易(market trade) …… (847)
 非法交易(illegal transaction) …… (234)
 不正当的交易方法(unfair dealing) …… (83)
 贸易限制(restraint of trade) …… (624)
 市场行情(market quotations) …… (847)
 联合拒买或经销(boycott) …… (598)
供用电合同(power-supply contract) …… (304)
 供电方(power supplier) …… (303)
 用电方(electricity user) …… (1113)
 违章用电(using electricity on violation of regulation) …… (958)
 窃电(electricity filching) …… (750)
 供电方式(ways for power supplying) …… (303)
结算合同(contract for settling accounts) …… (541)
 代收无承付结算(collection without acceptance) …… (148)
 付款人付款时的权利(payer's right when paying) …… (252)
 汇兑(exchange) …… (460)
 信用证结算(letter of credit settlement) …… (1041)
 托收承付(collection with acceptance) …… (938)
赠与合同(donation contract) …… (1156)
 捐助(donate, contribute) …… (567)
 受赠人(donee) …… (871)
 赠与人(donor) …… (1158)
 附负担的赠与(gift with additional burden; 拉丁 donatio onerosa) …… (254)
 定期赠与(fixed date gift) …… (186)
 混合赠与(mixed gift) …… (482)
 死因赠与(德 Schenkung auf den Todesfall) …… (880)
 赠与合同的撤销(withdrawl of contract of gift) …… (1158)
 赠与合同的任意撤销(discretionary withdrawl of contract of gift) …… (1158)
 特别赠与(special gift)(参见赠与合同条) …… (903)
 赠与合同的法定撤销(legal withdrawl of contract of gift) …… (1158)
借贷合同(contract of loan) …… (543)
 借用方(borrower) …… (544)
 借贷方(lender) …… (543)
 冒险借贷合同(bottomry) …… (624)
 尼可萨姆借贷合同(Nexcum) …… (665)
 国际借贷合同(international loan contract) …… (387)
 金钱借贷(money loan) …… (546)
 使用借贷(loan for use) …… (846)
 押船借贷(bottomary) …… (1054)
 航海借贷(拉丁 pecunia traiecticia, faenus nauticum) …… (421)
 借款合同(lending; loan contract) …… (544)
 高利贷(loan sharking) …… (265)
 准消费借贷(quasi-consumption loan) …… (1255)
 消费借贷(loan for consumption; 拉丁 mutuo) …… (1014)
 出举(chuju) …… (119)

临时贷款(temporary loan) ………………………………………… (606)
信用贷款(credit loan; unsecured loan) …………………………… (1039)
保证贷款(secured loan) ……………………………………………… (44)
担保贷款(secured loan) ……………………………………………… (155)
分期贷款(installment loan) ………………………………………… (241)
个人贷款(personal loan)(参见消费贷款条) ……………………… (267)
附加贷款(conditional loan) ………………………………………… (255)
短期融资(short-term financing) …………………………………… (194)
优惠贷款(loan on favourable terms) ……………………………… (1117)
利息(interest) ………………………………………………………… (593)
　利率(interest rate) ………………………………………………… (593)
　约定利率(conventional interest rate) …………………………… (1144)
　法定利率(legal interest rate) …………………………………… (206)
　法定利息(legal interest) ………………………………………… (207)
　复利(compound interest; cumulatie interest) ………………… (261)
　单利(simple interest) …………………………………………… (154)
坏债(bad debts) ……………………………………………………… (457)
呆账(doubtful debts) ………………………………………………… (141)
信用出资(to invest by credit) ……………………………………… (1039)
消费信贷(consumption loan) ……………………………………… (1014)
消费信贷交易(consumption loan) ………………………………… (1014)
信用卡(credit cards) ………………………………………………… (1039)
互助储金会(loan society) …………………………………………… (456)
租赁合同(contract of lease; 德 Mietvertrag) ……………………… (1268)
　出租人(lessor; landlord) ………………………………………… (121)
　承租人(lessee; tenant) …………………………………………… (113)
　共同承租方(joint lessees) ………………………………………… (306)
　土地租赁(lease of land) ………………………………………… (933)
　耕地租赁(tenant farming) ………………………………………… (269)
　基地租赁(building lease; ground lease) ………………………… (501)
　租地造屋权(leasee's right of a building lease) ………………… (1268)
　租金(rent) ………………………………………………………… (1268)
　房屋租赁合同(residential tenancy contract) …………………… (231)
　企业租赁合同(contract for leasing an enterprise) ……………… (741)
　准租赁(quasi lease) ……………………………………………… (1256)
　死租(dead rent) …………………………………………………… (880)
　雇佣租赁(拉丁 locatio conductio operarum) …………………… (377)
　承揽租赁(locatio conduction; redemptio operis) ……………… (110)
　土地用益租赁(德 Grundstükspacht) …………………………… (933)
　共同耕种契约(multi-tenants agricnltural leasing cantract) …… (307)
　牲畜租养(法 du bail à cheptel) ………………………………… (839)
　共有租赁(tenancy in common) ………………………………… (318)
　共同租赁(lease in common) …………………………………… (316)
　宽容租赁(tenancy at sufferance) ………………………………… (582)
　永久租赁(perpetual lease) ……………………………………… (1113)
　终身租赁(tenancy for life) ……………………………………… (1236)
　定期租赁(periodic tenancy) ……………………………………… (187)

以若干年为期的租赁(tenancy for years) …… (1090)
逐月租赁(lease without fixed-term) …… (1239)
逐年连续的租赁(tenancy from year to year) …… (1239)
短期租赁(tenancy for years) …… (194)
分等级的租赁(graduated lease) …… (240)
可转让的租约(assignable tenancy) …… (576)
可随意取消的租赁(tenancy at will) …… (576)
主租赁(master lease) …… (1242)
总租赁(gross lease) …… (1267)
分租(sublease; under lease) …… (243)
转租(sub-chart) …… (1248)
白租(white rents) …… (6)
黑租(black rents; black mail) …… (453)
押租(deposit rent) …… (1054)
回租(sale and leaseback) …… (460)
佃租(sharecropping) …… (183)
国际租赁合同(international lease contract) …… (390)
租赁物(leased property) …… (1270)
租赁权(the right of lessee) …… (1269)
承租人的优先购买权(lessee's right of preemption) …… (114)
租金(rent) …… (1268)
赁庸(lin yong) …… (607)
前借金(日文前借金) …… (746)
预收租金(pre-received rent) …… (1141)
租赁的更新(innovation of lease;德 Erneuerung des Mietvertrag) …… (1268)
租赁的默示更新(拉丁 relocatio tacita;德 Erneuerung des Mietvertrags durch
　　stillschweigende Verlängerung) …… (1268)
租赁物转让的风险(risk allocation when leased property is transferred) …… (1270)
借用合同(contract of loan for use;德 Gebrauchsleihvertrag) …… (544)
出借人(lender) …… (119)
借用人(borrower;德 Entleiher, Leihnehmer) …… (545)
借用物(德 Leihsache) …… (545)
暂时使用的赁借贷(temporary lease;short-time lease) …… (1151)
融资租赁(financial leasing) …… (794)
加工合同(contract of process) …… (517)
承揽合同(contract for work;德 Derkvetrag) …… (108)
检验合同(contract for inspection) …… (527)
测试合同(contract for test) …… (98)
修理合同(contract of repair) …… (1046)
修缮合同(contract of renovation) …… (1046)
复效条款(reinstatement clause) …… (262)
承揽人(contractor) …… (109)
定作合同(contract of manufacture) …… (188)
定作人(principal) …… (188)
对外加工装配合同(contract of processing and assembling with foreign enterprises) …… (197)
承揽金(payment for work) …… (109)
承揽行为(contractor's performance) …… (109)

不规则承揽(拉丁 locatio conduction operas irregularis) ……………………………… (77)
　　基本建设工程承包合同(contract on undertaking capital construction projects) …… (496)
　　分包合同(sub contract) ……………………………………………………………… (239)
　　总包合同(general contract; prime contract) ………………………………………… (1266)
　　单包和同(contract for undertaking a single project) ………………………………… (152)
　　基本建设工程招标(invitation to bid for capital construction projects) ……………… (498)
　　基本建设工程投标(bid for capital construction projects) …………………………… (498)
　　基本建设工程决标(tender decision for capital construction projects; award of a bid for a capital
　　　　construction projects) …………………………………………………………… (497)
　　交钥匙合同(turnkey contract) ……………………………………………………… (537)
　　新建(new construction) ……………………………………………………………… (1021)
　　扩建(extension of existing construction) …………………………………………… (583)
　　改建(renovation of existing construction) …………………………………………… (263)
　　技术更新(technological innovation) ………………………………………………… (508)
　　基本建设投资(construction investment of capital) ………………………………… (498)
　　施工合同(construction contract) …………………………………………………… (841)
　　基本建设工程勘察合同(surveying contract for capital construction projects) ……… (497)
　　基本建设工程设计合同(designing contract for capital construction projects) ……… (497)
　　建筑安装工程承包合同(building and installation contract) ………………………… (530)
　　国际工程承包合同(international project contract; international contracting agreement) …… (383)
租地建筑合同(hire-building contract) …………………………………………………… (1268)
委托合同(contract of mandate; 德 Auftragsvertrag) …………………………………… (960)
　　委任契约(contract of mandate)(参见委托合同条) ………………………………… (961)
　　概括委托(general authorization) …………………………………………………… (263)
　　特别委托(special mandate) ………………………………………………………… (902)
　　有偿委托(德 entgeltliche Auftrag; 法 mandat au titre gratuit) …………………… (1120)
　　无偿委托(德 unentgeltlicher Auftrag) ……………………………………………… (970)
　　信用委任(拉丁 mandatum qualificatum) …………………………………………… (1040)
国际贸易委托代理合同(international trade agent contract) …………………………… (389)
　　委托人(mandator; 德 Auftraggeber; 法 mandant) ………………………………… (961)
　　介入权(right to intervene) …………………………………………………………… (543)
　　选择权(option) ……………………………………………………………………… (1051)
　　空白委托书(blank trust deed) ……………………………………………………… (579)
　　复委任(substitution) ………………………………………………………………… (261)
　　准委任(quasi-mandate) ……………………………………………………………… (1255)
　　经理权(Prokura) …………………………………………………………………… (553)
　　代办权(commission right) …………………………………………………………… (141)
居间合同(intermediate contract, brokerage contract) ………………………………… (562)
　　双务居间(mutual duty intermediate) ……………………………………………… (875)
　　单务居间(unilateral duty intermediate) …………………………………………… (155)
　　媒介居间(德 Vermittlungsmäkler) ………………………………………………… (625)
　　报告居间(德 Nachweismäkler) ……………………………………………………… (47)
　　不动产居间业(real estate agency) ………………………………………………… (76)
　　居间委托人(client of intermediate) ………………………………………………… (563)
　　居间人(intermediary, broker) ……………………………………………………… (562)
　　中介人(finder; broker; intermediate; jobber) ……………………………………… (1232)
　　掮客(broker) ………………………………………………………………………… (746)

- 居间费(intermediary fee, brokerage fee) …… (562)
- 行纪合同(contract of commission) …… (423)
  - 债券信托契约(bond trust contract) …… (1171)
  - 寄售合同(consignment contract) …… (516)
  - 行纪委托人(mandator；德 Kommittent) …… (424)
  - 行纪人(trustor) …… (424)
  - 交易所经纪人(floor broker) …… (537)
  - 行纪实行行为(德 Ausführunqsgeschäfe der Komission) …… (424)
- 保管合同(contract of deposit) …… (8)
  - 寄托合同(contract of deposit; storage contract)(参见保管合同条) …… (516)
  - 消费寄托(despositum irregulare) …… (1013)
  - 有偿寄托(paid bailment；德 entgeltliche Verwahrung) …… (1120)
  - 无偿寄托(gratuitous bailment) …… (970)
  - 不规则寄托(abnormal bailment) …… (77)
  - 替代保管(substitute deposit) …… (915)
  - 保存行为(法 acte de l'administration) …… (7)
  - 金钱寄托(money deposit) …… (546)
  - 合意托管(consensual lodgment with third party of disputed object) …… (449)
  - 自愿寄托(voluntary deposit) …… (1264)
  - 紧迫寄托(emergent deposit) …… (549)
  - 讼争物寄托(拉丁 litis contestatio depositum) …… (880)
  - 保管人(depositary) …… (9)
  - 受寄人(depositary)(参见保管合同条) …… (855)
  - 寄托人(depositor) …… (516)
  - 寄托物(deposit) …… (516)
- 仓储合同(contract for storage) …… (95)
  - 仓库契约(warehousing contract)(参见仓储合同条) …… (96)
  - 仓库(warehouse) …… (96)
  - 保管仓库(storehouse) …… (8)
  - 保税仓库(bonded ware house) …… (11)
  - 营业仓库(commercial warehouse) …… (1111)
  - 利用仓库(usage warehouse) …… (595)
  - 仓库营业人(warehouseman) …… (97)
  - 仓库营业(warehousing) …… (97)
  - 仓单(warehouse receipt) …… (96)
- 运输合同(contract of carriage) …… (1148)
  - 旅客运输合同(contract for carriage of passengers) …… (614)
  - 货物运输合同(contract for carriage of cargoes) …… (488)
  - 船舶和木筏拖带合同(contract for delivery by ship or raft) …… (128)
  - 使用铁路专用线合同(contract for usage of railway) …… (846)
  - 货物联运合同(through contract for delivery of cargoes) …… (486)
  - 旅客联运合同(thorough contract for delivery of passenger) …… (614)
  - 海陆联运合同(through contract by sea and land) …… (403)
  - 联运合同(combined transportation contract) …… (600)
  - 单独联运(thorough contract for delivery singleness) …… (153)
  - 中间运送(mesne delivery) …… (1231)
- 康美达合同(Commenda) …… (572)

承揽运送(commission to carry) …… (110)
旅客(passenger) …… (614)
收货方(side of accepting goods) …… (851)
押运员(escort in transportation) …… (1054)
仓单持有人(warehouse receipt holder) …… (96)
运送物(transported goods) …… (1148)
运费(freight) …… (1146)
提单(bill of lading) …… (909)
到货通知(arrival notice; advice of arrival) …… (157)
托运单(bill of consign) …… (939)
货主承担风险的运单(way-bill with risk born by cargo owner) …… (490)
技术合同(contract for technology) …… (508)
　技术服务合同(contract for technical service) …… (507)
　技术开发合同(technology development contract) …… (508)
　技术转让合同(technology transfer contract) …… (508)
　技术咨询合同(technology consultation contracts) …… (509)
土地承包合同(jobbing land contract) …… (929)
　土地债权(encumbrance) …… (933)
　土地债务(德 Grundschld) …… (933)
　定期土地债务(德 Rentenschuld) …… (186)
　土地担保债务(liens on land) …… (930)
　土地承包的转包(subcontracting of contracted land) …… (929)
　国有土地使用权出让合同(contract for granting of land use right on state-owned land) …… (397)
　国有土地使用权转让合同(contract for transferring of land use right of state-owned land) …… (398)
企业承包合同(agreement on contracting on enterprise) …… (738)
劳动合同(德 Arbeitsvertrag) …… (586)
　黄狗契约(yellow-dog contract) …… (458)
　集体合同(collective contract) …… (504)
信托合同(contract of trust) …… (1031)
雇佣合同(contract for service; 德 Dienstvertrag) …… (376)
　雇佣人(hirer; employer) …… (377)
　受雇人(employee) …… (854)
年金合同(contract of annuity) …… (667)
定期金契约(德 Leibrentenvertrag) …… (186)
　终身定期金合同(contract of annuity for life time; 德 Leibrentenvertrag) …… (1235)
　终身定期金(德 Leibrente) …… (1235)
涉外合同(contract involving foreign element) …… (834)
　涉外经济合同(foreign economic contract) …… (835)
　国际货物贸易合同(contract for international trade in goods) …… (386)
　补偿贸易合同(contract for compensation trade) …… (69)
　中外来料加工装配合同(Chinese-foreign contract for processing of materials
　　supplied by the foreign businessmen) …… (1234)
　国际技术转让合同(international technology transfer contract) …… (387)
　对外劳务输出合同(service-exporting contract) …… (197)
　中外合资经营企业合同(contract of joint venture with Chinese and foreign investment) …… (1232)
　中外合作经营企业合同(Chinese-foreign co-operative joint-venture enterprise contract) …… (1233)

〔其他合同〕

委托培训合同(contract of train mandate) …… (961)
广告合同(advertisement contract) …… (381)
出版合同(contract of publication) …… (119)
印刷合同(contract for press) …… (1104)
电影合同(cinematographic contract) …… (182)
独家销售契约(exclusive sales contract) …… (193)
支票契约(cheque contract) …… (1210)
和解契约(compromise contract)(参见和解合同条) …… (453)
和解合同(compromise contract) …… (452)
抵销契约(德 der aufrechnungsvertrag) …… (168)
继承契约(contract of succession) …… (513)
期货合同(futures contract) …… (734)
商业特许(special permission in business) …… (822)
赌博契约(wagering contract) …… (194)
  打赌(wagering contract) …… (141)
  赌博性竞赛(gambling contest) …… (194)
可撤销的转让(revocable transfer) …… (575)
合会契约(hehui contract) …… (425)
  会首(chief members of hehui contract) …… (473)
  会款(contribution under hehui contract) …… (473)
  倒会(member's breach under hehui contract) …… (157)

〔其他债权〕

不当无因管理(illegal management of affairs without mandate) …… (73)
  无因管理(德 Geschäftsfuehrung ohne Auftrag) …… (986)
  无因管理之债(德 Schuldverhältnisse aus der Geschäftsführung ohne Auftrag) …… (987)
  不真正无因管理(德 unechte Geschaeftsfuehrung) …… (83)
  无因管理的管理人(德 Geschäftsführer in der Geschäftsführung ohne Auftrag) …… (987)
  无因管理的本人(德 Geschäftsherr in der Geschäftsführung ohne Auftrag) …… (987)
  无因管理中的必要费用(德 notwendige Gebühr aus Geschäftsfährung ohne Auftrag) …… (987)
不当得利之债(debt of unjustified benefits) …… (73)
  不当得利(unjust enrichment;德 ungerchtfertigte bereicherung) …… (73)
  不当得利人(unjustly enriched party) …… (73)
  不当得利的受损人(injured party under unjust enrichment) …… (73)
单方允诺(unilateral commitment) …… (154)
损害赔偿之债(damages;德 Schadenersatz) …… (888)

〔人身权〕

人身权(right of the person) …… (776)
人身利益(personal interest) …… (776)
人格(personality) …… (770)
人格利益(interests of personality) …… (771)
人格权(right of personality) …… (771)
一般人格权(general right of personality) …… (1070)
个别人格权(individual right of personality) …… (267)
人格尊严权(right of personal dignity) …… (772)

生命健康权(rights of life and health) ······(837)
自由权(rights to freedom liberty) ······(1263)
人身自由权(personal liberty) ······(778)
姓名(name) ······(1045)
姓名权(right to name) ······(1045)
名称(name, title) ······(655)
名称权(right of name) ······(655)
肖像权(right of portrait) ······(1016)
名誉(reputation) ······(656)
名誉权(right of reputation) ······(656)
荣誉权(right of honour) ······(793)
信用权(right of credit) ······(1040)
营业权(sales right, trade right) ······(1111)
隐私权(right to privacy) ······(1102)
贞操权(right to chastity) ······(1178)
休息权(right of rest) ······(1045)
身份(status) ······(835)
身份利益(interests of personal status) ······(836)
身份权(rights of personal status) ······(836)

〔婚姻家庭〕
婚姻家庭制度(marriage and family system) ······(477)
婚姻(marriage) ······(475)
　多偶制(polygamy) ······(199)
　单偶制(monogamy) ······(154)
　群婚(group marriage) ······(768)
　　血缘群婚(consanguineous marriage) ······(1053)
　　亚血缘群婚(punaluan marriage) ······(1054)
　对偶婚(couple marriage) ······(196)
　个体婚(monogamy) ······(268)
　一夫多妻制(polygamy) ······(1072)
　一妻多夫制(polyandry) ······(1073)
　一夫一妻制(monogamy) ······(1073)
　外婚制(exogamy) ······(945)
　内婚制(endogamy) ······(663)
　顺缘婚(deceased wife's sister's marriage) ······(876)
　逆缘婚(deceased brother's widow's marriage) ······(666)
　娣媵制(di ying zhi: a kind of polygamy in ancient China) ······(177)
　掠夺婚(marriage by capture) ······(616)
　有偿婚(marriage for consideration) ······(1120)
　买卖婚(marriage by purchase) ······(622)
　互易婚(marriage by exchange) ······(455)
　劳役婚(servitude in exchange of marriage) ······(587)
　聘娶婚(marriage at cost; betrothal marriage) ······(729)
　要式婚姻(formal marriage) ······(1060)
　习惯婚姻(informal marriage) ······(1002)
　有夫权婚姻(拉丁 matrimonium cum manu) ······(1120)

45

无夫权婚姻(拉丁 matrimonium sine manu) ……………………………………… (971)
　　共食婚(拉丁 confarreatio) ………………………………………………………… (305)
　　时效婚(marriage by prescription; 拉丁 matrimonium per usum) ……………… (842)
　　赠与婚(marriage by gift) …………………………………………………………… (1158)
　　宗教婚(religious marriage) ………………………………………………………… (1265)
　　法律婚(civil marriage) ……………………………………………………………… (213)
　　民事婚(civil marriage)(参见法律婚条) ………………………………………… (646)
　　共诺婚(free marriage; marriage by mutual consent) …………………………… (305)
　　事实婚(de facto marriage) ………………………………………………………… (848)
　　非婚同居(unmarried cohabitation, union de facto) ……………………………… (236)
　　初婚(first marriage) ………………………………………………………………… (122)
　　再婚(remarriage) …………………………………………………………………… (1150)
　　赘婚(marriage in which man becomes a member of the wife's family) ………… (1254)
　　纳妾(concubinage) …………………………………………………………………… (663)
　　初夜权(right of the first night) …………………………………………………… (122)
婚姻方式(marriage method) …………………………………………………………… (477)
　　婚礼(marriage ceremony) …………………………………………………………… (474)
　　聘礼(bride-price; bridewealth) …………………………………………………… (728)
　　妆奁制(regime dotal) ……………………………………………………………… (1248)
　　六礼(six steps leading to a feudal marriage) ……………………………………… (611)
　　租妻(zu qi) ………………………………………………………………………… (1270)
　　典妻(dian qi) ………………………………………………………………………… (180)
　　从夫居(living in the husband's home) …………………………………………… (137)
　　从妇居(uxorilocal residence) ……………………………………………………… (137)
　　不落夫家(zuo jia) …………………………………………………………………… (81)
　　产翁制(couvade) …………………………………………………………………… (100)
　　童养媳(foster daughter-in-law) …………………………………………………… (923)
亲属制度(system of kinship) …………………………………………………………… (752)
　　亲属(relative; 德 Verwandte) ……………………………………………………… (751)
　　　　尊亲属(ascendants) …………………………………………………………… (1274)
　　　　卑亲属(descendants) …………………………………………………………… (47)
　　　　近亲属(immediate family/near relative) ……………………………………… (550)
　　亲系(parentelic system) …………………………………………………………… (751)
　　男系亲(agnate, kinship through males only; relatives of the paternal line of family) …… (663)
　　女系亲(relatives on the maternal side) …………………………………………… (670)
　　父系亲(agnates) …………………………………………………………………… (249)
　　母系亲(maternal relatives) ………………………………………………………… (660)
　　直系亲(lineal relative) ……………………………………………………………… (1214)
　　旁系亲(collateral relative) ………………………………………………………… (676)
　　行辈(generation) …………………………………………………………………… (423)
　　宗亲(member of the same clan) ………………………………………………… (1265)
　　外亲(in-laws) ……………………………………………………………………… (945)
　　妻亲(in-laws) ……………………………………………………………………… (733)
　　配偶(spouse) ……………………………………………………………………… (677)
　　姻亲(affinity) ……………………………………………………………………… (1099)
　　血亲(relative by blood) …………………………………………………………… (1052)
　　　　自然血亲(relative by natural blood) ………………………………………… (1261)

拟制血亲(relative by law, fictional blood kinship) ……………………………………… (666)
　　丧服制度(mourning apparel system: different mourning apparel told respective kinship
　　　　in feudal China) ……………………………………………………………………………… (800)
　　有服亲(you fu qin) ……………………………………………………………………………… (1120)
　　袒免亲(tan mian qin) …………………………………………………………………………… (901)
　　服制图(graph of mourning apparel system) ………………………………………………… (248)
　　亲等(degree of kinship) ………………………………………………………………………… (750)
　　　亲等计算法(counting method of the degree of kinship) ………………………………… (751)
　　　罗马法亲等计算法(Roman law counting method of kinship) ………………………… (619)
　　　寺院法亲等计算法(common law counting method of blood kinship) ……………… (880)
　　　世代亲等计算法(system of counting degrees of kinship by generation) …………… (846)
　　亲属会议(family council) ……………………………………………………………………… (751)
　　婚姻自由(freedom of marriage; free choice of partners) ………………………………… (479)
　　家庭暴力(family violence) ……………………………………………………………………… (517)
　　借婚姻索取财物(the exaction of money or gifts in connection with marriage) ……… (544)
　　重婚(bigamy) …………………………………………………………………………………… (1239)
　　通奸(adultery) …………………………………………………………………………………… (920)
　　有配偶者与他人同居(one who has a spouse to cohabit with another person of the opposite sex) ……… (1123)
　　计划生育(family planning) …………………………………………………………………… (506)
　　晚婚(late marriage) …………………………………………………………………………… (948)
　　婚书(written promise of marriage) ………………………………………………………… (475)
　　婚约(promise of marriage 或 engagement; 德 Eheversprechen) ……………………… (480)
　　未婚夫妻(intending spouses)(参见婚约条) ………………………………………………… (967)
　　违反婚约的损害赔偿(damages in a breach of marriage promise) …………………… (953)
　　婚约赠与物的返还(the return of gifts upon a breach of marriage promise) ………… (480)
　　主婚人(the person performing the marriage) ……………………………………………… (1240)
　　婚姻的成立(marriage contract) ……………………………………………………………… (475)
结婚(marriage)(参见婚姻的成立条) ……………………………………………………………… (540)
　　结婚要件(essentials of marriage) …………………………………………………………… (540)
　　结婚的实质要件(substantive essentials of marriage)(参见结婚要件条) ……………… (540)
　　结婚的形式要件(formal essentials of marriage)(参见结婚要件条) …………………… (540)
　　婚姻障碍(impediment to marriage) ………………………………………………………… (479)
禁婚亲(prohibited degrees to marriage) ………………………………………………………… (550)
禁止结婚的疾病(diseases as impediments to marriage) …………………………………… (551)
无效婚姻(invalid marriage; nullity of marriage) ……………………………………………… (983)
中表婚(marriage between cousins) ……………………………………………………………… (1219)
良贱不婚(prohibition of marriage between upper and lower classes) …………………… (601)
同姓不婚(prohibition of marriage within the same clan) …………………………………… (923)
婚姻登记(marriage registration) ………………………………………………………………… (476)
　　结婚登记(marriage registration) …………………………………………………………… (540)
　　复婚登记(the remarriage registrition for a previously divoiced couple; registration
　　　for resumption of marriage) ……………………………………………………………… (261)
　　离婚登记(rigistration of divorce) …………………………………………………………… (588)
　　婚姻登记机关(marriage registration department) ………………………………………… (476)
婚姻公告(marriage announcement) …………………………………………………………… (477)
婚姻申报(marriage application or divorce petition) ………………………………………… (478)
婚姻宣誓(matrimonial vow) ……………………………………………………………………… (479)

结婚准据法(applicable law of marriage) …… (541)
结婚证(marriage certificate) …… (541)
男到女家落户的婚姻(marriage in which man lives in the wife's family) …… (663)
军婚(marriage with a person on active militry service) …… (568)
涉外婚姻(marriage involving foreign element) …… (834)
婚姻的效力(matrimonial authentic) …… (476)
  夫妻人身关系(personal relationship between husband and wife) …… (245)
  夫妻财产关系(propertyship between spouses; matrimonial property relation) …… (244)
  夫妻的姓名权(right of name of spouse) …… (245)
  夫妻的人身自由权(right of person freedom between spouses) …… (245)
  夫妻日常家事代理权(agency of family affairs) …… (246)
  婚姻住所决定权(right to make decisions of matrimonial domicile) …… (479)
  子女交还请求权(right to ask for the return of the children) …… (1257)
  子女住所指定权(right to decide the domicile for the children) …… (1258)
  忠实义务(the duty of chastity) …… (1234)
  同居义务(the duty of cohabitation) …… (921)
  扶养(provision; aliment) …… (247)
  追索扶养费(fee to seek) …… (1249)
  法定夫妻财产制(statutory regime as to marital property) …… (204)
  约定夫妻财产制(contractual regime as to marital property) …… (1144)
  婚姻财产契约(contract of marital property) …… (475)
  吸收财产制(absorptive consolidation regime as to marital property) …… (1002)
  统一财产制(unity of property regime) …… (924)
  共同财产制(community property system) …… (306)
  一般共同制(common community of property) …… (1069)
  动产及所得共同制(community regime of movables property and all property after marriage) …… (189)
  劳动所得共同制(community property regime of working income) …… (586)
  婚后所得共同制(common regime after marriage) …… (474)
  联合财产制(union of property) …… (597)
  分别财产制(separation property regime) …… (239)
  夫妻特有财产制(separate property regime of spouses) …… (246)
  婚前财产(unmarried property) …… (474)
  夫妻财产协议(property agreement of marriage) …… (244)
夫妻一体主义(doctrine of conjugal integration) …… (246)
夫妻别体主义(separatism; doctrine of conjugal separation) …… (244)
夫为妻纲(wife must submit to her husband) …… (247)
三从四德(three subordination, four moral integrities) …… (799)
妇道(women's rules) …… (253)
夫丧守志(non-marriage after death of husband) …… (247)
夫妻相犯(infringe upon right of spouses each other) …… (246)
离婚制度(system of divorce) …… (590)
  婚姻的终止(the end of marriage) …… (476)
  离婚(divorce) …… (588)
  禁止离婚主义(doctrine of prohibition of divorce) …… (551)
  限制离婚主义(limitationism on divorce) …… (1008)
  自由离婚主义(freedomism on divorce) …… (1263)
  专权离婚(patent right of divorce) …… (1244)

- 协议离婚(contract of divorce) …… (1018)
  - 裁判离婚(judicial divorce) …… (90)
  - 双方自愿离婚(divorce by mutual consent) …… (875)
  - 一方要求离婚(one-sided demand for divorce) …… (1072)
  - 离婚的法定理由(lawful result on divorce) …… (588)
  - 离婚证(divorce certificate) …… (590)
  - 和离(agreement on divorce) …… (453)
  - 离婚诉讼(divorce proceedings) …… (590)
  - 离婚的效力(effect of divorce) …… (588)
  - 离婚率(divorce rate) …… (589)
  - 七出(seven states of affairs) …… (733)
  - 三不去(three-agument on divorce) …… (799)
  - 义绝(Yijue) …… (1091)
  - 别居制度(judicial separation system) …… (68)
- 离婚程序(divorce proceeding) …… (588)
  - 离婚调解(divorce mediation) …… (589)
  - 离婚判决(judgement of divorce or divorce decree) …… (589)
- 离婚时的财产分割(partition when divorce) …… (589)
- 离婚时的债务清偿(redemption of debt in a divorce) …… (590)
- 离婚时的经济帮助(economic assistance in a divorce) …… (589)
- 离婚损害赔偿(damages in divorce) …… (590)
- 亲子关系(relations between parents and children) …… (753)
- 婚生推定(presumption of legitimacy) …… (475)
- 婚生子女(children born in wedlock) …… (475)
- 婚生否认(rebutting the presumption of legitimacy) …… (474)
- 人工生育子女(the child of artificial birth) …… (772)
- 代理母亲(substitute mother)(参见人工生育子女条) …… (145)
- 继父母继子女(step-parents and step-children) …… (514)
- 养父母养子女(relationships between adoptive parents and adoptive children) …… (1057)
- 立嗣(adopt a relative's son as the heir for succession of familyline in feudal and old China) …… (593)
- 嫡子(sons of a man's legal wife) …… (167)
- 庶子(concubine's child) …… (874)
- 嗣子(si zi: an adopted younger male relative who will then be made an heir) …… (880)
- 过继子(guo ji zi)(参见嗣子条) …… (401)
- 亲权(parental rights) …… (751)
- 养兄弟姐妹(adopted brothers and sisters) …… (1059)
- 祖孙间的抚养义务(the obligation for grandparents and grandchildren to support each other) …… (1270)
- 赡养(support) …… (801)
- 寄养(fosterage) …… (516)
- 终身赡养(lifelong support agreement) …… (1235)
- 追索抚养费(demand support payments) …… (1249)
- 追索赡养费(demand support payments) …… (1253)
- 非婚生子女的准正(legitimation by subsequent marriage) …… (235)
- 收养(adoption) …… (851)
  - 收养的成立(establishment of adoption; 德 Entstehung der Annahme als Kind) …… (852)
  - 收养的效力(effects of adoption; 德 Wirkung der Annahme als Kind) …… (853)
  - 收养的解除(cancellation of adoption; 德 Aufhebung der Annahme als Kind) …… (852)

不完全收养(拉丁 adoptio minus plena) ……………………………………… (82)
完全收养(full adoption) ………………………………………………………… (947)
遗嘱收养(adoption with will)(参见死后收养条) …………………………… (1088)
生前收养(adoption during one's lifetime) …………………………………… (838)
死后收养(adoption after one's death) ………………………………………… (879)
试养期(the probationary period) ……………………………………………… (849)
单独收养(adoption by an individual) ………………………………………… (153)
公法收养(raise by the state) …………………………………………………… (272)
无效收养(void adoption) ………………………………………………………… (985)
事实收养(de facto adoption) …………………………………………………… (848)

〔继承〕

继承(succession, inheritance) …………………………………………………… (509)
  继承法(law of succession) …………………………………………………… (510)
  财产继承(inheritance)(参见继承条) ………………………………………… (88)
  遗产继承(succession)(参见继承条) ………………………………………… (1079)
  身份继承(succession of status) ……………………………………………… (836)
  直接继承(direct succession) ………………………………………………… (1212)
  强制继承(compulsory inheritance) ………………………………………… (748)
  自愿继承(voluntary succession) …………………………………………… (1264)
  祭祀继承(succession of saera) ……………………………………………… (516)
  宗祧继承(inheritance of family lineage) …………………………………… (1265)
  概括继承(universal succession；拉丁 successio per universitatem) …… (263)
  限定继承(limited succession) ………………………………………………… (1007)
  母系继承(maternum) ………………………………………………………… (660)
  涉外继承(succession involving foreign element) ………………………… (834)
概括继承主义(拉丁 successio per universita) ………………………………… (263)
自由继承主义(doctrine of free choice in inheritance) ……………………… (1263)
平等继承主义(equal inheritance) ……………………………………………… (729)
  财产继承原则(principles of inheritance) …………………………………… (88)
继承权(heirship) …………………………………………………………………… (513)
  期待继承权(expectant right of succession) ……………………………… (733)
  既得继承权(vested remainder) ……………………………………………… (509)
  丧失继承权(loss of right of succession) …………………………………… (800)
  剥夺继承权(disinheritance) ………………………………………………… (69)
遗产(heritage) …………………………………………………………………… (1077)
  有体遗产(corporeal hereditament) ………………………………………… (1124)
  无体遗产(incorporeal hereditament) ……………………………………… (975)
  积极遗产(positive legacy) …………………………………………………… (495)
  消极遗产(debt inheritance) ………………………………………………… (1015)
  未来遗产(estate in expectancy) …………………………………………… (967)
  土地遗产(land inheritance) ………………………………………………… (932)
继承人(heir) ……………………………………………………………………… (514)
  法定继承人(heir at law) ……………………………………………………… (205)
  遗嘱继承人(testamentary heir) …………………………………………… (1087)
  推定继承人(presumptive heir) ……………………………………………… (935)
  表见继承人(apparent heir) ………………………………………………… (66)

直系继承人(immediate successor) …………………………………………………………… (1214)
　　旁系继承人(collateral heir) ………………………………………………………………… (675)
　　血亲继承人(a blood heir) …………………………………………………………………… (1053)
　　姻亲继承人(heir by marriage) ……………………………………………………………… (1099)
　　本位继承人(direct heir) ……………………………………………………………………… (61)
　　代位继承人(representative)(参见代位继承条) …………………………………………… (150)
　　被代位继承人(subrogated successor)(参见代位继承条) ……………………………… (51)
　　转继承人(subsuccessor) …………………………………………………………………… (1246)
　　补充继承人(拉丁 substitutio heredis) ……………………………………………………… (70)
　　特留份继承人(forced heirship) …………………………………………………………… (904)
　　财产继承人(inheritor) ……………………………………………………………………… (88)
　　身份继承人(successor of status) ………………………………………………………… (836)
　　共同继承人(coheir)(参见共同财产继承人条) …………………………………………… (312)
　　被继承人(decedent/ancestor/predecessor) ……………………………………………… (52)
法定继承(intestate succession) …………………………………………………………………… (205)
　　无遗嘱继承(intestate succession)(参见法定继承条) …………………………………… (986)
　　法定继承人范围(scope of legal heir) …………………………………………………… (206)
　　配偶继承权(right of inheritance of a spouse) …………………………………………… (677)
　　非婚生子女继承权(the right of inheritance by children born out of wedlock) ………… (235)
　　养子女继承权(the right of inheritance by adopted children) …………………………… (1059)
　　丧偶儿媳继承权(the right of inheritance by bereared daughters-in-law) ……………… (800)
　　丧偶女婿继承权(the right of inheritance by bereared sons-in-law) …………………… (800)
　　法定继承顺序(legal order of succession) ………………………………………………… (206)
　　遗产分配原则(distributive principle of heritage) ………………………………………… (1078)
　　应留份(reserved portion)(参见特留份条) ……………………………………………… (1104)
　　必留份(statutory reserve) ………………………………………………………………… (62)
　　应继份(successional portion; portion of the estate) …………………………………… (1104)
　　特留份(forced heirship portion) …………………………………………………………… (904)
　　继承份额(successional portion) ………………………………………………………… (511)
　　代位继承(representation) ………………………………………………………………… (149)
　　酌份遗产人(the person getting the heritage besides successor) ……………………… (1256)
遗嘱继承(succession testament) ………………………………………………………………… (1086)
　　遗嘱(will; testament) ………………………………………………………………………… (1083)
　　遗嘱人(testator) …………………………………………………………………………… (1088)
　　遗嘱能力(capacity to make a will) ………………………………………………………… (1088)
　　遗嘱保管人(keeper of will) ………………………………………………………………… (1084)
　　遗嘱自由(testamentaire) …………………………………………………………………… (1089)
　　遗嘱副本(duplicate will) …………………………………………………………………… (1086)
　　最后遗嘱(last will) ………………………………………………………………………… (1273)
　　共同遗嘱(德 gemeinschaftliches Testament) …………………………………………… (315)
　　公证遗嘱(notarial will) ……………………………………………………………………… (302)
　　书面遗嘱(written will) ……………………………………………………………………… (873)
　　自书遗嘱(holographic will) ………………………………………………………………… (1262)
　　代书遗嘱(allograph will) …………………………………………………………………… (148)
　　录音遗嘱(recorded will) …………………………………………………………………… (613)
　　口头遗嘱(oral will, nuncupative will) ……………………………………………………… (580)
　　遗嘱见证人(witnesses to a will; testamentary witnesses) ……………………………… (1088)

遗嘱的变更(change of a will) ……………………………………………………… (1085)
　　遗嘱的撤销(revocation of a will) ……………………………………………………… (1085)
　　遗嘱的抵触(contradiction of will) ……………………………………………………… (1085)
　　遗嘱执行(execution of testament) ……………………………………………………… (1089)
　　遗嘱执行人(executor of will) ……………………………………………………… (1089)
　　指定遗嘱执行人(designated executor) ……………………………………………………… (1216)
　　遗嘱共同执行人(joint executors) ……………………………………………………… (1086)
遗赠(bequest) ……………………………………………………… (1080)
　　遗赠人(legator/devisor) ……………………………………………………… (1082)
　　遗赠受领人(devisee/legatee) ……………………………………………………… (1083)
　　受遗赠人(legatee) ……………………………………………………… (866)
　　共同遗赠受领人(joint acceptor of legacy) ……………………………………………………… (315)
　　概括遗赠(general legacy；法 legs universals, disposition à titre universal) ……………………………………………………… (264)
　　总括遗赠(general legacy)(参见概括遗赠条) ……………………………………………………… (1266)
　　特定物遗赠(法 legs particuliers, disposition à title particulier) ……………………………………………………… (903)
　　种类物遗赠(德 Gattungsvermächtnis) ……………………………………………………… (1237)
　　土地遗赠(legacy of real estate) ……………………………………………………… (932)
　　用益权遗赠(德 Nutzniessungsvermächtnis) ……………………………………………………… (1114)
　　附负担遗赠(legacy with obligation；德 Vermächtnis mit Auflage) ……………………………………………………… (254)
　　附负担遗嘱(additional will)(参见附加遗嘱条) ……………………………………………………… (255)
　　附期限遗赠(legacy with terms) ……………………………………………………… (256)
　　遗赠扶养协议(legacy-support agreement) ……………………………………………………… (1081)
　　有条件遗赠(参见附条件遗赠条) ……………………………………………………… (1124)
继承开始(beginning of inheritance) ……………………………………………………… (512)
　　继承开始的时间(time for beginning of inheritance) ……………………………………………………… (512)
　　继承开始的地点(beginning location of inheritance) ……………………………………………………… (512)
接受继承(accept inheritance) ……………………………………………………… (538)
接受遗产(accept inheritage) ……………………………………………………… (539)
继承权的抛弃(abandonment of inheritance)(参见放弃继承条) ……………………………………………………… (514)
转继承(transfered succession) ……………………………………………………… (1245)
继承代理(agency of succession) ……………………………………………………… (510)
遗产转让(transfer at death/transfer of inheritance) ……………………………………………………… (1080)
遗产管理(administration of heritage) ……………………………………………………… (1078)
　　遗产管理人(administrator or executor of inheritage) ……………………………………………………… (1079)
无人继承的遗产(inheritage without successor) ……………………………………………………… (974)
遗产税(estate tax) ……………………………………………………… (1079)
继承税(inheritance tax)(参见遗产税条) ……………………………………………………… (514)

〔民事责任〕
民事责任(civil liability) ……………………………………………………… (652)
责任分担(apportion of liability) ……………………………………………………… (1154)
　　责任财产(德 Haftungsvermögen) ……………………………………………………… (1153)
　　责任限额(limitation of liability) ……………………………………………………… (1155)
　　责任范围(德 Haftungsumfang) ……………………………………………………… (1153)
　　一般责任(general responsibilities) ……………………………………………………… (1070)
　　特别责任(special liability) ……………………………………………………… (903)
　　中间责任(liability for presumptive wrongs) ……………………………………………………… (1231)

替代责任(vicarious liability) …… (915)
过错责任(fault liability) …… (400)
无过错责任(no-fault liability) …… (971)
公平责任(德 Billigkeits-haftung) …… (277)
严格责任(strict liability) …… (1056)
危险责任(abnormally dangerous) …… (950)
结果责任(德 Haftung des Resultat) …… (539)
绝对责任(absolute liability) …… (568)
有限责任(limited liability) …… (1134)
无限责任(unlimited liability) …… (982)
直接责任(direct liability) …… (1214)
间接责任(indirect liability) …… (522)
选择责任(alternative liability) …… (1052)
交叉责任(cross liability) …… (535)
最大限度的责任(limitation of liability) …… (1272)
最低限度的责任(lowest liability) …… (1272)
人身责任(德 person-schuld) …… (778)
财产责任(pecuniary liability) …… (89)
非财产责任(nonproperty liability) …… (233)
连带责任(joint duty) …… (595)
按份责任(liability on share;德 Teilhaftung) …… (3)
补充责任(supplemental liability) …… (70)
共同责任(common responsibility) …… (316)
单独责任(singal liability) …… (153)
混合责任(mixed duty) …… (481)
经济责任(economic liability) …… (553)
法律责任(legal liability) …… (215)
民事责任聚合(德 Anspruchshäufung) …… (653)
民事责任竞合(德 Anspruchskonkurrenz) …… (653)
　法条竞合说(德 gesetzkonkurrenz) …… (227)
　请求权竞合说(德 Anspruchskonkurrenz) …… (762)
　请求权规范竞合说(德 Anspruchsnormenkonkurrenz) …… (762)
民事责任的构成要件(constituerds of civil liability) …… (652)
　识别能力(capacity to distinguish) …… (843)
　无责任能力(incapacity for responsibility) …… (987)
　侵权责任能力(德 schuldfahigkeit) …… (755)
损害事实(damage;德 Schaden) …… (889)
　直接损害(direct damage) …… (1213)
　间接损害(indirect damage) …… (522)
　可得利益(loss of expectation) …… (575)
　毁损(德 Berschadigung der sche)(Waste) …… (473)
　有形损害(tangible damage) …… (1137)
　无形损害(intangible damage) …… (986)
　人身损害(bodily injury) …… (778)
　财产损害(pecuniary loss)(loss in property/damage to property) …… (89)
　非财产损害(non-pecuniary loss) …… (232)
　生物学上的损害(拉丁 danno biologico) …… (838)

名义损害(nominal damage) …… (656)
金钱损失(pecuniary loss) …… (546)
利润损失(loss of profit) …… (593)
违法行为(illegal action) …… (952)
  违法作为(illegal act) …… (953)
  违法不作为(illegal negative act) …… (951)
  权利侵害说(theory of damage to rights) …… (765)
  相关关系说(theory of relative relation) …… (1010)
  侵犯行为(trespass) …… (754)
因果关系(causation) …… (1098)
  因果关系中断说(intemption of causation) …… (1098)
  因果关系条件说(德 die Aequilenztheorie) …… (1098)
  因果关系原因说(theory of cause) …… (1098)
  相当因果关系说(the equivalent theory) …… (1009)
  可能性成为现实性因果关系说(theory of ocassional comsation) …… (575)
  直接因果关系说(immediate cause theory) …… (1214)
  盖然因果关系说(theory of presumed causation; probability of causation theory) …… (263)
  法规目的说(德 Schutzzweckder Haftungsnorm, Normzweck) …… (208)
  聚合因果关系(德 kumulativekausalitat) …… (567)
  共同因果关系(德 addierte Kausalitat) …… (316)
  择一的因果关系(德 alternative Kausalitat) …… (1151)
  假设因果关系(德 hypothektische kausalitat) …… (521)
  间接因果关系(indirect causation) …… (522)
  事实因果关系(cause in fact;德 Haftungsbegrundende Kausalitat) …… (849)
  法律因果关系(legal cause) …… (214)
  原因(cause;拉丁 causa) …… (1143)
  介入原因(intervening cause or force) …… (543)
  最近因(proximate cause) …… (1274)
  结果(result) …… (539)
  一因多果(one cause, several consequences) …… (1075)
  多因一果(multiple causation) …… (200)
    必然条件(essential condition) …… (62)
    偶然条件(chance condition) …… (671)
  疫学的因果关系证明方法(epidemiological causality) …… (1092)
  间接反证法(indirect reduction to absurdity) …… (521)
  过错(拉丁 culpa) …… (399)
    过错的主观标准(subjective test of negligence) …… (400)
    过错的客观标准(objective test of negligence) …… (400)
    普通人的过失标准(reasonable man's test of negligence) …… (731)
    特殊人的过失标准(test of negligence based on special person standard) …… (905)
    过错推定(presumption of fault) …… (400)
    法律上的过错推定(legal presumption of fault) …… (213)
    事实上的过错推定(presumption of fault in fact;德 Tatsächliche Verschuldensvermutung) …… (848)
    共同过错(joint fault;德 gemeinsames Verschulden) …… (308)
    混合过错(mixed fault) …… (481)
  违法性认识(拉丁 ignorantia iuris neminem) …… (953)
  恶意(evil intentions) …… (201)

故意(intention) ··· (376)
  直接故意(direct intention) ··· (1212)
  间接故意(indirect intention) ··· (521)
  重大过失等同于故意(gross negligence is equated with intention to harm) ··· (1238)
过失(negligence) ··· (401)
  重大过失(gross negligence) ·· (1237)
  一般过失(德 leichte Fahrlässigkeit)(参见轻过失条) ··············· (1069)
  比较过失(conparative negligence) ··· (62)
  部分比较过失(partial comparative negligence) ······················· (85)
  轻过失(拉丁 culpa levis；德 leichte Fahrlässigkeit) ··············· (755)
  纯比较过失(pure comparative negligence) ····························· (135)
  具体轻过失(拉丁 culpa in conereto) ··································· (567)
  抽象轻过失(拉丁 culpa in abstracto) ·································· (118)
免除民事责任的条件(exception；德 Einrede) ································· (631)
  免责条款(exception clause) ·· (631)
  正当理由(拉丁 causas de justificacion；法 faits justificatifs) ··· (1179)
  权利行使(exercise of right) ·· (766)
  正当防卫(self defense；德 Notwehr) ······································ (1179)
  自我防卫(self-defense) ·· (1262)
  紧急避险(necessity；德 Noddtoestand) ································· (547)
  自助行为(self-supporting act；德 selbsthhilfe) ························ (1265)
  受害人同意(consentment of the victim；德 Einwilligung) ········ (854)
  风险自负(assumption of risk) ·· (243)
  外来原因(external factor) ·· (945)
  不可抗力(拉丁 vis major；force majeure) ······························ (79)
  意外事件(拉丁 caso fortuito) ·· (1095)
  受害人过错(fault of the victim) ·· (854)
  第三人过错(fault of third party) ··· (178)
  自然灾害(act of god) ·· (1261)
  保护他人(defense of others) ··· (10)
  保护财产(defense of property) ··· (10)
  依赖型中介原因(dependent intervening forces) ······················ (1077)
  独立型中介原因(independent intervening forces) ··················· (193)
  夺回个人财产(recovery of chattels；forcible retaking of chattels) ··· (200)
  收复失地(re-entry on land, forcible repossession of land) ········· (851)
  管教(discipline) ·· (381)
  家庭豁免权(family immunities) ··· (519)
  金钱赔偿主义(德 Prinzip der Geldentschaedigung) ················· (546)
  回复原状主义(德 Naturalrestitution) ····································· (459)
  损益相抵(拉丁 compensatio lucri cum damno；德 Vorteilsausgleichung) ··· (890)
  过失相抵(拉丁 culpa compensation) ······································ (401)
  损害的减轻(mitigation of harm) ·· (887)
  合理预见规则(doctrine of foreseeability) ································ (435)
  损害赔偿(damages；德 Schadenersatz) ································· (887)
  一般的损害赔偿(general damages) ·· (1068)
  特别的损害赔偿(special damages) ··· (902)
  惩罚性损害赔偿(punitive damages) ······································· (116)

附带的损害赔偿(incidental damages) ……………………………………………………… (253)
　　不适当的损害赔偿(inadequate damages) ……………………………………………………… (82)
　　不可弥补的损害赔偿(irreparable damages) …………………………………………………… (80)
　　最接近的损害赔偿(proximate damages) ……………………………………………………… (1274)
　　分别的损害赔偿(divisible damages) …………………………………………………………… (239)
　　投机性的损害赔偿(speculative damages) …………………………………………………… (927)
　　损害赔偿留置权(distress damage feasant) …………………………………………………… (888)
　　名义赔偿金(nominal damages/compensation symbolic damage) …………………………… (656)
　　一次性赔偿(lump-sum compensation) ………………………………………………………… (1072)
　　分期赔偿(installment damages) ………………………………………………………………… (242)
　　预付赔偿(prepayment of damages) …………………………………………………………… (1140)
　　给付赔偿(payment of compensation) …………………………………………………………… (494)
　　金钱赔偿(pecuniary redress) …………………………………………………………………… (546)
　　实物赔偿(compensation in kind; reparation in kind) ……………………………………… (844)
　　分担损失(apportionment of loss) ……………………………………………………………… (240)
　　受益人的特殊补偿义务(beneficiary's duty of special compensation) ……………………… (869)
　　市场比较责任说(theory of market share liability) ………………………………………… (847)
　　民事补偿(reimbursement) ………………………………………………………………………… (643)
　　特别补偿(extraordinary remedies) ……………………………………………………………… (901)
　　衡平法上的补救(equitable relief) ……………………………………………………………… (453)
　　衡平法上的补偿(equitable recoupment) ……………………………………………………… (453)
　　禁止令(injunction; inhibition) ………………………………………………………………… (551)
　　额外损害赔偿(ultra damages) …………………………………………………………………… (201)
　　劳工赔偿(workmen's compensation) …………………………………………………………… (586)
　　承担民事责任的方式(forms of civil liability) ……………………………………………… (103)
　　停止侵害(cease the infringing act) …………………………………………………………… (920)
　　消除危险(elimination of danger) ……………………………………………………………… (1013)
　　恢复原状(restitution; 德 Naturalrestitution) ………………………………………………… (458)
　　修理(repair) ……………………………………………………………………………………… (1046)
　　更换(replace) ……………………………………………………………………………………… (269)
　　重作(remake) ……………………………………………………………………………………… (118)
　　消除影响(elimination of ill effects) …………………………………………………………… (1013)
　　恢复名誉(rehabilitation of person's repritation) …………………………………………… (458)
　　赔礼道歉(extend a formal apology) …………………………………………………………… (677)
　　民事制裁(civil sanction) ………………………………………………………………………… (653)
合同责任(contractrual liability; 德 Vertraqshaftung) …………………………………………… (448)
　　缔约过失责任(pre-contractual liability) ……………………………………………………… (179)
　　　未缔约赔偿金(compensation money of lossing to contract) …………………………… (967)
　　　恶意谈判(negoriations in bad faith) ……………………………………………………… (201)
　　瑕疵担保责任(responsibility for warranty of defect) ……………………………………… (1004)
　　违约责任(liability of breach of contract) …………………………………………………… (956)
　　　违约(breach of contract) …………………………………………………………………… (954)
　　　违约行为(breach of contract) ……………………………………………………………… (956)
　　　违约责任条件(conditions of liability of breach of contract) ………………………… (957)
　　　毁约(repudiation) …………………………………………………………………………… (473)
　　　不履行(default) ……………………………………………………………………………… (81)
　　　迟延履行(delay of performance; 拉丁 mora debitoris; 德 Verzug des Schuldners) ……… (117)

延迟责任(duty of delay) ……………………………………………………………… (1055)
　　违契不偿(breach of contract) …………………………………………………………… (954)
　　轻微违约(minor default) ………………………………………………………………… (756)
　　重大违约(material breach of contract) ………………………………………………… (1238)
　　根本违约(fundamental breach of contract) …………………………………………… (268)
　　预期违约(anticipatory breach)…………………………………………………………… (1141)
　　推定违约(constructive breach of contract) …………………………………………… (936)
　违约责任形式(forms of liability of breach of contract) ………………………………… (957)
　　违约金(liquidated damages, default penalty) ………………………………………… (955)
　　违约赔偿金(damages of breach of contract) ………………………………………… (956)
　　　法定违约金(statutory default fine) ………………………………………………… (207)
　　　约定违约金(liquidated danages) …………………………………………………… (1144)
　　　惩罚性违约金(default penalty) ……………………………………………………… (116)
　　　赔偿性违约金(indemnifying fault fine) ……………………………………………… (677)
　　　排他性违约金(exclusive liquidated damages) ……………………………………… (675)
　　　选择性违约金(alternative liquidated damages) …………………………………… (1052)
　　　抵销性违约金(compensatory liquidated damages) ………………………………… (168)
　　　混合违约金(hybrid penalty fixed by contract; mixed breach of contract damages) …… (481)
　　　滞纳金(late charges) ………………………………………………………………… (1219)
　　违约的救济方法(remedies for breach of contract) …………………………………… (954)
　　违约免责条件(exceptions of breach of contract) ……………………………………… (955)
侵权行为的民事责任(liabilities for torts)…………………………………………………… (755)
侵权法的机能(functions of torts law) ……………………………………………………… (754)
　预防损害(prevention of damage) …………………………………………………… (1140)
　填补损害(to recover damage) ……………………………………………………………… (918)
　侵权行为人(tort-feasor) …………………………………………………………………… (755)
　　加害人(inflicter) …………………………………………………………………………… (517)
　　致害人(inflicter)(参见加害人条) ……………………………………………………… (1219)
　　帮助人及教唆人的侵权责任(德 Mittaeter Schaft) ………………………………………… (6)
　受害人(victim) ……………………………………………………………………………… (854)
　　直接受害人(direct victim) ……………………………………………………………… (1213)
　　间接受害人(indirect victim) …………………………………………………………… (522)
　侵权行为(tort) ……………………………………………………………………………… (754)
　　一般侵权行为(德 allgemeine unerlaubte Handlungen) ……………………………… (1069)
　　特殊侵权行为(special torts) …………………………………………………………… (905)
　　直接侵权行为(direct torts) …………………………………………………………… (1213)
　　间接侵权行为(indirect torts) …………………………………………………………… (522)
　　共同侵权行为(joint tort; 德 gemeinsame unerlaubte Handlung)…………………… (313)
　　积极侵权行为(positive torts) …………………………………………………………… (495)
　　消极侵权行为(negative torts; 德 Unterlassung) ……………………………………… (1015)
　　行为责任之侵权行为(德 unerlaubte Handlung bei Handlungshaftung) …………… (1042)
　　意思责任之侵权行为(德 unerlaubte Handlung bei Willenshaftung) ……………… (1094)
　　善意侵害(innocent trespass) …………………………………………………………… (801)
　　信用损害(德 Kreditgefährdung) ……………………………………………………… (1040)
　　抛弃物件所致之损害的责任(拉丁 de effusis et dejectis) …………………………… (676)
　　舟船旅馆和马厩员役所生之损害的责任(拉丁 receptum nautarum cauponum stabulariarum) ……… (1239)
　　故意违反善良风俗而造成损害的行为(德 Sittenwirdige vorsätzliche Schädigung) ……… (376)

57

殴打（battery） …………………………………………………………………………………… （671）
威吓（assault） …………………………………………………………………………………… （951）
警觉（apprehension） ……………………………………………………………………………… （555）
非法监禁（false imprisonment） …………………………………………………………………… （234）
精神伤害（infliction of mental distress） ………………………………………………………… （555）
诽谤（defamation） ………………………………………………………………………………… （239）
受保护的言论（defenses to defamation） ………………………………………………………… （853）
对财产的故意侵权（trespass） …………………………………………………………………… （195）
公害（nuisance） …………………………………………………………………………………… （273）
令状（writs） ……………………………………………………………………………………… （607）
职务侵权行为（德 beamthaftung） ……………………………………………………………… （1215）
高度危险作业致人损害的民事责任（德 Haftung fuer gefaehrliche Taetigkeit） ……………… （265）
污染环境的民事责任（德 Umwelthaftung） ……………………………………………………… （969）
地面施工造成损害的民事责任（civil liability caused by the construction on the ground） …… （175）
建筑物及其他设施造成损害的民事责任（德 Gebaeudehaftung） ……………………………… （531）
建筑物上的悬置物造成损害的民事责任（德 Gebaeudehaftung） ……………………………… （533）
动物致人损害的民事责任（civil liability of animals trespassing） ……………………………… （192）
无行为能力人造成损害的民事责任（德 Schadenersatzpflicht der Geschäftsunfähiger） ……… （986）
限制行为能力人造成损害的民事责任（德 Schadenersatzpflicht des beschränkt Geschäftsfähiger） ……… （1009）
法人工作人员致人损害的民事责任（德 Haftung der juristische Person） …………………… （224）
高度危险业务责任（德 Haftung fuer gefaehrliche Taetigkeit） ………………………………… （265）
产品责任（product liability；德 produkthaftung） ……………………………………………… （98）
国家赔偿责任（state compensation） ……………………………………………………………… （391）
医疗责任（德 Arzthaftung） ……………………………………………………………………… （1076）
医疗事故（medical malpractice/negligence） …………………………………………………… （1076）

〔法律、法规〕
《中华人民共和国民法通则》（General Principles of Civil Law of the People's Republic of China） …………… （1229）
匈牙利民法典（Civil Code of Hungary） ………………………………………………………… （1045）
《美国统一有限合伙法》（Uniform Limited Partnership Act of America） …………………… （628）
《美国统一合伙法》（Uniform Partnership Act of America） ………………………………… （626）
《英国合伙法》（The Partnership Act of the United Kingdom） ……………………………… （1106）
《英国有限合伙法》（The Limited Partnership Act of the United Kingdom） ……………… （1108）
《奥地利民法典》（Allgemeines BürgerlichesGesetzbuch） ……………………………………… （3）
《苏联和各加盟共和国民事立法纲要》（Fundamental Principles of Civil Law of the USSR
　　and the Union Republics） …………………………………………………………………… （881）
《苏俄民法典》（Civil Code of U.S.S.R） ………………………………………………………… （881）
《瑞士民法典》（the Swiss Civil Code；德 Schweizerisches Zivilgesetzbuch） ……………… （796）
《德意志民主共和国民法典》（Civil Code of the Democratic Republic of Germany） ……… （164）
《捷克斯洛伐克社会主义共和国民法典》（Civil Code of Czechoslovak Socialist Republic） …… （541）
《中华人民共和国合伙企业法》（Partnership Enterprises Act of People's Republic of China） …… （1226）
拿破仑法典（法 Code Napoleon） ………………………………………………………………… （663）
《德国民法典》（德 Bürgerliches Gesetzbuch，简称 BGB） ………………………………… （160）
《法国民法典》（法 Code Civil） ………………………………………………………………… （208）
《日本民法典》（Civil Code of Japan） …………………………………………………………… （787）
《瑞士债务法》（The Swiss Federal Code of Obligations） …………………………………… （797）
《德国商法典》（德 Handelsgesetzbuch，简称 HGB） ………………………………………… （162）

《法国商法典》(Code de Commerce) …… (210)
《中华人民共和国信托法》(Trust Law of the People's Republic of China) …… (1230)
《香港信托法》(The Trust Law of Hong Kong) …… (1012)
《信托法》[我国台湾地区](Trust Law of Taiwan District of China) …… (1030)
《信托业法》[我国台湾地区](Trust Trades Law of Taiwan District of China) …… (1037)
英国信托法(The Trust Law of England) …… (1108)
《美国信托法》(The Trust Law of America) …… (628)
《美国统一信托法》(Uniform Trust Act of America) …… (627)
《美国统一信托法典》(Uniform Trust Code of America) …… (627)
《新加坡受托人法》(The Trustee Act of Singapore) …… (1020)
《新加坡公共受托人法》(The Public Trustee Act of Singapore) …… (1020)
《日本信托法》(Trust Law of Japan) …… (789)
《日本信托业法》(Trust Trades Law of Japan) …… (789)
《韩国会社整顿法》(Korean Corporate Consolidation Law) …… (419)
《韩国商法典》(Commercial Code of Republic of Korea) …… (419)
《韩国信托法》(Trust Law of the South Korea) …… (420)
《韩国信托业法》(Trust Trades Law of the Republic of Korea) …… (420)
台湾地区《证券交易法》(the Securities Exchange Law of Taiwan District) …… (897)
台湾地区保险法(Insurance Law of Taiwan District) …… (898)
台湾地区《公司法》(Company Law of Taiwan District) …… (899)
台湾地区婚姻家庭法(Marriage and Family Law of Taiwan District) …… (899)
台湾地区继承法(Law of Succession of Taiwan District) …… (900)
《香港婚姻家庭法》(Marriage and Family Law of Hong Kong) …… (1011)
《澳门婚姻家庭法》(Marriage and Family Law of Macau) …… (4)
《香港继承法》(Law of Succession of Hong Kong) …… (1011)
《澳门继承法》(Law of Succession of Macau) …… (5)
《关于信托的法律适用与承认的公约》(Convention on the Law Applicable to Trusts and on Their Recognition) …… (380)
《产品责任法律适用公约》(Convention on the Law Applicable to Products Liability) …… (100)
《海牙公约》(The Hague Convention) …… (417)
《美国信托法重述》(Restatement of The American Law of Trusts) …… (628)
《国际商事合同通则》(UNIDROIT; Unidroit Principles of International Commercial Contracts) …… (389)
斯特拉斯堡公约(European Convention on Product Liability in regard to Personal Injury and Death; Strasbourg Convention) …… (879)
《中华人民共和国婚姻法》(Marriage Law of the People's Republic of China) …… (1227)
《中华人民共和国收养法》(Adoption Law of the People's Republic of China) …… (1230)
《中华人民共和国继承法》(Law of Succession of the People's Republic of China) …… (1228)
亲子关系法(law on relations between parents and children) …… (753)

商法学辞条分类目录(中外文对照)

〔商法总论〕

〔商法绪论〕

商法学(science of commercial law) ……(806)
法国商法体系(the system of French commercial law) ……(212)
德国商法体系(the system of german commercial law) ……(163)
英美商法体系(Anglo-American system of commercial law) ……(1109)
商人法主义(principle of law of merchant) ……(810)
商行为法主义(principle of law of commercial transact) ……(813)
折中商法主义(Eclecticism) ……(1177)
商外观主义(德 Rechtsscheinlehre) ……(812)
外观主义(德 Rechtsscheinlehre) ……(941)
公示主义(德 Publizitätsprinzip) ……(277)
严格责任主义(doctrine of strict liability) ……(1056)
商法干预主义(commercial interventionism) ……(805)
商品经济(commodity economy) ……(808)
商事(commerce) ……(810)
商业(commerce) ……(813)
商业法(business law, commercial law) ……(818)
商法(commercial law, merchantile law) ……(803)
商习惯法(commercial customary law) ……(813)
商判例法(commercial case law) ……(808)
商成文法(commercial made law) ……(803)
商法典(commercial code) ……(804)
《日本商法典》(Janpenese Commercial Code) ……(788)
《美国统一商法典》(The USA Uniform Commercial Code) ……(626)
《统一商法典》(Uniform Code of Commercial) ……(925)
泰国商事法典(Tailand Civil and Commercial Code) ……(900)
英国民商法规范(English civil and commercial law) ……(1106)
澳大利亚民商立法(Australia Civil and Commercial Law) ……(4)
印度的民商立法(Indian civil and commercial legislation) ……(1103)
以色列的民商立法(Israel civil and commercial legislation) ……(1091)

〔商主体〕

商事法律关系(commercial relationships) ……(810)
商主体(subject of commercial relation) ……(824)
商自然人(commercial natural person) ……(825)
商法人(commercial legal person) ……(805)
小商人(德 Minderkaufmann) ……(1016)
劳务人(contract workers) ……(586)
转让商(tranferor) ……(1246)
代办商(commercial agent; commission merchant) ……(142)
代办商权(right of commercial agent) ……(143)
代办商契约(contract of commercial agent) ……(142)

准禁治产人(quasi-incompetent person) …… (1255)
商业使用人(trade assistant) …… (822)
伙友(partners and friends;德 Ladenanqesteller) …… (484)
一般合伙(general partnership) …… (1069)
商业合伙(commercial partnership) …… (818)
公司法人(corporation) …… (287)
风险企业法人(risk-taking enterprise legal person) …… (243)
股份企业法人(enterprise legal by persons shares) …… (362)
信托法人(trust legal person) …… (1031)
代理商(commission merchant; commission agent; factor) …… (147)
缔约代理商(contracting agent) …… (179)
媒介代理商(medium agent) …… (624)
居间代理商(intermediate agent) …… (562)
代理商的留置权(lien of commercial agent) …… (147)
代理商法(commercial agency law) …… (148)
商务代理(trade agent) …… (812)
商务代理人(trade agency) …… (813)
商业代理所(commercial agency) …… (814)
商业代表(commercial representive) …… (814)
商务代表处(trade representative's office) …… (812)
经销处(sale agency) …… (554)
代销处(commission agent) …… (151)
贸易货栈(trade warehouse) …… (624)
综合商社(multiple mass organizations) …… (1266)
营业所(business office) …… (1111)

〔商行为〕
商事行为(commercial act) …… (811)
商行为(commercial act)(参见商事行为条) …… (813)
绝对商行为(absolute commercial act) …… (568)
相对商行为(opposite commercial act) …… (1010)
单方商行为(unilateral commercial act) …… (154)
双方商行为(bilateral commercial act) …… (874)
补助商行为(attached (quasi) commercial act) …… (71)
基本商行为(fundamental commercial transaction;德 Grundhandelsgeschäft) …… (498)
附属商行为(subsidiary commercial act) …… (259)
形式商行为(commercial act in form) …… (1044)
实质商行为(commercial act in substance) …… (845)
营业商行为(business commercial act) …… (1111)
两造商行为(bilateral commercial transaction) …… (606)
固有商行为(fundamental commercial act) …… (375)
辅助商行为(attached commercial act) …… (249)
纯然商行为(pure commercial act) …… (136)
推定商行为(contructive commercial act) …… (935)
海商行为(maritime commercial act) …… (405)
准商行为(para commercial act) …… (1255)
主观商行为(subective commercial act) …… (1240)
客观商行为(objective commercial act) …… (577)

61

信用委托(拉丁 mandatum qualification；德 Kreditauftrag) ··· (1041)
商事买卖(commercial sale；德 Handelskaut) ·· (811)
损价拍卖(Dutch auction) ·· (889)
处分行为(德 Verfügungen) ·· (124)
交易物(traded thing) ·· (537)
有价证券(securities) ·· (1121)

〔商业名称〕
商业名称(business name) ·· (819)
商业名称的起源(origin of business name) ··· (820)
商业名称的性质(nature of the business name) ·· (820)
商业名称的选定(determination of business name) ·· (820)
商业名称的登记(registration of business name) ·· (819)
商业名称权(right of business name) ·· (821)
商号(business name)(参见商业名称条) ··· (807)
公司商号(business name of company) ·· (293)
商号权(right of business name)(参见商业名称权条) ··· (807)
商誉(good will) ·· (824)
信誉(prestige) ·· (1041)
商号转让(transfer of business name) ·· (807)

〔商业登记〕
商业登记(commercial registration 或 business registration) ·· (814)
商业登记法(law of commercial registration) ··· (817)
商业登记法的历史(the evolution of commercial registration laws) ·························· (817)
商业登记法的特性(characteristics of business/commercial registration law) ·········· (817)
商业登记的事项(matters of commercial registration) ··· (816)
商业登记事项的请求权(claims to commercial registration) ·· (817)
商业登记的效力(validity of commercial registration) ··· (816)
商业登记的作用(functions of commercial registration) ··· (816)
商业登记的撤销(to cancel commercial registered matters) ·· (815)
商业登记的机关(agency responsible for commercial registration) ··························· (815)
商业登记的程序(proceeding of commercial registration) ··· (815)
强制登记主义(theory of obligatory registration) ·· (747)

〔商业账簿〕
商业账簿(trade books) ·· (822)
序时账簿(chronological books) ·· (1047)
分类账簿(classified balance books) ·· (241)
会计账簿(accounting books) ·· (582)
会计报表(accounting statement) ·· (581)
商业账簿的记载方法(recording method of trade books) ··· (823)
商业账簿的保存(maintenance of trade books) ·· (823)
商业账簿法(the law of trade books) ·· (824)

〔其他〕
规费(stimpulated fees) ·· (383)
商故意(commercial intention) ·· (807)
商过失(commercial negligence) ·· (807)
贷款业(business of making loans) ·· (152)
商业贷款(commercial loan) ·· (814)

商品贷款(commodity loans) ……(808)

〔公司法〕
〔绪论〕
公司(company) ……(278)
公司企业(corporation) ……(292)
公司法(company law) ……(286)
公司法学(the science of company law) ……(287)
股份制(corporation system) ……(366)

〔公司的名称、住所和营业所〕
公司名称(name of company) ……(292)
公司住所(company domicile) ……(299)
公司营业所(corporation business office) ……(295)

〔公司分类〕
无限公司(unlimited company) ……(976)
两合公司(limited partnership;德 Kommanditgesellschaft) ……(601)
股份两合公司(association limited by shares;德 Kommanditgesellschaft auf Aktien) ……(360)
股份有限公司(company limited by shares) ……(363)
有限责任公司(limited liability company) ……(1135)
人合公司(personal company) ……(773)
资合公司(captial company) ……(1256)
人资兼合公司(personal and capital company) ……(781)
本国公司(domestic company) ……(54)
外国公司(foreign company) ……(942)
跨国公司(multinational company) ……(581)
本公司(principal company) ……(54)
分公司(branch company) ……(240)
母公司(parent company) ……(660)
子公司(subsidiary company) ……(1257)
封闭式公司(close company) ……(243)
开放式公司(public company) ……(570)
控股公司(holding company) ……(579)
混合控股公司(mixed holding company) ……(481)
一人公司(one man's company) ……(1073)
集体公司(collective-owned company) ……(504)
公营公司(state-owned company) ……(301)
民营公司(privately operated company) ……(655)
联合公司(affiliated company) ……(597)
工业联合公司(industrial affiliated company) ……(271)
关联公司(affiliated company) ……(378)
投资公司(investment company) ……(928)
卡特尔(cartel) ……(570)

〔公司设立〕
公司设立(establishing of company) ……(293)
公司设立行为(act of incorporation) ……(295)
契约说(contract theory) ……(745)
单独行为说(theory of unilateral act) ……(153)

共同行为说(theory of joint act；德 Lehre von Gesamtakt) ……………………… (315)
　　公司设立方式(means of incorporation) ………………………………………… (294)
　　发起设立(form (a company limited) with promotors buying out all shares issued) ……… (202)
　　募集设立(establishment by floatation) ……………………………………………… (661)
　　公司设立原则(doctrines of incorporation) ……………………………………… (295)
　　放任主义(principle of free formation；法 laissez faire) ………………………… (231)
　　特许主义(principle of formation by license) …………………………………… (907)
　　核准主义(doctrine of licence；德 Konzessionssystem) ………………………… (453)
　　准则主义(principle of formation by statute) …………………………………… (1255)
　　公司设立无效(invalid company establishing) …………………………………… (294)
　　公司设立的撤销(withdrawal of incorporation) ………………………………… (294)
〔公司登记〕
　　公司登记(corporation registration) ……………………………………………… (286)
　　无限公司的登记(registration of an unlimited company) ……………………… (977)
　　两合公司的登记(registration of limited partnership) ………………………… (602)
　　有限责任公司的登记(registration of limited liability company) …………… (1136)
　　股份有限公司的登记(registration of company limited by shares) …………… (364)
　　设立登记(incorporation registration) …………………………………………… (828)
　　减资登记(registration for decrease of capital) ………………………………… (527)
　　修改章程登记(registration of charter's modification) ………………………… (1045)
　　增资登记(capital increase registration) ………………………………………… (1156)
　　撤销登记(deregistration) ………………………………………………………… (101)
　　募集公司债登记(registration of offering corporation bonds) ………………… (661)
　　发行新股登记(registration of new shares issuranced) ………………………… (203)
　　变更登记(modification registration) ……………………………………………… (63)
　　解散登记(dissolution registration) ……………………………………………… (542)
　　公司登记机关(registration office) ………………………………………………… (286)
〔公司的能力〕
　　公司的权利能力(company capacity of civil right) …………………………… (282)
　　公司的行为能力(corporation's capacity for civil conduct) …………………… (285)
　　公司在公法上的能力(corporation's capacity in public law) ………………… (295)
〔公司的合并、分立、变更、解散和清算〕
　　公司合并(consolidation of company) …………………………………………… (288)
　　合并方式(forms of meager) ……………………………………………………… (425)
　　合并行为说(theory of merger act) ……………………………………………… (425)
　　吸收合并(consolidation by merge) ……………………………………………… (1002)
　　新设合并(consolidation) ………………………………………………………… (1021)
　　公司合并的效力(effect of corporation merger) ………………………………… (289)
　　公司的变更(change of corporation) ……………………………………………… (279)
　　公司变更方式(means of corporation conversion) ……………………………… (279)
　　公司变更的程序(the procedure of corporation conversion) …………………… (279)
　　公司解散(dissolution of company) ……………………………………………… (290)
　　公司解散方式(means of corporation dissolution) ……………………………… (290)
　　任意解散(optional dissolution) …………………………………………………… (785)
　　强制解散(compulsory winding up/mandatory dissolution) …………………… (748)
　　公司的解散程序(corporation dissolution proceedings) ………………………… (281)
　　公司解散的效力(effect of corporation dissolution) …………………………… (290)

公司的清算(liquidation of company) (282)
〔公司通则的其他〕
  公司的监督(superintendence of company) (281)
  公司的股东(shareholder of company) (280)
  公司负责人(persons in charge of company) (288)
  公司经理人(manager of company) (291)
  公司公告(public notice of corporation) (288)
〔无限公司〕
  〔无限公司设立〕
    无限公司设立(the establishment of an unlimited company) (980)
    无限公司章程(articles of an unlimited company) (981)
    无限公司股东出资(contribution to capital of unlimilited company shareholders) (978)
    无限公司设立无效(nullity of the establishment of an unlimited company) (980)
    无限公司设立撤销(abandonment of the establishment of an unlimited company) (980)
  〔无限公司内、外部关系〕
    无限公司内部关系(internal relations of an unlimited company) (979)
    无限公司经理人(manager of an unlimited company) (979)
    无限公司盈余分配(apportionment of profit of an unlimited company) (981)
    无限公司对外关系(external relations of an unlimited company) (977)
    无限公司执行业务(to execute business of an unlimited company) (981)
    无限公司代表机关(representive of an unlimited company) (976)
    无限公司代表机关行为(representive's acts of an unlimited company) (976)
    无限公司入股(to become a shareholder of an unlimited company) (979)
    无限公司退股(retirement of share of an unlimited company) (980)
    无限公司资本维持(maintenance of capital of an unlimited company) (982)
  〔无限公司合并、分立、变更、解散和清算〕
    无限公司合并(consolidation of unlimited companies) (978)
    无限公司变更(alteration of an unlimited company) (976)
    无限公司解散(dissolve an unlimited company) (979)
    无限公司的清算(settlement of an unlimited company) (977)
    无限公司清算人(liquidator of unlimited company) (979)
  〔无限公司责任〕
    无限公司股东责任(shareholder's responsibilities of an unlimited company) (978)
    特殊责任(special responsibilities) (906)
    类似股东责任(similar shareholder's responsibilities) (587)
    无限公司清算后股东责任(the shareholder's responsibilities of a settled unlimited company) (979)
〔两合公司〕
  两合公司设立(creation of limited partnership) (604)
  两合公司出资(investment to joint contribution to capital of limited partnership) (601)
  两合公司出资转让(transfer of capital contribution in limited partnership) (602)
  两合公司执行机关(executive of limited partnership) (605)
  竞业禁止(prohibition of business strife) (556)
  无限责任股东竞业禁止(prohibition of business strife for the unlimited liability shareholder) (982)
  有限责任股东竞业自由(liberty of business Strife for the limited liability shareholder) (1136)
  两合公司盈余分派(allotment of surplus of limited partnership) (604)
  两合公司入股(admission of limited partnership) (603)
  两合公司退股(retirement from limited partnership) (604)

两合公司章程变更(modification of constitution of limited partnership) …… (605)
两合公司代表(representative of limited partner-ship) …… (602)
两合公司合并(consolidation of limited partnership) …… (603)
两合公司组织变更(conversion of limited partnership) …… (606)
两合公司解散(dissolution of limited partnership) …… (603)
两合公司清算(liquidation of limited partnership) …… (603)
两合公司股东责任(liability of shareholders of limited partnership) …… (603)
无限股东责任(liability of unlimited shareholder) …… (982)
有限股东责任(liability of limited partner) …… (1134)

〔股份两合公司〕
股份两合公司设立(establishment of association limited by shares) …… (361)
股份两合公司出资(contribution to association limited by shares) …… (360)
股份两合公司出资转让(transfer of contribution to association limited by shares) …… (360)
股份两合公司执行机关(executive organ of association limited by shares) …… (362)
股份两合公司盈余分派(allotment of surplus of association limited by shares) …… (362)
股份两合公司入股(admission of association limited by shares) …… (361)
股份两合公司退股(retirement of association limited by shares) …… (361)
股份两合公司章程变更(modification of articles association limited by shares) …… (362)
股份两合公司代表(representative of association limited by shares) …… (361)
股份两合公司合并(consolidation of association limited by shares) …… (361)
股份两合公司组织变更(conversion of association limited by shares) …… (362)
股份两合公司解散(dissolution of association limited by shares) …… (361)
股份两合公司清算(liquidation of association limited by shares) …… (361)
股份两合公司股东责任(partners' liability of association limited by shares) …… (361)
两合公司与股份两合公司(limited partnership and association limited by shares;
　　德 Kommanditgesellschaft und Kommanditgesellschaft auf Aktien) …… (604)

〔有限责任公司〕
〔有限责任公司设立〕
有限公司的章程(charter of limited company) …… (1127)
有限公司的设立(establishment of limited company) …… (1127)
有限公司的股东(shareholders of limited company) …… (1126)
有限公司的股单(share certificate of limited company; 德 Geschäftsanteilschein) …… (1126)
有限公司设立登记(registration of the establishment of limited company) …… (1133)
有限公司出资缴纳(pay the contribution to capital of limited company) …… (1125)
有限公司的出资设质(establishment of pledge of limited company capital) …… (1126)

〔有限责任公司的股份与资本〕
有限公司的股份(share of limited company) …… (1126)
有限公司股份的转让(transfer of share of limited company) …… (1129)
有限公司股息(dividend of limited company) …… (1130)
有限公司资本(capital of limited company) …… (1133)
有限公司增资(increase of capital of limited company) …… (1133)
有限公司减资(decrease of capital of limited company) …… (1131)

〔有限责任公司股东权利与义务〕
有限公司股东权利(right of shareholders of limited company) …… (1129)
自益权(right of self-benefit) …… (1262)
共益权(right of common-benefit) …… (316)
有限公司股东义务(duties of limited company shareholder) …… (1129)

〔有限责任公司组织机构〕
　　有限公司组织机构(organs of limited company) ……………………………………… (1134)
　　有限公司股东会(general meeting of members of limited company) ……………… (1129)
　　有限公司董事会(board of directors of limited company) ………………………… (1127)
　　有限公司董事资格(qualifications of director of limited company) ……………… (1128)
　　有限公司董事职权(director's authority of limited company) …………………… (1128)
　　有限公司董事义务(director's duties) ……………………………………………… (1128)
　　有限公司监事会(supervisory board of limited company) ………………………… (1131)
　　有限公司监事(supervisor of limited company) …………………………………… (1131)
　　有限公司经理(manager of limited company) ……………………………………… (1132)
〔有限责任公司合并、分立、解散和清算〕
　　有限公司合并(merger of limited company) ……………………………………… (1130)
　　有限公司分立(separation of limited company) ………………………………… (1128)
　　有限公司变更(alternation of limited company) ………………………………… (1125)
　　有限公司章程变更(the alternation of the charter of limited company) ……… (1133)
　　有限公司组织变更(the alternation of the nature of limited company) ……… (1134)
　　有限公司变更登记(registration of alteration of limited company) …………… (1125)
　　有限公司转化(transformation of limited company) …………………………… (1133)
　　有限公司解散(dissolution of limited company) ………………………………… (1132)
　　有限公司清算(liquidation of limited company) ………………………………… (1132)
〔股份有限公司〕
〔股份有限公司绪论〕
　　股份公司与无限公司(company limited by shares and unlimited company) ……… (354)
　　股份公司与股份两合公司(company limited by shares and joint stock limited partnership) ……… (353)
　　股份公司与有限公司(company limited by shares and limited company) ………… (354)
〔股份有限公司设立与登记〕
　　股份公司设立(establishment of company limited by shares) …………………… (347)
　　股份公司发起人(promotor of company limited by shares) ……………………… (330)
　　股份公司设立方式(the incorporated means of company limited by shares) …… (350)
　　股份公司设立程序(the incorporated procedure of company limited by shares) … (348)
　　募股(raising of or stocks) ………………………………………………………… (661)
　　认股(share subscription) …………………………………………………………… (781)
　　认股书(subscription warrants) …………………………………………………… (782)
　　认股权证(the certificate of subscription right) ………………………………… (782)
　　缴股(payment of subscribed shares) ……………………………………………… (538)
　　股份公司创立大会(inaugural meeting of company limited by shares; preliminary meeting
　　　　of company limited by shares) ………………………………………………… (325)
　　股份公司债(debentures) …………………………………………………………… (355)
　　股份公司章程(charter of company limited by shares) ………………………… (356)
　　招股章程(prospectus) …………………………………………………………… (1177)
　　股份公司名称(name of company limited by shares) …………………………… (344)
　　股份公司设立登记(establishment registration of company limited by shares) … (349)
　　股份公司设立登记效力(effects of the establishment registration of company limited by shares) ……… (349)
〔股份有限公司资本〕
　　股份公司资本(capital of company limited by shares) ………………………… (357)
　　股份公司注册资本(registered capital of company limited by shares) ………… (356)
　　股份公司实收资本(paid-in capital of company limited by shares) …………… (351)

股份公司核准资本(authorized capital of company limited by shares)(参见股份公司注册资本条) …… (340)
股份公司发行资本(issued capital of company limited by shares) …………………………………… (331)
股份公司实缴资本(paid-up capital of company limited by shares)(参见股份公司实收资本条) …… (351)
股份公司资本最低额(minimum capital of company limited by shares) …………………………… (358)
股份公司法定资本制(statutory capital system of company limited by shares)(参见股份公司
　资本确定原则条) ……………………………………………………………………………………… (331)
股份公司授权资本制(authorized capital system of company limited by shares) ………………… (352)
股份公司资本确定原则(principle of certainty of capital) ………………………………………… (357)
股份公司资本维持原则(principle of maintenance of capital) ……………………………………… (358)
股份公司资本不变原则(principle of constant capital) …………………………………………… (357)
股份公司增资(increase of capital of company limited by shares) ………………………………… (355)
股份公司减资(decrease of capital of company limited by shares) ………………………………… (342)
买入减资(capital reduction by buying stock back) ………………………………………………… (623)
〔股份有限公司的股票〕
股份公司的股票(shares of company limited by shares) ………………………………………… (325)
股票与股单(shares and certificate of contribution to capital；德 Aktie und Geschäfesanteilschein) ……… (374)
记名股票(registered stock；德 Namensaktie) …………………………………………………… (507)
无记名股票(stock payable to bearer) ……………………………………………………………… (972)
票面金额股票(par value shares) …………………………………………………………………… (728)
无票面金额股票(no-par-value stock；non-par value stock) ……………………………………… (973)
偿还股股票(redeemable shares；redeemable preference shares) ………………………………… (101)
非偿还股股票(unredeemable preferred shares) …………………………………………………… (234)
转换股股票(convertible shares) …………………………………………………………………… (1245)
非转换股股票(unconvertible shares) ……………………………………………………………… (238)
单数股票(a single share) …………………………………………………………………………… (154)
复数股票(multiple share) …………………………………………………………………………… (261)
表决权股票(voting shares) ………………………………………………………………………… (66)
无表决权股票(non-voting shares) ………………………………………………………………… (969)
股票的上市(listing of shares or stocks) …………………………………………………………… (370)
股票交易(stock transaction) ………………………………………………………………………… (373)
股票过户(transfer of shares) ………………………………………………………………………… (372)
股票交割(stock delivery) …………………………………………………………………………… (372)
股票交易市场(stock transaction/trading market) ………………………………………………… (373)
股票发行市场(the share issuing market) ………………………………………………………… (372)
店头证券市场(over the counter, OTC) …………………………………………………………… (183)
证券经纪人(securities broker) ……………………………………………………………………… (1192)
承销商(consignee；under writer) …………………………………………………………………… (111)
股票价格(price of shares) …………………………………………………………………………… (372)
股票账面价值(accounting value of share) ………………………………………………………… (374)
股票内在价值(intrinsic value of shares) …………………………………………………………… (373)
股票清算价值(value of share's liquidation) ……………………………………………………… (374)
股票投资风险(risk of investing stocks) …………………………………………………………… (374)
股票价格指数(index of stock price) ………………………………………………………………… (372)
〔股份有限公司的股份〕
股份有限公司股份(shares of company limited by shares) ……………………………………… (365)
自有股(owned shares) ……………………………………………………………………………… (1264)
收回股(returable share) ……………………………………………………………………………… (851)

掺水股(watered shares) …………………………………………………………………… (98)
企业股(enterprise shares) ……………………………………………………………… (739)
职工股(staff shares) …………………………………………………………………… (1215)
社会公众股(public share) ……………………………………………………………… (830)
旧股(old shares) ………………………………………………………………………… (556)
新股(new shares) ……………………………………………………………………… (1019)
新股发行(issue of new shares) ………………………………………………………… (1020)
普通股(common shares) ………………………………………………………………… (731)
优先股(preference) …………………………………………………………………… (1117)
累积优先股(accumulated preferred shares) …………………………………………… (587)
非累积优先股(non-accumulated preferred shares) …………………………………… (236)
参与优先股(participating preferred shares) …………………………………………… (95)
非参与优先股(nonparticipating preferred shares) …………………………………… (233)
股份转让(transfer of shares) …………………………………………………………… (367)
股份转让方法(process of shares transfer) …………………………………………… (368)
股份转让效力(effects of shares transfer) …………………………………………… (368)
股份共有(co-ownership of shares) …………………………………………………… (360)
股份设质(pledge on shares) …………………………………………………………… (362)
股份设质方法(creation of pledge on shares) ………………………………………… (363)
股份设质效力(the affects of lien on share) ………………………………………… (363)
股份收回(recovery of share) ………………………………………………………… (363)
〔股份有限公司股东〕
股份公司股东(shareholder of company limited by shares) ………………………… (332)
股东权利与义务(rights and duties of shareholders) ………………………………… (319)
股东固有权(shareholders' inherent rights) …………………………………………… (318)
股东非固有权(shareholder's uninherent rights) ……………………………………… (318)
普通股股东权(rights of common shareholder) ……………………………………… (731)
特别股东权(rights of special shareholders) ………………………………………… (902)
单独股东权(rights of single shareholder) …………………………………………… (152)
少数股东权(minority shareholders' rights) ………………………………………… (828)
股份公司少数股东收购股份请求权(buy-back right of minority of shareholders) …… (347)
权义集体说(theory of combination of rights and duties) …………………………… (767)
权义合并说(theory on coalition of right and obligation) …………………………… (767)
新债权说(New Theory on Creditor's Claim) ………………………………………… (1022)
股东地位说(theory of legal status) …………………………………………………… (318)
法律地位说(theory on legal status) …………………………………………………… (213)
股东名簿(list of shareholders) ………………………………………………………… (319)
〔股份有限公司组织机构及人员〕
股份公司组织结构(structure of company limited by shares) ……………………… (359)
股份公司股东会(shareholders' meeting of company limited by shares) …………… (333)
股份公司股东会召集人(convener of general meeting of stockholders of company limited by shares) …… (336)
股份公司股东会召集程序(convening procedure of shareholders' meeting of company limited
  by shares) …………………………………………………………………………… (336)
股份公司股东会职权(shareholders' meeting's power of company limited) ………… (336)
股份公司股东会议(shareholders' meeting of company limited by shares) ………… (335)
股份公司股东年会(annual general meeting of company limited by shares) ……… (337)
股份公司股东特别会议(special or extraordinary general meeting of shareholders of company

limited by shares) …………………………………………………………… (337)
股份公司股东法定会议(statutory meeting of stockholders of company limited by shares) ……… (333)
股份公司类别股东会议(separate meeting of classes of stockholders of company limited by shares) …… (343)
股份公司股东会表决权(shareholder's voting right of company limited by shares) …………… (334)
股份公司股东会决议方法(the types resolution of shareholder's meeting of company
　　limited by shares) ……………………………………………………… (334)
直接投票(straight voting) ……………………………………………………… (1214)
累积投票(cumulative voting) …………………………………………………… (587)
偶尔投票(occasional voting) …………………………………………………… (671)
不按比例投票(disproportionate voting) ……………………………………… (71)
分类投票(classified voting) …………………………………………………… (240)
股份公司股东会议事录(the record of shareholders' meeting of company limited shares) …… (335)
股份公司股东会议瑕疵救济(remedies for the irregulanties of shareholders' meeting
　　of company limited by shares) ………………………………………… (335)
股份公司股东会与创立会(stockholders' meeting and organizational meeting of company
　　limited by shares) ……………………………………………………… (335)
股份公司董事会(board of directors of company limited by shares) …………… (327)
股份公司董事会专门委员会(special committee of board of directors of company limited by shares) …… (328)
股份公司董事地位(directorship of company limited by shares) ……………… (327)
股份公司常务董事(executive director of company limited by shares) ………… (320)
股份公司董事资格(director's qualification of company limited by shares) …… (329)
股份公司董事职权(directors's power of company limited by shares) ………… (329)
股份公司董事义务(director's duties of company limited by shares) ………… (329)
股份公司董事长(chairperson of board of company limited by shares) ……… (326)
股份公司董事会召集(calling board of company limited) ……………………… (328)
股份公司董事会决议(resolution of board of company limited by shares) …… (328)
股份公司董事会权限(board's power of company limited by shares) ………… (328)
股份公司董事会报告(report of board of directors of company limited by shares) …… (327)
股份公司监事会(supervisory board of company limited by shares) …………… (342)
股份公司监事(supervisor of company limited by shares) ……………………… (341)
股份公司总经理(general manager of company limited by shares) …………… (359)
股份公司秘书(secretary of company limited by shares) ……………………… (344)
股份公司司库(treasurer of company limited by shares) ……………………… (352)
股份公司审计员(auditor of company limited by shares) ……………………… (351)
股份公司检查人(inspector of company limited by shares) …………………… (343)
股份公司监察人(supervisor of company limited by shares) …………………… (341)
股份公司会计人员(accounting personnel of company limited by shares) …… (341)
〔股份公司重整、和解与更生〕
股份公司重整(corporate reoganization of company limited by shares) ……… (320)
股份公司重整申请人(reorganization applicant of company limited by shares) …… (322)
股份公司重整管辖法院(jurisdictional court of reorganization of limited company) …… (321)
股份公司重整申请书(reorganization application of company limited by shares) …… (323)
股份公司重整申请费(application fee of reorganization of company limited by shares) …… (322)
法院对股份公司重整裁定(judicial ruling on reorganization of joint-stock company) …… (228)
重整裁定效力(the effect of reorganization ruling) …………………………… (118)
股份公司重整计划(reorganization project of company limited by shares) …… (321)
股份公司重整执行(execution of reorganization of company limited by shares) …… (324)

股份公司重整人(receiver in reorganization of company limited by shares) …………… (322)
股份公司重整监督人(reorganization supervisor of company limited by shares) ………… (322)
股份公司重整债权(creditors' right in the reorganization of company limited by shares) …… (323)
股份公司重整债务(liabilities in the reorganization of company limited by shares) ………… (324)
股份公司重整关系人会议(joint meeting of shareholders and creditors of company limited
　　by shares under reorganization) ……………………………………………………… (321)
股份公司重整终止(termination of reorganization of company limited by shares) ………… (325)
股份公司重整完成(fulfillment of reorganization of company limited by shares) ………… (323)
股份公司重整与变更(reorganization and change of company limited by shares) ………… (323)
股份公司和解(reconciliation of company limited by shares) …………………………… (340)
股份公司更生(regeneration of company limited by shares) …………………………… (332)

〔股份有限公司合并、分立、变更、解散和清算〕

股份公司合并(merger of company limited by shares) ………………………………… (338)
股份公司合并合同(merger contract of companies limited by shares) ………………… (339)
股份公司合并程序(merger procedure of company limited by shares) ………………… (339)
股份公司合并登记(merger registration of company limited by shares) ……………… (339)
股份公司合并效力(effects of merger of companies limited by shares) ……………… (339)
股份公司分立(seperation of company limited by shares) ……………………………… (331)
股份公司解散(dissolution of company limited by shares) …………………………… (343)
股份公司清算(liquidation of company limited by shares) …………………………… (345)
股份公司清算人(receiver of company limited by shares) …………………………… (346)
股份公司清算程序(liquidation procedure of company limited by shares) …………… (346)
股份公司普通清算(general winding-up of company limited by shares) ……………… (345)
股份公司普通清算与特别清算(general winding-up and special winding-up of
　　company limited by shares) …………………………………………………………… (345)
股份公司特别清算(special winding-up of company limited by shares) ……………… (352)
股份公司特别清算与公司重整(special winding-up and reorganization of company limited by shares) …… (353)

〔公司债〕

无记名公司债(debentures payable to bearer) ………………………………………… (971)
有担保公司债(secured debenture) …………………………………………………… (1120)
无担保公司债(unsecured debenture) ………………………………………………… (970)
转换公司债(convertible debenture) …………………………………………………… (1245)
非转换公司债(unconvertible debenture) ……………………………………………… (238)
附保证公司债(guaranteed debenture) ………………………………………………… (253)
不附保证公司债(unguaranteed debenture) …………………………………………… (77)
一般公司债(general debenture) ……………………………………………………… (1068)
利益公司债(interest debenture) ……………………………………………………… (595)
附权利债(right-claiming debenture) …………………………………………………… (257)
参与公司债(participating debenture) ………………………………………………… (95)
非参与公司债(nonparticipating debenture) …………………………………………… (233)
有息债(debenture with interest) ……………………………………………………… (1124)
无息债(debenture without interest) …………………………………………………… (975)
定期债(determinate debenture) ……………………………………………………… (187)
不定期债(indeterminate debenture) ………………………………………………… (74)
可展期债(deferable debenture) ……………………………………………………… (576)
不可展期债(nondeferable debenture) ………………………………………………… (80)
公司债与消费借贷(corporate bonds and consumer credit) ………………………… (298)

公司债募集(raising of debenture) (295)
公司债券(debenture bonds) (296)
公司债券转换(conversion of debenture bonds) (297)
公司债券转让(conveyance of debenture bonds) (298)
公司债券设质(pledge on debenture bonds) (297)
公司债债息(interests on debenture bonds) (299)
公司债消灭(extinguishment of debenture bonds) (298)
公司债权人(corporate creditor) (296)
债权人会议(creditors council) (1170)

〔公司财务会计〕
公积金(legal reserved fund) (274)
有限公司会计表册(accounting statements of limited company) (1130)
股份公司会计(accounting of company limited by shares) (340)
股份公司会计表册(accounting statement and volume of company limited by shares) (341)
股份公司资产负债表(balance sheet of company limited by shares) (359)
股份公司损益表(statement of loss and profit of company limited by shares) (352)
股份公司公积金(accumulation fund of company limited by shares) (332)
股份公司法定公积金(statutory accumulation fund of limited company) (331)
股份公司任意公积金(optional accumulation fund of company limited by shares) (347)
股份公司秘密公积金(secret accumulation fund of limited company) (344)
股份公司类似公积金(similar accumulation fund of limited company) (344)
股份公司股息(dividend of company limited by shares) (338)
股份公司红利(bonus of company limited by shares) (340)
股份公司股利分配(distribution of profit of company limited by shares) (337)
股份公司审计(audit of company limited by shares) (351)

〔外国公司〕
外国公司国籍(nationality of foreign company) (942)
认许说(doctrine of recognition) (784)
股东国籍说(doctrine of stockholder's nationality) (319)
准据法说(doctrine of applicable law) (1255)
设立行为地说(doctrine of the creating place) (828)
住所地国籍说(doctrine of domicile) (1243)
资金募集地说(doctrine of the floating-stock place) (1256)
营业中心地说(doctrine of the business center) (1112)
外国公司认许(recognition of foreign company) (943)
认许申请(applicant of recognition) (783)
认许程序(procedure of recognition) (783)
认许效力(validity of recognition) (784)
认许撤回(withdrawal of recognition) (782)
认许撤销(rescission of recognition) (782)
外国公司负责人(representative of foreign company) (942)
外国公司监督(supervision of foreign company) (943)
外国公司清算(liquidation of foreign company) (943)

〔公司法律、法规〕
《中华人民共和国公司法》(Company Law of the People's Republic of China) (1223)
《美国标准公司法》(US Model Business Corporation Act) (625)
英国公司法(british company law) (1105)

《法国商事公司法》(la loi sur les Sociétés Commerciales) ……………………………… (212)
《日本公司法》(Japanese Company Law) ……………………………………………… (785)
《德国有限责任公司法》(Limited Liability Company Law of Germany,德文缩写 GmbH) ……… (163)
《德国股份公司法》(Germany Joint-stock Company Law) ……………………………… (160)
《有限责任公司规范意见》(Opinions on Standardization of Limited Liability Companies) ……… (1136)
《股份有限公司规范意见》(Regulatory Opinions on Company Limited by Shares) ……… (366)
《中华人民共和国股票发行与交易暂行条例》(Provisional Regulation on the Management on the
　　Issuance and Trading of Stocks of People's Republic of china) ……………………… (1225)
《日本公司更生法》(Japanese Corporate Regenerate Law) ……………………………… (787)
《美国1986年政府证券法》(the USA Government Securities Act of 1986) ……………… (625)
台湾地区《证券交易法》(the Securities Exchange Law of Taiwan District) …………… (897)
《日本证券交易法》(Japanese Securities Exchange Law) ………………………………… (790)
《中华人民共和国公司登记管理暂行规定》(Temporary Provisions of the People' Republic of
　　china on management of corporation registration) ……………………………………… (1223)
《韩国商业登记处理规则》(Regulation on Commercial Registration Process of Republic of Korea) ……… (419)
《日本商业登记法》(Japan Business Registration Law) …………………………………… (788)

〔票据法〕

　　票据法学(science of negotiable instruments law) ……………………………………… (700)
　　票据(negotiable instruments) …………………………………………………………… (679)
　　　　记名票据(bills to order) ……………………………………………………………… (507)
　　　　无记名票据(bills payable to bearer) ………………………………………………… (972)
　　　　指示票据(bill drawn to order) ……………………………………………………… (1217)
　　　　流通票据(negotiable instruments) ………………………………………………… (608)
　　　　非流通票据(non-negotiable instruments) ………………………………………… (237)
　　　　支付票据(payable negotiable instruments) ……………………………………… (1206)
　　　　信用票据(credit negotiable instruments) ………………………………………… (1040)
　　　　自付票据(negotiable instruments paid by self) …………………………………… (1258)
　　　　委托票据(drawer-payee negotiable instruments) ………………………………… (961)
　　　　融通票据(accommodation bills) …………………………………………………… (794)
　　票据法(law of negotiable instruments) ………………………………………………… (694)
　　　　《法国票据法》(Negotiable Instruments Law of France) …………………………… (210)
　　　　《德国票据法》(Negotiable Instruments Law of Germany；德 Wechselgesetz) ……… (162)
　　　　《美国票据法》(Uniform Negotiable Instruments Law) …………………………… (625)
　　　　《英国票据法》(Bill of Exchange Act) ……………………………………………… (1107)
　　　　《日本票据法》(Negotiable Instruments Law of Japan) …………………………… (788)
　　　　旧中国票据法 ……………………………………………………………………… (556)
　　　　新中国票据法(negotiable instruments law of the Peoples' Republic of China) ……… (1022)
　　　　票据法的发展趋势(trend of development of negotiable instruments law) ………… (695)
　　　　票据法的历史(history of negotiable instruments law) …………………………… (696)
　　　　票据法的特性(properties of negotiable instruments law) ………………………… (699)
　　票据法系(negotiable instruments legal system) ……………………………………… (700)
　　　　日内瓦票据法系(Negotiable Instruments Law of Geneva Legal system) ………… (791)
　　　　英美票据法系(negotiable instruments law of Anglo-American legal system) ……… (1109)
　　票据关系(legal relation of negotiable instruments) …………………………………… (703)
　　　　票据当事人(parties to a bill) ………………………………………………………… (684)
　　　　汇票上的当事人(parties on bills of exchange) …………………………………… (471)

支票上的当事人(parties of check) …… (1210)
基本当事人(basic party) …… (496)
非基本当事人(non-basic party) …… (236)
发盘(offer) …… (202)
受款人(payee) …… (855)
背书人(indorser) …… (50)
被背书人(indorsee) …… (50)
付款人(payer) …… (251)
承兑人(acceptor) …… (108)
持票人(holder) …… (117)
参加承兑(acceptance for honor) …… (90)
参加承兑人(acceptor for honor) …… (92)
被参加承兑人(the person for whose honor acceptance is made) …… (51)
参加付款人(payer for honor) …… (94)
被参加付款人(the person for whose honor payment is made) …… (51)
保付人(person for certified cheque) …… (7)
前手(prior holder) …… (746)
后手(subsequent holder) …… (455)
涂销人(person who cancels a negotiable instruments) …… (929)
划线人(the person who crosses on a cheque) …… (456)
票据交换所(clearing house) …… (704)
担当付款人(accommodation drawer) …… (156)
预备付款人(preparatory payer) …… (1139)
融通当事人(accommodation parties) …… (793)
票据债权人(holder of bill) …… (727)
票据债务人(debtor of bill) …… (727)
票据转贴现(discount by transfer) …… (727)
票据关系人(parties of negotiable instruments) …… (703)
托收银行(remitting bank) …… (938)
中间银行(intermediary bank) …… (1231)
开户银行(deposit bank) …… (571)
票据行为(act on negotiable instrument) …… (714)
票据行为的性质(nature of act on negotiable instruments) …… (723)
票据行为的特性(characteristics of act on negotiable instrument) …… (719)
票据行为的要件(essentials of act on commercial instrument) …… (724)
票据行为的实质要件(substantive essentials of act on negotiable instrument) …… (718)
票据行为的形式要件(formal essentials of act on negotiable instrument) …… (721)
票据行为的分类(classification of act on negotiable instrument) …… (717)
票据发票(negotiable instrument-drawing) …… (693)
票据背书(endorsement) …… (683)
票据保证(guarantee by aval) …… (680)
票据承兑(acceptance of a negotiable instrument) …… (684)
票据保付(instruments to certify) …… (680)
票据付款(payment of negotiable instruments) …… (701)
票据付款的标的(object of payment) …… (702)
票据见票(negotiable instrument at sight) …… (704)
票据划线(crossed negotiable instrument) …… (704)

票据涂销(obliteration of negotiable instruments) …………………………………… (712)
票据贴现(discount of bill) ………………………………………………………… (711)
票据再贴现(rediscount) …………………………………………………………… (726)
票据行为契约说(bargain theory of negotiable instruments acts) ………………… (724)
票据行为单方行为说(unilateralism theory of negotiable instruments acts) ……… (715)
票据行为形式说(formalism of negotiable instruments acts) ……………………… (725)
票据行为实质说(essentialism of negotiable instruments acts) …………………… (725)
票据行为折衷说(eclecticism of negotiable instruments acts) …………………… (725)
权利外观说(theory of right appearance) ………………………………………… (765)
票据行为要式性(formality of negotiable instruments acts) ……………………… (725)
票据行为抽象性(abstraction of negotiable instruments acts) …………………… (715)
票据行为文义性(the literalness of negotiable instruments acts) ………………… (725)
票据行为独立性(independence among acts on negotiable instruments acts) …… (724)
票据行为的代理(agency of negotiable instruments acts) ………………………… (715)
票据行为的代行(act on one's behalf of negotiable instruments acts) …………… (717)
票据权利(right of bill) …………………………………………………………… (706)
　付款请求权(claim for payment) ………………………………………………… (251)
　追索权(recourse) ……………………………………………………………… (1249)
　票据权利的取得(acquisition of right of bill) …………………………………… (706)
　票据权利的行使及保全(exercise and preserve of right of bill) ………………… (707)
　票据权利的消灭(elimination of right of bill) …………………………………… (707)
　票据时效(tolling period of negotiable instruments) …………………………… (709)
　因发票产生的票据关系(negotiable instrument relation stemming from issuing) …… (1097)
　因背书产生的票据关系(negotiable instrument relation stemming from endorsement) ……(1096)
　因承兑产生的票据关系(negotiable instrument relation stemming from acceptance) …… (1096)
　因参加承兑产生的票据关系(negotiable instrument relation stemming from acceptance for honour) …… (1096)
　因保证产生的票据关系(negotiable instrument relation stemming from guaranty) …… (1095)
　因付款产生的票据关系(negotiable instrument relation stemming from payment) …… (1098)
　因参加付款产生的票据关系(negotiable instrument relation stemming from payment for honor) ……… (1096)
　因保付产生的票据关系(negotiable instrument relation stemming from certification) …… (1095)
非票据关系(non-negotiable-instrument relation) ………………………………… (237)
　票据法上的非票据关系(non-negotiable instrument relation on negotiable instruments law) ………… (700)
　　因恶意取得票据而产生的关系(relation stemming from malicious acquisition of
　　　negotiable instrument) ……………………………………………………… (1097)
　　利益偿还请求权关系(relation of repayment of benefit) …………………… (594)
　　利益偿还请求权的当事人(party of repayment of benefit) ………………… (594)
　　利益偿还请求权的成立要件(essential of repayment of benefit) …………… (593)
　　利益偿还请求权的效力(effect of repayment of benefit) …………………… (594)
　　请求发行复本关系(relation of requesting for issuing bill in a set) ………… (759)
　　请求交还复本关系(relation of requesting for returning bill in a set) ……… (759)
　　请求交还票据关系(relation of requesting for returning negotiable instrument) …… (759)
　　请求交还原本关系(relation of requesting for returning original bill) ……… (759)
　票据的基础关系(basic relation of negotiable instrument) ……………………… (686)
　　票据原因关系(cause of negotiable instrument) ……………………………… (726)
　　票据预约关系(pre-engagement of negotiable instrument) ………………… (725)
　　票据资金关系(pension cover negotiable instrument) ……………………… (728)
　　基础关系与票据关系的关系(relationship between negotiable instrument relation and

　　　　basic relation) ……………………………………………………………………………… (499)
　　票据的伪造(forgery of negotiable instruments) ……………………………………… (693)
　　票据伪造签名(forged signature of negotiable instruments) ………………………… (713)
　　票据伪造人的责任(liability of forger of negotiable instruments) …………………… (713)
　　票据被伪造人(forged person of negotiable instruments) ……………………………… (683)
　　票据伪造的效力(effects of forgery of negotiable instruments) ……………………… (712)
　　票据的变造(alteration of a bill) ………………………………………………………… (685)
　　票据变造人(maker of alternation) ……………………………………………………… (684)
　　票据上的保证人(guarantor) ……………………………………………………………… (709)
　　票据上的被保证人(pledgee; warantee) ………………………………………………… (709)
　　票据的特性(properties of negotiable instruments) …………………………………… (690)
　　票据的分类(classification of negotiable instruments) ………………………………… (685)
　　票据的经济职能(economic function of negotiable instruments) …………………… (686)
　　票据的历史(history of negotiable instruments) ……………………………………… (688)
　　票据变造事项(stated items of alternation of negotiable instruments) …………… (684)
　　票据变造的效力(legal effects of alteration of negotiable instruments) …………… (683)
　　票据的涂销(obliteration of negotiable instruments) ………………………………… (692)
　　票据涂销人(canceller of negotiable instruments) …………………………………… (712)
　　票据被涂销事项(stated items of obliteration of negotiable instruments) ………… (683)
　　票据涂销的效力(effects of obliteration negotiable instruments) …………………… (712)
票据的更改(change of negotiable instruments) ………………………………………… (685)
票据抗辩(defense of negotiable instruments) …………………………………………… (705)
　　票据的人的抗辩(defense in personam of negotiable instruments) ………………… (690)
　　票据物的抗辩(exceptio in rem of negtiable instruments) …………………………… (714)
　　票据恶意抗辩(defense of negotiable instruments against bad faith) ……………… (693)
　　票据抗辩的限制(restriction of defense of negotiable instruments) ………………… (705)
票据丧失(loss of negotiable instrument) ………………………………………………… (708)
　　票据绝对丧失(absolute loss of negotiable instruments) ……………………………… (705)
　　票据相对丧失(relative loss of negotiable instruments) ……………………………… (714)
　　票据丧失的补救(remedy for loss of negotiable instrument) ………………………… (708)
　　票据公示催告(procedure of public summons for exhortation relating to negotiable instruments) ………… (702)
　　票据挂失止付(report the loss of negotiable instruments to prevent payment) …… (702)
　　票据诉讼补救(remedy for loss of negotiable instruments through litigation) …… (711)
　　票据声明作废(declaration of invalidity of negotiable instrument) ………………… (709)
票据时效期间(tolling period of negotiable instruments) ……………………………… (710)
空白票据(blank negotiable instruments) ………………………………………………… (578)
　　空白票据的构成要件(formation of blank negotiable instruments) ………………… (578)
　　空白票据的效力(legal effects of blank negotiable instruments) …………………… (579)
　　对空白票据的法律规定(legal provisions of blank negotiable instruments) ……… (195)
汇票(bills of exchange) …………………………………………………………………… (461)
　　汇票的分类(classification of bills of exchange) ……………………………………… (466)
　　即期汇票(bills payable at sight) ………………………………………………………… (502)
　　远期汇票(usance bills; usance draft) ………………………………………………… (1144)
　　定期汇票(periodic bills; date draft) …………………………………………………… (186)
　　注期汇票(sight bills) …………………………………………………………………… (1243)
　　分期付款汇票(draft payable by installment) ………………………………………… (242)
　　计期汇票(time draft) …………………………………………………………………… (506)

一般汇票(general bills of exchange) ……………………………………………………… (1069)
　　变式汇票(varied bill) ……………………………………………………………………… (63)
　　指己汇票(self-ordered bill of exchange) …………………………………………………… (1216)
　　对己汇票(drafts drawn on the drawer) …………………………………………………… (198)
　　付受汇票(entrusted bill) …………………………………………………………………… (253)
　　已付已受汇票(drafts drawn on the drawer paid by self) ………………………………… (495)
　　押汇汇票(document draft) ………………………………………………………………… (1054)
　　承兑押汇汇票(document-against-acceptance bill) ……………………………………… (108)
　　付现押汇汇票(document against payment bill) ………………………………………… (253)
　　跟单汇票(documentary bill of exchange; documentary draft) ………………………… (268)
　　本国汇票(domestic bill of exchange) ……………………………………………………… (54)
　　外国汇票(foreign bill of exchange) ………………………………………………………… (944)
　　银行汇票(bank bill; bank draft) …………………………………………………………… (1099)
　　商业汇票(commercial draft, merchant bill) ……………………………………………… (818)
　　银行承兑汇票(banker's acceptance bills) ………………………………………………… (1099)
　　商业承兑汇票(trade's acceptance bills) …………………………………………………… (814)
汇票的当事人(parties of bills of exchange) ……………………………………………………… (465)
　　汇票基本当事人(key parties of bills of exchange) ……………………………………… (471)
　　汇票发票人(drawer of bills of exchange) ………………………………………………… (470)
　　汇票付款人(drawee of bills of exchange) ………………………………………………… (470)
　　汇票受款人(payee of bills of exchange) …………………………………………………… (471)
　　汇票非基本当事人(non-key parties of bills of exchange) ……………………………… (470)
汇票的发票(issue of bills of exchange) ………………………………………………………… (466)
　　汇票发票的款式(form of issue of bills of exchange) …………………………………… (469)
　　汇票应记载事项(essential terms of bills of exchange) ………………………………… (472)
　　汇票发票日(date of draft) ………………………………………………………………… (470)
　　汇票出票地(place of draft) ………………………………………………………………… (462)
　　汇票签名(signature on bills of exchange) ………………………………………………… (471)
　　汇票得记载事项(optional terms of bills of exchange) ………………………………… (463)
　　汇票不得记载事项(prohibitive terms of bills of exchange) …………………………… (461)
　　汇票发票的效力(effects of issue of bills of exchange) ………………………………… (469)
　　汇票担保承兑(acceptance on security of bills of exchange) …………………………… (462)
　　汇票担保付款(certify for bills of exchange) …………………………………………… (462)
汇票的背书(endorsement of bills of exchange) ………………………………………………… (464)
　　背书的法律性质(nature of endorsement) ………………………………………………… (47)
　　背书的特征(characters of endorsement) ………………………………………………… (48)
　　背书的意义(significance of endorsement) ………………………………………………… (49)
　　粘单(allonge) ……………………………………………………………………………… (666)
　　背书的分类(categories of endorsement) ………………………………………………… (48)
　　转让背书(endorsement for transfer) ……………………………………………………… (1246)
　　一般转让背书(general endorsement for transfer) ……………………………………… (1071)
　　完全背书(endorsement in full) …………………………………………………………… (947)
　　空白背书(endorsement in blank) ………………………………………………………… (577)
　　特殊转让背书(special endorsement for transfer) ……………………………………… (906)
　　回头背书(re-endorsement) ………………………………………………………………… (459)
　　期后背书(endorsement on overdue bill) ………………………………………………… (733)
　　法定背书禁止(legal restrictive endorsement) …………………………………………… (203)

非转让背书(non-negotiable endorsement) …… (238)
委任背书(endorsement by mandate) …… (959)
设质背书(endorsement of pledge) …… (829)
连续背书(successive endorsement)lianxu lüxing de hetong …… (596)
不连续背书(un-successive endorsement) …… (80)
无担保背书(endorsement without recourse) …… (970)
附条件背书(conditional endorsement) …… (257)
部分背书(partial endorsement) …… (85)
背书禁止(restrictive endorsement) …… (50)
转让背书的连续(successive endorsement for transfer) …… (1246)
转让背书的不连续(un-successive endorsement for transfer) …… (1246)
背书的效力(effects of endorsement) …… (48)
一般转让背书的效力(effects of general endorsement for transfer) …… (1071)
特殊转让背书的效力(effects of special endorsement for transfer) …… (907)
回头背书的效力(effects of re-endorsement) …… (460)
期后背书的效力(effects of endorsement on overdue bill) …… (733)
非转让背书的效力(effects of non-negotiable endorsement) …… (238)
委任背书的效力(effects of endorsement by mandate) …… (960)
设质背书的效力(effects of endorsement of pledge) …… (829)
背书的涂销(obliteration of endorsement) …… (48)
汇票的承兑(acceptance of bills of exchange) …… (465)
 承兑的款式(form of acceptance) …… (105)
 承兑的原则(principles of acceptance) …… (107)
 承兑自由原则(principle of freedom of acceptance) …… (108)
 汇票承兑原则(principles of acceptance of bills of exchange) …… (462)
 承兑的分类(classification of acceptance) …… (105)
 全部承兑(absolute acceptance) …… (764)
 部分承兑(partial acceptance) …… (85)
 附条件承兑(conditional acceptance) …… (257)
 不单纯承兑(non-absolute acceptance) …… (72)
 正式承兑(formal acceptance) …… (1179)
 略式承兑(non-formal acceptance) …… (616)
 承兑的程序(procedure of acceptance) …… (104)
 承兑的提示(presentment for acceptance) …… (106)
 拒绝承兑(dishonor by non-acceptance) …… (563)
 承兑的延期(the deferment of acceptance) …… (107)
 承兑的涂销(obliteration of acceptance) …… (106)
 承兑的效力(effects of acceptance) …… (107)
 汇票的参加承兑(acceptance for honor; acceptance by intervention) …… (464)
 参加承兑的款式(form of acceptance for honor) …… (91)
 参加承兑的程序(procedure of acceptance for honor) …… (90)
 当然参加承兑(natural acceptance for honor) …… (157)
 任意参加承兑(optional acceptance for honor) …… (784)
 参加承兑的效力(effects of acceptance for honor) …… (91)
 参加承兑人的责任(liabilities of acceptor for honor) …… (92)
 被参加承兑人的责任(liabilities of the person for whose honour acceptance is made) …… (51)
 被参加承兑人的前后手的责任(liabilities of the prior/subsequent party of the party being

　　　　participated for honour) …………………………………………………………… (51)
　汇票的保证(avals) ……………………………………………………………………… (463)
　　票据保证与民事保证的关系(relation between aval of commercial instrument and warranty) ……… (682)
　　票据保证的款式(form of avals) ………………………………………………………… (680)
　　票据保证的分类(classification of avals) ………………………………………………… (680)
　　全部保证(full aval) ……………………………………………………………………… (763)
　　部分保证(partial aval) …………………………………………………………………… (85)
　　单独保证(individual aval) ………………………………………………………………… (152)
　　共同保证(joint aval) ……………………………………………………………………… (306)
　　隐存保证(hidden aval) …………………………………………………………………… (1101)
　　票据保证的效力(legal effects of avals) ………………………………………………… (681)
　　票据保证人的责任(liabilities of guarantor) …………………………………………… (682)
　　独立责任(independent liability) ………………………………………………………… (194)
　　从属责任(dependent liability) …………………………………………………………… (138)
　汇票的到期日(maturity of bills of exchange) ………………………………………… (466)
　　到期日的种类(types of maturity of bills of exchange) ……………………………… (158)
　　定日付款(payment at a fixed date) …………………………………………………… (187)
　　发票日后定期付款(payment at a fixed date after ticket day) ……………………… (202)
　　见票日后定期付款(payment at a fixed date after sight) …………………………… (529)
　　即期付款(payment at sight) …………………………………………………………… (502)
　　分期付款(installment payment) ………………………………………………………… (241)
　　到期日的计算(calculation of maturity) ………………………………………………… (158)
　汇票的付款(payment of bills of exchange) …………………………………………… (467)
　　付款的分类(classification of payment of bills of exchange) ………………………… (249)
　　全部付款(payment in full) ……………………………………………………………… (764)
　　部分付款(partial payment) ……………………………………………………………… (85)
　　到期付款(payment at maturity) ………………………………………………………… (158)
　　期外付款(payment outside maturiry) …………………………………………………… (736)
　　期前付款(payment before maturity) …………………………………………………… (735)
　　期后付款(payment after maturity) ……………………………………………………… (734)
　汇票的付款的程序(procedure of payment of bills of exchange) …………………… (467)
　　付款的提示(presentment of payment) ………………………………………………… (250)
　　提示的当事人(parties of presentation) ………………………………………………… (914)
　　提示期间(term limited for presentation) ……………………………………………… (914)
　　提示的效力(effects of presentation) …………………………………………………… (914)
　　提示的免除(exemption from presentation) …………………………………………… (914)
　　支付票款(payment) …………………………………………………………………… (1206)
　　付款的时期(time for payment) ………………………………………………………… (249)
　　付款人的审查义务(payer's duty of examination) …………………………………… (252)
　　付款人付款时的权利(payer's right when paying) …………………………………… (252)
　　拒付(dishonor by nonpayment) ………………………………………………………… (563)
　　退票(dishonor) ………………………………………………………………………… (938)
　　退票通知(note of a dishonor) ………………………………………………………… (938)
　　付款的效力(effects of payment) ………………………………………………………… (251)
　　全部付款的效力(effects of payment in full) ………………………………………… (764)
　　一部分付款的效力(effects of partial payment) ……………………………………… (1072)
　　期后付款的效力(effects of payment after maturity) ………………………………… (734)

参加付款(payment for honor) …… (92)
　汇票的参加付款(payment by intervention of bills of exchange) …… (465)
　参加付款与付款的区别(comparisons between payment and payment for honor) …… (94)
　参加付款与参加承兑的关系(comparisons between payment for honor and acceptance for honor) …… (94)
　参加付款的程序(procedure of payment for honor) …… (92)
　参加付款的款式(form of payment for honor) …… (93)
　当然参加付款(natural payment by intervention) …… (157)
　任意参加付款(optional payment by intervention) …… (784)
　参加竞合(concurrent payments for honor) …… (94)
　优先参加(prior intervention) …… (1117)
　参加付款的效力(effects of payment for honor) …… (93)
　被参加人的责任(liabilities of the person for whose honour payment is made) …… (51)
　被参加人的前后手的责任(liabilities of the prior/subsequent party of the party being participated) …… (51)
汇票的追索权(right of recourse on bills of exchange) …… (468)
　追索权的分类(classification of right of recourse on bill of exchange) …… (1250)
　最初追索权(initial right of recourse on bills of exchange) …… (1271)
　再追索权(right of renewed recourse) …… (1150)
　到期追索权(right of recourse falling due) …… (159)
　期前追索权(right of recourse before maturity) …… (735)
　追索权的特性(characters of recourse on bill of exchange) …… (1251)
　追索权的主体(subjects of recourse on bills of exchange) …… (1252)
　追索权人(holder of the right of recourse) …… (1252)
　被追索人(person against the right of recourse) …… (52)
　追索权的客体(objects of the right of recourse) …… (1250)
　追索权的丧失(extinction of the right of recourse) …… (1250)
　追索金额(recoverable amount) …… (1249)
　再追索金额(recoverable amount of renewed recourse) …… (1150)
　期前追索金额(recoverable amount before maturity) …… (735)
　追索权的行使与保全(exercising and preservation of right of recourse) …… (1251)
　追索权行使的原因(cause of exercising of right of recourse) …… (1253)
　追索权行使的程序(procedure of exercising of right of recourse) …… (1252)
　拒绝事实的通知(notice of dishonor) …… (564)
　拒绝事实通知的免除(waiver of notice of dishonor) …… (565)
　追索权的保全措施(measure for preservation of right of recourse) …… (1249)
　如期提示(presentment as scheduled) …… (795)
　作成拒绝证书(protest) …… (1275)
　回头汇票(returned bill) …… (460)
　追索权的效力(effects of the right of recourse) …… (1251)
　汇票的拒绝证书(protest of bills of exchange) …… (468)
　拒绝证书的分类(classification of protest) …… (565)
　拒绝承兑证书(protest for non-acceptance) …… (563)
　拒绝付款证书(protest for non-payment) …… (563)
　拒绝参加承兑证书(protest for non-acceptance by intervention) …… (563)
　拒绝参加付款证书(protest for non-payment by intervention) …… (563)
　拒绝交还复本证书(protest for refusal of returning bill in a set) …… (564)
　拒绝交还原本证书(protest for refusal of returning original bill) …… (564)
　承兑日期拒绝证书(protest for date of acceptance) …… (108)

第二次提示请求的拒绝证书(protest for the second presentation) …… (177)
无从为承兑提示的拒绝证书(protest for unfeasible presentation for acceptance) …… (970)
无从为付款提示的拒绝证书(protest for unfeasible presentation for payment) …… (970)
拒绝证书的作成(making of protest) …… (566)
拒绝证书的记载事项(form of protest) …… (566)
拒绝证书的作成机关(maker of protest)(参见拒绝证书的作成条) …… (567)
拒绝证书的效力(effects of protest) …… (566)
拒绝证书的免除(exemption from protest) …… (566)
汇票的复本(parts of a set of bills of exchange) …… (468)
  成套汇票(bill in a set) …… (102)
  复本的分类(classification of parts of a set of bills of exchange) …… (260)
  安全复本(bill in a set for safety) …… (1)
  便利复本(bills in a set for convenience) …… (63)
  承兑复本(bill in a set for acceptance) …… (107)
  流通复本(bill in a set for circulation) …… (608)
  复本的发行(issue of parts of a set of bills of exchange) …… (260)
  复本的记载(terms of parts of a set of bills of exchange) …… (260)
  复本的效力(effects of parts of a set of bills of exchange) …… (260)
  一体性效力(effect of integrality) …… (1074)
  独立性效力(effect of independence) …… (193)
汇票的誊本(copies of bills of exchange) …… (468)
  誊本的作成(making of copies of bills of exchange) …… (908)
  誊本的记载事项(terms of copies of bills of exchange) …… (907)
  誊本的效力(effects of copies of bills of exchange) …… (907)
  誊本与复本的比较(comparison between a set and copies of bills of exchange) …… (908)
本票(promissory notes) …… (55)
  本票的分类(types of promissory notes) …… (58)
  银行本票(bank bills) …… (1099)
  商业本票(commercial bills) …… (814)
  即期本票(demand drafts; sight drafts) …… (502)
  远期本票(time drafts) …… (1143)
  本国本票(inland notes; domestic promissory notes) …… (54)
  外国本票(foreign notes) …… (941)
  连带负责本票(promissory notes under joint liability) …… (595)
  既连带又单独负责本票(promissory notes under joint and several liability) …… (509)
  本票的特性(characteristic of promissory notes) …… (59)
  本票与债券(promissory notes and bonds) …… (61)
  本票与汇票(promissory notes and bills of exchange) …… (60)
  本票与国库券(relations between promissory notes and treasury bonds) …… (60)
  本票与银行券(relations between promissory notes and bank notes) …… (61)
  本票的当事人(parties of promissory notes) …… (56)
  本票的发票(issue of promissory notes) …… (57)
  本票的背书(endorsement of promissory notes) …… (55)
  本票的保证(guarantee of promissory notes) …… (55)
  本票的见票(sight, visa of the makers) …… (58)
  本票的到期日(maturity day of promissory notes) …… (57)
  本票的付款(payment of promissory notes) …… (58)

本票的参加付款(payment by intervention of promissory notes) ……………………… (55)
本票的期前追索权(right of recourse before maturity of promissory notes) ……… (59)
本票的强制执行(enforcement of promissory notes) …………………………………… (59)
本票的誊本(copies of promissory notes) ……………………………………………… (59)
本票适用汇票的规定(provisions relating to bills of exchange apply to promissory notes) ……… (59)
支票(checks; cheques) ……………………………………………………………… (1207)
支票的分类(types of checks; types of cheques) ……………………………………… (1209)
现金支票(cheques or checks payable in cash) ……………………………………… (1007)
转账支票(cheques or checks payable in account) …………………………………… (1247)
空白支票(blank check)(参见空白票据条) …………………………………………… (579)
空头支票(bad cheques or checks) …………………………………………………… (579)
定额支票(quota cheque) ……………………………………………………………… (184)
不定额支票(non-quota cheque) ……………………………………………………… (74)
保付支票(certified or accepted cheques) …………………………………………… (7)
划线支票(crossed cheques or checks) ……………………………………………… (456)
平行线支票(crossed cheques)(参见划线支票条) …………………………………… (730)
旅行支票(traveler's check/traveling check) ………………………………………… (616)
汇划支票(check only for account) …………………………………………………… (460)
远期支票(postdated cheques or checks) …………………………………………… (1144)
支票的当事人(parties of cheques or checks) ……………………………………… (1208)
支票中的资金关系(contract of deposit) …………………………………………… (1211)
支票的发票(drawing of cheques or checks) ………………………………………… (1208)
支票的背书(endorsement of cheques or checks) …………………………………… (1208)
支票的保证(guarantee of cheques or checks) ……………………………………… (1208)
《日本支票法》中的保证(guarantee under Checks Law of Japan) ………………… (791)
支票的付款(payment of cheques or checks) ………………………………………… (1210)
一般支票的付款(payment of general cheque) ……………………………………… (1071)
保付支票的付款(payment of certified cheques) …………………………………… (7)
划线支票的付款(payment of crossed cheques or checks) ………………………… (456)
转账支票的付款(payment of cheques or checks payable in account) …………… (1247)
远期支票的付款(payment of postdated cheques or checks) ……………………… (1144)
支票的追索权(right of recourse of check) ………………………………………… (1210)
支票的拒绝证书(protests of check) ………………………………………………… (1210)
签发空头支票的法律责任(liability for drawing of bad cheques) ………………… (746)
支票适用汇票的规定(provisions relating to bills of exchange apply to cheques or checks) ……… (1211)
《日内瓦统一汇票本票法》(《Uniform Law on Bills of Exchange and Promissory Notes》) ……… (792)
《日内瓦统一支票法》(《Uniform Law on Cheques》) ……………………………… (792)
《日内瓦统一汇票本票法公约》(《Convention Concerning Uniform Law on Bills of Exchange
　　and Promissory Notes》) ………………………………………………………… (792)
《日内瓦统一支票法公约》(《Convention Concerning Uniform Law on Cheques》) … (793)
《海牙统一票据规则》(Uniform Rules of Negotiable Instruments) ………………… (417)
《商业票据代收统一规则》(Uniform Rules for the Collection of Commercial Paper) ……… (822)
《联合国国际汇票和国际本票公约草案》(《Draft Uniform Law on International Bills of Exchange
　　and International Promissory Notes》) ………………………………………… (597)
《银行结算办法》(Measures of Settlement of Bank Account) ……………………… (1100)
《上海市票据暂行规定》(Provisional Rules on Checks of Shanghai) ……………… (825)

〔证券法〕

证券(security) ……………………………………………………………………………(1179)
选择无记名有价证券(德 alternatives Inhaberpapier)……………………………………(1051)
股票(share；stock)………………………………………………………………………(369)
企业债券(corporate bonds) ………………………………………………………………(740)
国债(government bonds) …………………………………………………………………(398)
证券投资基金(mutual fund) ……………………………………………………………(1198)
金融衍生工具(financial derivatives) ……………………………………………………(547)
证券市场(securities market) ……………………………………………………………(1197)
证券发行市场(primary market) …………………………………………………………(1183)
证券流通市场(secondary market) ………………………………………………………(1194)
证券交易所(securities exchange)…………………………………………………………(1191)
证券经营机构(securities undertakers) …………………………………………………(1193)
证券服务机构(securities service institutions) …………………………………………(1186)
证券登记结算机构(institution of security registration and liquidation) ……………(1181)
证券业协会(association of securities) …………………………………………………(1203)
证券监督管理机构(securities regulatory commission) ………………………………(1188)
证券法(securities law) ……………………………………………………………………(1183)
证券法律关系(securities legal relationship) ……………………………………………(1186)
证券法的原则(principles of securities law) ……………………………………………(1184)
《美国证券法》(Securities Law of the US) ………………………………………………(629)
《英国证券法》(Securities Law of the United Kingdom)………………………………(1109)
德国证券法(Securities Law of Germany) ………………………………………………(163)
日本证券法(securities law of Japan) ……………………………………………………(789)
股票发行(issuing of shares) ……………………………………………………………(370)
企业债券发行(bond issuance of corporation) …………………………………………(740)
证券投资基金发行(issuance of mutual fund) …………………………………………(1200)
国债发行(issuring of government bonds) ………………………………………………(399)
国际证券发行(issuance of international securities) ……………………………………(389)
证券承销(securities underwriting) ………………………………………………………(1181)
证券发行的信息披露(disclosure in securities issuance) ………………………………(1182)
证券上市(listing of securities) …………………………………………………………(1196)
证券交易(trading of securities) …………………………………………………………(1189)
证券现货交易(securities spot trading) …………………………………………………(1203)
证券信用交易(securities credit sale and short sale) …………………………………(1203)
证券经纪业务(securities brokerage) ……………………………………………………(1192)
证券自营业务(securities dealing) ………………………………………………………(1205)
证券投资信托业务(securities investment trust) ………………………………………(1202)
证券期货交易(securities futures trading) ………………………………………………(1195)
证券期权交易(stock option) ……………………………………………………………(1195)
证券回购交易(securities redemption) …………………………………………………(1187)
证券价格(securities price) ………………………………………………………………(1187)
证券价格指数(securities price index) …………………………………………………(1188)
开户、委托与成交(account-open, delegate and conclude a transaction) ……………(570)
清算、交割与过户(liquidation delivery and transfer of ownership) …………………(757)
上市公司的持续信息披露(continuous disclosure by listed companies) ………………(826)
上市公司收购(merger and acquisition) …………………………………………………(826)

证券交易风险(securities trading risk) …… (1190)
证券交易风险防范(risk prevention) …… (1190)
证券违法行为(securities illegal conducts) …… (1202)
内幕交易(insider trading) …… (664)
操纵证券市场(securities market manipulation) …… (97)
证券欺诈(securities frauds) …… (1196)
证券法律责任(securities legal liabilities) …… (1186)
证券仲裁(securities arbitration) …… (1204)
证券诉讼(securities litigation) …… (1198)

〔保险法〕

保险法学(science of insurance law) …… (18)
保险(insurance) …… (11)
 保险的分类(classifications of insurance) …… (18)
  自愿保险(voluntary insurance) …… (1264)
  强制保险(compulsory insurance) …… (747)
  国营保险(state-operated insurance) …… (397)
  民营保险(privately operated insurance) …… (655)
  普通保险(general insurance) …… (730)
  特殊保险(special insurance) …… (905)
  定值保险(valued insurance) …… (188)
  不定值保险(unvalued insurance) …… (74)
  营利保险(profit-making insurance) …… (1110)
  相互保险(mutual insurance) …… (1010)
  定额保险(ration insurance) …… (184)
  补偿保险(indemnity insurance) …… (69)
  超额保险(over-insurance) …… (101)
  足额保险(full insurance) …… (1270)
  不足额保险(under insurance) …… (84)
  基本保险(basic insurance) …… (496)
  附加保险(added insurance) …… (255)
  单保险(simple insurance) …… (152)
  双保险(double insurance) …… (874)
  复保险(multiple insurance) …… (260)
  原保险(original insurance) …… (1142)
  再保险(reinsurance) …… (1149)
  共同保险(coinsurance) …… (305)
  差额保险(share insurance) …… (98)
  个别保险(individual insurance) …… (267)
  集合保险(collective insurance) …… (503)
  为他人利益保险 …… (951)
  为自己利益保险(insurance for one's own profit) …… (951)
  一切危险保险(all risk insurance) …… (1073)
  特定危险保险(special risk insurance) …… (903)
  多种危险保险(multiple risk insurance) …… (200)
  单一危险保险(single risk insurance) …… (155)
  短期保险(short term insurance) …… (194)

长期保险(long term insurance) …… (100)
　　人身保险(insurance of the person) …… (773)
　　财产保险(property insurance) …… (86)
　　商业保险(commercial insurance)(参见普通保险条) …… (814)
　　重大疾病保险(fundamental sickness insurance) …… (1238)
　危险(risk) …… (948)
　　危险单位(unit of risk) …… (949)
　　危险事故(accident of risk) …… (950)
　　危险因素(complication of risk) …… (950)
　　危险保留(hold of risk) …… (949)
　　危险转移(transfer of risk) …… (951)
　　危险分类(classification of risk) …… (949)
　　财产危险(property risks) …… (89)
　　人身危险(personal risk) …… (778)
　　责任危险(liability risk) …… (1154)
　　自然危险(natural risk) …… (1261)
　　社会危险(social risk) …… (831)
　　经济危险(economic risk) …… (553)
　　道德危险(moral hazard) …… (159)
　　纯粹危险(pure risk) …… (136)
　　机遇性危险(opportunity risk) …… (493)
　　不包括危险(non-inclusive risk) …… (71)
　　除外危险(excluded perils) …… (123)
保险业(insurance business) …… (41)
保险业的组织(organization of insurance business) …… (42)
合作保险(cooperative insurance) …… (449)
保险公司(insurance company) …… (22)
相互保险社(mutual insurance society) …… (1010)
相互保险公司(mutual insurance company) …… (1010)
劳合社(Lloyd's Underwritens Association)(参见劳埃德社条) …… (586)
中国人民保险公司(People's Insurance Company of China) …… (1221)
中国太平洋保险公司(Pacific Insurance Company of China) …… (1221)
伦敦保险人公司(Company of London Insurance) …… (616)
保安保险公司(Baoan Insurance Company) …… (7)
太平保险公司(Pacific Insurance Company) …… (900)
仁济和保险公司(Renjihe Insurance Company) …… (781)
个人保险(personal insruance) …… (267)
保险业的监管(supervision on insurance business) …… (42)
保险业财务方面的监管(supervision on insurance business finance) …… (41)
保险业营业方面的监管(supervision on insurance business operation) …… (42)
保险合同的法律性质(legal character of insurance contract) …… (28)
保险合同条款的分类(classification of the clauses of insurance contract) …… (32)
保险合同的客体(object of insurance contract) …… (29)
非比例分保(non-proportional reinsurance) …… (232)
代位求偿(subrogation) …… (150)
代位求偿权(right of subrogation) …… (150)
船舶保险单(hull insurance policy) …… (126)

保赔责任险(protection and indemnity risks) …… (10)
明示特约条款(express special clause) …… (658)
默示特约条款(implied warranty clause) …… (659)
默示条款(implied terms) …… (659)
除外条款(exclusion clause) …… (123)
人身上保险利益(insurable interest to life) …… (777)
委付(abandonment) …… (959)
要保书(application) …… (1059)
运输条款(transit clause) …… (1148)
改变航程条款(change of voyage clause) …… (263)
疏忽条款(negligence clause) …… (873)
保证条款(warranty clause) …… (46)
《海洋运输保险责任扩展条款》(Extended Cover Clause Relating to Period of Ocean Marine Cargo Insurance) …… (418)
共保条款(coinsurance clause) …… (305)
预约保险合同(open cover) …… (1142)
保险利益的要件(elements of insurable interest) …… (37)
保险利益原则(principle of insurable interest) …… (38)
保险利益的转移(transfer of insurable interest) …… (38)
保险费的性质(nature of insurance premium) …… (21)
保险费的返还(returns of premium) …… (20)
无受益条款(not to insure clause) …… (975)
保险合同条款的解释(interpretation of insurance contract) …… (32)
责任的审核(examination and confirmation of liability within insurance coverage) …… (1153)
期满双倍两全保险( ) …… (735)
可变动保险(adjustable insurance) …… (573)
增值保险(increased value insurance) …… (1156)
利润损失保险(profit loss insurance) …… (593)
政治风险保险(political risk insurance) …… (1206)
第一损失保险(first loss insurance) …… (179)
从属损失保险(consequential loss insurance) …… (138)
投保(applying for insurance, procure insurance) …… (925)
拒保(to declining insurance) …… (563)
加保(increasing amount of insurance) …… (517)
减保(reduction of insurance) …… (526)
退保(cancel) …… (937)
保险合同无效(insurance contract invalid) …… (33)
保险合同的解除(dissolution of insurance contract) …… (29)
保险合同的中止(suspension of insurance contract) …… (31)
保险合同的复效(resumption of insurance contract) …… (29)
保险合同的终止(termination of insurance contract) …… (31)
给付保险金(to pay the insurance) …… (493)
保险人破产(bankruptcy of the insurer) …… (40)
损失赔偿责任(liability of indemnity) …… (890)
如实告知(representation) …… (795)
危险增加的通知(notice of increase of peril) …… (950)
危险发生的通知(notice of occurrence of peril) …… (949)

交付保险费(payment of premium) …… (535)
防灾减损(to guard against the peril and reduce the losses) …… (229)
保险人义务(duties of insurer) …… (40)
保险合同主体的变更(alteration of the subjects of insurance contract) …… (33)
保险合同内容的变更(alteration of the contents of insurance contract) …… (31)
保险合同效力的变更(alteration of the effect of insurance contract) …… (33)
保险合同的变更(alteration of insurance contract) …… (27)
投保人义务(duty of applicant) …… (926)
通知及告知的免除(exemption of the duty of notifying and informing) …… (921)
保险费的交付(payment of premium) …… (20)
保险合同的订立(formation of insurance contract) …… (27)
保险合同的类别(classification of insurance contract) …… (29)
保险合同的履行(performance of insurance contract) …… (30)
保险宽限期(grace period) …… (37)
保险凭证(insurance certificate) …… (38)
比例责任制(proportional responsibility system) …… (62)
不利解释规则(any ambiguity to be construed to the benefit of the assured) …… (80)
储蓄保险(deposit insurance) …… (124)
船舶保险退费(return of premium for hull insurance) …… (127)
法定条款(compulsory clause) …… (207)
附加条款(additional clause) …… (255)
基本条款(basic clause) …… (499)
理赔的程序(procedure of settlement of claims) …… (591)
农业保险(agriculture insurance) …… (670)
人寿保险责任准备金(life insurance reserve) …… (780)
保险费迟延交付的效果(effect of delayed payment of premium) …… (19)
任选条款(optional clause) …… (784)
索赔的程序(procedure of claims) …… (895)
索赔与理赔(claims and settlement) …… (895)
投资保险(investment insurance) …… (927)
限额责任制(limit of liability) …… (1007)
行业条款(trade clauses) …… (425)
英国S.G.保险单(The Lloyd's S.G. form of policy) …… (1104)
港口保险(port risk insurance) …… (264)
定期保险合同(time insurance contract) …… (186)
船队保险(fleet insurance) …… (134)
船舶保险期间(period of hull insurance) …… (126)
英国伦敦保险人协会(The Institute of London Underwriters) …… (1106)
霍夫曼估值法(Hoffman method) …… (490)
机动车辆保险(mobile vehicle insurance) …… (491)
保单贷款(policy loan) …… (7)
保险证明书(cover note; certificate of insurance) …… (43)
保险担保书(guarantee of insurance) …… (18)
自负额(deductible) …… (1258)
自留额(retention) …… (1259)
免赔额(franchise) …… (631)
比例分保(proportional reinsurance) …… (62)

转分保(retrocession) …………………………………………………………………… (1245)
保险保障基金(fund of insurance guarantee) ………………………………………… (15)
主要保险制(primary coverage system) ……………………………………………… (1242)
货物保险退费(returns of premium-cargo) …………………………………………… (485)
公典制度(mount of piety) ……………………………………………………………… (271)
基尔特制度(guild) ……………………………………………………………………… (501)
年金保险(annuity insurance) ………………………………………………………… (666)
保险合同当事人(parties of insurance contract) ……………………………………… (26)
投保人(applicant for insurance) ……………………………………………………… (926)
保险合同的关系人(relatives of insurance contract) ………………………………… (29)
被保险人(the insured) ………………………………………………………………… (50)
受益人(beneficiary) …………………………………………………………………… (866)
抵押权人(mortgagee) ………………………………………………………………… (173)
债权人(creditor; debtee; holder of debt claims; obligee; creditor) ……………… (1168)
保险合同的辅助人(assistants of insurance contract) ……………………………… (28)
保险代理权的限制(limitation to agent right/procuration) ………………………… (16)
保险公证人(insurance appraiser; insurance notary; public appraiser) ………… (25)
总代理人(general agent) ……………………………………………………………… (1266)
营业代理人(soliciting agent, solicitor) ……………………………………………… (1111)
特约代理人(special agent) …………………………………………………………… (907)
保险事故(event insured against; insured event) …………………………………… (41)
保险要素(elements of insurance) …………………………………………………… (41)
保险费(premium) ……………………………………………………………………… (19)
保险费率(insurance rate; premium rate) …………………………………………… (21)
保险合同的要件(elements of insurance contract) ………………………………… (30)
保险合同的要约(insurance application) …………………………………………… (31)
保险合同的承诺(acceptance of insurance contract) ……………………………… (27)
保险合同的形式(forms of insurance contract) ……………………………………… (30)
 不保财产(uninsurable property) ………………………………………………… (71)
 可保财产(insurable property) …………………………………………………… (573)
 除外责任(excluded liability) ……………………………………………………… (123)
 保险弃权(waiver and estoppel) ………………………………………………… (39)
 家庭财产保险(household property insurance) ………………………………… (517)
 企业财产保险(commercial property insurance) ……………………………… (737)
 机器损坏保险(machinery damage insurance) ………………………………… (492)
 营业中断保险(business interruption insurance) ……………………………… (1112)
 建筑工程一切险(contractor's all risks insurance for construction) ………… (531)
 安装工程一切险(contractor's all risks insurance for installation) …………… (1)
 海上石油开采保险(sea petroleum exploitation insurance) …………………… (409)
 钻井平台一切险(offshore drilling platform all risks insurance) ……………… (1270)
火灾保险(fire insurance) ……………………………………………………………… (483)
货物运输保险(cargo insurance) ……………………………………………………… (487)
 仓至仓条款(warehouse to warehouse clause) ………………………………… (97)
 国内货物运输保险(domestic cargo insurance) ………………………………… (395)
 国内航空货物运输保险(domestic flight cargo insurance) …………………… (394)
海上保险(marine insurance) ………………………………………………………… (405)
 海上危险(maritime perils) ………………………………………………………… (410)

88

海上固有危险(perils of the sea) …………………………………………………………… (408)
海上保险合同(marine insurance contract) …………………………………………………… (407)
运费保险(freight insurance) …………………………………………………………………… (1147)
海上货物运输保险(marine cargo insurance) ………………………………………………… (408)
平安险(free from particular average/F.P.A) ………………………………………………… (729)
水渍险(with particular average) ……………………………………………………………… (875)
一切险(all risks) ………………………………………………………………………………… (1073)
全损险(total loss insurance) …………………………………………………………………… (764)
战争险(war risks insurance) …………………………………………………………………… (1177)
海上货物运输附加险(extraneous risks insurance) …………………………………………… (408)
不论是否灭失条款(lost or not lost clause) …………………………………………………… (81)
承认适航条款(seaworthiness admitted clause) ……………………………………………… (111)
碰撞责任条款(collision clause) ………………………………………………………………… (678)
扣押和捕获不保条款(free of capture & seizure clause) …………………………………… (581)
陆空保险(transport insurance) ………………………………………………………………… (612)
航空保险(aviation insurance) ………………………………………………………………… (421)
运输工具保险(transport vehicles insurance) ………………………………………………… (1147)
飞机保险(aircraft insurance) …………………………………………………………………… (231)
船舶保险(vessel insurance) …………………………………………………………………… (125)
姐妹船条款(sister ship clause) ………………………………………………………………… (542)
建造船舶保险(ship-building insurance) ……………………………………………………… (530)
责任保险(liability insurance) …………………………………………………………………… (1151)
第三者责任保险(third party's liability insurance; third party liability insurance)(参见责任保险条) …… (179)
不得诉讼条款(no action clause) ……………………………………………………………… (74)
公众责任保险(public liability insurance) ……………………………………………………… (302)
房屋责任保险(occuppiers liability insurance) ………………………………………………… (230)
校(园)方责任保险(school liability insurance) ……………………………………………… (1018)
旅行社责任保险(travel agency liability insurance) ………………………………………… (615)
产品责任保险(product liability insurance) …………………………………………………… (99)
供电责任保险(power-supplier liability insurance) …………………………………………… (304)
雇主责任保险(employers' liability insurance) ………………………………………………… (377)
专家责任保险(professional liability insurance) ……………………………………………… (1243)
医疗责任保险(liability of medical malpractice insurance) ………………………………… (1077)
汽车第三者责任保险(mobile vehicle third party liability insurance) ……………………… (742)
承包商责任保险(contractor's liability insurance) …………………………………………… (103)
《航空责任保险》(Aviation Liability Insurance) ……………………………………………… (423)
承运人旅客法定责任(compulsory insurance for flight carrier's liability to passengers) …… (112)
飞机地面第三者责任保险(aircraft ground third party liability insurance) ………………… (232)
船主对旅客责任保险(ship owner's liability insurance for passengers) …………………… (135)
信用保险(credit insurance) …………………………………………………………………… (1039)
国内商业信用保险(domestic commercial credit insurance) ………………………………… (395)
出口信用保险(export credit insurance) ……………………………………………………… (119)
保证保险(bond insurance) ……………………………………………………………………… (43)
诚实保证保险(fidelity bond insurance) ……………………………………………………… (114)
确实保证保险(surety bond insurance) ………………………………………………………… (767)
人身保险合同(personal insurance contract) ………………………………………………… (775)
人身保险准备金(life insurance reserve) ……………………………………………………… (776)

不可争议条款(incontestability clause) …… (80)
年龄误保条款(misstatement of age clause) …… (668)
交费宽限期条款(grace period clause) …… (535)
复效条款(reinstatement clause) …… (262)
保单质借条款(assignment clause) …… (7)
自动垫交保险费条款(automatic payment clause) …… (1258)
不丧失价值条款(nonforfeiture clause) …… (82)
自杀条款(suicide clause) …… (1262)
战争条款(war clause) …… (1177)
人寿保险(life insurance) …… (779)
 人寿保险合同(life insurance contract) …… (780)
 死亡保险(death insurance) …… (879)
 生存保险(endowment insurance) …… (837)
 生死两全保险(mixed insurance) …… (838)
 简易人身保险(brief life insurance) …… (528)
 投资人寿保险(variable life insurance) …… (928)
伤害保险(accident insurance) …… (802)
 团体人身意外伤害保险(group accident insurance) …… (934)
 公路旅客意外伤害保险(road passenger accident insurance) …… (274)
 铁路旅客意外伤害保险(railway passenger accident insurance) …… (919)
 轮船旅客意外伤害保险(ship passenger accident insurance) …… (618)
健康保险(health insurance) …… (533)
 医疗给付保险(medical expenses insurance) …… (1076)
 住院医疗保险(hospital room and board insurance) …… (1243)
社会保险(social insurance) …… (829)
 工伤保险(industrial injuries insurance) …… (270)
 失业保险(unemployment insurance) …… (840)
 劳动保险(labor insurance) …… (585)
 养老保险(endowment insurance, old-age insurance) …… (1057)
 农村社会养老保险(urban old-age pension) …… (669)
 医疗保险(medical insurance) …… (1075)

〔法律、法规、规章〕

《中华人民共和国保险法》(The Law of Insurance of P.R.C) …… (1222)
《中华人民共和国产品质量法》(Law of the People's Republic of China on Product Quality) …… (1223)
《保险管理暂行规定》(Interim Administrative Provisions on Insurance) …… (25)
《保险公司管理规定》(Administrative Provisions on Insurance Companies) …… (23)
《保险代理机构管理规定》(Administrative Provisions on Insurance Agencies) …… (15)
《保险经纪公司管理规定》(Administrative Provisions on Insurance Brokerage Agencies) …… (35)
《保险公估机构管理规定》(Administrative Provisions on Public Appraisement Agencies of Insurance) …… (21)
《保险代理人管理规定(试行)》(Administrative Provisions on Insurance Agents (for Trial Purpose)) …… (17)
《保险经纪人管理规定(试行)》(Administrative Provisions on Insurance Brokers(For Trial Purpose)) …… (36)
《保险公估人管理规定(试行)》(Administrative Provisions on Insurance Public Appraisers (For Trial Purpose)) …… (22)
《保险兼业代理管理暂行办法》(Interim Provisions on Management of Adjunct Insurance Agency) …… (35)
《保险公司营销服务部管理办法》(Administrative Measures on Promotion Service Department of Insurance Companies) …… (24)

《保险企业管理暂行条例》(Interim Administrative Provisions on Insurance Enterprises) …………… (38)
《中华人民共和国外资保险公司管理条例》(Provisions on the Management of Foreign
　　Invested Insurance Companies) ………………………………………………………… (1230)
《上海外资保险机构暂行管理办法》(Interim Provisions on Foreign-invested Insurance
　　Agencies in Shanghai) …………………………………………………………………… (826)
《保险机构高级管理人员任职资格管理规定》(Administrative Provisions on Assignment Quality
　　of High-Ranking Management Staff of Insurance Companies) ………………………… (34)
《保险机构高级管理人员任职资格管理暂行规定》(Interim Provisions on Assignment Quality
　　of High-Ranking Management Staff of Insurance Companies) ………………………… (34)
《关于规定中资保险公司吸收外资参股有关事项的通知》(Notices on Relevant Issues Concerning
　　Foreign-participation in Domestice Insurance Companies) …………………………… (379)
《向保险公司投资入股暂行规定》(Interim Provisions on Investment and Shareholding
　　towards Insurance Companies) ………………………………………………………… (1013)
《外资保险机构驻华代表机构管理办法》(Provisions on Management of Representative Agencies
　　in China of Foreign Insurance Institutes) ……………………………………………… (945)
《保险公司投资证券投资基金管理暂行办法》(Interim Administrative Measures on Insurance
　　Companies' Investment to Securities Investment Fund) ……………………………… (24)
《中国人民保险(集团)公司经济处罚暂行规定》(Interim Regulations of People's Insurance
　　Corporation(Group)of China on Economic Punishment) …………………………… (1220)
《关于索赔期限有关问题的批复》(Reply on relevant issues concerning time limit for
　　demanding compensation) ……………………………………………………………… (379)
《企业财产保险条款》(Enterprise Property Insurance Clauses) ……………………………… (738)
《机动车辆保险条款》(Motor Vehicles Insurance Clauses) …………………………………… (491)
《船舶保险条款》(Hull Insurance Clauses) ……………………………………………………… (126)
《家庭财产保险条款》(Family Property Insurance Clauses) ………………………………… (518)
《家庭财产附加盗窃险条款》(Family Property Insurance with Theft Clauses) …………… (519)
《家庭财产两全保险条款》(Family Property Savings Insurance Clauses) ………………… (519)
《国内水路、铁路货物运输保险条款》(Domestic Water and Railway Cargo Transportation
　　Insurance Clauses) ……………………………………………………………………… (396)
《国内船舶保险条款》(Domestic Maritime Hull Insurance Clauses) ………………………… (393)
《国内渔船保险条款》(Domestic Fishing Boat Insurance Clauses) …………………………… (396)
牲畜保险条款(Livestock Insurance Clauses) …………………………………………………… (839)
《国内航空货物运输保险条款(试行)》(Domestic Air Cargo Transportation Insurance Clauses
　　(for Trial Purpose)) ……………………………………………………………………… (394)
《农村家庭财产保险暂行办法》(Interim Provisions for the Property Insurance of Rural
　　Families) ………………………………………………………………………………… (668)
《财产保险条款费率管理暂行办法》(Interim Provisions on Premium Rate Management of Property
　　Insurance) ………………………………………………………………………………… (88)
《海洋运输货物战争险条款》(Ocean Marine Cargo Insurance War Risk Clauses) ………… (418)
《陆上运输货物保险条款》(Overland Transportation Cargo Insurance Clauses) ………… (613)
《陆上运输货物战争险条款》(Overland Transportation Cargo Insurance War Clauses) … (613)
《邮包险条款》(Postal Parcel Insurance Clauses) …………………………………………… (1119)
《油污和其他保赔责任险条款》(Oil Pollution and other Protection and Indemnity Insurance Clauses) …… (1119)
《拖拉机保险条款》(Tractor Insurance Clauses) ……………………………………………… (940)
《渔船保险条款》(Fishing-boat Insurance Clauses) ………………………………………… (1138)
《沿海内河船舶保险条款》(Coastal and Inland Water Hull Insurance Clauses) ………… (1057)
《拖轮拖带责任保险条款》(Tugboat Towage Liability Insurance Clauses) ………………… (940)

《船舶建造保险条款》(Ship Construction Insurance Clauses) …………………………………………… (129)
《航空运输货物保险条款》(Air Transportation Cargo Insurance Clauses) ……………………… (423)
《船舶战争、罢工险条款》(Hull War and Strikes Risk Insurance Clauses) ……………………… (134)
《人身保险产品定名暂行办法》(Interim Provisions on Products Denomination of Life Insurance) ………… (774)
《人身保险新型产品信息披露管理暂行办法》(Interim Provisions on Information Disclosure
　　of New Type Products of Life Insurance) ……………………………………………………… (775)
《简易人身保险条款(甲种)》(Simple Life Insurance (A) Clauses) …………………………………… (529)
《公路旅客意外伤害保险条款》(Highway Passengers' Accident Insurance Clauses) ……………… (274)
《团体人身保险条款》(Group Personal Life Insurance Clauses) ………………………………………… (934)
《团体人身意外伤害保险条款》(Group Personal Accident Life Insurance Clauses) ……………… (935)
团体定期保险条款(Group Fixed Insurance Clauses) ……………………………………………………… (934)
《船主对旅客责任保险条款》(Shipowner' Liability to Passengers Insurance Clauses) …………… (135)
《子女教育保险(A)条款》(Children Education Insurance A Clauses) ……………………………… (1257)
《子女教育保险(B)条款》(Children Education Insurance B Clauses) ……………………………… (1257)
《航空旅客人身意外伤害保险条款》(Aviation Passengers Personal Accident Insurance Clauses) …………… (422)
《航空旅客意外伤害保险行业指导性条款》(the Industry Guideline Clauses for Aviation
　　Passengers Accident Insurance) ………………………………………………………………… (422)
《学生幼儿住院医疗保险条款》(Pupils and Infants Hospitalization Medicine Insurance Clauses) ………… (1052)
《轮船旅客意外伤害强制保险条例》(Provisions on Compulsory Accident Insurance for Ship
　　Passengers) ………………………………………………………………………………………… (618)
《铁路旅客意外伤害强制保险条例》(Provisions on Compulsory Accident Insurance for Railway
　　Passengers) ………………………………………………………………………………………… (919)
《飞机旅客意外伤害强制保险条例》(Provisions on Compulsory Accident Insurance for Airplane
　　Passengers) ………………………………………………………………………………………… (232)
《旅行社办理旅游意外保险暂行规定》(Interim Provisions on the Operating of Accident Insurance
　　for Travelers by Travel Agencies) ……………………………………………………………… (615)
《伦敦保险协会货物险A条款》(Institute Cargo Clauses(A)) …………………………………………… (617)
《伦敦保险协会货物险B条款》(Institute Cargo Clauses(B)) …………………………………………… (617)
《伦敦保险协会货物险C条款》(Institute Cargo Clauses(C)) …………………………………………… (618)
《伦敦保险协会货物保险条款》(Institute Cargo Clauses) ……………………………………………… (617)
《伦敦保险协会战争险条款》(Institute War Clauses(Cargo)) …………………………………………… (618)
《伦敦保险协会罢工险条款》(Institute Strikes Clauses(Cargo)) ……………………………………… (616)

〔海商法〕
〔总论〕
　　海商法(maritime law) ……………………………………………………………………………… (404)
　　我国对海运经济的管理(Chinese administration on maritime economy) ……………………… (968)
〔船舶和船员〕
　　船舶(vessel) ………………………………………………………………………………………… (124)
　　代替船舶(substitute vessel) ……………………………………………………………………… (148)
　　船舶次要缺陷(minor deficiencies) ……………………………………………………………… (127)
　　船舶抵达(arrived ship) …………………………………………………………………………… (127)
　　船级(classification of vessel) …………………………………………………………………… (134)
　　船速(ship speed) …………………………………………………………………………………… (135)
　　船员(ship's crew) …………………………………………………………………………………… (135)
　　船员不法行为(offences of ship's crew) ………………………………………………………… (135)
　　　二船东(disponent owner) ……………………………………………………………………… (201)

船舶登记(registration of ships) …………………………………………………………… (127)
引航事故(pilotage accident) …………………………………………………………… (1100)
引航水域(pilotage district or pilotage grounds) ……………………………………… (1100)
引航证书(pilotage certificate or pilotage exemption certificate) …………………… (1101)

〔海上货物运输法〕

海上运输管理法(laws administrating the carriage by sea) ……………………………… (410)
承运人(carrier) …………………………………………………………………………… (112)
托运人(consignor) ………………………………………………………………………… (939)
收货人(consignee) ………………………………………………………………………… (851)
提单持有人(holder of bill of lading) …………………………………………………… (911)
实际承运人(actual carrier) ……………………………………………………………… (843)
记名提单(straight bill of lading)(参见提单条) ………………………………………… (507)
不记名提单(open bill of lading; blank bill of lading; bearer bill of lading)(参见提单条) …… (78)
清洁提单(clean bill of lading)(参见提单条) …………………………………………… (757)
预借提单(advanced bill of lading) ……………………………………………………… (1141)
倒签提单(anti-dated bill of lading) ……………………………………………………… (157)
甲板货提单(on deck B/L) ……………………………………………………………… (520)
简式提单(simple B/L; short form B/L) ………………………………………………… (528)
交换提单(switch bill of lading) ………………………………………………………… (537)
收货待运提单(received for shipment bill of lading)(参见提单条) …………………… (851)
已装船提单(Shipped Bill of Lading; On Board Bill of Lading)(参见提单条) ……… (1090)
直达提单(direct bill of lading) ………………………………………………………… (1212)
提单的背书(endorsement of bill of lading) …………………………………………… (911)
提单的善意第三方(third party of bill of lading in good faith) ……………………… (912)
提单的证据效力(evidential effects of bill of lading) ………………………………… (912)
提单的签发(signing and issuing of bill of lading) …………………………………… (912)
提单签发人(issuer of bill of lading) …………………………………………………… (913)
提单的签发日期(date of issue of bill of lading) ……………………………………… (912)
提单的份数(copies of bill of lading) …………………………………………………… (911)
提单条款(clauses of bill of lading) ……………………………………………………… (913)
提单的管辖权条款(jurisdiction clause of bill of lading) ……………………………… (911)
提单的法律选择条款(application of law clause) ……………………………………… (911)
提单附加条款(superimposed clause on bill of lading) ………………………………… (913)
提单无效条款(no effect clause of bill of lading) ……………………………………… (913)
提单在跟单信用证中的地位(position of bill of lading in documentary credit system) …… (913)
电子提单(electronic bill of lading) ……………………………………………………… (183)
提单电子注册组织(Bill of Lading Electronic Registry Organization) ………………… (912)
租船合同(charterparty) ………………………………………………………………… (1267)
泊位租船合同(berth charter) …………………………………………………………… (69)
定期租船合同(time charter party) ……………………………………………………… (187)
航次租船合同(voyage charter party) …………………………………………………… (421)
光船租船合同(demise charter party) …………………………………………………… (381)
良好天气工作日(weather working days)(参见装卸时间条) ………………………… (601)
安全泊位(safe berth) …………………………………………………………………… (1)
包装不足(insufficiency of packing) ……………………………………………………… (6)
标志不清或不当(insufficiency or inadequacy of marks) ……………………………… (65)
冰冻条款(ice clause) ……………………………………………………………………… (68)

撤船(withdraw the ship) …… (101)
承运人的实际过失或私谋(actual fault or privity of the carrier) …… (112)
适航(seaworthiness) …… (850)
管货(taking care of cargos) …… (381)
管船过失(neglect or default of the management of ship) …… (380)
承运人的责任期间(period of responsibility) …… (112)
绕航(deviation) …… (769)
绕航条款(deviation clause) …… (770)
驾驶船舶过失(neglect or default of the navigation of the ship) …… (520)
习惯速遣(customary quick despatch; C.Q.D.) …… (1002)
甲板货(deck cargo) …… (519)
迟延交货责任(responsibility of delay) …… (116)
航次租船合同的装卸费(loading and unloading charges) …… (421)
大副收据(mate's receipt) …… (141)
定期租船合同的标准格式(standard form of time charter party) …… (187)
定期租船合同与航次租船合同的比较(comparison between time charter party and voyage charter party) …… (187)
海上联运提单(ocean through bill of lading) …… (409)
多式联运提单(combined transport bill of lading; multimodal transport bill of lading; intermodel transport bill of lading) …… (199)
钢铁条款(iron and steel clause) …… (264)
港口国管制(port state control) …… (264)
港口使费(port charge) …… (265)
港口租船合同(port charter) …… (265)
工作日(working days) …… (271)
公敌行为(act of public enemies) …… (271)
共同海损和新杰逊条款(general average and new jason clause) …… (310)
国际货物多式联运(international multimodal transport of goods) …… (386)
海运单(sea waybill, waybill) …… (418)
航次租船合同的标准格式(standard form of voyage charter party)(参见航次租船合同条) …… (421)
还船(redelivery of the ship) …… (457)
还船通知(notice of redelivery)(参见还船条) …… (457)
黄金条款(gold clause) …… (458)
回程运费(back freight; return freight) …… (459)
活动物和植物条款(provisions of plants and live animals) …… (483)
火灾(fire) …… (483)
货物留置权条款(lien clause) …… (486)
货物潜在缺陷(latent defects of goods) …… (487)
交付货物(delivery) …… (536)
交货单(delivery order) …… (537)
交船(delivery of ship) …… (535)
解约日(cancelling date) …… (542)
金康合同(GENCON) …… (545)
就近条款(nearest clause)(参见航次租船合同条) …… (562)
亏舱费(dead freight) …… (583)
毛运费(gross freight) …… (624)
附加费(surcharge or additional) …… (255)

木材条款(timber clause) ……………………………………………………………… (660)
燃料条款(bunkering clause) ……………………………………………………………… (769)
时租船舶的航区限制(trading limit) ……………………………………………………… (843)
首要条款(paramount clause) ……………………………………………………………… (853)
双方有责碰撞条款(both-to-blame collision clause) …………………………………… (875)
速遣费(dispatch money) …………………………………………………………………… (887)
加班费(overtime pay) ……………………………………………………………………… (517)
提供所有习惯性协助(render all the customary assistance) ………………………… (914)
停租(off hire) ………………………………………………………………………………… (920)
同一责任制(uniform liability system) …………………………………………………… (923)
外表状况良好(in apparent good order and condition) ………………………………… (941)
网状责任制(network liability system) …………………………………………………… (948)
危险货物(dangerous cargo) ……………………………………………………………… (949)
危险货物和违禁品条款(dangerous and illegal cargo clause) ………………………… (950)
维持船舶(maintenance of the ship) ……………………………………………………… (958)
无正本提单放货(delivery without original bill of lading) ……………………………… (988)
无主货物条款(unclaimed goods clause) ………………………………………………… (988)
喜马拉雅条款(Himalaya clause) ………………………………………………………… (1002)
延滞损失 …………………………………………………………………………………… (1055)
预备航次(preliminary voyage) …………………………………………………………… (1140)
在相似良好的状态下(in the like good order and condition) ………………………… (1150)
责任终止条款(cesser clause)(参见航次租船合同条) ………………………………… (1156)
整笔运费(lumpsum freight)(参见运费条) ……………………………………………… (1179)
滞期费(demurrage) ………………………………………………………………………… (1219)
中国外轮代理总公司(China Ocean Shipping Agency Company) …………………… (1221)
中国远洋运输集团(China Ocean Shipping Group Company, COSCO) …………… (1221)
抓斗条款(grab discharge clause) ………………………………………………………… (1243)
装货、卸货和交付条款(loading, discharging and delivery clause) …………………… (1248)
装卸时间(lay time, layday) ………………………………………………………………… (1248)
装卸准备就绪通知书(notice of readiness) ……………………………………………… (1249)
自由转船条款(free transshipment clause) ……………………………………………… (1263)
租船合同的标准格式(standard forms of charter party) ……………………………… (1267)
租船合同下的提单(bill of lading under charter party) ………………………………… (1268)
最后航次(final voyage) …………………………………………………………………… (1273)
最终证据(conclusive evidence) …………………………………………………………… (1274)

〔船舶碰撞〕

《宾夕法尼亚规则》(Pennsylvania Rule) ………………………………………………… (68)
"通常的技术和谨慎"原则(principle of ordinary skill and care) ……………………… (920)
最后机会原则(last opportunity rule) …………………………………………………… (1273)
安全航速(safe speed) ……………………………………………………………………… (1)
安全续航费用(expenses for the safe prosecution of voyage) ………………………… (1)
被撞船舶的损害赔偿(damages of salvaged ship) ……………………………………… (52)
彼格海姆条款(Bigham Clause) …………………………………………………………… (62)
避难港费用(expenses at port of refuge) ………………………………………………… (63)
避难港货物操作费用(expenses of cargo operation at port of refuge) ……………… (63)
并用制(combination system) ……………………………………………………………… (69)
补充海事声明(supplementary sea protest) ……………………………………………… (70)

不可抗力造成的碰撞(collision caused by force majeure) …………………………………………… (79)
不明过失碰撞(collision with inscrutable fault) ………………………………………………………… (81)
材料与物料牺牲(sacrifice of ship's materials and stores) …………………………………………… (86)
操纵能力受限制的船舶(vessels restricted in their ability of maneuver) ………………………… (97)
触礁(striking on rocks) …………………………………………………………………………………… (124)
船舶分摊价值(contributory value of ship) …………………………………………………………… (127)
船舶估价单(certification of ship's valuation) ………………………………………………………… (128)
船舶估价值(ship's valuation) …………………………………………………………………………… (128)
船舶价值(value of vessel) ……………………………………………………………………………… (128)
船舶触碰(contact of ships) ……………………………………………………………………………… (127)
船舶碰撞(ship collision) ………………………………………………………………………………… (129)
船舶碰撞归责原则(civil liability basis of collision) ………………………………………………… (130)
船舶碰撞过失(fault of collision) ……………………………………………………………………… (130)
船舶碰撞间接损失(loss or damage indirectly caused by collision) ………………………………… (130)
船舶碰撞民事管辖权(civil jurisdiction in matters of collision) …………………………………… (130)
船舶碰撞实际损失(actual loss and damage caused by collision) ………………………………… (130)
船舶碰撞事实确认书(confirmation of collision occurrence) ………………………………………… (131)
船舶碰撞损害赔偿的构成要件(elements of compensation for less or damage consequent
　　upon collision) ………………………………………………………………………………………… (131)
船舶碰撞损害赔偿的因果关系(causation of compensation for less or damage consequent
　　upon collision) ………………………………………………………………………………………… (131)
船舶碰撞所致的货物损害赔偿(damages of cargo caused by collision) ………………………… (132)
船舶碰撞刑事管辖权(criminal jurisdiction in matters of collision) ……………………………… (132)
船舶碰撞行政责任(administrative liability following a collision) ………………………………… (133)
船舶碰撞仲裁协议(arbitration agreement in cases of collision) ………………………………… (133)
船舶碰撞准据法(applicable law for ship collision) ………………………………………………… (133)
船舶损失金额(amount allowable for loss of or damage to ship) ………………………………… (133)
船舶所有权(ship ownership) …………………………………………………………………………… (133)
船价制(ship's value system) …………………………………………………………………………… (134)
纯经济损失(pure economic losses) …………………………………………………………………… (136)
单独海损(particular average, P.A.) …………………………………………………………………… (153)
对半责任原则(collision liability apportioned equally) ……………………………………………… (195)
对遇航行规则(navigation regulations in the head-on situation) …………………………………… (198)
法律推定过失原则(the principle of statutory presumption of fault) ……………………………… (214)
反担保函(counter guarantee) …………………………………………………………………………… (228)
放弃航程(abandonment of voyage) …………………………………………………………………… (231)
非限制性债权(non-limitation claims) ………………………………………………………………… (237)
分道通航制(traffic separation schemes) ……………………………………………………………… (240)
辅助费用(subsidiary expenses) ………………………………………………………………………… (249)
搁浅(grounding; stranding) ……………………………………………………………………………… (266)
工资与燃料费用(wage and charge) …………………………………………………………………… (271)

〔共同海损〕

共同海损(general average, G.A.) ……………………………………………………………………… (308)
共同海损补偿(allowances under general average) ………………………………………………… (309)
共同海损措施(measures of general average) ………………………………………………………… (309)
共同海损担保(general average security) ……………………………………………………………… (309)
共同海损担保函(general average guarantee)(参见共同海损担保条) ……………………………… (309)

共同海损费用保险费(the cost of insuring general average charges) ……… (309)
共同海损分摊(general average contribution) ……………………………… (309)
共同海损分摊价值(contributory value in general average) ………………… (310)
共同海损分摊金额(contributory amount of general average) ……………… (310)
共同海损分摊率(general average percentage) …………………………… (310)
共同海损间接损失(indirect loss of general average)(参见共同海损损失条) … (310)
共同海损检验(general average survey) …………………………………… (310)
共同海损理算(adjustment of general average) …………………………… (310)
共同海损理算规则(rules of the adjustment of general average) …………… (311)
共同海损理算书(general owerage statement) …………………………… (311)
共同海损利息(general average interest) ………………………………… (311)
共同海损时限(time limit of general average) ……………………………… (311)
共同海损受益方(benificiary of general average) ………………………… (311)
共同海损损失(general average loss or damage) ………………………… (311)
共同海损损失金额(total amount of general average) …………………… (312)
共同海损条款(general average clause) …………………………………… (312)
共同海损牺牲(sacrifice of general average)(参见共同海损损失条) ………… (312)
共同海损牺牲金额(amount of sacrifice of general average) ……………… (312)
共同海损分摊协议书(average bond) ……………………………………… (310)
共同海损宣告(declaration of general average) …………………………… (312)
共同海损直接损失(direct loss of general average)(参见共同海损损失条) …… (312)
共同海损准据法(applicable law for general average) …………………… (312)
共同安全说(theory of common safety) …………………………………… (305)
共同利益说(for the common interest) …………………………………… (312)
共同危险(common danger) ………………………………………………… (314)
共同危险团体说(parties in common danger) ……………………………… (314)
不分离协议(non-separation agreement) …………………………………… (77)
过失比例原则(the principle of the proportion of degree of fault) ………… (401)
海事报告(master's report, marine accident report) ……………………… (410)
《约克—安特卫普规则》(York-Antwerp Rules) …………………………… (1145)
北京理算规则(Beijing Adjustment Rules) ………………………………… (47)

〔海事赔偿责任限制〕

海事赔偿责任限额(limitation of liability for maritime claims) …………… (410)
海事赔偿责任限制(limitation of liability for maritime claims) …………… (411)
海事赔偿责任限制制度的历史(the history of the limitation of liability for maritime claims) … (412)
海事赔偿责任限制准据法(applicable law of the limitation of liability for maritime claims) … (412)
承运人责任限制(limited liability of carrier) ……………………………… (113)
海事声明(ship protest, protest) …………………………………………… (413)
海损(average) ……………………………………………………………… (417)
海损理算人(adjuster) ……………………………………………………… (417)
海损理算师(general average adjuster) …………………………………… (417)
航次制度(voyage system) ………………………………………………… (420)
《航行过失免责条款》(The Clause of Exemption of Nautical Fault) ……… (423)
航行通告(notice to mariners) ……………………………………………… (423)
号灯(navigation lights) …………………………………………………… (425)
号型(shapes) ……………………………………………………………… (425)
互见(in sight of one another) ……………………………………………… (455)

97

恢复原状原则(restitution to the previous condition) …………………… (459)
货物操作(cargo operation) …………………………………………… (485)
货物分摊价值(contributory value of cargo) ………………………… (486)
货物价值单(cargo's valuation form) ………………………………… (486)
货物损失金额(amount allowable for loss of; damage to cargo) …… (487)
货物牺牲(sacrifice of cargo) ………………………………………… (487)
间接碰撞(indirect collision) …………………………………………… (521)
交叉相遇航行规则(navigation regulations in the cross situation) …… (534)
交叉责任原则(cross liability rule) …………………………………… (535)
杰森条款(Jason Clause) ……………………………………………… (539)
金额制(amount system) ……………………………………………… (545)
紧急状况下的过失原则(the principle of fault in case of emergency) …… (549)
紧迫局面(close-quarters situation) …………………………………… (549)
净营利损失(net profit loss of collided ship) ………………………… (555)
救助报酬(salvage remuneration, salvage award) …………………… (557)
扣押管辖原则(jurisdiction of ship's arrest action) …………………… (581)
浪损(damage by waves; surge damages) …………………………… (584)
理算费(adjustment fee) ……………………………………………… (592)
连带责任原则(the joint liability rule) ………………………………… (596)
良好船艺(good seamanship) ………………………………………… (601)
马基斯协议(Makis Agreement) ……………………………………… (620)
锚泊船(at-anchor vessel) ……………………………………………… (624)
米兰规则(Milan Rule) ………………………………………………… (630)
能见度受限(restricted visibility) ……………………………………… (665)
抛弃货物(jettison of cargo) …………………………………………… (676)
碰撞船舶部分损失(partial loss of collision) ………………………… (678)
碰撞船舶实际全损(actual total loss of collision) …………………… (678)
碰撞船舶推定全损(constructive total loss of collision) ……………… (678)
碰撞危险(risk of collision) …………………………………………… (678)
平分过失原则(the equal apportionment rule on collision liability) …… (730)
扑灭船上火灾(extinguishing fire on shipboard) ……………………… (730)
起浮脱浅(refloating) ………………………………………………… (741)
切除残留部分(cutting away wreck) ………………………………… (750)
让路船(give-way vessel) ……………………………………………… (769)
人身伤亡的损害赔偿(compensation for casualty) …………………… (777)
声响和灯光信号(sound and light signals) …………………………… (839)
失去控制的船(vessel not under command) ………………………… (839)
湿损(water damage) ………………………………………………… (841)
实际过失(actual fault) ………………………………………………… (844)
事故制度(accident system) …………………………………………… (847)
适当瞭望(proper look) ……………………………………………… (850)
适用责任限制的船舶(ships applicable to the limitation of liability for maritime claims) …… (850)
受损方尽力减少损失原则(principle of correlative duty of injured party to minimize damages) …… (856)
双方疏忽等效原则(the principle of negligence for both parties up to the moment of collision) …… (874)
损失自负原则(assumption of the risk rule) ………………………… (890)
特殊地域管辖原则(jurisdiction on the basis of special factors) …… (905)
同一航程(common maritime adventure) …………………………… (923)

推定过失(presumptive fault) …… (935)
拖船与被拖船航行一体规则(the rule that tug and tow are deemed as one object) …… (939)
拖船属被拖船雇员原则(the principle of tug as the employee of tow) …… (939)
维持费用(maintenance expenses) …… (958)
委付制(abandonment system) …… (959)
无过失碰撞(collision without fault) …… (971)
无限额担保函(unlimited guarantee) …… (975)
雾号(fog signal) …… (1001)
雾钟(fog signal emitter) …… (1001)
狭水道(narrow channel) …… (1003)
限额担保函(limited guarantee) …… (1007)
限于吃水的船舶(vessel constrained by her draught) …… (1008)
限制性债权(claims subject to limitation) …… (1009)
相互索赔的冲抵(cross claims set-off) …… (1011)
小额共损条款(petty G/A clause) …… (1015)
新杰森条款(New Jason Clause) …… (1021)
选择制(choice system) …… (1052)
延伸海事声明(extended sea protest) …… (1055)
以新换旧扣减(new for old) …… (1091)
意外事故引起的碰撞(collision caused by inevitable accident) …… (1095)
因船舶碰撞所致的运费损失(loss of freight caused by collision) …… (1097)
永久性修理(permanent repairs) …… (1113)
有意搁浅(voluntary stranding) …… (1137)
鱼货损失(loss of fish) …… (1138)
渔捞损失(fishing loss) …… (1138)
预防污染费用(expenses for preventing pollution) …… (1140)
遇难信号(distress signals) …… (1142)
运费分摊价值(contributory value of freight) …… (1147)
运费牺牲(sacrifice of freight) …… (1147)
在航船(underway vessel) …… (1150)
责任限制吨(limitation tonnage) …… (1155)
责任限制基金(the fund for limitation of liability) …… (1155)
责任限制条件(conditions for limitation of liability for maritime claims) …… (1155)
责任限制主体(persons entitled to limit liability for maritime claims) …… (1155)
执行制(performance system) …… (1212)
直航船(stand-on vessel) …… (1212)
直接碰撞(direct collision) …… (1212)
直接损失赔偿原则(principle of the recovery of damages proximately caused by the collision) …… (1213)
滞期损失(loss for detention) …… (1219)
主次过失原则(major-minor fault rule) …… (1239)
综合责任限制(limitation of liability for maritime claims) …… (1266)

〔海难救助〕
海难救助(marine salvage, salvage at sea) …… (403)
安全网条款(safety net clause) …… (1)
被救助船(salved vessel or the rescued vessel) …… (52)
船员救助报酬请求权(claim for salvage remuneration of sailor) …… (135)
纯救助(pure salvage) …… (136)

打捞清除(salvage)	(141)
对半分成原则(moiety rule)	(194)
防止或减轻环境污损的海上救助(salvage at sea for prevent or minimize the pollution damage to the environment)	(229)
雇佣救助(employed salvage service)	(377)
海难救助的准据法(applicable law of salvage at sea)	(404)
海难救助法基本原则(basic principle of salvage at sea)	(404)
海难救助的性质(legal nature of marine salvage)	(403)
合同救助(contract salvage)	(445)
环境损害(pollution damage to the environment)	(457)
获救财产价值(the salved value of the ship and other property)	(490)
救助报酬的担保(security for salvage reward and other rewards)	(558)
救助报酬分配(distribution of salvage reward)	(558)
救助报酬请求的条件(conditions of claiming for salvage reward)	(558)
救助报酬请求权(claim for salvage pay)	(558)
救助报酬确定标准(decisions on salvage remuneration)	(558)
救助报酬条款(clause of salvage reward)	(558)
救助标的(object of salvage)	(559)
救助成功(successful salvage)	(559)
救助成效(salvage effect)(参见救助效果条)	(559)
救助船(salving vessel)	(559)
救助单位(rescue unit)	(559)
救助费用(the salvor's expenses)	(559)
救助分中心(rescue sub-center)	(559)
救助关系(salvorial relation)	(559)
救助过失(fault of the salvor)	(559)
救助合同(contract for salvage operations at sea, salvage agreement)	(559)
救助客体(object of salvage)(参见救助关系条)	(560)
救助款项(Salvage Reward and Other Rewards)(参见救助报酬条)	(560)
救助人(salvor)(参见救助主体条)	(560)
救助人权利独立于合同原则(rights of salvors are independent of contract)	(560)
救助人一般过失责任制(salvor's ordinary negligence liability system)	(560)
救助人义务(obligation of salvor)	(561)
救助人责任制(responsibility system of salvor)	(561)
救助拖带(salvage towage)	(561)
救助效果(salvage effect)	(561)
救助协调中心(rescue co-ordination centre)	(561)
救助责任(salvage obligation)(参见救助人责任制条)	(561)
救助主体(subject of salvage)	(561)
救助作业(salvage operation)	(562)
劳氏救助合同格式(Lloyd's standard form of salvage agreement)	(586)
拍卖抵偿(forced sale by auction)	(673)
弃船(abandonment of vessel)	(742)
强制打捞(compulsory removal of wreck)	(747)
强制救助(compulsory salvage)	(748)
人命救助(salvage of human life/rescue of human life)	(773)
特别补偿制度(special compensation)	(902)

无效果—无报酬(no cure, no pay) …… (983)
新劳氏救助合同格式(New LOF) …… (1021)
引航员救助报酬请求权(claim for salvage pay of pilot) …… (1101)
遇难船(ships in distress) …… (1142)
责任救助(liability salvage) …… (1154)
真正救助(true salvage) …… (1178)
中国国际贸易促进委员会海事仲裁委员会救助契约标准格式(CMAC) …… (1219)

〔海上保险〕

劳埃德社(Lloyd's) …… (584)
保险标的(object of insurance) …… (15)
保险代理人(insurance agent) …… (16)
保险单(policy) …… (17)
保险估价(insurance assess) …… (25)
保险价值(insurance value) …… (34)
保险金额(amount of insurance) …… (35)
保险经纪人(insurance broker) …… (36)
保险利益(insurable interest) …… (37)
保险利益原则(principle of insurable interest) …… (38)
保险人(insurance underwriter; insurer) …… (40)
保险责任(insurance liability) …… (43)
保证(guarantee; surety) …… (43)
承保(accept insurance) …… (103)
船舶推定全损(presumed total loss of vessel) …… (133)
共同海损费用保险(general average charges insurance) …… (309)
近因原则(proximity cause principle) …… (550)
开口保险单(open policy) …… (571)
立即通知条款(clause of immediate notice) …… (592)
内在缺陷(inherent vice) …… (664)
赔偿责任(indemity；德 Schadenersatzpflicht) …… (677)
任意准备金(arbitrary fund) …… (785)
实际全损(actual total loss) …… (844)
损失补偿原则(principle of damage) …… (889)
索赔(claim damages) …… (895)
已赚保费(premium earned) …… (1090)
暂保单(cover note, risk note) …… (1150)
责任累积(accumulative liability) …… (1154)
重复保险(double insurance) …… (118)
总括保单(blanket policy) …… (1266)
最大诚信原则(the utmost good faith) …… (1271)

〔海事诉讼〕

船舶的诉讼地位(litigant status of vessel) …… (127)
船舶拍卖公告(announcement of ship auction) …… (129)
船舶优先权催告程序(procedure for interpellation of maritime liens) …… (134)
船舶拍卖委员会(Ship Auction Committee) …… (129)
对人诉讼(action in personam) …… (196)
对物诉讼(action in rem) …… (198)
多次扣船(multiple arrest) …… (198)

海事担保(maritime security) …… (410)
海事赔偿责任限制基金(limitation fund for maritime claims) …… (411)
海事强制令(maritime injunction) …… (412)
海事请求保全(海事请求保全措施)(preservation of maritime claims) …… (412)
海事事故调查表(investigation form for maritime accident) …… (413)
海事诉讼(maritime litigation) …… (413)
海事诉讼案件(case of maritime action) …… (413)
海事诉讼案件类型(type of maritime case) …… (413)
海事诉讼程序(maritime litigation procedure) …… (414)
海事诉讼的地域管辖(territorial jurisdiction of maritime actions) …… (414)
海事诉讼的协议管辖(agreement jurisdiction in maritime actions) …… (414)
海事诉讼的专属管辖(special jurisdiction of maritime actions) …… (414)
海事诉讼法律关系(maritime litigation legal relationship) …… (415)
海事诉讼法律文书的送达(the service of legal document in maritime actions) …… (415)
海事诉讼管辖(jurisdiction of maritime actions) …… (415)
海事诉讼时效(limitation of maritime actions) …… (416)
海事诉讼中的举证责任(burden of proof in maritime actions) …… (416)
海事证据保全(preservation of maritime evidence) …… (417)
扣船(扣押船舶)(arrest of ships) …… (580)
扣船手令(order of distraint) …… (581)
扣货(attachment of cargo carried by ships) …… (581)
玛瑞瓦禁令(Mareva Injunction) …… (620)
拍卖船载货物(auction of cargo on board the ship) …… (673)
强制售船(judicial sale) …… (749)
强制售船程序(procedure of ship auction) …… (749)
涉外海事诉讼(maritime actions involving foreign element) …… (833)
涉外海事诉讼的法律适用(application of law in maritime action involving foreign element) …… (833)
涉外海事诉讼管辖权的冲突(conflict of jurisdiction over maritime action involving foreign element) …… (834)
诉前扣船担保(guarantee) …… (882)
完成举证说明书(statement of discharging the burden of proof) …… (946)
择地诉讼(forum shopping) …… (1151)
债权登记与受偿程序(procedure for registration and satisfaction of claims) …… (1165)
中国海事法院(maritime court of China) …… (1220)
准对人诉讼(quasi-action in personam) …… (1254)

〔法律、法规〕

《中华人民共和国海上交通安全法》(Maritime Traffic Safety Law of the People's Republic of China) …… (1225)
《中华人民共和国海事诉讼特别程序法》(Maritime Procedure Law of the People's Republic of China) …… (1225)
《哈特法》(Harter Act, 1893) …… (403)
《英国商船法》(Merchant Shipping Act) …… (1107)

〔国际公约〕

《1910年救助公约》(Salvage Convention 1910) …… (1063)
《1989年国际救助公约》(International Convention on Salvage 1989) …… (1068)
《1978年联合国海上货物运输公约》(United Nations Convention on the Carriage of Goods by Sea, 1978) …… (1067)
《关于统一提单若干法律规定的国际公约》(International Convention for the Unification of Certain Rules of Law Relating to Bills of Lading) …… (379)

《国际海事委员会海运单统一规则》(CMI Rules for the Unification of Sea Waybill) …… (385)
《联合国国际货物多式联运公约》(United Nations Convention on Multimodal Transport of Goods, 1980) …… (598)
《联合国国际货物销售合同公约》(United Nations Convention on Contracts for the Sale of Goods International) …… (598)
《联运单证统一规则》(Uniform Rules for a Combined Transport Document 1973) …… (600)
《维斯比议定书》(Visby Protocol) …… (958)
《国际海事委员会电子提单规则》(CML Rules for Electronic Bills of Lading) …… (385)
《班轮公会行动守则公约》(Convention on a Code of Conduct for Liner Conference, Geneva, April 6, 1974) …… (6)
《统一船舶碰撞或其他航行事故中刑事管辖权方面若干规定的国际公约》(International Convention for the Unification of Certain Rules Relating to Penal Jurisdiction in Matters of Collision or Other Incidents of Navigation, 1952) …… (924)
《统一船舶碰撞若干法律规定的国际公约》(International Convention for the Unification of Certain Rules of Law in Regard to Collisions) …… (924)
《统一船舶碰撞中民事管辖权方面若干规定的国际公约》(International Convention on Certain Rules Concerning Civil Jurisdiction in Matters of Collision, 1952) …… (924)
《统一船舶碰撞中有关民事管辖权、法律选择、判决的承认和执行等方面若干规则的公约草案》(Draft International Convention for the Unification of Certain Rules Concerning Civil Jurisdiction, Choice of Law, and Recognition and Enforcement of Judgments in Matters of Collision) …… (925)
《1957年船舶所有人责任限制公约》(International Convention Relating to the Limitation of the Liability of Owners of Seagoing Ships, 1957) …… (1064)
《1972国际海上避碰规则公约》(Convention on the International Regulations for the Prevention Collisions at Sea, 1972) …… (1066)
《1976年海事赔偿责任限制公约》(Convention on Limitation of Liability for Maritime Claims, 1976) …… (1066)
《关于船员培训、发证和值班标准的国际公约》(International Convention on Standards of Training, Certification and Watchkeeping for Seafarers, 1978; STCW) …… (378)
《关于统一海上船舶所有人责任限制若干规则的国际公约》(International Convention for the Unification of Certain Rules Relating to the Limitation of the Liability of Owners of Seagoing Vessels, 1924) …… (379)
《国际船舶安全营运和防止污染管理规则》(The International Management Code for the Safe Operation of Ships and for Pollution Prevention) …… (384)
《国际船舶载重线公约》(International Convention on Load Lines, 1966) …… (384)
《国际干预公海油污事故的公约及其议定书》(International Convention and Protocol thereafter Ralating to Intervention on the High Seas in Cases of Oil Pollution Casualties) …… (384)
《1954年防止海洋油污的国际公约》(International Convention for the Prevention of Pollution of the Sea by Oil, 1954) …… (1064)
《1969年国际油污损害民事责任公约》(International Convention on Civil Liability for Oil Pollution Damage, 1969) …… (1065)
《1969年油轮船舶所有人自愿承担的油污责任协定》(Tank Owners Voluntary Agreement Concerning Liability for Oil Pollution, TOVALOP, 1969) …… (1065)
《1971年设立国际油污损害赔偿基金国际公约》(International Convention on the International Fund for Compensation for Oil Pollution Damage, 1971) …… (1065)
《有关海上运输有毒有害物质的责任和损害赔偿的国际公约》(International Convention on Liability and Compensation for Damage in Connection with the Carriage of Hazardous and Noxious Substance by Sea, 1996) …… (1121)
《海上旅客及其行李运输雅典公约》(Athens Convention Relating to the Carriage of Pa) …… (409)
世界贸易组织对海运服务的规范(WTO Rules upon Maritime Service) …… (846)

辞条汉语拼音索引

A

ABC 交易	(1)
安全泊位	(1)
安全复本	(1)
安全航速	(1)
安全网条款	(1)
安全续航费用	(1)
安装工程一切险	(1)
按份共有	(2)
按份合同	(3)
按份责任	(3)
按份债权	(3)
按份债务	(3)
按份之债	(3)
暗示之债	(3)
《奥地利民法典》	(3)
澳大利亚民商立法	(4)
《澳门婚姻家庭法》	(4)
《澳门继承法》	(5)

B

白租	(6)
《班轮公会行动守则公约》	(6)
帮助人及教唆人的侵权责任	(6)
磅差	(6)
包装不足	(6)
保安保险公司	(7)
保存行为	(7)
保单贷款	(7)
保单质借条款	(7)
保付人	(7)
保付支票	(7)
保付支票的付款	(7)
保管仓库	(8)
保管合同	(8)
保管人	(9)
保管受托人	(9)
保管信托	(9)
保护财产	(10)
保护他人	(10)
保护信托	(10)
保赔责任险	(10)
保全担保	(11)
保全抵押权	(11)
保全请求权	(11)
保税仓库	(11)
保险	(11)
保险保障基金	(15)
保险标的	(15)
《保险代理机构管理规定》	(15)
保险代理权的限制	(16)
保险代理人	(16)
《保险代理人管理规定(试行)》	(17)
保险单	(17)
保险担保书	(18)
保险的分类	(18)
保险法学	(18)
保险费	(19)
保险费迟延交付的效果	(19)
保险费的返还	(20)
保险费的交付	(20)
保险费的性质	(21)
保险费率	(21)
《保险公估机构管理规定》	(21)
《保险公估人管理规定(试行)》	(22)
保险公司	(22)
《保险公司管理规定》	(23)
《保险公司投资证券投资基金管理暂行办法》	(24)
《保险公司营销服务部管理办法》	(24)
保险公证人	(25)
保险估价	(25)
《保险管理暂行规定》	(25)
保险合同	(26)
保险合同当事人	(26)
保险合同的变更	(27)
保险合同的承诺	(27)
保险合同的订立	(27)
保险合同的法律性质	(28)

保险合同的辅助人 (28)	保证 (43)
保险合同的复效 (29)	保证保险 (43)
保险合同的关系人 (29)	保证贷款 (44)
保险合同的解除 (29)	保证合同 (44)
保险合同的客体 (29)	保证契约(参见保证合同条) (45)
保险合同的类别 (29)	保证履行抗辩权 (45)
保险合同的履行 (30)	保证条款 (46)
保险合同的形式 (30)	保证债务 (46)
保险合同的要件 (30)	保佐 (47)
保险合同的要约 (31)	报告居间 (47)
保险合同的中止 (31)	暴利行为(参见乘人之危条) (47)
保险合同的终止 (31)	卑亲属 (47)
保险合同内容的变更 (31)	北京理算规则 (47)
保险合同条款的分类 (32)	背书的法律性质 (47)
保险合同条款的解释 (32)	背书的分类 (48)
保险合同无效 (33)	背书的特征 (48)
保险合同效力的变更 (33)	背书的涂销 (48)
保险合同主体的变更 (33)	背书的效力 (48)
《保险机构高级管理人员任职资格管理规定》 (34)	背书的意义 (49)
《保险机构高级管理人员任职资格管理暂行规定》 (34)	背书禁止 (50)
保险价值 (34)	背书人 (50)
《保险兼业代理管理暂行办法》 (35)	被保险人 (50)
保险金额 (35)	被背书人 (50)
《保险经纪公司管理规定》 (35)	被参加承兑人 (51)
保险经纪人 (36)	被参加承兑人的前后手的责任 (51)
《保险经纪人管理规定(试行)》 (36)	被参加承兑人的责任 (51)
保险宽限期 (37)	被参加付款人 (51)
保险利益 (37)	被参加人的责任 (51)
保险利益的要件 (37)	被参加人的前后手的责任 (51)
保险利益的转移 (38)	被代理人 (51)
保险利益原则 (38)	被代位继承人(参见代位继承条) (51)
保险凭证 (38)	被动信托 (51)
《保险企业管理暂行条例》 (38)	被继承人 (52)
保险弃权 (39)	被监护人 (52)
保险人 (40)	被救助船 (52)
保险人破产 (40)	被撞船舶的损害赔偿 (52)
保险人义务 (40)	被追索人 (52)
保险事故 (41)	本代理 (53)
保险要素 (41)	本登记 (53)
保险业 (41)	本公司 (54)
保险业财务方面的监管 (41)	本国本票 (54)
保险业的监管 (42)	本国公司 (54)
保险业的组织 (42)	本国汇票 (54)
保险业营业方面的监管 (42)	本合同 (54)
保险责任 (43)	本票 (55)
保险证明书 (43)	本票的保证 (55)
	本票的背书 (55)

本票的参加付款	(55)	表面瑕疵	(67)
本票的当事人	(56)	表示内容中的错误	(67)
本票的到期日	(57)	表示行为	(67)
本票的发票	(57)	表示行为中的错误	(67)
本票的分类	(58)	表示意思	(67)
本票的付款	(58)	表示主义	(67)
本票的见票	(58)	表现的地役权	(68)
本票的期前追索权	(59)	表意人	(68)
本票的强制执行	(59)	别居制度	(68)
本票的特性	(59)	《宾夕法尼亚规则》	(68)
本票的誊本	(59)	冰冻条款	(68)
本票适用汇票的规定	(59)	并向结合合同	(69)
本票与国库券	(60)	并用制	(69)
本票与汇票	(60)	剥夺继承权	(69)
本票与银行券	(61)	泊位租船合同	(69)
本票与债券	(61)	补偿保险	(69)
本权	(61)	补偿贸易合同	(69)
本权之诉	(61)	补充保证	(70)
本位继承人	(61)	补充海事声明	(70)
比较过失	(62)	补充继承人	(70)
比例分保	(62)	补充性的保佐	(70)
比例责任制	(62)	补充责任	(70)
彼格海姆条款	(62)	补充之债	(71)
必留份	(62)	补正期间	(71)
必然条件	(62)	补助商行为	(71)
必至条件	(63)	不安抗辩权	(71)
避难港费用	(63)	不按比例投票	(71)
避难港货物操作费用	(63)	不包括危险	(71)
便利复本	(63)	不保财产	(71)
变更登记	(63)	不表现的地役权	(72)
变式汇票	(63)	不纯正信托(参见担保信托条)	(72)
标的	(63)	不代替物	(72)
标的不能	(64)	不单纯承兑	(72)
标的合法	(64)	不当得利	(73)
标的可能	(64)	不当得利的受损人	(73)
标的确定	(64)	不当得利人	(73)
标的妥当	(64)	不当得利之债	(73)
标的物	(64)	不当无因管理	(73)
标底	(65)	不得诉讼条款	(74)
标买标卖	(65)	不定额支票	(74)
标志不清或不当	(65)	不定期保证	(74)
标准合同	(65)	不定期债	(74)
表见代理	(65)	不定值保险	(74)
表见继承人	(66)	不动产	(74)
表见条件	(66)	不动产代理人	(76)
表决权股票	(66)	不动产居间业	(76)
表决权信托	(67)	不动产所有权	(76)

不动产物权	(76)
不动产信托	(76)
不法条件	(76)
不法约定	(76)
不分离协议	(77)
不附保证公司债	(77)
不规则承揽	(77)
不规则寄托	(77)
不合意	(77)
不记名提单(参见提单条)	(78)
不继续给付	(78)
不继续占有	(78)
不健全的意思表示	(78)
不可撤销的信托	(78)
不可撤销的要约	(78)
不可分给付	(78)
不可分物	(78)
不可分之债	(78)
不可否认代理	(79)
不可抗力	(79)
不可抗力造成的碰撞	(79)
不可量物的侵入	(80)
不可弥补的损害赔偿	(80)
不可展期债	(80)
不可争议条款	(80)
不可执行的信托	(80)
不利解释规则	(80)
不连续背书	(80)
不履行	(81)
不论是否灭失条款	(81)
不落夫家	(81)
不明过失碰撞	(81)
不能期限	(81)
不能条件	(81)
不确定期限	(81)
不确定无效	(81)
不丧失价值条款	(82)
不适当的损害赔偿	(82)
不特定给付	(82)
不完全收养	(82)
不完全行为	(82)
不许附期限的法律行为	(82)
不许附条件的法律行为	(82)
不要式的意思表示	(83)
不要式法律行为	(83)
不要式合同	(83)
不要因法律行为	(83)
不在人保佐	(83)
不真正无因管理	(83)
不正当的交易方法	(83)
不正当影响	(84)
不足额保险	(84)
不作为请求权	(84)
不作为义务(参见消极义务条)	(85)
部分保证	(85)
部分背书	(85)
部分比较过失	(85)
部分承兑	(85)
部分付款	(85)
部分完整的协议	(85)
部分无效	(85)

C

材料与物料牺牲	(86)
财产保险	(86)
《财产保险条款费率管理暂行办法》	(88)
财产法律行为	(88)
财产给付行为	(88)
财产继承(参见继承条)	(88)
财产继承人	(88)
财产继承原则	(88)
财产权	(88)
财产损害	(89)
财产危险	(89)
财产用益权	(89)
财产责任	(89)
财团抵押	(89)
财团法人	(90)
财物之债	(90)
裁判离婚	(90)
裁判上无效	(90)
采购合同	(90)
参加承兑	(90)
参加承兑的程序	(90)
参加承兑的款式	(91)
参加承兑的效力	(91)
参加承兑人	(92)
参加承兑人的责任	(92)
参加付款	(92)
参加付款的程序	(92)
参加付款的款式	(93)
参加付款的效力	(93)
参加付款人	(94)

参加付款与参加承兑的关系	(94)	承兑的款式	(105)
参加付款与付款的区别	(94)	承兑的提示	(106)
参加竞合	(94)	承兑的涂销	(106)
参与公司债	(95)	承兑的效力	(107)
参与优先股	(95)	承兑的延期	(107)
残疾人保佐	(95)	承兑的原则	(107)
仓储合同	(95)	承兑复本	(107)
仓单	(96)	承兑人	(108)
仓单持有人	(96)	承兑日期拒绝证书	(108)
仓库	(96)	承兑押汇汇票	(108)
仓库契约(参见仓储合同条)	(96)	承兑自由原则	(108)
仓库营业	(97)	承揽合同	(108)
仓库营业人	(97)	承揽金	(109)
仓至仓条款	(97)	承揽人	(109)
操纵能力受限制的船舶	(97)	承揽行为	(109)
操纵证券市场	(97)	承揽运送	(110)
测试合同	(98)	承揽租赁	(110)
差额保险	(98)	承诺	(110)
掺水股	(98)	承诺的效力	(110)
产品的包装标准	(98)	承诺期限	(111)
产品的技术标准	(98)	承诺人	(111)
产品数量的计算方法	(98)	承诺书	(111)
产品责任	(98)	承诺转质	(111)
产品责任保险	(99)	承认适航条款	(111)
《产品责任法律适用公约》	(100)	承销商	(111)
产翁制	(100)	承运人	(112)
产业投资信托	(100)	承运人的实际过失或私谋	(112)
产业投资信托基金	(100)	承运人的责任期间	(112)
长期保险	(100)	承运人旅客法定责任险	(112)
长期诉讼时效	(100)	承运人责任限制	(113)
长期性合伙	(100)	承租人	(113)
长期债务	(101)	承租人的优先购买权	(114)
偿还股股票	(101)	诚实保证保险	(114)
超额保险	(101)	诚实信用原则	(114)
超欠幅度	(101)	诚意负责保证	(115)
撤船	(101)	诚意允诺保证	(115)
撤回要约	(101)	城市消费合作社	(115)
撤销登记	(101)	乘人之危	(115)
成年人	(101)	乘人之危的民事行为(参见乘人之危条)	(116)
成套汇票	(102)	惩罚性损害赔偿	(116)
成约定金	(102)	惩罚性违约金	(116)
承包经营权	(102)	迟延交货责任	(116)
承包商责任保险	(103)	迟延履行	(117)
承保	(103)	持票人	(117)
承担民事责任的方式	(103)	持有	(117)
承兑的程序	(104)	敕令简约	(118)
承兑的分类	(105)	重复保险	(118)

重整裁定效力	(118)	船舶拍卖公告	(129)
重作	(118)	船舶拍卖委员会	(129)
抽象轻过失	(118)	船舶碰撞	(129)
筹建中的法人	(118)	船舶碰撞归责原则	(130)
出版合同	(119)	船舶碰撞过失	(130)
出产物	(119)	船舶碰撞间接损失	(130)
出典	(119)	船舶碰撞民事管辖权	(130)
出借人	(119)	船舶碰撞实际损失	(130)
出举	(119)	船舶碰撞事实确认书	(131)
出口信用保险	(119)	船舶碰撞损害赔偿的构成要件	(131)
出卖人	(120)	船舶碰撞损害赔偿的因果关系	(131)
出卖物	(120)	船舶碰撞所致的货物损害赔偿	(132)
出卖物的风险负担	(120)	船舶碰撞刑事管辖权	(132)
出卖物的利益承受	(120)	船舶碰撞行政责任	(133)
出名营业人	(120)	船舶碰撞仲裁协议	(133)
出生	(120)	船舶碰撞准据法	(133)
出质	(121)	船舶损失金额	(133)
出租人	(121)	船舶所有权	(133)
初婚	(122)	船舶推定全损	(133)
初夜权	(122)	船舶优先权催告程序	(134)
除斥期间	(122)	《船舶战争、罢工险条款》	(134)
除斥债权	(122)	船队保险	(134)
除外条款	(123)	船级	(134)
除外危险	(123)	船价制	(134)
除外责任	(123)	船速	(135)
储蓄保险	(124)	船员	(135)
处分	(124)	船员不法行为	(135)
处分行为	(124)	船员救助报酬请求权	(135)
触礁	(124)	船主对旅客责任保险	(135)
穿衣简约	(124)	《船主对旅客责任保险条款》	(135)
船舶	(124)	纯比较过失	(135)
船舶保险	(125)	纯粹危险	(136)
船舶保险单	(126)	纯经济损失	(136)
船舶保险期间	(126)	纯救助	(136)
《船舶保险条款》	(126)	纯然商行为	(136)
船舶保险退费	(127)	纯正信托(参见管理信托条)	(136)
船舶触碰	(127)	慈善受托人(参见公益受托人条)	(137)
船舶次要缺陷	(127)	慈善信托(参见公益信托条)	(137)
船的诉讼地位	(127)	辞去监护	(137)
船舶登记	(127)	从法律行为	(137)
船舶抵达	(127)	从夫居	(137)
船舶分摊价值	(127)	从妇居	(137)
船舶估价单	(128)	从合同	(137)
船舶估价值	(128)	从权利	(137)
船舶和木筏拖带合同	(128)	从属的契约	(137)
船舶价值	(128)	从属损失保险	(138)
《船舶建造保险条款》	(129)	从属责任	(138)

从物(参见主物条)	(138)	代位物	(150)
从物权	(138)	代物清偿	(150)
从义务	(138)	代销处	(151)
从债	(138)	待履行的合同	(151)
从债权	(138)	贷款信托	(151)
从债务	(138)	贷款信托合同	(151)
从债务人	(138)	贷款信托受益证券	(151)
促进教育的信托	(139)	贷款业	(152)
催告	(139)	单包合同	(152)
催告抗辩权	(139)	单保险	(152)
存立期间	(140)	单边合同	(152)
存续期间	(140)	单纯的互易	(152)
错误	(140)	单纯的意思表示	(152)
		单纯给付	(152)
		单纯信托(参见简单信托条)	(152)
		单独保证	(152)

D

打赌	(141)	单独代理	(152)
打捞清除	(141)	单独股东权	(152)
大法官简约	(141)	单独海损	(153)
大副收据	(141)	单独联运	(153)
呆账	(141)	单独权利	(153)
代办权	(141)	单独收养	(153)
代办商	(142)	单独受托人	(153)
代办商契约	(142)	单独受益人	(153)
代办商权	(143)	单独行为说	(153)
代偿取回权	(143)	单独责任	(153)
代理	(143)	单独占有	(154)
代理的终止	(145)	单方法律行为	(154)
代理关系	(145)	单方商行为	(154)
代理母亲(参见人工生育子女条)	(145)	单方允诺	(154)
代理权	(145)	单利	(154)
代理权的行使	(146)	单偶制	(154)
代理权限	(147)	单数股票	(154)
代理人	(147)	单位信托基金(参见共同信托基金条)	(154)
代理商	(147)	单务合同	(154)
代理商的留置权	(147)	单务居间	(155)
代理商法	(148)	单务之债	(155)
代理行为	(148)	单一监护	(155)
代理证书	(148)	单一危险保险	(155)
代收无承付结算	(148)	单一物	(155)
代书遗嘱	(148)	单一之债	(155)
代替船舶	(148)	担保贷款	(155)
代替物	(149)	担保物权	(155)
代位继承	(149)	担保信托	(156)
代位继承人(参见代位继承条)	(150)	担保责任	(156)
代位求偿	(150)	担保之债	(156)
代位求偿权	(150)	担当付款人	(156)

当初无效	(157)	地上权	(175)
当然参加承兑	(157)	地役权	(176)
当然参加付款	(157)	娣媵制	(177)
倒会	(157)	第二次提示请求的拒绝证书	(177)
倒签提单	(157)	第二次义务	(178)
到岸价格合同	(157)	第三人负担契约	(178)
到达主义	(157)	第三人过错	(178)
到货通知	(157)	第三人利益合同	(178)
到期付款	(158)	第三者货物请求权利通知	(179)
到期日的计算	(158)	第三者责任保险(参见责任保险条)	(179)
到期日的种类	(158)	第一次义务	(179)
到期追索权	(159)	第一损失保险	(179)
道德危险	(159)	缔约代理商	(179)
《德国股份公司法》	(160)	缔约过失责任	(179)
《德国民法典》	(160)	典价	(180)
《德国票据法》	(162)	典妻	(180)
《德国商法典》	(162)	典权	(180)
德国商法体系	(163)	典物	(182)
《德国有限责任公司法》	(163)	典型合同(参见有名合同条)	(182)
德国证券法	(163)	电影合同	(182)
《德意志民主共和国民法典》	(164)	电子合同	(183)
登记	(164)	电子商务	(183)
登记簿	(166)	电子提单	(183)
登记的公信力	(166)	电子邮件	(183)
登记合同	(166)	佃租	(183)
登记机关	(166)	店头证券市场	(183)
登记社团	(166)	调剂合同	(183)
登记顺位	(166)	定标(参见决标条)	(184)
等价有偿原则	(166)	定额保险	(184)
敌国法人	(167)	定额支票	(184)
嫡子	(167)	定购合同	(184)
抵销	(167)	定购者	(184)
抵销契约	(168)	定货单	(184)
抵销性违约金	(168)	定金	(184)
抵押	(168)	定金契约	(185)
抵押合同	(168)	定金之债	(186)
抵押权	(169)	定期保险合同	(186)
抵押权的次序	(170)	定期保证	(186)
抵押权的取得	(170)	定期汇票	(186)
抵押权的实行	(171)	定期金契约	(186)
抵押权的顺位	(171)	定期土地债务	(186)
抵押权的效力	(171)	定期赠与	(186)
抵押权人	(173)	定期债	(187)
抵押物	(174)	定期租船合同	(187)
地产契约	(174)	定期租船合同的标准格式	(187)
地籍	(174)	定期租船合同与航次租船合同的比较	(187)
地面施工造成损害的民事责任	(175)	定期租赁	(187)

定日付款	(187)
定式合同(参见标准合同条)	(188)
定限物权	(188)
定值保险	(188)
定着物	(188)
定作合同	(188)
定作人	(188)
动产	(189)
动产抵押	(189)
动产及所得共同制	(189)
动产善意取得	(190)
动产所有权	(192)
动产物权	(192)
动产信托	(192)
动机错误	(192)
动物致人损害的民事责任	(192)
独家销售契约	(193)
独立的意思表示	(193)
独立法律行为	(193)
独立简约	(193)
独立型中介原因	(193)
独立性效力	(193)
独立责任	(194)
独任法人	(194)
赌博契约	(194)
赌博性竞赛	(194)
短期保险	(194)
短期融资	(194)
短期诉讼时效	(194)
短期租赁	(194)
对半分成原则	(194)
对半责任原则	(195)
对不特定人的意思表示	(195)
对财产的故意侵权	(195)
对国家所需商品的供应合同	(195)
对话的意思表示	(195)
对价	(195)
对空白票据的法律规定	(195)
对偶婚	(196)
对人抗辩	(196)
对人权(参见相对权条)	(196)
对人诉讼	(196)
对世权(参见绝对权条)	(196)
对特定人的意思表示	(197)
对外加工装配合同	(197)
对外劳务输出合同	(197)
对物抗辩	(197)
对物诉讼	(198)
对向结合合同	(198)
对己汇票	(198)
对应义务	(198)
对遇航行规则	(198)
多重间接占有	(198)
多次扣船	(198)
多方法律行为	(199)
多国籍法人	(199)
多偶制	(199)
多式联运提单	(199)
多数人之债	(199)
多数受托人(参见共同受托人条)	(199)
多数受益人(参见共同受益人条)	(199)
多数债权人	(199)
多数债务人	(200)
多因一果	(200)
多种危险保险	(200)
夺回个人财产	(200)

E

额外损害赔偿	(201)
恶意	(201)
恶意串通的民事行为	(201)
恶意谈判	(201)
恶意占有	(201)
恩惠期间	(201)
二船东	(201)

F

发盘	(202)
发票人	(202)
发票日后定期付款	(202)
发起设立	(202)
发现埋藏物	(202)
发信主义	(203)
发行新股登记	(203)
发展公共事业的信托	(203)
法定背书禁止	(203)
法定财团	(204)
法定代理	(204)
法定抵押权	(204)
法定地上权	(204)
法定夫妻财产制	(204)
法定合伙联合	(205)

法定继承	(205)	法人的过错	(219)
法定继承人	(205)	法人的合并	(220)
法定继承人范围	(206)	法人的监督	(220)
法定继承顺序	(206)	法人的解散	(220)
法定监护	(206)	法人的民事权利能力	(220)
法定利率	(206)	法人的民事行为能力	(221)
法定利息	(207)	法人的破产	(221)
法定期限	(207)	法人的清算	(221)
法定条款	(207)	法人的设立	(222)
法定退伙	(207)	法人的消灭	(222)
法定违约金	(207)	法人的责任能力	(222)
法定信托	(207)	法人的属人法	(223)
法定义务	(207)	法人的转产	(223)
法定债	(208)	法人登记	(223)
法定质权	(208)	法人分支机构	(223)
法定住所	(208)	法人工作人员致人损害的民事责任	(224)
法定孳息	(208)	法人合伙	(224)
法规目的说	(208)	法人机关	(225)
《法国民法典》	(208)	法人名称	(226)
《法国票据法》	(210)	法人设立登记	(226)
《法国商法典》	(210)	法人意思	(227)
法国商法体系	(212)	法人章程	(227)
《法国商事公司法》	(212)	法人住所	(227)
法律不能	(213)	法人注销登记	(227)
法律地位说	(213)	法条竞合说	(227)
法律婚	(213)	法院对股份公司重整裁定	(228)
法律人格	(213)	反担保函	(228)
法律上的过错推定	(213)	反对永久信托规则	(228)
法律推定过失原则	(214)	返还请求权	(228)
法律推定合同	(214)	返还原物	(229)
法律行为	(214)	防灾减损	(229)
法律行为的标的	(214)	防止或减轻环境污损的海上救助	(229)
法律因果关系	(214)	防止诈欺条例	(229)
法律责任	(215)	妨害除去请求权	(229)
法人	(215)	妨害预防请求权	(230)
法人变更登记	(216)	房屋买卖合同	(230)
法人代理机构	(216)	房屋预售合同	(230)
法人的变更	(217)	房屋责任保险	(230)
法人的撤销	(217)	房屋租赁合同	(231)
法人的成立	(217)	放弃航程	(231)
法人的独立财产	(217)	放任行为	(231)
法人的法定代表人	(218)	放任主义	(231)
法人的分立	(218)	飞机保险	(231)
法人的改组	(218)	飞机地面第三者责任保险	(232)
法人的公示	(218)	《飞机旅客意外伤害强制保险条例》	(232)
法人的归并	(218)	非比例分保	(232)
法人的国籍	(219)	非财产给付行为	(232)

非财产损害	(232)	分期付款的买卖	(241)
非财产责任	(233)	分期付款汇票	(242)
非参与公司债	(233)	分期履行之债	(242)
非参与优先股	(233)	分期赔偿	(242)
非偿还股股票	(234)	分债	(243)
非典型合同(参见无名合同条)	(234)	分租	(243)
非独立的意思表示	(234)	风险企业法人	(243)
非对话的意思表示	(234)	风险自负	(243)
非法合同	(234)	封闭式公司	(243)
非法监禁	(234)	否定条件	(244)
非法交易	(234)	夫妻别体主义	(244)
非法人组织	(235)	夫妻财产关系	(244)
非附从合同	(235)	夫妻财产协议	(244)
非婚生子女的认领	(235)	夫妻财产制	(245)
非婚生子女的准正	(235)	夫妻的人身自由权	(245)
非婚生子女继承权	(235)	夫妻的姓名权	(245)
非婚同居	(236)	夫妻人身关系	(245)
非基本当事人	(236)	夫妻日常家事代理权	(246)
非计划合同	(236)	夫妻特有财产制	(246)
非继续地役权	(236)	夫妻相犯	(246)
非累积优先股	(236)	夫妻一体主义	(246)
非流通票据	(237)	夫妻住所	(246)
非票据关系	(237)	夫丧守志	(247)
非限制性债权	(237)	夫为妻纲	(247)
非消费物	(237)	扶养	(247)
非营业信托(参见民事信托条)	(237)	扶养费信托	(247)
非主要错误	(237)	扶助信托(参见保护信托条)	(248)
非专属权利	(237)	服制图	(248)
非转换公司债	(238)	浮动担保	(248)
非转换股股票	(238)	浮动价	(248)
非转让背书	(238)	抚养费信托	(248)
非转让背书的效力	(238)	辅助法律行为	(249)
诽谤	(239)	辅助费用	(249)
废标	(239)	辅助商行为	(249)
分包合同	(239)	父系亲	(249)
分别财产制	(239)	付款的分类	(249)
分别的损害赔偿	(239)	付款的时期	(249)
分担损失	(240)	付款的提示	(250)
分道通航制	(240)	付款的效力	(251)
分等级的租赁	(240)	付款请求权	(251)
分等级买卖	(240)	付款人	(251)
分割之债(参见可分之债条)	(240)	付款人的审查义务	(252)
分公司	(240)	付款人付款时的权利	(252)
分类投票	(240)	付款委托书结算	(252)
分类账簿	(241)	付受汇票	(253)
分期贷款	(241)	付现押汇汇票	(253)
分期付款	(241)	妇道	(253)

负担行为	(253)
附保证公司债	(253)
附补足金的互易	(253)
附从合同	(253)
附带的损害赔偿	(253)
附担保公司债信托	(253)
附否定条件的法律行为	(254)
附负担的赠与	(254)
附负担遗赠	(254)
附负担遗嘱(参见附加遗嘱条)	(255)
附加保险	(255)
附加贷款	(255)
附加费	(255)
附加简约	(255)
附加条款	(255)
附加之债(参见补充之债条)	(256)
附解除条件的法律行为	(256)
附肯定条件的法律行为	(256)
附期限的法律行为	(256)
附期限遗赠	(256)
附权利债	(257)
附始期的法律行为	(257)
附条件背书	(257)
附条件承兑	(257)
附条件的买卖合同	(257)
附条件的民事法律行为	(257)
附条件遗赠	(258)
附条件之债	(258)
附延缓条件的法律行为	(259)
附终期的法律行为	(259)
附终身扶养条件的住房买卖	(259)
附属合伙	(259)
附属合同(参见从合同条)	(259)
附属商行为	(259)
附属物	(259)
复保险	(260)
复本的发行	(260)
复本的分类	(260)
复本的记载	(260)
复本的效力	(260)
复代理(参见再代理条)	(261)
复婚登记	(261)
复利	(261)
复数股票	(261)
复数之债	(261)
复委任	(261)
复效条款	(262)
复制合同	(262)
副债权契约	(262)
傅别	(262)

G

改变航程条款	(263)
改建	(263)
盖然因果关系说	(263)
概括继承	(263)
概括继承主义	(263)
概括委托	(263)
概括遗赠	(264)
钢铁条款	(264)
港口保险	(264)
港口国管制	(264)
港口使费	(265)
港口租船合同	(265)
高度危险业务责任	(265)
高度危险作业致人损害的民事责任	(265)
高利贷	(265)
搁浅	(266)
搁置物或悬挂物	(266)
格式合同(参见标准合同条)	(266)
格式合同的解释	(266)
格式条款	(266)
格式之争	(267)
个别保险	(267)
个别人格权	(267)
个别信托	(267)
个人保险	(267)
个人贷款(参见消费贷款条)	(267)
个人独资企业	(267)
个人合伙	(267)
个体工商户	(268)
个体婚	(268)
根本违约	(268)
跟单汇票	(268)
更改	(269)
更换	(269)
耕地	(269)
耕地租赁	(269)
工厂抵押	(269)
工矿产品购销合同	(270)
工伤保险	(270)
工业联合公司	(271)
工资与燃料费用	(271)

工作日	(271)	公司企业	(292)
公敌行为	(271)	公司商号	(293)
公典制度	(271)	公司设立	(293)
公法契约	(271)	公司设立的撤销	(294)
公法人	(272)	公司设立方式	(294)
公法收养	(272)	公司设立无效	(294)
公共受托人	(272)	公司设立行为	(295)
公共秩序、善良风俗原则	(273)	公司设立原则	(295)
公害	(273)	公司营业所	(295)
公积金	(274)	公司在公法上的能力	(295)
公路交通财团	(274)	公司债募集	(295)
公路旅客意外伤害保险	(274)	公司债权人	(296)
《公路旅客意外伤害保险条款》	(274)	公司债券	(296)
公民	(275)	公司债券设质	(297)
公民个人财产所有权	(275)	公司债券转换	(297)
公募财产的保佐	(276)	公司债券转让	(298)
公平交易	(276)	公司债消灭	(298)
公平原则	(277)	公司债与消费借贷	(298)
公平责任	(277)	公司债债息	(299)
公权	(277)	公司住所	(299)
公然占有	(277)	公同共有	(299)
公示主义	(277)	公团	(299)
公示原则	(278)	公信原则	(299)
公司	(278)	公义务	(300)
公司变更的程序	(279)	公益法人	(300)
公司变更方式	(279)	公益社团	(300)
公司的变更	(279)	公益受托人	(300)
公司的股东	(280)	公益信托	(301)
公司的监督	(281)	公营公司	(301)
公司的解散程序	(281)	公有财产	(301)
公司的清算	(282)	公有物	(302)
公司的权利能力	(282)	公债	(302)
公司的行为能力	(285)	公证形式	(302)
公司登记	(286)	公证遗嘱	(302)
公司登记机关	(286)	公职人员财产信托	(302)
公司法	(286)	公众责任保险	(302)
公司法人	(287)	供电方	(303)
公司法学	(287)	供电方式	(303)
公司负责人	(288)	供电责任保险	(304)
公司公告	(288)	供销合作社	(304)
公司合并	(288)	供养信托(参见抚养费信托条)	(304)
公司合并的效力	(289)	供应合同	(304)
公司解散	(290)	供用电合同	(304)
公司解散的效力	(290)	共保条款	(305)
公司解散方式	(290)	共诺婚	(305)
公司经理人	(291)	共食婚	(305)
公司名称	(292)	共同安全说	(305)

条目	页码
共同保险	(305)
共同保证	(306)
共同保证债务	(306)
共同财产继承人	(306)
共同财产制	(306)
共同承租方	(306)
共同代理	(306)
共同抵押	(306)
共同耕种契约	(307)
共同共有	(307)
共同过错	(308)
共同海损	(308)
共同海损补偿	(309)
共同海损措施	(309)
共同海损担保	(309)
共同海损担保函(参见共同海损担保条)	(309)
共同海损费用保险	(309)
共同海损费用保险费	(309)
共同海损分摊	(309)
共同海损分摊价值	(310)
共同海损分摊金额	(310)
共同海损分摊率	(310)
共同海损分摊协议书	(310)
共同海损和新杰逊条款	(310)
共同海损间接损失(参见共同海损损失条)	(310)
共同海损检验	(310)
共同海损理算	(310)
共同海损理算规则	(311)
共同海损理算书	(311)
共同海损利息	(311)
共同海损时限	(311)
共同海损受益方	(311)
共同海损损失	(311)
共同海损损失金额	(312)
共同海损条款	(312)
共同海损牺牲(参见共同海损损失条)	(312)
共同海损牺牲金额	(312)
共同海损宣告	(312)
共同海损直接损失(参见共同海损损失条)	(312)
共同海损准据法	(312)
共同继承人(参见共同财产继承人条)	(312)
共同监护	(312)
共同利益说	(312)
共同侵权行为	(313)
共同受托人	(313)
共同受益人	(314)
共同危险	(314)
共同危险团体说	(314)
共同信托基金	(314)
共同行为说	(315)
共同遗赠受领人	(315)
共同遗嘱	(315)
共同因果关系	(316)
共同责任	(316)
共同占有	(316)
共同之债	(316)
共同租赁	(316)
共益权	(316)
共有	(316)
共有财产的分割	(317)
共有权利	(317)
共有租赁	(318)
购销合同	(318)
股东地位说	(318)
股东非固有权	(318)
股东固有权	(318)
股东国籍说	(319)
股东名簿	(319)
股东权利与义务	(319)
股份公司常务董事	(320)
股份公司重整	(320)
股份公司重整关系人会议	(321)
股份公司重整管辖法院	(321)
股份公司重整计划	(321)
股份公司重整监督人	(323)
股份公司重整人	(323)
股份公司重整申请费	(323)
股份公司重整申请人	(323)
股份公司重整申请书	(323)
股份公司重整完成	(323)
股份公司重整与变更	(323)
股份公司重整债权	(323)
股份公司重整债务	(324)
股份公司重整执行	(324)
股份公司重整终止	(325)
股份公司创立大会	(325)
股份公司的股票	(325)
股份公司董事长	(326)
股份公司董事地位	(327)
股份公司董事会	(327)
股份公司董事会报告	(327)
股份公司董事会决议	(328)
股份公司董事会权限	(328)
股份公司董事会召集	(328)

股份公司董事会专门委员会……………(328)
股份公司董事义务…………………………(329)
股份公司董事职权…………………………(329)
股份公司董事资格…………………………(329)
股份公司发起人……………………………(330)
股份公司发行资本…………………………(331)
股份公司法定公积金………………………(331)
股份公司法定资本制(参见股份公司资本确定
　原则条)……………………………………(331)
股份公司分立………………………………(331)
股份公司更生………………………………(332)
股份公司公积金……………………………(332)
股份公司股东………………………………(332)
股份公司股东法定会议……………………(333)
股份公司股东会……………………………(333)
股份公司股东会表决权……………………(334)
股份公司股东会决议方法…………………(334)
股份公司股东会议…………………………(335)
股份公司股东会议事录……………………(335)
股份公司股东会议瑕疵救济………………(335)
股份公司股东会与创立会…………………(335)
股份公司股东会召集程序…………………(336)
股份公司股东会召集人……………………(336)
股份公司股东会职权………………………(336)
股份公司股东年会…………………………(337)
股份公司股东特别会议……………………(337)
股份公司股利分配…………………………(337)
股份公司股息………………………………(338)
股份公司合并………………………………(338)
股份公司合并程序…………………………(339)
股份公司合并登记…………………………(339)
股份公司合并合同…………………………(339)
股份公司合并效力…………………………(339)
股份公司和解………………………………(340)
股份公司核准资本(参见股份公司注册
　资本条)……………………………………(340)
股份公司红利………………………………(340)
股份公司会计………………………………(340)
股份公司会计表册…………………………(341)
股份公司会计人员…………………………(341)
股份公司监察人……………………………(341)
股份公司监事………………………………(341)
股份公司监事会……………………………(342)
股份公司减资………………………………(342)
股份公司检查人……………………………(343)
股份公司解散………………………………(343)
股份公司类别股东会议……………………(343)

股份公司类似公积金………………………(344)
股份公司秘密公积金………………………(344)
股份公司秘书………………………………(344)
股份公司名称………………………………(344)
股份公司普通清算…………………………(345)
股份公司普通清算与特别清算……………(345)
股份公司清算………………………………(345)
股份公司清算程序…………………………(346)
股份公司清算人……………………………(346)
股份公司任意公积金………………………(347)
股份公司少数股东收购股份请求权………(347)
股份公司设立………………………………(347)
股份公司设立程序…………………………(348)
股份公司设立登记…………………………(349)
股份公司设立登记效力……………………(349)
股份公司设立方式…………………………(350)
股份公司审计………………………………(351)
股份公司审计员……………………………(351)
股份公司实缴资本(参见股份公司实收
　资本条)……………………………………(351)
股份公司实收资本…………………………(351)
股份公司授权资本制………………………(352)
股份公司司库………………………………(352)
股份公司损益表……………………………(352)
股份公司特别清算…………………………(352)
股份公司特别清算与公司重整……………(353)
股份公司与股份两合公司…………………(353)
股份公司与无限公司………………………(354)
股份公司与有限公司………………………(354)
股份公司增资………………………………(355)
股份公司债…………………………………(355)
股份公司章程………………………………(356)
股份公司注册资本…………………………(356)
股份公司资本………………………………(357)
股份公司资本不变原则……………………(357)
股份公司资本确定原则……………………(357)
股份公司资本维持原则……………………(358)
股份公司资本最低额………………………(358)
股份公司资产负债表………………………(359)
股份公司总经理……………………………(359)
股份公司组织结构…………………………(359)
股份共有……………………………………(360)
股份两合公司………………………………(360)
股份两合公司出资…………………………(360)
股份两合公司出资转让……………………(360)
股份两合公司代表…………………………(361)
股份两合公司股东责任……………………(361)

股份两合公司合并	(361)
股份两合公司解散	(361)
股份两合公司清算	(361)
股份两合公司入股	(361)
股份两合公司设立	(361)
股份两合公司退股	(361)
股份两合公司盈余分派	(362)
股份两合公司章程变更	(362)
股份两合公司执行机关	(362)
股份两合公司组织变更	(362)
股份企业法人	(362)
股份设质	(362)
股份设质方法	(363)
股份设质效力	(363)
股份收回	(363)
股份有限公司	(363)
股份有限公司的登记	(364)
股份有限公司股份	(365)
《股份有限公司规范意见》	(366)
股份制	(366)
股份转让	(367)
股份转让方法	(368)
股份转让效力	(368)
股票	(369)
股票的上市	(370)
股票发行	(370)
股票发行市场	(372)
股票过户	(372)
股票价格	(372)
股票价格指数	(372)
股票交割	(372)
股票交易	(373)
股票交易市场	(373)
股票内在价值	(373)
股票清算价值	(374)
股票投资风险	(374)
股票与股单	(374)
股票账面价值	(374)
股权质权	(374)
固定信托	(375)
固定资产	(375)
固有财产	(375)
固有商行为	(375)
故意	(376)
故意违反善良风俗而造成损害的行为	(376)
雇佣合同	(376)
雇佣救助	(377)
雇佣人	(377)
雇佣租赁	(377)
雇主责任保险	(377)
挂名合伙人	(378)
关联公司	(378)
《关于船员培训、发证和值班标准的国际公约》	(378)
《关于统一海上船舶所有人责任限制若干规则的国际公约》	(379)
《关于规定中资保险公司吸收外资参股有关事项的通知》	(379)
《关于索赔期限有关问题的批复》	(379)
《关于统一提单若干法律规定的国际公约》	(379)
《关于信托的法律适用与承认的公约》	(380)
管船过失	(380)
管货	(381)
管教	(381)
管理代理	(381)
管理信托	(381)
管理行为	(381)
管线安设权	(381)
光船租船合同	(381)
光头信托(参见简单信托条)	(381)
广告合同	(381)
广义的代理	(382)
广义的监护	(382)
广义契约	(382)
归复信托	(382)
归属质权	(383)
规费	(383)
国际工程承包合同	(383)
《国际船舶安全营运和防止污染管理规则》	(384)
《国际船舶载重线公约》	(384)
《国际干预公海油污事故的公约及其议定书》	(384)
《国际海事委员会电子提单规则》	(385)
《国际海事委员会海运单统一规则》	(385)
国际货物多式联运	(386)
国际货物买卖合同	(386)
国际货物贸易合同	(386)
国际技术转让合同	(387)
国际借贷合同	(387)
国际贸易惯例	(388)
《国际贸易术语解释通则》	(388)
国际贸易委托代理合同	(389)
《国际商事合同通则》	(389)
国际信托(参见涉外信托条)	(389)

国际证券发行	(389)	海上货物运输保险	(408)
国际租赁合同	(390)	海上货物运输附加险	(408)
国家定价	(391)	海上联运提单	(409)
国家机关法人	(391)	《海上旅客及其行李运输雅典公约》	(409)
国家赔偿责任	(391)	海上石油开采保险	(409)
国家所有权	(391)	海上危险	(410)
国家土地所有权	(393)	海上运输管理法	(410)
国库	(393)	海事报告	(410)
《国内船舶保险条款》	(393)	海事担保	(410)
国内航空货物运输保险	(394)	海事赔偿责任限额	(410)
《国内航空货物运输保险条款(试行)》	(394)	海事赔偿责任限制	(411)
国内货物运输保险	(395)	海事赔偿责任限制基金	(411)
国内商业信用保险	(395)	海事赔偿责任限制制度的历史	(412)
《国内水路、铁路货物运输保险条款》	(396)	海事赔偿责任限制准据法	(412)
《国内渔船保险条款》	(396)	海事强制令	(412)
国营保险	(397)	海事请求保全(海事请求保全措施)	(412)
国营农场	(397)	海事声明	(413)
国有企业法人	(397)	海事事故调查表	(413)
国有土地使用权出让合同	(397)	海事诉讼	(413)
国有土地使用权转让合同	(398)	海事诉讼案件	(413)
国债	(398)	海事诉讼案件类型	(413)
国债发行	(399)	海事诉讼程序	(414)
过错	(399)	海事诉讼的地域管辖	(414)
过错的客观标准	(400)	海事诉讼的协议管辖	(414)
过错的主观标准	(400)	海事诉讼的专属管辖	(414)
过错推定	(400)	海事诉讼法律关系	(415)
过错责任	(400)	海事诉讼法律文书的送达	(415)
过继子(参见嗣子条)	(401)	海事诉讼管辖	(415)
过失	(401)	海事诉讼时效	(416)
过失比例原则	(401)	海事诉讼中的举证责任	(416)
过失相抵	(401)	海事证据保全	(417)
过水权	(401)	海损	(417)
过重负担	(402)	海损理算人	(417)
		海损理算师	(417)
		《海牙公约》	(417)
H		《海牙统一票据规则》	(417)
《哈特法》	(403)	《海洋运输保险责任扩展条款》	(418)
海陆联运合同	(403)	《海洋运输货物战争险条款》	(418)
海难救助	(403)	海运单	(418)
海难救助的性质	(403)	《海运经济法》	(418)
海难救助的准据法	(404)	《韩国会社整顿法》	(419)
海难救助法基本原则	(404)	《韩国商法典》	(419)
海商法	(404)	《韩国商业登记处理规则》	(419)
海商行为	(405)	《韩国信托法》	(420)
海上保险	(405)	《韩国信托业法》	(420)
海上保险合同	(407)	航次制度	(420)
海上固有危险	(408)	航次租船合同	(421)

航次租船合同的标准格式(参见航次租船合同条) ……………………………………(421)	合伙人的除名………………………………(433)
航次租船合同的装卸费………………………(421)	合伙人的连带责任…………………………(433)
航海借贷………………………………………(421)	合伙人的默示授权…………………………(433)
航空保险………………………………………(421)	合伙人破产…………………………………(434)
《航空旅客人身意外伤害保险条款》…………(422)	合伙人死亡…………………………………(434)
《航空旅客意外伤害保险》……………………(422)	合伙商号……………………………………(434)
《航空旅客意外伤害保险行业指导性条款》…(422)	合伙事务执行人……………………………(434)
《航空运输货物保险条款》……………………(423)	合伙吞并……………………………………(434)
《航空责任保险》………………………………(423)	合伙债务……………………………………(435)
《航行过失免责条款》…………………………(423)	合伙章程……………………………………(435)
航行通告………………………………………(423)	合理预见规则………………………………(435)
行辈……………………………………………(423)	合同……………………………………………(437)
行纪合同………………………………………(423)	合同成立的地点(参见合同签订地条)………(437)
行纪人…………………………………………(424)	合同成立的时间……………………………(437)
行纪实行行为…………………………………(424)	合同的必要条款……………………………(437)
行纪委托人……………………………………(424)	合同的变更…………………………………(438)
行业条款………………………………………(425)	合同的标的…………………………………(438)
号灯……………………………………………(425)	合同的不可抗力条款………………………(438)
号型……………………………………………(425)	合同的订立…………………………………(439)
合并的契约……………………………………(425)	合同的法定解除(参见合同的解除条)………(439)
合并方式………………………………………(425)	合同的法律效力……………………………(439)
合并行为说……………………………………(425)	合同的公证…………………………………(440)
合成给付………………………………………(425)	合同的基本条款(参见合同的必要条款条)…(440)
合法行为(参见行为条)………………………(425)	合同的鉴证…………………………………(440)
合会契约………………………………………(425)	合同的解除…………………………………(440)
合伙……………………………………………(426)	合同的解除条款……………………………(440)
合伙财产………………………………………(428)	合同的解释…………………………………(441)
合伙撤销………………………………………(428)	合同的履行…………………………………(441)
合伙代理………………………………………(428)	合同的内容…………………………………(443)
合伙的补充连带责任…………………………(428)	合同的普通条款……………………………(443)
合伙的设立……………………………………(429)	合同的审批…………………………………(443)
合伙负责人……………………………………(429)	合同的协议解除(参见合同的解除条)………(443)
合伙股份………………………………………(429)	合同的形式…………………………………(443)
合伙股份扣押…………………………………(429)	合同的约定解除(参见合同的解除条)………(444)
合伙股份让与…………………………………(429)	合同的仲裁条款……………………………(444)
合伙股份质押…………………………………(430)	合同的主要条款……………………………(444)
合伙合并………………………………………(430)	合同的转让…………………………………(444)
合伙合同………………………………………(430)	合同管理……………………………………(444)
合伙解散………………………………………(430)	合同管理机关………………………………(444)
合伙竞业禁止…………………………………(431)	合同解释不利于起草者原则………………(444)
合伙联合………………………………………(431)	合同解释的原则……………………………(444)
合伙期限………………………………………(431)	合同救助……………………………………(445)
合伙企业………………………………………(431)	合同联立……………………………………(445)
合伙清算………………………………………(431)	合同履行地…………………………………(445)
合伙清算人……………………………………(431)	合同落空……………………………………(445)
合伙人…………………………………………(432)	合同签订地…………………………………(446)
	合同受挫失效论……………………………(447)

合同条款	(447)	划线人	(456)
合同效力(参见契约效力条)	(447)	划线支票	(456)
合同信托	(447)	划线支票的付款	(456)
合同行为	(447)	坏债	(457)
合同型投资信托(参见投资信托条)	(447)	还船	(457)
合同原则	(448)	还船通知(参见还船条)	(457)
合同责任	(448)	还盘	(457)
合同之债	(448)	环境损害	(457)
合同仲裁	(448)	换房合同	(457)
合同仲裁机关	(448)	黄狗契约	(458)
合同自由原则	(448)	黄金保留条款	(458)
合意	(449)	黄金条款	(458)
合意托管	(449)	恢复名誉	(458)
合有	(449)	恢复原状	(458)
合作保险	(449)	恢复原状原则	(459)
合作社	(449)	回程运费	(459)
合作社的出资	(450)	回复原状主义	(459)
合作社的股份	(450)	回头背书	(459)
合作社的机关	(450)	回头背书的效力	(460)
合作社的设立	(450)	回头汇票	(460)
合作社法	(451)	回租	(460)
合作社法人	(451)	汇兑	(460)
合作社名称	(451)	汇划支票	(460)
合作社社员	(452)	汇票	(461)
合作社章程	(452)	汇票不得记载事项	(461)
和解合同	(452)	汇票承兑原则	(462)
和解契约(参见和解合同条)	(453)	汇票出票地	(462)
和离	(453)	汇票担保承兑	(462)
和平占有	(453)	汇票担保付款	(462)
核准主义	(453)	汇票得记载事项	(463)
黑租	(453)	汇票的保证	(463)
衡平法权益信托	(453)	汇票的背书	(464)
衡平法上的补偿	(453)	汇票的参加承兑	(464)
衡平法上的补救	(453)	汇票的参加付款	(465)
衡平法上的赎回权	(453)	汇票的承兑	(465)
衡平禁反言	(454)	汇票的当事人	(465)
哄价	(454)	汇票的到期日	(466)
后发不能	(454)	汇票的发票	(466)
后履行抗辩权	(454)	汇票的分类	(466)
后手	(455)	汇票的付款	(467)
互惠或互保交易	(455)	汇票的付款的程序	(467)
互见	(455)	汇票的复本	(468)
互易合同	(455)	汇票的拒绝证书	(468)
互易婚	(455)	汇票的誊本	(468)
互有	(455)	汇票的追索权	(468)
互助储金会	(456)	汇票发票的款式	(469)
户籍	(456)	汇票发票的效力	(469)

汇票发票人	(470)	活动物和植物条款	(483)
汇票发票日	(470)	火灾	(483)
汇票非基本当事人	(470)	火灾保险	(483)
汇票付款人	(470)	伙友	(484)
汇票基本当事人	(471)	货币	(484)
汇票签名	(471)	货币所有权	(485)
汇票上的当事人	(471)	货币之债	(485)
汇票受款人	(471)	货物保险退费	(485)
汇票应记载事项	(472)	货物操作	(485)
会款	(473)	货物分摊价值	(486)
会首	(473)	货物价值单	(486)
毁损	(473)	货物鉴定	(486)
毁约	(473)	货物联运合同	(486)
婚后所得共同制	(474)	货物留置权条款	(486)
婚礼	(474)	货物潜在缺陷	(487)
婚前财产	(474)	货物损失金额	(487)
婚生否认	(474)	货物牺牲	(487)
婚生推定	(475)	货物运输保险	(487)
婚生子女	(475)	货物运输合同	(488)
婚书	(475)	货样买卖	(489)
婚姻	(475)	货主承担风险的运单	(490)
婚姻财产契约	(475)	获救财产价值	(490)
婚姻的成立	(475)	霍夫曼估值法	(490)
婚姻的效力	(476)		
婚姻的终止	(476)	**J**	
婚姻登记	(476)		
婚姻登记机关	(476)	机动车辆保险	(491)
婚姻方式	(477)	《机动车辆保险条款》	(491)
婚姻公告	(477)	机器损坏保险	(492)
婚姻家庭制度	(477)	机遇性危险	(493)
婚姻监护	(478)	给付	(493)
婚姻申报	(478)	给付保险金	(493)
婚姻宣誓	(479)	给付标的	(494)
婚姻障碍	(479)	给付不能	(494)
婚姻住所决定权	(479)	给付迟延	(494)
婚姻自由	(479)	给付赔偿	(494)
婚约	(480)	给付权质权	(494)
婚约赠与物的返还	(480)	给付行为	(494)
混合给付	(480)	己付己受汇票	(495)
混合过错	(481)	积极代理	(495)
混合控股公司	(481)	积极地役权	(495)
混合条件	(481)	积极给付	(495)
混合违约金	(481)	积极侵权行为	(495)
混合信托	(481)	积极信托(参见能动信托条)	(495)
混合责任	(481)	积极遗产	(495)
混合赠与	(482)	积极义务	(495)
混同	(482)	积极债务	(495)

积累信托 …………………………………… （495）	技术咨询合同 ……………………………… （509）
基本保险 …………………………………… （496）	既存期限 …………………………………… （509）
基本当事人 ………………………………… （496）	既得继承权 ………………………………… （509）
基本建设工程承包合同 …………………… （496）	既得权利 …………………………………… （509）
基本建设工程决标 ………………………… （497）	既定条件 …………………………………… （509）
基本建设工程勘察合同 …………………… （497）	既连带又单独负责本票 …………………… （509）
基本建设工程设计合同 …………………… （497）	继承 ………………………………………… （509）
基本建设工程投标 ………………………… （498）	继承财产信托 ……………………………… （510）
基本建设工程招标 ………………………… （498）	继承代理 …………………………………… （510）
基本建设投资 ……………………………… （498）	继承法 ……………………………………… （510）
基本商行为 ………………………………… （498）	继承份额 …………………………………… （511）
基本条款 …………………………………… （499）	继承开始 …………………………………… （512）
基础关系与票据关系的关系 ……………… （499）	继承开始的地点 …………………………… （512）
基地租赁 …………………………………… （501）	继承开始的时间 …………………………… （512）
基尔特制度 ………………………………… （501）	继承契约 …………………………………… （513）
基金会法人 ………………………………… （501）	继承权 ……………………………………… （513）
基于所有权的请求权 ……………………… （502）	继承权的抛弃(参见放弃继承条) ………… （514）
即期本票 …………………………………… （502）	继承人 ……………………………………… （514）
即期付款 …………………………………… （502）	继承税(参见遗产税条) …………………… （514）
即期汇票 …………………………………… （502）	继父母继子女 ……………………………… （514）
即时合同 …………………………………… （503）	继任受托人(参见新受托人条) …………… （514）
即时买卖 …………………………………… （503）	继续存在的受托人 ………………………… （515）
集合保险 …………………………………… （503）	继续地役权 ………………………………… （515）
集合物 ……………………………………… （503）	继续供给合同 ……………………………… （515）
集体法人 …………………………………… （503）	继续给付 …………………………………… （515）
集体公司 …………………………………… （504）	继续履行 …………………………………… （515）
集体合同 …………………………………… （504）	继续性合同 ………………………………… （516）
集体企业法人 ……………………………… （504）	继续占有 …………………………………… （516）
集体土地所有权 …………………………… （504）	寄售合同 …………………………………… （516）
集体组织财产所有权 ……………………… （504）	寄托合同(参见保管合同条) ……………… （516）
集团信托 …………………………………… （506）	寄托人 ……………………………………… （516）
计划合同 …………………………………… （506）	寄托物 ……………………………………… （516）
计划买卖 …………………………………… （506）	寄养 ………………………………………… （516）
计划生育 …………………………………… （506）	祭祀继承 …………………………………… （516）
计划原则 …………………………………… （506）	加班费 ……………………………………… （517）
计期汇票 …………………………………… （506）	加保 ………………………………………… （517）
记名公司债 ………………………………… （507）	加工合同 …………………………………… （517）
记名股票 …………………………………… （507）	加害人 ……………………………………… （517）
记名票据 …………………………………… （507）	家庭暴力 …………………………………… （517）
记名提单(参见提单条) …………………… （507）	家庭财产保险 ……………………………… （517）
记名有价证券 ……………………………… （507）	《家庭财产保险条款》 ……………………… （518）
记名债权(参见指名债权条) ……………… （507）	《家庭财产附加盗窃险条款》 ……………… （519）
技术服务合同 ……………………………… （507）	《家庭财产两全保险条款》 ………………… （519）
技术更新 …………………………………… （508）	家庭财团 …………………………………… （519）
技术合同 …………………………………… （508）	家庭合伙 …………………………………… （519）
技术开发合同 ……………………………… （508）	家庭豁免权 ………………………………… （519）
技术转让合同 ……………………………… （508）	家庭生活费用 ……………………………… （519）

甲板货	(519)	简式提单	(528)
甲板货提单	(520)	简易交付	(528)
价金	(520)	简易人身保险	(528)
价金支付	(520)	《简易人身保险条款(甲种)》	(529)
价值的互易	(520)	简约	(529)
驾驶船舶过失	(520)	简约保证	(529)
假合同	(520)	见票日后定期付款	(529)
假买手	(521)	建造船舶保险	(530)
假设因果关系	(521)	建筑安装工程承包合同	(530)
假装期限	(521)	建筑工程一切险	(531)
嫁资口约	(521)	建筑物及其他设施造成损害的民事责任	(531)
间接代理	(521)	建筑物区分所有权	(532)
间接反证法	(521)	建筑物上的悬置物造成损害的民事责任	(533)
间接故意	(521)	健康保险	(533)
间接碰撞	(521)	健全的意思表示	(534)
间接契约	(521)	鉴证形式	(534)
间接侵权行为	(522)	交叉相遇航行规则	(534)
间接受害人	(522)	交叉责任	(535)
间接损害	(522)	交叉责任原则	(535)
间接因果关系	(522)	交船	(535)
间接责任	(522)	交错要约	(535)
间接占有	(522)	交费宽限期条款	(535)
艰难情形	(523)	交付	(535)
监护	(523)	交付保险费	(535)
监护保佐	(524)	交付货物	(536)
监护的变更	(524)	交互计算	(536)
监护的终止	(524)	交换提单	(537)
监护法院	(524)	交货单	(537)
监护机关	(524)	交易所经纪人	(537)
监护监督人	(525)	交易物	(537)
监护人	(525)	交钥匙合同	(537)
监护人的报酬	(525)	侥幸行为	(538)
监护人的解任	(525)	缴股	(538)
监护人的侵权责任	(525)	教会法人	(538)
监护人的消极资格	(525)	接盘	(538)
监护责任	(526)	接受继承	(538)
监护职责	(526)	接受遗产	(539)
监护职责的委任	(526)	杰森条款	(539)
减保	(526)	结果(参见损害事实条)	(539)
减资登记	(527)	结果信托(参见归复信托条)	(539)
检索抗辩权(参见先诉抗辩权条)	(527)	结果责任	(539)
检验合同	(527)	结果责任之侵权行为	(539)
简单合同之债	(527)	结合物	(540)
简单契约	(527)	结婚(参见婚姻的成立条)	(540)
简单所有权保留	(527)	结婚的实质要件(参见结婚要件条)	(540)
简单信托	(527)	结婚的形式要件(参见结婚要件条)	(540)
简单之债	(528)	结婚登记	(540)

结婚要件	(540)	禁治产人的监护	(553)
结婚证	(541)	经济合同	(553)
结婚准据法	(541)	经济危险	(553)
结算合同	(541)	经济责任	(553)
《捷克斯洛伐克社会主义共和国民法典》	(541)	经理权	(553)
姐妹船条款	(542)	经销处	(554)
解除条件	(542)	经营权	(554)
解放宣誓	(542)	精神病人	(554)
解散登记	(542)	精神病人保佐	(554)
解约定金	(542)	精神病人的监护	(555)
解约日	(542)	精神伤害	(555)
介入权	(543)	警觉(参见威吓条)	(555)
介入原因	(543)	净营利损失	(555)
届至	(543)	竞买人	(556)
借贷方	(543)	竞业禁止	(556)
借贷合同	(543)	竞争契约	(556)
借婚姻索取财物	(544)	旧股	(556)
借款合同	(544)	旧中国票据法	(556)
借用方	(544)	救济贫困的信托	(557)
借用合同	(544)	救济权	(557)
借用人	(545)	救助报酬	(557)
借用物	(545)	救助报酬的担保	(558)
金额制	(545)	救助报酬分配	(558)
金康合同	(545)	救助报酬请求的条件	(558)
金钱担保	(545)	救助报酬请求权	(558)
金钱寄托	(546)	救助报酬确定标准	(558)
金钱借贷	(546)	救助报酬条款	(558)
金钱赔偿	(546)	救助标的	(559)
金钱赔偿主义	(546)	救助成功	(559)
金钱损失	(546)	救助成效(参见救助效果条)	(559)
金钱信托	(546)	救助船	(559)
金钱债权信托	(547)	救助单位	(559)
金融衍生工具	(547)	救助费用	(559)
紧急避险	(547)	救助分中心	(559)
紧急状况下的过失原则	(549)	救助关系	(559)
紧迫寄托	(549)	救助过失	(559)
紧迫局面	(549)	救助合同	(559)
谨慎投资人规则	(549)	救助客体(参见救助关系条)	(560)
近亲属	(550)	救助款项(参见救助报酬条)	(560)
近因原则	(550)	救助人(参见救助主体条)	(560)
禁婚亲	(550)	救助人权利独立于合同原则	(560)
禁止结婚的疾病	(551)	救助人一般过失责任制	(560)
禁止离婚主义	(551)	救助人义务	(561)
禁止令	(551)	救助人责任制	(561)
禁止流通物	(552)	救助拖带	(561)
禁止权利滥用原则	(552)	救助效果	(561)
禁治产人	(552)	救助协调中心	(561)

救助责任(参见救助人责任制条)	(561)
救助主体	(561)
救助作业	(562)
就近条款(参见航次租船合同条)	(562)
居间代理商	(562)
居间费	(562)
居间合同	(562)
居间人	(562)
居间委托人	(563)
居所	(563)
居住权	(563)
拒保	(563)
拒付	(563)
拒绝参加承兑证书	(563)
拒绝参加付款证书	(563)
拒绝承兑	(563)
拒绝承兑证书	(563)
拒绝付款证书	(563)
拒绝监护	(564)
拒绝交还复本证书	(564)
拒绝交还原本证书	(564)
拒绝事实的通知	(564)
拒绝事实通知的免除	(565)
拒绝证书的分类	(565)
拒绝证书的记载事项	(566)
拒绝证书的免除	(566)
拒绝证书的效力	(566)
拒绝证书的作成	(566)
拒绝证书的作成机关(参见拒绝证书的作成条)	(567)
具体轻过失	(567)
聚合因果关系	(567)
捐助	(567)
捐助章程	(567)
决标	(567)
绝对权	(568)
绝对商行为	(568)
绝对无效	(568)
绝对责任	(568)
军婚	(568)
君子协议	(569)

K

卡特尔	(570)
开标	(570)
开放式公司	(570)
开户、委托与成交	(570)
开户银行	(571)
开口保险单	(571)
康采恩	(571)
康采恩式所有权保留	(571)
康美达合同	(572)
抗辩权	(572)
可保财产	(573)
可变动保险	(573)
可撤销的合同	(573)
可撤销的民事行为	(573)
可撤销的信托	(574)
可撤销的要约	(575)
可撤销的转让	(575)
可得利益	(575)
可分给付	(575)
可分物	(575)
可分之债	(575)
可能无效的合同	(575)
可能性成为现实性因果关系说	(575)
可随意取消的租赁	(576)
可展期债	(576)
可执行的信托	(576)
可转换的债	(576)
可转让的租约	(576)
可酌情处理的信托	(576)
客观不能	(577)
客观权利	(577)
客观商行为(参见绝对商行为条)	(577)
客观责任之侵权行为	(577)
肯定条件	(577)
恳求信托	(577)
空白背书	(577)
空白票据	(578)
空白票据的构成要件	(578)
空白票据的效力	(579)
空白委托书	(579)
空白支票(参见空白票据条)	(579)
空头支票	(579)
控股公司	(579)
口头合同	(580)
口头遗嘱	(580)
口头证据法则	(580)
扣船(扣押船舶)	(580)
扣船手令	(581)
扣货	(581)
扣押管辖原则	(581)

扣押和捕获不保条款 (581)	理赔的程序 (591)
跨国公司 (581)	理算费 (592)
会计报表 (581)	力求近似原则 (592)
会计账簿 (582)	立即通知条款 (592)
宽容租赁 (582)	立嗣 (593)
矿业抵押 (582)	利率 (593)
矿业合伙 (582)	利润损失 (593)
亏舱费 (583)	利润损失保险 (593)
扩大的所有权保留 (583)	利息 (593)
扩建 (583)	利息之债 (593)
	利益偿还请求权的成立要件 (593)

L

滥用代理权 (584)	利益偿还请求权的当事人 (594)
浪费人保佐 (584)	利益偿还请求权的效力 (594)
浪费者信托 (584)	利益偿还请求权关系 (594)
浪损 (584)	利益公司债 (595)
劳埃德社 (584)	利用仓库 (595)
劳动保险 (585)	连带负责本票 (595)
劳动合同 (586)	连带合同 (595)
劳动所得共同制 (586)	连带责任 (595)
劳工赔偿 (586)	连带责任保证 (595)
劳合社(参见劳埃德社条) (586)	连带责任原则 (596)
劳氏救助合同格式 (586)	连带债权 (596)
劳务人 (586)	连带债务 (596)
劳务之债 (587)	连带之债 (596)
劳役婚 (587)	连续背书 (596)
类似股东责任 (587)	连续履行的合同 (597)
累积投票 (587)	联合财产制 (597)
累积优先股 (587)	联合公司 (597)
离岸价格合同 (587)	《联合国国际汇票和国际本票公约草案》 (597)
离岸信托 (587)	《联合国国际货物多式联运公约》 (598)
离婚 (588)	《联合国国际货物销售合同公约》 (598)
离婚程序 (588)	联合拒买或经销 (598)
离婚的法定理由 (588)	联合劳动组织 (598)
离婚的效力 (588)	联社 (599)
离婚登记 (588)	联营 (599)
离婚调解 (589)	联营企业法人 (599)
离婚率 (589)	《联运单证统一规则》 (600)
离婚判决 (589)	联运合同 (600)
离婚时的财产分割 (589)	良好船艺 (601)
离婚时的经济帮助 (589)	良好天气工作日(参见装卸时间条) (601)
离婚时的债务清偿 (590)	良贱不婚 (601)
离婚诉讼 (590)	两合公司 (601)
离婚损害赔偿 (590)	两合公司出资 (601)
离婚证 (590)	两合公司出资转让 (602)
离婚制度 (590)	两合公司代表 (602)
	两合公司的登记 (602)
	两合公司股东责任 (603)

两合公司合并	(603)
两合公司解散	(603)
两合公司清算	(603)
两合公司入股	(603)
两合公司设立	(604)
两合公司退股	(604)
两合公司盈余分派	(604)
两合公司与股份两合公司	(604)
两合公司章程变更	(605)
两合公司执行机关	(605)
两合公司组织变更	(606)
两造商行为	(606)
了解主义	(606)
邻地使用权	(606)
邻地通行权	(606)
临时贷款	(606)
临时契约	(606)
临时性保佐	(606)
临时性合伙	(607)
赁庸	(607)
零售分期支付合同	(607)
零售买卖	(607)
令状	(607)
流动债务	(607)
流动资产	(607)
流水变更权	(607)
流水使用权	(607)
流通担保	(607)
流通抵押权	(608)
流通复本	(608)
流通票据	(608)
流通物	(608)
流质契约	(608)
留任受托人	(608)
留置权	(608)
留置权的实行	(609)
留置权的条件	(610)
留置权的效力	(610)
六礼	(611)
漏洞补充	(612)
陆空保险	(612)
《陆上运输货物保险条款》	(613)
《陆上运输货物战争险条款》	(613)
录音遗嘱	(613)
旅客	(614)
旅客联运合同	(614)
旅客运输合同	(614)
《旅行社办理旅游意外保险暂行规定》	(615)
旅行社责任保险	(615)
旅行支票	(616)
履行行为	(616)
掠夺婚	(616)
略式承兑	(616)
略式免除	(616)
略式移转物	(616)
伦敦保险人公司	(616)
《伦敦保险协会罢工险条款》	(616)
《伦敦保险协会货物保险条款》	(617)
《伦敦保险协会货物险A条款》	(617)
《伦敦保险协会货物险B条款》	(617)
《伦敦保险协会货物险C条款》	(618)
《伦敦保险协会战争险条款》	(618)
轮船旅客意外伤害保险	(618)
《轮船旅客意外伤害强制保险条例》	(618)
罗马法亲等计算法	(619)
裸体简约	(619)

M

马基斯协议	(620)
马萨诸塞州信托	(620)
玛瑞瓦禁令	(620)
买回	(620)
买回人	(621)
买价	(621)
买空	(621)
买卖标的	(621)
买卖合同	(622)
买卖合同当事人	(622)
买卖婚	(622)
买卖预约	(623)
买卖约剂	(623)
买入减资	(623)
买受人	(623)
买主当心	(623)
卖价	(623)
卖空	(623)
卖者当心	(623)
曼兮帕蓄	(623)
毛运费	(624)
矛盾条件	(624)
锚泊船	(624)
冒险借贷合同	(624)
贸易货栈	(624)

贸易限制	(624)	民事合伙	(646)
没收	(624)	民事合同	(646)
媒介代理商	(624)	民事婚(参见法律婚条)	(646)
媒介居间	(625)	民事判例法(参见民法渊源条)	(646)
《美国1986年政府证券法》	(625)	民事普通法(参见民事特别法条)	(646)
《美国标准公司法》	(625)	民事权利	(646)
《美国票据法》	(625)	民事权利保护	(647)
《美国统一合伙法》	(626)	民事权利的客体	(648)
《美国统一商法典》	(626)	民事权利能力	(648)
《美国统一信托法》	(627)	民事权利主体(参见民事主体条)	(649)
《美国统一信托法典》	(627)	民事特别法	(649)
《美国统一有限合伙法》	(628)	民事习惯法(参见民法渊源条)	(649)
《美国信托法》	(628)	民事信托	(649)
《美国信托法重述》	(628)	民事行为	(649)
《美国证券法》	(629)	民事行为的成立	(650)
米兰规则	(630)	民事行为的生效	(650)
秘密信托	(630)	民事行为能力	(650)
免除	(630)	民事义务	(651)
免除民事责任的条件	(631)	民事义务主体(参见民事主体条)	(651)
免赔额	(631)	民事责任	(652)
免责条款	(631)	民事责任的构成要件	(652)
民法	(632)	民事责任竞合	(653)
民法的基本原则	(636)	民事责任聚合	(653)
民法的解释	(637)	民事制裁	(653)
民法的效力范围	(637)	民事制定法(参见民法渊源条)	(654)
民法典	(638)	民事主体	(654)
民法分则	(638)	民营保险	(655)
民法上的行为	(638)	民营公司	(655)
民法上物权	(638)	名称	(655)
民法学	(639)	名称权	(655)
民法渊源	(640)	名义合伙人	(656)
民法总则	(641)	名义赔偿金	(656)
民商分立	(642)	名义损害	(656)
民商合一(参见民商分立条)	(643)	名誉	(656)
民事补偿	(643)	名誉权	(656)
民事代理	(643)	明示保证	(657)
民事法律关系	(643)	明示承诺	(658)
民事法律关系的变更	(643)	明示的意思表示	(658)
民事法律关系的发生	(643)	明示特约条款	(658)
民事法律关系的客体	(644)	明示信托	(658)
民事法律关系的内容	(644)	明示之债	(658)
民事法律关系的消灭	(644)	默示保证	(658)
民事法律关系的主体	(644)	默示承诺	(659)
民事法律事实	(644)	默示的意思表示	(659)
民事法律事实之构成	(644)	默示合伙	(659)
民事法律行为	(645)	默示特约条款	(659)
民事法律行为的形式	(646)	默示条款	(659)

默示信托……(660)
默示形式……(660)
母公司……(660)
母系继承……(660)
母系亲……(660)
木材条款……(660)
目的地交货合同……(661)
目的损害社会公共利益的信托……(661)
目的违法的信托……(661)
目的违反公序良俗的信托(参见目的损害社会公共利益的信托条)……(661)
目的信托……(661)
募股……(661)
募集公司债登记……(661)
募集设立……(661)

N

拿破仑法典……(663)
纳妾……(663)
男到女家落户的婚姻……(663)
男系亲……(663)
内部代理权……(663)
内婚制……(663)
内陆交货合同……(664)
内幕交易……(664)
内在缺陷……(664)
能动信托……(665)
能见度受限……(665)
能权……(665)
尼可萨姆借贷合同……(665)
拟诉弃权……(665)
拟制交付……(666)
拟制信托(参见推定信托条)……(666)
拟制血亲……(666)
拟制住所……(666)
逆缘婚……(666)
粘单……(666)
年金保险……(666)
年金合同……(667)
年金信托……(667)
年龄误保条款……(668)
农村承包经营户……(668)
《农村家庭财产保险暂行办法》……(668)
农村人民公社……(669)
农村社会养老保险……(669)
农副产品购销合同……(669)

农业保险……(670)
农业合作社……(670)
女系亲……(670)
诺成合同……(670)
诺成性法律行为……(670)

O

殴打……(671)
偶成条件……(671)
偶尔投票……(671)
偶然条件……(671)

P

拍定……(672)
拍定的撤回……(672)
拍卖……(672)
拍卖笔录……(672)
拍卖标的……(673)
拍卖场所……(673)
拍卖船载货物……(673)
拍卖抵债……(673)
拍卖公告……(673)
拍卖人……(673)
拍卖人用的小锤……(674)
拍卖日期……(674)
拍卖说明书……(674)
拍卖中标……(674)
拍卖中标许可决定……(674)
排除妨碍……(674)
排水权……(675)
排他代理……(675)
排他贸易协议……(675)
排他性违约金……(675)
派购合同……(675)
判定债权人……(675)
判定债务人……(675)
判决之债……(675)
旁系继承人……(675)
旁系亲……(676)
抛弃……(676)
抛弃货物……(676)
抛弃物件所致之损害的责任……(676)
赔偿保证……(677)
赔偿损失……(677)
赔偿性违约金……(677)

赔偿责任……(677)	票据公示催告……(702)
赔礼道歉……(677)	票据挂失止付……(702)
配偶……(677)	票据关系……(703)
配偶继承权……(677)	票据关系人……(703)
碰撞船舶部分损失……(678)	票据划线……(704)
碰撞船舶实际全损……(678)	票据见票……(704)
碰撞船舶推定全损……(678)	票据交换所……(704)
碰撞危险……(678)	票据绝对丧失……(705)
碰撞责任条款……(678)	票据抗辩……(705)
片务契约(参见单务合同条)……(679)	票据抗辩的限制……(705)
票据……(679)	票据权利……(706)
票据保付……(680)	票据权利的取得……(706)
票据保证……(680)	票据权利的消灭……(707)
票据保证的分类……(680)	票据权利的行使及保全……(707)
票据保证的款式……(680)	票据丧失……(708)
票据保证的效力……(681)	票据丧失的补救……(708)
票据保证人的责任……(682)	票据上的保证人……(709)
票据保证与民事保证的关系……(682)	票据上的被保证人……(709)
票据背书……(683)	票据声明作废……(709)
票据被涂销事项……(683)	票据时效……(709)
票据被伪造人……(683)	票据时效期间……(710)
票据变造的效力……(683)	票据诉讼补救……(711)
票据变造人……(684)	票据贴现……(711)
票据变造事项……(684)	票据涂销……(712)
票据承兑……(684)	票据涂销的效力……(712)
票据当事人……(684)	票据涂销人……(712)
票据的变造……(685)	票据伪造的效力……(712)
票据的分类……(685)	票据伪造签名……(713)
票据的更改……(685)	票据伪造人的责任……(713)
票据的基础关系……(686)	票据物的抗辩……(714)
票据的经济职能……(686)	票据相对丧失……(714)
票据的历史……(688)	票据行为……(714)
票据的人的抗辩……(690)	票据行为抽象性……(715)
票据的特性……(690)	票据行为单方行为说……(715)
票据的涂销……(692)	票据行为的代理……(715)
票据的伪造……(693)	票据行为的代行……(717)
票据恶意抗辩……(693)	票据行为的分类……(717)
票据发票……(693)	票据行为的实质要件……(718)
票据法……(694)	票据行为的特性……(719)
票据法的发展趋势……(695)	票据行为的形式要件……(721)
票据法的历史……(696)	票据行为的性质……(723)
票据法的特性……(699)	票据行为的要件……(724)
票据法上的非票据关系……(700)	票据行为独立性……(724)
票据法系……(700)	票据行为契约说……(724)
票据法学……(700)	票据行为实质说……(725)
票据付款……(701)	票据行为文义性……(725)
票据付款的标的……(702)	票据行为形式说……(725)

票据行为要式性	(725)
票据行为折衷说	(725)
票据预约关系	(725)
票据原因关系	(726)
票据再贴现	(726)
票据债权人	(727)
票据债务人	(727)
票据转贴现	(727)
票据资金关系	(728)
票面金额股票	(728)
聘礼	(728)
聘娶婚	(729)
平安险	(729)
平边契据(参见契据条)	(729)
平等继承主义	(729)
平等原则	(730)
平分过失原则	(730)
平行线支票(参见划线支票条)	(730)
评标	(730)
扑灭船上火灾	(730)
普通保险	(730)
普通股	(731)
普通股股东权	(731)
普通合伙	(731)
普通人的过失标准	(731)
普通受托人	(731)
普通诉讼时效	(731)

Q

七出	(733)
妻亲	(733)
期待继承权	(733)
期待权利	(733)
期后背书	(733)
期后背书的效力	(733)
期后付款	(734)
期后付款的效力	(734)
期货合同	(734)
期间	(734)
期间的计算	(734)
期间的起算	(735)
期间的起算点	(735)
期间的终结点(届满点)	(735)
期满	(735)
期满双倍两全保险	(735)
期前付款	(735)

期前追索金额	(735)
期前追索权	(735)
期日	(735)
期外付款	(736)
期限	(736)
欺压性条款	(736)
欺诈	(736)
欺诈的买卖合同条款	(737)
骑缝契据	(737)
企业财产保险	(737)
《企业财产保险条款》	(738)
企业承包合同	(738)
企业法人	(738)
企业股	(739)
企业集团	(739)
企业债券	(740)
企业债券发行	(740)
企业租赁合同	(741)
起浮脱浅	(741)
弃船	(742)
汽车第三者责任保险	(742)
契据	(743)
契据登记簿	(743)
契据格式与令状程式书籍	(743)
契据印章	(743)
契约	(743)
契约的标的不能	(744)
契约的效力	(744)
契约说	(745)
契约信托(参见合同信托条)	(745)
签发空头支票的法律责任	(746)
前借金	(746)
前手	(746)
掮客	(746)
强暴占有	(747)
强价拍卖	(747)
强迫	(747)
强制保险	(747)
强制打捞	(747)
强制登记主义	(747)
强制缔约	(747)
强制继承	(748)
强制解散	(748)
强制救助	(748)
强制买卖	(749)
强制售船	(749)
强制售船程序	(749)

词条	页码	词条	页码
强制退伙	(749)	全部保证	(763)
强制信托	(749)	全部不能	(763)
强制性的契约	(750)	全部承兑	(764)
强制性规则	(750)	全部付款	(764)
樵牧权	(750)	全部付款的效力	(764)
切除残留部分	(750)	全损险	(764)
窃电	(750)	权利本位	(764)
亲笔字据	(750)	权利的并存	(764)
亲等	(750)	权利抵押	(764)
亲等计算法	(751)	权利滥用	(765)
亲权	(751)	权利买卖	(765)
亲系	(751)	权利能力的开始	(765)
亲属	(751)	权利能力的消灭	(765)
亲属会议	(751)	权利侵害说	(765)
亲属制度	(752)	权利外观说	(765)
亲子关系	(753)	权利物权	(766)
亲子关系法	(753)	权利行使	(766)
侵犯行为	(754)	权利用益权	(766)
侵权法的机能	(754)	权利质权	(766)
侵权行为	(754)	权义合并说	(767)
侵权行为的民事责任	(755)	权义集体说	(767)
侵权行为人	(755)	确定的要约	(767)
侵权责任能力	(755)	确定期买卖	(767)
青苗买卖(参见青田买卖条)	(755)	确定期限	(767)
青田买卖	(755)	确定无效	(767)
轻过失	(755)	确认产权	(767)
轻微违约	(756)	确实保证保险	(767)
清偿	(756)	群婚	(768)
清偿期间	(757)		
清洁提单(参见提单条)	(757)		
清算、交割与过户	(757)		

R

词条	页码
清算法人	(758)
情势变迁	(758)
请求发行复本关系	(759)
请求交还复本关系	(759)
请求交还票据关系	(759)
请求交还原本关系	(759)
请求权	(759)
请求权的竞合	(761)
请求权规范竞合说	(762)
请求权竞合说	(762)
穷困抗辩	(762)
求偿保证	(763)
取得时效的中断	(763)
取得时效的中止	(763)
取物债权	(763)
取物之债	(763)

词条	页码
燃料条款	(769)
让路船	(769)
让与担保	(769)
绕航	(769)
绕航条款	(770)
人的担保	(770)
人法物	(770)
人格	(770)
人格变更	(771)
人格利益	(771)
人格权	(771)
人格尊严权	(772)
人工生育子女	(772)
人工孳息	(773)
人合公司	(773)
人命救助	(773)

人身保险	(773)
《人身保险产品定名暂行办法》	(774)
人身保险合同	(775)
《人身保险新型产品信息披露管理暂行办法》	(775)
人身保险准备金	(776)
人身利益	(776)
人身权	(776)
人身伤亡的损害赔偿	(777)
人身上保险利益	(777)
人身损害	(778)
人身危险	(778)
人身责任	(778)
人身债	(778)
人身自由权	(778)
人事保证	(779)
人寿保险	(779)
人寿保险合同	(780)
人寿保险责任准备金	(780)
人役权	(780)
人资兼合公司	(781)
仁济和保险公司	(781)
认股	(781)
认股权证	(782)
认股书	(782)
认许撤回	(782)
认许撤销	(782)
认许程序	(783)
认许申请	(783)
认许说	(784)
认许效力	(784)
任选条款	(784)
任意参加承兑	(784)
任意参加付款	(784)
任意合伙	(785)
任意解散	(785)
任意买卖	(785)
任意拍卖	(785)
任意退伙	(785)
任意之债	(785)
任意准备金	(785)
《日本公司法》	(785)
《日本公司更生法》	(787)
《日本民法典》	(787)
《日本票据法》	(788)
《日本商法典》	(788)
《日本商业登记法》	(788)
《日本信托法》	(789)
《日本信托业法》	(789)
日本证券法	(789)
《日本证券交易法》	(790)
《日本支票法》中的保证	(791)
日内瓦票据法系	(791)
《日内瓦统一汇票本票法》	(792)
《日内瓦统一汇票本票法公约》	(792)
《日内瓦统一支票法》	(792)
《日内瓦统一支票法公约》	(793)
荣誉权	(793)
容假占有	(793)
容忍代理权	(793)
融通当事人	(793)
融通票据	(794)
融资租赁	(794)
如期提示	(795)
如实告知	(795)
入伙	(795)
入社	(796)
《瑞士民法典》	(796)
《瑞士债务法》	(797)

S

三不去	(799)
三从四德	(799)
三级所有、队为基础	(799)
丧服制度	(800)
丧偶儿媳继承权	(800)
丧偶女婿继承权	(800)
丧失继承权	(800)
善意出卖	(801)
善意买主	(801)
善意侵害	(801)
善意占有	(801)
赡养	(801)
伤害保险	(802)
商成文法	(803)
商店代理	(803)
商法	(803)
商法典	(804)
商法干预主义	(805)
商法人	(805)
商法学	(806)
商故意	(807)
商过失	(807)

商号(参见商业名称条)……………(807)	商业使用人……………………(822)
商号权(参见商业名称权条)…………(807)	商业受托人(参见营业受托人条)……(822)
商号转让………………………(807)	商业特许………………………(822)
商判例法………………………(808)	商业信托(参见马萨诸塞州信托条、营业
商品贷款………………………(808)	信托条)………………………(822)
商品经济………………………(808)	商业账簿………………………(822)
商人法主义……………………(810)	商业账簿的保存………………(823)
商事……………………………(810)	商业账簿的记载方法…………(823)
商事法律关系…………………(810)	商业账簿法……………………(824)
商事买卖………………………(811)	商誉……………………………(824)
商事行为………………………(811)	商主体…………………………(824)
商外观主义……………………(812)	商自然人………………………(825)
商务代表处……………………(812)	《上海市票据暂行规定》………(825)
商务代理………………………(812)	《上海外资保险机构暂行管理办法》…(826)
商务代理人……………………(813)	上市公司的持续信息披露……(826)
商习惯法………………………(813)	上市公司收购…………………(826)
商行为(参见商事行为条)……………(813)	少数股东权……………………(828)
商行为法主义…………………(813)	赊买卖…………………………(828)
商业……………………………(813)	设定信托………………………(828)
商业保险(参见普通保险条)…………(814)	设立登记………………………(828)
商业本票………………………(814)	设立行为地说…………………(828)
商业承兑汇票…………………(814)	设权登记………………………(829)
商业代表………………………(814)	设质背书………………………(829)
商业代理………………………(814)	设质背书的效力………………(829)
商业代理所……………………(814)	社会保险………………………(829)
商业贷款………………………(814)	社会公众股……………………(830)
商业登记………………………(814)	社会合同………………………(830)
商业登记的撤销………………(815)	社会团体法人…………………(830)
商业登记的程序………………(815)	社会危险………………………(831)
商业登记的机关………………(815)	社团……………………………(831)
商业登记的事项………………(816)	社团董事………………………(831)
商业登记的效力………………(816)	社团董事会……………………(831)
商业登记的作用………………(816)	社团法人………………………(831)
商业登记法……………………(817)	社团监事………………………(831)
商业登记法的历史……………(817)	社团决议………………………(832)
商业登记法的特性……………(817)	社员……………………………(832)
商业登记事项的请求权………(817)	社员名簿………………………(832)
商业法…………………………(818)	社员权…………………………(832)
商业合伙………………………(818)	社员总会………………………(832)
商业汇票………………………(818)	射幸契约………………………(833)
商业名称………………………(819)	涉他契约………………………(833)
商业名称的登记………………(819)	涉外海事诉讼…………………(833)
商业名称的起源………………(820)	涉外海事诉讼的法律适用……(833)
商业名称的性质………………(820)	涉外海事诉讼管辖权的冲突…(834)
商业名称的选定………………(820)	涉外合同………………………(834)
商业名称权……………………(821)	涉外合同仲裁…………………(834)
《商业票据代收统一规则》……(822)	涉外婚姻………………………(834)

涉外继承	(834)	实在财团	(844)
涉外经济合同	(835)	实质民法	(845)
涉外信托	(835)	实质商行为	(845)
申请公共许可	(835)	拾得遗失物	(845)
身份	(835)	使用	(845)
身份法律行为	(835)	使用借贷	(846)
身份继承	(836)	使用权	(846)
身份继承人	(836)	使用铁路专用线合同	(846)
身份利益	(836)	始期	(846)
身份权	(836)	世代亲等计算法	(846)
神法物	(837)	世界贸易组织对海运服务的规范	(846)
生产合作社	(837)	世俗法人	(846)
生产资料	(837)	市场比例责任说	(847)
生存保险	(837)	市场交易	(847)
生存的受托人(参见继续存在的受托人条)	(837)	市场行情	(847)
生存合伙人	(837)	事变迟延	(847)
生活资料	(837)	事故制度	(847)
生命健康权	(837)	事后无效	(847)
生前法律行为	(838)	事件(参见自然事实条)	(847)
生前合同	(838)	事实不能	(847)
生前收养	(838)	事实代理	(847)
生前信托	(838)	事实过程缔约	(847)
生死两全保险	(838)	事实婚	(848)
生物学上的损害	(838)	事实上的过错推定	(848)
声明退伙	(839)	事实收养	(848)
声响和灯光信号	(839)	事实推定合同	(848)
牲畜保险条款	(839)	事实行为	(848)
牲畜租养	(839)	事实因果关系	(849)
失去控制的船	(839)	事业法人	(849)
失权行为	(840)	试验买卖	(849)
失业保险	(840)	试养期	(849)
失踪	(841)	适当保证履行原则	(850)
施工合同	(841)	适当瞭望	(850)
湿损	(841)	适航	(850)
时效	(841)	适用责任限制的船舶	(850)
时效婚	(842)	收复失地	(851)
时效利益	(842)	收购方	(851)
时效期间	(842)	收回股	(851)
时效取得	(842)	收货待运提单(参见提单条)	(851)
时租船舶的航区限制	(843)	收货方	(851)
识别能力	(843)	收货人	(851)
实际承运人	(843)	收盘(参见接盘条)	(851)
实际过失	(844)	收养	(851)
实际全损	(844)	收养的成立	(852)
实践合同	(844)	收养的解除	(852)
实践性法律行为	(844)	收养的效力	(853)
实物赔偿	(844)	收益	(853)

收益质权	(853)	受遗赠人	(866)
首要条款	(853)	受益人	(866)
受保护的言论	(853)	受益人不能确定的信托	(868)
受雇人	(854)	受益人的不当行为撤销权	(868)
受害人	(854)	受益人的查阅信托账目权(参见受益人的信托	
受害人过错	(854)	知情权条)	(868)
受害人同意	(854)	受益人的费用补偿义务	(869)
受寄人(参见保管合同条)	(855)	受益人的解任权	(869)
受款人	(855)	受益人的认可报告权	(869)
受领迟延	(855)	受益人的损害赔偿请求权	(869)
受领意思表示的人	(856)	受益人的特殊补偿义务	(869)
受欺诈的民事行为(参见欺诈条)	(856)	受益人的新受托人选任权	(869)
受损方尽力减少损失原则	(856)	受益人的信托变更权	(869)
受托人	(856)	受益人的信托财产强制执行异议权	(870)
受托人报酬规则	(858)	受益人的信托财产取得权	(870)
受托人辞任	(858)	受益人的信托监督请求权	(870)
受托人的保存账目义务	(858)	受益人的信托解除权	(870)
受托人的保护信托财产义务	(859)	受益人的信托知情权	(870)
受托人的保密义务	(859)	受益人的信托终止权(参见受益人的信托	
受托人的报酬权	(859)	解除权条)	(871)
受托人的费用补偿权	(859)	受益人的许可辞任权	(871)
受托人的分别管理信托财产义务	(860)	受益人的支付报酬义务	(871)
受托人的告知义务	(860)	受益人条件	(871)
受托人的公平对待受益人义务	(861)	受赠人	(871)
受托人的交付信托利益义务	(861)	授权不明	(871)
受托人的亲自执行信托义务	(861)	授权委托书	(872)
受托人的勤勉谨慎义务	(861)	授权行为	(872)
受托人的清算义务	(861)	书面合同	(872)
受托人的受信任人义务(参见受托人的忠实		书面形式	(873)
义务条)	(862)	书面遗嘱	(873)
受托人的为受益人谋求最大利益义务	(862)	疏忽条款	(873)
受托人的委托代理权	(862)	疏水权	(873)
受托人的信托变更权	(862)	赎买	(873)
受托人的信托财产强制执行异议权	(862)	束己合同	(874)
受托人的责任	(863)	庶子	(874)
受托人的职权	(863)	双保险	(874)
受托人的忠实义务	(864)	双边合同	(874)
受托人的注意义务(参见受托人的勤勉谨慎		双方代理	(874)
义务条)	(864)	双方法律行为	(874)
受托人的酌情处理权	(864)	双方商行为	(874)
受托人的自由裁量权(参见受托人的酌情		双方疏忽等效原则	(874)
处理权条)	(864)	双方有责碰撞条款	(875)
受托人的遵从信托条款义务	(864)	双方自愿离婚	(875)
受托人解任	(864)	双联契据(参见契据条)	(875)
受托人条件	(865)	双务合同	(875)
受托人职责终止	(865)	双务居间	(875)
受胁迫的民事行为(参见胁迫条)	(866)	双务之债	(875)

双重优先权规则	(875)
水渍险	(875)
税收	(876)
顺位的保留	(876)
顺缘婚	(876)
司法受托人	(876)
私法契约	(877)
私法人	(877)
私法自治原则(参见意思自治原则条)	(877)
私权	(877)
私人目的信托	(878)
私人受托人	(878)
私人信托	(878)
私义务	(878)
私益信托(参见私人信托条)	(879)
私有财产	(879)
私有企业法人	(879)
斯特拉斯堡公约	(879)
死后法律行为	(879)
死后合同	(879)
死后收养	(879)
死后信托(参见遗嘱信托条)	(879)
死亡保险	(879)
死因赠与	(880)
死租	(880)
寺院法亲等计算法	(880)
嗣子	(880)
讼争物寄托	(880)
《苏俄民法典》	(881)
《苏联和各加盟共和国民事立法纲要》	(881)
诉前扣船担保	(882)
诉讼代理	(882)
诉讼时效	(882)
诉讼时效的不完成	(883)
诉讼时效的客体(参见诉讼时效的适用范围条)	(883)
诉讼时效的起算	(883)
诉讼时效的适用范围	(884)
诉讼时效的完成	(885)
诉讼时效的延长	(885)
诉讼时效的援用	(885)
诉讼时效的中断	(885)
诉讼时效的中止	(886)
诉讼信托	(887)
速遣费	(887)
随意条件	(887)
损害的减轻	(887)
损害赔偿	(887)
损害赔偿留置权	(888)
损害赔偿之债	(888)
损害事实	(889)
损价拍卖	(889)
损失补偿原则	(889)
损失赔偿责任	(890)
损失自负原则	(890)
损益相抵	(890)
所有权	(891)
所有权保留	(892)
所有权保留条款	(893)
所有权的保护	(893)
所有权的权能	(894)
所有权的实现	(894)
所有人抵押	(894)
索赔	(895)
索赔的程序	(895)
索赔与理赔	(895)
索债信托	(896)

T

他物权	(897)
他益信托	(897)
他主占有	(897)
胎儿	(897)
胎儿保佐	(897)
台湾地区《证券交易法》	(897)
台湾地区保险法	(898)
台湾地区《公司法》	(899)
台湾地区婚姻家庭法	(899)
台湾地区继承法	(900)
太平保险公司	(900)
泰国商事法典	(900)
袒免亲	(901)
特别补偿	(901)
特别补偿制度	(902)
特别代理	(902)
特别的损害赔偿	(902)
特别法上物权	(902)
特别股东权	(902)
特别委托	(902)
特别无效	(902)
特别责任	(903)
特别赠与(参见赠与合同条)	(903)
特定给付	(903)

特定危险保险	(903)	提示的当事人	(914)
特定物	(903)	提示的免除	(914)
特定物买卖	(903)	提示的效力	(914)
特定物遗赠	(903)	提示期间	(914)
特定之债	(904)	替代保管	(915)
特留份	(904)	替代责任	(915)
特留份继承人	(904)	天然孳息	(915)
特设信托	(905)	添附	(916)
特殊保险	(905)	填补买卖	(917)
特殊地域管辖原则	(905)	填补损害	(918)
特殊合伙	(905)	条件	(918)
特殊侵权行为	(905)	条件不成就的拟制	(918)
特殊人的过失标准	(905)	条件不确定	(919)
特殊诉讼时效	(906)	条件成就的拟制	(919)
特殊协议	(906)	条件的不成就	(919)
特殊责任	(906)	条件的成就	(919)
特殊之债	(906)	铁路旅客意外伤害保险	(919)
特殊转让背书	(906)	《铁路旅客意外伤害强制保险条例》	(919)
特殊转让背书的效力	(907)	停止侵害	(920)
特许主义	(907)	停止条件(参见延缓条件条)	(920)
特业合伙	(907)	停租	(920)
特约代理人	(907)	"通常的技术和谨慎"原则	(920)
特种买卖	(907)	通奸	(920)
誊本的记载事项	(907)	通用产品	(921)
誊本的效力	(907)	通知及告知的免除	(921)
誊本的作成	(908)	同居义务	(921)
誊本与复本的比较	(908)	同时履行抗辩权	(921)
提倡宗教的信托	(908)	同姓不婚	(923)
提存	(908)	同一航程	(923)
提单	(909)	同一责任制	(923)
提单持有人	(911)	童养媳	(923)
提单的背书	(911)	统购合同	(923)
提单的法律选择条款	(911)	统销合同	(923)
提单的份数	(911)	统一财产制	(924)
提单的管辖权条款	(911)	《统一船舶碰撞或其他航行事故中刑事管辖权方面若干规定的国际公约》	(924)
提单的签发	(912)		
提单的签发日期	(912)	《统一船舶碰撞若干法律规定的国际公约》	(924)
提单的善意第三方	(912)	《统一船舶碰撞中民事管辖权方面若干规定的国际公约》	(924)
提单的证据效力	(912)		
提单电子注册组织	(912)	《统一船舶碰撞中有关民事管辖权、法律选择、判决的承认和执行等方面若干规则的公约草案》	(925)
提单附加条款	(913)		
提单签发人	(913)		
提单条款	(913)	《统一商法典》	(925)
提单无效条款	(913)	投保	(925)
提单在跟单信用证中的地位	(913)	投保人	(926)
提供所有习惯性协助	(914)	投保人义务	(926)
提货	(914)	投标	(927)

投机买卖………………………(927)
投机性的损害赔偿……………(927)
投资保险………………………(927)
投资公司………………………(928)
投资人寿保险…………………(928)
投资信托………………………(928)
投资信托受益证券……………(928)
涂销人…………………………(929)
土地……………………………(929)
土地承包的转包………………(929)
土地承包合同…………………(929)
土地担保债务…………………(930)
土地负担………………………(930)
土地使用权……………………(930)
土地所有权……………………(931)
土地遗产………………………(932)
土地遗赠………………………(932)
土地用益租赁…………………(933)
土地债权………………………(933)
土地债务………………………(933)
土地租赁………………………(933)
团体定期保险条款……………(934)
《团体人身保险条款》…………(934)
团体人身意外伤害保险………(934)
《团体人身意外伤害保险条款》…(935)
推定过失………………………(935)
推定继承人……………………(935)
推定商行为……………………(935)
推定受托人……………………(936)
推定违约………………………(936)
推定信托………………………(936)
退保……………………………(937)
退伙……………………………(937)
退票……………………………(938)
退票通知………………………(938)
退社……………………………(938)
托拉斯…………………………(938)
托收承付………………………(938)
托收银行………………………(938)
托运单…………………………(939)
托运人…………………………(939)
拖船与被拖船航行一体规则…(939)
拖船属被拖船雇员原则………(939)
《拖拉机保险条款》……………(940)
《拖轮拖带责任保险条款》……(940)
脱法信托………………………(940)
脱法行为………………………(940)

W

外币……………………………(941)
外表授权………………………(941)
外表状况良好…………………(941)
外部代理权……………………(941)
外观主义………………………(941)
外国本票………………………(941)
外国法人………………………(941)
外国法人的认许………………(942)
外国公司………………………(942)
外国公司负责人………………(942)
外国公司国籍…………………(942)
外国公司监督…………………(943)
外国公司清算…………………(943)
外国公司认许…………………(943)
外国汇票………………………(944)
外国人…………………………(944)
外国仲裁裁决的承认和执行…(944)
外婚制…………………………(945)
外来原因………………………(945)
外亲……………………………(945)
《外资保险机构驻华代表机构管理办法》…(945)
外资企业法人…………………(945)
完备的正式的契约……………(946)
完成举证说明书………………(946)
完全背书………………………(947)
完全成立的信托………………(947)
完全民事行为能力……………(947)
完全收养………………………(947)
完全完整的协议………………(948)
完全无效………………………(948)
完全行为………………………(948)
晚婚……………………………(948)
网状责任制……………………(948)
危险……………………………(948)
危险保留………………………(949)
危险单位………………………(949)
危险发生的通知………………(949)
危险分类………………………(949)
危险货物………………………(949)
危险货物和违禁品条款………(950)
危险事故………………………(950)
危险因素………………………(950)
危险责任………………………(950)
危险增加的通知………………(950)

危险转移	(951)
威吓	(951)
威胁	(951)
为他人利益保险	(951)
为自己利益保险	(951)
违法不作为	(951)
违法合同(参见非法合同条)	(952)
违法行为	(952)
违法性认识	(953)
违法作为	(953)
违反法律的民事行为	(953)
违反婚约的损害赔偿	(953)
违反社会公共利益的民事行为	(953)
违契不偿	(954)
违约	(954)
违约的救济方法	(954)
违约定金	(954)
违约过错责任原则	(954)
违约金	(955)
违约免责条件	(955)
违约赔偿金	(956)
违约行为	(956)
违约责任	(956)
违约责任条件	(957)
违约责任形式	(957)
违章用电	(958)
维持船舶	(958)
维持费用	(958)
维护公墓或纪念碑的信托	(958)
《维斯比议定书》	(958)
尾差	(959)
委付	(959)
委付制	(959)
委任保证	(959)
委任背书	(959)
委任背书的效力	(960)
委托代理	(960)
委托代理人	(960)
委托合同	(960)
委托买卖	(961)
委托培训合同	(961)
委托票据	(961)
委任契约(参见委托合同条)	(961)
委托人	(961)
委托人的不当行为撤销权	(962)
委托人的查阅信托账目权(参见委托人的信托知情权条)	(962)
委托人的交付信托财产义务	(962)
委托人的解任权	(962)
委托人的确保信托财产权转移义务	(963)
委托人的认可报告权	(963)
委托人的损害赔偿请求权	(963)
委托人的新受托人选任权	(963)
委托人的信托变更权	(964)
委托人的信托财产强制执行异议权	(964)
委托人的信托财产取回权	(964)
委托人的信托监督请求权	(965)
委托人的信托解除权	(965)
委托人的信托知情权	(965)
委托人的信托终止权(参见委托人的信托解除权条)	(965)
委托人的许可辞任权	(965)
委托人选任信托监察人的请求权	(966)
委托人的支付报酬义务	(966)
委托人条件	(966)
未成年人	(966)
未成年人的监护	(966)
未缔约赔偿金	(967)
未婚夫妻(参见婚约条)	(967)
未来遗产	(967)
未完成的约因	(967)
未完全成立的信托	(967)
文书契约	(968)
我国对海运经济的管理	(968)
污染环境的民事责任	(969)
无表决权股票	(969)
无偿法律行为	(969)
无偿合同	(969)
无偿寄托	(970)
无偿委托	(970)
无从为承兑提示的拒绝证书	(970)
无从为付款提示的拒绝证书	(970)
无担保背书	(970)
无担保公司债	(970)
无夫权婚姻	(971)
无国籍人	(971)
无过错责任	(971)
无过失碰撞	(971)
无过失占有	(971)
无记名公司债	(971)
无记名股票	(972)
无记名票据	(972)
无记名有价证券	(972)
无民事行为能力	(972)

无名合同	(972)
无名契约	(973)
无票面金额股票	(973)
无期限物权	(973)
无请求权的合同	(973)
无权代理	(973)
无权源占有(参见无权占有条)	(973)
无权占有	(973)
无人格财团	(974)
无人格社团	(974)
无人继承的遗产	(974)
无受益条款	(975)
无诉权的契约	(975)
无体财产权	(975)
无体遗产	(975)
无条件之债	(975)
无息债	(975)
无瑕疵占有	(975)
无限保证债务	(975)
无限额担保函	(975)
无限公司	(976)
无限公司变更	(976)
无限公司代表机关(参见无限公司对外关系条)	(976)
无限公司代表机关行为	(976)
无限公司的登记	(977)
无限公司的清算	(977)
无限公司对外关系	(977)
无限公司股东出资	(978)
无限公司股东责任	(978)
无限公司合并	(978)
无限公司解散	(979)
无限公司经理人	(979)
无限公司内部关系	(979)
无限公司清算后股东责任	(979)
无限公司清算人	(979)
无限公司入股	(979)
无限公司设立	(980)
无限公司设立撤销	(980)
无限公司设立无效	(980)
无限公司退股	(980)
无限公司盈余分配	(981)
无限公司章程	(981)
无限公司执行业务	(981)
无限公司资本维持	(982)
无限股东责任	(982)
无限责任	(982)
无限责任股东竞业禁止	(982)
无相对人的意思表示	(982)
无效的合同条款	(983)
无效果—无报酬	(983)
无效合同	(983)
无效婚姻	(983)
无效民事行为	(984)
无效民事行为的补正	(985)
无效民事行为的转换	(985)
无效收养	(985)
无效信托	(985)
无行为能力人造成损害的民事责任	(986)
无形财产权信托(参见知识产权信托条)	(986)
无形损害	(986)
无遗嘱继承(参见法定继承条)	(986)
无意识的非真意表示(参见错误条)	(986)
无因管理	(986)
无因管理的本人	(987)
无因管理的管理人	(987)
无因管理之债	(987)
无因管理中的必要费用	(987)
无因合同	(987)
无责任能力	(987)
无债务抗辩	(987)
无正本提单放货	(988)
无主货物条款	(988)
无主物	(988)
物	(989)
物权	(989)
物权变动	(990)
物权变动模式	(991)
物权的公示	(993)
物权的类型固定	(993)
物权的类型强制	(993)
物权的取得	(993)
物权的消灭	(994)
物权的效力	(995)
物权的优先效力	(995)
物权法	(996)
物权法定主义	(997)
物权合同	(997)
物权客体特定主义	(997)
物权的取得权	(997)
物权行为	(998)
物权行为的独立性	(999)
物权行为的无因性	(999)
物上保证人	(1000)

词条	页码	词条	页码
物上代位权	(1000)	相对权	(1009)
物上担保	(1000)	相对商行为	(1010)
物上请求权	(1000)	相对无效	(1010)
物上用益权	(1000)	相关关系说	(1010)
误传	(1000)	相互保险	(1010)
误解	(1001)	相互保险公司	(1010)
雾号	(1001)	相互保险社	(1010)
雾钟	(1001)	相互索赔的冲抵	(1011)
		相邻关系	(1011)

X

词条	页码	词条	页码
		《香港婚姻家庭法》	(1011)
		《香港继承法》	(1011)
吸收财产制	(1002)	《香港信托法》	(1012)
吸收合并	(1002)	《向保险公司投资入股暂行规定》	(1013)
习惯婚姻	(1002)	向外部告知的内部代理权	(1013)
习惯速遣	(1002)	消除危险	(1013)
喜马拉雅条款	(1002)	消除影响	(1013)
系争物	(1003)	消费寄托	(1013)
狭水道	(1003)	消费借贷	(1014)
狭义的代理	(1003)	消费契约	(1014)
狭义的监护	(1003)	消费物	(1014)
狭义的无权代理	(1003)	消费信贷	(1014)
狭义契约	(1004)	消费信贷交易	(1014)
瑕疵	(1004)	消极代理	(1014)
瑕疵担保责任	(1004)	消极地役权	(1014)
先买权	(1005)	消极给付	(1014)
先买人	(1005)	消极侵权行为	(1015)
先诉抗辩权	(1006)	消极信托(参见被动信托条)	(1015)
先占	(1006)	消极遗产	(1015)
显名合伙	(1006)	消极义务	(1015)
显失公平	(1006)	消极债务	(1015)
显失公平的民事行为(参见显失公平条)	(1007)	消灭时效	(1015)
现金买卖	(1007)	消灭条件(参见解除条件条)	(1015)
现金支票	(1007)	销售卡特尔	(1015)
现实交付	(1007)	小额共损条款	(1015)
限定继承	(1007)	小商人	(1016)
限定之债	(1007)	肖像权	(1016)
限额担保函	(1007)	效力未定的民事行为	(1017)
限额责任制	(1007)	校(园)方责任保险	(1018)
限于吃水的船舶	(1008)	协定期间	(1018)
限制的人役权	(1008)	协议	(1018)
限制离婚主义	(1008)	协议离婚	(1018)
限制流通物	(1008)	协作合同	(1019)
限制民事行为能力	(1008)	胁迫	(1019)
限制行为能力人造成损害的民事责任(参见无行为能力人造成损害的民事责任条)	(1009)	新股	(1019)
		新股发行	(1020)
限制性债权	(1009)	《新加坡公共受托人法》	(1020)
相当因果关系说	(1009)	《新加坡受托人法》	(1020)

新建	(1021)	信托事务	(1035)
新杰森条款	(1021)	信托事项	(1035)
新劳氏救助合同格式	(1021)	信托事项确定	(1035)
新设合并	(1021)	信托受益权	(1035)
新受托人	(1022)	信托条款	(1036)
新要约	(1022)	信托条款确定(参见信托事项确定条)	(1036)
新债权说	(1022)	信托投资公司	(1036)
新中国票据法	(1022)	信托投资基金(参见共同信托基金条)	(1036)
信贷合同	(1023)	信托文件	(1036)
信托	(1024)	信托行为	(1036)
信托变更	(1025)	信托形式	(1037)
信托财产	(1026)	信托宣言	(1037)
信托财产不能确定的信托	(1026)	信托业(参见信托公司条)	(1037)
信托财产不适当的信托	(1026)	《信托业法》[我国台湾地区]	(1037)
信托财产独立性	(1026)	信托遗嘱	(1038)
信托财产共有	(1027)	信托意图	(1038)
信托财产管理方法	(1027)	信托营业人(参见营业受托人条)	(1038)
信托财产合有	(1027)	信托终止	(1038)
信托财产权	(1028)	信用保险	(1039)
信托财产权利归属人	(1028)	信用出资	(1039)
信托财产添附	(1028)	信用贷款	(1039)
信托财产物上代位性	(1029)	信用合作社	(1039)
信托财产占有瑕疵	(1029)	信用卡	(1039)
信托撤销	(1030)	信用买卖	(1040)
信托当事人	(1030)	信用票据	(1040)
信托登记	(1030)	信用契约	(1040)
《信托法》[我国台湾地区]	(1030)	信用权	(1040)
信托法人	(1031)	信用损害	(1040)
信托公示	(1031)	信用委任	(1040)
信托公司	(1031)	信用委托	(1041)
信托关系人(参见信托当事人条)	(1031)	信用证结算	(1041)
信托管理人(参见信托监察人条)	(1031)	信誉	(1041)
信托合同	(1031)	行为	(1042)
信托基金	(1032)	行为责任之侵权行为	(1042)
信托监察人	(1032)	行政命令之债	(1042)
信托监督	(1033)	形成权	(1042)
信托解除	(1033)	形式民法	(1044)
信托利害关系人	(1033)	形式商行为	(1044)
信托利益	(1033)	姓名	(1045)
信托目的	(1034)	姓名权	(1045)
信托品种	(1034)	匈牙利民法典	(1045)
信托期间	(1034)	休息权	(1045)
信托契约(参见信托合同条)	(1034)	修改章程登记	(1045)
信托清算	(1034)	修理	(1046)
信托人(参见委托人条)	(1034)	修理合同	(1046)
信托设立	(1034)	修缮合同	(1046)
信托生效条件	(1035)	虚假表示	(1046)

145

虚假陈述	(1046)
虚伪表示	(1046)
需方	(1047)
许可取得	(1047)
许可证贸易	(1047)
序时账簿	(1047)
宣告失踪	(1048)
宣告死亡	(1049)
宣示登记	(1050)
宣言信托	(1050)
悬赏广告	(1050)
选定居所	(1051)
选任监护人	(1051)
选择合同	(1051)
选择权	(1051)
选择权契约	(1051)
选择无记名有价证券	(1051)
选择性违约金	(1052)
选择责任	(1052)
选择债权	(1052)
选择债务	(1052)
选择之债	(1052)
选择制	(1052)
选择住所	(1052)
《学生幼儿住院医疗保险条款》	(1052)
血亲	(1052)
血亲继承人	(1053)
血缘群婚	(1053)
询盘	(1053)

Y

押船借贷	(1054)
押汇汇票	(1054)
押运员	(1054)
押租	(1054)
亚血缘群婚	(1054)
延长所有权保留	(1054)
延迟责任	(1055)
延缓条件	(1055)
延伸海事声明	(1055)
延滞损失	(1055)
严法契约	(1056)
严格责任	(1056)
严格责任主义	(1056)
《沿海内河船舶保险条款》	(1057)
验证条款	(1057)

养父母养子女	(1057)
养老保险	(1057)
养老金信托	(1059)
养兄弟姐妹	(1059)
养子女继承权	(1059)
要保书	(1059)
要式的意思表示	(1060)
要式法律行为	(1060)
要式合同	(1060)
要式婚姻	(1060)
要式口约	(1060)
要式免除	(1061)
要式现金借贷	(1061)
要式移转物	(1061)
要物的意思表示	(1061)
要物合同(参见实践合同条)	(1061)
要挟条款	(1061)
要因法律行为	(1061)
要因合同	(1061)
要约	(1061)
要约的撤销	(1062)
要约的拘束力	(1062)
要约的消灭	(1062)
要约邀请	(1063)
要约引诱(参见要约邀请条)	(1063)
《1910年救助公约》	(1063)
《1954年防止海洋油污的国际公约》	(1064)
《1957年船舶所有人责任限制公约》	(1064)
《1969年国际油污损害民事责任公约》	(1065)
《1969年油轮船舶所有人自愿承担的油污责任协定》	(1065)
《1971年设立国际油污损害赔偿基金国际公约》	(1065)
《1972国际海上避碰规则公约》	(1066)
《1976年海事赔偿责任限制公约》	(1066)
《1978年联合国海上货物运输公约》	(1067)
《1989年国际救助公约》	(1068)
一般保证	(1068)
一般代理	(1068)
一般的损害赔偿	(1068)
一般公司债	(1068)
一般共同制	(1069)
一般过失(参见轻过失条)	(1069)
一般合伙	(1069)
一般汇票	(1069)
一般侵权行为	(1069)
一般人格权	(1070)

一般无效 …… (1070)	遗嘱见证人 …… (1088)
一般义务 …… (1070)	遗嘱能力 …… (1088)
一般责任 …… (1070)	遗嘱人 …… (1088)
一般支票的付款 …… (1071)	遗嘱收养(参见死后收养条) …… (1088)
一般转让背书 …… (1071)	遗嘱信托 …… (1088)
一般转让背书的效力 …… (1071)	遗嘱执行 …… (1089)
一部不能 …… (1072)	遗嘱执行人 …… (1089)
一部分付款的效力 …… (1072)	遗嘱自由 …… (1089)
一次性赔偿 …… (1072)	已履行的合同 …… (1090)
一方要求离婚 …… (1072)	已完成的约因 …… (1090)
一夫多妻制 …… (1072)	已赚保费 …… (1090)
一夫一妻制 …… (1073)	已装船提单(参见提单条) …… (1090)
一妻多夫制 …… (1073)	以合法形式掩盖非法目的的民事行为 …… (1090)
一切危险保险 …… (1073)	以若干年为期的租赁 …… (1090)
一切险 …… (1073)	以色列的民商立法 …… (1091)
一人公司 …… (1073)	以新换旧扣减 …… (1091)
一时不能 …… (1074)	义绝 …… (1091)
一体性效力 …… (1074)	义务本位 …… (1091)
一物一权主义 …… (1074)	议购合同 …… (1091)
一因多果 …… (1075)	异议登记 …… (1092)
医疗保险 …… (1075)	役权 …… (1092)
医疗给付保险 …… (1076)	疫学的因果关系证明方法 …… (1092)
医疗事故 …… (1076)	遗失物取回权 …… (1092)
医疗责任 …… (1076)	意定信托 …… (1092)
医疗责任保险 …… (1077)	意定住所 …… (1093)
依赖型中介原因 …… (1077)	意思表示 …… (1093)
遗产 …… (1077)	意思表示的解释 …… (1094)
遗产分配原则 …… (1078)	意思能力 …… (1094)
遗产管理 …… (1078)	意思受领能力 …… (1094)
遗产管理人 …… (1079)	意思与表示不一致的意思表示 …… (1094)
遗产继承(参见继承条) …… (1079)	意思责任之侵权行为 …… (1094)
遗产税 …… (1079)	意思自治原则 …… (1095)
遗产转让 …… (1080)	意外事故引起的碰撞 …… (1095)
遗赠 …… (1080)	意外事件 …… (1095)
遗赠扶养协议 …… (1081)	因保付产生的票据关系 …… (1095)
遗赠人 …… (1082)	因保证产生的票据关系 …… (1095)
遗赠受领人 …… (1083)	因背书产生的票据关系 …… (1096)
遗嘱 …… (1083)	因参加承兑产生的票据关系 …… (1096)
遗嘱保管人 …… (1084)	因参加付款产生的票据关系 …… (1096)
遗嘱的变更 …… (1085)	因承兑产生的票据关系 …… (1096)
遗嘱的撤销 …… (1085)	因船舶碰撞所致的运费损失 …… (1097)
遗嘱的抵触 …… (1085)	因恶意取得票据而产生的关系 …… (1097)
遗嘱副本 …… (1086)	因发票产生的票据关系 …… (1097)
遗嘱共同执行人 …… (1086)	因付款产生的票据关系 …… (1098)
遗嘱继承 …… (1086)	因果关系 …… (1098)
遗嘱继承人 …… (1087)	因果关系条件说 …… (1098)
遗嘱监护 …… (1087)	因果关系原因说 …… (1098)

因果关系中断说	(1098)	营业信托	(1111)
姻亲	(1099)	营业质权	(1112)
姻亲继承人	(1099)	营业中断保险	(1112)
银行保证	(1099)	营业中心地说	(1112)
银行本票	(1099)	永佃权	(1112)
银行承兑汇票	(1099)	永久不能	(1113)
银行汇票	(1099)	永久性修理	(1113)
《银行结算办法》	(1100)	永久租赁	(1113)
引航事故	(1100)	用电方	(1113)
引航水域	(1100)	用水权	(1114)
引航员救助报酬请求权	(1101)	用益权	(1114)
引航证书	(1101)	用益权遗赠	(1114)
隐蔽瑕疵	(1101)	用益物权	(1114)
隐藏行为	(1101)	优等悬赏广告(参见悬赏广告条)	(1117)
隐存保证	(1101)	优惠贷款	(1117)
隐含信托(参见默示信托条)	(1101)	优先参加	(1117)
隐秘占有	(1102)	优先股	(1117)
隐名合伙	(1102)	优先买卖	(1118)
隐名合伙人	(1102)	优先权	(1118)
隐私权	(1102)	优先之债	(1118)
印度的民商立法	(1103)	犹豫期限	(1119)
印刷合同	(1104)	《邮包险条款》	(1119)
应继份	(1104)	《油污和其他保赔责任险条款》	(1119)
应留份(参见特留份条)	(1104)	游戏表示	(1119)
应买	(1104)	有偿法律行为	(1119)
应买人	(1104)	有偿合同	(1119)
英国S.G.保险单	(1104)	有偿婚	(1120)
英国公司法	(1105)	有偿寄托	(1120)
《英国合伙法》	(1106)	有偿委托	(1120)
英国伦敦保险人协会	(1106)	有酬购买者	(1120)
英国民商法规范	(1106)	有担保公司债	(1120)
《英国票据法》	(1107)	有夫权婚姻	(1120)
《英国商船法》	(1107)	有服亲	(1120)
英国信托法	(1108)	《有关海上运输有毒有害物质的责任和损害赔偿的国际公约》	(1121)
《英国有限合伙法》	(1108)	有过失占有	(1121)
《英国证券法》	(1109)	有价证券	(1121)
英美票据法系	(1109)	有价证券所有权	(1122)
英美商法体系	(1109)	有价证券信托	(1123)
营利保险	(1110)	有配偶者与他人同居	(1123)
营利法人	(1110)	有名合同	(1124)
营利社团	(1110)	有期限物权	(1124)
营业仓库	(1111)	有权代理	(1124)
营业代理人	(1111)	有权占有	(1124)
营业权	(1111)	有体遗产	(1124)
营业商行为	(1111)	有条件遗赠(参见附条件遗赠条)	(1124)
营业受托人	(1111)	有息债	(1124)
营业所	(1111)		

有瑕疵的意思表示	(1125)	有形损害	(1137)
有瑕疵的占有	(1125)	有意搁浅	(1137)
有限保证债务	(1125)	有意识的非真意表示	(1137)
有限公司变更	(1125)	有主物	(1137)
有限公司变更登记	(1125)	有转让权的合同	(1137)
有限公司出资缴纳	(1125)	余额结转所有权保留	(1138)
有限公司的出资设质	(1126)	鱼货损失	(1138)
有限公司的股单	(1126)	《渔船保险条款》	(1138)
有限公司的股东	(1126)	渔捞损失	(1138)
有限公司的股份	(1126)	逾界自落	(1138)
有限公司的设立	(1127)	逾期	(1138)
有限公司的章程	(1127)	预备登记	(1139)
有限公司董事会	(1127)	预备付款人	(1139)
有限公司董事义务	(1128)	预备航次	(1140)
有限公司董事职权	(1128)	预定可随时清算合伙	(1140)
有限公司董事资格	(1128)	预防损害	(1140)
有限公司分立	(1128)	预防污染费用	(1140)
有限公司股东会	(1129)	预付款	(1140)
有限公司股东权利	(1129)	预付赔偿	(1140)
有限公司股东义务	(1129)	预购合同	(1141)
有限公司股份的转让	(1129)	预借提单	(1141)
有限公司股息	(1130)	预期违约	(1141)
有限公司合并	(1130)	预收租金	(1141)
有限公司会计表册	(1130)	预约(参见预约合同条)	(1142)
有限公司监事	(1131)	预约保险合同	(1142)
有限公司监事会	(1131)	预约合同	(1142)
有限公司减资	(1131)	遇难船	(1142)
有限公司解散	(1132)	遇难信号	(1142)
有限公司经理	(1132)	原保险	(1142)
有限公司清算	(1132)	原本之债	(1142)
有限公司设立登记	(1133)	原权利	(1142)
有限公司增资	(1133)	原始不能	(1142)
有限公司章程变更	(1133)	原始受托人	(1142)
有限公司转化	(1133)	原始住所	(1143)
有限公司资本	(1133)	原受托人	(1143)
有限公司组织变更	(1134)	原物	(1143)
有限公司组织机构	(1134)	原因	(1143)
有限股东责任	(1134)	远期本票	(1143)
有限合伙	(1134)	远期汇票	(1144)
有限责任	(1134)	远期支票	(1144)
有限责任公司	(1135)	远期支票的付款	(1144)
有限责任公司的登记	(1136)	约定夫妻财产制	(1144)
《有限责任公司规范意见》	(1136)	约定监护	(1144)
有限责任股东竞业自由	(1136)	约定利率	(1144)
有相对人的意思表示	(1137)	约定期限	(1144)
有效合同	(1137)	约定违约金	(1144)
有效债务	(1137)	约定义务	(1144)

约据 …………………………………… (1145)	增进健康的信托 ……………………… (1156)
《约克—安特卫普规则》 ……………… (1145)	增值保险 ……………………………… (1156)
约因 …………………………………… (1145)	增资登记 ……………………………… (1156)
允诺 …………………………………… (1146)	赠与合同 ……………………………… (1156)
允诺保证 ……………………………… (1146)	赠与合同的撤销 ……………………… (1158)
允诺禁反言 …………………………… (1146)	赠与合同的法定撤销 ………………… (1158)
运费 …………………………………… (1146)	赠与合同的任意撤销 ………………… (1158)
运费保险 ……………………………… (1147)	赠与婚 ………………………………… (1158)
运费分摊价值 ………………………… (1147)	赠与人 ………………………………… (1158)
运费牺牲 ……………………………… (1147)	诈害债权信托 ………………………… (1158)
运输工具保险 ………………………… (1147)	宅基地 ………………………………… (1159)
运输合同 ……………………………… (1148)	宅基地使用权 ………………………… (1159)
运输条款 ……………………………… (1148)	债 ……………………………………… (1159)
运送物 ………………………………… (1148)	债的保全 ……………………………… (1160)
	债的变更 ……………………………… (1160)
Z	债的标的 ……………………………… (1160)
	债的不履行 …………………………… (1160)
再保险 ………………………………… (1149)	债的不履行责任 ……………………… (1160)
再保证 ………………………………… (1149)	债的迟延 ……………………………… (1160)
再代理 ………………………………… (1149)	债的担保 ……………………………… (1161)
再婚 …………………………………… (1150)	债的发生根据 ………………………… (1161)
再拍卖 ………………………………… (1150)	债的客体 ……………………………… (1161)
再追索金额 …………………………… (1150)	债的履行 ……………………………… (1162)
再追索权 ……………………………… (1150)	债的履行不能 ………………………… (1162)
在航船 ………………………………… (1150)	债的履行地 …………………………… (1162)
在相似良好的状态下 ………………… (1150)	债的内容 ……………………………… (1162)
暂保单 ………………………………… (1150)	债的实际履行 ………………………… (1162)
暂时使用的赁借贷 …………………… (1151)	债的适当履行 ………………………… (1162)
择地诉讼 ……………………………… (1151)	债的消灭 ……………………………… (1162)
择一的因果关系 ……………………… (1151)	债的效力 ……………………………… (1163)
责任保险 ……………………………… (1151)	债的要素 ……………………………… (1163)
责任财产 ……………………………… (1153)	债的移转 ……………………………… (1163)
责任的审核 …………………………… (1153)	债的正确履行 ………………………… (1164)
责任范围 ……………………………… (1153)	债的主体 ……………………………… (1164)
责任分担 ……………………………… (1154)	债权 …………………………………… (1164)
责任救助 ……………………………… (1154)	债权登记与受偿程序 ………………… (1165)
责任累积 ……………………………… (1154)	债权法 ………………………………… (1165)
责任能力 ……………………………… (1154)	债权合同 ……………………………… (1167)
责任危险 ……………………………… (1154)	债权让与 ……………………………… (1167)
责任限额 ……………………………… (1155)	债权人 ………………………………… (1168)
责任限制吨 …………………………… (1155)	债权人撤销权 ………………………… (1168)
责任限制基金 ………………………… (1155)	债权人迟延 …………………………… (1169)
责任限制条件 ………………………… (1155)	债权人代位权 ………………………… (1169)
责任限制主体 ………………………… (1155)	债权人会议 …………………………… (1170)
责任终止条款(参见航次租船合同条) … (1156)	债权行为 ……………………………… (1170)
责任转质 ……………………………… (1156)	债权移转(参见债权让与条) ………… (1171)
增价拍卖 ……………………………… (1156)	债权证书 ……………………………… (1171)

债权质权 …… (1171)	证券发行市场 …… (1183)
债券 …… (1171)	证券法 …… (1183)
债券信托契约 …… (1171)	证券法的原则 …… (1184)
债务 …… (1172)	证券法律关系 …… (1186)
债务承担 …… (1172)	证券法律责任 …… (1186)
债务奴隶 …… (1173)	证券服务机构 …… (1186)
债务清偿地 …… (1174)	证券回购交易 …… (1187)
债务人 …… (1174)	证券价格 …… (1187)
债务人迟延(参见给付迟延条) …… (1174)	证券价格指数 …… (1188)
债务移转(参见债务承担条) …… (1174)	证券监督管理机构 …… (1188)
占有 …… (1174)	证券交易 …… (1189)
占有保护请求权 …… (1175)	证券交易风险 …… (1190)
占有的保护 …… (1175)	证券交易风险防范 …… (1190)
占有的公信力 …… (1175)	证券交易所 …… (1191)
占有的效力 …… (1175)	证券经纪人 …… (1192)
占有防御权 …… (1175)	证券经纪业务 …… (1192)
占有妨害除去请求权 …… (1175)	证券经营机构 …… (1193)
占有妨害防止请求权 …… (1176)	证券流通市场 …… (1194)
占有辅助 …… (1176)	证券期货交易 …… (1195)
占有改定 …… (1176)	证券期权交易 …… (1195)
占有权 …… (1176)	证券欺诈 …… (1196)
占有的权利推定效力 …… (1176)	证券上市 …… (1196)
占有物的取回权 …… (1176)	证券市场 …… (1197)
占有物返还请求权 …… (1176)	证券诉讼 …… (1198)
占有之诉 …… (1176)	证券投资基金 …… (1198)
占有质权 …… (1176)	证券投资基金发行 …… (1200)
占有状态的推定 …… (1177)	证券投资信托 …… (1201)
战争条款 …… (1177)	证券投资信托合同 …… (1201)
战争险 …… (1177)	证券投资信托基金 …… (1201)
招标 …… (1177)	证券投资信托业务 …… (1202)
招股章程 …… (1177)	证券违法行为 …… (1202)
折中商法主义 …… (1177)	证券现货交易 …… (1203)
贞操权 …… (1178)	证券信用交易 …… (1203)
真意保留 …… (1178)	证券业协会 …… (1203)
真意合同 …… (1178)	证券仲裁 …… (1204)
真正救助 …… (1178)	证券自营业务 …… (1205)
征用 …… (1178)	证书之债 …… (1206)
整笔运费(参见运费条) …… (1179)	证约定金 …… (1206)
正当防卫 …… (1179)	政治风险保险 …… (1206)
正当理由 …… (1179)	支付票据 …… (1206)
正权源占有(参见有权占有条) …… (1179)	支付票款 …… (1206)
正式承兑 …… (1179)	支配权 …… (1207)
证券 …… (1179)	支票 …… (1207)
证券承销 …… (1181)	支票的保证 …… (1208)
证券登记结算机构 …… (1181)	支票的背书 …… (1208)
证券抵押 …… (1182)	支票的当事人 …… (1208)
证券发行的信息披露 …… (1182)	支票的发票 …… (1208)

支票的分类	(1209)	质押	(1218)
支票的付款	(1210)	质押合同	(1218)
支票的拒绝证书	(1210)	致害人(参见加害人条)	(1219)
支票的追索权	(1210)	滞纳金	(1219)
支票契约	(1210)	滞期费	(1219)
支票上的当事人	(1210)	滞期损失	(1219)
支票适用汇票的规定	(1211)	中表婚	(1219)
支票中的资金关系	(1211)	中国法人	(1219)
知识产权信托	(1211)	中国国际贸易促进委员会海事仲裁委员会	
知识产权质权	(1212)	救助契约标准格式	(1219)
执行制	(1212)	中国海事法院	(1220)
直达提单	(1212)	《中国人民保险(集团)公司经济处罚暂行	
直航船	(1212)	规定》	(1220)
直接代理	(1212)	中国人民保险公司	(1221)
直接故意	(1212)	中国太平洋保险公司	(1221)
直接继承	(1212)	中国外轮代理总公司	(1221)
直接碰撞	(1212)	中国远洋运输集团	(1221)
直接契约	(1213)	《中华人民共和国保险法》	(1222)
直接侵权行为	(1213)	《中华人民共和国产品质量法》	(1223)
直接受害人	(1213)	《中华人民共和国公司登记管理暂行规定》	(1223)
直接损害	(1213)	《中华人民共和国公司法》	(1223)
直接损失赔偿原则	(1213)	《中华人民共和国股票发行与交易暂行	
直接投票	(1214)	条例》	(1225)
直接因果关系说	(1214)	《中华人民共和国海上交通安全法》	(1225)
直接责任	(1214)	《中华人民共和国海事诉讼特别程序法》	(1225)
直接占有	(1214)	《中华人民共和国合伙企业法》	(1226)
直系继承人	(1214)	《中华人民共和国合同法》	(1227)
直系亲	(1214)	《中华人民共和国婚姻法》	(1227)
职工持股信托	(1214)	《中华人民共和国技术合同法》	(1228)
职工股	(1215)	《中华人民共和国继承法》	(1228)
职务代理	(1215)	《中华人民共和国经济合同法》	(1228)
职务期间	(1215)	《中华人民共和国民法通则》	(1229)
职务侵权行为	(1215)	《中华人民共和国涉外经济合同法》	(1229)
指定代理	(1215)	《中华人民共和国收养法》	(1230)
指定监护	(1216)	《中华人民共和国外资保险公司管理条例》	(1230)
指定清偿	(1216)	《中华人民共和国信托法》	(1230)
指定信托	(1216)	中间法人	(1231)
指定遗嘱执行人	(1216)	中间社团	(1231)
指己汇票	(1216)	中间银行	(1231)
指名契约	(1217)	中间运送	(1231)
指名债权	(1217)	中间责任	(1231)
指名之债	(1217)	中介人	(1232)
指示交付	(1217)	中外合资经营企业合同	(1232)
指示票据	(1217)	中外合资企业法人	(1232)
指示有价证券	(1217)	中外合作经营企业合同	(1233)
质剂	(1217)	中外合作企业法人	(1233)
质权	(1217)	中外来料加工装配合同	(1234)

中性行为 …………………………… (1234)	专属权利 …………………………… (1244)
忠实义务 …………………………… (1234)	转典 ………………………………… (1244)
终期 ………………………………… (1235)	转分保 ……………………………… (1245)
终身定期金 ………………………… (1235)	转换公司债 ………………………… (1245)
终身定期金合同 …………………… (1235)	转换股股票 ………………………… (1245)
终身赡养 …………………………… (1235)	转继承 ……………………………… (1245)
终身租赁 …………………………… (1236)	转继承人 …………………………… (1246)
种类物 ……………………………… (1236)	转让背书 …………………………… (1246)
种类物买卖 ………………………… (1237)	转让背书的不连续 ………………… (1246)
种类物遗赠 ………………………… (1237)	转让背书的连续 …………………… (1246)
种类之债 …………………………… (1237)	转让商 ……………………………… (1246)
重大过失 …………………………… (1237)	转账支票 …………………………… (1247)
重大过失等同于故意 ……………… (1238)	转账支票的付款 …………………… (1247)
重大疾病保险 ……………………… (1238)	转质 ………………………………… (1247)
重大违约 …………………………… (1238)	转租 ………………………………… (1248)
重大误解 …………………………… (1238)	妆奁制 ……………………………… (1248)
重大误解的民事行为(参见重大误解条) …… (1239)	装货、卸货和交付条款 …………… (1248)
重婚 ………………………………… (1239)	装卸时间 …………………………… (1248)
舟船旅馆和马厩员役所生之损害的责任 …… (1239)	装卸准备就绪通知书 ……………… (1249)
逐年连续的租赁 …………………… (1239)	装运港交货合同 …………………… (1249)
逐月租赁 …………………………… (1239)	状态(参见自然事实条) …………… (1249)
主次过失原则 ……………………… (1239)	追索扶养费 ………………………… (1249)
主法律行为 ………………………… (1239)	追索抚养费 ………………………… (1249)
主观不能 …………………………… (1239)	追索金额 …………………………… (1249)
主观权利 …………………………… (1240)	追索权 ……………………………… (1249)
主观商行为 ………………………… (1240)	追索权的保全措施 ………………… (1249)
主合同 ……………………………… (1240)	追索权的分类 ……………………… (1250)
主婚人 ……………………………… (1240)	追索权的客体 ……………………… (1250)
主权利 ……………………………… (1240)	追索权的丧失 ……………………… (1250)
主物 ………………………………… (1241)	追索权的特性 ……………………… (1251)
主物权 ……………………………… (1242)	追索权的效力 ……………………… (1251)
主要保险制 ………………………… (1242)	追索权的行使与保全 ……………… (1251)
主要错误 …………………………… (1242)	追索权的主体 ……………………… (1252)
主义务 ……………………………… (1242)	追索权人 …………………………… (1252)
主债 ………………………………… (1242)	追索权行使的程序 ………………… (1252)
主债权 ……………………………… (1242)	追索权行使的原因 ………………… (1253)
主债务 ……………………………… (1242)	追索赡养费 ………………………… (1253)
主租赁 ……………………………… (1242)	赘婚 ………………………………… (1254)
住所 ………………………………… (1242)	准备期间 …………………………… (1254)
住所地国籍说 ……………………… (1243)	准成年人 …………………………… (1254)
住院医疗保险 ……………………… (1243)	准对人诉讼 ………………………… (1254)
注期汇票 …………………………… (1243)	准法律行为 ………………………… (1254)
抓斗条款 …………………………… (1243)	准合伙人 …………………………… (1254)
专家责任保险 ……………………… (1243)	准禁治产人 ………………………… (1255)
专卖 ………………………………… (1244)	准据法说 …………………………… (1255)
专权离婚 …………………………… (1244)	准契约 ……………………………… (1255)
专用产品 …………………………… (1244)	准商行为 …………………………… (1255)

词条	页码	词条	页码
准委任	(1255)	自愿保险	(1264)
准消费借贷	(1255)	自愿继承	(1264)
准则主义	(1255)	自愿寄托	(1264)
准占有	(1256)	自愿原则(参见意思自治原则条)	(1264)
准租赁	(1256)	自治利益共同体	(1264)
酌份遗产人	(1256)	自治社团	(1265)
资合公司	(1256)	自主占有	(1265)
资金募集地说	(1256)	自助行为	(1265)
孳息	(1257)	宗教婚	(1265)
子公司	(1257)	宗亲	(1265)
子女交还请求权	(1257)	宗祧继承	(1265)
《子女教育保险(A)条款》	(1257)	综合商社	(1266)
《子女教育保险(B)条款》	(1257)	综合性合同	(1266)
子女住所指定权	(1258)	综合责任限制	(1266)
自动垫交保险费条款	(1258)	总包合同	(1266)
自付票据	(1258)	总代理人	(1266)
自负额	(1258)	总括保单	(1266)
自己代理	(1258)	总括遗赠(参见概括遗赠条)	(1266)
自己契约	(1259)	总有	(1266)
自己占有	(1259)	总债	(1267)
自留地	(1259)	总租赁	(1267)
自留额	(1259)	租船合同	(1267)
自然及养育的监护人	(1259)	租船合同的标准格式	(1267)
自然人	(1259)	租船合同下的提单	(1268)
自然人的民事权利能力	(1259)	租地建筑合同	(1268)
自然人的民事行为能力	(1260)	租地造屋权	(1268)
自然人住所	(1260)	租金	(1268)
自然事实	(1260)	租赁的更新	(1268)
自然死亡	(1261)	租赁的默示更新	(1268)
自然危险	(1261)	租赁合同	(1268)
自然血亲	(1261)	租赁权	(1269)
自然灾害	(1261)	租赁物	(1270)
自然债	(1261)	租赁物转让的风险	(1270)
自杀条款	(1262)	租妻	(1270)
自书遗嘱	(1262)	足额保险	(1270)
自我防卫	(1262)	祖孙间的抚养义务	(1270)
自物权	(1262)	钻井平台一切险	(1270)
自益权	(1262)	最长诉讼时效	(1271)
自益信托	(1262)	最初追索金额	(1271)
自由财团	(1262)	最初追索权	(1271)
自由裁量信托(参见可酌情处理的信托条)	(1262)	最大诚信契约	(1271)
自由继承主义	(1263)	最大诚信原则	(1271)
自由离婚主义	(1263)	最大努力	(1272)
自由买卖	(1263)	最大限度的责任	(1272)
自由权	(1263)	最低限度的责任	(1272)
自由转船条款	(1263)	最高额抵押	(1272)
自有股	(1264)	最高额质权	(1272)

最后航次	(1273)	最近因	(1274)
最后机会原则	(1273)	最终证据	(1274)
最后遗嘱	(1273)	尊亲属	(1274)
最接近的损害赔偿	(1274)	作成拒绝证书	(1275)

辞条汉字笔画索引

说 明

一、本索引供读者按辞条标题的汉字笔画查检辞条。
二、本索引辞条标题按第一字的笔画用 Word 程序排序。

一画

《1910 年救助公约》……………………………（1063）
《1954 年防止海洋油污的国际公约》……………（1064）
《1957 年船舶所有人责任限制公约》……………（1064）
《1969 年国际油污损害民事责任公约》…………（1065）
《1969 年油轮船舶所有人自愿承担的油污
　责任协定》………………………………………（1065）
《1971 年设立国际油污损害赔偿基金国际
　公约》……………………………………………（1065）
《1972 国际海上避碰规则公约》…………………（1066）
《1976 年海事赔偿责任限制公约》………………（1066）
《1978 年联合国海上货物运输公约》……………（1067）
《1989 年国际救助公约》…………………………（1068）
ABC 交易 ……………………………………………（1）
一人公司 …………………………………………（1073）
一切危险保险 ……………………………………（1073）
一切险 ……………………………………………（1073）
一夫一妻制 ………………………………………（1073）
一夫多妻制 ………………………………………（1072）
一方要求离婚 ……………………………………（1072）
一因多果 …………………………………………（1075）
一次性赔偿 ………………………………………（1072）
一体性效力 ………………………………………（1074）
一时不能 …………………………………………（1074）
一妻多夫制 ………………………………………（1073）
一物一权主义 ……………………………………（1074）
一般人格权 ………………………………………（1070）
一般义务 …………………………………………（1070）
一般公司债 ………………………………………（1068）
一般支票的付款 …………………………………（1071）
一般无效 …………………………………………（1070）
一般代理 …………………………………………（1068）
一般汇票 …………………………………………（1069）
一般共同制 ………………………………………（1069）
一般合伙 …………………………………………（1069）
一般过失（参见轻过失条）………………………（1069）
一般的损害赔偿 …………………………………（1068）
一般责任 …………………………………………（1070）
一般转让背书 ……………………………………（1071）
一般转让背书的效力 ……………………………（1071）
一般侵权行为 ……………………………………（1069）
一般保证 …………………………………………（1068）
一部不能 …………………………………………（1072）
一部分付款的效力 ………………………………（1072）

二画

七出 …………………………………………………（733）
了解主义 ……………………………………………（606）
二船东 ………………………………………………（201）
人工生育子女 ……………………………………（772）
人工孳息 …………………………………………（773）
人合公司 …………………………………………（773）
人寿保险 …………………………………………（779）
人寿保险合同 ……………………………………（780）
人寿保险责任准备金 ……………………………（780）
人役权 ……………………………………………（780）
人身上保险利益 …………………………………（777）
人身伤亡的损害赔偿 ……………………………（777）
人身危险 …………………………………………（778）
人身权 ……………………………………………（776）
人身自由权 ………………………………………（778）
人身利益 …………………………………………（776）
人身责任 …………………………………………（778）
人身保险 …………………………………………（773）
《人身保险产品定名暂行办法》…………………（774）
人身保险合同 ……………………………………（775）
人身保险准备金 …………………………………（776）
《人身保险新型产品信息披露管理暂行
　办法》……………………………………………（775）
人身债 ……………………………………………（778）
人身损害 …………………………………………（778）

人事保证	(779)
人命救助	(773)
人法物	(770)
人的担保	(770)
人格	(770)
人格权	(771)
人格利益	(771)
人格变更	(771)
人格尊严权	(772)
人资兼合公司	(781)
入伙	(795)
入社	(796)
力求近似原则	(592)

三画

三不去	(799)
三从四德	(799)
三级所有、队为基础	(799)
上市公司收购	(826)
上市公司的持续信息披露	(826)
《上海外资保险机构暂行管理办法》	(826)
《上海市票据暂行规定》	(825)
个人合伙	(267)
个人保险	(267)
个人独资企业	(267)
个人贷款(参见消费贷款条)	(267)
个体工商户	(268)
个体婚	(268)
个别人格权	(267)
个别保险	(267)
个别信托	(267)
义务本位	(1091)
义绝	(1091)
习惯速遭	(1002)
习惯婚姻	(1002)
亏舱费	(583)
口头合同	(580)
口头证据法则	(580)
口头遗嘱	(580)
土地	(929)
土地用益租赁	(933)
土地负担	(930)
土地使用权	(930)
土地所有权	(931)
土地承包合同	(929)
土地承包的转包	(929)
土地担保债务	(930)
土地债务	(933)
土地债权	(933)
土地租赁	(933)
土地遗产	(932)
土地遗赠	(932)
大法官简约	(141)
大副收据	(141)
女系亲	(670)
子女交还请求权	(1257)
子女住所指定权	(1258)
《子女教育保险(A)条款》	(1257)
《子女教育保险(B)条款》	(1257)
子公司	(1257)
小商人	(1016)
小额共损条款	(1015)
工厂抵押	(269)
工业联合公司	(271)
工伤保险	(270)
工作日	(271)
工矿产品购销合同	(270)
工资与燃料费用	(271)
已付已受汇票	(495)
已完成的约因	(1090)
已装船提单(参见提单条)	(1090)
已赚保费	(1090)
已履行的合同	(1090)
广义的代理	(382)
广义的监护	(382)
广义契约	(382)
广告合同	(381)
飞机地面第三者责任保险	(232)
飞机保险	(231)
《飞机旅客意外伤害强制保险条例》	(232)
马基斯协议	(620)
马萨诸塞州信托	(620)

四画

不分离协议	(77)
不代替物	(72)
不包括危险	(71)
不可分之债	(78)
不可分物	(78)
不可分给付	(78)
不可争议条款	(80)
不可执行的信托	(80)

不可否认代理	(79)	不规则承揽	(77)
不可抗力	(79)	不规则寄托	(77)
不可抗力造成的碰撞	(79)	不保财产	(71)
不可弥补的损害赔偿	(80)	不按比例投票	(71)
不可展期债	(80)	不要因法律行为	(83)
不可量物的侵入	(80)	不要式合同	(83)
不可撤销的信托	(78)	不要式法律行为	(83)
不可撤销的要约	(78)	不要式的意思表示	(83)
不正当的交易方法	(83)	不适当的损害赔偿	(82)
不正当影响	(84)	不健全的意思表示	(78)
不记名提单(参见提单条)	(78)	不特定给付	(82)
不动产	(74)	不真正无因管理	(83)
不动产代理人	(76)	不继续占有	(78)
不动产居间业	(76)	不继续给付	(78)
不动产所有权	(76)	不能条件	(81)
不动产物权	(76)	不能期限	(81)
不动产信托	(76)	不得诉讼条款	(74)
不合意	(77)	不确定无效	(81)
不在人保佐	(83)	不确定期限	(81)
不安抗辩权	(71)	不落夫家	(81)
不当无因管理	(73)	不履行	(81)
不当得利	(73)	专用产品	(1244)
不当得利人	(73)	专权离婚	(1244)
不当得利之债	(73)	专卖	(1244)
不当得利的受损人	(73)	专家责任保险	(1243)
不许附条件的法律行为	(82)	专属权利	(1244)
不许附期限的法律行为	(82)	中介人	(1232)
不论是否灭失条款	(81)	中外合作企业法人	(1233)
不作为义务(参见消极义务条)	(85)	中外合作经营企业合同	(1233)
不作为请求权	(84)	中外合资企业法人	(1232)
不利解释规则	(80)	中外合资经营企业合同	(1232)
不完全收养	(82)	中外来料加工装配合同	(1234)
不完全行为	(82)	《中华人民共和国公司法》	(1223)
不纯正信托(参见担保信托条)	(72)	《中华人民共和国公司登记管理暂行规定》	(1223)
不足额保险	(84)	《中华人民共和国外资保险公司管理条例》	(1230)
不连续背书	(80)	《中华人民共和国民法通则》	(1229)
不附保证公司债	(77)	《中华人民共和国产品质量法》	(1223)
不丧失价值条款	(82)	《中华人民共和国合伙企业法》	(1226)
不单纯承兑	(72)	《中华人民共和国合同法》	(1227)
不定值保险	(74)	《中华人民共和国收养法》	(1230)
不定期保证	(74)	《中华人民共和国技术合同法》	(1228)
不定期债	(74)	《中华人民共和国经济合同法》	(1228)
不定额支票	(74)	《中华人民共和国股票发行与交易暂行条例》	(1225)
不明过失碰撞	(81)	《中华人民共和国保险法》	(1222)
不法约定	(76)	《中华人民共和国信托法》	(1230)
不法条件	(76)	《中华人民共和国海上交通安全法》	(1225)
不表现的地役权	(72)		

《中华人民共和国海事诉讼特别程序法》……	(1225)
《中华人民共和国涉外经济合同法》…………	(1229)
《中华人民共和国继承法》………………………	(1228)
《中华人民共和国婚姻法》………………………	(1227)
中间社团………………………………………	(1231)
中间运送………………………………………	(1231)
中间法人………………………………………	(1231)
中间责任………………………………………	(1231)
中间银行………………………………………	(1231)
《中国人民保险(集团)公司经济处罚暂行规定》…………………………………………	(1220)
中国人民保险公司……………………………	(1221)
中国太平洋保险公司…………………………	(1221)
中国外轮代理总公司…………………………	(1221)
中国远洋运输集团……………………………	(1221)
中国国际贸易促进委员会海事仲裁委员会救助契约标准格式………………………	(1219)
中国法人………………………………………	(1219)
中国海事法院…………………………………	(1220)
中性行为………………………………………	(1234)
中表婚…………………………………………	(1219)
为他人利益保险………………………………	(951)
为自己利益保险………………………………	(951)
书面合同………………………………………	(872)
书面形式………………………………………	(873)
书面遗嘱………………………………………	(873)
互见……………………………………………	(455)
互有……………………………………………	(455)
互助储金会……………………………………	(456)
互易合同………………………………………	(455)
互易婚…………………………………………	(455)
互惠或互保交易………………………………	(455)
仁济和保险公司………………………………	(781)
介入权…………………………………………	(543)
介入原因………………………………………	(543)
从义务…………………………………………	(138)
从夫居…………………………………………	(137)
从合同…………………………………………	(137)
从妇居…………………………………………	(137)
从权利…………………………………………	(137)
从法律行为……………………………………	(137)
从物(参见主物条)……………………………	(138)
从物权…………………………………………	(138)
从债……………………………………………	(138)
从债务…………………………………………	(138)
从债务人………………………………………	(138)
从债权…………………………………………	(138)
从属的契约……………………………………	(137)
从属责任………………………………………	(138)
从属损失保险…………………………………	(138)
仓至仓条款……………………………………	(97)
仓库……………………………………………	(96)
仓库契约(参见仓储合同条)…………………	(96)
仓库营业………………………………………	(97)
仓库营业人……………………………………	(97)
仓单……………………………………………	(96)
仓单持有人……………………………………	(96)
仓储合同………………………………………	(95)
允诺……………………………………………	(1146)
允诺保证………………………………………	(1146)
允诺禁反言……………………………………	(1146)
公义务…………………………………………	(300)
公司……………………………………………	(278)
公司公告………………………………………	(288)
公司企业………………………………………	(292)
公司合并………………………………………	(288)
公司合并的效力………………………………	(289)
公司名称………………………………………	(292)
公司在公法上的能力…………………………	(295)
公司设立………………………………………	(293)
公司设立方式…………………………………	(294)
公司设立无效…………………………………	(294)
公司设立行为…………………………………	(295)
公司设立的撤销………………………………	(294)
公司设立原则…………………………………	(295)
公司负责人……………………………………	(288)
公司住所………………………………………	(299)
公司法…………………………………………	(286)
公司法人………………………………………	(287)
公司法学………………………………………	(287)
公司的权利能力………………………………	(282)
公司的行为能力………………………………	(285)
公司的股东……………………………………	(280)
公司的变更……………………………………	(279)
公司的监督……………………………………	(281)
公司的清算……………………………………	(282)
公司的解散程序………………………………	(281)
公司经理人……………………………………	(291)
公司变更方式…………………………………	(279)
公司变更的程序………………………………	(279)
公司债与消费借贷……………………………	(298)
公司债权人……………………………………	(296)
公司债券………………………………………	(296)
公司债券设质…………………………………	(297)

公司债券转让	(298)	公路旅客意外伤害保险	(274)
公司债券转换	(297)	《公路旅客意外伤害保险条款》	(274)
公司债债息	(299)	六礼	(611)
公司债消灭	(298)	内在缺陷	(664)
公司债募集	(295)	内陆交货合同	(664)
公司商号	(293)	内部代理权	(663)
公司营业所	(295)	内婚制	(663)
公司登记	(286)	内幕交易	(664)
公司登记机关	(286)	分公司	(240)
公司解散	(290)	分包合同	(239)
公司解散方式	(290)	分别财产制	(239)
公司解散的效力	(290)	分别的损害赔偿	(239)
公平交易	(276)	分担损失	(240)
公平责任	(277)	分类投票	(240)
公平原则	(277)	分类账簿	(241)
公民	(275)	分债	(243)
公民个人财产所有权	(275)	分租	(243)
公示主义	(277)	分割之债(参见可分之债条)	(240)
公示原则	(278)	分期付款	(241)
公众责任保险	(302)	分期付款汇票	(242)
公共受托人	(272)	分期付款的买卖	(241)
公共秩序、善良风俗原则	(273)	分期贷款	(241)
公同共有	(299)	分期赔偿	(242)
公团	(299)	分期履行之债	(242)
公有财产	(301)	分等级买卖	(240)
公有物	(302)	分等级的租赁	(240)
公权	(277)	分道通航制	(240)
公证形式	(302)	切除残留部分	(750)
公证遗嘱	(302)	双方代理	(874)
公典制度	(271)	双方有责碰撞条款	(875)
公法人	(272)	双方自愿离婚	(875)
公法收养	(272)	双方法律行为	(874)
公法契约	(271)	双方商行为	(874)
公信原则	(299)	双方疏忽等效原则	(874)
公债	(302)	双务之债	(875)
公害	(273)	双务合同	(875)
公敌行为	(271)	双务居间	(875)
公益社团	(300)	双边合同	(874)
公益法人	(300)	双保险	(874)
公益信托	(301)	双重优先权规则	(875)
公益受托人	(300)	双联契据(参见契据条)	(875)
公积金	(274)	反对永久信托规则	(228)
公职人员财产信托	(302)	反担保函	(228)
公营公司	(301)	天然孳息	(915)
公募财产的保佐	(276)	太平保险公司	(900)
公然占有	(277)	夫为妻纲	(247)
公路交通财团	(274)	夫丧守志	(247)

词条	页码
夫妻一体主义	(246)
夫妻人身关系	(245)
夫妻日常家事代理权	(246)
夫妻住所	(246)
夫妻别体主义	(244)
夫妻财产关系	(244)
夫妻财产协议	(244)
夫妻财产制	(245)
夫妻的人身自由权	(245)
夫妻的姓名权	(245)
夫妻相犯	(246)
夫妻特有财产制	(246)
少数股东权	(828)
开口保险单	(571)
开户、委托与成交	(570)
开户银行	(571)
开放式公司	(570)
开标	(570)
引航水域	(1100)
引航员救助报酬请求权	(1101)
引航证书	(1101)
引航事故	(1100)
户籍	(456)
支付票据	(1206)
支付票款	(1206)
支配权	(1207)
支票	(1207)
支票上的当事人	(1210)
支票中的资金关系	(1211)
支票的分类	(1209)
支票的付款	(1210)
支票的发票	(1208)
支票的当事人	(1208)
支票的拒绝证书	(1210)
支票的保证	(1208)
支票的背书	(1208)
支票的追索权	(1210)
支票契约	(1210)
支票适用汇票的规定	(1211)
文书契约	(968)
无人格社团	(974)
无人格财团	(974)
无人继承的遗产	(974)
无从为付款提示的拒绝证书	(970)
无从为承兑提示的拒绝证书	(970)
无夫权婚姻	(971)
无主物	(988)
无主货物条款	(988)
无正本提单放货	(988)
无民事行为能力	(972)
无记名公司债	(971)
无记名有价证券	(972)
无记名股票	(972)
无记名票据	(972)
无名合同	(972)
无名契约	(973)
无因合同	(987)
无因管理	(986)
无因管理中的必要费用	(987)
无因管理之债	(987)
无因管理的本人	(987)
无因管理的管理人	(987)
无权代理	(973)
无权占有	(973)
无权源占有(参见无权占有条)	(973)
无行为能力人造成损害的民事责任	(986)
无过失占有	(971)
无过失碰撞	(971)
无过错责任	(971)
无体财产权	(975)
无体遗产	(975)
无形财产权信托(参见知识产权信托条)	(986)
无形损害	(986)
无条件之债	(975)
无诉权的契约	(975)
无国籍人	(971)
无担保公司债	(970)
无担保背书	(970)
无表决权股票	(969)
无责任能力	(987)
无限公司	(976)
无限公司入股	(979)
无限公司内部关系	(979)
无限公司代表机关(参见无限公司对外关系条)	(976)
无限公司代表机关行为	(976)
无限公司对外关系	(977)
无限公司合并	(978)
无限公司执行业务	(981)
无限公司设立	(980)
无限公司设立无效	(980)
无限公司设立撤销	(980)
无限公司的清算	(977)
无限公司的登记	(977)

无限公司经理人	(979)
无限公司股东出资	(978)
无限公司股东责任	(978)
无限公司变更	(976)
无限公司盈余分配	(981)
无限公司退股	(980)
无限公司资本维持	(982)
无限公司清算人	(979)
无限公司清算后股东责任	(979)
无限公司章程	(981)
无限公司解散	(979)
无限股东责任	(982)
无限责任	(982)
无限责任股东竞业禁止	(982)
无限保证债务	(975)
无限额担保函	(975)
无受益条款	(975)
无相对人的意思表示	(982)
无债务抗辩	(987)
无息债	(975)
无效民事行为	(984)
无效民事行为的补正	(985)
无效民事行为的转换	(985)
无效合同	(983)
无效收养	(985)
无效果—无报酬	(983)
无效的合同条款	(983)
无效信托	(985)
无效婚姻	(983)
无请求权的合同	(973)
无偿合同	(969)
无偿委托	(970)
无偿法律行为	(969)
无偿寄托	(970)
无票面金额股票	(973)
无期限物权	(973)
无遗嘱继承(参见法定继承条)	(986)
无意识的非真意表示(参见错误条)	(986)
无瑕疵占有	(975)
《日内瓦统一支票法》	(792)
《日内瓦统一支票法公约》	(793)
《日内瓦统一汇票本票法》	(792)
《日内瓦统一汇票本票法公约》	(792)
日内瓦票据法系	(791)
《日本公司更生法》	(787)
《日本公司法》	(785)
《日本支票法》中的保证	(791)
《日本民法典》	(787)
《日本证券交易法》	(790)
日本证券法	(789)
《日本信托业法》	(789)
《日本信托法》	(789)
《日本商业登记法》	(788)
《日本商法典》	(788)
《日本票据法》	(788)
木材条款	(660)
比例分保	(62)
比例责任制	(62)
比较过失	(62)
毛运费	(624)
水渍险	(875)
火灾	(483)
火灾保险	(483)
父系亲	(249)
片务契约(参见单务合同条)	(679)
见票日后定期付款	(529)
计划生育	(506)
计划买卖	(506)
计划合同	(506)
计划原则	(506)
计期汇票	(506)
认许申请	(783)
认许说	(784)
认许效力	(784)
认许程序	(783)
认许撤回	(782)
认许撤销	(782)
认股	(781)
认股书	(782)
认股权证	(782)
长期诉讼时效	(100)
长期性合伙	(100)
长期保险	(100)
长期债务	(101)
风险企业法人	(243)
风险自负	(243)

五画

世代亲等计算法	(846)
世俗法人	(846)
世界贸易组织对海运服务的规范	(846)
主义务	(1242)
主合同	(1240)

词条	页码	词条	页码
主权利	(1240)	代理权的行使	(146)
主次过失原则	(1239)	代理权限	(147)
主观不能	(1239)	代理行为	(148)
主观权利	(1240)	代理证书	(148)
主观商行为	(1240)	代理的终止	(145)
主法律行为	(1239)	代理商	(147)
主物	(1241)	代理商法	(148)
主物权	(1242)	代理商的留置权	(147)
主要保险制	(1242)	代替物	(149)
主要错误	(1242)	代替船舶	(148)
主债	(1242)	代销处	(151)
主债务	(1242)	令状	(607)
主债权	(1242)	以合法形式掩盖非法目的的民事行为	(1090)
主租赁	(1242)	以色列的民商立法	(1091)
主婚人	(1240)	以若干年为期的租赁	(1090)
他主占有	(897)	以新换旧扣减	(1091)
他物权	(897)	出口信用保险	(119)
他益信托	(897)	出生	(120)
付现押汇汇票	(253)	出产物	(119)
付受汇票	(253)	出名营业人	(120)
付款人	(251)	出典	(119)
付款人付款时的权利	(252)	出卖人	(120)
付款人的审查义务	(252)	出卖物	(120)
付款委托书结算	(252)	出卖物的风险负担	(120)
付款的分类	(249)	出卖物的利益承受	(120)
付款的时期	(249)	出版合同	(119)
付款的效力	(251)	出质	(121)
付款的提示	(250)	出举	(119)
付款请求权	(251)	出借人	(119)
代书遗嘱	(148)	出租人	(121)
代办权	(141)	加工合同	(517)
代办商	(142)	加保	(517)
代办商权	(143)	加害人	(517)
代办商契约	(142)	加班费	(517)
代收无承付结算	(148)	包装不足	(6)
代位求偿	(150)	北京理算规则	(47)
代位求偿权	(150)	占有	(1174)
代位物	(150)	占有之诉	(1176)
代位继承	(149)	占有权	(1176)
代位继承人(参见代位继承条)	(150)	占有防御权	(1175)
代物清偿	(150)	占有妨害防止请求权	(1176)
代偿取回权	(143)	占有妨害除去请求权	(1175)
代理	(143)	占有改定	(1176)
代理人	(147)	占有状态的推定	(1177)
代理母亲(参见人工生育子女条)	(145)	占有物返还请求权	(1176)
代理关系	(145)	占有物的取回权	(1176)
代理权	(145)	占有的公信力	(1175)

占有的权利推定效力 …………… (1176)	外国人 ………………………………… (944)
占有的保护 ……………………… (1175)	外国公司 ……………………………… (942)
占有的效力 ……………………… (1175)	外国公司认许 ………………………… (943)
占有质权 ………………………… (1176)	外国公司负责人 ……………………… (942)
占有保护请求权 ………………… (1175)	外国公司国籍 ………………………… (942)
占有辅助 ………………………… (1176)	外国公司监督 ………………………… (943)
卡特尔 …………………………… (570)	外国公司清算 ………………………… (943)
发行新股登记 …………………… (203)	外国本票 ……………………………… (941)
发现埋藏物 ……………………… (202)	外国汇票 ……………………………… (944)
发信主义 ………………………… (203)	外国仲裁裁决的承认和执行 ………… (944)
发展公共事业的信托 …………… (203)	外国法人 ……………………………… (941)
发起设立 ………………………… (202)	外国法人的认许 ……………………… (942)
发盘 ……………………………… (202)	外表状况良好 ………………………… (941)
发票人 …………………………… (202)	外表授权 ……………………………… (941)
发票日后定期付款 ……………… (202)	外亲 …………………………………… (945)
可分之债 ………………………… (575)	外资企业法人 ………………………… (945)
可分物 …………………………… (575)	《外资保险机构驻华代表机构管理办法》……… (945)
可分给付 ………………………… (575)	外部代理权 …………………………… (941)
可执行的信托 …………………… (576)	外婚制 ………………………………… (945)
可转让的租约 …………………… (576)	失业保险 ……………………………… (840)
可转换的债 ……………………… (576)	失去控制的船 ………………………… (839)
可保财产 ………………………… (573)	失权行为 ……………………………… (840)
可变动保险 ……………………… (573)	失踪 …………………………………… (841)
可展期债 ………………………… (576)	对人权(参见相对权条) ……………… (196)
可能无效的合同 ………………… (575)	对人抗辩 ……………………………… (196)
可能性成为现实性因果关系说 … (575)	对人诉讼 ……………………………… (196)
可酌情处理的信托 ……………… (576)	对己汇票 ……………………………… (198)
可得利益 ………………………… (575)	对不特定人的意思表示 ……………… (195)
可随意取消的租赁 ……………… (576)	对世权(参见绝对权条) ……………… (196)
可撤销的民事行为 ……………… (573)	对半分成原则 ………………………… (194)
可撤销的合同 …………………… (573)	对半责任原则 ………………………… (195)
可撤销的转让 …………………… (575)	对外加工装配合同 …………………… (197)
可撤销的信托 …………………… (574)	对外劳务输出合同 …………………… (197)
可撤销的要约 …………………… (575)	对价 …………………………………… (195)
台湾地区《证券交易法》 ……… (897)	对向结合合同 ………………………… (198)
台湾地区《公司法》 …………… (899)	对应义务 ……………………………… (198)
台湾地区保险法 ………………… (898)	对财产的故意侵权 …………………… (195)
台湾地区继承法 ………………… (900)	对国家所需商品的供应合同 ………… (195)
台湾地区婚姻家庭法 …………… (899)	对物抗辩 ……………………………… (197)
号灯 ……………………………… (425)	对物诉讼 ……………………………… (198)
号型 ……………………………… (425)	对空白票据的法律规定 ……………… (195)
司法受托人 ……………………… (876)	对话的意思表示 ……………………… (195)
处分 ……………………………… (124)	对特定人的意思表示 ………………… (197)
处分行为 ………………………… (124)	对偶婚 ………………………………… (196)
外币 ……………………………… (941)	对遇航行规则 ………………………… (198)
外观主义 ………………………… (941)	尼可萨姆借贷合同 …………………… (665)
外来原因 ………………………… (945)	市场比例责任说 ……………………… (847)

市场交易	(847)	本票的背书	(55)
市场行情	(847)	本票的特性	(59)
平分过失原则	(730)	本票的强制执行	(59)
平边契据(参见契据条)	(729)	本票的期前追索权	(59)
平安险	(729)	本票的誊本	(59)
平行线支票(参见划线支票条)	(730)	本票适用汇票的规定	(59)
平等原则	(730)	本登记	(53)
平等继承主义	(729)	正式承兑	(1179)
归复信托	(382)	正当防卫	(1179)
归属质权	(383)	正当理由	(1179)
必至条件	(63)	正权源占有(参见有权占有条)	(1179)
必留份	(62)	母公司	(660)
必然条件	(62)	母系亲	(660)
扑灭船上火灾	(730)	母系继承	(660)
打捞清除	(141)	民事义务	(651)
打赌	(141)	民事义务主体(参见民事主体条)	(651)
旧中国票据法	(556)	民事习惯法(参见民法渊源条)	(649)
旧股	(556)	民事主体	(654)
未成年人	(966)	民事代理	(643)
未成年人的监护	(966)	民事合伙	(646)
未完全成立的信托	(967)	民事合同	(646)
未完成的约因	(967)	民事权利	(646)
未来遗产	(967)	民事权利主体(参见民事主体条)	(649)
未婚夫妻(参见婚约条)	(967)	民事权利的客体	(648)
未缔约赔偿金	(967)	民事权利保护	(647)
本公司	(54)	民事权利能力	(648)
本代理	(53)	民事行为	(649)
本合同	(54)	民事行为的生效	(650)
本权	(61)	民事行为的成立	(650)
本权之诉	(61)	民事行为能力	(650)
本位继承人	(61)	民事判例法(参见民法渊源条)	(646)
本国公司	(54)	民事补偿	(643)
本国本票	(54)	民事制定法(参见民法渊源条)	(654)
本国汇票	(54)	民事制裁	(653)
本票	(55)	民事法律关系	(643)
本票与汇票	(60)	民事法律关系的内容	(644)
本票与国库券	(60)	民事法律关系的主体	(644)
本票与债券	(61)	民事法律关系的发生	(643)
本票与银行券	(61)	民事法律关系的变更	(643)
本票的分类	(58)	民事法律关系的客体	(644)
本票的见票	(58)	民事法律关系的消灭	(644)
本票的付款	(58)	民事法律行为	(645)
本票的发票	(57)	民事法律行为的形式	(646)
本票的当事人	(56)	民事法律事实	(644)
本票的到期日	(57)	民事法律事实之构成	(644)
本票的参加付款	(55)	民事责任	(652)
本票的保证	(55)	民事责任的构成要件	(652)

民事责任竞合	(653)
民事责任聚合	(653)
民事信托	(649)
民事特别法	(649)
民事婚(参见法律婚条)	(646)
民事普通法(参见民事特别法条)	(646)
民法	(632)
民法上物权	(638)
民法上的行为	(638)
民法分则	(638)
民法典	(638)
民法学	(639)
民法的效力范围	(637)
民法的基本原则	(636)
民法的解释	(637)
民法总则	(641)
民法渊源	(640)
民商分立	(642)
民商合一(参见民商分立条)	(643)
民营公司	(655)
民营保险	(655)
永久不能	(1113)
永久性修理	(1113)
永久租赁	(1113)
永佃权	(1112)
汇划支票	(460)
汇兑	(460)
汇票	(461)
汇票上的当事人	(471)
汇票不得记载事项	(461)
汇票付款人	(470)
汇票出票地	(462)
汇票发票人	(470)
汇票发票日	(470)
汇票发票的效力	(469)
汇票发票的款式	(469)
汇票应记载事项	(472)
汇票承兑原则	(462)
汇票担保付款	(462)
汇票担保承兑	(462)
汇票的分类	(466)
汇票的付款	(467)
汇票的付款的程序	(467)
汇票的发票	(466)
汇票的当事人	(465)
汇票的拒绝证书	(468)
汇票的到期日	(466)
汇票的参加付款	(465)
汇票的参加承兑	(464)
汇票的承兑	(465)
汇票的保证	(463)
汇票的复本	(468)
汇票的背书	(464)
汇票的追索权	(468)
汇票的誊本	(468)
汇票非基本当事人	(470)
汇票受款人	(471)
汇票基本当事人	(471)
汇票得记载事项	(463)
汇票签名	(471)
生产合作社	(837)
生产资料	(837)
生存合伙人	(837)
生存的受托人(参见继续存在的受托人条)	(837)
生存保险	(837)
生死两全保险	(838)
生命健康权	(837)
生物学上的损害	(838)
生前合同	(838)
生前收养	(838)
生前法律行为	(838)
生前信托	(838)
生活资料	(837)
用水权	(1114)
用电方	(1113)
用益权	(1114)
用益权遗赠	(1114)
用益物权	(1114)
甲板货	(519)
甲板货提单	(520)
申请公共许可	(835)
电子合同	(183)
电子邮件	(183)
电子商务	(183)
电子提单	(183)
电影合同	(182)
白租	(6)
目的地交货合同	(661)
目的违反公序良俗的信托(参见目的损害社会公共目的违法的信托条)	(661)
目的信托	(661)
目的损害社会公共利益的信托	(661)
矛盾条件	(624)
立即通知条款	(592)

立嗣	(593)
让与担保	(769)
让路船	(769)
议购合同	(1091)
记名公司债	(507)
记名有价证券	(507)
记名股票	(507)
记名债权(参见指名债权条)	(507)
记名票据	(507)
记名提单(参见提单条)	(507)

六画

买入减资	(623)
买主当心	(623)
买价	(621)
买回	(620)
买回人	(621)
买卖合同	(622)
买卖合同当事人	(622)
买卖约剂	(623)
买卖标的	(621)
买卖预约	(623)
买卖婚	(622)
买空	(621)
买受人	(623)
亚血缘群婚	(1054)
交叉责任	(535)
交叉责任原则	(535)
交叉相遇航行规则	(534)
交互计算	(536)
交付	(535)
交付货物	(536)
交付保险费	(535)
交易所经纪人	(537)
交易物	(537)
交货单	(537)
交费宽限期条款	(535)
交钥匙合同	(537)
交换提单	(537)
交船	(535)
交错要约	(535)
产业投资信托	(100)
产业投资信托基金	(100)
产品的包装标准	(98)
产品的技术标准	(98)
产品责任	(98)
《产品责任法律适用公约》	(100)
产品责任保险	(99)
产品数量的计算方法	(98)
产翁制	(100)
价金	(520)
价金支付	(520)
价值的互易	(520)
任选条款	(784)
任意之债	(785)
任意买卖	(785)
任意合伙	(785)
任意参加付款	(784)
任意参加承兑	(784)
任意拍卖	(785)
任意退伙	(785)
任意准备金	(785)
任意解散	(785)
企业财产保险	(737)
《企业财产保险条款》	(738)
企业承包合同	(738)
企业法人	(738)
企业股	(739)
企业债券	(740)
企业债券发行	(740)
企业租赁合同	(741)
企业集团	(739)
休息权	(1045)
优先之债	(1118)
优先买卖	(1118)
优先权	(1118)
优先参加	(1117)
优先股	(1117)
优惠贷款	(1117)
优等悬赏广告(参见悬赏广告条)	(1117)
伙友	(484)
会计报表	(581)
会计账簿	(582)
会首	(473)
会款	(473)
伤害保险	(802)
伦敦保险人公司	(616)
《伦敦保险协会货物保险条款》	(617)
《伦敦保险协会货物险A条款》	(617)
《伦敦保险协会货物险B条款》	(617)
《伦敦保险协会货物险C条款》	(618)
《伦敦保险协会战争条款》	(618)
《伦敦保险协会罢工险条款》	(616)

词条	页码
先占	(1006)
先买人	(1005)
先买权	(1005)
先诉抗辩权	(1006)
光头信托(参见简单信托条)	(381)
光船租船合同	(381)
全损险	(764)
全部不能	(763)
全部付款	(764)
全部付款的效力	(764)
全部承兑	(764)
全部保证	(763)
共同之债	(316)
共同代理	(306)
共同占有	(316)
共同共有	(307)
共同危险	(314)
共同危险团体说	(314)
共同因果关系	(316)
共同安全说	(305)
共同行为说	(315)
共同过错	(308)
共同利益说	(312)
共同财产制	(306)
共同财产继承人	(306)
共同承租方	(306)
共同抵押	(306)
共同责任	(316)
共同侵权行为	(313)
共同保证	(306)
共同保证债务	(306)
共同保险	(305)
共同信托基金	(314)
共同受托人	(313)
共同受益人	(314)
共同海损	(308)
共同海损分摊	(309)
共同海损分摊价值	(310)
共同海损分摊协议书	(310)
共同海损分摊金额	(310)
共同海损分摊率	(310)
共同海损利息	(311)
共同海损时限	(311)
共同海损条款	(312)
共同海损补偿	(309)
共同海损间接损失(参见共同海损损失条)	(310)
共同海损和新杰逊条款	(310)
共同海损担保	(309)
共同海损担保函(参见共同海损担保条)	(309)
共同海损直接损失(参见共同海损损失条)	(312)
共同海损受益方	(311)
共同海损宣告	(312)
共同海损费用保险	(309)
共同海损费用保险费	(309)
共同海损准据法	(312)
共同海损损失	(311)
共同海损损失金额	(312)
共同海损牺牲(参见共同海损损失条)	(312)
共同海损牺牲金额	(312)
共同海损措施	(309)
共同海损检验	(310)
共同海损理算	(310)
共同海损理算书	(311)
共同海损理算规则	(311)
共同监护	(312)
共同租赁	(316)
共同继承人(参见共同财产继承人条)	(312)
共同耕种契约	(307)
共同遗嘱	(315)
共同遗赠受领人	(315)
共有	(316)
共有权利	(317)
共有财产的分割	(317)
共有租赁	(318)
共保条款	(305)
共食婚	(305)
共益权	(316)
共诺婚	(305)
《关于规定中资保险公司吸收外资参股有关事项的通知》	(379)
《关于信托的法律适用与承认的公约》	(380)
《关于统一海上船舶所有人责任限制若干规则的国际公约》	(379)
《关于统一提单若干法律规定的国际公约》	(379)
《关于索赔期限有关问题的批复》	(379)
《关于船员培训、发证和值班标准的国际公约》	(378)
关联公司	(378)
再代理	(1149)
再拍卖	(1150)
再保证	(1149)
再保险	(1149)
再追索权	(1150)
再追索金额	(1150)

再婚 …………………………………… (1150)	合伙人的默示授权 …………………… (433)
军婚 ……………………………………… (568)	合伙人破产 …………………………… (434)
农业合作社 ……………………………… (670)	合伙代理 ……………………………… (428)
农业保险 ………………………………… (670)	合伙企业 ……………………………… (431)
农村人民公社 …………………………… (669)	合伙合同 ……………………………… (430)
农村社会养老保险 ……………………… (669)	合伙合并 ……………………………… (430)
农村承包经营户 ………………………… (668)	合伙负责人 …………………………… (429)
《农村家庭财产保险暂行办法》 ………… (668)	合伙吞并 ……………………………… (434)
农副产品购销合同 ……………………… (669)	合伙财产 ……………………………… (428)
冰冻条款 ………………………………… (68)	合伙事务执行人 ……………………… (434)
决标 ……………………………………… (567)	合伙的设立 …………………………… (429)
划线人 …………………………………… (456)	合伙的补充连带责任 ………………… (428)
划线支票 ………………………………… (456)	合伙股份 ……………………………… (429)
划线支票的付款 ………………………… (456)	合伙股份让与 ………………………… (429)
动产 ……………………………………… (189)	合伙股份扣押 ………………………… (429)
动产及所得共同制 ……………………… (189)	合伙股份质押 ………………………… (430)
动产所有权 ……………………………… (192)	合伙债务 ……………………………… (435)
动产抵押 ………………………………… (189)	合伙竞业禁止 ………………………… (431)
动产物权 ………………………………… (192)	合伙商号 ……………………………… (434)
动产信托 ………………………………… (192)	合伙清算 ……………………………… (431)
动产善意取得 …………………………… (190)	合伙清算人 …………………………… (431)
动机错误 ………………………………… (192)	合伙章程 ……………………………… (435)
动物致人损害的民事责任 ……………… (192)	合伙期限 ……………………………… (431)
匈牙利民法典 …………………………… (1045)	合伙联合 ……………………………… (431)
协议 ……………………………………… (1018)	合伙解散 ……………………………… (430)
协议离婚 ………………………………… (1018)	合伙撤销 ……………………………… (428)
协作合同 ………………………………… (1019)	合会契约 ……………………………… (425)
协定期间 ………………………………… (1018)	合同 …………………………………… (437)
印刷合同 ………………………………… (1104)	合同之债 ……………………………… (448)
印度的民商立法 ………………………… (1103)	合同仲裁 ……………………………… (448)
危险 ……………………………………… (948)	合同仲裁机关 ………………………… (448)
危险分类 ………………………………… (949)	合同成立的地点(参见合同签订地条) …… (437)
危险发生的通知 ………………………… (949)	合同成立的时间 ……………………… (437)
危险因素 ………………………………… (950)	合同自由原则 ………………………… (448)
危险事故 ………………………………… (950)	合同行为 ……………………………… (447)
危险单位 ………………………………… (949)	合同条款 ……………………………… (447)
危险责任 ………………………………… (950)	合同的不可抗力条款 ………………… (438)
危险货物 ………………………………… (949)	合同的公证 …………………………… (440)
危险货物和违禁品条款 ………………… (950)	合同的内容 …………………………… (443)
危险转移 ………………………………… (951)	合同的订立 …………………………… (439)
危险保留 ………………………………… (949)	合同的主要条款 ……………………… (444)
危险增加的通知 ………………………… (950)	合同的必要条款 ……………………… (437)
合伙 ……………………………………… (426)	合同的仲裁条款 ……………………… (444)
合伙人 …………………………………… (432)	合同的协议解除(参见合同的解除条) ……… (443)
合伙人死亡 ……………………………… (434)	合同的约定解除(参见合同的解除条) ……… (444)
合伙人的连带责任 ……………………… (433)	合同的形式 …………………………… (443)
合伙人的除名 …………………………… (433)	合同的审批 …………………………… (443)

合同的法定解除(参见合同的解除条)……	(439)
合同的法律效力……………………	(439)
合同的转让…………………………	(444)
合同的变更…………………………	(438)
合同的标的…………………………	(438)
合同的基本条款(参见合同的必要条款条)……	(440)
合同的普通条款……………………	(443)
合同的解除…………………………	(440)
合同的解除条款……………………	(440)
合同的解释…………………………	(441)
合同的鉴证…………………………	(440)
合同的履行…………………………	(441)
合同责任……………………………	(448)
合同信托……………………………	(447)
合同受挫失效论……………………	(447)
合同型投资信托(参见投资信托条)……	(447)
合同原则……………………………	(448)
合同效力(参见契约效力条)………	(447)
合同救助……………………………	(445)
合同联立……………………………	(445)
合同落空……………………………	(445)
合同签订地…………………………	(446)
合同解释不利于起草者原则………	(444)
合同解释的原则……………………	(444)
合同管理……………………………	(444)
合同管理机关………………………	(444)
合同履行地…………………………	(445)
合并方式……………………………	(425)
合并行为说…………………………	(425)
合并的契约…………………………	(425)
合成给付……………………………	(425)
合有…………………………………	(449)
合作社………………………………	(449)
合作社名称…………………………	(451)
合作社社员…………………………	(452)
合作社法……………………………	(451)
合作社法人…………………………	(451)
合作社的出资………………………	(450)
合作社的机关………………………	(450)
合作社的设立………………………	(450)
合作社的股份………………………	(450)
合作社章程…………………………	(452)
合作保险……………………………	(449)
合法行为(参见行为条)……………	(425)
合理预见规则………………………	(435)
合意…………………………………	(449)
合意托管……………………………	(449)
同一责任制…………………………	(923)
同一航程……………………………	(923)
同时履行抗辩权……………………	(921)
同姓不婚……………………………	(923)
同居义务……………………………	(921)
名义合伙人…………………………	(656)
名义损害……………………………	(656)
名义赔偿金…………………………	(656)
名称…………………………………	(655)
名称权………………………………	(655)
名誉…………………………………	(656)
名誉权………………………………	(656)
后手…………………………………	(455)
后发不能……………………………	(454)
后履行抗辩权………………………	(454)
向外部告知的内部代理权 ………	(1013)
《向保险公司投资入股暂行规定》	(1013)
回头汇票……………………………	(460)
回头背书……………………………	(459)
回头背书的效力……………………	(460)
回复原状主义………………………	(459)
回租…………………………………	(460)
回程运费……………………………	(459)
因付款产生的票据关系 …………	(1098)
因发票产生的票据关系 …………	(1097)
因参加付款产生的票据关系 ……	(1096)
因参加承兑产生的票据关系 ……	(1096)
因承兑产生的票据关系 …………	(1096)
因果关系 …………………………	(1098)
因果关系中断说 …………………	(1098)
因果关系条件说 …………………	(1098)
因果关系原因说 …………………	(1098)
因保付产生的票据关系 …………	(1095)
因保证产生的票据关系 …………	(1095)
因背书产生的票据关系 …………	(1096)
因恶意取得票据而产生的关系 …	(1097)
因船舶碰撞所致的运费损失 ……	(1097)
《团体人身保险条款》……………	(934)
团体人身意外伤害保险……………	(934)
《团体人身意外伤害保险条款》…	(935)
团体定期保险条款…………………	(934)
在相似良好的状态下………………	(1150)
在航船………………………………	(1150)
地上权………………………………	(175)
地产契约……………………………	(174)
地役权………………………………	(176)
地面施工造成损害的民事责任……	(175)

地籍	(174)	成套汇票	(102)
多方法律行为	(199)	托收承付	(938)
多因一果	(200)	托收银行	(938)
多式联运提单	(199)	托运人	(939)
多次扣船	(198)	托运单	(939)
多国籍法人	(199)	托拉斯	(938)
多种危险保险	(200)	扣押和捕获不保条款	(581)
多重间接占有	(198)	扣押管辖原则	(581)
多偶制	(199)	扣货	(581)
多数人之债	(199)	扣船(扣押船舶)	(580)
多数受托人(参见共同受托人条)	(199)	扣船手令	(581)
多数受益人(参见共同受益人条)	(199)	执行制	(1212)
多数债务人	(200)	扩大的所有权保留	(583)
多数债权人	(199)	扩建	(583)
夺回个人财产	(200)	收回股	(851)
如实告知	(795)	收货人	(851)
如期提示	(795)	收货方	(851)
妆奁制	(1248)	收货待运提单(参见提单条)	(851)
妇道	(253)	收购方	(851)
存立期间	(140)	收养	(851)
存续期间	(140)	收养的成立	(852)
宅基地	(1159)	收养的效力	(853)
宅基地使用权	(1159)	收养的解除	(852)
安全网条款	(1)	收复失地	(851)
安全泊位	(1)	收益	(853)
安全复本	(1)	收益质权	(853)
安全航速	(1)	收盘(参见接盘条)	(851)
安全续航费用	(1)	有夫权婚姻	(1120)
安装工程一切险	(1)	有主物	(1137)
寺院法亲等计算法	(880)	有价证券	(1121)
年金合同	(667)	有价证券所有权	(1122)
年金保险	(666)	有价证券信托	(1123)
年金信托	(667)	《有关海上运输有毒有害物质的责任和损害赔偿的国际公约》	(1121)
年龄误保条款	(668)	有名合同	(1124)
并用制	(69)	有权代理	(1124)
并向结合合同	(69)	有权占有	(1124)
延长所有权保留	(1054)	有过失占有	(1121)
延伸海事声明	(1055)	有体遗产	(1124)
延迟责任	(1055)	有形损害	(1137)
延滞损失	(1055)	有条件遗赠(参见附条件遗赠条)	(1124)
延缓条件	(1055)	有担保公司债	(1120)
异议登记	(1092)	有服亲	(1120)
当初无效	(157)	有转让权的合同	(1137)
当然参加付款	(157)	有限公司分立	(1128)
当然参加承兑	(157)	有限公司出资缴纳	(1125)
成年人	(101)	有限公司会计表册	(1130)
成约定金	(102)		

有限公司合并	(1130)	有偿婚	(1120)
有限公司设立登记	(1133)	有偿寄托	(1120)
有限公司的出资设质	(1126)	有期限物权	(1124)
有限公司的设立	(1127)	有意识的非真意表示	(1137)
有限公司的股东	(1126)	有意搁浅	(1137)
有限公司的股份	(1126)	有瑕疵的占有	(1125)
有限公司的股单	(1126)	有瑕疵的意思表示	(1125)
有限公司的章程	(1127)	有酬购买者	(1120)
有限公司组织机构	(1134)	机动车辆保险	(491)
有限公司组织变更	(1134)	《机动车辆保险条款》	(491)
有限公司经理	(1132)	机遇性危险	(493)
有限公司股东义务	(1129)	机器损坏保险	(492)
有限公司股东会	(1129)	权义合并说	(767)
有限公司股东权利	(1129)	权义集体说	(767)
有限公司股份的转让	(1129)	权利外观说	(765)
有限公司股息	(1130)	权利本位	(764)
有限公司转化	(1133)	权利用益权	(766)
有限公司变更	(1125)	权利买卖	(765)
有限公司变更登记	(1125)	权利行使	(766)
有限公司监事	(1131)	权利抵押	(764)
有限公司监事会	(1131)	权利物权	(766)
有限公司资本	(1133)	权利的并存	(764)
有限公司减资	(1131)	权利质权	(766)
有限公司清算	(1132)	权利侵害说	(765)
有限公司章程变更	(1133)	权利能力的开始	(765)
有限公司董事义务	(1128)	权利能力的消灭	(765)
有限公司董事会	(1127)	权利滥用	(765)
有限公司董事资格	(1128)	死亡保险	(879)
有限公司董事职权	(1128)	死后合同	(879)
有限公司解散	(1132)	死后收养	(879)
有限公司增资	(1133)	死后法律行为	(879)
有限合伙	(1134)	死后信托(参见遗嘱信托条)	(879)
有限股东责任	(1134)	死因赠与	(880)
有限责任	(1134)	死租	(880)
有限责任公司	(1135)	污染环境的民事责任	(969)
有限责任公司的登记	(1136)	米兰规则	(630)
《有限责任公司规范意见》	(1136)	约因	(1145)
有限责任股东竞业自由	(1136)	《约克—安特卫普规则》	(1145)
有限保证债务	(1125)	约定义务	(1144)
有相对人的意思表示	(1137)	约定夫妻财产制	(1144)
有息债	(1124)	约定利率	(1144)
有效合同	(1137)	约定违约金	(1144)
有效债务	(1137)	约定监护	(1144)
有配偶者与他人同居	(1123)	约定期限	(1144)
有偿合同	(1119)	约据	(1145)
有偿委托	(1120)	网状责任制	(948)
有偿法律行为	(1119)	自己代理	(1258)

词条	页码	词条	页码
自己占有	(1259)	行纪人	(424)
自己契约	(1259)	行纪合同	(423)
自书遗嘱	(1262)	行纪委托人	(424)
自主占有	(1265)	行纪实行行为	(424)
自付票据	(1258)	行政命令之债	(1042)
自由买卖	(1263)	行辈	(423)
自由权	(1263)	许可证贸易	(1047)
自由财团	(1262)	许可取得	(1047)
自由转船条款	(1263)	讼争物寄托	(880)
自由离婚主义	(1263)	设立行为地说	(828)
自由继承主义	(1263)	设立登记	(828)
自由裁量信托(参见可酌情处理的信托条)	(1262)	设权登记	(829)
自动垫交保险费条款	(1258)	设定信托	(828)
自有股	(1264)	设质背书	(829)
自杀条款	(1262)	设质背书的效力	(829)
自负额	(1258)	贞操权	(1178)
自助行为	(1265)	负担行为	(253)
自我防卫	(1262)	过水权	(401)
自治利益共同体	(1264)	过失	(401)
自治社团	(1265)	过失比例原则	(401)
自物权	(1262)	过失相抵	(401)
自留地	(1259)	过重负担	(402)
自留额	(1259)	过继子(参见嗣子条)	(401)
自益权	(1262)	过错	(399)
自益信托	(1262)	过错的主观标准	(400)
自然人	(1259)	过错的客观标准	(400)
自然人住所	(1260)	过错责任	(400)
自然人的民事权利能力	(1259)	过错推定	(400)
自然人的民事行为能力	(1260)	防止诈欺条例	(229)
自然及养育的监护人	(1259)	防止或减轻环境污损的海上救助	(229)
自然危险	(1261)	防灾减损	(229)
自然死亡	(1261)		
自然血亲	(1261)		
自然灾害	(1261)		

七画

词条	页码
自然事实	(1260)
自然债	(1261)
自愿保险	(1264)
自愿原则(参见意思自治原则条)	(1264)
自愿继承	(1264)
自愿寄托	(1264)
舟船旅馆和马厩员役所生之损害的责任	(1239)
血亲	(1052)
血亲继承人	(1053)
血缘群婚	(1053)
行为	(1042)
行为责任之侵权行为	(1042)
行业条款	(425)

两合公司	(601)
两合公司入股	(603)
两合公司与股份两合公司	(604)
两合公司代表	(602)
两合公司出资	(601)
两合公司出资转让	(602)
两合公司合并	(603)
两合公司执行机关	(605)
两合公司设立	(604)
两合公司的登记	(602)
两合公司组织变更	(606)
两合公司股东责任	(603)
两合公司盈余分派	(604)

两合公司退股	(604)
两合公司清算	(603)
两合公司章程变更	(605)
两合公司解散	(603)
两造商行为	(606)
严法契约	(1056)
严格责任	(1056)
严格责任主义	(1056)
佃租	(183)
住所	(1242)
住所地国籍说	(1243)
住院医疗保险	(1243)
余额结转所有权保留	(1138)
作成拒绝证书	(1275)
免责条款	(631)
免除	(630)
免除民事责任的条件	(631)
免赔额	(631)
初夜权	(122)
初婚	(122)
判决之债	(675)
判定债务人	(675)
判定债权人	(675)
利用仓库	(595)
利息	(593)
利息之债	(593)
利润损失	(593)
利润损失保险	(593)
利益公司债	(595)
利益的信托条)	(661)
利益偿还请求权关系	(594)
利益偿还请求权的当事人	(594)
利益偿还请求权的成立要件	(593)
利益偿还请求权的效力	(594)
利率	(593)
别居制度	(68)
劳工赔偿	(586)
劳氏救助合同格式	(586)
劳务人	(586)
劳务之债	(587)
劳动合同	(586)
劳动所得共同制	(586)
劳动保险	(585)
劳合社(参见劳埃德社条)	(586)
劳役婚	(587)
劳埃德社	(584)
医疗事故	(1076)
医疗责任	(1076)
医疗责任保险	(1077)
医疗保险	(1075)
医疗给付保险	(1076)
即时买卖	(503)
即时合同	(503)
即期付款	(502)
即期本票	(502)
即期汇票	(502)
君子协议	(569)
否定条件	(244)
吸收合并	(1002)
吸收财产制	(1002)
呆账	(141)
坏债	(457)
声明退伙	(839)
声响和灯光信号	(839)
妨害除去请求权	(229)
妨害预防请求权	(230)
完全无效	(948)
完全民事行为能力	(947)
完全成立的信托	(947)
完全收养	(947)
完全行为	(948)
完全完整的协议	(948)
完全背书	(947)
完成举证说明书	(946)
完备的正式的契约	(946)
尾差	(959)
序时账簿	(1047)
应买	(1104)
应买人	(1104)
应留份(参见特留份条)	(1104)
应继份	(1104)
弃船	(742)
形式民法	(1044)
形式商行为	(1044)
形成权	(1042)
役权	(1092)
我国对海运经济的管理	(968)
扶助信托(参见保护信托条)	(248)
扶养	(247)
扶养费信托	(247)
技术开发合同	(508)
技术合同	(508)
技术更新	(508)
技术服务合同	(507)

技术转让合同	(508)
技术咨询合同	(509)
抓斗条款	(1243)
投机买卖	(927)
投机性的损害赔偿	(927)
投保	(925)
投保人	(926)
投保人义务	(926)
投标	(927)
投资人寿保险	(928)
投资公司	(928)
投资保险	(927)
投资信托	(928)
投资信托受益证券	(928)
抗辩权	(572)
折中商法主义	(1177)
抚养费信托	(248)
抛弃	(676)
抛弃物件所致之损害的责任	(676)
抛弃货物	(676)
报告居间	(47)
拒付	(563)
拒保	(563)
拒绝付款证书	(563)
拒绝交还复本证书	(564)
拒绝交还原本证书	(564)
拒绝证书的分类	(565)
拒绝证书的记载事项	(566)
拒绝证书的作成	(566)
拒绝证书的作成机关(参见拒绝证书的作成条)	(567)
拒绝证书的免除	(566)
拒绝证书的效力	(566)
拒绝事实的通知	(564)
拒绝事实通知的免除	(565)
拒绝参加付款证书	(563)
拒绝参加承兑证书	(563)
拒绝承兑	(563)
拒绝承兑证书	(563)
拒绝监护	(564)
拟诉弃权	(665)
拟制交付	(666)
拟制血亲	(666)
拟制住所	(666)
拟制信托(参见推定信托条)	(666)
改建	(263)
改变航程条款	(263)
时效	(841)
时效利益	(842)
时效取得	(842)
时效婚	(842)
时效期间	(842)
时租船舶的航区限制	(843)
更改	(269)
更换	(269)
材料与物料牺牲	(86)
束己合同	(874)
条件	(918)
条件不成就的拟制	(918)
条件不确定	(919)
条件成就的拟制	(919)
条件的不成就	(919)
条件的成就	(919)
求偿保证	(763)
汽车第三者责任保险	(742)
没收	(624)
状态(参见自然事实条)	(1249)
犹豫期限	(1119)
玛瑞瓦禁令	(620)
男系亲	(663)
男到女家落户的婚姻	(663)
社会公众股	(830)
社会危险	(831)
社会合同	(830)
社会团体法人	(830)
社会保险	(829)
社团	(831)
社团决议	(832)
社团法人	(831)
社团监事	(831)
社团董事	(831)
社团董事会	(831)
社员	(832)
社员名簿	(832)
社员权	(832)
社员总会	(832)
私人目的信托	(878)
私人信托	(878)
私人受托人	(878)
私义务	(878)
私有企业法人	(879)
私有财产	(879)
私权	(877)
私法人	(877)

词条	页码
私法自治原则(参见意思自治原则条)	(877)
私法契约	(877)
私益信托(参见私人信托条)	(879)
穷困抗辩	(762)
系争物	(1003)
纯比较过失	(135)
纯正信托(参见管理信托条)	(136)
纯经济损失	(136)
纯救助	(136)
纯然商行为	(136)
纯粹危险	(136)
纳妾	(663)
肖像权	(1016)
良好天气工作日(参见装卸时间条)	(601)
良好船艺	(601)
良贱不婚	(601)
《苏俄民法典》	(881)
《苏联和各加盟共和国民事立法纲要》	(881)
补正期间	(71)
补充之债	(71)
补充性的保佐	(70)
补充责任	(70)
补充保证	(70)
补充海事声明	(70)
补充继承人	(70)
补助商行为	(71)
补偿保险	(69)
补偿贸易合同	(69)
证书之债	(1206)
证约定金	(1206)
证券	(1179)
证券上市	(1196)
证券业协会	(1203)
证券发行市场	(1183)
证券发行的信息披露	(1182)
证券市场	(1197)
证券交易	(1189)
证券交易风险	(1190)
证券交易风险防范	(1190)
证券交易所	(1191)
证券仲裁	(1204)
证券价格	(1187)
证券价格指数	(1188)
证券回购交易	(1187)
证券自营业务	(1205)
证券投资信托	(1201)
证券投资信托业务	(1202)
证券投资信托合同	(1201)
证券投资信托基金	(1201)
证券投资基金	(1198)
证券投资基金发行	(1200)
证券诉讼	(1198)
证券违法行为	(1202)
证券承销	(1181)
证券抵押	(1182)
证券服务机构	(1186)
证券法	(1183)
证券法的原则	(1184)
证券法律关系	(1186)
证券法律责任	(1186)
证券现货交易	(1203)
证券经纪人	(1192)
证券经纪业务	(1192)
证券经营机构	(1193)
证券信用交易	(1203)
证券流通市场	(1194)
证券监督管理机构	(1188)
证券期权交易	(1195)
证券期货交易	(1195)
证券欺诈	(1196)
证券登记结算机构	(1181)
评标	(730)
识别能力	(843)
诈害债权信托	(1158)
诉讼代理	(882)
诉讼时效	(882)
诉讼时效的不完成	(883)
诉讼时效的中止	(886)
诉讼时效的中断	(885)
诉讼时效的延长	(885)
诉讼时效的完成	(885)
诉讼时效的客体(参见诉讼时效的适用范围条)	(883)
诉讼时效的适用范围	(884)
诉讼时效的起算	(883)
诉讼时效的援用	(885)
诉讼信托	(887)
诉前扣船担保	(882)
财产用益权	(89)
财产危险	(89)
财产权	(88)
财产法律行为	(88)
财产责任	(89)
财产保险	(86)

词条	页码	词条	页码
《财产保险条款费率管理暂行办法》	(88)	违约金	(955)
财产给付行为	(88)	违约赔偿金	(956)
财产损害	(89)	违法不作为	(951)
财产继承(参见继承条)	(88)	违法合同(参见非法合同条)	(952)
财产继承人	(88)	违法行为	(952)
财产继承原则	(88)	违法作为	(953)
财团抵押	(89)	违法性认识	(953)
财团法人	(90)	违契不偿	(954)
财物之债	(90)	违章用电	(958)
足额保险	(1270)	连带之债	(596)
身份	(835)	连带合同	(595)
身份权	(836)	连带负责本票	(595)
身份利益	(836)	连带责任	(595)
身份法律行为	(835)	连带责任保证	(595)
身份继承	(836)	连带责任原则	(596)
身份继承人	(836)	连带债务	(596)
运费	(1146)	连带债权	(596)
运费分摊价值	(1147)	连续背书	(596)
运费保险	(1147)	连续履行的合同	(597)
运费牺牲	(1147)	迟延交货责任	(116)
运送物	(1148)	迟延履行	(117)
运输工具保险	(1147)	《邮包险条款》	(1119)
运输合同	(1148)	邻地使用权	(606)
运输条款	(1148)	邻地通行权	(606)
近因原则	(550)	间接反证法	(521)
近亲属	(550)	间接代理	(521)
返还原物	(229)	间接占有	(522)
返还请求权	(228)	间接因果关系	(522)
还盘	(457)	间接责任	(522)
还船	(457)	间接侵权行为	(522)
还船通知(参见还船条)	(457)	间接受害人	(522)
远期支票	(1144)	间接契约	(521)
远期支票的付款	(1144)	间接故意	(521)
远期本票	(1143)	间接损害	(522)
远期汇票	(1144)	间接碰撞	(521)
违反社会公共利益的民事行为	(953)	附从合同	(253)
违反法律的民事行为	(953)	附加之债(参见补充之债条)	(256)
违反婚约的损害赔偿	(953)	附加条款	(255)
违约	(954)	附加保险	(255)
违约行为	(956)	附加贷款	(255)
违约过错责任原则	(954)	附加费	(255)
违约免责条件	(955)	附加简约	(255)
违约定金	(954)	附延缓条件的法律行为	(259)
违约的救济方法	(954)	附权利债	(257)
违约责任	(956)	附负担的赠与	(254)
违约责任形式	(957)	附负担遗嘱(参见附加遗嘱条)	(255)
违约责任条件	(957)	附负担遗赠	(254)

条目	页码
附否定条件的法律行为	(254)
附条件之债	(258)
附条件承兑	(257)
附条件的民事法律行为	(257)
附条件的买卖合同	(257)
附条件背书	(257)
附条件遗赠	(258)
附补足金的互易	(253)
附始期的法律行为	(257)
附担保公司债信托	(253)
附终身扶养条件的住房买卖	(259)
附终期的法律行为	(259)
附肯定条件的法律行为	(256)
附保证公司债	(253)
附带的损害赔偿	(253)
附属合伙	(259)
附属合同(参见从合同条)	(259)
附属物	(259)
附属商行为	(259)
附期限的法律行为	(256)
附期限遗赠	(256)
附解除条件的法律行为	(256)
《陆上运输货物保险条款》	(613)
《陆上运输货物战争险条款》	(613)
陆空保险	(612)

八画

条目	页码
丧失继承权	(800)
丧服制度	(800)
丧偶儿媳继承权	(800)
丧偶女婿继承权	(800)
事业法人	(849)
事件(参见自然事实条)	(847)
事后无效	(847)
事实上的过错推定	(848)
事实不能	(847)
事实代理	(847)
事实因果关系	(849)
事实收养	(848)
事实行为	(848)
事实过程缔约	(847)
事实婚	(848)
事实推定合同	(848)
事变迟延	(847)
事故制度	(847)
使用	(845)
使用权	(846)
使用借贷	(846)
使用铁路专用线合同	(846)
供用电合同	(304)
供电方	(303)
供电方式	(303)
供电责任保险	(304)
供应合同	(304)
供养信托(参见抚养费信托条)	(304)
供销合作社	(304)
依赖型中介原因	(1077)
侥幸行为	(538)
具体轻过失	(567)
典价	(180)
典权	(180)
典妻	(180)
典物	(182)
典型合同(参见有名合同条)	(182)
净营利损失	(555)
到达主义	(157)
到岸价格合同	(157)
到货通知	(157)
到期日的计算	(158)
到期日的种类	(158)
到期付款	(158)
到期追索权	(159)
卑亲属	(47)
单一之债	(155)
单一危险保险	(155)
单一物	(155)
单一监护	(155)
单方允诺	(154)
单方法律行为	(154)
单方商行为	(154)
单务之债	(155)
单务合同	(154)
单务居间	(155)
单包合同	(152)
单边合同	(152)
单位信托基金(参见共同信托基金条)	(154)
单利	(154)
单纯的互易	(152)
单纯的意思表示	(152)
单纯信托(参见简单信托条)	(152)
单纯给付	(152)
单保险	(152)
单独代理	(152)

单独占有	(154)
单独收养	(153)
单独权利	(153)
单独行为说	(153)
单独股东权	(152)
单独责任	(153)
单独保证	(152)
单独受托人	(153)
单独受益人	(153)
单独海损	(153)
单独联运	(153)
单偶制	(154)
单数股票	(154)
卖价	(623)
卖空	(623)
卖者当心	(623)
参与公司债	(95)
参与优先股	(95)
参加付款	(92)
参加付款人	(94)
参加付款与付款的区别	(94)
参加付款与参加承兑的关系	(94)
参加付款的效力	(93)
参加付款的款式	(93)
参加付款的程序	(92)
参加承兑	(90)
参加承兑人	(92)
参加承兑人的责任	(92)
参加承兑的效力	(91)
参加承兑的款式	(91)
参加承兑的程序	(90)
参加竞合	(94)
取物之债	(763)
取物债权	(763)
取得时效的中止	(763)
取得时效的中断	(763)
和平占有	(453)
和离	(453)
和解合同	(452)
和解契约(参见和解合同条)	(453)
固有财产	(375)
固有商行为	(375)
固定信托	(375)
固定资产	(375)
《国内水路、铁路货物运输保险条款》	(396)
国内货物运输保险	(395)
国内航空货物运输保险	(394)
《国内航空货物运输保险条款(试行)》	(394)
国内商业信用保险	(395)
《国内渔船保险条款》	(396)
《国内船舶保险条款》	(393)
国有土地使用权出让合同	(397)
国有土地使用权转让合同	(398)
国有企业法人	(397)
国库	(393)
国际工程承包合同	(383)
《国际干预公海油污事故的公约及其议定书》	(384)
国际技术转让合同	(387)
国际证券发行	(389)
国际货物买卖合同	(386)
国际货物多式联运	(386)
国际货物贸易合同	(386)
国际信托(参见涉外信托条)	(389)
《国际贸易术语解释通则》	(388)
国际贸易委托代理合同	(389)
国际贸易惯例	(388)
国际借贷合同	(387)
《国际海事委员会电子提单规则》	(385)
《国际海事委员会海运单统一规则》	(385)
国际租赁合同	(390)
《国际商事合同通则》	(389)
《国际船舶安全营运和防止污染管理规则》	(384)
《国际船舶载重线公约》	(384)
国债	(398)
国债发行	(399)
国家土地所有权	(393)
国家机关法人	(391)
国家定价	(391)
国家所有权	(391)
国家赔偿责任	(391)
国营农场	(397)
国营保险	(397)
妻亲	(733)
始期	(846)
姐妹船条款	(542)
姓名	(1045)
姓名权	(1045)
委付	(959)
委付制	(959)
委任保证	(959)
委任契约(参见委托合同条)	(961)
委任背书	(959)
委任背书的效力	(960)

179

条目	页码	条目	页码
委托人	(961)	定期汇票	(186)
委托人条件	(966)	定期金契约	(186)
委托人的不当行为撤销权	(962)	定期保证	(186)
委托人的支付报酬义务	(966)	定期保险合同	(186)
委托人的认可报告权	(963)	定期债	(187)
委托人的交付信托财产义务	(962)	定期租赁	(187)
委托人的许可辞任权	(965)	定期租船合同	(187)
委托人的信托财产取回权	(964)	定期租船合同与航次租船合同的比较	(187)
委托人的信托财产强制执行异议权	(964)	定期租船合同的标准格式	(187)
委托人的信托知情权	(965)	定期赠与	(186)
委托人的信托终止权(参见委托人的信托解除权条)	(965)	定额支票	(184)
委托人的信托变更权	(964)	定额保险	(184)
委托人的信托监督请求权	(965)	实在财团	(844)
委托人的信托解除权	(965)	实际全损	(844)
委托人的查阅信托账目权(参见委托人的信托知情权条)	(962)	实际过失	(844)
委托人选任信托监察人的请求权	(966)	实际承运人	(843)
委托人的损害赔偿请求权	(963)	实物赔偿	(844)
委托人的确保信托财产权转移义务	(963)	实质民法	(845)
委托人的新受托人选任权	(963)	实质商行为	(845)
委托人的解任权	(962)	实践合同	(844)
委托代理	(960)	实践性法律行为	(844)
委托代理人	(960)	居住权	(563)
委托买卖	(961)	居间人	(562)
委托合同	(960)	居间代理商	(562)
委托培训合同	(961)	居间合同	(562)
委托票据	(961)	居间委托人	(563)
《学生幼儿住院医疗保险条款》	(1052)	居间费	(562)
宗亲	(1265)	居所	(563)
宗祧继承	(1265)	届至	(543)
宗教婚	(1265)	店头证券市场	(183)
定日付款	(187)	废标	(239)
定式合同(参见标准合同条)	(188)	建造船舶保险	(530)
定作人	(188)	建筑工程一切险	(531)
定作合同	(188)	建筑安装工程承包合同	(530)
定货单	(184)	建筑物上的悬置物造成损害的民事责任	(533)
定购合同	(184)	建筑物区分所有权	(532)
定购者	(184)	建筑物及其他设施造成损害的民事责任	(531)
定金	(184)	录音遗嘱	(613)
定金之债	(186)	彼格海姆条款	(62)
定金契约	(185)	征用	(1178)
定限物权	(188)	忠实义务	(1234)
定标(参见决标条)	(184)	房屋买卖合同	(230)
定值保险	(188)	房屋责任保险	(230)
定着物	(188)	房屋租赁合同	(231)
定期土地债务	(186)	房屋预售合同	(230)
		所有人抵押	(894)
		所有权	(891)

所有权的权能	(894)	抵押权的次序	(170)
所有权的实现	(894)	抵押权的取得	(170)
所有权的保护	(893)	抵押权的实行	(171)
所有权保留	(892)	抵押权的顺位	(171)
所有权保留条款	(893)	抵押权的效力	(171)
承认适航条款	(111)	抵押物	(174)
承包经营权	(102)	抵销	(167)
承包商责任保险	(103)	抵销性违约金	(168)
承兑人	(108)	抵销契约	(168)
承兑日期拒绝证书	(108)	押汇汇票	(1054)
承兑自由原则	(108)	押运员	(1054)
承兑押汇汇票	(108)	押租	(1054)
承兑的分类	(105)	押船借贷	(1054)
承兑的延期	(107)	抽象轻过失	(118)
承兑的原则	(107)	担当付款人	(156)
承兑的效力	(107)	担保之债	(156)
承兑的涂销	(106)	担保物权	(155)
承兑的提示	(106)	担保责任	(156)
承兑的款式	(105)	担保信托	(156)
承兑的程序	(104)	担保贷款	(155)
承兑复本	(107)	拍卖	(672)
承运人	(112)	拍卖人	(673)
承运人的实际过失或私谋	(112)	拍卖人用的小锤	(674)
承运人的责任期间	(112)	拍卖中标	(674)
承运人责任限制	(113)	拍卖中标许可决定	(674)
承运人旅客法定责任险	(112)	拍卖公告	(673)
承担民事责任的方式	(103)	拍卖日期	(674)
承保	(103)	拍卖场所	(673)
承租人	(113)	拍卖抵债	(673)
承租人的优先购买权	(114)	拍卖标的	(673)
承诺	(110)	拍卖说明书	(674)
承诺人	(111)	拍卖笔录	(672)
承诺书	(111)	拍卖船载货物	(673)
承诺的效力	(110)	拍定	(672)
承诺转质	(111)	拍定的撤回	(672)
承诺期限	(111)	《拖拉机保险条款》	(940)
承揽人	(109)	《拖轮拖带责任保险条款》	(940)
承揽合同	(108)	拖船与被拖船航行一体规则	(939)
承揽行为	(109)	拖船属被拖船雇员原则	(939)
承揽运送	(110)	招股章程	(1177)
承揽金	(109)	招标	(1177)
承揽租赁	(110)	择一的因果关系	(1151)
承销商	(111)	择地诉讼	(1151)
抵押	(168)	放任主义	(231)
抵押合同	(168)	放任行为	(231)
抵押权	(169)	放弃航程	(231)
抵押权人	(173)	明示之债	(658)

明示承诺	(658)
明示的意思表示	(658)
明示保证	(657)
明示信托	(658)
明示特约条款	(658)
服制图	(248)
杰森条款	(539)
殴打	(671)
《油污和其他保赔责任险条款》	(1119)
《沿海内河船舶保险条款》	(1057)
泊位租船合同	(69)
法人	(215)
法人工作人员致人损害的民事责任	(224)
法人分支机构	(223)
法人代理机构	(216)
法人合伙	(224)
法人名称	(226)
法人机关	(225)
法人设立登记	(226)
法人住所	(227)
法人注销登记	(227)
法人的公示	(218)
法人的分立	(218)
法人的归并	(218)
法人的民事权利能力	(220)
法人的民事行为能力	(221)
法人的合并	(220)
法人的成立	(217)
法人的设立	(222)
法人的过错	(219)
法人的改组	(218)
法人的国籍	(219)
法人的法定代表人	(218)
法人的责任能力	(222)
法人的转产	(223)
法人的变更	(217)
法人的独立财产	(217)
法人的消灭	(222)
法人的监督	(220)
法人的破产	(221)
法人的清算	(221)
法人的属人法	(223)
法人的解散	(220)
法人的撤销	(217)
法人变更登记	(216)
法人章程	(227)
法人登记	(223)
法人意思	(227)
法条竞合说	(227)
《法国民法典》	(208)
《法国商事公司法》	(212)
法国商法体系	(212)
《法国商法典》	(210)
《法国票据法》	(210)
法定义务	(207)
法定夫妻财产制	(204)
法定代理	(204)
法定合伙联合	(205)
法定地上权	(204)
法定住所	(208)
法定利息	(207)
法定利率	(206)
法定条款	(207)
法定财团	(204)
法定违约金	(207)
法定抵押权	(204)
法定质权	(208)
法定信托	(207)
法定背书禁止	(203)
法定退伙	(207)
法定债	(208)
法定监护	(206)
法定继承	(205)
法定继承人	(205)
法定继承人范围	(206)
法定继承顺序	(206)
法定孳息	(208)
法定期限	(207)
法规目的说	(208)
法律人格	(213)
法律上的过错推定	(213)
法律不能	(213)
法律因果关系	(214)
法律地位说	(213)
法律行为	(214)
法律行为的标的	(214)
法律责任	(215)
法律婚	(213)
法律推定合同	(214)
法律推定过失原则	(214)
法院对股份公司重整裁定	(228)
注期汇票	(1243)
物	(989)
物上代位权	(1000)

物上用益权	(1000)	空头支票	(579)
物上担保	(1000)	空白支票(参见空白票据条)	(579)
物上保证人	(1000)	空白委托书	(579)
物上请求权	(1000)	空白背书	(577)
物权	(989)	空白票据	(578)
物权合同	(997)	空白票据的构成要件	(578)
物权行为	(998)	空白票据的效力	(579)
物权行为的无因性	(999)	终身定期金	(1235)
物权行为的独立性	(999)	终身定期金合同	(1235)
物权法	(996)	终身租赁	(1236)
物权法定主义	(997)	终身赡养	(1235)
物权的公示	(993)	终期	(1235)
物权的优先效力	(995)	经济危险	(553)
物权的取得	(993)	经济合同	(553)
物权的取得权	(997)	经济责任	(553)
物权的类型固定	(993)	经理权	(553)
物权的类型强制	(993)	经营权	(554)
物权的效力	(995)	经销处	(554)
物权的消灭	(994)	罗马法亲等计算法	(619)
物权变动	(990)	股东名簿	(319)
物权变动模式	(991)	股东地位说	(318)
物权客体特定主义	(997)	股东权利与义务	(319)
环境损害	(457)	股东固有权	(318)
现实交付	(1007)	股东国籍说	(319)
现金支票	(1007)	股东非固有权	(318)
现金买卖	(1007)	股份公司与无限公司	(354)
直达提单	(1212)	股份公司与有限公司	(354)
直系亲	(1214)	股份公司与股份两合公司	(353)
直系继承人	(1214)	股份公司公积金	(332)
直航船	(1212)	股份公司分立	(331)
直接代理	(1212)	股份公司少数股东收购股份请求权	(347)
直接占有	(1214)	股份公司发行资本	(331)
直接因果关系说	(1214)	股份公司发起人	(330)
直接投票	(1214)	股份公司司库	(352)
直接责任	(1214)	股份公司任意公积金	(347)
直接侵权行为	(1213)	股份公司会计	(340)
直接受害人	(1213)	股份公司会计人员	(341)
直接契约	(1213)	股份公司会计表册	(341)
直接故意	(1212)	股份公司创立大会	(325)
直接损失赔偿原则	(1213)	股份公司合并	(338)
直接损害	(1213)	股份公司合并合同	(339)
直接继承	(1212)	股份公司合并效力	(339)
直接碰撞	(1212)	股份公司合并登记	(339)
知识产权质权	(1212)	股份公司合并程序	(339)
知识产权信托	(1211)	股份公司名称	(344)
矿业合伙	(582)	股份公司红利	(340)
矿业抵押	(582)	股份公司设立	(347)

股份公司设立方式	(350)	股份公司重整债务	(324)
股份公司设立登记	(349)	股份公司重整债权	(323)
股份公司设立登记效力	(349)	股份公司重整监督人	(323)
股份公司设立程序	(348)	股份公司重整管辖法院	(321)
股份公司更生	(332)	股份公司债	(355)
股份公司和解	(340)	股份公司损益表	(352)
股份公司实收资本	(351)	股份公司核准资本(参见股份公司注册	
股份公司实缴资本(参见股份公司实收		资本条)	(340)
资本条)	(351)	股份公司特别清算	(352)
股份公司审计	(351)	股份公司特别清算与公司重整	(353)
股份公司审计员	(351)	股份公司监事	(341)
股份公司法定公积金	(331)	股份公司监事会	(342)
股份公司法定资本制(参见股份公司资本确定		股份公司监察人	(341)
原则条)	(331)	股份公司秘书	(344)
股份公司注册资本	(356)	股份公司秘密公积金	(344)
股份公司的股票	(325)	股份公司资本	(357)
股份公司组织结构	(359)	股份公司资本不变原则	(357)
股份公司股东	(332)	股份公司资本维持原则	(358)
股份公司股东会	(333)	股份公司资本最低额	(358)
股份公司股东会与创立会	(335)	股份公司资本确定原则	(357)
股份公司股东会召集人	(336)	股份公司资产负债表	(359)
股份公司股东会召集程序	(336)	股份公司减资	(342)
股份公司股东会议	(335)	股份公司常务董事	(320)
股份公司股东会议事录	(335)	股份公司授权资本制	(352)
股份公司股东会议瑕疵救济	(335)	股份公司检查人	(343)
股份公司股东会决议方法	(334)	股份公司清算	(345)
股份公司股东会表决权	(334)	股份公司清算人	(346)
股份公司股东会职权	(336)	股份公司清算程序	(346)
股份公司股东年会	(337)	股份公司章程	(356)
股份公司股东法定会议	(333)	股份公司普通清算	(345)
股份公司股东特别会议	(337)	股份公司普通清算与特别清算	(345)
股份公司股利分配	(337)	股份公司董事义务	(329)
股份公司股息	(338)	股份公司董事长	(326)
股份公司总经理	(359)	股份公司董事会	(327)
股份公司类似公积金	(344)	股份公司董事会专门委员会	(328)
股份公司类别股东会议	(343)	股份公司董事会召集	(328)
股份公司重整	(320)	股份公司董事会决议	(328)
股份公司重整人	(323)	股份公司董事会权限	(328)
股份公司重整与变更	(323)	股份公司董事会报告	(327)
股份公司重整计划	(321)	股份公司董事地位	(327)
股份公司重整申请人	(323)	股份公司董事资格	(329)
股份公司重整申请书	(323)	股份公司董事职权	(329)
股份公司重整申请费	(323)	股份公司解散	(343)
股份公司重整关系人会议	(321)	股份公司增资	(355)
股份公司重整执行	(324)	股份企业法人	(362)
股份公司重整完成	(323)	股份共有	(360)
股份公司重整终止	(325)	股份收回	(363)

词条	页码	词条	页码
股份有限公司	(363)	英国民商法规范	(1106)
股份有限公司的登记	(364)	英国伦敦保险人协会	(1106)
股份有限公司股份	(365)	《英国合伙法》	(1106)
《股份有限公司规范意见》	(366)	《英国有限合伙法》	(1108)
股份设质	(362)	《英国证券法》	(1109)
股份设质方法	(363)	英国信托法	(1108)
股份设质效力	(363)	《英国商船法》	(1107)
股份两合公司	(360)	《英国票据法》	(1107)
股份两合公司入股	(361)	英美商法体系	(1109)
股份两合公司代表	(361)	英美票据法系	(1109)
股份两合公司出资	(360)	表见代理	(65)
股份两合公司出资转让	(360)	表见条件	(66)
股份两合公司合并	(361)	表见继承人	(66)
股份两合公司执行机关	(362)	表示内容中的错误	(67)
股份两合公司设立	(361)	表示主义	(67)
股份两合公司组织变更	(362)	表示行为	(67)
股份两合公司股东责任	(361)	表示行为中的错误	(67)
股份两合公司盈余分派	(362)	表示意思	(67)
股份两合公司退股	(361)	表决权股票	(66)
股份两合公司清算	(361)	表决权信托	(67)
股份两合公司章程变更	(362)	表现的地役权	(68)
股份两合公司解散	(361)	表面瑕疵	(67)
股份制	(366)	表意人	(68)
股份转让	(367)	规费	(383)
股份转让方法	(368)	试养期	(849)
股份转让效力	(368)	试验买卖	(849)
股权质权	(374)	诚实保证保险	(114)
股票	(369)	诚实信用原则	(114)
股票与股单	(374)	诚意允诺保证	(115)
股票内在价值	(373)	诚意负责保证	(115)
股票发行	(370)	询盘	(1053)
股票发行市场	(372)	责任分担	(1154)
股票交易	(373)	责任危险	(1154)
股票交易市场	(373)	责任财产	(1153)
股票交割	(372)	责任的审核	(1153)
股票价格	(372)	责任终止条款(参见航次租船合同条)	(1156)
股票价格指数	(372)	责任范围	(1153)
股票过户	(372)	责任转质	(1156)
股票投资风险	(374)	责任限制主体	(1155)
股票的上市	(370)	责任限制吨	(1155)
股票账面价值	(374)	责任限制条件	(1155)
股票清算价值	(374)	责任限制基金	(1155)
肯定条件	(577)	责任限额	(1155)
胁迫	(1019)	责任保险	(1151)
艰难情形	(523)	责任能力	(1154)
英国S.G.保险单	(1104)	责任救助	(1154)
英国公司法	(1105)	责任累积	(1154)

货币	(484)	金康合同	(545)
货币之债	(485)	金额制	(545)
货币所有权	(485)	金融衍生工具	(547)
货主承担风险的运单	(490)	限于吃水的船舶	(1008)
货物分摊价值	(486)	限制民事行为能力	(1008)
货物价值单	(486)	限制行为能力人造成损害的民事责任(参见无行为能力人造成损害的民事责任条)	(1009)
货物运输合同	(488)		
货物运输保险	(487)	限制性债权	(1009)
货物保险退费	(485)	限制的人役权	(1008)
货物损失金额	(487)	限制流通物	(1008)
货物牺牲	(487)	限制离婚主义	(1008)
货物留置权条款	(486)	限定之债	(1007)
货物联运合同	(486)	限定继承	(1007)
货物鉴定	(486)	限额担保函	(1007)
货物潜在缺陷	(487)	限额责任制	(1007)
货物操作	(485)	青田买卖	(755)
货样买卖	(489)	青苗买卖(参见青田买卖条)	(755)
质权	(1217)	非专属权利	(237)
质剂	(1217)	非比例分保	(232)
质押	(1218)	非计划合同	(236)
质押合同	(1218)	非主要错误	(237)
购销合同	(318)	非对话的意思表示	(234)
转分保	(1245)	非财产责任	(233)
转让背书	(1246)	非财产给付行为	(232)
转让背书的不连续	(1246)	非财产损害	(232)
转让背书的连续	(1246)	非附从合同	(235)
转让商	(1246)	非典型合同(参见无名合同条)	(234)
转典	(1244)	非参与公司债	(233)
转账支票	(1247)	非参与优先股	(233)
转账支票的付款	(1247)	非法人组织	(235)
转质	(1247)	非法交易	(234)
转换公司债	(1245)	非法合同	(234)
转换股股票	(1245)	非法监禁	(234)
转租	(1248)	非转让背书	(238)
转继承	(1245)	非转让背书的效力	(238)
转继承人	(1246)	非转换公司债	(238)
轮船旅客意外伤害保险	(618)	非转换股股票	(238)
《轮船旅客意外伤害强制保险条例》	(618)	非限制性债权	(237)
采购合同	(90)	非独立的意思表示	(234)
金钱担保	(545)	非流通票据	(237)
金钱信托	(546)	非消费物	(237)
金钱借贷	(546)	非继续地役权	(236)
金钱债权信托	(547)	非偿还股股票	(234)
金钱损失	(546)	非基本当事人	(236)
金钱寄托	(546)	非婚生子女的认领	(235)
金钱赔偿	(546)	非婚生子女的准正	(235)
金钱赔偿主义	(546)	非婚生子女继承权	(235)

非婚同居	(236)
非票据关系	(237)
非累积优先股	(236)
非营业信托(参见民事信托条)	(237)
驾驶船舶过失	(520)
鱼货损失	(1138)

九画

临时性合伙	(607)
临时性保佐	(606)
临时契约	(606)
临时贷款	(606)
亲子关系	(753)
亲子关系法	(753)
亲权	(751)
亲系	(751)
亲笔字据	(750)
亲属	(751)
亲属会议	(751)
亲属制度	(752)
亲等	(750)
亲等计算法	(751)
侵犯行为	(754)
侵权行为	(754)
侵权行为人	(755)
侵权行为的民事责任	(755)
侵权法的机能	(754)
侵权责任能力	(755)
便利复本	(63)
促进教育的信托	(139)
保付人	(7)
保付支票	(7)
保付支票的付款	(7)
保全抵押权	(11)
保全担保	(11)
保全请求权	(11)
保存行为	(7)
保安保险公司	(7)
保佐	(47)
保护他人	(10)
保护财产	(10)
保护信托	(10)
保证	(43)
保证合同	(44)
保证条款	(46)
保证保险	(43)
保证契约(参见保证合同条)	(45)
保证贷款	(44)
保证债务	(46)
保证履行抗辩权	(45)
保单质借条款	(7)
保单贷款	(7)
保险	(11)
保险人	(40)
保险人义务	(40)
保险人破产	(40)
保险公司	(22)
《保险公司投资证券投资基金管理暂行办法》	(24)
《保险公司营销服务部管理办法》	(24)
《保险公司管理规定》	(23)
《保险公估人管理规定(试行)》	(22)
《保险公估机构管理规定》	(21)
保险公证人	(25)
保险业	(41)
保险业财务方面的监管	(41)
保险业的组织	(42)
保险业的监管	(42)
保险业营业方面的监管	(42)
保险代理人	(16)
《保险代理人管理规定(试行)》	(17)
《保险代理机构管理规定》	(15)
保险代理权的限制	(16)
保险价值	(34)
《保险企业管理暂行条例》	(38)
保险合同	(26)
保险合同内容的变更	(31)
保险合同无效	(33)
保险合同主体的变更	(33)
保险合同当事人	(26)
保险合同条款的分类	(32)
保险合同条款的解释	(32)
保险合同的中止	(31)
保险合同的订立	(27)
保险合同的关系人	(29)
保险合同的形式	(30)
保险合同的承诺	(27)
保险合同的法律性质	(28)
保险合同的终止	(31)
保险合同的变更	(27)
保险合同的复效	(29)
保险合同的客体	(29)
保险合同的类别	(29)
保险合同的要件	(30)

保险合同的要约	(31)	信用买卖	(1040)
保险合同的辅助人	(28)	信用合作社	(1039)
保险合同的解除	(29)	信用权	(1040)
保险合同的履行	(30)	信用证结算	(1041)
保险合同效力的变更	(33)	信用委任	(1040)
《保险机构高级管理人员任职资格管理规定》	(34)	信用委托	(1041)
《保险机构高级管理人员任职资格管理暂行规定》	(34)	信用保险	(1039)
		信用契约	(1040)
保险估价	(25)	信用贷款	(1039)
保险利益	(37)	信用损害	(1040)
保险利益的转移	(38)	信用票据	(1040)
保险利益的要件	(37)	信托	(1024)
保险利益原则	(38)	信托人(参见委托人条)	(1034)
保险弃权	(39)	信托公司	(1031)
保险证明书	(43)	信托公示	(1031)
保险事故	(41)	信托文件	(1036)
保险凭证	(38)	信托业(参见信托公司条)	(1037)
保险单	(17)	《信托业法》[我国台湾地区]	(1037)
保险担保书	(18)	信托生效条件	(1035)
保险法学	(18)	信托目的	(1034)
保险的分类	(18)	信托关系人(参见信托当事人条)	(1031)
保险经纪人	(36)	信托合同	(1031)
《保险经纪人管理规定(试行)》	(36)	信托当事人	(1030)
《保险经纪公司管理规定》	(35)	信托行为	(1036)
保险责任	(43)	信托设立	(1034)
保险金额	(35)	信托利害关系人	(1033)
保险保障基金	(15)	信托利益	(1033)
保险标的	(15)	信托形式	(1037)
保险要素	(41)	信托投资公司	(1036)
保险费	(19)	信托投资基金(参见共同信托基金条)	(1036)
保险费迟延交付的效果	(19)	信托条款	(1036)
保险费的交付	(20)	信托条款确定(参见信托事项确定条)	(1036)
保险费的返还	(20)	信托财产	(1026)
保险费的性质	(21)	信托财产不适当的信托	(1026)
保险费率	(21)	信托财产不能确定的信托	(1026)
《保险兼业代理管理暂行办法》	(35)	信托财产占有瑕疵	(1029)
保险宽限期	(37)	信托财产共有	(1027)
《保险管理暂行规定》	(25)	信托财产合有	(1027)
保税仓库	(11)	信托财产权	(1028)
保赔责任险	(10)	信托财产权利归属人	(1028)
保管人	(9)	信托财产物上代位性	(1029)
保管仓库	(8)	信托财产独立性	(1026)
保管合同	(8)	信托财产添附	(1028)
保管信托	(9)	信托财产管理方法	(1027)
保管受托人	(9)	信托事务	(1035)
信用出资	(1039)	信托事项	(1035)
信用卡	(1039)	信托事项确定	(1035)

《信托法》[我国台湾地区] …… (1030)	受托人的注意义务(参见受托人的勤勉谨慎
信托法人 …… (1031)	义务条) …… (864)
信托终止 …… (1038)	受托人的责任 …… (863)
信托受益权 …… (1035)	受托人的亲自执行信托义务 …… (861)
信托变更 …… (1025)	受托人的保存账目义务 …… (858)
信托品种 …… (1034)	受托人的保护信托财产义务 …… (859)
信托契约(参见信托合同条) …… (1034)	受托人的保密义务 …… (859)
信托宣言 …… (1037)	受托人的信托财产强制执行异议权 …… (862)
信托监督 …… (1033)	受托人的信托变更权 …… (862)
信托监察人 …… (1032)	受托人的受信任人义务(参见受托人的忠实
信托基金 …… (1032)	义务条) …… (862)
信托清算 …… (1034)	受托人的费用补偿权 …… (859)
信托营业人(参见营业受托人条) …… (1038)	受托人的酌情处理权 …… (864)
信托期间 …… (1034)	受托人的清算义务 …… (861)
信托登记 …… (1030)	受托人的职权 …… (863)
信托遗嘱 …… (1038)	受托人的勤勉谨慎义务 …… (861)
信托意图 …… (1038)	受托人的遵从信托条款义务 …… (864)
信托解除 …… (1033)	受托人职责终止 …… (865)
信托管理人(参见信托监察人条) …… (1031)	受托人解任 …… (864)
信托撤销 …… (1030)	受托人辞任 …… (858)
信贷合同 …… (1023)	受胁迫的民事行为(参见胁迫条) …… (866)
信誉 …… (1041)	受保护的言论 …… (853)
修改章程登记 …… (1045)	受害人 …… (854)
修理 …… (1046)	受害人同意 …… (854)
修理合同 …… (1046)	受害人过错 …… (854)
修缮合同 …… (1046)	受损方尽力减少损失原则 …… (856)
养子女继承权 …… (1059)	受益人 …… (866)
养父母养子女 …… (1057)	受益人不能确定的信托 …… (868)
养兄弟姐妹 …… (1059)	受益人条件 …… (871)
养老金信托 …… (1059)	受益人的不当行为撤销权 …… (868)
养老保险 …… (1057)	受益人的支付报酬义务 …… (871)
冒险借贷合同 …… (624)	受益人的认可报告权 …… (869)
前手 …… (746)	受益人的许可辞任权 …… (871)
前借金 …… (746)	受益人的信托财产取得权 …… (870)
受托人 …… (856)	受益人的信托财产强制执行异议权 …… (870)
受托人报酬规则 …… (858)	受益人的信托知情权 …… (870)
受托人条件 …… (865)	受益人的信托终止权(参见受益人的信托
受托人的为受益人谋求最大利益义务 …… (862)	解除权条) …… (871)
受托人的公平对待受益人义务 …… (861)	受益人的信托变更权 …… (869)
受托人的分别管理信托财产义务 …… (860)	受益人的信托监督请求权 …… (870)
受托人的交付信托利益义务 …… (861)	受益人的信托解除权 …… (870)
受托人的自由裁量权(参见受托人的酌情	受益人的查阅信托账目权(参见受益人的信托
处理权条) …… (864)	知情权条) …… (868)
受托人的告知义务 …… (860)	受益人的费用补偿义务 …… (869)
受托人的报酬权 …… (859)	受益人的损害赔偿请求权 …… (869)
受托人的委托代理权 …… (862)	受益人的特殊补偿义务 …… (869)
受托人的忠实义务 …… (864)	受益人的新受托人选任权 …… (869)

词条	页码	词条	页码
受益人的解任权	(869)	宣言信托	(1050)
受寄人(参见保管合同条)	(855)	封闭式公司	(243)
受领迟延	(855)	差额保险	(98)
受领意思表示的人	(856)	帮助人及教唆人的侵权责任	(6)
受欺诈的民事行为(参见欺诈条)	(856)	待履行的合同	(151)
受款人	(855)	总代理人	(1266)
受遗赠人	(866)	总包合同	(1266)
受雇人	(854)	总有	(1266)
受赠人	(871)	总括保单	(1266)
变式汇票	(63)	总括遗赠(参见概括遗赠条)	(1266)
变更登记	(63)	总债	(1267)
哄价	(454)	总租赁	(1267)
《哈特法》	(403)	恢复名誉	(458)
城市消费合作社	(115)	恢复原状	(458)
复代理(参见再代理条)	(261)	恢复原状原则	(459)
复本的分类	(260)	战争条款	(1177)
复本的发行	(260)	战争险	(1177)
复本的记载	(260)	拾得遗失物	(845)
复本的效力	(260)	持有	(117)
复利	(261)	持票人	(117)
复制合同	(262)	挂名合伙人	(378)
复委任	(261)	指己汇票	(1216)
复保险	(260)	指示交付	(1217)
复效条款	(262)	指示有价证券	(1217)
复婚登记	(261)	指示票据	(1217)
复数之债	(261)	指名之债	(1217)
复数股票	(261)	指名契约	(1217)
契约	(743)	指名债权	(1217)
契约的标的不能	(744)	指定代理	(1215)
契约的效力	(744)	指定信托	(1216)
契约信托(参见合同信托条)	(745)	指定监护	(1216)
契约说	(745)	指定清偿	(1216)
契据	(743)	指定遗嘱执行人	(1216)
契据印章	(743)	按份之债	(3)
契据格式与令状程式书籍	(743)	按份共有	(2)
契据登记簿	(743)	按份合同	(3)
姻亲	(1099)	按份责任	(3)
姻亲继承人	(1099)	按份债务	(3)
威吓	(951)	按份债权	(3)
威胁	(951)	政治风险保险	(1206)
客观不能	(577)	故意	(376)
客观权利	(577)	故意违反善良风俗而造成损害的行为	(376)
客观责任之侵权行为	(577)	施工合同	(841)
客观商行为(参见绝对商行为条)	(577)	既存期限	(509)
宣示登记	(1050)	既连带又单独负责本票	(509)
宣告失踪	(1048)	既定条件	(509)
宣告死亡	(1049)	既得权利	(509)

既得继承权	(509)
显失公平	(1006)
显失公平的民事行为(参见显失公平条)	(1007)
显名合伙	(1006)
标买标卖	(65)
标志不清或不当	(65)
标底	(65)
标的	(63)
标的不能	(64)
标的可能	(64)
标的妥当	(64)
标的物	(64)
标的的合法	(64)
标的确定	(64)
标准合同	(65)
残疾人保佐	(95)
活动物和植物条款	(483)
派购合同	(675)
测试合同	(98)
牲畜保险条款	(839)
牲畜租养	(839)
独立性效力	(193)
独立法律行为	(193)
独立的意思表示	(193)
独立责任	(194)
独立型中介原因	(193)
独立简约	(193)
独任法人	(194)
独家销售契约	(193)
狭义的无权代理	(1003)
狭义的代理	(1003)
狭义的监护	(1003)
狭义契约	(1004)
狭水道	(1003)
疫学的因果关系证明方法	(1092)
相互保险	(1010)
相互保险公司	(1010)
相互保险社	(1010)
相互索赔的冲抵	(1011)
相对无效	(1010)
相对权	(1009)
相对商行为	(1010)
相关关系说	(1010)
相当因果关系说	(1009)
相邻关系	(1011)
祖孙间的抚养义务	(1270)
神法物	(837)
种类之债	(1237)
种类物	(1236)
种类物买卖	(1237)
种类物遗赠	(1237)
穿衣简约	(124)
窃电	(750)
类似股东责任	(587)
结合物	(540)
结果(参见损害事实条)	(539)
结果责任	(539)
结果责任之侵权行为	(539)
结果信托(参见归复信托条)	(539)
结婚(参见婚姻的成立条)	(540)
结婚证	(541)
结婚的形式要件(参见结婚要件条)	(540)
结婚的实质要件(参见结婚要件条)	(540)
结婚要件	(540)
结婚准据法	(541)
结婚登记	(540)
结算合同	(541)
绕航	(769)
绕航条款	(770)
给付	(493)
给付不能	(494)
给付权质权	(494)
给付行为	(494)
给付迟延	(494)
给付保险金	(493)
给付标的	(494)
给付赔偿	(494)
绝对无效	(568)
绝对权	(568)
绝对责任	(568)
绝对商行为	(568)
统一财产制	(924)
《统一商法典》	(925)
《统一船舶碰撞中民事管辖权方面若干规定的国际公约》	(924)
《统一船舶碰撞中有关民事管辖权、法律选择、判决的承认和执行等方面若干规则的公约草案》	(925)
《统一船舶碰撞或其他航行事故中刑事管辖权方面若干规定的国际公约》	(924)
《统一船舶碰撞若干法律规定的国际公约》	(924)
统购合同	(923)
统销合同	(923)
《美国1986年政府证券法》	(625)

《美国证券法》	(629)
《美国信托法》	(628)
《美国信托法重述》	(628)
《美国标准公司法》	(625)
《美国统一合伙法》	(626)
《美国统一有限合伙法》	(628)
《美国统一信托法》	(627)
《美国统一信托法典》	(627)
《美国统一商法典》	(626)
《美国票据法》	(625)
背书人	(50)
背书的分类	(48)
背书的法律性质	(47)
背书的效力	(48)
背书的涂销	(48)
背书的特征	(48)
背书的意义	(49)
背书禁止	(50)
胎儿	(897)
胎儿保佐	(897)
荣誉权	(793)
要因合同	(1061)
要因法律行为	(1061)
要式口约	(1060)
要式合同	(1060)
要式免除	(1061)
要式法律行为	(1060)
要式现金借贷	(1061)
要式的意思表示	(1060)
要式婚姻	(1060)
要式移转物	(1061)
要约	(1061)
要约引诱(参见要约邀请条)	(1063)
要约的拘束力	(1062)
要约的消灭	(1062)
要约的撤销	(1062)
要约邀请	(1063)
要物合同(参见实践合同条)	(1061)
要物的意思表示	(1061)
要保书	(1059)
要挟条款	(1061)
误传	(1000)
误解	(1001)
贷款业	(152)
贷款信托	(151)
贷款信托合同	(151)
贷款信托受益证券	(151)
贸易货栈	(624)
贸易限制	(624)
轻过失	(755)
轻微违约	(756)
追索权	(1249)
追索权人	(1252)
追索权行使的原因	(1253)
追索权行使的程序	(1252)
追索权的分类	(1250)
追索权的主体	(1252)
追索权的行使与保全	(1251)
追索权的丧失	(1250)
追索权的保全措施	(1249)
追索权的客体	(1250)
追索权的效力	(1251)
追索权的特性	(1251)
追索扶养费	(1249)
追索抚养费	(1249)
追索金额	(1249)
追索赡养费	(1253)
退伙	(937)
退社	(938)
退保	(937)
退票	(938)
退票通知	(938)
适用责任限制的船舶	(850)
适当瞭望	(850)
适当保证履行原则	(850)
适航	(850)
逆缘婚	(666)
选任监护人	(1051)
选定居所	(1051)
选择之债	(1052)
选择无记名有价证券	(1051)
选择合同	(1051)
选择权	(1051)
选择权契约	(1051)
选择住所	(1052)
选择制	(1052)
选择性违约金	(1052)
选择责任	(1052)
选择债务	(1052)
选择债权	(1052)
重大过失	(1237)
重大过失等同于故意	(1238)
重大违约	(1238)
重大误解	(1238)

重大误解的民事行为(参见重大误解条)	(1239)	债权让与	(1167)
重大疾病保险	(1238)	债权合同	(1167)
重作	(118)	债权行为	(1170)
重复保险	(118)	债权证书	(1171)
重婚	(1239)	债权法	(1165)
重整裁定效力	(118)	债权质权	(1171)
钢铁条款	(264)	债权移转(参见债权让与条)	(1171)
除外危险	(123)	债权登记与受偿程序	(1165)
除外条款	(123)	债券	(1171)
除外责任	(123)	债券信托契约	(1171)
除斥债权	(122)	债的不履行	(1160)
除斥期间	(122)	债的不履行责任	(1160)
顺位的保留	(876)	债的内容	(1162)
顺缘婚	(876)	债的主体	(1164)
首要条款	(853)	债的发生根据	(1161)
《香港信托法》	(1012)	债的正确履行	(1164)
《香港继承法》	(1011)	债的迟延	(1160)
《香港婚姻家庭法》	(1011)	债的实际履行	(1162)

十画

		债的担保	(1161)
		债的保全	(1160)
		债的变更	(1160)
乘人之危	(115)	债的客体	(1161)
乘人之危的民事行为(参见乘人之危条)	(116)	债的标的	(1160)
倒会	(157)	债的要素	(1163)
倒签提单	(157)	债的适当履行	(1162)
借用人	(545)	债的效力	(1163)
借用方	(544)	债的消灭	(1162)
借用合同	(544)	债的移转	(1163)
借用物	(545)	债的履行	(1162)
借贷方	(543)	债的履行不能	(1162)
借贷合同	(543)	债的履行地	(1162)
借婚姻索取财物	(544)	健全的意思表示	(534)
借款合同	(544)	健康保险	(533)
债	(1159)	准占有	(1256)
债务	(1172)	准对人诉讼	(1254)
债务人	(1174)	准则主义	(1255)
债务人迟延(参见给付迟延条)	(1174)	准合伙人	(1254)
债务奴隶	(1173)	准成年人	(1254)
债务承担	(1172)	准备期间	(1254)
债务清偿地	(1174)	准委任	(1255)
债务移转(参见债务承担条)	(1174)	准法律行为	(1254)
债权	(1164)	准契约	(1255)
债权人	(1168)	准消费借贷	(1255)
债权人代位权	(1169)	准租赁	(1256)
债权人会议	(1170)	准商行为	(1255)
债权人迟延	(1169)	准据法说	(1255)
债权人撤销权	(1168)	准禁治产人	(1255)

词条	页码
剥夺继承权	(69)
原本之债	(1142)
原因	(1143)
原权利	(1142)
原始不能	(1142)
原始住所	(1143)
原始受托人	(1142)
原物	(1143)
原保险	(1142)
原受托人	(1143)
娣媵制	(177)
家庭生活费用	(519)
家庭合伙	(519)
《家庭财产两全保险条款》	(519)
《家庭财产附加盗窃险条款》	(519)
家庭财产保险	(517)
《家庭财产保险条款》	(518)
家庭财团	(519)
家庭暴力	(517)
家庭豁免权	(519)
容忍代理权	(793)
容假占有	(793)
宽容租赁	(582)
《宾夕法尼亚规则》	(68)
射幸契约	(833)
恩惠期间	(201)
恳求信托	(577)
恶意	(201)
恶意占有	(201)
恶意串通的民事行为	(201)
恶意谈判	(201)
拿破仑法典	(663)
捐助	(567)
捐助章程	(567)
损失自负原则	(890)
损失补偿原则	(889)
损失赔偿责任	(890)
损价拍卖	(889)
损害事实	(889)
损害的减轻	(887)
损害赔偿	(887)
损害赔偿之债	(888)
损害赔偿留置权	(888)
损益相抵	(890)
换房合同	(457)
效力未定的民事行为	(1017)
敌国法人	(167)
旁系亲	(676)
旁系继承人	(675)
旅行支票	(616)
《旅行社办理旅游意外保险暂行规定》	(615)
旅行社责任保险	(615)
旅客	(614)
旅客运输合同	(614)
旅客联运合同	(614)
晚婚	(948)
校(园)方责任保险	(1018)
核准主义	(453)
根本违约	(268)
格式之争	(267)
格式合同(参见标准合同条)	(266)
格式合同的解释	(266)
格式条款	(266)
泰国商事法典	(900)
流水使用权	(607)
流水变更权	(607)
流动债务	(607)
流动资产	(607)
流质契约	(608)
流通抵押权	(608)
流通担保	(607)
流通物	(608)
流通复本	(608)
流通票据	(608)
浪费人保佐	(584)
浪费者信托	(584)
浪损	(584)
浮动价	(248)
浮动担保	(248)
海上石油开采保险	(409)
海上危险	(410)
海上运输管理法	(410)
海上固有危险	(408)
海上货物运输附加险	(408)
海上货物运输保险	(408)
海上保险	(405)
海上保险合同	(407)
《海上旅客及其行李运输雅典公约》	(409)
海上联运提单	(409)
《海牙公约》	(417)
《海牙统一票据规则》	(417)
海运单	(418)
《海运经济法》	(418)
海陆联运合同	(403)

海事声明	(413)
海事报告	(410)
海事证据保全	(417)
海事诉讼	(413)
海事诉讼中的举证责任	(416)
海事诉讼时效	(416)
海事诉讼法律文书的送达	(415)
海事诉讼法律关系	(415)
海事诉讼的专属管辖	(414)
海事诉讼的协议管辖	(414)
海事诉讼的地域管辖	(414)
海事诉讼案件	(413)
海事诉讼案件类型	(413)
海事诉讼程序	(414)
海事诉讼管辖	(415)
海事事故调查表	(413)
海事担保	(410)
海事请求保全(海事请求保全措施)	(412)
海事强制令	(412)
海事赔偿责任限制	(411)
海事赔偿责任限制制度的历史	(412)
海事赔偿责任限制准据法	(412)
海事赔偿责任限制基金	(411)
海事赔偿责任限额	(410)
《海洋运输货物战争险条款》	(418)
《海洋运输保险责任扩展条款》	(418)
海损	(417)
海损理算人	(417)
海损理算师	(417)
海难救助	(403)
海难救助法基本原则	(404)
海难救助的性质	(403)
海难救助的准据法	(404)
海商行为	(405)
海商法	(404)
涂销人	(929)
消灭时效	(1015)
消灭条件(参见解除条件条)	(1015)
消极义务	(1015)
消极代理	(1014)
消极地役权	(1014)
消极侵权行为	(1015)
消极信托(参见被动信托条)	(1015)
消极给付	(1014)
消极债务	(1015)
消极遗产	(1015)
消费物	(1014)
消费信贷	(1014)
消费信贷交易	(1014)
消费契约	(1014)
消费借贷	(1014)
消费寄托	(1013)
消除危险	(1013)
消除影响	(1013)
涉他契约	(833)
涉外合同	(834)
涉外合同仲裁	(834)
涉外经济合同	(835)
涉外信托	(835)
涉外海事诉讼	(833)
涉外海事诉讼的法律适用	(833)
涉外海事诉讼管辖权的冲突	(834)
涉外继承	(834)
涉外婚姻	(834)
特业合伙	(907)
特约代理人	(907)
特许主义	(907)
特设信托	(905)
特别无效	(902)
特别代理	(902)
特别补偿	(901)
特别补偿制度	(902)
特别委托	(902)
特别法上物权	(902)
特别的损害赔偿	(902)
特别股东权	(902)
特别责任	(903)
特别赠与(参见赠与合同条)	(903)
特定之债	(904)
特定危险保险	(903)
特定物	(903)
特定物买卖	(903)
特定物遗赠	(903)
特定给付	(903)
特种买卖	(907)
特殊人的过失标准	(905)
特殊之债	(906)
特殊协议	(906)
特殊合伙	(905)
特殊地域管辖原则	(905)
特殊诉讼时效	(906)
特殊责任	(906)
特殊转让背书	(906)
特殊转让背书的效力	(907)

词条	页码
特殊侵权行为	(905)
特殊保险	(905)
特留份	(904)
特留份继承人	(904)
《班轮公会行动守则公约》	(6)
留任受托人	(608)
留置权	(608)
留置权的条件	(610)
留置权的实行	(609)
留置权的效力	(610)
监护	(523)
监护人	(525)
监护人的报酬	(525)
监护人的侵权责任	(525)
监护人的消极资格	(525)
监护人的解任	(525)
监护机关	(524)
监护法院	(524)
监护的终止	(524)
监护的变更	(524)
监护责任	(526)
监护保佐	(524)
监护监督人	(525)
监护职责	(526)
监护职责的委任	(526)
真正救助	(1178)
真意合同	(1178)
真意保留	(1178)
离岸价格合同	(587)
离岸信托	(587)
离婚	(588)
离婚判决	(589)
离婚时的财产分割	(589)
离婚时的经济帮助	(589)
离婚时的债务清偿	(590)
离婚证	(590)
离婚诉讼	(590)
离婚制度	(590)
离婚的法定理由	(588)
离婚的效力	(588)
离婚损害赔偿	(590)
离婚调解	(589)
离婚率	(589)
离婚登记	(588)
离婚程序	(588)
秘密信托	(630)
租地建筑合同	(1268)
租地造屋权	(1268)
租妻	(1270)
租金	(1268)
租赁合同	(1268)
租赁权	(1269)
租赁物	(1270)
租赁物转让的风险	(1270)
租赁的更新	(1268)
租赁的默示更新	(1268)
租船合同	(1267)
租船合同下的提单	(1268)
租船合同的标准格式	(1267)
积极义务	(495)
积极代理	(495)
积极地役权	(495)
积极侵权行为	(495)
积极信托(参见能动信托条)	(495)
积极给付	(495)
积极债务	(495)
积极遗产	(495)
积累信托	(495)
竞业禁止	(556)
竞买人	(556)
竞争契约	(556)
索债信托	(896)
索赔	(895)
索赔与理赔	(895)
索赔的程序	(895)
紧迫局面	(549)
紧迫寄托	(549)
紧急状况下的过失原则	(549)
紧急避险	(547)
继父母继子女	(514)
继任受托人(参见新受托人条)	(514)
继承	(509)
继承人	(514)
继承开始	(512)
继承开始的地点	(512)
继承开始的时间	(512)
继承代理	(510)
继承份额	(511)
继承权	(513)
继承权的抛弃(参见放弃继承条)	(514)
继承财产信托	(510)
继承法	(510)
继承契约	(513)
继承税(参见遗产税条)	(514)

继续占有 (516)	请求交还原本关系 (759)
继续地役权 (515)	请求交还票据关系 (759)
继续存在的受托人 (515)	请求权 (759)
继续供给合同 (515)	请求权的竞合 (761)
继续性合同 (516)	请求权规范竞合说 (762)
继续给付 (515)	请求权竞合说 (762)
继续履行 (515)	诺成合同 (670)
耕地 (269)	诺成性法律行为 (670)
耕地租赁 (269)	诽谤 (239)
能见度受限 (665)	调剂合同 (183)
能动信托 (665)	赁庸 (607)
能权 (665)	资合公司 (1256)
致害人(参见加害人条) (1219)	资金募集地说 (1256)
航次制度 (420)	起浮脱浅 (741)
航次租船合同 (421)	逐月租赁 (1239)
航次租船合同的标准格式(参见航次租船合同条) (421)	逐年连续的租赁 (1239)
	通用产品 (921)
航次租船合同的装卸费 (421)	通奸 (920)
《航行过失免责条款》 (423)	通知及告知的免除 (921)
航行通告 (423)	"通常的技术和谨慎"原则 (920)
《航空运输货物保险条款》 (423)	速遣费 (887)
《航空责任保险》 (423)	部分无效 (85)
航空保险 (421)	部分比较过失 (85)
《航空旅客人身意外伤害保险条款》 (422)	部分付款 (85)
《航空旅客意外伤害保险》 (422)	部分完整的协议 (85)
《航空旅客意外伤害保险行业指导性条款》 (422)	部分承兑 (85)
	部分保证 (85)
航海借贷 (421)	部分背书 (85)
获救财产价值 (490)	酌份遗产人 (1256)
袒免亲 (901)	配偶 (677)
被代位继承人(参见代位继承条) (51)	配偶继承权 (677)
被代理人 (51)	钻井平台一切险 (1270)
被动信托 (51)	铁路旅客意外伤害保险 (919)
被参加人的责任 (51)	《铁路旅客意外伤害强制保险条例》 (919)
被参加人的前后手的责任 (51)	预付款 (1140)
被参加付款人 (51)	预付赔偿 (1140)
被参加承兑人 (51)	预收租金 (1141)
被参加承兑人的责任 (51)	预约(参见预约合同条) (1142)
被参加承兑人的前后手的责任 (51)	预约合同 (1142)
被保险人 (50)	预约保险合同 (1142)
被背书人 (50)	预防污染费用 (1140)
被追索人 (52)	预防损害 (1140)
被监护人 (52)	预备付款人 (1139)
被继承人 (52)	预备航次 (1140)
被救助船 (52)	预备登记 (1139)
被撞船舶的损害赔偿 (52)	预定可随时清算合伙 (1140)
请求发行复本关系 (759)	预购合同 (1141)
请求交还复本关系 (759)	

预借提单	(1141)
预期违约	(1141)
验证条款	(1057)
高利贷	(265)
高度危险业务责任	(265)
高度危险作业致人损害的民事责任	(265)

十一画

假买手	(521)
假合同	(520)
假设因果关系	(521)
假装期限	(521)
停止条件(参见延缓条件条)	(920)
停止侵害	(920)
停租	(920)
偶尔投票	(671)
偶成条件	(671)
偶然条件	(671)
偿还股股票	(101)
减保	(526)
减资登记	(527)
副债权契约	(262)
商人法主义	(810)
商习惯法	(813)
商业	(813)
商业代表	(814)
商业代理	(814)
商业代理所	(814)
商业本票	(814)
商业汇票	(818)
商业合伙	(818)
商业名称	(819)
商业名称权	(821)
商业名称的性质	(820)
商业名称的选定	(820)
商业名称的起源	(820)
商业名称的登记	(819)
商业使用人	(822)
商业承兑汇票	(814)
商业法	(818)
商业账簿	(822)
商业账簿法	(824)
商业账簿的记载方法	(823)
商业账簿的保存	(823)
商业保险(参见普通保险条)	(814)
商业信托(参见马萨诸塞州信托条、营业信托条)	(822)
商业受托人(参见营业受托人条)	(822)
商业贷款	(814)
商业特许	(822)
《商业票据代收统一规则》	(822)
商业登记	(814)
商业登记事项的请求权	(817)
商业登记法	(817)
商业登记法的历史	(817)
商业登记法的特性	(817)
商业登记的机关	(815)
商业登记的作用	(816)
商业登记的事项	(816)
商业登记的效力	(816)
商业登记的程序	(815)
商业登记的撤销	(815)
商主体	(824)
商务代表处	(812)
商务代理	(812)
商务代理人	(813)
商号(参见商业名称条)	(807)
商号权(参见商业名称权条)	(807)
商号转让	(807)
商外观主义	(812)
商成文法	(803)
商自然人	(825)
商行为(参见商事行为条)	(813)
商行为法主义	(813)
商过失	(807)
商判例法	(808)
商事	(810)
商事买卖	(811)
商事行为	(811)
商事法律关系	(810)
商店代理	(803)
商法	(803)
商法人	(805)
商法干预主义	(805)
商法典	(804)
商法学	(806)
商品经济	(808)
商品贷款	(808)
商故意	(807)
商誉	(824)
基于所有权的请求权	(502)
基尔特制度	(501)
基本当事人	(496)

基本条款	(499)	悬赏广告	(1050)
基本建设工程决标	(497)	情势变迁	(758)
基本建设工程设计合同	(497)	《捷克斯洛伐克社会主义共和国民法典》	(541)
基本建设工程投标	(498)	授权不明	(871)
基本建设工程承包合同	(496)	授权行为	(872)
基本建设工程招标	(498)	授权委托书	(872)
基本建设工程勘察合同	(497)	排水权	(675)
基本建设投资	(498)	排他代理	(675)
基本保险	(496)	排他性违约金	(675)
基本商行为	(498)	排他贸易协议	(675)
基地租赁	(501)	排除妨碍	(674)
基金会法人	(501)	掠夺婚	(616)
基础关系与票据关系的关系	(499)	接受继承	(538)
婚书	(475)	接受遗产	(539)
婚生子女	(475)	接盘	(538)
婚生否认	(474)	控股公司	(579)
婚生推定	(475)	推定过失	(935)
婚礼	(474)	推定违约	(936)
婚后所得共同制	(474)	推定信托	(936)
婚约	(480)	推定受托人	(936)
婚约赠与物的返还	(480)	推定继承人	(935)
婚前财产	(474)	推定商行为	(935)
婚姻	(475)	掮客	(746)
婚姻公告	(477)	掺水股	(98)
婚姻方式	(477)	救助人(参见救助主体条)	(560)
婚姻申报	(478)	救助人一般过失责任制	(560)
婚姻自由	(479)	救助人义务	(561)
婚姻住所决定权	(479)	救助人权利独立于合同原则	(560)
婚姻财产契约	(475)	救助人责任制	(561)
婚姻的成立	(475)	救助分中心	(559)
婚姻的终止	(476)	救助主体	(561)
婚姻的效力	(476)	救助关系	(559)
婚姻宣誓	(479)	救助协调中心	(561)
婚姻家庭制度	(477)	救助合同	(559)
婚姻监护	(478)	救助成功	(559)
婚姻登记	(476)	救助成效(参见救助效果条)	(559)
婚姻登记机关	(476)	救助过失	(559)
婚姻障碍	(479)	救助作业	(562)
寄托人	(516)	救助报酬	(557)
寄托合同(参见保管合同条)	(516)	救助报酬分配	(558)
寄托物	(516)	救助报酬条款	(558)
寄养	(516)	救助报酬的担保	(558)
寄售合同	(516)	救助报酬请求权	(558)
庶子	(874)	救助报酬请求的条件	(558)
康采恩	(571)	救助报酬确定标准	(558)
康采恩式所有权保留	(571)	救助单位	(559)
康美达合同	(572)	救助拖带	(561)

词条	页码	词条	页码
救助责任(参见救助人责任制条)	(561)	票据伪造人的责任	(713)
救助客体(参见救助关系条)	(560)	票据伪造的效力	(712)
救助标的	(559)	票据伪造签名	(713)
救助费用	(559)	票据关系	(703)
救助效果	(561)	票据关系人	(703)
救助船	(559)	票据再贴现	(726)
救助款项(参见救助报酬条)	(560)	票据划线	(704)
救济权	(557)	票据当事人	(684)
救济贫困的信托	(557)	票据权利	(706)
敕令简约	(118)	票据权利的行使及保全	(707)
教会法人	(538)	票据权利的取得	(706)
曼兮帕蓄	(623)	票据权利的消灭	(707)
检索抗辩权(参见先诉抗辩权条)	(527)	票据行为	(714)
检验合同	(527)	票据行为文义性	(725)
混合过错	(481)	票据行为形式说	(725)
混合条件	(481)	票据行为折衷说	(725)
混合违约金	(481)	票据行为单方行为说	(715)
混合责任	(481)	票据行为实质说	(725)
混合信托	(481)	票据行为抽象性	(715)
混合给付	(480)	票据行为的分类	(717)
混合控股公司	(481)	票据行为的代行	(717)
混合赠与	(482)	票据行为的代理	(715)
混同	(482)	票据行为的形式要件	(721)
添附	(916)	票据行为的实质要件	(718)
清洁提单(参见提单条)	(757)	票据行为的性质	(723)
清偿	(756)	票据行为的要件	(724)
清偿期间	(757)	票据行为的特性	(719)
清算、交割与过户	(757)	票据行为契约说	(724)
清算法人	(758)	票据行为独立性	(724)
渔捞损失	(1138)	票据行为要式性	(725)
《渔船保险条款》	(1138)	票据声明作废	(709)
理赔的程序	(591)	票据抗辩	(705)
理算费	(592)	票据抗辩的限制	(705)
略式免除	(616)	票据时效	(709)
略式承兑	(616)	票据时效期间	(710)
略式移转物	(616)	票据诉讼补救	(711)
盖然因果关系说	(263)	票据丧失	(708)
票面金额股票	(728)	票据丧失的补救	(708)
票据	(679)	票据承兑	(684)
票据上的保证人	(709)	票据法	(694)
票据上的被保证人	(709)	票据法上的非票据关系	(700)
票据公示催告	(702)	票据法系	(700)
票据见票	(704)	票据法学	(700)
票据付款	(701)	票据法的历史	(696)
票据付款的标的	(702)	票据法的发展趋势	(695)
票据发票	(693)	票据法的特性	(699)
票据交换所	(704)	票据物的抗辩	(714)

票据的人的抗辩	(690)
票据的分类	(685)
票据的历史	(688)
票据的伪造	(693)
票据的更改	(685)
票据的经济职能	(686)
票据的变造	(685)
票据的涂销	(692)
票据的特性	(690)
票据的基础关系	(686)
票据转贴现	(727)
票据保付	(680)
票据保证	(680)
票据保证人的责任	(682)
票据保证与民事保证的关系	(682)
票据保证的分类	(680)
票据保证的效力	(681)
票据保证的款式	(680)
票据变造人	(684)
票据变造事项	(684)
票据变造的效力	(683)
票据挂失止付	(702)
票据相对丧失	(714)
票据绝对丧失	(705)
票据背书	(683)
票据贴现	(711)
票据债务人	(727)
票据债权人	(727)
票据原因关系	(726)
票据恶意抗辩	(693)
票据涂销	(712)
票据涂销人	(712)
票据涂销的效力	(712)
票据被伪造人	(683)
票据被涂销事项	(683)
票据资金关系	(728)
票据预约关系	(725)
祭祀继承	(516)
第一次义务	(179)
第一损失保险	(179)
第二次义务	(178)
第二次提示请求的拒绝证书	(177)
第三人负担契约	(178)
第三人过错	(178)
第三人利益合同	(178)
第三者责任保险(参见责任保险条)	(179)
第三者货物请求权利通知	(179)
粘单	(666)
累积优先股	(587)
累积投票	(587)
维护公墓或纪念碑的信托	(958)
维持费用	(958)
维持船舶	(958)
《维斯比议定书》	(958)
综合性合同	(1266)
综合责任限制	(1266)
综合商社	(1266)
职工股	(1215)
职工持股信托	(1214)
职务代理	(1215)
职务侵权行为	(1215)
职务期间	(1215)
脱法行为	(940)
脱法信托	(940)
船队保险	(134)
船主对旅客责任保险	(135)
《船主对旅客责任保险条款》	(135)
船价制	(134)
船级	(134)
船员	(135)
船员不法行为	(135)
船员救助报酬请求权	(135)
船速	(135)
船舶	(124)
船舶分摊价值	(127)
船舶价值	(128)
船舶优先权催告程序	(134)
船舶次要缺陷	(127)
船舶估价单	(128)
船舶估价值	(128)
船舶和木筏拖带合同	(128)
《船舶建造保险条款》	(129)
船舶所有权	(133)
船舶抵达	(127)
船舶拍卖公告	(129)
船舶拍卖委员会	(129)
船舶的诉讼地位	(127)
船舶保险	(125)
《船舶保险条款》	(126)
船舶保险单	(126)
船舶保险退费	(127)
船舶保险期间	(126)
《船舶战争、罢工险条款》	(134)
船舶损失金额	(133)

201

船舶推定全损	(133)	隐私权	(1102)
船舶登记	(127)	隐秘占有	(1102)
船舶碰撞	(129)	隐蔽瑕疵	(1101)
船舶碰撞归责原则	(130)	隐藏行为	(1101)
船舶碰撞民事管辖权	(130)	骑缝契据	(737)
船舶碰撞仲裁协议	(133)	黄狗契约	(458)
船舶碰撞刑事管辖权	(132)	黄金条款	(458)
船舶碰撞行政责任	(133)	黄金保留条款	(458)
船舶碰撞过失	(130)		
船舶碰撞间接损失	(130)		
船舶碰撞事实确认书	(131)		

十二画

船舶碰撞实际损失	(130)	傅别	(262)
船舶碰撞所致的货物损害赔偿	(132)	储蓄保险	(124)
船舶碰撞准据法	(133)	募股	(661)
船舶碰撞损害赔偿的因果关系	(131)	募集公司债登记	(661)
船舶碰撞损害赔偿的构成要件	(131)	募集设立	(661)
船舶触碰	(127)	善意出卖	(801)
营业中心地说	(1112)	善意占有	(801)
营业中断保险	(1112)	善意买主	(801)
营业仓库	(1111)	善意侵害	(801)
营业代理人	(1111)	喜马拉雅条款	(1002)
营业权	(1111)	《奥地利民法典》	(3)
营业所	(1111)	媒介代理商	(624)
营业质权	(1112)	媒介居间	(625)
营业信托	(1111)	孳息	(1257)
营业受托人	(1111)	尊亲属	(1274)
营业商行为	(1111)	就近条款(参见航次租船合同条)	(562)
营利社团	(1110)	强价拍卖	(747)
营利法人	(1110)	强制打捞	(747)
营利保险	(1110)	强制买卖	(749)
虚伪表示	(1046)	强制性的契约	(750)
虚假陈述	(1046)	强制性规则	(750)
虚假表示	(1046)	强制保险	(747)
赊买卖	(828)	强制信托	(749)
辅助法律行为	(249)	强制退伙	(749)
辅助费用	(249)	强制继承	(748)
辅助商行为	(249)	强制售船	(749)
银行本票	(1099)	强制售船程序	(749)
银行汇票	(1099)	强制救助	(748)
银行承兑汇票	(1099)	强制登记主义	(747)
银行保证	(1099)	强制缔约	(747)
《银行结算办法》	(1100)	强制解散	(748)
随意条件	(887)	强迫	(747)
隐名合伙	(1102)	强暴占有	(747)
隐名合伙人	(1102)	惩罚性违约金	(116)
隐存保证	(1101)	惩罚性损害赔偿	(116)
隐含信托(参见默示信托条)	(1101)	提示的当事人	(914)

词条	页码	词条	页码
提示的免除	(914)	最初追索金额	(1271)
提示的效力	(914)	最近因	(1274)
提示期间	(914)	最终证据	(1274)
提存	(908)	最高额抵押	(1272)
提供所有习惯性协助	(914)	最高额质权	(1272)
提单	(909)	最接近的损害赔偿	(1274)
提单无效条款	(913)	期日	(735)
提单电子注册组织	(912)	期外付款	(736)
提单在跟单信用证中的地位	(913)	期后付款	(734)
提单条款	(913)	期后付款的效力	(734)
提单附加条款	(913)	期后背书	(733)
提单的份数	(911)	期后背书的效力	(733)
提单的证据效力	(912)	期间	(734)
提单的法律选择条款	(911)	期间的计算	(734)
提单的背书	(911)	期间的终结点(届满点)	(735)
提单的善意第三方	(912)	期间的起算	(735)
提单的签发	(912)	期间的起算点	(735)
提单的签发日期	(912)	期货合同	(734)
提单的管辖权条款	(911)	期限	(736)
提单持有人	(911)	期前付款	(735)
提单签发人	(913)	期前追索权	(735)
提货	(914)	期前追索金额	(735)
提倡宗教的信托	(908)	期待权利	(733)
搁浅	(266)	期待继承权	(733)
搁置物或悬挂物	(266)	期满	(735)
斯特拉斯堡公约	(879)	期满双倍两全保险	(735)
普通人的过失标准	(731)	欺压性条款	(736)
普通合伙	(731)	欺诈	(736)
普通诉讼时效	(731)	欺诈的买卖合同条款	(737)
普通股	(731)	港口使费	(265)
普通股股东权	(731)	港口国管制	(264)
普通保险	(730)	港口保险	(264)
普通受托人	(731)	港口租船合同	(265)
暂时使用的赁借贷	(1151)	游戏表示	(1119)
暂保单	(1150)	湿损	(841)
替代责任	(915)	滞纳金	(1219)
替代保管	(915)	滞期费	(1219)
最大努力	(1272)	滞期损失	(1219)
最大诚信契约	(1271)	疏水权	(873)
最大诚信原则	(1271)	疏忽条款	(873)
最大限度的责任	(1272)	登记	(164)
最长诉讼时效	(1271)	登记合同	(166)
最后机会原则	(1273)	登记机关	(166)
最后航次	(1273)	登记社团	(166)
最后遗嘱	(1273)	登记的公信力	(166)
最低限度的责任	(1272)	登记顺位	(166)
最初追索权	(1271)	登记簿	(166)

短期诉讼时效	(194)	道德危险	(159)
短期保险	(194)	遗失物取回权	(1092)
短期租赁	(194)	遗产	(1077)
短期融资	(194)	遗产分配原则	(1078)
确认产权	(767)	遗产转让	(1080)
确定无效	(767)	遗产继承(参见继承条)	(1079)
确定的要约	(767)	遗产税	(1079)
确定期买卖	(767)	遗产管理	(1078)
确定期限	(767)	遗产管理人	(1079)
确实保证保险	(767)	遗嘱	(1083)
税收	(876)	遗嘱人	(1088)
童养媳	(923)	遗嘱见证人	(1088)
等价有偿原则	(166)	遗嘱共同执行人	(1086)
缔约代理商	(179)	遗嘱执行	(1089)
缔约过失责任	(179)	遗嘱执行人	(1089)
联合公司	(597)	遗嘱收养(参见死后收养条)	(1088)
联合劳动组织	(598)	遗嘱自由	(1089)
联合拒买或经销	(598)	遗嘱的抵触	(1085)
联合财产制	(597)	遗嘱的变更	(1085)
《联合国国际汇票和国际本票公约草案》	(597)	遗嘱的撤销	(1085)
《联合国国际货物多式联运公约》	(598)	遗嘱保管人	(1084)
《联合国国际货物销售合同公约》	(598)	遗嘱信托	(1088)
联社	(599)	遗嘱监护	(1087)
联运合同	(600)	遗嘱继承	(1086)
《联运单证统一规则》	(600)	遗嘱继承人	(1087)
联营	(599)	遗嘱能力	(1088)
联营企业法人	(599)	遗嘱副本	(1086)
裁判上无效	(90)	遗赠	(1080)
裁判离婚	(90)	遗赠人	(1082)
装运港交货合同	(1249)	遗赠扶养协议	(1081)
装货、卸货和交付条款	(1248)	遗赠受领人	(1083)
装卸时间	(1248)	销售卡特尔	(1015)
装卸准备就绪通知书	(1249)	集合物	(503)
赌博性竞赛	(194)	集合保险	(503)
赌博契约	(194)	集团信托	(506)
赎买	(873)	集体土地所有权	(504)
赔礼道歉	(677)	集体公司	(504)
赔偿性违约金	(677)	集体企业法人	(504)
赔偿责任	(677)	集体合同	(504)
赔偿保证	(677)	集体法人	(503)
赔偿损失	(677)	集体组织财产所有权	(504)
超欠幅度	(101)	雇主责任保险	(377)
超额保险	(101)	雇佣人	(377)
逾界自落	(1138)	雇佣合同	(376)
逾期	(1138)	雇佣租赁	(377)
遇难信号	(1142)	雇佣救助	(377)
遇难船	(1142)	《韩国会社整顿法》	(419)

《韩国信托业法》……(420)
《韩国信托法》……(420)
《韩国商业登记处理规则》……(419)
《韩国商法典》……(419)
黑租……(453)

十三画

催告……(139)
催告抗辩权……(139)
嗣子……(880)
填补买卖……(917)
填补损害……(918)
嫁资口约……(521)
意外事件……(1095)
意外事故引起的碰撞……(1095)
意定住所……(1093)
意定信托……(1092)
意思与表示不一致的意思表示……(1094)
意思自治原则……(1095)
意思表示……(1093)
意思表示的解释……(1094)
意思责任之侵权行为……(1094)
意思受领能力……(1094)
意思能力……(1094)
慈善信托(参见公益信托条)……(137)
慈善受托人(参见公益受托人条)……(137)
新中国票据法……(1022)
《新加坡公共受托人法》……(1020)
《新加坡受托人法》……(1020)
新设合并……(1021)
新劳氏救助合同格式……(1021)
新建……(1021)
新杰森条款……(1021)
新股……(1019)
新股发行……(1020)
新受托人……(1022)
新要约……(1022)
新债权说……(1022)
暗示之债……(3)
概括委托……(263)
概括继承……(263)
概括继承主义……(263)
概括遗赠……(264)
毁约……(473)
毁损……(473)
滥用代理权……(584)

瑕疵……(1004)
瑕疵担保责任……(1004)
《瑞士民法典》……(796)
《瑞士债务法》……(797)
碰撞危险……(678)
碰撞责任条款……(678)
碰撞船舶实际全损……(678)
碰撞船舶部分损失……(678)
碰撞船舶推定全损……(678)
禁止令……(551)
禁止权利滥用原则……(552)
禁止结婚的疾病……(551)
禁止流通物……(552)
禁止离婚主义……(551)
禁治产人……(552)
禁治产人的监护……(553)
禁婚亲……(550)
筹建中的法人……(118)
签发空头支票的法律责任……(746)
简式提单……(528)
简约……(529)
简约保证……(529)
简单之债……(528)
简单合同之债……(527)
简单所有权保留……(527)
简单信托……(527)
简单契约……(527)
简易人身保险……(528)
《简易人身保险条款(甲种)》……(529)
简易交付……(528)
群婚……(768)
聘礼……(728)
聘娶婚……(729)
裸体简约……(619)
解约日……(542)
解约定金……(542)
解放宣誓……(542)
解除条件……(542)
解散登记……(542)
触礁……(124)
誊本与复本的比较……(908)
誊本的记载事项……(907)
誊本的作成……(908)
誊本的效力……(907)
谨慎投资人规则……(549)
跟单汇票……(268)
跨国公司……(581)

| 辞去监护 (137)
| 鉴证形式 (534)
| 错误 (140)
| 锚泊船 (624)
| 零售分期支付合同 (607)
| 零售买卖 (607)
| 雾号 (1001)
| 雾钟 (1001)

十四画

嫡子 (167)
漏洞补充 (612)
管线安设权 (381)
管货 (381)
管教 (381)
管理代理 (381)
管理行为 (381)
管理信托 (381)
管船过失 (380)
精神伤害 (555)
精神病人 (554)
精神病人的监护 (555)
精神病人保佐 (554)
聚合因果关系 (567)
赘婚 (1254)
需方 (1047)
增价拍卖 (1156)
增进健康的信托 (1156)
增值保险 (1156)
增资登记 (1156)

十五画

履行行为 (616)
《德国民法典》 (160)
《德国有限责任公司法》 (163)
德国证券法 (163)
《德国股份公司法》 (160)
德国商法体系 (163)
《德国商法典》 (162)
《德国票据法》 (162)
《德意志民主共和国民法典》 (164)
撤回要约 (101)
撤船 (101)
撤销登记 (101)

暴利行为(参见乘人之危条) (47)
澳大利亚民商立法 (4)
《澳门继承法》 (5)
《澳门婚姻家庭法》 (4)
磅差 (6)
额外损害赔偿 (201)

十六画

操纵证券市场 (97)
操纵能力受限制的船舶 (97)
整笔运费(参见运费条) (1179)
樵牧权 (750)
燃料条款 (769)
缴股 (538)
融资租赁 (794)
融通当事人 (793)
融通票据 (794)
衡平法上的补偿 (453)
衡平法上的补救 (453)
衡平法上的赎回权 (453)
衡平法权益信托 (453)
衡平禁反言 (454)
赠与人 (1158)
赠与合同 (1156)
赠与合同的任意撤销 (1158)
赠与合同的法定撤销 (1158)
赠与合同的撤销 (1158)
赠与婚 (1158)
避难港货物操作费用 (63)
避难港费用 (63)
霍夫曼估值法 (490)
默示合伙 (659)
默示形式 (660)
默示条款 (659)
默示承诺 (659)
默示的意思表示 (659)
默示保证 (658)
默示信托 (660)
默示特约条款 (659)

十七画

赡养 (801)

十九画

警觉(参见威吓条) (555)

ABC jiaoyi

ABC 交易(ABC transaction) 美国法上的概念。其主要内容是在采矿和采油业的经营中,业主 A(即经营者)为得到现金报酬而将从开采者那里获取矿山油田使用费的权利转让给 B,同时保留从产品中提成的权利。这种提成通常比 B 付给的现金报酬更多。后来 A 又为了得到现金而将保留的提成权让与 C。这种分别进行的交易,可以从当时的税收制度中取得某种好处。但这种好处已被 1969 年的《税务改革法》所取消。

(郭明瑞)

anquan bowei

安全泊位(safe berth) 船舶能够安全到达并停泊的泊位。因为承租人指定的泊位不安全而造成的损失,承租人应当承担赔偿责任。

(张 琳)

anquan fuben

安全复本(bill in a set for safety) 为防止汇票丢失而发行的复本。如果汇票只有一份,在汇票丢失或异地提示发生提示迟延时,将给汇票关系当事人带来损失。

(王小能)

anquan hangsu

安全航速(safe speed) 能在适合当时环境和情况的距离以内把船停住的船速。每一船舶在任何时候应用安全航速行驶,以便能采取适当而有效的避碰行动。安全航速和适当瞭望一样,都是海上避碰的基本条件和预防性措施。

在决定安全航速时,考虑的因素应包括下列各点:首先,对所有船舶:(1)能见度情况;(2)通航密度,包括渔船或者任何其他船舶的密集程度;(3)船舶的操纵性能,特别是在当时情况下的冲程和回转性能;(4)夜间出现的背景亮光,诸如来自岸上的灯光或本船灯光的反向散射;(5)风、浪和流的状况以及靠近航海危险物的情况;(6)吃水与可用水深的关系。

其次,对备有可使用的雷达的船舶,还须考虑:(1)雷达设备的特性、效率和局限性;(2)所选用的雷达距离标尺带来的任何限制;(3)海况、天气和其他干扰源对雷达探测的影响;(4)在适当的量程内,雷达对小船、浮冰和其他漂浮物有探测不到的可能性;(5)雷达探测到的船舶数目、位置和动态;(6)当用雷达测定附近船舶或其他物体的距离时,可能对能见度作出的更确切的估计。

(张永坚 张 宁)

anquanwang tiaokuan

安全网条款(safety net clause) 劳氏救助合同中的一个著名条款,于 1980 年加入劳氏救助合同。增加该条款的主要目的在于,防止和处理由于海上石油运量大幅增长以及油污事故不断发生而带来的海洋污染。安全网条款在以往"无效果、无报酬"原则的基础上,对救助油轮作出了例外的规定。根据该条款,在救助满载或者部分装载油类货物的油轮时,只要救助人没有过失,在救助不成功、救助部分成功或者救助人未能完成救助工作的情况下,油轮所有人应当向救助人单独支付为此而发生的合理费用以及不超过该项费用 15% 的附加费用。实际上本条款修改了传统的"无效果、无报酬"的原则。

(李洪积 王 青)

anquan xuhang feiyong

安全续航费用(expenses for the safe prosecution of voyage) 亦称避难港费用(expenses at port of refuge)。为了安全地完成航程,对于船舶因意外事故所造成的损坏进行修理,而在避难港发生的(包括装货港和停靠港)在船上搬移、卸下、储存及重装货物的费用和有关的保险费用,燃料及物料的费用,以及在避难港额外停留期间船员工资和给养等费用。安全续航费用列入共同海损,由各受益方进行分摊。

(张永坚 张 宁)

anzhuang gongcheng yiqiexian

安装工程一切险(contractor's all risks insurance for installation) 保险人对新建、扩建或改造的工矿企业的机器设备或钢结构建筑物,在整个安装、调试期间所发生的财产损失和引起的赔偿责任,承担保险责任的财产保险。安装工程一切险为综合性的财产保险,包括安装工程财产损失险和第三者责任险。依照安装工程财产损失险,在保险期限内,被保险财产在保险单列明的安装工地范围内,因地震、海啸、雷电、飓风、台风、龙卷风、风暴、暴雨、洪水、水灾、冻灾、冰雹、地崩、山崩、雪崩、火山爆发、地面下陷、下沉等自然灾害或意外事故造成的物质损坏或灭失,保险人以保险金额为限,承担赔偿责任。但保险人对保险单约定的因设计错误而引起的被保险财产的损失和费用等除外责任范围内的损失,不承担赔偿责任。依照第三者责任险,在保险期限内,因发生与承保的工程直接相关的意外事故,引起工地内及邻近区域的第三者人身伤亡、疾病或财产损失,依法应由被保险人承担的经济赔偿责任,保险人以保险金额为限,承担赔偿责任;对被保险人因损害赔偿责任而支付的诉讼费用以及事先经保险人同意支付的其他费用,保险人亦负责赔偿。但对于保险单约定的除外责任范围内的损失或责任,保险人不承担赔偿责任。

(邹海林)

anfen gongyou

按份共有(several co-ownership) 又称分别共有,是指两个或两个以上的共有人按照各自的份额,分别对共有财产享有权利和承担义务的一种共有关系。《中华人民共和国民法通则》第78条规定:按份共有人按照各自的份额,对共有财产分享权利,分担义务。在按份共有中,各共有人对共有物享有不同的份额。各共有人的份额,又称应有份,其具体数额一般是由共有人的意志决定的。例如,按出资比例决定各自的份额时,法律要求共有人在共有关系产生时明确各自的份额,如果各共有人的份额不明确,则推定其份额均等。在按份共有中,每个共有人对共有财产享有的权利和承担的义务,是依据其不同的份额确定的。共有人的份额决定了其权利、义务的范围。共有人对共有物持有多大的份额,就对共有物享有多大权利和承担多大义务,份额不同,他对共有财产的权利、义务也不同。

按份共有与分别所有是不同的。在按份共有中,各个共有人的权利不是局限在共有财产的某一部分上,或就某一具体部分单独享有所有权,而是各共有人的权利均及于共有财产的全部。当然,在许多情况下,按份共有人的份额可以产生和单个所有权一样的效力,如共有人有权要求转让其份额,但是,各个份额并不是一个完整的所有权,如果各共有人分别单独享有所有权,则共有也就不复存在了。

按份共有人按照预先确定的份额分别对共有财产享有占有、使用、收益和处分的权利。按份共有人依据其份额享有并行使权利,份额越大,则使用共有财产并获取经济利益的权利就越大,反之这种权利就越小。但是,为维护全部共有人的利益,对共有财产的使用方法,应由全体共有人协商决定,不能由每个共有人随心所欲地行使对共有财产的权利。任何共有人未经其他共有人的同意,不得擅自占有和使用共有财产。每个共有人都必须在预先确定的范围内行使权利,否则,视为对其他共有人合法权益的侵犯。其他共有人可以要求侵害人赔偿损失、返还不当得利或承担其他民事责任。

按份共有人有权处分其份额。《民法通则》第78条规定:按份共有财产的每个共有人有权要求将自己的份额分出或者转让。所谓分出,是指按份共有人退出共有,将自己在共有财产中的份额分割出去。在分出份额时,通常要对共有财产进行分割。所谓转让,是指共有人依法将自己在共有财产中的份额转让给他人。共有人可以自由参加或退出共有。为了保护共有人的权益,应允许共有人自己转让其共有份额。但共有人转让其份额,不得损害其他共有人的利益。如果共有是合伙形式的,则共有人退出共有和转让份额,都要受合伙合同的约束。

为防止某一按份共有人转让其份额造成对其他共有人的损害,《民法通则》第78条规定,共有人出售其份额,"其他共有人在同等条件下,有优先购买的权利"。这就是说,某一共有人在出售其份额时,应告知其他共有人。在出价大体相等的情况下,其他共有人可以优先于非共有人购买所出售的份额。

各按份共有人转让或分出其份额,一般是不受时间限制的,只要共有关系存在,共有人就享有该项权利。但是,如果各共有人事先约定在共有关系存续期间,不得转让和分出份额,则视为各共有人自愿放弃转让或分出其份额的权利,无论哪一个共有人转让或分出其份额,都将构成对其他共有人的违约行为。按份共有人的份额具有所有权的某些效力,如按份共有人死亡以后,其份额可以作为遗产由继承人继承。

共有财产属于全体共有人所有,因此,对共有财产的处分,必须取得全体共有人的同意。共有财产的处分包括转让、赠与共有财产,以及在共有财产之上设定抵押权等,这些处分都必须服从全体共有人的意志。如果某个或某几个共有人处分共有财产,其他共有人明知而不提出异议,则视为其同意。共有人同意的意思表示可以采取明示的方式,也可以采取默示的方式。在处分共有财产时,如果共有人不能达成协议,则可以按照多数共有人或拥有半数以上份额的共有人的意见处理。不过,多数人或份额多的共有人在处分共有财产时,不得损害少数人或份额少的共有人的利益。

一个或几个共有人未经全体共有人的同意,擅自对共有财产进行法律上的处分的,对其他共有人不产生法律效力。如果其他共有人事后追认该行为,则该处分行为有效。如果转让的共有财产为动产,受让人取得该动产时出于善意,可以按善意取得的原则处理。某个或某几个共有人未经全体共有人的同意,擅自对共有财产进行事实上的处分,如毁弃共有物等,应对其他共有人负侵权行为责任。

按份共有人按照各自的份额,对共有财产分享权利,同时也要按各自的份额分担义务,按份共有人享有的份额越大,其承担的因经营共有财产所产生的义务和责任也就越大,反之则越少。

各共有人的义务,正如各共有人的权利一样,及于全部共有财产,每个共有人不能仅对共有财产的某一部分承担义务。共有人对整个共有财产承担义务,还包括共有人应按其份额承担共有财产的管理费用、税款及保险费等。如果某个共有人支付上述费用时,超出其份额所应分担的部分,该共有人有权请求其他共有人偿还。

按份共有因共有人之间的协议、共有财产归于一人所有、共有财产丧失和被转让等原因而发生消灭。

(王 轶)

anfen hetong
按份合同(divisible contract) 即按份契约。连带合同的对称。指合同当事人一方或各方为数人,约定多数人一方的当事人各自按照一定的份额享有债权或负担债务的合同。按份合同是产生按份之债的合同。合同债权人为数人的,发生按份债权;合同债务人为数人的,发生按份债务。参见按份之债条。

(郭明瑞)

anfen zeren
按份责任(liability on share; 德 Teilhaftung) 又称分割责任。连带责任的对称。两个以上的债务人按照各自负担的份额向债权人承担的清偿责任,是按份债务人不履行债务而导致的法律后果。构成按份责任的前提在于,原债属于按份之债,其标的具有可分性;按份责任人之间不具有连带关系。在法律上,各按份责任人对同一债务仅就规定或约定的特定份额负责,一责任人对其他责任人的债务份额不承担清偿责任;债权人只能就按份责任人应负的责任份额来请求执行;某一按份责任人的履行只引起特定责任份额的消灭,不影响其他责任份额的存在;此外,在按份责任中,对某一责任人发生效力的免责事由,并不当然地对其他责任人发生效力。

(张平华)

anfen zhaiquan
按份债权(德 Teilforderung) 按份之债的一种。债权主体为多数,各个债权人各自按照一定份额享受债权的按份之债。按份债权的各个债权人只能就自己享有的份额请求债务人履行和接受债务人的履行,无权请求和接受债务人的全部履行。债务人对于债权人超过其享有份额的给付请求得予以拒绝。债务人向债权人的给付超过该债权人享有的份额的,除可认定为第三人代为接受履行外,对其他债权人不发生效力,其他债权人仍得请求债务人履行,债务人可以向接受超出自己份额的债权人依不当得利的规定要求返还。

(郭明瑞)

anfen zhaiwu
按份债务(德 Teilschuld) 按份之债的一种。债务主体为多数,各个债务人各自按照一定的份额负担债务的按份之债。按份债务的各个债务人只就自己承担的债务份额负责债务清偿,债权人无权要求各个债务人清偿全部债务。按份债务的债务人清偿债务超过自己应承担的份额的,除可认定为第三人代为履行外,还可以根据不当得利的规定,要求债权人返还其超过份额的清偿部分。

(郭明瑞)

anfen zhizhai
按份之债(德 geteiltes Schuldverhältnis; 法 obligations conjointes) 多数人之债的一种。债的主体一方为多数,且各债权人或债务人各自按照一定的份额享受权利或承担义务的债。包括按份债权和按份债务。参见按份债权、按份债务条。

(郭明瑞)

anshi zhizhai
暗示之债(implied obligation) 英美法上的概念。按照行为的性质及其所涉及的法律的精神,进行逻辑推论而产生的债务。

(张平华)

aodili minfadian
《奥地利民法典》(Allgemeines Bürgerliches Gesetzbuch) 又叫《奥地利普通民法典》。1811年6月1日施行。有一个简短的引言,包括法典的生效、适用范围、追溯力及解释等一般规定。正文分为三编。第一编人法,主要内容有与身份有关的权利、婚姻、父母子女关系、监护。第二编物法,其中第一章规定物权,包括占有权、所有权、担保权、地役权、继承权;第二章规定债权,包括合同总则和各种合同、夫妻财产制、损害赔偿。第三编是关于人法和物法的共同性规定,包括权利、义务的保障,权利、义务的变更、终止,时效等。

《奥地利普通民法典》是18世纪启蒙思想的产物,其起草者是著名的自然法学家、维也纳大学教授马蒂民和弗兰茨·冯·蔡勒。因此法典具有鲜明、突出的自然法色彩。如法典第7条规定,若某一案件不能依既有法律裁判时,法官应参照法律对类似法律关系的规定裁判之,如仍不能解决,则应考虑案件的全面情况,按自然法原则裁判。以公民权利平等、私人法律关系不受国家监督、经济交往自由等启蒙思想为基本原则。法律条文摆脱了纯粹理论的、脱离实际生活的理性法教条,在理性批判的时代要求和传统价值的健康意识之间取得了和谐与平衡。法典的立法技术颇为现代化,逻辑结构清晰了然。

《奥地利普通民法典》的精神超越了具有晚期专制

主义烙印的奥地利君主国的社会现实。如法典以公民权利平等、私人法律关系不受国家监督、经济交往自由等启蒙思想为基本原则,而当时奥地利君主国中大部分农业人口仍实际上处于隶农制下。在法典生效之后的数十年里,帝国行政机构总是通过琐碎的敕令专断地对毫无意义的法律问题加以规定。只是在1848年革命废除了庄园佃农制度以后,特别是1867年宪法改革之后,随着国内工业化和商业交往的日益扩展及其对资本主义经济形势的推动,《奥地利普通民法典》才愈来愈反映出奥地利社会与经济的现实。法典在确认自由、平等的启蒙思想原则的同时,却甚少触动奥地利社会中的封建等级的优先权和特权。在婚姻方面,也保留了天主教的影响,如规定不准离婚。法典的影响虽不能与《法国民法典》相比,但是,在19世纪,它在非德语的奥匈帝国中的主要地区施行。1918年奥匈帝国解体后,仍在波兰、南斯拉夫和捷克斯洛伐克继续实施,直至第二次世界大战后,才被那里的社会主义民法典所取代。

(张玉敏)

aodaliya minshang lifa

澳大利亚民商立法(Australia Civil and Commercial Law) 英美法系没有民法概念。"澳大利亚民商立法",是一些学者按大陆法系民法思维对待澳大利亚商法的具体表现。澳大利亚是英联邦国家,其商法立法深受英国法的影响,不仅在立法体例上采用英国法的普通法与制定法并行的结构,而且在内容上与英国普通法和制定法十分接近。在普通法方面,澳大利亚普通法至今仍与英国普通法基本保持一致。澳大利亚高等法院以及各州法院,仍以英国枢密院的判例作为判案的指导,适用英国的普通法规范。在制定法方面,澳大利亚的商法立法权分属中央和各州。属于中央的立法权主要集中于票据、专利、商标、版权等方面。以英国制定法为基础,分别制定了《中央汇票法》、《中央专利法》、《商标法》、《外观设计法》、《版权法》、《破产法》等成文法律。属于各州的立法权主要是在土地、财产、合同、侵权等方面,各州分别制定自己相应的法律。1959年为协调各州的商法,成立了中央及州皇家律师委员会,草拟各州统一的商法法规。至今各州商法的统一工作已取得很大成绩,各州在分期付款、公司、企业名称、上市证券、证据、包装等方面的法律实质已经取得统一。与英国商法的发展趋势相似,澳大利亚商法制定法的成分已越来越大,正在逐步取代普通法的地位,成为商法最主要的组成部分。

(金福海)

aomen hunyin jiating fa

《澳门婚姻家庭法》(Marriage and Family Law of Macau) 中华人民共和国澳门特别行政区有关婚姻家庭的法律。由于澳门一直处在葡萄牙的管制下,因而,调整家庭关系的法律也以葡萄牙法为主体,至于澳门自身的立法,数量比较有限。1999年中国对澳门地区恢复行使主权后,根据中葡关于澳门问题的联合公报及《澳门特别行政区基本法》的精神,澳门地区原有的法律及特区立法机关新制定的法律,只要不与基本法相抵触,皆可继续实施。作为澳门法律本土化重要成果之一的《澳门民法典》,于1999年11月1日生效。该法典是在对1966年修订,并在1967年延伸至澳门实施的《葡萄牙民法典》进行必要修订和补充的基础上完成的。澳门地区现行婚姻家庭法的主要渊源是《澳门民法典》,此外还有《民事登记法典》、《家庭政策纲要法》、《公证法典》等。

《澳门民法典》共计2161条,分为五卷,依次是:总则、债法、物权、亲属法、继承法。其中的亲属法包括第1461条至第1863条,具体规定了澳门地区的婚姻家庭制度。亲属法共设五编,主要内容有:第一编一般规定,规定亲属的范围和概念、亲属亲等的计算、事实婚姻的概念和效力等;第二编结婚,规定了婚约、婚姻缔结的条件和程序、非有效之婚姻、误想婚姻、婚姻的效力及离婚问题;第三编亲子关系,规定了亲子关系之确立、亲子关系之效力;第四编收养,规定了收养关系的成立及收养之效力;第五编扶养,规定了扶养的概念、扶养程度、扶养方式、扶养义务人及特别情况下的扶养,如离婚时的扶养、婚姻被撤销时的扶养、与死者有事实婚姻关系之人的扶养等问题。

《澳门婚姻家庭法》体现了以下几项重要原则:首先,家庭权利平等原则。这一原则有如下几层含义:(1)所有人均有权在完全平等的条件下组成家庭与缔结婚姻。组织家庭与缔结婚姻的权利不因种族、肤色、宗教信仰、家庭出身、受教育程度及经济状况的不同而差别对待。(2)夫妻地位平等。配偶双方在民事能力,政治能力,抚养、教育子女方面具有同等的权利与义务。(3)非婚生子与婚生子地位平等。私生子的继承与受抚养权不受歧视与非法剥夺。其次,婚姻自由原则。再次,一夫一妻原则。第四,统一适用民事法律原则。不论婚姻以何种方式缔结,结婚与婚姻解体(因死亡或离婚)的要件与后果均由民事法律统一调整。最后,国家保护原则。国家保护原则的主要内容有:(1)国家与社会承担保护家庭与家庭完整的责任。(2)国家与社会承认父子关系与母子关系是一种重要的社会价值,承认父母在促进子女的教育、职业培训与公民参与方面所具有的、不可取代的作用并保障其实现。(3)国家保护儿童、青年人、残疾人与老年人的利益与基本生存条件。(4)国家和社会承认收养是确立家庭的途径,并保护收养关系。

(马忆南)

aomen jicheng fa
《澳门继承法》(Law of Succession of Macau) 中华人民共和国澳门特别行政区有关继承的法律。1999年,中国对澳门地区恢复行使主权后,根据中葡关于澳门问题的联合公报及《澳门特别行政区基本法》的精神,澳门地区原有的法律及特区立法机关新制定的法律,只要不与基本法相抵触,皆可继续实施。作为澳门法律本土化重要成果之一的《澳门民法典》,于1999年11月1日生效。该法典是在对1966年修订并在1967年延伸至澳门实施的《葡萄牙民法典》进行必要修订和补充的基础上完成的。《澳门民法典》继承卷是民法典中除总则、债法、物法、亲属法外的最后一卷,即第五卷,总共297条(即第1864条至第2161条)。它包括四编:第一编总则,规定了继承之开始及对继承人与受遗赠人之赋权;待继承遗产;遗产之接受、抛弃、负担、请求权、管理、清算、分割、转让等内容。第二编法定继承,规定了配偶及直系血亲卑亲属之继承、配偶及直系血亲尊亲属之继承、与被继承人有事实婚关系之人之继承、兄弟姊妹及其直系血亲卑亲属之继承、其他旁系血亲之继承等内容。第三编特留份继承。第四编遗嘱继承,具体包括遗嘱能力、相对不可处分之情况、意思之欠缺及瑕疵、订立遗嘱之方式、遗嘱内容、遗嘱及遗嘱处分之无效、可撤销、废止及失效、遗嘱之执行等内容。《澳门继承法》已充分吸收了大陆法系其他国家继承法的有益经验,又切合时代的要求,对有关的制度作了非常明确的规定,形成了较为完善的继承法体系。

(马忆南)

B

baizu

白租(white rents)　黑租的对称。以白银或货币形式支付的租金。　　　　　　　　　　　　(杜　颖)

banlun gonghui xingdong shouze gongyue

《班轮公会行动守则公约》(Convention on a Code of Conduct for Liner Conference, Geneva, April 6, 1974)　由联合国贸易和发展会议航运委员会主持起草的国际公约,1974 年 4 月 6 日,联合国班轮公会行动守则全权代表会议通过,1983 年 10 月 6 日起生效。公约共分两个部分,6 章 49 个条款和一个附录。第一部分包括定义、班轮公会会员之间的关系、与托运人的关系、运费率、其他事务包括战船服务不足等,第二部分对解决纠纷的方法作出规定。附录是一份国际强制调解程序规则。

公约的主要内容是:(1) 宗旨和原则。为改进班轮公会制度,保证海洋货运的扩展,并保证班轮运输服务的提供者和使用者之间的利益均衡,即照顾到发展中国家的海上运输业的利益。公会约定的办法不应对任何国家的船东、托运人有任何歧视,公会与托运人组织、托运人代表和托运人应对共同关心的事项进行协商,如经请求,有关代表可以参加,公会应向利害关系人提供有关其活动的资料和信息。(2) 关于货载和分配。公会成员的任何船公司,在公会经营的航线范围内享有航运和载货的权利。公会规定了 40∶40∶20 的原则,即航线两端的航运公司有权分别获得公会揽运的货载的 40%,第三国航运公司可以获得公会货载的 20%;以保证航线两端的发展中国家航运公司获得 40% 的份额。(3) 与托运人的关系。公会成员有权与托运人订立并维持忠诚信约(loyalty agreement),其运费率将限制于其他托运人费率的一定百分比之内。任何运费率的变动只能在向该托运人发出 150 天的书面通知之后才能实行。(4) 运费率。提高运价的限制审批书,应尽量维持在商场上的最低水平,同时使船公司享有合理的盈利。(5) 附加费。公会可为费用成本的突然提高或者收益减少而收取附加费,但只限于临时性的安排。此公约是发展中国家争取海上运输权利的一个成果,但在实践上效果不太理想。英、美、日等国还未加入公约,一些加入公约的欧洲共同体国家,也按共同体规定作了保留;海运集装箱运输的发展及其集团化等也影响了班轮公会业务和守则的实施;对守则公约货载的解释、运价增长间隔期及强制调解的规定也有不同的看法。

中华人民共和国在 1986 年 9 月 23 日加入公约,并作了如下声明:中华人民共和国与其他国家之间,经过协商,在合适的基础上建立的联合航线,与班轮公会的性质不同,不适用《班轮公会行动守则公约》。
　　　　　　　　　　　　　　　　(张　琳)

bangzhuren ji jiaosuoren de qinquan zeren

帮助人及教唆人的侵权责任(德 Mittaeter Schaft)　广义共同侵权行为的一种。帮助、教唆他人侵害他人合法权益的人应承担的民事责任。帮助人是指实施帮助行为的人,即对他人实施的加害行为,通过提供工具、指示目标等各种方式,起到物质或精神上帮助作用的人。教唆人是指实施教唆行为的人,即对他人进行怂恿、刺激、引诱、开导等使其实施加害行为的人。帮助人与教唆人都未直接实施加害行为,但帮助人对加害行为的实施起了帮助作用,如果没有帮助人的帮助,加害行为就不能实施或不能造成如此大的损害;教唆人对加害行为的实施起了怂恿、唆使的作用,如果没有教唆人的教唆就不会有被教唆人的加害行为。因此,帮助人及教唆人应对因其帮助、教唆而实施的加害行为所造成的损害负赔偿责任。帮助、教唆行为人与直接实施加害行为的加害人之间一般有共同的过错,其损害行为构成共同侵权。因此,教唆、帮助他人实施侵权行为的人,为共同侵权行为人,应当承担连带责任;教唆、帮助限制民事行为能力人实施侵权行为的人,为共同侵权行为人,应当承担主要民事责任。但教唆、帮助无民事行为能力人实施侵权行为的,因无民事行为能力人无认识能力,实际成为教唆人、帮助人实施侵权行为的"工具",应属于帮助人、教唆人独自实施的侵权行为,由教唆人、帮助人承担民事责任。　(郭明瑞)

bangcha

磅差(more or less clause)　卖方发货的实际验收数量与合同约定的数量之间的差额。磅差不超过有关主管部门规定(没有主管部门规定的由当事人约定)的范围的,不按多交或少交论处,双方互不退补;超过规定范围的磅差,按照实际交货数量计算多交或少交的数量。
　　　　　　　　　　　　　　　　(王卫劲)

baozhuang buzu

包装不足(insufficiency of packing)　货物包装的方式、强度或状态不符合法律、法规或航运习惯的要求,不能承受货物装卸和运送过程中的正常风险,以及其他货物包装上的缺陷,从而不适于海上运输的状态。充分的包装,指正常或习惯上的包装,即正常照管和运送条件下,能够防止几乎绝大多数轻微损害的包装。妥善包装是托运人的责任。对由于包装不足造成的货物灭失或者损坏,承运人不负赔偿责任;对于由于包装不良而造成承运人损失的,托运人应当负赔偿责任。

(张 琳)

bao'an baoxian gongsi

保安保险公司(Baoan Insurance Company) 1835年由英国商人在香港设立的保险公司,主要承保船舶和运输保险。

(房绍坤)

baocun xingwei

保存行为(法 acte de l'administration) 管理行为的一种。维持财产或权利不受损失的管理行为。如看管财物、进行权利登记等。在债权人的代位权制度中,如果债权人从事保存债务人权利的行为,如中断诉讼时效、申报破产债权等,则即使债务人尚未陷于迟延,债权人也可以行使代位权。参见债权人的代位权条。

(郭明瑞 张平华)

baodan daikuan

保单贷款(policy loan) 也称保险质借。投保人根据人寿保险合同的约定,以保单作质押,在保单规定的现金价值范围内,向保险公司申请贷款。从理论上讲,保险单并无质押价值,保险责任准备金归保险人资金运用并使之增值。实践中,长期性人寿保单之所以能为质押,是因其具有现金价值,可以说是一种有价证券。而财产保险合同为填补损害的合同,因不具有储蓄功能而没有现金价值,因而不得以财产保险单质押贷款。我国现行简易人身保险条款规定,保险费已交足2年以上,并且保险期间已满2年的,可以凭保险凭证,向保险公司申请贷款,但所借款额不得超过保险凭证上规定的退保金的90%,期限原则上不超过6个月,到期归还,借款利息在归还借款时一并支付。(温世扬)

baodan zhijie tiaokuan

保单质借条款(assignment clause) 人寿保险合同约定的投保人在付足2年以上保险费后,可以保险单为质押向保险人申请借款的条款。投保人以保险单为质押向保险人申请借款,应当向保险人支付利息,并依据约定的借款期限及时归还;投保人在约定的还款期限届满时不能归还的,应当同保险人协商延长借款期,但是借款的本息合计不能超过保险单约定的退保金额,否则,保险单的效力终止。被保险人或受益人在领取保险金或退保金时,如有尚未归还的保险借款本息,保险人有权在给付保险金或退保金时,扣除借款的本息。

(邹海林)

baofuren

保付人(person for certified cheque) 是指在支票上加盖"保付"印章并签字,保证在持票人提示时一定付款的付款银行。保付人为保付后,将对支票负有依提示及时全额付款的责任,因而与汇票的承兑有同样的效力。支票一经保付,保付人就承担了付款的责任,从而免除了出票人、背书人的票据责任。所以,保付人保付之后,便会立即将票款从出票人的存款账户上转入专户,以备支付。

(温慧卿)

baofu zhipiao

保付支票(certified or accepted cheques) 作为付款人的银行或其他法定金融机构应发票人的请求,在支票上注明"保付"或"照付"字样并签名盖章,从而赋予汇票承兑人同样的付款责任的支票。"保付"多在支票由发票人交与付款人之前应出票人请求作出,但有时也由持票人向付款人请求而由付款人作出。近年来,保付支票的使用渐趋减少,因支票自动处理系统无法识别支票是否已为保付,而代替这种保付支票功能的支票已产生并发展,这种支票即对己支票。 (王小能)

baofu zhipiao de fukuan

保付支票的付款(payment of certified cheques) 保付支票的保付人向出示支票请求付款的持票人依票面金额付款,以消灭票据权利义务关系的票据行为。保付支票的保付人是在支票上记载"照付"或"保付"字样以及其他同义文句并签章,从而承担绝对付款责任的支票付款人。保付支票的保付人一般通过发票人与付款人的约定由付款人担当。有时,也可经持票人请示而由付款人担当。因付款并非付款人的义务,付款人也无对持票人为保付的义务,但若经持票人请求,付款人同意并为保付之记载后,付款人则成为保付人。对支票保付人的资格一般无特别要求,但依我国台湾地区《票据法》之规定,付款人不得为存款数额之外或信用契约所约定数额之外的保付。违反者,应科以罚款,但罚款不得超过支票金额。在此种情况下,保付人除接受罚款外,其保付行为仍为有效。保持人负付款的绝对责任。

保付支票有以下效力:(1)对发票人及其他票据义务人的效力。首先,使这些主体担保付款的责任免除,即使保付人最终拒绝付款,票据义务人也受追索。

其次,从保护付款人的利益出发,保付行为做出后,发票人不得撤销付款委托或者为止付通知。(2)对保付人的效力。也即产生保付人付款责任的绝对性和无条件性。这一点与汇票承兑性质相同,只是用语上的区别而已。首先,支票上其他所有票据义务人均被免除票据义务。其次,保付支票不再适用普通支票提示期限的规定,即使提示期间经过,保付人仍得为期后付款。再次,支票的付款不受支票发行有效期的限制,期满而未逾诉讼时效期间的,保付人仍须付款,最后,即使发票人撤销付款委托或发出止付通知,保付人仍须付款。(3)保付行为对持票人的效力。相对于保付人的绝对的、无条件的付款义务而言,持票人享有绝对的、无条件的付款请求权。因此,若保付人拒绝付款则持票人可直接起诉,请求保付人付款并赔偿损失。同时,持票人丧失对其他票据义务人包括发票人的追索权。

保付行为是与承兑行为并存的一种特殊的附属票据行为。付款人为保付行为后与汇票的承兑人负相同的付款责任。故保付与承兑有许多相同之处,更有理论认为保付行为就是承兑行为,但保付与承兑毕竟不同,主要体现在:(1)二者的适用对象不同。保付行为仅适用于支票,承兑行为只适用于汇票。(2)付款人所为的保付行为以资金关系为前提,也即,付款人只有在与发票人存在资金关系的情况下才可为保付,且保付只能在发票人存款余额范围内或透支合同约定的透支额度内进行,承兑行为却不问是否存在资金关系以及存在多大范围的资金关系。(3)保付行为不受付款提示期间的影响,一经保付,即使提示期间已过,仍可获付款。但承兑行为做出后,若非遵期提示付款,持票人会丧失对前手的追索权。(4)付款人为保付行为后,即承担绝对的、无条件的付款责任,成为票据上惟一的债务人,最终不付款时,持票人也只能向法院请求,要求其付款。因此,保付行为排除对票据其他义务人,包括出票人的付款请求权和追索权。但汇票的承兑做出后,其他票据义务人的责任并不免除。若承兑人承兑后拒绝付款,持票人可依法向其前手行使追索权。(5)支票的付款人所为的保付必须就支票的全部金额进行,而汇票的承兑却可就汇票金额的一部分进行。对未获承兑部分,持票人可向其前手行使追索权。(6)支票付款人若拒绝保付,持票人仍要行使付款请求权,不获付款后才可行使追索权。但若汇票付款人拒绝承兑,则持票人可径直行使追索权。 (王小能)

baoguan cangku
保管仓库(storehouse) 仓库的一种,与保税仓库相对应。仅以物品的堆藏与保管为目的的仓库。保管仓库是仓库营业的主要形式。 (李成林)

baoguan hetong
保管合同(contract of deposit) 又称为寄托合同、寄存合同。是指寄托人将财物交保管人保管,并于保管期满后将财物返还寄托人,由寄托人支付保管费用的协议。保管物品的一方为保管人或受寄托人,被保管的物品为保管物,将物品交付保管的一方为寄存人或寄托人。罗马法上的寄托包括一般寄托和特殊寄托:前者的标的物仅限于动产,须为无偿;后者包括必要寄托、变例寄托和争讼寄托。必要寄托是指在急迫危险中所成立的寄托;变例寄托指以代替物为标的物的寄托,受寄人得消费保管物,并以相同种类、品质、数量的物返还之;争讼寄托是指在诉讼未决前将相互争执的标的物寄托。法国民法将寄托分为通常寄托与争讼寄托:通常寄托包括任意寄托与急迫寄托,争讼寄托包括合意的争讼寄托与裁判上的强制寄托。德国法上规定了一般寄托与不规则寄托,并规定了法定寄托。

我国合同法上规定的保管合同也包括以替代物为标的物的保管,但不包括仓储保管。保管合同的主要特征是:(1)保管合同的标的是提供保管服务,即提供保管寄存人托付的物品的服务。保管物品为保管人的主要义务,不同于其他合同中附属的保管义务。(2)保管合同只转移保管物的占有权,而不转移所有权。依保管合同,寄存人把需要保管的物品交由保管人保管,保管人在合同约定的期限到期时,将保管的物品返还寄存人。(3)保管合同一般为实践性合同,除当事人另有约定外,自保管物交付时起,保管合同才能成立。(4)原则上为无偿合同,但在当事人有约定的情形下也可以为有偿合同。在无偿保管的情形之下,寄存人仍应支付保管人因合理保管而支付的费用。(5)为双务、不要式合同,因为双方当事人互负对应的权利义务,法律亦不要求保管合同的成立必须采取特定形式。保管凭证只是合同的证明,而不是合同成立的要件。(6)保管合同的标的物一般为特定化的种类物或特定物,既包括生产资料,也包括生活资料;可以是限制流通物,也可以是非限制流通物。保管物为货币或其他可替代物的属于不规则保管或特殊保管,保管人可按照约定返还相同种类、品质、数量的物品。保管物一般为动产,不动产一般不适宜作为保管合同的标的物。

保管人的主要义务是:(1)交付保管凭证的义务。保管凭证是保管合同存在的证明,同时也是寄存人领取保管物的有效单据。(2)应采取妥善的方法保管。保管人不能损害保管物,不得使用或许可第三人使用保管物,除非保管合同双方当事人有特别约定。保管人也不得私自开拆保管物。如因保管不善,保管人应对保管期间保管物的灭失、短少、损坏负赔偿责任。(3)保管人应亲自保管,保管合同基于信任而产生,因而保管人不应擅自将保管物交付他人保管。亲自保管要求保管人将保管物置于自己的控制之下，利用自己的场所，以自己的工作直接完成保管工作，除非特殊原因，且经寄存人同意，否则不得将保管物交付他人保管。亲自保管还要求保管人亲自做好入库验收工作，即认真清点保管物的品种、规格、数量及质量。在验收中如发现不符合合同规定的，应及时通知寄存人；如发现赃物或其他违禁物品，应及时报告有关机关及时处理。(4)危险通知的义务。保管人应与寄存人共同检查保管物的情况。属于重要的物资，保管人应依合同约定，会同寄存人定期检查物品的安全情况，以便发现问题及时解决。在第三人对保管物品主张权利的时候，应将有关情形及时通知寄存人，以使寄存人可以及时采取措施维护其利益。(5)应于合同终止时完好地返还保管物。保管人保管的是特定物或特定化的种类物，所以返还的应是原物。返还的时间也应按照合同的规定，既不能提前，也不能延期。

寄存人的主要义务是：(1)支付保管费。如果保管合同是有偿的，保管人应向寄存人收取保管费，费用的标准按国家规定或依合同约定。如无特别约定，寄存人应于领取保管物时，支付费用。如果寄存人应当支付保管费而未支付的，除当事人另有约定外，保管人可以留置保管物。(2)提供有关保管的资料。为使保管人妥善保管，寄存人对于保管物的情况应提供必要的材料。(3)告知义务。如保管物品属于易燃、易爆、有毒等危险品或保管物本身存在破坏性品质缺陷，寄存人应将此情形事先声明，否则应对由此产生的后果，承担相应的责任。但保管人知道或是应当知道而未采取相应的补救措施的，寄存人不负赔偿责任。(4)按期提取保管物，当合同约定的期间届满时，寄存人应及时将保管物取走，如果超期，应偿付超期保管费。

保管合同的终止是指保管合同中的债权和债务关系因履行或其他原因而消灭。保管合同终止的原因有特殊原因和普通原因。特殊原因是指合同当事人单方终止合同。在合同规定的保管期限以内，寄存人可以随时提出终止合同、请求返还保管物。因为从保管合同订立的目的上讲，保管合同是专门为寄存人一方的利益而设立的，所以应当允许寄存人抛弃一定利益。保管人则应当严格遵守合同规定的期限，在合同规定的期限到来之前，完好地妥善保管物品，不得随意提出终止合同，或者要求寄存人提前领取保管物品，但在特殊情形下，如保管人因外出、患疾病等其他特殊原因无法履行其义务时，或者保管方被令停业、关闭的情形下，也允许保管人提前要求终止合同，返还保管的物品。保管合同终止的一般原因包括：合同规定的期限届满，保管人返还保管物，保管合同即终止；或发生意外原因保管物灭失，保管合同也只能终止。但如果保管合同中未规定合同的明确期限，则双方当事人可以随时要求对方解除合同，及时通知对方当事人，以妥善解决善后问题。

（李成林）

baoguanren

保管人(depositary)　参见保管合同、仓储合同条。

baoguan shoutuoren

保管受托人(custodian trustee)　存在于共同受托人中的、由信托行为或者设立信托的国家行为指定的，对信托财产只承担保管职责的那一个受托人。各国、各地区信托法均实际上允许使共同受托人之一成为保管受托人。但英国信托法在坚持这一态度的基础上，对保管受托人有着进一步的规定。英国信托判例法确认，只有公共受托人、银行与商业公司才有资格成为保管受托人。《英国公共受托人法》第4条第1款规定：只要公共受托人同意，无论其是否属于作为原始受托人的共同受托人之一，均可因法院、委托人或者其他有权指定新受托人的人的指定成为有关信托的保管受托人。第2款实际规定：如果公共受托人成为一项信托的保管受托人，其与其他受托人之间便存在以下分工：由其他受托人行使和履行由法律和信托文件规定的，除与保管信托财产有关的职权和义务外的其他与执行信托有关的全部职权，包括酌情处理权和与此相应的全部义务，该公共受托人则行使和履行与保管信托财产有关的职权和义务；故前者在取得信托财产及其增值部分或者其他应当归入信托财产范围的财产后，应当及时移交给后者占有和保管，需要从信托财产或信托利益中开支的款项，应当由后者支付或者由其交给前者支付。第3款规定：本条前两款适用于担任保管受托人的任何银行、保险公司和其他类型的商业公司。

（张　淳）

baoguan xintuo

保管信托(custodial trust)　在信托关系存续期间，由受托人在受益人的支配与指挥下，履行由信托行为与信托法为其设定的各项信托职责和义务的信托。保管信托的基本特征在于，它通过授予有行为能力的受益人在对受托人执行信托方面的支配权，而使该受益人在信托中处于积极与能动的地位，并由此致使受托人处于消极与被动的地位，因此，这种信托属于被动信托。

保管信托为美国信托法所确认。《美国统一保管信托法》在将保管信托肯定为一种合法的信托类型的基础上，还对与它有关的若干特殊法律问题作了规定。其中较为重要的有：(1)保管信托的设立方式。该法

第2条规定：一个人既可以通过向另一人转让财产的方式而设立保管信托，也可以通过宣言的方式设立这种信托；但无论该人以何种方式设立保管信托，均应当以受益人的名义进行，并应采取书面形式，且有关的书面文件还应当经过登记，或者其本身便属于因形式合法而具有执行力的书面文件。如果该人是以转让财产的方式设立保管信托，有关的财产受让人可以因出让人的指定并依据本法成为该项信托的受托人，如果该人是以宣言的方式设立保管信托，则其便以财产持有人的身份并依据本法而成为该项信托的受托人。(2) 保管信托的受托人的权利和职权。该法第8条规定：保管信托中的以具有行为能力的受信任人身份而执行信托的受托人，对于信托财产享有如同未婚且具有行为能力的人对其财产所享有的全部权利和职权；但受托人应当以一个具有行为能力的受信任人的身份行使这些权利和职权。(3) 对保管信托的受托人在执行信托方面的特殊要求。该法第7条规定：第一，该受托人应当将置于其管理之下的信托财产登记，或者记载于书面文件，只要这样做是适当的；第二，如果受益人是具有行为能力的人，该受托人应当按照该人的指示来管理信托财产，如果这种指示并不存在，或者受益人是不具备行为能力的人，该受托人应当以谨慎的财产管理人的注意来管理该项财产；第三，该受托人应当按照有关受益人的指示或者以谨慎的财产管理人的注意来收取、占有、管理信托财产，并将该财产用于投资与再投资；第四，在保管信托存续期间，该受托人应当使信托财产同自己的其他财产保持分离，并使该项财产能够被作为信托财产而明显地识别；第五，该受托人应当保存和管理与运用信托财产有关的全部事项的记录。

(张　淳)

baohu caichan

保护财产(defense of property) 英美侵权法上的免责事由之一，指财产占有人有权采用合理的方式驱赶他人或他人的财产，以避免他人对自己财产造成的侵害。保护财产需要符合以下要件：(1) 必须存在实际的入侵，或者对财产的干预的现实危险。(2) 除非无效或者没有时间或机会，财产占有人必须首先要求入侵者停止侵害；或者没有提出上述要求而采用足够小的措施以避免或终止入侵者的侵害，不允许采用会造成死亡或重大人身伤害的措施，但是，如果入侵者采取的措施威胁到财产占有人的人身安全的除外。(3) 财产占有人不能使用电网、陷阱、毒药、危险的动物等能致人死命的工具来主动地保护财产。甚至认为即使它在门口放上醒目的警告牌(如入侵者必死)，也不能轻易采用致命的防卫工具。此外，如果入侵者有权进入他人的土地或占有财产，而财产占有人误认为他人无权进入或占有自己的财产，财产占有人因此而采用暴力，则财产占有人的行为构成其侵权，除非财产占有人的误解是由入侵者本人引起的。在我国法上，保护财产可以属于正当防卫或行使权利。参见正当防卫、行使权利条。

(张平华)

baohu taren

保护他人(defense of others) 美国侵权法上的免责事由之一。根据保护他人规则，行为人可以使用足以抵挡攻击和防止伤害所需要的武力和方式去保护任何一个正在受到伤害的陌生人，对于由此而造成的损害，行为人不负侵权责任。保护他人与自我防卫所使用的力量和方式的要求是相同的，即被告只能使用足以抵挡攻击和防止伤害所需的力量和方式，而不能超出这个范围，否则可能构成侵权。在我国法上，保护他人也属于正当防卫的一种。参见正当防卫条。

(刘经靖　张平华)

baohu xintuo

保护信托(protective trust) 又称扶助信托。以成年人为受益人，并以使该人及其近亲属在该信托终止后均能够独立取得信托利益为结果的信托。具体地讲，某一信托，如果根据法律、信托行为或国家行为的规定，在它的存续期间，受托人应当向受益人给付信托利益；但在它终止时或者终止后的一定时期内，受托人却不仅应当向受益人给付信托利益，还应当向该人的近亲属(诸如配偶、子女、孙子女与外孙子女等)给付这种利益，像这样一项信托，即为保护信托。保护信托为英美信托法所确认的一种信托品种，属于特殊民事信托。保护信托在终止前，仅存在由有关法律、信托行为或国家行为所指定的受益人，而在终止时，却出现了一个包括该受益人和他(她)的近亲属在内的新的受益人群体；这便是这种信托不同于以成年人为受益人的一般民事信托的最大特征。保护信托的实质在于，使受益人的近亲属在它终止后能够得到受托人的直接供养，并使信托利益成为进行这种供养的物质条件。此点已为英美信托法所肯定，并且这也是委托人或有关国家机关设立这种信托的目的所在。

(张　淳)

baopei zeren xian

保赔责任险(protection and indemnity risks) 简称保赔险。由船东保赔协会对船东在营运过程中因意外事故而引起的被船舶保险责任所排除的损失、费用和应由船东承担的其他责任予以承保的保险险种。早期，船舶与他船碰撞造成他船的损失，船东只能依据"碰撞条款"请求保险人承担对他船的3/4的损害责任,余下的 1/4 由船东自负。随着航海事业的发展,船东要承担的海事损害赔偿的范围越来越大,于是,1885 年,英国成立了船东相互保赔协会,创立保赔责任险。保赔责任不同于一般船舶保险,它由船东保赔协会办理,具有明显的互助协作性,不以盈利为目的。船东既是保险人也是承保人。目前,保陪责任险的范围已扩大到碰撞责任、货损责任、人身伤害赔偿责任、油污损失和清除费用、船员往返费用、污染风险、救助人命费用、残骸处理责任等。除海水油污案件外,保赔责任险的赔偿责任是无限的。在中国,保赔责任险由中国人民保险公司和中国船东互保协会办理,中国船东互保协会于 1995 年制定了"保赔条款"。 (温世扬)

baoquan danbao

保全担保(德 Sicherungssicherheit) 流通担保的对称。仅以担保债权为目的,其担保权不能流通的债的担保。我国现行法上债的担保即为保全担保。

(郭明瑞)

baoquan diya quan

保全抵押权(德 Sicherungshypothek) 德国法上抵押权的特殊形式,是指抵押权人的权利只能按照抵押权所据以建立的债权内容来确定的抵押权,债权人要主张抵押权,就必须能够证明抵押权所担保债权的存在,且债权人不得援引土地登记的公信力来证明其债权。即保全抵押权具有严格的附属性,对债权没有善意保护。在德国法上,保全抵押权只能作为登记抵押权来设立,且应在土地登记簿上载明该抵押权为保全抵押权。

(申卫星)

baoquan qingqiu quan

保全请求权(claim for elimination of dangers) 妨害除去请求权和妨害预防请求权,又称保全请求权。

(王 轶)

baoshui cangku

保税仓库(bonded ware house) 仓库的一种,与保管仓库相对称。专用保管尚未缴纳进口税货物的仓库。1700 年首先出现于英国,其后随着海上贸易的发展,各国相继设立。因保税仓库是由海关设立或经海关核准用于存放保税货物的专用仓库,存入仓库内的货物可免纳关税,免领进口许可证;在规定的存储期满时,可以复出口或办理进口货物的报关和纳税手续;在仓库内,货物可以进行改装、分类、混合甚至加工。此类仓库须具备可由海关严密监督的条件,经理人须定期将货物的收、付、存等情况列表报送当地海关检查。货物存放期限,各国规定不同,从半年、1 年到 2 年、3 年不等。逾期不运走以放弃货物论处,由海关拍卖,所得货款先抵偿关税、仓租和杂费,余额发还货主。设立保税仓库的目的,除为贸易当事人以经营便利外,主要是为了发展转口贸易,增加各项费用收入。保管尚未纳税的货物,在保管过程中不作为输入的货物,应依照保税仓库所发行的仓单交还,然后交纳输入税,将货物出仓。保税仓库有国家经营的,也有私人经营的。私人经营的,也属于民法上的仓库。而国家经营的,则不属其列。民法上关于仓库营业人保管义务的规定,除对于保税仓库另有规定者外,也应适用。 (李云波)

baoxian

保险(insurance) 保险有社会保险与商业保险之分。社会保险以社会保障为基本目的,而商业保险则以营利为基本目的。各国保险法所指的保险一般是指商业保险。《中华人民共和国保险法》第 2 条规定:保险是投保人根据合同的约定,向保险人支付保险费,保险人对于合同约定的、可能发生的事故因其发生所造成的财产损失承担赔偿责任,或者当被保险人死亡、伤残、疾病或达到合同约定的年龄、期限时承担给付责任的商业保险行为。在理论上,各国学者对保险的定义存在着不同的观点,形成了保险损失说、保险非损失说、保险二元说等不同的学说,深刻地影响着保险理论的发展。

保险学说 保险损失说。又称为损失说或损害说,以损失的存在作为保险理论的核心,用损失的概念来说明保险的性质,强调没有损失就没有保险,认为保险是"损害的填补"和"损失的分担"。保险损失说又有"损失赔偿说"、"损失分担说"和"危险转嫁说"等不同的学说。(1) 损失赔偿说。该说产生于英国,是海上保险产生后所形成的一种学说,其主要代表人物是英国的马歇尔(S. Marshall)和德国的马休斯(E. A. Masius)。损失赔偿说强调保险是一种损失赔偿合同,即保险是当事人一方收受商定的金额,对于对方所受的损失或发生的危险予以补偿的合同。损失赔偿说是以海上保险和火灾保险为依据所作的法学解释。(2) 损失分担说。该说是 19 世纪末、20 世纪初发展起来的一种学说,其代表人物是德国的瓦格纳(A. Wagner)。损失分担说以保险赔偿是多数人互助的事实为核心,将保险的性质确定为损失分担,认为保险是将个别人因未来特定的、偶然的、不可预知的事故在财产上所受到的损失,由处于同一危险中但未遭到事故的多数人来分担,以去除或减轻损失的一种经济补偿制度。(3) 危险转嫁说。该说起源于美国,其代表人物是美国的威尔特(A. H. Willet)和克劳斯塔(B. Krosta)。危险转嫁说从危险处理的角度来阐述保险的本质,认为保险是一种危险转嫁机制,是为了赔偿资本的不确定损失而积累资金的一种社会制度,是依靠将多数人的个人危险转嫁给他人或团体来进行的。因此,只要个人或者团体支付一定的代价,就能将日常生活中的各种危险转嫁给保险人。

保险非损失说。该说认为,保险损失学说是建立在财产保险基础上的一种学说,不能概括保险的全部领域,因此,应当建立一种全面解释保险概念的新理论,以摆脱损失的概念对保险的影响。保险非损失学说又包括技术说、欲望满足说、相互金融说和财产共同准备说等。(1) 保险技术说。该说主张以保险的技术特性作为保险的性质,其代表人物是意大利的费方德(C. Vivante)。保险技术说建立在保险费的计算基础上,突出了保险的技术性,从技术的角度对财产保险和人身保险作出统一的解释,认为保险是根据偶然事件的发生概率来计算保险费,以建立保险基金,用于在偶然事件发生后支付保险金。(2) 欲望满足说。该说又称需求说,是以保险能够满足经济需要或金钱欲望来阐述保险的属性,其代表人物是意大利的戈比(V. Gobbi)和德国的马纳斯(A. Manes)。欲望满足说认为,保险的目的是当意外事故发生时,以最少的费用满足受损失者因事故而偶然萌发的经济欲望所需要的资金,并尽力保障满足这种欲望。因此,保险是按照一定的概率计算将来可能发生的欲望,并根据合理交换的经济原则进行准备的多数人的集体组织。(3) 相互金融说。该说认为,保险的性质是互助合作基础上的相互金融机构,其代表人物是日本的米谷隆三。相互金融说的理论依据是,当代经济是货币经济,所有的经济活动都是通过货币的收支来实现的。保险作为保障社会安定的善后措施,也是以调整货币收支为目的的,保险在客观上是通货的供求关系,因此,保险机构是建立在互助合作基础上的金融机构,起着融通资金的作用。(4) 财产共同准备说。该说认为,保险是为了保障社会经济生活的安定,对意外事故所致损失的补偿,将多数经济单位集合起来,按照大数法则聚积资金以作为共同财产准备,其代表人物是日本的小岛吕太郎。

保险二元说。又称为不能统一说,认为人身保险是保险的组成部分,但财产保险和人身保险在性质上有着质的差异,因此,对财产保险和人身保险不能给予统一的解释,而应分别作出不同的定义。二元说认为,财产保险是损害赔偿,它的性质是以损失这一概念为基础,而人身保险则是给付预定金额,其性质与财产保险不同。二元说又有人格保险说、人身保险否认说和择一说三种不同的学说。(1) 人格保险说。该说认为,人身保险属于保险,它不仅能够赔偿由于人身事故所引起的经济损失,而且还能够赔偿道德方面和精神方面的损失,因此人身保险属于非损失保险,它实际上是人格的保险。(2) 人身保险否认说。该说认为,损失这一概念无论是从经济方面进行狭义的解释,还是包括精神损失在内进行广义的解释,都不能说明人身保险的性质。如果坚持保险的性质是以损失为前提,其当然的结论是人身保险不属于保险。因此,人身保险并不体现保险的性质,与保险是不同性质的合同,是一种单纯的金钱支付合同。(3) 择一学说。该说认为,财产保险和人身保险都是保险,但不可能找出它们的共同概念,应分别对人身保险和财产保险进行定义阐述。

保险的条件 又称保险的要素或保险的构成,是保险得以成立的基本条件。一般地说,保险的构成必须具备以下三个要件:(1) 危险。"无危险则无保险"是保险理论中的至理哲言。因为保险制度的建立,目的在于应付自然灾害和意外事故的发生。所以,危险的存在是构成保险的第一要件。但是,在保险法中,并非所有的危险都属于保险的范围之内,只有具备一定条件的危险,保险人才予以承保。这种危险通常称为"承保危险"或"可保危险"。承保危险根据危险的客体,主要包括财产危险、人身危险和责任危险。(2) 众人协力。众人协力是多数人在经济上的互助共济关系的说明,在保险中表现为由众多的社会成员参加保险,通过缴纳保险费以积聚巨额的保险基金,当少数成员因遭受危险导致损失时,给予其足额、及时的补偿。基于众人协力这一条件,参加保险的人越多,每个人的负担就越小,危险的分散就越广泛,保险基金就越稳定,从而参加保险者的损失补偿就越有保障。因此,保险有赖于科学的方法和精密的组织作保证,使互助共济关系得以维护,也使保险人有着足够的偿付能力。(3) 补偿或给付。保险不可能也不能消灭危险,保险的功能在于使投保人以缴纳保险费为代价,在未来保险事故发生后,由保险人对事故损失进行赔偿,或给付约定数额的金钱。保险的功能在财产保险和人身保险中有着明显的区别,由于财产保险的标的是可以用金钱衡量其价值的,因此,保险人对损失按照填补损失的赔偿原则进行补偿;而人身保险的标的是人的身体和寿命,是无法以金钱衡量其价值的,因此保险人是在保险事故发生后,按约定的金额给付保险受益人一定数额的金钱。

保险的特征 保险具有区别于其他社会现象的特性,具体包括以下内容:(1) 保险的互助性。保险是多数人在互助共济基础上建立起来的,是聚积多数人的力量来分担少数人的危险的保障措施。保险的核心在于,多数投保人通过缴纳保险费,由保险人建立保险基金,对因保险事故的发生而受到损失的被保险人进行补偿。因此,互助共济是保险制度建立的基础。(2) 保险的补偿性。保险的功能不在于消灭也不可能消灭危险。保险制度所建立的保障,是通过经济补偿的方式实现的。也就是说,保险是投保人以缴纳保险费为代价,在将来发生保险事故时,由保险人对事故损失给予补偿的一种制度。在财产保险和人身保险中,保险的补偿性表现不尽相同:财产保险由于保险标的是可以用金钱衡量的,因而对损失按照赔偿原则上进行经济补偿;而人身保险的保险标的是人的身体或寿命,是无法以金钱衡量的,所以人身保险是在约定的保险条件成就时,保险人按约定金额给付。(3)保险的契约性。保险关系是合同关系,保险人与投保人是保险合同的当事人,投保人依据合同约定履行缴纳保险费的义务,保险人在合同约定的事故发生后或合同约定的条件成就时,承担赔偿或给付保险金的义务。(4)保险的射幸性。在保险中,投保人交付保险费的义务是确定的,而保险人是否承担赔偿或给付保险金的责任则是不确定的,取决于不确定的危险是否发生。当保险事故发生时,保险人就要承担赔偿或给付保险金的责任,但若没有发生保险事故,则保险人只收取保险费,而无保险责任。因此,保险是一种射幸行为。(5)保险的储蓄性。在人身保险中,保险具有明显的储蓄性,是将现实收入的一部分通过保险的方式进行储存,以备危险发生时的需要。保险的储蓄性是建立在多数人互助共济的前提下实现的,它以大数法则计算保险费费率,保险人按合理费率收取保险费建立保险基金,在保险合同约定的保险事故发生后,从保险基金中支付损失赔偿或给付约定的金额。

保险的范围 保险的适用范围,决定于保险的功能和性质。保险的功能在于,为被保险人在因意外事故的发生或约定条件的实现时,进行损失赔偿或给付一定数额的金钱。但是,保险人所进行的赔偿或给付是有条件的,这就决定了保险是在一定的范围内实现其保障作用的。保险所建立的保障范围是一个特定的范围,是由保险合同关系、保险危险和保险的赔偿或给付范围等因素所决定的。(1)保险合同关系是决定保险范围的前提。保险是由多数人分担少数人危险的一种互助共济关系,这种关系是由保险合同加以确定的。投保人通过与保险人签订保险合同参加保险,从而得到保险的保障,未参加保险的人不可能得到保险所给予的保障可能。所以,保险合同关系是保险保障范围得以确定的前提。(2)保险危险是决定保险范围的基础。保险危险是保险人所承保的符合一定条件的危险,包括财产危险、人身危险和法律责任危险。在保险中,保险人只对因保险事故的发生承担赔偿或给付义务。因此,属于保险危险之外的其他危险的存在和发生,无论造成多么严重的损失,保险人均不承担保险赔偿的义务。因此,保险只是对保险危险建立保障。(3)保险的赔偿和给付范围是保险的范围的具体实现。从一般意义上讲,保险危险由于其自身的特性所决定,是不可能发生在每一个保险参加人身上的,因此保险所建立的保障,是保险人对被保险人因可能发生的保险事故而受到的损失进行赔偿的承诺。但是,对于发生了保险事故的被保险人,保险人对其进行赔偿损失或给付一定数额的金钱,是保险的保障作用的具体实现。因此,在财产保险中保险法或合同规定的损失赔偿范围和保险金额,以及在人身保险中合同约定的给付保险金额,也就是保险的保障范围的组成部分。

保险的作用 保险在社会各领域中所发挥的作用,是由其以损失补偿为核心的保障功能所决定的。保险作为金融体系的重要组成部分,在国民经济各领域中有着不可替代的作用。(1)保障人们生活的安定。人们的生活安定、祥和,是人类社会发展的基础。但自然灾害和意外事故的普遍存在,严重地威胁着人们的人身和财产的安全。人们参加保险,能够以保险费的较小代价,换取在保险事故发生后的较大数额的保险赔偿金或给付金。因此,保险能够使遭受危险事故的少数不幸者的经济损失在最大程度上得以弥补,从而起到解除后顾之忧,保障社会生活的稳定、安宁的作用。这种善后的救助制度,有"精巧的社会稳定器"的美誉。(2)保障企业的正常生产经营秩序。企业的生产和经营是创造社会财富的源泉,而且企业本身也是社会财富的一种载体。但是,客观存在的自然灾害和意外事故的发生,不仅能够造成企业财产的损失,也能使企业的生产经营陷入停顿,从而破坏了企业的正常生产和经营秩序。企业参加保险,一方面在自然灾害和意外事故发生后,企业通过获得保险人支付的赔偿金的支持,可以在最大程度上减少自身的损失,重整旗鼓,迅速恢复生产和经营;另一方面,由于保险人长期进行危险研究,有着丰富的危险管理经验,企业可以通过保险人的指导,对其资产和生产经营风险进行有效的管理和预防,以最大程度地减少危险发生的可能,避免或减少因危险的发生所造成的损失。(3)积累社会资金。保险是集中社会分散资金的有效途径之一,是保险人通过收取保险费的方式,将社会分散资金集中起来建立保险基金,从而为社会提供善后的经济保障措施。保险的经营过程,就是不断积累保险基金的过程。保险基金的不断积累和扩大,是在国家后备资金之外建立起来的庞大的社会后备资金,不但弥补了国家后备资金的不足,而且可以减轻国家的财政负担。从投资的角度讲,因保险基金在支付了经营费用和已发生事故的赔偿金后,其所提取的保险准备金在一定时间内处于赔偿预备的闲置状态,这就为保险基金的投资业务的开展提供了前提条件。保险基金开展投资业务,一方面可以实现保险基金的保值增值,另一方面也为社会经济提供了一条独立的筹集投资资金的渠道,使大量的保险基金通过投资进入社会生产经营的各个方面。据统计,保险已经成为人们在继储蓄、股票和债券之后的又一种主要投资方式。(4)保险在国际经济贸易中的作用。首先,保险服务是重要的国际服务业务之一,保险的外汇收支是国际收支中的一个重要组成部分。在保险业发达的国家,保险外汇收入已经成为国家外汇收入的重要途径之一。其次,在国际贸易中,保险是国际贸易的重要保障,是国际贸易不可缺少的组成部分。在国际贸易业务中,保险费是商品价格的重要组成部分,保险单是国际结算的必备文件之一。在保险的保障下,国际贸易得到了长足的发展。再次,在国际投资合作和国际技术交流中,保险为投资人的投资提供保险,使投资人的投资和技术获得了风险保障,提高了投资和技术的安全系数。因此,保险对国际投资合作和技术交流有着重要的促进作用。在我国,随着保险市场的开放,大量外资将进入我国的保险市场进行投资,开办保险公司,这也使得我国的保险业本身成为引进外资的重要渠道之一。

保险的职能 保险具有的职责和功能,是由保险的本质所决定的。关于保险的职能,理论上有着不同的认识,如经济补偿的专一职能说,分摊损失和经济补偿的双重职能说,固有职能和派生职能的多重职能说等。其中,多重职能说为通说。(1)保险的固有职能。保险的固有职能包括分摊损失和经济补偿两种职能。前者是以收取保险费的方式来分摊灾害事故所致损失的职能,后者是以被保险人在遭受灾害或意外事故后取得损失补偿的职能。保险的分摊损失职能与经济补偿职能既相互区别,又相互依存。分摊损失是少数被保险人因保险事故发生所致的损失,由参加同一险种的全体投保人通过缴纳保险费的方式予以分担。为保证分摊损失职能的实现,保险人根据大数法则对保险危险进行计算,建立合理的保险费率,从而使保险基金建立在合理分担的基础上。经济补偿是保险人以保险基金,对遭受灾害和意外事故的被保险人的损失给予经济上的补偿。经济补偿是保险职能的集中体现,它不仅是被保险人的权利,也是保险的目的。经济补偿是以分摊损失为前提的,是分摊损失的具体实现。(2)保险的派生职能。保险的派生职能是由保险基金的运行规律和内在机制所决定的,主要体现在两个方面:第一,投资职能。随着保险业务的发展,保险的投资职能也越来越重要。保险的投资职能是保险人以增加收益和提高偿付能力为目的,对暂时处于闲置状态的保险准备金进行投资经营的一种业务。从世界各国来看,许多保险公司在单纯的保险费收入和赔付支出上是处于亏损状态的,但是,由于发展了投资业务带来了丰厚的利润,使保险公司仍处于盈利状态。因此,将投资列为保险的职能,是强调投资业务在保险经营中的重要

性,它对于发展保险经营业务,提高保险经济效益,扩大保险的社会影响有着重要的意义。第二,危险管理职能。危险管理是人们以客观存在的危险为研究对象,探究危险发生、变化的规律,认识和评估危险对社会生活所造成的损失程度,选择适当的处理危险的对策以减少或避免损失的一种活动。保险是危险管理的重要手段之一,虽然保险是以对危险所造成的损失进行经济补偿为目的,所承保的危险是符合一定条件的纯粹危险,但是,保险人作为专门从事危险管理的组织,在长期的保险实践中积累了大量的危险管理经验,可以有效地避免、预防和转移危险。保险的危险管理职能的实现,一方面可以降低保险人的赔付率,增加经济效益;另一方面也可以有效地减少社会因灾害事故所遭受的损失。

保险的界定 第一,保险与保证。两者都是对未来偶然事件的发生所致损失的补救措施,都是一种合同关系。同时,保证又可以成为保险的对象,即保证保险。但保险与保证是有着本质差别的两种不同法律关系:(1)保险是一种独立合同,是投保人与保险人之间的合同。保险合同成立后,投保人应当履行缴纳保险费的义务,保险人的义务则是在保险事故发生后才予以履行;而保证则是一种从合同,从属于债权人与债务人所订立的主合同。保证的存在以主合同的存在为前提,保证合同成立后,保证人对主债权人有条件地承担义务,即在主债务人不履行或不能履行其义务时,保证人才负有代替主债务人履行债务的义务。(2)保险和保证都是双方法律行为,但保险是有偿、双务法律行为,而保证是无偿、单务法律行为,即保证人保证债务人履行债务并不能从债权人处取得任何代价,同时债权人并不对保证人负担给付义务。(3)在保险关系中,保险人承担的赔偿或给付义务,是合同约定的保险人自己应尽的义务,除非财产保险中保险事故的发生是由第三者的责任引起的,保险人没有代位求偿权;而在保证关系中,保证人承担的义务是代他人为履行义务,因此,保证人在履行代偿义务后享有求偿权和代位权。

第二,保险与救济。都是人类社会抵御意外事故所致损失的救助措施。在保险出现之前,人类社会主要是通过救济的方式,对因种种原因而陷入经济窘境的人进行救助。现代各国也非常重视发展慈善事业,以救助经济穷困者。但是,保险与救济在本质上是不同的,两者存在以下差异:(1)保险是有偿的,参加保险的成员按一定的比率交纳保险费,是取得保险补偿的前提;而救济则是无偿的,受助者对于救济者的救济无须支付任何费用。(2)保险人是通过收取保险费的方式建立保险基金,对符合保险合同约定情形的被保险人进行补偿;而救济者则是以自己的财力或接受他

人的援助,对受助人进行救助。(3) 保险是双方法律行为,属于合同关系,被保险人(投保人)缴纳保险费后,在发生保险事故时,保险人才需履行赔偿或给付义务,保险受益人享有请求权;而救济是一种单方法律行为,对受助者是否救济、采用何种救济方式均由救济者决定,受助者没有请求权。(4) 保险的保障是特定的,其对象是特定的参加保险的人,其金额是合同约定的保险金额,且通常以金钱支付;而救济的保障则是不特定的,救济者可以对任何经济穷困者进行救助,救济可以是金钱救济,也可以是实物救济。

第三,保险与储蓄。两者都是将现实收入的一部分储存起来,以备将来的需要,是处理经济不稳定的善后措施。人身保险具有储蓄性,特别是在生存保险中,保险与储蓄很难加以区别。但是,保险和储蓄毕竟是两种性质不同的制度,其区别主要有:(1) 保险是多数人的互助共济行为,是由多数人缴纳保险费以建立保险基金,对参加保险的人提供保障;而储蓄则是个人的自助行为,是个别地、单独地进行金钱的储存,以备自己将来的需要。(2) 保险是以较小的支出换取意外事故发生后经济上较大的补偿,是以保险事故的发生为给付前提的;而储蓄则是存款人积聚金钱及利息,以满足其将来的需要。存款人可以自由存取,不受限制。(3) 在给付与反给付的关系上,保险不需建立个别的均等关系,只需成立综合的均等关系即可。因此,在保险事故发生后,不问保险费缴纳的多寡,被保险人或受益人都可根据保险合同的约定,随时领取应得的保险金;而储蓄在给付与反给付之间,以成立个别的均等关系为必备要件,储蓄的可利用金额应以存款数额为前提。　　　　　　　　　　　(史卫进　房绍坤)

baoxian baozhang jijin
保险保障基金(fund of insurance guarantee)　亦称总准备金。保险人为发生周期长、后果难以预料的巨灾或巨额危险而依法从年终结余中提取的后备基金。它与未到期责任准备金和未决赔款准备金不同。未到期责任准备金和未决赔款准备金是保险组织的负债,用于正常情况下的赔付;而保险保障基金则属于保险组织的资本,主要是应付巨大灾害事故的特大赔款,只有在当年业务收入和其他准备金不足以赔付时方能运用。保险企业要稳健经营,除了必须有足够的未到期责任准备金和未决赔款准备金以处理各种未了责任外,还必须解决巨灾危险的分摊问题。而这种危险的分摊仅仅借助分保还不够,因为分保并不能解决保险企业本身在承保财务成果上可能出现的年度波动。我国采取保险保障金机制作为缓冲,以保障企业的偿付能力。我国《保险法》规定,保险公司应按规定提存保险保障基金,并专户存储于中国人民银行或保险监管部门指定的商业银行,以便于集中管理,然后根据提取目的,统筹安排、统筹使用。　　　　　(温世扬)

baoxian biaodi
保险标的(object of insurance)　参见海上保险条。

baoxian daili jigou guanli guiding
《保险代理机构管理规定》(Administrative Provisions on Insurance Agencies)　规定保险代理机构管理的部门规章。2001年11月16日由中国保险监督管理委员会发布,自2002年1月1日起施行。由总则、设立、变更和终止、从业资格、经营管理、监督检查、罚则、附则共8章84条组成。主要内容有:(1) 保险代理机构与保险代理行为的性质。保险代理机构是指经中国保险监督管理委员会批准设立,根据保险人的委托,在授权范围内代为办理保险业务的单位。其在代理权限范围内的行为所产生的法律责任由保险人承担。因授权不明而给他人造成损害的,由保险人和保险代理机构承担连带责任。保险代理机构的无权代理行为若未经被代理人追认,由其自己承担法律责任,但构成表见代理的,代理行为有效,由保险人承担法律责任。(2) 保险代理机构的设立条件、程序与变更。保险代理机构可以以合伙企业、有限责任公司或股份有限公司的形式设立。保险代理机构的名称中应当包含"保险代理"字样。保险代理机构的设立分为筹建和开业两个阶段,筹建申请和开业申请均向中国保险监督管理委员会提出,筹建申请提交的材料包括:筹建申请报告、筹建可行性报告、机构框架、筹建方案、筹建人员名单及简历等,开业申请提交的材料包括:开业申请报告、公司章程或合伙协议、内部管理制度、高级管理人员材料、员工名册及其资格证书、股东或合伙人名册、会计师事务所出具的验资报告、计算机软硬件配备情况、营业场所证明、工商行政管理部门批准的《企业名称预先核准通知书》等。对符合条件的颁发《经营保险代理业务许可证》。《许可证》有效期为3年。(3) 从业人员的资格。保险代理机构的从业人员应当取得《保险代理人资格证书》,其取得途径一是通过中国保险监督管理委员会统一组织的资格考试,一是由中国保险监督管理委员会直接授予。《资格证书》是对保险代理从业人员基本资格的认定,不具有执业证明的效力。由保险代理机构负责核发的《保险代理从业人员执业证书》是从业人员从事保险代理活动的证明文件。保险代理机构修改公司章程或合伙协议、变更注册资本或出资额、变更股东或合伙人、变更股权结构或出资比例、变更组织形式、变更住所、变更高级管理人员、变更业务范围、变更公司或企业名称、分立或合并、解散或破产等事项,均须经过中国保险监督管理委员会的批准。(4) 经营管理。保险代理机构可以经营下列业务:代理销售保险产品;代理收取保险费;根据保险公司的委托代理相关业务的损失勘查和理赔。保险代理机构应当在中国保险监督管理委员会核定的经营区域内开展保险代理业务。保险代理机构不得从事有损投保人、被保险人或保险公司利益的行为。(5) 监督检查。保险代理机构应当按规定及时向中国保险监督管理委员会报送有关报表、资料,并保证其真实、准确和完整。中国保险监督管理委员会对保险代理机构的设立或变更手续、资本金或出资额、营业保证金或职业责任保险、业务经营状况、财务状况、信息系统、管理和内部控制、高级管理人员的任职资格等进行检查。

(刘凯湘)

baoxian dailiquan de xianzhi

保险代理权的限制(limitation to agent right/procuration) 保险代理权是保险代理人得以保险公司的名义从事保险活动的资格。保险代理人的代理权不仅受到代理合同的限制,也受到法律、法规的限制。主要表现为:(1) 保险代理人只能为经过监管机关(中国保险监督管理委员会)批准设立的保险公司代理保险业务。其他组织和个人本身无权经营保险业务,当然也不得委托代理人为其代办保险业务,因此保险代理人不得为无权经营保险业务的组织和个人代理保险业务。(2) 保险代理人只能在中国保险监督管理委员会批准的行政区域内,为在该行政区域内注册登记的保险公司代理保险业务。保险公司及其分支机构经营业务的地域范围均有规定,如果允许保险代理人异地经营业务,则关于保险公司经营地域范围的规定就失去意义,特别是未获准在中国营业的外国保险公司即可借此进入中国保险市场,市场准入管理则形同虚设。所以保险代理人只能为其注册登记行政区域内的保险公司代理保险业务。(3) 代理人寿保险业务的保险代理人只能为一家人寿保险公司代理业务。人寿保险合同的保险期间很长,一般采用分期支付保险费的方式,如果允许保险代理人同时代理两家或两家以上寿险公司的业务,则保险代理人为了多得手续费,很可能损害保险公司及被保险人的利益。有学者认为,这种限制不应适用于兼业代理人。(4) 保险代理人不得滥用代理权,如擅自变更保险条款,提高或降低保险费率;利用行政权力、职务或职业便利强迫、引诱或者限制投保人、被保险人投保或转换保险公司;串通投保人、被保险人或受益人欺骗保险公司;对其他保险公司、保险代理人,作不正确的或误导性的宣传;代理再保险业务;以代理人的名义签发保险单;挪用或侵占保险费;向投保人收取保险费以外的额外费用,如咨询费等;兼作保险经纪业务;中国人民银行认定的其他损害保险公司、投保人和被保险人利益的行为。(5) 保险代理人本身向保险公司投保,均视为保险公司的直接业务,保险代理人不得从中提取代理手续费。(6) 保险代理人不得擅自转委托,即将代理事项的一部或全部再委托于他人。这是因为保险代理人有严格的条件限制,且与保险人之间有很大的人身信赖关系。(7) 保险代理人的保险活动不得超越代理权,不得在代理权终止后仍然代为从事保险活动。

(温世扬)

baoxian dailiren

保险代理人(insurance agent) 根据保险人的委托,向保险人收取代理手续费,并在保险人的授权范围内代为办理保险业务的单位或者个人。保险代理人根据保险人的授权代为办理保险业务的行为,由保险人承担保险责任。保险代理人可以是自然人,也可以是单位;其业务权限在保险人委托授权的范围之内,在此范围之内的行为由保险人承担责任;保险代理人向保险人收取代理手续费作为其报酬。从事保险代理业务的人员必须参加保险代理人资格考试,并获得保险监管机关颁发的《保险代理人资格证书》。

保险代理人制度是保险人招揽业务的最重要的方法之一。在美国,习惯上依据业务种类的不同把保险代理人分为三类,即总代理人(general agent)、营业代理人(soliciting agent, solicitor)和特约代理人(special agent)。在财产保险中,总代理人及营业代理人均拥有代表保险人签订保险合同的权利;在人身保险中,无论是总代理人,还是营业代理人,都无权代表保险人签订保险合同。而特约代理人一般是受保险人委托,处理特定事务的人,其权限范围只能依保险人委托的内容而确定。中国人民银行 1997 年 11 月颁布的《保险代理人管理规定(试行)》将保险代理人按组织形式分为专业代理人、兼业代理人和个人代理人。专业代理人是指专门从事保险代理业务的保险代理公司,其组织形式是有限责任公司。保险代理公司的设立必须符合一定的条件,经监管机关核准并发给《经营保险代理业务许可证》,领取营业执照后方可营业。其业务范围较为广泛,具体包括:(1) 代理推销保险产品;(2) 代理收取保险费;(3) 协助保险人进行损失的勘查和理赔;(4) 监管机关批准的其他业务。兼业代理人指受保险人委托,在从事自身业务的同时,指定专人为保险人代办保险业务的单位。单位兼业从事保险代理业务,也必须经保险监管机关批准并发给《经营保险代理业务许可证(兼业)》,党政机关及其职能部门不得兼业从事保险代理业务。兼业代理人的业务范围仅限于代理推销保险产品、代理收取保险费,而且只能代理与本行业直接相关、且能为被保险人提供便利的保险业务。个人代理人是受保险人委托代为办理保险业务的个人。

个人代理人须持有《保险代理人资格证书》,且专职从事保险代理业务。个人代理人不需领取《经营保险代理业务许可证》,由被代理的保险公司核发《展业证书》即可。个人代理人的业务范围限于代理推销保险产品、代理收取保险费。个人代理人不得办理企业财产保险和团体人身保险业务。2001年11月16日,中国保险监督管理委员会颁布《保险代理机构管理规定》(2002年1月1日起施行),规定保险代理机构可以以合伙企业、有限责任公司或股份有限公司的形式设立,并规定了各种保险代理机构的设立条件和程序、变更和终止,保险代理人员的从业资格,代理机构的经营管理、监督检查等。

保险代理人必须以保险人的名义进行保险活动,否则由此产生的法律后果由其自己承担;保险代理人必须在代理权限内进行保险活动,其超越代理权限的行为对保险人没有约束力;保险代理人根据保险人的授权代为办理保险业务的行为,由保险人承担责任。

(温世扬)

baoxian dailiren guanli guiding(shixing)

《保险代理人管理规定(试行)》(Administrative Provisions on Insurance Agents (for Trial Purpose))

我国规定保险代理人活动的部门规章。1997年11月30日由中国人民银行发布,并于发布之日起实施,1996年2月2日由中国人民银行发布的《保险代理人管理暂行规定》同时废止。共9章,82条,分别为:总则;资格;专业代理人;兼业代理人;个人代理人;执业管理;保险代理合同;罚则;附则。主要内容为:

保险代理资格的取得 从事保险代理业务的人员必须参加保险代理人资格考试,并获得中国人民银行颁发的《保险代理人资格证书》,该《资格证书》由中国人民银行统一印制,作为对具有保险代理能力人员的资格认定,但不得作为展业证明。《资格证书》的有效期为3年,持证人自领取《资格证书》之日起3年未从事保险代理业务,其《资格证书》自然失效。保险代理人资格考试由中国人民银行或其授权的机构组织实施。

专业代理人 专业代理人是指专门从事保险代理业务的保险代理公司,其组织形式为有限责任公司。保险代理公司必须符合本《规定》要求的条件,即:(1)最低实收货币资本金50万元;(2)公司章程;(3)拥有至少30名持有《保险代理人展业证书》的代理人员;(4)具有符合任职资格的高级管理人员;(5)具有符合要求的营业场所。设立保险代理公司需先向所在地的中国人民银行省级分行申请筹建,筹建期限为6个月,在此期限内不得开办保险代理活动;筹建期满后向中国人民银行省级分行申请开业。经批准开业的保险代理公司由所在地的中国人民银行省级分行颁发《经营保险代理业务许可证》,并在工商行政管理机关登记注册后,方可营业。保险代理公司的业务范围为:(1)代理推销保险产品;(2)代理收取保险费;(3)协助保险公司进行损失勘查和理赔;(4)中国人民银行批准的其他业务。保险代理公司可以同时代理多家财产险公司的业务,但只能代理一家人寿险公司的业务。保险代理公司修改公司章程、变更资本金、变更股东、调整业务范围、变更营业场所、更改公司名称等事项,须经所在地的中国人民银行省级分行批准。

兼业代理人 兼业代理人是指受保险人委托,在从事自身业务的同时,指定专人为保险人办理保险业务的单位。兼业代理人须持有《经营保险代理业务许可证(兼业)》,方可从事保险代理业务,该许可证由被代理的保险公司向所在地的中国人民银行分行申请办理。兼业代理人的业务范围为代理推销保险产品和代理收取保险费两项。兼业代理人只能代理与本行业直接相关,且能为投保人提供便利的保险业务。

个人代理人 个人代理人是指根据保险公司委托,向保险人收取代理手续费,并在保险人授权的范围内代为办理保险业务的个人。申请成为个人代理人,必须持有《保险代理人资格证书》,并与保险公司签订《保险代理合同书》,持有所代理的保险公司核发的《展业证书》。个人代理人不得办理企业财产保险和团体人身保险业务,不得签发保险单。

执业管理 禁止保险代理人从事下列行为:(1)擅自变更保险条款,提高或降低保险费率;(2)利用行政权力、职务或职业便利强迫、引诱投保人购买指定的保单;(3)使用不正当手段强迫、引诱、或者限制投保人、被保险人投保或转换保险公司;(4)串通投保人、被保险人或者受益人欺骗保险公司;(5)对其他保险公司、保险代理人作不正确的或误导性的宣传;(6)代理再保险业务;(7)以代理人名义签发保险单;(8)挪用或者侵占保险费;(9)向投保人收取保险费以外的额外费用如咨询费等;(10)兼做保险经纪业务。

此外,该《规定》的附则部分还对违反本规定的行为所应承担的行政责任作了规定。

(刘凯湘)

baoxiandan

保险单(policy) 又称保单,在学界有两种定义。第一种观点认为,保险单是投保人与保险人正式订立的书面形式的保险合同,认为保险单并不只是保险合同成立的凭证,而主要是证明保险合同成立、记录保险合同的书面文件。第二种观点认为,保险单是指保险人交付给投保人以明示其订立保险合同并受保险合同约束的正式书面凭证,是保险人向投保人签发的证明保险合同的书面文件。上述两种观点,以后者为通说。

《财产保险合同条例》第5条规定:投保方提出投保要求,填具投保单,经与保险方商定交付保险费的办法,并经保险方签章承保后,保险合同即告成立,保险方并应根据保险合同及时向投保方出具保险单或者保险凭证。第6条第1款规定:投保方可以与保险方订立预约保险合同。保险方应当根据保险合同向投保方出具预约保险单,以资证明。《中华人民共和国海商法》第221条规定:被保险人提出保险要求,经保险人同意承保,并就海上保险合同的条款达成协议后,合同成立。保险人应当及时向被保险人签发保险单或者其他保险单证,并在保险单或者其他保险单证中载明当事人双方约定的合同内容。《保险法》第13条规定:投保人提出保险要求,经保险人同意承保,并就合同的条款达成协议,保险合同成立。保险人应当及时向投保人签发保险单或者其他保险凭证,并在保险单或者其他保险凭证中载明当事人双方约定的合同内容。以上规定表明:首先,保险单是由保险人签发的、表明其接受投保人的要保申请与之订立保险合同并交由投保人收执的书面正式凭证;其次,保险单是保险合同的最重要的组成部分;最后,保险单是保险事故发生后被保险人索赔和保险人理赔的最重要的凭证和依据。在某些情况下,由于保险单具有证券的某些特点,保险单又可称作保险证券,如某些财产保险合同的保险单,可作成指示式或无记名式,并随保险标的的转移而转移;人身保险合同的保险单可以转让或出质。 (温世扬)

baoxian danbaoshu

保险担保书(guarantee of insurance) 银行办理买卖双方议付时所需要的一种书面证明。例如,在信用证项下注明保险应由进口方自理,那么出口方只须出具保险担保书,以证明保险已由进口方投保,即可据此向银行议付。在必要的时候,议付行或汇票持有人可以向进口方索取保险单,用以核准货物确已得到保险的保障,否则,议付行可以拒绝议付。 (温世扬)

baoxian de fenlei

保险的分类(classifications of insurance) 按照一定标准对保险所作的种类划分。现代保险业已经发展到了一种相当复杂的程度,已经难以用一种固定的标准对保险进行严格的分类。因此,保险的分类只是一种相对的划分,是不具备绝对意义的。在历史上,保险是依照保险公司承保的三项基本类别的风险,将保险划分为人寿保险、火灾保险、意外保险,并按照水上运输的特点,划分出海上保险和内陆水上保险。从理论上讲,保险人可以承保任何种类的可估价风险,从而形成类别各异的保险,因此仅仅依照传统的分类标准已经无法满足保险业务发展的需要。现代保险理论是依据多角度的客观标准对保险进行分类的。例如,按照保险企业的投资来源,保险可以分为公营保险和私营保险,在我国又称为国营保险和民营保险;按照保险的实施方式,保险可以分为强制保险和自愿保险;按照保险标的,保险可以分为财产保险和人身保险;按照保险中转移危险的方式,保险可以分为原保险和再保险;按照对同一保险标的的承保的保险人的数量,保险可以分为单保险和复保险;按照保险标的的价值的确定方式,保险可以分为定值保险和不定值保险;按照保险给付的目的,保险可以分为定额保险和补偿保险。在以上保险的分类中,最基本的分类就是财产保险和人身保险,我国《保险法》就是以这种分类为基础来规定保险的。

(史卫进 房绍坤)

baoxian faxue

保险法学(science of insurance law) 法学分支学科之一,商法学之一种,以保险法律制度为研究对象。广义上,保险法学的研究对象包括商业保险法律制度和社会保险法律制度;狭义上保险法学仅以商业保险法律制度为研究对象。传统意义上的保险法学的研究对象是狭义上的,不包括社会保险法律制度。保险法学的研究对象主要包括:(1)保险法学理论,以研究保险法的概念、保险法律关系、保险法的原则和保险法的历史沿革为主;(2)保险合同总论,以研究保险合同的一般原理为主要内容,包括保险合同的性质、种类,保险合同的形式和订立、中止与复权、变更与终止,保险合同的条款及解释,违约责任等;(3)保险合同分论,以财产保险合同和人身保险合同为研究内容,财产保险合同包括财产损失保险合同、责任保险合同、信用保险合同和保证保险合同等,人身保险合同包括人寿保险合同、健康保险合同和伤害保险合同;(4)保险业法律制度,主要研究保险业法的性质、保险业的组织形式、保险业的监督管理等内容;(5)社会保险法律制度,主要研究社会保险法的性质和作用、养老保险法律制度、失业保险法律制度以及其他社会保险法律制度等。

保险法学的形成与其他任何一门学科一样,都经历了实践、认识、再实践、再认识的过程,是在保险业不断发展的基础上形成和发展起来的。现代意义上的保险起源于海上保险,同时产生了与海上保险有关的海上运输法规,人们也就开始了对海上保险法的研究,形成了早期的以研究海上保险法为主要对象的保险法学。随着保险业的不断发展,保险的范围越来越广泛,除海上保险外,陆上保险也逐步形成。同时,财产保险、人身保险也相继产生并迅速发展起来。保险业的发展极大地促进了保险法学的发展,各国不仅在理论上十分重视保险法学理论的研究,而且在立法上也纷纷制定有关保险方面的法律,而各国保险法的制定又促进了保险法学的发展。在商业保险快速发展的同时,社会保险制度作为一项国家政策也开始为各国所确立,成为保险的一个重要组成部分,社会保险方面的法律也纷纷问世,充实了保险法学的内容。

在我国,保险法学的发展经历了曲折的历程。旧中国的保险业是舶来品,是帝国主义势力入侵的产物。自1805年之后,外商纷纷在中国设立保险机构,开展保险业务。直到1876年,才出现了由中国人自己开设的仁和保险公司,民族保险业开始发展起来。随着民族保险业的发展,与保险有关的法律规定相继问世,保险法学也就逐步形成和发展起来。新中国成立后到十一届三中全会以前,尽管我国制定了一些保险方面的法律、法规,但由于众所周知的原因,我国的保险法学研究一直处于停滞不前的状态。党的十一届三中全会以后,随着我国改革开放的不断深入,保险业在我国得到了迅速的发展,保险法学研究也进入了全面发展的时期。由于保险法学的理论研究和实务研究的全面发展,为《中华人民共和国保险法》的制定和实施奠定了理论基础。《中华人民共和国保险法》的颁布,是保险法学发展史上的一个里程碑。近年来,保险法学的理论著述大量出现,理论研究水平不断提高,这不仅促进了保险法学的发展,而且对于指导保险业的开展也具有十分重要的作用。我国保险法学还是一门新兴学科,仍有诸多问题需要从理论上加以研究。随着我国加入世界贸易组织,我国民族保险业的发展面临着与国外保险业的竞争,因此,我国保险法学研究应当在借鉴西方发达国家保险法学研究成果的基础上,不断进行创新,以建立符合国际惯例、具有中国特色的保险法学体系。

(房绍坤 史卫进)

baoxianfei
保险费(premium) 投保人为使保险人承担保险责任而向保险人支付的金钱对价。其金额由保险合同约定。保险的宗旨在于分散危险,消化损失,故投保人支付保险费实为履行其分担损失的义务。但纯就法律观点而言,投保人支付的保险费为其换取保险人承担危险的对价。保险费一般由两部分构成:纯保险费和附加保险费。纯保险费是依照危险的发生率计算的保险费,附加保险费是依照营业费用、投资利润率、预期利润率以及其他危险变动因素计算的保险费。从原则上讲,保险费债务自保险人开始承担危险时即告成立,即保险契约订立时,投保人即负有支付保险费的义务。保险费的交付有一次交付及分期交付两种。依照保险惯例,财产保险之保险费通常皆为一次交付且得以诉讼请求,故无妨由双方同意先使契约生效,然后支付保险费;人寿保险之保险费不得以诉讼请求,故在一次支付保险费的情形下,须支付全部保险费,在分期支付的情形下,须支付第一期保险费,否则,契约不生效力。在保险合同期限内,保险费因为法定或约定的原因会发生变动,变动的方式为增加(补交)、减少或退还。

(温世扬)

baoxianfei chiyan jiaofu de xiaoguo
保险费迟延交付的效果(effect of delayed payment of premium) 保险合同生效后,投保人应依照保险合同约定的时间、地点、数额和方法向保险人交纳保险费。投保人交付迟延产生的效果因财产保险合同与人身保险合同而有所不同。

财产保险合同 (1)法律、法规或规章有明确规定的,依其规定。如中国人民银行下发的《沿海内河船舶保险条款》(1996年11月起施行)第16条规定:被保险人应在签订合同时一次缴清……保险合同在被保险人交付保险费后才能生效。被保险人迟延交付保险费,保险合同不生效,保险人不承担保险责任。(2)当事人在合同中有约定的,依合同约定。在法律无明文规定时,当事人可以作出约定,如当事人约定将在一定期间内交付保险费作为合同成立的要件,投保人如迟延交付,合同不成立。(3)保险人催告投保人交纳保险费及利息或解除、终止保险合同。《财产保险合同》第12条规定:投保人不按照保险合同的约定交纳保险费,保险人可以分别情况要求其交纳保险费和利息或终止保险合同。保险人可以采取包括诉讼在内的手段,要求投保人交纳保险费和逾期利息,并可以解除或终止保险合同。对在此期间发生的保险事故,保险人可以不承担保险责任。但若保险人超过解除权除斥期间不行使解除权或对投保人逾期交纳保险费和利息仍收取,则视为弃权,保险人仍应承担保险责任。

人身保险合同 人身保险合同由于其长期性及储蓄性的特征,其保险费通常实行分期支付,在迟延交付的效果方面,应区分首期保险费的交付与首期以外保险费的交付分别予以考察。(1)依照保险惯例及实务,首期保险费的交付是人身保险合同生效的要件。首期保险费迟延交付直接导致合同的不生效。如中国人民保险公司《简易人身保险条款》第14条规定:保险单在投保人交付第一期保险费后,开始生效。(2)关于首期以外保险费迟延交付的法律后果,保险合同有约定的,按照约定办理。保险合同双方当事人可以约定交纳保险费的日期及宽限期,投保人未约定宽限期的,除非合同约定投保人逾期未交保险费按中止合同办理,应当允许投保人有一个合理交费的宽限期。投保人逾宽限期未交纳的,可以约定合同失效或减少保险金额或效力中止。依据我国《保险法》的相关规定,双方在合同中未约定宽限期,投保人迟延交纳保险费的,享有60天的宽限期。在60天内发生保险事故,保险人仍承担保险责任。投保人超过60天宽限期仍未补交保险费,依《保险法》第59条规定,人身保险合同效力中止,或依约定条件减少保险金额。效力中止后两年内,符合法定条件,人身保险合同可以复效。效力中止期间,发生保险事故,保险人不承担保险责任。若双方依约定条件减少保险金额,保险人则按减少的保险金额承担责任。此外,人身保险合同的保险费不得以诉讼方式强制执行。

(温世扬)

baoxianfei de fanhuan
保险费的返还(returns of premium) 保险人在合同提前解除或法律规定的其他情况下,将已经收取的保险费全部或部分退还给投保人。在以下情况下会产生保险费的返还:(1)危险降低时。保险合同约定的保险费与保险人承担的危险程度相关。保险标的的危险程度发生变化,保险费也应当相应变动。保险标的的危险程度是依据保险标的的性质、使用状况、所处环境等多种情况加以确定的,保险人主要依据保险标的的危险程度确定保险费,所以保险标的的有关情况发生变化或消灭,而明显降低保险标的的危险程度时,保险人应当按比例减少保险费,并按日计算退还相应的保险费。应该注意的是,必须是保险标的的危险程度明显降低。所谓明显降低是指,保险标的在保险责任开始后的危险程度与保险合同订立时的危险程度相比,发生显而易见的变化而趋于缓和。(2)年龄误保时。人寿保险合同的保险费与被保险人的年龄密切相关,因为投保人误报被保险人的年龄而致使其多交保险费的,保险人应当相应地变更保险合同约定的保险费或保险费率,向投保人退还多收的保险费。我国《保险法》第54条规定:投保人申请的被保险人年龄不真实,致使投保人实付保险费多于应付保险费的,保险人应当将多收的保险费退还投保人。因年龄误保而应当补交或退还保险费时,保险合同的内容应当作相应的变更,并由保险人在保单上予以批注。(3)保险价值减少时。保险合同约定的保险费,与保险金额的多少和保险费率的高低相关。保险标的的价值发生变化,会引起保险金额的变化,保险费也应相应地变更。保险标的的价值明显减少的,保险人承担的责任也必然相应降低,因此应降低保险费。我国《保险法》第38条规定,除非保险合同另有规定,保险标的的价值明显减少的,保险人应当降低保险费,并按日计算退还相应的保险费。保险标的的价值显然已经低于保险合同订立时的保险标的的价值的,可以认为构成保险标的的价值明显减少。(4)解除合同时。合同的解除发生恢复原状的效果。保险合同的当事人依照法律规定或保险合同的约定解除保险合同的,当事人已经受领的对方给付应当返还给对方。除法律规定或者合同约定不许解除保险合同以外,投保人可以随时解除保险合同。依据我国《保险法》第39条和第69条的规定,保险责任开始前,投保人要求解除合同的,应当向保险人支付手续费。保险责任开始后,投保人要求解除合同的,保险人可以收取自保险责任开始之日起至合同解除之日止期间的保险费,剩余部分退还投保人。投保人解除合同,已交足2年以上保险费的,保险人应自接到解除合同通知之日起30日内,退还保险单的现金价值;未交足2年保险费的,保险人按照合同的约定在扣除手续费后,退还保险费。保险合同成立后,只有符合法律规定或者合同约定,保险人才可以解除保险合同。在投保人违反如实告知义务、投保人违反特约条款、投保人违反危险增加通知义务、投保人违反防灾减损义务等法定情况下,保险人可不退还保险费。除此以外,如果保险人在保险责任开始前解除保险合同,保险人应退还全部保险费;如果保险人在保险责任开始后解除保险合同,则应按日退还保险费。另外,我国海商法对可保利益和双重保险所引起的退还保险费也作了规定。

(温世扬)

baoxianfei de jiaofu
保险费的交付(payment of premium) 保险费是保险基金的来源,缴纳保费是投保方应尽的义务。我国《保险法》第14条规定:保险合同成立后,投保人按照约定交付保险费;保险人按照约定的时间开始承担保险责任。保险费依其结构可以分为风险保险费、费用附加保险费、异常风险附加保险费和利润附加保险费等。《保险法》第19条还规定,保险合同中必须包括保险费及其支付办法的条款。保险费交付与否,对保险合同的效力有直接的影响。我国《海商法》第234条规定:除合同另有约定外,被保险人应当在合同订立后立即支付保险费;被保险人支付保险费前,保险人可以拒绝签发保险单证。我国《财产保险合同条例》第12条规定:投保方应当依照约定的期限,交付保险费,如不按期交付保险费,保险人可以分别情况要求其交付保险费及利息,或者终止保险合同。其例外是,在人寿保险中,投保人不交或不能按期交付人寿保险费,保险人不得以诉讼的方式强制投保人履行交费义务,但会导致一系列的法律后果,如合同效力终止、保险人终止合同、减少保险金额或年金。同样,保险合同的效力变动,对已付的保险费也有相应的影响。不论何种保险费,在保险合同内容变更、无效、终止或者解除时,是否应当返还投保人,依照合同的约定或法律的规定办理。我国《保险法》第17条第4款规定:投保人因过失未履行如实告知义务,对保险事故的发生有严重影响的,保险人对于保险合同解除前发生的保险事故,不承担赔偿或者给付保险金的责任,但可以退还保险费。保险合同应当对保险费的支付及其方式作出明确的规定。一般而言,保险费应当由投保人支付。但是,在人身保险中,投保人应交的保险费可由第三人代交,第三人必须为投保人的利害关系人,如被保险人或受益人,保险人对此不得拒绝;在财产保险中,除非当事人另有约定或依保险的种类和性质不能由第三人代交保险费,任何第三人均可代替投保人交纳保险费,保险人对此不得拒绝。保险费可以一次支付,也可以分期支付。一次付清保险费的,投保人应当在保险合同成立后立即一次付清全部保险费;分期支付保险费的,投保人应当在保险合同成立后立即付清第一期保险费,并按照保险合同的规定按期交纳应当分期交纳的保险费。分期支付的,如投保人只支付了部分保险费而未按约定支付其他部分的,可导致合同效力的中止或减少保险金额的后果。保险费应当以现金支付,不以现金支付的,保险人可拒绝受领,但保险人同意以现金以外的支付手段或其他方式支付保险费的不在此限。(温世扬)

baoxianfei de xingzhi

保险费的性质(nature of insurance premium) 保险费简称保费,是投保人根据保险合同的规定,为被保险人取得因约定的危险事故发生所造成的经济损失的补偿(或给付)权利,支付给保险人的代价,是保险这种商品的价格。与其他商品价格一样,保险费也是以成本加平均利润为基础,而且保险市场的竞争也对保险费的最终形成产生影响。保险费中用于赔款和保险金给付支出的部分称为纯保险费或净保险费,用于营业费用支出的部分成为附加保险费。保险费是纯保险费和附加保险费加上保险公司税金和利润的总和。

(温世扬)

baoxian feilü

保险费率(insurance rate; premium rate) 单位保额的保险费。由纯保险费率和附加保险费率两部分组成。纯保险费率用于履行其补偿职能,附加保险费率用于支付营业费用、提供损失准备、预期利润。保险公司可以根据以往的损失记录计算现时的保险费率,但实际损失率和预期损失率往往不一致,因为:(1)保险公司无法获得足够的危险单位,以使大数法则充分发挥作用;(2)损失的统计方法本身有许多技术上的缺陷;(3)影响危险的各种因素在随时变化;(4)道德危险使预测难以准确无误。所以,为了应付这种损失上不可预见的因素,附加保险费还包括有应急准备金。

为了使保险费率的厘定有利于保险双方,一些国家的保险管理法规对于保险费的计算规定了若干应予遵守的原则:(1)合理性,保险费率应为保险人和投保人都乐于接受;(2)公平性,即保险人所收取的保险费要与其所承担的危险责任相当;(3)充分性,保险费率应适当高于补偿损失的费用;(4)稳定性,即保险费率在一定的期间内不能变动,即使变动也应有幅度限制。

(温世扬)

baoxian gonggu jigou guanli guiding

《保险公估机构管理规定》(Administrative Provisions on Public Appraisement Agencies of Insurance) 规范保险公估机构管理的部门规章。2001年11月16日由中国保险监督管理委员会发布,自2002年1月1日起施行。2000年1月14日由中国保险监督管理委员会颁布的《保险公估机构管理规定(试行)》同时废止。由总则、设立、变更和终止、从业资格、经营管理、监督检查、罚则、附则共8章81条组成。主要内容有:(1)保险公估机构的性质。保险公估机构是指经中国保险监督管理委员会批准,接受保险当事人委托,专门从事保险标的的评估、勘验、鉴定、估损、理算等业务的单位。保险公估机构因自身过错给保险当事人造成损害的,应当承担法律责任。(2)保险公估机构的设立条件、程序与变更。保险公估机构可以以合伙企业、有限责任公司或股份有限公司的形式设立。保险公估机构的名称中应当包含"保险公估"字样。保险公估机构的设立分为筹建和开业两个阶段,筹建申请和开业申请均向中国保险监督管理委员会提出,筹建申请提交的材料包括筹建申请报告、筹建可行性报告、机构框架、筹建方案、筹建人员名单及简历等,开业申请提交的材料包括开业申请报告、公司章程或合伙协议、内部管理制度、高级管理人员材料、员工名册及其资格证书、股东或合伙人名册、会计师事务所出具的验资报告及资本金入账证明、计算机软硬件配备情况、营业场所证明、工商行政管理部门批准的《企业名称预先核准通知书》等。对符合条件的颁发《经营保险公估业务许可证》。该《许可证》有效期为3年。(3)从业人员的资格。保险公估机构从业人员应当取得《资格证书》,其取得途径一是通过中国保险监督管理委员会统一组织的保险公估从业人员资格考试,一是由中国保险监督管理委员会直接授予。《资格证书》是对保险公估从业人员基本资格的认定,不具有执业证明的效力。由保险公估机构负责核发的《保险公估从业人员执业证书》是从业人员从事保险公估活动的证明文件。保险公估机构修改公司章程或合伙协议、变更注册资本或出资额、变更股东或合伙人、变更股权结构或出资比例、变更组织形式、变更住所、变更高级管理人员、变更业务范围、变更公司或企业名称、分立或合并、解散或破产等事项,需经中国保险监督管理委员会批准。(4)经营管理。保险公估机构可以经营下列业务:保险标的承保前的检验、估价及风险评估;对保险标的的出险后的查勘、检验、估损及理算;经批准的其他业务。保险公估机构不得从事有损投保人、被保险人或保险公司利益的行为。(5)监督检查。保险公估机构应当按规定及时向中国保险监督管理委员会报送有关报表、资料,并保证其真实、准确和完整。中国保险监督管理委员会对保险公估机构的设立或变更手续、资本金或出资额、营业保证金或职业责任保险、业务经营状况、财务状况、信息系统、管理和内部控制、高级管理人员的任职资格等进行检查。(6)法律责任。对违反本《规定》的行为,将视情节给予行为人相应的行政处罚。

(刘凯湘)

baoxian gongguren guanli guiding(shixing)
《保险公估人管理规定(试行)》(Administrative Provisions on Insurance Public Appraisers (For Trial Purpose)) 规范保险公估人行为与管理的部门规章。2000年9月18日中国保险监督管理委员会发布。共6章,58条,对保险公估人的从业资格、保险公司的设立、变更与终止、保险公司的执业管理等进行了规定。由于不少规定不符合实际情况及国际惯例,例如,规定保险公估机构的组织形式只能为有限责任公司,规定取得保险公估资格必须具有经济、金融、理工专业大学本科以上学历,并从事相关专业工作5年以上,规定保险公估公司的最低注册资本为200万元人民币,规定外资保险公估公司只能经营外商在华投资企业的保险公估业务,等等,同时对保险公估的行业自律、收费原则与标准等监管没有作出规定,该《规定》事实上已被2001年11月16日中国保险监督管理委员会公布的《保险公估机构管理规定》取代。

(刘凯湘)

baoxian gongsi
保险公司(insurance company) 保险业的组织形式之一,以公司的形式经营保险业务的保险经营模式,包括国有保险公司和股份有限保险公司。《中华人民共和国保险法》第70条规定,保险公司应当采取下列组织形式:(1)股份有限公司;(2)国有独资公司。国有保险公司是由国家投资设立的保险公司,我国称为国有独资保险公司,西方国家通常称为公营保险公司。国有保险公司是保险组织中比较普遍的形式,在保险业中占十分重要地位。国有保险公司能够更好地体现国家的经济政策和发展方针,促进保险职能的发挥,引导保险业的健康发展。因此,各国对国有保险公司都相当重视。从经营范围看,国有保险公司有两种情况:一是强制性的保险。这种保险是出于国家政策的需要,体现政府对某些险种的重视,是一种强制保险,不承保自愿保险;二是任意性保险。这种保险是自愿保险,与私营保险差别不大。但有的任意性保险在经营范围上具有独占性,即某些险种只允许公营保险经营。股份保险公司是以股份有限公司的形式而设立的保险公司。世界上最早的股份保险公司于1629年设立于荷兰,其后各国纷纷设立股份保险公司。目前,股份保险公司在西方国家保险业中占有十分重要的地位,是保险组织的基本形式。我国《保险法》也将股份保险公司作为保险组织的一种形式,中国太平洋保险公司、平安保险公司等都是以股份有限公司的形式建立的保险组织。

1. 保险公司的设立条件。根据我国《保险法》第72条的规定,设立保险公司,应当具备下列条件:(1)有符合法律规定的章程。保险组织的章程应当依保险组织的不同形式制定,并确定其内容。如果保险组织为股份有限公司的,其公司章程应当适用《中华人民共和国公司法》关于股份有限公司章程的规定;如果保险组织为国有独资公司的,其公司章程应当适用《公司法》关于国有独资公司章程的规定。(2)有符合法律规定的注册资本最低限额。根据《保险法》第73条的规定,设立保险公司,其注册资本的最低限额为人民币2亿元。(3)有具备任职专业知识和业务工作经验的高级管理人员。保险公司是一种特殊的公司,保险监督管理机构对其管理人员有着特殊的要求。凡是不具备保险监督管理机构规定的任职的人员,一律不得担任保险公司的高级管理人员。(4)有健全的组织机构和管理制度。根据《保险法》第83条的规定,保险公司的组织机构,适用《公司法》的规定。根据《公司法》的规定,股份有限公司的组织机构由股东会、董事会和监事会所组成。国有独资保险公司,不设股东会,由董事会行使股东会的部分职权。《保险法》第84条规定:"国有独资保险公司设立监事会,监事会由保险监督管理机构、有关专家和保险公司工作人员的代表组成,对国有独资保险公司提取各项准备金、最低偿付能力和国有资产保值和增值等情况以及高级管理人员违反法律、行政法规或者章程的行为和损害公司利益的行为进行监督。"除具有健全的组织机构外,还必须有健全的管理制度,如工资分配制度、工作制度、保险营销制度、保险代理制度、再保险制度等。(5)有符合要求的营业场所和与业务有关的其他设施。营业场所是保险公司从事保险业务活动的主要基地,与保险有关的设施是开展保险业务必不可少的条件。所以,设立保险公司必须有符合要求的营业场所和与业务有关的其他设施。

2. 保险公司的设立程序。设立保险公司应当按照下列程序进行:(1)申请筹建。申请筹建保险公司,申请人必须向保险监督管理机构提出书面申请。(2)初步审查。根据《保险法》第75条的规定,设立保险公司的申请,经初步审查合格后,申请人应当依照保险法和公司法的规定进行保险公司的筹建。申请人具备设立条件的,向保险监督管理机构提交正式申请表和有关文件和资料。(3)审核批准。根据《保险法》第76条的规定,保险监督管理机构自收到设立保险公司的正式申请文件之日起6个月内,应当作出批准或不批准的决定。(4)申请开业。保险公司经审核批准后,应当向保险监督管理机构提出开业申请。根据《保险法》第77条的规定,经批准设立的保险公司,由批准部门颁发经营保险业务许可证。保险业务许可证是保险机构经营保险业务的法定证明文件,包括保险机构法人许可证和经营保险业务许可证。(5)领取营业执照。经保险监督管理机构批准开业的保险公司应持批准文件及保险业务许可证,向工商行政管理部门办理登记注册手续,领取营业执照后始得营业。

3. 保险公司的变更和终止。保险组织的变更是指保险公司的名称、组织机构、业务范围等方面的变化。《保险法》第82条规定,保险公司有下列变更事项之一的,须经保险监督管理机构批准:(1)变更名称;(2)变更注册资本;(3)变更公司或者分支机构的营业场所;(4)调整业务范围;(5)公司分立或者合并;(6)修改公司章程;(7)变更出资人或者持有公司股份10%以上的股东;(8)保险监督管理机构规定的其他变更事项。保险公司更换董事长、总经理,应当报经保险监督管理机构审查其任职资格。保险组织的终止是指保险公司的消灭。《保险法》第90条规定:"保险公司依法终止其业务活动,应当注销其经营保险业务许可证。"

根据《保险法》的有关规定,保险公司终止的原因主要有以下几项:(1)解散。《保险法》第85条规定:"保险公司因分立、合并或者公司章程规定的解散事由出现,经保险监督管理机构批准后解散,保险公司应当依法成立清算组,进行清算。"应当指出,经营人寿保险业务的保险公司,除分立、合并外,不得解散。(2)撤销。《保险法》第86条规定:"保险公司违反法律、行政法规,被保险监督管理机构吊销经营保险业务许可证的,依法撤销。由保险监督管理机构依法及时组织清算组,进行清算。"根据《保险法》第88条的规定,经营有人寿保险业务的保险公司被依法撤销的,其持有的人寿保险合同及准备金,必须转移给其他经营人寿保险业务的保险公司。不能同其他保险公司达成转让协议的,由保险监督管理机构指定经营有人寿保险业务的保险公司接受。(3)破产。《保险法》第87条规定:"保险公司不能支付到期债务,经保险监督管理机构同意,由人民法院依法宣告破产。保险公司被宣告破产的,由人民法院组织保险监督管理机构等有关部门和有关人员成立清算组,进行清算。"根据《保险法》第88条的规定,经营有人寿保险业务的保险公司被依法宣告破产的,其持有的人寿保险合同及准备金,必须转移给其他经营人寿保险业务的保险公司。不能同其他保险公司达成转让协议的,由保险监督管理机构指定经营有人寿保险业务的保险公司接受。

(房绍坤)

baoxian gongsi guanli guiding
《保险公司管理规定》(Administrative Provisions on Insurance Companies) 规定保险公司管理的部门规章。2000年1月13日由中国保险监督管理委员会颁布,自2000年3月1日起实施。共10章,119条。2002年3月15日中国保险监督管理委员会对该《规定》的有关条文作了修改并予公布。立法目的在于,加强对保险公司的监督管理,维护保险市场的正常秩序,保护被保险人的合法权益,促进保险事业的健康发展。各章分别为:总则;保险机构;保险经营;保险条款和保险费率;保险资金管理及运用;保险公司偿付能力;再保险;监督检查;罚则;附则。《规定》确立了中国保险监督管理委员会(简称中国保监会)作为全国商业保险的主管部门的法律地位。主要内容有:

保险机构 保险机构是指保险公司及其分支机构。设立保险公司或保险公司设立分支机构必须经中国保监会批准。其中,设立保险公司应当具备的条件是:(1)在全国范围内经营保险业务的保险公司,实收货币资本不低于人民币5亿元,在特定区域内经营保险业务的不低于2亿元;(2)高级管理人员须符合规定的任职资格;(3)经营寿险业务的全国性保险公司至少有3名经中国保监会认可的精算人员;(4)具有与其业务规模相适应的营业场所和办公设备;(5)保险股份有限公司的股东应为企业法人或国家允许投资的其他组织;(6)中国保监会要求的其他条件。申请程序包括筹建申请和开业申请。经批准设立的保险公司由中国保监会颁发《保险机构法人许可证》,经批准设立的分支机构由中国保监会颁发《经营保险业务许可证》,作为保险机构经营保险业务的法定证明文件。保险公司修改章程、变更地址、增加或减少注册资本金、股权转让、改变组织形式、调整业务范围、变更公司名称、分立或合并等事项,保险公司分支机构的撤销或合并、变更机构名称、调整业务范围、能够营业地址等事项,均须经中国保监会批准。

保险经营 财产保险公司的业务包括企业财产损失保险、家庭财产损失保险、建筑工程险等18类,人身保险公司的业务包括个人意外伤害保险、个人定期死亡保险、个人两全寿险等14类。再保险公司的业务包括财产保险的再保险分出业务、人身保险的再保险分出业务、境内保险公司的法定分保业务、转分保业务、国际再保险业务等5类。保险公司在经营中应当遵循合法、诚信的原则,不得同其他保险公司进行不正当竞争,不得对客户进行欺诈或误导,不得强迫投保人投保,不得收取或支付不合理费用。

保险条款和保险费率 商业保险的主要险种的范围由中国保监会认定。主要险种的基本保险条款和保险费率由中国保监会制定和修订,中国保监会可以委托保险行业协会或保险公司拟定此类条款或费率;其他险种的保险条款和保险费率由保险公司拟订,报中国保监会备案。保险公司对同一险种应当执行统一的保险条款。

保险资金管理及运用 保险公司应当依法提取保证金、公积金及各项保险责任准备金。保险公司的保险资金只能用于下列事项:(1)银行存款;(2)买卖政府债券;(3)买卖金融债券;(4)买卖中国保监会指定的中央企业债券;(5)国务院规定的其他资金运用方式。

保险公司偿付能力 保险公司应具有与其业务规模相适应的最低偿付能力。保险公司的实际偿付能力为其会计年度末实际资产价值减去实际负债的差额。保险公司的实际偿付能力额度低于最低偿付能力额度的,应当向中国保监会作出说明并采取有效措施;连续3年低于的,或低于50%的,中国保监会可将其列为重点监督检查对象,在此期间内,保险公司不得申请设立分支机构或支付任何红利、分红,中国保监会可以责令其采取办理再保险、业务转让、停止接受新业务、增资扩股、调整资产结构等方式改善其偿付能力;当实际偿付能力额度低于最低偿付能力额度的30%时,或列为重点监督检查对象后财务状况继续恶化,可能或已经危及被保险人和社会公众利益的,中国保监会可以对其实行接管。

再保险 除人寿保险外,保险公司必须将承保的保险业务,根据有关规定,向中国保监会指定的再保险公司办理法定分保。办理再保险时应优先向中国境内的保险公司办理,但国外保险公司的条件明显优惠的,可向境外保险公司办理。关联保险公司之间的再保险分出或分入业务应当报中国保监会批准。

监督检查 保险公司应当依法接受中国保监会的监督检查,监督检查的方式包括日常检查和年度检查制度,监督检查的主要内容包括:(1)机构设立或变更的审批手续是否完备;(2)申报材料的内容与实际情况是否相符;(3)资本金、公积金、各项准备金是否真实充足;(4)偿付能力是否符合要求;(5)业务经营和财务状况是否良好,报表是否齐全真实;(6)是否超范围或跨区域开办业务;(7)是否按规定执行保险条款和保险费率;等。

(刘凯湘)

baoxian gongsi touzi zhengquan touzi jijin guanli zanxing banfa

《保险公司投资证券投资基金管理暂行办法》
(Interim Administrative Measures on Insurance Companies' Investment to Securities Investment Fund) 规定保险公司向证券投资基金进行投资行为管理的部门规章。1999年10月29日由中国保险监督管理委员会发布,并自发布之日起实施。2003年1月17日中国保险监督管理委员会重新修订公布。旨在加强对保险资金运用的管理,防范风险,保障被保险人的利益。共4章,22条,分别为总则、资格条件、风险控制和监督管理、附则。主要内容为:(1)申请从事证券投资基金业务的保险公司应当满足中国保监会规定的最低偿付能力要求;具有完善的内部风险管理及财务管理制度;专门的投资管理人员,设有专门的资金运用管理部门、稽核部门、投资决策部门,具备必要的信息管理和风险分析系统。其高级管理人员必须具备必要的金融、证券、法律等有关知识,具有本科以上学历及3年以上证券业务或5年以上金融业务工作经历;其主要业务人员应当熟悉有关的业务规则及业务操作程序,具有本科以上学历及3年以上证券业务或5年以上金融业务工作经历。(2)保险公司应将资金运用决策、运作、监控等机构设置、职能,公司基本内部制度,业务流程等向中国保监会报备。(3)保险公司投资基金占总资产的比例不得超过中国保监会核定的比例;保险公司投资基金的余额按成本价格计算不得超过本公司上月末总资产的15%;保险公司投资于单一基金的余额,不得超过上月末总资产的3%;保险公司投资于单一封闭式基金的份额,不得超过该基金份额的10%。保险公司投资基金的业务只能由总公司统一进行,保险公司的分支机构不得买卖基金。(4)保险公司应当按月向中国保监会上报投资基金的明细表。(5)违反本办法者,中国保监会可依据《保险法》及有关法律法规予以行政处罚。

(刘凯湘)

baoxian gongsi yingxiao fuwubu guanli banfa

《保险公司营销服务部管理办法》
(Administrative Measures on Promotion Service Department of Insurance Companies) 规定保险公司营销服务机构管理的部门规章。中国保险监督管理委员会与国家工商行政管理总局于2002年2月1日联合发布,并自发布之日起1个月后实施。共14条。其立法目的在于,加强对保险公司服务网点的管理,规定保险营销活动,维护保险市场秩序,保护被保险人的合法权益。主要内容为:(1)设立条件。设立营销服务部的条件是:主要负责人应当从事保险工作3年以上,并具备相应的组织管理能力;有符合其职能的办公设备和人员;有符合要求的固定场所。(2) 设立程序。申请设立营销服务部,应报中国保险监督管理委员会派出机构批准,得到批准后,持核发的《保险营销服务许可证》向工商行政管理机关办理登记注册手续,领取营业执照。营销服务部由保险公司根据业务发展需要进行合理布局,保险公司或其分支机构不得在其营业区域范围外设立营销服务部。(3) 营业范围。营销服务部的营业范围为:对营销员开展培训及日常管理;收取营销员代收的保险费、投保单等单证;分发保险公司签发的保险单、保险收据等相关单证;接受客户的咨询和投诉;经保险公司核保可以打印保单;经保险公司授权可以从事部分险种的查勘理赔。

(刘凯湘)

baoxian gongzhengren
保险公证人(insurance appraiser; insurance notary; public appraiser) 接受保险当事人委托,为其办理保险标的的查勘、鉴定、估损及赔款的理算等业务,并予以证明的人。又称保险公估人,旧社会称之为保险公证行或保险公估行。保险公证人实际上兼为理算人、估价人、调查人、鉴定人等,可受保险人或被保险人的委托而洽商并理算保险赔款事件。

从国际范围看,保险公证人的组织形式主要有个人、法人或合伙组织。由于公估行业涉及的专业门类宽,技术含量高,以个人名义从事保险公估活动显然难以满足要求,而且也不便于监督管理,因此,我国《保险公估机构管理规定》规定,保险公估机构以合伙企业、有限责任公司或股份有限公司的形式设立。在类型上,可以将保险公估人分为海损理算人、海事鉴定人、一般损失理算人。不同类型的公估人要求由不同专业或技术的人员组成,以实现服务的专业化。

保险公估人与保险人、被保险人之间是一种委托合同关系。保险公估人既可以接受保险人的委托,也可以接受被保险人的委托,保险公估人是受托人,保险人或被保险人是委托人。但不论接受谁的委托,在完成委托事项的过程中,保险公估人始终是以自己的名义,而且必须站在中间人的立场上,对委托人委托的事项通过自己拥有的专业知识和技术作出真实、公平、合理的评价。保险公估人的业务范围,主要是接受保险人或被保险人的委托,对物产进行检验、鉴定、估损、评估,以及在保险理赔过程中对保险标的的出险原因、损毁程度、残值的查勘、验损、估价等,提供公估查证报告,以明确保险人、被保险人或物产所有人各方的合法经济权益。这些报告有的可能成为处理保险理赔案的直接依据,或者对赔偿保险金的数额产生重大影响,与保险合同当事人双方的利益关系密切。但保险公估人作出的保险公证不具有法律上的约束力和强制力,委托人可以接受,也可以不接受。但保险公估人只要按照委托合同的约定完成了委托事务,委托人就必须向其支付报酬。在外国,保险公证人之职业信誉极为崇高,其所为判断或证明,常为当事人所乐意接受。

保险公证人是保险从业者的一种,必须向主管机关登记,领取执业证书后方可开展业务,在经营过程中,应接受保险监管机关的监督审查。

(温世扬)

baoxian gujia
保险估价(insurance assess) 核定保险标的的价值。由于人身保险的保险标的无法用金钱衡量,因此,保险估价仅指对财产保险的保险标的的估价。其通常做法是:保险标的能以市价估计的,按市价估计;不能以市价估计的,可以由当事人双方约定其价值。应该说,以市价估计保险价值,是比较客观的价值。如果完全凭当事人主观约定,既容易引起纠纷,而且与赌博也没什么两样了。当然,有些不具有确定市均价格的保险标的,如古玩字画等,只能由当事人双方约定其保险价值,但这是极少数情况。总的来说,保险价值以市场估价为原则,由当事人自己协商确定仅属少数,这也是当今各国的通行做法。

(温世扬)

baoxian guanli zanxing guiding
《保险管理暂行规定》(Interim Administrative Provisions on Insurance) 我国规定对保险业进行监督管理的部门规章,1996年7月25日由中国人民银行发布并自发布之日起执行,是《中华人民共和国保险法》制定后重要的保险法律规定。共11章,分别为:总则;保险机构的设立、变更和终止;保险公司业务范围;保险资金管理及运用;许可证管理;保险条款和保险费率管理;保险公司偿付能力管理;保险经营行为管理;监督管理;罚则;附则。总计90条。在总则中,确立了中国人民银行为国家保险监督管理机构的法律地位。主要内容为:

保险机构管理 保险机构包括保险公司和保险公司的分支机构,保险公司是指经中国人民银行批准设立并依法登记注册的财产保险公司、人身保险公司、再保险公司和其他保险公司,保险公司的分支机构是指保险公司的分公司、支公司、办事处、营业部、代表处。保险机构的设立必须符合规定的条件,设立程序需经过筹建和开业两个阶段。中国人民银行对保险公司及其分支机构的设立和更名实行两级审批。保险机构增减注册资本金、调整股权结构、改变机构组织形式、调整业务范围、更改机构名称、机构进行分设或合并、修改章程、变更营业地址等事项均需报中国人民银行批准。

保险业务范围管理 同一保险公司不得兼营人身保险业务和财产保险业务。财产保险业务范围限于财产损失保险、责任保险、信用保险、农业保险等,以及上述保险的再保险业务;人身保险业务范围限于人寿保险、健康保险、意外伤害保险,以及上述保险的再保险业务。

保险资金管理 保险资金是指保险公司的资本金、保证金、营运资金、各种准备金、公积金、公益金、未分配盈余、保险保障资金以及国家规定的其他资金。保险公司应当按规定的数额或比例交存保证金、提取未到期责任准备金和未决赔款准备金以及保险保障基金、提取法定公积金和法定公益金。保险公司的保险资金运用限于银行存款、买卖政府债券和金融债券、国务院规定其他资金运用方式。

许可证管理 保险业务许可证是保险机构经营保险业务的法定证明文件,分为保险机构法人许可证和经营保险业务许可证。许可证由中国人民银行统一设计、印制、颁发和扣缴、吊销,其他任何单位和个人均不得设计、印制、发放、收缴、扣押许可证。许可证每3年更换一次。

保险条款和保险费率管理 保险公司主要险种(即经中国人民银行认定的险种)的基本条款和保险费率由中国人民银行总行制定;保险公司拟定的其他险种的保险条款和保险费率应报中国人民银行总行备案。保险公司的支公司和办事处不得拟定保险条款和保险费率。在同一省、自治区和直辖市,各保险公司对同一险种必须执行统一的保险条款、保险费率及费率浮动幅度,费率上下浮动幅度最高均为30%。

偿付能力管理 保险公司应具有与其业务规模相适应的最低偿付能力。最低偿付能力是指保险公司的实际资产减实际负债的差额。财产保险公司和寿险公司的最低偿付能力必须符合规定的金额或比例标准。当低于规定的标准时,根据低于标准的程度分别产生以下后果:立即通过办理再保险、业务转让等方式调整资产负债结构;立即停止承保业务,并采取办理再保险、业务转让、向股东紧急扩股增资等方式予以补足;限期整顿;停止部分业务;停业;向法院申请宣告破产。

保险经营行为管理 主要规定了保险公司开展经营活动的原则、保险金的给付时限与先予给付义务、强制再保险、业务宣传的要求与限制等内容。

罚则 详细规定了擅自设立保险机构、非法经营保险业务、提供虚假文件与资料、超额承保、违规接受业务、在经营区域外开展业务、未按规定提取保证金等各种违反本规定的行为的行政责任。

此外,本规定还在附则中列举了保险公司的主要险种名单,包括财产保险类、运输工具保险类、货物运输保险类、责任保险类、保证保险类、人寿保险类、伤害保险类、年金保险类、健康保险类等共计九类主要险种。

(刘凯湘)

baoxian hetong
保险合同(insurance contract) 投保人与保险人约定保险权利义务关系的协议。保险合同所约定的权利义务关系的核心内容是:投保人承担支付保险费的义务,享有保险金请求权;保险人享有收取保险费的权利,承担赔偿或给付保险金的义务。从功能上看,保险合同包括补偿性保险合同和给付性保险合同两种。在前者,保险人只在约定的事故发生后,根据被保险人遭受的实际损失而给予赔偿;在后者,只要合同约定的给付条件出现或合同期限届满,保险人即应履行保险金给付义务。

保险合同是民事合同的一种。它是投保人与保险人就保险标的、保险金额、保险事故、保险费、保险期限、保险金给付等事项意思表示一致的结果。保险合同订立后,对双方当事人有法律约束力,投保人和保险人应当依照保险合同的约定履行合同义务,除非法律或者合同有相反的规定,投保人和保险人均不得提前解除合同。

保险合同是一种特殊的债权合同。作为债权合同的一种,保险合同须遵守民法上有关债的一般规定,如合同的订立规则、合同的有效条件和无效事由等。但因保险合同产生的债属于特种之债,学理上称为"特种契约",因此,关于债的一般规定的适用须以保险法无特别规定为限。例如,《中华人民共和国民法通则》关于诉讼时效期间的一般规定(即2年诉讼时效),因《保险法》第27条第2款的规定"人寿保险的被保险人或者受益人对保险人请求给付保险金的权利,自其知道保险事故发生之日起,5年不行使而消灭"而不能适用;此外,《合同法》第66条关于同时履行抗辩权的规定,与《保险法》第14条、第57条及第60条有关保费交付的规定也有差异。

从不同角度看,保险合同有财产保险合同和人身保险合同,定值保险合同和不定值保险合同,定额保险合同和补偿保险合同,足额保险合同、不足额保险合同和超额保险合同,单保险合同和复保险合同,原保险合同和再保险合同等类型。

(温世扬)

baoxian hetong dangshiren
保险合同当事人(parties of insurance contract) 订立保险合同并受其约束的双方当事人,即保险人和投保人。亦有学者认为,保险合同当事人还包括被保险人,而保险合同的关系人则仅指受益人,保险合同的当事人、关系人及辅助人共同构成保险合同的主体;另有学者认为,保险合同当事人亦即保险合同的主体,是对保险合同享有权利或承担义务的人,包括保险方和投保方,保险方仅指保险人,投保方又称被保险方,包括投保人、被保险人和人身保险合同受益人。其实,合同法律关系的主体即合同主体与合同当事人本为同一概念,保险合同既为合同之一种,其主体与当事人亦不必强加区分,因此保险合同当事人即保险合同主体,限于保险人和投保人,而被保险人则与受益人共同构成保险合同的关系人。

(温世扬)

baoxian hetong de biangeng
保险合同的变更(alteration of insurance contract)
广义上指保险合同成立后发生的各种变动,包括保险合同主体的变更、保险合同内容的变更和保险合同效力的变更。狭义上指保险合同内容的变更,即保险合同生效后,没有履行或没有完全履行之前,因订立合同所依据的主客观情况发生变化,由当事人依照法律规定的条件和程序,对原合同的某些条款进行修改或补充。各国保险法都赋予了合同双方当事人变更合同条款的权利。经投保人和保险人协商同意,在保险合同有效期间内,可以变更保险合同的有关内容。《中华人民共和国保险法》第21条规定:在保险合同有效期内,投保人和保险人经协商同意,可以变更保险合同的有关内容。变更保险合同的,应当由保险人在原保险单或者其他保险凭证上批注或者附贴批单,或者由投保人和保险人订立变更的书面协议。

在变更保险合同时,保险人应当在原保险单上批注,以资证明和确认保险合同的变更。保险人没有签发保险单而是签发其他保险凭证的,变更保险合同时,应当在该保险凭证上批注。保险人在保险单或者其他保险凭证上批注保险合同的变更,可以直接手写或者打字于保险单或者保险凭证上,也可以在保险单或者其他保险凭证上加贴批单。加贴批单时,保险人应当在批单和保险单或者其他保险凭证的粘接处签字盖章,以示郑重。变更保险合同,保险人除了在保险单或者其他保险凭证上批注外,还可以与投保人另定变更保险合同内容的书面协议。以批注变更保险合同和另订书面协议变更保险合同,具有相同的效果。

保险合同当事人的变更,是指投保人、被保险人及受益人的变更,保险合同的主体变更实际上就是保险合同的转让。在我国,对不同险种所规定的主体变更的程序各不相同。对于一般财产保险,合同主体的变更必须得到保险人的同意。对于货物运输保险的保险单或者保险凭证的转移,无须征得保险方的同意。保险合同的被保险人或投保人变更后,原被保险人或投保人的权利和义务一同转移。

保险合同的内容的变更,是指体现双方权利义务关系的合同条款的变更。保险合同内容的变更可以分为两种情况:一种是投保人根据需要而变更合同的某些条款,如延长或缩短保险期,增加或减少保险金等;另一种是当情况发生变化,必须变更合同的内容时,投保方应及时通知保险人更改合同的某些条款,否则将产生相应的法律后果。

保险合同的中止是指保险合同生效后,由于某种原因使合同暂时失效。在保险合同暂时中止以后重新开始生效,就叫做保险合同的复效。中止是复效的条件,但中止不一定必须复效。如果保险合同中止后,在规定的期间内投保人不申请复效,保险合同即从合同中止时起解除。

(温世扬)

baoxian hetong de chengnuo
保险合同的承诺(acceptance of insurance contract)
保险人承诺投保人的保险要约的行为,即承保。承保为保险人的单方意思表示,是保险合同的成立要件。保险合同的成立,并不总是表现为投保人投保和保险人承诺的简单过程。在投保人提出保险要约后,保险人必要时还要同投保人协商保险条件而提出反要约。保险合同经常要经过投保人和保险人要约、反要约和承诺这样一个反复协商的过程,才能最终成立。保险合同的承诺一般也采取书面形式。实务上,保险人收到投保人填具的投保单后,经过必要的审核或与投保人协商保险条件,没有其他疑问而在投保单上签字盖章的,构成承诺,保险合同自保险人承诺之时成立。保险人的承诺不能附加条件或对投保单的内容有所变更,否则不发生承诺的效力,仅构成反要约。在这种情况下,投保人对反要约表示接受的,才构成承诺,保险合同自投保人承诺反要约时成立。

(温世扬)

baoxian hetong de dingli
保险合同的订立(formation of insurance contract)
投保人向保险人提出保险请求,经与保险人协商,保险人同意承保而成立保险合同的过程。《中华人民共和国保险法》第13条第1款规定:投保人提出保险要求,经保险人同意承保,并就合同的条款达成协议,保险合同成立。保险人应当及时向投保人签发保险单或者其他保险凭证,并在保险单或者其他保险凭证中载明当事人双方约定的合同内容。从上述规定可以看出,保险合同的订立一般须经过以下程序:(1)投保,即由投保人提出保险要求。投保人提出投保申请、填具投保单,如实告知保险人就保险标的或被保险人的有关情况所作出的询问,如实告知保险人有关影响保险人是否同意承保或据以确定保险费率的重要情况,认可保险人提出的保险费率和相应的保险条款后,将投保单交付于保险人,即构成投保。投保是投保人的自愿行为,投保人必须具备民事行为能力,必须对保险标的有保险利益。(2)承保,即投保人提出的保险要求经保险人同意承保。投保人将提出的投保申请或填具的投保单交给保险人后,保险人根据投保人告知的情况对投保申请或投保单进行审核,如确认符合条件的,即表示同意承保。保险人同意承保时,投保人与保险人必须就合同的条款达成协议。依《保险法》第19条规定,保险合同的法定条款应该包括:保险人的名称和住所;投保人、被保险人的名称和住所,以及人身保险的受益人的名称和住所;保险标的;保险责任和责任免除;保险期间和保险责任开始时间;保险价值;保险金额;保险费以及支付办法;保险金赔偿或者给付办法;违约责任和争议处理;订立合同的年、月、日。除上述11项法定条款外,投保人和保险人可就与保险有关的其他事项作出约定。保险合同自保险人在投保申请或投保单上签字时成立。(3)保险人根据已成立的保险合同向投保人出具保险单或其他保险凭证,保险人签发的保险单或者其他保险凭证中,应载明当事人双方约定的保险合同的内容。保险单或者其他保险凭证应交付投保人,以作为被保险人、受益人享有保险保障权利和将来进行索赔的依据。此外,《保险法》第13条第2款还规定:经投保人和保险人协商同意,也可以采取前款规定以外的其他书面协议形式订立保险合同。(温世扬)

baoxian hetong de falü xingzhi
保险合同的法律性质(legal character of insurance contract) 依通说,保险合同的法律性质体现在以下诸方面:

双务合同 合同以当事人是否互负对待给付义务为标准,分为双务合同和单务合同。保险合同是双务合同还是单务合同,有不同主张。英美法系学者大多主张保险合同为单务合同,其理由是保险合同成立时,投保人负有缴纳保险费的义务,而保险人在承诺于特定事故发生时支付保险金后,并不能强制其再履行任何义务。大陆法系学者大多主张,保险合同为双务合同,投保人和保险人互负对待给付义务,即一方依约定支付保险费,另一方在保险事故发生时依约定支付保险金。

有偿合同 有偿合同是指当事人享有权利的同时须向对方支付对价的合同。在保险合同中,投保人要求保险人承担保险责任,应当按照约定向保险人支付保险费。保险费为保险人承担保险责任的对价,并构成影响保险合同效力的因素,投保人不支付保险费或停止支付保险费,保险人不负担给付保险金的责任。保险人向投保人收取保险费,也相应地负担承担保险风险的责任。

诺成合同 诺成合同是指仅依双方意思表示一致而成立,在意思表示之外不需践行物之交付或为其他给付的合同。《保险法》第13条规定:投保人提出保险要求,保险人同意承保,并就合同的条款达成一致协议,保险合同成立。同法第14条规定:保险合同成立后,投保人按照约定交付保险费。据此,保险合同的成立不以保险费的交付为条件,故保险合同为诺成合同。

不要式合同 不要式合同是指法律对合同的成立形式没有特别的要求,采用口头形式、书面形式均可成立的合同。

附合合同 附合合同是指由一方当事人将事先拟定的标准合同条款交由对方当事人,对方当事人只能概括服从、接受而成立的合同。保险业的发展已经实现了保险合同的格式化。保险人事先备制了供投保人选择的格式保险合同条款,投保人在申请投保时,没有拟定或充分磋商保险合同条款的自由,只能概括地同意或拒绝合同条款。

诚信合同 这是由保险的最大善意原则决定的。保险合同以偶然的、不确定的风险为保险金给付条件,它的履行依赖双方当事人的最大善意与诚实信用。保险合同在诚信原则的效力范围内,对投保人实行如实告知、危险增加的通知及道德危险不保等法律制度,对投保人实行说明义务、"不利解释原则"等法律制度。

射幸合同 射幸合同是指以机会利益为标的的合同,当事人义务的履行,取决于机会或者不确定事件的发生与否。保险合同中,保险人承担给付保险金的义务,只在特定的危险发生或者合同约定的给付保险金的条件具备时才产生,而这些危险或者条件发生与否均不确定。投保人在保险期间内,因保险事故之发生,将可以取得成千上万倍于保险费的保险给付,若不发生保险事故,投保人将丧失已支付的保险费利益。双方利益的丧失或取得,均表现为一种机会。 (温世扬)

baoxian hetong de fuzhuren
保险合同的辅助人(assistants of insurance contract) 又称保险合同的补助人,一般包括保险代理人、保险经纪人和保险公证人。1983年第2届保险辅助人世界大会在马德里通过的《世界保险辅助人从业道德规范》(Universal Code of Professional Ethics for Insurance and Reinsurance Intermediaries)规定,保险代理人和保险经纪人为专业性的保险辅助人,其主要功能在于:促进谨慎与安全、提供保险人适当防止有关人身和财产的风险的建议、提供保险人正确评估和核定保险费率及承保保险风险的必要资料、就保险索赔或者赔付提供通力合作。我国《保险法》第六章专章规定了保险代理人和保险经纪人。保险代理人是根据保险人的委托,向保险人收取代理手续费,并在保险人授权的范围内代为办理保险业务的单位或者个人。保险经纪人是基于投保人的利益,为投保人与保险人订立保险合同提供中介服务,并依法收取佣金的单位。保险公证人又称保险公估人,是指向保险人或被保险人收取费用,为其办理保险标的的查勘、鉴定、估价及赔款的理算洽商,并予以证明的人。保险辅助人应当具备金融监督管理部门规定的资格条件,在开展保险辅助业务前应取得金融监督管理部门的核准。 （温世扬）

baoxian hetong de fuxiao
保险合同的复效（resumption of insurance contract） 保险合同效力中止以后重新开始生效。我国《保险法》第59条规定:依照前条规定合同效力中止的,经保险人与投保人协商并达成协议,在投保人补交保险费后,合同效力恢复。但是,自合同效力中止之日起2年内,双方未达成协议的,保险人有权解除合同。复效的具体条件是:(1)投保人有申请复效的意思表示。保险合同效力中止后,不存在自行复效的问题。投保人愿意恢复合同效力的,必须向保险人提出复效申请,投保人的复效申请一般通过填写复效申请书来完成。(2)被保险人的身体健康状况符合投保条件。(3)投保人补交合同中止所欠的保险费及利息。引起保险合同效力中止的主要原因就是投保人不交纳保险费,要使中止的合同复效,就应当消除导致合同中止的因素,即补交保费。(4)投保人提出复效申请,必须经过保险人的同意。根据保险法的规定,保险人对投保人提出的复效申请表示同意,是合同复效的必要条件之一。只有同时具备以上条件,中止的保险合同才能复效。如果双方当事人未达成复效协议,那么,如保险合同中止期间未满2年,保险人行使解除权的条件尚未成就,或者虽然成就但保险人未行使解除权的,合同效力仍处于中止状态;如保险合同中止期间已满2年,且保险人解除合同,则合同效力终止。 （温世扬）

baoxian hetong de guanxiren
保险合同的关系人（relatives of insurance contract） 保险合同当事人之外,基于保险合同,享有保险金请求权的被保险人或受益人。被保险人或者受益人可以为投保人本人或第三人,但均非保险合同的当事人,而为保险合同的关系人。保险关系人是保险合同成立和履行不可或缺的因素,在发生保险事故或者保险合同约定的给付保险金的条件具备时,对保险人享有保险金给付请求权。亦有学者认为,保险合同的关系人仅指受益人,被保险人属于保险合同的当事人。被保险人,是指保险事故在其财产或其身体上发生而受到损失时享有向保险人要求赔偿或给付保险金的人。受益人是指保险合同中约定的、由投保人或被保险人指定的、在保险事故发生时,享有保险金请求权的人。受益人仅存在于人身保险中。 （温世扬）

baoxian hetong de jiechu
保险合同的解除（dissolution of insurance contract） 保险合同有效期限尚未届满前,当事人依法提前终止合同的法律行为。保险合同是在平等自愿的基础上订立的,所以,各国立法都规定,投保人可以解除保险合同。我国《保险法》第15条规定:除本法另有规定或者保险合同另有规定外,保险合同成立后,投保人可以解除保险合同。保险合同是在平等自愿的基础上建立的,规定投保人原则上可以随时提出解除合同是合理的。根据我国《保险法》的规定,投保人或被保险人有下述行为的,可以构成保险人解除保险合同的条件:(1)投保人故意隐瞒事实,不履行如实告知义务,足以影响保险人决定是否同意承保或者提高保险费率的;(2)保险人或者受益人在未发生保险事故的情况下,谎称发生了保险事故,向保险人提出赔偿或者给付保险金的请求的;(3)投保人、被保险人未按照约定履行其对保险标的的安全所应尽的责任;(4)在合同有效期内,保险标的危险程度增加,被保险人未及时通知保险人的;(5)投保人申报的被保险人年龄不真实,并且真实年龄不符合合同约定的年龄限制的,但合同成立后逾2年的除外。但是,解除合同也有例外的情况,我国《保险法》第35条规定:货物运输保险合同和运输工具航程保险合同,保险责任开始后,合同当事人不得解除合同。这主要是考虑到此类风险的不可预测性极高,当事人如随意解除合同,有可能给对方造成较大的损失。 （温世扬）

baoxian hetong de keti
保险合同的客体（object of insurance contract） 保险合同当事人的权利义务所共同指向的对象。保险合同的客体究为何物,学术界有不同观点。其一认为,保险合同的客体就是保险标的,即作为保险对象的财产及其有关利益,或者人的寿命和身体。其二认为,保险合同既然是债的一种,而债的客体为给付行为,因此,保险合同的客体应当是保险人对被保险人在保险标的上的利益提供保障的给付行为。其三认为,保险合同的客体,应当是保险标的和行为的统一体,是体现一定物质利益的行为,具体说是在保险事故发生时对保险标的的损失进行补偿的行为。其四认为,保险合同的客体既不是保险标的本身,也不是简单的给付行为,而是投保人对保险标的所具有的法律上承认的利益,即保险利益。此为通说。 （温世扬）

baoxian hetong de leibie
保险合同的类别（classification of insurance contract） 保险合同依不同的标准,可分为不同的类别:(1)根据保险标的的不同,保险合同可分为人身保险合同和财产保险合同。人身保险合同是指以人的寿命和身体为保险标的的合同;财产保险合同是指以财产及其有关利益为保险标的的合同。(2) 根据保险价值在保险合同中是否预先确定,保险合同可分为定值保险合同和不定值保险合同。定值保险合同是指载明保险双方约定的保险价值的合同;不定值保险合同是指保险双方未在合同中事先确定价值,需在保险事故发生后确定保险价值的合同。(3) 根据保险金额与保险价值关系的不同,保险合同可分为足额保险合同、不足额保险合同和超额保险合同。足额保险合同是指保险金额等于保险价值的合同;不足额保险合同是指保险金额低于保险价值的合同;超额保险合同是指保险金额大于保险价值的保险合同。(4) 以保险责任的来源为标准,保险合同可分为原保险合同和再保险合同。原保险合同是指保险人对被保险人直接承担保险责任的合同;再保险合同是指保险人将其承担的保险业务,以分保的形式,部分转移给其他保险人的合同。(5) 以保险人的人数为标准,保险合同可分为单保险合同和复保险合同。单保险合同是指投保人对同一保险标的、同一保险利益、同一保险事故、同一保险期间与一个保险人订立的合同;复保险合同是指投保人对同一保险标的、同一保险利益、同一保险事故分别向两个以上保险人订立保险的保险合同。此外,保险合同依保险标的的数量,可分为个别保险合同和集合保险合同;依保险标的是否特定,可分为特定保险合同和总括保险合同;以保险人给付赔偿金的性质为标准,可分为给付性保险合同和补偿性保险合同;依保险人所承保的危险的范围不同,可分为特定危险保险合同和一切危险保险合同;依订立保险合同的受益人不同,可分为为自己利益订立的保险合同和为他人利益订立的保险合同等。

(温世扬)

baoxian hetong de lüxing
保险合同的履行(performance of insurance contract)
保险合同依法成立并生效后,当事人全面完成各自承担的约定义务,以满足他人权利实现的行为过程。履行保险合同应遵守经济补偿原则、防灾防损原则和保险利益原则。保险合同的履行包括各自义务的内容及其履行义务的方法,主要涉及:(1) 投保人义务,包括交付保险费的义务,防止或避免出现保险事故的义务,危险程度增加的通知义务,保险事故的通知义务和施救义务等;(2) 保险人义务,包括积极防灾防损的义务,支付保险金的义务,保密的义务等。广义的履行还涉及主体各方没有履行或未适当履行其合同义务所应承担的责任,即违约责任。从程序上看,索赔、理赔、代位求偿等在保险合同履行过程中占有重要地位。正确及时地进行索赔、理赔和代位求偿,可以有效地维护被保险人和保险人的合法权利,充分发挥保险在经济生活中的作用。保险合同的履行,是保险作为一种特殊的经济补偿制度所具有的分散危险、消化损失功能最充分的体现。

(温世扬)

baoxian hetong de xingshi
保险合同的形式(forms of insurance contract)
保险合同当事人的意思表示的表现形式。合同有口头形式和书面形式之分。多数国家不承认口头保险合同的效力,即保险合同应采取书面形式,我国也是如此。从保险实务及保险法的规定来看,保险合同的形式主要包括要保单、保险单、暂保单和保险凭证。要保单(application form),也称投保单,是投保人向保险人发出的书面要约,实践中通常由保险人事先印刷,包含了合同的主要条款。要保单本身不是保险合同,但其中要保人所做的告知,却能影响合同的效力,且要保单一经保险人接受即成为合同的一部分。暂保单(binder)又称临时保单,是保险人或其代理人在正式保险单签发之前,出具给被保险人的一种临时保险凭证。它表示保险人或其代理人已接受了保险,等待出立正式保险单。暂保单与正式保险单具有同等的法律效力,只是保险期限较短,一般以30天为限。各国保险法一般规定,保险人可以提前终止暂保单的效力,且不必说明理由,但须事先通知投保人。保险单(policy)又称保单,是投保人与保险人之间的正式合同凭证,由保险人制作、签章并交付给投保人。保单仅是保险合同的凭证之一,不构成保险合同的成立要件,且其并非合同全部,而仅为其主要组成部分。保险凭证(certificate of insurance)也称小保单,是一种简化了的保险单,与保险单具有相同的效力,保险凭证未列出的内容,均以相应的标准保险单的内容为准,如互相抵触时,以保险凭证上的内容为有效。保险凭证常被广泛应用于货物运输保险、汽车保险和团体保险之中。

(温世扬)

baoxian hetong de yaojian
保险合同的要件(elements of insurance contract)
保险合同发生法律效力所应具备的条件。保险是基于合同而发生的法律关系,应具备民法规定的一般合同的成立要件。但由于保险事业有关社会公益,须受国家管制,且保险合同以最大善意为要件,当事人间存有互信的因素,故保险合同不能与通常之债完全相提并论。保险合同虽种类繁多,但其共同要件有:(1) 当事人须有订约之能力或权限(即权利能力、行为能力及代理权);(2) 要保人对保险标的须有切实的保险利益;(3) 须依要约及承诺而成立;(4) 须采取法定形式并有保险费的约定及交付;(5) 当事人须本于善意,互相告知一切有关订约之重要事项;(6) 合同的目的须不违背法律的强制性或禁止性规定;(7) 危险须有确定之范围;(8)当事人须依诚信之原则订立合同并履行之。

(温世扬)

保险合同的要约 (insurance application)

投保人请求与保险人订立保险合同的意思表示,即投保。与订立其他合同的要约具有相同的法律属性。保险合同的要约一般采取书面形式,即由投保人填写投保书。投保书通常由保险人预先印制,内容包括保险标的、危险种类、保险金额、投保人的姓名(名称)和住址等,从而成为保险人决定承保与否及订立合同的根据。投保可以由投保人本人向保险人提出,也可以由投保人的代理人向保险人提出,保险人向投保人提示或者交付投保单的行为不构成保险要约。投保是投保人的自愿行为,除法律规定投保人必须投保的保险以外,任何人或者单位不得强迫投保人提出保险请求,以订立保险合同。保险合同的要约要产生效力,除应当具备合同要约生效的条件以外,还应当具备两个条件:(1)投保人有缔约能力,指投保人有缔结合同的行为能力,无行为能力人或限制行为能力人不具有保险要约能力,其所提出的保险请求不产生要约的效力;(2)投保人对保险标的具有保险利益,投保人在提出保险要求时,对保险标的必须具有一定程度的利害关系,否则,投保人就该保险标的提出的保险要求不产生要约的效力。另外,有学者认为,投保人不一定必须为要约人,其也可能是承诺人,而保险人亦有可能为要约人。

(温世扬)

保险合同的中止 (suspension of insurance contract)

保险合同生效后,基于某种原因而中止发生效力。长期人身保险具有投资和储蓄功能,投保人可以分期交付保险费。在投保人交付第一期保险费以后,如未能按期交付后续保费,且逾期达到一定期间,即可导致保险合同效力的中止。我国《保险法》第58条规定:合同约定分期支付保险费,投保人支付首期保险费后,除合同另有约定外,投保人超过规定的期限60日未付当期保险费的,合同效力中止,或者由保险人按照约定条件减少保险金额。由此规定可见,保险合同的中止应满足以下条件:(1)投保人逾期未交付保险费,即投保人在支付首期保险费后,未能在合同约定的缴纳保险费的日期或缴费宽限期向保险人缴纳保险费;(2)投保人逾期未交保险费的期间已超过60日,即投保人在保险合同约定的缴费日后,经过60日仍未缴纳保险费,或者,在保险合同约定的缴费宽限期届满后,经过60日仍未缴纳保险费;(3)保险合同没有约定其他补救办法,例如,解除合同、减少保险金额、保险费自动垫交等。保险合同的中止,仅暂时中止保险合同的效力,虽然仍可通过一定方式使保险合同复效,但在保险合同效力中止期间,保险人不负保险责任。

(温世扬)

保险合同的终止 (termination of insurance contract)

保险合同关系基于某种原因而不复存在,当事人的权利义务消灭。从广义上讲,保险合同的终止包括解除在内,因为解除是提前终止合同的一种形式。这里的终止是狭义上的终止。保险合同的终止主要有两种原因:(1)因保险期限届满而终止。每一保险合同都订有保险期限,保险期限届满,保险人的保险责任即告终止。这种终止是最普遍、最基本的情形。双方当事人在保险合同有效期内,都已完全履行了义务并享受了应有的权利。(2)因保险人履行赔偿或给付义务而终止。根据保险合同规定,保险人履行赔偿或给付全部保险金额义务以后,保险合同即告终止。在保险标的受到数次损害,保险人给付全部保险金额后,合同即告消灭,不管保险期限是否到期。当事人在上述条件成就之后,即可解除合同,双方的权利义务也相应消灭。保险合同的终止是一种自然事实,它比解除的条件要简单,只须条件成就即可实现合同的终止。保险合同的终止是双方合意的结果,不可以随意单方终止保险合同。

(温世扬)

保险合同内容的变更 (alteration of the contents of insurance contract)

保险合同当事人权利义务的变更。在保险合同的有效期内,投保人和保险人经协商同意,可以变更保险合同约定的内容。在变更保险合同的内容时,保险人应当在原保险单或者其他保险凭证上予以批注或者加贴批单,或者由投保人和保险人另定变更保险合同内容的书面协议。

保险合同内容的变更,主要有:1.保险标的的变更:在保险合同的有效期内,投保人和保险人经过协商,可以变更保险标的的范围。变更保险标的的范围,以扩大或者缩小保险标的的范围为主要方法。2.保险金额的变更:在保险的有效期内,保险标的的价值可能因为保险事故或者其他原因显著减少,那么相应的保险金额就应当减少。如果保险合同约定的保险金额低于保险标的的保险价值的,投保人和保险人可以在保险价值的范围内,相应地提高保险金额。3.保险费的变更:保险合同约定的保险费,不仅同保险金额的多少和保险费率的高低相关联,而且同保险人所担的危险程度相关联。在下列情况下,保险费应当予以相应的变更:(1)超额保险的保险费。保险合同约定的保险费的高低和保险金额的高低成正比。保险合同约定的保险金额,应当以保险标的的保险价值为限。投保人和保险人在保险合同中约定保险价值的,保险金额的约定不得超过保险合同约定的保险价值;投保人和保险人在保险合同中没有约定保险价值的,保险金额在发生保险事故时不得高于保险标的的实际价值。保险合同约定的保险金额超过保险标的的保险价值的,仅维持保险标的的保险价值范围内的保险金额的效力,超过保险价值的约定部分无效。超过保险价值的保险金额约定无效,因之收取的保险费也应当予以变更。原则上,投保人超额保险的,经投保人通知保险人超额保险的事实后,保险费应当按照保险标的的价值比例减少。(2)危险增加时的保险费。保险合同约定的保险费,也与保险人所承担的危险程度相关。保险标的的危险程度发生变化,保险费也要发生变动。保险标的的危险增加而保险人要求增加保险费的,投保人应当相应增加保险费,以变更保险合同原先约定的保险费。若保险人在已知保险标的的危险增加,或者接到被保险人危险增加的通知后,在合理期间内或者在合同约定的期间内,没有请求投保人增加保险费的,不得再请求增加保险费。(3)危险降低时的保险费。保险标的的危险程度是依据保险标的的性质、使用状况、所处的环境等多种情况加以确定的,保险人主要依据保险标的的危险程度确定保险费率,那么保险标的的有关情况发生变化或者消灭,而明显降低保险标的的危险程度时,保险人应当按比例减少保险费,保险合同原先约定的保险费应当予以变更。但是,若据以确定保险费率的有关情况发生变化,但没有降低保险标的的危险程度的,或者保险标的的危险程度降低但却不构成明显降低的,不能要求保险人降低保险费。(4)年龄误保时的保险费。在人寿保险合同中,因为投保人误保被保险人的年龄而致使其多交或者少交保险费的,保险人应当相应地变更保险合同约定的保险费或者保险费率,要求投保人补交保险费或者向其退还多收的保险费。

(温世扬)

baoxian hetong tiaokuan de fenlei
保险合同条款的分类(classification of the clauses of insurance contract) 依据不同的分类标准,可以对保险合同条款进行不同分类。

依据其产生效力的基础,可以将保险合同条款分为法定条款和约定条款。法定条款指根据法律规定必须明确载明的条款,法定条款构成保险合同的基本内容。法定条款不是保险合同必须具备的条款,保险合同缺乏法定条款,保险合同亦成立。依据我国保险法的相关规定,法定条款包括保险人的名称、住所;投保人的名称、住所以及人身保险的受益人的名称和住所;保险标的;保险责任和责任免除;保险价值;保险金额;保险期间及责任开始时间;保险期限、保险费、保险赔偿或者给付办法;违约责任和争议处理;订立合同的年、月、日等。约定条款是投保人和保险人在保险合同法定条款之外,就其权利义务事项或事实问题另为约定的条款。约定条款,不得违反法律的规定或违反社会公共利益。约定条款通常包括三类条款;(1)协会条款:如伦敦保险人协会条款、美国保险人协会条款等。(2)保证条款:又称特约条款,是保险人要求投保人或被保险人担保过去或现在某一事实状态的是否存在或真实、或担保作为或不作为某种事项的条款。保险合同双方当事人可就任意事项规定为保证条款,它将构成保险合同效力的基础,违反该条款,合同效力的基础发生动摇,保险合同的效力将终止。(3)附加条款:如附加险,通常由附加条款规定。

依据其在保险合同中的地位,保险合同条款分为基本条款与附加条款。基本条款又称为普通条款,是保险人在事先准备或印就的保险单上,根据不同险种而规定的,有关当事人双方的权利义务的基本事项,它构成保险合同的基本内容。基本条款是一种险种的保险合同所固有的、必备的条款,进而构成区分不同种类保险合同的根本依据。附加条款是用以扩大或限制基本条款中所规定的权利与义务的补充条款。它的目的在于:第一,扩大基本条款的伸缩性,以适应投保人的特别需要;第二,变更保险单原规定的内容,如扩大承保的危险责任、增加保险标的。附加条款通常也由保险人事先印就一定格式,待保险人与投保人特别约定,填好后附贴在保险单上。

(温世扬)

baoxian hetong tiaokuan de jieshi
保险合同条款的解释(interpretation of insurance contract) 保险条款规定当事人的权利义务,是保险合同的核心部分。关于保险条款的文字及含义,当事人双方理解不一、发生分歧时,需要对保险条款的文字表述的含义进行公正、客观的解释。对保险条款的解释,依据解释者身份的不同,可以分为有权解释和无权解释。有权解释指具有法律约束力的解释,其解释可以作为处理保险条款争议的依据。有权解释机关主要有全国人大、人民法院、仲裁机构及保监督管理部门。除有权解释外,当事人、学者等个人或单位对保险条款的解释均为无权解释。进行保险条款的解释时,首先,应按照保险合同条款用语的文义以及惟一、特定或者通常使用的方式进行解释。其次,要结合保险合同条款的上下文进行合理斟酌,以确定其含义及当事人的意图。如仍无法确定,还可运用保险合同文字以外的手段评价,借助于法律的规定、保险人的行为及交易习惯、商业习惯、国际惯例、诚实信用原则及公平原则等进行补充解释。由于保险合同已经基本实现格式化,由保险人事先拟定,而且合同术语专业性强,因此在进行保险条款的解释时,应作有利于被保险人的解释,以保护其利益。在条款、批注内容有矛盾的情况下,应依据后加的批注、条款优于原有条款,手写的批注优于打印的批注,加贴的批注优于正文的批注来解释。另参见不利解释原则条。 (温世扬)

baoxian hetong wuxiao
保险合同无效(insurance contract invalid) 保险合同虽已成立,但因违反法律的要求,从订立之时起就不具有法律效力,双方不受合同的约束。无效保险合同根据合同的无效程度和范围,可分为全部无效和部分无效。全部无效就是保险合同全部不发生效力,部分无效是指合同的某些条款虽然违反法律规定,但不影响其他条款的法律效力的保险合同。依据我国《保险法》的规定,保险合同无效的原因主要有如下几种:(1)超额保险。《保险法》第40条第2款规定:保险金额不得超过保险价值;超过保险价值的,超过部分无效。(2)无保险利益。《保险法》第12条第2款规定:投保人对保险标的不具有保险利益的,保险合同无效。(3)未经被保险人同意的死亡保险。《保险法》第56条第1款:以死亡为给付保险金条件的合同,未经被保险人书面同意并认可保险金额的,合同无效。(4)未作说明的责任免除条款。《保险法》第18条规定:保险合同中规定有关保险人责任免除条款的,保险人在订立保险合同时应当向投保人明确说明,未明确说明的,该条款不产生效力。在其他法律如《合同法》中,也有关于保险合同无效情形的规定:(1)保险合同的内容违反法律和行政法规;(2)诈欺和胁迫;(3)无权代理;(4)双方代理;(5)恶意串通;(6)违反国家利益或社会公共利益。此外,双方当事人可以约定保险合同无效的原因。但是,这种约定不得违反法律的强制性规定,也不得违反国家利益和社会公共利益。 (温世扬)

baoxian hetong xiaoli de biangeng
保险合同效力的变更(alteration of the effect of insurance contract) 保险合同效力发生变动的各种情形。包括保险合同的无效、中止和复效,以及保险合同的终止。参见保险合同的无效、保险合同的中止、保险合同的复效、保险合同的终止条。 (温世扬)

baoxian hetong zhuti de biangeng
保险合同主体的变更(alteration of the subjects of insurance contract) 保险合同当事人因保险合同的利益转让或者继承、保险合同的当事人混同等原因发生变更。保险合同当事人的变更,往往是因为保险标的的所有权发生转移,如因买卖、赠与、继承而发生,又称为保险合同的转让或保险合同当事人的变更。

主体变更可分为投保人的变更和保险人变更两类。投保人转让保险合同的,保险人对于投保人所享有的一切抗辩,可有效地对抗保险合同受让人。保险人转让保险合同的,被保险人或者受益人依保险合同享有的权利,可以对受让保险合同的保险人继续行使。财产保险合同的投保人死亡的,该投保人依约享有的权利和承担的义务,由继承人在承继保险合同利益的范围内取得。

保险合同当事人变更,特别是保险合同主体的一方转让其利益时,应当取得保险合同另一方当事人的同意。我国《保险法》第34条规定:保险标的的转让应当通知保险人,经保险人同意继续承保后,依法变更合同,但是货物运输保险合同另有规定的除外。《财产保险合同条例》第11条规定:除货物运输保险的保险单或者保险凭证可由投保方背书转让,无须征得保险方同意外,其他保险标的的过户、转让或者出售,事先应当书面通知保险方,经保险方同意并将保险单或者保险凭证批改后方为有效,否则从保险标的的过户、转让或者出售时起,保险责任即行终止。货物运输保险合同的标的,为运输中的货物,货物所有权的移转,可能在运输途中就已经完成,若要求投保人在转让货物前通知保险人,并办理货物运输保险单批改手续,是根本不可能的事情。为了不妨碍货物的移转,加速货物的流通,并提高保险的效用,各国法律均规定,货物运输保险单或者保险凭证随着货物的移转而以背书转让,无须经保险人的同意或者批注。另外,我国《保险法》第56条第2款规定:依照以死亡为给付保险金条件的合同所签发的保险单,未经被保险人书面同意,不得转让。

但是,在个别法定情形下,因为保险人终止业务,尚未到期的保险合同可以依照法律规定转让给其他保险人。我国《保险法》第88条规定:经营有人寿保险业务的保险公司被依法撤销的,或者被依法宣告破产的,其持有的人寿保险合同及准备金,必须转移给其他经营有人寿保险业务的保险公司;不能同其他保险公司达成转让协议的,由金融监督管理部门指定经营有人寿保险业务的保险公司接受。这说明对于终止保险业务的保险公司持有的人寿保险合同及准备金,其他保险公司可以接受此保险公司的业务,如果此保险公司不予接受,金融监督管理部门可以指定其予以接受。经营有人寿保险业务的保险公司,一经指定,不得以任何理由拒绝。投保人应当向受让人寿保险合同的保险公司依约支付保险费,被保险人或者受益人对受让人寿保险合同的保险公司享有合同约定的权益。

(温世扬)

baoxian jigou gaoji guanli renyuan renzhi zige guanli guiding

《保险机构高级管理人员任职资格管理规定》（Administrative Provisions on Assignment Quality of High-Ranking Management Staff of Insurance Companies） 规定保险机构高级管理人员任职资格条件与程序的部门规章。2002年3月1日由中国保险监督管理委员会发布，自同年4月1日起施行。1999年1月11日由中国保险监督管理委员会发布的《保险机构高级管理人员任职资格管理暂行规定》同时废止。共5章，35条。旨在于加强对保险机构高级管理人员的管理，保障保险机构稳健经营，促进保险业健康发展。适用于在中国境内设立的各类保险公司。

其所称高级管理人员是指，保险公司的法定代表人和其他对保险公司管理活动具有决策权的主要负责人，包括总公司的董事长、总经理、副总经理；分公司（包括总公司营业部）、中心支公司（包括分公司营业部）和支公司的总经理、副总经理、经理、副经理以及其他具有相同职权的负责人。保险公司任命总公司的精算部门、财务会计部门、资金运用部门的主要负责人，应当根据有关规定报中国保监会核准或备案。审核和管理的方式分为核准制和备案制，保险公司总公司、分公司和中心支公司的高级管理人员适用核准制，即在任命前应取得中国保监会或派出机构的任职资格核准文件；保险公司支公司的高级管理人员适用备案制，即在任命时应同时报所在地派出机构备案。中国保监会及其派出机构对保险公司高级管理人员的任职资格实行分级审核、分级管理，即中国保监会审核和管理保险公司总公司高级管理人员的任职资格，中国保监会的派出机构审核和管理辖区内保险公司分支机构高级管理人员的任职资格。保险公司高级管理人员的任职资格条件包括国籍、学历、专业技术职务、相关工作经历及年限等。中资保险机构的法定代表人必须是中国公民。外资保险公司、中外合资保险公司的外方高级管理人员应当具备相应的汉语水平。有下列情形之一者不得担任保险机构高级管理人员：曾经因犯有贪污、贿赂、侵占财产、挪用财产罪或者破坏社会经济秩序罪等罪行被判刑；曾因赌博、吸毒、嫖娼、欺诈等违法行为受到有关司法部门行政处罚或被判处刑罚；曾经担任因违法被吊销营业执照或因经营不善破产清算的公司、企业的高级管理人员，负有个人责任或直接领导责任；对重大工作失误和经济案件负有个人责任或直接领导责任；司法机关或纪检、监察部门正在审查尚未作出处理结论的；累计两次被取消保险公司高级管理人员资格；中国保监会认定的不适宜担任保险机构高级管理人员的其他情形。未经中国保监会或其派出机构核准，保险公司不得擅自任命高级管理人员或以临时负责人或其他方式，指定未经任职资格审查的人员为保险公司高级管理人员。保险公司高级管理人员违反法律法规，中国保监会或其所在地派出机构有权依法取消其一定期限内直至终身的保险机构高级管理人员任职资格。

对出现下列情况之一并负有个人责任或直接领导责任的保险公司高级管理人员，中国保监会或所在地派出机构可根据情节轻重及其后果，取消其1～10年的任职资格：违反有关规定，超业务范围经营、提供各种形式回扣、强制他人投保、进行虚假理赔；进行虚假宣传、误导投保人。

(刘凯湘)

baoxian jigou gaoji guanli renyuan renzhi zige guanli zanxing guiding

《保险机构高级管理人员任职资格管理暂行规定》（Interim Provisions on Assignment Quality of High-Ranking Management Staff of Insurance Companies） 规定保险机构高级管理人员任职资格条件与程序的部门规章。1999年1月11日由中国保险监督管理委员会发布，并自当日起实行。共5章，32条。2002年中国保监会发布《保险公司高级管理人员任职资格管理规定》，该《暂行规定》同时被废止。参见《保险机构高级管理人员任职资格管理规定》条。

(刘凯湘)

baoxian jiazhi

保险价值（insurance value） 投保人和保险人在订立财产保险合同时估定的、保险标的的实际价值，或者保险标的发生保险事故时所具有的实际价值。保险价值为保险标的的交换价值的存在形式，是财产保险合同的标的物在订立保险合同时所估定的实际价值，或者在发生保险事故时所具有的实际价值。保险价值为保险合同约定保险金额以及保险人承担保险责任的基础。我国《保险法》第40条规定：保险标的的保险价值，可以由投保人和保险人约定并在合同中载明，也可以按照保险事故发生时保险标的的实际价值确定。保险金额不得超过保险价值；超过保险价值的，超过的部分无效。保险金额低于保险价值的，除合同另有约定外，保险人按照保险金额与保险价值的比例承担赔偿责任。依照我国法律的相关规定，财产损失保险之标的价值，可以通过以下方式予以确定：(1) 约定价值。为投保人和保险人在订立保险合同时，对保险标的事先予以估价，以估价方法确定的价值。(2) 保险事故发生时的实际价值。投保人和保险人对保险标的的保险价值没有作出约定，则以发生保险事故时、保险标的的实际价值，作为保险标的的保险价值。凡以保险标的在发生保险事故时的实际价值确定保险标的的保险价值的,不论保险合同约定的保险金额是否超过保险价值,保险人仅以保险价值为限承担保险责任。(3)保险责任开始时的实际价值。投保人和保险人对保险标的的保险价值没有作出约定,可以以发生保险责任开始时,保险标的的实际价值,作为保险标的的保险价值。以保险标的在保险责任开始时的实际价值为保险价值,多适用于海上保险。 (邹海林 李世奇)

baoxian jianye daili guanli zanxing banfa

《保险兼业代理管理暂行办法》(Interim Provisions on Management of Adjunct Insurance Agency) 规范保险兼业代理管理的部门规章。中国保险监督管理委员会于2000年8月4日发布,并自颁布之日起实施。由总则、代理资格管理、代理关系管理、执业管理、罚则和附则共6章、41条组成。主要内容有:(1)保险兼业代理是指受保险人委托,在从事自身业务的同时,为保险人办理保险业务的行为。从事保险兼业代理业务,必须获得中国保险监督管理委员会颁发的《保险兼业代理许可证》。保险兼业代理人由此行为产生的法律责任由保险人承担。(2)保险兼业代理人的代理资格的申报及有关内容的变更,由被代理的保险公司报中国保险监督管理委员会核准。申请保险兼业代理资格的条件是:具有登记机关核发的营业执照;有同经营主业相关的、一定规模的、保险代理业务的来源;有固定经营场所;有代理保险业务的便利条件。党政机关及其职能部门、事业单位和社会团体不得从事保险代理业务。(3)保险公司只能与已经取得《保险兼业代理许可证》的单位建立保险兼业代理关系,签订《保险兼业代理合同》,在合同中约定代理险种、代理权限、代理期限、手续费标准、保费划转期限等内容。保险代理关系成立后,保险公司应向保险兼业代理人签发《保险兼业代理委托书》。保险兼业代理人只能为一家保险公司代理保险业务,代理业务范围以核定的代理险种为限。(4)保险兼业代理人不得代理再保险业务,不得兼做保险经纪业务,不得擅自变更保险条款,不得提高或降低保险费率。未经批准,保险公司不得委托保险兼业代理人签发保险单。保险兼业代理人应当设立独立的保费收入账户并对保险兼业代理业务进行单独核算。 (刘凯湘)

baoxian jin'e

保险金额(amount of insurance) 是指保险人承担赔偿或者给付保险金责任的最高限额。保险金额由保险人与被保险人约定,保险金额不得超过保险价值;超过保险价值的,超过部分无效。在不同的保险合同中,保险金额的确定方法有所不同。 (李世奇)

baoxian jingji gongsi guanli guiding

《保险经纪公司管理规定》(Administrative Provisions on Insurance Brokerage Agencies) 规范保险经纪公司管理的部门规章。2001年11月16日由中国保险监督管理委员会发布,自2002年1月1日起施行。由总则、设立、变更和终止、从业资格、经营管理、监督检查、罚则、附则组成,共8章84条。

主要内容有:(1)保险经纪公司的性质。保险经纪公司是指经中国保险监督管理委员会批准设立的经营保险经纪业务的单位。保险经纪包括直接保险经纪和再保险经纪,前者是指保险经纪公司与投保人签订委托合同,基于投保人或被保险人的利益,为投保人与被保险人订立保险合同提供中介服务,并按约定收取中介费用的经纪行为,后者是指保险经纪公司与原保险人签订委托合同,基于原保险人的利益,为原保险人与再保险人安排再保险业务提供中介服务,并按约定收取中介费用的经纪行为。只有依本《规定》设立的保险经纪公司才能经营保险经纪业务。保险经纪公司因自身过错给投保人、被保险人或其他委托人造成损失的,应当承担法律责任。(2)保险经纪公司的设立条件、程序与变更。保险经纪公司可以以有限责任公司或股份有限公司的形式设立。保险经纪公司的名称中应当包含"保险经纪"字样。保险经纪公司的设立分为筹建和开业两个阶段,筹建申请和开业申请均向中国保险监督管理委员会提出,筹建申请提交的材料包括:筹建申请报告、筹建可行性报告、机构框架、筹建方案、筹建人员名单及简历等,开业申请提交的材料包括开业申请报告、公司章程、内部管理制度、高级管理人员材料、员工名册及其资格证书、股东名册、会计师事务所出具的验资报告及资本金入账证明、计算机软硬件配备情况、营业场所证明、工商行政管理部门批准的《企业名称预先核准通知书》等。对符合条件的颁发《经营保险经纪业务许可证》。《许可证》有效期为3年。(3)从业人员的资格。保险经纪公司从业人员应当取得《资格证书》,其取得途径,一是通过中国保险监督管理委员会统一组织的保险经纪从业人员资格考试,一是由中国保险监督管理委员会直接授予。《资格证书》是对保险经纪从业人员基本资格的认定,不具有执业证明的效力。由保险经纪公司负责核发的,《保险经纪从业人员执业证书》是从业人员从事保险经纪活动的证明文件。保险经纪公司修改公司章程、变更注册资本、变更股东或股权结构、变更组织形式、变更住所、变更高级管理人员、变更业务范围、变更公司名称、分立或合并、解散或破产等事项,需经中国保险监督管理委员会批准。(4)经营管理。保险经纪公司可以经营下列业务:为投保人拟订投保方案、选择保险人、办理保险手续;协助被保险人或受益人进行索赔;再保险经纪业务;为委托人提供防灾、防损或风险评估、风险管理咨询服务;经批准的其他业务。保险经纪公司不得从事有损于投保人、被保险人或保险公司利益的行为。(5)监督检查。保险经纪公司应当按规定及时向中国保险监督管理委员会报送有关报表、资料,并保证其真实、准确和完整。保险经纪公司在开展业务过程中,应当明确告知客户有关保险经纪公司的名称、住址、业务范围、法律责任、佣金等事项,并与客户签订书面委托合同。中国保险监督管理委员会对保险经纪公司的设立或变更手续、资本金、营业保证金或职业责任保险、业务经营状况、财务状况、信息系统、管理和内部控制、高级管理人员的任职资格等进行检查。(6)法律责任。对违反本《规定》的行为,将视情节给予行为人相应的行政处罚。 (刘凯湘)

baoxian jingjiren
保险经纪人(insurance broker) 基于投保人的利益,代向保险人洽订保险合同,而向承保的保险人收取佣金的人。旧社会俗称保险掮客或跑街。我国《保险法》第126条将其定义为:保险经纪人是基于投保人的利益,为投保人与保险人订立保险合同提供中介服务,并依法收取佣金的单位。因此,保险经纪人须具备以下条件:第一,保险经纪人是单位而非个人,我国《保险经纪公司管理规定》规定,保险经纪公司可以以有限责任公司或股份有限公司的形式设立;第二,保险经纪人必须是基于投保人的利益从事经纪活动,因此有学者称其为投保人的辅助人;第三,保险经纪人的活动主要是为投保人与保险人订立保险合同提供中介服务;第四,保险经纪人要收取佣金。保险经纪人向投保人提供保险咨询,对保险标的进行风险评估,为投保人设计投保方案甚至起草保险基本条款,代表投保人与保险人订立保险合同等,从理论上讲应由投保人向其支付佣金。但过去国际保险业的惯例是,由保险人在合同订立后向保险经纪人支付佣金,后对于一些高风险的业务,其佣金已逐渐改由保险人和投保人共同摊付,或者全部由投保人支付。

根据保险市场的不同环节和保险经纪人的不同作用,保险经纪人可分为直接保险经纪人和再保险经纪人。直接保险经纪人是指与投保人签订委托合同,基于投保人或者被保险人的利益,为投保人与保险人订立保险合同提供中介服务,并按约定收取中介费用的人。再保险经纪人是指与原保险人订立委托合同,基于原保险人的利益,为原保险人与再保险人安排再保险业务提供中介服务,并按约定收取中介费用的人。另外,在英国保险市场上,有一种特殊形式的保险经纪人——劳合社经纪人,劳合社保险人不直接同投保人洽谈业务,而必须通过劳合社经纪人。

保险经纪人有严格的从业资格的要求,必须在法律、法规规定的业务范围内从事经营活动,其设立、变更和终止都有严格的条件。 (温世扬 李世奇)

baoxian jingjiren guanli guiding (shixing)
《保险经纪人管理规定(试行)》(Administrative Provisions on Insurance Brokers (For Trial Purpose)) 我国规定保险经纪人活动的部门规章。1998年2月16日由中国人民银行发布,并自发布之日起施行。共6章,74条。6章分别为:总则;从业资格;保险经纪公司的设立、变更和终止;执业管理;罚则;附则。适用于在中国境内依法成立的中资保险经纪公司、外资保险经纪公司和中外合资保险经纪公司。主要内容为:

从业资格的取得 从事保险经纪业务的人员必须参加保险经纪人员资格考试,合格者由中国人民银行或其授权机构核发《保险经纪人员资格证书》,该《资格证书》是中国人民银行对有保险经纪能力人员的资格认定,但不得作为执业证件使用。曾受到刑事处罚者,或曾因违反有关金融法律规定而受到行政处罚和纪律处分者,不得参加保险经纪人员资格考试。

保险经纪公司 经营保险经纪业务,必须是依照本规定设立的保险经纪公司。保险经纪公司的组织形式为有限责任公司。设立保险经纪公司须符合本规定要求的条件,即:(1)最低实收货币资本金人民币1000万元;(2)公司章程;(3)员工人数不少于30人,其中持有《保险经纪人员资格证书》的员工人数不低于公司总员工人数的1/2;(4)具有符合中国人民银行任职资格规定的高级管理人员;(5)具有符合规定的固定的营业场所。设立过程包括筹建和开业两个阶段。筹建申请材料向中国人民银行递交,筹建期限为6个月,筹建期限内不得从事保险经纪活动。筹建期满后向中国人民银行申请开业,申领《经营保险经纪业务许可证》,并在工商行政管理机关注册登记后,方可营业。保险经纪公司修改章程,变更资本金、股东、业务范围、公司名称、营业场所以及分立、合并、解散等,均需报中国人民银行批准。保险经纪公司的业务主要包括:以订立保险合同为目的,为投保人提供防灾、防损或风险评估、风险管理咨询服务;为投保人拟定投保方案、办理投保手续;为被保险人或受益人代办检验、索赔;为被保险人或受益人向保险人索赔;安排国内或国际分入、分出业务。

执业管理 取得《保险经纪人员资格证书》的个人,必须接受保险经纪公司的聘用,并由保险经纪公司代其向中国人民银行或授权机构申领《保险经纪人员执业证书》后,方可从事保险经纪业务。保险经纪人员在从事保险经纪活动中,须出示《执业证书》,以备监督。保险经纪公司及其职员在执业过程中不得有下列行为:(1) 损害委托人的合法权益;(2) 做不实、误导的广告或宣传;(3) 非法挪用或侵占保险费、保险赔款或保险金;(4) 同时向投保人和保险人收取报酬;(5) 兼营保险代理业务;(6) 不如实转告投保人声明事项;(7) 利用行政权力、职务或职业办理以及其他不正当手段强迫、引诱或者限制投保人订立保险合同。保险经纪公司因过错给投保人、被保险人造成损失的,由保险经纪公司承担赔偿责任。保险经纪公司办理业务,有权按规定收取佣金或咨询费。

此外,该规定还在罚则中详细规定了保险经纪公司和保险经纪人员违规行为的行政处罚措施。

(刘凯湘)

baoxian kuanxianqi
保险宽限期(grace period) 依保险合同约定或依法律规定,允许投保人向保险人缓交保险费的期限。保险宽限期规定于分期支付保险费的人身保险合同中,其目的在于使保险合同不因投保人未支付当期保险费而归于失效。《保险法》第58条规定:合同约定分期支付保险费,投保人支付保险费后,除合同另有约定外,投保人超过规定的期限60日未支付当期保险费的,合同效力中止,或者由保险人按照合同约定的条件减少保险金额。保险宽限期的长短,保险合同中有约定的,从其约定;没有约定的,则适用法律规定,即为60日。在保险宽限期内,保险合同仍然有效,无论投保人是否支付保险费,保险人对被保险人所发生的保险事故,均应承担保险责任,但应在给付的保险金中扣除应支付的保险费。在保险宽限期届满时,投保人仍未支付保险费的,保险合同的效力即告中止,或者由保险人按照合同约定的条件减少保险金额。

(温世扬)

baoxian liyi
保险利益(insurable interest) 又称可保利益。投保人对保险标的具有的法律上承认的利益。保险利益原则是保险法的基本原则之一。英国早在1745年的《海商法》中就规定投保人须有保险利益。保险利益的宗旨首先在于消除赌博的可能性,如果投保人对保险标的不具有保险利益而可以投保,一旦发生保险事故,他就可以在未受损失的情况下得到赔偿,那么,保险就成为单纯的赌博;其次,保险利益也旨在防止道德危险的发生,避免投保人、被保险人故意造成、扩大保险事故,诈取保险赔偿。对保险利益,理论学说上一直存在争议。在美国判例法上,有法律上的权利(legally enforceable right)与事实期待(factual expectation)之争。前者认为保险利益必须是某种合法的、为法律所承认的权利。后者亦称之为经济利益说,即只要投保人因保险事故的发生而遭受了事实上的损失或不利,因保险标的的存续而获得利益、优势,就应认为保险利益存在。后者在美国司法实践中越来越被认同。在英国,保险利益须是被保险人与保险标的之间的经济利益关系,并为法律所承认或是衡平法上的权利。《中华人民共和国保险法》第12条第3款规定:保险利益是指投保人对保险标的具有的法律上承认的利益。对此,我国有学者将其解释为一种法律上的权利,有的将其解释为投保人或被保险人对保险标的因具有的各种利益关系而享有的经济利益,体现为因保险标的的不安全而受到损害或损失,因保险标的的存续而保有利益、优势。

保险利益具有以下几个特点:其一,保险利益是合法利益,即必须是法律上承认、可主张的利益,对不法利益,如小偷对盗窃物、建造者对违章建筑均不存在保险利益;其二,保险利益必须是能够确定的利益,即投保人对保险标的的现有利益、或因现有利益而产生的期待利益已经确定或将来可以确定。

保险利益的存在是保险合同的有效要件。投保人对保险标的不具有保险利益,保险合同无效。至于保险利益的时间效力,传统观点认为,投保人应于订立合同时对保险标的具有保险利益。在财产保险合同中,合同存续期间,投保人必须仍对保险标的保有保险利益,否则合同失效。而在人身保险合同中,仅要求投保时具有保险利益,保险事故发生时,投保人是否仍保有保险利益则无关紧要。

(温世扬 李世奇)

baoxian liyi de yaojian
保险利益的要件(elements of insurable interest) 保险利益的构成条件。根据各国保险立法和实务,构成保险利益必须具备三个要件:(1) 保险利益必须是合法利益。必须具备适法性,构成符合法律要求的利益,并为法律所承认和受法律保护。合法的利益可因法律的直接规定而产生,也可因当事人的约定而产生,但当事人取得的利益不得违反法律强制性规定和社会公共利益。所以,不能以非法所得作为保险标的而进行投保,也不能以自己不能主张权利的标的进行投保,即便是出于善意。我国保险法第12条第3款明确规定:保险利益是投保人或被保险人对保险标的具有的法律上承认的利益。(2) 保险利益必须是能够确定的利益。所谓能够确定的利益是指投保人或被保险人对标的的现有利益,或因现有利益而产生的将来预期可得到的利益可以确定。投保人不仅可以为其现有利益投保,也可为其将来的期待利益投保,后者虽尚未确定但必须将来可以确定。不过在人身保险中,投保人对被保险人的寿命或身体所具有的保险利益必须是现有利益。(3) 保险利益必须是经济上利益,具有可计算性。保险以补偿损失为目的,以支付货币为补偿方式,如果损失不是经济上的利益,即不能用金钱来计算,则无法补偿损失。保险利益的计算性,是判断财产保险合同是否构成超额保险以及限定保险合同适用的基准,对于人身保险合同仅部分适用。有的学者还提出,保险利益应具有公益性。投保人或被保险人对保险标的应具有保险利益,且为社会公益所追求,不单独为维护被保险人的利益所要求。 （温世扬）

baoxian liyi de zhuanyi
保险利益的转移（transfer of insurable interest） 保险利益附属于保险标的之上,所以保险标的转移时,保险利益也随之转移。保险合同为对人合同,以双方当事人之间的了解和信任为基础,因此,历来保险合同以不得转移保险标的为原则,即保险标的转移则合同失去效力。但保险标的转移从法律规定来讲可分为两种情况:(1)法定转移不影响合同效力。如原所有人死亡,其物因继承而转移于继承人。(2)合同转移除法律规定外,应征得保险人同意,否则保险合同失去效力。例外的是货物运输保险合同无须征得保险人同意。另外,合伙人或共有人共同为被保险人时,保险合同不能因其中一人或数人让与其应有份额或利益于他人而失效。目前,有些国家侧重于对被保险人或受益人的保护,承认保险利益随保险标的转移,保险合同继续有效,如法国、日本、德国、瑞士等国。 （温世扬）

baoxian liyi yuanze
保险利益原则（principle of insurable interest） 保险法的基本原则之一。其具体要求是:投保人应对保险标的具有保险利益,否则,不具有成为投保人、订立保险合同的资格,即使订立了合同,该合同也不具有法律效力,保险人不负赔偿或给付责任。我国《保险法》第12条规定:投保人对保险标的应当具有保险利益。投保人对保险标的不具有保险利益的,保险合同无效。即是这一原则的体现。

保险利益原则的根本目的在于,防止道德风险的发生而更好地实现保险"分散危险和消化损失"的功能,具体表现为禁止将保险作为赌博的工具,以及防止故意诱发保险事故而牟利的企图。保险合同是射幸合同,保险金的支付以保险事故的发生为条件,但决非赌博。如果允许没有保险利益的人投保,以少量的保险费依一定的概率获得大大超过保险费的赔款,则与赌博无异。同时,如果不要求投保人或被保险人具有保险利益,那么保险事故发生后,投保人或被保险人不但毫无损失,反而可获得赔款或保险金,这就会诱使投保人或被保险人有意促成保险事故发生或故意制造保险事故,或者消极地放任保险事故发生而不采取必要的预防、补救措施。这种状况显然有损公共利益。因此,

自英国1774年制定的《1774年人寿保险法》第一次规定了保险利益原则以来,该原则已成为保险法的基本原则之一。

关于保险利益原则的效力范围,传统观念认为,投保人在订立保险合同时应对标的具有保险利益;在保险合同效力存续期间内或保险事故发生时,被保险人对保险标的应当具有保险利益,我国《保险法》第12条规定也是持这一立场。但随着现代保险业的发展,人们对保险利益原则产生了更为深刻的理解。尤其是在财产保险领域,有学者提出,财产保险的目的在于填补被保险人的损害,要求被保险人在发生保险事故时对保险标的具有保险利益就足够了;人身保险合同则是例外,投保人对保险标的保险利益在订立合同时必须存在,否则保险合同无效;但在被保险人死亡时,保险利益是否存在则对保险合同效力不发生影响。另一方面,保险合同不为投保人的利益存在,而只为被保险人的利益存在,特别是投保人和被保险人不是同一人时,投保人对保险标的丧失保险利益的情况十分复杂,在此状态下,仍强调投保人对保险标的的保险利益没有现实性,也是不合理的,所以,在保险合同有效成立后,被保险人对保险标的是否具有保险利益对保险合同的维持至关重要,投保人对保险标的是否具有保险利益不应对保险合同的效力产生影响。 （温世扬）

baoxian pingzheng
保险凭证（insurance certificate） 又称为小保单。证明保险合同已经订立或保险单已经正式签发的一种书面凭证,是内容和格式简化了的保险单。保险人向投保人出具保险凭证的目的是为了简化订立保险合同的单证手续。保险凭证一般不列明具体的保险条款,只记载投保人和保险人约定的主要保险内容。保险凭证虽未记载保险合同的全部内容,但与保险单具有相同的法律效力。保险凭证未列明的内容,以相应的保险单记载的内容为准,保险凭证记载的内容和相应的保险单列明的内容发生抵触时,以保险凭证的记载为准。保险人向投保人出具保险凭证的,不再签发保险单。保险凭证一般用于团体保险业务、货物运输保险业务和机动车责任保险业务中。 （温世扬）

baoxian qiye guanli zanxing tiaoli
《保险企业管理暂行条例》（Interim Administrative Provisions on Insurance Enterprises） 规定保险企业的设立与营业管理的行政法规。1985年3月3日由国务院发布,自1985年4月1日起实施。根据2001年10月6日公布的《国务院关于废止2000年底以前发布的部分行政法规的决定》,该《条例》已被废止。共6章,24条。第一章总则,主要规定了本条例的适用对

象和国家保险管理机关。本条例适用于各种经营保险业务的企业。中国人民银行为国家保险管理机关。第二章保险企业的设立，主要规定了保险企业在资本金方面的设立条件。依该条例，保险企业允许兼业经营，即保险企业可同时经营人身保险和其他保险业务，但其人身保险业务应当单独核算。保险企业应当将其现金资本的20%交存保证金，且不得擅自动用。第三章中国人民保险公司，主要规定了中国人民保险公司的性质和业务范围。法定保险、外币保险业务、国际再保险义务只能由中国人民保险公司经营。第四章偿付能力和保险准备金，主要规定了保险企业的最低偿付能力、未到期责任准备金、人身保险准备金、总准备金等偿付能力保障制度。第五章再保险，主要规定了对再保险业务的监督管理。除国家保险管理机关指定的保险企业外，任何保险企业均不得向国外保险公司分出或接受再保险业务。第六章附则，解释了人身保险、人身保险以外的各种保险业务、再保险和危险单位等用语的含义，并规定了本条例的适用范围和生效时间。

(刘凯湘)

baoxian qiquan

保险弃权(waiver and estoppel) 保险人依法或依约有解除保险合同的权利或有拒绝承担保险责任等抗辩权时，明示或者默示地放弃该等权利，以至于最终丧失解除保险合同的权利或者对抗被保险人或受益人的给付请求之权利的情形。保险弃权制度只能适用于保险人，是法律对保险人履行保险合同的行为或者权利行使所强加的负担。保险弃权制度，对于我国保险法制的完善，提升保险人的诚实信用水准，最大限度地维持保险合同的效力，确保保险合同的顺利履行以减少纠纷，都具有十分重要的意义。在保险法的发展史上，保险弃权制度可以具体划分为"弃权"和"禁止抗辩"两种形式。

弃权(waiver) 保险人已知其有解约权和抗辩权而明示或者默示地放弃解约权或者抗辩权的情形。保险人弃权的，其后不得基于相同的事由主张解约权或抗辩权。在英美保险法上，保险人的行为构成弃权的，应当同时具备两个基本条件：其一，保险人已知其有解约权或抗辩权存在；其二，保险人有弃权的意思表示。保险人已知其有解约权或抗辩权存在，是指保险人已知被保险人违反约定义务的事实。被保险人违反保险合同约定的义务，而此等义务的违反将赋予保险人解约权或者抗辩权，保险人已知被保险人违反义务的事实，即构成保险人已知其有解约权或抗辩权存在，至于保险人是否已经意识到其有解约权或抗辩权，在所不问。保险人有弃权的意思表示，是指保险人有明示或默示地放弃解约权或抗辩权的行为。弃权的意思表示，无非是保险人向被保险人或受益人表明其意图放弃解约权或抗辩权的意思的行为。保险人弃权的意思表示，可以口头形式或书面形式为之，亦可以通过一定的行为来表达。在保险实务上，保险人弃权的意思表示，多是从保险人的行为中推断出来的。

禁止抗辩(estoppel) 保险人已知被保险人违反如实告知义务、违反条件或保证，而明示或者默示地向被保险人表示保险合同有效，被保险人不知保险合同的瑕疵事实而信赖保险人的行为的，其后保险人不得再以此等事由对被保险人的请求予以抗辩的情形。在英美保险法上，保险人的行为成立禁止抗辩的，应当同时具备以下四个条件：(1)保险人就订立保险合同有关的重要事项，曾为虚伪行为或者不实的说明。(2)保险人为虚伪行为或不实说明的目的，在于取得投保人或被保险人的信赖，或者说投保人或被保险人信赖保险人的虚伪行为或不实陈述，符合保险人的本意。(3)投保人或被保险人不知保险人的虚伪行为或不实陈述之事实，善意信赖保险人的行为或陈述。(4)投保人或被保险人因信赖保险人的行为或陈述为相应的行为，而有害于自己的利益。

弃权与禁止抗辩的比较 这两个制度均起源于英国保险法。为了救济被保险人在订立保险合同时难以对保险合同的条款完全知悉的不利地位，限制保险人利用违反条件或者保证而拒绝承担保险责任，英美法系国家的法院发展了有利于被保险人的"弃权(waiver)"和"禁止抗辩(estoppel)"原则。但是，英美法院总是以各自的观点来利用弃权与禁止抗辩。弃权适用于保险人已知其有解约权和抗辩权，而明示或者默示地放弃解约权或者抗辩权的情形；禁止抗辩适用于保险人已知被保险人违反如实告知义务或者违反条件或保证，而明示或者默示地向被保险人表示保险合同具有强制执行力，被保险人不知其事实而信赖保险人的行为或陈述的情形。弃权和禁止抗辩在内容和性质上确有不同，主要表现为：(1)弃权可以单独或者合意方式为之，而禁止抗辩以诈欺或者致人误解的行为为基础，本质上属于侵权行为；(2)弃权基于当事人的意思发生效力，禁止抗辩基于公平观念发生效力；(3)弃权可以适用口头证据规则(parol evidence rule)，而禁止抗辩不适用口头证据规则；(4)因保险代理人以合意抛弃权利而发生弃权的效力，保险代理人应有代理权限，而因保险代理人的行为而发生禁止抗辩的效力，不以保险代理人有代理权限为条件。

弃权与禁止抗辩的整合 因为我国的保险实务没有应用英美法上的"弃权"和"禁止抗辩"的传统，保险立法对"弃权"与"禁止抗辩"也没有明确的规定，严格区分"弃权"与"禁止抗辩"欠缺实践基础，故有必要整合"弃权"与"禁止抗辩"的基本功能，以我国《保险法》

规定的诚实信用原则为基础,建立和健全我国统一的保险弃权制度。统一的保险弃权制度,不仅应当适用于被保险人违反约定义务而保险人"弃权"的场合,而且应当适用于保险人为虚伪意思表示而不得反悔的场合。

(邹海林)

baoxianren

保险人(insurance underwriter; insurer) 又称承保人,系保险合同当事人之一。指依法成立的,依照保险合同的约定向投保人收取保险费,在保险事故发生或者约定的保险期间届满时,对被保险人或受益人承担赔偿或给付保险金责任的人。由于保险人之经营状况不仅关系到保险合同当事人的权益,而且还涉及整个社会的安全与福祉,故各国法律对其资格均有严格限定,一般仅限于依法成立的保险公司,其他任何公司、个人或组织均不得擅自经营保险业。在英国,由于特殊的历史原因,存在个人形式的保险人(但必须加入劳合社组织,成为劳合社会员),这是例外。《中华人民共和国保险法》第10条将保险人定义为:保险人是指与投保人订立保险合同,并承担赔偿或给付保险金责任的保险公司。根据中国保险监督管理委员会2000年1月3日公布的《保险公司管理规定》,保险公司可以采取我国公司法所规定的公司形式,即有限责任公司和股份有限公司。

保险人于保险合同成立时有权收取保险费,在发生保险事故时,或在保险合同约定的给付保险金的条件具备时,应依约向被保险人或受益人给付保险金。在财产保险中,保险人还依法享有保险代位求偿权。

(温世扬)

baoxianren pochan

保险人破产(bankruptcy of the insurer) 保险公司因不能支付到期债务而依法被宣告破产。根据《中华人民共和国企业破产法》第7条,债务人不能清偿到期债务时,债权人可以申请宣告债务人破产;第8条规定,债务人经其上级主管机关同意后,可以申请宣告破产。我国《保险法》第87条规定:保险公司不能支付到期债务,经保险监督管理机构同意,由人民法院依法宣告破产。保险公司被宣告破产的,由人民法院组织保险监督管理机构等有关部门和有关人员成立清算组,进行清算。保险监督管理机构对保险公司的破产坚持防卫和限制原则,也就是说,保险监督管理部门在对保险公司的经营进行管理的过程中,注重保险公司的财务状况,随时要求保险公司保证必要的偿付能力。一旦保险公司出现财务不良的情况,主管机关也将采取一切可能的措施,帮其渡过难关,避免破产。一般情况下,保险监督管理部门采取下列措施:(1)对保险公司的财务状况的实体监督,对保险公司的偿付能力进行定期或不定期的检查;(2)当保险公司出现财务问题,造成不良财务状况,可能危及保险公司的偿付能力时,保险监督管理部门有权派员接管保险公司,对保险公司的业务经营和资产管理进行整顿;(3)某些情况下,保险监督管理部门将尽力帮助财务状况不良的保险公司安排保险合同的转移和财产转让,并与财务状况健全的保险公司合并;(4)保险公司由债权人请求宣告破产后,保险监督管理部门可以尽力帮助保险公司和债权人达成和解,并帮助保险公司取得担保,从而避免保险公司进入破产清算程序。

(温世扬)

baoxianren yiwu

保险人义务(duties of insurer) 保险人在订立保险合同过程中及保险合同有效成立后所负的义务。主要有以下几种:(1)说明义务。是指保险人在订立保险合同时,就保险条款的内容向投保人所作的口头或书面陈述。我国《保险法》第17条第1款规定:订立保险合同,保险人应当向投保人说明保险合同的条款内容,并可以就保险标的或者被保险人的有关情况提出询问,投保人应当如实告知。法律规定保险人有说明的义务,主要原因是因为保险条款一般是保险公司事先制定好的,具有科学性和专业性,对于一般的投保人来说,由于缺乏对相关知识的了解,容易对条款产生误解,这就要求保险人应该尽到义务进行讲解。再者,由于保险合同虽然由双方订立,但其条款大多是由保险人预先印制的,被保险人并不能真正地参与合同的议定。所以,保险人应向投保人说明保险合同条款的内容。说明义务是保险合同最大诚信原则的体现,如果保险人未尽说明义务致使投保人在不清楚的情况下与之订立合同,那么,投保人可以解除合同。《保险法》第18条规定:保险合同中规定有关于保险人责任免除条款的,保险人在订立保险合同时应当向投保人明确说明,未明确说明的,该条款不产生效力。(2)给付保险金的义务。在保险事故发生时或规定的保险事件出现时,负责补偿被保险人的实际损失或支付约定的保险金。这是保险人的主要义务。根据法律的规定,保险人承担保险责任或给付义务的条件是:第一,必须是保险标的受到损害(在财产保险合同中)。第二,必须是在承保范围内的财产,对于未承保的财产及间接损失,保险人不负赔偿责任。就人身保险而言,必须是保险人承保并在保险合同中列明的被保险人,否则,保险人没有支付保险金的义务。第三,必须是由保险事故引起的。在各类保险合同中,只有发生保险责任并造成损失时,保险人才负赔偿或给付责任。第四,保险金的给付,必须是在保险合同规定的限额内。最后,保险标的的损失,必须是在保险期限内发生的。否则,保险人不承担保险责任。关于给付保险金的日期,《保险法》第24条规定:保险人收到被保险人或者受益人的赔偿或者给付保险金的请求后,应当及时作出核定;对属于保险责任的,在与被保险人或者受益人达成有关赔偿或者给付保险金额的协议后10日内,履行赔偿或者给付保险金的义务。(3)保密义务。《保险法》第32条规定:保险人或者再保险接受人对在办理保险业务中知道的投保人、被保险人或者再保险分出人的业务和财产状况,负有保密的义务。投保时,投保人或者再保险分出人有义务向被保险人或者再保险接受人如实告知保险标的的危险状况。为了维护被保险人和再保险分出人的合法权益,保险人或再保险接受人应对被保险人及再保险分出人的业务和财产状况保密。(温世扬)

baoxian shigu
保险事故(event insured against; insured event) 又称保险危险,指保险人按照保险合同的约定承担保险责任的各种事故或事件。"无危险则无保险",危险的存在是构成保险的第一要件。保险危险必须具有不确定性,具体而言:危险的发生与否须不确定,不可能发生或肯定要发生的危险不能构成保险危险,但若危险客观上已经发生或已经不可能发生,但当事人不知晓,仍构成保险危险;危险发生的时间须不确定,即肯定发生但发生时间不确定的危险也构成保险危险;危险所导致的后果不能确定,即发生虽确定但导致的后果不确定的危险也构成保险危险。另外,保险危险的发生对于被保险人而言必须是非故意的。保险危险大致可以分为三类:(1)人身危险(personal risks),即人的死亡、残废、伤害、疾病、丧失劳动能力、失业等危险;(2)财产危险(property risks),即财产因意外事故而遭受毁损或灭失的危险;(3)法律责任危险(liability risks),即对他人的财产、人身实施不法侵害,依法由行为人承担民事赔偿责任的危险。 (温世扬)

baoxian yaosu
保险要素(elements of insurance) 又称保险的要件,指保险得以成立的基本条件。对此,学者众说纷纭,有持三要素说,认为保险得以成立,必须具备以下要素:(1)必须以特定的危险为对象,"无危险则无保险",危险的存在是构成保险的第一要件,保险危险必须具有不确定性和偶然性;(2)必须以多数人的互助救济为基础,这是保险区别于自保形式建立后备基金的关键,保险的经营方式即是通过集合多数人共同筹集资金,建立集中的保险基金,用以补偿少数人的损失;(3)必须以对危险事故所致损失进行补偿为目的,保险的机能在于进行损失补偿,进而确保社会经济生活的安定。亦有学者持六要素说:一是共同团体,二是危险,三是危险的同一性,四是补偿的需要性,五是有偿性,六是独立的法律上请求权。另外,还有学者将保险要素分为保险营业的要素和保险合同的要素。 (温世扬)

baoxianye
保险业(insurance business) 以商业经营为目的,专门从事保险业务的行业,是保险业务领域的总称。保险业构成的主要内容包括:(1)保险业组织,如以保险公司为主的专门经营危险业务的组织和以保险经纪人、保险代理人及保险公证人为主的中介服务组织。(2)保险业务经营,包括以保险险种的设定、保险费率的计算、保险条款的制定、保险合同的订立、保险事故的理赔、保险企业的内部管理与核算等为内容的保险基本业务经营;还包括利用保险基金进行的投资经营业务,如利用保险基金进行证券投资等。(3)保险业监督管理,即国家对保险业组织、保险业务经营的监督和管理,这是保险业稳定发展的基本保障。

保险业是一个相对独立的业务门类,属于社会服务业领域,在国民经济中发挥着重要作用。(1)保险业作为经营危险业务的专业行业,对社会经济的发展和人民生活的安定起着无可替代的保障作用。保险业通过建立保险机制,集中社会的资金力量,用以弥补个别因危险发生而遭受损失的不幸者,从而使保险业成为社会保障机制的一个重要组成部分。因此,保险素有"精巧的社会稳定器"之称。(2)保险业作为社会服务行业,不仅服务于国内经济,而且服务于国际经济贸易。它通过收取保险费的方式吸纳社会资金,不仅能建立庞大的保险基金,而且能够取得大量的外汇收入,成为国家重要的外汇收入途径。(3)在保险资金的不断积累中,保险业对保险资金的经营领域不断扩大,利用保险基金进行投资,已经成为保险业经营的一项重要业务。利用保险基金进行投资,不仅能为保险业自身赢得巨额利润,弥补保险费收入与保险赔偿支出的收支不平衡,而且巨额的保险基金通过投资于证券或其他经济领域,以直接投资或间接投资的方式向社会投资,也使其成为社会投资的一个重要组成部分。(4)保险市场是商品经济市场的重要组成部分,保险业是服务行业的一个组成部分。以保险公司和保险中介机构所组成的保险经营主体,其本身不仅能容纳大量从业人员就业,为社会提供了大量的就业机会,而且保险业的营业场所建设等内在需求,也是社会消费的重要组成部分。 (史卫进)

baoxianye caiwu fangmian de jianguan
保险业财务方面的监管(supervision on insurance business finance) 保险业监管的一项重要内容,其目的在于,通过建立和实施规范的财务制度,使保险公司在经营中建立合理的资金管理和运营机制,确保保险公司的偿付能力,维护被保险人的利益。因此,对保险公司财务方面的监管,是世界各国保险业监管的核心。保险业财务方面的监管包括两个层次:一是正常财务监管,主要通过对保险公司厘定保险费率、公司净资产与自留承保危险的平衡、各项保险准备金的足额提取、公司正常业务经费的支出、公司资本金的维持等内容的财务活动进行监管,确保保险基金的保值增值,维持保险公司的偿付能力;二是偿付能力额度监管。偿付能力额度又称为偿付能力保证金,是衡量保险公司偿付能力的重要指标。对偿付能力额度的监管,是要求保险公司实际资产减去负债后的余额保持在最低的法定偿付能力额度以上。这种监管的目的在于,使保险公司在发生巨额赔偿或给付的非正常年度,或投资收益严重偏离预期目标时,以及因保险费的测算和准备金的提取与实际赔偿发生重大偏差时,有足够的能力应付上述偏差危险,从而保证保险公司有着足够的偿付能力。

(史卫进)

baoxianye de jianguan

保险业的监管(supervision on insurance business) 政府对商业保险业务领域和保险经营活动依法进行监督和管理的活动总称。由于保险业所经营的危险业务是一种复杂的、涉及社会公共利益的业务,且投保人对保险人的财务状况和偿付能力难以了解,在投保人与保险人之间存在着信息的不对称性。因此,世界各国政府对保险业的监管远比对其他各类工商企业的监管更为严格。政府对保险业的监管包括以下内容:(1)保险业监管机关。为对保险业进行有效的监督管理,各国都建立有相应的监管机关,承担监督管理保险业的职责。关于监管机关的设置,各国规定不一。例如,美国为各州设立的保险监督局,英国为设在贸工部内的保险局。《中华人民共和国保险法》第9条规定:国务院保险监督管理机构依照本法负责对保险业实施监督管理。国务院保险监督管理机构为中国保险监督管理委员会,简称中国保监会,所以我国保险业的监管机关是中国保监会。(2)保险业监管机关的职责。中国保监会在国务院的领导下,依法履行下列保险监管职责:审批和管理保险机构的设立、变更和终止;制定、修改主要险种的保险条款和保险费率;监督、管理、检查和稽核保险业,取缔和查处擅自设立的保险机构及非法经营或变相经营保险业的行为。(3)保险业监管的目标。通过对保险业进行严格的监督管理,以达到如下目标:一是确保保险人维持其偿付能力,因为保险人实现其经济补偿和安定社会的功能,是由保险人的偿付能力的维持所决定的;二是维护被保险人的利益,这是通过监管机关对保险业务,如保险条款、保险费率和保险资金的运用等方面实施监管,以确保保险人的经营活动不损害被保险人的利益;三是确保保险市场的公平竞争。建立有序的保险市场竞争环境,禁止不正当竞争和垄断,是保险业监管的重要目标。

(史卫进 房绍坤)

baoxianye de zuzhi

保险业的组织(organization of insurance business) 保险业经营者的组织形式。保险业的组织形式主要采用公司的形式,并辅以其他形式。经营保险业务不仅是对危险进行分担,而且涉及社会的各个方面的复杂关系,在技术上更有着专业化的高层次要求,对人民生活的安定和社会经济的稳定有着重要影响,因此,各国立法均以保险业的组织形式为重点,通过建立规范化的保险业组织形式,对保险业实施严格的管理。

保险业的组织形式的原始形态可以追溯至古代中国、印度、希腊和古罗马的兄弟会组织,兄弟会向其成员提供疾病和丧葬等方面的帮助。在中世纪意大利兴起的海上保险中,商人成为保险业的主体,商人以虚假借款的形式,为贸易商的船舶和货物提供保险。在现代保险业中,各国均通过立法对保险业的组织形式进行限制和规范。在英国,以劳埃德保险社形式存在的私人经营保险业务,已成为私人经营保险业务的著名保险组织,股份有限保险公司和相互保险公司等公司组织也是英国保险业的组织形式。在德国,保险业的组织形式起始于互助性基尔特组织,在汉堡火灾金库以后,合作社和公司制保险组织是德国保险业的基本组织形式。在日本,自保任社后,日本的保险业组织以私营的保险公司为主,相互公司是日本人寿保险业务发展的重要组织形式。在美国,其保险业组织形式沿用了英国的组织形式,也是少数允许私人经营保险业务的国家之一。目前美国的保险业组织形式主要有个人保险机构、私营保险公司、保险协会和政府经营的保险机构,其中私营保险公司、股份保险公司和相互公司是美国商业保险的重要经营组织。在我国,《保险法》第70条规定,保险公司应当采用股份有限公司和国有独资公司的形式。同时,《保险法》第156条规定:本法规定的保险公司以外的其他性质的保险组织,由法律、行政法规另行规定。可见,在我国保险业中,除保险公司(股份有限公司和国有独资公司)这种主要的组织形式外,还包括其他性质的保险组织,如合作保险组织等。

(史卫进 房绍坤)

baoxianye yingye fangmian de jianguan

保险业营业方面的监管(supervision on insurance business operation) 保险业监管的一项重要内容,其目的在于保护投保人权益,维护公平竞争的保险市场秩序。对保险公司的营业方面的监管主要包括以下内容:(1) 实行保险市场准入制度。在我国,实行保险市场准入审批制,设立保险公司必须经保险监督管理机构批准。(2) 财产保险与人身保险分业经营,即同一保险人不得同时经营财产保险和人身保险。保险公司的业务范围由监管机关核定,保险公司只能在被核定的范围内从事保险经营活动。(3) 保险条款和保险费率的监管。在我国,关系社会公众利益的保险险种、依法实行强制保险的险种、新开发的人寿保险险种等的保险条款和保险费率,应当报保险监督管理机构审批。其他保险险种的保险条款和保险费率,应当报保险监督管理机构备案。(4) 查处和禁止不正当保险营业竞争行为,维护保险市场的正常秩序。 (史卫进)

baoxian zeren

保险责任(insurance liability) 保险人根据保险合同的规定承担对被保险人的经济损失补偿或人身保险金给付的责任叫保险责任。保险人的赔偿或给付的责任范围包括:一是损害发生在保险合同条款已明确规定的保险责任内;二是保险责任发生在保险期限内;三是以保险金额为限。因此,保险责任是被保险人要求保障的责任和获得赔偿或给付的依据和范围,也是保险人承担保障的责任和负责赔偿或给付的依据和范围。
(李世奇)

baoxian zhengmingshu

保险证明书(cover note; certificate of insurance) 以离岸价格条件成交的进口货物由进口方自办保险时,通常均由保险人与进口方(投保人)签订预约保险总合同——即"总保单"。在货物装船完毕后,出口方需将有关的详细情况通知进口方并转告保险人。若承保公司在卖方出口地设有代理人,则应由其代理人出具"保险证明书",以表明出口方已代进口方办妥投保手续。保险证明书在国际贸易中只能作为进口方办妥保险的一种证明,而不能作为结算的单据。 (温世扬)

baozheng

保证(guarantee; surety) 就一般意义而言,一是指对自己行为的承诺,一是指第三人对行为当事人所作的担保。作为债的担保方式之一,指债务人以外的第三人向债权人保证债务人履行债务,如果债务人不履行,由保证人代为履行或者赔偿损失的法律制度,其主要作用是督促债务人履行债务和保障债权人经济利益的实现。保证关系有广义和狭义之分。广义的保证关系包括债权人、保证人、主债务人之间内部的相互关系。这种关系由三个合同关系构成,债权人与主债务人之间为主合同关系(或主债务关系),主合同关系是保证关系产生的基础法律关系,没有主合同关系就无从产生保证关系;主债务人与保证人之间为委托合同关系,由其决定了主债务人与保证人之间的权利义务;保证人与债权人之间的保证合同关系,由其产生保证债务,并确定保证债务范围等具体内容。狭义的保证关系仅指广义保证关系中的保证合同关系,即债权人和保证人之间的关系。狭义的保证关系是一种单一的民事法律关系,具备主体、内容、客体三要素。保证法律关系的主体是债权人与保证人,主债务人并不是狭义保证关系的当事人;保证法律关系的内容,是指债权人与保证人依据法律规定或保证合同所享有的权利和所承担的义务;保证法律关系的客体,是指债权人与保证人的民事权利和义务共同指向的对象,即保证人履行保证债务的行为。

我国法律规定的保证属狭义的保证,《中华人民共和国担保法》第6条规定:本法所称保证,是指保证人和债权人约定,当债务人不履行债务时,保证人按照约定履行债务或者承担责任的行为。保证关系通常是由保证合同这一法律行为而产生的。保证合同是债权人和保证人之间订立的关于在主合同债务人不履行债务的情况下,由保证人履行或者承担责任的协议。保证关系与保证合同的关系,就是民事法律关系与法律事实的关系,保证关系是由保证合同产生的民事法律关系,保证合同是产生保证关系的民事法律行为,保证是担保债务人履行债务的,它约定在债务人不履行债务时,由保证人承担保证责任。保证债务是保证人依据保证合同所应履行的义务。保证债务是保证合同所产生的保证法律关系的主要内容,是保证法律关系的核心,保证法律关系的其他内容均与保证债务有关。保证具有从属性,保证的存在从属于主债,其强度和范围从属于主债,保证债务随主债权转移而转移,随主债务的存在而于保证期限内存在,随主债的消灭而消灭。保证具有相对独立性,保证债务是独立于主债务的单独债务,即使在同一合同中约定保证债务,保证合同也不是主合同的组成部分。保证具有无偿性、单务性,保证债务不以从债权人处取得利益为代价,债权人与保证人之间的权利义务不具有对等性。保证具有补充性,只有在债务人不履行债务时,保证人才承担保证责任,保证债务原则上应债权人的请求始届清偿期。保证依保证人承担保证责任的方式可分为一般保证和连带责任保证。 (奚晓明)

baozheng baoxian

保证保险(bond insurance) 保险人向被保证人提供担保而成立的保险。依照保证保险,投保人按照约定向保险人支付保险费,因被保证人的行为或者不行为致使被保险人(权利人)受到损失的,由保险人负赔偿责任。保证保险是一种由保险人开办的担保业务。但是,保证保险和保证还是应当加以区别的。在保证合同项下,保证人向主债权人付款,取得对主债务人的直接求偿权;而在保证保险项下,保险人支付保险赔偿金,仅取得代位被保险人向主债务人求偿的权利。依照保证保险合同,保险人的地位实际为保证人。保险人负担给付保险赔偿金的责任,目的在于填补被保证人的行为或者不行为给被保险人造成的损失。保证保险的投保人,可以是被保证人(债务人),也可以是被保证人的相对人(债权人),但在法律规定或者合同约定应当提供担保的情形下,投保人仅能为被保证人(债务人)。被保证人的相对人为保证保险合同的被保险人。保证保险并不实质改变债权人(被保险人)和债务人(被保证人)的债务履行之危险负担,被保证人对于保证保险合同承保的债务履行风险仍然承担全部履行的责任,惟有当被保证人不能履行时,保险人才向被保险人承担保险责任。因此,在发生保证保险合同约定的保险事故时,保险人向被保险人给付保险赔偿金后,并有权向被保证人追偿。实务上,保证保险可以分为诚实保证保险和确实保证保险。　　　　(邹海林)

baozheng daikuan

保证贷款(secured loan)　担保贷款的一种。贷款人与借款人之外的第三人作为保证人,担保借款人返还借款的贷款形式。　　　　　　　　(杜颖)

baozheng hetong

保证合同(contract of guaranty)　又称保证契约。当事人之间约定的一方于另一方的债务人不履行债务时,由其代为履行或代负赔偿损失责任的协议。是担保契约的一种形式,其债权人是主债的债权人,其债务人是保证人。保证人依保证合同就主债务人的债务清偿履行担保义务。保证合同通常是在主债成立时或成立后订立,有时也可在主债成立前订立,如《德国民法典》允许为将来的债务或附条件的债务提供保证。我国《担保法》第14条也有类似规定。保证合同一般就保证的相关事项作出规定,如保证债务的范围、保证的方式、保证的期间等。

保证合同具有以下特征:(1)属诺成合同。只须保证人与债权人之间达成保证债权实现和债务履行的协议,保证即告成立,不存在财产交付问题。(2)属单务合同。保证人单方面承担合同义务,债权人不对保证人承担义务。(3)属无偿合同。债权人不需因保证义务而对保证人支付代价。(4)属从属性合同。保证之债附随于主债务,以主债务的存在为前提。当主债的内容和范围变更或消灭时,保证之债也随之变更或消灭。(5)一般属书面合同。或订立单独书面合同,或附于主合同之后写明保证事项,由保证人签名盖章。口头保证契约,只有在保证人无异议或有两个以上无利害关系人的证明下,才能认定。我国《担保法》第13条规定:保证人与债权人应当以书面形式订立保证合同。

除法律另有规定外,保证人一般是愿为债务人提供担保并具有代偿能力的第三人,既可是自然人,也可是法人。保证人是自然人的,应当具有完全民事行为能力。法人或其他经济组织可以担任保证人,但法律另有规定者除外。如我国《公司法》规定,董事、经理不得以公司资产为本公司的股东或者其他个人债务提供担保。我国《担保法》第8条规定:国家机关不得为保证人,但经国务院批准为使用外国政府或者经济组织贷款进行转贷的除外。

当事人应在保证契约中约定保证的方式:一般保证或是连带保证。一般保证的保证人只在债务人不能履行债务时才承担保证责任,此时保证人除享有同时履行抗辩权、不安抗辩权外,还享有先诉抗辩权(或称检索抗辩权);连带保证的保证人则不论债务人是否有能力履行债务,只要债务人未履行,就有义务承担保证责任。对于保证范围,保证人既可担保全部债务,也可只担保部分债务,保证契约未明确规定保证范围的,一般推定为保证全部债务,全部债务包括主债务的全部、利息、违约金、损害赔偿金、实现债权的费用等。我国《担保法》第21条第2款规定:当事人对保证担保的范围没有约定或者约定不明确的,保证人应当对全部债务承担责任。

保证契约的效力体现在主债权人与保证人及主债务人与保证人之间的关系上。在主债权人与保证人之间,保证契约一旦成立,主债权人即保证契约的债权人就享有在特定情况下请求保证人履行债务的权利,此请求权只在向保证人主张后才对保证人发生效力,债权人须证明主债务人的债务清偿期届满而自己未受债务的完全清偿。保证人享有主债务人享有的抗辩权,即使主债务人放弃抗辩,保证人仍可行使。此外,在一般保证中,保证人在法定条件下还享有特别的权利即先诉抗辩权。如我国《担保法》第17条第2款明确规定:一般保证的保证人在主合同纠纷未经审判或者仲裁,并就债务人财产依法强制执行仍不能履行债务前,对债权人可以拒绝承担保证责任。在国外立法上,有的还规定保证人享有催告抗辩权,即保证人在债权人请求时,可以请求其先向主债务人进行催告,如果债权人未向主债务人催告,保证人可以拒绝履行债务。如《日本民法典》第452条:债权人请求保证人履行债务时,保证人可以请求先向主债务人进行催告。但主债务人受破产宣告或者去向不明时,不在此限。

在保证人与主债务人之间，虽然保证契约的当事人是保证人与债权人，但由于保证系由主债务人的债务而产生，因此，保证契约成立后在保证人与主债务人之间仍产生一定的效力。保证人享有追偿权，即在履行保证债务后，保证人可以请求主债务人给予偿还。追偿权须具备三个条件：(1) 保证人向债权人履行了保证债务；(2) 因保证人的履行而使债务人免责；(3) 保证人履行保证债务中无过错。追偿权的范围包括清偿的债务额及履行债务支出的必要费用。在特殊情况下，追偿权也可事前行使，如我国《担保法》第32条规定：人民法院受理债务人破产案件后，债权人未申报债权的，保证人可以参加破产财产分配，预先行使追偿权。

除追偿权外，保证人还具有代位权。保证人在承担保证责任后，可取代债权人的地位而行使原债权人原债权的权利。此项规定进一步保障了保证人追偿权的实现。免责请求权也是保证人的一项权利，即在履行保证债务前，因发生特定事由，保证人可以向主债务人请求免除其保证责任的权利。虽然我国法律未明确规定此项权利，但许多国家法律明文规定了此项权利。《德国民法典》第775条规定：保证人受主债务人委任而为保证者，或者因提供保证的事实应依关于无因管理的规定，对主债务人享有受托人的权利者，在有下列情形之一时，保证人得向主债务人请求免除保证责任：(1) 主债务人的财产明显减少时；(2) 承担保证后，主债务人的住所、营业所或居所变更，致使对主债务人的权利追诉发生重大困难时；(3) 主债务人履行债务迟延时；(4) 债权人依确定判决请求保证人清偿时。

除一般消灭事由外，保证契约在下列情况下消灭：(1) 保证期限届满而债权人未为请求；(2) 债权人放弃物的担保，在放弃权利的范围内保证责任免除；(3) 主债务转让给第三人未经保证人同意；(4) 保证契约解除或终止；(5) 主债务消灭；(6) 就连续发生的债务订立的保证合同，没有约定期间的，保证人可随时终止保证契约。依内容的不同，保证契约可分为普通保证、共同保证、信用委任、职务保证、求偿保证、副保证等。其中，同一债务有两个以上的保证人时，为共同保证。共同保证人依约定或法律规定分份或连带承担保证责任，如未作明确规定，则推定负连带责任。　(万　霞)

baozheng qiyue
保证契约(contract of guaranty)　参见保证合同条。

baozheng lüxing kangbianquan
保证履行抗辩权(德 Einrede der Unsicherheit)　又称"不安抗辩权"、"拒绝权"。双务合同中负先行给付义务的一方当事人在依约履行义务前，如有足够理由认为对方的财产状况明显恶化以致危及自己债权的实现，有权在对方当事人未履行对待给付或提供担保前，拒绝履行自己的债务。此项权利被认为是情事变更原则在合同法上的具体应用。大陆法系国家对此均有明确的规定，英美法系国家称之为"适当保证履行原则"。

按照传统民法，其条件有：(1) 当事人须因双务合同而互负债务。此权利只存在于双务合同中。(2) 当事人一方须有先给付的义务。负有先履行给付义务的一方应当先履行义务，不能援用同时履行抗辩权。但在后履行义务人财务状况恶化的情况下，为保证交易公平，清除先给付义务人的"不安"状态，法律通过规定不安抗辩权，以使先给付义务人暂停给付，防止风险发生。(3) 被抗辩方的合同义务尚未届履行期限。正因为如此，《联合国国际货物销售合同公约》称其为"预期违约"。(4) 合同成立后后履行义务一方的财产状况恶化，以致难以履行对待给付。至于财产恶化的原因在所不问。(5) 后履行义务一方没有为对待给付或未提供担保。如后履行义务人已为对待给付或已提供担保，不安抗辩权即消失。

主张抗辩权一方当事人负有三项附随义务：(1) 通知义务。应将中止履行的事实、理由及恢复履行的条件及时告知对方。(2) 举证义务。应提供另一方不能履行的确切证据。(3) 在对方提供适当担保后恢复履行。

保证履行抗辩权的效力为暂时中止履行合同，即暂停履行或延期履行。但中止履行后，对方在合理期限内未恢复履行能力，也未提供适当担保的，中止履行的一方可以解除合同。没有确切证明不适当行使此抗辩权造成对方损失的，应承担法律责任。关于保证履行抗辩权，各国法律多有规定。如《德国民法典》第321条规定：因双方契约负担债务并应向他方先为给付者，如他方的财产于订约后明显减少，为难为对待给付时，在他方未为对待给付或提出担保之前，得拒绝自己的给付。《意大利民法典》第1461条规定：如果相对方的资产状况发生变化，使应获得的对待给付面临明显的危险，则任何缔约一方得暂停其应当进行的给付。《联合国国际货物销售合同公约》第71条规定：(1) 如果订立合同后，另一方当事人由于下列原因显然将不履行其大部分重要义务，一方当事人可以中止履行义务：(A) 其履行义务的能力或其信用有严重缺陷；或(B) 其在准备履行合同或履行合同中的行为……我国原《涉外经济合同法》第17条规定：当事人一方有另一方不能履行合同的确切证据时，可以暂时中止履行合同，但是应当立即通知另一方；当另一方对履行合同提供了充分的保证时，应当履行合同。当事人一方没有另一方不能履行合同的确切证据，中止履行合同时，应当负违反合同的责任。我国《合同法》第 68 条对此也作了规定:应当先履行债务的当事人,有确切证据证明对方有下列情形之一的,可以中止履行:(一) 经营状况严重恶化;(二) 转移财产、抽逃资金,以逃避债务;(三) 丧失商业信誉;(四) 有丧失或者可能丧失履行债务能力的其他情形。当事人没有确切证据中止履行的,应当承担违约责任。该法第 69 条规定:当事人依照本法第 68 条的规定中止履行的,应当及时通知对方。对方提供适当担保时,应当恢复履行。中止履行后,对方在合理期限内未恢复履行能力,并且未提供适当担保的,中止履行的一方可以解除合同。(万 霞)

baozheng tiaokuan
保证条款(warranty clause) 英美保险合同中经常出现的一类条款。在美国,保证条款是规定投保人或被保险人对保险人的特定事项担保其作为或不作为,或某种事项的真实性的条款。在英国,保证条款是规定被保险人对应做某事、不应做某事、存在某种情况、不存在某种情况许诺的条款。保证条款设定的目的在于,便于保险人控制风险、确保良好的管理得以贯彻。保证条款所设定的事项一般都被假定是对重要事项的担保,将会影响保险人是否承保、承保的条件或改变其适用的保险费率。但某一事项是否重要,可由当事人约定。当事人在达成合意的情况下,可对保险合同的细枝末节方面为保证。保证条款被视为保险合同效力或保险责任发生的前提条件。保证条款必须被严格遵守。违反保证条款,将直接动摇合同的效力或保险人责任得以维持的基础。自投保人或被保险人违反保证条款之日起,合同效力丧失,保险人自动解除保险责任。《中华人民共和国保险法》对保证条款没有作出专门规定。该法第 20 条规定:投保人和保险人在前条规定的保险合同事项外,可以就与保险有关的其他事项作出约定。学者普遍据此认为,这一规定可以看做投保人或被保险人与保险人在合同中创设保证条款的依据。但对保证义务的进一步规制尚待立法。(温世扬)

baozheng zhaiwu
保证债务(guarantee's obligation) 债权人与保证人通过订立保证合同所确定的,在债务人不履行主合同债务时,由保证人所承担的代为履行或者赔偿损失的义务。

保证债务通常是通过当事人之间的法律行为而成立的,在极个别的情况下,也可以由法律规定而直接产生。《中华人民共和国担保法》第 13 条规定:保证人与债权人应当以书面形式订立保证合同。由于保证合同不同于一般的民事合同,其对于合同的从属性,以及保证人与主债务人的关联性,决定了保证合同在成立方面具有某些特殊性,这种特殊性在实践中表现尤其突出。我国司法实践中,根据最高人民法院 2000 年 9 月 29 日发布的《关于适用〈中华人民共和国担保法〉若干问题的解释》第 22 条的规定,第三人单方以书面形式向债权人出具担保书,债权人接受且未提出异议的,保证合同成立;主合同中虽没有保证条款,但保证人在主合同上以保证人的身份签字或盖章的,均视为保证合同成立。

保证债务的内容是指保证人依据保证合同约定或者法律规定所承担的具体义务。它可以是代为履行债务,也可以是承担赔偿责任。保证合同中约定保证人代为履行非金钱债务的,如果保证人不能实际代为履行,对债权人因此造成的损失,保证人应当承担赔偿责任。根据《担保法》第 21 条的规定:保证担保的范围包括主债权及利息、违约金、损害赔偿金和实现债权的费用。保证合同另有约定的,按照约定。当事人对保证担保的范围没有约定或者约定不明确的,保证人则对上述全部债务承担责任。依据最高人民法院的解释,第三人向债权人保证监督支付专款专用的,在履行了监督支付专款专用的义务后,不再承担责任;未尽监督义务,造成资金流失的,应当对流失的资金承担补充赔偿责任。保证人对债务人的注册资金提供保证的,债务人的实际投资与注册资金不符,或者抽逃转移注册资金的,保证人在注册资金不足或者抽逃转移注册资金的范围内承担连带保证责任。根据保证债务的内容,保证债务可以分为有限的保证债务和无限的保证债务两种。

保证债务为主债务的从债务,保证债务可以因主债务的原因而消灭。同时,保证债务本身也具有一定的独立性,是一种相对独立的债务,也可以因其自身的原因而消灭。保证债务因主债务的原因而消灭的情形主要包括:当主债务消灭时,保证债务亦随之消灭;当主债务未经保证人同意,而由原债务人处转移到第三人时,保证债务随之而消灭;因主债务人与债权人之间的混同,保证债务消灭。保证债务因其自身原因消灭的情形主要包括:保证人死亡,且其是以特殊身份或特殊技能为前提而承担保证债务的,保证债务消灭;保证人与债权人之间的混同,保证债务消灭;保证合同中约定的保证合同的终止和解除条件发生,保证债务消灭。

根据我国担保法的规定,保证债务的减免主要包括以下情况:(1) 同一债权既有保证又有物的担保的,保证人对物的担保以外的债权承担保证责任。债权人放弃物的担保的,保证人在债权人放弃权利的范围内免除保证责任。(2) 债权人与债务人协议变更主合同的,未经保证人书面同意的,保证人不再承担保证责任。(3) 保证期间,债权人许可债务人转让债务的,应当取得保证人书面同意,保证人对未经其同意转让的债务,不再承担保证责任。(4)在合同约定的保证期间内,或者合同未约定保证期间,在主债务履行期届满之日起6个月内,债权人未按照法律规定提起诉讼,申请仲裁或者未要求保证人承担保证责任的,保证人免除保证责任。

(奚晓明)

baozuo

保佐(tutelage)　辅导或监督行为能力受限制的人实施法律行为,以保护他们的合法财产权益的法律制度,又称保护。因保佐而形成的保佐人与被保佐人之间的关系称为保佐关系。在保佐关系中,执行保佐职务的人称为保佐人,对方称为被保佐人,保佐人一般由被保佐人的配偶、父母担任,如配偶、父母不能行使保佐职务的,由主管机关指定近亲属或其他适当的人担任。保佐关系的特征是:(1)保佐人为具有民事行为能力的自然人,可以设定一名保佐人,也可以设定多名保佐人;(2)被保佐人为限制民事行为能力人;(3)保佐关系不得擅自变更;(4)保佐关系主要是一种财产管理协助关系。保佐与监护相类似,但又有不同。保佐是保佐人协助被保佐人进行财产管理,而对被保佐人的身体保护一般不负责任。监护人是被监护人的法定代理人,保佐人不是被保佐人的法定代理人。在民事诉讼中,如果原告或被告是被保佐的未成年人,保佐人可以未成年人的法定代理人的身份从事诉讼活动。保佐起源于罗马法。《十二铜表法》对精神病人和残废人设置了保佐制度。后期的罗马法又分别对未成年人、胎儿和不能管理自己事务的人设置了保佐人,并在监护人辞去监护,或监护人与被监护人有利益冲突行为,法定监护人不能胜任监护义务,或为了管理被俘人、破产人的财产或无人继承的遗产,又设置了临时保佐人制度。法国民法对成年的精神病人、浪费人、不能保障自身利益的残疾人和丧失亲权以及达到一定年龄的未成年人设置了保护制度。德国民法对成年的精神病人、残疾人和丧失亲权以及达到一定年龄的未成年人设置了法定照管人制度。意大利民法对准禁治产人设置了保佐制度。《中华人民共和国民法通则》未设置保佐制度,对限制民事行为能力人同样实行监护制度。

(李仁玉　陈　敦)

baogao jujian

报告居间(德 Nachweismäkler)　居间合同的一种。居间人为委托人报告订立合同的机会的居间。报告居间的居间人仅为委托人提供订约的机会,因此,居间人的报酬是由委托人支付的。德国民法、瑞士债务法对报告居间都有相应规定。

(赵志毅)

baoli xingwei

暴利行为(德 Wucherisches Geschäft)　参见乘人之危条。

bei qinshu

卑亲属(descendants)　尊亲属的对称,古代礼法对辈份低于自己的亲属的统称,即当代的晚辈亲。在亲属行辈上,历代礼制和法律十分重视尊卑长幼的区分。卑亲属是尊亲属的对称,所谓尊卑亲属,是以辈分之上下为其区别标准,却与年龄无关。而同辈亲属,则只有长幼之分,并无尊卑之别。自同辈以下,儿子、侄、堂侄属于子辈卑亲属,孙、侄孙、堂侄孙属于孙辈卑亲属,余类推。封建法律以尊长卑幼来区别家族中辈分不同和同辈中年龄不同的亲属,尊长与卑幼在法律上的地位是不同的,而且亲属关系愈近,这种差别就愈加悬殊。宗法伦理要求卑幼对于尊长当"有顺无违",历代法律对同居卑幼不经尊长许可而私擅动用家财,都规定了相应的刑罚。

(张贤钰)

beijing lisuan guize

北京理算规则(Beijing Adjustment Rules)　《中国国际贸易促进委员会共同海损理算暂行规则》的简称,由中国国际贸易促进委员会制定,于1975年1月1日施行。北京理算规则共8条,包括共同海损的范围、共同海损理算的原则、共同海损损失金额的计算、共同海损的分摊、利息和手续费、共同海损担保、共同海损时限和共同海损理算的简化。北京理算规则的理算原则是:(1)先判定责任,后进行理算;(2)因运输合同一方不可免责的过失而引起的案件不进行理算。北京理算规则改变了《约克—安特卫普规则》关于理算不同过失责任挂钩的规定和习惯做法。1992年我国《海商法》颁布后,贸促会海损理算处以《海商法》为基础,参照《1974年约克—安特卫普规则》拟就了1994年北京理算规则。1994年北京理算规则扩充为12条,内容包括共同海损的定义、牺牲与费用、代替费用、不可分离分摊价值、利息和手续费、分摊的担保、共同海损的宣布、举证责任、过失的影响与理算的简化等。

(张永坚　张　宁)

beishu de falü xingzhi

背书的法律性质(nature of endorsement)　背书作为一种法律行为所具有的特性。背书的法律性质包括:(1)特殊的债权让与性。票据权利的法律性质属于债权,背书具有债权让与的性质。但是背书又不同于一般的债权转让,如背书具有一般票据行为的要式性、抽象性、文义性、独立性等,所以背书是特殊的债权让与。(2) 单方行为性。背书为附属的票据行为,它只需要背书人的签名、记载及交付即为已足。背书是有相对人的单方法律行为。(3) 保证性质。背书人进行背书后,应承担担保承兑和担保付款的责任。

(王小能 胡冰子)

beishu de fenlei

背书的分类(categories of endorsement) 根据一定的标准对汇票背书进行的划分。背书以其目的不同,可以分为转让背书与非转让背书。根据其有无特殊情形,转让背书又可分为一般转让背书与特殊转让背书。根据背书记载方式的不同,一般转让背书可分为完全背书与空白背书。根据特殊情形的不同,特殊转让背书又可分为回头背书与期后背书。非转让背书以持票人背书的目的为标准,可分为委任背书与设质背书。

(王小能)

beishu de tezheng

背书的特征(characters of endorsement) 背书区别于其他票据行为的不同特性。背书的特征包括不可分性和单纯性。票据的背书必须具有单纯性,即背书不得附有任何条件。票据是流通信用证券,其转让通过背书来完成正是为了保证其流通的畅行无阻。如果允许背书时附有条件,则该背书的效力将难以确定,势必影响票据的流通。我国上海市政府 1988 年 6 月 8 日发布、1989 年 7 月 24 日修正的《上海市票据暂行规定》第 29 条规定,背书不得附有条件。如果附有条件,其条件视为未记载,背书有效。我国《票据法》也有同样的规定。依上述各法规定,背书所附条件视为无记载,应认为条件不具有票据法上的效力。背书具有单纯性。部分背书为无效背书。部分背书的无效可能造成背书的不连续。但是部分背书的无效,只是其本身的无效,不影响票据的效力。同时,这种背书的无效是在票据法上的无效,在其他法如民法上,部分背书是否无效,应根据该法的具体情况而定。

(王小能 胡冰子)

beishu de tuxiao

背书的涂销(obliteration of endorsement) 为使被涂销者免于负担背书人的责任,汇票的持票人或背书人故意将背书涂去的行为。根据涂销行为人的不同,背书的涂销可分为两种:第一,持票人的涂销,指汇票的持票人将背书涂销。持票人的涂销又可分为两种:(1) 为免除某背书人的责任而为涂销。持票人将某背书涂销后,被涂销背书的背书人可免于承担担保责任。被涂销人的后手,如果是在涂销行为发生之前进行的背书,也可免于承担担保责任。因为,这些后手在自己被追索时,可能涉及到被涂销人。相对于这些后手,被涂销人是他们可期待的债务人。如果被涂销人被免责,而他们不被免责,则无公平可言。(2) 为进行回头背书而为的涂销。在这种情况下,持票人要将汇票转让给原票据债务人,他可以不为回头背书,而是将该债务人作为背书人的签章以及其后手的签章均予以涂销,使其成为持票人,从而达到回头背书的目的。第二,背书人的涂销,指汇票的背书人将背书涂销。背书人的涂销又可分为两种:(1) 背书人清偿债务后所为的涂销。背书人在清偿债务后,为免于使自己再受到善意第三人的追索,从而将自己及其后手的背书予以涂销,以使自己免责。(2) 变更背书时的涂销。指背书人作成背书后交付背书人之前,又想将汇票转让给另外的人,就将原来的背书加以涂销。

背书的涂销可能对背书的连续产生影响。汇票为文义证券,背书的连续与否可能影响汇票的流通与交易安全。因此,我国台湾地区票据法规定,当背书的涂销不影响背书连续时,对于背书的连续,视为无记载;如果背书的涂销影响背书连续时,对于背书的连续,视为未涂销。需要指出的是,无论是"视为无记载"还是"视为未涂销",都是指对于背书的连续而言,它不影响涂销后免责法律后果的发生。我国《票据法》对此无规定,应作相同的解释。

(王小能)

beishu de xiaoli

背书的效力(effects of endorsement) 票据上有效背书所产生的法律后果。根据背书种类的不同,背书的效力也不相同。背书的效力可分为一般转让背书的效力、特殊转让背书的效力与非转让背书的效力。

一般转让背书的效力,指一般转让背书在票据关系当事人之间所产生的法律后果。通常具有三方面的效力:权利移转效力、权利担保效力和权利证明效力。

第一方面:权利移转效力。有效完成的一般转让背书将汇票上的一切权利由背书人移转给被背书人。具体而言,这些被移转的权利包括:(1) 承兑请求权与付款请求权。如果被移转的汇票未为承兑,则被背书人可向承兑人请求承兑;如果被移转的汇票已为承兑,则被背书人无需再为承兑,可直接向付款人请求付款。(2) 追索权。被背书人继受背书人的追索权,在追索权条件成就后,可向有关债务人进行追索。(3) 背书权。票据的背书性依票据的移转而移转。经背书转让获得票据的持票人有权通过背书将票据再为转让。即使背书人有"背书禁止"的记载,只要受让人愿意接受该票据,则背书人有权将票据再为背书转让。

第二方面:权利担保效力。票据经背书转让后,背书人对其后手负担保票据权利实现的责任,即背书人应向其后手担保汇票的承兑与付款。依背书转让获得票据的持票人在遭承兑人拒绝或付款拒绝后,可向其前手行使追索权。有些国家的票据法规定,背书人的担保责任可以在背书时由背书人加以特别记载而免除。如果背书人在背书时记载有"免于负担保责任"或同义字样,则背书人的后手不得向其行使追索权。我国《票据法》未规定背书人的担保责任可依特约而免除,应解释为不得。

第三方面:权利证明效力。持有背书连续汇票的持票人,无需再举其他证据即可证明自己为正当的票据权利人。持票人依有连续背书的汇票就可行使票据权利。票据付款人在向持有背书连续汇票的持票人付款后,即可免责。背书的这种权利证明效力,可由相对人举证证明持票人获得汇票时有恶意或重大过失而推翻。

特殊转让背书的效力,指特殊转让背书在票据当事人之间产生的法律后果。特殊转让背书可分为回头背书和期后背书,特殊转让背书的效力也因此而分为回头背书的效力和期后背书的效力。回头背书的效力是指回头背书在票据关系当事人之间产生的法律后果。概括地讲,回头背书与一般转让背书具有同样的权利移转效力、权利证明效力的权利担保效力。但是,在追索权的行使方面,又有一些特殊的地方:(1) 当发票人为持票人时,该持票人对于其后手无追索权,他只享有对承兑人的付款请求权。(2) 当背书人为持票人时,该持票人对于其后手无追索权。(3) 当承兑人为持票人时,该持票人对所有人都没有追索权。(4) 当保证人为持票人时,该持票人除可以向被保证人行使追索权外,其余都适用当被保证人为持票人时的情况。期后背书与一般转让背书相同,但是,在权利移转效力及权利担保效力方面,期后背书与一般转让背书又有不同:国外票据法多规定,期后背书仅具有一般债权转让的效力,即此时的转让仅具有民法上的效力,不产生抗辩切断,也不产生权利担保效力。《票据法》规定,汇票超过付款提示期限的,不得背书转让。背书转让的,背书人应当承担汇票责任。依此规定,是将期后背书汇票视为该背书人为发票人的新汇票。如果通过期后背书获得汇票的持票人遭到拒绝,则该背书人对该持票人应承担发票人的责任。这一规定不同于各国票据法的一般做法,但同样体现了法律对期后背书的否定态度。

非转让背书的效力,指非转让背书在票据关系当事人之间所产生的法律后果。非转让背书是委任背书和设质背书的总称,非转让背书的效力也是委任背书的效力和设质背书的效力的总称。

委任背书的效力在背书人与被背书人之间产生代理取款法律关系,有三方面的效力:(1) 代理权的授予。被背书人不能取得汇票权利,他得到的是代理背书人行使票据权利的代理权。他可以代背书人为付款的提示、受领汇票金额、请求作成拒绝证书、行使追索权等;他还可以为委任背书,但是不得再为转让背书与设质背书。(2) 抗辩不切断。委任背书并不使票据权利发生移转,因此,背书人仍是票据权利人,票据债务人对背书人的抗辩不因委任背书而切断。同时,票据债务人不得因自己与经委任背书取得票据的持票人之间的抗辩事由而对抗背书人。(3) 权利证明。委任背书中的被背书人仅依背书的连续即可证明代理权的存在,不必另行举证,付款人也因对其付款而免责。

设质背书的效力是指设质背书在票据关系当事人之间产生的法律后果。设质背书具有如下的效力:(1) 设定质权的效力。被背书人经设质背书取得权利质权,该持票人有权行使汇票上的一切权利,即可受领汇票金额、可为付款的提示、作成拒绝证书请求、行事追索权等。(2) 抗辩切断的效力。汇票因背书设质于被背书人,票据债务人不得因自己与背书人之间的抗辩事由对抗持票人。其原因在于,该持票人是为背书人的利益行使,所以,设质背书产生抗辩的切断。(3) 权利证明的效力。经设质背书取得汇票的持票人,以背书的连续即可证明自己为正当权利人,付款人也得对其善意付款而免责。(4) 权利担保的效力。背书人应对被背书人负担保承兑及付款的责任。(5) 再背书。设质背书的被背书人有背书权,但是只能为委任取款背书。

(王小能)

beishu de yiyi

背书的意义 (significance of endorsement) 背书对于票据转让所具有的作用。票据为流通证券、信用证券,票据之所以选择背书为其转让方式,是因为背书有助于票据流通与信用的实现。背书对票据流通与作用的促进意义,主要体现在以下几方面:(1) 依背书转让的票据,不必通知债务人就可产生转让的效力。一般债权的主要目的在于实现债权人的利益,同时,依诚实信用原则,要兼顾债务人的利益,所以,一般债权的转让,应通知债务人。但对于票据,流通与信用是其主要职能。如果要求每一次背书转让都通知债务人,势必造成流通的迟滞,使票据与背书的意义丧失。(2) 依背书转让的票据,产生抗辩切断的效力。票据经背书转让后,新的善意权利人不承袭原权利人在票据权利上的瑕疵。票据债务人不得以自己与背书人之间的抗辩事由来对抗被背书人。票据转让在理论上可进行无数次,票据背书的次数越多,其流通与信用的功能就越发挥得淋漓尽致。如果要求善意后手继受前手的权利瑕疵,就势必影响这些功能的发挥。(3) 依背书转让票据,产生权利证明效力。通过背书取得票据的持票人,只要依背书的连续即可证明自己为正当的权利人,付款人对于持有连续背书票据的持票人为付款即可免责。(4)依背书转让的票据,产生权利担保的效力。如无别缩写,所有在汇票上签名的背书人都对其后手承担担保承兑与担保付款的责任。最后持票人如果遭承兑或付款拒绝,可向所有前手行使追索权。背书人向其后手负清偿责任后,可向其所有前手进行追索。

(王小能)

beishu jinzhi

背书禁止(restrictive endorsement) 即出票人或背书人在汇票上为一定记载,意在禁止汇票流通,从而达到禁止收款人依背书方式转让票据权利的目的。汇票是法定指示证券,其信用职能主要是通过背书来体现与加强。一张汇票背书的次数越多,该汇票的信用就越强。汇票都具有背书的性质。票据法属于私法,私法在对社会关系进行调整时,强调对主体意思的尊重。私法的这一性质通过如下方式在汇票的背书上得以体现:法律在规定汇票可通过背书转让的同时,允许发票人或背书人在汇票上为一定的记载,使汇票丧失可背书性。

出票人的背书禁止。发票人在出票时,可以在汇票上记载"此票不准背书"或同义字样,则该汇票不得以背书方式转让。一般在汇票的正面记载。如果持票人为背书行为,则该背书不产生票据法上的效力,仅产生一般债权转让的效力。我国《票据法》第27条第2款规定:出票人在汇票上记载"不得转让"字样的,汇票不得转让。需要说明的是,背书禁止所禁止的是转让背书,其他非转让背书,应认为有票据法上的效力。发票人为背书禁止记载的目的主要有:(1)可以保留对受款人因原因关系产生的抗辩权。(2)可以防止汇票追索金额的扩大。因为汇票经过背书的次数越多,遭拒绝承兑或拒绝付款后,发票人承担的偿还金额数目也就越大。(3)发票人可以免于与受款人以外的人发生票据关系。

背书人的背书禁止。背书人可以在背书时记载"不得转让"字样,产生背书禁止的效力。背书人所为背书禁止的效力要弱,它不能使汇票彻底丧失可背书性,只是可以免除背书人对其直接后手以外的后手承担保证责任。因此,背书禁止和无担保背书的效力是不同的:背书禁止只能使背书人免除对其直接后手以外的后手的担保责任;无担保背书可以免除背书人对其所有后手的担保责任。《票据法》第34条规定:背书人在汇票上记载"不得转让"字样,其后手再背书转让的,原背书人对后手的被背书人不承担保证责任。参见特殊转让背书条。

(王小能 胡冰子)

beishuren

背书人(indorser) 是以转让票据权利或者将一定票据权利授予他人行使为目的,依法定要式在票据背面或者粘单上记载有关事项并签章,将票据交付给他人的人,是票据债务人。因背书的种类不同,背书人的地位也有所不同。背书人在转让背书中是票据权利的让与人,在委托背书中是授权人,在设质背书中是质押人。除票据禁止背书的情况外,凡持票人都可为背书人,包括受款人和从受款人处取得票据的人。背书人对被背书人及其后手承担担保承兑和付款的责任,即在票据不获承兑或付款时,应负清偿责任。此外,背书人作为后手的,还负有证明前手签名真实、背书连续和自己合法取得票据权利的义务。

(李 军)

bei baoxianren

被保险人(the insured) 约定的保险事故可能在其财产或人身上发生的人。《保险法》第22条第2款规定:被保险人是指其财产或者人身受保险合同保障,享有保险金请求权的人。无论是财产保险合同,还是人身保险合同,投保人与被保险人既可为同一人,也可为不同的人,但前者只限于为自己的利益而订立保险合同。在财产保险中,被保险人必须是保险标的的所有人或其他权利人,而人身保险则直接以被保险人的生命或身体作为保险标的,因此,被保险人作为保险合同的关系人,也是事故损失的承受人。被保险人一般也是享有赔偿请求权的人,但在财产保险和人身保险中并不相同,财产保险中,由于只是财产上的毁损灭失,被保险人可自行行使赔偿请求权,但在人身保险尤其是人寿保险中的死亡保险中,一旦保险事故发生,被保险人就无法行使赔偿请求权,故法律规定可由受益人享有赔偿请求权。一般认为,财产保险中,被保险人须于保险事故发生时对保险标的具有保险利益,否则保险人不承担保险责任;而人身保险中,被保险人无论于订立合同之时,还是保险事故发生之时,都当然对保险标的具有保险利益。为了保护未成年人的合法权益,各国保险法一般都禁止以未成年人为被保险人而订立死亡保险合同。我国《保险法》第55条亦规定:投保人不得为无民事行为能力人投保以死亡为给付保险金条件的人身保险,保险人也不得承保。父母为其未成年子女投保的人身保险,不受前款规定的限制。但是死亡保险金额的总和不得超过金融监督管理部门规定的限额。

(温世扬)

bei beishuren

被背书人(indorsee) 依背书人的背书行为取得票据的人,是票据债权人。因背书种类不同,被背书人取得的权利有所不同。在一般背书转让中,被背书人取得一切票据权利,包括付款请求权、追索权、对票据保证人的权利和再转让票据的权利等。被背书人还依背书而取得优于背书人(前手)的权利,票据债务人不得以对背书人的抗辩原因来对抗善意的被背书人。在委任背书中,被背书人取得的是票据权利及其相关权利的代理权,且不得行使与代理权性质相违背的权利。被背书人不依背书而取得优于背书人的权利,票据债务人对背书人的一切抗辩都可以用来对抗被背书人。在设质背书中,被背书人取得对票据金额的质权。债务人不履行债务时,被背书人取得一切票据权利,可以票据金额优先受偿。债务人履行债务后,则发生免责的效力。被背书人再背书的,只能为委任背书,不得为转让背书或设质背书。被背书人作为后手,还负有证明前手签名真实、背书连续和自己合法取得票据权利的义务。

(李 军)

bei canjia chengduiren

被参加承兑人(the person for whose honor acceptance is made) 是参加承兑的当事人之一。是受参加承兑人担保信誉的任一债务人。参加承兑人应在票据的正面记载参加承兑的意旨。其记载事项有:被参加承兑人的姓名、参加承兑的时间、参加承兑人的签名。

(温慧卿)

bei canjia chengduiren de qianhoushou de zeren

被参加承兑人的前后手的责任(liabilities of the prior/subsequent party of the party being participated for honour) 对于被参加承兑人的前手来说,参加承兑人付款后,对被参加承兑人得以汇票为凭证,行使追索权。对于被参加承兑人的后手来说,如果参加承兑人未在到期日付款,则被参加承兑人的后手的票据债务仍未解除,仍为被追索的对象之一。

(胡冰子 王小能)

bei canjia chengduiren de zeren

被参加承兑人的责任(liabilities of the person for whose honour acceptance is made) 参加承兑人付款后,对被参加承兑人得以汇票为凭证,行使追索权。此时的被参加承兑人的法律地位与汇票持有人的法律地位是相同的。

(胡冰子 王小能)

bei canjia fukuanren

被参加付款人(the person for whose honor payment is made) 又称为"被付款人",是指付款人因参加付款而使其免被追索的直接相对人。依据票据法的规定,凡因在票据上签名而成为票据债务人的,均可成为被参加付款人。至于具体由谁充任,为了不致使参加付款人付款后难以求偿,则须参加付款人在付款时加以确定,这样也有利于确定因参加付款而被免除责任与债务的票据债务人。

(温慧卿)

bei canjiaren de zeren

被参加人的责任(liabilities of the person for whose honour payment is made) 参加付款后,被参加人可以免于原持票人的追索。但被参加人的票据责任并未免除,参加付款人可对其行使追索权。

(胡冰子 王小能)

beicanjianren de qianhoushou de zeren

被参加人的前后手的责任(liabilities of the prior/subsequent party of the party being participated) 参加付款后,被参加人的前后手均可免于原持票人的追索。被参加人的后手得以免除其汇票债务。被参加人的前手的汇票债务并未免除,参加付款人可以对其行使追索权。

(胡冰子 王小能)

bei dailiren

被代理人(principal) 代理人的对称。在代理关系中,被他人代替实施民事法律行为,承担民事法律行为后果的人。在委托代理中,被代理人应具有民事行为能力;但在法定代理和指定代理中,对被代理人没有民事行为能力的要求。

(李仁玉 陈 敦)

bei daiwei jichengren

被代位继承人(subrogated successor) 参见代位继承条。

beidong xintuo

被动信托(passive trust) 又称消极信托。在其存续期间由受托人在他人的支配与指挥下消极被动地履行由信托行为、设立信托的国家行为和信托法中规定的各项信托职责与义务的信托。被动信托的基本特征在于:在它存续期间,尽管受托人在事实上也占有信托财产,并且在法律上也对该项财产负有管理或处理义务;但根据信托行为或设立信托的国家行为的规定,该人却不能以积极、主动的行为来履行这一义务,而是只能消极地、被动地接受委托人或受益人的支配与指挥,并在这种支配与指挥之下机械地履行这一义务,以实现对信托财产的管理或处理。因此,这种信托中的受托人完全是徒具虚名,其在信托的运作过程中所起到的实际上仅是信托财产之消极占有人的作用。对该项财产的管理或处理,虽然在表面上仍然是由受托人在进行,但实际上却是由委托人或受益人在进行。至于受托人,在这一过程中则纯然是作为委托人或受益人的"工具"而存在。就某一具体的信托而言,必须是在设立它的信托行为或国家行为中明确规定,受托人只能在委托人或受益人的支配与指挥下,管理信托财产与处理信托事务,该项信托才能够被定性为被动信托。正是此点,决定了只有明示信托与指定信托能够作为被动信托成立。信托作为一种财产管理方式,其本旨在于,使社会上的人们能够通过对它的利用,将有关财产放手让受托人进行能动经营,以使自己或第三人坐享由此所生利益。正是此点,决定了信托运作过程中对信托财产的管理或处理,不仅必须、而且只能由受托人积极、主动地进行。被动信托由于恰恰对此持排斥态度,因而,它实际上与信托的本旨相悖。可见,这种信托严格说来非实际意义上的信托,而仅仅是名义上的信托。

(张 淳)

bei jichengren
被继承人(decedent/ancestor/predecessor;拉丁 de cujus) 继承人的对称,是在死亡时所遗留的财产能被继承的自然人。一般来说,被继承人有如下特征:第一,被继承人不是继承法律关系的主体。被继承人的特定内涵就是死亡的自然人,已不具有民事权利能力,不具备民事主体所应有的资格。第二,被继承人的确定标准即是死亡,在相互有继承关系的人中,先死亡的人就是其他人的被继承人,而这里所说的死亡既包括自然死亡,又包括宣告死亡。第三,被继承人必须是在死亡时遗留有财产的人,即使存在其所遗留的财产性义务的量,超出所遗留的财产性权利,而继承人不愿继承的情况,仍不妨碍被继承人的法律性存在。一个在死亡时既没有遗留财产性权利、又没有遗留财产性义务的人是不能被称为被继承人的。第四,被继承人是与继承人相互关联而存在的概念,被继承人应有法定继承人或遗嘱继承人,当然,被继承人生前立遗嘱指定继承人时,应具有完全民事行为能力。如果死者在生前没有指定继承人而又没有法定继承人,则其遗留的财产是无主财产,而死者不能被称为被继承人;如果死者没有法定继承人,而以遗嘱指定他人为受遗赠人,则死者只能被称为遗赠人。

(常鹏翱)

bei jianhuren
被监护人(person under guardianship) 被监督和保护的未成年人和精神病人。被监护人为无民事行为能力人或限制民事行为能力人。对无民事行为能力的被监护人而言,其行为由监护人代理;对限制民事行为能力的被监护人而言,与其能力不相适应的行为,由监护人代理或征得监护人的同意或追认。被监护人不具有民事责任能力,其侵权责任由监护人承担。

(李仁玉 陈 敦)

bei jiuzhu chuan
被救助船(salved vessel or the rescued vessel) 作为海难救助对象的船舶。根据我国《海商法》的规定,作为海难救助对象的船舶不能是正在从事军事活动或政府公务活动的船舶,但包括20吨以下的小型船筏水翼船和水上飞机。

(李洪积 王 青)

bei zhuang chuanbo de sunhai peichang
被撞船舶的损害赔偿(damages of salvaged ship) 被撞船舶的损害赔偿分为全损赔偿和部分损害赔偿。其中,船舶全损又可分为实际全损与推定全损。推定全损的损失计算方法与实际全损类似。全损时受害方向责任方的索赔额为:索赔额 = 船舶价值 + 滞期损失(货船为运费损失,渔船为鱼货损失和渔捞损失) + 支付给第三方的赔偿 + 船员工资和遣返费用 + 利息 + 其他费用。支付给第三方的赔偿主要是指,由于加害船舶的过失所导致的、受害船舶需要对外承担的财产赔偿责任,如,造成第三人人身伤亡时的连带赔偿责任。船员工资和遣返费用在1925年《国际劳工公约》中有规定:船员因船舶失事或灭失而被解雇时,船员对解雇期间的工资享有权利,期限为两个月,除非船舶所有人证明该船员能够马上获得适当雇佣。这一原则已为各国普遍接受。若船舶碰撞发生在国外,还发生将船员遣返回国的遣返费。船舶价值的损失利息应从船期损失停止之日起计算,至判决或调解制定的应付之日止,其他各项损失则从损失发生之日或费用产生之日起计算,至判决或调解指定的应付之日止。其他费用主要包括:合理的救助费,沉船的勘查、打捞和清除费用,设立沉船标志的费用,共同海损分摊,拖航费用以及杂费(如诉讼费、通讯费等)。船舶部分损失时,船舶的损害赔偿包括三个部分:修理费及附带费;支付给第三方的费用;滞期损失赔偿。索赔方有权追偿临时修理和永久修理费。附带费用包括船舶检验费、进坞费、码头税、监督费等。支付给第三人的费用包括:救助费用、拖带费用、打捞费用、赔偿人身伤亡或个人财产的损失以及杂费等项目。而滞期损失是指,在船舶进行修理时,由于船舶所有人不能正常使用该船而遭受的损失。

(张永坚 张 宁)

bei zhuisuoren
被追索人(person against the right of recourse) 即偿还义务人,指负有偿还票据金额及其利息和费用责任的人。被追索人是相对于主债务人而言的,是第二债务人。汇票的出票人、背书人、承兑人和保证人对持票人承担连带责任,持票人可以不按照汇票债务人的先后顺序,对其中任何一人、数人或者全体行使追索权。对其中一人已经进行追索的,仍可对其他债务人行使追索权。被追索人包括:(1)出票人。出票人签发汇票后,即承担保证该汇票承兑和付款的责任,在汇票得不到承兑或付款时,出票人应负有偿还义务。(2)背书人。背书人在背书转让汇票后,即承担保证其后手所持汇票承兑和付款的责任,在汇票得不到承兑或付款时,背书人应负有偿还义务。(3)承兑人。承兑人和其他票据债务人对持票人承担连带责任,承兑人可以成为被追索人。(4)保证人。保证人与被保证人负有偿还义务,因而是被追索人。(5)其他汇票债务人。国外的票据法还规定了其他的被追索人,如台湾地区票据法规定,参加承兑人也是被追索人。 (孔志明)

ben daili

本代理(original agency) 基于被代理人选任代理人或依法律规定而产生的代理,又称原代理。本代理是相对于再代理而言的,没有再代理存在,也就无本代理。

(李仁玉 陈 敦)

ben dengji

本登记(register in end) 又称终局登记,是与预备登记相对应的一种登记,这种登记将不动产物权的移转、设定、分割、合并、增减以及消灭记入登记簿之中,有确定的、终局的效力,故名终局登记。本登记主要包括如下几种类型:

总登记 总登记又称第一次登记,是指登记机关为确立不动产管理秩序,在对不动产物权进行清理的基础上进行的一种全面登记,这种登记表示的是某一不动产及整体不动产权利关系的总体面貌,以便对不动产物权获得一种概括的认识,从而实现一个和谐的不动产权利秩序。

变动登记 变动登记又称变更登记或动态登记,是指登记机关就不动产物权变动所进行的记载。当总登记作成后,某一不动产物权因买卖、赠与、权利设定等发生变动时,不动产上的权利就与既存登记的一部或全部发生不一致,此种不一致从一国的不动产物权交易来看,必然增加了交易第三人认识某一不动产权利状态的困难,以致有害交易的迅捷和安全。故而,当不动产物权因一定原因发生变动时,就得为变动登记,以保障登记始终如实地反映不动产权利的真实状态。

更正登记 更正登记是对原登记权利的涂销登记,同时又是对真正权利的初始登记。它是指已经完成的登记,由于当初登记手续的错误或遗漏,致使登记与实体权利关系原始的不一致,为消除这种不一致状态,对既存登记内容之一部进行订正或补充。所以,更正登记是以订正、补充为目的的一种登记。更正登记以登记手续的错误或遗漏为修正对象,错误和遗漏既可能是就不动产权利关系而发生的,例如,将甲的房屋所有权登记为乙所有;也可能是因为不动产的地理状况而发生的,例如,将耕地登记为滩涂。这里所谓的错误是指,虽然登记簿上有记载,但欠缺真实的记载,所记载的内容与不动产的真实状态不一致。而遗漏则是指因消极的行为而使记载与不动产的现实内容发生抵触,即应该登记的内容未予登记。

更正登记可以由权利人或者利害关系人提出,也可以由登记机关自己依职权为之。登记完毕后,登记机关如发现登记有错误或遗漏,应及时通知登记权利人和登记义务人。当登记权利人或登记义务人为多数人时,通知其中一人即可。无论错误或遗漏,其实质均在于欠缺真实的记载,使登记不能反映不动产的实际状态。至于该错误与遗漏是基于当事人的过错而产生,还是基于登记机关的过错而产生,在所不问。即便是由于当事人的故意而产生,仍得作成更正登记。因此,更正登记是登记完毕后,对既存登记所做的一种订正,即事后补充行为;如果在登记完毕前,登记机关即发现了登记错误,那是字句订正的问题,只需对错误字句做出修正即可。

回复登记 所谓回复登记,是与实体权利关系一致的登记,因不当原因而从登记簿上消灭,对消灭的登记予以回复,以保持原有登记的效力。回复登记以恢复原有登记的效力为目的,依原有登记消灭的原因,可分为灭失回复登记和涂销回复登记两种情形。

灭失回复登记是指登记簿的全部或一部因水灾、地震等原因而发生物理上的灭失,予以回复的一种登记。灭失回复登记是对灭失的登记的一种回复保存行为,不涉及新的权利关系的变动,故而其顺位并不发生变动,依原有登记而定。灭失的登记在回复前,其登记的不动产权利是否可以进行自由交易而不受妨碍呢?根据日本《不动产登记法》,在灭失回复登记期间,登记不动产仍然可以自由地交易,但为了交易的安全,必须进行新的登记申请。这一规定是以日本登记制度为背景的,日本的不动产登记制度采自愿登记原则,登记非为不动产物权变动的成立要件,不具有决定效力,因而,登记是否灭失对不动产交易不产生影响。可是,在登记成立主义法制下,不动产登记则是采强制原则,且登记具有推动力与公信力,登记的存在是第三人认识某一不动产权利现状的一个重要手段。在实质审查主义下,登记负担着向社会提供不动产物权真实状态的功能,社会对某一不动产权利状态的正确认识,对交易当事人尤其是原权利人,以及整个交易秩序意义重大。

因此在原有登记灭失的情况下,已灭失的登记与根本不存在的登记有别,前者从法律上来说仍然存在(只是物理上发生了灭失),登记的推定力与公信力仍得发挥作用;可是物理上不存在的登记毕竟会对不动产的真实权利状态的认识带来妨碍,如仍进行交易,原权利人及交易秩序即可能遭受不利影响,故不得继续为交易。

涂销回复登记,乃登记的全部或一部不适法地被涂销,使登记回复到涂销前的状态而为的一种记载。涂销回复登记与灭失回复登记一样,以维持登记的原效力为目的,是对错误登记的矫正。已存在的登记被不适法地涂销,其不法理由有实体上的,也有登记法上的。前者如涂销登记的登记原因无效、被撤销,后者如登记机关的过错等手续瑕疵。不适法地涂销的登记,不问涂销原因,均得回复。在涂销回复登记的情况下,并未有新的权利关系的变动,故其回复登记的顺位依被涂销的登记为准。涂销登记的回复,可因当事人的申请而进行,也可因登记机关的发现行为而依职权做出矫正。纵使原来正确的登记被错误地涂销,使登记丧失了如实反映不动产物权实际底细的能力,但在公示公信原则下,于回复之前,人们仍可就该不动产自由地交易,受让人享受公信力的保护。例如,甲乙间有不动产买卖发生,登记完成后,出卖人甲发现原来交易无效,登记被涂销缺乏有效原因,故得进行回复登记。在回复之前,善意的丙根据登记簿的记载而与乙进行的交易,受法律保护。

涂销登记　涂消登记,是在既存的登记中,基于原始的或后发的理由而致登记事项全部的不适法,从而消灭此一登记的记载行为。涂销登记是以消灭原有的登记事项为目的的一种登记。涂销登记以登记事项全部不适法为必要,如果仅仅是部分的不适法,则进行更正登记或变更登记即可,无须涂销登记。不适法的原因有原始的,如登记原因的无效、不存在;也有后发的,如登记原因的解除。登记原因的不适法无论是其无效,还是被解除,最终均导致登记原因不存在。登记原因不存在而做出的登记记载无法正确地反映实体权利关系,故必须涂销已作成的登记,并得加以回复。例如在作成由甲向乙的所有权移转登记后,物权变动无效,此时得涂销乙的所有权登记,作成由乙向甲的所有权的回复登记。

（王　轶）

ben gongsi

本公司(principal company)　亦称"总公司","分公司"的对称。指依法首先设立,管辖公司全部组织的总机构。本公司为公司全部机构的总领导,在组织上统辖和管理若干个分公司,全部的公司业务均由其指挥管理。本公司的资格要在公司章程中加以确认,并经注册机关的批准。本公司为独立的企业法人,它对所属的分公司行使指挥、监管和管理的权利,居于管辖者的地位。关于业务的经营、资金的安排、人事的调度,均由本公司统一指挥决定。

（王亦平）

benguo benpiao

本国本票(inland notes; domestic promissory notes)　外国本票的对称。英美法上以票据的签发和付款地域为标准,将本票划分为本国本票和外国本票。依《英国票据法》第83条第4款的规定,本国本票是指在不列颠群岛境内签发并付款的,或其票面文义是如此表示的本票;除此之外都属于外国本票。区分二者的意义在于,本票遭退票时,持票人对拒绝证书作成与否的选择:本国本票遭退票时,持票人可任意选择作成拒绝证书或不作;但在外国本票遭退票时,则无须作成拒绝证书,持票人却必须考虑,对发票人提起诉讼时,异国司法制度可能要求其作成拒绝证书。

（王小能）

benguo gongsi

本国公司(domestic company)　指依照我国《公司法》,在我国境内设立,其主要办事机构即住所在我国的公司。此种公司具有中国国籍,属于中国法人。确认某一公司是否属于本国公司有不同的原则。我国采取设立行为地主义,即以公司的登记地来确认公司的国籍。凡在我国批准登记注册的公司,不论外国资本占多大比例,均为中国公司,反之,皆为外国公司。

（王亦平）

benguo hupiao

本国汇票(domestic bill of exchange)　英美法上规定的一种汇票,外国汇票的对称。英国票据法规定的本国汇票是指,发票和付款都在英国境内或在不列颠群岛境内开立,以境内居民为付款人的汇票。除此之外的任何汇票都属于外国汇票。美国法规定的本国汇票是指,发票和付款在美国各州和地区以及哥伦比亚特区的任何汇票,除此之外的任何汇票都属于外国汇票。可见英国法和美国法上的本国汇票的含义并不相同。将汇票分为本国汇票与外国汇票的意义在于,对于外国汇票,无论以什么理由遭拒绝,都必须作成拒绝证书;而对于本国汇票,则由持票人任意选择是否作成拒绝证书。

（王小能）

ben hetong

本合同(德 Hauptvertrag)　又称本约,预约合同的对称。指为履行预约合同而订立的合同。无预约合同也就无所谓本合同;反之亦然。参见预约合同条。

（郭明瑞）

benpiao

本票(promissory notes) 发票人签发并承诺在见票时或于到期日无条件支付给受款人或持票人一定金额的票据。

本票是最早出现的票据形式,与汇票、支票一样,都为完全有价证券、金钱债券、要式证券、设权证券、文义证券、无因证券等。但本票又有自己的本质内容,表现出自身的法律特征:(1)本票是自付证券。即由发票人自己支付票据上记载的金额。这是本票与汇票、支票的根本不同点。因而,汇票与支票原则上有三方基本当事人,即发票人,付款人和受款人。对已汇票与对已支票虽存在,只是变式汇票、变式支票,非汇票、支票的通常情况。而本票的基本当事人只有两方,即发票人与受款人,这一点产生以下两种效果:第一,发票人在本票中始终为第一债务人,负绝对的付款责任;第二,本票中无承兑制度。故特设见票制度以确定注期本票的到期日。(2)本票(除即期本票外)是在到期日无条件支付受款人或持票人一定金额的票据。这一点表明本票与汇票相同,是一种信用证券、信用工具,而区别于充当支付工具,仅见票即付款的支票。缘于此,在许多情况下,本票准用汇票的有关规定。

本票的出现是与其所担负的重要经济职能分不开的。虽然,在现代商业社会中,汇票已经取而代之成为票据流通、运用的主角,但本票仍发挥着其特有的经济功能,主要表现在:(1)发票人可以发行本票,以延长付款日期,而受票人可以通过背书将票据转让,从而双方都可以就同一资本进行双重利用。票据兑现中的时间障碍又可以通过票据贴现来克服。(2)银行等签订借款合同时,可以以清偿期为付款日而要求借款人发出本票。在清偿期到来时,债权人既可以依据借款合同请求偿还金钱债务,也可以凭本票要求支付票面金额,债权人的地位,因被设置双重保障而更加稳固。(3)对于信用不足、无法从金融机构直接融通资金的人来说,可以利用通融本票(accommodation paper)来达到自己的目的,即请求信用高的人发行本票,然后通过向银行贴现票据而取得现金。

有关本票的立法体例主要有两种:一种为将本票与汇票合起来制定统一的票据法,而将支票再单行立法。《日内瓦统一汇票本票法》、《英国票据法》、《日本票据法》等都采取这种方式。但这种体例内部也存在差异。一类为法律条文明确规定本票的定义,如英国《汇票和本票法》第83条规定:本票是指一人对他人所作的无条件的书面承诺,经发票人签名,承担即期或在一定的日期或未来的特定期间内,向特定人或凭其委托,或向持票人支付定额金钱的票据。另一类则未对本票做概括性文字的定义,只规定本票应涵括的具体内容。《日内瓦统一汇票本票法》及《日本票据法》等属于此类,如《日本票据法》(《手形法》)将汇票(为替手形)与本票(约束手形)合而规定,但对于本票的概念性表述却未做规定,仅第75条规定了本票必须记载的事项。另一种立法体例是将本票放于汇票、支票中,制定统一的票据法。《中华人民共和国票据法》即属于此类,我国台湾地区也采这种立法方式,并且都对本票做了明确定义。我国《票据法》第73条第1款规定:本票是出票人签发的,承诺自己在见票时无条件支付确定的金额给收款人或者持票人的票据;第2款又规定:本法所称本票,是指银行本票。因此,我国票据法上所称的本票并不是典型票据法上规定的本票。虽然对本票的立法体例的选择与法律条文定义的方式与别国存在差异,但对本票的实质内容和基本特征的把握却是一致的。

(王小能)

benpiao de baozheng

本票的保证(guarantee of promissory notes) 本票债务人以外的第三人以担保特定本票债务人履行票据债务为目的而在本票上所为的附属票据行为。票据法规定,本票的保证准用汇票的相关规定(见汇票的保证),但个别条文必须在修改后适用,如我国《票据法》第47条第1款规定:保证人在汇票或者粘单上未记载前条第(3)项的(被保证人的名称),已承兑的汇票,承兑人为被保证人;未承兑的汇票,出票人为被保证人。由于我国的本票无承兑制度,如果保证人在本票或者粘单上没有记载被保证人的,出票人为被保证人。

(孔志明)

benpiao de beishu

本票的背书(endorsement of promissory notes) 持票人为转让票据权利或为实现其他目的,在本票背面或粘单上所为的一种附属票据行为。本票背书具有与汇票背书相同的特性,本票的背书适用汇票的有关规定(见汇票的背书),但与本票性质相抵触的除外,如我国《票据法》第36条中被拒绝承兑的情形不适用本票;第37条背书人所担保承兑责任也不适用本票,本票背书人只负担保付款责任。

(孔志明)

benpiao de canjia fukuan

本票的参加付款(payment by intervention of promissory notes) 本票付款人以外的第三人,在本票的付款人拒绝付款的情况下,为防止本票追索权被行使,而代付款人做出付款的行为。

参加付款的当事人 本票的参加付款人必须是本票付款人以外的第三人,也即出票人和担当付款人以外的第三人。参加付款本身是为维护本票的信誉,增强票据的流通。故各国对参加人的资格要求比较宽松,认为除上述二者以外的任何人都可以,甚至是已就本票承担责任的当事人也可以。本票的被参加付款人应是本票的债务人,主要指出票人、背书人、保证人和担当付款人。

参加付款的期限限制 本票的参加付款意在防止本票追索权的行使,因而,参加也只能在追索权可得行使之后而在其实现之前。其始期为本票付款人拒绝付款而可得作成拒绝证书之后,其行使的最后期限依《日内瓦统一汇票本票法》的规定为拒绝付款证书作成期限末日之后的次日。《英国票据法》仅规定,参加付款须在不获付款的拒绝证书作成之后,而未明确规定最后期限。

参加付款的金额要求 本票参加付款的金额应为被参加人所应支付的全部票据金额。否则,对未被付款部分,持票人仍可向被参加人及其后手行使追索权,从而导致票据关系复杂化。

参加付款人的通知义务 除参加人被委托参加付款外,参加人参加付款后,应及时向被参加人发出通知,以免给其造成损失,否则,就可能造成的损失,参加人要负赔偿之责。这项通知义务是我国台湾地区《票据法》的特有规定。其目的在于使被参加人在被参加付款后,对新的权利、义务关系做出准备。

参加付款的款式 本票的参加付款应在本票的拒绝证书中记载参加付款文句、参加人与被参加人的姓名、参加的年、月、日。参加付款文句的记载使参加付款行为与其他票据行为区别开来;参加人与被参加人姓名的记载使已消灭的票据权利、义务关系,与仍然存在的票据权利、义务关系区别开来;参加付款年、月、日的记载是判定参加人是否已履行及时通知义务的依据。若本票中未记载被参加付款人,则视出票人为被参加付款人。完成参加付款记载后,由持票人将本票及拒绝证书交付给被参加付款人,如果持票人拒绝交出本票及拒绝证书,则应对付款人负赔偿之责。而持票人拒绝参加付款人的付款行为时,则丧失对被参加人及其后手的追索权。本票的参加付款在完成参加付款记载、交付本票、拒绝证书后并未完成。因其并非付款保证,所以,参加人还必须现实地向持票人支付票款。《英国票据法》对参加付款的程式有特殊要求,即必须以公证方式证明其参加行为。参加付款的公证书必须以参加付款人或受其委托的代理人所出具的声明书为依据而作成,作成后附于拒绝证书之上。

参加付款的法律效力 (1)对参加人的法律效力体现在:参加人参加付款后,取得持票人的地位,有权向被参加人及其前手请求清偿债务。但为维护本票的信誉,保障本票的安全流通,各国票据法多规定,参加付款人参加付款后,仅取得付款请求权和追索权,而不享有背书转让权,因此,参加付款人不得再就本票为背书转让。(2)对被参加付款人及其后手的法律效力主要体现在参加人为参加付款行为后,这些主体可免受持票人追索权的行使。被参加人虽仍有票据上的债务负担,其后手则不再承担票据上的债务。(3)对持票人的法律效力主要体现为参加人参加付款后持票人不再享有票据权利,而由参加人取而代之,对被参加人及其前手行使持票人的权利。

(王小能)

benpiao de dangshiren
本票的当事人(parties of promissory notes) 本票上享有票据权利、承担票据义务的法律关系主体。可能成为本票当事人的主要有:发票人、受款人、背书人、被背书人、保证人、被保证人、持票人。

基本当事人,本票一经发行就存在的当事人。本票的基本当事人只有两方即发票人和受款人。

发票人(maker)依法制作本票,在其上签名、盖章,并将本票交给受款人的当事人。由于本票是自付证券,只有两方基本当事人,因而发票人既是第二债务人,又是第一债务人,既负有担保付款的义务,又向持票人负最终的付款义务。本票到期后,受款人及正当持票人遭受拒付时,有权向发票人追索。我国《票据法》规定的本票都为银行本票,对发票人的资格有严格限制。其第75条规定,本票发票人的资格由中国人民银行审定,具体管理办法由中国人民银行规定。其第74条对发票人的发票作了限制,规定其必须具有支付本票金额的可靠资金来源,并保证支付。国际通行意义上的本票对发票人未做这种资格和操作约束。

受款人(payee)又称"抬头人"。本票制作、发行的利益人,是直接向其或在其指示下支付本票记载的票据金额的人。受款人作为持票人,可在期日到来时向发票人请求付款;受款人将本票背书转让时,则成为票据第二债务人,承担担保付款的义务,可得被追索。《日内瓦统一汇票本票法》、《中华人民共和国票据法》都规定了受款人为本票绝对应记载的事项,而不允许发行无记名本票。英美国家及我国台湾地区则无此种规定。

其他当事人(other parties)为本票基本当事人以外的当事人,包括背书人、被背书人、保证人、被保证人、见票人。

因本票中特设见票制度,故见票人(presenter)是本票中的特有当事人。见票人又称"提示人",是为确定见票后定期付款本票的到期日,而向本票的发票人提示票据,并要求其于票面记载"见票"字样签名、盖章的本票持票人或其代理人。见票人既包括设质背书中的背书人,也包括委任背书的被背书人。

下面以一般的本票为例图释本票上的当事人:

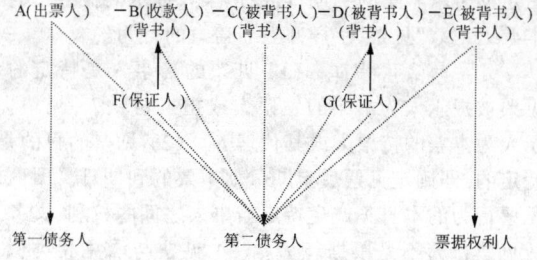

需要注意的是,此图所示各当事人依据的是一般票据法的规定,其资格没有特别限制。但依照《票据法》及《支付结算办法》的相关规定,本票的出票人 A 仅限于银行。从图上看,本票的基本当事人有两方,即出票人 A、收款人 B;非基本当事人有保证人 F、G,背书人 C、D,最后的持票人 E。由于本票属于出票人自付票款的自付票据,出票人 A 就是这张本票的第一债务人,同时为加重出票人的责任,避免其因拒绝付款而免除被追索的义务,法律又规定其与其他债务人共同承担被追索的义务,因而出票人又被列入第二债务人。在这一点上,本票出票人与汇票中的承兑人相同。本票中单纯的第二债务人是指背书人和保证人。因为本票不存在承兑问题,所以本票第二债务人无须担保承兑。

参见汇票基本当事人、汇票的背书人、汇票被背书人、汇票保证人、汇票被保证人条。(王小能 李 军)

benpiao de daoqiri
本票的到期日(maturity day of promissory notes) 本票上记载的、或者法律规定的应当支付票据金额的日期。我国票据法只规定了银行即期本票,不承认远期本票,所以持票人向出票人提示付款之日为本票到期日,持票人向出票人提示票据时,必须付款。依《日内瓦统一票据法》本票适用汇票的有关规定,本票的到期日因不同种类的本票(见票即付、见票后定期付款、发票后定期付款、定日付款)而不同,其他到期日的本票或分期付款的本票无效。我国台湾地区票据法、英国票据法等也都规定了远期本票。依我国《票据法》第 79 条的规定,本票自出票日起,付款期限最长不得超过两个月。本票的到期日为持票人的提示付款日,但最迟不得超过出票日起两个月。参见汇票的到期日条。 (孔志明)

benpiao de fapiao
本票的发票(issue of promissory notes) 又称本票的出票,发票人制作满足本票法定构成要件的票据,并将其交付给受款人的基本票据行为。本票的发票行为是以发票人于到期日向本票持票人支付本票票面金额为意思表示内容的法律行为。

发票的款式 本票发票人在本票上记载的事项,主要可分为以下几类:

1. 本票中绝对应该记载的事项。主要包括:(1) 表明"本票"字样的文句;(2) 无条件支付的承诺;(3) 确定的金额;(4) 受款人姓名;(5) 发票日期;(6) 发票人签章。《日内瓦统一汇票、本票法》、《日本票据法》中所规定的绝对应该记载的事项与我国《票据法》的规定大致相同。英美国家的票据法、我国台湾地区票据法则不把受款人名称作为绝对应该记载的事项,而允许发行无记名本票。

2. 本票中相对应该记载的事项。主要包括:(1) 付款地、出票地的记载。本票上未记载付款地时,发票人的营业场所为付款地;本票上未记载发票地的,发票人的营业场所为发票地。(2) 担当付款人的记载。这是增强本票信用的一种做法。我国《票据法》上的本票为银行本票,故在我国没有设定担当付款人的必要。(3) 利息及利率的记载。(4) 背书的记载。(5) 见票提示期限延长或缩短的特约。(6) 付款提示期限延长或缩短的特约。(7) 不允许付款地通用货币支付的特约。(8) 免除拒绝事实通知的记载。(9) 免除作成拒绝证书的记载。(10) 禁止发行回头票据的记载。此外,《日本票据法》与《日内瓦统一汇票本票法》还规定,付款日期也为相对应该记载的事项。我国台湾地区因承认无记名本票,而使受款人名称也为相对应该记载的事项。本票中相对应该记载的事项,除我国台湾地区《票据法》作了具体列举规定外,其他票据法均未做统一规定。

3. 不发生票据法效力的记载事项。主要包括就预定赔偿额事项的记载,就纠纷发生后对法院进行合意管辖事项的记载。这些记载只具有民法上的效力,不发生票据法上的效力。

4. 记载本身无效的事项。主要包括:(1) 未与利率同时记载的对利息的记载;(2) 要求对本票进行回收的记载;(3) 本票承兑及参加承兑等。

5. 记载使本票无效的事项。因与本票绝对应该记载的事项相冲突,违反本票的本质规定,从而使整个票据归于无效的记载事项。主要包括:(1) 对自己支付票款附有条件的记载;(2) 对支付方式做出限制的记载;(3) 法定方式以外的到期日的记载;(4) 分期付款的记载。

本票发票的效力 本票发票后产生的对发票人与受款人的权利、义务。对发票人的效力主要是发生作为发票人的义务,即承担到期后支付票面金额的义务。这种义务具有三个特点:(1) 发票人的付款责任是第一次的、无条件的。这是与背书人所负的偿还义务相比较而产生的特点。背书人对持票人承担第二次的付款责任,也即只在付款人拒绝付款时,经持票人追索才承担责任。但本票发票人的付款责任没有这一条件要求,本票持票人可直接向发票人行使付款请求权。(2)发票人的付款责任是绝对的。发票人的付款责任不因持票人对其权利的行使不当、保全手续的欠缺而免除。不论持票人是否已遵期提示,是否已履行保全手续,发票人的责任均不能免除。(3)发票人的付款责任是最终的,发票人一经付款,本票上的全部权利义务关系均归于消灭。在背书人履行义务的情况下,可以通过向本票发票人请求偿还已经支付的金额及其他费用,经发票人支付、收回本票而使票据上的权利、义务关系消灭。本票的发票对受款人的主要效力表现在受款人就本票享有的付款请求权和追索权。另外,在开出见票后定期付款的本票的情况下,为确定本票的到期日,还会产生受款人所负遵期提示的义务。 (王小能)

benpiao de fenlei
本票的分类(types of promissory notes) 依据不同的标准可以将本票进行不同的分类。(1)以本票的发票人为标准,可将本票分为商业本票和银行本票。(2)以到期日的确定方式为标准,可将本票分为即期本票和远期本票。远期本票又可分为定日付款本票(定期本票)、出票后定期付款的本票(即期本票)和见票后定期付款的本票(注期本票)。(3)以本票上的对权利人记载的方式为标准,可将本票分为记名式本票、指示式本票和无记名式本票。(4)以发票人所负的责任为标准,可将本票分为连带负责的本票和既连带又单独负责的本票。(5)以发票和付款的地域为标准,可将本票分为本国本票和外国本票。 (王小能)

benpiao de fukuan
本票的付款(payment of promissory notes) 本票的出票人或其代理人支付票据金额,以消灭票据关系的行为。本票是自付证券,出票人自票据行为完成后即负绝对的付款责任,出票人一始就是第一债务人。《日内瓦统一汇票本票法》与我国台湾地区票据法对本票的付款均不作特殊规定,完全适用汇票的有关规定。我国《票据法》第81条规定:本票的付款行为,除本章有规定外,适用本法第二章汇票的有关规定。本章对付款所作的特殊规定有3条。第78条规定:本票的出票人在持票人提示见票时,必须承担付款的责任。此条规定了本票的种类,即为即期本票,同时还规定了出票人的付款责任。第79条规定:本票自出票日起,付款期限最长不得超过2个月。第80条规定:本票的持票人未按照规定期限提示见票的,丧失对出票人以外的前手的追索权。参见汇票的付款条。 (孔志明)

benpiao de jianpiao
本票的见票(sight, visa of the makers) 为确定见票后定期付款本票的到期日,经持票人提示,由发票人在本票上记载"见票"字样并签名盖章的行为。

见票的法律特征 (1)见票的当事人是特定的。见票被提示人为本票的发票人或担当付款人,见票提示人为本票的持票人或其代理人。(2)见票的目的是特定的,即确定见票后定期付款本票的到期日。因而,见票行为的本身不产生特定当事人之间的权利、义务,故见票行为不是票据行为。(3)见票与承兑相类似,但不同。从功能上讲,承兑的主要功能是确定付款人的义务。因而,汇票经承兑后,持票人的付款请求权产生。汇票的发票只产生持票人的支付受领权,而只有经承兑后,支付受领权才转化为付款请求权。只有注期汇票的承兑才兼具确定到期日的功能。本票一经发票,付款请求权即已产生和存在,故见票的功能仅在确定本票到期日。从行为性质上讲,见票是持票人或其代理人向发票人或担当付款人所为的准法律行为,承兑则是持票人向付款人所为的票据行为。

本票的见票程序 关于见票程序与效力,日内瓦法系国家作了明确规定,英美法系国家对此并未做单独规定,理论上认为本票见票准用汇票承兑的有关规定。具体程序如下:首先,见票提示。一方当事人即持票人或其代理人向另一方当事人即发票人或与发票人地位相当的人(如担当付款人)出示票据,请求完成见票手续。其次,见票记载。见票的被提示人在本票上做一定的记载。记载的主要内容有:(1)见票或其他同义字样;(2)见票日期,并依此日期确定见票后定期付款本票的到期日。但虽见票而未记载见票日期或发票人于提示见票时,拒绝签注见票日期(拒绝见票)时应如何处理,各国规定不一。对前种情况,我国台湾地区《票据法》第122条第2款规定,以所定提示见票期限之末日为见票日。对后种情况,《日内瓦统一汇票本票法》第78条第2款规定,以拒绝证书作成之日为见票日。(3)被提示人签名。这是由票据为文义证券、要式证券的特性所决定的。而且,由于被提示见票人除发票人外,还有担当付款人,而这些人在票据关系中的地位是不同的,故而有必要加以明确。最后,交还票据。将已完成见票记载的本票交还持票人或其代理人,见票行为完成。

见票期限 本票见票必须遵守提示期限。《日内瓦统一汇票本票法》在第78条援引第23条承兑提示期限的规定,设定自发票之日起1年的本票见票提示期限。但发票人可以延长或缩短这一期限。背书人则只可缩短这一期限。我国台湾地区《票据法》规定了6个月的见票提示期限。英美有关见票提示期限准用汇票承兑期限的规定,为"一定的合理期间内"。我国《票据法》对本票见票提示期限未做明确规定,但对本票的付款期限规定最长不得超过两个月。因此,本票的见票提示期限也不能超过这一期限。

见票的效力 见票的效力有积极效力和消极效力两个方面。积极效力体现在:若被提示人作了见票记载并签名,则确定了见票后定期付款本票的到期日;若被提示人拒绝见票,而提示人依法作成了拒绝见票证书,则提示人可直接向其前手行使追索权。消极效力主要体现在:如果本票的持票人未按规定期限拒绝见票证书,则持票人丧失对出票人以外的前手的追索权。因此,见票提示或拒绝见票证书的作成是本票持票人保全其对出票人以外的前手的票据权利中的追索权的方式。 (王小能)

benpiao de qiqian zhuisuoquan
本票的期前追索权(right of recourse before maturity of promissory notes) 到期追索权的对称,本票虽未到期,而由持票人向其前手行使的追索权。本票期前追索权的行使主要发生在下列情况下:(1) 本票到期日前,发票人被破产宣告或已停止支付,或者财产正在被强制执行。(2) 发票人拒绝见票或持票人无法提示见票。本票的期前追索权有一定的保全手续、行使程序,行使后会发生一定的法律效力。 (王小能)

benpiao de qiangzhi zhixing
本票的强制执行(enforcement of promissory notes) 我国台湾地区《票据法》于1960年修订时新增加的内容。持票人在向发票人行使追索权时,无须经过一般的民事诉讼程序,而依非讼程序向有管辖权的法院出具自己享有追索权的有效证明,申请裁定,给予发票人强制执行。强制执行的构成要件主要有:(1) 申请强制执行的人只能是持票人或其代理人。(2) 必须是持票人在行使追索权时才可申请强制执行。强制执行不得适用于付款请求权。因此,持票人在申请强制执行时,应提出拒绝证书,证明可得行使追索权,或提出追索权存在的其他证明。(3) 必须是持票人以发票人为追索对象,以发票人为裁定对象。所以,向背书人、保证人、参加付款人行使追索则不得申请强制执行。(4) 申请的目的是强制执行本票,因此,性质上属于非讼事件。应依非讼的有关规定进行,如管辖权的确定;审查权仅限于形式审查,即审查持票人所持本票是否为有效记载的本票,是否已为保全追索权而履行了适当手续而不问实体法律关系;其他具体非诉程序。(5) 申请强制执行的范围是持票人向发票人行使追索权而可取得的利益。它具体包括本票的票面金额、利息、拒绝证书的作成费用等持票人为行使追索权而支出的费用。

本票的强制执行目的在于,促进本票的快速流通,提高本票的信誉。而这是通过缩短票据债权的实现时间,不依诉讼法程序而是通过法院查封、扣押、冻结、变卖发票人的财产等强制方式强化票据债务来实现的。本票的持票人申请强制执行后,发票人对法院的强制执行裁定享有诉讼救济权。依我国台湾地区程序法的有关规定,发票人对于本票主张伪造、变造的情况下,应于接到强制执行许可裁定之日起20日内,向作出许可裁定的法院提起确认之诉。而在提起此种诉讼后,发票人向执行法院提出起诉证明时,执行法院应停止执行。但如果此时持票人提供担保,要求强制执行时,仍应强制执行。与此相对,若发票人为免受强制执行,也可以提供担保而要求法院停止强制执行。若发票人既不提供担保,也不在20日内提出确认之诉,也未向执行法院申请停止强制执行,执行法院就可进行强制执行。但是,发票人即使在20日内未提起确认之诉,也并不能认定其诉讼救济权不复存在。他仍可提出确认之诉获得救济,只是无权申请执行法院停止强制执行。 (王小能)

benpiao de texing
本票的特性(characteristic of promissory notes) 本票具有的特点。本票作为票据的一种,是有价证券、金钱证券、设权证券、要式证券、文义证券、无因证券、提示证券。本票是出票人自己支付的票据,由出票人自己对收款人付款,并担负绝对付款的责任,是自付证券。本票的基本当事人仅有出票人和收款人,而汇票、支票存在三方基本当事人。本票出票人在到期日无条件支付给收款人或持票人,也属信用证券,我国《票据法》规定的本票只为见票即付,所以不存在承兑制度,但《日内瓦统一汇票本票法》和我国台湾地区《票据法》均规定了远期本票。 (孔志明)

benpiao de tengben
本票的誊本(copies of promissory notes) 以方便本票的流通为目的,在持票人因故不能掌握本票原本的情况下,仍能使其进行本票的背书与保证,而允许本票持票人依法发行的依票据原本作成的誊写本。参见汇票的誊本条。 (王小能)

benpiao shiyong huipiao de guiding
本票适用汇票的规定(provisions relating to bills of exchange apply to promissory notes) 本票与汇票虽为两种票据形式,但二者具有类似特征。因本票是自付证券,汇票是委付证券,故除汇票特有的承兑、参加承兑、发行复本等制度外,本票与汇票具有相同的制度。而出于立法技术上的考虑以及法律条文内在的统一性、逻辑性的要求,对本票与汇票相类似的制度,各国均作准用的规定。各国对准用规定的立法体例有差异,有的采取概括性准用规定,排除个别规定的适用,如《英国票据法》即如此。有的采取详细列举的规定方式,如《日内瓦统一汇票本票法》即属此类,其第 77 条详细规定了具体化的准用制度。我国《票据法》则在第 81 条分两款作了部分列举式准用规定,部分排除性准用规定。前者体现在背书、保证、付款行为、追索权的行使方面,后者主要体现在对出票行为的规定中。但不论采取何种立法方式,有关本票准用汇票规定的基本原则不变,即:(1) 准用汇票的有关规定以不能违反本票的性质为限,因此,汇票中的特有制度,本票不得准用,如承兑制度。(2) 准用汇票的有关规定后,相关文句做必要修改,如将"汇票"改为"本票"。

  本票准用汇票的规定主要体现在以下几方面:(1) 本票可以准用汇票背书的有关规定。汇票的背书与本票的背书几乎没有区别,故汇票中有关背书的一系列定义、操作性程序、原则性规定都适用于本票的背书。但是,我国台湾地区《票据法》不允许本票背书人记载预备付款人。(2) 本票可以准用汇票保证的规定。有关保证的定义、分类、特征和程式,本票可以准用汇票的规定,但是,在被保证人的范围上,二者不同。本票中的所有当事人均可以充当被保证人,但汇票中的付款人在未作承兑之前不负付款义务,故不属于被保证人范畴。同时,若保证记载事项中未记载被保证人,在汇票中被保证人应为已承兑的承兑人,在未承兑时则是发票人;在本票中,则被保证人应认定为发票人。(3) 本票可以准用汇票付款的有关规定。汇票中,有关付款的定义、分类、时间、效力等方面的规定适用于本票。但本票是自付证券,故与自付证券派生出的特点不符的相应规定不适用于本票。首先,本票的付款被提示人与汇票的不同。汇票的付款被提示人可以是已为承兑的承兑人,但因本票中无承兑制度,故无此类被提示人存在。其次,对于付款,本票可以适用汇票的相关规定,但汇票的参加付款意在防止到期追索权被行使,本票的参加付款既用于防止到期追索权被行使,也用于防止到期前追索权被行使,《票据法》中没有参加付款制度的具体规定,故在其第 81 条中没有此项制度的准用规定。(4) 本票可以准用汇票关于追索权行使的有关规定。汇票有关追索权的定义、分类、保全、行使、内容、效力等规定适用于本票,但由于本票中无承兑制度,故作为汇票追索权行使的前提要件之一的、拒绝承兑的规定不适用于本票;本票追索权行使的对象中也无承兑人;拒绝承兑证书的作成也非追索权的保全手续。(5) 本票准用汇票与发票的有关规定,主要体现在汇票的记载事项以及发票的效力的规定中。

  除上述几种准用情况外,国外票据法还规定了本票可以准用汇票誊本、汇票到期日的有关规定。我国《票据法》中由于没有汇票誊本制度,故没有这方面的准用规定。这与英美法系国家相同。而关于汇票到期日的有关规定,因《票据法》仅规定见票即付本票这一种本票形式,故无计算本票到期日之必要,也就无准用的余地。但即使依国外票据法本票适用汇票的有关制度,就这两种制度所作的规定,也存在本票适用上的除外情况,如在见票后定期付款的汇票中,有关依承兑日期确定到期日的规定不适用于本票。

(王小能)

benpiao yu guokuquan
本票与国库券(relations between promissory notes and treasury bonds)

国库券是由国库直接发行的一种债券。在实质上,国库券是以政府为发票人,以持有债券的人为受款人,发票人承诺见券付款的本票。但国库券不属于票据法上所规范的本票。本票与国库券的不同主要表现在:(1) 本票发行须依票据法进行,国券的发行则须依国家发布的关于国库券发行的特殊规定进行。而这种特殊规定是政府依据财政收支的能力,考虑货币发行、通货膨胀等因素,经过国家权力机构、财政部门的审批和认可而确定的。国库券的发行也往往由政府委托国有银行来进行。(2) 本票的记载事项由法律具体规定,划定应该记载的事项、可以记载的事项、记载不发生票据法上效力的事项、记载无效的事项、记载使票据无效的事项,记载事项的填充则由当事人自己来完成;但国库券是国家统一印制和发行的,故无填充之必要。(3) 本票以债务偿还方式有发票人偿还、被追索人偿还等多种方式,债务金额也依偿还方式的不同而有所不同(参见本票的付款条);但国库券债务的偿还一般按特殊规定所定的年限和方式(包括利率的确定、地点的指定等)来进行。(4) 本票可按记载受款人的方式分为记名式本票、指示式本票和无记名式本票三种;但国库券则为无记名式。参见本票的分类条。

(王小能)

benpiao yu huipiao
本票与汇票(promissory notes and bills of exchange)

本票与汇票同是一种信用工具,执行信用职能,区别于仅具支付职能的支票。故而,二者都可以远期付款。而支票仅限于即期付款。同时,本票与汇票对付款人也没有特别的要求,而不像支票仅限于银行及其他法定金融机构。因此,本票与汇票有很多相似之处,票据法中对本票准用汇票的有关规定作详细列举即为有力佐证。但本票与汇票毕竟为两种票据形式,存在许多差异,主要表现在:(1) 本票有两方基本当事人,即发票人、持票人。汇票有三方当事人,即发票人、持票人和付款人。(2) 本票实质上是一项付款的承诺,汇票则是一项付款的委托命令,因此,本票是自付证券,汇票则是委付证券。(3) 汇票中存在付款人与发票人之间的资金关系,本票中却不存在这一关系。(4) 一般情况下,汇票的发票人只负偿还义务,本票的发票人却同时负付款义务。(5) 汇票如果被拒绝承兑,持票人可凭拒绝证书向负担保承兑、担保付款的前手及发票人行使期前追索权。本票中则无承兑、拒绝证书之规定。(6) 汇票中为承兑便利,可就汇票发行复本,但本票中无承兑制度,也不得发行复本。(7) 汇票中的承兑可以是一部分,也可以附条件,持票人可以视此种承兑为拒绝承兑,但承兑人仍须按其所承诺之条件负责,本票中所做的付款承诺则是完全的、无条件的。

(王小能)

benpiao yu yinhangquan

本票与银行券(relations between promissory notes and bank notes) 银行券是由银行发行的本票。银行券保证见票付款,并欲作货币流通。在英美国家,银行券是一种本票形式。它起源于17世纪上半叶的伦敦。当时,以金银等贵重金属作为交易决算手段,因其易损、易盗且不便于携带而被人们纷纷放于钱庄,钱庄出具领收书,并凭此文据进行决算。这种领收书就是银行券的原始形式。对银行券的发行人,最初是没有资格限制的。后来,由于民间银行规模不足、信誉较差,导致银行券使用受阻。为此,各国纷纷规定由后来设立的中央银行垄断发行银行券。在美国,是由联邦储备银行(Federal Reserve Banks)发行,发行的银行券也被称作"联邦储备银行券"(Federal Reserve Banks Notes)。在英国,至1921年完全实现了由英格兰银行(Bank of England)在英格兰和威尔士独家发行银行券。在日本,自1882年设立日本银行以来,就由其垄断发行银行券。银行券虽然本质上属于银行发行的本票,但其发行宗旨须受国家政策和政府财政管理的指引。银行券发行过多容易引起货币管理混乱,破坏货币价值的稳定,各国都规定严格控制银行券的发行额,发行额要根据国家黄金储备和现实货币流通的需要来确定。同时,由于其发行人与发行方式也具有特殊性,在操作程序上与本票也不同。根据《英国票据法》第64条之规定:凡汇票有重大变造,但不明显时,发票人和这种变造之前背书的人应按票上原来记载的文义负责。这一规定适用于本票,但不适用于银行券。对银行券的任何变造,无论明显或不明显,都会使该券完全无效。

(王小能)

benpiao yu zhaiquan

本票与债券(promissory notes and bonds) 本票与债券有许多相同之处,主要有:(1) 二者都是金钱债权有价证券,即以请求支付一定金额的金钱为权利内容的有价证券;(2) 二者都是由债务人向债权人开出的,以金钱给付为权利内容的有价证券;(3) 二者都是表明出票人自己付款的有价证券。

但本票是票据的一种形式,与债券相比较有本质的区别。主要表现在:(1) 本票是设权证券,而债券是证明权利存在的证券。(2) 本票是完全的有价证券,而债券为不完全的有价证券。(3) 本票中权利转让可采取背书或交付形式,债券中的无记名债券可采取交付形式转让,记名债券的权利转让则要求履行登记、告知等手续。(4) 本票背书转让后,背书人就本票的付款负担保义务,而在债券转让中不存在这种效力。(5) 二者对已履行偿还义务的债务人的保护程度不同。本票的付款人在付款时仅就票面记载事项负有调查义务,只要对票据的形式审查没有恶意或重大过失,则免除责任;而债券(主要指记名债券)的付款人负有就持票人的实质资格进行审查的义务。(6) 本票是一种无因证券,即本票的票据关系与原因关系分离,票据债务人不得以基础关系的理由对抗票据持有人,而债券的开出人却可以依实质债权、债务关系的存在对抗持券人。(7) 本票中存在切断抗辩,但债券中奉行自己没有的权利无法转让给他人的原则。(8) 本票中债务履行时间的确定有即期、远期之分,远期中又包含几种到期日确定方式,而债券却规定明确的债务履行时间,是确定期日的债权证券。(9) 二者适用的法律不同。本票的发行、付款、转让等受票据法调整,债券的发行等则要受民法、公司法、证券法等调整。参见本票的到期日条。

(王小能)

benquan

本权(original right) 是与占有相对而言的。占有事实以外的所有权、土地使用权、土地承包经营权、典权、质押权、留置权等,都是本权。另外应为占有的债权,如租赁权、借用权等也属于本权。

(王轶)

benquan zhisu

本权之诉(拉丁 petitorium) 与占有之诉对称,即基于本权,如所有权、地上权、租赁权等提起的诉讼。本权之诉和占有之诉具有如下关系:(1) 占有之诉以维持对物的管领为目的,而本权之诉则是以确定权利关系为目的,所以,二者两不相妨,可以独立并存;(2) 占有之诉和本权之诉虽然可以两不相妨,但本权之诉终究属于终局的保护,所以,在本权诉讼确定判决,认为被告不具有本权时,原告在所主张的占有保护请求权要件不具备时,不得再行提起占有之诉。

(申卫星)

benwei jichengren

本位继承人(direct heir) 代位继承人的对称。指基于自己的继承顺序和继承地位而继承的继承人。如父母继承子女、子女继承父母、妻子继承丈夫、兄弟继承姐姐等。在以上继承关系中,父母、子女、妻子、兄弟都属于本位继承人。

(马忆南)

bijiao guoshi
比较过失(comparative negligence) 美国侵权法上指根据原被告过失大小,按比例分配其责任的一项原则,同于大陆法系侵权法上的"过失相抵"原则。美国侵权法上的比较过失分为纯比较过失和部分比较过失两种,纯比较过失是指无论原告的过失有多大,他都应该按他的过失大小比例得到相应的赔偿;部分比较过失是指当原告的过失等于或大于被告的过失时,原告不能得到赔偿。

(刘经靖)

bili fenbao
比例分保(proportional reinsurance) 又称比例再保险或分担再保险。原保险人依据与再保险人之间签订的再保险合同,将所收取的保费的一部分让与再保险人,再保险人则依所分得的保费占合同全部保费的同一比例分担损失赔偿的一种保险。比例分保也可以说是按照保险金额的一定比例,分担损失赔偿责任的一种保险。比例再保险以原保险人的某种险别的全部业务为基础,双方协作,双方的权利、义务的享有与负担均依同一比例确定。比例再保险又可分为成数再保险与溢额再保险。前者是原保险人以保险金额为基础,将每一单位的保险金额,按双方约定的比例即一定成数确定原保险人的自留额与再保险人的再保险金额。后者是指原保险人将超过其自留额部分按比例分给再保险人,再保险人按其对保险金额所享有的比例来计算再保险费和分摊赔款。

(温世扬)

bili zerenzhi
比例责任制(proportional responsibility system) 重复保险中责任分摊方法的一种。投保人以一个保险标的同时向两家或两家以上的保险公司投保同一危险,其保险金额的总和超过保险标的的保险价值,就构成重复保险。当损失发生时,为了防止投保人获得双份赔款,通常采取各保险人共同分摊的方法。比例责任制是指在重复保险的情况下,将各家的保险金额加起来,得出每家应分摊的比例,然后按比例分摊损失的方法。我国涉外财产保险单中规定了分摊条款:如本保险单在损失发生时另有别家公司保险存在,不论是被保险人或他人所保,如属同一财产,本公司仅负按照比例分摊损失的责任。

(温世扬)

bigehaimu tiaokuan
彼格海姆条款(Bigham Clause) "不分离协议"中的一项条款,得名于最早拟定该条款的律师事务所。美国和加拿大等国家的货方,为了在发生共同海损后,货物转运并签订不分离协议的情况下,保护自身的利益,一般都坚持在不分离协议中订入彼格海姆条款。该条款的标准格式一般是:依据本协议(指不分离协议)向货方收取的金额,不得超过货方在避难港提货并将货物自行转运至目的地的费用。《1994年约克—安特卫普规则》规则G第4款包含了彼格海姆条款的内容。

(张永坚 张宁)

biliufen
必留份(statutory reserve) 为保护缺乏劳动能力又无生活来源的法定继承人的利益,我国法律规定遗嘱必须为其保留必要的遗产份额,是对遗嘱处分财产的限制。我国《继承法》第19条和有关司法解释规定:遗嘱应当对缺乏劳动能力又无生活来源的继承人保留必要的遗产份额。遗嘱人未保留缺乏劳动能力又没有生活来源的继承人的遗产份额,遗产处理时,应当为该继承人留下必要的遗产,所剩下的部分,才可参照遗嘱分配原则处理。由此可见,未保留"必留份"的遗嘱部分无效。必须指出,"必留份"不是指"应继份",而是指保障继承人基本生活所需的必不可少的份额,如未成年人的生活费、教育费、医药费等,即"必留份"根据实际需要可大于、等于或小于"应继份"。享有"必留份"的法定继承人,必须在遗嘱生效时,同时具备以下两个条件:(1)缺乏劳动能力,包括因未成年无劳动能力或因年老、疾病等丧失劳动能力。(2)没有生活来源,即本人无其他生活来源,在被继承人生前即依靠被继承人生活。我国《继承法》中的必留份制度与前苏联及捷克斯洛伐克等东欧一些国家关于"必继份"的规定较为相似,即法律一般仅为无独立生活能力的法定继承人设置"必留份"或"必继份";而与法国、德国、日本、瑞士等国关于"特留份"、"保留份"的规定有较大差异,后者采平均主义原则,为某些较亲近的法定继承人设置"特留份"或"保留份",而不论其有无独立生活能力。但从立法宗旨看,都是为防止滥用遗嘱自由权,保护被继承人的较亲近的或无独立生活能力的法定继承人的利益,为社会减轻一定负担。参见特留份条。

(陈苇)

biran tiaojian
必然条件(essential condition) 偶然条件的对称。又称必然原因。必然引起结果发生的因素。对必然条件的认定可分为两种学说。一种学说是,立足于责任构成的必然因果关系说,认为如果行为必然引起损害后果,则该行为即为该损害结果的必然原因,行为与结果之间因此有因果关系。必然原因对损害结果起着决定作用,它的存在会合乎规律地一定产生该损害结果。另一种学说是,从唯物辩证法偶然性与必然性的辩证统一理论出发,认为既然所有引起损害发生的因素都与损害结果之间具备因果关系,所以,单纯区分导致损害结果发生的必然条件(或原因)与偶然条件(或原因)已经不科学。一方面,既然行为与损害后果之间的因果关系具备客观性,则导致损害发生的因素就不存在可能与不可能,即必然与偶然的问题;另一方面,在多因一果的情况下,各导致结果的因素是结合在一起而不可分的,单纯就行为人的行为来说,其导致结果的出现既是必然的,也是偶然的,恰是该行为的存在,才使损害结果得以发生,所以也就无法否认行为与结果之间联系的必然性。 (张平华)

bizhi tiaojian

必至条件(拉丁 condicio necessaris) 以必然发生的事实的发生或以必然不发生的事实的不发生为内容的条件。必至条件因欠缺不确定性,为非真实的条件。以必至条件为停止条件时,其法律行为应认定为无条件;以必至条件为解除条件时,其法律行为应认为无效。如长江水不西流,则借款于你,即为附必至条件,该法律行为视为无条件。 (李仁玉 陈敦)

binangang feiyong

避难港费用(expenses at port of refuge) 当船舶因意外事故、牺牲或其他特殊情况,为了共同安全而进入避难港口,或驶回原来的装货港所发生的费用,应列为共同海损。避难港费用包括:(1) 驶往、驶离避难港的费用。主要包括驶往、驶离避难港,因而引起航程延长,在航程延长期间的船员工资、给养和其他费用。(2) 避难港港口费用。船舶在避难港为处理共同海损事故而额外停留期间支付的港口费用。(3) 卸载、搬移或者储存(包括保险)、重装、积载货物、燃料、物料费用。(4) 在避难港停留期间所支付的船员工资、给养和其他费用。(5) 防止或减轻环境污染费用。 (张永坚 张 宁)

binangang huowu caozuo feiyong

避难港货物操作费用(expenses of cargo operation at port of refuge) 为了共同安全,或者因牺牲或意外事故所遭受的损坏得以修理,而在避难港口的船上搬移、卸下货物、燃料或者物料的费用以及储存费用(包括保险费)、重装费和积载费列入共同海损费用。如果船舶损坏部分必须在避难港修理,而该港又没有修理能力,该船不得不驶往另一个有修理能力的港口时,只要该项修理是为了安全地完成航程所必须,则在修理港(第二避难港)所发生的诸如港口费用、临时修理费、拖带费、消耗的燃物料、由于修理而卸载、重装和移动船上货物等引起的费用也列入共同海损进行分摊。
 (张永坚 张 宁)

bianli fuben

便利复本(bills in a set for convenience) 为了方便汇票的流通而发行的复本。即当汇票被提示承兑时,则不可能再对汇票进行背书转让,尤其在异地承兑时。
 (王小能)

biangeng dengji

变更登记(modification registration) 公司法规定,公司变更登记事项,应向原公司登记机关申请变更登记,未经核准变更登记,公司不得擅自改变登记事项。公司变更名称、法定代表人、注册资本、经营范围、组织类型,有限公司变更股东、董事、监事、经理,因合并分立而存续的公司发生登记事项改变的,应限期向公司登记机关提交文件,申请变更登记:(1) 公司法定代表人签署的变更登记申请书;(2) 依公司法作出的变更决议或决定;(3) 公司登记机关要求提交的其他文件。公司变更登记事项涉及公司章程,应当提交修正后的公司章程或公司章程修正案。应登记而未登记的,不得以此对抗第三人。 (刘弓强 蔡云红)

bianshi huipiao

变式汇票(varied bill) 是指汇票关系中的两个或三个基本当事人同时由一人充当的汇票。它又可分为指己汇票、对己汇票、付受汇票。变式汇票是汇票分类的一种,是一般汇票的对称。一般汇票与变式汇票的分类标准是汇票当事人资格是否重合。
 (王小能 温慧卿)

biaodi

标的(object;德 objekt;法 objet) 标的一语在民法学上和民事法上有四种意义:(1) 法律行为之标的。《日本民法》第90条谓:以违反公共秩序或善良风俗的事项为标的的法律行为无效。我旧民律草案因袭之,于第175条至第177条专门规定法律行为之标的。其后,民法学理上多以法律行为之标的,指当事人依其法律行为所欲发生之事项,即法律行为之内容。并以标的之可能、确定、合法为法律行为有效要件之一。不过,也有学者认为,法律行为之内容,包括法律行为之标的及目的。而法律行为之标的,又分为直接标的与间接标的,前者为人之身体上之单纯动静,后者为由此动静所发生之效果。所谓标的之可能、确定、合法,乃指其间接标的而言;至于目的则只生合法与否之问题。(2)法律关系之标的。指法律关系中权利义务所共同指向之对象,即法律关系之客体。如旧中国民法第二编第一章第二节即以债之标的名之。债之标的,为债务人之给付,此系就债权债务双方而言;如仅就债权一方而论,则为债权之客体。(3)权利之标的。指被动地接受私权蕴涵的法力之影响的、为法律所保护的特定利益之本体,即权利的客体。权利之标的,一般虽与法律关系之标的可以换用;但在形成权中,由于与权利相对者非为义务,只为一种屈从或拘束,故作为形成权之标的或客体的某种法律关系,无从作为所谓义务之标的也。(4)给付之标的。债之标的、债权的客体,为债务人之给付行为,而给付行为之对象,方为给付之标的。给付之标的多为物,或为金钱,或为权利,但给付行为本身非必另有标的,其给付行为本身,即足以完成给付,如劳务之给付是,不作为之给付亦然。故债之标的与给付之标的应严予区分。

我国现行法,除了偶尔在法律关系之标的(债之标的)或权利之标的意义上,使用标的一词(例如,合同法第110条、第111条)外,基本上是在给付之标的意义上,使用标的一词:有时泛指价款或报酬以外的、一切给付行为之对象,如《合同法》第12条、第30条、第324条;有时泛指货币或不动产以外的、一切给付行为之对象,如《民法通则》第88条、《合同法》第62条。

须注意者,在合同法中,标的一词无论在何种意义上使用,都无妨其同时成为合同行为之标的,但绝对不能因此将给付之标的与法律行为之标的混同,盖法定之债,亦有其债的关系之标的、债权之标的以及债务人给付之标的,惟独法律行为之标的却无从谈起。

(张 谷)

biaodi buneng

标的不能(impossibility of object; 德 Unmöglichkeit des Objekt) 法律行为的内容不能实现。依不同标准,标的不能可分为:(1)客观不能与主观不能;(2)自始不能与嗣后不能;(3)法律上的不能与事实上的不能;(4)全部不能与一部不能;(5)永久不能与一时不能。通说认为,只有自始不能、事实不能、法律不能、客观不能、永久不能、全部不能,才导致法律行为的无效,其他不能或构成履行不能的问题,或构成其他问题。

(李仁玉 陈 敦)

biaodi de hefa

标的的合法(legality of object; 德 Rechtmäßigkeit des Objekt) 法律行为的内容不违反强行法规,不违背社会公序良俗。所谓强行法,即法律的强制性规范和禁止性规范。法律行为内容违反强行法,为无效行为;法律行为也不能违背社会公序良俗,违背社会公序良俗的行为,亦为无效行为。

(李仁玉 陈 敦)

biaodi keneng

标的可能(possibility of object; 德 Möglichkeit des Objekt) 标的不能的对称。法律行为的内容有实现的可能性。罗马法和法国法都有合同标的的可能性的要求。德国法没有关于法律行为内容可能性的一般规定,但在合同法中也明确规定合同内容应具有可能性,称为给付的可能性。

(李仁玉 陈 敦)

biaodi queding

标的确定(certainty of object; 德 Bestimmtheit des Objekt) 法律行为的标的自始确定或可得确定。法律行为的标的若自始不确定,则法律行为无效。法律行为的标的虽然自始非完全确定,但处于可确定状态的,该法律行为亦可以有效,如买卖合同未确定价格的,依我国《合同法》的规定,当事人可协商补充确定价格,协商不成的,依法律规定确定价格。

(李仁玉 陈 敦)

biaodi tuodang

标的妥当(justness of object) 法律行为的内容除不得直接违反强行法规定外,尚需具备社会的妥当性,即不得违背公共秩序和善良风俗。依我国民法之规定,违背社会公共秩序的行为为无效行为。依大陆法国家民法规定,违背公序良俗的法律行为,为无效行为。

(李仁玉 陈 敦)

biaodiwu

标的物(objects of performance; 德 gegenstaende der leistung) 即给付行为之标的物。理论上,凡得为给付行为之对象的一切事物,不论有体、无体;有体物中,也不论动产、不动产,金钱、非金钱,均属之;甚至财产总体、事实关系等亦属之。所以,合同法中的买卖物、保管物、仓储物、租赁物、运输之货物、借贷之款项、给付之价款、租金、费用、报酬等,皆为标的物。但我国现行法上,主要是合同法,由于分别在抵销(第99、100条)、清偿提存(第101至104条)、买卖(第130、132至158条、第160至171条、第175条)等规定中,使用标的物一语,于各该相关处,其范围不尽相同。(1)法定抵销中,标的物一般均为金钱及其他替代物。对于个别标的物之债,求其同种类、同品质者相抵销,实不常见。倘所主张者为个别物,而所欠者为种类物,则所主张之个别物必须具备一切所欠种类物之品质者,始准抵销;但如所欠者为个别物,而所主张者为种类物时,则两者不能抵销,此在破产程序中,复另具办法。盖如种类、品质不同,系属利益之交换,与代物清偿相仿,若由双方约定抵销,则无不可。(2) 清偿提存中,标的物指货币、有价证券、票据、提单、权利证书、贵重物品,其他适宜于提存的标的物(包括不动产)等。(3) 买卖合同中,所谓的标的物,不包括买方应付之价金,仅指卖方可以支配、可以处分并可以现实交付的有体物,动产、不动产在所不问。但无体财产、债权、股东权等财产权,提单、仓单等提取货物的单证,电、水、气、热等不在其中;企业买卖中的交易关系、顾客关系、商业秘密、商号等亦不在其中。这些客体的买卖,须另依照特别规定或准用买卖法的规定。 (张 谷)

biaodi

标底(base amount of a tender; minimum bid set by the caller) 招标人为了对招标项目的单价、分项价和总价做到心中有数,根据国家规定的有关技术、经济标准和价格、利润等管理规定,预先确立的招标项目的基本价格。标底属于招标的绝密资料,应严格保密,不得泄露。确立后一般需经招标单位主管部门审查批准。制定标底,实质上是编制项目概算。标底过高或过低均不适宜。过高则造成浪费,项目成本高,对业主不利;过低,由于承包商无利可图,业主难以找到合适的承包商进行承包。 (肖 燕)

biaomai biaomai

标买标卖(biding purchase and sale) 竞争买卖的一种。以招标投标的方式订立买卖合同以买入或卖出标的物。其特点是通过竞争方式选择出卖人或者买受人;同时,与拍卖不同之处在于参加竞争的人是以投标的方式报价,各投标人报出的条件相互保密,每人只有一次报价的机会。我国《合同法》第 172 条规定:招标投标买卖的当事人的权利义务以及招标投标程序等,依照有关法律、行政法规的规定。 (郭明瑞)

biaozhi buqing huo budang

标志不清或不当(insufficiency or inadequacy of marks) 提单中规定的承运人的免责事由之一,根据《海牙规则》的相关规定而列入提单。即由于托运人交付的货物本身标志不清或不当,导致承运人在管货过程中对货物做出错误处理、在交货港错交货物或者错运货物,由此给托运人或收货人带来的相关货物损失,承运人不负责任。货物标志有:(1) 主标志,即货主代号,其内容是收货人名称的缩写、贸易合同的编号或信用证编号;(2) 副标志,即主标志的补充,包括目的港、发货港、货物品名、规格、编号、货物尺码、重量;(3) 注意标志,表示货物储运过程中的注意事项;(4) 危险品标志,表明货物的危险性质。 (张 琳)

biaozhun hetong

标准合同(德 allgemeine geschäftsbedingung) 又称定式合同、定型化合同、附合合同、附从合同、格式合同。指当事人不能就合同条款自由协商而订立的合同。其特点在于:合同的条款是由单方事先拟定的、重复使用的格式条款,具有定型化的特点,合同相对人一方不参与合同条款的制订,也不能与对方就该条款协商;合同的相对人只有决定是否订立合同的自由,而无决定合同内容的自由;适用于大量提供同类商品或者服务的交易活动,提供商品或服务的一方为合同条款的制订人,而相对人为需要该类商品或服务的不特定人;合同以书面明示为原则,一般是由提供商品或服务的一方将合同条款事先印制于一定书面形式上,以便于对方了解和选择。标准合同是随着社会经济发展而产生的一种合同,具有手续简便、节省交易费用和交易时间的优点。同时也存在会免除或限制条款拟定者的责任、加重相对人的责任、不合理分配风险等弊端。因此,各国法律无不对标准合同的格式条款予以规制。我国《合同法》第 39 条中规定:采用格式条款订立合同的,提供格式条款的一方应当遵循公平原则确定当事人之间的权利和义务,并采取合理的方式,提请对方注意免除或者限制其责任的条款,按照对方的要求,对该条款予以说明。按照《合同法》规定,标准合同提供格式条款一方免除其责任、加重对方责任、排除对方主要权利的,该条款无效。对格式条款的理解发生争议的,应当按照通常理解予以解释;对格式条款有两种以上解释的,应当作出不利于提供格式条款一方的解释;格式条款与非格式条款不一致的,应当采用非格式条款。 (郭明瑞)

biaojian daili

表见代理(德 scheinbare Vollmacht; 法 mandat apparent) 因无权代理人与本人之间有一定关系,具有外表授权的特征,相对人有理由相信无权代理人有代理权,应由本人承担代理后果的代理,又称推定代理。表见代理属于广义的无权代理,但法律上排除适用无权代理的一般规定,其制度价值在于维护交易安全,在于使个人的安全与社会的安全相协调。《民法通则》第 65 条第 3 款和第 66 条第 1 款已显表见代理制度的端倪,但这两条并非完整意义上的表见代理的规定,其立法本意在于,因本人有过错,而使本人与代理人一起承担连带责任。《合同法》第 49 条对表见代理作了完整的规定,肯定了表见代理的制度价值。

表见代理与狭义无权代理都属广义的无权代理,均具有无权代理的一般特征。但二者也有明显的区别:(1)表见代理,行为人虽未被实际授权,但在表面上有足够的理由使人相信其有代理权,第三人通常是不知或无须知道其没有代理权;而狭义无权代理,行为人不仅实质上没有代理权,而且表面上也没有令人相信其有代理权的理由。(2)法律后果不同。表见代理发生有权代理的后果,其法律效力是确定的,行为人与第三人进行的民事活动的后果直接归属于本人;狭义的无权代理,其效力处于未确定状态。如果本人追认,则自始发生有权代理的效力,行为人与第三人进行的民事活动的后果归属于本人;如果本人拒绝追认,则无权代理对本人不发生效力,行为人与第三人进行的民事活动的后果由行为人承受。

表见代理的构成要件。(1)须行为人无代理权。成立表见代理的第一要件是行为人无代理权。所说无代理权是指实施代理行为时无代理权,或对于所实施的代理行为无代理权。如果代理人拥有代理权,则属于有权代理,不发生表见代理的问题。(2)须有使相对人相信行为人具有代理权的事实或理由。这是成立表见代理的客观要件。这一要件是以行为人与本人之间存在某种事实上或法律上的联系为基础的。这种联系是否存在,或是否足以使相对人相信行为人有代理权,应依一般交易情况而定。通常情况下,行为人持有本人发出的证明文件,如本人的介绍信,盖有合同专用章或盖有公章的空白合同书,或者有本人向相对人所作的授予其代理权的通知或公告,这些证明文件构成认定表见代理的客观依据。行为人与本人之间的亲属关系或劳动雇佣关系也常构成认定表见代理成立的客观依据。对上述客观依据,依《合同法》第49条规定,相对人负有举证责任。在我国司法实践中,盗用他人的介绍信、合同专用章或盖有公章的空白合同书签订合同的,一般不认定为表见代理,但本人应负举证责任,如不能举证则构成表见代理。对于借用他人介绍信、合同专用章或盖有公章的空白合同书签订的合同,一般不认定为表见代理,由出借人与借用人对无效合同的法律后果负连带责任。(3)须相对人为善意。这是表见代理成立的主观要件,即相对人不知行为人所为的行为系无权代理行为。如果相对人出于恶意,即明知他人为无权代理,仍与其实施民事行为;或者相对人知道他人为无权代理却因过失而不知,并与其实施民事行为的,就失去了法律保护的必要,故表见代理不能成立。《民法通则》第66条第4款规定,第三人知道行为人没有代理权、超越代理权或者代理权已经终止,还与行为人实施民事行为给他人造成损害的,由第三人和行为人负连带责任。(4)须行为人与相对人之间的民事行为应具备民事法律行为成立的有效要件。表见代理发生有权代理的法律效力,因此,表见代理应具备民事法律行为成立的有效要件,即不得违反法律或者社会公德等。如果不具备民事法律行为的有效要件,则不成立表见代理。

在构成表见代理的情况中,相对人相信行为人具有代理权,往往与本人具有过失有关,但表见代理的成立不以本人主观上有过失为必要条件,即使本人没有过失,只要客观上有使相对人相信行为人有代理权的依据,即可构成表见代理。

表见代理的效力。(1)表见代理对本人的效力。表见代理对本人产生有权代理的效力,即在相对人与本人之间产生民事法律关系,本人应受表见代理人与相对人之间实施的民事法律行为的约束,享有该行为设定的权利和履行该行为约定的义务。本人不得以无权代理为抗辩,不得以行为人具有故意或过失为理由而拒绝承受表见代理的后果,也不得以自己没有过失作为抗辩。(2)表见代理对相对人的效力。表见代理对相对人来说,既可主张狭义无权代理,也可主张成立表见代理。如果相对人认为向无权代理人追究责任更为有利,则可主张狭义无权代理,向无权代理人追究责任;相对人也可以主张成立表见代理,向本人追究责任。

(李仁玉 陈 敦)

biaojian jichengren

表见继承人(apparent heir) 具有继承人的表面特征,但不再实际享有继承权的"继承人"。这类人主要指:(1)主观上放弃了继承权的继承人;(2)客观上被剥夺继承权的继承人,即因违反法定事由而被剥夺继承权的继承人,以及被继承人的遗嘱取消继承权的继承人。他们已不是有遗产取得权的继承人,不能以继承人的身份参加继承,如果参加继承并对遗产造成损害,则真正继承人享有损害赔偿、恢复原状等请求权,亦可提起恢复继承权之诉,表见继承人则要承担相应的责任。

(常鹏翱)

biaojian tiaojian

表见条件(德 Scheinbedingungen) 只具条件之外形,而不具有条件实质的条件,外国民法上的称谓,又称假装条件或非真实条件。包括既定条件、不法条件、不能条件、法定条件、必至条件、矛盾条件。《民法通则》对此没有规定。

(李仁玉 陈 敦)

biaojuequan gupiao

表决权股票(voting shares) 股票持有人在股东大会上对公司事务享有完全的、不受限制的表决权的股票。

可分为普通表决权股票和多数表决权股票。普通表决权股票指一股享有一票表决权的股票;多数表决权股票是给予特定股东以超过其拥有股份数的表决权的股票,如一股享有两个表决权的股票。持有多数表决权股票的股东多为公司的董事会或监事会成员。发行多数表决权股票的目的在于,防止外部股权对公司的控制,使公司保持对自身经营管理的自主权,但是,由于这种做法赋予了少数股东特权,限制了其他股东的权利,违反股权平等原则,已较少采用。 (丁艳琴)

biaojuequan xintuo
表决权信托(voting trust) 以由两个以上股东将其分别对股份有限公司拥有的股权中包括对公司重大事务之表决权在内的全部权利集中起来转移给受托人,由受托人按照股东的意志,通过行使这些权利参与处理该公司重大事务与收益分配为内容的信托。从事实角度看,表决权信托的受托人一般只有一个,但作为其委托人兼受益人的股东则往往人数众多。严格来说,表决权信托实际上是一种股权信托,且在这种信托存续期间,受托人须将行使股权的所得收益交付给股东;但股东设立这种信托的目的,却并不是为了取得股权收益,而是为了使原本处于分散状态的众多的表决权集中起来,归一个受托人享有,使该受托人拥有的表决权数量达到为控制股份有限公司所需要的表决权数量,从而使他们的意志能够在该公司处理重大事务的决策过程中得到贯彻;所谓表决权信托正由此得名。表决权信托为美国信托法所确认的一种信托品种,属于特殊的民事信托。按照美国的通常做法,股份有限公司的股东设立表决权信托,应当先与受托人订立信托合同,在该合同订立后,再将其对该公司拥有的股权(股票)转移给受托人享有,这一转移应当办理股权转移登记手续;受托人在取得股权后,应当向股东发给信托证书,以证明在信托存续期间,该股东仍对该公司享有衡平法上的权益;该信托合同应当规定信托期间,并规定在此期间内股东对该信托不得撤销;该信托证书可以转让,在信托存续期间,股东或受让人可以凭借它并通过从受托人处领取红利的方式,实际参与股份有限公司的收益分配,在信托终止时,则可以凭借它从受托人处取回对该公司的股权。 (张 淳)

biaomian xiaci
表面瑕疵(superficial defect) 又称一般瑕疵、外在瑕疵。隐蔽瑕疵的对称。存在于物的表面,凭一般人的经验而无需专门检验即能发现的瑕疵。由于表面瑕疵容易被发现,因而,法律上一般规定权利人主张该瑕疵的期限较短。 (王卫劲)

biaoshi neirongzhong de cuowu
表示内容中的错误(德 irrtum über den erklärunginhalt) 意思表示要素的错误。各国法律对意思表示内容的错误,规定不一。瑞士债务法及法国民法采列举主义,德国民法、日本民法及泰国民法采概括主义。其中,德国民法的规定范围较宽,日本民法和泰国民法的规定较窄。意思表示内容的错误主要包括:(1) 关于法律行为性质的错误,如误将赠与当借贷;(2) 关于当事人之错误,如欲将某物卖给甲而卖给乙;(3) 关于标的物的错误,如误把金条当做铜条出卖;(4) 关于当事人之资格或物之性质的错误,如误信某人为难民而赠与,误信某物为纯金而为买卖。对于表示内容中的错误,表示错误人享有撤销权,但相对人可主张信赖利益。 (李仁玉 陈 敦)

biaoshi xingwei
表示行为(德 Erklärungshandlung) 将一定的心理状态表示于外部的行为,是民事法律事实的一类。表示行为主要包括民事法律行为和准民事法律行为两大类。参见民事法律行为和准民事法律行为条。 (葛云松)

biaoshi xingwei zhong de cuowu
表示行为中的错误(德 Irrtum in der Erklärungshandlung) 表示人知道对其情事作简单考虑就不会表示的情形,又称简单的表示错误,或称表示形式的错误。如说错、写错等。对于表示行为中的错误,依大陆法国家民法典的规定,应区分情况分别处理:对有意识表示行为中的错误,如不阅读有关文书的内容而签名,应认定其同意文书之内容,其行为有效;相反,对无意识的表示行为中的错误,表示人对该行为享有撤销权。 (李仁玉 陈 敦)

biaoshi yisi
表示意思(德 Errklärungswille) 欲使目的意思及法效意思表彰于外部之意思。其实行即为表示行为。表示意思为联络目的意思、法效意思与表示行为的心理作用。学者们对意思表示的表达是否要有表示意思争论很大。有的认为,法律行为的基础在于当事人的自主决定,因此不能欠缺表示意思,否则,就欠缺自主性。有的认为,为相对人信赖利益保护计,缺乏表示意思时仍可以成立意思表示。 (李仁玉 陈 敦)

biaoshi zhuyi
表示主义(德 Aeusserungstheorie) 对于非对话的意思表示生效时间的一种学说,即以表意人成立意思的时间为其发生效力的时间,又称表意主义、表白主义。如信函已写妥,即发生效力。表示主义学说既可能对表示人本人不利,又可能对相对人不利。前者如表意人写妥信函,置于桌上,其亲人不知所以将信函发出,而表意人后悔的,亦无可奈何,因为该信函已发生效力;后者因为相对人不知道信函的内容就对其发生效力,过于严厉。故多数国家立法不采此主义。

(李仁玉 陈敦)

biaoxian de diyiquan
表现的地役权(拉 servitutes apparentes;德 offene oder ins Auge fallende Diensbarkeiten) 与不表现的地役权相对,这是依地役权的存在是否表现于外为标准所做的区分。表现的地役权是指地役权的存在有外形的事实为表现,可以从外部认识该地役权的存在,例如,通行、有地面设施的排水地役权均属之。(钱明星)

biaoyiren
表意人(expresser of will) 在意思表示中,作出意思表示的人。其对称为受领意思表示的人或相对人。

(李仁玉 陈敦)

bieju zhidu
别居制度(judicial separation system) 夫妻具有正当理由时,经法定程序批准免除同居义务,分食分寝,但继续保持婚姻关系的法律制度。别居只是永久或暂时停止夫妻间的同居义务,并不解除婚姻关系,别居中的夫妻的任何一方均不得再婚,否则构成重婚。此外,别居亦解除夫妻间的财产契约义务;还会涉及子女由何人监护教育等问题。别居制度产生于中世纪的欧洲,教会法禁止离婚,为缓解处于矛盾中的夫妻关系,允许夫妻合法别居。别居有永久别居和暂时别居之分。配偶一方通奸是永久别居的充分理由。暂时别居的理由较多,如他方申请加入反天主教性质的派别;对子女进行反天主教性质的教育;罪恶的生活方式;给配偶造成重大危害,使之不堪同居等。别居须经教会法庭裁定或有地区主教的命令;任何夫妻间的别居协议在法律上均无效。别居双方,若和解可恢复同居关系。别居制度对后世有深远影响。直至当代,西方不少国家,如意大利、法国、瑞士、比利时、荷兰、英国、美国仍实行别居制度,与离婚制度并行。 (蒋 月)

binxifaniya guize
《宾夕法尼亚规则》(Pennsylvania Rule) 处理船舶碰撞责任的一项规则。这一规则产生于 1874 年美国最高法院对"宾夕法尼亚"案所作的判决。1869 年,在新泽西州的 Sandy Hook 附近海域,两条悬挂英国国旗的船舶"玛瑞·超波"(Mary Troop)号帆船和"宾夕法尼亚"(Pennsylvania)轮在雾中航行相撞。经证实,宾夕法尼亚轮雾中行使速度过快,明显是碰撞的重要原因。玛瑞·超波船没有鸣放雾号而是施敲雾钟,违反了美国的地方航行规则。于是最高法院判决:玛瑞·超波船不能证明未鸣放雾号并不是导致碰撞的原因,因而推定其有过失,同宾夕法尼亚轮一样,各承担 50% 的责任。宾夕法尼亚规则由此而得名。该规则的实质是法律推定过失,即一旦船舶违反航行规则,就推定此行为是造成碰撞的原因,违章船舶要解脱责任,必须证明此违章不是碰撞的原因。《宾夕法尼亚规则》忽视了违反航运规则行为与造成碰撞之间必须存在的因果关系,对违章船舶施加了过重的举证责任。目前,虽然该原则在美国仍占据着主导地位,但其也开始受到严重的冲击。美国法律对《宾夕法尼亚规则》进行了一定的修正,试图缓解其适用的不合理性。美国法律对《宾夕法尼亚规则》的修正主要体现在:(1) 在审理碰撞案件时,将与碰撞有关的各项因素划分为"原因"和"条件",如果违章与碰撞无因果关系,便认定为碰撞的条件而非原因,不承担碰撞责任;(2) 允许违章船舶证明适用《宾夕法尼亚规则》的不合理性,以排除该原则的适用。

(张永坚 张 宁)

bingdong tiaokuan
冰冻条款(ice clause) 租船合同中,承租双方对约定船舶在装卸港口遇到冰冻阻碍货物装卸时,有关双方权利义务的规定。例如,金康合同中的冰冻条款规定如下:(1) 当船舶准备从最后港口启航时,或者在航次中的任何时候,或到达时,因冰冻而不能接近装货地点,或者船舶进港后发生结冰时,船长可以因担心船舶被冰封而有不载货离去的自由,本合同应失效。(2) 如果在装货过程中船长担心船舶被冰封,而认为立即开航会更合适时,可以载运已经装上船的货物驶离该港,并可以为出租人的利益驶至其他港口揽载货物,然后驶抵包括原卸货港在内的其他任何卸港。根据此合同已装船的任何部分货物,在不因此增加收货人费用的条件下,应由出租人转运至目的港,但是应当支付费用。运费按照支付的货物数量结付(如系包租则按比例支付),其他合同条件均按原合同。(3) 在装货港超过一个,并且其中一个港口或多个港口被冰封的时候,船长或出租人可以在可航港装卸部分货物,并按第(2) 项的规定为出租人的利益在其他港口装满货物,或在承运人不同意在可航港口装满货物时宣布合同无效。(4) 本冰冻条款不适用于春季。

在卸货港,(1) 如果因为冰阻(春季除外)船舶不能驶入卸货港时,收货人可以选择支付滞期费让船舶滞留,以待航行恢复。也可以指示船舶驶往能够安全卸货且没有冰冻滞留风险的附近港口,此项指示必须在船长或出租人发出船舶不能进入目的港的通知后48小时内做出。(2)如果卸货期间船长担心船舶被冻结,且认为必须立即驶离该港时,可以自由决定将载有部分货物或全部货物的船舶驶往安全卸货的最近港口。(3)所有的提单条款均适用于在这些港口交付的货物。船方应像在原目的港卸货一样,收取相同运费,但是,如果到替代港的距离超过100海里,应按比例加收在替代港交付货物的运费。 (张 琳)

bingxiang jiehe hetong
并向结合合同(德 Kombinationsvertrage) 又称孪生契约、类型结合合同、同向结合契约。混合合同的一种。指一方当事人所负的数个给付义务属于不同的契约类型,彼此间居于同值的地位,而他方当事人仅负有单一的对待给付,或不负任何对待给付。对此类混合合同的法律适用,应采用"结合说"为原则,分别对待各项给付的履行等;例外的给付中,当数项给付构成经济上的一体时,则应使各项给付同其命运。 (郭明瑞)

bingyongzhi
并用制(combination system) 海事赔偿责任限制制度的一种。同时采用两种不同的责任限制形式来限制海事债务人赔偿责任的制度。并用制最早为美国所采用。1851年美国在其制定的《船舶所有人责任限制法》中采用船价制,后来基于公共政策的考虑,同时照顾到船舶所有人和受损方的利益,于1935年修改该法时采用了船价制和金额制并用的制度。该制度规定,船舶所有人所负的责任以船舶价值为限,以法律规定的每吨赔偿限额乘以船舶吨位产生的金额来承担赔偿责任。如果船舶价值高于每吨赔偿限额乘以船舶吨位产生的金额,则以该金额承担责任;如果船舶价值低于该金额,则以船价为限。如果发生海损事故后船舶全损,则船舶所有人不负赔偿责任。1924年《关于统一船舶所有人责任限制若干规则的国际公约》就采用了船价制和金额制并用的制度。 (张永坚 张 宁)

boduo jichengquan
剥夺继承权(disinheritance) 继承人因对被继承人或其他继承人犯有某种严重的罪行或不法行为,被依法取消继承权。《中华人民共和国继承法》第7条规定:继承人有下列行为之一的,丧失继承权:(一)故意杀害被继承人的;(二)为争夺遗产而杀害其他继承人的;(三)遗弃被继承人的,或者虐待被继承人情节严重的;(四)伪造、篡改或销毁遗嘱情节严重的。 (杨 朝)

bowei zuchuan hetong
泊位租船合同(berth charter) 租船合同的一种。在泊位租船合同中,船舶"抵达"指的是船舶抵达装卸的具体泊位。船舶仅仅是到达了码头不能算做已经到达,装货或者卸货作业的时间也不能开始计算。如果船舶由于各种原因无法靠泊,船舶等待进入泊位所用的时间损失由船东承担。因此,泊位租船合同对船东是很不利的,严重的风险,如港口拥挤,会令船舶靠不了泊位,而船东必须承担由此带来的风险和费用。 (李洪积 张 琳)

buchang baoxian
补偿保险(indemnity insurance) 当保险事故发生时,保险人在合同约定的保险金额的范围内,对被保险人因保险事故所遭致的损失予以补偿的一种保险。补偿保险的目的在于补偿被保险人因保险事故所造成的损失,因此,在保险事故发生后,保险人是以保险金额为限,以评定实际损失为基础,来确定保险赔偿金额的。所以,补偿保险又称为评价保险。财产保险一般属于补偿保险,人身保险中的健康保险、伤害保险等也具有补偿保险的性质。 (史卫进 房绍坤)

buchang maoyi hetong
补偿贸易合同(contract for compensation trade) 对外贸易方式的一种。设备出口方向设备进口方提供机器设备、技术、原材料,由设备进口方在约定的期限内,用所制造的产品偿还设备价款的一种贸易方式。

补偿贸易具有易货贸易的性质,但是二者又有所区别。易货贸易交换的货物之间没有直接联系,而补偿贸易在多数情况下,是以设备和利用设备生产的产品作为交换;易货贸易往往是一次性行为,而补偿贸易则是通过多次行为来实现的。

补偿贸易带有延期支付的性质,但是又不同于延期付款:补偿贸易用实物偿还,而延期付款则用信汇偿还。补偿贸易与中外合资经营、中外合作经营、来料加工装配、国际租赁也不同。

补偿贸易一般包括产品返销、回购及混合抵偿三种方式。产品返销(product by back)是指设备进口方利用该设备生产的产品返销给出口方,以补偿进口设备应支付的价款。回购(counter purchase),也称间接补偿,设备进口方不以所引进的设备所直接生产的产品偿还设备价款,而是以双方约定的其他产品偿还设备价款。混合抵偿则是指介于返销和回购两种方式之间的一种补偿方式,即部分以直接产品补偿,另一部分以与设备无关的产品补偿。此外补偿贸易还有部分补偿、劳务补偿、收益补偿等方式。

补偿贸易作为国际经济技术合作的一种重要方式,对繁荣国际经济,促进各国的合作,起着重要作用。对于进口方而言,首先,它具有解决其外汇资金不足的好处。对于发展中国家而言,由于该国家生产技术落后,设备陈旧,资金不足,因而,补偿贸易弥补了此方面的不足。其次,补偿贸易也有利于产品进入国际市场。再次,补偿贸易还有利于提高技术水平,改善经营管理。对于设备出口方而言,补偿贸易可以扩大设备和技术的出口,能够保证原材料、半成品和初级产品的供应,使出口方也能获得双重利润。然而补偿贸易也有其缺陷,如进口方得不到先进的设备和技术,合同的期限长,出口方的投资过大。

补偿贸易合同的订立一般需经过确立项目、选择合作对象、可行性研究、申请、谈判、登记等阶段。可行性研究包括编制可行性报告,报告的内容一般包括:项目简介、外商资信情况、生产规划、我方生产的基础设施及生产条件、环境保护问题、引进设备技术的方式及费用计算、资金落实情况、产品销售、经济分析及经济效益分析预测等内容。

补偿贸易可分为综合式的补偿贸易合同和分别式的补偿贸易合同。一般都包括以下内容:合同订立的时间、地点、双方当事人的名称、国籍、法定住址、进口设备与补偿产品的项目、名称、型号、规格、商标及进口方将来取得的收益,补偿产品的名称、规格、数量、品质等,此外还包括利息的计算和支付方式、补偿方式、保险、商品检验、违约责任、不可抗力、争议的解决,合同的有效期等其他条款。

对于设备出口方来讲,其应负的主要义务是按质按量交付设备、技术、原材料;按合同规定的时间和方式交付标的物;转移设备的所有权;如数接受由设备进口方提供的产品或收益。对于设备进口方而言,其应负的主要义务是:按照合同的约定,以其进口设备所生产的产品或双方约定的产品,补偿设备的价款及利息;按照合同的约定,将抵偿品的所有权转移给对方;及时接受进口设备等。在合同履行中,如需变更合同内容,双方应及时进行协商。若一方无履行能力或不履行合同,则可解除合同。　　　　　　　(李成林)

buchong baozheng

补充保证(德 Nachbuergschaft) 又称为第二保证、副保证。保证人与债权人约定于前一保证人的保证无效或不能承担保证责任时,由其负保证责任的保证。如甲与乙订立保证合同,由乙为保证人担保债务人债务的履行;甲与丙又订立保证合同,约定乙不能负保证责任时,由丙负保证责任。丙所提供的保证就为补充保证,它不同于再保证。再保证是对保证人的保证债务的履行的保证,称为间接保证、复保证;而补充保证仍是对主债务的保证,被保证人是主债务人,而不是保证人。补充保证与被补充的保证并无主从关系。
　　　　　　　　　　　　　　　(郭明瑞)

buchong haishi shengming

补充海事声明(supplementary sea protest) 在进行海事声明签证后,发现其中所列可能导致损害的危险事项有遗漏,或进行延伸海事声明签证后,发现新的灭失或损害,由船长再向海事签证机构提出并要求签证的、对原海事声明或原延伸海事声明的书面补充材料。它应在原海事声明或原延伸海事声明在同一港口的签证机构提交,并应随附原海事声明或者延伸海事声明的副本。多数海运国家(包括我国)都承认已签证的补充海事声明是一种初步证据。　(张永坚　张　宁)

buchong jichengren

补充继承人(拉丁 substitutio heredis) 又称替补继承人、第二继承人。遗嘱人在遗嘱中指定,如果指定继承人因故不能成为继承人,由另外的人替补继承,被指定替补继承的人就是补充继承人。被继承人可以指定一个替补继承人替补一个继承人,或指定几个替补继承人替补一个继承人,也可以指定一个替补继承人替补几个继承人。替补指定也适用于遗赠。替补指定制度起源于罗马法。目前德国、瑞士、奥地利、匈牙利等国民法和苏俄民法典都明文规定有替补指定制度。由于替补指定制度能够充分保护遗嘱人的遗嘱自由,保证遗产的归属符合遗嘱人的意愿,因此,即使法律未明文规定此项制度的国家,也大多承认替补指定的效力。
　　　　　　　　　　　　　　　(马忆南)

buchongxing de baozuo

补充性的保佐(supplemental of tutelage) 对亲权或监护的一种补充。依《德国民法典》第1909条规定,补充性保佐设置的情况是:(1) 处于亲权或监护之下的未成年子女或被监护人,因父母或监护人受到阻碍而不能行使亲权或履行监护事务;(2) 未成年子女或被监护人在遗嘱处分其财产或赠与其财产时,明确指定不由父母或监护人管理该财产。发生上述事由,父母或监护人应通知监护法院,由监护法院设置补充性保佐人。我国民法未采此制度。　　(李仁玉　陈　敦)

buchong zeren

补充责任(supplemental liability) 责任人在行为人自己不足以赔偿某行为所致损害时,就其不足部分承担的赔偿责任。补充责任的责任人承担责任以主债务人不能完全承担责任为前提条件,如主债务人有足够的财产承担责任,则不发生补充责任。在各国法律中,补充责任主要适用于监护人对限制民事行为能力人致他人损害承担责任的场合。如《俄罗斯联邦民法典》第1074条第2款规定:年满14岁不满18岁的未成年人如无收入或无其他为赔偿损害的足够财产,则其父母(收养人)或保护人应负赔偿责任,或者赔偿其不足部分,除非他们能证明损害非因其过错所致。父母(收养人)、保护人和有关机构对年满14岁不满18岁的未成年人致人损害的赔偿责任,因致害人成年或虽未成年但已有收入或者拥有为赔偿的足够财产,以及成年之前已取得行为能力而终止。我国《民法通则》第133条第2款规定:有财产的无民事行为能力人、限制民事行为能力人造成他人损害的,从本人财产中支付赔偿费用。不足部分,由监护人适当赔偿,但单位担任监护人的除外。上述条款所规定的未成年人的父母、保护人、监护人的赔偿责任都是一种补充责任。补充责任与连带责任不同。连带责任的各责任人在承担责任上没有先后主次之分,而补充责任的责任人只有在主债务人无能力承担责任时才对损害负责。《民法通则》第65条第3款规定:委托书授权不明的,被代理人应当向第三人承担民事责任,代理人负连带责任。这里所说的"连带责任"一般也认为是一种补充责任。 (张平华)

buchong zhizhai

补充之债(complementary debt) 又称附加之债。对他债起补充作用的债。与被补充的他债形成主从关系,只有在他债的债务人不能履行或不能完全履行债务时,债务人才负履行该债务的补充责任。补充之债既可基于法律规定而发生,也可基于当事人的约定而产生。 (郭明瑞)

buzheng qijian

补正期间(period of revision) 主管机关对于商业登记的申请,认为其有违反法律或不合法定程序,应通知当事人予以补正的期间。主管机关通知当事人补正时,应将其需要补正的事项一次通知,不得逐项通知。我国法律并无补正期间的规定,但遇有登记申请违反法律或不合法定程序的,也要通知当事人予以补正,当事人补正完毕再次提起申请的,视为初次申请。其补正期间一般由当事人自行决定,法律并不加以干涉。对于补正期间的通知,我国台湾《商业登记法》第23条规定:补正期间应于收文后5日内通知。
(李仁玉 提爱莲)

buzhu shangxingwei

补助商行为(attached (quasi) commercial act) 大陆法系近代商法又称准商行为或非完全商行为。指不能直接根据法律规定而将其认定为商行为,而是必须根据法律的规定或通过事实的推定方可确定具体行为为商行为的行为。如民事主体,其本身并非商人,所实施的民事行为并非商行为,但是,若是为营业而进行的行为,则被认为是准商行为,可以适用有关商行为的规定。另外,商人常常通过非商人为自己的营业活动提供咨询服务、信息传递、代办活动,这些活动虽不是完全的商行为,但它又与营业活动有密切的联系,所以推定它为准商行为。特别是在法律规定不周全的情况下,将一些法律规定的商行为之外的事实行为推定为准商行为,对满足商人和司法实践的需要具有重要意义。 (金福海)

bu'an kangbianquan

不安抗辩权(德 Einrede de Unsicherkeit) 即保证履行抗辩权。参见保证履行抗辩权条。 (万 霞)

bu an bili toupiao

不按比例投票(disproportionate voting) 少数股东拥有在某些问题上具有相当于其股份两倍、三倍的投票权。多在跨国公司和国与国之间的合营企业中使用。 (黄 艳)

bubaokuo weixian

不包括危险(non-inclusive risk) 不在保险合同所约定的承保危险范围内的其他危险。在保险责任条款中,以约定一种或数种特定危险为承保危险时,保险人承担保险保障责任的范围是以约定的特定危险为限,对保险条款约定之外的其他不包括危险,保险人不承担保险责任。因此,不包括危险是特定危险保险中,界定保险人的保险责任的标准。 (史卫进)

bubao caichan

不保财产(uninsurable property) 投保人不能作为财产损失保险合同标的而投保的物品。不保财产或是价值难以确定、或是损失率较高、或是容易诱发道德危险、或是存在违法情事,保险人不予承保或者不能承保。不保财产的范围,一般由保险合同或者保险条款特别列明。诸如,我国保险公司开办的企业财产保险一般将土地、矿藏、矿井、矿坑、森林、水产资源以及未经收割或收割后尚未入库的农作物、货币、票证、有价证券、文件、账册、图纸、技术资料以及无法鉴定价值的财产、违章建筑、危险建筑、非法占用的财产以及在运输过程中的物资列为不保财产。 (邹海林)

bubiaoxian de diyiquan
不表现的地役权(拉 servitutes simplices；德 Verborgene Dienstbarkeiten) 与表现的地役权相对，这是依地役权的存在是否表现于外为标准所做的区分。不表现的地役权是指地役权的存在无外形的事实为表现，不可以从外部认识该地役权的存在，例如，眺望、采光地役权，有地下设施的排水、汲水地役权均属之。

(钱明星)

buchunzheng xintuo
不纯正信托(impure trust) 参见担保信托条。

bu daitiwu
不代替物(special things；德 nicht vertretbare sachen；拉丁 res non fungibiles) 代替物之对称。不代替物者，物理属性或经济意义又有不同，因此，在社会交易观念上，较为注重其个性，不可以种类、品质、数量加以计算确定，并不可以互相替代的物，如宝石、国画、私人公寓、二手车、古旧书等。

(张 谷)

budanchun chengdui
不单纯承兑(non-absolute acceptance) 付款人对汇票记载的文义加以变更或限制以后而为的承兑。一般认为，不单纯承兑包括一部分承兑、附条件承兑和变更票面记载事项的承兑。英美法上的不单纯承兑的原因要更宽泛一些，除上述以外，多数付款人中一人或数人承兑而非全体承兑也属于不单纯承兑。

一部分承兑 指付款人仅就票据金额的一部分所为的承兑。各国票据法关于一部分承兑的态度不尽相同。《日内瓦统一汇票本票法》第26条第1款规定：付款人承兑时得就汇票金额的一部分为之。日内瓦法系完全承认一部分承兑的效力。我国台湾地区《票据法》第47条规定：付款人在承兑时，经持票人的同意得就汇票金额的一部分为之，但持票人应将事由通知其前手。《英国票据法》第19条(1)规定，承兑可以是(a)一般的或(b)限制的。部分承兑属于限制承兑的一种，指承兑人仅承诺支付汇票上所载金额的一部分。该法第44条"限制性承兑的义务"规定：(1)持票人可以拒绝接受限制性承兑，持票人未能获得无限制承兑时，可视其所持汇票因不获承兑而遭退票来处理。(2)凡已经接受限制性承兑，而发票人或背书人并未明示或默示许可持票人接受限制性承兑，或对其接受一事事后并未认可的，此类发票人或背书人应解除其对汇票的责任。本款规定不适用于已经适时发出通知的部分承兑，凡外国汇票经部分承兑的，必须就其余额作成拒绝证书。(3)凡汇票发票人或背书人接受限制性承兑的通知，而未在合理期间内向持票人作出反对的表示，应视为该发票人或背书人同意该项限制性承兑。从这些规定可以看出，我国台湾地区和英国票据法对一部分承兑采有限的承认，即让持票人根据自己的意愿来决定一部分承兑的效力。我国《票据法》对一部分承兑没有规定，但对附条件承兑有规定。该法第43条规定：承兑汇票不得附条件，附有条件的承兑，视为拒绝承兑。参照上海市政府1988年6月8日发布、1989年7月24日修正的《上海市票据暂行规定》第38条第2款的规定，付款人不能对汇票金额全部承兑时，视为拒绝承兑。对我国票据法第43条的规定应作扩大解释，即在我国票据法上不允许对汇票金额为一部分承兑。按照票据法理论，如果允许一部分承兑，付款人对汇票金额为一部分承兑后，仅就该承兑部分负付款责任，其余部分视为拒绝承兑，持票人可就该剩余部分请求作成拒绝证书进行期前追索。

附条件承兑 指承兑人附加了条件的承兑。各国立法关于附条件承兑的效力规定主要有以下几类：(1)不承认附条件承兑。我国《票据法》第43条规定：付款人承兑汇票，不得附有条件；承兑附有条件的，视为拒绝承兑。《日内瓦统一汇票本票法》第26条规定，承兑应为无条件。这些立法不承认附条件承兑的效力，但对于承兑所附条件效力如何，没有具体规定。(2)有限承认附条件承兑。这一类又分为两种：其一，是我国台湾地区《票据法》。该法第47条第2款规定，承兑附条件者，视为拒绝之承兑，但承兑人仍依所附条件负其责任。依此规定，持票人有选择权，他既可以视附条件承兑为拒绝承兑，据此向其前手行使追索权；他也可以承认所附条件而依此条件行使付款请求权。而承兑人必须依所附条件承担责任。其二，是《英国票据法》，该法第19条将附条件承兑规定为限斜承兑的一种，从而承认其效力。该法第44条统一规定了限制承兑的效力。

变更汇票应记载事项的承兑 指付款人在变更了汇票上所记载的某些事项后而为的承兑。可能被变更的事项通常是汇票的到期日和付款地。各国票据法关于变更汇票应记载事项的承兑的效力规定不一。《日内瓦统一汇票本票法》第26条第2款规定，承兑变更汇票之主旨者，视为拒绝承兑。但承兑人仍应依其所变更之文义负责。该规定赋予持票人选择权，持票人既可将该承兑视为拒绝承兑，进行期前追索，也可请求付款人依其变更后的文义负责。《英国票据法》第19条将变更汇票应记载事项的承兑规定为限制承兑的一种，从而承其效力。该法第19条第(2)款规定，限制承兑是以明白的条款改变汇票原有的效力，其中(c)和(d)项分别规定了指定付款地的承兑和限制时间承兑。其中既定付款地的承兑就是承兑人仅承诺在特定的地点付款;除非承兑时记明该汇票只能在特定地点而不能在其他地点付款之外,指明在特定地点付款的承兑仍应是一般承兑。《美国统一商法典》规定了变更汇票应记载事项的承兑。根据该规定,指定在美国任何特定银行或处所付款的承兑,不能改变汇票上的条款;付款人改变汇票上任何内容的承兑,持票人可视为拒绝承兑;持票人如同意改变汇票内容的承兑,其他没有肯定同意的发票人或背书人都被解除责任。我国台湾地区票据法没有关于变更汇票应记载事项承兑的规定。我国《票据法》对此也没有规定。　　　　　(王小能)

budang deli

不当得利(unjust enrichment; 拉丁 condictio sine causa;法 enrichissement sans cause;德 ungerchtfertigte bereicherung)　债的发生根据的一种。没有合法根据取得利益而使他人受损失的事实。其中取得不当利益的一方为受益人,受到损失的一方为受损人或受害人。不当得利源于罗马法,但在罗马法上,不当得利是一种以请求给付特定物为内容的对人诉讼,以给付标的物的所有权属于义务人为前提,只有在不能依所有权请求返还时受害人才有不当得利返还请求权。法国民法上仅规定了非债清偿,判例与学说创设了不当得利请求权。《德国民法典》上统一规定了不当得利制度。我国《民法通则》第92条是关于不当得利制度的专门规定。不当得利作为债的发生根据,通说认为属于事件,而不属于行为,因为不当得利本质上是一种利益,与当事人的意志无关。一般情况下,不当得利的构成条件为四:(1)一方受有利益。所谓受有利益,是指因一定的事实结果而使其得到一定财产利益,既包括财产权利的增强或财产义务的减少,也包括财产应减少而未减少。(2)他方受有损失。既包括现有财产利益的减少,也包括财产利益应增加而未增加。(3)一方受利益与他方受损失之间有因果关系。即他方的损失是因一方受益造成的,一方受益是他方受损的原因,受益与受损之间有变动的关联性。(4)没有合法根据。所谓没有合法根据,是指受益方利益的取得与受损方利益的损失没有法律上的原因。不当得利既可因给付行为而发生,也可因给付行为以外的事实而发生。不当得利是社会生活中发生的一种不正常财产利益移转现象。为纠正这一现象,法律规定,这一事实一旦成立,即在当事人双方之间产生不当得利之债,通过赋予受损人不当得利返还请求权,使双方的利益恢复到正常状态。　　　　　　　　　　　　(郭明瑞)

budang deli de shousunren

不当得利的受损人(injured party under unjust enrichment)　不当得利之债的债权人,又称不当得利的受害人,没有合法根据因他人取得利益而其利益受到损失的人。不当得利受损人享有不当得利返还请求权,有权要求不当得利人返还其所得利益。不当得利请求权与其他请求权发生竞合时,权利人可行使一种请求权得到满足的,不能再行使其他请求权。不当得利请求权的标的为受有利益的一方所取得的不当利益。受益人返还的不当利益可以是原物、原物所生孳息、原物的价金、使用原物所取得的利益,也可以是其他利益,其范围依受益人为善意还是恶意而定。参见不当得利人、不当得利之债条。　　　　(郭明瑞)

budang deliren

不当得利人(unjustly enriched party)　不当得利之债的债务人,又称不当得利的受益人,没有合法根据取得利益而使他人受损的人。因不当得利为事件,与当事人的意志无关,因此,不当得利人不以有行为能力人为限,只要其无法律上的原因而得到利益使他人利益受损即可。不当得利人负有将所得的不当利益返还给受损人的义务,其返还的范围依其是否为善意而定:其于取得利益时不知道取得利益无合法根据即为善意,其应返还的利益为现存利益。所谓现存利益是指受到请求时享有的利益,而不以原物的固有形态为限。若其受有的利益大于受损人的损害,返还的利益范围则以受损人的损失为准;其于受有利益时知道取得利益是无合法根据即为恶意,则其应返还所得的全部利益,而不论该利益是否存在;其于取得利益时为善意而其后为恶意的,所返还的利益范围以恶意开始时的利益范围为准。参见不当得利之债、不当得利的受损人条。　　　　　　　　　　　　(郭明瑞)

budang deli zhizhai

不当得利之债(debt of unjustified benefits)　债的一种。基于不当得利而发生的债。不当得利之债的债权人为受损人,债务人为不当得利人。不当得利之债的基本内容是受损人的不当得利返还请求权。我国《民法通则》第92条规定:没有合法根据,取得不当利益,造成他人损失的,应当将取得的不当利益返还受损失的人。参见不当得利、不当得利人、不当得利的受损人条。　　　　　　　　　　　　(郭明瑞)

budang wuyin guanli

不当无因管理(illegal management of affairs without mandate)　又称不法无因管理,通说认为,是指管理人无法定或约定的义务而为他人管理事务,但其管理违反本人意思的行为,也有学者认为,不法无因管理还包括管理方法不利于本人的行为。不法无因管理的要件为:(1) 管理人具有为他人管理事务的主观意思。(2) 管理人管理的系他人事务。(3) 管理人没有为他人管理事务的法定或约定的义务。(4) 管理人管理事务或在管理事务中的行为违反了本人的明知或可得推知的意思。不法无因管理既可以是法律行为,也可以是事实行为。对于不法无因管理的法律后果,通说认为,本人对是否主张享受其所产生的利益享有选择权。本人主张享受不法无因管理的利益的,准用委任的规定处理,但本人对管理人费用的清偿以其所得利益为限。本人不主张享受不法无因管理的利益的,如果构成不当得利,则本人应对管理人负不当得利返还义务,但不负费用返还义务,同时,本人可以向管理人请求损害赔偿。 (刘经靖)

bude susong tiaokuan

不得诉讼条款(no action clause) 责任保险合同约定的特有条款,以限制被保险人对保险人提出给付保险赔偿金的诉讼。传统的责任保险理论和实务,将责任保险归结为填补损害的保险,被保险人无损失,保险人不承担保险给付责任;责任保险专为被保险人因对第三人承担责任所受到损失的利益而存在。在被保险人向受害之第三人赔偿损害之前,保险人对被保险人没有即时给付保险赔偿金的义务;惟有被保险人已经实际向受害之第三人为赔偿的,保险人才承担填补损害的义务。于是,责任保险单约定有不得诉讼条款:被保险人不得对保险人提起诉讼,除非被保险人依照法院判决所确定的金额,或者依照被保险人、受害人与保险人之间达成的协议所确定的金额,向受害之第三人实际给付赔偿金而受到损失。但责任保险并非纯粹的填补损害的保险,而具有保护第三人利益的功能,当代的责任保险开始从纯粹的填补损害的保险中分化出来,具有自己的独到特性。当代的责任保险单所约定的不得诉讼条款,与以前不同,它强调被保险人对第三人的责任未确定前,不得起诉保险人。不论被保险人是否实际向受害人支付赔偿金而受到损失,只要被保险人对第三人的赔偿责任已为法院判决所确定,或者依照被保险人、受害人与保险人之间的协议而确定,被保险人就可以对保险人提起诉讼。 (邹海林)

buding'e zhipiao

不定额支票(non-quota cheque) 定额支票的对称。票面金额不确定的支票。我国《银行结算办法》将支票分为定额支票和不定额支票,不定额支票又分为现金支票和转账支票。国际上通行的支票多为不定额支票。 (孔志明)

budingqi baozheng

不定期保证(guaranty without fixed-term) 又称无期保证,定期保证的对称。保证合同当事人在保证合同中未约定保证期限的保证。不定期保证的保证人的责任并非是无期的,只不过保证期限由法律直接规定。因此,不定期保证的债权人如未在法定的保证期限内对保证人履行保证债务为有效的请求,则保证人的保证债务消灭。依我国《担保法》规定,一般保证的保证人与债权人未约定保证期间的,保证期间为主债务履行期届满之日起6个月;连带责任保证的保证人与债权人未约定保证期间的,债权人有权自主债务履行期届满之日起6个月内要求保证人承担保证责任。 (郭明瑞)

budingqizhai

不定期债(indeterminate debenture) 债券上规定有几个到期日,投资者购买后可以选择任何一个到期日向借款人赎回本金的公司债。与定期债相比,不定期债更多地考虑到债权人的利益,使债权人能更方便地行使自己的权利,这对发行公司提出了更高的要求。我国现行《公司法》没有规定不定期债。 (施余兵)

budingzhi baoxian

不定值保险(unvalued insurance) 保险合同当事人在合同中不约定保险标的的保险价值,只约定一定的保险金额作为保险人给付保险金最高限额的一种保险。在不定值保险中,保险合同仅记载保险金额,不约定保险标的的价值。在保险事故发生后,保险标的的保险价值以保险事故发生时保险标的的实际价值确定,以保险金额与保险标的的实际价值的比例赔偿损失,但最高不超过保险金。定值保险通常适用于价格稳定且有固定折旧系数的保险标的,财产保险中多采用不定值保险。在不定值保险中,保险标的的价值估算,通常以标的物的市场价格为准,也可以用重置成本折旧法或其他估价方法进行估算。 (史卫进 房绍坤)

budongchan

不动产(real estate, real things; 德 unbewegliche sache; 法 immeubles; 拉丁 res immobilis) 动产的对称。不能移动或移动后会改变其性质、形态,损害其经济价值的物。不动产的范围,各国法律规定不一。罗马法以土地为不动产,地上之物属于土地,固着于土地之建筑物及其他各物,为土地之构成部分,故亦为不动产。德国民法从之。法国民法采列举主义,分不动产为四种:一曰性质上的不动产,主要指土地及其建筑物(第518~523条)。二曰用法上的不动产,指不动产所有人为不动产之便宜及利用所设置之物,经所有人永远附着于不动产之一切动产,以及虽非永远附着,但因与不动产附着而可以视为永远附着之动产(第524、525条)。三曰标的上的不动产,指以不动产为标的之权利(第526条)。四曰登记上的不动产,指某种之票券得由其所有人于移转登记簿登记其为不动产。瑞士民法以土地为不动产,而土地之重要成分亦包含于土地中。所谓重要成分,即土地之定着物,不能与土地分离之产出物,与土地结合之权利,及非以一时之目的而附着于土地之物(第642~655条)。英国法亦以土地为不动产。所谓土地包含:(1)产出物,又分为人工的产出物与自然的产出物。如谷麦等以人工定期种植,定期收获之物属于前者;土地野生物,或以人工种植及耕作,而非年年定期之收获物,如树木、历多年而生之植物等属于后者。(2)定着物,分为永久的定着物与一时的定着物。以种种目的定着于土地,非土地所有人则不能分离除去之物,属于前者;一时的以特定目的附随于土地,土地所有人以外之人亦得移转之物,属于后者。(3)置于土地上之物。如家屋内之家具及建筑物内之机械。(4)水。然水底之土地不在其中。日本民法认为土地之定着物与土地同为独立之不动产(第86条)。我国《民律草案》以土地之定着物、与土地未分离之出产物、以永久目的附着或连属于土地之物为土地之重要成分,此点与罗马法及欧洲各国之法律略同;但房屋则不以之为土地之重要构成部分,而以之为独立之不动产。旧中国民法亦采日本立法例,以土地及其定着物为不动产。不动产之出产物,尚未分离者,为该不动产之部分。我国现行法,以土地、附着于土地的建筑物及其他定着物、建筑物的固定附属设备为不动产。担保法规定,本法所称不动产是指土地以及房屋、林木等地上定着物。土地,当然为不动产,此与各国立法例皆为一致。土地,系指具有特定经界之地球表面之一部而言。以土地为单物时,应以土地登记簿上所记载为准。地下矿藏埋藏于土地时虽为土地之构成部分,但在我国,其非为土地之重要成分,故矿藏仍为独立财产,为国家所有,由国务院行使国家对矿产资源的所有权。地表或地下的矿产资源的国家所有权,不因其所依附的土地所有权或使用权的不同而改变。定着物,如房屋、林木等,在我国亦为独立的不动产。所谓房屋,指土地上的房屋等建筑物及构筑物。

不动产与动产,为物之最重要的分类。不动产位置固定,其中土地数量有限,无从增加,为一切生产生活之根本,其经济价值无可磨灭;而动产则移动方便,运用灵活,无论种类、数量、价值常无界限可循,且不必若土地房屋般须公然存在。两者无论从经济效能或本质而言,均有显著之差异。依我国现行法,并结合传统理论,不动产与动产的区别有:

首先,在我国,土地作为最重要的不动产,只能成为国家所有权和集体所有权的客体,不能成为私人所有权的客体。而动产除法律另有规定外,一般均得为私人所有权的客体,并具有融通性。

其次,公示方法及移转方式不同:动产以占有为公示方法,动产物权之移转,依交付生效;不动产以登记为公示方法,不动产之移转,则依登记生效。

第三,取得时效的期间不同:不动产取得时效的期间较长。

第四,侵害的形式不同:对动产可为盗窃,对不动产则可以暴力、恐吓而强占之。

第五,能否于其上设立用益物权不同:一般用益物权设立于不动产上。

第六,质权、法定留置权以动产为标的,抵押权的标的则不动产、动产均可,但抵押登记乃不动产抵押权之生效要件,对于动产抵押权,仅为对抗要件。

第七,在法律适用上不同:不动产的所有权、买卖、租赁、抵押、使用等民事关系,均应适用不动产所在地法律。遗产的法定继承,动产适用被继承人死亡时住所地法,不动产适用不动产所在地法。

第八,占有取回之方法不同:占有被侵夺者,如系不动产,占有人得于侵夺后,实时排除加害人而取回之;如系动产,占有人得就地或追踪向加害人取回之。

第九,审判管辖上,因不动产提起的诉讼,由不动产所在地法院专属管辖。

第十,强制执行方法上,因动产与不动产而不同:动产之强制执行,以查封、拍卖或变卖之方法行之。不动产之强制执行,以查封、拍卖、强制管理之方法行之;应拍卖之财产有动产及不动产者,执行法院的合并拍卖,此际,合并拍卖之动产,适用关于不动产拍卖之规定。

第十一,买卖不破租赁规则,原则上应当限制适用于不动产租赁,而不应当扩及于动产租赁,以免破坏交易安全。依《合同法》第230条与第234条,房屋承租人尚有优先购买权及继续租赁之权利。

第十二,有关合同履行地不明确时,法律的补充性规定不同:交付不动产的,在不动产履行地;给付货币的,在接受货币一方所在地履行;其他标的,在履行义务一方所在地履行。

第十三,债权以交付不动产为标的时,对于债权人之迟延受领,债务人得抛弃占有或提存之;动产则只能用提存。动产与不动产提存的适用性不同:动产中的一部分,如货币、有价证券、贵重物品、担保物等适合提存,而不动产,在一般国家不允许提存。在我国,不动产虽亦得提存,但因无法提交提存机关,只能由提存机关采取查封、委托管理等保管措施;并不得对提存的不动产为自助拍卖。

第十四,承揽人的法定抵押权只存在于不动产(建设工程)之上。

最后,管理人对不动产与动产的处分权在法律上限制不同:在民法上,监护人一般不得处分被监护人之不动产。在商法上,由于不动产往往为营业之基础,不动产之处分影响甚巨,故经理人或商业代办人除非经过特别授权,不得让与土地或在土地上设定负担;全民所有制工业企业的重要建筑物,除法律法规另有规定外,非经政府主管部门批准,不得抵押或有偿转让。

(张 谷)

budongchan dailiren

不动产代理人(real estate agent) 英美法上的概念。代理他人处分不动产的代理人。如代他人出卖房屋,购买房屋,出租房屋等。不动产代理人应进行登记,取得营业执照后方可进行不动产代理。不动产代理人为代理商。

(李仁玉 陈 敦)

budongchan jujianye

不动产居间业(real estate agency) 经营房屋、土地、工厂建筑、住宅等不动产的居间业。在不动产的经营中,由于个人的信息没有专业者的信息灵通、广泛和集中,所以想要很快找到自己的买主或卖主不太容易。国外不仅有不动产交易中介业,还有不动产法律顾问业,甚至还有许多代理填表呈文申报业者。因此,非专业的不动产买卖交易,如将以上这些从开始介绍到办理手续的业务,全部交由可信赖的不动产专业中介公司办理,虽然花些费用,但其效果要好得多。一些发达国家还制定了法律,使不动产交易的执行更为公正合理。只有通过国家的考核,取得一定条件的人,才能从事被认为不动产交易居间商的工作。

(李成林)

budongchan suoyouquan

不动产所有权(immovable ownership) 以不动产为客体的所有权。不动产是指性质上不能移动其位置,或者非经破坏、变更不能移动其位置的物,包括土地及其定着物,不动产所有权即主要是指土地所有权与房屋所有权。各国民法对不动产权利大多实行登记制度,不动产权利的变更应当按照物权变动规则的要求进行不动产登记。由于不动产的稀缺性及其在社会经济中的重要地位,不动产所有权在行使上往往受到更多法律、法令的限制。在中国,土地所有权的主体只是公有制经济主体,即国家或者集体经济组织,房屋则可以成为城乡居民的个人所有权客体。

(李富成)

budongchan wuquan

不动产物权(right in rem in immovables; 德 Sachenrecht an Immobilien) 以不动产作为客体的物权,即不动产物权。在我国现行的民事立法上,不动产物权主要包括不动产所有权、土地使用权、土地承包经营权、宅基地使用权、典权、不动产抵押权等。(王 轶)

budongchan xintuo

不动产信托(real estate trust) 以不动产为信托财产的信托。在不动产信托情形下,受托人对作为信托财产的不动产的管理方式,由信托行为或者有关国家行为规定,或者由该不动产的性质决定。凡以土地、房屋及其附着物为信托财产的信托,均属于不动产信托。

(张 淳)

bufa tiaojian

不法条件(拉丁 condicio turpis) 以违反法律规定或有悖于公序良俗的事实为内容的条件,如约定杀人、伤人或贩卖毒品为内容的条件。由于上述条件内容违法,不得作为条件。依《日本民法典》第132条规定,附不法条件的法律行为无效。我国《民法通则》对此没有规定。

(李仁玉 陈 敦)

bufa yueding

不法约定(illegal agreement; illegal contract) 英美合同法上限制契约自由的一项原则。按照英美合同法,合同虽然应当坚持自由原则,但合同自由同样应当受到合法性的限制,在双方当事人自由达成的合同中,如果包含了某些违反法律、社会公共政策或社会道德的内容,那么这些内容就是不法约定,不法约定将导致合同不具有法律效力。英美法上的不法约定分为"制定法上的不合法"以及"普通法上的不合法"两种。

违反制定法的合同包括:(1)制定法明确禁止的合同,即合同在签订时就违反了制定法的合同,对于此类合同,双方当事人都不能要求履行。(2)制定法隐含禁止的合同,即合同在签订时完全合法,但一方在履行合同时实施了某种非法行为,从而导致其失去了请求对方履行的权利。但如果非法行为仅仅构成履行的附带性行为,则实施非法行为的一方将不会由此而失去诉权。(3)制定法上规定为无效的合同。如赌博合同(wagering contract)。

违反普通法的合同包括:(1)实施刑事犯罪或民事过失行为的合同(agreements to commit a crime or civil wrong)。(2)不道德的合同。如以性为标的的约定。(3)妨碍公务的合同(agreements tending to injure the public service),如以贿赂为目的的合同。(4)妨碍国家安全的合同,包括战时通敌合同和针对友好国家的违法合同。(5)妨害司法审判的约定(agreements affecting adversely the administration of justice)。(6)妨碍家庭以及婚姻自由的约定。(7)限制商业行为的约定(agreements in restraint of trade)。

不法约定所产生的法律后果是:契约无效,当事人不能要求强制执行,但对于已经移转的金钱、动产与不动产,英美法一般禁止返还,但下列情形例外:(1)双方当事人没有违法故意时;(2)仅当事人一方有违法故意时,则善意的一方或受害的一方,仍可请求返还已交付的金钱或已移转的财产;(3)契约的约定可分时,则仅不法约定的部分无效,其余部分仍有效。(4)当事人不依赖非法合同而提起返还之诉。 (刘经靖)

bufenli xieyi
不分离协议(non-separation agreement) 发生共同海损后,由船货双方共同签署的、关于共同海损分摊的义务不因货物的转运而发生变化的书面协议。不分离协议是当船舶运输途中发生共同海损,无法将货物运往目的港,而需要将货物交由他船转运时签署的。其作用主要是针对货方有可能声称,船货已发生分离,因而不存在共同海损的问题,拒绝分摊船舶在修理期间所发生的共同海损费用,以保障船舶的合法权益。其标准格式的内容如下:兹同意,如果船舶所载的全部或部分货物,由其他船舶或其他运输工具转运至目的港,共同海损的权利和义务不应受转运的影响。本协议旨在使各有关方处于尽可能接近于如同无此项转运而由原船继续航程时他们所处的同等地位……只要根据适用的法律或运输契约,继续航程是合理的。有关财产参加共同海损分摊,应以原目的港交货时的价值为基础,除非货物在运抵目的港之前,已经出售或另作处理,但船舶如不再继续运输任何货物,则应以卸货完毕之日的实际价值为基础参加分摊。《1994年约克—安特卫普规则》在规则G中加入了船货不分离协议的内容。按照这一规定,船舶在任何港口或地点停留并且发生共同海损补偿时,如果全部货物或其中的一部分用其他运输方式运往目的地,并已尽可能地通知了货方,则有关共同海损的权利和义务,将尽可能地和没有此种转运而是由原船继续原航程一样不受影响。但是,由货方分摊的共同海损部分,不应超过假如由货方自行承担费用而把货物转运至目的港时所支付的费用。 (张永坚 张宁)

bufu baozheng gongsizhai
不附保证公司债(unguaranteed debenture) 与附保证公司债相对应,指一个公司发行没有另一个公司或其他主体提供信用担保(或保证到期支付本息)的公司债。此种公司债的持有人享有与一般公司债的持有人相同的权利。 (施余兵)

buguize chenglan
不规则承揽(拉丁 locatio conduction operas irregularis) 特殊承揽的一种。指虽由定作人提供材料但约定承揽人可以以自己的同种材料予以代替的承揽。这种承揽的特殊性在于定作人所交付的材料的所有权通常转移给承揽人。如以面粉加工成面点的承揽。 (郭明瑞)

buguize jituo
不规则寄托(abnormal bailment) 即不规则保管,有的称特殊保管合同,规则寄托或通常寄托的对称。在罗马法上保管合同称为寄托合同,合同的当事人称寄托人和受寄人。罗马法把寄托分为通常寄托和变例寄托。罗马法的通常寄托是指受寄人应于合同约定的期限到来之时,将保管的物品原物返还。与其相反,变例寄托则允许受寄人向寄托人返还相同种类、相同质量、规格和数量的物品,以代替保管的物品,免除其赔偿责任。变例寄托包括金钱寄托、讼争寄托及危难寄托。讼争寄托又分为合意的讼争寄托和裁判上的讼争寄托。而危难寄托是因逃避火灾、崩坍、抢夺、船难等灾难或其他不可预见的事故所接受的寄托。我国《合同法》第378条规定:保管人保管货币的,可以返还相同种类、数量的货币。保管其他可替代物的,可以按照约定返还相同种类、品质和数量的物品。这就是对不规则保管的规定。这种不规则保管的特点主要有二:一是保管物为货币或其他可替代物;二是转移保管物的所有权,保管人返还的不是原物,而是同种类、品质、数量的物品。 (李成林 郭明瑞)

buheyi
不合意(德 Dissens) 合同法上指双方当事人对合同的内容未达成一致意见。不合意有公然的不合意和隐存的不合意两种类型。所谓公然的不合意,又称意识的不合意,是指当事人明知欠缺意思一致。例如,甲向乙购买奥迪车一辆,乙答复只出售捷达车一辆,彼此未合意,合同不成立。所谓隐存的不合意,又称无意识的不一致,即当事人不知其意思表示不一致。隐存的不合意包括两种情况:一种是合同当事人出于疏忽而遗漏了某种合同条款,这种情况不影响合同的成立;另一种是当事人的意思表示客观上有歧义,且这种歧义又不能通过合同解释的方式加以排除,在这种情况下,合同不成立。 (刘经靖)

bujiming tidan
不记名提单(open bill of lading; blank bill of lading; bearer bill of lading) 参见提单条。

bujixu jifu
不继续给付(德 einmalige Leistung) 继续给付的对称。以一次行为完成的给付。可称为一时的给付。如即时清结的物的交付与金钱的支付。参见继续给付条。
(万 霞)

bujixu zhanyou
不继续占有(德 nichtständiger Besitz) 与继续占有相对,是根据占有的时间是否中断而对无权占有进行的再分类。不继续占有是指占有人对物的占有在时间上有间断。
(申卫星)

bujianquan de yisi biaoshi
不健全的意思表示(德 Abweichung des Willens von der Erklärung) 行为人并非出于真意或不自由的意思表示。健全的意思表示的对称。有被欺诈、胁迫、错误情形的意思表示,均为不健全的意思表示。不健全的意思表示可以撤销。在现代民法上,不健全的意思表示并不是概括的,而是规定一些类型,具体为意思与表示不一致的意思表示和有瑕疵的意思表示。区分健全的意思表示和不健全的意思表示的意义在于:两种意思表示的效力不同,健全的意思表示为有效的意思表示,不健全的意思表示影响民事行为的效力。
(李仁玉 陈 敦)

buke chexiao de xintuo
不可撤销的信托(irrevocable trust) 可撤销的信托的对称。在信托行为中并不存在委托人为自己保留有随时将其撤销之权利的信托。不可撤销的信托的基本特征在于在它的存续期间,只要没有出现法律或信托行为规定的撤销事由,委托人便不能将它撤销。不可撤销的信托属于明示信托;但明示信托中仅合同信托与宣言信托能够成为不可撤销的信托;遗嘱信托虽然因为委托人死亡时才生效,从而在它的存续期间根本不可能由该人任意撤销,但它却并不属于具有特定内涵的不可撤销的信托。由委托人所为的对不可撤销的信托的任意撤销,属于违反民事义务的行为,故该人应当依法承担民事责任。
(张 淳)

buke chexiao de yaoyue
不可撤销的要约(德 unanfechtbarer Antrag) 又称不可撤销的发盘、不可撤销的要约,在我国外贸业务中又称为"实盘"。一般发盘的发盘人从发盘后到受盘之前,可随时撤销发盘,而不需承担责任。但实盘的发盘人不能随意撤回其发盘。我国外贸惯例认为,实盘一般需要具备以下两项条件:第一,需提出完整、明确、肯定的交易条件,如商品的名称、计价单位、品质规格、价格、装运期、支付方式及包装等;第二,必须规定有效期限。我国《合同法》第 19 条(承受《国际商事合同通则》及《联合国国际货物销售合同公约》的规定)认为,有下列情形之一的,要约不得撤销:(1)要约人确定了承诺期限,或者以其他形式明示要约不可撤销;(2)受要约人有理由认为要约是不可撤销的,并已经为履行合同作了准备工作。而符合上述两个条件之一的要约就是不可撤销的要约。
(郭明瑞 张平华)

bukefen jifu
不可分给付(德 unteilbare Leistung) 可分给付的对称。不能分为数个给付或者分为数个给付将损害债的目的的给付。不可分给付常常发生在两种情况下:(1)性质上不可分。如转移一项权利。(2)物质上不可分。如交付一匹马。但物质上不可分的,性质上不一定不可分,例如,一匹马虽然在物质上不可分,但在性质上,马的所有权可分属若干人,渐次移转给债权人,即由共有的所有权移转至债权人以获得整个所有权,可见其性质仍为可分。因此,区别可否分割给付,应具体考察如进行分割是否会减少其价值,即债的原来的目的是否能够达到。另外,可分的给付,也可因当事人的特别约定而成为不可分的给付。参见可分给付条。
(万 霞)

bukefenwu
不可分物(indivisible things; 德 unteilbare Sache; 法 chose indivisible) 可分物的对称。因分割而变更其性质或减损其价值之物,谓之不可分物。非谓物在物理上不可分,只谓在法律上不可分。如良马一匹,若分割之,则失其所以为良马之性质;明珠一颗,若分割之,则减损其价值,故皆为不可分物。
(张 谷)

bukefenzhizhai
不可分之债(德 unteilbares Schuldverhaltnis;法 obligation indivisibles) 可分之债的对称。债的标的为同一不可分给付的多数人之债。其中债权人为多数的,为不可分债权;债务人为多数的,为不可分债务。如甲乙共同承租丙的一间房屋,即成立不可分债权。甲乙将一辆车出卖给丙,甲乙所负的债务即为不可分债务。不可分债权的各债权人只能为全体债权人要求和接受债务人的履行,而不能仅要求向自己履行;债务人也只能向债权人全体为给付,而不能仅向其中一个债权人履行。不可分债务的债权人得向债务人全体或其中的一人或数人请求履行全部义务,各债务人均可清偿全部债务而使债消灭。

(郭明瑞)

buke fouren daili
不可否认代理(agency by estoppel)　证据表明,因被代理人的过失行为以致第三人合理地相信未实际赋予代理权的行为人被赋予了代理权,而由法律所确认的代理。如某公司的业务员持有该公司的空白合同书代理公司对外签订合同,该公司后辞退了该业务员,但未收回剩下的空白合同书,而该业务员用该空白合同书与他人签订合同。虽然该业务员不享有代理权,但第三人可合理相信该业务员享有代理权,便构成不可否认的代理。不可否认的代理产生于商事行为中,英美法上的概念,大陆法上的类似概念为表见代理。

(李仁玉　陈敦)

bukekangli
不可抗力(拉丁 vis major; force majeure)　一般免责事由的一种。人力所不可抗拒的力量,指"不能预见、不能避免并不能克服的客观情况"(《民法通则》第135条),既包括某些自然现象,如地震、台风等,也包括某些社会现象,如战争、政变。罗马法就有不可抗力的规定,并将不可抗力归属于意外事件的一种或为事变的一种。两大法系普遍承认因不可抗力造成损害,当事人可以免除全部责任或部分责任,但不可抗力发生后,当事人负有为减少不可抗力对损害的影响的减损义务。大陆法系对于不可抗力导致的他人权益受到损害的行为,往往从相当因果关系理论、外来原因理论加以排除。按照《法国民法典》第1147条规定,若因不可归责于债务人的外来原因导致合同履行不能,则债务人不负损害赔偿责任。外来原因主要包括不可抗力和偶然事故。英美契约法则主要是通过合同目的落空制度,并通过在合同中规定不可抗力条款,来解决因过错外各种原因导致合同履行不能的情况,并且为坚守允诺原则,避免不可抗力条款的滥用,在合同适用中要求对不可抗力条款加以明确解释,注意保持用语的前后一致,而且还要适当考虑合同的性质和条款。在英美侵权法中,不可抗力原来仅指自然事件,但自从 Rylands v. Fletcher 一案确立严格责任以来,不可抗力被解释为"人的预见力不可能防备,人的谨慎不足以认识到该可能性,因而一旦真正发生只能是无法就导致的结果施加注意义务的灾难",从而使不可抗力适用的空间极少。我国《民法通则》第107条、《合同法》第117条确定了不可抗力是民事责任的法定免责事由,而且按照严格责任原则,一般情况下,在违约责任中不可抗力为惟一的法定免责事由。因为不可抗力具有含义抽象的特点,实践中如果普遍承认其为免责条件,可能会给法官解释适用带来困难,并成为加害人逃避责任的借口,所以,一方面,有的特别法如《中华人民共和国环境保护法》采用不可抗拒的自然灾害代替不可抗力以作为免责事由;《海商法》则在第51条列举了承运人得以免责的事由,其中属于不可抗力的只包括:火灾,但是由于承运人本人的过失所造成的除外;天灾;海上或者其他可航水域的危险或者意外事故;战争或者武装冲突;政府或者主管部门的行为、检疫限制或者司法扣押;罢工、停工或者劳动受到限制。另一方面,学说对于不可抗力加以类型化,将不可抗力分为自然原因的不可抗力、社会原因的不可抗力和国家原因的不可抗力。关于不可抗力的性质,有主观说、客观说、主客观结合三说。主观说认为,不可抗力事件指当事人主观上尽其最大注意但仍不能防止其发生的事件。客观说认为,不可抗力事件指与当事人主观因素无关,发生在当事人外部的,非通常发生的事件。主客观结合说认为,不可抗力,是指不能预见、不能避免并不能克服的客观情况。我国立法与理论上持主客观结合说。

(张平华)

bukekangli zaocheng de pengzhuang
不可抗力造成的碰撞(collision caused by force majeure)　不可抗力主要指不能预见、不能避免、不可克服的客观情况。不可抗力一般有两大类:一类是严重的自然灾害,如水灾、地震和台风等;一类是重大的社会变故,如战争和政府禁运。不可抗力是一种客观情况。它不是由当事人主观臆断的,而是不以人的意志为转移的事件和情况。关于不可抗力的概念和范围,目前各国法律还没有统一具体的规定。国外判断不可抗力主要有主观和客观两种标准。主观标准以当事人虽然尽了最大注意仍不能防止的现象为准。客观标准则以不可抗力必须是发生在当事人业务范围以外的现象为准。海商法范畴内的不可抗力包括:海啸、雷电、风暴、巨浪及其他海上自然灾害、政府行为、战争行为、公敌行为、罢工或封港行为、海盗行为、当权者或人民的扣留或拘禁、依法扣押、检疫限制、局部或全面的罢工、工厂停工或劳动受到限制等。根据"天灾由受害人承担"原则,因不可抗力导致的船舶碰撞,其损失由受损方自行负担。主张不可抗力的一方应当承担举证责任:首先,要证明所遭遇的自然现象是不能预见的;其次,证明在其可以预料的范围内已经谨慎处理,尽到了应有的预防责任;再次,当事人在主观上没有过失;最后,为了避免碰撞,当事人已经发挥了良好的航行技术但仍不能避免。

(张永坚　张宁)

bukeliangwu de qinru
不可量物的侵入(德 Einwirkung) 指噪音、煤烟、震动、臭气、尘埃、放射性等不可量物质,侵入邻地,造成的干扰性妨害或损害的现象。为 20 世纪以来德国民法和瑞士民法的一个重要概念,性质上属于物权法相邻关系之一类型。

(方志平)

buke mibu de sunhai peichang
不可弥补的损害赔偿(irreparable damages) 英美法上的概念。对有关排除妨害的法律里难以用金钱衡量的损害的赔偿。这种损害主要发生在公共妨害中,具有重复性和连续性的特点。例如,噪音使个人丧失享受宁静的权利,噪音对个人权利的损害就是难以准确衡量的。这一术语,偶尔也指可以通过估算来进行的损害赔偿,但绝不是通过精确标准来计算的损害赔偿。

(张平华)

buke zhanqi zhai
不可展期债(nondeferable debenture) 发行公司在债券记载的清偿日期届满时即向债券持有人(或公司债债权人)履行债券规定的义务,如支付本息等,不能展期的公司债。多数公司债券是不可展期公司债券。我国《公司法》没有区分可展期债和不可展期债,股份公司和重点国有企业发行的公司债一般是不可展期的。

(施余兵)

buke zhengyi tiaokuan
不可争议条款(incontestability clause) 保险合同约定的,投保人违反如实告知义务致使保险人有权解除保险合同或者不负给付保险金责任,经过特定的期间后,保险人不得以投保人违反如实告知义务而拒绝保险合同约束力的条款。不可争议条款作用的对象,为可争议期间内的可争议事项;若经过可争议期间,保险人没有对可争议事项进行争议,则不得再对之进行争议。不可争议条款的典型条款,为年龄误保条款。投保人申报的被保险人年龄不真实,并且其真实年龄不符合保险合同约定之年龄限制的,保险人可以解除合同,并在扣除手续费后,向投保人退还保险费;但是,自保险合同成立之日起经过 2 年的,不在此限。被保险人或者受益人援引不可争议条款时,不论投保人在订立保险合同时是否如实告知所有重要情况,只要保险合同成立后经过法定或者约定的不可争议期间,保险人不得再以违反如实告知义务主张解除合同或者拒绝承担保险责任。

(邹海林)

buke zhixing de xintuo
不可执行的信托(non-executory trust) 可执行的信托的对称。因对其内容委托人在信托行为中并未作出全面或明确的声明,从而需要由其再作进一步的补充或明确才能成立的信托。不可执行的信托的基本特征,在于它或者欠缺信托的某一或某些条款,或者虽然具备这一或这些条款,但其在涵义上却不具备确定性。不可执行的信托属于明示信托。这种信托在由委托人设立后,即使在其他方面符合法定条件,但在法律或信托行为规定的生效时间到来时,必须经过一定的审定程序(协商程序或司法程序)对其有关条款进行补充或明确以使之变得全面或确定,然后才能强制执行,即强制受托人履行由这种信托赋予的将信托利益交付给受益人的义务。

(张 淳)

buli jieshi guize
不利解释规则(any ambiguity to be construed to the benefit of the assured) 保险人与投保人、被保险人或者受益人对保险合同的内容有争议时,应当对保险合同所用文字或者条款作不利于保险人的解释。《保险法》第 31 条规定:对于保险合同的条款,保险人与投保人、被保险人或者受益人有争议时,人民法院或者仲裁机关应当作有利于被保险人和受益人的解释。对保险合同作不利于保险人的解释,其原因在于:其一,保险合同基本实现了格式化,即保险人制订格式保险合同,投保人在订立保险合同时,一般只能概括地表示接受或不接受保险人拟就的条款。其二,保险合同中的合同术语也实现了专业化,保险合同所用术语非普通人所能理解,这在客观上有利于保险人的利益。为了使保险人与被保险人或受益人之间的利益达到平衡,在格式保险合同的条款发生文义不清或者有多种解释时,应当作不利于保险人的解释,实际上是作有利于被保险人和受益人的解释。

(温世扬)

bulianxu beishu
不连续背书(un-successive endorsement) 汇票的背书在形式上前后不连续。造成不连续背书的原因可能是:(1) 前一背书的被背书人与后一背书人在形式上不具有同一性,或者二者完全不是同一人,或者二者虽是同一自然人,但他作为被背书人是代表法人,而作为背书人却是代表自然人。(2) 某一背书因欠缺有效形式要件而无效,从而影响了背书的连续。背书不连续对汇票本身效力不产生影响。背书不连续只是对持票人不产生权利证明效力,即持票人用背书不连续的汇票不足以证明自己为正当的权利人。除非他有其他足够的证据,否则付款人可以拒绝该持票人的权利请求。

如果付款人为持有背书不连续且无其他证据证明其为正当权利人的持票人付款,付款人的付款行为不得对抗真正的票据权利人。

(王小能)

bulüxing
不履行(default) 违约的一种形态,当事人对合同义务根本没有履行,是债的完全不履行。它有拒绝履行与不能履行之分。不能履行又称履行不能,指合同当事人因客观原因使履行合同条件不具备或丧失,根本不可能履行合同的义务。它可能发生在合同成立时(自始不能),也可能发生于合同成立后由于客观情况变化致使合同之债不能履行(嗣后不能、后发不能)。如标的物是特定物的买卖合同成立后,该特定物灭失的,即发生嗣后不能。自始不能,由于一开始就缺少实现债的内容的根本条件,因而标的自始不能的,该合同应无效,缔约过失方应承担缔约上的过失责任。嗣后不能,如非因不可抗力所致,有过错方应负违约责任。参见毁约条。

(肖 燕)

bulun shifou mieshi tiaokuan
不论是否灭失条款(lost or not lost clause) 海上保险约定的保险合同不论保险标的是否已经灭失均发生效力的条款。该条款主要适用于船舶保险,其约定使得保险合同在保险标的灭失的情况下,具有追溯力。海上保险所承保的危险应当为不确定的危险,若保险标的已经发生灭失,说明危险已经发生,不能成立有效的保险。但是,在海上保险发展的早期,因为海上通讯不发达,船舶出海后往往不能获知船舶的航行情况,为保护善意的被保险人的利益,不论是否灭失条款得以发生效力。但是,被保险人已知保险标的发生毁损仍然与保险人订立海上保险合同的,该保险无效。

(邹海林)

buluo fujia
不落夫家(zuo jia) 又称为"坐家",女子在结婚后相当长时间里在娘家居住的一种婚姻习俗。在"坐家"期间,女子过着相当自由的生活,她可以结交异性,接待前来串访的男子。"坐家"的女子,通常只有在节日和农忙时才由丈夫接到夫家小住,住不久又回到娘家,一直要到怀孕或生育后才能到丈夫家里长期住下来。"不落夫家"的婚俗,是对偶婚制的遗俗,也是女性为维护母权制下夫从妻居习俗、反对父权制下男娶女嫁的一种斗争形式。据《北县志·人种》记载:壮族人"既婚之夕,女随伴,多男女不同室。次日即回女家,值农忙亦来婿家相助,仍自归去,必待外妊生子方归……"。至今云南德宏地区景颇族中,"不落夫家"仍是一种较为普遍的婚姻习俗。青年男女结婚时,婚礼在男家举行,婚后第二天新娘便回娘家居住。人们认为,男女结婚后新娘便公开与新郎同居是一种羞耻,只有女方怀孕或生育后再和丈夫一起生活才合情合理。中华人民共和国建立前,景颇女子不落夫家的时间较长,但现在通常缩短到半年左右,有的甚至仅几天就到丈夫家中居住。

(张贤钰)

buming guoshi pengzhuang
不明过失碰撞(collision with inscrutable fault) 不明过失是指碰撞的原因无法查清。两船相撞沉没,船员全部遇难,因而无法查明原因,只能各自承担责任。不明过失碰撞不同于过失程度难以判定的情况,后者是在肯定双方互有责任的前提下,难以确定各自应承担的过失比例,因此,只能平均承担责任。随着科学技术和鉴定手段的进步,不明过失碰撞事故越来越少。

(张永坚 张 宁)

buneng qixian
不能期限(德 unmögliche Frist) 以甚远将来的时期为内容的期限。如一万年以后,赠与一亿元,此期限虽非不可能到来,但依现实生活为不可能实现,故附不能期限的法律行为为无效法律行为。 (李仁玉 陈 敦)

buneng tiaojian
不能条件(拉丁 condicio impossibilis;德 unmögliche Bedingung) 以事实上或法律上不能成就的事实为内容的条件。所说不能,并非绝对客观的不能,社会观念通常认定的不能,亦为不能。如太阳从西边升起,则借款给你,这属客观不能;如约定连续工作10日,不眠不休,则给付10万元,这属社会观念上认定的不能。附不能条件的法律行为,依《日本民法典》第133条规定,附不能停止条件的法律行为,无效;附不能解除条件的法律行为,视为无条件。我国《民法通则》对此没有规定。

(李仁玉 陈 敦)

buqueding qixian
不确定期限(德 ungewisse Zeitbestimmung) 确定期限的对称。期限事实的发生虽已确定,但其发生时间尚不确定的期限,如甲乙约定,甲父死亡之时,将房屋租与乙,所附期限为不确定期限。 (李仁玉 陈 敦)

buqueding wuxiao
不确定无效(unentschiedene Nichtigkeit) 可因补正而成为有效行为的无效行为。如行为人在行为时因行为内容违法而无效,事后该行为内容因法律变更而不违法,经承认而发生溯及效力。再如行为人在行为时因不具有行为能力而无效,后因行为人具有行为能力,经承认而发生溯及效力。但违背社会善良风俗的民事行为不能因补正而成为有效。 (李仁玉 陈敦)

busangshi jiazhi tiaokuan
不丧失价值条款(nonforfeiture clause) 人寿保险合同约定的在被保险人交纳保险费达2足年后,投保人请求退保时,保险单所具有的现金价值并不因此而丧失的条款。人寿保险具有储蓄功能,保险人从投保人交纳的保险费中所提取的责任准备金,仍然属于被保险人所有,保险人最终应当将之退还或者返还给被保险人。依照不丧失价值条款,投保人可以选择以下形式来满足其所享有的保险单之现金价值利益:(1)投保人直接领取保险单之现金价值或者退保金;(2)以保险单的现金价值一次交清保险费,而将原人寿保险转换为保险条件相同,但保险金额较低的人寿保险;(3)以保险单的现金价值为质,向保险人申请借款;(4)以保险单当时具有的现金价值一次交清保险费而将原保险转换为保险金额不变的展期保险。(邹海林)

bushidang de sunhai peichang
不适当的损害赔偿(inadequate damages) 英美法中的概念。在英美法中,如果法定赔偿金不足以弥补所受损害或不足以使受害人恢复到未受损害时的状况,允许法院发出停止妨害的禁令。按照法定赔偿金足以弥补受害人损害,而不另外发出停止妨害的禁令的规则,如果法院除判决法定赔偿金外还发出了停止妨害的禁令,则被称为不适当的损害赔偿。 (张平华)

buteding jifu
不特定给付(indefinite presentation) "特定给付"的对称,又称可替代的给付。未具体指定特定标的给付。如标的物尚未特定化的种类物的给付,人员或具体工作待定的劳务给付等。前者如合同约定由债务人给付某种商标、某种规格的电视机若干台。后者如运输合同约定由债务人负责组织人员完成某运输任务等。在不特定给付中,除法律另有规定或当事人另有约定外,不特定标的物的所有权自交付时起才转移给债权人,在交付前,所有权仍归债务人。不特定的给付通常不发生履行不能情况,因为由于该给付的不特定性而很容易找到替代的给付。除非该给付所涉物品、劳务等社会上已无存在或法律上已禁止流通或存在。一般来说,不特定给付可因履行开始或当事人合意转化为特定给付。以不特定给付为标的的债,称为"不特定之债"或"种类之债"。参见特定给付条。 (万 霞)

buwanquan shouyang
不完全收养(拉丁 adoptio minus plena) 完全收养的对称,亦称简单收养或单纯收养。指养子女与其亲生父母之间在收养后仍相互保留一定的权利义务关系的收养形式。按这种形式收养的被收养人与其亲生父母之间并未完全丧失亲子关系。不完全收养适用于成年人也适用于未成年人的收养。单纯采用不完全收养制度的国家相当少见,大部分国家同时设有完全收养与不完全收养两种制度,诸如法国、保加利亚、罗马尼亚、阿根廷等国法律均同时规定了两种类型的收养。 (马忆南)

buwanquan xingwei
不完全行为(德 unvollkommenes Geschäft) 不能完全发生法律效力的法律行为。完全行为的对称。通常分为三类:(1)无效的法律行为。包括绝对无效的法律行为和相对无效的法律行为。(2)可撤销的法律行为。(3)效力未定的法律行为。学理上的概念。 (李仁玉 陈敦)

buxu fuqixian de falü xingwei
不许附期限的法律行为(juristic act without time) 基于公序良俗或法律的强制性规定或相对人的利益保护,不得附有期限内容的法律行为。又称避忌期限的法律行为。如结婚等身份行为,撤销、承认等债权行为均不得附有期限。不许附期限的法律行为和不许附条件的法律行为的范围基本相同,但亦有区别。如票据行为可附期限,但不得附条件;继承人的指定可附条件,但不得附期限。有些法律行为,可附始期,但不得附终期,如债务的免除。不许附期限的法律行为,如附有期限,该法律行为无效。 (李仁玉 陈敦)

buxu futiaojian de falü xingwei
不许附条件的法律行为(德 bedingungsfeindliche rechtsgeschäfte) 基于法律的强制性规定或公序良俗原则,以及相对人利益或流通安全的考虑,当事人不得附条件的法律行为,又称条件敌对行为。不许附条件的法律行为包括:(1)基于性质上不得附条件。法律行为的效力因确定的或即时的发生,不许附条件。如票据行为。为确保其流通安全,在性质上属于不得附条件的法律行为;再如法人的设立行为,不得附条件;物权行为通常与行为成立同时发生效力,一般也不得附条件。(2)基于公益不得附条件。身份行为,如结婚、离婚、收养、终止收养均不得附条件;继承行为,包括遗赠的承认或抛弃,亦不得附条件,但遗赠本身可附条件。(3)基于相对人利益不得附条件。拘束相对人的单独行为,不得附条件,否则,将使其处于不利地位,如法定抵销不得附条件,承认、合同的法定解除、选择之债的选择均不得附条件,但不拘束相对人的单独行为可附条件,如遗赠行为、债务免除行为、代理权的授予行为、对限制民事行为能力人的同意行为等。

(李仁玉 陈敦)

不要式的意思表示(德 formfreie Willenerklärung)

要式的意思表示的对称。法律对表意人的表意形式没有特殊要求的意思表示。 (李仁玉 陈敦)

不要式法律行为(德 formfreies geschäft)

法律不要求特定形式,行为人自由选择一种形式即能成立的法律行为。现代民法以方式自由为原则,除法律特别规定或当事人特别约定外,均为不要式法律行为。区分要式法律行为与不要式法律行为的法律意义在于:不要式法律行为由当事人自由选择行为方式,要式法律行为当事人须采用法定方式。《民法通则》第56条规定,民事法律行为,法律规定采用特定形式的,应当依照法律规定。对于法定要式行为,法律未规定需采用规定方式才生效的,不影响行为的效力。

(李仁玉 陈敦)

不要式合同(informal contract;德 formfreier Vertrag)

要式合同的对称。指法律没有规定必须采取特定的形式,当事人得自由约定合同形式的合同。其特点在于当事人可以根据合同自由原则,自行决定合同的形式。古代社会对合同形式要求特别严格,合同形式以要式为原则,不要式为例外。随着交易的发展,为适应交易的需要,合同的形式逐渐从要式主义转向不要式主义。近代社会随着合同自由原则的确立,当事人自由选择合同形式成为合同自由的一项重要内容,法律对合同形式一般不作特别要求。现代各国民法对合同形式都是以不要式为原则,以要式为例外,合同大多为不要式的,只是为便于国家监督管理,法律才要求一些重要的合同必须采取特定的形式。我国《合同法》第10条明确规定:当事人订立合同,有书面形式、口头形式和其他形式。法律、行政法规规定采用书面形式的,应当采用书面形式。当事人约定采用书面形式的,应当采用书面形式。 (郭明瑞)

不要因法律行为(德 abstraktes Geschäft)

行为与原因可以分离,不以原因为要素的法律行为,又称无因法律行为或抽象法律行为。例如,票据行为就是不要因行为。不要因行为并非没有原因,而是指原因无效并不影响行为的效力。如签发支票必有签发的原因,或作为付款方式或无偿赠与,但票据行为与上述原因彼此分离,原因的瑕疵不影响票据的效力。不要因法律行为的法律意义在于维护交易安全和善意第三人的利益。不要因法律行为主要有:(1)物权行为。物权行为是以发生物权直接变动为目的的行为。物权行为独立于原因行为之外成为无因行为,其目的在于维护交易安全。(2)准物权行为。主要指债权让与、债务承担和债务免除。其规定为无因行为的目的亦在于维护交易安全。(3)部分债权行为。如票据行为。票据行为贵在流通,便于交易,因此,票据行为为无因行为。区分要因法律行为与不要因法律行为的意义在于:要因法律行为如原因不存在,则行为无效;不要因法律行为,原因不存在或原因有瑕疵时,行为有效,仅发生不当得利问题。

(李仁玉 陈敦)

不在人保佐(missing person's tutelage)

德国法上的概念。对不知其下落和知其下落因受到阻碍不能返回的成年人设置的保佐。这种保佐的目的主要是对其财产进行管理,特别是该成年人曾委托或授权安排他人进行财产管理事宜,事后又撤销该委托的情况下,应为其设置保佐人。 (李仁玉 陈敦)

不真正无因管理(德 unechte Geschaeftsfuehrung)

又称准无因管理,没有管理他人事务的意思的管理行为,包括误信管理与不法管理两种。误信管理指误信他人事务为自己的事物而为管理。不能类推适用无因管理的规定,也不能经本人承认而适用委托的规定。只能按照不当得利的规定使双方互负返还义务。如果管理人有过失,则应按照侵权行为负损害赔偿责任。不法管理,指明知为他人的事务仍作为自己的事务进行管理,对此应该按照侵权行为或不当得利的规定处理。 (张平华)

不正当的交易方法(unfair dealing)

违反正当竞争的交易行为。主要包括如下几种:第一种,有可能阻碍竞争公正性的行为。该行为并不要求必须直接对竞争者带来何种不良影响。第二种,有下列行为之一者:(1)不正当地差别对待其他事业者,如交易条件等差别对待,共同行为或事业团体中实行差别对待,根据地区或交易相对人实行差别价格等;(2) 以不正当对价进行交易,如倾销;(3) 不正当地引诱或强制竞争者的顾客与自己交易,如大规模有价销售;(4) 以不正当约束竞争相对人事业活动为条件进行交易;(5) 不正当利用自己在交易上的地位与相对人交易。如对相对人任免职员进行干涉,强迫对方接受不利条件等;(6) 不正当地妨碍与自己或自己作为股东、职员的公司处于竞争关系中的其他事业者与其交易相对人的交易。

(张平华)

buzhengdang yingxiang

不正当影响(undue influence) 英美衡平法上确认合同效力的一项原则。根据衡平法,如果合同当事人在签订合同时受到了不正当影响的干预,那么,他就可以向法院起诉,要求撤销他由于受到不正当影响而签订的合同。所谓的不正当影响是指,一方当事人通过不正当的间接压力或劝诱,促使对方当事人被迫签订了合同。这种压力和劝诱通常是采取精神上、智力上或道义上的间接方式,而不是采取直接的暴力方式,因而与针对人身而实施的胁迫含义不同。不正当影响原则确立的依据在于,当事人的缔约意志是自由的,如果这一自由受到了某些不公正压力的影响,则衡平法必须加以干预。衡平法认为,不论是那种形式的不正当影响,只要按照公平原则来看,这种影响已经限制了一方当事人自主判断和自愿定约能力,使该当事人在签订合同的过程中丧失了平等的讨价还价地位,就构成了不正当影响。因此,受到不正当影响的当事人就有权向法院起诉,请求撤销他由于受到不正当影响而签订的合同。

根据施加不正当影响的当事人的身份和诉讼证明程序,不正当影响可以分为两大类:实际上存在的不正当影响和推定的不正当影响。推定的不正当影响是指,如果合同的双方当事人之间存在某种特殊的受信关系,那么,法院就假定处于劣势或者信赖对方的当事人受到了对方施加的不正当影响,而不论这种不正当影响实际上是否存在,除非有充分的证据表明,处于优势或受信赖的当事人实际上并未施加不正当影响。推定不正当影响的特点在于,处于优势或受信赖的一方承担否认不正当影响的举证责任。在推定的不正当影响中,判例已经确认的特殊受信关系主要包括:父母与子女、监护人与被监护人、牧师与教徒、医生与病人、律师与当事人、受托人与受益人、雇主与雇员等。在上述关系中,对于被依赖的一方当事人来说,推定的不正当影响的法律效力是非常严格的,因为,信赖方只需要证明受信关系的存在就足以证明自己受到了不正当影响。这样即使信赖方并未受到损失,他也可以援用推定的不正当影响否认合同的效力,这样既有失公平,也

极易被钻空子。为了平衡双方当事人之间的关系,1985 年,英国上议院在 National Westminster Bank plc v. Morgan 一案中确立了一项新的原则,即当事人在援引推定的不正当影响而否认合同的效力时,必须证明该项交易对他确实存在明显的不利(manifest disadvantage)。如果当事人之间不存在特殊的信用关系,则一方主张不正当影响时,必须证明有实际不正当影响的存在,方可请求法庭撤销合同。实际不正当影响的特点是,不正当影响的举证责任由主张不正当影响的信赖方承担。

衡平法对于不正当影响的救济分为两种:一是基本救济,即法院拒绝针对受到不正当影响的当事人强制执行相关的合同,因此,受到不正当影响的当事人有权不受他所签订的合同的约束。二是受到不正当影响的当事人也可以要求撤销合同。

(刘经靖)

buzu'e baoxian

不足额保险(under insurance) 又称低额保险,保险金额低于保险价值的保险。不足额保险只适用于财产保险,其产生有以下三种原因:一是投保人基于自己的意思或与保险人达成一致,将保险标的的部分价值投保;二是投保人因低估保险标的的价值进行投保而形成;三是不定值保险中,在保险合同订立后因保险标的的市场价格上涨而造成。在不足额保险中,保险人的赔偿计算方式有比例赔偿原则和第一危险原则。前者是指对被保险人的损失,保险人按保险金额与保险价值的比例给予赔偿;后者则是指保险人在保险金额的限度内首先赔偿,若实际损失超过保险金额,被保险人自行承担超出部分的损失。我国《保险法》第 40 条第 3 款规定:保险金额低于保险价值的,除合同另有约定外,保险人按照保险金额与保险价值的比例承担赔偿责任。

(史卫进)

buzuowei qingqiuquan

不作为请求权(德 Unterlassungsanspruch) 《德国民法典》确认的物上请求权的一种,指物权有继续受妨害的危险时,物权人得主张防止此等妨害的请求权。包括基于所有权的不作为请求权、基于定限物权的不作为请求权以及基于占有的不作为请求权。基于定限物权的不作为请求权,得准用基于所有权的不作为请求权的规定。

所有权人有权不许可他人违法妨害其所有权,因此,其可以在此种妨害产生作用之前阻止它。其前提是妨害已经危及到所有权,即具体的某个危险已经形成。

在德国民法学说上,就不作为请求权是属于纯粹实体法上的请求权还是诉讼上的权利救济,有不同意见。通说认为该项请求权为纯粹实体法上的请求权,

并得适用诉讼时效规范。　　　(王　轶)

buzuowei yiwu
不作为义务　参见消极义务条。

bufen baozheng
部分保证(partial aval)　又称一部保证,是指对票据金额的一部分所作的保证。　　　(王小能)

bufen beishu
部分背书(partial endorsement)　将汇票金额的一部分转让给受让人或将汇票金额分别转让给二个以上的受让人的背书。票据为提示证券,票据权利人享有票据权利以占有票据为必要。票据权利人行使票据权利必须提示票据,部分背书与票据的这一性质背道而驰,因此,各国票据法都规定,部分背书为无效背书。部分背书的无效可能造成背书的不连续。但是部分背书的无效,只是其本身的无效,不影响票据的效力。同时,这种背书的无效是在票据法上的无效,在其他法如民法上,部分背书是否无效,应根据该法的具体情况而定。　　　(王小能)

bufen bijiao guoshi
部分比较过失(partial comparative negligence)　美国侵权法上判断比较过失中当事人是否承担赔偿责任的一种方法,参见比较过失条。　　　(刘经靖)

bufen chengdui
部分承兑(partial acceptance)　付款人仅就汇票金额的一部分所作的承兑。部分国家的立法承认部分承兑。《日内瓦统一汇票本票法》第26条规定:承兑是无条件的,但付款人得将其承兑限于应付金额的一部分。《德国票据法》第26条第1款规定:承兑是无条件的,但付款人得仅承兑部分的汇票金额。我国《票据法》对部分承兑没有明文规定,一般认为我国不承认部分承兑。　　　(胡冰子　王小能)

bufen fukuan
部分付款(partial payment)　仅支付汇票记载金额的一部分的付款。各国票据法对待一部分付款的态度不尽相同,日内瓦法系和我国台湾地区票据法承认一部分付款的效力。我国《票据法》第54条要求,对于持票人的提示付款,付款人必须在当日足额付款。可见该法不承认部分付款。　　　(王小能)

bufen wanzheng de xieyi
部分完整的协议(partial integrated contract)　英美契约法上的概念,完全完整的协议的对称。指当事人双方的意图之中该协议并非完整的或最终的,为了解释缔约意图必须借助于口头证据。　　　(张平华)

bufen wuxiao
部分无效(partial invalidity)　民事行为部分内容不具有效力,其他部分仍然具有效力。全部无效的对称。如抵押合同中,当事人约定债务人不履行债务时,抵押物所有权自动转归抵押权人所有,该条款因违反法律的禁止性规定而无效,但该条款的无效不影响抵押合同的效力。　　　(李仁玉　陈　敦)

C

cailiao yu wuliao xisheng
材料与物料牺牲(sacrifice of ship's materials and stores) 在船舶燃料用尽时,为了共同安全将船上材料与物料充作燃料,如果船舶事先燃料不足,承运人只得自负损失。只有承运人证明即使船舶事先携带了足够的燃料,也必然将部分材料或物料充作燃料,则该部分材料和物料损失可列作共同海损,由船货双方分摊。承运人应负担在通常情况下足以完成原定航程的燃料费用,因此,船用材料与物料费用作为共同海损受到补偿时,应扣除"为完成原定航程本应消耗的燃料的估计费用",其差额才是承运人的额外损失,作为共同海损分摊。这是在蒸汽机时代的案例,在现代航海中已经罕见。现在此项牺牲已被从其他船/港获得燃油而产生的费用所替代。 (张永坚 张 宁)

caichan baoxian
财产保险(property insurance) 以财产以及同财产有关的利益为保险标的的保险。财产保险为保险的最为重要的分类。

财产保险的分类 在传统上,财产保险仅以有形财产的损失保险为限,财产保险并没有取得当今如此广泛的意义。财产保险的目的仅仅在于补偿财产损失,又被称之为"产物保险"或"损失保险"。在英美法系国家,财产保险则区分为财产损失保险(indemnity insurance)和责任保险(liability insurance)。当代的财产保险,则在有体物保险以外获得了发展,形成有体物保险和无体物保险两大类,可以具体划分为财产损失保险、责任保险、信用保险、保证保险、海上保险等诸多类型。

财产保险的主要特征 (1)严格适用填补损失的原则。财产保险为填补损失的一种形式。保险事故发生后,被保险人仅得按其实际所受之损害请求保险人赔偿,不得因而获取超过损害的利益,保险人的赔偿以被保险人实际所发生的损失为限,此为损害填补原则。财产保险合同以损害填补为基础,以补偿被保险人发生的财产损失或者经济损失为惟一目的。(2)保险责任限定。保险人给付保险金的责任,以保险合同约定的保险金额或保险责任限额为限,被保险人发生的损失,若超出保险金额或保险责任限额,保险人对超出的损失部分不承担给付保险金的责任。再者,财产保险不允许被保险人通过保险获取损失以外的利益,保险人和投保人约定的保险金额,亦不得超过保险标的的保险价值,保险标的的保险价值限定了保险人的可能发生的最高赔偿额。(3)保险代位权的适用。被保险人所发生的损失应当由第三人承担损害赔偿责任的,被保险人在请求保险人给付保险金后,若仍然可以向该第三人请求损害赔偿,必将获得超过保险标的的实际损害的利益、甚至超过保险标的的保险价值的利益,违反财产保险的填补损失原则,被保险人应当将其请求第三人赔偿的权利交由保险人代位行使。财产保险普遍适用保险代位权。

财产保险的投保人 对财产保险标的具有保险利益,与保险人订立财产保险合同并承担支付保险费义务的人。财产保险的投保人可以为被保险人,也可以为被保险人以外的第三人。投保人承担如下义务:(1)交费义务。投保人依照保险合同有交纳保险费的义务。投保人应当依照保险合同约定的时间、地点、数额和方法,向保险人交纳保险费。(2)防灾减损义务。投保人或者其代表或代理人,应当以谨慎合理的注意,防止保险标的的发生意外事故。(3)危险增加的通知义务。在保险合同有效期内,保险标的的危险程度增加的,投保人应当及时通知保险人,以便保险人办理保险批改手续或者增收保险费。否则,保险人对因保险标的的危险增加所引起的损失,不承担保险责任。(4)保险事故的通知义务。保险标的发生任何形式的保险事故,投保人应当及时或者在保险合同规定的期限内通知保险人。(5)单证提示和协助义务。保险事故发生后,依照保险合同请求保险人赔偿或者给付保险金时,投保人应当向保险人提供其所能提供的与确认保险事故的性质、原因、损失程度等有关的证明和资料。保险人依照保险合同的约定,认为有关证明和资料不完整的,应当通知投保人补充提供有关的证明和资料。

财产保险的标的 限于财产和与财产有关的利益。狭义的财产仅指有体物,广义的财产包括有体物和无体物。有体物具有一定的形状并占据一定的空间,可以为人力直接支配。无体物指不具有一定的外部形状,但可以金钱加以评价,并能为人力所支配的财产权利或利益。我国《保险法》第32条所称"财产以及同财产有关的利益",当然包括有体物和无体物。以有体物或无体物为标的,可以订立财产保险合同。法律意义上的财产,不以积极财产为限,还包括消极财产,诸如债务或者责任,以此为标的,可以成立保证保险或责任保险。财产保险的保险标的只能以保险合同约定的特定范围内的财产或利益为限,保险合同约定之外的利益或者保险合同明确排除的利益,不构成财产保险的标的。财产保险的标的因为保险事故发生损害

的,保险人对被保险人承担填补损害的责任。

财产上的保险利益 投保人(被保险人)对保险标的因保险事故的发生以致保险标的的不安全而受到损害或者因保险事故的不发生而免受损害所具有的利害关系。财产上的保险利益应当为合法利益。在实务上,学者一般将财产上的保险利益抽象概括为财产权利、合同权利和法律责任三类。财产权利包括基于财产权利而享有的财产利益,其中最为显著的为所有权利益、占有利益、股权利益、担保利益等;合同权利为依照合同产生的债权请求权;法律责任则是因为侵权行为、合同或者法律规定而发生的责任。亦有学者依照保险利益的直观形式,将财产保险利益归结为所有利益、支付利益、使用利益、受益利益、责任利益、费用利益、抵押利益七类。财产保险利益的具体形态或者直观形式虽有不同,但并不妨碍我们将其归类为投保人(被保险人)对保险标的具有的现有利益、因保险标的的现有利益而产生的期待利益、责任利益三类。现有利益,是指投保人(被保险人)对保险标的所享有的现存利益,包括但不限于投保人(被保险人)对保险标的的所有权利益、占有利益、用益物权利益以及担保物权利益等。一般而言,下列情形产生保险利益:(1)投保人(被保险人)对于特定财产有法律上的权利;(2)投保人(被保险人)对于特定财产有实际而合法的利益;(3)投保人(被保险人)对于特定财产有运送的义务或者留置的权利;(4)投保人(被保险人)对于特定财产为现占有人;(5)投保人(被保险人)对于特定财产虽无现有权利或者利益,但依其法律关系,法律上确定的权利将因其灭失而丧失。期待利益,是指投保人(被保险人)在订立保险合同时对保险标的的利益尚未存在,但基于其现有权利而未来可获得的利益。期待利益因现有利益而产生。没有现有利益,也不可能存在期待利益。责任利益,是指投保人(被保险人)对于保险标的所承担的合同上的责任、侵权损害赔偿责任以及其他依法应当承担的责任。责任利益,属于法律上的责任,一般以民事赔偿责任为限,非法律上的责任,不能称之为责任利益。

财产保险的保险金额 投保人和保险人在财产保险单证上载明的、投保人对于保险标的的实际投保的金额或者保险人承担给付保险赔偿金义务的最高限额。财产保险的保险金额由投保人和保险人约定,但不得超出保险标的的保险价值,超过保险标的的保险价值的约定部分无效。

财产保险的保险责任 保险人对其承保的保险标的所发生的损害应当承担给付保险赔偿金的责任之范围。凡财产保险合同约定的事故造成保险标的的损害,保险人均应当承担保险责任。保险事故由保险合同约定,可以是一切不可预料或者不可抗拒的、能够引起保险标的损失的各种事件,包括但不限于洪水、地震、暴雨、雷电等自然灾害事件,火灾、爆炸、倒塌等意外事件,以及罢工、动乱、军事行动、战争等具有破坏性的人为活动等。但是,保险合同约定的保险事故,应当符合法律规定并为法律所认同,不包括有违社会公共秩序和善良风俗的危险,也不包括因投保人或被保险人的故意行为引发的危险。一般而言,除非财产损失保险合同另有明文限定,下列危险均为保险事故:(1)造成保险标的的损害的意外事故;(2)投保人或被保险人或其代理人或其受雇人的过失造成保险标的的损害;(3)投保人或被保险人因履行道德上的义务所造成保险标的的损害。

财产保险的索赔 被保险人在保险标的发生保险事故后,请求保险人给付保险赔偿金的,保险人应当按照保险合同的约定给付保险赔偿金。财产保险的索赔时效,从被保险人知道发生保险事故之日起计算,经过2年的期间,被保险人不向保险人请求给付保险赔偿金的,其保险金给付请求权归于消灭,被保险人不得再向保险人请求给付保险赔偿金。在索赔前,被保险人在知道保险事故发生后,应当及时通知保险人。保险事故的通知,应当采用保险合同所要求的形式。若保险合同对通知的形式没有规定,被保险人可以书面形式、数据电文形式甚至口头形式通知保险人。被保险人在知悉保险事故发生后未及时通知保险人的,保险人是否可以拒绝承担保险责任,取决于保险合同的约定或法律的规定。被保险人索赔的,应当尽单证提示义务。被保险人除向保险人提交保险单证及有关身份证明外,还应当向保险人提供与确认保险事故的性质、原因、损失程度等有关的证明和资料。保险索赔的单证提示义务,为被保险人的法定义务,不论保险合同对之是否有所约定。保险人在收到保险索赔的通知后,应当及时作出核定是否赔偿或给付保险金。保险人的及时核定为事实问题。保险合同对之有约定的,保险人应当在保险合同约定的期间内完成核定;保险合同没有约定的,保险人应当在收到索赔通知后的合理期间内完成核定。保险人收到保险索赔的通知后,经核定认为属于保险责任的,应当及时与被保险人达成有关赔偿的协议,并在协议达成后10日内,履行赔偿义务。若保险人与被保险人经过合理期间仍不能达成有关赔偿的协议,保险人得提存其赔偿金额。保险人收到保险索赔的通知后,经核定认为不属于保险责任的,应当及时向被保险人发出拒绝赔偿通知书。保险人收到保险索赔的通知以及有关单证后60日内,经核定认为属于保险责任但不能确定赔偿或者给付保险金数额的,应当根据已有证明和资料可以确定的最低数额先予支付。保险人最终确定赔偿或者给付保险金的数额后,应当支付相应的差额。

(邹海林)

caichan baoxian tiaokuan feilü guanli zanxing banfa
《财产保险条款费率管理暂行办法》（Interim Provisions on Premium Rate Management of Property Insurance） 规定财产保险条款和费率的部门规章。中国保险监督管理委员会于 2000 年 8 月 4 日发布，2000 年 9 月 1 日起实施。原由中国保险监督管理委员会于 1999 年发布的《关于财产保险条款备案问题的通知》和《关于外资财产保险条款备案问题的通知》同时废止。共 9 部分，31 条。立法目的在于加强对财产保险条款和费率的管理，鼓励保险公司积极开发新产品。分别对财产保险的险种与险别、条款的基本要素、条款的类型、备案程序、申报材料、条款费率的监管、法律责任人、具体法律责任等作了规定。 （刘凯湘）

caichan falü xingwei
财产法律行为（juristic act about property） 身份法律行为的对称，指以发生财产上法律效果为目的的行为。财产法律行为的后果是在当事人之间发生权利义务的变动。民事法律行为多数为财产行为。财产法律行为通常又进一步分为处分行为与负担行为。处分行为是指直接发生财产权转移或消灭的行为。处分行为的特征在于行为的直接性与效果的绝对性。处分权人处分时不必请求他人为一定行为，权利直接发生变动，而其变动的效果对任何人均有效，如让与财产所有权、债权让与、债务承担及债务的免除。负担行为是指双方约定为一定给付的财产行为，又称义务行为。债权行为均为负担行为。 （李仁玉 陈敦）

caichan jifu xingwei
财产给付行为（德 Zuwendung） 非财产给付行为的对称，指增加他人财产的一切行为，包括法律行为的财产给付行为和非法律行为的财产给付行为。前者如所有权的转移，他物权的设立，债权的让与，为他人设定债权，免除债务等；后者如添附。在日本称为出捐。 （李仁玉 陈敦）

caichan jicheng
财产继承（inheritance） 参见继承条。

caichan jichengren
财产继承人（inheritor） 是继受被继承人死亡时遗留财产的继承人。财产继承人在原始社会的母系氏族时期就已出现，此时的继承人只能继承母亲的遗产。在父系氏族社会，父亲或母亲的遗产可由亲子女及其男系后裔继承。到了奴隶制社会，财产继承人就在法律中被确立下来。在资本主义社会之前，财产继承人往往与身份继承人有部分重合性，即嫡长子既是被继承人的财产继承人，又是其身份继承人。现代国家的继承法中所说的继承人，都是财产继承人。财产继承人一般可分为法定继承人和遗嘱继承人。 （常鹏翱）

caichan jicheng yuanze
财产继承原则（principles of inheritance） 财产继承所必须遵循的具有普遍适用性的法律准则，对一国财产继承制度具有普遍的指导意义。财产继承原则有的以明确的条文形式规定于继承法中，有的暗含于具体法律条文之中。我国的财产继承原则大致可以归纳为以下几条：第一，保护公民私有财产继承权；第二，继承权男女平等；第三，权利和义务相一致；第四，互谅互让、和睦团结、协商处理遗产；第五，养老育幼，特别保护缺乏劳动能力又没有生活来源的人的利益；第六，对被继承人的债务限定继承。前两个原则在我国继承法中有明文规定，其他都暗含于具体条文之中。
 （杨朝）

caichanquan
财产权（property rights） 以具有经济价值利益，即金钱价值的利益为客体的权利。财产权与财产是密切联系的概念，二者往往是通用的。英美法上的财产或财产权是指人对物的权利，其含义指物、动产、不动产或所有权。大陆法上讲的财产或财产权，是指具有金钱价值的权利的集合体，包括物权、债权、知识产权等，对此学理上称之为积极财产，债务属于消极的财产。《中华人民共和国民法通则》第 2 条，承袭前苏联民事立法纲要和前苏俄民法典的影响，以财产关系为民法的重要调整对象。因此，财产关系遂成为物权、债权、知识产权等法律关系的上位概念。英美法上的财产权为狭义的财产权，大陆法上的财产权为广义上的财产权。广义财产权所包括的具体权利原则上可以处分。广义的财产权对于明确商法上企业营业财产的的构成因素，无疑具有重要意义。例如《中华人民共和国公司法》第 4 条第 2 款规定，公司享有由股东投资形成的全部法人财产权。由于法人财产的多样性，并不限于有体物。广义的财产权有利于明确债务人的可供强制执行的责任财产、破产法上破产财团的构成成分。广义的财产权对于明确债权人撤销权的适用条件，也是至关重要的。必须说明者有三：(1) 虽然财产权以有无经济利益，即有无金钱价值的利益作为区分标准，但这也不是绝对的。私权之分为人身权与财产权，不过概括就其性质加以区分，以助了解。如欲严格讲求，则不仅难以确定精确的界限，而且不易获得妥当的定义。例如，对于贝壳、书信等物，纵无金钱价值亦得成立所有权，法律上须依财产权方式予以保护。(2) 由物权、债权和知识财产等各种具体财产权集合而成的总体财产，虽然可以成为负担行为的对象，但是不能独立成为一个总的处分行为的客体。(3) 民法上对各种财产权的保护有所不同，这里关键在于某种具体财产权性质上是绝对权还是相对权。各种财产权的作用也不同，关键还得区分其为支配权还是请求权。 （张 谷）

caichan sunhai
财产损害 (1) 又称财产上损害(pecuniary loss)，非财产损害或精神损害的对称。指得以金钱加以计算的损害，如医疗费支出、抚养费用、营业收入减少、物之价值减损或修缮费用等。一般而言，违约行为主要导致财产损害，而侵害任何民事权益都可能出现财产损害。不仅财产法益(物、无体财产权)受到侵害会造成财产损害，人格或身份法益遭受侵害也会产生财产损害即致使受害人的财产减少。财产损害根据损害的财产的形态可以分为实际损失和可得利益损失。实际损失又称积极损害，是指现有财产的减少或灭失。可得利益损失又称为消极损害，是指应得到而未得到的利益的损失，即未来财产的减损。有学者将实际损失又分为直接损失和间接损失(参见直接损失和间接损失条)，前者相当于实际损失，后者相当于可得利益损失，这一分类容易与直接原因和间接原因所造成的损害相混淆。(2) 对财产权益造成的损害(loss in property/damage to property)。人身权损害的对称。指侵害财产权的损害。相应的侵害人身权的损害称为人身权损害。这一分类方法不利于司法实践中准确确定损害赔偿额，损害的概念也不确切。 （张平华）

caichan weixian
财产危险(property risks) 财产因意外事故遭受损毁、灭失或贬值的危险。财产包括两种类型：一是有形财产，指具有经济价值的实物；二是无形财产，指具有经济价值但不具有实物形态的利益、责任或信用。财产危险是人类社会的一种主要危险，它的存在和发生不仅会造成财产本身的损失，而且会造成生产或生活上的困难。财产危险的形式多种多样，包括暴雨、台风、泥石流、爆炸、雷电等自然危险，盗窃、过失行为、罢工、战争等社会危险，商品价格涨跌、决策失误的经济危险，政权更换、法律变动等政治危险。财产危险是承保危险的重要组成部分，但并不是所有的财产危险都属于承保危险。财产危险中的纯粹危险是只能带来损失的财产危险，一般属于承保危险。而对于既可能带来损失又可能有收益机会的投机危险，除依特别约定，保险人一般不予承保。随着经济的发展和科学技术的进步，财产危险呈现出以下变化：一是财产危险不仅危及财产的安全，也危及公共安全。如核电站事故，不仅会造成核电站本身的财产损失，而且因核泄漏会广泛危及人类生命和环境安全；二是由于技术密集，使单个产品的价值含量增加，因此使财产危险造成的损失巨大，如卫星发射失败，会造成巨额的财产损失；三是随着经济的发展，尤其是金融市场的发展，金融衍生工具大量产生，导致了投机危险的危害性不断加大。

（史卫进）

caichan yongyiquan
财产用益权(德 Nießbrauch an einem Vermögen)《德国民法典》(第1085条至第1089条)中规定的用益权形态之一，指在将来可能取得的权利上设定的用益权。例如，对于遗产继承权的用益权。 （钱明星）

caichan zeren
财产责任(pecuniary liability) 非财产责任的对称。(1) 以财产执行为内容的民事担保责任。在责任范围上有有限财产责任、无限财产责任、连带财产责任之分。财产责任对于责任人意味着某种负条件的义务。在主债务人有支付能力的条件下，责任人不直接承担债务，仅负有不得减少或抽逃设保财产的义务；在主债务人不能履行债务时，责任人负有依担保财产清偿债务的强制性义务，这一义务一般通过破产程序或连带偿债程序实现。在法律上，对财产责任人的担保责任范围设有数额限制者称为有限责任；对其担保责任范围不设限制者称为无限责任。(2) 违约或违法行为人依法应当承担的具有财产性质的民事法律后果。民事责任的主要形式。各国法中财产性责任形式主要包括返还财产、恢复原状、排除妨碍、支付违约金、赔偿损失等，主要适用于给他人造成财产损害或损失的不法行为。在现代社会，精神损害赔偿责任是用财产责任方式赔偿给他人造成非财产损害的主要责任形式。

（张平华）

caituan diya
财团抵押(德 Behneiunheit) 是指以财团为抵押权标的的抵押制度。所谓财团是指企业财产的结合体，包括企业的建筑物、机器设备和土地使用权、工业产权等各项权利所组成的一种集合财产。财团抵押的特殊之处在于抵押的标的物既非单纯的不动产，亦非单纯的动产，又非单纯的权利，乃是企业所有的动产、不动产、权利综合为一体。这与单纯的不动产抵押、动产抵押、权利抵押均不相同，是"一物一权主义"的例外。财团抵押的制度价值在于，注重企业财产结合体在交易上的特殊价值和地位，充分利用企业财产结合体所具有的特殊价值，节约交易成本。 （申卫星）

caituan faren

财团法人（foundation；拉丁 universitates bonorum；德 Stiftung；法 fondation） 社团法人的对称。以实现一定目的而捐助的一定财产为基础而设立的法人。财团法人制度发端于罗马法，完善于《德国民法典》和《瑞士民法典》。后世的大陆法系民法典均有对财团法人的规定。在英美法中，公益信托制度有类似财团的效用。设立财团法人，(1) 必须要有必要的财产，即捐助的财产，捐助财产来源于捐助行为。(2) 必须有主管官署的许可。捐助行为只有在官署许可之时，其效力才发生。(3) 需为设立登记。财团法人的组织及管理方法，由捐助章程规定。关于财团法人的组织，其应设立的机关为董事会。捐助人可以自己为董事，董事不以自然人为限。在董事之外，财团法人可设监督机关。关于财团法人的管理方法，即财团资金的收集、存放、支出，其存放应以安全的方法为宜，其支出应以财团的目的范围为限。财团法人的目的因情事变更而不能达到时，主管官署可依据捐助人的意思变更其目的及必要的组织。我国现行法律未采财团法人这一概念。

（李仁玉 陈 敦）

caiwuzhizhai

财物之债（obligation of property） 劳务之债的对称。以给付一定财物为标的的债。财物之债的债务人履行债务是向债权人交付一定的财物，即应将一定的财产权利移转给债权人。财物之债由何人履行对债权人的利益一般并无影响，所以一般可由第三人代替履行。在债务人不履行时，可以用强制的方法强制债务人履行。

（郭明瑞）

caipan lihun

裁判离婚（judicial divorce） 经法院裁决准予或不准予解除婚姻关系。在实行单一裁判离婚制的国家，凡离婚，不论是夫妻双方合意或一方要求，须经司法审判，由法院裁定准予或不准予离婚。在实行协议离婚与裁判离婚双轨制的国家中，又具体分为两种类型：一种规定，凡具有未成年子女或结婚未满一定期限等情形之一的离婚须经司法裁判；另一种规定，凡一方要求离婚或当事人双方不能就离婚及其他有关问题全面达成一致意见，须经司法裁判。裁判离婚是大多数国家现行主要的离婚方式。

（蒋 月）

caipan shang wuxiao

裁判上无效（void in judgement） 应以诉讼方式由法院宣告其无效的民事行为，如我国台湾地区民法第56条及第64条规定，社员总会之决议，财团董事违反捐助章程的行为，均应诉请法院宣告其无效。

（李仁玉 陈 敦）

caigou hetong

采购合同（purchasing contract；contract for the purchase of goods） 经济组织为了生产、经营活动的需要，用货币向其他生产经营者购买生产资料或生活资料而与之签订的协议。采购合同的特征是：合同的标的物多为国家计划外物资；成交量较少；多为一次性购销活动。采购合同的订立应遵循等价交换、经济核算、择优进货的原则，其内容通常包括标的物名称、数量、质量、价格、履行期限及方式、验收标准、变更或解除条件、违约责任等。我国商品购销的形式在经济体制改革之前以统购、派购、计划收购为主，采购合同的使用范围很小，改革开放以来，其使用范围得到了迅速扩大，成为一种主要的商品购销方式。

（任自力）

canjia chengdui

参加承兑（acceptance for honor） 参加承兑是指票据上的预备付款人或第三人，为了特定票据债务人的利益，代替付款人从事票据承兑，以阻止持票人于到期日前行使追索权的一种附属票据行为。参加承兑是许多国家票据法上的一项重要制度，其作用在于允许相关当事人主动参加承兑，以维护票据债务人的信用和票据的功能，使票据承兑规则具有一定的弹性。虽然各国的票据法一般都有参加承兑的规定，但在实际的票据使用过程中，需要参加承兑的场合是不多的，因为，该制度很少使用，而且在我国，票据关系实际上依赖于资金关系，而票据付款人实际上就是银行，所以我国的票据法没有规定参加承兑制度。

（辛丽燕）

canjia chengdui de chengxu

参加承兑的程序（procedure of acceptance for honor） 参加承兑所应遵循的步骤。参加承兑的程序包括以下主要内容：

参加承兑的主体 第一，参加人。一般而言，参加人应是票据债务人以外的第三人和预备付款人。《日内瓦统一汇票本票法》允许票据债务人为参加人。(1) 预备付款人。如果发票人或背书人在汇票上记载有预备付款人，持票人在到期日前行使期前追索权时，应先请求预备付款人参加承兑。只有在向预备付款人提示承兑而被拒绝并作成拒绝证书后，持票人才可行使期前追索权。预备付款人在得知发生期前追索事由时，应主动参加承兑。应该说明的是，预备付款人与付款人一样，也没有必须参加承兑的义务。对预备付款人的承兑，持票人不得拒绝。否则将丧失对被参加人及其后手的追索权。预备付款人参加承兑即为当然参加承兑。(2) 票据债务人及预备付款人以外的第三人参加。票据债务人及预备付款人以外的第三人,在征得持票人同意后,可以以任一票据债务人为被参加人参加承兑。第三人参加承兑之所以必须征得持票人同意,是因为汇票一经参加承兑,持票人就不得行使期前追索权。如果参加人并无资信或是与票据债务人恶意串通故意拖延时日,将使持票人利益受损。因此,法律赋予持票人同意权,以保证其利益。第三人的参加承兑即为任意参加承兑。第三人参加承兑,可分为第三人受委托参加承兑与第三人未受委托参加承兑两种。第三人未受委托而主动参加承兑的,我国台湾地区《票据法》第 55 条规定,参加承兑人应在参加后 4 日内,将参加事由通知被参加人。参加人怠于通知而发生损害的,应负赔偿责任。我国台湾地区票据法没有规定参加人赔偿责任的范围。《日内瓦统一汇票本票法》第 55 条规定,参加人如果怠于通知,因而发生损害的,应在不超过票据金额限度内,向被参加人负损害赔偿的责任。(3) 票据上原来的债务人。《日内瓦统一汇票本票法》第 55 条规定,汇票的付款人、除承兑人以外的其他汇票债务人都可以作为参加承兑人。持票人作为参加承兑人的情况在实践中较为少见。可能的情况是,禁止承兑的汇票的发票人破产,持票人取得期前追索权。如果汇票的付款人已从发票人处受有资金,他便可参加承兑,以阻止持票人行使期前追索权。其他汇票债务人参加承兑的考虑可能是,在付款人拒绝承兑的情况下,与其由他人参加承兑免受一时的期前追索,不如自己参加承兑,这样做,既减少了追索金额,又增强了自己的信用。第二,被参加人。汇票上所有可能被期前追索的债务人都可作为被参加人,但在汇票上记载免除担保承兑责任的出票人或背书人,本不负因拒绝承兑而期前偿还的义务,因而追索权的期前行使如果是由于付款人拒绝承兑而引起,则不得以该出票人或背书人为被参加人。被参加人一般由参加人指定,如果参加人在参加时没有指定,则视发票人为被参加人。

参加承兑的时间 参加承兑应在到期日前就可参加承兑的汇票被追索时为之。参加承兑首先应在到期日前为之,参加承兑的目的就是为了阻止期前追索,到期日之后也就无所谓期前追索了。其次,参加承兑应在期前追索发生时为之。关于期前追索的原因,各国票据法规定不一。概括起来主要有:(1) 汇票不获承兑;(2) 付款人或承兑人死亡、逃避或其他原因无从为承兑或付款提示;(3) 付款人或承兑人受破产宣告。

此外,还包括参加承兑的记载和汇票的交还。参加承兑人的完成参加承兑的记载后,需要将汇票交还给持票人,参加承兑发生法律效力。参加承兑的程序完成。

(王小能)

canjia chengdui de kuanshi
参加承兑的款式(form of acceptance for honor) 参加承兑人参加承兑时在汇票上记载的事项及其记载方式。各国票据法关于参加承兑款式的规定大体一致,但也有一些细微的差别。按票据法理论,参加承兑人参加承兑时应在汇票上记载如下事项:(1) 参加承兑的意旨。参加承兑人应在汇票上记载"参加承兑"或其他同义字样,以与承兑及其他票据行为相区别。承兑可以为略式记载,但是参加承兑不得为略式记载。依我国台湾地区票据法的规定,参加承兑应在汇票正面为之。(2) 被参加人的姓名。记载被参加人姓名的目的在于,确定参加承兑人付款后其付款请求权的范围。参加承兑人付款后,可向被参加人及其前手追偿。参加承兑人在参加承兑时没有记载被参加人姓名的,视发票人为被参加人。如果是预备付款人为参加承兑人,以指定预备付款人的人为被参加人。(3) 参加承兑的时间。记载参加承兑的时间,可以用来确定参加承兑的生效日期及行为人的行为能力等。(4) 参加承兑人签章。签章是确定参加承兑人承担参加承兑责任的依据。

(王小能)

canjia chengdui de xiaoli
参加承兑的效力(effects of acceptance for honor) 参加承兑人的参加承兑行为在有关票据当事人之间产生的法律后果。参加承兑的效力主要有以下几方面:(1) 期前追索的阻止。参加承兑完成后,持票人不得进行期前追索。我国台湾地区《票据法》第 56 条第 1 款规定,持票人允许参加承兑后,不得于到期日前行使追索权。被参加人及其前手都可免受期前追索。汇票的信用得以保全。(2) 付款责任的承担。参加承兑完成后,汇票期限届至时,持票人应向谁请求付款,各国立法规定不一。《日内瓦统一汇票本票法》第 58 条第 1 款规定,参加承兑人对持票人及被参加承兑人的后手,担负与承兑人同一的责任,依此规定,参加承兑人与承兑人负同一的责任,持票人在汇票届期后,可直接向其请求付款。该法第 58 条第 2 款规定,被参加人及其前手,仍得于参加承兑后向持票人支付第 48 条所定的金额,请其交出汇票及拒绝证书,有收款清单者,也应一并交出。依此规定,尽管有参加承兑人承担付款责任,被参加人或其前手为免于追索金额的扩大,仍可以直接向持票人付款。我国台湾地区《票据法》第 57 条规定,付款人或担当付款人不于第 69 条及第 70 条所定期限内付款时,参加承兑人应负支付第 97 条所定金额之债。依此规定,参加承兑人所负的责任是第二次的,即持票人在汇票届期后仍应先向付款人或担当付款人请求付款。如遭拒绝后,持票人应请求作成拒绝证书后,再向参加承兑人请求付款。参加承兑人对被参加人的后手也应负责,即如果持票人遭付款拒绝后,直接向被参加人的后手请求偿还,该后手偿还后,又向参加承兑人请求偿还时,该参加人应负责偿还。我国台湾地区《票据法》第56条第2款规定,被参加人及其前手,仍得于参加承兑后,向持票人支付第97条所定金额,请其交出汇票及拒绝证书。(3) 债务的免除。参加承兑人付款后,被参加承兑人的后手的汇票责任即告免除。但对于被参加人及其前手仍不能免除其汇票责任。参加承兑人付款后,便取得持票人的资格,可向被参加人及其前手行使追索权。 (王小能)

canjia chengduiren
参加承兑人(acceptor for honor) 是当汇票不获承兑或不获付款时参加承兑行为的人。可参加承兑的人包括预备付款人、票据债务人以及票据债务人以外的第三人。参加人为了被参加人的利益而参加承兑,负有与被参加人同一的付款义务。若付款人或担当付款人未能到期付款,持票人应向参加承兑人提示汇票并请求付款。应付金额包括汇票金额、利息以及其他必要费用。参加人付款后,与被参加人的债权债务关系依民法解决。如果被参加人是背书人,参加人付款后取得持票人向被参加人及其前手追索的权利。
(李 军)

canjia chengduiren de zeren
参加承兑人的责任(liabilities of acceptor for honor) 参加承兑人的付款责任与被参加人的责任相同,责任范围包括支付汇票金额、利息、做成拒绝证书的费用和其他必要的费用。但参加承兑人并非票据付款人,其责任属于第二次付款的责任,只有在到期后付款人或担当付款人拒绝付款时才负有付款之责。其责任对象的范围是特定的,仅对被参加承兑人的后手负有第二次付款的责任,对被参加人及其前手不负任何责任。
(胡冰子 王小能)

canjia fukuan
参加付款(payment for honor) 参加付款是指在发生追索原因时,为防止持票人行使追索权,以维护特定的票据债务人的利益,由第三人参加票据关系,代为承担票据付款责任的一种特别付款方式。《日内瓦统一汇票本票法》、《日本票据法》以及我国台湾地区的《票据法》,都规定了参加付款制度,但我国《票据法》目前并未规定此项制度。参加付款的主要法律特征是:(1) 参加付款是由第三人进行的付款。参加付款中的第三人即参加付款人,可以是出票人或背书人预先在汇票上记载的、在付款人不承兑或不付款时参加承兑或参加付款的人,也可以是已经参加承兑的参加承兑人,还可以是与票据无关的人。总之,参加付款人是付款人以外的任何第三人。如果是付款人或代理付款人进行的付款,则当然不属于参加付款。参加付款的相对人即被参加付款人,应当是追索义务人,可以是出票人,也可以是背书人,还可以是上述人的保证人。(2) 参加付款是为防止持票人行使追索权而进行的付款。当付款人或者代理付款人不进行或不能进行付款时,持票人可以行使追索权。但第三人参加付款后,即可避免持票人行使追索权。但是,虽然参加付款的目的是为了避免持票人行使追索权,但参加付款人在完成实际付款后,即获得对被参加付款人的再追索权。(3) 参加付款是为维护特定的票据债务人的利益而进行的付款。参加付款的最终目的在于保护特定票据债务人的信用。所谓特定的票据债务人,是指被参加付款人。票据上的权利义务不因参加付款而消灭,参加付款仅使被参加付款人及其后手的票据支付义务消灭,以阻止持票人的追索;在参加付款完成之后,参加付款人对被参加付款人及其前手取得再追索权,此时,参加付款人成为票据权利人。
(辛丽燕)

canjia fukuan de chengxu
参加付款的程序(procedure of payment for honor) 参加付款应遵循的步骤。与参加承兑不同,除汇票付款人与担当付款人以外的任何人都可以成为汇票的参加付款的主体,参加付款的程序因参加付款的主体的不同而有所不同。

　　参加承兑人或预备付款人参加付款 参加承兑人在参加承兑后,就承担汇票付款的责任;预备付款人记载的目的正是为了参加付款,因此,在汇票付款人或预备付款人拒绝付款后,参加承兑人或预备付款人应主动参加付款,持票人在提示付款遭拒绝后,应首先向参加承兑人或预备付款人请求付款。参加承兑人或预备付款人的参加付款称为"当然参加付款"。参加承兑人或预备付款人向持票人付款后,成为参加付款人。如果参加承兑人或预备付款人拒绝付款,持票人应请求作成拒绝付款证书,否则,指定预备付款人之票据债务人或被参加承兑人及其后手,将不再承担汇票责任,持票人不得向其行使追索权。《日内瓦统一汇票本票法》第60条规定:汇票如经居住在付款地之数参加人承兑,或居住在付款地之数人被指定为预备付款人时,执票人应向各参加承兑人及各预备付款人为付款之提示。必要时,作成拒绝付款证书,并至迟在拒绝证书作成期限末日之后一日为之。未在所定之期限作成拒绝证书时,指定预备付款人之人,或被参加承兑人及其后手免除责任。我国台湾地区《票据法》第77条规定：参加付款，应于执票人得行使追索权时为之，但至迟不得逾拒绝证书作成欺限之末日。第79条规定：付款人或担当付款人不于法定期限内付款的，有参加承兑人时，执票人应向参加承兑人为付款的提示；无参加付款人而有预备付款人时，应向预备付款人为付款的提示。参加承兑人或预备付款人，不于付款提示时为清偿者，执票人应请作成拒绝付款证书之机关，于拒绝证书上载明之。执票人违反前两项规定时，对于被参加人于指定预备付款人之人及其后手丧失追索权。

其他第三人参加付款 其他第三人指参加承兑人或预备付款人以外的第三人。与参加承兑不同，参加付款可以由付款人或担当付款人以外的任何人担当。持票人的目的在于得到汇票金额，至于由何人向其支付并不重要。其他第三人参加付款，应由该第三人主动之，因为在该第三人参加付款之前，持票人并不知道该人的情况。其他第三人参加付款称为"任意参加付款"或"一般参加付款"。《日内瓦统一汇票本票法》第55条第3款规定：参加人可以是第三者，甚至是付款人，或除承兑人以外的汇票债务人。第61条规定：执票人拒绝参加付款者，对于因之未能免除债务之人，丧失追索权。我国台湾地区《票据法》第78条规定，参加付款，不问何人，均得为之。执票人拒绝参加付款者，对于被参加人及其后手丧失追索权。

二人或二人以上同时请求参加付款 二人或二人以上同时参加付款，称为"参加竞合"。对于参加竞合，各国票据法规定了相同的解决办法，即赋予某一参加人优先权。就参加竞合赋予某一参加人优先权，称为优先参加。其他参加人故意违反优先参加而为参加付款，对于因此未能免除债务的人，丧失追索权。《英国票据法》第68条第2款规定：凡有两人或数人分别提出为不同的当事人的信誉而参加付款，则由该项付款能解除最多当事人责任的人享有优先权。《日内瓦统一汇票本票法》第63条第3款规定：请为参加付款者有数人时，其能免除最多数之债务者，有优先权。故意违反此项规定为参加付款者，对于因之未能免除债务之人，丧失追索权。我国台湾地区《票据法》第80条规定：请为参加付款者，有数人时，其能免除最多之债务者，有优先权，故意违反前项规定为参加付款者，对于因之未能免赊债务之人，丧失追索权。能免除最多数之债务乃有数人时，应由受被参加人之委托者或预备付款人参加之。如果预备付款人与受委托之人之间发生参加竞合，一般认为应由受委托之人优先参加付款。因为当事人在已指定预备付款人的情况下，又委托他人付款，该行为足以表明该当事人更愿意让后者为其付款，解释上应尊重当事人的意思。　　（王小能）

参加付款的款式（form of payment for honor） 参加付款应该记载的事项。参加付款并非典型的票据行为，因此各国票据法都没有关于参加付款应记载事项的明确规定。我国台湾地区《票据法》第82条第1款规定，参加付款应于拒绝付款证书内记载之。此处所谓的拒绝付款证书，解释上应包括拒绝承兑证书。参加付款应记载在拒绝承兑证书上，如果免除作成拒绝证书的，参加付款应在汇票上记载。一般认为参加付款应记载的事项包括：(1) 参加付款的意旨；(2) 被参加付款人的姓名。关于上述两项，《英国票据法》第68条"不顾拒绝证书的参加付款"之(4)规定，参加行为的公证书，必须以参加付款人或受其委托的代理人所出具的声明书为根据，其声明书中包括对汇票参加付款的意图，以及为何人参加付款。关于被参加人的确定，我国台湾地区《票据法》第82条规定，参加承兑人付款，以被参加承兑人为被参加付款人，预备付款人付款，以指定预备付款人之人为被参加付款人。无参加承兑人或预备付款人，而汇票上未记载被参加付款人者，以发票人为被参加付款人。《日内瓦统一汇票本票法》第62条规定，参加付款人于付款后，应在记有被参加人姓名之汇票上作收据证明之。欠缺此项记载者，视为为发票人付款。(3) 参加付款的日期。(4) 参加付款人签名。一般认为，参加付款人的签名并非表示该付款人承担汇票责任，它标志着参加付款人在参加付款后取得持票人的资格。　　（王小能）

参加付款的效力（effects of payment for honor） 参加付款在汇票关系当事人之间产生的法律后果。参加付款使票据关系部分消灭，在票据关系当事人之间引起权利变动。首先，参加付款人因参加付款行为取得持票人的权利，对承兑人、被参加人及其前手产生付款请求权和追索权。该票据权利是参加人独立原始地取得，不继受其前手的权利瑕疵。同时，由于参加付款说明该汇票的信誉发生瑕疵，故而参加付款人得到汇票后，不得再将其背书转让。参加付款人如果是未经被参加人委托而参加付款，则应在参加后的一定期限内将参加事由通知被参加人。参加付款人如果急于履行其通知义务，由此给被参加人造成的损失，应负责赔偿。其次，被参加人的后手的票据债务因参加付款行为而免除。但承兑人、被参加人及其前手仍得就汇票文义而承担责任。再次，对于原持票人而言，无论谁参加付款都足以使其权利得以实现。因此持票人对于任何人参加付款都不得拒绝，在参加付款人为付款后，持票人应将汇票及拒绝证书交出。如果持票人未按照请求交付汇票及拒绝证书，该持票人应对参加付款人负

损害赔偿责任。　　　　　　　（王小能）

canjia fukuanren

参加付款人（payer for honor）　是指票据的付款人或担当付款人不付款时,为防止持票人代为行使追索权,以维护特定票据债务人的利益,代为付款的付款人和担当付款人以外的第三人。参加付款人表现为单方面主动地实施付款行为,既不需要票据债务人事先于票据上记载,也不需要债务人在发生参加付款的必要情事后同持票人协商,而且持票人也不得拒绝。其前提是付款人拒绝付款,而其所为的是在到期日前与到期日后均可进行的现实支付票据金额的行为。参加付款人的资格不同时,其参加付款的程序也不同。由参加承兑人或付款人所为的参加付款,称为当然参加。参加承兑人及预备付款人之外的其他人所为的参加付款,称为"一般参加"或"任意参加"。参加付款的行为对参加付款人自身的效力就是针对承兑人、被参加人及其前手取得持票人的资格,享有持票人的权利,包括请求付款权、追索权等。参加付款人的票据权利的取得是通过参加付款行为单方面达成的结果,并非票据权利的继受。除非票据的参加付款人自身具有恶意或重大过失,票据债务人不得以自己与原持票人之间存在的抗辩事由,对抗参加付款人的票据权利。参加付款人不允许再以背书方式加以转让。凡有参加付款之必要的票据,表明已经遇到了信用问题,因而不应再进入正常的流通过程,单以民法上的一般债权转让的方式对此种票据权利加以转让的,并不为法律所禁止。

（温慧卿）

canjia fukuan yu canjia chengdui de guanxi

参加付款与参加承兑的关系（comparisons between payment for honor and acceptance for honor）　参加付款和参加承兑都是汇票的参加制度。但是各国票据法关于参加付款与参加承兑的立法例互不相同。日内瓦法系强调二者的共同点,将参加付款与参加承兑规定在一起,构成了票据法的参加制度;我国台湾地区票据法强调二者的不同点,将参加付款与参加承兑分别规定在付款与承兑制度中。一般认为,参加付款与参加承兑有一些共同的地方,如二者都是为特定票据债务人的利益而为的行为;二者的目的都是为了阻止追索权的行使,等等。但参加付款与参加承兑更有许多不同的地方:(1) 参加人参加的条件不同。参加付款的条件是付款人或担当付款人拒绝付款;参加承兑的条件是付款人拒绝承兑。(2) 行为的内容不同。参加付款是参加付款人现实地支付票据金额的行为;参加承兑是参加承兑人在汇票到期日后付款人不付款才承担付款责任。(3) 持票人的权利不同。持票人对于参加付款只有承诺接受的权利和义务,否则将丧失对被参加人及其后手的追索权。原因在于,参加付款是由参加付款人现实地支付票据金额,参加付款人是何人并不重要,持票人要求的只是获得汇票金额,至于该金额由何人支付对于持票人而言都是无所谓的,一般情况下,持票人不会拒绝参加付款人的付款。如果付款人在主观上有恶意或重大过失的情况下为了付款行为,该付款行为不得对抗真正的票据权利人。付款人在主观上不具有恶意或重大过失的情况下,在履行了自己的形式审查义务后,如果没有发现持票人及其所持汇票的瑕疵,就可以向其付款,该付款行为为有效付款,可以对抗其他主张票据权利的人。参加承兑与此不同,持票人得到承兑只是得到一种承诺,将来是否能现实地得到付款,还是一种可能。因此,除预备付款人以外,法律允许持票人对参加承兑人享有否决权,即持票人可以决定除预备付款人以外的其他人能否成为参加承兑人。(4) 行为性质不同。参加付款的参加人不对汇票为任何意思表示,因此,参加付款不是票据行为而是一种准法律行为;参加承兑的参加人必须在汇票上为一定记载并签名,因此,参加承兑是一种票据行为。

（王小能）

canjia fukuan yu fukuan de qubie

参加付款与付款的区别（comparisons between payment and payment for honor）　参加付款与付款都是持票人获得金额,但是,二者具有如下的不同:(1) 发生的前提不同。参加付款发生于付款人或担当付款人拒绝付款而持票人行使追索权的情况下;付款发生于汇票到期后持票人提示付款的情况下。(2) 意义不同。参加付款的意义在于阻止追索权的行使;付款的意义在于消灭票据法律关系。(3) 主体不同。参加付款的主体是付款人与担当付款人外的第三人;付款的主体是汇票的付款人或担当付款人。(4) 标的不同。参加付款人付款的标的应是被参加付款人应支付金额的全部。付款人支付的标的则既可以是票据金额的全部,也可以是票据金额的一部分。当然,有些国家不允许一部分付款。(5) 法律效力不同。参加付款仅能免除一部分票据债务人,即被参加付款人的后手的票据责任,参加付款后,参加付款人取得对被参加付款人及其前手、承兑人的汇票权利;付款使全部票据关系消灭,即使是一部分付款,对于该付款部分,全部票据债务人的票据债务也都得到免除。

（王小能）

canjia jinghe

参加竞合（concurrent payments for honor）　两人或两人以上同时参加付款,称为"参加竞合"。对于参加竞合,各国票据法规定了相同的解决办法,即赋予某一参加人优先权。就参加竞合赋予某一参加人优先权,称为优先参加。其他参加人故意违反优先参加而为参加付款,对于因此未能免除债务的人,丧失追索权。《英国票据法》第 68 条第 2 款规定:凡有两人或数人分别提出为不同的当事人的信誉而参加付款,则由该项付款能解除最多当事人责任的人享有优先权。《日内瓦统一汇票本票法》第 63 条第 3 款规定:请为参加付款者有数人时,其能免除最多数之债务者,有优先权。故意违反此项规定为参加付款者,对于因之未能免除债务之人,丧失追索权。我国台湾地区《票据法》第 80 条规定:请为参加付款者,有数人时,其能免除最多之债务者,有优先权,故意违反前项规定为参加付款者,对于因之未能免除债务之人,丧失追索权。能免除最多数之债务乃有数人时,应由受被参加人之委托者或预备付款人参加之。如果预备付款人与受委托之人之间发生参加竞合,一般认为,应由受委托之人优先参加付款。因为,当事人在已指定预备付款人的情况下,又委托他人付款,该行为足以表明该当事人更愿意让后者为其付款,因此,在解释上应尊重当事人的意思。

(王小能)

canyu gongsizhai

参与公司债(participating debenture) 除按公司债发行时确定的利益支付利息外,在公司股利分配比例超过债券利率时还应按一定的比例增加债券的利息的公司债。这种公司债的持有人除获得固定利息并在到期时收回本金外,还有权在公司经营状况较好、股份分配比例高的情况下参加举债公司盈余分配,体现了现代法发展中"公司债股份化"的趋势。参与公司债的收益是不固定的,类似股份的利益分配,但比股利低;分配的方式和比例事先有规定。参与公司债的利率是不固定的,具有代表性的参与公司债包括所得公司债和利益参加公司债。所得公司债又称收益公司债,利息的支付以公司利润的发生为条件,即有盈利才有利息,无收益则无利息,类似于优先股中的非累积优先股。所得公司债与股份的差异,除了对资本构成不同,是债权人没有股东的决议权和表决权外,与非累积优先股相同。利益参加公司债指债权人除按一定利率取得利息外,还可以参加公司利益的分配的公司债(参见利益公司债条)。德国股份公司法认可这种公司债,但发行时应经国家批准(《德国股份公司法》第 221 条)。我国公司法对参与公司债未作规定,我国公司债为一般公司债。

(施余兵)

canyu youxiangu

参与优先股(participating preferred shares) 也称"全部参加优先股"或"参与分享的优先股",是除了按事先规定的股息率分得固定股息外,还享有与普通股股东共同平均分配剩余利润权利的股份的权利,体现了一种双重分配公司盈余的权利。一般优先股的股息率都是事先约定的,只取息不分红,参与优先股既取息又分红。参与优先股的红利率不得高于普通股的红利率。参与优先股按参与分配对象的不同,可以分为参与分配股息优先股和参与分配资产优先股。前者对公司的利润,除有权获得其应得的固定股息外,还有权与普通股一起分配股息;后者在公司清理其资产时,于退还各种定额股本后,还有权参与公司剩余财产的分配。参与优先股还可以分为无限参加的优先股和有限参加的优先股,前者指优先股股东可以无限制地与普通股股东分享公司的剩余利润,后者指优先股股东只能在一定范围内与普通股股东分享公司的剩余盈利。参与优先股拥有较多的特殊分配权利,公司发行该种股份的数量较少。

(梁聪)

canjiren baozuo

残疾人保佐(拉丁 cura debilium personarum) 对身体残疾的人实行的保佐。为残疾人提供必要的扶助,保佐人通常由裁判官指定。罗马法上的概念。

(李仁玉 陈敦)

cangchu hetong

仓储合同(contract for storage) 又称仓储保管合同。由保管人保管存货人交付的仓储物,并由存货人支付仓储费的合同。仓储合同是随商品经济的发展、仓库营业的分工和专业化的需要而发展起来的。仓储业最早出现于欧洲中世纪,随着国际经济交往的增多而日益繁荣。仓储合同也逐渐成为独立的新型合同。各国关于仓储合同的立法体例有所不同,有的规定于民法中,有的规定于商法中,也有的规定于单行法中。我国在合同法中规定了仓储合同。

仓储合同的法律特征:(1)保管人为专门从事仓储业务的人,即仓库营业人必须要具备专门的仓储设备,并取得仓储营业资格,才能进行仓储业务。这一点有别于保管合同。(2)仓储物须为动产,不动产不能为仓储合同的标的物。仓储的两个基本功能是储藏和保管,而不动产不能予以储藏保管。(3)仓储合同为诺成性合同。双方依存货人的储存方案和保管人的仓储能力,经协商一致,合同即成立。(4)仓储合同是双务、有偿合同。仓库营业一般是以营利为目的,而且仓储合同当事人双方的权利、义务具有对等性。(5)仓储合同为不要式合同。法律对于仓储营业人的资格有特别规定,但是,对于仓储合同的成立与生效不做特别要求。仓储合同可以采用书面形式也可以采用其他形式。

存货人的主要义务:(1)按合同规定的品名、时间、数量、质量等项标准,将仓储物交保管人入库验收,并负责提供验收所需的资料。按规定的要求包装好货物,有国家标准和专业标准的,依国家和专业标准,没有国家和专业标准的,依双方当事人的约定。储存易燃、易爆、易渗漏、有毒等危险物品及易腐蚀物品,应事先声明并提供必要的技术资料。(2)支付仓储费和其他必要的费用。由于仓库营业是以营利为目的,所以如果当事人对于保管费无特别约定或约定不明确的,存货人或是仓单持有人应当在提取货物时支付相应的保管费用。如果拒不支付,保管人可以留置该仓储物。(3)及时提取仓储物的义务。逾期提取的,应当加收仓储费;提前提取的,不减收仓储费。经催告在合理期限逾期仍不提取仓储物的,保管人可以提存仓储物。

保管人的主要义务:(1)给付仓单的义务。(2)验收,接收保管物,并及时将保管物的缺陷通知寄托人的义务。(3)保管货物完好的义务。保管人应采取一切必要的手段妥善地保管物品,使保管物维持原状。在保管过程中未经存货人的同意不得擅自将保管物交他人保管。如发现仓储物变质或损坏的,应当及时通知存货人或仓单持有人作出必要的处置。储存期间,因保管不善造成仓储物毁损、灭失的,保管人应承担损害赔偿责任;但因仓储物的性质、包装不符合约定或者超过有效储存期造成仓储物变质、损坏的,保管人不承担损害赔偿责任。(4)同意存货人或仓单持有人检查仓储物或提取样品的义务。(5)返还保管物的义务。当仓储保管合同终止时,保管人应当将保管物及时地交给存货人或仓单持有人。仓储物由保管人代办托运的,保管人应当按仓单持有人或存货人的指示将货物运送到指定的地点。

(李成林)

cangdan

仓单(warehouse receipt) 仓库营业人应存货人的请求而签发的有价证券。也称交付指示证券,即对于仓库营业人来讲,其有应向持有仓单的人交付仓储物的全部或一部分的义务。在立法上,有三种立法例,即一单主义、两单主义及并用主义之分。一单主义,只填写存入仓单,美国、荷兰等国采用此种制度。两单主义也称复单主义,即同时签发两张仓单:一张为存入仓单,另一张为出质仓单。法国创设该制度,比利时、奥地利等国仿效之。并用主义则按照寄托人的请求签发一单或两单的制度。日本采此主张。我国法上采取的是一单主义,即仅签发一张仓单。保管人即仓库营业人应存货人的请求,依仓库簿填发仓单。仓单应记载下列事项,并由保管人签名或盖章:(1)存货人的名称或者姓名和住所;(2)仓储物的品种、数量、质量、包装、件数和标记;(3)仓储物的损耗标准;(4)储存场所;(5)储存期间;(6)仓储费;(7)仓储物已经办理保险的,其保险金额、期间以及保险人的名称;(8)填发人、填发地及填发日期等。关于仓单的分割,仓单持有人有权请求仓库营业人将存储物分为数部分,并填发各部分的仓单。仓单属于有价证券,即表明财产权的证券。仓单属要式证券。仓单应有仓库营业人的署名及其必须记载的事项。仓单属于法定指示证券,即法定背书证券,可以背书转让。仓单为记名式的,除法律禁止以外,可背书转让。仓单也属于物权证券或交付证券,故仓单持有人有权要求仓库营业人履行仓单所确定的债务,并可请求交付存储的物品。仓单遗失、被盗或灭失时,应如何救济?各国或地区法律规定不同。《日本商法》第605条规定:仓单持有人应提供相当的担保,然后请求签发新的仓单,仓库营业人有交付保管物的义务。我国台湾地区关于指示证券和无记名证券的规定,可以通过公示催告的程序,宣告遗失或灭失的仓单无效,仓单经除权判决宣告无效后,原仓单持有人可以主张仓单所确定的权利,也可请求仓库营业人补发仓单。

(李成林)

cangdan chiyouren

仓单持有人(warehouse receipt holder) 持有仓单的当事人。仓储合同的存货人交付仓储物,保管人签发仓单后,即由存货人取得仓单成为仓单持有人。仓单可以转让,经受让而取得仓单的人为仓单持有人。依我国合同法规定,仓单持有人有权检查仓储物或提取样品,可以凭仓单提取仓储物,可以转让提取仓储物的权利。仓单持有人也可以仓单设定权利质权。

(郭明瑞)

cangku

仓库(warehouse) 为他人储存物品的场所。仓库营业是一种专为他人堆藏及保管物品的商业经营活动。仓库依经营目的不同,可分为保管仓库和保税仓库。保管仓库是指仅以物品的保管和储存为目的的仓库。而保税仓库是存储进口手续未完成的货物的仓库。货物在保税仓库存储中不视为进口货物,是否缴纳进口税视其是否决定进口而定。依仓库营业对象的不同,仓库可分为营业仓库和利用仓库。营业仓库是以营利为目的的仓库,而利用仓库是为储藏保管自己的物品而经营的仓库。仓储合同中保管人的仓库一般是指保管仓库和营业仓库。

(李成林)

cangku qiyue

仓库契约(warehousing contract) 即仓储合同。参见仓储合同条。

cangku yingye

仓库营业(warehousing)　为他人堆藏、保管物品的营业。在欧洲中世纪以后,随着国际贸易日益发达,位于海港的城市纷纷设置了保税仓库,其中最完备的当属英国海港城市的仓库业,后仓库业逐步扩展到欧洲大陆。我国古代,商业比较发达的地区也逐渐兴起行栈,代客保管货物并发行栈单。虽然习惯上,栈单可以抵押,但它并不是有价证券。近代,轮船公司大多兼营仓库营业。现代仓库营业已成为社会化大生产和商品流通中不可缺的环节。

(李成林)

cangku yingyeren

仓库营业人(warehouseman)　以接受报酬为目的,而为他人保管、储藏物品、经营仓库的人。仓库营业人应当为他人保管及储存物品,可为仓储合同的保管人。其要求是:(1)为他人堆藏及保管物品。仓库营业人应当具备堆藏和保管两项条件,所以出租仓库的全部或一部分的,不是仓库营业人,但特定仓库的全部或一剖分为特定的存货人承担堆藏及保管存储物时,也视为仓库营业。仓库营业人在保管期间,除非存货人另有指示外,无权处分存储的物品。这与消费寄托有很大差别。对于消费寄托来讲,仅需要返还同质同量的物品即可。在保管期间,仓库营业人应存货人的要求需要签发仓单。(2)仓库营业人应当具备堆藏和保管物品的设备。仓库是仓库营业人营业的必备条件,当然由于物品的种类不同,对仓库的条件要求也不同。对于仓库营业人来讲,既可以拥有仓库的所有权,也可因租赁而享有仓库使用权。(3)仓库营业人的保管对象应是物品。即保管的标的物是动产,它比一般保管合同的标的物的范围要狭窄一些。仓库保管的标的物有的限于无生物,有的限于商品,有的限于一定体积的物,但凡适于堆藏和保管的,都可为仓库保管的标的物。(4)仓库营业人应以堆藏保管物品为业。仓库营业人是以收取报酬为目的、为他人堆藏和保管物品为营业的人,所以,以堆藏和保管物品为居间者不属仓库营业人。其他营业人如运送人或运送承揽人,为营业的辅助行为所保管物品,除非具有保管的特别约定,则不成为仓库营业。

(李成林)

cangzhicang tiaokuan

仓至仓条款(warehouse to warehouse clause)　货物运输保险合同约定的计算保险责任期间的起讫条款。依照仓至仓条款,保险人承担保险责任的期间,自被保险货物离开起运地点的仓库或储存处所时开始起算,至到达目的地收货人的仓库或储存处所时终止。如果被保险货物未到达收货人的仓库或储存处所,保险人对被保险货物承担保险责任的期限,以被保险货物在卸离最后运输工具后的约定期间为限。例如,中国人民保险公司《国内货物运输保险条款》第5条规定:保险责任自被保险货物离开起运地点的仓库或者储存处所时生效,至到达目的地收货人的仓库或者储存处所时终止;如果未到达收货人的仓库或者储存处所,则其最长责任有效期以被保险货物在卸离最后运输工具的10天为限。

(邹海林)

caozongnengli shouxianzhi de chuanbo

操纵能力受限制的船舶(vessels restricted in their ability of maneuver)　根据《1972年国际海上避碰规则》的规定,操纵能力受到限制的船舶是指由于其工作性质,按规则要求进行操纵的能力受到约束,因而不能给他船让路的船舶。操纵能力受到限制的船舶包括但不限于下列船舶:(1)从事铺设、维修或起捞助航标志、海底电缆或管道的船舶;(2)从事疏浚、测量或水下作业的船舶;(3)在航行中从事补给或转运人员、食品或货物的船舶;(4)从事发放或回收航空器的船舶;(5)从事清除水雷作业的船舶;(6)从事拖带作业的船舶,而该项拖带作业使该拖船及其被拖船偏离所驶航向的能力严重受到限制者。

(张永坚　张　宁)

caozong zhengquan shichang

操纵证券市场(securities market manipulation)　在证券市场中,操纵者为了获利或减少损失,利用资金、信息等优势或者滥用职权影响证券市场价格,诱导他人买卖证券,扰乱证券市场正常秩序的行为。操纵证券市场行为实质上是以人为因素控制证券价格,扭曲证券市场的证券价格。它使证券市场不能按照自由竞争的规律实现资源的优化配置,破坏了证券市场正常发挥其功能。而且,它是一种典型的欺诈行为,以欺骗的手段诱使不特定他人买卖证券,其目的是损害他人利益或者自己获利。其对证券市场的危害性是多方面的:(1)虚构购求关系,抑制市场机制运作。它以人为创造的虚假投资参数代替了证券市场的真实投资参数,使证券价格不能以价值规律为基础,真实反映市场供需关系,以此误导了社会投资。这样的市场机制无法发挥其引导资金流向,配置社会资源的功能。(2)限制证券市场的竞争行为。各个投资者公平地参与市场竞争是保持证券市场活力的根本要求,然而操纵证券市场的行为却排斥这种竞争,它使证券行情与公司业绩不相符,制造并垄断证券价格。(3)欺诈公众投资者。操纵者操纵市场创制的参数(证券价格和证券交易量),使一般投资者蒙受损失,而操纵者却从中谋取暴利,这样极大地挫伤社会公众的投资热情。(4)导致投资狂热,引发过度投机,不利于社会经济生活的健康发展。为了保护投资者的利益,维持证券市场的公平秩序,各国法律都严格禁止操纵市场行为。我国也禁止操纵证券市场的行为。我国法律禁止的操纵证券市场行为包括:单独或者合谋,集中资金优势,联合或者连续买卖,操纵证券交易价格的行为;与他人串通,以事先约定的时间、价格和方式相互买卖证券或者进行虚买虚卖,制造证券交易虚假价格或者证券交易量的行为;以自己为交易对象进行不转移证券所有权的自买自卖,影响证券价格或者证券交易量的行为;以其他方法操纵证券价格的行为。任何人违反证券法规定,操纵证券交易价格,或者制造证券交易的虚假价格或者证券交易量,获取不正当利益或者转嫁风险的,没收违法所得,并处以违法所得1倍以上5倍以下的罚款,构成犯罪的,依法追究刑事责任。

(夏 松 林桂华)

ceshi hetong

测试合同(contract for test) 承揽合同的一种。承揽人以自己的技术和仪器设备等为定作人提出的特定事物的性能进行测试,定作人接受测试成果并支付报酬的合同。

(郭明瑞)

cha'e baoxian

差额保险(share insurance) 保险合同中约定,被保险人对同一承保危险分担一定份额损失的保险。在差额保险中,被保险人按约定的份额,对保险标的在危险发生后的损失承担相应的责任。这种被保险人的损失自担份额被称为免赔额,保险人则承担免赔额之外的全部损失。

(史卫进)

chanshuigu

掺水股(watered shares) 股东以低于面值的价格从公司购买的股票称为"掺水股"。持有掺水股的股东必须向公司补交发行价格低于面值的差额。掺水股通常是因为股东以实物入股造成的。如某公司股票的面值为\$1.00,某股东将一部机器折价\$100.00给公司作为投资换取100股股票。别的股东对实物投资提出异议,重新估价该机器仅值\$90.00,该股东就必须再向公司补交\$10.00的差额。公司发行掺水股票,持有掺水股票的股东必须补交不足的对应金额,批准发行掺水股票的董事会通常无须承担经济责任,其过程涉及欺骗、弄虚作假的董事必须与持有掺水股的股东共同承担责任。追究掺水股股东责任的方法有两种:(1)由公司的其他股东出面控告持有掺水股票的股东。法庭认为确实,补救的方法有两种:让持有掺水股的股东补交不足的对应金额;如果股东不补交对应金额,公司将掺水股票注销。(2)由公司的债权人出面控告持有掺水股的股东。

(梁 聪)

chanpin de baozhuang biaozhun

产品的包装标准(packaging standard of products) 对产品包装的类型、规格、容量、印刷标记以及产品的盛放、封装方法的统一规定和要求。产品的包装标准,通常是为了保证产品运输的安全。执行产品包装标准的原则是:按双方约定的标准执行,但须符合储运安全要求。有国家标准或专业(部)标准的,应按国家标准或专业(部)标准执行。有特殊要求或采用包装代用品的,应征得运输部门的同意,并在合同中明确规定。危险品的包装,应按国家主管交通运输部门颁布的有关规定执行。

(王卫劲)

chanpin de jishu biaozhun

产品的技术标准(technical standard of products) 对产品的性能、规格、质量、用途等所作的统一规定和要求。产品的技术标准是设计、生产、检验、供应等方面的一种共同技术依据。产品的技术标准由生产部门在有关部门配合下制订,由国家或主管部门批准颁布。产品的技术标准是衡量产品质量好坏的尺度,也是确定产品质量责任的依据。因此,在签订合同时应写明执行何种标准、标准的名称、代号和编号。依我国《合同法》规定,合同对质量标准没有约定或者约定不明确的,当事人可以协议补充;不能达成补充协议的,按照合同有关条款或者交易习惯确定。如果按照合同有关条款或者交易习惯仍不能确定,则按照国家标准、行业标准履行;没有国家标准、行业标准的,按照通常标准或者符合合同目的的特定标准履行。

(王卫劲 郭明瑞)

chanpin shuliang de jisuan fangfa

产品数量的计算方法(quantity measurements) 对交付的产品数量进行计算的办法。由当事人根据产品的性质约定,如以件计算,以重量计算等。对计量单位应采用统一的法定的计算单位。当事人可约定合理磅差或尾差。当事人对交付的货物数量应按照约定的产品数量的计算方法在规定的期间内验收。

(郭明瑞)

chanpin zeren

产品责任(product liability; 德 produkthaftung) 又称产品质量责任。特殊侵权行为的一种。因产品质量缺陷致人损害而承担的民事责任。关于产品责任的性质主要有两种责任说与单一侵权责任说。前者认为,产品责任既有合同责任,又有侵权责任,当因产品缺陷受到损害的受害人是买受人时,就构成合同责任。后者认为,产品责任虽然脱胎于合同关系中的瑕疵担保责任,但已成为一种独立的侵权责任。现代各国一般都在侵权行为法中规定产品责任为一种特殊侵权责任。我国《民法通则》第122条规定:因产品质量不合格造成他人财产、人身损害的,产品制造者、销售者应当依法承担民事责任。《中华人民共和国产品责任法》对产品责任作了进一步的规定。产品责任的构成要件有二:一是产品有缺陷。所谓产品,是指经过加工、制作,用于销售的产品;所谓有缺陷,是指产品存在危及人身、他人财产安全的不合理危险。产品有保障人体健康,人身、财产安全的国家标准、行业标准的,是指不符合该标准。产品的缺陷包括设计上的缺陷(即因设计的错误,致使产品有缺陷)、制造上的缺陷(产品的设计没有错误,但在生产过程中由于技术、设备等原因生产出的产品有缺陷)、指示上的缺陷(即对产品的性能、使用方法未作正确的指示说明,导致对产品使用不当而容易造成产品本身损坏或者可能危及人身、财产安全,没有警示标志或者中文警示说明)、发展上的缺陷。为促进科学技术的发展,依《产品责任法》规定,将产品投入流通时的科学技术水平尚不能发现的缺陷存在的,生产者不承担赔偿责任。二是因产品缺陷造成损害。首先,要有损害;其次,损害与产品缺陷间有因果关系。受害人可以是产品的购买人、产品的使用人,也可以是其他第三人。因产品缺陷受损害的受害人可以要求产品的销售者赔偿,也可以要求产品的生产者赔偿。产品的生产者、销售者向受害人赔偿后,可以向有过错的责任人追偿。但产品责任属于无过错责任,产品的生产者、销售者不能以自己无过错予以抗辩,只能以证明存在以下法定免责事由主张免责:(1)未将产品投入流通;(2)产品投入流通时,引起损害的缺陷尚不存在;(3)将产品投入流通时的科学技术尚不能发现缺陷的存在。 (郭明瑞)

chanpin zeren baoxian
产品责任保险(product liability insurance) 以产品的生产者和销售者因生产和销售的产品造成产品使用者人身伤亡、疾病或者财产损失而应当承担的损害赔偿责任为标的的责任保险。产品责任保险的目的,在于保护产品的制造商或者生产商免受因其产品的使用而造成他人人身或者财产损害而承担赔偿责任的损失。

产品责任保险的标的 产品责任为产品责任保险的标的。产品责任为无过错责任,是以因产品存在缺陷造成人身、缺陷产品以外的其他财产(以下简称他人财产)损害而应当承担的赔偿责任为限的赔偿责任。因产品本身存在的质量缺陷而发生的赔偿产品自身损失的责任,不属于产品责任。我国《民法通则》第122条规定:因产品质量不合格造成他人财产、人身损害的,产品制造者或者销售者应当承担民事责任。《民法通则》肯定产品责任为无过错责任。《产品质量法》对于产品责任予以了更加明确的描述:因产品存在缺陷造成人身、缺陷产品以外的其他财产损害的,生产者应当承担赔偿责任。在我国,产品责任保险应当承保被保险人因其产品缺陷而造成第三人损害应承担的赔偿责任。但是,因产品的生产者或制造者故意生产有缺陷的产品致人损害的,保险人不承担保险责任。

保险费的预付 产品责任保险的保险费依照被保险人预期生产或者销售的产品的总量进行计算。在订立保险合同时,被保险人的产品生产或销售总量只能预先估计,以此为基础而计算的保险费,为预交的保险费。在产品责任保险合同成立时,投保人有义务按照被保险人预期生产或者销售的产品总量,向保险人预交保险费。在保险期满时,被保险人应当将保险期间生产和销售的承保产品的总值书面通知保险人,作为计算实际保险费的依据。实际保险费若高于投保人预交的保险费,投保人应当补交其差额;若预交的保险费高于实际保险费,投保人可以请求保险人退还其差额,但实际保险费不得低于保险合同约定的最低保险费。

产品的"缺陷"变化 产品的"缺陷"是指产品自身所存在的"危险状况"。在订立产品责任保险合同时,投保人对于被保险人生产或者销售的产品的状况,包括但不限于产品的名称、规格、性能、品质标准、计量标准、成分的名称和含量、特殊危险等事项,必须如实向保险人申报或者说明。在保险合同的有效期间,投保人在订立保险合同时申报或说明的产品状况发生变化,足以引起产品的"缺陷"增加的,被保险人应当按照保险合同的约定及时通知保险人。如果保险人承保的项目为被保险人生产或销售的全部产品,被保险人若生产或销售新产品时,应当在生产的新产品投放市场前通知保险人。

保险责任范围 依照我国的保险实务,被保险人因保险单所列被保险人生产、出售或分配的产品或商品发生事故,造成使用、消费或操作该产品或商品的人或其他任何人的人身伤害、疾病、死亡或财产损失,而依法应当承担赔偿责任的,保险人在约定的赔偿限额内给予赔偿。但被保险人对其生产或销售的产品造成第三人的"间接损害"而承担的赔偿责任,不在此限。被保险人因产品责任事故而支付的诉讼费用以及其他事先经保险人同意支付的费用,保险人负责赔偿。

除外责任 依照产品责任保险单的约定,被保险人因为下列原因而引起的赔偿责任,保险人不承担保险责任:(1)根据合同或者协议由被保险人承担的其他人的责任;(2)根据劳工法应由被保险人承担的责任;(3)根据雇用关系应由被保险人对雇员所承担的责任;(4)被保险产品本身的损失;(5)被保险人所有或者照管或者控制的财产的损失;(6)被保险人故意违法生产、出售或分配的产品或商品造成任何人的人身伤害、疾病或死亡或财产损失。　　　　（邹海林）

chanpin zeren falü shiyong gongyue
《产品责任法律适用公约》（Convention on the Law Applicable to Products Liability） 1972年第12届海牙国际私法会议制定,于1973年10月2日公开签字,1977年10月1日生效。该公约是海牙国际私法会议对侵权行为制定的法律适用公约之一,规定了公约的适用范围,准据法的确定以及准据法的内容。该公约规定,产品责任不是合同责任,而仅是由侵权行为所生的损害赔偿责任;产品责任不限于产品本身缺陷所造成的损害的责任,即使产品本身没有缺陷,由于对产品的使用方法或特性没有说明,或说明不适当,消费者或使用者因此受到损害的,生产者也应承担责任。该公约中的所谓产品,是指一切有经济价值能供使用或消费的物,包括天然产品及工业产品,不论是制成品、原料、动产、不动产均包括在内,但对于未加工的农产品,缔约国在签字批准或加入时,有权保留不受公约拘束。　　（郭明瑞）

chanwengzhi
产翁制（couvade） 又称丈夫分娩,产生于母系社会向父系社会过渡时期的一种习俗,反映了男子企图改变子女世系以确立父权的愿望。生儿育女历来是女人的事,在母系社会里,妇女由于具有这种先天条件,因此母亲地位崇高,拥有很大权力。随着社会生产力的发展,男子在社会生产、生活中起着越来越重要的作用,产翁习俗便是他们向百万年以来母权制的挑战和夺权的一种方式。其俗是,妇女分娩数天后,照常从事生产和家务劳动,由丈夫代替妻子卧床,一如产女分娩的情况,抚抱婴儿,受到特殊照顾,同时接受亲友们的祝贺。在他们看来,丈夫坐褥担任母亲角色,日后孩子就会承认其是父亲所生,从而提高丈夫在家庭中的地位。这是在母权制传统势力还相当强大的背景下,男子为巩固对子女"拥有权"的一种象征性习俗。据《太平广记》引用尉迟枢的《南楚新闻》记载:越俗,其妻或诞子,经三日便澡身于溪河。返具糜以饷婿。婿拥衾抱雏,坐于寝榻,称为产翁。法国南部与西班牙北部比利牛斯山区一带古代的伊比利亚人及其后裔巴斯克人,也以产翁习俗闻名于世。　　（张贤钰）

chanye touzi xintuo
产业投资信托（industrial investment trust） 以由基金经营者通过将其设立的投资信托基金投资于产业、并将投资收益交付给投资者为内容的信托。这种信托为投资信托的一种,且为一些国家和地区的信托法确认的一种信托品种,属于典型的营业信托。产业投资信托与证券投资信托在设立与运作方式上相同,所不同的只是在投资目标上。　　　　（张　淳）

chanye touzi xintuo jijin
产业投资信托基金（industrial investment trust fund） 由具有受托人身份的基金经营者通过发行信托受益证券,或者其他方式从社会上众多的兼具委托人与受益人身份的投资者处分别募集到的小额资金集合而成,并专门投资于产业的信托基金。为英美信托法中的共同信托基金的一种,且其在该法上是作为一种特殊的信托财产存在,关于它的管理办法由特别法规定。
　　　　　　　　　　　　　　（张　淳）

changqi baoxian
长期保险（long term insurance） 保险期间在1年以上的保险。长期保险主要是人身保险,尤其以人寿保险为主。长期保险与短期保险的划分,在保险财务核算、保险责任准备金的提取、保险资金的投资和保险偿付能力安排等方面,有着积极的意义。　　（史卫进）

changqi susong shixiao
长期诉讼时效（long term prescription） 时效期间在2年至20年(不包括2年和20年)之间的诉讼时效。长期诉讼时效是介于短期诉讼时效和最长诉讼时效之间的一种诉讼时效,它主要适用于一些调查取证费时耗力的疑难案件或涉外经济纠纷。如《合同法》规定,涉外货物买卖合同争议提起诉讼或者仲裁的期限为4年,自当事人知道或者应当知道其权利受到侵害之日起计算。　　　　　　　　（李仁玉　陈敦）

changqixing hehuo
长期性合伙（long term partnership） 存续期较长的合伙,临时性合伙的对称。长期性合伙在我国表现为合伙企业的形式,应依法订立书面协议,设立合伙字号,以字号的名义进行活动。长期性合伙的合伙财产具有团体性,由合伙经营管理和使用。在合伙期间,除有约定以外,合伙人不得要求分割合伙中财产份额。长期性合伙一般推举合伙负责人,合伙负责人的行为对合伙人发生效力。合伙人对合伙债务负连带无限责任。　　　　　　　　　　　（李仁玉　陈敦）

changqi zhaiwu

长期债务(funded debt) 英美法上的概念,以债券或其他有价证券的形式筹款而形成的债务。对各州和市政当局而言,指以特别程序或根据未来征税的规定或类似的保证,在某项财政收入尚未取得之前,拨出资金用于支付某项开支的本息的债务。对公司的财务管理和破产财产管理而言,指因借款清偿各种流动债务、无担保债务和短期内即将到期的票据债务和证券债务而产生的新债务。长期债务往往在很长时间以后才偿付,且利率低。它很少指个人债务,当指个人债务时,则是表示具有永久性质的有价证券债务或是有一定的财产作担保的金钱债务。　　　　(张平华)

changhuangu gupiao

偿还股股票(redeemable shares;redeemable preference shares) 股份公司发行股份一定时期后,按特定的赎买价格赎回的股票,这种股票只限于优先股,又称为可赎回优先股。偿还股有两种形式:一种是强制赎回,即这种股票在发行时就规定,股份公司享有赎回与否的选择权。一旦发行该股票的公司决定按规定条件赎回,股东就别无选择而只能缴回股票。另一种是任意赎回,即股东享有是否要求股份公司赎回的选择权。若股东在规定的期限内不愿继续持有该股票,股份公司不得拒绝按赎回条款购回。　　　　(丁艳琴)

chao'e baoxian

超额保险(over-insurance) 保险合同中约定的保险金额超过保险价值的一种保险。超额保险只适用于财产保险,其产生原因通常有两种:一是在合同订立时,投保人出于善意或恶意致使保险金额超过保险价值;二是在合同成立后,因保险标的的价值下跌导致保险金额超过保险价值。对于超额保险的效力,各国规定不一。有的国家(如法国、意大利等)规定,超额保险的效力取决于投保人的善意与恶意。如果超额保险是投保人的善意所致,则超额部分无效;如果超额保险是投保人的恶意所致,则合同全部无效。有的国家(如日本、荷兰等)规定,无论投保人的善意或恶意,超额保险仅导致超额部分无效,其余部分仍然有效。我国《保险法》第40条第2款规定:保险金额不得超过保险价值;超过保险价值的,超过的部分无效。

(房绍坤　史卫进)

chaoqian fudu

超欠幅度(more or less in degree) 卖方实际交货数量与合同规定数量相比上下浮动的比例范围。不超过该幅度的,视作履行了合同,可不补交或退还。但在结算的时候应按实际数量支付价款。如粮食购销合同双方约定卖方应交数量为10万公斤,超欠幅度为10%,卖方实际交付数量在9万公斤和11万公斤之间均为不超过超欠幅度。　　　　(王卫劲)

chechuan

撤船(withdraw the ship) 当定期租船合同中的租船人未准时付租时,出租人享有的将船舶从承租人手中撤回的权利。船东要顺利撤船,必须做到以下几点:(1)向租船人递交明确有效的撤船通知;(2)通知船长;(3)及时发出通知,以免造成弃权或禁止反供。

(张　琳)

chehui yaoyue

撤回要约(withdrawal of an offer) 要约人于要约发出后要约生效前取消其要约的行为。撤回要约的法律后果是使要约不发生法律效力。为保护受要约人的利益,各国合同法一般规定,要约可以撤回,但撤回要约的通知应当在要约到达受要约人之前或者与要约同时到达受要约人。在要约到达受要约人之后,要约人不能撤回要约。　　　　(郭明瑞)

chexiao dengji

撤销登记(deregistration) 主管机关根据法院通知、有关利害关系人的申请或依自己的职权,撤销全部公司登记或部分登记事项的行政处分行为。公司设立登记或其他登记事项的撤销,首先需要由利害关系人向法院提出诉讼,经判决确定后,由法院通知主管机关撤销登记。公司解散后不向主管机关申请撤销登记的,利害关系人可以申请撤销登记,对允许外国公司来本国经营业务的允许登记,若发现其提供的文件或申报的事项虚假,或公司已解散,主管机关可依职权撤销允许登记。公司设立登记被撤销即进入解散清算程序。

(刘弓强　蔡云红)

chengnianren

成年人(adult) 达到法定成年年龄的人。在我国,是指年满18周岁的完全民事行为能力人。各国关于成年年龄的规定不尽一致。早期的法律有规定25岁为成年的,如罗马法、丹麦、西班牙、葡萄牙等国;有规定24岁为成年的,如奥地利;有规定23岁为成年的,如荷兰;有规定22岁为成年的,如法国。现代民法有降低成年年龄之趋势,有些国家规定20岁为成年年龄,如瑞士、日本、韩国;多数国家规定18岁为成年,如英国、土耳其、波兰、保加利亚、捷克、匈牙利、俄罗斯、罗马尼亚、意大利等。

(李仁玉　陈敦)

chengtao huipiao

成套汇票(bill in a set) 又称汇票的复本。汇票关系的发票人就同一个汇票关系发行若干份内容完全一致的汇票,每一份汇票都称为复本。汇票复本是为了适应商品交换日益复杂的情况而出现的。复本的发行目的主要有两个:其一是安全;其二是便利。为了防止汇票丢失给汇票关系当事人造成损失,或者为了方便持票人在为提示承兑的同时进行汇票的流通转让,发票人发行若干份内容与效力完全相同汇票。汇票复本的出现,一方面给票据关系人带来了便利与利益,另一方面,也使汇票关系变得更为复杂,从而可能给汇票关系当事人带来麻烦与损失。复本是汇票特有的制度,因为本票是单张票据,而支票则是见票即付,其作用更在于付款而不在于流通。许多国家的票据法多规定了汇票的复本制度,其中日内瓦法系还承认支票的复本。我国《票据法》没有关于汇票复本的规定。 （王小能）

chengyue dingjin

成约定金(earnest for existing agreement; 德 Handgeld） 作为合同成立要件的定金。合同因定金的交付而成立。此种定金的交付相当于实践性合同中物的交付。一般须有当事人的特别约定,约定的定金交付后,合同才能成立。德国民法中定金采此性质,现代各国民法采此性质的已不多见。 （万 霞）

chengbao jingyingquan

承包经营权(agricultural land use right) 承包人(个人或单位)因从事种植业、林业、畜牧业、渔业生产或其他生产经营项目而承包使用、收益集体所有或国家所有的土地或森林、山岭、草原、荒地、滩涂、水面的权利。土地承包经营权(以下简称为"承包经营权")是反映我国经济体制改革中农村承包经营关系的新型物权。《民法通则》规定,公民、集体的承包经营权受法律保护(第80条第2款、第81条第3款)。

承包经营权的特征 这些特征在于:(1) 承包经营权是存在于集体所有或国家所有的土地或森林、山岭、草原、荒地、滩涂、水面的权利。这就是说,承包经营权的标的,是集体所有或国家所有的土地或森林、山岭、草原、荒地、滩涂、水面,而不是其他财产。有的集体组织按承包人承包土地的数量,作价或不作价地分给承包人部分耕畜、农具或其他生产资料,这是附属于承包经营权的权利。农民集体所有的土地由本集体经济组织的成员承包经营,由发包人与承包人订立承包合同,约定双方的权利和义务。而农民集体所有的土地由本集体经济组织以外的单位或个人承包经营的,根据《土地管理法》第15条第2款的规定,必须经村民会议2/3以上成员或者2/3以上村民代表的同意,并报乡(镇)人民政府批准。(2) 承包经营权是承包使用、收益集体所有或国家所有的土地或森林、山岭、草原、荒地、滩涂、水面的权利。承包人对于承包土地等生产资料有权独立进行占有、使用、收益,进行生产经营活动,并排除包括集体组织在内的任何组织或个人的非法干涉。这里应当指出的是,承包人并不取得承包土地或其他生产资料的全部收益的所有权,而是要依约定数额(承包合同)将一部分收益交付于发包人,其余的收益归承包人所有。所谓"承包",其意义主要在此。由于土地这一生产资料的特殊法律地位,承包人对之并无处分权。(3) 承包经营权是为种植业、林业、畜牧业、渔业生产或其他生产经营项目而承包使用、收益集体所有或国家所有的土地等生产资料的权利。这里的种植,不仅是指种植粮食、棉花、油料等作物,也包括树木、茶叶、蔬菜等。另外,在承包的土地或森林、山岭、草原、荒地、滩涂、水面经营林业、牧业、渔业等,都属承包经营权的范围。(4) 承包经营权是有一定期限的权利。根据《土地管理法》第14条、第15条的规定,农民集体经济组织的成员承包本集体经济组织的土地,从事种植业、林业、畜牧业、渔业生产的,其期限为30年。在土地承包经营期限内,对个别承包经营者之间承包的土地进行适当调整的,必须经村民会议2/3以上成员或者2/3以上村民代表的同意,并报乡(镇)人民政府和县级人民政府农业行政主管部门批准。单位、个人承包经营国有土地,或者集体经济组织以外的单位、个人承包经营集体所有的土地,从事种植业、林业、畜牧业、渔业生产,土地承包经营的期限由承包合同约定。该期限虽然由当事人在承包合同中加以约定,但应当根据从事承包经营事业的具体情况,确定承包经营的期限。例如,开发性的承包经营(如开荒造林),由于生产周期较长,需要多年的投资,期限可以长些。这样既有利于土地的开发利用,也可以避免承包期限过长不利于对土地所有权的保护。从以上承包经营权具备的这些特征可以看出,承包经营权虽然产生于承包合同,但不限于承包人与集体组织间的财产关系,而是一种与债权具有不同性质的物权,并且也是传统民法的物权种类所不能包括的新型物权。

土地承包人的权利和义务 承包人的权利主要有:(1) 占有承包的土地以及森林、山岭、草原、荒地、滩涂、水面。承包人有权从集体组织取得一定数量、质量、位置的土地以及森林、山岭、草原、荒地、滩涂、水面,这是承包人进行生产经营活动的前提。(2) 使用承包的土地或其他生产资料,独立进行生产经营活动。(3) 收取承包土地或其他生产资料的收益,并取得依约定数额向发包人支付收益后所余收益的所有权。公民个人的承包收益,可以继承。(4)转让承包经营权。这是承包人对其承包经营权的处分,一般是承包人无劳动能力或转营他业而将承包的土地转包。(5)承包人承包土地以后,仍有权按集体组织规定的制度使用集体组织所有的农林设施,如灌溉设施、农机具等。

承包人的义务主要有:(1)妥善使用承包的土地以及森林、山岭、草原、荒地、滩涂、水面,这不仅要求承包人不得在承包土地上盖房、建窑、建坟,不准进行掠夺性经营,而且还要求承包人根据土地的条件,合理使用,保存、改良土地,提高地力;(2)承包人应依承包合同规定的数额向集体组织交付承包土地或森林、山岭、草原、荒地、滩涂、水面的收益;(3)承包人应独立承担风险,承包人承包土地以后,独立进行生产经营活动,除了因发生不可抗力,承包人承担的交付约定数额的承包收益的义务可以减免外,对于在生产经营中的其他各种风险概由承包人自己承担;(4)承包人应当接受集体组织对于其生产经营活动的合法监督、干涉,如承包人连续两年弃耕抛荒的,发包人有权终止承包合同,收回发包的耕地。

发包人的权利和义务 发包人的权利和义务基本上是与承包人的权利和义务相对应的,故只简单列举,不再赘述。发包人的权利,主要是向承包人收取依承包合同规定数额的承包收益,对承包人的生产经营活动进行监督。

发包人的义务,在于交付土地以及森林、山岭、草原、荒地、滩涂、水面给承包人,提供集体组织的农林设施给承包人使用,不得随意干涉承包人的生产经营活动。

土地承包经营权的取得 承包经营权的取得,有基于法律行为的,也有不基于法律行为的,以下予以分别说明:(1)基于法律行为取得承包经营权的,主要是因当事人设定承包经营权的合同而取得。这种取得承包经营权的方式,需要当事人以书面合同的形式为之。我国目前的法律、法规还没有要求承包经营权的设定应履行登记手续。承包经营权人亦可以将其承包经营权让与他人,该他人即因受让而取得承包经营权。此项承包经营权的变动,仍应以书面的方式为之,并应当于办理登记手续后,才发生承包经营权取得的效力。(2)基于法律行为以外的原因而取得承包经营权。在这里主要是继承问题。《继承法》第3条规定的遗产范围中,没有规定承包经营权,因此,在我国民法学界对于承包经营权能否继承有不同的看法。承包经营权作为一种物权,其性质应当是可以继承的。在被继承人有承包经营权时,继承一开始,其承包经营权即当然地由继承人取得。但该项承包经营权的取得,不办理登记手续,不得处分。

(钱明星)

chengbaoshang zeren baoxian

承包商责任保险(contractor's liability insurance) 又称为营造责任保险。此种保险一般被包含在工程一切险中。保险人对建筑或安装工程的承包商,因履行承包合同而发生意外事故致使第三人遭受人身伤亡、疾病或财产损失而应当承担的赔偿责任,承担保险责任的保险。承包商责任保险以建筑或安装工程完成前所发生的第三人责任为保险标的,建筑或安装工程完工后发生的第三人人身或财产损害而引起的责任,保险人不承担保险责任。承包商责任保险具有保护工程的承包商免受与其工作有关的意外损失的功能,但不承保工程承包商因其完成的工程质量缺陷而发生的风险。依照我国的保险实务,凡保险单列明的建筑工程或安装工程,在保险期限内发生意外事故,造成工地上或邻近地区的第三人人身伤亡、疾病或财产损害,被保险人依法应当承担的赔偿责任,包括被保险人因此而支付的诉讼费用以及经保险人事先同意而支付的其他费用,保险人应当承担责任。但是,保险人对下列各项不承担保险责任:(1)保险单列明的应当由被保险人负担的免赔额;(2)被保险人和其他承包人在现场从事与工程有关的活动的雇员的人身伤亡和疾病;(3)被保险人和其他承包人或他们的雇员所有的或由其照管、控制的财产的损失;(4)领有公共运输用执照的车辆、船舶和飞机造成的事故;(5)被保险人根据与他人的协议支付的赔偿或其他款项。

(邹海林)

chengbao

承保(accept insurance) 保险人接受投保人的投保要求的意思表示。实质为保险人对投保人保险要约(投保)的承诺。惯例上,通常是保险人就投保人提交的投保书,对其在投保书上所填写的各项内容加以审核后,签章表示同意或认可。

(温世扬)

chengdan minshi zeren de fangshi

承担民事责任的方式(forms of civil liability) 又称民事责任形式。依法应当承担民事责任的行为人承担民事责任的具体方式。民事责任的各种形式既是法院依法判决不法行为人承担责任的方式,也是不法行为人向受害人履行义务的内容。我国《民法通则》在民事责任一章专节规定民事责任形式,这在世界各国民法中是没有先例的。根据《民法通则》第134条的规定,民事责任共有10种方式,即:停止侵害;排除妨碍;消除危险;返还财产;恢复原状;修理、重作、更换;赔偿损失;支付违约金;消除影响、恢复名誉;赔礼道歉。

学理上对民事责任的方式有不同的划分方法,有的认为民事责任的方式包括三大类型:财产型民事责任方式,包括返还财产、恢复原状、赔偿损失;精神型民事责任方式,包括停止侵害、消除影响和恢复名誉、赔礼道歉;综合型民事责任方式,包括排除妨碍、消除危险。有的认为,民事责任形式可概括为五个类型,即:补偿型责任,包括赔偿损失、返还标的物、恢复原状、支付违约金、定金补偿、强制实际履行;除去侵害型责任,即《民法通则》规定的排除妨碍;停止侵害型责任,即民法通则规定的停止侵害;预防型责任,即《民法通则》规定的消除危险;人身型责任,包括消除影响、恢复名誉和赔礼道歉。这五种类型在《民法通则》规定的基础上,把传统民法中散见在各章节中零碎的责任条文,上升为责任形式,并补充了不少新的形式,发展成民事责任形式体系。有的认为,民事责任形式可分为三类:预防性的责任方式,如停止侵害、排除妨碍、消除危险等;补偿性的责任方式,支付违约金、赔偿损失以及修理、更换、重作等不履行合同时的补救措施等;惩罚性的责任方式,如丧失或双倍返还定金,强制收购等。民事责任的基本功能为填补受害人的损失,因此民事责任的主要形式是赔偿损失。在《民法通则》规定的各种责任形式中除支付违约金与修理、重作、更换纯属于合同责任形式以外,其他各种形式均可适用于侵权责任,有的责任形式也仅适用于侵权责任。

不同的民事责任形式表示着不同的法律后果,因而有不同的适用范围,不同性质的不法行为承担民事责任的方式也就会不同。因不同民事责任方式所要求的条件不同,同一性质的违法行为情节不同的,承担民事责任的方式也会不同。依《民法通则》规定,承担民事责任的方式,可以单独适用,也可以合并适用。责任形式的合并适用,一方面决定于违法行为的情节,如侵占他人财产,应适用返还财产的责任形式,如情节严重(受害人遭受重大损失的)还应合并适用赔偿损失的责任形式;另一方面决定于民事责任形式本身的特点和其相互间的内在逻辑性,如返还财产可与赔偿损失合并适用,但不能与排除妨碍合并适用。各种民事责任方式均可由责任人自愿承担,也可以经诉讼仲裁程序后强制执行。有的情况下可以对部分民事责任方式先予执行,如最高人民法院《关于贯彻执行〈中华人民共和国民法通则〉若干问题的意见(试行)》第162条规定,在诉讼中遇有需要停止侵害、排除妨碍、消除危险的情况时,人民法院可以根据当事人的申请或者依职权先行作出裁定。依《民法通则》第134条第2款规定,人民法院审理民事案件,除适用上述规定外,还可以予以训诫、责令具结悔过、收缴进行非法活动的财物和非法所得,并可以依照法律规定处以罚款、拘留。该款规定的训诫、具结悔过、收缴非法所得、罚款、拘留,属于民事制裁而不是民事责任的承担方式。(张平华)

chengdui de chengxu

承兑的程序(procedure of acceptance) 持票人对汇票承兑时所遵循的步骤。承兑程序是实现汇票金额的重要的一环。各国票据法对此都有详尽的规定。一般而言,承兑程序分为三步:承兑的提示、承兑或拒绝承兑、汇票交还。

承兑的提示 承兑的提示是持票人为了行使和保全票据权利向付款人现实地出示汇票的行为。提示是汇票承兑的前提,承兑提示既是行使票据权利的行为又是保全票据权利的手段。承兑的提示一般又称遵期提示,提示的期间在承兑的提示中具有重要意义,汇票不同,其承兑提示的期间也不同。(1)必须请求承兑的汇票的提示承兑期间。关于注期汇票的提示承兑期间,各国法律规定不一。《日内瓦统一汇票本票法》第23条规定,见票后定期付款的汇票,应自发票日起1年内为承兑的提示。前项期限,发票人得缩短或延长之。前二项期限,背书人得缩短之。根据这一规定,法定1年的承兑提示期间,发票人可以变更。对于法定期间及发票人确定的期间,背书人可以变更,但只能缩短。我国台湾地区《票据法》第45条规定。见票后定期付款的汇票,应自发票日起6个月内为承兑的提示。前项期限,发票人得将依约缩短或延长之。但延长期限不得逾6个月。这一规定只允许发票人延长或缩短法定的提示承兑期限,并且对延长或缩短的期限作了限制。美国《统一商法典》第3—503条规定,票据属于见票后定期付款的,必须在票据发票日或实际发票日(以较远者为准)后的合理的期间内作承兑的提示或将其转让。提示的合理期间,应根据汇票的性质、银行或贸易的任何惯例以及特定案例的事实决定。我国《票据法》第40条规定,见票后定期付款的汇票,持票人以在汇票上为"应请求承兑"的记载,并指定请求提示承兑的日期。持票人应依此记载日期为承兑提示,如果发票人或背书人无提示承兑期限的记载,则以我国《票据法》的规定为准。1885年5月4日公布的《香港票据条例》(以后又多次修订)第39条第2款规定,凡汇票明文规定应作承兑提示的,或规定在营业所或居所以外之处付款的,该种汇票必须在能作出付款提示之前先作承兑提示。第4款又规定,在付款人营业所或住所地以外的处所付款的汇票,其持票人尽合理的注意后,仍来不及在到期提示付款之前先作承兑提示的,由此引起的延误之责即予豁免,发票人与各背书人的责任不因持票人的提示迟延而解除。(2)可以请求承兑的汇票的承兑提示期间。对于定期汇票和计期汇票的提示承兑期间,各国票据法一般都规定,持票人应在到期日前向付款人提示承兑。《票据法》第39条第1款规定:定日付款或者出票后定期付款的汇票,持票人应当在到期日前向付款人提示承兑。有些汇票,发票人出票后,在一定日期前可能无法与付款人取得联系,如果持票人在此期间内向付款人提示承兑,便可能遭到付款人的拒绝,从而影响汇票和发票人的信用。在这种情况下,发票人在出票时往往作"一定日期前禁止承兑"的记载,持票人应遵守该记载,否则,即使遭到承兑拒绝,持票人也不得行使期前追索。我国《票据法》对此无规定。承兑提示期间的法律意义在于,持票人如不在法定期间或发票人约定的期间内为承兑的提示,则丧失对所有前手的期前追索权;如果持票人不在某背书人约定的期间内为提示承兑,则丧失对该背书人的期前追索权。

承兑或拒绝承兑 持票人遵期向付款人为承兑提示时,付款人应在一定时间内作出承兑或拒绝承兑的表示。(1)承兑时间。持票人向付款人提示承兑后,付款人应有一段时间来考虑是否予以承兑,并作成书面意思表示交给持票人。这一段时间即承兑时间。承兑时间的长短应当合理。各国票据法都根据本国具体的交易惯例作了规定。美国《统一商法典》第3—506条规定,承兑可延至下一营业日之前作出。《日本票据法》和《日内瓦统一汇票本票法》规定,付款人于汇票第一次提示之日得请求为第二次提示。我国台湾地区《票据法》第48条规定:付款人于执票人请求承兑时,得请其延期为之,但以3日为限。依此规定,汇票执票人为承兑提示时,付款人原则上应立即决定承兑与否。为使付款人充分考虑,并有时间与发票人取得联系,法律允许付款人请求持票人延期为之,但以3日为限。此即所谓承兑的延期。《票据法》第41条第1款规定:汇票付款人对向其提示承兑的汇票,应当在3日内承兑或拒绝承兑。第41条第2款规定:付款人收到持票人提示承兑的汇票时,应当向持票人签发收到汇票的回单、回单应证明汇票提示承兑的日期并签章。(2)承兑的意思表示。承兑属于要式法律行为,如果付款人愿为承兑,则应在汇票上签章、记载承兑日期并记载"承兑"或其他同义字样,或者仅为签章。《票据法》不承认略式承兑,并要求承兑应在汇票正面为之。同时还要求,见票后定期付款的汇票,应当在承兑时记载付款日期。(3)拒绝承兑。承兑自由是汇票承兑的原则,付款人有权对汇票承兑,也有权拒绝承兑。由于付款人的拒绝承兑而引起他与发票人之间的法律关系属于基础关系;不属于票据法的调整范围。《票据法》第62条规定:承兑人拒绝承兑的,必须出具拒绝证书,或者出具退票理由书。出具拒绝证明或者退票理由书的,应当承担由此产生的民事责任。持票人可凭此拒绝证明或退票理由书进行期前追索。

汇票的交还 持票人将汇票提示承兑后,汇票由付款人占有。付款人如果决定承兑,则应当在汇票上为承兑的记载;如果决定拒绝承兑,则应当作成拒绝证书。无论承兑还是拒绝承兑,都应在最后将汇票交还给持票人,承兑或拒绝承兑才算完成。在交还之前,付款人有权更改承兑或拒绝承兑的意思表示。在汇票交还持票人后,承兑或拒绝承兑即发生法律效力。汇票承兑程序结束。

(王小能)

chengdui de fenlei
承兑的分类(classification of acceptance) 根据一定的标准,为了一定的目的对汇票承兑进行的划分。(1)根据付款人在承兑时记载的款式的不同,可将承兑分为正式承兑和略式承兑。正式承兑,又称完全承兑,指付款人对汇票承兑时在汇票上签章并明确记载"承兑"或其他同义语的承兑。略式承兑,指付款人在承兑时仅签章而不为其他记载的签章。付款人的签章视为承兑,而不论其是否有承兑的意思。略式承兑一般要求在汇票正面为之,以免与空白背书相混。(2)根据付款人在承兑时记载内容的不同,可将承兑分为单纯承兑与不单纯承兑。单纯承兑指承兑人完全按汇票所记载的文义进行的承兑。单纯承兑是汇票承兑的原则之一。不单纯承兑指付款人对汇票记载的文义加以变更或限制以后所为的承兑。不单纯承兑包括部分承兑、附条件承兑和变更票载事项的承兑等。(3)根据付款人是否承兑全部汇票金额为标准,可将承兑分为全部承兑和一部承兑。全部承兑是指付款人就汇票全部金额所作的承兑。一部承兑是指付款人仅就汇票金额的一部分所作的承兑。

(王小能 胡冰子)

chengdui de kuanshi
承兑的款式(form of acceptance) 付款人对汇票承兑时在汇票上记载的事项。付款人承兑时在汇票上记载的事项包括:第一,应记载事项。应记载事项又可分为:(1)绝对应记载事项。国外的票据法一般将承兑分为正式承兑和略式承兑。正式承兑的绝对应记载事项包括:首先,付款人签章。这是付款人承担汇票责任的依据。其次,"承兑"或其同义字样。凡足以表明承兑意旨的字样都可以记载。略式承兑的绝对应记载事项只有一个:付款人签章。尽管没有"承兑"或其同义字样,法律推定其签章表示同意承兑。对于签章及承兑字样记载的地方,许多国家的票据法都没有严格的限制。我国《票据法》不承认略式承兑,并且规定付款人承兑汇票,应当于汇票正面记载"承兑"并签章。对于见票后定期付款的汇票,应当在承兑时记载付款日期。我国台湾地区现行票据法规定,承兑应记载于汇票正面,以免与空白背书相混。(2)相对应记载事项,指承兑日期。《票据法》规定,付款人承兑汇票,应当在汇票上面记载承兑日期。汇票上未记载承兑日期的借款,从收到提示承兑的汇票之日起第3日为承兑日期。

我国台湾地区《票据法》第46条规定，见票后定期付款的汇票，或指定请求承兑期限的汇票，应由付款人在承兑时，记载其日期。承兑日期未经记载时，承兑仍属有效。但执票人得请求作成拒绝证书，证明承兑日期；未作成拒绝证书者，以前条所许或发票人指定的承兑期限的末日为承兑日。《日内瓦统一汇票本票法》第25条规定，承兑应于汇票上记载承兑或其他同义字样，由付款人签名。付款人仅在票面签名者，构成承兑。见票后定期付款的汇票，或指定请求承兑期限的汇票，应由付款人在承兑时，记载其承兑日期。但执票人要求记载提示日期者，不在此限。承兑日期未经记载时，执票人为保留对背书人及发票人的追索权，应于恰当时刻内作成拒绝证书，证明承兑日期未记。美国《统一商法典》第3—410条第3款规定，见票后定期付款的汇票，承兑人未能填写承兑日期的，执票人得以善良填入承兑日而将其完成。第二，可记载事项。我国台湾地区《票据法》第49条、第50条规定，付款人在承兑时可以于汇票上记载付款处所和担当付款人。对于发票人已指定担当付款人的，付款人在承兑时，可以涂销或变更。至于付款人是否可以涂销或变更发票人关于付款处所的记载，法律无明文规定，解释上认为可以。我国《票据法》对上述内容没有规定。第三，不得记载事项。付款人不得在承兑时记载与汇票的性质和承兑的特性相矛盾的事项。《票据法》第43条规定：付款人承兑汇票，不得附有条件，承兑时附有条件的，视为拒绝承兑。《英国票据法》第17条第2款第2项规定，付款人不得在汇票上记载用支付金钱以外的其他方式来履行其承兑，否则该承兑无效。

(王小能)

chengdui de tishi
承兑的提示（presentment for acceptance） 是持票人为了行使和保全票据权利向付款人现实地出示汇票的行为。提示是汇票承兑的前提，承兑提示既是行使票据权利的行为，又是保全票据权利的手段。承兑的提示一般又称遵期提示，提示的期间在承兑的提示中具有重要意义，汇票不同，其承兑提示的期间也不同。(1) 必须请求承兑的汇票的提示承兑期间。关于注期汇票的提示承兑期间，各国法律规定不一。《日内瓦统一汇票本票法》第23条规定，见票后定期付款的汇票，应自发票日起1年内为承兑的提示。前项期限，发票人得缩短或延长之。前二项期限，背书人得缩短之。根据这一规定，法定1年的承兑提示期间，发票人可以变更。对于法定期间及发票人确定的期间，背书人可以变更，但只能缩短。我国台湾地区《票据法》第45条规定。见票后定期付款的汇票，应自发票日起6个月内为承兑的提示。前项期限，发票人得将之缩短或延长。但延长期限不得逾6个月。这一规定只允许发票人延长或缩短法定的提示承兑期限，并且对延长或缩短的期限作了限制。美国《统一商法典》第3—503条规定，票据属于见票后定期付款的，必须在票据发票日或实际发票日（以较远者为准）后的合理的期间内作承兑的提示或将其转让。提示的合理期间，应根据汇票的性质、银行或贸易的任何惯例以及特定案例的事实决定。我国《票据法》第40条第2款规定，见票后定期付款的汇票，持票人以在汇票上为"应请求承兑"的记载，并指定请求提示承兑的日期。持票人应依此记载日期为承兑提示，如果发票人或背书人无提示承兑期限的记载，则以《票据法》规定。1885年5月4日公布的《香港票据条例》（以后又多次修订）第39条第2款规定，凡汇票明文规定应作承兑提示的，或规定在营业所或居所以外之处付款的，该种汇票必须在能作付款提示之前先作承兑提示。第4款又规定，在付款人营业所或住所地以外的处所付款的汇票，其持票人尽合理的注意后，仍来不及在到期提示付款之前先作承兑提示的，由此引起的延误之责即予豁免，发票人与各背书人的责任不因持票人的提示迟延而解除。(2) 可以请求承兑的汇票的承兑提示期间。对于定期汇票和即期汇票的提示承兑期间，各国票据法一般都规定，持票人应在到期日前向付款人提示承兑。《票据法》第39条第1款规定：定日付款或者出票后定期付款的汇票，持票人应当在到期日前向付款人提示承兑。有些汇票，发票人出票后，在一定日期前可能无法与付款人取得联系，如果持票人在此期间内向付款人提示承兑，便可能遭到付款人的拒绝，从而影响汇票和发票人的信用。在这种情况下，发票人在出票时往往作"一定日期前禁止承兑"的记载，持票人应遵守该记载，否则，即使遭到承兑拒绝，持票人也不得行使期前追索。我国《票据法》对此无规定。承兑提示期间的法律意义在于，持票人如不在法定期间或发票人约定的期间内为承兑的提示，则丧失对所有前手的期前追索权；如果持票人不在某背书人约定的期间内为提示承兑，则丧失对该背书人的期前追索权。

(王小能)

chengdui de tuxiao
承兑的涂销（obliteration of acceptance） 又称承兑的撤回，付款人在汇票上为承兑记载后，在交付持票人之前又将承兑涂去以撤回其意思表示的行为。持票人请求承兑时，应该现实地出示汇票，将汇票交于付款人为承兑的记载。付款人在汇票上为承兑的记载后，将承兑后的汇票交还给持票人，承兑才发生法律效力。承兑的涂销发生在付款人已在汇票上完成承兑的记载之后，交还持票人之前。关于承兑涂销的效力，《日内瓦统一汇票本票法》第29条规定，付款人已在汇票承兑。而在将汇票交还持票人以前涂销其承兑者，视为拒绝承兑。除有相反的证明外,此项涂销视为票据交还之前所为。付款人已向持票人或其他在汇票上签名之人,以书面通知其承兑者,付款人仍依其承兑的条件对各当事人负责。《日本票据法》第29条、台湾地区《票据法》第51条等作了与此大体相同的规定。《英国票据法》第21条第1项规定,发票人、承兑人或背书人对于汇票上的任何约定,在为使其生效而将票据交付前,均认为未完成并可撤销。若在汇票上书面载明承兑,且付款人已发出已作承兑的通知,或按照对汇票享有所有权名义人的指示已作承兑的,该项承兑则是完整的并不得撤销。根据这些规定,除有相反证明,承兑的涂销推定为有效。付款人将承兑涂销后,即发生拒绝承兑的效果,即付款人不负到期付款的责任,持票人可凭被涂销承兑的汇票向其前手追索。但是,如果付款人已将其承兑的意思以书面通知持票人或汇票上其他签名人的,汇票的承兑不得撤销。我国《票据法》没有关于承兑涂销的规定。 (王小能)

chengdui de xiaoli
承兑的效力(effects of acceptance) 汇票的承兑在汇票关系当事人之间产生的法律后果。汇票经承兑后,汇票上记载金额的付款请求权由期待权变成了现实的权利,汇票的信用增强。就汇票当事人而言,汇票的效力主要体现在:(1)对付款人的效力。付款人在承兑后承担到期付款的责任。付款人在承兑前,尽管有发票人的委托,但是他并不负担付款的义务,一旦付款人在汇票上进行了承兑,便成为汇票的第一债务人,负绝对的付款责任。除非票据权利因为时效而消灭,其付款责任不得免除。《日内瓦统一汇票本票法》第28条规定,承兑人到期不付款的,持票人即使是原发票人,也可向承兑人直接请求支付。我国《票据法》第44条规定,付款人承兑汇票后,应当承担到期付款的责任。(2)对持票人的效力。汇票承兑前持票人就汇票金额所有的权利仅是一种期待权,是一种不能确定的权利。汇票一经付款人承兑,持票人的期待权就变成一种现实的权利,在汇票到期后。持票人可请求付款人付款,这种付款请求权除因时效完成外,不得消灭。(3)对发票人和背书人的效力,汇票一经承兑,发票人和背书人即可免受因承兑拒绝而引起的期前追索。 (王小能)

chengdui de yanqi
承兑的延期(the deferment of acceptance) 承兑时间的长短应当合理,可否延期由各国票据法根据本国具体的交易惯例作了规定。美国《统一商法典》第3—506条规定。承兑可延至下一营业日之前作出。《日本票据法》和《日内瓦统一汇票本票法》规定,付款人于汇票第一次提示之日得请求为第二次提示。我国台湾地区《票据法》第48条规定,付款人于执票人请求承兑时,得请其延期为之,但以3日为限。依此规定,汇票执票人为承兑提示时,付款人原则上应立即决定承兑与否。为使付款人充分考虑以及有时间与发票人取得联系,法律允许付款人请求持票人延期为之,但以3日为限。 (王小能)

chengdui de yuanze
承兑的原则(principles of acceptance) 汇票承兑所应遵循的基本原则。承兑的原则包括:第一,承兑自由原则,指持票人对汇票是否提示承兑、付款人对汇票是否承兑是当事人的自由。首先,汇票是否提示承兑是持票人的自由。除即期汇票不需承兑外,对于定期汇票和即期汇票持票人可自由决定是否提示承兑。只要持票人愿意接受权利状态不确定的现实,持票人可以不提示承兑。即使对于注期汇票和记载有必须承兑的汇票,持票人也有决定提示与否的自由。当然,如果他选择了不提示承兑,他可能因此无法提示付款或丧失对其前手或发票人的期前追索权。总之,提示承兑不是持票人的义务,而是行使票据权利的一个程序。其次,对于付款人而言,无论他与发票人之间的基础关系如何,都不影响他决定是否对汇票进行承兑的权利。因此,承兑对于付款人而言,也并非一种义务,而是一种自由和权利。第二,汇票承兑原则。票据法属于私法,私法以意思自治为其基本理念,因此票据法以承兑自由为其承兑原则之一。与此同时,票据法又有自己的立法倾向:在充分尊重当事人承兑自由的同时。票据法规定了对某些汇票不为提示承兑时,对当事人的不利后果,这就是汇票以承兑为原则的汇票承兑原则。汇票权利义务长期处于不确定状态,不仅对有关当事人保护不周,也会影响整个汇票制度的运行。这一原则要求,汇票应以承兑为原则,以不承兑为例外。详言之:(1)对于注期汇票,当事人应为承兑,否则将难以确定汇票的到期日,从而无法提示付款。对于记载有应为承兑字样的汇票,如果持票人不为承兑,即丧失对为该项记载的票据债务人的追索权。(2)对于定期汇票和即期汇票,法律没有规定不承兑对持票人的不利后果,但如当事人提示承兑,法律也予以支持。(3)即期汇票和法律规定无需承兑的汇票持票人无需承兑,此为汇票承兑原则的例外。 (王小能)

chengdui fuben
承兑复本(bill in a set for acceptance) 为提示承兑的汇票复本称为承兑复本。 (王小能)

chengduiren

承兑人(acceptor) 是接受发票人委托,承诺在到期日无条件支付汇票金额,并将此项意思记载于汇票上的票据当事人。承兑是汇票特有的制度。汇票付款人有权选择是否承兑,但一经承兑即为承兑人,作为票据第一债务人,承担到期付款的责任。其付款责任是绝对的、最终的,即在到期日后时效期内无条件负支付义务,不因票据权利或保全手续的欠缺而免责,且一经付款,汇票上的权利义务完全消失。在法律允许承兑人对票据金额部分承兑时,承兑人仅就该部分金额承担付款责任,其余部分视为拒绝承兑。附条件承兑的,持票人亦有权视为拒绝承兑。付款人拒绝承兑时,持票人可请求作成拒绝证书向其前手及发票人行使追索权。 (李 军)

chengdui riqi jujue zhengshu

承兑日期拒绝证书(protest for date of acceptance) 是指对于见票后定期付款的汇票或指定请求承兑期限的汇票,如付款人在承兑时未记载承兑日期,持票人为了保全自己的追索权,可以请求作成证明承兑日期未被记载的拒绝证书。 (王小能 胡冰子)

chengdui yahuihuipiao

承兑押汇汇票(document-against-acceptance bill) 押汇汇票的一种,与信用证跟单汇票和付现押汇汇票相对称。承兑押汇汇票又称为承兑交单汇票,是指付款人或承兑人在承兑汇票后即可以先行取得汇票所附随的单据,凭该单据办理报关手续提取货物并于汇票到期后再付款的押汇汇票。承兑押汇汇票对出口商的风险较大,在实践中较少使用。 (王小能 温慧卿)

chengdui ziyou yuanze

承兑自由原则(principle of freedom of acceptance) 指持票人对汇票是否提示承兑,付款人对汇票是否承兑是当事人的自由。首先,汇票是否提示承兑是持票人的自由。除即期汇票不需承兑外,对于定期汇票和即期汇票持票人可自由决定是否提示承兑。只要持票人愿意接受权利状态不确定的现实,持票人可以不提示承兑。即使对于注期汇票和记载有必须承兑的汇票,持票人也有决定提示与否的自由。当然,如果他选择了不提示承兑,他可能因此无法提示付款或丧失对其前手或发票人的期前追索权。总之,提示承兑不是持票人的义务,而是行使票据权利的一个程序。其次,对于付款人而言,无论他与发票人之间的基础关系如何,都不影响他决定是否对汇票进行承兑的权利。因此,承兑对于付款人而言,也并非一种义务,而是一种自由和权利。 (王小能)

chenglan hetong

承揽合同(contract for work;德 Derkvetrag) 承揽人按照定作人提出的要求完成一定的工作并交付工作成果,定作人接受承揽人完成的工作成果并给付约定报酬的协议。承揽合同适用的范围极度广泛。从自然人的日常生活到生产建设的各个经济领域,几乎都离不开承揽合同这种法律形式。人们生产和生活中的特殊需要往往要通过承揽合同才能实现。承揽合同依其内容不同可分为加工合同、定作合同、修理合同、房屋修缮合同、印刷合同、复制合同、测试合同以及其他承揽合同,如广告、检验、翻译等。但在我国承揽工程建设的合同不属于承揽合同,而为独立的建设工程合同。承揽合同的基本特征是:(1)承揽合同以完成一定的工作为目的。承揽合同的定作人所需要的是体现承揽人劳务的工作成果,而不是承揽人的劳务本身。这种工作成果有些是脑力劳动成果,有些是体力劳动成果,有些则是脑力劳动与体力劳动共同创造的成果。(2)承揽合同的承揽标的具有特定性。承揽合同的承揽标的是承揽人按照定作人的要求完成并交付的工作成果。这一工作成果须具有特定性,是按照定作人的特定要求,为满足定作人的特殊需求,由承揽人通过自己与众不同的技能完成的,不是从市场上任意可以购得的。(3)承揽合同的承揽人应以自己的风险独立完成工作。定作人是根据承揽人的技术、设备、能力等条件认定其能完成工作来选择承揽人的。因此,承揽人应以自己的人力、设备和技术独立完成承揽工作。未经定作人同意,不得将承揽任务转给第三人完成。经定作人同意将承揽工作的部分转由第三人完成的,承揽人对第三人的工作向定作人承担责任。承揽人应承担取得工作成果的风险,对工作成果的完成负全部责任。承揽人不能完成工作和取得定作人所要求的工作成果的,不能从定作人处取得报酬。(4)承揽合同是双务合同。合同双方在依合同享受权利的同时,都负有相应的义务。定作人依合同取得合格的定作物,有按合同支付报酬的义务;承揽方取得报酬,有按时、按质、按量完成合同约定的行为并交付定作物的义务。(5)承揽合同是诺成性合同。双方就加工、修理等事项达成一致意见后,合同即成立。即使是来料加工合同,除合同双方就合同成立条件有特殊约定外,双方意思表示一致,合同即告成立,定作方不按约定及时交付需加工的原材料即构成违约。(6)承揽合同为有偿合同。定作人接受承揽人完成的物品或工作成果应支付报酬。(7)承揽合同采用留置定作物的方式担保。依我国《合同法》第264条规定,除当事人另有约定外,定作人未向承揽人支付报酬或原材料费等价款的,承揽人对完成的工作成果享有留置权。定作人超过领取期限一定期间不领取定作物的,承揽人有权将定作物变卖,所得价款在扣除报酬、保管费用以后,可以定作人的名义存入银行。　　　　　　　　　　　　　(邹川宁)

chenglanjin

承揽金(payment for work)　承揽合同的定作人应给付给承揽人的报酬,是定作人接受承揽人完成的工作成果应支付的代价。关于承揽金的条款是承揽合同的必要条款,无此条款则不能成立承揽合同。按照合同约定的数额和期限向承揽人支付报酬,是定作人的基本义务。依我国《合同法》规定,当事人在合同中没有约定报酬数额或者约定不明确的,定作人应按照通常标准,即工作成果交付的当地当时的同种类工作成果的一般报酬标准支付;当事人在合同中没有约定报酬的支付时间或者约定不明确又不能依其他方法确定的,定作人应当在承揽人交付工作成果的同时支付报酬;完成的工作成果可以部分交付的,定作人应当相应的支付报酬。定作人延期支付报酬的,应当承担逾期支付的利息。定作人未向承揽人支付报酬或者材料费等价款的,除当事人另有约定外,承揽人对完成的工作成果享有留置权。　　　　　　　　(郭明瑞)

chenglanren

承揽人(contractor)　承揽法律关系的一方主体,承揽合同中依合同约定,接受定作方的委托完成一定的工作并交付工作成果的当事人。并非任何一个法人、其他经济组织和自然人都能充当承揽人,因为作为完成一定工作任务的承揽人必须具备相应的人力、技术、设备和完成该项工作的能力和资格。承揽合同的定作人与买卖合同的买受人不同,其更注重承揽人本身的技术能力和资格,因此非经定作人同意,承揽人不得将其承揽的工作任务转包给其他人完成。

　　依据我国合同法的有关规定,承揽人的主要义务是:(1)按照约定完成工作任务。这是承揽人的基本义务。承揽人应按合同的约定时间开始工作,承揽人不能如期完成工作的,定作人可以解除合同。承揽人应恪守信用,严格按照合同规定的标的物的性能、规格、质量、形状等去完成工作,遵守定作人提出的标准和要求。非经定作人同意,不得擅自修改或变更定作人的技术要求或调换定作人提供的材料。(2)接受定作人必要的监督、检验。在工作期间,承揽人应接受定作人必要的检查和监督,承揽人应如实向定作人反映工作情况,按定作人的指示改进工作。至于"必要监督、检验"的范围,则依其约定和承揽工作的性质而定。定作人不是为必要的监督检验而妨碍承揽人工作的,承揽人有权要求赔偿损失。承揽人在完成任务后,应主动接受定作方的检查验收。(3)亲自完成工作的主要部分。因承揽合同是基于定作人对承揽人完成工作能力的信任而签订的,所以,承揽人须以自己的设备、技术和劳力,完成定作人交付的加工、定作、修理、修缮等任务的主要部分。除当事人另为约定外,未经定作人同意,不得把承揽的主要工作转给第三人。否则,定作人有权解除合同。在当事人有特别约定时,承揽人也可将其承揽的主要工作交由第三人完成,于此情况下,承揽人应当就该第三人完成的工作成果向定作人负责。承揽人可以将其承揽的辅助工作交由第三人完成。因为辅助工作是主要工作以外的部分,对工作成果质量不起决定性作用,一般不需要特殊的技能、设备。承揽人将其承揽的辅助工作交由第三人完成的,也应就第三人所完成工作的质量向定作人负责。(4)妥善保管定作人提供的材料和物品。对于定作人提供的材料,不得擅自更换。对于提供的工作基底,如需修理的物品,不得偷换不需修理的零部件。对定作人提供的材料亦应及时检验,如发现不符合约定要求的,应立即通知定作人更换、补齐或采取其他补救措施。在完成工作中,承揽人必须正确使用定作人的材料,剩余的材料应归还定作人。对定作人提供的材料,因保管不善造成毁损、灭失的,承揽人应负赔偿责任;承揽人使用定作人的材料造成浪费的,应予以赔偿。(5)按约定提供材料。由承揽人提供材料的,承揽人应按照约定选用材料并接受定作人的检验。承揽人隐瞒材料的缺陷或使用不合合同约定的材料的,对因此造成的定作物质量问题,应承担责任。(6)保密义务。承揽人承揽复制、设计、翻译和物品性能测试、检验等任务,定作人要求保密的,必须严格遵守。不经定作人同意,不得留存复制品或者技术资料。(7)按期完成承揽任务,按期交付工作成果。承揽合同通常都规定履行义务的期限,包括:开始期限,即承揽人着手工作的期限;中间期限,即局部完成任务或部分交付工作成果的期限;终了期限,即全部完成或最后交付工作成果的期限。承揽人应按照约定的期限完成工作并交付所完成的工作成果,并提交必要的技术资料和有关质量证明。工作成果附有所有权凭证的,应一并交付之。(8)工作成果的瑕疵担保责任。承揽人对工作成果负有瑕疵担保义务,应担保所完成的工作成果符合合同约定的质量标准和要求。承揽人交付的工作成果不符合质量要求的,定作人可以要求承揽人承担修理、重作、减少报酬、赔偿损失等违约责任。　(郭明瑞　邹川宁)

chenglan xingwei

承揽行为(contractor's performance)　承揽人依承揽合同的约定按照定作人的要求完成工作的行为。除当事人另有约定外,承揽人应当以自己的设备、技术和劳力,完成主要工作;应当自己承担完成工作的风险,遵守定作人提出的标准和要求,按质按量地完成工作。在完成工作中遇有定作人提供的图纸或者技术要求不合理,或定作人提供的材料不符合约定,以及其他不可归责于承揽人的可能影响工作质量或者履行期限的情形时,承揽人应当及时通知定作人。承揽人怠于通知或者未经定作人同意擅自修改定作人的技术要求或调换定作人提供的材料的,对因此而完成的工作的质量仍应向定作人负责。

(郭明瑞)

chenglan yunsong

承揽运送(commission to carry) 承揽运送人以自己名义与托运人或旅客订立的关于将货物或旅客运送到约定地点并收取报酬的协议。承揽运送,起源于行纪,关于承揽运送的立法体例有三种:一是认为承揽运送是与行纪运送独立的一种营业,如法国商法;二是认为承揽运送为一种独立的营业,但属于广义的行纪,如德国商法;三是认为属于行纪,但适用关于运送契约的规定,如瑞士债务法将承揽运送置于行纪一章的最后部分,却规定关于物品的运送适用于运送契约的规定。所以,关于承揽运送的法律适用,不同国家有不同的规定。依我国合同法的规定,承揽运送人为经营运输业务的经营人,可以直接从事承运,也可以不直接从事承运。承揽运送人在订立承揽运送合同后,一般还需与直接从事承运的人订立运输合同,但承揽运送人与实际承运人之间的约定不能对抗承揽运送合同的托运人或旅客。承揽运送人就全程运输向托运人或旅客负责,享受承运人的权利并负担承运人的义务。

(李成林)

chenglan zulin

承揽租赁(locatio conduction; redemptio operis) 罗马法上租赁契约的一种,又称劳务成果租赁,现今承揽合同的起源。承揽租赁是以一项特定的工作,如工程建设为标的的租赁契约。承揽租赁中的工程承包人仅仅是名义上的义务人,因此,他可以委托他人进行劳作。承揽契约因工程的完成而消灭,只有当该契约是基于对承租人的个人能力的考虑而缔结的时,才因工程承揽人的死亡而终结。

(刘经靖)

chengnuo

承诺(acceptance) 受要约人在有效期内作出的完全同意要约内容的意思表示,在商业习惯中又称接受。承诺是签订合同的重要步骤,要约一经承诺,合同即告成立。要约与承诺是相对人间的行为,因而承诺必须由受要约人向要约人作出。受要约人的代理人在授权范围内所作的承诺与本人的承诺具有同等效力。为达缔约目的,承诺必须向要约人作出,也可向要约人的代理人作出。合同履行不具人身性质的,要约人死亡后,受要约人也可向要约人的继承人作出承诺。承诺须在要约有效期间作出方有效,迟到的承诺不具承诺效力,合同不能成立。承诺的内容应当和要约的内容一致。承诺人的承诺不得对要约加以扩张、限制或变更,否则视为新要约或反要约。对"一致"的理解不应限于文字表达形式上,而是意思表示的实质一致。对要约表示同意而对要约的内容进行了非实质性的添加、限制或更改的,除要约人及时表示反对或者要约中明确规定其内容不许任何修改外,承诺为有效。合同的内容以承诺的内容为准。根据《联合国国际货物销售合同公约》第19条规定,视为实质上变更要约的条件是有关货物、付款、货物质量和数量、交货地点和时间、一方当事人对另一方当事人的赔偿责任范围或解决争端等的添加或不同条件。我国《合同法》第30条也规定:有关合同标的、数量、质量、付款或者报酬、履行期限、履行地点和方式、违约责任和解决争议方法等的变更,是对要约内容的实质性变更。如果要约内容部分可以独立,则部分同意的承诺倘要约人未及时反对或未作相反规定时,该承诺也有效,合同也依承诺内容生效。我国《合同法》第22条规定:承诺应当以通知的方式作出,但根据交易习惯或者要约表明可以通过行为作出承诺的除外。依此,承诺可采用对话、电话等口头方式,也可采用书信或电报等书面方式作出,依当事人间的习惯或其他交易惯例等某种行为也可表示承诺,如直接交货或付款等。当然,要约人可自行规定承诺方式,只要其不为法律禁止或客观不能,就对承诺人有约束力。如要约规定了一种承诺方式,但未排除其他方式的,承诺人采取比要约更迅捷安全的方式作出的承诺为有效,若采比规定方式迟缓的方式,则所作的"承诺"无效。如要约中未规定承诺方式,通常应采用与要约相同的方式或依商业惯例作出承诺。参见承诺期限条。

(肖 燕)

chengnuo de xiaoli

承诺的效力(effect of acceptance; 德 Wirkung der Annahme) 承诺所引起的法律后果。承诺一经生效,合同便告成立,因此,承诺的生效时间至关重要。关于承诺生效时间各国立法不一。英美法规定,在以书信、电报作出承诺时,承诺一经投邮,立即生效。这是鉴于英美法认为要约人在要约被承诺之前的任何时候都可撤回,采取承诺生效时间的"投邮主义"或"发信主义",有利于平衡要约人与受要约人之间的利益关系。《法国民法典》对此未作规定,但法院判例采取的承诺生效时间完全取决于"当事人的意思",它往往被推为适用

"投邮主义"。德国、意大利等大陆法系国家采取的是"到达主义"或"受领主义",即承诺的通知送达要约人时生效,而不管要约人是否知晓其内容。如果信函、电报在途中丢失,承诺便不能生效。《联合国国际货物销售合同公约》与我国《合同法》也采取"到达主义"。我国《合同法》第26条规定:承诺通知到达要约人时生效。承诺不需要通知的,根据交易习惯或者要约的要求作出承诺的行为时生效。到达主义的优点是利于保护要约人,由于采此原则的国家一般不允许随时撤回已发出的要约,因而不存在要约人在承诺尚在途中时撤回要约的可能,对双方比较公平。所谓到达,是指送达要约人能够支配的场所,包括营业地、通讯地址或惯常场所等。也有国家法律规定承诺须为要约人了解时方生效。在意思实现成立合同时,承诺不需通知,在相当时间内有可认定为承诺的事实时,承诺即生效。承诺一经生效,承诺人便不得撤回承诺。但承诺未生效前,可被撤回。撤回承诺的通知必须先于或同时于承诺到达要约人,才能发生阻止承诺生效的效果。由于英美法系国家对承诺生效采取发信主义原则,承诺一经发出即告生效,所以不存在承诺的撤回。迟到的承诺即承诺在承诺期限届满后到达要约人时,除要约人及时通知受要约人该承诺有效外,不发生法律效力。受要约人在承诺期限内发生承诺,按照通常情形能及时到达要约人,但因其他原因承诺到达要约人超过承诺期限的,除要约人及时通知受要约人因承诺超过期限不接受该承诺的以外,该承诺有效。 (肖 燕)

chengnuo qixian
承诺期限(effective period of offer;德 Annahmefrist) 亦即要约有效期限或承诺有效期限。要约人受要约约束的期限或接受承诺的有效期限。要约定有承诺期限的,承诺须于规定的期限内作出方为有效承诺。要约未定有承诺期限的,如要约是以对话方式作出的,除当事人另有约定外,承诺须由受要约人即时作出才有效;要约以非对话方式作出的,则受要约人应在合理期限内作出承诺。该合理期限,包括函电往返所需时间和受要约人决定是否承诺所需的时间。有限限期过后作出的承诺为迟到承诺,除要约人及时通知受要约人该承诺有效外,不发生承诺效力,应视为新要约。如承诺虽及时发出,但由于邮电、交通等原因而意外送达迟误,超出有效期限的,则要约人须及时将因逾期收到该承诺并不接受该承诺的情况通知受要约人,否则该承诺有效。 (肖 燕)

chengnuoren
承诺人(offree who accept an offer;德 annehmender) 对要约表示接受的受要约人或要约相对人。承诺人必为受要约人,因为,惟有受要约人才享有表示拒绝或接受要约的资格,要约相对人以外的其他人没有承诺资格。这符合要约实质约束力的原则。受要约人为特定人时,该特定人作出承诺即为承诺人;受要约人为不特定人时,则该不特定人中的任何作出承诺的人均为承诺人。承诺人的承诺行为,可以由其本人或其授权的代理人在授权范围内作出。除此以外,任何知悉要约内容而非受要约人的人向原要约人作出意思表示的,即使该意思表示依原要约作出,也非承诺,而是新要约;该发出同意要约的意思表示的人也只为要约人,而非承诺人。 (肖 燕)

chengnuoshu
承诺书(acceptance document) 受要约人向要约人作出的同意要约的意思表示的书面形式。凡当事人要求承诺须采用书面形式的,不以承诺书承诺的,其承诺不能发生效力。承诺书可以成为合同的形式。 (郭明瑞)

chengnuo zhuanzhi
承诺转质(sub-pledge by acceptance) 转质方式之一,是指质权人取得出质人同意,为担保自己或他人债务而将质物移转于第三人设定新的质权的行为。承诺转质成立的条件是:(1)取得出质人同意。未给出质人同意,只能成立责任转质。(2)转质约定。质权人与转质权人对质物转质,应订立质押合同。(3)转移质物的占有,转质人应将质物交与转质权人占有,否则,转质不能成立。(4)被担保债权存在。承诺转质一旦成立,即有如下效力:(1)转质人如何实行其质权,原则上应由转质合同确定,但通常认为转质人已放弃其质权实行的权利。(2)转质人对质物所生不可抗力的损失,不负责任。(3)转质权独立于原质权存在,不受原质权影响。 (申卫星)

chengren shihang tiaokuan
承认适航条款(seaworthiness admitted clause) 伦敦保险协会修订的海上货物保险条款(协会条款)的内容之一。保险人和被保险人据此承认被保险船舶适航的条款。依照该条款的约定,当被保险的货物遭受损失时,被保险人请求赔偿的权利,不受损失可归责于船东或其雇员的不法行为或者失当行为之事实的影响。我国适用的海上货物运输保险,没有此等条款的约定。 (邹海林)

chengxiaoshang
承销商(consignee;under writer) 应聘代理证券发行业务收取费用的证券经营机构。证券公司的承销方式分为包销和代销两种。

承销商的资格条件 我国《证券法》规定,只有综合性的证券公司才具有证券承销资格(第129条)。国务院颁布的《证券经营机构股票承销业务管理办法》、《境内境外证券经营机构从事外资股业务资格管理暂行规定》等规定,从事证券承销需要取得证券业务部门颁发的经营股票承销业务资格证书(分销商代销可以不在此限)。证券经营机构取得的境内股票承销业务的资格证书有效期从签发之日起为一年,一年后自动失效;需要续展股票承销业务资格,应在资格证书失效前3个月内向中国证监会提出申请,经证监会审核后换发资格证书。证券经营机构取得的外资股业务资格证书的有效期从颁发之日起2年,2年后自动失效;需要维持者应在资格证书失效前3个月向证监会提出申请,经证监会核准后换发资格证书。

承销商的义务 依《证券法》的规定,承销商应对公开发行募集文件的真实性、准确性、完整性核查,发现含有虚假记载、误导性陈述或重大遗漏的,不得进行销售活动;已销售的,须立即停止销售并采取纠正措施。

承销商的分类 承销商依承销证券数额多少分为承销团和承销人,依《证券法》向社会公开发行的证券票面总额超过人民币5000万元的应由承销团承销,承销团由主承销和参与承销的证券公司组成。 (丁艳琴)

chengyunren
承运人(carrier) 运输合同的一方当事人。以一定的运输工具将货物或旅客通过陆地、水上或空中从一个地方运送到另外一个地方的人。在英国普通法中,承运人分为公承运人和私承运人。公承运人的特点是愿意将任何旅客或货物运送到其营业线路上的各个地方,只要有空余舱位,就必须接受要求运送的人员或货物;在货物运输的情况下,如果没有特定的免责事项,公共承运人必须对运送中的货物所发生的灭失或损害承担严格责任。我国承运人的责任虽没有公私法人之分,但承运人也有从事公共运输和非公共运输者之分。公共运输包括班轮、班机、班车运输以及对外公布固定路线、固定时间、固定价格的商业性运输。依我国合同法规定,从事公共运输的承运人不得拒绝旅客、托运人通常、合理的运输要求。海上运输合同中常常发生承运人识别的问题。我国《海商法》规定,承运人是指本人或者委托他人以本人名义与托运人或旅客订立海上货物运输合同或旅客运输合同的人。因此,与托运人或旅客订立运输合同是我国法下判断谁是承运人的根本特征。其他因素,诸如是否船舶的所有人,是否实际从事运输活动,以及是否签发提单等都只能作为参考因素。 (李成林 郭瑜 张琳)

chengyunren de shiji guoshi huo simou
承运人的实际过失或私谋(actual fault or privity of the carrier) 《海牙规则》中对承运人火灾免责的例外规定,即如果造成货物损失的火灾,是由承运人的实际过失或私谋引起的,承运人不得免责。承运人的实际过失,必须是承运人自己的过失,而不是其他受雇人或代理人的过失。承运人的过失必须和火灾有直接联系,如承运人在开航前和开航当时未恪尽职守使船舶适航而导致火灾。根据《海牙规则》,主张承运人具有实际过失或私谋而导致火灾的举证责任在货方,我国《海商法》也采取了类似规定。但是,由于火灾发生在船舶上,要货方证明承运人具有实际过失或私谋极为困难,而由承运人就自己有无故意或过失进行证明则较为简易,因此,英国、德国、法国等都做了与《海牙规则》不同的规定,要求承运人证明火灾不是由于他本人的故意或过失引起的。 (张琳)

chengyunren de zeren qijian
承运人的责任期间(period of responsibility) 海上货物运输中承运人必须负海上货物运输法规定的强制性责任的期间。关于海上货物运输合同的《海牙规则》、《海牙——维斯比规则》和《汉堡规则》等国际公约都有关于承运人责任期间的规定。《海牙规则》和《海牙——维斯比规则》规定承运人的责任期间是从货物装上船时起至货物卸下船时止,货物在承运人掌管之下的全部期间,即所谓的"钩至钩,舷至舷";而《汉堡规则》规定承运人的责任期间是从承运人在装货港接收货物时起至卸货港交付货物时止,货物在承运人掌管之下的全部期间,即所谓的"港至港"。与《海牙规则》相比,《汉堡规则》延长了承运人的责任期间。中国《海商法》也规定了承运人的责任期间。根据该法第46条的规定,承运人的责任期间分为两种:集装箱运输时承运人的责任期间是从承运人在装货港接收货物时起到卸货港承运人交付货物时止,货物在承运人掌管下的全部期间;非集装箱运输时,承运人的责任期间是指从货物装上船到货物卸下船为止,货物在承运人掌管下的全部期间。在责任期间内,承运人必须履行法律规定的适航、管货等强制性义务,当事人之间不得通过合同约定减轻承运人的这些责任。责任期间可能只是合同期间的一部分,在责任期间之外的合同期间,当事人可以自由约定双方的权利义务。 (郭瑜 张琳)

chengyunren lüke fading zerenxian
承运人旅客法定责任险(compulsory insurance for flight carrier's liability to passengers) 从事旅客运输的飞机经营人必须依法就其对旅客应当承担的赔偿责

任进行投保的责任保险。被保险人承运的旅客在乘坐或上下飞机时发生意外,造成旅客人身伤亡或所携带和业经交运登记的行李、物件的损失,以及对旅客、行李或物件在运输过程中因迟延而造成的损失,依照法律或者合同应当由被保险人承担的赔偿责任,保险人应当承担给付保险赔偿金的责任。但是,被保险人因下列原因对承运的旅客负担的赔偿责任,保险人不承担责任:(1)飞机不符合适航条件而飞行;(2)被保险人的故意行为;(3)因战争、武装行动、劫持等暴力原因造成的损失;(4)为履行被保险人的义务而免费搭载被保险飞机的人员所发生的损失。 （邹海林）

chengyunren zeren xianzhi

承运人责任限制(limited liability of carrier) 有关国内法或国际公约规定的承运人对货物灭失或损坏的赔偿责任的每件或每计费单位的最高责任限额。按照《海牙规则》的规定,承运人对每件或者每单位货物的最高赔偿额为100英镑,或者与其等值的其他货币。但是,托运人于装货前已经申报了货物的实际价值并列入提单者,不受此限。《海牙——维斯比规则》规定,对于未申报价值的货物的赔偿,每件或每单位1万金法郎,或者毛重每公斤30金法郎,以高者为准。《汉堡规则》规定,承运人对货物的灭失或损坏的赔偿,每件或者每单位为835特别提款权或毛重每公斤2.5特别提款权,以其高者为准。承运人对延迟交付货物的赔偿以应付运费的2.5倍为限,但不得超过合同中规定应付运费的总额。我国《海商法》规定,承运人对货物的责任限额为每件或每个其他货运单位666.67计算单位,或货物毛重每公斤2计算单位,以高者为准。迟延交付的货物的赔偿限额,是所迟延交付的货物的运费数额。但是托运人在货物装运前已经申报其性质和价值,并在提单中载明的,或者承运人与托运人已经另行约定高于法定限额的除外。而且,如果经证明,货物的灭失、损坏或者迟延交付是由于承运人的故意或者明知可能造成损失而轻率地作为或者不作为造成的,承运人就丧失了责任限制的保护。 （张琳）

chengzuren

承租人(lessee;tenant) 租赁合同中取得租赁物的使用收益并向出租人支付租金的租赁合同当事人。承租人可以是自然人、法人,也可以是其他组织,但无民事行为能力人不能订立租赁合同。法律不允许租赁某些财产的人也不能成为该类财产的承租人。如依我国法规定,除经过特定机关特别批准外,法人不能成为城市私有房屋的承租人。

依我国合同法规定,承租人的主要义务是:(1)必须按合同约定的标准、日期和方式向出租人支付租金。交付租金是承租人的主要义务。租金的主要表现形式是货币,当事人也可以约定实物租金。法律对租金数额有特别限制的,当事人约定的租金高于法律规定的最高限额的,其超过部分应为无效。租金的支付时间应在合同中明确规定。若无明确规定当事人又不能达成补充协议的,则应按照惯例;依习惯仍不能确定的,租赁期间不满1年的,应在租赁期间届满时支付;租赁期间1年以上的,应在每届满1年时支付,剩余期限不满1年的应在租赁期间届满时支付。承租人无正当理由不按规定或约定的数额、期限履行交付租金义务的,出租人有权追索拖欠的租金;经催告承租人在合理的期限内仍不支付的,出租人可以解除合同。(2)必须合理使用,妥善保管出租物。合理使用指的是承租人必须按合同约定的方式和范围使用租赁物。合同未约定使用方式的,应按通常情况下能正常发挥物的性能的方式使用租赁物,不得违背租赁物的性质和用途而不当使用。承租人依约定方式或正常方式使用租赁物,致使租赁物发生磨损或改变时,承租人可不负责任;但如违背约定方式或依租赁物的性质正常使用的方法而致使租赁物发生损坏时,出租人有权解除合同并要求赔偿损失。妥善保管租赁物,也就是要按照合同规定的方式或通常的方法保护好租赁物。承租人对此要尽善良保管人的注意。因保管不善造成租赁物毁损,灭失的,承租人应承担赔偿责任。承租人也不得随意改变租赁物的现状,如对租赁物的改装、增修未经出租人同意的,承租人应承担因此造成的损失。承租人如在租赁物上以添加的形式增加了租赁物的价值和用途的,可在返还租赁物时取回增设部分,也可协议出租人买回,但出租人无收买的义务。在租赁期间内租赁物如发生损坏,承租人应立即通知出租人修理或采取必要措施;第三人主张权利的,承租人也应及时通知出租人。承租人如不及时通知致使出租人遭受损失的,应负赔偿责任。对出租人因保存租赁物而进行的必要的检查或修理,承租人负有协助的义务。因承租人未尽保管义务致使租赁物毁损、灭失的,承租人应承担责任。(3)承租人未经出租人同意,不得擅自将租赁物转租给他人。如违反该项义务,出租人可解除合同。承租人在经出租人同意后将租赁物转租给第三人的,其转租行为合法。出租人与承租人间、承租人(转租人)与次承租人间,依次存在租赁关系。承租人与次承租人间发生的法律关系同出租人无关,即使次承租人违约,承租人也应向出租人履行义务。承租人对次承租人的行为应向出租人负责。(4)在租赁合同终止时返还租赁物。财产租赁合同无论是因租赁期限届满而终止,或是因一方当事人违约另一方解除合同而终止,承租人都应在终止时向出租人返还租赁物。承租人返还租赁物的原则是返还原物,但并非是原状返还,只要求返还的租赁物符合按照约定或者租赁物的性质使用后的状态。返还原物时，如承租人对租赁物进行了改建、改装，承租人应予恢复原状，但出租人允许的改建、改装可不予恢复。承租人如逾期不履行返还义务，出租人有权要求其补交欠租及给付违约金。如因承租人的过失致使租赁物灭失而无法返还时，承租人须承担赔偿损失的责任。

（邹川宁）

chengzuren de youxian goumaiquan
承租人的优先购买权(lessee's right of preemption) 因租赁合同的成立而使承租人享有的一项权利。当出租人出卖其出租物时，在同等条件下，承租人有优先买得该出租物的权利。同等条件一般是指价格而言。这是在法律上给出租人增加的一种义务。当出租人违反该义务时，承租人可申请宣告出租人的买卖行为无效。

（邹川宁）

chengshi baozheng baoxian
诚实保证保险(fidelity bond insurance) 又称忠诚保证保险或者信用保证保险。投保人向保险人支付保险费，在因为被保险人的雇员的不诚实行为而使其受到损失时，以保险人承担给付保险赔偿金为目的而订立的保险合同。雇主和雇员均可以为诚实保证保险的投保人，并可以独立负担交付保险费的义务。诚实保证保险可以分为指名保证保险、总括保证保险、特别总括保证保险和职位保证保险等四种主要形式。

指名保证保险 以特定的个人或者群体作为被保证人，在被保险人因为指名的被保证人的不诚实行为遭受损害时，由保险人承担保险给付责任而订立的保险合同。在指名保证保险项下，保险人仅对保险单指名的特定被保证人的不诚实行为承担保险责任。指名的被保证人，以保险单明示或者列表登记的人为限。

总括保证保险 以企业或者团体的全体职员为被保证人，在被保险人因为其属下的任何职员的不诚实行为遭受损害时，由保险人承担保险给付责任而订立的保险合同。总括保证保险为一种集体保证保险合同，无须特别列明被保证人的姓名，不区别被保证人的职位，即使在保险期间被保证人的人数增加或者减少，保险人也不另加收保险费，已收的保险费也不退还。

特别总括保证保险 以特定金融机构（被保险人）的职员为被保证人，在被保险人所有的货币、有价证券、金银、珠宝以及其他贵重物品因为其属下的任何职员的不诚实行为而遭受损失时，由保险人承担保险给付责任而订立的保证保险。特别总括保证保险为总括保证保险的一种，起源于英国伦敦劳合社开办的银行总括保证保险，经保险业的推广使用，被保险人现已超出银行的范围，但仍以金融机构为限。

职位保证保险 以担任企业或者团体的特定职位之职员为被保证人，而不论该职员的姓名、年龄或者性别，在被保险人因担任指名的职位的任何职员的不诚实行为遭受损害时，由保险人承担保险给付责任而订立的保险合同。职位保证保险不列明被保证人的姓名，只限定被保证人的范围，对于担任指名的职位的任何人，保险人均按照约定的保险金额承担保险责任。

保险责任范围 一般限于被保险人因其雇员盗窃、侵占、贪污、伪造证件文书或者票据、私用、非法挪用、非法转移等行为所遭受的财产或者金钱损失。但是，保险人对于被保险人诱使其雇员或者与雇员共谋而造成的财产或者金钱损失，以及保险合同特别约定保险人不承担保险责任的其他损失，不承担保险责任。

保险期间 保险人对被保险人承担给付保险赔偿金责任的起讫期间，由保险人和投保人依据需要，在保险合同中约定。实务上，诚实保证保险的期间有1个月、3个月、6个月、1年等不同期间，投保人和保险人可以选择确定保险期间。诚实保证保险的当事人也可以约定长期保险期间，如10年或者20年。保险人仅对保险期间内发生的不诚实行为造成的损失风险，承担保险责任。

保险赔偿金的给付 在发生保险责任范围内的事故时，保险人应当依照诚实保证保险合同的约定，向受到损失的被保险人给付约定的保险赔偿金。保险人给付保险赔偿金时，被保险人已经从被保证人处取得之利益，应当从应付的保险赔偿金中予以扣除。保险人向被保险人给付保险赔偿金的，可以依照保险合同的约定，相应取得对被保证人的求偿权。

（邹海林）

chengshi xinyong yuanze
诚实信用原则(the principle of good faith；德 Treu und Glauben；法 bonne foi) 民事关系的当事人，在具体情形下，须公平地估量对方的正当利益和社会利益，善意地行使权利、履行义务的原则。简称诚信原则。

一般认为，诚信原则起源于罗马法上的一般恶意抗辩。在近代大陆法系民法中，诚信原则最初主要适用在合同领域。1804年的《法国民法典》第1134条第3款规定，合同应以善意履行。1863年的《萨克森民法典》第158条有类似规定。《德国民法典》第157条规定：契约应斟酌交易上之习惯，依诚信而为解释。第242条规定：债务人有依照诚实信用，并斟酌交易上之习惯，而为给付的义务。但是在德国的法律解释上和判例中，诚实信用原则可以适用于整个民法领域。《瑞士民法典》第2条第1款规定：任何人都必须以诚实信用的方式行使权利和履行义务。这是立法史上第一次将其作为整个民法的基本原则进行规定。我国台湾地区《民法》第148条第2款规定：行使权利，履行义务，应依诚实及信用方法。

我国《民法通则》第4条规定：民事活动应当遵循自愿、公平、等价有偿、诚实信用的原则。从而在立法上将诚实信用原则规定为民法的基本原则。我国在许多重要的单行民事立法中，也都对诚实信用原则进行了规定。比如《合同法》第6条、《担保法》第3条、《保险法》第4条、《证券法》第4条、《反不正当竞争法》第2条、《信托法》第5条等。在具体法律制度上，有大量的规则都体现了诚实信用原则的要求。比如《合同法》中关于缔约过失责任的规定（第42条）、减轻损害义务的规定（第119条）等。但是基于禁止向一般条款逃避规则，在相关案型下只能够适用这些具体规定而不可以援用诚实信用原则。

诚实信用原则的适用范围极为广泛。根据学说上的见解，诚实信用原则可以用来指导当事人行使权利、履行义务，解释评价和补充法律行为，以及解释和补充法律。如果对具体法律规范依其文义而适用可能产生有悖于诚实信用原则的结果时，可以依该原则对其适用予以限制，但是这种适用必须在法律条文的文义许可的范围内。正是由于诚实信用原则适用范围广泛并且发挥着极为重大的作用，有的学者称其为"帝王条款"。在大陆法系的法律发展史上（尤其是德国），基于诚实信用原则的适用和类型化，发展出了一些重要的规则，比如权利失效、法人格否认、情势变更原则等。

诚实信用原则的内容抽象，外延上具有不确定性，因此，在适用上等于对法官授予了相当广泛的自由裁量权。正因为如此，法官在适用诚实信用原则的时候，应当进行具体化和类型化，并且进行充分的说理。

需要注意的是，诚实信用原则只是体现了民法所追求的一个方面的价值目标，在这个目标和其他价值目标相冲突时，诚实信用原则并不必然居于优先的地位。比如不动产物权的变动须以登记为要件，这是为了保障交易安全而设置的规则。所以，即便房屋买卖合同的买受人已经取得房屋的占有并且支付了价款，仍然绝对不能取得所有权，即便因此可能导致违反诚实信用原则的结果。参见民法基本原则条。

（郭明瑞　葛云松）

chengyi fuze baozheng
诚意负责保证（fidejussio）　罗马法上的概念。与允诺保证、诚意允诺保证相同的一种要式的口头保证。但这种保证的主债务不限于以"要式口约"成立的债务。保证人所负的清偿债务的保证债务于死亡时移转于其继承人。参见允诺保证、诚意允诺保证条。

（郭明瑞）

chengyi yunnuo baozheng
诚意允诺保证（fidepromissio）　罗马法上的概念。其成立形式和效力与允诺保证相同。只是其成立的问答内容有所不同：先由债权人对保证人问"诚意同样允诺否？"继由保证人回答"诚意允诺"。这种保证最初适用于非罗马市民，后来也适用于罗马市民。参见允诺保证条。

（郭明瑞）

chengshi xiaofei hezuoshe
城市消费合作社（urban co-operative of consumption）　城市里由社员自愿出资联合组成的经营生活消费品为社员服务的合作组织。最早是1844年英国北部罗奇代尔镇28个纺织工人组成的公平先锋社，最初建立的目的是为避免商业资本家的中间盘剥。所经营的商品大多来自生产企业。城市消费合作社坚持自筹股金、现金交易、股权平等、按购货量分配利润。这种形式在一定程度上可以减轻社员生活消费的负担。中华人民共和国建国初期，在城市和一些工矿、学校也曾建立消费合作社，为职工生活服务，后来陆续并入国有商业。

（李仁玉　卢志强）

chengrenzhiwei
乘人之危（德 Wucher）　行为人利用对方当事人的急迫需要或危难处境，迫使其作出违背本意而接受于其非常不利的条件的意思表示，又称暴利行为。乘人之危的构成条件是：(1) 须有表意人在客观上正处于急迫需要或紧急危难的境地。表意人所处的这种境地是客观的，而不是想像的或臆测的。(2) 须有行为人乘人之危的故意，即相对人明知表意人正处于急迫需要或紧急危难的境地，却故意加以利用，使表意人因此而被迫作出对行为人有利的意思表示，若行为人没有利用表意人的危难迫使表意人作出意思表示，则不构成乘人之危的意思表示。至于该意思表示是否显失公平，应以法律或习惯确定。(3) 须有相对人实施了足以使表意人为意思表示的行为。如甲家境困难，母亲病重，无钱救治，向乙借款，乙以年息100%为条件，甲无奈被迫允诺，就属此种情况。(4) 须相对人的行为与表意人的意思表示之间有因果关系。(5) 表意人因其意思表示而蒙受重大不利。对因乘人之危而作出的意思表示，其效力如何，各国法律规定不同。依《德国民法典》第138条第2款之规定，因乘人之危所为法律行为，该法律行为无效。依我国台湾地区民法之规定，因乘人之危而为之意思表示，行为人不能以撤销一般法律行为的方式，径自撤销，而应以诉讼方式撤销该行为。一方乘对方处于危难之际迫使对方接受不利条件而为的民事行为的效力如何，《民法通则》第58条第3

款规定为无效民事行为。《合同法》第 54 条第 3 款规定,乘人之危的合同当事人可以请求撤销。其立法变动的理由与欺诈相同。　　　　　　（李仁玉　陈敦）

chengrenzhiwei de minshixingwei
乘人之危的民事行为(德 wucherlisches Rechtsgeschäft)　参见乘人之危条。　　　　（李仁玉　陈敦）

chengfaxing sunhai peichang
惩罚性损害赔偿(punitive damages)　又称示范性的赔偿(exemplary damages)或报复性的赔偿(vindictive damages)。在特定情况下,由法院所作出的,赔偿总额超出实际损害数额的赔偿。惩罚性损害赔偿具有补偿受害人遭受的损失、惩罚和遏制不法行为的多重功能。惩罚性赔偿与补偿性赔偿具有密切联系。惩罚性损害赔偿以补偿性损害赔偿为基础,只有符合补偿性赔偿的构成要件,并往往要求加害人有故意或重大过失的情形,才能请求惩罚性赔偿。在确定赔偿数额时,应使两者保持一种比例关系。惩罚性赔偿主要是在英美法,特别是美国法中采用的制度。在英美法系,损害属于需要由陪审团做出的事实问题,惩罚性赔偿责任的适用决定权及赔偿的数额均由陪审团决定,原告无权请求使用该制度。美国至少有 40 个州对惩罚性损害赔偿判决施加了不同程度的限制。其措施包括:(1)使用更高的证明标准;(2)要求判决的惩罚性损害赔偿部分应支付于州政府,而不是原告;(3)对于可予判决的惩罚性损害赔偿的总额加以适当限制;(4)完全禁止惩罚性损害赔偿判决。其中,采用最多的方法为第一种,即要求原告以明确和有说服力的证据证明被告的责任,取代原来的"证据优势"的标准。在英美法系,现代惩罚性赔偿主要适用于产品责任等场合。由于合同责任固有的补偿性,学者主张在我国惩罚性赔偿应适用于侵权行为责任而不是合同责任。由于惩罚性赔偿的赔偿数额往往采用法定赔偿制,因此可以解决精神损害赔偿无法确定损害赔偿数额的弊病,并可以解决在殴打、辱骂等无明显损害场合的赔偿问题。惩罚性赔偿也具有克服在加害履行中受害人不能获得全部赔偿的缺陷。《中华人民共和国消费者权益保护法》第 49 条规定的加倍赔偿制度,就是惩罚性赔偿的一种。　　　　　　　　　　　　　（张平华）

chengfaxing weiyuejin
惩罚性违约金(default penalty)　与赔偿性违约金相对,指具有惩罚性质的违约金。当法律规定违约没有造成损失而交付违约金或虽有损失但交付的违约金大于损失部分时,其惩罚性十分明显。承认惩罚性违约金的法律也规定不准以交付违约金代替主债务的履行,而不仅限于迟延履行的情形。当事人在请求交付违约金后,还可以请求强制实际履行或请求支付赔偿金。因此,惩罚性违约金可发生于损害赔偿或继续履行责任形式的并用。　　　　　　　（肖燕）

chiyan jiaohuo zeren
迟延交货责任(responsibility of delay)　海上货物运输中承运人对运输迟延引起的货物损失责任。

　　1978 年《汉堡规则》第一次明确了海上运输中承运人对于迟延交货的责任。该公约第 5 条第 1 款规定:除非承运人证明其本人及其雇佣人员和代理人已经为避免事故的发生和后果,而采取了一切所能合理要求的措施,承运人对于货物的灭失、损坏及迟延交付所造成的损失,应负赔偿责任。第 5 条第 2 款规定:如果货物未在明确约定的时间内,或者没有这种约定,未在按照具体情况,对一个勤勉的承运人所能合理要求的时间内,在海上运输契约规定的卸货港交付,即为迟延交货。我国《海商法》第 50 条规定:货物未能在明确约定的时间内,在约定的卸货港交付的未迟延交付,除依照本章规定承运人不负赔偿责任的情形外,由于承运人的过失,致使货物因迟延交付而灭失或者损坏的,承运人应当负赔偿责任。除依照本章规定承运人不负赔偿责任的情形外,由于承运人的过失,致使货物因迟延交付而遭受经济损失的,即使货物没有灭失或者损坏,承运人仍然应当负赔偿责任。

　　迟延交货产生的原因主要包括:第一,因绕航产生迟延;第二,因海事而迟延;第三,因船舶不适航产生迟延;第四,因罢工或者战争而迟延;第五,因目的港或装运港拥挤而迟延等等。

　　迟延交货造成的损失包括:第一,货物本身的腐烂、变质或者浪费;第二,货物的市价损失;第三,货物价款的利息损失;第四,因迟延造成的停工损失;第五,因迟延造成货主不能履行与第三方签订合同的损失等等。从性质上看,迟延交货损失是一种经济损失,或者是金钱上的损失,也是一种违约间接损失。

　　在确定对于迟延交货的责任时,必须遵循如下原则:第一,可以取得原则。迟延损失作为一种可得利益损失,是指债权人本应取得的利益,由于债务人违约而没有取得。第二,合理预见原则。即承运人并非对迟延交货造成的所有损失都给予赔偿,而只对那些可以合理预见到的损失负责。第三,减轻损失原则。在承运人迟延的情况下,货方仍然有义务尽量减少损失。否则,承运人对于因此而扩大的损失部分,不负赔偿责任。目前除中国外,世界上还有一些国家,例如,挪威、日本等都规定了承运人的迟延交货责任。

　　　　　　　　　　　　　（宋春凤　陈悦）

chiyan lüxing

迟延履行(delay of performance; 拉丁 mora debitoris; 德 Verzug des Schuldners) 又称履行迟延、给付迟延,债务人能履行债务而于履行期限届满时未履行。在许多情况下迟延履行指债务人于迟延一段时间后仍会履行债务,故与毁约不同。债务规定有具体履行期限的,履行期届满,不待债权人催告,债务人即构成迟延履行;债务履行未定期限的,则在债权人提出履行催告后,在催告规定的期限届满时债务人未履行债务,方构成迟延履行。债务人迟延履行主要债务,经催告后在合理期限内仍未履行的,债权人有权解除合同。因为,在这种情况下,表明债务人没有履行合同的诚意,或其根本不可能履行合同。若迟延的时间对债权的实现至关重要,因迟延履行不能实现合同目的,则债权人有权解除合同。在这种场合,迟延履行构成债权人行使解除权的当然理由。在迟延履行后,债务人除履行不能外,债权人可诉请法院继续履行,并赔偿因迟延而给债权人造成的损害。且在履行迟延后如发生不可抗力致履行不能时,债务人不得以不可抗力主张免责。

(肖 燕)

chipiaoren

持票人(holder) 在票据关系中持有或占有票据的人。最初的持票人为受款人,经过背书后,被背书人为持票人。如果票据不再转让,被背书人为票据的最后持票人。依持票人是否享有票据权利,可将持票人分为三种:完整权利持票人、无权利持票人和瑕疵权利持票人。完整权利持票人是指不仅持有票据,而且享有完整合法有效的票据权利,并受票据抗辩的切断原理保护的持票人。无权利持票人是指因法定原因不享有票据权利的持票人。瑕疵权利持票人是指享有的票据权利存在着抗辩原因或受抗辩延续影响的持票人。《联合国国际汇票和本票公约》将持票人分为持票人和受保护的持票人。

正当持票人(holder in due course) 英国汇票法将持票人分为持票人、付了对价的持票人和正当持票人。正当持票人是指在票据完整、正常,在没有过期的情况下,出于诚信,不知悉票据曾经遭到拒绝付款,不知悉出让人的权利有任何瑕疵,并且付了代价而取得票据的持票人。根据英国汇票法的规定,正当持票人应当具备下列条件:(1)在他成为持票人时,票据没有过期,并且他不知悉该票据曾被退票;(2)他善意地给付了对价,并在接受票据转让时,他不知悉票据让与人的票据权利有任何瑕疵。每一个持票人,在无相反证据证明之前,都被推定为正当持票人。美国商法典的正当持票人,应当具备三个要件:付有对价、善意取得和对票据瑕疵不知情。

付对价的持票人(holder for value) 付对价的持票人是在任何时候曾对票据付了代价的持票人。票据的对价可由以下情形构成:(1)任何足以支持一项简式合同的对价,如金钱、货物或劳务;(2)无论是远期还是即期付款,已存在的清偿,均可视为对价;(3)留置权,无论是根据合同还是根据法律,对票据拥有留置权的,该留置权人即可视为相当于留置金额以内的对价持票人。对于无对价持票人,不得享有优于其前手的权利。凡在票据上签字的当事人,在无相反的证据证明之前,都被推定为给付了对价的当事人。

受保护的持票人(protected holder) 按照持票人取得票据的方式是否合法,持票人分为:合法的或受保护的持票人与非法的或不受保护的持票人。受保护的持票人,是指通过合法的票据行为占有票据的持票人,如通过背书转让的方式占有票据;通过非法行为而占有票据的持票人为不受保护的持票人,如因盗窃或恶意取得票据。《联合国国际汇票和本票公约》第30条规定,受保护的持票人必须具备下列条件:(1)持票人在取得票据时,该票据是完整的;(2)他在成为持票人时对有关票据责任的抗辩不知情;(3)他对任何人对该票据的有效请求权不知情;(4)他对该票据曾遭拒付的事实不知情;(5)该票据未超过提示付款的期限;(6)他没有以欺诈、盗窃手段取得票据或参加与票据有关的欺诈或盗窃行为。

善意持票人(holder of bill in good faith) 按照持票人取得票据时的主观状态可以将持票人分为善意和恶意持票人。善意持票人是指票据持票人在取得票据时无恶意或无过失,并且支付了一定的价款的票据持票人,不知道票据权利上存在瑕疵,也不知道出让人无处分权,并且也不知道存在票据抗辩的情况。善意持票人具有优于其前手背书人或发票人的权利,为了保护善意持票人,各国法律均规定了票据的善意取得。

恶意持票人(holder of bill in bad faith) 是指取得票据时出于恶意或者有重大过失的票据持票人。恶意泛指以各种不正当的方法取得票据,重大过失是指持票人稍加注意,或以一般注意,即可推知让与人的票据权利有瑕疵的情况而没有注意。

(孔志明)

chiyou

持有(德 Gewahrsam) 对物的实力支配状态。持有和占有均为对物的事实支配力,但持有更着重对物的实力支配,因此,二者有以下不同:占有可依抽象状态而为间接占有,而持有是对物的实力支配,故不存在所谓的间接持有;占有可以移转、继承,而持有不能;绝对违禁的物品,如毒品,不得为占有之标的物,却可以称为持有的标的物。

(申卫星)

chiling jianyue
敕令简约（pacta legitima；拉丁 pacta legitimum） 罗马法独立简约的一种，又称法定简约，是指皇帝承认其具有法律效力的简约。罗马法上的敕令简约有三种，分别为设定嫁奁简约、仲裁简约和赠与简约。

（刘经靖）

chongfu baoxian
重复保险（double insurance） 投保人对同一保险标的、同一保险利益、同一保险事故分别向两个以上保险人订立保险合同的保险。重复保险是保险人对原始风险的横向转嫁，也属于风险的第一次转嫁。只不过在大多数情况下，重复保险的保险金额总和超过保险价值，这时，各保险人的赔偿金额要按一定的标准进行分摊。

（李世奇）

chongzheng caiding xiaoli
重整裁定效力（the effect of reorganization ruling） 公司被法院裁定重整而产生的后果。法院对股份公司做出重整裁定后，将对公司、债权人和股东等产生一系列影响。从对公司的效力看，其后果为：(1) 在公司账簿上载明重整开始意思，以划分重整前后的情形。(2) 为重整开始登记。(3) 公司经营的业务及财产移归重整人管理。重整开始后，公司股东会、董事会及监事的职权停止行使，在重整裁定送达后，在重整监督人及法院的监督下，由重整人接管，上述机构人员有义务回答重整人及重整监督人的询问。如拒绝移交、隐匿或毁损有关公司业务或财务的账册文件资料，隐匿、毁损公司财产或为不利其他债权人的行为，无故不答复重整人及重整监督人的询问或作虚伪陈述、捏造债务等，则要受到罚金、拘役及有期徒刑等刑事处罚。(4) 成立关系人会议，以讨论决定与重整有关的重大问题。(5) 中止对公司发生的破产、和解、强制执行等程序，但法院在重整裁定前所作出的强制保全措施仍为有效，并因利害关系人申请或法院依职权实施补充强制措施。(6) 债权行使限制。重整裁定作出后，对公司的一切债权均不得行使，以后依重整程序行使。(7) 公司股东会、董事会及监察委员会停止行使职权。从对债权人的效力看，其主要后果是，在重整裁定前对公司拥有的债权非依法定重整程序不得主张。从对股东的效力看，重整开始后，无记名股东应于公告期间内向重整监督人申报其股份，否则，不得依重整程序行使其权利；股东成为公司重整关系人，通过关系人会议行使股东权。

（李 倩）

chongzuo
重作（remake） 承担民事责任的方式之一。合同不适当履行的一种补救措施。指责令合同当事人一方对其提供的不符合质量要求的标的物重新制作或完成。如承揽人完成的工作成果不符合定作人的要求，即应予以重作。对于不符合质量要求的标的物，当事人一般应首先进行修理，如不能修理或经修理仍达不到质量要求的，即应重作。

（张平华）

chouxiang qing guoshi
抽象轻过失（拉丁 culpa in abstracto） 轻过失的一种，具体轻过失的对称。罗马法称未采用有条理的正常人对自己家务所给予的注意为轻过失。这种正常人被罗马人称为"善良管理人"或"勤谨的家父"。由于在罗马法，"家父"是自权人，因而家父是人或法律主体的原型，是对其工作或事务诚实、勤谨的人的代称。由于轻过失具有这种抽象的特征，也就被罗马人称为抽象过失。民事侵权责任中通常适用抽象轻过失作为归责事由。参见特殊人的过失标准条。

（张平华）

choujian zhong de faren
筹建中的法人（德 Vorverein） 为设立法人组织而进行筹建活动的非法人组织，又称设立中的法人。其特征是：(1) 筹建中的法人是一种组织，而非筹建人或设立人个人。筹建中的法人有自己的名称，有自己的财产，有自己的组织机构和场所。筹建中的法人的名称和财产是与筹建人或设立人的名称或财产相分离的。(2) 筹建中的法人是为设立法人而存在的组织体。筹建中的法人的存在目的是为设立法人，是为筹建法人而进行各项准备工作。因此，筹建中的法人可以自己的名义进行与筹建活动相关的民事活动。(3) 筹建中的法人是非法人组织，而不是法人。

对于筹建中的法人的法律地位，有两种观点：一种观点认为，筹建中的法人不具有民事主体资格，亦不具有民事权利能力和民事行为能力，筹建过程中的行为为筹建人或设立人的个人行为，设立人或筹建人为设立行为承担责任。另一种观点认为，筹建中的法人与成立后的法人应视为同一法人，又称为"同一体说"，即法人成立前所享有的权利及形成的债权债务关系都应由成立后的法人享有和承担。如果法人不能成立，则其权利能力溯及消灭，即由筹建人或设立人承担相应的法律后果。筹建中的法人作为非法人组织的一种，应具有相应的民事权利能力，但其权力能力应受以下限制：(1) 应以筹建或设立所必要的事项为限享有权利能力。所谓必要事项，或依法律的规定，或依设立章程或设立人之间的约定，或依行为的性质进行认定。

筹建中法人不能享有与筹建或设立活动无关的权利能力。(2) 应以将来法人成立为条件享有权利能力。即筹建中法人虽享有权利能力，但法人不能登记成立时，其权利能力溯及消灭，而由筹建人或设立人承担其法律后果。我国《公司法》第97条规定，在股份有限公司不能成立时，公司发起人应当对设立行为所产生的债务和费用承担连带责任；对认股人已缴纳的股款，负返还股款并加算银行同期存款利息的连带责任。

(李仁玉 卢志强)

chuban hetong

出版合同(contract of publication) 著作权进入交换领域的基本法律形式。著作权人与出版单位签订的，由著作权人将作品交出版单位出版发行，出版单位支付报酬的协议。根据出版合同转让的具体权利的不同，广义的出版合同可分为著作权转让合同和出版许可合同。前者是著作权人将署名权以外的其他专有权一次性全部转让给出版者的合同；后者是著作权人向出版者转让作品使用权的合同。出版合同有其自身特征：首先，其合同的主体具有特定性。一方为著作权人，既可以是作者本人，也可以是其他依法享有著作权的自然人、法人或其他非法人单位；另一方则是有出版权的从事出版业务的法人。其次，出版合同的客体是具有创造性，能以物质形式复制的作品，包括文学、艺术、自然科学、工程技术、计算机软件等作品，它们属于智力成果。再次，出版合同具有一定的时限性。出版合同为诺成性的、双务有偿的不要式合同。但关于其是否为独立的有名合同，有不同的观点。有的认为出版合同为买卖合同；有的认为其是租赁合同；也有的认为是借贷合同、委托合同。但多数人认为出版合同是不同于上述合同的一类独立的有名合同。出版合同一般包括作品的名称、内容、字数、稿酬标准、审查修改办法、交稿日期、出版发行时间、出版发行量、合同的有效期及违约责任等。双方的权利义务主要包括：(1) 著作权人将作品的出版权转让给出版者，出版者有权将该作品出版发行。已经交付某出版者的作品，著作权人无权再与其他出版者订立出版合同。出版者有权审查和评定作品的质量，并有向著作权人提出修改的权利。(2) 出版者应该按约定的日期出版，并向著作权人支付相应的报酬和作品的样本。著作权人在作品的出版权转让后，除有权取得一定的稿酬外，仍保留对作品的署名权、修改权等人身性权利。著作权人应依约定期限将作品交出版单位，出版单位应依约定的质量、期限出版，并支付报酬。

(邹川宁 李成林)

chuchanwu

出产物(product) 由天然之化育，或以人为之加工而产生的收获物。例如由土地加以人工所收取之谷类，矿山用人工所开采之矿产等。出产物之要件：(1) 须为原物所产生。而畜牧场之牛、狩猎场之兽、鱼池之鱼，均非为原物所生，故非出产物。(2) 须无害于原物。例如，牛生犊、马生驹、鸡生卵，其产出均不害于原物，故得谓为出产物。惟此所谓无害于原物，应根据社会观念，非从物理之观念。故，由矿山取矿，石山采石，自物理上言，固系有害于原物，而从社会观念言，则否。(3) 须物在发生时，未变更其形态。故发生时，已变更其形态者，则不问为天然，抑人为，均不得谓为出产物。例如，鸡卵孵化之鸡，牛乳制成之酪，非出产物。出产物在法律上与天然孳息之观念，略近而微有不同。盖有机的出产物，固为天然孳息，但无机的出产物须依物之用法而收获者，始得谓之天然孳息。故土地之出产物，较土地的天然孳息，范围略广。

(张 谷)

chudian

出典(establishment of dien) 不动产所有人于其所有的不动产上为他人设定典权的行为。通常由当事人以契约为之，亦可以由出典人以遗嘱为之。出典行为是一种法律行为，须以书面为之，并经登记后始发生典权设定的效力。

(钱明星)

chujieren

出借人(lender) 又称贷与人。在规定使用借贷与消费借贷的国家和地区，包括消费借贷中将金钱或其他可代替物出借给他人的当事人。在我国，一般仅指借用合同中将非消费物无偿交付给借用人使用的一方当事人。因借用合同为实践合同，自出借人将借用物交付给借用人时才成立生效，因此，出借人的义务仅是容许借用人使用借用物，其权利是于借用期限届满后请求借用人返还借用物。出借人不负有偿合同的瑕疵担保责任，但其因故意或重大过失未告知借用物瑕疵的，对借用人因此所受的损害应负赔偿责任。 (郭明瑞)

chuju

出举(chuju) 又称举取，中国古代法上指附带计息的消费借贷。"举"指原本的利息。不计利息的消费借贷，称为"便取"。

(郭明瑞)

chukou xinyong baoxian

出口信用保险(export credit insurance) 本国出口商(投保人)向保险人支付保险费，在出口商(被保险人)不能按时收回出口产品的全部外汇时，由保险人给予赔偿而订立的保险合同。

当事人 出口信用保险的当事人，有出口商和保险人。出口商为投保人,同时为被保险人。与出口商为交易的买方或者他国进口商,非信用保险合同的当事人或者关系人,仅仅处于保险人向被保险人承担"信用保证"责任的被保证人之地位。出口商在因买方或者他国进口商付汇不能或者迟延而发生损失时,有权请求保险人给付保险赔偿金;保险人应当依照合同约定给付保险赔偿金,并相应取得对买方或者他国进口商的求偿权。

保险责任 保险人对出口商因为除外责任以外的事由所发生的收汇不能或者迟延的损失风险,以信用保险合同约定的保险金额为限,负责予以赔偿。出口商收汇不能或者迟延的损失风险,主要源于两种情形:(1)买方的商业信用危机,即由于买方无力付款、拒绝付款、迟延付款以及其他违约行为等信用危机所造成的收汇风险;(2)政治风险,即由于买方不能控制的,诸如战争、暴乱、罢工、没收、征用、法律变更等政治原因所造成的收汇不能或者迟延风险。

除外责任 保险人依照信用保险合同不予承保的收汇风险,主要有:(1)汇率变动所造成的损失风险;(2)出口商或者其代理人因为违反法律或者违反出口合同的行为所造成的损失风险;(3)被保险人已经通过其他保险承保的损失风险,或者信用保险合同明确约定的、保险人不承担保险责任的其他损失风险。

保险期间 保险期间为保险人对被保险人承担给付保险赔偿金责任的起讫期间,由保险人和投保人依据需要,在出口信用保险合同中约定。

保险赔偿金的给付 在发生保险责任范围内的收汇风险时,保险人应当依照信用保险合同的约定,向被保险人给付约定的保险赔偿金。保险人给付保险赔偿金时,被保险人已经从被保证人(债务人)处取得之利益,应当从应付的保险赔偿金中予以扣除。保险人向被保险人给付保险赔偿金后,可以代位行使被保险人对买方或者进口商的求偿权。

(邹海林)

chumairen

出卖人(seller) 又称卖方。买卖合同中约定转移财产权的人。出卖人可以为自然人,也可以为法人或其他组织;可以为单个人,也可以为多数人。作为买卖合同的一方当事人,出卖人对买受人负有转移财产权的义务和瑕疵担保责任。因此,出卖人应对其出卖的财产有处分权。

(王卫劲)

chumaiwu

出卖物(subject matter of sale) 买卖合同中的标的物。出卖物可以是动产,也可以是不动产。出卖物应当是国家法律规定允许流通的物,国家法律规定禁止流通的物不得为出卖物。若出卖物为限制流通物,则只能在限定的范围内买卖。在买卖合同中,出卖人对出卖物的瑕疵负担保责任。

(王卫劲)

chumaiwu de fengxian fudan

出卖物的风险负担(distribution of risk under sales contract) 分配又称风险负担。指合同订立后出卖物因不可归责于任何一方的事由发生毁损、灭失的损失承担。若由出卖人承担风险,则其丧失价金请求权;若由买受人承担,则其仍应支付价款。对于出卖物的风险负担,可由当事人约定。依我国《合同法》规定,当事人没有特别约定的,出卖物的风险负担依以下规则确定:(1)除法律另有规定外,风险依标的物的交付而转移,即在交付前由出卖人承担,在交付后由买受人承担;(2)因买受人的原因致使标的物不能按照约定的期限交付的,自约定交付之日起风险转移给买受人承担;(3)出卖人出卖交由承运人运输的在途标的物的,风险自合同成立时起由买受人承担;(4)当事人未明确约定交付地点或者约定不明确的,按照规定标的物需要运输的,自出卖人将标的物交付第一承运人后,风险由买受人承担;(5)按照约定或规定出卖人应于特定地点交付标的物的,出卖人将标的物置于交付地点,买受人违反约定没有收取的,自买受人违反约定之日起风险转移给买受人;(6)因标的物质量不符合要求致使不能实现合同目的,买受人拒绝接受标的物或者解除合同的,风险由出卖人承担。

(郭明瑞)

chumaiwu de liyi chengshou

出卖物的利益承受(collection of fruits of subject matter of sale) 于买卖合同订立后标的物所生的孳息的归属。出卖物的利益即买卖合同的标的物所生的孳息,包括天然孳息与法定孳息。从各国法律规定看,出卖物的利益承受与风险的承担相一致,除当事人另有约定外,承担标的物风险的,也承受标的物的利益。依我国《合同法》第163条规定,标的物在交付之前产生的孳息,归出卖人所有,交付之后产生的孳息,归买受人所有。

(郭明瑞)

chuming yingyeren

出名营业人(proprietor of the business) 大陆法上的概念。隐名合伙人的对称。隐名合伙中对合伙财产享有所有权,对外营业并承担无限责任的合伙人。

(李仁玉 陈敦)

chusheng

出生(birth) 胎儿脱离母体且为生命体的自然事件。出生应具备的要件包括"出"和"生",二者缺一不可。

所谓"出"是指与母体相分离,至于"出"的原因和方式如何,在所不问;所谓"生"是指保持生命体的状态,至于保持生命的久暂,在所不问。对于出生时间的确认标准,学者间有不同见解,主要有:(1)阵痛说。此说认为,孕妇开始阵痛,则胎儿即为出生。此说的弊端在于,阵痛之后,胎儿是否出生,出生之后,是否为生命体,均不可知。(2)露出说。此说认为,胎儿由母体露出,即为出生。露出说又可分为部分露出说和全部露出说。露出说的弊端,只是表明了"出",而未表明"生"。(3)断带说。此说认为,胎儿之脐带剪断时,方为出生。此说的弊端在于,脐带剪断,常在胎儿坠地很久以后,有言之过晚之嫌。(4)初声说。此说认为,胎儿降生以后,发出声音,方为出生。此说的弊端在于,不能包括出生后患有声音者、天生失语者、假死者。(5)独立呼吸说。此说认为,胎儿是否出生,应根据其是否已独立呼吸为标准。因为胎儿未与母体分离前,以母体之呼吸为呼吸。脱离母体后,只能独立呼吸,此时即属出生。该说既表明了"出",又表明了"生",为近代多数学者所赞同。出生的法律意义在于自然人权利能力的开始。《民法通则》第9条规定,自然人的民事权利能力始于出生。出生是自然人取得民事权利能力的惟一的法律事实。

(李仁玉　陈敦)

chuzhi

出质（德 Verpfändung）　在质权法律关系中提供自己的财产并转移由债权人占有,为自己或他人的债务设定担保的法律行为。出质人通常为质权所担保的主债的债务人,也可以是第三人。出质人须对出质财产享有完全的处分权。出质是以直接成立质权为目的的法律行为,具有无因性。出质一般以质押合同的形式进行,但也可依遗嘱由遗嘱执行人交付,也可以附条件或附期限。出质以质物的交付和出质权利的登记为生效要件。

(申卫星)

chuzuren

出租人（lessor; landlord）　租赁合同中将自己的特定财产交与另一方使用收益并有权获得另一方支付报酬的合同主体。租赁关系中的出租人比较广泛,只要对出租物享有合法的使用收益权,原则上都可以对标的物进行出租。

出租人主要包括以下四种情形:(1)财产所有权人或有处分权人。(2)典权人。在典期内典权人可以典物出租以获取收益;但质权人和留置权人不享有出租质物或留置物的权利。(3)使用权人。传统民法一般都允许用益权人将财产出租。(4)征得出租人同意,承租人也可以将自己租赁的财产出租。虽不为租赁物的所有人或使用权人却订立租赁合同的人,也为出租人,但因其不能将租赁物交付承租人使用,应承担债务不履行的责任。出租人以法律禁止的财产出租的租赁合同无效。

按照法律规定或租赁合同双方的约定,出租人的主要权利是:(1)收取租金;(2)在承租人违反租赁合同时可解除合同;(3)承租人不当使用租赁物造成损失时,可要求对方赔偿损失;(4)租赁合同期满后,有权索回租赁物。

出租人的主要义务是:(1)必须按照合同约定的时间将出租物交付给承租人使用。这是出租人最基本的义务。合同订立后,出租人不履行这一交付义务时,承租人有权请求法院强制出租人履行,也可解除合同,由出租人赔偿损失。出租人所交付的租赁物的数量、质量和规格应符合约定的标准或符合规定。无规定或约定标准的,应符合租赁物适于通常使用或收益的标准。如租赁物有隐蔽瑕疵,出租人有义务事先告知对方。如果出租人提供的租赁物违背上述要求,存有不能使承租人的正常使用收益的瑕疵,承租人有权要求降低租金或解除合同,赔偿损失,这就是出租人的瑕疵担保责任。若承租人在订立合同时知道租赁物有瑕疵的,出租人不负瑕疵担保责任;出租人未对租赁物的品质作特别保证,双方又有免除瑕疵担保责任的特别约定时,出租人并非故意或重大过失不告知租赁物瑕疵的,出租人的瑕疵担保责任可免除。但是,租赁物危及承租人的安全或健康的,即使承租人订立合同时明知该租赁物质量不合格,承租人仍然可以随时解除合同。出租人交付租赁物的费用,一般应由出租人负担,双方也可以约定该项费用的承担方式。对于附有从物的主物出租,出租人有义务在交付主物时一并交付从物。因出租人有义务使租赁物处于适于使用收益的状态,对某些技术性要求较高的租赁物,出租人还应交付有关装配图纸、使用说明书等。如承租人需要,出租人还应给予必要的技术指导。出租人应担保不能因第三人向承租人主张权利而使承租人不能依约为使用收益。因第三人主张权利,致使承租人不能对租赁物使用收益的,承租人可以要求减少租金或者不支付租金。这也即是出租人的权利瑕疵担保责任。(2)对租赁物负责维修。租赁期间对租赁物的维修和保养责任可由双方约定,没有约定的,则应由出租人负维修义务。出租人的维修义务应以必要为限,即只要能使租赁物为正常使用即可,同时,租赁物在租赁期间所出现的故障,必须是非承租人过错引起的。并且,只有在租赁物有维修可能的情况下,出租人才负维修的义务。租赁物在承租人使用期间,如须维修,除出租人已知外,承租人应及时通知出租人。承租人应通知而未通知的,不发生出租人的维修义务。出租人对因未履行维修义务而给承租人造成的损失,应负赔偿责任。出租人在合理期间未履行维修义务或拒绝更换租赁物时,承租人有权自行维修,费用由出租人承担。因维修租赁物影响承租人使用的,应当减少租金或延长租期。经承租人催告,出租人无正当理由在合理期限内不履行维修义务的,承租人也可解除合同,由出租人赔偿损失。(3)租赁物上的合法负担,应由出租人支付。例如,出租房屋的房地产税等。如承租人代为缴纳时,可从租金中扣除。(4)若出租人收取了押金或担保物,租赁终止时出租人应返还押金或担保物。出租人也可以从押金中扣除租金以及因承租人的过错而造成的租赁物的损失费用。(5)租赁合同终止时,出租人负有及时接受所返还之租赁物的义务。如因不当接受给承租人造成损失,应负赔偿责任。

(邹川宁)

chuhun

初婚(first marriage) 再婚的对称,指当事人首次参与婚姻关系,过去并无婚史的。这里所说的初婚以婚姻主体的一方为本位,而不是以婚姻主体双方为本位。在同一婚姻中,可能一方当事人为初婚,另一方当事人为再婚,这种情形在现实生活中是常见的。 (杨大文)

chuyequan

初夜权(right of the first night) 封建领主专有的与其农奴的新娘同宿第一夜的特权,是奴、主之间的人身依附关系在婚姻问题上的具体表现。这种对农奴夫妻的野蛮迫害,主要盛行于中世纪的欧洲。苏格兰、法、德、瑞士、西班牙等许多国家过去在法律上均有此规定。初夜权的废除,是在农奴解放的过程中逐步实现的。以西班牙为例,15世纪末斐迪南五世颁发了取消初夜权的《瓜达路普诏谕》,但农奴须为此付出赎金。在某些国家,这种封建特权保留得更为长久。

(杨大文)

chuchi qijian

除斥期间(scheduled period) 法律规定某种权利预定存在的期间,权利人在此期间不行使权利,预定期间届满,便发生该权利消灭的法律后果,又称预定期间。如《合同法》第193条规定,因受赠人的违法行为致使赠与人死亡或者丧失民事行为能力的,赠与人的继承人或者法定代理人可以撤销赠与,但撤销权人应在其知道或应当知道撤销原因之日起6个月内行使。这里6个月期间的规定,就属于除斥期间的规定,而不是诉讼时效的规定。

除斥期间的制度价值在于:(1)促使表意人及时纠正意思表示的瑕疵。如依《合同法》第54条和第55条规定,合同当事人一方因受欺诈、胁迫或者乘人之危而订立的合同及因重大误解而订立的合同,享有撤销权的当事人,自知道或应当知道撤销事由之日起1年内行使撤销权。(2)促使民事行为当事人及时纠正行为标的的显失公平。(3)促使民事行为当事人及时确定不确定的权利义务关系。如依《合同法》第47条和第48条规定,相对人可以催告被代理人在1个月内对效力未定的合同予以追认。该1个月即为被代理人追认权的除斥期间。(4)促使民事行为人因不利于自己的情事发生时及时行使救济权。如依《合同法》第74条和第75条规定,债权人享有债权保全撤销权,该权利的行使期限为1年。该期限为除斥期间。又如《合同法》第192条规定,赠与合同订立后,受赠人严重侵害赠与人或者赠与人的亲属的,赠与人在1年之内享有撤销权。该1年为除斥期间。除斥期间主要是针对撤销权、追认权等形成权而言的,其目的在于撤销已经成立的民事行为,或确认效力未定的民事行为,为稳定法律关系考虑,其期间通常较诉讼时效为短。

诉讼时效与除斥期间的区别。诉讼时效和除斥期间都是以一定的事实状态的存在和一定期间的经过为条件而发生一定的法律后果,都属于法律事件,其目的都在于督促权利人及时行使权利及维护法律秩序。但二者又有不同,其主要区别在于:(1)构成要件不同。诉讼时效须同时具备两个要件,即法定期间的经过和权利人不行使权利的事实状态;除斥期间只需一个要件,即法定期间经过。(2)适用对象不同。诉讼时效适用于请求权;除斥期间一般适用于形成权,如追认权、同意权、撤销权等。(3)法律效力不同。依《民法通则》的规定,诉讼时效届满以后,实体权利本身并不因此而消灭;而除斥期间届满后,消灭的是实体权利本身。此外,时效利益不能预先抛弃,但对于已完成的时效利益,可以抛弃,如超过诉讼时效期间,当事人自愿履行的,不受时效限制。抛弃诉讼时效利益的行为,可视为权利人权利的实现,而不是创设新的权利。至于除斥期间届满,权利人丧失了实体权利,抛弃利益的行为则可创设某种权利。(4)期间性质不同。诉讼时效期间是可变期间,诉讼时效期间可以适用中断、中止和延长的规定;除斥期间是不变期间,不适用中断、中止和延长的规定。

(李仁玉 陈敦)

chuchi zhaiquan

除斥债权(excluded creditor's claim right) 因特定原因被排斥于破产程序外,不得作为破产债权从破产财产中受偿的债权。此类债权,虽在破产宣告前已经成立,但由于法律规定以特别理由将其排斥在破产债权范围之外。除斥债权的范围,各国规定不一。一般包括:(1)破产宣告后的利息。(2)破产债权人因参加破产程序而支出的费用。(3)罚金、罚款及没收财物,指的是司法机关、行政机关对破产企业在破产宣告前所作的财产处罚决定尚未执行的部分。由于破产宣告后，破产企业已丧失了对破产财产的管理的权利，如果将上述财产处罚列入破产债权中受偿，不仅达不到制裁破产企业的目的，还会使其他债权人蒙受不利。因此，法律规定不将上述财产作为破产债权受偿。(4) 在破产宣告后，由于不履行债务造成的损害赔偿或违约金。债务不履行如发生在破产宣告以前，其造成的损害赔偿或违约金应列入破产债权。但在破产宣告后，债务人必然陷入债务不履行或构成违约的状况，而且几乎所有破产债权人都要遭受同样的损失。为使破产程序简化，法律规定上述破产宣告后产生的损害赔偿及违约金，不得列入破产债权。

根据我国《企业破产法》第 30 条、第 31 条的有关规定及立法精神，我国的除斥债权应包括：(1) 债权人因参加破产程序而支出的费用；(2) 破产宣告后应得利息；(3) 罚款。除斥债权不完全同于劣后债权。劣后债权是一些国家破产法规定的受偿顺序在一般破产债权之后的破产债权，如《日本破产法》第 46 条规定的几种劣后债权。其范围虽然有的与除斥债权重复，但由于该国的特殊法律规定，劣后债权作为破产债权的资格仍存在，只是清偿顺序列在一般破产债权之后，而除斥债权则被完全排斥在破产债权之外，不得参与破产程序受偿。

(万 霞)

chuwai tiaokuan

除外条款(exclusion clause) 保险合同中规定除外责任的条款。除外责任是依法律或合同规定，保险人不负赔偿责任的范围。一般在保险单上印就的保险条款中予以列明，目的是对保险人的责任范围进行限制。除外条款有明示的除外条款与默示的除外条款之分。明示的除外条款是指在保险合同文件中列明的由法律规定或当事人约定的除外责任条款，如道德风险、战争、军事叛乱、核辐射、核污染、标的物自身性质、缺陷引起的损失不保条款为常见的保险合同除外条款。默示除外条款是指虽未在有关合同文件中列明，但依惯例或公共政策应为保险合同所排除的责任条款。如必然发生的危险或风险、当事人的蓄意不法行为不保为常见的默示除外条款。规定除外条款的目的在于剔除部分保险责任；强调不属于保险责任的事件，以避免与保险责任相混淆。在保险合同中，一般将除外条款与保险险别条款相结合起来确定保险合同的保险责任范围。

(温世扬)

chuwai weixian

除外危险(excluded perils) 又称除外责任，保险合同中约定的，保险人不承担保险赔偿责任的危险。在一切危险保险合同中，除外危险是保险人用以界定其承保危险的范围所使用的一种合同条款，因为，一切危险保险的保险人不是对所有危险均予以承保，而是采用除外危险条款的形式，将保险人不予承保的危险予以列举，用以界定保险人的保险赔偿责任范围。

(史卫进)

chuwai zeren

除外责任(excluded liability) 依照法律的规定或保险单的约定，引起被保险人损害但保险人不承担保险责任的"危险"。除外责任依照保险合同的约定，可以相对区分为除外的原因、除外事件和除外结果。也有学者认为，除外责任实际是由包括的除外责任和不包括的除外责任组成的；不论损失的发生是否还有其他原因，将因为特定的原因而造成的损失排除于保险责任之范围，为包括的除外责任；将因为不以包括在内的原因为限所引起的损失排除于保险责任范围，为不包括的除外责任。在我国保险实务上，对保险人不承担保险责任的所有"事故"或"危险"，均称之为除外责任，至于除外责任依其性质为除外原因还是除外事件，并没有加以严格区别。除外责任依其效力依据，可以分为两种：法定除外责任和约定除外责任。法定除外责任在性质上属于不包括的除外责任，而约定除外责任则多为包括的除外责任。

法定除外责任 不论保险合同对除外责任事项是否有所约定，法律特别规定保险人免于承担保险责任的情形。法定除外责任因法律的明文规定而发生，亦可因为保险习惯(默示条款)而发生。有法定除外责任的情形发生的，保险人可依法不承担保险责任。下列情形应当作为法定除外责任：(1) 已经发生的保险事故。在保险合同成立前，被保险人已知保险标的已经发生保险事故的，保险人不承担保险责任。(2) 道德危险。投保人或被保险人故意造成保险标的的损害的，保险人不承担保险责任。(3) 急于防损。保险标的因急于防损而扩大的损失，保险人不承担责任。(4) 保险标的的自身性状造成的损失。除非保险合同另有约定，因保险标的的自身缺陷或者特性造成的损失，保险人不承担保险责任。(5) 异常危险。地震、战争、军事行动、核辐射、恐怖活动、社会动乱、罢工等造成的损害，虽属意外事件，但其危险程度较其他危险为高，属于异常危险，除非保险合同另有约定，保险人对保险标的因为此等异常危险造成的损害，不承担保险责任。

约定除外责任 依照保险合同的约定，保险人免于承担保险责任的危险或事故。对于法律规定的保险人不承担保险责任的风险或事故，保险合同一般约定为除外责任。在法律规定之外，依照契约自由原则，考虑投保人分散危险以及保险人承担危险的不同需求，

并依照不同的保险的性质,保险合同可以约定任何形式的除外责任。　　　　　　　　　　　　（邹海林）

chuxu baoxian

储蓄保险（deposit insurance）　又称生死两全保险,是人寿保险的一种。由生存保险和死亡保险合并而成的一个险种。被保险人不论在保险期间死亡或生存至保险期满时,保险人均负责给付保险金的保险。即在约定保险期届满前被保险人死亡时,保险人按约定的保险金额履行给付;在约定保险期限届满而被保险人仍然生存时,保险人亦给付约定的保险金额并加付利息。通常生死两全保险以死亡保险为基础,而附以生存条件;或以生存保险为基础,而附以死亡条件。此类保险是很典型的带有储蓄性质的保险,因而称之为储蓄保险。　　　　　　　　　　　　　　（温世扬）

chufen

处分（disposal）　依法对物进行处置,从而决定物的命运。处分有广义与狭义之分,广义的处分包括法律上的处分与事实上的处分,而狭义的处分仅指事实上的处分。法律上的处分是指依照所有权人的意志,通过法律行为对物进行处置,例如,将物转让给他人、将物抛弃等。事实上的处分是指在生产或者生活中,使物的物质形态发生变更或者消灭,例如,将食品吃掉,将原材料加工成产品、将房屋拆除等。非所有权人对物进行利用,一般要经过所有权人对其物进行法律上的处分行为,否则往往构成对所有权的侵犯。在自然经济阶段,事实上的处分居于重要的地位。而在商品经济阶段,法律上的处分居于重要的地位。处分是所有权内容的核心权能,其决定着财产的命运。（李富成）

chufen xingwei

处分行为（德 Verfügungen）　不是以产生请求权为内容,而是以变更或消灭既存权利为内容的法律行为。变更指权利单纯的改变,如设定负担或减少权利范围;消灭指权利绝对消灭或相对消灭。处分行为的特征在于行为的直接性与效果的绝对性。直接性是指处分权人在处分时不必请求他人为一定行为,权利直接发生变动;绝对性是指处分行为的变动效果对任何人均有效。处分行为在性质上必须简单明确,因此原则上处分行为为无因行为。处分行为包括物权行为和准物权行为。物权行为包括单方行为,也包括合同行为。准物权行为也包括单方行为和合同行为。准物权行为主要涉及债权让与、债务承担以及债务免除。处分行为以法律规定为限,不能由当事人任意约定,处分行为人应享有处分权,否则为无权处分。处分行为一般应具备以下特别要件:(1) 在标的物上要求特定。适用标的物确定主义或特定主义,即处分行为的标的物须属于特定的,否则不能成立。(2) 在标的物上要求排他性。按照一物一权原则,一项标的物上原则上只能作成一个处分行为。(3) 以附加处分能力为生效要件,否则发生效力未定的效果。(4) 处分行为中物权行为还适用公示原则,必须具备公示要素。(5) 处分行为中的物权行为适用公信原则。我国民法未采此概念。
　　　　　　　　　　　　　　　　（李仁玉　陈　敦）

chujiao

触礁（striking on rocks）　船舶发生触碰或坐搁在礁石上受损的航行事故。一般由于驾驶人员或引航员的疏忽或过失引起。触礁本身所造成的船货损失属于单独海损。但触礁以后,为了船舶的共同安全而采取抢救措施造成的特殊损失和额外费用属于共同海损。
　　　　　　　　　　　　　　　　（张永坚　张　宁）

chuanyi jianyue

穿衣简约（pacta vestita）　罗马法上简约的一种,又称有保护简约,是指有诉权,能用起诉的方式进行保护的简约。穿衣简约又分为附加简约和独立简约两种,独立简约又分为大法官简约和敕令简约。　（刘经靖）

chuanbo

船舶（vessel）　根据我国《海商法》的规定,船舶是指海船和其他海上移动性装置,包括船舶属具;但用于军事的、政府公务的船舶和 20 总吨以下的小型船舶除外。所谓"海船",是指具有完全的海上航行能力并作为海船进行船舶登记的船舶。所谓"海上移动式装置",是指不具备船舶的外形和构造特点,但具有自航能力,可以在海上移动的装置,如用于海上石油开采的浮动平台等。所谓"船舶属具",是指不属船的构成部分而又为了航行或营运的需要而附属于船舶的属具,如罗经、救生艇筏、索具等。海商法上的船舶具有以下三个鲜明的法律特性:一是拟人性。船舶的拟人性是指,船舶虽然是物体,却具有自然人所具有的某些特性,如有自己的名字、国籍、住所和船龄。尤其是在一些英美法系的国家,更在某些法律程序上将船舶视为自然人处理,如在其特有的"对物诉讼"中,将船舶作为被告,让船舶为"自己的"肇事行为负责。二是不动产性。根据传统民法对财产的分类方法,船舶应该属于动产,因为它不仅能移动,而且,它的根本价值就在于它能移动。但由于船舶的价值较为巨大,并且主要是作为运输工具使用,因此在许多方面,法律是按对待不动产的方式对待船舶的,典型的如船舶的物权变动往往比照不动产物权变动的模式,要求进行权利变动登记。三是整体性。船舶是一个合成体,可以分为船体、船舶属具等。这些部分在法律上是作为一个整体看待的,在船舶的买卖、抵押、扣押等过程中,法律效力及于整艘船舶。

(郭 瑜 陆燕萍)

chuanbo baoxian

船舶保险(vessel insurance) 保险人对于其承保的各类货物运输的船舶,因为航行风险而发生的物质损失以及有关的利益和经济赔偿责任,对被保险人承担保险给付责任的保险。国际上常用的船舶保险条款多采用英国伦敦保险协会的船舶保险条款,具体有一切险、全损险和单独海损绝对不赔险等基本险别。船舶保险一般分为全损险和一切险。除上述两种基本险别外,船舶保险还有战争、罢工险等险别。战争、罢工险一般作为全损险、一切险的附加险。按照保险期限,船舶保险还可以分为定期保险和航程保险。国际上通行的船舶保险,一般约定有以下条款:自负额条款;碰撞责任条款;姐妹船条款;未修理损害条款;船舶费用条款;终止条款和转让条款;共同海损救助条款、推定全损条款等。

　　保险标的　以船舶的船壳、救生艇、机器、设备、仪器、索具、燃料和物料以及船舶责任为船舶保险的标的。船舶保险所称"船舶",包括船体、物料、装备、船员的食物、船舶储备以及因为交易需要而设置的航海设备、机械、燃料、器械等;上述物品的价值总和,可以为船舶保险的保险价值。

　　保险期间　船舶保险因保险期限的计算方法差异,分为船舶定期保险和航程保险。定期保险和航程保险的主要区别在于保险责任期间的起止不同,多数船舶保险为以年为单位的定期保险,个别情形下的船舶保险为以一个或者数个航程为计算单位的航程保险。

　　船舶转让　船舶保险合同的标的为特定的船舶,转让船舶将会造成危险增加,应当征得保险人的同意,未经保险人的同意而转让船舶的,保险合同自船舶转让时起解除。我国《海商法》第230条规定:转让船舶未经保险人同意,船舶保险合同从船舶转让时解除;船舶转让发生在航次之中的,船舶保险合同自航次终了时解除。因船舶转让未经保险人同意而解除保险合同的,保险人应当将自合同解除之日起至保险期间届满之日止的保险费退还被保险人。

　　全损险　全损险为船舶保险的基本险别,保险人仅对被保险船舶因为航行风险而发生全损所造成的损失承担保险赔偿责任。被保险船舶不论发生实际全损还是推定全损,保险人在保险金额范围内承担给付责任。被保险船舶在发生保险事故后灭失,或者受到严重损害而完全失去原有形体、效用,或者不能再归属于被保险人所拥有,构成实际全损;被保险船舶发生保险事故后,认为实际全损已经不可避免,或者为避免发生实际全损所需支付的费用超过保险价值的,构成推定全损。被保险船舶失踪,视为实际全损。被保险船舶发生保险责任范围内的全损,保险人应当向被保险人给付保险金额全数,但是在被保险船舶发生推定全损的情形下,被保险人要求保险人给付全部保险金额的,应当将推定为全损的被保险船舶委付给保险人,保险人可以接受委付,也可以不接受委付。此外,若被保险船舶仅发生部分损失,保险人依照全损险不承担给付保险赔偿金的责任;但是,被保险人为防止发生事故的被保险船舶发生全损,采取施救措施而支付的合理费用,有权请求保险人予以补偿,保险人应当在保险金额范围内予以补偿。依照船舶全损险,保险人对由于下列原因所造成的被保险船舶的全损,承担赔偿责任:(1)地震、火山爆发、闪电或其他自然灾害;(2)搁浅、碰撞、触碰任何固定或浮动物体或其他物体或其他海上灾害;(3)火灾或爆炸;(4)来自船外的暴力盗窃或海盗行为;(5)抛弃货物;(6)核装置或核反应堆发生的故障或意外事故。再者,被保险船舶因下列原因所造成全损,保险人也承担赔偿责任:(1)装卸或移动货物或燃料时发生的意外事故;(2)船舶机件或船壳的潜在缺陷;(3)船长、船员有意损害被保险人利益的行为;(4)船长、船员和引水员、修船人员及租船人的疏忽行为;(5)任何政府当局,为防止或减轻因承保风险造成被保险船舶损坏引起的污染,所采取的行动。

　　一切险　又称之为综合险。保险人对于被保险船舶除附加险以外的所有风险的基本船舶保险。一切险承保的船舶危险,不以被保险船舶的全损为限;对于被保险船舶发生的部分损失、碰撞责任、共同海损分摊、救助费用和其他施救费用,保险人均承担保险责任。依照船舶一切险,保险人对因为船舶全损险项下的保险事故所造成被保险船舶的全损和部分损失以及下列责任和费用,承担赔偿责任:(1)因被保险船舶与其他船舶碰撞或触碰任何固定的、浮动的物体或其他物体而引起被保险人应负的法律赔偿责任;(2)被保险船舶的共同海损、救助、救助费用的分摊部分;(3)由于承保风险造成船舶损失或船舶处于危险之中,被保险人为防止或减少根据本保险可以得到赔偿的损失而付出的合理费用。

　　除外责任　船舶保险一般约定,因为下列原因所致的损失、责任或费用,保险人不承担赔偿责任:(1)不适航,包括人员配备不当、装备或装载不妥,但以被保险人在船舶开航时,知道或应该知道此种不适航为限;(2)被保险人及其代表的疏忽或故意行为;(3)被保险人恪尽职责应予发现的正常磨损、锈蚀、腐烂保养不周,或材料缺陷包括不良状态部件的更换或修理;(4)战争和罢工险条款承保的责任范围和除外责任。

(邹海林)

chuanbo baoxiandan

船舶保险单(hull insurance policy) 以各种类型的船舶(客船、货船、油轮、驳船、滚装船等)和水上浮动物体(如椰船、浮码头、浮船坞、水上仓库、浮昂)为保险标的的保险而签发的保单。不同的船舶采用不同的保险方式,使用不同的保险单。从保险方式看,船舶保险单可以分为定期保险单、航程保险单、造船保险单等;从保险期限看,可以分为船舶定期保险单和船舶航程保险单。船舶保险单大都按期间保险方式投保,以1年为期,也有3个月、6个月为限的保险。如有必要,也可以按航程保险方式投保,就某一特定航程或连续数个航程签订一个保险单。船舶保险单承保的危险主要有自然灾害和海上危险、意外事故两种。我国的国际远洋船舶保险单主要承保全损险和一切险。我国国内船舶保险单不分险别,保险人负综合险责任。

(温世扬)

chuanbo baoxianqijian

船舶保险期间(period of hull insurance) 船舶保单中规定的保险人承担船舶保险责任的期间。该期限分为定期保险的保险期间和航程保险的保险期间两种。在定期保险中,其保险期限最长为1年,起止时间以保单规定的日期为准。但如果在该保险期间届满时,被保险船舶尚在航行中或处于危险中或在避难港、中途港停靠,经被保险人事先通知保险人并按日比例加付保险费后,保险期间延长至船舶抵达目的港时为止。航次保险的保险期间对于不载货船舶和载货船舶略有不同。不载货船舶自启运港解缆、起锚时开始至目的港抛锚或系缆完毕时终止;载货船舶的保险期间自启运港开始装货时起,至目的港卸货完毕时终止。但卸货期限是从船舶抵达目的港当天午夜零时开始计算,最长不得超过30天。如卸货30天的期限届满时,即使货物仍未卸完,保险合同也将自行终止。(温世扬)

chuanbo baoxian tiaokuan

《船舶保险条款》(Hull Insurance Clauses) 规定船舶保险的国际保险条款。1986年1月1日由中国人民保险公司发布执行。由责任范围、除外责任、免赔额、海运、保险期限、保险终止、保费和退费、被保险人义务、招标、索赔和赔偿、争议的处理共11部分组成。本保险分为全损险和一切险。主要内容为:

全损险的责任范围 包括下列原因造成的被保险船舶的全损:地震、火山爆发、闪电或其他自然灾害;搁浅、碰撞、触碰任何固定或浮动物体或其他物体或其他海上灾害;火灾或爆炸;来自船外的暴力盗窃或海盗行为;抛弃货物;核装置或核反应堆发生的故障或意外事故;装卸或移动货物或燃料时发生的意外事故;船舶机件或船壳的潜在缺陷;船长、船员有意损害被保险人利益的行为;船长、船员和引水员、修船人员及租船人的疏忽行为;政府当局为防止或减轻因承保风险造成被保险船舶损坏引起的污染所采取的行动。

一切险的责任范围 包括上述原因所造成的被保险船舶的全损和部分损失以及下列责任和费用:碰撞责任;共同海损和救助费用;施救费用。

除外责任 包括下列原因所致的损失、责任或费用:不适航,包括人员配备不当、装备或装卸不妥,但以被保险人在船舶开航时知道或应当知道此种不适航为限;被保险人及其代表的疏忽或故意行为;被保险人恪尽职责应予发现的正常磨损、锈蚀、腐烂或保养不周、或材料缺陷包括不良状态部件的更换或修理;中国人民保险公司《船舶战争罢工险条款》承保和除外的责任范围。

免赔额 承保风险所致的部分损失赔偿,每次事故要扣除保险单规定的免赔额,但此项免赔额不包括碰撞责任、救助、共同海损、施救的索赔。恶劣气候造成两个连续港口之间单独航程的损失索赔应视为一次意外事故。

海运责任 除非事先征得保险人的同意,否则下列原因造成的损失和责任,保险人不予负责:被保险船舶从事拖带或救助服务;被保险船舶与他船在海上直接装卸货物,包括驶近靠拢和离开;被保险船舶作为拆船或拆船目的的出售的意图航行。

保险期限 分为定期保险和航次保险,前者的期限最长1年,起止时间以保险单上注明的日期为准,后者按保险单订明的航次为准。

赔偿 (1)被保险船舶发生完全毁损或严重损坏不能恢复原状,或者被保险人不可避免地丧失该船舶,作为实际全损,按保险金额赔偿;(2)被保险船舶在预计到达目的港日期超过2个月无音讯者,视为实际全损,按保险金额赔偿;(3)当被保险船舶实际全损似已不能避免,或者恢复、修理、救助的费用或者这些费用的总和超过保险价值时,在向保险人发出委付通知后,可视为推定全损,不论保险人是否接受委付,按保险金额赔偿;(4)海损索赔中的部分损失,以新换旧均不扣减;(5)凡保险金额低于约定价值或低于共同海损或救助费用的分摊金额时,保险人按保险金额在约定价值或分摊金额所占的比例计算;(6)被保险船与同一船东所有,或由同一管理机构经营的船舶之间发生的碰撞或接受救助,应视为第三方船舶一样,由保险人予以负责。

争议的处理 被保险人与保险人之间所发生的一切争议需要仲裁或诉讼时,管辖地点为被告方所在地。

(刘凯湘)

chuanbo baoxian tuifei

船舶保险退费(return of premium for hull insurance) 海上保险的定期保险中,在约定情形下由保险人向被保险人退还全部或部分保险费。我国《海商法》第226条规定:保险责任开始前,被保险人可以要求解除合同,但是应当向保险人支付手续费,保险人应当退还保险费。第227条第2款规定:根据合同约定在保险责任开始后可以解除合同的,被保险人要求解除合同,保险人有权收取自保险责任开始之日起至合同解除之日止的保险费,剩余部分予以退还;保险人要求解除合同,应当将自合同解除之日起至保险期间届满之日止的保险费退还被保险人。定期保险中可以约定:被保险船舶退保或保险终止时,保险费应自保险终止之日起,可按净保费的日比例计算退还给被保险人,但本规定不适用因被保险人违反保证引起的保险终止;被保险船舶无论是否在船厂修理或装卸货物,在保险人同意的港口区域停泊超过30天时,停泊期间的保费按净保费的日比例的50%计算,但本款不适用于船舶发生全损。

(温世扬)

chuanbo chupeng

船舶触碰(contact of ships) 指船舶与设施或者障碍物发生接触并造成财产损害的事故。船舶触碰造成设施损害的赔偿包括:设施的全损或者部分损坏修复费用;设施修复前不能正常使用所产生的合理的收益损失。设施是指人为设置的固定或浮动的构造物,包括固定平台、浮筒、灯船、趸船、码头、堤坝、桥梁、铺设或者架设的电缆、管道等。设施损害赔偿的期限以实际停止使用期间扣除常规检修的期间为限。设施部分损坏或者全损,分别以合理的修复费用或者重新建造的费用,扣除已使用年限的折旧费用计算。设施使用的收益损失,以实际减少的净收益,即按停止使用前若干个月的平均净盈利计算;部分使用并有收益的,应当扣减。

(张永坚 张 宁)

chuanbo ciyao quexian

船舶次要缺陷(minor deficiencies) 船舶出租情形下,到达船舶存在的某些并不影响装卸作业和开航的不足。承租人不能因为这些不足而要求取消合同。

(张 琳)

chuanbo de susong diwei

船舶的诉讼地位(litigant status of vessel) 船舶的诉讼地位是指在海事诉讼中船舶在诉讼关系中的地位。在英美法系国家中,由于存在"对物诉讼"的制度,船舶可以作为诉讼主体,具体表现在:视船舶有权利能力和行为能力;认为船舶有侵权行为能力;船舶可受"逮捕"(实质是船舶扣押)等。在大陆法系国家以及我国,船舶只能作为诉讼的客体。

(李洪积 王 青)

chuanbo dengji

船舶登记(registration of ships) 由一国船舶登记机关对船舶权属和其他情况进行登记的制度。不同国家的船舶登记机关对船舶登记的条件各有不同。通常是以船舶与本国有一定的联系,如船舶所有人为本国国民、船长船员是本国国民,或船舶是在本国制造等作为是否予以登记的标准。也有少数国家不要求登记的船舶与本国有真正的联系,只要愿意登记并交注册费就予以登记。

(陆燕萍)

chuanbo dida

船舶抵达(arrived ship) 所谓船舶抵达,是装卸时间开始起算的条件之一。从实践看,装卸作业的开始必须以运输船舶准备就绪为前提条件,船舶准备就绪首先就要求船舶已经达到当事人双方在合同中约定的装货港,但是,也不是说只要船一到港,船员能够上岸,就是已到达。首先,船舶需要抵达的地点需要看合同的约定,因此区分所谓的"港口租约"和"泊位租约"是非常重要的。如果合同约定的"泊位租约",而船舶在到达港口时候由于泊位紧张,无法抵达指定的泊位,这时,即使船舶就在港内,也不能算作船舶抵达。因此,装卸时间不得起算。

(张 琳)

chuanbo fentan jiazhi

船舶分摊价值(contributory value of ship) 应该参加共同海损分摊的船舶的价值。船舶分摊价值有两种计算方法:第一种是按照船舶在航程终止时的完好价值,减除不属于共同海损的损失金额(单独海损)计算;第二种是按照船舶在航程终止时的实际价值,加上共同海损牺牲的金额计算。如果在发生共同海损以后,货物在中途港以其他方式被转运至目的港,则船舶的分摊价值应以其他在中途港卸货完毕时的实际净值为基础来加以确定。确定船舶的分摊价值不应考虑该船由于签订租船合同可能带来的有利或不利因素。船舶完好价值由专业人员进行估价,估价方法有两种:(1)折旧法。按照这种方法,以船舶造价为基础根据船舶的使用年限予以适当折旧,即可算出船舶在目的港的完好价值。折旧法无法反映通货碰撞因素,在实践中很少使用。(2) 价格类比法。按照这种方法,船舶估价的主要依据是类似船舶近几年的市场成交价格,所参考的交易越多,船舶估价也就越准确。在船舶完好价值中扣除单独海损损失时,单独海损损失应按照实际的或者估计的修理费以及与修理有关的费用予以计算。

(张永坚 张 宁)

chuanbo gujiadan
船舶估价单(certification of ship's valuation) 船舶估价人对某一船舶在受损前或受损后,按照某时某地的实际市场价格所作出的估价而出具的证明文件。船舶估价单通常是海损理算师所计算船舶分摊价值的依据。

(张永坚 张 宁)

chuanbo gujiazhi
船舶估价值(ship's valuation) 计算船舶分摊价值时对船舶价值的估计值。船舶完好价值的估计方法主要有两种:(1) 折旧法。由专业船舶估价师根据船舶的造价,按船舶使用的年限,扣除折扣,并适当地考虑添置新零部件及更新改造的因素,计算出当时的船舶价值。(2) 价格类比法。是市场上使用较多的一种方法。由专业船舶估价师,根据被估价船舶的船舶资料,如船舶的总吨位,净吨位,建造年份,船级,造船厂名称,船舶甲板、货舱以及轮机等情况,船舶主机型号、马力及制造厂名称、航速及燃料消耗等情况,以及同类船舶在最近市场上的交易价格,结合可以影响船舶价格波动的各项因素,进行估价。船舶估价是计算船舶分摊价值的重要步骤。

(张永坚 张 宁)

chuanbo he mufa tuodaihetong
船舶和木筏拖带合同(contract for delivery by ship or raft) 水上货物运输合同一种特殊形式。由承运人根据托运人提供的被拖运的技术资料和航道、气象等条件,调配适当的船舶或是木筏,将货物拖运到指定的地点,并收取拖运费的协议。在拖运过程中,被拖货物上的人员应当听从拖运船长的指挥,配合拖轮的安全航行。对于有特殊技术要求的货物拖运,如对于钻井平台、浮船坞、工程船舶以及其他的大型水上装置的特殊拖带,托运人应当与承运人签订特别条款,以明确双方的权利和义务。在拖运过程中,被拖物由于自身的原因而造成散失的,由托运人负责;属于拖轮责任造成散失的,承运人应当承担必要的清漂费和重新扎筏费,如果货物未能全部清回,应当依据下列原则进行赔偿:(1) 已投货物运输险的货物,由承运人和保险公司按规定进行赔偿。(2) 实行保价运输的个人生活用品,由承运人依声明的价格赔偿。但是,如果货物的实际损失低于所声明价格的,按实际损失赔偿。(3) 除以上的赔偿方法外,均由承运人按货物的实际损失进行赔偿。赔偿价格的具体计算依国家法律的特别规定。因拖带船舶或木筏的原因而造成的被拖运货物或是第三人受有损失的,由承运人承担责任;属于被拖物本身的原因造成的货物、拖轮或第三人受有损失的,由托运人负责。属于承运人和托运人双方过错而使双方或第三人受有损失的。应当依双方应负担责任的大小按比例进行赔偿。

(李成林)

chuanbo jiazhi
船舶价值(value of vessel) 《1985年碰撞损害赔偿公约草案》第6条规定:(1) 当发生船舶全损时,索赔方将有权追偿船舶的价值,此价值是考虑了船舶类型、船龄、条件和操纵性能及船舶发生碰撞时它所具有的价值;(2) 如果有可能取得一类似船舶的话,船舶价值应参照该类似船舶价值来确定。这一规定体现了恢复原状的原则,可以追偿的船舶价值是使无辜船舶所有人尽可能接近碰撞前的同样状态。一般而言,确定船舶实际价值的标准通常是船舶的市场价格。在难以确定船舶的市场价格,也无类似船舶可参考的情况下,通常的做法是以造价减去折旧来确定其价值。折旧年限从建造日期起计算到碰撞发生之日为止或索赔营运损失终了之日为止。但造价减折旧的办法不是很准确,尤其是在船价波动较大时。另外,在市场价格无法确定的情况下,美国法院还曾使用过重新建造一艘同样船舶的费用减去折旧费的方法计算船舶的实际价值。确定船舶价值应以船舶灭失之日为准。而且,根据恢复原状的赔偿原则,受害方在碰撞事故发生之前支付的船舶保险费不应计入船舶价值。但在碰撞事故发生之后,为了船货的安全,合理支付的保险费是可以向责任方追偿的。《1985年碰撞损害赔偿公约草案》第7条第2项对此作了明确规定:索赔方除有权得到全损赔偿外,还有权得到因发生船舶碰撞而支付合理保险费用的补偿。我国1995年《关于审理船舶碰撞和触碰案件财产损害赔偿的规定》对船舶价值的计算也作出了明确的规定。第8条规定:船舶价值损失的计算,以船舶碰撞发生地当时类似船舶的市价确定;碰撞发生地无类似船舶市价的,以船舶船籍港类似船舶的市价确定,或者以其他地区类似船舶市价的平均价确定;没有市价的,以原船舶的造价或者购置价,扣除折旧(折旧率按年4%～10%)计算;折旧后没有价值的按残值计算。船舶被打捞后尚有残值的,船舶价值应扣除残值。我国法律对船舶价值计算的规定与国际惯例基本上是一致的。

(张永坚 张 宁)

chuanbo jianzao baoxian tiaokuan

《船舶建造保险条款》(Ship Construction Insurance Clauses) 规定船舶建造保险的专门保险条款。1986年1月1日由中国人民保险公司发布执行,共8条。主要内容为:(1) 保险标的为在建船舶,保险期限从保险船舶建造开工之日或上船台之日起,至建成交付订货人或船舶所有人或保险期限届满时止,两者以先发生者为准。(2) 保险金额依保险价值确定,保险价值为船舶的建成价格或最后合同价格。(3) 保险人对下列原因引起的保险船舶的损失、费用和责任负责赔偿:保险船舶在船厂建造、试航和交船过程中,包括建造该船所需的保险价值内的一切材料、机械和设备在船厂范围内装卸、运输、保管、安装,以及船舶下水、进出船坞、停靠码头过程中,因故造成的损失和费用;共同海损牺牲和分摊;救助费用;发生碰撞事故引起的依法应负的赔偿责任,但以保险金额为限;发生保险事故后引起的消除船舶残骸的费用、对第三者人身伤亡的赔偿责任,但以保险金额为限;发生碰撞或其他事故后被保险人为争取限制赔偿责任经保险人书面同意所支付的诉讼费用。(4) 除外责任包括:因被保险人故意或非法行为所造成的损失;对设计错误部分本身的修理、修改、更换或重建的费用及为了改进或更改设计所发生的费用;由于被保险人对雇佣的职工的死亡、伤残或疾病所应承担的责任和费用;核反应、辐射或放射性污染引起的损失或费用;由于战争、敌对行为、武装冲突、炸弹的爆炸、战争武器、没收、征用、罢工、暴动、民众骚动引起的损失、费用和责任,以及任何人的恶意行为或政治动机所引起的任何损失;建造合同中规定的罚款以及由于拒收和其他原因造成的间接损失;由于任何国家或武装集团的扣留、扣押、禁制,使航程受阻或丧失。(5) 对任何保险事故的索赔期限不得超过交船后3个月。

(刘凯湘)

chuanbo paimai gonggao

船舶拍卖公告(announcement of ship auction) 船舶拍卖公告是指海事法院在裁定拍卖船舶后,通过报纸或者其他新闻媒体发布的有关船舶拍卖的公告。海事法院裁定拍卖船舶,应当通过报纸或者其他新闻媒体发布公告。拍卖外籍船舶的,应当通过对外发行的报纸或者其他新闻媒体发布公告。公告包括以下内容:(1) 被拍卖船舶的名称和国籍;(2) 拍卖船舶的理由和依据;(3) 拍卖船舶委员会的组成;(4) 拍卖船舶的时间和地点;(5) 被拍卖船舶的展示时间和地点;(6) 参加竞买应当办理的手续;(7) 办理债权登记事项;(8) 需要公告的其他事项。拍卖船舶的公告期间不少于30日。船舶拍卖除应当依法发布公告外,还应当依法向特定的人发出船舶拍卖的通知。海事法院应当在拍卖船舶30日前,向被拍卖船舶登记国的登记机关和已知的船舶优先权人、抵押权人和船舶所有人发出通知。通知内容包括被拍卖船舶的名称、拍卖船舶的时间和地点、拍卖船舶的理由和依据以及债权登记等。通知方式包括书面方式和能够确认收悉的其他适当方式。

(王 青)

chuanbo paimai weiyuanhui

船舶拍卖委员会(Ship Auction Committee) 船舶拍卖委员会是海事诉讼中实施船舶拍卖的组织,船舶拍卖委员会对海事法院负责,受海事法院监督。船舶拍卖委员会由海事法院指定的本院执行人员和聘请的拍卖师、验船师3人或者5人组成。拍卖船舶委员会组织对船舶鉴定、估价;组织和主持拍卖;与竞买人签订拍卖成交确认书;办理船舶移交手续。

(王 青)

chuanbo pengzhuang

船舶碰撞(ship collision) 船舶之间发生的足以造成损害的实际接触。我国海商法规定的船舶碰撞专指在海上或者与海相通的可航水域所发生的船舶碰撞事故。船舶碰撞必须具备四个要件:(1) 碰撞必须发生在作为碰撞法律关系客体的船舶之间。(2) 船舶之间必须发生实际接触。所谓"接触"是指两船或多船的某一部位同时占据同一空间的物理状态。如果船舶之间没有发生实际接触,则即使发生损害,也不构成船舶碰撞。因此,浪损和间接碰撞不属于船舶碰撞。(3) 碰撞必须造成损害。船舶碰撞实际上是船舶之间的非正常接触,多数情况下发生船舶、货物等财产损失甚至人身伤亡。没有损害结果发生的碰撞不是海商法意义上的船舶碰撞。同时,损害的发生与碰撞事故之间还必须具有直接的因果关系。(4) 根据我国海商法的规定,碰撞必须发生在海上或者与海相通的可航水域。1910年《统一船舶碰撞若干法律规定的国际公约》和大多数国家的海商法并没有该要件要求,一般规定船舶碰撞可以发生在任何水域。随着航运业的发展和海上活动的多样化,对船舶碰撞的概念出现了新理解。国际海事委员会1987年起草的《船舶碰撞损害赔偿国际公约草案》(简称《里斯本规则草案》)第1条规定了船舶碰撞定义的两个新层面:其一,船舶碰撞指船舶间,即使没有实际接触,发生的造成灭失或损害的任何事故。其二,船舶碰撞指一船或几船的过失造成两船或多船间的相互作用所引起的灭失或损害,而不论船舶间是否发生接触。《里斯本规则草案》对传统船舶碰撞概念的突破主要有三个方面:(1) 船舶碰撞客体的范围明显扩大。首先,船舶碰撞所适用的船舶不仅包括可航的船舶,而且包括不可航的机器、井架和平台;其次,对于船舶碰撞的一方并不要求必须是海船,不排除适用于军事或政府公务目的的船舶。亦即公约草案适用于一切船舶。(2)船舶碰撞不再要求有实际接触。船舶间的其他侵权方式,如船舶的火灾、爆炸、油污等事故造成他船的灭失或损害,也属于船舶碰撞的范畴。(3)强调船舶碰撞的主观要件。根据船舶碰撞的第二个层面,船舶碰撞必须因过失而产生。非因当事船过失造成的碰撞不在船舶碰撞之列。《里斯本规则草案》目前尚未生效,但是其规定的船舶碰撞概念、损害赔偿原则和计算方法已经对许多国家的法律和司法产生了影响。

根据船舶碰撞发生的原因不同,船舶碰撞可分为以下几种:(1)单方责任碰撞,又称单方过失的碰撞,是指完全由于碰撞事故中的某一条船的过失造成的船舶碰撞。单方责任碰撞由过失方单独承担责任。(2)双方责任碰撞,又称双方互有过失的碰撞,是指事故所涉各船舶均有过失所造成的碰撞,是船舶碰撞最常见的形式。双方责任碰撞下,各船按照过失程度的比例承担赔偿责任,过失程度相当或过失程度的比例无法判定的,平均负赔偿责任。对于人身伤亡,碰撞当事方应负连带责任。(3)双方无责任碰撞,又称双方无过失碰撞,是指由于不可抗力、意外事故或不明原因引起的船舶碰撞。双方无责任碰撞中,各船的损失自行承担。

(张永坚 张 宁)

chuanbo pengzhuang guize yuanze
船舶碰撞归责原则(civil liability basis of collision) 又称船舶碰撞民事责任的基础。归责原则是基于一定的归责事由确定当事人是否应当承担民事责任的法律原则。船舶碰撞属于民事侵权行为的一种。目前国际上关于船舶碰撞的归责原则一般采用过错原则,即碰撞一方只有对造成碰撞事故、导致他人财产和人身损害存在故意或过失,才承担责任;没有故意或过失则不承担责任;如果双方均具有过错,则按照各自的过错比例承担责任。由于故意碰撞极为少见,大多数船舶碰撞都是过失引起的,因此,船舶碰撞的归责原则通常也称为过失责任原则。但在个别场合下,如违反分道通航制或有人身伤亡时,船舶碰撞的归责原则采用严格责任原则。

(张永坚 张 宁)

chuanbo pengzhuang guoshi
船舶碰撞过失(fault of collision) 具有合格技术及资格和谨慎行事的航海人员(包括船长、船员、引航员和岸上的有关管理人员),在驾驶船舶、管理船舶的过程中,应该预见碰撞损害的发生而没有预见,或者应该防止碰撞损害的发生或扩大而没有防止,在这种情况下所作出的作为或不作为。

(张永坚 张 宁)

chuanbo pengzhuang jianjie sunshi
船舶碰撞间接损失(loss or damage indirectly caused by collision) 是指船舶碰撞事故发生后致使受害方不能获得在正常情况下本应获得的正常利益,或支付在正常情况下本不应支付的额外费用。我国现行的司法实践对间接损失的赔偿在一定程度上给予了肯定。最高人民法院1995年颁布的《关于审理船舶碰撞和触碰案件财产损害赔偿的规定》第1条第1款规定:请求人可以请求赔偿对船舶碰撞或者触碰所造成的财产损失,船舶碰撞或触碰后相继发生的有关费用和损失,为避免或者减少损害而发生的合理费用和损失,以及预期可得利益的损失。这里既包括了直接损失也包括了间接损失。

(张永坚 张 宁)

chuanbo pengzhuang minshi guanxiaquan
船舶碰撞民事管辖权(civil jurisdiction in matters of collision) 法院对船舶碰撞产生的碰撞责任确定和损害赔偿等民事争议实行管辖的权力。船舶碰撞的民事管辖权在大陆法系和英美法系的国家中有着不同的规定。在大陆法系的国家中,对船舶碰撞具有管辖权的必须是被告经常居住地、被告主要营业所所在地法院或者事故发生地法院等与案件有密切联系的法院。而在英美法系的国家中原告可对船舶本身和船舶所有人同时提起对物诉讼和对人诉讼。根据英美法,无论船舶碰撞发生在何水域,也不论当事方属于何国国民,只要被告船或其姐妹船进入英美国家水域,原告即可按对物诉讼程序向法院提出诉讼,英美法院便可行使管辖权,并以扣留船舶的方式迫使被告应诉。因此,船舶碰撞的民事管辖权在各国之间一直存在着冲突。《1952年船舶碰撞中民事管辖权方面若干规定的公约》吸收英美法系和大陆法系的做法,很大程度上消除了这一冲突。根据公约规定,下列法院对船舶碰撞的民事争议有管辖权:(1)被告经常居住地或营业所所在地法院;(2)扣留过失船舶或得依法扣留的属于被告的任何其他船舶的法院,或本可进行扣留并已提出保证金或其他保全地点的法院;(3)碰撞发生于港口或内河水域以内的,为碰撞发生地法院。

(张永坚 张 宁)

chuanbo pengzhuang shiji sunshi
船舶碰撞实际损失(actual loss and damage caused by collision) 是指船舶依碰撞发生时的客观环境及碰撞事故发生的直接后果与延续后果,被合理地认为是碰撞所造成的直接损失或间接损失。实际损失包括直接损失和间接损失。直接损失是由船舶碰撞直接造成的损失。

(张永坚 张 宁)

chuanbo pengzhuang shishi querenshu

船舶碰撞事实确认书（confirmation of collision occurrence） 船舶碰撞发生后，由当事船船长签署的对碰撞事实进行确认的书面文件。船舶碰撞事实确认书的内容主要包括：当事船舶名称、船舶所有人名称、碰撞地点和碰撞时间以及（如可能）当事方同意对本次碰撞的原因、各方责任和损害赔偿等问题通过友好协商、仲裁或诉讼的途径解决等。该文件主要是确认发生碰撞的事实和当事船舶。关于碰撞的原因和双方的责任以及处理方式，则不是其功用。该文件常以一种通知的方式由一船交给另一船，对方是否签收或有无批注则并不重要。

（张永坚　张　宁）

chuanbo pengzhuang sunhai peichang de gouchengyaojian

船舶碰撞损害赔偿的构成要件（elements of compensation for less or damage consequent upon collision） 船舶碰撞损害赔偿的要件，与民法中民事责任损害赔偿的要件基本一致。主要有四个要件：(1) 当事船存在过失，即当事船在驾驶或管理船舶过程中缺乏通常技术和谨慎。(2) 存在碰撞事实。船舶虽然有过失，如瞭望疏忽、操纵措施不当、超速航行等，但没有遇到来船或由于他船的避让而未发生任何碰撞，则不会发生损害事实，也就不存在损害赔偿的问题。(3) 在客观上存在着损害事实。这是船舶碰撞损害民事责任的前提。这种损害可以是多方面的，包括船舶价值的损失、船上财产的损失、救助费等有关费用的损失、船上所载货物的损失、船期的损失、对第三者的人身伤害等。要求赔偿损失的一方应证明其损失的存在。(4) 当事船的过失与损害事实之间存在着因果关系。《1910年统一船舶碰撞若干法律规定的国际公约》第3、4、5条对过失与碰撞的因果关系作了规定。但是，真正有意义的是造成损害的过失，而不是造成碰撞的过失。对此，公约第13条作出了明确的规定。船舶碰撞损害赔偿的要件不同于船舶碰撞的诉因。前者是受害方实体意义上的权利，只要符合碰撞损害赔偿的要件，原告便有胜诉权。而后者，原告有船舶碰撞的诉因，仅表明原告享有起诉权，是程序意义上的权利，并非实体意义上的胜诉权。我国《民事诉讼法》第108条规定了如下诉因：(1) 他与本案有直接的利害关系，即合法权益受到侵害的事实；(2) 有明确的被告；(3) 有具体的诉讼请求和事实、理由；(4) 属于海事法院管辖范围和受诉海事法院管辖。只要具备了前述四个条件，船舶碰撞案件的原告就享有起诉权，但能否胜诉，还要看船舶碰撞损害赔偿的要件是否都能同时得到满足。

（张永坚　张　宁）

chuanbo pengzhuang sunhai peichang de yinguo guanxi

船舶碰撞损害赔偿的因果关系（causation of compensation for less or damage consequent upon collision） 船舶碰撞损害赔偿中受害船舶必须证明加害船舶的过失是引起碰撞的原因或原因之一，即加害船舶的过失与损害结果之间存在因果关系。因此，加害船舶违反航行规则的事实本身并不足以证明其需对碰撞承担责任。这反映了客观事物的内在联系，也是实行过失责任制的必然后果。根据过失责任制，过失方仅对自己过失所造成的损害负赔偿责任。如果过失与损害之间没有因果关系，则缺乏法律上所称的客观基础，从而不能让过失方对此承担赔偿责任。通常情况下，侵权行为和损害事实之间的因果关系是不难辨认的。如果碰撞损害是由一方的过失所致，尤其是一因一果的情形下（有人称之为"单纯因果关系"），不仅因果关系容易辨认，而且赔偿的责任范围也便于确定。碰撞损害因果关系难以辨认的情况是当有两个或更多个因素介入，产生同一个损害结果时。这种情形下，不能机械地从时间或空间上来理解因果关系。也就是说，不能认为与损害后果在时间或空间上离得最近的因素就是该结果的原因，而要看这个因素对最后损害的效力如何。如果导致损害的效力是促使事件发生的真正起作用的效力，而且虽然有其他因素介入和影响，该效力始终存在，则认为该因素与结果之间具有因果关系。

多个因素造成损害的情况又可进一步分为下列三种情形：(1) 单方有多个过失。此时，不管这些过失是同时发生的，还是其中一个过失是另一个过失引起的结果，只要与损害有因果关系，就统认为是过失，都要对损害负责。(2) 双方同时发生的多个过失。碰撞双方同时都有导致损害的过失时，都应视为有因果关系。只不过在判断责任大小时要根据双方的过失程度，分出主要原因和次要原因，以及确定过失的比例。(3) 除加害方的过失外还有其他因素插入。除加害方的过失外还有其他插入因素导致的碰撞损害或使损害扩大为偶然因果关系。

过失方是否对插入因素引起的损害负责，司法实践中主要有三种情形：(1) 来自第三方的插入因素；(2) 来自受害方本身的插入因素；(3) 来自一个事件的插入因素。这些插入因素能否解除加害方的责任要看它的效力如何，即能否使"原因链中断"。有时虽然被告的过失是原告遭受损失的一个"原因"，然而其他因素的插入很可能被认为是这个损失的根本原因，因为这个插入因素造成了"原因链的中断"。

什么样的插入因素，在什么情况下才能"打断原因链"，三种情形下各不相同：(1) 来自第三方的插入因素。两船碰撞，来自第三方的插入因素又可以分为完全自由的第三方的作为和受限制的第三方的作为。前者的行为是独立的,与加害方的行为无关;而后者的行为是依赖于加害方的行为,也就是说,他的行为是加害方的行为所引起的。完全自由的第三方的作为,如果是合法的,既不构成过失,也不构成"原因链中断",碰撞责任全部由加害方承担。比如受损船舶进坞修理期间工人罢工所致的损失也应由加害船舶承担,即使罢工增加的损失对加害方而言是不可预见的。如果完全自由的第三方的作为是非法的,并且使"原因链中断",则该作为产生的后果应由自由的第三方承担。如第三船要为其二次碰撞负责。无论是受限制的第三方为了保护自己或受害方的利益采取措施,因而增加了受害方的损失;还是受害方为了施救因加害方的侵权行为使自己侵害的第三方而遭受进一步的损害,加害方对于这些损失都要负责。(2) 来自受害方本身的插入因素。受害方自身的插入因素分为两种情况:一种是由于加害方的过失,使得受害方陷入极其紧迫的境地。此时,受害方有两种选择:一种选择不会有任何损失发生;另一种选择则会造成损失发生,而受害方选择了后者。此时,受害方要承担一定的责任。另一种情况是因加害方的过失侵犯了受害方的利益,受害方为了自身的利益或者是为了保护财产采取措施,但由于加害方给受害方造成的损害,进而产生了新的损害,受害方仍有权向加害方索赔。如由于碰撞失去海图等重要航海仪器和资料,为了抵达安全港口,受损船舶不得不继续航行,但终因仪器和资料不足造成搁浅,搁浅造成的损害受损仍然可以取得赔偿。即由于加害方的过失,使受害方陷入困境时,他是否具有完全自由的选择权,如果回答是肯定的,对于他自己的行为所造成的损失,加害方是不负责任的。如果回答是否定的,受害方对自己的行为所造成的损失,加害方应予赔偿。(3) 来自一个事件的插入因素。如果一个事件是依附于加害人的行为,即没有加害人的行为则该事件就不会发生,那么加害方对于该项损失应负赔偿责任。相反,如果一事件是独立于加害方的行为,也就是说,无论有没有加害方的行为,该事件总要发生,那么对该事件所造成的进一步损害,加害方要不要负责,其判断的标准是:假如这个事件对受害方造成的损害是可以被合理预见的,那么加害方应该负责赔偿。因为这个独立事件没有使"原因链中断",并且其本身也是免责的。如船舶因碰撞迟延离港,结果港口冰封船舶不能运营。港口封冻是可以合理预见的,故加害方对整个封冻期间的船期损失要负责赔偿。相反,如果这个事件是非常的,不能被合理预见,也无法抗拒,则属不可抗力,构成"原因链中断",这样就排除了加害方的责任,加害方可以不对损失负责。比如,船舶碰撞后驶往临近港进行临时修理,途中又遭遇恶劣天气。这是独立于加害方的行为,并且不可预知,因此,恶劣天气造成的损害,

受害方船舶所有人不能向加害方船舶所有人索赔。

(张永坚 张 宁)

chuanbo pengzhuang suozhi de huowu sunhai peichang
船舶碰撞所致的货物损害赔偿(damages of cargo caused by collision) 在船舶碰撞事故中船方对货物因碰撞所致的损害赔偿,一般不包括对本船所载运的货物赔偿,而是对他船所载运的货物损失按照过失比例负赔偿责任。货物的损害赔偿范围包括:船上财产的灭失或者部分损坏引起的贬值损失;货物部分损坏时合理的修复费或处理费;合理的财产救助、打捞和清除费用;共同海损分摊;利息损失;其他合理的费用和损失。货物的损害赔偿按下列方法计算:(1) 货物灭失的,按照货物的实际价值,即以货物装船时的价值加运费和请求人已支付的货物保险费计算,扣除可节省的费用。(2) 货物损坏的,以修复所需的费用,或者以货物的实际价值扣除残值和可节省的费用计算。(3) 由于船舶碰撞在约定的时间内迟延交付所产生的损失,按迟延交付货物的实际价值加预期可得利润与到岸时的市价的差价计算。(4) 船上捕捞的鱼货,以实际的鱼货价值计算。鱼货价值参照事故发生时当地市价,扣除可节省的费用。(5) 船上渔具、网具的种类和数量,以本次出海捕捞作业所需量扣减现存量计算,但所需量超过渔政部门规定或者许可的种类和数量的,不予认定;渔具、网具的价值,按原购置价或者原造价扣除折旧费用和残值计算。(6) 旅客行李、物品(包括自带行李)的损失,属本船旅客的损失,依照海商法的规定处理;属他船旅客的损失,可参照旅客运输合同中有关旅客行李灭失或者损坏的赔偿规定处理。(7) 船员个人生活必需品的损失,按实际损失适当予以赔偿。(8) 承运人与旅客书面约定由承运人保管的货币、金银、珠宝、有价证券或者其他贵重物品的损失,依海商法的规定处理;船员、旅客、其他人员个人携带的货币、金银、珠宝、有价证券或者其他贵重物品的损失,不予认定。(9) 船上其他财产的损失,按其实际价值计算。

(张永坚 张 宁)

chuanbo pengzhuang xingshi guanxiaquan
船舶碰撞刑事管辖权(criminal jurisdiction in matters of collision) 根据国际法原则,船舶碰撞引起的刑事责任,因海域不同,其管辖权也有所不同。《1952年船舶碰撞刑事管辖权公约》是国际上调整船舶碰撞刑事管辖权的公约。根据公约规定,(1) 在公海上,发生碰撞或其他航行事故时,刑事或纪律案件只能向当事船所悬挂旗帜国家司法或行政机关提出;(2) 在港区或内河水域内,发生碰撞或其他航行事故,刑事或纪律案件不适用上述规定;(3) 在领海,发生碰撞或其他

航行事故，缔约国可保留对其刑事案件的管辖权；(4)本国船员在他国船上工作，当发生碰撞或其他航行事故时，本国有关当局仍有权就其犯法行为提出控告。公约的规定是国际法上国家管辖中属人管辖和属地管辖原则的具体体现。

(张永坚 张 宁)

chuanbo pengzhuang xingzheng zeren

船舶碰撞行政责任(administrative liability following a collision) 一起严重的船舶碰撞案，除了损害赔偿的民事责任外，往往还伴随着行政责任。行政责任是国家行政机关给予的行政处罚。根据我国相关法律的规定，引起船舶碰撞行政责任的原因主要有：(1)碰撞后果造成重大交通事故；(2)碰撞后违反救助和守候义务；(3)碰撞后造成海洋环境污染；(4)没有根据国际公约和国内法的规定，在碰撞后向对方、有关当局或本公司报告本船以及事故有关的情况的；(5)船员违反良好船艺造成碰撞。根据我国《海上交通安全法》和《环境保护法》的规定，追究船舶碰撞责任人的行政责任主要有：(1)警告；(2)取消资格或吊销职务证书；(3)罚款。

(张永坚 张 宁)

chuanbo pengzhuang zhongcai xieyi

船舶碰撞仲裁协议(arbitration agreement in cases of collision) 船舶碰撞发生后，当事人合意就碰撞产生的全部或某些争议提交仲裁处理而达成的协议。这体现了当事人意思自治原则。《1952年统一船舶碰撞中民事管辖权方面若干规定的国际公约》承认了当事人双方就碰撞案件协议提起仲裁的权利。对于那些在公海上发生，不同国籍之间的船舶碰撞案件来说，船舶碰撞仲裁协议是解决管辖权冲突的很好的途径。一些国家制定了有关船舶碰撞案件仲裁协议的标准格式，比如英国劳埃德委员会制定的"劳氏碰撞案件仲裁协议的标准格式"和中国海事仲裁委员会制定的"船舶碰撞仲裁协议标准格式"等。

(张永坚 张 宁)

chuanbo pengzhuang zhunjufa

船舶碰撞准据法(applicable law for ship collision) 被冲突规范援引用来确定船舶碰撞关系当事人权利义务的某国实体法、国际公约或国际惯例。船舶碰撞准据法的确定原则主要有侵权行为地法、船旗国法、法院地法等。一般而言，如果船舶碰撞发生在某国领海内，则不论是单方过失所致，还是双方过失所致，也不问碰撞船舶国籍何属，侵权行为地国家的法律为准据法。在公海，同一国籍的船舶碰撞，船旗国的法律为准据法；不同国籍的船舶碰撞，受理诉讼的法院地法为准据法。有的国家的法律规定，悬挂同一国家国旗的船舶的碰撞，不管发生在何国领海，均适用船旗国法律。国际私法上关于准据法确定的一般法律原则也适用于船舶碰撞准据法的确定。

(张永坚 张 宁)

chuanbo sunshi jin'e

船舶损失金额(amount allowable for loss of or damage to ship) 船舶损失金额包括船舶单独海损损失金额和共同海损损失金额。根据《1994年约克—安特卫普规则》的规定，船舶共同海损损失金额的确定，可以分为三种情况：(1)船舶进行修理。在船舶永久性修理的情况下，应从实际支付的修理费中扣除属于单独海损的修理费用，以及合理的以新换旧的扣减额。对于船龄在15年以上的船舶，应该从修理费中扣减1/3的以新换旧费用，此项扣减应依船龄计算，自船舶竣工之年的12月31日起算，至共同海损行为发生之日为止。但对于绝缘设备、救生艇及类似的船艇、通讯及航行器材与装备、机器及锅炉的扣减，则按照此类部件的使用年限计算。对于列为共同海损的临时修理费用，不作以新换旧的扣减。在修理期间发生的船员伙食费、物料费以及修理船锚或锚链的费用，不得进行扣减。因修理船舶而发生的船坞费、船台费及移泊费也应全数列入共同海损。(2)船舶未进行修理。船舶如尚未修理，船舶牺牲的金额按照船舶牺牲引起的合理贬值计算。如果船舶贬值数额超过船舶牺牲估计的修理费用，则应以估计的修理费用为准。船舶的贬值数额，是指船舶因牺牲所造成的船舶出售价值的减少，一般是船舶未经修理时的估计出售价值与船舶经修复后的估计出售价值的差额。如果船舶在遭受牺牲后不久未经修理即被出售，则船舶贬值应按船舶假如经修理后的估计价值与船舶出售净额之间的差额计算。(3)船舶发生全损。应从该船在发生共同海损前的估计完好价值中扣除应该属于单独海损的估计修理费用。如果有残骸，还应扣除残骸的售价，其余额作为共同海损。

(张永坚 张 宁)

chuanbo suoyouquan

船舶所有权(ship ownership) 船舶所有人依法对其船舶享有的占有、使用、收益和处分的权利。船舶所有权可为自然人所有，也可为法人所有。在我国，如果是国家所有的船舶，由国家授予其具有法人地位的全民所有制企业经营管理的，《海商法》有关船舶所有人的规定适用于该法人。

(陆燕萍)

chuanbo tuiding quansun

船舶推定全损(presumed total loss of vessel) 是指船舶发生事故后，其救助费、修理费及其他有关费用中的一项或几项总和超过船舶的保险价值,或为了摆脱实际全损,须发生各种费用,而这些费用会超过船舶本身的价值,那么就可以构成推定全损。 (李世奇)

chuanbo youxianquan cuigao chengxu
船舶优先权催告程序(procedure for interpellation of maritime liens) 船舶优先权催告程序是指在船舶转让时,船舶的受让人为消灭该船舶附有的船舶优先权,而向海事法院申请船舶优先权催告,催促船舶优先权人及时主张权利的程序。受让人申请船舶优先权催告的,应当向转让船舶交付地或者受让人住所地海事法院提出,并向海事法院提交申请书、船舶转让合同、船舶技术资料等文件。申请书应当载明船舶的名称、申请船舶优先权催告的事实和理由。海事法院在收到申请书以及有关文件后,应当进行审查,在7日内作出准予或者不准予申请的裁定。受让人如果对裁定不服,可以申请复议一次。海事法院在准予申请的裁定生效后,应当通过报纸或者其他新闻媒体发布公告,催促船舶优先权人在催告期间(60日)主张船舶优先权。船舶优先权催告期间,船舶优先权人主张权利的,应当在海事法院办理登记;不主张权利的,视为放弃船舶优先权。船舶优先权催告期间届满,无人主张船舶优先权的,海事法院应当根据当事人的申请作出判决,宣告该转让船舶不附有船舶优先权,并公告判决内容。
(李洪积 王青)

chuanbo zhanzheng bagongxian tiaokuan
《船舶战争、罢工险条款》(Hull War and Strikes Risk Insurance Clauses) 规定船舶战争和罢工险的保险条款。1986年1月1日由中国人民保险公司发布执行。为《船舶保险条款》的附加条款。责任范围为下列原因造成的被保险船舶的损失、碰撞责任、共同海损和救助或施救费用:战争、内战、革命、叛乱或由此引起的内乱或敌对行为;捕获、扣押、扣留、羁押、没收或封锁,但此种赔偿必须自发生之日起满6个月才能受理;各种战争武器、包括水雷、鱼雷、炸弹;罢工、被迫停工或其他类似事件;民变、暴动或其他类似事件;任何人怀有政治动机的恶意行为。除外责任为下列原因引起的被保险船舶的损失、责任或费用:原子弹、氢弹和核武器的爆炸;由被保险船舶的船籍国或登记国的政府或地方当局采取的或命令的捕获、扣押、扣留、羁押或没收;被征用或被征购;联合国安理会常任理事国之间爆发的战争(不论宣战与否)。保险人有权在任何时候向被保险人发出注销本保险的通知以终止保险,在发出通知后7天期满时生效;在下列情况下,不论是否已发出注销通知,保险均自动终止:任何原子弹、氢弹或核武器的敌对性爆炸发生;联合国安理会常任理事国之间爆发的战争(不论宣战与否);船舶被征用或出售。在上述终止保险的情况下,保险人可按日退还被保险人净费。 (刘凯湘)

chuandui baoxian
船队保险(fleet insurance) 以一张船队保险单承保多艘船舶的保险。由于在船队保险中全部船只均系按平均情况采用单一费率,因而尽管船舶所有人(投保人)所拥有船舶的构造、性能、船龄以及其使用情况有较大差异,被保险人仍可以获得比单船保险个别保险费率远为优惠的费率,从而节省整个保险费开支。而且在船队保险中,保险人因为不愿失去船况良好的其他船只保险,往往不得不接受某些在单船保险下所不愿承保的情况恶劣的船只,因而,对于较大规模数量的船只进行保险,船主一般愿采用船队保险形式。
(温世扬)

chuanji
船级(classification of vessel) 船级社或其他验船机构根据船舶用途、技术状况和航行区域授予船舶的技术等级。用符号和标志来表示。按船舶建造规范所建造的船舶或符合合同等技术要求的船舶,经船级社或其他验船机构入级规则的规定检验合格后,即可获得相应的船级。每次获得的船级有效期限为4年。在此期间内,如果船舶未遵守船舶入级规则的规定按期进行技术检验,或者船舶发生海损后影响了具备船级的技术条件,在未经修复并经验船机构检验认可前,其所获得的船级自动失效。当船级有效期限届满后,须重新进行保持船级的检验,合格后即可保持船级。船级具有广泛的意义,如:(1)国际海上运输船舶在办理保险时,保险人根据船级进行保险,给予享受较优惠的保险手续和费率;(2)承运货物时,有船级的船舶可以取得托运人的信任;(3)船舶买卖或租赁中,船级是衡量船舶技术状态的一个方面;(4)某些国家对装运危险货物的船舶,要具有一定的船级才予以认可。
(张琳)

chuanjiazhi
船价制(ship's value system) 海事赔偿责任限制制度的一种。船舶所有人的赔偿责任以航次终了时的船舶价值和运费为限的赔偿责任制度。英国在1734年《乔治法案》中最早采用这一制度,后来在1854年《商船法》中改为采用金额制度。我国台湾地区采用船价制。船价制采用航次制,不论该航次发生几次责任事故,均以船舶价值为限。船价制避免了执行制下的拍卖程序,也不影响债务人对船舶的利用;但是,船价制赔偿手续繁琐,而且船舶估价不仅存在经济和技术上的困难,而且容易造成新的纠纷。船价制与执行制和委付制一样,也不能给受害人以充分合理的保护。

(张永坚 张 宁)

chuansu

船速(ship speed) 船舶在无风、流的静水中单位时间的行驶距离,也称"静水船速"。但是通常船舶不是航行在静水中,而要受风、流因素的影响。所以实践中,需要考虑风、流因素的影响而使用船舶航速。由于有时风或流较大,或者两者共同作用于船,使得船舶航速与静水船速间差距较大。

(张 琳)

chuanyuan

船员(ship's crew) 船上的一切任职人员。海船上的船员包括船长、驾驶员、轮机长、轮机员、电机员、报务员等。船员必须由持有相应适任证书的人担任。

(郭 瑜)

chuanyuan bufa xingwei

船员不法行为(offences of ship's crew) 船员违反法定或者约定的义务,或者侵害他人权利,依法将引起法律责任的行为。船员不法行为包括:(1)采取了导致或者可能导致船、机器、航行设备或者安全设备灭失、毁坏或者严重损失,或者船上人员死亡或严重受伤所应当采取的行为;(2)未采取使船舶、机器、航行设备或安全设备免受灭失、毁坏或严重损失,或者是船上人员免于死亡或者严重受伤所应采取的行为,并且这种行为或失职是故意的或者达到违法或者玩忽职守的程度;(3)故意违抗合法命令;(4)走私,等等。一些国家制定了"船员法",明确船员违法行为的范围和处理规定。中国未制定"船员法",海商法中也没有这方面的条文,但是各船公司均有自己的船员管理规定,以此来规范船员的行为。中国船员在境外违反所在地法律,将受当地法律惩处;如在船舶上违反中国法律的行为,则按中国有关法律规定处理。

(张 琳)

chuanyuan jiuzhu baochou qingqiuquan

船员救助报酬请求权(claim for salvage remuneration of sailor) 指船员在救助成功后向被救助船舶、财产的所有人主张的报酬的权利。一般情况下,船员对船舶的救助属于船员的雇佣合同中所规定履行的义务,同时船员的救助也属于自救的行为,因而一般不享有报酬请求权。但在特殊情况下,如果船员在救助的责任已经解除,如船长已经宣布解散船员或者弃船的情况下继续进行救助并取得救助成效,则船员有权请求救助报酬。

(王 青)

chuanzhu dui lüke zeren baoxian

船主对旅客责任保险(ship owner's liability insurance for passengers) 保险人对被保险船舶在运输过程中发生自然灾害或意外事故,造成船舶上旅客死亡或伤残,依法应由被保险人(船主)承担的经济赔偿责任,承担保险责任的保险。此种保险的保险有效期最长为1年,起止日期以船舶保险单上载明的时间为准。保险责任以每次船舶离开码头开始生效,船舶抵达目的港码头终止。在发生本保险承保的责任事故时,保险人对每位旅客的最高赔偿责任限额为3万元人民币。在保险有效期内,不论发生一次或多次赔偿,每位旅客的赔偿累计以不超过最高赔偿责任限额。发生保险责任范围内的旅客伤亡时,保险人按照旅客的死亡、伤残程度给付全部或部分保险赔偿金。但因为下列原因造成旅客伤亡的,保险人不承担保险责任:(1)战争、类似战争行为、叛乱、罢工、暴动或由于核子辐射所致的旅客伤残、死亡或疾病;(2)旅客因疾病、传染病、分娩、流产所致的本人的伤残或死亡;(3)旅客殴斗、自残、自杀、欺诈或犯罪行为所致本人的伤残或死亡;(4)船主的故意行为或重大过失所致的旅客伤残或死亡。

(邹海林)

chuanzhu dui lüke zeren baoxian tiaokuan

《船主对旅客责任保险条款》(Shipowner' Liability to Passengers Insurance Clauses) 规定船主对旅客责任保险的条款。1996年7月25日由中国人民银行发布,自1996年11月1日起施行。共5条。本条款为《沿海、内河船舶保险条款》的附加条款。其承保责任为保险船舶在运输过程中发生自然灾害或意外事故,造成船舶上旅客死亡或伤残,依法应由被保险人(船主)承担的直接经济赔偿责任。除外责任为下列原因所致的旅客伤残、死亡或疾病:战争、类似战争行为、叛乱、罢工、暴动或由于核子辐射;旅客的疾病、传染病、分娩、流产;旅客殴斗、自残、自杀、欺诈或犯罪行为;船主的故意行为或重大过失。本保险的最高赔偿责任限额为每位旅客人民币3万元。保险有效期最长为1年,起止日期以船舶保险单上载明的时间为准,保险责任以每次船舶离开码头开始生效,船舶抵达目的港码头终止。

(刘凯湘)

chunbijiao guoshi

纯比较过失(pure comparative negligence) 美国侵权法上判断比较过失中当事人是否承担赔偿责任的一种方法,参见比较过失条。

(刘经靖)

chuncui weixian
纯粹危险(pure risk) 只有损失机会而无获利可能的危险,如火灾、车祸、疾病和意外事故等均属于纯粹危险。由于保险是集众人力量对因遭受危险而致损失的个别不幸者进行补偿,而不是对追求投机利益的失败者进行补偿,因此保险人都以纯粹危险为承保危险。

(史卫进)

chunjingji sunshi
纯经济损失(pure economic losses) 不伴有物质损害的经济损失。因碰撞事故给承租人带来的损失属于纯经济损失,各国立法和判例一般不支持对此类损失的赔偿。纯经济损失是否应予赔偿,我国学术界和司法实践中长期存在争论。西方各国的司法实践早就确定了拒赔纯经济损失的判例原则。但近年来,英美判例中出现了背离这一原则的案例。如在 Venore Transportation Company V. M/V Struma 一案中,定期租船合同中规定碰撞修理期间承租人也不能停租,碰撞后承租人对新支付的租金向加害方索赔,得到了法院的支持。

对于纯经济损失,加拿大联邦法院在 Jervis Crown 案中表示,如果下列三个条件得到满足,原告便可以索赔:(1) 侵权者必须知道索赔人作为一个特定的个体很可能遭受损害;(2) 损失的确切性质必须是可预见的;(3) 侵权与损害之间必须有足够程度的因果关系,以致使侵权者在道义上觉得应该补偿受害者。

纯经济损失的概念正式引入国际公约和文件并确认予以赔偿的是 1994 年通过的《CMI 油污损害指南》。《CMI 油污损害指南》第二部分就经济损失和纯经济损失作出了专门性规定。经济损失包括"相继经济损失"和纯经济损失。相继经济损失是指请求权人因油类污染造成有形的财产灭失或损害而遭受的经济损失。相继经济损失原则上可以得到补偿。纯经济损失则是指请求权人遭受的并非由于有形财产灭失或损害引起的经济损失。财产之请求权人依据所有权或占有权而具有法律上认可的任何利益。纯经济损失只有是油类污染本身所引起的方可以得到补偿。仅仅证明损失与引起油污事故之间存在因果关系是不够的。只有污染与损失之间存在合理的近因时,纯经济损失方视为由污染所引起。

在确定近因是否存在时,应考虑各种情况,包括(但不限于)下列情况:(1) 请求权人的活动与污染区之间地理上的距离;(2) 请求权人在经济上依赖于受影响的自然资源的程度;(3) 请求权人的业务活动中在直接受污染影响地区的经济活动中所占的比重;(4) 请求权人自身能减轻其损失的范围;(5) 损失的可预见性;(6) 构成请求权人损失的并存原因的影响。

通常情况下,索赔方不应随意扩大,除非索赔方的收入是依赖于受影响的沿岸或海洋环境进行商业开发,如:(1) 捕鱼、水产养殖及类似行业;(2) 提供诸如旅馆、饭店、商店及相关活动等旅游服务;(3) 海水淡化、制盐、发电站以及依靠水资源进行生产或冷却的类似设置的作为。

索赔方遭受的下列损失不予赔偿:(1) 与环境无关的商业开发的延误、中断以及其他商业损失;(2) 税收损失和公共当局的类似财政收入。如果请求权人经法律认可的权利或利益遭受损害、灭失或侵犯,因而引起经济损失,该损失是可以得到补偿的。此种权利或利益必须只属于请求权人或属于某一合理的有限制的阶层,而不是普通大众。同时,如果经济损失是可以得到补偿的,则请求权人为避免或减少经济损失而采取合理措施的费用也是可以得到补偿的。

为确定合理与否,通常需满足下列条件:(1) 措施的费用是合理的;(2) 措施费用与要避免或减少的损失相适应;(3) 措施是适当的,且有成功的把握;(4) 在市场竞争情况下,措施与实际目标市场相关联。

(张永坚 张 宁)

chunjiuzhu
纯救助(pure salvage) 指船舶遇难后,没有请求外来援救,而救助方自行救助的行为。采用纯救助的形式,救助方与被救助方不需要签订任何救助合同,而且纯救助都实行"无效果、无报酬"原则。当遇险船舶不同意救助方的施救时,必须明确表示拒绝,否则就构成纯救助,如果救助有效果,被救助方必须支付报酬。

(王 青)

chunran shangxingwei
纯然商行为(pure commercial act) 行为分类的一种,与推定行为相对,按大陆法系近代商法指依法可以直接认定的商行为。在商事法律规范健全的国家,大部分商行为由商法一一列举,不需要通过司法推定或事实推定,纯然商行为的范围比较明确。从现代商法理论与实践的状况来看,绝对商行为与相对商行为均属于纯然商行为。就相对商行为而言,商人基于营利性营业目的实施的行为只要以资本增殖为目的,就是现代商行为,从而适用现代商法规则。

(关 涛 梁 鹏)

chunzheng xintuo
纯正信托(pure trust) 参见管理信托条。

cishan shoutuoren

慈善受托人(charitable trustee) 参见公益受托人条。

cishan xintuo

慈善信托(charitable trust) 参见公益信托条。

ciqu jianhu

辞去监护(demission of guardianship) 监护人有正当理由时,法律允许其辞去监护职责。对于正当理由,国外立法或采列举主义,如法国民法、德国民法、瑞士民法;或采概括主义,如日本民法。正当理由通常包括:监护人患病、衰老、为现役军人、子女众多不能顾及、迁居、家庭困难等。监护人辞去监护应经有指定权的机关同意。辞去监护不适用未成年人的父母。《民法通则》对此未加规定。　　　　　　(李仁玉　陈　敦)

congfalü xingwei

从法律行为(secondary lawful act;德 hauptsächliches Geschäft) 以其他行为的存在为前提的法律行为。例如,抵押合同相对于主债务合同来说是从法律行为。区分主法律行为和从法律行为的意义在于:从法律行为具有附随性,主法律行为无效或消灭,从法律行为也随之无效或消灭。　　　　　　　(李仁玉　陈　敦)

congfuju

从夫居(living in the husband's home) 男女结婚后妻子到丈夫家居住的制度,是长期以来流行的一种婚后居住方式,起源于原始社会父系氏族时代,一直延续至今。由母系氏族社会的从妇居演进到从夫居,从此世系按父系计算,财产按父系继承,这是一夫一妻制确立的一个重要标志。在奴隶社会和封建社会中,男娶女嫁是礼制和法律确定的婚姻居住方式。《白虎通·嫁娶篇》曰:"嫁者,家也;妇人外成,以适人为嫁。"所谓妇人生以父母为家,嫁以夫为家,成为丈夫家中的一员。《说文·女部》曰:"嫁,女适人也。"段注:"自家而出谓之嫁,至夫之家曰归。"近代资本主义社会,在相当长的时期里,妻子应以丈夫的住所为住所,即妻从夫居仍然是法定的婚后居住方式。到了当代资本主义社会,除个别国家(如瑞士)以外,大多数国家的法律采取以夫妻协商的方式决定婚后住所的原则。我国《婚姻法》第9条规定:登记结婚后,根据男女双方约定,女方可成为男方家庭的成员,男方也可以成为女方家庭的成员。其实际含义是鼓励男方婚后到女家居住,成为女方家庭的成员。　　　　　　　　　　(张贤钰)

congfuju

从妇居(uxorilocal residence) 也称从妻居,男女结婚后丈夫到妻子家居住的制度,是母系氏族社会流行的一种婚后居住方式,它由"望门居"演变而来,男子从走访妻子过偶居生活改为迁往妻方氏族公社居住。在母系氏族社会中,妇女在生产乃至整个社会经济活动中起着重要作用。随着男子在社会生产中的作用和地位日趋增强,到了父系氏族社会,从妇居逐渐过渡到从夫居婚后居住方式。但其残余影响一直保留到阶级社会。如北美洲的易洛魁人直到近代仍流行从妻居习俗,我国云南省西双版纳的傣族、苦聪人、科木人和思茅地区澜沧县的拉祜族至今仍普遍实行夫从妻居的婚后居住方式。在这类家庭中,夫妻共同主持家政,世系既可按母系计算,又可按父系计算,男女都享有继承权,但多半由女儿继承。根据我国《婚姻法》第8条规定及其精神,登记结婚后,男女双方可以约定,共同选择婚后居住地,鼓励男方婚后到女家居住,成为女方家庭的成员。　　　　　　　　　(张贤钰)

conghetong

从合同(德 Nebenvertrag) 从债的一种。以主合同的存在为前提的附随的合同,如保证合同、抵押合同等。主合同无效,从合同无效,但从合同无效,不当然导致主合同无效。参见从债条。　　　　(张平华)

congquanli

从权利(secondary right) 主权利的对称。指相互关联的两个以上的权利中自身无法独立存在,须以主权利之成立为前提,始能从属的存在的权利。其作用在于担保或增大主权利之效力,故其发生变更或消灭均须随从主权利之命运。如债权为主权利,抵押权、质权为从权利。原本债权为主权利,利息债权为从权利。需役地之土地所有权为主权利,地役权为从权利。　(张　谷)

congshu de qiyue

从属的契约(accessory contract) 又称"从契约"、"附随契约",即从合同,是"主契约"的对称。根据契约相互间的主从关系所作的一种分类。主契约、从契约是相对而言的,没有主契约就没有从契约,没有从契约也就无所谓主契约。从契约决定于主契约。主契约不存在,从契约就不能存在;主契约转让,从契约也不能单独存在;主契约终止,从契约也随之终止。可见从契约不能独立存在,须以主契约有效存在为前提。例如,为担保借款合同的履行而订立的保证合同,借款合同为主契约,保证合同属从契约。其中保证合同以借款合同的有效存在为前提。但是,从契约的存在与否以及是否有效,一

般并不影响主契约的存在及效力。　　（万　霞）

congshu sunshi baoxian
从属损失保险（consequential loss insurance）　火灾保险单内不需要增加保费而可自动获得的一种间接损失保险。主要有以下两项：(1) 火灾或其他保险事故发生后,由于温度改变或其他物质情况变动所致物品的损失；(2) 保险事故使一套物品的部分受到毁损,而使此物的其他部分所受价值减少的损失。　　（温世扬）

congshu zeren
从属责任（dependent liability）　保证人的从属责任指保证人所承担的保证责任的种类数量及性质和时效与被保证人的责任完全相同。首先,保证人责任的数量与被保证人责任的数量相同。如果被保证人的责任中既有票据金额又有追索金额,保证人责任也应承担相同的数量。保证人的责任范围由被保证人的责任范围确定。其次,在责任种类上,如果被保证人为承兑人,则保证人应承担承兑人的责任；如果被保证人为发票人或背书人,则保证人应承担发票人或背书人的责任。再次,被保证人的责任为票据责任,保证人也应承担票据责任,即不得主张先诉抗辩权；同时,保证人的责任与被保证人责任无顺序的差别,在票据权利可以行使后,票据权利人既可向被保证人行使票据权利,也可向保证人行使票据权利。被保证人免除作成拒绝证书的,其免除作成拒绝证书的记载对于保证人也发生效力,持票人无须作成拒绝证书就可向保证人请求付款。最后,在时效方面,票据保证人保证责任的诉讼时效的计算应以被保证人票据责任的时效计算为准,保证责任的时效期间与被保证人责任的时效期间相同。但在保证行为发生前,原有的票据债务已基于时效而消灭的,对保证人不发生效力。　　（王小能）

congwu
从物（appendant；accessory thing）　主物之对称。参见主物条。　　（张　谷）

congwuquan
从物权（subordinary right in rem；accessory real right）是指从属于其他权利而存在的物权。担保物权一般需要从属于债权而存在,因此属于从物权。在某些国家和地区的民事立法上认可有地役权,须从属于需用地所有权的存在而存在,也是从物权。　　（王　轶）

congyiwu
从义务（accessory obligation；德 Nebenpflicht）　主义务的对称。从属于主义务而始存在之义务,例如保证债务。从义务原则上与主义务同其命运,与之共存、共亡,但不无例外。在准保证契约,准保证人对于特定之事件,应独立地负保证责任,例如,对于一定之金额,保证其必为支付；或者知道主合同无效而仍为之提供保证的,主合同被确认无效后,保证人与被保证人承担连带赔偿责任,保证人不得以主义务不存在而为抗辩（最高人民法院《关于审理经济合同纠纷案件有关保证的若干问题的规定》第20条）。又如,担保物权所担保的债权的诉讼时效结束后,担保人在诉讼时效结束后的2年内行使担保物权的,人民法院应当予以支持（最高人民法院《关于适用〈中华人民共和国担保法〉若干问题的解释》第12条）。　　（张　谷）

congzhai
从债（德 Nebenschuldverhältnis）　主债的对称。两项有相互联系的债中不能独立存在而须以主债的存在为存在前提的债。从债对主债往往起着担保作用,其效力决定于主债的效力。从债有附从性,随主债的存在而存在,随着主债的消灭而消灭。　　（郭明瑞）

congzhaiquan
从债权（德 Nebenforderung）　主债权的对称。同一债权人享有的两项债权中不能独立存在而须以主债权的存在为前提的债权。从债权的效力决定于主债权。参见主债权条。　　（郭明瑞）

congzhaiwu
从债务（德 Nebenschuld）　主债务的对称。相互联系的两项债务中不能独立存在,须以他项债务的存在为存在前提的债务。从债务具有从属性,随主债务的存在而存在、主债务的消灭而消灭。从债务的成立时虽不必主债务一定成立,但于从债务履行时必须存在主债务。如保证债务与被保证的债务之间有主从关系,保证债务为从债务,被保证债务为主债务。　　（郭明瑞）

congzhaiwuren
从债务人（accessory debtor）　"主债务人"的对称。在从债的法律关系中承担义务的人。如在为借贷设定的保证之债中充当债务人的保证人。

　　从债务人的权利义务由从债决定,其享有的权利根据各国立法规定主要有三种：(1) 抗辩权。包括权利不发生的抗辩,主债消灭的抗辩,主债务人享有的一切抗辩及检索抗辩权。从债务人的上述各种抗辩不因主债务人抛弃抗辩权而丧失。(2) 求偿权和代位权。从债务人履行债务后取得了对主债务人的求偿权,但其对因自己过错所导致的损失丧失求偿权。另外,清偿后的从债务人还可代位行使主债权人对主债务人的一切权利,称为代位权的行使。(3)责任除去请求权。从债务人还可基于法定原因向主债务人请求除去从债务。

从债务人负担的责任形式有三种:(1)代为履行的责任;(2)连带赔偿的责任;(3)补充赔偿的责任。从债务人可以是一人,也可以是多人,他们之间既可以按份也可以连带承担责任。在没有明确约定时,一般推定承担连带责任。 (万 霞)

cujin jiaoyu de xintuo
促进教育的信托(the trust of advancement of education) 委托人出于促进教育之目的设立,并以将信托财产的本金或收益运用于发展社会教育事业或者资助社会上不特定的人的受教育为内容的信托。它为英信托法确认的一种信托品种,属于公益信托。为美国信托法确立的规制这种信托的规则的基本内容是:由委托人在信托文件中规定需要创办或者应当资助的教育单位或者应当资助的个人的范围和条件;委托人可以在信托文件中为接受资助的单位和个人设置一定约束,但其却不能由此剥夺宪法和法律授予他(它)的各种权利;由受托人执行信托文件中的有关规定,包括通过行使酌情处理权在该文件规定的范围内确定受益人;由受托人通过执行信托创办的教育单位在开展业务活动的过程中既可以免费也可以收费,但其收费必须是出于进一步开展本单位之业务活动即有关教育活动之目的。 (张 淳)

cuigao
催告(summon exhortation) 要求他人确切答复是否承认或追认某一民事行为的意思通知。大陆法系独有的概念。

主要发生在下列情形中:(1)对于无权代理人没有代理权、超越代理权或代理权终止后实施的无权代理行为,相对人有权催告被代理人做出是否追认无权代理行为的确切答复;(2)对于限制民事行为能力人所为的其不能独立实施的双方行为,相对人在法定期间内有权催告其法定代理人作出是否追认其可撤销行为的确切答复;(3)在债的关系中,债权人所作的请求债务人于一定期间内履行义务的一种通知。催告的性质是一种意思通知,有学者视之为准法律行为,因此用法律行为的规定,有的学者视为单独行为的一种。相对人享有的催告他人的权利,称为"催告权",为形成权的一种。

催告须在法定期限由符合法律规定的方式或当事人约定的方式作出,否则不发生法律效力。如果被催告人在法定期限内不作回答,是视为追认还是拒绝追认,各国民法规定并不一致,但多数国家视为拒绝追认,如《日本民法典》第 114 条,《意大利民法典》第 1399 条,都将被催告人的沉默视为拒绝追认。一般认为,被催告人在法定期限内不作回答还包括回答不明确和回答在法定期限之后两种情况。在债权债务关系存在的场合,债权人对债务人发出履行义务的通知,一般出现在两种情况下:一种情况是合同明确规定了履行日期,清偿期届满后债务人仍未履行债务,债权人向债务人所作的催告;第二种情况是合同没有明确规定履行期,债权人须以催告形式规定一个履行期限,债务人至催告期满仍未履行义务则视为迟延履行,从而承担相应的责任。

在债关系中催告的作用体现在:(1)自催告生效或催告期届满之日起,由违约方承担其不履行的法律责任;(2)债权人可依此请求法律救济;(3)催告日是确定损害赔偿数额及相应利息的依据。

在各种催告情形中,关于催告的方式,法国民法要求以书面形式作成,债务催告还须以法警送达债务人。德国民法则不要求任何特定方式,书面方式或口头方式均可,但要求须送达给被催告人。我国法律也有关于催告的法律规定,如《合同法》第 47 条规定:限制民事行为能力人订立的合同,经法定代理人追认后,该合同有效,但纯获利益的合同或与其年龄、智力、精神健康状况相适应而订立的合同,不必经法定代理人追认。相对人可以催告法定代理人在 1 个月内予以承认。法定代理人未作表示的,视为拒绝追认。合同被追认之前,善意相对人有撤销的权利。撤销应以通知的方式作出。《合同法》第 48 条对于代理权的追认也规定了相似的内容。《合同法》第 94 条中规定"当事人一方迟延履行主要债务,经催告后在合理期限内仍未履行"的,另一方可以解除合同。值得注意的是,我国许多的法律条款中,常使用"通知"、"要求"等词汇,其内容与催告制度并无太大差异,只不过名称不同而已。但是,我国《民事诉讼法》中所规定的公示催告制度与催告的性质和内容是大相径庭的,两者不可混淆。催告制度不仅能够结束某些法律行为不稳定状态的存在,保护相对人利益,同时对减少纠纷、维护交易安全和稳定社会经济关系也起到了积极的作用。 (万 霞)

cuigao kangbianquan
催告抗辩权(right of defence to summon exhortation) 日本民法中规定的保证人抗辩权的一种。规定在《日本民法典》第 451 条中:债权人请求保证人履行债务时,保证人可以请求先向主债务人进行催告。但主债务人受破产宣告或去向不明时,不在此限。由此可见,其内容是:当债权人请求保证人履行所保证的债务时,保证人可要求其先向主债债务人进行催告,在催告未果的情况下保证人才承担其保证的责任。如果债权人未催告或未及时催告,保证人可以此为抗辩事由,在债权人怠为催告而未能受偿的债务限度内免负相应义务。但在下列三种情况下保证人无此抗辩权:(1)主债务人受破产宣告;(2)主债务人去向不明;(3)保证人与主债务人承担连带责任。催告抗辩权与检索抗辩权(或称先诉抗辩权)都是保证人特有的权利,并且一般催告抗辩权先于检索抗辩权而发生,在催告抗辩权行使过程中,如保证人有充分理由证明主债务人有可供履行义务的财产和能力时,即可主张检索抗辩权,要求对主债务人先行强制执行。我国民法中未明确规定催告抗辩权。但最高人民法院《关于适用〈中华人民共和国担保法〉若干问题的解释》第24条规定:一般保证的保证人在主债权履行期间届满后,向债权人提供了债务人可供执行财产的真实情况的,债权人放弃或者怠于行使权利致使该财产不能被执行,保证人可以请求人民法院在其可供执行财产的实际价值范围内免除保证责任。 (万 霞)

cunli qijian
存立期间(existing period) 法人自成立时起至终止时止依法持续具有权利能力和行为能力的期间。存立期间为大陆法系各国民法上的概念。根据不同国家民法的规定,某些法人于设立时需注册登记存立期间。如我国《中外合资经营企业法》规定的服务性行业、房地产开发企业等五类合营企业必须在合营合同中约定合营期限即属此类。凡法人设立时规定有存立期间的,期限届满将导致法人资格消灭,但按照各国法律规定,此类法人在存立期间届满前通常可依法申请延长该期限,如我国《中外合资经营企业法》规定,合营各方同意延长合营期限的,应在距合营期满6个月前向审查批准机关提出申请。 (李仁玉 提爱莲)

cunxu qijian
存续期间(period of existence) 法律上某种事实或权利关系持续存在的期间。它应具备两个条件:(1)要以法律规定的一定事实状态或权利义务关系的存在为基础。(2)特定的事实状态或法律关系必须持续一定的时间,即不间断的经过法律规定的期间。二者结合,才构成存续期间,产生特定的法律后果。例如,特定当事人的婚姻存续期间须以持续存在的婚姻关系为基础。如,当事人离婚,即婚姻存续期间结束,则双方在法律上的配偶关系完结,同时发生相应财产关系等的变更。 (李仁玉 齐 菲)

cuowu
错误(error) 表意人为表意时,因认识不正确或欠缺认识,以致内心的真实意思与外部的表现行为不一致。错误分为意思的表示错误和意思的受领错误,前者为主动型错误,后者为被动型错误。被动型错误又被称为误解。法律行为的错误具体可以分为表示行为的错误和表示内容的错误。法律行为的错误意味着行为本身没有表达出当事人的真实意思,而意思表示的真实性乃是法律行为法律效力的一项基本要件,因此,各国民法上都规定了错误对法律行为效力的影响。在大陆法系,民事法律行为的错误符合法律规定的要件的,当事人享有撤销法律行为的效力。

错误的构成要件是:(1)错误是由表意人自己的原因造成的;(2)表意人的内心真意与表示不一致;(3)表意人不知其内心真意与表示不一致;(4)错误必须具有严重性,即足以影响表意人决定为意思表示;(5)错误是否存在,以意思表示成立之时为决定标准。

错误与相关概念:(1)错误与虚假表示。错误与虚假表示和伪装表示在意思表示上都是非真实的,但错误是无意识的非真意表示,后者是有意识的非真意表示。(2)错误与不知。不知是指欠缺真实的观念,而错误是以不真实的观念代替真实的观念。全无正当认识的不知,其效力与错误相同。(3)错误与意思不一致。错误因一方表意人之意思表示而生,不一致即不合意,指双方当事人的意思表示不相符。意思表示基于错误的,可撤销;意思不一致的,不存在撤销问题。(4)错误与误解。错误是指表意人在意思表示成立时之误;误解是指受领人于了解意思表示时之误。依多数国家法律规定,误解对意思表示的效力不生影响。

关于错误的种类,大陆法系国家或地区的民法规定中主要有:(1)表示内容中的错误,其中包括法律行为种类或性质的错误,如把借贷当赠与;标的物本身的错误,如误以出租甲屋为出租乙屋;标的物价格、数量、履行期、履行地点的错误;当事人本身的错误,如误把甲当做乙而订立合同。(2)表示行为中的错误,即表意人对所要表示的事物有认识,但在表示时出现错误,如误写。(3)动机错误。一般情况下,动机错误不为影响意思表示生效的因素。

关于错误意思表示的效力,表示主义认为错误不影响意思表示的效力,意思主义认为错误的意思表示无效。通说认为,意思表示的内容有错误或表意人若知其事情即不为意思表示,表意人可将其意思表示撤销。

《民法通则》并未直接规定错误,而规定了行为人对行为内容的重大误解。重大误解包含了错误和误解两个概念,包括了表意人的认识和表达错误,相对人的理解和表达错误,以及表意人的错误陈述(非欺诈)等情形。 (李仁玉 刘经靖 陈 敦)

D

dadu

打赌（wagering contract） 当事人之间订立的，对未来某一不确定的事件持相反的意见，并以事件是否发生来决定财物得失的合同。按照打赌合同，失败的一方应当向预测正确的一方支付一定的报酬。打赌与赌博都被称为幸运合同，以与合法的射幸合同相区别。二者的区别为打赌输赢的结果是客观确定的，当事人一般无法干预，而赌博则由于往往借助某种游戏规则，故其输赢往往受当事人赌技的影响；打赌的形式简单、直接，而赌博的形式往往具有连贯性和复杂性。对于打赌订立的合同的法律效力，各国民法多不予承认，但是，因打赌产生的"债务"在实际履行之后则一般不得要求返还。当事人为了将赌债合法化而将其更改为金钱债务的，属于以合法形式掩盖非法目的的行为，应属于无效行为。因赌债而设定的担保因违反法律禁止性规定而无效，但于担保实际执行后，当事人即不得请求返还。 （刘经靖　张平华）

dalao qingchu

打捞清除（salvage） 指对沉船、沉物及其残骸所进行的捞取、清理的活动。在英美法国家中，此概念包含在救助中，不对二者加以区分。我国的海商法也没有对其加以区分。但在大陆法国家，将船舶或者货物仍处于原占有人控制之下的救助行为称为"救助"，而将船舶或者货物已经不处于原占有人控制之下的救助行为称为"捞救"。我国的《管理沉船打捞办法》对打捞清除作出了相应的规定：对影响安全航行、航道整治以及有潜在爆炸危险的沉没物、漂浮物，其所有人、经营人应当在主管机关限定的时间内打捞清除。否则，主管机关有权采取措施强制打捞清除，其全部费用由沉没物、漂浮物的所有人、经营人承担。同时该条规定不影响沉没物、漂浮物的所有人、经营人向第三方索赔的权利。未经主管机关批准，不得擅自打捞或拆除沿海水域内的沉船沉物。 （李洪积　王　青）

dafaguan jianyue

大法官简约（拉丁 pacta praetoria） 罗马法独立简约的一种。在罗马法早期，独立简约本不受法律保护，后来大法官对当事人订立的一些常用的简约，根据诚信原则，允许违约的相对方可以提起事实诉，以维护其权益。这些独立简约主要有宣誓简约、债务履行简约、设定抵押简约和负责简约四种。宣誓简约是指双方当事人对权利义务有争执时，约定在神面前用宣誓的方式加以解决；履行债务简约是指约定由当事人一方承担在确定的时间内向对方清偿债务的协议；设定抵押简约是指当事人为担保债权而不移转担保物的所有权和占有的约定；负责简约是当事人约定由一方负责为对方处理某项事务的协议。大法官对三种负责简约赋予了法律效力，包括"银行商负责简约"、"仲裁负责简约"、"店主对旅客的负责简约"三种。 （刘经靖）

dafu shouju

大副收据（mate's receipt） 又称收货单，指当托运人将准备装船的货物送到码头，并由承运人或其办理运输的代理人收讫备运，该承运人或其代理人主要是船上大副根据装载货物的实际情况向托运人签发的一种单证。大副收据确认收到货物并记载货物的数量和状况，而且也可能记载托运人或货主的名称。由于大副收据是签发提单的重要依据，而且依照法律规定，承运人从货物装上船时起即承担对货物的责任，所以在装货的过程中，大副必须将货物的实际情况与装货单的记载进行细致核对。只有大副收据的收受人或占有人，才有权要求将提单签发给他。大副收据在一般情况下并不是已装船货物的物权凭证，不可以向第三人转让或为第三人创造针对承运人的权利。 （张　琳）

daizhang

呆账（doubtful debts） 可能无法回收而成为将来损失的债。在会计处理上，往往需要为此提供呆账准备金。 （杜　颖）

daibanquan

代办权（commission right） 由本人授予代办商的在一定区域内代为处理一定事务的权利。对于第三人而言，就其所代办事务，代办商有进行一切必要行为的权利。德国商法认为，代办商的代理权可及于该营业经营或者该行为实行所伴随的一切行为。而依瑞士债务法，代办商的代理权及于其营业经营或其事务，在通常情况下，其有权采取一切必要的行为，仅以通常情况下的必要为限；对于非常必要的行为，只有经理人有权行使。至于何为通常伴随的行为，应依时间、空间及营业部门的观察而定，如对于货物的检查、提出异议或者承认的行为即属于伴随的行为。 （李成林）

daibanshang

代办商(commercial agent; commission merchant) 非经理人而受商号的委托,在一定的场所或一定范围内,以该商号的名义,办理其事务的全部或一部分的独立代理人。德国商法最初创立了代办商制度,"agent"的本意是指商业上的辅助人,商业代理、行纪、居间都属此类。德国商法认为,与一定的商人有连续关系的独立的代理人是代办商。委托人须为商号所有人,受委托的他人才能为代办商。不为商号所有人,无权任命代办商。代办商应是独立的营业人,这与商业使用人不同。因代办业为商业,所以经营此业为独立的行业,代办商可以是自然人,也可以是公司。代办商应于一定场所或一定区域内为商号办理事务的一部或全部。没有场所,无法代理事务,而代办商的权限仅限于一定的区域,超出该授权范围应视为无效。代办商应该经常为一定商号办理事务。所谓一定商号,可以是数个商号。代办商经常为一定商号办理事务,应保持及增进该商号的营业利益。而居间人则往往为商号作某项工作,一般无经常的服务。对于代办商,应对于代理范围内的货物或工业产品,负责介绍或代理贩卖,努力调查商情,寻找顾主,与同业竞争,而居间人则仅限于土地、证券、船舶等的情况调查,为一定的商号或临时的商号代理或媒介。代办商对外应以商号的名义办理事务,这使其与行纪区别开来。代办商与本人之间属经常代理或媒介的合同关系,即代办商合同关系。代办商合同属双务合同,代办商负有向本人经常介绍或缔约的责任,以保持本人的利益,而本人负有支付佣金的义务。关于该双务合同的性质,学理上有委任说、承揽说及雇佣说等。

代办商的种类 一般将其分为媒介代办商、坐地代办商、总代理商等三种。然依其活动对象不同又可分为货物代办商、保险代办商、对物信用代办商、运送代办商、输出代办商、定线航运代办商、输入代办商等。

代办商的权利和义务 本人与代办商之间属委托关系,除合同特别规定的外,可适用委托及代理的规定,如双方均为商业主体也可适用商人之间留置权的规定(我国台湾地区《民法》第929条)。(1)代办商的义务主要是,应以善良管理人的注意处理代办事务,对于相对人的资历、信用、交易的条件以及其他市场的状况应当掌握、应不断努力为本商号的利益而为代理或媒介;应就其代理的事务随时向本商号报告其处所或区域内的商业状况,其所做交易的情况;由于代办商是为本人利益的,自己虽也获利,但终不能违背本人的利益,因此与经理人一样地负有不能进行同业竞争行为的义务。(2)代办商的权利主要是可以依照合同,要求给付报酬以及偿还为处理代办事务所支付的费用。报酬的数额,如无约定,则应依照习惯而定;若既无约定又无习惯,则依事务的重要程序及数量的多少而决定其报酬的多少。关于报酬请求的时间,代办商应于第三人履行了合同后,请求本人支付报酬,但代办商负有担保第三人履行的义务时,其报酬的请求权自合同订立时起有权行使。

本商号的义务 依照德国商法的规定,本商号负有向代办商提供必要的样本、图画、价目表及交易条件的义务,也负有及时通知代办商一些处理意见的义务。对于代办商所媒介或无权代理订立的合同,负有无迟延承诺或拒绝承认的义务。

代办关系的消灭 没有明确期限的代办关系,双方都可随时终止。有期限的代办关系,则因期限届满而终止。但如有特殊情况,如当事人一方死亡或代办商不诚实、长期患病等,代办关系也不得消灭。

(李成林)

daibanshang qiyue

代办商契约(contract of commercial agent) 指设立、变更、终止代办商法律关系的协议。代办商对被代理的委托人在法律上享有的权利和负担的义务首先取决于代办商契约。代办商契约的内容必须符合法律规定,否则不生效力。代办商契约的主体双方是特定的代办商和委托其处理商业事务的企业主,标的是企业主要求代办商所为的特定商行为。代办商契约的内容主要表现为代办商的权利和义务。代办商的义务主要有三方面:第一,必须尽力促成交易,保护委托人的利益;第二,必须将每一笔交易的情况及时告知委托人;第三,代办商的活动不得超越代理权限,必须为委托人保守商业秘密,不得违背委托人的意志,忠实履行义务。代办商的权利主要是佣金请求权,获得代理活动支持权和行使商法中的留置权(参阅代办商)。代办商契约关系变更和终止的原因,适用商法的有关规定,例如因情势变更而变更或解除代办商契约,代办商契约得因契约期限届满,代办商死亡,企业破产等而终止。如果缔结契约时未约定该契约的有效期限,法律规定的解约期限就尤为重要,我国目前尚无此类规定。《德国商法典》第89条对此作了明确的规定,如果契约关系达成时未规定其有效期限,那么在契约生效的最初3年内,解约期限为6个月,并且应在一个季度结束时作出解约通知;契约缔结3年之后,契约关系解约期限为3个月,并在一个季度结束时作出解约通知。另外,在德国商法中还有一种解约的特殊重要原因,即缔约人在缔约之前对于解约时间不可能预见到,并且解约是由于解约人主观愿望以外的其他原因所致。例如代办商根据顾客订货与某企业主签订代理契约,若由于代办商的过失在记录顾客订货时发生误差,或记错了数量,或记错了品种、规格,代办商于签订代理契约后

发现时,则他可以即时解约。当然,代办商应为其解约所造成的损失负责。 （关 涛）

daibanshang quan

代办商权(right of commercial agent) 代办商的权利,即指代办商对委托人所享有的权利。主要包括三个方面的内容:第一,代办商享有佣金请求权。委托人必须就代理商所提供的劳动或者活动作出对待给付,佣金根据代理行为的不同可分为销售佣金、代收佣金和代付佣金三种,销售佣金是促成交易而收取的报酬;代收佣金是为被代理委托人收取款项而应获得的劳务报酬;代付佣金是代办商因自己提供担保而收取的报酬。第二,代办商有权要求委托人向自己提供有关的必要资料和情报。第三,代办商基于已享有的请求权,对委托人提供给他的资料享有留置权。 （关 涛）

daichang quhuiquan

代偿取回权(right of retrieval for compensation) 又称"赔偿取回权"。破产程序优先权中取回权的一种。破产人或破产管理人将属于他人的财产转让或灭失时,财产所有权人享有的要求取回已转让的财产或赔偿财产损失而不必通过破产程序的优先权。

代偿取回权通常发生在三种情况下:(1) 在破产宣告前,破产人将具有一般取回权的财产转让给他人;(2) 在破产清算程序中,破产管理人将非属破产人的财产转让他人;(3) 因破产管理人的过失造成了他人的财产标的物的灭失。在上述情形中,财产所有权人称为取回权人,受让财产的第三人称为受让人。

代偿取回权是为保证财产所有权人及时取回其所有物或及时获得相应的对原物损失的补偿而设立的。它因不同于破产程序中的一般债权而具有优先的效力,适用特殊的规定。当受让人未向破产人或破产管理人为对待给付时,取回权人有权要求受让人向自己履行对待给付。当受让人已向破产人或破产管理人履行对待给付时,取回权人则可采取下列补救措施:(1) 当破产人在破产宣告前或破产管理人在破产宣告后已接受对待给付时,取回权人有权要求他们交回已接受的对待给付财产,如果此财产已被再次转让,取回权人仍可向受领此给付财产的新受让人要求交付。(2) 当破产人在破产宣告后已接受受让人的对待给付时,取回权人可作为债权人以所损失财产的价值总额优先从破产债权中受偿,此时取回权人的取回权即告消灭。通常代偿取回权产生在对待给付为非金钱的特定物时,如对待给付为金钱时,由于无法与其他破产财产区别,取回权人则以破产人或破产管理人不当得利为由,作为债权人要求优先清偿。 （万 霞）

daili

代理(agency) 代理人依据代理权,以被代理人的名义与第三人实施民事法律行为,而后果由被代理人承担的法律制度。其含义有二:(1) 代理是一种法律关系。(2) 代理是民事法律行为。

代理制度是商品经济发达的产物。在罗马古法中没有代理的概念,原因有二:(1) 古代人为法律行为,须当事人亲自履行特定形式,否则其行为无效;(2) 古罗马为奴隶制国家,实行家长制、宗族制,家主和家长可以任意驱使奴隶或者家属,奴隶或者家属为民事行为所得的利益,直接归属于家主或家长,不存在委托他人为代理的必要。直至优士丁尼安的《国法大全》也未形成完整的代理制度。1804 年的《法国民法典》开始确认代理,但代理与委任混淆不清。代理制度的正式形成为 1896 年的《德国民法典》,该法典第 164 条规定,代理人在其代理权限内以被代理人名义所作的意思表示直接为被代理人和对被代理人发生效力。无论是明确表示以被代理人名义所作的意思表示,还是根据情况可以断定以被代理人名义所作的意思表示,均无区别。该条规定浓缩了代理的本质特征,为后世许多国家民法典所沿用。《德国民法典》规定的代理既包括显名代理,即直接代理,也包括隐名代理。德国、日本等大陆法国家在商法典中依据商行为的特征亦规定了隐名代理。在英美法中,代理包括显名代理和隐名代理。我国《民法通则》规定的代理为显名代理,而未包括隐名代理。但《合同法》第 402 条和第 403 条规定了隐名代理。

代理的特征 (1) 代理人在代理权限之内实施代理行为。代理人进行代理活动的依据是代理权,因此,代理人必须在代理权限内实施代理行为。委托代理人应根据被代理人的授权进行代理。法定代理人或指定代理人也只能在法律规定或指定的代理权限内进行代理行为,但是,代理人实施代理行为时有独立进行意思表示的权利。为了很好地行使代理权和维护被代理人的利益,代理人可以在代理权限内根据具体情况为意思表示,完成代理事务。(2) 代理人以被代理人的名义或为了被代理人的利益实施代理行为。依《民法通则》第 63 条的规定,代理人应以被代理人的名义实施代理行为。代理人如果以自己的名义实施代理行为,这种行为是自己行为而非代理行为。代理人只能以被代理人的名义进行代理活动,才能为被代理人取得权利、设定义务。但依《合同法》规定,为了被代理人的利益,代理人以自己的名义所为的民事法律行为亦为代理行为。(3) 代理行为是具有法律意义的行为。代理是一种民事法律行为,只有代理人为被代理人实施的能够产生民事权利义务的行为才是代理行为,如代签合同。而代友请客则不属于民法上的代理行为,不在双方当事人之间产生权利、义务关系。(4) 代理行为直接对被代理人发生效力。代理人在代理权限内以被代理人的名义实施的民事法律行为，相当于被代理人自己的行为，产生与被代理人自己行为相同的法律后果。因此，被代理人享有因代理行为产生的民事权利，同时也应承担代理行为产生的民事义务和民事责任。

代理的适用范围 《民法通则》第63条第1款规定：公民、法人可以通过代理人实施民事法律行为；同时该条第3款又规定：依照法律规定或者按照双方当事人约定，应当由本人实施的民事法律行为，不得代理。通说认为，代理的适用范围包括：(1) 代理各种民事法律行为。这是最普遍的代理行为。如代签合同、代理履行债务等。(2) 代理实施某些财政、行政行为。如代理专利申请、商标注册，代理缴税，代理法人成立、变更、注销登记等。(3) 代理民事诉讼行为。《民事诉讼法》规定了诉讼代理行为，这是当事人实现和保护其民事权利的重要方式。后两项代理的内容不是民事法律行为，是广义的代理，原则上适用民法上代理的有关规定。

尽管代理的适用范围很广，但还是受法律规定和当事人约定的限制。具体包括：(1) 具有人身性质的民事法律行为不得代理。具有人身性质的民事法律行为因为人身属性的原因，所以不能适用代理。例如，立遗嘱、解除婚姻关系、作者履行约稿合同、剧团履行演出合同等行为。(2) 被代理人无权进行的行为不得代理。代理人所代理的行为必须是被代理人有权进行的，这是代理行为的前提。内容违法的民事行为和侵权行为都不能代理，不产生代理权和代理后果。(3) 双方当事人约定应由本人亲自实施的民事行为不适用代理。双方当事人约定必须由本人亲自实施的行为，必须遵从约定，不适用代理。如加工承揽合同中，如果约定必须由加工人亲自完成全部加工承揽任务，那么加工人就必须亲自工作而不能委托他人代为完成。

代理的意义 表现为两个方面：一是扩大民事主体的活动范围。民事主体从事民事行为，主观上受知识和认识能力的限制，客观上受时间和空间的限制，因此不可能事必躬亲，特别是法人仅靠法定代表人实施民事行为，法人的业务将大受限制。代理的制度价值就在于克服民事主体在知识、认识水平、时间、空间等方面的局限性，使民事主体的权利能力得以实现。二是补充某些民事主体的行为能力的不足。无民事行为能力人和限制民事行为能力人不能或完全不能通过自己的行为，以自己的意思为自己设定权利、履行义务，而代理能使这类民事主体的行为能力得以补充。

代理与相关概念 (1) 代理与传达。传达是指传达人传送表意人已确定的意思表示，传达人不为自己的意思表示。代理与传达的区别意义在于：第一，传达人不必有行为能力，而代理人必有行为能力，如七岁小孩可为传达人。第二，传达人传达不实，本人可以撤销，但由此造成的损失由本人承担。代理人因自己的过错给被代理人造成损失的，代理人通常承担民事责任。(2) 代理与代表。法人组织必有代表人，如公司的董事长是公司法人的法定代表人。区分代表与代理的法律意义在于：第一，代表人与法人是民事主体内部的法律关系，是一个民事主体；代理人与被代理人是两个民事主体间的关系，是两个独立的民事主体。第二，代表人为法人实施民事法律行为即为法人的民事法律行为，不发生效力归属的问题；代理人的行为不是被代理人的行为，仅其效力归属于被代理人。第三，代表人为法人所为的行为，包括民事行为和事实行为，均为法人行为；代理人为被代理人仅得为民事法律行为。(3) 代理与行纪。行纪是指行纪人以自己的名义为委托人从事贸易活动。区分代理与行纪的意义在于：第一，行纪人是以自己的名义为民事法律行为；代理人是以被代理人的名义为民事法律行为。第二，行纪的后果直接归属于行纪人，然后由行纪人移转于委托人；代理的后果直接归属于被代理人。第三，行纪必为有偿法律行为；代理不以有偿为要件，如监护人代理被监护人实施民事法律行为。第四，代理是独立的民事法律制度；行纪是一种具体的合同关系，属于债的组成部分。(4) 代理与委托。委托是委托人与受托人之间为处理受托事务的合同关系。区分委托与代理的法律意义是：第一，委托不直接涉及第三人，代理涉及三方当事人。第二，委托是产生一切委托事务的基础，如代理、行纪、居间均由委托产生，委托合同是一种基础合同。委托解决委托人与受托人之间的权利义务关系问题，代理重点解决代理后果的归属问题。第三，代理是一种独立的民事法律制度，委托是一种具体的合同关系。(5) 代理与代位权。代位权是指债务人怠于行使对他人的到期债权，损害债权人利益时，债权人为保全债权，代位行使债务人的权利。区分代理与代位权的意义在于：代位权是债权人的固有权，债权人可以以自己的名义行使，无须取得债务人的同意，而代理人进行代理行为以取得代理权为前提。

代理的分类 (1) 根据代理权产生根据的不同，《民法通则》将代理分为：委托代理、法定代理和指定代理。(2) 根据代理适用的法律规范的不同，代理可分为民法上的代理与诉讼法上的代理。(3) 根据代理权限的不同，代理可分为一般代理和特别代理。(4) 根据代理权属于一人还是多人，代理可分为单独代理和共同代理。(5) 根据代理权是由被代理人授予，还是代理人转托，代理可分为本代理和再代理。(6) 根据代理人是否以被代理人的名义，代理分为隐名代理和显名代理。(7) 根据代理人是否处于主动地位，代理分为积极代理和消极代理。(8) 根据代理人有无代理权,代理可分为有权代理和无权代理。

(李仁玉 陈敦)

daili de zhongzhi
代理的终止(termination of agency) 代理关系消灭,代理人不再具有以被代理人名义进行民事活动的资格,又称代理权的终止。《民法通则》第69条、第70条规定了代理权消灭的原因。

委托代理权的消灭原因。(1) 代理期间届满或者代理事务完成。期限届满或事务完成的时间,有代理证书的依代理证书,无代理证书或代理证书记载不明的,依委托合同。授予代理权时未明确代理期间或者代理事务范围的,被代理人有权随时以单方面的意思表示加以确定。(2) 被代理人取消委托或者代理人辞去委托。委托代理关系存在的基础是代理人和本人的相互信任,一旦双方这一基础消失或客观上不需要委托,亦应允许当事人双方解除代理关系。取消或辞去委托行为均属单方法律行为,一方当事人一旦作出这种意思表示并通知对方当事人,就可以使代理关系终止。代理权的取消或辞去都应事先通知对方,否则将承担由此造成他方损失的赔偿责任。(3) 代理人死亡。代理关系是一种具有严格人身属性的民事法律关系。代理人死亡,使代理关系失去了一方主体,失去了代理关系中双方彼此信赖的主体要素。故代理人死亡,代理权随之消失,而不能以继承方式转移给继承人。《民法通则》没有规定被代理人死亡是引起委托代理关系终止的原因。在我国司法实践中,被代理人死亡后有下列情形之一的,委托代理人实施的代理行为有效:代理人不知道被代理人死亡的;被代理人的继承人均予承认的;被代理人与代理人约定到代理事项完成时,代理权终止的;在被代理人死亡前已经进行,而在被代理人死亡后为了被代理人的继承人的利益继续完成的。可见被代理人的死亡并不当然引起委托代理的终止。(4) 代理人丧失民事行为能力。代理人的义务是代替本人很好地为民事法律行为,如果代理人丧失民事行为能力,也就丧失了代理他人实施民事法律行为的能力,其代理权自应随之消灭。(5) 作为被代理人或者代理人的法人终止。代理权存在的基础是代理人和被代理人双方主体的存在。法人一经撤销或解散,便丧失了作为民事主体的资格。因此,法人不论作为代理人还是被代理人,一旦自身消灭,其代理权亦归于消灭。

法定代理权、指定代理权的消灭原因。(1) 被代理人取得或者恢复民事行为能力。在被代理人取得或恢复民事行为能力的情况下,代理权自动消灭。例如,未成年人满18周岁或精神病人恢复精神健康等。(2) 被代理人死亡或者代理人死亡或者代理人丧失民事行为能力。法定代理人和指定代理人与被代理人之间存在一定的身份关系,具有严格的人身属性,一旦这种关系不存在或出现代理人自己丧失代理能力,则代理关系终止,代理权消灭。(3) 指定代理的人民法院或者指定机关取消指定。指定代理权的依据是人民法院或指定机关的指定。人民法院或指定机关取消指定,指定代理权自然消灭。(4) 其他原因。例如,监护人不履行监护职责或者侵害被监护人合法权益,人民法院可根据有关机关或有关人员的申请,取消监护人资格,代理权亦随之消灭。再如收养关系的解除,收养人与被收养人之间的监护关系亦随之消灭,则代理资格丧失、代理权消灭。

(李仁玉 陈敦)

daili guanxi
代理关系(agency relation) 因代理行为而产生的民事法律关系。在代理关系中,有三方参加人,涉及三方面的法律关系:即代理人与被代理人之间基于委托授权或法律直接规定而形成的代理权关系;代理人依据代理权与第三人之间的代理行为关系;被代理人与第三人之间因代理行为而形成的民事法律关系。其中,前一种关系为代理的内部关系,后两种关系为代理的外部关系。代理的内外部关系是有联系的、不可分割的。代理的内部关系是代理的外部关系得以产生和存在的前提,而代理的外部关系则是代理的内部关系的目的和归宿。

(李仁玉 陈敦)

daili muqin
代理母亲(substitute mother) 参见人工生育子女条。

(马忆南)

dailiquan
代理权(agent's authority) 代理人基于被代理人的意思表示或法律的直接规定或有关机关的指定,能够以被代理人的名义为意思表示或受领意思表示,其法律效果直接归于被代理人的资格。代理权是代理制度的核心内容。

关于代理权的性质,在学理上有以下主张:(1) 否定说。此说为法国学者首先提出,其理由是,代理不过是特定法律关系如委任关系的外部效力,并非独立的制度,也无所谓代理权。受此影响,《法国民法典》只规定委任制度,而未规定严格意义上的代理制度。委任所发生的只是委任人与被委任人之间的法律关系,并不存在独立于委任关系的代理权。这种学说由于未认识到代理与委任行为的区别,现在已无学者采用。(2) 权力说。此说为德国学者所提出。该说认为代理权是一种法律上之力。代理人的权力不是由被代理人授予的，而是由法律授予的，只是由于被代理人和代理人的行为使法律规则发生作用，其结果是代理人得到了这种权力。我国学者多不赞同这一学说，理由是民事主体之间的法律地位是平等的，当事人之间不可能存在任何权力。(3) 权利说。此说认为代理权是一种民事权利。但属何种民事权利，有的认为它是一种特殊的民事权利，是人的民事权利能力的表现；有的认为它是形成权；有的认为它是一种财产管理权；有的认为它是一种民事权利，但不是一种独立的民事权利，具有依附性和他主性。此说在我国学者中也少有赞同者。理由是，权利总是与某种利益相联系的，而代理权并不包含任何利益。在有偿代理中，代理人取得报酬是基于委托合同取得的，而不是基于代理权取得的；在无偿代理中，代理人行使代理权并不获得任何利益。代理权无任何利益可言，代理行为的结果，直接归属于被代理人，对代理人而言并非权利。(4) 通说。通说认为，代理权并非权利，而是一种资格和地位。理由是，代理权从本质上说只是一种资格，代理人取得代理权只是意味着他得以被代理人的名义与第三人进行民事活动，其行为后果直接归属于被代理人。

代理权的发生，即代理权发生的原因，依《民法通则》及相关法律规定，代理权的发生原因包括：(1) 基于法律规定而发生。这是法定代理权的发生原因。依《民法通则》第 16 条的规定，未成年人的父母因具有监护人身份而成为未成年人的代理人，其监护人身份是依法律规定产生法定代理权的法律事实。(2) 基于人民法院或其他机关的指定而发生。这是指定代理权的发生原因。依《民法通则》第 21 条规定，人民法院为失踪人所指定的财产代管人，在不损害失踪人利益的范围内享有指定代理权，如清偿失踪人的债务。(3) 基于被代理人的授权行为而发生。这是委托代理权的发生原因。所谓授权行为，是指被代理人对于代理人授予代理权的行为。在实践中，授权行为常与某种基础法律关系相结合。这类基础法律关系包括委托合同关系、合伙合同关系、劳动合同关系及企业内部组织关系等。(4) 依"外表授权"而发生。这是表见代理的代理权发生原因。所谓外表授权，是指具有授权行为之外表或假象，而无实际授权的事实。依《合同法》第 49 条规定：行为人没有代理权、超越代理权或者代理权终止后以被代理人名义订立合同，相对人有理由相信行为人有代理权，该代理行为有效。代理人没有实际的代理权，但法律为维护交易安全、公平和善意第三人的利益，承认外表授权是发生代理权的法律事实。

(李仁玉 陈敦)

代理权的行使(exercise agent right) 代理人在代理权限范围内，以被代理人的名义独立、依法有效地实施民事法律行为，以达到被代理人所希望的或者客观上符合被代理人利益的法律效果。根据《民法通则》和有关司法解释的规定，代理人在行使代理权的过程中应当遵循以下原则：(1) 代理人应在代理权限范围内行使代理权，不得无权代理。《民法通则》第 63 条第 2 款、第 64 条第 2 款都规定代理人应当在代理权限内进行代理行为，完成代理任务。代理人只有在代理权限范围内进行的民事活动，才能被看做是被代理人的行为，由被代理人承担代理行为的法律后果。(2) 代理人应亲自行使代理权，不得任意转托他人代理。在委托代理中，代理人与被代理人之间，通常具有人身信赖关系。代理人应亲自行使代理权，不得任意转托他人代理；在法定代理中，代理人与被代理人之间多为亲属关系或职务关系，亦应亲自行使代理权，不得任意转托他人代理；在指定代理中，代理人更应亲自行使代理权。只有代理人亲自行使代理权，才有利于代理事务的完成。(3) 代理人应积极行使代理权，尽勤勉和谨慎的义务。代理人只有积极行使代理权，尽勤勉和谨慎的义务，才能实现和保护被代理人的利益。首先，代理人应认真工作，尽相当的注意义务。在法定代理、指定代理和委托代理的无偿代理中，代理人实施代理行为，必须尽与处理自己事务相同的注意义务；在有偿代理中，代理人应尽善良管理人的注意义务。其次，在委托代理中，代理人应根据被代理人的指示进行代理活动。由于代理的后果由被代理人承受，被代理人可根据客观情况随时给代理人指示，代理人具有遵守被代理人指示的义务。代理人不遵守被代理人指示，构成代理人过错；由此给被代理人造成损失的，代理人应承担赔偿责任。再次，代理人应尽报告与保密的义务。若代理人未尽到职责，给被代理人造成损害的，依《民法通则》第 66 条的规定，代理人应承担民事责任。代理人应从维护被代理人的利益出发，争取在对被代理人最为有利的情况下完成代理行为。判断代理人行使代理权是否维护了被代理人利益的标准，因代理的种类不同而不同。对于委托代理，其标准为是否符合代理人的主观利益；对于法定代理和指定代理，其标准为是否符合被代理人的客观利益。(4) 代理人不得违法行使代理权。《民法通则》第 67 条规定，代理人知道被委托代理的事项违法，仍然进行代理活动的，或者被代理人知道代理人的代理行为违法不表示反对的，由被代理人和代理人负连带责任。这种连带责任的基础，是违法行为不受法律保护，而且代理人或者被代理人主观上均存在过错。这种连带责任是一种并行的连带责任。

(李仁玉 陈敦)

daili quanxian

代理权限(delegated authority) 代理人为意思表示和受领意思表示的效力及于被代理人的范围,又称代理权的范围。代理权的发生,或基于被代理人的意思表示,或基于法律的规定,或基于人民法院或有关机关的指定。基于被代理人的意思表示的,代理权的范围应依其意思表示范围确定;基于法律规定的,代理权的范围应依法律规定确定;基于人民法院或有关机关指定的,代理权的范围应依人民法院或有关机关的指定确定。通说认为,代理人还有权为保存行为、利用行为和改良行为。保存行为为维持财产现状的行为。保存行为中,有属于事实行为的,如代理人对于其管理的房屋自为修缮;也有属于民事行为的,如因修缮房屋而与他人订立合同。代理行为仅以民事行为为限,以保存为目的的事实行为,不适用代理的规定。对于利用行为及改良行为,代理人以不变更物或权利性质为限。如代理人将金钱变为股票,就属性质变更。如代理人将金钱存入银行而得利息,就属对物的利用。前者,代理人无权为之,后者,代理人有权为之。代理人非经被代理人的同意,不得擅自扩大、变更代理权限。代理人超越或变更代理权限所为的行为,非经被代理人追认,对被代理人不发生法律效力,由此给被代理人造成经济损失的,代理人还应承担赔偿责任。

(李仁玉 陈敦)

dailiren

代理人(agent; procuracy) 被代理人的对称。在代理关系中,依据代理权代替他人实施民事法律行为的人。《民法通则》依据代理权产生的根据不同,将代理人分为委托代理人、法定代理人和指定代理人。代理人既可以是自然人,也可以是有关组织,但代理人应具有行为能力。

(李仁玉 陈敦)

dailishang

代理商(commission merchant; commission agent; factor) 又称"代办商",商务代理人的一种。非经理人、非商业使用人而受营业主的委托,在一定处所或一定区域内,以该委托人的名义,经常办理委托人的事务的代理人。《德国商法典》第84条规定:代理商是指一种独立的商事经营者,他接受委托,固定地为其他企业主促成交易,或者以其他企业主的名义缔结交易。独立是指代理商基本上可以决定自己的活动和支配自己的工作时间。《日本商法典》第46条规定:代理商是非商业使用人平常为一定的商人从事代理或居间介绍属于其营业种类交易的人。英国《1889年商代理法》第1条给代理商下的定义是:在惯常的商业交易中有权售货、以寄售方式售货、购进货物或以货物质押借款的代理人。

代理商具有以下特征:(1)代理商自身须为独立的商主体,以区别于企业的雇员。(2)代理商的委托人可以是自然人,也可以是各种法人。但不必都是商人,所代理事务也不必均为营利性。(3)须于一定处所或区域内为委托人办理事务,所办理的事务应为委托人经营范围之内的事务。(4)须以委托人的名义且经常性地办理委托人的事务。(5)代理商主要从事专门性代理事务,也可以从事居间活动。

代理商可分为以下类型:(1)总代理。指在市场上可以作为被代理人的全权代表的代理人,有权处理本人日常业务或专业活动中随时发生的事务,也有权以委托人的名义从事一般性活动。(2)独家代理。即通过协议规定代理人在特定地区、特定时期内享有代理某种商品的专营权的代理。(3)一般代理。即在同一地区、同一时期内,委托人可以选定一家或几家客户作为一般代理人。(4)单一商号代理商。指仅为一个单一的企业主从事代理活动的代理商。(5)区域代理商。指在一定区域或一定消费集团内从事代理活动的代理商。(6)特许代理商。是被授予特许经销权或优先经销权的、从事独立商行为的商人。

代理商的主要权利是佣金请求权。其中包括销售佣金、代收佣金和代付佣金等。另外,代理商有权要求被代理人为自己提供样品、图样、价格、广告宣传品以及交易条件等情报资料。代理商的主要义务是:必须尽职尽责地促成交易和缔结交易,并维护被代理人的利益;负有向被代理人报送各种交易信息的义务;代理商对被代理人负有忠实执行指示、保守商业秘密以及竞业禁止的义务等。

(金福海)

dailishang de liuzhiquan

代理商的留置权(lien of commercial agent) 一种商事留置权,见于德国商法。指代理商在委托契约的关系结束后基于已到期的佣金和费用偿还请求权而对于被代理人提供给他的资料拥有根据一般规定所产生的优先受清偿的权利。这种留置权须具备的要件有:第一,代理商和被代理人双方都必须是商人,至少是小商人;第二,基于被留置物所生债权必须是代理商的清偿期届满的佣金和费用偿还请求权;第三,代理商必须通过被代理人的意愿,基于一定的商行为已经获得了对标的物的占有;第四,代理商留置权的标的应当是动产或有价证券,不可以是其他的权利。商事留置权不同于民法中的留置权。民法中的留置必须基于权利人和义务人双方同一法律关系,而商法中的留置权除了这种同一法律关系之外,只要具备一定的前提条件,商人同样可以获得一种留置权。当然,通过双方当事人的约定,代理商留置权可以被排除。另外,如果代理商负有一种法律上的义务,或被代理人指定债权人在财产转移中以一定的方式处置标的物,而代理商的留置违反了这种具有法律意义的义务或规定,那么代理商留置权的行使就应该被排除。代理商留置权产生的法律效力包括:(1) 返还请求权之抗辩。即代理商对被代理人的标的物返还请求权,有权以代理商留置权抗辩。(2) 留置标的物之处置。代理商留置标的物,经过合理的期间,如被代理人仍不偿付佣金或费用,代理商即可处置留置标的物,这一合理期限一般较民法留置权的期限为短。(3) 优先权。在被代理人宣告破产的情况下,代理商留置权与抵押权、质权一样,具有优先受偿的效力。 (关 涛 梁 鹏)

dailishangfa
代理商法(commercial agency law) 指调整商代理关系的法律。代理商是以市场交易代理为业的商人,是市场经济的市场主体之一。代理商法的演进,经历了漫长的过程。罗马法时代是简单商品生产时代,不可能有代理商,因而不可能有代理商法。中世纪的商人习惯法中初步形成了代理商法,其以习惯法的形式存在。商法被纳入国法之后,大陆英美法系均规定了代理商制度,但由于法律理念的不同,存在很大差异,被概括为区别论和等同论。代理商法的国际统一时代,制定了许多国际公约,如《商业代理指南》、《国际性私法关系中的代理统一法公约》、《国际货物买卖代理合同统一法公约》等,代理商法在国际范围内趋向统一。

代理商法的主要内容包括:代理关系的产生;代理关系的消灭及其后果;被代理人与代理人之间的关系;代理人与第三人之间的关系;被代理人与第三人之间的关系;被代理人的权利和义务;代理人的权利和义务;特殊代理制度等。代理商法区别于民法的代理制度,它是商法的组成部分,调整的是商人与商人之间的代理关系,商人与非商人之间的代理关系,适用商法特别法。代理人是具有专业知识的人。代理商法在现代市场经济条件下有利于顺利、和谐地解决产销矛盾;有利于降低交易成本,减少交易风险;有利于商品交易的国际化进程。 (关 涛 梁 鹏)

daili xingwei
代理行为(act as agent) 代理人以被代理人的名义或者为被代理人的利益所实施的民事法律行为。其本质属性在于意思表示,代理除受代理规范调整外,还受民事法律行为规范的调整。 (李仁玉 陈 敦)

daili zhengshu
代理证书(certificate of agency) 证明代理资格的法律文件,在委托代理中,称为授权委托书、授权书或委任状;在指定代理中,为指定单位和人民法院对代理人指定的书面文件;在法定代理中,一般情况下,户籍簿或身份证可作为法定代理证书。 (李仁玉 陈 敦)

daishou wu chengfu jiesuan
代收无承付结算(collection without acceptance) 同城结算的一种。收款人根据合同或协议,委托银行向付款人代为收款,而不经过付款人承付的结算方式。 (邹川宁)

daishu yizhu
代书遗嘱(allograph will) 亦称为代笔遗嘱,由遗嘱见证人中之一人代为书写的遗嘱。代书遗嘱在德国、法国、瑞士、日本、意大利、美国法律中均未规定。只有奥地利、我国和我国台湾地区有代书遗嘱的规定。《奥地利民法典》第 579 条规定,被继承人由他人代书之遗嘱,应自己签名,此外应在有见证能力之见证人三人前,其中至少二人应同时在场,明确表示所书之文辞含有其最终意思,最后见证人须在文书里内或外部,而非在封套上附加以见证人资格之文句,为签名。遗嘱之内容,见证人无须知悉。第 580 条规定,遗嘱人不能书写者,须遵守前条所规定之方式以画押代替签名,并须在三见证人之面前亲自为之。为易于证明,谁为遗嘱人由见证人中之一人,以被继承人之姓名为签署人,并附加注明。第 581 条规定,被继承人不能阅读者,须将所书之文书,使见证人中之一人在其他已洞悉其内容之二见证人前宣读,并确认该内容符合被继承人之意思。遗嘱书写人可同时为见证人,但被继承人不愿宣读者,不得宣读该文书。我国台湾地区民法规定,代笔遗嘱由遗嘱人指定 3 人以上之见证人,由遗嘱人口述遗嘱意旨,使见证人中之一人笔记、宣读、讲解,经遗嘱人认可后,记明年、月、日,及代笔人之姓名,由见证人全体及遗嘱人同行签名,遗嘱人不能签名者,应按指印代替之。我国法律规定,代书遗嘱应当由两个以上见证人在场见证,由其中一人代书,注明年、月、日,并由代书人、其他见证人和遗嘱人签名。在解释上,代书遗嘱由代书人书写完毕后,应向遗嘱人宣读讲解或交于遗嘱人阅读,在确认无误后方可签名。不能签名者亦可以盖章、指印、画押等方式代替。 (刘言浩)

daiti chuanbo
代替船舶(substitute vessel) 租船合同中允许船舶所有人以另一艘船舶代替原订船舶。在租船合同中,船名一经指定,船舶所有人便无权以其他船舶代替指定船舶。但有些合同中出现"内燃机船…号或代替船舶",这样就赋予船舶所有人以另一艘船舶代替原订船舶的权利。但是代替船舶必须具有足以装载已订货物的舱位,而且必须在其他方面与其代替的船舶相似并能在租船合同规定的期限内受载。如租船合同中只提到一个船名,而未载有"……或代替船舶"的字样,船舶所有人在未获得租船人同意以前,不得以另一艘船舶代替原订船舶。

(张 琳)

daitiwu
代替物(fungible things) 不代替物之对称。以交易上能否以同种类、同数量之他物相代替为标准之分类。代替物者,因具有共同物理属性和相同经济意义,因此,在社会交易观念上,比较不注重其个性,可以种类、品质、数量加以计算确定并可互相替代的物。凡消费物大抵为代替物,如米、酒、金钱。

负担给付代替物之义务者,应负担给付品类相同之物之义务,负担给付不代替物之义务者,应负担给付特种品质之物之义务。应注意者,代替物与不代替物之区别,系就交易上之情形而言,至于究竟应给付品类相同之物,还是特种品质之物,则须视当事人之意思而定:即使系代替物,有时当事人须负特种给付之义务,如指定购买特定一囤中之米麦;而不代替物,有时亦具有可代替之性质,如仅商定购买10头耕牛,而未指定特定之牛。代替物与不代替物之区别,与借贷及保管有关,盖消费借贷及消费保管(消费寄托),仅能以代替物为标的物。

(张 谷)

daiwei jicheng
代位继承(representation) 本位继承的对称,又称代袭继承或承祖继承,依法律规定在某些亲系的血亲继承人先于被继承人死亡或因其他原因不能继承时,由其直系血亲卑亲属代其继承地位和顺序,取得其应继份额遗产。在代位继承中,先于被继承人死亡的人称被代位人,代替被代位人继承遗产的人称代位继承人。而本位继承是指继承人基于自己的继承地位和顺序进行继承。

代位继承制度源于古罗马法。罗马市民法规定,先于被继承人死亡或受家父权免除之子的儿子,取得其父的应继份。优帝时期代位继承人的范围逐渐扩大到一切直系血亲卑亲属及兄弟姐妹的子女。古罗马法的代位继承制度,对后世许多国家尤其是大陆法系国家的立法有很大影响。我国封建社会唐律规定:诸应分田宅财产者,兄弟均分。兄弟亡者,子承父分。明律、清律均规定:妇人夫亡,无子守志者,合承夫分。中华民国时期1930年民法亲属编规定的代位继承制度,代位继承人限于被继承人子女的直系卑血亲。中华人民共和国成立后,有关民事政策、法律规定了代位继承问题,我国《继承法》明确规定了代位继承制度。

代位继承权的性质,有两种主张:(1)代表权说,认为代位继承人是代表被代位人的权利即按其继承地位、顺序和份额而继承。因此,如被代位人已丧失或放弃继承权,代位继承人便无位可代而不能继承遗产。如我国、法国及前苏联等国立法采此主张。(2)固有权说,认为代位继承人是以自己固有的权利继承被继承人的遗产。因此,被代位人即使已丧失或放弃继承权,代位继承人仍可依其固有的代位继承权而继承遗产。如德国、瑞士、日本、意大利等国立法采此主张。

代位继承的条件,因立法主张不同,各国的规定不尽相同。(1)代位继承发生的原因。有三种不同立法:一种仅以被代位人先于被继承人死亡为代位继承发生的原因。如我国、法国。第二种以被代位人先于被继承人死亡或丧失继承权均可发生代位继承。如日本、保加利亚等国及我国台湾地区。第三种除包括第二种的两个原因外,还有放弃继承也可发生代位继承。如德国、瑞士、匈牙利等国。(2)被代位人的范围。被代位人仅限于被继承人的血亲继承人,各国立法大体可分四种情况:一是被代位人仅限于被继承人的子女及其直系卑亲属。如我国大陆及台湾的立法。二是被代位人包括被继承人的直系卑亲属和兄弟姐妹及其直系卑亲属。如法国、日本等国立法。三是被代位人除包括上述两种亲属外,还包括祖父母及其直系卑亲属。如美国。四是被代位人包括被继承人的直系卑亲属、父母及其直系卑亲属、祖父母及其直系卑亲属。如德国、瑞士等国。(3)代位继承人的范围。代位继承人仅限于被代位人的直系卑亲属,是各国立法通例。但韩国例外,其民法规定,妻可代亡夫继承公婆的遗产。代位继承原则上不受代数限制,但也有的国家如日本现行民法将兄弟姐妹的代位继承人作了限制,其代位继承人仅限于兄弟姐妹的子女。

根据我国《继承法》第11条的规定,代位继承必须具备的条件是:(1)代位继承的发生原因是,法定继承时被继承人的子女先于被继承人死亡。(2)被代位人限于被继承人的直系卑亲属。即被继承人的子女(包括生子女、养子女、形成扶养关系的继子女)及其直系卑亲属。(3)代位继承人限于被代位人的直系卑亲属(包括晚辈自然血亲和晚辈拟制血亲,即被继承人子女的生子女和养子女及他们的直系卑亲属)。代位继承人不受辈数的限制。(4)被代位人须有继承权,代位继承人只能继承被代位人的应继份。即被代位人丧失或放弃继承权的,其晚辈直系亲属不得代位继承。如有两名以上代位继承人,则共同继承按人数均分被代位人的应继份。

(陈 苇)

daiwei jichengren
代位继承人(representative) 参见代位继承条。

(陈苇)

daiwei qiu chang
代位求偿(subrogation) 损害赔偿法的基本制度，包括人的代位和物的代位两种。人的代位指两个人都对第三人负有损害赔偿责任，但其中一方应负终极责任，另一方负有先行赔付的责任，则先行赔付的一方在履行损害赔偿或补偿责任后，通常得对前者代位行使第三人的赔偿请求权，向终极责任方请求赔偿。代位求偿主要发生在保险法和保证法上，根据保险法的规定，在财产保险中，因第三人对保险标的的损害而造成保险事故时，保险人自向被保险人赔偿保险金之日起，在赔偿金额范围内代位行使被保险人对第三人请求赔偿的权利。被保险人应当向保险人提供索赔的资料以及其他有关的信息。被保险人放弃对第三人的求偿的，其放弃行为无效。根据保证法的规定，如果保证人向债权人承担保证责任后，可以取代债权人的地位行使其债权。物的代位指担保物权人不仅可以对负担担保物权的物行使变价权，如果原物毁损、灭失，担保物权也可以对因原物毁损、灭失而取得的损害赔偿请求权或其他代位物主张权利。

(张平华 刘经靖)

daiwei qiuchangquan
代位求偿权(right of subrogation) 又称权益转让或保险代位权。保险人在赔偿被保险人的保险损失后，在赔偿损失限额内，所取得的被保险人对造成保险标的损害而负有赔偿责任的第三人请求赔偿的权利。代位求偿权是由保险法的基本原则损失补偿原则派生出来的。当第三人的行为造成保险标的损害而引起保险事故时，一方面，被保险人因保险事故的发生而取得对保险人的保险赔偿请求权；另一方面，被保险人作为第三人行为的受害者而取得对第三人的损害赔偿请求权。为贯彻损失补偿原则，被保险人若行使保险赔偿请求权就必须容忍保险人代位行使对第三人的损害赔偿请求权。

《保险法》第45条第1款规定：因第三者对保险标的的损害而造成保险事故的，保险人自向被保险人赔偿保险金之日起，在赔偿数额范围内，代位行使被保险人对第三者请求赔偿的权利。依此规定，保险人行使代位求偿权的要件为：(1) 保险事故是由第三人的行为引起的。第三人的行为可以是违约、侵权、不当得利等可以产生债权请求权的行为，亦可以是犯罪行为、违法行政行为。(2) 保险人已向被保险人为保险赔偿。保险赔偿可以是全部的，也可以是部分的，保险人在未向被保险人为赔偿前，不得行使代位求偿权。(3) 保险人行使代位求偿权的数额以给付的保险金额为限，对于超过保险人已支付的保险金额以外的部分，保险人无权要求第三人赔偿，它仍由被保险人所享有。

代位求偿权源于被保险人对第三人的损害赔偿请求权，实质上是这种权利的法定转移，由法律强制性地转移给保险人，从而转化为保险人的一项独立的法定权利。它不以被保险人同意或单独地转移对第三人的损害赔偿请求权与保险人为要件。由于代位求偿权对被保险人的该项权利具有依附性，第三人得对抗被保险人的事由仍然得对保险人主张。保险人行使代位求偿权时，被保险人应当向保险人提供必要的文件或其所知道的有关情况协助其行使。被保险人获得保险赔偿后未经保险人同意放弃对第三者的赔偿请求权的行为无效。

代位求偿权的行使范围限于财产保险合同。在人身保险合同中，保险人不得享有代位求偿权。对代位求偿权行使对象的第三者的范围也有一定限制。第三者通常不包括被保险人一定范围的亲属或雇员。除非是由他们的故意行为引起保险事故。我国《保险法》第47条规定：除被保险人的家庭成员或其组成人员故意造成本法第45条第1款规定的事故以外，保险人不得对被保险人的家庭成员或其组成人员行使代位请求赔偿的权利。这里的家庭成员应包括与被保险人共同生活的配偶等较近的血亲或者姻亲，这里的组成人员指为被保险人的利益或者受被保险人的委托与被保险人存在某种特殊法律关系而进行活动的人，包括代理人、合伙人。

目前，对代位求偿权行使有争议的是，保险人应以自己的名义还是以被保险人的名义行使代位求偿权。我国大多学者认为代位求偿权是一项独立的法定权利，保险人应以自己的名义行使。

(温世扬)

daiweiwu
代位物(德 surrogat) 担保物权的标的物灭失、毁损，因而得受赔偿金时，该赔偿金即为担保物权标的物的代位物。因为担保物权，不是以标的物本身的利用为目的的权利，而是专门以取得标的物的交换价值为目的的权利。因此担保物权的标的物本身虽已灭失、毁损，而代替该标的物的交换价值如尚存在时，则该担保物权即移存于该代位物之上。

(方志平)

daiwu qingchang
代物清偿(拉丁 datio in solutum; 德 Annahme an Erfüllungs Statt) 经债权人同意，债务人以给付他物代替债的给付标的来清偿债务，债权人受领替代给付物代替原定给付而使债的关系消灭。关于代物清偿的性质,有人认为属于清偿的一种;有人认为属双务契约中的买卖或互易;法国学者多认为是一种即时履行的更改;德国学者多认为是一种要物并有偿的契约。我国台湾学者多持德国通说。无论如何,代物清偿须符合下列要件:(1) 须原有债权债务存在;(2) 须以他种给付代替原定给付;(3) 须有当事人间的合意。代物清偿的效力是:债的关系消灭,从权利也随之消灭;原债务因有偿契约而发生的,清偿人应保证代替给付不具有权利或物的品质上的瑕疵,否则要承担瑕疵履行的责任。　　　　　　　　　　　　　　(万　霞)

daixiaochu

代销处(commission agent)　　指代理他人销售商品的商店。代销是某一商业企业为其他企业或个人代理销售商品的销售方式,主要适用于商业企业。代销的商品多为滞销商品,代销处只收取一定的手续费,对代销商品不拥有所有权,代销不出去的商品仍归委托人所有。代销一般不占用本企业资金,销售后再结算货款,一个代销处可以为许多企业或个人代销商品,其风险较小。　　　　　　　　　　　　(关　涛　梁　鹏)

dailüxing de hetong

待履行的合同(executory contract)　　又称可履行合同、待履行的契约,已履行的合同的对称。指有待当事人履行的合同。在双务合同,即使一方已经履行了义务,而另一方尚待履行,如一方已交货,而另一方还未支付全部价款,该合同也属于待履行合同。(郭明瑞)

daikuan xintuo

贷款信托(loan trust)　　以受托人将从社会上众多的出资者处募集到的资金作为商业贷款基金贷放给第三人,并将因此而取得的利息交付给出资者为内容的信托。这种信托在社会生活中一般通过下述方式建立和运行:某一信托公司向社会发行(出售)贷款信托受益证券,社会上众多的出资者购买这种证券,并通过这一途径将资金交给该信托公司;在这一过程中,出资者应当同信托公司签订贷款信托合同;信托公司将因发行这种证券所取得的资金集中起来并使之成为一项商业贷款基金,并在信托存续期间将它贷放给那些需要贷款的企业;对于因这一贷放所取得的利息,则由信托公司作为收益交付给出资者。由此可见,在这种信托中,商业贷款基金为信托财产,信托公司为受托人,出资者兼有委托人与受益人的身份。贷款信托为日本与韩国的信托法确认的一种信托品种,属于典型的营业信托。

贷款信托存在以下特征:第一,它的委托人与受益人为数众多;第二,它的受益人的受益权记载于贷款信托受益证券,这一权利因此而实现了证券化。贷款信托可以划分为收益到期领取型贷款信托与收益分配型贷款信托。收益到期领取型贷款信托是指规定受托人在其期限届满时才应当向出资者交付利息的贷款信托。这种贷款信托中的受托人在信托存续期间无须向出资者交付因将商业贷款基金用于贷放所取得的利息,而只须在其终止之时将该项利息与应予返还的商业贷款基金的本金一起交付给出资者。收益分配型贷款信托是指规定受托人在其存续期间应当按期向出资者交付利息的贷款信托。这种贷款信托中的受托人在信托存续期间,每隔一段时间便应向出资者交付一次因将商业贷款基金用于贷放所取得的利息;这一利息交付时间由法律或贷款信托合同规定。

《日本贷款信托法》是一部典型的关于贷款信托的单行法,该法对与贷款信托有关的一些重要事项作了规定。这些规定主要包括五个部分:(1) 与贷款信托合同有关的国家承认;(2) 受托人在贷款信托合同变更时的公告义务;(3) 贷款信托受益证券与信托受益权的关系以及这种证券的记名;(4) 贷款信托受益证券的回购;(5) 特别保留金的保留与使用。(张　淳)

daikuan xintuo hetong

贷款信托合同(contract of loan on trust)　　由出资者与受托人订立的、以规定由前者向后者提供资金以供其建立作为信托财产的商业贷款基金、后者向前者发放贷款信托受益证券以及两者之间的与此有关的权利、义务为内容的合同。它是贷款信托的基础和依据。这种合同的文本系由受托人单方面制定,属于格式合同。这种合同应当包括以下主要条款:(1) 出资者与受托人的姓名、名称与住所;(2) 商业贷款基金的预定数额;(3) 贷款目标、政策、范围与限制;(4) 向出资者支付利息的利率以及利息支付时间与方式;(5) 商业贷款基金的存续期间以及这一期间届满时对有关事宜的处理;(6) 法律规定或出资者与受托人认为应当约定的其他事项。这种合同属于要式合同,且其文本须经主管机关批准后才能使用。(张　淳)

daikuan xintuo shouyi zhenquan

贷款信托受益证券(loan trust beneficial interest security)　　受托人为了募集进行信托贷款所需要的商业贷款基金而向社会发行的,由出资者认购并表明其对该项基金所生利息所拥有的受益权份额的书面凭证。这种证券可以仅记载出资者受益权的内容;也可以既记载这一权利的内容,又记载该人同受托人签订的贷款信托合同的内容。就贷款信托的设立而言,如果有关的证券是前面一种,出资者在认购之时,还须另行与受托人签订贷款信托合同;如果该项证券是后面一种,出资者在认购之时,则无须另行签订这一合同,而是以该项证券代替。这种证券在性质上属于有价证券;它既可以是记名的有价证券,又可以是不记名的有价证券。这种证券的发行应当通过专门经营有价证券的机构进行,并且还应当按照法律规定的方式和程序进行。在贷款信托存续期间,如果这种证券属于不记名证券,出资者也只有将它出示,才能够参加对商业贷款基金的分配,并因此而取回其应得的基金份额;如果这种证券属于记名证券,对前述受益权的行使与基金分配的参加,则应当按照法律或贷款信托合同所规定的方式进行。 (张 淳)

daikuanye
贷款业(business of making loans) 从个人或其他机构中收集资金,又贷与其他人或组织的经营活动。实际上,这项业务发挥着联系出借人与借用人的中介作用。从事贷款业的除银行外,还有保险公司,信托投资公司等金融中介机构。 (杜 颖)

danbao hetong
单包合同(contract for undertaking a single project) 又称单项任务承包合同,签订建设工程合同的一种形式。由几个承包人与发包人(建设单位)分别签订的、共同为发包人完成工程的勘察、设计、施工工作的合同。在这种承包合同中,各个承包人之间不发生任何法律关系,其分别单独地向发包人负责。 (邹川宁)

danbaoxian
单保险(simple insurance) 投保人对于同一保险标的、同一保险利益、同一保险事故与一个保险人订立保险合同的一种保险。在保险业实践中,投保人所订立的下列保险合同,也属于单保险:一是投保人以同一保险标的、同一保险利益、同一保险事故为条件,与同一保险人订立数个保险合同;二是投保人以同一保险标的、同一保险利益、同一保险事故为条件,与数个保险人订立一个保险合同;三是投保人以同一保险标的,但保险利益不同、保险事故不同或不重合的保险期间等,与数个保险人分别订立的保险合同。 (史卫进)

danbianhetong
单边合同(unilateral contract) 英美法上的概念。又称单方契约。指一方为意思表示,而另一方以作为或不行为的行为而为完成的契约。其特点在于,受意思表示的一方无履行所被请求的行为或不行为的义务,但其若履行一定的行为或不为一定行为,则契约成立。该种契约只能在一方当事人中发生义务。单边契约的典型代表为寻找失物的悬赏广告。 (郭明瑞)

danchun de huyi
单纯的互易(simple; absolute barter) 互易的一种。当事人双方只考虑以物换物,而不考虑交换物之价值的互易。这种互易中当事人双方交换的完成非基于交换财物价值上的等同或互为对价,而是基于交换财物价值之外的因素,比如亲情、友情等。近似于两个赠与合同的结合。 (任自力)

danchun de yisibiaoshi
单纯的意思表示(德 reinen Rechtsakt) 其对称为要物的意思表示。只需有欲发生法律上效果的意思表示即能成立的意思表示。 (李仁玉 陈 敦)

danchun jifu
单纯给付(single perstation) "合成给付"的对称。以一个行为即可完成的给付。其与合成给付的分类依据是以给付行为的个数及数个给付行为之间是否具有连带命运。如以特定物的交付为内容的给付,为单纯给付。数个单纯给付的结合,并不能构成一个给付。给付是单纯给付还是合成给付,应当根据当事人的意思认定。如当事人无明确的意思表示,则应依给付的性质和交易习惯等各种情势进行推断。参见合成给付条。 (万 霞 张平华)

danchun xintuo
单纯信托(bare trust) 参见简单信托条。

dandu baozheng
单独保证(individual aval) 指一个人为票据保证。 (王小能)

dandu daili
单独代理(sole agency) 代理权属于一人的代理,又称独立代理。其核心要件是代理权属于一人。至于被代理人为一人还是多人,在所不问。另外,无论法定代理还是委托代理都可产生单独代理。 (李仁玉 陈 敦)

dandu gudongquan
单独股东权(rights of single shareholder) 由股东一人独自可以行使的权利,与"少数股东权"相对称。此种权利普通股股东持有一股即可享有,每一股东都可依自己的意志单独行使。股东的自益权都属于单独股东权,如以股东个人利益为目的的股票请求权、股票过户请求权、新股认购权、股份红利和剩余财产的分派请求权、无记名股票改为记名股票请求权等。共益权中的出席权、表决权、股东质询权、制止违法行为请求权等也是单独股东权。如美国标准公司法规定：在股东会之前，股东有权接受公司会计表册和有关报告，有权查阅、复制、摘录存放于公司注册住所地的资料，在股东会上，在一定范围内，每一股东均有权提出质询。我国《公司法》第110条规定：股东有权查阅公司章程，股东大会会议记录和财务会计报告，对公司的经营提出建议或者质询。　　　　　　　　　　　（梁　聪）

dandu haisun

单独海损（particular average, P.A.）　单独海损是指由于自然灾害、意外事故以及其他特殊原因等海上风险对营运中的船舶和运输中的货物所造成的直接损失。单独海损通常由责任方负责，或者由受害方自行承担，或者按照当事人之间的约定处理。

（张永坚　张　宁）

dandu lianyun

单独联运（thorough contract for delivery singleness）　一个承运人通过多种运输方式进行运输的行为。包括对货物单独联运和旅客的单独联运。一般的联运合同的承运人为两人以上，但是，承运人一人在运输过程中采用多种运输方式进行运输的，也属于多式联运。单独联运由于承运人是一人，所以不会发生各个实际承运人之间的责任区分及联运经营人对负有责任的实际承运人的责任追偿问题。　　　　（姜　林）

dandu quanli

单独权利（several right）　共有权利之对称。一权利或一权利客体仅有一权利主体，此为民法上之通常情形。如夫妻间之身份权。罗马法认为权利共有是纷争之源，故尽量避免发生共有。　　　　（张　谷）

dandu shouyang

单独收养（adoption by an individual）　共同收养的对称，指收养人为一人的收养，它包括独身收养和已婚夫妻单方收养。无配偶者收养子女的为独身收养。《英国收养法》第15条、《法国民法典》第343条以及《德国民法典》第1741条均规定了独身收养，我国《收养法》第9条也有类似规定。而对于已婚夫妻单方收养，有的国家允许，有的国家禁止。英、法、德等国法律允许非婚生子女的生父或生母单独收养其子女，我国收养法允许继父或继母收养继子女也具有单方收养的特征。随着倡导为儿童提供家园的理念日益强化，各国收养立法更注重共同收养。共同收养仅限于夫妻双方收养子女，非夫妻者则禁止两人或两人以上共同收养。共同收养是世界各国法律普遍规定的类型，也是许多国际公约所倡导和鼓励的。　　　　　（马忆南）

dandu shoutuoren

单独受托人（sole trustee）　共同受托人的对称。存在于一项信托中的惟一的受托人。目前存在于各国、各地区的社会经济生活中的各种信托，其中的绝大多数，均系以单独受托人为其受托人。单独受托人单独执行信托，单独承担信托法赋予受托人的各项义务，并单独享有该法授予受托人的各项权利。　　（张　淳）

dandu shouyiren

单独受益人（sole beneficiary）　共同受益人的对称。存在于一项信托中的惟一的受益人。目前存在于各国、各地区的各种营业信托与民事信托，其中前者的绝大多数与后者的相当一部分，均系以单独受益人为其受益人。单独受益人独享信托受益权并由此独享全部信托利益，独享信托法授予受益人的各项权利并单独承担该法赋予受益人的各项义务。　　（张　淳）

dandu xingwei shuo

单独行为说（theory of unilateral act）　公司设立行为的法律性质所持的学术观点。单独行为说认为，公司设立的过程是当事人一方单独意思表示的过程，在公司与当事人间产生债权与债务关系。

（刘弓强　蔡云红）

dandu zeren

单独责任（singal liability）　(1)广义的共同责任的对称。指责任人仅为一人的责任。(2)法定代理人责任的一种。指无民事行为能力人或限制民事行为能力人对其造成的损害不负责任，而仅由法定代理人单独负担的损害赔偿责任。其成立要件为：第一，主体为无民事行为能力人或限制民事行为能力人的法定代理人。第二，无民事行为能力人或限制民事行为能力人不法侵害了他人的合法权益。第三，无民事行为能力人或限制民事行为能力人本身依法不负担责任。多数国家规定，无民事行为能力人或限制民事行为能力人无识别能力时不负责任，有识别能力时才负责任。按我国《民法通则》第133条规定，无民事行为能力人、限制民事行为能力人造成他人损害的，由监护人承担民事责任。第四，法定代理人无免责事由。有的国家规定法定代理人尽了监护责任的不负责任，如《意大利民法典》第2047条的规定；有的则规定法定代理人尽了监护责任的,可以减轻责任,如我国《民法通则》第 133 条中规定:监护人尽了监护责任的,可以适当减轻他的民事责任。 (张平华)

dandu zhanyou
单独占有(德 Alleinbesitz) 与共同占有相对称,根据占有人为一人还是多人,占有可以分为单独占有和共同占有。所谓单独占有,是指一人对物进行的占有。即占有人排除他人独自对物的占有。 (申卫星)

danfang falü xingwei
单方法律行为(德 einseitige Rechtsgeschäft) 仅由一方行为人的意思表示就能成立的民事法律行为,又称单独法律行为。其特点是无需他人的同意就能发生法律效力,如设立遗嘱、债务的免除等。单方行为可区分为有相对人的单方行为和无相对人的单方行为。有相对人的单方行为须于意思表示到达相对人才生效力,如撤销行为、解除行为、授权行为、追认行为等。无相对人的单方行为是指表意人的意思表示于意思表示完成时就发生法律效力的单方法律行为。如遗嘱行为。出于相对人利益的考虑,单方民事法律行为通常只在两种情况下出现:一是有关行为的后果一般仅使相对人取得权利而不承担相应义务的,如授权行为、赠与行为、遗嘱与遗赠行为等;二是行为人依法或根据合同而享有单方行为权利的,如撤销行为、解除行为、追认行为等。 (李仁玉 陈敦)

danfang shangxingwei
单方商行为(unilateral commercial act) 与双方商行为相对而言,又称混合交易行为,按大陆法系近代商法,指商人与非商人之间从事的商行为,为销售者与消费者之间的买卖行为、银行与顾客之间的存贷行为,运输商与旅客之间的运送行为等。单方商行为究竟是适用商法规则,还是适用民法规则,各国规定不一。德国、日本等认为,单方商行为本质上仍属商行为,应受商法规则的调整。《日本商法典》第 3 条规定:当事人一方实施商行为时,本法适用双方。当事人一方有数人,其中一人实施商行为时,本法适用于其全体。法国认为,单方商行为本质上是商行为与一般民事行为的结合。因此,商法规则仅应适用于商人一方当事人,不适用于非商人一方当事人。现代市场交易行为一般是为卖而买的行为,为买而卖的行为成为特殊行为。现代商法调整的是商人之间为卖而买的资本经营行为,一般不存在单方商行为。为特殊保护单方商行为的非商行为一方的消费者,一般适用商法的特别法。现代商法的进步改变了传统商法适用中法院管辖的困难,修正了传统商法立法技术上的失误,避免了给非商人带来不利,也避免了商法具体条款的复杂化。 (关 涛 梁 鹏)

danfang yunnuo
单方允诺(unilateral commitment) 又称单独行为或单务约束,是指表意人向相对人作出的为自己设定某种义务,并使相对人取得某种权利的意思表示。单方允诺是债发生的原因之一,当表意人提出的条件实现或程序完成,并且相对人特定时,单方允诺之债即在表意人和特定的相对人之间产生,单方允诺之债是债的例外,其类型主要包括悬赏广告、捐助行为、设立幸运奖、遗赠及商法上的发票行为等。 (刘经靖 张平华)

danli
单利(simple interest) 按本金计算利息,计算出来的利息不再计入本金而重复计算利息的方法。其计算公式为:利息=本金×利率×时间。 (邹川宁)

dan'ouzhi
单偶制(monogamy) 配偶双方均为一人的两性结合的社会形式,亦称双单式婚姻。参见一夫一妻制条。 (杨大文)

danshu gupiao
单数股票(a single share) 每张股票表示一个股份的股票。 (丁艳琴)

danwei xintuo jijin
单位信托基金(unit trust fund) 参见共同信托基金条。

danwu hetong
单务合同(德 einseitiger Vertrag) 双务合同的对称。指当事人双方并不相互负有对待给付义务的合同。单务合同的一方当事人享有的权利并不与另一方负担的义务相对应。在一些单务合同中,只有一方当事人享有权利,而另一方仅负担义务,如保证合同的保证人仅负担义务,而不享有权利;债权人仅享有权利而不负担义务。在一些单务合同中,双方尽管都负担义务,但其义务并非互为对价。如借用合同的借用人负有按约定使用并按期归还借用物的义务,出借人也负有借用期限届满前不得要求归还借用物的义务,但双方的义务不具有对价关系。单务合同不发生债务的履行顺序和风险负担问题,在一方违约时也不存在要求对方对待给付或返还财产问题。 (郭明瑞)

danwu jujian

单务居间(unilateral duty intermediate) 居间合同的一种。居间人不负有必须报告订约机会或媒介订约的义务的居间合同。居间人仅负为委托人订约提供相应的注意及忠实的义务,并不负有为此报告或媒介的义务,但居间人促成合同成立时,委托人应支付居间费。

(李成林)

danwuzhizhai

单务之债(unilateral debt) 双务之债的对称。仅当事人一方享有权利,而另一方仅负担义务的债。如借用之债即为单务之债,仅借用人负担按时返还借用物的义务,而出借人仅享有权利而不负义务。

(郭明瑞)

danyi jianhu

单一监护(single guardianship) 共同监护的对称。一个人充当监护人的监护,又称一人监护。

(李仁玉 陈 敦)

danyi weixian baoxian

单一危险保险(single risk insurance) 当事人约定以一种危险作为承保危险的一种保险。单一危险保险的特点是,在保险合同中只约定一种承保危险。随着保险业的发展,单一危险保险日趋减少,如最古老的火灾险,现在也不再是只承保单一危险——火灾,它已演变成承保包括火灾在内的自然灾害和意外事故等多种危险的保险。

(史卫进)

danyiwu

单一物(single thing) 有广、狭二义。(1) 狭义的单一物又称单体物,指形态上为独立一体之物。其各个构成部分在法律上无独立存在,故在单一物保有其形体期间,各构成部分已失其个性,而必从于同一命运,不能分别处分之,其得分析与否,则非所问。倘分析之,则本来之单一物即失其存在,而其分析之各部分,各成为一物而各异其命运。有自然单体物,如一匹马,一头牛;有人为单体物,如一囤米,一根金条。(2) 广义的单一物还包括结合物,盖结合物与单体物于交易上及法律上完全相同,均得单独为物权之客体,故于此意义上无区分之必要。

(张 谷)

danyizhizhai

单一之债(single obligation) 多数人之债的对称。债的主体双方均为一人的债。单一之债仅指双方主体单一,不同于单数之债。单数之债与复数之债相对应。在如何区分单数之债与复数之债上有不同的观点。一种观点为主体说,即以主体为单复数区分单数之债与复数之债,主体双方均为一人的为单数之债,双方或一方主体为二人以上的为复数之债。其二为客观说,即以债的客体是否同一为标准来区分单数之债与复数之债,客体为同一的,即使主体为复数,也属于单数之债。其三为效力说,即以各主体能否独立发生其为债权人或债务人之一切效力为标准来区分单数之债与复数之债,各主体能独立发生其效力的债即为复数之债。罗马法上采第一种观点,依此观点单数之债也就是单一之债,复数之债也就是多数人之债。但现在多采第三种观点。而单一之债与多数人之债是以债的双方主体是否为单数来区分的。只要主体双方均为单数就为单一之债。单一之债的相互对立的债权人与债务人都只有一人,当事人之间的权利义务简单明了,不会发生债权人之间或者债务人之间的关系。

(郭明瑞)

danbao daikuan

担保贷款(secured loan) 与信用贷款相对,以提供担保为条件的贷款。有关担保的形式与内容要符合担保法的规定。主要有三种形式:抵押贷款、质押贷款和保证贷款。依我国《商业银行法》规定,担保贷款的,商业银行应当对保证人的偿还能力,抵押物、质物的权属和价值以及实现抵押权、质权的可行性进行严格审查。

(杜 颖)

danbao wuquan

担保物权(real rights for security) 是指以确保债务履行为目的而在债务人或者第三人的财产上成立的定限物权,如抵押权、质权、留置权、优先权等。担保物权与用益物权相对称,与其相比担保物权具有以下特征:(1) 担保物权与用益物权都是对标的物在一定程度和范围内加以支配的定限物权,但用益物权支配的是标的物的使用价值,是一项实体利用权;而担保物权支配的是标的物的交换价值,被称为价值权。(2) 用益物权是以对标的物实体加以利用并获取收益为目的,具有用益性,因此,用益物权的成立一般须以对标的物的实际占有为前提;而担保物权则是以确保债务清偿为目的,具有担保性,因此,担保物权的成立并不要求担保物权人必须占有担保物,即使有些担保物权以以担保物的占有为要件,也仅具有留置标的物给债务人施加压力的作用,担保物权人对担保物并无加以使用、收益的权能。(3) 用益物权是一项独立的物权;而担保物权是一项从权利,具有从属性,担保物权在成立、移转和消灭上一般从属于其所担保的债权(最高额抵押权除外)。(4) 担保物权与用益物权同属于他物权,都是在他人之物上成立的物权(所有人抵押权除外),但由于用益物权是一项实体利用权,因此用益物权只能在可以实际利用的有体物上且仅以不动产为限存在;而担保物权针对的是标的物的交换价值,只要是有价值并且可以流通的财产均可成为担保物权的客体,故担保物权的客体可以是动产、不动产,也可以是具有财产价值的权利(债权、股权、知识产权等)。而且提供该担保财产的人可以是债务人,也可以是第三人。(5)担保物权具有物上代位性。由于担保物权不以对标的物的实体利用为目的,而是一项对标的物交换价值加以支配的价值权,因此,当担保物本身灭失、毁损而转化为其他价值形态时,担保物权的效力可及于该担保物的变形物或代替物之上,此即为担保物权的物上代位性。(6)担保物权具有不可分性,即在所担保债权没有全部清偿之前,担保物权的效力不因债权或担保物的分割而分割,担保物权人可以就标的物的全部行使权利。换言之,即使所担保债权被分割、一部分受清偿或者消灭,担保物权仍为担保各部分债权或剩余债权而对全部担保物存在;即使担保物被分割或者一部分灭失,各部分担保物或剩余担保物仍然为所担保之全部债权而存在。

担保物权根据其产生的原因不同可以分为意定担保物权与法定担保物权。前者是基于当事人的意思表示而设定的担保物权,如一般抵押权和质权;后者是指在一定条件下基于法律的规定而当然发生的担保物权,如留置权、优先权、法定抵押权等即是。担保物权根据标的的不同可分为动产担保物权、不动产担保物权、权利担保物权和非特定财产担保物权。动产物权是指以动产为标的而成立的担保物权,如动产抵押权、动产质权、动产优先权;不动产担保物权是指以不动产为标的而成立的担保物权,如不动产抵押权、不动产优先权;权利担保物权是以权利为标的而成立的担保物权,如权利质权、权利抵押权;非特定财产担保物权是指以内容尚不确定的总财产为标的而成立的担保物权,如浮动担保、一般优先权等即是。担保物权根据其成立是否需要转移对担保物的占有又可分为占有性担保物权和非占有性担保物权。前者是指以将担保物移转于债权人占有为其成立和存续要件的担保物权,如留置权和质权等;反之并不以此为要件的担保物权即是非占有性担保物权,如抵押权、一般优先权等。担保物权根据其权利构造形态的不同又可以分为定限性担保物权和移转性担保物权。前者是以在标的物上设定具有担保作用的定限物权而标的物的所有权仍保留在设定人手中为其权利构造形态的担保物权,如常见的抵押权、质权、留置权、优先权等;而后者是以标的物所有权或其他作为担保标的的权利自身移转于担保权人为其构造的担保物权,如让与担保、担保转让等即是。担保物权根据其效力的不同,又可以分为留置性担保物权与优先受偿性担保物权。前者是指债权人占有债务人主观价值较高的财物,间接予债务人以心理上的压力,从而促使其清偿债务的担保物权,此种担保物权以留置权为典型;后者是将担保标的物的使用价值归于债务人(或担保人)保留,而债权人仅控制其交换价值,将来即就此而优先受偿的担保物权,此种担保物权以抵押权为代表;而质权则兼具留置性与优先受偿性。

(申卫星)

danbao xintuo

担保信托(guaranty trust) 又称不纯正信托,管理信托的对称。委托人因出于担保其债权之目的将作为担保物的财产或权利作为信托财产而设立的信托。这种信托为自益信托且以债权人为委托人与受益人;其运作结果是:当债务人到期不清偿债务,则由受托人通过直接处分作为担保物的财产,或者基于行使作为担保物的权利以处分作为其客体的财产,并使债权人的债权从由此所得价金中获得清偿。担保信托为非典型的信托。

(张 淳)

danbao zeren

担保责任(warranty liability) 无过错责任或法定责任的一种,指法律规定负担保义务或使他人产生信赖的一方,应赔偿他人因为担保或信赖与事实不符时所蒙受的不利。比如瑕疵担保责任;意思表示错误而被撤销时而使相对人或第三人遭受损害;悬赏广告的广告人如于行为完成前撤销广告,除广告人能证明行为人不能完成行为时,对于行为人因该广告善意所遭受的损害应予赔偿。

(张平华)

danbaozhizhai

担保之债(warranted obligation) 即特别担保之债,以保障债的清偿为目的而设立的从属性的债权、债务关系。担保之债与被担保之债为主从关系,担保之债从属于被担保之债。其存在以主债存在为前提,其效力随主债的终止而消灭。其债权人为主债的债权人,债务人是为主债提供担保的人。担保之债具有从属性、补充性、相对独立性的特点。同时它可以附着于一切债权、债务关系,除合同外,因无因管理、不当得利、侵权行为等发生的债的关系,均可约定担保之债。不过,在合同之债场合,担保之债可与其主债同时成立,而其他场合,担保之债须设定在主债成立以后。

(万 霞)

dandang fukuanren

担当付款人(accommodation drawer) 又称代理付

款人,是根据付款人的委托代为支付票据金额的人,它是付款人的代理人。付款人在承兑或见票时,可以指定他人充任代理付款人,并记载于票据之上。若出票人在票据上记载代理付款人时,必须事先征得付款人同意,或者事后经付款人追认,否则记载无效,付款人可以涂销或变更此项记载。实践中担当付款人的记载一般是由出票人与付款人商量后确定的,并由出票人将担当付款人的姓名记载于票据之上。

担当付款人的资格无严格限制,可以是自然人、法人或其他非法人单位。在实践中以银行或其他金融机构最为常见。

担当付款人与付款人不同:付款人可以因为承兑而成为票据第一序位债务人,而担当付款人只是付款人的代理人,其不在票据上签章,也不是票据债务人,他与票据出票人、付款人、收款人不发生任何票据关系。收款人的提示承兑行为只能向付款人进行,但提示付款可以向担当付款人进行,担当付款人拒绝付款与付款人自己拒绝付款具有同等效力,持票人可以在一定时间内作成拒绝证书,行使追索权。　　（孟志强）

dangchu wuxiao

当初无效（void in the first instance） 事后无效的对称。民事行为成立时即存在无效原因,又称自始无效。当初无效的民事行为是指民事行为成立时该行为内容就违反法律的禁止性规定或强制性规定或损害社会公共利益。如贩卖毒品的行为。　　（李仁玉　陈敦）

dangran canjia chengdui

当然参加承兑（natural acceptance for honor） 出票人或背书人可以在付款人之外,记载预备付款人,其目的在于汇票不获承兑或不获付款时,由预备付款人代替付款人为承兑或付款。这既是他的权利又是他的义务,其为当然参加承兑。当持票人因特定事由行使期前追索权时,预备付款人不必征得持票人的同意,即可参加承兑,这是其权利的一面;在预备付款人不主动参加承兑时,持票人有权要求其参加承兑,这是他的义务。　　（胡冰子　王小能）

dangran canjia fukuan

当然参加付款（natural payment by intervention） 在汇票付款人拒绝付款后,参加承兑人或预备付款人应主动参加付款,持票人在提示付款遭拒绝后,应首先向参加承兑人或预备付款人请求付款。参加承兑人或预备付款人的参加付款称为"当然参加付款"。（王小能）

daohui

倒会（member's breach under hehui contract） 会首或合会会员无法继续按期缴纳约定的会款,致使合会无法继续运作。会首倒会,应负债务不履行的违约责任。会员倒会的,会首得向该会员求偿。参见合会契约条。
　　（郭明瑞）

daoqian tidan

倒签提单（anti-dated bill of lading） 承运人、船长或承运人的代理人在货物装船后签发的以早于货物实际装船的日期为签发日期或者装船日期的提单。信用证一般都规定货物的装船日期,当货物实际装船日期晚于信用证规定的日期时,为了能顺利结汇,托运人要求承运人在提单上填写早于实际装船时间以符合信用证要求的日期。承运人签发倒签提单是不正当的行为,可能构成对善意第三方提单持有人的欺诈。在我国海事审判实践中,一般将签发倒签提单作为侵权处理。
　　（张琳）

daoan jiage hetong

到岸价格合同（cargo-insurance-freight contract） 采用 CIF 条件的国际货物买卖合同。其特点在于价格由成本、运输、保险三方面的价格构成,出卖人须除支付货物运至指定的目的港所必需的费用、运费外,还须为货物在运输中毁损、灭失的买受人风险取得海上保险。
　　（郭明瑞）

daoda zhuyi

到达主义（arrival rule） 发信主义的对称,合同订立过程中,意思表示生效时间上的一项原则,是指要约或承诺的意思表示自到达对方,已经处于对方可以接受时即发生效力。到达主义多为大陆法系立法所采。我国法上的要约、承诺生效时间采到达主义。《合同法》第 16 条规定:要约到达受要约人时生效。第 26 条规定:承诺通知到达要约人时生效。参见要约和承诺的效力条。　　（刘经靖）

daohuo tongzhi

到货通知（arrival notice; advice of arrival） 承运人于货物运送到目的地后向收货人发出的货物已到达的通知。运送人应于货物送达目的地后,及时地通知收货人,以使收货人及时向运送人请求交付货物。收货人逾期提货的,应当向承运人支付保管费等费用,但承运人的通知义务以知道收货人为限。当托运人有处分权时,依其有效的指示,可以排除受领人的受领权,即在受领人受领前,托运人可以做其他处分。当货物

到达后,承运人也可直接送交收货人而无须再通知收货人。 （姜 林）

daoqi fukuan
到期付款(payment at maturity) 是指在汇票到期日及持票人同意延长的期间外所为的付款。 （王小能）

daoqiri de jisuan
到期日的计算(calculation of maturity) 根据各种方法对到期日进行推算加以确定。各国关于到期日的计算方法的规定不尽相同。我国《票据法》第108条规定,本法规定的各项期限的计算,适用《民法通则》关于计算期间的规定。《民法通则》第154条规定,民法所称的期间按公历年、月、日、小时计算。规定按照小时计算期间的,从规定时开始计算。规定按照日、月、年计算期间的,开始当天不算入,从下一天计算。期间的最后一天是星期天或者其他法定休息日的,以休假日的次日为期间的最后一天。期间的最后一天的截止时间为24点。有业务时间的,到停止业务活动的时间截止。第155条规定,民法所称的"以上"、"以下""以内"、"届满",包括本数;所称的"不满"、"以外",不包括本数。最高人民法院《关于贯彻执行〈中华人民共和国民法通则〉若干问题的意见(试行)》第198条、第199条规定,当事人约定的期间不是以月、年第一天起算的,一个月为30日,一年为365日。期间的最后一天是星期日或者其他法定休假日,而星期日或者其他法定休假日有变通的,以实际休假日次日为期间的最后一天。按照日、月、年计算期间,当事人对起算时间有约定的,按约定办理。按月计算期限的,按到期月的对日计算,无对日的,月末日为到期日。

《英国票据法》第14条规定,凡非即期汇票,其到期日按如下方法确定:(1) 在任何情况下,汇票的到期日应确定为付款期间的最后一日,若最后一日为非营业日,则应顺延至次一营业日。(2) 凡规定于发票日、见票日或特定事件发生日后的一定期间付款的汇票,其付款日确定应为:期间开始之日不算,到期之日应算进。(3) 凡规定于见票日后一定期间付款的汇票,已经承兑者,其到期日自承兑日起算。因不获承兑或承兑提示不获交付,则以作成拒绝记录或拒绝证书之日为期间开始之日。(4) 汇票上的"月"是指日历上的月。关于非营业日,该法第92条第2款规定,本法所称的"非营业日"是指:(1) 星期日、耶稣蒙难日、圣诞节日;(2) 依照《1871年银行休假法》或其他修改法而定的银行休假日;(3) 由王室宣布的公共节日或感恩日;(4)《1971年银行和金融交易法》作为非营业日规定的通过敕令宣布之日。此外均属营业日。

《日内瓦统一汇票本票法》第36条规定,发票日后或见票日后1个月或数个月付款之汇票,以在应付款之月该日期相当之日为到期日,无相当期日者,以该月末日为到期日。发票日后或见票日后或见票日后一个月半或数个半月付款之汇票,应先计算全月。票上载明月初、月中(如一月中、二月中等)、月底者,谓月之一日、十五日、末日。票上载明8日或15日者,并非表示一个或两个星期,而是8个或15个实在日。票上载明半个月者,系指15天时间。《日内瓦统一汇票本票法》第72、73、74条规定,汇票到期日为法定假日时,其付款之请求,应于下一个营业日为之。其他有关汇票之行为,特别是为承兑之提示即作成拒绝证书,只能在营业日为之。前项之各种行为如必须在一定期限内为之者,其期限之末日如为法定假日时,其期限延长至期限届至后第一个营业日。期限中之假日,在计算期限时,包括在内。法律上或合同上之期限,不包括期限开始之日在内。恩惠日,不论其为法律上或司法上者,均不予认许。

按照一般票据法理论,到期日依以下方法计算:(1) 定日付款汇票到期日的计算。定日付款汇票以票据上记载的年、月、日为到期日。票据上有月初、月中、月底的记载时,应认定为1日、15日和当月最后一日。如果发票地与付款地的日历不同,应按付款地的日历来计算到期日。如果汇票上记载的某日在日历上没有,则认定为该月的最后一日。(2) 发票后定期付款汇票到期日的计算。发票日后1月或数月付款的汇票,以在付款之月与该日相当之日为到期日,没有相当日的,以该月最后一日为到期日。《英国票据法》规定,汇票上所称的月为日历上的月,发票日后一个半或数个半月付款的汇票,应先计算全月再加15天,以最后一天为到期日。发票日后定期付款的汇票,如果发票地的日历与付款地的日历不同时,发票日应先按照付款地的日历换算后,再计算到期日。(3) 见票即付汇票到期日的计算。见票即付汇票以提示之日为汇票的到期日,一般无需计算。需要注意的是,提示日期应在法律规定的期限之内。(4) 见票后定期付款汇票到期日的计算。见票后定期付款的汇票,依承兑日或拒绝证书作成日计算到期日,既没有记载承兑日期又没有作成拒绝证书的,以承兑提示期限的最后一日为见票日,再依此计算到期日。见票后1个月或数个月以及一个半月或数个半月付款的汇票的到期日的计算方法,与发票日后定期付款汇票到期日的计算方法相同。 （王小能）

daoqiri de zhonglei
到期日的种类(types of maturity of bills of exchange) 根据一定的标准对到期日进行的分类。根据各国关于到期日的规定,到期日一般有以下几种:(1) 见票即付。以持票人提示付款之日为到期日。持票人一经提示，付款人即应付款，持票人的提示是确定到期日的依据。这种汇票为即期汇票，发行这种汇票时，发票人可以为"见票即付"的记载，也可以不为任何记载。对于没有记载到期日的汇票，法律推定为见票即付。见票即付的汇票以持票人的提示日期为到期日，即汇票是否到期取决于持票人的意思。如果持票人不为提示，则汇票的到期日就无法确定，如果持票人长期不为提示，将使票据债务人的担保责任长期存在，发票人的预备付款资金长期闲置。如此的结果既不利于社会公共利益，对票据债务人的保护也难言公平，为了避免这种情况的发生，各国票据法一般都规定有持票人的付款提示期限。《日内瓦统一汇票本票法》第34条规定，见票即付的汇票，于提示时付款。此项汇票自发票日起算一年内为付款的提示。此项期限，发票人得缩短或延长之。以上期限，背书人得缩短之，见票即付汇票的付款人，规定不得于指定日期以前提示付款者，其提示之期限应从指定之日起算。我国台湾地区《票据法》第66条准用该法第45条规定，持票人应当在发票日起6个月内提示付款，这一期限，发票人可以延长或缩短，但延长的期间不得逾6个月。《英国票据法》第45条第2款第(2)规定，凡即期汇票，依照本法规定，其提示应在发票后或背书后的合理期间内提示，以使发票人或背书人承担责任，所指合理期间，应根据汇票的性质、同类汇票的商业惯例以及个别案件的集体情况决定。我国《票据法》第53条规定，见票即付的汇票，自出票日起1个月内向付款人提示付款。持票人如果不在法定或发票人约定的期限内提示付款，将丧失对所有前手的追索权；持票人如不在背书人约定的期限内提示付款，将丧失对该背书人的追索权。(2) 定日付款。指以汇票上明确记载的确定的日期为汇票的到期日。这种汇票称为定期汇票。定日付款汇票的到期日必须是特定和确定的，否则不发生法律效力。所谓的特定和确定，只要以记载文义或交易惯例可以判定即可，法律无强制规定。定日付款汇票的到期日可以是发票日，但不得记载发票日前某一时间为到期日。(3) 见票后定期付款。指以持票人提示承兑后一定期限的届至作为到期日。这种汇票称为注期汇票。这里所谓见票，指持票人将汇票现实地向付款人提示。如果付款人承兑，则以承兑日后一定期限的届至作为到期日，如果付款人拒绝承兑，则以拒绝证书作成后一定期限的届至作为到期日。这里所谓一定期限，是由发票人在发票时确定的，而不是由付款人在承兑或拒绝承兑时确定。见票后定期付款的汇票，必须由持票人为承兑提示，否则难以确定到期日。《日内瓦统一汇票本票法》第23条规定，见票后定期付款的汇票应在出票1年内提示承兑。出票人得缩短或延长此期限。我国《票据法》第40条第1款规定：见票后定期付款的汇票，持票人应当自出票日起1个月内向付款人提示承兑。第2款规定：汇票未按照规定期限提示承兑的，持票人丧失对其前手的追索权。(4) 发票日后定期付款。指以发票日后一定期限的届至作为汇票的到期日。这种汇票称为计期汇票。这里所谓发票日后一定期限，应该是确定的，这种确定只要能根据汇票的具体情况以及交易惯例加以判定即可。发票日后定期付款汇票的到期日虽然不是一目了然，但是其到期日也是在汇票发票时就已经确定，只要稍加计算即可，因此，它与定期付款的汇票没有任何区别。(5) 分期付款。指一张汇票以若干日期作为汇票的到期日。各国票据法对待分期付款的态度不同。英美法系国家对分期付款持肯定态度；我国台湾地区票据法对分期付款态度有一个发展过程，1973年以前，不承认分期付款的效力，后来为了适应分期付款买卖日益普遍的需要，1973年修正票据法时，仿照美国旧票据法第2条第2款及统一商法典准许签发分期付款汇票，承认了分期付款的效力。依台湾地区票据法的规定，汇票金额或其利息中任何一期到期不获付款时，则未到期部分视为全部到期，付款人就该视为到期部分未清偿时，可以扣减该部分的利息；日内瓦法系不承认分期付款的效力，《日内瓦统一汇票本票法》第33条规定，分期付款的汇票无效。我国《票据法》没有关于分期付款的规定，根据该法第25条的规定，我国大陆地区不承认分期付款的效力。

(王小能)

daoqi zhuisuoquan

到期追索权(right of recourse falling due) 指票据不获付款时所行使的追索权。汇票到期被拒绝付款的，持票人可以对背书人、出票人以及票据上其他债务人行使追索权。到期追索权是汇票已经到期，不获付款而发生的追索权，又被称为期后追索权。持票人行使追索权时，必须作成拒绝付款证书或者拒绝付款的有关证明，但有以下两种情形时，持票人免除作成拒绝付款证明的义务：一是已经作成了拒绝承兑证明的；二是出票人、背书人记载免除作成拒绝证书义务的。到期追索权的追索金额包括汇票上记载的金额、汇票金额自到期日或者提示付款日起至清偿日止，按照中国人民银行规定的利率计算的利息和取得有关拒绝证明和发出通知书的费用。到期追索权可以因参加付款而被阻止行使。

(孔志明)

daode weixian

道德危险(moral hazard) 又称主观危险，投保人、被保险人或受益人以企图取得保险金为目的，而故意地作为或不作为所造成的损失或扩大损失的危险。道德危险是保险制度的实施所引发的危险,它不仅破坏了保险制度,而且危害社会公共秩序和善良风俗。因此,各国保险法均规定,投保人必须以有保险利益为投保的前提,且规定道德危险不属于承保危险而属于保险人除外责任的范围,以防范道德危险。 (史卫进)

deguo gufen gongsi fa

《德国股份公司法》(Germany Joint-stock Company Law) 1965年9月6日颁布,1966年1月1日生效,共4编410条。主要规定公司的设立、组织机构、资本和股份、公司的年度账目和审计、公司的转让与合并、公司的解散等。是对1937年《德国股份公司法》的重大修改,对《德国商法典》的补充。条款很大程度具有强制性,目的是更好地保护公众的利益,特别是保护股份公司股东的利益。

该法规定,建立股份公司至少需要5个发行人,他们须认购公司全部资本,资本额最低为10万马克,发起人任命首届监事会,首届监事会任命首届董事会,任命需以公证的方式记载。股份公司经公司营业所在地初级法院商事登记后即告成立。登记申请书必须由董事会和监事会全体成员签名,并附上公司章程。公司章程中至少要规定公司名称、营业地、宗旨、股份资本、股票的票面价值、股票的类别、各类股票的数量以及董事会成员的数目等。股份公司的组织机构由董事会、监事会和股东大会组成,董事会和监事会成员相互不得兼任。董事会的某些活动必须征求监事会甚至股东大会的意见。董事未遵守规定,董事要对公司由此所遭受的损失承担责任。董事会由数人组成,公司章程未作例外规定,他们共同代表公司。董事会成员任期5年,董事如果严重失职、缺乏能力等重大原因或股东大会对其不信任时,可被提前解除职务。监事会负有监督董事会对企业经营和管理的职责。监事会根据公司的规模由3至21名成员组成,成员除股东代表外还有一定数目的职工代表。股东大会每年召开一次,负责委托或撤销它在监事会的代表,决定公司利润分配,批准董事会和监事会的活动,任命年终账目的审计员,修改公司章程,决定增加或减少公司资本。股东大会的决议通常要多数同意,除非公司章程有例外规定。对股份公司重大决议如修订公司章程、增加公司资本等要求有表决权的3/4多数同意。股东表决权是按照他们所持股票的票面价值,不是按股东的人数。股东大会的决议应经公证机关登记,如未登记能够证明决议与大会的记录有出入,可在1个月内提起撤销的诉讼。《德国股份公司法》对关联企业作了详细规定。如果一个公司取得一个股份公司1/4以上的股份,它必须通知该股份公司,股份公司也必须将此通知在官方或对方指定的报纸上予以公告,以保持公司各自的独立,防止企业控制、形成企业集团。某一公司通过持有其他公司的股权形成支配地位后,不能滥用这种地位进行有损被控公司的业务活动,否则须赔偿对方因此而遭受的损失。公司董事会需向股东大会提交年度报告,说明公司与其他公司联营的情况以及董事会成员和监事会成员对企业联营的责任。股份公司在无偿债能力或负担过重的情况下,可根据股东大会的决议宣告破产;如有违法行为,可经法院责令解散。清算结束后,公司不复存在。股份公司是组建大型公司的重要法律形式。《德国股份公司法》是德国公司法中最重要的法规,条文严谨、周密,充分体现德国成文法的特点。
(宋士心)

deguo minfadian

《德国民法典》(德 Bürgerliches Gesetzbuch, 简称 BGB) 1896年8月18日由德皇威廉二世公布,并于1900年1月1日开始生效实施,是继《法国民法典》(《拿破仑民法典》)之后西方国家又一部重要的民法典。《德国民法典》的颁布和实施在国际上引起了广泛的注意,日本在大量吸收《德国民法典》前三编的基础上于1898年颁布了《日本民法典》,到了20世纪,《德国民法典》在匈牙利、捷克斯洛伐克、波罗地海三国、希腊乃至中国、韩国都产生了巨大的影响,同时对与其邻近的瑞士、奥地利、荷兰等国的民法学理论也产生了深刻的影响。

《德国民法典》使德国在民事实体法上走向了统一。19世纪的德国境内存在着各种各样的私法规则和体系,有法国法、普鲁士法、巴伐利亚法、萨克逊法、奥地利法、丹麦法和普通法(即罗马法)。这种私法上支离破碎的局面与当时不断增强的民族意识形成鲜明的对比,特别是这种私法不统一的局面严重阻碍了工商业和贸易的发展。在1860年的第一届德国法律人大会上,法律统一的要求被正式提出。1871年国家自由党的两位议员拉斯克(Lasker)和米克尔(Miquel)多次提出动议,要求赋予帝国议会在私法领域的立法权,从而为1873年8月24日开始的民法的法典化铺平了道路。1874年,德国成立了民法典起草筹备委员会,负责民法典起草的规划和方法。同年成立了民法典起草第一委员会,成员有政府高级官员和法官(如普朗克Planck),也有大学教授(如温特夏德Windscheid)。德国民法典起草第一委员会历经13年拟定了《德国民法典》的第一稿草案,1887年12月27日送交德国宰相并于1888年1月5日提交德国联邦议院。该草案公布后即受到社会各界的猛烈批评,认为它内容繁琐、脱离民众、较少社会化内容、具有教科书的风格等,因而被否决。1890年德国联邦参议院又召集成立了第二届民法典起草委员会,其中增加了日耳曼民族主义者,还有一些成员则是非法律界人士,该委员会对民法典第一稿草案进行了修订,到 1895 年完成修订,此次修订在很大程度上摆脱了普通法以及在此基础建立的潘德克吞体系的束缚,并试图更多地考虑解决当代的社会问题和经济问题。后听取了司法委员会的建议和意见最终形成了德国民法典第三草案并提交给德国议会,1896 年 6 月 1 日德意志帝国众议院经过讨论通过了该草案,1896 年 7 月 14 日该草案也得到了参议院的批准。1896 年 8 月 18 日德国皇帝威廉二世"以帝国的名义"签署了该法律,公布于 1896 年 8 月 24 日的《帝国法律公报》的第 195 页上。此后,德国人用了三年多的时间为这项法律的实施进行了准备,该法于 1900 年 1 月 1 日开始生效实施。

《德国民法典》共计 2385 条,分为五编,依次是:第一编,总则(第 1 条至第 240 条),主要包括对自然人和法人、物、法律行为的一般规定,此外还有对期间和期日、请求权的消灭时效以及权利的行使和担保的规定。第二编,债务关系法(第 241 条至第 853 条),其中第 241 条至第 432 条是债务关系法的总则性规定,包括债务关系的内容、基于一般交易条件形成的约定债务关系、基于合同形成的债务关系、债务关系的消灭、债权转让、债务承担、多数债务人与多数债权人。第 433 条至第 853 条分别是关于个别债务关系的具体规定。第三编,物权法(第 854 条至第 1296 条),该编以占有和对物的权利为内容,共 8 章,分别是占有、土地权利的一般规定、所有权、役权、先买权、物上负担、抵押权、动产质权和权利质权。第四编,亲属法(第 1297 条至第 1921 条),共 3 章,分别是民法上的婚姻、血亲关系和监护。第五编,继承法(第 1922 条至第 2385 条),主要是关于一个人死亡后其财产的归属以及何人对遗产债务负责等问题的规定。为了配合《德国民法典》的实施,在《德国民法典》公布的同时还颁布了《德国民法典实行法》,该实行法最初颁布时只有 218 条,现在已增加到 245 条。

《德国民法典》具有以下特点:(1)《德国民法典》是潘德克吞法学的产物。《德国民法典》不是针对普通人的,而是针对法律家的,是法律家为法律家而制定的法律。其语言和立法技术带有明显的潘德克吞法学派的痕迹。使用的语言不是简单明了的大众化的,而是艰深晦涩的,其构成体现了逻辑推理和体系化的思想。(2)《德国民法典》采用抽象的概括式的表达方式。考虑到列举式虽具有简单明了的优点,但这种表达方式往往挂一漏万,难以全面,且多混杂不清,因此,《德国民法典》对事实构成的表述采取了抽象的——概括式的表达方式。《德国民法典》的立法者除了利用潘德克吞法学已有的概念,还通过法律定义自己创设一些概念,如第 90 条关于"物"的定义。(3)《德国民法典》创设了"一般条款"。除了广泛运用抽象的概括式的概念外,《德国民法典》还创设了内容不确定、价值有待补充的"一般条款",如第 138 条和第 826 条使用的"善良风俗",第 157 条和第 242 条所使用的"诚实信用",第 314 条和第 626 条所使用的"重大事由"等,这些一般条款要求法官结合不断变化的价值观念对其内容予以补充,体现法律的灵活性。(4)《德国民法典》通过"共同性规定"塑造了"总则"。为了避免重复和促进体系化,《德国民法典》采用将适用于多个领域的共同性规定放在特殊规定之前的逻辑结构,从而形成各级法律规范的总则。(5)《德国民法典》大量地采用"援引"技术。为了避免重复和尽可能做到规则的统一,《德国民法典》还大量地采用了"援引"技术,即处理某个特定案件时,其事实构成和法律后果除适用特定法律规范外,还须适用另外法律规范的立法技术。

《德国民法典》在其颁布后的一百年里经受了一系列的变化,先后进行了 150 多次的修订,表明了其作为德国私法之中心法典的重要地位。这些变迁实际上也是一个世纪以来德国历史发展的一面镜子,特别是反映了百年来德国经济和社会的变迁。1990 年 10 月 3 日随着德国重新统一,施行于民主德国近 15 年(1976～1990)的《民主德国民法典》(ZGB)失效,根据东西德统一条约的规定,《德国民法典》开始适用于原民主德国地区。《德国民法典》的修改往往是以颁布一项新法的形式进行的,并且并不增加或减少原有法典条文的数量。例如,1990 年颁布的《旅游合同法》即是对《德国民法典》的一次修订,是在原有法典的基础上增加一项"旅游合同",附在第 651 条后,分别以 651a～651m 的形式出现。从而保证了法条序号的稳定性,使人们对民法典的认知呈连续性。但是,2001 年颁布的《债法现代化法》却打破了这一传统,此次修订涉及的法条较多,变动很大,虽然整个法条数目仍然维持在 2385 条,但个别法条(特别是债法部分)的序号已经发生了变化。这次修订的直接原因是德国履行对欧盟关于消费品买卖指令、迟延支付指令、电子商务指令转化为国内法的义务,实际上立法者并未限于此,而是利用这次指令转换的机会实施早已计划的债法改革。自 20 世纪 80 年代初开始德国即产生对债法进行改革的建议,历经 20 多年的理论准备,2001 年 10 月 11 日经德国联邦议会批准通过了旨在进行德国债法改革的《债法现代化法》,并于 2002 年 1 月 1 日开始生效。除了上述欧盟的三大指令的转换外,《债法现代化法》还对给付障碍法、时效法、物权法的瑕疵担保责任等做出了新的规定;将原来作为特别法存在的民法典的从属法典,如《一般交易条款法》、《消费者信贷法》、《远距离销售法》、《上门交易撤销法》等,纳入到《德国民法典》中;此次修订还将司法判例中发展成熟的理论和学说予以法典化,如缔约上过失责任、附保护第三人利益的合同、交易基础丧失理论、积极侵害债权理论、持续性债权债务关系基于重要事由的解除等。可以说《债法现代化法》的颁布和实施是对《德国民法典》的一场革命。

(申卫星)

deguo piaojufa
《德国票据法》(Negotiable Instruments Law of Germany; 德 Wechselgesetz) 德国也是最早制定票据法的国家之一。17世纪起,各邦曾相继制定了各自的票据立法。前后约56种之多,但其内容相互抵触,适用不便。1846年,德国各邦参加革布狄希关税同盟会议,商议制定统一票据法。1847普鲁士邦以埃赫里特为首的22名法学家和10名实业界人士起草了普通票据条例,共100条。这一条例,在同年的莱比锡会议上被同盟各邦所采用。其后,此条例几经修正,于1871年4月16日正式公布,名为《票据法》(仅包括本票和支票),成为了德意志帝国的票据法律。1908年德国又制定了单行的支票法。德国和仿效德国立法制定票据法的大陆法国家,如奥地利、瑞士、丹麦、瑞典、匈牙利、日本、苏俄等被称为德国票据法系。当时的《德国票据法》较《法国票据法》进步,其特点是:第一,新票据主义即德国将票据关系与基础关系相分离,且规定了严格的形式,创造了票据的"无因性"和"独立性"两大原则。第二,分离主义:与《法国票据法》相同,在立法体例上采民商法分离主义,票据与支票也采分离主义,支票法为单行立法。但在票据法与商法的关系上,德国仍采分离主义,规定汇票、本票的票据法律是单行法律,而不在商法中,这是不同于法国票据立法的地方。第三,《德国票据法》在票据功能上不仅强调其支付和汇兑功能(这被称为输金主义),而且还十分注重票据作为信用和流通融资工具的功能。20世纪30年代德国加入了《日内瓦统一票据法公约》,并依此制定了新的票据法和支票法,沿用至今。至此,法国票据法系与德国票据法系之间的差异逐渐消失,形成了现在的日内瓦统一票据法系。

(温慧卿)

deguo shangfadian
《德国商法典》(德 Handelsgesetzbuch,简称 HGB) 是德意志帝国于1897年5月10日颁布,并于1900年1月1日与《德国民法典》同时生效的一部重要法典,与《德国民法典》共同构成了德国私法的两大法典。与《德国民法典》适用于所有私法领域不同,《德国商法典》是调整特定营利性企业的经济活动的特别法。除了瑞士和意大利是由一部统一的民法典来调整全部私法领域外,欧洲大陆其他国家几乎都在民法典之外另有独立的商法典,这被称之为民商分立的二元私法模式。德国即为该立法模式的重要代表之一。《德国商法典》以商主体观念为立法基础,采商人法主义。德国自19世纪统一后曾相继制定《普通票据法》和《普通商法典》,两法受1807年制定的《法国商法典》的影响采商行为主义立法模式。而及至1900年的《德国商法典》却舍商行为主义而采商人法主义,即以商主体作为确定商行为和商事关系的标准,凡是商人所从事的活动均为商行为,由此产生的社会关系为商事关系,由商法典调整;非商人所实施的行为则属于一般的民事活动,由此而产生的社会关系为一般的民事关系,直接由民法典来调整。《德国商法典》虽采商人法主义,但其商主体以现代商业为基础,《德国商法典》的"商"字并不能表该法典的全部内容,其适用领域并不仅仅限于为生产者和消费者之间的财产流转提供媒介的固有商,还调整工业、手工业以及采矿业等引起的法律关系。随着立法的发展,其商主体的概念逐步得到发展,学说上称之为"新商人法主义"。1998年6月22日德国颁布了《商法改革法》,创造了统一的商人概念,不再区分必然商人和登记商人、完全商人和小商人。

《德国商法典》计905条,共分五编,依次为:第一编,商事(第1条至第104条),该编以商人、商人的企业以及商人的辅助人为调整对象。第二编,商事公司与隐名合伙(第105条至第236条),《德国商法典》只调整以合伙结构为基础、以经营营利事业为目的,并且按照企业的种类和范围以商人的名义进行了登记或者其商号已登记在商业登记簿上的人合公司,具体类型包括无限公司和两合公司。对于股份有限公司和股份两合公司则适用1937年1月30日颁布并于1965年9月6日重新修订的《股份法》;对于有限责任公司则适用于1892年4月20日颁布并于1898年5月20日开始施行的《有限责任公司法》;对于营业和经济合作社则适用1889年5月1日颁布的相关法律。可见,《德国商法典》中有关公司法的规定仅限于商法上的人合公司。第三编,商业账簿(第238条至第342a条),是由于为了统一欧共体范围内的公司法而于1985年12月19日颁布的《结算指令法》添加形成的。这些规定适用于所有的商人,并补充适用于资合公司和合作社。第四编,商行为(第343条至第475h条),该编第一章是关于商行为的一般性规定,规定了商行为的适用范围、对商业惯例的适用、商人的注意义务、商行为方式自由原则以及一些典型的商事法律制度,如交互计算、商业指示证券、商事留置权等。该编第二章至第六章则是关于特种商行为的规定,包括商事买卖、行纪、货运、运输代理、仓储等营业。第五编,海商(第476条至第905条),该编虽属于《德国商法典》的一部分,但却在商法典之外另行刊载。《德国商法典》并未涵盖商法的全部内容,德国商法除了《德国商法典》外,还存在诸如《资合公司法》、《银行与交易所法》、《证券交易法》、《仓储法》、《保险法》、《市场法》,以及《票据法》、《支票法》等单行法。

(申卫星)

deguo shangfa tixi
德国商法体系(the system of german commercial law) 德国商法属于大陆法系商法。历史上德国商事法规长期不统一。后来,联邦议会设置统一商法典起草委员会。1861年,制定了《普通德意志商法》,称为旧商法典,共五编、911条。第一编商人地位、第二编商事公司、第三编合伙、第四编商行为、第五编海商,乃仿效法国以商行为为立法基础。1871年统一的德意志帝国成立后,开始了新的法典编纂工作。1897年5月10日制定了《德国商法典》,称为"新商法典",于1900年1月1日施行。新商法典采取商人为基础的立法主义,共五编、905条。第一编商事;第二编商事公司及隐名合伙;第三编商业账簿;第四编商行为;第五编海商。德国新商法典的立法主义对于一些国家产生了很大的影响,如瑞士、奥地利、土耳其、瑞典、挪威、丹麦以及斯堪的那维亚其他各国均仿效德国采用了商人法主义,而所有采用德国新商法典的商人主义原则立法的国家的法律,统称"德国商法法系"。

后来,德国对新商法典作过修改,并陆续制订了一些单行法规。主要修改有1937年的《股份公司与股份两合公司法》,1965年的《股份法》,1952年的《经营组织法》等。比较重要的单行法规有:1892年的《有限责任公司法》,1889年的关于营业和经济合作者的法律,1895年的《内水航行法》,1908年的《保险契约法》,1909年的《不正当竞争防止法》,1933年的《票据法》、《支票法》,1938年的《铁路交通法》等。

(唐广良)

deguo youxian zeren gongsi fa
《德国有限责任公司法》(Limited Liability Company Law of Germany,德文缩写 GmbH) 德国调整有限责任公司的主要法典。制定于1892年4月20日,颁行于1898年5月,是世界上第一部有限责任公司法。因其颁布实施早于《德国商法典》,故后者对有限责任公司未作出具体规定。该法典共6节85条,依次为:第一节"公司的设立",12条,规定公司设立的目的、基本资本和出资、登记及因公司设立所生的其他法律义务;第二节"公司和股东的法律关系",22条,规定公司的法律地位、股份、股东续缴出资义务、股利分配、出资返还等;第三节"代理与业务执行",18条,规定代理的形式、权能及效力、账簿、资产负债表、年终结算和业务报告的提交、经理的责任以及股东权利等;第四节"章程修改变更",7条,对公司章程变更的条件和程序等作了规定;第五节"公司的解散和破产",18条,规定了有关公司解散原因、破产条件及解散破产后的结算、债务偿还等事项;第六节"最后条款",18条。此法典1980年作了第一次较大的修订,允许一人组建有限公司;此外其他法规的制定和修订对它也产生了一定的影响,如:《变更法》(指变更企业法律形式)、《公开法》(指公开企业经营情况和财务状况等)、《参与决定法》(职工参与企业民主管理)、《结算准则法》(指企业如何编制年终结算表)等,此外判例也对该法典进行了补充。

(陈耀权)

deguo zhengquan fa
德国证券法(Securities Law of Germany) 以《证券交易法》为主的调整证券市场的法律规范。德国证券法主要包括以下四部分:(1)证券管理机构立法。德国证券管理体制是一种既强调立法管理又注重自我管理的双重体制。其中,大银行是证券管理组织的核心。《银行业务法》给予银行进行证券业务的独占权利,控制证券市场。《联邦储备银行法》赋予联邦储备银行在特殊情况下干预证券市场,限制证券发行或减少银行业与投资者流通能力的权力,并且在发行债券时须征询联邦储备银行的意见。1957年由11个大银行和联邦储备银行及联邦财政部参加建立的中央市场委员会,已成为证券市场管理的一个重要方面。1896年制定、1975年修改的《证券交易法》将证券交易所规定为接受州监督的准公共机构,并制定了一套关于证券交易所的组织、证券交易所成员的资格、交易所正式经纪人和交易员的注册、证券上市及其买卖等原则和管理制度。(2)证券发行管理立法。关于股票的发行,一般股份公司都借助于银行在市场上销售新股票,股票可以以任何方式公开发行。关于债券的发行,根据《关于政府批准发行无记名和记名债券的法律》,由联邦财政部决定发行无记名或记名债券,债券一般由银行代销或包销。关于投资基金股票的发行,国内投资基金和外国投资基金分别按《投资公司法》和《外国投资公司法》管理。(3)证券交易管理立法。这部分立法内容主要包括证券上市标准、信息持续披露制度和内部人员交易规定。相关法律包括《股份公司法》、《关于某些公司及其附属公司财务报表和材料公布的法律》、《内部人员和交易员规则》等。(4)证券商管理立法。德国经纪商分两种:一是官方经纪商,由各州任命、监督,负责组织经纪活动并沟通供求情况,确定上市证券的价格;二是自由经纪商,既可在交易所内充当银行间交易的中介,也可在交易厅外利用自己的资金充当未上市证券的中介,但这类经纪商人数有限制。德国法律规定,非银行不得同公众进行二级市场的证券交易,客户的证券交易委托单必须交给银行,由银行卖给官方经纪商,或由银行直接充当证券交易中介。

(夏松)

deyizhi minzhu gongheguo minfadian
《德意志民主共和国民法典》(Civil Code of the Democratic Republic of Germany)

1975年6月19日通过,1976年1月1日生效。德意志民主共和国成立后,在调整民事关系方面长期适用1896年颁布的《德意志帝国民法典》。1960年共和国颁布的第一部民法典仍保留了若干旧法条文。1975年民法典是根据共和国生产关系方面的巨大变化,通过对1960年民法典进行重大修订而成的。法典共7编,480条,各编标题依次是:社会主义民法的基本原则;社会主义财产和个人财产;有关物质和文化生活的契约;保护生命、健康及财产免受损害;继承法;关于特殊的民事法律关系的专门规定。其特点是:(1)将民法的调整对象限定为"公民与企业之间及公民相互之间为满足物质和文化需要而发生的关系"(第1条)。(2)在立法体例上打破了《德国民法典》的五编结构,不设总则。在第一编基本原则部分仅对公民和企业在民法上的地位以及公民与企业的行为准则作了原则规定,关于行为能力、代理的规范则纳入契约总则之中。(3)公民利益的保护被置于重要的地位。

(张玉敏)

dengji
登记 (register of immovables)

又称不动产物权登记,即权利人申请国家专职部门将有关申请人的不动产物权的事项记载于不动产登记簿的事实。

现代意义上的不动产登记制度源自欧洲。让不动产物权的存在或变动伴随某种现象,是古代法制就存在的原则。近代法上,由于担保物权,尤其是抵押权的发达,采用公示原则,以调和债权人之间的利益,同时充分利用不动产的担保价值,显得尤为必要。登记制度就是在这一背景下应运而生的。普鲁士1722年的《抵押与破产法》和1783年的《一般抵押法》构成德国法系登记制度的先声。他们以及1795年法国的抵押法一同奠定了近代登记制度的基本框架。随着经济的发展,不仅抵押权,连所有权在内,也频繁地成为交易的对象,而且作为资本的不动产交易,不伴随外形变动的情形很多。于实现物权效力,保护交易安全非常不利。于是,近代法上普遍将针对抵押权而设计出的登记制度,一般性地运用于不动产所有权与其他的不动产物权。

不动产登记作为对不动产财产权的记载,具有两方面的意义。首先,不动产登记是确定国家权力团体对不动产课税权的基础。其次,保护私权是现代国家的主要机能,而登记则是这一国家机能发挥作用的条件。民事主体间的不动产物权的变动状况,通过公示,国家对私权的保护才能切实实现。

各个国家和地区的不动产登记制度,在立法例上,主要可以归纳为契据登记制度、权利登记制度和托仑斯登记制度:

契据登记制度 首创于法国,所以又称"法国登记制",它是指不动产物权的得丧变更,经当事人订立契据(契约书),即已生效。但非经登记,不得对抗第三人。登记机关在登记时,依照契据所载的内容,予以登记。

法国的古代法继承罗马法的传统,要求权利的转让必须通过明显的外部方式以使之有形化。但随着时事变迁,这一做法逐渐变的仅具有象征意义。于13世纪重新出现的抵押权,仍采取不进行登记的秘密方式。直至1795年,为适应保护交易安全的需要,法国才颁布了法律,首次建立了较为完善的不动产公示制度以保护抵押权人。这一时期,法国各地都设立了抵押登记机关,隶属于财政管理部门。权利公示通过在两种不同的登记簿上注册进行:一为注册登记簿,适用于抵押权和优先权;一为产权转移登记簿,适用于其他不动产物权的设定行为或转移行为。惟有不适宜设定抵押权的一些主物权,如使用及居住权、地役权等,才可不予登记。根据这一时期的法律,前述权利的设定及转让如不具备公示形式,将导致其不得对抗第三人的法律效果。《法国民法典》制定之时,起草者关于登记制度未达成一致意见。于是该法典在法国古代法关于不动产物权设定与转让可采用秘密状态的做法与建立登记制度之间进行了折衷:仅规定了协议抵押权的公示,而已婚妇女及被监护人的法定抵押权及更为重要的不动产所有权有偿转让行为,则仍可不经公示在当事人之间秘密进行。公示制度重又建立是借助1855年颁布的法律。该法意在保护作为贷款人的土地银行的利益,它规定一切设定物权的行为均须公示,甚至于某些债权也须公示。不动产物权不经公示,即无对抗效力。1935年改正法律令的出台,对1855年的法令进行了完善。而1955年的不动产公示制度的改革法令对不动产物权变动的公示大规模地进行了实体法和手续法上的改革。确立了法国不动产登记制度的基本框架。它将不动产公示的范围扩大适用于涉及不动产的一切有关行为。契据登记制度也随之趋于完善。

目前,除法国外,日本、意大利、比利时、西班牙等国均采此制,美国多数州也采行这一登记制度。这种登记制度具有以下特点:(1)形式审查主义。登记官吏对于登记的申请,只进行形式上的审查,如申请登记的手续完备,即依照契据内容记载于登记簿。至于契据所载权利事项,有无瑕疵,则不予过问。(2)登记无公信力。登记无公信力,是指已登记的权利事项,公众不可信赖其为真实的权利状况。交易完成后，就第三受让人而言，对于早已登记的权利事项，如有人出面主张权利，应依实体法确定权利的归属。若在实体上认为其权利不成立，或有无效或得撤销的原因时，则得以其不成立或无效而对抗受让物权的第三人，所以在此一法制下，交易第三人无法享受登记成立主义向人们提供的保护利益。(3) 登记与否不予强制。土地权利登记与否，当事人斟酌决定，法律并无强制规定。(4) 登记簿的编成采人的编成主义。契据登记制登记簿编成不以土地为准，而以土地权利人登记次序的先后作成。登记完毕仅在契约上注记经过，不发权利书状。由于人的编成主义无法向外界提供某一不动产交易关系的整体性信息，妨碍了交易的迅捷，增加了交易费用，因而1955年改正法令将应当公示的证书限于公证证书，且对一定范围的不动产做出不动产票，这种不动产票具有"物的编成"之机能。另依日本《不动产登记法》第15条的规定，登记簿的编成采物的编成主义。(5) 登记不动产物权变动的状态。即不仅登记不动产物权的现在状态，而且也登记物权变动事项。

权利登记制度 又称德国登记制。它是指不动产物权的得丧变更，仅有当事人意思表示一致尚不生效力，必须经登记机关实质审查确定，并践行法定登记的形式，才发生效力。

德国自中世纪以来各都市的登记簿制度已经十分发达，在《德国民法典》制定之时，由于立法者强调不动产不仅对每一个人，而且对整个社会的生存和发展具有特别重要的意义。同时又由于日耳曼法对不动产尤其是土地问题特别重视的历史传统，该法典充分反映了德国国家在实现其组织和管理社会的职能时，对不动产物权的安全以及有关法律秩序的关注。不但确立了对一般权利人的登记强制的原则，还把不动产登记事务宣布为国家专门机构的职权范围。德国关于不动产登记的法律，主要有1897年生效的《土地登记条例》；1935年生效的《〈土地登记条例〉施行法》和《土地登记设施法及施行法》，1936年生效的《土地登记官职责条例》，1951年生效的《以土地登记规则处理住宅所有权事宜法》。这些法律虽然制定已久，但至今没有大的修改。

权利登记制度除德国采行外，采行者还有瑞士、荷兰、奥地利等国。这种登记制度有如下的特点：(1) 实质审查主义。登记官吏对于登记案的申请，有实质审查权，不仅审查申请必须具备的形式要件，土地等不动产权利变动的原因与事实是否相符，缴付文件瑕疵，均须详加审核，证明无误后方予登记。(2) 登记具有公信力。公众可以信赖已经登记的权利，登记关于权利状态的表示有绝对的效力。登记簿上记载的权利事项，纵在实体上存在着由于登记原因不成立、无效或被撤销的情形，也不得以其不成立、无效或被撤销对抗善意第三人。故而，登记簿所记载的权利事项，对于善意第三人言，在法律上有绝对效力。(3) 登记采强制主义。不动产物权的取得、设定、变更、丧失非经登记不生效力。(4) 登记簿的编制采物的编成主义。德国法的登记制度以不动产为中心构成内容，依土地地段、地号先后次序编造而成。登记完毕，不发权利证书，仅在契约上注记登记的经过。(5) 登记以土地权利的静态为主。登记簿先办理登记的土地权利的现在状态，再及于土地权利的变动情形。

托仑斯登记制度 又称澳洲登记制，或权利交付主义。此制为托仑斯爵士于1858年在南澳洲所创，托仑斯原为海关税务员，嗣后任南澳洲登记长，因熟悉船舶登记法律，将其推广适用于不动产，创立登记制。托仑斯登记制的基本精神与前述德国权利登记制相同。按照这一制度，在初次登记不动产时，登记机关依一定的程序确定不动产的权利状态，制成地券。让与不动产时，当事人之间作成让与证书，连同地券一起交给登记机关，经登记机关审查以后，在登记簿上记载权利的移转，对于受让人则交付新地券，或在原地券上记载权利的移转，从而使第三人能够从该地券上明确不动产的权利状态。除澳大利亚外，英国、爱尔兰、加拿大、菲律宾以及美国的加利福尼亚、马萨诸塞、伊利诺等十余州采用这一制度。

托仑斯登记制度有如下特点：(1) 任意登记。该制度并不强制一切土地均必须向政府申请登记，登记与否，任由当事人自行决定。但土地一经申请第一次登记后，日后如有土地移转或变动，非经登记不生效力。(2) 登记采实质审查主义。登记官吏对于登记申请有实质审查的权限，登记官吏对登记原因及证明文件予以详细审查，必须公告者应经公告程序，登记始能确定。(3) 登记具有公信力。土地一经登记，即有不可推翻的效力，此项权利的效力由国家予以保证。任何人皆可信赖登记。(4) 交付土地权利状书，为登记人应该享有的权利确定凭证。当土地进行第一次所有权登记时，登记机关依权利状态制成权利状书一式二份，一份交给申请人收执，以为确认权利的证明；一份存登记机关，以编成登记簿之用。故登记人执存的土地权利状书实为登记簿的副本，其内容与登记簿完全一致。(5) 如土地上设有权利负担，应为负担登记。已登记的土地上如有抵押权设定等他项权利时，应办理他项权利设定变更登记。(6) 设置赔偿基金。登记的土地权利，即有不可推翻的效力，则登记如有遗漏或错误，致真正权利人遭受损害时，登记机关负赔偿责任。登记机关为准备赔偿起见，特设置赔偿基金备用。

(王 轶)

dengjibo
登记簿(registry) 是不动产登记机关记载当事人不动产物权得丧变更状况的书面文件,它是证明不动产物权的根据并由登记机关统一掌管和保存。登记薄对不动产物权的当事人及利害关系人公开,同时利害关系人不得以不知登记为由提起对登记权利的异议。

(方志平)

dengji de gongxinli
登记的公信力(德 der oeffentliche Glaube des Grundbuchs) 是物权登记机关在其物权登记薄上所作的各种登记,具有使社会公众信其正确的法的效力。也就是说,因登记所表现的物权即使不存在或内容有异,但对于信赖此登记所表示的物权而与之为交易的人,法律仍承认有和真实物权相同的法律效果。例如,房屋登记薄上,A房屋被登记为甲所有,乙信赖此登记而向某甲买受,并为所有权移转登记。其后即使发现房屋真正所有人为丙而非甲时,对于房屋所有权所生的此种移转,法律仍加保护,即某乙仍取得A房屋所有权。

(方志平)

dengji hetong
登记合同(contract of record) 又译登记契约、裁判上的契约。英美法上的概念。要式合同的一种。指在有关法院登记簿上登记的由法院审判而使当事人负担债务或义务的契约。登记契约并非平等主体之间意思自治的产物,严格而言其不属于契约或合同的一种。参见判决之债条。

(张平华)

dengji jiguan
登记机关(register office) 是由物权法规定的,专门负责接受当事人的不动产物权登记申请,依法对当事人的不动产物权进行登记的有权机关。它具备法定性、权威性、监督性和服务性。在国际上,不动产登记机关,在德国为属于地方普通法院系统的土地登记局;在日本为司法行政机关法务局、地方法务局及其派出所;在瑞士,为各州的地方法院。

(方志平)

dengji shetuan
登记社团(registered accociation) 经过国家法定登记管理机关登记后才能取得民事主体资格进行民事活动的社团,又称注册社团。社团登记一般由社团董事会向登记管理机关提出申报。对于哪些社团需要登记,哪些社团不需要登记,各国规定不一。依《瑞士民法典》第52条之规定,团体组织以及有特殊目的的独立机构,在商事登记薄上登记后,即取得法人资格。公法上的团体组织及机构,非经济目的的社团、宗教财团、家庭财团则不需登记。依第60条之规定,以政治、宗教、学术、艺术、慈善、社交为目的的以及其他不以经济为目的的社团,自表示成立意思的章程作成时,即取得法人资格。依第79条之规定,社团已在商业登记薄上登记的,董事会或法官应将(社团)解散之事通知登记管理官,以涂销登记。依《德国民法典》第21条和第55条第1款之规定,不以经营为目的的社团,通过在其住所所在地的主管初级法院的社团登记薄上登记而取得权利能力。依第65条的规定,社团一经登记,即在其名称前附加"注册社团"字样。

(李仁玉 卢志强)

dengji shunwei
登记顺位(德 die Reihenfolge der Eintragung) 又称程序性权利登记,指的是不动产物权在不动产登记薄上依设立的时间先后所排列的顺序中所占据的位置。一切不动产客体均可承担性质各不相同的多个不动产物权。这些权利的权利人能否全部实现其权利,完全取决于他们权利所处的先后登记顺位。譬如,依照民法物权法原理,在实现抵押权时,先于抵押权成立的用益物权和租赁权不得涤除,而后于抵押权成立的用益物权和租赁权则应该涤除。

(方志平)

dengjia youchang yuanze
等价有偿原则(principle of exchange of equale value; the principle of reciprocity in transactions) 民法上的要求依照价值规律的要求进行交易活动的基本原则。《民法通则》第4条规定了该原则。民法调整的社会关系主要是财产关系,其中绝大多数情况下是有偿的,按照价值规律而进行的。所以,《民法通则》规定等价有偿原则反映了多数民事关系在事实上的状态,体现了民法的主要领域在经济上的特点。

但是,现在许多学者认为,等价有偿原则被规定在《民法通则》主要是历史原因形成的。由于改革开放之前我国长期忽视价值规律的作用,实行计划经济,在经济上带来了严重的恶果。改革开放以后,市场经济(商品经济)的因素越来越多,许多重要的民法学者认为民法主要调整的就是商品关系,以价值规律的作用是民法的基础。很大程度上也是为了将民法和其他部门法区别开来,因此《民法通则》中将作为价值规律内容的"等价有偿"规定成为基本原则,这在当时具有合理性。但是,准确来说,民法所调整的另外一个重要领域——人身关系中不发生等价有偿原则的问题,即便是在财产关系领域,也存在赠与、无偿委托等无偿的合同关系,有偿的合同关系(比如买卖)的发生也不以"等价"为要件。所以,不宜继续认为等价有偿原则是民法的基本原则。

1999年制定的《合同法》中没有再规定等价有偿原则,似乎可以表明上述观点已经为立法所接受。

(葛云松)

diguo faren
敌国法人(corporation with enemy character) 也称为"敌性外国法人"。自英国于1914年第一次世界大战期间制定了《对敌通商法》而开始对敌产实行管理以来,受到各国重视。《凡尔赛条约》第297条第2款就规定了清算在盟国的敌性财产的问题。在第二次世界大战中,敌产管理法在各国广泛采用。二战期间,日本《敌产管理法施行令》第2条规定:凡本国以外的法人,其职员、股东或业务负责人的半数以上,或者资本半数以上,或者表决权的半数以上属于敌国、敌国人或居住在敌国内的个人者为敌性法人。 (李仁玉 卢志强)

dizi
嫡子(sons of a man's legal wife) 与庶子相对,又称"嫡嗣"。旧时指正妻所生儿子。也专指正妻所生的长子,即嫡长子。无嫡子,可立庶子中母亲地位最高者。《公羊传》隐公元年:立嫡以长不以贤,立子以贵不以长。《唐律》规定:诸立嫡违法者,徒1年。即嫡妻年50以上无子者,得立庶长。不以长者亦如之。而《唐律疏议》规定,如嫡长子已死,立嫡孙。无嫡孙,以次立嫡子同母弟。无母弟立庶子。在封建宗法社会中,嫡长子有宗祧继承权。 (马忆南)

dixiao
抵销(set-off) 当事人双方互负债务时,各以其债权充当债务的清偿,而使其债务与对方的债务在对等额内相互消灭。用做抵销的债权,称为动力债权、主动债权、抵销债权或能动债权,被抵销的债权称为受方债权或被动债权、反对债权或主债权。作为债消灭的原因之一,抵销依其不同的发生根据,分为法定抵销与合意抵销。法定抵销又称为法律上的抵销,由法律规定其构成要件,性质上为形成权,依有抵销权的当事人以单方意思表示即可发生效力。合意抵销又称为契约上抵销,是依当事人双方的合意所为的抵销,因重视当事人的意思自由,可不受法律规定的构成要件的限制。

自罗马法后期以来,各国法都承认抵销制度。但立法规定不尽相同。有的采取当然抵销说,认为无须当事人的行为,依双方债权对立的事实即当然发生抵销。如《法国民法典》第1290条规定:债务人双方虽均无所知,根据法律的效力仍可发生抵销;两个债务自其同时存在起,在同等的数额的范围内互相消灭。有的采取单独行为说,主张债权相互对立的事实能产生抵销权,因抵销权的行使而发生抵销。如《日本民法典》第506条规定:抵销,由当事人的一方对其相对人的意思表示为之。但其意思表示,不得附条件或期限。我国立法也以单独行为说为立法依据。如我国《合同法》第99条规定:当事人互负到期债务,该债务的标的物种类、品质相同的,任何一方可以将自己的债务与对方的债务抵销,但依照法律规定或者按照合同性质不得抵销的除外。当事人主张抵销的,应当通知对方。通知自到达对方时生效。抵销不得负条件或者附期限。关于抵销权及抵销的性质,有许多不同的见解。对于抵销权,依当然抵销说,抵销为事件;依单独行为说,抵销为单方的法律行为。对于抵销,有的采清偿说,认为抵销是清偿;有的采机制清偿说,认为抵销能与清偿产生同一结果;有的采自己清偿说,是债权人将自己对于债务人的债权用于清偿自己的债务;有的采代物清偿说,系以免除债权人的债务为代替给付的给付;有的采留置权说,是为防止一方不履行其债务而仅行使请求权的制度;有的采质权说,系抵销人对于相对人债权取得质权;有的采满足说,是法律上所许可的债权人的自助或自己满足的方法。但无论怎样,作为一项独立的债消灭的制度,抵销具有积极的意义,表现在两个方面:(1)便利当事人双方,节省交易成本;(2)有担保作用。抵销虽不为债的担保方式,但可起到担保作用,因为若实行抵销,即使另一方无法履行债务,他方的利益也有了保障。

关于抵销的要件,各国民法的规定大致相同,主要有以下四点:(1)须双方互负债务,互享债权。双方之间的两个债权债务关系,均为合法存在,债发生的原因不成立或无效时,债权不能有效存在,当然不发生抵销的效力。但当债发生的原因行为可撤销时是否可抵销,则须具体分析:主动债权的原因行为为可撤销时,在撤销前其债权有效,仍可抵销;被动债权的原因行为为可撤销行为时,如果享有撤销权的抵销权人知其可以撤销而仍为抵销时,视其已抛弃撤销权,其抵销应为有效。如其不知可以撤销时,后仍可行使撤销权,行为一经撤销,抵销当然无效。对于附条件的债权,如附停止条件,条件成就前,债权尚不发生效力,自不得为抵销。如为解除条件,则条件成就前债权为有效,可以抵销。条件成就没有溯及力,因此,行使抵销权后条件成就的,抵销仍然有效。超过消灭时效的债权,不得作为主动债权而主张抵销,否则无异于强使对方履行已失去法律拘束力的债务。超过消灭时效的债权为被动债权时,可认为抵销权人抛弃时效利益。附有同时履行抗辩权的债权,不得作为主动债权而主张抵销,如其作为被动债权,则可认为抵销权人已抛弃同时履行抗辩权。第三人的债权,即使取得第三人同意,也不能抵销。连带债务人以自己作为连带债务人对于债权人的债权,就其应分担部分可主张抵销。债权让与时,债务人对原债权人享有债权的,得向债权受让人主张抵销。主债务人对债权人享有债权的,保证人可主张抵销。(2)须双方债务的给付为同一种类。一般为金钱债务和种类物债务。如果一方或双方的标的物为特定物,原则上不许抵销。(3)须双方债务均已届清偿期。债务未到清偿期,债权人不能请求履行,因而也不能以自己的债权用做抵销,否则无异于强令债务人期前清偿。但债务人抛弃期限利益的,不在此限。另外破产中的抵销,则不受清偿期及附解除条件等的限制。(4)双方的债务均为可抵销的债务。依法律规定或债务性质不得抵销的债务,不得抵销。性质上不可抵销的债务包括不作为债务、提供劳务的债务或与人身不可分离的债务如抚恤金、退休金、抚养费债务等。法律不得抵销的债务主要有:因侵权行为所负债务;法律禁止扣押的债权;约定应向第三人为给付的债务。

抵销的效力表现在:(1)双方互负债务按照抵销数额消灭。当双方互负债务数额相同时,均归消灭。数额不等时,数额较少的一方的债务消灭,数额较大者仅消灭债务的一部分,类似于一部分清偿。未抵销债务,债务人仍负清偿义务。(2)债的关系溯及最初得为抵销时消灭。最初得为抵销时,即抵销权发生之时。双方债务清偿期有先后的,以在后的清偿期届至时为抵销权发生时。抵销的溯及力发生以下效果:自抵销权发生之时,就消灭的债务不发生支付利息的义务;自抵销权发生时起,不再发生迟延责任;自抵销权发生时起,债务人所发生的损害赔偿责任及违约金责任免除。合意抵销,又称约定抵销、契约上抵销。其要件与法定抵销不同的是在标的物是否为同种类上没有要求,只需当事人的协商一致即可发生抵销。我国《合同法》第100条规定:当事人互负债务,标的物种类、品质不相同的,经双方协商一致,也可以抵销。当事人由抵销达成的合意协议称为抵销合同。关于抵销合同的性质在立法及学理上形成了不同的观点:有的认为属机制清偿;有的认为属代物清偿;有的认为属两个互无关系的免除合同;有的认为属一个双务的免除合同;也有的认为是自成一类的合同。合意抵销效力与法定抵销相同,但当事人还可约定一些特别效力。　(万 霞)

dixiao qiyue
抵销契约(德 der aufrechnungsvertrag) 即抵销合同。指当事人以抵销相互间的债权债务为内容的协议。其特点在于当事人双方相互负有债权债务。关于抵销合同的性质有不同的学说。一为清偿说,认为抵销合同为简略清偿或拟制清偿。二为代物清偿说,认为当事人依抵销合同的订立,双方抛弃其债权,即当事人一方为代替原来的给付,抛弃对相对人的债权,因此使相对人亦抛弃其债权。三为两个互无关系的无因的免除合同说,认为抵销合同为成立两个互无关系的无因的免除合同,从而一方的免除合同无效,不使他方的免除合同无效,仅得基于不当得利请求返还。四为双方免除合同说,认为各当事人有以自己方面的债务的免除,而同时免除他方对于自己债务的意思。其双方的免除,系交换的为之。所以,两个免除有债务的关联,一方的免除为无效时,当然使他方的免除也为无效。五为独立种类合同说,认为抵销合同为一种独立的合同,即当事人的合意,使双方债权消灭的合同。综观诸说,以最后一说为妥。抵销合同成立时,双方的债务已处于各为抵销的状态的,合同具有溯及力,自抵销适状时发生抵销的效力;双方的债务不符合抵销适状的,则抵销合同不生溯及力,自当事人特别约定的发生溯及力的时期发生溯及力。依我国《合同法》规定,当事人互负到期债务,标的物种类、品质不相同的,经双方协商一致,也可以抵销,这是对抵销合同的法律上的确认。即使在当事人互负的债务的标的物种类、品质相同的条件下,当事人也可以订立抵销合同,约定减轻或加重法定抵销的条件。　(郭明瑞)

dixiaoxing weiyuejin
抵销性违约金(compensatory liquidated damages) 排他性违约金的对称,得以抵销赔偿金的违约金。抵销性违约金实际是最低限额的赔偿金,违约方不论其违约给对方造成的损失状况如何,均应支付。支付违约金后,违约方不再支付赔偿金。　(郭明瑞)

diya
抵押(mortgage) 是指债务人或第三人不转移对特定财产的占有,而将该财产作为特定债权的担保,在债务人不履行债务时,债权人有权依照法律的规定以该财产折价或以拍卖、变卖该财产的价款优先受偿的担保方式。其中,提供担保财产的债务人或第三人,被称为抵押人;享有抵押权担保的债权人,被称为抵押权人;抵押人所提供的担保财产,被称为抵押物。　(申卫星)

diya hetong
抵押合同(contracts for mortgage) 是指债权人(抵押权人)与债务人或第三人(抵押人)之间为担保特定债权的实现,而就特定财产约定在债务人不履行债务时,债权人有权就该财产进行折价或拍卖、变卖并从其价款中优先受偿的意思表示一致的双方法律行为。抵押合同的内容包括必要条款和当事人自行约定的条款。根据我国《担保法》第39条的规定,抵押合同的必要条款包括:(1)被担保的主债权种类、数额。主债权的种类、数额不明确,则抵押担保失去明确的对象,因而无法执行。对此,最高人民法院《关于适用〈中华人民共和国担保法〉若干问题的解释》第56条明确规定:抵押合同对被担保的主债权种类、抵押财产没有约定或者约定不明,根据主合同和抵押合同不能补正或者无法推定的,抵押不成立。(2)债务人履行债务的期限(最高额抵押权例外)。(3)抵押物的名称、数量、质量状况、所在地、所有权权属或使用权权属。(4)抵押担保的范围。以上前三项条款为抵押合同的必要条款,不具备这些条款抵押合同不成立,当事人可以就欠缺的条款协商,进行补正,补正后抵押合同仍可有效成立。对于第四项条款,即抵押担保的范围,当事人没有约定的,可适用《担保法》第46条的规定,抵押担保的范围包括主债权及利息、违约金、损害赔偿金和实现抵押权的费用。对于抵押合同的形式,我国《担保法》第38条规定:抵押人与抵押权人应当以书面形式订立抵押合同。这里的书面形式,既包括当事人专门就抵押问题达成的书面协议,也包括在主合同中达成的抵押担保条款,还包括具有设定抵押担保意思的信函、传真、电报、电传、电子数据交换和电子邮件等可以有形地表现所载内容的形式。 (申卫星)

diyaquan

抵押权(mortgage) 是指债权人对于债务人或第三人不转移占有而供担保的财产,在债务人不履行债务时,可以就其变卖所得价金优先受偿的权利。抵押权是抵押权人就抵押人提供担保的抵押物所卖得的价金优先受偿的权利,是以支配抵押财产的交换价值并确保债权的清偿为目的的权利,具有担保作用,属于典型的担保物权。

抵押权作为一种担保物权,具有的以下法律特征:(1)抵押权具有从属性。抵押权从属于其所担保的债权而存在,即抵押权随着债权的发生而产生;债权移转,抵押权随之移转;债权消灭,抵押权亦随之消灭。首先,抵押权在发生上具有从属性。抵押权的发生以主债权的发生为前提,主债权如不发生,则抵押权亦无存在之可能;主债权归于无效,抵押权亦随之归于无效。但近来随着担保物权制度的发展与社会经济发展的要求,抵押权的从属性逐渐被突破。我国《担保法》第59条所规定的最高额抵押权以及《德国民法典》第1191条所规定的土地债务即为明证。其次,抵押权在处分上具有从属性。抵押权不得与债权分离而为让与,即债权人不得以抵押权单独让与他人,自己保留其债权;抵押权人也不得将债权单独让与他人,而自己保留其抵押权;抵押权人也不得将债权和抵押权分别让与不同的人。因此,仅让与抵押权的,其让与不发生效力;仅让与债权的,其效力及于抵押权。再次,抵押权在消灭上具有从属性。抵押权所担保的债权如因清偿、提存、抵销、免除等原因而全部消灭时,抵押权亦随之而消灭。(2)抵押权具有不可分性。抵押权的不可分性,是指在抵押权所担保的债权未全部受清偿前,抵押权的效力不因债权或抵押物的分割而分割,而是就债权的全部及于标的物的全部。具体表现如下:首先,抵押物一部分经分割或让与第三人时,抵押权并不因此而受影响,即抵押权人仍得对全部抵押物(包括被分割或转让部分)行使抵押权;其次,抵押物部分灭失时,未灭失部分仍应担保着全部债权,并不因抵押物的灭失而使所担保的债权额受到影响;再次,主债权纵经分割或转让,抵押权并不因此而受到影响,即各债权人仍得就其享有的债权额对全部抵押物行使抵押权;最后,主债权部分消灭,抵押权人仍得就其剩余的债权对全部抵押物行使抵押权。但应当注意的是,抵押权的不可分性并非抵押权的本质要求必须具备的性质,只不过是法律为了加强对抵押权的担保作用而特别赋予的,因而对于抵押权的不可分性不能无条件地加以承认,而应在保证不损害抵押权人的合法利益的情况下,通过约定合理地排除抵押权的不可分性。(3)抵押权具有物上代位性。抵押权的物上代位性是指当抵押物毁损、灭失,并因此而受有赔偿金或保险金时,抵押权的效力可及于该赔偿金或保险金的性质。由于抵押权为支配抵押物交换价值的权利,以确保债权的优先受偿为目的,所以当抵押物毁损、灭失后,如另有交换价值存在,无论其形态如何,仍应为抵押权所支配的交换价值,只不过是因抵押物的毁损、灭失而使该交换价值提前实现而已。该交换价值既然是抵押权所支配的交换价值,则抵押权效力自应及于其上。此外,抵押物与因其毁损、灭失而产生的赔偿金或保险金(被称为抵押物的代替物或代位物),就其经济实质而言,仍具有同一性。所以,抵押权的效力及于该代替物上,不仅与抵押权作为价值权的本质相符,而且还可以避免产生抵押权因抵押物的灭失而消灭,抵押人却可以保有赔偿金或保险金利益的不公平状态。(4)抵押权具有追及性。当抵押人将所抵押财产让与他人后,并不影响抵押关系的存在,抵押权人仍可追及抵押物之所在而主张其优先受偿的权利。(5)抵押权具有优先性和顺位性,对于同一项财产可以设定数个抵押权,设定在先的抵押权优先于设定在后的抵押权,设定在后的抵押权人只有在设定在先的抵押权人全部受偿之后,才能就抵押财产较其他后位抵押权人和普通债权人优先受偿。(6)抵押权是一项登记物权,由于抵押权为不移转抵押物占有的担保物权,故根据物权公示原则对用以担保的抵押物要进行登记,以此公示其上存在的抵押权,从而宣示该权利的存在并保护交易第三人。不登记不得对抗善意第三人。(7)抵押权人具有优先受偿的权能,由于抵押权为不移转抵押物占有的担保物权,因此,抵押权没有通过留置债务人或第三人财产,从而对其施加心理压力的功能,所以其担保功能的发挥依赖于其优先受偿权能,即当债务人到期不履行债务时,抵押权人有权就抵押财产的价金优先受偿,且可以申请法院变卖抵押财产以抵偿其债权,如有剩余应退还给抵押人,如有不足可向债务人继续追索。(8)抵押权是不转移占有的担保物权。由于抵押权的设定不以转移抵押物的占有为存在条件,所以抵押权设定后抵押人(抵押物的所有人)仍可就抵押财产进行占有、使用、收益和处分,这是抵押权与质权的重要区别,也是抵押权优于质权之处。(9)抵押权是价值权。抵押权支配的是抵押物的交换价值,因此抵押权的标的物必须能够变价和强制执行,故抵押物以可以转让的财产和可以强制执行的财产为限。由于抵押权的实行涉及到对抵押财产的处分,故设定抵押权的债务人或第三人对于抵押物须有处分能力和处分权。(申卫星)

diyaquan de cixu

抵押权的次序(德 Rangverhältnis mehrerer Hypotheken) 又称抵押权的顺位,是指同一标的物上有数个抵押权时,各个抵押权优先受清偿的次序。

抵押权的次序,应依登记的先后次序而定。即使设定抵押权的书面合同作成在先,而登记在后的,仍应依登记的先后定其次序。在发生同时登记时,数个抵押权同一次序,并无先后。对此,最高人民法院《关于适用〈中华人民共和国担保法〉若干问题的解释》第58条第1款明确规定:当事人同一天在不同的法定登记部门办理抵押物登记的,视为顺序相同。至于申请登记在先,而登记机关登记备案在后的,除依法更正登记外,抵押权的次序,仍依登记记载的先后而确定。先次序抵押权人较后次序的抵押权人优先受偿,所以抵押权的次序直接关涉各抵押权人的利益。后次序抵押权人不得为损害先次序抵押权人的利益而登记或进行其他行为,如果次序在后的抵押权人申请拍卖抵押物的,次序排在最先的抵押权人优先受偿;同时先次序抵押权人也不得为损害后次序抵押权人利益的行为。如先次序抵押权人与抵押人同意增加担保主债权额的,如有后次序抵押权存在,由此而影响后次序抵押权人的利益,故应就新增加担保债权金额部分另行办理抵押权设定登记,此时新登记部分的抵押权次序在后。先次序抵押权人如变更其权利存续期限或利息,以致影响后次序抵押权人的权益时,则须经后次序抵押权人全体同意后,方可办理抵押权的变更登记。

后次序抵押权实质上是就前一次序抵押权优先受偿后剩余的标的物价值的受偿权,因而抵押权的次序也是一种权利,学说上称之为次序权。抵押权人的次序权就其经济上的意义而言,乃抵押权人依其次序所能支配的抵押物的交换价值。为使抵押权人就此项交换价值的利用更具空间,而使其投下的金融资本在多数债权人之间仍有灵活周转的余地,并使其具有调整相互间复杂利害关系的作用,《日本民法典》与《德国民法典》还允许抵押权人对次序权进行让与、抛弃和变更。所谓抵押权次序的让与,指同一抵押人的先次序抵押权人,为后次序抵押权人的利益,合意将其抵押权的先次序让与后次序抵押权人。所谓抵押权次序的抛弃,是指同一抵押人的先次序抵押权人,为特定后次序抵押权人的利益,抛弃其优先受偿利益的行为。所谓抵押权次序的变更是指同一抵押人的数个抵押权人,将其抵押权的次序互为交换的称谓。抵押权次序的变更产生绝对效力,即抵押权次序的变更不仅对合意变更的各抵押权当事人发生效力,对其他对此变更同意的各利害关系人也发生效力。 (申卫星)

diyaquan de qude

抵押权的取得(acquisition of mortgage) 抵押权的取得可分为基于法律行为取得与基于法律行为以外的原因而取得两种。依法律行为取得抵押权,包括抵押权的设定与抵押权的让与两个方面:(1)抵押权的设定。通过设定行为而取得抵押权,为抵押权取得最常见的方式,因设定而取得的抵押权,学说上称之为意定抵押权。抵押权的设定,以抵押合同为最多,也可以通过遗嘱而设定,但都必须订立书面合同并办理登记后,才产生物权效力或对抗效力。设定抵押权的当事人为抵押权人与抵押人,抵押权人为抵押权之取得人,因抵押权是为担保债权而存在,故抵押权人必为债权人。抵押人则为提供抵押物、设定抵押权之人,抵押人以债务人自己为常态,但第三人也可以为抵押权人提供抵押物,设定抵押权,此时该第三人被称为"物上保证人"。第三人与抵押权人订立设定抵押合同,无须债务人承诺。抵押权设定行为为处分行为,设定人对于标的物须有处分权及处分能力。标的物所有权人,在不得行使处分权的情况下,如破产人、受扣押之人等均无权设定抵押权。法人的法定代表人、有处分权的代理人,可以成为设定抵押合同的当事人。但失踪人的财产管理人或未授有处分权的代理人,只对失踪人或被代理人的财产享有管理权,不得以之设定抵押权。对于抵押权设定的标的物,即抵押物,我国《担保法》设有明文规定。依其规定,我国抵押权的标的物,不仅包括不动产,而且也包括动产和权利(见抵押物)。但是抵押权乃是为担保债权的清偿而设定,所以抵押物必须具有让与性,以便在债务不受清偿时,能够进行变价以满足被担保的债权。抵押权设定行为为要式行为,必须有特定的表征。依照我国《担保法》第38条规定:抵押人和抵押权人应当以书面形式订立抵押合同。据此,抵押权的设定应依书面方式进行。另依该法第41条和第42条、第43条的规定,以土地使用权,房屋、其他土地定着物,林木、航空器、船舶、车辆、企业设备和其他动产抵押时,只有经过有关主管部门的登记,抵押合同才能成立,以其他财产进行抵押时,担保物权可以自愿办理抵押物登记,抵押合同自签订之日起生效,但是,担保物权如未办理登记时,不得对抗第三人。(2)抵押权的让与。因抵押权让与而取得抵押权为继受取得抵押权的方式。基于抵押权的从属性,抵押权可连同债权一并让与,受让人即因此而取得同一次序抵押权。因受让而取得抵押权时,须进行抵押权变更登记,非经登记,不产生抵押权让与的法律效力。

除基于法律行为而取得抵押权外,抵押权也可以基于法律行为以外之原因而取得:(1)抵押权基于法律规定而取得,依照法律规定取得之抵押权,称为法定抵押权,无须登记,即产生抵押权取得的效力。但法定抵押权仅限于个别情形,非有法律的明文规定,不得发生,依法律规定而发生的物权,不经占有或登记即直接发生效力,因为授予权利人该权利的是法律,而法律当然具有与登记等相同的公示效力。即法律规定本身也是物权公示的一种方式。我国《担保法》第36条规定:以国有土地上的房屋设定抵押的,该房屋占用范围内的国有土地使用权应同时抵押。相反,以国有土地使用权设定抵押的,其上的房屋亦应一并随之设定抵押。(2)抵押权因继承而取得。抵押权为非专属性财产权,自然可以成为继承的标的,在被继承人死亡时,被继承人的抵押权连同债权,当然由继承人取得,且不必登记即可产生效力。但继承人转让抵押权的,须为登记方可生效。该种继承取得一般为法定继承取得,如为意定继承取得(即遗嘱继承)时,存在单方法律行为,属于依法律行为而取得抵押权的方式。 (申卫星)

diyaquan de shixing

抵押权的实行(foreclosure) 又称为抵押权的行使,是指在债权已届清偿期而债务人不履行债务时,抵押权人变卖抵押物并就其价值优先受偿的行为,实质为抵押权的变价权与优先受偿权的实现程序。我国《担保法》第53条第1款对此予以明文规定,这是抵押权最主要的法律效力。

抵押权的实行,通常须具备两项要件:一是须存在有效的抵押权;二是须被担保债权已届清偿期而未获得清偿。所谓债权,此处仅指本金债权,而非由该债权所生的利息债权。依照我国《民法通则》和《担保法》的规定,抵押权人变价抵押物以清偿被担保债权,主要有以下三种方法:(1)协议取得抵押物的所有权。即以移转抵押物所有权的形式代替债务的清偿,其性质为

代物清偿。抵押权人可与抵押人协议折价取得抵押物的所有权,但以无害于其他抵押权人的利益为条件,并且抵押人和抵押权人不得事先订立"流押契约",即预先约定在债务履行期届满、抵押权人未受清偿时,抵押物的所有权转移为抵押权人所有。(2)拍卖抵押物。拍卖是指以公开竞价的形式,将特定物品或者财产权利转让给最高应价者的买卖方式。依我国《担保法》第53条第8款之规定,除抵押权人和抵押人达成拍卖抵押物的协议外,抵押权人拍卖抵押物的,应当以诉讼的方式为之。抵押权人向人民法院提起拍卖抵押物的诉讼的,自人民法院作出判决生效之日起,抵押权人可以申请人民法院强制执行判决,以拍卖抵押物。(3)以其他形式变卖抵押物。是指抵押权人以协议取得抵押物所有权和拍卖抵押物以外的方法变卖抵押物以清偿债权的行为,主要是指以普通买卖方式处分抵押物以实行抵押权。基于抵押权的不可分性,抵押物的分割、部分灭失或者毁损,债权的分割、让与或者部分清偿,对抵押权的实行不发生影响。只要债权没有获得全部清偿,债权人就可以就抵押物的全部行使权利。基于抵押权的追及性,即使抵押物在抵押权成立后又被转让或者设定负担,对抵押权的行使不发生影响,抵押权人仍可追及物之所在,行使抵押权或在抵押权担保限度内除去负担。在抵押权实行后,还存在所谓"第三人求偿权制度",如果抵押人是主债务人以外的第三人,该第三人代为清偿主债务后,债权人对于债务人的债权,于受清偿的限度内移转给该第三人,第三人有权基于此债权向主债务人求偿。 (申卫星)

diyaquan de shunwei

抵押权的顺位(德 Hypothekenstelle) 又称抵押权的次序,是指同一标的物上有数个抵押权时,各个抵押权先后受清偿的次序。 (申卫星)

diyaquan de xiaoli

抵押权的效力(effect of mortgage) 抵押权为担保债权实现的权利,具有直接支配抵押物的交换价值和优先受偿的法律效力。抵押权的效力具体包括抵押权所担保债权的范围、抵押权效力及抵押物的范围、抵押权人的权利与抵押人的权利等。具体表现在以下几个方面:

第一,抵押权所担保债权的范围。抵押权所担保债权的范围,是抵押权人实行抵押权时,所得优先受偿的范围,对债务人、抵押人或抵押物第三取得人而言,则是为使抵押权消灭所必须清偿的债务范围。我国《担保法》第46条规定:抵押权所担保债权的范围,包括主债权及利息、违约金、损害赔偿金和实行抵押权的费用。抵押合同另有约定的,从其约定。显然这一规

定属于任意性法律规范,即当事人对于抵押权所担保债权的范围有明确约定,以其约定为准;只有当事人没有约定或者约定不明确时才以本规定为准,这一规定的作用在于弥补当事人意思表示之不足。须注意的是,当事人约定的担保范围属于抵押权的内容之一,故应在设定抵押权时,一并进行登记,但实行抵押权的费用(如申请执行的费用与拍卖费用等),除当事人特别约定不由债务人负担外,当然包含于被担保债权范围内,此项费用,无须登记而属于抵押权担保的范围,故登记申请书无须记载其事项。

第二,抵押权效力所及于标的物的范围。所谓抵押权的效力及于标的物的范围,是指抵押权人实行抵押权时可依法予以变价的标的物的范围。一般来讲,抵押权效力主要应针对抵押物,但为了维护抵押权标的物的经济效用及其交换价值,以及兼顾双方当事人之利益,多数国家的立法例,在一定条件下对抵押权标的物的范围,稍予扩张。按照我国《担保法》及其司法解释的规定,抵押权的效力除及于双方当事人约定用于抵押的抵押物外,还包括下列财产和权利:(1)从物。从物是指非主物的成分,而常辅助主物发挥效用,并且同属于一人的物。抵押权的效力及于从物,其原理在于对主物的处分往往及于从物,所以就主物设定抵押权时,虽未载明从物在内,也当然包括从物。最高人民法院《关于适用〈中华人民共和国担保法〉若干问题的解释》第 63 条规定:抵押权设定前为抵押物的从物的,抵押权的效力及于抵押物的从物。但是,抵押物与其从物为两个以上的人分别所有时,抵押权的效力不及于抵押物的从物。抵押权的效力虽能及于从物,但第三人于抵押权设定前就该从物所取得的权利,不受影响,因为抵押权设定在后,不应侵害他人的既得权利。此外根据最高人民法院《关于适用〈中华人民共和国担保法〉若干问题的解释》第 62 条的规定:抵押物因附合、混合或者加工而使抵押物所有人成为新的附合物、混合物或者加工物所有人的,抵押权的效力及于该附合、混合或者加工物;如第三人与抵押物所有人为附合物、混合物或者加工物的共有人的,抵押权的效力及于抵押人对共有物享有的份额。(2)从权利。从权利是指为助主权利的效力而存在的权利。从权利之于主权利,其关系犹如从物之于主物,故抵押权的效力亦应及于从权利。我国《城市房地产抵押管理办法》第 4 条规定:以依法取得的房屋所有权抵押的,该房屋占有范围内的土地使用权必须同时抵押。即为抵押权效力及于标的物从权利的一个表现。(3)孳息。孳息分为天然孳息与法定孳息。天然孳息,指基于物的自然属性所产生的孳息,包括果实及动物的产物等。法定孳息系指其他因法律关系所得的收益。就天然孳息而言,原物的天然孳息在未分离前为原物的出产物,是原物的一部分,自然是抵押权标的物的范围。但抵押权的效力并不及于着手实行抵押权之前即已由抵押物相分离的天然孳息。因为抵押权系不转移占有标的物的担保物权,抵押权设定后,抵押人并未丧失其使用收益权,所以抵押人仍有收取天然孳息的权利。但在抵押权实行前天然孳息的不当分离,如果实尚未成熟,考虑到作为抵押物的果树即将被查封而故意采摘果实并丢弃的,即构成对抵押权的侵害,抵押权人得依侵权行为规定寻求救济。就法定孳息而言,是否为抵押权效力之所及,与上述的天然孳息适用同一规则,也应依扣押之前后而分别判定。所特别者,抵押权人尚应履行通知之义务,抵押权的效力才能及于该法定孳息。我国《担保法》第 47 条第 1 款后段规定:抵押权人未将扣押抵押物的事实通知应当清偿法定孳息的义务人的,抵押权的效力不及于该孳息。(4)抵押物的代替物。抵押物灭失、毁损,因而获得赔偿金或保险金,该赔偿金或保险金成为抵押权标的物的代替物。抵押权人可以就该项赔偿金或保险金行使权利,此即为抵押权之代位性。

关于抵押物之代替物的范围,具体包括如下几种:(1)损害赔偿金。抵押物因为第三人的行为毁损、灭失,抵押物所有人对第三人依法可以请求的损害赔偿金。(2)保险赔偿金。抵押物保险后,因为保险事故之发生而受有损害,抵押物所有人依照保险合同可以请求的保险赔偿金。但抵押人在保险合同中指定第三人为保险金请求权人的,抵押权的效力不得及于该赔偿金。(3)补偿金。抵押物被征用,抵押物所有人依法可以取得之补偿或者赔偿金。此外,最高人民法院《关于适用〈中华人民共和国担保法〉若干问题的解释》第 62 条的规定:抵押物因附合、混合或者加工使抵押物的所有权为第三人所有的,抵押权的效力及于补偿金。(4)供作抵押的房屋因倒塌而成为动产时,依抵押权的物上代位性原理,该动产也属抵押物的代位物。

第三,抵押权人的权利。抵押权对于抵押权人所具有的效力为抵押权的实质,抵押权人的权利也是抵押关系的核心。抵押权人的权利主要包括以下四种权利:(1)抵押权的次序权。抵押权的次序,是指同一标的物上有数个抵押权时,各个抵押权优先受清偿的次序,先顺序抵押权人较后次序的抵押权人优先受偿,所以抵押权的次序直接关涉各抵押权人的利益,后次序抵押权实质上是就前一次序抵押权优先受偿后剩余的标的物价值的受偿权,因而抵押权的次序也是一种权利,学说上称之为次序权。抵押权的次序权作为一种权利,具有其独立的财产价值,可以进行让与、变更和抛弃。(2)抵押权人的处分权。抵押权人的处分权包括抵押权人的让与、抛弃抵押权,将抵押权供作担保。所谓抵押权的让与,即抵押权人将其抵押权转让与他人。我国《担保法》第 50 条明确规定：抵押权不得与债权分离而单独转让或者作为其他债权的担保。此即所谓的"一体让与主义"。抵押权的让与系抵押权主体的变更，一般须经登记，始生让与的效力。抵押权虽已办理移转登记，但如果债权的移转不具备移转的生效要件时，受让人仍不能实行其抵押权。债务人如不知债权已被让与，而仍向让与人为清偿时，则抵押权消灭。所谓抵押权供作担保与转抵押，是指抵押权作为从属于债权而存在的附随性权利，虽然不得与债权分离而为其他债权进行担保，但可连同债权一并为其他债权担保，而设定一项附随抵押权的债权质权。设定该种债权质权，须履行订立书面契约、将债权证明文件交付质权人、通知债务人、办理质权设定登记等手续。所谓抵押权的抛弃是指抵押权人放弃得优先受偿的担保利益，包括抵押权的相对抛弃与绝对抛弃。前者是指抵押权人为抵押人的特定无担保债权人的利益，而抛弃其抵押权，仅于抵押权抛弃人与受抛弃利益的特定无担保债权人间产生相对的效力，对其他抵押权人的利益并无影响，而后者是指抵押权人以消灭抵押权的意思放弃其抵押权，但不得有害于第三人的利益，抵押权的抛弃经过登记后始生效力。(3) 抵押权人的保全权，是指为防止抵押物的价值减损而赋予抵押权人的保存抵押物的价值的物上请求权，主要包括以下请求权类型：第一种：抵押物价值减少之防止权。为保护抵押权人的利益，在抵押人的行为如足以使抵押物价值减少时，抵押权人有权要求抵押人停止其行为，如遇急迫情事，抵押权人可以进行必要的保全处分。我国《担保法》第 51 条第 1 款前段即如此规定。第二种：抵押物价值减少之补救请求权。如果抵押物的价值因可归责于抵押人的事由而已经实际减少时，则抵押权人有权请求抵押人回复抵押物原状或提出与减少的价值相当的担保，此即为抵押物价值减少的补救。我国《担保法》第 51 条第 1 款后段即设此规定。出现上述事由时，抵押权人应先行使回复原状请求权，如无可能时，抵押权人方可请求抵押人提供新的担保，其担保范围应与抵押物减少的价值相当。至于担保的种类，并无强制，人的担保与物的担保均无不可。须注意的是，根据我国《担保法》第 51 条第 2 款的规定，如果抵押人对抵押物的减少无过错，抵押权人只能在抵押人因损害而得到的赔偿的范围内要求提供担保。第三种：抵押权人的妨害除去请求权，是指抵押权人在抵押物受到他人侵害时，抵押权人有权行使所有权人的妨害除去请求权，以保全其抵押权的圆满实现。第四种：抵押权人的实行权。抵押权的实行又称为抵押权的行使，是指抵押权人在债权已届清偿期而债务人不履行债务时，处分抵押物以优先取偿的行为，实质为抵押权的变卖权与优先受偿权的实现程序。我国《担保法》第 53 条第 1 款对此予以明文规定，这是抵押权最主要的效力。

第四，抵押人的权利。抵押权本质上为不转移占有的价值权，设定抵押权后，抵押人对抵押物仍有使用、收益乃至处分之权。只是此处之处分，主要指法律上的处分。至于事实上的处分，则仅在不影响抵押物价值的范围内，才可以进行。抵押人的权利具体表现为如下内容：(1) 设定数个抵押权的权利。为使用作担保的财产尽量发挥其担保价值，有利于资金融通，近现代各国抵押权立法大多允许抵押人就同一抵押物设定数个抵押权。因为抵押权既然不以占有抵押物为内容，则设定数个抵押权于同一物上已有可能，况且有多数抵押权存在时，又依登记之先后而定其顺序，则先次序之抵押权自不受后次序抵押权的影响，权利不致因此而受害。所以，抵押权人不能随意阻止抵押人行使该项权利。(2) 设定用益权的权利。此处所谓用益权，即包括基于物权关系而产生的用益物权，也包括基于债之关系而产生的使用权。前者如基地使用权、农地使用权、地役权，后者如将抵押物出租、出借他人而成立的租赁权、使用借贷权等。上述权利的设定或行使，抵押权并不因此而受影响，即抵押人设定用益权时，如影响抵押权人所支配抵押物的交换价值的，对于抵押权人不生效力。(3) 将抵押物让与他人的权利。所有人不因他物权的设定而丧失所有权，所以，所有人就其所有物仍有法律上的处分权能。所以，抵押人不因抵押权的设定而丧失对抵押物在法律上的处分权，当事人间如有设定抵押权后不能让与抵押物的特约时，此项特约对于受让人不生效力。另外，抵押物的所有权虽经让与，但基于抵押权的追及效力，抵押权并不因此而受影响。在债务人届期不履行债务时，抵押权人仍可追及抵押物之所在，而行使变价权和优先受偿权。我国《担保法》第 49 条第 1 款规定：抵押期间，抵押人转让已办理登记的抵押物的，应当通知抵押权人并告知受让人转让物已经抵押的情况；抵押人未通知抵押权人或者未告知受让人的，转让行为无效。据此规定可知，抵押人转让抵押物之所有权，应履行告知受让人与通知抵押权人的义务。

(申卫星)

diyaquanren
抵押权人(mortgagee) 财产保险中对保险标的享有抵押权的人。当保险事故发生时，抵押权人对保险赔偿金是否享有权利应依不同情形而定。若抵押权人为其自己之利益就抵押物投保，则于抵押物毁损灭失时，抵押权人可以自己的名义请求给付保险赔偿金，其对债务人之债权仍不受影响，但在获得保险赔偿后，应按受偿金额之限度将此债权移转于保险人，即保险人对于债务人享有代位权。若债务人为抵押权人之利益就抵押物投保,则当标的物因保险事故而毁损灭失时,抵押权人同样可以直接对保险人主张保险契约上的权利,此时,由于债务人自为要保人,保险人对于债务人不享有代位权。若债务人为自己之利益,或为非抵押权人之利益就抵押物投保,则依照保险通例,保险赔偿金应归属债务人所有,抵押权人对于赔偿金无优先受偿权,但亦有学者认为,依据担保法原理,保险赔偿金为抵押物之替代,因此抵押权人可直接对保险人请求给付。另外,若抵押权人为自己之利益,而以债务人的名义订立保险契约,则于标的物因保险事故而毁损灭失时,赔偿金应由抵押权人领取,以供其债权之清偿,如有剩余,应返还于债务人,而且,若抵押权人为善意且保险人明知此情形,则保险人也无代位权。

(温世扬)

diyawu

抵押物(德 Gegenstand der Hypothek) 即抵押权的标的物,是抵押人(债务人或第三人)提供给抵押权人(债权人)用以担保特定债务履行的特定财产。抵押权在本质上是不转移占有的价值权,设定抵押权后,抵押人并不移转对抵押物的占有,抵押人仍可对抵押物进行占有、使用、收益和一定限度的处分。其担保作用体现在,当主债务人到期不履行债务时,抵押权人有权变卖该物并就价值优先取偿。

关于抵押物的范围各国规定不一。有些国家仅允许以不动产为抵押物,如法国、德国等。我国《担保法》对于抵押权物的范围规定比较宽泛,不仅包括不动产,而且还包括动产和权利。但并非所有财产都可以作为抵押物,作为抵押物的财产要具备一定的条件。

首先,抵押物须具有流通性,在债务不受清偿时方能变价以满足被担保债权的实现。不能流通的财产不能作为抵押权的客体,按照我国《担保法》第37条和最高人民法院《关于适用〈中华人民共和国担保法〉若干问题的解释》第48条、第52条等有关规定,以下财产不能设定抵押:(1)土地所有权;(2)耕地、宅基地、自留地、自留山等集体所有的土地使用权(但经发包方同意抵押的荒地的承包使用权除外,以乡(镇)、村企业的厂房等建筑物抵押时,其占有范围内的土地使用权可一并抵押);(3)学校、幼儿园、医院等以公益为目的的事业单位、社会团体的教育设施、医疗卫生设施和其他社会公益设施(但根据最高人民法院《关于适用〈中华人民共和国担保法〉若干问题的解释》第53条的规定,学校、幼儿园、医院等以公益为目的的事业单位、社会团体,以其教育设施、医疗卫生设施和其他社会公益设施以外的财产为自身债务设定抵押的,人民法院可以认定抵押有效);(4)所有权、使用权不明或有争议的财产;(5)依法被查封、扣押、监管的财产;(6)违法、违章的建筑物。最高人民法院《关于适用〈中华人民共和国担保法〉若干问题的解释》第48条规定:以法定程序确认为违法、违章的建筑物抵押的,抵押无效。但同一司法解释的第47条规定,以依法获准尚未建造的或者正在建造中的房屋或者其他建筑物抵押的,当事人办理了抵押物登记,人民法院可以认定抵押有效。(7)依法不得抵押的其他财产。

其次,抵押物须是抵押权人有权处分的财产。抵押权的实行必然导致抵押人对抵押物权利的丧失或部分丧失,如果抵押人对财产没有处分权,将该财产抵押必将构成对他人财产权利的侵害。对于共有财产设定抵押,最高人民法院《关于适用〈中华人民共和国担保法〉若干问题的解释》第54条明文规定:按份共有人以其共有财产中享有的份额设定抵押的,抵押有效。共同共有人以其共有财产设定抵押,未经其他共有人的同意,抵押无效。但是,其他共有人知道或者应当知道而未提出异议的视为同意,抵押有效。

再次,抵押权须具有可公示性,即抵押物应为能够以适当的方式加以公示的财产,以表彰其权利的存在,并可以保护善意第三人。依我国《担保法》第41条和第42条、43条的规定,以土地使用权、房屋、其他土地定着物、林木、航空器、船舶、车辆、企业设备和其他动产抵押时,只有经过有关主管部门的登记,抵押合同才能成立,以其他财产进行抵押时,担保物权可以自愿办理抵押物登记,抵押合同自签订之日起生效,但是担保物权如未办理登记时,不得对抗第三人。我国《担保法》第34条规定,以下财产可以抵押:(1)抵押人所有的房屋和其他地上定着物;(2)抵押人所有的机器、交通运输工具和其他财产;(3)抵押权依法有权处分的国有土地使用权、房屋和其他地上定着物;(4)抵押人依法有权处分的国有的机器、交通运输工具和其他财产;(5)抵押人依法承包并经发包方同意抵押的荒山、荒沟、荒丘、荒滩等荒地的土地使用权;(6)依法可以抵押的其他财产。而且以上所列财产还可以一并抵押。

(申卫星)

dichan qiyue

地产契约(estate contract) 英美法上的概念,指创设、移转或抛弃土地利益的合同。英美法上认为,土地或土地利益出售或处分的约定,一般地应采取书面形式。这样的地产契约包括不动产买卖契约、超过一定年限的不动产租赁契约、不动产买卖的选择权约定、不动产上设置地役权、抵押权的约定等。 (张平华)

diji

地籍(land register) 记载土地的位置、界址、数量、质量、权属和用途等基本状况的簿册。历史上最初的地籍是为了确定征税的依据而建立的田赋清册,主要内容包括应纳捐税的土地位置、面积、质量以及应税额等。现代社会的地籍发展出土地权利登记、土地分类面积统计和土地定级、地价评估等内容的登记簿册。目前我国的地籍是包括课税、权利登记、土地利用服务等多目标地籍。其可以发挥为国家的土地管理、保障土地权属以及房地产交易等服务的多种作用。

(李富成)

dimian shigong zaocheng sunhai de minshi zeren
地面施工造成损害的民事责任(civil liability caused by the construction on the ground) 也称地面施工致人损害的民事责任。特殊侵权责任的一种。指在公共场所、道旁或者通道上挖坑、修缮安装地下设施等,没有设置明显标志和采取安全措施造成他人损害,施工人应当承担的损害赔偿责任。这种责任是在我国《民法通则》第125条中规定的。关于其责任性质,有过错责任说、过错推定责任说与无过错责任说不同的观点。此种责任的构成只须具备以下条件:(1)施工人在公共场所、道旁或者通道上进行挖坑、掘进、埋设或维修地下设施,开启下水道入口等会破坏原来地形的施工活动。(2)施工人未设置明显标志和采取安全措施。施工人设置的标志和采取的措施必须达到足以使任何人采取通常的注意即可避免损害事故发生的程度,否则即属于未设置明显标志和采取安全措施。(3)须作业人以外的第三人受到损害。(4)受害人的损害与施工现场安全措施的欠缺间有因果关系。(郭明瑞)

dishang quan
地上权(德 Erbbaurecht) 地上权人以在他人土地上有建筑物或其他工作物或竹木为目的而使用其土地的权利。地上权是大陆法系各国普遍承认的一项用益物权。

地上权的特征 地上权具有如下的特征:(1)地上权是存在于他人土地之上的物权。地上权虽然是不动产物权之一,但其标的仅以土地为限,在建筑物上不得设定地上权。须注意的是,由于地上权是存在于他人土地之上的物权,土地须属他人所有,土地所有权人于自己的土地之上无设定地上权的必要。另外,这里的土地,不可拘泥于文字而解释为以地表为限。由于人类文明的进步,科学与建筑技术的发展,土地的利用已不再限于地面,而是向空中和地下扩展,由平面而趋向立体化。地上权人对于土地的利用,并不以地面为限,而应包括土地上下之空间。土地所有人亦可以就地面上下空间的一定范围为他人设定地上权。地上权人还可以在自己的地上权上设定次地上权。这样更加符合土地的立体化利用的需要,发挥物的效用。(2)地上权以保有建筑物或工作物或竹木为目的的物权。这里的建筑物或其他工作物是指在土地上下建筑的房屋及其他设施,如桥梁、沟渠、铜像、纪念碑、地窑等。所谓的竹木是指以植林为目的的竹木而言,其他以耕作为目的的茶、桑以及果树等等,属于永佃权的范围。地上权即以保存此等建筑物或工作物或竹木为目的的权利。(3)地上权是使用他人土地的权利。地上权虽以保存建筑物或其他工作物为目的,但其主要内容在于使用他人的土地。因此,上述建筑物或其他工作物的有无与地上权的存续无关。也就是说,有了地上的建筑物或其他工作物后,固然可以设定地上权;没有地上建筑物或其他工作物的存在,也无碍于地上权的设立;即使地上建筑物或其他工作物灭失,地上权也不消灭,地上权人仍有依原来的使用目的而使用土地的权利。

地上权的发生 地上权的发生,如果就地上权人方面观察,即为地上权的取得。地上权是不动产物权之一,取得时效、继承等不动产物权的一般取得原因,均应适用。这里仅说明两种地上权取得的情形:(1)地上权基于法律行为而取得。这是地上权的继受取得,可以分为创设和移转两种。前者是指基于当事人之间的合意(契约)或单独行为(遗嘱)而设定地上权,后者是指地上权人将其地上权转让给他人。无论是地上权的创设或移转,当事人都应以书面为之,并且不经登记不发生效力。(2)地上权基于法律的规定而取得。例如,《日本民法典》第388条规定,土地及土地上的建筑物同属一人所有,所有人可以仅于其中之一上设定抵押权。当拍卖结果为土地与建筑物分属不同人所有时,其地上权则自然产生,并称之为法定地上权。

地上权的效力 地上权人的权利主要有以下几项:(1)土地使用。使用他人的土地是地上权人的主要权利。这需要说明以下几个问题:首先,地上权人对土地的使用必须基于设定行为所确定的目的范围(在依时效取得时须以时效基础之占有所确定的目的范围)内为之。地上权的设定行为不仅可以就建筑物或工作物或竹木的全部或部分限定其目的范围,例如,限定为仅以保有建筑物为目的或仅以保有竹木为目的,设定行为还可以就使用行为的种类加以限定,例如,限于建筑平房或若干层的楼房。其次,地上权既为使用土地的物权,则以占有土地为必要。因此地上权人即受占有规定的保护。再之,由于地上权人实际占有、使用土地,地上权人得准用不动产相邻关系的规定。(2)权利处分。地上权人得自由处分其权利,这是地上权作为一项财产权利当然具有的内容。地上权人除了契约另有规定或另有习惯以外,可以将其地上权让与他人。地上权人亦得以其权利为抵押,而供担保。(3)资本收回。地上权人在他人的土地上建造建筑物或工作物或者种植竹木,当然有资本的投入。在地上权消灭时,地上权人当然有权收回所投入的资本。首先,地上权人享有取回权,即在地上权消灭时,地上权人得取回其建筑物、工作物及竹木。但是,为社会经济利益考虑,法律一般赋予土地所有人对于地上物以购买权,即在地上权消灭时,土地所有人以时价购买其地上物时,地上权人不得拒绝。其次,地上权人享有有益费用的求偿权,即地上权人对于土地所支出的改良费用,在地上权消灭时,得请求土地所有人予以返还。

地上权人的义务主要有以下几项:(1) 支付地租。地租是地上权人对于土地所有人因使用土地而应支付的对价。罗马法上不承认有无偿的地上权,现代各国物权法上并未将地租作为地上权的成立要件。但通常当事人在设定地上权时多有支付地租的约定,在有此约定时,地租的支付即成为地上权人的义务。(2) 回复土地之原状。地上权消灭,地上权人在行使取回地上物的权利时,自应将土地返还给土地所有人,而在返还时原则上应当回复土地之原状。因此,如以取回地上物作为回复原状的手段时,则取回地上物不仅是地上权人的权利,且亦为其义务。

地上权的消灭 地上权作为不动产物权,则一般不动产的消灭原因,如标的物之灭失、混同等等,均会引起地上权的消灭。除此之外,引起地上权消灭的原因还有以下几项:(1) 存续期间届满。有期限物权,当其存续期间届满时,原则上归于消灭,附有期限的地上权自亦不能例外。(2) 地上权之抛弃。抛弃为财产权利消灭的原因之一,地上权当然可因抛弃而消灭。但是,地上权的抛弃可能会损害土地所有人的利益,因此在法律上有一定的限制。例如《日本民法典》第 268 条规定:未定存续期间的地上权,只要没有另外的习惯,地上权人可以随时抛弃。但必须于 1 年前预告抛弃或者支付未到期之 1 年地租。但是,依其第 266 条、第 275 条的规定,因不可抗力连续 3 年以上毫无收益,或者 5 年以上的期间所得收益低于地租时,地上权人可以不预告、且不需支付将来之地租而抛弃地上权。(3) 地上权之撤销。在分期付租的地上权,地上权人应当按期支付地租。如果地上权人拖欠地租,则法律于一定的情形下,即赋予土地所有人以撤销权,使地上权因撤销权的行使而消灭。该撤销权的行使应向地上权人以意思表示为之。(4) 约定消灭事由的发生。当事人在设定地上权时,如果约定有特定的消灭事由,例如工作物消灭、土地所有权移转,在该等事由发生时,地上权因之消灭。但是此种约定不得有违法律规定或有悖公序良俗。(5) 第三人取得时效。在第三人因取得时效取得地上权时,则原地上权人之地上权消灭。(6) 公用征收。在国家为公共事业的需要,对于土地所有权或他物权进行强制征收时,地上权亦因之消灭。当然,地上权人因其地上权消灭所受之损害,应有补偿请求权。

(钱明星)

diyiquan

地役权(servitude) 用益物权的形态之一,是以他人土地供自己土地便利而使用的权利。

地役权的特征 地役权的特征在于:(1) 地役权是使用他人土地的权利。地役权的客体是土地,并以该土地属于他人所有或使用为要素。由于地役权的内容在于此土地供彼土地之役,因而地役权的成立,必须有两块土地的存在。其一是为其便利而使用他人的土地,称需役地;其二是供他人土地便利而使用的土地称供役地。由于地役权不限于需役地所有人与供役地所有人的关系,供役地的承包经营权人、地上权人、典权人、采矿权人、承租人也应当受地役权的约束,自属当然之理。(2) 地役权是为自己土地的便利的权利。使用供役地的目的,乃是为了需役地的便利。否则,如果供役地不能供需役地的便利,就不必设定地役权。而其所供的便利,不是为需役地承受,而为特定人享受时,也不是地役权问题,而是人役权问题。至于所谓"便利",泛指开发、利用需役地的各种需要,其内容只要不违反法律的强制性规定及不违背社会公共利益,可以由当事人根据实际情况约定。就一般情况而论,其内容无非是以下几类:以供役地供使用,如通行地役权;以供役地供收益,如用水地役权;避免相邻关系的任意性规范的适用。一般说来,相邻关系规定的是土地所有人间的最主要、最基本的关系,因而也就多是从土地所有人的义务方面加以规定,多属强制性规范。但相邻关系也不乏任意性的规定,当事人可以以特别约定加以改变或排除其适用。例如,相邻关系使土地或房屋所有人不得设置管、槽或其他装置使房屋雨水直接注泻于邻人的土地上或建筑物上,因此土地所有人或使用人即负有不得安装此等装置的义务。如果邻人豁免这一义务,则土地或房屋所有人就可以设定一个向邻地或邻地建筑物上直接注泻雨水的地役权。还可以禁止供役地为某种使用,如禁止在邻地建高楼,以免妨碍眺望。(3) 地役权具有从属性和不可分性。地役权的成立必须是需役地与供役地同时存在,因此在法律属性上地役权与其他物权不同。地役权虽然是一种独立的权利,并非需役地所有权或使用权的扩张,但它仍应当与需役地的所有权或使用权共命运,这就是地役权的从属性。它主要体现在两个方面:一方面地役权必须与需役地所有权或使用权一同转移,不能与需役地分离而让与,即需役地所有人或使用人不得自己保留需役地所有权或使用权,而单将地役权让与他人,不得自己保留地役权而将需役地所有权或使用权让与他人,也不得以需役地所有权或使用权与地役权分别让与两个人；另一方面地役权不得与需役地分离而为其他权利的标的，如果在需役地上设定其他权利，则地役权亦包括在内，例如，在需役地上设定地上权，则地上权人也得行使地役权，不能单独将地役权作为其他权利的标的，如单以地役权抵押、出租。地役权的不可分性，是指地役权为不可分的权利，即地役权不得被分割为两个以上的权利，也不得使其一部分消灭。在需役地分割时，地役权在分割后的地块的利益仍然存续。例如，甲地在乙地有通行地役权，后来甲地分割为丙、丁两地，则丙、丁两地的所有人或使用人仍得各自从乙地通行。但如果需役地的地役权的行使，依其性质只关于需役地一部分的，则分割后地役权仅就需役地的该部分存续。例如，甲地南部的住宅与乙地毗连，在乙地上设有不得建高层建筑的地役权，后来甲地南部分割给丙，北部给丁，那么该项地役权仅能为丙地存续而与丁无关。在供役地分割时，地役权仍就分割后的各地块存续。例如，甲地在乙地上设有排水地役权，以后乙地分为丙、丁两块地，甲地仍得对丙、丁两块地行使地役权。但依地役权的性质，其行使只关系供役地一部分的，则地役权仅对该部分存续。例如，甲地在乙地有汲水地役权，以后乙地分割为丙、丁两地，只有丁地有水井时，则甲地的地役权只存在于丁地。

地役权的内容 地役权人的权利主要有：(1) 土地使用。地役权是为自己土地的便利而使用他人土地的权利，在地役权的目的范围内使用供役地，自然是地役权人的最主要的权利。地役权的目的范围应当依设定地役权的行为所限定的目的范围确定。地役权人在目的范围内对供役地的使用，不必是独占性的使用，除了可以与供役地人共同使用外，只要不是性质不相容，同一供役地上，还可设定数个地役权，依其情形同时使用。例如，一是通行地役权，一是眺望地役，可以依次使用。(2) 为附属行为。地役权人为行使其权利，在供役地内可以为必要的附属行为，如汲水地役权，可以在供役地上通行；通行地役权，可以开辟道路。

地役权人的义务主要有：(1) 地役权人对供役地的使用应当选择损害最小的地点及方法为之，这样使得通过地役权增加需役地价值的同时，不至过分损害供役地的效用。另外，地役权人因其行使地役权的行为对供役地造成变动、损害，应当在事后恢复原状并补偿损害。(2) 地役权人对于为行使地役权而在供役地修建的设施，如电线、管道、道路，应当注意维修，以免供役地人因其设施损坏而受到损害。另外，地役权人对于上述设施，在不妨碍其地役权行使的限度内，应当允许供役地人使用这些设置。

地役权的取得和消灭 地役权的取得，有基于法律行为的，也有基于法律行为以外的原因的：(1) 基于法律行为而取得地役权的，大都是根据设定地役权的合同，即双方通过书面合同的方式设定地役权。另外，也有用遗嘱等单独行为而设定地役权的。(2) 地役权也可以基于让与而取得。但是由于地役权的从属性，地役权的让与应与需役地的让与共同为之，并亦应有书面合同。(3) 基于法律行为以外的原因取得地役权的，主要是继承。需役地权利人死亡时，需役地的权利既然由继承人继承，则其地役权亦当然由其继承人继承。但该通过继承取得的地役权，非经登记，不得处分。

地役权的消灭 地役权是一种不动产物权，则不动产物权的一般消灭原因，当然适用于地役权。以下是地役权消灭的几项特殊原因：(1) 土地灭失。土地灭失是任何以土地为标的的物权消灭的原因，但地役权不但因为作为其标的物的土地（供役地）灭失时消灭，而且地役权也因需役地的灭失而消灭。(2) 目的事实不能。设定地役权的目的事实上不能实现，即供役地事实上不能再供需役地便利时，地役权消灭。例如汲水地役权因供役地水源枯竭而消灭。(3) 抛弃。地役权人如将其地役权抛弃，供役地则因之恢复其无负担的状态，地役权归于消灭。但如果是有偿的地役权，地役权人抛弃地役权后，仍应支付地役权全部期间的租金。(4) 存续期间的届满或其他预定事由的发生。地役权如有存续期间，因期间的届满而消灭。其设定行为附有解除条件的，因条件的成就，地役权消灭。

(钱明星)

diyingzhi

娣媵制(di ying zhi: a kind of polygamy in ancient China) 中国古代贵族实行的一种以媵妾随嫁的多妻制婚姻，相传盛行于春秋战国时期。《公羊传》中有"诸侯一娶九女"之说，意谓一国诸侯娶另一国诸侯之女为夫人时，与女方国同姓的两国诸侯各以一女为正媵随嫁，夫人一及正媵二各以娣(女弟，即妹)，侄(此处指侄女)相从，三三共合九女之数。实际上，娣、侄常为庶出，在家族中的地位是较低的。对于上说，后世一些学者颇有非议，认为同姓诸侯以女随嫁有悖情理，不同辈分的姑和侄女同事一夫更属非礼，因而对娣媵制的真相持怀疑态度。但是，古代贵族等上层人物嫁女时以其他女子为媵妾、媵婢而随嫁的情形则是屡见不鲜的。

(杨大文)

di'erci tishi qingqiu de jujue zhengshu

第二次提示请求的拒绝证书(protest for the second presentation) 第二次提示请求的拒绝证书是《日内瓦统一汇票本票法》规定的一种拒绝证书，该法第24条第2款规定，汇票付款人可以请求持票人在第一次提示的次日为第二次提示，如果持票人未为第二次

提示,付款人可以请求作成拒绝证书来证明该事实的存在。 （王小能　胡冰子）

di'erci yiwu
第二次义务(德 sekundaere Pflicht)　第一次义务的对称。因第一次义务之不履行而始发生之义务。第二次义务是对应于第二次权利而发生的,因为已经侵害他人的权利,第二次权利为了救济第一次权利而发动,第二次义务也就继之而起。例如,不去侵害别人的所有权,这是第一次义务,侵害了以后要负损害赔偿责任,便是第二次义务。同样,债务人应履行债务,不侵害债权人之债权,这是第一次义务,债务不履行而发生之损害赔偿债务,便是第二次义务。　（张　谷）

disanren fudan qiyue
第三人负担契约(德 Vertrag zu lnsten Eines Dritten)　涉他合同的一种。又称由第三人给付契约。当事人双方约定以第三人的给付为标的的契约。如甲、乙约定,由乙负责使丙向甲付款 1 万元。甲、乙之间的契约即为第三人负担契约,甲为债权人,乙为债务人,丙为负担给付的第三人。因为当事人原则上不能为第三人设定负担,因此,当事人虽可订立第三人负担契约,但第三人并非债务人,不能直接负担给付义务,债务人只能是约定其使第三人向另一方给付的订约人。第三人负担契约的第三人不为给付时,应由债务人负损害赔偿责任,而不能强制第三人给付。参见第三人利益合同条。　（郭明瑞）

disanren guocuo
第三人过错(fault of third party)　外来原因的一种。行为人与受害人之外的他人对损害发生的过错。第三人过错在侵权法与合同法中都有适用。

　　第三人过错在侵权法中具有下列特点:(1) 第三人过错主要是过错责任的抗辩事由,但是也适用于无过失责任的情形。按照《民法通则》的规定,高度危险作业致人损害不得以第三人过错作为抗辩;而其他无过错责任案件可以第三人过错作为抗辩以减轻被告的责任,或免除其责任(如动物致害责任),但找不到第三人或第三人为轻微过失的,不构成被告减责或免责的理由。(2) 第三人的过错行为与被告的行为构成共同侵权时,被告不得主张免责或减轻责任,而应该与第三人承担连带责任。(3) 第三人和被告共同造成损害但未构成共同侵权的,按照过错程度及衡平考虑由第三人与被告分担损失。根据第三人过错对造成损害发生或扩大的原因力高低,被告可以主张免责、减轻责任或者在原因力低时不得主张免责或减轻责任。(4) 第三人过错是造成损害发生的惟一原因时,一般由第三人承担责任。在合同法中,因第三人过错行为导致违约能否成为违约责任的免责事由,存在两种观点:一种观点认为,按照合同相对性原则,"债务人须为第三人的行为向债权人负责",第三人过错不能成为债务人承担违约责任的免责事由。我国《合同法》第 121 条持这一观点,规定:当事人一方因第三人的原因造成违约的,应当向对方承担违约责任。当事人一方和第三人之间的纠纷,依照法律规定或者按照约定解决;另一种观点认为,由于因第三人引起的通常事变也需要合同当事人承担责任将导致对债务人不公平,所以虽然《合同法》第 121 条未限制第三人的范围,也应该将第三人解释为:履行辅助人(包括代理人与使用人)、上级机关。我国学者一般赞成第一种观点。　（张平华）

disanren liyi hetong
第三人利益合同(德 Vertrag zu gunsten dritter)　利己合同的对称。涉他合同的一种。又称为第三人利益订立的合同。指订约当事人约定向第三人给付,由第三人直接取得权利的合同。合同本为订约当事人自己设定权利义务的,不涉及第三人。若合同的内容涉及第三人,则该合同为涉他合同。涉他合同一是约定由第三人给付,一是约定向第三人给付。前者为第三人负担合同,后者为第三人利益的合同,也简称为利他合同。在第三人利益的合同,为第三人设定权利的一方为债权人,按约定应向第三人履行义务的一方为债务人,第三人称为受益人。

　　该种合同的特点在于:(1) 第三人不是合同的当事人,但于合同有效成立后,第三人直接享有合同权利,得直接请求债务人履行,第三人拒绝接受该权利的,为第三人设定的权利可由为第三人利益订约的当事人享有,也可以由该订约人重新指定受益人或者免除债务人的履行义务。因第三人不是合同的当事人,因而不享有变更或者解除合同的权利,也不得撤销合同。第三人利益合同不能为第三人设定义务,但第三人应承担与其实现权利有关的义务。(2) 第三人利益合同的债权人有权请求债务人向第三人履行,但在第三人为拒绝受领时不得直接请求债务人向自己履行。在具备法定事由时,除经第三人同意外,不得解除合同。(3) 第三人利益合同的债务人应向第三人履行义务,若不履行义务,应向第三人及债权人承担违约责任。同时,债务人基于合同所发生的一切抗辩,均可对抗第三人,但非因合同所产生的抗辩,不能对抗第三人。许多国家在立法上对第三人利益合同有一般规定,如《法国民法典》第 1121 条规定:人们为自己与他人订立契约或对他人赠与财产时,亦得为第三人利益订立条款,作为该契约或赠与的条件,如第三人声明愿享受该条款的利益时,为第三人利益订立契约的人不得予以取消。我国在立法上虽未作此一般规定,但也承认该种合同。如货物运输合同的托运人与收货人不一致时,该运输合同就是为第三人利益的合同,指定了受益人的人身保险合同也属于典型的第三人利益合同。

(郭明瑞)

disanzhe huowu qingqiu quanli tongzhi
第三者货物请求权利通知(notification of third party claim) 买受人向出卖人发出的第三人就出卖人出卖的标的物主张权利的通知。依我国《合同法》第150条规定:出卖人就交付的标的物,负有保证第三人不得向买受人主张任何权利的义务,但法律另有规定的除外。出卖人交付的标的物上有权利瑕疵,不能完全移转所有权于买受人的,买受人有权要求减少价款或者解除合同。因此,在第三人对出卖物主张权利时,买受人应当将此情形通知出卖人,以使出卖人能够证明不存在第三人主张的权利。依《合同法》规定,仓储合同的保管人遇有第三人就仓储物对保管人提起诉讼或者对仓储物申请扣押时,保管人也应当及时通知存货人或者仓单持有人。

(郭明瑞)

disanzhe zeren baoxian
第三者责任保险(third party's liability insurance; third party liability insurance) 参见责任保险条。

diyici yiwu
第一次义务(德 primaere pflicht) 第二次义务的对称。此系依义务之发生关系而为之区别。第一次义务、第二次义务与第一次权利、第二次权利(即原权利、救济权)的解释差不多。第一次义务是对应于第一次权利而言的,不侵害他人的权利便是负担着义务;或曰原本已经发生,不待义务人之不履行,而后始发生之义务。

(张 谷)

diyi sunshi baoxian
第一损失保险(first loss insurance) 也称第一责任赔偿方式或第一危险赔偿方式。在保险金额限度内的损失一般都可以得到全部赔偿。这种方式的逻辑依据是它把实际上不可分的保险财产价值分为两个部分,即已被保险的和未被保险的两个部分。第一部分价值和保险金额相等,认为足额即100%投保,而超过保险金额的第二部分价值,则认为未投保。凡首先遭受保险责任范围内的灾害,在保险金额限度以内的任何一部分财产损失,保险公司都负责赔偿。

(温世扬)

diyue dailishang
缔约代理商(contracting agent) 又称销售代理商,是指有代理缔约权的代理商。为了确认其缔约权,一般要在代理合同中注明其有缔约权,有的还由被代理人另外签发"授权书",以便代理商从事代理活动。缔约代理商根据被代理人的委托授权,以被代理人的名义作出要约或承诺,但缔约代理商并不是契约中的当事人,只是他代替被代理人向第三人作出的意思表示直接对被代理人发生效力。缔约代理商不像媒介代理商那样只是转达被代理人针对第三人提出的要约而作出的承诺,而缔约代理商则有权代替被代理人独立向第三人作出意思表示,其法律结果也直接对第三人生效。如果被代理人没有授予代理商这种代理权,而代理商又以被代理人的名义从事了代理活动,代理商应承担无权代理的责任。缔约代理商只能为一个单一的被代理人从事代理活动。按代理协议规定代理商只能在某一区域范围内销售,不能到这一区域范围外销售。因此又可认为是"区域代理"。

(关 涛 梁 鹏)

diyue guoshi zeren
缔约过失责任(pre-contractual liability) 缔约当事人违反依诚实信用原则所应承担的先合同义务而造成对方信赖利益的损失时所应承担的民事责任。该概念最先由德国法学家耶林于其主编的《耶林学说年报》第四卷发表的《缔约上过失,契约无效与未臻完全时的损害赔偿》一文中指出的,文中认为:从事契约缔结的人,是从契约交易外的消极义务范畴,进入契约上的积极义务范畴,其因此而承担的首要义务,系于缔约时须尽必要的注意。法律所保护的,并非仅是一个业已存在的契约关系,正在发生的契约关系包括在内,否则,契约交易将暴露于外,不受保护,缔约一方当事人不免成为他方疏忽或不注意的牺牲品!契约的缔结产生了一种履行义务,若此种效力因法律上的障碍而被排除时,则会产生一种损害赔偿义务,因此所谓契约无效者,仅指不发生履行效力,非谓不发生任何效力。简言之,当事人因自己过失致使契约不成立者,对信其契约为有效成立的相对人,应赔偿基于此项信赖而产生的损害。此一理论被称为法学上的发现,对各国的立法与判例产生了深远影响。

对于缔约过失责任的理论依据主要有侵权行为说、法律行为说、法律规定说与诚实信用原则说。侵权行为说认为,除法定情形外,因缔约上过失致他人损害的,属于侵权行为法调整的范畴,应按照侵权行为法的规定追究行为人的责任。此学说在德国民法制定后的10年内,一度成为通说。法律行为说认为缔约过失责任的基础在于当事人之间存在的法律行为,又分为目的契约说与默示责任契约说:前者认为缔约过失责任的基础在于当事人之间后来订立的契约；默示责任契约说认为，缔约过失责任的基础在于当事人于缔结存在行为之际，默示缔结了责任契约。德国帝国法院1911年关于"软木地毯案"即采用了默示责任契约说。法律规定说认为，缔约过失责任的基础既不是侵权行为，也不是法律行为，而是法律的直接规定。诚实信用原则说认为，缔约过失责任的基础在于诚实信用原则，此为德国学者现行的通说。尽管缔约过失责任为法律直接规定的责任，但法律规定该责任的基础在于诚实信用原则，因为依诚实信用原则，缔约当事人因缔约而产生先契约义务，如果违反该义务，即应赔偿因此而给相对人造成的损害。

缔约过失责任的构成条件包括：(1) 缔约一方违反先合同义务。缔约过失责任发生在合同缔结过程中，当事人之间并不存在合同义务，但缔约当事人自为订立合同而进行接触、磋商时起，依诚实信用原则就发生告知、说明、协作、照顾、忠实、保护等义务，此义务是随着订约过程的进展而产生的，虽不具有给付的内容，但义务的履行目的在于促进合同的成立。若当事人间无先合同义务，或者当事人未违反先合同义务，则不会发生缔约过失责任。(2) 违反先合同义务的当事人有过失。一般认为，缔约过失责任为过错责任。只有当事人主观上有过错，才发生缔约过失责任。(3) 缔约相对人受有损失。只有缔约当事人一方违反先合同义务给相对方造成损失时，才能产生缔约过失责任。通说认为，作为缔约过失责任条件的相对人的损失，是信赖利益的损失，即相对人相信合同有效成立而合同却不成立而遭受的损害，既包括为订立合同而支出的必要费用的损失，也包括因此而失去商业机会的损失，但通常不能超过履行利益。我国《合同法》第42条、第43条规定发生缔约过失责任的情形有四种：一是假借订立合同，恶意进行磋商；二是故意隐瞒与订立合同有关的重要事实或者提供虚假情况；三是其他违背诚实信用原则的行为；四是泄露或者不正当使用在订立合同过程中知悉的对方当事人的商业秘密。（郭明瑞）

dianjia
典价（德 Entgelt des Nutzungspfandrechts an Grundstüchen） 典权人取得典权之对价。典权之设定，以支付典价为必要，因此典权的设定为有偿行为。典价的多少由当事人（设定典权者成为出典人，取得典权者称为典权人）自行约定，通常为典物的卖价的十分之五到十分之八之间，亦即虽不能超过卖价，但也非常接近卖价。典价一般为金钱，以非金钱充之者，极为罕见。又典价之支付方式，应不限于现实交付，例如，出典人对典权人负有债务，而以该债务额作为典价，亦无不可。
（钱明星）

dianqi
典妻(dian qi) 丈夫将妻子在一定期限内出典给他人作妻妾而获得财物报酬的一种特殊婚姻方式，也是与典当人口并行的一种民间旧习陋俗。从宋代起，江南一带由于荒年、岁重、家贫与高利贷等原因，民间常有质卖及典雇妻子之事发生，典与雇不同，"备价取赎曰典，验日取值曰雇。"《元典章》中多处提到"吴越之风，典妻雇子成俗久矣，前代未尝禁止。""典雇妻者，其夫受财，约定年限，照价回赎。""其妻既入典雇之家，公然得为夫妇，或为婢妾，往往又有所出，三年五年期满之日，虽曰归还本主，或典主贪爱妇之姿色，再舍钱财。"在元代，典妻被视为"风落俗败"，法律加以禁止。《元史·刑法志》：诸以女子典雇于人及典雇人之子女者并禁止之；若已典雇，愿以婚嫁之礼为妻妾者，听。明、清法律仿元制，亦禁止丈夫典雇其妻，但清代对这种禁律有所放宽。《清律·辑注》中称"必立契受财，典雇与人为妻妾者，方坐此律。今之贫民将妻女典雇于人服役者甚多，不在此限。"到了近代，浙东一带仍有典妻之俗。革命作家柔石（1902～1931，浙江宁海人）在其小说《为奴隶的母亲》中，真实地描绘了家乡一五旬秀才因大妻不生儿子又不让买妾，只允许典一个已生育有儿子的母亲为其生子的婚姻陋俗与家庭悲剧。
（张贤钰）

dianquan
典权(dianship) 用益物权的形态之一，是典权人支付典价，对他人的不动产进行占有、使用、收益的权利。在《民法通则》及其他法律中没有对典权作出规定，但是在我国的一些司法解释中涉及到了典权的内容，因而典权在我国是一种受到司法保护的权利。

典权的特征 典权具有如下的特征：(1) 典权是不动产物权。典权的标的物应以不动产为限。虽然在典权的历史发展过程中，存在过以动产、甚至人身（典妻雇子、典雇男女）作为典权标的的现象，但这是为现代民法所不取的。我国的司法实践与民法学说都普遍承认房屋可以作为典权的标的。但可以预见，随着社会主义市场经济的发展，其他不动产物权，如地上权，也会成为典权的标的。(2) 典权是以支付典价而成立的物权。典权的设立，以支付典价为要件，因此设定典权的行为是有偿行为，由于典是"卖"的一种变态，有出卖之实，但无出卖之名，因此当事人议定的典价，大致都在出卖价格的十分之五至十分之八之间，即不超过出卖价格，但却非常接近出卖价格。(3) 典权是占有、使用、收益他人不动产的物权。典权的成立，必须把占有转移给典权人，但不以直接占有为限，只要典权人取得间接占有即可。例如，典物的所有人（出典人），可以与典权人约定承租典物，即由出典人直接占有典物，由典权人取得对典物的间接占有。典权还以使用、收益为内容，其范围很广，除了当事人有特别约定加以限制外，凡是依物的性质可以进行的使用、收益，典权人都可为之。

典权的性质　关于典权的性质，学者间的意见颇不一致，主要有以下几种观点：(1) 用益物权说认为，对物的使用、收益是用益物权的特点，因此典权是用益物权；(2) 担保物权说认为，典权的成立，是由出典人以不动产典借现款，即典物为借款的担保手段，因此典权为担保物权；(3) 特种物权说认为，典权虽具有使用和收益的内容，但并不是其主要目的。典权人之设定典权，是以取得典物的所有权为最终目的，使用和收益不过是其副作用而已。因此典权与地上权、永佃权等专以使用、收益他人不动产的用益物权在目的上不同。另外，典权虽然有担保作用，但并非纯粹意义上的担保物权，因为担保物权为从权利，须以主权利(债权)的存在为前提，而典权则不以债权的存在为前提。可见，典权既不是纯粹的担保物权，也不是纯粹意义上的用益物权，而是兼具双重性质的特种物权。但对于典权的性质，大多数的学者还是认为是一种用益物权。因为从典权关系上分析，典权人对出典人应为一定金额的给付，但这种给付是典权的对价，并不是订立借贷合同，就借款成立债权，然后以典物为担保，因此这项给付不称为借款，而称为典价；出典人的回赎，不称为履行债务，而称为回赎典物，其意在此。另外，典权不具有担保物权作为从权利的一系列属性。因此，典权的主要性质，应是用益物权，而非担保物权。

典权人的权利和义务　典权人的权利主要包括：(1) 占有、使用、收益典物。典权人对典物有占有、使用和收益的权利。这里的使用，不仅在范围和方法上没有限制，而且使用时还可准用法律上有关相邻关系的规定。至于收益，不仅包括收取典物的自然孳息，还可收取典物的法定孳息。(2) 处分典物。典权人不但可以用益典物，还可以在法律上处分典物，即转典、典权转让和出租典物。典权人转典时，与出典人仍保持原有的关系，只是按原典条件将典物转典给他人，转典的期限，在原典权有期限时，不得超过原典权的期限，如果原典权无期限，转典也不得定有期限。转典的典价，不能超过原典价，典权人对于典物因转典所受的损害，应当负赔偿责任。典权人可以转让其典权，在其让与典权后，原典权人即与出典人脱离关系，由受让人取得与原典权人同一的权利和义务。典权人对于典物除了合同有特别约定的外，还可以出租而收取租金。不过典权如有期限，则租赁的期限不得超过典权的期限；未定期限的，租赁也不得定有期限，以免妨碍出典人的回赎。另外，典权人对于典物因出租而受的损害应负赔偿责任。(3) 优先购买权。典权人在出典人出卖典物时，在同等条件下，有优先购买权。因典权人与典物的关系较之第三人更为密切，而且典物的出卖，典权人可以支付同样的价格，对出典人的利益没有影响，因此典权人应当有优先购买权。只是这种优先购买权只限于出卖典物的情形，如果出典人赠与典物时，典权人不能主张其优先购买权。另外，出典人如果是以互易的方法让与典物时，如果他人的对待给付是种类物，典权人只有在可给付同等种类物时，才能主张其优先购买权；如果他人的对待给付是非种类物，典权人不能主张其优先购买权。(4) 重建或修缮。典权人在典权存续期间，因不可抗力使典物全部或部分灭失时，可以在典物灭失时的价值限度内进行重建或修缮。例如，典权人典受的房屋二间，值 4000 元，因地震房屋倒塌或损坏，典权人在这 4000 元的限度内，可以重建或修缮。如果典权人要超出典物灭失时的价值限度进行重建或修缮时，例如，要以 5000 元重建或修缮时，应征得出典人的同意。如果没有征得出典人的同意，即不得在回赎典物时，请求原价值限度外费用的偿还。(5) 典权人为典物支付的有益费用，在出典人回赎时，有权在现存利益的限度内请求出典人偿还。

典权人的义务主要有：(1) 保管典物。典权人应负责保管典物，以便将来出典人回赎时予以返还。典权人如果因为自己的过错造成典物毁损、灭失的，典权人应当负赔偿责任；(2) 分担风险。在典权存续期间，典物如果因不可抗力导致全部或部分灭失时，就灭失的部分，典权与回赎权均归消灭。在出典人就典物余存的部分回赎时，灭失部分的价值的一半，可以从典价中扣除。例如，出典的房屋三间，典价 6000 元，其中一间房屋因地震倒塌，在出典人回赎时，可以扣除一间房屋价值的一半，即 1000 元。(3) 返还典物。典权人在出典人回赎时，应当恢复典物的原状，返还给出典人。

出典人的权利和义务　出典人的权利主要有：(1) 让与典物所有权。出典人在设定典权后，仍然是典物的所有人，他可将典物的所有权让与他人。在出典人让与典物所有权后，典权人的权利不因此而受影响，他对于典物的受让人仍享有同一的权利。(2) 设定担保物权。出典人在设定典权后，还可在典物上设定担保物权，但不得设定与典权性质不能并列的权利，如典权、地上权等。出典人再设定的担保物权(只能是抵押权)的实行，只能将附有典权负担的典物所有权拍卖，以其价款清偿。(3) 回赎典物。回赎典物是出典人的权利，称为回赎权。

出典人的义务主要是其瑕疵担保责任。设定典权的合同，如同买卖，是有偿合同，因此标的物有无瑕疵(物的瑕疵和权利瑕疵)，是典权人的利益所在。出典人对于典物应负瑕疵担保责任，可准用关于买卖合同的规定。

典权的消灭 物权的一般消灭原因,如标的物灭失、抛弃、混同等,除性质不相容外,都适用于典权。引起典权消灭的还有以下特殊原因:(1) 回赎,这是出典人向典权人提出以支付原典价消灭典权的单方行为。回赎是出典人的权利,它只需要出典人一方的意思表示并支付原典价即可,不必取得典权人的同意即产生效力。回赎权的主体,不以原出典人为限。如果原出典人将典物的所有权让与他人时,由该受让人享有回赎权。回赎权的相对人也不以原典权人为限,如果原典权人已将典权让与他人时,则应当向该受让人行使回赎权。另外,在转典的情况下,本来应当向原典权人回赎,但如果原典权人迟延向转典人回赎典物时,出典人可以直接向转典人回赎,以保护出典人的利益。典权附有期限时,出典人应当于期限届满后的一定期限内回赎,但如果设定典权时附有"到期不赎,即作绝卖"的条款时,应当在典权期限届满时回赎。典权未定期限的,出典人可以在出典后 30 年内随时回赎。出典人如果逾越回赎期限不回赎,即不得再行回赎,典权消灭,典物的所有权由典权人取得。(2) 找贴,这是在典权存续中出典人将典物所有权让与典权人,找回典物的当时价格与典价的差额,从而使典权消灭的一种方法。对于找贴的性质,有认为是典权人的权利的,也有认为是出典人的权利的。其实找贴须基于双方当事人的合意(出典人愿卖、典权人愿买),才能成立,因此它是出典人与典权人间的一个买卖合同,而不是哪一方的权利。找贴以一次为限。找贴以后,典权关系即告消灭。(3) 作绝。有期限的典权,附有"到期不赎,即作绝卖"条款的,因期限届满(作绝)由典权人取得所有权,典权亦因混同而消灭。(4) 别卖。典权附有到期不赎,听由典权人出卖典物、收回典价条款时,因典物别卖于第三人而使典权消灭。 (钱明星)

dianwu

典物(德 antichretischer Gegenstand) 典权的标的物,是典权人占有并с使用、收益的他人的不动产。典物以不动产为限,不动产当然是指土地及其定着物而言。在我国古代有典妻、典子的习惯,人亦可以成为典物,此为现代法律所不许。在我国台湾地区民法上,不动产权利如地上权、永佃权或其他权利如矿业权等,不能以之为典物设定典权。但以需役地为标的物设定典权,典权的效力及于该地之地役权,这是地役权的从属性所引致的结果。另外,典权人所支配的典物,以他人者为限,因所有人在自己的不动产上无成立典权之必要。 (钱明星)

dianxing hetong

典型合同(typical contracts;德 typische Verträge) 参见有名合同条。

dianying hetong

电影合同(cinematographic contract) 分为狭义和广义两种。狭义的电影合同即通常意义上的含义,是指作者与制片人之间关于就作者作品拍摄成电影作品所签订的协议。作者仅指文学原作作者,通过与制片人签订著作权转让许可合同,将作品的电影剧本改编权、复制权、拍摄权、播放权,甚至翻译权等转让给制片厂方并获得相应的报酬。制片方根据电影合同的约定如期完成该电影作品并取得电影作品的相应的著作权权益。广义的电影合同是指以完成电影作品为目的而在作者与被授权人之间所签订的协议。此处的作者既包括文学原作作者,也包括电影剧本作者、改编者、插曲作者、主导演、动画片主画师甚至对白作者、主摄影师、美工师、剪辑师、演员甚至制片人等。被授权人可能是制片人也可能是其他被授权使用上述各种作品的人。因此,广义的电影合同是一个相当宽泛的概念。

在不同的国家,由于著作权法的规定不一,其电影合同的主体是不同的。上述各类作者既可以共同就电影作品与制片人或被授权人订立转让许可合同,也可以单独就各自的作品与制片人或被授权人订立转让许可合同。对于最终形成的电影作品的著作权归属,也应在电影合同中予以约定。在无约定的场合,大陆法系国家通常规定,电影作品著作权属于合作作者。但根据《伯尔尼公约》第 14 条之 2 第 2 款第(2)项,如当事人无相反或特别约定,合作作者不得反对电影作品的复制、散布、公开表演、公开有线传送、播送及其他方式的公开传送,或配字幕及配音,称为"合法化推定制"。除非本国立法有相反规定,上述限制不适用于电影剧本作者、对白作者、电影插曲作者和主导演作者。电影作品的著作权中人格权由合作作者或由主导演享有和行使。此外,在不妨碍制片人使用电影作品情况下,剧本作者、插曲作者对各自的创作成分单独享有著作权。英美国家立法则通常规定,如当事人无相反约定,电影作品的著作权由制片人享有和行使。制片人在被确认为合作作者的情况下,可享有或代表其他合作作者行使著作人格权。如在美国,作为雇主的制片人享有电影作品的全部著作权。根据我国《著作权法》规定,作者与被授权方可签订著作权转让许可合同,如无明确约定,电影作品的合作作者(导演、编剧、作词、作曲、摄影等人)仅对电影作品享有署名权;著作权中的其他权利由制片人享有。电影作品中可单独使用的作品(剧本、音乐),由作者单独享有著作权。在电影合同中,未明确授予专有使用权的,被授权人仅取得非专有使用权。电影合同应采取书面方式订立。 (万 霞)

dianzi hetong

电子合同(electronic contract) 书面合同的一种。指当事人通过电子数字交换所订立的合同。所谓电子数据交换(简称 EDI)是"将贸易或者行政事务按照一个共认的标准形成结构化的事务处理或信息数据格式,从计算机到计算机的电子传输。"这种合同形式不同于传统的书面形式,因为电子数据交换表现为"电子数据",这种"电子数据"是储存在磁的或者接受者选择的非纸张的中介物上。依我国《合同法》第 16 条规定,采用数据电文形式订立合同的,该数据电文进入该特定系统的时间,视为到达时间;未指定特定系统的,该数据电文进入收件人的任何系统的首次时间,视为到达时间。依《合同法》第 33 条、第 34 条规定,采用数据电文形式订立合同的,在合同成立之前要求签订确认书的,签订确认书时合同成立。除当事人另有约定外,收件人的主营业地为合同成立的地点;没有营业地的,其经常居住地为合同成立的地点。 (郭明瑞)

dianzi shangwu

电子商务(electronic commerce) 有广义、狭义两种含义,广义的电子商务指通过以数据电讯(包括计算机网络和各种电讯方式)进行的交易以及服务的总称,包括通过电子合同进行的交易以及相关的各种通过计算机网络提供的电子服务。它的基本技术特征是利用 Web 技术传输和处理各种商务信息,它的主要商业特征是几乎所有的商务行为都将在计算机互联网络上进行。目前全球的电子商务主要在 Internet 网上进行。狭义的电子商务主要是通过电子合同进行的交易。参见电子合同条。 (张平华)

dianzi tidan

电子提单(electronic bill of lading) 以电子方式生成、保存和使用的新型提单。电子提单利用计算机技术和网络通讯技术对海上货物运输中的货物进行转让。在特定的转让程序中,卖方、发货人、银行、买方和收货人均以承运人为中心,通过专有计算机密码完成在运输途中货物所有权的转让。在完成此类货物运输过程中,通常情况下不出现任何书面文件,收货人提货,只要出示有效证件证明身份,由船舶代理验明即可。电子提单可以加速单证流转,防止纸面提单在转让过程中的欺诈行为,降低承运人无单放货的风险,同时也可解决在日渐广泛地使用海运单后产生的如何在海上货物运输途中转让货物所有权的问题。目前许多国家都已承认电子提单在实际业务处理乃至法庭举证时具有与书面提单同等的效力。 (宋春风 陈 悦)

dianzi youjian

电子邮件(electronic mail) 指通过电子计算机系统所传递的邮件。电子邮件为数据电文的一种形式,通过电子邮件订立的合同属于特殊的书面合同。参见电子合同条。 (郭明瑞)

dianzu

佃租(sharecropping) 永佃权人向地主交纳的地租。一般由双方签订合同具体约定租金的数额,且一般情况下禁止约定收缴货币以外的形式的租金。佃租一经约定不得轻易变更,除非遇到连年歉收,且在连续不交纳佃租达一定期间时,地主可行使解除权。 (杜 颖)

diantou zhengquan shichang

店头证券市场(over the counter, OTC) 又称柜台市场、第二市场,指在证券交易所外由证券买卖双方当面议价成交的市场,是证券场外交易市场,广义的证券场外交易市场还包括第三市场(the third market)、第四市场(the forth market)。店头交易的证券以未上市的证券为主,其中包括绝大部分的债券、不能在证券交易所上市的股票以及部分上市股票。店头交易没有集中的交易场所,其交易是分散地、个别地进行,规模有大有小。店头市场的交易价格由证券商之间或证券商与顾客之间协商确定,交易双方一般以净价为基础进行交易,不收佣金,其买进卖出的差价就是证券商的营业利润。从国外各种场外交易市场看,柜台交易方式已逐渐摆脱"柜台",取而代之的是以电子交易网络构成的自动报价系统,1971 年美国全国证券商协会成立全国证券商协会自动报价系统(NASDAQ),1982 年又成立国家市场系统(NMS),我国于 20 世纪 80 年代开始柜台交易,最早试验用证券交易即采取柜台交易方式,后又引进电子技术,成立了两个报价系统,即 1990 年 12 月 5 日成立的全国证券交易自动报价系统(STAQ 系统)和全国电子交易系统(NET 系统)。STAQ 系统是于 1990 年 12 月 5 日由中国证券市场研究设计中心完成并投入使用的,这是通过计算机网络进行国债和法人股交易的场外交易市场。NET 系统由中国人民银行总行于 1992 年 6 月在自己已有的卫星通讯网基础上建立起来,是为证券交易提供多功能服务的全国证券市场电子交易的系统。它们依法要接受政府管理机构的监管。我国《证券法》第 32 条规定:经依法批准的上市交易的证券应当在证交所挂牌交易。目前我国禁止证券的场外交易。 (丁艳琴)

diaoji hetong

调剂合同(contract of adjustment) 计划经济时期工

矿产品购销合同的一种。供需双方在不违背国家计划的前提下,互通有无,调剂余缺物资而达成的协议。多为即时清结的现货交易,一般通过召开物资调剂会议签订。
(任自力)

dingbiao

定标(award of bid) 参见决标条。

ding'e baoxian

定额保险(ration insurance) 当保险事故发生与约定的条件出现时,保险人按照约定的保险金额承担赔偿或给付保险金责任的一种保险。定额保险仅适用于人身保险,不适用于财产保险。因为人身保险中的保险标的是人的寿命和身体,是无法用金钱衡量其价值的,因此在投保人与保险人之间不存在约定和估算保险价值的问题。在人身保险中,人寿保险为典型的定额保险,但健康保险、伤害保险不属于定额保险。
(史卫进 房绍坤)

ding'e zhipiao

定额支票(quota cheque) 定额支票是票面金额确定的支票。
(孔志明)

dinggou hetong

定购合同(contract of fixed purchasing) 国家有关商业部门根据国家下达的指导性计划,同农副产品生产者之间签订的购买某些特定商品的协议。定购合同有较强的计划性,生产者必须根据合同安排组织生产,保证国家定购任务的完成,收购部门必须按照国家的价格政策,遵循平等互利、协商一致、等价有偿的原则,同生产者订立合同。定购合同一般适用于生产比较集中、销售面较广、对市场和人民生活影响较大的商品。我国从1985年开始对粮、棉、油等农副产品实行定购合同制度。其具体做法是:在春耕前,由商业部门按国务院确定的定购指标,同农业生产者签订定购合同,明确规定定购农产品的数量、质量、价格、化肥奖售标准、交售时间与地点等。定购以外的农副产品允许农业生产者自行销售或多渠道经营。定购合同制度有利于引导生产者按市场需求安排生产,有利于调整农业生产结构和减少商品供求中的矛盾。但其最初还有着浓厚的计划经济色彩,随着市场经济的发展,其市场导向作用日趋明显。
(任自力)

dinggouzhe

定购者(orderer) 预购合同中购买商品的人。
(郭明瑞)

dinghuodan

定货单(purchase order) 买方向卖方发出的订购某种货物的书面凭证。
(王卫劲)

dingjin

定金(earnest money) 俗称"定钱"。债的担保的一种。契约一方当事人在契约订立时或债务履行前,交付给另一方的一定金额的款项。债务人履行债务后,定金应抵作价款或收回。给付定金的一方不履行约定债务的,无权要求返还定金,收受定金的一方不履行约定债务的,应双倍返还定金。定金的形式一般是金钱(货币),但只要不违反法律规定亦可约定用其他形式的物(如股票、债券、票据)来代替。

各国法上几乎都有定金的规定,但在不同的时期、不同的国家,对定金性质的认识并不完全相同,概括起来,有以下五种:(1)立约定金。于订立合同前交付的目的在于保证正式订立合同的定金。(2)成约定金。以定金的交付作为债的成立要件的定金。(3)证约定金。以定金的交付作为债成立的证明的定金。(4)违约定金。作为债不履行的赔偿的定金。(5)解约定金。作为保留解除权的代价的定金。

定金种类繁多,其性质、效力也不一致,因此,往往在不同的情况下具有不同的功能。在债务得以正常履行下,它具有预付款的功能,定金应当折抵价款或酬金的一部分,用于结算范畴,多退少补。在债务届期未履行的情况下,又具有违约金的功能,可作为违约的赔偿金。定金的担保功能毋庸置疑,而且具有特殊性,在人的担保和物的担保中,担保是单向的,只有债权人可以主张担保权益,而定金作为债的担保具有双向性,交付定金的一方和收受定金的一方不履行合同都要受到定金罚则的约束。定金的证明作用在以书面形式订立的合同中也许并不明显,但在以口头形式订立的合同中,定金是证明合同成立的重要依据。定金应由当事人双方约定。双方约定定金的协议为定金契约(定金合同)。

作为一种约定,定金合同应具备合同的一般成立条件。作为一种担保方式,还须具备一些必要的成立条件:(1)它必须以主债的有效存在为前提。这主要是针对证约定金、违约定金、解约定金而言的。成约定金、立约定金作为主债成立的要件或订立合同的保证,可以与主债分离而存在。(2)须以定金的交付为必要。仅有定金的合意尚不成立定金契约,只有在定金交付后才告成立。定金的交付时期,因种类不同而有区别:立约定金在合同成立前交付;成约定金应于契约订立时交付;作为契约成立的要件,证约定金也常在契约成立时交付,但它不是契约成立的要件;违约定金、解约定金则必须在契约履行前交付。(3)定金数额须在法定的数额以内。法律有规定的,按法律规定确定定金数额,法律允许当事人约定的,当事人可自由约定,但不得超过法定的最高限额。

定金与预付款有区别。定金在一定情况下具有预先给付的性质,但定金与预先给付的预付款不同。体现在:(1)定金的主要作用在于担保合同债务的履行;预付款的主要作用是为一方当事人履行合同提供资金上的帮助,即为履行合同债务创造条件。(2)定金契约是从契约,依约定交付定金而未交付的,并不构成对主合同的违反;而交付预付款的协议为主合同的一部分,依约定交付预付款而未交付的,构成为主合同义务的违反。(3)定金的罚则是交付定金一方不履行债务的,丧失定金,收受定金的一方不履行债务的则双倍返还定金;预付款则不具有上述作用,交付和收受预付款的一方不履行合同时,不发生丧失或双倍返还预付款的后果,预付款可抵作损害赔偿金。(4)定金一般为一次性交付;预付款可为分期交付。

定金与违约金也不同:定金是债的一种担保形式,并非所有的债都设有定金担保,只有设定此担保的债不履行时才发生定金罚则的效果。违约金是一种违约责任,是对违约的一种补偿手段。它可由当事人约定于合同中,如无约定,也可按法律规定和债不履行所造成的实际损失确定违约金和赔偿金。实践中往往有当事人既约定违约金又约定定金的情况,根据我国《合同法》第116条规定,在此情况下,当事人只能在违约金和定金条款中选择一种适用。

定金具有证约、预付、抵销的效力,但其主要效力体现在担保效力上。定金担保发生效力须具备以下条件:(1)须主合同有效。(2)须有一方当事人不履行合同的事实。此事实须是一方根本不履行合同,没有任何履行合同的行为。如果一方履行延迟或不适当履行,则不发生定金担保的效力,不适用定金罚则。(3)须不履行合同的当事人一方有过错,如果当事人没有过错,其履行不能是由不可抗力造成的,则定金罚则也不能发生效力。

在不同时期,各国定金制度规定有一些差别。

罗马法的定金制度分为两种:一是不完全定金附约,这种定金不是成立契约的表示,给付定金的当事人也不必受债务的拘束;二是完全定金契约,定金的接受是契约成立的证明。定金的效力有特约的依特约,无特约的通常按下列两项原则处理:(1)定金在订约前交付的,当事人的目的在于保证契约的订立,如由于可归责于支付定金一方的事由不能订约时,该当事人应牺牲定金。如是由于收受定金一方原因所致,该当事人应加倍返还定金。在这种情形,定金被视为不能订约所造成损害的法定赔偿。(2)在订约后交付的,定金不仅证明契约的成立,而且有强制履行的作用。

如债务人不履行给付,债权人有权没收定金视契约已解除。但也有权牺牲没收定金的利益而选择请求契约的履行。在双务契约中,收受定金的一方如不履行给付,则对方可请求履行给付或请求加倍返还。

法国、日本的定金制度规定在买卖制度之中(《法国民法典》第1590条、《日本民法典》第557条)。两法都规定,当事人一方向另一方交付了定金之后,交付定金的一方可抛弃定金,收受定金一方可双倍返还定金而解除契约,具有解约定金、证约定金的作用。但在解除权行使的时期方面,法国法并未加以限制,日本法限制在契约履行之前。关于定金与损害赔偿的关系,法国法无明文规定,日本法则明确规定,因定金解约的,不生损害赔偿请求权。

德国的定金制度规定于民法典债的通则(第336条~338条)中。采用证约定金和违约定金的性质。其交付视为契约成立的标志。契约履行时,定金应返还或作为给付的一部分;因可归责于给付定金当事人的理由不能履行时,定金不得请求返还。除当事人有特别规定外,定金不当然有解除权保留的效力。根据德国法,定金与损害赔偿的关系为:当履行不能可归责于给付定金当事人一方时,收受定金一方可请求损害赔偿,此损害赔偿额不将定金额计算在内,同时定金不予返还;当履行不能可归责于接受定金一方时,给付定金一方请求的损害赔偿中应将定金的损失计入在内,或者在给付赔偿时定金单独返还。

我国《民法通则》第89条第(3)项,《担保法》第6章、《合同法》第115条、第116条均规定了定金制度。规定债务人履行债务后,定金应抵作价款或收回。给付定金一方不履行约定的债务,无权要求返还定金,收受定金一方不履行约定的债务,应当双倍返还定金。对我国法律上规定的定金的性质,学者们认识不一,有认为属违约定金的,有认为属证约定金的,有认为属解约定金的,也有认为这几种性质兼而有之的。同时也都认为当事人可以在合同中约定定金的性质。

(万 霞)

dingjin qiyue
定金契约(earnest money contract) 又称"定金合同",担保之债的一种。订约双方为证明主契约成立或为保证主契约的履行,约定由主契约负有给付义务的一方在应该给付的款项内预先支付一定数额金钱给对方的协议。定金契约成立后,如给付定金的一方违约,不得请求返还定金;接受定金的一方违约,应双倍返还定金。如果主契约成立或得以履行,定金即可作为给付的一部分充作价款。定金契约应当采取书面形式订立,除具备一般契约成立的要件外,还须具备以下条件:(1)定金契约以主契约有效成立为前提。定金契约属从契约,其效力决定于主契约,在主契约无效或被撤销时,定金契约也不能发生效力。即使一方已支付定金,定金担保也不成立。(2) 定金契约为实践性契约,即以定金交付为成立生效条件。自定金交付时起,定金合同才生效。所以只有定金的约定但尚未实际支付的,定金契约不能成立生效。(3) 定金契约中定金数额须在法定的数额之内。其数额一般由当事人自由约定,但不能超过法定的最高限额。如我国《担保法》第 91 条规定:定金的数额由当事人约定,但不得超过主合同标的额的 20%。 (万霞)

dingjinzhizhai

定金之债(earnest money obligation) 采取定金担保形式而成立的从属性的债权、债务关系,其成立以定金契约为载体。参见定金契约条。 (万霞)

dingqi baoxian hetong

定期保险合同(time insurance contract) 保险人和被保险人双方约定以具体期限作为保险责任期间的保险合同。其保险期限按保险合同约定的生效日的午夜零时开始,至到期日午夜 24 时为止,习惯上把起止日包括在内。由于定期保险是以约定时间为标准,在订立合同时,应把起始时间按世界各国不同地区的标准时间计算,以免发生时间计算上的差错引起保险公司是否承担赔偿责任的问题。定期保险合同一般以 1 年为期限,但也有长期和短期保险合同。1 年或超过 1 年期限的保险合同为长期保险合同,少于 1 年的则为短期保险合同。为适应被保险人的实际需要,各种保险规定的期限不尽相同。财产保险合同和人身意外伤害保险合同,一般是 1 年或 1 年以下的短期合同。如果保险标的风险存在的时间超过 1 年,而且风险程度并不随时间的推移而有变化趋势,那么由于会计核算一般是以年度分期,每一会计年度进行一次核算,完全可以把保险期间定为 1 年,期满后再订立新的保险合同。在长期合同中,绝大部分是人寿保险合同,其期限有 1 年、5 年、10 年、15 年和 20 年等。这是因为人寿保险中被保险人死亡或生存到一定年限与风险按同方向变化,即一个人在 1 年内死亡的概率随年龄的增大而增大。如将人寿保险合同采取 1 年期的短期保险合同,期满后再订立新的合同,那么逐年增加的保险费可能使中老年被保险人不堪重负。而如果采期间较长的长期保险合同,那么就可以采用均衡保险费制,使投保人在每年支付的保险费金额相等,从而使投保人均衡、合理的负担保险费。因此,人寿保险合同一般均为长期保险合同。 (温世扬)

dingqi baozheng

定期保证(fixed-term surety) 不定期保证的对称。保证合同当事人在保证合同中约定有保证期限的保证。定期保证的保证人仅在保证期限内承担保证责任。如果债权人未在保证期限内对保证人履行保证债务为有效的请求,则保证人的保证债务消灭。我国《担保法》规定,在合同约定的保证期间,一般保证的债权人未对债务人提起诉讼或者申请仲裁的,保证人免除保证责任;连带责任的保证人未要求保证人承担保证责任的,保证人免除保证责任。 (郭明瑞)

dingqi huipiao

定期汇票(periodic bills; date draft) 又称板期汇票,远期汇票的一种,指发票人在汇票上记载有固定日为到期日的汇票。定期汇票的到期日是固定的,无需持票人另行计算。在该日期到来之前,持票人不得请求付款人付款。此类汇票的到期日,为一特定的日期,但并不以明确记载为某年某日为限,只要该到期日可根据交易惯例或生活常识能加以确定即可。该固定的到期日多为发票日后的一定日期。如果到期日与发票日相同,则该汇票就变成即期汇票。如果到期日为发票日某一固定日期,只要受让人愿意接受,依私法自治原则,也应认为该汇票有效。 (王小能)

dingqijin qiyue

定期金契约(德 Leibrentenvertrag) 当事人关于一方向另一方或其指定的人定期支付一定金额的协议。 (张平华)

dingqi tudi zhaiwu

定期土地债务(德 Rentenschuld) 德国法上的概念。又称定期金土地债务。在土地上设定的不间断地定期支付一定金额为目的的土地债务。其权利人有权不间断地定期从土地获得一定金额的支付,土地所有权人有权支付一定回赎金额而清偿定期金债务,以恢复其对土地的全部权利。 (郭明瑞)

dingqi zengyu

定期赠与(fixed date gift) 又称"定期给付赠与",以定期无偿给付一定金额财产为内容的赠与。在《德国民法典》中,这种赠与只适用于赠与人对受赠人履行扶养义务的情形,属于特别赠与,我国民法中未规定这种赠与。定期赠与不论是否约定有期限,只要当事人无相反的意思表示,当赠与人或受赠人中有一方死亡时,赠与即归于消灭。 (任自力)

dingqizhai

定期债(determinate debenture) 在债券上载明具体履行日期的公司债,债券持有人必须在规定的期间内要求发行人支付本息或主张约定的其他权利。这是基本的公司债,多数公司债是定期债。 （施余兵）

dingqi zuchuan hetong

定期租船合同(time charter party) 简称期租合同。船东(出租人)将船舶在一个较长的期限内租给承租人掌握、调度和使用,承租人在约定的期限内按照约定的用途使用,并按期支付约定的租金的合同。与航次租船合同不同,定期租船合同的租期不是以航次计算,而是以一定期间计算,租期有长有短,长的有1年、2年,短的也可以是几个月,由双方当事人商定。在船舶租赁期间,出租人仍保有船舶的所有权和占有权,船上的人事安排,包括船长的任命和船员的配备,航行管理,由出租人掌握。承租人对船舶有使用权,可以调度和使用船舶,船长、船员在营运业务上要接受承租人的指示。在租赁期间内,船舶费用由出租人和承租人分担,出租人负担船上固定费用,包括船员工资、伙食、船舶保险、船舶保养维修、船用物料配备以及船舶装备、船舶检验、润滑油等。承租人负担船舶营运费用,包括船用燃料、航行用的淡水、装卸费、港口使用费、货物装卸费、引航费、代理费、理货费、船员加班费等。租金由出租人和承租人双方议定,在租赁期间内,不论租船市场租价涨落情况如何,不得变更,承租人应当按期向出租人支付。由于定期租船合同有以上特点,合同条款与航次租船合同也有所不同。 （张 琳）

dingqi zuchuan hetong de biaozhun geshi

定期租船合同的标准格式(standard form of time charter party) 为了方便当事人双方洽订定期租船合同,由特定组织制定供当事人参考的合同范本,当事人在合同范本的基础上根据自己的情况增、删、修改条文,从而形成符合自己条件的定期租船合同。常用的有波罗的海航运公会制定的"统一定期租船合同"(Uniform Time Charter,简称 Baltime,1939),纽约土产交易所制定的"纽约土产定期租船合同"(New York Produce Exchange Time Charter Party,简称 NYPE),以及中国租船公司制定的"期租合同"(Sino Time Charter,简称 SINOTIME,1980)。Baltime 比较倾向于船东,由于1973年后国际租船市场对船东不利,已经渐少使用;NYPE 比较偏向于承租人或货方,目前使用极为广泛;SINOTIME 则是比较保护承租人利益的标准合同格式。 （张 琳）

dingqi zuchuan hetong yu hangci zuchuan hetong de bijiao

定期租船合同与航次租船合同的比较(comparison between time charter party and voyage charter party) 航次租船合同由来已久,定期租船合同则迟至二战以后才开始逐渐兴盛,起初也只是为租船人提供较长期的经营权。航次租船合同和定期租船合同在营运上的主要区别是：(1)船舶的经营、使用以及费用的负担。在航次租船合同下船舶的经营、使用、所需费用的负担完全由船东负责,在合同条文上反映为船东承诺到某地装某货运至某地,而租船人付出相应的运费,租船人对船舶的营运不必理会,甚至连货物的装卸作业也一般由船东负责与安排。但是定期租船合同中,对船舶的经营和使用却是由船东与租船人分别各自负责费用与安排。(2)风险的负担。由于在船舶的经营、使用、费用等方面的负担不同,在航次租船合同和定期租船合同中,船东和租船人所承担的风险也是不同的。(3)对时间损失风险的承担。总体而言,在航次租船合同下除去装卸港内作业的时间之外的时间损失风险在船东。因为船东只在特定的航次收取一笔不变的运费,不管履行的时间是长是短,运费并不因此调整,所以如果该航次能完成得快,平均起来每天的收益会很高。相反,假如航次完成所费时间很长,相对而言每天的收益就很低。航次租船合同中时间损失风险在租船人,而不在船东身上,惟一的风险会是在装卸作业阶段。在定期租船合同下,时间损失风险是在租船人,安排上是由船东每天有租金收取,不论航次多少,装卸作业进度如何,船东都不必关心。风浪、待泊、罢工,以及所有其他天灾人祸等等,一概都是租船人的风险。 （张 琳）

dingqi zulin

定期租赁(periodic tenancy) 与不定期租赁相对。定有存续期间的租赁关系。在合同的成立、效力、终止与更新等方面,它区别于不定期租赁。依我国《合同法》第114条规定,租赁期限不得超过20年。超过20年的,超过部分无效。 （杜 颖）

dingri fukuan

定日付款(payment at a fixed date) 指以汇票上明确记载的确定的日期为汇票的到期日。这种汇票称为定期汇票。定日付款汇票的到期日必须是特定和确定的,否则不发生法律效力。所谓的特定和确定,只要以记载文义或交易惯例可以判定即可,法律无强制规定。定日付款汇票的到期日可以是发票日,但不得记载发票日前某一时间为到期日。 （王小能）

dingshi hetong

定式合同(法 contracts d'adhésion) 又称定型化合同、标准合同、附合合同、附从合同、格式合同。参见标准合同条。　　　　　　　　　　　（郭明瑞）

dingxian wuquan

定限物权(limited right in rem; 德 begrenztes Sachenrecht) 又称限制物权,是指所有权以外的在特定方面对物进行支配的物权。它包括两个方面的含义:一是在一定范围内对物进行支配的物权;一是对所有权加以限制,是指所有权以外的其他物权。根据所支配的内容,定限物权可分为用益物权和担保物权。用益物权,是指以支配物的使用价值为内容的物权;担保物权是指以支配物的交换价值为内容的物权。（王 轶）

dingzhi baoxian

定值保险(valued insurance) 又称定价保险,是保险合同双方当事人事先确定保险标的的保险价值,并在保险合同中予以记载的一种保险。在定值保险中,保险标的的保险价值,由保险合同当事人根据保险标的的实际价值协商确定;定值保险合同成立后,一旦发生保险事故,保险合同中所约定的保险价值就是保险人给付保险赔偿金金额的计算依据,不受出险时保险标的的市价影响。在定值保险中,如果保险标的全部损失,保险人应当支付约定保险金额的全部;如果保险标的发生部分损失,只需按损失比例乘以保险价值,就可以确定保险人应支付的保险金额。定值保险适用于价值不易确定或价值在不同地点、不同时间存在很大差异的保险标的,其目的是避免在计算保险标的的价值时发生争议。　　　　　　（史卫进　房绍坤）

dingzhuowu

定着物(fixture) 意义　与土地有各别之存在,非为土地之成分,依经济的用法,继续固定附着于土地,不能轻易移转其位置之物,如附着于土地之房屋、林木。定着物在民法上为不动产之一种(《担保法》第 92 条),得别于土地而各为权利之客体。沿革罗马法上向有所谓地上物属于土地之主义,不动产仅限于土地,土地上之建筑物,不过为土地之构成部分,并非独立之不动产。德国民法采此种主义,不动产惟限于土地,其定着物就如建筑物,为其重要成分。日本民法则根据旧日习惯,不采罗马主义,改以地上之定着物为独立之不动产。旧中国民法因之。我国现在由于土地公有(国有和集体所有),土地所有权为不融通物,无法直接成为私人财产,非经由国有土地使用权之媒介,无法进入市场,加上与此配套的管理体制上的原因,故现有制度一直将土地和房屋分别作为不动产。

性质　(1)定着物须从社会交易观念上认为非为土地之成分,而为独立个别存在者,最主要者为房屋及其他各种建筑物,如纪念碑、通讯电台、桥梁、牌坊、高架道路、轻便轨道等。故附着于土地而在性质上固定成为土地的一部分者,如播于土地之种子、化肥、柏油马路、高速公路、水井、下水道、排水沟、隧道、地道等,应视为土地之部分,而非定着物。(2)定着物为附着于土地之物。所谓附着,即尚未达到与土地不可分离之程度。故仅置于地上之物,非定着物;而如泉水、池塘、假山等,与土地密不可分,致成为土地之一部分者,亦不得谓为附着物。至于其附着,出于人工还是天然,在所不问。其为人工的,如房屋、桥梁、障壁,其为天然的,如由地上发生的树木。又地下埋藏的矿物,亦为附着物。(3)定着物为继续地与土地连接之物,故一时连接于土地者,如建造房屋时搭建之工棚、活动房屋、展览或演出之临时会场、丧葬时所架之棚、售票亭等,均非定着物。(4)定着物须从经济上用法而附着于土地。故埋藏金钱于地下,虽历时久远,亦非定着物。又定着物系民法上的概念,其建筑是否符合建筑法规,有无建筑规划、开工许可,能否办理所有权登记,不影响定着物的本质。　　　　　　　　　　　（张 谷）

dingzuo hetong

定作合同(contract of manufacture) 承揽合同的一种,与加工合同相对,指承揽人用自己的原材料和技术,按照定作人的要求为定作人制作成品,定作人接受该特制的成品并支付约定报酬的合同,如定作家具,定作服装、定做设备等。与加工合同不同的根本点在于原材料是承揽人自备的,而非由定作人提供。

（邹川宁）

dingzuoren

定作人(principal) 承揽法律关系的一方主体,承揽合同中加工、定作、修理、修缮或其他工作委托给承揽人完成,依约定应接受承揽人完成的工作成果并向承揽人给付约定报酬的当事人。

按照我国合同法规定,定作人的义务主要包括:(1)协助承揽人完成工作。承揽工作需要定作人协助的,定作人有协助的义务。至于是否需要定作人协助,决定于合同的约定和承揽工作的性质。依约定或工作性质应由定作人提供材料的,定作人应按时、按质、按量提供材料;应由定作人提供设计图纸或者技术要求、技术资料的,定作人应按约定提供。定作人提供的材料不合合同约定的,在收到承揽人关于材料不合约定的通知后,应及时予以更换、补齐或采取其他补救措施。定作人提供的图纸或技术要求不合理的,在接到承揽人的通知后应及时答复并采取相应措施,怠于答复或不予修正的,应赔偿承揽人因此而受到的损失。定作人未按合同的约定按时完成必要的协助工作的,承揽人可以催告定作人于相当的期间内完成。如果定作人不履行协助义务致使承揽工作不能完成,承揽人有权解除合同。但若定作人不履行协助义务并不导致承揽工作不能完成,则承揽人不能解除合同,只能要求赔偿损失;若因此而使工作完成期限拖延的,则定作人应负迟延履行的责任,承揽人不负因此延期的责任。(2)对承揽人交付之工作成果及时检查验收。定作人在受领工作成果时应当验收该工作成果。检查验收的时间,凡合同有规定的,按合同规定的时间进行;凡合同没有明确规定的,应按照承揽人完成工作的通知及时进行。定作人超过合同规定期限领取定作物的,除应负违约责任外,还应偿付承揽人实际支付的保管、保养费并承担应受领的工作成果的风险。对于发现的缺陷,定作人应及时向承揽人提出。定作人变更交付定作物地点时,应承担因此而多支付的费用。(3)向承揽人支付报酬等费用。定作人支付给承揽人一定的报酬是定作人的基本义务。支付的报酬或价款一般是货币,但当事人如有约定,定作人可交付一定的实物作为报酬。承揽人须交付的报酬和材料费等费用的标准,合同中有约定的,按约定的数额支付;合同中没有约定的,应依通常标准支付。所谓通常标准是指工作成果交付的当地当时的同类工作成果的一般报酬标准。定作人支付报酬或价款的期限应依合同约定。如当事人未约定期限,或者约定不明确,依照合同的其他条款、补充协议或者交易习惯也不能确定的,定作人应在承揽人交付工作成果的同时交付。完成工作成果可以分交付的,承揽人部分交付工作成果时,定作人应相应地支付报酬。若承揽人完成的工作成果无须交付,则定作人应于承揽的工作完成时交付。如承揽人交付的物有瑕疵,定作人可以相应减少报酬或价款。定作人延期支付报酬的,应承担逾期支付的利息,定作人未向承揽人支付报酬或者材料费等价款的,除当事人另有约定外,承揽人对完成的工作成果有处置权。定作人若因承揽人一方的原因无法支付报酬及材料费等价款的,可依法将报酬或者材料费等价款提存。依合同法规定,定作人可以随时解除承揽合同,但造成承揽人损失的,应当赔偿损失。 (郭明瑞 邹川宁)

dongchan
动产(**movables**) 对于动产,各国法律也不尽相同。法国民法(第528条至第536条)采列举主义。英国法中所谓动产指土地即不动产以外一切之有体物,指可移动之物,及非土地定着物之建造物;有时亦包括人工的产出物及一时的定着物;又商品亦可以动产解之。近世英美学者,仿大陆用语,以动产直译其文为movable thing,然此非普通法固有之用语。日本以土地及其定着物以外之物皆为动产,且将具体化为证券的无记名债权,也视为动产(第86条)。我国现行法对动产未作正面的立法解释,惟《担保法》第92条2款规定:本法所称动产是指不动产以外的物。因此,动产之范围自较不动产广泛。不仅可移动之物在性质上均为动产,即其不易移动而非土地的定着物者,也属于动产。此外,在法律上得支配控制的各种自然力,在性质上也应认为动产。某些物在性质上虽能移动,但因价值较高,且在交易习惯上转让程序较为慎重,在法律上具有不动产的某些特性,可称为准不动产。例如,船舶(包括建造中的船舶)及民用航空器的取得、转让和消灭,应向船舶登记机关或国务院民用航空主管部门办理登记的;未经登记的,不得对抗第三人(《海商法》第9条、《民用航空法》第14条)。船舶(包括建造中的船舶)及民用航空器抵押权,由抵押权人和抵押人共同向船舶登记机关或国务院民用航空主管部门办理抵押权登记;未经登记的,不得对抗第三人(《海商法》第13条、《民用航空法》第16条)。显然采取的是以登记为对抗要件。但是,在《海商法》之后、《民用航空法》之前颁布的《担保法》却规定,以航空器、船舶抵押的,应当向运输工具的登记部门办理抵押物登记,抵押合同自登记之日起生效(第41条、第42条),采取的又是以登记为生效要件。此可谓现行法上的矛盾。 (张 谷)

dongchan diya
动产抵押(**chattel mortgage**) 是指以动产为抵押物而设定的抵押。动产抵押的特殊之处在于其标的物为动产,而区别于普通抵押权标的物为不动产的特点。但动产抵押与不动产抵押一样,都无须转移对抵押物的占有,债务人可以继续对抵押物进行占有、使用、收益。动产抵押是抵押制度在现代经济条件下的发展。传统民法中,以不动产设定抵押权,而动产只能设定质权。但质权的设立以转移标的物的占有为要件,这显然不利于标的物使用价值的发挥,特别是那些债务人不可缺离的生产工具。而且在现代经济社会中,动产不仅在数量上日渐增加,在价值上也可与不动产相提并论。作为商品交易的担保客体,动产的价值已逐渐为人们所认识。于是,在强烈的经济发展要求下诞生了不转移占有的动产抵押制度。动产抵押制度注意了动产效用的发挥,在不影响动产用益的前提下,利用动产所具有的交换价值以担保债权受偿,显著地扩充了动产的担保与用益权能。 (申卫星)

dongchan ji suode gongtongzhi
动产及所得共同制(**community regime of movables**

property and all property after marriage) 结婚时男女双方所有的全部动产及婚后所取得的一切财产,不论动产或不动产,均归夫妻双方共同所有的婚姻财产制度。1804年《法国民法典》第1401条就采用这种制度。

(蒋 月)

dongchan shanyi qude
动产善意取得(bona fide acquisition of movables)
简称为善意取得,是物权法上的一项重要制度。该制度系指动产占有人向第三人移转动产所有权或为第三人设定其他物权,即使动产占有人无处分动产的权利,善意受让人仍可取得动产所有权或其他物权的制度。

我国《民法通则》尚未确认动产善意取得制度,因而我国民事立法并未设有关于动产善意取得制度的一般规定。但若干的民事特别法和司法解释则设有或可推导出关于动产善意取得制度的规定:其一,我国《票据法》第12条第1款设有以下规定:以欺诈、偷盗或者胁迫等手段取得票据的,或者明知有前列情形,出于恶意取得票据的,不得享有票据权利。作为其反对解释的结论:持票人从以欺诈、偷盗或者胁迫等手段取得票据的转让人(无权处分人)手中出于善意取得票据的,除非持票人就转让人的无权处分有重大过失(《票据法》第12条第2款的规定),可以享有票据权利。这一结论,正是善意取得制度的体现。其二,依最高人民法院《关于贯彻执行〈中华人民共和国民法通则〉若干问题的意见(试行)》第89条的规定:共同共有人对共有财产享有共同的权利,承担共同的义务。在共同共有关系存续期间,部分共有人擅自处分共有财产的,一般认定无效。但第三人善意、有偿取得该项财产的,应当维护第三人的合法权益……在司法审判实践中,该条所言的"应当维护第三人的合法权益"主要是指第三人取得该项财产的所有权。可见,我国的司法实践明确承认特定情形下动产善意取得制度的适用。

尽管有以上规定,可以证明动产善意取得制度在我国法上的存在,但毋庸讳言,我国的民事立法尚未完成动产善意取得制度一般规定的立法化。因此,尽快完成立法化,应是必然的选择。

动产善意取得的存在依据 关于动产善意取得制度的存在依据,一向有争议。即时时效说认为其依据在于适用即时时效或瞬间时效;而权利外像说认为其依据在于对权利外像的保护;法律赋权说认为在受让人善意取得权利的情况下,是法律赋予占有人以处分他人所有权的权能;占有保护说则认为根据公示主义,占有人应推定其为法律上的所有人;法律特别规定说则认为动产善意取得制度系基于法律的特别规定。

考察动产善意取得制度的存在依据,首先,应考察动产善意取得制度在法律上得以存在的逻辑依据,即考察动产善意取得制度作为一种法律推导的逻辑结果,何以可能。这一层次的考察是民法历经数千年发展,作为人类智慧结晶所具有的高度技术性使然,意在揭示立法者是(或应当)如何运用立法技术在规定动产善意取得制度的同时,又能实现法律上的逻辑自足,从而保持体系上的完整性和法律制度间的相互协调。其次,考察动产善意取得制度在法律上得以存在的实践依据,这一层次的考察意在表明法律规定动产善意取得制度系对何种社会需求作出的回应。应当说,这一层次的考察更具决定意义,因为它既从根本上揭示了动产善意取得制度何以得限制所有权的追及效力,又从一个侧面显示了"民法的智慧"何以有用这样一个事关民法制度价值的大问题。

就我国未来的物权立法而言,应将占有的公信力作为动产善意取得制度的逻辑依据。占有的公信力,作为一项法律制度,包含着一项得到法律支持的推定:那就是占有作为动产物权的公示手段,具有表象本权的功能。这一结论,如果说在以占有法为中心来构建财产制度的日耳曼法时代,尚有其实践依据的话,那么在所有与占有的分离成为一种常态的今天,赋予占有以公信力本身就成为了一项奠基于特定社会政策考量的、纯粹的、法律的特别规定。因为占有的公信力就其精神而言,与不动产登记的公信力、表见代理等制度法理相通,但在生活实践中,后两者所营造的权利虚象与权利实象绝少不一致。以不动产登记的公信力为例,登记制度经由登记官署的妥当运用,可以使呈现在登记簿上的权利状态,与实际的权利状态保持较高水平的一致。这点与占有的公信力就大相径庭。在此种意义上,在现代民法上,占有的公信力说与法律的特别规定说是一致的,前者着眼于法律特别规定的内容,后者着眼于法律的认可方式。

占有的公信力在现代民法上得以承认,并作为动产善意取得制度得以存在的逻辑依据,是基于特定的社会政策的考量。这里所说的特定的社会政策,其实就是动产善意取得制度在法律上得以存在的实践依据。那么,动产善意取得制度在法律上得以存在的实践依据是什么呢?这就是保护交易安全,促进交易便捷。交易安全又称动的安全,它与静的安全相对应。静的安全以保护所有权人的利益为宗旨,力图维持社会秩序的平和稳定;动的安全则以保护善意的交易者的利益为使命,意在圆滑财产流通,促进交易便捷,谋求社会的整体效益。在市场经济条件下,承认动产善意取得制度,保护交易的安全尤为必要。

尽管动产善意取得制度的承认,更多地保护了善意第三人的利益,而不是所有权人的利益,但除了1942年的《意大利民法典》在立法上几乎毫无保留地在所有可能的场合都承认动产善意取得制度的适用外,各国立法都在尽可能地兼顾双方的利益,审慎地确定动产善意取得制度的适用范围及其适用条件,以免引起不必要的社会震荡。究其原因,是因为近代民法以来,以所有权神圣为核心构建起来的社会秩序,被认为是整个社会得以存续发展的重要基石。保护所有权是法律的一般原则,也是文明法制贯彻始终的基本理念。善意取得制度的确认,破坏了文明法制的理念,破坏了法的理论的一贯性,实乃不得已而为之的制度选择,因此必须在适用的范围上加以必要的限制。

动产善意取得的适用条件　动产善意取得的适用应满足以下条件:

第一,受让人经由交易从转让人处取得财产。

动产善意取得制度意在保护交易安全,因而惟有在受让人与转让人之间存在交易行为时,才发生动产善意取得制度的适用问题。

第二,受让人取得的标的物限于动产。

动产的公示以占有为原则,登记为例外。动产善意取得制度作为占有公信力的逻辑结果,只有采占有为公示方法的动产才有动产善意取得制度的适用,是为当然的结论。受让人取得的标的物限于动产,是否意味着所有动产都可适用动产善意取得制度? 这就引出了动产善意取得制度的适用范围问题。对于货币和不记名的有价证券,各个国家和地区的民法或认其为特殊的动产,或直接规定得适用动产善意取得制度。如《日本民法典》第 86 条第 3 项规定:不记名债权,视为动产。不记名的股票,虽非不记名债权,但依日本学者的解释,也同于不记名的债权处理。我国台湾地区《民法》第 951 条认可,善意受让的动产包括金钱和无记名证券。依证券或证书所表彰的动产,如我国《合同法》第 368 条所规定的保管凭证、第 385 条所规定的仓单、第 319 条所规定的可转让多式联运单据以及提单等所表彰的动产,也有动产善意取得制度的适用。

不动产的出产物,各个国家和地区的立法一般都认其为不动产的组成部分。

对于就物权变动采登记对抗主义的动产,如我国《海商法》规定的船舶以及《民用航空法》所规定的航空器,能否适用动产善意取得制度存有争议。依照我国《合同法》第 134 条的规定,被出卖人保留了所有权的动产,买受人在占有动产后,满足取得动产所有权的条件前,擅自出让动产所有权的,在双方当事人就动产所有权的保留未进行登记时,善意的受让人得无负担地取得动产的所有权。

对于不适用动产善意取得制度的动产,原权利人享有回复请求权。得行使回复请求权的原权利人,既包括原所有权人,又包括基于他物权或债权占有动产的人,原权利人应向动产的现实占有人,即动产的善意受让人行使回复请求权。回复请求权的行使,得在一定期限内为之。

占有脱离物的有偿回复制度,系指对于善意受让人在特定场所或经由特定方式所取得的占有脱离物,原权利人非支付相应的代价,不得回复其对动产的权利。特定类型的占有脱离物不得回复制度,系指对于金钱、有价证券等物品,即使为占有脱离物,仍得适用动产善意取得制度。

有偿回复制度对于衡平善意受让人和原权利人之间的利益,兼顾动的安全与静的安全,是一种较佳的制度设计;而特定类型的占有脱离物不得回复制度,以货币和无记名证券属于现代市场经济的基本支付手段,以及拍卖作为特种买卖的自身特性为认识前提,不难看出,这一制度对于奠定市场交易的基本前提,维持市场交易的正常进行,功不可没。所以值得我国立法借鉴。

第三,处分人须为无处分权人。

处分人为无处分权人,是动产善意取得制度适用的前提条件之一。主要包括以下类型:其一,处分人本来就无处分财产的权利。例如,处分人仅是财产的承租人、借用人、受寄人等。其二,处分人本有处分权,但嗣后因各种原因丧失了处分权。例如,处分人基于法律行为取得了财产的所有权,但在其就该财产为处分行为后,得以取得处分权的法律行为被撤销,因法律行为的效力自始归于无效,这就使得处分人自始成为无权处分人。其三,处分人虽有处分权,但处分权受到了限制。如所有人的财产被查封、扣押后,所有人即成为无权处分人,但应注意的是,所有人在此种情形下所为的无权处分行为,并无动产善意取得制度的适用,这是查封和扣押的效力使然。

第四,受让人(或取得人)为善意。

受让人受让财产时,必须是善意,方有动产善意取得制度的适用。善意是相对于恶意而言,系指不知情,也就是不知也不应知道让与人转让财产时没有处分该项财产的权限。关于善意的确定,在理论上有"积极观念说"和"消极观念说"之别,前者要求受让人必须有将转让人视为所有权人的观念;后者则要求受让人不知也不应知转让人为无权处分人即可。在占有与权利的分离成为常态的现代社会,采"积极观念说"对于受让人要求过苛,有碍动产善意取得制度的适用,因而各国大多采"消极观念说"。

动产善意取得制度适用的法律效果,可分别而论。就善意受让人而言,自可取得动产所有权或其他权利,尽管其取得为继受取得,但原存在于动产上的各种负担,仅在受让人明知的范围内继续存在,之所以如此,是因为原存在于动产上的各种负担并不具有对抗善意第三人的效力。善意受让人取得动产权利系终局取得,自取得时起,即成为有处分权人,一旦无权处分人又从善意取得人处通过交易取得财产的无权处分人能否主张权利的取得？这就是民法上所谓的回首取得问题。从法律逻辑上讲，无权处分人应可取得动产权利，但考虑到动产善意取得制度的宗旨系在于对善意受让人利益的保护，对于无权处分人并无保护的必要，而且一旦承认无权处分人得回首取得，则必将为无权处分人与第三人恶意串通，损害原权利人的利益大开方便之门。因此，我们认为，此时原权利人得向无权处分人主张占有的返还或主张所有物返还请求权，同时恢复财产上原来负担的效力。

适用动产善意取得制度后，原权利人与无权处分人之间的关系包括以下内容：第一，在原权利人与无权处分人之间原来存有合同关系的，因无权处分人的无权处分行为，致使其无法履行返还标的物的义务，此时原权利人自然得对无权处分人主张违约责任的承担。在无权处分人以较高的价格出让财产的情况下，原权利人也可选择向无权处分人主张不当得利返还请求权，以补偿自己的损失，这样更有利于保护原权利人的利益。换言之，此时应承认请求权的竞合，原权利人得选择适用基于违约责任的请求权或不当得利返还请求权。当然，原权利人也可在主张违约责任的承担后，就无权处分人所获得的，超出其依违约责任所应负担部分的利益，再主张不当得利的返还。第二，在原权利人与转让人之间不存在合同关系时，由于此时的标的物为占有脱离物，原权利人仍有恢复标的物权利的可能，无论其是否恢复标的物的权利，原权利人在大多数场合都可向无权处分人主张侵权责任的承担。基于与前述同样的考虑，此时也应承认基于侵权行为的请求权与不当得利返还请求权的竞合或共同适用，以保护原权利人利益。第三，对于原权利人和无权处分人之间的关系，可依不法管理处理，即类推适用无因管理的相关规定，从而使无权处分人向原权利人返还其因无权处分所获得的利益。

就无权处分人与善意受让人之间的关系而言，前已述及，在双方当事人间应认有有效的交易行为存在，此时首先应考虑他们之间交易行为的目的，这一方面可以据以确定善意受让人应取得的权利类型，另一方面也可判定当事人各方应负担的各项具体义务。就标的物权利的瑕疵担保而言，无权处分人不必负担，自是不言自明。善意受让人对无权处分人所应负担的价金支付义务或其他义务，与非善意取得情形并无二致，善意受让人不得拒绝履行。就原权利人与善意受让人之间的关系而言，基于善意取得制度的适用，原权利人不得向善意受让人主张所有物返还请求权或不当得利返还请求权。　　　　　　　　　　　（王 轶）

dongchan suoyouquan

动产所有权（德 Eigentum an beweglichen Sachen） 是以动产为标的物的所有权。它是所有权人独占性地支配其所有的动产的权利，所有人在法律规定的范围内有权对其所有的动产占有、使用、收益、处分，并可排除他人的干涉。动产的范围很广，土地及其定着物之外的财产，都是动产。与不动产所有权相比较，法律对其内容和行使限制较少。动产具有移动性，且种类繁多，其所有权有较多的取得方式是其特点。另外，一些特殊种类的动产，如有价证券、货币，其内容与行使也与其他财产所有权不同。　　　　　　　（钱明星）

dongchan wuquan

动产物权（right in rem in movables） 以动产作为客体的物权，即动产物权。在我国现行的民事立法上，动产物权主要包括动产所有权、动产质押权、动产抵押权以及留置权等。　　　　　　　　　　（王 轶）

dongchan xintuo

动产信托（cattle trust） 以动产为信托财产的信托。在动产信托情形下，受托人对作为信托财产的动产的管理方式由信托行为或者有关国家行为规定，或者由该动产的性质决定。除以土地、房屋及其附着物外的实物性财产为信托财产以外的信托，均属于动产信托。　　　　　　　　　　　　　　（张 淳）

dongji cuowu

动机错误（德 Irrtum in Beweggrund） 在意志形成阶段发生的错误。动机并非意思表示的一部分，仅为民事法律行为的间接原因。在大陆法国家，动机的错误原则上不能撤销，因为，动机的错误如影响意思表示的效力，法律行为的安全性将难以确保。如误信某公司股票将上扬而大量收购，结果股票暴跌；误以为某歌星能歌善舞，票房必高而重金礼聘，演出时观众寥寥，均不能撤销。但依德国法的规定，在继承法中，动机错误是一种重要的错误，构成撤销的理由。在瑞士法中，决定性的动机错误属于主要错误，其行为无拘束力。
　　　　　　　　　　　　　（李仁玉 陈 敦）

dongwu zhiren sunhai de minshi zeren

动物致人损害的民事责任（civil liability of animals trespassing） 简称动物致害责任，特殊侵权责任的一种。指动物造成他人损害时，动物所有人或饲养人所应承担的损害赔偿责任。动物致人损害是一种古老的特殊侵权，罗马法上将其作为准私犯的一种，规定动物的所有人对动物造成的损害承担责任。现代各国法上一般都规定了动物致人损害的责任,但关于其责任性质,有不同的学说。有的采过错责任,有的采无过错责任。我国通说认为,动物致害的民事责任是一种无过错责任,所有人或管理人不能以其无过错而主张免责。

动物致人损害责任须具备以下要件:(1)须为动物造成损害。关于动物的范围,在古罗马法和日耳曼法上只限于家畜,现代各国一般扩大到限于饲养的动物。有的国家规定受保护的野生动物造成损害的,也应负赔偿责任,但这不同于饲养动物造成损害的责任。所谓饲养动物是指人工喂养、放养和管束的动物。(2)须是动物的独立动作造成损害。所谓动物的独立动作是指动物基于自身的危险性而非在外力强制或驱使下所为的动作。若动物受人驱使或强制而致人损害,则由行为人承担一般侵权的民事责任。(3)须动物加害与损害后果间有因果关系。关于动物致人损害的赔偿责任主体,各国法规定不一。如日本民法规定为动物的占有人;意大利民法规定为动物的所有人;德国民法规定为动物的所有人或管理人。依我国法,动物致人损害,由动物的饲养人或管理人承担赔偿责任。动物的饲养人也就是指动物所有人,即对动物享有所有权的人;动物的管理人则是指对动物实际控制和管束的人。动物管理人虽不为动物所有人,却是依某种法律关系直接占有动物的人。动物饲养人与管理人不一致时,则应由管理人承担赔偿责任。动物致人损害时,其饲养人或管理人虽不能以自己没有过错而免责,但可以以下免责事由抗辩:一是受害人的过错。如因受害人的过错致使动物造成其损害的,动物的饲养人或管理人不承担民事责任。二是第三人的过错。如果动物的饲养人或管理人能够证明损害是由第三人的过错引起的,则其不承担赔偿责任,而由该第三人承担责任。但若不能确定引起损害的第三人,动物的饲养人或管理人仍应先向受害人负赔偿责任,而后其可向第三人追偿。依一些国家的通例,如果动物的饲养人或管理人(占有人)与受害人之间存在着明示或默示的免责约定,如蹄工与动物的占有人间即存在着默示的免责约定,可予以免除饲养人或管理人的责任。 (郭明瑞)

dujia xiaoshou qiyue
独家销售契约(exclusive sales contract) 又称包销契约。排他贸易协议的一种,对外贸易中买卖双方达成的在一定地区和一定时间内,卖方只能许可买方独家购买和销售其产品,不能再许可他人购买和销售其同种产品的协议。协议内容主要包括:(1)地域限制条款。在一定的地域内,约定卖方不得自行买卖此种产品或将此产品的买卖权利再转让给他人,买方独家享有专营权。(2)产品限制条款。根据协议,买方须承担一定时期内推销一定数额产品的义务,而且买方也不能同时再经销他国的相同或类似的产品。(3)佣金条款。当买方完成协议规定的销售任务后,卖方应按销售额的一定比例向买方支付佣金。在西方国家,独家销售契约常因有垄断嫌疑而受到指责,但反托拉斯法仍规定此类契约在不违法的情况下是有效的。独家销售契约还可约定买卖双方的其他方面的权利义务,如买方在其所负责的区域未能代表卖方利益时,卖方有权解除买方的经销权;卖方有时授权买方在某一区域的独家销售权利,同时也不禁止买方在其他区域的销售活动等。参见排他贸易协议条。

(万 霞 张平华)

duli de yisibiaoshi
独立的意思表示(independent declaration of intention;德 selbständige Willenerklärung) 表意人独立完成且发生效力的意思表示,例如,债务的免除、捐助行为、遗嘱等。其对称为非独立的意思表示。

(李仁玉 陈 敦)

duli falü xingwei
独立法律行为(德 Grundgeschäft) 在关联行为中具有实质内容,并以他行为为生效要件的法律行为,又称基本法律行为或被补助行为。例如,限制民事行为能力人不能独立实施的民事行为,为独立法律行为。

(李仁玉 陈 敦)

duli jianyue
独立简约(拉丁 pacta vestita) 罗马法上简约的一种,附加简约的对称。包括大法官简约和敕令简约两种。见大法官简约、敕令简约。 (刘经靖)

dulixing zhongjie yuanyin
独立型中介原因(independent intervening forces) 美国侵权法上"中介原因"的一种,依赖型中介原因的对称,是指独立于被告的侵权行为而导致损害结果发生的中介原因,独立型中介原因虽然并非被告人的侵权行为直接导致,但由于被告人的侵权行为增加了产生这种中介原因的风险,并使得独立型的中介原因的产生成为可能,因此,被告仍须对其产生的损害负责。独立型中介原因与依赖型中介原因的根本区别在于,前者并非被告侵权行为必然导致的结果,而后者则是被告侵权行为的必然结果。参见依赖型中介原因条。

(刘经靖)

dulixing xiaoli
独立性效力(effect of independence) 是指每一份复

本都是一份完整的汇票,都可单独的用来表示其汇票关系。　　　　　　　　　　　　(王小能　胡冰子)

duli zeren
独立责任(independent liability)　保证人的独立责任是票据行为独立性的具体体现,它指在被保证人的债务在实质上无效时,保证人的保证责任仍然有效。票据是文义证券、流通证券,如果因票据实质上的无效而保证责任无效,将严重影响善意持票人的利益,有碍交易安全。保证责任的独立性具体体现在:首先,保证人不能援用被保证人的抗辩事由来对抗持票人;其次,即使持票人同意延长被保证债务的清偿期限,保证责任不能因此而免除;再次,保证人仅对通过背书转让、继承、赠与等合法方式取得汇票的持票人负有保证责任,保证人对通过瑕疵方式取得汇票的持票人不承担保证责任。　　　　　　　　　　　　　　　　(王小能)

duren faren
独任法人(corporation sole)　一个担任特定职务的自然人由于法律拟制而享有法人资格,又称独体法人、单体法人、单体法团。英美法上的概念。集体法人的对称。英美法系国家依据法人社员人数的多寡将社团法人分为集体法人和独任法人。独任法人最初多是教会职务,例如,红衣主教、主教、牧师、教区的教长等;在普通法中,君主如英王亦是一个独任法人。根据制定法,某些政府大臣也属于独任法人。法律认为这种职位是永久存在的,而担任这项职位的人的人格与其这个职位无关,所以法律赋予其法人人格。作为独任法人的法律后果是:当担任该职务的人死亡时,有关的职务财产便转移给他的职务继任人,就如同他和他的继任者是一个人一样。　　　　　(李仁玉　卢志强)

dubo qiyue
赌博契约(wagering contract)　指当事人以将来不确定的事件的发生与否为条件以决定财物得丧的合同。这种合同的当事人双方以赌注为惟一的利益,以非基于当事人共同预断的事件的发生作为一方赢得他方赌注的条件。在法律禁止赌博的场所,赌博合同为违法合同,当然无效。　　　　　　　　(郭明瑞)

duboxing jingsai
赌博性竞赛(gambling contest)　又称博彩,指经过国家或有地方自治权的政府部门批准的以一定的风险为基础的射幸合同。这种合同由于得到了国家的认可,因此是一种合法行为,由此而产生的债权债务关系在双方当事人之间具有法律效力。例如,奖券合同、彩票合同以及赌马合同等。对此,各国法律大都设有明文规定,在西方国家,赌博性竞赛较为广泛,甚至构成了一项特殊的产业。我国目前仅批准设立了福利彩票、体育彩票等,其目的在于募集社会资金,促进社会福利以及体育事业的发展。　　　　　　　(刘经靖)

duanqi baoxian
短期保险(short term insurance)　保险期间在1年以下的保险。财产保险大多为短期保险。短期保险与长期保险的划分,在保险财务核算、保险责任准备金的提取、保险资金的投资和保险偿付能力安排等方面,有着积极的意义。　　　　　　　　　　(史卫进)

duanqi rongzi
短期融资(short-term financing)　又称短期信用。指为解决短期资金不足而进行的期限为1年以内的资金融通。如短期借款。　　　　　　　　(张平华)

duanqi susong shixiao
短期诉讼时效(short-term prescription)　时效期间不足两年的诉讼时效。《民法通则》第136条规定,下列的诉讼时效期间为1年:(1)身体受到伤害要求赔偿的;(2)出售质量不合格的商品未声明的;(3)延付或拒付租金的;(4)寄存财物被丢失或者损毁的。此外,其他单行民事法律亦有短期诉讼时效的规定。如《食品卫生法》第40条第2款规定,损害赔偿的要求,应当从受害人或者其代理人知道或者应当知道被损害情况之日起1年内提出,超过期限的,不予受理。
　　　　　　　　　　　　(李仁玉　陈敦)

duanqi zulin
短期租赁(tenancy for years)　在特定期间内暂时占有或使用租赁物产的租赁。《日本民法典》在第602条规定了各种短期租赁,即以植树、伐木为目的的山林租赁期为10年,其他土地租赁期为5年;建筑物租赁期为3年;动产租赁期为6个月。同时还规定,无处分能力或处分权限的人只能进行上述各项期间范围内的租赁,且短期租赁中,承租人即使在抵押权登记后进行租赁关系的登记,在抵押权实行之时仍能对抗抵押权人。
　　　　　　　　　　　　　　　　(杜　颖)

duiban fencheng yuanze
对半分成原则(moiety rule)　是早期海上救助实践中使用的救助报酬的计算方式之一。具体含义是指救助人在救助成功之后,可以向获救财产所有人索取获救财产的一半作为救助报酬。救助进入现代后,其救

助报酬所占获救财产的比例已经大大下降。(王 青)

duiban zeren yuanze
对半责任原则(collision liability apportioned equally) 又称平分过失原则,是 1910 年《统一船舶碰撞若干法律规定的国际公约》之前英美国家对双方互有责任碰撞采用的责任承担原则。根据该原则,只要碰撞双方均有过失,则不论双方的过失程度,一律按照各方 50% 的比例承担责任。英国在《1911 年海事公约法》之后废除了该原则。1975 年美国最高法院也在"United States V. Reliable Transfer Co. Inc."案中抛弃了对半责任原则。因此,现在这一原则基本上已经不适用了。
(张永坚 张 宁)

duibutedingren de yisibiaoshi
对不特定人的意思表示(declaration of intention to indefinite person) 其对称为对特定人的意思表示。在有相对人的意思表示中,其相对人为不特定人的意思表示,如悬赏广告。 (李仁玉 陈 敦)

duicaichan de guyi qinquan
对财产的故意侵权(trespass) 美国侵权法上故意侵犯他人财产的侵权行为的总称。对财产的故意侵权包括"侵犯他人土地"、"侵犯他人动产"和"侵占他人动产"三种情形。所谓"侵犯土地",主要指对他人土地占有权的干扰,基于被告的侵权行为,土地占有人对土地的使用和享受等权益受到了侵犯。侵犯他人土地的行为主要包括强行进入他人土地,往他人土地上扔东西等;所谓"侵犯他人动产",主要指对他人动产的干扰,包括损坏、改变、毁灭、使用、移动他人的财产等行为;所谓"侵占他人动产"指侵权人故意将他人财产拒为己有,具体包括占有、搬动、移转、拒不归还、毁灭或变形和使用等。 (刘经靖)

duiguojia suoxu shangpin de gongying hetong
对国家所需商品的供应合同(goverment procurement) 俄罗斯民法上指商品经营者与国家定货人之间根据国家商品需要订立的由商品经营者向国家定货人或其指定的人交付商品,而国家定货人支付价款的供应合同。所谓国家所需是指以法定程序所确定的以预算或者预算外财政来源为保证的俄罗斯联邦或俄罗斯联邦各主体的需求。一般而言,商品经营者享有是否订约的自由,除联邦国有企业以外,只有在法律规定,并且国家定货人将赔偿因履行国家合同而对供应人可能造成的损失的情况下,供应人才负有必须订约的义务。按照俄罗斯民法的规定,对国家所需商品的供应合同参照一般供应合同以及对国家所需商品的供应合同的特别规定执行。我国将对国家所需商品的供应合同称为政府采购合同,调整政府采购合同的法律应当是特殊行政规则和有关民事合同法条款的结合。在处理政府采购合同纠纷的过程中,应当首先支持基于公共利益而行使的行政特权,如行政机关基于客观形势发展的需要而单方面解除合同的行为、对不法供应商的处罚行为以及对履行合同实施的指导和监督行为等等(法律会对这些情形做明确的列举)。除以上法定的情形之外,应当适用民事合同法。
(刘经靖 张平华)

duihua de yisibiaoshi
对话的意思表示(德 Willenerklärung unter Anwesenden) 其对称为非对话的意思表示。在有相对人的双方意思表示中,相对人可同步受领意思表示的,为对话的意思表示,又称不需要接到的意思表示,如口头(包括打电话)直接订立合同等。 (李仁玉 陈 敦)

duijia
对价(consideration) 又称约因,英美契约法的术语。契约生效的主要要素。在英美法,随着令状制度式微,不具封印或盖印形式之约定能够强制履行的机会大增,而为避免契约的无限泛化,要求只有具备合法约因的合同才能得到法律的支持。有价值的约因是指由契约当事人各方为迫使对方实现其行为或履行其诺言而做出许诺的行为或牺牲;或指为购买或换取对方许诺而支付之代价。换言之,具有法律价值的约因可能是当事人一方所得之权利、利益、利润或获利(或好处),或是他方当事人因克制自己所受之不作为、不利益、损失或责任(或义务)。具备约因的契约证明了当事人有意受强制履行的意思而不仅仅是出自道德上的赠与或恩惠;也可以警示当事人审慎思考而减少交易上的瑕疵;法律对于具备约因的交易行为采取不干预的政策,以确保交易的确定性。判断约因的标准是受约人承诺或履行了其在法律上原无义务之作为或不作为,即受约人受有损害;约定人为获得受约人的作为或不作为,经过磋商作出允诺。 (张平华)

duikongbai piaoju de falü guiding
对空白票据的法律规定(legal provisions of blank negotiable instruments) 对空白票据的立法规定。各国对空白票据有一个从不承认到承认的立法过程,现在,大多数国家都在不同程度上承认了空白票据。《日内瓦统一汇票本票法》第 10 条规定,签发记载不全的汇票,如不按原订合约补全者,不得因未遵守该合约以对抗持票人,但是持票者以恶意或者严重过失取得汇票者除外。该法第77条规定,第10条的规定适用本票。《日内瓦统一支票法》第13条亦有相同的规定。《日本票据法》第10条规定的空白票据,于未完成而已开立的汇票上,补充与预先协议不同的内容时,不得以其违反协议对抗持票人。但持票人因恶意或重大过失取得汇票者,不在此限。《日本支票法》第13条也有相同规定。《德国票据法》第10条规定的空白票据,如将在支付时尚不完全的汇票以违反已达成协议的方式填写完整,不能以不遵守该协议为理由对抗持票人;但持票人以非善意取得该汇票或在取得汇票时有重大过失者,不在此限。《德国支票法》第13条也有相同的规定。《美国统一商法典》第3—115条规定,证券的内容的显示,在签发时就有意使其成为票据时,如在其任何必要部分未记载完全时即已签名,在记载完全前不得行使票据权利,但是在依照所赋予的授权记载完全后,则于记载完全的票据有同一效力。《英国票据法》第20条规定:(1)凡经印明印花税票并经签名的空白格式,为使其得以作成汇票而经由签名人交付者,由于利用该发票人或承兑人或背书人的签名,该空白格式得视为表面授权而予以填写使之成为完整的汇票,其金额则以所贴印花税额决定之;于同样方式下,汇票欠缺其他实质事项者,汇票占有人享有表面授权,得填入其认为适当而被省略的事项。(2)由于任何此类票据完成时,得具有强制性,以对抗票据完成前的任何关系人,因此必须在合理期间内,严格遵照所赋予的权限,予以填写完成。为此目的所谓合理的期间,则属事实问题。但任何此类票据经完成后,如流通至票据善意持有人时,该票据在其持有时应全然有效,并得以推定该项票据是于合理期间内,严格遵照所赋权限填写的。我国台湾地区《票据法》第11条第2款规定,欠缺本法所规定票据上应记载事项之一者,其票据无效。但本法另有规定者,不在此限。我国没有规定空白汇票和空白本票,只允许签发空白支票,我国《票据法》第86条规定:支票上的金额可以由出票人补记,未补记前的支票不得使用。第87条第1款规定:支票上未记载收款人名称的,经出票人授权,可以补记。我国《上海市票据暂行规定》第74条规定:没有记载完全而签发的支票,在依照本规定第71条的应记载事项补齐后,为有效票据。支票的债务人不得以该票据原来没有记载完全为理由,对抗持票人。未经授权或者超越授权范围而补齐支票的记载事项,致使出票人遭受损失的,补齐人应当负责赔偿,但其补齐事项经出票人追认的除外。

(孔志明)

dui'ouhun

对偶婚(couple marriage) 原始社会晚期一男一女在或长或短的时间内对偶同居,是从群婚向个体婚过渡的中间环节。许多研究成果表明,在一个相当长的历史时期里,对偶婚和群婚是同时并存的。对偶婚并不总是单一的,往往是复合的、交叉的,即一个男子与几个女子或一个女子与几个男子分别地对偶同居。这种婚姻并不是男女双方的牢固结合,它极易为双方或一方破坏。在母系氏族制和族外婚制下,这种婚姻仍以女子为中心,女方定居于本氏族,男方则来自其他氏族。与后世的嫁娶制度相反,不是从夫居而是从妇居的。双方的子女是母方氏族的成员,而不是父方氏族的成员。我国某些少数民族地区有"望门居"、"不落夫家"等传统习俗,不同程度地反映了对偶同居,夫从妇居的历史遗迹。在群婚制下只能判明子女的生母,在对偶婚制下,子女的生父一般也是能够判明的;这就从血缘构成上为父系氏族的产生准备了条件。(杨大文)

duiren kangbian

对人抗辩(拉丁 exceptio in personam) "对物抗辩"的对称。又称"相对抗辩"或"主观抗辩"。票据债务人对抗特定票据债权人的抗辩。主要基于债务人与特定债权人之间的原因关系而生产。由于特定债权人的原因,使得票据债务人得拒绝履行票据债务,并以此对抗特定票据债权人。如债权人欠缺受领能力、债权人欠缺形式的受领资格;债权人欠缺实质的受领资格等。但这一抗辩不能用来对抗特定票据债权人以外的其他持票人。例如,甲向乙定购货物时签发一张本票给乙,如果乙在未交货前提下却要求甲付款,甲就可以对乙持有的本票行使对人抗辩,拒绝付款。但是如乙将本票背书转让给丙,当丙向甲提出付款请求时,甲不能以对乙的直接抗辩事由对丙主张对人抗辩。 (万 霞)

duirenquan

对人权(rights against particular persons; personal rights; rights in personam) 参见相对权条。

(张 谷)

duirensusong

对人诉讼(action in personam) 英美法系国家一般将诉讼分为对人诉讼和对物诉讼。对人诉讼指仅能对特定的债务人提起,以保护特定债权人的诉讼。在对人诉讼中,只要被告在送达传票时处于本国境内,有关传票能有效送达该被告,本国法院就对此案件具有管辖权。

(李洪积 王 青)

duishiquan

对世权(rights against all the world; real rights; rights

in rem) 参见绝对权条。　　　　　　(张　谷)

duitedingren de yisibiaoshi

对特定人的意思表示(declaration of intention to particular person)　在有相对人的意思表示中,其相对人为特定人的意思表示。如同意、承认、撤销、抵销、解除、免除及合同的要约与承诺,均为有特定人的意思表示。其对称为对不特定人的意思表示。对特定人的意思表示,该意思表示到达相对人时才发生法律效力,如《合同法》第26条规定,承诺通知到达要约人时生效。

(李仁玉　陈　敦)

duiwai jiagong zhuangpei hetong

对外加工装配合同(contract of processing and assembling with foreign enterprises)　承揽合同的一种,提供原材料、零部件和元器件的外商作为定作方与作为承揽方的我方,为进行加工装配贸易,明确相互权利、义务关系而订立的协议。对外加工装配贸易是进出口结合的一种贸易方式,其基本形式有两种:一种是外商提供原材料,由我方企业按对方要求加工,成品交付对方销售,我方收取工缴费,这种方式通常称为来料加工;另一种是外商提供零部件、元器件,由我方企业按对方要求进行装配,成品交对方销售,我方收取工缴费,这种方式通常称为来件装配。

对外加工装配合同具有如下法律特征:(1)具有承揽合同的法律特征。即我方作为承揽方按照外方的要求完成特定的工作并以收取工缴费的形式获取报酬。(2)具有进出相联贸易合同的法律特征。即进口与出口存在着必然的联系,原材料、零部件等的进口方也是成品的出口方。进出口合同既可订在一个合同中,也可分别订立。(3)具有补偿贸易合同的法律特征。外商在提供原材料的同时,如果还提供加工装配所需的设备、技术,我方以工缴费偿还设备和技术,此时对外加工装配贸易便兼有补偿贸易的性质。

对外加工装配合同的条款有:外商来料、来件条款;外商提供的设备和技术条款;加工装配成品条款;工缴费条款;检验条款;保险和担保条款以及付款方式和违约责任条款等。

对外加工装配合同当事人的主要权利义务包括:(1)外商作为定作人的主要义务有:接收加工装配成品;依约定提供原材料、零部件、设备和技术;支付工缴费。(2)中方作为承揽人的主要义务有:按合同要求完成加工装配任务;按期按质向外商交付加工装配成品;对外商提供的原材料、零部件、设备、技术等负责检验和保管。

(邹川宁)

duiwai laowu shuchu hetong

对外劳务输出合同(service-exporting contract)　一国劳动力到另一国从事劳务、收取报酬的协议。输出劳动力的国家称为劳务输出国,劳动力输入国称为劳务输入国。对外劳务输出,一般根据劳务输入国需要劳动力的情况,由输出国派技术人员、管理人员及普通劳动力为其服务,收取报酬。对外劳务输出属于国际劳务贸易,一国劳动力到他国劳动,收取报酬,在期满后回国或到他国服劳务。劳务输出对两国都有利。劳务输出为输入国解决了劳动力不足的问题;对外劳务输出与对外工程承包有密切联系。对外劳务输出,从劳务的性质上可分为技术劳务与一般劳务。技术劳务指某国派技术人员及管理人员为他国提供劳务的行为;而一般劳务指某国派普通的体力劳动者为他国从事相应劳务的行为。从劳务输出的方式上可分为单纯劳务输出和对外工程承包。单纯劳务一般是指提供工程技术人员、工人、教师、专家、厨师、医生、管理人员、会计、海员、司机等人员为他国服务的行为。单纯劳务输出是劳务输出的低级形式,劳务输出国仅提供劳务,不承担费用和风险,发展中国家往往采用该种形式。而对外工程承包形式则高级一些,输出国可多获取利润,但同时对工程质量负有责任。

对外劳务输出的途径一般有:对外工程承包;通过企业或他国承包商开展工程承包、承建制的劳务合作;政府和机构聘请的高级劳务;招工机构或雇主招聘。我国的对外劳务输出,一般由劳动部门组织管理。对外劳务输出合同的内容主要包括:当事人的姓名或名称、地址,人员派遣,双方的责任,劳务人员的更换、解雇,工作时间及假日、工资、住房、伙食、交通及劳保用品、卫生保健、税金、保密、动员费,终止合同及其他事项等。对于工资应根据不同工种确定,在工资的外汇比例上,应确定一定的比例外汇。关于劳务人员的伙食,一般由雇主设立食堂免费提供伙食或列出伙食费,按月支付现金,由劳务人员自己掌握。关于居住条件,住房一般由雇主免费提供,也可由雇主出资,由劳务人员租赁。关于上下班交通问题,一天累计路途超过一小时的,由雇主负责接送。关于劳动保护问题,一般分普通劳动保护和特殊劳动保护。特殊保护是对从事高空作业、井下作业等特殊行业的保护。关于医疗费,劳务人员的疾病、工伤医疗费通常由雇主承担。动员费是劳务人员前往输入国所进行的国内旅行、安置家庭和行装的费用,由雇主电汇至受雇方开户银行。

(李成林　赵志毅)

duiwu kangbian

对物抗辩(拉丁 exceptio in rem)　又称"绝对抗辩"或"客观抗辩"。以抗辩的原因和效力对票据债务人抗辩所作的一种分类,"对人抗辩"的对称。票据债务人对抗任何票据债权人的抗辩。此抗辩基于票据本身的内容缺乏有效要件而产生。所以不问债权人是谁,也不问票据持有人债权债务的原因,票据债务人都可以不负担票据上的责任,并可对任何持票人主张此种抗辩。根据票据法的规定,对物抗辩可分为两种:(1) 一切票据债务人都可行使的抗辩。如票据受欺诈或胁迫而无效的抗辩;票据债权已经消灭的抗辩;票据已经失效的抗辩。(2) 特定债务人对所有债权人行使的抗辩。如伪造、变造票据的抗辩;无行为能力人或限制行为能力人的抗辩;无权代理的抗辩;依票据文义而提出的抗辩、欠缺保全权力的抗辩。 （万 霞）

duiwu susong

对物诉讼(action in rem) 英美法系国家一般将诉讼分为对人诉讼和对物诉讼。对人诉讼指仅能对特定的债务人提起,以保护特定债权人的诉讼;对物诉讼是指可对任何侵害人提起,以保护物权和身份权的诉讼。英美法国家的法院根据"有效控制原则"分别确定对这两类诉讼是否具有管辖权。在对人诉讼中,只要被告在送达传票时处于本国境内,有关传票能有效送达该被告,本国法院就对此案件具有管辖权;在对物诉讼中,只要有关财产处于本国境内,或有关被告的住所处于本国境内,本国法院就对该案件具有管辖权。在海事诉讼中,当事人采用对物诉讼的方式主要基于对人诉讼比较困难而对物诉讼更容易使该国享有管辖权,只要在该国本土的港口内可以送达传票到目的物船舶上,即给予了该国审判的权力。我国的法律体系中不存在对物诉讼。 （李洪积 王 青）

duixiang jiehe hetong

对向结合合同(德 Zwittervertrag; doppeltypische Vertrag) 又称两性契约、复型契约、双种典型契约、混血儿契约。混合合同的一种。指两个当事人给付义务分别为两个典型合同的主给付义务的混合合同。如钢琴传授与提供房屋居住结合的合同,双方当事人的主给付义务分别为承揽合同与租赁合同的主给付义务,此类混合合同的法律适用采用分别适用各有名合同的规定("结合说")为原则,以其中一有名合同吸收另一种合同而仅适用未被吸收的合同的规定("吸收说")为例外。 （张平华）

duiji huipiao

对己汇票(drafts drawn on the drawer) 变式汇票的一种,又称己付汇票,发票人以自己为付款人的汇票。这类汇票常见于由法人签发,以其无法人资格的分支机构为付款人的汇票,其实质与本票无异。对于这种汇票,英国票据法规定持票人可按自己的意思选择其为汇票或本票。将其选择为汇票即可适用汇票的规定。尤其在时效方面,当善意持票人对付款人的付款请求权因时效而消灭时,他还可以向同一人,将其作为发票人,行使追索权以保护自己的权利。日内瓦法系、我国台湾票据法都承认这种汇票,我国《票据法》对此无禁止规定。 （王小能 温慧卿）

duiying yiwu

对应义务(德 relative Pflicht) 一般义务的对称。又称对人义务。特定人对于特定人所负的作为或不作为义务,为对人义务。如债务人应对债权人为清偿。违反对人义务时构成债务不履行。 （张 谷）

duiyu hangxing guize

对遇航行规则(navigation regulations in the head-on situation) 船舶对遇是指两艘船舶在相反的或接近相反的航向上相向行使如不采取避让措施可能导致有碰撞危险的一种船舶会遇局面,对遇仅存在于互见中。当一船看见他船在正前方或接近正前方:即在夜间,能看见他船的前后桅灯成一直线或接近一直线,和(或)两盏舷灯;在日间,看到他船的上述相应形态时,则应认为存在对遇局面。当一船对是否存在对遇局面有任何怀疑时,该船应假定确实存在对遇局面,并采取相应的行动。对遇局面中,会遇两船不存在让路与直航的关系。对遇局面中的两船各应向右转向,从而各从他船的左舷一侧驶过。 （张永坚 张 宁）

duochong jianjie zhanyou

多重间接占有(德 mehrfacher mittelbarer Besitz) 由于间接占有不以对物有事实上的管领力为必要,乃是基于一定法律关系而发生的,所以可以发生多层次的间接占有。例如,承租人、保管人、受托人等直接有人基于一定的媒介关系将占有物交由他人占有而再次形成间接占有关系,相对于最初的间接占有人而言就形成了多重间接占有关系。如出租人对于承租人可以成立间接占有,承租人对转租人也可以成立第一层的间接占有,而出租人对转租人则成立第二层的间接占有。 （申卫星）

duoci kouchuan

多次扣船(multiple arrest) 指同一海事请求人因同一海事请求申请法院对同一责任人所拥有的船舶进行一次以上的扣留。具体有以下几种情况:同一申请人因同一海事请求在不同的时间内对同一船舶进行再次扣押;同一申请人因同一海事请求在不同的时间内对同一责任人拥有的不同船舶进行再次扣押;同一申请人因同一海事请求同时对同一责任人拥有的不同船舶进行的扣押。我国法院对于多次扣船的态度是:海事请求人不得因同一海事请求申请扣押已被扣押过的船舶,但有下列情形之一的除外:(1)被请求人未提供充分的担保;(2)担保人有可能不能全部或者部分履行担保义务;(3)海事请求人因合理的原因同意释放被扣押的船舶或者返还已提供的担保;或者不能通过合理措施阻止释放被扣押的船舶或者返还已提供的担保。

(王 青)

duofang falü xingwei

多方法律行为(德 mehrseitige Rechtsgeschäft) 由多个行为人的意思表示达成一致而成立的民事法律行为,亦称共同法律行为,如成立合伙的行为、公司股东会的决议等。区分单方行为、双方行为和多方行为的意义在于:法律对三者成立的要求有所不同,单方行为,只要行为人一方作出意思表示,民事法律行为就成立;双方行为、多方行为一般则需要各方行为人的意思表示达成一致,民事法律行为方能成立,只有行为人一方的意思表示,民事法律行为不能成立。

(李仁玉 陈 敦)

duoguoji faren

多国籍法人(multinational legal person) 在一个国家设立总部,在其他国家或国外某一地区设立分支机构而形成的国际性的法人组织,主要是指跨国公司,也称为多国公司。1974年,联合国经社理事会第57届会议通过决议,将"多国公司"改称为"跨国公司"。确定多国籍法人的国籍主要有两种原则:(1)设立地原则,不论多国籍法人的总部与其各分支机构的关系如何,各个分支机构的设立地分别是确定各自国籍的标志。(2)实际所在地原则,即单一国籍原则,多国籍法人的总部所在地国籍决定其他各分支机构的国籍。

(李仁玉 卢志强)

duo'ouzhi

多偶制(polygamy) 配偶双方或一方为多人的两性结合的社会形式。分为单复式婚姻和双复式婚姻两种。双复式婚姻即群婚,或称集团婚,如恩格斯在《家庭、私有制和国家的起源》一书中指出的血缘群婚、普那路亚群婚(即亚血缘群婚)和澳大利亚古代的班级制群婚等;在这些两性结合的社会形式中,男女双方是相互多偶的。单复式婚姻包括一夫多妻制婚姻和一妻多夫制婚姻;在这些两性结合的社会形式中,只有一方是多偶的。一夫多妻制曾盛行于整个古代世界,为许多国家的剥削阶级所实行,一妻多夫制的婚姻则较为罕见。

(杨大文)

duoshi lianyun tidan

多式联运提单(combined transport bill of lading; multimodal transport bill of lading; intermodel transport bill of lading) 承运人签发的货物由包括海上运输在内的两种或两种以上运输方式进行联合运输,完成货物运输而适用于全程的提单。多式联运提单由多式联运经营人或其代理人签发,多用于国际集装箱多式联运。多式联运涉及各种不同的运输工具,因而各程承运人对同一货物的损害所承担的风险和责任以及赔偿制度是不同的。《联合国货物多式联运公约》对联运经营人规定了双重赔偿限额;货物运输包括海运时,货物赔偿责任为每件920特别提款权,或者毛重每公斤2.75特别提款权,以高者为准;不包括海运时,为毛重每公斤8.333特别提款权。但是若能确定损害发生的运输区段,而该区段所适用的国际公约或者国家法规规定了较高的限额,则按该公约或者该法规的限额赔偿。为了货物中转便利和维护收货人的权益,签发多式联运提单的承运人,应当对货物的全程运输负责。

(张 琳)

duoshuren zhizhai

多数人之债(obligation with several creditors or debtors) 单一之债的对称。债的主体双方至少一方为复数的债。多数人之债因至少一方主体为二人以上,所以当事人之间不仅有债权主体与债务主体之间的债权债务关系,而且在多数一方的当事人之间还有相互的权利义务关系,当事人之间的关系较为复杂。各国对于多数人之债的立法有所不同。如法国民法典上规定有连带之债、可分之债和不可分之债,日本民法上规定了可分之债、不可分债务、连带债务及保证债务。我国《民法通则》规定了按份之债与连带之债。

(郭明瑞)

duoshu shoutuoren

多数受托人(several trustees) 参见共同受托人条。

duoshu shouyiren

多数受益人(several beneficiaries) 参见共同受益人条。

duoshu zhaiquanren

多数债权人(majority creditor) "多数债务人"的对

称。多数人之债中有权要求债务人给付的两个以上的债权人。根据债权的性质，可分为享有按份债权的多数债权人和享有连带债权的多数债权人。前者中债权人各自按确定的份额分享权利，各债权人只能就自己享有的那部分债权请求并接受债务人履行债务，无权请求债务人履行全部义务，对某一债权人发生效力的事项不会影响到其他债权人的权利。后者中债权人之间存在连带关系，多数债权人共享债权，其债权份额在债务履行前是不确定的，任一债权人均可独立请求全部给付，也可请求部分给付，债务人也可就部分给付或全部给付向债权人之一履行债务。债务人履行债务后可对抗任何其他债权人主张履行相应债务的请求。因此在连带债权人中，对其中一人发生效力的事项，对其他债权人也发生效力。

(万 霞)

duoshu zhaiwuren

多数债务人（majority debtor） "多数债权人"的对称。多数人之债中对债权人承担给付义务的两个以上的债务人。按照债务性质的不同，可分为承担按份债务的多数债务人和承担连带债务的多数债务人，前者中债务人各自按确定的份额承担债务，各债务人只就自己负担的那部分债务向债权人履行给付的义务，对于其他债务人负担的义务没有履行的责任，对某一债务人发生效力的事项对其他债务人不发生影响。后者中多数债务人共同承担债务，相互间负连带责任，在债务履行前，各债务人承担的债务份额是不确定的，债权人可请求并接受任何一个债务人或几个债务人履行全部或部分债务，对某一债务人发生效力的事项，对其他债务人同样发生效力。

(万 霞)

duoyin yiguo

多因一果（multiple causation） 又称一果多因。行为与损害间因果关系的一种类型。两个以上行为都是某一损害结果的原因，亦即同一损害结果系由两个以上行为或其他事实造成的因果关系形态。在多因一果的情况下，造成损害结果的几个不法行为的原因力一般是不同的，其中对损害结果的发生起主要作用的为主要原因；起次要作用的为次要原因。在多因一果的情况下，还可根据原因与结果之间的客观联系程度，将造成损害的原因分为直接原因、间接原因。直接原因是未介入他人行为而直接引起结果发生的原因；间接原因是通过他人的介入行为而间接引起结果发生的原因。但直接原因不一定是主要原因，间接原因也不一定是次要原因。因果关系不因他项原因的介入而中断。区分主要原因和次要原因的目的在于正确认识民事责任的客观基础，以根据各行为人的不法行为的原因力，确定其应承担的民事责任。区分直接原因和间接原因则有助于揭示事物发展的客观过程，以便对事实做出正确的分析和客观的结论。

(张平华)

duozhong weixian baoxian

多种危险保险（multiple risk insurance） 当事人约定以两种以上的危险作为承保危险的一种保险。多种危险保险的特点是，在保险合同中采用列举的方式将两个以上的承保危险的名称予以明确。在多种危险保险中，保险合同当事人可以按投保人(被保险人)的需要，自由选择承保危险的险种，因此它已经成为保险业经营中的常用险种之一。

(史卫进)

duohui geren caichan

夺回个人财产（recovery of chattels; forcible retaking of chattels） 英美侵权法上的免责事由之一，指财产占有人为恢复对财产的占有而采取暴力或威胁手段取回财产的行为。夺回个人财产须符合以下要件：(1)除非无效或者没有时间或机会，财产占有人必须首先口头要求对方退回财产，如果对方不听才能使用武力。武力大小的程度不能超出夺回财产的目的。任何情形都不可以使用致命武器，除非对方反抗，使他自己的生命受到威胁。(2)财产占有人必须一旦发现东西丢失就立即去追回，如果他等一段时间后再去，就不是正当防卫。否则只能寻求法律途径找回自己的财产。如果财产所有人或占有人错误使用武力夺回财产，他必须承担由此带来的法律后果，除非是现实占有人的原因导致财产所有人或占有人的错误。英美司法实践中认为如果商店错误地但合理地怀疑一个人偷东西，商店可以在一个合理的时间内调查嫌疑人，而不必承担非法拘禁的责任。我国对夺回个人财产在法律上视为自助行为。参见自助行为条。

(张平华)

E

ewai sunhai peichang
额外损害赔偿(ultra damages) 又称结果损害赔偿。致害人对某人的致害结果导致对第三人造成损害,致害人因此对第三人所负的赔偿责任。在英美法国家,额外损害赔偿适用于对配偶、子女和仆人造成的损害。按照普通法理论,配偶之间的利益是共同的并享有相互服务的权利。因此配偶的另一方享有额外损害赔偿的请求权。对子女和仆人造成人身损害,则其父母和主人也失去了享受服务的权利,因此,父母和主人也享有额外损害赔偿请求权。额外损害赔偿可以作为一个独立的诉讼。这种诉讼并不要求致害人的致害行为是故意的,而且事实上它对第三人造成的损害是间接的和非立即的。额外损害赔偿由法官自由裁量。
(张平华)

eyi
恶意(evil intentions) (1) 故意的同义词,又称恶意之错,英美侵权法中认为恶意是故意的一种,如恶意诉讼、恶意欺诈、恶意通谋等(参见故意条)。(2) 善意的对称,指知情而为者的心理状态。(3) 恶意也可以指权利滥用。
(张平华)

eyi chuantong de minshi xingwei
恶意串通的民事行为(collusive civil acts) 行为人双方为谋取不正当利益,互相勾结串通而实施的有损于国家、集体或第三人利益的民事行为。恶意串通行为的构成要件是:(1) 当事人双方在实施民事行为时有损害国家利益、集体利益或者他人利益的故意;(2) 行为人双方在实施民事行为时有串通一气、互相勾结的行为,若无这种勾结、串通,民事行为将不可能实施或以另外的内容实施;(3) 该民事行为履行的结果损害国家、集体或第三人的利益。依照《民法通则》第58条和《合同法》第52条规定,恶意串通的民事行为为无效民事行为。
(李仁玉 陈敦)

eyi tanpan
恶意谈判(negoriations in bad faith) 《国际商事合同通则》中指一方当事人在无意与对方达成协议的情况下开始或继续进行谈判。除此以外,恶意谈判还包括一方当事人有意或由于疏忽使对方当事人对所谈合同性质或条款产生误解,或通过歪曲事实,隐瞒反应当事人或合同本意的应予披露的事实,开始或继续进行谈判。按照《国际商事合同通则》的规定,一方当事人恶意进行谈判或恶意终止谈判,因此而给另一方当事人造成损失的,应予赔偿。恶意谈判在大陆法系的合同法理论中属于缔约过失的一种典型表现形态,凡当事人违反诚实信用原则进行恶意谈判的,即应承担相应的缔约过失责任。《合同法》第42条规定:假借订立合同进行恶意谈判而给对方造成损失的,当事人应当承担缔约过失责任。参见缔约过失责任条。
(刘经靖)

eyi zhanyou
恶意占有(拉丁 malae fidei possession;德 unredlicher Besitz;法 possession de mauvaise) 与善意占有相对称,是根据无权占有人是否误信其占有是有权的占有而对无权占有进行的再分类,恶意占有是指明知无有的权利或对无占有的权利有怀疑而仍然进行的占有。
(申卫星)

enhui qijian
恩惠期间(grace period) 对某些法律关系,法律规定在期间完成后仍再宽限一定时间,又称宽限期间。它是英国票据法上的一项独特制度。英国汇票法规定有"恩惠日"制度,即非见票即付的汇票,而且票上无其他规定的,在每种情况下都可以在汇票所定到期日之后再加3天,这3天即为恩惠期间。《统一汇票本票法》不承认恩惠日制度,并以明文否定,在第74条规定:恩惠日,无论是法定的,还是法院定的,均不准许。我国没有恩惠日的习惯,法律也无规定。
(李仁玉 提爱莲)

erchuandong
二船东(disponent owner) 向船主租进船舶,然后将租进船舶转租给第三人的人。定期租船合同一般订有转租条款,规定租船人在租期内有权将船舶转租给第三人。通常在长期租船的条件下,租船人有时因为暂时无货可运,或出于经济利益的考虑,将船舶转租出去。在这种情况下,租船人就成了二船东。
(张琳)

F

fapan
发盘(offer) 又称发价或报价、报盘。交易一方向另一方提出一定的交易条件,并愿意按这些条件达成协议的一种明确表示。由卖方发出的称报盘(Quote),由买方发出的称递盘(Bid)。构成有效发盘的条件是:(1)向一个或一个以上特定人发出;(2)明确表示成交意图;(3)交易条件十分确定;(4)发盘须到达受盘人。发盘人可对其发盘的通知在送达受盘人之前,采取更为迅速的方式将发盘予以撤回,或在送到受盘人生效后,以一定方式解除发盘效力。一项发盘因过期、被拒绝、还盘、撤销或撤回等而失效。发盘在我国对外贸易习惯中依其法律责任分为实盘和虚盘,前者规定有一个有效期限,并表示接受其约束,它的内容完整、明确、肯定;后者不规定有效期,对发盘人无拘束力,即使受盘人对虚盘表示接受,仍须发盘人的最后确认,才能成为一项对双方均有约束力的合同,其实质是要约诱引。参见要约。

(肖 燕)

fapiaoren
发票人(drawer) 是依法定形式签发票据,将其交付给受款人的票据当事人,是票据关系的创设者和票据债务人。汇票、本票和支票三种票据性质不同,发票人的票据义务亦有不同。

汇票是委付证券,由发票人委托付款人付款。因此发票人是第二序位的债务人,负担保承兑和付款的责任,即只有在付款人拒绝承兑或付款时,发票人才根据持票人的追索承担清偿责任。发票人的担保责任是法定的,不由其意思表示决定。本票为自付证券,由发票人自己向受款人付款。因此发票人是第一序位的债务人,其付款责任是绝对的、最终的,即发票人在到期日后时效期内无条件负支付义务,不因票据权利或保全手续的欠缺而免责,且一经付款本票上的权利义务完全消失。支票亦为委付证券,但因无承兑,发票人仅负担保付款之责。支票的签发以发票人与付款人间有资金关系为前提,因而发票人签发空头支票时应负法律责任。此外,发票人还负有票据利益返还的义务,但此义务不是票据上的义务,而是一般民事债务。发票人出票时作虚假记载,骗取财物的,还有负刑事责任的可能。

(李 军)

fapiao rihou dingqi fukuan
发票日后定期付款(payment at a fixed date after ticket day) 指以发票日后一定期限的届至作为汇票的到期日。这种汇票称为计期汇票。这里所谓发票日后一定期限,应该是确定的,这种确定只要能根据汇票的具体情况以及交易惯例加以判定即可。发票日后定期付款汇票的到期日虽然不是一目了然,但是其到期日也是在汇票发票时就已经确定,只要稍加计算即可知晓,因此,它与定期付款的汇票没有任何区别。

(王小能)

faqi sheli
发起设立(form (a company limited) with promotors buying out all shares issued) 由发起人认购公司应发行的全部股份设立公司。即由发起人认足股份公司第一次发行的全部股份,不另外募集股员人,公司即行成立。发起设立较简单,能使股份公司迅速成立,目前许多国家的股份公司绝大多数都是发起设立的。我国公司法规定,股份有限公司的设立,可采取发起设立或募集设立方式。以发起设立方式设立股份有限公司的,发起人以书面认足公司章程规定发行的股份后,应缴纳全部股款。发起人交付全部出资后,应选举董事会和监事会,由董事会向公司登记机关报送设立公司的批准文件、公司章程、验资证明与文件,申请设立登记。公司登记机关自接到股份有限公司设立登记申请之日起30日内作出是否予以登记的决定。对合法的予以登记,发给公司营业执照;对不合法的不予登记。公司营业执照签发日期,为公司成立日期。公司成立后,应进行公告。

(刘弓强 蔡云红)

faxian maicangwu
发现埋藏物(finding of hidden property) 埋藏物,是指包藏于他物之中,不容易从外部发现的物。埋藏物以动产为限,不动产从其体积、固定性等方面讲,一般不会发生埋藏问题。埋藏物一般都是埋藏于土地(称为包藏物)之中,但也不全是如此,例如埋藏于房屋墙壁中的物,也是埋藏物。埋藏物是有主物,只是它的所有人不明,而非无主物。就是说,埋藏于土地或其他物之中,天长日久,由于人为的或者自然的原因,已经不易确定或不知其归谁所有。

对于埋藏物与遗失物间的区别,学者间有不同的见解。有的学者认为,不因所有人的意思丧失占有的,即为遗失物,而埋藏物必然是所有人有意埋藏的,如本来是遗失物,因自然原因被埋藏于地下的,仍然是遗失物;而埋藏于地下之物,因自然原因暴露于地面的,仍然是埋藏物。这是主观主义的区别论。有的学者则认为,埋藏物与遗失物的区别,仅在于发现的时候,是否处于被埋藏于他物之中的状态,如果是,则为埋藏物,否则就是遗失物。遗失物如果长久埋藏于地下即为埋藏物;而埋藏物露出地面为他人拾得时,则为遗失物。这是客观主义的区别论。从埋藏物本身的性质来讲,法律所注重的是其埋藏于他物之中不易发现和所有人不明的状态,至于其原始状态是否是因所有人的意思而丧失占有的,不仅难于求证,而且对发现埋藏物的法律后果无甚影响,所以,从客观的方面区别埋藏物和遗失物较为适当。

在罗马法中,发现埋藏物是万民法的取得所有权的方法。罗马法学家的著述和罗马法律都认为埋藏物应当是具有特别价值的物。在罗马法发展的各个时期,对于埋藏物所有权的归属规定是不同的。共和国时期认为埋藏物只是土地的一部分,有的规定归国库所有,有的规定完全由土地所有人所有。在汉德林(Hadrianus)帝时,规定在自己土地上发现的埋藏物归自己所有;如果埋藏物是在他人土地上发现的,则由发现人与土地所有人各取其半。查士丁尼帝时的规定基本上因袭了汉德林帝时的规定,并补充了几种情况:一是在市府或国库土地发现的埋藏物,一半归市府或国库,但如果是故意在市府或国库土地寻觅埋藏物的,发现人不享有权利;另外,在无主土地上发现的埋藏物,其所有权归国库。

现代大多数国家和地区关于埋藏物的立法例,一般都承袭罗马法。《法国民法典》第 716 条规定在自己土地内发现的埋藏物,属于发现人所有;如果在他人土地内发现的埋藏物,则埋藏物一半属于土地所有人,一半属于发现人。这里仅以发现即为取得所有权的要件或平分埋藏物的理由。法国学者认为对于发现的埋藏物发现人的权利是基于先占,而土地所有人的权利则是出于保护其利益。《德国民法典》第 984 条规定,发现埋藏多年、不能确定其所有人的埋藏物,由发现人取得其所有权,如果是在他人所有物中发现埋藏的,由发现人与包藏物的所有人各得一半。这里发现人取得所有权的要件不仅要有发现的事实,而且必须占有发现物。另外,《德国民法典》中的包藏物也不仅限于土地。在英美法中,埋藏物是与遗失物适用同一规则。

我国《民法通则》第 79 条中除了规定埋藏物所有权的归属外,还涉及到隐藏物,并视其与埋藏物有同一法律地位。所谓隐藏物,是指放置于隐蔽的场所,不易被发现的物。所有人不明的埋藏物与隐藏物的归属,根据该条的规定,归国家所有。但这并不是说埋藏物或隐藏物一经发现,都毫无例外的归国家所有,而是在埋藏物或隐藏物被发现后,如果埋藏或隐藏该物之人或其继承人能够证明其合法的所有权或继承权时,应当将发现的埋藏物或隐藏物交还给埋藏或隐藏该物的人或者其继承人,以保护其合法财产权利。只有确实查证发现的埋藏物或隐藏物的所有人不明时,才归国家所有。在埋藏物、隐藏物中,有些是具有历史、艺术和科学价值的文物,这些文物并不是所有人不明的物,而是国家所有的财产。根据《文物保护法》第 4 条的规定,中华人民共和国境内地下、内水和领海中遗存的一切文物,属于国家所有。古文化遗址、古墓葬、石窟寺属于国家所有。

(王 轶)

faxin zhuyi

发信主义(德 Absendungstheorie) 对于非对话的意思表示生效时间的一种学说,即以表意人将其意思表示置于自己实力支配之外时为其发生效力的时间。在英美法上称为投邮主义。英美法对于承诺的生效采投邮主义。该主义对相对人极为不利,因为相对人不知表意的内容就对其发生效力,相对人还应承担意思表示不能到达的在途风险,因此,多数国家不采此种主义。

(李仁玉 陈 敦)

faxing xingu dengji

发行新股登记(registration of new shares issuranced) 公司法规定公司发行新股募足股款后,必须向公司登记机关办理变更登记,并公告。发行新股属于增加注册资本,要严格按照公司变更注册资本进行登记,向登记机关提交的文件有:(1) 公司法定代表人签署的变更登记申请书;(2) 依照公司法作出的股东大会决议;(3) 国务院授权部门或省级人民政府批准文件;(4) 证监会批准发行新股文件。股份有限公司应在变更登记后 30 日内发布变更登记公告,并应自公告公布之日起 30 日将发布的变更登记公告报至公司登记机关备案。

(刘弓强 蔡云红)

fazhan gonggong shiye de xintuo

发展公共事业的信托(the trust of expansion of communal cause) 委托人出于发展公共事业之目的设立,并以将信托财产的本金或收益运用于与这种事业有关的公共设施的建造、维护为内容的信托。所谓公共设施包括公共建筑设施、公共交通设施、公共饮水设施以及对社会公众开放的图书馆、博物院、展览馆与公共游览场所等。这种信托为英美信托法确认的一种信托品种,属于公益信托。

(张 淳)

fading beishu jinzhi

法定背书禁止(legal restrictive endorsement) 即法律明确规定超过一定期限的汇票不得背书转让。

1995 年 5 月 10 日我国第八届全国人大常委会第

十三次会议通过的《中华人民共和国票据法》规定,汇票被拒绝承兑、被拒绝付款或超过付款提示期限的,不得背书转让。超过一定期限未获承兑或付款,说明该汇票的信用产生了瑕疵,因此,汇票应进入追索阶段而不应再为流通,否则将影响正常的票据交易。国外票据法多规定,期后背书仅具有一般债权转让的效力,即此时的转让仅具有民法上的效力,不产生抗辩切断,也不产生权利担保效力。《中华人民共和国票据法》规定,汇票超过付款提示期限的,不得背书转让。背书转让的,背书人应当承担汇票责任。依此规定,是将期后背书汇票视为该背书人为发票人的新汇票。如果通过期后背书获得汇票的持票人遭拒绝,则该背书人对该持票人应承担发票人的责任。这一规定不同于各国票据法的一般作法,但同样体现了法定背书禁止。

(王小能 胡冰子)

fading caituan

法定财团(statutory consortium;德 sollmasse) 法律规定的破产宣告时应属于破产财团的财产范围,又称当然财团。法定财团的范围是固定不变的,凡属法定财团的财产均应由破产管理人收回管理;对不属法定财团的财产,应由其权利人取回。法定财团是与实在财团相对而言的。我国未采此概念。

(李仁玉 田东平)

fading daili

法定代理(legal agency) 根据法律的直接规定而发生的代理关系。法定代理主要是为无民事行为能力人和限制民事行为能力人设立代理人的方式。这主要是因为他们没有民事行为能力或没有完全民事行为能力,不能为自己委托代理人。法定代理产生的根据是代理人与被代理人之间存在的血缘关系、婚姻关系、组织关系等。法定代理人所享的代理权是由法律直接规定的,与被代理人的意志无关。《民法通则》第14条规定,无民事行为能力人、限制民事行为能力人的监护人是他们的法定代理人。这一规定就是为他们设定法定代理人的法律依据。监护人代理被监护人为民事法律行为,实现和保护被监护人的合法权益,这是监护人的一项重要职责。所以监护人是被监护人的法定代理人。自然人为法定代理人的,应具有行为能力。自然人可以为法定代理人,有关单位或组织也可以为法定代理人,如村民委员会、居民委员会、民政部门为无民事行为能力人或限制民事行为能力人的监护人时,即为其法定代理人。法定代理人制度是为无民事行为能力人和限制民事行为能力人设立的,其目的是补充无民事行为能力人和限制民事行为能力人的行为能力,维护无民事行为能力人和限制民事行为能力人的合法权益。《民法通则》第70条规定,法定代理的消灭原因有:(1)被代理人取得或者恢复民事行为能力;(2)被代理人或者代理人死亡;(3)代理人丧失民事行为能力;(4)因其他原因引起的被代理人和代理人之间的监护关系消灭。

(李仁玉 陈 敦)

fading diyaquan

法定抵押权(德 gesetzliche hypothek) 约定抵押权的对称,是指依照法律规定而当然发生的抵押权。法定抵押权与一般抵押权因当事人合意而设定,须经登记始生效力不同,其特殊性在于法定抵押权非依当事人的意思表示而成立,且无须登记即可生效力。对于法定抵押权的种类,各国有不同的规定。如《法国民法典》规定了妻之法定抵押权、被监护人的法定抵押权、国家和公共团体及营造物的法定抵押权、税务机关就纳税人的财产享有的法定抵押权。《瑞士民法典》中的法定抵押权包括土地出卖人就所出卖的土地所生的法定抵押权;共同继承人及其他共同权利人因分割而生的债权,就属于共同体的土地所生的法定抵押权,以及承揽人的法定抵押权等。《德国民法典》中对法定质权有较多的规定,对于法定抵押权仅在第648条规定了承揽人的法定抵押权。我国民法对法定抵押权没有系统的规定,仅在个别法规中有零星的规定。例如,我国《担保法》第36条规定,以国有土地上的房屋设定抵押的,该房屋占用范围内的国有土地使用权应同时抵押。相反,国有土地使用权设定抵押的,其上的房屋亦应设定抵押。此一规定可以看做是我国民法关于法定抵押权少有的立法例之一。

(申卫星)

fading dishangquan

法定地上权(德 gesetzliches erbbaurecht) 是指基于法律的规定,在发生法定事由时直接设定的地上权。在立法例上,法定地上权主要是因抵押权的实现中的一些特殊情形而发生的。例如,我国台湾地区民法就规定了两种法定地上权的情形,其一是土地及土地之上的建筑物同属一人所有,而仅以土地或仅以建筑物为抵押,在拍卖抵押的土地或建筑物时,视为已有地上权的设定。其二是土地及土地之上的建筑物同属艺人所有,而以土地和建筑物为抵押的,在为行使抵押权而拍卖抵押物时,土地所有权与建筑物所有权分别为不同的人取得,视为已有地上权的设定。法定地上权不仅及于其所占有的基地,而且及于其所利用、所必要的范围。当事人不能就法定地上权的范围协商确定时,当事人须申请法院予以确定。

(钱明星)

fading fuqi caichanzhi

法定夫妻财产制(statutory regime as to marital

property) 当配偶婚前或婚后未以契约形式订立夫妻财产关系或财产约定无效时,依法律规定当然适用的夫妻财产制。由于各国政治、经济、文化及民族传统习惯不同,不同时代不同国家规定的直接适用的法定财产制形式也不尽相同。目前,各国采用的法定夫妻财产制主要有分别财产制、共同财产制、剩余共同财产制等形式。

(蒋 月)

fading hehuo lianhe

法定合伙联合(statutory partnership association) 英美法上的概念。在美国一些州规定的一种商业组织的类型(如密执安州、新泽西州、俄亥俄州)。这种组织体既具有合伙的部分特征,更多的表现为有限公司的特征,但更具有有限合伙的许多特点。

(李仁玉 陈 敦)

fading jicheng

法定继承(intestate succession) 遗嘱继承的对称,又称无遗嘱继承,指在无遗嘱的情况下,直接依据法律规定的继承人范围、继承顺序及遗产分配原则等进行的一种继承方式。公元前18世纪的《汉穆拉比法典》虽未使用法定继承这一概念,但对依法继承已有初步规定,主要有:(1)遗嘱继承优先于法定继承。(2)法定继承人范围,限于死者的近血亲,但已取得嫁妆之女、死者与女奴所生而未经其认可为其子女的除外。配偶不属法定继承人。(3)配偶互无遗产继承权。寡妻仅对孀妇赡养费及夫之住宅有终身使用权。(4)遗产分配原则,诸子按人数均分;未取得嫁妆之女可取得类似应继份的嫁妆;同父异母(或同母异父)的子女,按系分配,各取其母的嫁妆(或其父遗产),而均分父的家产(或其母的嫁妆)。(5)法定继承人的继承权,在符合法定条件下才能被剥夺等。法定继承一词,最初源于罗马市民法,"successio ab intestate"原意为无遗嘱继承。在罗马法时期逐步发展形成了一套较完备的法定继承制度,公元6世纪的《优士丁尼法典》及此后对法定继承进行了重大改革的优士丁尼《新律》,对法定继承人范围、继承顺序、应继份额及代位继承等均作了较具体详细的规定。这对后世许多国家的法定继承制度发生了重要影响,尤其是大陆法系国家的法定继承制度,大都来源于罗马法。

在我国奴隶社会,身份继承是财产继承的前提和根据,实行将权力、地位、财产溶为一体的宗法继承制度。封建社会与之一脉相承,遗产继承以宗祧继承为前提,有宗祧继承权的人,必须有遗产继承权。财产继承人只限于直系血亲卑亲属中的男子。女子无继承权,只有在"户绝"时,才能成为遗产承受人。中华民国时期国民党政府1930年民法继承编,仿效资本主义国家继承法规定了法定继承制度,取消宗祧继承,单行财产继承。但该法第1143条、第1071条关于无直系血亲卑亲属者,得以遗嘱指定继承人,指定继承人与被继承人之关系,除法律另有规定外,与婚生子女同等规定,实际是认可变相立嗣,表明其仍留有宗祧继承的残系。中华人民共和国成立后,彻底废除了过去的一切旧法律,有关部门相继制定了一系列民事政策和法律,其中有许多关于法定继承的规定。最高人民法院先后在(如1963年8月28日、1979年2月2日、1984年8月30日等)有关司法解释中,就法定继承人范围、继承顺序、继承份额、遗产分配原则等作了政策性规定。在结合我国实际,总结继承立法和司法经验的基础上,制定了《中华人民共和国继承法》(1985年4月10日颁布,同年10月1日施行),该法较系统地规定了我国法定继承制度。

法定继承具有以下特征:(1)法定继承以一定的人身关系为前提。即法定继承权的取得根据,是被继承人与继承人之间存在血缘关系、婚姻关系或扶养关系。(2)法定继承人范围、继承顺序及遗产分配原则等均由法律明确规定,属于强行性规范。除法律另有规定外,其他任何人无权变更。法定继承方式的适用以无遗嘱继承为前提。这是各国继承立法的通例。根据我国《继承法》第5条、第27条及有关规定,法定继承适用于以下情况:(1)被继承人生前未同他人订立遗赠扶养协议,或已订立的遗赠扶养协议无效的;(2)被继承人生前未立遗嘱的;(3)遗嘱继承人放弃、丧失继承权或者受遗赠人放弃受遗赠权的;(4)遗嘱继承人、受遗赠人先于遗嘱人死亡的;(5)遗嘱无效部分所涉及的遗产,以及遗嘱未处分的遗产。

(陈 苇)

fading jichengren

法定继承人(heir at law) 又称非指定继承人,是根据继承法规定的范围和顺序而在法定继承中有资格取得遗产的自然人。法定继承人依据继承法的规定而直接取得继承权,《中华人民共和国继承法》第10条、第11条和第12条规定了法定继承人的范围和顺序,即配偶、子女、父母、对公婆尽了主要赡养义务的丧偶儿媳和对岳父、岳母尽了主要赡养义务的丧偶女婿是第一顺序的法定继承人;兄弟姐妹、祖父母和外祖父母是第二顺序的法定继承人;孙子女、外孙子女及其晚辈直系血亲为代位继承人。这种范围和顺序是依据继承人的和被继承人之间血缘关系亲近程度及家庭成员扶养关系紧密程度而定的,符合中国国情,有利于养老扶幼。世界各国的继承立法由于民族习俗、历史条件等的差别,在法定继承人的范围和顺序方面也有区别。如法国民法典将六亲等之内的旁系亲属、兄弟姐妹的后裔等作为法定继承人,而配偶仅在被继承人未遗有有继承权的亲属或只遗有除兄弟姐妹或其直系卑血亲以外的旁系血亲时,才能参加继承。该法典以亲等的远近决定继承顺序,而将配偶列为第四顺序的法定继承人。 (常鹏翱)

fading jichengren fanwei
法定继承人范围(scope of legal heir) 适用法定继承方式时,哪些人可以作为被继承人遗产的继承人。从各国继承立法看,确定法定继承人范围的依据,主要是婚姻关系和血缘关系,一些国家还包括扶养关系。由于时代不同、社会性质不同及历史传统风俗习惯不同,各国对法定继承人范围的规定也不尽相同。一些国家对法定继承人范围规定较宽,如德国、法国、匈牙利、美国、英国等。1896年《德国民法典》规定的法定继承人范围为最宽,包括:配偶、被继承人的直系卑血亲、父母及其直系卑血亲、祖父母(包括父系和母系,以下同)及其直系卑血亲、曾祖父母及其直系卑血亲、高祖父母及其直系尊血亲和直系卑血亲。即将与死者的高祖父母有血缘关系的一切亲属都列入了法定继承人范围内。而另一些国家对法定继承人范围规定较窄,如中国、前苏联、捷克斯洛伐克、保加利亚、日本等国。1964年10月1日施行的《俄罗斯联邦民法典》继承编规定的法定继承人范围包括:配偶、子女(包括养子女)、父母(包括养父母)、兄弟姐妹、祖父母、外祖父母、死者生前扶养的不少于一年的无劳动能力的人;孙子女及外孙子女等子女的直系卑亲属为代位继承人。根据我国《继承法》第10条、第11条和第12条规定,法定继承人范围是:配偶、子女、父母、兄弟姐妹、祖父母、外祖父母;孙子女、外孙子女及其直系卑亲属(为代位继承人);对公婆或岳父母尽了主要赡养义务的丧偶儿媳或丧偶女婿。 (陈苇)

fading jicheng shunxu
法定继承顺序(legal order of succession) 法律规定的各法定继承人继承遗产的先后次序。继承开始后,并非所有的法定继承人同时参加继承,而是根据法律规定的先后顺序,依次参加继承。继承顺序在前的法定继承人,有优先参加遗产继承的权利。继承顺序在后的法定继承人,只有在无前一顺序继承人或前一顺序继承人全部丧失或全部放弃继承权的情况下,才能参加遗产继承。现代各国立法,对法定继承顺序规定不一,少的二个顺序如我国、前苏联等国;多的五个顺序如德国,但确定法定继承顺序的依据大体相同,主要有:(1)血缘关系。以血缘关系远近确定血亲继承顺序的先后,以血缘近者为先。这是各国立法通例。血亲继承人顺序的划分方法,大体可分为以下三种:一是亲等制,即以亲等的远近划分继承顺序,以亲等近者为先;二是亲系制,即按亲系划分继承顺序,每一顺序内又分成若干顺序,以亲等近者为先;三是亲等与亲系结合制,即上述两种方法兼用,某一或几个顺序按亲系划分,其余顺序按亲等划分。(2)婚姻关系。配偶是共同生活的伴侣,相互关系极为密切。因此婚姻关系是确定配偶继承人顺序的依据。对配偶的继承顺序,有两种立法例:一种是配偶有固定的继承顺序;另一种是配偶无固定的继承顺序而其可与任何顺序的血亲继承人共同继承遗产。(3)扶养关系。与被继承人有扶养关系或长期共同生活关系是一些国家如我国、前苏联、捷克斯洛伐克等国确定继承顺序的依据之一,也是其立法特色之一。根据我国《继承法》第10条、第11条和第12条的规定,法定继承人分为二个顺序,第一顺序:配偶、子女、父母,以及对公婆、岳父母尽了主要赡养义务的丧偶儿媳、丧偶女婿;第二顺序:兄弟姐妹、祖父母、外祖父母。而孙子女、外孙子女及其直系卑血亲未列入继承顺序,是其父母的代位继承人。 (陈苇)

fading jianhu
法定监护(legal guardianship) 由法律直接规定监护人的监护。《民法通则》第16条规定,未成年人的监护人为未成年人的父母。父母双亡或丧失行为能力的,其监护人为祖父母、外祖父母、成年兄姐。《民法通则》第17条规定,精神病人的法定监护人为配偶、父母、成年子女、其他近亲属。没有上述监护人,或者上述监护人丧失监护能力,未成年人父母所在单位,或者未成年人所在地的居民委员会、村民委员会、民政部门为监护人。精神病人所在单位,或者精神病人住所地的村民委员会、居民委员会或民政部门为法定监护人。法定监护人不论其是否同意,均应履行监护义务,承担监护职责。 (李仁玉 陈敦)

fading lilü
法定利率(legal interest rate) 政府货币管理当局或中央银行所规定的利率。利率是对经济进行间接控制的杠杆,为了使利率水平的波动体现政府的政策意图,中央银行就必须控制利率的水平。法定利率对由供求关系决定的市场利率起着导向作用。法定利率的升降直接影响贷款人对未来市场利率的预期,并影响他们提供信贷的松紧程度,从而使市场利率随之升降。法定利率主要分为三类:(1)中央银行对商业银行等金融机构的再融资利率,包括再贴现利率和再贷款利率。(2)中央银行在公开市场上买进卖出证券的价格。(3)中央银行对商业银行存贷款利率的直接管制和对金融市场上股息、债息的直接控制。 (邹川宁)

fading lixi

法定利息（legal interest） 由法律直接规定的利息。法定利息依照法定利率计算。法定利息一般发生在一方当事人有给付他人款项的义务而未按期支付，或者未经权利人同意而使用属于他人的款项的场合，如延期付款的利息。

（郭明瑞）

fading qixian

法定期限（legal time limit） 由法律直接规定的法律行为效力发生和消灭的期限，如《合同法》第 26 条规定，承诺通知到达要约人时生效。法定期限是法律直接规定的，不是当事人限制法律行为效力的意思表示。

（李仁玉 陈敦）

fading tiaokuan

法定条款（compulsory clause） 与约定条款相对而言。法律规定保险合同必须载明的条款。其内容亦为法律所规定，投保人和保险人不得任意变更。《保险法》第 19 条规定：保险合同应当包括下列事项：(1) 保险人名称和住所；(2) 投保人、被保险人名称和住所，以及人身保险的受益人的名称和住所；(3) 保险标的；(4) 保险责任和责任免除；(5) 保险期间和保险责任开始时间；(6) 保险价值；(7) 保险金额；(8) 保险费以及支付办法；(9) 保险金赔偿或者给付办法；(10) 违约责任和争议处理；(11) 订立合同的年、月、日。法定条款不是保险合同必须具备的条款，保险合同缺乏法定条款，保险合同亦能成立，保险合同没有约定的法定条款，依照保险法办理。法定条款因财产保险合同和人身保险合同而有所不同。由于保险合同应当尽可能地反映当事人的意志，所以，法定条款在保险合同中并不很多。

（温世扬）

fading tuihuo

法定退伙（secede from partnership by law） 基于法律的直接规定而退伙。法定退伙又称当然退伙。根据《合伙企业法》第 49 条规定，具体的退伙事由有：(1) 合伙人死亡或者被依法宣告死亡。合伙人死亡或者被依法宣告死亡后即丧失民事权利能力和民事行为能力，其民事主体资格丧失，合伙人资格也当然丧失。(2) 合伙人被依法宣告为无民事行为能力人。作为合伙人必须有完全民事行为能力，当合伙人被依法宣告为无民事行为能力人后，不具备合伙人的条件，当然丧失合伙人资格而退伙。(3) 合伙人丧失偿债能力。合伙企业的合伙人对合伙债务依法承担连带无限责任，而合伙人之间的连带责任是针对合伙企业的债权人而言的，就合伙人内部而言仍然是按份责任。如果某合伙人无偿债能力，其应担部分的债务将由其他的合伙人承担，其他合伙人承担后也无法就超出清偿部分向已无偿债能力的合伙人追偿。如果让已丧失偿债能力的合伙人继续留在合伙企业内，无疑只会增加其他合伙人的债务风险。为保护其他合伙人的权益，丧失偿债能力的合伙人当然依法退伙。(4) 合伙人被人民法院强制执行在合伙企业中的全部财产份额。合伙人由于个人债务被人民法院强制执行其在合伙企业中的全部财产份额，意味着合伙人的出资已不复存在，该合伙人也就只能退伙。法定退伙原因是法律直接规定的，合伙人之间不能有相反约定。如果合伙人有上述四种情形之一发生，则从实际发生之日起为该合伙人退伙的生效日期。

（李仁玉 陈敦）

fading weiyuejin

法定违约金（statutory default fine） 相对于约定违约金。指直接由法律规定适用违约金的具体情形和计算标准的违约金。在有法定违约金时，不问当事人是否有违约金的约定，违约当事人一方都应依法律规定向对方支付违约金。我国《合同法》中未规定法定违约金，有的学者主张是否约定违约金属于当事人的自由，应废除法定违约金。

（肖 燕）

fading xintuo

法定信托（legal trust） 设定信托的对称。依据制定法的直接规定产生的信托。为信托的一种基本类型。法定信托的基本特征在于：第一，导致它产生的原因是制定法的直接规定，而并不是作为法律事实的一定行为。第二，它不存在委托人。法定信托属于当然有效的信托；即这种类型的信托一经产生即属有效，对它不存在进行有效与无效之确认的必要性。英美信托法承认法定信托。规定具体的法定信托的条文一般存在于英美法系国家和地区的若干关于财产的制定法中。例如：1925 年《英国遗产管理法》第 33 条规定：一个人未立遗嘱而死亡，死者遗产的所有权先转移给该项遗产的管理人，再由该管理人以受托人的身份将该项遗产出售，并将所得价金分给死者的子孙或者法律规定的其他亲属。此条体现着一项法定信托。再如：1925 年《英国财产法》第 19 条规定：一个未成年人因接受转让而取得了某一土地的所有权，该土地由该未成年人的监护人以受托人的身份管理，土地收益归属于该未成年人，直到他进入成年人的年龄时为止。此条也体现着一项法定信托。

（张 淳）

fading yiwu

法定义务（德 gesetzliche Pflicht） 约定义务的对称。

依民事义务的发生根据不同而为的分类。即由法律直接规定产生的义务,如不得侵害他人人身权之义务。

(张 谷)

fading zhai
法定债(legal obligation) 自然债的对称。又称完全债。在法律上具有完全效力的债。此种债的债务人不履行债务时,债权人得向法院提起诉讼,请求债务人承担债务不履行的责任。

(郭明瑞)

fading zhiquan
法定质权(德 gesetzliches Pfandrecht) 是指基于法律明确规定而当然发生的质权。德国民法典从以下两个方面规定了法定质权:一是债权人对因特定业务关系而占有的标的物享有法定质权,如加工承揽人、委托人、运输人、仓储保管人的法定质权;二是基于债务人的携入行为而产生的法定质权,如出租人对承租人的携入物、旅馆主人对客人携入物享有的法定质权等。我国民法对于第一种情形规定了作为法定担保物权的留置权,对于第二种情况究竟采取法定质权还是优先权尚有争论,因而我国民法至今尚未规定法定质权。

(申卫星)

fading zhusuo
法定住所(legal domicile) 不依当事人的意思而设立,而由法律规定的住所。例如,《德国民法典》第11条第1款前段规定:未成年人以其父母的住所为住所。对此,我国民法未作专门规定。在我国,无行为能力人和限制民事行为能力人也有自己的户籍,因而应以其户籍所在地的居所地为其住所;如果他同监护人共同生活,则监护人的住所是被监护人的经常居住地,视为被监护人的住所。

(李仁玉 陈 敦)

fading zixi
法定孳息(legal fruits) 天然孳息之对称。

法定孳息的意义 各国学说不一,法国学者称之曰假定孳息,而不定其界说。日本民法则称之为物之使用对价之金钱及其他物件。德国民法99条3项称之为本于物(之所有权)或(其他)权利,因法律关系而产生的收入,故学理上又称为间接孳息,包括间接实物孳息和间接权利孳息,前者如不动产所有人因租赁关系而收取之房租,后者如承租人因转租而得之租金是。在德国民法上,法定孳息之所本不限于物,即其他权利亦包含之;而所谓的法律关系,其系因法律行为而生,抑因法律规定而生,则非所问。又法定孳息,乃容许他人使用其物(或权利)而得之对价,即他人因使用其物(或权利)而给予之报酬。至于因出卖其物(或权利)而得之价金,系物(或权利)之对价,而非物(或权利)之孳息。

法定孳息的收取和分派 法定孳息之收取权,应依债权(合同)法关于租赁、消费借贷(借款)或合伙之规定,归属于债权人。法无明定又无约定的情况下,法定孳息的收取权,于物或权利之使用停止时始得行使。于物或权利之使用停止时,收取权人变更的,其收取权也移转。于物或权利使用之中途,即于收取权存续期间,遇有收取权人变更的,则应按前后两权利人,各就其权利存续期间为比例,定其应得孳息之数额,此即为存在于收取权人内部之所谓孳息分派。例如房屋租赁,房主于其月16日卖却其房屋,此时,就当月房租,新旧房主应各得其半是。

(张 谷)

fagui mudi shuo
法规目的说(德 Schutzzweckder Haftungsnorm, Normzweck) 确定行为与损害后果之间的因果关系的一种学说,由德国学者 Rabel 于20世纪40年代提出,经 V. Caemmerer 进一步发展成为德国通说。该说认为,侵权行为所生的损害赔偿责任应探究侵权行为法规之目的而决定,尤其应探究法规意旨究竟在保护何种利益;违反契约的赔偿责任,则应顾及契约本身旨趣。法规目的说与相当因果关系说不同,虽然两者都承认因果关系是责任的构成要件,但前者判断具体个案中因果关系是否存在的依据,是法规目的或合同目的,从而淡化了因果关系要件;而后者则是损害与行为之间关系的具体衡量的标准。关于法规目的说与相当因果关系是否并存的问题,理论上存在不同的看法,有的认为前者应取代后者,大部分学者认为二者可以并存,即损害应否赔偿首先须认定其有无相当因果关系,其次得探究其是否符合规定目的,即损害虽具有相当因果关系,但在法规目的外者仍不得请求损害赔偿。法规目的说,在违反保护他人的法律导致的侵权行为中可以得到充分运用,但也可以适用于其他类型的侵权、违约损害赔偿责任。

(张平华)

faguo minfadian
《法国民法典》(法 Code Civil)

《法国民法典》的立法背景 欧洲中世纪后期的文艺复兴运动和宗教改革运动为《法国民法典》的产生奠定了深厚的社会基础。文艺复兴运动以人性反对神性,以人道主义反对神道主义,以理性反对蒙昧主义,以个性解放反对封建等级制度,提倡人性至上,个性至上,理性至上。同时,宗教改革运动则披着宗教的外衣,宣扬资产阶级的伦理观念。他们认为人是社会的产物,人性在于心灵的信仰,道德出自人的心灵信仰,符合心灵信仰的就是道德,反之就不是道德。上述观念的传播对于将中世纪中的毫无个性的人从宗教的束缚中解放出来,突破禁欲主义的束缚等均具有重要作用。这些观念的传播对《法国民法典》确立个人主义的立法本位亦具有不可替代的作用。没有文艺复兴运动和宗教改革运动奠定的深厚的社会基础,《法国民法典》的产生是不可想像的。

《法国民法典》产生的直接原因是法国大革命的结果。1789年的法国大革命高举"自由、平等、博爱"的大旗,推翻了封建阶级在法国的统治,通过了《人权宣言》,从此,自由、平等、博爱的思想深入人心。自由、平等的思想深深地影响了《法国民法典》,成为《法国民法典》确立民事主体平等和意思自由的政治基础和指导思想。从而也使《法国民法典》成为一部"典型的资产阶级社会的法典"。

尽管《法国民法典》的产生具有深厚的政治和社会基础,但其具体的产生却仍然与拿破仑个人的贡献分不开。《法国民法典》从1800年8月开始起草,至1804年正式形成为完整系统的法律文献,自始至终均与拿破仑的支持分不开。拿破仑任命了民法典起草的四人委员会,该委员会四个月就完成了民法典草案的编撰工作。该草案提交法国最高法院、各上诉法院与国务院立法委员会评审并受到一致好评。由于拿破仑在草案起草中坚持草案必须明确简练、清楚易懂,能够为一般民众所接受,能够成为和《圣经》一样的几乎公民人手一册的通用读物,并成为指导每个公民行为的准则。因此,民法典草案语句流畅、格调优美,堪称文学杰作。尽管如此,草案在审查时由于审查团因政治原因而采取不合作态度而被否决。草案撤回后,拿破仑通过高压手段干涉议会,缩小审查团规模,并在议会和审查团中安插自己的追随者,最后才使草案得以通过并于1804年3月31日公布。而在起草民法典的前后召开的102次会议中,拿破仑亲自担任会议议长的就有57次之多。因此可以说,《法国民法典》是在拿破仑的直接催产之下诞生的。

《法国民法典》的基本内容 《法国民法典》的编纂采用了罗马法法学阶梯的模式,共由三编组成。第一编为"人",主要规定法国公民的民事权利、法国国籍的取得与变更、身份证书、住所、失踪的推定和宣告,以及婚姻、离婚制度,亲子关系制度,收养制度,亲权制度以及关于未成年、监护和解除亲权的制度,成年与受法律保护的成年人制度等。第二编为"财产以及所有权的各种变更",主要规定财产的分类,所有权,用益权,使用权与居住权,役权与地役权。第三编"取得财产的各种方式",主要规定继承制度,生前赠与及遗赠,契约或约定之债的一般规定,包括准契约以及侵权行为与准侵权行为而发生的非经约定之债,夫妻财产契约与夫妻财产制,买卖、互易、租赁契约以及借贷契约、射幸契约、委托契约、保证契约等具体契约形式,公司(包括合伙),寄托和诉争物的寄托等,还规定了和解、仲裁、质押、优先权与抵押权,不动产扣押与债权人之间的顺位,时效制度与占有制度等。

从上述关于《法国民法典》的内容来看,此部法典所确定的法律规则系统而详尽,几乎包括了社会生活的各个方面,但其缺点在于结构上不够严谨,尤其是与1900年的《德国民法典》相比,《法国民法典》在抽象化、系统化上远远不及后者。另外,《法国民法典》的用词虽然简单、优美,但不够准确,法律概念不够清晰。

《法国民法典》的历史贡献 尽管存在着种种不足,但《法国民法典》在民法的发展史上仍然具有毫无疑义的里程碑意义,并且在法国、甚至整个资产阶级社会的发展史上具有不可替代的特殊地位。首先,在法国,《法国民法典》起到了统一民事法律的作用。在《法国民法典》之前,法国虽然获得了政治上的统一,但在法律规范上却非常分散。在法国南部,实施的是以《查士丁尼法典》为代表的成文法,而在法国北部,实施的仍然是各种习惯法。《法国民法典》的实施使法国的民事法律获得了统一,对法国法制的发展和经济的发展均具有重大的作用。其次,《法国民法典》作为一部典型的资产阶级法典,第一次以成文法律的形式确立了个人在社会生活的中心地位,将文艺复兴以来的资产阶级自由、平等、博爱的价值观以法律的形式固定下来,巩固了资产阶级革命的成果。围绕着以人为本,个人至上的思想,《法国民法典》确立了与个人的生存和人格尊严密切相关的私有财产所有权绝对的原则;体现对个人自由精神的维护,《法国民法典》确立了契约自由原则,任何人不受他人强迫而订立契约,任何人可为自己利益自由地订立契约以追求自己的利益;与契约自由原则相适应,《法国民法典》确立了过错责任原则,即每个人只对因自己过错而造成的他人损失负责,无过错便无责任。在此原则之下,个人便能够真正地享受自由权利,自由地追求自己的利益,只要在此过程中尽足够的注意,便无需对造成的损害承担法律责任。《法国民法典》的上述原则融为一体,在法律上保障了资产阶级要求尊重人、尊重人追求自己利益的权利的伦理要求,从而为资产阶级社会人们追求财富的积累奠定了法律基础。因此,从一定意义上说,《法国民法典》不是法国的民法典而是一个时代的民法典,是资产阶级法典。而也正因为此,《法国民法典》的影响远远超出了法国的国界,在世界范围内产生了深远的影响。

《法国民法典》从颁布至今已经经历了近二百年的风雨。在这二百年中,人类社会发生了巨大的变化,法国社会也经历了多次的社会变动与战争,而《法国民法典》却得以保存其基本的原貌,没有发生根本性的改变,反映了其持久的生命力,也印证了拿破仑的预测:"我的荣耀不在于赢得了40场战役,因为滑铁卢一战之败将摧毁所有对胜利的记忆。但任何事物都不能摧毁我的《民法典》,它将永存于世,流芳千古。"当然,今日的《法国民法典》已经不是"拿破仑法典",而是一部现代的民法典,其许多条文均已适应社会发展的需要而进行了修改。例如,《法国民法典》中本来在亲属法中保存了大量封建的因素,体现了封建社会夫在家庭中的支配地位和对非婚生子女的歧视等,今天适用的法典已经贯彻了家庭中夫妻的平等和非婚生子女与婚生子女的平等原则;另外,《法国民法典》颁布之时几乎无保护人格权的规定,但现在的法典则适应国际人权运动的发展,补充了大量有关保护人格权的规定。还有,在所有权方面,所有权的行使受到了越来越多的限制,契约自由受到了较多的规制,过错责任原则也因工业社会的发展,无过错责任原则适用范围的大大扩展而被大幅度修正等等。最后,《法国民法典》的修改还反映了在生物技术发展的背景下法律的一些因应措施。

总之,法国民法应因时而生,应运而生,在近代历史上对资本主义民法的确立和发展,对资本主义社会的发展作出了不可磨灭的贡献;《法国民法典》又因时而变,使其至今保持旺盛的生命力——不仅作为法国重要的法典,而且作为世界重要的法典发挥其重要的作用。

(尹 田)

faguo piaojufa

《法国票据法》(Negotiable Instruments Law of France) 法国是世界上最早用成文法方式制定票据法的国家。早在1673年,法国国王路易十四颁布《路上商事条例》(也称《商事敕令》),其中第五章和第六章专章对票据进行规定。这被认为是各国近代票据法的开端。1807年《法国商法典》在旧商法的基础上,用80个条文规定了有关汇票和本票的内容。1865年,法国又专门颁布了《支票法》作为特别法。因而,法国票据只包括汇票和本票,不包括支票。法国票据法对欧洲各国及拉丁美洲诸国的票据法发展影响深远。在票据立法上,仿法国票据立法模式立法的国家,加之法国自己,被共同称为法国法系。法国票据法之特点:第一,旧票据主义,即认为票据仅是输送金钱的工具,因此没有将票据关系和其基础关系截然分开。但值得说明的是,随着票据法的国际统一化发展趋势,1935年,法国受《日内瓦统一汇票本票法》的影响,对其商法中的票据法进行修改,废弃了旧票据主义立场。该法于1936年公布施行,并使用至今。第二,输金主义,即法国票据法仅偏重于票据的支付作用和汇兑作用,而强调信用和流通融资作用。但同样,1935年法国修改票据法也废弃了旧有立法中输金主义的立场。第三,分离主义,即法国在立法体例上,民商法采分立主义,票据法也采分离主义,这点与德国的立法例相同。但法国在票据法和商法的关系问题上,汇票和本票的规定采票商包括主义,规定在商法典中,支票采单行主义,另设单行支票法加以规制,这与德国又有不同。 (温慧卿)

faguo shangfadian

《法国商法典》(Code de Commerce)

《法国商法典》的立法背景 法国最早的商事立法可以追溯到13世纪的《奥列隆法典》(Roles D'Oleron),这是一部海商法典,汇集了12世纪许多海商判例。十七八世纪,随着法国资本主义的成长、王权的加强以及民族国家的逐渐形成,法国开始出现国家商法。1673年法国路易十四颁布了《商事法令集》,该法典共12章、112条,其内容包括商人、票据、破产、商事裁判、管辖等。该法在适用上实际仍受商人习惯法的补充,并且其司法由商人担任法官的商事法院从事。1681年法国又颁布了《海事法令集》,其内容包括海上裁判所、海员及船员、海事契约、港口警察、海上渔猎五编,类似于后来的海商法。该法的主要作用在于排除《奥列隆法典》和《康梭拉多海法》对法国海事活动的适用,加强王室对海事贸易的控制。《商事法令集》和《海事法令集》为1807年法国商法典的制定奠定了重要的基础,也为其他讲拉丁语的欧美国家制定本国商法做出了样板。

制定商法典的设想在法国资产阶级革命时期就已经提出,但同民法典一样直到拿破仑时期才得以实现。1807年,法国在《商事法令集》和《海事法令集》的基础上,制定了统一的《法国商法典》,于1808年1月1日公布实施。它是现代资本主义国家第一部独立的商法典,它的问世标志着现代意义上的独立的、完整的、统一的商法的形成。从而开创大陆法系国家民商分立体例的先河。同时该法典对于法国旧的商法的基本精神做了重大修改,它摒弃了古典商法中的商人法主义立场,而以商行为观念作为其立法基础,首创现代商法中的商行为主义。

《法国商法典》的基本内容 颁布时的《法国商法典》比《法国民法典》的条文要少得多,它只有四卷,648条,其中涉及陆上贸易的只有401条。第一卷为商事总则,共9编,内容包括商人、商业账簿、公司商业交易所及证券经纪人、行纪、买卖、汇票、本票及时效。第二卷为海商,共14编,包括船舶、船舶抵押、船舶所有人、船长、海员、佣船契约、载货证券、租船契约、以船舶为抵押而设定的借贷、海上保险、海损、货物投弃、时效、投诉。第三卷为破产,共3编,包括财产转移、破产、复权。第四卷为商事法院,共3编,包括商事法院的组织、管辖、诉讼及上诉程序等。

《法国商法典》颁布至今已将近两个世纪。近二百年来，随着法国社会和经济的发展，法国商法也发生了很大的变化，并进一步完善。目前，《法国商法典》绝大多数的条款已被废除或修改，继续有效的仅有 140 条，其中只有约 30 个条款保留 1807 年的行文。商法典现存的条款涉及商人、商业会计、商品交易所、居间商、质押和行纪商、商行为证据、汇票和本票、商业时效以及商事法庭。但现存条款对这些方面大都为原则性规定，有的仅设置个别条款，已远不能适应实践的需要。因此，在当今法国，大量的商事立法，包括一些商法典已有所涉及的方面，以及有关商事公司、商业登记、海商、破产、银行、有价证券、商事租约、营业资产等方面的法律，均未正式编入商法典。

19 世纪末以来，法国学者曾力图对商法典加以全面修订，但迄今只完成了部分修订工作。要将所有新的法规纳入单独一部法典，似乎有很多实际困难。由于商法所涉及的内容日益复杂，故法国学者建议将商法编成几部法典。法国达罗兹出版社出版的最新版本（2000 年版本）的《商法典》的第一部分是《法国商法典》本身，第二部分是法国商事法律的重要组成部分，如公司法、破产法、票据法、竞争法等。可以说，由于《法国商法典》的很大的变动性，实质意义上的《法国商法典》既包括商法典本身，又包括一些重要的商事法律。

现行的《法国商法典》保持了旧有的四卷体例，但内容已经有了很大的变化。

第一卷商事总则包括 9 编：第一编商人；主要规定从事商行为的商人的资格，原有的 7 条，已被废止或修改，仅剩 3 条。但本编亦附有相关的法律文件，如 1947 年 8 月 30 日的关于整顿工商职业的法律、1991 年 6 月 25 日的关于商业代理人与其委托人之间关系的法律等。第二编商人会计；包括 2 节，商人的会计义务、适用于某些自然人商人的会计义务。本编附有 1983 年 11 月 9 日的关于实施 1983 年 4 月 30 日的第 83—353 号法律以及商人和一些公司会计人员义务的法令。第三编公司：已被废止。第四编商业注册；也已被废止。第五编商品交易所、证券经纪人和居间商；包括 2 章，商品交易所、证券纪纪人和居间商。附有 1866 年 7 月 18 日关于商品居间商的法律与 1964 年 4 月 29 日编纂和修改有关经宣誓的商品居间商的规定的法令。第六编质押和行纪商；包括 4 节，质押、行纪商通则、水陆运输行纪商、承运人。第七编商行为的证据；仅有 1 条。第八编汇票和本票；包括 2 章，汇票、本票。汇票这一章的内容较多，有 13 节，包括汇票的创造和形式、资金、背书、承兑、票据保证、到期日、付款、不获承兑及不获付款的追索权和签发反汇票、参加、副本及誊本、变造、时效、通则。第九编时效。

第二卷海商：除第 433 条外，商法典的第 190 条至第 436 条已被未经编纂的各不相同的法律文件废除并取代。

第三卷破产和司法清理、复权和破产的轻罪行为及其他有关破产的犯罪行为已被废除。目前有关破产方面的法律文件均未编入商法典，主要有：1985 年 1 月 25 日的关于企业的司法重整和司法清算的法律及其实施法令，1985 年 1 月 25 日的关于企业清算的司法管理人、司法代理人和企业诊断人的法律及其实施法令，1984 年 3 月 1 日的关于企业困难的预防与和解的法律及其实施法令。

第四卷商事法院；包括 4 编。第一编商事法庭的组织，基本被废除，仅 630 条被编入司法组织法典，作为该法典的第 L.411—1 条。第二编商事法庭的管辖权。第三编商事法庭的诉讼程序，但此编名连同内容都已被废除。第四编皇室（上诉）法院的诉讼程序，编名与内容也已被废除。本卷附有司法组织法典的法律与条例。

除商法典本身外，一些重要的商事法律也是《法国商法典》的重要组成部分。主要有以下商事法律：

1966 年 7 月 24 日的《商事公司法》，包括 3 编，第一编各种商事公司的活动规则；第二编刑事规定；第三编其他规定及过渡规定。

1985 年 1 月 25 日的《司法重整与司法清算法》，包括 8 编，第一编司法重整的一般制度；第二编适用于某些企业的简易程序；第三编司法清算；第四编救济途径；第五编对法人及其领导人的特别规定；第六编个人破产及其他禁止措施；第七编欺诈破产罪及其他违法行为；第八编杂则。

竞争法，包括 1986 年 12 月 1 日的《价格与竞争自由法令》、1986 年 12 月 29 日的《关于确定 1986 年 12 月 1 日第 86—1243 号价格与竞争自由法令的实施条件的法令》、1987 年 10 月 19 日的《有关对竞争委员会决定向巴黎上诉法院提起诉讼的法令》。

票据法，包括 1935 年 10 月 30 日的《统一支票和支付卡的法令》、《邮政与通信法典》中的《邮政支票法》以及有关实施《邮政支票法》的法令。

《法国商法典》主要特色 （1）《法国商法典》是一部与《法国民法典》分立的独立的法典。在法国，商法被看成与民法截然不同的一种法律，商法的这种地位在古代法律中就已存在。直到 1808 年《法国商法典》的颁布实施，才肯定了民商分立的立法模式，这一法典的编纂不仅在形式上，而且更在实质上奠定了民商分立的基础。此后大多数大陆法系国家都采用了这一体例。法国民商分立体制的形成，并非出于理性的思考与选择，而是历史传统的既成事实，即法国在资本主义早期发展中所形成的商人特殊阶层及其特殊利益,以及商人及商事活动自身所创造的商事习惯法和商事法庭。到今天,尽管学说上对私法的一元化和二元化争论不休,但商法的独立地位在法国巍然不动。商法不仅不向民法接近,而且已成为一种基本法。不论从商法的精神看,还是从法律渊源及其发展趋势看,商法的独立性愈来愈明显。(2) 首创商行为法立法体系,后转向折衷主义商法体系。1808 年的《法国商法典》率先确认了商行为概念,创商行为法立法例。该立法例强调商行为概念,不论商人或非商人只要基于法定商行为而形成的社会关系均为商事关系,直接由商法调整,由行为性质而非主体资格作为确定商事关系范围的标准,它反映了资产阶级革命革除身份等级观的思想成果。但法国现已转向折衷商法主义立场,成为折衷商法体系的典型代表。在现代《法国商法典》中,商人的概念与商行为的概念被共同作为商事立法体系化的基础(《法国商法典》第 1 条、第 31 条)。该法典首先以商行为概念作为定义商人的基础;而商人的概念又在一定程度上决定着商行为的具体范围。与商人法体系和商行为法体系不同,《法国商法典》中并没有关于商行为的一般定义,而是通过列举方式明确了商行为的基本范围。(3) 实质意义上的《法国商法典》是以商法典为基础,各单行法为主体的体系。

《法国商法典》由于有很多方面的进步性,如确立了民商分立体制、开商行为法体系先河以及充实了法典编纂运动等,所以不愧为一部划时代的商法典。许多欧洲、亚洲和中美洲国家都仿效《法国商法典》制定了本国商法典。如比利时、卢森堡 1811 年的商法典,西班牙 1829 年的商法典,阿根廷 1889 年的商法典,秘鲁 1902 年的商法典等等。这样就构成了法国商法体系。《法国商法典》与《法国民法典》一样,拿破仑称它们为"圣匮",让邻国把它看成宗教式的崇敬和榜样。所以他自豪地说,他没有用武力征服世界,但他用法律征服了世界。

(尹 田)

faguo shangfa tixi
法国商法体系(the system of French commercial law) 法国商法属于大陆法系商法。早在 1563 年,法国政府就设置了商事法院,任命商人为法官处理商事案件。路易十四时期在科尔培尔的主持下,制定了《商事条例》(1673),共 12 章、112 条,其中包括商人、票据、商事裁判管辖等内容。1681 年又公布了《海事条例》,在内容上对《商事敕令》进行了补充,其共五编,包括海上裁判所、海员及船员、海上契约、港湾警察、海上渔猎等海上公私法规。19 世纪初期,为了发展资本主义生产关系,从 1801 年起,由拿破仑任命的七人委员会开始起草商法典,1803 年公布了商法典草案,1807 年 9 月议会通过该法案,1808 年 1 月 1 日起实施,称《法国商法典》。它是世界上第一部资本主义商法典,标志着商法成为独立的法律部门,也标志着民商分立立法体例的确立。

这部法典,采商行为主义,体现了"私法自治"的精神,立法技术优秀,对很多国家的商事立法产生重要影响,例如荷兰、比利时,希腊、土耳其、西班牙、埃及、塞尔维亚、等国也采用法国商法典的商行为主义原则制定了商法典,形成民商分立的体系,所有这些以法国商事立法为蓝本进行立法的国家的法律,统称"法国商法系"。

法国以后又颁布了许多单行法,废除了商法典的有关条文。比较重要的单行法有:1919 年的商业登记法,1909 年的营业财产买质押法,1867 年的公司法,1917 年的工人参加股份公司法,1925 年的有限(责任)公司法,1966 年的公司法,1942 年的证券交易所法,1930 年的保险契约法,1935 年的票据统一令及支票统一令法,1936 年的海上物品运送法,1838 年、1889 年、1935 年、1977 年的破产修正法等。

(唐广良)

faguoshangshi gongsifa
《法国商事公司法》(la loi sur les Sociétés Commerciales) 该法颁布于 1966 年 7 月。在立法技术和体系结构上突破了历来有关公司规定被局限于商法典的狭隘的立法传统,将有关公司的立法完全法典化。《商事公司法》共 509 条,对股份有限公司、有限公司、有限合伙、股份有限合伙、普通合伙和合资经营等公司作了全面系统的规定。该法内容充实、结构严谨,是当代最典型的公司法之一。

《商事公司法》在实体内容上很有特色,主要体现在以下两个方面:

1. 内容全面,规定严格。《商事公司法》,几乎规定了所有公司形式,即使是传统的各种个人合伙,它也作了详细的规定。而该法的严格规定则是以对公司设立准则所采用的严格准则主义为核心的。在这方面,它突出地代表了当代公司立法的一种发展趋势,即严密规定公司的组织与会计,强化监督与处罚。这一立法原则主要体现在:(1)《商事公司法》对公司发起人的行为规定了一系列严格的限制性条款。例如,发起人必须向创立大会提交有关全部出资的财产报告;公司的财务报告必须经过被批准的公共审计员的审查;采用募集设立方式设立公司的,发起人在资本总额全部认定以前,必须把股款存放在公证处或储蓄银行,以便在公司成立后转给公司或者公司不能成立时将股款返还给认股人;发起人违反上述义务时将受到严厉的刑事处罚。该法第三编"罚则"中把公司发起人的欺诈和强迫行为均规定为犯罪行为,其种类主要有:特别背信罪、假装缴纳罪、渎职罪、行贿受贿罪等。对发起人的犯罪行为，"罚则"中规定主要运用罚金和徒刑的刑罚手段加以处罚。最高达5年徒刑。(2)《商事公司法》对公司的设立登记程序规定了严格的法律审查程序。例如，必须公证通告认股人缴纳的股款已被存入公证处或银行；必须将公司设立章程、副本以及其他文件一并提交地方商事法院；必须在授权刊登法律通知的政府报刊上发出公司设立公告；必须声明服从法律等。(3)《商事公司法》对公司发起人和公司成立时股东的人数及公司最低资本额作了严格的限制性规定：股份有限公司发起人和公司成立后股东人数的最低额为7人；有限公司在设立时应拥有2~50名成员。如果公司成员人数低于上述要求，则所有当事人均可以在1年以后请求解散公司。该法关于公司最低资本额的规定是：股份有限公司如果不邀请公众认购股份或债券，那么股份有限公司的资本额不得低于10万法国法郎。如果邀请公众认购股份或债券，公司资本额不得低于50万法国法郎，有限公司的最低资本额不得少于2万法郎。

2.《商事公司法》既保持了本国传统，又借鉴了他国的立法经验，并在此基础上对某些具体规定进行了创新。这突出地表现在它对股份有限公司规定的可供选择的两种管理制度上。一种是被称之为"一元委员会制"的法国传统管理制度，其特点是公司由董事会这一单一机关进行管理。董事会管理公司的权限由法律直接赋予，股东大会无权加以限制。不过，这种管理体制往往导致公司董事长缺乏监督，容易产生滥用权限的弊端。另一种是借鉴联邦德国的管理制度，被称为"二元委员会制度"。这种管理体制的核心内容是设置监事会，由监事会任命董事会成员并控制和监督董事会对公司的管理活动。例如，在许多情况下，由监事会制定公司的政策；董事会的某些重要决定需经监事会同意；监事会可以随时检查董事会的工作情况，不受限制地查阅公司的所有文件；董事会每3个月向监事会汇报一次工作。《商事公司法》原则规定公司的一般管理权由董事会行使，董事长则不再享有任何特权。该法还规定上述两种机关的成员不能互相兼职，以确保公司的监督机关及其职能和公司的业务执行机关及其职能能够严格分立。《商事公司法》受联邦德国有关公司方面法律的影响，但它不拘泥于照搬他国的法律，而是在借鉴的同时予以创新。例如，对小型股份有限公司，它规定了董事长兼任总经理的制度。并允许在章程中规定由监事会提名除董事长外的一个或数个董事会成员担任总经理等。股份有限公司对上述两种管理制度有自由选择的权利，通过公司章程规定选用一种制度，也可以由一种管理体制转变为另一种管理体制。

(王亦平)

falü buneng

法律不能(impossibility of object in law) 法律行为内容的法律效力，在法律上为不可能发生。例如，依照我国法律，同性结婚、不动产质押等，具有此种内容的法律行为，因其违反强行法的规定而无效。

(李仁玉 陈 敦)

falü diwei shuo

法律地位说(theory on legal status) 即股东权是属于一种可以发生权利义务的法律地位或资格。这项权利是股东权的结果，而不是股东权的内容。 (梁 聪)

falühun

法律婚(civil marriage) 亦称民事婚。广义上的法律婚指按照法律规定的实质要件和形式要件而成立的婚姻；狭义上的法律婚仅指按照法律规定的形式要件而成立的婚姻。就结婚方式而言，对法律婚应作狭义的解释。在实行法律婚制的国家里，欠缺法定结婚方式的结合不发生婚姻的法律效力。法律婚古已有之。在经历了长期的宗教统治的欧洲各国，法律婚则是在从封建主义婚姻制度向资本主义婚姻制度转变的过程中逐步发展起来的。16世纪的荷兰首先实行选择民事婚制度，即采用宗教婚还是采用法律婚的结婚方式可由当事人自行选择。1787年，法国国王路易十八世以敕令规定选择民事婚制度，1791年的法国宪法指出："法律视婚姻仅为民事契约"，用法律婚取代了宗教婚。自此而后，法律婚在许多国家中渐占优势；它是当代各国最主要的结婚方式。中国历代的户婚律中虽然也有关于婚姻成立的规定，但其内容局限于对依礼聘娶的认可；聘娶婚本身并不具有法律婚的性质。《中华人民共和国婚姻法》在结婚方式上采用单一的法律婚制；欠缺法定的结婚方式被视为婚姻不成立。 (杨大文)

falü renge

法律人格(legal personality) 法律上具有民事主体资格的人，又称为民事主体或权利能力。人格一词来源于罗马法上的 persona，该词是从演员扮演角色所带的假面具引申而来，亦指人在法律上的身分。在罗马法上，奴隶不具有法律人格，妇女、子女和外省人不具有健全的法律人格。在现代民法中，自然人均具有法律人格，法人和其他组织也具有法律人格。

(李仁玉 陈 敦)

falü shang de guocuo tuiding

法律上的过错推定(legal presumption of fault) (1)又称为特殊的过错推定、不可推倒的过错推定、责任推定。指在某些特殊的侵权行为中,法律规定行为人要推翻对其过错的推定,必须证明有法定的免责事由,以表明自己是无过错的,否则,需要对损害后果负责。(2) 船舶碰撞法上的法律上的过错推定。指如一船舶违反法定航行规则,除非该船能证明在当时情况下,背离航行规则是必要的,或者违反规则在当时条件下不可能导致船舶碰撞损害的发生,否则法律推定违反航行规则的船舶犯有造成船舶碰撞损害的过失。该规则在英美国家曾得到广泛适用,但存在违背了因果关系法则、给违反规则方带来过重的不合理的举证责任的缺陷。我国船舶碰撞法的立法不承认法律上的过错推定。 (张平华)

falü tuiding guoshiyuanze

法律推定过失原则(the principle of statutory presumption of fault) 根据法律规定推定过失存在的原则。即行为人如果有违反法律或规章的行为,就推定他对损害结果有过失,而不论他的行为与损害结果有无因果关系。海商法领域的法律推定过失原则是指当一船违反法定航行规则(包括国际性或地方性规则)时,除非该船能证明在当时情况下背离航行规则是必要的,或者违反该规则在当时情况下不可能导致碰撞的发生,否则,法律便推定违反航行规则的船舶犯有过失。法律推定过失原则必须由法律明文规定。该原则曾经在一些国家,特别是英国和美国得到广泛应用。美国至今也没有从法律上加以废除。法律推定过失原则忽视了违反航运规则行为与造成碰撞之间必须存在的因果关系,强加给违反规则一方过重的、不合理的举证责任,可能产生不合理的结果。1910 年《统一船舶碰撞若干法律规定的国际公约》废除了该原则。目前,包括我国在内的大多数海运国家的船舶碰撞法律对法律推定过失原则均不予承认。 (张永坚 张 宁)

falü tuiding hetong

法律推定合同(legal presumed contract) 推定合同的一种。指当事人间并无合意,但法律推定当事人间发生合同,以使受益的一方应返还利益予另一方。其特点在于当事人之间并无发生权利义务的明示或默示的合意,而是基于法律规定在当事人间发生相当于合意存在的权利义务。罗马法上的准契约即属于法律推定合同。在英美法上,法律推定合同主要是指基于不当得利和无因管理在当事人之间发生的权利义务关系。因此,法律推定合同被称为"准合同",根本不属于合同,当事人的义务是由法律直接规定的,而不是由当事人约定的。 (郭明瑞)

falü xingwei

法律行为(juristic acts;德 rechtsgeschäft) 一种目的在于形成某种法律后果的意思表示行为。依台湾学者的观点,法律行为是表示行为的下位概念,其意义在于与准法律行为相区别。法律行为的含义多有争议,但通说认为,应包含以下内容:(1) 须为民事主体之行为。国家主权作用的行为,如法院裁判、行政机关命令皆非法律行为。(2) 须具有行为意思,即希望其意思之表示可以完成法律上的一定效果。(3) 须具表示意思。如果行为人不知悉其行为在法律上有重大意义,就属于非法律行为之表示。(4) 须具有特定的客观的内容。意思表示只需在客观上能够确定其特定的法律效果就具有效力。法律行为这一概念,最早见于德国 18 世纪法学家丹尼尔·奈特尔布拉德(Daniel Nettelbladt, 1719~1791)于 1748 年出版的《实在法学原理体系》第一卷中。德国学者胡果(Hugo, 1764~1844)曾使用法律的行为这一概念,含义是指违法行为和一切合法行为。将意思表示作为法律行为的构成要件的,是德国著名法学家萨维尼(Savigny, 1779~1861)。其在 1840~1849 年间出版的八卷本《当代罗马法体系》中,对法律行为这一概念理论化和精致化,后为《德国民法典》采用。在英美法中,也有法律意义的行为这一概念,意指能够引起法律后果的行为。法律行为本为民法上的概念,由于现代各部门法法律概念的相互吸收,其他部门法也借用了法律行为的概念,以至有必要区分广义的法律行为和狭义的法律行为。广义的法律行为,应是各法律部门中的行为现象的高度抽象,是各部门法律行为(宪法行为、民事法律行为、行政法律行为、诉讼法律行为等)与各类别法律行为(如合法行为、违法行为、犯罪行为等)的最上位法律概念(或法学范畴)。狭义的法律行为,仅在民法上具有意义。这样就会出现法律概念上的矛盾。为了避免这一矛盾,《民法通则》未使用法律行为这一概念,而使用民事行为与民事法律行为这两个概念。 (李仁玉 陈 敦)

falü xingwei de biaodi

法律行为的标的(object of legal act) 法律行为的内容或客体,法律行为的成立要件之一。法律行为的成立和生效,要求法律行为的标的可能、确定、合法和具有社会的妥当性。我国《民法通则》第 55 条规定,民事法律行为生效不得违反法律和社会公共利益,即对民事法律行为的内容确立了合法和妥当性的要求,但《民法通则》没有明确可能性和确定性的要求。

(李仁玉 陈 敦)

falü yinguoguanxi

法律因果关系(legal cause) 又称责任范围的因果

关系、责任充分的因果关系。指现存利益与可得利益损害与行为之间的因果关系。一般地讲，只有符合法律因果关系的损害才能获得赔偿。法律上因果关系的核心是判断损害与行为之间是否具有相当性，相当性的判断主要属于法律上的价值判断，其判断方法有合理预见规则说、法规目的说等。参见预见规则说、法规目的说条。

(张平华)

falü zeren

法律责任(legal liability) 责任的一种。(1) 法律规定的行为主体应当实施的行为。这种含义上的法律责任是受法律保障的社会关系正常发展所必须的，实质上是主体应当履行的法律义务，既靠主体自觉履行，又以国家强制力为后盾。(2) 行为主体因实施违反法律规定的行为而应承担的法律后果。通常所说的法律责任仅指此而言。这种含义上的法律责任，是行为主体对其行为应负责的当然结果，是因其实施违法行为而发生的，实质上是社会对主体行为的法律上的否定评价，包含着社会对违法行为人法律上的谴责。法律责任与道德责任等相比，具有以下特点：一是具有稳定性与明确性，只有在法律有明文规定时，才能对行为人追究法律责任；二是具有强制性，即法律责任的执行以国家强制力为后盾。因法律部门不同，行为人所违反的法律规范的性质不同，相应的法律责任可为刑事法律责任、行政法律责任、民事法律责任等，各种不同的法律责任各有其不同的一些特点。

(郭明瑞)

faren

法人(legal person) 具有民事权利能力和民事行为能力，依法独立享有民事权利和承担民事义务的组织。其特征为：(1) 法人是社会组织。法人或为多个自然人组成的社会组织，或以一定的数量的财产集合为基础组成的社会组织。法人作为社会组织体是区别自然人生命体的关键所在。(2) 法人是具有民事权利能力和民事行为能力的社会组织。并不是任何社会组织都能取得法人资格，只有具备法人的成立条件，具有民事权利能力和民事行为能力的社会组织，才能取得法人资格。而且，即使取得法人资格的社会组织，也不是在任何情况下都以法人的名义进行活动，例如机关法人在进行公务活动时就不是以法人的名义出现的，而只有在进行民事活动或民事诉讼活动时，才以法人的名义出现。(3) 法人是依法独立享有权利和承担民事义务的组织。这是法人区别于非法人组织的根本所在。其主要表现为：第一，独立的组织。法人为独立的社会组织体的具体含义在于：法人的民事主体资格与组成法人的自然人的民事主体资格是彼此独立的，某个或某些法人成员的死亡或退出法人组织，不影响法人的存续；法人的组织无需依靠其他组织或单位而独立存在。第二，独立的财产。即法人所有的或经营管理的全部财产。法人的财产独立于其出资者的其他财产。独立的财产是法人的特征之一，也是法人成立的物质基础。第三，独立的责任。法人具有独立的组织和独立的财产，就可以以自己的名义进行民事活动，独立享有民事权利和承担民事义务。如果法人违反民事义务，造成他人损害，由法人独立承担民事责任。法人的财产不足清偿债务时，法人的出资者不承担责任（法律另有规定的除外）。独立承担民事责任是法人具有独立的组织和独立财产的必然结果。独立责任，是法人制度的突出优点，也是法人的重要特征。

法人应具备的条件，是指取得法人资格所必须具备的基本条件。法人应具备的条件与法人的特征有联系，但并不完全相同。法人的特征指的是社会组织取得法人资格后具有的特点。法人应具备的条件是指取得法人资格所应具备的基本条件。不同的法人要求具备的具体条件不同。根据《民法通则》第37条规定，法人应具备的基本条件为：(1) 依法成立。依法成立是指依照规定而成立。首先，法人组织的设立合法，其设立的目的、宗旨要符合国家和社会公共利益的要求，其组织机构、设立方式、经营范围、经营方式等要符合国家法律和政策的要求；其次，法人的成立程序符合法律、法规的规定。(2) 有必要的财产或经费。必要是指法人的财产或经费应与法人的性质、规模等相适应。我国一些法律法规对有关法人的财产或经费要求作了规定。必要的财产或经费是法人生存和发展的基础，也是法人独立承担民事责任的物质基础。因此，法人具备必要的财产或经费是法人应具备的最重要的基础条件。(3) 有自己的名称、组织机构和场所。《民法通则》第37条将能够独立承担民事责任作为法人应具备的条件。在学理上讲，独立承担民事责任是法人的特征，而非条件。

法人制度最早起源于罗马法。在立法上首先采用法人一词的是1896年的《德国民法典》。该法规定了社团法人的成立、登记、章程、法人机关、破产和清算等。在制度层面上建立了世界上第一个完整的法人制度，后世的瑞士、日本、意大利、巴西等国民法典都仿效德国民法规定了完整的法人制度。在英国，由于受习惯法的支配，除了1908年的公司法外，没有一般法人的规定。但英国有发达的信托制度，同样可以设立财团法人。在美国，法人由单行法规和条例调整。在我国，1929年国民政府民法采德国法律规定了完整的法人制度。在新中国建国初期，也曾先后在有关法规中使用了法人一词。1986年公布的《民法通则》设专章对法人作了详细规定，包括法人的一般规则，企业法人的设立，变更和终止，以及承担责任的范围，机关、事业单位和社会团体的法人资格以及法人联营等。

关于法人的本质,在历史的发展阶段上分别存在以下学说:

(1) 法人否认说。即不承认法人存在的学说。又可分为目的财产说、受益人主体说、管理者主体说。目的财产说的主要代表人物是德国法学家布尔兹和柏克,其主要观点是:法人不过是为了一定目的而存在的无主财产,法人本身不具有独立的人格。受益人主体说的代表人物是德国法学家耶林,该说的主要观点是:意思行为是个人的意思,集合体是没有意思的,集合体不能成为法权的主体,因此,法人仅仅是形式上的权利义务主体,实际上的权利义务主体只能是享有法人财产利益的自然人。管理者主体说的主要代表人物是赫尔德和宾德,其主要观点是:法人的财产并不属于法人本身所有,而属于管理法人财产的自然人,只有管理法人财产的自然人,才是法律上所称的自然人。否认说虽然从法人是否有意思能力、其财产归属等问题上探讨法人的本质,较之拟制说前进了一步,但它从根本上否认法人的存在,是违背现实生活的。

(2) 法人实在说。又分为有机体说与组织体说。有机体说的代表人物是德国法学家基尔克,其主要观点是:民事主体资格与意思能力是联系在一起的,法人具有团体意思,法律对这种实际存在的社会有机体赋予其独立的人格,使其成为法人。有机体说又称为团体人格说或具体实在说。组织体说的代表人物是德国法学家米休德和登伯格。该说认为,法律的本质不在于其作为社会的有机体,而在于其具有适合为权利主体的组织,具有表达和实现自己意志的组织机构。实在说肯定了法人的客观存在,其中的组织体说说明了法人的组织特征以及法人与其机关以及其成员之间的关系,因而被大多数民法法系的民事学者所接受,也为后世的民事立法所采纳。

(3) 法人拟制说。该说萌芽于罗马法时期,初创于中世纪欧洲的教会法学,完善于近代,代表人物是德国法学家萨维尼,其主要观点是:民事主体必须有自由意思和表达能力,因而只有自然人才有法律上的人格。法人取得法律人格只是法律将其拟制为自然人的结果。拟制说区分了法人与其成员的财产,法人与其成员的各自独立人格,法人与其成员的各自责任,为法人制度的确立作出了贡献。但是,该说未能真正揭示法人的本质,法律不可能脱离社会经济生活的需要,拟制出一个民事主体。自然人的民事主体资格是法律赋予的,法人的民事主体资格也是法律赋予的,不存在谁拟制谁的问题。

法人的分类。大陆法系国家对法人的分类主要有:(1) 公法人与私法人。(2) 社团法人与财团法人。(3) 营利法人、公益法人和中间法人。英美法系国家对法人的分类主要为集体法人和独任法人。我国民法对法人的分类主要为企业法人、机关法人、事业单位法人和社会团体法人。

(李仁玉 陈 敦)

faren biangeng dengji

法人变更登记(alteration registeration of legal person) 法人登记的一种。法人变更登记是指法人将有关法人的变化情况向登记机关办理变更手续。法人变更应否登记,根据我国现行法律,应区别对待。对于因登记而取得法人资格的企业法人及部分社会团体法人和事业单位法人,其变更应予以登记,其登记机关为原登记机关。对于非因登记而取得法人资格的机关法人及部分社会团体法人和事业单位法人,其变更则不需登记。法人变更登记的目的在于保护相对人的利益,维护交易安全。特别是企业法人,其变更登记,对于相对人利益尤显重要。此外,法人变更登记还有利于国家职能部门掌握情况,实现宏观调控。企业法人变更登记的事项通常包括:合并与分立、变更组织形式、增设或撤销分支机构及法人经营范围、注册资本、住所、法定代表人、经营方式的变动等。社会团体法人和事业单位法人变更登记事项为登记事项,对于非登记事项的变动一般不需办理变更登记。 (李仁玉 陈 敦)

faren daili jigou

法人代理机构(agency of legal person) 专门为法人进行民事代理行为而设立的机构,主要是企业法人的代理机构。根据职务代理的理论,企业法人的采购中心、销售科等均为企业法人的代理机构。企业法人在主要活动地区设立的代理机构一般是企业法人对外进行民事活动的常设机构,它的设立不必另行批准和登记。在企业法人主要活动地区外设立的代理机构,一般是负责专项代理业务的临时机构,只要有法人颁发的证件就可以开展业务活动,但是,如果设置时间较长,成为长期性机构,则应向工商管理部门进行登记。企业法人的代理机构与分支机构的主要区别是:(1) 代理机构是专门为企业法人进行民事代理活动而设立的机构,不执行企业法人的其他业务职能。分支机构则存在执行法人的其他业务职能问题。(2) 代理机构应通过具体的工作人员代理法人实施民事法律行为,如采购员、业务员的代理行为。而分支机构的负责人有时可直接代表法人实施民事法律行为。(3) 代理机构不是独立的民事主体,也不可能成为代理人,其实现法人的职能必须通过工作人员的职务代理来实现,工作人员才是法人的代理人,他们是以企业法人的名义,而不是以代理机构的名义进行民事活动。而分支机构因其享有独立的名称权,有些还享有相对独立的法律地位，可以自己的名义实施民事法律行为。

（李仁玉　陈　敦）

faren de biangeng
法人的变更(alteration of legal person)　法人在存续期内，法人组织上分立、合并以及在活动宗旨、业务范围上的变化。法人的变更，是为了适应复杂的市场形势，追求自身利益最大化的需要。企业法人变更自身形式的自由，是企业自由的重要内容。企业法人可在履行有关法律手续的前提下，变更企业形式或实行合并、分立，以此改变经营范围，分散经营风险，实现资源的优化配置。法人变更的类型。(1) 法人的合并。它是指两个以上的法人合并为一个法人。法人合并分为吸收合并和新设合并。(2) 法人分立。它是指一个法人分成两个以上的法人。法人分立有新设分立和派生分立两种。(3) 组织形式的变更。对于公司法人而言，存在公司组织形式的变更问题。(4) 法人其他重要事项的变更。法人其他重大事项的变更是指法人的活动宗旨和业务范围等事项的变化，根据《企业法人登记管理条例》第17条规定，企业法人改变名称、住所、经营场所、法定代表人、经济性质、经营范围、经营方式、注册资金、经营期限以及增设或撤销分支机构，均属重要事项的变更。法人变更应依法办理变更登记，未办理变更登记的，不得对抗善意第三人。

（李仁玉　陈　敦）

faren de chexiao
法人的撤销(cancellation of legal person)　法人终止的原因之一，法人依照法律的直接规定或因违反法律的规定而被撤销的情况。如我国国有银行企业是直接根据法律的规定成立的，撤销这些企业应由法律规定；再如，某些企业法人严重违法，主管机关可依法律的规定撤销这些企业法人。能够有权撤销法人许可和登记的主管机关为批准法人成立的机关。法人被依法撤销后，经登记成立的法人应办理注销登记，法人资格方为消灭。

（李仁玉　陈　敦）

faren de chengli
法人的成立(establishment of legal person)　社会组织经过设立阶段，具备法人条件，进行成立登记，获得法人资格的行为，即法人取得民事权利能力和民事行为能力的法律事实。法人的成立与法人的设立是两个既相联系又相区别的概念。没有法人的设立便没有法人的成立，凡法人成立必须经法人设立。它们是法人产生过程中的两个阶段，因而有以下区别：(1) 两者的性质不同。法人的设立是一种准备行为，这种准备行为既有法律性质上的，也有非法律性质上的；而法人的成立则不同，它属于法人产生的形成阶段，其行为性质均属于法律意义上的行为。(2) 两者的要件不同。法人的设立一般要有合法的设立人，存在设立基础和设立行为本身合法等要件；而法人的成立一般应具备依法成立，有必要的财产或经费以及有自己的名称、组织机构和场所等要件。因此，法人的设立并不当然导致法人的成立，当设立无效时，法人就不能成立。(3) 两者的效力不同。法人在设立阶段，仍不具有法人资格，其行为是非法人组织的行为，所发生的债权债务，由设立后的法人享有和承担；如果法人不能成立，则由设立人承担设立行为产生的债务。而法人成立后，即享有民事主体资格，所发生的债权和债务，由法人享有和承担。

依照《中华人民共和国民法通则》第37条规定，法人成立应具备的条件是：(1) 依法成立；(2) 有必要的财产和经费；(3) 有自己的名称、组织机构和场所；(4) 能独立承担民事责任。现在多数学者认为，独立承担民事责任，应为法人的特征，而不是成立条件。法人的成立除应具备上述实质要件外，还应具备相应的形式要件。依照《民法通则》、《企业法人登记管理条例》、《社会团体登记管理条例》等规定，机关法人于设立时即取得法人资格，不需登记。事业单位法人或社会团体法人依法不需要办理法人登记的，从设立时起即取得法人资格；依法需要办理法人登记的，经核准登记领取法人证书之日起取得法人资格。企业法人均须办理法人登记，自领取企业法人营业执照之日起取得法人资格。

（李仁玉　陈　敦）

faren de dulicaichan
法人的独立财产(independent property of legal person)　由法人享有的独立于其他社会组织、法人发起人以及法人成员的财产，又称法人财产。

其特征主要有：(1) 法人所有的或经营管理的全部财产。法人作为社会组织，必须拥有独立的财产。法人的独立财产是法人独立享有民事权利和承担民事义务的物质基础。(2) 法人的财产独立于其出资者、法人工作人员及其他社会组织的其他财产。尽管法人设立时的财产由发起人出资或认购，但法人成立后，法定的财产独立于其发起人的其他财产。法人的财产与其工作人员的财产是彼此分离的，分别属于不同的财产主体。在我国，集体所有制企业法人的财产独立于集体企业成员个人的财产；国有企业法人的财产或国有机关的财产独立于国库的财产和国家的其他财产。法人的独立财产制度发端于日耳曼法的团体总有权。根据总有权制度，财产所有权中的管理和处分等权能属于团体总有，而使用和收益等权能属于团体的成员。

当总有团体转换为法人,总有权即成为法人的单独所有权。财团法人的独立财产制度与教会法在处理教会财产与牧师财产的制度相联系。在13世纪以后,教会法改专属财产为抽象人格,其设置的目的、财产的管理等皆由教会规定,由此产生了财团法人的独立财产制度。财团法人对其拥有的财产享有所有权。

法人财产主要由两类财产构成,一类是法人设立时的财产,一类是法人成立后取得的财产。法人设立时的财产来自发起人出资、捐助、预算拨款、授权经营、股权投资和信托等行为所取得的财产。法人设立时的财产是社会组织取得法人资格的必要条件,因而必须达到法定的数额。对于机关、事业单位法人和社会团体法人,法人设立时的财产主要是资金与实物;对于企业法人,设立时的财产既可以是资金、实物,也可以是工业产权、土地使用权、专有技术等。法人成立后取得的财产是指通过法人自己行为取得的财产,主要包括:实物、资金、债权、知识产权、信誉等。根据我国现行法律,法人的独立财产包括两种:一是法人所有的财产;一是法人享有独立经营管理权的财产。全民所有制企业法人的独立财产是指国家以所有人的资格交给企业经营管理的财产,包括固定资产和流动资金。在民事活动中,全民所有制企业法人以国家授予它经营管理的财产承担民事责任。集体所有制企业法人的独立财产是指集体所有制企业法人所有的财产,包括最初由参加集体企业的成员出资的财产和生产经营积累的财产。在民事活动中,集体所有制企业法人以企业所有的财产承担民事责任。公司企业法人(国有独资公司除外)的独立财产为公司法人所有的财产,包括股东出资的财产和经营积累的财产。在民事活动中,公司法人以其所有的财产承担民事责任。国家机关、社会团体和事业单位法人的独立财产主要由国家预算拨款或自筹,在民事活动中一般以预算包干结余的经费或自有的经费承担民事责任。 (李仁玉 陈 敦)

faren de fading daibiaoren
法人的法定代表人(legal representative of legal person) 依照法律或法人章程的规定,代表法人行使职权的负责人。法定代表人的特点是:(1) 法定代表人的资格是法定的。如《全民所有制工业企业法》第54条规定厂长(经理)是企业的法定代表人。《公司法》第45条和第68条及第113条规定董事长是公司法人的法定代表人。至于法定代表人的具体人选可由任命、选举、招聘等方式产生。(2) 法定代表人是代表法人行使职权的负责人。法定代表人一般是执行机关的负责人,他可以依照法律或章程的规定,无须法人机关的专门授权,就可以法人的名义,代表法人对外进行民事活动,并为签字人。(3) 法定代表人是代表法人从事业务活动的自然人。法定代表人只能是自然人,且该自然人只有代表法人从事民事活动和民事诉讼活动时才具有这种身份。当自然人以法定代表人的身份从事法人的业务活动时,并不是独立的民事主体,而只是法人这一民事主体的代表。

法定代表人应具备的条件是:(1) 必须具有完全民事行为能力。(2) 必须具有一定管理能力和业务知识。(3) 须不存在不得担任法定代表人的情形。如《公司法》第57条规定了担任企业法定代表人的禁止条件。(4) 已担任一个法人的法定代表人者,原则上不得再担任其他法人的法定代表人。 (李仁玉 陈 敦)

faren de fenli
法人的分立(division of legal person) 法人变更的一种。法人分立包括新设分立与派生分立。新设分立,即解散原法人,而分立为两个以上的新法人。派生分立,即原法人存续,但从中分出新的法人。法人的分立应向登记机关办理登记并公告。法人分立后其权利义务除债权人与分立法人另有约定或法律法规另有规定的外,应由分立后的法人承担。 (李仁玉 陈 敦)

faren de gaizu
法人的改组(transformation of legal person) 法人变更的一种。法人组织形式的变更。依照《公司法》规定,有限责任公司在符合法定条件的前提下,经全体股东一致同意,可以变更为股份有限公司。但这种公司组织形式的变更,应经过国务院授权部门或省级人民政府的批准,方为有效。 (李仁玉 陈 敦)

faren de gongshi
法人的公示(publishing; to publish; disclosure legal person's registration) 法人登记机关依照法律规定对法人的登记事项进行公告。依照《企业法人登记条例》的规定,企业开业、变更、注销由登记主管机关发布企业法人登记公告。未经登记主管机关批准,其他单位不得发布企业法人登记公告。对于公告的效力,我国法律暂无规定,但依国外法律规定及法理,法人变更登记未进行公告的,第三人不知此变更,并且无过失的,该第三人无须认可此变更的效力。 (李仁玉 陈 敦)

faren de guibing
法人的归并(the incorporation of legal person) 法人合并的一种方式。一个法人丧失法人资格,合并到另一个法人中,作为该法人的一个组成部分。在我国,法人的归并应经主管机关批准,依法应当向登记机关办理登记并公告的,还应当向登记机关办理登记并及时公告。法人发生归并,它的权利义务除法律法规另有规定的外,由归并后的法人享有和承担。

(李仁玉　陈　敦)

faren de guoji

法人的国籍(nationality of corporation)　法人属于某一特定国家的依据。区别外国法人和本国法人(内国法人)时使用的标准。国际上对法人是否拥有国籍有两种不同观点:一种观点认为法人没有国籍,国籍本身的意义只是确定自然人与某个国家之间固定的法律联系,国籍法也只是规定自然人国籍的取得和丧失等问题,而并未规定法人的国籍问题。另一种观点认为法人虽无自然人意义上的国籍,但它作为民事主体,总会与某一国家有着特定的法律联系,因而法人也可以比照自然人的国籍,而拥有一个"拟制国籍"。

19世纪以来,后者为大多数学者主张并为大多数国家的立法和司法实践所肯定。各国立法确定法人国籍采取以下标准:(1)法人住所地。其中又分为管理中心所在地和营业中心地两种。法国、德国、意大利、瑞士、希腊和其他一些大陆法系国家以管理中心地,即股东大会或董事会、总公司或母公司所在地为法人住所地;埃及、叙利亚等国则主张营业中心地,即矿场、工厂、商店所在地为法人住所地。(2)法人成立地或法人登记地。认为法人成立时登记所在国为法人国籍所属国,英国、美国、前苏联等国采用此原则。其依据的理论是:法人是法律的拟制物,一个组织之所以能够成为法人,取得民事法律关系的主体资格,是由于一国依法给予注册登记,则依某一国法律成立的法人,自然应具有该国的国籍。在日本确定法人国籍的实践中,主要也以法人成立地国为法人国籍所属国。前苏联和东欧一些国家有也以登记地为标志来确定法人国籍。我国在正常的国际贸易交往中一般以法人成立登记国作为确定法人国籍的标准,外国法人,以其注册登记地国家的法律为其本国法人。但对于在外国已根据外国法律取得了某国国籍的法人,我国也都承认其已取得国籍,而不管该外国适用何种标准。(3)资本控制。确定法人国籍要看法人为谁控制,即该法人的资本属于何国,为何国服务。按此标志,通常该法人的投资人或主持人的国籍就是该法人的国籍。所谓控制是指资本为该自然人、企业或国家所有,或实际为该国自然人、企业或国家利用、使用。在两次世界大战之间,英美等许多国家曾颁布法律,规定按对资本的实际控制来确定法人国籍,以便确定敌性的外国法人,但由于要想弄清法人的资本真正为哪国人控制难度较大,而且随着世界范围内的股份有限公司的巨大发展,一个公司的股东几乎每天都在变动,特别是发行无记名股票的股份有限公司,要确切地掌握一个公司受哪个国家自然人、企业或国家控制几乎不大可能,故在平时很少采用。但是这种标准比较能反映法人的本质情况,对战时查封、扣押敌国的财产有一定作用。英国、美国、法国等国家曾有采用这种标准的实践。我国在解放初期,为了肃清外国扩张主义在华特权,维护我国的利益,采用了资本控制的标准。我国与有的国家在双边协定中也有规定以法人的控制为标准来确定法人的国籍。如《中国与瑞典政府关于相互保护投资的协定》第1条第2项规定:投资者在瑞典方面,系指符合瑞典法律规定的瑞典公民,及住所在瑞典境内或由瑞典公民或瑞典企业控制的任何法人。(4)法人成员国籍。以组成法人的成员或董事会董事的国籍作为法人的国籍。由法国学者索姆耶耳在其所著《国际私法大全》一书中提出。提出这一学说的理由是:法人是由其设立人建立起来的组织,法人的权利实际上属于设立法人的自然人,因而法人不能脱离其设立人而独立,法人只能与其设立人同一国籍。在实际中,按该标准来操作常常会遇到一些实际困难,法人成员的国籍本身就比较复杂,可能无国籍或有双重国籍,并且法人成员也可能发生变动,因此这一主张很少被采用。(5)法人国籍复合标准。第二次世界大战后,随着法人在国际经济交往中的作用日益加强,法人国籍的确定日益复杂。于是,出现了把多项因素结合起来决定法人国籍的主张。此说主张或结合法人住所地和组成地两项标准定其国籍,或结合法人的住所地或设立地和准据法两项标准定其国籍。依照《中外合资经营企业法》批准在中国境内设立的中外合资经营企业是中国的法人,受中国法律的管辖和保护。1956年海牙会议《承认外国公司、社团和财团法律人格的公约》第1条规定,法人只有在登记国同时设有住所,才能成为该国法人。(6)法人国籍分类标准。对不同类型的法人采取不同的国籍标准。例如,《布斯塔曼特法典》第16条规定,公司和财团法人的原有国籍应按照认许或核准此项公司和财团法人的国家的法律予以确定。第17条规定,社团法人的原有国为其成立地并依当地立法的要求该社团应予注册或登记地所属国家的国籍。第19条规定,股份公司的国籍应由组成章程予以确定,或者在可以适用的情况下,由其股东大会通常开会地,如无这种开会地为依据时,由其主要管理或行政机构或理事会所在地的法律予以确定。(7)法人成立的准据法。法人的国籍应依设立法人时所依据的法律来确定。我国采法人成立地或法人登记地说。

(李仁玉　卢志强)

faren de guocuo

法人的过错(fault of legal person)　法人机关及其工作人员在形成、执行、实现法人意志过程中的过错。法人在法律和章程规定的范围内享有一定的意志自由,这种意志自由是法人参加民事活动的必要条件,也是法人享有权利、承担义务的重要前提。法人具有意思能力是法人有可能发生过错的前提。法人的意思通过法人机关形成和表示。通过其工作人员的行为来实现,因此,法人的过错实质上是法人机关及其工作人员在形成、执行、实现法人意志的过错。法人的过错不包括法人委托代理人的过错。法人因委托代理人的过错给第三人造成损害的,只是根据代理规则对第三人承担责任,而不是根据法人过错对第三人承担责任。其承担责任后,可对代理人进行追偿。

(李仁玉 陈 敦)

faren de hebing
法人的合并(merger of legal person) 法人变更的一种。广义的法人合并包括法人的归并(又称吸收合并)。狭义的法人合并仅指新设合并。吸收合并是指一个法人归并到一个现存的法人中去,参加合并的两个法人,只消灭一个法人,另一个法人继续存在并吸收了已消灭的法人。企业法人兼并或事业单位法人合并多属这种形式。吸收合并的特殊形式为一个法人分成若干部分并入其他法人之中,吸收已消灭的法人的,不是一个法人,而是几个法人。新设合并是指两个以上的法人合并为一个新法人,原来的法人消灭,新的法人产生。法人合并依法应向登记机关登记并办理公告。法人合并后,其权利义务除法律法规另有规定外,应由合并后的法人承担。

(李仁玉 陈 敦)

faren de jiandu
法人的监督(supervision of legal person) 法人的主管机关监督制度和法院监督制度的总称。主管机关从法人的设立至终止解散期间,对法人实行监督。其监督方式主要包括:(1)检查。主管机关可随时检查法人的财产状况,及其有无违反法律规定及章程规定的情况。(2)设立许可及撤销许可。对于财团法人及公益法人,在设立登记前,应得到主管机关的许可。公益法人变更章程也应得到主管机关的许可。法人违反设立许可的条件,主管机关可撤销其许可。受设立许可的法人,主管机关在其违法或违反许可规定时,可撤销许可。(3)解散。

法院的监督事项主要在法人的解散及解散的清算上。其监督方式主要有:(1)检查。对于清算事务上的不正当行为,法院可随时检查,行使监督职责。(2)解散上的监督。(3)清算人的选任及解任。法院应利害关系人申请,可选任清算人,法院认为必要时,可解任清算人。在国外立法上,对法人的监督有明确规定。我国现行民事立法未规定法人监督制度。

(李仁玉 陈 敦)

faren de jiesan
法人的解散(dissolusion of legal person) 法人终止的原因之一。法人解散的事由主要有:(1)因设立法人的目的事业完成而解散。某些法人是为特定的目的而成立的,当这些目的的达到以后,法人就失去了继续存在的必要性而应予以解散。(2)因法人成员的决议而解散。这种情况大多发生在自愿组织的法人中。(3)因章程规定的存续期间届满而解散。(4)因章程规定的其他解散事由的出现而解散。法人的解散通常由法人自己决定,但应向主管机关申请并申报解散原因及财产和债权债务的处理情况,经批准后方可解散。法人解散导致的后果便是法人资格的消灭。

(李仁玉 陈 敦)

faren de minshi quanli nengli
法人的民事权利能力(legal person's capacity for civil rights) 法人依法享有民事权利和承担民事义务的资格。在立法例上,瑞士、德国、土耳其、泰国等民法规定,除专属于自然人的权利能力之外,法人的权利能力与自然人的权利能力相同;日本民法规定,法人仅在其章程或捐助行为目的的范围内享有权利能力;原苏俄民法规定,法人仅享有财产上的权利能力,其权利能力仅具有特殊的性质,不具有一般的性质。根据《民法通则》和司法实践,我国法人民事权利能力与自然人的民事权利能力具有如下区别:(1)享有的时间不同。自然人民事权利能力的享有始于出生终于死亡,自然人的生死是自然现象,而法人则不一样,法人的成立与终止不是自然现象,是行为的结果。如企业法人的登记行为是法人成立关键行为,若没有登记行为,法人是不能自然成立的。同样,法人的终止也离不开人的行为,如撤销、解散、宣告破产等行为使法人终止。因此,自然人民事权利能力享有的时间不由自然人自己所左右,而法人的成立、终止则是一系列行为的结果。(2)享有的范围不同。自然人是生命体,依法享有的民事权利能力范围较广,既包括财产权,也包括与自然人生命密不可分的人身权,如生命健康权、肖像权。而法人是组织体,不享有与生命密切相关的生命健康权、肖像权等人身权内容。(3)法人的民事权利能力具有差异性。自然人的民事权利能力一律平等,不因自然人的性别、年龄、智力、健康状况等不同而有所区别。法人的民事权利能力具有差异性的特点,不同的法人,其民事权利能力的范围是不一样的,各类依法登记的法人应在核准登记的范围内从事活动,享有相应的民事权利能力。而非登记法人即依法不需办理法人登记的法人,则应严格按照法人成立的宗旨、活动范围等享有相应的民事权利能力,如社会团体法人不能以营利为目的对社会提供服务活动,国家机关法人不能进行商品经营活动等。法人的民事权利能力的差异性,并不影响不同法人在民事活动中的民事地位,各法人在民事活动中的民事法律地位仍然是平等的。

法人的民事权利能力有以下限制:(1)自然性质的限制。就人格权而言,以自然人的身体存在为前提的生命权、身体权、健康权等,法人不能享有和负担。反之,不以自然人身体存在为前提的名称权、名誉权,法人可享有。就身份权而言,以自然人的身份利益为内容的亲权、亲属权、配偶权,以及以身份关系为前提的继承权,法人不得享有。(2)法规的限制。许多单行法和特别法对法人的民事权利能力予以限制,如《破产法》对清算法人权利能力的限制、《德国民法施行法》第86条限制公益法人取得财产的数额等。(3)法人目的的限制。法人的目的决定着法人的性质,决定着法人享有的民事权利和负担民事义务的范围。法人目的外的行为不能有效。例如,机关法人不能以营利为目的,其从事的以营利为目的的生产经营活动不能有效。 (李仁玉 陈 敦)

法人的民事行为能力(legal person's capacity for civil conduct)

法人能以自己的行为取得民事权利和承担民事义务的资格。与自然人的民事行为能力相比较,法人的民事行为能力有以下特点:(1)法人的民事行为能力享有的时间与其民事权利能力享有的时间一致。因为法人依法成立后便具有独立的人格、独立的能力。(2)法人的民事行为能力范围与民事权利能力的范围一致。不同的法人,它们的民事权利能力范围是有差别的,而就每一个具体的法人而言,一旦其民事权利能力的范围确定,其民事行为能力的范围也随之确定,而且二者的范围完全一致。(3)法人的民事行为能力由法人机关或代表人实现。法人机关或代表人以自己的意思表示,代表着法人的团体意志,他们根据法律、章程而实施的民事行为,就应认为是法人的行为,其法律后果由法人承担。

法人民事行为能力不可能受年龄、精神健康状况的限制,但应受其经营范围的限制。这种限制的理由是:(1)维护正常的社会、经济秩序。各类法人设立的目的不同,所担负的社会功能不同。法人超出其经营范围,不利经济生活的稳定。(2)保护发起人和投资者的利益。设立特定法人的宗旨,体现了发起人和投资者的意志和目的。例如,设立一助学基金会,其目的是为了助学。如果让该基金会去经营,可能使助学基金丧失殆尽。这样可能会损害发起人或投资者的利益。(3)确保交易安全。法人的独立财产制是实现法人责任的前提,而法人独立财产的数额是与法人民事行为能力的范围相适应的,因而法人在其经营范围内进行民事活动,有利于保护与法人进行民事活动的当事人的利益,确保交易的安全。 (李仁玉 陈 敦)

法人的破产(bankruptcy of legal person)

法人终止的原因之一。企业法人在其全部财产不足以清偿到期债务的情况下,法院可根据债权人或债务人的申请,宣告企业法人破产。企业法人被宣告破产后,由清算组负责破产企业法人的财产、债权或债务的清理、变卖财产清偿债务。破产企业法人自办理注销登记之日起企业法人资格消灭。 (李仁玉 陈 敦)

法人的清算(liquidation of legal person)

清理已解散法人的财产,了结其作为当事人的法律关系,从而使法人归于消灭的必经程序。法人清算可分为破产清算和非破产清算两种。破产清算是指依破产法规定的清算程序进行清算。非破产清算则是不依破产法规定的程序进行清算,但在清算时发现其具有破产原因时,即应申请破产,适用破产程序。负责进行清算的组织或个人称为清算人。清算人可分为三类:(1)法定清算人。依德国民法规定,法人解散后其财产之清算由董事为之,董事即为法定清算人;依我国公司法规定,有限责任公司的清算组由股东组成,股东即为法定清算人;(2)选任清算人。依德国民法、日本民法的规定,依法人章程规定可在董事之外选任清算人;依我国公司法规定,股份有限公司可由股东大会确定清算人人选,清算人可为股东以外的人;(3)指定清算人。依日本民法规定,不存在法定清算人或选任清算人的情况下,法院依利害关系人的申请可指定清算人。依我国公司法规定,在有限责任公司和股份有限公司逾期不能成立清算组的情况下,人民法院可依债权人的申请指定清算人。公司因违法被责令关闭,由主管机关指定清算人。公司因破产而清算时,由人民法院指定清算人。

清算人的职责是:(1)了结现存事务,即法人在解散前已着手而未完成的事务,清算人应予了结。(2)收取债权,即属于法人的债权,清算人应予收取。债权尚未到期或所附条件尚未成就的,应以转让或换价方法收取。(3)清偿债务,即法人对他人所负债务,应由清算人予以清偿。债务未到期的,应提前清偿。(4)移交剩余财产。清偿债务后剩余的财产,应由清算人负责移交于对财产享有权利的人。清算终结,应由清算人向登记机关办理注销登记并公告。完成注销登记

和公告,法人即告消灭。　　　(李仁玉　陈　敦)

法人的设立(preparing for establishment of legal person)　创办法人组织,使其具有民事主体资格而进行的连续准备行为,是指法人成立的前置阶段。法人不可能凭空产生,必须经设立人设立。因法人类型和时代不同,其设立原则亦不相同。主要有:(1)自由设立主义,也称放任主义。即完全由当事人自由设立,不要求具备任何形式,国家不加以任何干涉和限制。欧洲中世纪商事公司发展时期,此种主义一度盛行。后因放任主义弊端显现,除瑞士民法对非营利法人仍采此主义外,已鲜有采用。(2)特许设立主义。即法人的设立,须经特别立法或国家元首的许可。此种主义对于法人的设立采取禁止、遏制态度,干涉、限制过多,现代立法鲜有采用。(3)行政许可主义。即法人的设立须经行政机关许可。德国民法对于财团法人的设立,采此种主义;日本民法对公益法人的设立采此种主义。(4)准则主义,亦称登记主义。即法律对于法人的设立,预先规定一定的条件,设立人须遵照此条件设立,无须先经行政机关许可,依照法定条件设立后,仅须向登记机关登记,法人即可成立。德国民法对于社团法人的设立,日本民法对于营利法人的设立采此种主义。(5)强制设立主义。即国家对于法人设立,实行强制设立法人,此种主义仅适用于特殊产业或特殊团体。

我国现行法律对法人设立的原则主要有:(1)非营利法人的设立原则。机关法人,包括权力机关、行政机关、军事机关及司法机关等,其设立取决于宪法和国家机关组织法的规定,相当于特许设立主义。事业单位法人和社会团体法人依法不需要办理法人登记的,如中国科学院、中国社会科学院、中华全国总工会、全国妇联等,其设立原则应属于特许设立主义。事业单位和社会团体法人依法需要办理登记的,例如各种协会、学会、行业团体、基金会等,应当经过业务主管部门审查同意,向登记机关申请登记,其设立原则应属行政许可主义。(2)营利法人的设立原则。设立有限责任公司,采准则设立主义;法律、法规规定须经有关部门审批的,采行政许可主义。设立股份有限公司,采行政许可主义。非公司企业法人的设立,依《企业法人登记管理条例》第15条规定,采行政许可主义。

在我国,法人设立的方式主要有:(1)命令设立,即政府以其命令的方式设立法人。这种设立方式主要适用于国家机关和全民所有制事业单位。(2)发起设立,即由发起人一次性认足法人成立所需资金而设立法人。这种方式主要适用于集体所有制企业法人、私营企业法人、股份合作企业法人、有限责任公司和一些股份公司。(3)募集设立,即法人组织所需的资金,在发起人未认足之时,向社会公开募集的一种法人设立方式。这种方式主要适用于股份有限公司。(4)捐助设立。即由法人或自然人募足法人所需资金的一种法人设立方式。这种方式主要适用于基金会法人。根据我国现行立法,法人的设立要件主要有:(1)设立人或发起人。设立人或发起人除必须具备民事权利能力和民事行为能力外,法律一般都有关于资格的规定。机关法人的设立人只能是国家;企业法人的设立人可以是自然人、法人,也可以是国家。法律对各类法人的发起人或设立人的人数亦有规定。如股份有限公司的设立,一般应当有5个以上发起人,其中有过半数以上在我国境内有住所;事业单位法人的设立人基本上仍由国家或集体组织充当;社会团体法人的发起人可以是个人,也可以是组织。(2)设立基础。设立某类法人,必须是现行法律加以确认的。如果现行法律尚未确认,设立人不得自行创立一种类型加以设立。(3)设立行为本身合法。设立人设立法人所实施的行为应符合法律规定,不得实施法律所禁止的行为,或利用不正当手段谋求资格要件的实现。　　(李仁玉　陈　敦)

法人的消灭(termination of legal person)　法人丧失民事主体资格,其民事权利能力和民事行为能力终止,又称法人的终止。法人的消灭与法人终止原因不同,法人的消灭不仅指法人在实体意义上消灭,而且包括清算完毕向登记机关办理注销登记与公告等程序法上的意义。法人的终止原因,依《民法通则》的规定,包括依法被撤销、自行解散、依法宣告破产等。法人自注销登记之日起方为消灭。　　　　(李仁玉　陈　敦)

法人的责任能力(legal person's capacity for civil liability)　法人对自己侵权行为承担民事责任的能力或资格,又称法人的侵权责任能力。关于法人有无民事责任能力的学说主要有:(1)否定说。认为法人无民事责任能力,这属法人拟制说的主张,其所持理由不尽相同。有的认为,法人无意思能力,所以法人无民事责任能力;有的认为,法人仅于法律法规认许的目的内存续,超越法人目的的行为,即不为法人行为,故法人无民事责任能力;有的认为,董事等名为法人的代表人实为法人代理人,代理限于法律行为,侵权行为不适用代理规定,故法人无民事责任能力。(2)肯定说。认为法人有民事责任能力,这属法人实在说的主张,其所持理由也不尽相同。有的认为,法人有意思能力,故法人有民事责任能力;有的认为,法人机关的行为即为法人行为,即法人有民事责任能力;有的认为,法人有民事责任能力系法律所明定。现代民法承认法人具有民事责任能力,其理论基础在于法人具有民事权利能力和民事行为能力,具有自己的独立意志。其法定代表人在法人章程规定范围内的对外行为就是法人的行为,其法定代表人行使职权过程中的侵权行为,即构成法人的侵权行为。因此,法人亦应有民事责任能力。《民法通则》第43条规定,企业法人对它的法定代表人和其他工作人员的经营活动承担民事责任。该法第121条又规定,国家机关及其工作人员在执行职务中,侵犯公民、法人合法权益的,应当承担民事责任。法人具有民事责任能力,但并非对法人的法定代表人和其他工作人员的一切行为,法人均应承担民事责任。这就提出法人民事责任能力确定的标准问题。

依我国目前的民事立法,对法人民事责任能力的确定标准主要有以下几种观点:(1)经营活动说。《民法通则》第43条规定:企业法人对它的法定代表人和其他工作人员的经营活动,承担民事责任。这一学说没有考虑法人工作人员的双重身份。如果法人的代表人或其他工作人员纯粹基于个人意志和以个人的身份从事经营活动,就应属于个人行为,应由个人承担民事责任,而不能由法人承担民事责任。(2)法人名义说。《民通意见》第55条规定:企业法人的法定代表人或其他工作人员,以法人的名义从事的经营活动,给他人造成经济损失的,企业法人应当承担民事责任。第56条规定:事业单位法人、社会团体法人的法定代表人或其他工作人员以法人名义进行业务活动,给他人造成经济损失的,比照《民法通则》第43条规定,由事业单位法人、社会团体法人承担民事责任。名义说虽然考虑了法人代表人及其工作人员的双重身份,但没有考虑到名义之下的实质内容。如法人的法定代表人或其他工作人员以法人的名义从事一些违反法人利益的非法经营活动,一概由法人承担民事责任,则也显失公平。(3)执行职务说。《民诉意见》第42条规定:法人或其他工作人员因职务行为或者授权行为发生的诉讼,该法人或其他组织为当事人。执行职务说是划分法人与其法定代表人和其他工作人员民事责任的界线。法人的法定代表人和其他工作人员在执行职务时所为的行为,不管是合法行为,还是违法行为,都应视为法人的行为,其法律后果均应由法人承担。执行职务说已为我国多数学者赞同。 (李仁玉 陈敦)

faren de shurenfa
法人的属人法(personal law of corporations) 法人的一般权利能力的准据法,也称为法人从属法或法人本国法。英国、美国法律规定法人成立时所在国的法律为法人的属人法。大陆法系国家一般规定法人的住所地所在国法律为法人的属人法。而日本多数学者则认为法人成立时的准据法为法人的属人法,其理由是:之所以给予社团和财团以法人资格,承认其为权利主体,归根结底是以某种法律作为依据的。法人属人法的适用范围应包括哪些事项有不同的观点。通说认为至少关于法人的成立、内部组织、撤销等基本事项,原则上应依据属人法。 (李仁玉 卢志强)

faren de zhuanchan
法人的转产(alteration of business scope) 法人变更的一种形式,即企业法人生产经营范围的变更。企业法人放弃原来生产经营项目,而生产经营新的项目。企业法人的转产并不影响其主体资格的存在,但其民事行为能力发生了实质性变化。 (李仁玉 陈敦)

faren dengji
法人登记(registration of legal person) 法人取得民事权利能力和民事行为能力,乃至变更民事权利能力和民事行为能力及消灭民事权利能力和民事行为能力的要件。除依法不需要进行登记的法人以外,法人登记通常包括法人设立登记、法人变更登记和法人注销登记。法人登记的效力,或为生效效力,或为对抗效力。依《民法通则》第41条规定,企业法人的成立,只有经过成立登记,才能取得法人资格,即登记为法人成立的生效要件。依《社会团体登记管理条例》第3条的规定,除参加中国人民政治协商会议的人民团体,由国务院机构编制管理机关核定,并经国务院批准免予登记的团体,机关、团体、企业事业单位内部经本单位批准成立,在本单位内部活动的团体外,如学校的棋牌协会等,其他的社会团体均须经过登记,才能取得法人资格。如未登记,则不能取得社会团体法人资格。法人的其他登记仅具对抗效力。如甲企业变更了法定代表人,但未经登记,原法定代表人与善意第三人签订的合同,甲企业仍应承受。 (李仁玉 陈敦)

faren fenzhijigou
法人分支机构(branches of legal person) 根据法人的意志在法人总部之外,依法律或法人章程的规定设立的,从事法人的部分业务活动,实现法人的全部或者部分职能的组织机构。一般情况下,法人的分支机构既包括国家机关和事业单位、社会团体的分支机构,如公安机关的派出机构,某大学的分院等,又包括企业法人的分支机构。由于国家机关、社会团体和事业单位的分支机构因其实现国家职能或公益目的的性质,在民法上不具有特别的意义,故法人的分支机构主要是指企业法人的分支机构。根据设立分支机构的法人的国籍来分,可将法人的分支机构分为外国法人的分支机构和中国法人的分支机构。《公司法》第九章专门规定了外国公司的分支机构问题。而《保险法》和《商业银行法》都规定,保险公司或商业银行可以在中国境内外设立分支机构。这就是说,外国法人可以在中国境内设立分支机构,中国法人也被允许到外国设立分支机构。关于法人的分支机构的法律地位,我国民法理论界对法人分支机构也有两种主张,即否定说和肯定说。否定说认为法人的分支机构是法人的组成部分,法人分支机构的行为就是法人的行为,分支机构的财产就是法人的财产,分支机构的责任由法人承担,故无独立的民事主体资格。肯定说认为,法人的分支机构属非法人组织,它具有自己的名称,有相对独立的财产或经费,有自己的组织机构,具备团体性要件,具有民事主体资格。我国民事立法否认法人的分支机构民事主体资格地位,但承认其诉讼主体资格。

对于企业法人的分支机构,其特征是:(1)外部形式上具有与企业法人相类似的特点。它要经过核准登记才能进行业务活动,须拥有自己的名称和组织机构,有可以使用和支配的财产或经费。在通常情况下,分支机构以自己的名义进行民事活动,享有民事权利,承担民事义务,以其经营的财产承担民事责任;分支机构不能清偿债务时,由法人的其他财产清偿。(2)内容上具有从属于企业法人的特点。这主要表现在:它是企业法人依法设立的不具有法人资格的组织,是所属法人的组成部分;它只能实现法人宗旨,并在所属法人业务范围内经核准登记进行活动;它的名称必须标明与其所属法人的隶属关系;它所占有、使用的财产不属于自己所有,而是其所属法人财产的组成部分;它的管理人员不是由内部产生,而是由其所属法人指派。企业法人的分支机构又不同于法人的一般科、室、车间、班组等。后者不是法人的分支机构,只有能够独立执行法人职能,即在一定范围内从事业务活动的组织机构,才能作为法人的分支机构。

法人的分支机构须进行登记,领取营业执照,才具有经营能力。此外,法人的分支机构也不同于法人所创立或所持股设立的具有独立法律人格的新的法人组织,例如母公司的子公司。子公司虽受母公司的控制,但子公司是独立的法人,它与母公司的财产和责任是彼此独立的。根据我国《企业法人登记管理条例》的规定,企业法人分支机构应具备以下条件才能成立:(1)依法成立。企业法人的分支机构必须是法律允许设立的经济组织。企业法人设立分支机构应履行法定手续。如商业银行在我国境内外设立分支机构,必须经中国人民银行审查批准。经批准设立的商业银行分支机构,由中国人民银行颁发经营许可证,并凭该许可证向工商行政管理部门办理登记,领取营业执照。(2)有自己的名称、组织机构和场所。企业法人的分支机构必须具有不同于其所属法人的核准登记的名称。在核准登记的范围内,对其名称具有专用权,并以该名称进行业务活动。企业法人分支机构应设有管理内部事务及对外活动的组织机构,有进行业务活动的场所。(3)有一定的财产或经费。这种财产或经费是企业法人分支机构进行经营活动的物质基础。例如,按照《公司法》规定,外国公司在我国境内设立分支机构,应向该分支机构拨付与其从事的经营活动相适应的资金。《民法通则》没有关于法人分支机构的规定,但其他一些单行法律法规有规定。如《保险法》第79条规定,保险公司在中华人民共和国境内外设立分支机构,须经金融监督管理部门批准,取得分支机构经营保险业务许可证。保险公司分支机构不具有法人资格,其民事责任由保险公司承担。《商业银行法》第19条、第22条,《公司法》第13条也有类似规定。这些规定明确了法人的分支机构的地位,即法人的分支机构属于法人的组成部分,其行为后果由法人承担。

(李仁玉 陈敦)

faren gongzuorenyuan zhirensunhai de minshizeren

法人工作人员致人损害的民事责任(德 Haftung der juristische Person) 法人承担民事责任的一种。法人的工作人员在执行法人的业务活动中造成他人损害时依法应承担的民事责任。法人的业务活动是通过其工作人员或者代理人完成的,法人的侵权责任也就表现为对法人工作人员与代理人执行业务活动中造成损害的责任。对于代理人代理活动中造成损害的,法人基于代理关系应承担责任,此种责任为代理责任。法人的工作人员执行法人的业务活动造成他人损害的,法人也应承担民事责任。我国《民法通则》第43条就规定,企业法人对它的法定代表人和其他工作人员的经营活动,承担民事责任。但关于法人对其工作人员承担责任有不同的立法例。一为代理责任说,认为法人对其工作人员行为承担的责任属于代理责任;一为代表责任说,认为法人对法人工作人员行为承担的责任是对自己行为的责任,因为法人工作人员的行为属于代表法人所为的行为。我国学者多认为,法人对法人代表(法人机关成员)行为的责任为代表责任,对一般工作人员行为的责任为代理责任。法人工作人员致人损害的,由法人承担民事责任。此种责任的构成须具备以下条件:(1)具体行为人为法人工作人员;(2)造成第三人损害;(3)损害与加害人的行为间有因果关系;(4)加害人的行为是与执行法人的业务活动有关的且依法应承担民事责任的不法行为。(郭明瑞)

faren hehuo

法人合伙(legal person's partnership) 企业之间或企业、事业单位之间依约共同出资、共同经营、共负盈亏而设立的企业组织。其特征是：(1)法人合伙的合伙人限于企业法人之间或企业法人与事业单位法人之间。即在法人合伙关系中，必须有一个合伙人是企业法人。但在实际中，也有企业法人或事业单位法人与个体工商户、农村承包经营户或其他经济组织签订联营合同组成合伙型联营体。作为企业法人、事业单位法人的分支机构不具备法人条件的，不得以自己的名义与其他企业法人、事业法人联营；党政机关和隶属于党政机关编制序列的事业单位、军事机关、工会、共青团、妇联、文联、科协和各种协会、学会及民主党派等不得成为合伙的主体。(2)合伙人应共同出资、共同经营、共负盈亏。如果参与联营者只分享盈利不承担亏损责任或只按期收回本息、不参与经营不再承担亏损，这类联营合同是无效的，并承担相应的法律责任。实务中，将前种内容的约定称为"保底条款"，应认定为无效。依"保底条款"获得固定盈利的一方应如数退出，用于补偿合伙的亏损；如无亏损，或补偿后仍有剩余，剩余部分可作为合伙的盈利，由合伙各方面重新商定合理分配或按各方的投资比例分配。而后种内容的约定被认为是"明为联营、实为借贷"，不符合合伙的特征，也违反了有关金融法规。因此，借贷方只可收回本金，对已取得或者约定取得的利息应予收缴，对联营他方则应处以相当于银行利息的罚款。法人合伙具有个人合伙的一般特征。但是，法人合伙又与个人合伙不完全相同，《民法通则》第52条规定，企业之间或者企业、事业单位之间联营，共同经营，不具备法人条件的，由联营各方按照出资比例或者协议的约定，以各自所有的或者经营管理的财产承担民事责任。依照法律的规定或者协议的约定负连带责任的，承担连带责任。实务中，联营体是合伙经营组织的，可先以联营体的财产清偿联营债务。联营体的财产不足以抵偿的，由联营各方按照联营合同约定的债务承担比例，以各自所有或经营管理的财产承担民事责任；合同未约定债务承担比例，联营各方又协商不成的，按照出资比例或盈余分配比例确认联营各方应承担的责任。合伙型联营各方应当依照有关法律、法规的规定，或者合同的约定，对联营债务负连带清偿责任。法人合伙为我国民法上的概念。

(李仁玉 陈敦)

faren jiguan

法人机关（**organs of legal person**） 根据法律、章程或条例的规定，于法人成立时产生，不需要特别委托授权就能够以法人的名义对内负责法人的生产经营或业务管理，对外代表法人进行民事活动的集体或个人。

法人机关的法律特征是：(1)法人机关是根据法律、章程或条例的规定而设立。我国企业法人、机关法人、事业单位法人的机关是依法律或条例的规定而设立，社会团体法人的机关主要依章程而设立。法人机关不同于法人的组织机构。法人的组织机构外延很大，不仅包括法人机关，而且包括根据法人的业务需要而设立的职能部门，如人事部门、外事部门等。(2)法人的机关是法人的有机组成部分。法人机关并不是独立主体，它不能独立于法人之外而单独存在，而是依附于法人，并且作为法人组织机构的一个重要组成部分而存在。同时，任何社会组织要成为法人，也必须设立自己的机关，法人的机关与法人的成立同时产生。否则，法人就无法实现其民事权利能力和民事行为能力，就无法成为独立的民事主体。(3)法人的机关是形成、表示和实现法人意志的机构。法律赋予法人为独立的民事主体，意味着法人可以独立存在于社会之中，并具有自己独立的思想和意志，而法人作为一种社会组织，与自然人不同，其意志的形成应通过机关形成，其意志的表示或实现要通过机关来完成，其意志的健全或完善，要通过一定的机关的约束和监督。因此，法人机关的意志就是法人的意志，法人机关所为的民事行为就是法人的民事行为，其法律后果由法人承担。(4)法人的机关是法人的领导或代表机关。法人机关对内负责法人的生产经营或业务管理，对外代表法人进行民事活动。(5)法人机关由单个的个人或集体组成。由单个的个人形成的法人机关称为独任机关，如全民所有制企业的厂长(经理)；由集体组成的法人机关称为合议制机关，如股份有限公司的股东大会、董事会、监事会。法人的机关不同于法人的组织机构。法人的组织机构外延很大。法人机关是法人组织机构的重要组成部分，仅指法人组织机构中的权力机关、执行机关与监督机关。在不同国家或地区，由于法律传统和具体情况不同，法人机关的构成不尽相同。一般来说，法人机关由权力机关、执行机关和监督机关三部分构成。

法人的权力机关是指根据法律或法人章程或捐助章程的规定，决定法人的重大问题，形成法人自身意思的机关，又称法人意思机关，或法人的决策机关。依照我国现行法律的规定，公司法人的权力机关为股东大会；全民所有制企业法人的权力机关是厂长(经理)；城镇集体所有制企业法人和乡镇集体所有制企业法人的权力机关是职工(代表)大会或农民(代表)大会或代表全体农民的集体经济组织；中外合资经营企业法人的权力机关是董事会；机关法人和事业单位法人的权力机关是其行政首长；社会团体法人的权力机关是社员代表大会或会员代表大会。

法人执行机关是指依据法律、法人章程或捐助章程的规定，有权执行法人事务，对外代表法人的机关。法人的执行机关是常设机关。依照我国现行法律规定，公司法人的执行机关通常为董事会；全民所有制企业法人、城镇集体所有制企业法人、乡村集体所有制企业法人的执行机关是厂长(经理);中外合资企业法人的执行机关为总经理;机关法人和事业单位法人的执行机关为其行政负责人;社会团体法人的执行机关为理事会。

法人监督机关是指依照法律、法人章程或捐助章程的规定,对法人执行机关的行为执行监督检查的机关。监督机关是法人的任意性机关。在我国,公司法人的监督机关为监事会。法人机关只能由自然人组成,而不能由法人构成。构成法人机关的自然人称为法人机关的成员。

法人机关与法人的关系问题,在传统民法中,存在两种主要学说:(1)代理说。该说认为法人为拟制人,它本身没有意思能力和行为能力。因此,法人作为一个民事主体进行民事活动,只能由自然人进行代理。法人机关是法人的代理人,法定代表人是法人的法定代理人,法人机关与法人的关系是代理关系。法人对法人机关的活动承担责任是基于代理规则。(2)代表说。该说认为,法人是社会组织体,法人具有民事权利能力和民事行为能力,法人机关是法人意志的形成者和执行者,法人机关在其权限范围内的活动为法人本身的活动。法人机关是法人的代表者,法人机关与法人的关系是代表关系。通说认为,法人机关是法人的组成部分,法人机关与法人只有一层法律人格。法人机关在其权限范围内所为的一切行为,均为法人本身的行为,其行为后果由法人承担。法人机关不是独立的权利主体,而是法人的有机组成部分。法人机关与法人的关系是部分与全体的关系。这种关系不同于代理关系。

(李仁玉 陈敦)

faren mingcheng

法人名称(legal person's name) 法人自身表示的符号,法人在民事活动中借以区别其他法人的标志,反映法人的独立人格、种类、隶属等关系。根据《民法通则》的规定,法人应当有自己的名称。依《企业名称登记管理规定》,企业法人的名称应依次由字号、行业或者经营特点、组织形式构成,并在企业名称前冠以企业所在地省或市或县行政区划名称。企业法人名称应当使用汉字,民族自治地方的企业法人的名称可以使用本民族自治地方通用的民族文字。企业法人使用外文名称的,其外文名称应当与中文名称一致,并报主管机关登记注册。机关法人的名称由国家直接命名,而无须工商登记。事业单位法人、社会团体法人的名称应根据其活动范围、活动性质命名,并依法进行登记。

(李仁玉 陈敦)

faren sheli dengji

法人设立登记(establishment registration of legal person) 法人登记的一种。法人设立登记是法人依法成立,取得民事权利能力和民事行为能力的要件。依《民法通则》第41条、第50条,《企业法人登记管理条例》及其实施细则,1998年公布的《社会团体登记管理条例》、《事业单位登记管理暂行条例》及《民办非企业单位登记管理暂行条例》等规定,企业法人、部分事业单位法人和绝大多数社会团体法人应依法进行设立登记。企业法人设立登记的主管机关是国家工商行政管理局和地方各级工商行政管理局。经国务院或者国务院授权部门批准的全国性企业、企业集团、经营进出口业务的企业,由国家工商行政管理局核准登记注册。中外合资企业、中外合作企业和外商独资企业由国家工商行政管理局或者国家工商行政管理局授权的地方工商行政管理局核准登记注册。其他企业由所在市、(县)区工商行政管理局核准登记注册。

企业法人设立登记应提交的文件因企业性质不同而有所区别。如依《公司登记管理条例》第17条和第18条规定,申请设立有限责任公司应提交的文件包括:(1)公司董事长签署的设立登记申请书;(2)全体股东指定代表或者共同委托代理人的证明;(3)公司章程;(4)具有法定资格验资机构出具的验资证明;(5)股东法人资格证明或者自然人身份证明;(6)载明公司董事、监事、经理人姓名、住所的文件以及有关委派、选举或者聘用的证明;(7)公司住所证明。设立有限公司必须报经审批的,如国有独资公司,还应提交有关的批准文件。

申请设立股份有限公司应提交的文件包括:(1)公司董事长签署的设立登记申请书;(2)国务院授权部门或者省、自治区、直辖市人民政府的批准文件,募集设立的股份有限公司还应当提交国务院证券部门的批准文件;(3)创立大会的会议记录;(4)公司章程;(5)筹办公司的财务审计报告;(6)具有法定资格的验资机构出具的验资证明;(7)发起人的法人资格证明或者自然人身份证明;(8)载明公司董事、监事、经理姓名、住所的文件以及有关委派、选举或者聘用的证明;(9)公司法定代表人任职文件和身份证明;(10)企业名称预先核准通知书;(11)公司住所证明。事业单位法人依法应办理设立登记的,其登记管理机关是国家机构编制管理机关和县级以上地方各级人民政府机构编制管理机关。

依据《事业单位登记管理暂行条例》第7条规定,事业单位法人申请设立登记,应当提交的文件包括:(1)登记申请书;(2)审批机关的批准文件;(3)场地使用权证明;(4)经费来源证明;(5)其他有关文件。

对于民办非企业单位,即民办事业单位申请法人设立登记的,依《民办非企业单位登记管理暂行条例》第 4 条规定,其登记管理机关为国务院民政部门和县级以上人民政府民政部门,登记应提交的文件包括:(1)登记申请书;(2)业务主管单位的批准文件;(3)场地使用证明;(4)验资报告;(5)拟任负责人的基本情况和身份证明;(6)章程草案。

事业单位法人的登记事项包括:名称、住所、宗旨、业务范围、法定代表人、经费来源等情况。社会团体法人依法办理设立登记的,依《社会团体登记管理条例》第 6 条规定,其登记管理机关是国务院民政部门和县级以上地方人民政府各级民政部门。全国性的社会团体,由国务院民政部门负责登记;地方性的社会团体,由所在地人民政府的民政部门负责登记;跨行政区域的社会团体,由跨行政区域的共同上一级人民政府的民政部门登记。依该条例第 11 条及相关规定,社会团体法人设立登记应提交的文件包括:(1)登记申请书;(2)业务主管单位的批准文件;(3)验资报告、场地使用权证明;(4)发起人和负责人的基本情况、身份证明;(5)章程。

社会团体法人的登记事项包括:(1)名称;(2)住所;(3)宗旨、业务范围和活动地域;(4)法定代表人;(5)活动资金;(6)业务主管单位。

(李仁玉 陈 敦)

faren yisi

法人意思(will of legal person) 法人机关表现出来的意思或意志。法人有无自己独立意思,因对法人本质的不同认识而存在不同观点。现代民法认为,法人作为一种社会组织,具有团体意思,这种团体意思主要是通过法人机关形成、表示和实现的。法人意思与法人发起人的意思不同,法人是发起人依照法律的规定以其意志创立的。法人的意思可以说是由法人发起人的意志决定的,但法人发起人的意志只是明确了法人活动的宗旨和方法,对于法人参加民事活动的具体意思,应由法人的意思来实现,即在参加具体的民事法律关系中,应体现法人的意思。 (李仁玉 陈 敦)

faren zhangcheng

法人章程(articles of legal person) 法人成员就规范法人的活动范围、组织机构以及内部成员之间的权利关系的问题所订立的书面文件。法人章程是法人的组织和行为规则,对法人机关、法人成员均有约束力。依照我国《公司法》规定,公司章程对公司、董事、监事、经理、股东具有约束力。法人章程的内容分为:绝对必要记载事项和任意记载事项。绝对必要记载事项是指法律规定在章程中必须记载的内容,不记载这些内容,该章程即无效,登记机关不予登记。必要记载事项通常包括:法人的名称、宗旨、业务范围、住所、财产总额、法人代表人的任免、法人成员资格的取得丧失等。任意记载事项是指可以在章程中规定,也可以不规定的事项。法人章程须经登记。法人变更章程也应登记。未经登记不具有效力。在我国,公司法人和社会团体法人的设立应制订法人章程。变更法人章程的行为为要式行为。依日本民法的规定,社团法人章程的变更,须取得全体社员的同意,并经主管官署的认可才发生效力。对财团法人捐助章程的变更,因财团法人无自主的决定自己意思的机关,只有捐助章程规定有变更方法时,才能变更。依我国公司法规定,有限责任公司的章程变更,须经代表三分之二以上有表决权的股东通过,并办理变更登记。股份公司的章程变更,必须经出席股东大会的股东所持表决权的三分之二以上通过,并办理变更登记。

(李仁玉 陈 敦)

faren zhusuo

法人住所(legal person's domicile) 法人的主要办事机构所在地。关于法人住所的确定,各国民事立法规定不尽相同。法国民法规定,社团的业务执行地点为其住所。前苏俄民法规定,法人常设机关的所在地为其住所。英国法以登记时所载明的管理机关的所在地为住所。依《民法通则》规定,法人以其主要办事机构所在地为住所。办事机构所在地是执行法人的业务活动,决定和处理法人事务的法人机构所在地。法人的住所应经登记,变更法人住所也应经登记。法人的住所与法人的场所不同。法人的住所只有一个,而法人的场所可以有多个。法人住所的效力与自然人住所的效力相同。

(李仁玉 陈 敦)

faren zhuxiaodengji

法人注销登记(cancellation registration of legal person) 法人登记的一种。法人注销登记是法人依法终止,消灭其民事权利能力和民事行为能力的要件。法人注销登记机关与设立登记机关相同,法人注销登记应提交的文件因法人种类不同而不同。如依《公司登记管理条例》第 37 条规定,公司申请注销登记应提交的文件有:(1)公司清算组织负责人签署的注销登记申请书;(2)法院破产裁定、公司依照《公司法》作出的决议或者决定、行政机关责令关闭的文件;(3)股东会或有关机关确认的清算报告;(4)《企业法人营业执照》;(5)法律、行政法规规定应当提交的其他文件。依登记而成立的企业法人、事业单位法人和社会团体法人,其终止均应办理注销登记。 (李仁玉 陈 敦)

fatiao jingheshuo

法条竞合说(德 gesetzkonkurrenz) 民事责任竞合的

一种学说。法条竞合说首先在刑法理论上确立,后被民法理论所引用。此说认为,侵权行为系对一般义务的违反,违约行为系对特别义务的违反。二者中,债务不履行为侵权行为的特别形态。因此,同一事实具备侵权行为和违约行为时,依特别法优先于普通法的原则,只能适用违约责任的规定,债权人不能依侵权行为的规定主张损害赔偿。此说在19世纪末20世纪初较为流行。法国因其民法典对侵权行为采概括性规定,判例及学说至今仍倾向于法条竞合说。法条竞合说将违约责任作为侵权责任的特别形态,以特别法与普通法的关系来处理责任竞合,与一般理论有所不合;其排除债权人主张侵权行为的损害赔偿,对债权人可能造成重大不利,特别在侵害人身权的情形尤为明显。

(张平华)

fayuan dui gufengongsi chongzhengcaiding
法院对股份公司重整裁定(judicial ruling on reorganization of joint-stock company) 法院对公开发行股票或公司债的股份公司因财务困难,暂停营业或有停业之虞的,在公司关系人之一提出重整申请的情况下所作出的法律行为。有权提出重整的关系人包括:董事会;持有公司已发行股份总数百分之十以上股份的股东;相当于公司已发行股份总数金额百分之十以上债权的公司债权人。法院重整裁定应将副本送证券管理机关及有关部门征询意见,如果申请人为股东或债权人,应即以副本和通知书通知公司。裁定前,法院应派法官或选任具有专门知识、经营经验而非利害关系人到被申请重整公司调查,以确定公司是否符合重整的条件并确有重整的价值。

法院在公司有下列情形存在时,不予裁定重整:(1)申请程序不合法的;(2)公司未依法发行股票或公司债的;(3)申请事项有不实之虞的;(4)公司已宣告破产的;(5)公司依破产法作出和解协议的;(6)公司已解散的;(7)公司营业状况,依合理财务费用负担标准,已无经营价值的。经法院调查,确认重整申请的形式条件和实质条件具备,应裁决准许申请,实施重整。

准予申请重整的裁定应公告。公告事项:(1)债权及股东权的申报期限、审查期限及场所;(2)第一次关系人会议日期及场所;(3)选定重整监督人并公告其姓名或名称、住址或处所;(4)公司债权人和无记名股票的股东迟延申报的法律后果;(5)选任重整人,并公告姓名、住所及办公地点。法院应将裁定书和公告事项及时以书面形式通知重整监督人、重整人、已知的债权人和记名股东以及证券管理机关和公司的主管机关。重整的裁定也要通知欲实施重整公司的领导机关。

(李 倩)

fan danbaohan
反担保函(counter guarantee) 一般伴随无限额共同海损担保函出现。在由货物保险人出具无限额担保函的情况下,根据无限额担保函,保险人保证全额赔付该项货物的共同海损分摊金额,即使该金额超过货物的保险金额。为了确保向被保险人收回超过保险单责任的部分,保险人在提供无限额担保函时,都要去被保险人签署一份反担保函。此种反担保函的作用在于保证将保险人超过保险单责任而赔付的共同海损分摊金额退还给保险人。

(张永坚 张 宁)

fandui yongjiu xintuo guize
反对永久信托规则(the rule against perpetual trust) 存在于信托法中的以禁止设立存续期间为永久而无限期的信托为内容的规则。为英美信托法确立的关于信托期间的规则。这一规则的内容是:禁止私人信托的存续期间超过生存的受益人的终生加上21年,再加上应有的妊娠期;存续期间超过这一期间的私人信托无效。显然,这一规则只能适用于以自然人为受益人的私人信托,而不能适用于以法人、非法人组织和国家为受益人的私人信托。

(张 淳)

fanhuan qingqiuquan
返还请求权(claim for restitution) 属于物上请求权的一种。关于返还请求权的类型,有不同的立法例。有认为包括所有物的返还请求权和占有物返还请求权,如《瑞士民法典》和我国台湾地区民法;有认为除所有物的返还请求权和占有物的返还请求权外,还有基于某些定限物权的返还请求权。如《德国民法典》就地上权、地役权、质权等也认有返还请求权,并得准用所有物返还请求权的规定。

所谓所有物返还请求权,又称所有人的回复请求权,是指所有人对于无权占有或侵夺其所有物的人,得请求其返还所有权。该种类型的返还请求权专为保护所有人的利益而设。行使该项请求权的人,对其就标的物的所有权,应负担举证责任。返还所有物的清偿地,一般应为该物的原所在地,其费用应由无权占有人负担。所有物返还请求权不能脱离所有权进行让与,并得适用消灭时效(或诉讼时效)制度。

所谓占有物返还请求权是指物的占有人在其对物的占有被侵夺时,得请求返还其占有物的权利。这种类型的返还请求权为保护占有人的利益而设,对于用益物权人、以占有标的物为前提的担保物权人、以占有标的物为前提的债权人,乃至无权占有人,都可发挥保护作用。该项请求权的行使,以占有被侵夺为前提。行使请求权的人,须先证明原先占有的事实。

(王 轶)

fanhuan yuanwu

返还原物(return of the original items; return of original terms) 承担民事责任的一种方式。源于罗马法要求返还所有物之诉。指责令非法侵占他人财产的行为人,将其非法侵占的财产返还给财产的所有人、经营人或合法占有人。如返还非法占有的国有土地,返还强占的他人房屋等。返还原物也是大陆法系合同无效或被撤消的一种法律后果。在承认物权行为独立性和无因性的国家,债权合同因具有瑕疵而无效时,当事人应返还不当得利;原物存在的,应返还原物。在不承认物权行为独立性和无因性的国家,合同无效或被撤消后,当事人应负所有物返还的义务。返还原物的适用条件:(1)须原物存在;(2)须有返还的必要。在原物被非法占有人转让给第三人或被合法占有人非法转让给第三人的情况下,在第三人不构成善意取得时,财产的所有人、经营人可以向第三人请求返还原物;(3)须合法占有人请求非法占有人返还。返还原物的范围包括原物及原物所产生的孳息。

返还原物与返还财产的区别在于后者的返还范围除返还原物外,还包括:(1)返还不当得利。没有合法根据取得不当利益,造成他人损失的,应将取得的不当利益返还给受损失的人;(2)返还替代物。指因原物毁损或灭失而获得的损害赔偿金、保险金等。返还原物可与赔偿损失合并适用。　　　　　　(张平华)

fangzai jiansun

防灾减损(to guard against the peril and reduce the losses) 保险事故发生后,被保险人所应履行的义务之一。我国《保险法》第 42 条规定,保险事故发生时,被保险人有责任尽力采取必要的措施,防止或者减少损失。被保险人投保后虽然已经获得保险保障,但是为了避免社会财富的损失,法律除规定被保险人在保险期间有防灾减损的义务外,还规定其在保险事故发生后负有施救义务。这意味着在订立保险合同后,被保险人并不是就可以放任而不对保险标的加以必要的照顾和管理,而是应尽自己的义务来维护其安全。因为在保险事故发生后,被保险人一般先于其他人知悉情况,并便于采取更有效的施救措施。为了鼓励被保险人积极履行施救义务,《保险法》第 42 条第 2 款规定:保险事故发生后,被保险人为防止或者减少保险标的的损失所支付的必要的、合理的费用,由保险人承担;保险人所承担的数额在保险标的损失赔偿金额以外另行计算,最高不超过保险金额的数额。在保险事故发生后,施救义务的表现形式是多种多样的,如对损失后的财产进行修复、变卖,或者采取措施防止损失的扩大。在我国的《海商法》中,也规定了此类防灾减损的义务,并且明确规定,被保险人怠于履行防灾义务而造成损失扩大的,保险人不负赔偿责任。　　(温世扬)

fangzhi huo jianqing huanjingwusun de haishang jiuzhu

防止或减轻环境污损的海上救助(salvage at sea for prevent or minimize the pollution damage to the environment) 是指以防止或者减轻环境污损为目的的海上救助,或者在海上救助中实际产生了防止或减轻环境污损的效果。根据《1989 年国际救助公约》以及我国《海商法》的规定,对构成环境污染损害危险的船舶或者船上货物进行救助,如果救助没有效果或者救助效果不明显,且未能减轻或反而加重环境污染,当根据相关规定确定的救助报酬小于所花费的费用时,救助人有权从船舶所有人处获得相当于救助费用的特别补偿;救助人进行救助作业如果取得防止或者减少环境污染损害效果的,船舶所有人依照前款规定应当向救助方支付的特别补偿可以另行增加,增加的数额可以达到救助费用的百分之三十。受理争议的法院或者仲裁机构认为适当,并且考虑到相关的规定,可以判决或者裁决进一步增加特别补偿数额;同时,由于救助方的过失未能防止或者减少污染环境损害的,可以全部或者部分地剥夺救助方获得特别补偿的权利。

(李洪积　王　青)

fangzhi zhaqi tiaoli

防止诈欺条例(statute of frauds) 英美法上的一项旨在防止伪证或欺诈行为的成文法律。1677 年,英国国会通过了《防止诈欺条例》。该法案共 25 条,其第 4 条和第 17 条被认为是防止诈欺条例的重点,规定了若干只有具备书面备忘录形式才具有法律执行力的契约类型。这些契约类型包括:为他人偿还债务的约定、遗产管理的约定、以婚姻为约因的契约、土地及土地利益买卖或设定负担的契约、商品买卖契约以及一年以内不能履行完成的契约。防止诈欺规则得到了美国大多数州以及美国统一商法典的认可。防止诈欺条例的产生在防止欺诈行为,避免轻率行为以及简化诉讼等方面都起到了一定的积极作用,但同时也导致了一系列不公平现象的发生,如保护无法定书面证据的欺诈者,导致大量的合同无效等。因此,防止诈欺条例产生后也遭到了尖锐的批评。1954 年,英国制定了《法律改革法》,对《防止诈欺条例》进行了修改,根据新的法律规定,只有保证合同和与土地有关的合同中才要求必须采用书面形式。在现代英美法上,防止诈欺条例所确立的书面契约原则只在少数情况下才被遵循。

(刘经靖)

fanghaichuqu qingqiuquan

妨害除去请求权(claim for removal of obstacles)

又称妨害排除请求权，属于物上请求权的一种。这里所谓妨害，是指以占有以外的方法阻碍或侵害特定类型物权的支配可能性。构成妨害，须满足以下条件：须有妨害的状态；妨害状态须继续存在；须为对特定类型物权的直接妨害；妨害须为不法。关于妨害除去请求权的类型，有不同的立法例。有认为包括基于所有权的妨害除去请求权和基于占有的妨害除去请求权。如我国台湾地区民法；有认为除了所有权的妨害除去请求权和基于占有的妨害除去请求权外，尚有基于定限物权的妨害除去请求权。如《德国民法典》。基于所有权的妨害除去请求权，也称所有物保持请求权，是指所有人在其所有权的圆满状态被占有以外的方法妨害时，请求妨害人除去妨害的权利。德国民法上，基于定限物权的妨害除去请求权得准用基于所有权的妨害除去请求权的规定。基于占有的妨害除去请求权，是指占有人的占有被以侵夺以外的方法妨害时，请求妨害人除去妨害的权利。

(王轶)

fanghai yufang qingqiuquan
妨害预防请求权(claim for elimination of dangers) 属于物上请求权的一种。关于妨害预防请求权的类型，有不同的立法例。有认为包括基于所有权的妨害预防请求权和基于占有的妨害预防请求权，如我国台湾地区民法；有认为除了基于所有权的妨害预防请求权和基于占有的妨害预防请求权外，尚有基于定限物权的妨害预防请求权，如《德国民法典》上确认的不作为请求权。基于所有权的妨害预防请求权，是指所有人对于有妨害其所有权的危险的人，可以请求防止的权利，为所有权保全请求权的一种。这里所谓有妨害所有权的危险，通说认为应就具体事实并依社会一般观念进行确定。所有人的所有权，有被妨害的可能性极大，有事先加以预防的必要的，即可认为危险存在。至于相对人有无故意、过失、是否由于自己或他人的行为或不可抗力，均不需考虑。基于占有的妨害预防请求权，是指占有被妨害的危险时，占有人可以请求防止其妨害。占有有被妨害的危险，指有占有人的占有物，将来有被妨害的危险。但究竟有无危险，不依占有人的主观意思加以认定，而应就具体事实，依一般社会观念，客观地加以判定。需要说明的是，《德国民法典》确认的不作为请求权虽属妨害预防请求权，但其适用范围较为狭窄。以妨害曾一度发生而有继续妨害的危险，作为该项请求权的成立要件。

(王轶)

fangwu maimaihetong
房屋买卖合同(contract of purchasing and selling houses) 房屋所有人将其房屋转移给买受人，由买受人接受房屋并支付约定价款的协议。在经济体制改革之前，我国的房屋买卖主要限于私有房屋。因此，房屋买卖合同的形式较为单一。经济体制改革之后，尤其是城镇住房制度改革开始之后，私有房屋的买卖行为也日益繁荣，房屋买卖合同的主体、客体及内容均发生了重大变革，其适用范围及影响也在日趋扩大化。

房屋买卖合同的主要特征有：(1)标的物是房屋，包括公有房屋和私有房屋、现房和期房等；(2)双务、有偿合同。合同的当事人双方均互相享有权利并负义务，合同的订立与履行都应遵循诚实信用、等价有偿的原则；(3)要式合同。房屋作为一种重要的生产或生活资料，其变动对当事人利益影响一般较大，故法律要求此类合同采用书面形式订立。

房屋买卖合同的内容一般包括：(1)当事人双方的姓名或名称。当事人为自然人的，应写明其身份证号码；当事人为法人的，应写明其法定代表人姓名、法人地址、法定代表人或代理人的身份证号码等；(2)房屋所有权性质。是国有房屋、集体所有房屋还是私有房屋；(3)房屋坐落位置、数量面积等；(4)房屋建筑结构。是砖木结构、框架结构、混合结构或其他结构；(5)价金数额、支付方式及支付期限：是一次付清还是分期付款，是否采取银行按揭等；(6)房屋建筑质量及保修条款；(7)违约责任；(8)当事人双方协商同意的其他条款。不论出卖何种房屋，买卖合同中应当载明土地使用权的取得方式；买卖双方经房地产交易机构办理手续后，买方应持房地产交易机构发给的房产卖契，依法办理房屋产权转移登记，申领房屋所有权证，自房屋所有权证签发之日起，买方始取得房屋所有权。

(任自力)

fangwu yushouhetong
房屋预售合同(housing presale contract) 又称待建房屋买卖合同，房屋买卖合同的一种。指当事人以尚未建成的房屋为标的物的房屋买卖合同。出卖人在订立合同时还未取得房屋所有权，其应按合同的约定建成房屋并将房屋的所有权移转给买受人，而买受人于订立合同后即应先交付一定的价款。为保证买受人的利益，依我国《城市房地产管理法》规定，商品房预售，应当符合下列条件：(1)出卖人已领取土地使用权证书和建设规划许可证；(2)按提供预售的商品房计算，投入开发建设的资金达到工程建设总投资的25%以上，并已经确定施工进度和竣工交付日期；(3)向县级以上人民政府房地产管理部门办理预售登记，取得商品房预售许可证明。商品房预售所得款项，必须用于有关的工程建设。

(郭明瑞)

fangwu zerenbaoxian
房屋责任保险(occuppiers liability insurance) 以房

屋的所有人或使用人因其过失,并因为房屋或设备的瑕疵造成进出或停留于房屋的人的人身伤亡应当承担的赔偿责任为标的的责任保险。房屋责任保险所承保的危险,限于房屋的所有人或使用人因为房屋或设备瑕疵对他人造成人身伤亡应当承担的赔偿责任。发生保险责任事故后,被保险人为缩小或减少人身伤亡的赔偿责任所支付必要的、合理的费用,保险人也负责赔偿。房屋责任保险一般将因下列原因造成的损失、费用和责任列为除外责任:(1) 被保险人及其雇员的违法或故意行为;(2) 战争、敌对行为、军事行为、武装冲突、罢工、骚乱、暴动、盗窃、抢劫;(3) 政府有关当局的没收、征用;(4) 核反应、核子辐射和放射性污染;(5) 地震、雷击、台风、洪水等不可抗力的自然灾害;(6) 被保险人知道或应该知道其房屋或设施不安全,仍继续使用;(7) 被保险人或其雇员的人身伤亡或财产损失;(8) 任何性质的间接损失和精神损害;(9) 保险单或有关条款中规定的应由被保险人自行负担的每次事故免赔额;(10) 保险单列明的其他不属于保险责任范围内的一切损失、费用和责任。 (邹海林)

fangwu zulinhetong

房屋租赁合同(residential tenancy contract) 以房屋作为租赁物的租赁合同。按照这一合同,出租人应当将出租的房屋提供给承租人使用,承租人应当按期给付租金并在合同终止时将房屋返还出租人。房屋租赁和土地租赁,为不动产租赁,在各国民法中均被定为特种租赁。各国法律都在一般租赁规定之外,特定专门的有关房屋租赁的规定。因此,房屋租赁合同是一种具有特殊地位和重要意义的租赁合同。房屋租赁,在我国按产权来分,可分为公房租赁和私房租赁两大类;按照租赁房屋的用途,又可分为居住用房租赁、办公用房租赁与生产经营用房租赁三类。依《中华人民共和国城市房地产管理法》第54条规定:"住宅用房的租赁,应当执行国家和房屋所在城市人民政府规定的租赁政策。租用房屋从事生产经营活动的,由租赁双方协商议定租金和其他租赁条款。"因此,房屋租赁合同的特殊性主要体现在住宅用房租赁合同。 (邹川宁)

fangqi hangcheng

放弃航程(abandonment of voyage) 船舶因遭遇海上自然灾害、意外事故或其他原因,损坏严重,丧失续航能力,船东决定不再继续原定航程。放弃航程的情况主要有:(1) 丧失续航能力,不能继续航行;(2) 推定全损;(3) 双方协议不再继续原定航程。如果船舶在避难港放弃航程,则认作共同海损的港口费用、货物仓储费用、船员工资和给养、船舶消耗的燃料和物料计算至放弃航程之日为止。如果船舶在卸货完毕前放弃航程,则应计算至卸货完毕之日为止,卸货费用由货方自负。由于航程终止的原因是意外事故,承运人不负责从避难港到原目的港的转运货物的费用,货方可以选择自费将货物转运至目的港,或者在避难港将货物就地交付。此时,货方无义务支付到付运费,承运人的运费损失不列为共同海损。如果导致船舶推定全损的原因是共同海损措施而不是意外事故,则船长放弃航程的到付运费损失可以列为共同海损。

(张永坚 张 宁)

fangren xingwei

放任行为(德 Nothandlung) 又称紧急行为,指权利人处于急迫之不法侵害或者其他危险之下,并且无法及时得到公力救济时,法律上承认权利人可以为保护自己的利益而进行的私力救济性质的行为。民事权利受侵害时,原则上应当寻求公力救济。法律原则上禁止私力救济,但是在例外的紧急情况下放任权利人进行私力救济,因此此类行为称放任行为。关于放任行为的范围有不同的学说,通常认为包括正当防卫、紧急避险和自助行为三类。

放任行为介于合法行为与违法行为之间。由于放任行为属于法律上放任的私力救济,因此虽然造成他人损害,但是违法性被阻却。放任行为人不负损害赔偿责任。但是,放任行为皆有法定的必要限度,超越该限度而造成他人损害的,即不能阻却违法性,而构成侵权行为。

(葛云松)

fangren zhuyi

放任主义(principle of free formation; 法 laissez faire) 又称自由设立主义。当事人可以自由设立公司,法律不加干涉,一经设立,即取得法人资格,无须经过任何手续。欧洲中世纪自由贸易时代盛行,近代各国基本不再采纳这一原则。 (刘弓强 蔡云红)

feiji baoxian

飞机保险(aircraft insurance) 飞机所有人或其他有利害关系的人(如承运人)向保险人支付保险费,在被保险飞机发生保险合同约定的损失,或者在被保险人使用飞机过程中,因飞机坠落或者飞机上坠人、坠物致使第三人发生保险合同规定范围内的人身损害和财产损失,被保险人应当对受害的第三人负损害赔偿责任时,由保险人负责赔偿的保险。飞机保险的被保险人,为被保险飞机的所有人或者有其他利害关系的人,保险标的为飞机机身、推进器、机器和设备,以及因使用飞机造成的第三者责任。保险人以保险合同约定的保险金额为限,向被保险人承担保险责任。

飞机保险为综合性保险,主要有飞机机身险和飞机第三者责任险。依照我国的飞机保险合同,保险人对被保险飞机因下列原因所发生的损失,或者被保险人因为被保险飞机致人损害而应承担赔偿责任所发生的损失,承担保险责任:(1)意外事故,包括火灾、爆炸、碰撞、空中坠落物、失盗、飞机停泊于冰面发生的碰撞、沉没等意外事件;(2)自然灾害,包括雷击、暴风、龙卷风、地震、洪水、山崩、地裂、雪崩、雹灾、泥石流等自然灾害;(3)飞机失踪,即被保险飞机在起飞后经过保险合同约定的期间没有消息证实飞机行踪;(4)施救费用支出,包括因意外事故引起的飞机卸载费用,发生保险事故时,被保险人对被保险飞机采取施救、保护措施所支出的合理费用。

(邹海林)

feiji dimian disanzhe zeren baoxian

飞机地面第三者责任保险(aircraft ground third party liability insurance) 保险人以飞机的所有人或使用人对地面第三者应当承担的赔偿责任为标的而成立的保险。《中华人民共和国民用航空法》第105条规定:"公共航空运输企业应当投保地面第三人责任险。"第150条规定:"从事通用航空活动的,应当投保地面第三人责任险。"第166条规定:"民用航空器的经营人应当投保地面第三人责任险或者取得相应的责任担保。"故我国实行的飞机地面第三者责任保险,为强制保险。飞机地面第三者责任保险的保险责任范围为:飞机在飞行、起飞、降落、滑行和地面停放过程中,因飞机坠落或者飞机上坠人、坠物造成第三人人身伤亡和财产损失,被保险人应当承担的损害赔偿责任,保险人承担给付保险赔偿金的责任。

但是,保险人对被保险人因下列原因引起的责任,不承担保险责任:(1)飞机不符合适航条件而飞行;(2)被保险人的故意行为;(3)因战争、武装行动、劫持等暴力原因造成的损失;(4)被保险人及其支付工资的机上和机场工作人员的人身伤亡或财产损失。但保险合同有关上述除外责任的约定,不能用以对抗地面第三人给付保险赔偿金的请求。

(邹海林)

feijilüke yiwaishanghai qiangzhibaoxian tiaoli

《飞机旅客意外伤害强制保险条例》(Provisions on Compulsory Accident Insurance for Airplane Passengers) 规定飞机旅客意外伤害保险的专门保险条款。1951年4月24日政务院财政经济委员会发布并自发布之日起2个月内施行。根据1989年2月20日国务院发布的《国内航空运输旅客身体损害赔偿暂行规定》和1998年7月10日中国人民银行发布的《航空旅客人身意外伤害保险条款》,已被废止。该《条例》共7章18条。7章分别为保险对象及保险手续、保险期限、保险金额及保险费、保险范围、除外责任、医疗津贴及保险金之给付、附则。根据该《条例》,飞机旅客意外伤害保险为强制性保险,凡在中国境内持票搭乘飞机的旅客均应向中国人民保险公司投保该险种;保险期限自旅客持票进入机场后开始,至到达旅程终点离开机场时为止;保险费包括在票价之内,一律按基本票价的千分之五收费;保险范围、除外责任、医疗津贴及保险金之给付方面的规定则同于同时颁布的《轮船旅客意外伤害强制保险条例》和《铁路旅客意外伤害强制保险条例》的规定。

(刘凯湘)

feibili fenbao

非比例分保(non-proportional reinsurance) 亦称非比例再保险或超额损失再保险。以赔款的数额为基础而计算自赔额和责任额的一种再保险。它规定原保险人负担的赔偿限额,即自留损失,对超过这一限度的赔款,才由再保险人承担责任。由于它的保险责任、保险权益与保额之间没有固定的比例,故称为非比例分保。这种险主要是保障原保险人在遭受到较大保险事故时,不致受到冲击而影响其经营核算,始终将其赔偿限额限定在一个固定的数额内或者将原保险人对其某一类业务的赔付率保持在危险线以内,它也扩大了保险人对每一危险单位的承保能力。非比例再保险的缺点在于不能转换业务,它是单向的业务流动,而且技术性强,统计资料要求完全整齐,较难掌握。非比例分保可以分为险位超额再保险、事故超额再保险、积累超额再保险。

(温世扬)

feicaichan jifu xingwei

非财产给付行为(德 Unzuwendung Geschäft) 财产给付行为的对称,如所有权的抛弃等。

(李仁玉 陈敦)

feicaichan sunhai

非财产损害(non-pecuniary loss) 财产损害的对称。又称精神损害。广义上指权利人遭受的财产损害以外的损害,这种损害包括了生理上或心理上的较为严重的痛苦。狭义上仅指权利人受到的可获得损害赔偿救济的生理上或心理上的痛苦。非财产损害自始至终就不能以金钱加以衡量而只能以一般损害赔偿方式加以补偿。非财产损害与个人的心理、生理感受有关,但是并不以受害人主观上是否具备健全的意识能力为前提,因而对非财产损害一般需要按照诚实善良人的标准加以客观认定。对于非财产损害赔偿的适用各国法都有限制,大致可分为两种立法例:一种为列举主义,即法律列举可以适用非财产损害赔偿的情形,没有法律的明文规定,不能适用非财产损害赔偿(如《瑞士民法典》28 条 2 款、《德国民法典》253 条);一种为概括主义,即立法上概括规定适用非财产损害赔偿的情形,其典型为法国、日本。现在两种立法例有汇合的趋势。总的说来,非财产损害即精神损害赔偿的适用有如下特点:(1) 适用范围的有限性。合同法一般排除适用非财产损害赔偿,侵权法中一般也只有人身权受侵害才能获得非财产损害赔偿。少数国家如日本、奥地利、法国、俄罗斯等承认对财产权的损害也可以获得非财产损害赔偿,而且一些国家在严格责任的情况下排除非财产损害赔偿的适用。非财产损害赔偿只适用于自然人(包括胎儿)而不适用于法人及非法人团体(对于法人可否适用精神损害赔偿,学者中有肯定与否定两说,以否定说为通说);(2) 责任构成上的限制性。有的国家从责任构成的主观要件上限制精神损害赔偿,规定只有加害人有故意或重大过失且法律不排除适用非财产损害赔偿时,受害人才能获得精神损害赔偿(如《奥地利民法典》1330 条)。在德国,一般人格权受侵害而请求非财产损害之赔偿者,法院认为须侵害为重大或过失为重大,二者必有其一;联邦宪法法院则认为侵害重大及过失重大,非二者并存不可。主观方面的限制实际上使精神损害赔偿责任具备了独立的责任构成。有的国家从损害的客观结果上加以限制,如《葡萄牙民法典》第 496 条:非财产损失只有在因其严重性而值得法律保护时才能在确定损害赔偿额时被考虑进去;根据《意大利民法典》第 2059 条及刑法典第 185 条第二款的规定,非物质损害的赔偿主要取决于加害人是否构成刑事犯罪。我国最高人民法院《关于确定民事侵权精神损害赔偿责任若干问题的解释》第 9 条规定也要求只有造成严重后果才可以请求精神损害赔偿。客观方面的限制,使精神损害赔偿在权利保障或责任制度中只具有补充性的地位。

在大陆法系,有两种方法确定非财产损害的数额:一为主观法,一为客观法。所谓主观法,指损害赔偿的数额需要依具体情况而确定。我国最高人民法院《关于确定民事侵权精神损害赔偿责任若干问题的解释》第 10 条中规定,精神损害的赔偿数额根据以下因素确定:(1) 侵权人的过错程度,法律另有规定的除外;(2) 侵害的手段、场合、行为方式等具体情节;(3) 侵权行为所造成的后果;(4) 侵权人的获利情况;(5) 侵权人承担责任的经济能力;(6) 受诉法院所在地平均生活水平。主观法较好地符合全面赔偿原则,但是因为不确定因素太多,所以不得不依赖于法官的自由裁量权。所谓客观法,指依照一定的社会经验,根据不同的类型确定标准化的精神损害赔偿数额。如我国最高人民法院《关于确定民事侵权精神损害赔偿责任若干问题的解释》第 10 条第 2 款规定,法律、行政法规对残疾补偿金、死亡赔偿金等有明确规定的,死亡赔偿金、残疾补偿金适用法律、行政法规的规定。实践中对于残疾补偿金、死亡赔偿金等一般都有一确定的数额。从各国立法看,精神损害赔偿的计算方法经历着一个由主观的、个别的要素来决定抚慰金的赔偿方法向定型化、标准化的方向发展的过程。

英美法系不同。在英国精神损害赔偿数额问题由陪审团决定,只要陪审团的裁决在当时情况下不显失公平和出乎人们的意料,法院均予接受。当然,在现代法律实践中,召集陪审团审理只适用于例外的疑难案件,当案件中损害赔偿数额需要法官做出时,受有拘束力的先例的影响,法官没有多大的自由裁量权。在美国精神损害赔偿数额由陪审团无需法庭太多指导的情况下做出决定,如果法庭认为陪审团决定的数额过高,法庭可以减少该数额。但是所有的这一切在很大程度上都是直觉经验的结果。近几十年来,一些州对于痛苦的计算采用了封顶制的方法。在适用封顶制的案件中,陪审团决定的数额如果超出封顶,法官可以将该数额减少至封顶。

(张平华)

feicaichan zeren
非财产责任(**nonproperty liability**) 财产责任的对称。指不具有财产内容的民事责任,通常包括赔礼道歉、消除影响、恢复名誉等形式。法律设置非财产责任的目的在于全面地保护民事主体的权利。对于侵犯民事主体人身权的违法行为仅通过财产性责任进行救济是不够的,而受害人遭受的人格和名誉损害实际上也无法仅通过财产性责任形式得到充分的补救。因此非财产责任形式具有财产责任形式的不可替代的作用。非财产责任形式不涉及责任人的财产,其适用也不受当事人财产状况的限制,此类责任形式主要适用于造成他人非财产性损害的行为。精神性人格权如名誉权等受到侵害时,除后果严重者,一般不适用财产责任,而仅适用非财产责任;而在后果严重的情形下,不仅适用非财产责任,也适用财产责任。

(张平华)

feicanyu gongsizhai
非参与公司债(**nonparticipating debenture**) 参与公司债的对称。指与公司股利分配大小无关,不参与公司盈余分配,仅按公司债发行时所确定的利率支付利息的公司债。

(施余兵)

feicanyu youxiangu
非参与优先股(**nonparticipating preferred shares**) 当公司利润增大时,除享受既定比率的优先股股息以外,不得再享受参加红利分配的权利的股份,也称非参加优先股。优先股或累积优先股,都是非参加的优先股。公司在发行优先股时,事先没有特别的条款规定,即表明该种优先股是非参与优先股。非参与优先股无权与普通股一起参与对派息后的盈余分配,在公司盈余较高时,普通股可以得到比非参与优先股更多的收入,有时可达到非参与优先股股息收入的数倍。非参与优先股在利润分配上所享有的特殊权利远远小于普通股或参与优先股。非参与优先股的收益稳定,风险低于普通股。

(梁 聪)

feichanghuangu gupiao

非偿还股股票(unredeemable preferred shares) 是发行后根据规定不能赎回的优先股票。这种股票经投资者认购,任何条件下都不能由股份公司赎回。由于股票投资者不能再从公司抽回股本,这样可以保证公司资本的长期稳定。

(丁艳琴)

feidianxing hetong

非典型合同(德 nichttypische Verträge) 参见无名合同条。

feiduli de yisibiaoshi

非独立的意思表示(德 unselbständige Willenerklärung) 独立的意思表示的对称。必待他人的意思表示,始能成立法律行为的意思表示,例如合同的订立、股东大会的决议。区分独立的意思表示和非独立的意思表示的意义在于:独立的意思表示构成单方法律行为,非独立的意思表示构成双方行为或多方行为。

(李仁玉 陈 敦)

feiduihua de yisibiaoshi

非对话的意思表示(德 Willenerklärung unter Abwesenden) 对话的意思表示的对称。在有相对人的双方意思表示中,相对人不可同步受领意思表示的,为非对话的意思表示,又称需要接到的意思表示,如由信函交往而订立合同。区分对话的意思表示与非对话的意思表示的意义在于二者的生效时间不同。关于对话的意思表示何时发生效力,通说认为,从意思表示到达对方,处于客观上可了解的状态时起发生效力。至于相对人是否了解,则应依一般的情形而定。若相对人故意掩耳不闻,亦不因此阻却其效力的发生。非对话的意思表示,由于其经过传达媒介,才能沟通意见,情况较为复杂。其意思表示应于何时发生效力,主要有四种立法例:(1) 表示主义,又称表白主义,表意人完成其表示行为,即发生效力。(2) 发信主义,又称投邮主义,于意思表示离开表意人时,如函件已付邮时发生效力。(3) 到达主义,于意思表示到达相对人的支配范围时发生效力。(4) 了解主义,于意思表示为相对人所了解时发生效力。我国现行民事法律采到达主义,如《中华人民共和国合同法》第16条规定,要约到达受要约人时生效。

(李仁玉 陈 敦)

feifa hetong

非法合同(illegal contract) 英美契约法的概念。指合同的目的、内容或标的违反普通法原则及制定法禁止性规定或公序良俗的合同。其特点在于当事人具有相应的行为能力,形式符合要求,双方的意思表示一致,但目的、内容或标的违法。大陆法系的以合法形式掩盖非法目的、违反法律、行政法规强制性规定的合同等都可划为非法合同。非法合同为无效合同。

(郭明瑞)

feifa jianjin

非法监禁(false imprinment) 英美侵权法故意侵权的一种。指侵权人有意将他人限制在特定的区域内,是一种故意侵权行为,并且受害人对于非法监禁也必须是明知。非法监禁行为的侵权主体既可以是私人,也可以是国家机关工作人员。非法监禁的行为既可以是关押,也可以是一定的威胁性语言,此外监狱在有责任释放或到了该释放的时间却继续关押也构成非法监禁。被非法监禁的原告虽然也可以在很大的地方行动,但是回不了家,走不出监禁场所也构成非法监禁。原告请求非法监禁的损害赔偿不需要举证证明实际损害,只需要举证证明名义上的损害就可以了,并且,侵权人的行为如果具有足够的恶意,将有可能导致惩罚性损害赔偿责任。

(刘经靖 张平华)

feifa jiaoyi

非法交易(illegal transaction) 交易的主体、内容或形式违反国家法律、行政法规规定的商品交换活动。一般包括交易主体违法、交易内容违法和交易形式违法三种情形。所谓交易主体违法,是指法人、非法人组织或者自然人从事法律、法规不允许从事的交易或与其行为能力不相适应的行为。所谓交易内容违法,是指交易行为本身是法律所禁止的,或者是规避法律的,如传播淫秽书刊的行为等。所谓交易形式违法,是指交易行为不具备法律所要求的形式要件。一般说来,交易行为在主体、内容或形式方面违法,均会产生损害国家、社会或者他人利益的后果,因此,非法交易是无效的。无效责任人应当承担相应的民事、行政甚至刑事责任。

(任自力)

feifaren zuzhi
非法人组织(organizations without capacity of legal person) 不具有法人资格但可以自己的名义进行民事活动的组织,亦称非法人团体。在德国法上仅指无权利能力社团;在日本法上包括非法人社团和非法人财团;在我国台湾地区则称为非法人团体。非法人组织的特征是:

1. 非法人组织是组织体。表现为:(1)由两个以上的人组成的组织体;(2)此组织体不是临时的、松散的,一般应设有代表人或管理人,有自己的名称、组织机构、组织规则,有进行业务活动的场所,即具有稳定性的组织体。

2. 非法人组织是具有相应的民事权利能力和民事行为能力的组织体。

3. 非法人组织是不能完全独立承担民事责任的组织体。当非法人组织不能清偿到期债务时,应由该非法人团体的出资人或开办单位承担连带责任。

非法人组织的成立要件:(1)须为有自己目的的组织体;(2)须有自己的名称;(3)须有自己能支配的财产或经费;(4)应设有代表人或管理人。在我国,非法人组织主要包括合伙、个体工商户、农村承包户、个人独资企业、企业法人的分支机构、筹建中的法人和其他非法人组织。

(李仁玉 卢志强)

feifucong hetong
非附从合同(non-standard-term contract) 附从合同的对称,又称商议合同。指订约当事人可以就合同条款充分协商而订立的合同。其特点在于当事人享有充分的订约自由,而不是一方只能就另一方提出格式条款予以同意或不同意。它是合同的常态。 (郭明瑞)

feihunshengzinü de renling
非婚生子女的认领(legitimation of illegitimate child) 非婚生子女的生父母承认非婚生子女是自己的子女。非婚生子女的认领,一般是在无法准正的情况下发生的。认领分为两种形式:一是自愿认领;二是强制认领。自愿认领,又称任意认领,是指生父母承认该非婚生子女是自己所生,并自愿承担抚养责任,无需他人或法律的强制。多数国家规定非婚生子女的生父为非婚生子女的认领人,如罗马尼亚、瑞士等国。有的国家规定,生父、生母均为认领人,如日本等。认领行为的对象,一般是指非婚生的子女。各国规定认领的方式不同。其主要通过以下方式进行:(1)公证认领,如法国认领非婚生子女及德国认可父亲身份需进行公证;(2)登记认领,如前苏联苏维埃法典规定父母双方共同到户籍机关登记认领;(3)事实认领,即生父已经抚养非婚生子女,并且有认为该子女是自己的子女的意思表示,视为认领。为防止他人冒认子女,发生欺诈,损害非婚生子女及其生母的名誉,造成生父认领困难和障碍,设立认领的否认与撤销制度。即在认领发生后,如发现认领人非子女之父,法律给有关当事人以否认权,可向法院申请撤销认领。

强制认领,是指当非婚生子女的生父或生母不主动地自愿认领时,由有关当事人诉请法院予以判决强制认领的方式。强制认领的原因主要有:(1)未婚女子所生的子女,生母指认的生父不承认该子女是他所生,生母向法院提起确认生父之诉;(2)已婚女子与第三人所生子女,女方指认第三人为子女的生父而遭否认的,生母向法院提出确认生父之诉。

我国尚未建立非婚生子女的认领制度。在现行的法律制度下,关于非婚生子女地位婚生化的做法是:基于分娩的事实,非婚生子女与生母之间的关系一般无需加以特别的证明,非婚生子女按生母的婚生子女对待。非婚生子女与生父之间的关系,一般有两种情况:一是由生父自愿表示认领;二是被生母指认的生父不承认该子女是其所生,这种情况可通过生母向法院提出的证据,如在受孕期间与被告有过性关系,或被被告强奸的事实和证据等加以证明。法院在必要时,可委托有关部门进行亲子鉴定。我国最高人民法院 1987 年 6 月 15 日《关于人民法院在审判工作中能否采用人类白细胞抗原作亲子鉴定问题的批复》,对用该鉴定技术进行亲子鉴定给予了认可。 (马忆南)

feihunshengzinü de zhunzheng
非婚生子女的准正(legitimation by subsequent marriage) 因生父母结婚使非婚生子女取得婚生子女资格的制度。准正制度始于罗马法。为保护非婚生子女的利益,法律规定父对于结婚前所生子女,因与其母结婚而取得家父权,对子女视为婚生。寺院法和日尔曼法也设有准正制度。1926 年英国始有准正法。美国大部分州皆采用英制。大陆法系诸国如法国、瑞士、日本等国均继受罗马法原则设有非婚生子女的准正制度,(但各国准正的要件和方式略有不同。)虽现行《德国民法典》已删除"非婚生子女"一词,不存在子女婚生化问题,但仍设有认可父亲身份及父亲身份的确认制度,以确立亲子关系,保护子女利益。我国现行婚姻法无非婚生子女的准正制度。在现实生活中,非婚生子女的生父母结婚,其婚前所生的子女,一般应被视为婚生子女。 (马忆南)

feihunshengzinü jichengquan
非婚生子女继承权(the right of inheritance by children born out of wedlock) 在我国古代,非婚生子女被

称为私生子,其社会地位低下,受到种种歧视,其继承权也受限制。如清律规定:"奸生子、乱伦子女,依子量予半分。"在资本主义国家早期的立法中,非婚生子女的地位也很低下。如1804年《法国民法典》规定,非婚生子女绝不得为继承人;仅对于经合法认领的非婚生子女授予其承受父母遗产的权利;非婚生子女的权利为婚生子女应继份的三分之一。现代许多国家认为,因非婚生子女父母有过错而歧视其子女,是不公平的,把非婚生子女的继承权提高到与婚生子女相同的地位,如前苏联、英国、德国、意大利等国。但仍有少数国家如法国、日本及美国的一些州仍限制非婚生子女的继承权,非婚生子女的应继份仅为婚生子女的二分之一(《法国民法典》第760条、《日本民法典》第900条)。美国纽约州的立法则规定,只有在没有婚生子女时,非婚生子女才能继承生母的遗产等等。《中华人民共和国婚姻法》第25条规定非婚,生子女享有与婚生子女同等的权利,任何人不得加以危害和歧视。我国《继承法》规定,非婚生子女与生父母互为法定继承人,互有遗产继承权。非婚生子女与婚生子女享有相同的继承权。

(陈苇)

feihun tongjü
非婚同居(unmarried cohabitation, union de facto)
男女不结婚而同居的现象。这种现象在当代社会越来越普遍,在有的国家,比如斯堪地纳维亚诸国,非婚同居甚至已经与传统的婚姻制度分庭抗礼,有超过半数的男女选择非婚同居,而不愿意踏进婚姻的殿堂。美国判例法已经肯定同居配偶的权利,1976年加州最高法院对Marvin v. Marvin一案的判决,确立了同居配偶分离时的财产处理原则,承认了同居男女财产上的权利,成为美国此类判决的先例,引起其他州法院先后仿效,可谓具有划时代的意义。德国、法国、葡萄牙、北欧诸国等大陆法系国家也开始在立法上增加了这类非婚同居的规定,称之为"类似婚姻状况的结合"、"性伴侣关系"、"事实上的结合"、"非婚生活共同体"等,逐步对这种特别的关系做出规范,并将法律赋予婚姻的某些效力延伸适用于同居关系,这些效力不仅指由民法规定赋予婚姻的效力,亦包括由行政法、税务法及其他的法律所赋予婚姻的效力。这些规定旨在致力于如何对同居关系的当事人予以保护,以免像过去将同居置于法外关系,以顺应时代的变化。

(马忆南)

feijiben dangshiren
非基本当事人(non-basic party) 基本当事人的对称。指在票据发生后基于一定票据行为而加入票据关系的当事人,包括背书人、保证人等。它的存在与否不影响票据的法律效力。将票据划分为基本当事人和非基本当事人的意义主要有以下两个方面:其一,基本当事人与非基本当事人的欠缺与否对票据的效力有不同的影响。出票行为的效力能够直接影响到票据的效力,基本当事人作为出票时已经存在的当事人,如果有欠缺,不仅会使出票行为无效,更严重的是会导致票据的无效。而非基本当事人的有无,不会影响到票据的效力。其二,基本当事人的不同是区分委托票据和自付票据的标准。具有三方基本当事人的票据通常属于委托票据,即出票人不直接对其签发的票据付款,而由他委托的付款人来支付票据金额。具有两方基本当事人的票据通常属于自付票据,由出票人直接对其所签发的票据付款。目前各国通常采用的票据有三种,分别是汇票、本票和支票。这三种票有各自的特点,因而涉及到了不同的非基本当事人。根据《中华人民共和国票据法》的规定,汇票是出票人签发的,委托付款人在见票时或者在指定日期无条件支付确定的金额给收款人或持票人的票据。它所涉及的非基本当事人主要包括背书人、保证人等。本票是出票人签发的,承诺自己在见票时无条件制服确定的金额给收款人或持票人的票据。它所涉及的非基本当事人主要包括背书人、保证人、最后持票人等。支票是出票人签发的,委托办理支票存款业务的银行或者其他金融机构,在见票时无条件支付确定的金额给收款人或持票人的票据。它所涉及的非基本当事人主要包括背书人、保证人等。

(李军)

feijihua hetong
非计划合同(contract not based on state plan) 计划合同的对称。指不是直接依据国家指令性计划而依当事人自己的意愿和需要而订立的合同。非计划合同为合同的常态,其特点在于合同的当事人、合同的订立、合同的变更或解除等均不受国家指令性计划的影响。

(郭明瑞)

feijixu diyiquan
非继续地役权(拉丁 servitutes discontinuae) 继续地役权的对称。这是依地役权行使或内容实现的时间是否有继续性为标准对地役权所做的区分。非继续地役权是指权利内容的实现,每次均以有地役权人的行为为必要的地役权。例如未开设道路的通行地役权、未装设引水设施的汲水地役权。

(钱明星)

feileiji youxiangu
非累积优先股(non-accumulated preferred shares)
对当年公司所获得的利润有优先于普通股获得股息的权利,当该年度公司经营欠佳不足以支付优先股股息时,这种应分配给优先股股东的权利不能累积起来要求以后补发的股份。对投资者累积优先股优于非累积优先股。非累积优先股的特点在于股息的分派仅以本年度所得利润为限额,不补发优先股的积欠股息。公司盈利按规定发放非累积优先股当年约定股息后,可对当年普通股派息。对累积优先股公司除派发当年股息外,还必须还清以前积欠的股息之后,才能发放当年普通股的股息。与累积优先股比,非累积优先股的发行较少。累积优先股、非累积优先股是公司经营不景气时发放的,是它们具有优惠条件的原因。 （梁 聪）

feiliutong piaoju
非流通票据(non-negotiable instruments) 流通票据的对称。指按照法律或惯例的规定,其受款权不可任意转让的一种票据。如指定受票人、有限制性背书或者指明不可转让的汇票、支票等票据。 （温慧卿）

feipiaoju guanxi
非票据关系(non-negotiable-instrument relation) 除了票据关系外,虽与票据有关,但不是基于票据行为而直接产生的法律关系都属非票据关系。但由于票据法的一些特殊规定,使得这类非票据关系又分为两类:票据法上的非票据关系和民法上的非票据关系。前者是票据法为使票据关系所形成的当事之间的权利义务关系得以实现,所作出的一些规定。

非票据关系与票据关系相比,主要有以下特征:(1) 非因票据行为而发生。票据的基础关系,既有基于票据法的规定而发生的,也有基于民法的规定而发生的,但是都不是票据行为所产生的。(2) 没有票据权利义务内容。票据关系虽然是一种形式关系或抽象关系,而当事人实施票据行为终有其原因和条件。在行使票据权利过程中也难免会与他人发生一些有关的权利义务,但是对于这些票据关系之外的、却与票据关系有关联的权利义务关系,票据法不赋予其票据权利义务内容,当事人不享有票据权利。

票据法上的非票据关系是由票据法直接规定的与票据行为有联系,但不是由票据行为本身所产生的法律关系。这一类关系不属于票据关系,但它的产生与票据行为有联系,所以由票据法直接加以规定而不适用其他法律的规定。包括因恶意取得票据而产生的关系、利益偿还请求权关系、请求发行复本关系、请求交还复本关系、请求交还原本关系、请求交还票据关系。票据的基础关系是指,包括票据原因关系、票据预约关系、票据资金关系。 （胡冰子）

feixianzhixing zhaiquan
非限制性债权(non-limitation claims) 责任限制主体依法不能限制赔偿责任的海事赔偿请求或海事债权。它是海事赔偿责任限制原则的例外。对于非限制性债权,国际公约和各国海商法一般都规定,救助报酬、船方共同海损分摊、船员工资等属于非限制性债权。因油污及核损害引起的索赔一般也排除在外。《中华人民共和国海商法》第208条规定了五种非限制性债权:(1) 对救助款项或者共同海损分摊的请求;(2) 中华人民共和国参加的国际油污损害民事责任公约规定的油污损害的赔偿请求;(3) 中华人民共和国参加的国际核能损害责任限制公约规定的核能损害的赔偿请求;(4) 核动力船舶造成的核能损害的赔偿请求;(5) 船舶所有人或者救助人的受雇人提出的赔偿请求,根据调整劳务合同的法律,船舶所有人或救助人对该类赔偿请求无权限制赔偿责任,或者该项法律作了高于本章规定的赔偿限额的规定。

（张永坚 张 宁）

feixiaofeiwu
非消费物(德 unverbrauchbare Sache) 消耗物(消费物)的对称。又称不消费物、非消费物。不因一次之使用而罹于消失之物。例如房屋、机器、牛马、衣物、首饰等,在物理上,此种之物,虽然也会因为长久使用而致于损毁,但仍无害于其在法律上非消耗物之意义。法律上所谓使用收益权,其标的应以非消耗物为限,所以,就非消耗物,可成立使用借贷、租赁及普通保管等契约。 （张 谷）

feiyingye xintuo
非营业信托(noncommercial trust) 参见民事信托条。

feizhuyao cuowu
非主要错误(德 Nitch wesentlich irrtum) 瑞士债务法上主要错误的对称。非主要错误一般不影响意思表示或法律行为的效力。 （李仁玉 陈 敦）

feizhuanshu quanli
非专属权利(non-exclusive rights, transferable rights; 德 uebertragbare Rechte; 法 droits transmissibles) 专属权的对称。亦称非专有权。非专属于权利人,而得与权利人分离的权利。一般财产权均为非专属权,具有移转性,得为让与或继承的标的。部分财产权如由雇佣契约或委托契约所生权利,因与当事人的信任关系密不可分,也不得移转,此乃例外。 （张 谷）

feizhuanhuan gongsizhai
非转换公司债(unconvertible debenture) 转化公司债的对称。指不能转换为股份的公司债。非转换公司债的债券持有人只能到期向公司主张还本付息,无其他权利。凡在发行时未有特别约定的,均为非转换公司债。与转换公司债相比,其在发行和管理上比较简单:发行主体与发行条件与一般公司债相同(参见一般公司债);在股东会或董事会对发行非转换公司债进行决议时,无需转换公司债的四分之三的多数通过,只要简单多数通过。非转换公司债对持有人不如转换公司债有利,一般非转换公司债的利息高于转换公司债的利息。 (施余兵)

feizhuanhuangu gupiao
非转换股股票(unconvertible shares) 股份公司发行的不可转换为其他类型股的股票。凡预先没有规定转换条件、转换日期和其他相关事宜的股票,均属不可转换股。非转换股股票可以是普通股或优先股、记名股或不记名股、表决权股或无表决权股等。非转换股的股东权利和义务较固定,收益较稳定,不易产生投机行为。非转换股适应市场情况复杂多变的应变能力较差。 (丁艳琴)

feizhuanrang beishu
非转让背书(non-negotiable endorsement) 不以转让票据权利为目的背书。非转让背书包括委任背书和设质背书两种:

1. 委任背书,又称委任取款背书,指持票人为让他人代为行使票据权利,而授予代理权的背书。《中华人民共和国票据法》第35条第1款规定:"背书记载'委托收款'字样的,被背书人有权代背书人行使被委托的汇票权利。但是,被背书人不得再以背书转让汇票权利。"我国委任背书的绝对应当记载事项为三项:背书人签章、委托收款的意旨、被背书人名称。委任背书不受背书禁止的限制。在委任背书形成的法律关系中,背书人为委任人,被背书人为代理人。委任背书有三方面的效力:(1) 代理权的授予。被背书人不能取得汇票权利,他得到的是代理背书人行使票据权利的代理权。他可以代背书人为付款的提示、受领汇票金额、请求作成拒绝证书、行使追索权等;他还可以为委任背书,但是不得再为转让背书与设质背书。(2) 抗辩不切断。委任背书并不使票据权利发生移转,因此,背书人仍是票据权利人。票据债务人对背书人的抗辩不因委任背书而切断。同时,票据债务人不得因自己与经委任背书取得票据的持票人之间的抗辩事由而对抗背书人。(3) 权利证明。委任背书中的被背书人仅依背书的连续即可证明代理权的存在,不必另行举证。付款人也得因对其付款而免责。

2. 设质背书,又称质权背书,持票人为在票据权利上设定质权所为的背书。因背书而形成的法律关系中,背书人为出质人,被背书人为质权人。以汇票权利为质权标的质权称为权利质权。我国《票据法》规定,设质背书应该记明"质押"字样。其绝对应当记载事项为三项:背书人签章、设质意旨、被背书人名称。设质背书具有如下的效力:(1) 设定质权的效力。被背书人经设质背书取得权利质权,该持票人有权行使汇票上的一切权利,即可受领汇票金额,可为付款的提示,作成拒绝证书请求,行使追索权等。(2) 抗辩切断的效力。汇票因背书设质于被背书人,票据债务人不得因自己与背书人之间的抗辩事由对抗持票人。其原因在于,该持票人是为背书人的利益行使,所以,设质背书产生抗辩的切断。(3) 权利证明的效力。经设质背书取得汇票的持票人以背书的连续即可证明自己为正当权利人,付款人也得对其善意付款而免责。(4) 权利担保的效力。背书人应对被背书人负担保承兑及付款的责任。(5) 再背书。设质背书的被背书人有背书权,但是只能为委任取款背书。 (王小能 胡冰子)

feizhuanrang beishu de xiaoli
非转让背书的效力(effects of non-negotiable endorsement) 非转让背书在票据关系当事人之间产生的后果。非转让背书是委任背书和设质背书的总称,非转让背书的效力也是委任背书的效力和设质背书效力的总称。委任背书的效力在背书人与被背书人之间产生代理取款法律关系。

委任背书有三方面的效力:(1) 代理权的授予。被背书人不能取得汇票权利,他得到的是代理背书人行使票据权利的代理权。他可以代背书人为付款的提示、受领汇票金额、请求作成拒绝证书、行使追索权等;他还可以为委任背书,但是不得再为转让背书与设质背书。(2) 抗辩不切断。委任背书并不使票据权利发生移转,因此,背书人仍是票据权利人,票据债务人对背书人的抗辩不因委任背书而切断。同时,票据债务人不得因自己与经委任背书取得票据的持票人之间的抗辩事由而对抗背书人。(3) 权利证明。委任背书中的被背书人仅依背书的连续即可证明代理权的存在,不必另行举证,付款人也得因对其付款而免责。设质背书的效力是指设质背书在票据关系当事人之间立生的法律后果。

设质背书具有如下的效力:(1) 设定质权的效力。被背书人经设质背书取得权利质权,该持票人有权行使汇票上的一切权利,即可受领汇票金额、可为付款的提示、作成拒绝证书请求、行事追索权等。(2) 抗辩切断的效力。汇票因背书设质于被背书人，票据债务人不得因自己与背书人之间的抗辩事由对抗持票人。其原因在于，该持票人是为背书人的利益行使，所以，设质背书产生抗辩的切断。(3) 权利证明的效力。经设质背书取得汇票的持票人以背书的连续即可证明自己为正当权利人，付款人也得对其善意付款而免责。(4) 权利担保的效力。背书人应对被背书人负担保承兑及付款的责任。(5) 再背书。设质背书的被背书的被背书人有背书权，但是只能为委任取款背书。（王小能）

feibang
诽谤(defamation) 美国侵权法上侵权行为的一种，指对一个人良好名声和名誉的损害。诽谤有两种形式，一种是口头的，一种是书面的。构成诽谤的要件有：(1) 诽谤的语言。诽谤语言并不需要对原告的名誉造成实际的伤害，只要确有伤害他人名誉的倾向和效果即可；(2) 诽谤的语言必须是关于受害人的；(3) 诽谤的语言被公开给第三者。诽谤的公开必须是故意或过失的，并且，言论中的诽谤意思必须能够被公众理解；(4) 受害人的名誉受到了伤害。对于口头诽谤，原告必须证明伤害是特殊性的，即金钱损失，而对于书面诽谤，原告则只须证明一般名誉伤害即可；(5) 诽谤语言的内容是捏造的；(6) 被告的过错。在美国侵权法上，诽谤的结果还可因诽谤对象的不同而有差别，如果被诽谤者是官员或公众人物，则基于言论自由原则，此类诽谤案件的成立较一般诽谤有更为严格的要件，在这类案件中，原告要想获得赔偿，必须证明被告的诽谤言论是不真实的，而被告则知道事实或对事实不在乎。 （刘经靖）

feibiao
废标(invalid bid) 即无效投标书，指投标人的投标文件不符合招标文件的条件或缺乏生效条件而未能发生法律效力。其实质为无效的要约。投标人投送的下列投标书为废标：投标书未密封；未加盖本单位及其负责人的印鉴；投标书对将要订立的合同书的主要条款缺失或含混不清；投标书对标书的条件持保留意见或附条件而根本违背标书要求；一个投标书有两个以上的报价；投标书送达时间已超过规定的截标时间。废标应于评标阶段予以剔除，并对投标人无约束力。 （肖 燕）

fenbao hetong
分包合同(sub contract) 签订建设工程合同的一种形式。有两种情况：一是总承包人分别与勘察人、设计人、施工人定立的分包合同；一是向发包人承包勘察、设计、施工等任务的单向承包人就其承包的工程建设任务部分的完成与第三人签订的分包合同。无论何种分包合同，都应符合以下条件：(1) 分包人须具备相应的资质条件；(2) 须经发包人同意；(3) 分包的标的不是建设工程主体结构的施工。分包合同的分包人就其承包完成的工作成果不仅应向总承包人或者勘察、设计、施工承包人负责，而且与总承包人或者勘察、设计、施工承包人一同向发包人承担连带责任。分包合同不同于转包合同，在转包情形下，转让人退出承包关系。依《中华人民共和国合同法》规定，承包人不得将其承包的全部建设工程转包给第三人或者将其承包的全部建设工程肢解后以分包的名义分别转包给第三人；禁止分包单位将其承包的工程再分包。 （郭明瑞）

fenbie caichanzhi
分别财产制(separation property regime) 夫妻双方婚前或婚后所得财产归各自所有，各自独立行使权利和享有利益的夫妻财产制度。分别财产制是近现代资产阶级国家亲属法确立的一种做法。英美法系国家和地区都采用此制度作为法定的夫妻财产制。如1982年美国纽约州家庭法第50条规定："已婚妇女现在所有的或其在婚姻存续期间取得的，或者按本章规定取得的财产，不论动产或不动产以及由这些财产产生的租金、利息、收入和利润，如同婚前一样，是其个人独有的财产，既不受丈夫的支配或处分，也不对其债务承担责任。"大陆法系个别国家，如日本，也以分别财产制作为法定夫妻财产制。为保证婚姻生活的正常进行，采用分别财产制的立法往往同时限制拥有产权的配偶任意处分房屋等重大生活必需品。分别财产制保证已婚妇女独立的财产权的同时，也存在着明显的不足，实际生活中，绝大多数妇女的就业机会和经济收入低于丈夫，夫妻双方各自拥有的财产数量会有较大的差距；另一方面，妇女是家务劳动和育儿的主要承担者，其从业活动受到较大制约，这就不可避免地形成了夫妻实际上的不平等。 （蒋 月）

fenbie de sunhaipeichang
分别的损害赔偿(divisible damages) 在共同侵权行为中，如果各侵权人造成的损害能够独立出来，则各侵权人仅对自己造成的损害负责。这种仅对自己的侵权行为造成损害负赔偿责任被称为分别的损害赔偿。例如，两个侵权人同时误伤原告，一个伤害了原告的左手，一个伤害了原告的右腿，则各侵权人仅对自己造成的伤害单独负赔偿责任。在美国法中分别的损害赔偿的适用，不仅要求侵权人对自己造成的损害能够独立出来，而且要求各侵权人之间没有侵权意思联络；如果侵权人之间有意思联络，则侵权人之间负连带赔偿责

任。此外,虽然故意性共同侵权行为中也可能发生分别的损害赔偿,但是分别的损害赔偿一般适用于共同过失侵权行为。 （张平华）

fendan sunshi
分担损失(apportionment of loss) 加害人与受害人对损害的发生都没有过错的,可以根据公平原则,在双方当事人之间分担损害的制度。 （张平华）

fendao tonghangzhi
分道通航制(traffic separation schemes) 分道通航制是通过适当方法建立通航分道,旨在分隔相反的交通流的一种定线措施,其主要目的是减少航向相反或接近相反的船舶之间发生的碰撞。分道通航早在1969年就已自愿性的、非强制地在英伦海峡实施,1972年避碰规则以法律的形式将其确定下来。分道通航制主要适用于一些通航密度较大的繁忙的航道。1972年避碰规则对分道通航制作出了详细的规定:

1. 使用分道通航制的船舶应:(1) 在相应的通航分道内顺着该分道的船舶总流向行驶;(2) 尽可能让开通航分隔线或分隔带;(3) 通常在通航分道的端部驶进或驶出,但从分道的任何一侧驶进或驶出时,应与分道的船舶总流向形成尽可能小的角度。

2. 船舶应尽可能避免穿越通航分道,但如不得不穿越时,应尽可能用与分道的船舶总流向成直角的航向穿越。

3. 当船舶可安全使用邻近分道通航制区域中相应通航分道时,不应使用沿岸通航带。但长度小于20米的船舶、帆船和从事捕鱼的船舶可使用沿岸通航带。当船舶抵离港口、近岸设施或建筑物、引航站或位于沿岸通航带中的任何其他地方或为避免紧迫危险时,可使用沿岸通航带。

4. 除穿越船或者驶进或驶出通航分道的船舶外,船舶通常不应进入分隔带或穿越分隔线,除非:(1) 在紧急情况下避免紧迫危险;(2) 在分隔带内从事捕鱼。

5. 船舶在通航分道的端部附近区域行驶时,应特别谨慎。

6. 船舶应尽可能避免在通航分道内或其端部附近区域内锚泊。

7. 不使用通航分道的船舶,应尽可能远离它。

8. 从事捕鱼的船舶,不应妨碍按通航分道行驶的任何船舶的通行。

9. 帆船或长度小于20米的船舶,不应妨碍按通航分道行驶的机动船的安全通行。

10. 操纵能力受到限制的船舶,当在通航分道内从事维护航行安全的作业时,在执行该作业所必需的限度内,可免受本条规定的约束。

11. 操纵能力受到限制的船舶,当在通航分道内从事敷设、维修或起捞海底电缆时,在执行该作业所必需的限度内,可免受本条规定的约束。
（张永坚 张 宁）

fendengji de zulin
分等级的租赁(graduated lease) 租金随着将来的偶然事件如货运量或收入的多少而变化的一种租赁。租赁协议并未对租金的数额作出规定,如果由于租赁而使承租人获得较多的收益,则他须支付较高的租金,反之,他只需支付较低的租金。 （郭明瑞）

fendengji maimai
分等级买卖(graduated sale) 依特定等级或标准确定标的物质量的买卖。该种买卖的出卖人交付的标的物只要符合约定的等级或标准,标的物即为无瑕疵的;若其交付的标的物低于约定的等级或标准,即为标的物不合质量要求,应负瑕疵担保责任。 （郭明瑞）

fengezhizhai
分割之债(divisible obligation) 参见可分之债条。

fengongsi
分公司(branch company) 本公司或总公司的对称。这是以管辖系统为标准对公司进行分类而形成的一组概念。许多大型公司的业务分布于全国各地甚至许多国家,而直接从事这些业务的是公司所设置的分支机构或附属机构,这些分支机构或附属机构就是所谓的分公司,公司本身则称之为总公司或本公司。分公司没有独立的法律地位,不具有法人资格。其具体特点如下:分公司没有自己的公司名称和公司章程,只能以总公司的名义进行活动;分公司一般也不设置董事会等整套管理机构,而只有业务管理人;分公司没有自己的独立财产,其实际占有、使用的财产是作为总公司的财产而列入总公司的资产负债表中;分公司业务活动的后果由总公司承受,总公司应以自己的全产财产对分公司的活动所产生的债务承担责任;分公司的设立也不象一般公司设立那样需要经过许多法律程序,而只须在当地履行简单的登记和营业手续即可。因此,分公司实质上与其总公司是同一公司,是总公司的组成部分或业务机构。我国公司法规定,公司可以设立分公司,分公司不具有企业法人资格,其民事责任由公司承担。 （王亦平）

fenlei toupiao
分类投票(classified voting) 把公司有表决权股份分

成不同的类别,投票按不同类别进行的方式。这种方式要求对任何重大问题都须得到各类股东多数的同意,如选举董事,董事人选按比例由不同类别股东分别选举,然后这些董事组成董事会。 （黄 艳）

fenlei zhangbu

分类账簿(classified balance books) 以商主体从事的经济业务类别为依据形成的账簿,也称分类账。在会计核算中,分类账簿是必须设置的会计主要账簿。其记载依据是不同的会计账户,通常包括资产、负债、所有者权益、收入、费用和利润等项,将全部业务按照总分类账户和明细分类账户进行分类登记。分类账簿按照反映内容详细程度的不同,可以分为两种:

1. 总分类账,也称总账,是根据总分类科目开设、用以分类登记全部经济业务的分类账簿。在总分类账中,应当按照会计科目的编码顺序分设账尸,并为每个账户预留若干账页,通过这种账簿,可以提供商主体有关资产、负债、所有者权益、费用、成本和收入、利润等总括核算资料。其具体格式因采用的12账方法和会计核算程序的不同而有所区别:(1) 一般采用借方、贷方和余额三栏式的订本账,根据会计主体的实际需要,在总分类账的借方和贷方两栏内,也可以增设对方科目栏;(2) 也可以采用多栏式的总分类账格式,即把所有的总账科目合并设在一个账页上,如日记总账,就是把所有的业务根据记账凭证,按顺序并分类直接入账。由于总分类账能够比较全面地、总括性地反映商主体的业务活动,并为编制会计报表提供资料,所以商主体一般都要设置总分类账。

2. 明细分类账,简称明细账,是根据总账科目设置、按照明细分类账户详细登记某一经济业务的账簿。在明细账中,应当根据实际需要,分别按照二级科目或者明细科目开设账户,并为每个账户预留若干账页,用于分类、连续地已录有关资产、负债、所有者权益、费用、成本和收入、利润等详细资料。其具体格式因管理要求和记录的经济内容不同分为三种:(1) 三栏式明细分类账,即在账页上设借方、贷方和余额三个金额栏,不设数量栏,适用于"应付购货款"、"应收销货款"等只需要进行金额核算而不需要进行数量核算的债权债务结算科目;(2) 数量余额式明细分类账,其账页上分别设有收入、发出和结存的数量栏和金额栏,适用于"材料"、"产成品"等需要同时进行余额核算和实物数量核算的各种财产物资科目;(3) 多栏式明细分类账,即在一张账页内记录某一科目所属的各明细科目的内容,集中反映有关明细项目的详细资料,适用于有关费用、成本和收入等科目。明细分类账所提供的有关经济活动的详细资料,是编制会计报表的依据,各会计主体都应在总分类账的基础上,设置若干必要的明细分类账。明细分类账一般采用活页式账簿,也可以采用卡片式账簿。

总分类账与明细分类账的关系:总分类账对明细分类账起统驭和控制作用,明细分类账起补充和说明作用。 （梁 鹏 刘剑华）

fenqi daikuan

分期贷款(installment loan) 又称分期偿还贷款,是贷款方将款额一次性交付于借款方,借款人在贷款期限内分期偿还贷款的贷款形式。它是最为常见的消费信贷形式。分期贷款一般具有贷款数额大、还款期长的特点,为此贷款方采用多种新形式保障债权的安全,包括遇有借款方严重违约时其他各期贷款加速到期;采取足够的担保或保险措施等。 （杜 颖 张平华）

fenqi fukuan

分期付款(installment payment) 当事人一方按照合同约定的期限和金额分数次将价款支付给对方的行为。通常发生于分期付款的买卖合同中。票据法上指一张汇票以若干日期作为汇票的到期日。依我国台湾地区票据法的规定,汇票金额或其利息中任何一期到期不获付款时,则未到期部分视为全部到期,付款人就该视为到期部分未清偿时,可以扣减该部分的利息。日内瓦法系不承认分期付款的效力,《日内瓦统一汇票本票法》第33条规定,分期付款的汇票无效。《中华人民共和国票据法》没有关于分期付款的规定,根据该法第25条的规定,我国大陆地区不承认分期付款的效力。 （王小能 王卫劲）

fenqi fukuan de maimai

分期付款的买卖(德 Abzahlungsgeschäft; Instatement selling) 特种买卖之一种。是当事人约定买受人分期支付价款的买卖。所谓分期支付价款,即将价款分为若干部分,分月或者分年定期支付之。至于价款究竟分若干期,每期金额多少,完全由当事人任意约定,不过既然称分期付款,至少应于标的物交付后仍有两期以上始可,分期付款应基于合同订立时当事人之约定,如果是合同订立后出卖人始表示同意分期付款者,也非分期付款买卖。分期付款,惟就可分之对待给付为可能。分期应支付价款的诉讼时效,应自每期届满时开始进行。如果出卖人就标的物保留所有权,则价款请求权虽因时效而消灭,但仍可请求返还标的物。在分期付款买卖中,出卖人有交付标的物于买受人之义务,但不必转移其所有权,由于出卖人虽与买受人为保留所有权的约定,仍可成立分期付款买卖。分期付款买卖的标的物可以为动产,也可为不动产(至于权利买卖是否可以分期付款,各国立法上无明文规定,学说上亦尚无明确之结论),但通常为大宗、高昂之商品。尤其在现代社会中,许多高档消费品包括住房,买受人往往无力一次性支付全部价款,因而不能满足生活需要与享受,而分期付款买卖则可以减轻买受人之负担并满足其需要,实具有刺激消费、促进生产、繁荣社会的功能。因此各国法律无不规定之,德国、法国、奥地利、日本等均有分期付款买卖法,瑞士债务法中亦设有规定。

在分期付款的买卖中,由于出卖人在交付标的物后并未获得全部价款,不免冒有一定风险,因而在订立合同时,出卖人往往附加一些对自己有利之条款以保障其利益免受损失。但有时这种附加条款对于买受人极为不利,过于苛刻。尤其在现代社会中,出卖人往往为一些规模宏大、资金雄厚之大公司,买受人无法与其抗衡而蒙受不利,因此法律上为衡平双方当事人之利益且为一定程度上对买受人予以保护,往往对那些不利买受人之附加条款进行限制。(1)对于期限利益丧失条款之限制,是指当事人约定,买受人之分期付款如有给付迟延时,出卖人得请求其支付全部价款。由于分期付款的期限属于买受人的利益,若附此条款,则买受人之期限利益有被剥夺的可能,倘一有迟延(如一期迟延),即须支付全部价款,未免过苛。因而各国或地区立法上均对其予以限制。《中华人民共和国合同法》第167条规定,买受人未支付到期价款的金额达到全部价款的五分之一的,出卖人可以要求买受人支付全部价款或者解除合同。这种对期限利益丧失条款之限制属于强行性规定,当事人不得违背。不过当事人所约定比法律上之规定更为宽大时,则不受限制。(2)对于解约扣价条款之限制,也称失权条款,即当事人约定出卖人于解除合同时得扣留其已受领价款。此种条款对于买受人多有不利,例如在一分期付款买卖中约定分10期付款,每期付1000元,买受人第8期迟付,出卖人解除合同,取回标的物,扣得7000元,对买受人极为不利。因此,各国立法对这种条款也常有限制。(3)对于所有权保留条款之限制,是指当事人约定出卖人于全部价款受清偿前保留标的物所有权。此种情形,标的物虽已交付,但所有权仍为出卖人所保留,若买受人不支付价款时,则出卖人得取回标的物,故具有担保作用。虽然法律上并不完全否认所有权保留条款,但因无公示方法,故无法对抗善意第三人。此外,除上述三种较重要的附加条款外,尚有"违约金条款"、"自力取回条款"及"保留监督权"等,其内容只要不悖于公序良俗,均可由当事人在分期付款买卖合同中约定。

(王卫劲)

fenqi fukuan huipiao

分期付款汇票(draft payable by installment) 远期票据的一种。是指将票面的金额划分为几个部分,并分别预先指定到期日的汇票。它是在英美国家和我国台湾地区予以承认的一种汇票,而大陆法国家大多都不承认此类汇票。英国票据法规定本法所称的汇票付款金额应为确定之数额,即使要求支付下列各项也不例外:(1)利息;(2)指明的分期付款;(3)指明的分期付款,同时规定凡任何一期未能如期付款的应全部一次付清;(4)依据载明的汇率,或依据汇票所批示的方式决定的汇率。我国台湾地区票据法规定,分期付款之汇票,其中任何一期到期不获付款时,视为到期之未到期部分的汇票金额中所含未到期之利息,于清偿时,应扣减之。利息经约定于汇票到期日前分期付款者,任何一期利息到期不获付款时,全部汇票金额视为均已到期。由于分期付款的汇票是存在着数个债权的证券,票据债务人在全部债务偿还完毕之前,不能收回该汇票。因此收款人在每次收到票款及利息时,应分别给予收据,并在票据上注明领取票据的期别、金额和日期。

(温慧卿 王小能)

fenqi lüxing zhizhai

分期履行之债(obligation of instalment) 按照法律规定或当事人约定,债务人应于一定期间内分期履行义务的债。分期履行之债的债权人只能要求债务人在规定的期限内分次履行,而不能要求债务人一次全部履行;债务人应按照规定的期限分部分履行,而不得一次履行。每一履行期限届满,债务人未履行相应部分债务的,即构成债务不履行。如甲乙订立合同中约定,乙应一年内按月向甲交付煤炭10吨,甲乙间的债就为分期履行之债。

(郭明瑞)

fenqi peichang

分期赔偿(installment damages) 一次性赔偿的对称。又称定期金赔偿,损害赔偿的支付方式之一。指赔偿义务人在规定的时间与地点内,分多次按期给付应赔偿的金钱或实物的损害赔偿方式。

分期赔偿具有下列特点:(1)适用上的补充性。损害赔偿以一次性赔偿为原则,如有重大原因,赔偿权利人得请求将分期赔偿转化为一次性赔偿;(2)范围的有限性。一般只是针对未来消极利益的赔偿适用分期赔偿,主要适用于受害人劳动能力降低或者死亡而需要支付抚养金的场合。对于非财产损害赔偿一般不适用分期赔偿的方式。赔偿权利人死亡,则分期赔偿义务消灭。赔偿义务人获得其他抚养金来源对于分期赔偿义务没有影响。法院在判决加害人或负有赔偿义务的人以定期金方式赔偿损害的同时一般还应当判令其提供确实可行的担保。

分期赔偿支付方式的优越性在于:(1) 避免了加害人因一次性支付过多的赔偿金而破产或支付不能;(2) 避免了因通货膨胀等给受害人带来的可能不利;(3) 避免受害人(尤其是受害人的监护人)提前花费赔偿金而使其未来生活发生重大困难;(4) 避免受害人近亲属得到重大不当得利(如受害人在判决生效后很短时间内因其他原因死亡,而判决确定的是一次性支付 20 年的残疾赔偿金)。

(张平华)

fenzhai

分债(sub-debt) 总债的对称。两个有相互联系的债中,其标的为另一债标的的一部分的债。分债的债权人为总债的债务人,分债的标的为总债标的的一部分。分债的债务人不仅向其债权人即总债的债权人负履行责任,而且与总债的债务人就其债务履行一同向总债的债权人负连带责任。依我国法规定,在建设工程承包中,采用总承包与分承包或者承包与分包的承包方式时,即发生总债与分债。前者基于总承包发生的债为总债,基于分承包合同发生的债为分债;后者基于承包合同发生的债为总债,基于分包合同发生的债为分债。

(郭明瑞)

fenzu

分租(sublease; under lease) 承租人将其就地产所享有的权益在原地产租赁合同存续期间的范围内,转让给第三人的行为。原承租人并不因此而免除对出租人的义务,且不得由于分租而给原出租人带来损害。

(杜 颖)

fengxian qiyefaren

风险企业法人(risk-taking enterprise legal person) 进行风险投资的企业法人。所谓风险投资是将资金用于高新技术领域或以高新技术为手段的服务业以及股票、债券等有价证券买卖的投资,这类投资的利润率除了以货币投放时间计值为基础外,还要加上风险利润率。由于风险投资可能获得的利润往往高于一般利润若干倍,因此使投资者甘愿冒巨大的风险。产生风险的因素很多,如高新技术及新产品的失败,市场竞争激烈,企业经营管理不善,国内外商品市场、外汇市场、金融市场的变化及政府有关政策的变化。正因为如此,风险企业法人不得不千方百计将产生风险的可能性降低到最低点,做出比其他企业更大的努力,例如聘用大批高水平的专业人才,加强市场预测,提高生产率,降低成本以提高产品的竞争能力,雇用高水平的法律顾问以保护本企业的合法权益。另外,由于自然灾害与战争等不可抗力也可能给企业带来风险,所以及时向保险公司投保对风险企业法人来说,非常重要。由于在市场经济条件下,任何企业都是有风险的,只是由于经营范围的不同其风险大小也有不同而已,因而所谓风险企业法人一般是针对风险较大的那一类企业,即进行风险投资的企业法人。并非企业只要有风险即为风险企业法人。风险企业法人的竞争能力较强,人力、物力资源的配置也较为合理,在市场经济中发挥着重要的作用。风险企业法人的设立依照商法(主要是公司法)的有关规定进行,由于其风险大,收益亦高,容易对市场经济产生较大影响,故政府对其监管力度较大。

(关 涛 梁 鹏)

fengxian zifu

风险自负(assumption of risk) 又称自甘冒险、自负风险。指明知某具体危险状态存在,而甘愿冒险从事一定行为。在英美法,风险自负是与受害人同意相对应的概念:前者为过失侵权的免责事由,后者为故意侵权的免责事由。在司法实践中,法官认定风险自负的态度极其谨慎,其构成要件为:受害人只是使自己介入了不确定的风险,与"受害者同意"要求受害者明确知道将来可能的伤害结果不同,风险自负所面对的损害必须是可以避免的;受害人与行为人都希望危险不要实现,特别是受害人一般存在侥幸心态;风险自负可视为受害人与行为人之间默示合意免除责任。在英美法上自冒风险有明示自冒风险和暗示自冒风险两种。明示自冒风险是指在事故发生以前,原告以口头或书面和约方式,明确同意承担某种风险;暗示自冒风险是指原告通过他的行动暗示出他愿意承担风险。早期侵权法,风险自负通常可以理解为排除了被告的过失,使被告得以免责。现代侵权法则一般采用比较过失或与有过失的理论,由法院衡量当事人对损害或扩大的原因力以合理分配其责任。行为人以风险自负进行抗辩可能出现下列结果:阻却违法,限制可归责性之形态,即只有在行为人故意或重大过失时才负责任;免除责任;减轻损害责任。

(张平华)

fengbishi gongsi

封闭式公司(close company) 开放式公司的对称。股票不上市,股份只在少数人手里掌握的负有限责任的公司。英国称封闭式公司为 private company,美国称 close corporation。我国有人称为少数人公司或不上市公司,也有人译为私公司,但它不是一般意义上的私营公司。这种公司的特点是:公司的股票全部由建立该公司的股东所拥有,股票不能在证券交易所公开挂牌,不能在股票市场上自由转让,买卖和流通,所以,这种公司译为"不上市公司"、"股票不上市公司"或"封闭股份有限公司"。英美法中的封闭式公司类似于大陆法中的有限责任公司,公司的股票类似于股单,公司的股东以其所购股份为限对公司承担责任,公司以其全部财产对公司的债务承担责任。开放式公司与封闭式公司的基本区别是:封闭式公司的成立及经营管理比开放式公司更为方便;封闭式公司不得发行不记名股份或不记名债券,也不得向公众发出认购本公司股份或债券的邀请;封闭式公司的成员数额通常受到法律的限制,其股份转让也受到较严格的限制,但其年度账目不必公告。

(王亦平)

fouding tiaojian
否定条件 (德 negative Bedingung)
肯定条件的对称。以某种事实的不发生为内容的条件,又称消极条件。如君在年内不结婚,则赠君千元。这里的所附条件,即为否定条件。

(李仁玉 陈敦)

fuqi bieti zhuyi
夫妻别体主义 (separatism; doctrine of conjugal separation)
夫妻一体主义的对称。夫妻在婚姻关系中各自保有其独立的人格,彼此处于独立平等的地位的立法原则。按照这种立法主义,男女不因结婚失去其婚前的独立人格,夫妻平等。资本主义的亲属法大都采用夫妻别体主义原则,但早期的资产阶级亲属法仍保留有一定的封建残余。当代多数国家婚姻家庭法中夫妻地位已完全平等,但实际生活中,由于男女两性经济地位和社会地位存在事实上的不平等,夫妻在家庭生活中亦不可能享有完全的平等。

(蒋 月)

fuqi chaichan guanxi
夫妻财产关系 (propertyship between spouses; matrimonial property relation)
夫妻之间因结婚而产生的财产方面的权利和义务关系。夫妻财产关系的内容,包括夫妻财产制、夫妻的相互扶养关系、夫妻的继承权三个方面。夫妻财产关系与夫妻人身关系一起构成夫妻关系的完整内容。夫妻在家庭中是否有权占有和支配财产及权利的大小,是决定夫妻地位的最基本因素之一。夫妻财产制总是与一定的社会制度相适应,同时,某国或某地区采取何种夫妻财产制,又受着自身法律传统、风俗习惯和意识形态等因素的影响。即使在相同的社会制度下,关于夫妻财产制度的法律也存在着多种多样的差别。夫妻财产制一般分为约定财产制和法定财产制两种。每一种之下又具体分出数种小的类型。夫妻相互扶养关系在古代法中,无论是奴隶社会的罗马法或中世纪的封建法,基于妻对夫的人身依附关系,均规定夫有扶养的义务。妇女尽管通过婚姻家庭生活对社会做出了巨大贡献,她们的劳动得不到应有的承认和公正评价,一直被视为被扶养者。资产阶级早期法律关于夫妻扶养的规定沿袭传统的法律。如1804年的《法国民法典》规定,夫负接纳其妻,并按其资力与身份供其妻生活上需要的义务。1900年的《德国民法典》规定,夫应依其社会地位、财产及收益能力扶养其妻。直至上世纪50年代后,大多数国家才在法律和司法实践中确认夫妻间的扶养是双方的、相互的,当一方不履行扶养义务时,法律大多赋予被扶养方追索扶养费的权利。不过,若干资本主义国家并没有完全摆脱传统观念,丈夫的扶养义务仍重于妻子。从大多数国家的历史看,夫妻间的继承权从原来很不平等走向平等。在英美,按照普通法,生存配偶对已死亡配偶的不动产享有寡妇产或鳏夫产。前者是妻子对已故丈夫全部不动产的三分之一享有终生财产权;后者指丈夫对已故妻子的全部不动产享有终生财产权。在非洲一些国家习惯、制度下,妻子不能得到丈夫的财产。现行各国立法中,配偶均对对方的遗产享有继承权,但其继承份额的大小和所能得到遗产的多少,视死者有无亲属及其关系远近而定。如根据《意大利民法典》第585条规定,如死者留有一个未成年子女,配偶能继承遗产的一半;如留有两个或两个以上未成年子女,配偶能继承遗产的三分之一;如未留子女仅有长辈亲属、兄弟姐妹,配偶可继承遗产的三分之二;没有上述亲属的,全部遗产由配偶继承。我国现行夫妻财产关系,实行有限制的婚后所得共同制,婚姻关系存续期间所得财产归夫妻共同所有,但双方另有约定或法律另有规定的除外;夫妻对共同财产有平等的所有权和处分权;夫妻有相互扶养的权利和义务、夫妻有相互继承遗产的权利。

(蒋 月)

fuqi caichan xieyi
夫妻财产协议 (property agreement of marriage)
婚姻关系当事人双方于结婚前或结婚后就其婚姻前后财产归属达成的协议。婚前财产协议既可约定婚前的个人财产属于共同财产,也可以约定婚后所得的哪些财产属于个人所有而不为共有财产。按照《中华人民共和国婚姻法》第19条的规定,夫妻财产协议的类型包括:各自所有、共同所有,或部分各自所有、部分共同所有三种。夫妻财产协议属于要式合同,非采用书面形式不能成立。夫妻对婚姻关系存续期间所得的财产以及婚前财产的约定,对双方具有约束力。夫妻对婚姻关系存续期间所得的财产约定归各自所有的,夫或妻一方对外所负的债务,第三人知道该约定的,以夫或妻一方所有的财产清偿。

(郭明瑞 张平华)

fuqi caichanzhi

夫妻财产制(matrimonial property system) 又称婚姻财产制,是规范夫妻财产关系的法律制度,包括各种夫妻财产制的设立、变更与废止,夫妻婚前财产和婚后所得财产的归属、管理、使用、收益、处分以及债务的清偿,婚姻关系终止时夫妻财产的清算和分割等内容。与奴隶社会和封建社会相适应,古代各国均采用吸收财产制,妻子结婚时所携嫁妆及婚后所得财产的所有权、管理权及用益权均属于丈夫。资产阶级革命胜利后,这种公开奉行的男女不平等的夫妻财产制逐渐被摒弃。现代各国夫妻财产制立法,已渐趋夫妻平等。近现代夫妻财产制,主要有如下几种类型:统一财产制、联合财产制、分别财产制、共同财产制。一国或一地立法采用何种夫妻财产制,还受该国立法传统、风俗习惯以及意识形态其他方面的影响。即使相同社会制度的国家,夫妻财产制度的法律也存在一定差异。

(蒋 月)

fuqi de renshen ziyouquan

夫妻的人身自由权(right of person freedom between spouses) 夫妻双方都有参加生产、工作、学习和社会活动的自由,任何一方不得对他方加以限制或干涉。这是我国宪法保护妇女在政治、经济、文化、社会和家庭生活各方面享有与男子平等权利的具体贯彻。这一规定对夫妻双方都适用,但从立法的针对性看,主要在于保护已婚妇女在从事生产、工作、学习和其他社会活动时不受丈夫的限制或干涉。随着私有制的产生和个体婚的出现,家庭事务的料理失去公务性质。从此,妇女成为管理家庭事务的主要承担者。旧中国,已婚妇女无权过问家务以外的事,妻子没有人身自由权。我国现行婚姻法赋予妇女参加工作和社会活动的权利,其意义在于:妇女只有参加社会劳动,才能在社会生活和家庭生活中与男子处于平等的地位,这既是夫妻平等的标志,同时也是夫妻平等的保证;参加社会生产,是妇女解放的基础。当然,妇女抚育子女或管理家务的劳动,社会同样给予尊重和保护。应当注意区别夫妻一方对另一方的善意帮助与横加干涉或非法限制的不同。

(蒋 月)

fuqi de xingmingquan

夫妻的姓名权(right of name of spouse) 夫妻婚后如何使用姓氏的原则。夫妻有无独立的姓名权,是有无独立人格的重要标志。关于夫妻姓名权的立法,取决于采取何种夫妻关系基本原则。在实行夫妻一体主义立法原则的古代社会,夫妻姓名立法均以妻从夫姓为原则。男子不论婚否,除赘夫外,从来都是使用自己的原有姓名;而已婚妇女没有独立姓名权,婚后便在本姓之前冠以夫姓。这是妻子对丈夫人身依附关系在姓名问题上的具体表现。旧中国也不例外。针对旧中国妇女没有独立姓名权的历史,结合新中国男女的现状,我国 1950 年婚姻法第 11 条规定,夫妻有各用自己姓名的权利。1980 年婚姻法第 10 条进一步肯定,夫妻双方都有各用自己姓名的权利。据此,无论男女公民,结婚后均享有使用自己姓名的权利,但就这一规定的立法精神而言,则重点在于保护已婚妇女的独立姓名权;此外,在于保护男到女家落户的婚姻中丈夫的独立姓名权。应注意,该规定并不妨碍夫妻就姓氏问题另作约定,只要夫妻双方平等协商达成一致,无论是妻随夫姓,或夫随妻姓,都是合法的。当代外国婚姻家庭法关于夫妻姓名的规定,主要有以下几种类型:一是坚持妻从夫姓原则,如瑞士;二是实行从约定并在无约定时从夫姓原则;三是允许双方根据自己意愿任意决定。此外,出于维护配偶一方个人利益需要,个别国家法律对夫妻姓名权设置保护条款,如《比利时民法典》规定,任何一方未经他方同意,不得在职业关系中使用他方姓名。

(蒋 月)

fuqi rensheng guanxi

夫妻人身关系(personal relationship between husband and wife) 夫妻双方在人格、身份、地位诸方面的权利义务关系,是婚姻效力的表现之一。夫妻人身关系是夫妻关系的主要方面。许多资产阶级法学著作把夫妻人身关系的立法分成两大类:第一类是古代和中世纪亲属法所采用的夫妻一体主义或同体主义,主张男女因结婚合为一体,人格相互吸收。从表象上看,夫妻地位似乎平等,但实际生活中,更普遍的情况是妻子的人格被丈夫所吸收。至于丈夫人格被妻子所吸收的情况,只发生在男子入赘之时。因此,夫妻人格相互吸收的结果是已婚妇女依附于丈夫丧失了独立人格。第二类为夫妻别体主义或夫妻分体主义,夫妻在婚姻关系中各为独立主体,人格平等。资产阶级亲属法大都采取此主义。这是一个重大的历史进步。但是,资产阶级早期立法中仍然保留着浓重的夫权主义残余。随着科学技术水平的不断提高,思想观念的急剧变更,尤其是妇女解放运动的开展,当代许多资本主义国家对夫妻关系立法进行了一系列改革,配偶双方的法律地位在形式上渐趋平等。

按照历史唯物主义的观点,以男女两性的社会地位与社会制度之间的内在联系为依据,将夫妻关系的历史发展分为三个时期:第一,男尊女卑、夫权统治时期。在奴隶社会和封建社会,已婚妇女因无独立的经济地位,导致社会上男尊女卑,在家庭中受夫权统治。封建统治阶级极力宣扬男尊女卑,维护夫权统治。第二,夫妻法律地位在形式上渐趋平等时期。这主要指资本主义社会早期立法。资产阶级立法早期并未完全摆脱封建残余影响,夫妻法律地位即使在形式上也是不完全平等的。例如,在姓氏问题上规定女子婚后必须在本姓之前冠以夫姓;丈夫对妻子从事职业活动享有同意权等。第三,从法律上的平等向事实上的平等过渡时期。这是就社会主义和当代社会而言的。社会主义的婚姻家庭法律,从一开始就平等地规范夫妻双方的人身关系。如我国现行婚姻法规定,夫妻双方均有各自使用自己姓名的权利;有参加生产、工作、学习和社会活动的自由,不允许任何一方对他方加以限制或干涉;夫妻双方都有实行计划生育的权利和义务等。随着经济发展,科学技术水平提高,妇女解放运动的开展,思想观念的变更,大多数资本主义国家在上世纪40~70年代经过婚姻家庭法的改革,现行婚姻家庭法律对夫妻人身关系的规定,已趋平等。然而,由于传统的原因,妇女在现实生活中的社会地位和经济地位在总体上还不如男子,夫妻事实上的平等还没有完全实现。

(蒋 月)

fuqi richangjiashi dailiquan
夫妻日常家事代理权(agency of family affairs) 夫妻之间就日常家庭事务的代理权,被代理方对代理人从事家事行为所产生的债务承担连带责任。夫妻代理权因合法婚姻关系成立而产生,因配偶一方死亡或双方离婚而消灭。夫妻的代理权由家事委任说发展而来。起源于罗马法并为早期资本主义立法理论所继承的家事委任说,认为妻之理家权系由夫的委托产生。近几十年来,由于社会结构的变动和男女平权运动的发展,夫妻相互享有家事代理权的主张逐渐得到普遍认同,资本主义国家亲属法均作了相应调整。我国婚姻法虽未明文规定夫妻之间的代理问题,但在现实生活中,夫妻在日常家事上的相互代理现象仍是普遍存在的。在日常家务范围内,因夫妻关系的事实而互为代理人。

(蒋 月 李仁玉 陈 敦)

fuqi teyou caichanzhi
夫妻特有财产制(separate property regime of spouses) 在夫妻婚后实行共同财产制时,基于法律规定或夫妻约定,由各自保留一定范围的个人所有财产,夫妻对该财产的管理、使用、收益和处分,以及相应的财产责任、特有财产的效力等内容组成的法律制度。特有财产制不同于分别财产制。分别财产制是全部夫妻财产(包括婚前财产和婚后全部财产)分别归属夫妻各自所有;特有财产是在依法或依约定实行夫妻共同财产制的前提下,夫妻各自保留一定范围的个人财产。因此,特有财产制是与共同财产制同时并存的,是共同财产制的限制和补充。根据特有财产发生的原因,可分为法定的特有财产和约定的特有财产,前者是依照法律规定所确认的婚后夫妻双方各自保留的个人财产;后者是夫妻双方以契约形式约定一定的财产为夫妻一方个人所有的财产。

(马忆南)

fuqi xiangfan
夫妻相犯(infringe upon right of spouses each other) 中国古代法律中亲属互犯之一,是夫妻严重侵犯对方人身权利的情形和如何处罚的刑事法规范。封建法律对夫犯妻采减轻原则,妻犯夫采加重原则。

唐宋律法对夫妻相犯的刑事规定具体有:(1)谋杀。"诸谋杀期亲尊长、外祖父母、夫、夫之祖父母、父母者,皆斩"。"犯奸而奸人杀其夫,所奸妻妾虽不知情,与同罪"。反之,如夫谋杀妻,"依故杀罪减二等;已伤者减一等",在杀死妻时才"依故杀法论罪"。(2)殴、殴伤及死。夫殴妻妾,无伤不论;"殴伤妻者减凡人二等";若"殴妾折伤以上,又减妻二等";过失杀死妻妾,各勿论。反之,"妻殴夫,徒一年;若殴伤重者,加凡斗伤三等";媵及妾犯者加重至死刑;如媵及妾"詈夫"者,亦杖八十;妻妾和媵过失杀夫,惟减故杀二等。(3)夫死后,妻有举哀、服哀及丧期内不再婚的义务;违者被视为"十恶"重罪中的"不义",处以徒三年至流二千里。反之,妻死后,夫并无此项义务。到了明、清朝,对于妻妾犯夫的处罚更重更严。

(蒋 月)

fuqi yiti zhuyi
夫妻一体主义(doctrine of conjugal integration) 夫妻别体主义的对称。夫妻因婚姻的成立而合为一体,双方人格互相吸收的立法原则。按照这种立法主义,从表象看,男女结婚后,妻子的人格被丈夫所吸收,丈夫的人格被妻子所吸收。但实际生活中更普遍的情况是,妻子的人格被丈夫所吸收,已婚妇女失去独立人格而依附于丈夫,丈夫的人格被妻子所吸收只发生在男子入赘时。这种立法主义主要为古代和中世纪的亲属法所采用。我国古代的礼法也采夫妻一体主义原则。如《仪礼·丧服传》载,"夫妻一体也,夫妻判合也"。《礼记·郊特牲》曰,夫妻"共牢而食同尊卑也,故妇人无爵从夫之爵,坐以夫之齿"。也就是说男女一旦结为夫妻,妻子的人格被丈夫所吸收,从而失去独立性。所谓夫妻一体主义,不过是夫权主义的别名。

(蒋 月)

fuqi zhusuo
夫妻住所(spouse's domicile) 以夫妻的共同意思设定的住所,或法院裁定的住所,前者为意定住所,后者为法定住所。依1929年国民政府民法第1002条规定,夫妻的住所由双方共同协商,协商不成时由法院裁定。在法院裁定前,以夫妻共同户籍所在地推定为其住所。在我国,夫妻住所或者以他们的户籍所在地为住所,或者以他们的经常居住地为住所。

(李仁玉 陈 敦)

fusang shouzhi
夫丧守志(non-marriage after death of husband) 丈夫死亡后,妇女在肉体上、感情上仍绝对忠实于已故丈夫,并为丈夫尽忠尽义而终生不再婚的旧礼习。后汉班昭所著《女诫》说,"夫有再娶之义,妻无二适之文"。中国古代礼教在伦理观念上,把"贞"、"节"、"烈"视为妇女情操的高尚境界,为妇女练就了一条精神锁链。旧中国历代都提倡寡妇守节,原则上不许寡妇再嫁,但各个朝代对此要求宽严不一。在汉至唐代的千年间,妇女受礼教约束,不乏丧夫后自愿守节者,夫死改嫁的事不少,同时也存在强迫丧夫妇女守节的情形。《唐律·户婚》规定,"诸夫丧服除而欲守志,非女之祖父母、父母而强嫁之者,徒一年"。但是,到了宋朝,对妇女的守节要求严格起来,允许亡妻的男子再娶,不准亡夫的女子再嫁,而须为亡夫保守贞节。理学家程颐提出了饿死事小,失节事大。《二程全书·遗书》载,"若娶失节者配身,是己失节"。守节成功的,则为其立贞节牌坊,让后人效仿;违背守贞要求的妇女,被押去贞节牌坊前跪拜谢罪,甚至被人以乱棍打死。甚至有强迫尚未婚的女子为未婚夫守志的。娶了寡妇的男子,也有失节罪。从此以后,节妇成为社会普遍现象。如清律规定,"夫丧服满,妻妾果愿守志而女之祖父母及夫家之祖父母强嫁之者,杖八十,期亲加一等,大功以下又加一等"。意为妻妾坚持守节的,就是其祖父母等尊长都不得强迫寡妇改嫁,违者加以处罚。中国古代法律由始至终从未禁止丧偶或离婚妇女再婚,但是,其规定内容明显包含提倡死去丈夫的妇女为丈夫尽忠的精神。

(蒋 月)

fuwei qigang
夫为妻纲(wife must submit to her husband) 中国古代社会已婚妇女要无条件地服从丈夫、服侍丈夫的三大封建伦理纲常之一。根据《白虎通·三纲六纪》载:"三纲者何也? 谓君臣、父子、夫妇也"。"君为臣纲,父为子纲,夫为妻纲"。"何谓纲纪? 纲者张也,纪者理也;大者为纲,小者为纪,所以张理上下,整齐人道也"。"夫妇者何谓也? 夫者,扶也,以道扶接也;妇者,服也,以礼屈服也"。《礼记·郊特牲》曰:"男帅女,女从男,夫妇之义也。"《礼记·丧服传》云:"故者子之天也;夫者妻之天也"。妇女无独立人格,无独立的人身权利和财产权利,无继承权。已婚妇女,一切随夫而定。按此礼教

训条,嫁人并服侍好丈夫成了女子一生的最高目标。妇女除犯奸罪和死罪外,其余均由丈夫收管;妇女的命运随夫而定。一方面,妇女的荣辱随丈夫而定,丈夫显贵,妻子得受荣典封爵,丈夫犯罪,妻子受株连被罚;另一方面,丈夫往往把妻视为其权利的客体,随意处分。在中国古代社会,由于交不起税赋,或因天灾兵祸无以为生,贫苦之家常有卖妻之事,将妻典雇于人的事也屡见不鲜。

(蒋 月)

fuyang
扶养(provision;aliment) 一定范围亲属在物质、经济上相互供养和生活上相互扶助的法定义务。对亲属间的供养义务,多数国家统称扶养,也有的国家称赡养,还有的国家根据义务人的身份不同,分别采用抚养、扶养和赡养,但实质完全相同。在我国,扶养专指夫妻双方在物质上相互扶养、生活上相互照顾与帮助和精神上彼此慰籍的权利义务。《中华人民共和国婚姻法》第20条规定,夫妻有互相扶养的义务。一方不履行扶养义务时,需要扶养的一方要求对方给付扶养费的权利。夫妻间的扶养,对双方是平等的,既是权利又是义务,夫妻任何一方都有义务扶养对方,又都有权利要求对方扶养;有扶养能力的扶养义务人不履行扶养义务,情节恶劣构成犯罪的,应承担刑事责任。该规定有利于加强夫妻在各方面的责任感,特别是保障一方无劳动能力生活困难时能得到必要照顾与帮助。夫妻间的扶养因离婚或一方死亡而解除。但是根据我国《婚姻法》规定,离婚时一方生活困难的,他方有经济能力的应给予适当的经济帮助,具体办法由双方协议;协议不成,由人民法院判决。这一规定同样适用于男女双方,但侧重于消除女方在离婚时可能产生的顾虑。在外国法中,夫妻离婚后一般也会存在一方向他方给付扶养费的问题。

(蒋 月)

fuyanfei xintuo
扶养费信托(alimony trust) 以妻子为受益人,以与其离婚或分居的丈夫提供的财产为信托财产,并以将这种财产的收益作为扶养费而由受托人按期向该人提供为内容的信托。它为英美信托法确认的一种,属于特殊民事信托。依一些英美法系国家的离婚法,妻子只要具备一定条件,其丈夫在与其离婚或分居之后,仍然必须向其履行扶养义务。为了使这一义务能够得以切实履行,妻子在与丈夫离婚或分居之时,往往会要求后者拿出一定的财产来设立一项扶养费信托,并且这一要求一般会被法院满足。因此,在这些国家的社会生活中,扶养费信托十分常见。这种信托的运行结果,是使受托人代替丈夫向妻子履行扶养义务。可见这种信托,实际上成了确保前述扶养义务得以切实履行的

手段。　　　　　　　　　　　　　（张　淳）

fuzhu xintuo

扶助信托（alimentary trust）　参见保护信托条。

fuzhitu

服制图（graph of mourning apparel system）　封建社会丧服制度中规定亲属等级的图表，它用五个等级的丧服来体现古代九族更成的定制。《晋律》首创"准五服以制罪"，法律将亲属关系的亲疏远近作为定罪量刑时必须考虑的依据之一，表明古代法的家族主义原则。凡审理有亲属关系当事人之间的民、刑事案件，首先须查清称呼与服制，问明彼此间的尊卑、亲疏关系，然后按期亲、大功、小功、缌麻等不同身分，区别罪刑，唐、宋、元各代都沿用此原则。所谓"欲正刑名，先明服纪。服纪正则刑罚正，服纪不正，则刑罚不中矣"（元代龚端礼：《五服图解》）。同时以服制图来体现封建社会"三纲五常"的伦理准则。《元典章》有丧服图六种，在明、清法典中，服制图列于卷首，共八图：丧服总图、本宗九族五服正服图、妻为夫族服图、妾为家长族服图、出嫁女为本宗降服图、外亲服图、妻妾服图以及三父八母服图。图后又有《服制》一卷。按五服分门别类，将持服的亲属一一列举无遗，反映出服制在法律中的重要地位与作用。
　　　　　　　　　　　　　　　　　（张贤钰）

fudongdanbao

浮动担保（floating charge）　以该企业总财产为客体而设定的担保权制度。该制度是源于英国的特有担保制度，现已为英美法系各国普遍利用，并为作为大陆法系国家的日本所借鉴。与财团抵押相比较，浮动担保具有以下特征：第一，它是以变动不居的财产为客体的担保，效力及于担保标的物范围内公司现有财产和将来取得的财产，但不及于因为营业而处分的财产；第二，企业可以其营业为限，自由处分和收益企业财产；第三，浮动担保因特定事由的发生，而变为特定担保。浮动担保可以充分利用企业的担保价值，促进资本融通，浮动担保的设立是以企业的继续经营和盈利为条件的，可以最大限度地利用企业财产结合体所具有的独立担保价值，筹措企业经营资金。浮动担保还可以弥补企业欠缺提供特定担保能力的不足。（申卫星）

fudongjia

浮动价（floating prices）　物价部门根据物价管理的规定而对某些商品规定的可以有一定浮动幅度的价格标准。通常由基价和浮动幅度两部分组成。基价是一个中准价；浮动幅度则可以有上限浮动，下限浮动或上、下限同时浮动。执行浮动价的，不应超出基价基础上的浮动幅度。浮动价实质上是国家指导价格的一种形式。
　　　　　　　　　　　　　　　　　（王卫劲）

fuyangfei xintuo

抚养费信托（maintenance trust）　又称供养信托。以未成年人为受益人，并以将信托财产的本金或收益作为抚养费，而由受托人按期向该人提供为内容的信托。抚养费信托为英美信托法确认的一种信托品种，属于特殊民事信托。在这种信托存续期间，受托人对受益人所负有的给付义务，就是按期并按照法律、信托行为或国家行为所规定的方式向其提供抚养费。

为了对抚养费信托进行规范和调整，英美信托法已确立起一些规则。例如：《英国受托人法》第31条是专门规定抚养费信托中的受托人的权利义务的条文，这一条法律对这些规则的内容作了具体规定。这些规定包括四个部分：(1)抚养费的种类、来源与提供。该条第1款第1项规定，在任何一个这样的人（即受益人，以下同）处于未成年期间，如果他的利益将长期持续存在，受托人可以通过行使酌情处理权，将信托财产所生收益的全部或者一部分，交付给他的父母或监护人，或者在其他方面运用，以使该项收益成为他的生活费、教育费或福利费；只要显得合理，该项收益在任何情况下都可以运用，而无论是否存在可以运用于同一目的的其他基金或者依据法律有义务向他提供生活费或教育费的人。(2)在将信托利益作为抚养费来提供时所应当考虑的事项。该条第1款第2项规定："在该人处于未成年期间，受托人在决定将信托财产所生收益的全部或者一部分用于支付或者运用于上述目的时，应当考虑到他的年龄、需要及其所处的环境，并且特别应当注意他有无其他收入，如果有其他收入，则应当注意它是否运用于同一目的；如果发现该项收入比一项被运用于上述目的的基金还要多，只要在切实可行的范围内，受托人只应当从该项基金所生收益中按一定比例取出一部分来进行这种支付或运用，该项收益的全部已经被支付或运用或者法院另有命令的除外。"(3)信托利益的再投资。该条第2款第1项规定："在任何一个这样的人处于未成年期间，如果他的利益将长期持续存在，为了通过投资而取得混合利益，受托人应当将信托财产所生收益的剩余部分积累起来，并为了取得收益而经常进行投资。"(4)对经积累而成的信托利益的运用。该条第2款第2、3项规定："在该人处于未成年期间，只要他的利益能够长期持续存在，受托人在任何时候都可以运用该项经积累而成的收益的全部或者一部分，仿佛它就是产生于当年"；"受托人应当绝对地为了该人的利益而运用该项经积累而成的收益，但是，不能违反任何应当遵守的规定，

这些规定中包括由该人在未成年期间根据法定权利而为任何财产授予方面的内容……"。　　　　　（张　淳）

fuzhu falü xingwei
辅助法律行为（德 Hilfsgeschäft）　在关联行为中，不具有独立的内容，而仅仅是辅助其他行为生效的法律行为，又称补充法律行为或补助法律行为。例如，法定代理人对限制民事行为能力人的意思表示所作的同意表示，就具有这种辅助性质。辅助法律行为主要有以下情况：(1) 补充自己行为，如债的当事人对选择债务的选择。(2) 补充他人行为，如对无权处分人的处分行为的同意或追认。区分独立法律行为和辅助法律行为的意义在于：辅助法律行为只不过是独立法律行为生效的条件，自身没有独立的实质内容，而受其辅助的独立法律行为在没有辅助法律行为之前不生效。
　　　　　　　　　　　　　　（李仁玉　陈　敦）

fuzhu feiyong
辅助费用（subsidiary expenses）　为进行修理而产生的合理费用，其中包括但不限于必要的进坞费、清舱除气费、排放油污水处理费、港口使费、引航费、检验费以及修船期间所产生的住坞费、码头费等。
　　　　　　　　　　　　　　（张永坚　张　宁）

fuzhushang xingwei
辅助商行为（attached commercial act）　基本商行为的对称。又称附属商行为。按大陆法系近代商法是商人为营业而附带进行的行为，一般间接媒介商品交易的行为。例如货物运输、仓储保管、加工包装和其他服务活动与买卖基础行为相比是辅助商行为。它的主要特点是：(1) 必须有主商行为存在，辅助商行为是商人在主商行为之外附带进行的行为，没有主商行为，辅助商行为就不存在；(2) 这种行为虽然也适用关于商行为的一般规定，但它与基本商行为不同，它是与基本商行为相对的一个概念，而不是以商人概念为基础的；(3) 对主营业行为起辅助推动的作用。例如旅馆业，主营业是旅客的住宿，而为了方便旅客的住宿，又设置了许多车辆为旅客迎来送往，这种运输行为就是辅助商行为。又如一个买卖商，为了本身的营业而进行的资金借入，劳动契约和保险契约的签订等也是辅助商行为；(4) 具有相对性。如运输在旅馆业中是辅助商行为，而在专以运输业为主的企业来说又是基本商行为。有的辅助商行为对确定商人资格具有重要的意义。商业企业为开业而进行的准备行为也是辅助商行为。如为营业而准备店铺和借入资金，正式营业虽未开始，但其准备行为以营业的意思已经从外部知道的时候，商人的资格也就产生了。辅助商行为虽然是为了营业而附带进行的行为，但其行为后果，仍归属于营业主。在现代商事企业中，多数是一业为主，多种经营，所以辅助商行为在社会生活领域广泛存在，并且和基本商行为相结合。例如就买卖商而言，其销售行为为基本商行为，而附设的仓储保管则为辅助商行为。这种趋向使商人营业得以充分进行，适应了复杂经济生活的需要。
　　　　　　　　　　　　　　　　　　（金福海）

fuxiqin
父系亲（agnates）　在亲属世系中，以父亲为中介而联络的亲属。在原始社会后期，随着私有制和阶级的出现，一夫一妻制的形成，男子逐渐在家庭中掌握权力，妇女处于屈从和附属地位，亲属世系开始按父系来计算。我国明、清律把九族限于父宗，即上至高祖下至元孙上下九代以内所有的直系宗亲和旁系宗亲，如祖父母、伯叔父母、姑、堂兄弟姊妹、侄子女等。当代各国法律大多采取男女平等原则，父系亲与母系亲在法律上已无区别。但在个别场合，两者仍有区分。例如印度法律关于禁止结婚的亲属中，父系亲限于五代以内旁系血亲，而母系亲仅限于三代以内旁系血亲。
　　　　　　　　　　　　　　　　　　（张贤钰）

fukuan de fenlei
付款的分类（classification of payment of bills of exchange）　按照一定的标准对汇票的付款进行的划分。(1) 以付款的主体为标准，汇票的付款可分为狭义的付款和广义的付款。狭义的付款是指由票据的付款人或担当付款人所为的付款。广义的付款是指由票据付款人和担当付款人以外的其他票据债务人所为的付款。(2) 以汇票金额支付的数量为标准，汇票的付款可分为全部付款和部分付款。全部付款指支付汇票记载的全部金额的付款。部分付款指仅支付汇票记载金额的记载金额的一部分的付款。各国票据法对待一部分付款的态度不尽相同，日内瓦法系和我国台湾地区票据法承认一部分付款的效力。《中华人民共和国票据法》第54条要求，对于持票人的提示付款，付款人必须在当日足额付款。可见我国内地不承认部分付款。(3) 以付款的时间为标准，汇票的付款可分为到期付款和期外付款。到期付款是指在汇票到期日及持票人同意延长的期间外所为的付款。期外付款又可分为期前付款和期后付款。期前付款是指在到期付款的日期之前的付款。期后付款指在到期付款的日期之后的付款。到期付款与期外付款的效力不同。　　（王小能）

fukuan de shiqi
付款的时期（time for payment）　持票人为付款提示

后,付款人向其支付票据金额的时间。持票人向付款人合法地提示付款后,付款人应该在法定的付款期限内向持票人付款。关于付款的法定期限,有两种立法例。其一是付款人应在提示付款的当日付款。美国《统一商法典》第3—506条第2款规定,除根据信用证开立的跟单汇票可允许有较长的时间外,且除付款人同意较早付款外,为了合理检验票据是否为可付票据,对票据的付款可延迟一段时间而不构成拒付,但在任何情况下,付款人应在提示日的营业业务结束之前作出。《中华人民共和国票据法》第54条规定,持票人依照规定提示付款的,付款人必须在当日足额付款。其二是付款人原则上应应于持票人提示时付款,但持票人可允许付款人延期付款。我国台湾地区票据法第70条规定,付款经执票人同意,得延期为之。但以提示后3日为限。比较而言,第二种立法更合理一些。汇票的付款人没有资格的限制,除金融机构外,其他付款人难免会有一时的资金困难,如果不允许付款延期,将有可能发生拒绝付款的后果。这种后果对持票人和付款人都是不利的,如果允许付款人有条件的延期付款,就可较好地避免上述情况的发生。另外,《英国票据法》1971年以前曾规定有所谓恩惠日。恩惠日是指除见票即付的汇票外,付款人可以在汇票到期日后,再延期3日,即在到期日后的第3天付款。 (王小能)

fukuan de tishi
付款的提示(presentment of payment) 持票人向付款人或担当付款人现实地出示票据并请求其支付票据金额的行为。付款提示的意义在于:首先,付款提示是确定票据权利人的必要手段。汇票是流通证券,自发票日到到期日之间,一张汇票往往要经过多次流通转让,其转让次数在理论上是无限的,与一般民法上的债权转让不同,汇票转让不需通知付款人,因此对于付款人的情况,付款人往往是一无所知,如果持票人不提示票据,付款人就无法履行其义务。付款提示可以使付款人得知该向何人支付票据金额。其次,提示付款是保全持票人追索权的要件。持票人只有在法定期限内向付款人提示付款在未获付款时并在依法作成拒绝证书的情况下,才能向发票人或背书人行使追索权。在即期付款汇票中,付款是示还是确定到期日的条件。正因为提示对于付款具有如此重要的意义,各国票据法部对付款的提示作了较为详细的规定。

提示主体。(1)提示人。指向付款人现实地出示票据并请求付款的人,通常为持票人及其代理人。代理人的提示付款与持票人本人的提示具有同一的效力。《中华人民共和国票据法》第53条第3款规定,通过委托收款银行或者票据交换系统何付款人提示付款的,视同持票人提示付款。(2)被提示人。指接受提示的人,被提示人主要是票据的付款人。如果票据上记载担当付款人的,可以向担当付款人请求付款。我国台湾地区票据法第69条第2款规定,汇票上载有担当付款人者,其付款的提示,应向担当付款人为之。担当付款人的付款或拒绝付款,与付款人的付款或拒绝付款具有同样的效力。有些国家的票据法规定,票据交换所可以作为被提示人。

《日内瓦统一汇票本票法》第38条第2款规定,向票据交换所提示者,与付款之提示,有同一效力。我国台湾地区票据法也有相同的规定。票据交换所是随着票据使用的普遍由各金融机构组成的进行票据交换和结算的场所。《美国统一商法典》第3—504条第3款规定,提示可以向下列人作出:(1)两个或多个制票人、承兑人、受票人或其他付款人中的任何一人;或(2)任何经授权可以决定同意或拒绝承兑或付款的人。

提示的期间。指持票人向被提示人为提示的时间段。即期汇票和远期汇票的提示期间是不同的。各国票据法对此都有明确规定,但又各不相同。《日内瓦统一汇票本票法》第34条规定,见票即付的汇票,于提示时付款,此项汇票应自发票日起算一年内为付款的提示。此项期限,发票人得缩短或延长之,以上期限,背书人得缩短之。见票即付汇票之发票人,规定不得于指定日期以前提示付款者,起提示之期限应从指定之日起算。第38条规定,定日付款、发票日后定期付款或见票后定期付款之汇票的持票人,应于到期日或其后两个营业日之一日为付款的提示。

《中华人民共和国票据法》第53条规定,持票人应当按照下列期限提示付款:(1)见票即付的汇票自出票日起1个月内向付款人提示付款;(2)定日付款、出票后定期付款或者见票后定期付款的汇票,自到期日起10日内向承兑人提示付款。持票人未按照前款规定期限提示付款的,在作出说明后、承兑人或者付款人仍应当继续对持票人承担付款的责任。

提示的地点。应为付款的地点,付款地是汇票的相对应记载事项。如果票据上没有付款地点的记载,根据《日内瓦统一汇票本票法》第2条第2款规定,以记载于付款人姓名旁的地点为付款地。如果发票人指定在付款地内某以付款住所为付款地,则应以该付款处所为付款提示处所。《中华人民共和国票据法》第23条第3款规定,汇票上未记载付款他的,付款人的营业场所、住所或者经常居住地为付款地。《英国票据法》第45条"付款提示的规则"第2款第4项规定,汇票应在下列适当地点提示:(1)在汇票所载付款地提示。(2)汇票未载付款地而载明付款人或承兑人地址的,在该地址提示。(3)汇票既未载明付款地又没有记载付款人或承兑人地址的,知其付款人或承兑人的营业所在地的,在该所在地提示。不知其营业所在地而知其平常居所所在地的,在该住所所在地提示。(4)此外,在可找到付款人或承兑人的地点提示,或向其最后为人所知的营业所或场所所在地提示。第5项规定,凡汇票在适当地点提示,而在尽合理的注意后,未能找到被授权付款或拒付的人,无需再向付款人或承兑人作提示。第6项规定,凡汇票以两个以上并且非合伙的人为付款人,或同时经两个以上且非合伙的人承兑,而未载明付款地的,应向其全体作付款提示。第7项规定,凡汇票付款人或承兑人死亡,而汇票未载明付款地的,其有个人代表人并经适当的努力可以找到的,应向该代表人作付款提示。第8项规定,经协议或惯例许可,通过邮局作付款提示,也生效力。

提示的方式。付款的提示必须由提示人向被提示人现实地出示票据。《美国统一商法典》第3—504条"提示的方式和程序"之2规定,提示可用下列方式作出:通过邮寄作出提示,此时,提示的时间按邮件收到的时间计算;或通过票证清算行作出提示。

提示的效力。提示对待票人产生两方面的效力:一是持票人行使自己的付款请求权,付款人向持票人付款,从而结束票据关系。二是追索权的保全,付款提示又是保全追索权的行为,如果付款人拒绝付款,持票人即可行使追索权,当付款人在付款期限内提示付款时。付款人在进行正当的审查后,如果持票人为正当的持票人,就应向其付款。

付款提示为付款的前提,是付款的必经程序,但是在有些情况下,持票人可免于提示。关于持票人免于提示的事由,各国票据法规定不尽相同。根据《英国票据法》第46条"迟延或不为付款提示的免责"之(2)规定,付款的提示可因下列情形免除:(1)尽了合理的注意后,本法要求的提示仍不能有效作出的。但汇票持票人即使有理由相信汇票提示时将遭拒付,此一事实并不能免除提示的必要性。(2)付款人是虚构的人。(3)对发票人而言,发票人与付款人或承兑人之间并无付款或承兑该汇票的拘束力,而且发票人无理由相信汇票经提示可获付款。(4)对背书人而言,汇票是为了融通该背书人才被承兑获签发的,他便无理由期望汇票经提示可获付款。(5)明示或默示免于提示。根据《日内瓦统一汇票本票法》第53、54条规定,持票人请求承兑时如遭拒绝,在作成拒绝证书后,就无须再为付款的提示;持票人因不可抗力不能在法定或约定的期限内为付款的提示,并且该不可抗力的事由延至到期日后30天以外,持票人无须再为付款的提示。

(王小能)

fukuan de xiaoli

付款的效力(effects of payment) 付款人的付款在票据关系当事人之间产生的法律后果。付款的效力因付款的种类不同而有区别。在不承认一部分付款的票据法上,付款的效力当然指全部的效力。《中华人民共和国票据法》第60条规定,付款人依法足额付款后,全体汇票债务人的责任解除。付款人依法全部付款后,所有汇票债务人的责任全部解除,汇票关系结束。付款人与发票人之间的资金关系不属于票据法的调整范围,在承认一部分付款的票据法上,付款的效力分为全部付款的效力和一部分付款的效力。全部付款的效力如上所述。一部分付款产生以下的效力:对于付款人而言,如付款人以对该汇票进行了承兑,其对汇票金额未为支付的部分仍负有绝对的付款责任,该责任除因时效完成不得免除。如付款人对该汇票没有承兑,其对汇票金额未为支付的部分当然不负有付款的责任。对已支付的部分,依民法的规定处理。对于持票人而言,他不得拒绝付款人的一部分付款,对于其他部分,可以作出拒绝证书行使追索权。对于发票人、背书人、保证人以及参加承兑人等汇票的偿还义务人而言,汇票金额的已付款部分,他们不再承担偿还义务;但对汇票上未支付的金额,在持票人履行保全手续后,他们不得免责。

(王小能)

fukuan qingqiuquan

付款请求权(claim for payment) 向主债务人请求按票上所记载的金额付款的权利。付款请求权是票据上的第一次请求权,是主票据权利。

行使付款请求权的权利人是持票人,这里的持票人可能是受款人,也可能是最后的被背书人,还有可能是汇票、本票中付款后的参加付款人。

负担付款义务的人是票据的主债务人,即汇票的承兑人、本票的发票人、保付支票的保付人。但在实际情况下,由于持票人必须首先向汇票的付款人(未经承兑)、支票的付款人、本票的担当付款人等请求付款,因而,这一请求付款在事实上也构成了付款请求权。故可以认为,在汇票中,除汇票的承兑人外,汇票的付款人(未经承兑)、担当付款人、票据交换所、预备付款人、参加承兑人、承兑人与参加承兑人的保证人也是负担付款义务的人;在本票中,除本票的发票人外,担当付款人、票据交换所、发票人的保证人也是负担付款义务的人;在支票中,除支票的付款人外,票据交换所也是负担付款义务的人。

(杨璐)

fukuanren

付款人(payer) 依发票人的指示向受款人或持票人支付票据款项的票据当事人。因汇票、本票、支票三种票据的性质不同,付款人的地位有所不同。汇票的付款人经发票人在汇票上记载后即取得可以承兑的地位,但出票行为对付款人并不发生拘束力,付款人有权决定是否承兑。但一经承兑,付款人则成为第一债务人,承担绝对、最终的清偿责任。在付款前,付款人对提示的汇票有审查义务,因恶意或重大过失付款的,应当自行承担责任。期后提示付款的,承兑人的付款义务仍不免除。足额付款后,全体汇票债务人的责任解除。本票是自付证券,因此本票的付款人即是出票人,一经出票即无条件承担全部付款责任,无须承兑,其权利义务准用汇票的规定。支票的付款人是银行或其他金融机构。支票的出票行为对付款人没有强制性的效力。但若发票人有足够存款或与付款人签有足额透支合同,付款人应付款。持票人期后提示付款的,付款人有是否给予付款的选择权,对因拒绝付款产生的问题,不承担责任。

(李 军)

付款人的审查义务(payer's duty of examination)

付款人对持票人的付款提示在付款前进行审查的义务。付款人仅负有对持票人的付款进行形式审查的义务。付款人的形式审查义务一般包括两个方面,其一是对持票人资格的形式审查,即审查持票人在形式上是否为正当持票人,这一目的主要通过对背书的审查来实现。持票人应该是连续背书汇票的最后的被背书人,如果汇票的背书是连续的,持票人是最后背书的被背书人,该持票人就应被推定为正当的持票人。其二是对汇票本身的形式审查,即对汇票所记载事项的审查。主要审查汇票的绝对应记载事项是否全部具备,汇票上是否记载有不得记载事项等等。《中华人民共和国票据法》第57条第1款规定,付款人及其代理付款人付款时,应当审查汇票背书的连续,并审查提示付款人的合法身份证明或有效证件。对提示付款人的合法身份证明或有效证件的审查,应解释为是为了确认提示人是否是连续背书的最后被背书人。付款人不负有对持票人进行实质审查的义务。汇票是流通证券,每一张汇票自发票到提示付款,中间可能经过无数次的转让,如果要求付款人对汇票持票人的实质情况进行审查,实际上是不可能的。所谓实质审查,主要包括两方面:其一是持票人是否是真正的票据权利人;其二是汇票上的背书是否为真正的签名。对于上述问题,付款人没有义务进行审查,付款人对持票人的付款提示进行形式审查时,主观上应该不具有瑕疵。《票据法》第57条第2款规定,付款人以恶意或重大过失付款的,应当自行承担责任。所谓恶意,这里是指付款人明知持票人或其所持汇票存在瑕疵而依然向其支付票据金额。所谓重大过失是指依一般人的常识和平常的注意就可发现持票人及其所持汇票存在瑕疵,付款人却没有发现而依然向付款人。如果付款人在主观上有恶意或重大过失的情况下为付款行为,该付款行为不得对抗真正的票据权利人。付款人主观上没有恶意或重大过失的情况下,在履行了自己的形式审查义务后,如果没有发现持票人及其所持汇票的瑕疵,就可以向其付款。该付款行为是有效付款,可以对抗其他主张票据权利的人。

(王小能)

付款人付款时的权利(payer's right when paying)

付款人在付款时有权要求持票人为一定事项的权利。付款人在持票人提示付款时,有付款的义务,同时付款人也享有一些权利。各国票据法对此规定大致相同。《日内瓦统一汇票本票法》第39条规定,付款人付款时,得要求执票人在票上记载收讫字样,并交出汇票。付款人为一部分付款时,得要求执票人在票上记载所收金额,并另给收据。我国台湾地区票据法第74条的规定与此完全相同。根据这些规定,付款人的权利包括两方面:其一是要求持票人在汇票上为一定记载,以证明他已经收到付款人支付的金额。如果付款人为全部付款,则可要求持票人在汇票上记载收讫字样;如果付款人为一部分付款,则可要求持票人在汇票上记载所收金额的数额。其二是要求持票人将汇票缴回或提供一定的证明,以证明该汇票的权利全部或部分已经得到实现。如果付款人为全部付款,则可要求持票人缴回汇票;如果付款人为一部分付款,则可要求持票人另给收据。《中华人民共和国票据法》不承认部分付款,其第55条规定,持票人获得付款的,应当在汇票上签收,并将汇票交给付款人。持票人委托银行收款的,受委托的银行将代收的汇票金额转账收入持票人账户,视同签收。美国《统一商法典》第3—505条"被提示人的权利"规定,(1)被提示人可以提出下列要求而不构成拒付:可以要求展示票据;以及可以要求合理验明提示人的身份,如果系代表他人作出提示,还可以要求证明提示人的授权;以及可以在票据所规定的地点,或如果票据无规定,在根据当时情况为合理的地点,出示票据并取得承兑或付款;以及可以要求提示人在票据上签名和注明已收讫的任何部分或全部款项;如果款已全部付清,可以要求交出票据。(2)如果提示人不遵守上述要求,提示无效;但提示人应被给予合理的一段时间以便遵守此种要求。承兑或付款的时间按遵守此种要求的时间起算。

(王小能 胡冰子)

付款委托书结算(payment order settlement)

异地结算方式的一种。付款人委托开户银行,将其账户中的一部分款项提出,并直接转入收款人账户的一种结算。

(邹川宁)

fushou huipiao

付受汇票(entrusted bill) 变式汇票的一种,以付款人为受款人的汇票。它一般用于发票人法人及其分支机构之间互有债权债务的业务往来中,以法人为付款人,以法人分支机构为受款人。就民事主体而言,法人及其分支机构为一个主体。这种汇票的使用简化了法人内部结算的程度,同时又可通过背书使其流通。英国票据法和我国台湾地区票据法对这种汇票有明文规定,日内瓦法系和《中华人民共和国票据法》对此无规定。　　　　　　　　　　　　　(王小能　温慧卿)

fuxian yahui huipiao

付现押汇汇票(document against payment bill) 押汇汇票的一种,又称付款交单汇票,指付款人在支付汇票金额后才可以取得附随单据,即付款人在付款后才可以得到货物的押汇汇票。　　　　(王小能　温慧卿)

fudao

妇道(women's rules) ❶做媳妇的规矩。《孟子·滕文公下》曰:"以顺为正者,妾妇之道也"。说的是媳妇对公婆、妻子对丈夫要绝对顺从。这种观念,在奴隶社会末期已形成,至封建社会其内容更加完备。"三从四德"就是基本的妇道。在旧中国,妇道是歧视、压迫、奴役妇女的封建礼教的重要组成部分。❷旧中国礼法对妇女言行的种种要求和规范。　　　　(蒋　月)

fudan xingwei

负担行为(德 Verpflichtungsgeschäfte) 以发生请求权关系为目的的法律行为,又称债权行为。其特征是,该行为一经生效,债务人即负有给付义务的法律效果。负担行为可以是单方的,如捐助行为、悬赏广告,也可以是双方的,如买卖、租赁、借贷等。负担行为通常为处分行为的基础及准备行为。负担行为经由处分行为而履行。负担行为在于使对方负担一定的给付行为,通常由于契约关系而发生此项义务。负担行为与其原因行为密不可分,因此,原则上为有因行为。我国民法未采此概念。　　　　　　　(李仁玉　陈　敦)

fubaozheng gongsizhai

附保证公司债(guaranteed debenture) 一个公司发行由另一个公司或其他主体保证到期支付本息的公司债。包括政府保证公司债和背书公司债。如母公司为其附属公司提供信用担保,由附属公司发行的公司债。发行这种公司债,当债务人不履行或不完全履行债务时即不能到期支付债券本息,债权人有权向保证人要求履行或赔偿损失。同一债务人可以有几个保证人。我国曾经发行过附保证公司债,例如1987年由中央部、委所属企业向机构发行了重点企业债券,目的在于筹集国家重点建设项目所需资金,包括:电力建设债券、石油化工企业建设债券、钢铁企业建设债券和有色金属企业建设债券。除电力债券外,均由发行人的最终控股公司(全国性行业总公司)作为保证人,担保发行人到期还本付息。　　　　　　　　(施余兵)

fubuzujin de huyi

附补足金的互易(additional price barter) 互易的一种形式。当事人双方所交换的财物在价值上不等价时,一方转移财物所有权的同时以金钱补足差额的互易。补足差额的行为又称为找钱。补足金的给付适用买卖合同的规定,类似于互易合同与买卖合同的结合。
　　　　　　　　　　　　　　　　(任自力)

fucong hetong

附从合同(法 contracts d, ad-hesion) 又称附合合同即标准合同。　　　　　　　　　　　(郭明瑞)

fudai de sunhaipeichang

附带的损害赔偿(incidental damages) 对违约所增加的一切合理的商务费用的赔偿。在英美法中包括:(1)因买方违约造成的在货物转让、运输、保管和存放方面的费用增加;(2)因违约引起的退货、返销增加的费用。一切合理的商务支出、费用、佣金等,只要是与违约有关的,受害方都可以请求附带的损害赔偿。
　　　　　　　　　　　　　　　　(张平华)

fudanbao gongsizhai xintuo

附担保公司债信托(secured debenture trust) 以关于商业公司的财产的担保物权为信托财产并归受托人享有,在该公司到期不履行公司债时由受托人通过行使这一权利,而使债权人的债权得到满足为内容的信托。这种信托实际上是商业公司募集资金的一种辅助手段。这种信托属于典型的担保信托。在社会生活中一般通过下述方式建立和运行:由发行公司债券的商业公司同信托公司签订一项以承受担保物权(抵押权或质权)为内容的信托合同,将设立于本公司财产之上的,本应一项一项地分别移交给社会上众多的认购者的相应数量的担保物权汇总移交给信托公司享有;当规定期限到来时该商业公司如不兑付公司债券的本金与利息,则由该信托公司通过统一行使担保物权而变卖担保财产并用卖得的价款向认购者兑付,或者由其将这种债券全部收购,以此来使认购者收回债券本金并获得债券利息。由此可见,在这种信托中,担保物权为信托财产,商业公司为委托人,信托公司为受托人,公司债券认购者为受益人。这种信托为日本与韩国的信托法确认的一种信托品种,属于典型的商业信托。这种信托具有以下特征:第一,它的受益人为数众多;第二,它的受托人所实际承担的,是与债务担保相同的责任。《韩国附担保公司债信托法》是一部典型的关于附担保公司债信托的单行法,该法对与这种信托有关的一些重要事项作了规定。这些规定主要包括七个部分:(1)担保物的范围。(2)债券发行的委托。(3)债券的接收。(4)债权人的利益。(5)担保物权的行使。(6)偿还金的交付。(7)国家监督。　　(张　淳)

fufouding tiaojian de falüxingwei
附否定条件的法律行为(legal act with negative condition) 当事人之间以一定事实的不发生为条件成就,而以一定事实的发生为条件不成就的法律行为。它又可以分为附否定延缓条件的法律行为和附否定解除条件的法律行为。例如,甲、乙签订煤炭供应合同,在合同中附有"如甲本月不发生意外事故即供给乙煤炭若干",该买卖行为即属于附否定延缓条件的法律行为。再如,甲、乙签订种子供应合同,乙考虑到种子尚未通过有关部门的鉴定,故在合同中附上"如未通过鉴定合同终止"的条款,该行为即属于附否定解除条件的法律行为。　　(李仁玉　陈　敦)

fufudan de zengyu
附负担的赠与(gift with additional burden;拉丁 donatio onerosa) 特殊赠与的一种,使受赠人负担某种义务的赠与。其法律特征为:(1)负担是赠与合同的组成部分,可以约定向赠与人或第三人履行,负担并未改变赠与合同的单务、无偿性。(2)受赠人负担义务的范围以其受赠财产的价值为限。(3)受赠人无正当理由不履行其负担义务时,赠与人或有关部门可以要求其履行义务,或者撤销赠与。(4)如果赠与物存在瑕疵,赠与人应在受赠人负担范围内承担出卖人的责任。所附负担违法时,该赠与无效。附负担的赠与和目的赠与不同,后者是指赠与人为实现一定结果而进行赠与,赠与同时附加一些条件,但附加条件本身并非使受赠人负担一定的义务,赠与人也不得向受赠人请求结果的实现,而只能于结果不实现时,请求受赠人返还不当得利。　　(任自力　张平华)

fufudan yizeng
附负担遗赠(legacy with obligation;德 Vermächtnis mit Auflage;法 legs avec charge) 遗嘱人在遗嘱中要求受遗赠人在其所受遗产利益的范围内必须履行一定义务的遗赠。附负担遗赠制度溯源于罗马法。附负担的拉丁文是 modus,指给予某人财物之际,同时要求其必须承担履行某种义务。遗赠是市民法上的制度,形式要求严格,遂于民间逐渐形成遗产信托制度。遗赠与信托都不限于继承人的范围,均可以附有负担,到优帝一世时,两种制度合二为一,发展为统一的可使受遗赠人附有负担的制度。现代大陆法系各国多承认附负担遗赠制度,英美法系则建立了完善的信托制度,二者的作用有相同之处。

附负担遗赠与附负赠与不同,前者是单方法律行为,受继承法调整,后者是双方法律行为,受契约法调整。附负担遗赠与附条件遗赠亦不相同,前者中的所附负担不是决定遗赠效力的先决因素,而是设定一种义务,仅于受遗赠人不履行负担时,遗赠义务人和相关负担受益人可请求其履行负担或取消其所受遗赠;后者不是一种义务,而是决定遗赠法律效力的先决因素。但必须强调的是,受遗赠人仅在所受利益的范围内才负有履行负担的义务,无利益即无负担。

就负担内容而言,可以是积极的,也可以是消极的,不论是为第三人利益抑或遗赠人本人利益皆可,是否具有财产内容皆可。关于负担内容因违法或违反公序良俗时,其法律后果如何,有三种不同立法例。其一为仅仅构成负担的无效,对遗赠没有影响,(《奥地利民法典》第 709 条);其二为负担无效,并导致遗赠无效(法国民法判例即持此观点);其三为遗赠一般仍属有效,仅在可推定,被继承人如无此遗嘱负担即不为此遗赠时,负担的无效始导致附负担遗赠的无效(《德国民法典》第 2195 条),此种立法例较为妥当。

负担应由受遗赠人在承受遗赠后履行。但若受遗赠人于遗嘱人死亡后在履行负担前死亡时,能否由其继承人负履行义务,有不同的立法例。其一,在承认代位受遗赠的国家,受遗赠人如果已经承认遗赠后死亡的,其继承人需履行负担;如果未承认遗赠而死亡的,其继承人若为承认的,在其应继份范围内负履行义务,若不为承认的,不负履行负担的义务。其二,在不承认代位受遗赠的国家,仅在受遗赠人承认遗赠后履行负担前死亡的,其继承人始负履行负担的义务。关于哪些人可享有履行负担请求权,《德国民法典》第 2194 条规定,继承人、共同继承人和因首先承担遗嘱负担的人失格而直接受利益的人,得请求执行遗嘱负担,执行遗嘱负担与公益有关时,主管官署也得请求执行,负担受益人不包括在内;依《瑞士民法典》和《意大利民法典》,利害关系人都有履行负担请求权,包括负担受益人,遗产管理人和遗嘱执行人。如果受遗赠人因某种客观原因不能依指定方法履行负担时,可以类似方法履行。此与英国慈善信托中的近似原则相似。如果受遗赠人抛弃遗赠时,负担受益人可直接取代受遗赠人之地位而接受其应受利益,《智利民法典》与《日本民法典》均有类似规定。

《中华人民共和国继承法》第 21 条对附负担的遗赠作了原则规定,即遗赠附有义务的,受遗赠人应当履行义务,没有正当理由不履行义务的,经有关单位或个人请求,人民法院可以取消他接受遗产的权利。司法实践中的具体做法是,附义务的遗嘱继承或遗赠,如义务能够履行,而继承人、受遗赠人无正当理由不履行,经受益人或其他继承人请求,人民法院可以取消他接受附义务那部分遗产的权利,由提出请求的继承人或受益人负责按遗嘱人的意愿履行义务,接受遗产。

(周志豪)

fufudan yizhu

附负担遗嘱(additional will)　参见附加遗嘱条。

fujia baoxian

附加保险(added insurance)　为提高保险的保障程度,扩大保险人的责任范围,投保人在投保了基本保险的基础上,与保险人协商一致达成附加条款,约定增加的承保危险。附加保险可以分为两种:一种是既可以作为独立险种单独承保,又可以作为基本保险的附加险,如财产保险中的盗窃险、人身保险中的住院保险等;另一种是特定附加保险,它不能作为独立险种进行承保,只能在基本保险的基础上附加承保的险种,如海上货物运输保险中的战争险和罢工险等。　(史卫进)

fujia daikuan

附加贷款(conditional loan)　贷款人向借款人提供的借款人除按期还款外还须遵守一定条件才予以发放的贷款,在法律上表现为附条件的借款合同。

(张平华)

fujiafei

附加费(surcharge or additional)　班轮运输中,在基本运费外,承运人为了抵补运输中增加的额外开支和所受的损失向托运人加收的费用。基本运费构成全程运费的主要部分,附加费构成全程运费的另一部分。加收附加费的原因是多方面的,有的是因为货物本身的运输、装卸、积载需要特殊设备或者有特殊需要而增加额外开支;有的是由于卸货港不是基本港或者发生特殊情况而增加营运等。不同的轮船公司或者班轮公会可以根据自己经营的航线的特点,规定各种附加费。主要的附加费有:超重附加费、超长附加费、选卸附加费、变更卸货港附加费、直航附加费、转船附加费、拥挤附加费、港口附加费、冷冻附加费、燃油附加费、货币贬值附加费等。　(张琳)

fujia jianyue

附加简约(拉丁 pacta adjecta)　独立简约的对称,罗马法上简约的一种。附加简约是指当事人缔约时订立的以增加或限制一方或双方通常应享有的权利或应负担的义务为目的的条款。这种简约在诚信契约中因其附加于主契约而构成主契约的一部分,所以称作附加简约。如买卖可附退货简约,也可约定出卖人在对方收货前不负保管责任,或加重、减轻当事人的过失责任等。附加简约的效力决定于其是附加于诚信契约还是严法契约。关于附加于诚信契约的简约,公元 2 世纪末,罗马法学界认为如果与本契约同时订立的,则为本契约的一部分,和本契约受同一诉权的保护。但若为事后订立,则为独立的无保护简约,仅发生自然债和抗辩的效力。诺成契约产生后,对于事后附加于契约的与契约目的不一致的简约的效力,学说上有不同看法,后来在塞尔维乌斯和耶沃莱努斯等法学家的推动下,到公元 2 世纪末,任何附加于诚信契约中的简约已都被视为本契约的一部分,即使其目的与本契约相同也可有效。关于附加于严法契约的简约,由于古代法对严法契约纯以规定的语言、动作等为契约的惟一要件,不得稍有违反,即使在订约时附加的简约,亦视为独立简约,不受法律保护。但此项严格性随着经济的发展和契约对当事人意思的重视而逐渐松弛,附加于严法契约的简约即使不具备严法契约的形式要件也可以获得相应的法律效力。　(刘经靖)

fujia tiaokuan

附加条款(additional clause)　基本条款的对称。是指保险合同双方当事人在基本条款的基础上附加的,用以扩大或限制基本条款中所规定的权利义务的补充条款。还有学者将其定义为依据投保人的要求,保险人在基本条款之外增加承保危险的条款。附加条款通常也由保险人事先拟订并印就好,待保险人与被保险人协商一致时,附贴在保险单上,所以又称附贴条款。除此之外,附加条款也可以是保险人与被保险人特别约定的保险人事先未拟定的条款。附加条款是当事人在具体保险活动中需要对基本条款进行变更而采取的补充或改变基本条款规定的权利义务的方式。附加条款大多数在合同订立时增加,也可以在保险合同生效后,采取附加条款方式变更合同内容。如《中华人民共和国保险法》第 21 条第 2 款规定,变更保险合同的,应当由保险人在原保险单或者其他保险凭证上批注或者附贴批单,或者由投保人和保险人订立变更的书面协议。附加条款实际上扩大了标准保险合同的承保范围。附加条款中特别约定的风险责任和标准合同基本条款中规定的风险责任往往有性质上的差异。习惯上,把保险基本条款规定保险人承保的危险叫基本险,附加条款所增加的保险人承保的危险叫附加险。保险合同条款的这种特殊构成决定了投保人和保险人不能单独约定附加条款,而只能在约定基本条款的基础上适用附加条款,即投保人只有在投保基本险的基础上才能投保附加险,而不能单独投保附加险。例如,家庭财产两全保险附加盗窃险条款,只能在约定有家庭财产两全保险的前提下,另为约定。运用附加条款的目的,在于适应投保人的多种需求,对于补充保险人已拟定的标准格式的保险条款具有实践意义。　　(温世扬)

fujia zhizhai
附加之债(additional debt)　参见补充之债条。

fujiechu tiaojian de falüxingwei
附解除条件的法律行为(legal act with resolutive condition; 德 Geschäfts mit Resolutivbedingung)　当事人之间设定的民事权利和民事义务在所附条件成就时失去法律效力的法律行为。附解除条件的法律行为,在所附条件成就以前,已经发生法律效力,行为人已经开始行使权利和承担义务,当条件成就时,权利和义务则失去法律效力。解除条件的作用,是使已经发生法律效力的民事权利义务关系失去法律效力。

(李仁玉　陈敦)

fukending tiaojian de falüxingwei
附肯定条件的法律行为(legal act with active conditions; 德 Geschäfts mit positiver Bedingung)　当事人之间设定的权利义务以一定客观事实的发生为条件成就,而以所附事实不发生为条件不成就的法律行为。例如甲乙签订房屋租赁合同,出租人甲考虑到其女儿如不调到外地工作还需居住此房的情况,在合同中附上"如其女儿调到外地工作,该租赁合同方生效"的条件;再如,甲、乙签订房屋租赁合同,但考虑甲外地工作的儿子可能调回本市工作需要住房,于是附上"如其儿子调回本地工作,则租赁合同终止"的条件。上述两租赁合同都是附肯定条件的法律行为。

(李仁玉　陈敦)

fuqixian de falüxingwei
附期限的法律行为(德 befriste Geschäfte)　在法律行为中约定一定期限,并把该期限的到来作为行为人的民事权利和民事义务发生、变更、消灭的前提的法律行为。例如,甲与乙双方约定,自房屋租赁合同成立之日起10日内,出租人甲将出租的房屋交付给承租人乙使用,就是一个附期限的法律行为。

附期限的法律行为的要件是:(1)应具备法律行为的有效要件;(2)意思表示中附加了期限,且非因附加期限而使法律行为欠缺效力意思,或内容不确定,或内容违法,或内容带有反社会性。

附期限的法律行为可分为:(1)根据所附的期限对法律行为的效力所起的作用不同,附期限的法律行为可以分为附延缓期限的法律行为和附解除期限的法律行为。(2)根据法律行为所附期限是否确定,附期限的法律行为可以分为附确定期限的法律行为和附不确定期限的法律行为。

附期限法律行为的效力:(1)期限到来时的效力。附期限的法律行为在所附期限到来时生效或解除。附延缓期限的法律行为,期限到来时,法律行为发生效力;附解除期限的法律行为,期限到来时,法律行为效力消灭。(2)期限到来前的效力。附期限的法律行为在期限到来前效力如何,我国法律无明文规定。通说认为,其效力与附条件法律行为条件未成就时效力相同,即相对人享有期待权。

(李仁玉　陈敦)

fuqixian yizeng
附期限遗赠(legacy with terms; 法 legs à terme)　遗嘱人在遗嘱中设定一定期限,并以该期限的到来作为遗赠行为是否有效的遗赠方式。遗赠是民事法律行为之一种,附期限的遗赠当然适用附期限民事法律行为的一般原则和规定。附期限遗赠一般分为附始期遗赠和附终期遗赠。前者把所附期限的届满,作为遗赠发生完全法律效力的前提;后者则指自所附期限届满时起,在此之前已生效的遗赠失去法律效力。遗赠附有始期的,若受遗赠人于期限届满前先于遗嘱人死亡的,遗赠不生法律效力;若受遗赠人于期限到来后先于遗嘱人死亡的,遗赠相当于未附始期,亦不发生法律效力;若受遗赠人于期限到来之前后于遗嘱人死亡的,遗赠于期限到来之时发生法律效力;若受遗赠人于期限到来之后后于遗嘱人死亡的,遗赠于遗嘱人死亡时发生法律效力。遗赠附有终期的,若受遗赠人先于遗嘱人死亡的,不论期限是否届满,遗赠均不发生法律效力;若受遗赠人于期限届满前后于遗嘱人死亡的,则遗赠自遗嘱人死亡至期限届满之时的期间内发生法律效力;若期限先行届满,而不论受遗赠人或者遗嘱人谁先死亡,遗赠都不发生法律效力。附条件与附期限的遗赠不同,条件的成就与否在设立遗赠时不能完全确定,而期限是未来某一时刻必定要到来的,具有确定性。早期罗马法中不允许设立附终期的遗赠,因为不允许所有权为有期限的转移,但到了罗马帝国前期时,允许设立这种遗赠。现代各国一般允许设立附终期的遗赠。我国法律中没有明确规定,司法实践中适用《最高人民法院关于贯彻执行《中华人民共和国民法通则》若干问题的意见(试行)》第 76 条的原则规定,附期限的民事法律行为,在所附期限到来时生效或者解除。

(周志豪)

fuquanlizhai
附权利债(right-claiming debenture) 又称附新股认购权的公司债,指投资者(债券持有者)可在预定的时间内,据事先规定的条件,以债券为凭证,优先购买同一公司发行的股票或其他新债券的特别公司债。这种公司债的发行有利于公司增大发行量和筹措资金。公司发行附权利债,意味着公司在发行债券时,发行了新股认购证。法国《商事公司法》、日本《商法》、德国《股份公司法》对附新股认购权的公司债券作了规定。此种公司债适用公司法关于一般公司债的规定,多方面与可转换公司债的规定相同。

附权利公司债券有两种发行方式:(1) 结合式。公司债券与新股认购证合二为一,如认购股票,应提示债券,如转让认购权,必须将公司债券一起转让,认购权不能单独转让。(2) 分离式。公司债券与认购权证券(或称认购券)独立存在,发行公司在发行公司债券时发行新股认购权证券。持证人提出购买股票请求书时,须附上新股认购权证券。新股认购权证券可以单独转让或流通。公司债券持有人不一定是新股认购权证券的持有人。法国《商事公司法》规定公司债券与认购券同时发行,认购券可独立于公司债进行转让或流通,除非发行公司有相反规定。日本《商法》规定公司是否单独发行新股认购权证券须经股东大会特别决议,单独发行的认购权证券可以转让。附权利债国外发行比较广泛,我国目前还没有规定此种公司债。

(施余兵)

fushiqi de falüxingwei
附始期的法律行为(legal act with begining time; 德 Geschäfts mit Aufangstermin) 又称附延缓期限的法律行为。法律行为虽然已经成立,但在所附期限到来之前不发生效力,待到期限届至时,行为人双方的权利义务才开始发生法律效力的法律行为。例如,甲乙约定租赁合同自订立之日起一个月后生效,就属附始期的法律行为。

(李仁玉 陈敦)

futiaojian beishu
附条件背书(conditional endorsement) 票据上附有其他条件的背书。票据的背书必须具有单纯性,即背书不得附有任何条件。票据是流通信用证券,其转让通过背书完成正是为了保证其流通的畅行无阻。如果允许背书时附有条件,则该背书的效力将难以确定,势必影响票据的流通。各国票据法对附条件背书都持否定态度,但是否定的具体程度各国法律规定又稍有差异。《日内瓦统一汇票本票法》规定,背书必须无条件,背书附有条件者,其条件视为无记载。《中华人民共和国票据法》规定,背书不得附有条件。背书附有条件的,所附条件不具有票据法上的效力。《美国统一商法典》规定,记载所附条件的背书人和其后的受让人,应受该条件的限制。依这些规定,背书所附条件不产生票据法上的效力,但在其他法上仍为有效。

(王小能 胡冰子)

futiaojian chengdui
附条件承兑(conditional acceptance) 付款人对汇票金额的承兑附加某些条件。所附条件一般有三种:停止条件、解除条件、禁止条件。附条件承兑的效力表现在两个方面:(1) 持票人同意接受所附条件的,付款人应当对持票人承担付款责任并因此成为持票人的主债务人;持票人不同意所附条件的,视为付款人拒绝承兑。(2) 由法律规定,只要附有条件,无论持票人是否同意所附条件,均视为付款人拒绝承兑。《中华人民共和国票据法》第 43 条规定:"付款人承兑汇票,不得附有条件;承兑附有条件的,视为拒绝承兑。"

(胡冰子 王小能)

futiaojian de maimai hetong
附条件的买卖合同(conditional sale contract) 合同中附有买方支付全部价款,为所有权转移的条件的买卖合同。其特点在于,标的物所有权的转移以价款的全部支付为条件,在价款未全部付清前,所有权不转移。实际上是一种保留所有权的买卖。广义的附条件的买卖合同,应指各种附有一定条件决定买卖合同效力的合同。

(郭明瑞)

futiaojian de minshi falüxingwei
附条件的民事法律行为(德 bedingtes rechtsgeschäft) 在民事法律行为中规定一定的条件,并且把该条件的成就或者不成就作为确定行为人的权利和义务发生法律效力,或者失去法律效力的根据的民事法律行为。

《中华人民共和国民法通则》第 62 条规定,民事法律行为可以附条件,附条件的民事法律行为在符合所附的条件时生效。通说认为,除了法律明确规定不得附条件的民事法律行为外,其他民事法律行为均可以由行为人设定条件,以此来限制民事法律行为的效力,从而满足行为人的各种不同需要。不得附条件的民事法律行为有:(1)妨碍相对人利益的。这主要是指形成权的行使。如《中华人民共和国合同法》第99条第2款规定,法定抵销不得附加条件。(2)违背社会公共利益或社会公德的。这主要包括结婚、离婚、收养或终止收养、接受继承或放弃继承。(3)票据行为。如《中华人民共和国票据法》第33条规定,背书不得附有条件;背书附有条件的,所附条件不具有效力。

附条件民事法律行为的分类。(1)按照条件对民事法律行为效力所起作用的不同,可以将其划分为附延缓条件的民事法律行为和附解除条件的民事法律行为;(2)按照某种客观事实的发生或不发生为标准,附条件民事法律行为可分为附肯定条件的民事法律行为和附否定条件的民事法律行为。此外,附条件的民事法律行为还可以分为附随意条件的民事法律行为、附偶成条件的民事法律行为和附混合条件的民事法律行为等。

附条件民事法律行为的效力。(1)条件成就时的效力。附条件的民事法律行为,其效力因条件而受限制。条件成就后,民事法律行为当然发生效力,不需再有当事人的意思表示或其他行为。此时又可分为两种情形:第一,非要式法律行为。条件一旦成就,直接发生法律效力。第二,要式法律行为。须经登记才发生法律效力,仅仅条件成就并不直接发生法律效力。(2)条件不成就时的效力。《民法通则》和《合同法》对条件不成就时,民事法律行为的效力未明文规定。通说认为,附延缓条件的民事法律行为,条件不成就时,该民事法律行为视为不存在;附解除条件的民事法律行为,条件不成就时,视为该民事法律行为不再附有条件,维持该民事法律行为的原有效力。(3)条件成就与否未确定前的效力。我国法律对条件成就与否未确定前的效力未明文规定。通说认为,相对人在条件成就与否未确定前,应有因条件成就而取得权利或利益的希望。如附延缓条件买卖合同的买受人,有因条件成就而取得权利的希望。此种希望或可能性,在学理上,称为期待权。期待权虽不确定,但有实现的可能,因此,法律应予保护。

(李仁玉 陈敦)

futiaojian yizeng

附条件遗赠(conditional legacy;拉丁 legatum poenae nominae) 又称为有条件遗赠。遗嘱人在遗嘱中设立一定的条件,并以条件的成就与否决定遗赠效力的遗赠方式。民事法律行为可以附有条件。遗赠是一种单方民事法律行为,当然能够附有条件,并且适用附条件法律行为的一般原理和规定。附条件遗赠根据内容可分为附停止条件的遗赠和附解除条件的遗赠。前者指在遗嘱中设定,如果条件成就的,遗赠发生法律效力;条件不能成就的,遗赠不生法律效力。后者则指在遗嘱中设定,如果条件成就的,遗赠不生法律效力;条件不能成就的,遗赠发生法律效力。遗赠可以附条件,实际上赋予了遗嘱人更大的遗嘱自由。

附条件遗赠是一项古老的法律制度。罗马法中即规定,遗赠附有不法条件或不能条件者,以没有附条件对待;附停止条件遗赠的受遗赠人在条件成就前可以请求遗赠负担人提供担保。现代大陆法系各国民法对附条件遗赠多有详细规定。《瑞士民法典》第482条第2、3项规定遗嘱中所附条件违法、自始不能或违背善良风俗的,其处分无效,但如所附条件令人讨厌或无任何意义时,得视其为不存在;《法国民法典》第900条规定,此种条件视为未订定;《奥地利民法典》第698条规定,此种条件若为停止条件,其处分无效,若为解除条件,视为未订定,这是三种代表性的立法例。关于附停止条件遗赠的法律效力,一般认为,遗嘱人死亡后条件成就时,遗赠生效;遗嘱人死亡之前条件成就时,相当于未附条件,遗赠于遗嘱人死亡时起生效;条件于遗嘱人死亡前或死亡后已肯定不能成就时,遗赠无效;条件于遗嘱人死亡之后不能确定能否成就的,期待中的受遗赠人为防止遗赠义务人嗣后的履行不能,可请求提供担保。关于附解除条件遗赠的法律效力,一般认为,条件于遗嘱人死亡之前或死亡之后确定不能成就的,遗赠都在遗嘱人死亡时生效;条件于遗嘱人死亡前成就的,遗赠无效;条件于遗嘱人死亡后成就的,遗赠自条件成就时无效。另外,遗嘱人可以在遗嘱中设定使所附条件成就时遗赠有效或发生无效的法律效力溯及于条件成就前的意思表示,但不得溯及于遗嘱人死亡以前。《中华人民共和国民法通则》对附条件的法律行为作了一般性规定,《中华人民共和国继承法》中没有明确规定,但理论上是承认附条件遗赠的,实践中发生的问题一般依照《民法通则》的原则精神办理。

(周志豪)

futiaojian zhizhai

附条件之债(conditional obligation) 无条件之债的对称。以当事人约定的一定条件的成就与否作为其生效或解除条件的债。所附的条件只能是当事人约定的、合法的、尚未发生的且将来发生与否具有或然性的客观事实。附生效条件的债,自条件成就时发生效力;条件不成就时,债不生效。附解除条件的债,自条件成就时失效;条件不成就时,债继续有效。因条件成就与否关系双方当事人的利益,因此《中华人民共和国合同法》规定:"当事人为自己的利益不正当地阻止条件成就的,视为条件已成就;不正当地促成条件成就的,视为条件不成就。"

(郭明瑞)

fuyanhuan tiaojian de falüxingwei

附延缓条件的法律行为(legal act with condition precedent) 当事人之间设定的权利义务在所附条件成就时才能发生法律效力的法律行为。附延缓条件的法律行为,在条件成就之前已经成立,但效力处于停止状态。也就是说,在延缓条件成就以前,法律行为已经成立,行为人之间的权利义务关系已经确定,但是权利人尚不能主张权利,义务人还没有履行义务,即双方的权利和义务的法律效力尚处于停止状态。延缓条件的作用,是推迟法律行为所确定的权利和义务发生法律效力。延缓条件可附加于债权行为,能否附加于物权行为,学理上有不同观点。《德国民法典》第 925 条明确规定,土地所有权移转行为不许附条件。我国对此未规定。 (李仁玉 陈敦)

fuzhongqi de falüxingwei

附终期的法律行为(legal act with ending time) 又称附解除期限的法律行为。在约定的期限到来时,该法律行为所确定的权利和义务的法律效力消灭的法律行为。附终期的法律行为在所附期限到来之前,行为人已经行使权利和履行义务,这种法律效力一直延续到所附的期限届满时终止。例如,甲与乙汽车租赁公司订立租车合同,租赁期限为一年,在租赁期限届满前,甲有权使用汽车,乙有义务交付租赁的汽车并收取租金。一年期限届满,即所附期限到来,该汽车租赁合同终止。 (李仁玉 陈敦)

fuzhongshen fuyangtiaojian de zhufangmaimai

附终身扶养条件的住房买卖(house sales contract in condition of life support) 买卖双方签订的关于抚养与出卖房屋的协议。前苏联买卖合同的一种。依照该合同,卖主将住房或住房的一部分转移给买主所有,买主承担向卖主提供食物及抚养义务(如为卖方另行提供住房、提供饮食、护理及必要的帮助等)作为支付购买住房的价款,一直到卖主生命结束。其特点是:(1) 作为房屋所有人的卖主,必须是因年龄或健康状况而丧失劳动能力的人;作为买主,是经济状况允许并能按照合同规定的条件保证卖主必要的生活抚养的任何公民。(2) 合同的价款,以买主抚养卖主的形式来充抵。但买主向卖主提供的抚养必须表现为各种实际的行为(如护理、提供饮食、帮助等),而不是向卖主支付一定数额的货币,由卖主自己使用。(3) 住房的所有权自签订合同时起归买主所有,但卖主在世期间买主不得将住房转给第三人,且卖主有权终身无偿使用买主依照合同为其提供的住宅。在该住宅意外灭失时,买主仍继续负有抚养卖主的义务,包括重新为卖主提供住宅。如果买主不履行合同义务,卖主可以提出解除合同。如果买主经济状况由于客观原因发生重大变化,致使他无力再继续抚养卖主,则买主也可以提出解除合同。在此种情况下,住房返还给卖主,买主在此以前为抚养卖主所支付的费用,不予返还。当卖主完全恢复了劳动能力时,买主可以提出解除合同,但无权请求返还住房。在卖主健在而买主死亡的情况下,合同终止,住房返还给卖主。 (张平华)

fushu hehuo

附属合伙(subpartnership) 英美法上的概念。指某一合伙组织的合伙人在其份额范围内与合伙组织以外的第三人达成的分享利润分担损失的协议。它不是真正的合伙。 (李仁玉 陈敦)

fushu hetong

附属合同(subordinate contract) 参见从合同条。

fushushangxingwei

附属商行为(subsidiary commercial act) 基本商行为的对称。又称辅助商行为。指虽不具有直接的营利性内容,但能协助基本商行为实现的行为。例如,对于买卖而言,销售营业是基本商行为,为销售营业进行的运送和仓储则为附属商行为;对承运商,运送营业为基本商行为,为运送业务而购买运输工具的行为就是附属商行为。有时附属商行为还可能会导致商事活动的终止,例如企业主将企业转让给他人。在德国《商法典》中附属商行为必须是第 1 条第 2 款中所列举的行为,而且不包括按照商事习惯应该由行为人所履行的义务。现代商行为主要着眼于公司的资本经营行为,同时兼顾其他企业和经营者的资本经营行为,对传统商法中的附属行为,现代商法也予以调整,这是现代商法适应现代市场经济要求的表现之一。 (关涛 梁鹏)

fushuwu

附属物(德 Zubehoer) 旧中国民法上的术语。有两种含义:(1) 指从物。旧中国民法第 383 条 1 项规定,买受人对于买回人负交付标的物及其附属物之义务。(2) 指租赁耕种地时,所附之农具、牲畜、取水器具之类。耕作地之租赁附有农具、牲畜或其他附属物者,当事人于定约时评定其价值,并出具清单,由双方签名,各执一份。清单所载之附属物,如因可归责于承租人之事由而灭失者,由承租人负补充之责,如因不可归责于承租人之事由而灭失者,由出租人负补充之责(旧民法第 462 条)。承租人依清单所受领之附属物,应于租赁关系终止时,返还于出租人,如不能返还者,应赔偿其依清单所定之价值。但因使用所生之折耗,应扣除之(旧民法第463条)。

(张 谷)

fubaoxian
复保险(multiple insurance) 又称重复保险。投保人对同一保险标的、同一保险利益、同一保险事故,与两个以上保险人分别订立数个保险合同的保险。复保险有广义与狭义之分。狭义复保险是投保人对同一保险标的、同一保险利益、同一保险事故,与两个以上保险人订立数个保险,且各保险合同的保险金额总和超出保险价值的保险;广义复保险是投保人对同一保险标的、同一保险利益、同一保险事故,与两个以上保险人订立数个保险,且不论各保险合同的保险金额总和是否超出保险价值的保险。《中华人民共和国保险法》第41条第3款规定:"重复保险是指投保人对同一保险标的、同一保险利益、同一保险事故分别向两个以上保险人订立保险合同的保险。"可见,我国《保险法》上所称的复保险是指广义复保险。关于复保险的效力,主要有优先承保主义、比例责任主义、连带责任主义等不同的立法例。我国《保险法》采取了比例责任主义,该法第41条第2款规定:"重复保险的保险金额总和超过保险价值的,各保险人的赔偿金额的总和不得超过保险价值。除合同另有约定外,各保险人按照其保险金额与保险金额总和的比例承担赔偿责任。"

(房绍坤)

fuben de faxing
复本的发行(issue of parts of a set of bills of exchange) 汇票的发票人按照法律的规定签发汇票的复本使其在汇票关系当事人之间产生一定是法律后果。《日内瓦统一汇票本票法》第64条第1款规定,汇票得发行二份或二份以上相同的复本,该条第3款规定,汇票上未证明其为单张汇票者,执票人得自己负担其费用,请求发行二份或二份以上的复本。持票人请求发行复本时,须依次经由其前手,向发票人请求,并由其前手在各复本上,为同样的背书。复本的发行一般分为主动发行与请求发行。主动发行是指发票人在发行汇票主动发行复本。请求发行是指在汇票发行后流动过程中发票人应持票人的请求而发行复本。主动发行的程序与汇票发行的程序大致相同,只要发票人遵守法律关于复本份数及复本记载的规定即可。在请求发行中,复本的发行人是汇票的发票人。请求发行的请求人是汇票的受款人或其他持票人。在受款人请求发行时,受款人可以直接向发票人请求发行;在其他持票人请求发行时,应先向其直接前手提出请求,再由该前手依次请求至发票人。发票人作成复本后,再依请求的顺序逆向传递,由各背书人依次为与原背书相同的背书,最后传递至请求人。请求发行复本的费用由请求人支付。复本发行的份数,各国票据法规定不同。日内瓦法系对复本的发行份数没有限制,我国台湾地区票据法规定复本的发行不得超过三份。

(王小能)

fuben de fenlei
复本的分类(classification of parts of a set of bills of exchange) 按照一定的标准对汇票的复本进行划分。在票据法上,以复本的发行目的为标准,复本可分为安全复本与便利复本。安全复本是指为防止汇票的丢失而发行的复本。如果汇票只有一份,在汇票丢失或异地提示发生提示迟延时,将给汇票关系当事人带来损失。便利复本是指为了方便汇票的流通而发行的复本。当汇票被提示承兑时,则不可能再对汇票进行背书转让,尤其在异地承兑时。复本的发行使得汇票的提示承兑与流通转让同时进行成为可能。持票人可以将一份复本为提示承兑,将另一份复本为流通转让,其中,为提示承兑的汇票复本称为承兑复本,为流通转让的汇票复本称为流通复本。

(王小能)

fuben de jizai
复本的记载(terms of parts of a set of bills of exchange) 汇票复本所应记载的事项。复本是汇票的发票人就同一汇票关系发行的数份完全相同的汇票,彼此之间无主从之分。因此,每一份汇票上都应记载相同的文句。《美国统一商法典》第3—801条第1款、我国台湾地区票据法第115条规定,成套汇票,每个复本上应记载同一文句,并编列号数,否则,视为独立的汇票。每一份复本都是完整的汇票,因此,每一份复本的记载应该严格按照汇票记载事项的规定加以记载。至于编列号数,主要是为了区别。如何编号,法律没有限制。

(王小能)

fuben de xiaoli
复本的效力(effects of parts of a set of bills of exchange) 复本在汇票关系当事人之间产生的权利义务关系。复本的效力具有一体性及独立性的特征。所谓一体性是指复本虽有若干张,但是若干张复本体现的是同一汇票关系。就其中一张复本为票据行为,其效力及于其他各张复本。所谓复本的独立性是指每一张复本都是一张完整的汇票,都可以单独地表示该汇票关系,在每一张汇票复本上都可以就整个汇票关系为票据行为。复本的一体性及独立性效力主要体现在如下几方面:

关于承兑：持票人请求承兑，只要提示一个复本即可，汇票的付款人也只在该张复本上为承兑行为。票据权利人不得以付款人未在所有复本上为承兑而行使期前追索权，付款人如对每个复本都进行了承兑，他也只承担一个付款责任。这体现了复本的一体性效力。如果付款人对每张复本都进行了承兑，被承兑复本的一张或数张被善意持票人持有，承兑人对该持票人应承担付款的责任。这体现了复本的独立性效力。

关于付款：付款人可以就汇票复本中的任一张为付款，这体现了复本的独立性效力；其他复本因为该付款行为而失去效力，这体现了复本的一体性效力。但是，付款人对于经其承兑而未收回的复本，应该负责。这是指如果承兑人在数张复本上进行了承兑行为，但是在对其中一张复本为付款时，未将其他已经承兑的复本收回，而且该被承兑的复本落入了善意持票人手中，付款人对该善意持票人还应该承担付款的责任。

关于转让：复本以转让与同一人为原则。复本转让时，在每一张复本上都进行转让背书当然可以发生转让的效力，如果只在其他一张复本上进行了背书，其他复本一起交付，也发生转让的效力。如果为了提示承兑而送出一张复本后要进行转让，转让时应在其他备份复本上载明该所欠缺复本在何人之手。受让人可以请求接收人交还该复本。如果背书人故意将各复本分别转让于不同之人，该背书人及其后手，对每一张都应该承担责任，就如同它们是独立的汇票一样。

关于追索：在票据追索时，以交出所有复本为原则。将各个复本转让给同一人时，该背书人在清偿了持票人的追索后，可以请求持票人交出所有复本。如果持票人未能交出所有复本，可以提供相应的担保，或者提交拒绝交还复本证书。

(王小能)

fudaili

复代理(subagency) 参见再代理条。

fuhun dengji

复婚登记(the remarriage registration for a previously divoiced couple; registration for resumption of marriage) 我国离婚的男女自愿恢复婚姻关系的必经法定程序。在实行登记制的国家，进行复婚登记是恢复婚姻关系的惟一形式要件。根据我国《婚姻登记条例》的规定，离婚的当事人恢复夫妻关系的，必须双方共同到一方户口所在地的婚姻登记机关申请复婚登记。婚姻登记机关对当事人的复婚申请，按照结婚登记的程序办理。如果要求复婚的男女不履行复婚登记手续即以夫妻名义同居生活，其"复婚"不具有法律效力。

(王歌雅)

fuli

复利(compound interest; cumulatie interest) 按本金计算利息，计算出的利息部分又计入本金部分来重新计算计息的方法，又称"利滚利"。计算复利的公式为：$A = P(1 + r)n$。其中，A 为本利之和；P 为本金额；r 为利率；n 为借款期。

(邹川宁)

fushu gupiao

复数股票(multiple share) 单一股票的对称。是在一张股票上，持有人享有两个以上股份的股票，如十股票，五十股票，一百股票等。复数股票实际上是将若干单位股集合在一起，并未改变股票价值的均一性，在计算股东权时，仍以单一的股份为计算单位。持有复数股票的股东可以依章程的规定，请求将复数股票变为单一股票，也可将复数股票变更为单一股票。公司有办理分割或合并请求的义务，但交付的复数股票种类，仅以章程规定的为限。现在股票均不以书面为表现形式，这种划分意义不大。

(丁艳琴)

fushuzhizhai

复数之债(plural obligation) 单数之债的对称。参见单一之债条。

fuweiren

复委任(substitution) 又称复委托、转委托。受托人将其受委托的事务转托于第三人替代办理。基于委托关系的性质，受托人应亲自办理受托的事务，不得擅自转托他人办理。故有"委托的权限，不得再委托"的法谚。但各国立法也普遍规定，在一定条件下，委托人可以将其受托的事务转由第三人办理。《中华人民共和国合同法》第400条中规定："受托人应当亲自处理委托事务。经委托人同意，受托人可以转委托。转委托经同意的，委托人可以将委托事务直接指示转委托的第三人，受托人仅就第三人的选任及其对第三人的指示承担责任。转委托未经同意的，受托人应当对转委托的第三人的行为承担责任，但在紧急情况下受托人为委托人的利益需要转委托的除外。"依此规定，在两种情况下可以成立转委托：一是经委托人同意；而是在紧急情况下为了委托人的利益。复委托成立的，委托人与转托的第三人又称次受托人之间形成转委托关系，但委托人与受托人之间的委托关系仍然存在，委托人和受托人都可以向次受托人请求履行处理受托事务的义务，受托人就次受托人事务的处理仅就其对次受托人的选择和指示向委托人承担责任。如果复委托不成立，受托人则应对转委托的第三人的行为承担责任。

(郭明瑞)

fuxiao tiaokuan

复效条款(reinstatement clause)　人寿保险合同约定的,在投保人不能如期交纳保险费而使保险合同效力中止的,经投保人向保险人申请并交纳保险费以求恢复合同效力的条款。

复效条款一般规定:(1)投保人应当在保险单约定的复效申请的保留期限内提出申请,申请复效的保留期间为保险单中止效力后2年。(2)被保险人仍然符合人寿保险合同规定的各项投保条件。(3)投保人申请复效应当一次交清保险单失效期间应当交纳的所有保险费。(4)复效申请应当经保险人同意后,才会发生效力。复效条款给予投保人或者被保险人一个机会,投保人可以利用这个机会使已经中止效力的人寿保险合同恢复效力。投保人利用复效条款,使已经中止效力的保险单恢复效力的,保险人对被保险人或者受益人所承担的保险金给付责任,自保险合同成立时起算。
(邹海林)

fuzhi hetong

复制合同(contract for duplicating)　承揽合同的一种。指承揽人按定作人的要求,根据定作人的样品为定作人重新制作类似成品,定作人接受复制品并支付报酬的合同。
(郭明瑞)

fuzhaiquan qiyue

副债权契约(adstipulatio)　古罗马在委托契约产生前为债权人利益而设的一种特有的制度。指债务人同意第三人对其享有与债权人同一权利的契约。该第三人称为副债权人。副债权契约须以要式口约作成。副债权人为从债权人,副债权契约不得加重债务人的负担。副债权人应将有关情况向债权人报告,并在受领给付后将取得的财物和利益全部转移给债权人,不经债权人同意不得私自处分债权,否则应负赔偿责任。
(郭明瑞)

fubie

傅别(fu bie)　中国古代买卖契约的书面形式,西周时书面契约的一种。《周礼·天官·小宰》载:"听称责以傅别。"是指将双方协议的内容记载于竹木简上,中间写一"中"字,然后从"中"字中间分为两半,双方各执一半,要双方"合券"才能读通。与质剂的区别在于,质剂双方各自所执的一片契券上的内容相同。
(郭明瑞)

G

改变航程条款(change of voyage clause) 英国协会货物保险条款关于海上货物运输保险责任期间的规定。依据该条款,在本保险责任开始后,被保险人改变了目的地,被保险人及时通知保险人并另行缴费的条件下,本保险继续有效。该条款实质上改变了1906年《英国海上保险法》第45条的规定,依据该条,除非保险单另有规定,如船舶改变了航程,保险人自航程改变之日即免除责任。而依据协会货物保险条款的规定,航程改变,保险并不自动终止,但以被保险人迅速通知保险人为续保的前提条件。而且,续保的保险费及其他保险条件有待重新协商。本条款扩大了保险责任期间。相比1963年旧协会货物保险条款之航程变更条款亦有两点变化:一是有待重新商定的保险条件不限于保险费,还包括其他方面;二是,保险人不再允诺在无辜的被保险人对保险标的、船名、航次表述错误时予以续保。 (温世扬)

改建(renovation of existing construction) 为提高产品质量、节约能源、降低原材料损耗,改变产品结构、生产工艺,提高技术水平等,对原有固定资产进行整体技术改造的一种建设活动。 (邹川宁)

盖然因果关系说(theory of presumed causation; probability of causation theory) 又称或然因果关系说,因果关系确定的一种学说。依此学说,受害人只需证明侵害行为引起损害的可能性达到一定程度,即可推定因果关系存在。盖然因果关系在污染环境致害案件中得到广泛运用,在确定污染行为与损害间有因果关系上,受害人只需证明以下两点即可:(1)加害人有对发生损害地区的污染行为;(2)该地区有众多同样损害发生。盖然因果关系说是从加害人与受害者的经济地位差别来考虑因果关系的。一般说来,加害人较之受害人处于经济地位上的优势,因此加害人更有能力承担损害后果。由于这一证明方法具有较强的主观性,实质上是推定因果关系的存在,因此应允许加害人对因果关系的不存在提出反证。 (张平华)

概括继承(universal succession; 拉丁 successio per universitatem) 限定继承的对称,又称总括继承。指继承开始后,继承人即取得被继承人财产上的一切权利和义务。概括继承起源于古罗马法。罗马法学家犹令安(拉丁文 Julianus)认为,继承乃他人死亡时发生之概括的财产继承。这里所说的财产既包括积极财产(如物权和债权),又包括消极财产(如债务)。继承人在继承遗产时,按其继承份额同时享有权利和承担义务,对被继承人生前所负债务负无限清偿责任。当消极财产大于积极财产时,被称为有损遗产。概括继承的产生是古代继承法以身份继承为主体的必然结果。这种继承制度给继承人带来的不利是显而易见的,为了改善继承人的处境,古罗马最高裁判官法规定正统当然继承人即处于死者家父权支配之下的家属在不为干预遗产的行为条件下,可拒绝继承。查士丁尼时代,做出了"遗产目录之利益"的规定,即继承人只要在特定日期内编制了遗产目录,就可以只在所得的积极财产范围内清偿债务,不再负连带责任。这里已经有了限定继承的萌芽。概括继承对各国继承法有很大影响,特别是大陆法系国家的民法,如法国、德国的民法都有概括继承的规定。而我国继承制度贯彻限定继承的原则,突出表现在《继承法》第33条。 (杨朝)

概括继承主义(拉丁 successio per universita) 限定继承主义的对称。继承人继承被继承人财产上一切权利和义务的立法原则。概括继承主义产生于古罗马时期,根据这一思想:第一,继承人必须继承死者的全部遗产;第二,继承人继承遗产时,必须同时继承积极财产和消极财产,并在被继承人财产不足清偿债务时负连带清偿责任。概括继承主义是古代继承制度的主流,根据身份继承制度,继承是死者人格的延续,继承人既然承袭死者的人格、地位,对其财产整体自当全盘接受。这一原则由于对继承人不利,已逐渐为限定继承主义所代替。 (杨朝)

概括委托(general authorization) 特别委托的对称。委托人概括委托受托人处理一切事物的委托。概括委托表明受托人处理事物的范围在一定上程度上不受限制,并不表示委托人将其全部事务一概委托受托人处理。对于法律规定须有特别授权的事务,未经特别委托,受托人无权处理。依我国澳门地区民法规定,概括

委托仅涉及一般管理行为。　　　（郭明瑞）

gaikuo yizeng
概括遗赠(general legacy; 法 legs universals, disposition à titre universal)　　又称作包括遗赠或者总括遗赠。遗嘱人以其个人遗产的全部或一部分作为标的的遗赠,既包括财产权利,也包括财产义务。学理上,依据遗赠标的不同而将遗赠分为概括遗赠和特定遗赠。特定遗赠是指以某项特定的财产利益作为标的的遗赠,它一般不包括财产义务。各国民法对于概括遗赠的态度不一。法国、日本承认概括继承。《法国民法典》明确规定,概括遗赠,为遗嘱人以遗嘱将其死后所遗的财产全部赠与一人或数人的处分(第1003条);概括遗赠的受遗赠人对于遗产的债务及负担,按其个人分配份的比例清偿,对受遗赠财产的抵押债务及负担有全部清偿的义务(第1009条)。法国区分概括遗赠和部分概括遗赠,后者为遗嘱人以法律许其处分的财产的一定份额,例如一半或三分之一、其全部不动产或其全部动产、其全部不动产或其全部动产中的确定份额赠与他人的遗赠;部分概括受遗赠人对于遗产的债务及负担的清偿义务与概括受遗赠人相同(第1010条、第1012条)。《日本民法典》规定,遗嘱人可以以概括的名义,处分其财产的全部或一部分,但不得违反特留份的规定(第964条),概括受遗赠人,有与继承人同样的权利义务(第990条)。但日本不特别区分概括遗赠与部分概括遗赠。德国和瑞士等国不承认概括遗赠。《德国民法典》规定,被继承人将其财产或财产的一部分赠与受赠人时,虽该受赠人未被指明为继承人,此项处分仍被视为继承人的指定(第2087条)。《瑞士民法典》规定,使某人得到全部或部分遗产的处分,视为对继承人的指定(第483条)。无论在法律上是否明确承认概括遗赠,遇有此种情形,一般都认为受遗赠人的权利义务与继承人相同。

我国法律中没有明确规定概括遗赠,理论上持肯定和否定态度的都有。否定说认为,我国法律将遗赠主体与继承主体作了明确的区分,二者的权利义务不同,受遗赠人不负有清偿遗产债务的义务,并且遗赠的受领是在清偿所有债务和税款之后,因此不存在概括遗赠。肯定说认为,我国继承法允许遗嘱人在不违反法律的限制性规定的情况下,将其全部或部分遗产赠与受遗赠人;同时我国没有法定的遗嘱执行人制度或遗产清算制度,在全部遗产遗赠时,受遗赠人实际上处于与继承人相同的地位,具有相同的权利义务,即不仅受领遗产,而且还须以遗产利益为限清偿债务,因此我国有概括遗赠。惟应注意的是,我国的概括受遗赠人不得视为继承人,二者的主体范围不同。在司法实践中,遇有遗产已被分割而未清偿债务时,如有法定继承又有遗嘱继承和遗赠的,首先由法定继承人用其所得遗产清偿债务;不足清偿时,剩余债务由遗嘱继承人和受遗赠人按比例用所得遗产偿还;如果只有遗嘱继承和遗赠的,由遗嘱继承人和受遗赠人按比例用所得遗产偿还。若是只有遗赠的,由受遗赠人用所得遗产利益全部偿还。　　　（周志豪）

gangtie tiaokuan
钢铁条款(iron and steel clause)　　在海上运输中,除了运输一般的货物外,还常要运输一些具有特殊性质或对运输和保管有特殊要求的货物,钢铁便是其中一种。《海牙规则》第6条规定"在不违反国家政策的前提下,承运人对于任何特定货物应负的责任和义务,及所享受的权利与豁免,或他对船舶适航的责任等,可以自由订立任何协议,而且这种协议都具有完全的法律效力。"因此,承运人在提单中对运输钢铁作出了相关规定,即:每块铁及钢均应由货方以油漆清晰地、长期地加以标志,并将其每捆绑扎牢固,以油漆清晰地、长期地加以标志并加金属标签,从而其每一块、每一捆都能在卸货港分别清楚。如果货方未能做到上述要求,则承运人既不负责正确交货,也不承担由此发生的费用。而且承运人仅对捆数负责,而不对捆内的根数负责。　　（宋春风　金强）

gangkou baoxian
港口保险(port risk insurance)　　以停泊在港口的船舶作为保险标的的保险。由于该险种保险费要比船舶险要低得多,因而在偶有船舶长期闲置,或为季节性歇业、修理时间很长的船舶、避免营业亏损而歇业时,便有投保港口保险的必要。其承保范围主要包括:人身伤亡、沉船及物品打捞、碰损责任、习惯性拖带承担的责任、特别救助补偿等费用,即保险人不仅要负责船舶在停泊时的静止状况下可能遭受的意外损失,而且对船舶在港口移动、移泊、更改停靠码头过程中可能遭受的损失也要负赔偿责任。　　　（温世扬）

gangkouguo guanzhi
港口国管制(port state control)　　简称PSC。是指一国对在其管辖水域内航行的外国商船进行监督和检查,通过强制纠正和扣留等手段使船舶在海上安全、工作条件和防止污染等诸多方面符合有关海运国际公约和国内法规定的一种制度。船舶在海上航行,船旗国势必难以对悬挂该国国旗航行的船舶进行有效的管理控制,再加上海上航行的船舶往往会对其他国家的利益造成影响,从而催生了港口国管制制度。具体做法,一般是在符合受检条件的船舶申请入港时,由港口国派检查官登轮,检查船舶证书、船员证书等文件,并对船舶的设备状况等进行一般性查看,如果发现有问题,还可能进行进一步的详细检查。经过检查,如果发现船舶不符合安全标准,港口国有权要求船舶在开航前消除其缺陷。对于不能及时消除其缺陷而又威胁海上安全、海洋环境的船舶,港口国可以扣留。对于不能在当地消除缺陷,但缺陷还不至于影响海上安全和海洋环境的船舶,港口国可以放行,但应通知下一港口国和船旗国采取行动。

港口国管制能有效弥补船旗国对船舶管理的不足,为海上安全运输提供了重要的保障。但港口国管制是一项需要各国合作的事业。对每一个港口国而言,对进入本国港口的船舶进行检查和管理既是一种权利,也是一种国际义务。尽管许多港口国制定了实施管制的国内法,如美国的海岸警卫队,我国在1995年3月发布的《国际航行船舶进出中华人民共和国口岸检查办法》,都是为了加强对国际航行船舶进出本国口岸的管理。但这一制度更多的还是依赖一些国际公约和地区性协定才能得以顺利实施。目前国际公约如经修正的《国际海上人命安全公约》、经1978年议定书修订的《1973年国际防止船舶造成污染国际公约》,1997年2月1日开始实施的《海船船员培训、发证和值班标准公约1995年议定书》(简称STCW95)以及最近制订的《国际船舶安全营运与防止污染管理规则》(ISM规则)等;一些专门的地区性协定如1982年的巴黎备忘录、1992年的拉美协议、1993年的东京备忘录等,这三个是世界上相对成熟的地区性港口国管制组织。可以预见,港口国管制在现有的组织和国家中将继续加强并不断地向非港口国管制的地区和国家扩展,并向港口国管制全球化,全球港口国管制一体化的方向发展。

gangkou shifei
港口使费(port charge) 由于船舶靠泊港口而需要支付的相关费用,比如垃圾处理费等。港口使用费一般根据港口当局的要求缴纳,多为强制性的。在定期租船合同项下,一般规定港口使用费由租船人支付。

(张 琳)

gangkou zuchuan hetong
港口租船合同(port charter) 又称港口租约。规定出租船舶到达租船合同指定的港口进行装卸货的航次租船合同。船舶能否视为到达,按英国法,看船舶是否已经到达港口的行政或法定区域内;在我国,船舶到达港口锚地或港池外泊位,就算到达。船舶从锚地移往装货、卸货泊位所需时间,都计入装卸时间。和泊位租约相比,港口租约出租船舶不必抵达泊位,只要抵达港口就已经足够,这是符合装卸时间开始的条件之一。如此一来,只要抵达港口,但是仍要待泊,因为泊位为他船占用,就已经可以起算装卸时间。除非有的免责条款致使装卸时间中断,否则装卸时间一直不停的计算下去,港口拥挤的时间损失风险由租船人承担。

(张 琳)

gaodu weixian yewu zeren
高度危险业务责任(德 Haftung fuer gefaehrliche Taetigkeit) 从事高度危险业务的行为人造成他人损害应承担的民事责任。高度危险业务又称高度危险作业,高度危险业务责任即高度危险作业致人损害的民事责任。

(郭明瑞)

gaodu weixian zuoye zhirensunhai de minshizeren
高度危险作业致人损害的民事责任(德 Haftung fuer gefaehrliche Taetigkeit) 特殊侵权行为的民事责任的一种。指从事对周围环境具有高度危险的作业造成他人损害的,作业人应承担的侵权损害赔偿责任。此种侵权责任是现代大工业的产物,是随着科学技术的发展和运用而逐步确立起的特殊侵权责任。1838年的普鲁士铁路法对铁路运输公司在运输中造成损害的责任的规定是最早关于高度危险作业责任的立法。其后各国或是通过单行法(如德国),或是通过对民法典条文的扩大解释(如法国),或是通过判例(如英国),都相继确认了高度危险作业的特殊责任。《中华人民共和国民法通则》第123条规定:"从事高空、高压、易燃、易爆、剧毒、放射性、高速运输工具等对周围环境有高度危险作业造成他人损害的,应当承担民事责任。如果能够证明损害是由受害人故意造成的,不承担民事责任。"其他一些单行法中具体规定了高度危险作业致人损害的民事责任。通说认为,高度危险作业致人损害的民事责任是一种无过错责任。其构成要件为:(1)行为人从事高度危险作业。所谓高度危险作业,又称高度危险业务、高度危险源,是指对周围环境具有较高危险性的活动;(2)造成损害。既可以是财产损害,也可以是人身损害;(3)损害后果与高度危险作业间有因果关系。从事高度危险作业,没有按有关规定采取必要的安全防护措施,严重威胁他人人身、财产安全的,受害人有权要求作业人消除危险。

(郭明瑞)

gaolidai
高利贷(loan sharking) 前资本主义社会中,信用的存在形式,是以高利息进行的贷款。高利贷产生于原始公社瓦解时期。因社会分工的发展,私有财产的出现和交换的增长,使原始公社内部发生了财富两极度分化,出现了富裕家族和贫穷家族。货币资财集中在某些富裕家族,另一些贫穷家族因种种原因却需要贷币,因而富裕家族向贫穷家庭放债并收取很高的利息。在奴隶社会和封建社会中,随着商人资本的发展,特别是货币经营资本的发展,高利贷资本有了广泛的发展。高利贷资本的增殖是以利息形式出现的,而高利贷利息的来源则是奴隶或小生产者的劳动。高利贷的剥削率反映在很高的利息率上,年利30%~40%的利息率是很平常的,100%~200%的利息率也不少见。这样高的利息不仅会吞并生产者的全部劳动、生产条件,甚至可占有借款人本身,因此是一种超经济剥削。资产阶级为了自身的利益,曾利用国家立法来限制利息率,利用教会禁止和惩罚高利贷者,最后迫使高利贷资本转化为商业资本和借贷资本。

(邹川宁)

搁浅(grounding; stranding) 船舶底部搁在海(河)底,无剩余水深的航行事故。除非是共同海损行为的有意搁浅,否则搁浅本身造成的船舶和货物的损失属于单独海损。但因搁浅而造成的船舶、货物等地损失和产生的救助费用等,则可属于共同海损。

(张永坚 张 宁)

搁置物或悬挂物(things posited or suspended;拉丁positum et suspensum) 《中华人民共和国民法通则》第125条规定,建筑物上的搁置物、悬挂物发生倒塌、脱落、坠落造成他人损害的,其所有人或者管理人应当承担民事责任,但能证明自己没有过错的除外。该条所谓搁置物或悬挂物,指非为公用或民用建筑物或其他设施之构成部分、基于人力而离开地面、固定或非固定、有依托地平面摆放或立体堆放,以及无依托地悬空挂放的动产。如花盆、晾晒架杆、清洁用具或其他生活用具等。

此语源自罗马法。关于堆置物或悬挂物造成潜在公共危害的行为的责任,《十二表法》和《阿奎利亚法》均未规定。随着经济发展,罗马人口增加,出现楼房,而意大利半岛常有大风,因此,在阳台上、屋檐下,堆置、悬挂物件往往造成人畜和财物的伤亡与毁损。为维护通行安全,大法官规定,只要某物被堆置或悬挂在面对公共道路的建筑物外,住户无论有无主观过错,均可能受到堆置物或悬挂物之诉的追究,成为罗马法上准私犯之一种。在优士丁尼法中,则以具备过错为要件。

(张 谷)

格式合同(standard contract) 参见标准合同条。

格式合同的解释(interpretation of standard contract) 当事人对格式合同条款的理解不一致时对该条款的含义所作的理解和说明。因格式条款是由一方事先拟定的,在在订立合同时未与对方协商的条款。因此,为保护相对方的利益,对格式合同的解释除采用一般合同的解释规则外,还采取有利保护相对方利益的规则。依《中华人民共和国合同法》第41条的规定,对格式条款的理解发生争议时,应当按照通常理解予以解释;对格式条款有两种以上解释的,应当作出不利于提供格式条款一方而有利于相对方的解释;格式条款与非格式条款不一致的,应当采用非格式条款。

(郭明瑞)

格式条款(standard contract terms) 又称一般契约条款。是指当事人为了重复使用而预先拟订,并在订立合同时未与对方协商的条款。格式条款的产生和发展是20世纪合同法发展的重要标志之一,它的出现不仅改变了传统的缔约形式,而且对合同的意思自由原则提出了重大的挑战。格式条款的形式多样:有的与合同文本结合在一起如各种票证上的印刷条款;有的是单独的文件如商店里的广告;有的已经成为商业惯例而具备任意法的特征。格式条款订入合同也应采用要约、承诺方式,格式条款订入合同的形式有两个:其一,经营者将格式条款制成格式合同,或当事人双方将格式条款直接纳入意思表示内容,一并磋商、讨论最终形成统一的合意;其二,在格式条款与合同相分离,而相对方同意或在一定条件下推定格式条款订入合同。

《中华人民共和国合同法》39条的规定,格式条款订入合同须满足下列要件:(1)格式条款提供者应采取合理的方式提请对方注意格式条款;(2)对条款进行合理说明的义务。上述两项义务的目的在于使格式条款提供方的内容能够被相对方特别是消费者明了,因此格式条款提供方是否采取了合理的方式以及是否对条款进行了合理的说明,都应该围绕这一目的加以判断。当企业以显著的位置张贴布告,其张贴方式达到一般水准的顾客不可能忽视的情形,可以推定企业与顾客已经成立的合同中已经定入格式条款,甚至可以不要求每一顾客真正阅读公告的内容。一般而言,合同法对格式条款的规制方法有三种:一是明确格式条款的制定者应当采取合理的方式,提请对方当事人注意免除或限制其责任的条款;二是禁止格式条款的制定者利用格式条款免除己方责任、加重对方责任或排除对方主要权利;三是格式条款的解释应当采取不利于格式条款提供者的方式进行。按照我国《合同法》的规定,格式条款违反法律的强制性规定,或免除格式

条款提供者主要责任、加重对方责任或排除对方主要权利的,该格式条款无效。 （刘经靖 张平华）

geshi zhizheng
格式之争(the battle of forms) 买方送交卖方一份订单,订单正面列出要求的货物、价格及交付条款,订单之背面列出其他条款。卖方收到订单后,也送回其自定之表格,正面条款符合买方要求,但背面条款却不相同。双方不理会格式的分歧照样送货收货。双方一旦发生争执,难以确定究竟应适用谁的格式。对此有两种处理方式:(1) 最后一枪(last shot)理论或最后用语原则,据此应适用最后一方的格式。第一份格式为要约,而第二份表格为反要约,而送货、收货行为视为对反要约的接收;(2) 双方相互矛盾的格式条款均不被采用,由此出现的问题视为合同漏洞,按照民法的基本原则补充该漏洞。 （张平华）

gebie baoxian
个别保险(individual insurance) 又称单独保险。投保人以单一的财产及其有关利益或者单个人的寿命或身体为保险标的,与保险人订立保险合同。在保险业务中,大多数属于个别保险。 （史卫进）

gebie rengequan
个别人格权(individual right of personality) 一般人格权的对称,又称具体人格权。指为法律确认的各种人格权。个别人格权有生命权、身体权、健康权、自由权、姓名权、名称权、名誉权、荣誉权、肖像权、隐私权、贞操权等。 （张玉敏）

gebie xintuo
个别信托(sole trust) 由单一委托人将其有关财产作为信托财产转移给受托人并由此设立的信托。个别信托的基本特征如下:第一,它既可以是自益信托,又可以是他益信托;第二,它的委托人仅为一人,但其受益人却既可仅为一人又可两人以上;第三,它的信托财产仅为委托人一人的个人财产。个别信托属于明示信托。对这种信托的规制适用于信托法关于信托的一般规定。 （张 淳）

geren baoxian
个人保险(personal insruance) 以保险人个人名义开展保险业务的保险业经营模式。个人保险的组织形式要求有较为雄厚的资金作为保证,对社会资金没有依赖性。个人保险过去在英美等国很盛行,而现在只有英国存在个人保险,其表现形式就是劳合社。 （房绍坤）

geren daikuan
个人贷款(personal loan) 参见消费贷款条。

geren duzi qiye
个人独资企业(sole proprietorship) 一个自然人投资,财产属投资人个人所有,投资人以其个人财产对企业债务承担无限责任的经营实体。其特征是:(1) 一个自然人出资,生产资料归投资者所有。在法律允许的范围内,投资者即企业主对生产资料享有占有、使用、收益和处分的权利。(2) 雇工经营。在独资企业中,企业主不一定直接参加劳动,或者不是劳动的主要力量,需以雇佣劳动力作为生产经营活动的基本力量或主要力量。(3) 具有一定的生产经营规模。
《中华人民共和国个人独资企业法》第2条规定:"本法所称个人独资企业,是指依照本法在中国境内设立,由一个自然人投资,财产为投资人个人所有,投资人以其个人财产对企业债务承担无限责任的经营实体。"第8条规定,设立个人独资企业应当具备下列条件:(1) 投资人为一个自然人;(2) 有合法的企业名称;(3) 有投资人申报的出资;(4) 有固定的生产经营场所和必要的生产经营条件;(5) 有必要的从业人员。关于个人独资企业法律地位问题存在争议:一种观点认为个人独资企业具有主体性,但其主体身份是自然人;另一种观点认为个人独资企业属于非法人组织。个人独资企业的投资者应以个人财产对企业债务负无限责任;个人独资企业投资者在申请企业设立时,明确以其家庭共有财产作为个人出资的,应当依法以家庭共有财产对企业债务承担无限责任。 （李仁玉 卢志强）

geren hehuo
个人合伙(natural person's partnership) 是我国民法上的概念。指两个以上的自然人订立合伙协议,共同经营、共享收益、共担风险,并对合伙企业债务承担连带无限责任的营利性组织。其特征是:(1) 个人合伙的合伙人是自然人。根据《中华人民共和国合伙企业法》第9条规定,合伙人应当为具有完全民事行为能力的人。但有些自然人虽然具备完全民事行为能力,却不能参与合伙,如国家公务员、人民警察、法官等依法不得从事营利性的经营活动的。(2) 合伙人数必须是二人以上。单个自然人不能设立个人合伙;自然人和法人、其他经济组织间也不能设立个人合伙。但个人合伙没有合伙人数的上限规定,一个合伙企业合伙人数的多少,由合伙协议规定。(3) 合伙人之间应依法订立合伙协议。根据《合伙企业法》第13条规定,合伙协议应以书面形式订立。合伙协议经全体合伙人签名、盖章后生效。经全体合伙人协商一致,也可以对合伙协议进行修改或补充。在《合伙企业法》颁布实施前,《中华人民共和国民法通则》第 31 条也明确规定:合伙人应当订立书面协议。但实际上一些合伙人之间没有订立书面的合伙协议,却具备合伙的其他条件,并且进行合伙经营的,又经两个以上无利害关系人证明有口头合伙协议的,可以认定为合伙关系。

个人合伙与个体工商户不同,个体工商户经营的方式有两种,即个人经营和家庭经营。个人经营方式的个体工商户与个人合伙的区别是明显的,因为两者的人数是不同的。但以家庭经营方式的个体工商户(经营者为二人以上)容易与个人合伙混淆。它们之间的区别是:(1) 个人合伙的合伙人之间应有合伙协议;以家庭为单位进行个体经营,成员之间没有协议约定;(2) 合伙人不属于一个家庭成员,分别属于相互独立的不同家庭。否则,就不是个人合伙,而是个体工商户。

(李仁玉 陈 敦)

geti gongshanghu

个体工商户(individual business or privately-owned small industrial and commercial business) 在法律允许的范围内,依法经核准登记,从事工商经营活动的自然人或家庭。其特征是:(1) 从事工商个体经营的是单个自然人或家庭。单个自然人申请个体经营的,必须是享有劳动权的自然人,即应年满 16 周岁。而经家庭申请个体经营的,作为户主应具有经营能力,其他家庭成员可以不具有经营能力。(2) 个体工商户必须依法进行核准登记。自然人或家庭要想进行个体经营工商业,必须依法向工商行政管理部门提出申请,并由受理机关核准登记,颁发个体经营的营业执照后,申请人才取得个体工商户的资格,并依法在核准登记的范围内从事经营活动。(3) 个体工商户应在法律允许的范围内从事工商业经营活动。关于个体工商户的法律地位存有争议。一种观点认为,个体工商户属于自然人,只不过属于自然人的特殊形式而已,其理由是,《中华人民共和国民法通则》将个体工商户置于自然人一章中。另一种观点认为,个体工商户属于非法人组织,且属于营利性非法人组织。关于个体工商户的财产责任,《民法通则》规定,个人进行个体工商经营的,由经营者个人承担财产责任;家庭进行个体工商经营的,以家庭财产承担财产责任;虽以个人名义经营,但以家庭财产进行投资或者其收益主要归家庭成员享用的,以家庭财产承担财产责任。

(李仁玉 陈 敦)

getihun

个体婚(monogamy) 又称为单式婚姻或一夫一妻制婚姻,一男一女互为配偶的婚姻形式,是原始社会崩溃、阶级社会形成过程中的产物。古代型的个体婚是以男子为中心,以家族为本位的。个体婚制下的子女是父方家族的成员,而不是母方家族的成员。近、现代型的个体婚则是以个人为本位的。

(杨大文)

genben weiyue

根本违约(fundamental breach of contract) 一方当事人违反合同使另一方当事人依据合同所期待的利益从根本上丧失的行为。按照是否需要违约人的主观状态,各国对根本违约的立法可分为两种立法例,其一为主观主义,该立法例认为如果违约人主观没有过错则不能构成根本违约。如根据《联合国国际货物销售合同公约》第 25 条的规定,如果违约的一方并不预知而且同样一个通情达理的人处于相当情况下也没有理由预知会发生这种损害后果的,不构成根本违约。其二为客观主义,该立法例不要求违约人主观上具备过错,只要违约的结果导致合同足够严重即可构成根本违约。如《中华人民共和国合同法》第 94 条从合同解除制度的角度规定了根本违约,其中第 4 项:当事人一方迟延履行债务或者有其他违约行为致使不能实现合同目的的,当事人有权解除合同。所谓合同目的不能实现就是根本违约的结果。根本违约的情形常见的有:一方当事人不履行合同中任何义务;一方延迟履行主债务,在另一方催告的合理的宽限期内仍未履行;时令性商品、纪念品或鲜活商品等迟延履行债务致使不能实现合同目的的;标的物在本质上完全不符合约定的商品品质或部分不符合但货物之间是关联的或数量上绝大多数未交或少部分未交但与其他部分相关联等,致使合同目的不能实现。一方根本违约,另一方可行使解除权以解除合同,并可要求损害赔偿。

(肖 燕 张平华)

gendan huipiao

跟单汇票(documentary bill of exchange; documentary draft) 又称押汇汇票,是指必须附有与商务相关的单据才能被承兑或付款的汇票。跟单汇票主要用于国际贸易的进出口商务活动中。跟单汇票需要附具的单据,由进口商委托银行对出口商的商业信用状所规定的条件决定,一般包括:提单、仓单、保险单、商业发票、包装单、重量证明单、产地证明书及卫生证明文件等。跟单汇票又可分为:信用证跟单汇票、承兑押汇汇票、付现押汇汇票。信用证跟单汇票是指出口商依据信用证的条款,以押汇银行即跟单银行为收款人,以开具信用证的银行为付款人,并附随一切单据的汇票。承兑押汇汇票又称承兑交单汇票,指付款人或承兑人在承兑汇票后即可以先行取得汇票所附随的单据,凭该单据办理报关手续提取货物并于汇票到期后再付款的押汇汇票。承兑押汇汇票对出口商的风险较大,在实践中较少使用。付现押汇汇票又称付款交单汇票,指付款人在支付汇票金额后才可以取得附随单据,即付款人在付款后才可以得到货物的跟单汇票。（王小能）

genggai
更改（alteration of obligation） 又称债的更替或债的更新。指以消灭旧债为目的而成立新债的制度,是债消灭的原因之一。罗马法上,由于强调债权债务与其主体的不可分性,因此不承认在同一债关系中进行债权让与或债务承担。后创设债的更改制度以规定在债发生变化情况下消灭旧债成立新债的规则。罗马法规定,债的更改包括债权人的更改（即后世的债权让与）、债务人的更改（即后世的债务承担）、债的内容的更改（即后世的债的变更）、债的性质更改及期限条件的更改等各个方面。近代法国、日本、意大利等国的民法典也都仿罗马法规定设立了债的更改制度,不过其名称有了一定的变化。如《法国民法典》中专设"债的更新"一节（第3卷第3编第5章第1271条）,规定了债的更新情形为:"(1) 债权人与债务人缔结新债务以代替旧债务,而使旧债务消灭者;(2) 债权人解除债务人的债务而由新债务人代替者;(3) 新债权人代替旧债权人而取得债权,债务人对旧债权人的债务因而消灭者。"与法国、日本等国将债的主体、内容等变更一并归入债的更改并视为债的消灭原因不同,《德国民法典》没有采用罗马法上债的更改概念,将债的主体变更视为债权让与债务负担,将债的内容变更视为区别于主体变更的另一种债的变更形式,更重要的是将这些变更视为在同一债的关系中若干要素的变化,但并不影响债的存在,更不导致债的消灭。《中华人民共和国合同法》中将合同当事人的变更称为合同的转让,变更合同的内容称为合同的变更。因此,我国法律上所谓合同的变更,与德国民法所称债的变更近似,都是指债的内容的更改,而与法国、日本民法所称的更改或更新不同。但学说上承认债的更改。债的更改与债的变更的区别在于:依债的更改,发生旧债消灭和新债产生的效果;而依债的变更,债的关系依然存在,仅其内容发生变更。因此,债的更改为债的消灭原因,而债的变更并不导致债的消灭。 （万霞）

genghuan
更换（replace） 承担民事责任的方式之一。是合同不适当履行的一种补救措施。指合同当事人一方对其提供的不符合质量要求的标的物,以合格的标的物予以调换。如出卖人交付出卖物不符合质量要求,出卖人即应予以更换。 （张平华）

gengdi
耕地（farmland） 专门用来种植各种农作物的农业用地。包括正在耕种的土地和新开垦的土地,休闲地、轮歇地、草田轮作地,以种植农作物为主、间有零星树木的土地等类型。《中华人民共和国土地管理法》规定,合理利用土地和切实保护耕地是我国的基本国策。保护耕地应从两方面着手,一是保护现有耕地,包括维持耕地数量与改善耕地质量,二是鼓励开垦新耕地。为此,(1) 国家实行土地用途管制制度,编制土地利用总体规划,规定土地用途,严格限制农用地转为建设用地,控制建设用地总量,对耕地实行特殊保护。(2) 实行占用耕地补偿制度。非农业建设经批准占用耕地的,按照"占多少,垦多少"的原则,由占用耕地的单位负责开垦与所占用耕地的数量和质量相当的耕地。(3) 国家鼓励土地整理,以提高耕地质量,增加有效耕地面积,改善农业生产条件和生态环境。(4) 国家各级政府应当采取措施,维护排灌工程设施,改良土壤,提高地力,防止土地荒漠化、盐渍化、水土流失和污染土地。(5) 国家鼓励单位和个人按照土地利用总体规划,在保护和改善生态环境、防止水土流失和土地荒漠化的前提下,开发未利用的土地;适宜开发为农用地的,应当优先开发成农用地。 （李富成）

gengdi zulin
耕地租赁（tenant farming） 承租人以耕作为目的而对耕地进行的租赁。对耕地租赁关系的规制因各国或地区的土地政策与土地所有权制度的不同而不同,但综合而言,耕地租赁具有如下特征:(1) 限制地租之额度。一般以耕地主要出产物或地价为计算基数。(2) 严格限制耕地转租。有些国家或地区限制耕地租赁的承租人主体为自耕农,因而转租的限制严格。(3) 承租人对耕地具有有限承买权、承典权。(4) 为维护农业经营的稳定性、连续性,一般设定耕地租赁合同的最短存续期间,其终止较一般租赁合同更受限制。(5) 在耕地租赁关系终止时,承租人有权向出租人请求返还其在耕作期间因对土地进行改良而投入的费用,即所谓的"改良费返还请求权"。(6) 广义的耕地租赁还包括以放牧、养畜为目的对牧场、草地进行的租赁。
（杜颖）

gongchang diya
工厂抵押（mortgage of factory and consortium） 又称工厂财团抵押。是以工厂的土地、厂房、设备、设施等固定资产、工业产权、及其有关地上权、租赁权、典权等用益物权相结合的财产整体（财团）为标的所设定的抵押。一般不包括原材料、生产成品和包括有关债权在

内的流动资金和商标权。　　　　　　　（申卫星）

gongkuang chanpin gouxiao hetong
工矿产品购销合同(contract of purchasing and selling of industrial products)　计划经济体制下买卖合同的一种。是法人之间或者法人与其他经济组织之间订立的为买卖工矿产品而明确相互权利义务关系的协议。销售、转移产品的一方为供方,获得产品的一方为需方。工矿产品购销合同法律特征主要是:(1) 标的物是工矿产品,包括工业品生产资料和工业品生活资料。(2) 主体是法人或其他经济组织。(3) 双方、有偿、诺成性合同。合同的双方当事人都享有一定权利并承担一定义务。经双方平等协商、就合同主要条款达成一致意见后合同即成立。(4) 必须采用书面合同形式,但即时清结的,也可采用口头形式订立。根据我国计划指标体系对产品的规定,可将工矿产品购销合同分为三种,即指令性计划工矿产品购销合同、指导性计划工矿产品购销合同与非计划性工矿产品购销合同,它们各自在法律效力上有其特征。对于指令性计划工矿产品购销合同,其标的物是国家指令性计划控制的产品,合同当事人只能根据国家计划指标来签订合同,国家计划计划变更或取消时,合同也随之变更或解除。对于指导性计划工矿产品购销合同,其标的物是国家指导性计划控制的产品,合同订立时须参照国家计划,同时国家也可用物价、税收、金融等经济杠杆予以引导。对于非计划性工矿产品购销合同,其标的物未纳入国家计划的调控范围,完全由当事人双方根据自己的意愿和法律规定而签订,与一般买卖合同无异。《中华人民共和国经济合同法》根据工矿产品购销合同的内容、性质及适用范围的不同,将其分为供应合同、采购合同、预购合同、购销结合合同、协作合同、调剂合同等。　　　　　　　　　　　　（任自力）

gongshang baoxian
工伤保险(industrial injuries insurance)　对企业从业人员因工伤事故所造成的收入丧失和医疗支出,由社会保险基金向其提供物质帮助的保险。参加工伤保险的从业人员为被保险人,被保险人并不承担缴纳工伤保险费用的义务。工伤保险的基本待遇包括工伤期间的收入保障、工伤抚恤、工伤医疗和康复保障等。工伤保险是为分散工伤事故造成从业人员的健康缺损及其经济困难危险而建立的社会保险,工业革命后的资本主义社会化大生产所伴随的工伤事故,引起并加剧了社会矛盾,直接导致工伤保险制度的建立。

　　1. 历史。工伤事故是随着大工业生产以及生产的社会化而出现的社会问题。企业从业人员发生工伤,应当由企业主还是从业人员承担责任,在不同的历史时期有不同的制度。随着资本主义经济的发展,工伤问题演变为社会问题后,资本主义国家不得不考虑保护从业人员的政策调整,在19世纪末期推行雇主对从业人员的工伤承担无过错责任的制度。但雇主对从业人员的无过错责任并不能解决从业人员的工伤事故补偿问题,欧洲资本主义发达国家的政府就开始推行工伤事故保险。1883年,德国开始强制推行劳工灾害保险制度,于1884年颁布《劳动者工业伤害保险法》,成为世界各国仿效并建立工伤保险制度的样板。英国制定了适用于部分产业的《劳工灾害赔偿法》,并在1907年扩大适用于所有的从业人员,建立起了所有从业人员均受保障的工伤保险制度。法国于1898年制定《劳工灾害赔偿法》,推行工伤保险。到目前,包括工业化发达国家在内的世界多数国家均建立了工伤保险制度。

　　2. 工伤保险基金。政府主要以征收工伤保险费的方式建立工伤保险基金。企业按照国家规定的缴费标准,按期缴纳工伤保险费,从业人员个人不缴纳工伤保险费。因为企业所属行业的工伤危险事故发生的程度不同,工伤保险费根据行业的伤亡事故风险和职业危害程度的类别实行行业差别费率。工伤保险基金要专款专用,不得挪用或挤占。工伤保险基金由下列收入构成:(1) 企业缴纳的工伤保险费;(2) 滞纳金;(3) 利息;(4) 各种捐赠;(5) 法律、法规规定的其他资金。

　　工伤保险基金依法主要用于以下支出:(1) 达到伤残等级人员的医疗费;(2) 定期伤残抚恤金;(3) 一次性伤残补助金;(4) 护理费;(5) 丧葬补助金;(6) 供养亲属抚恤金;(7) 一次性工亡补助金;(8) 残疾辅助器具费;(9) 工伤职业康复费。当有特大工伤事故发生而工伤保险基金不敷支出时,由政府财政拨款给予补贴。

　　3. 工伤保险待遇。原则上,被保险人因为工伤所致伤残或死亡,均可以依照法律的规定享受工伤保险待遇。工伤保险待遇包括工伤医疗费、伤残抚恤金、残疾辅助器具费、丧葬费、供养直系亲属抚恤金、死亡补助金、工伤医疗期间的工资、就医交通费、住院伙食补助费、异地安置交通费、伤残就业安置费以及其他费用等。依照我国的工伤保险实践,被保险人由于下列情形之一负伤、致残、死亡的,应当认定为工伤:(1) 从事本单位日常生产、工作或者本单位负责人临时指定的工作的,在紧急情况下,虽未经本单位负责人指定但从事直接关系本单位重大利益的工作的;(2) 经本单位负责人安排或者同意,从事与本单位有关的科学试验、发明创造和技术改进工作的;(3) 在生产工作环境中接触职业性有害因素造成职业病的;(4) 在生产、工作的时间和区域内,由于不安全因素造成意外伤害的,或者由于工作紧张突发疾病造成死亡或者经第一次抢救治疗后全部丧失劳动能力的;(5)因履行职责遭致人身伤害的;(6)从事抢险、救灾、救人等维护国家、社会和公众利益的活动的;(7)因公、因战致残的军人复员转业到企业工作后旧伤复发的;(8)因公外出期间,由于工作原因,遭受交通事故或其他意外事故造成伤害或者失踪的,或因突发疾病造成死亡或者经第一次抢救治疗后全部丧失劳动能力的;(9)在上下班的规定时间和必经路线上,发生无本人责任或者非本人主要责任的道路交通机动车事故的;(10)国家规定的其他情形。有以上情形的被保险人,均可享受工伤保险待遇。
(邹海林)

gongye lianhe gongsi
工业联合公司(industrial affiliated company) 把若干分散经营的工业企业按生产专业化、协作化、联合化和经济合理原则组织起来,实行统一经营管理的一种工业组织形式。按各工厂之间的生产技术联系,可分为联合公司、专业公司、综合公司等;按公司组织的地区范围,可分为全国性公司和地方性公司;按公司的生产经营活动范围,可分为生产公司和供产销联合公司;按公司管理方式,可分为行政性工业公司和企业性工业公司;按公司内部的集权程度和下属工厂的地位,可分为紧密型公司和松散型公司。工业公司是技术进步、生产日益社会化的产物。它有利于扩大生产规模、发展专业化协作、开展资源综合利用,有利于生产同科研的紧密结合,发挥大规模生产和经营上的各种经济效益。在西方国家,工业公司表现为各种垄断组织和集团的形式。这种规模化的产业组织形式,最早产生于19世纪60年代,先后出现过卡特尔、辛迪加、托拉斯、康采恩及跨国公司等各种形式。1949年以前,我国也有少数几种形式的工业公司。中华人民共和国成立后,为了适应对私营企业的社会主义改造和加强行业管理的要求,于1956年在上海等工业城市组织了各种专业公司和联合公司;60年代,成立了汽车、拖拉机、黄金、制铝、烟草等全国性工业公司;1978年以后,各类工业公司又有了新的发展;80年代后半期,行政性公司逐渐减少,以横向经济联合形出现的企业性公司有了较快的发展。在我国,组建工业公司的原则是:(1)以提高经济效益为目标,符合专业化协作、综合利用、多种经营的要求。(2)联合的产品或专业方向,要符合市场需要,有发展前途,并以骨干企业为核心组织联合。(3)自上而下自愿发展联合。(4)从实际出发,结合各部门、各地区特点,采取不同的公司模式。(5)在联合的发展过程中循序渐进,联合的内容由少到多,联合的规模由小到大,联合的程度由松到紧,联合的范围由近及远。(6)兼顾联合各方的经济利益,参加联合的企业平等互利,利益均沾,风险共担。 (王亦平)

gongzi yu ranliao feiyong
工资与燃料费用(wage and charge) 为了共同安全驶入或者驶出避难港引起航程延长,在航程延长期间合理的工资与燃料费用列入共同海损费用。为了共同安全的需要或者为了安全续航而修理船舶,在避难港额外停留期间所发生的工资与燃料费用列入共同海损。但仅为进行不属于共同海损的修理而消耗的燃料不计入共同海损。船员的工资应付至该船恢复航行之日,如该船丧失航海能力或不继续原定航次,则从丧失航海能力或放弃原定航次之日以后的船员工资,不得再列为共同海损。如果在卸货完毕之前,该船已丧失航海能力或已放弃原定航次,则只有在卸货完毕之前的船员工资可列入共同海损。 (张永坚 张 宁)

gongzuori
工作日(working days) 参见装卸时间条。

gongdi xingwei
公敌行为(act of public enemies) 政府敌对势力或本行业的公共敌人(海盗)所采取的威胁性或攻击性行为。与战争行为的区别在于,公敌行为是指和平环境中的暴力行为,是与船旗国为敌的敌对行为,范围较窄。交战双方的商船遭受对方炮火袭击即属于公敌行为。《海牙规则》及各国海商法、运输合同、提单都规定,公敌行为是承运人的免责事项之一。 (张 琳)

gongdian zhidu
公典制度(mount of piety) 实行于15世纪后半期意大利北部及中部诸城市的一种慈善性质的金融制度。其目的在于对抗当时犹太人的高利贷,而对低层工人、商人及一般平民贷给低利息资金。初时,其资金完全是捐款所得,后因经营困难,便计划吸收资金,存款者在初期不计利息,经一段时间后,可以收取数倍于存入资金的数额。例如,在女儿出生时以一定金额缴存公典,当该女结婚时,即可取得十倍于缴存的金额。若该女未达结婚年龄而死亡,或未获得配偶,则缴存金额归公典所有。此一制度,虽缺乏计算基础,但对于人寿保险的发展具有相当影响。 (温世扬)

gongfa qiyue
公法契约(contract on public law) 私法契约的对称,又称公法合同。指以发生公法上的法律后果为目的的合同,如行政法上的行政合同。私法合同与公法合同的分类界限并非是绝对的,有的合同是否属于公法合同也有不同的观点。如劳动合同,有的认为具有公法性质,有的认为完全属于私法合同;又如国有土地使用权出让合同,也有人认为属于行政合同。但诸如计划生育合同等,完全属于行政管理中的合同,则是典型的公法合同。　　　　　　　　　　（郭明瑞）

gongfaren

公法人(public corporation)　私法人的对称。大陆法系民事立法和民法理论对法人分类的一种。根据什么标准认定公法人,观点各异。有的主张以其目的事业为标准,有的主张以是否具有行政权力为标准,有的主张以是否对国家负有实行其职能义务为标准,有的主张以法人设立的根据为标准,即依公法设立的法人为公法人。通说认为,公法人是指以社会公共利益为目的,由国家或公共团体依公法所设立的,行使和分担国家权力或政府职能的法人。其主要特征是:(1)依国家意思设立;(2)目的事业由法律直接规定;(3)在社员加入上具有强制性,主要人员由国家任免;(4)其公共权力由国家授予,不得随意解散。公法人与私法人的划分,是法律划分为私法和公法的产物。我国现行法律未采用公法人的概念。　　（李仁玉　陈敦）

gongfa shouyang

公法收养(raise by the state)　私法收养的对称。由国家设立的儿童福利机构等依法收留养育孤儿的行为,它不发生家属关系的转移。拿破仑在滑铁卢战役失败后将阵亡将士的子女视为养子,由国家负责养育;第一次世界大战结束后,法国以孤儿为养子,制定国民监护法;前苏联在卫国战争中曾实行"托养"制度,由对儿童实施监护的国家机构与公民订立托养协议,把战争中失去父母的孤儿交给公民抚养,国家支付该类孤儿的生活费用,被托养儿童不改变姓氏及其与父母、亲属的法律关系,与教养人也不产生身份法上的权利义务关系,等等。所有这些都可视为公法收养的特殊形式,从严格的意义上说,这种不产生父母子女关系的公法收养不能算作收养,实质上是一种抚养或教养关系,类似于寄养。严格意义上的收养则属于私法收养这类收养形式,即公民之间依据民事法律所为的收养行为,它直接发生法律上的父母子女权利义务的转移,使本无父母子女关系的人之间产生法律拟制的父母子女关系。私法收养是世界各国普遍采用的一种收养形式。　　　　　　　　　　　　　　　（马忆南）

gonggong shoutuoren

公共受托人(public trustee)　私人受托人的对称。由政府设立的、以为人们承办信托为宗旨的专职信托社团。公共受托人的基本特征,在于其虽然具有法人资格,但在性质上却属于国家机关;其主要职能是代表国家担任社会上的自然人或法人的受托人,从而成为国家担任受托人的一种形式。目前在世界上仅英国和少数英美法系国家(不包括美国)通过施行公共受托人法而允许和要求政府主管部门设立公共受托人,致使公共受托人仅存在于这些国家中;依据该法,政府设立公共受托人的目的,并不是开展商业活动,而是帮助社会上的人们在解决财产管理或处理方面的需要;这便决定了公共受托人不能担任营业信托的受托人,此点已为这些国家的有关法律所肯定;其中一些国家(如英国)的法律禁止公共受托人担任慈善信托的受托人,另一些国家(如新加坡)的法律允许公共受托人担任慈善信托的受托人。尽管在这些国家中设立有公共受托人,但公共受托人要在事实上进入某一项信托并成为其中的受托人,必须是接受了委托人在有关信托行为中的委托,或者是执行法院在设立信托的司法行为中的指定,两者必居其一。如系前者,其仅系以公共受托人身份在执行信托,如系后者,其则是以公共受托人与司法受托人的双重身份在执行信托。对公共受托人的规制在上述各有关国家适用信托法关于受托人的一般规定和公共受托人法关于这种受托人的特殊规定。在这些国家中,《英国公共受托人法》最早出台,但颁布于后的《新加坡公共受托人法》较前者有一定程度的改进。

为《新加坡公共受托人法》确立的公共受托人制度主要由以下规定构成:(1)公共受托人的法律地位。该法第3条第3款规定:公共受托人具有以该名义的公司地位,具有永久继承权和官方公章,与其他公司一样可以以自己的名义起诉与应诉。(2)公共受托人负责人及有关人员的产生与报酬。该法第3条第1、2、4款规定:公共受托人负责人由国家公共信托投资局局长任命,该局长还可以任命公共受托人助理和其他有关官员;公共受托人负责人及其助理与其他有关官员有权获得报酬。(3)公共受托人的一般职权。该法第4条规定:公共受托人可以担任普通受托人和被法院指定为司法受托人,可以单独或者与其他人共同行使在执行信托方面的职权,但必须服从法院的管辖权和命令;公共受托人不得接受营业信托,不得接受作为债权人的利益的财产转让协议项下的信托。(4)公共受托人接受的信托的财产限额。该法第6条规定:公共受托人应当接受由委托人要求其接受的总价值在五千新加坡元以下的财产的信托,其有充足的理由拒绝接受的除外。(5)公共受托人进入信托并担任受托人。该法第7、9条规定:公共受托人可以以自己的名义被当事人或法院指定为遗嘱信托、合同信托和由其他文件设立的信托的受托人;经利害关系人申请,并且有充足的理由,法院可以指定公共受托人取代现存信托中的所有的或者其中任何一个受托人。(6)公共受托人的投资。该法第10条规定:进入公共受托人手中的用于投资的所有资本金应当构成共同资金,公共受托人可以依据本法规定经常地在法律允许的信托资金投资范围内进行各种投资。(7)公共受托人董事会。该法第13、14条规定:公共受托人设董事会;董事会由政府财政部长与该部常务次长、副检察长、公共受托人负责人以及由财政部长提名的其他两名官员组成,以财政部长为董事长;公共受托人的购买、出卖与接管投资必须经过董事会同意。(8)公共受托人的责任和收费。该法第17条规定:公共受托人对由自己的行为给信托财产或受益人造成的损失应当给予赔偿,赔偿金从统一基金中支付,但因不可抗力造成前述损失的除外。第18条规定:公共受托人在业务活动中可以根据财政部长的规定并以法律允许的方式收取一定费用。(9)信托账目的核查和审计。该法第22条规定:对公共受托人建立的信托账目应当进行核查和审计;这一核查和审计由法院决定,或者由受益人申请;这一核查和审计由经申请人和公共受托人同意的律师和注册会计师进行,核查和审计结果应当告知法院、申请人和公共受托人。(10)对公共受托人的起诉。该法第19条规定:受公共受托人作为、不作为或者决定侵害的人可以向法院起诉,法院可以就这一起诉发布适当的命令。

(张 淳)

gonggongzhixu shanliangfengsu yuanze

公共秩序、善良风俗原则(the principle of public order and good morals) 民法上要求民事活动不违反社会公共利益和一般道德的基本原则,简称公序良俗原则。所谓公共秩序指的是国家或者社会的一般利益,善良风俗指的是一般人民的普遍道德观念。《中华人民共和国民法通则》第7条规定,民事活动应当尊重社会公德,不得损害社会公共利益。该规定也被称作尊重社会利益、社会公德原则,许多学者认为其含义等同于国外法律和学说上的公序良俗原则,并且从法律概念的准确性考虑,应当改称公序良俗原则较好。

法律上不可能将违反社会公共利益以及一般道德的事项规定无遗,因此可能出现民事活动虽然不违反法律但是其结果有违正当的法律秩序的情形。由于民法与刑法目的不同,并不适用类似罪刑法定的原则,因此民法上可以将公序良俗作为一般性的原则,并规定在一定情形下违反该原则的行为人要承担不利的法律后果,从而弥补法律上规定的不足。公序良俗原则主要体现在两个方面。一是在民事法律行为的生效要件上,违反公序良俗的民事行为无效,二是在侵权行为的构成要件上,虽然没有侵犯他人的民事权利,但是如果故意以违反公序良俗的方式损害他人,也构成侵权行为。我国《民法通则》第58条第1款第5项规定,违反社会公共利益的合同无效;第106条第2款规定,因过错侵害国家、集体的财产或者他人的财产、人身的行为构成侵权行为,解释上包括因为违反公序良俗侵害他人利益的情形。《德国民法典》第138条规定,法律行为违反善良风俗的,法律行为无效;第826条规定,故意以违反善良风俗的方式加损害于他人的,对他人负损害赔偿义务。我国台湾地区民法典第72条、第184条第1款后段的规定与《德国民法典》类似。此外,公序良俗原则也是限制权利行使、义务履行的一般原则。比如,负交付某物义务的人,如知道权利人将以之杀害他人,有权利和义务拒绝交付。当然,权利行使和义务履行主要牵涉的还是当事人之间的利益,所以诚实信用原则的适用较多,而公序良俗原则适用较少。

(葛云松)

gonghai

公害(nuisance) 英美法中侵权行为的一种,又称妨害行为、不法妨害。指伤害虽然不是因为某人的故意或过失引起的,被告是在合法的范围内做自己的事情,无意中却为法律所不许地干扰了他人的生活,破坏了他人的安宁的行为。公害责任侧重于原告所受的伤害,而不是被告的行为。有两种不同形式:一种是公共公害,一种是私人公害。两者的侵害对象及法院处理案件的办法均不同。公共公害主要是指被告的行为或者不行为妨碍、损害了社会公众行使其公共权利。也就是说,公共公害的受侵害对象是公共大众,受到伤害的是公共共有的权利而不是一两个人的私人权利。如果受害人遭受的伤害与公众遭受的是同种或同类,受害人不能自己向被告提起公害责任诉讼,而只能提出刑事诉讼。如果他遭受的伤害与公众遭受的不同,他就可以提出私人公害诉讼。私人公害则必须要求某一个原告享用自己的土地的权利受到长期的、连续的侵犯,并对原告的生活、起居发生着持续性的负面影响。

公害还指污染环境的人为损害。即因人为活动破坏了大气、水、安静稳定等自然环境,进而导致人的财产、人身受到损害。日本《公害对策基本法》第2条、环境基本法第2条第3款规定:本法所称的公害,指伴随着实业活动及其他人为活动而发生的相当范围内的大气污染、水质污染、土壤污染、噪音、振动、地面下沉以及恶臭,造成的与人的健康或生活环境相关的损害。理论上认为整个由人为的环境污染行为造成的损害都是公害。

公害具有下列特征:(1)借助不可量物的介入破坏自然环境,进而发生人身与财产损害。因食品、药品等产品引起的人的健康损害不在环境污染法保护范围,而由产品责任法调整;(2)大陆法系不像英美那样区分公害、私害,将公害或污染环境行为列为民法上的侵权行为;(3)公害责任的构成不需要加害人主观上的故意或过失,在归责原则上采无过失责任原则;在加害行为是否违法的判断上采用实质违法的标准或采用忍受限度理论,以使那些在污染标准之内的污染行为造成的损害可以得到法律救济;在因果关系证明上采用盖然性因果关系、疫学上的因果关系、间接反证法等。《中华人民共和国民法通则》第124条规定:违反国家保护环境防止污染的规定,污染环境造成他人损害的,应当依法承担民事责任。《中华人民共和国环境保护法》第41条规定:造成环境污染危害的,有责任排除危害,并对直接受到损害的单位或者个人赔偿损失。按照上述规定,公害的受害人可以请求加害人承担排除妨害、赔偿损失的民事责任。　　　　(张平华)

gongjijin

公积金(legal reserved fund)　公司为巩固财务基础,依照法律或章程规定或股东会的决议,按确定的比例从公司利润中或其他收入中提取出来的,不作股息分配而留存于公司内部用于特定用途的储备金。包括法定公积金与任意公积金。法定公积金是指依据法律规定而强制提取的公积金,包括法定盈余公积金与法定资本公积金。法定盈余公积金是从公司利润中提取的法定公积金,其百分率或数额由法律直接规定,公司必须遵守,不允许以章程或股东会决议加以变通。各国公司法对法定盈余公积金的规定不尽相同。《中华人民共和国公司法》规定,公司分配当年税后利润时,应当提取利润的10%列入公司法定公积金,公司法定公积金累计额为公司注册资本的50%以上的,可不再提取。法定公积金主要用途是:弥补公司的亏损;扩大公司的生产经营;转增公司资本等。用法定公积金转为资本时,所留该项公积金不得少于注册资本的25%。法定资本公积金是从公司资本或其他原因的收入中产生的公积金,其来源主要是溢价发行的溢价额法定财产重估增值等。任意公积金是提取法定盈余公积金以后,根据股东会议决议或公司章程由公司自己决定从利润中提取的公积金。任意公积金的提取不具有强制性。　　　　　　　　　(吕来明　郑少荣)

gonglu jiaotong caituan

公路交通财团(highroad traffic consortium)　日本法上的概念。根据公路交通抵押法允许设定抵押权的财团,即根据日本《公路运送法》的一般汽车运送事业,或者根据汽车道事业或运输事业法的运输事业(有货主指定者除外),由主管大臣对于那些被认定为具有业务的独立性和事业规模的适当性者而设定的,由属于该事业的土地、建筑物、汽车、地上权、租赁权、地役权、机械、器具、轻便车辆、牛马及其他运输工具组成。虽可视为一个不动产,但不能成为所有权及抵押权以外权利的标的。这种财团须通过提出公路交通事业财团目录,在交通事业财团登记簿上进行所有权保留登记才能设定,设定后属于该事业的财物当然属于财团。
　　　　　　　　　　　　(李仁玉　田东平)

gonglu lüke yiwaishanghai baoxian

公路旅客意外伤害保险(road passenger accident insurance)　以持票搭乘长途汽车的旅客作为被保险人而成立的人身意外伤害保险。该保险由公路客运机构代为办理。该保险的有效期间自旅客验票进站或中途上车购票后开始,到达旅程终点出站为止。旅客所乘的汽车,在中途因故停驶或改乘公路客运部门指定的其他车辆者,在继续旅程中,该保险仍属有效。旅客在旅程中途,自行离站不再随同原车旅行者,保险人的保险责任于离站时起即告失效,但经公路客运部门签字证明原票有效者,从旅客重新验票进站后,保险效力即行恢复。旅客在保险有效期间内,因发生意外事故,遭受伤害须治疗者,由保险公司按实际情况给付医疗费用,其数额不得超过保险金额全数。旅客在保险有效期间内,因发生意外事故遭受伤害,以致死亡、残废或丧失身体机能者,除依约给付医疗费用外,另由保险公司依照下列规定给付保险金:(1)死亡者,给付保险金额全数;(2)双目永久完全失明者,两肢永久完全残废者或一目永久完全失明与一肢永久完全残废者,给付保险金额全数;(3)一目永久完全失明或一肢永久完全残废者,给付保险金额半数;(4)丧失一部分身体机能永久不能复原影响工作能力者,视其丧失机能的程度,酌给一部分保险金。

但是,因为下列原因致使旅客遭受伤害者,保险公司不负给付保险金或医疗费用的责任:(1)疾病、自杀、殴斗或犯罪行为;(2)爬车、跳车;(3)战争或军事行动;(4)有诈欺行为意图骗领保险金或医疗费用。旅客随身携带的行李物品,因发生意外事故遭到损失,保险公司不负赔偿责任。　　　　　(邹海林)

gonglu lüke yiwai shanghai baoxian tiaokuan

《公路旅客意外伤害保险条款》(Highway Passengers' Accident Insurance Clauses)　规定公路旅客意外伤害保险的专门保险条款。1982年6月5日由中国人民保险公司发布,共17条。主要内容包括:(1)该保险为强制保险,投保人以搭乘长途汽车的旅客为限。保险责任期间始于旅客验票进站或中途上车购票,至旅客到达旅程终点出站为止。旅客在旅程中自行离站不再随同原车旅行者,其保险责任于离站时终止,但经公路客运部门签字证明原票有效者,从旅客重新验票进站后,保险效力即行恢复。(2)保险金额一律为人民币 3000 元,不论票价多少。保险费包括在票价内,为票价的 2%,由公路客运部门代收。(3) 保险责任为:旅客因发生意外事故遭受伤害须治疗者,由保险人给付医疗费;除给付医疗费用外,因意外事故致死者,给付保险金额全数;致双目永久完全失明者,两肢永久完全残废者,或一目永久失明与一肢永久完全残废者,给付保险金全数;一目永久完全失明或一肢永久完全残废者,给付保险金额半数;丧失一部分身体机能者,视丧失的程度给付一部分保险金。但因下列原因所致伤害者保险人不承担责任:疾病、自杀、殴斗或犯罪行为;爬车、跳车;战争或军事行动;有欺诈行为意图骗领保险金或医疗费。旅客随身携带的行李物品遭受的损失不属于保险责任的范围。根据交通部 1992 年发布的《关于制止强制旅客购买意外伤害保险的通知》、1993 年发布的《关于重申制止强制旅客购买意外伤害保险的通知》和中国人民银行 1998 年 10 月 25 日发布的《关于公路旅客意外伤害保险业务有关问题的通知》,公路旅客意外伤害保险和轮船旅客意外伤害保险均为自愿保险,承运部门不得在向旅客发售客票时在同一窗口发售意外伤害保险票,给订票单位预定客票亦不得同时搭售意外伤害保险票,不得以各种形式变相地强制旅客购买意外伤害保险。 (刘凯湘)

gongmin

公民(citizenship) 同某一特定国家或政治实体间存在法律上的联系,根据这种联系享有某种权利、特权,同时也承担某种义务的个人。根据《中华人民共和国宪法》第 33 条的规定,凡具有我国国籍的人都是我国公民。公民是公法概念。公民制度起源于古代雅典。在古代雅典,只有一部分人享有公民资格。定居的外国人、妇女和奴隶不享有公民资格。在古罗马,公民资格最初被严格限制,直到公元 212 年,罗马皇帝卡勒卡勒的"安托奈纳斯敕令"才赋予绝大多数自由民以公民资格。公民资格概念在欧洲中世纪停止使用,直到城市居民阶级成为政治生活中的第三种力量,公民资格概念才广泛使用。美国和法国大革命赋予公民资格新的含义,使它与臣民有明显区别。20 世纪的女权运动进一步扩大了公民概念。公民一词在民法上使用,起源于 1922 年的《苏俄民法典》,该法典于总则第二章"权利主体(人)"第 4 条写道:"苏俄为发展国家生产力,对于未经法院限制权利之全体公民,均赋予民事上之权利能力。"第一次将传统民法典中的"自然人"转换为"公民"。发生这种转换的原因是:(1)《苏俄民法典》制订时,以列宁关于国家与法的理论为指导思想。列宁否认在社会主义国家存在私法,社会主义国家的所有法律均为公法,因此,体现私法精神的自然人概念就转换为体现公法精神的公民概念。(2)《苏俄民法典》制订时,以计划经济为指导思想,否认市场经济,否认私权的存在,因此,作为私权主体的自然人概念就必然置换为体现公权因素的公民概念。

新中国成立后,因袭前苏联的立法体制和法律概念,在民事法律文件中,直接采用公民概念,而未采用自然人概念。这既与当时的经济体制相关,又与当时的法观念和法意识相联系。1978 年中国共产党第十一届三中全会以来,商品经济逐渐在中国恢复。1984 年中共中央在作出《关于经济体制改革的决定》,商品经济和个体经济得到正式的肯定。1986 年颁布的《中华人民共和国民法通则》体现了商品经济对民法的要求。商品经济要求体现私法精神的民事主体资格。然而 20 世纪 80 年代中期的中国人,尚未摆脱公有制计划经济的束缚,历史的痕迹在许多人心里还有深刻的影响,在《民法通则》中未能直接采用体现私法精神的"自然人"概念,而采用了"公民(自然人)"的折中表述方式。自 20 世纪 90 年代初开始,随着建立社会主义市场经济目标的确立,学术界展开对"市民社会"与"政治国家"关系的讨论,在民法上恢复"自然人"的应有地位,摒弃公民作为民事主体制度的概念成为共识。1999 年《中华人民共和国合同法》采用"自然人"概念。从建国之后确认民事主体采用"公民"概念,到 1986 年《民法通则》采用"公民"(自然人)概念,再到 1999 年《合同法》采用"自然人"概念,中国民法恢复了其私法的本质特征。 (李仁玉 陈敦)

gongmin geren caichan suoyouquan

公民个人财产所有权(private ownership) 公民依法享有的对个人财产的所有权。这是我国公民享有的基本宪法权利之一。所谓公民,指具有中华人民共和国国籍的自然人,不包括外国人和无国籍人。公民个人财产所有权是社会主义所有权制度的重要组成部分。《中华人民共和国宪法》第 13 条规定,国家保护公民的合法的收入、储蓄、房屋和其他合法财产的所有权。

在我国,对于公民个人财产所有权的认识,有一个随着社会政治、经济的发展形势而逐步变化与深化的过程。根据马克思主义经典作家的论述,资本主义生产资料占有制是资本家剥削工人阶级的根源,要彻底消灭剥削,就必须否定生产资料的私有制,使得任何人都不能凭借对生产资料的占有来剥削他人。中华人民共和国建国之后,对资本主义工商业、个体工商业、农业、手工业等进行社会主义改造的目的,就在于消灭生产资料私有制,建立生产资料公有制。那时候,对公民个人的生活资料所有权是承认与保护的。随着我国走上改革开放的发展道路,对社会主义和我国当前所处的社会经济发展阶段的认识逐步深化,认识到个体经济、私营经济以及外资经济都应当是我国国民经济的重要组成部分,并将这种新的认识写入我国宪法。现行宪法第 11 条规定,在法律规定范围内的个体经济、私营经济等非公有制经济,是社会主义市场经济的重要组成部分。同时第 6 条规定,国家在社会主义初级阶段,坚持公有制为主体、多种所有制经济共同发展的基本经济制度,坚持按劳分配为主体、多种分配方式并存的分配制度。这样,公民个人既可以作为劳动者、个体劳动者、私营企业主、公司企业的股东等等更深层次地参与我国社会主义经济建设,又可以通过多种的分配制度获得收入。因而,随着我国市场经济建设的发展,公民个人财产所有权的范围必将日益扩大。

《中华人民共和国民法通则》第 75 条第 1 款规定,公民的个人财产,包括公民的合法收入、房屋、储蓄、生活用品、文物、图书资料、林木、牲畜和法律允许公民所有的生产资料以及其他合法财产。由此可以明确我国公民个人财产的范围:(1) 合法收入。是指公民在法律许可的范围之内,通过自己的劳动或者其他方法所取得的货币或者实物收入。由于我国已经建立起以按劳分配为主体,多种分配方式并存的分配制度体系,公民的合法收入来源也呈现多样化。首先,主要是城乡劳动者从事脑力劳动或者体力劳动所取得的工资、奖金、报酬、稿酬、退休金、离休金等;农民承包土地、森林、山岭、草原、荒地、滩涂、水面,以及经营自留地、自留山与家庭副业所取得的经营收入;个体劳动者从事工业、商业、交通运输业、修理业等行业的经营所取得的收入;私营企业主通过经营工商业企业所取得的利润;股票、债券等证券投资者通过持有各种证券所取得的红利、利息;还包括公民个人通过买卖、赠与、继承、出租财产等民事交易行为所取得的财产,等等。这些收入,可以是货币,可以是有价证券,也可以是法律不禁止个人所有的其他财产。(2) 储蓄。储蓄是公民存入银行等金融机构的货币。储蓄的利息归存款人所有。银行对公民的储蓄实行"存款自愿、取款自由、存款有息、为储户保密"的原则。任何人不得非法侵犯公民的储蓄权利。银行等公民的储蓄应当严格保守秘密,除了公安机关、人民检察院、人民法院因为侦察、起诉、审理案件的需要,依照法律规定的条件和程序可以查询、冻结或者划拨、提取存款外,其他任何单位或者个人都不得侵犯公民的储蓄。应当指出的是,我国《民法通则》将储蓄作为公民个人财产所有权的客体,存在着理论认识上的失误。根据民法原理,公民个人将货币存入银行或者其他办理储蓄业务的金融机构,即在其与该银行之间建立了储蓄合同关系。由于货币的特性,占有者即应推定为所有者,储户将货币让渡给银行之后,既失去了货币的所有权,取得了储蓄合同中约定的债权,主要就是按照储蓄合同取款和获得相应利息的权利。银行签发给储户的存单在法律上只是双方之间的储蓄合同的证明,在理论上,储蓄的货币只是公民债权的标的物,而非公民所有权的标的物。实践中将储蓄存单用作担保物设定质权的,其法律属性应为权利质权。(3) 房屋。公民个人所有的房屋,不论是自主、出租,还是用作店铺从事工商业经营,其所有权都依法受到保护。任何人不得非法占用、毁坏、查封等。因为公共利益的需要,需占用或者拆除公民的房屋的,需依法给予公平合理的补偿或者妥善的安置。(4) 生活用品。主要是指公民个人所有的,直接用于本人及其家庭成员的衣、食、住、行以及文化娱乐的消费性财产,如衣服、食物、家具、电器、家庭日用品、交通工具以及文化娱乐用品等。(5) 文物、图书资料。我国法律对文物规定了特殊的制度,属于公民所有的文物,主要是指公民所有的纪念建筑物、古建筑物和传世文物等。按照法律的规定,文物多属于限制流通物,因而公民处分文物的权利依法受到限制。图书资料主要指公民所有的书籍、图片、卡片、录音、录像资料以及动植物标本等。(6) 林木。包括两种情况,一是公民在房前屋后以及农民在宅基地、自留地、自留山等地种植的林木,二是林地承包人按照承包合同的约定,对于承包林地的相应林木享有所有权。(7) 牲畜。主要是指公民所饲养的家禽、家畜,也包括其他饲养动物。(8) 法律允许公民所有的生产资料。按照我国现行的法律制度,这里包括农民从事农业生产经营、个体劳动者从事个体工商业经营、私营企业主在企业经营过程中所拥有的生产资料,例如农机具、耕畜、机床、厂房、各种工业机器等。(9) 其他合法财产。随着我国社会主义市场经济建设的发展,公民个人在国民经济中参与的形式越来越多,发挥的作用越来越大,从中得到的收益的数量与形式也会越来越大、越丰富,故法律设此一条文以拾遗补漏。

公民对于自己所有的财产,依法享有占有、使用、收益和处分的权利,任何人都不得非法干涉。公民行使财产所有权,必须遵守法律,维护社会公共利益和社会公德,不得利用个人财产从事违法活动,扰乱社会经济秩序,破坏社会公共利益,以及侵害他人的合法利益。

(李富成)

gongmu caichan de baozuo
公募财产的保佐(purse's tutelage) 对通过公开募捐方式募得的财产设置的保佐。依德国法规定,对于公募财产,如果其管理人或使用人出缺的情况下,应为其设置保佐人。

(李仁玉 陈敦)

gongping jiaoyi
公平交易(fair dealing) 当事人各方在平等自愿的

基础上,依照等价交换、互不欺瞒、诚实信用等原则进行的商品交换活动。　　　　　　　　　　　（任自力）

gongping yuanze

公平原则(the principle of fairness)　民法上要求民事法律关系的内容符合公平的道德观念的基本原则。《中华人民共和国民法通则》第4条明确规定了该原则。公平原则是民法的基本原则之一。"公平"本身是一种道德观念,含义非常模糊,而且公平是法律所追求的主要价值目标之一,所以立法者总是尽量将公平标准具体化,依照公平原则的精神规定具体的民法规范。所以,民法上大量的具体民法制度都体现了公平原则的理念。比如因欺诈、胁迫而订立的合同为可撤销或者无效;因为过错侵害他人民事权利的应当承担侵权责任;一方违约或者侵权后,对方应当及时采取必要措施防止损失扩大,否则就扩大的损害无权请求赔偿等。这些情形下的法律适用不必直接考虑"公平"问题。

　　但是在很多情形下,民法规范虽然有其具体的构成要件和法律后果,但是"公平"的道德判断却成为法律适用不可或缺的一步。比如显失公平民事行为可变更、可撤销;因为情事变更导致根据合同原定内容履行显失公平时,一方当事人可以请求法院变更或者解除合同;侵权行为法上有公平责任的规定等等。这种情形下什么是"公平"就有了法律适用上的直接意义。"公平"的判断应当本于民法的基本精神,以一般的交易习惯和一般道德观念为基础而确定。　（葛云松）

gongping zeren

公平责任(德 Billigkeits-haftung)　又称衡平责任,民事责任的一种特殊情况。在法律没有规定适用无过错责任,而适用过错责任又显失公平时,依公平原则由侵害人承担的民事责任。学理上对公平责任的认识不一,有的认为公平责任仅是一种方法,不是过错责任、无过错责任之外的第三种责任;有的认为公平责任是第三种责任;也有的把公平责任归于无过错责任。公平责任和无过错责任尽管都不以过错为归责要件,但有着根本的区别:侵权责任中的无过错责任适用于法律有特别规定的侵权情况,而公平责任适用于法律没有规定适用无过错责任,从而应该适用过错责任但加害人与受害人双方都无过错,由受害人自己承担损害显失公平的情况。公平责任最早出现在普鲁士、奥地利等国的法律,适用于因儿童和精神病人的侵权行为而产生的损害赔偿。现在大多数国家的法律中,公平责任主要适用于由于年幼或智力不全而缺乏判断力的人侵权的场合。另外,公平责任在其他方面也有适用。如原《捷克斯洛伐克民法典》规定,公民违反有重大损害危险情形向有关机关提出警告的普遍义务时,法院可以责成他参加损害赔偿,赔偿数额根据案件情形而定,并且应当注意到妨碍履行义务的情节,损害的社会意义以及不履行义务的公民的个人状况和财产情况。原《南斯拉夫债法》规定,法院基于公平的考虑,对于并非故意或重大过失而造成的损害,并且赔偿人全部赔偿时会陷于贫困时,可以减少赔偿。公平责任在《中华人民共和国民法通则》中也有体现,如该法第132条规定的当事人对造成损害都没有过错时应分担的民事责任;第129条规定的如果危险是由自然原因引起的,紧急避险人不承担民事责任或者承担适当的民事责任。

（张平华）

gongquan

公权(public right)　私权的对称。权利之一种,乃以国家生活之利益为内容之权利。即依据公法,国家或公共团体对于其他国家或其他公共团体所有之权利,又国家及公共团体对于人民,或人民对于国家及公共团体所有之权利。公权原则上乃一专属之权利,不可让于他人。公权有国际法上的公权与国内法上的公权。国家在国际法上的公权指一国在国际社会生存所必要的重要权利,一般有主权、独立权、平等权、自卫权、交通权、名誉权等,简称为国家的基本权。国内法上的公权则又分为国家公权与国民公权。国家公权即国家对于作为构成一国成员之人民的统治权。统治权从其机能的角度分为立法权、司法权、行政权及其他命令权。国民公权包括三类:参政权、自由权及受益权（或称行为请求权）。参政权包括选举权与被选举权、罢免权、创制权、复决权;自由权包括所有自由权、信教自由权、思想发表自由权、书信秘密自由权、住所安全自由权、居住移转自由权、集会结社自由权等;受益权包括诉讼权（审判请求权）、行政复议请求权等。

（张　谷）

gongran zhanyou

公然占有(德 öffentlicher Besitz)　隐秘占有的对称。是根据占有方式的不同而对无权占有进行的再分类。公然占有,是指不以故意避免他人发现的方法公开地对物进行的占有。　　　　　　　　（申卫星）

gongshi zhuyi

公示主义(德 Publizitätsprinzip)　又称为商事公示主义。主要指在商事立法和实践中,有关当事人应该将商事行为予以公开告知诸公众,以公开公示作为商事行为生效的要件,否则将会使所进行的商事行为效力减弱或者最终无效。据该原则,交易性商事行为或涉及第三人利益的商事行为必须符合法律特别规定的行为公示要件,否则不发生法律效力。例如,公司招募股份或发行债券时,必须按规定程序向公众公告;公司决议合并或减少资本时,须对债权人公告;商人的创设、变更、解散必须履行登记公告程序;股份公司发行股票时,须将公司董监、经理及持股在5%以上的股东情况向公众公告;票据行为须以行为人签名为行为生效要件;商事主体一般负有在主要营业地设置有关商业账簿的(登记文件和有关账册等等)义务,商法对于簿记种类、记载方法、账册监督及其证据效力等都予以详尽的规范。

商公示主义有广义和狭义之分。广义的公示主义不仅指向交易当事人以外的第三人披露交易事实,而且在交易当事人之间也应该诚实信用,将交易客体瑕疵主动揭示,将有关事实主动告知对方,否则将构成商事欺诈,例如公司登记时隐瞒必要记载事项内容的,公司设立后对于必要记载事项发生变化而未进行登记的,公司应申报而未申报的均构成欺诈;投保人在保险合同中对投保危险未予以申报的,承保人有权解除合同;海商法上的托运人在订立海运合同时虚报货物价值,也构成商事欺诈。狭义的商事公示主义主要指交易当事人对第三人的公示义务。严格意义上,商事公示主义是在狭义上使用的,大陆法系在一定程度上突破了传统民法中的债的相对性,主要是为了以保护交易安全为目的,体现了国家公共权力对商事关系的调节。

(唐广良)

gongshi yuanze

公示原则(德 Publizitätsprinzip) 物权的变动须通过可以从外部察知的一定方式进行表现、展示,方能产生一定法律效果的原则。物权公示原则是物权法的基本原则之一,是由物权的支配性特征所决定的。其要旨在于维持物权交易的秩序与安全,充分保障物权的享有与行使。物权的支配性意味着,物权人得依照自己的意思对物进行直接支配,并排除物权人之外的任何人的非法干涉。这使得物权在享有与行使上具有突出的排他性,容易与第三人的利益发生冲突。为了协调各当事人由此所可能发生的利益冲突,故物权法上有物权公示原则,要求物权变动都要依据法定的公示方法,展示该物之上所发生的物权设立、变更、移转以及消灭等变动状况。公式原则的意义在于:一方面,权利人要想获得具有物权效力的法律保障,就必须按照法律的要求对其权利进行公示,例如向不动产登记机关申请进行房屋抵押权登记,接受出卖人所交付的货物等;另一方面,社会上的其他人就能够按照这些法定的公示方法,去了解有关物上权利以及该权利变动的信息,进而根据这些信息安排自己的物权交易。这样既使社会上的其他人得以根据真实的物权信息进行交易,交易安全的价值得到保障;又使其不必再另外费时、费力去调查有关物上权利的信息,社会交易的成本也降低。

各国物权法多根据物权的不同属性,即不动产物权或者动产物权,规定不同的公示方法。不动产物权以登记作为公示方法,即只有在不动产登记簿上作相应的记载,方能产生当事人之间的物权的设立、变更、移转、消灭等变动效果。依照各国法律的规定,某些类型的不动产物权变动不须经过登记即可发生效力,如建造房屋、继承不动产等,但是在未登记的情况下,有关权利人不能对该不动产进行处分,因而其物权的效力是不充分的。动产物权以交付(占有)作为公示方法,即以占有作为权利享有的公示方法,以交付作为权利变动的公示方法。一定的物权公式方法体系是以一定时期的社会经济水平与市场交易条件为基础的,随着更多新类型财产的出现以及交易技术的发展,也会出现不同的公式方法。

关于物权公示的法律效果,民法法系国家主要有形式主义与意思主义两种立法例。所谓形式主义,又称公示要件主义,为德国与我国台湾地区等地立法与实践采纳,其将登记或者交付作为物权变动的成立或者生效要件,认为不动产非经登记,动产非经交付,无从发生物权变动的法律效力。所谓意思主义,又称公示对抗主义,为法国与日本等地立法与实践采纳,与形式主义不同,其由当事人之间的物权变动意思表示直接发生物权变动的法律效果,公示的法律效力仅在于使这种物权法律关系获得对抗善意第三人的效力。也就是说,在意思主义之下,只要当事人间具备了物权变动的合意,不必经过登记或者交付,即可以发生物权变动的效力。

我国有关法律的规定,如《中华人民共和国民法通则》、《中华人民共和国合同法》以及《中华人民共和国城市房地产管理法》等,实际上也确立了物权公示原则,要求不动产物权变动必须经过登记,动产物权变动必须经过交付,否则不发生物权变动的效力。但是《民法通则》第72条第2款及《合同法》第133条在明确物权公示要件主义的基本原则的同时,也允许法律另作规定以及当事人另为约定的例外情形。《中华人民共和国海商法》第9条规定了对于船舶所有权的变动采取物权公示对抗主义的做法。这说明我国民法关于物权公示原则采纳的是以公示要件主义为原则,以公示对抗主义为例外的做法。

(李富成)

gongsi

公司(company) 以营利为目的社团法人。根据集资方式和股东承担责任的不同,公司通常分为五种类型,即:有限公司、无限公司、两合公司、股份有限公司和股份两合公司。我国公司法仅规定了有限责任公司和股份有限公司两种形式。在我国公司法中，考虑到我国的特点，在有限责任公司中对国有独资公司作了专门规定，适应了国有企业改组为公司的需要。公司是依法成立的法人，一般是由两人（自然人或法人）以上，以一定形式出资联合而组成的企业，具有资本来源的多渠道、投资主体的多元化、经营盈亏的分享性及所有权与经营权的分离性等特征。公司起源于是 16 世纪末、17 世纪初的欧洲。一般认为，最早的公司是 1600 年成立的英国东印度公司和 1602 年成立的荷兰东印度公司。公司在资本主义商品经济条件下得到了高度的发展，它可以极大地集中资金、人力和物力，从事大规模的开发和生产经营活动，从而促进了资本主义经济的飞速发展。但同时，公司制度又适应了垄断的需要，使大资本家能够控制大量资本和大量企业。社会主义市场经济同样需要公司制度，需要利用它在发展经济方面的强大优势。随着我国社会主义市场经济的发展，它必将成为越来越重要的市场主体。（王亦平）

gongsi biangeng de chengxu
公司变更的程序(the procedure of corporation conversion)　公司变更方式包括公司合并，分立及公司转型，因此公司变更程序也包括公司合并程序、公司分立程序及公司转型程序。

　　1．公司合并程序。(1) 由董事会拟订合并方案；(2) 合并决议的形成，有限责任公司须经代表 2/3 以上表决权股东通过，股份有限公司由股东大会作出特别决议并经有关部门批准；(3) 订立公司合并协议；(4) 编制资产负债表和财产清单；(5) 通知债权人；(6) 合并登记。

　　2．公司分立程序。基本同上。

　　3．公司转型程序。(1) 由董事会拟订公司转型方案；(2) 公司转型决议形成；(3) 报经国家有关部门批准，无论是从有限责任公司转变为股份有限公司，还是从股份有限公司转变为有限责任公司，都应经国务院授权部门或者省级人民政府批准，涉及到有限责任公司转变为股份有限公司过程中发行新股的，还必须报证监会批准；(4) 变更公司章程，依公司章程变更须经出席股东会或股东大会的股东所持表决权的三分之二以上通过；(5) 股份折旧或募集；(6) 办理变更登记；(7) 办理公告。（刘弓强　蔡云红）

gongsi biangeng fangshi
公司变更方式(means of corporation conversion)　公司变更是任何公司存续过程中通过合并、分立以及组织结构的变化等形式实现的公司组织体的变更。公司变更方式即公司合并、公司分立和公司转型。公司合并即两个或两个以上的公司，依照法律所规定的程序，通过订立协议归并成一个公司的法律行为，主要包括新设合并和吸收合并。公司分立是一个公司因生产经营需要或其他原因，依法分成两个或两个以上公司的法律行为，主要包括新设分立和派生分立。公司转型是公司不中断法人资格由一种类型的公司转变为另一类型的公司，公司转型又称为公司转换或公司组织形式变更，主要包括从无限公司变为两合公司，从两合公司变为无限公司，从股份有限公司变为有限责任公司，从有限责任公司变为股份有限公司。我国公司法只规定了两种形式，即从有限责任公司转为股份有限公司，从股份有限公司转变为有限责任公司。

（刘弓强　蔡云红）

gongsi de biangeng
公司的变更(change of corporation)　公司设立登记事项发生改变。如公司的名称、住所、经营场所、法定代表人、经营范围、经营方式、注册资本、营业期限以及增设或撤销分支机构等的变更。公司变更以上登记事项应向原公司登记机关申请变更登记，未经核准变更登记，公司不得擅自变更登记事项，否则应承担相应的法律责任。公司登记事项变更中重要的是公司组织变更和公司资本变更。公司组织变更又称公司转换，是不中断公司法人资格，改变公司的组织形式，将某一种类的公司变为其他类公司的行为，如将有限公司变为股份有限公司，无限公司变为两合公司。公司组织变更制度的目的是在不进行解散清算程序，保持公司业务连续性的前提下，实现公司种类的变更，避免先行解散公司再依法设立新公司的现象，达到简化程序、减少费用、保护公司、股东、第三人利益的目标。不同种类公司股东的责任不同，现代公司法对公司组织变更采取限制主义。具体而言，法律允许无限公司与两合公司之间的变更；股份有限公司与有限责任公司之间的相互变更。《中华人民共和国公司法》只规定了有限责任公司可变为股份有限公司和可从股份有限公司变为有限责任公司。股份有限公司与有限责任公司的变更比较复杂，涉及的利害关系较多，各国公司大多规定了变更的条件和程序。

　　公司资本变更包括公司增加资本和减少资本两方面内容：(1) 公司增加注册资本，是公司依照法定的条件和程序在原公司注册资本的基础上扩大注册资本的法律行为。资本增加牵涉到股东的利益和公司本身财产的变化，法律规定了一定限制条件和程序。在增资条件方面，对股份公司的增资条件要比有限责任公司要严。我国《公司法》无明文规定，依照《股份有限公司规范意见》第 35～38 条规定，公司增加股份的间隔时间不得少于 12 个月，增加股份时按发行价格计算的新股一般不得超过原有净资产,公司连续两年盈利不足以支付股息的,不得增加股份。增资的方式一种是发行新股或追加出资额,另一种是在不改变原定股份总数的情况下增加每个股份的余额。根据《公司法》的规定,我国公司的增资一般采用前一种方式。(2) 公司减少注册资本,是依法在原公司注册资本的基础上减少注册资本的法律行为,公司资本是衡量公司信用的标准,也是债权人利益最低限度的担保,减资与股东有直接利害关系,并可能影响公司的利益,因此法律不允许公司随意减资,各国公司法对减资的条件均有严格的限制,并要求必须按法定的程序进行。导致减资主要原因:一是原定公司资本过多,形成资本过剩,使资本在公司中凝固,不利于财产的充分利用;二是公司营业不佳,亏损过多,与实有财产严重不符,不得不以减资的方法使注册资本与实有财产大致相符。减资的方法有减少出资额和减少总股数。 (刘弓强 蔡云红)

gongsi de gudong
公司的股东(shareholder of company) 股东是表彰股东权之股份的归属者。股东为社团法人构成者,非公司债权人。股东通过向公司投资换取对公司的一般收益权和参与管理权即股东权。

股东包括:(1) 在公司章程上签章且实际履行出资义务的发起人。(2) 在公司存续期间继受取得股权的人。(3) 公司增资时的新股东。

股东资格限制:(1) 法律、法规禁止兴办经济实体的党政机关。(2) 公司自身及子公司不能成为自己的股东。(3) 公司章程约定不能成为股东的人。

有限责任公司股东享有的权利:(1) 出席股东会,参与公司重大决策和选择管理者;(2) 被选举为董事会成员或监事会成员;(3) 按照出资比例分取红利;(4) 依法转让出资、优先购买其他股东转让的出资;(5) 查阅股东会会议记录和公司财务会计报告;(6) 对公司经营活动监督;(7) 公司解散时分配剩余资产;(8) 其他依法和章程应享有的权利。

据《中华人民共和国公司法》规定,有限责任公司股东的义务主要有:(1) 足额缴纳出资;(2) 在公司登记后不得抽回出资;(3) 遵守公司章程;(4) 对公司及其他股东诚实信用;(5) 依法定程序行使权利;(6) 其他依法应履行的义务。股东的责任与发起人的责任一样,可分为《公司法》规定的责任、《中华人民共和国刑法》规定的责任和其他法律规定的责任。《公司法》在法律责任一章中对股东责任作了规定,是与发起人责任合并在相同条款中,即同为第208条和第209条的内容。《刑法》也与发起人责任规定在一起。

股东与公司的关系:因公司与股东是通过投资行为发生关系,两者关系主要表现在处理二者的财产权上。对公司是法人财产权,对投资人是股东权。公司财产与股东股权的关系决定于对股权性质的认定。股权性质学者有不同认识,主要有"所有权说"、"债权说"、"社员权说"等观点。

股权具有的特征:(1) 股权内容具有综合性。传统公司法理论将股权分为自益权和共益权。自益权一般属于财产性的权利,如股息或红利分配请求权、新股优先认购权、剩余资产分配权、股份转让权等。共益权是公司事务参与权,一般为非财产性权利,如表决权、公司文件查阅权、召开临时股东会请求权、对董事及高级职员监督权等。从公司本质上公司只不过是为股东谋取利益的工具,因而自益权是目的性权利,共益权是为了实现自益权的手段性权利。自益权和共益权,都是股权的权能,不是股权之外的独立权利。(2) 股权是股东通过出资所形成的权利。出资者只要通过出资,丧失出资财产所有权(以其所有物作为出资)或知识产权,换取股权,成为公司股东。通过出资者履行出资义务形成公司财产,公司从而享有财产所有权。因此股权是出资者对出资财产行使处分权而转换形成的权利。(3) 股权是一种无体财产权。股东可凭借股权实现自己的经济利益,但这种经济利益是通过请求公司为一定行为或参与公司事务的管理实现。股东不可凭借股权直接支配公司的具体财产。公司中出资者通过出资丧失了对出资财产的所有权或知识产权,转而对公司拥有股权。出资者的出资财产构成公司财产权的客体,即使出资财产在具体物质形态上仍然不变,也不影响这种权利的转化。股东只能依公司章程规定的特定方式行使权利,如在股东会上行使建议权、表决权,使自己的意志间接作用于公司财产。股权在行使上具有特殊性。股东既可以基于股权独立地行使自己的权利(这时主要是自益权),他还可以作为公司的意思机关——股东会的成员行使股东会的权利。

股东与董事的关系:

1. 英美法系公司、股东与董事法律关系的学说。(1) 信托关系说。信托关系是基于委托人将财产的所有权转移给受托人,受托人以财产所有人的身份以一定的方式处分财产,并将财产收益交给委托人所指定之受益人。受托人的权利是受托标的物的出售、出租、投资等营利性的经营;义务是同对待自己的财产一样照管好别人的财产,并本着"诚实"和"良心"将委托财产的收益交给受益人。据信托原理,董事是公司财产的受托人,公司股东既是公司财产的委托人又是公司财产的受益人,公司本身的独立法律地位不明确。公司董事作为受托人对公司财产享有法律上的所有权,并且负有相应的受托人义务。(2) 代理关系说。代理关系的最终、真正及主要主题及目的,都是通过代理人的行动构成委托人与外人的直接合同关系。代理人有履行义务、受托信义义务和行政义务。主要内容为：代理人谨慎及努力处事的义务，不得夺取委托人机会的义务，不得与委托人交易的义务，不得与委托人竞争的义务，不得收取贿赂的义务等。代理法上的这些条规足以解释当今英美公司制定法上董事行为的外部效果以及董事对公司所负的义务。代理关系说产生的理论基础是法人拟制说。(3)特殊关系说。当代英美公司法学者汉密尔顿(R. W. Hamilton)和高尔(L. C. B. Gower)认为，公司董事与公司和股东的关系是特殊关系。公司董事由股东选任，董事(会)被授予广泛的管理公司事务和财产的权力，这种管理权类似于代理权，但这种权力是法定的权力，股东会对其权力的控制并非一般代理关系中本人那样能够对其代理人实施持续的控制。董事对公司、股东负有的信义义务是制定法上的义务，其性质也非一般代理人义务所能包容。

2. 大陆法系公司、股东与董事法律关系的学说。通说认为公司与董事的关系属委任关系。委任即当事人约定一方委托他方处理事务，他方承诺处理的契约。委托处理事务方称为委任人，处理事务方称为受任人。委托处理的事务称为委任事务，亦称委任标的。公司和董事的委任关系，委任人是公司，受任人是董事，委任标的是公司财产的管理与经营。这种委任关系与其他委任契约不同，它仅依股东会的选任决议和董事答应任职成立。据委任法理，董事可因委任取得对公司事务的经营决策和业务执行权。作为受任人对于公司负有作为善良管理者的注意义务即对公司的经营(包括事务处理)应尽客观的注意义务。董事还应对公司负忠实义务，受任者董事对于委任者公司应诚心诚意，忠实于委任者。

（刘弓强 蔡云红）

gongsi de jiandu
公司的监督(superintendence of company) 为维持和强化公司企业，保护社会经济稳定，公司业务主管机关和登记注册机关及有关单位依法对公司的组织、业务活动的监察和督导。公司的监督首先在预防和消除滥用公司制度对社会造成的危害。公司的监督分为行政监督和司法监督。

1. 行政监督，包括登记监督、财会监督、银行监督等内容。我国《企业法人登记管理条例》第29条规定登记主管机关对企业法人依法履行下列监督管理职责；(1)监督企业法人按照规定办理开业、变更、注销登记；(2)监督企业法人按照登记注册事项和章程、合同从事经营活动；(3)监督企业法人和法定代表人遵守国家法律，法规和政策；(4)制止和查处企业法人的违法经营活动，保护企业法人的合法权益。此规定适用于我国公司。财会监督可分为公司内部和公司外部监督。公司内部财会监督包括：监察人监督、股东会监督等。公司外部的财会监督主要是聘请公司外的，经国家考核的注册会计师实施。我国审计机关可依法对公司进行财会监督。广义上凡是行政机关对公司依法实施的各种监督都属行政监督，如技术监督、税务、卫生、环保、公安、海关等部门的监督。

2. 司法监督，公司法明确公司违法行为并规定相应制裁措施。对具体公司即表现为违反公司法应承担的法律责任。公司及有关人员违反公司法有关规定时，司法监督最有效手段是根据公司法规定处罚条款，对公司及其负责人追究民事责任，行政责任和刑事责任。公司承担的民事责任是指公司违反公司法规定或因违反其他民事义务应对他人承担的民事法律后果。根据《中华人民共和国公司法》第128条的规定，公司违反《公司法》的规定承担的财产责任包括赔偿责任、行政罚款、刑事罚款等。如果三种责任同时承担，公司财产不足以支付时，应先承担赔偿责任。违反公司法的行政责任是公司违反公司法规定，国家行政机关依法给予的一种行政制裁，我国《公司法》第10章规定了公司应承担的各种行政责任。公司违反公司法的刑事责任是公司违反公司法规定构成犯罪时依照规定应当承担的法律后果。司法监督一方面是立法上规定限制公司的权利；另一方面是执法监督。许多国家公司法中的犯罪处罚条款越来越多，如法国公司法共509条，其中罚则有67条，最重的处罚为5年以下徒刑。

（刘弓强 蔡云红）

gongsi de jiesan chengxu
公司的解散程序(corporation dissolution proceedings) 公司解散在公司法上是公司法人资格的消灭。公司解散涉及到各方面问题，如聚集和变卖公司资产，支付各类费用，全部纳清税款，满足债权人的各种要求以及合理分配剩余财产等。公司解散是较为复杂的过程，与清算密不可分。公司解散原因不同，造成解散程序有所不同。

1. 创办人自愿解散公司的程序。公司尚未正式开始营业并未公开向社会发行股票时，创办人可随时以自愿方式解散公司。解散程序是创办人向政府机构提交载有公司名称，公司设立证书的颁发日期，公司尚未公开发行任何股票和公司未开始营业的事实、公司债务已全部清偿，多数创办人同意解散等内容的解散申请书，公司即停止存在。

2. 股东同意的自愿解散的程序。公司股东自愿解散公司，必须由股东大会通过决议，并向政府部门申请。但股东大会以占股权多少百分比通过决议，各国法律规定不同。瑞士公司法规定，有限责任公司至少要有代表总股本四分之三股权的股东出席股东大会，以出席会议的四分之三多数通过决议，方能向政府提出自愿解散公司的申请。法国有限责任公司只要代表总股本四分之三多数股权同意,股份有限公司仅要总的表决股的三分之二多数同意就可通过决议。

3. 公司提出解散的程序。主要是因为章程上规定的解散条件已经具备或者是公司的营业目标已经实现或根本无法达到而提出。(1) 首先由董事会通过一项决议,提议解散公司;(2) 将解散决议提交股东大会表决,经过在该问题上有表决权的多数股份持有者赞成,解散决议应被视为已获取股东大会批准;(3) 股东大会通过解散决议后,由公司总经理或副总经理代表公司签署两份解散公司的意向声明书,声明书应载明:公司名称,公司各位董事和各职员的姓名和地址,由董事会提出由股东大会通过的解散决议的副本,公司发行在外的股票、赞成和反对公司解散决议的股份各自票数;(4) 把解散公司的意向书提交有关政府机构请求批准;(5) 经政府批准后,公司除进行清算工作外,终止经营业务,公司的法人资格至政府正式颁发解散证书时止。

4. 政府强制解散公司。在公司违反公司法或其他法律规定时,法院发布命令解散或有关主管机关下令解散。

5. 公司破产是公司解散的主要原因。公司宣告破产后,依破产程序,即有关当事人破产申请的提出和人民法院受理,进行债权人会议,法院宣告破产,进行破产清算,公司解散。

6. 公司合并的公司解散程序。两个或两个以上公司合并,吸收合并中被吸收的公司和新设合并的各方到原登记机关办理注销登记,公司解散。

(刘弓强 蔡云红)

gongsi de qingsuan

公司的清算(liquidation of company) 终结公司法律关系,处理剩余财产,消灭公司法人资格的法律程序。公司立法上清算可分为任意清算和法定清算。任意清算可按照公司章程规定或全体股东的意见进行,可不按法律指定的方法处分公司财产,但不应损害债权人或任何股东的权益,如债权人提出异议,应立即对债权人清偿债务,或提供担保。这种清算只适用于无限公司,两合公司等人合公司。法定清算是按法律规定的程序进行的清算,适用于一切公司清算,但资合公司只适用法定清算。《中华人民共和国公司法》规定公司种类不包括人合公司,只有有限责任公司、股份有限公司等资合公司,我国《公司法》的清算只限于法定清算。股份有限公司实行法定清算,又分为普通清算与特别清算。一般股份有限公司实行普通清算,普通清算存在显著障碍时,实行特别的强制处分。

法定清算程序:(1) 确定清算人,组成清算组;(2) 把公司全部资产作价变为现金;(3) 根据债权人的先后顺序偿还债务;(4) 在优先股和普通股间,据履行时各类股票所规定条件,分配剩余财产。清算期间,公司的董事丧失其地位,由清算人(清算事务的执行人)代替。

清算人有:(1) 公司执行业务的股东或董事(法定清算人);(2) 公司章程规定或股东、股东会选任的清算人;(3) 根据股东或债权人的请求,由法院指定的清算人。清算事务的执行人为清算人,我国《公司法》中称为清算组。公司清算期间,清算组的组成,因解散事由不同及公司种类不同而不尽相同。如有限责任公司解散,清算组由全体股东组成,股份有限责任公司解散,清算组由股东大会确定,公司因破产解散时,依照破产清算的程序,由人民法院组织,指定有关人员组成清算组。一般清算事务均由法定清算人执行,只有当法定清算人不适任时,才考虑其他清算人。

清算组的主要任务是:(1) 用公司财产了结尚未结束的业务。如继续履行合同,是清算期间首要涉及的对公司财产的处理;(2) 汲取债权;(3) 用公司财产清偿费用及公司债券,即清偿债务;(4) 将清偿债务后剩余的公司财产分配给股东。未依法清偿债务所作的财产分配无效,债权人有权要求退还,并可请求赔偿损失。公司清偿债务后剩余财产,有限责任公司按股东的出资比例分配,股份有限公司按照股东持有的股份比例分配。公司清算结束后,清算组应当制作清算报告,并报送原公司登记机关,申请注销公司登记,公告公司终止。

(刘弓强 蔡云红)

gongsi de quanli nengli

公司的权利能力(company capacity of civil right) 又称权义能力,指能够依法享受权利和承担义务的资格。权利能力分为公民权利能力和法人权利能力两种。公司是企业法人,享有法人的权利能力。公司是法人,无自然人之自然实体,权利能力在性质上受到特定的限制,公司法也对公司权利能力加以限制。

1. 性质上的限制。与公民的权利能力相比较,我国公司的权利能力在法律上受到两方面的限制:一是公民作为一种自然人,以自然人的生命、身体为前提的权利能力,公司无法享受或承担。如专属于自然人的生命权、健康权、亲权、肖像权等权利,公司没有资格享有。二是公民作为自然人,权利能力始于出生,终于死亡。公司权利能力从公司登记成立时开始,到公司撤销或解散时终止。《中华人民共和国公司法》规定,公司营业执照签发日期,为公司成立日期,营业执照签发后,公司才具有权利能力。公司的权利能力与公民的权利能力相比较,在受到上述两方面限制的同时,有两类具有自然人属性权利的行使,存在交叉现象,法律对公司未作严格限制:(1)人格权。人格权是法律予以保护的与权利主体的人格不可分离的权利,是人身权的一种,包括姓名权、名誉权、荣誉权、资格权等。公司在一定程度上能够享有这些具有人格权属性的权利。比如,法人享有名誉权,禁止用侮辱、诽谤等方式损害法人的名誉;法人享有荣誉权,禁止非法剥夺法人的荣誉称号等。当公司的这些权利受到侵害时,有权要求停止侵害,恢复名誉,消除影响,赔礼道歉,并可以要求赔偿损失。(2)接受遗赠权。公司不得享有继承权。但在接受遗赠权方面,该种权利并非以自然人性质为前提,《公司法》也未作限制性规定,公司可同自然人一样,享有此种权利。与一般法人的权利能力比较,公司两种权利能力受到明显的限制:

一是承担责任能力的限制。《公司法》规定公司是指在中国境内设立的有限责任公司和股份有限公司。不包括无限责任公司、两合公司及其他责任形式公司。有限责任公司和股份有限公司有一共同特征,都是资合公司,对自己的债务只承担有限责任。有限责任包涵两层意思:(1)有限责任公司股东只以其出资额为限对公司的债务承担有限责任,超出部分,股东没有赔偿义务,不需用自己的其他财产去赔偿;(2)公司只以其全部财产为限对公司的债务承担责任。当公司出现资不抵债时,以其全部财产进行赔付,不涉及公司以外的他人财产。

二是公司财产权的限制。(1)公司中的国有资产所有权属于国家,公司拥有包括国家在内的出资者投资形成的全部法人财产权,成为享有权利、承担责任的法人实体;(2)公司以其全部法人财产,依法自主经营,自负盈亏,照章纳税,对出资者(股东)承担资产保值增值的责任;(3)公司股东作为出资者按投入公司的资本额享有所有者的资产受益、重大决策和选择管理者等权利。公司破产时,股东只以投入公司的资本额对公司债务负有限责任;(4)公司按市场需求组织生产经营,以提高劳动生产率和经济效益为目的,政府不直接干预公司的生产经营活动。公司在市场竞争中优胜劣汰,长期亏损、资不抵债的应破产。公司确立法人财产权,使公司享有财产权利能力和承担财产义务能力都受到一定限制。出资者对超出自己出资额部分的债务,不再承担任何义务。公司在行使财产权时,只能在一定的范围内,只能以自己所拥有的法人财产作为行使财产权对象,国家不再是公司的财产"后盾";在公司承担财产义务能力上,公司享有全部法人财产权主要目的是营利,公司为了营利而经营业务。按市场经济公司要谋取利润最大化,以获得经济效益为主要目标。对非营利的社会公益事业,公司不承担经营义务。任何单位和组织无权超越股东权限,干预公司独立的法人财产权,不得命令或通过其他方式处置公司的财产。公司除照章纳税,对出资者承担资产保值增值责任外,不再承担其他财产义务。

2. 法律上的限制。我国《公司法》上对公司的权利能力的限制主要有:

第一,公司转投资的限制。《公司法》规定公司可以向其他公司投资,具有转投资的权利能力。但受到限制:(1)接受投资主体的限制。公司的转投资,只能投向其他有限责任公司或股份有限公司,不能投向其他主体;(2)转投资责任的限制。公司转投资后,只以转投资的投资额为限对所投资公司承担责任;(3)转投额的限制。公司转投资除国务院规定的投资公司和控股公司外,所累计投资额不得超过本公司净资本的50%。对投资公司和控股公司例外规定,是因这些公司是以投资为专业的,不应限制。

第二,公司资金借贷和担保的限制。《公司法》规定,董事、经理不得将公司资金借贷给他人。董事、经理将公司资金借贷给他人的,责令退还公司的资金,由公司给予处分,并将其所得收入归公司所有。构成犯罪的,依法追究刑事责任。该规定虽然是约束公司董事、经理的,但对公司本身也具有一定约束力。公司资金应主要用于公司的经营业务活动,对与经营业务无关的借贷活动(主要是指贷出),应限制、禁止,否则,会影响公司正常经营,也会损害股东合法权益。许多国家公司法明确规定限制公司资金借贷。我国《公司法》虽没有明确规定公司资金限制借贷,但作为公司主要管理人员的董事和经理,借贷行为受到禁止,是对公司借贷权利能力的一种限制。《公司法》对担保作了类似于借贷的规定,即董事、经理不得以公司资产为本公司的股东或者其他个人债务提供担保。违者责令取消担保,并依法承担赔偿责任,将违法提供担保取得的收入归公司所有。目的是为保护股东的利益,防止公司财产因担保遭受损失。与借贷相比,《公司法》对担保的限制的区别:(1)对担保对象限制更加具体,仅指本公司的股东或者其他个人。对两种对象外的公司、其他法人及组织提供担保并未作限制。借贷不仅对本公司股东或者其他个人予以限制。对其他公司、法人及组织同样予以限制。(2)限制担保不仅限制用公司的资金作担保,还限制用公司的其他资产包括不动产作担保。限制借贷,仅限于资金借贷。

第三,公司合并、分立的限制。合并与分立为公司重大变更,权利行使必须受到严格限制。《公司法》规定公司合并、分立的限制:(1)公司合并或分立,应由公司股东会作出决议。股份有限公司合并或分立,还必须经国务院授权的部门或者省级人民政府批准。(2)程序上公司合并或分立,应编制资产负债表及财产清单,由合并方签订合并协议。公司应自作出合并或分立决议之日起10日内通知债权人,并于30日内在报纸上至少公告三次。债权人自接到通知书之日起30日内,未接到通知书的自第一次公告之日起90日内,有权要求公司清偿债务或者提供相应的担保。(3)对公司的债务不进行清偿或不提供相应担保的,公司不得合并或分立。(4)公司合并时,合并各方的债权、债务,应由合并后存续的公司或者新设的公司承继;公司分立时,分立前的债务按所达成的协议由分立后的公司承担。(5)公司合并或分立,应当依法向公司登记机关办理变更登记。(6)公司合并或分立,不按照法律规定通知或者公告债权人的,责令改正,对公司处以罚款。

第四,公司分配税后利润的限制。《公司法》对公司分配税后利润限制主要有:(1)提取法定公积金和法定公益金。(2)弥补公司亏损。如果公司出现法定公积金不足以弥补上一年度公司亏损时,公司在依法提取法定公积金和法定公益金前,应先用当年利润弥补亏损。(3)合理分配利润。公司弥补亏损和提取公积金、法定公益金后所剩余利润,有限责任公司按照股东的出资比例分配,股份有限公司按照股东持有的股份比例分配。(4)公积金与法定公益金的使用。公积金用于弥补公司的亏损,扩大公司生产经营或者转为增加公司资本。法定公益金用于本公司职工的集体福利。(5)股东会或董事会违反规定,在公司弥补亏损和提取法定公积金、法定公益金之前向股东分配利润的,将分配的利润退还公司。对不按规定提取法定公积金、法定公益金的公司,责令如数补足应提取的金额,并可对公司处以罚款。

第五,公司增加或减少注册资本的限制。(1)增加注册资本的限制。有限责任公司增加注册资本时,股东认缴新增资本的出资,要按《公司法》设立有限责任公司缴纳出资的规定执行。股份有限公司为增加注册资本发行新股时股东认购新股应按《公司法》设立股份有限公司缴纳股款的规定执行。公司增加注册资本应依法向公司登记机关办理变更登记。(2)减少注册资本的限制。公司需要减少注册资本时,必须编制资产负债表及财产清单。公司应自作出减少注册资本之日起10日内通知债权人,并于30日内在报纸上至少公告三次。债权人自接到通知书之日起30日内,未接到通知书的自第一次公告之日起90日内,有权要求公司清偿债务或者提供相应的担保。公司在减少注册资本时,不按规定通知或者公告债权人的,责令改正,对公司处以罚款。公司减少注册资本后的注册资本不得低于法定的最低限额。公司减少注册资本,也要依法向公司登记机关办理变更登记。

第六,公司股份转让的限制。为保护股份有限公司股东合法权益,《公司法》对股份有限公司行使股份转让权作了必要的限制,限制主要分为:(1)对公司发起人和管理人员行使股份转让权的限制。公司发起人及其他管理人员与公司的利益紧密相关,他们所持有本公司股份不得随意转让。(2)对公司收购本公司股票的限制。公司不得收购本公司股票,但为减少公司资本而注销股份或与持有本公司股票的其他公司合并时,可以收购本公司股票。公司收购本公司股票后,必须在限期注销该部分股份,并依法办理变更登记,并公告。限制还有一点是公司不得接受本公司股票作为抵押权的标的。

3. 公司经营范围的限制。公司为营利性法人组织,在组织章程规定的经营范围内开展活动。公司超越组织章程,从事经营范围外活动,行为为越权。对越权,法律赋予无效的后果。即公司法上的越权行为原则。公司越权行为由最初的绝对无效发展到相对无效,是公司法的发展,也是历史的进步。现代公司法对越权相对无效原则所作的修正使越权行为原则适用范围大为减少。当代越权行为原则有被淘汰的趋势,一些国家已明令废止。更多国家通过改变公司组织章程所载的目的性条款和加强公司内部权力约束机制限制越权行为原则功能的发挥。《中华人民共和国民法通则》规定,企业法人应当在核准登记的经营范围内从事经营。公司作为企业法人,必须在核准登记的经营范围内从事经营活动。《公司法》第12条对此已作了明确的规定。

公司经营范围的限制主要包括:(1)公司经营范围应由公司章程规定。公司章程作为公司内部最重要的规范性文件,必须对公司的经营范围作出明确规定,章程外的其他规范性文件对公司经营范围规定无效。《公司法》第22条关于有限责任公司章程应当载明的事项以及第79条关于股份有限公司章程应当载明的事项,都明确规定将公司经营范围列在其中。(2)公司经营范围必须依法登记。经营范围中属于法律、行政法规限制项目,应依法经过批准。公司经营范围经章程规定后,还要依法登记,登记后发生效力。属于法律、行政法规限制项目,如从事印刷、刻字等特种行业,必须经过批准。(3)经营范围经登记或批准,非经股东同意修改章程及变更登记,公司不得经营超过登记营业范围之外的业务。一是可防止公司负责人任意变更公司经营范围,侵犯股东权利,二是防止扰乱社会正常经营秩序。(4)变更公司经营范围,公司必须依照法定程序修改公司章程并经公司登记机关变更登记。(5)对超出登记机关核准经营范围从事非法经营的公司,除公司承担相应责任外,对公司的法定代表人(董事长),可给予行政处分、罚款,构成犯罪的,依法追究刑事责任。公司章程所载目的条款,系决定公司的固有营业,一方面可使公司股东了解自己投资面临何种风险,另一方面,可使与公司交易的第三人,判断与其

交易是否在公司目的范围内。前者保护交易的静态安全,后者保护交易的动态安全。 （刘弓强 蔡云红）

gongsi de xingwei nengli
公司的行为能力(corporation's capacity for civil conduct)
公司为法人,具有权利能力和行为能力。行为能力是通过自己的行为取得权利、负担义务和承担责任的能力。权利能力仅为法人提供了一种可能性,真正通过自己的行为去获得现实的利益取决于法人的行为能力。

与自然人比较,法人行为能力特点:(1)法人行为能力享有的时间与法人权利能力享有的时间一致。因为法人依法成立后即具有独立的人格、独立的能力。(2)法人行为能力范围与法人权利能力范围一致。自然人行为能力与权利能力存在形式上完全或不完全的划分问题。(3)法人的行为能力由法人机关或代表人实现。法人是社会组织,不可能受年龄、精神状况的限制,但法人权利能力、行为能力要受经营范围的限制。主要基于维护正常的社会、经济秩序,保护发起人和投资者的利益,以及确保交易的安全。

法人民事行为能力与意思机关:公司通过公司机关实施法律行为。公司机关是代表公司作为或不作为的自然人或自然人的集合体。公司机关由股东会、董事会、监事会构成。其中,股东会既是股东的表意机关,又是公司重大事务的决策机关;董事会是对外代表公司,对内执行公司事务的机关;监事会通常是对董事、经理行使监督权的机关。《中华人民共和国公司法》规定的公司表意机关是董事、董事会和法定代表人。他们所实施的行为,就是公司所实施的行为,行为后果属公司。法人意志的形成不是自然人商讨的结果,需要通过一定程序和特定机关完成,也就是法人的权力机关,产生法人的意志。法人的权力机关随法人的成立而存在,静态表现形式是法人章程,动态表现就是法人在经营过程采取的一系列决议、决定和行动。

在大陆法系国家将公司股东会、董事会和监事会看做是公司的机关,公司为法人,具有人格,为有权利能力和行为能力的法律实体。英美法系国家不认为公司为一种法人实体,认为法人系一种法律上的拟制和拟制人,本身独立存在以法律的拟制为条件,是法律认可的结果。如 Chief Justice Marsh 指出:"公司是一种法律拟制人,看不见,摸不着,并且仅以法律的认可而存在。"公司仅为法律的产物,它仅拥有公司设立章程授予给它的那些特征,或者是明示的,或者是因其存在而引起的各种附属的特征。董事不被认为是公司的机关,被看做是公司的代理人和受托人;对外代表公司与第三人为交易时,董事被认为是公司的代理人;对内管理公司财产和资本时,董事被认为是公司的受托人。

法人的责任能力:赋予法人独立的进行活动的能力即行为能力,法人的行为能力从积极意义上看,通过赋予法人行为能力,确立法人独立实施法律行为的法定资格,以调动其参与活动的积极性和主动性。从消极意义上看,赋予法人独立实施活动的能力不是无条件的,是有条件的。在强调主体不仅要依靠自己的独立行为参与活动,为自己获取利益,而且要对自己自主活动的后果负责,既要接受有利于自己的后果,又要承担不利于自己的后果。法律肯定法人主体资格,赋予其权利能力,最终目的就是要让法人对其行为后果负责。

关于法人责任能力的有无,主要学说有:(1)否定说。法人拟制说认为法人无意思能力故无责任能力;(2)肯定说。法人实在说认为法人机关即法人行为,法人权力机关所做意思表示即是法人的意思表示,法人应有责任能力。法人对外活动关系复杂,既有内部工作人员代表法人经营活动,也有法人外部人员代理法人进行经营活动,责任承担也具有多样性。法人具有责任能力,但并非对法人的法定代表人和其他工作人员的一切行为,法人均应负责。

目前关于法人责任能力确定标准有:(1)经营活动说,认为法人应对其法定代表人和工作人员的经营活动负责;(2)法人名义说,认为法人的法定代表人和工作人员只要以法人的名义从事经营活动,造成经济损失的,法人就应负责;(3)执行职务说,认为法人应对其法定代表人和工作人员在执行职务的行为负责。企业法人的法定代表人是企业法人的执行机关,与企业法人的关系是机关代表整体的关系。企业法人法定代表人履行职务的行为就是法人的行为,企业法人应为其法定代表人的职务行为承担责任。除法定代表人外,企业法人其他工作人员履行职务的行为,按传统商法关于商使用人的规定,属于职务代理行为。企业法人其他工作人员履行职务的行为,如为法律行为,应按代理制度的规定由企业法人承担被代理人的责任。企业法人其他工作人员履行职务的行为,如为侵权行为,企业法人则应按侵权行为法的规定承担责任。关于公司的侵权行为,应具备下列要件:必须是公司意思表示机关(对外代表公司的自然人)所实施的行为;必须是表意机关在执行职务时所实施的行为;必须是表意机关实施的侵权行为。

企业法人对其分支机构的责任:(1)未经企业法人申请单独登记注册,领取营业执照的分支机构,其负责人或其他工作人员擅自使用分支机构印鉴订立合同的,由行为人个人承担责任。这类分支机构没有主体资格,只能经企业法人授权以企业法人的名义实施法律行为,不能以分支机构的名义实施法律行为。对其负责人或其他工作人员擅自以分支机构名义实施的法律行为,只能视为个人行为由行为人自己负责,不能视为企业法人的行为由企业法人负责。(2) 经企业法人申请单独登记注册,领有营业执照的分支机构,在执照许可范围内进行的经营活动,应首先由分支机构用其直接支配的财产清偿;分支机构不能清偿的债务,应由企业法人负责清偿,内部承包合同约定分支机构独立经营、自负盈亏的,其约定不能对抗第三人。这类分支机构因登记而取得了相对独立的主体资格,可以在核准登记的经营范围内以自己名义实施法律行为。但这类分支机构不是独立法人,没有独立承担责任的能力,因此不能清偿的债务应由企业法人清偿。企业法人为分支机构申请登记注册的行为具有授权行为的性质,也应对其授权行为负责,负责的方式就是清偿这类分支机构不能清偿的债务。 (刘弓强 蔡云红)

gongsi dengji

公司登记(corporation registration) 公司应公开的事项以及法律规定的其他事项记载于主管机关登记簿并进行公示的行为。通过登记,主管机关可对其活动进行监督,有利于保障交易安全,维护社会公共利益。公司登记可分为:(1) 设立登记,即在设立公司的最后阶段将公司的主要事项报主管机关进行登记注册,登记被认可有效后,公司即告成立;设立登记的效果包括公司取得法人资格,具有权利能力和行为能力;取得公司名称专用权,其他公司不得使用相同或相类似名称;在登记范围内展开营业。(2) 撤销登记,公司设立登记后,如发现其设立登记或其他登记事项有违法时,经法院判决确定后,由主管机关撤销已登记的全部公司登记注册或部门登记事项,被撤销部分不得用以对抗第三人。(3) 变更登记,公司成立后登记事项有变化的,如公司迁址,经营者更换等,应进行相应的变更登记。否则,不得以此对抗第三人。(4) 解散登记,公司解散,除破产外,应进行解散登记。 (刘弓强 蔡云红)

gongsi dengji jiguan

公司登记机关(registration office) 由国家授权办理公司登记的机构。任何申请设立登记或变更、注销登记,都要到公司登记机关办理,只有经过登记,公司的设立、变更或解散行为才得到法律认可,成为有效行为。《中华人民共和国公司登记管理条例》规定,公司登记的主管机关是工商行政管理机关。国外商业登记的主管机关有两种立法例:大陆法系国家一般为地方法院,英美法系国家是行政官署。我国的工商行政管理机关作为登记主管机关性质上同英美法系相似。工商行政管理机关管理公司登记采取统一领导、分级管理制度,下级公司登记机关在上级登记机关的领导下开展公司登记工作。

国家工商行政管理局主管全国的公司登记工作,并负责下列公司的登记:(1) 国务院授权部门批准设立的股份有限公司;(2) 国务院授权投资的公司;(3) 国务院授权投资的机构或者部门单独投资或者共同投资设立的有限责任公司;(4) 外商投资的有限责任公司;(5) 依照法律的规定或者按照国务院的规定,应当由国家工商行政管理局登记的其他公司。

省、自治区、直辖市工商行政管理局负责本辖区内下列公司的登记:(1) 省、自治区、直辖市人民政府批准设立的股份有限公司;(2) 省、自治区、直辖市人民政府授权投资的公司;(3) 国务院授权投资的机构或部门与其他出资人共同投资设立的有限责任公司;(4) 省、自治区、直辖市人民政府授权投资的机构或者部门单独或共同投资设立的有限责任公司;(5) 国家工商行政管理局委托登记的公司。

市、县工商行政管理局负责本辖区内公司的登记,但由国家工商行政管理局和省、自治区、直辖市工商行政管理局负责登记的公司除外。市、县工商局的具体登记管辖由省、自治区、直辖市工商行政管理局规定。

(刘弓强 蔡云红)

gongsifa

公司法(company law) 规范各种公司的设立、组织、经营、解散、清算及其他对内对外关系的商事法律。公司法有广义、狭义(或称实质意义与形式意义)之分。广义的公司法系指一切有关公司的法律规范的总称,它不仅包括单行的公司法典,而且包括破产法、诉讼法、税法及一切法律中关于公司的规定。狭义的公司法仅指国家立法机关所制定的单行公司法典或商法典中的公司部分。通常人们所称的公司法即为狭义的公司法。公司法就其调整公司的内部关系来讲,具有组织法的性质;就其调整公司的外部关系即对外交易活动来讲,又具有交易法的性质。由于公司的活动直接关系到社会经济秩序,因而公司法的规定带有一定国家干预的强制色彩。公司制度是随着公司的产生而逐步建立的。1673年法国制定的商事条例中正式出现了关于公司的规定。之后,公司立法在全世界得到了迅速发展并日臻完善。在西方各国,由于法律传统不同,公司法的归属也不同。在实行民商分立的大陆法系国家,如法国、德国、日本、西班牙等,其公司法是商法的一部分。在民商合一的大陆法系国家,如瑞士,其公司法是民法的一部分。在普通法系国家,如英、美等,公司法则是作为单行法典而出现的。随着公司的不断发展,实行民商合一的国家也逐渐制定了单行的公司法。在我国,有关公司的立法始于清光绪二十九年(1870年)的公司律。1914年北洋政府颁布了公司条例。1929年,国民党政府颁布了公司法(1946年修订),现行台湾的公司法即是沿用的几经修订后的该部法律。1993年12月29日,第八届全国人民代表大会常务委员会第五次会议通过并颁布了《中华人民共和国公司法》,自1994年7月1日起施行。该法共分总则,有限责任公司的设立和组织机构,股份有限公司的设立和组织机构,股份有限公司的股份发行和转让,公司债券,公司财务、会计、公司合并、分立,公司破产、解散和清算,外国公司的分支机构,法律责任,附则等11章。该法是新中国的第一部公司法,它对促进我国社会主义市场经济发展,形成与之相适应的法律体系,建立现代企业制度,规范市场经济微观基础,都具有重要的意义。

(王亦平)

gongsi faren

公司法人(corporation) 又称商事公司。是指依照公司法组织成立的,以资本增殖为目的的社团法人。公司法人具有三个特征:(1)它是社团法人,具有独立的人格,公司的财产属于公司所有,不因股东个人的债务而受影响,这是它与普通合伙人的主要不同之处。(2)它是以资本增值为目的的组织。公司必须从事经营活动,并且目的是为了获取资本增殖,它区别于不以资本增殖为目的的公益法人,也区别于以行政管理为目的的国家机关,并区别于非商事性公司。(3)它是依照商法登记注册后才具有法人资格。公司法人的登记注册,大多数国家采取准则主义,即公司的设立必须符合公司法的准则,才能登记注册。公司法人设立还须订立章程,载明法律所规定的必须事项。英美法中公司的概念与大陆法有所不同,许多大陆法国家的公司法除规定了有限责任公司外,还规定了无限公司、两合公司及股份两合公司。而英美法中的公司仅规定有限责任公司,凡股东负无限责任的,均视为合伙,不由公司法调整,而由合伙法调整。《中华人民共和国公司法》仅规定了股份有限公司和有限责任公司两种公司形式,但未规定无限公司、两合公司及股份两合公司。

(关 涛 梁 鹏)

gongsi faxue

公司法学(the science of company law) 研究公司的组织以及运行为主要内容的法律学科,属商法学之一种。其主要研究对象包括:(1)公司发起人间、公司发起人与其他股东间、股东相互间以及股东与公司间所形成的内部财产关系;(2)公司发行债券、股票所产生的融资关系;(3)公司内部组织、管理以及运行所产生的公司治理结构关系;(4)公司在设立、变更、解散活动中与国家管理机关所形成的公司外部组织管理关系。

公司法学的形成,经历了一个实践、认识和发展的过程,是在公司组织和公司行为不断发展的基础上形成和发展起来的。现代意义上的公司源自中世纪欧洲的康孟达(Commenda)以及索瑟达斯(Societas),在市场交易中企业组织形式不断得到发展,尽管匿名合伙以及无限公司这种企业形式对经济的发展起到了一定的促进作用,但是,资本所有者以及企业经营者所承担的无限责任以及企业在扩大资本规模上具有局限性,有限责任公司以及股份有限公司应运而生。与此同时,在英美法系的英国,也开始出现被喻为私公司(private company)的有限责任公司。

为规范公司企业制度,作为大陆法系国家的法国,于1673年颁布了《商事条例》。该条例为世界上最早的公司立法,在该条例中对公司这种企业组织形式予以了确认。此后,法国于1807年制定了《商法典》,在该法典中除对合名公司以及两合公司作出相应的法律规定外,同时,还首次对股份有限公司作出了规定。进入21世纪后,为适应社会经济发展的要求,法国于1966年通过制定《公司法》对公司法律制度进行了修正。在该法律中,分别规定了无限公司、两合公司、有限责任公司、股份有限公司等多种企业组织形式,该法律为法国现行的公司法律制度。作为工业革命后起之秀的德国,于1892年制定了《有限责任公司法》,该法是德国第一部单行的公司法。此后,德国又于1897年制定了《商法典》,在该法典中,对无限公司、两合公司、股份两合公司和股份有限公司分别作出了规定。德国在公司方面所采取的立法模式,为世界上的许多国家所效仿。作为英美法系代表的英国和美国,在判例法的基础上,也制定出了公司法。其中,美国的北卡罗来纳州于1795年率先在全国颁布了普通公司法。为促进经济的交往以及统一各州的公司法律制度,美国也于1928年颁布了《示范公司法》。该法虽然在法律上对各州并不具有约束力,但美国大多数州在制定以及修改公司法时以该法为蓝本。因此,《示范公司法》在统一各州公司法律制度方面发挥着重要的作用。在这一过程中公司法学推动着公司法的演进,为各种公司制度提供不断创新的理论依据。

我国公司法学的发展经历过曲折的道路。我国公司制度通常认为始于19世纪的清朝。至20世纪初中华民国时期,公司制度在我国有了一定的发展。无限公司、两合公司、有限责任公司、股份有限公司等主要公司形式先后在我国出现,我国公司法学由此产生并有一定程度的发展。这一时期的公司法学除介绍国外公司制度外,具有明显的注释公司法学的特征。我国历史上第一部公司法即《公司律》,诞生于光绪二十九年(1904年)。在《公司律》中,公司分为以下四种:(1)合资公司;(2)合资有限公司;(3)股份公司;(4)股份有限公司。在南京民国政府时期,以德国、日本的公司立法为蓝本,于 1929 年制定了《公司法》。该法后经多次修改,至今仍在我国台湾地区沿用。新中国成立后,我国废除了旧的六法,随后对私有制进行了社会主义改造。在此期间,《私营企业暂行条例》以及《私营企业暂行条例施行办法》成为了我国规范公司组织以及运行的重要法规。随着国家实行公有化政策,公司法上的公司已不复存在,公司法学也处于停滞的状态。1978 年党的十一届三中全会后,伴随着我国经济体制改革的深入和发展,开始了公司法学发展、繁荣的新的春天。由于公司法学的理论及实务研究的全面开展,为《中华人民共和国中外合资经营企业法》(1979 年)、《中华人民共和国外资企业法》(1986 年)、《中华人民共和国中外合作经营企业法》(1988 年)、《国营工业企业暂行条例》(1983 年)、《关于经济体制改革的决定》(1984 年)等法规、政策相继问世提供了理论依据。也为 1993 年《中华人民共和国公司法》的制定和实施奠定了理论基础,我国的公司立法以及法学研究从此也进入了一个新的时期。

(刘弓强 蔡云红)

gongsi fuzeren

公司负责人(persons in charge of company) 公司董事会成员、监事会成员(或者未设立监事会的公司监事)以及公司经理。执行职务的行为是公司的行为。公司负责人可分为当然负责人与职务范围内负责人。当然负责人,在无限公司、两合公司中为执行业务或代表公司的股东;在有限公司、股份公司中为董事或董事长,按照我国公司法规定和国际上公司法通行规则,董事会作为公司的经营决策机构和业务执行机构,有权决定法律规定由股东会决定以外公司的重要经营管理问题。职务范围内负责人,指公司的经理人或清算人,股份有限公司的发起人、监察人、检查人等,他们仅在执行职务时,在职务范围内为公司的负责人。按照我国公司法规定和国际上公司法的通行规则,监事会或监事作为公司的内部监督机构,依法对董事、经理行使公司职权进行监督;经理负责日常生产经营工作。公司董事会、监事会、监事及经理在公司内部都处于重要地位,对公司正常运营和发展,起着举足轻重的作用。公司负责人在公司所处地位及职权,直接关系公司利益、股东利益以及第三者债权人利益,公司负责人的行为是否合法,还涉及到社会经济秩序,我国公司法对公司负责人的任职资格和公司负责人的义务及相应的责任作了规定。对规范公司负责人的行为,依法调整公司负责人同公司之间,公司负责人同股东之间的法律关系,具有重要意义。

1. 公司负责人任职资格。我国公司法的规定,有限责任公司、股份有限公司的董事、监事和经理,由自然人担任。董事、监事可以是公司股东,也可不是公司股东。公司的经理,可由公司的董事兼任,也可另行聘任;《中华人民共和国公司法》第 57 条规定:(1) 无行为能力或者限制行为能力的人,不得出任公司的董事、监事或经理,(2) 因犯有贪污罪,贿赂罪,侵犯财产罪,挪用财产罪或者破坏社会经济秩序罪,被判处刑罚的人,自执行期满未愈 5 年,或因犯罪被剥夺政治权利,执行期满未逾 5 年;(3) 担任因经营不善破产清算的公司、企业的董事或者厂长、经理,并对该公司企业的破产负有个人责任,自该公司、企业破产清算完结之日起未逾 3 年;(4) 担任因违法被吊销营业执照公司的企业法定代表人,并负有个人责任的,自该公司、企业被吊销营业执照之日起未逾 3 年;(5)个人所负数额较大的债务到期未清偿。我国《公司法》第 58 条规定:"国家公务员不得兼任公司的董事、监事、经理。"

2. 公司负责人的行为规范。根据我国《公司法》第 58~62 条规定,公司的董事、监事、经理负有忠于职守和善良管理的义务,主要行为规范是:公司负责人不得侵犯公司的财产;不得从事与公司有竞争关系的活动;公司负责人必须保守公司的秘密等。

3. 公司负责人的责任,即公司负责人违反行为规范,违背应尽义务应承担的责任。公司负责人在执行职务时,如果违反善良管理人的注意(有抽象过失),致公司受到损害,各国立法规定对公司负赔偿责任。

(刘弓强 蔡云红)

gongsi gonggao

公司公告(public notice of corporation) 以公示方式,将有关公司的设立、合并、解散等事项公告人们周知,目的是为确保交易安全,杜绝或减少纠纷的发生。不少国家规定公司注册登记经审查核准后,要予以公告,只有经过公告,登记才具有效力。公告必须符合的要求:(1) 公告和登记的事项必须一致;(2) 公告的事项必须真实;(3) 以适当的方式公告于社会,让公众了解企业登记的内容。公告方式一般是在政府专设的官方商事公报上公告,如法国;或在公司自己选定的某家报纸上公告,如奥地利;或由主管机关公告,如我国。按照我国《企业法人登记管理条例》第 23 条规定,企业开业、变更名称、注销,由登记主管机关发布企业法人登记公告。

(刘弓强 蔡云红)

gongsi hebing

公司合并(consolidation of company) 两个或两个以上的公司通过订立合并协议,依据法律规定程序合并为一个公司的法律行为。公司的合并是公司行为,不是公司股东间的合并,需由其代表人订立合同,并由股东大会特别授权,否则合并无效。公司合并分为吸收合并和新设合并。(1) 吸收合并。又称公司兼并或存续合并,是一个公司吸收其他公司后存续,被吸收的公司消灭。(2)新设合并。又称创设合并,是两个或两个以上的公司合并设立一个新公司,合并各方消灭。

公司合并的程序为:(1)各公司的股东大会作出关于公司合并问题的决定或决议;公司合并属重大事项,应按公司法和章程规定进行。《中华人民共和国公司法》规定,公司合并事宜的股东会会议的表决权,应由三分之二以上的绝大多数股东的一致同意。(2)两个以上公司订立公司合并合同,各公司应以自己的股东大会所通过的合并条件,作为订立合并合同的基础。(3)向债权人发出公司合并的通知并公告,征求债权人关于公司合并的意见,以保护债权人利益。(4)办理公司合并登记,因合并而成立的公司,应进行设立登记;因合并而存续的公司,应进行变更登记;因合并而消灭的公司,应进行注销登记。公司合并以登记发生效力。

许多国家公司法规定,公司合并一般毋需政府许可,但有下列情况者应予禁止或者报有关行政机关批准:(1)特殊行业(如金融业、民间航空业等)的公司合并。我国《公司法》第183条规定,股份有限公司的合并,应经国务院授权的部门或省级人民政府批准。(2)可能导致市场垄断的公司合并。公司合并是形成垄断的途径,不少国家都以反垄断法、反托拉斯法加以限制。(3)导致控制股权被外国人掌握的公司合并。一些国家的商法典或公司法对不同类型公司合并后的公司形态作出限制,如股份公司与两合公司之间的合并,合并后的公司应是股份公司;股份有限公司与有限责任公司的合并,合并后为股份公司。应经法院认可,合并后为有限责任公司。股份有限公司必须在清算完结后才能合并。根据我国《公司法》规定,有限责任公司之间、股份有限公司之间合并,合并后存续的公司仍是有限责任公司或股份有限公司。有限责任公司与股份有限公司合并后存续的公司一般是股份有限公司。

公司合并的法律后果:(1)公司的消灭。无论是吸收合并还是新设合并,总有公司消灭。(2)公司的变更或新生。在吸收合并中,存续公司接收其他公司,章程必须变更;在新设合并中,新公司诞生。(3)权利义务的转移。因合并消灭的公司,权利义务均由合并后存续或新设的公司当然接受。如果合并前的债权人认为合并对债权人不利,可提出异议,按债务转移须得债权人同意的原则处理,协商解决。公司通过合并,可扩大再生产规模,提高管理水平,高效利用剩余资金,提高公司效益,减少风险,增强竞争力。

(刘弓强 蔡云红)

gongsi hebing de xiaoli

公司合并的效力(effect of corporation merger) 公司合并的效力主要表现为以下几方面:

1. 合并公司的变化。(1)公司合并后必须有一个公司以上的公司不复存在。这种公司消灭与一般公司解散不同,一般公司解散必须经过清算程序,因合并消灭的公司无须经过清算程序,法人资格即告消灭。形式上公司合并形成了原公司法人人格消灭的原因,产生了原公司法人消灭的后果。实质上公司的合并并非原公司纯粹的消灭,只是融合到一个新的公司之中。(2)公司的变更。吸收合并中存续的公司等于原公司继续存在,但充实了新内容,属于公司的变更,如股东人数的变更,资本总额的变更,乃至责任形式的变更等等。为此,合并后存续的公司必须修改公司章程。(3)公司的新设。新设合并中,原来参加合并的公司已经消灭,新设了一个公司。

2. 股东的收容。因合并而消灭公司的原有股东,可依合并协议的决定,成为新公司的股东。原有公司股东可按合并协议规定,将持有的旧公司的股票或出资,按比例换为新公司的股份或出资。

3. 权利义务的概括承受。不论新设合并还是吸收合并,合并后被消灭公司的债权债务,均由合并后的公司承担,不必就财产、债权、债务进行个别的转让与承受。这种承继不得以任何为先决条件,不得选择。但公司违反法律规定,不向债权人作合并通知或公告,或在指定期限内向提出异议的债权人不作清偿或提供相应担保的,该公司不能以合并为由对抗第三人。《中华人民共和国公司法》第184条第4款规定:"公司合并时,合并各方的债权、债务应当由合并后存续的或者新设的公司继承。"我国台湾地区公司法第75条规定:"因合并而消灭之公司,其权利义务,应由合并后存续或另之公司承受。"该规定适用于无限公司、两合公司、有限责任公司和股份有限公司。另外,该法第426条还规定:"股份有限公司合并以后存续公司或新设公司,因合并公司承担公司债时,应于公司变更或设立登记时,并为公司登记。"公司合并是公司权利义务概括的转移,不同于经营中的转让,有些类似继承。

4. 申请设立登记或变更登记。新设合并的,新设公司因而设立,吸收合并的,存续公司的章程会因合并发生变更,公司应进行变更登记。性质上因新设合并设立的公司,不同于公司设立,但都得经过登记程序。我国《公司登记管理条理》第34条第1款规定,因合并而新设立的公司,应当申请设立登记。我国台湾地区公司法第398条第1款第3项规定:"因合并而设立之公司,为设立之登记。"同时该法406条第3款规定:"因合并而设立申请者,应附送第73条第2款规定的通知及公告,或已依第74条规定清算或提供担保的证明文件。"公司的合并违反法律规定时,法院可依利害关系人的请求,判决合并无效。公司合并无效表现为:(1)程序不合法。如未订立合并合同,未通知债权人或缺乏保护债权人的程序,股东、债权人、董事会、监事会等均有权向法院提起无效之诉。这种无效之诉的诉讼时效,一般为六个月。公司合并登记之日,为时效开始时间。(2)内容不合法。如合并违反不正当竞争法、反垄断法规定形成垄断时,法律可授权有关部门或团体向法院提起合并无效之诉。西方国家,这种诉讼由负责监督反垄断法实施的公正交易委员会向法院提出。这种诉讼不受时效限制。 (刘弓强 蔡云红)

gongsi jiesan
公司解散(dissolution of company) 已经成立的公司,由于法律或公司章程规定的某种事由发生,致使公司法人资格消灭的法律事实。此时公司丧失营业上的能力,停止积极业务活动,开始处理未了结的业务。公司是企业法人不同于自然人,通常没有概括转移权利义务的方法,因此公司虽然发生解散事由,法人资格并不随即消灭,除因合并或分立外,都要通过清算行为处理未了结的事务,将对内对外的法律关系结束,清算完结前公司的法人资格仍视为存续,只是权利能力受到限制,除特殊情况外,应停止新的业务活动。清算完结,注销登记后公司法人资格归于消灭。因此公司解散并不等于法人资格消灭,是公司法人资格消灭的原因。公司的解散分为任意解散和强制解散,任意解散的原因主要有:(1)公司章程所规定的营业期限届满或公司章程所规定的解散事由出现;(2)股东全体同意或者股东大会作出特别决议;股东会是权力机关,股东或股东会出于某种原因,认为公司需要解散时,可作出解散公司的决议。《中华人民共和国公司法》规定有限责任公司解散,应由代表三分之二以上表决权的股东通过,方可形成解散决议;股份有限公司解散决议,应经出席股东大会会议的股东所持表决权的三分之二以上通过;(3)因公司合并或者分立需要解散。公司实行吸收合并时,被吸收的公司因合并而解散,公司实行新设合并时,以前的公司因合并全部解散。公司分立为几个公司时,原来的公司解散;(4)公司经营目的已经完成或者不能完成。

强制解散的原因主要有:(1)公司被宣告破产;(2)公司设立登记后,如发现设立或其他登记事项有违法或者虚假的情况时,经法院裁判并通知主管机关撤销登记。我国《公司法》第192条规定公司因违反法律、行政法规被依法责令关闭的,应当解散,公司设立人设立公司的目的违法或公司从事违法经营及其他违法活动时,以及公司设立后在一定期限内未开展经营活动时,法院或有关主管机关发出解散命令而解散,或者登记主管机关撤销公司登记而解散;(3)主管机关根据行政职权命令解散,如公司设立登记后无正当理由长期不营业,公司董事或者执行公司业务的股东有违反法律或公司章程的行为,足以影响公司正常经营,经主管机关书面警告,仍不改正者,主管机关可宣布强制解散;(4)公司经营发现显著困难或者重大损失,应公司股东的请求,法院依法裁定解散。公司解散后,应依法进行清算,办理解散登记。 (刘弓强 蔡云红)

gongsi jiesan de xiaoli
公司解散的效力(effect of corporation dissolution) 主要表现为:(1)公司必须停止正常的生产经营活动。公司解散公司法人地位仍将持续到公司注销登记,但除有利于清算的必要业务外,公司必须停止一切业务活动。有利于清算的必要业务,指在公司宣告解散前已存在的日常业务,并且持续履行此项业务将有利于股东和债权人的合法权益。也指为进行清算活动的必要业务活动。据诚信原则,为保护公司债权人的利益,公司在从事有利于清算的必要业务中应说明公司已经宣告解散,进入清算程序。此外,公司不得以任何借口,加以维持公司职工的生活等,从事各种变相的生产经营活动。(2)公司必须立即进入清算程序。公司解散除公司合并分立外,公司必须进入清算程序。公司自愿解散的,应在宣告公司解散之日起一定日期内成立清算组;公司因违反法律、行政法规被依法责令关闭的,或依法被宣告破产的,由有关主管机关或人民法院组织股东、有关机关及有关人员成立清算组,进行清算。清算组成立后,任何人不得擅自处分公司财产,只能由清算组按照法定程序进行清算。(3)公司由经营公司转变为清算公司。公司解散,公司法人资格尚未消灭,但公司存在的目的不是为生产经营,而是为清理公司债权债务,了结尚存的各种法律关系,与公司清算相适应,公司的董事会、法定代表人不再代表公司行使职权,由公司清算组代表公司行使以清算为目的的法定职权。公司股东会虽然依法作为公司权力机构存在,但公司股东会的权限只限于与清算有关事项,主要是审议并通过清算组提出的清算方案,选任或撤换清算组成员等。公司监事会监督清算组及其成员依法行使职权。 (刘弓强 蔡云红)

gongsi jiesan fangshi
公司解散方式(means of corporation dissolution) 与公司解散原因相联系,公司解散方式可分为自愿解散和强迫解散。强迫解散是在公司违反法律、法规时,被政府或主管机关或人民法院强制勒令解散,或是公司无力偿付债务,被宣告破产而被迫解散;自愿解散是公司创办人或股东会决议或公司因章程规定营业期满或解散事由出现或公司设立宗旨已经达到,经营业务已经完成或公司的营业不能进行而自动终止一切业务经营活动。　　　　　　　　　　　(刘弓强　蔡云红)

gongsi jingliren
公司经理人(manager of company)　公司之章定、任意、常设之辅助业务执行机关。经理人设置须有章程的规定为依据,为章定机关。公司是否设置经理人,视其营业上是否有需要。如未设置,不影响存续,经理人为公司的任意机关。公司设置经理人目的在辅助法定业务执行机关执行公司业务,公司业务须经常执行,经理人为公司常设辅助业务执行机关。公司的经理人在执行业务范围内,是公司的负责人,属公司机关之一。

经理人资格:各国多以消极加以限制经理人的资格,诸如犯有重罪尚未结案者、经济犯罪服刑期满未逾规定年限、受破产或撤销宣告负有个人责任未逾规定年限、负有个人重大债务尚未清偿以及受禁治产人宣告等。

经理人任免:多数国家法律规定,公司经理权须由公司亲自授予,不得由公司的代理人或其他经理人代为授予。与一般商事代理权的授予相区别。公司只能借助公司机关为法律行为,实践中经理权的授予只能由公司机关具体行使。公司成立后股份有限公司的经理权多由董事会授予,有限责任公司和其他公司的经理权多由股东(或股东会)授予。公司正式成立前,经理权如何授予,各国立法不尽相同。有些国家规定由设立文件或股东会聘任,如意大利;有些国家对此未作规定,实际上多由初始董事会或初始股东会授予。无论由哪一机关授予公司经理权,经理均系公司的代理人,而非公司机关的代理人。

经理权解除主要原因:(1)由公司撤销经理人的经理权,可由公司针对经理人或第三人为之,也可通过公示等单方面法律行为进行。(2)由于基础关系结束,经理权自动解除,为经理权的正常结束。如雇佣契约期满,各国多允许经理权自然解除。(3)由于经理人死亡,经理权被迫解除,为经理权的非正常结束。经理权不因营业主(或股东)死亡而消灭,不同于一般代理。

经理人与公司的关系:许多国家公司法规定的董事与公司的关系和经理与公司的关系是不同的。如英美法系国家,一般均规定董事与公司之间是信托关系,经理与公司是雇佣关系(如美国多数州立法例),董事与经理的地位与职权有很大差别。大陆法系一般规定董事和经理与公司的关系相同,规定董事和经理与公司均为委任关系,但董事和经理的具体职权不同。

经理人的权利:多数国家赋予公司经理以广泛的权利。西方国家公司立法、公司章程以及合同规定的经理权内容主要有:(1)代表公司签订业务合同,有些国家限定为一定金额的合同;(2)任免经理以外的其他公司职员;(3)执行董事会制定的经营方针和计划;(4)定期向董事会报告业务情况;(5)向董事会提交年度经营报告和分配方案;(6)负责管理公司日常事务;(7)代表公司参加诉讼。

经理权,是公司经理在法律、章程或契约规定范围内辅助执行公司业务所需要的一切权利。经理权有广狭两义,广义经理权系指一般商事代理权,狭义经理权仅指公司经理权。经理权性质与权能:(1)经理权性质:西方国家公司是以资本为主导的现代企业的典型形式,经理受聘于公司,属于雇员范畴。根据"雇员理论",经理以公司名义为营业行为时,系公司的代理人,经理权实质乃商法上的代理权。多数国家(地区)以商法、公司法等对经理权的授予方式、权限范围、行使方式、撤销或解除等加以规定,使经理权带有浓厚的法定权利色彩。(2)经理权的权能:经理权作为商事代理权,主要表现为管理权能和代表权能。管理权能是经理在公司内部所享有的可以用来对抗股东、董事或监事,并以之处理一些特定事务的能力。管理权能的依据在于公司与经理之间所存在的基础关系,如雇佣关系、任用关系等。代表权能是经理以公司名义进行活动,并与第三人缔结契约,使公司直接承担契约法律后果的能力。代表权能的依据在于公司与第三人间的外部关系。各国对经理权权能有两种主张:一为复合权能说,认为经理权同时包含上述两种权能,此为少数大陆法系国家(地区)立法所采;二为单一权能说,认为经理权只包含代表权能,为德国等多数大陆法系国家和英美法系国家立法采取。强化经理权的代表权功能,弱化管理权功能,为现代各国经理权制度的立法趋势。代理权性质上属于因授权或法律规定产生,可直接改变本人与第三人之间法律关系的权利。代理权的着眼点是本人与第三人之间的外部法律关系,而非本人与代理人之间的内部法律关系。这种观点为多数大陆法系国家接受,称为"区别论"。德国代理法创设了"抽象原则",认为在外部关系中,最重要的是代理权,即作为代理人活动后果由本人承担的权限。本人和代理人之间的内部关系,由委托契约或其他法定义务决定。经理权作为代理权,同样适用这一规则。从基础关系(内部关系)中抽象出经理权的目的,在于使经理权的有效性与基本行为(如雇佣、任用行为)的有效性相分离。与大陆法系国家不同,英美法系国家以本人与代理人的"等同论"为代理制度的理论基础,以此解释代理权的代表功能。代理人在法律上被视为本人的代表,代理人通过签订合同或处分财产,即可影响到本人在他与第三人关系中的法律地位。这一解释能够达到与"区别论"异曲同工之效,即作为代理权经理权具有代表权权能。(3)经理权的代表权能与公司机关代表权区别:大陆法系国家将公司机关(或法定代表人)所享有的代表公司为法律行为的权利称为代表权,享有代表权的机关(或人员)的行为即为公司本身的行为,此与经理权判然有别。公司经理不是公司代表人(个别大陆法系国家规定经理可以成为公司代表人),经理权不是代表权,经理行使经理权的行为非公司本身的行为,是经理人自己的行为。经理权具有代表权权能,仅指公司经理能以公司名义为法律行为,并使该行为的后果归于公司。英美法系国家以"等同论"构筑代理制度基础,代理人得到本人授权所为的行为,被视为本人的行为,不是代理人的行为。经理人义务包括:基于委任关系产生的义务;不竞业的义务;遵守法律、章程及股东决议的义务;造具公司会计表册的义务;申报持有股份的义务。

(刘弓强 蔡云红)

gongsi mingcheng
公司名称(name of company) 公司在从事生产、经营、服务等营业活动中所使用的主要符号,各国商法中称为商业字号,简称商号。在公司法中规定公司名称作为重要事项载明于公司章程中。公司名称属于公司设立登记的必要事项,列为公司设立的必要条件之一。公司名称是区别不同公司的标志,是代表公司的符号,是公司参与经营活动的必要条件。公司名称不依附于股东或其他经营者,只依附于营业活动并可作为无形资产转让。公司合法名称受法律保护,不允许任何人滥用与冒用。

公司名称确定原则在方法上有三种。一种为自由原则,即允许公司名称与其营业种类及股东姓名无密切联系,但应标明公司的种类。二为真实原则,即公司名称应对其营业种类及股东姓名作出真实的反映。三是有限制的自由原则,即公司可使用与股东姓名无关的名称,但要受到法律有关规定的限制。

公司名称一般由四部分组成:(1)公司的种类,即公司的组织形式,即具体标明其为无限公司、两合公司、有限公司还是股份有限公司。(2)具体名称,也称之为字号。在我国,以下几种特殊名称不能用于公司名称,即对国家、社会、公共利益有损害的名称,外国国家(或地区)名称,国际组织名称,以数字或拼音字母组成的名称,政党名称,行政机关、军事机构名称、群众组织、社会团体名称,部队番号以及其他可能对公众造成欺骗或误解的名称。(3)营业种类,即公司的主要营业性质或范围,如"西安杨森制药有限公司"、"制药"即是营业种类,但法律对营业种类并无硬性规定。(4)公司所在地行政区划的名称,公司申请登记主管机关所在地行政区划的名称,全国性的公司可不冠以所在地行政区划的名称,使用"中华"、"中国"等字样,外商投资企业也可不标明行政区划名称。

公司名称应符合以下要求:(1)只能使用文字,不能使用图形或符号,在我国民族自治地区的公司可以使用本民族地区通用的民族语言文字,外商投资企业可以同时使用与中文名称相一致的外文名称。(2)一个公司只能使用一个名称。(3)在同一行政区划内,同行业的公司名称不得相同,全国性公司、外商投资企业公司在全国范围内,同行业名称不得混同。(4)公司名称中有外文名称,只能音译而不能意译。(5)不得使用县以上行政区划名称作字号。

(刘弓强 蔡云红)

gongsi qiye
公司企业(corporation) 法律意义上的公司是依照法定的条件和程序设立,以营利为目的的社团法人。公司是企业法人的一种。公司具有以下特征,(1)公司是具有独立法律人格的经济组织。公司的法律人格与公司的成员的法律人格是分离的,即作为公司成员的股东与公司本身分别属于彼此独立的、不同的法律主体。当股东为法人时,公司与股东为不同的法人。当股东为自然人时,股东具有独立的自然人主体资格,公司具有法人主体资格;公司有自己独立的财产,公司财产与股东未投入公司的个人财产相分离。股东一旦将其财产投入公司,就丧失了对这部分财产的所有权而转化为股权,在公司存续期间,股东不得任意支配、处分公司财产,也不得任意抽回在公司的投资。股东未投入公司的财产,属于股东自身所有并直接支配的财产,公司的生产经营活动不涉及;公司对自己的财产独立承担责任,即公司以其财产承担公司债务、股东以其出资额或所认购的股份对公司债务承担有限责任,除此之外,对公司债务不承担任何责任。股东的债务由其本人负担,股东债权人不能要求公司代为履行;公司以自己的名义独立进行活动。《中华人民共和国公司法》第5条规定:"公司以其全部法人财产,依法自主经营,自负盈亏。"(2)公司是以营利为目的的法人。任何公司都必须从事经营活动并在一定期限内持续不断的从事经营活动。(3)公司是社团法人。所谓社团法人是指以人的组合为基础,有两个以上的社员集合而成的法人组织。(4)公司是依法定的条件和程序设立的企业法人。

依照股东对公司所负责任的形式可将公司分为:(1)无限公司,指由两个以上的股东组成的,全体股东对公司债务承担无限连带责任的公司。大陆法系国家大多在商法典中或公司法中对无限责任公司加以确认,并承认其为独立的法人。英美法系认为是合伙不承认其为公司。我国未规定此种类型的公司。(2)有限责任公司,又称有限公司,是指由法律规定的一定人数的股东组成，股东以其出资额为限对公司承担责任，公司以其全部资产对债务负责的一种公司。各国都规定有限公司具有法人资格，但与股份公司相比，有限公司具有一定的人合因素。(3) 股份有限公司，也称股份公司，指全部资本划分为等额股份，股东以其所认购的股份为限对公司承担责任，公司以其全部资产对债务负责，并可向社会公开发行股票的公司。股份有限公司是典型的资合公司，各国都承认其法人地位。(4) 两合公司。指由一部分无限责任股东和另一部分有限责任股东共同组成的公司。(5) 股份两合公司，指资本划分为股份，由一人或数人无限责任股东和与其所持股份为限对公司债务负责的有限责任股东组成的公司。我国《公司法》明确规定的类型有两种，即有限责任公司和股份有限公司。根据公司的信用标准分：可将公司分为人合公司、资合公司、人合兼资合公司。根据公司的依附关系和组织系统分：可将公司分为母公司与子公司，总公司与分公司。根据公司的国籍分：可分为本国公司和外国公司。　　　　(刘弓强　蔡云红)

gongsi shanghao

公司商号(business name of company)　又称公司商业名称。是公司在商事活动中所使用的名称，也是公司进行注册登记时用以表示自己营业的名称。公司商号与公司的法人名称是一致的。公司商号必须用文字表示，而不能用数字、符号、代号、图形表示，以便人们与之发生交易。公司商号中必须真实地标明公司的性质，如"无限公司"、"有限责任公司"、"股份有限公司"等，以便人们明了公司性质，了解公司信用程度。

公司商号一般是由四部分组成。第一部分是公司所在地行政区域的名称；第二部分是公司的具体名称(字号)；第三部分是公司的行业属性，标明公司的经营种类、范围；第四部分是公司的组织形式，即公司的性质，如"无限公司"、"股份有限公司"等。

公司原则上只准使用一个商号，并且在同一行政区域内不得使用与已登记注册的同行业公司的商号相同或相近似的商号。各国对公司商号的选定都有一定的限制。依照我国有关法律规定，公司不得使用下列名称作为商号：(1) 有损于国家、社会公共利益的名称；(2) 可能对公众造成欺骗或误解的名称；(3) 外国国家(地区)的名称；(4) 国际组织的名称；(5) 政党名称、党政机关名称、群众组织名称、社会团体名称及部队番号；(6) 以汉语拼音字母、数字组成的名称；(7) 其他法律、行政法规规定禁止使用的名称。

公司对自己的商号有使用权和专用权。公司商号的使用权是指公司可以自由地使用自己的商号，任何人不得加以妨害；公司商号的专用权是指公司有权请求禁止其他商事主体登记、使用同一商号。

公司商号可以转让。公司商号的转让应遵循以下原则：(1) 公司商号一般只能和营业一起转让或在原公司停止营业时转让；(2) 转让人停止使用该名称，由受让人使用；(3) 名称转让依当事人意思表示一致，签订书面转让协议，并在有关机关办理登记。(於向平)

gongsi sheli

公司设立(establishing of company)　公司取得法人资格的一系列法律行为的总称。内容主要包括公司发起人创建公司的一致意思表示，订立章程，决定公司的种类、名称、经营范围、履行出资义务、推选组织机构、申请设立登记等。关于设立公司的行为，在法学理论上有契约说、单独行为说、共同行为说、合并行为说等。学者多持共同行为说。公司设立与公司成立有区别，设立是创办公司的行为或过程，成立表明公司取得主体资格的一种状态，设立为成立的前提，成立是设立的结果。股份有限公司的设立有两种方式：(1) 发起设立，又称共同设立或者单纯设立，即由发起人认足资本总额而设立公司。(2) 募集设立，又称复杂设立，即发起人不能认足资本总额，对外公开募足资本而设立公司。设立公司，需具备三个要件：出资人、资本、章程。

公司设立有以下五种方法：(1) 自由设立主义，又称放任主义，是对公司的设立持放任态度，行为人只要愿意，无需履行任何手续即可自由设立公司，此种设立盛行于欧洲中世纪晚期及近代早期的公司萌芽初创阶段。因易导致滥设公司逐渐被摈弃。(2) 特许设立主义。凡设立公司，首先有元首的命令或者国家特许法规的规定，经特许成立。17~18世纪的英国、荷兰等国家曾采取特许主义。因手续繁琐、限制过严，客观上束缚公司的发展。当今除极少数特殊性质公司在一些国家仍依特许设立外，绝大多数国家不再采取特许设立主义。(3) 核准主义，又称行政许可主义，公司的设立除具备法律规定的条件外，还需要主管行政机关核准，为18世纪的法国、德国采用。核准主义较特许主义灵活，一定程度防止了滥设公司，但公司的设立取决于行政主管机关的意愿不是遵循法律规范，不符合市场经济发展的需求，19世纪后期除某些特定范围的公司外，核准主义在西方国家逐渐为准则主义取代。(4) 准则主义，也称之为登记主义，公司设立条件由国家法律统一规定，凡符合法律规定的条件，经登记注册即可成立。准则主义规范明确，对所有的人平等适用，19世纪末成为各国普遍采取的公司设立原则。(5) 严格准则主义。一方面严格规定公司的设立条件，加重发起人的责任，另一方面加强法院和行政机关对公司的监督，对国计民生有密切关系的公司，仍采取核准主义。《中华人民共和国公司法》改变了传统的核准主义原则，采取以准则主义为主、核准主义为辅的公司设立原则。《公司法》第 8 条规定:"设立有限责任公司、股份有限公司,必须符合本法规定的条件。符合本法规定条件的,登记为有限责任公司或股份有限公司,不符合本法规定条件,不得登记为有限责任公司或股份有限公司。法律、行政法规对设立公司规定必须报经审批的,在公司登记前依法办理审批手续。"上述规定表明,除法律、行政法规明确规定报经审批的实行核准主义外,其他公司设立均实行准则主义。

(刘弓强 蔡云红)

gongsi sheli de chexiao
公司设立的撤销(withdrawal of incorporation) 当设立公司的行为属于无行为能力人未经监护人代理实施的设立行为、存在欺诈或胁迫的设立行为、损害债权人利益或社会利益的设立行为等,在一些国家适用设立撤销的规定。如《美国标准公司法》第 56 条、《日本商法典》第 141 条的规定。日本法规定股东以设立公司的行为无效或可撤消以及公司债权人以股东明知有害债权而设立公司为理由,可以提出设立撤销的诉讼。设立撤销只能通过诉讼程序提出,且只能在公司成立后两年内提出。起诉人只能是股东或债权人,被诉人为公司或其他股东。设立撤销的判决确定时,效力与设立无效的判决相同。《中华人民共和国公司法》对公司设立撤销没有相关规定。公司设立是一种法律行为,类推适用相关规定:(1)公司设立登记后,发现有设立无效的原因时,一般认为在公司开始营业前,任何人均得向法院提起诉讼,主张公司设立无效,经法院判决确定后,该公司即成为事实上的公司(而非依法成立之公司),并进行清算,以结束其法律关系。(2)一般法律行为经撤销,视为自始无效,但无限公司设立的撤销,出于保护交易安全,一般认为应解释为不发生溯及效力为妥。因此公司自撤销之日起,应有规定解散的情形,经清算结束。

(刘弓强 蔡云红)

gongsi sheli fangshi
公司设立方式(means of incorporation) 公司法规定的设立公司的方法和形式,有发起设立和募集设立两种方式。发起设立是发起人自认足应发行的全部股份,并按股在规定的时间内,以现金、实物或公司认可的其他资产缴足股款;募集设立是发起人在公开招募股份时,提出发起人背景资料、招股办法、代收股款银行的名称等,当发行的股份未能募足,发起人应连带认缴,发行股份募足时,发起人要在规定的时间内向各认股人催缴股款。募集方式包括定向募集和社会募集,定向募集方式设立是公司发行的股份除由发起人认购外,其余股份不向社会公众公开发行,但可向其他法人发行部分股份,经批准可以向本公司内部职工发行部分股份。社会募集方式设立是公司发行的股份除由发起人认购外,其余股份应向社会公众公开发行。采取发起方式设立和定向募集方式设立的公司,称为定向募集公司;采取社会募集方式设立的公司,称为社会募集公司。

(刘弓强 蔡云红)

gongsi sheli wuxiao
公司设立无效(invalid company establishing) 公司设立不符合法定条件和程序,公司法通过设立无效解决的制度。当事人认为公司欠缺法定条件或违反程序设立时,通过诉讼方式主张设立无效。公司设立无效与公司设立撤销有区别。公司撤销如无行为能力人未经监护人代理而实施的设立行为,存在欺诈或胁迫的设立行为,损害债权人利益或社会公共利益的设立行为等。公司设立无效可分为两类:(1)客观原因。如公司设立目的违法,公司章程未记载绝对必要事项,或者所记载的内容违背公司的本质特征。(2)主观原因。如特定股东对于公司的设立无行为能力,或欠缺设立的意思表示等。股份有限公司设立无效,不能适用民法中有关法人的一般原则。设立股份有限公司是一种影响面很广,涉及人数多,程序十分复杂的法律行为,一旦无效,会给社会安定带来影响。各国立法对无效的确定从严限制,都力图依法予以维持。《中华人民共和国公司法》对股份有限公司设立规定了严格的条件,也规定了具体的设立无效的情形和补救条款。《公司法》第 93 条规定的发起人、认股人可依法抽回股本几种情形,算是设立无效的情形。

在公司设立中有下列情形之一的,发起人、认股人可抽回股本:(1)未按期募足股份的;(2)发起人未按期召开创立大会的;(3)创立大会决议不设立公司的。上述情形出现,公司设立无效。

我国台湾地区公司法规定有三种设立无效情形:(1)第一次发行股份募足后,逾 3 个月股款尚未缴足的;(2)股款已缴纳发起人不在 2 个月内召集创立大会;(3)依该法第 151 条规定,创立大会决议不设立公司的,公司设立无效。《德国股份公司法》第 275 条规定,如章程中没有资本总额或营业范围规定时,股东、董事会、监事会成员可提出公司无效诉讼。《日本商法典》第 136 条做了类似规定。设立无效的诉讼只能在公司成立的一定期限内(日本为 2 年,德国为 3 年)提出,原告只能是公司的股东、董事或监事,被诉人为公司。设立无效的判决生效时,效力及于第三人,但无溯及效力,不影响判决确定以前公司名义实施的法律行为的效力。公司被确定设立无效后,即进入清算程序,清算完结,公司即告消灭。原告败诉时,应对公司负损害赔偿责任。

(刘弓强 蔡云红)

gongsi sheli xingwei

公司设立行为(act of incorporation) 公司成立并取得法人资格的一系列法律行为。公司设立内容包括公司成立的基本条件和公司设立的手续两个方面。公司设立基本条件应具备公司章程、资产、公司地址、公司的组织机构和从业人员、公司的财务会计制度等。公司设立的手续,各国不尽相同一般要经过的步骤:(1)必须有一定数目的发起人;(2)发起人负责制定公司章程并认购股份,确立股东,筹集资金;(3)由发起人召开公司创立会议,选出公司的管理机构;(4)向政府有关主管部门办理公司设立登记,经主管部门的审查认为符合法律规定的条件,准予登记,并发给营业执照,公司即成立,设立行为结束。我国公司的设立依照1994年7月1日起施行的《中华人民共和国公司登记管理条例》,设立有限责任公司,应当由全体股东指定的代表或者共同委托的代理人向公司登记机关申请设立登记;设立国有独资公司,应当由国家授权投资的机构或者国家授权的部门作为申请人,申请设立登记;法律、行政法规规定设立有限责任公司必须报经审批的,应当自批准之日起90日内向公司登记机关申请设立登记;设立股份有限公司,董事会应当于创立大会结束后30日内向公司登记机关申请设立登记。

(刘弓强 蔡云红)

gongsi sheli yuanze

公司设立原则(doctrines of incorporation) 又称公司成立的立法主义。历史上看公司设立经历了四种立法主义:(1)自由设立原则。从社会产生分工到中世纪,商业社团是依事实存在,不是依法创设。成立商业社团既无法定条件的限制亦无注册登记的程序。(2)特许设立原则。从中世纪后期到工业社会,公司成立的依据是国家颁发的特许权或国会的特别法令,每成立一个公司就须颁发一道特许状或特许法令。公司的法律人格独立承受特许状或特许法令所规定的权利和义务。(3)核准设立原则。公司成立,除具备法律所规定的条件外,还应经过主管机关的审核。(4)登记准则原则。法律预先规定公司设立取得法人资格的要件,申请人以此作为准则,比照符合即可申请注册,主管机关给予注册前,不对申请文件进行实质性审查。

(刘弓强 蔡云红)

gongsi yingyesuo

公司营业所(corporation business office) 公司依法设立并登记从事经营活动的机构。公司可依法设立多个营业所,来配合公司业务扩张的需要。公司营业所的法律意义在于如何确定公司的住所,即主要办事机构所在地,这关系到公司的登记机构和国籍,关系到公司的司法管辖和诉讼行为能力,关系到确定债务的履行地。据《中华人民共和国公司登记管理条例》规定,公司的住所应在公司登记机关辖区内,分公司的营业所申请需向营业地的登记机关提出。作为公司的主要机构的营业所,享有完全的行为能力,能以自己名义起诉或应诉,分公司的营业所属于非法人团体,不能独立承担民事责任。如有必要,诉讼中可追加主要机构为被告,承担连带赔偿责任。

(刘弓强 蔡云红)

gongsi zai gongfashang de nengli

公司在公法上的能力(corporation's capacity in public law) 公司除具有私法上的能力外,包括我国在内许多国家在法律上承认公司具有公法上的能力,内容主要有:(1)诉讼法上的能力。公司诉讼法上的能力主要表现在公司具有作为原告以及被告的能力;(2)行政、经济法规上的能力。如公司具有纳税义务以及对行政制裁不服申诉的权利;(3)刑法上公司在一定程度上具有犯罪的能力以及受到处罚的能力等。

(刘弓强 蔡云红)

gongsizhai muji

公司债募集(raising of debenture) 有权发行公司债的公司依照有关主管机关的核准和法律规定的程序,采取直接或间接发行方法向社会公开发行公司债获得资金的法律行为。为保护债权人的利益和维护社会秩序,各国公司法对公司债募集的限制体现为:(1)募集主体:多数大陆法系国家中允许股份有限公司募集(发行)公司债,德国也允许有限公司非公募性地募集公司债;英美国家未加限制;《中华人民共和国公司法》规定股份公司和国有独资公司都可募集公司债。(2)募集种类:各国对可募集的公司债类型加以限制,如日本《商法》规定了记名、无记名公司债,转换公司债及附新股认购权公司债四种;法国《商事公司法》规定了记名、无记名公司债、担保公司债、附认购券公司债、可转换公司债和可兑换公司债;我国台湾地区公司法规定了记名、无记名公司债,担保、无担保公司债和可转换公司债。我国《公司法》仅规定了记名、无记名公司债和可转换公司债三种。(3)募集数额:日本《商法》规定募集额不得超过公司现有净资产额;我国台湾地区公司法规定不得超过公司现有全部资产减去全部负债及无形资产后的余额,其中无担保公司债募集额不得超过前项的二分之一;我国《公司法》规定累计募集债券额不得超过公司净资产额的40%。(4)资信条件:各国规定只有资信条件好的公司才允许募集公司债,我国《公司法》第161条对募集公司的净资产额、最近3年的利润、资金投向和利率作出了严格限制。(5)再次募集:我国《公司法》规定两种情形不得再次募集:其一,前一次发行的公司债券尚未募足的;其二,对已发行的公司债券或者其债务有违约或者迟延支付本息的事实,且仍处于继续状态的。日本《商法》规定了类似情形。我国台湾地区公司法则区分担保公司债和无担保公司债对再次募集限制更为严格(第249、250条)。公司债募集的方法包括直接募集和间接募集,间接募集又包括代销和承销。我国《公司法》规定公司债券的募集必须由证券经营机构承销。公司债券发行公司应与证券经营机构签订承销协议,就承销方式、承销期限、承销费用和违约责任等事项作出规定。

公司债募集程序:(1)由法定机关作出发行公司债券的决议。各国决议机关不同,如日本、韩国及中国台湾此权归董事会,德国归股东会,我国一般由股东会决定,国有独资公司募集公司债由国家授权的机构或者国家授权的部门作出决定。(2)经主管机关登记或核准。英美法系国家对募集公司债实行登记制;我国及我国台湾公司法规定,发行公司债一律须经证券管理机关审核批准;德国、法国、意大利等国规定在募集额超过一定数额或发行无记名债券、可转换债券、参加债券须经政府有关部门批准。(3)公告募集办法或应募书。公告内容包括募集总额、种类、利率、种类、偿还方式、募集方式及期限、担保内容等。(4)募集债款的缴纳与债券的发行。(5)募集登记。募集结束后,董事会应在法定期间内向主管机关提交规定的文件并申请登记。

(施余兵)

gongsi zhaiquanren
公司债权人(corporate creditor) 在公司债的关系中有要求公司为一定行为或不为一定行为的人。债是按照合同的约定或者依照法律的规定,在当事人之间产生的特定权利和义务关系,债权人有权要求债务人按照合同的约定或者依照法律的规定履行义务。债权人与债务人有利益上的对立性,一方享有的权利即构成另一方的义务。我国公司债权人既可以是法人和非法人组织,也可以是自然人。自然人作为公司债权人必须符合有行为能力的限制规定。国家在特定情况下,也可以成为公司债权人。公司债权人包括因公司发行公司债而形成的债权人(持有债券人)以及与公司因合同、不当得利、侵权等行为而形成的普通债权人。公司债债权人对于发行债券的公司在付出对价取得公司债券后,即享有还本付息请求权。普通公司债权人依据与公司之间的具体法律关系,如合同、不当得利、侵权等享有相应的履行、返还或赔偿请求权。公司债权人的利益可通过公司债权人会议得到实现和维护。

(施余兵)

gongsi zhaiquan
公司债券(debenture bonds) 公司以取得长期资金为目的,就所需资金总额分割成多数单位金额,向社会公众发行在一定期限内还本付息的有价证券。广义公司债券泛指一般企业和股份公司发行的债券,狭义公司债券仅指股份公司发行的债券。公司债券法律特征:

1. 是要式证券。公司债券制作和记载必须按照法定的方式。我国《企业债券管理条例》和《中华人民共和国公司法》规定,公司债券应载明下列事项:(1)公司名称、住所;(2)债券票面金额;(3)债券的利率;(4)还本期限和方式;(5)利息的支付方式;(6)债券发行日期和编号;(7)董事长签名,公司盖章;(8)审批机关批准发行的文号、日期。

2. 是有价证券,具有流通性。公司债券是公司债的表现形式,所表示的是债券所有人作为公司的债权人享有债权,即债券所有人享有按照约定期限取得利息、收回本金的权利;发行债券的公司负有按约定期限还本付息的义务。公司债券有一定的票面金额,作为有价证券可以自由流通转让、抵押和继承(《企业债券管理条例》第8条)。

3. 认购人具有广泛性和不特定性。公司债券是公司向社会公开发行,向不特定的社会公众借贷,任何人都可购买而成为其债权人。证券市场上,公司债券和股票占同样重要的地位,是公司、企业筹资的重要方式和投资者投资的工具,两者的区别:(1)性质不同。公司债券表示的是债权,债券所有人作为公司债的债权人享有债权;股票所表示的是股东权,股票所有人作为股份公司的股东享有股东权。(2)与公司经营状况的关系不同。公司债券持有人的权益与公司经营状况无直接关系,利息一般是固定的;股票与其有着直接联系,股息与红利的有无、多少要依据公司盈余的多少确定。(3)所有者承担风险程度不同。股份公司分配盈余或剩余财产时,应优先清偿公司债,股票所有者比公司债券所有者承担的风险要大。

公司债券的种类:(1)根据有无担保,分为有担保公司债券和无担保公司债券,有担保公司债券按担保方式不同可分为抵押债券、担保信托债券、保证债券和设备债券等;(2)以公司债券是否记载持有人的姓名或名称为标准,可分为记名债券和无记名债券;(3)以公司债券能否转换成股票为标准,可分为转换公司债和无转换公司债;(以上三种为我国《公司法》的公司债券种类)(4)以公司债券持有人所得利息是否确定为标准,要分为参加公司债券和非参加公司债券;(5)根据债券持有人的收益方式不同,可分为固定利率债券、浮动利率债券、可变息债券、零利率债券、累进利率债券、最高利率债券、参加分红公司债券、分息公司债券、附新股认购权债券、产权债权等;(6)英美法上按照发行者是否提前清偿,可分为可赎公司债券和不可赎公司债券等。公司债券的发行方式有公募和私募两种。私募发行一般由董事会决定;公募发行必须严格遵守国家证券交易法及其他有关规定,按照法定程序办理。我国《公司法》第159条规定,我国公司债券的发行主体为股份有限公司、国有独资公司和两个以上的国有企业或者其他两个以上的国有投资主体投资设立的有限责任公司。

根据我国《公司法》,发行债券的条件有:(1)股份有限公司的净资产额不低于人民币3000万元,有限责任公司的净资产额不低于人民币6000万元;(2)累计债券总额不超过公司净资产额的百分之四十;(3)最近三年平均可分配利润足以支付公司债券一年的利息;(4)筹集的资金投向符合国家产业政策;(5)债券的利率不得超过国务院限定的利率水平;(6)国务院规定的其他条件。发行公司债券募集的资金,必须用于审批机关批准的用途,不得用于弥补亏损和非生产性支出。

我国《公司法》规定有下列情形之一的,不得再次发行公司债券:(1)前一次发行的公司债券尚未募足的。(2)对已发行的公司债券或者其债务有违约或者延迟支付本息的事实,且仍处于继续状态的。

(施余兵)

gongsi zhaiquan shezhi

公司债券设质(pledge on debenture bonds) 公司债券作为有价证券,可以作为质押权的客体。公司债券的设质可分为两种:(1)记名公司债券的设质必依照背书的方式进行,即在公司债券上记明设质情形并将债券交付质权人。记名公司债券的设质,应有当事人之间关于设定质权的合意(即订立质押权合同),并将质权人姓名或者名称记载在债券背面,将债券交付于质权人。质权人因持有经过背书的债券从而取得公司的债权并以此对抗第三人。但其设质,非将质权人姓名或者名称及住所记载在公司债存根上,不得对抗公司。(2)无记名公司债券的设质,只要有当事人之间设质的合意并交付债券即可成立。

(施余兵)

gongsi zhaiquan zhuanhuan

公司债券转换(conversion of debenture bonds) 有两种:一种是记名公司债券与无记名公司债券的相互转换,各国公司法一般允许这种转换;另一种是公司债券转换为股票,被称为可转换为股票的公司债券(参见转换公司债)。通常公司债券转换主要是后一种。

1. 转换期。是指转换公司债转换为股票的起始日至结束日的期间,转换期内,转换公司债券持有人可依照约定条件随时转换。我国1997年经国务院批准由国务院证券委员会颁布的《可转换公司债券管理暂行办法》规定,公司债券转换的主体是上市公司和重点国有企业。上市公司发行的转换公司债的转换期为发行结束6个月后起至期限届满。重点国有企业发行的转换公司债转换期为该企业改建为股份有限公司股票上市后起至期限届满。法国公司法规定,开始日期不得晚于第1个偿还期届满之日,也不得晚于发行开始日的第5个周年日,在公司被要求偿还之日后的3个月到期。增资或合并董事会或经理室可在不超过3个月的期限内中止行使获得转换的权利。

2. 转股价格。我国《可转换公司债券管理暂行办法》规定,上市公司发行转换公司债券的,以发行转换公司债券前的1个月股票的平均价格为基准,上浮一定幅度作为转股价格。重点国有企业发行转换公司债券的,以拟发行股票的价格为基准,折扣一定比例作为转股价格。日本《商法》第222条规定:"因转换而发行股份时,以转换股份的发行价额作为因转换而发行的股份的发行价额",该条准用于公司债的转换,表明公司债的发行价额与因转换而发行的股份的发行价一致。法国规定可转换公司债的发行价不得低于公司债债权人在选择转换的情况下将得到的股份的票面价值。

3. 转换的公告义务。公司债的转换将影响到公司资本构成和公司股票价格的变动,与投资者利益有紧密关系,我国《可转换公司债券管理暂行办法》规定了公司应履行的公告义务:(1)发行人应当在每一季度结束后的两个工作日内,向社会公布因可转换公司债转换为股份所引起的股份变动情况。转换为股份累计达公司发行在外普通股的10%时,发行人应当及时将有关情况予以公告。(2)可转换公司债发行后,因发行新股,送股及其他原因引起公司股份发生变动的,发行人应当及时调整转股价格,并向社会公布。(3)法人因可转换公司债转换为股份,直接或间接持有上市公司发行在外的普通股达到5%时,应在3个工作日内,向中国证监会、证券交易所和上市公司作出书面报告,并向社会公告。

4. 转换的法律后果。公司债券被换成股票意味着公司债务的减少及公司资本的增加,转换引起股份波动的,发行人应依法于每年年检期间,向工商行政管理部门申请办理注册资本变更登记。我国台湾地区公司法第248条第5款规定,如果债券转为股份,导致公司资本超过公司章程所定资本总额时,应先变更章程增加资本总额后,才能进行。

5. 可转换公司债券到期未转换,发行人应按约定支付利息,并偿还本金。

(施余兵)

gongsi zhaiquan zhuanrang
公司债券转让(conveyance of debenture bonds) 在法定证券交易场所(依法设立的证券交易所和场外交易场所)进行,由交易双方协商价格转移公司债券所有权及其附着的权利义务关系的法律行为。各国公司法对公司债券的转让均有规定。《中华人民共和国公司法》规定,公司债券转让方式,因公司债券种类不同而不同:(1)记名债券,由转让人在债券上背书,或者法律、行政法规规定的其他方式将债券交付给受让人,转让后必须在发行公司债券存根簿上办理过户手续,即将受让人的姓名或名称、地址记载于发行公司债券存根簿,否则对发行公司不发生转让效力;(2)无记名债券,由债券持有人在依法设立的证券交易场所将债券交付给受让人即发生转让效力。公司债券为质押权客体时,除订立质押合同外,无记名债券只需交付,转移占有即生效;记名债券除交付外,还须由出让人背书才生效(参见公司债券设质)。我国《公司法》要求无记名债券必须在依法设立的证券交易场所内交付,其他国家对转让的价格、交付地点等无限制。债券在证券交易所内的交易称为上市交易,在证券交易所以外的其他证券交易场所的交易称为场外交易或上柜交易。债券的上市交易通常由《证券法》调整。 （施余兵）

gongsizhai xiaomie
公司债消灭(extinguishment of debenture bonds) 公司债所代表的债权债务关系消灭。公司债券具有一般债权债务关系的共性,也具有有价证券的特征。债的消灭的规定以及有价证券消灭的原因均适用于公司债的消灭。公司债消灭的原因有:

1. 清偿。公司债券是公司依照法定程序发行的、约定在一定期限还本付息的有价证券,发行公司债券的公司负有按照公司债券上所记载的偿还期限和还本付息的方式按期向公司债券持有人还本付息的义务。我国偿还公司债券的方法:(1)到规定的期限届满,发行公司按照规定的利息率,一次向公司债券持有人支付利息和归还全部本金;(2)发行公司先按照规定的日期和利息率向债券持有人支付利息,到规定的偿还本金期限届满时,再向公司债券持有人归还全部本金;(3)发行公司先按照规定的日期和利息率向债券持有人支付利息,然后在规定的偿还本金期限内,通过抽签方式,每年向债券持有人偿还一部分本金,直到还完本金为止。三种方法中采用第一种清偿方法的较多。

2. 转换为股份。可转换公司债债券持有人可依法律规定和可转换公司债券募集说明书的约定,在转换期内将债券转换为股份,使发行公司与债券持有人之间的关系变为股权关系,债券金额由公司的债务变成公司的资本,使公司债消灭。如果债券持有人到期未选择转换权,或者重点国有企业到期仍未改造成股份有限公司,或者公司债届满时仍未完成改造,使得无股可以转换时,发行公司应通过清偿的方式消灭公司债。

3. 收买消除。公司债发行公司在公司债期限届满前,将公司债券买回。公司将公司债买回后,可将公司债再转让出去或者将买回的公司债予以消除。前者公司与前一债权人的债务关系消灭,但又与新的债券持有人形成债务关系,公司债所包含的债务关系并未真正消灭。后者公司与债券人因债券产生的债务关系真正消灭。

4. 混同。公司债债权人与债务人合二为一使债的关系消灭。如某公司认购公司债,在公司债期限届满前,该公司与发行公司合并,债的主体成为一人,使债消灭。如发行公司在公司债期限届满后尚未偿还前将公司债收买,也属公司债的混同。

5. 免除。公司债债权人有权免除公司向其支付本息的义务,但免除应当是无偿的,并以公司债债权人向公司实际交付公司债券为条件。

6. 抵销。当发行公司又是公司其他债权债务关系的债权人时,公司有权以应清偿的本息抵偿公司债债权人对公司所欠的其他债务,公司债债权人可主张抵销。经过抵销,若清偿本息后仍有余额,该余额应以其他方式消灭。

7. 提存。公司债债权人的原因使发行公司无法在公司债清偿期届满时向其清偿,发行公司(债务人)有权依照法定程序将本金和利息提交公证机关或专门提存机关,使公司债消失。公司债债权人可在提存后请求提存机关支付本息。 （施余兵）

gongsizhai yu xiaofei jiedai
公司债与消费借贷(corporate bonds and consumer credit) 两者都是公司筹集资金的方式,区别如下:(1)消费借贷因交付金钱或其他替代物发生效力;公司债的应募者对在应募书上应募数额付缴款义务,缴款仅以金钱为限,不得以其他物替代。(2)实施消费借贷无须发行债券;公司债要依照法定条件和程序,发行公司债券。(3)消费借贷合同中,如果有多个债权人,各债权人的条件不一定完全相同;每张公司债券的金额相同,内容一致。(4)公司债债权人可以召集债权人会议,决议有关债权共同利害事项,消费借贷的债权人,没有此项权利。(5)公司债可分为有担保公司债与无担保公司债;消费借贷没有此项划分。(6)消费借贷的权利可以转让,但不具有流通性;公司债是流通性证券,无记名公司债,将债券交付,即发生效力。(7)消费借贷,不以书面形式为要件,书面形式也没有要式要求,是非要式合同。公司债券需具有一定格式,是要式证券,契约为要式契约。(8) 消费借贷合同是要物合同及单物合同,当事人一方需转移金钱或代替物给他方;公司债合同是诺成合同及双务合同。(9) 偿还消费借贷需以种类、品质、数量相同的物返还,未确定返还期限的,可随时返还或催告返还;公司债只能以金钱偿还,偿还的期限要载明并公告。(10) 消费借贷的债务人不履行债务时,须负民事责任;公司负责人将公司债款擅自变更用途,则负刑事及民事责任。

(梁 聪)

gongsizhai zhaixi

公司债债息(interests on debenture bonds) 发行公司债时确定的利息率、公司债的数额和事先确定的(公司在债券上记载的)付息日期得到的公司债的利息,为公司债债息。世界各国发行的公司债多为有息债,公司债债息实际在发行时就已确定。息票是债息的支付凭证,债息支付方法随着公司债种类的不同有差异(参见有息债)。无息债没有债息,但发行无息债的公司通过打折扣实际上也起到债息的作用。

(施余兵)

gongsi zhusuo

公司住所(company domicile) 公司的主要办事机构所在地。主要办事机构所在地,通常是公司发出指令的业务中枢机构所在地。公司的住所是公司章程载明的地点,是公司章程的必要记载事项,具有公示效力。公司住所记载于公司章程,才具有法律效力,是公司注册登记的必要事项之一。公司住所变更必须履行法定的变更登记手续,否则不得对抗第三人。

确定公司住所的法律效果是:(1) 可以确定登记机关。依据我国立法规定,除国家工商行政管理局负责登记国务院授权批准设立的公司外,开办公司必须向公司所在地的市、县(区)工商行政管理机关登记。(2) 可以确定诉讼管辖,《中华人民共和国民事诉讼法》第22条第2款规定:对法人或其他组织提起的民事诉讼,由被告所在地人民法院管辖;(3) 可以确定人民法院诉讼文书的受送达地。根据我国《民事诉讼法》的有关规定,人民法院送达诉讼文书,应直接送交受送达人,主体为公司的应送达到公司的住所,由其法定代表人或法人负责收件的人签收。留置送达同样适用于公司,如果公司拒收诉讼文书,送达人应邀请相关组织的代表到场,在送达回证上写明拒收的理由和日期,由送达人、见证人分别签名盖章后将诉讼文书留于公司,视为送达。(4) 可以确定债务履行地。根据《中华人民共和国民法通则》第88条第3项的规定,合同中的债务履行地不明确的,有关条款内容不能确定的,当事人又不能通过协商达成协议,则在接受给付一方的所在地履行,其他标的在履行义务一方的所在地履行。

公司住所是确定公司债务履行地法定标准之一。公司住所不同于公司生产经营场所。公司生产经营场所是公司所属的生产经营活动的各个所在地,如营业场所、生产车间等都可称为生产经营场所,一个公司可有多个生产经营场所,可随公司经营的变化增减和移动,公司住所只能确定一个,不应增减。

(刘弓强 蔡云红)

gongtong gongyou

公同共有(德 Eigentum zu gesamter Hand) 狭义的公同共有,又称合有,是位于共有与总有之间的公同关系。在德国民法和我国台湾地区民法中,合伙财产、共同继承财产、夫妻共有财产等等都属于合有。各公同共有人在公同关系存续中,仅就全体财产享有应有部分,而对于各个之物的应有部分,只能透过公同共有人对于全体财产的应有部分而潜在。各公同共有人就其对于全体财产的处分,受有一定的限制;但是对于各个之物的应有部分则无权处分。

(方志平)

gongtuan

公团(corporation in public law) 为了经营公共事业而设立的一种特殊法人,日本法上的概念。第二次世界大战之后,随着日本禁止垄断政策的实施,原有的民间统治机构,如统制公司、统制组合、经营财团等的废除,国家机关设置了配售、价格统制机关的公团,如石油公团、煤炭公团、食品公团、粮油公团、价格调整公团、肥料公团、酒类公团、粮食公团。为了战后的经济复兴而成立的公团,随着统制的废止和经济复兴而废除。后来公团被利用于私人企业不便经营的事业的领域,主要是建设事业。为此,设置了日本住宅公团、爱知用水公团、水资源开发公团、农地机械开发公团、森林开发公团、日本道路公团、特定船舶整备公团、首都高速公路公团、阪神高速公路公团、日本铁路建设公团、新东京国际机场公团等。现在的公团不一定为政府完全所有并垄断,除政府全部出资的公团,如水资源开发集团等外,对地方公共团体具有影响的公团,如日本住宅公团、首都高速公路集团等是由政府和地方公共团体共同出资而成立的。另外也存在没有资本,靠借款、赋课金来维持的公团,如爱知用水公团。

(李仁玉 卢志强)

gongxin yuanze

公信原则(德 Prinzip der Guteglaubenswerkung) 依照法律规定的公示方法所表现的物权即使不存在,或者与物上权利的真实状况不一致,对基于对该公示方法所表现的物权的信赖而进行物权交易的人,法律仍承认其交易行为具有与真实物权存在相同的法律效果的原则。公信原则的核心是法定公示方法的公信力，也就是说，依照法定公示方法所表现的物权，推定为正确的、真实的权利。公信原则是物权法的基本原则之一，其宗旨在于减少物权交易成本，保护交易安全。人类社会进入市场经济阶段之后，社会财富的交换日益频繁，规模数量日益扩大，与原始农业经济阶段相比而言，对交易效率和交易安全进行保护的价值具有越来越显要的地位。从交易效率的角度来说，不能苛求当事人投入过巨的精力与财力，去追查物上权利的真实状况，甚至为了确保自己的权利，要一直追溯到交易链条的最前端。公信原则的价值即在于免除当事人的这一负担，从法律上确立可供其用以检索、确定权利真实性的信息渠道，从而使物权交易得以顺利进行。根据公信原则，进行交易的当事人只需信赖由法定的公式方法所表现的物权状态即可，而完全不必另外费时、费力去调查物上权利的实际状况，因而减少了社会交易成本。法律保护当事人对公示物权的善意信赖，保护其根据这种信赖已经进行的物权交易，从而使"动的交易安全"得到充分的保护，稳定的社会经济秩序得以维持。对交易安全进行保护的要求，是通过保护物权交易中的第三人的利益进行表达的，公信原则构成第三人保护制度的重要基础。

动产方面，罗马法上有"任何人不得以大于自己所有的权利让与他人"，以及"我发现我自己的物之所在，即得取回"的说法。如果这一说法真正贯彻，那么罗马法上不会有公示原则的存在。日耳曼法上的占有作为物权公示方法，具有物权移转的效力，因而有"所有人任意让与他人占有其物，则只能对该他人请求返还"，以及"以手护手"的原则。近代以来，各国民法为了保障动产交易的安全，均采纳日耳曼法的立场，对于因信赖占有而取得动产物权的人，即使其前手占有人没有处分权，也不妨碍该物权的取得。这一原则在立法上的表现，如《德国民法典》第932～936条（"动产所有权的取得和丧失"节），《法国民法典》第2279条、2280条（"若干特别时效"节）等。

对不动产物权登记赋予公信力，指登记机关在不动产登记簿上所作的各种登记，被推定为是正确的不动产权利。在立法上的表现，如《德国民法典》第892条、《瑞士民法典》第973条的规定等。根据保护交易安全的宗旨，只有善意第三人才能够受到登记公信力的保护。如果第三人明知或者依当时的情形应当知道不动产登记事项存在错误，则不受法律保护。

但是，法定公示方法所表现的物权确实存在着"失真"的可能性，因而实行公信原则即具有剥夺真实权利人利益的现实危险。如何在原权利人利益与第三人利益之间实现适当的平衡，是必须解决的重大问题。为了达到这一平衡，法律应当根据社会交易的实际情况，确定适当的物权公示方法与程序，完善物权程序规则，以尽量使物权的公示反应物上权利的真实状况。再者，为了弥补公信原则的贯彻所可能造成的消极影响，应当建立对真实权利人（原权利人）进行保护的制度，如更正登记制度、异议登记制度、登记机关的国家赔偿制度，以及真实权利人请求登记名义人进行赔偿的制度等。

(李富成)

gongyiwu

公义务（duty in public law） 私义务的对称，即在公法上所负之义务。可以分为两种：一为国际公法上之公义务，例如此国与彼国相互都有尊重对方主权之义务，不侵害他国领土，不干涉他国内政等；一为国内公法上之义务，乃人民在公法上对于国家、对于社会所负担的义务，例如纳税义务，服兵役之义务。

(张 谷)

gongyi faren

公益法人（public welfare legal entity） 以公益事业，如宗教、慈善、学术等为目的的法人。其积极要件需以公益事业为目的，其消极要件需不以营利事业为目的。公益法人的设立，除有特别法外，一般以民法规定设立。其设立采行政许可主义。其组织形式既可采社团法人形式，又可采财团法人形式。我国现行立法未采这一概念。

(李仁玉 陈敦)

gongyi shetuan

公益社团（德 idealer Verein） 以公益而不是以分配所得利益给社员为目的的社团。宗教、慈善、技艺、学术及其他关于社会一般利益的，皆为公益。公益社团除积极的以公益为目的外，还必须消极的不以营利为目的，若同时以公益和营利为目的，则不能为公益社团而为营利社团。我国未采此概念。(李仁玉 田东平)

gongyi shoutuoren

公益受托人（beneficial public trustee） 私人受托人的对称，又称慈善受托人，是存在于公益信托中的受托人。它既可以由普通受托人担任，也可以由营业受托人担任，在法律允许的情形下还可以由公共受托人担任。公益受托人的基本职责，是将在执行信托中所取得的信托利益运用于开展由委托人在信托行为中指定的某一项或者某几项公益事业。对公益受托人的规制在各国、各地区适用信托法关于受托人的一般规定和关于这种受托人的特殊规定。这一法律适用致使公益受托人在许多方面均与私人受托人不同。例如《中华人民共和国信托法》第62条规定：公益受托人的确定应当经公益事业管理机构批准；第66条规定："公益信托的受托人未经公益事业管理机构批准,不得辞任";第68条规定:"公益信托的受托人违反信托义务或者无能力履行其职责的,由公益事业管理机构变更受托人"。正是这些规定致使公益受托人具备了具有法律意义的特殊性。 (张 淳)

gongyi xintuo
公益信托(public benefit trust) 私人信托的对称,又称慈善信托。委托人出于公益目的即使整个社会获得利益之目的设立的信托。公益信托在社会生活中通常体现为:委托人提供(捐赠)一定财产以作为信托财产,受托人管理该项财产,并按照有关信托行为的规定将信托利益运用于举办某一项或某些公益事业即科学、教育、文艺、卫生、宗教或社会福利事业,或者运用于资助开展某一项或某些公益活动,或者运用于资助符合该行为所规定的条件的人的生活、受教育或学术研究等等。

公益信托的基本特征在于:其受益人为不特定的人,即该受益人不是被具体规定于有关的信托行为中的有名有姓的某一人或者某些人;且该不特定的人或者是作为社会公众中的成员存在,或者是作为整个社会公众存在。委托人设立公益信托的目的,并不是为了使特定的某一人或某些人获得利益,而是为了使整个社会获得利益。以向社会上人们的生活、受教育或学术研究等方面提供资助为内容的公益信托,它的受益人为存在于社会公众中的属于信托行为规定的资助范围并符合该行为所规定的资助条件的任何人,只是这些人要在事实上成为这种信托的受益人须由受托人确定;但即便这些人因此成为这种信托的事实上的受益人,他们也并非作为特定的个体或群体存在,而是作为社会公众的组成部分存在;委托人之所以在信托行为中规定资助条件并授权受托人按照该条件在社会公众中确定受益人,正是为了通过使其中某些不特定的人获得利益来实现其在设立这种公益信托时所具有的使社会获得利益之目的。以出资举办公益事业或资助开展公益活动为内容的公益信托,它的受益人实际上是整个社会公众,即社会全体成员;委托人之所以在信托行为中规定将信托利益运用于举办公益事业或资助开展公益活动,正是为了通过这些事业或活动来造福于社会公众,从而实现其设立这种公益信托时所具有的使社会获得利益之目的。正是由于公益信托系以使社会获得利益为目的而设立,致使其受益人无论是社会公众还是其中的一部分,在该受益人为后者情形下无论其是否已经由受托人确定,均不能以权利主体身份进入这种信托并由此成为信托法意义上的"受益人",从而其在信托法上并无受益人之地位且并不享有该法为受益人规定的各种权利并不负有该法为受益人规定的各种义务。

公益信托属于明示信托,它一般因信托行为设立。信托合同、信托遗嘱与信托宣言,均可以导致设立这种信托。公益信托为典型的目的信托,与这种信托有关的公益目的由法律规定或者由法院根据具体情况确定。对公益信托的规则适用信托法的一般规定和该法关于这种信托的特殊规定。《中华人民共和国信托法》对与公益信托有关的一些事项作了规定。这些规定包括:(1)对公益目的的列举。(2)对公益信托设立及其受托人的审批。(3)信托监察人的设置与职权。(4)公益事业管理机构在对公益信托运作进行监督方面的职责和权力。(5)公益信托终止时对有关事项的处理。英美信托法规定:公益信托的设立、变更与终止,应当经主管机关登记。

依《日本信托法》第8条第1款、第72条与《韩国信托法》第18条第1款、第71条的精神,公益信托是否设立信托监察人由信托行为规定,如果信托行为没有规定则由主管机关根据利害关系人请求或者依职权决定;我国台湾地区信托法第75条规定:"公益信托应置监察人";但在英美信托法中却并不存在关于对公益信托设置监察人的规定。除此之外,在这些信托法中也存在关于有关国家机关对公益信托执行情况进行检查、对其受托人辞任许可、变更信托条款与受托人以及这种信托终止时信托财产处理的规定。 (张 淳)

gongying gongsi
公营公司(state-owned company) 民营公司的对称。指政府资本超过公司总资本额百分之五十以上的公司。这是西方国家根据公司资本构成对公司种类进行的一种划分。 (王亦平)

gongyou caichan
公有财产(common property) ❶公众共有之财产,例如公有林、公园等,均属之。参见公有物。❷社会主义公共财产所有权,简称公有。它是社会主义生产资料公有制的法律表现。包括全民所有和劳动群众集体所有。民法通则规定,国家财产属于全民所有;劳动群众集体组织的财产属于劳动群众集体所有。国家在社会主义初级阶段,坚持公有制为主体,多种所有制经济共同发展的基本经济制度。我国社会主义经济制度的基础是生产资料的社会主义公有制,全民所有制经济是国民经济中的主导力量。保护社会主义公有制和公共财产的所有权,是我国宪法和法律的共同任务。国家财产神圣不可侵犯,禁止任何组织或者个人侵占、哄抢、私分、截留、破坏(《中华人民共和国民法通则》73条2款);集体所有的财产受法律保护,禁止任何组织或者个人侵占、哄抢、私分、破坏或者非法查封、扣押、

冻结、没收(《民法通则》74条3款)。 (张 谷)

gongyouwu
公有物(public goods) 不融通物之一种，即私人不得以之作为所有权客体之物。公有物有广义与狭义两种。广义的公有物，即国家或者其他公法人所有之物的总称；狭义的公有物，即在国家或其他公法人内，供公众使用之物的总称。广义的公有物中，其供国家或其他公法人之私用之物，即所谓收益财产，如国有之山林、矿山、铁道、工场等，并非不融通物。惟狭义的公有物，始为不融通物。狭义的公有物中，有直接供国家或其他公法人公务之用者，有供公众之用者。前者谓之行政财产或公务用物，如国家机关的建筑物、要塞等；后者谓之公众用物或公用物，如公路、公园、港湾等。此种狭义的公有物，追公用之目的被废止时，始能取得融通性或交易能力。 (张 谷)

gongzhai
公债(public debt) 又称国债。国家、政府为筹集资金而发行的债券。在我国，国债是指中华人民共和国财政部代表中央政府发行的国家公债，包括国库券、国家重点建设债券、国家建设债券等。其特点在于债务人为国家。 (张平华)

gongzheng xingshi
公证形式(notarial form) 特殊书面形式的一种。公证是指行为人将其书面形式的民事法律行为交国家公证机关认证，使法律行为的真实性和合法性得到确认。公证形式可以是法律规定的，也可以是当事人约定的，但多数是当事人之间约定采用的。采用公证形式的民事法律行为具有证据效力、成立效力及生效效力。公证文书具有较强的证明力，根据《中华人民共和国民事诉讼法》及有关司法解释，公证债权文书是人民法院据以执行的法律文书，人民法院可以依据公证债权文书直接开始执行程序。法律明文规定有些民事行为须采用公证形式才能成立及生效，如外国人在我国收养子女须采用公证形式。 (李仁玉 陈 敦)

gongzheng yizhu
公证遗嘱(notarial will) 遗嘱人依公证方式作成的遗嘱。所谓公证，指国家公证机关根据遗嘱人的申请，证明其遗嘱的真实性、合法性的行为。公证遗嘱源起于古希腊的习惯，此种遗嘱由遗嘱人亲自到法官或者地方官处口述内容，由负责人将之记载于特定簿册之中。13世纪，在产生公证人制度的意大利，改变寺院法的遗嘱方式，不再要求在寺院执事和证人之前作成遗嘱，而要求在公证人前作成遗嘱。14世纪的日耳曼，已实行公证人和证人的遗嘱。由于公证遗嘱的证据力较强，因而大陆法各国均有此项制度，英美法国家则不认公证遗嘱。在我国，公证遗嘱由遗嘱人经公证机关办理。遗嘱人应亲自到其户籍所在地或主要财产所在地的公证处提出书面或口头申请，并提交其身份证明、遗嘱文本，与公证事项有关的财产所有权证明以及其他相关材料，经公证处审查后，如果符合法律要求，即可出具公证书。当事人确有困难时，公证员可到其所在地办理遗嘱公证。遗嘱公证应由两个公证人员共同办理，由其中一名公证员在公证书上署名。特殊情况下可由一名公证员办理，但应有一名见证人在场，见证人应在遗嘱和笔录上签名。自书、代书、录音、口头遗嘱，不得撤销、变更公证遗嘱。 (刘言浩)

gongzhirenyuan caichan xintuo
公职人员财产信托(trust of the property of public employee) 由国家公职人员通过对有关法定义务的履行将其特定财产转移给特定的受托人占有和管理并由此设立的信托。这种信托属于强制信托，且它一般是以公职人员本人或者其亲属为受益人。如果一国允许设立这种信托，在该国应当承担设立这种信托之义务的公职人员的范围由法律规定，属于这一范围的公职人员的财产中需要被用以设立这种信托的特定财产也由法律规定。我国台湾地区法律要求设立公职人员财产信托，1993年颁布、1995年修订的该地区《公职人员财产申报法》第7条第3款规定："'总统'、'副总统'、'行政、立法、司法、考试、监察各院院长'、'副院长'、'政务官'、'立法委员'、'省(市)长、省(市)议员、县长'应当将其个人及其配偶、未成长子女一定金额以上之不动产及上市(上柜)股票，信托与'政府'承认之信托业代为管理、处分。其他公职人员因其职务关系对特定财产具有特殊之利害关系者，亦同"。在我国台湾地区，为此条中提到的那些人将自己、配偶以及未成年子女所有的特定不动产与股票转移给信托公司占有和管理，由此设立的信托即为典型的公职人员财产信托。 (张 淳)

gongzhong zeren baoxian
公众责任保险(public liability insurance) 以被保险人因其违反法定义务造成他人(公众)人身伤亡或者财产损失而应当承担的赔偿责任为标的的责任保险。公众责任保险所承保的危险，限于被保险人因为一次事故或者保险期间的任何事故对社会公众成员承担的赔偿责任。公众责任保险单一般将下列责任列为除外责任：被保险人致其雇员人身损害的赔偿责任、被保险人因使用机动车或航空器或船舶而引起的责任、因食物或饮料中毒而发生的责任以及因为契约关系而发生的赔偿责任。

1. 公众责任保险的类型。公众责任保险适用范围广泛，因而又有综合责任保险或普通责任保险之称，具体又可以分为营业场所责任保险、电梯责任保险、建筑工程第三者责任保险、安装工程第三人责任保险、个人责任保险等。我国开办的公众责任保险，主要为场所责任保险，例如，电梯责任保险、建筑工程第三者责任保险、安装工程第三者责任保险以及工厂、商场、办公楼、宾馆、饭店、公共娱乐场所等营业场所投保的公众责任保险。

2. 被保险人的业务性质。公众责任保险以被保险人的业务性质，限定保险人的给付责任。只有被保险人所为属于保险单约定的业务性质范围内的行为，造成第三人损害而应当承担的赔偿责任，保险人才对之承担保险责任。因此，在订立公众责任保险合同时，必须考虑被保险人的业务范围，才能够满足保险人对保险标的的周围环境予以考核而估计危险的需求。保险人对被保险人的业务性质或范围予以询问的，投保人应当如实告知。例如，被保险人从事拆除业务，以通常的观念拆除业务不仅对其雇员有实际的危险，而且对社会公众亦有相当的危险，若在进行拆除作业时使用爆炸物品，其危险程度剧增。若投保人（被保险人）以其拆除活动而造成第三者的损害之赔偿责任投保公众责任保险，但在回答保险人的询问时，声明在拆除作业中不使用爆炸物品，则保险人仅承保因为拆除作业而引起的责任，不承保因为拆除作业时使用爆炸物品而引起的责任。

3. 保险责任范围。依照我国的保险实务，被保险人因公众责任保险单所列业务性质范围内的活动，发生意外事故致使第三人人身伤亡或财产损坏，在法律上应当承担赔偿责任的，保险人承担保险责任。

被保险人致人损害而应当承担的赔偿责任，若有下列各项情形之一，保险人不承担保险责任：(1) 被保险人依照协议应当承担的赔偿责任，但即使没有该项协议，仍应承担的责任除外；(2) 对正为被保险人服务的任何人所遭受的伤害的责任；(3) 被保险人或其雇员或其代理人所有或照管或控制的财产损失的责任，被保险人或其雇员或其代理人正在从事或一直从事工作的任何物品、土地、房屋的损失的责任；(4) 与未列入保险单承保范围而属于被保险人所有或其占有或以其名义使用的任何牲口、脚踏车、车辆、火车头、各类船只、飞机、电梯、升降机、自动梯、起重机、吊梯或其他升降装置有关而引起的损失或伤害责任，与火灾、地震、爆炸、洪水、烟熏和水污有关而引起的损失或伤害责任，以及与有缺陷的卫生装置或任何类型的中毒或任何不洁或有害的食物或饮料有关而引起的损失或伤害责任；(5) 因为震动、移动或减弱支撑而引起的任何土地、财产或房屋的损坏责任；(6) 因为战争、入侵、外敌行动、敌对行为(不论宣战与否)、内战、叛乱、革命、起义、军事行动或篡权行为的直接或间接引起的任何后果所致的责任。需要注意的是，我国保险实务中应用的公众责任保险条款并未将被保险人应当承担的环境损害赔偿责任作为除外责任，理论上可以说，被保险人因其业务范围内的活动而污染环境引起的赔偿责任（包括清除、治理污染而排除危害的责任），应当属于保险责任范围，但与烟熏和水污有关而引起的责任，不在此限。

(邹海林)

gongdianfang

供电方(power supplier) 用电人的对称，即供电人。依供电合同向用电人供应电力的一方当事人。在我国，供电人必须是具有法人资格的供电企业或者依法取得供电营业资格的非法人组织，其他任何单位和个人不得为供电人。受供电企业委托供电的营业网点、营业所可依委托代理供电企业与用电人签订供用电合同，而不能以自己的名义订立供用电合同。供电企业对其能力未达到地区，也可以通过委托转供方式，委托就近用户供电。用户未经允许，不得转供电。供电人应按照国家规定的供电质量标准和而后同约定向用点人安全供电。供电的电压频率、额定电压、供电可靠性须符合国家规定和约定的标准；供电的方式、时间、地址和电量等须符合合同的约定。供电人须加强供电和用电设备的运行管理，切实执行国家有关安全供用电的规章制度，保障线路安全畅通。供电人未按国家规定的供电质量标准和合同约定安全供电，造成用点人损失的，应向用电人承担损害赔偿责任。供电人因供电设施计划检修、临时检修、依法限电或者用电人违法用电等原因，需要中断供电时，应当按照国家有关规定事先通知用电人；供电人事先未按规定通知用电人而中断供电，造成用电人损失的，应当负责赔偿。因自然灾害等原因断电时，供电人应当按照国家有关规定及时抢修，以尽早恢复供电；因供电人未及时抢修而造成用电人损失的，供电人也应承担损害赔偿责任。

(李成林 郭明瑞)

gongdian fangshi

供电方式(ways for power supplying) 供电人供给用电人电力的方式，包括主供电源、备用电源、保安电源的供电方式以及委托转供电等。在我国，按国家标准，供电频率为交流 50 赫。供电额定电压为，低压单相 220 伏，三相 380 伏；高压供电，为 10、35(63)、110、220、330、500 千伏；除了发电厂直配电压 3 千伏、6 千伏外，其他等级的电压应逐步过渡到上列额定电压。

供电企业对于距离发电厂较近的用户,可考虑以直接方式供电。用电方需要备用保安电源时,供电方按其负荷性质、容量及供电的可能性,与用户协商确定。对基建工地、农田水利、市政建设等临时用电或其他临时性用电,可供给临时电源。供电人在其公用设施未达到的地区,可通过委托方式委托用户就近供电,但不得委托重要的国防、军工用户向外转供电。 (李成林)

gongdian zeren baoxian
供电责任保险(power-supplier liability insurance) 保险人对供电企业造成第三者人身伤亡或财产损失而应当承担的赔偿责任给予赔偿的保险。在我国,凡依法取得供电营业许可证正式投入运行的具有法人资格的供电企业,均可向保险人投保人供电责任保险。

1. 保险责任。在保险期限内,被保险人在保险单列明的供电区域内,因其所有或管理的供电设备及供电线路,因下列原因导致第三者的人身伤亡或财产损失,依法应由被保险人承担的民事赔偿责任,保险人负责赔偿:(1)被保险人工作期间的过失行为;(2)被保险人施工造成的供电线路断路、短路、搭错线;(3)被保险人造成的供电线路电压不符合国家规定的质量标准。被保险人事先经保险人书面同意的诉讼费用,在发生保险责任事故后,被保险人为缩小或减少对第三者人身伤亡或财产损失的赔偿责任所支付必要的、合理的费用,保险人也负责赔偿。

2. 除外责任。因下列原因造成的损失、费用和责任,保险人不负责赔偿:(1)被保险人及其代表的故意行为;(2)战争、敌对行为、军事行为、武装冲突、罢工、骚乱、暴动、盗窃、抢劫、抢夺;(3)政府有关当局的没收、征用;(4)核反应、核辐射和放射性污染;(5)火灾、爆炸;(6)地震、雷击、暴雨、洪水、台风等自然灾害;(7)直接或间接由于计算机 2000 年问题引起的损失;(8)供电设备和供电线路的正常磨损或超过使用年限;(9)被保险人有计划的安排停电、限电、调整负荷;(10)被保险人按规定应淘汰的设备和超龄设备;(11)被保险人管辖以外的电网故障;(12)因保险事故造成产品、贮藏物品的损坏和报废;(13)因保险事故造成停工、停产等一切间接损失;(14)保险单列明的其他不属于保险责任范围内的一切损失、费用和责任。
 (邹海林)

gongxiao hezuoshe
供销合作社(co-operative of supplying and selling) 在农村合作化过程中,由农村劳动人民自愿筹集股金,并在国家的大力扶助下组织起来的合作商业经济组织,简称供销社。我国 20 世纪九十年代以前农村社会主义商业的主要形式,是联结城乡经济的一条重要纽带,在促进农村商品生产、繁荣城乡市场、方便群众等方面起重要作用。其主要任务:一方面承担国家计划产品的购销任务,一方面为农民推销产品,供应生产和生活资料,提供生产前和生产后的服务。供销合作社的最高领导机构是中华人民共和国供销合作总社,地方性的领导机构是省(市、自治区)、地、县供销社,乡设基层供销社,一些较大的村设供销分店,较小的村设代购代销店。1979 年以后,我国供销合作社制度进行了改革,县供销社改成县联社,作为基层社的经济联合体,具有合作经济的性质。 (李仁玉 卢志强)

gongyan xintuo
供养信托(support trust) 参见抚养费信托条。

gongying hetong
供应合同(contract for the supply of goods) 又称供需合同。当事人之间根据国家的物资分配计划,由供方按期将一定数量、质量的产品供给需方,需方接受产品并支付价金的协议。它是计划经济的产物,具有如下法律特征:(1)属于计划合同。国家对重要物资实行计划分配,供应合同是落实国家物资计划的法律形式,其签订与履行均不得违背国家的物资分配计划,其变更或解除也必须按主管部门规定的程序进行。(2)只有列入国家物资分配计划范围内的企业或机关,才可成为供应合同的当事人。(3)大多为长期、分期履行的合同。供应合同一般以年度为期,根据年度物资分配计划签订,分月或分季履行。少数也有一次履行的。有的供应合同的标的物,如大型专用设备,需要 1 年以上的时间才能生产出来。对于跨年度履行的,应根据实际情况明确规定合同履行的具体期限。(4)须采用书面形式。
 (任自力)

gongyongdian hetong
供用电合同(power-supply contract) 供电人向用电人供电,用电人支付电费的合同。供用电合同实质上也就是买卖电力的合同,所以有的国家将其规定为连续供货买卖。《中华人民共和国合同法》基于电的特殊性,将其规定为与买卖合同并列的一种合同。与买卖相比,供用电合同主要有以下特征:(1)合同的标的物是电力这一特殊商品。电是现代社会不可或缺的能源,它既是必需品,又是垄断品。电力又是通过电网系统传输的,对供用电设施使用不当,会造成巨大经济损失并危及人身安全。所以法律不能不对供用电予以特别规制。(2)供用电合同是按格式条款订立的标准合同。在我国国家对电力实行统一分配原则,电价实行统一政策、统一定价原则、分级管理。供用电合同条款事先由供电人拟定，用电人可以在用电量、用电时间上提出自己的要求，但决定权完全在供电人。合同的内容包括供电的方式、质量、时间、用电容量、地址、计量方式、电价、电费的结算方式，供用电设施的维护责任等条款。(3) 供用电合同具有公共性、公益性、继续性。我国的电力事业具有公益性和营业性双重特点，因此在符合规定的条件下，供电人不得拒绝供电。并且电的供给和使用是连续性的，因而供用电合同的履行也必具有连续性。

（赵志毅　郭明瑞）

gongbao tiaokuan

共保条款（coinsurance clause） 又称共同保险条款，是英美国家财产保险合同中经常出现的一种条款。在不足额保险合同中，如果投保人按保险标的的实际价值的一定比例（通常为75%或80%）投保，那么一旦损失发生，保险人将按照保单面值（保险标的实际损失）赔偿。若投保人投保的保险标的的实际价值低于这个比例，投保人将与保险人一起成为该标的的共同承保人，损失一旦发生，保险人无需按保单全额赔偿，只需按一定比例赔偿，该比例即为保险标的的保险金额与实际价值的比例。共保是投保人必须自己承担未达到保险标的实际价值的比例那部分损失的风险的形象说法。在我国，共保条款主要适用于对公司、企业等法人以及合伙联营组织等其他经济组织作为投保人、被保险人的财产保险合同。其目的是实现保险费率上的公正。其确定损失赔偿或者给付保险金的公式是：赔偿金额＝保险金额/规定的比例×实际价值×损失金额。

（温世扬）

gongnuohun

共诺婚（free marriage; marriage by mutual consent） 依结婚当事人双方意思表示一致而成立的婚姻，亦称自由婚或契约婚。共诺婚制的确立，是结婚法近代化和资本主义婚姻制度取代封建婚姻制度的重要标志之一。资本主义制度下的共诺婚是以契约说为其理论基础的。一些资产阶级学者认为，婚姻是夫妻双方以相互占有、共同生活为目的而自愿订立的契约。这种身份法上的契约虽然有其自身的特点，但仍须遵循意思自治、契约自由的一般原则。与以家族为本位、扼杀或者漠视当事人自由意志的封建婚姻相比较，以个人为本位、强调双方合意的共诺婚无疑是一个重大的历史进步。但是，资本主义制度下的共诺婚所要求的仅仅是形式上的自愿，法律幕后的现实生活却往往与之大相径庭。《中华人民共和国婚姻法》规定，结婚必须男女双方完全自愿，不许任何一方对他方加以强迫或任何第三者加以干涉。婚姻的成立，是以双方的结婚合意为必要前提的。我国多数婚姻法学家在婚姻成立的问题上不采契约说，认为社会主义制度下的新型的共诺婚是婚姻自由的必然要求。

（杨大文）

gongshihun

共食婚（拉丁 confarreatio） 古代罗马的有夫权婚姻的结婚方式之一，亦称祭祀婚，其规定属于市民法。共食婚的成立须选定吉日良辰，举行隆重的宗教仪式。具体程序分为送亲、迎亲和共食三个阶段。送亲仪式在女方家中举行，女方家长须在新郎在场的情形下祭祀祖先和天神，宣告其女脱离本家族改归夫之家族。男家迎亲时须有女家成员陪送；新娘入门时须受水火之礼，以示净身入夫之家。最后，新郎新娘须在大祭司和丘比特神官之前拜祭天神和共食麦饼，并须有十名证人在场见证。这种结婚方式具有强烈的形式主义的特征，程序繁琐复杂，主要为贵族、神官等所采用，至帝国初期已不多见。

（杨大文）

gongtong anquanshuo

共同安全说（theory of common safety） 国际上存在的关于共同海损范围划分的两种主张之一。共同安全说认为，共同海损的范围应该严格按照共同海损的概念来划分，船舶发生海损事故，可以列为共同海损的应只限于为了解除共同危险而造成的特殊牺牲和特殊费用。船货一旦脱离了危险，其后再发生的损失和支付的费用即不应属于共同海损的范围。因为从共同海损的来源看，共同海损的产生只是由于发生了共同危险，采取共同海损措施的目的，只是为了解除共同危险，因而列为共同海损的牺牲和费用，应只限于自发生共同危险以后至获得共同安全为止这一阶段内因采取共同海损措施而引起的各项特殊牺牲和额外费用。英国法律和学者观点支持共同安全说。根据共同安全说，为了共同安全船舶驶入避难港的费用构成共同海损费用，而为了修理船舶的意外损坏发生的额外港口费用不计入共同海损。我国海商法关于共同海损的定义和《1994年约克—安特卫普规则》规则 A 均反映了共同安全说。

（张永坚　张　宁）

gongtong baoxian

共同保险（coinsurance） 又称为共保，两个以上的保险人共同承保同一保险标的，对同一危险各自承担约定份额的保险责任，且所有保险金额不高于保险价值的一种保险。共同保险的投保人可以就同一保险标的，与两个以上的保险人订立数个同一种类的保险合同，也可以与两个以上的保险人签订一个共保合同。在共同保险中，各保险合同的保险金额不得超过保险标的的实际价值。

（史卫进）

gongtong baozheng
共同保证（joint aval） 若干人共同为票据保证,《中华人民共和国票据法》第 51 条规定,保证人为二人以上的,保证人之间承担连带责任。 （王小能）

gongtong baozheng zhaiwu
共同保证债务（joint guaranty of the debt） 两个以上的保证人共同为同一债务担保而成立的保证债务。共同保证债务的保证人为共同保证人。共同保证是按照保证人的数量,对保证债务的一种划分方法,与之相对应的为单独保证债务,即单一的保证人为担保时而成立的保证债务。共同保证债务属于一种多数人债务,包括按份共同保证和连带共同保证。根据保证合同中的约定,各共同保证人之间按份额对主债务承担保证义务的,成立按份共同保证,债权人无权就全部主债务要求各保证人履行,只能按照各保证人所承担的份额分别要求其履行;根据保证合同中的约定,各共同保证人之间对全部主债务承担连带保证义务的,成立连带共同保证,各共同保证人间内部约定的份额或者内部协商免除某一共同保证人的责任,对债权人不发生效力,债权人仍有权要求其履行保证责任;保证合同对此作出约定的,根据《中华人民共和国担保法》第 12 条规定,各保证人间承担连带责任,债权人可以要求任何一个保证人承担全部保证责任,各保证人都负有担保全部债权实现的义务。根据保证合同的约定或者法律的规定,共同保证债务与主债务的关系,既可以是一般保证关系,债权人只有在对主债务人财产为强制执行无效后,方可要求共同保证人履行保证义务;也可以是连带责任保证关系,债权人可以首先要求保证人履行保证义务。连带责任保证的共同保证的债务人在主合同规定的债务履行期届满没有履行债务的,债权人可以要求债务人履行,也可以要求任何一个保证人承担全部保证责任。连带共同保证中已经承担保证责任的保证人,有权向债务人追偿,或者要求承担连带责任的其他保证人清偿其应当承担的份额;向债务人不能追偿的部分,由各连带保证人按其内部约定的比例分担,没有约定的,平均分担。按份共同保证的保证人按照保证合同约定的保证份额承担保证责任后,只能在其履行保证责任的范围内对债务人行使追偿权。
（奚晓明）

gongtong caichan jichengren
共同财产继承人（coheir） 共同继受同一继承人遗产的两人以上的继承人。共同财产继承人的构成既可能全都是法定继承人,又可能全部为遗嘱继承人,也可能是法定继承人和遗嘱继承人的混合。法国、日本等国认为,共同财产继承人对遗产是分别共有。对可分割的遗产标的,各继承人可按应继行使权利和承担义务;对不可分割的遗产标的,各继承人之间形成连带关系。这种主张源于罗马法。德国、瑞士等国认为,各继承人对被继承人的债权、债务形成连带关系,遗产标的是各继承人共同共有的,这种主张源于日耳曼法。《中华人民共和国继承法》对此无明文规定,但在学理及实践中,一般都认为各共同财产继承人对遗产是共同共有关系,在遗产分割前,由各共同财产继承人共同占有遗产;经全体继承人同意,各继承人可对特定的遗产进行保全、使用,但收益应归入遗产;不经全体继承人同意,各继承人不能对遗产进行事实处分和法律处分;各继承人对于遗产中的债权、债务互为连带关系。在遗产分割完毕后,共同财产继承人之间的关系也随之消除。 （常鹏翱）

gongtong caichanzhi
共同财产制（community property system） 将夫妻双方财产的一部或全部合并为共同财产,按共同共有原则行使权利和承担义务,并于婚姻终止时始予以分割的夫妻财产制度。共同财产制由于较好地反映了夫妻关系的特征,在当代婚姻立法中具有重要地位。根据合并共同财产范围的不同,可将共同财产制分为多种具体类型,如一般共同制、动产及所得共同制、婚后所得共同制、劳动所得共同制等。 （蒋月）

gongtong chengzufang
共同承租方（joint lessees） 共同租赁的承租人一方。其特点在于两个以上的人同为一租赁物的承租人,共同享有承租人的权利和负担承租人的义务。（郭明瑞）

gongtong daili
共同代理（joint agency） 代理权属于两人以上的代理,而不是指多个被代理人共同委任一名代理人的代理。在共同代理中,外国立法通常认为代理人之间形成共同关系,享有的代理权是同等的。每个代理人均有权行使全部代理权,每个代理人的代理行为的后果均由被代理人承受。凡未共同行使代理权者,该行为属行为人自己的行为,而非共同代理行为。如其中一人或数人未与其他代理人协商,其实施的行为侵害被代理人权益的,由实施行为的代理人承担民事责任。
（李仁玉 陈敦）

gongtong diya
共同抵押（德 Gesamthypothek） 为担保同一债权,而在多个抵押物上设定的抵押。作为共同抵押的数个物,可以是动产、不动产以及不动产用益物权,可以为一人所有,也可以分属于不同的抵押人。共同抵押的特殊之处在于,抵押权及于数个抵押物之上,而一般抵押权则仅及于一物之上。共同抵押可以同时设定,也可以追加设定。共同抵押的法律效力应区分以下两种情况,分别确定:(1)如果当事人就数个抵押应负担的债权金额做了明确的约定,则应依各抵押物所应负的债权金额,各自承担其抵押担保责任;(2)如当事人未限定各个抵押物所应的负担债权金额,则抵押权人有权就各个抵押物卖得价金,优先清偿债权的全部或一部,即抵押权人可以同时行使数个抵押权,也可以选择行使其中的一项抵押权。 (申卫星)

gongtong gengzhong qiyue
共同耕种契约(multi-tenants agricnltural leasing cantract) 意大利民法概念,是指出租人与一名或数名佃农之间订立的,以获取产品和利润为目的,在土地的耕作以及相关经营中相互协作的契约,是农地所有人与佃农合作共同利用土地的一种重要方式。共同耕种契约下的产品与利润分配标准根据当事人之间的约定、行业规则或惯例执行。 (刘经靖)

gongtong gongyou
共同共有(德 Eigentumsgemeischaft Zur gesamten Hand) 共有的一种形式,是指两个或两个以上的公民或法人,根据某种共同关系而对某项财产不分份额地共同享有权利并承担义务。

共同共有的特征是:(1)共同共有根据共同关系而产生,以共同关系的存在为前提。例如因夫妻关系、家庭共同劳动而形成的夫妻财产共有关系和家庭财产共有关系。(2)在共同共有中,共有财产不分份额。只要共同共有存在,共有人对共有的财产就不划分各人的份额。只有在共同共有关系终止以后,才能确定各共有人的份额,以分割共有财产。这是共同共有与按份共有的主要区别。(3)在共同共有中,各共有人平等地享受权利和承担义务。就是说,各共有人对整个共有财产享有平等的占有、使用、收益和处分的权利,同时对整个共有财产平等地承担义务。由于共同共有人的权利和义务都是平等的,因此较之于按份共有,共同共有人之间具有更密切的利害关系。

根据最高人民法院《关于贯彻执行〈中华人民共和国民法通则〉若干问题的意见(试行)》第88条,"对于共有财产,部分共有人主张按份共有,部分共有人主张共同共有,如果不能证明财产是按份共有的,应当认定为共同共有。"在按份共有中,各共有人的份额不明的,也可以按共同共有处理。

共同共有人对共有财产享有平等的占有、使用权。对共有财产的收益,不是按比例分配,而是共同享用。对共有财产的处分,必须征得全体共有人的同意。最高人民法院《关于贯彻执行〈中华人民共和国民法通则〉若干问题的意见(试行)》第89条规定,在共同共有关系存续期间,部分共有人擅自处分共有财产的,一般认定无效。但第三人善意、有偿取得该财产的,应当维护第三人的合法权益,对其他共有人的损失,由擅自处分共有财产的人赔偿。根据法律规定或依据共有人之间的协议,可以由某个共有人代理全体共有人处分共有财产。无权代理的共有人擅自处分共有财产的,如果其他共有人明知而不提出异议,视为其同意。

共同共有人对共有财产共同承担义务。因对共有财产进行维护、保管、改良等所支付的费用由各共有人平均分担。各共有人因经营共同事业对外发生债务或对第三人造成损害的,由全体共有人承担连带责任。

共同共有关系存续期间,各共有人无权请求分割共有财产,部分共有人擅自划分份额并分割共有财产的,应认定为无效。

共同共有也可以因合同而产生,在合同确定了共有人之间的权利义务后,共有人应按合同的规定行使权利并承担义务。

共同共有因共同关系解除、共有物丧失等原因而消灭。

在我国,共同共有的基本形式有两种:

1. 夫妻共有财产。根据《中华人民共和国婚姻法》17条规定,夫妻在婚姻关系存续期间所得的财产归夫妻共同所有。夫妻对共同所有的财产,有平等的处理权。所谓婚姻关系存续期间,是指从男女双方登记结婚之日起,至双方离婚或一方死亡之日止的期间。夫妻在婚姻关系存续期间,对于共有财产享有平等的占有、使用、收益和处分的权利。夫妻双方出卖、赠与属于夫妻共有的财产,应取得一致的意见。夫妻一方明知另一方处分财产而未作否定表示的,视为同意。夫妻共同财产只有在夫妻离婚,或夫妻一方死亡、遗产继承开始时,才能进行分割。

2. 家庭共有财产。是指家庭成员在家庭共同生活关系存续期间,共同创造、共同所得的财产。家庭共有财产以维持家庭成员共同的生活或生产为目的,每个家庭成员都对其享有平等的权利。除法律另有规定或家庭成员间另有约定外,对于家庭共有财产的使用、处分或分割,应取得全体家庭成员的同意。家庭共有财产只有在家庭共同生活关系终止以后,才能进行分割。

家庭共有财产和家庭财产的概念是不同的。家庭财产是指家庭成员共同所有和各自所有的财产的总和,包括家庭成员共同所有的财产、夫妻共有财产和夫妻个人财产、成年子女个人所有的财产、其他家庭成员各自所有的财产等。家庭共有财产则不包括家庭成员各自所有的财产。

区分家庭共有财产与家庭成员个人财产的主要意义在于:(1)家庭成员分家析产时,只能对家庭共有财产而不能对个人财产进行分割。家庭共有财产的某一共有人死亡,财产继承开始时,必须把死者在家庭共有财产中的应有部分分出,作为遗产继承,而不能把家庭共有财产都作为遗产继承。(2)因生产经营活动负债时,个人经营的,以个人财产承担清偿债务的责任;家庭经营的,以家庭共有财产承担清偿债务的责任。《中华人民共和国民法通则》第29条规定:"个人经营的,以个人财产承担;家庭经营的,以家庭财产承担。"在这里,"家庭财产"就是指家庭共有财产。(3)在家庭共同生活期间,为家庭的共同生活和生产需要所付出的开支,由家庭共有财产负担。不是为家庭的共同生活和生产的需要,而是为满足个人需要作出的开支,应由个人财产负担。

(王轶)

gongtong guocuo
共同过错(joint fault;德 gemeinsames Verschulden)
共同侵权行为中加害人的过错,包括共同的故意或过失两种形态。对于共同侵权行为是否以共同过错为要件,我国学者中有主观说、客观说与折衷说三种观点。主观说认为,共同侵权行为以共同过错为要件。该说又包括两种学说:一种学说认为共同过错仅指共同故意、意思联络或者通谋;另一种学说认为共同过错包括共同故意与共同过失,而共同过失指行为人双方都有共同的认识即可。客观说认为,共同侵权行为不以主观共同过错为要件,仅客观上具备行为关联共同即可。折衷说认为,主观说使共同侵权责任的适用范围过窄,而客观说则使共同侵权责任适用范围过宽,因此主张主客观结合。共同过错具有下列法律特征:(1)两个以上加害人对加害行为有通谋或共同认识;(2)加害人的行为具有关联性、整体性,从而既便于原告对共同过错的证明,也便于将共同侵权责任与多因一果的侵权责任区分。

(张平华)

gongtong haisun
共同海损(general average, G.A.) 在同一海上航程中,船舶、货物和其他财产遭受共同危险,为了共同安全,有意而合理地采取措施所直接造成的特殊牺牲、支付的特殊费用,由各受益方按比例分摊的法律制度。共同海损包括共同海损行为、共同海损牺牲和费用、共同海损分摊三个方面的内容,三者结合构成共同海损法律制度。

1. 共同海损的构成要件。共同海损是海商法中特有的一项法律制度,不同于其他性质的损失,只有符合特定的构成要件,才能构成共同海损,由各受益方分摊。共同海损的构成要件主要有:(1)同一海上航程中的财产遭遇共同危险。即财产面临的海上危险必须是真实的,而且必须是同一海上航程中的财产所共同面临的。(2)共同海损措施必须是有意的和合理的。即船长在明知采取某种措施会导致船货损害,但为了避免船货的共同危险,而不得不采取措施;同时措施的采取是本着以最小的牺牲换取船货安全的原则进行的。(3)作出的牺牲和支付的费用必须是直接的和特殊的。即共同海损是船长在其应尽义务之外采取措施造成的,而且这一损失只包括直接损失。(4)共同海损措施必须有效果。即船长所采取得措施达到了使船货或其他财产脱离危险的目的,否则共同海损不能成立。

2. 共同海损的历史。共同海损是海商法中最早形成的法律制度之一,有着悠久的历史。早在公元前的古希腊时期,就有抛货或砍断船舶桅杆,是船货转危为安,损失由大家分担的习惯性做法。公元前450年,罗马帝国把当时的习惯法写成文字刻在铜表上。十二铜表法上就刻有"为大家牺牲的财产,应由大家来补偿"的文字。这就是著名的共同海损原则。罗得海法中规定:"如果为了减轻船舶的负担,将载货抛入海,由于这项抛弃是为了集体利益而采取的,其损失应由全体受益者分摊。"公元6世纪时,查士丁尼下令编纂的《法学家学说汇编》中对此专列一章。罗马全盛时期的法律中出现了共同海损和单独海损的划分。公元12世纪的《奥列隆惯例集》中就共同海损作了三条规定:一是被抛弃的货物应由大家分摊;二是为抢救船货而砍断的桅杆或船锚也应由大家给予补偿;三是船舶发生抛弃时,船上的全部货物和动产,除了供船员使用的必不可少的银杯,或已经裁减的布匹以及旧衣服外,均应参加分摊。海损一词最早出现于1160年左右的意大利《比萨法典》中,指分摊或分摊价值之意。公元1341年的《热那亚法典》中,进一步将此名词引申解释为:为了共同安全引起的损失或费用由全部财产分摊,这就是英文 average 的由来。1684年的《路易十四法典》中第一次以法律的形式提出了类似于今天的单独海损和共同海损的定义。1799年英国法庭第一次使用共同海损这一完整的名词。自此以后,共同海损就以不同的章节形式被列入了各国的海商法,得到了更为广泛的使用。近现代以来,科学技术突飞猛进,使得共同海损的确定与计算、补偿价值的确定与分摊变得更加复杂,船货双方已难以自行解决,从而出现了具有专门知识和技术的人员、机构和规则,这就是共同海损理算师、理算机构和理算规则。

(张永坚 张宁)

gongtong haisun buchang
共同海损补偿(allowances under general average) 由共同海损各受益方按照各自的分摊价值的比例对共同海损行为所引起的特殊牺牲和特殊费用所作的分摊补偿。共同海损补偿体现了"为了全体而牺牲的财产应由全体来分摊补偿"这一古老的基本原则。共同海损补偿应使同一航程中的各有关方处于平等地位。共同海损补偿的数额应与财产实际遭受的损失或所支付额外费用一致。 （张永坚 张 宁）

gongtong haisun cuoshi
共同海损措施(measures of general average) 又称共同海损行为,是指船长为了挽救船舶和货物,使其摆脱共同危险而故意采取的合理有效的行动。共同海损措施必须具备下列要素:(1)共同海损措施是有意采取的措施。船长在主观上明知采取某种措施会导致船舶或货物的进一步损失,但为了避免船舶的共同危险并防止船货遭受更大的损失,而不得不有意地、主动地采取措施。(2)共同海损措施必须是合理的,该措施在当时的客观情况下对于摆脱共同危险事必要的、节约的,也是符合全体利益方的共同利益的。(3)必须有牺牲或费用产生,且它们应是特殊的。(4)共同海损措施应该是有效的。船长所采取得措施达到了使船货或其他财产脱离危险的目的。只要危险中的船货部分获救或保留,就认为共同海损措施是有效的。共同海损措施造成的直接损失列入共同海损由各受益方合理分摊。实践中常见的共同海损措施有有意搁浅、抛弃、切除残余部分、扑灭船上火灾、起浮脱浅、货物操作等。 （张永坚 张 宁）

gongtong haisun danbao
共同海损担保(general average security) 共同海损发生后,为确保共同海损分摊,经利害关系人请求,而由各受益方做出的担保行为。实践中通常是由船方要求货方提供共同海损担保。常见的共同海损担保形式有以下几种:

共同海损保证金:收货人在提货以前,向船舶所有人提供分摊共同海损的现金担保。船舶所有人在收到保证金后,应该出具收据。根据《北京理算规则》,保证金应交由中国国际贸易促进委员会海损理算处,以保管人的名义存入银行。根据《1974年约克—安特卫普规则》,保证金应以船舶所有人和保证金交付人所分别指定的代表的联合名义,存入双方指定的银行,开立特别账户。保证金的使用由理算人决定。保证金的提供、使用或退还,不影响各方的最终分摊责任。保证金若产生利息,属保证金交付人收益。若保证金超过最后确定的分摊数额时,应将余额退还保证金交付人。《1994年约克—安特卫普规则》也做出了同样的规定。

共同海损担保函:收货人向船舶所有人提供的(通常经货物保险人签署),保证分摊共同海损的一种书面文件,用以代替现金方式的担保。根据担保函,货物保险人向船舶所有人保证,保证支付经过恰当理算的有关共同海损的损失和费用的分摊额。共同海损担保函主要有两种形式:限额担保函和无限额担保函。
（张永坚 张 宁）

gongtong haisun danbaohan
共同海损担保函(general average guarantee) 参见共同海损担保条。

gongtong haisun feiyong baoxian
共同海损费用保险(general average charges insurance) 载货船舶发生共同海损后,一般都由船舶所有人先行垫付属于共同海损的各种费用。但如果因共同海损措施而受益的财产后来在续航中遭受全损,那么船舶所有人所垫付的共同海损费用就无法收回。但船舶所有人对这种费用可以向保险人投保,这种保险就称为共同海损保险。 （张永坚 张 宁）

gongtong haisun feiyong baoxianfei
共同海损费用保险费(the cost of insuring general average charges) 在完成自避难港至目的港的航程期间对已垫付的共同海损费用进行保险的费用。如果船舶在自避难港或避难地驶往目的港交货的途中,再次海损事故,致使有关财产全部灭失或部分损失,则所垫付的共同海损费用就可能全部或一部分不能从相关方摊回,故要进行投保。这项保险的保险金额应是在避难港已支付或应支付而未支付(例如救助费用)的共同海损费用的总数(船舶驶离避难港以后再支付的费用一般不再包括在内)。先按估计数字保险,最后在正式编制共同海损理算书时再根据实际垫付的共同海损费用金额调整。保险期间从垫款时开始至船舶抵达目的港全部卸货完毕时止。保险费率视船舶驶离避难港时的技术状态、航程远近和风险大小而定,一般为2%左右,最高可达10%或更高。共同海损保险费应作为共同海损受到补偿。 （张永坚 张 宁）

gongtong haisun fentan
共同海损分摊(general average contribution) 由共同海损各受益方按照各自的分摊比例,对共同海损措施所引起的共同海损牺牲和费用以给予金钱补偿的方式进行摊付。具体的分摊方法是:先计算出共同海损的分摊价值,然后按照船货各方受益财产分摊价值比例摊付船货各方应分摊的共同海损金额。对参加共同海损分摊财产的计算应把握如下原则:(1) 共同海损分摊价值的计算应以航程终止时的财产净值为基础。(2) 共同海损分摊价值应包含共同海损牺牲,即航程终止时的财产净值加上作为共同海损应受到补偿的部分(3) 旅客的行李、私人物品以及邮件等不分摊共同海损。(4)未申报与谎报的货物受损不补,获救则应分摊共同海损,申报价值低于实际价值的,受损按申报价值补偿,但按照实际价值分摊共同海损。

(张永坚 张 宁)

gongtong haisun fentanjiazhi
共同海损分摊价值(contributory value in general average) 由于共同海损措施而受益的财产价值(包括船舶、货物、运费等)与因遭受共同海损损失而获得补偿的财产金额的总和,即受益财产价值加上共同海损损失金额本身,由于共同海损措施遭到财产损失的人应与其他各分摊方在同一基础上参与共损损失的分摊。共同海损分摊价值以获救财产价值为基础计算。因此,凡是因共同海损措施而受益的财产,都应对其进行估价,并以此为基础来分摊共同海损的损失。参加共同海损分摊的受益财产的估价,一般以受益财产抵达航程终止时的价值为准。同时,共同海损牺牲由于可以通过分摊得到补偿,因此也应计算在共同海损分摊价值之内。

(张永坚 张 宁)

gongtong haisun fentan jin'e
共同海损分摊金额(contributory amount of general average) 俗称摊水费,是指由于共同海损措施而受益的船舶、货物、运费等,按其各自分摊价值的大小,应承担的共同海损损失的数额。在理算时,首先以共同海损损失总额除以共同海损分摊价值的总额,再乘以百分之百,得出共同海损百分率,最后以船舶、货物、运费的分摊价值分别乘以每一项财产(船舶、货物和运费)的共同海损百分率,即可得出每一项财产的分摊金额。即:船货各自的共同海损分摊金额 = 船货各自的共同海损分摊价值×共同海损分摊率。 (张永坚 张 宁)

gongtong haisun fentanlü
共同海损分摊率(general average percentage) 共同海损分摊率是共同海损损失总金额与共同海损分摊价值总额的比率。即:共同海损分摊率 = 共同海损损失总金额/共同海损分摊价值总额×100﹪。

(张永坚 张 宁)

gongtong haisun fentan xieyishu
共同海损分摊协议书(average bond) 参见共同海损担保条。

gongtong haisun he xinjiexun tiaokuan
共同海损和新杰逊条款(general average and new jason clause) 又称共同海损疏忽条款。一般提单均规定共同海损按《1974年约可·安特卫普共同海损理算规则》办理。新杰逊条款则是针对同一航运公司的两艘船舶之间的救助费用而言的。新杰逊条款以杰逊条款为基础,增加了有关姐妹船救助分摊方面的内容。该条款规定:如果在航程开始前或者开始后,事故、危难或灾难是由于任何承运人根据法律、合同或其他规定可以免责的原因(不论是否由于疏忽)所引起的,则货物、托运人、收货人或货物所有人应在共同海损中与承运人一起分摊可能做出或支付的共同海损牺牲、损失或费用并应支付为货物而付出的有关费用和特殊费用。如果救助船舶与被救助船舶属于同一船舶所有人或者经营人,被救船仍需支付救助报酬,犹如救助船舶属于另一个船舶所有人或另一个经营人经营,该项救助费用可以做共同海损费用。 (张 琳)

gongtong haisun jianjiesunshi
共同海损间接损失(indirect loss of general average) 参见共同海损损失条。

gongtong haisun jianyan
共同海损检验(general average survey) 共同海损事故发生后,船东委托船舶、货物检验人在避难港或目的港对受损的船舶和货物损失的原因和程度进行检查勘验的行为。根据检验结果作出检验报告。检验报告是有关各方提出赔偿请求的书面根据,也是海损理算师计算船舶和货物共同海损损失和有关费用的重要凭证。 (张永坚 张 宁)

gongtong haisun lisuan
共同海损理算(adjustment of general average) 由国家认可的具有一定资格的专业机构或人员,按照理算规则,对共同海损的损失和费用、各受益方的分摊价值以及各方应分摊共同海损的数额所进行的审理和计算以及编制共同海损理算书的工作。共同海损理算是一项特别的职业,具有很强的专业性。共同海损理算没有法律效力,有关方如果有异议,可以向法院起诉。《中华人民共和国海商法》规定,有关共同海损分摊的请求权,时效期间为一年,自理算结束之日起计算,不因提出索赔而中断。 (张永坚 张 宁)

gongtong haisun lisuan guize
共同海损理算规则(rules of the adjustment of general average)　　共同海损理算的依据,是由民间组织根据商业习惯制定公布的关于共同海损理算的实务规定。理算规则中规定了共同海损的成立条件、共同海损损失和费用的范围以及分摊共同海损的标准和处理原则等。共同海损理算规则在国际海商法中占有特殊的地位,并不具有法律拘束力,而是完全靠国际海运界的自愿接受,通过载入提单和海运保险单等方式得以适用。当前在国际上适用最普遍的共同海损理算规则是《约克—安特卫普规则》。各海运国家的共同海损理算机构也分别制定自己的理算规则,为共同海损理算提供指南。我国由中国国际贸易促进会于1975年制定并于1994年修订了《北京理算规则》。
(张永坚　张　宁)

gongtong haisun lisuanshu
共同海损理算书(general owerage statement)　　由接受委托的海损理算人对共同海损案件进行调查研究和审核计算以后所编制的理算报告。理算书的内容,一般包括事故情况概述,共同海损损失和费用划分表,共同海损分摊表和共同海损收付结算表,还附有必要的证明文件。由于理算机构属于民间组织,其所提供的理算书,只是为各受益方分摊共同海损和进行结算提供一个依据,并无法律拘束力,有关当事人若对理算结果有争议,可以提请仲裁或者起诉。但是,在波兰和瑞典等少数国家,理算书在某些特定条件下具有一定的法律效力。
(张永坚　张　宁)

gongtong haisun lixi
共同海损利息(general average interest)　　因共同海损措施造成的牺牲和支付的费用和应受补偿的项目,在一定时期内所应产生的息金。共同海损利息列入共同海损分摊。根据《1994年约克—安特卫普规则》的规定,共同海损利息按年利率7%计算,从共同海损发生之日起至共同海损理算书编成之后3个月内为止。
(张永坚　张　宁)

gongtong haisun shixian
共同海损时限(time limit of general average)　　共同海损时限是指共同海损发生后,宣布共同海损和提供有关资料的期限。共同海损时限不同于共同海损分摊的请求时效,后者是一权利消灭时效。根据《北京理算规则》,宣布共同海损的时限是,船舶在海上发生事故,不迟于到达第一个港口后的48小时;船舶在港内发生事故,不迟于事故发生后的48小时。提供有关资料的时限是,应在有关方收到材料一个月以内提供,全部资料不迟于航程结束后一年。如有特殊情况,在前述期限内向理算处提出理由,经理算处同意,可以适当延长。如果有关方不按上述规定办理,理算处可以不予理算,或根据已有材料进行理算。《1994年约克—安特卫普规则》规定:所有提出共同海损索赔的关系方,应于共同航程终止后12个月内将要求分摊的损失或费用,以书面形式通知海损理算师。如不通知或经要求后12个月内不提供证据以支持其索赔,或不提供关于分摊价值的详细材料,则海损理算师可以根据其所掌握的材料估算补偿数额或分摊价值。除非估算得明显不正确,否则,不得提出异议。
(张永坚　张　宁)

gongtong haisun shouyifang
共同海损受益方(benificiary of general average)　　又称共同海损分摊方。因采取共同海损行为而受益的各有关利益方,是分摊共同海损牺牲和费用的责任方。共同海损受益方一般包括:船舶、货物、根据提单运输的旅客行李和个人物品、承运人承担风险的运费、集装箱、船东租来的船用航海设备和无线电仪器、属期租租船人所有的船用燃料和柴油等。
(张永坚　张　宁)

gongtong haisun sunshi
共同海损损失(general average loss or damage)　　由于共同海损行为而引起的应列为共同海损由受益方合理分摊的损失。共同海损损失可分为以下几种:

(1) 共同海损牺牲。共同海损牺牲是指由共同海损措施所直接造成的船舶、货物或者其他财产等物质形态的灭失或损坏。比如货物被抛弃、为了引海水灭火灾船体上凿洞等均为共同海损牺牲。共同海损牺牲具体包括船舶的牺牲、货物的牺牲和运费的牺牲三部分。

(2) 共同海损费用。由于采取共同海损措施而支付的额外费用。共同海损费用主要包括为了共同安全而支付的费用(如救助费用)、在获得共同安全之后为了船舶、货物和其他财产的共同利益安全续航而支付的某些费用以及共同海损替代费用和诸如因共同海损发生的保险、估价、检验、利息、手续费、理费等杂项费用。

(3) 共同海损直接损失。因采取共同海损措施而直接造成的牺牲或费用以及其他作为共同海损措施直接后果的其他损失。一般认为,采取共同海损措施时,所有被合理地认为是可以预料到或者应该预料到的损失或者行为的自然和直接后果,都作为共同海损的直接损失。共同海损直接损失列入共同海损进行分摊。

(4) 共同海损间接损失。共同海损措施间接造成的损失为共同海损间接损失。判断共同措施引起的损失是否是间接损失的标准主要有两条:其一,船长在采取共同海损措施时,如果已经预料到或者应该预料到某一损失,该损失就是直接损失,否则就是间接损失;其二,如果某一损失属于共同海损行为的必然结果,即为直接损失,如果采取共同海损行为过程中,又发生意外事故所招致的损失,为间接损失。根据我国海商法和《1994年约克—安特卫普规则》的规定,间接损失不作为共同海损进行分摊。　　　　　(张永坚　张　宁)

gongtong haisun sunshijin'e
共同海损损失金额(total amount of general average)　共同海损措施所造成的全部财产损失和所支付得额外费用之总和。共同海损损失应得到各受益方的补偿,因此也叫做共同海损补偿额。共同海损损失金额包括共同牺牲和共同费用两部分。确定共同海损补偿有两个基本原则,一是补偿应该以实际遭受的合理损失或额外支付的费用为准。对损失而言,应使受损财产在获得补偿以后,基本上恢复原有的经济价值;对费用而言,应使合理支付的额外费用得到相应的补偿。另一原则是经过补偿后,使遭受共同海损牺牲或支付共同海损费用的一方与未遭受牺牲或支付费用的其他利害关系方都处于均等地位。　　　　(张永坚　张　宁)

gongtong haisun tiaokuan
共同海损条款(general average clause)　提单和租船合同中的条款之一。提单上设立了当船舶发生共同海损事故时,应该理算的地点和所适用的法律或规则的条款。中国远洋运输公司提单条款规定我国远洋船舶发生共同海损时在中国并依照《北京理算规则》进行理算。世界上大部分船公司的提单上都规定了按照某年的《约克—安特卫普规则》理算,从而排除了各国法律和习惯的适用。　　　　　　　(张永坚　张　宁)

gongtong haisun xisheng
共同海损牺牲(sacrifice of general average)　参见共同海损损失条。

gongtong haisun xishengjin'e
共同海损牺牲金额(amount of sacrifice of general average)　由共同海损措施所直接造成的财产损失的总和。由于共同海损牺牲应得到各受益方的补偿,因此也叫做共同海损牺牲补偿。　　(张永坚　张　宁)

gongtong haisun xuangao
共同海损宣告(declaration of general average)　船舶发生共同海损事故后,船长或者船东应在船舶发生共同海损后达到的第一个港口的合理时间内宣布共同海损,并通知货方以及船舶保险人。船方宣布共同海损的目的主要是将事故通知(主要是)货方及各相关方,要求各方提供共同海损担保,保证支付共同海损分摊金额。根据《北京清算规则》的规定,宣布共同海损的期限,船舶在海上发生事故,应该在不迟于到达第一个港口后的48小时;船舶在港内发生事故,不迟于事故发生后的48小时。船方在宣布共同海损时应注意收集证据,包括各种要件和账单。　　(张永坚　张　宁)

gongtong haisun zhijiesunshi
共同海损直接损失(direct loss of general average)　参见共同海损损失条。

gongtong haisun zhunjufa
共同海损准据法(applicable law for general average)　审理共同海损案件所应适用的法律。当事人可以就共同海损案件的法律适用进行约定。共同海损准据法没有约定或约定不明确的适用共同海损理算地法。
　　　　　　　　　　　　(张永坚　张　宁)

gongtong jichengren
共同继承人(coheir)　参见共同财产继承人条。

gongtong jianhu
共同监护(common guardianship)　单一监护的对称。两个或两个以上的人充当监护人的监护,共同监护人一般应负连带责任,又称数人监护。
　　　　　　　　　　　　(李仁玉　陈　敦)

gongtong liyishuo
共同利益说(for the common interest)　国际上存在的关于共同海损范围划分的两种主张之一。主张共同利益说的学者认为,船舶发生海损事故采取共同海损措施,可以列为共同海损的牺牲和费用,不应仅限于船舶获得共同安全为止,而应扩展至船舶安全续航获得保证时为止。因为船舶承运货物是为了将货物安全运送到目的地,如果发生共同危险,船舶需要修理,驶入避难港口后,危险并未彻底解除,只有当船舶修复,重新获得适航条件时,船舶才有可能继续履行将货物运送至目的港的义务。因此,共同利益说认为,将从船舶驶抵避难港时起至修理完毕,并完成续航准备时为止这一期间内的特殊牺牲和额外费用,列为共同海损同样也是合理的。反映共同利益说的共同海损,集中在避难港费用领域。美国和欧洲大陆国家在理论上主张共同利益说。《中华人民共和国海商法》第194条和

《1994年约克—安特卫普规则》数字规则将共同利益说作为特例进行了规定。《1994年约克—安特卫普规则》反映共同利益说的情况主要涉及驶出避难港和安全续航等的费用。

(张永坚　张　宁)

gongtong qinquan xingwei
共同侵权行为(joint tort；德 gemeinsame unerlaubte Handlung)　单独侵权行为的对称。广义指行为人为二人以上的侵权行为，而单独侵权行为则指行为人为一人的侵权行为。广义的共同侵权行为包括共同加害行为、共同危险行为以及教唆、帮助行为。狭义的共同侵权行为，仅指共同加害行为，指二人以上基于共同过错侵害他人的合法权益由行为人承担连带责任的侵权行为。其构成要件的特殊性在于加害人为二人以上；加害人主观上有共同过错；行为所造成的损害后果是同一不可分割的。

(郭明瑞)

gongtong shoutuoren
共同受托人(cotrustee)　单独受托人的对称，又称多数受托人。存在于同一项信托中的两个以上的受托人。《中华人民共和国信托法》确认信托可以由共同受托人执行。该法第31条第1款规定："同一信托的受托人有两个以上的，为共同受托人"。其他各国、各地区的信托法也均确认信托可以由共同受托人执行。共同受托人共同承担信托法赋予受托人的各项义务，并共同享有该法授予受托人的各项权利。

共同受托人由两个以上受托人组成，故其涉及到受托人数量问题。对于受托人的数量，包括我国在内的大多数国家和地区的信托法均未作限制性规定。根据这些信托法，某一项信托中的受托人数量，由委托人、法院或者有关行政机关在设立该项信托时根据实际需要自行决定。只有少数国家和地区信托法对受托人数量有限制性规定。例如：《英国受托人法》第34条第1、2款规定：信托的受托人最多不得超过四人；如果被选任的受托人多于四人，由首先被选任的四人担任受托人，其余的人不成为受托人，除非在前述四人中出规空缺时其被再行选任；如果在信托存续期间因受托人减少而需要增加，增加的结果也不得使受托人超过四人。但这条法律的第3款却规定：前两款关于受托人数量的限制仅限于对以出于私益目的而设立的土地授予信托与土地出卖信托。除此而外，这部法律的第36条第6款与第37条第1款第1、2项则规定：在选任新受托人或者对受托人进行补充的情况下，作为这一选任或者补充结果的受托人数量，也不得超过四人。由于该法并未对这两款法律的适用对象作出限制性规定，故可以认为它们适用于任何一种性质的信托与以任何财产为标的的信托。在信托是由委托人设立的情形下，受托人的数量一般规定在信托行为之中。根据各国、各地区信托法的通例，在信托存续期间，除非在信托行为中存在着允许变更受托人数量的明确规定，任何当事人都不能变更这一数量；而由当事人所为的对现存受托人的任意增加或减少，均不为法律所承认。有些国家的信托法虽然规定法院有权变更受托人的数量，但又为法院行使这一权力规定了严格的限制。例如：美国信托法认为：法院指定新受托人可以不受信托文件中规定的受托人数量的限制；但法院只有在异常特殊或罕见的情况下并且是出自于实际需要或者有正当理由才可以增加受托人的数量；至于减少受托人的数量，法院必须谨慎从事，必须在特殊或罕见的情况下才可以进行，并且这一减少还必须以对信托的受益人有利为结果；然而，只要委托人在有关的声明中明确表示不得变更其所确定的委托人数量，法院对这一数量则永远无权增加或减少。

在信托存续期间，由于种种原因，有时会出现受托人职责终止的现象。这一现象的出现，又必将导致现存的受托人在数量上自然减少，甚至由有变为无。为消除此点，在多数情况下，需要通过选任或指定新受托人来予以补充。各国、各地区信托法并不禁止这一补充，但有些国家的法律却原则上规定这一补充必须恪守信托行为中规定的受托人数量。例如：美国信托法认为：原始受托人一旦因离任而致使其职责终止，他们的位置应当由相同数量的新受托人来填补；法院在对新受托人进行指定之时，一般不得随便改变由委托人在设立信托时所确定的受托人数量，对受托人的更换一般也应当坚持原来的受托人数量，与信托有关的财产利益方面的情况因当坚持原来的受托人数量，与信托有关的财产利益方面的情况因原始受托人离任而发生变化并因此而使这一数量显得多余或不足从而影响到有效地执行信托的除外。另一些国家的法律关于这一补充的规定却稍显灵活。例如：《英国受托人法》第37条第1款第3项规定：在因原始受托人职责终止而需要通过指定以补充新受托人时，"除另有规定外，如果原始指定的受托人只有一个，没有强制性义务指定两个以上受托人；如果原始指定的受托人超过了两个，也没有强制性义务通过指定而补齐原始受托人的数量……"。

考虑到共同受托人由两个以上受托人组成，为了促使其有效地执行信托，同时也为了维护受益人的利益，我国《信托法》针对这种受托人确立起三项特殊规则。它们是：(1)共同执行信托规则：该法第31条第2款规定："共同受托人应当共同处理信托事务，但信托文件规定对某些具体事务由受托人分别处理的，从其规定。"第3款规定："共同受托人共同处理信托事务，意见不一致时，按信托文件规定处理；信托文件未规定的,由委托人、受益人或者其利害关系人决定"。(2)连带债务规则:该法第 32 条第 1 款规定:"共同受托人处理信托事务对第三人所负债务,应当承担连带清偿责任。第三人对共同受托人之一所作的意思表示,对其他受托人同样有效"。(3)连带赔偿责任规则:该法第 32 条第 2 款规定:"共同受托人之一违反信托目的处分信托财产或者因违背管理职责、处理信托事务不当致使信托财产受到损失的,其他受托人应当承担连带赔偿责任"。这三项特殊规则也存在于其他各国、各地区的信托法中。

(张 淳)

gongtong shouyiren

共同受益人(cobeneficiary) 单独受益人的对称,又称多数受益人。存在于同一项信托中的两个以上的受益人。各国、各地区信托法均允许委托人或有关国家机关在设立信托时在信托行为或有关国家行为中指定两个以上的受益人,故存在共同受益人的信托实能依法成立。对于共同受益人的数量,各国、各地区信托法原则上并不限制。共同受益人共享信托受益权并由此共享信托利益,共享信托法授予受益人的各项权利并共同承担该法赋予受益人的各项义务。

与共同受益人有关的法律问题以及信托法的相应规定是:(1)委托人、受托人与其他受益人一起成为共同受益人。《中华人民共和国信托法》实际确认共同受益人中的一人、数人乃至全体可以由委托人兼任,此点由该法第 43 条第 2 款关于"委托人可以是受益人"的规定所体现。该法还确认共同受益人中的一人或数人还可以由受托人兼任,此点由其第 43 条第 3 款关于"受托人可以是受益人,但不得是同一信托的惟一受益人"的规定所体现。上述两项确认也存在于其他各国与各地区的信托法中。英美信托法在此基础上还进而确认:共同受益人的全体均可由共同受托人兼任。(2)共同受益人对信托利益的分配。我国《信托法》将信托文件(信托行为)的规定确定为共同受益人分配信托利益的依据,此点由该法第 45 条前段关于"共同受益人按照信托文件的规定享受信托利益"的规定所体现。这其实也是其他国家和地区的信托法对这一利益分配的共同态度,只是这一态度是由这些信托法通过对信托行为法律约束力的确认来体现的。(3)公平对待共同受益人。社会经济生活中有时会出现这样的情况:某一存在共同受益人的信托,在设立它的信托行为或国家行为中并不存在关于信托利益分配的规定。对此,我国《信托法》与英美信托法均要求受托人将信托利益在共同受益人之间平均分配;但在这一方面英美信托法允许一项例外,如果信托文件授予受托人酌情处理权,则该人便可以自主决定将信托利益在共同受益人之间作均等或者不均等的分配(见受托人的公平对待受益人的义务和可酌情处理的信托)。(4)共同受益人中的一人对受托人不当处分信托财产行为的撤销。我国《信托法》对这一撤销持允许态度,依该法第 49 条第 2 款的精神,对受托人违反信托目的实施的处分信托财产的行为,共同受益人之一可以向人民法院申请撤销;人民法院作出的关于撤销该行为的裁定,对全体共同受益人有效。与此款精神相同或相似的规定还存在于日本、韩国与我国台湾地区的信托法中。

(张 淳)

gongtong weixian

共同危险(common danger) 包含双重含义:(1)必须存在真实的危险。所谓真实危险是指存在着危及船货和其他财产安全的客观事实,真实危险并非说要处于紧迫危险之中,即使这种危险不会即刻发生,但只要危险是不可避免的,并且所采取得措施是合理的,也属于共同海损。(2)危险是同一海上航程中的财产所共同面临的。只有威胁船货双方共同安全,若不及时采取措施,则船舶和货物就有灭失或损坏的危险,即一方受损,全船皆危。此时,为了船货或其他财产免受损害而作出的物质上的牺牲或费用上的损失才能作为共同海损。

(张永坚 张 宁)

gongtong weixian tuantishuo

共同危险团体说(parties in common danger) 解释各受益方分摊共同海损的一种理论观点,为德国学者所提出。该学说认为,共同海损产生于船舶和货物所遭受的共同危险,而船舶和货物在航海中应属于一种共同团体,因而对于共同海损自然应当共同承担。

(张永坚 张 宁)

gongtong xintuo jijin

共同信托基金(common trust fund) 又称信托投资基金或单位信托基金。由两个以上委托人出于委托投资之目的分别提供的信托财产集合为一体,共同组成并由同一个受托人统一管理以运用于投资的信托基金。它为英美信托法中的信托基金的一种。由于这种基金系由受托人通过向社会发行若干数量单位的投资信托受益证券募集而成,并且投资者对其中每一数量单位(张)的这种证券的取得,都必须以支付一个数量单位的货币为代价,"单位信托基金"由此得名。

共同信托基金为一种特殊的信托财产。其特殊性主要在于:(1)这种信托基金尽管系由两个以上委托人分别提供的两项以上信托财产共同组成,但信托法却仅将其视为一项统一的信托财产;(2)这种信托基金只能以金钱为其构成;(3)这种信托基金系出于方便委托人委托投资之目的设立,且系以委托人为其受益人;(4)这种信托基金一般由受托人发起设立,但受托人发起设立它不仅必须有法律依据,必须经有关主管机关批准,还必须经法定的设立程序;(5)受托人对这种信托基金的运作必须接受有关国家机关的监督。对组成共同信托基金的各项信托财产的统一管理,突破了信托法关于将由不同委托人提供的信托财产分别管理的传统模式。

对共同信托基金的规制适用信托法关于信托财产的一般规则(信托财产分别管理规则除外),还适用该法关于这种基金的特殊规则。例如《美国统一共同信托基金法》便针对共同信托基金确立起下述特殊规则:(1)受托人资格及其对基金的参与。该法第1条规定:"本州有资格成为受托人的任何银行或信托公司都可以出于提供投资的目的设立共同信托基金,使自己成为该基金的受托人或者使自己与其他人一起成为该基金的共同受托人,其作为这样的受托人或共同受托人,只要信托文件、法院判决、行政命令与将其设立为受托人的决议并无禁止性规定,并且当其作为共同受托人情形下只要其他受托人同意,该银行或该信托公司还可以出于获得投资收益之目的而投资由其合法控制的共同信托基金"。(2)法院的监督。该法第2条规定:法院可以依职权或者根据符合法定条件的申请发布命令,以要求作为共同信托基金受托人的银行或信托公司向其提供关于这种基金之经营情况的财务账目,就该账目举行听证会并通知在该银行或该信托公司的经营记录上记录有姓名的该基金的受益人的全体到达该听证会发表意见。 (张 淳)

gongtong xingweishuo

共同行为说(theory of joint act;德 Lehre von Gesamtakt) 关于公司设立行为的法律性质的学术观点之一。共同行为说认为,公司设立行为实际是就创设新的团体这一共同目标由多数人意思表示的结果,由此,各方各自产生了团体法上的权利义务关系。该学说具有通说地位。 (刘弓强 蔡云红)

gongtong yizeng shoulingren

共同遗赠受领人(joint acceptor of legacy) 对于同一个遗赠标的有两个或两个以上的遗赠受领人时,他们彼此被称为共同遗赠受领人。

共同遗赠受领人之间的权利义务关系,各国有不同的规定。在古代罗马法中,当遗赠人以同一标的物遗赠数人时,如果没有指定份额,则共同受遗赠人各自的份额是均等的;共同受遗赠人或者基于遗赠物的特点而形成,或者是基于遗赠的言词而形成。标的物同一而各共同受遗赠人的份额已指定时,部分受遗赠人不能接受遗赠或者放弃遗赠时,其余共同受遗赠人不能增加遗赠份额,放弃的遗产归继承人享有;如果没有特别指定时,部分受遗赠人不能接受遗赠或者放弃的,其余共同受遗赠人可增加遗赠的份额;如果遗赠人先后表示将标的物遗赠给数人的,各共同受遗赠人之间相互享有增添权。英美法系国家采用清算主义,在英国,由受托人进行遗产清算后,将遗赠财产交付给各个受遗赠人,彼此之间不发生关系;在美国不动产方面会发生共同受遗赠人之间的共同关系。《德国民法典》规定,数名受遗赠人承担同一项遗赠者,在发生疑问时,应按遗赠物的价值的比例,承担遗赠(第2148条);如果履行遗赠义务的人或第三人不能作出决定时,全体受遗赠人为连带债权人(第2151条),各受遗赠人应取得相等的份额(第2153条);对于同一遗赠标的物,不论被继承人是否指定各受遗赠人的份额,其中一人失格时,其份额按比例追加于其他受遗赠人的份额之中(第2158条)。《法国民法典》规定,如遗赠为对于数人的共同遗赠时,对受遗赠人发生有利于其的增添权;如遗嘱为以同一处分对数人的遗嘱,而遗嘱人未就遗赠物指定各共同受遗赠人的应得部分时,遗赠应视为共同的遗赠(第1044条);以同一遗嘱,将非毁损不能分割的物件遗赠于数人,即使分别指定各人所应得的部分时,亦应视为共同遗赠(第1045条)。总之,大陆法系国家均承认共同遗赠受领人的存在,并且承认相互之间享有增添权。我国现行继承法中对于共同遗赠受领人制度没有明确规定。 (周志豪)

gongtong yizhu

共同遗嘱(德 gemeinschaftliches Testament) 二人或二人以上依同一文书所作成的遗嘱。共同遗嘱有三种形态:(1)单纯共同遗嘱,即数个在内容上互相独立的遗嘱,记载于同一文书之中,数个遗嘱之间并无牵连关系,只是规定在一份文书中。(2)相互遗嘱,即遗嘱人相互为遗赠或相互指定他方为自己继承人的遗嘱。(3)相关遗嘱,即相互以他方之遗嘱为条件的遗嘱。一方遗嘱的效力系于另一遗嘱的效力。一方遗嘱撤回或失效时,另一方遗嘱亦失效。但一方遗嘱执行时,另一方遗嘱便不得撤回。除此三种共同遗嘱之外,二人或二人以上可以共同为第三人的利益订立遗嘱,亦不失为共同遗嘱之一种形态。共同遗嘱源于中世纪习惯法,十四、十五世纪时,夫妻之间的共同遗嘱风靡西欧。现代各国法律对共同遗嘱的态度不一。有许可者,如德国民法规定,仅夫妻双方可为共同遗嘱。英美判例亦认可共同遗嘱的效力。在美国法中,共同遗嘱包括联合遗嘱和相互遗嘱两种,联合遗嘱指由两个遗嘱人(通常是配偶)依法定要求作成并执行的一份普遍遗嘱,在该遗嘱中,各遗嘱人的遗嘱是独立的。当一个遗嘱人死亡时,该遗嘱被验证为该死者的遗嘱,并且当另一个遗嘱人死亡时,该遗嘱同样被验证为他的遗嘱。修改或更正联合遗嘱时,两个人均应履行法定手续。由于非常不稳定,联合遗嘱很少应用。相互遗嘱指两人互相将其财产的一部或全部给予另一方的两份独立遗嘱。相互遗嘱并非契约,双方在任何时候均可撤销其遗嘱。有禁止者,如法、日、瑞士、意大利等国民法。我国继承法未规定共同遗嘱,学说认为,由于共同遗嘱效力不稳定,遗嘱人互相牵制,增加遗产处理之复杂性,因而共同遗嘱制度在我国不宜提倡。但也有学者认为我国应规定共同遗嘱制度。　　(刘言浩)

gongtong yinguoguanxi
共同因果关系(德 addierte Kausalitat)　　因果关系的一种特殊形态。指造成损害的事实存在多个原因,且各个原因共同作用才导致损害事实的发生的现象。在存在共同因果关系的情况下,按照民法上共同侵权行为的关联共同说,加害人可构成共同侵权行为,要对受害人承担连带责任。　　(张平华)

gongtong zeren
共同责任(common responsibility)　　有广义和狭义之分:(1) 广义的共同责任为单独责任的对称,指负有责任的一方当事人为两人以上,包括连带之债和按份之债不履行的责任。(2) 狭义的共同责任指当事人一方为两人以上,且共同对损害后果承担责任。如连带债务人对债务不履行的责任,共同侵权人对造成损害的责任等。狭义的共同责任的责任人向对方承担的是连带责任。这种责任对每一个责任人而言是一种加重责任,而对于权利人来说则能保证其利益。狭义的共同责任中的责任人在向对方承担责任后,还需确定各自的责任份额,并可因向债权人承担责任超过自己份额而向其他责任人追偿。有的国家把双方对同一损害后果都承担责任的情况也称为共同责任。在我国这种责任称混合责任。　　(张平华)

gongtong zhanyou
共同占有(德 Mitbesitz)　　单独占有的对称,根据占有人为一人还是多人,占有可以分为单独占有和共同占有。所谓共同占有,是指数人对同一物进行的占有。共同占有可以分为简单的共同占有和统一的共同占有。简单的共同占有,是指各共同占有人在不妨碍他人的情况下,各自可以单独管领其物,例如,数人共租一屋各自可以单独使用公用的客厅、厨房、浴室和厕所。统一的共同占有,是指全体共同占有人对占有物仅有一个管领力的占有。例如,夫妻二人将有价证券寄存于某银行保险箱内,而开启该保险箱必须二人两把不同的钥匙同时使用方可,此时即成立统一的共同占有。　　(申卫星)

gongtong zhizhai
共同之债(德 gemeinschafitliche Schuldverhaltnisse)　　又称共同共有之债。数人基于共同关系而共同享有债权或负担债务的债。其中数人基于共同关系而共同享有债权的,为共同债权;数人基于共同关系而共同负有债务的,为共同债务。前者如共同继承人共同继承的遗产债权;后者如共同继承人共同继承的遗产债务。　　(郭明瑞)

gongtong zulin
共同租赁(lease in common)　　几个承租人共有同一财产的租赁权益。各承租人间对承租权是一种共有关系。既可以是共同共有如夫妻租赁一套住房,也可以是按份共有,如几个人合租一套住房。　　(张平华)

gongyiquan
共益权(right of common-benefit)　　自益权的对称。指股东以公司利益为目的,参与公司管理事务的权利。股东的共益权包括:参加股东大会并按照出资比例行使表决权;选举和被选举为董事、监事的权利;查阅股东大会会议记录和公司财务会计报告、监督公司经营的权利;共同制定公司章程的权利等。　　(吕来明　戴少杰)

gongyou
共有(co-ownership; 德 gemeinschaftliches Eigentum)　　某项财产由两个或两个以上的权利主体共同享有所有权,换言之,是指多个权利主体对一物共同享有所有权。共有的主体称为共有人,客体称为共有财产或共有物。各共有人之间因财产共有形成的权利义务关系,称为共有关系。

1. 共有的法律特征。(1) 共有的主体不是一个是两个或两个以上的公民或法人。但是,多数人共同所有一物,并不是说共有是多个所有权,在法律上,共有财产只有一个所有权,而由多人享有。(2) 共有的客体即共有物是特定的,它可以是独立物,也可以是集合物(如共同继承的遗产)。共有物在共有关系存续期间不能分割,不能由各个共有人分别对某一部分共有物享有所有权。每个共有人的权利及于整个共有财产,因此共有不是分别所有。(3) 在内容方面,共有人对共有物按照各自的份额享有权利并承担义务,或者平等地享有权利、承担义务。每个共有人对共有物享有的占有、使用、收益和处分的权利,不受其他共有人的侵犯。在行使共有财产的权利,特别是处分共有财产时,必须由全体共有人协商,按全体共有人的意志行事。

2.共有和公有不同。"公有"一词具有双重含义,一是指社会经济制度,即公有制;二是指一种财产形式。共有可以是公有制在法律上的表现形式,也可以是个人或私人所有制在法律上的反映。就公有财产权来说,它和共有在法律性质上也是不同的,表现在:第一,共有财产的主体是多个共有人,而公有财产的主体是单一的,在我国为国家或集体组织。全民公有的财产属于国家所有,集体公有的财产则属于某一个集体组织所有。第二,公有财产已经脱离个人而存在,它既不能实际分割为个人所有,也不能由个人按照一定的份额享有财产权利。在法律上,任何个人都不能成为公有财产的权利主体。而在共有的情况下,特别是在公民个人的共有关系中,财产往往并没有脱离共有人而存在。共有财产在归属上为共有人所有,是共有人的财产。所以,单个公民退出或加入公有组织并不影响公有财产的完整性,但是,公民退出或加入共有组织(如合伙),就会对共有财产发生影响。

对于共有的形式,各个国家和地区民法的规定是不一样的。《中华人民共和国民法通则》第78条确认了两种共有形式,即按份共有和共同共有,这是两种基本的共有形式。

(王 轶)

gongyoucaichan de fenge
共有财产的分割(division of common property) 按份共有人有权请求从共有财产中分割出属于他的份额,共同共有人在共有关系解体以后(如夫妻离婚、分家等),也要对共有财产进行分割。

1.共有财产分割的原则。(1)分割共有财产,应遵循法律的规定。分割夫妻共有财产,必须遵循婚姻法的规定。分割共有财产不得损害国家、集体和他人的利益。(2)分割共有财产应充分贯彻平等协商、和睦团结的精神。各共有人对共有财产分割的范围、期限、方式以及分配方法等,均可通过协商决定。在协商中,应本着和睦团结、互助互让的精神,力求达成一致协议。按份共有的共有人就共有财产的分割不能取得一致意见的,可以由多数共有人和持有半数以上份额的共有人决定,但多数人和份额多的共有人作出的决定不得损害少数人的利益。共同共有关系终止时,共有人对共有财产的分割没有达成协议的,"应当根据等分原则处理,并且考虑共有人对共有财产的贡献大小,适当照顾共有人生产、生活的实际需要等情况"(最高人民法院《关于贯彻执行〈中华人民共和国民法通则〉若干问题的意见(试行)》第90条。)。(3)分割共有财产,应遵守合同的规定。如果共有人之间事先订立合同,明确规定了共有财产的分割方式,则各共有人应依合同的规定分割共有财产。在按份共有中,合同禁止在共有存续期间分割共有财产,或规定共有人在一定期限内不得退出共有的,则在合同规定的期限内不得分割共有财产。某个共有人将其份额转让给共有人之外的其他人,该受让人加入共有的,也应遵守合同的规定。

分割共有财产时,按份共有人一般只能取得相当于自己份额的财产,否则就是不当得利,应将超过份额的部分返还给其他共有人。

2.共有财产分割的方式。(1)实物分割。对于共有财产的分割,在不影响共有财产的使用价值和特定用途时,可以对共有财产采取实物分割的方式。可以进行实物分割的共有物一般是可分物,如粮食、布匹等。(2)变价分割。如果共有财产不能分割或者分割有损其价值,而且各共有人都不愿意接受共有物时,可以将共有物出卖,由各共有人分别取得价金。(3)作价补偿。对于不可分割的共有物,共有人中的一人愿意取得共有物的,可以由该共有人取得该共有物。对于共有物的价值超出其应得份额的部分,取得共有物的共有人应对其他共有人作价补偿。

共有财产分割以后,共有关系归于消灭。不管是就原物进行分割还是变价分割,各共有人就分得的份额取得单独的所有权。分割以后某个共有人的财产由于分割以前的原因而为第三人追索或发现有瑕疵的,原共有人都要承担责任。因为原共有人有义务担保各人分得的共有财产不受第三人的追索,对原共有财产负有瑕疵担保义务。

(王 轶)

gongyouquanli
共有权利(right held by multiple parties) 单独权利的对称。指一权利或一权利客体同属于数人之现象,也称为权利主体之多数。此种情况下,究竟是多数人合有一权利,抑或是多数人各有一权利,而各权利集中于同一事物(客体)之上,则须视多数人在何种情形下结合而定之。(1)共同共有,也称不可分之共有。此种法律状态主要表现于合伙、夫妻共同财产以及遗产未分割前之共有状态。此处,权利客体为一复杂的财产总体,其中个别权利之所以成为共有,乃因多数主体在法律上成立一复杂的人事关系,而财产之内容又非固定不变之故。此项财产之多数主体对于该财产中任何一个别权利皆有其份,然不能谓任一主体对该财产有确定的应享之份。其应享之份内容如何,殊属难言。因此,每一主体对于个别权利,即不能随意处分;如欲处分,必须处分其财产之总体,亦必须全部共有人之同意。(2)共有,也称可分共有、按份共有。此处,多数人对于财产各为主体,即各主体间虽有一共同事物,但每人于该物上之权利,则为单独的。因此,各共有人得自由处分其应有部分,共有物所生之孳息也由各共有人分别享受。倘无相反规定,各共有人之应有部分,原则上推定为均等。各共有人可随时请求分割其物。此种共有在所有权、他物权、无体财产权、占有、股东权皆可发生。(3) 债的关系中权利主体为多数人时,又分三种情况:一为给付可分之债权,即数人有同一债权的,应各平均分受之。此际,多数债权人就其应受部分各为主体。二为给付不可分之债权或债务。各债权人仅得为债权人全体请求给付,债务人也仅得向债权人全体为给付。如,甲乙二人合租打字机一台,出租人事实上虽可单独给付,但须声明系向二人为给付,因为此乃多数人共为一个债权之主体。三为连带债权,即多数人依法律或法律行为,有同一债权而各得向债务人请求全部给付,而债务人亦得向债权人中任何一人为全部给付之情形。(4) 代理权人为数人时,在积极代理方面,数代理人应共同(非必同时)为代理行为,是为共同代理,但法律另有规定或授权人另有表示的,数代理人则各得独立为代理行为,是为连带代理。然就代为受领意思表示之消极代理言,数代理人均得单独代为受领。经理人有数人时,亦同。(5) 契约一方为数人,而共有一解除权时,为避免法律关系复杂化,数解除权人须以一共同行为行使解除权。是为解除权之不可分性。
(张 谷)

gongyou zulin
共有租赁(tenancy in common) 几个承租人共有同一财产的租赁权益。各承租人间对租赁利益是一种共有关系,每一承租人死亡时,其租赁权益可由其继承人继承。
(张平华)

gouxiao hetong
购销合同(contract of sale of goods) 买卖合同的一类。出卖人将货物销售给买受人,买受人接受货物并支付约定价款的协议。其中销售货物并取得货款的一方称为供方或销方,接受货物并支付货款的一方称为需方或购方。按照原《中华人民共和国经济合同法》的规定,购销合同主要有供应合同、采购合同、预购合同、购销结合合同、协作合同、调剂合同等具体形式。其内容主要包括:产品数量、产品质量与包装质量、产品价格、交提货期限等。具体而言,产品数量,由供需双方协商签订;产品数量的计量方法,有法定的从法定,无法定的从约定;产品质量与包装质量,不得低于国家行业强制性标准,无国家或行业标准的,由双方协商签订;产品质量的验收及检验办法,根据国务院批准的有关规定执行,没有规定的,由双方当事人协商确定;产品价格,除国家定价或限制价格外,由当事人约定。执行国家定价的,在约定交付期限内国家价格调整时,按交付时价格计算。逾期交货的,遇上价格涨时,按原价格执行;价格下降时,按新价格执行。逾期提货或逾期付款的,遇价格上涨时,按新价格执行;价格下降时,按原价格执行;交提货期限应按合同约定履行,任何一方要求提前或延期交提货,应在事先达成协议,按协议执行,否则对方有权拒绝。
(任自力)

gudong diweishuo
股东地位说(theory of legal status) 股份是股东的地位,而不是股东的权利,股东与公司间,依赖此种地位而互相维系。股东的共益权,是股东应有的权限。股东的自益权,是股东基于社员的地位,所应有的权利与义务。股东地位说否认股权是一种具体权利,主张股权是股东因拥有股份或出资而在公司取得的成为各种权利基础的法律地位,依此法律基础所确认的权利是股权的内容。有些日本学者认为股权中的共益权和自益权因有性质上的差异而难以结合成一个本质的不可分割的整体性权利,遂避开"社员权"的名称而代之以"社员地位"称呼股权,但其实质内容与股权无异。
(梁 聪)

gudong feiguyouquan
股东非固有权(shareholder's uninherent rights) 股东固有权的对称。指公司有权以章程或股东会议予以剥夺或限制的、股东依法享有的权利。例如公司在发行特别股时,可在章程中规定其种类以及收回或变更的条件;若章程中没有规定,可由股东会和特别股股东会决议予以规定。再如股东红利分配的请求权,公司可以以章程或股东会决议予以剥夺和限制。(梁 聪)

gudong guyouquan
股东固有权(shareholders' inherent rights) 股东非固有权的相对。又称为法定股东权,指公司不得以章程或股东会决议加以剥夺的、股东依法享有的权利。股东自益权中的股份转让权、股东认购新股权、股东无记名股票改为记名股票请求权等等都属于股东的固有权利。共益权大多是股东的固有权,如股东的表决权。将股权分为固有权与非固有权的意义,在于让公司发起人和股东明确哪些权利是可依章程或决议予以限制的,从而增强其权利意识。凡对固有权加以限制的行为,均为违法行为,股东可依法主张其权利,并采取相应的补救措施。
(梁 聪)

gudong guojishuo
股东国籍说(doctrine of stockholder's nationality)
又称为自然人国籍说,即根据组成该公司的股东的国籍来确定该法人的国籍。这个学说是法国学者索姆耶尔在《国际私法大全》中提出的,他认为公司只不过是覆盖在一群成员身上表示他们联合与其中的一层薄纱,它使他们凝聚成一个人,这个人与他们自身毫无区别,因为这个人就是他们本身,它的国籍无非就是他们自己的国籍。这个学说实行的难处:(1)要弄明白公司的股东是谁不是件容易的事。(2)股东国籍不同时,难以确定是依人数多少还是以出资额多少来确定公司国籍。(3)股东的国籍变动时,公司国籍也随之变动,容易造成混乱。(4)公司是发行无记名股票的股份有限公司,很难知道谁是股东,更难确定公司国籍。此学说很少有国家采用。　　　　　(李四海)

gudong mingbu
股东名簿(list of shareholders)　又称股东名册,股份有限公司因记载股东和股票事项而依法设置的簿册。具有的作用:首先,股东名簿是股份公司设立登记时必须向登记管理机关提交的法律文件;其次,股东名簿是向股东催缴股金的依据;第三,股东名簿是记名股东转让过户时必须查阅和重新登记的文件;第四,股东名簿是股东和公司债权人查阅和抄录的必备文件;第五,股东名簿详列股东姓名、地址、股份数等重要情况,便于公司通知股东到会参与公司重大问题的决策。《中华人民共和国公司法》第134条规定,公司发行记名股票的应当置备股东名册,并记载以下事项:股东的姓名或者名称及住所;各股东所持股份数;各股东所持股票的编号;各股东取得其股票的日期。发行无记名股票的,应当记载其股票数量、编号及发行日期。《公司法》第145条第2~3款规定:记名股票的转让,由公司将受让人的姓名或名称及住所记载于股东名簿。股东大会召开前30日内或者公司决定分配股利的基准日前5日内,不得进行前款规定的股东名簿的变更登记。
　　　　　　　　　　　　　　　　(梁　聪)

gudongquanli yu yiwu
股东权利与义务(rights and duties of shareholders)
股东基于其资格而对公司享有的权利和义务。股东权利又称股东权,与债权人的债权不同。债权是与股东的资格无关对公司独立享有的权利,如公司债偿还请求权。这种权利是公司的控制力支配之外的权利,不受股东大会决议的影响,可独立的让与他人。即使是股东对公司持有债权,也属于债权人的债权。股东权利因公司种类及股权性质不同而不尽一致,各国公司法确认的股东权,主要有:(1)出席或委托代理人出席股东会并行使表决权,优先股股东无表决权;(2)按照公司法及公司章程规定转让出资或股份;(3)查阅公司章程、股东会会议纪要、会议记录和会议报告,监督公司的经营,提出建议和质询;(4)按其出资或所持股份取得股利,及公司盈余分配的请求权;(5)公司终止后依法取得公司的剩余财产,及剩余财产的分配请求权;(6)公司章程规定的其他权利。为保障股东合法权利,各国公司法还赋予股东个人诉权,即当董事、监事或职员对公司应负责任公司未予追究时,可由股东为公司提起追究其责任的诉讼。当股东会的召集程序及其决议内容或方法违法或违反章程时,股东也可提起诉讼。股东个人诉权的行使,有的国家公司法赋予任何股东,如美国、法国;有的国家只允许拥有一定股份(通常为持有公司股份的百分之五至百分之十)的少数股东行使个人诉权。股东权依以股权行使目的不同,可分为共益权与自益权。凡股东专为自己的利益而行使的权利,为自益权;凡股东为自己利益同时兼为公司利益而行使的权利,为共益权。股东的自益权主要包括:投资受益权、剩余财产分配权、新股认购优先权、出资转让权、股份转让过户申请权、可转换股份转换请求权等。股东的共益权主要包括:表决权、选任公司董事等管理人员权、代表诉讼提起权、股东大会召集权、提案权、质询权、股东会或董事会决议撤销权、公司重要文件查阅权等。自益权与共益权内容前者主要表现为股东自身的经济利益,多具财产权内容;后者主要表现为股东对公司经营的参与和监督,多具管理权的内容。股东权还可划分为共处权和期待权,固有权和非固有权,单独股东权与少数股东权,一般股东权与特别股东权。

　　各国公司法规定股东应承担义务:(1)向公司缴纳股款,又称出资义务,即股东应按其所承诺的出资额或所认购的股份金额,向公司缴纳股款,这是认股人取得股东资格的前提条件。不允许分期缴纳股款的,该义务是认股人的义务,而非股东义务;允许分期缴纳股款的,认股人只要缴纳了首期出资,即取得股东资格,他此后所负的出资义务,则为股东义务。(2)对公司承担有限责任。即股东以其出资或所持股份为限对公司承担有限责任。股东除其出资外,对公司不承担任何其他财产责任。股东对公司承担有限责任的义务实际上只是股东的出资义务在公司债务责任上的表现。股东一旦完成了其出资义务,即完成了对公司的所有义务。股东除上述义务,遵守公司的章程,不得中途退股等,为股东的当然义务,股东不得违反。当股东不能履行上述义务时,应承担相应的法律责任。如当认股人逾期不能缴纳股金时,应视为自动放弃所认股份。对公司造成损害的,应负赔偿责任。　(梁　聪)

gufengongsi changwudongshi
股份公司常务董事(executive director of company limited by shares) 在董事会闭会期间根据授权对外行使董事会全部或部分权利的董事。常务董事是公司董事会成员之一,任职资格选任和解任的条件与一般董事相同,只是在处理有关事务时享有董事会授权范围内的特殊权力。 (黄 艳)

gufengongsi chongzheng
股份公司重整(corporate reoganization of company limited by shares) 在法院监督下,对公开发行股票或公司债的、因财务困难已处于暂停营业或可能停业的状态,仍有重整可能与价值的股份有限公司,为保证公司的继续存在与重建再生,调整其债权人、股东利害关系人权益的制度。公司重整是为维持公司重建再生,按法定程序进行的非诉讼事件。公司重整包含的意义为:

1. 公司重整的对象是股份有限公司,且必须满足下述条件:(1)公司必须是公开发行股票或公司债的股份有限公司;(2)须是仍有经营价值的股份有限公司;(3)须是未破产或破产和解、解散的股份有限公司。

2. 重整的目的是挽救财务状况恶劣,或已暂停营业及有停业危险的公司;因其有继续经营的价值、重整的可能和必要,予以重整使其免于解体或破产,获得再生。重整的第二重目的是为保护公司债权人的利益以及社会投资大众的利益,还有公司从业职工利益,以利于社会经济的安定与发展。

3. 重整须依公司法规定的特别程序,包括:(1)重整申请程序;(2)受理申请程序;(3)裁定重整程序;(4)重整开始的程序,包括通知登记、交接权利、申报及审查程序、关系人会议召集、审查重整计划的程序;(5)终止重整程序、重整完成程序。这一系列重整程序,应由各关系人、法院、公司的有关机构及主管机构等,依次以集体的、个别的、连续的方式完成。

4. 公司重整是以向各利害关系人得益提供保障为主,不以重整债权如何获得清偿为重心,公司重整是非讼事件。

公司重整的性质和特点为:

1. 公司重整实体上的性质与特点:(1)公司重整从法律行为上具有团体契约、强制契约和和解契约的性质与特点。(2)公司重整从法律关系上具有多面协调相互关系的性质和特点。(3)从重整计划的审查认可上,公司重整具有监督和解性质和特点。(4)从重整计划的效力上,公司重整的认可及完成具有权利确定的性质和特点。

2. 公司重整程序上具有非讼事件的性质与特点。公司重整的目的在于借助重整程序使公司维持存在,重建与再生。公司重整当事人有公司董事、股东及债权人。这三种人均可申请重整。重整计划的表决通过等说明公司重整属非讼事件。公司重整计划经法院认可后,其所载的给付义务,适于作为强制执行标的者,可予以强制执行。

重整申请程序:

1. 申请重整的原因。(1)公司因财务困难,处于暂停营业或有可能暂停营业的情况;(2)公司依合理费用负担标准仍有经营价值;(3)公司须为股份有限公司,并且公开发行股份或公司债。

2. 申请重整的条件。(1)申请程序正当合法,不当处能在限期内补正;(2)申请事项内容真实;(3)公司被宣告破产但尚未确定;(4)公司尚未根据破产法作出和解决议;(5)公司没有解体。

3. 申请重整的程序。由申请人持申请书及其副本三份向法院申请。申请须采取书面形式,属要式行为。董事会申请时,由代表公司的董事携带董事会议事录。由股东或债权人申请时,应携带证明资格的文件。申请受理法院,为公司所在地有管辖权的法院。

裁定重整的程序及重整裁定的效力:

1. 裁定重整的程序。法院认为申请合法,重整的原因与条件具备,应作出准许重整的裁决。法院履行的程序:(1)选任重新监督人;(2)决定权利申请、审查的时间、地点;(3)公告及送达重整裁定;(4)通知公司主管机关作重整开始的登记。

2. 重整裁定的效力。(1)公司业务经营权及财产管理处分权的停止;(2)股东会及监察人职权停止;(3)各项程序停止;(4)原紧急处分继续有效;(5)作出新的紧急处分;(6)债权行使权限制;(7)股东行使权限制。

终止重整。重新计划执行中,有某种原因使重整工作无法继续,也无法补救,只能导致放弃重整,终止重整程序。

1. 终止重整的原因公司法一般规定有:(1)重整计划没有获得关系人会议表决通过,经法院指示修改后重新审查,仍未获得通过,公司又非确有重整价值。(2)重整计划因情况变化有正当理由导致不能或无须执行,公司又显然无重整的必要或可能,经法院征询公司上级主管机关意见后,可裁定终止重整。(3)重整计划得不到法院认可,应裁定终止重整。法院因上述原因裁定终止重整,在裁定之前应问向关系人,其裁定不必送达,但应附理由说明公告,公告后即生效。

2. 终止重整的登记。法院裁定终止重整时,应通知主管机关(并送交裁定书)进行终止重整登记。符合破产规定的,法院要依职宣告公司破产。

3. 终止重整的效力。法院裁定终止重整(除依职权宣告破产者外)有如下效力:(1)法院在重整裁定前后,所做出的各项保全及应急处分的,均告失效。(2)重整后的公司破产、和解、强制执行及因财产关系导致的诉讼程序停止效力,均告无效,即各程序继续恢复进行。(3)非依重整程序不得行使的债权的限制自然解除。(4)因息于申报权利不能行使的,恢复其权利。(5)因裁定重整停止的股东会、董事、监察人的职权恢复。重整人应将公司业务经营及财务管理处分权移交董事会。(6)重整债务的优先受偿权不受影响,终止重整后仍由公司负担。(7)终止重整无溯及效力。在终止重整前,重整人依法执行职务,对外发生的法律关系,仍然有效;终止重整前向重整人行使取回权、解除权抵销权的人所进行的取回、除解、抵消,仍有效力。

重整的完成。重整人在重整计划规定期限内,完成重整工作,并在重整完成后,召集重整后的股东会,在股东会上选任重整后公司的董事、监察人等。重整后的董事、监察人就任后应即时向上级主管机关申请登记或变更登记,同时接收由重整人移交的公司业务、财产以及相应的权力。最后由董事会和重整人一起,申请法院作重整完成的裁定。法院作出重整完成的裁定后,公司重整即告结束,公司回复正常经营状态。重整完成后的效力:(1)已申报的债权中未受清偿部分,除按重整计划移转重整后公司外,其请求权消灭,未申报的债权也同样对待。请求权消灭,债权本身并不消灭,重整后的公司清偿时,债权人仍有受领权。(2)股东权经重整变更或减除的部分,其权利消失。未申报的无记名股票的权利也相同,其中经重整变更或减除的部分权利消灭。(3)重整裁定前,公司的破产、和解、强制执行及因财产关系导致的诉讼等程序,都失效。
(高雅丽)

gufengongsi chongzheng guanxiren huiyi
股份公司重整关系人会议(joint meeting of shareholders and creditors of company limited by shares under reorganization) 由股份公司债权人和公司股东共同组成,是公司债权人与公司股东共同集体参与公司重整事务、恢复公司生机并维护自己权益组成的混合委员会式的意思机构。公司股东与公司债权人本互不相干,并且利益相悖,在重整程序中通过关系人会议共同致力于公司重整,这是重整制度的特点。关系人因故不能出席会议可委托他人代理出席。第一次关系人会议的召集由法院在重整裁定中决定并予以公告,对已知的债权人和股东由书面方式通知,以后的关系人会议由重整监督人以公告和通知方式召集。由重整监督人担任关系人会议主席,关系人会议开会时,重整人及公司负责人应列席备询。公司负责人拒不答复或作虚假陈述的,要受到刑事制裁。关系人会议职责:听取关于公司业务与财务状况的报告及公司重整的意见;审议及表决公司重整计划及通过重整方案,公司重整计划的内容包括重整债权人或股东的权利变更,公司经营业务的变更,公司财产的处置,公司债务的清偿方法及清偿资金的来源,公司资产评估的方法及标准,公司组织和章程的变更,公司新股或公司债的发行等;决议其他有关重整事项。关系人会议讨论重整事项及表决时分组进行:有担保重整债权人,无担保重整债权人及股东。一般决议以经各组表决权总额二分之一以上的同意为准。对于重整计划的确定,应有表决权总额的三分之二以上同意为准。重整债权人的表决权依债权金额比例确定,股东的表决权依公司章程确定,但公司负债大于公司实有资本额时股东不得行使表决权。重整监督人无论是股东充任,或是债权人充任,因职责特殊,通常不行使表决权。
(李倩)

gufengongsi chongzhen guanxia fayuan
股份公司重整管辖法院(jurisdictional court of reorganization of limited company) 股份公司重整申请人向公司所在地法院提出重整申请。法院在收到重整的申请后,应征求国家有关管理部门的意见,了解该公司有无重整的必要。同时,法院要选任检查人。检查人由注册会计师、执业审计师担任。法院在作出公司重整裁定前,可先行做出下述中间性裁决,如冻结公司财务;公司破产和解等程序的中止公司业务的限制;公司行使债权和履行债务的限制;公司股票转上的禁止以及公司负责人个人财产的冻结和对公司损害赔偿责任的查定等。上述中间性裁决有限期,一般为3个月(法院准许重整除外),必要时法院可根据利害关系人的要求或依法裁定延长,延长期以3个月为限,并以两次为限,法院经过对公司情况的调查核实,认为符合重整规定和要求,即作出重整裁定书。出现下列情况之一者,法院驳回重整申请:(1)申请程序不合法者;(2)公司没依法公开发行股票;(3)申请事实不符;(4)公司已确定宣布破产或公司已解散;(5)公司已无存在价值。
(高雅丽)

gufengongsi chongzheng jihua
股份公司重整计划(reorganization project of company limited by shares) 是对股份公司重整所制定的重整方案,原则上由重整人拟订,其他关系人也可拟订重整计划或对重整人的重整计划予以补充。重整计划包括:(1)全部或一部分重整债权人或股东权利的变更,指股份减少、合并股份、减少债权数额、债权延期受偿、放弃优先权或担保权、减免利息等;(2)全部或一部分营业的变更;(3)财产处分;(4)债务清偿方法及资金来源;(5)公司财产评估;(6)公司改组及章程变更;

(7)公司雇员的调整及裁减;(8)新股发行;(9)公司举债;(10)其他认为必要的事项。

重整计划一般限于1年执行完毕。重整人未按法院的部署在期限内完成重整计划,可以申请延长期限,如在延长期限内仍未完成,法院可裁定终止重整程序。重整计划拟订后,应由关系人会议分组表决予以通过。关系人会议讨论认为应当修改的,在重整人修改后,由法院命令关系人会议在一定时间内重新通过。第二次讨论仍未通过时,法院认为公司确有重整价值,对不同意的小组予以特殊保护并征询有关机关的意见后,可独立修改重整计划并裁定实施。

有效的重整计划对公司、关系人会议及其他相关主体均有拘束力。重整计划由重整人组织实施,重整监督人负责监督。如在执行过程中情势变更需修改时,法院可因重整人、重整监督人、关系人之申请,裁定由关系人会议予以审查通过。重整计划案应由管理人制作,但公司及申报的重整债权人、重整担保权人、股东也可以制作,且须在一定期间内向法院提出。应在重整计划案中决定变更重整债权人、重整担保权人、股东权利的条款及清偿共益债权的条款。重整计划的条件是遵循持有同一性质权利者之间平等,与法律规定相一致,公正、平衡、切实可行,以诚实公正的方法进行决议等原则。经法院的批准决定,发生效力。被认可的重整计划的效力及于公司与全体利害关系人,因重整计划新设的新公司。据计划重整债权人、重整担保权人、股东的权利,发生实体法上的变更。重整计划由管理人履行,法院监督,法院可作出履行重整计划的命令。

(李 倩)

gufengongsi chongzheng jianduren
股份公司重整监督人(reorganization supervisor of company limited by shares) 是在股份公司重整过程中执行监督职责的人,由法院依职权选任。其主要职责是:(1)监督重整人执行职务,在重整人违法或行为不当时,得申请法院解除其职务,另选重整人;(2)对重整人为重大行为有许可权。如重整人在营业范围之外处分公司财产、变更营业或营业方法、借款、订立重要或长期性契约、抛弃或转让公司权利、任免公司重要人事等;(3)监督、询问公司业务和财产交接;(4)受理债权和股东权的申报;(5)制作重整债权人及股东清册,报告法院;(6)通知并公告召集关系人会议,担任会议主席;(7)申请裁定终止重整;(8)监督重整人的活动及重要方案的执行,主持关系人会议的法院代理人。

重整监督人应在重整债权人的申报期截止后,依其初步审查的结果,分别编制优先重整债权人。将有担保重整债权人、无担保重整债权人及股东清册,载明权利的性质金额及表决权数额,报至法院,公告开始备置的日期及场所,以供有关人员查阅。重整监督人资格要求懂得公司管理业务,多由金融机构充任重整监督人。重整监督人的主要义务是尽善良管理人的注意义务为监督行为,对法院负责并报告工作,如有失职,法院可随时改派,重整监督人执行职务时因违法行为给公司造成损失的,负赔偿责任。执行职务时有虚伪陈述或记载的,要承担刑事责任。

(李 倩)

gufengongsi chongzhengren
股份公司重整人(receiver in reorganization of company limited by shares) 由法院选任执行公司重整业务并管理和处置公司业务及公司财产的机关。重整人的资格,各国规定共同点是具有经营公司的能力,熟悉公司实务,掌握必要的法律知识。股份公司重整人可以是董事、公司的债权人或公司的股东,关系人会议认为应当另外选派重整人时,可提出候选人名单,由法院选派;重整人可以是一人,也可以是数人,重整人为数人时,决议以过半数同意为准。重整人对内执行公司义务,对外代表重整中的公司。重整人的职责:行使企业经营管理权和营业范围内的财产处分权;拟订重整计划;执行重整计划,重整人必须以善良管理人之注意履行职责,接受重整监督人的监督。重整人因违法行为致使公司受到损害时,重整监督人可以申请人民法院解除重整人职务并要求对公司负赔偿责任,重整人在执行职务时如有虚伪陈述,篡改或伪造文书记载,要受刑事处罚。重整人的报酬由法院确定。重整人执行职务时的下列特别行为应经重整监督人事先许可甚至法院的批准:营业范围以外对公司财产的处分;公司经营范围和方式的变更;举债;重要或长期性契约的订立或解除;诉讼或仲裁的进行;公司权利的放弃或让与;他人行使取回权、解除权、抵消权时的处理;公司重要人事等。

(李 倩)

gufengongsi chongzheng shenqingfei
股份公司重整申请费(application fee of reorganization of company limited by shares) 股份公司面临重整时,由重整申请人向公司所在地的法院申请重整所需要的费用,如申请人的报酬,召集重整关系人会议的费用,通知及公告的费用,以及法院的诉讼费用等。

(高雅丽)

gufengongsi chongzheng shenqingren
股份公司重整申请人(reorganization applicant of company limited by shares) 有资格请求法院裁定公司重整的人。申请人在公司出现财务困难,暂停营业或有破产的危险的情况下,即可向法院提出重整申请。有权提出公司重整申请人员:(1)三分之二以上的董事出席董事会,出席董事中有超过半数,同意重整决议、董事会可提出重整申请;在此,董事会是为了公司的利益。代表公司提出重整申请,即公司的申请人,由代表公司的董事为之。(2)连续 6 个月以上持有已发行股份总额 10% 以上的股东,也有权提出重整申请;(3)相当于公司已发行股份总额 10% 以上的公司债权人,有权提出重整申请。公司重整的申请应由申请人以书面形式向公司所在地的法院提出申请,申请书应有仲裁申请人的姓名、住所或居所及申请资格;公司名称,所在地及负责人姓名、住所;申请的原因与事实;对于公司重整的意见,若是公司申请重整,必须在申请书中写明公司所营事业,业务状况及资产负债,损益和其他财务状况。

(高雅丽)

gufengongsi chongzhen shenqingshu

股份公司重整申请书(reorganization application of company limited by shares) 公司重整的申请应由申请人以书面形式向法院提出,申请书的内容:申请人姓名、住址和申请资格;公司名称、地址及负责人的姓名和地址;申请的原因和事项;公司经营状况包括公司资产负债、损益及其他财务状况;对公司重整的意见等。

(高雅丽)

gufengongsi chongzheng wancheng

股份公司重整完成(fulfillment of reorganization of company limited by shares) 开始重整程序的股份公司完成公司重整计划使重整程序终结。重整完成是重整结束的结果之一,重整完成意味着重整成功。公司重整按期完成后,公司的股东会、董事会及其他管理机关应立即恢复,重整人应会同上述机关报请法院裁定重整完成。公司重整完成后,公司重整裁定前对公司发生的破产、和解、中止执行及财产上的诉讼皆失去效力。股东因重整减少或消灭的股东权、未申报的无记名股东权视为不存在;申报的债权除依重整计划转移到重整后的公司承受以外,其他未申报的债权皆视为消灭。公司重整后未受清偿部分的债权转移至重整后的公司,股东的股票经重整变更或减除的部分失去权利。一切于公司重整后中止的公司的诉讼程序在重整完成后中断,失去效力;重整人、重整监督人及关系人会议等重整公司机关在重整完成后,职务解除。

(李 倩)

gufengongsi chongzheng yu biangeng

股份公司重整与变更(reorganization and change of company limited by shares) 重整指股份公司在经营过程中因财务困难、暂停营业有停业危险时,为避免破产,使其更生,维护公司的存在,保护公司股东和债权人的利益的整顿。股份公司由于经营管理不善,造成公司严重亏损,当资产不足以抵偿公司所负债务时,董事会应立即申请宣告破产。公司破产,索取债务及清算时间久,须付出巨额费用,对债权人、公司和国家将带来损失。遇此情况一般不立即申请破产,而是试图通过公司重整,使本企业免除破产危险,起死回生。公司重整只在股份有限公司适用。变更指股份公司改组,内容包括公司业务职能的改变和组织上的分立与合并。业务职能变更和公司组织变更是同一变更过程的两个方面。公司业务职能的改变具体表现在公司创建的宗旨、经营范围和经营方向、产品类别与规格等项目的变化。公司变更必须按国家规定的法定程序进行。公司须首先提交变更报告书,包括变更的目的及变更的具体内容,经股东大会讨论决定后,报上级主管机关审批、备案,再向工商行政管理部门办理变更登记,否则为违法。公司发生分立或合并后,无论是继续存在的存续公司还是合并后的新设公司都会发生业务职能的变更,需要变更公司章程。公司组织变更是不中断公司法人资格,变更公司的组织形式及股东所负责任,使之变为另一种法定形态公司的法律行为。

公司变更程序:(1)经全体股东一致同意,作出变更决议;(2)有限公司变为股份有限公司在有些国家尚须经法律许可;(3)通知并公告公司债权人在一定期间内申述异议,对有异议的债权人的债权应予以清偿或提供担保;(4)变更公司章程;(5)办理变更登记。变更组织后,公司的法人资格不受影响,公司章程和股东承担的责任发生了变化,公司组织变更是公司类型的变化,不是公司内部组织结构的变化。公司变更组织更有利于采取更有效的组织形式经营,避免中断公司业务活动使公司和股东利益受损。

实施公司组织变更的有效条件:(1)必须经全体股东同意。虽然变更组织为公司内部事情,由于组织形式不同,股东所负责任不同,必须经全体股东同意。(2)必须限于变为另一种法定形态的公司组织,即变更后的公司必须是法定公司形式的一种,否则无效。(3)公司组织变更后,资产数额不得低于扣除负债后的资产数额,股东人数不得低于法定人数。(4)公司必须重新订立章程。(5)必须向有关部门办理变更登记。

(李 倩)

gufengongsi chongzheng zhaiquan

股份公司重整债权(creditors' right in the reorganization of company limited by shares) 在重整裁定前成立的对公司的债权。重整债权可区分为优先重整债

权、有担保重整债权和一般重整债权。优先重整债权是有优先受偿权的债权,如工资债权。有担保重整债权是有抵押权、质权或留置权为担保的债权。一般重整债权即无担保的一般债权。下列债权不得列为重整债权:(1)重整裁定后重整债权所生之利息;(2)参加重整程序所支出的费用;(3)重整裁定后因债务不履行所生损害赔偿金和违约金;(4)罚金和罚款。但上述债权消灭。重整债权必须依法定形式行使。首先,均应依法院公告的申报期限申报,未按期申报的,不得依重整程序受偿,如因不可抗力致使未按期申报的,可在不可抗力事情终止后的特定时间(各国规定不同)内补报,重整计划已经关系人会议通过时不允许补报;其次,抵消权、取回权、合同解除权应向重整人行使;再次,有担保的债权在重新程序终结前不得单独优先受偿;第四,申报的债权均应受法院、重整监督人及关系人会议审查。在法院裁定公司重整后,重整债权人在公告规定的期限内向重整监督人申报债权,包括债权额或债权人自己评估额、债的发生原因及债权种类,并提出能够证明其权利存在的文件。未经申报的债权,不得依照重整程序受偿,但并不必然归于消灭,如将来公司受终止重整裁定时,仍可行使权利;如果公司重整完成,其债权请求权即归消灭。重整监督人在权利申报期间届满后,应对申报的债权审查,依审查结果分别制作优先重整债权人、有担保重整债权人、无担保重整债权人及股东清册,载明其权利性质、金额及表决权数,并报告法院。对清册记载的内容有异议的,重整债权人得向法院提出。 (李 倩)

gufengongsi chongzheng zhaiwu
股份公司重整债务(liabilities in the reorganization of company limited by shares) 公司在重整程序进行中所发生的债务。重整债务主要是因维持重整后公司业务的继续营运发生,如为维持经营向外借款;为重新经营应纳税款等。此外,为推进重整程序也将发生重整债务,如为重整债权人、重整担保人及股东的共同利益而支付的裁判费用;执行重整计划的费用;重整人、重整监督人及检查人的报酬及其他应支出的费用等。股份公司重整债务必须是不依重整程序而优先于一切重整债权受偿,即便裁定终止重整也不受影响。这种债务的对应债权不是重整债权,股份公司重整债务不依重整程序行使。债权人可随时要求清偿,不受重整裁定的影响。股份公司重整裁定生效后,股东已失去原有的地位,股东称为重整公司利害关系人。因法院在重整裁定前或后采取措施限制记名股东转让股票,故记名股票的股东无须申报即可依股东名册确定,无记名股东则应按债权申报的方法向重整人申报。申报后,应经法院、重整监督人、关系人会议审查,有异议时,法院可作出个别裁定。 (李 倩)

gufengongsi chongzheng zhixing
股份公司重整执行(execution of reorganization of company limited by shares) 重整执行包括:

1. 重整的执行人:(1)公司重整,由重整人实行。重整人由公司董事担任。法院认为不合适时,也可从债权人或股东中选任。(2)重整裁定书送达公司后,重整人行使重整权,此时公司业务经营权及财产管理处置权应移交重整人。凡拒绝移交或隐匿、毁弃财产及账本,采用不法手段干扰移交权利者,负法律责任。(3)重整人应受重整监督人的监督。重整人在履行重整职权时,应认真负责,按规定执行。当其有违法行为时,重整监督人可申请法院解除重整人职务,重新选任重整人。

2. 申报权利、初步审查权利:(1)重整债权人须提出足以证明其权利存在的文件,向重整监督人申报。公司记名股东的权利,须依股东名册的记载申报;无记名股东的权利,凭其股票申报,未申报者,不得依重整程序行使其权利。(2)重整监督人于权利申报时限截止后,依初步审查结果,分别编制出优先重整债权人、有担保重整债权人、无担保重整债权人及公司股东清册。此册应载明权利性质、金额及表决权数额,报请法院备置,供有关人员查阅。(3)法院审查重整债权及股东权时,重整监督人、重整人、公司负责人须到场备询。重整债权人、股东和其他利害关系人,应到场陈述意见。债权和股东权出现异议时,由法院作出裁定。

3. 召开重整关系人会议:重整关系人指与公司构成债务、债权关系的人,即重整债权人及股东。第一次重整关系人会议是法院为重整裁定召集的,召集人为重整监督人。重整关系人会议主席由重整监督人担任。开会时,重整人及公司负责人应到会列席备询。关系人不能出席会议时,可委托代理人出席。关系人会议的中心任务是听取重整报告,审议表决重整计划等重要问题。

4. 拟订重整计划:重整计划由重整人提出,重整关系人会议审议通过,报请法院裁定认可。重整计划内容包括:债权人及股东权利的变更,财产的处置,债务清偿方法,资金来源,资产估价标准,公司的改组及章程变更,营业方法的改变,职工的调整、裁减、股票和公司债的发行等。

5. 重整完成后发生法律效力:公司重整后,未受清偿部分的债权转移至重整后的公司,股东的股票经重整而变更或减除的部分即失去权利。重整裁定前公司的破产、和解、强制执行及因财产关系发生的诉讼程序均失去效力。 (李 倩)

gufengongsi chongzheng zhongzhi

股份公司重整终止(termination of reorganization of company limited by shares)　开始重整程序的公司因不能完成重整工作的事实发生终止重整程序,是重整结束的结果之一。重整终止意味着重整的失败。股份公司重整中发生下列情况之一时,法院经征询有关机关意见后,可裁定终止重整:(1)重整人在申请延长期限内未能制订出重整计划的;(2)重整计划经法院命令在关系人会议第二次讨论仍未获通过,公司经法院判断无重整价值的;(3)公司重整计划因事情变化根本不能实现的;(4)重整计划经法院裁定不予认可的。法院裁定终止重整,公司符合破产条件,可由法院径行宣告公司破产,且公司重整中产生的重整债务的债权人有优先受偿权。不符合破产条件的,则全面恢复公司重整前的状态,包括公司管理机关恢复职权及未按时申报债权、股东权的均恢复其权利。股份公司重整终止后,法院作出的各项保全处分当然失效,原未能及时申报债权或股东权者,本依重整程序不能受偿或行使权利,于终止重整后其权利随之恢复,因重整而停止的股东会、董事及监察人的职权也同时恢复。重整开始后至终止重整前的公司行为对公司仍有约束力。法院裁定公司终止重整程序时,应将裁定书发送主管机关并通知其为终止重整登记。对合乎破产规定的,法院依职权宣告公司破产。　　　　　　　(李倩)

gufengongsi chuanglidahui

股份公司创立大会(inaugural meeting of company limited by shares; preliminary meeting of company limited by shares)　又称"创立会",股份公司设立过程中由发起人召集、认股人参加的决议机关。创立大会是股东大会的前身,但与股东大会又有所不同,前者是股份公司设立中的意思形成机关,由发起人召集,认股人组成;后者是股份公司成立后的权力机关或意思决定机关,通常由公司董事会召集,全体股东组成。召开创立大会是股份公司以募集设立方式成立时所独有的一项设立程序。募集设立时,除发起人之外,另有认股人存在,认股人因认股而加入设立中公司,并对股份公司的设立成败具有利害关系,但认股人非发起人,是依赖招股章程决定加入设立中公司,为保护认股人利益,各国公司立法均要求发起人于一定期限内召开创立大会,以确认发起人发起行为的正当性。一旦认可发起人的发起行为,则发起行为所产生的权利、义务由成立后的股份公司概括承受。当发行股份的股款缴足、法定验资机构出具验资证明后,发起人应在法定期间(《中华人民共和国公司法》规定为30日)内召集创立大会,通知全体认股人参加。发起人应在创立大会召开前一定时间(我国《公司法》规定为15天)内将会议日期通知各认股人或者予以公告;创立大会必须有代表已发行股份总数一定比例(我国《公司法》规定为二分之一)以上的认股人出席,方可举行。如果发起人没有在规定的时间内召开创立大会,公司不得成立,认股人可以要求发起人偿还已缴纳的股款及按同期银行存款利率计算的利息。

各国公司法对创立大会的职权规定基本相同。我国《公司法》第92条第2款规定,创立大会行使下列职权:(1)审议发起人关于公司筹办情况的报告;(2)通过公司章程;(3)选举公司董事会成员;(4)选举公司监事会成员;(5)对公司设立费用进行审核;(6)对发起人用于抵作股款的财产的作价进行审核;(7)发生不可抗力或者经营条件发生重大变化直接影响公司设立的,可以作出不设立公司的决议。本条第3款规定,创立大会对上述事项作出决议,必须经出席会议的认股人所持表决权的半数以上通过。对于认股人的表决权,各国规定不一。有的没有限制,表决权与股份数相当(如我国);有的规定每个认股人的表决权数不得超过一定数目,来限制大股东的表决权;有的则采用累积投票法,来保护中小股东的利益。创立大会的决议方法一般准用于股东大会的决议方法,我国《公司法》对此没有明确规定。创立大会的决议事项,应制成议事录保存。创立大会一经选出董事会、监事会作为公司的机关,该机关即应向主管机关办理设立登记,一经核准公司即告成立,创立大会也会随其任务的完成而自行解散,认股人成为股份公司的股东,不得抽回其股款。　　　　　　　　　　(陈耀权)

gufengongsi de gupiao

股份公司的股票(shares of company limited by shares)　股份有限公司在募集、扩充公司资本时,向股东签发的用以证明其所持公司股份的凭证。股份有限公司的全部资本划分为等额股份,每一股份的金额以1股为一个单位,用股票表示。购买股票的投资者即成为公司的股东,股东凭股票可以获得公司派发的股息和红利,参加股东大会并行使股东的权利,同时也承担相应的责任与风险。

1.股票的性质。(1)是一种有价证券。包含股东要求公司按规定分配股息和红利的请求权,股票与其代表的股东权利有不可分离的关系,股东权利的转让应与股票占有的转移同时进行,不能只转移股票而保持原来的股东权利,也不能只转移股东权利不转移股票。(2)是一种要式证券。股票上记载的内容都必须经过主管机关的审核和批准,并受到国家的严格控制和监督。股票应记载的内容有以下几项:a.公司的名称;b.公司登记成立的日期;c.股票的种类、票面金额及代表的股份数;d.股票的编号。股票应有董事长签名,公司盖章后生效,如是发起人持有的股票,还要标明发起人字样。股票除纸面形式外还可采取国务院证券管理部门规定的其他形式。(3)是一种证权证券。股票代表的是股东权利,它的发行以股份的存在为条件,股票只是把已存在的股东权利表现为证券的形式,它的作用不是创设股东的权利,而是证明股东的权利。股东权利可以不随股票的损毁遗失而消失,股东可以依照法定程序要求公司补发新的股票。(4)是一种资本证券。股份公司发行股票是一种吸引认购者投资以筹措公司自有资本的手段,对于认购股票的人来说,购买股票就是一种投资行为。股票是投入股份公司的资本份额的证券化,属于资本证券。股票不是一种现实的财富,股份公司通过发行股票筹措的资金,是公司用于营运的真实资本,股票独立于真实资本之外,只是凭借着它所代表的资本额和股东权益在股票市场上进行着独立的价值运动。(5)是一种综合权利证券。股票不属于物权证券,也不属于债权证券。股票持有者作为股份公司的股东,享有独立的股东权。股东权是一种综合权利,股东权是一种社员权。包括出席股东大会、投票表决、分配股息红利等权利。(6)股票是一种风险证券,其风险性在诸种证券中最为突出。

2. 股票的特征。(1)收益性。投资者购买股票的目的在于获取收益,投资于股票可能得到的收益分成两类。第一类来自股份公司股东,认购股票后,持有者对发行该股票的公司就享有经济权益,这种经济权益的实现形式是从公司分取股息和红利。第二类来自于股票流通,股票持有者可以在市场上进行交易获取差价收益。(2)风险性。股票收益是不确定的,认购了股票就必须承担一定的风险。股票收益的大小与风险大小成正比例。(3)流动性。股票是流通性很强的证券,股票持有人可按自己的需要和市场情况,自由地转让股票。(4)永久性。投资者购买了股票就不能退股,股票是一种无期限的证券。股票的有效期与股份公司的存续期间相联系,两者是并存的关系。(5)参与性。股票持有者是股份公司的股东,股东权利一项很重要的内容就是参与公司的经营决策,股东参与公司经营决策的权利大小取决于其持有股票数额的多少。(6)波动性。波动性是指股票实际交易价格经常性变化,或者说与股票票面价值经常不一致。股票交易价格与股份公司的经营状况和盈利水平有关,还受其他如政治、社会、经济等因素的综合影响。股票的市场价格是不断波动的。

3. 股票的分类。(1)根据股东承担风险大小和拥有权利多少为标准分为普通股和优先股。这是最基本的一种分类方法。普通股——指在公司的经营管理和盈利及财产的分配方面享有普通权利的股份。优先股——指在分配公司股息和红利等方面享有优先权的股票。(2)我国股份有限公司发行的股份依持有者的不同可分为国有股、法人股、个人股和外资股(B股)(参见《股份有限公司规范意见》第24条),依"股东权利平等原则"这种分类将逐渐被淡化淘汰。(3)依股票上市地点和投资者的不同又可分为A股、B股、H股、N股、S股等。

A股即人民币普通股票,由我国境内公司发行,供除港、澳、台地区以外的境内个人、机构或组织以人民币认购和交易的普通股股票。

B股也称人民币特种股票,2000年2月以前只供境外或我国港、澳、台地区的自然人、法人和其他组织,以外币折合人民币认购和买卖,现在境内自然人等也可买卖,在我国证券交易所上市,是我国改革开放以来引进外商投资的一种方式。

H股、N股、S股指公司注册地在我国内地,上市地在香港、纽约或新加坡的由境外投资者认购的股票。

4. 股票与股份的关系。股份与股票有十分密切的联系,股票是股份的存在形式,是股份的证券表现,股份是股票的价值内涵。

(丁艳琴)

gufengongsi dongshizhang
股份公司董事长(chairperson of board of company limited by shares) 由单个人构成的公司必备和常设的机关。他与董事会一样同为公司执行和代表机关,董事会以会议形式存在,董事长由单个人构成。董事长是具有特殊身份的董事。

董事长应遵守一切有关董事的法律规定,他作为董事会的主席与普通董事不同:首先,董事长是股东大会主持人和董事会议召集人、主持人;其次,董事长具有法定职权,对外代表公司,无需公司授权委托;最后,董事会对公司经营管理有比一般董事更为广泛的指导权利。董事长由全体董事过半数选举产生,任期与其他董事相同,每届不超过3年,可连选连任。董事会不仅可设董事长1人,还可设副董事长1至2人,副董事长协助董事长工作。在董事长因故不能行使职权时,可授权副董事长或其他董事代理。副董事长不是股份公司必须设置的职位,没有固定职权,属于任意设置的辅助性职位。《中华人民共和国公司法》第114条规定,董事长的职权是:(1)主持股东大会和召集、主持董事会会议;(2)检查董事会决议的实施情况;(3)签署公司股票、公司债券。《公司法》第120条规定公司根据需要,可由董事会授权董事长在董事会闭会期间,行使董事会的部分职权。一些必须由董事会合议作出决议的职权不能交由董事长单独行使。董事会休会期间发生重大事件,董事长可单独或令副董事长先行处理,然后提交董事会追诉。董事长有权审查总经理提出的各项发展计划及执行结果,并提交董事会讨论。

董事长作为公司的法定代表人是由公司法作出规定的。在一般情况下，公司是不能改变董事长这一地位的，除非董事长不能履行职权。公司不能对董事长的代表权加以限制，公司做出限制也不得对抗善意第三人。

（黄艳）

股份公司董事地位 (directorship of company limited by shares)

董事的地位与股东不同，股东不是公司的常设职务，股东是否出席股东会可由自己决定，无必须出席的义务，股东不出席股东会只是放弃自己的权利。董事对公司日常业务决策必须履行职责，对董事会作出的决议，董事要负决策责任，董事无故不出席董事会属失职。早期公司中，董事一直兼为董事会的成员和常设的业务执行机关及代表机关。近代股份公司规模扩大，人数随之增多，组成董事会以集体方式行使经营管理权，执行权和代表公司权交由董事长等行使。董事作为单个的董事会组成人员的地位凸显，作为公司个别业务执行机关和代表机关的地位日趋衰落。董事职权广泛，除享有法定的表决权还享有依公司章程或董事会委托从事执行公务的权利。董事任职资格各国法律有严格规定，如破产者、无行为能力或限制行为能力者、公务员、公证人等均不得担任董事。各国对董事解任的规定：如任期届满、本人丧失行为能力、辞职、股东会决议解任、股份转让、公司解散等董事都不得继续任职。

董事与公司间关系的不同学说有：(1) 代理关系说。如《德国民法典》第26条规定董事会在诉讼及非诉讼中代表社团，具有法定代理人的身份；董事会代表权之范围得以章程限制之，其限制不得对抗第三人；(2) 委托关系说。如《日本商法典》第254条规定："公司与董事之间关系依照关于委任的规定。"我国台湾地区法律认为："公司与董事之间的关系除另有规定外，依照民法关于委任的规定。"我国学者多认为是委任关系。(3) 信托关系说。如英国公司法认为公司与其董事之间的关系是一种信托关系。(4) 代理兼信托关系说，即董事为公司代理人，董事的义务依据代理的法理，当董事滥用公司财产时，董事被作为公司财产受托人。如美国标准公司法："除了法律与公司章程另有规定外，公司的一切业务活动和事务都应在董事会的指导下进行，董事应忠诚地以其认为是符合公司最高利益的方式，并以一位出于同样地位和类似的环境的智者处事的谨慎考虑来履行其作为董事的职责。"

（黄艳）

股份公司董事会 (board of directors of company limited by shares)

股东大会选举产生由若干董事组成的行使经营决策和管理权的公司机关。股份有限公司股权分散，无法由股东大会处理公司日常事务，近几十年各国主张"董事会中心主义"，即由董事会这一常设机关代表股东大会集中管理决策。如美国标准公司法第35条规定："除本法令或公司章程另有规定外，公司的一切权力都应由董事会授权行使，公司的一切业务活动的事务都应在董事会的指导下进行。"董事会的特点：(1) 董事会是股份公司必备常设机关。董事会从股份公司正式登记成立之日起就作为一个常设机构稳定存在。无论是否更换成员、是否举行会议，董事会都作为一个组织存在，不能停止活动。只有公司注销登记，董事会才被解散。(2) 董事会是公司的合议制机关，以会议多数人意思为决议原则。合议制可避免董事出于个人利益作出损害公司利益的决议。(3) 董事会是股份公司业务执行机关。作为公司执行机关应执行股东大会决议，向股东大会负责。(4) 董事会是公司日常经营决策机关。董事会有独立行使公司日常经营计划、投资方案、行政管理的权利。但经营决策和业务执行均不得同股东大会决议抵触，并接受股东大会的监督。(5) 董事会是股份公司对外代表机关。董事会作为公司对外代表机关是各国公司法共同的规定，如法国公司法规定，在单一委员会体制下，股份公司董事会享有最充分的权利代表公司进行活动。德国公司法规定，股份公司董事会在法律和法律外的各项事务中代表着公司。《中华人民共和国公司法》第113条规定："董事长为公司的法定代表人"。董事会每年至少召开两次会议。每次会议具体召开的时间可由章程规定。董事会也可在特定情况下临时决定召开董事会议。对股份公司董事会的组成人数，各国规定董事应为多数，如英国公司法第176条规定，每一公开招股公司至少须有董事两人。《日本商法典》第255条规定，董事应为3人以上。我国公司法规定股份公司董事应为5~19人。

（黄艳）

股份公司董事会报告 (report of board of directors of company limited by shares)

将公司业绩报告，会计师报告书、年度财务报告及其审计报告书等文件的要点集中于一体，反映公司经营业绩的综合性、扼要性总结文件。董事会报告至少应反映公司经营实绩、股利政策、股本的变更、公司经营业务的回顾与展望、其他有必要说明的事项等内容，以让股东和其他局外人综合地了解公司的基本经营状况。董事会报告写作的基本要求是简明扼要、通俗易懂。

（高雅丽）

gufengongsi dongshihui jueyi

股份公司董事会决议(resolution of board of company limited by shares) 股份公司就某一或某些事项作出决定的表现形式。决议方式可分为普通决议和特别决议。普通决议只要符合法定人数的出席董事的简单多数同意即可通过。特别决议用于决定特别事项,要有特定多数董事出席及出席董事特定多数同意方能形成。《中华人民共和国公司法》规定股份有限公司董事会决议应由二分之一以上的董事出席,须经全体董事的过半数通过。董事会实行一人一票制,即每一名董事对所需决议的事项有一票表决权,董事的表决权原则上由董事亲自行使,有特殊原因委托其他董事代行,应出具授权委托书,指明授权范围。为避免少数董事借此操纵董事会,据国外立法原则上一名董事只能接受另一董事委托,不能接受数个董事的委托。若股票涉及董事自身利益,该董事不得参加表决亦不得代理他人表决,但该董事应计入董事会出席人数之内。若投票出现相持不下的僵局,由董事长行使裁决权,进行决定性投票。董事会决议应遵守法律、公司章程和股东大会决议,如违反使公司遭受损害,参与决议的董事,应对公司负连带赔偿责任,表示异议未投赞成票的董事可免除责任。 (黄 艳)

gufengongsi dongshihui quanxian

股份公司董事会权限(board's power of company limited by shares) 各国立法不同,有的未在公司法中明确规定,留给公司章程规定,如英国;有的在立法中明确列举了董事会权限,如我国;有的国家采用排除法规定董事会行使除股东会行使的重要权力之外的一切权力,如法国。归纳董事会的职权:(1)业务执行权。董事会负责组织实施股东会的决议,对股东会报告工作。(2)经营决策权。董事会负责股东会议事项以外重大事项的决策权,如公司的投资、新股发行、债券发行等。(3)对外代表权。董事会代表公司行使公司的权利,如起诉、应诉与第三人发生关系等。(4)监督检查权。在美国和日本,董事会有权对董事执行公司业务的行为进行监督检查。

《中华人民共和国公司法》对董事的职权采取列举的方式,辅之以排除股东会决议事项的方法。在第82条,94条,139条,176条也有关于董事会的规定,概括董事会的职权范围包括:(1)负责召集股东会,并向股东会报告工作;(2)执行股东会的决议;(3)决定公司的经营计划和投资方案;(4)制订公司的年度财务预算方案、决算方案;(5)制订公司的利润分配方案和弥补亏损方案;(6)制订公司增加或者减少注册资本的方案以及发行公司债券的方案;(7)拟订公司合并、分立、解散的方案;(8)决定公司内部管理机构的设置;(9)聘任或者解聘公司经理,根据经理提名,聘任或者解聘公司副经理、财务负责人,决定其报酬事项;(10)制定公司的基本管理制度;(11)申请公司设立登记;(12)选举董事长、副董事长;(13)申办发行新股手续;(14)备置公司文书。

董事会行使职权受到的限制:(1)董事不得超越公司章程的授权范围活动,如需追加授权则应获得股东大会的批准和认可;(2)如股东大会决议与董事会决议冲突,一般应以股东大会决议为准。 (黄 艳)

gufengongsi dongshihui zhaoji

股份公司董事会召集(calling board of company limited) 董事会议由董事长负责召集并主持,董事长不能召集时,可由董事长委托副董事长代为召集。有些国家,如日本规定董事会由董事召集,董事会已指定召集董事时,由该董事召集。一般每届第一次董事会由得票最多的董事负责。董事会议有定期会议和临时会议,召集方式分为:(1)定期董事会,我国公司法规定每年至少召开两次,没有上限规定。具体会议次数和会议召开期限由各公司章程规定。召集的程序,各国大都规定公司一般应在会议召开前一定的合理时间前将书面通知送达全体董事,我国公司法将合理时间规定为10日,英国只要求足够时间送达。(2)临时董事会,应根据需要可不经上述程序,由董事长随时召集。我国公司法未规定通知应采用何种形式,或应记载哪些事项。根据各国立法,通知一般应以书面形式作出并载明会议召开的时间、地点及事由,若涉及公司经营发展的重大商业秘密可不注明会议的具体内容。 (黄 艳)

gufengongsi dongshihui zhuanmen weiyuanhui

股份公司董事会专门委员会(special committee of board of directors of company limited by shares) 董事会下要不要设立专门委员会,各国公司法没有硬性规定,由公司根据需要在公司章程或内部细则中规定。一般在大公司的董事会下设有执行委员会和其他专门委员会,包括财务、审计、报酬、情报法律等委员会,为董事会的辅助机构,由常务董事领导。(1)执行委员会。又称常务委员会,是董事会下属的专门委员会之一。在董事会闭会期间代行董事会的职权,实际是公司最高领导核心。执行委员会一般由董事长、副董事长、总经理、常务副总经理以及重要经营部门的经理组成。由董事长任主席。大型公司董事会的执行委员会下设产品开发、销售、人事等专门小组制定有关政策,由执行委员会决定采纳。执行委员会负责公司的最高决策和对经营管理方面的控制,协调公司各部活动,不从事日常经营活动方面的具体执行工作。(2)财务委员会。其职能是代表董事会对公司的财务活动分析研究,决定公司的财务政策,指挥公司的财务活动;管理公司的资金,解决公司的融资、投资等金融问题;负责审核执行委员会提出的公司财务政策,经董事会批准后监督执行。(3) 红利和工薪委员会。专门研究公司人员及职工的报酬,提出建议和方案。(4) 审计委员会。负责处理审计师的雇用,审核会计程序,审评和传递会计数据,加强董事会的审计工作。对公司的经营活动进行监督,审查公司内部财务活动。(5) 特别委员会。是董事会处理一些特殊问题成立的各种临时专门委员会的总称。例如,为了选定新厂址、改组公司、购置或出售公司的重要资产等,成立相应的特别委员会。为延揽人才,招聘经理,也可成立招聘委员会。

(高雅丽)

gufengongsi dongshi yiwu
股份公司董事义务(director's duties of company limited by shares) 董事遵守法律和公司章程的义务。《中华人民共和国公司法》规定的董事义务有:

1. 忠实义务。董事必须遵守公司章程,不得有任何欺骗性的虚假行为。(1) 不得利用在公司的地位为自己谋取私利;(2) 不得利用职权收受贿赂或者其他非法收入;(3) 不得侵占公司财产。董事违反忠实义务应由公司没收违法所得,责令退还公司财产。构成犯罪的,依法追究刑事责任。

2. 不得损害公司利益。(1) 不得挪用公司资金或将公司资金借贷给他人;(2) 不得将公司资产以个人名义或其他人名义开立账户存储;(3) 不得以公司资产为本公司股东或其他人债务提供担保。违反义务应由公司给予处分,责令返还公司的资金,将所得收入归公司所有。构成犯罪,依法追究刑事责任。

3. 竞业禁止。即董事不得自营或者为他人经营与任职公司同类的营业活动或者从事损害本公司利益的活动。以强化董事对管理公司事务的责任感,保证董事专心处理公司事务。董事违反竞业禁止义务,行为并非当然无效,若第三人为善意,则从保护交易安全的角度考虑,董事的行为应属有效。并由公司行使归入权,将从事该营业收入收归公司所有,并由公司给予处分。董事从事竞业,给公司造成损害的,应承担赔偿责任。

4. 禁止自我交易义务。除公司章程规定或股东会同意,董事不得同本公司签订合同或进行交易。

5. 保密义务。董事应尽善良管理人注意义务,认真履行职责,未经法律规定或股东会同意,不得泄露公司秘密。董事在任职期内不得转让所持股份。

(黄 艳)

gufengongsi dongshi zhiquan
股份公司董事职权(directors's power of company limited by shares) 普通董事(除董事长)职权,我国公司法无明确规定,据各国公司法的规定,董事职权为:(1) 出席董事会并进行表决。董事是董事会的成员,董事会职权的行使有赖于董事的积极参与,董事有权出席董事会并对决议事项发表意见。董事不能出席董事会时,可书面委托其他董事代行表决权。(2) 业务执行权。董事可接受公司董事会的委托办理公司业务,执行股东会决议,并对公司业务活动提供意见。(3) 内部管理权。董事在章程授权范围内可对公司生产经营和管理提出建议,股东会不能限制和干涉。(4) 对外代表权。董事可在公司董事会授权范围内或依法律、公司章程规定在公司对外活动中代表公司。(5) 股东临时会议召集的提议权。出现特定事由,法定人数的董事可提议召集股东临时会议。(6) 选举权。董事可以选举或被选举为公司董事长、副董事长。董事除基于地位产生职务上的权利外,还有报酬请求权。各国为防止董事利用职位谋取不当利益,规定董事报酬不能由董事或董事会决定,由股东会、监事会或公司章程决定。报酬计算方式各国规定不同,有的国家规定董事只可获取固定报酬,不可获取利润份额;有的国家允许董事获取固定报酬外,还可参与利润分成。

(黄 艳)

gufengongsi dongshi zige
股份公司董事资格(director's qualification of company limited by shares) 董事作为代表股东对公司业务活动决策和领导的专门人才,各国立法对任职资格都有规定,可分为积极条件与消极条件,积极条件指具备何种条件可担任公司董事,消极条件指有何种情形的人不能担任董事。《中华人民共和国公司法》第57条对董事的消极条件作了规定。我国《公司法》未明确规定董事任职的积极条件,即有关董事的身份限制、年龄限制和国籍限制等。国外立法规定的积极条件:(1) 身份条件。其一,董事是否必须为股东有不同规定:有的国家要求必须是公司股东,股份作为其履行义务的担保,如英国公司法规定,董事应持有一定数额的资格股,未具备此种资格者,应于选任后两个月内获得,否则,其职务当然解除。限于股东担任董事是为避免非股东董事与公司没有直接利益不尽心尽力履行职责,这种限制不利于吸收有管理才能的人才参加公司的经营管理;有的国家摒弃了这种规定,允许非股东人员担任董事,如《日本商法典》第254条第2款规定,公司不得以章程规定董事必须是股东。其二,董事是否必须为自然人有不同规定:如意大利、瑞士等就规定董事仅限于具有完全行为能力的自然人。法人不可担任董事;在英国、美国、法国允许法人担任董事。我国公司法对法人股股东担任公司董事无明文规定。法人既然可成为股东,理应有被选举为董事的权利。法人担任公司董事,应由法人法定代表人委派代表行使法人的董事权利。(2)年龄条件。各国公司法规定未成年人不能担任公司董事,我国《公司法》规定无行为能力或限制行为能力的人不能担任公司董事。对董事的最高年龄,多数国家未加限制,有的国家如英国规定董事不得超过70岁。(3)国籍条件。少数国家对董事的国籍加以限制,如瑞士公司法规定,如果公司只有一名董事,该董事必须是居住在瑞士境内的瑞士公民;如有数名董事,董事会的多数成员必须是居住在瑞士境内的瑞士公民。(4)兼职条件。包括共存限制和竞业限制:共存限制是对具有特殊身份成员担任公司董事的限制。如法国规定,政府官员、律师或审计员不得兼任公司董事。我国《公司法》规定,国家公务员不得兼任公司董事(第58条),公司监事不得兼任公司董事(第124条)。竞业限制是禁止董事从事与本公司相同的营业或担任与本公司同类营业的其他公司的董事或实际管理人。

(黄艳)

gufengongsi faqiren
股份公司发起人(promotor of company limited by shares) 也称"创办人",股份公司制度中的特殊概念,指依法定条件和程序,通过其活动促使股份公司成立,并在公司章程上签名的自然人或法人。它既是股份公司的设立条件,又是发起或设立行为的实施者。发起人是设立中公司的机关,其所为行为就是公司机关的行为。发起人对外代表设立中股份公司,对内履行设立的义务。发起人首先是股份公司设立行为的实施者。发起人在筹备股份公司设立活动中,要完成许多具体事务。如德国股份公司法规定,发起人必须认足全部股份、缴纳现金股份票面价额加上其溢价总额的四分之一股款,保证在注册之日起5年内缴足全部实物出资,选任首届监事会及审计员,制作发起人报告等。同时,发起人是股份公司设立文件的签署人。在股份公司的设立过程中,有些事项需要许多人共同参与完成,如起草有关文件和制定设立公司的具体方案等;有时还需要若干不同领域的专业人士的协助,如法律专家、财务专家、工程师等。但最终作为发起人的,只能是在公司设立文件上签字的人。至于发起人是否必须认购拟设立公司的股份,各国法律规定不尽相同。如德国《股份公司法》第23条第2款、《日本商法典》第169条就规定各发起人须以书面方式认股;而美国示范公司法、我国台湾地区公司法则对此未作规定。根据《中华人民共和国公司法》第79条、84条的规定,应认为发起人必须认购拟设立公司的股份。

1. 发起人的人数和资格。(1)设立股份公司须由一定数额以上的人发起,各国对此规定不一:日本、英国及我国台湾地区,规定发起人为7人以上;德国规定为5人;美国多数州规定为3人以上,也可以是"一人或几人";而意大利、西班牙等国,则对其人数无具体规定。(2)对发起人的资格,大多数国家无限制,不论自然人或法人、本国人或外国人、有无行为能力均可(无行为能力人应由其法定代理人代理)。但有些国家和地区则有某些限制,如我国台湾地区规定,发起人须为完全行为能力且其中半数在台湾有住所;发起人若为法人,则必须是公司。丹麦规定,股份公司的发起人至少有两位居住在丹麦。瑞典规定,发起人必须是在瑞典居住的瑞典国民或瑞典法人。美国某些州规定其中至少1人为该州公民。

2. 发起人与股份公司的关系。发起人是设立中公司(一种无权利能力的社团)的执行机关和代表机关。公司依法成立后,即成为公司的股东,其发起行为所产生的一切权利义务转为公司承受。

3. 发起人之间的关系。在发起过程中,发起人间负有诚实信用义务,不得采用欺诈等不法手段损害其他发起人的利益,更不得借发起行为谋取不法利益。以现金缴纳出资的,必须在规定时间内足额缴纳;以非现金出资的,实物或其他财产的出资必须经过评估,按合理比例折成股份。如果公司最终未能成立,各发起人就其发起行为及公司设立费用,承担连带责任。

4. 发起人的权利义务。(1)发起人的主要权利有:取得优先股的权利、接受报酬的权利、在股份公司解散时优先分得财产的权利、接受特别利益的权利。(2)发起人的主要义务有:认购的义务。在发起设立时,全体发起人应认足首期发行的全部股份。在募集设立时,须认足首期发行的一定比例的股份;在公司章程上签字的义务;在募集发行时,首期发行的股份未认足或未能缴足股款时,发起人应负连带责任;公司未能成立时,各发起人就其发起行为及公司设立费用,承担连带责任;设立过程中的不当行为给公司造成损害的,承担赔偿责任;在公司成立后的一定期限内不得转让其股份的义务。

5. 发起人与拟制发起人。日本商法第198条规定了拟制发起人的责任。该条规定,"非发起人而许诺在认股书、事业说明书、股份募集广告及其他募股文件上记载自己的姓名或记载其赞助公司设立意旨者,与发起人负同一责任。"

《中华人民共和国公司法》对发起人的人数、资格、义务、责任等方面的规定。(1)设立股份公司,应当有5人以上为发起人,其中须有过半数的发起人在中国境内有住所;国有企业改建为股份公司的,发起人可以少于5人,但应采用募集设立的方式。(2)发起人负责制订公司章程,其姓名或者名称、认购的股份数应载于章程内。(3)股份公司的发起人,必须按照公司法的规定认购股份,并承担公司筹办事务。(4)发起人可以用货币出资,也可以用实物、工业产权、非专利技术、土地使用权作价出资。发起人以工业产权、非专利技术作价出资的,金额不得超过股份公司注册资本的20%。以发起设立方式设立股份公司的,发起人以书面认足公司章程规定发行的股份后,应当缴纳全部股款;以实物、工业产权、非专利技术或者土地使用权抵作股款的,应当依法办理其财产权的转移手续。以募集设立方式设立股份公司的,发起人认购的股份不得少于公司股份总数的35%。(5)公司向发起人发行的股票,应当为记名股票,并应当记载该发起人的名称,不得另立户名或者以代表人姓名记名(第133条)。发起人的股票,应当标明发起人股票字样。(6)发起人持有的本公司股份,自公司成立之日起3年内不得转让。(7)发起人应当承担下列责任:公司不能成立时,对设立行为所生产的债务和费用负连带责任;公司不能成立时,对认股人已缴纳的股款,负返还股款并加算银行同期存款利息的连带责任;在公司设立过程中,由于发起人的过失致使公司利益受到损害,应当对公司承担赔偿责任;公司发起人未交付货币、实物或者未转移财产权,虚假出资,欺骗债权人和社会公众,或者在公司成立后,抽逃其出资,应责令改正,并处以虚假出资金额或所抽逃出资金额5%以上10%以下的罚款,构成犯罪,依法追究刑事责任。

(陈耀权)

gufengongsi faxing ziben

股份公司发行资本(issued capital of company limited by shares) 股份公司实际已发行的、股东已认购的资本额。发行资本并非等于实缴资本。允许分期缴纳股款的国家,股东认购股份后,不一定立即缴付股款。股东的股款未完全缴清前,发行资本总是大于实缴或实收资本。实行授权资本制和认可资本制的国家,允许股份公司章程中所确定的资本总额分次发行,在公司资本未完全发行完毕前,发行资本总是小于核准资本。我国公司法实行严格的法定资本制,公司章程中所规定的资本总额必须一次性完全认足缴足,股份公司实收资本(实缴资本)、发行资本与注册资本(核准资本)三者完全相等。

(陈耀权)

gufengongsi fading gongjijin

股份公司法定公积金(statutory accumulation fund of limited company) 股份公司出于法律的强制规定必须从公司每年的利润和其他收入中提留的公积金。法定公积金提留的百分率和具体数额由公司法作出规定,公司不得违反,或挪作他用。这种强制性规定不能以公司章程或股东大会决议变更。法定公积金按提取的来源不同,又分为盈余公积金和资本公积金。盈余公积金的来源是公司的税后利润。《中华人民共和国公司法》规定,法定盈余公积金的提取比率为税后利润的10%。资本公积金的来源是公司以超过股票票面金额的发行价格发行股价所得的溢价款以及国务院主管部门规定列入资本公积金的其他收入(如法定财产重估增值,接受捐赠的价值等)。公司法定公积金累计额达到公司注册资本的50%以上时,可不再提取。

(高雅丽)

gufengongsi fading zibenzhi

股份公司法定资本制(statutory capital system of company limited by shares) 参见股份公司资本确定原则条。

gufengongsi fenli

股份公司分立(seperation of company limited by shares) 将一个股份公司的营业分成两个以上,并以被分离的营业财产为资本新设公司或者与其他公司合并的行为,原公司(分立公司)或者消灭,或者以被缩小的状态存续,它的股东取得承继分立公司的权利和义务的公司股份。

1. 公司分立方法:一种是分立公司解散,并以此为基础出现两个以上公司的方法;另一种是分立公司存续,由新设公司承继其部分权利义务的方法(单纯分立)。被分立的部分可以被吸收合并至已有的其他公司,或者与已有的公司进行新设合并,即分立合并。

2. 公司分立财产的分割:公司作为以营利为目的的社团法人,它的存在与发展无不以财产为基础,某一公司在分立为两个或两个以上的公司时,财产自应按协议的约定作相应的分割。财产分割既包括公司固定资产的分割,流动资金的分配,也包括公司的债权、债务的分割。

3. 公司分立的程序:(1)公司董事会拟定公司分立方案。与公司合并类似。在公司分立方案中,除对分立原因、目的、分立后各公司的地位、分立后公司章程及其他相关问题作出安排外,特别应妥善处理财产及债务分割问题。(2)公司股东会关于分立方案的决议。公司分立属于重大事项,应当由股东会以特别会议决议方式决定。股东会决议通过方案时,特别要通过公司债务的分担协议,即由未来两家或多家公司分担原公司债务的协议。为保证分立方案顺利执行,应同时授权董事会具体实施分立方案。授权包括向国家主管机关提出分立申请、编制其他相关文件等事项。(3)董事会编制公司财务及财产文件。为妥善处理财产分割,应编制资产负债表及财产清单。经股东会授权后,应由董事会负责实施。(4)政府主管机关的批准。公司分立应以政府批准为前提。(5)履行债权人保护程序。债权人保护程序主要涉及分立公告及债务清偿程序:第一,在分立决议做出后的10日内,将分立决议通知债权人,并于30日内在报纸上至少公告3次;第二,债权人自接到通知书之日起30日内,未接到通知书的自第一次公告之日起90日内,有权要求公司清偿债务或者提供相应的担保。不清偿债务或者不提供相应担保的,公司不得分立。(6)履行公司登记程序。在原公司中分离出一个分支机构独立成公司的分立中,原公司办理变更登记,独立出去的分支机构成立的新公司应办理设立登记。在原公司分解为两个新公司的分立中,原公司不复存在,应办理注销登记,两个新公司应分别办理设立登记。

4. 公司分立的特点:(1)公司分立行为会引起原主体资格的变更。(2)公司分立必然引起公司资本的转移和权利义务向分立后新设立的公司的转移。(3)公司分立是一种法律行为,严格依照法定程序才能有效,受法律的保护。

5. 公司分立的法律效果:公司分立行为必然产生公司解散,公司章程的变更或制定。公司的设立以及原公司的权利和义务由分立后新设立的公司承受的一系列法律效果。

6. 公司分立的意义:公司分立是适应市场经济发展和生产的专业化、现代化需要,有利于克服公司由于规模过大而导致的难以管理,妨碍竞争等弊端,促进社会生产的合理分工。公司分立必须适当,否则会产生重复生产和浪费等不良后果。　　　(李　倩)

gufengongsi gengsheng

股份公司更生(regeneration of company limited by shares) 美国首创的对处于困境有重整希望的公司谋求维持和更生的制度。一般与公司重整相同。但在日本,股份公司更生是指如果偿还到期债务就会给继续营业带来显著障碍的公司,或有发生成为破产原因的事实危险的公司,按公司更生法在法院监督下,谋求再建的一种制度。更生过程中,公司的经营如财产管理权转归管财人。与公司重整不同的是公司更生不必得到全体债权人的同意,利害关系人权利的变更根据其多数决定进行,公司资本改造的变更按公司更生法规定的手续进行。

股份公司更生所进行的重整方案之一是制定更生型计划,主要内容:(1)变更全部或部分股东、普通债权人、担保债权人权利的条款。对于股东股利,可实行股份无偿合并等。对普通债权人,可减少其债权额或延长清偿期限等。对于担保债权人,可要求放弃担保权。变更权利时,应贯彻等差原则和平等原则。在股东、普通债权人与担保债权人三个顺序间,可只减少前顺序人的权利不减少后顺序人的权利,但不可反之。在同一顺序之间,应按同一比例、方法减少同一性质债权。(2)公司本身营业范围、规模、管理机构、人员、财产等变动条款。(3)和其他公司实行合并,或请求其他公司援助条款等。实施更生型计划,可消除重整公司原因,较好的实现公司重整的目的。在公司更生程序中已申报债权的公司债权人、更生担保人和公司股东所参加的债权人会议由法院召集和指挥。相当于公司破产程序中的债权人会议,但在一般债权人之外还包括担保债权人和股东,表明构成复杂。原则上股份公司更生关系人会议包括关系人第一次会议、审理更生计划的会议和通过更生计划的会议三次。会议期间须邀请更生公司的财务管理人员参加,通知工商行政管理部门。债权人和担保人按其金额、股东按其持股数行使会议的表决权。通过更生计划应按一定顺序的关系人分组表决。　　　　　　　　(李　倩)

gufengongsi gongjijin

股份公司公积金(accumulation fund of company limited by shares) 公司在每年年度决算时,按比例在纯利润中提取的用以备用的那部分利润,也称"未分配盈余"。公积金制度源于1807年的法国商法。在日本商法中被称为准备金。股份公司留存公积金的目的:一是为了扩大公司的生产规模和经营范围,发展公司事业。公司可根据股东大会的决议,把一部分或全部公积金转化为资本,投入经营并按照原有股东所占股份的比例给原有股东发放新股。二是为弥补可能出现的意外亏损,以保护债权人和股东的利益,巩固公司的财务基础,保证公司的对外信用。当股份公司的公积金超过资本总额的一定比例时,公司为维护股票的价格,可用超过部分公积金分配股利。在公司盈余分派中,公积金的留存必须先于股利的分配。公积金按性质可分为法定公积金和任意公积金;按来源可分为盈余公积金和资本公积金。　　　　　　　(高雅丽)

gufengongsi gudong

股份公司股东(shareholder of company limited by shares) 股份公司成立时或在公司成立后合法取得公司股份,并对公司享有权利和承担义务的人。股东与公司的发起人或创办人是两个既有联系又有区别的概念。公司的发起人亦称创办人,是指参加订立发起人协议,提出设立公司申请,认购公司股份或向公司出资,并对发起人设立承担责任者。法律规定发起人必须认足一定比例的股份,或以其他形式向公司出资,在公司成立后,发起人即成为公司的股东。股东资格因取得的时间不同可分为原始取得和继受取得两种。在公司成立时就因创办公司或认购公司首次发行的股份而成为股东的,属原始取得,为原始股东;因转让、继承、公司合并等方式取得公司股份的,股东资格为继受取得,为继受股东。自然人和法人都可以成为公司的股东。股份公司的股东权利、义务由法律和公司章程规定,不论股东社会地位,在公司内部持股人的法律地位平等,按拥有股份的种类和数量享有权利、承担义务,没有任何特权。

多数国家公司法股东权利的内容为:(1)共益权,包括出席股东大会及行使表决权,对董事的选举权与被选举权,查阅公司章程和财务账簿的权利等。有些共益权在股东拥有或持有同一主张的股东股份之和达到一定比例股份时才能取得:如召集临时董事会的权利,请求公司重整的权利等。(2)自益权:包括取得股息和红利的权利,依法律和章程转让股份的权利,优先购买公司发行的新股的权利,公司终止时分得剩余财产的权利等。股东的法定义务一般包括缴纳股金,依股份数承担公司亏损等。另外,公司章程规定本公司股东拥有的其他权利和义务。股份公司的股东根据其所持股票的种类不同,可分为普通股股东和优先股股东,前者的权利义务如上所述,后者在股东自益权方面可享受优先权,但不具有普通股股东拥有的共益权。通常公司不得成为自己公司的股东,即原则上不允许公司持有自己的股份。股东资格的停止:转让了持有的股票;股份持有人死亡;自动退出公司;发生严重的错误被解除持股契约;公司本身倒闭或解散等。公司的股东人数各国法律都规定有一定的下限,不足法定人数的,公司不得成立,公司成立后在经营过程中,股东减至不足法定人数时,必须解散或在一定期限内补足。

(梁 聪)

gufengongsi gudong fadinghuiyi

股份公司股东法定会议(statutory meeting of stockholders of company limited by shares) 英国法独有的一种股东会议。英国公开招股的股份有限公司依照法律规定必须召开的股东会议。法定会议应在公司正式营业之日起1~3个月之内召开。目的在于使股东充分了解公司所有的重要情况。会议主要讨论审查公司组成的事项及董事股东提交的法定报告,法定报告内容包括公司分配的股份及从这些股份收到的现金;公司开办费用账目;公司董事、核数员、经理及公司秘书的姓名、住所和履历;须经大会批准修改的合同条文等。公司不举行股东法定会议或不提出法定报告,可引起公司强制解散,或可由法院发出强制令,责令公司提出法定报告及召开法定会议。

(黄 艳)

gufengongsi gudonghui

股份公司股东会(shareholders' meeting of company limited by shares) 由股份有限公司全体股东共同组成的,对公司经营管理和股东利益进行最高决策的权力机构。其特点是:(1)股东大会是股份有限公司必须设置的,由全体股东共同组成的机构。从属股份有限公司的股东都是公司股东会的成员。它不同于股东大会会议(参见股份公司股东会议),股东大会会议只是股东大会行使其权力的具体方式,股东不一定要都参加。(2)股东大会是公司的法定意思表示机关。各国公司法普遍规定股份公司必须设立股东大会,而且,公司的重大事项都是股东在股东大会上以决议的形式决定。公司决议体现了公司绝大多数股东的,它对公司全体股东及其他机关均有约束力。但股东大会仅仅是公司的意思机关,它不是公司的代表机关或业务执行机关,因此,股东大会对外不能代表公司,对内不能执行公司业务。(3)股东大会不是公司的常设机关,必须按照法定的方式和程序进行决议。(4)股东大会是公司的法定权力机关。

股东大会一般分为股东年会、临时股东会、股东法定会议及类别股东会。(1)股东年会,是指按照公司法或公司章程规定定期召开的股东会议,一般每年召开一次。(2)临时股东会,又称临时会议或特别会议,指两次年会之间不定期召开的股东会议。我国公司法规定了应在两个月内召开临时股东大会的情形:董事会认为有必要时;董事会提议召开时;董事人数不足公司法规定的人数或公司章程所定人数的三分之二时;公司未弥补的亏损达股本总额三分之一时;持有公司股份10%以上的股东请求时。(3)股东法定会议是英国法所独有的,指英国公开招股的股份有限公司及公开招股的保证有限公司按照法律规定必须召开的股东会议。(4)类别股东会议,是指公司股东所持股份种类不同的情况下,由属于同一类股份的股东召开的股东会议。《中华人民共和国公司法》只规定了股东年会和临时股东会。股东大会审议的事项以法律及章程赋予股东会的职权为限,多数国家公司法对股东大会的职权已列举的方式加以明确规定。如我国《公司法》第103条列举了股东大会11项职权,即决定公司的经营方针和投资计划;选举和更换董事,决定有关董事的报酬事项;选举和更换由股东代表出任的监事,决定有关监事的报酬事项;审议批准董事会的报告;审议批准监事会的报告;审议批准公司的年度财务预算方案、决算方案;审议批准公司的利润分配方案和弥补亏损方案;对公司增加或者减少注册资本作出决议;对发行公司债券作出决议;对公司合并、分立、解散和清算等事项作出决议;修改公司章程。德国《股份公司法》第119条列举了股东大会8项权利。所不同的是,在我国,股东大会的职权只限于法律规定,而多数国家股东大会的职权除法定职权外,还包括章程所定职权。各国对出席股东大会的法定人数也有不同的要求,如法国公司法规定第一次会议时,普通股东大会的法定人数是有表决权股份的四分之一,第二次召集时,没有任何法定人数的要求。而美国许多州的公司法规定需要有二分之一的股东出席才有召开股东大会。我国《公司法》没有对出席股东大会的法定人数作具体要求,因此,无论有代表多少股份的股东参加均可有效召开股东大会,并作出合法有效的决议。股东会决议的通过,各国普遍实行"资本多数决"的议事方式,即在符合法定人数的股东大会上,决议以出席股东大会股东表决权的多数通过,才能生效。根据我国《公司法》,普通决议须经出席会议的股东所持表决权的半数以上通过,特别决议须经出席股东大会股东虽持表决权的三分之二以上通过。

(施余兵)

gufengongsi gudonghui biaojuequan
股份公司股东会表决权(shareholder's voting right of company limited by shares) 股东享有的对股东会审议事项作出意思表示的权利。是基于股东权产生的一项固有权利,不得以章程或股东会议方式剥夺。股东行使表决权形式:(1)由自己亲自行使,须具有完全行为能力,如股东为无行为能力人或限制行为能力人,应由其法定代理人代为出席行使。(2)委托行使。股东可委托他人代为出席股东大会表决。代理人应向公司提交股东授权委托书,并在授权范围内行使表决权。参照国外立法规定:第一,代理人的资格。代理人并不局限于公司股东,只要具有完全行为能力即可;第二,是否允许股东委托数人共同行使代理权进行表决。一个股东一般不应委托两名以上代理人,如《日本商法典》第239条第47项规定,公司可拒绝让两名以上代理人出席股东会,是为防止数个代理人之间意见不一导致无法表决;第三,是否允许一名代理人同时为数名股东行使表决权。一个代理人可同时接受两个以上股东委托,为防止代理人利用代理权操纵公司决议,代理人代表的表决数不得超过公司已发行股份的表决权总额的一定比例,否则超过的表决权不予计算。(3)书面行使。法国、英国和美国一些州允许股东可不出席股东会而以书面邮寄投票形式就股东会决议事项行使表决权,书面投票的表决权数计入出席股东的表决权数。书面投票可方便股东行使表决权,避免委托行使代理人滥用代理权,但这种方式使股东处于信息不完全地位,股东可能不能正确表达自己的意思。股东的表决权以所持股份为准,一般"一股一权"表决原则,即股东所持的每一股份都有一表决权,是股东平等原则的体现,我国《公司法》在第106条有规定。各国为防止拥有大量股份的股东操纵表决,对表决权有限制,如比利时和卢森堡,法律规定在股东大会上,掌握超过公司股份五分之二股东对超出股份丧失表决权。我国台湾地区公司法规定,当一股东持有已发行股份总数3%以上的股份时,应依章程限制其表决权。

股东在下述情况下丧失表决权:(1)无记名股票的股东未于股东会开会前将股票交存公司;(2)公司持有本公司的股份时;(3)股东对股东大会讨论的事项有利害关系,并有加害公司嫌疑时。

(黄 艳)

gufengongsi gudonghui jueyifangfa
股份公司股东会决议方法(the types resolution of shareholder's meeting of company limited by shares)
股东会决议通过多实行"资本多数表决"原则(也称多数决原则),即在符合法定人数的股东会上,决议由出席股东表决权的多数通过方为有效。根据具体表决事项多数的标准不同,股东会决议可分为普通决议和特别决议。(1)普通决议适用于普通事项,只须简单多数通过即可。"简单多数"指代表已发行股份总数过半数的股东出席会议,出席会议股东表决权过半数同意。(2)特别决议适用于特别事项,需经绝对多数通过。特别事项是立法明确规定,如《中华人民共和国公司法》第106条、107条特别事项包括:其一,公司合并分立或者解散;其二,修改公司章程。公司增资、减资须修改公司章程,该事项的决议也属特别决议。"绝对多数"的数量各国规定不尽相同,有的要求代表股份三分之二以上的股东出席,以出席股东表决权过半数同意;有的要求代表股份四分之三的股东出席,以出席股东表决权过半数同意;有的只要求代表股份过半数的股东出席,须以出席股东表决权的四分之三数通过。

国外公司法除采用多数决原则,还采用双重多数决议方法,既要求代表多数股份的股东出席会议,又要求出席股东会议股东要以表决权多数通过决议,如《日本商法典》第239条规定,股东大会的决议,除本法或章程另有规定者,应有代表已发行股份总数过半数的股东出席,以出席股东有表决权的过半数同意决定。我国公司法未对出席股东会的法定有效人数作出规定,只要求出席会议的股东持有表决权多数即可作出决议,这是为避免双重多数决议方法可造成因为出席股东人数不足法定要求不能召开会议或不能作出决议的不利后果。但是这也产生一种缺陷:只要召集会议程序、内容符合法律规定,即使出席会议的股东人数不足代表已发行股份总数过半数的数额,股东大会的召开仍合法,通过的决议有效。这对充分保护股东的权利不利。

(黄 艳)

gufengongsi gudonghuiyi

股份公司股东会议(shareholders' meeting of company limited by shares) 股东会议和股东会是两个既有联系,又相区别的概念,股东会是公司的非常设机构,是由全体股东组成的一个集合,股东会议是股东会行使职权的方式。股东会议原则上由董事长主持,董事长有特殊原因不能履行职责时,由董事长指定副董事长或其他董事主持。公司股东均可出席股东会议,其中法人股股东由法人的法定代表人出席;国家股股东由国家授权投资机构或部门指定的人员出席;限制行为能力人和无行为能力人,应由其法定代理人出席;破产人作为股东,由清算组指定人员出席;股份抵押或出质时,须经抵押权人或质权人同意才能出席。但存在特殊情形的规定:(1)对无记名股票的股东出席会议的规定。无记名股票的股东应于会议召开五日以前至股东大会闭会时将股票交存于公司,否则不得出席会议。(2)对于记名股票转让后,受让人出席会议规定。记名股票转让后,应将受让人的姓名或名称及住所记载于公司股东名册,该受让人被视为股东并有权出席股东大会的会议。但股东会议召开前30日内,不得进行上述公司名册的变更(《公司法》第145条)。(3)对于股东非亲自出席会议的权利。股东可以亲自出席股东大会的会议,也可以委托代理人出席股东会的会议,但应向公司提交股东出具的载明授权范围的委托书,代理人应在授权范围内行使表决权。股东会议一般可分为股东年会、股东特别会议、股东法定会议与类别股东会议。 (黄艳)

gufengongsi gudonghuiyi shilu

股份公司股东会议事录(the record of shareholders' meeting of company limited shares) 记载股东会议决议的记录。各国公司法一般都规定股东会的决议事项应有真实完整的书面记录。记录内容应包括会议的时间、场所、主席的姓名、议事的内容和经过,表决的方法与结果等,并由主席签名盖章。有些国家规定会议事录均须经公证,如德国、奥地利;有些国家只规定修改公司章程决议的会议事录须经公证,如瑞士、比利时、荷兰。《中华人民共和国公司法》第109条、第110条规定,股东大会应对所议事项的决议作成会议记录,由出席会议的董事签名。会议记录应与出席股东的签名册及代理出席委托书一并保存,并供股东查阅。 (黄艳)

gufengongsi gudonghuiyi xiacijiuji

股份公司股东会议瑕疵救济(remedies for the irregulanties of shareholders' meeting of company limited by shares) 股东会决议的作出必须符合法律规定的实体要件和程序要件,如果股东大会的决议违反法律、行政法规,侵犯股东合法权益,股东有权向人民法院提起停止违法行为和侵害行为的诉讼。国外公司法的股东会议违法指违反法律、法规和公司章程,我国《公司法》股东会议违法未包括违反公司章程。我国规定的违法事项主要包括:(1)召集程序违法;(2)决议方法违法;(3)决议内容违法。对此救济方法为:

1. 股东会议决议内容违法当然无效。无效的原因:(1)决议不存在。包括决议在形式上完全不存在、决议未成立,或由无召集权人召集股东大会或无召集权股东自行召集的会议作出的决议;(2)决议内容违反法律或公司章程。如违反股东平等原则、股东有限原则,违反股东固有权规定或违反公序良俗等。此种决议自一产生就绝对无效,股东无需法院确认该决议无效。

2. 股东会议召集程序或决议方法违法被宣告无效。股东会的召集程序或决议方法违反法律、行政法规时,股东会决议处于相对无效状态,股东可自决议之日起一定期限内向人民法院提起撤销该违法决议的诉讼,否则不能再主张撤销该决议。引起撤销的原因:(1)违反股东大会召集程序。如对部分股东未发召集通知;召集通知未载明召集事由等。可诉请人民法院撤销同次股东大会作出的全部决议。(2)违反股东大会决议方法。如非股东或非股东代理人之第三人参加决议;无记名股票股东未将股票交存公司参与会议,对特别决议事项采取普通决议方法等。可分情况提出请求:对于全部事项决议方法违法,应诉请撤销此次股东大会作出的全部决议;对于特定事项决议方法违法时只须撤销股东大会作出的该事项的决议。若股东因决议违法受到侵害,股东可提起停止违法决议侵害行为的诉讼。 (黄艳)

gufengongsi gudonghui yu chuanglihui

股份公司股东会与创立会(stockholders' meeting and organizational meeting of company limited by shares) 股东会是股份公司必设的最高权力机关,创立会是发起人依法召集的认股人大会,是设立中公司的权力机关,是股东会的前身。据《中华人民共和国公司法》,二者的不同表现在:(1)召开的原因不同。创立会是因法定事由召开,即在发行股份缴足并经验资后,发起人必须按期在30日内召开的公司成立大会;股东会的召开可能因法定事由,如董事人数不足法定人数或公司章程所定人数时,也可能基于董事会自主决定,监事会提议或一定比例的股东申请而召开。(2)召集人和召集程序不同。创立会是由发起人召集和主持,发起人应在创立大会召开15日前将会议日期通知各认股人,或予以公告。若创立会不按期召开,认股人可以按照所缴纳股款并加算银行同期存款利息,要求发起人返还;股东会是董事长召集,由董事长主持,并在会议召开30日前将会议事项通知各股东,且临时股东大会不得对通知中未列明的事项作出决议,若是发行无记名股票的公司,还应于会议召开45日前作出公告。(3)参加人员不同。创立会由认股人参加,应有代表股份总数二分之一以上的认股人出席方可举行;股东会由公司股东参加,我国股东会的召开并未限定出席股东大会股东的法定人数的下限,程序合法都可举行股东会。(4)职权不同。创立会在公司设立中召开并发挥作用,决定事项限于设立公司的重大事项,股东会一般决定有关公司生存、发展的重大问题。(5)决议方法不同。创立会采取的普通决议方式,即出席会议的认股人持表决权半数以上即可通过;股东会根据决议事项可分普通决议和特别决议:普通决议由出席会议的股东表决权半数即可通过;特别决议则需出席会议的股东的表决权的特别多数三分之二通过。

(黄艳)

gufengongsi gudonghui zhaojichengxu
股份公司股东会召集程序(convening procedure of shareholders' meeting of company limited by shares) 股份公司股东大会必须依照公司法的规定,由召集权人按照一定程序予以召集才能召开。召集程序包括步骤:

1.通过召集决议。《中华人民共和国公司法》规定持有公司股份10%以上的股东和监事会可以提议召集股东大会,但无自行召集权,只能由董事会负责召集。董事会应按照《公司法》第117条的规定,对召集作出决议,即有二分之一以上的董事参加会议,有参加会议的全体董事过半数通过召集决议。

2.通知全体股东。股份公司股东会召集人决定召集股东大会时,必须在法定期限内、以法定的方式通知全体股东。(1)召集时期:我国股东大会的召集因股东大会种类不同有所不同。股东年会每年召开一次,应在每会计年度终结后6个月内召开;临时股东大会应在临时股东大会法定召开情形出现后2个月内召集。(2)通知期限:我国通知记名股东的时间为会议(包括股东年会或临时股东会)召开30日之前,通知无记名股东的时间为会议召开45日之前。(3)通知方式:记名股东应为记载在股东名册上的所有股东,采用书面通知方式,通知生效采用"发信主义",只要在法定期间依照股东名册上记载的股东住所地址发出挂号信即可,至于股东是否收到在所不问。无记名股东采用书面公告方式通知。(4)通知或公告记载事项:会议通知书或公告应载明会议审议事项,即股东大会中将要决议的议案,以便股东了解会议内容和决定是否出席会议。各国公司法规定,临时股东大会不得对通知、公告中未列明的事项作出决议。有些国家和地区公司法允许股东年会审议通知以外的议题,美国《示范公司法修正本》及大多数州公司法甚至不要求在年度会议通知书中写明会议目的。有些国家和地区公司法规定,股东年会的决议不能脱离会议通知书划定的范围,否则决议无效,如香港特别行政区。在通知书或公告上还应载明会议日期、地点、召集事由等事项。

3.召开股东大会。在通知全部送达后,就可在通知记载的日期召开股东大会会议。股东大会会议由会议主席(在我国为董事长或指定的副董事长或其他董事)主持,审议通知上记载的议案。

(施余兵)

gufengongsi gudonghui zhaojiren
股份公司股东会召集人(convener of general meeting of stockholders of company limited by shares) 依照公司法的规定,有权召集股份公司股东大会会议的人。各国公司法规定股份公司股东大会的召集人包括:(1)董事会或经理。一般情况下股份公司的股东会由董事会召集,法国规定除董事会外,经理也有权召集。韩国、日本等国在董事会内部实行决策与执行相分离制度,股东大会的召集由董事会决定,由代表董事执行。(2)少数股东。如我国台湾地区和香港地区公司法规定,占公司股份一定比例的股东有权自行召集股东大会。(3)监事会(监察人)。有两种立法例:a.以德国、法国、意大利和我国台湾地区为代表,公司法赋予监事会有直接召集股东大会的权利;b.以韩国为代表,法律规定监事会或监察人有股东大会召集请求权,董事会殆于召集时,可以经法院许可直接召集。(4)清算人。韩国《商法》和我国台湾地区公司法规定,股份公司进入清算程序后,清算人从就任至清算完结,有权召集股东大会。(5)法院命令召集。意大利《民法》、香港《公司条例》及德国、法国、美国等国的公司法规定了法院的召集权。(6)董事会应请求召开股东大会。(7)审计员。法国《商事公司法》第158条规定审计员也有权召集股东大会。《中华人民共和国公司法》规定持有公司股份10%以上的股东和监事会可以提议召集股东大会,但无自行召集权。董事会是惟一的有召集权的机关,股东年会临时股东大会只能由董事会负责召集。

(施余兵)

gufengongsi gudonghui zhiquan
股份公司股东会职权(shareholders' meeting's power of company limited) 各国早期公司法奉行股东会中心主义,股东会被赋予广泛的权力,除法律规定必须由股东会决议的事项外,股东会还享有在公司章程中设定的职权,如规定可由股东会决议的事项及是否经股东会决议的事项等。自20世纪初,各国奉行董事会中心主义,股东会的权利被削弱,除与公司生存发展有关重大问题外,其余事项大都由董事会决议施行。《中华人民共和国公司法》第103条规定了股东会的法定职权:

1. 审查批准有关事项。(1)审议批准董事会的报告;(2)审议批准监事会的报告;(3)审议批准公司的年度财务预算方案、决算方案;(4)审议批准公司的利润分配方案和弥补亏损方案。其中第(1)、(2)项权利的产生是基于董事会和监事会作为执行机关和监督机关,有义务向最高权力机关股东会进行报告。第(3)、(4)项权利的行使必须在每个会计年度终止时由董事会作出报告后方可进行。

2. 对公司重大事项决定、决议权。(1)决定公司的经营方针和投资计划;(2)选择和更换董事、决定有关董事的报酬事项;(3)选举和更换由股东代表出任的监事,决定有关监事的报酬事项;(4)对公司增加或减少注册资本作出决议;(5)对发行公司债券作出决议;(6)对公司合并、分立、解散和清算等事项作出决议;(7)修改公司章程。这些事项中(1)~(5)项经简单多数通过即可,(6)~(7)特别事项则需特定多数通过。除以上由法定的股东大会职权外,公司可在不违法的原则下以章程形式规定需由股东大会作出决议的其他事项。

(黄 艳)

gufen gongsi gudong nianhui

股份公司股东年会(annual general meeting of company limited by shares) 又称股东大会、定期股东大会,是依据法律或公司章程规定通常每年召开一次的股东大会。也有公司因决算期的原因以章程规定每年召开两次股东年会。股东年会应在一定期限内召开,如我国台湾地区公司法第170条规定,股东常会应于每营业年度终结后6个月内召集之。我国公司法规定:"股份有限公司的股东年会每年召开一次,一般应于会计年度终结后6个月内召开。"会计年度指公历1月1日至12月31日,我国股份公司股东大会应在每年1月1日至6月30日之间举行。具体召集日期应由公司章程规定,章程中没有规定时,应在法律规定的召集期间内由董事会决定召集日期。有的国家规定过期不召集股东年会的补救措施,如英国规定可由法院或工商局令其迅速召开。两次年会间的间隔期我国公司法无规定,各国立法一般均在13~15个月之间。如英国1967年公司法规定,上一次年会之后15个月后仍不召开股东年会的,由法院或工商局令其迅速召开。美国《标准公司法》规定,若股东年会连续13个月未举行,法院可据任何股东请求责令公司迅速举行。股东年会是全体股东行使最高决议权的基本形式,主要议题是公司的常规性事务:审议年度财务预算、决算方案、利润分配方案;听取董事会、监事会、审计员的报告;任免董事、监事等重要成员;决定公司增资、减资、合并、分立或解散事项和重要经营决策等。 (黄 艳)

gufengongsi gudong tebiehuiyi

股份公司股东特别会议(special or extraordinary general meeting of shareholders of company limited by shares) 又称临时股东会议,是依据特定事由临时召集的,由全体股东出席的股东会议。对"特定事由"各国有不同的立法例:有的国家立法未明确区分"一般事由"和"特定事由",将确定特定事由的权利赋予股东会自己行使,如德国、日本;有的国家在公司法中列举了股东特别会议召开的特定事由,如法国、美国,这些特定事由主要有:(1)根据董事会的决定召开。董事会可以依据职权决定召开股东特别会议,如德国股份法第121条第6款规定,董事会可以简单多数作出召集股东大会的决议。(2)根据监事会决定召开。监事会在认为有必要时可以提请董事会召开股东特别会议,在赋予监事会独立的股东会召集权的国家,监事会甚至可依职权作出决定,无需提请董事会召开会议,如法国公司法第158条规定,对于依法执行司法重整程序的,监事会得召集股东大会。我国台湾地区公司法第220条允许监察人在认为必要时,召集股东会。(3)依据符合法定人数的股东申请召开。如英国公司法规定,在占有表决权股东总数十分之一以上的股东申请时,董事会必须召集会议。若董事会在收到股东请求后未按股东需求召开股东大会时,股东可行使一定的救济权利,英国《公司法》规定在符合条件的股东正式提出申请后3周内,董事会不召集特别会议,占上述权四分之一的股东可自行召开会议。德国股份法规定,股东要求没有得到满足时,法院可授权提出要求的股东召集股东大会,法院同时可确定股东大会的主席。(4)依据法院的决定召开。法院可以在自己认为必要时或应股东、其他利害关系人的申请召开股东会。如法国公司法第158条规定,法院在紧急情况下应一切有关人的要求或应至少拥有十分之一公司资本之1名或若干名股东的要求,裁决并指定代理人召集股东会。公司的重整人、清算人也可依法召集股东特别会议。

(黄 艳)

gufengongsi gulifenpei

股份公司股利分配(distribution of profit of company limited by shares) 公司按照法律或公司章程,按期将利润以一定的数额和方式分配给股东的行为。公司用于股利分配的利润,必须是依法扣除一定款项后的盈余额,违法在公司弥补亏损和提取法定公积金、法定公益金前向股东分配利润的,必须将违反规定分配的利润退还公司,有责任的董事、监事、经理对退还违反规定分配利润负连带偿还责任。公司股利主要来源于公司利润。公司法规定公司利润首先应缴纳税款,税后利润再按弥补亏损、提取法定盈余公积、提取法定公益金、公司股东之股利之顺序分配。原则上公司当年无利润时,不得分配股利。公司用公积金弥补亏损后,为维护其股票信誉,经股东大会特别决议,可将公积金转为股本,以按股东原有股份比例派送新股或者股票的面值的方式分配股利。公司股利的分配,除章程另有规定,应以各股东所得股份的比例为依据,每一股东取得的股利与其拥有的股数成正比。需严格遵守股东平等的原则,按股东持有的股份比例分配。

股利分配的时间及方式:分配方案确定后,股东人数少,转让业务不多的公司,宣告分配方案和支付股利可为同一天。规模大,股东多,转让业务频繁的公司,宣布分配股利之日,是公司会计登记股利负债的日期。股票过户截止日,是宣布发放股利后的一定期限内,只有过户截止日期前在册的股东,才有权收到股利,股利实际支付日,一般在过户截止日若干天后进行。在过户截止日与股利支付日之间成交的股票,无权获得该期股利,称为除息股票。股利分配一般用现金支付,如果法律、公司章程或股东大会决议允许,也可用非现金股利支付。用现金支付称"现金股利";用财产分配称"财产股利";用债券、应付票据等证券分配称"负债股利";用公司额外发行的股票分配称"股票股利"。现金股利是分配股利的主要方式。

(高雅丽)

gufengongsi guxi
股份公司股息(dividend of company limited by shares) 股利的一部分,股份公司根据股东投资的股数,视公司的盈利付给股东的报酬。也可将股息视为股票的利息。股息不同于银行存款利息,利息是债权人让渡货币使用权从债务人手中获得的报酬,报酬与贷出货币的盈利无关。股息多寡有无均与股票所代表的股金的盈利密切相连,无盈利无股息,持股人要承担投资风险。股票只能通过金融市场买卖转让,不能收回股本,股息率通常略高于利率。与公司债权相比,股票可以分红,股息一般略低于债息。股息分配标准以股票的票面资本额为依据。公司的股份分属不同种类,公司在股息分配时也有一定的顺序。一般按定额或定率先付优先股股息。随后再支付普通股的股息。普通股的股息通常是不固定的,公司亏损普通股可能分不到股息。为维护公司信誉可以特设公积金调剂盈余。一般公司不愿降低股息,更不愿停发股息,而是逐步提高股息,表示公司财务状况良好,促使公司股票市价上升。股息分配的形式有现金分配、股票分配和财产分配。

(高雅丽)

gufengongsi hebing
股份公司合并(merger of company limited by shares) 两个或者两个以上的股份公司,依照公司法及有关的法律和法规的规定,通过订立合并协议归并成为一个新公司的法律行为。(1)股份公司合并的形式:公司合并可采取吸收合并和新设合并两种形式。吸收合并是公司接纳其他公司加入本公司,接纳方继续存在,加入方解散。如丁公司吸收甲、乙、丙公司,即为吸收合并。新设合并,是指两个以上公司合并设立一个新的公司,合并各方解散。如甲、乙、丙三公司合并创造一新公司丁。吸收合并时,除存续公司之外的其余公司解散;新设合并时,全部当事公司解散。即使解散,消灭公司的财产由新设公司或存续公司承继,无须经清算程序。(2)合并的决议及批准:股份公司合并应由公司董事会提出方案,股东会作出决议,在股东会作出同意公司合并的决议后,合并协议才有效,公司才能合并。公司股东会合并决议必须有三分之二以上表决权的股东通过,须经国务院授权的部门或者省级人民政府批准。(3)股份公司合并的程序:a. 由合并各方签定合并协议,并编制资产负债表及财产清单;b. 公司自合并协议作出之日起10日内通知债权人,并于30日内在报纸上至少公告三次;c. 公司债权人自接到通知书之日起30日内,未接到通知书的自第一次公告之日起90日内,有权要求公司清偿债务或提供相应的担保,公司应清偿债务或提供相应的担保,否则,公司不得合并。(4)股份公司合并后债权的承继:公司合并的当事人是合并公司各方,而非合并公司各方内部的股东。各公司的股东当然取得经合并存续或另立公司的股东资格。对外承担债务、享受债权非由公司承继,合并各方的债权债务,由合并后存续公司或新创设的公司承继。(5)关于公司合并无效:指公司合并违反法律规定或合并程序有瑕疵而导致的法律后果。如制定合并合同欠缺法定要件,合并的决议无效或可撤销,欠缺保护债权的程序,未召集合并报告会,未进行登记等,各当事人可就此在法定的期限内向法院提起合并无效诉讼,超过法定期限不提起诉讼,丧失诉讼权。(6)公司合并的意义:公司通过合并可以扩大经济技术实力,提高劳动生产率,节省费用,降低成本,避免生产重复和浪费,适应激烈竞争和提高社会效益的要求;公司合并无须经由解散、清算等程序使财产及股东关系概括转移存续或新设公司,手续简便,公司营业及其他法律关系不停顿,为公司乐于采用。公司合并的发展和范围须适度,否则,会形成垄断,妨碍竞争,阻碍社会生产力的发展。

(李 倩)

股份公司合并程序 (merger procedure of company limited by shares)
股份公司的合并有吸收合并和新设合并,两种公司合并的程序:(1) 公司董事会拟定公司合并方案。公司合并通常是因公司董事会或者大股东提出倡议开始。为防止合并过于繁琐和费时,首先由公司董事会拟定公司合并方案,草拟合并协议的主要条款。合并方案涉及:合并的原因和目的、现有公司债务的清偿。合并后公司的股权结构以及向各合并公司股东发行股份的价格。董事会还可草拟合并后的公司章程及相关文件。(2) 公司股东会进行合并方案的决议。股东会会议应当采用特别会议方式进行。公司合并属重大事项,应由三分之二以上的绝大多数股东的一致同意,通过合并方案,授权董事会具体实施合并方案,授权涉及到向国家主管机关提出合并申请、签署合并协议及编制其他相关文件等。(3) 董事会签署公司合并协议并编制公司财务及财产文件。公司合并应当由合并各方签订合并协议,并编制资产负债表及财产清单,经股东会授权后由董事会负责实施。(4) 政府主管机关的批准。股份有限公司合并,必须经国务院授权的部门或者省级人民政府批准。(5) 履行债权人保护程序。债权人保护程序主要涉及合并公告及债务清偿程序:第一,公司应自作出合并决议之日起10日内,将合并协议通知债权人,并于30日内在报纸上至少公告3次;第二,债权人自接到通知书之日起30日内,未接到通知书的自第一次公告之日起90日内,有权要求公司清偿债务或者提供相应的担保。债务包括公司已到期债务,也包括公司尚未到期的债务。公司不清偿债务或不提供相应担保不得合并。(6) 履行公司登记程序。吸收合并因合并而吸收其他公司的存续公司,应办理变更登记,被他公司吸收解散的公司应办理注销登记;新设合并因合并而解散的公司应办理注销登记,新成立的公司办理设立登记。 (李 倩)

股份公司合并登记 (merger registration of company limited by shares)
吸收合并与新设合并都应向公司登记机关办理登记手续。吸收合并吸收的一方由于增加资本办理变更登记手续,被吸收的公司解散则要办理注销登记手续。新设合并,原合并各方解散,新成立的公司要办理设立登记手续,解散的公司要办理注销登记手续。公司注册资本是必须登记事项,公司增加或减少资本,使这一登记事项发生变化,必须变更登记。公司变更登记是公司改变名称、住所、经营场所、法定代表人、经营范围、经营方式、注册资本、营业期限以及增设或撤销分支机构的登记。公司变更登记事项应向原公司登记机关申请变更登记。未经核准变更登记,公司不得擅自变更登记事项,否则应承担相应的法律责任。我国办理股份公司合并登记的机关为国家工商行政管理局和地方各级工商行政管理局。 (李 倩)

股份公司合并合同 (merger contract of companies limited by shares)
亦称公司合并契约,是参加合并的各公司的代表人,就有关公司合并的事宜所订立的契约。依照公司合并程序,公司合并的第一个步骤是由合并公司的代表人代表本公司签订合并合同。合并合同的当事人是公司本身,非公司的股东。公司合并首先应由各合并公司的机关即董事会形成初步决定,随即磋商合并事宜并签署合并合同。合同内容包括有:

1. 所有参加合并公司的名称、住所、公司类型、法人代表。
2. 合并的方式、合并的目的条款及合并各方在合并中的地位。
3. 公司合并的条件:(1) 各转让公司将其财产在整体上转入接收公司或新设公司,转让公司股东获接收或新设公司股份的明确的意思表示;(2) 对不愿成为接收公司或新设公司股东的各转让公司的少数股东所作的财产给付或现金给付的安排;(3) 股票兑换的比例或股票与财产的交换价格;(4) 股票的种类;(5) 接收公司的股票转让的细节性安排。
4. 新设合并时新设公司的公司类型、章程起草等筹建工作安排及各方需要履行的义务。
5. 接收公司章程修改的考虑。
6. 合并各公司的股东会批准本合同的时间安排。
7. 并入各方财产的核查与管理。
8. 并入各公司财务状况的调查与确认。
9. 审计机构的聘任。
10. 其他需要约定的事项。公司董事会所签署的合并合同应经股东会批准。 (李 倩)

股份公司合并效力 (effects of merger of companies limited by shares)
股份公司合并的法律效果。我国学术界的结论:(1) 股份公司合并会导致存续公司资产扩张,或者使新设公司成立。(2) 除接受公司外,加入合并之各公司自合并登记之日起,不经清算可解散,丧失其主体资格,它们的不动产和其他财产包括知识产权的所有权及证书都不可逆转地、无损害地、无条件地授予存续公司或新设公司所有。(3) 接收公司或新设公司承继并入公司的债权与债务,并代为履行并入公司未履行完毕的合同。(4) 并入的各公司的股票、投资证明书,都要兑换成接收并入公司或其他公司的股票、履行义务证明书或其他证券资产或者兑换成现金或其他财产。并入公司的过去股东只能依合并合同规定成为接收公司或新设公司的股东，或者行使少数股份股东的收购请求权。(5) 不同类型公司合并时，留存的公司必须为某种特定的公司形式，如股份公司与有限公司合并，存续的公司应为股份有限公司。如《德国股份公司法》第355条的规定。我国公司法对此尚无规定。(6) 如果合并登记已完成，任何人不得主张合并无效，尽管在合并中存在某些非欺诈性质的缺陷。但《联邦德国股份公司法》第352条有相反规定，即合并在接收公司所在地的商业登记已完成后，转让公司仍可向法院提起确认合并决议无效之诉，其相对人是接收公司。　　　　　　　　　　　（李 倩）

gufengongsi hejie
股份公司和解（reconciliation of company limited by shares）　股份公司债务人和债权人会议之间在互谅基础上就企业的清偿债务等问题达成的协议。目的是中止破产程序，对尚有希望复苏的企业进行一种可能的挽救，防止债务人破产，为债务人扭转公司现状提供机会，最终有利于债权人债权的实现。和解是预防性破产制度，在世界各国的破产法中都占有重要地位。英美法规定：宣告债务人破产必须以和解不成立为前提条件。日本法规定，和解可作为债务人与债权人双方选择的手段，当和解不成立时，法院可依职权宣告债务人破产。各国破产法和解内容一般包括延期、分期或减免债务清偿三个方面。《中华人民共和国企业破产法(试行)》规定，和解协议草案由申请破产的企业向债权人会议提出，核心内容是清偿债务的期限。和解协议是当破产原因发生时或破产程序开始后，债务人和债权人就和解事项达成的协议。和解协议一般包括下列内容：(1) 债权人和债务人名称或姓名、法定代表人的姓名和职务；(2) 债权的数额；(3) 要求各个债权人免除的债权数额；(4) 请求将一次清偿变为多次清偿；(5) 向债权人提供担保；(6) 由债权人的代表对债务人的营业及财产进行监督；(7) 将债权数额换为股份；(8) 债务人清偿债务的期限；(9) 债务人进行整顿的计划和方案。和解协议由债权人、债务人自愿签订，并经法院许可，发布公告。和解协议自公告之日起发生法律效力。和解协议生效，债务人不必进入破产程序或中止破产程序。

　　1883年比利时首创破产预防和解制度，1887年制定破产预防和解法后，各国纷纷仿效。在立法程序上主要有两类：(1) 采用和解前置主义，即在破产法中规定债权人和债务人必须先行实行和解，和解不成才进入破产程序。(2) 采取和解分离主义，即破产程序与和解程序是两个独立的程序，债务人和债权人可以先行和解，也可以直接进入破产程序。立法形式上有两种表现：一种是将和解程序和破产程序规定在同一部法律中；另一种是将和解程序和破产程序规定在两部独立的法律中，即和解法、破产法。　　　　　　（李 倩）

gufengongsi hezhun ziben
股份公司核准资本（authorized capital of company limited by shares）　参见股份公司注册资本条。

gufengongsi hongli
股份公司红利（bonus of company limited by shares）　股东得到超过股息部分的利润。股份公司支付股息后，把盈余分给股东。红利没有固定的额度，视公司的经营状况而定。这同债券的利息率和优先股股票的股息率事先约定不同。各国公司法规定公司盈利才能分红利，普通股可分股息又可分红利。优先股不分红利。公司营业情况较好的年份普通股可拿到比优先股较多的收益，参与优先股既可优先拿股息又可参与普通股分红利。公司当年的净资产额低于实收资金和公积金之和的，不得分配红利。　　　　　　　（高雅丽）

gufengongsi kuaiji
股份公司会计（accounting of company limited by shares）　是一项提供经济信息的管理活动，在公司经营管理中起重要作用。它的产生和发展是商品经济日渐发达的结果，和股份公司的产生和发展分不开。随着商品经济的发展，特别是18世纪末开始的产业革命，带来了生产力的巨大发展，企业组织形式也随之变革。股份公司的大量出现，面向社会筹集大量资金，这些资金来源于投资者和债权人，他们是与公司有利害关系的利益集团。为了解公司管理当局履行资产经营责任的情况，投资者和债权人要求公司正确计量经济资源、经济义务以及所有者权益的变化，只有对其量化，才能满足债权人和投资者比较和评价企业的财务状况和经营成果。公司组织形式对促进股份公司会计的发展起了重要作用。从1860年英国产业革命完成到第二次世界大战前，股份有限公司会计的发展明显加快，逐渐形成了财务会计、成本会计和所得税会计。20世纪50年代后，由于美国科学技术和经济的飞快发展，促成了以美国为会计发展中心的格局。在泰勒的科学管理以及行为科学、数量管理和系统理论的指导下，股份有限公司有新的发展，赋予了计划和控制的职能，在预测前景、参与决策、规划未来、控制和评价公司的经济活动等方面发挥着重要作用。随着社会主义市场经济发育的逐步成熟，我国的会计信息使用者对公司财务报告提供信息的数量与质量需求趋同于西方发达国家，逐步向国际惯例靠拢。使股份公司会计在经济建设和经济交往中起到应有作用,会计信息使用者正确的判断和决策。我国股份公司会计在社会主义市场经济中主要是为经济决策提供相关信息,具体体现在:其一,满足国家宏观经济管理的需要,实现国民经济健康持续的发展;其二,满足有关各方了解公司财务状况和经营成果,作出有效决策;最后,满足公司加强内部经营管理,提高经济效益。

我国现行股份公司会计制度要求股份制企业应编制多步式损益表。

损益表　　合股 02 表

编制单位　_____ 年 _____ 月　　单位:元

项目	行次	上年数	本年实际数
一、主营业务收入	1		
减:营业成本	2		
销售费用	3		
管理费用	4		
财务费用	5		
进货费用	6		
营业税金及附加	7		
二、主营业务利润	8		
加:其他业务利润	9		
三、营业利润	10		
加:投资收益	11		
营业外收入	12		
减:营业外支出	13		
加:以前年度损益调整	14		
四、利润总额	15		
减:所得税	16		
五、净利润	20		

（高雅丽）

gufengongsi kuaiji biaoce

股份公司会计表册（accounting statement and volume of company limited by shares）　董事会在公司每个营业年度终了时,依有关规定编造的公司营业和财产状况的各种表册的统称。会计表册是公司管理者准确地掌握公司经营情况的重要手段,是股东、债权人和社会公众了解公司财产和经营状况的主要途径。在国家税收管理和诉讼程序中,会计表册是决定税额的主要依据和重要的诉讼证据。会计表册主要包括:(1)营业报告书。报告公司年度营业状况的文件。(2)资产负债表。又称资产负债平衡表,是记载公司实有资产和现有负债的一览表。(3)财产目录。记载公司财产状况的明细表,包括积极财产和消极财产的种类、价额。(4)损益表。又称损益计算书,是记载本营业年度公司盈余和亏损的报告表。(5)盈余分派或亏损弥补的方案。董事会作成会计表册后,由审计员审核,审核后要制作审核报告,与会议表册一同提交股东会,由股东会进行审议并决议予以承认。会计表册股东会承认后,意味着公司已解除了董事的责任。被承认的会计表册中的资产负债表、损益表及盈余分派或亏损弥补方案应分发各股东,公开发行股票和公司债的,要在一定期限(如1个月)内予以公告。董事会编造会计表册有虚伪记载的,或不将会计表册分发给股东或公告的,要处以罚金和罚款。　　　　（高雅丽）

gufengongsi kuaiji renyuan

股份公司会计人员（accounting personnel of company limited by shares）　办理股份公司会计事项的工作人员。会计人员的职责是:(1)按照国家财务制度的规定,认真编制并严格执行财务计划、预算、遵守各项收入制度、费用开支范围和开支标准,分清资金渠道,合理使用资金,保证完成财政上缴任务。(2)按照国家会计制度的规定,记账、算账、报账,做到手续完备,内容真实、数字准确,账目清楚,日清月结,按期报告。(3)按照银行制度的规定,合理使用贷款,加强现金管理,做好结算工作。(4)按照经济核算原则,定期检查分析财务计划、预算的执行情况,挖掘增收节支的潜力,考核资金使用效果,揭露经营管理中的问题,及时提出建议。(5)按照国家会计制度的规定,妥善保管会计凭证、账簿、报表等档案资料。(6)遵守、维护国家财政制度和财经纪律,同一切违法乱纪行为作斗争。会计人员应该熟悉国家财政方针政策。　（高雅丽）

gufengongsi jiancharen

股份公司监察人（supervisor of company limited by shares）　公司监事会成员。监察人又称监事,由股东选举产生,是代表股东对公司业务进行监督的股东代表。　　　　　　　　　　　　　　（高雅丽）

gufengongsi jianshi

股份公司监事（supervisor of company limited by shares）　对公司业务执行情况和公司财务状况实行监督检查的人,又可称为监察人。基本职务是监督和管理公司对内对外的事务。我国公司监事由股东会和职工代表大会分别选任,存在股东代表监事和职工代表监事之分。《中华人民共和国公司法》规定,监事会中应有适当比例的职工代表,职工代表监事由职工代表大会民主选举。股东代表监事由股东会选举产生。股东可以是自然人,也可以是法人,法人股东监事应委派自然人代表法人股东行使监事职权。我国《公司法》对监事的资格规定:

1. 禁止性规定。(1)无行为能力或限制行为能力的;(2)因犯有贪污、贿赂、侵占财产、挪用财产罪或破坏社会经济秩序罪,被判处刑罚,执行期满未逾5年,或因犯罪被剥夺政治权利,执行期满未逾5年。(3)担任因经营不善破产清算公司、企业董事或者厂长、经理,并对该公司企业的破产负有个人责任的,自该公司企业破产清算完结之日起未逾3年。(4)担任因违法被吊销营业执照的公司、企业的法定代表人,并负有个人责任的,自该公司、企业被吊销营业执照之日起未逾3年。(5)个人所负数额较大的债务到期未清偿。(6)国家公务员不得兼任公司的监事。(7)公司的董事、经理及财务负责人不得兼任监事。公司违反《公司法》上述规定选举、委派的监事无效。

2. 限制性规定。我国《公司法》规定,监事会由股东代表和适当比例的公司职工代表组成,具体比例由公司章程规定,实践中职工代表占三分之一或四分之一。监事可以在公司章程中规定,章程未规定的,由股东会选任。监事的任期为每届3年,任期届满,连选可以连任。监事连任期限《公司法》未作规定,由公司章程或细则规定。监事的职能主要包括:(1)确保公司的经营方向与股东会制定的经营管理目标相一致。(2)确保公司董事及职员遵照各项政府法令的规定。(3)维护公司章程与细则。监督公司业务和活动,使公司董事符合公司章程与细则的规定。监事在必要时建议对公司章程及细则进行修改。(4)保障股东的利益,监事监督公司所进行的业务和活动是以股东的利益为依据。(5)保护公司的财产。(6)对社会的责任。

我国《公司法》规定,监事的权力:(1)检查公司财务。(2)对董事、经理执行公司职务时违反法律、法规或者公司章程的行为进行监督。(3)董事和经理的行为损害公司的利益,监事有权要求纠正。(4)提议召开临时股东会。(5)列席董事会,这是公司章程规定的其他职权。我国《公司法》规定,监事在任职期间内的报酬由公司章程或细则规定,也可由股东会决定。

我国《公司法》对监事法律责任的规定:(1)公司监事利用职权收受贿赂,其他非法收入或者侵占公司财产的,没收违法所得,责令退还公司财产,由公司给予处分。构成犯罪的追究刑事责任。(2)公司违反《公司法》规定,将固定资产低价折账,低价出售或者无偿分给个人的,未履行监督职能负有直接责任的监事依法受到行政处分,构成犯罪的追究刑事责任。(3)公司向股东和社会公众提供虚假的或隐瞒重要事实的财务会计报告,未能履行监督职责负有直接责任的监事要处1万元以上10万元以下的罚款。构成犯罪的依法追究刑事责任。

(高雅丽)

gufengongsi jianshihui
股份公司监事会(supervisory board of company limited by shares) 法定必备的监督检查公司财务状况及业务执行状况的股份公司常设机构。由股东代表和适当比例的公司职工代表组成,具体比例由公司章程规定。监事会中的职工代表由公司职工民主选举产生,监事会对股东会负责,并报告工作。监事会由全体监事组成。《中华人民共和国公司法》规定,公司监事会的组成人员不得少于3人。监事会应在其组成人员中推选1名召集人,负责会议的召集,并主持工作。

监事会的权力:我国《公司法》规定监事会应当向股东会报告工作,并行使下列权力:(1)对董事和经理行使职权时违反法律、法规或者公司章程的行为进行监督。(2)检查公司的财务。(3)提议召开临时股东会。(4)当董事和经理的行为损害公司的利益时,要求董事和经理予以纠正。(5)公司章程与细则赋予的其他权力。

监事会如果违反《公司法》、公司章程或超越职权范围的,必须对公司股东或债权人承担责任。监事会责任是在监事履行责任的过程中实现的。监事会责任与监事责任的差别:监事会对监事会的集体行为负责,除非监事有证据证明其对监事会的决议持有不同意见时可以免除与监事会其他成员之间的连带责任;监事主要对自身的行为负责。

(高雅丽)

gufengongsi jianzi
股份公司减资(decrease of capital of company limited by shares) 也称"股份公司减少资本",指股份公司在资本过剩或亏损严重的情况下,根据业务实际需要,依法定条件和程序,减少公司的资本总额。减资一般发生在:(1)公司预定资本过多,形成资本过剩。如果依然保持资本不变,会导致资本浪费,不利于发挥社会财富的经济效益。(2)公司营业不佳,亏损严重,为了使资本额与公司净资产相当,以减资弥补差额。第一种为"实质减资"或"直接减资";第二种为"名义减资"或"间接减资"。

股份公司减资方法:(1)减少股份数额,即每股金额不变,总股数减少。具体方法分为消除股份和合并股份两种。消除股份是指取消一部分股份,依是否征得股东承诺,又分为任意消除和强制消除;合并股份是将多股变为一股。(2)减少股份金额。即不改变股份总数,减少每股金额。具体方法分为三种:免除、发还、注销。免除是对尚未缴足股款的股份,免交一部分或全部欠交的股款;发还是对已缴足股款的股份,将股款的一部分返还于股东;注销是公司亏损时,减少每股金额,以抵销应由股东弥补的资本亏损。(3)既减少股份总数,又减少每股金额。上述几种减资方法,根据股份的种类有所不同。对于额面股份,可以任意选用三种方法;而对于无额面股份,一般只能采用减少股份总数的方法。

股份公司资本的减少直接涉及到股东的股权利益,同时也实际上减少了公司的实有资产,缩小了公司的责任范围,实际上影响到公司债权人的利益。为此,各国公司立法规定了比增资更为严格的法律程序:(1)召集股东大会作出减资决议,并相应地对章程进行修改,否则减资无效;(2)通知和公告债权人,并指定一定期限允许债权人提出异议。如果公司未通知债权人,或对提出异议的债权人未清偿债务或提供担保,则不得以减资对抗债权人。(3)向法院申请,由法院在考虑减资对股东、债权人和社会各方面是否公平合理等因素后,作出是否准予减资的指令。(4)办理减资登记手续。自登记之日起,减资生效,否则不得对抗善意第三人。
(陈耀权)

gufengongsi jiancharen
股份公司检查人(inspector of company limited by shares) 检查公司业务及财务状况的临时查核机关。检查人可由主管机关、法院或公司选派或选任。检查人制度在英、日及我国台湾地区的法律中有规定。检查人应由对公司业务具有专门知识、有经营经验,没有利害关系的人担任。公司发起设立时董事和监察人就任后,主管机关得选派检查人检查发起人的行为是否正当;公司募集设立时创立会得选任检查人检查有关设立情况;公司成立后,得由股东会选派,检查人查核董事所选送的簿册;连续一定时间持有一定数量公司股份的股东得申请法院选派检查人检查公司财产和财务状况;公司重整时,法院可决定选派检查人调查公司营业、财务及资产状况等。检查人的职责主要是将下列检查结果报告法院:发起人、董事、监察人、经理和清算人是否有违反法律、章程和股东会决议的行为;是否应负法律责任;对公司财产有无采取保全措施的必要,在公司需要行使损害赔偿请求权时,对发起人、董事、监察人、经理和清算人的财产有没有必要采取保全措施等。凡由主管机关或法院选派的检查人,公司无权将其解任;由公司选任的,可由选任机关随时解任。公司选任的检查人在执行业务范围内也是公司负责人。
(高雅丽)

gufengongsi jiesan
股份公司解散(dissolution of company limited by shares) 因法定的事由出现使股份公司法人资格消灭的客观现象。首先,应存在公司解散的法定事由,当这些法定事由出现时,依法宣告公司解散;其次,宣告公司解散后,除公司合并、分立等特殊情形外,公司进入清算阶段,清算中公司的法人资格尚未完全消灭。公司仍可从事一些清算所需的活动;最后,在公司清算程序终结后,公司应向公司登记机关办理公司注销登记。公司法人资格最终消灭。

1. 股份公司解散的事由即法定原因可分为:公司自愿解散和公司强制解散。自愿解散,是基于股东会的决议,创办人员的决定或者公司章程的规定引起公司法人解体的程序。我国公司自愿解散的原因主要有:(1)因公司章程规定的公司期限届满解散;(2)因公司章程规定的其他解散事由出现解散;主要有设立公司的目的已经达到,公司继续存在已无必要;设立公司的目的无法实现;出现设立公司时规定的不可抗力事件;公司出现严重亏损,无法继续经营;公司长期未能达到公司章程规定的经营目的,又无发展前途等;(3)因公司股东会特别决议解散:此类事由主要有遭受自然灾害、战争等不可抗力;公司出现严重亏损无力继续经营;公司受到严重损失无法继续经营;公司未达到公司经营目的,又无发展前途等;(4)因公司合并、分立解散。强制解散,是基于国家强制力的作用而发生的解散。《中华人民共和国公司法》第192条规定,公司违反法律、行政法规的规定被依法责令关闭的,应当解散。责令关闭主要有:如公司采取欺诈手段隐瞒重要事实而取得公司注册的,公司成立之后无正当理由超过6个月未开业的,或者开业后自行停业连续6个月以上的;严重侵犯消费者权益的,严重污染环境的;违反公司登记管理规定的。公司不能清偿到期债务,被人民法院依法宣告破产的,也属强制解散,但应适用破产法规定的清算程序。

2. 公司解散的效力:(1)公司必须停止正常的生产经营活动;(2)公司必须立即进入清算程序;(3)公司由经营公司转变为清算公司,与其他公司不同点为:股东仅剩一人时为非解散事由,等于认定为一人公司,商法中将长期休眠的公司,经一定程序拟制为解散的公司。另一方面,股份公司的最低资本是公司成立的要件,同时又成为存续的要件。通过减少资本等低于最低资本时,也成为解散事由。(3)公司解散的公示:除破产外,董事应不得迟延地对股东进行解散通知,在发行无记名股票时,应行公告,并对发生解散事由之日起,在总公司所在地应于2周之内,在分公司所在地应于3周之内进行解散登记。
(李 倩)

gufengongsi leibie gudonghuiyi
股份公司类别股东会议(separate meeting of classes of stockholders of company limited by shares) 发行不同类别股份的股份公司召开的由持特定种类股份股东参加的会议。法国称专门股东会议,英国称持特种股票股东会议,香港称公司成员分组会议,我国公司法未作规定。类别股东会议一般是修改公司章程或其他决议通过会损害此类股东权益时召开。目的是为充分保护特定种类股份持有人的权益。如法国公司法第 156 条规定,股东大会修改某一种类股份权利的决定只有经该种类股份的股东专门会议同意后,才是最后决定。有关特定种类的股东的决议事项应经股东大会决议和该特定种类股东会议双重通过。 （黄艳）

gufengongsi leishi gongjijin

股份公司类似公积金(similar accumulation fund of limited company) 形式上是公积金实质是贷损充当金、折旧充当金等的拟制公积金。 （高雅丽）

gufengongsi mimi gongjijin

股份公司秘密公积金(secret accumulation fund of limited company) 韩国《公司法》规定公司所保留的净资产多于资产负债表上显示出的净资产,这种超过额称为秘密公积金。秘密公积金未以资产负债表上的公积金计算,实质上带有公积金的性质。储备方法有:以过多折旧等过小评估资产,或者与此相反,债务项目的过大评估等。秘密公积金与"空头分派"相反,使公司保留更多的资产,以加强公司的资本基础,给经营赋予伸缩性,或通过秘密公积金,可实现分派的平均化。这将破坏资产负债表的真实性原则,使损益计算不明确,含有经营者操作股价等被利用于不正当利益追求的因素。秘密公积金的适法性有人以侵犯股东的盈余分派请求权,违背公司会计的真实性原则,或者违背公开性原则等为由,认为是违法的;另一些人以商法关于资产评估采取低价主义原则为前提,认为小评估,有有利的一面,认为是适法的。公司会计原则在认定真实性、公开性的同时,也认定安全性原则。一般认为合理范围内,秘密公积金适法。 （高雅丽）

gufengongsi mishu

股份公司秘书(secretary of company limited by shares) 《美国模范公司法》规定应任命秘书一名作为公司职员,这一职位不能兼任。公司秘书由董事会按公司章程规定的时间和方式产生,董事会可随时撤换秘书,但若无正当理由,秘书可请求公司赔偿。英国法律规定公司须有一名秘书,可由董事兼任,在仅有一名董事时不得兼任。公司可任命法人团体为秘书。首届秘书由章程规定,之后,由董事会决定。公司须将秘书姓名,住所注册登记,变更应在 14 天内向公司注册员申请登记。除自动辞职,秘书有权要求董事会在他同意或合理的期限以前通知他解雇事项,否则,他有权要求公司赔偿损失,当公司因无偿还能力自愿清算时解雇秘书者除外。大陆法系规定"秘书"。我国台湾地区未规定公司设"秘书",但规定"可设经理数名,其中一人负责秘书事务,并签名盖章以示负责"。 （高雅丽）

gufengongsi mingcheng

股份公司名称(name of company limited by shares) 表示股份公司的性质并与其他公司相互区别的标志,是商号的一种。为了保障公司及公司交易对方的合法权益,维护社会经济秩序,各国公司立法都规定股份公司必须选定自己的名称。

股份公司名称具有如下属性:(1) 标志性,名称必须能够表现该股份公司的行政区划、商号、所在行业或经营特点等内容,使公司与其他公司、企业、组织相区别;(2) 法定性,股份公司的名称不得随意选用,是依法向公司登记机关申请、经核准后方可使用;(3) 专用性,股份公司名称经核准登记后,在登记机关所辖地域范围内享有专用权,在同一行政区划内,任何公司或组织都不得使用与该名称相同或近似的名称;(4) 惟一性,一个股份公司只能使用一个名称;(5) 可转让性,因为公司名称是公司的无形财产,是公司信用的载体,具有工业产权性质,故公司的名称可以转让,名称能否单独转让,还是必须随公司的业务一并转让,各国立法规定不一,一般应一并转让;(6) 文字性,股份公司的名称只能由文字构成,而不得使用图形、符号等非文字形式。

各国公司立法对股份公司名称的规定不尽相同,主要有四种立法主义:(1) 真实主义原则,即要求公司名称必须真实地反映公司的业务性质、责任形式等内容,禁止使用名不符实的公司名称,如法国;(2) 自由主义原则,即股份公司可以自由选定名称,法律并无严格限制,也不要求进行名称登记注册,如美国;(3) 折衷主义原则,即在股份公司设立时,名称的选定实行真实原则,但在转让或继承时,公司名称中的业主姓名可以继续保留,如德国;(4) 有限制的自由主义原则,即在国家法律规定的范围内,股份公司名称可以自由选定,目前大多数国家的公司立法采用此原则。

我国目前关于股份公司名称的立法规定主要有《中华人民共和国公司法》、1991 年 5 月 21 日国家工商行政管理局发布的《企业名称登记管理规定》和 1994 年 6 月 24 日国务院发布的《公司登记管理条例》。现行法表明我国对股份公司名称的选用,作了较为严格的规定,可视为真实主义原则和有限制的自由主义原则。其主要内容包括:(1) 股份公司名称的组成。股份公司名称一般应由以下部分依次组成:所在行政区划、字号或商号、所在行业或者经营特点、组织形式。除全国性公司、历史悠久、字号驰名的公司和外商投资股份公司经国家工商行政管理局核准后,其他股份公司名称都应当冠以所在地省、自治区、直辖市的行政区划名称。字号可以自由选择,但应由两个以上的字组成。必须在其名称中标明"股份有限公司"字样。(2)股份公司名称的禁用内容和文字。股份公司名称中不得含有以下内容和文字:有损于国家、社会公共利益的;可能对公众造成欺骗或者误解的;外国国家(地区)名称、国际组织名称;政党名称、党政军机关名称、群众组织名称、社会团体名称及部队番号;汉语拼音字母(外文名称中使用的除外)、数字;其他法律、行政法规规定禁止的。另外,还对使用"中国"、"中华"等字样或冠以"国际"等字词作了限制性规定。(3)股份公司名称的预先核准制度。设立股份公司必须进行公司名称的预先核准,由全体发起人指定的代表或者共同委托的代理人向公司登记机关申请,并递交下列文件:全体发起人签署的公司名称预先核准申请书;发起人的法人资格证明或者自然人身份证明;公司登记机关要求的其他文件。登记机关决定核准的,发给《企业名称预先核准通知书》。预先核准名称的保留期为6个月,在该期间内该名称不得用于从事生产经营活动,也不得转让。逾期公司未成立的,公司名称自动失效。(4)股份公司名称的使用及法律保护。股份公司的名称一经核准登记,公司在法定范围内享有专有使用权,并受国家法律保护,禁止其他任何公司或组织盗用或冒用。若被侵权,公司有权请求公司登记机关予以处理或提起诉讼,要求停止侵权、没收非法所得和赔偿损失。

(陈耀权)

gufengongsi putongqingsuan

股份公司普通清算(general winding-up of company limited by shares) 公司自愿解散后,由公司股东或股东(大)会确定的人员组成清算组织,依法定程序自行进行清算。公司因章程规定的营业期限届满或公司章程规定的解散事由出现,公司因股东(大)会决议解散,公司因设立的宗旨业已实现或根本无法实现解散,公司因国家授权投资机构或国家授权的部门决定解散等,适用普通清算。

1. 普通清算清算组的组成。(1)因公司章程规定的营业期限届满及公司章程规定的事由出现或股东会决议公司解散时,应当在15日内成立清算组。股份有限公司解散时,清算组由股东大会确定。股东大会确定的人选既可以是公司的股东、董事,也可以是其他人选。(2)上述解散事由发生后,解散公司超过15日不成立清算组进行清算的,债权人可以申请人民法院指定有关人员组成清算组,成员由法院指定。法院可指定公司股东、董事、临时监事、债权人等当事人及利害关系人或其代表组成清算组,也可选派其工作人员作为清算组成员。

2. 普通清算的程序。(1)成立清算组;(2)通知和公告;(3)清算组行使职权并对公司财务进行清理,编制资产负债表和财产清单,处理公司未了业务,收取公司债权,向股东追缴或收取已认缴但未缴纳的股金和出资,偿还公司债务;(4)清算过程中若发现公司财产不足以清偿债务时,立即终止清算并申请破产;公司剩余财产依顺序处分。

(李倩)

gufengongsi putongqingsuan yu tebieqingsuan

股份公司普通清算与特别清算(general winding-up and special winding-up of company limited by shares) 股份公司普通清算和特别清算是法定清算的两种形式。普通清算是有法人资格的公司或其他非公司法人企业解散后由自己组织清算机构的清算;特别清算是公司企业解散时或解散后不能由自己组织普通清算,或普通清算中发生显著障碍,或公司财产超过公司债务有不实之嫌时,由有关政府机关或法院介入进行的清算。特别清算与普通清算的区别是有无公共权力机关的介入。《中华人民共和国公司法》第192条规定,公司违反法律,行政法规被依法责令关闭的,应当解散,由有关主管机关组织股东、有关机关及有关专业人员组成清算组,进行清算。第191条规定,当公司解散后不能在15日之内有效地组成清算组时,债权人可以申请人民法院指定有关人员组成清算组进行清算。这就是特别清算。此外,《外商投资企业清算办法》第3条第2款和第3款规定:"企业不能自行组织清算委员会进行清算或者依照普通清算的规定进行清算出现严重障碍的,企业董事会或者联合管理委员会等权力机构、投资者或者债权人可以向企业审批机关申请进行特别清算。……企业被依法责令关闭而解散,进行清算的,依照本办法关于特别清算的规定办理。"特别清算除规定由公共权力机关(包括法院)介入企业清算事务,明确相关权利与义务外,在清算的原则、程序、财产分配程序均应依普通清算的规定。

(李倩)

gufengongsi qingsuan

股份公司清算(liquidation of company limited by shares) 清结已宣布解散之公司的法律关系,消灭其法人资格的一种法律程序或法律行为。除因合并而解散的公司无须通过清算程序外,其他原因解散的公司都应进行清算。因破产解散的公司须按破产程序进行清算。已宣布解散的公司只有通过清算,才能了结其业务。清结其债权债务,处理其剩余财产,最终消灭其法人资格。

1. 公司清算种类。分为任意清算和法定清算,法定清算又分为普通清算和特别清算。(1)任意清算相对法定清算而言,可不按法律规定的程序进行,只须符合公司章程或全体股东的意见,公司章程或股东的意见首先必须不违背法律,任意清算一般只适用于无限公司和两合公司。(2) 法定清算是按法律规定的程序实行的清算,适用于任何公司。股份有限公司的法定清算又分为普通清算和特别清算。一般股份有限公司实行普通清算,当产生显著障碍时,或公司债务超过其资产有不实之嫌时,必须实行特别清算。特别清算是破产预防制度,是介于普通清算与破产清算间的程序。这种程序自始至终在法院严格监督之下进行,法院可以实行特别强制处分。

2. 公司清算程序。(1) 确定清算人或成立清算组,作为清算事务的执行人。清算可分为由公司法人代表担任的清算人、公司章程规定的清算人、股东选任的清算人、法院连任的清算人。清算人的主要职权是对公司财产进行处理,处理公司未了结的业务,收取公司债权,偿还公司债务,对公司剩余资产进行处分,代表公司进行诉讼活动,召集股东会、债权人会议和其他会议。(2) 向公司股东、债权人、债务人通知或公告清算事宜。(3) 收取债权和清偿债务。清算人在发现公司财产不足以清偿债务时,应立即停止清算,向法院申请宣告公司破产。(4) 处分公司财产,其顺序是拨付清算费用,支付所欠公司职工工资、奖金和劳动保险费用,上缴国家税款,偿还银行贷款、公司债券和其他债务,将剩余财产分配给各股东。(5) 清算的完结。清算人处分完公司财产后,应从速制成清算报告书,请求股东或股东会承认。清算报告一经通过,清算人即可到登记主管机关进行清算完结登记,清算人的责任解除,清算程序完结。 (李 倩)

gufengongsi qingsuan chengxu
股份公司清算程序(liquidation procedure of company limited by shares) 股份公司的清算程序是:

1. 债权人申报债权。清算组应自成立之日起7日内通知债权人,并于60日内在报纸上至少公告三次。这是法定期间,清算组必须在此期间办理,以保证债权人及时申报债权。债权人应自接到通知书之日起30日内,未接到通知书的自第一次公告之日起90日内,向清算组申报债权。这是债权人申报债权的除斥期间,债权人若不在此期间申报债权即丧失其债权。规定旨在敦促债权人及时申报债权,以迅速了结公司债权债务,完结清算程序。债权人在申报债权时应当说明债权的有关事项,是否设有担保,并提供证明材料,如合同、债券等书面文件。清算组应按债权的性质,分门别类的记载。如登记债权人姓名、地址、债权有无担保,是否到期等。

2. 制定清算方案并报经确认。清算组在清理公司财产、编制资产负债表和财产清单,对公司的财产、债权债务了解基础上编制清算方案,报经公司股东会或主管机关确认。

3. 公司财产清偿的顺序:(1) 支付清算费用。包括清算组在保管、清理、估价、处理和分配公司财产中的一切开支和费用;(2) 支付职工工资和劳动保险费用;(3) 缴纳公司所欠中央和地方的税款;(4) 清偿公司债务;(5) 将公司财产在公司股东间分配。公司剩余财产在股东中分配,以股东对公司风险共担、利益共享的原则,按照股东持有的股份比例分配。公司在清算期间不得开展新的经营活动,不得不经清偿债务直接分配公司财产给股东,防止公司转移、隐匿财产,逃避债务。公司因解散清算过程中,清算组在清理公司财产、编制资产负债表和财产清单后,发现公司的财产在支付清算费用、职工工资和劳保费用、缴纳所欠税款不能全部清偿公司对外所欠全部债务,则不能继续按清算程序处理,应即申报人民法院宣告破产,法院接受破产申请后清算组使命宣告结束。

4. 制定清算报告。清算组依法定程序对公司清算后,应制作清算报告,报公司股东会或公司的有关主管机关确认。还要报送公司登记机关(即工商行政管理局),申请注销公司登记。注销登记完毕,应公告公司终止,使社会公众周知,维护交易安全。公司清算完不申请注销公司登记,由公司登记机关依职权吊销营业执照,并予以公告。公司办理注销登记或被吊销营业执照公告后,法人资格消灭,不得再从事任何生产经营活动,否则,要受到法律制裁。 (李 倩)

gufengongsi qingsuanren
股份公司清算人(receiver of company limited by shares) 股份公司进入清算程序,与执行业务无关的股东大会及监事依然存续,并可选任检查人,但董事、董事会、代表董事丧失地位,由清算人、清算人会、代清算人处理清算业务。

1. 就任。原则上董事当然成为清算人。董事中包括由法院选任的行使临时董事职务的人(假董事)。职务代行者就是清算人的职务代行者。章程中另定清算人或者由股东大会选任清算人时,据此决定清算人,若清算法人的股东大会上作出选任董事的决议时,不得视为无效,应视为选任了清算人。在公司内部未定清算人时,根据利害关系人的请求,由法院选任清算人。在依解散命令或解散判决解散,董事不能担任清算人,由法院根据股东等利害关系人或者监事的请求,或依职权选任清算人。在股东大会上选任清算人或董事成为清算人的,可争执选任决议的瑕疵。即使尚未确定清算人选任决议的无效、取消之判决,也可以申请停止其执行职务或选任职务代行者的假处分。监事不得兼任清算人。

2. 人数及任期。定员法律无规定,一人也可成为清算人,一人清算人当然成为代表清算人。缺员时的退任清算人的权利义务及选任将要行使清算人职务者,与董事相同。清算人不同于董事,无任期。

3. 终任。清算人因(1)死亡、破产、无行为能力等委任关系的终止事由;(2)丧失资格;(3)辞任等退任;(4)除法院选任清算人外,依股东大会的普通决议随时可解任;(5)执行业务清算人显著不适任或有重大违反任务行为,少数股东(5%以上)可请求法院解任清算人。

4. 就任、终任的登记。清算人就任时须进行有关事项的登记,终任时须进行变更登记。

5. 清算人与公司间的关系。如同董事与公司间的关系,是准委托关系。清算人的报酬,由法院决定由公司支付。清算人会议作出执行清算事务的意思决定,代表清算人根据清算人会议的意思决定担任有关清算事务诉讼内外的一切执行。解散前公司董事当清算人时,代表董事成为代表清算人;无清算人时,由法院决定代表清算人。此外以清算人会议的决议决定。清算人的基本职务:自就任之日起2个月内,以二次以上的公告催告公司债权人在一定的期间内申报债权,经债权申报后,应向已申报的债权人及虽未申报但已知的债权人清偿。公司财产,不足以清偿债务时,清算人应即时申请破产宣告。清偿债务后所剩财产应分配给股东。

(李 倩)

gufengongsi renyi gongjijin

股份公司任意公积金(optional accumulation fund of company limited by shares) 即"特别盈余公积金",根据公司章程或股东大会决议,于法定公积金外特别提存的公积金。它不受公司法强制性规定的限制,提存比例及其用途均由公司章程或股东大会决议规定。任意公积金用作资产更新准备、偿还公司债准备、收回特股准备等。任意公积金可以划分为以平衡历年盈余分配为目的提存的"平衡公积金";以偿还公司债为目的提存的"公司债偿还公积金";不为专门用途为不测时急需提存的"普通公积金";以发展生产为目的提存的"生产发展公积金";以分担风险为目的提存的"保险公积金"等。

(高雅丽)

gufengongsi shaoshugudong shougougufen qingqiuquan

股份公司少数股东收购股份请求权(buy-back right of minority of shareholders) 股东大会在作出对股东有重大利害关系的决议时,对该决议持反对意见的股东,可请求公司收购自己所持股份的权利。少数股东的收购股份请求权行使范围多数国家有严格限制,限用于公司合并和公司的营业转让等,如《日本商法典》第408条第3款规定,在股东合并承认大会之前,以书面形式通知公司反对合并之意见,且在大会上反对承认合并契约书的股东,可以向公司提出由于未承认决议,需按公正的价格买回其股份的请求。德国公司法规定,对合并比率不满的消灭公司的股东,可以向法院申请用现金支付应按公正比例支付的存续公司股票数及合并交纳金与实际交付的股票数及合并交纳金的差额部分。公司从事上述行为,股东的预期收益将会存在不确定的风险,据股东对剩余财产的分配请求权,股东有权收回投资,选择退出。少数股东收购股份请求权行使要件:(1)异议股东应书面通知公司自己反对公司该行为,要求公司回购其股份。(2)异议股东在股东大会上对该项决议投反对票。少数股东行使收购股份请求权后,公司例外地取得了自己的股份,这些股份应在一定期限内处分。我国公司法无少数股东收购股份请求权规定,这不利于对决议中持异议中小股东的保护。我国应建立此项制度,对少数股东收购股份请求权的适用范围条件、程序、效力作出规定,以平衡大小股东的利益。

(黄 艳)

gufengongsi sheli

股份公司设立(establishment of company limited by shares) 为组建股份公司取得法人资格,循序、必须连续实施的一系列法律行为的总称。股份公司为典型的资合公司,设立也表现了这一特点:(1)股份公司章程中无须记载全体股东的姓名,更无须由全体股东签名,但资本情况则必须记载;(2)股份公司股东只能以现金或公司所需要的财物出资,不得以劳务、信用出资;(3)必须具备公司机关。各国公司立法对设立股份公司的规定最为严格,设立程序最为复杂。原因是严格的设立程序,对于确保所设公司具备股份公司的法定条件、防止可能出现的弊端、保护他人和公众利益、维护社会经济秩序。根据公司首期发行的股份是否全部由发起人认购,股份公司的设立方式分为发起设立和募集设立。公司首期发行的股份全部由发起人认购的,为发起设立;发起人认购的股份数不少于公司首期发行的股份总数的一定比例(《中华人民共和国公司法》规定为35%),其余股份对社会公众发售的设立,为募集设立。根据我国《公司法》,无论是发起设立还是募集设立,股份公司首期发行的股份都应在公司成立前认足并缴足股款。

根据我国《公司法》的规定,设立股份公司应当具备如下条件:(1)发起人符合法定人数;(2)发起人认缴和社会公开募集的股本达到法定最低限额;(3)股份发行、筹办事项符合法律规定;(4)发起人制定公司章程,并经创立大会通过;(5)有公司名称,建立符合股份公司要求的组织机构;(6)有固定的生产经营场所和必要的生产经营条件。股份公司的设立,必须经过国务院授权的部门或者省级人民政府的批准;有限公司变更为股份公司的,应当符合股份公司的条件,并依照有关设立股份公司的程序办理;国有企业改建为股份公司时,严禁将国有资产低价折股、低价出售或者无偿分给个人。股份公司应当将公司章程、股东名册、股东大会记录、财务会计报告置备于本公司。

(陈耀权)

股份公司设立程序(the incorporated procedure of company limited by shares) 股份公司的设立程序主要包括预先核准公司名称、制定公司章程、经有关部门审批、认购公司股份、建立公司机关、设立登记和公告。

1. 预先核准公司名称。设立股份公司必须进行公司名称的预先核准,由全体发起人指定的代表或者共同委托的代理人向公司登记机关申请,并递交下列文件:全体发起人签署的公司名称预先核准申请书;发起人的法人资格证明或者自然人身份证明;公司登记机关要求的其他文件。登记机关决定核准的,发给《企业名称预先核准通知书》。预先核准名称的保留期为6个月,在该期间内该名称不得用于从事生产经营活动,也不得转让;逾期公司未成立的,公司名称自动失效。

2. 制定公司章程。股份公司章程应采用书面形式,经发起人全体同意并签名盖章。章程的绝对记载事项包括:公司名称和住所;公司经营范围;公司设立方式;公司股份总数、每股金额和注册资本;发起人姓名或者名称、认购的股份数股东的权利与义务;董事会的组成、职权、任期和议事规则;公司法定代表人;监事会的组成、职权、任期和议事规则;公司利润分配方法;公司的解散事由与清算办法;公司的通知和公告办法。股份公司章程的绝对记载事项与有限公司章程的同类事项相比更具针对性,主要表现在:(1)必须标明"股份公司"或"股份有限公司"字样;(2)载明是发起设立还是募集设立;(3)载明股份总数及每股金额;(4)载明发起人姓名或名称以及认购的股份数;(5)股份公司须向社会公开财务状况和重大经营情况,故其通知和公告办法必须在章程中载明。

3. 发起人在制定公司章程前,先订立设立公司协议。《股份有限公司规范意见》第10条和13条、《深圳经济特区股份有限公司条例》第18条及《上海市股份有限公司暂行规定》第18条都规定,发起人在设立股份公司前应先达成设立公司的协议。《中华人民共和国公司法》对此没有规定,表明订立设立公司的协议不再作为设立股份公司的法定程序。

4. 经有关部门审批。我国对股份公司的设立实行核准主义,即股份公司的设立必须经过国务院授权部门或省级人民政府的批准。对这一法定程序《公司法》没有具体规定。《股份有限公司规范意见》规定,股份公司的设立先要由有关行业主管部门出具设立公司的意见,然后由发起人向政府授权部门提交设立公司申请书、可行性研究报告、公司章程、资产评估报告、验资报告、招股说明书和行业主管部门审核意见等文件。

设立公司申请书的主要内容包括:(1)发起人名称及住所;(2)公司的名称、目的及宗旨;(3)公司的资金投向、经营范围;(4)公司的设立方式、总投资、股本总额、发起人认购比例、股份募集范围及募集途径;(5)公司的股份总数、各类别股份总数、每股面值及股权结构;(6)发起人基本情况及资信证明(原国有企业改组设立的,应说明改组理由);(7)其他需要说明的事项;(8)提出申请的时间、发起人签名并盖章。

设立股份公司的可行性研究报告包括:(1)公司名称及住所;(2)发起人生产经营情况、资信情况和投资能力(原国有企业改组为股份公司的,还应包括近三年生产经营、资产与负债、利润等情况);(3)公司总资产比例;(4)资金投向、规模、建设周期与费用估算;(5)公司产品或经营范围、发展方向及市场需求状况;(6)经济效益预测;(7)其他需要说明的事项。发起人提交的上述文件,由政府授权部门审核、批准。

5. 认购股份。包括认足股份和缴纳股款两个步骤,具体过程因公司设立方式的不同而异。以发起方式设立股份公司的,公司章程规定发行的全部股份,发起人应以书面形式自行认足,并立即缴纳全部股款;以实物、工业产权、非专利技术或者土地使用权抵作股款的,应当依法办理财产权转移手续;以工业产权、非专利技术作价出资的金额不得超过股份公司注册资本的20%。以募集方式设立股份公司的,其股份的认购分为两步:首先,发起人应认购部分股份,我国《公司法》规定不得少于应发行股份总数的35%;其次,发起人向社会公开募集股份。

向社会公开募股的程序包括:(1)与股票承销机构和代收股款银行签订相关协议。(2)向国家证券主管部门提出申请。发起人向社会公开募集股份,必须向国家证券管理部门(我国为中国证券监督委员会)递交募股申请,报送下列主要文件:批准设立公司的文件;公司章程;经营估算书;发起人姓名或者名称、发起人认购的股份数、出资种类及验资证明;招股说明书;代收股款银行的名称和地址;承销机构名称及有关协议。(3)国家证券主管部门审核。我国《股票发行与交易管理暂行条例》规定,设立股份公司申请公开发行股票的,应当符合下列条件:其生产经营符合国家产业政策;发起人认购的股本总额不少于公司拟发行股本总额的35%;发起人在近3年没有重大违法行为。还规定原有企业改组设立股份公司申请公开发行股票的,除符合上述条件外,还应当符合下列条件:发行前一年末,净资产在总资产中所占比例不低于30%,无形资产在总资产中所占比例不高于20%,但国务院证券委员会另有规定的除外;近3年连续盈利。若审查未经批准,发起人不得向社会公开募集股份。(4)公开募股。首先,公告招股章程和制作认股书。发起人和承销机构应当公告招股章程,同时发起人应制作认股书。作为承销商的证券经营机构应按照承销协议以代销或包销方式为发起人销售股份;其次,认股人认股。认股人应在认股书上填写所认股数、金额、住所,并签名盖章;最后,缴纳股款。认股人应按所认购的股份向发起人选定的代收股款银行缴纳股款。代收股款银行应按协议代收和保存股款,向缴纳股款认股人开具收款单据,并负有向有关部门出具收款证明的义务。当股款缴足后,还必须经法定的验资机构验资并出具证明。

6. 建立公司机关。以发起方式设立股份公司的,在发起人交付全部股款后,由全体发起人选举董事会和监事会成员,组建公司机关;以募集方式设立股份公司的,发起人必须在法定期限内召开由认股人组成的创立大会,审查公司设立情况、发起人出资情况并选举公司董事会和监事会成员,组建公司机关。

7. 公司设立登记。以发起方式设立的股份公司在选出董事、监事后,以募集方式设立的股份公司的创立大会结束后30日内,由董事会向公司登记机关报送下列文件,申请设立登记:(1)有关主管部门的批准文件;(2)公司章程;(3)筹办公司的财务审计报告;(4)验资证明;(5)董事会、监事会成员姓名及住所;(6)法定代表人姓名及住所。以募集方式设立的股份公司还应当报送创立大会的会议记录。经审核后,公司登记机关对符合条件的申请予以登记,发给公司营业执照,营业执照签发日期为公司成立日期;对不符合条件的,不予登记。

8. 公告。股份公司成立后,应依法进行公告。以募集方式设立的,还应当将股份募集情况报国家证券管理部门备案。 (陈耀权)

gufengongsi shelidengji

股份公司设立登记(establishment registration of company limited by shares) 股份公司在设立过程中,根据公司法的规定,按照法定的程序,将公司应登记的事项,呈报政府主管机关审核,并领取营业证书或执照的行为。股份公司的设立与股份公司的成立是既有联系又有区别。联系在于:股份公司的设立是股份公司成立的法定必经程序,股份公司非经设立不得成立;股份公司的成立则是股份公司设立的法律后果或直接目的。主要区别在于:(1)性质不同。股份公司的设立是一种法律行为,而股份公司的成立则是一种法律事实,是设立行为的法律后果,但设立行为并不必然导致股份公司的成立。(2)所处阶段不同。设立行为在公司营业执照颁发之前,而成立则始于营业执照签发之日。(3)效力不同。设立阶段公司尚未成立,发起人不得以公司名义对外从事营业活动,因设立行为所负费用和债务由发起人承担;公司成立成为独立于股东的法人,能以公司名义从事营业活动,其后果由公司承担。股份公司的设立登记申请,需由半数以上的董事和至少一名监事,在就任后15日内,向政府主管机关提出。申请的事项因股份公司设立方式的不同而有所区别。发起设立时,申请设立登记的事项包括:公司章程;股东名簿;已发行的股份总额;以现金以外的财产抵缴股款者,其姓名用其财产的种类、数量、价格或估价的标准及公司核定的股数;由公司负担的设立费用、发起人所受报酬或特别利益的数额;发行特别股的,其总额及每股金额;缴足股款的证件;董事及监事名单,并注明其住所或居所。募集设立时,申请登记的事项包括:法律规定的创立大会通过的报告事项;法律规定的申报核准的通知;法律规定的董事、监事或检查人报告书及其附属文件;创立会议记录;董事及监事名单,并注明其住所或居所。主管机关收到登记申请书,对申请事项审查后如认为无不法情形,即予以登记发给营业执照,登记即告完成,公司始为成立。

《中华人民共和国公司法》规定,股份公司以发起设立方式设立的,由董事会向公司登记机关申请设立登记时,应报送设立公司的批准文件、公司章程、验资证明等文件;以募集设立方式设立的,董事会应在创立大会结束后30日内,向公司登记机关报送下列文件,申请登记:(1)有关主管部门的批准文件;(2)创立大会的会议记录;(3)公司章程;(4)筹办公司的财务审计报告;(5)验资证明;(6)董事会、监事会成员姓名及住所;(7)法定代表人姓名及住所(第94条)。公司登记机关应自接到设立登记申请之日起30日内作出是否予以登记的决定。公司营业执照签发日期为公司成立日期。公司成立后,应予以公告。股份公司采取募集方式设立的,应将股份募集情况报国务院证券部门备案。设立股份公司的同时设立分公司的,应当就所设分公司向公司登记机关申请登记,领取营业执照;股份公司成立后设立分公司的,由法定代表人向公司登记机关申请登记,领取营业执照。 (陈耀权)

gufengongsi shelidengji xiaoli

股份公司设立登记效力(effects of the establishment registration of company limited by shares) 股份公司经设立登记取得营业执照后在法律上发生的效果。股份公司依法设立登记的法律效力:(1)创立的效力。公司非经登记,不得成立;股份公司营业执照签发日期即为公司的成立日期,公司即取得法人资格,始有权利能力和行为能力;股份公司取得公司名称的使用权和专用权,其他任何公司、企业、组织或个人不得盗用或冒用;取得公司开业的效力,即能以公司的名义从事营业活动和其他活动,刻制印章,开设账户,签订合同。为公司设立登记基本的法律效力。(2) 对抗第三人的效力。股份公司一经设立登记,即可以已登记事项对抗第三人;应登记而未登记的,或者登记事项不实,对善意第三人不发生法律效力。(3) 发起人、认购人成为公司的股东,董事和监事成为公司的机关。公司股份认购人不得以错误或认购书欠缺要件为理由而主张其认购无效,也不能以欺诈或胁迫为理由而主张撤销其认股(《日本商法典》第 191 条)。(4) 发起人在设立公司的过程中为设立股份公司所进行的一切法律行为的效果归属于公司。(5) 股份公司登记后始得发行股票,股份始得转让,但发起人转让所持股份受到一定期限的限制。《中华人民共和国公司法》规定,股份公司登记成立后,即向股东正式交付股票,在此之前不得向股东交付股票;公司发起人持有的本公司股份,自公司成立之日起 3 年内不得转让。 (陈耀权)

gufengongsi shelifangshi
股份公司设立方式(the incorporated means of company limited by shares) 根据发起人是否认购公司首期发行的全部股份,股份公司的设立方式分为发起设立和募集设立。《中华人民共和国公司法》第 74 条第 1 款规定,"股份有限公司的设立,可以采用发起设立或募集设立的方式"。虽然两者在条件和程序上存在差别,但无论采用何种设立方式,都必须符合股份公司设立的共同条件,办理相应的手续。

发起设立指由股份公司发起人自行认足公司首期发行的全部股份的设立方式。发起设立具有如下特征:(1) 认足首期发行股份的人必须都是公司的发起人,发起人或者拟设立的公司不得向社会公众或发起人之外的其他人发行股份。由于发起设立时公司股份全部由发起人提供,所以发起设立又称为"单纯设立"。(2) 首期发行的股份必须由发起人全部认足。(3) 发起设立的程序比较简单。不涉及向社会公众募集股份,不需要履行公开募集股份的繁琐程序,学理上称为"简单设立"。发起人认足公司首期发行的股份后股份公司即可成立,又称为"一次设立"。发起设立可缩短公司设立的周期,减少公司设立费用和成本。但公司设立发起人需认购公司首期发行的全部股份,出资责任较重,对资金需求量较大的大型股份公司发起设立难担此任。发起设立的程序主要包括:签署公司章程、认足首期发行的全部股份、缴纳股款、选任公司机构和办理公司设立登记。

首期发行的股份总额是否就是公司章程中所载明的资本总额,各国因采用不同的资本制度而有所不同。在采取法定资本制的国家,公司章程所载明的资本总额必须一次性发行、认足和缴足,禁止分次发行,如我国。在采取授权资本制或折衷授权资本制的国家,公司章程中所载明的资本总额可以分期发行,即发起人可以分期认购公司拟发行的股份。但为防止股本流于形式,授权资本制国家通常要求首期发行的股份不得少于一定的比例,如《日本商法典》第 166 条规定,"公司于设立时发行的股份总数,不得少于公司发行股份总数的四分之一"。

缴纳股款,各国作法也不尽同。多数西方国家允许分期付款。德国股份法规定,股份公司拟发行的全部股份必须由发起人认足,但股款可在公司注册之日起 5 年内分期缴足。我国认为这种分期缴纳股款容易导致公司资本不实,基于保护社会公众利益,发起人应当一次性缴足股款。我国《公司法》第 82 条规定,"以发起设立方式设立股份公司的,发起人以书面形式认足公司章程规定发行的股份后,应即缴纳全部股款;以实物、工业产权、非专利技术或者土地使用权抵作股款的,应当依法办理其财产权的转让手续"。

募集设立是指发起人仅认购公司首期发行的一定比例股份,其余部分向社会公开募集而设立股份公司的设立方式。与发起设立相比,募集设立具有如下特征:(1) 募集设立时既有发起人的认购股份行为,也有社会公众的认购股份行为,发起设立时只有发起人的认购行为。(2) 募集设立时首先由发起人认购一定比例股份,然后将其余部分向社会公众发行,发起人与社会公众的认购分为两个阶段渐次进行,称为"渐次发行",而发起设立为发起人于前一个阶段就发行完毕。(3) 募集设立程序复杂繁琐,除了签署公司章程、认足全部股份、缴纳股款、选任公司机构和办理公司设立登记外,还特别包括为向社会公众募集股份而履行的其他法律程序,即"募股程序"。因募集设立程序复杂,称为"复杂设立"。我国股份制试点中,募集设立还可以分为定向募集和社会募集两种(见《股份有限公司规范意见》和《定向募集股份有限公司内部职工持股管理规定》)。定向募集类似于国外的"私募",即向一定范围内的特定对象募集股份。股份公司采取定向募集方式设立的,发行的股份除由发起人认购外,其余股份不向社会公众公开发行,但可以向其他法人发行,经批准后还可以向本公司内部职工发行部分股份。我国《公司法》没有专门规定定向募集的条文,而只是规定了社会募集方式,即股份公司发行的股份除由发起人认购外,其余部分向社会公众公开发行。因此,我国《公司法》实施后,股份公司不能再采取定向募集的设立方式。

我国《公司法》规定募集设立主要包括:(1) 发起

人认股。发起人虽然不必认购首次发行的全部股份,但为了防止不具备一定经济能力的发起人完全凭借他人的资本设立股份公司,法律对发起人认购的股份比例作了一定限制。《公司法》第83条规定,"以募集设立方式设立股份公司的,发起人认购的股份不得少于公司股份总数的百分之三十五"。(2)发起人向国家证券管理部门提出募股申请。股份公司公开募股,直接涉及到社会公众利益。为保证交易安全公司法规定发起人须向国务院证券管理部门递交募股申请和报送有关文件,经审核批准后,才能开始募股。根据公司法第84条规定,发起人应报送的文件主要包括:批准设立公司的文件;公司章程;经营估算书;发起人姓名或者名称、发起人认股的股份数、出资种类及验资证明;招股说明书;代收股款银行的名称和地址;承销机构名称及有关协议。(3)制定招股说明书和认股书(具体见招股说明书和认股书)。(4)公告招募与认股。募股申请经批准后,即可向社会发出公告,邀约公众认购股份。《公司法》第89条规定,"发起人向社会公开募集股份,应当由依法设立的证券经营机构进行,签订承销协议"。另外,发起人必须与银行签订代收股款协议,由银行代收股款。向社会发行的股份总额认足后,认股人应依所填写的认股书向发起人委托的银行缴纳股款。受托银行应当按照协议代收和保管股款,向缴款人出具收款单据,并负有向有关部门出具证明的义务。(5)召开创立大会。以募集方式设立股份公司的,发起人必须在法定期限内召开由认股人组成的创立大会,审查公司设立情况、发起人出资情况并作出有关决议。

(陈耀权)

gufengongsi shenji

股份公司审计(audit of company limited by shares) 由专职机构和人员,依法对被审单位的财政、财务收支及其有关经济活动的真实性、合法性和效益性进行审查,评价经济责任,用以维护财经法纪,改善经营管理,提高经济效益,促进宏观调控的独立性经济监督活动。审计是在一定的经济关系下,基于经济监督的需要产生的。财产所有者将财产交付于他人代管代为经营时,客观上存在着查错防弊的需要。为维护财产所有者利益,委派或委托另一机构和人员,对他人代管或代为经营的绩效进行审查和评价,这就是审计活动。股份公司的审计是公司内部审计,它不同于国家设立的专门审计机构从事的审计,也不同于经有关部门审核批准成立的民间审计组织所实施的审计。公司内部审计的任务由公司常设的内部审计机构来承担。审计的内容主要针对公司的会计事务,也对公司经济活动的合法性实行监督。各国公司法一般都有公司审计的专门规定。设立审计机构的目的在于加强对董事会活动的监督,使股东利益的实现更有保障。

公司审计的内容具体包括:(1)审查公司年度结算和年度报告的合法性和真实性;(2)审查公司的各种账簿、表册和其他文件的合法性和真实性;(3)监督董事会的活动,要求董事会提供各种必要的情况和对某些问题加以说明。

(高雅丽)

gufengongsi shenjiyuan

股份公司审计员(auditor of company limited by shares) 又称会计监察人。公司股东会聘任专门负责对公司会计事务,包括对公司一切会计表册进行日常监察的专职人员。股份公司的专职审计员,是公司内部审计员,区别于政府审计机关、社会审计组织的人员。公司内部审计员,对公司内部的财务会计工作事务进行监督,向股东会负责。政府审计机关和社会审计组织在公司外部对公司财务会计事务进行监督,向政府、公司股东,与公司有利益关系的社会不特定的人(如公司债权人)负责。股份公司审计员由股东会聘任和解任,须由从事审计职业的专门资格者充任,注册会计师和社会审计组织的执业审计师可被选任。公司审计员的职责包括:(1)审核和证明公司的财务会计表册是按照法律和公司章程做成的。(2)审核年度财务报告的内容,证明其是否包括法定的必须载明的资讯及其真实性。(3)审查公司的账簿和会计报表并就全部必要的资料和资讯向董事会提出询问。(4)向股东会提交审计报告。为履行上述职责,公司审计员有权在任何时候查看公司的账目单据、合同、会计记录,参加股东会,获得公司在册股东有权得到的一切通知。公司章程及其细则不得限制这些权利。公司审计员必须公正、诚实地履行职责并保守公司的商业秘密。因失职或泄露商业秘密使公司股东或债权人蒙受损失,审计员应负赔偿责任。

(高雅丽)

gufengongsi shijiaoziben

股份公司实缴资本(paid-up capital of company limited by shares) 参见股份公司实收资本条。

gufengongsi shishouziben

股份公司实收资本(paid-in capital of company limited by shares) 股份公司通过发行股份实际收到的现款及以货币计算的其他财产的总和。在允许股东分期缴纳所认购股份股款的情况下,如果股东认购的股份全部缴足股款,则公司实收资本等于发行资本,否则永远小于发行资本。任何情况下实收资本都不会超过发行资本。我国实行严格的法定资本制,公司章程中所规定的资本总额必须一次性完全认足缴足,股份公司实收资本(实缴资本)、发行资本与注册资本(核准资本)三者完全相等。

(陈耀权)

gufengongsi shouquanzibenzhi
股份公司授权资本制(authorized capital system of company limited by shares) 公司资本分期形成方式。股份公司成立时在章程中载明公司的股份总数和设立当时所发行的股份数,股份总数不在公司设立时认足和缴足,只需认足一定比例的股份(每个发起人至少认购一股以上)或章程所规定的最低限额股份,公司即告正式成立;其余股份,由董事会在公司成立后根据业务需要和证券市场行情随时发行新股,来募集资本的股份公司资本制度。授权资本制是英美法系的固有制度。在公司制度发展之初,各国对设立股份公司采用国家特许主义,设立股份公司和允许公司发行股票均属于国家授权的内容,故在早期,授权资本制实际上是指政府授予公司发行股份的权力。各国陆续放弃特许主义采用准则主义或登记主义后,授权资本制发生了根本性变化,主要指股份公司股东以章程形式授权公司董事会发行股份的权力。现代的授权资本制特征:(1)载明的特征。股份公司设立时必须在章程中载明公司的资本总额,即股份总数和每股金额,此与法定资本制同。(2)发行的特征。股份公司所确定的"股份总数"不在公司设立时全部发行,即不由发起人全数认足和缴足,仅需发行股份总数中的一小部分,公司即告成立。(3)股款缴纳的特征。各发起人在公司设立时认定的股份数,其所应缴股款必须一次性缴足。(4)资本增加的特征。股份公司成立后,如因业务或财务的需要而增加资本时,董事会有权在授权范围内(即公司章程规定的股份总数扣除设立时已发行股份数之后的股份)议议发行新股,毋需经过股东会决议变更公司章程的程序。这与法定资本制有别。

授权资本制显然更符合股份公司及其股东的利益。首先,发起人及认购人只要缴纳少量的资本即可设立股份公司,发行程序简单,成本低廉,为未来巨大的融资取得了优越条件;其次,发行股份的时间具有极大的弹性,何时发行股份完全取决于公司章程、公司董事和股东的利益判断;再次,降低了投资风险,使股份公司可以适时地聚集资本,免受市场及经营状况动荡带来的资金损失。授权资本制具有的内在缺陷,即股份公司建立在小规模资本基础之上,对股份公司的相对人无疑意味着巨大的风险,任何经营中的不善和亏损,都会威胁债权人利益的实现,不利于保护交易安全和债权人利益。

(陈耀权)

gufengongsi siku
股份公司司库(treasurer of company limited by shares) 美国公司法中规定公司设立董事会的附属机构,即各种委员会,其中执行委员会通常由作为公司高级职员或雇员的内部董事组成。司库是由董事会任命的高级职员与秘书,负责具体执行公司业务。

(高雅丽)

gufengongsi sunyibiao
股份公司损益表(statement of loss and profit of company limited by shares) 又称利润表,反映公司在一定会计期间(月份、年度)内利润(亏损)情况的报表。损益表将一个会计期间内的营业收入与同期营业成本配比,求出这一期间的净利润(亏损)。表的项目应按利润的构成和利润分配各项目分别列出。其中营业利润、投资收益和营业外收支净额应作为利润构成;所得税、提取的法定盈余公积金、公益金、分配优先股利、提取的任意盈余公积金、分配的普通股股利以及年初未分配、上年利润调整数、期末未分配利润(成本、弥补亏损)等,应列为利润分配。后者也可另行编制利润分配表。通过损益表可以了解公司某一时期实现净利润或发生亏损的情况,分析公司利润计划的执行情况及利润冲减变化的原因,评价公司经济效益的高低、判断公司盈利能力以及未来一定时期内的盈利趋势。

(高雅丽)

gufengongsi tebie qingsuan
股份公司特别清算(special winding-up of company limited by shares) 股份公司被有关机关强制解散后,组成清算组织,依法定程序进行的清算。特别清算适用清算难以顺利进行,或依普通程序难以维护公司债权人或股东合法权益。如股东(大)会对公司清算事务不能形成决议的,公司被登记机关吊销营业执照的,公司违反国家法律、法规,危害社会公共利益被依法撤销的等,适用特别清算。

1. 特别清算组组成。公司因违反法律、行政法规被依法责令解散或因撤销许可解散,由主管机关组织股东、有关机关及有关专业人员组成清算组。

2. 特别清算的原因。首先,普通清算程序中发生显著困难,使清算工作难以顺利完成,如债权人正在依法强制查封公司的全部或部分财产,使公司已脱离对查封财产的占有;或诉讼过程中公司对外的债权尚没有确定,影响债务清偿;或清算人处分公司财产,无法变现,无人购买,或公司财产已经灭失。其次,公司有负债超过实有资产的嫌疑,如公司对外负债过多,或公司实有财产估价不准,致使资不抵债,无法继续清算。

3. 特别清算的程序。(1) 由债权人、股东或清算人提出申请,法院依据申请命令公司开始特别清算程序;或由法院依职权直接命令公司进入特别清算程序。

(2)选任清算人依法履行职务,法院有权选任清算人,有权解任清算人;清算人依法享有除普通清算人职权外的特殊职权,如申请对公司财产、公司负责人财产保全处分,召集债权人会议,提出制定清算协议或变更协议的建议等。(3)由清算人召集,或由占公司已知债权总额一定比例的债权人请求清算人召集的债权人会议主要行使职权:查阅清算人编造的公司业务及财产状况的调查书和会议表册,听取清算方案,质询优先权人和别除权人,决定监理人的选任和解任,决议清算人的行为或变更、审议、表决清算人制定的清算协议的建议。(4)监理人和检查人依法对公司财产保全处分、清算协议执行等情况进行监督、检查。(5)法院对选任、解任或审核清算人、监理人、检查人,对公司财产保全处分进行特别监督;法院对发起人、董事、监理人、检查人清算人的责任或由此引起的损害赔偿请求,直接责任人财产保全处分等事项监督;命令清算人对清算事务和财产状况提出报告进行监督调查。(6)订立特别清算协议。为使清算顺利完成,经债权人会议同意,债权人可互相让步达成和解协议,提交法院同意,产生法律效力。

4.特别清算的终结。清算人按清算协议执行完毕,特别清算程序终结。协议执行过程中,发现公司财产不足以清偿债务,无法执行协议,又无法变更条件重新制订清算协议,应由法院依法宣告公司破产,特别清算程序也告终结。

(李 倩)

gufengongsi tebie qingsuan yu gongsi chongzheng
股份公司特别清算与公司重整(special winding-up and reorganization of company limited by shares)
股份公司特别清算是股份公司在普通清算开始后,因发生困难或公司负债超过资产,由法院出面直接干预和监督清算事务的程序。负债超过资产是破产的原因,但若因这种超过有不实之嫌,如负债额虚假,或公司的资产账面价值存在市价低现象等,不实行破产程序,通过特别清算加以缓和。设立这一程序是为保护公司股东和债权人利益,尽量规避实施破产程序。在该程序中法院的积极监督比普通清算中法院的间接监督效力要强,比破产清算中法院的强制监督效力要弱,是介于普通清算程序和破产清算程序中的特别程序。若特别清算顺利完成,则公司的法人资格归于消失。若在特别清算中发现并无特别清算的必要,中止特别清算,经法院批准后重新进行普通清算,当特别清算开始后,若特别清算的进行不可能时,法院应令其转为破产程序。公司重整是公开发行股票或公司债的公司,由于财务困难,已停止营业或具有停业的危险时,经法院裁定,依照法律程序予以整顿,使之得以复兴的法律制度或法律行为。公司重整是为了挽救濒临破产,仍有恢复生机可能的股份有限公司设立的法律制度,目的是为防止或避免公司遭受破产厄运,维持公司存在,帮助恢复生机,以保护债权人、股东和公司职工的利益;对象只限于股份有限公司;重整结果:一种是重整成功,公司可能维持原来的形式,也可能进行改组,变成另一种形式的公司,不必经过解散和清算程序,公司就可得到维持和发展;另一种是重整失败,宣告破产,经过清算,公司法人资格归于消灭;公司重整的执行机构为由重整债权人和股东组成的重整关系人会议。

(李 倩)

gufengongsi yu gufenlianghe gongsi
股份公司与股份两合公司(company limited by shares and joint stock limited partnership)
股份公司又称"股份有限公司",系指依法设立的全部公司资本分为等额股份,股东以其所持股份为限对公司承担责任,公司以其全部资产对公司债务承担责任的法人。按照大陆法系国家公司立法,股份两合公司是指由至少1名无限责任股东和至少1名有限责任股东出资组成,公司资本划分为等额股份,并由有限责任股东持有一定数量股份的公司形式,是两合公司的一种特殊形式。在该种公司形式中,有限责任股东仅以其所持有的股份对公司债务承担责任,而无限责任股东则对整个公司债务承担责任。股份两合公司是18世纪末西欧一些企业家为了避免设立股份公司的繁琐手续而建立的一种新型公司形式,它与股份公司的共同点是资本都分为均等股份,都可以发行股票,公开募集资本,吸收众多小额资金。

股份两合公司与股份公司的不同点是:(1)股份两合公司具有典型的资合性和人合性,而股份公司则是典型的资合公司。(2)在股份两合公司中,股东有两类,即责任股东和无限责任股东,而股份公司的所有股东都是有限责任股东,都以其所持股份承担有限责任。(3)在股份两合公司中,股东会不是公司的最高权力机关,它只代表有限责任股东,其作出的决议对无限责任股东无约束力;且决议的执行,必须经过无限责任股东的同意。而股份公司的股东会是公司的最高权力机构,其决议对全体股东都具约束力。(4)股份两合公司中只设业务执行人而不设立董事会,而股份公司的董事会是必设机构,且实际处于公司组织机构的核心。(5)股份两合公司的业务一般由无限责任股东执行,有限责任股东则通过股东会从有限责任股东中选任业务监察人,对公司业务进行监督。而股份公司的业务由董事会作出决定,经理执行,监事会对公司业务实施监督。(6)股份两合公司现已极少采用,我国《公司法》对此完全没有涉及,而股份公司则是重要的公司组织形式。

(陈耀权)

gufengongsi yu wuxiangongsi

股份公司与无限公司(company limited by shares and unlimited company) 股份公司又称"股份有限公司",系依法设立的全部公司资本分为等额股份,股东以其所持股份为限对公司承担责任,公司以其全部资产对公司债务承担责任的法人。无限公司指由两个或两个以上股东组成、对公司债务承担无限连带责任的企业。

股份公司与无限公司的主要区别:(1)性质上,股份公司是典型的资合公司,公司的对外信用在于公司资本总额的多少;无限公司则是典型的人合公司,对外信用的好坏取决于股东信用的高低。(2)股东责任上,股份公司股东以所持股东对公司债务承担有限责任,无限公司股东则对公司债务承担无限责任。(3)设立条件和程序上,对股份公司要求严格(具体见股份公司设立和股份公司设立程序)。无限公司的设立条件及程序则简单,只要由两个以上股东订立章程,由全体股东签名并经登记,公司即告成立。(4)股东与公司关系上,股份公司的绝大多数股东不参与甚至不关心公司的生产经营,关心的只是公司股票的市值;无限公司的股东原则上可代表公司并执行业务,公司重大的决策事项以全体股东的同意为必要。(5)资本募集及转让上,股份公司可向社会公开募集股份,股份可自由转让,规模通常较大,在国民经济中处于举足轻重的地位;多数国家公司立法严禁无限公司向社会公开募股,且非经其他股东全体同意,股东不得转让其股东地位,其规模一般较小,涉行业是服务咨询业、劳动密集性产业和传统手工业,对社会经济影响较小。(6)公司组织机构上,股份公司的股东会、董事会和监事会是必设机构,无限公司则一般没有特设的机关,公司的意思机关、执行机关和监察机关处于未分化状态,全体股东均可以执行公司业务。(7)股东出资种类上,股份公司的发起人可以现金、实物、工业产权、非专利技术、财产性权利出资,发起人之外的其他股东只能以现金出资;无限公司股东的出资无限制,现金、实物、工业产权、非专利技术、财产性权利,甚至可以劳务、信用出资。出资的总额及比例,无强制性规定。 (陈耀权)

gufengongsi yu youxiangongsi

股份公司与有限公司(company limited by shares and limited company) 股份公司又称"股份有限公司",系指依法设立的全部公司资本分为等额股份,股东以其所持股份为限对公司承担责任,公司以其全部资产对公司债务承担责任的法人。有限公司亦称"有限责任公司",指依法设立的、由不超过一定数目的股东出资组成,每个股东以其所认缴的出资额为限对公司承担责任,公司以其全部资产对公司的债务承担责任的法人。《中华人民共和国公司法》确认了这两种类型的公司形态,其共同特点是:依法成立并从事营利活动;具有独立法人资格;其股东承担有限责任。但两者之间也有若干差别,主要包括:(1)从性质上,股份公司是典型的资合公司,而有限公司则介于股份公司与合伙企业之间,兼具资合性和人合性。股份公司的对外信用在于公司资本总额的多少,公司股东之间无须存在彼此的依赖和信任;而要成为有限公司的股东,除有出资之外,还应该与其他股东间存在信任和良好的合作关系,资金的联合和股东间的信任是有限公司两个不可或缺的信用基础。(2)股份公司具有公开性,而有限公司则具封闭性。股份公司的公开性表现在:股份公司可以向社会公众发行股票,并应在股票发行过程中向社会公众提供有关发起人或公司的信息;股份公司的经营活动公开,在其存续期间,股份公司有义务向社会公众披露公司财务及重大经营情况。有限公司的封闭性表现在:公司设立时,出资总额全部由发起人认购;公司不向社会公众公开募集股份、发行股票,出资人在公司成立时领取出资证明书;出资不能像股份那样自由转让,股东相对确定;出资证明书不能像股票那样上市交易;正因为有限公司不公开发行股票,出资证明书也不能上市交易,公司的财务会计等信息也就无须向社会公众公开。(3)组织机构设置不一。股份公司的股东大会、董事会和监事会是必设机构,而有限公司的机构设置则相对灵活。因有限公司多属于中小型企业,所以各国公司立法规定其组织机构可以根据需要来选择:可由公司章程来规定是否设立股东会;规模较小的有限公司,由股东会行使决定权,可任命或聘请1~2名执行董事或经理执行,而不设董事会;是否设立监事会,各国规定不一。美国、英国和法国等一般不设监事机构,而荷兰、奥地利则规定,有限公司达到一定规模时,必须设置监事会;有的国家则规定,有限公司根据章程规定,设1名或数名监事,如日本。(4)设立程序不一。因股份公司规模很大,可以向社会公众募股,且股份可以自由转让,故对社会公众的影响巨大。为保护社会公众利益和社会经济秩序的稳定,各国公司立法对股份公司的设立都作出了相对严格的规定;而有限公司股东之间的关系更多地依靠内部契约来调节,资金的筹集、出资的转让对社会公共利益影响较小,政府干预相对较少。有限公司基本上实行准则登记制,除从事特殊行业的经营外,只要符合法律规定的条件,政府均给予注册,而没有繁琐的审查批准程序。(5)股东人数、公司规模不一。根据我国《公司法》,设立股份公司,应当有5人以上为发起人,其中须有过半数的发起人在中国境内有住所;国有企业改建为股份公司的,发起人可以少于5人,但应采用募集设立的方式,股份公司最低资本额为人民币1000万元，对上市公司的要求更高，对特定的行业还有不同的规定；有限公司的股东为2人以上50人以下，国有独资公司的股东为1人，其最低资本额因公司经营范围的不同而异，但远比股份公司为少。(6) 股东与公司的关系不一。股份公司因规模巨大，股东众多，故中小股东更关心股票的市值，一般不参与甚至不关心公司的生产经营，公司的决定权实际上掌握在董事会或极少数大股东手中；而有限公司大多规模小，股东人数少，公司的生存、发展与股东个人利益休戚相关，故股东往往积极参与公司的生产经营，设股东会时，其权限远比股份公司要大；不设股东会时，股东往往都是董事会成员。(7) 股份公司的资本必须划分为等额股份，有限公司的资本则不必如此。(8) 依我国《公司法》，股份公司可以发行公司债，而除国有独资公司和两个以上的国有企业或其他两个以上的国有投资主体依法设立的有限责任公司外，有限责任公司一般不允许发行公司债。

(陈耀权)

gufengongsi zengzi
股份公司增资(increase of capital of company limited by shares) 也称股份公司增加资本。股份公司因经营的需要，依法变更章程，发行新股而增加资本总额的法律行为。股份公司增资的具体原因，无外乎筹集生产所需资金、扩大经营规模、扩充投资领域、购买固定资产和新设备等。股份公司增资的程序，实行法定资本制的国家与实行授权资本制的国家有所不同。前者，一般首先以特别决议通过增资决议，其次变更公司章程，最后还要办理相应的变更登记手续；后者，只要董事会通过决议，即可直接实施。股份公司增资的技术方法，主要有增加股份数量、增加每股金额以及同时增加股份数量和每股金额三种：(1) 增加股份公司的股份数量。如股份公司原有每股5元的股份2000万股，现在通过发行新股，在保持每股面值仍为5元的前提下，将公司股份数量增加到3000万股。(2) 增加每股面值，即在不改变已发行股份数量的前提下，增加已发行股份的每股金额，如将原有的5元面值股份，改变为每股6元，股份数量不变，资本额有所增加。用这种方法增资，股份公司应当回收原来发行的股票，以新股票代替。(3) 同时增加股份数量和每股面值。如不仅增加发行1000万新股，同时使每股面值从5元增加到6元。从理论上讲，不排除股份公司在增加每股面值的同时，减少发行的股份数量，反之亦然。实践中，股份公司增资时，一般采用增加股份数量的方法，这主要是为了避免在发行新股中回收原股份所造成的困难和麻烦。

股份公司资本即股本是由股份构成的，无论用何种方法，增资的惟一手段就是发行新股。实践中，发行新股的方式大致可以分为一般新股发行和特殊新股发行两种。一般新股发行，是向不特定社会公众发行新股，此种新股发行应当履行发行股份的一般程序。特殊新股发行，是以特定人为对象发行新股，其典型如配股、送股和公司债转换股份。配股增资实践中称为"增资配股"，即股份公司向公司股东按照一定配股比例发行新股。认购配发股份的股东称为"认配人"。认配人须为股东大会规定日期截止时持有股份公司股份的所有股东，股份公司不得以配股名义向公司股东之外的其他人"配发股份"。配股增资是向公司股东募集新股的行为。股份公司配股时，必须首先由公司股东大会通过配股决议，确定配股方案，其中，应详细决定配股的数量、比例、价格、时间、配股股款的缴纳时间和方式等。该决议经国家有关主管机关批准后，一般由公司董事会执行。送股增资实践中称为"送股"或"送红股"，指股份公司向公司股东以送股方式进行的利润分配。此增资方式特点：(1) 接受送股增资的人，必须是股东大会规定日期截止时持有股份公司股份的所有股东，股份公司不得以送股名义向公司股东之外的其他人"送发股份"；(2) 送股增资实际上是公司资产结构的变动，它不向股东收取股款，通常动用公司的法定公积金完成送股，实质上是向公司股东分配法定公积金；(3) 送股行为完成后，公司资产负债表中的公积金数量减少，股本增加，实际上增加了股份公司的股本，但没有改变股份公司的实际资产。债券转换股份，指股份公司通过法定程序，将原来的可转换公司债转换为股份公司的股份，从而全部或部分消除公司债，增加公司股本。它具有如下特点：第一、债券转换股份是将债券持有人对股份公司的债权转换为股东对股份公司的股份，从而吸收原债权人作为公司新股东；第二、债券转换股份没有改变股份公司的资产总量，但改变了股份公司的资产结构，即公司负债减少，但其股本相应增加。

(陈耀权)

gufengongsizhai
股份公司债(debentures) 依照法定条件和程序发行，采取有价证券的形式，向社会公众募集资金所产生的债务。公司债券是公司债的法律表现形式，是指公司依照法定程序发行的，约定在一定期限还本付息的有价证券，公司债是公司债券的实质内容。公司债的法律特征：

1. 公司债是债的一种，与股份有着本质的区别。公司债与股份相同之处为两者都是公司筹集资金的手段，两者的法律表现形式，即公司债券与股票均为有价证券，具有流通性。公司债与股份本质区别：(1) 公司债的所有人是公司的债权人，与公司之间是一种债权债务关系，无权参与公司的经营事务，更无权对公司事务做出决策。股份的所有人是公司的股东,依其所持股份享有股东权,有权参与公司的经营决策及其他重大问题的决策。(2)公司债的债权人,不论公司是否有盈余,都有要求公司到期还本付息的权利,公司债的利率是固定的;公司股东无权要求公司退回出资,唯有在公司解散、清算时,分配公司的剩余财产。公司的利润只有在弥补亏损,提取法定公积金、公益金之后尚有盈余可分配的情况下,才向股东分派股利,股利是不固定的。(3)公司债的认购,仅限于金钱给付;股份的缴付不限于货币,也可实物、无形财产等折价抵缴。(4)公司债与债券的交付只能发生在公司成立之后;公司股份既可以在公司成立之前发行,也可以在公司成立之后发行,公司成立之前发行的股份,其股票只能在公司成立之后给付;(5)公司解散时,公司债优先于公司股份得到偿付,公司股份只有在公司清偿完包括公司债在内的公司所有债务后,尚有剩余财产时,才可参与分配。

2. 公司债是一种特殊的债,与一般借贷之债有区别。公司债与一般借贷之债均属金钱债务,即均以金钱给付作为借贷的标的。两者的区别:(1)权利主体不同。公司债的权利人是不特定的社会公众,借贷之债的债权人是特定的银行,其他的金融机构或者个人。(2)债权凭证不同。公司债的债权凭证是公司债券,为有价证券,具有流通性,可以在依法设立的证券交易场所自由转让。一般借贷之债的债权凭证是借贷契约,为权利证书,不具有流通性。(3)债权内容不同。同次发行的同类公司债的权利义务内容必须一致,偿还期限,偿还条件具有同一性。一般的借贷之债因不同的借贷契约规定有不同的权利义务,其偿还期限,偿还条件均非一律。

3. 公司债的债权凭证是公司债券,为有价证券,具有流通性。

4. 公司债的债权人为不特定的社会公众。公司发行公司债的优点:(1)可以降低筹资成本;(2)可以提高公司的信誉;(3)便于公司财务预算的安排;(4)减少公司的纳税负担;(5)有利于维持公司现有股东的股权。

公司发行公司债的弊端:(1)增大公司的风险;(2)给公司现金周转带来困难;(3)发行公司债以后,对公司再次举债带来一定的限制。发行公司债对公司的风险较大,法律对公司发行新债限制较严,如规定公司举债不得超过公司净资产的一定比例(我国规定为40%),未按时支付上期债息不得再次发行等,一定程度上约束了公司筹资渠道。公司债可分为记名公司债与无记名公司债,有担保公司债与无担保公司债,普通公司债与参加公司债,转换公司债与非转换公司债等。

(梁 聪)

gufengongsi zhangcheng

股份公司章程(charter of company limited by shares) 股份公司设立时向政府主管机关呈交的、关于公司组织、机关及行动的基本规则,是载明股份公司的性质、宗旨、经营范围、组织机构和内部关系等内容的重要文件。(1)章程的订立者。股份公司章程的订立者是全体发起人,而不是公司的全体股东。但对募集设立而言,在公司成立之前,由发起人订立的章程还不能算作公司的章程,只能经过公司创立大会审议批准后,才能作为公司的正式章程。(2)章程的形式和订立程序。股份公司的章程必须采用书面形式,须得到全体发起人的一致同意并在上面签名盖章,有些国家还规定必须经过公证(如日本)。(3)章程的效力。股份公司的章程是公司的根本大法,自公司成立时生效,非经一定程序不得变更,公司的发起人、股东、董事、经理和监事都必须严格遵守。章程经过登记后,对外发生对抗第三人的效力。(4)公司章程的内容。其内容可分为三大类,即绝对必要事项、相对必要事项和任意记载事项。《中华人民共和国公司法》第79条规定,股份公司章程应当载明以下事项:公司名称和住所;公司经营范围;公司设立方式;公司股份总数、每股金额和注册资本;发起人姓名或者名称、认购的股份数;股东的权利和义务;董事会的组成、职权、任期和议事规则;公司的法定代表人;监事会的组成、职权、任期和议事规则;公司利润分配办法;公司的解散事由与清算办法;公司的通知和公告办法;以及股东大会认为需要规定的其他事项。股份公司修改公司章程的决议,必须经出席股东大会的股东所持表决权的三分之二以上通过。

(陈耀权)

gufengongsi zhuceziben

股份公司注册资本(registered capital of company limited by shares) 也称股份公司核准资本、授权资本、设定资本、名义资本或额面资本,指股份公司依公司章程有权发行的资本总额。由于资本数额是由公司章程授权发行的资本总额,称为核准资本。通常公司资本,是指公司的注册资本。实行严格法定资本制的国家,注册资本与发行资本、实缴资本完全相同;授权资本制国家,由于资本总额仅是公司章程规定的一个授权发行数额,不一定是实际发行的或实际收到的资本数额,称为名义资本。在股份公司章程所核定的公司资本在完全发行、认足并缴足前,注册资本总是大于发行资本和实缴资本。我国实行严格的法定资本制,公司章程中所规定的资本总额必须一次完全认足缴足,股份公司实收资本(实缴资本)、发行资本与注册资本(核准资本)三者完全相等。

(陈耀权)

gufengongsi ziben

股份公司资本(capital of company limited by shares) 股份公司全体股东出资的总和。当以一定金额来表示时,称为资本额。资本额等于股份总数与每股金额的乘积。在实行不同的资本制度时有所不同:(1) 实行法定资本制即确定资本制时,股份公司资本是股份数与每股金额的乘积,且资本额(或股份数与每股金额)必须确定记载于公司章程。有两种作法:一种是公司成立时必须将全部股份认足并且缴足,此时股份公司章程中所定的资本在公司成立时已收足,此为严格的法定资本制;另一种是股份公司成立时全部股份已认足,准许分次支付股款,公司成立时章程中所记载的资本额与实收资额(已缴纳的股款总和)不同,此为有限制的法定资本制。(2) 实行授权资本制时,股份公司章程中规定股份总额、每股金额,不要求一次认足和缴足。认足和缴足部分股份后,股份公司即告成立。公司章程中所规定的资本额为名义资本或授权资本,其中已发行的资本额为发行资本。(3) 实行授权资本制又准许发行无面额股时(如日本),公司资本为已发行的额面股的股金总额与已发行的无面额股的发行价额的总和。后两种股份公司的章程中均不能表示法定资本(只有资产负债表可以表示)。股份公司的资本原则上是已发行的股份的发行价额的总和。当人们把资本分为自有资本与外来资本时,后者源于银行借贷,并非真正的资本。资本作为一笔现金,只在公司成立时存在。公司开始营业后,资本金额转化成公司财产,资本金只是作为一种会计上的数额。股份公司以其财产作为对公司债权人的担保,法律为保障债权人与股东的利益,规定公司必须经常保有相当于资本额的纯资产。因此,股份公司的资本是股份公司所必须保有的纯资产的最低额。

(陈耀权)

gufengongsi ziben bubianyuanze

股份公司资本不变原则(principle of constant capital) 股份公司资本一经确定,非依法定程序,不得随意变动。其目的,一是防止股份公司随意增减公司资本,损害公司债权人利益;二是防止资本过剩而使股东承担过多的风险。这里的"不变"不是绝对意义上的不变化,而是指章程规定的资本总额不得随意增减;如需增加或减少,必须严格按照法定程序进行。股份公司资本不变原则与资本维持原则相互关联,都是为了防止公司注册资本的减少,保护债权人权益,但侧重点有别。资本维持原则是从公司实有资本与注册资本数额的相互吻合角度防止公司资本的实质性减少,资本不变原则强调非经履行严格的法律手续,股份公司的资本不得改变,仅从注册资本数额本身来防止公司资本的形式上减少。资本不变原则是对股份公司资本的静态保护,资本维持原则是对股份公司财产的动态保护,两者相辅相成,维持公司资本的真正充实,以保持股份公司建立在稳定的财产基础之上,维持债权人利益。如果只有资本维持原则而无资本不变原则,公司的注册资本就可以随时变更,一旦公司资产减少,公司即可相应减少其注册资本额,资本维持原则也就失去了实际意义。同样,如果只有资本不变原则而无资本维持原则,公司的注册资本从形式上虽不能变化、减少,但却可以使公司实有资本与注册资本不符,造成公司财产的实际减少。

股份公司资本不变原则对各国普遍适用。根据这一原则,各国公司立法对股份公司增加或减少资本规定了严格的程序,尤其对股份公司的减资行为,要求更苛。各国规定股份公司若要增减资本,必须经过股东大会的特别决议通过,履行修改公司章程的程序;增加或减少资本后,还需到有关公司登记机关办理变更登记手续,并予以公告。股份公司减少资本的,法律还规定了对保护公司债权人的特别程序,如必须事先将公司减资事宜通知或公告债权人,并应债权人要求,对到期债务予以清偿,对未到期债务提供相应担保。

《中华人民共和国公司法》规定,公司减少资本还应编制资产负债表、财产清单,向债权人发出通知,"30日内至少在报纸上公告三次"。不按法律规定通知和公告的,对公司处以 1 万元以上、10 万元以下罚款。

(陈耀权)

gufengongsi ziben quedingyuanze

股份公司资本确定原则(principle of certainty of capital) 也称"法定资本制"。股份公司在设立时,必须在章程中对公司的资本总额作出明确规定,并须由股东全部认定及募足,否则公司不能成立。根据资本确定原则,股份公司资本已在章程中载明并已全部发行,公司成立后要发行股份,则必须履行增资程序,即经股东会特别决议并修改公司章程。

资本确定原则为一般大陆法国家所采用,其优点在于保证股份公司资本的真实可靠,防止公司设立中的欺诈、投机行为,保障交易安全,尤其是债权人利益安全。不足是限制了股份公司的设立。股份公司的资本数额通常很大,不易尽快认足,使设立股份公司十分困难,发起人责任重大;即便注册资本数额较小,又会遇到其后增加资本时的繁琐法律程序;同时,公司成立之初,业务活动少,即使认足资本,会造成资金的闲置和浪费。现今大陆法国家在承认资本确定原则时,也吸引英美法采用认可资本制,又称为"有限制的资本确定原则"或"折衷授权资本制"。即股份公司成立时,在公司章程中明确规定资本总额,但不必将全部资本认足,而是在首期发行的股份数量达到法定最低比例的情况下，授权公司董事会随时发行其余股份，但此种发行权限须在一定期限内行使，如德国《股份法》规定，股份公司设立时首期发行的股份不得少于章程规定股份总额的二分之一，其余股份经股份公司董事会决定，于股份公司设立后5年内发行。

《中华人民共和国公司法》规定，股份公司的注册资本不得低于法律规定的最低限额、须记载于公司章程、应在公司成立时认定、缴足，因而是严格地实行资本确定原则。如果发行的股份超过招股说明书规定的截止期限尚未募足的，股份公司不得成立，认股人可以按照所缴股款并加算银行同期存款利息，要求发起人返还。例外者，仅为国内股份公司募集设立并海外上市时，可在规定的期限内采用分次发行的方式。

(陈耀权)

gufengongsi ziben weichi yuanze
股份公司资本维持原则(principle of maintenance of capital) 又称"资本充实原则"或"资本拘束原则"，指股份公司在从事生产经营活动期间，应努力维持与公司注册资本数额相当的实有资产，以保持公司的偿债能力，保护债权人利益。股份公司资本只是公司承担债务责任的基础，实际用以清偿债务的是股份公司的资产，从这个角度讲，公司资本对公司债权人的意义是虚幻的，以章程中载明的资本额为公司信用的评估依据是不足信的。为了使股份公司的资本具有实际意义，使股份公司资本与其资产基本相当，切实保护债权人利益，各国公司法都以一定的方式来反应这一原则的要求。其中，主要有限制股份发行、采用固定资产折旧制度及法定公积金制度。

1. 限制股份发行。导致股份公司自有资本减少的原因很多，股份发行方式不当是其中一个重要原因。为此，股份发行上的限制有：(1)限制股份的发行价格，规定只能采用平价发行或者溢价发行方式，禁止以低于股票票面值的价格向认购人发行股份；(2)股份公司发起人对于认购人未能认足的股份，负有连带责任，当认购人不缴纳股款时，有义务予以认购；(3)规定认购人不缴纳股款的失权后果，即股份认购人在认购后，负有实际缴纳股款的义务，如果认购人在规定期限内不缴纳股款，其认购权随即消灭，所认购股份另行募集，认购人应承担相应的赔偿责任。

2. 固定资产折旧制度。股份公司在经营过程中，都会购置一定的固定资产，该购置费用通过提取折旧，将其中部分财产价值分期转入生产成本，再通过产品销售获得价款，还原为货币形式。因此，折旧费用实际是公司资本形态的转化，不等于公司已经实现了利润。根据我国法律，折旧费用应当按照规定的比例提取，并列为专项基金，只能用于固定资产的更新改造，不得挪

为他用。

3. 提取公积金制度。公积金是股份公司为了巩固其财产基础，加强公司信用，在公司资本以外保留一定余额。股份公司有提取公积金的义务。股份公司股东承担有限责任，且无追加投资的义务，公司如于资产外不保留一定的财产，将难以应付可能出现的亏损，也不利于保护公司债权人的利益。各国公司实践表明，公积金主要用来充实资本和弥补经营中出现的亏损。

《中华人民共和国公司法》体现资本维持原则的规定有：累计转投资不得超过净资产的50%；股份公司不得以低于股票面额的价格发行股份；除依本法特别规定的目的和程序外，公司不得收购本公司的股票；公司在弥补亏损、提取公积金、公益金之前，不得向股东分配利润。

(陈耀权)

gufengongsi ziben zuidi'e
股份公司资本最低额(minimum capital of company limited by shares) 股份公司设立时必须满足一个最低资本要求，否则政府部门对其设立申请不予批准。股份公司是典型的资合公司，其股东出资构成的公司资本是债权人利益的惟一担保，公司的责任能力与范围直接取决于公司资本的大小，依法确定股份公司的最低资本额，保证其具有最低限度的责任能力和达到一定的经营规模。这是法律上权利与义务相一致、利益与风险相一致原则的反映，是保护公司债权人利益的需要。股份公司资本最低额的规定，实质上是股份公司资本确定原则的具体、严格要求，即股份公司的资本不仅必须在公司章程中明确规定，而且必须达到法定的最低限额之上，否则股份公司不得设立。

大陆法系国家的公司法一般都明确规定股份公司的资本最低额，且最低额的要求高于有限责任公司，如德国立法规定有限责任公司资本最低额为5万德国马克，股份公司的资本最低额则为10万德国马克；法国规定有限责任公司的资本最低额为5万法郎，不向社会公开募集资本的股份公司的资本最低额为25万法郎，向社会公开募集资本的股份公司的资本最低额则为150万法郎；日本规定有限责任公司的资本最低额为300万日元，而股份公司则为1000万日元。英美法系国家对股份公司资本大多没有资本最低额的限制，例如美国大多数州就认为，股份公司资本最低额的规定实际上并不能给公司债权人提供任何有意义的保护，因此股份公司可以任何数量的资本开业，法律对此并无强制规定。《中华人民共和国公司法》规定股份公司注册资本的最低限额为人民币1000万元；需高于该限额的，由法律、行政法规另行规定(第78条第2款)。上市公司的股本总额不得低于人民币5000万元。

(陈耀权)

gufengongsi zichan fuzhaibiao
股份公司资产负债表(balance sheet of company limited by shares)
反映公司在某一特定日期即月末、年末公司全部资产、负债和所有者权益等财务状况的会计报表。为正确表示特定日期公司财产构成的状态,资产负债表分为借方与贷方,借方记载资产,贷方记载所有者权益和负债。它是根据"资产=负债+所有者权益"这一会计公式,按照编制要求编制而成的。资产,是公司所拥有或者控制的能以货币计量的经济来源,包括各种财产、债权和其他权利。负债,是公司所承担的能以货币计量、需要以资产或劳务偿付的债务。所有者权益,是股东对公司净资产的所有权(即股权),包括股东投入公司的资本以及所形成的资本公积金、盈余公积金职工集体福利基金和未分配利润等。资产负债表的借贷双方必须平衡,也称资产负债平衡表。通过资产负债表,可以了解公司在某一特定日期所掌握的经济资源及其构成、公司承担的债务以及投资者拥有的权益,评价公司的变现能力和偿债能力,考察公司资本的保值增值情况,评估公司的资本结构和财务实力、预测公司未来的财务状况变动趋势。

(高雅丽)

gufengongsi zongjingli
股份公司总经理(general manager of company limited by shares)
经理人员类别之一。是股份公司行政工作的总负责人,企业经营管理权的总代表,总经理由董事长聘用,服从和执行董事会的决议和批示,接受董事会的监督和检查,对董事会负责。总经理的任期由公司章程规定。据董事会决定,可连选连任,也可随时解任,任职条件适用董事任职条件的规定。董事会可以决定,由董事会成员兼任经理。股份公司可设副总经理,由经理提名董事会聘任,副总经理协助经理工作。总经理行使下列职权:(1)主持公司的生产经营管理工作,组织实施董事会决议;(2)组织实施公司年度经营计划和投资方案;(3)拟订公司内部管理机构设置方案;(4)拟订公司的基本管理制度;(5)制定公司的具体规章;(6)提请聘任或者解聘公司副经理、财务负责人;(7)聘任或者解聘除由董事会聘任或解聘以外的管理人员;(8)公司章程和董事会授予的其他职权。前7项是经理的法定职权,非法律规定不得剥夺。最后一项职权属非法定职权,不得与法律相抵触,是章程和董事会决议所定,具有任意性。

为迅速实施董事会决策,有效地进行管理,《公司法》第119条规定经理列席董事会会议。总经理承担的义务:(1)遵守公司章程,忠实履行职务,维护公司利益,不得利用在公司的地位和职权为自己谋私利。(2)履行公司法规定经理应当履行的义务。(3)行使职权时不得变更股东会和董事会的决议或超越授权范围。执行职务时违反法律、法规、公司章程或者超越职权范围,给公司造成损害的,应承担赔偿责任。

(高雅丽)

gufengongsi zhuzhi jiegou
股份公司组织结构(structure of company limited by shares)
股份有限公司是法人组织,必须借助自然人从事业务活动,公司的经营管理活动涉及决策、执行、代表、监督等职能,不同的职能由不同的个人或集体行使,公司内部设置的履行公司经营管理职能机构的总称,为股份公司组织结构。

各国公司法有关股份公司组织结构有不同的立法例,可以归为四种类型:(1)以德国为代表的双层制。股份公司组织结构由股东会、监事会和董事会组成。三者为上下级关系,即股东会之下设监事会,监事会向股东会负责并报告工作。监事会之下设董事会,董事会向监事会负责并汇报工作。股东大会是公司的权力机关,德国实行"董事会中心主义"。据德国《股份公司法》,股东大会原则上不享有经营权,只能就公司法和公司章程规定的事项作出决议;监事会是公司监督机关,同时也是董事会的领导机关,不仅行使监督权,还有董事任免权及董事报酬决策权,重大业务批准权;董事会则为公司经营决策机关、业务执行机关及公司代表机关。(2)以英美法系国家为代表的单层制。股份公司组织结构由股东会和董事会组成。股东会是公司权力机关,美国实行"董事会中心主义",即股东会权力限于公司法及章程明文列举的,未列举的全部归董事会。股东会下设的董事会集业务经营与业务监督于一身,董事会通过下设各种委员会成为公司经营决策机关、业务执行机关、公司监督机关及对外代表机关。(3)以法国为代表的双层制,即法律允许公司自由选择采用单一制或双层制。采单层制的公司,股东会之下只设董事会;采双层制的公司,其组织结构类似于德国。法国、荷兰、丹麦等国采用这一管理模式。(4)日本式的三角制,即在股东会之下设董事会和监察人,分别行使业务执行权和监察权,但董事会与监察人是平行的机关,均由股东会选任和罢免,相互之间没有隶属关系。日本也实行"董事会中心主义"。四种公司组织结构都体现了分权制衡。

《中华人民共和国公司法》采取不同于单层制和双层制较为特殊的股份公司组织结构:股份公司设股东会、董事会和监事会。董事会和监事会是互不隶属的平等机构,都直接对股东会负责。但股东会、董事会和监事会各有自己的法定职责,各司其职,分权制衡。我国股份公司组织结构与日本较为接近,不同之处:(1)我国《公司法》规定监事会成员中应有一定比例的职工

代表,日本则不要求;(2)我国公司的经理是法定机关,日本则是任意机关等。　　　　　(施余兵)

gufen gongyou
股份共有(co-ownership of shares)　　两人以上共同享有同一股份公司股份的权利。公司股份属财产权,可以成为共有财产权,也可由继承转为共有财产权。依公司法规定股份为数人共有时,应推定其中一人行使股东的权利。股份共有人应按共同共有对公司负连带义务,各共同认股人均有缴纳股款的义务,公司所发出的催缴股款通知对其中任何一人都有效力。股份共有人的内部关系,除法律另有规定依当事人的约定。依股份不可分原则,一股股权为数人共有,共有人不得请求将其分割。不可分割是构成资本的某一单位不得分割,如属多数的股份,可以一股为单位进行分割,各股东可请求分别过户,由公司记载于股东名册。

(梁　聪)

gufenlianghegongsi
股份两合公司(association limited by shares;德 Kommanditgesellschaft auf Aktien)　　由无限责任股东和有限责任股东组成的公司。其无限责任股东对公司债务负连带无限清偿责任,有限责任股东以其所认购的股份对公司的债务承担有限责任。股份两合公司是18世纪末西欧诸国的一些企业为避免设立股份有限公司的繁琐手续,而建立的一种新的公司形式。股份两合公司是两合公司的一种特殊形式,它与两合公司的区别主要在于公司资本的存在形式和有限责任股东的出资方式不同,即股份两合公司的资本分为均等的股份,有限责任股东以认购股份的方式出资。股份两合公司兼有无限公司和股份有限公司的特点。它可以发行股票,公开募集资本,吸收众多小额资金。根据法国和德国公司立法,股份两合公司具有以下不同于其他类型公司的特点:(1)股东会不是公司的最高权力机关,它只代表有限责任股东,其作出的决议对无限责任股东没有约束力。而且决议的执行,必须经无限责任股东的同意。(2)这种公司的业务一般都由无限责任股东执行,该种公司只设业务执行人,而不设董事会。业务执行人的权力很大,基本上类似于股份有限公司的董事。(3)有限责任股东可通过股东会选举监察人,对公司业务进行监督。这种监察人只能从有限责任股东中选任。无限责任股东不能担任业务监察人。由于股份两合公司的经营权力都掌握在无限责任股东手里,有限责任股东难以涉足其中,因此很少有人入股。据统计,法国1950年有股份两合公司1.3万多家,到1964年只剩下176家。《日本商法典》原来也规定有股份两合公司,但实际上很少采用,因此,废除了此种公司形式。股份两合公司已成为一种淘汰的公司形式。

(王亦平)

gufenlianghegongsi chuzi
股份两合公司出资(contribution to association limited by shares)　　股份两合公司缴纳所认可资本的行为。股份两合公司至少有一名股东对公司债权人负无限责任,其余股东以划分成股份的股本参股,对公司不负个人责任。无限责任股东对公司债务负无限连带责任,有限责任股东以其所认购的股份对公司债务承担有限责任。股份两合公司的出资各国一般规定适用两合公司关于出资的规定。两合公司的无限责任股东的出资可以实物、金钱、劳务、信用出资。劳务出资指股东以精神上身体的劳务提供于公司。劳务既可以是普通劳动力,又可以是特殊经验或特殊技能。劳务出资须由章程订立,明确作价金额或作价方法,出资人以此金额或约定的比例分享利润。信用出资指股东将个人信用由公司使用,使公司形成有形利益。信用出资由章程明确规定作价金额或作价方法。无限责任股东的财产出资,不以股本实际缴纳为限,但必须依数额和种类在章程中规定。有限责任股东以认购股份的方式出资,即资本分成等额股份,有限责任股东以认可的方式认购。股份两合公司承担有限责任的发起人根据发起人协议,应当认购自己的份额。股份两合公司也可以发行股票的方式吸引投资者,发行股票时应当制作招股说明书,投资者根据股份两合公司的招股说明书决定是否认购,一旦认购便成为公司的股东,以其认购额对公司承担有限责任。投资者的股票或投资证书为有限责任股东投资的证明。有限责任股东必须以财产出资包括实物、金钱、有价证券等,不可以劳务和信用出资,有限责任股东在认购股份时必须实际缴纳。(宋士心)

gufenlianghegongsi chuzi zhuanrang
股份两合公司出资转让(transfer of contribution to association limited by shares)　　股东将自己在股份两合公司中的份额有偿或无偿出让给他人的行为。无限责任股东的出资转让适用两合公司中无限责任股东股份转让的规定,出资转让应得到其他全体无限责任股东的同意,未经同意不得转让,应签订转让协议,转让协议应载明转让金额、转让后的法律后果。转让后应当变更公司章程,申请公司变更登记,未经变更登记不得对抗第三人。有限责任股东出资转让没有限制,可向其他股东自由转让出资,也可向其他股东以外的人自由转让出资,其他股东对有限责任股东出资转让没有优先购买权。已上市的股票的转让应在法定的证券交易所采取集中统一竞价的方式,未上市的股票应在法定的场外交易地点进行。出资转让的后果,各国规定相似。有限责任股东的出资转让符合股份两合公司股东法定退股的情形,退股之后有限责任股东对公司不再承担股东责任,新加入的有限责任股东在受让的份额内对公司承担有限责任。无限责任股东转让后,丧失股东资格,但要转让登记后一段时间后,仍要对转让前的债务承担无限连带责任。新加入的股东自转让登记之日起对公司承担无限连带责任。　　(宋士心)

gufenlianghegongsi daibiao

股份两合公司代表(representative of association limited by shares)　　代表股份两合公司以股份两合公司的名义与第三人发生业务联系的人员。参见两合公司代表条。　　(宋士心)

gufenlianghegongsi gudongzeren

股份两合公司股东责任(partners' liability of association limited by shares)　　股份两合公司股东分为无限责任股东和有限责任股东,无限责任股东对公司债务负无限连带责任,有限责任股东以其认购的股份对公司负责。参见两合公司股东责任条。　　(李四海)

gufenlianghegongsi hebing

股份两合公司合并(consolidation of association limited by shares)　　至少有一个股份两合公司参与的公司合并。除非公司章程另有规定,股份两合公司的合并要经过公司股东会和全体无限责任股东的一致同意。股份两合公司合并后产生的公司可能为有限公司或股份有限公司。其无限责任股东要在法定期限内对原公司债权人负无限连带清偿责任。股份两合公司合并程序可参照股份有限公司相关规定。　　(李四海)

gufenlianghegongsi jiesan

股份两合公司解散(dissolution of association limited by shares)　　股份两合公司的解散除另有规定外准用两合公司有关解散的规定。股份两合公司不因为某一个或数个有限责任股东的破产程序开始解散,即有限责任股东的债权人无权宣布解散公司。股份两合公司解散属于自动宣布解除的,需由股东会做出决议,《德国股份法》第289条规定:"对于由有限责任股东终止公司以及对其同意解散公司,需经股东大会决议。申请由法院裁判解散公司的,对于此种申请,适用相同规定,此项决议至少需在决议时被代表的股本的四分之三多数的同意。章程可以规定一个较大的资本多数和其他的要件。"股份两合公司的解散程序可以参照股份有限公司解散的相关规定。　　(李四海)

gufenlianghegongsi qingsuan

股份两合公司清算(liquidation of association limited by shares)　　股份两合公司侧重于资合性,清算一定是法定清算。《德国股份法》第290条规定:"以章程无其他规定为限,全体无限责任股东和有股东大会选举一人或数人作为清算人处理清算事务。任何一名无限责任股东均可以申请由法院选任或解任清算人,由法院做出决定。公司已以因无财产而注销的方式解散的,只有在注销后发现有可供分配的财产时,才应进行清算。经一名当事人申请,法院应任命当事人。"股份两合公司的清算程序可以参照股份有限公司清算的规定。　　(李四海)

gufenlianghegongsi rugu

股份两合公司入股(admission of association limited by shares)　　公司成立后,新加入公司成为股东的行为。仅包括新加入资本原始成为公司的股东,不包括公司原股东出资转让使受让人继受成为公司的股东。无限责任股东入股除非章程有特殊的约定,应征得全体无限责任股东的一致同意,应通过签订入股协议,变更章程,变更登记的程序,入股后应当对公司的债务承担无限责任。有限责任股东入股首先由股东大会做出增资决议,决议应经全体无限责任股东同意,需国家证券管理机关核准的应得到核准,股份发行时应保证原有限责任股东的优先认股权。认购以认股书的形式进行,原有限责任股东在一定期限内没有认购,优先认股权转让给第三人时,第三人成为该股份两合公司的股东,以出资为限对公司债务承担责任。　　(宋士心)

gufenlianghegongsi sheli

股份两合公司设立(establishment of association limited by shares)　　促成股份两合公司成立,必须完成的各种连续的筹措准备行为。参见两合公司设立条。　　(宋士心)

gufenlianghegongsi tuigu

股份两合公司退股(retirement of association limited by shares)　　公司存续过程中,原股东由个人意思退出原公司或者因法定原因而丧失股东资格。无限责任股东的退股法律规定十分严格,如《德国股份法》第269条第5款规定:"无限责任股东退股除因被除名外,只有在章程有规定的情况下才可以退股。"无限责任股东应出资而不缴纳出资或经多次催缴仍不缴的、违反竞业禁止义务的、有不正当行为妨害公司利益的等主要义务,经全体无限责任股东同意,可除名。有限责任股东的退股适用股份有限责任公司的规定,在公司存续期间不可抽回出资,只可通过出资转让方式退股,股票上市的可在证券交易所转让,未上市的可在场外交易场所转让。有限责任股东破产、丧失行为能力、死亡,并不引起股东退股。无限责任股东退股后丧失股东资格,但一定期限内仍要对股份两合公司债务承担无限责任。无限责任股东退股时,公司应结算,返还其出资。

(宋士心)

gufenlianghegongsi yingyu fenpai
股份两合公司盈余分派(allotment of surplus of association limited by shares) 股份两合公司股东之间的利润分配和亏损分担。参见两合公司盈余分派条。

(宋士心)

gufenlianghegongsi zhangcheng biangeng
股份两合公司章程变更(modification of articles association limited by shares) 公司章程是经发起人同意,依法订立的关于公司的组织经营活动基本原则的法律文件。公司章程的任何变更都须由股东大会决议,决议需至少包括在决议时被代表股本的四分之三的同意,应经全体无限责任股东的同意。章程变更应由无限责任股东申报商业登记,应附具章程,须有一名公证人出具的、证实变更章程规定与变更章程的决议一致和未经变更的规定与最近一次提交的商业登记的全部条文一致的证明,章程变更需国家核准的,申报应附核准书。章程变更在登入公司住所地商业登记簿,发生效力。

(宋士心)

gufenlianghegongsi zhixingjiguan
股份两合公司执行机关(executive organ of association limited by shares) 对外代表股份两合公司,执行股份两合公司业务的机关。参见两合公司执行机关条。

(宋士心)

gufenlianghegongsi zuzhi biangeng
股份两合公司组织变更(conversion of association limited by shares) 股份两合公司经营过程中不中断公司主体资格,使公司变更为另一类型公司组织形式的行为。由于其侧重于资合性,它可以变更为公司有限公司或有限责任公司。参见两合公司组织变更条。

(李四海)

gufen qiye faren
股份企业法人(enterprise legal by persons shares) 不同的财产所有者共同出资设立的企业法人。目前我国有三种股份制企业法人形式;一种是股份有限公司,一种是有限责任公司,一种是集体企业中试行的股份合作制。其中以股份有限公司最为典型。股份是指股份企业的股东向公司出资的份额,有二方面的含义:一方面,股份是股东权利义务的表现。有股份就有股东权,没有股份就没有股东权,它是证明股东资格的依据。另一方面,股份代表一定的资本,它构成公司资本的一部分,没有股东的出资,公司就不能有自己独立的财产。在股份有限公司中,股份是均分资本的单位,每股所代表的资本金额相同,这种股份的凭证就是股票,股票是表现为证券形式的股份,是一种有价证券。在有限责任公司中,股东的出资一般不表现为每股金额相同的股份,这时的股份凭证叫股单或股权证。

股份企业法人同其他企业法人相比,至少有三个方面的优点:(1)企业的公开性显著增强,企业严格地置于股东们的监控之下,企业经营活动与财务状况受股东监管。(2)按股份企业法人的章程,在盈利中须按一定比例提取公积金,公积金用作企业的储备基金、发展基金,在一定程度上避免了将企业盈利全部用作个人消费现象的发生。(3)股份企业法人的设立、变更、终止依照公司法的规定和公司的章程进行,当它由于经营不善导致亏损需要终止时,可依照章程及公司法的有关规定进行清算,而不至于陷于混乱无序的状态,债权人和股东们的利益将在公开清算的基础上得到重视。股份企业法人是更加规范的经营组织,便于政府宏观管理,易于股东们控制,与之有业务联系的单位也可以放心地同它往来。股份企业法人适应商品经济发展的需要,是筹集资金的有效形式。它能够加速资本集中,明晰企业产权关系,促进各种具有竞争优势的企业集团的形成和发展。完善的市场体系、发达的信用制度和健全的宏观经济管理体系,是股份企业法人存在的必要条件。

(关涛 梁鹏)

gufen shezhi
股份设质(pledge on shares) 依法可转让的股份的所有人为担保债务的履行将其所拥有的股份作为质押标的物的行为,是以股份作为债务担保的方式。股票是股份的载体在设定质权时转移其占有权。股票设质依股票类型有不同,无记名股票只要由债务人将股票交给债权人就发生设质的效力;记名股票除交付股票还应在股票上背书,方发生设质效力。股份设质担保的债权在期限届满时仍未得到清偿,债权人有权就变卖股票所得的价金优先受偿。质权人享有相应的孳息,如股息红利的分配权、公司清算时剩余财产的分配权等。股权的表决权是股东享有的特殊权利,非受让与委托不得代为行使。《中华人民共和国担保法》和《中华人民共和国公司法》对股权质押后表决权由谁行使未做明确规定。各国公司法对股份的设质有特别规定,即公司不得将自己的股票收为质物。允许公司收质自己的股票,可能使公司股东和债权人的利益受到损害,不利于交易的公正和安全。公司的负责人违反规定,要受到较重的行政、经济甚至刑事处分。股份设质因清偿债务、以质物受偿、返还质物、质物的丧失等原因而归于消灭。

(梁 聪)

gufen shezhi fangfa
股份设质方法(creation of pledge on shares) 公司股份设质分为股份有限公司股份设质和有限责任公司股份设质。

1. 股份有限公司股份设质。分为上市公司股份设质和非上市股份有限公司股份设质。依照最高人民法院《关于适用〈担保法〉若干问题的解释》第103条规定,以股份有限公司的股份出质的,适用《中华人民共和国公司法》有关股份转让的规定,以上市公司的股份出质的,质押合同自股份出质向证券登记机构办理登记之日起生效。以非上市公司的股份出质的,质押合同自股份出质记载于股东名册之日起生效。《担保法》第78条规定,以依法可以转让的股票出质的,出质人与质权人应当订立书面合同,并向证券登记机关办理出质登记。质押合同自登记之日起生效。

股份有限公司股份设质又可分为无记名股票设质与记名股票设质。无记名股票设质参照无记名股票转让的规定,无记名股票以交付标志转让成立。无记名股票设质要达成书面设质合同,办理出质登记,并交付于质权人才完成设质程序。无记名股票系无记名证券,设质除须达成设质合意,要将股票交付。记名股票设质须背书转让,将设质情形记载于证券上,将证券交付质权人。记名股票设定质权应有设质合同、办理设质登记将质权人的姓名记载在股票上,并将股票交给质权人。未将受让人的本名或名称及住所或居所记载于股东名簿上,不得对抗公司。但有学者认为,股东设质区别于股票转让,并不是让于所有权,因而没有必要记载质权人的姓名和住所。

2. 有限责任公司股份设质,运用《公司法》有关股份转让的规定,质权合同自股份出质记载于股东名册之日起生效。

(梁 聪)

gufen shezhi xiaoli
股份设质效力(the affects of lien on share) 股份设质所引起的质权人和出质人的权利义务变更。具体体现:

1. 对质权人的效力:(1)盈余分配收取权。依照我国《担保法》第68条的规定,质权人有权收取质押期间的股息、红利,但质权人不能直接取得这些盈余分配收入的所有权,盈余分配属于质物产生的孳息,应将收取的盈余分配收入首先充抵收取孳息时所花费的费用,然后充抵被担保债权的利息及本金。对于公司以当年利润分派新股能否作为股票孳息由质权人所有,我国《公司法》无明确规定。(2)优先受偿权。质权实现时,质权人有权就股票的变价优先受偿,是质权人债权得到保障的基本权利。(3)禁止出质人非法转让出质股份,以保全质权。我国《担保法》第78条第2款规定:"股票出质后,不得转让,但经出质人与质权人协商同意的可以转让。"质权人同意,出质人转让股票所得的价金也应向质权人提前清偿所担保的债权或者向质权人约定的第三人提存,以提存价款继续为主债权提供质押担保。(4)股份代表物上的代位权。股份设质后,股份上质权的效力及于股份的代表物上。股票因其他原因被毁损、灭失,股东因股权取得新股时应将其交于质权人占有,质权对其继续有效。当股份合并或公司合并,出质股东取得的新股份或金钱,质权也对其产生效力。公司清算时,出质股东对剩余财产的请求权也受质权约束,质权当然存在于其分配请求权上;无剩余财产时,质权消灭。债权人可要求债务人提供新的担保或履行义务。股份新增部分,质权对其不产生效力,不受质权的约束,设质后新增不为质权的标的。(5)质权人无议决权。股份设质以股票所代表的财产权出质,质权效力不及股票所代表的非财产权内容。

2. 对出质人的效力:(1)出质人不得随意转让股权,未经质权人的同意,不得转让。(2)出质人仍享有股权的表决权。此我国《担保法》规定,股权质押不转移占有为必要,是以质押登记为生效要件和对抗要件,在股东名册上,股东仍是出质人,出质股权的表决权应由出质人直接行使。

(梁 聪)

gufen shouhui
股份收回(recovery of share) 狭义的股份收回,指股份有限公司无偿地收回已经分派的股份,如股东自愿无偿地交回已分派的股份。广义股份收回包括无偿收回和有偿收回。有偿收回,又称收买,指股份有限公司按照一定的价格,以公司拥有的资金从股东手中买回股份。公司买回不利之处:(1)混淆了股份有限公司与公司股东之间的法律关系。公司收回已发行股份,公司就成为公司股东,使股份有限公司与股东的权利义务结为一体,实际上消除股份。(2)减少公司资本,直接动摇股份有限公司的财产基础,构成对公司债权人的损害。(3)影响股市或股票行情。不利于形成稳定的股票交易市场,使公司投资者受到损害。公司法限制股份收回。

(梁 聪)

gufen youxian gongsi
股份有限公司(company limited by shares) 指其全

部资本分为等额股份,股东以其所持股份为限对公司承担责任,公司以其全部资产对公司的债务承担责任的公司。在日本称为株式会社,在英美国家称为开放式公司。

与其他公司相比,股份有限公司具有如下特征:(1)股份公司是最典型的资合公司。其信用基础在于其资本,而不在于股东个人。股东只能以现金或实物出资,而不能以信用或劳务出资。(2)股东必须达到法定的人数。由于股份有限公司的重要作用在于面向社会,广泛集资,兴办较大的企业,所以在人数上应有一定的低限。大多数国家,如法国、日本的法律规定最低人数为7人,德国商法规定不得少于5人。(3)公司资本划分为均等的股份。资本平均分为股份,每股金额相等,是股份有限公司区别于有限责任公司的重要特征之一。(4)公司股东承担有限责任。股份有限公司全体股东对公司的债务,以其所认购的股份金额为限对公司负责。

股份有限公司起源于17世纪,是现今资本主义世界最重要的一种公司形式。这是由于它在商事经营活动中具有如下优越性:(1)它是集中资本的一种最有利的公司形式。这不仅由于它可以对外公开发行股票和债券,而且因为它的股份金额一般较小,可以更为广泛地吸收社会的分散资金。(2)它有利于分散投资者的风险。由于股份金额较小,大量的股东个人所拥有的股份只占公司总资本很少一部分,而股东又只以其拥有的股份金额对公司承担财产责任。这样,即使公司经营风险很大,但对各个投资者来说却只承担很小的风险。(3)它具有广泛的社会性。实行公示主义的管理方法,公开向社会招募资金。任何人都可以通过购买股票而成为股东,不受身份和个人其他条件的限制。(4)它的股票可以自由转让。股东可以根据自己的意志随时将股份转让出去,收回出资,所以它是一种极为灵活、方便的投资场所。(5)它适应了所有权与经营权相分离的需要。在股份公司中,生产和经营的管理活动是由董事和经理为中心的专门管理机构进行的,人数众多的股东只是作为资本的单纯所有者领取股息的红利。这种管理的专门化有利于改善公司管理和提高经营效益。正因为它具有以上这些优越性,所以,股份公司被称为新时代的伟大创举。其重要性大大超过了蒸汽机和电力的发明,没有它,大规模的现代化生产是不可想像的。然而股份公司也有其不利之处。比如,设立程序严格,设立责任较重;机构复杂、庞大;公司的活动也多受约束和限制;还易形成被少数股东操纵、控制和垄断的局面;公司无法保守经营秘密等等。

根据《中华人民共和国公司法》的规定,股份有限公司是我国公司的组织形式之一。我国《公司法》规定,股份有限公司是企业法人,其全部资本分为等额股份,股东以其所持股份为限对公司承担责任,公司以其全部资产对公司债务承担责任。公司股东作为出资者按投入公司的资本额享有所有者的资产受益、重大决策和选择管理者等权利。公司享有由股东投资形成的全部法人财产权,依法享有民事权利,承担民事责任。公司中的国有资产所有权属于国家。公司以其全部法人财产,依法自主经营,自负盈亏。依照公司法设立的股份有限公司,必须在公司名称中标明股份有限公司字样。

设立股份有限公司,必须具备下列条件:(1)发起人符合法定人数。(2)发起人认缴和向社会公开募集的股本达到法定资本最低限额。(3)股份发行、筹办事项符合法律规定。(4)发起人制订公司章程,并经创立大会通过。(5)有公司名称,建立符合股份有限公司要求的组织机构。(6)有固定的生产经营场所和必要的生产经营条件。公司法规定,股份有限公司的设立,可以采取发起设立或者募集设立的方式。设立股份有限公司,应当有5人以上为发起人,其中须有半数的发起人在中国境内有住所。国有企业改建为股份有限公司的,发起人可以少于5人,但应当采取募集设立方式。股份有限公司发起人,必须按照公司法的规定认购其应认购的股份,并承担公司筹办事务。股份有限公司的设立,必须经过国务院授权的部门或者省级人民政府批准。股份有限公司的注册资本为在公司登记机关登记的实收股本总额。股份有限公司注册资本的最低限额为人民币1000万元。公司法规定,股份有限公司设股东大会。股东大会由股东组成。股东大会是公司权力机构。股份公司设董事会,其成员为5人至19人。董事会对股东大会负责。董事会设董事长一人,可以设副董事长1~2人,董事长为公司的法定代表人。股份有限公司设经理,由董事会聘任或者解聘,经理对董事会负责。股份有限公司设监事会,其成员不得少于3人。董事、经理及财务负责人不得兼任监事。股份有限公司应当按照法律、行政法规和国务院财政主管部门的规定建立本公司的财务、会计制度。公司法规定,股份有限公司弥补亏损和提取公积金、法定公益金后所余利润,按照股东持有的股份比例分配。

(王亦平)

gufen youxian gongsi de dengji
股份有限公司的登记(registration of company limited by shares) 公司登记管理机关依法对股份有限公司的设立、经营活动主要事项的变更以及终止行为进行审核,确认并颁发执照、法人资格的行政管理活动。是股份有限公司依法获得企业法人资格和从事生产经营活动必需的法定程序。基本原则是依法登记,即符合《中华人民共和国公司法》及国家有关法律规定条件的,准予公司登记;对不符合《公司法》及国家有关法律规定条件的不予公司登记。公司登记注册机关在我国是国家工商行政管理局和地方各级工商行政管理局。

股份有限公司登记分类:(1)股份有限公司设立登记,公司登记主管机关依法对公司的设立,包括公司章程等文件及公司名称、住所等登记事项审核,对符合法律规定的,确认企业法人资格颁发企业法人营业执照的过程。股份有限公司设立登记,《公司登记管理条例》第18条规定,公司的董事会,应于创立大会结束后30日内向登记注册机关申请设立登记,提交文件:公司董事长签署的设立登记申请书;国务院授权部门或省级人民政府的批准文件,募集设立的股份有限公司应提交国务院证券管理部门的批准文件;创立大会会议记录,公司章程,筹办公司财务审计报告;具有法定资格验资机构出具的验资证明;发起人的法人资格证明或自然人的身份证明,载明公司董事、监事、经理姓名、住所的文件及有关委派、选举或聘用的证明文件;公司法定代表人任职文件的身份证明;企业名称预先核准通知书,住所证明,国家法律行政法规规定必须提交的其他文件。(2)股份有限公司变更登记,当公司原登记注册事项发生变化时,由公司将其变化的登记注册事项报原登记注册机关,由原登记注册机关依法进行审查、核准的过程。登记注册事项包括:名称、住所;法定代表人、注册资本、经营范围、组织形式等。《公司登记管理条例》第24条规定,公司申请变更登记时,提交文件:公司法定代表人签署的变更登记申请书;依照《公司法》作出的变更决议或决定;公司登记机关要求提交的其他文件。(3)股份有限公司注销登记,公司登记主管机关对宣告破产、解散,被依法责令关闭或其他原因终止公司经营活动程序审查,依法取消企业法人资格,收缴营业执照,撤销注册等的过程。注销登记应由公司清算组在公司清算结束之日起30日内向公司原登记注册机关提出申请。申请注销登记,提交文件:公司清算组负责人签署的注销登记申请书;法院破产裁定,依照《公司法》作出的决议或者决定,公司股东会决议,行政机关责令关闭的文件,股东会或有关确认的清算报告;《企业法人营业执照》;法律法规规定提交的其他文件。

公司登记效力:(1)发生创立法律关系的效力。对设立登记登记注册是企业与经营单位取得法人资格和从事经营活动的前提。(2)发生免责效力。对变更或注销登记根据公司主体变更,注销登记的记载,公司将部分或全部免除责任。

（刘弓强　蔡云红）

gufen youxian gongsi gufen
股份有限公司股份（shares of company limited by shares）　以股票为表现形式、体现权利义务、按等额划分的股份公司资本构成单位。股份是股份有限公司资本的最小构成单位,是股东的出资。股份的持有人为公司的股东,享有股东权。股份公司的股份与它种公司类型股东的出资相比,具有的特点:股份是股份公司资本构成的最小单位,具有不可分性。资本分为股份,股份不可再分,是资本构成的基本单位。股份的不可分性不排除某一股份为数人共有,当股份为数人所共有时,股权一般应由共有人推定一人行使。共有人对股份利润的分享,不是对股份本身的分割;股份公司的股份是对资本的等额划分,每一股份所包含的权利义务完全相等。股东投入公司财产的多少和享有权利的大小,一般只能通过持有股份的多少来体现。股份等额化除了便于股东计量自己的权益外,更主要的是可以将股份划分为很小的单位,使一般人都有能力购买成为公司股东,扩充股份公司股东的人数,增加股份公司的集资能力;股份公司的股份以股票作为载体,股票是股份的外在表现形式,是股东享有股权的凭证和依据。股票是股份财产的证券化,即股份公司资本的实物形态和价值形态的分离,并具有了各自相对独立存在和运行的性质。它与公司的其他方面功能共同作用,形成了股份公司财产法人化,股东投资收益化,管理性劳动专业化一系列现代企业运行机制,提高了公司财产的增值效率;股份公司的股份可以自由转让,与股票的有价证券性质紧密相连。股票可以在证券市场上自由流通,股份的转让无须征得公司机关或公司的其他股东的同意,股份的转让既促进资本的流通,进而促进资源优化配置,又形成了股东对公司生产经营的监督和制约机制。

股份公司股份依据不同的标准,可以划分为不同的种类。以享有权利的不同可分为普通股与特别股;以享受表决权与否可分为有表决权股、限制表决权股和无表决权股;以股份是否公示股东姓名(或名称)可分为记名股与无记名股;以股份是否以金额表现可分为额面股与无额面股。《中华人民共和国公司法》第129条明确规定:"股份有限公司的资本划分为股份,每一股的金额相等。公司的股份采取股票的形式"。第130条规定,"股份的发行,实行公开、公平、公正的原则,必须同股同权,同股同利。同次发行的股票,每股的发行条件和价格应当相同。任何单位或者个人所认购的股份,每股应当支付相同的价额"。根据我国《公司法》的规定,我国现有的股份种类,可以分为记名股与无记名股两种。对公司发行公司法规定的股票以外的其他种类的股票,法律授权国务院可以另行做出规定(《公司法》第135条)。

（梁　聪）

gufen youxian gongsi guifan yijian

《股份有限公司规范意见》(Regulatory Opinions on Company Limited by Shares) 由国家经济体制改革委员会于1992的5月15日发布。国务院办公厅于1993年5月15日颁布了关于执行该《意见》的通知。《意见》共12章119条,由国家体改委负责解释。总则中规定公司应遵守《股份制企业试点办法》及其配套政策;公司不得成为其他营利性组织的无限责任股东;公司名称中应标明"股份有限公司"字样,并应符合企业法人名称登记管理的规定;在试行中遇到问题,由公司住所所在省、自治区、直辖市的体改委协调,并指导和监督公司按本规范进行运作。分则涉及的主要问题有:

1. 规定了要求和期限。原有有限责任公司和股份有限公司规范工作总的要严格按照《中华人民共和国公司法》及其配套法规的规定进行。公司经认真对照自查,已完全达到规定条件的,可直接向公司登记机关申请重新登记;经国务院证券管理部门批准上市的原有股份有限公司,可直接向公司登记机关申请重新登记,公司登记机关应予登记。公司经认真对照自查,不完全具备规定条件的,要进行自我规范,凡在规定期限内(1996年12月31日前)完全达到规定条件的,可直接向公司登记机关申请重新登记;在规定期限内仍未完全达到规定条件的,不得重新登记,应依法变更登记为其他类型的企业,其名称中不得再含有有限责任公司或股份有限公司字样。规范工作既要抓紧进行,又要防止走过场。规范过程中,原有公司的生产经营活动照常进行。

2. 规范意见的主要内容。(1) 公司股东和发起人应符合法定人数。原有股份有限公司发起人人数不可再增补;原有限责任公司股东人数不符合《公司法》规定的,要在规定期限内达到要求。(2) 公司注册资本要达到法定最低限额并为实缴资本。以上年末公司资产负债表为准验资。未达到最低限额的,要在规定期限内补足。(3) 公司章程的制定及应载明的事项、公司组织机构的设置及董事、董事长、监事、监事会召集人、经理的任职条件和产生程序、公司的财务会计制度、公司的资产评估验资等必须符合《公司法》规定,不符合的要按规定改正和完善。经过国务院证券管理部门批准上市的原有股份有限公司重新登记后,应按照《公司法》完善组织、规范行为。

3. 重新登记和组织指导的规定。原有有限责任公司和股份有限公司的重新登记,须向原公司登记机关提出重新登记的申请并提交重新登记所需的文件;原有股份有限公司重新登记后,应向原公司审批机关备案。重新登记时,未变更登记事项的,公司登记机关按规定收取有关工本费,变更登记事项的,公司登记机关比照变更登记规定收取变更登记费,除此不得收取其他费用。全国组织指导工作由国家经贸委会同国家体改委、外经贸部、中国人民银行、国家工商局、国家国有资产局、国务院证券委等部门负责;各地区的组织指导工作,由各省、自治区、直辖市人民政府负责。

(李倩)

gufenzhi

股份制(corporation system) 在经济学上,股份制就是以投资入股的方式把分散的、属于不同所有者的资本集中起来,统一使用,按股分红的一种企业组织制度。法律上股份制是按照一定法律程序,通过发行股票或认购股份来筹集资本,创立法人企业(公司);企业享有独立的法人财产权,作为一个自主经营、自负盈亏的经济实体从事生产和经营;投资者按投资入股的份额参与企业的管理和分配的一种企业组织形式。现代公司的组织形态主要有股份有限公司、有限责任公司、两合公司、股份两合公司、无限公司等,在我国主要指《公司法》规定的股份有限公司和有限责任公司。

股份制是商品经济发展到一定阶段的产物,也是社会化大生产和信用制度发展的结果。股份制的萌芽主要有三种形式:(1) 曾盛行于法国的商人家庭企业,即所谓的家庭营业团体,这是后来无限公司、有限公司的前身;(2) 中世纪城市中的手工业者或自由民之间的以劳动力、资本、生产工具、土地等生产要素中的一项或几项为联合内容的合伙经营形式,即行会、商会;(3) 政府为满足战争或行政上的需要以股份形式建立的股份信托组织。一般这一时期的股份制被称为原始股份制,因为从组织方式普及程度,这种股份制都是一种不规范、不稳定的经济组织形式。15世纪末,西班牙、葡萄牙、荷兰、英国等作为海外贸易大国先后崛起。伴随着海外掠夺性贸易风险的日益增加,能够分散海外风险、聚集大量资本的企业组织形式逐渐形成。1553年,英国成立了第一个合股形式的海外贸易特许公司——莫斯科尔公司,随后的英属东印度公司、荷属东印度公司、法属东印度公司、加拿大公司等纷纷设立。这一批具有独占海外贸易特权的贸易公司,就是现代股份公司的前驱。

股份制形成过程中出现了股票市场。1613年,在荷兰阿姆斯特丹做股票生意的商人成立了股票交易所。1657年,英国出现了较为稳定的股票交易组织,股本趋向长期投资,股息定期发放,股票市场开始萌芽。在海外贸易领域中产生的股份公司已具备现代股份公司的基本特征。从18世纪到19世纪上叶,股份公司的发展突出表现在银行业、交通运输业和一些公共事业部门,并逐渐成为这些企业的主要组织形式。从19世纪50年代到20世纪初,产业革命带来工业生产基础的变革,同时使得创办一个新企业所需的资本大大增加,从而拉开了股份制经济社会化的序幕。20世纪以来,在西方发达国家从自由资本主义向垄断资本主义转化的过程中,股份制也创造了其辉煌,逐渐实现了由近代股份制向现代股份制的过渡。当股份公司的"社会化"越来越普遍时,制度性安排使股份公司股份所有权与经营权分离。两权分离的结果是股东逐渐脱离企业的生产过程和资本运用,股票控制权逐渐转移到经理阶层或银行信托等法人机构,资本经营职能实现独立化,现代企业家阶层出现。股份制由主要的单纯集资职能向资本集中和经营集中双重职能转化。

现代股份制的新变化和特点:(1)股份制度更加规范和完善,形成了一套完整的社会化管理和监督体系;(2)股份制度和股份公司成为垄断组织发展的手段和主要组织形式;(3)产业资本与金融资本通过股份制融合起来,形成了巨大的金融财团;(4)在股份制的基础上,股份资本国际化,形成跨国公司;(5)股份公司的股权分散化、多元化。

从企业组织构造、资产组合结构和动作环境、条件等综合因素考察,股份制的主要内容包括三个方面:(1)企业的组织形式,包括股份制公司的类型、内部构造、经营体制和管理体系;(2)企业的产权关系,指企业资产的组合结构、股权配置、经济主体各种资产权能的明确和界定,以及利益关系和制约机制;(3)证券市场,指股份制企业的产权、股权证券化、商品化和市场化,通过证券市场自由转让,合理流动和优化组合、配置。不仅有发行的一级市场,还有交易的二级市场。

股份制作为一种现代企业组织形式、产权制度,具有如下基本特征:(1)通过发行股份筹集资本;(2)实行"利益共享,风险共担"原则,把股东利益与企业的兴衰成败紧密结合;(3)强调平等性,实行股权平等和对等原则,一切经济活动以投资入股的份额为准,同股同权,同股同利;(4)实行有限责任制,即股东只以入股的股金为限对公司债务承担责任,与股东其他财产无关;(5)股份制产权主体明晰,治理结构科学规范。所有者、经营者和生产者之间通过公司的权力机构、决策与管理机构、监督机构形成各自独立、权责分明、相互制约关系,并通过法律和公司章程予以确立和实现,从而既赋予了经营者充分的自主权,又保障所有权的权益,能调动生产、经营者的积极性。

股份制在社会经济发展中的功能主要有:(1)集资融资。股份制作为一种灵活高效的集资手段,适应于社会大生产的需要,又推动着社会化大生产的迅速发展;(2)股份制具有明确产权主体、促使所有权与经营权分离;(3)股份制的原则和制度,有利于形成健全的内部制约机制和富有活力的投资主体;(4)股份制企业资产的流动性、证券市场的开放性,有利于生产要素和社会资源的合理组合和优化配置,有利于社会经济的协调发展;(5)股份制企业经营权的强化和高度专业化、职业化,有利于企业管理水平的提高和职业企业家队伍的形成和成长;(6)股份制的产权股票化、股票大众化,使股份制具有巨大的动员社会财力的功能;(7)股份制的"参与制",即通过参股控股,有利于发展经济联合,增强经济实力,形成大的企业集团;(8)股份制能把消费基金转化为生产基金,把短期资金转化为长期资金。

(陈耀权)

gufen zhuanrang
股份转让(transfer of shares) 股份所有人出让其股份的法律行为。广义上股份继承、股份赠与都属股份转让。但通常股份转让仅限于通过背书或交付方式有偿买卖股份的行为。股份转让实行自由转让的原则,即股东可自主决定何时转让、转让给谁、以何种价格转让等。《中华人民共和国公司法》第143条规定,股东持有的股份可以依法转让。在公司成立后,每个股东都有权依公司法的规定转让自己的股份。

为保护公司、股东及债权人的利益,许多国家的法律对股份的转让作了限制,我国也不例外。主要表现在:(1)对股份转让场所的限制。《公司法》第144条规定,股东转让其股份必须在依法设立的证券交易场所进行。(2)对股东转让股份的限制。《深圳经济特区股份有限公司条例》第52条规定,股东的股份自公司开始清算之日起不得转让。(3)对公司内部职工持有股份转让的限制。《股份有限公司规范意见》第30条规定,公司内部职工的股份(除离职和死亡者的股份外),在公司配售后3年内不得转让。《深圳经济特区股份有限公司条例》规定,公司员工持有的公司配售的股份,自持有该股份的一年内不得转让。一年后转让股份的,每年可转让的股份不得超出其所持股份的20%。公司法实施后,公司设立不再有定向募集方式,对职工内部股转让,可借鉴国外雇员股的作法。(4)对发起人持有本公司股份转让的限制。《股份有限公司规范意见》规定,发起人认购的股份自公司成立之日起一年内不得转让。《公司法》第147条规定,发起人持有的本公司股份,自公司成立之日起3年之内不得转让。(5)对董事、监事、经理持有本公司股份转让的限制。原《股份有限公司规范意见》规定,公司董事和经理在任职的3年内不得转让本人所持有的公司股份。3年后在任职内转让的股份不得超出其持有股份额的50%,并须经董事会同意。社会募集公司的董事或经理转让股份还应报国家或省、自治区、直辖市的体改委和人民银行备案。《公司法》第147条规定,公司董事、监事、经理应当向公司申报所持有的本公司的股份,并在任职期间内不得转让。(6)国家授权投资机构持有股份的转让。《公司法》第148条规定,国家授权投资的机构可以依法转让其持有的股份,也可以购买其他股东持有的股份。转让或者购买股份的审批权限、管理办法,由法律、行政法规另行规定。股份转让一般通过股票转让,又不完全等同于股票转让,在公司设立登记前或设立登记后发行股票前,也可能发生股份转让行为。股份转让方式无记名股份只须交付受让人即转让完毕;记名股份转让采取背书、办理过户手续。股份转让后,股东的权利义务便转移给受让人。

(梁 聪)

gufen zhuanrang fangfa
股份转让方法(process of shares transfer) 因股票记名或不记名有差别。与各国公司法及证券法完全一致,《中华人民共和国公司法》第145和146条规定,记名股份和无记名股份的转让应当采用不同的方式。记名股份应以书面方式转移,无记名股份以交付方式转移。

1. 记名股份的转让。《公司法》第145条规定,记名股票以背书方式或者法律、行政法规规定的其他方式转让。记名股份转让的最终完成,分为股东进行股票背书以及股份公司变更股东名册两个主要阶段。记名股票背书转让为单方法律行为,须具备:(1) 转让人持有有形股票。若持有无形股票,虽然记名,亦不为股东持有,无从背书转让。(2) 由转让人作出背书。背书人为原持票人、转让人,被背书人为受让人。背书人应在股票或其粘单上签署本人姓名(名称),记载被背书人姓名(名称),背书转让依单方意思表示而发生效力,故不必由被背书人签名。(3) 转让人在作成背书后,对受让人交付股票。若法律、法规规定背书转让以外的其他转让方式,转让人有选择背书转让和其他转让方式的权利。若记名股票是无形股票,在我国,通常是先由证券公司托管,然后,由证券登记公司将股票交证券交易所进行第二次托管。每一股东的持股数表现为储存于证券交易所中央电脑内的电子信息。股东本人仅有"股东账户卡",记载持有某种股份的总数和增减情况。因此,背书转让不适用记名无形股票。记名股票转让的第二个阶段是股份公司变更股东名册。股份公司发行记名股份必须保持或置备股东名册,以使股份公司随时掌握股东变动情况。《公司法》第134条规定,公司发行记名股票的应当置备股东名册,记载股东的姓名或名称及住所、股东所持股份数量、股东所持股票的编号、股东取得股份的日期等。为了保持股份公司对股东变动情况的充分了解,记名股份发生转让时,必须办理股东名册的变更。为使股东大会顺利召开,《公司法》第145条第3款规定,股东大会召开前第30日内或者公司决定分配股利的基准日前五日内,不得进行前款规定的股东名册的变更登记。公司变更股东名册并不是股份转让或者转让完成的标志,是为特定目的的登记手续。

2. 无记名股份的转让。与记名股份转让相比,无记名股份转让较简单。《公司法》规定无记名股份转让的完成是以股票的转移占有为标记的。当股东将其所持有的股票转交受让人持有后,即发生股份合法转让后果。凡是持有股份或者股票的人都可推定为股票的合法持有人即受让人。转让手续简单,省去了记名股份必须背书转让,也无须履行股份公司股东名册的变更登记。无记名股票持有人可推定为股份的合法持有人,当然包括以不当手段获得股票的持有人,如无记名股票的盗窃者和拾得者,这会造成某种混乱。《公司法》第146条规定,无记名股份应当在合法设立的证券交易场所进行转让,由于"依法设立的证券交易场所"含义确定较难,实践中已较少采用发行无记名股份方式。

(梁 聪)

gufen zhangran xiaoli
股份转让效力(effects of shares transfer) 股份转让后,发生股东权转移的效力。股份一经转让,则属于原股东的权利义务由受让人继受。

1. 股东权利与义务转移的效力。在公司股票发行前的转让,台湾地区公司法规定当事人必须通知公司,才发生转让的效力,《中华人民共和国公司法》对此没有作出说明。股票发行后的转让效力,因记名股票无记名股票不同。无记名股票的股份转让,因股票交付产生转让的效力。我国《公司法》第145条第1款规定:"记名股票,由股东以背书方式或者法律、行政法规规定的其他方式转让"。记名股票的转让,由股票持有人背书并将股票交付于受让人,当事人之间即产生移转效力。《公司法》第145条第2款规定,"记名股票的转让,由公司将受让人的姓名或者名称及住所记载于股东名册"。受让人未变更股东名簿上的股东姓名或名称及住所或居所的记载之前,对公司不发生转让的效力。台湾地区公司法规定,如果受让人申请过户时,因原让与股东对之有争持,而被公司拒绝时,受让人可以对就其合法取得股东权的行为,原让与股东提起确认股东权存在之诉,解决争议。公司对于股票持有人请求变更股东名簿,仅对背书的连续性做形式上的审查,不可以原让与股东的争持为理由,任意拒绝变更股东名簿,固股票持有人也可以对公司提起给付之诉,请求变更股东名簿。判决的效力原则上不及与当事人以外的人,受让人为彻底解决争议,可合并对前述原让与人提起确认股东权存在之诉。判决确定前,持有记名股票人依法,由原股东背书即产生移转效力,但记名股票的转让,没将受让人的本名或名称记载于股票,并将受让人的本名或名称及住所或居所记载于股东名簿,不得就其转让对抗公司。《中华人民共和国公司法》对这方面争议的解决没有具体规定。

2. 附属效果。(1) 股份转让，仅向公司办理过户即可无须向主管机关登记。依"台湾地区公司法"规定如因股份转让而发生董事解任达三分之一的情况，则应该依公司法的规定召集股东临时会补选，并依法向主管机关办理变更登记，依我国《公司法》规定，如果由于股份转让而发生董事解任，使董事的数量达不到法定要求时，应该召集临时股东大会补选；(2) 股份转让后，除上市公司股票另有规定外，未支付的红利推定同转移于受让股东；(3) 依台湾地区公司法规定股份转让在发行公司规定发放股息，或分配其他权利的基准日前办理交割者，属于连息或连权卖息，所有以前应该获得的股息或其他权利都由受让人享有；如果股票买卖在发行公司规定发放股息，或分配其他权利的基准日以后办理交割的，除买卖双方有连息或者连权的特别约定并申报外，应是除息或除权的交易，所有以前应该获得的股息或者其他权利，当事人没有特别约定并申报，则归于让与人享有。我国《公司法》第145条第3款规定，股东大会召开前30日或公司决定分配股利的基准日前五日内，不得进行前款规定的股东名册变更登记。我国股份转让在发行公司股东大会召开30日以前或公司决定分配股利的基准日五日以前办理交割的，相应的权利和应获股息应由受让人享有，在此日期以后办理交割的，所有以前应该获得的股息或相应的权利，当事人没有约定，归让与人享有。

(梁 聪)

gupiao

股票(share; stock) 股份有限公司依法发行的，表明股东所持股份数额和权益的一种有价证券。其特征是：(1) 股票是股份有限公司发行的有价证券，其他任何经济组织均无权发行股票，证券经营机构受股份有限公司委托才可以发行股票，发行股票所筹集的资金仍然归股份有限公司所有；(2) 股票是一种证权证券。股票是证明股东与公司之间股权关系的一种法律凭证，股东凭借所持股票享有股东权，包括对股份有限公司管理权和取得红利的权利等，一般情况下，一股在股东大会上有一个投票权，股票越多，掌握的投票权就越多，但它仅具有权利证明的效力，而不具有创设权利的效力。(3) 股票是一种流通证券。股票可以采取上市交易或场外交易的方式在市场上流通，可以在不同的投资者之间进行转让；(4) 股票是一种要式证券。股票必须按法定方式制作并记载法定事项，如公司名称、公司登记成立的日期、股票种类、票面金额及代表的股份数、股票的编号等。(5) 股票是一种风险证券。股票价格的形成不仅受到发行人资产、盈利能力的影响，还受到政治、经济甚至投资者心理的影响，其价格波动具有很大的不确定性，而且股票投资者认购了股票后就不能要求退股，只能在法律许可的证券交易市场转让给第三人；如果自己持有，根据公司的盈利情况和持股数额获取股利，利大多分，利小少分，无利不分，因此股票具有较高的投资风险。

根据股票代表的股东权的不同，可以将股票划分为：

1. 普通股。股东对公司财产和管理享有的平等权利不受任何限定的一种股票。普通股股东分配股息和剩余财产的顺序列于公司债权人和优先股股东之后，但一般都享有参与公司重大问题决策的权利。普通股是实践中发行最多、风险最大、最普通的一种股票。

2. 优先股。在分配公司盈余和剩余财产上比普通股具有优先权的股票。优先股股东按照发行时约定的股息率定期领取股息，并在分配股息和剩余财产方面优先于普通股，但一般不享有公司经营参与权，只有在直接关系到优先股股东利益时，才能行使表决权。根据股票具体包含的权利的不同，优先股又有各种不同的类别：(1) 累积优先股和非累积优先股。累积优先股是可以将以往营业年度内未支付的股息累积起来，从以后营业年度的税后利润中一起支付的优先股。非累积优先股是按当年盈利分配股息，未足额支付的部分不能从以后营业年度的收益中补付的优先股。累积优先股比非累积优先股具有更大的吸引力，因此累积优先股是一种常见的、发行范围非常广泛的优先股。(2) 参加优先股和不参加优先股。参加优先股是不仅可以按规定分得当年的定额股息，而且还有权与普通股股东共同参加公司利润分配的优先股。这种形式的优先股不多见。不参加优先股是只按固定股息率分取股息，不参加公司利润分配的优先股。(3) 可转换优先股和不可转换优先股。可转换优先股是持股人可以在特定条件下把优先股转换成普通股或公司债券的优先股。不可转换优先股是不能转换成普通股或公司债券的优先股。国际上目前较为流行的是可转换优先股，因为这类股票持有者在公司盈利增加时可以将优先股换成普通股，参与公司利润分配；而在公司经营状况恶化、盈利减少时，可以将优先股换成公司债券，收回本金。发行这种股票可以吸引更多的投资者。(4) 可赎回优先股和不可赎回优先股。可赎回优先股是发行股票时规定公司可以按一定价格购回注销的优先股。至于股票是否收回，由股票发行公司决定。不可赎回优先股是股票发行公司无权购回的优先股。

3. 劣后股。又称后配股，股东分配盈余和剩余财产的顺序列于普通股之后的一种股票。这种股票一般向公司发起人发行。

4.混合股。在股利分配方面优先于普通股而在剩余财产分配方面劣后于普通股的一种股票。它兼具优先股和劣后股的某些特点。

此外,根据股东是否对公司的经营管理享有表决权,可以将股票划分为表决权股和无表决权股;根据股票上是否记载股东的姓名,可以将股票划分为记名股和无记名股,记名股票是指在股票票面和股份公司的股东名册上记载股东姓名的股票,不记名股票是指在股票票面和股份公司股东名册上均不记载股东姓名的股票,依现在公司法规定,公司向发起人、国家授权投资的机构、法人发行的股票应当为记名股票;根据股票票面是否记载票面金额,可以将股票划分为有面额股和无面额股,其中无面额股又称比例股票或者份额股票,只记载其为几股或者股本总额的若干分之几,根据《中华人民共和国公司法》和《中华人民共和国证券法》的有关规定不得发行无面额股;根据股票发行先后,可以将股票划分为原始股和新股;根据股票是否被允许上市交易为标准,可以将股票分为流通股票和非流通股票,流通股票是指在证券市场上取得上市资格,允许挂牌交易的股票,非流通股票是指未在证券市场上取得上市资格,不允许挂牌交易的股票。我国目前的股票主要依照持股人身份的不同,分为四大类:国家股、法人股、公众股和外资股。

5.国家股。国家授权投资机构或国家授权部门以国有资产向股份有限公司投资获得的股票。

6.法人股。企业法人以其依法可支配的资产向股份有限公司投资形成的股票,或者具有法人资格的事业单位或社会团体以国家允许用于经营的资产向股份公司投资获得的股票。

7.公众股。社会个人(包括公司内部职工)以个人财产投入公司获得的股票。

8.外资股。外国和我国香港、澳门、台湾地区投资者以购买人民币特种股票形式向股份有限公司投资获得的股票,分为境内上市外资股和境外上市外资股两种形式。 (夏 松)

gupiao de shangshi

股票的上市(listing of shares or stocks) 将符合法定条件的股票在证券交易所集中竞价交易的行为。股票上市应具备条件:公司资本在一定数额以上;公司上年有盈利并曾分配股息;发行股票数在一定数额以上;经主管部门许可;经证券交易所许可登记。公司股票上市后,如果公司发生法定事由则将被暂停或终止其股票上市。股票上市各国在公司法外另有《证券交易法》规定。我国公司法规定,股份有限公司申请股票(A股)上市必须符合下列条件:(1)公司股票经证券监督管理部门批准已公开发行;(2)发行后公司股本总额不少于人民币5000万元;(3)公司最近3年连续盈利,原有企业改组为股份有限公司,或者公司的主要发起人为国有大中型企业可以连续计算;(4)持有股票面值人民币1000元以上的股东人数不少于1000人,个人持有的股票面值总额不少于1000万元,社会公众股不少于公司总股本的25%;公司总股本超过人民币4亿元的,社会公众股的比例不少于15%;(5)公司最近3年内无重大违法行为,财务会计报告无虚假记载;(6)证券主管部门规定的其他条件,参见《中华人民共和国公司法》第152条、《股票发行与交易管理暂行条例》第30条。

公司股票上市后,出现下列情形之一的,由国务院证券管理部门决定暂停或终止其股票上市:(1)公司股本总额、股权分布等发生变化不再具备上市条件;(2)公司不按规定公开其财务状况,或者对财务会计报告作虚假记载;(3)公司有重大违法行为;(4)公司最近3年连续亏损。公司决议解散、被行政主管部门依法责令关闭或者被宣告破产的,由国务院证券管理部门决定终止其股票上市。此外,《国务院关于股份有限公司境内上市外资股(B股)的规定》对B股上市的条件进行了规定。中国的股份有限公司在境外发行和上市股票除必须符合中国证券监管部门的要求境外上市外资股发行的审批条件外,还必须符合股票上市地有关法规和证券交易所上市规定地的要求。(丁艳琴)

gupiao faxing

股票发行(issuing of shares) 股份有限公司或者设立中的股份有限公司为了筹集资金,依法定程序向投资人出售和分配股票的行为。关于股票发行的性质,主要有以下几种学说:(1)契约说。股票发行是证券发行人与投资人订立的授受契约,契约自股票的交付日生效。(2)单独行为说。股票发行是单独法律行为,只需依发行人一方意思表示即可成立。至于股票发行的生效条件,又有发行说与创造说两种。发行说认为股票发行的生效以股票的作成与股票的交付为条件;创造说认为股票发行的生效仅以股票的作成为条件。(3)折衷说。股票发行效力产生于股票作成和授受契约生效之后。

根据股份发行的时间可将股票发行分为设立发行和新股发行两类。设立发行是公司设立过程中第一次向我国境内的公众投资者公开发行股份。进行股票设立发行,应该符合公司法规定的条件:(1)生产经营符合国家的产业政策。对涉及国家安全、国防尖端技术、具有战略意义的稀有金属开采等行业,以及必须由国家专卖的企业或者行业,不得设立股份有限公司发行股票,其他大部分生产经营行业设立股份有限公司、发行股票,均应符合国家产业政策。(2)发行的普通股限于一种,同股同权。(3) 发起人认购的股本数额,不少于公司拟发行的股本总额的 35%。在发起设立的情况下,发起人应认缴公司发行的全部股份;在募集设立的情况下,发起人应至少认缴全部股份的 35%。(4) 在公司拟发行的股本总额中,发起人认购的部分不少于人民币 3000 万元,但是国家另有规定的除外。(5) 社会公众股和公司内部职工股持股比例的要求。向社会公众发行的部分不少于公司拟发行股本总额的 25%,其中公司职工认购的股本数不得超过拟向社会公众发行的股本总额的 10%;公司拟发行的股本总额超过人民币 4 亿元的,证监会按规定可以酌情降低向社会公众发行的部分比例,但是最低不少于公司拟发行的股本总额的 10%。(6) 发起人在近三年内没有重大违法行为。发起人在近三年内没有触犯刑法,没有严重的民事侵权行为,没有严重违反行政法律法规。(7) 符合证券监督管理机构规定的其他条件。

新股发行是在公司成立后再次发行股份。公司发行新股必须具备下列条件:(1) 前一次发行的股份已募足,并间隔一年以上;(2) 公司在最近三年内连续盈利,并可向股东支付股利;公司以当年利润分派新股,不受此项限制;(3) 公司在最近三年内财务会计文件无虚假记载;(4) 公司预期利润率可达同期银行存款利率。

根据股份发行的方式可将股票发行分为公开发行和私募发行。公开发行是以非特定公众投资者为对象发行股份。公开发行股份必须依公司法规定的条件,并依法报经国务院证券监督管理机构或国务院授权的部门核准。发行人向社会公开募集股份时,必须向国务院证券管理部门递交公司法规定的申请文件和国务院证券监督管理机构规定的有关文件。未经国务院证券管理部门批准,发行人不得向社会公开募集股份。发行人向国务院证券监督管理机构或国务院授权的部门提交的证券发行申请文件必须真实、准确、完整。国务院证券监督管理机构设发行审核委员会,依法审核股票发行申请,核准程序应当公开,依法接受监督。国务院证券监督管理机构或国务院授权的部门应当自受理股票发行申请文件之日起 3 个月内作出决定,不予核准的应当作出说明。私募发行,又称定向发行、不公开发行,以特定投资者为对象发行股份。以这种方式发行股份,必须向国务院授权的部门或者省级人民政府申请批准。

根据股票发行是否借助证券发行中介机构分为直接发行和间接发行。直接发行是证券发行人不通过证券承销机构,直接向投资者发行股份。这种方式包括发行人直接向公众发行、直接向现有股东发行、公开招标发行等。直接发行费用低,但要求发行人信誉优良,而且由于没有中介机构的参与,发行时间较长,风险较大。间接发行,又称证券承销,发行人委托证券承销机构发行股票。间接发行包括代销和包销。证券代销是指证券公司代发行人发售证券,在承销期结束时将未售出的证券全部退还给发行人的承销方式。证券包销是指证券公司将发行人的证券按照协议全部购入或者在承销期结束时将售后剩余证券全部自行购入的承销方式。我国法律要求,发起人向社会公开募集股份,应当由依法设立的证券经营机构承销。公开发行证券的发行人有权依法自主选择承销的证券公司,证券公司应当依照法律、行政法规的规定承销发行人向社会公开发行的证券,不得以不正当竞争手段招揽证券承销业务。证券公司承销证券,应当同发行人签订代销或包销协议,并应对公开发行募集文件的真实性、准确性、完整性进行核查,发现含有虚假记载、误导性陈述或者重大遗漏的,不得进行销售活动。向社会公开发行的证券票面总值超过人民币 5000 万元的,应当由承销团承销。承销团应当由主承销和参与承销的证券公司组成。证券的代销、包销期最长不得超过 90 日。证券公司在代销、包销期内,对所代销、包销的证券应当保证先行出售给认购人,证券公司不得为本公司事先预留所代销的证券和预先购入并留存包销的证券。

根据股票发行价格与面值的关系,可将股票发行分为折价发行、面值发行和溢价发行。折价发行是以低于票面金额的价格发行。面值发行,又称平价发行、等价发行,以股票票面金额作为发行价格。溢价发行是以超过票面金额的价格发行。依据公司法和证券法的规定,股票发行价格可以按票面金额,也可以超过票面金额,但不得低于票面金额。溢价发行须经国务院证券管理部门批准,其发行价格由发行人与承销的证券公司协商确定,报国务院证券监督管理机构核准。以超过票面金额发行股票所得溢价款列入公司资本公积金。

各国对股票发行也规定了一定的限制条件:(1) 公司对前次发行所募集资金,未按招股说明书所述资金适用项目支出,或者超出公司经营范围,未改正之前,或未经认可之前,不得发行新股票。(2) 不能按期支付已经发行的优先股约定股息的公司,不得再行公开发行优先股。(3) 当股份公司的实有资产不足抵偿所欠债务,或是连续两年亏损,且在近期内不能有明显转机的,不得公开发行任何形式的新股。

股票发行时,其价格受到多方面因素的影响,如公司的获利水平、证券二级市场的基本情况等。其价格的确定方式分为三种:(1) 议价法,股票发行人直接与证券承销商议定承销价格和公开发行的价格。承销价格与公开发行价格之间的差价为承销商的收入,这种方法通常有利于承销商。我国股票发行多采用此法。(2) 竞价法,又称招标定价法,由股票发行人将其股票发行计划和招标文件向一定范围的证券承销商公告,并在规定日期当中开标,出价最高者,即可获得新股发行的总承销权。这一做法最早盛行于20世纪40年代的美国。(3)拟价法,股票发行前,股票发行人与承销商共同拟定一个承销价格并加以推销。这一做法主要流行于我国台湾地区。　　　　　　(夏　松　林桂华)

gupiao faxing shichang

股票发行市场(the share issuing market)　股份公司以股票形式吸收社会闲散资金,使之转化为生产资本的场所,也称股票一级市场或初级市场。它不是在一个固定的场所集中交易,主要采用柜台交易和场外交易的组织方式。股票发行市场由发行人、投资者和证券中介机构组成。发行人是符合一定条件的股份有限公司;投资者包括个人投资者和机构投资者,后者主要是证券公司、信托投资公司、共同基金等金融机构和企业、事业单位,以及社会团体等;中介机构主要包括代理发行证券的承销商和相关的律师事务所、会计师事务所、资产评估事务所等为股票发行提供服务的中介机构。股票发行市场上发行的股票主要有两类:一是设立发行,即股份有限公司设立时的发行;二是增资发行,即股份有限公司在设立后为追加资本发行股票。
(丁艳琴)

gupiao guohu

股票过户(transfer of shares)　股票在投资者之间转移。现代证券交易的对象多为无纸化证券,由于没有实物载体,股东对相应证券的所有权无法凭借实物来体现,是在股东名册上对股东的姓名等资料进行登录,确认其股东身份,并明确相应权利、义务。股票过户是对已有的股票登记修改。包括三种类型:(1)交易性过户,由于股票的交易使股票从出让人转移到受让人完成股票过户。(2)非交易性过户,符合法律规定和程序的因继承、赠与、财产分割或法院判决等原因发生的股票过户。(3)账户挂失转户,由于实行无纸化流通,股票账户一旦遗失,可按规定办理挂失手续。在约定的转户日,证券登记结算机构主动办理过户手续。
(丁艳琴)

gupiao jiage

股票价格(price of shares)　又叫股票行市,指股票在证券市场上买卖的价格,分为发行价格和市场价格,发行价格指股票发行时的认购价格,可分为设立发行价格和新股发行价格。依《中华人民共和国公司法》,设立时股票发行价格可以按票面金额,也可以超过票面金额,但不得低于股票票面金额的价格发行,以超过票面金额为股票发行价格的,须经国务院证券管理部门批准(第131条第1款、第2款),股东发行采取溢价发行的,其发行价格由发起人与承销的证券公司协商确定,报国务院证券监督管理机构核准(《证券法》第28条),新股发行价格依《中国证监会关于股票发行工作若干问题的补充通知》(1998年3月7日证监字〈1998〉8号),计算方法为:(发行当年预测利润/发行当年加权平均股本数)×市盈率。如公开发行股票为A股,则依《股票发行定价分析报告指引(试行)》(中国证监会1999年2月12日发布)保送申报材料时,应提供定价分析报告,作为中国证监会依法核准发行价格的重要依据之一。上市公司向社会公开募集股份定价可以采取市价折扣或市盈率定价等方法(《上市公司向社会公开募集股份操作指引(试行)》(中国证监会2000年4月30日发布第一项)市场价格是股票在二级市场上买卖的价格。股票价格由其价值决定。股票本身只是一张凭证,股票之所以有价格,是因它代表着收益的价值,即能给持有者带来股息或资本利益,是据以取得某种收入的证书。股票价格是对未来收入的评定。股票价格由股票价值决定,同时受许多因素的影响,其中供求关系是最直接的影响因素,其他因素通过作用于供求关系影响股票价格,这些因素的影响程度是不可预测的。由于影响股票价格因素复杂多变,股票价格经常起伏波动。
(丁艳琴)

gupiao jiage zhishu

股票价格指数(index of stock price)　运用统计学中的指数方法编制成,反映股市总体价格或某类股价变动和走势的指标。据股价指数反映的价格和走势所涵盖的范围,可将股价指数分为反映整个市场走势的综合性指数和反应某一行业或某一类股票价格走势的分类指数。按编制股价指数时纳入指数计算范围的股票样本数量,可将股价指数分为全部价格指数和成分股指数。前者是将指数所反映出的价格走势涉及的全部股票都纳入指数计算范围,后者是从指数所涵盖的全部股票中选取一部分较有代表性的股票作为指数样本,称为指数的成分股,计算时只把所选取的成分股纳入指数计算范围。编制成分指数,为保证所选取样本具有充分的代表性,国际上惯用的是综合考虑样本股的市价总值及成交量在全部上市股票中所占比重,并充分考虑所选样本股公司的行业代表性。
(丁艳琴)

gupiao jiaoge

股票交割(stock delivery)　股票卖方将卖出的股票交付买方,买方将买进股票的价款交付卖方的行为。股票的成交与交割都是由证券商代为完成的,所以股票的交割分为证券商和委托人之间的交付,证券商和证券商之间的交付两个阶段。首先是证券商与委托人之间的交付，股票的买方在委托证券经纪人买进股票时，就已将买进的价款存入交易账户，股票的卖方同样在委托证券经纪人卖出股票使就已将股票交付经纪人。如果委托人在证券商相互交付时仍不能交付证券和价款，证券商有权将购入的证券卖出或者将出售证券买回，由此产生的损失由委托人承担。然后是证券商与证券商之间的交割，他们的证券和价款交割应当在证券交易所主持下进行。按照从交易日到交割日之间的时间间隔的不同，交割方式有：(1) 当日交割，股票买卖双方在交易达成之后，与成交当日进行股票的交割和价款的收付，完成交易的全过程。(2) 次日交割，在交易达成之后的下一个营业日进行股票的交割。(3) 例行日交割，在交易达成后，按证券交易所的规定，在成交日后的某个营业日进行交割。(4) 特约日交割，在达成交易后，由双方根据具体情况，商定在从成交日算起的 15 天以内的某一特定契约日进行交割。

(丁艳琴)

gupiao jiaoyi

股票交易(stock transaction) 股票所有人将股票转让与他人的法律行为。前提是转让人须对所转让的股票拥有所有权或处分权。股票交易可由股票所有人自己进行，也可由他人代理。股票交易实行公开、公平、公正的原则。公开原则是投资者对其购买的股票及发行公司具有充分、真实、准确、完整并且不是误导的了解。公平原则是股票交易各方所享有的权利和义务必须是平等的，他们应在相同条件下和平等的机会中进行交易，反对欺诈、舞弊、内幕交易、操纵市场行为和其他不公平交易行为。公正原则是公正对待股票交易参与各方，公正处理股票交易事务，保证股票交易活动健康、有序地进行。股票交易的种类：根据保证金比例标准可分为足额保证金交易和信用交易，足额保证金交易要求客户在股票买卖前必须交存足额保证金，证券经营机构不代为垫付款；信用交易是客户凭借自己的信誉通过交纳一定数额的保证金取得经纪人的信任，在交易股票数量和价款数量超过股票或货币持有量时，其差额由证券经营机构补足。信用交易具有较大风险，投机性较强，各国监管很严。根据成交时间和交割时间是否同步分为现货交易和期货交易。现货交易是股票买卖双方成交后应即时清算交割股票和价款的一种交易方式。它是最普遍采用的交易方式，相对于其他交易方式，投机性较小，风险也较小，为大多数投资者所青睐，也为各国和地区证券法律接受。股票期货交易是股票交易双方在成交时约定在将来某一特定时间，按照成交时合同规定的数量和价格清算和交割的交易方式，一般采取对冲方式清算，不一定进行实物交割，真正进行实物交割的只占交易额的极小部分。还有一种是股票期权交易，是当事人约定在一定时间内，以特定价格买进或卖出指定的股票，或者放弃买进或卖出指定股票的交易。我国现行立法只允许现货交易，禁止信用交易股票交易要在法定的股票交易场所进行。

股票交易的法律性质，有两种学说：(1) 地位让与说。是建立在股东承认说基础之上的一种学说。认为股票所代表的股东权应包括自益权和共益权。自益权的内容主要是就公司的盈利和剩余财产的分配请求权；共益权主要是参加公司管理的权利，包括参加公司的股东大会、在股东大会上行使表决权、公司董事和监事的选举权和被选举权等。股票转让使股东地位依转让行为发生转移，包括自益权和共益权在内的股东权由受让人概括承受，股东的法律地位随股票的转让而转让。地位让与学说为通说。(2) 自益权让与说。建立在股东权否认学说基础之上，认为股东权的自益权与共益权应分离，并进一步认为股份是以利益分配请求为目的的附条件的债权。股票的转让是以利益请求为内容的自益权的总体转移。共益权是人格权，不应包括在股份之中。对于受让人共益权在法律上为当然的原始取得。

(丁艳琴)

gupiao jiaoyi shichang

股票交易市场(stock transaction/trading market) 供已发行的股票流通转让的场所。分场内交易市场和场外交易市场，场内交易市场是证券交易所(参见证券交易所)，场外交易市场包括店头市场(参见店头市场)、第三市场和第四市场。第三市场又称"柜台外市场"，是证券交易所的上市股票由非交易所会员经纪人在交易所之外进行的股票买卖行为。第三市场交易的形成是为了避开固定高昂佣金，第三市场股票买卖双方当事人主要是证券商和机构投资者。第四市场是大公司等机构投资者绕过证券经纪人，彼此间在证券交易所之外直接利用计算机网络进行大宗股票交易，即利用证券报价系统进行的交易。是没有经纪人的柜台外交易市场。

(丁艳琴)

gupiao neizaijiazhi

股票内在价值(intrinsic value of shares) 即理论价值，是股票未来收益的现值，取决于股息收入和市场收益率。是证券分析师或投资者根据公司现有的财务状况、未来获利能力和股利大小及其他影响股票收益的因素，以"折现法"换算出来的股票价值。它代表公司的获利能力，股票内在价值越高，公司获利能力越强，市场价格也就越高。股票内在价值被认为是公司的真正价值，它决定股票的市场价格，实际上市场价格并不完全等于内在价值,市场价格还受供求关系及其他因素的影响,股票的市场价格总是围绕着股票的内在价值波动。
(丁艳琴)

gupiao qingsuan jiazhi
股票清算价值(value of share's liquidation) 公司清算时每一股份所代表的实际价值。理论上股票的清算价值应与账面价值一致,实际上不完全一致。只有当清算时的资产实际销售额与财务报表上反映的账面价值一致时,每一股的清算价值才会和账面价值一致。公司清算时,资产往往只能压低价格出售,加上清算成本,多数公司的实际清算价值总是低于账面价值。
(丁艳琴)

gupiao touzi fengxian
股票投资风险(risk of investing stocks) 股票预期收益变动的可能性及变动幅度,股票投资风险主要包括公司亏损风险和市场价格波动风险。公司亏损风险是投资者面临的最大风险,投资股票就是投资于公司,公司的经营绩效直接决定股票的风险。公司发生亏损,投资者将面临失去股息收入的风险和失去靠买卖差价获得资本利得的风险,这种条件下公司的股票价格必然下跌。市场价格波动风险,是股票价格波动为投资者带来的资本利得损失。由于股票价格不断变动,任何时候投资者都将面临这种风险。投资者长期持有特定的股票,股票发行公司的绩效不持续下降,市场价格波动给投资者带来的风险不会很大。短期投资者经常买卖股票,市场价格波动的风险很大。
(丁艳琴)

gupiao yu gudan
股票与股单(shares and certificate of contribution to capital;德 Aktie und Geschäfesanteilschein) 股单是有限责任公司依法签发的,用以证明股东所持股份的凭证,是有限责任公司的股东享有股东权益的证明,股单也称出资证明书。股单与股票有以下区别:(1)股单是记名的,股单上通常要记载股东的姓名、住所、股份的具体数额等基本内容,股票除记名股票外,还有无记名股票。(2)股单不能自由流通,依照《中华人民共和国公司法》,股东之间可以相互转让其全部出资或部分出资,股东向股东以外的人转让出资时必须经全体股东过半数同意,不同意转让的股东应当购买该转让的出资,如果不购买该转让的出资,视为同意转让。股票可以自由流通。(3)股单代表的股份金额可不相同,有限责任公司的股东通常只持有公司的一个股份,不同股东所持有的股份的票面金额可以不同。股份有限公司股东每人可持有公司不同数量的股份,每一股份代表的股份金额是一样的。
(丁艳琴)

gupiao zhangmianjiazhi
股票账面价值(accounting value of share) 又称股票净值或每股净资产,指每股股票所代表的实际资产的价值。每股账面价值是以公司净资产除以发行在外的普通股票的股数求得,它代表股东拥有的自有资金和享有的权益的大小,账面价值越大,股东享有的权益就越大。账面价值根据现有财务报表计算,所依据的数据具体、确切,可信度高。是证券分析师和投资者分析股票投资价值的重要指标,账面价值高,表示公司经营财务状况好,股东享有的权益多,股票未来获利能力强,内在价值高,市场价格也会上升。
(丁艳琴)

guquan zhiquan
股权质权(pledge on share;德 Pfandrecht an Aktie) 以企业出资人股权中的财产权为标的而设定的权利质权。股权质权的标的一般为股份有限公司股东的股票和有限责任公司的股份。但并非所有的股票和股份都可以作为股权质权标的,作为股权质权的标的的股票和股份必须具有可转让性。不得转让的股份和股票不能成为股权质权的标的。例如,《中华人民共和国公司法》第147条、第145条、第149条规定,发起人持有的本公司股份,3年内不能转让;公司董事、经理、监事持有的本公司股份于其在职其间不能转让;记名股票于股东大会召开前30日内或者公司决定分配股利的基准日前的5日内,不得进行股东名义的变更登记。以上情形的股份和股票不得设质。对于受到我国法律特别限制的股权,也须符合相应的条件后方可设定质权。例如,我国《公司法》第35条第2款规定,股东向股东以外的第三人转让出资时,必须经全体股东过半数同意。对于以国有股设定质押的,还需遵循财政部2001年10月25日颁布的《关于上市公司国有股质押有关问题的通知》的有关规定。应当注意的是,股权即使出质后,质权人只能享有其中的受益权等财产权利,对公司的重大决策权和选择管理者权等仍由出质人行使。因为股权质权的客体仅是股权中的财产权。《中华人民共和国担保法》第78条对以股票和股份设定质押分别做了不同的规定:(1)以依法可以转让的股票出质的,出质人与质权人应当订立书面合同,并向证券登记机构办理出质登记,质押合同自登记之日起生效。一般认为,股票可分为记名股票和无记名股票,无记名股票的质权设定得依当事人合意和股票的单纯交付进行,记名股票的质权设定须以当事人合意和股票的背书交付进行,同时应办理质权登记,记载于股东名册。而对于由证监会指定机构集中保管的股票,则向证券登记机构办理质押登记即可,因该股票不为所有人直接占有,故股票保管机构的质押登记在此场合下具有转移股票间接占有的意义。(2) 以有限责任公司的股份出质的,适用公司法关于股份转让的有关规定。质押合同自股份出质记载于股东名册之日起生效。所以,以股份设定质押一般应具备以下要件:一是须全体股东过半数同意;二是订立书面质押合同;三是出质情况须记载于股东名册。

在依法成立的股权质权法律关系中,质权人享有以下权利:(1) 留置出质股票的权利;(2) 收取设质股份、股票的法定孳息的权利;(3) 禁止出质人非法转让设质的股份、股票,以保全其股权质权的权利;(4) 在债权已届清偿期而未获清偿时,享有依法实行股权质权的权利。

同时,股权质权人也负有以下义务:(1) 妥善保管入质股票的义务;(2) 在质权到期前不得处分入质股权的义务;(3) 当被担保债权消灭后,返还入质股票或通知注销质押登记的义务。 (申卫星)

guding xintuo
固定信托(fixed trust) 可酌情处理的信托的对称。受益人所能获得的信托利益的数量或份额已经被委托人在信托行为中固定地确定下来的信托。固定信托的基本特征,在于受益人对信托受益权的取得和对信托利益数量或份额的取得均决定于委托人的意志,且这一数量或份额具有确定性。固定信托属于明示信托。就这种信托而言,受托人对由其向受益人所为的对信托利益的数量给付与份额分配必须严格执行信托行为的有关规定。 (张 淳)

guding zichan
固定资产(fixed assets;德 Grundmittel) 流动资产的对称。根据资产在生产过程中,其价值转移到产品价值的方式不同,而对企业资产所作的区分。企业资产是企业拥有或者控制的能以货币计量的经济资源,包括各种财产、债权和其他权利。资产分为流动资产、长期投资、固定资产、无形资产、递延资产和其他资产。固定资产指使用年限在一年以上,单位价值在规定标准以上,并在使用过程中保持原来物质形态的资产,包括房屋及建筑物、机器设备、运输设备、工具器具等。确定某物是否固定资产,不是取决于它的实物属性,而是取决于它在生产过程中执行职能的特殊方式。如同一台机车,在机车制造厂是产品,而在铁路运输企业则为固定资产。全民所有制工业企业有权依照国务院规定出租或者有偿转让国家授予其经营管理的固定资产;企业根据生产经营的需要,对一般固定资产,可以自主决定出租、抵押或者有偿转让;对关键设备、成套设备或者重要建筑物可以出租,经政府主管部门批准也可以抵押、有偿转让。法律和行政法规另有规定的除外。企业处置生产性固定资产所得收入,必须全部用于设备更新和技术改造。企业处置固定资产,应当依照国家有关规定进行评估。

在我国,不仅企业资产有此分类,而且行政事业资产也分为流动资产、长期投资、固定资产、无形资产和其他资产。所谓行政事业资产,即国家行政事业单位的国有资产,包括国家拨给行政事业单位的资产,行政事业单位按照国家政策规定运用国有资产组织收入形成的资产,以及接受捐赠和其他经法律确认为国家所有的资产。行政事业单位处置资产(包括调拨、转让、报损、报废)应向主管部门或同级财政、国有资产管理部门报告,并履行审批手续,未经批准不得随意处置。(1) 中央级行政事业单位对所占有、使用的固定资产(如房屋建筑物、土地、车辆及单位价值在 20 万元以上的仪器设备)的处置,经主管部门审核后,报国家国有资产管理局会同财政部审批。规定标准以下的审批权限,由主管部门决定。(2) 各省、自治区、直辖市和计划单列市可根据本地区的实际情况,规定固定资产审批权限。 (张 谷)

guyou caichan
固有财产(individual property) 由受托人享有其所有权、因与信托无关从而并不属于信托财产范围,并且依法可供其为自己利益管理或处理的财产。它主要包括在信托设立前便已经为受托人享有其所有权的财产和在信托存续期间由受托人基于与执行信托无关的行为而取得其所有权的财产。在信托存续期间,归受托人占有和管理的财产,除信托财产外还有固有财产;依各国、各地区信托法的规定,固有财产与信托财产相互独立,分别为不同性质的财产,且受托人对于其与执行信托无关的个人事务的处理,在需要支付金钱的情况下只能够从其固有财产中开支。 (张 淳)

guyou shangxingwei
固有商行为(fundamental commercial act) 附属商行为的对称。传统上称为买卖商行为或基本商行为。包括绝对商行为和营业商行为。绝对商行为,指依法律规定,无论是商人为之或非商人为之,也无论是否以营业方式去进行,法律均视其为商行为。营业商行为,指商人为营业所进行的行为,它必须是商人所为行为,且必须以营业方式为之。固有商行为是构成商人概念和商行为概念的基础,这些行为的共同特征都是直接以营利为目的的活动,并且在内容上以商品交易为基础,即使不是直接以商品交易为主要内容,如旅馆、饭店、娱乐业,也是间接为商品交易服务的,也可说是从商品交易的基础上派生出来的。所以把这些行为称为固有商行为并与附属商行为区别开来,这在理论上和司法实践中对确认具体商行为的性质都是有重要意义的。不过随着现代经济的发展,许多新的行业如信息产业、知识经济产业不断出现,这样原有对固有商行的一些限制性的规定,就显得不能满足现实实际需要。如水的供给、金钱和有价证券的出借,信息情报的提供,这些活动如进行规模经营,都应该把它追加为固有商行为。此外,对商业公司来说,其全部活动都是营业性的活动,它没有像个体商人为操持家务那样纯私人的活动,所以许多国家的商法规定,当商人(这里主要指商法人)是否为营业的行为不清楚时可推定商人的行为是营业性行为。《德国商法典》第344条第1款就规定,商人所为法律行为,有疑义时则视为商事经营。这就是把商人所为的法律行为,推定延伸为商人的所有行为。

(金福海)

guyi

故意(intention) (1)过错的一种形态。过失的对称。指行为人对于构成不法行为的事实,明知并有意使其发生或预见到损害后果的发生并希望或放任该结果的发生的心理状态。前者称为直接故意,后者称为间接故意。与过失不同,故意表现为加害人对于损害后果的追求、放任心态,而过失则表现为加害人不希望、不追求、不放任损害后果发生的心态。一般说来,在坚持全面赔偿原则的前提下,故意与过失的区分不影响损害赔偿的范围,但是不能说二者的区分没有意义。参见过错条。(2)又称意图。英美侵权法中故意侵权的主观构成要件。故意侵权是从起初的直接侵权演变而来的一类诉讼,包括殴打、威吓、非法监禁、精神伤害、侵占土地和财产等。故意这种状态可以通过表面的直接证据或其他证据很容易证明,因此可以被称作"表见侵权",事实上,此类案件中的责任通常是严格责任,无须当事人有过错。美国《侵权法重述》第870条给出一个故意侵权的一般性原则:一个人故意引起对他人的伤害应对他人的实际损害负责,如果他的行为是有过错及非正义的。尽管加害人的行为不能符合侵权传统分类中的一种,这种责任照样可以适用。对此,学者认为,一方面,并非所有的非法的故意的过错都是可诉的,另一方面,法庭不必受传统故意侵权的有限种类的限制,而可以适当扩张适用。

(张平华)

guyi weifan shanliang fengsu er zaocheng sunhai de xingwei

故意违反善良风俗而造成损害的行为(德 Sittenwidrige vorsätzliche Schädigung) 德国、瑞士、我国台湾地区民法上侵权行为的一种。以违反善良风俗的方式故意对他人施加损害的人,对因此给他人造成的损害负有赔偿义务。故意违反善良风俗而造成损害的行为是对"权利侵害型"侵权行为的补充,通过将善良风俗引入侵权行为法,使民法的发展与社会变迁紧密结合起来,使道德与法律有机结合起来,丰富了民法法源,扩大了侵权行为法的保护范围,一般认为,该种侵权行为保护的客体不仅包括权利还包括尚未权利化的利益。如果受到侵权的客体是权利,则该种侵权行为可与权利侵害型侵权行为或违反保护他人义务型的侵权行为竞合。这种侵权行为具体可以包括:欺诈、侵害他人债权的行为、滥用权利、侵害婚姻关系等。

(张平华 刘经靖)

guyong hetong

雇佣合同(contract for service;德 Dienstvertrag) 一方于一定或不定的期限内,为他方服劳务,他方给付报酬的协议。服劳务的一方称为受雇人,接受劳务并给付报酬的一方称为雇佣人,又称雇主。习惯上雇佣合同多指为他人服体力劳务,而雇请服脑力劳务的教师、会计师、医师、律师等在法律形式上多采用聘书或委托方式。雇佣合同与承揽、出版、委任、居间、寄托等提供劳务类的合同的不同之处在于雇佣是以提供劳务为目的,而其他合同中给付劳务是实现合同目的的手段。故雇佣合同的受雇人提供的劳务即使并未达到雇主所期望的结果,雇主也应给付报酬。雇佣合同原则上应由当事人应亲自履行,受雇人非经雇佣人同意,不得使第三人代服劳务。雇佣合同是以提供劳务获得报酬为目的的,当事人双方都负有对应的义务,因此是有偿的双务合同。至于雇佣人给付的报酬,则既可以是金钱,也可以是其他形式的报酬。报酬数额可按时计算,也可按件计算,具体标准由当事人依法商定。雇佣合同是诺成的非要式合同,因雇佣人与受雇人的合意而成立,但法律另有规定的除外。至于劳动的提供,并非雇佣合同成立的要件,当事人约定负担债务的意思表示一般无须采特别的方式。雇佣合同成立,除须具有合同成立的一般要件外,还以提供劳务为直接目的为条件;若所提供的劳务是从属性义务,或为达成其他目的的手段,则不构成雇佣合同。依约给付报酬也是雇佣合同的要件之一,并非以获得报酬为内容的合同不构成雇佣合同。雇佣合同的内容可由当事人协商,但不得违反法律关于劳动条件、劳动保护、报酬等方面的强行性规定。雇佣人的权利主要是劳务请求权。非经受雇人同意,雇佣人不得将劳务请求权让与第三人。当受雇人同意时,雇佣人可将劳务请求权让与他人,而未经受雇人同意的转让行为无效。雇佣人的义务主要是给付报酬。报酬的数额,可由当事人约定;当事人未约定的,可按报酬价目表的规定给付;无价目表的,可依习惯给付。报酬给付的期限依当事人的约定；无约定的依习惯；无约定也无习惯的，可分期给付。除当事人另有约定外，分期计付报酬的，应于每期届满时给付；报酬不是分期计付的，应于劳务完毕之时给付，受雇人的主要义务是提供劳务。受雇人若不履行该义务，或不完全履行该义务，雇佣人可依债务人不履行的规定行使其权利。受雇人按约定提供劳务，如雇佣人受领迟延，受雇人无补服劳务的义务，受雇人仍可请求报酬。但受雇人因不服劳务所减省的费用，或到他处提供劳务再取得报酬的，雇佣人可以从报酬内扣除。在签订雇佣合同时，如果受雇人以明示或暗示的方式表示其有特殊的技能，那么他应当保证提供该技能；如果未能提供该技能，雇佣人有权终止该合同的履行。对于受雇人因提供劳务而作出发明创造的，其权利归属应依特别法（如专利法）的规定。

雇佣关系除因一般合同的消灭原因而消灭外，还有下列消灭原因：(1) 因劳务履行完毕；(2) 合同规定的期限届满。雇佣合同有期限的，其雇佣关系于期限届满时消灭，雇佣期限届满后，受雇人继续履行劳务，雇佣人明知而未表示反对的，可推定成立新的雇佣合同关系；(3) 当事人行使终止权。当事人可行使终止权的情形包括：受雇人以明示或暗示的方式表明其有特殊技能的，如无此特殊技能，雇佣人有权终止合同；未定期限的合同，也不能依合同劳务的性质或目的确定期限的，双方当事人可随时终止合同，但有利于受雇人的习惯时，从其习惯；当事人一方遇有重大事由时，即使合同有期限，仍然可以在合同期限届满之前终止合同；雇佣人未经受雇人同意，将其劳务请求权让与第三人时，受雇人得终止合同；受雇人未经雇佣人同意，使第三人代服劳务时，雇佣人得终止合同；(4) 合同的解除。当事人保留雇佣合同解除权时，当事人可行使解除权解除合同。(5) 受雇人的死亡。受雇人死亡，原则上雇佣合同终止；但如雇佣人同意以他人代服劳务并无差异时，雇佣关系并不当然终止。 （李成林）

guyong jiuzhu

雇佣救助(employed salvage service) 又称实际费用救助。一般以救助人所实际使用的人力和救助设备依照使用的情况计算报酬。雇佣救助的合同可以在救助之前或者救助的过程中由双方合意订立，也可以由被救助人单方提交申请而成立。雇佣救助的救助指挥权在遇险船一方，无论救助成功与否，被救助方都要向救助人支付报酬。由于雇佣救助承担的风险比较小，所以救助费用也相对比较低廉。 （王 青）

guyongren

雇佣人(hirer; employer) 也称雇主，在雇佣关系中，雇佣另一方为其服务、提供一定的劳务，按约定向对方支付报酬的人。雇主有权命令、安排和监督受雇人的工作，但不能违背雇佣合同和国家的有关的法律法规。一般情况下，雇佣人与受雇人双方协商确定相互的权利义务，但对于雇佣特种类型的人，如妇女、未成年人及工作时间的长短、支付工资的方式、允许的扣除额、最低工资标准、假期的工薪问题往往由法律规定，雇佣人不能随意改变。在雇佣关系存续期间，雇佣人负有下列义务：接受受雇人从事工作；合同有明确规定的，应依合同为受雇人提供食宿；依合同中明示或默示的规定，应为受雇人提供工作；按合同规定向受雇人支付报酬；保护雇员的人身安全；不因雇佣人的疏忽或雇佣人负有责任的人的疏忽，而使受雇人受到伤害；保护受雇人免受在履行职守的义务时所产生的负担、损失和责任，以及遵守法律所规定的雇佣人本身的一切义务。因没有履行安全、合情的照顾雇佣人而使其人身遭受伤害的，雇佣人有赔偿的义务。在受雇人工作中，因受雇人的过错致使他人的利益受到损害的，在侵权或不法行为的诉讼中，雇佣人有应诉和依法赔偿的义务。但如果受雇人的不法行为发生在工作以外时，则雇佣人不负赔偿责任。 （李成林）

guyong zulin

雇佣租赁(拉丁 locatio conductio operarum) 罗马法上租赁契约的一种，又称劳务租赁，类似于现代民法上的雇佣合同，是以诚实的但非自由的服务为标的的契约。雇佣租赁因期限届满或出租人死亡而终结。法国民法典在《取得财产的各种方法》一编中规定了租赁契约，包括物的租赁、劳动力及技艺的雇佣和牲畜租养；德国、日本、瑞士民法典则将物的租赁与劳务合同区分。 （刘经靖　张平华）

guzhu zeren baoxian

雇主责任保险(employers' liability insurance) 以雇主(被保险人)对其雇用的员工从事保险合同列明的被保险人的业务而发生意外事故所受伤亡、疾病应当承担的赔偿责任为标的的责任保险。

1. 保险标的。以被保险人对其雇员所担的损害赔偿责任为限，可以投保雇主责任保险。被保险人雇用的员工，为雇主责任保险的第三人，而且不以被保险人长期雇用的员工为限，还包括短期工、临时工、季节工和徒工。但是，被保险人雇用的员工不包括为雇主提供劳务或者服务的独立承包商雇用的员工，不论雇主对独立承包商雇用的员工是否直接支付劳动报酬。雇主责任保险因为保险标的的差异，与公众责任保险不同，公众责任保险的保险标的以被保险人造成雇员以外的第三人的损害而应承担的赔偿责任为限。

2. 被保险人的业务告知。投保人(被保险人)在订立雇主责任保险时,对保险人的询问有如实告知的义务。雇主责任保险的投保单一般列明有关雇主的业务范围的询问事项。若投保人(被保险人)对保险人的询问所为告知不准确,而投保单所询问的事项为雇主责任保险缔结的基础的,保险人对被保险人不承担任何保险责任,除非保险人或其代理人已知被保险人的业务之真实情况,或者其应当知道。

3. 合理的预防危险措施。雇主责任保险一般约定有被保险人应当采取合理的预防措施之条款。依照雇主责任保险单的约定,被保险人应当采取合理的预防措施以避免保险事故的发生。例如,我国保险实务采用的雇主责任险条款规定,被保险人应对其经营的业务,采取合理措施,以防止意外事故及疾病的发生。雇主责任保险单关于被保险人采取合理的预防措施的约定,是否为保险人承担保险责任的条件?理论和实务一般持肯定的立场。若其为保险人承担保险责任的条件,被保险人违反该条件的,保险人不承担保险责任。但是,被保险人因其雇员的过失而事实上违反保险单约定的条件的,保险人不得拒绝承担保险责任。

4. 给付范围。雇主责任保险所承保的赔偿责任,一般限于被保险人对与其有服务供与关系或学徒关系的人所承担的赔偿责任。依照我国的保险实务,雇主责任保险的保险责任范围为:凡被保险人雇用的员工(包括短期工、季节工、临时工和徒工)在受雇过程中,从事保险单所列明的被保险人的业务有关的工作,遭受意外而致受伤、死亡或者发生与业务有关的职业病引致伤残或死亡,被保险人依雇佣关系应当负担的医药费和赔偿责任(包括应当支付的诉讼费用)。再者,雇主责任保险可以特约而增加承保被保险人的赔偿责任之范围。若被保险人请求加保附加医药费保险和附加第三者责任保险,保险人接受的,保险人以保险单约定的保险金额为限,并应对被保险人的雇员所患疾病(包括传染病、分娩、流产)所需治疗、医药、手术和住院等医疗费用,承担给付保险赔偿金的责任;对被保险人因其雇员执行与业务有关的工作造成第三人的损失而应当承担的赔偿责任,包括对第三人的抚恤、医疗和赔偿费用,承担给付保险赔偿金的责任。

5. 除外责任。雇主责任保险因为对被保险人的责任有明确的描述,诸如因为被保险人的业务活动以及受害人与被保险人之间存在服务供与或雇佣契约关系等,保险人依照保险单应当承担的保险责任范围相对狭小且较为明确,故在保险实务上,雇主责任保险单一般没有除外责任的约定。但我国保险实务所使用的雇主责任保险条款约定有多项除外责任,主要包括:(1)因为战争、类似战争行为、叛乱、罢工、暴动或者核子辐射所致雇员伤残、死亡或者疾病;(2)雇员由于疾病、传染病、分娩、流产以及因这些疾病而施行内外科手术所致的伤残或者死亡;(3)因雇员自加伤害、自杀、犯罪行为、酗酒及无照驾驶各种机动车辆所致伤残或者死亡;(4)被保险人的故意行为或重大过失;(5)被保险人对其承包商雇用的员工的责任。　　(邹海林)

guaming hehuoren
挂名合伙人(ostensible partner)　以合伙人的名义处理合伙事务的人,是否享有合伙利益在所不问。英美法上的概念。　　(李仁玉　陈 敦)

guanlian gongsi
关联公司(affiliated company)　关联公司是指两个公司以上的公司之间存在某种特定联系的情形而言的。关联公司的外延相当广泛,按照德国《股份公司法》第15条的规定,关联企业(含公司)是指法律上独立的企业,这些企业在相互关系上属于拥有多数资产的企业(指因投资形成的子公司)和占有多数股份的企业(指因投资形成的母公司);因签有企业合同形成的从属企业和支配企业;康采恩企业;相互参股企业以及共同为企业合同的签约方的企业。关联企业之间的权利义务关系往往由公司法、证券法加以规定,并由反垄断法及税法调整其中的特定关系。《中华人民共和国公司法》对此未作规定。

法律上确认不同公司之间存有关联关系往往基于以下的目的:(1)明确相互之间对第三人的债务责任;(2)反对股市的非法操纵行为;(3)反垄断;(4)反避税。　　(王亦平)

guanyu chuanyuan peixun fazheng he zhiban biaozhun de guoji gongyue
《关于船员培训、发证和值班标准的国际公约》(International Convention on Standards of Training, Certification and Watchkeeping for Seafarers, 1978; STCW)　为统一各国的海员培训、发证和值班标准,以确保海运船舶的航行安全而制定的国际公约。

为了保证船舶的航行安全,世界各国除对船舶的技术条件进行严格的管理和控制外,还对船员的资格进行了严格的限定和管理。限定和管理的主要办法之一就是实行船员考试制度,经考试合格者,发给相应的职务证书。从这个意义上说,只有持有合格职务证书的船员,才允许在船上担任相应的职务。但由于世界各国考试标准各不相同,船员水平也就参差不齐。1978年6月7日国际海事组织(IMO)在伦敦召开国际会议,会议综合各国船员考试的经验和海上安全的要求,讨论制定了《1978年海员培训、发证和值班标准国际公约》。该公约自生效以来,对规范各国船员考试、发证制度,实现海上安全,防止船舶污染海洋环境,促进国际海上运输事业,发挥了重要的作用。进入90年代以来,由于航海技术和货运的飞速发展,国际海事组织对1978年《STCW公约》进行了一些重大的修改,由此导致了1991年修正案和1993年修正案的产生,并于1995年7月完成了对公约的全面修改,修改后的《STCW公约》已于1997年2月1日生效。考虑到各缔约国需要有充足的时间做好各项准备,新公约规定,最迟自1998年8月1日起,新上船的船员和新入学的航海类专业的学生以及接受培训的船员必须按照新公约的要求进行培训、考试和发证;自2002年2月1日起,在1997年2月1日前上船的船员也必须按新公约的要求重新进行培训、考试、发证工作。

1987年2月14日,我国按照该公约的精神制定颁布了《船员考试发证规则》,使船员考试工作走上了规范化、制度化的轨道。后为了与新的《STCW公约》保持一致,交通部于1997年分别以13号令和14号令的形式,发布了《船员考试规则》和《船员考试质量管理规则》,从而开始了向新的考试制度的转变。

guanyu tongyi haishang chuanbo suoyouren zeren xianzhi ruogan guize de guoji gongyue
《关于统一海上船舶所有人责任限制若干规则的国际公约》(International Convention for the Unification of Certain Rules Relating to the Limitation of the Liability of Owners of Seagoing Vessels, 1924) 由国际海事委员会起草并于1924年8月25日在比利时布鲁塞尔通过的关于船舶所有人责任限制的国际公约。该公约采取船价制、执行制和金额制并用的制度。公约规定,海船所有人所负的责任,以船舶的价值、运费及从属利益相等的金额为限。但对于船舶所有人可以享受责任限制八项中的五项,以不超过按船舶吨数每吨8英镑的总额为限。对于人身伤亡的损害赔偿得另加每吨8英镑,如有不足仍可参加其他船货赔偿额的分配。由于该公约内容不够健全,采用并用制度等缺点,始终未能得到各主要海运国的接受,一直没有生效。

(张永坚 张 宁)

guanyu guiding zhongzi baoxian gongsi xishou waizi cangu youguan shixiang de tongzhi
《关于规定中资保险公司吸收外资参股有关事项的通知》(Notices on Relevant Issues Concerning Foreign-participation in Domestice Insurance Companies) 中国保险监督管理委员会2001年6月19日发布。共9条。目的在于规定中资保险公司吸收外资参股行为,保障投资人的合法权益。主要内容包括:中资保险公司吸收外资参股时,需向中国保监会提出申请,报送中资保险公司和外资股东的相关材料;参股的外资股东需为具有法人资格的外国金融机构,其中已获准在中国保险市场开业的外国保险集团或公司原则上不得再投资参股中资保险公司;外资股东的股本金应当在通过中国保监会资格审查后2个月内足额到位,且3年内不得转让或置换,转让时受让方不得与转让方有任何关联关系;中资保险公司应聘请信用优良的财务、法律、资产评估及审计等方面的中介机构对外资参股工作进行咨询辅导,维护投资人的合法权益;外资参股的中资保险公司应通过设立独立董事、建立权力制衡机制等完善公司法人治理结构,逐步与国际通行的公司运作方式接轨。

(刘凯湘)

guanyu suopei qixian youguan wenti de pifu
《关于索赔期限有关问题的批复》(Reply on relevant issues concerning time limit for demanding compensation) 对保险条款中索赔期限与《中华人民共和国保险法》规定的索赔期限效力问题进行解释的规范性文件。中国保险监督管理委员会1999年12月13日在答复中国平安保险股份有限公司"关于索赔期限有关问题的请示"时作出,共3条。依该批复,中国保险监督管理委员会将对《保险法》颁布前制定但仍在执行的保险条款中关于索赔时效的规定进行清理,保险公司在制定保险条款时,应当遵守《保险法》第26条的规定。故保险条款中关于索赔期限的规定与《保险法》的相关规定冲突时,应当以《保险法》为准。

(刘凯湘)

guanyu tongyi tidan ruogan falü guiding de guoji gongyue
《关于统一提单若干法律规定的国际公约》(International Convention for the Unification of Certain Rules of Law Relating to Bills of Lading) 简称《海牙规则》(Hague Rules),是关于海上货物运输中承运人和托运人的义务、责任和赔偿限额等问题的国际公约。1924年8月25日于布鲁塞尔签订,1931年6月2日起生效。它是海上货物运输方面十分重要的一个国际公约。许多国家都根据《海牙规则》制定本国的海运法,各航运公司也多根据《海牙规则》制定自己的提单。

《海牙规则》秉承了美国《哈特法》的立法精神,即在一定范围内限制海上货物运输合同中的合同自由原则,其核心部分是规定承运人的最低责任和义务,承运人可以享受的免责范围和承运人对货物灭失或损害的赔偿责任限额,主要内容包括:(1)承运人和托运人的义务和责任;(2)承运人的豁免事项;(3)索赔与诉讼时效;(4)承运人对货物灭失或者损害的赔偿限额等。

《海牙规则》是20世纪20年代国际政治、经济发展的产物,它有利于海运大国,而不利于货方。《海牙规则》第一次通过国际公约的形式确定了海上货物运输合同中的权利义务分担原则,是一个巨大的进步。《海牙规则》现在已经被大多数国家所承认,其中重要的有关海上运货的国家如英国、美国、挪威、比利时、意大利、法国、荷兰等都先后根据该公约制定了相应的国内法。但随着国际政治、经济形势的变化,海运技术的发展,《海牙规则》也遭到越来越多的批评。 （张 琳）

guanyu xintuo de falü shiyong yu chengren de gongyue
《关于信托的法律适用与承认的公约》(Convention on the Law Applicable to Trusts and on Their Recognition) 又称《海牙公约》。这是一部主要是为了解决对涉外信托在法律适用上的冲突而制定的国际公约;于1985年7月1日在荷兰海牙召开的第二十五届国际私法大会上通过并公布,于1992年1月1日起生效。到2000年6月底为止,英国、澳大利亚、加拿大、意大利、马耳他与荷兰已签署并批准了该公约,致使该公约已在这些国家施行;美国、法国、卢森堡与塞浦路斯也已签署了该公约,只是该公约在这些国家尚未通过批准程序。英国对该公约是在1986年1月10日签署、1989年11月7日批准、1992年1月1日起施行,该公约因此而同时施行于中国香港地区;1997年7月1日中国政府恢复对香港行使主权,同年6月3日中国政府向保存该公约的荷兰王国政府外交部递交了外交照会,声明该公约在当年7月1日以后将在香港继续施行。这部公约共有5章32条。各章基本内容为：第一章：适用范围,规定了信托的定义与特征、为本公约能够适用的信托基本类型以及本公约在对将财产转移给受托人的行为的有效性的认定上和对存在于某些国家的信托的排斥适用;第二章：法律适用,规定了在确定适用于信托的法律时所应当遵循的原则及其在为这一确定时所应当考虑的因素、被确定适用于信托的法律所应当具备的功能及其所涉及到的信托重要事项以及对信托中可分割事项的不同法律适用;第三章：信托的承认,规定了能够得到本公约承认的信托以及这一承认对信托财产在法律性质上所能够产生的影响、信托财产登记的效力以及拒绝承认信托的前提;第四章：一般条款,规定了在适用本公约情形下根据法院地的冲突法规则所确定的规定特定事项的法律的可适用性、对本公约在与公共秩序发生冲突时的排斥适用、缔约国的对本公约本章有关条款在适用上提出保留的权力以及在缔约国的不同领土单位均有自己的信托法时对根据本公约所能够适用的法律的确定;第五章：最后条款,规定了为任何国家在加入时有权提出保留的本公约的有关条款、对本公约实行开放签字的国家的范围、对申请加入本公约的批准程序、在加入本公约情形下该公约对有关缔约国生效的时间以及缔约国对本公约的退出。

《海牙公约》中的具有法律规则性质的基本实体规范在内容上的要点是：（1）本公约只适用于有书面证明的明示信托;（2）本公约确认信托财产不属于受托人的固有财产,但这种财产的所有权在名义上属于受托人;还确认受托人在其受托权限范围内有执行信托的职权和义务,以及委托人保留一定权利和受托人自己享有受益人权利的事实不影响信托的成立;（3）本公约首先以意思自治原则为确定适用于涉外信托的法律时所应遵循的原则,依此原则,对涉外信托应当适用由委托人在设立信托的书面文件中选择的那一个国家的法律;如果不存在这一选择,该公约则以最密切联系原则为确定适用于涉外信托的法律时所应当遵循的原则,依此原则,对涉外信托应当适用与它有最密切联系的那一个国家的法律;但无论是遵循何种原则,被确定适用于涉外信托的法律均只能够是可以被适用以规制信托重要事项的法律;（4）根据符合本公约规定的法律设立的信托应当得到承认,这一承认至少意味着信托财产构成独立的基金,还意味着这种财产在偿债、继承与混同方面均具备了独立性;（5）如果适用本公约明显地与公共秩序发生冲突,或者损害到该国在财政事务方面的权力,则对它可以不适用;（6）本公约原则上具有溯及力,但缔约国在加入本公约时对此点提出保留的除外。 （张 淳）

guanchuan guoshi
管船过失(neglect or default of the management of ship) 船舶在航行中,船长、船员或承运人的其他雇佣人员在维持船舶性能和良好状态方面的过失行为或者不行为。考虑到船舶是一种设备复杂的运输工具,而船员在管理这些设备是难免出现差错,因而《海牙规则》规定承运人对由于管船过失造成的货物损害不负责任,这一规定为各国航运公司的提单援引,由于船长、船员或承运人的其他雇佣人员在管理船舶过程中的过失,造成货物灭失或损害,承运人可以免除责任;在其他情况下,管船过失造成的他方财产或人身伤亡赔偿责任通常不被免除,如在船舶碰撞方面,各国普遍实行过失责任制。但是,"管理船舶"与"管理货物"过失造成货物的界限不易划清,而承运人对"管理货物"过失造成货物的损失是要负责任的。"管船过失"和"管货过失"的区别标准通常是看行为或不行为针对的对象是船舶还是货物。一般认为,管理船舶过失免责的规定,与航行过失免责的规定一样,也是偏袒船方的,受到发展中国家的反对。《汉堡规则》废除了这一免责规定。 （张 琳）

guanhuo

管货(taking care of cargos) 承运人在接收货物后适当管理,使货物能够在良好状态下到达目的港的义务。《中华人民共和国海商法》第48条规定:"承运人应当妥善地、谨慎地装载、搬移、积载、运输、保管、照料和卸载所运货物。"一般而言,货物的装载,使货物从岸上或水上(驳船或其他设备)至船上货舱或其他载货处所的位移过程;搬移,指对货物加以绑扎、垫舱等;积载,指根据积载图、舱容和货物性质,合理安排船上货物装载位置的一项组织工作,其目的是充分利用船舶载重量和载货容积,保持船舶稳性和适航,提供货物安全运送条件,加快装卸速度;货物卸载,指货物从船上至岸上或水上驳船或其他设备的位移过程。与适航义务一样,承运人所承担的管货义务也不是绝对的,承运人只要做到适当谨慎即可。在认定承运人是否具有管货过失时,要综合各种情况来加以判断。由于海上货物运输主要由承运人的雇用人或代理人完成,因此,不仅承运人本人,而且承运人的雇用人和代理人也应严格履行管货义务。实践中,承运人未妥善地和谨慎地管理货物,大多数属于船长、船员或承运人雇佣的码头装卸工人的过失行为。管货义务的期间应该是从装货到卸货的整个货物运输期间。 (张 琳)

guanjiao

管教(discipline) 英美侵权法的免责事由之一,指当事人基于某种特定的关系,如监护、教育等,可以对相对人使用不超出法定限度和目的的暴力、威胁、惩罚等手段,对于因上述手段的行使而对相对人造成的损害,当事人不负侵权责任。 (刘经靖)

guanli daili

管理代理(managing agency) 商事代理的一种,即公司或企业的经理人或者代办商,因任职事实,被视为授予了代理权,对与第三人的事务享有一切必要的代理权。 (李仁玉 陈 敦)

guanli xintuo

管理信托(administrative trust) 又称纯正信托。担保信托的对称。委托人因出于通过将其财产作为信托财产转移给受托人管理或处分,并使由此所生信托利益归自己或第三人所有,或者被运用于特定事项之目的而设立的作托。此为典型的、常见的信托。 (张 淳)

guanli xingwei

管理行为(法 akte de láministration) 在财产行为中,不改变财产性质范围内的利用行为及改良行为,又称保存行为。处分行为的对称。 (李仁玉 陈 敦)

guanxian anshequan

管线安设权(德 Duechleitungsrecht) 又称为导引权或者通过权,指的是土地所有人非通过他人之土地,不能安设电线、水管、煤气管或其他筒管或虽能安设而需费过巨者,有通过他人土地之上下而为安设的权利。本于诚实信用及对对等正义原则,管线安设人得选择对邻人损害最小的路线和方法为之,并应支付补偿金。 (方志平)

guangchuan zuchuan hetong

光船租船合同(demise charter party) 又称空船租赁合同或船壳租赁合同。指船东(出租人)在一定期限内将没有配备船员的空船出租给承租人使用,而由承租人按期支付租金的合同。光船租船虽然与期租合同一样按照租期长短计算租金,但是与期租合同又有不同。光船租船,船东仅保留船舶的所有权,而把使用权和占有权都转移给了承租人;船东除了提供适航船舶和船舶文件外,不再承担其他义务,承租人有权指派船长、轮机长和其他船员,完全承担船舶在营运中所发生的风险和责任,船舶的一切开支和费用均由承租人承担;海事请求权人对承租人的债务申请扣船时,只能扣押本船或者承租人所有的其他船舶,而不能扣押船东的其他船舶。就其性质而言,光船租赁合同属于财产租赁合同,而不具有运输合同的性质。 (张 琳)

guangtou xintuo

光头信托(naked trust) 参见简单信托条。

guanggao hetong

广告合同(advertisement contract) 广告经营单位与客户签订的,由经营者代为设计客户的产品、客户形象及其他内容并通过媒体向社会公开,客户依约支付报酬的协议。广告的传播形式多种多样,可以是报刊、广播、电视、电影,也可以是路牌、橱窗、印刷品、霓虹灯等媒介或者其他形式。广告的内容必须真实、健康、清晰、明白,不得以任何形式欺骗用户和消费者。在广告经营中禁止垄断和不正当竞争行为。广告经营单位经营广告业务,须具有工商行政部门批准颁发的广告经营许可证。申请发布广告的客户应当有以下证明:(1)标明质量标准的,应有省辖市市以上主管部门的质量证明;(2)标明获奖的商品的,应提交获奖证书,并在广告中注明获奖级别和颁奖部门;(3)优质产品须有政府颁发的优质产品证书;(4)标明专利的,提交专利证书,标明商标的,提供商标注册证;(5) 实施生产许可证的,提交许可证,文体教育卫生广告,提交上级主管部门的证明;(6) 其他各类广告,需要提交证明的,应提交政府部门或授权部门的证明。广告费的收费标准,由广告经营者制订,双方在规定范围内协商确定。广告合同双方当事人应当认真履行合同,任何一方违约,均应依约定或法律规定承担相应的法律责任。

(李成林)

guangyi de daili

广义的代理(agency in broad sense) 狭义的代理的对称。以被代理人的名义所进行的代理和以自己的名义进行的代理,包括直接代理和间接代理。

(李仁玉 陈敦)

guangyi de jianhu

广义的监护(拉丁 de tutela et de cura; 德 Vormund im weiteren Sinne) 监护与保佐的合称。罗马法分设监护和保佐制度。保佐主要为精神病人及浪费人而设,其职责最初是为了保护家族和法定继承人的利益,后来逐渐演变为管理精神病人的财产。保佐人一般由精神病人或浪费人的最近的族亲担任,无族亲时,由宗亲担任。《德国民法典》采罗马法监护与保佐制度。保佐是对监护的补充,保佐的主要方式有:补充性保佐、残疾人保佐、不在人的保佐、胎儿的保佐、不明利害关系人的保佐和公募财产的保佐。我国民法未采广义的监护的概念。

(李仁玉 陈敦)

guangyi qiyue

广义契约(contract in broad sense) "狭义契约"的对称。当事人间以发生私法上效果为目的的一切合意。除债权契约外,物权契约、亲属契约等也包括在内。如建立婚姻关系、收养关系等的契约,物权设定、物权转移的契约。其中,物权契约、亲属契约可对抗一般人,而债权契约仅在特定当事人之间发生,仅能对抗特定人。一般认为,英美法系国家、大陆法系德国等国的契约采用的是广义契约的概念。

(万 霞)

guifu xintuo

归复信托(resulting trust) 又称结果信托。通过推定财产出让人存在虽未明确表示但却可因推定得知的信托意图,由此进而推定其成立,并以使作为转让对象的财产所生利益甚至包括该项财产本身,归属于该人为运作结果的信托。这种推定必须针对特定情形进行,能够导致这种推定发生的特定情形由法律规定,或者由法院通过行使自由裁量权确定。归复信托一般这样产生:某出让人出于某种目的将其有关财产转移给某受让人,并明确要求后者为实现这一目的而运用该项财产,但在该受让人取得该项财产后这一目的却由于某种主观或客观原因已不可能实现,或者在其将该项财产运用于实现了这一目的后还有剩余,而有关的财产转移文件对该项财产或者其剩余部分的处置,除规定应当为实现这一目的而运用之外再无其他任何规定;在这种情况下,只要法律有规定,法院便应当推定信托成立,即便法律没有规定,只要从公平角度看应当如此办理,法院也可以通过行使自由裁量权推定信托成立,并基于这一推定责令该受让人将运用该项财产或其剩余部分所取得的利益,甚至包括将该项财产或其剩余部分本身交付给出让人。在这里,法院推定信托成立,以推定出让人在转移财产的目的不能实现或者已经实现的情况下,具有使该项财产或其剩余部分所生利益,甚至包括该项财产或其剩余部分本身,归属于自己的意图这样一种信托意图为先决条件。在由此推定成立的信托即归复信托中,财产出让人转移给受让人的财产为信托财产,受让人为受托人,财产出让人为受益人。这一信托的运作一般是以信托利益或信托财产归复于财产出让人为结果,"归复信托"由此得名。

归复信托是默示信托的一种,且它还是信托的一种基本类型。这种信托的基本特征在于:(1) 它是由法院通过对财产出让人存在信托意图的推定设立,这一推定在性质上属于司法行为,且它必须是在法律或公平原则要求的前提下才能进行;(2) 它的运作将使得财产出让人获益;(3) 它不存在委托人。严格说来,这种信托实际上是一种因法律的适用而产生的信托。英美信托法承认归复信托,且将它划分为两种。一种是推定的归复信托。其特点是在有关财产被转移给受让人后,如果因主观或客观原因致使出让人转让财产的目的不能实现,此时只有在受让人对该出让人具有的信托意图不能举证否定的前提下法院才能够推定其成立;可见它是真正意义上的归复信托。另一种是自动的归复信托。其特点是在有关财产被转移给受让人后,只要是因主观或客观原因致使出让人转让财产的目的不能实现或者虽然该目的已经实现,但被转让的财产还有剩余法院便可以推定其成立,在进行这一推定时排斥受让人对该出让人不具有信托意图的举证否定;就这种归复信托而言,它实际上是随有关事由的发生而当然产生,法院的推定严格说来只是对它的存在的直接认定,故它只是一种为法律拟制的归复信托。上述两个特点同时也分别为推定的归复信托与自动的归复信托的成立条件。

依英美信托法关于归复信托成立的一般规则,凡出现下述五种情形之一,只要符合成立条件则法院应当推定成立推定的归复信托:(1) 某人直接将其财产转移给另一人;(2)某人间接即由其支付对价使卖方向该人交付的方式将财产转移给另一人;(3)某人单独出资但却以自己与另一人的共同名义购买并共同取得财产;(4)某人与另一人共同出资但却仅以该另一人的名义购买并由其单独取得财产;(5)某人将其财产变成为其与另一人的共同名义拥有。

同样是依该项规则,在明示信托被设立且委托人将信托财产转移给受托人后,凡出现下述四种情形之一,只要符合成立条件且信托文件并未作出相反规定则法院应当推定成立自动的归复信托:(1)该信托被确认无效;(2)该信托因所附条件已属不能成就从而已不再可能生效;(3)该信托在经运作并导致信托目的实现后信托财产还有剩余;(4)委托人在设立该信托时仅将它的一部分信托受益权授予受益人而对另一部分信托受益权未作处理。因(1)(2)两种情形被推定成立的自动的归复信托,以原信托的信托财产的全部为其信托财产;因(3)(4)两种情形被推定成立的自动的归复信托,分别以原信托的信托财产的剩余部分和未被处理的那一部分信托受益权为其信托财产。

除在发生上述各种情形时要求法院推定成立外,英美信托法还允许法院在符合公平原则精神的前提下通过行使自由裁量权以确定能够引起归复信托的其他情形,并进而由此推定成立推定的归复信托与自动的归复信托。英美信托法对归复信托的运作适用其关于信托运作的一般规则,在此基础上还针对这种信托的特点而确立起了一些特殊规则。其中有涉及到信托财产转移的规则;其内容是:归复信托的受托人出卖信托财产,如果他是将该项财产出卖给善意买受人,在该买受人取得的财产上不存在归复信托;如果他是将该项财产出卖给非善意买受人,在该买受人取得的财产上仍然存在结果信托。有涉及到消灭时效对信托受益权适用的规则;其内容是:归复信托中的信托受益权不适用消灭时效;但受益人明知受托人拒绝向其支付信托利益仍息于行使这一权利的除外。有涉及到信托终止的规则,其内容是:当其信托财产与信托利益的全部归属于同一人享有时,归复信托终止。 (张 淳)

guishu zhiquan
归属质权(德 Verfallpfandrecht) 质权人通过取得质权标的所有权,以充抵其债权的质权。这种质权为大多数国家所禁止,一般仅限适用于营业质权。

(申卫星)

guifei
规费(stimpulated fees) 规费是商主体的管理机关向商主体征收的行政手续费。其发生的具体原因是应缴纳规费人使用了管理机关管理的公用物,通常是某种资料,或者是管理机关为其提供了特定的管理服务行为。如商主体发生的设立、变更等费用,申请工业产权过程中发生的费用,办理提存公证的费用等。日本称为手数科。通常情况下,规费包括登记费、登记证费、查阅登记簿费及抄录登记簿费等数种。

目前我国公司登记管理条例关于公司登记的方面的费用规定比较详细,包括:(1)领取《企业法人营业执照》的,设立登记费为注册资本总额的千分之一;注册资本超过1000万元的,超过部分按千分之零点五缴纳;注册资本超过1亿元的,超过部分不再缴纳。(2)领取《营业执照》的,设立登记费为300元。(3)变更登记事项的,变更登记费为100元。(4)公司的年度检验费为50元。(5)查阅、复制公司登记事项应当按照规定缴纳查阅复制费。 (梁 鹏 刘剑华)

guoji gongcheng chengbao hetong
国际工程承包合同(international project contract; international contracting agreement) 不同国家和地区的公司、企业、其他组织或者自然人之间签订的,就一方在规定的期间内为另一方完成特定的工程建设项目,另一方支付报酬和费用的协议。其中完成工程建设项目任务的一方称为承包人,另一方当事人称为发包人或者业主。国际工程承包合同的标的是特定的工程建设项目,包括生产性的工程建设项目(如水库、桥梁、铁路、码头等)和非生产性的工程建设项目(如医院、学校、住宅大厦等)等。

国际工程承包合同具有以下法律特征:(1)国际性。这表现在,一方面合同双方当事人位于不同的国家境内,另一方面承包人必须在国外履行全部或者大部分义务,所以一般要涉及到多国的法律和有关的国际条约、国际惯例。(2)合同标的的复杂性。合同的标的虽然是承包人完成特定的工程项目建设,但是这种工程项目建设的内容广泛并且复杂,包括工程勘察和可行性研究、工程设计、机器设备的提供、施工安装、试车及移交等事项。(3)合同涉及的法律关系复杂。在合同的实施过程中,发包人与承包人之间因担保、借贷、保险、代理、雇佣等行为而发生各种法律关系,各方当事人之间的权利义务等都要在合同中明确规定。(4)合同的订立到履行完成往往需要耗费比较巨大的资金,并且履行期间也比较长。(5)合同的风险性比较大,政治的、经济的、自然等方面的风险都具有不确定性,承包人要承担合同的大部分风险。

国际工程承包合同,从承包内容上看可分为工程设计承包合同、工程施工承包合同和总体承包合同;从计价和支付方式上可分为按量计价合同、固定价格合同和成本加酬金合同;依发包人身份不同可分为主包合同和分包合同;从承包人数上可分为独家承包合同和联合承包合同;依承包方式不同,可分为招标成交的国际工程承包合同的谈判的国际工程承包合同。国际承包合同虽也有通过谈判方式订立的,但是国际招标是主要订立方式。国际承包合同由招标通知书、投标须知、投标书、投标保证书、中标通知书、履约保证书、有关协议书、说明书、设计文件图纸、附录等文件组成。国际咨询工程师联合会编写的《国际土木工程合同条款》及其所附的FIDIC合同是比较重要的合同格式。

国际工程承包合同一般包括基本条款和特别条款:(1)基本条款是指一般条件或通用条件,它是关于当事人之间一般权利义务的合同条件,主要包括:定义条款、工程师及其代表、转让和分包、承包人的义务、劳动力的安排及责任、材料和技术质量、开工时间及延误、工程变动、证书和付款、违约及补救方法、特殊风险、争端的解决办法等。(2)特别条款则是将基本条款的内容,根据每一合同的具体情况和当事人的具体要求加以落实,使基本条款的内容适合具体合同的需要。

国际工程承包合同的当事人一方违反合同义务,或出现合同中规定的意外事件给当事人另一方造成损失时,受害方有权依据合同及法律规定要求致害方赔偿损失。承包人向发包人索赔,一般发生在施工期间,主要因发包人违约,有时也因合同规定的意外事件所引起,又称施工索赔。该索赔范围包括人工费、材料费、施工机械费、分包费和保险费利息等。发包人向承包人索赔,主要指承包人拖延工期造成工程质量不合格,因而发包人有权要求承包人给予修补、重建,并赔偿相应的损失。分包合同的分包人向主承包人提出索赔的,主承包人赔偿后,可再向发包人请求赔偿;如果损失纯属主承包人造成的,则由主承包人赔偿,而发包人免除责任。

(李成林)

guoji chuanbo anquan yingyun he fangzhi wuran guanli guize

《国际船舶安全营运和防止污染管理规则》(The International Management Code for the Safe Operation of Ships and for Pollution Prevention) 简称ISM规则,是一个国际公认的关于船舶安全管理和营运及防止污染方面的国际标准,由国际海事组织在1993年第18届大会上通过,其核心是建立安全管理体系(SMS)。它要求负责船舶营运的公司和其所经营的船舶建立起一套科学、系统和程序化的安全管理体系,并要求船旗国主管机关或其认可的机构对公司和船舶的安全管理体系进行审核和发证。它对促进海运公司和船舶安全体系的建立和实施起着重要的作用。ISM规则在1994年被国际海事组织《国际海上人命安全公约》缔约国大会通过,成为该公约的第四章,从而成为一个强制性的国际规则,并因而在我国也取得了强制实施的效力。

guoji chuanbo zaizhongxian gongyue

《国际船舶载重线公约》(International Convention on Load Lines, 1966) 有关海上运输船舶载重方面所应遵循的原则和规定的国际公约。目的是为了保障海上人身和财产的安全,而对海运船舶载重限额进行统一核定。1966年3月3日至4月5日,政府间海事协商组织(1982年5月2日更名为国际海事组织IMO)在伦敦主持召开的会议上通过,1968年7月21日生效。至1985年3月,有102个国家批准加入该公约。我国政府于1973年10月5日参加该公约并退出1930年7月5日在伦敦签订的《1930年国际船舶载重线公约》。同时对《1966年国际船舶载重线公约》做如下保留:关于中华人民共和国沿海区域的划分,不受该公约附则二第49条和第50条有关规定的约束。

该公约正文共34条,规定了公约的适用范围、主管机关检验、和勘划标志,国际船舶载重线证书的办法和承认,以及公约的生效条件、修改程序和退出等。公约附有三个附则。附则一为载重线核定规则,按航运、季节和船舶类型规定了勘划船舶载重线的技术规则,并规定甲板线、载重线标志、核定载重线当局的标志、核定干舷和干舷表、最小干舷核定、木材载重线的特别要求等。附则二为地带、区域和季节期,划分为北半球各季、南半球各季、热带地带、季节热带、夏季地带、封闭海域、北大西洋各季等7个季节地带。附则三为证书,规定了国际船舶载重线证书的格式。政府间海事协商组织曾先后于1971年、1975年、1979年、1983年分别对《公约》提出四项修正案,但均因尚未达到缔约国的三分之二的国家数未予生效。

guoji ganyu gonghai youwu shigu de gongyue jiqi yidingshu

《国际干预公海油污事故的公约及其议定书》(International Convention and Protocol thereafter Ralating to Intervention on the High Seas in Cases of Oil Pollution Casualties) 分别制定于1967年和1973年。前者即《国际干预公海油污事故的公约》,简称《干预公约》,由政府间海事协商组织(1982年5月22日更名为国际海事组织)于1969年11月10至29日在布鲁塞尔召开的海上污染损害国际法律会议上通过。公约产生的背景是1967年"托利峡谷"号事件。"托利峡谷"号因触礁而使船体断裂,船上所载原油在英吉利海峡形成了一条长5英里的油带,英政府为了防止和清除污染出动了船舶、飞机和人力,并投弹将船舶残骸炸沉。对英国的行动,一些人提出了异议,认为英国政府无权在公海上采取这样的干预行动,这违反了"公海自由"的原则。为此,政府间海事协商组织于1969年召开了海上污染损害国际法律会议,并通过了《干预公约》。该公约于1975年5月6日生效,已有40个国家参加了公约。

根据该公约规定,在发生海上事故后,如能有根据地预计到会造成很大的损害时,每一缔约国均可在公海上采取必要的措施,以防止、减轻或消除对其沿岸海区或有关利益产生严重的油污危险或油污威胁。但在采取措施前,必须与受油污事故影响的其他国家,特别是肇事船舶的船旗国协商。如遇有必须立即采取措施的紧急情况,沿岸国可不经事先通知或协商,即采取为紧急情况所必须的措施。而且沿岸国所采取的措施应与实际造成或势将发生的损失相适应。否则任何缔约国一方由于采取违反公约规定的措施而使他方遭受损失时,应对其超出防止或清除油污所必须采取的措施的限度而引起的损失,负赔偿责任。该公约还规定,缔约国之间的任何争议,如不能通过协商解决,又不能以其他方法达成协议,经任何一方要求,可以提请调解。调解不成,则提请仲裁。裁决书具有终结效力,不得上诉,各方应立即按照裁决书执行。有关调解和仲裁的程序要求,公约附录做了具体规定。

《干预公约》主要解决的是油类物质造成的污染事故,对于非油类物质造成的污染则无能为力,因此海协又于1973年10月8日至11月2日在伦敦召开国际防止船舶造成污染会议,通过了后者即《1969年国际干预公海油污事故公约的1973年议定书》,将沿岸国在公海上采取措施的权利扩大到造成非油类物质污染的海损事故。我国尚未参加上述公约和议定书。

guoji haishi weiyuanhui dianzi tidan guize

《国际海事委员会电子提单规则》(CML Rules for Electronic Bills of Lading) 国际海事委员会1989年制订,1990年在巴黎第34届国际海事委员会大会上通过的关于电子提单的使用规则的法律文件。该文件不是国际公约,而是供各国自愿采纳的示范性规则。规则只有经当事人同意援用后才能适用。规则规定,承运人在收到货物后,应按照发货人说明的电子地址给予发货人一个接到货物的电讯通知。该通知应包括发货人姓名、货物说明、接受货物的地点和日期、援引承运人的运输条件等通常使用的书面提单所应包括的主要内容,同时还应包括一个密码。发货人应向承运人确认收到该电讯通知,一旦确认,发货人就成为了电子提单的持有人。电子提单持有人和传统的书面提单的持有人的权利是一致的。提单下货物的支配权和转让权按下列程序进行:由现持有人向承运人发出其意欲将支配和转让权转让给新持有人的通知;承运人确认该通知电讯后,据此向被建议的新持有人发送原电子提单密码以外的所有信息;被建议的新持有人通知承运人接受拟被转让的支配和转让权;承运人撤销旧密码,并向被建议的新持有人发出一个新密码,后者因而成为新的电子提单持有人。如果被建议的新持有人不愿接受转让或在一段合理时间内未通知承运人是否接受,则不出现拟议中的转让,承运人应通知现持有人,同时现密码保持有效。这种通过密码进行的转让和传统书面提单转让的效力完全一样。密码对各个持有人各不相同,持有人不得自行转让密码,应各自保持密码的安全性,承运人只负责向最后一个他给予密码的持有人发送确认的电子信息。交货时,承运人应将拟交货的地点和日期通知给电子提单持有人。

根据该项通知,持有人有义务指定一收货人,并给予承运人充足的交货指示,并利用密码加以核实。如无人被指定为收货人,持有人本人将被视为收货人。在交货前的任何时候,持有人有权向承运人索要书面提单,承运人在不影响正常交货的情况下也有权向持有人签发书面提单。签发书面提单则电子数据交换程序终止,密码销毁,但运输合同下的权利义务并不解除。使用电子提单的当事人将被视为已经同意不再依据国内法或地方法对书面单据的要求,提出电子提单中的运输合同不是书面合同形式的抗辩。（张 琳）

guoji haishi weiyuanhui haiyundan tongyi guize

《国际海事委员会海运单统一规则》(CMI Rules for the Unification of Sea Waybill) 国际海事委员会制订,并在1990年在巴黎举行的国际海事委员会第34届大会上讨论通过的关于海运单的使用规则的法律文件。该规则不是国际公约,而是一套供各国自愿采纳的规则。规则的主要内容包括:明确了收货人在运输合同中的地位。托运人订立运输合同,不仅代表他自己,还代表收货人,并向承运人保证他有此代理权限,也即收货人是运输合同的一方,但是这条规定只在为使收货人能在运输合同下起诉时或被诉时才适用,而且收货人的责任不能比如果在运输合同下签发的提单而不是海运但是他应负的责任更大。规则同时还规定,原则上海运单下的货物的支配权在托运人,他应是惟一有权就运输合同向承运人发出指示的当事人,除非准据法禁止,否则,他有权在货物抵达目的地后,收货人请求提取货物以前的任何时候,改变收货人的名称,当这样做时,托运人应该以书面形式或为承运人接收的其他方式,给承运人合理通知,并对因此给承运人造成的额外费用承担赔偿责任。但是,在承运人收取货物之前,托运人有权选择将货物的支配权转让给收货人。如果行使这种选择权,托运人应该在海运单或类似文件上注明。一经做出这种选择,收货人就取得本规则规定的货物的支配权,而托运人则同时丧失这种支配权。

根据规则规定,承运人凭收货人出示适当的身份证明交付货物,承运人不需要收回海运单,甚至不一定要查看海运单本身,只要承运人能够证明他已经做到合理谨慎才将货物交给了声称为收货人的人,则即使交付货物错误,承运人也不负责。托运人应保证其提供的有关货物的情况的准确性,如果提供的情况不准确,应对承运人因此遭受的任何灭失、损坏或费用承担赔偿责任,除非承运人作了保留,海运单或类似的文件中有关货物数量或状态的任何记载,在承运人和托运人之间,是收到单据记载货物的初步证据;在承运人和收货人之间,是收到单据记载的货物的绝对证据,相反证据不得提出,但前提是收货人始终善意行事。

(张 琳)

guoji huowu duoshi lianyun
国际货物多式联运(international multimodal transport of goods) 联运经营人(承运人)以一张联运单据(多式联运单),通过两种或者两种以上运输方式,负责将货物从一个国家的某地运至另一国家的某地的国际货物运输。多式联运中的承运人一般称为"多式联运经营人"。随着国际海上集装箱运输的迅速发展,门到门运输也日益发展,包括海运在内的国际货物多式联运也随之有了迅速发展。国际多式联运与集装箱运输关系密切,但多式联运与集装箱运输是两个不同的概念,多式联运可以使用而且最好使用集装箱装运货物,但也可以不使用。同样,集装箱可以用在多式联运中,但也完全可以用在其他单一运输方式中。由于多式联运要经过不同的运输区段,在不同运输区段可能存在不同的运输公约或约束承运人责任的强制性国内法,以致同一批货物的运输在不同阶段面临不同的运输条件和承运人责任体系,依据哪个法律决定承运人权利义务便成为问题。目前多式联运下的承运人责任制度主要有两种,即"单一责任制"和"网状责任制"。《中华人民共和国海商法》第4章第8节对多式联运合同作了特别规定,但这些规定只适用于多式联运中的一种情况,即通过两种以上的不同运输方式,其中一种必须是海上运输方式的情况。对于多式联运承运人的责任体系,中国《海商法》采取了"网状责任制"的规定。

(张 琳)

guoji huowu maimai hetong
国际货物买卖合同(contract for international sale of goods) 营业地处于不同国家的当事人之间之间所订立的货物买卖合同。其特点在于当事人的营业地处于不同的国家,因此不仅会在合同的履行方面发生不同于营业地在一国内的当事人之间的货物买卖(如货物的出入境,支付的货币币种),而且在当事人发生纠纷时的法律适用上也有特殊性。依《中华人民共和国合同法》规定,除法律另有规定外,当事人可以选择处理合同争议所适用的法律;当事人没有选择的,适用与合同有最密切联系的国家的法律。因国际货物买卖合同争议提起诉讼或者申请仲裁的期限为4年,自当事人知道或者应当知道其权利受到侵害之日起计算。

(郭明瑞)

guoji huowu maoyi hetong
国际货物贸易合同(contract for international trade in goods) 不同国家、地区的当事人签订的有关货物买卖、货物运输、保险以及支付在内的系列合同的总称。

调整国际贸易关系的法律有:(1)各国的立法。大陆法系国家在民法典(如法国民法典、德国民法典、日本民法)对买卖合同做专章规定,还从商法角度对与买卖关系相关的行为如海商、保险、公司等问题予以专门规定。英美法系的英国于1893年公布货物买卖法,该法律是在英国判例法的基础上制定的,经过不断修订,1979年公布了现行的货物买卖法。而美国1906年制定了统一买卖法,1952美国公布了统一商法典,于1977年修订后重新颁布。该法对贸易方面做了较为具体的规定。于他国不同,美国的各州也在宪法的范围内,制定了自己的贸易法律。我国改革开放后,也开始制定涉外贸易的法律。我国原《涉外经济合同法》对涉外合同专门作了规定。现合同法对国际货物买卖合同等的特殊问题也作了明确规定。(2)国际贸易国际公约,包括1964年国际买卖统一法公约和国际货物买卖合同成立统一公约,1980年的联合国国际货物销售公约等。(3)国际贸易的惯例,包括1980年的国际贸易术语解释通则、1932年华沙-牛津规则,1941年修订的美国对外贸易定义和经互会委员会制定的各项共同条件。

依不同的标准,国际贸易合同分为不同的种类:(1)国际货物买卖合同。它是卖方将财产的所有权转移给买方,收取相应价金的行为。由于买卖双方当事人分属不同的地区,其货物要出入国境,称之为国际货物买卖合同。由于国际贸易惯例而形成了FOB、CIF、C&F合同。(2)国际货物运输合同。它是为国际货物买卖合同的履行而签订的运输合同,包括海上货物运输合同、航空运输合同、铁路运输、合同邮政运输合同、管道运输合同及联合运输合同。(3)国际货物运输保险合同。它包括海上运输合同、航空运输合同、铁路运输合同、邮包运输合同。国际货物贸易合同在合同的成立条件上有特殊要求,即其成立须符合一国法律、缔结的国际公约、国际条约及国际惯例的规定。国际货物贸易合同一般应包括以下条款：货物品质、规格、数量、价格、包装；运输；保险；支付；检验与索赔；不可抗力；仲裁及法律适用等条款。

国际货物贸易合同的卖方的主要义务有：(1) 依规定或约定的时间、地点交货。交货的时间、地点，合同有规定依规定，没有规定则依有关法律、国际公约和国际惯例办理；(2) 提交有关货物单据。单据主要指提单、保险单和商业发票，此外还包括原产地证书、质量证书及重量证书；(3) 货物质量瑕疵担保义务。根据国际公约，卖方提交的产品除应符合约定外，还应符合国际惯例的要求；(4) 货物的权利瑕疵担保的义务。买方的主要义务是支付货款和受领货物。国际货物贸易合同当事人发生纠纷时，可以依法提起诉讼或者申请仲裁。依《中华人民共和国合同法》规定，因国际货物买卖合同争议提起诉讼或者申请仲裁的期限为4年，自当事人知道或者应当知道其权利受到侵害之日起计算。

(李成林)

guoji jishu zhuanrang hetong

国际技术转让合同(international technology transfer contract) 一国的当事人与另一国当事人之间关于转移技术的使用权或所有权的协议。有许可证贸易、工程承包、合营企业、补偿贸易，合作生产和咨询服务等形式。一般分为国际技术买卖合同、国际技术许可合同；专利、商标转让合同和专有技术转让合同；还可分为单纯引进技术合同、引进技术与进口设备相结合的合同、引进技术与引进外资相结合的合同等。

国际许可合同，也称许可协议，是一国当事人允许他国一方的当事人使用其所有或持有的工业产权、专有技术，该使用人支付相应使用费的协议。国际许可合同一般具有时间确定、地域特定、法律严格及有偿性等几个特征。国际许可合同依许可使用的客体一般分为专利技术许可合同、专有技术许可合同、商标使用许可合同、混合许可合同等；依授权大小及所受限制分可分为：独占许可合同、全权许可合同、普通许可合同、从属许可合同及互相许可合同等。国际技术许可合同一般包括前言、定义、范围、价格支付、技术资料支付、技术服务、人员培训、保证、索赔、税费、侵权、保密、不可抗力、争议的解决，合同生效等条款。合同中关于商务性条款一般包括前言、定义、价格及支付方式、包装和标记等内容，在前言中包括合同名称、合同号、签约时间、地点、当事人条款等。

合同中的技术性条款包括合同的标的、技术资料的交付，技术服务和人员培训、保证和索赔等。合同中关于法律性的条款，一般包括侵权、保密、税费、不可抗力、争议的解决，合同生效等内容。国际技术转让合同的限制性条款是在国际技术转让中，由于出让方强制加给受让方的、法律所禁止的、对受让方造成不合理限制的条款。限制性条款可能会造成对市场的垄断、妨碍自由贸易竞争等不良后果。1980年联合国通过了《关于控制限制性贸易做法的多边协议的公平原则和规则》。该规定指出：凡是通过滥用或者谋取滥用市场力量的支配地位，限制进入市场或以其他方式不适当的限制竞争，对国际贸易，特别是对发展中国家的国际贸易及其经济发展造成或可能造成不利影响；或者通过企业之间正式或非正式的，书面的或非书面的协议以及其他安排造成了同样影响的一切行动或行为都叫限制性贸易做法。限制性条款一般包括搭售条款、限制对方接受类似的或具有竞争性的技术及出让方对技术人员使用限制，不得反控、出让方对研究和发展限制、回授条款等等。目前，限制性条款主要由国内法调整，由于国内法的限制，使国际谈判陷入困难。因此1981年4月，联合国贸发会起草了《国际技术转让的行动守则》(草案)。该草案第4章专门规定了有关限制条款问题，初步列入了20项限制性条款，1985年6月经修订后该守则删去了6种，保留了14种。

我国于1985年5月24日由国务院发布了《中华人民共和国技术引进合同管理条例》，它归纳了不合理限制性条款的表现，并规定供方不得强使受方接受不合理的限制性要求。未经审批机关特殊批准合同不得含有，要求引进方接受同引进先进技术无关的附加条件，限制引进方发展和改进所引进的技术等9项不合理的限制。

技术引进合同是位于不同地理位置的国家或地区的当事人之间签订的引进先进生产技术，并支付相应酬金的协议。一般包括合同名称、当事人、技术名称、技术服务培训、技术指标、保证责任、保密责任、不可抗力、违约责任、争议解决等条款。技术合同的出让方负有保证提供的技术文件的准确、完整、有效等义务，受让方则负有接受技术、支付使用费及保密的义务。依我国合同法的规定，对技术进出口合同适用特殊诉讼时效，时效期间为4年，自当事人知道或者应当知道其权利受到侵害之日起计算。

(李成林)

guoji jiedai hetong

国际借贷合同(international loan contract) 又称国际借款合同。一国当事人向他国当事人提供贷款，由他方到期还本付息的协议。在国际借贷合同中，借款方往往是一国的政府或企业，而贷款方往往是某国的政府机构、银行、企业、国际商业银行或个人等。

国际借款合同主要有国际贷款和国际债券发行两种表现形式。国际贷款主要通过外国政府贷款、国际金融机构贷款和国际商业银行贷款来实现的。外国政府贷款,是某国向另一国政府提供的援助性贷款。国际金融机构贷款是由世界银行、国际货币基金组织、国际农业发展基金会、欧洲投资银行、国际投资银行、亚洲开发银行及国际经济合作银行提供的贷款。国际商业银行贷款是由国际商业银行向借款人提供的贷款。国际借贷合同涉及的货币种类比较多且数额比较大,合同订立程序一般都比较复杂,往往需要精通或者熟悉这方面业务的律师的参与,不仅须由双方代表正式签署,并须律师出具信用证明,证明借款人的信誉状况。依不同标准,国际借贷合同可分为不同的种类。从贷款人的地位和性质上可分为政府贷款、国际金融机构贷款和国际商业银行贷款;以组织方式的不同,可分为独家银行贷款和国际银团贷款;按贷款期的长短,可划分为短期和中、长期贷款;以用途不同,可分为国际项目贷款和现汇贷款;以利率不同,可分为固定利率、市场利率、浮动利率和优惠利率贷款合同。此外还可分成普通银行贷款合同和出口借贷合同。普通银行贷款合同指不同国家银行间或银行集团之间的贷款协议。该合同一般有单项贷款和总贷款合同两种方式。出口贷款合同是由发达国家向发展中国家提供的优惠贷款,由借款国家政府和其银行提供贷款担保。该贷款有买方和卖方贷款两种方式。

国际贷款合同一般由首部、正文和尾部组成,它包括下列条款:(1)定义。所有的国际借贷合同均有此条款,针对该合同的用语加以说明,防止引起误解;(2)贷款承诺和提款条款;(3)先决条件条款;(4)还款与提前还款条款;(5)市场紊乱条款;(6)保证条款;(7)约定事项条款;(8)违约条款;(9)税款及其他费用的支付;(10)同比例条款;(11)法律适用条款。国际借贷担保一般分为国际借贷的信用担保和国际借贷的物权担保。国际借款的信用担保包括保证、备用信用证及意愿书等。意愿书通常是母公司为子公司的借款而向贷款人出具的表示愿意协助子公司偿还贷款的书面文件。其特征是该文件本身并没有法律效力,母公司只是因此而负有道义上、信誉上的约束力。

(李成林 赵志毅)

guoji maoyi guanli
国际贸易惯例(international trade customs and practices) 国际贸易法的渊源之一。指在国际贸易中已经形成的通行的具有确定内容的被广泛认可的交易规则。是国际贸易中长期形成的商业习惯。一些国际组织或商业团体还将其编纂为文件,如国际商会制订的《国际贸易术语解释通则》、《商业跟单信用证统一惯例》等。国际贸易惯例虽然不是法律,但因各国法律普遍许可当事人在国际贸易中有权选择适用国际惯例,当事人一经选择某项国际贸易惯例,该国际贸易惯例也就具有相当于法律的效力。一些国际公约、条约也赋予国际惯例以效力,如《国际货物买卖公约》中规定:双方当事人应受他们业已同意的任何惯例的约束。国际贸易惯例还是解释合同的依据。《中华人民共和国合同法》规定,"应当按照合同所使用的词句、合同的有关条款、合同的目的、交易习惯以及诚实信用原则"解释合同,其中的交易习惯当然包括国际贸易惯例。

(郭明瑞)

guoji maoyi shuyu jieshi tongze
《国际贸易术语解释通则》(International Rules for the Interpretation of Trade Terms, Incoterms) 国际贸易惯例的一种。1936年由国际商会主持,制订于巴黎。本《通则》适用范围只限于销售合同当事人的权利义务中与已售货物(指"有形的"货物,不包括"无形的"货物,如电脑软件)交货有关的事项。其中涉及货物进口和出口清关、货物包装的义务,买方受领货物的义务,以及提供证明各项义务得到完整履行的义务,但不涉及货物所有权和其他产权的转移、违约、违约行为的后果以及某些情况下的免责等。为适应国际贸易发展需要,国际商会先后于1953年、1967年、1976年、1980年、1990年和2000年进行六次修改。最后三次修改进行了比较大或较为实质性的变动。1980年修订本引入了货交承运人(现在为FCA)术语,其目的是为了适应在海上运输中经常出现的情况,即交货点不再是传统的FOB点(货物越过船舷),而是在将货物装船之前运到陆地上的某一点,在那里将货物装入集装箱,以便经由海运或其他运输方式(即所谓的联合或多式运输)继续运输。在1990年的修订本中,涉及卖方提供交货凭证义务的条款在当事方同意使用电子方式通讯时,允许用电子数据交换(EDI)讯息替代纸面单据。

1990年,为了便于理解,将所有的术语分为四个基本不同的类型。第一组为"E"组(EX WORKS),指卖方仅在自己的地点为买方备妥货物;第二组"F"组(FCA、FAS和FOB),指卖方需将货物交至买方指定的承运人;第三组"C"组(CFR、CIF、CPT和CIP),指卖方须订立运输合同,但对货物灭失或损坏的风险以及装船和启运后发生意外所发生的额外费用,卖方不承担责任;第四组"D"组(DAF、DES、DEQ、DDU和DDP),指卖方须承担把货物交至目的地国所需的全部费用和风险。《通则》2000在下面两个方面作出了实质性改变:在FAS和DEQ术语下,办理清关手续和交纳关税的义务;在FCA术语下装货和卸货的义务。鉴于《通则》不时修订,而各个版本都可以被当事人选用,所以如果合同当事方意图在销售合同中订入《通则》时很有必要清楚地指明所引用的《通则》版本。 (张平华)

guoji maoyi weituo daili hetong
国际贸易委托代理合同(international trade agent contract) 关于一国境内的当事人委托其境外的代理人在代理权限范围内以委托人的名义从事活动,明确相互权利义务的协议。国际贸易代理是国际贸易中广泛存在的一种商业行为。通过该行为各公司就可以委托境外的当事人推销自己的产品,既经济又方便。国际贸易代理一般可分为总代理、独家代理和普遍代理。总代理的代理人是委托人在境外的总代表,他可以代理委托人从事各种商业活动,还有权从事其他非商业活动。独家代理是代理人在某一地区和一定时间内享有独家销售某种产品的专有权利的代理。独家代理人的权利有:未经代理人同意不得在同一地区和同一时间内委托其他代理人推销该产品;委托人不得自行将产品以各种方式销往该地区。而独家代理的代理人也负有不在该地区代理或经营其他厂商的相同或近似的产品的义务。

独家代理与包销一样都是契约式的合作形式,但二者又有很大区别:(1) 二者的性质不同,包销属买卖关系,而独家代理属委托关系;(2) 包销商负有包销商品并承担相应的商业风险的责任,而独家代理商对货物的风险不承担责任。一般代理则指代理人在一定时期一定区域内不享有专有代理权的代理,委托人可以自行销往该地区产品。

国际贸易委托代理合同的特点在于:(1) 国际贸易代理合同的主体双方分别处于不同的国家或地区,可以是法人,也可以是其他经济组织或自然人;(2) 国际贸易代理应当采取书面形式授权。在书面授权委托合同中,应明确规定委托事项、期限、具体的权利义务关系。订立国际贸易代理合同时,应对国际市场的情况及销往国家或地区的商业状况进行分析论证,然后从自身实际情况出发制定具体的销售计划,其后选择代理商与之订立合同。

国际贸易代理合同的内容,由于代理类型不同内容也不同。其中独家代理合同较为常见,它一般包括以下内容:合同的当事人的名称或姓名和地址;代理的性质类型;代理的权限范围;最低代销额,代销产品的价格;委托人及代理人的责任;佣金、信息、宣传费用;委托人保留的权利;不可抗力;合同的终止、争议的解决等。合同订立后,双方当事人应当认真履行合同的义务。代理人应认真履行职责,维护委托人的权益;代理人应公开客户的必要材料和相关的事实;代理人不得收受贿赂,与第三人串通损害委托人的利益;代理人负有保密和账目正确以及不得转委托的义务。委托人则负有提供信息资料,货样广告资料等,并应支付佣金的义务。

(李成林)

guoji shangshi hetong tongze
《国际商事合同通则》(UNIDROIT; Unidroit Principles of International Commercial Contracts) 又称《国际统一私法协会国际商事合同通则》。《国际商事合同通则》不是国际性条约或公约,而是国际惯例,不具备强制执行力,但可通过当事人选择适用的方式提高适用的灵活性。该通则于1994年由国际统一私法协会理事会第73届会议通过,是国际统一私法协会为达到超越不同国家的法律传统和政治经济条件而制定的一套可以在世界范围内使用的均衡的国际商事交易一般规则体系,是继《联合国国际货物销售合同公约》之后,国际统一合同立法的又一里程碑。全文计分7章,包括总则、合同的订立、合同的效力、合同的解释、合同的内容、合同的履行、不履行。其中很多内容如合同效力问题、标准合同条款、艰难情形的规定等等都充分考虑了由于国际技术和经济的发展所带来的不断变化的情势对国际贸易实践产生的影响,成为对《联合国国际货物销售合同公约》的补充。《国际商事合同通则》与《联合国国际货物销售合同公约》不存在矛盾,当《国际商事合同通则》中提到的某些问题也包含在《联合国国际货物销售合同公约》中时,通则遵循《公约》规定的解决办法。为在国际贸易中的广泛适用,《国际商事合同通则》有意避免使用任何现存法律体系的特定术语,而对每一条款所作的系统注释也避免参照各个国家法律来解释。《国际商事合同通则》特别阐明合同当事人应按照诚实信用和公正交易原则行事的一般义务,并在许多实例中加入了合理的行为标准,试图以此来保证国际商事合同关系的公正性。

(张平华)

guoji xintuo
国际信托(international trust) 参见涉外信托条。

guoji zhengquan faxing
国际证券发行(issuance of international securities) 我国的国际证券主要包括外资股和国际债券两大类。

1. 外资股的发行。外资股分为境内上市外资股和境外上市外资股。境内上市外资股,又称B股,指中国的股份有限公司在境外发行,以人民币标明面值,由境外投资人以外币认购,并在中国境内证券交易所上市的股份。境内上市外资股投资人限于:外国的自然人、法人和其他组织;中国香港、澳门、台湾地区的自然人、法人和其他组织;定居在国外的中国公民;国务院证券监督管理机构规定的境内上市外资股其他投资人。境内上市外资股包括以募集方式设立公司发行境内上市外资股和公司增加资本发行境内上市外资股。以募集方式设立公司,申请发行境内上市外资股的,应当符合下列条件:所筹资金用途符合国家产业政策;符合国家有关固定资产投资立项的规定;符合国家有关利用外资的规定;发起人认购的股本总额不少于公司拟发行股本总额的35%;发起人出资总额不少于15亿元人民币;拟向社会发行的股份达公司股份总数25%以上;拟发行的股本总额超过4亿元人民币的,其拟向社会发行股份的比例达15%以上;改组设立公司的原有企业或作为公司主要发起人的国有企业,在最近三年内没有重大违法行为;改组设立公司的原有企业或作为公司主要发起人的国有企业,最近三年连续盈利;国务院证券监督管理机构规定的其他条件。

公司增加资本申请发行境内上市外资股的,应符合下列条件:所筹资金用途符合国家产业政策;符合国家有关固定资产投资立项的规定;符合国家有关利用外资的规定;公司前一次发行的股份已经募足,所得资金的用途与募股时确定的用途相符,并且资金使用效益良好;公司净资产总值不低于1.5亿元人民币;公司从前一次发行股票到本次申请期间没有重大违法行为;公司最近三年连续盈利;原有企业改组或国有企业作为主要发起人设立的公司,可以连续计算;国务院证券监督管理机构规定的其他条件。以发起方式设立的公司首次增加资本,申请发行境内上市外资股的,还应当符合拟向社会发行的股份达公司股份总数25%以上;拟发行的股本总额超过4亿元人民币的,其拟向社会发行股份的比例达15%以上。

申请发行境内上市外资股,按照下列程序办理:发起人或者公司向省、自治区、直辖市人民政府或者国务院有关企业主管部门提出申请,由省、自治区、直辖市人民政府或者国务院有关企业主管部门向国务院证券监督管理机构推荐;国务院证券监督管理机构会同国务院有关部门选定可以发行境内上市外资股的公司;被选定的公司将规定的文件提交证券监督管理机构审核;经证券监督管理机构批准后,公司方可发行境内上市外资股。境外上市外资股,是中国的股份有限公司在境外发行,以人民币标明面值,由境外投资人以外币认购,并在境外证券交易所上市的股份。境外上市外资股采取记名股票形式,可以采取境外存股证形式或者股票的其他派生形式。股份有限公司向境外投资人募集股份并在境外上市,应当按照证券监督管理机构的要求提出书面申请并附有关材料,报经证券监督管理机构批准。公司在发行计划确定的股份总数内发行境外上市外资股,经证券监督管理机构批准,可以与包销商在包销协议中约定,在包销数额之外预留不超过该次拟募集境外上市外资股数额15%的股份。

我国股份有限公司发行境外上市外资股通常以新股发行加国际配售的方式进行,即依照股票上市地法律的要求将一定比例的外资股以公开发行方式发售,同时将其余拟发行的外资股以私募方式配售于机构投资人。在这种方式下,主承销人及国际协调人需要在发行方案中依上市地法律的要求事先确定新股公开发行与私募配售的比例,发行人与承销人在发行准备阶段既要按股票上市地法律的要求准备公开募股使用的招股章程,也要按股票配售地法律的要求准备私募使用的信息备忘录。

2. 国际债券的发行。按照面值货币与发行债券市场所在国的关系,国际债券主要分为外国债券和欧洲债券。外国债券是指在某个国家的债券市场上,由外国的政府、企业、银行等法人单位在其国内发行的债券,这种债券的面值货币是债券发行市场所在国家的货币。欧洲债券是指专门在债券面值货币国家之外的境外市场上发行的债券。这时发行国、面值货币国家和发行市场所在国是三个以上的国家。

国际债券的发行方式主要有两种:公募和私募。(1)公募是指承购公司接受发行的债券,向社会上不特定的广大投资者进行募集。由于公开募集债券涉及到众多投资者,其社会影响和责任很大,为了保护投资者的利益,它的发行比私募的条件严格。公募发行的成本虽高,但可以提高发行者在证券市场上的知名度。(2)私募是指向特定的少数投资者发行债券。私募发行可以节约发行时间和发行费用,发行者可以根据特殊需要设定债券的期限、金额,但由于私募债券一般不能上市流通,因此利率较高。

我国是从1982年步入国际资本市场的。1982年1月,中国国际信托投资公司以私募方式在日本东京发行了100亿元的日本武士债券。1984年11月,中国银行以公募方式在日本东京发行了10年期200亿日元的武士债券。两次发行标志着我国金融机构开始进入国际债券市场。我国目前进入国际债券市场的主体主要有各商业银行、信托投资公司以及财政部,发行市场主要集中于日本、新加坡、英国、德国、瑞士和美国。

(夏 松)

guoji zulin hetong

国际租赁合同(international lease contract) 位于一国的出租人将自己的某项财产交给另一国承租人于一定期限内使用,并支付租金的协议。国际租赁合同的主体较为广泛,既包括租赁公司,如日本株式会社、美国租赁公司;也包括金融机构,如银行、保险公司专门设立的租赁公司;还包括厂商(厂商一般通过出租其所制造的产品或者设立专门租赁公司,从事租赁业务)以及推销商、经销商与银行或租赁公司与银行组成的联营组织、专门从事租赁业的商业经纪人等。国际租赁合同的租赁物较为广泛,包括:纺织机械、农业机械、计算机;工厂的成套设备,生产线、建筑设备、采矿设备;

飞机、船舶和汽车等。在签订国际租赁合同时,往往需要签订其他合同,如货物买卖合同及向金融机构借款等合同,这使得国际租赁合同日趋复杂化。

国际租赁合同依据不同的标准可以分为不同的种类。依租赁的期限为标准,可分为长期租赁、中期租赁和短期租赁等三种形式。长期租赁一般在3年以上,最长的有20年;中期租赁一般在1年以上,3年以下;短期合同一般在1年以内。依据租赁方式为标准,可以分为融资性租赁、经营性租赁、杠杆租赁、售出与返租式租赁、综合租赁、总租、转租赁和卖主租赁等。融资性租赁是由承租人选择机器设备,出租人将其买下,然后租给承租人使用,承租人支付租金。经营性租赁是出租人除提供设备外,还负有维修、保险、保养及与设备有关的其他服务的租赁。杠杆租赁是出租人购买昂贵设备时,只支付20%~40%的价款,另外部分由出租人将设备抵押给金融机构,由金融机构贷款支付,然后由承租人向金融机构支付租金,偿还贷款。售出与返租式租赁是将租赁与购买结合的特殊租赁方式。企业将自己的设备出售给租赁公司,然后企业再向租赁公司租赁该设备。综合租赁是与贸易结合的一种方式,主要包括租赁与补偿贸易结合;租赁与来料加工装配结合;租赁与合销结合等。总租是承租人在租赁期内,除租赁现有设备外,根据具体情况,依同等条件租赁出租人的新设备,而出租人也有责任提供最先进设备的一种租赁方式。国际租赁合同的出租人对租赁物拥有所有权,并有权取得租金;同时负有交付租赁物,依合同规定维修、恢复租赁物使用性能等义务。承租人有权依合同约定使用租赁物并获取收益;同时负有支付租金,妥善保管租赁物,保守租赁物技术和资料秘密等义务。

(李成林)

guojia dingjia

国家定价(state-fixed price) 各级政府的物价部门根据物价管理的规定而对某些商品规定的价格标准。当事人在订立合同时,有国家定价的,要按国家定价执行;执行国家定价的,在合同规定的交(提)货期内,遇国家调整价格时,按交货时的价格执行;逾期交货的,遇价格上涨时,按原价执行;遇价格下降时,按新价执行;逾期提货或者逾期付款的,遇价格上涨时,按新价执行;遇价格下降时,按原价执行。国家定价是计划经济条件下一种主要的价格形式。

(王卫劲)

guojia jiguan faren

国家机关法人(state organ as legal person) 依法享有国家赋予的行政权力,并因行使职权的需要而享有相应的民事权利能力和民事行为能力的国家机关。

机关法人的基本特征是:(1)机关代表国家从事各种行政管理工作时,并不以法人的身分出现,它与有关社会组织或自然人之间是领导与被领导或监督与被监督的关系。它在职权范围内的一切行为及其结果都应归于国家,机关没有自己独立的经济利益,也不能对自己依法行使职权所产生的债务承担责任,国家则应对此类债务承担无限的清偿责任。(2)机关因行使职权的需要而从事商品经济活动时,如购置办公用品、租用房屋或交通工具等,便是以法人的资格进行活动的,这时它与其他当事人处于平等的法律地位。但机关不得经商办企业。(3)机关法人的独立经费是由国家和地方财政拨款而来,它主要用于参加各项必要的民事活动。机关法人以自己的名义参加民事活动产生的费用,应经它的独立经费给予偿还,若需超过经费而另需抵补的,应由国家有关立法加以保证。(4)国家机关依照法律或行政命令设立,不需要进行核准登记程序,即可取得机关法人资格。国家机关法人包括权力机关法人、行政机关法人、司法机关法人和军事机关法人。权力机关法人是指各级权力机构,如全国人民代表大会及地方各级人民代表大会。行政机关法人包括国务院及其职能机构,如部、委、办等;地方各级政府及其职能机构。但各职能机构的所属部门及其派出机构,不为法人,如财政部各司、局,乡司法所,公安局的派出所等。司法机关法人包括各级人民法院和各级人民检察院。法院的派出庭和检察院的派出机构,不为法人。军事机关法人是指团以上具有独立编制的军事机关。营、排、连、班不为法人。机关只有在从事民事活动时,才称其为法人。机关不从事民事活动时不为法人。

(李仁玉 陈敦)

guojia peichang zeren

国家赔偿责任(state compensation) 国家机关或国家机关工作人员在执行职务中侵犯公民、法人合法权益,造成损害时,国家依法应承担的赔偿责任。参见职务侵权行为。

(张平华)

guojia suoyouquan

国家所有权(state ownership) 中华人民共和国享有的对国家财产的占有、使用、收益、处分的权利,是全民所有制的法律表现。《中华人民共和国宪法》第6条规定,中华人民共和国的社会主义经济制度的基础是生产资料的社会主义公有制,即全民所有制和劳动群众集体所有制。在我国现阶段,社会主义全民所有制采取国家所有制的形式,一切全民所有财产均由国家代表全体人民行使所有权。因此,《中华人民共和国民法通则》第73条规定,国家财产属于全民所有。

1. 国家所有权的主体。国家所有权的主体具有统一性和惟一性。这是指只有代表全体人民意志和利益的国家才对国家财产享有所有权,中华人民共和国是国家所有权的统一的和惟一的主体。这是我国国家所有权的最基本特征。这一特征是由全民所有制的性质决定的。国家财产是社会主义全民所有的财产,其所有权的行使则必须依据全国人民的意志和利益进行,只有国家才能真正代表全国人民的意志和利益;全民所有制经济指我国国民经济的主导力量,决定着我国国民经济的发展方向和速度,只有国家统一行使所有权,才能对整个国民经济进行宏观调控,实现国家对经济的管理与组织职能。根据这一特征,任何国家机关、团体、企业事业单位都不能成为国家所有权的主体。各级人民政府都只能在国家和法律的授权范围内,代表国家管理本系统、本辖区内的国家财产,各企业事业单位也只能在国家授权和法律规定的范围内,对其财产进行经营管理。

2. 国家所有权的客体。国家所有权的客体具有无限广泛性,不受任何限制。任何物都可以成为国家所有权的客体,甚至有些类型的财产依照法律只能成为国家所有权的客体,如矿藏、军用物资等。对于集体所有或者个人所有的财产,国家还可以根据法律的规定在特定情况下征收为国家所有财产。具体来说,国家所有权的客体有以下几类:(1)自然资源,包括矿藏、水流、国有的土地、森林、草原、荒地、渔场等;(2)国家专营的铁路、公路、航空、航天、港口、海洋运输、邮电通讯、广播电台等企业、事业和资产;(3)全民所有制单位的国家财产,包括国家机关、团体、部队、国有企业、事业单位的固定资产、流动资金,以及教育科学文化卫生事业和体育设施和其他国家财产;(4)文化古迹、历史文物、风景游览区、自然保护区等;(5)国家在国外的财产;(6)其他国家所有财产。

3. 国家所有权的产生。除了一般民事主体均得采用的财产取得方式之外,国家还可以根据特殊的、专门的方式取得财产。主要有:(1)没收官僚资本和敌伪财产。这是中华人民共和国建国初期国家所有权产生的重要方式。在半封建半殖民地的旧中国,官僚资本代表着最腐朽、最反动的生产关系,严重阻碍着生产力的发展。《中国人民政治协商会议共同纲领》总纲中就明确规定了,"没收官僚资本归人民的国家所有"。1952年2月中央人民政府政务院发布了《关于没收战犯、汉奸、官僚资本家及反革命分子财产的指示》。根据这些当时的政策、法律、法令,没收了国民党政府和官僚资本家的工厂、铁路、矿山、银行、邮电、航运、港口等重要财产,成为全民所有制财产和企业,奠定了我国社会主义公有制经济的基础。(2)赎买。这是对民族资本主义实行社会主义改造的政策。1956年国务院《关于在公私合营企业中推行定息办法》规定,在一定期限内支付给参加公私合营的资本家以定息,使资本家和生产资料相分离,将资本主义生产资料所有制转变为社会主义全民所有制,将民族资本家占有的生产资料转变为社会主义国家所有财产。(3)收益。国有企业通过扩大再生产,实现了盈利,其中的一部分以税收和上缴利润的形式上缴给国家,形成国家所有财产。(4)征用。国家根据国家建设或者应付紧急状态的需要,依照法律规定的条件和程序,将某项财产收归国家所有或者使用。(5)税收。国家依照税法的规定,向负有纳税义务的法人、公民和其他纳税义务主体征收一定的货币或者实物,产生国家财产所有权。(6)罚金、没收财产和罚款。罚金和没收财产是《中华人民共和国刑法》中规定的财产附加刑,罚款是行政处罚措施,其适用的结果都产生国家财产所有权。(7)依法取得无主财产。依照法律规定,无主财产归国家所有。例如,所有权人不明的埋藏物、隐藏物,无法查得其所有权人的,遗失物经过法律规定的程序仍无法找到失主的,以及无人继承的财产,公民个人抛弃的不动产等等。

4. 国家所有权的行使。国家所有权在主体上具有统一性和惟一性,在客体上具有无限广泛性,国家本身是抽象的存在,其具体的表现则是通过各级国家机关。国家无法对所有的国家所有财产、事无巨细,均直接行使占有、使用、收益、处分的权能,而是根据"统一领导、分级管理"的原则,按照财产的性质、用途,把财产分别交给相应的机关、团体、企业、事业单位,由其在国家和法律授权范围内行使所有权的权能。统一领导,指的是这些单位必须严格执行国家统一制定的关于国有财产管理的方针、政策、规章、制度,必须按照授权的范围进行管理和处分。分级管理,指的是在统一领导的前提下,各机关团体、企业事业单位、对授权的财产具有一定的经营管理权,可以依法进行占有、使用、收益、处分。

5. 国家所有权的特殊保护。在社会主义国家的民法中,对国家所有权实行特殊保护的原则。其内容主要有:(1)要求他人返还被不法占有的国家财产,不受诉讼时效的限制。(2)对于被不法占有的国家财产,不问占有人是否有过错,无论该财产经过几番转手,国家都有权向现在的占有人追索。(3)国家与他人发生财产所有权归属问题的争议,而无法根据证据确定权属的,推定为国家所有。但是如果事后发现真正的所有权人,应当通过审判监督程序撤销该项推定,将财产归还原主。我国法律及有关规定在一定程度上采纳了以上的内容。

6. 国家所有权的改革与完善。随着我国开始进行社会主义市场经济建设,原来在计划经济体制之下所形成的国家所有权制度,已经越来越不适应新形势的要求,需要进行改革与完善。实践中已经出现的或者理论上已经提出的做法、思路和观点主要集中在：在主体上，应当注意各实际行使国家所有权的各级政府、机关、团体等客观存在的与相对独立的利益；客体上，应使国家所有权有进有退，基本上退出竞争性的经济领域，而只坚守在国防、尖端科技、邮政等有限的领域；行使上，应在国有企业改革、国有自然资源利用等方面，将国家所有权由实体支配权向股权和价值收益权方向改革；保护上，国家财产不应享有特殊的优待，而应与其他民事主体受平等的保护与限制，以维护市场经济最基本的平等竞争环境，等等。 （李富成）

guojia tudi suoyouquan
国家土地所有权(state ownership of land)
中华人民共和国代表全体人民，作为所有权人对国有土地享有独占性支配的权利。《中华人民共和国宪法》、《中华人民共和国民法通则》、《中华人民共和国土地管理法》等法律均规定城市的土地属于国家所有，另外，国家所有的土地还包括农村和城市郊区的土地依法属于国家所有的部分。《土地管理法》规定，国家所有土地的所有权由国务院代表国家行使。国有土地一般情况下并不由国家直接使用、经营，而是依照法律的规定，通过设定土地使用权或者其他土地用益物权，由各机关、企业、事业单位实际使用。国有土地的管理和监督工作，由国务院土地行政主管部门和地方县级以上政府的土地行政主管部门依照职权进行。

国家所有的土地有：(1) 城市市区的土地。一般而言，城市市区的土地，是指直辖市、地级市、县级市以及县城所在镇市区的土地。这些土地主要不是农业用地，而是工业、交通、文化、建筑用地和城市居民用地。但是，法律的这一规定是模糊的：一方面，城市市区的概念不明确，究竟是指城市建成区、规划区，还是行政管理区？这些概念所指的范围是有很大差异的。在我国，建制镇被法律认为属于城市范围，但是建制镇的土地实际上主要属于集体所有（除了其中被国家依法征用的部分）。另一方面，城市是在动态发展的，在我国进行市场经济建设的过程中，城市的扩张和新建是必然的趋势。如此在实践中将产生重大的疑问，原属集体所有的土地是否随着新设建制市的设立而自动变更为国有土地？如果不是，将使得城市范围内出现大量集体所有土地。如果是，则面临着如何妥善解决对原集体组织及其成员的公平和国家发展经济的效率之间的平衡、协调问题。随着城市城区的扩大，有些属于集体所有的土地并没有经依法征用转为国家所有土地，即改变了土地的用途，也使得城市市区之内保留大量集体所有土地。(2) 部分农村和城市郊区的土地。依照我国法律，农村和城市郊区的土地原则上属集体经济组织所有，属于国家所有的，应有明确的法律依据。(3) 集体所有制单位、个人依法使用的国有土地。(4) 依照法律属于国家所有的森林、山岭、草原、荒地、滩涂等土地。 （李富成）

guoku
国库(the state treasury; 拉丁 fiscus)
又称国家金库。国家之库藏，即一国财政收入支出之总机关。中国人民银行具体经理国库。各级国库库款的支配权，按照国家财政体制的规定，分别属于同级财政机关。国库机构按照国家财政管理体制设立，原则上一级财政设立一级国库。中央设立总库；省、自治区、直辖市设立分库；省辖市、自治州设立中心支库；县和相当于县的市、区设立支库。支库以下经收处的业务，由专业银行的基层机构代理。关于国库的组织机构、职责权限、库款的收纳与退付、库款的支拨，1985年国务院发布的《国家金库条例》有具体规定。取代了1950年政务院公布的《中央金库条例》。 （张 谷）

guonei chuanbo baoxian tiaokuan
《国内船舶保险条款》(Domestic Maritime Hull Insurance Clauses)
规定国内船舶保险活动而制定的保险条款，1988年1月由中国人民保险公司发布。1996年7月25日中国人民银行发布《沿海内河船舶保险条款》并自同年11月1日起执行，该条款即被取代。《国内船舶保险条款》共7章，24条。主要内容为：

1. 保险标的。单位或个人所有的机动船舶与非机动船舶均可参加该保险，但建造或修理中的船舶、试航的船舶、石油钻探船、失去航行能力的船舶以及从事捕捞作业的渔船，不能投保该保险。

2. 保险责任。保险人对被保险船舶因为下列原因发生的损失，或者被保险人因为使用船舶而造成的赔偿责任而发生的损失，承担保险责任：(1) 自然灾害，包括8级以上(含8级)大风、洪水、海啸、地震、崖崩、滑坡、泥石流、冰凌、雷击；(2) 意外事件，包括火灾、爆炸、碰撞、搁浅、触礁、倾覆、沉没；(3) 船舶航行中失踪6个月以上；(4) 被保险船舶发生保险事故时被保险人支付的必要和合理的施救费用；(5) 保险机动船舶或其拖带的保险船舶与他船或其他物体发生直接碰撞，致使被撞船舶发生财产损害或人身伤亡，或者被撞物体发生损害，被保险人依法对上述损失应承担的赔偿责任；(6) 应当由被保险船舶分担的共同海损牺牲和费用。

3. 除外责任。保险人对被保险人因下列原因造成的损失或赔偿责任，不承担赔偿责任：(1) 战争、军事行动和政府征用；(2) 不具备适航条件；(3) 被保险人及其代表的故意行为；(4) 超载、浪损座浅引起的事故损失；(5) 船体和机件的正常维修、油漆费用和自然磨损、朽蚀,机器本身发生的故障;(6)因保险事故导致停航、停业的损失以及因海事造成第三者的一切间接损失;(7)木船、水泥船的锚及锚链(缆)或子船的单独损失;(8)清理航道、清除污染的费用。

4.保险金额。新船的保险金额按出厂造价确定,旧船的保险金额按实际价值确定,也可由保险人和被保险人协商确定。

5.保险期限。保险期限为1年,起止日期以保险单载明的时间为准。

6.无赔款安全奖励。保险船舶在1年保险期限内安全航行无赔款,续保时可享受无赔款安全优待,优待金额为上年度应缴保险费的10%。

7.被保险人的义务。包括:(1)交纳保险费的义务。(2)船舶保养义务。(3)变更通知义务。被保险船舶出售、转借、出租、变更航行区域等,应当事先书面通知保险人,经保险人同意并办理批改手续后,保险责任继续有效。(4)事故报告和通知义务。(5)单证提示和协助义务。

8.保险赔偿金的给付。在保险期限内,被保险船舶不论发生一次还是多次保险事故造成损失或有费用支出,保险人应当按下列情形支付保险赔偿金:(1)被保险船舶发生全损,按照保险合同约定的保险金额赔偿,但保险金额高于发生保险事故时新船造价的,赔款以不超过发生保险事故时同类型的新船造价为限;(2)被保险船舶发生部分损失,在保险金额的范围内,若新船按照出厂造价确定保险金额的,按实际损失部位的修理费用赔偿;若按照估价或时间价值以及实际价值的成数确定金额的,按照保险金额与同类型新船造价比例赔偿;(3)被保险船舶发生碰撞引起的损害赔偿责任以及因共同海损而因分担的损失,应当和被保险船舶本身的赔款分别计算;(4)任何一次保险赔款若等于保险金额全数或者同类型新船出厂造价时,保险责任即行终止。

(刘凯湘)

guonei hangkong huowu yunshu baoxian
国内航空货物运输保险(domestic flight cargo insurance) 向国内民航运输的承运人托运货物的单位和个人,将其空运货物(鲜、活物品和动物除外)向保险人投保,保险人对承保的空运货物因意外事故造成的损失承担赔偿责任的保险。该保险的保险责任期限,自保险货物经承运人收讫并签发航空货运单注明保险时起,至空运目的收货人当地的仓库储存处所时终止。但保险货物空运至目的地后,如果收货人未及时提货,则保险责任的终止期最多以承运人向收货人发到货通知以后的约定期间为限。

1.保险责任。在我国,保险的空运货物在保险期限内,无论是在运输或存放过程中,由于下列原因造成的损失,保险人负赔偿责任:(1)由于飞机遭受碰撞、倾覆、附落、失踪(在三个月以上)、在危难中发生卸载以及遭恶劣气候或其他危难事故发生抛弃行为所造成的损失;(2)保险货物本身因遭受火灾、爆炸、雷电、冰雹、暴风暴雨、洪水、海啸、地震、地陷、崖崩所造成的损失;(3)保险货物因受震动、碰撞向压力造成破碎、弯曲、凹瘪、折断、开裂等损伤以及由此而引起包装破裂而造成的损失;(4)凡属液体、半流体或者需要用液体保藏的保险货物,在运输途中因受震动、碰撞或压力致使所装容器(包括封口)损坏发生渗漏而造成的损失,或用液体保藏的货物因液体渗漏而致保藏货物腐烂的损失;(5)保险货物因遭受偷盗或者提货不着的损失;(6)在装货、卸货时和地面运输过程中,因遭受不可抗力的意外事故及雨淋所造成保险货物的损失。在发生保险责任范围内的灾害事故时,因施救或保护保险货物而支付的合理费用,保险人也负赔偿责任,但最高以不超过保险金额为限。保险货物发生保险责任范围内的损失,保险人在保险金额限度内按实际损失计算赔偿。但如果被保险人投保不足,保险金额低于货物价值时,保险人应按保险金额与货物价值的比例计算赔偿。

2.除外责任。在我国,空运的保险货物在保险期限内,无论是在运输或存放过程中,由于下列原因造成的损失,保险人不负赔偿责任。(1)战争或军事行动;(2)由于保险物本身的缺陷或自然损耗,以及由于包装不善或属于托运人不遵守货物运输规则,所造成的损失;(3)托运人或被保险人的故意行为或过失;(4)其他不属于保险责任范围内损失。

(邹海林)

guonei hangkong huowu yunshu baoxian tiaokuan (shixing)
《国内航空货物运输保险条款(试行)》(Domestic Air Cargo Transportation Insurance Clauses (for Trial Purpose)) 规定国内航空货物运输保险的专门保险条款。1984年10月31日由中国人民保险公司发布,共7章,18条。主要内容为:(1)凡向民航部门托运货物的单位和个人可将其空运货物(鲜、活物品和动物除外)向保险人投保该保险。(2)保险责任范围为:因飞机遭受碰撞、倾覆、坠落、失踪(在3个月以上)、在危难中发生卸载以及遭遇恶劣气候或其他危难事故发生抛弃行为所造成的损失;保险货物本身因遭受火灾、爆炸、雷电、冰雹、暴风暴雨、洪水、海啸、地震、地陷、崖崩造成的损失;保险货物因受震动、碰撞或压力而造成破碎、弯曲、凹瘪、折断、开裂等损伤以及由此而引起包装破裂而造成的散失;保险货物因遭受偷窃或者提货不着的损失;在装货、卸货时和地面运输过程中因遭受不可抗拒的意外事故及雨淋所造成的损失。(3)除外责任为:战争或军事行动;由于货物本身的缺陷或自然损耗以及由于包装不善或属于托运人不遵守货物运输规则所造成的损失;托运人或被保险人的故意行为或过失;其他不属于保险责任范围内的损失。(4) 保险责任自保险货物经承运人收讫并签发空货运单注明保险时起,至空运目的收货人当地的仓库或储存处所时止。货物运至目的地后如果收货人未及时提货,则保险责任的终止期最多以承运人想收货人发出到货通知后的15日为限。(5) 保险金额可按货物价格或货价运杂费、保险费计算。(6) 在承运人会同收货人作出货物运输事故签证时起,被保险人如果经过180天不向保险人申请赔偿,不提出必要的单据、证件,视为自愿放弃权益。

遭受雨淋所致的损失。

4. 除外责任。由于下列原因造成被保险货物的损失,保险人不负赔偿责任:(1) 战争或军事行动;(2) 核事件或核爆炸;(3) 保险货物本身的缺陷或自然损耗,以及由于包装不善;(4) 被保险人的故意行为或过失;(5) 其他不属于保险责任范围内的损失。

货物发生保险责任范围内的损失时,按货价确定保险金额的,保险人根据实际损失按起运地货价计算赔偿;按货价加运杂费确定保险金额的,保险人根据实际损失按起运地货价加运杂费计算。但最高赔偿金额以保险金额为限。保险货物遭受损失后的残值,经双方协商,可作价折归被保险人,并在赔款中扣除。

(刘凯湘)

(邹海林)

guonei huowu yunshu baoxian

国内货物运输保险(domestic cargo insurance) 货物的托运人向国内运输的承运人交运货物时,向保险人支付保险费,在被保险货物发生保险合同约定的损失时,由保险人负责赔偿损失的保险。国内货物运输保险主要适用于水路货物运输、公路货物运输和铁路货物运输。该保险的保险责任分为基本险和综合险两种。保险货物遭受损失时,保险人按承保险别的责任范围负赔偿责任。

1. 保险期间。保险责任起讫期,自签发保险凭证和保险货物运离起运地发货人的最后一个仓库或储存处所时起,至该保险凭证上注明的目的地的收货人在当地的第一个仓库或储存处所时终止,但保险货物运抵目的地后,如果收货人未及时提货,则保险责任的终止期最多延长至以收货人接到《到货通知单》后的约定期间为限。

2. 基本险责任。保险人的赔偿责任包括:(1) 因火灾、爆炸、雷电、冰雹、暴风、暴雨、洪水、地震、海啸、地陷、崖崩、滑坡、泥石流所造成的损失;(2) 由于运输工具发生碰撞、搁浅、触礁、倾覆、沉没、出轨或隧道、码头坍塌所造成的损失;(3) 在装货、卸货或转载时,因遭受不属于包装质量不善或装卸人员违反操作规程所造成的损失;(4) 按国家规定或一般惯例应分摊的共同海损的费用;(5) 在发生上述灾害、事故时,因纷乱而造成货物的散失以及因施救或保护货物所支付的直接、合理的费用。

3. 综合险责任。除基本险责任外,保险人的赔偿责任还包括:(1) 因受震动、碰撞、挤压而造成破碎、弯曲、凹瘪、折断、开裂或包装破裂致使货物散失的损失;(2) 液体货物因受震动、碰撞或挤压致使所用容器(包括封口)损坏而渗漏的损失;或用液体保藏的货物因液体渗漏而造成保藏货物腐烂变质的损失;(3) 遭受盗窃或整件提货不着的损失;(4) 符合安全运输规定而

guonei shangye xinyong baoxian

国内商业信用保险(domestic commercial credit insurance) 债权人因为担心债务人的还款信用而向保险人支付保险费,在债务人不能偿还借贷或者赊欠的款项时,由保险人给予赔偿而订立的保险合同。国内商业信用保险,是为促进本国商业信用的发展和健全而开展的一种保险形式,在发达国家运用的较为普遍,但在我国运用的较少。我国保险公司开展的"分期付款购车保证保险"等业务,属于国内商业信用保险。

1. 当事人。出借款项的债权人或赊销商品的债权人和保险人为当事人。出借款项的债权人或赊销商品的债权人为投保人,同时为被保险人。出借款项的债权人或赊销商品的债权人之交易相对人(承担还款或者付款义务的债务人),非国内商业信用保险合同的当事人或者关系人,仅仅处于保险人向被保险人承担"商业信用保证"责任的被保证人之地位。被保险人在因为债务人不能还款或者付款而发生损失时,有权请求保险人给付保险赔偿金;保险人应当依照合同约定给付保险赔偿金,并相应取得对债务人的求偿权。

2. 保险责任。保险人对被保险人因为除外责任以外的事由造成收回款项不能或者迟延所发生的损失,以国内商业信用保险合同约定的保险金额为限,负责予以赔偿。

3. 信用保险的除外责任。保险人依照国内商业信用保险合同,对下列原因造成被保险人的损失,不承担保险责任:(1) 战争、侵略、敌对行为、内战、叛乱、暴动、军事政变、罢工等,但保险合同另有约定的,不在此限;(2) 被保险人故意违反其和债务人的约定或者故意违反法律所造成的损失;(3) 国内商业信用保险合同约定的保险责任以外的其他损失。

4. 保险期间。保险期间为保险人对被保险人承担给付保险赔偿金责任的起讫期间,由保险人和投保人依据需要,在国内商业信用保险合同中约定。

5. 保险赔偿金的给付。在发生保险责任范围内的偿还借款或者赊购款支付不能或者迟延的损失风险时,保险人应当依照国内商业信用保险合同的约定,向被保险人给付约定的保险赔偿金。保险人给付保险赔偿金时,被保险人已经从被保证人(债务人)处取得之利益,应当从应付的保险赔偿金中予以扣除。保险人向被保险人给付保险赔偿金后,可以代位行使被保险人对被保证人的求偿权。

(邹海林)

guonei shuilu tielu huowu yunshu baoxian tiaokuan
《国内水路、铁路货物运输保险条款》(Domestic Water and Railway Cargo Transportation Insurance Clauses)
为规范国内水路、铁路货物运输保险活动而制定的保险条款。1986年10月1日由中国人民保险公司发布,共6章,17条。主要内容为:

1. 关于保险责任的种类。本保险分为基本险和综合险两种。

基本险包括:(1)因火灾、爆炸、雷电、冰雹、暴风、暴雨、洪水、地震、海啸、地陷、崖崩、滑坡、泥石流造成的损失;(2)由于运输工具发生碰撞、搁浅、触礁、倾覆、沉没、出轨或隧道、码头坍塌所造成的损失;(3)在装货、卸货或转载时因遭受不属于包装质量不善或装卸人员违反操作规程所造成的损失;(4)按规定或惯例应分摊的共同海损的费用;(5)在发生上述灾害、事故时因纷乱而造成货物的散失以及因施救或保护货物所支付的直接和合理的费用。

综合险除包括基本险责任外,保险人还负责赔偿下列损失:(1)因受震动、碰撞、挤压而造成破碎、弯曲、凹瘪、折断、开裂或包装破裂致使货物散失的损失;(2)液体货物因受震动、碰撞或挤压致使容器(包括封口)损坏而渗漏的损失,或用液体保藏的货物因液体渗漏而造成保藏货物腐烂变质的损失;(3)遭受盗窃或整体提货不着的损失;(4)符合安全运输规定而遭受雨淋所致的损失。

2. 关于保险责任的期限。自签发保险凭证和保险货物运离起运地发货人的最后一个仓库或储存处所时起,至该保险凭证上注明的目的地的收货人在当地的第一个仓库或储存处所时终止,但货物运抵目的地后如果收货人未及时提货,则保险责任的终止期最多延长至收货人接到《到货通知单》后的15天为限(以邮戳日期为准)。

3. 关于除外责任。因下列原因造成保险货物损失的,保险人不负赔偿责任:(1)战争或军事行动;(2)核事件或核爆炸;(3)保险货物本身的缺陷或自然损耗以及由于包装不善;(4)被保险人的故意行为或过失;(5)其他不属于保险责任范围内的损失。

4. 关于保险金额。保险金额按货价或货价加运杂费计算。

5. 关于货物检验及理赔。货物运抵保险凭证所载明的目的地的收货人在当地的第一个仓库或储存处所时起,收货人应在10天内向当地保险机构申请并会同检验受损的货物,否则保险人不予受理。被保险人申请索赔时必须提供保险凭证、运单(货单)、提货单、发货票、承运部门签发的货运记录、普通记录、交接验收记录、鉴定书、收货单位的入库记录、检验报告、损失清单及救护货物所支付的直接费用的单据等单证。被保险人从获悉或应当获悉货物遭受损失的次日起经过180天不向保险人申请赔偿,不提出必要的单证,或者不领取应得的赔款的,视为自动放弃权益。 (刘凯湘)

guonei yuchuan baoxian tiaokuan
《国内渔船保险条款》(Domestic Fishing Boat Insurance Clauses)
规定国内渔船保险的专门保险条款,1981年11月21日由中国人民保险公司发布。1993年4月9日中国人民银行发布新的《渔船保险条款》,该保险条款自动失效。《国内渔船保险条款》共6章,20条,主要内容为:

1. 保险渔船范围和保险金额。为专门从事渔业生产的各种船只,承保范围包括船壳及其附属设备、船具(舵、桅、锚、橹、子船),但不包括渔网零星工具、备用材料、燃料、渔获物及冰、盐等给养品和船员行李。保险金额以投保当时会计账面的原值为依据。

2. 保险责任。保险渔船因火灾、雷击、爆炸、搁浅、触礁、碰撞、倾覆、沉没、暴风、海啸、地震等自然灾害或事故引起的完全灭失、推定完全灭失和部分损失,全船失踪在6个月以上,因碰撞而发生的保险渔船的赔偿责任,以及保险事故发生时为抢救保险渔船而支付的合理的施救费用,由保险公司承担赔偿责任。保险责任有效期以1年为限。

3. 除外责任。因战争或军事行动、不具备适航或作业条件、渔船所有人及其代表的故意行为或船上人员的违法行为、正常维修及磨损等费用、因遇自然灾害而致停舵和停止作业而产生的损失和费用、捕鱼作业中造成的机损、清理航道和油污的费用等,保险人不承担赔偿责任。

4. 保险赔偿。被保险人向保险人申请赔偿时,应提供保险单和相关证明材料及单据。赔偿金额一经确定,保险人应立即赔付。不论发生一次或多次损失,保险人均根据保险渔船的实际损失和实际支出的修理费用计算赔款,但每次赔款以不超过保险金额为限。被保险人自获悉保险渔船遭受自然灾害或事故的当天起经过1年不向保险人申请赔偿或不领取赔款的,视为自愿放弃索赔权益。

(刘凯湘)

guoying baoxian
国营保险(state-operated insurance) 又称公营保险，由政府投资开办的保险机构或政府委托其他社会团体经营的保险。例如，德国的公立火灾保险、日本的公营产业保险和我国的中国人民保险公司等所经营的保险业务，都属于国营保险。国营保险不仅按市场规律经营保险业务，而且在强制保险业务及其他具有社会福利性的保险业务的开展上，有着重要的意义。在我国，国营保险机构是国有独资公司，是保险市场的主要力量之一。
(史卫进 房绍坤)

guoying nongchang
国营农场(state farm) 国家投资建设和经营的农业经济组织。在我国，是全民所有制的农业企业法人。其生产资料和产品都是国家财产，根据国家计划的要求和经济核算制的原则组织生产经营。国营农场实行统一领导、分级管理的原则。凡是企业性质的国营农、牧场，都由农场管理部门统一管理。各级农场管理部门统一主管所属国营农场的计划、生产、财务、投资、物资、产品、劳动工资、人员调动等。国营农场内部的管理体制，一般实行农场和生产队两级管理，两级核算。个别规模大的农场实行三级管理，三级核算。
(李仁玉 卢志强)

guoyou qiye faren
国有企业法人(state-owned enterprise as legal person) 企业法人的一种，又称国有法人或全民所有制企业法人，是指依照命令或依照法律组建的，以国家授权经营管理的财产为基础，依法自主经营，自负盈亏，独立核算，并取得法人资格的商品生产和经营单位。国有企业法人的财产属于全民所有，但对国家授予其经营管理的财产享有占有、使用和依法处分的权利，并以该财产独立承担民事责任。在我国，国有企业法人的设立必须依照法律或国务院的规定，报经政府或者政府有关部门审核批准，经工商部门核准登记，发给营业执照，取得法人资格。国有企业法人主要存在于涉及国计民生的领域，如水、电、气、热力、邮政等。国有企业法人的组织形式或为国有独资公司，或为工厂等。国有公司董事长为国有企业法人的法定代表人。国有工厂实行厂长(经理)负责制。厂长(经理)是法定代表人。职工代表大会是企业实行民主管理的形式，是职工行使民主权利的机构。
(李仁玉 陈敦)

guoyou tudi shiyongquan churang hetong
国有土地使用权出让合同(contract for granting of land use right on state-owned land) 土地使用权出让合同的一种。国家将土地使用权于一定期限内让与土地使用人，并由土地使用人向国家支付土地使用权出让金的合同。一般情况下，是由市、县人民政府的土地管理部门代表国家与土地使用者签订国有土地使用权出让合同。出让土地使用权的一方，称为出让人；与出让方签订土地使用权出让合同而受让土地使用的，称为受让人。根据我国现行法律，国家实行的是国有土地的有偿使用，因此受让人应当按照合同的约定向出让人支付相应的土地使用权出让金。

1. 国有土地使用权出让合同的特征。(1) 合同的出让人一方为行使国有土地所有权的国家。实践当中是由各地市、县人民政府的土地管理部门代表国家与土地使用者签订合同的。(2) 属于有偿合同。土地使用人根据土地使用权出让合同并非是无偿取得使用权，而是要支付土地使用权出让金。(3) 具有要式性。当事人签订合同要采取书面形式，并且该合同通常为标准合同，合同的内容往往是由出让方事先拟定好的格式条款，双方仅在出让金的数额、出让的期限等方面有协商的余地。(4) 受让人一般为从事开发、利用、经营土地经营活动的人，一般应以招投标或拍卖方式订立合同。(5) 依合同所转让的是土地使用权。土地使用人通过出让方式取得的土地使用权并不及于地下之物，即土地使用人对地下的资源、矿藏、埋藏物及地下公共设施等不享有任何权利。(6) 属于双务合同、诺成性合同。土地使用权出让合同的当事人双方互负对待给付的义务，自双方意思表示一致时起即成立。但受让人并非自合同成立时起取得土地使用权。土地使用权自办理登记手续后方为土地使用人取得和享有。

2. 国有土地使用权出让合同的内容。国有土地使用权出让合同一般包括以下内容：(1) 当事人条款，即合同的主体。其中出让方为土地所在的市、县人民政府的土地管理部门。(2) 合同的标的物条款，即所出让土地的位置、面积、界限等土地自然情况。(3) 土地出让金的数额、支付方式、支付期限。(4) 土地出让期限。约定的土地出让期限不得超过法律法规规定的最高期限。(5) 土地使用用途。(6) 土地转让的条件，土地开发、利用的条件。(7) 违约责任。(8) 合同生效和终止条件。(10) 合同的法律适用等。

3. 国有土地使用权出让的最高年限。土地使用权出让的最高年限按下列用途确定：(1) 居住用地 70 年；(2) 工业用地 50 年；(3) 教育、科技、文化、卫生、体育用地 50 年；(4) 商业、旅游、娱乐用地 40 年；(5) 综合或者其他用地 50 年。

4. 国有土地使用权出让合同的变更和终止。土地使用权出让合同的变更主要有以下几种情形：(1) 国有土地使用权出让期限的变更；(2) 土地使用权出让金的变更；(3) 土地利用条件的变更；(4) 土地用途的变更。土地使用权合同的变更必须经双方协商同意。另外,如果变更涉及土地位置、面积以及土地用途等方面,还要按照原批准程序报经批准机关批准。土地使用权出让合同因下列原因而终止:因期限届满或者自然原因而致作为合同标的物的土地不复存在等原因而自然终止;因一方当事人行使解除权而解除土地使用权出让合同;有关部门勒令撤销土地使用权出让合同。土地使用权出让合同终止后,土地使用权应当按照有关法律、行政法规的规定进行处理。

(赵志毅)

guoyou tudi shiyongquan zhuanrang hetong

国有土地使用权转让合同(contract for transferring of land use right of state-owned land) 土地使用权转让合同的一种。依法取得国有土地使用权的土地使用权人将尚未到期的土地使用权转让给他人的协议。土地使用权的转让形式有出售、交换、赠与三种。土地使用权的出售是土地使用权人将土地使用权让渡给新的土地使用者,受让方向其支付土地使用权出让金及其他费用的行为,此为土地使用权买卖合同。土地使用权的交换是当事人双方互相转移土地使用权,或者一方让渡土地使用权,而另一方让渡土地使用权以外的其他物权的行为,此为土地使用权互易合同。土地使用权的赠与是享有土地使用权的权利人无偿让渡给另一方,另一方表示接受的行为,此为土地使用权赠与合同。

1. 国有土地使用权转让合同的特征。国有土地使用权转让合同与其他合同不同的主要特征是:(1)以国有土地使用权出让合同为基础。土地使用权转让合同的双方当事人为转让人和受让人。其中,转让人是原土地出让合同的受让人。(2)合同的标的物是土地使用权。转让方和受让方之间只是转移土地使用权,而不是土地所有权。土地使用权转让合同的主要内容应当和土地使用权出让合同的内容一致,不得相互矛盾。土地使用权转让后,受让方不得任意改变土地用途。如须改变,应当征得土地使用权出让合同的出让方的同意,并经土地管理部门和城市规划部门批准后,依法重新签订土地使用权出让合同,调整土地使用权出让金,并办理登记。国有土地使用权转让合同的受让人在转让合同签订后应当按合同的约定向转让方支付土地使用权转让金及相关费用,转让人在收取土地使用权转让费并交付土地使用权后,应当依法缴纳土地增值税及其他有关税费。双方当事人在履行了各自的合同义务后,应当共同到所在地的土地管理部门办理土地使用权变更登记手续,换取土地使用证。进行变更登记时应当提交以下文件:土地使用权变更登记申请书、土地管理部门的审查认可文件、土地使用证及房产证、土地使用权出让合同和转让合同、受让人的付款凭证、受让人的资信证明、营业执照或者身份证明、法人代表证等。

2. 国有土地使用权转让无效的情形。(1)转让的土地使用权未依法办理相应的出让审批手续;(2)转让人未取得土地使用证的;(3)转让人虽取得了土地使用证,但未按土地使用权出让合同规定的期限和条件对土地进行投资开发利用;(4)未办理土地使用权转让的相关手续的;(5)以转让方式取得的土地使用权的使用期限超过剩余的土地使用年限,所超过部分无效;(6)土地使用权转让合同擅自变更土地使用用途的;(7)双方当事人签订了转让合同后,未办理相应的土地使用权变更手续的。土地使用权转让无效的,一方当事人依合同所取得的财产和利益,应当返还给对方。因无效而给对方造成损失的,过错方应当承担赔偿责任;双方均有过错的,各自承担相应的责任。

(赵志毅)

guozhai

国债(government bonds) 国家为了筹集财政资金依照法定程序发行的,约定在一定期限内还本付息的一种有价证券。国债的特征是:(1)风险小。国债是中央政府发行的,国家具有很高的信用等级,因此这种债券的风险很小。(2)利率低。收益与风险成正比。由于国债的安全程度在债券中最高,其利率水平在债券中最低。(3)期限长。国债资金多用于基础设施建设、社会事业等长期投资项目,因此国债期限一般比较长。目前我国发行的国债大多为2年以上,期限最长的国库券为10年。美国国债期限更长,最长的可达35年。

国债是国家信用方式发展的结果,它起源于中世纪欧洲的热那亚和威尼斯,在工场手工业时期流行于整个欧洲。中国的国债起源于清光绪二十年(1894年)的"息借商款"。新中国成立后,中央政府曾在1950年发行人民胜利折实公债、1954年至1958年发行国家经济建设公债,此后进入既无内债又无外债的阶段。但随着改革开放的发展,我国政府从1981年起又开始发行国库券,用于平衡财政收支。此后又陆续发行了国家重点建设债券、国家建设债券、财政债券、特种债券、保值债券、基本建设债券和转换债券。

根据不同的标准可以对国债进行不同的划分。(1)根据发行国债的用途,可以将国债划分为战争国债、赤字国债、建设国债和特种国债。战争国债是国家在战争期间为了筹集军费而发行的债券。赤字国债是国家为了弥补财政赤字、平衡财政收支而发行的债券。建设国债是国家为了进行公路、桥梁等基础设施建设而发行的债券。特种国债是国家为了实施某种特殊政策而发行的债券。(2)根据债券发行本位,可以将国债划分为货币国债、实物国债和折实国债。货币国债是以货币计算面值并以货币偿付本息的国债。这是最常见的一种国债。实物国债是以货币计算面值,但按事先规定的商品折价用实物偿付本息的国债。这种国债通常在通货膨胀率很高的情况下发行。折实国债是在募集和还本付息时均以一定单位的实物作为计算标准,以货币偿付本息的国债。这种国债把国债面值与物价指数挂钩,具有较高的吸引力。(3) 根据资金来源,可以将国债划分为国内债和国外债。国内债是国家以本国货币为币种在国内发行的国债。其投资者一般是国内的机构、企业和个人。国外债是国家以外国货币为币种在国际金融市场上发行的国债。此外,可以根据偿还期限将国债划分为长期国债、中期国债和短期国债;根据是否可以流通将国债划分为可流通国债和不可流通国债等等。　　　　　　　(夏　松)

guozhai faxing

国债发行(issuing of government bonds)　国家为筹集社会资金依照法律向投资者发行债券的法律行为。根据证券法的规定,政府债券不适用证券法,而是由法律、行政法规另行规定,如《中华人民共和国国库券条例》、《中华人民共和国国债一级自营商管理办法》等。

　　国债的发行方法主要有:(1) 直接发行法,即政府部门面向社会公众直接筹集资金的国债发行方法。(2) 间接发行法,又称承购包销法,政府部门与金融机构协商国债发行条件,由金融机构将国债全部承购或者部分承购向社会转售,剩余部分由承销商全部购入的国债发行方法。(3) 销售发行法,政府委托证券经纪人在证券交易所出售国债以取得资金的发行方法。(4) 摊派发行法,政府按照发行条件中规定的应债主体来分配发行数额,或者用发行新国债来顶替现金偿还义务的发行方法。

　　我国国债发行经历了从国家派购方式到承购包销方式、价格招标方式的变化,1991 年前大部分是采取摊派发行,目前国债发行形成了承购包销和招标发行为主的发行体系,这两种方式既可以单独使用,也可以相互结合。招标发行在我国主要有三种方式:划款期招标、价格招标和收益率招标。国债发行由国债一级自营商向财政部承销和投标。我国有关国债发行的立法还很不完善,亟待解决。　　　　　　　(夏　松)

guocuo

过错(拉丁 culpa)　过错责任的构成要件之一。支配行为人从事在法律和道德上应受非难行为的故意和过失状态,换言之,是指行为人通过违背法律和道德的行为表现出来的主观状态。过错是过错责任的构成要件,因此过错必然是随着对过错责任的承认而出现的。

古罗马法最初对私犯采结果责任及同态报复原则,无所谓行为人的过错。至《阿奎利亚法》时期,侵害必须符合是由过错的行为(injuria)造成的才能构成非法侵害行为,而过错包括故意、疏忽两种。但是,罗马法时期的过错(Injuria)为客观化的过错,其最初仅仅意味着不法:如果行为人能证明存在某些正当理由如自卫、紧急避险或者经合法批准,他将不承担责任。这种不法即被等同于故意或者过失。罗马法并未建立一般性的过错责任原则。过错责任原则在《法国民法典》中确立并成为西方近代民法的一个基本原则,是人文主义运动及自然法运动的结果。

对于过错的本质有主观说、客观说、主客观结合说三种。主观说认为,过错是行为人实施不法行为的心理状态;客观说认为,过错是对注意义务的违反;主客观结合说认为,过错是通过不法行为表现出的行为人的心理状态。因为内在的意志不是一种社会的行为,因此也就不可能在法律世界中有任何反响;过错虽然是主观的东西,一种心理现象,但是过错也是一种社会现象,只有通过一定违法行为反映出来,才具备法律意义,所以主客观结合说更有道理。受罗马法影响,法国法认为过错包括违法行为。受"客观不法与主观的不法"论影响,《德国民法典》区分过错和行为的违法性两个过错责任的构成要件,实际上是将行为人的外在行为与内在意思分别进行考察,一定程度有利于科学判案。

早期侵权法的过错概念是对刑法中过错的简单借用。现在对两种过错的关系有两种学说:一种学说认为两种过错合一。其理由是法律上的注意义务可以统一,相应的民刑事中的过错也可以统一。公私法不分是导致这一学说的制度原因。另一种学说认为,两种过错不能统一,刑法上的过错指主观意义上的过失,而民法则采用客观过失的概念。在具体适用上民法对过错态度较为宽泛,比如承认过错推定,承认转承责任,而刑法严格贯彻责任自负原则。为体现对主观恶性的惩罚,刑法大部分规范的是故意犯罪,而民法中的侵权行为大部分为过失行为。为体现赔偿原则,侵权法规定了加害人的过错与受害人的过错,并可以适用过失相抵,而刑法一般不考虑受害人的过错。

由于侵权责任以过错责任为原则,即一般侵权责任以过错为必要的构成要件,而在违约责任是否以过错责任为原则上有不同观点,因此,侵权行为法上过错与契约责任上的可归责事由不同。我国合同法未规定以过错责任为原则,但违约责任中也有过错责任,因合同的种类不同而要求的可归责事由不同,如保管合同与仓储合同的保管人因保管不善造成保管物毁损、灭失的,承担违约责任的要件就不同:保管合同的保管人若保管是无偿的,保管人证明自己没有重大过失的,不承担损害赔偿责任;而仓储合同的保管人只有证明因仓储物的性质、包装不符合约定或者超过有效储存期造成仓储物变质、损坏的,保管人才不承担损害赔偿责任。在违约与侵权竞合的情况下,违约责任所要求的主观要件与侵权责任要求的主观要件相互影响,即被害人仍得依侵权行为法规定请求损害赔偿,但应受法律关于特定契约所设的规定的限制,如果违约责任要求违约人具备故意或重大过失,则当事人选择提起侵权责任时也必须主张对方当事人具有故意或重大过失的主观要件。

过错包括故意与过失两种基本类型。由于在民事责任中区别过错的实质意义不如刑事领域重要,加上过错很大程度上体现出道德上的非难性,因此一些学者主张用过失代替过错,而过失责任与含故意责任之过咎责任相区别,在规范上对于因故意引起的损害赔偿应与因过失引起者做不同处理。与传统民法上损害赔偿的目的在于填补损害不同,现代损害赔偿法呈现区别对待故意、过失的情况,如关于非财产损害赔偿于量定其损害是否相当时,应斟酌加害行为为故意还是过失,加害行为处于故意时,应特别斟酌;故意或重大过失的侵权或违约责任不得预先免除;故意侵权而负担的债,债务人不得主张抵消;消费者权益保护法规定的故意所致损害惩罚性赔偿与过失所致损害的惩罚性赔偿数额不同,前者明显高出后者;在财产保险中,被保险人的家庭成员或者其组成人员故意对保险标的损害造成保险事故的,保险人得对其行使代位请求赔偿的权利,反之,保险人不得对其行使代位请求赔偿的权利,等等。
(张平华)

guocuo de keguan biaozhun
过错的客观标准(objective test of negligence) 确定过错的一种标准。以想像的具有一般人的注意力的标准人来衡量行为人有无过错的标准。实际上是从行为人行为的外在特征来推断其主观方面有无过错。按照这种标准,凡标准人能够注意和能够做到的事,行为人也应如此,否则就为有过错。所以行为人只要违反注意义务不论其有无可能注意到或是否尽了最大努力,均为有过错。至于标准人的确定,有的以一般人即"中等人"为标准人,有的则以"善良管理人"为标准人,也有的主张以先进人物为标准人。我国学者一般主张确定过错应坚持主观标准和客观标准相统一,既强调客观的注意义务,也要考虑行为人个人能力及其智力程度,不赞成采用单纯的客观标准。
(张平华)

guocuo de zhuguan biaozhun
过错的主观标准(subjective test of negligence) 确定过错的一种标准。以行为人能否利用其所具有的可能性为标准确定行为人有无过错。按照这种标准,行为人能够注意而没有注意到,能够利用其所具有的可能性而没有利用,即为有过错;反之则没有过错。这种标准完全以行为人的注意力为确定行为人过错的标准,尽管考虑了行为人做出更大努力的具体可能性,但忽略了法律对行为人的客观要求。我国学者一般主张,确定过错应坚持客观标准与主观标准结合,而不赞成采用单纯的主观标准。
(张平华)

guocuo tuiding
过错推定(presumption of fault) 又称"推定过错"、"附加在损害上的过错"。过错的特殊证明方式。行为人在违反民事义务时如果不能证明自己没有过错就推定其有过错,而要求其承担民事责任。罗马法时代就已有其雏形。因依一般过错责任原则,受害人若不能证明加害人有过错,则不能得到加害人的赔偿,这就使应得到保护的受害人难以得到法律的救济,所以在现代为弥补过错责任原则的不足,过错推定得到了极大的发展,并已成为各国民法所普遍采用的一项制度。英美法系的"事实本身说明"也包含了过错推定的内容。

过错推定具有下列特点:加害人不具有过错的证明责任,由加害人承担;过错推定不区分过错的等级;较难适用比较过失规则。过错推定虽然也是属于过错责任原则范畴,但与过错责任的举证责任不同:过错责任的举证责任由受害人承担,即受害人应证明加害人有过错;而过错推定的举证责任则由加害人承担,即加害人须证明自己没有过错才不承担责任。实行过错推定原则的目的在于减轻受害人的举证责任,以切实保护受害人的合法权益。《中华人民共和国民法通则》第126条规定:"建筑物或者其他设施以及建筑物上的搁置物,悬挂物发生倒塌、脱落、坠落造成他人损害的,它的所有人或管理人应当承担民事责任,但能够证明自己没有过错的除外。"该条规定就是典型采用过错推定的形式来确定民事责任的。
(张平华)

guocuo zeren
过错责任(fault liability) 又称过失责任。无过错责任的对称。以过错为归责原则的民事责任。只有在其行为有过错情况下行为人才承担民事责任,无过错即无责任。过错责任是民事责任的基本类型,除了法律有特别规定外,一般应适用过错责任。过错责任是在否定古代法加害责任原则的基础上形成的,是理性文化的产物。早在罗马十二铜表法上就有过错责任的规定,但过错责任原则的完全确立是由法国民法典完成的。过错责任被称为近代民法的三大原则之一,其确立是民法史上一大进步。

过错责任意味着"行为人仅对自己的过错行为负责",主要特征为:(1)以过错为承担责任的必要条件。行为人的主观过错是确定其责任的因素之一,或者说是行为人承担责任的主观根据。民事上的过错有故意和过失两种形式,按照证明责任承担方式不同,过错又可分为一般过错及推定过错;(2)过错在一定情况下是确定责任范围的依据,也决定着责任的形式;(3)在一般情况下请求被告承担民事责任的原告负证明被告有过错的举证责任;只有在法律规定举证责任倒置的情形下,原告才不负证明被告有过错的举证责任,而由被告负证明其没有过错的举证责任,若被告不能证明其没有过错,则推定其有过错。在侵权责任中过错责任为一般侵权责任,《中华人民共和国民法通则》第106条规定的"公民、法人由于过错侵害国家的、集体的财产,侵害他人财产、人身的,应当承担民事责任",为过错责任的一般规定。传统大陆法系的违约责任也是过错责任。按照《中华人民共和国合同法》第107条的规定,"当事人一方不履行合同义务或者履行合同义务不符合约定的,应当承担继续履行、采取补救措施或者赔偿损失等违约责任",我国《合同法》原则上不再坚持违约责任实行过错责任原则。 (张平华)

guojizi
过继子(guo ji zi)　参见嗣子条。

guoshi
过失(negligence)　(1)过错的一种,故意的对称。指行为人对自己行为的结果应当预见或者能够预见而竟没有预见;或者虽然预见了却轻信这种结果可以避免的心理状态。依心理状态的不同,过失可以分为两种:一种是疏忽,指对损害后果应当或者能够预见而并未预见到的主观心理状态;一种是懈怠,指预见到损害后果,但因为过于轻信而没有避免损害后果的发生。依过失的程度不同,过失可以分为重大过失、一般过失、轻微过失。根据判断注意义务的标准不同,又可将过失区分为重大过失、抽象轻过失、具体轻过失。英美法中的过失的先决条件是被告具有对原告的注意义务,并以违反这种义务的方式实施了作为或不作为。一般地讲,民事责任构成要件以过失为必要条件,而不要求主观上的故意。(2)英美法侵权行为的一种。在英美法,过失原指行为人欠缺注意的主观心理状态,到了19世纪,过失发展成为一种独立的侵权行为。过失侵权的构成要件为注意义务、义务违反、损害、近因。过失侵权具有普遍概括性,因此成为适用范围最广的侵权行为。 (张平华)

guoshi bili yuanze
过失比例原则(the principle of the proportion of degree of fault)　在双方互有过失的船舶碰撞中,各船按照过失程度的比例负赔偿责任,过失程度相当或者过失程度的比例无法判定的,平均负赔偿责任的原则。根据该原则,对碰撞造成的财产损失(包括第三人的财产损失)以及对方船员人身伤亡损失,应各自的过失比例承担,不负连带责任;对造成的第三人的人身伤亡,应负连带赔偿责任,一方对外赔付之后,再按照双方过失比例分摊。这一原则及其损害赔偿的计算方法是由1910年《统一船舶碰撞若干法律规定的国际公约》所确立的。过失比例原则目前为绝大多数国家的有关法律所采用,是目前双方责任碰撞责任承担的基本原则。 (张永坚 张宁)

guoshi xiangdi
过失相抵(拉丁 culpa compensation)　损害赔偿范围的限制规则之一。指如损害的发生受害人也有过错而共同促成时,必须减少或免除其损害赔偿请求。过失相抵是公平原则及诚实信用原则的产物,是确定损害赔偿范围的制度,而并非双方的过失相互抵销。在各国民法中,过失相抵制度既适用于侵权行为,也适用于合同责任。《中华人民共和国民法通则》第131条明确规定了过失相抵制度:"受害人对于损害的发生有过错的,应该减轻加害人的责任。"过失相抵主要适用于一般过错责任,在过错推定、无过错责任中也可以适用。法国法、德国法承认对于加害人负无过错责任或过错推定责任场合的受害人与有过失时适用过失相抵法则。我国司法实践也在无过失责任或严格责任中适用过失相抵规则。但是,在现代民法的运输合同中,受害人的过失一般成为免责事由,而不适用过失相抵法则。过失相抵既适用于财产上损害赔偿请求权,也适用于非财产上的损害赔偿请求权。

过失相抵的构成要件为:(1)受害人或赔偿权利人须有过失,至于过失所要求的主观要件又有责任能力说、事理辨识能力说、能力不要说与原因力减责说;另外,受害人不仅对自己的过失,还要对其法定代理人与使用人的过失负责;间接受害人也要对直接受害人的过失负责;(2)赔偿权利人的行为须与损害的发生或扩大之间有因果关系。过失相抵的效果为法院得依职权减轻或免除损害赔偿。法院对受害人一方过失在何种程度上加以斟酌是法院的自由裁量权,一般应考虑过失的大小、原因力的强弱及其他情势进行决定。 (张平华)

guoshuiquan
过水权(right of water passage)　又称为人工排水权,

指的是土地所有人或使用人,因使浸水之地干涸、或排泄家用、农业用及工业用水,以至河渠活沟道时,可使其水通过邻地。但应择于邻地损害最少的处所及方法为之。就邻地所有人、使用人而言,则负有容忍过水的义务。比如我国台湾地区民法第779条规定,高地所有人,因使浸水之地干涸,或排泄家用、农工业用之水,以至河渠或沟道,得使其水通过低地。但应择于低地损害最少之处所及方法为之。前项情形,高地所有人,对于低地所受之损害,应支付偿金。 （方志平）

guozhong fudan

过重负担（hardship） 意大利民法概念,其含义与《国际商事合同通则》中的艰难情形的含义基本相同。作为情势变更原则的一种典型的表现形式,过重负担是指当事人基于情势变更而陷于难于承受履行负担的状态。过重负担的效力,根据意大利民法的规定,当事人一方的给付因情势变更而变成了过重负担时,负有给付义务的一方可以要求解除或变更契约,但突然发生的负担如果属于正常风险或射幸情形的除外。

（刘经靖）

hatefa
《哈特法》(Harter Act, 1893)
全称为《关于船舶航行、提单以及与财产运输有关的某些义务、职责与权利的法案》。美国为了抵制提单上免责条款的泛滥,平衡船、货双方利益而制订的一项关于海上货物运输的法律,于1893年2月13日通过。《哈特法》订立了一套船东应尽义务和可获免责极限的标准,主要内容包括:(1)规定了从事美国国内港口之间以美国与外国港口之间货运的承运人的最低限度责任;(2)承运人对其掌管的货物应当妥善的装载、积载、保管、照料和交付,任何免除承运人对其掌管的货物予以妥善装载、积载、保管、照料和交付的疏忽或过错应负责任的条款均无效;(3)承运人应当谨慎处理,使船舶在各方面适航,妥善配备船员、装备船舶和配备供应品,任何免除承运人谨慎处理使船舶适航义务的条款均为无效;(4)如果承运人做到谨慎处理使船舶适航,则承运人对驾驶或者管理船舶中的过失造成的货物灭失或损坏免责,对于海上或其他通航水域的危险、天灾、公敌行为、货物固有缺陷、包装不固、依法拘禁、托运人过失、海上救助等方面造成的货物灭失或损坏也免责;(5)船方有责任签发提单,注明货名、件数或容积、重量及外表状况,该提单作为承运人收到上述货物的表面证据。

《哈特法》率先确立:承运人已经谨慎处理,使船舶在开航前和开航当时是适航的,那么便无须对驾驶或管理船舶中的过失造成的货物灭失或损坏负责,免除了船东对驾驶过失等所负的责任,是法律方面的一大突破。《哈特法》被认为是有史以来最好的海事法例,由于它的成功,也导致了国际性的《海牙规则》的出现,《海牙规则》以《哈特法》为蓝本,并充分反映了《哈特法》的立法精神。

(张 琳)

hailu lianyun hetong
海陆联运合同(through contract by sea and land)
承运人将托运人或是旅客以海上运输和陆上运输方式,将其运送到指定地点,并收取一定运费的协议。海陆联运合同的主要特点在于承运人通过海上和陆上两种运输方式进行运送。对于海上或是陆上运之中运输地点的限制,不是运输方式的限制。陆上运输可以采用铁路、公路或其他一种或多种方式进行。海上运输一般仅限于船舶运输。海陆联合运输合同由于涉及不同的运送方式,所以对此应当适用各自的运输规则,如海上运输多适用国际统一的海事运输规则。而陆上运输则由于地域的限制,在不同和国家有不同的运输规则。所以对于海陆联运合同,应区别不同区段的运输方式适用相关的法律规定。

(姜 林)

hainan jiuzhu
海难救助(marine salvage, salvage at sea)
也称海上救助,是指在他人的船舶、货物或者人命在海上遇到危险时,对其加以救助并因此而获得相应报酬的法律制度。《中华人民共和国海商法》所称"海难救助",指在海上或者与海相同的可航水域,对遇险的船舶和其他财产进行的救助。通常海上救助包括如下行为:对遇难船舶进行拖带、引领,将其拖至安全港口或地点;使用各种方法使搁浅船舶脱浅,如将搁浅船舶拖下浅滩,或为了减轻船舶的载重,而卸载、转运其所承载的货物和人员,使搁浅船舶起浮等;帮助即将沉没的船舶有意搁浅,以免使船舶沉入海底造成更大损失;抢救正在沉没或失去控制的船舶;代遇难船舶指挥或对遇难船舶提出施救建议,使遇难船舶转危为安;为遇难船舶提供工具、设备或燃物料等;等候在遇难船舶附近,一旦需要立即进行救助等。狭义的海难救助只指对财产的救助,而广义的海难救助不仅包括对财产的救助,还包括对海上人命的救助。

海上救助的成立要件:海上救助法律关系的成立,必需具备的要件有:(1)被救助物被法律所承认。我国《海商法》所承认的被救助物包括船舶和其他财产,但不适用军事的、政府公务的船舶。(2)被救物处于危险之中,其中危险必需发生在海上或与海相同的可航水域,危险必须真实存在或者危险的发生不可避免,同时危险既可对货,也可对船,也可以是船货共同的危险。(3)救助行为是自愿的行为,即不包括法律约束的救助和合同约束的救助。(4)救助必须有效果,即船舶或者货物的全部或者部分获救。

(李洪积 王 青)

hainan jiuzhu de xingzhi
海难救助的性质(legal nature of marine salvage)
关于海难救助的性质,主要有以下一些理论:

1. 海难救助不当得利说。该理论认为,从被救助人的角度分析,被救助人没有法律上的原因即接受救助人的援助,因而取得保有其财产的利益,应当属于民法中的不当得利,即一方无法律上的根据而受有利益,致使他方受到损害时,其取得利益的受益人负有返还不当利益的义务,受损失的受害人享有请求受益人返还不当利益的权利。在海难救助中,救助人并不一定因为救助而受到损害而可能仅仅支付了必要的支出，其请求的报酬请求权与不当得利可请求的范围有不同。

2. 海难救助准合同说，即海难救助准契约说。该学说认为被救助人接受救助人的援助，实际上是被救助人与救助人的一项合意，只是双方没有约定报酬以及履行义务的方法，因而可以称为是一种准合同。

3. 海难救助特殊行为说。该学说认为海难救助是海商法上的特殊行为，不能够机械的以民法上的理论来进行解释。海难救助是由救助行为和结果两个部分组成，救助行为仅是海难救助成立的要件，在救助成功以后，海难救助的法律关系才真正成立。

4. 海难救助无因管理说。该理论认为海难救助救助人对救助船舶既没有救助义务，又没有受其委托而实施救助行为，因此在性质上属于民法上的无因管理，即没有法定或约定的义务，为避免他人利益受损失而进行的管理或者服务的行为。在无因管理的受益人和管理人之间产生债的权利义务关系，管理人有权要求受益人偿还必要的费用，包括在管理和服务中支付的合理费用以及为此而遭受的损失。但海难救助与此不同的是，救助人有要求救助报酬的请求权，此权利超越了无因管理可以请求的范围，同时，海难救助中如果救助无效果，则丧失救助报酬请求权，这一点也与无因管理不同。大陆法系的一些学者主张无因管理说。

（李洪积 王 青）

hainan jiuzhu de zhunjufa
海难救助的准据法（applicable law of salvage at sea） 在海难救助法律关系发生法律冲突时所选择适用的法律。根据一般的理论，海难救助因性质的不同可适用不同的法律。在纯救助中，在一国领水发生的海难救助，可能适用法院地法，也可能适用救助船或被救助船的旗国法，其中准契约说认为应当适用法院地法，不当得利说认为应当适用海难事实发生地法。在公海上发生的海难救助，根据不同的学说，可能适用的法律包括法院地法、安全港所在地（被救助船舶得以避难的安全港）法或船舶的旗国法。在合同救助中，应当根据各国关于合同法的规定，确定海难救助的准据法。

（王 青）

hainan jiuzhufa jiben yuanze
海难救助法基本原则（basic principle of salvage at sea） 有关海难救助的国际公约和各国的海商法根据海难救助的具体特点和各国实践经验，奠定了海难救助的基本原则。这些基本原则得到了各国的广泛承认和接受，对统一海难救助法律制度起了不可低估的作用。

基本原则主要包括：(1) 公平合理原则，即施救方和被救助方必须遵循公平、合理的原则。具体表现在下列几个方面：首先，海难救助关系是否发生，是基于当事人双方的自愿，不受外界力量的约束；其次，救助方与被救助方在救助开始前或进行中往往能达成协议，规定救助内容并明确双方的权利义务；再次，在救助作业中，救助方应该尽善良注意的义务和竭尽全力施救的义务，要最大可能地抢救船舶，财产和海上人命，同时要最大限度地防止损失的扩大和污染的加剧。(2) "无效果，无报酬"原则，主要包括救助行为没有取得实际效果，救助人无权请求报酬，法律另有规定或合同另有约定的除外；救助报酬不得超过船舶和其他财产的获救价值；获救财产的价值是确定救助报酬的主要因素。(3) 保护海洋环境原则：旨在倡导救助人为防止或减轻环境污染作出努力。如果由于救助方的过失，未能防止或减少环境的污染损害，救助方获得特别补偿的权利将全部或部分地被剥夺。(4) 人道主义原则，当在救助人命的同时又救助了船舶和财产的，将救助人命作为确定救助报酬数额及分配比例的根据之一，从遇险财产的获救价值中专门拨出一部分作为救助人命的报酬。以上诸原则相互联系，相互影响，构成进行海难救助和处理此方面纠纷的根本准则。

（王 青）

haishangfa
海商法（maritime law） 调整海上运输关系、船舶关系的法律规范的总称。其中，海上运输关系主要是指承运人、实际承运人同托运人、收货人，或者同旅客之间，承拖方同被拖方之间的关系。船舶关系主要指船舶所有人、经营人、出租人、承租人之间，抵押权人与抵押人之间，救助方与被救助方之间的关系。同其他法律部门相比，海商法具有以下显著的特征：(1) 海商法以海上风险的防范和处理为核心。海商法作为对海上运输活动及相关活动进行调整的法律，主要是围绕对海上运输所具有的特殊风险进行防范和分配而建立起来的。绝大多数海商法律制度，如海上货物运输合同法中的过失免责制度、以给付救助报酬为特征的海难救助制度、海事赔偿责任限制制度等，其特点都在于体谅海上航行风险之大，而对航海者予以特殊保护，同时又力求使这种保护不会过多损及他人利益。(2) 海商法具有很强的国际性。由于海商法调整的是海上的商业活动，而这种活动往往是跨国进行，其本质上是国际性，因此海商法本身也必然具有国际性。这一方面表现在海商法从起源看是起源于国际商业惯例，另一方面表现在海商法调整的社会关系许多都具有跨国因素，同时还表现在海商法的国际统一程度非常高，领域内不仅存在许多参加国众多的国际公约，而且在没有公约的领域各国立法也往往呈现出高度的一致性。(3) 海商法具有明显的综合性。作为一门古老的法律,海商法的构成具有相对的独立和完整性。它在体系上并不庞杂,但内容的组成未必与现代法律部门的划分完全吻合。如海商法主要是民商事规范,但也包括一些行政法、经济法的内容;主要是实体法规范,但也包括一些程序性规范;主要是任意性规范,但也包括相当多的强制性规范。

　　海商法的内容纷繁复杂,主要可分为以下部分:(1) 海运管理法。包括海上运输安全法,主要是船舶登记、船舶和航海安全、船长船员资格和管理等方面的法律法规;海运经济法,即旨在规范海运市场和促进国家商船队发展的法律;防止海洋污染的法律等。(2) 海上运输与拖航。包括海上货物运输法、海上旅客运输法、海上拖航合同的法律等。(3) 海事法。包括船舶碰撞、海难救助、共同海损、海事赔偿责任限制等法律。(4) 海上保险法。包括船舶保险、货物保险和运费等其他海上财产的保险的法律。(5) 海事纠纷处理。包括海事诉讼和海事仲裁。这是"狭义海商法"的内容。"广义海商法"的内容还包括港口法、船舶检验法、船员法、海洋环境保护法等。　　(陆燕萍)

haishang xingwei
海商行为(maritime commercial act)　指由海商法所规定的各种商行为,包括在航海贸易中与船舶有关的各种商行为。从国际惯例和各国海商法的规定看,海商行为主要包括船舶登记行为、海上运输行为、海上救助行为、船舶碰撞和共同海损。海商行为一般都是纯然商行为,也有基本海商行为与附属海商行为之分,例如,就承运人而言,海上运输是基本海商行为,而为了海上运输而租赁船舶的行为就属于附属海商行为。
　　　　　　　　　　　　　　(关　涛)

haishang baoxian
海上保险(marine insurance)　保险人按照约定,对被保险人因为约定的任何海上事故造成保险标的的损失和产生的责任负责赔偿,而由被保险人支付保险费成立的保险。英国《1906年海上保险法》第1条规定:"海上保险合同是保险人向被保险人允诺,在被保险人遇到海上损失,即因为海上冒险而发生损失事故,依照约定的条款填补被保险人损害的合同。"海上保险因为保险标的物为船舶或者货物而划分为海上船舶保险和海上货物运输保险。海上保险适用海商法的有关规定;海商法未作规定的,适用保险法的有关规定。

　　1. 海上保险的发展。海上保险为起源最早、适用历史最长的险种。一般认为,海上保险起源于意大利中世纪的海上冒险借贷。海上冒险借贷为公元4世纪希腊城邦广泛运用的船舶押款契约。船主或者货主在船舶开航之前,从资本主那里融通资金,以船舶或者货物的风险为融通资金的条件,若船舶或者货物在航海中遇难,依照损害程度可以免除债务的全部或者一部;若船舶或者货物安全到达目的地,则应当向资本主偿还本金和利息。海上冒险借贷,在古罗马法复兴的时期,被发展成以船舶抵押为担保的高利借贷,后被意大利12世纪颁布的《康索拉多海事法例》所吸收,形成具有近代风格的海上保险。有记载的海上保险合同的早期形式,主要有14世纪中叶的无偿贷借和空买卖契约。形式和内容上纯粹的保险合同,应当首推1384年签发的比萨保单。但所有早期的海上保险,均为商人经营的副业。现代海上保险的发展,应当归功于英国。英国17世纪的资产阶级革命,使得英国成为世界主要的贸易和航运业国家,并随着英国的殖民扩张,航海贸易的急速发展,为海上保险的发展创造了条件。随着国际海运业的发展以及人类对海洋资源的开发利用,海上保险已经发展成为分散海上危险的最为重要的手段。

　　2. 保险标的。海上保险为综合性的保险,所承保的标的范围较为广泛。船舶(包括船壳、机器、设备、船上燃料、物料、索具、给养、淡水)、货物、船舶营运收入(包括运费、租金、旅客票款)、货物预期利润、船员工资和其他报酬、对第三人的责任以及由于发生保险事故可能受到损失的其他财产和产生的责任,均可以约定为海上保险的标的。

　　3. 保险利益。投保人或者被保险人对船舶或者海上运输的货物因保险事故的发生以致其不安全而受到损害或者因保险事故的不发生而免受损害所具有的利害关系,包括投保人和被保险人对于船舶和货物享有财产权利、合同权利,以及因之而引起的法律责任等。保险利益为海上保险合同成立的效力要件。依照海上保险的惯例,投保人在订立海上保险合同时,对保险标的可以不具有保险利益;但在保险事故发生时,被保险人对保险标的的应当具有保险利益。例如,英国《1906年海上保险法》第6条第1款规定,被保险人在保险合同生效时,对保险标的可以不具有利害关系,但是,在保险标的发生损失时,被保险人对保险标的必须具有利害关系。被保险人对于保险标的没有保险利益的,海上保险合同约定的保险事故发生后,保险人不承担保险责任。被保险人已知保险标的发生事故而仍然订立保险合同的,没有保险利益,保险人不承担保险责任。《中华人民共和国海商法》第224条规定:"订立合同时,被保险人已经知道或者应当知道保险标的已经因发生保险事故而遭受损失的,保险人不负赔偿责任,但是有权收取保险费;保险人已经知道或者应当知道保险标的已经不可能因发生保险事故而遭受损失的,被保险人有权收回已经支付的保险费。"但海上保险合同可以约定"不论是否灭失条款",作为保险利益原则的例外,不论保险标的是否已经发生损失,保险人均依照保险合同的约定承担保险责任。不论是否灭失条款,一般适用于船舶保险合同。

4. 保险期间。在海上保险的责任期间内,发生保险事故的,保险人负赔偿责任。海上保险的保险期间,由投保人和保险人约定。依照我国的海上保险实务,海上货物运输保险的保险期间,适用"仓至仓"责任期间;海上船舶保险的保险期间,因船舶定期保险和船舶航次保险而不同,对于船舶定期保险,保险期间以以保险单规定的保险期间为准;对于船舶航次保险,保险期间以保险单规定的航次为准。

5. 保险责任范围。保险人对于承保的船舶或货物所发生的海上危险承担给付保险赔偿金责任的范围。凡海上保险合同约定的因航海过程中发生的自然灾害或意外事故等危难事故造成的损失或者产生的责任,均属于海上保险合同的保险责任范围。一般而言,引起保险责任发生的危险主要有包括:(1) 海上固有危险。海上固有危险又称之为"海难",一般包括雷击、海啸、地震、洪水、暴风、龙卷风等自然灾害造成船舶航行触礁、船货沉没、搁浅、船破、碰撞等危难事故。(2) 火灾或者爆炸。保险标的因为燃烧、烧焦、烧裂、烟熏以及救火行为所发生的损害,属于火灾造成的损害。因为火灾引起的爆炸,或者由爆炸引起火灾,造成保险标的的损害,并无实质差异。因为被保险人、船长、船员的过失引起的火灾,或者由于船东的恶意行为引起的火灾,均属于保险责任范围内。除非被保险人附加投保战争、罢工险,因为战争或者罢工引起的火灾,以及因为保险标的本身性质或者固有瑕疵引起的火灾,不属于保险责任范围。(3) 暴力偷窃或者海上掠夺。使用强暴手段窃取或者夺取船货的行为,构成暴力偷窃或者海上掠夺。非以暴力手段而窃取船货的行为,不属于暴力偷窃,属于海上保险合同的除外责任,除非保险合同对之以附加险承保。(4) 投弃。当航行中的船舶及其运载的货物处于危险状态下,为谋取共同利益或者安全,有意识地将一部分船舶属具或者运载的货物丢弃于海上的行为,为投弃。投弃为航海中避免发生更大危险的故意致损行为,称为共同海损或者牺牲。除谋取共同安全而丢弃货物或者船舶属具的行为以外,其他任何丢弃行为,均不属于投弃,保险人对之不承担保险责任。(5) 船长、船员的恶意行为。船长、船员故意损害船主或者租船人利益而实施的一切不法行为,为船长、船员的恶意行为。既然恶意行为属于保险责任范围,则船长、船员的过失行为或者疏忽行为,自然也应属于保险责任范围。船长、船员的恶意行为主要有恶意弃船、放火焚烧船货、凿沉船舶、故意违反航行规则而招致处罚、与敌方交易而被扣船或没收、走私而被扣船或没收、私自抵押船货等。(6) 施救等费用。发生保险事故时,被保险人对保险标的采取施救、防止或减少损失的措施而支出的合理费用,以及被保险人因为勘验或者为保险人要求的通知所支出的合理费用,保险人应当承担补偿责任。(7) 特约危险。除上述海上保险合同承保的各种风险外,保险合同一般根据被保险人的需要,约定一些造成保险标的的损失的其他风险,作为保险人承担保险责任的特约危险,诸如战争、罢工等海上附加险承保的风险。

6. 除外责任。保险人对海上保险的标的不承担保险责任的事由。出于保险人自身安全的需要以及海上保险惯例,保险人往往在保险合同中明文约定有除外责任条款,对于除外责任条款列明的事项造成保险标的的任何损害,保险人不承担保险责任。除海上保险合同约定的除外责任以外,依照法律规定属于除外责任的事项,保险人也不承担保险责任。依照我国法律的规定,海上保险的法定除外责任主要有:(1) 故意造成保险标的损失。被保险人的故意造成保险事故的发生,不仅破坏保险"分散危险、消化损失"的基本功能,而且严重违反诚实信用原则,构成保险不予承保的"道德危险"。我国《海商法》第242条规定:"对于被保险人故意造成的损失,保险人不负赔偿责任。"(2) 货物运输保险的除外责任。依照我国《海商法》第243条的规定,除海上货物运输保险合同另有约定外,因下列原因之一造成被保险货物损失的,保险人不负赔偿责任:航行迟延、交货迟延或者行市变化;货物的自然耗损、本身的缺陷和自然特性;包装不当。(3) 船舶保险(包括运费保险)的除外责任。依照我国《海商法》第244条的规定,除船舶保险合同另有约定外,因下列原因之一造成被保险船舶损失的,保险人不负赔偿责任:船舶开航时不适航,但是在船舶定期保险中被保险人不知道的除外;船舶自然磨损或者锈蚀。

7. 时效。被保险人请求保险人给付海上保险赔偿金的,受时效的限制。关于海上保险的时效,各国法律规定的不尽相同,但一般的时效都有2年期间的时效规定。依照我国《海商法》的有关规定,根据海上保险合同向保险人要求保险赔偿的请求权,时效期间为2年,自保险事故发生之日起计算;在时效期间的最后6个月内,因不可抗力或者其他障碍不能行使请求权的,时效中止。自中止时效的原因消除之日起,时效期间继续计算;时效因请求人提起诉讼、提交仲裁或者被请求人同意履行义务而中断。但是,请求人撤回起诉、撤回仲裁或者起诉被裁定驳回的,时效不中断。

8. 保险赔偿。发生保险事故造成损失后,保险人应当及时向被保险人支付保险赔偿。保险人赔偿保险事故造成的损失,以保险金额为限。保险金额低于保险价值的,在保险标的发生部分损失时,保险人按照保险金额与保险价值的比例负赔偿责任。保险金额低于共同海损分摊价值的,保险人按照保险金额同分摊价值的比例赔偿共同海损分摊。保险标的在保险期间发生几次保险事故所造成的损失,即使损失金额的总和超过保险金额,保险人也应当赔偿。但是,对发生部分损失后未经修复又发生全部损失的,保险人按照全部损失赔偿。被保险人为防止或者减少根据合同可以得到赔偿的损失而支出的必要的合理费用,为确定保险事故的性质、程度而支出的检验、估价的合理费用,以及为执行保险人的特别通知而支出的费用,应当由保险人在保险标的损失赔偿之外另行支付。 (邹海林)

haishang baoxian hetong

海上保险合同(marine insurance contract) 保险人按照约定,对被保险人因为约定的任何海上事故造成保险标的的损失和产生的责任负责赔偿,而由被保险人支付保险费的合同。运用海上保险合同的目的,在于分摊或者移转因为航海过程中所发生的危险。

1. 分类。海上保险合同因为分类标准不同而有不同的分类。以保险标的为准,海上保险合同可以分为海上船舶保险合同、海上货物运输保险合同、海上运费保险合同、海上责任保险合同、保赔保险合同、海上石油(天然气)开采保险合同等。以保险价值的约定方式为准,海上保险合同可以分为定值海上保险合同和不定值海上保险合同。以保险期间为准,海上保险合同可以分为航程保险合同、定期保险合同、混合保险合同、停泊保险合同、船舶建造保险合同、预约保险合同等。

2. 海上保险合同的内容。海上保险合同应当约定下列主要内容:保险人的名称和被保险人的名称、保险标的、保险价值、保险金额、保险责任和除外责任、保险期间以及保险费、保险赔偿金的给付等。为明确保险人的责任,海上保险合同还会依据承保的危险或标的的情况,约定航行区域限制条款、转运条款、不论是否灭失条款、海洋货物运输战争条款、承认适航条款、改变航程条款、推定全损条款、碰撞责任条款、小额共同海损条款、施救义务条款、扩展责任条款、姐妹船条款、扣押和捕获不保条款等。

3. 保险标的。下列各项可以约定为保险标的:(1) 船舶;(2) 货物;(3) 船舶营运收入,包括运费、租金、旅客票款;(4) 货物预期利润;(5) 船员工资和其他报酬;(6) 对第三人的责任;(7) 由于发生保险事故可能受到损失的其他财产和产生的责任、费用。

4. 保险价值。保险标的的保险价值由保险人与被保险人约定。保险人与被保险人未约定保险价值的,保险价值依照下列规定计算:(1) 船舶的保险价值,是保险责任开始时船舶的价值,包括船壳、机器、设备的价值,以及船上燃料、物料、索具、给养、淡水的价值和保险费的总和;(2) 货物的保险价值,是保险责任开始时货物在起运地的发票价格或者非贸易商品在起运地的实际价值以及运费和保险费的总和;(3) 运费的保险价值,是保险责任开始时承运人应收运费总额和保险费的总和;(4) 其他保险标的的保险价值,是保险责任开始时保险标的的实际价值和保险费的总和。保险人与被保险人约定的保险金额不得超过保险价值。

5. 保险金额。海上保险合同约定的保险金额,为保险人向被保险人承担填补损害责任的限额。保险合同约定的保险金额,应当以保险标的的保险价值为限。投保人和保险人在保险合同中约定有保险价值的,保险金额的约定不得超过保险合同约定的保险价值;投保人和保险人在保险合同中没有约定保险价值的,在发生保险事故时,保险金额的约定不得高于保险标的的实际价值。保险合同约定的保险金额超过保险标的的保险价值的,仅维持保险标的的保险价值范围内的保险金额的效力,超过保险价值的约定部分无效。

6. 保证条款。海上保险合同一般约定有保证条款。被保险人违反保证条款,保险人可以解除保险合同。保证条款作为被保险人必须遵守的事项,构成保险合同得以存在的基础。英国《1906年海上保险法》第34条规定:保险合同中的保证,是指承诺保证,被保险人据此应当承担为或者不为特定事项,或者必须履行某项条件,或者肯定或否认特定事实状态的存在的义务。在我国的保险实务上,凡是保险合同约定的作为保险人承担保险责任的先决条件的条款,均为保证条款。《中华人民共和国海商法》第235条规定:"被保险人违反合同约定的保证条款时,应当立即书面通知保险人。保险人收到通知后,可以解除合同,也可以要求修改承保条件、增加保险费。"

7. 保险责任。海上保险合同的责任范围因被保险人投保的险别不同而不同,但是海上保险合同普遍实行混合责任险。一般而言,凡因航海过程中发生的以下危难事故造成的损失或者产生的责任,均属于海上保险合同约定的保险责任范围:(1) 雷击、海啸、地震、洪水、暴风、龙卷风等自然灾害;(2) 搁浅、船破、触礁、互撞、沉没、与流冰或其他物体碰撞、失火、爆炸、投弃、掠夺等意外事故;(3) 发生保险事故时,被保险人对保险标的采取施救、防止或减少损失的措施而支出的合理费用;(4) 保险合同约定的其他事故造成保险标的的损失、费用或责任。

8. 除外责任。对于因下列原因造成的损失或产生的责任,保险人不承担保险责任:(1) 被保险人的故意造成损失的;(2) 除非保险合同另有约定,因为航行迟延、交货迟延或者行市变化造成货物损失的;(3)除非保险合同另有约定,因为货物的自然耗损、本身的缺陷和自然特性造成货物损失,或者船舶自然磨损或者锈蚀造成船舶损失的;(4)除非保险合同另有约定,包装不当造成货物损失的;(5)除非保险合同另有约定,因为船舶开航时不适航造成船舶损失的;(6)除非保险合同另有约定,因战争、军事行动、暴乱或者罢工所引起的损失;(7)保险合同约定的其他事由。

(邹海林)

haishang guyou weixian

海上固有危险(perils of the sea) 海上偶然发生的事故或者灾难,因为雷击、海啸、地震、洪水、暴风、龙卷风等自然灾害造成船舶或货物毁损的现象,又称"海难"。

依照海难的发生现象,可以分为八类:(1)船舶沉没。船舶全部沉入海水中而彻底丧失航行能力的状态,为船舶沉没。沉没为船舶或者被保险货物发生全损的重要原因。(2)船舶失踪。被保险船舶在合理时间内没有从获得最后消息的地点抵达目的地,除非保险合同另有约定,逾2个月后仍没有获知其消息的,构成失踪。(3)船舶搁浅。船舶与水底的物体发生意外接触,而处于相当时间的搁置以至于不能前进的状态,为船舶搁浅。(4)船舶触礁。船舶擦过水中的岩礁或者其他阻碍物体,但仍可以继续前进的状态,为船舶触礁。若船舶接触海水中的珊瑚礁而搁置其上,不能前行,不属于触礁而属于搁浅。(5)船舶碰撞。船舶在水上和其他船舶或者其他物体发生猛力接触的状态,为船舶碰撞。(6)船破。船舶受风浪驱使而冲向岩礁、险滩、浅水域等阻碍物而造成船舶固有形态丧失或者巨变的状态,为船破。(7)暴风雨。船舶在恶劣气候所形成的狂风暴雨袭击下所发生的船货损失,为暴风雨。因为暴风雨导致船舶搁浅、沉没、碰撞、船破等意外事故时,被保险人多以船舶搁浅、沉没、碰撞、船破等,请求保险人承担保险责任,所以,以暴风雨请求保险人承担保险责任的情形并不多见。(8)海水损害。船舶在海上因为其他意外事故造成海水侵入船体内所引起的船货损害,为海水损害。

(邹海林)

haishang huowu yunshu baoxian

海上货物运输保险(marine cargo insurance) 货物运输保险的一种。保险人对于被保险人交运的海上运输货物因为海上风险而承担保险给付责任的保险。海上货物运输保险又称之为进出口货物运输保险。依照我国海上货物运输保险的实务,海上货物运输保险有基本险和附加险之别,基本险包括海上货物运输平安险、水渍险和一切险;附加险包括偷窃、提货不着险,淡水雨淋险,短量险,沾污险,渗漏险,破损险,串味险,受潮受热险,锈损险,交货不到险,仓面险,拒收险,黄曲霉素险,进口关税险,战争险和罢工险等。海上货物运输保险一般约定有如下条款:仓至仓条款或运输条款、运输终止条款、航程变更条款、转运费用条款、承运人不受益条款、货物增值条款、不适航不保条款等。海上货物运输保险广泛使用预约保险合同。《中华人民共和国海商法》对于海上货物运输预约保险合同专门规定有若干条文:第231条规定,保险人订立预约保险合同应当向被保险人签发预约保险单证;第232条规定,应被保险人的要求,保险人对于预约保险合同项下分批装运的货物,应当分别签发保险单证;若分别签发的保险单证的内容和预约保险合同的内容不一致,以分别签发的保险单证为准;第234条规定,被保险人已知经预约保险合同保险的货物已经装运或者到达目的地,应当立即通知保险人;通知的内容包括装运货物的船名、航线、货物价值和保险金额。海上货物运输保险合同可以由被保险人背书或者以其他方式转让,合同的权利、义务随之转移。合同转让时尚未支付保险费的,被保险人和合同受让人负连带支付责任。

(邹海林)

haishang huowu yunshu fujiaxian

海上货物运输附加险(extraneous risks insurance) 保险人对海上运输的货物附加承保的险种,主要有偷窃、提货不着险,淡水雨淋险,短量险,混杂,沾污险,渗漏险,碰损、破碎险,串味险,受潮受热险,钩损险,包装破裂险,锈损险等。

1. 偷窃、提货不着。保险人对被保险货物因为偷窃或提货不着发生的损失承担保险责任的保险。依照该保险,被保险货物遭受下列损失,保险人按保险价值负责赔偿:(1)偷窃行为所致的损失;(2)整件提货不着;(3)根据运输契约规定船东和其他责任方免除赔偿的部分。保险人赔款后,有权收回被保险人向船东或其他有关责任方面追偿到的任何赔款,但其金额以不超过保险人支付的赔款为限。

2. 淡水雨淋险。保险人对被保险货物因为遭受雨淋或淡水所致的损失承担保险责任的保险。依照该保险,保险人对被保险货物因遭受雨淋或淡水所致的损失要承担赔偿责任,但被保险货物的包装外部应有雨水或淡水痕迹或有被保险人能够提供其他适当证明。

3. 短量险。保险人对被保险货物在运输过程中,因外包装破裂或散装货物发生数量散失和实际重量短缺的损失,负赔偿责任的保险。但依照该保险,对于被保险货物正常的途耗,保险人不承担责任。

4. 混杂、沾污险。保险人对被保险货物在运输过程中，因混杂、玷污所致的损失，负赔偿责任的保险。

5. 渗漏险。保险人对被保险货物在运输过程中，因容器损坏而引起的渗漏损失，或用液体储藏的货物因液体的渗漏而引起的货物腐败等损失，负赔偿责任的保险。

6. 碰损、破碎险。保险人对被保险货物在运输过程中因震动、碰撞、受压造成的破碎和碰撞损失，负赔偿责任的保险。

7. 串味险。保险人对被保险食用物品、中药材、化妆品原料等货物在运输过程中，因受其他物品的影响而引起的串味损失，负赔偿责任的保险。

8. 受潮受热险。保险人对被保险货物在运输过程中因气温突然变化或由于船上通风设备失灵致使船舱内水气凝结、受潮或发热所造成的损失，负赔偿责任的保险。

9. 钩损险。保险人对被保险货物在装卸过程中因遭受钩损而引起的损失，以及对包装进行修补或调换所支付的费用，负赔偿责任的保险。

10. 包装破裂险。保险人对被保险货物在运输过程中因搬运或装卸不慎，包装破裂所造成的损失，以及为继续运输安全所需要对包装进行修补或调换所支付的费用，负赔偿责任的保险。

11. 锈损险。保险人对被保险货物在运输过程中发生锈损，负赔偿责任的保险。　　　　（邹海林）

haishang lianyun tidan
海上联运提单(ocean through bill of lading)　在海上联运情况下签发的，规定货物从装货港装货后，在中途卸货，交由其他承运人用船舶接运至目的港的提单。签发此种提单的承运人，称为联运承运人；接运货物的承运人称为接运承运人或实际承运人。有的海上联运提单对货物自接受时起至目的港交付时止，对全程运输负责；当货物发生损害时，受害人既可向联运承运人索赔，也可以向接运承运人索赔；联运承运人和接运承运人在赔偿受害人后，相互间再进行追偿。这种海上联运提单称为纯海上联运提单。有的海上联运提单规定，联运承运人仅对自己的船舶完成的一段运输负责，在规定的港口，以托运人的代理人的身份，将货物交由接运承运人运输而不再占有货物之后，联运承运人对货物不再负责；接运承运人对发生在他完成的运输区段的货物损害负责。联运承运人除履行海上联运提单上规定的义务之外，应当将货物以适当的条件，交由适当的接运承运人接运，并从接运承运人处取得已装船提单，以及将接运承运人的名称、接运船舶的名称和预计到达的日期，通知托运人或收货人。接运承运人在接受联运承运人委托运输的货物时，应仔细看货物，如货物外表状况不良，则在签发给联运承运人的收据或提单中予以注明。
　　　　　　　　　　　　　　　　　　　　（张　琳）

haishanglüke jiqi xingliyunshu yadiangongyue
《海上旅客及其行李运输雅典公约》(Athens Convention Relating to the Carriage of Passengers and Their Luggage by Sea)　调整海上旅客运输合同的法律规范中最重要的国际公约，简称《雅典公约》。它于1974年在联合国主持下制定，并于1987年4月28日生效。《雅典公约》适用于国际海上旅客运输，即合同规定的起运港和目的港位于不同国家，或者中途港位于不同国家的运输，条件是船舶悬挂公约缔约国的旗帜，或者在缔约国登记，或者运输合同在缔约国订立，或者合同规定的起运港或目的港位于缔约国内。1976年通过了修订《雅典公约》中关于承运人责任限额的规定的议定书，该议定书于1989年4月30日生效。1990年，又通过了再次提高旅客伤亡的赔偿限额的议定书，但1990年议定书迄今尚未生效。《雅典公约》目前已有近三十个参加国。1994年8月30日，公约及其1976年议定书对我国生效。

haishang shiyou kaicai baoxian
海上石油开采保险(sea petroleum exploitation insurance)　以海上石油（天然气）的开采设备、海上石油开采引起的赔偿责任以及与之相关的费用为保险标的的财产保险。海上石油开采投资费用巨大，技术复杂，海上的风险集中而且多发，需要有设计特别而且符合海上石油开采特点的保险产品。海上石油开采保险能够满足海上石油开采的不同阶段的分散危险的需要，多为伴随海上石油开采不同阶段的长期性的综合性保险。

按照海上石油开采保险的标的划分，可以分为：(1)财产损失保险。以钻井船、钻井机、钻进平台、井喷控制费用、重钻费用、输油管线、运输货物为保险标的的财产损失保险。(2)责任保险。以石油渗漏、污染责任、第三者责任、设备承租人责任和雇主责任为标的的责任保险。(3)工程保险。以船舶建造、海上工程建造的物质损失和因之产生的责任为标的的综合性保险。海上石油开采保险不仅约定有保险人的责任范围，保险人仅仅对保险单约定的保险责任范围内的事故承担责任。

海上石油开采保险一般约定有免赔额，并将下列原因约定为除外责任：(1)战争和类似战争行为；(2)政府行为或者类似政府行为；(3)核污染、放射性污染；(4)被保险人的故意行为；(5)海上石油开采的作业性耗损；(6)间接损失或费用；(7)保险单约定的保险人不承担责任的其他损失、费用或责任。　（邹海林）

haishang weixian

海上危险(maritime perils) 保险人对被保险的船舶或货物因航海受损或引起责任应当承担赔偿责任的事由。海上危险因为被保险人投保的海上保险的险别不同而不同,但海上保险普遍实行混合责任险,故凡是具有偶然性、致损性、不确定性和不可抗拒性的海上危险,均可以约定为海上保险合同的责任范围。海上危险主要有海上固有危险、火灾、战争危险、海盗、海寇、强盗、捕获、拿捕、君主抑止、投弃、船员恶意行为、其他危险等。保险人对于海上保险合同承保的危险造成的损失,承担赔偿责任。

haishang yunshu guanlifa

海上运输管理法(laws administrating the carriage by sea) 是对船舶和海上运输进行管理的国际、国内法律规范的总和。从内容上看,它由三部分组成。(1)海运经济法,即旨在规范海运市场和促进国家商船队发展的法律,包括明确海运经营权主体资格的法律,调节货运量分配的法律,促进本国的商船队发展的法律等。(2)海运安全法,即旨在维护船舶和海运安全的法律,主要有船舶登记的法律、船舶安全和航海安全标准的法律、有关船长、船员的资格和管理的法律等。(3)防止船舶污染的法律,即旨在防止和处理船舶造成的海洋污染的法律,这是为适应海洋环境保护的需要而新发展起来的一个部门。

haishi baogao

海事报告(master's report, marine accident report) 船舶发生事故后,船方向有关当局递交的有关海损事故的书面报告。海事报告的具体内容一般包括事故的时间、地点、详细经过、原因和损害以及船方所采取的措施。

根据我国的有关规定,海损事故发生后,船长应尽快向港务监督部门递交海事报告并附上:(1)有关船舶技术状态的记载;(2)航海日志和机舱日志的摘要(发生事故前12小时),必要时应附航海日志和机舱日志;(3)有关海图和原航线、船位等记录(标明发生事故前后的船舶动态);(4)受损部分的简图;(5)与海损事故有关的其他文件。因提交的对象和目的不同,对海事报告的要求和作法不一,如有呈交给政府主管机关的,有报给船东的,有致保险人的等等。

(张永坚 张 宁)

haishi danbao

海事担保(maritime security) 海事请求保全、海事强制令以及海事证据保全等海事诉讼程序中涉及的担保。《中华人民共和国海事诉讼特别程序法》中规定的担保方式有四种,即提供现金或者保证、设置抵押或者质押。担保应当提交的对象分别是:海事请求人的担保应当提交给海事法院;被请求人的担保可以提交给海事法院,也可以提供给海事请求人。海事请求人提供的担保,其方式、数额由海事法院决定;被请求人提供的担保,其方式、数额由海事请求人和被请求人协商;协商不成的,也由海事法院决定。海事请求人要求被请求人就海事请求保全提供担保的数额,应当与其债权数额相当,但不得超过被保全的财产价值。海事请求人提供担保的数额,应当相当于因其申请可能给被请求人造成的损失,具体数额由海事法院决定。担保提供后,提供担保的人有正当理由的,可以向海事法院申请减少、变更或者取消该担保。海事请求人请求担保的数额过高,造成被请求人损失的,应当承担赔偿责任。

(王 青)

haishi peichang zeren xian'e

海事赔偿责任限额(limitation of liability for maritime claims) 海事赔偿责任限额是指法律规定的责任主体对所有限制性海事债权的最高赔偿额。对此,各国采用金额制、船价制、委付制、执行制、并用制或选择制等不同的责任限制形式。目前包括我国在内的多数国家都采用金额制。金额制度下,除了海上旅客运输的赔产责任限额另有特殊的计算方法之外,通常情况下,责任主体的责任限额为船舶吨位与法定的每一吨位的赔偿限额的乘积。《中华人民共和国海商法》规定:

1. 海事赔偿责任限制采用事故制度。《海商法》第212条规定赔偿限额,适用于特定场合发生的事故引起的,向船舶所有人、救助人本人和他们对其行为、过失负有责任的人员提出的请求的总额。所谓特定场合,是指某一特定事故,也即海事赔偿责任的赔偿限额实行事故制度,一次事故计算一个限额,如果一个航次当中发生两次以上重大事故,责任人就可能会要承担两个以上的限额。

2. 具体的责任限额。《海商法》第210条规定:海事赔偿责任限制,依照下列规定计算赔偿限额;(1)关于人身伤亡的赔偿请求:a. 总吨位300吨至500吨的船舶,赔偿限额为333000计算单位;b. 总吨位超过500吨的船舶,500吨以下部分适用本项第1目的规定,500吨以上的部分,应当增加下列数额;501吨至3000吨的部分,每吨增加500计算单位;3001吨至30000吨的部分,每吨增加333计算单位;30001吨至70000吨的部分,每吨增加250计算单位;超过70000吨的部分,每吨增加167计算单位。(2)关于非人身伤亡的赔偿请求:a. 总吨位300吨至500吨的船舶,赔偿限额为 167000 计算单位;b. 总吨位超过 500 吨的船舶,500 吨以下部分适用本项第 1 目的规定,500 吨以上的部分,应当增加下列数额:501 吨至 30000 吨的部分,每吨增加 167 计算单位;30001 吨至 70000 吨的部分,每吨增加 125 计算单位;超过 70000 吨的部分,每吨增加 83 计算单位。(3) 依照第(1)项规定的限额,不足以支付全部人身伤亡的赔偿请求的,其差额应当与非人身伤亡的赔偿请求并列,从第(2)项数额中按照比例受偿。(4) 在不影响第(3)项关于人身伤亡赔偿请求的情况下,就港口工程、港池、航道和助航设施的损害提出的赔偿请求,应当较第(2)项中的其他赔偿请求优先受偿。(5) 不以船舶进行救助作业或者在被救船舶上进行救助作业的救助人,其责任限额按照总吨位为 1500 吨的船舶计算。总吨位不满 300 吨的船舶,从事中华人民共和国港口之间的运输的船舶,以及从事沿海作业的船舶,其赔偿限额由国务院交通主管部门制定,报国务院批准后施行。

3.《海商法》第 211 条规定,海上旅客运输的旅客人身伤亡赔偿责任限制,按照 46666 计算单位乘以船舶证书规定的载客定额计算赔偿限额,但是最高不超过 25000000 计算单位。中华人民共和国港口之间海上旅客运输的旅客人身伤亡,赔偿限额由国务院交通主管部门制定,报国务院批准后施行。

(张永坚　张　宁)

haishi peichang zeren xianzhi
海事赔偿责任限制(limitation of liability for maritime claims)　发生海难事故,给他人造成财产损失或人身伤亡时,负有赔偿责任的人(如船舶所有人、经营人、承租人、救助人等)依法将自己的赔偿责任限制在一定限度之内的赔偿制度。它是法律赋予船舶所有人、经营人、承租人、救助人等的一种法定特权,有别于一般的民事损害赔偿原则。海事赔偿责任限制在早期主要是为了保护船东的利益而设立的,又称为"船舶所有人责任限制"或"船东责任限制"。随着船舶所有权与经营权的分离以及其他一些社会原因,船舶经营人、承租人和救助人等也被纳入受保护的范围,因而早期的船舶所有人责任限制逐渐演变成现在的海事赔偿责任限制。在海事赔偿责任限制下,当责人具备法律规定的条件时,可依法对一些债权进行限制,使这些被限制的债权即使未能完全受偿,也会由于债权人因法律规定不得再行起诉而归于消灭,从而在一定程度上使作为债务人的责任人得到保护。海事赔偿责任限制制度有利于保障海上运输业的发展,鼓励海上救助和适应海上保险业的发展要求。

(张永坚　张　宁)

haishi peichang zeren xianzhi jijin
海事赔偿责任限制基金(limitation fund for maritime claims)　船舶所有人、承租人、经营人、救助人、保险人在发生海事事故后可以依法申请责任限制时,向海事法院申请设立的针对海事赔偿责任而有具体数额限制的基金。船舶造成油污损害的,船舶所有人及其责任保险人或者提供财务保证的其他人为取得法律规定的责任限制的权利,应当向海事法院设立油污损害的海事赔偿责任限制基金。设立责任限制基金的申请可以在起诉前或者诉讼中提出,但最迟应当在一审判决作出前提出。当事人在起诉前申请设立海事赔偿责任限制基金时,应当向事故发生地、合同履行地或者船舶扣押地海事法院提出,而不受当事人之间关于诉讼管辖协议或者仲裁协议的约束。

申请人向海事法院申请设立海事赔偿责任限制基金,应当提交书面申请。申请书应当载明申请设立海事赔偿责任限制基金的数额、理由,以及已知的利害关系人的名称、地址和通讯方法,并附有关证据。海事法院受理设立海事赔偿责任限制基金申请后,应当在 7 日内向已知的利害关系人发出通知,同时通过报纸或者其他新闻媒体发布公告,公布设立海事赔偿责任限制基金的相关事宜。通知和公告包括下列内容:(1) 申请人的名称;(2) 申请的事实和理由;(3) 设立海事赔偿责任限制基金事项;(4) 办理债权登记事项;(5) 需要告知的其他事项。

利害关系人对申请人申请设立海事赔偿责任限制基金有异议时,应当在收到通知之日起 7 日内或者未收到通知的在公告之日起 30 日内,以书面形式向海事法院提出。海事法院收到利害关系人提出的书面异议后,应当进行审查,在 15 日内作出裁定:如异议成立,裁定驳回申请人的申请;如异议不成立,裁定准予申请人设立海事赔偿责任限制基金。当事人如果不服裁定,可以在收到裁定书之日起 7 日内提起上诉。第二审人民法院应当在收到上诉状之日起 15 日内作出裁定。利害关系人在规定的期间内没有提出异议,海事法院裁定准予申请人设立海事赔偿责任限制基金。

准予申请人设立海事赔偿责任限制基金的裁定生效后,申请人应当在海事法院设立海事赔偿责任限制基金。设立海事赔偿责任限制基金可以提供现金,也可以提供经海事法院认可的担保。海事赔偿责任限制基金的数额,为海事赔偿责任限额和自事故发生之日起至基金设立之日止的利息。以担保方式设立基金的,担保数额为基金数额及其在基金设立期间的利息。以现金设立基金的,基金到达海事法院指定账户之日为基金设立之日。以担保设立基金的,海事法院接受担保之日为基金设立之日。设立海事赔偿责任限制基金以后,除非当事人之间订有诉讼管辖协议或者仲裁协议,当事人就有关海事纠纷应当向设立海事赔偿责任限制基金的海事法院提起诉讼。申请人申请设立海事赔偿责任限制基金错误的,应当赔偿利害关系人因此所遭受的损失。 　　　　　　　　(王　青)

haishi peichang zeren xianzhi zhidu de lishi
海事赔偿责任限制制度的历史(the history of the limitation of liability for maritime claims)　海事赔偿责任限制制度是随着航海事业的发展而逐渐发展起来的。这一制度由来已久。早在13世纪的《康苏拉杜判例集》中规定,船舶共有人之责任以其所有部分为限。这被认为是海事赔偿责任限制的萌芽。1681年法国路易十四发布的《海事敕令》已吸收了类似今天的责任限制原则。这一制度的最早表现形式为"委付制度",即船舶所有人对人的损害负有无限责任,但把海上财产委付给债权人,即可免除其所有责任。德国1644年的《汉措敕令》规定货主队船舶被卖出之后的债不得再诉。后来的《德国商法典》则明确规定了执行制度,即因船舶发生的债务,债权人只可要求对债务人的海上财产强制执行,不得对船舶所有人另有主张。这一制度为北欧四国所接受。

在普通法系,英国最早的有关立法是1734年的《乔治法案》,该法案废除了以前的船舶所有人负无限责任的做法,采用船价制度,即把所有人的赔偿责任限制在船舶的价值及运费之内。《1854年商航法》又改为"金额制度",即根据船舶吨位来确定赔偿限额。美国在1851年制定了《船舶所有人责任限制法》,采用船价制度。后来,在《1924年船舶所有人责任限制国际公约》出现后,又于1935年改为"并用制度",并用"船价制度"和"金额制度"。进入20世纪后,在国际上先后出现了三个有关责任限制的国际公约。《1924年公约》采用"并用制度",但至今未生效。随后出现的《1957年海船船舶所有人责任限制公约》采用"金额制度",使船舶所有人责任限制作为一种法律制度,在国际上得到了初步的统一。《1976年海事赔偿责任限制公约》一方面将救助人纳入了可限制责任的责任主体中,另一方面进一步明确了即使船长、船员或船舶经营人或承租人作为责任人来起诉,也可限制责任,从而使过去的"船舶所有人责任限制"制度演化成"海事赔偿责任限制"制度。至此,海事赔偿责任限制这一概念得以在国际公约中确立并随后被各国海商法所接受。 　　　　　　　　(张永坚　张　宁)

haishi peichang zeren xianzhi zhunjufa
海事赔偿责任限制准据法(applicable law of the limitation of liability for maritime claims)　审理海事赔偿限制案件、确定责任限制所依据的法律。对此,各国海事私法规定不一,主要有法院地法、行为地法和船旗国法三种准据法确定方法。《1957年船舶所有人责任限制公约》和《1976年海事赔偿责任限制公约》均规定责任限制基金的设立、分配等程序性问题适用基金设立地法。《中华人民共和国海商法》也采同样的原则。对于引起海事赔偿责任限制的重大海损案件和责任限制本身是否适用同一准据法。国际上有实行统一和实行分立两种原则。我国《海商法》采用分立原则,即责任限制适用责任限制的准据法,而引起责任限制的海事案件依其性质适用不同的准据法。 　　　　　　　　(张永坚　张　宁)

haishi qiangzhiling
海事强制令(maritime injunction)　海事法院根据海事请求人的申请,为使其合法权益免受侵害,责令被请求人作为或者不作为的强制措施。海事强制令不受当事人之间关于该海事请求的诉讼管辖协议或者仲裁协议的约束。当事人在起诉前申请海事强制令,应当向海事纠纷发生地海事法院提出。海事请求人申请海事强制令,应当向海事法院提交书面申请。申请书应当载明申请理由,并附有关证据。海事法院受理海事强制令申请,可以责令海事请求人提供担保。海事请求人不提供的,驳回其申请。

作出海事强制令,应当具备下列条件:(1)请求人有具体的海事请求;(2)需要纠正被请求人违反法律规定或者合同约定的行为;(3)情况紧急,不立即作出海事强制令将造成损害或者使损害扩大。

海事法院接受申请后,应当在48小时内作出裁定。裁定作出海事强制令的,应当立即执行;对不符合海事强制令条件的,裁定驳回其申请。当事人如果对裁定不服,可以在收到裁定书之日起5日内申请复议一次。海事法院应当在收到复议申请之日起5日内作出复议决定。复议期间不停止裁定的执行。利害关系人对海事强制令提出异议,海事法院经审查,如果认为理由成立,应当裁定撤销海事强制令。海事强制令一经做出,被请求人必须执行。被请求人如果拒不执行海事强制令,海事法院可以根据情节轻重处以罚款、拘留;构成犯罪的,依法追究刑事责任。但如海事请求人申请海事强制令错误,应当赔偿被请求人或者利害关系人因此所遭受的损失。海事强制令执行后,有关海事纠纷未进入诉讼或者仲裁程序时,除非当事人之间订有诉讼管辖协议或者仲裁协议,当事人就该海事请求,可以向作出海事强制令的海事法院或者其他有管辖权的海事法院提起诉讼。 　　　　　　　　(王　青)

haishi qingqiu baoquan
海事请求保全(海事请求保全措施)(preservation

of maritime claims) 指海事法院根据海事请求人的申请,为保障其海事请求的实现,对被请求人的财产所采取的强制措施。根据《中华人民共和国海事诉讼程序特别法》,当事人在起诉前申请海事请求保全,应当向被保全的财产所在地海事法院提出,不受当事人之间关于该海事请求的诉讼管辖协议或者仲裁协议的约束。

海事请求人申请海事请求保全,应当向海事法院提交书面申请。申请书应当载明海事请求事项、申请理由、保全的标的物以及要求提供担保的数额,并附有关证据。海事法院受理海事请求保全申请,可以责令海事请求人提供担保,海事请求人不提供的,海事法院将驳回其申请。

海事法院接受申请后,应当在48小时内作出裁定。裁定采取海事请求保全措施的,应当立即执行;对不符合海事请求保全条件的,裁定驳回其申请。当事人对裁定不服的,可以在收到裁定书之日起5日内申请复议一次。海事法院应当在收到复议申请之日起5日内作出复议决定。复议期间不停止裁定的执行。利害关系人对海事请求保全提出异议,海事法院经审查,认为理由成立的,应当解除对其财产的保全。

被请求人提供担保,或者当事人有正当理由申请解除海事请求保全的,海事法院应当及时解除保全。海事请求人在本法规定的期间内,未提起诉讼或者未按照仲裁协议申请仲裁的,海事法院应当及时解除保全或者返还担保。海事请求保全执行后,有关海事纠纷未进入诉讼或者仲裁程序的,当事人就该海事请求,可以向采取海事请求保全的海事法院或者其他有管辖权的海事法院提起诉讼,但当事人之间订有诉讼管辖协议或者仲裁协议的除外。海事请求人申请海事请求保全错误的,应当赔偿被请求人或者利害关系人因此所遭受的损失。

海事请求保全的措施主要有船舶的扣押与拍卖以及船载货物的扣押与拍卖。

(王 青)

haishi shengming

海事声明(ship protest, protest) 运输过程中,船舶遭遇恶劣天气或可能造成船舶或货物损害地海损事故时,船长所签署的声明。该声明一般申述本船对因之所可能造成的任何损害不负任何责任,同时保留向有关方索赔和在适当的时间和地点延伸或补充声明的权利。按照国际惯例,如须提交海事声明,应在开舱前送交签证。海事声明经船舶第一抵达港的航政机构、公证机构或船籍国驻当地使领馆签证后,才能成为具有法律效力的正式文件。对于海事声明的效力,大多数国家的法律实践持怀疑态度。根据英国1938年《证据法》和法院判例,海事声明不被认为是证据。我国海商法学者也多不主张给海事声明以证据效力。

(张永坚 张 宁)

haishi shigu diaochabiao

海事事故调查表(investigation form for maritime accident) 海事法院审理船舶碰撞案件时,由原告在起诉时、被告在答辩时填写的关于海事事故情况的调查表。原被告在填写此表格时,应当如实填写。

《中华人民共和国海事诉讼特别程序法》对船舶碰撞案件的审理作出如下规定:(1)如实填写《海事事故调查表》,填写海事事故调查表应当在原告递交诉讼状时同时递交,被告在递交答辩状时同时递交,原告递交诉讼状和被告递交答辩状时不附送有关的证据;(2)原被告的举证工作应当在开庭审理前准备完结,在向海事法院出具举证完成说明书后,可以向海事法院申请查阅有关船舶碰撞的事实证据材料;(3)证据不能推翻在《海事事故调查表》中陈述和已完成的证据,但有新的证据要提出,必须要有充分理由说明该新证据不能在"查阅有关船舶碰撞的事实证据材料前举证,否则不予采信;(4)船舶的检验估价。船舶的检验估价应当由国家授权或其他有资质的机构和个人承担;(5)船舶碰撞案件审理最长不超过一年,需要延长时间,应经本院院长批准。

(王 青)

haishi susong

海事诉讼(maritime litigation) 海事法院在海事争议当事人和其他诉讼参与人的参加下处理海事纠纷的全部活动过程,包括起诉、受理、送达、保全、审理、调解、终结裁定和判决、上诉、执行等各主要环节。海事法院在审判活动过程中,始终起着主导和决定性的作用。

(王 青)

haishi susong anjian

海事诉讼案件(case of maritime action) 是指海事法院受理的当事人因海事侵权纠纷、海商合同纠纷以及法律规定的其他海事纠纷而向海事法院提出诉讼而形成的案件。

(王 青)

haishi susong anjian leixing

海事诉讼案件类型(type of maritime case) 海事诉讼案件类型是指海事法院可以受理的各种海事案件的种类。根据海事法院受案范围的规定,海事法院可以受理的案件基本可以归纳为以下几种类型:海事侵权纠纷、海商合同纠纷、其他海事海商案件、海事执行案件和海事请求保全案件。根据我国《最高人民法院关于印发〈民事案件案由规定(试行)〉的通知》(法发

〔2000〕26号),海事诉讼案件类型主要有:

海商合同纠纷(包括海上货物运输合同纠纷,航次租船合同纠纷,海上旅客运输合同纠纷,定期租船合同纠纷,光船租赁合同纠纷,海上拖航合同纠纷,海难救助合同纠纷,海上打捞合同纠纷,海上保险合同纠纷,港口作业合同纠纷,理货合同纠纷,航道疏浚合同纠纷,海上运输(船舶)联营合同纠纷,船舶建造、买卖、拆解合同纠纷,海员劳务合同纠纷等);提单纠纷;海事纠纷(包括海上重大责任事故纠纷,船舶碰撞纠纷(含船舶浪损纠纷),船舶触碰(建筑物、设施)损害赔偿纠纷,船舶损坏(空中或水下设施)损害赔偿纠纷,影响航船航行损害赔偿纠纷,海上人身损害赔偿纠纷,港口作业纠纷,养殖损害赔偿纠纷,船舶、港口作业污染损害赔偿纠纷,非法留置船载货物纠纷,共同海损纠纷,船舶水道规费纠纷);申请海事请求保全案(包括申请扣押船舶案,申请拍卖扣押船舶案,申请扣押船载货物案,申请拍卖扣押船载货物案);申请海事强制令案;申请海事证据保全案;申请设立海事赔偿责任限制基金案;申请海事船舶优先权催告案;申请海事债权确权案等。

(王 青)

haishi susong chengxu

海事诉讼程序(maritime litigation procedure) 海事法院在海事争议当事人和其他诉讼参与人的参加下处理海事纠纷的全部活动过程,包括起诉、受理、送达、保全、审理、调解、终结裁定和判决、上诉、执行等各主要环节所必须遵循的程序。目前,我国调整海事诉讼程序的法律主要有《中华人民共和国民事诉讼法》和《中华人民共和国海事诉讼特别程序法》。这两部法律是一般法和特别法的关系,即在海事诉讼中,应当首先适用《海事诉讼特别程序法》,在《海事诉讼特别程序法》没有规定的情况下,适用《民事诉讼法》的有关规定。

(王 青)

haishi susong de diyu guanxia

海事诉讼的地域管辖(territorial jurisdiction of maritime actions) 各海事法院之间审理海事、海商案件的分工和权限。我国海事法院对于诉讼案件地域管辖的区域范围主要是依照行政区域和当事人、诉讼标的与法院之间的隶属关系划分的。根据我国《海事诉讼程序特别法》,海事诉讼的地域管辖,依照《中华人民共和国民事诉讼法》的有关规定,但下列海事诉讼的地域管辖,应当依照以下规定:(1)因海事侵权行为提起的诉讼,除依照《中华人民共和国民事诉讼法》第29~31条的规定以外,还可以由船籍港所在地海事法院管辖;(2)因海上运输合同纠纷提起的诉讼,除依照《中华人民共和国民事诉讼法》第28条的规定以外,还可以由转运港所在地海事法院管辖;(3)因海船租用合同纠纷提起的诉讼,由交货港、还货港、船籍港所在地、被告住所地海事法院管辖;(4)因海上保赔合同纠纷提起的诉讼,由保赔标的物所在地、事故发生地、被告住所地海事法院管辖;(5)因海船的船员劳务合同纠纷提起的诉讼,由原告住所地、合同签订地、船员登船港或者离船港所在地、被告住所地海事法院管辖;(6)因海事担保纠纷提起的诉讼,由担保物所在地、被告住所地海事法院管辖;因船舶抵押纠纷提起的诉讼,还可以由船籍港所在地海事法院管辖;(7)因海船的船舶所有权、占有权、使用权、优先权纠纷提起的诉讼,由船舶所在地、船籍港所在地、被告住所地海事法院管辖。

(王 青)

haishi susong de xieyi guanxia

海事诉讼的协议管辖(agreement jurisdiction in maritime actions) 海事诉讼的协议管辖是体现"当事人意思自治"原则的方式。根据法律规定,海事诉讼的协议管辖允许海事诉讼的当事人以协议的方式确定诉讼管辖的法院,但在海事诉讼中当事人协议管辖必须符合一定的条件,即:协议管辖须以一定的形式表现;协议管辖不能对法律明文规定专属管辖的内容进行协议;协议管辖只能就一审法院的管辖进行协议。

在海事诉讼中,当事人的协议管辖首先应当遵守《中华人民共和国民事诉讼法》对此的相关规定。根据我国《海事诉讼特别程序法》的规定,海事纠纷的当事人都是外国人、无国籍人、外国企业或者组织,当事人书面协议选择中华人民共和国海事法院管辖的,即使与纠纷有实际联系的地点不在中华人民共和国领域内,中华人民共和国海事法院对该纠纷也具有管辖权。

(王 青)

haishi susong de zhuanshu guanxia

海事诉讼的专属管辖(special jurisdiction of maritime actions) 海事诉讼的专属管辖是根据我国《海事诉讼程序特别法》和其他相关法律的规定,强制某种特定的海事、海商案件由特定的海事法院管辖。海事诉讼的专属管辖属于强制性的法律规范,不适用其他诉讼管辖的规定。其主要特点为,不能由当事人协议更改为其他法院管辖;专属管辖的内容必须有法律明确规定;不允许法院以裁定管辖的形式变更专属管辖的法院;专属管辖的案件具有法院管辖的排他性和专一性。根据《中华人民共和国海事诉讼程序特别法》,下列海事诉讼,由法律规定的海事法院专属管辖:(1)因沿海港口作业纠纷提起的诉讼,由港口所在地海事法院管辖;(2)因船舶排放、泄漏、倾倒油类或者其他有害物质,海上生产、作业或者拆船、修船作业造成海域污染损害提起的诉讼,由污染发生地、损害结果地或者采取预防污染措施地海事法院管辖;(3)因在中华人民共和国领域和有管辖权的海域履行的海洋勘探开发合同纠纷提起的诉讼,由合同履行地海事法院管辖。

(王 青)

haishi susong falü guanxi

海事诉讼法律关系(maritime litigation legal relationship) 海事诉讼法律关系是受海事诉讼法律规范调整的海事法院、海事诉讼当事人以及海事诉讼其他诉讼参与人之间发生的以诉讼权利、诉讼义务为内容的特定的社会关系,主要由海事诉讼法律关系主体、海事诉讼法律关系内容、海事诉讼法律关系客体构成。其中,海事诉讼法律关系主体,是海事诉讼权利的享有者和海事诉讼义务的承担者,具体包括法院、当事人、诉讼代理人、证人、翻译等。

在我国法学理论中,诉讼法律关系的主体只能是人,但在英美法体系中,由于"对物诉讼"制度的存在,诉讼主体也可以是物。海事诉讼法律关系内容,是由海事诉讼法律规范所调整的海事诉讼法律关系主体之间的诉讼权利义务关系。海事诉讼法律关系客体,是海事诉讼法律关系主体之间诉讼权利与诉讼义务共同指向的对象,主要包括物、行为以及与人身相关的利益。

(王 青)

haishi susong falü wenshu de songda

海事诉讼法律文书的送达(the service of legal document in maritime actions) 海事法院依照法律程序的规定,将诉讼文书送交海事诉讼当事人或者其他诉讼参与人的行为。根据《中华人民共和国海事诉讼特别程序法》的规定,海事诉讼法律文书的送达要依照《民事诉讼法》的有关规定。海事诉讼法律文书的送达涉及《中华人民共和国民事诉讼法》对送达规定的方式主要有:直接送达、留置送达、委托送达、邮寄送达和公告送达。对于涉外案件,还可以采取依照国际公约规定送达,通过外交途径送达,由中国驻外使馆、领馆代为送达,由诉讼代理人送达,向受送达人的代办机送达,邮寄送达,公告送达。此外,我国《海事诉讼特别程序法》还特别规定,海事诉讼法律文书的送达还可以采用下列方式:(1)向受送达人委托的诉讼代理人送达;(2)向受送达人在中华人民共和国领域内设立的代表机构、分支机构或者业务代办人送达;(3)通过能够确认收悉的其他适当方式送达。有关扣押船舶的法律文书也可以向当事船舶的船长送达。

(王 青)

haishi susong guanxia

海事诉讼管辖(jurisdiction of maritime actions) 各海事法院之间,受理第一审海事、海商案件的分工和权限。海事诉讼当事人应当依法向有管辖权的法院提起海事诉讼。在《中华人民共和国海事诉讼特别程序法》中,主要规定了海事诉讼的地域管辖、专属管辖和协议管辖。

根据我国法律、法规的有关规定,我国各海事法院的管辖区域分别为:

1. 大连海事法院管辖下列区域内发生的海事案件和海商案件:南自辽宁省与河北省交界处、东至鸭绿江口的延伸海域和鸭绿江水域,其中包括黄海一部分、渤海一部分、海上岛屿和大连、营口等主要港口发生的一审海事、海商案件。

2. 天津海事法院管辖南自河北省与山东省交界处、北至河北省与辽宁省交界处的延伸海域,其中包括黄海一部分、渤海一部分、海上岛屿和天津、秦皇岛等主要港口发生的一审海事海商案件。

3. 青岛海事法院管辖南自山东省与江苏省交界处、北至山东省与河北省交界处的延伸海域,其中包括黄海一部分、渤海一部分、海上岛屿和石臼所、青岛、威海、烟台等主要港口发生的一审海事、海商案件。

4. 武汉海事法院管辖自四川兰家沱至江苏浏河口的长江干线,包括重庆涪陵、万县、宜昌、枝江、沙市、城陵矶、武汉、黄石、九江、安庆、铜陵、芜湖、马鞍山、南京、镇江、江阴、张家港、南通等主要港口发生的一审海事、海商案件。

5. 上海海事法院管辖南自福建省与广东省交界处、北至江苏省与山东省交界处的延伸海域和闽江口至福州港一段水域、长江口至张家港一段水域,其中包括东海、黄海南部、台湾省、海上岛屿和厦门、福州、温州、宁波、上海、南通、张家港、连云港等主要港口发挥僧的一审海事、海商案件。

6. 广州海事法院管辖下列区域内发生的海事案件和海商案件:西自广西壮族自治区的北仑河口(东兴)、东至广东省与福建省交界处的延伸海域和珠江口至广州港一段水域,其中包括南海、海南岛、南澳岛、南海诸岛(东沙、西沙、中沙、南沙、黄岩岛等岛屿)和防城、北海、海口、三亚、八所、湛江、黄埔、广州、蛇口、汕头等主要港口发生的一审海事、海商案件。

厦门、宁波、海口和北海海事法院成立后,广州、上海海事法院不再审理其管辖的案件,具体包括:

7. 厦门海事法院管辖南自福建省与广东省交界处、北至福建省与浙江省交界处的延伸海域,其中包括东海南部、台湾省、海上岛屿和福建省所属港口发生的一审海事、海商案件。

8. 宁波海事法院管辖浙江省所属港口和水域(包括所辖岛屿、所属港口和通海的内河水域)内发生的一审海事、海商案件。

9. 海口海事法院管辖海南省所属港口和水域以及西沙、中沙、南沙、黄岩岛等岛屿和水域内发生的一审海事、海商案件。

10. 北海海事法院管辖广西壮族自治区所属港口和水域以及北部湾海域及其岛屿和水域内发生的一审海事、海商案件,与广州海事法院的管辖区域以英罗湾河道中心线为界,河道中心线及其延伸海域以东由广州海事法院管辖,河道中心线及其延伸海域以西,包括乌泥岛、涠洲岛、斜阳岛。

为适应我国航运经济发展和海事审判的需要,根据《中华人民共和国海事诉讼特别程序法》,最高人民法院2002年对大连海事法院、武汉海事法院、北海海事法院管辖区域和案件范围作如下调整:

1. 大连海事法院的管辖区域范围:南自辽宁省与河北省的交界处、东至鸭绿江口的延伸海域和鸭绿江水域,其中包括黄海一部分、渤海一部分、海上岛屿,以及黑龙江省的黑龙江、松花江、乌苏里江等与海相通可航水域、港口发生的海事、海商案件。

2. 武汉海事法院的管辖区域范围:自四川省宜宾市合江门至江苏省浏河口之间与海相通的可航水域、港口发生的海事、海商案件。

3. 北海海事法院的管辖区域范围:广西壮族自治区所属港口、水域、北部湾海域及其岛屿和水域,以及云南省的澜沧江至湄公河等与海相通的可航水域的海事、海商案件。北海海事法院与广州海事法院的管辖区域以英罗湾河道中心线为界,河道中心线及其延伸海域以东由广州海事法院管辖,河道中心线及其延伸海域以西,包括乌泥岛、涠洲岛、斜阳岛等水域由北海海事法院管辖。

4. 大连海事法院、武汉海事法院、北海海事法院分别管辖上述发生在黑龙江省水域(大连)、长江支流水域(武汉)、云南省水域(北海)内的下列海事、海商案件:(1)船舶碰撞、共同海损、海难救助、船舶污染、船舶扣押和拍卖案件;(2)涉外海事、海商案件。

发生在上述水域内的其他海事、海商案件,由地方人民法院管辖。

5. 地方人民法院审理海事、海商案件,应适用《中华人民共和国海商法》、《中华人民共和国海事诉讼特别程序法》等有关法律的规定。

(王 青)

haishi susong shixiao

海事诉讼时效(limitation of maritime actions) 指海事请求权人,依法请求海事法院保护其海事请求权的有效期间。如海事请求权人未在海事诉讼时效期间届满前行使海事请求权,则丧失了请求法院依法强制义务人履行义务的权利,即诉讼权不能受到法律的保护。它是由海商法律规定的确认法律文件和法律事实发生或消灭法律效力持续的一定的时间范围。时效由实体法律强行规定,我国法律不允许当事人协议变更时效。

根据《中华人民共和国海商法》的规定,就海上货物运输向承运人要求赔偿的请求权,时效期间为1年,自承运人交付或者应当交付货物之日起计算;在时效期间内或者时效期间届满后,被认定为负有责任的人向第三人提起追偿请求的,时效期间为90日,自追偿请求人解决原赔偿请求之日起或者收到受理对其本人提起诉讼的法院的起诉状副本之日起计算。有关航次租船合同的请求权,时效期间为2年,自知道或者应当知道权利被侵害之日起计算。就海上旅客运输向承运人要求赔偿的请求权,时效期间为2年,分别依照下列规定计算:(1)有关旅客人身伤害的请求权,自旅客离船或者应当离船之日起计算;(2)有关旅客死亡的请求权,发生在运送期间的,自旅客应当离船之日起计算;因运送期间内的伤害而导致旅客离船后死亡的,自旅客死亡之日起计算,但是此期限自离船之日起不得超过3年;(3)有关行李灭失或者损坏的请求权,自旅客离船或者应当离船之日起计算。

有关船舶租用合同的请求权,时效期间为2年,自知道或者应当知道权利被侵害之日起计算。有关海上拖航合同的请求权,时效期间为1年,自知道或者应当知道权利被侵害之日起计算。有关船舶碰撞的请求权,时效期间为2年,自碰撞事故发生之日起计算;追偿请求权,时效期间为1年,自当事人连带支付损害赔偿之日起计算。有关海难救助的请求权,时效期间为2年,自救助作业终止之日起计算。有关共同海损分摊的请求权,时效期间为1年,自理算结束之日起计算。根据海上保险合同向保险人要求保险赔偿的请求权,时效期间为2年,自保险事故发生之日起计算。有关船舶发生油污损害的请求权,时效期间为3年,自损害发生之日起计算;但是,在任何情况下时效期间不得超过从造成损害的事故发生之日起6年。

在时效期间的最后6个月内,因不可抗力或者其他障碍不能行使请求权的,时效中止。自中止时效的原因消除之日起,时效期间继续计算。时效因请求人提起诉讼、提交仲裁或者被请求人同意履行义务而中断。但是,请求人撤回起诉、撤回仲裁或者起诉被裁定驳回的,时效不中断。请求人申请扣船的,时效自申请扣船之日起中断。自中断时起,时效期间重新计算。

(王 青)

haishi susong zhong de juzheng zeren

海事诉讼中的举证责任(burden of proof in maritime actions) 海事诉讼中海事诉讼当事人对自己提出的主张,承担提供证据的责任。《中华人民共和国海事诉讼特别程序法》中,没有关于举证责任的一般规定。因此,应当根据《中华人民共和国民事诉讼法》第164条"当事人对自己所提出的主张,有责任提供证据"的规定,谁主张,谁举证。但根据最高人民法院1992年《关于适用民事诉讼法若干问题的意见》规定,当事人对下列事实无须举证:一方当事人对另一方当事人陈述的案件事实和诉讼请求,明确表示承认的;众所周知的事实、自然规律及定理;根据法律规定或已知事实,能推定出的另一事实;已为法院发生法律效力的裁判确定的事实;已为有效公证书证明的事实。

(王 青)

haishi zhengju baoquan
海事证据保全(preservation of maritime evidence) 指海事法院根据海事请求人的申请,对有关海事请求的证据予以提取、保存或者封存的强制措施。海事证据保全不受当事人之间关于该海事请求的诉讼管辖协议或者仲裁协议的约束。海事请求当事人在起诉前申请海事证据保全,应当向被保全的证据所在地海事法院提出,并向海事法院提交书面申请。申请书应当载明请求保全的证据、该证据与海事请求的联系、申请理由。海事法院受理海事证据保全申请,可以责令海事请求人提供担保。海事请求人如果不提供的,海事法院将驳回其申请。采取海事证据保全,应当具备下列条件:(1)请求人是海事请求的当事人;(2)请求保全的证据对该海事请求具有证明作用;(3)被请求人是与请求保全的证据有关的人;(4)情况紧急,不立即采取证据保全就会使该海事请求的证据灭失或者难以取得。

海事法院接受申请后,应当在48小时内作出裁定。海事法院裁定采取海事证据保全措施的,应当立即执行;对不符合海事证据保全条件的,海事法院裁定驳回其申请。当事人对裁定不服的,可以在收到裁定书之日起5日内申请复议一次。海事法院应当在收到复议申请之日起5日内作出复议决定。复议期间不停止裁定的执行。如被请求人申请复议的理由成立,应当将保全的证据返还被请求人。利害关系人对海事证据保全提出异议,经审查,如海事法院认为理由成立,应当裁定撤销海事证据保全;对已经执行的,应当将与利害关系人有关的证据返还利害关系人。

根据具体情况,海事法院进行海事证据保全的具体措施有对证据予以封存或者提取复制件、副本,或者进行拍照、录像,制作节录本、调查笔录等。如确有必要,也可以提取证据原件。海事请求人申请海事证据保全错误的,应当赔偿被请求人或者利害关系人因此所遭受的损失。

采取海事证据保全措施后,如果有关海事纠纷未进入诉讼或者仲裁程序,除非当事人之间订有诉讼管辖协议或者仲裁协议,当事人就该海事请求,可以向采取证据保全的海事法院或者其他有管辖权的海事法院提起诉讼。

(王 青)

haisun
海损(average) 因海上风险而造成的船舶、货物的损失。引起海损的原因有三种:(1)自然灾害;(2)意外事故;(3)其他特殊情况。海损包括物质损失和费用损失两个方面。海损可进一步分为共同海损和单独海损。

(张永坚 张 宁)

haisun lisuanren
海损理算人(adjuster) 专门办理海损理算的机构或理算师。早在19世纪,英国的史蒂文森和威廉·理查德即开创了海损理算业务。目前我国的国际贸易促进委员会下设海损理算处,凡是在运输合同中规定共同海损在中国理算的,均由贸促会海损理算处进行理算。海损理算人根据申请人的委托进行工作,其主要任务,就是对受委托理算的共同海损案件,根据收集的文件和单证,对案情进行调查研究,按照运输契约规定的理算规则,确定案件的性质并编制海损理算书。如果共同海损可以成立,对损失和费用按其性质进行划分和计算,并编制共同海损理算书,以便由各利害关系方进行分担和补偿。现在世界上理算人惟一的国际性组织是成立于1961年的"欧洲国际海损理算人协会"。

(张永坚 张 宁)

haisun lisuanshi
海损理算师(general average adjuster) 为海运服务的一种专门的职业,是从事海损和赔款案件的审核计算工作的专职人员,他们主要受船东的委托从事共同海损的理算。

(张 宁)

haiya gongyue
《海牙公约》(The Hague Convention) 参见《关于信托的法律适用与承认的公约》条。

haiya tongyi piaoju guize
《海牙统一票据规则》(Uniform Rules of Negotiable Instruments) 第二次海牙国际票据法统一会议制定的票据规则。《海牙统一票据规则》共12章80条。1912年,在海牙召开第二次国际票据法统一会议,包括中国在内的37个国家参加会议。这次会议对1910年召开的第一次海牙会议制定的草案进行修改,制定了《统一票据规则》。与会各国,除日本未在《统一票据规则》上签字,英、美声明保留外,其余国家都签字承认这些规则。后来由于第一次世界大战的爆发,《统一票据规则》未来得及各国政府批准。尽管如此,《统一票据规则》对后来许多国家制定票据法有着十分重要的作用。《海牙统一票据规则》的制定,开创了国际票据法统一运动的新纪元。

(孔志明)

haiyang yunshu baoxian zeren kuozhan tiaokuan
《海洋运输保险责任扩展条款》(Extended Cover Clause Relating to Period of Ocean Marine Cargo Insurance)
《中华人民共和国海洋运输货物保险条款》规定的关于海洋运输保险责任期间的条款。主要用于规范实践中经常出现的被保险人并不实际控制具体运输而导致非正常运输的责任期间划分不明的情况。依据该条款,如果发生了由被保险人无法控制的原因而使船舶延迟、绕道、被迫卸载、重装、转载等情况,导致被保险货物未运达目的地前运输合同即已终止,如果被保险人及时通知保险人并在必要时加缴保险费(以60天为限),则保险合同继续有效。该条款是对"仓到仓"条款所确定的责任期间的扩展。被保险货物如在非保险单所载的原目的地出售,保险责任终止于货物交付;若继续转运至原保险单所载的目的地,保险责任仍按"仓到仓"条款的规定终止。

(温世扬)

haiyang yunshu huowu zhanzhengxian tiaokuan
《海洋运输货物战争险条款》(Ocean Marine Cargo Insurance War Risk Clauses)
规定海洋运输货物战争险的专门保险条款。由中国人民保险公司于1972年首次制订,并于1976年和1981年两次进行重大修订。现行《条款》由责任范围、除外责任、责任起讫、被保险人的义务和索赔期限五部分组成。本保险的责任范围包括平安险、水渍险和一切险三种。就平安险与《伦敦保险协会货物险C条款》而言,前者的承保责任范围大于后者;前者对自然灾害如恶劣气候、雷电、地震、海啸、洪水等造成货物的全部损失负责,部分损失不负责(但由于运输工具遭遇搁浅、触礁、沉没、互撞、与流冰或其他物体碰撞以及失火、爆炸等意外事故造成货物的全部或部分损失可以负责),后者则对自然灾害不负责,承保责任范围仅限于意外事故即运输事故所致的损失,地震、火山、雷电、海啸等被排除在承保责任范围之外;前者不仅负责在避难港卸货所致的灭失与损坏,还负责货物在装卸或转运时由于一件或数件、整件落海造成的全部或部分损失,后者则仅负责在避难港卸货所致的货物的灭失或损坏;前者对共同海损的牺牲、费用和分摊均予负责,后者则负责共同海损牺牲,不负责其费用和分摊。就水渍险与《伦敦保险协会货物险B条款》而言,前者仅对海水造成的货物损失负责,淡水水损则按附加险处理,后者包括河水所致的货物损失;前者对浪击落海造成的损失不负赔偿责任,此类损失按特别附加险处理,后者则对浪击落海的损失承担责任;前者负责共同海损牺牲、费用与分摊,后者则仅负责共同海损牺牲,不负责其费用与分摊。就一切险与《伦敦保险协会货物险A条款》而言,二者基本上是一致的,但后者的除外责任条款比前者更具体,不仅包括了前者规定的除外责任的五种情形,而且还规定了保险标的因包装不当造成的损失、由于船舶所有人或经理人或租船人破产或不履行债务造成的损失等,并运输合同的船舶适航、适货的默示保证改为明示保证。

(刘凯湘)

haiyundan
海运单(sea waybill, waybill)
一种证明海上货物运输合同和货物由承运人接管或装船以及承运人保证据以将货物交给单证所载明的收货人的不可转让的非物权凭证的单证。海运单是适应贸易的发展和海上运输要求的不断变化而产生的一种可以在一定程度上替代传统海运提单的单证。由于采用海运单提货比提单更及时、更安全、更简便,20世纪70年代后,签发海运单的国家越来越多,此种做法也已逐步被银行所接受。目前,在欧洲采用海运单的国家较为普遍,加拿大将海运单主要用于集装箱货物运输,而美国采用记名提单,也相当于海运单。我国于80年代末开始在个别航线试用海运单,从90年代中期开始许多公司推广使用了海运单。海运单虽然有加快货物周转,减少海运欺诈,便于实现海运单据以现代方式传输等优点,但是海运单的不可转让和非物权凭证的性质,限制了它的使用范围。海运单最适合不涉及支付的国际海上货物运输,比如无船承运人将货物交于海运承运人的运输,个人物品或样品,收货人是托运人的国外代理人、子公司或联营公司,买卖双方是进行记账贸易的相关实体等情况,如果托运人(买方)和收货人之间的贸易不需要海运单作为支付的保证,同样可以使用海运单。

(宋春风 金 强)

haiyun jingjifa
《海运经济法》(Laws of Maritime Economy)
国家以及国际社会对海运经济进行调节和管理的法律。传统上,国家对海上运输主要是采取自由放任主义,认为它只涉及私人关系,如海上货物运输、租船合同、救助等,因此应由私法调整。但随着海运业在国民经济中的地位增强,国际海运竞争日趋激烈;海运问题不仅与各国经济实力密切相关,还涉及到各国国防工业与国防安全,各国政府为了能在激烈的竞争中生存下去,为了维护国家安全,逐渐改变传统的自由放任态度,转而采取海运保护政策。同时,为了协调各国的海运经济政策,国际社会也开始通过缔结双边或多边的国际公约来对世界海运经济的发展进行调节。

对海运经济进行管理的措施有很多,比较重要的如对本国海运业提供各种优惠、补贴;将本国的沿海运输权保留给本国商船;鼓励本国贸易商使用本国商船运输进出口货物等。

hanguo huishe zhengdunfa
《韩国会社整顿法》(Korean Corporate Consolidation Law) 又称《韩国公司整顿法》,1962年12月12日颁布,后经多次修改。共分总则、整顿程序的开始、管理人、整顿债权人和整顿担保权人、关系人集会、整顿程序开始后的程序、整顿计划的条款、整顿计划的否认与运行、整顿程序的废止、报酬与报酬金、罚则、附则12章。适用范围为股份有限责任公司。立法目的是在公司不能全部清偿债务时,通过公司重整、重建、待公司再生后,再清偿全部债务。主要内容是创设公司整顿制度,让债务人对企业作出让步,以维持企业实体,避免损失。

1. 公司整顿的原则:(1) 企业维持原则。整顿的目的是维持企业实体,无须维持企业法人人格的同一性,可以企业实体为基础设立新公司。(2) 利害关系人损失分担和共同参与原则。公司的股东和债权人作为利害关系人必须参加整顿计划,对公司做出让步,即承认自己的股权或债权一般的或个别的被废止或无效或被限制的不当利益。(3) 公正整顿原则。整顿管理人由法院选任,对财产管理必须公正,整顿期间调解、公司财产的管理和经营、执行整顿计划等均应由法院监督。

公司整顿的内容有:(1) 股份公司发生破产原因和给事业的继续带来显著障碍,无法清偿到期债务时,公司可向法院提出整顿申请,公司因破产整顿时,持有资本10%以上的债权人或者持有10%以上股份的股东也可申请,申请需书面进行,并预交费用。(2) 整顿案件由被申请公司总部所在地的地方法院专属管辖。法院受理后,应审问公司的代表人,通知政府监督机关、税务署长及总公司所在地的地方自治团体的首长等;法院认为有必要时,可以命令中止正在进行的破产程序、和解程序、强制执行公司有关财产的诉讼程序或行政程序;法院可以根据利害关系人的申请或者依职权对公司业务及财产进行假扣押、假处分及其他必要的保全处分,命令保全管理人管理。法院认为无整顿可能性时,必须驳回整顿申请。(3) 法院决定开始整顿程序时,应当同时选任管理人并决定整顿债权、整顿担保权、股权的申报期间,关系人第一次集会的日期,整顿债权及整顿担保权的调查日期。法院应当公告上述内容,公告决定开始整顿的正文,公司管理人的姓名、住址,公司债务人及公司财产所有人不得向公司清偿或交付财产的意旨及应在一定期间内进行申报的意旨;并通知政府监督机关、法务部长官及金融监督委员长。开始整顿的决定作出后,公司经营业务和管理处分财产的权限专属于管理人,不得开始破产等与整顿目的不符的其他程序,正在进行的这类程序或者被中止或者失去效力。管理人成为公司的执行机关,关系人会议成为公司的表决机关。(4) 整顿计划应由管理人制作,公司及申报的整顿债权人、整顿担保权人也可以制作,但须在一定的期限内向法院提出。整顿计划制订应遵循持有同一性质的权利之间平等,与法律规定相一致,公正、衡平、切实可行,以诚实公正的方法进行决议等原则。整顿计划经法院批准后发生效力,被认可的整顿计划及于公司与全体利害关系人,以及因整顿而新设的公司。整顿计划由管理人履行,法院监督。(5) 整顿计划已完成或者足以认定确能完成时,以法院的决定终结整顿程序。整顿程序因以下原因废止:整顿计划方案未在规定期间内提出或者虽已提出,但无法提交给关系人集会时;计划案被否决或者在一定期间内未决议时;无整顿可能性时,法院可以依职权或依申请废止;公司能够清偿申报的全部债务时,可以申请废止;即使已认可整顿计划,但完成整顿计划已不可能时,依申请或依职权可废止。

(宋士心)

hanguo shangfadian
《韩国商法典》(Commercial Code of Republic of Korea) 韩国商事活动基本法。1962年1月20日公布,1963年1月1日起施行。其后于1962年、1984年两次对该法部分条文进行修订,至今仍在适用。该法全文共5编874条。内容分别是:第一编总则,规定了商人、商业使用人、商号、商业账簿、商业登记、营业转让等。第二编商行为,规定了通则、买卖、冲销、匿名组合、代理商、中介业、委托买卖业、运送承揽业、运送业、公共接待业等内容。第三编会社,规定了通则、合名会社、合资会社、株式会社、有限会社等内容。第四编保险,规定了通则、损害保险、人寿保险等。第五编海商,规定了船舶、船舶所有者、船长、运送、共同海损、船舶冲突、海难救助、船舶债权等内容。韩国商法典将保险作为独立一编是其商法典立法体例的一个特色。

(金福海)

hanguo shangye dengji chuli guize
《韩国商业登记处理规则》(Regulation on Commercial Registration Process of Republic of Korea) 由韩国大法院于1962年1月20日颁布,并于公布之日起施行的有关商业登记事项的规则。规则于1963、1967、1969、1972、1974、1978、1980、1982、1983、1984、1987年

等多次修订。规则共分4章109条。第一章总则阐明规则之宗旨,规定登记簿、索引账、接受账、保存簿、登记所备置的账簿、印鉴簿、申请转属和账簿转送、有关誊本、抄本的内容、印鉴、登记书等内容。第二章登记的程序,共分八节,第一节通则;第二节商号登记的程序;第三节无能力者和法定代理人之登记程序;第四节经理和会社清算人的登记程序;第五节合名会社和合资会社的登记程序;第六节株式会社和有限会社的登记程序;第七节外国会社登记的程序;第八节休眠会社的登记程序。第三章杂则,规定社债的登记、社债发行登记、担保附社债信托法规定之登记的嘱托、破产登记的嘱托、破产程序结束的登记、拖欠罚款处分、资产再评估之登记、未折旧额之登记等内容。第四章附则,规定过渡规定、法令的废止、施行日期。 (梁 鹏)

hanguo xintuofa
《韩国信托法》(Trust Law of the South Korea) 为韩国规制信托并调整其中各方当事人之间的关系的基本实体法律,属于信托普通法;于1961年12月30日由韩国议会颁布并于同日起施行。该法共有8章72条。第一章:总则,规定了信托定义、信托行为种类、信托设立方式、信托登记以及为法律排斥的信托目的;第二章:信托关系人,规定了信托关系人的种类,特别是规定了受托人的资格、辞任与解任以及新受托人的选任;第三章:信托财产,规定了信托财产的范围与添附以及这种财产与受托人固有财产的关系;第四章:受托人的权利义务,规定了受托人在管理信托财产与处理信托事务方面的各种权利义务与责任;第五章:受益人的权利义务,规定了受益人对受托人与信托利益的权利义务;第六章:信托的终止,规定了信托的终止原因以及终止时的清算与信托财产归属;第七章:信托的监督,规定了法院对信托的监督;第八章:公益信托,规定了公益信托的范围以及政府主管机关对这种信托的权力。为了方便该法的施行,韩国总统府于1970年6月23日还颁布了《信托法施行令》;该施行令共有6条,其中规定了信托财产的表示以及对这一表示的消除、信托表示簿所应当记载的事项以及对它的制作等事项。该法是一部带有《日本信托法》之明显印记的信托制定法:为它所确认的信托基本类型也像后者那样仅限于明示信托一种;不仅如此,它的全部条文几乎都与后者中的规定同一事项的条文在内容上相同。该法与《日本信托法》的不同之处主要在于在前者内部存在一个以"章"为单元的小标题结构而在后者内部却并不存在这一结构以及两者中规定同一事项的条文在其中的排列顺序不同;这一不同显然是非本质的。 (张 淳)

hanguo xintuoyefa
《韩国信托业法》(Trust Trades Law of the Republic of Korea) 韩国规定信托业即信托公司的组织与活动的基本规则的且具有信托组织法性质的法律。1961年12月31日由韩国议会颁布并于同日起施行,此后于1968年经该议会修订。该法共有7章44条。第一章:总则,规定了立法目的、信托业的营业许可、信托业的最低资本限额及其在存续期间需要得到政府主管机关同意才能实施的行为的种类;第二章:业务,规定了可供信托业经营的信托财产的种类、信托业的主营业务和可供其兼营的业务的范围、对信托业运用资金的限制、信托业的托管义务与信托受益证券的发行和认购以及这种证券的必要记载事项;第三章:会计,规定了信托业的向政府主管机关提交营业报告书的义务和提留预备金的义务;第四章:禁止事项,规定了禁止信托业及其管理人员实施的行为;第五章:监督,规定了政府主管机关在对信托业的活动进行监督方面所享有的权力;第六章:其他,规定了信托业合并的效力、信托目的变更、信托业解散时的清算以及与这一清算有关的事项;第七章:惩罚,规定了对信托业在业务活动中的违法行为的行政处罚措施以及由该措施涉及的罚款的数额。

为了方便该法的施行,韩国总统府于1970年3月30日还颁布了《信托业法施行令》;该施行令共有19条,其中规定了设立人在申请设立信托业时应当向政府主管机关提交的各种材料、信托合同或信托证书的必要记载事项、信托业变更章程或合并或解散的许可申请、信托业购买公司债券或股票或其他动产的许可申请、信托业发行信托受益证券的许可申请、信托业管理人员兼职的许可申请、信托业的营业报告与业务报告以及在存续期间应当向政府主管机关报告的特定情形等事项。该施行令在内容上极大地补充了该法。该法是参照《日本信托业法》制定的,它的立法基本思路与后者相同,且其中有一部分条文与后者中规定同一事项的条文在内容亦属相同或基本相同。但该法连同其施行令加在一起,在条文数量上同《日本信托业法》比较起来要多得多,且为其中一些条文确立的制度和规则在后者中却并不存在;故它同后者比较起来在内容上不仅更加详细,还要全面和完整。 (张 淳)

hangci zhidu
航次制度(voyage system) 船舶所有人享受责任限制时,以航次为标准,即不论每一航次发生事故的次数,均按一个限额承担其责任。航次制度又包括执行制度、委付制度和船价制度。 (张永坚 张 宁)

hangci zuchuan hetong
航次租船合同(voyage charter party) 又称程租合同。是指船舶出租人向承租人提供船舶的全部或部分舱位,装运约定的货物,从一港经海路运往另一港,而由承租人支付约定运费的货物运输合同。航次租船合同通常用于大宗货物的国际海上运输,由船东(出租人)和货主(承租人)或者他们的代理人协商签订,通常通过国际租船市场,例如英国波罗的海交易所,由双方经纪人在市场上洽订。和提单运输相比,航次租船合同和提单运输都属于海上货物运输合同,都由承运人或出租人全面负责船舶的营运组织完成运输任务,都由托运人或承租人负责支付约定的运费。另一方面,航次租船合同与提单运输也存在不同之处:航次租船合同的出租人不是公共承运人,只承运与其签订租船合同的承租人的货物;航次租船合同双方当事人的地位相对而言较为平等,承租人可以就租船合同条款与出租人协商,而班轮提单中多为格式条款,托运人基本没有与承运人讨价还价的余地;班轮运输一般实行由承运人负责安排泊位进行装卸,因而班轮提单中大都没有装卸时间及滞期费的条款,在航次租船合同中,装卸货物均由承租人自己负责,装卸期限、滞期、速遣条款因而成为航次租船合同中的重要条款。

1. 航次租船合同的标准格式。为了便于船舶经纪人在国际租船市场上顺利进行租船合同的谈判,根据各大宗货物航次租船业务的特定制定的各该货类的航次租船标准合同范本。此种标准合同一般通过波罗的海国际航运公会的文件单证委员会审定和推荐。航次租船合同的双方当事人可以在洽订合同的过程中,以某一标准合同为基础,在标准合同上填明一些项目、删去或修改一些条款,并补列一些条款,以形成符合具体需要的航次租船合同。航次租船合同的标准格式很多,比较通用的有以下几种:(1) 统一杂货租船合同(简称金康合同);(2) 1973 年北美谷物租船合同。该合同为北美谷物出口协会所制定并为 BIMCO 所认可;(3) 1971 年煤炭租船合同,该合同是波兰煤炭出口的航次租船合同,等等。

2. 航次租船合同的主要条款。航次租船合同通常包括以下条款:(1) 船舶概况,即对所租船舶情况的记载。一般包括船舶的船名、船型、船级、船籍、速度、载货能力、燃油消耗量、船身长度等内容。船舶出租人有义务交付与船舶概况条款描述的完全相同的船舶。(2) 责任终止条款。规定承租人在船舶装船并预付运费、空舱费和装货时的滞期费以后,责任即告终止。但是,责任终止条款只能在赋予船舶出租人有效的对货物留置权的情况下,才能免除承租人的责任。承租人责任终止条款和船舶出租人对货物留置权条款互相依存。因此,该条款又称为"留置权和免责条款"或"留置权和责任终止条款"。(3) 就近条款。主要内容是:如果船东认为承租人指定的港口不是安全港,或不能安全到达指定的港口,船东可以命令船舶开到附近的安全地点装卸货物。 (张 琳)

hangci zuchuan hetong de biaozhun geshi
航次租船合同的标准格式(standard form of voyage charter party) 参见航次租船合同条。

hangci zuchuanhetong de zhuangxiefei
航次租船合同的装卸费(loading and unloading charges) 航次租船合同中装卸费由谁承担往往发生纠纷,需要用合同条款加以明确。常见的规定包括:船方不负责卸货费:指船舶所有人不负担卸货费用;船方不负责装货费:指船舶所有人不负担装货费用;船方不负责装卸、堆装和平舱费:指船舶所有人不负担装卸货费用、堆装费和平舱费;船方不负责装卸货费:指船舶所有人不负担装卸货费用。 (张 琳)

hanghai jiedai
航海借贷(拉丁 pecunia traiecticia, faenus nauticum) 罗马法上消费借贷的一种,属于海事借贷,即借一笔钱专用于航海。其特殊性在于,自起程之日起,风险由出借人承担,但作为报偿,双方可就利息达成协议,协议利率可高出法定利率。 (刘经靖)

hangkong baoxian
航空保险(aviation insurance) 以航空器以及与航空器的使用有关的利益为保险标的财产保险。航空器所有人或其他有利害关系的人(如承运人)向保险人支付保险费,在被保险航空器发生保险合同约定的损失,或者在被保险人使用航空器过程中,因航空器坠落或者航空器上坠人、坠物致使第三人发生保险合同规定范围内的人身和财产损失,被保险人应当对受害的第三人负损害赔偿责任时,保险人按照保险合同的约定承担保险责任。

航空保险有广义和狭义之分。广义的航空保险,包括航空器损失保险(飞机机身保险)、航空器第三者责任保险、航空货物运输保险、航空旅客意外伤害保险、航空器承运人法定责任保险等诸多险种。狭义的航空保险,仅仅包括航空器损失保险和航空器第三者责任保险。航空保险为综合性保险,被保险人为被保险航空器的所有人或者其有其他利害关系的人,保险标的为航空器机身、推进器、机器和设备,以及因使用航空器引起的第三者责任。保险人以保险合同约定的保险金额为限,向被保险人承担保险责任。

一般而言，保险人对被保险航空器因下列原因所发生的损失，或者被保险人因为被保险航空器致人损害而应承担赔偿责任所发生的损失，承担的保险责任为：(1) 意外事故，包括火灾、爆炸、碰撞、空中坠落物、失盗、航空器停泊于冰面发生的碰撞、沉没等意外事件；(2) 自然灾害，包括雷击、暴风、龙卷风、地震、洪水、山崩、地裂、雪崩、雹灾、泥石流等自然灾害；(3) 航空器失踪，即被保险航空器在起飞后经过合同约定的期间没有消息而证实航空器行踪；(4) 施救费用支出，包括因意外事故引起的航空器卸载费用，发生保险事故时，被保险人对被保险航空器采取施救、保护措施所支出的合理费用。

(邹海林)

hangkong lüke renshen yiwai shanghai baoxian tiaokuan

《航空旅客人身意外伤害保险条款》（Aviation Passengers Personal Accident Insurance Clauses） 规定航空旅客人身意外伤害保险的专门保险条款。1998年7月10日由中国人民银行发布，自同年8月1日起执行，共14条。主要内容为：(1) 被保险人为乘坐客运航班的旅客。(2) 保险责任为：被保险人自意外伤害发生之日起180天内身故的，保险人按保险金额给付身故保险金；被保险人自意外伤害发生之日起180天内身体残疾的，保险人按保险金额及该项身体残疾所对应的给付比例给付残疾保险金；未造成身故或残疾的，保险人给付被保险人实际支付的医疗费，金额最高不超过20000元；保险人给付保险金的责任以保险单上所载保险金额为限，一次或累计给付的保险金达到保险金额时，保险合同终止。(3) 除外责任包括：投保人、受益人对被保险人故意杀害、伤害；被保险人自杀、故意自伤；被保险人吸毒、殴斗、醉酒或受酒精、毒品、管制药物的影响而致意外；战争、军事行动、暴乱或武装叛乱；核爆炸、核辐射或核污染。(4) 保险期间为自被保险人踏入保险合同指定的航班班机（或等效班机）的舱门开始到飞抵目的港走出舱门为止。(5) 保险金额按份计算，每份保险的保险金额为20万元人民币，同一被保险人最高保险金额为200万元人民币。每份保险的保险费为20元人民币。(6) 投保人或被保险人可指定1人或数人为身故保险金受益人，也可变更受益人，但需书面通知保险人，由保险人在保险单上批注。残疾保险金的受益人只能为被保险人本人。(7) 根据中国人民银行同时发布的公告规定，航空旅客意外人身外伤害保险属自愿保险，由航空旅客自愿选择购买，出售机票和收取机场建设费时不得强行搭售保险单。

2003年1月10日中国保险监督管理委员会经审核认可发布了由中国人寿保险公司、中国太平洋人寿保险股份有限公司和中国平安保险股份有限公司联合设计的新的《航空旅客意外伤害保险行业指导性条款》，《航空旅客人身意外伤害保险条款》随之被取代。

(刘凯湘)

hangkong lüke yiwai shanghai baoxian

《航空旅客意外伤害保险》（Aviation Passenger Accident Insurance） 乘坐民用航空客机的旅客（被保险人），向保险人支付保险费，在其踏入保险单指定的航班班机或者等效班机的舱门开始到飞抵目的港走出舱门为止，因意外事故受到人身伤亡的，由保险人给付保险金的保险。保险期间开始于被保险人踏入保险单指定的航班班机或者等效班机的舱门时，终止于被保险人飞抵目的港走出舱门时。旅客在保险有效期间内，因发生意外事故遭受伤害，以致死亡、残废或丧失身体机能者，除依约给付医疗费用外，另由保险公司依照死亡、伤残程度给付约定的保险金。

(邹海林)

hangkong lüke yiwai shanghai baoxian hangye zhidaoxing tiaokuan

《航空旅客意外伤害保险行业指导性条款》（the Industry Guideline Clauses for Aviation Passengers Accident Insurance） 2003年1月10日由中国保险监督管理委员会发布的关于航空旅客意外伤害保险的行业指导性条款。该条款由中国人寿保险公司、中国太平洋人寿保险股份有限公司和中国平安保险股份有限公司联合设计，经中国保监会审核认可，共12条，分别为保险合同的构成、投保范围、保险责任、责任免除、保险期间、保险金额和保险费、受益人的指定和变更、保险事故的通知、保险金的申请、投保人解除合同的处理、争议处理、释义。

主要内容为：1. 保险期间自被保险人持保险合同约定航班班机的有效机票到达机场通过安全检查时始，至被保险人抵达目的港走出所乘航班班机的舱门时止。被保险人改乘等效航班的，保险合同继续有效，保险期间自被保险人乘等效航班班机通过安全检查时始，至被保险人抵达目的港走出所乘等效航班班机的舱门时止。2. 保险金额按份计算，每份保险金额为人民币40万元，同一被保险人最高保险金额为人民币200万元。保险费每份20元，在订立合同时一次交清。3. 保险责任为：被保险人自意外伤害发生之日起180天内因同一原因身故的，保险公司按保险金额给付身故保险金；被保险人因意外事故下落不明，经法院宣告死亡的，保险公司按保险金额给付身故保险金；被保险人自意外伤害发生之日起180天内因同一原因身体残疾的，保险公司根据所附《人身保险残疾程度与保险金给付比例表》的规定给付残疾保险金；被保险人因遭受意外伤害在本公司指定或者认可的医院住院治疗所支出的、符合被保险人住所地社会医疗保险主管部门规定可报销的医疗费用,保险公司在保险金额的10%的限额内给付医疗保险金。保险公司所负给付保险金的责任以保险金额为限,对被保险人一次或累计给付的保险金达到其保险金额时,保险责任终止。4. 免责事项为:(1) 投保人、受益人对被保险人的故意杀害、伤害;(2) 被保险人故意犯罪或拒捕;(3) 被保险人殴斗、醉酒、自杀、故意自伤及服用、吸食、注射毒品;(4) 被保险人受酒精、毒品、管制药物的影响而导致的意外;(5) 战争、军事冲突、暴乱或武装叛乱;(6) 核爆炸、核辐射或核污染;(7) 被保险人乘坐非本合同约定的航班班机遭受意外伤害;(8) 被保险人通过安全检查后又离开机场遭受意外伤害。5. 投保人可以在保险合同约定的航班班机起飞前申请要求解除合同。但航班班机起飞后,或被保险人因故未乘坐保险合同约定的航班班机,在该航班起飞 30 日以后,投保人不得要求解除合同。解除合同时,保险公司在扣除所交保险费 10%的手续费后退还所交的保险费。 （刘凯湘）

hangkong yunshu huowu baoxian tiaokuan
《**航空运输货物保险条款**》(Air Transportation Cargo Insurance Clauses) 规定国际航空运输货物保险的专门保险条款。1981 年 1 月 1 日由中国人民保险公司修订后执行。共 5 部分,分别为责任范围、除外责任、责任起讫、被保险人的义务和索赔期限。本保险分为航空运输险和航空运输一切险两种。航空运输险的责任范围为被保险货物在运输途中遭受雷电、火灾、爆炸或由于飞机遭受恶劣气候或其他危难事故而被抛弃,或由于飞机遭受碰撞、倾覆、坠落或失踪意外事故所造成的全部或部分损失,以及被保险人为抢救货物采取措施而支出的合理费用。航空运输一切险的责任范围为除上述航空运输险的责任外,因外来原因所致的全部或部分损失。责任起讫依仓至仓原则,自被保险货物运离起运地仓库或储存处所开始运输时生效,直至货物运达收货人的最后仓库或储存处或被保险人用作分配、分派或非正常运输的其他储存处所为止。索赔期限为 2 年,自被保险人货物在最后卸载地卸离飞机后起计算。 （刘凯湘）

hangkong zeren baoxian
《**航空责任保险**》(Aviation Liability Insurance) 保险人对航空器的所有人或经营人因航空器造成地面的他人人身或财产损害引起的损害赔偿责任,承担保险责任的保险。航空责任保险所承保的风险责任,因不同的保险单所约定的保险责任条款或者除外责任条款)而不同。我国实务上的航空责任保险,主要有民用航空器(飞机)地面第三者责任保险和承运人旅客法定责任险。 （邹海林）

hangxing guoshi mianze tiaokuan
《**航行过失免责条款**》(The Clause of Exemption of Nautical Fault) 海上货物运输中,承运人为了限制其责任,通常在运输合同中写入这样的条款:由于船长、船员、引水员等在驾驶船舶和管理船舶过程中的疏忽或过失造成本船所载货物的损失,船方不负赔偿责任。这就是众所周知的"航行过失免责条款"。这一条款为 1924 年海牙规则和各国的海上货物运输法接受及采纳。根据这一条款,船舶对船舶碰撞中货物的损害赔偿,一般不包括对本船所载货物的赔偿。对此,货主只能向对方过失船按照过失比例索赔,而不能向载货船索赔。 （张永坚 张 宁）

hangxing tonggao
航行通告(notice to mariners) 由国家主管机关或区域主管机关以书面形式或通过报纸、广播、电视等新闻媒体发布的将管辖水域内已经或将要发生的,影响或可能影响船舶、设施航行和作业安全的水上情况变化及注意事项及时、准确地通告有关单位和所有航行船舶的专用文书。航行通告对保证船舶海上运输安全有着重要意义。 （张永坚 张 宁）

hangbei
行辈(generation) 又称辈行、辈份,亲属之间世代的长幼高低上下之分。根据行辈来划分,辈份高于自己的亲属称长辈亲(旧称尊亲属),如父母、祖父母、外祖父母是直系长辈亲;伯、叔、姑、舅、姨是旁系长辈亲。辈份低于自己的亲属称晚辈亲(旧称卑亲属),如子女、孙子女、外孙子女是直系晚辈亲;侄子女、甥子女是旁系晚辈亲。辈份与自己相同的亲属称同辈亲或平辈亲,他们只能是旁系旁属,如兄弟姊妹、堂(表)兄弟姊妹以及他们的配偶等。 （张贤钰）

hangji hetong
行纪合同(contract of commission) 行纪人以自己的名义为委托人从事贸易活动,并由委托人支付报酬的协议。行纪合同是在欧洲中世纪由于国际贸易的兴起,随着出现专受他人委托办理交易事务而收取佣金的行纪人而发展起来的。我国《合同法》中对行纪合同专门作了规定。

行纪合同具有以下法律特征:(1) 行纪人应当是具有行纪营业资格的经营主体。行纪人是受他人委托,专业从事行纪活动且具有法定资格的商人。因此行纪人在经营资格、业务范围等方面受到法律的一定限制。(2) 行纪人以自己的名义,在委托人指示的权限范围内从事活动。行纪人是根据委托人的指示以自己的名义与第三人进行交易活动的,行纪人与第三人之间所形成的法律关系并不对委托人直接产生效力。对该第三人来讲,行纪人自享权利、自负义务、自担法律责任。因此,第三人无须知道委托人是谁,且委托人也不得对第三人主张任何权利。这是行纪与委托的主要区别。行纪人为委托人从事贸易活动,主要包括代购、代销、寄售等事务。(3) 行纪人为委托人的利益而办理事务。行纪人与第三人进行交易所产生的交易结果应当归属委托人。行纪人实施行纪行为时,应当考虑委托人的利益,同时必须遵照委托人的指示。行纪人与第三人进行交易的过程中非因自己之原因造成的委托物损毁、灭失的风险应当由委托人自己承担。委托人不直接对第三人享有权利、承担义务,而行纪人从事行纪行为的目的在于从委托人取得报酬。因此,行纪人应当为委托人的利益而为行纪行为。(4) 行纪合同是双务、有偿、不要式、诺成性合同。行纪人与委托人的义务是相对应的,行纪人负有为委托人的利益办理交易事务的义务,而委托人则负有给付报酬的义务,因此行纪合同是双务合同。行纪人经营行纪业务,以完成委托人的委托事务为营业,并向委托人收取报酬,所以行纪合同是有偿合同。行纪合同的成立不以实际履行为必要,只要委托人和行纪人意思表示一致即可,故行纪合同为诺成性不要式合同。行纪合同自当事人双方意思表示一致时成立。它以行纪人与第三人从事的贸易活动为标的,因此双方应就卖出或买入的商品的名称、规格、数量、价格、手续费(报酬)等内容协商一致。行纪合同一般因行纪事务完成、当事人一方死亡或丧失民事行为能力而消灭,或者由于行纪人被撤销、解散等原因而终止。 (赵志毅)

hangjiren
行纪人(trustor) 行纪委托人的对称。行纪合同中受委托以自己名义为委托人从事贸易活动,并收取报酬的人。在欧洲中世纪,由于国际交易的兴起,出现了专门接受他人的委托,以办理商品购入、贩卖或其他交易事务,并收取一定佣金的行纪人。我国古代自汉代起也出现过经营行纪业务的牙行、货栈、行栈等。行纪人以自己的知识、能力、责任维护委托人的利益,为委托人进行各种交易活动的。

行纪人有以下义务:(1) 依委托人的授权处理交易事务。行纪人应严格按照委托人的授权内容办理事务,应选择最有利的条件为委托人办理事务。除非为了委托人利益的需要,不得变更委托人的授权内容。行纪人因违反行纪合同而给委托人造成损失的,应当负赔偿责任。(2) 应当认真履行为执行信托业务与第三人订立的合同,并就第三人的履行向委托人负责。除当事人另有约定外,行纪人应就因第三人不履行义务而造成的委托人的损失承担赔偿责任。(3) 行纪人应妥善保管为委托人购进或卖出的商品。行纪人占有委托物的,负有保管义务。因保管不善造成委托物损失的,应当向委托人赔偿损失。(4) 行纪人对出售或购入的商品,应进行检查验收。(5) 行纪人应将办理行纪事务的后果及时地转达委托人。行纪人在办理行纪事务中有介入权,即行纪人卖出或者买入具有市场定价的商品,除委托人有相反的意思表示外,行纪人得以自己为买受人或者出卖人。 (李成林)

hangji shixing xingwei
行纪实行行为(德 Ausführunqsgeschäfe der Komission) 行纪人以自己的名义,为委托人的利益,进行动产的买卖或其他商业上交易的行为。行纪实行行为是行纪人为他人利益的行为,即为委托人的利益而为的经营行为,因而行纪行为所得的利益或者所受的损失均归属于委托人。并且,该行为是行纪人以自己的名义而为的行为,这与代理行为不同,代理行为是以他人的名义进行的。行纪实行行为主要是经营动产的买卖或其他商业的交易。行纪人实行行纪行为与第三人签订合同,一方面包含委托人与行纪人的委托关系,另一方面,则产生行纪人与第三人的法律行为关系,如买卖关系。这里的委托关系与买卖关系,虽然在法律上不同,但实质上有密切联系。以行纪人的名义进行的买卖,经济上是委托人的买卖,行纪人从第三人那里取得标的物,经济上为委托人的物品。但在法律上,行纪人直接承受与第三人交易所发生的权利义务,委托人与第三人之间没有直接关系,因而委托人无权向第三人主张权利。行纪人与委托人之间的关系,属委托关系。 (李成林)

hangji weituoren
行纪委托人(mandator;德 Kommittent) 行纪人的对称。行纪合同中委托行纪人办理委托事务,并向其支付报酬的人。委托人可以是自然人,也可以是法人或其他组织。

委托人主要负有如下义务:(1) 应及时接受行纪人完成的行纪事务结果。接到完成行纪事务的通知后,委托人应及时接受行纪人所完成的工作。委托物不能卖出或者撤回出卖时,应及时处分或取回委托物。(2) 应向行纪人支付报酬和必要的费用。行纪合同是有偿合同,行纪人是经营行纪业务的商人,委托人应当按规定或约定向行纪人支付报酬。 (赵志毅)

hangye tiaokuan
行业条款(trade clauses) 又称附带条款。由保险同行业之间根据实际需要,经协商统一制定的保险合同条款。仅见于海上保险合同中。当其添附于保险单时,具有对保险单原有的条款进行修改、补充或者限制的效力。　　　　　　　　　　(温世扬)

haodeng
号灯(navigation lights) 从日落到日出,或在能见度不良的情况下从日出到日落时,用以表明船舶动态和作业状态,便于互相识别和避让而设置的各种灯具。号灯有前后桅灯、左右舷灯、尾灯、拖带灯、环照灯、闪光灯等。不同类型、大小和动态的船舶,其号灯的配置须按照《国际海上避碰规则》、《海船信号设备规范》以及所在国政府或地区的规定,用不同数量、位置、颜色、能见距离和弧度的号灯显示。 (张永坚 张 宁)

haoxing
号型(shapes) 《国际海上避碰规则》规定的黑色球体、圆锥体、圆柱体和菱形体以及由上述基本号型组合而成的某些类别船舶显示的号型的总称。号型在白天显示,以便他船了解本船的动态、种态和工作性质等情况,从而有利于避碰。《国际海上避碰规则》对号型的尺度与号型间距以及显示位置均有明确规定。
(张永坚 张 宁)

hebing de qiyue
合并的契约(德 Vertraqsverbindunqen) 包括两个以上法律关系的契约。这种契约的特点即存在几项权利和几项与这些权利相对应的,总起来以达到同一结果为目标的义务。例如,导致按份之债产生的契约包括两个以上的法律关系,实质上是由几个独立的契约聚合而成的合并的契约。对于合并的契约,法律从当事人权利义务的相互联系出发做出综合的规定。
(郭明瑞)

hebing fangshi
合并方式(forms of meager) 公司合并,一为吸收合并,又称归并;一为新设合并,又称并合。不管公司合并采用哪种方式,合并后被消灭公司的债权债务,均由合并后的公司承担。

公司合并在国外采用的方式有:(1) 吸收合并;(2) 创设合并;(3) 君子协定;(4) 联营;(5) 连锁董事;(6) 利益共有(指两个或两个以上公司享有朴素永久的利益);(7) 信托;(8) 资产销售(即一个公司将其全部或部分资产销售给另一家公司,结果形成全部或部分的合并);(9) 资产出租(即一个公司以租赁契约的方式控制另一个公司,由承租公司付给出租公司定额租金,出租公司仍然维持其独立);(10) 母公司(即一营业公司获得其他公司的全部或大部分股票,这个公司就成为那些丧失股票公司的母公司,丧失股票的公司成为这个公司的子公司);(11) 股权公司或称控股公司(即通过掌握其每一个附属公司足量的股票形成的公司合并)。 (刘弓强 蔡云红)

hebing xingweishuo
合并行为说(theory of merger act) 合并是一项权利并入另一项权利之中,只要当事人没有相反的意愿、表示或限制,合并使两项或更多的权利归于一人。合并行为说是关于公司合并的一种理论学说。该学说认为一个公司将其全部财产转移给另一个公司的行为就是公司的合并。关于公司合并的性质,应采人格合一说,即合并的公司是依合并协议形成公司合一体,其法律效果是新设公司或存续公司对原公司权利、义务的概括继承和股东的收容。人格合一说不仅说明了合并的结果,而且概括了各种合并的共同本质,对公司合并的本质概括得较为准确。公司合并后,只要合并双方或双方当事人没有相反的意思表示,原公司的所有权利和义务都并入后公司的权利义务之中。 (梁 鹏)

hecheng jifu
合成给付(compound perstation) "单纯给付"的对称。有数个给付结合完成的一个给付,合成给付是由数个行为组成的整体,仅能成为一个债权债务关系的标的除当事人另有约定外,数个给付效力相互影响。此种给付中,数个给付行为的成立与效力都产生连带关系,其中一个给付无效时,全体给付都无效;其中一个给付不履行时,即构成债的不履行。在同时履行场合,就合成给付,债务人应将数个给付同时履行,如仅履行一部分,债权人有权拒绝接受。参见单纯给付条。
(万 霞 张平华)

hefa xingwei
合法行为(德 rechtmäßige Handlungen) 参见行为条。

hehui qiyue
合会契约(hehui contract) 由二人以上的会员约定会数、每次每会应支付的金额或每次应得的总金额、每次支付会金的时间与方法、决定每次受领会款人的方法及金额等事项的契约。合会契约所定事项经全体会员承认而生效,每一会员均有受领会款的机会与权利。

所谓合会,有的称为"互助会"或"会",是以济急、互助、储蓄为目的民间融通资金的一种制度,由需用款项的起会人邀请一些人参加为会员,约定每期应给付的金钱或物品,集成一笔整数先给付给起会人,嗣后以约定方法,先后给付给各会员。起会人称为会首或会头,参加人称为会员或会脚,每人每会逐期给付的金钱或物品称为会款或会钱、会金。已领取会款的称为死会,应给付约定全部金额尚未领取会款的,称为活会,每期给付金额应扣除标会人所愿支付的利息。会首或死会会员无法继续按期缴纳约定的会款,致合会无法继续运作的情形,称为倒会。合会的会首有收取首期会款的权利,在第二会以后则按所收会款全额缴纳会款,同时会首有义务指定标会时间、提供标会场所、通知会员到场竞标,收集会款转交给得标的会员。会员给付首会会款后享有以后各会的竞标,并于得标后请求会首给付会款的权利,经会首同意,也得将其权利义务转让第三人;会员的主要义务为按期缴纳会款。死会会员应缴纳全部会款,活会会员可扣除标息缴纳会款。会首向其他会员收取会款后,未将所收会款交付得标会员的,得标会员得请求其承担债务不履行的损害赔偿责任。

关于合会契约的性质,主要有无名契约说、合伙说及消费借贷说。无名契约说较为合理。　　　　(郭明瑞)

hehuo

合伙(partnership)　合伙有广义和狭义之分,广义的合伙包括营利性合伙、非营利性合伙和临时合伙;狭义的合伙专指营利性合伙,即两个以上民事主体出于共同的经济目的,自愿签订协议,共同出资和经营,共负盈亏和风险,对外负无限连带责任的联合体。

合伙具有如下法律特征:(1)按照合伙协议组成的联合体。合伙人成立合伙的合伙协议称为合伙合同。合伙合同是合伙成立的基础,没有合伙合同也就不能成立合伙。但合伙的成立除有合伙合同外,还要办理工商登记,领取营业执照。个人合伙虽仅有口头协议,在工商行政管理部门办理了合伙登记手续的,合伙成立;当事人间没有书面合伙协议,又未经工商管理部门核准登记,但具备合伙的其他条件,又有两个以上无利害关系人证明确有口头合伙协议,人民法院也可认定合伙成立。(2)独立从事经营活动的联合体。合伙是合伙人为了共同的经济目的而成立的组织,可有自己的名称和字号,可以自己的名义享受权利和负担义务,具有团体性特征,在人格、财产、利益和责任等方面是相对独立于合伙人个人的。(3)由合伙人共同出资、共同经营的联合体。合伙是合伙人共同出资的联合体,合伙人的出资是合伙人从事经营活动的物质基础。合伙由合伙人共同经营。在一般情况下,仅出资而不参与经营的,或者参与经营而不出资的,不能成为合伙人。但按照合伙协议约定,仅提供资金或者实物,并参与合伙盈余分配,不参与合伙经营的,或者仅提供劳务参与合伙经营且参与盈余分配,但不提供资金、实物的,也视为合伙人。(4)合伙人共享收益、共担风险,并对合伙债务承担连带无限责任的联合体。合伙是合伙人为了共同的经济目的,基于相互信任而组成的,合伙收益由合伙人共享,合伙的经营风险由合伙人共同分担。合伙人对合伙债务负连带无限责任。

合伙起源于家庭共有。在远古的血缘家族里,劳动的聚合性、人身关系的依附性使共有财产不便分散,家族具有共产合伙的一般特征。公元前18世纪的《汉穆拉比法典》第99条规定,某人按合伙方式将银子交给他人,则以后不论盈亏,他们在神前平均摊分。该法典第一次确立了合伙的原则。罗马法对合伙进行的强性规定,并把合伙分为:同业合伙、临时合伙、纳税合伙、共有合伙、单项合伙等。在中世纪的欧洲,地中海沿岸的商业发达的城市里,出现了康孟达的有限合伙,即有限合伙人仅负有限责任。19世纪末20世纪初,法人制度虽然在法律上得到了确认,但合伙制度仍具有不可替代的作用。西方各国民法对合伙作了比较详细的规定。在普通法系国家,英国于1890年、1907年,分别颁布了《合伙法》、《有限合伙法》。美国于1914年、1932年分别颁布了《统一合伙法》、《统一有限合伙法》。在大陆法系国家,1804年的《法国民法典》对合伙设有专章的规定。1900年的《德国民法典》和1907年的《德国商法典》分别规定了民事合伙和商事合伙制度。《意大利民法典》规定了一般合伙制度。在中国,早在春秋战国时期就有合伙的规定。政治家管仲在青年时代曾与鲍叔牙合伙经商。进入近代社会以后,合伙在中国经济生活中发挥了举足轻重的作用。新中国成立以后,合伙也起到过相当重要的作用。至20世纪80年代以来,我国相继颁布了有关合伙的法律规范。《民法通则》对个人合伙和法人合伙分别作了规定。1997年颁布的《合伙企业法》是调整合伙企业关系的重要法律。

合伙的成立,是指合伙的设立和合伙资格的取得。根据《民法通则》、《合伙企业法》及相关法律规定,合伙的成立一般应具备的条件是:(1)须有两个以上享有民事权利能力和民事行为能力的自然人或法人。合伙是一种组织,该组织须由两个以上享有民事权利能力和民事行为能力的自然人或法人组成;两个以上自然人组成的合伙,称为个人合伙;两个以上的法人组成的合伙则为法人合伙。无民事权利能力和民事行为能力的自然人不能成为合伙人。(2)须签订合伙协议。合伙协议是合伙成立的基础。合伙协议应采用书面形式。但《中华人民共和国民通意见》第50条规定,个人合伙合伙人事先未订立书面协议,有口头合伙协议且有两个无利害关系人证明的,该口头协议具有效力。合伙人事先未订立协议,但参与合伙盈余分配的,也应认定该合伙成立。但对于成立合伙企业,按照《中华人民共和国合伙企业法》的规定,须订立书面合伙协议。(3)须合伙人共同出资,共同经营。合伙是以营利为目的的组织体,合伙须以一定的财产作为其进行经营活动的基础,因此要求合伙人共同出资,共同经营,否则便不能成立合伙关系。合伙人的出资形式可以是货币、资金、实物以及工业产权和土地使用权等,也可以是劳务。以劳务形式出资的应在合伙协议中明确约定。合伙人一般参与合伙经营,但根据《民法通则意见》第46条规定,合伙人未参与合伙经营但参与合伙盈余分配的,也应认定其是合伙人。合伙的成立因合伙企业和非合伙企业而不同。合伙企业必须依法经登记领取营业执照,合伙成立;非合伙企业不以登记为成立要件。

合伙的法律地位,即合伙的民事主体地位,对此颇有争议。早期的民法观点认为,合伙不具有民事主体资格,它仅为合同关系,法国民法和德国民法均持此主张。现代的民法观点认为,合伙具有民事主体资格,意大利民法和俄罗斯民法持此主张。这又分别有非法人团体说、准法人说、法人说等。现代通说认为,合伙属于非法人组织,具有民事主体的地位。主要理由是:(1)合伙人格的相对独立性。现代多数国家民法,包括我国民法普遍允许合伙拥有自己的字号,并以字号名义参与民事活动和诉讼活动,合伙的经营活动,应由全体合伙人共同决定。合伙的重大经营事务的决策权属于全体合伙人,单个人的意志不能左右合伙的重大事务,只有全体合伙人的共同意志才能对合伙事务发生效力。对外,由全体合伙人推举的负责人或接受授权的合伙人以合伙字号的名义在经营范围内从事民事活动。此外,某一合伙人的死亡、丧失行为能力或退伙也不必然引起合伙的解散,而只导致该合伙人与其他合伙人权利义务关系的终止。(2)合伙财产的相对独立性。现代多数国家民法规定,合伙财产为合伙人共同共有。《合伙企业法》亦规定合伙财产为合伙人共同管理和使用,某一合伙人未经其他合伙人同意,无权为其个人目的占有、使用其出资的财产。在合伙关系存续期间,不符合协议约定的条件或不经全体合伙人同意,合伙人不得将其出资份额转让给第三人;合伙人退伙时,该合伙人的份额,其他合伙人享有优先购买权。某一合伙人的债权人,不得就该合伙人对于合伙的债权行使代位权,仅得对于该合伙人的份额申请扣押,但须于一定时间前通知合伙;合伙的债务人,不得主张以其对于某一合伙人的债权行使抵销权。在合伙关系结束,合伙进行清算前,任何合伙人不得请求合伙财产的分割等。由于把合伙财产与合伙人个人的其他财产区别开来,从而使合伙财产具有相对的独立性。(3)合伙利益的相对独立性。合伙组织的产生,是基于合伙人的共同意愿,为了实现合伙人的共同利益。由于合伙人格和合伙财产具有相对独立性,使合伙具有相对独立的整体利益。合伙的利益与合伙人的个人利益已经分离。(4)合伙民事责任的相对独立性。现代各国民事立法虽坚持合伙人对合伙债务负无限连带责任,但有些国家改变了合伙人承担连带责任的规定。有些国家和地区虽坚持合伙人对合伙债务承担连带责任,但采取补充责任的形式。《合伙企业法》第39条规定,合伙企业对其债务,应先以其全部财产进行清偿。合伙企业财产不足清偿到期债务的,各合伙人应当承担连带无限清偿责任。这一规定采取的是补充连带责任的形式。此外,《合伙企业法》第41~42条将合伙人个人债务与合伙企业债务分开,合伙人个人债务的债权人不得以该债权抵销其对合伙企业的债务,也不得代位行使合伙债务人在合伙企业中的权利。这些规定反映了合伙民事责任的相对独立性。

合伙与法人的区别是:(1)财产性质不同。合伙财产或归合伙人共同共有或归合伙人共同管理和使用,它只具有相对的独立性;而法人财产具有完全的独立性,法人财产与法人成员的个人财产截然分开。(2)财产责任不同。这是合伙与法人的关键区别。合伙由合伙人对外承担连带无限责任;而法人成员对法人不承担财产责任,仅以出资额为限对法人债务承担责任。(3)经营方式不同。合伙的经营活动一般由合伙人共同决定,共同经营;法人的经营活动,一般不需要法人成员共同决定,共同经营,而由法人机关决定。(4)成立的条件不同。合伙是合伙人按合伙合同成立的,对其出资额、盈余分配、债务承担等均由合同约定;而法人是依照有关法律、法规、章程而成立的,法律对法人成立的条件和程序等都有严格的规定。

合伙的分类。(1)民事合伙与商事合伙。这是大陆法国家的主要分类。其主要区别是:第一,成员身分不同。商事合伙中的合伙人是商人。在有商法典的国家,商事合伙受商法典调整。第二,登记制度不同。一般民事合伙的成立无须登记,而商事合伙在开业前应向主管机关申请登记。第三,经营的目的范围不同。商事合伙以营利为目的,以公益为目的的合伙,只能采取民事合伙的形式,如宗教、慈善等合伙。从事自由职业的医生、律师等也只能采取民事合伙的形式。第四,对外活动的名义不同。商事合伙有自己的商号,并以商号的名义对外活动,而民事合伙是以合伙成员的名义对外发生关系。第五,法律地位和相应要求不同。大陆法系国家承认商事合伙具有法律人格,英美法系国家赋予商事合伙第三民事主体资格。商事合伙应设置商业账簿等必要的商业文件。《合伙企业法》所调整的合伙关系为商事合伙关系。(2) 普通合伙与隐名合伙。以合伙人对合伙债务承担不同,大陆法系国家将合伙分为普通合伙与隐名合伙。其主要区别是:第一,出资财产归属不同。在普通合伙中,合伙人各自出资,财产属于合伙人共有。在隐名合伙中,隐名合伙人对他方出资,财产属于出名营业人所有。第二,主体资格不同。普通合伙的合伙人对第三人都是权利主体;隐名合伙中,只有出名营业人才是权利主体,隐名合伙人不是权利主体。隐名合伙人死亡,不影响合伙人营业的继续进行。第三,权利义务不同。普通合伙中,各合伙人的权利义务相同。隐名合伙中,隐名合伙人一般不得执行合伙业务,没有表决权,不能作为合伙的当然代理人。第四,承担责任不同。普通合伙的各合伙人,对合伙债务负无限连带责任。隐名合伙中,出名营业人对合伙债务负无限责任,而隐名合伙人仅以自己的出资负有限责任。(3) 一般合伙与有限合伙。在英美法系国家,合伙分为一般合伙与有限合伙。有限合伙与隐名合伙有许多相同的地方,如有限合伙人不能参与合伙事务的经营管理,对合伙债务仅以出资额为限承担责任。(4) 个人合伙与法人合伙。《民法通则》的分类。(5) 营利性合伙与公益性合伙。按合伙是否以营利为目的进行的分类。(6) 临时性合伙与长期性合伙。按合伙存续时间的长短进行的分类。(7) 合伙企业与其他合伙。按合伙的目的和组织程度进行的分类。

(李仁玉 陈敦)

hehuo caichan

合伙财产(partnership property; partnership assets)
合伙人作为出资投入合伙的财产和合伙存续期间经营所得之收益构成合伙财产。合伙人的出资可以是货币、实物、土地使用权、知识产权或其他财产权利。合伙财产属于合伙人共同共有,由全体合伙人共同管理和使用,在合伙企业清算前,合伙人不得请求分割合伙财产。合伙人向合伙以外的人转让其在合伙中的份额,或以其在合伙中的份额设质,须经其他合伙人一致同意,合伙人之间转让其在合伙企业中的份额的,应通知其他合伙人。合伙企业以其全部财产对合伙债务负责,不足部分由各合伙人承担无限连带责任。为了保障合伙财产的稳定,法律规定合伙人的债权人不得以其对合伙人的债权抵销其对合伙企业的债务,不得代位行使合伙人在合伙企业中的权利。

(张玉敏)

hehuo chexiao

合伙撤销(rescission of partnership) 已成立之合伙因欠缺合伙的成立要件或违反法律规定而依法消灭合伙的行为。根据民法的一般原理和合伙企业法的规定,合伙撤销的原因有:(1) 以欺骗手段取得合伙登记。如依法不能从事营利性活动的人提交虚假的身份证明骗取登记。(2) 合伙协议存在合同法规定的可撤销的瑕疵,如欺诈、胁迫、重大误解(错误)等。按合同法规定,欠缺行为能力的人签订的合同属于效力未定的民事行为,但是,因为合伙协议的特殊性,合伙人需要参与合伙的经营管理,因此,应属于无效的民事行为,也可以作为撤销合伙的理由。

合伙撤销的程序是:以欺骗手段取得合伙登记的,由登记机关依职权撤销登记,任何单位或者个人也可以要求登记机关撤销其登记。合伙协议存在可撤销的瑕疵的,协议当事人可以请求法院或仲裁机构撤销合伙协议,如果合伙已经登记,则可以请求登记机关撤销登记。合伙的撤销溯及合伙协议成立时发生效力,即合伙自始不成立,但是,撤销的效力不能对抗善意第三人。如果撤销是因为行为人欠缺行为能力或因欺诈、胁迫、重大误解而发生者,无行为能力人及其法定代理人或因错误、欺诈或胁迫而作出同意表示的合伙人,对于第三人仍得抗辩。

(张玉敏)

hehuo daili

合伙代理(partnership agency) 合伙人在合伙事业的经营上,依法是合伙组织和其他合伙人的代理人。在英美法上,每个合伙人是合伙商号的代理人,为了合伙事务的目的,每个合伙人又都是其他合伙人的代理人。任何合伙人以通常方式为商号所从事的任何营业活动,对商号和全体合伙人均有约束力。合伙对某个合伙人权限的限制,不能对抗善意第三人。大陆法系国家民法亦确认合伙人相互代理原则,无论合伙合同是否定有合伙负责人,法律均确认每个合伙人有共同经营权,任何一个合伙人以合伙名义从事的法律行为,其后果由全体合伙人承担。我国合伙企业法规定,各合伙人对执行合伙事务有同等的权利,可以由全体合伙人共同执行合伙事务,也可以由合伙协议约定或由全体合伙人决定,委托一名或数名合伙人执行合伙事务。委托一名或数名合伙人执行合伙事务时,其他合伙人不再执行合伙事务。执行合伙事务的合伙人与合伙企业和其他合伙人之间的关系,理论上亦认为是代理关系。

(张玉敏)

hehuo de buchong liandaizeren

合伙的补充连带责任(supplemental joint and several liability of partner) 合伙债务首先以合伙财产清偿,不足时由合伙人的个人财产补充清偿的责任形式。合伙人对合伙债务负连带责任,在学理上有两种主张:(1) 并行的连带责任,即合伙债务就是合伙人的债务。债权人主张权利时,可以请求合伙以其财产清偿,也可以请求合伙人以其个人财产清偿,债权人对此享有选择权。(2)补充的连带责任,即合伙债务应首先以合伙财产清偿,合伙人的个人财产仅在合伙财产不足清偿时作为补充,债权人未向合伙主张权利前,不能直接请求合伙人以其个人财产清偿债务。依《中华人民共和国合伙企业法》第39条规定,合伙企业对其债务,应先以其全部财产进行清偿。合伙企业财产不足清偿到期债务的,各合伙人应承担无限连带清偿责任。

(李仁玉 陈敦)

hehuo de sheli
合伙的设立(formation of partnership) 合伙的设立所要解决的是合伙组织依法成立,取得民事主体资格的条件和程序。按《中华人民共和国合伙企业法》规定,设立合伙企业须经全体合伙人协商一致,订立书面的合伙合同,合伙合同经全体合伙人签名盖章后生效。

合伙协议应载明下列事项:(1)合伙的名称和主要经营场所的地点;(2)合伙目的和合伙企业的经营范围;(3)合伙人的姓名及住所;(4)各合伙人出资的方式、数额和缴付出资的期限;(5)利润分配和和亏损承担办法;(6)合伙事务的执行;(7)入伙和退伙;(8)合伙的解散与清算;(9)违约责任。协议还可以载明合伙经营的期限和争议解决方式。

合伙人应当是具有完全民事行为能力的人,法律、行政法规禁止从事营利性活动的人不得成为合伙人。合伙人应按协议履行出资义务。完成筹建工作后,合伙人应向工商行政管理机关申请合伙企业设立登记,并提交申请书、合伙协议书、合伙人身份证件等。登记机关核准登记,签发营业执照之日,为合伙企业的成立日期。合伙企业依法成立后,即取得民事主体资格,可以合伙企业的名义从事经营活动。

(张玉敏)

hehuo fuzeren
合伙负责人(principal of partnership) 由合伙人共同推举的,代表全体合伙人对外从事合伙营业行为或诉讼行为的人。合伙负责人只能从合伙人中选任。合伙负责人作为全体合伙人的代表进行经营活动,对全体合伙人发生法律效力。起字号的合伙,必须由合伙负责人为诉讼代表人,合伙负责人的诉讼行为对全体合伙人发生法律效力。

(李仁玉 陈敦)

hehuo gufen
合伙股份(percentage share in partnership) 合伙人在合伙财产中所占的份额,通常在合伙协议中按合伙人的出资确定。合伙人按其在合伙中的股份分享合伙利益和分担合伙亏损。为了维持合伙的稳定,以利经营,各国法律均有限制合伙人处分其股份,以保全合伙财产的规定,主要有分割禁止、转让禁止、出质(抵押)限制、抵销禁止和代位权禁止。

我国合伙企业法对此有以下规定:(1)分割禁止。在合伙企业进行清算前,合伙人不得请求分割合伙财产,但合伙人退伙的情况除外;(2)份额转让限制。在合伙存续其间,合伙人向合伙外的人转让其在合伙企业中的财产份额,须经全体合伙人一致同意。因为,向外转让财产份额的结果,是受让人加入合伙,而第三人中途入伙必须经全体合伙人一致同意。但也有一些国家,如法国,法律规定向合伙人的配偶转让股份,或合伙人向其直系亲属转让股份,不需经其他合伙人同意。合伙人之间转让合伙份额的,通知其他合伙人即可。第三人经全体合伙人一致同意受让合伙股份的,应修改合伙协议,受让人成为新的合伙人,并按照修改后的合伙协议享有权利,承担责任。(3)质押限制。合伙人以其在合伙企业中的财产份额出质的,须经全体合伙人一致同意。未经其他合伙人一致同意的,出质无效,或作为退伙处理,行为人并应赔偿由此给其他合伙人造成的损失。法国民法典规定,民用合伙的股份可以作为抵押的客体,但须经其他合伙人同意,并按法定形式公告,抵押权始受保护。在英美法系国家,有限合伙的有限合伙人得以其股份抵押。(4)合伙份额的强制执行。合伙人的个人财产不能清偿其到期债务时,债权人可以请求法院强制执行该合伙人在合伙中的财产份额,用于清偿。法院强制执行时,其他合伙人有优先购买权。合伙人在合伙中的全部财产份额被强制执行,产生该合伙人当然退伙的法律效力。(5)代位权之禁止。合伙人个人的债权人不得代位行使该合伙人在合伙企业中的财产权利。

(张玉敏)

hehuo gufen kouya
合伙股份扣押(detention of percentage share in partnership) 合伙人的个人财产不能清偿到期债务的,债权人可以申请法院对债务人的合伙股份进行扣押。申请扣押合伙股份应当通知合伙人。如果合伙人在法院规定的期限内仍不能清偿其债务或提供相当之担保,自扣押时起,对该合伙人发生退伙的效力。因合伙人的股份被扣押而导致合伙人退伙,合伙要进行结算,以该合伙人应得合伙财产清偿其债务。

(张玉敏)

hehuo gufen rangyu
合伙股份让与(assignment of percentage share in partnership) 在合伙存续期间,合伙人将自己在合伙中的股份让与其他人的法律行为。由于合伙的人合性质,合伙股份的转让受到限制。合伙企业法规定,合伙人转让合伙股份的,在同等条件下,其他合伙人有优先购买权。合伙人向合伙人以外的人转让其在合伙企业中的全部或部分股份,须经全体合伙人一致同意。因为向外转让合伙股份的结果,是受让人加入合伙,而第三人中途入伙必须经全体合伙人一致同意。但也有一些国家,如法国,法律规定向合伙人的配偶转让股份,或合伙人向其直系亲属转让股份,不需经其他合伙人同意。合伙人之间转让合伙股份的,通知其他合伙人即可。合伙人全部转让自己的股份的,发生与退伙相同的效力,受让人成为新的合伙人。合伙股份转让后,应当修改合伙协议,各合伙人按照修改后的合伙协议享有权利,承担责任。

(张玉敏)

hehuo gufen zhiya
合伙股份质押(pledge on percentage share in partnership) 合伙人以自己在合伙企业中的股份为债权人设定质押权。合伙股份质押属于权利质押,参照担保法的规定,合伙股份的质押应当由出质人与质权人签订书面合同,并记载于合伙协议,质押合同于记载于合伙协议时生效。根据合伙企业法,合伙人以其在合伙中的股份出质的,须经全体合伙人一致同意。未经其他合伙人一致同意的,出质无效,或作为退伙处理,行为人并应赔偿由此给其他合伙人造成的损失。

(张玉敏)

hehuo hebing
合伙合并(consolidation of partnerships) 两个以上的合伙合并,组成一个新的合伙。法国民法典规定,一个合伙即使在清算中亦得以合并的方式参加一个新的合伙。合并得在不同的合伙之间发生。合伙合并应由有关的各个合伙,按为修改其章程所必需的条件作出决定。有的国家禁止合伙的合并。《中华人民共和国合伙企业法》对此未作规定。

(张玉敏)

hehuo hetong
合伙合同(contract of partnership) 两个以上合伙人为实现共同的经济目的,而达成的按约定出资、共同经营、共担风险的协议,是合伙成立的要件。

合伙合同与其他合同相比,具有以下特点:(1)合伙合同是一种共同的民事法律行为。合伙人的意思表示是相同的,而不是相反的。(2)合伙合同是诺成性合同,它因意思表示一致而成立,不以出资为要件。(3)合伙合同一般为要式合同。按大陆法规定,合伙必须要有明确的约定,否则不能认定存在合伙关系。按英美法规定,合伙合同可以是书面的和口头的,可以是明示的和默示的。《中华人民共和国合伙企业法》规定,合伙合同为要式合同。当然,非合伙企业的合伙在司法实践中,没有书面合伙协议的,但具备合伙的条件,有两个以上无利害关系人证明的口头合伙协议,或者有其他证据证明的,也可以认定为合伙关系。(4)合伙合同当事人人数的限定性。如《法国民法典》规定为两人或数人。1948年《英国公司法》规定,合伙人不得超过20人。从事银行业务的合伙,合伙人不得超过10人。我国民法对合伙的上限没有规定。

合伙合同必须具备的法定有效要件是:(1)缔约人具有民事行为能力。依《民法通则》和《合伙企业法》的规定,只有完全民事行为能力人才有签订合伙协议的能力,未成年人和精神病人不具有签订合伙协议的能力。具有特定身分的自然人,如公务员、现役军人等不具有订立合伙合同的行为能力。企业法人、事业单位法人,除法律有特别规定外,具有签订合伙合同的能力,而机关法人不具有签订合伙合同的能力。(2)合伙人的意思表示真实。(3)合伙合同内容不得违反法律和社会公共利益。合伙合同应当载明的重要事项。

依照《合伙企业法》第13条规定,合伙合同应当载明的重要事项有:(1)合伙企业的名称和主要经营场所;(2)合伙人的姓名及其住所;(3)合伙人的出资方式、数额和交付出资的期限;(4)合伙的目的和合伙企业的经营范围;(5)合伙的利润分配和亏损分担;(6)合伙事务的执行;(7)入伙与退伙;(8)解散与清算。

(李仁玉 陈敦)

hehuo jiesan
合伙解散(dissolution of partnership) 因合伙期限届满或其他法定事由的出现,使合伙事业终止,合伙组织解体,合伙关系归于消灭。各国规定的合伙解散的法定事由不完全一致。《日本民法典》规定,合伙因合伙的目的事业完成或不能完成,或合伙人有不得已之事由而请求解散而解散。德国民法典不是像法、日等国一样将合伙人一人死亡、破产作为法定退伙的原因,而是作为合伙解散的法定原因,而且规定一合伙人退伙,原则上合伙解散。但合伙契约可以约定合伙得在其余合伙人之间继续存在(德国民法典第727、728、736、737条)。

《中华人民共和国合伙企业法》第57条规定,有下列情形之一时,合伙应当解散:(1)合伙协议约定的经营期限届满,合伙人不愿意继续经营;(2)合伙协议约定的解散事由出现;(3)全体合伙人决定解散;(4)合伙人已不具备法定人数;(5)合伙目的已经实现或无法实现;(6)被依法吊销营业执照;(7)出现法律、行政法规规定的合伙应当解散的其他原因。合伙解散应当进行清算,并通知和公告债权人。《法国民法典》还特别规定,合伙的解散,仅自公告解散以后,对第三人发生效力。这一规定对保护债权人的合法权利,防止合伙人利用解散合伙欺诈债权人,有重要的意义。

(张玉敏)

hehuo jingye jinzhi

合伙竞业禁止(prohibition of competing business for partners) 合伙人不能在合伙之外经营与合伙相竞争的业务。合伙人违反竞业禁止的规定,自营或与他人合作经营与本合伙相竞争的业务,合伙有权行使归入权,将其经营所得收归合伙所有。竞业禁止旨在避免合伙人利用其掌握合伙内部情况的有利地位与本合伙企业进行竞争,以保护合伙企业和其他合伙人的正当利益。我国合伙企业法第30条明确规定了合伙人的竞业禁止义务,但没有规定合伙的归入权,而是规定,竞业人的行为给合伙企业或其他合伙人造成损失,应负赔偿责任。

(张玉敏)

hehuo lianhe

合伙联合(partnership association) 商业组织的一种类型,既具有合伙的部分特征,又具有有限责任公司的部分特征,其显著特点是成员负有限责任。现很少采用。英美法上的概念。

(李仁玉 陈敦)

hehuo qixian

合伙期限(duration of the partnership, term of the partnership) 合伙的存续期间。合伙期限得由合伙契约约定,合伙契约得约定一定的时间为合伙期限,也可以约定以某合伙人的终身为合伙期限。但合伙期限不是合伙契约必须约定的事项。多数国家没有规定合伙的法定期限,个别国家,如法国,法律规定合伙期限不得超过99年。约定了合伙期限的,经全体合伙人一致同意,可以延长。未约定期限的合伙,合伙人得随时声明退伙,只要该退伙不给合伙事务执行带来不利影响,退伙即因退伙人单方面的意思表示而发生效力。约定有合伙期限的合伙,在约定的期限内,合伙人退伙须有法律规定的事由出现,如发生了合伙人难以继续参加合伙的情况,其他合伙人严重违反合伙协议约定的义务使合伙难以继续下去等,或者经全体合伙人同意,方能退伙。以某合伙人的终身为期限者,合伙人得随时声明退伙。我国合伙企业法规定,合伙人可以在合伙契约中约定合伙期限。定有期限的合伙,合伙人中途退伙,须符合法律规定的条件。未定期限的合伙,合伙人在不给合伙事务的执行造成不利影响的情况下可以退伙,并应提前30天通知其他合伙人。我国未规定合伙的最长期限。

(张玉敏)

hehuo qiye

合伙企业(partnership enterprise) 依法设立的由各合伙人订立合伙协议,共同出资,合伙经营,共享利润,共担风险,并对合伙债务承担无限连带责任的营利组织。合伙企业的成立应经工商登记。合伙企业在法律上不具有法人资格,但合伙企业享有权利能力,如有自己的名称和住所,在存续期间可以自己的名义拥有财产,其事务执行人对外代表企业等。

(李仁玉 陈敦)

hehuo qingsuan

合伙清算(winding up of partnership, liquidation of partnership) 终结已解散合伙的一切法律关系,处分合伙财产的程序。

1. 确定清算人。我国合伙企业法规定,清算人应由全体合伙人担任。未能由全体合伙人担任清算人的,经全体合伙人过半数同意,可以在合伙企业解散后15日内指定一名或数名合伙人,或委托第三人担任清算人。如未能在15日内确定清算人,合伙人或其他利害关系人可以申请人民法院指定清算人。

2. 清算人的职权是:(1)清理合伙企业的财产,分别编制资产负债表和财产清单;(2)处理与清算有关的合伙企业未了结的事务;(3)清缴所欠税款;(4)清理债权、债务;(5)处理合伙企业清偿债务后的剩余财产;(6)代表合伙企业参与民事诉讼。

3. 清偿债务。合伙财产经清理,在支付清算费用后,按下列顺序清偿债务:(1)招用职工工资和劳动保险费用;(2)欠缴税款;(3)合伙企业的债务;(4)返还合伙人的出资。

4. 分配剩余财产。支付清算费用和清偿合伙债务后的剩余财产,应作为盈余分配给合伙人。分配比例应按合伙协议的约定,协议未约定的,按照出资比例分配,如果是以金钱以外的实物或权利出资而未作价的,则平均分配。

5. 亏损处理。合伙财产不足以清偿全部债务的时,由全体合伙人承担无限连带责任。但是,债权人在五年内未向债务人提出清偿请求的,该责任消灭。

6. 清算终结。合伙清算结束,应编制清算报告,经全体合伙人签名盖章后,在15日内到登记机关办理合伙企业注销登记。

(张玉敏)

hehuo qingsuanren

合伙清算人(liquidator of partnership) 合伙终止时负责处理合伙善后事务的人。依照《合伙企业法》第59条规定,合伙清算人由全体合伙人担任,未能由全体合伙人担任清算人的,经全体合伙人过半数同意,可以自合伙企业解散后15日内,指定一名或数名合伙人,或委托第三人担任清算人。15日内未确定清算人的,合伙人或者其他利害关系人可以申请人民法院指定清算人。

清算人的职责和权限是:(1)清理合伙财产,分别编制资产负债表和财产清单;(2)处理与清算有关的合伙未了的事务,如终止合同,撤回要约等;(3)清缴所欠税款;(4)清理债权债务;(5)处理合伙清偿债务后的剩余财产;(6)代表合伙参与民事诉讼活动。合伙清算人在合伙清算期间,对外作为合伙人的代表,以合伙的名义从事活动,其法律后果由合伙承担,合伙清算完毕,清算人自然消灭。　　　(李仁玉　陈敦)

hehuoren

合伙人(partner)　合伙当事人。合伙人数的下限必须两个以上,合伙人数的上限,多数国家法律没有限制,但1948年《英国公司法》规定,合伙人不得超过20人。从事银行业务的合伙,合伙人不得超过10人。合伙人是合伙财产的共有人,合伙事业的经营人,合伙债务的承担人,合伙人应履行合伙协议约定和法律规定的义务。合伙人是合伙财产的共有人。合伙财产是合伙人因出资而直接构成的共有财产和合伙经营中积累的共有财产。根据《中华人民共和国民法通则》及有关法律规定,合伙人可以用资金、实物、技术、劳务、信用及土地使用权等出资。实物、技术出资的标的,既可以是所有权,也可以是使用权,由合伙人通过合伙协议约定。如果协议没有约定,或约定不明时,以消耗物或种类物出资的,推定合伙人以所有权出资。出资的标的是所有权,应及时将实物过户给合伙,成为合伙人的共有财产。出资人对标的物的瑕疵负担保责任。出资的标的是使用权的,该物的所有权仍属于原所有人,出资人同样对其标的物负担保责任。出资的标的是技术的,无论是专有权出资,还是依法转让使用权出资,均应对该出资的瑕疵负担保责任。出资人以劳务出资的,应经全体合伙人同意。合伙人是合伙事业的经营人。依《民法通则》第34条规定,个人合伙的经营活动由合伙人共同决定。

合伙人在合伙期间享有的权利主要有:(1)合伙财产的共有权。(2)合伙经营事务的决策权。根据《中华人民共和国合伙企业法》第31条规定,合伙企业的下列事务应经全体合伙人同意:处分合伙企业的不动产;改变合伙企业名称;转让或处分企业的知识产权或其他财产权;向企业登记机关申请办理变更登记;以合伙企业名义为他人提供担保;聘任合伙人以外的人担任合伙企业的经营管理人员;推举合伙负责人;入伙、退伙;对于合伙经营范围的改变、合伙人的变动、合伙人出资份额向外转让、盈亏分配份额的改变、合伙的延长和终止等重大事项,必须经全体合伙人通过协商一致形成决议。合伙人行使上述表决权,除当事人另有约定以外,可以实行一人一票的表决办法。在日常业务活动中,对合伙财产的正常使用,与第三人签订合同,应坚持少数服从多数的原则。但少数合伙人与多数合伙人一样,有充分陈述自己意见的权利,以及要求全体合伙人就争议进行表决的权利。任何合伙人于合伙业务完成前,都有声明异议及请求停止执行的权利。(3)合伙经营事务的执行权。依《合伙企业法》第25条规定,每一合伙人对执行合伙企业事务享有同等权利,可由全体合伙人共同执行合伙企业事务,也可以由合伙协议约定或者全体合伙人决定,委托一名或者数名合伙人执行合伙企业事务。各合伙人可以民主推荐的方式推荐合伙负责人。合伙负责人应视为合伙的代理人,具体执行合伙的内外事务,没有正常理由不得辞职和解任。合伙负责人在执行业务中所产生的法律后果,应由合伙组织和合伙人共同承担。任何一个合伙人都不能以合伙负责人的过错而推卸自己的责任。当然,在合伙内部,合伙和各合伙人有权要求由于故意和疏忽造成损失的合伙人赔偿自己的损失。执行合伙事务的人,享有以下权利:因执行合伙事务所支出的必要费用有请求合伙组织偿还的权利;因执行合伙事务而负担的必要债务有请求合伙组织代为清偿的权利;因执行合伙事务而受不可归责自己的损害,有请求合伙组织赔偿的权利;因执行合伙事务,如约定给付报酬的,享有报酬请求权。(4)合伙经营事务的监督权。依《民法通则》第34条和《合伙企业法》第26条规定,不参加执行合伙事务的合伙人,有权监督执行合伙事务的合伙人。监督的方式主要有:随时检查执行情况、了解财产使用和管理状况、查阅账目等。(5)合伙利润分配权。对于合伙利润的分配,合伙人有约定的,从其约定。合伙人没有约定或约定不明的,依法国、日本民法规定,按合伙人的出资数额比例分配;依德国法,则采平均分配。我国《合伙企业法》第32条亦规定平均分配。

合伙义务是指根据合伙协议和法律规定合伙人应履行的义务。在出资阶段,合伙人应当按照合同约定的出资种类、数额、时间出资。合伙人必须以自己所有的或者经营管理的财产出资,不得公开募集资金或发行流通证券,否则,所缔结的合伙合同和发行的证券无效。在合伙事业经营期间,合伙人对于合伙财产负有:(1)分割之禁止。合伙人在合伙清算之前,除以合伙协议约定或全体合伙人同意之外,不得请求分割合伙财产,包括不得请求返还出资,也不得请求分割其他财产中的应有份额。(2)占有使用权的限制。合伙人对其出资的财产,无权为合伙目的以外的其他目的占有和使用。(3)份额转让的限制。在合伙关系存续期间,不符合合伙协议约定的条件或不经全体合伙人同意,合伙人不得将出资的份额转让给第三人。合伙人依法转让其财产份额的,其他合伙人在同等条件下有优先受让权。(4)份额出质的限制。《合伙企业法》第42条规定,合伙人以其在合伙企业中的财产份额出质的,须经其他合伙人一致同意。未经其他合伙人一致同意的,其出质行为无效。由此给其他合伙人造成损失的,依法承担赔偿责任。

对于合伙的经营事务,执行合伙事务的合伙人承担的义务主要有:(1)注意义务。合伙人执行合伙事务时,应与处理自己的事务为同一注意,否则,给合伙的共同利益造成损失,应承担赔偿责任。(2)忠实处理合伙事务的义务。合伙人对于合伙事务应亲自执行,及时向合伙组织报告合伙事务执行的情况。对于所取得的财产或权利,应及时移转或交付合伙组织。合伙执行人怠于履行合伙事务造成损害的,应承担损害赔偿责任。(3)竞业禁止的义务。任何合伙人都不得经营与合伙事务相竞争的事业,否则,由此取得的营利应归合伙。(4)不得为个人谋私利的义务。任何合伙人不得为个人谋私利,不能与合伙签订合同,也不得为个人利益与第三人串通,损害其他合伙人的利益,否则,要承担损害赔偿责任。对于合伙经营的亏损,合伙人有义务承担。合伙人之间有约定的,从其约定。合伙协议没有约定的,法国、日本按合伙人出资数额的比例分担;德国由合伙人平均分担。《合伙企业法》采德国主张。

对于以劳务、技术出资的合伙人,其亏损责任有三种立法例:(1)以不承担责任为原则,但合同或法律有规定的除外,如我国台湾地区法律的规定。(2)以承担责任为原则,但合同或者法律另有规定的除外,如瑞士民法的规定。(3)与出资最少的人承担相同的责任,如法国民法的规定。我国司法实务中的做法是,按劳务折抵的出资比例承担,没有约定债务承担比例的,按实际盈余分配比例承担,没有盈余分配比例的,平均分担。

合伙人的责任有广义和狭义之分。广义的合伙人责任包括:合伙人不履行出资义务所应承担的责任;合伙人违反合伙协议或违反法律规定给其他合伙人造成损失的赔偿责任;合伙人对合伙债务所应承担的偿还责任。狭义的合伙人责任仅指合伙人对合伙债务所应承担的责任。依《民法通则》和《合伙企业法》的规定,合伙人对合伙债务负连带无限责任。在司法实践中,法人作为合伙人,其责任承担由各方按照出资比例或者协议的约定,以各自所有的或者经营管理的财产承担民事责任。依照法律的规定或者协议的约定负连带责任的,承担连带责任。

(李仁玉 陈敦)

hehuoren de chumin

合伙人的除名(removal of partner) 又称合伙人的开除。依正当事由开除对合伙有重大过错的合伙人。德国、日本、我国台湾地区的民法典都规定有合伙人的除名制度。《德国民法典》第723和737条规定,如果合伙契约规定,当一合伙人预告退伙时合伙仍应在其他合伙人之间存在,当一合伙人因故意或重大过失违反依合伙契约所负的基本义务,或者已不能履行此项义务,致使其他合伙人依法得行使声明退伙的权利时,经其余合伙人一致决定,得将其开除,并通知被开除人。《日本民法典》第680条规定,合伙人的除名,以有正当理由为限,以其他合伙人的一致同意进行除名。但是,除非通知被除名人,不得以之对抗该合伙人。《中华人民共和国合伙企业法》第50条规定,合伙人有下列情形之一者,经其他合伙人一致同意,得决议将其除名:(1)未履行出资义务;(2)因故意或重大过失给合伙企业造成损失;(3)执行合伙企业事务时有不正当行为;(4)合伙协议约定的其他事由。除名决议应书面通知被除名人,自被除名人接到除名决议之日起,除名生效,被除名人退伙。被除名人对除名决议有异议的,可在接到除名通知之日起30日内向人民法院起诉。

(张玉敏)

hehuoren de liandaizeren

合伙人的连带责任(joint and several liability of partners) 每一个合伙人均负有清偿全部合伙债务的义务,合伙的债权人有权向任一合伙人、几个合伙人或全体合伙人提出履行债务的请求,当某个合伙人清偿了全部合伙债务后,该合伙人有权要求其他合伙人偿付其应承担的份额。《中华人民共和国民法通则》第35条第2款规定,合伙人对合伙债务承担连带责任,法律另有规定的除外。偿还合伙债务超过自己应当承担数额的合伙人,有权向其他合伙人追偿。合伙人承担连带责任的依据是,合伙财产的共有性质以及全体合伙人对第三人的共同行为。合伙对合伙债务承担连带责任,对合伙人个人债务不承担连带责任。合伙人的连带责任是一种法定责任,不以当事人之间有无约定或有无相反约定为依据。隐名合伙人和有限合伙人以其出资份额对合伙债务承担责任,但《日本商法典》规定,隐名合伙人与出名营业人对合伙债务负连带责任。

(李仁玉 陈敦)

hehuoren de moshi shouquan

合伙人的默示授权(implied authorization of partner) 为了使代理人履行或者完成代理事项所产生的授权。这种授权虽然不是明示的,却是为完成代理事务所必需的、合适的。英美法上的概念。

(李仁玉 陈敦)

hehuoren pochan
合伙人破产(bankruptcy of partner) 合伙人的个人财产不能清偿其到期债务而依法宣告破产。合伙人破产对合伙之法律后果,有两种不同的规定:(1) 合伙因合伙人一人破产而解散。《德国民法典》第728条规定:"合伙因合伙人中一人的财产开始破产程序而解散。"(2) 合伙人因破产而当然退伙。日本和我国台湾地区采此主义。《中华人民共和国合伙企业法》第49条规定,合伙人破产,导致该合伙人当然退伙。

合伙人破产原则上产生退伙的法律效果,如经其他合伙人一致同意,亦可先期解散合伙。《法国民法典》第1680条有明确规定。

(张玉敏)

hehuoren siwang
合伙人死亡(death of partner) 合伙人在合伙存续期间自然死亡或宣告死亡。合伙人死亡的法律后果,有三种立法例:(1) 合伙因合伙人一人死亡而解散。《德国民法典》第727条规定,以合伙契约无其他规定者为限,合伙因合伙人一人死亡而解散。(2) 原则上合伙不因一合伙人的死亡而解散。《法国民法典》未将合伙人死亡作为合伙解散的法定事由,而且,在民事合伙部分(第1870条)正面规定合伙不因合伙人一人的死亡而解散,而得由其继承人或受遗赠人继承其股份而继续存在。合伙人亦可约定合伙人一人死亡时合伙解散。(3) 合伙人死亡导致该合伙人当然退伙。《日本民法典》第679条规定,死亡导致合伙人非任意退伙。我国台湾地区民法典亦采此主张。

合伙人的死亡原则上导致其当然退伙,但经全体合伙人一致同意得许其继承人入伙。《中华人民共和国合伙企业法》第49、51条规定,合伙人死亡或被依法宣告死亡,该合伙人当然退伙。其继承人依合伙协议的约定或经全体合伙人一致同意,得自继承开始之日取得该合伙企业合伙人之资格。如继承人为未成年人,经其他合伙人一致同意,可由其监护人代行其权利。

(张玉敏)

hehuo shanghao
合伙商号(business name of partnership) 合伙经济组织在商事活动中所用的名称。又称为合伙的字号。合伙虽然是由数个自然人或法人组成的经济组织,但合伙财产具有相对独立性,合伙组织具有团体性的特征。因此,合伙组织在商事活动中往往不是以合伙组织中的合伙人的名义参与,而是以合伙组织团体的名义参与,并首先由合伙的财产承担责任。因此,各国法律都规定,合伙组织可以起字号,即合伙商号。合伙商号经登记注册后,合伙组织即可以合伙商号的名义参与商事活动,如订立合同,在银行开立账户,以合伙商号作为纳税主体等。合伙组织在诉讼中可以合伙商号的名义起诉或应诉。以合伙商号参与商事活动或参与诉讼,其效力及于全体合伙人。

由于合伙具有与法人不同的特征,因此,各国法律对合伙商号的选定均有一定的要求,如在合伙商号中不得加"有限"的字样。英国法律规定,合伙商号一般应以合伙人的真实姓氏命名,如果商号中没有包含合伙人的真实姓氏或没有包含合伙人的真实教名的开头字母者,则必须向主管机关进行注册登记。

合伙商号是合伙组织在商事活动中所使用的名称,与合伙组织紧密相连,具有人身性质。合伙商号又是具有自身财产价值的,因此能够转让给他人。多数国家规定合伙商号的转让应随同营业的转让同时进行,或在营业终止后转让,也有些国家允许单独转让合伙商号,但当合伙商号是由合伙人姓名构成时,合伙商号一般不能转让。

合伙商号经登记注册后,合伙组织即取得商号权。合伙组织有权使用自己的商号,也有权禁止他人使用与该商号相同或相似的商号。

(於向平)

hehuo shiwu zhixingren
合伙事务执行人(executor of partnership) 执行合伙事务的人。在合伙中,由于全体合伙人均有执行合伙事务的权利,因此,全体合伙人均为合伙事务执行人。合伙人也可以通过合伙协议约定,或者全体合伙人决定,委任一名或者数名合伙人执行合伙事务,则该一名或数名合伙人为合伙事务执行人。其他合伙人不为合伙事务执行人。合伙事务执行人有权对外代表合伙或其他合伙人。合伙事务执行人享有法定或约定的权利,并承担法定或约定的义务。

(李仁玉 陈敦)

hehuo tunbing
合伙吞并(merger of partnerships) 一个合伙将其他一个或几个合伙并入该合伙。被吞并的合伙消灭,其财产、债权和债务一并归入吞并的合伙。吞并可以是一个吞并一个,也可以是几个吞并一个。《法国民法典》规定:一个合伙,即使在清算中亦得被另一合伙吞并,合伙亦得以分别财产的方式,将财产转归几个现有的或新设的合伙。吞并可以在不同形式的合伙之间发生。吞并应由有关的各个合伙按为修改其章程所必需的条件作出决定。我国合伙企业法对此未作规定。

(张玉敏)

hehuo zhaiwu

合伙债务(obligations of partnership) 以合伙的名义所欠的一切债务。产生合伙债务的原因是合伙对第三人的合同行为和侵权行为,承担债务的主体是合伙及合伙人,履行债务的担保或承担债务的财产范围是合伙的共有财产和每个合伙人的个人财产。合伙债务不是合伙人的个人债务,是合伙人共同设立合伙后以合伙的名义对外所欠的共同债务。合伙没有自己完全独立所有的财产,依法不能独立承担民事责任。合伙与各合伙人并未彻底分开,合伙人之间也以相互信赖为基础共负盈亏。因此,传统理论认为,各合伙人对合伙债务依法承担连带无限责任。但是依《中华人民共和国合伙企业法》第39条规定,合伙债务应首先由合伙企业的全部财产承担,不足部分才由合伙人负连带无限责任。传统民法要求合伙人对合伙债务承担连带无限责任,主要是基于合伙的人合性质,不承认合伙的主体性,目的是保护合伙债权人的合法权益,维护合伙企业与他人的正当交易行为。但各合伙人是依约或依法按一定的比例分配合伙的利润,也应按一定的比例分担合伙的亏损,因此,当某合伙人由于承担连带责任,对合伙企业债务清偿数额超过其应当承担的数额时,有权向其他合伙人追偿,即连带责任是针对第三人而言的,指全体合伙人对外就合伙的债务承担连带责任,但就合伙人内部而言,各合伙人之间是按份承担合伙的债务。现代民法理论强调合伙的主体性特征,因此,在合伙债务的承担上,首先由合伙承担合伙债务,不足部分才由合伙人承担连带无限责任。

合伙虽然不具有完全独立的民事责任能力,但合伙依法也有自己的财产,即合伙人的出资财产和所有以合伙的名义取得的收益。因此,偿还合伙债务首先应用合伙财产进行清偿。合伙的财产不足清偿合伙债务的,各合伙人依法承担连带无限清偿责任。作为个人合伙人,如果是以个人财产出资参与合伙,则以个人财产对合伙债务承担无限责任;如果是以家庭财产出资参与合伙,则应以合伙人家庭共有财产对合伙债务承担无限责任;如果是以个人财产出资参与合伙,但将合伙盈余分配所得用于合伙人家庭成员的共同生活,则应先以合伙人的个人财产承担清偿责任,不足部分则以合伙人的家庭共有财产承担。如果合伙人既要依法对到期合伙债务承担无限责任,又要对到期个人债务承担清偿责任,对此,通说认为,应用与合伙经营有关的财产(如盈余分配所得)优先偿还合伙债务,而用与合伙经营无关的其他个人财产优先偿还个人债务。合伙和第三人的债权债务关系与合伙人和第三人的债权债务关系是两个不同的法律关系。依据《合伙企业法》第41~42条的规定,合伙人个人债务的债权人,不得以该债权抵销其对合伙企业的债务;该债权人也不得代替其债务人(即合伙人)行使在合伙企业中的权利。

(李仁玉 陈敦)

hehuo zhangcheng

合伙章程(charter of partnership) 规定合伙人之间的权利义务关系及合伙事务的决定的文件。法国民法上的称谓。依照《法国民法典》的规定,合伙自登记之日起享有法人资格。合伙登记之前,合伙人之间的关系遵守合伙契约及债务的一般法律原则。合伙登记以后,合伙人之间的关系应遵循合伙章程的规定。

合伙章程以书面形式订立,其主要内容包括:合伙的形式、目的、名称、合伙所在地、合伙资金、合伙期限、合伙方式、合伙人应缴的份额等。其中,合伙期限不得超过99年。合伙章程的修改须取得全体合伙人的一致同意。合伙章程未包括法律所要求的全部记载事项时,一切利害关系人均有权诉请下令补办。逾期未补办的,应罚款。对于合伙章程,必须注明而未注明的事项,并因此造成的损害,合伙的创办人以及经营或负责机构的最初成员负赔偿责任。我国民法未采此概念。

(李仁玉 陈敦)

heli yujian guize

合理预见规则(doctrine of foreseeability) 又称为预见说、可预见性说。依据违反义务人当时对损害发生的预见性进行赔偿责任限制的学说。因果关系原具备决定损害赔偿构成要件与决定损害赔偿范围的双重功能,而合理预见理论侧重于后者,主张损害赔偿范围,以损害义务人预见的范围为范围。

合理预见规则有两个特征:(1)预见之程度原则上取决于赔偿义务人,而与权利人无关;(2)预见的程度取决于定约或侵权行为当时,原则上与发生实际损害时的预见无关。合理预见规则在合同责任及侵权责任中都有应用,但以合同责任中运用最为广泛。该理论最早由法国学者波蒂埃提出,并为《法国民法典》第1150条所采纳:在债务不履行完全不是由于债务人有欺诈行为时,债务人仅对订立契约时已预见到的或可以预见到的损害与利益负赔偿责任。

在合同法中运用的合理确定损害赔偿范围的原则,在英美法系又称哈德雷案原则,指被告要对他能够合理预见的其违约行为导致的"并非不可能发生"的全部损失承担赔偿责任。哈德雷案原则认为,被告对违约在正常情况下所导致的全部损失须承担赔偿责任。因为正常情况下导致的损失总是能够合理预见的。然而,反过来则是不对的,因为在特定的条件下当事人是能够预见到反常情况的。这也是"哈德雷案第二原则"的内容,即对与特殊或反常情形之下所发生的损失,被告如果在订约时对那些能够预见该损失的事实已经有充分的认识,那么他就应对该损失承担损害赔偿责任。按照可预见规则,合同风险在原被告双方进行合理的划分。但是也有一些不适用该规则的例外,如当被告的违约是由于其到期不支付金钱造成时,在被告不支付金钱的情况下,原告一般无权就间接损害请求赔偿。在极少的情况下,有可能援引"哈德雷案第二原则",即被告在订立合同时认识到不支付金钱可能会导致特殊损失。但是按照"哈德雷案第一原则",由金钱的不支付导致的可预见的经济损失得不到任何赔偿。

合理预见规则在以英国、法国为代表的两大法系存在下列不同之处:(1) 合理预见损害的对象不同。在英美法为避免对遥远无期的损失负责,除非订约时说明,违约方只对一般后果,也就是按照上文提及的哈德雷案原则的第一部分负责,而对于非一般后果,损失应由受损人自己负责,除非订约时另有说明推给对方承担。而法国法由于坚持全面赔偿原则,因此对于普通损害外的损害也一概地适用合理预见规则的限制。(2) 合理预见规则适用范围不同。大陆法系规定预见规则不适用于欺诈的违约行为场合,如《法国民法典》第 1150 条。《中华人民共和国合同法》第 113 条规定,"当事人一方不履行合同义务或者履行合同义务不符合约定,给对方造成损失的,损失赔偿额应当相当于因违约所造成的损失,包括合同履行后可以获得的利益,但不得超过违反合同一方订立合同时预见到或者应当预见到的因违反合同可能造成的损失。""经营者对消费者提供商品或者服务有欺诈行为的,依照《中华人民共和国消费者权益保护法》的规定承担损害赔偿责任。"而英国法的预见规则却适用于各种违约行为。(3) 合理预见规则的目的不同。法国法从债务人的角度确定损害赔偿制度,其规范侧重于对债务人赔偿责任的限制,而英国法则以中性第三人标准确定损害赔偿范围,力求不偏向债权人、债务人任何一方。在合理预见规则与因为直接因果关系导致的损害能否在确定损害范围时并用问题上,合理预见规则是对于直接结果原则进行限制的结果。在英美契约法中由于主要是通过上文所述的"哈德雷案"确立了合理预见规则,可以说合理预见规则是在批判"直接结果原则"的基础上发展出来的。在法国,由于民法典第 1149 条确立了全面赔偿原则,无论是实际损害还是可得利益损害都应该赔偿,但是对于损害的确定按照第 1151 条的规定,要求损害和债务不履行之间必须存在一种直接的或即时的关系。法国学者认为这一规定看起来简单,然而要确定"直接损害"的具体含义却十分困难,以至于许多人将之称为因果关系的折磨。也就是说,直接因果关系或直接结果是从损害的结果角度对损害赔偿范围的界定,不过事实上也是因果关系理论的变相运用。正是为避免责任要件中因果关系与损害纠缠不清,大部分学者主张在损害赔偿法中不作直接损害、间接损害的划分。

法国法并没有规定合理预见规则可适用于侵权行为案件,有的学者认为其民法典 1150 条的预见规则可准用于侵权行为法,但是后来由于相当因果关系的兴起,对此问题学者不再争论。但是,相当因果关系不能取代可预见性理论在确定侵权责任因果关系中的作用。欧洲学者普遍认为,可预见性显然具有补充盖然性标准的作用:盖然性很高的事件通常是可预见性的事件,反之却不然,有些行为虽然导致结果的盖然性低,但是如果此类行为仍然可预见,行为人就因此而可以被归责。在日本,"富喜丸案"后,侵权损害赔偿也适用民法典债编第 416 条规定,对于通常损害以外的特殊情况的损害以可预见性为损害赔偿的限度。在英美侵权法,起初按照直接结果原则,只要损害后果是由侵权行为引发的,行为人就需要对由此造成的即时的结果负责。直接结果原则后来为合理预见规则代替,因过错侵权仍只是要对受害方负责客观预见的损失。

在英美侵权行为法中,可预见理论的适用表现为三个方面:(1) 人们将可预见性理论作为被告是否承担注意义务进而判断是否有过失的标准;(2) 也将可预见性规则看做是决定被告承担侵权责任范围的判断标准;(3) 当被告没有预见到中介原因的出现时他的过失行为能得到原谅。在美国特别是在著名的火车站爆炸案后,被告一般只对他在行为的时候可预见的后果负责成为占主导地位的理论。

英美侵权法中适用可预见规则也有下列几项例外:(1) 身体伤害所引起的其他后果。即一旦原告身体受伤,被告就要对身体伤害所引起的其他不可预见的后果负责,如"蛋壳脑袋案";(2) 对受害人的救护人员的损害;(3) 伤害方式不可预见但结果与过失的性质相符;(4) 在故意侵权不适用可预见规则,但在严格责任中适用可预见规则。有学者指出,可预见性是非合同上的过错的本质因素之一,如果可预见性如此之少以至于一个尽了谨慎义务的人也不可能采取不同的行为或尽更大的谨慎就应该否认过失存在。但是,在过失侵权中通过能包容一切的可预见性标准来解决一切问题当然极具诱惑性,它可以有效地减少对此类案件中许多事实问题的判断,可叹的是,这一捷径未为我们所开放,法律必须适应生活中的一切混乱和复杂;因而在一些特定情形下,个案公平的要求迫使我们拒绝对可预见损害的普遍赔偿责任。

合理预见规则对侵害财产权的损害赔偿范围的限制作用是两大法系都予以承认的。但对于侵害人身权的损害赔偿与合理预见规则的关系应区别对待:对于侵害身体造成伤害的不应该适用合理预见规则,而非财产上损害(或精神损害)的赔偿也应该适当考虑合理预见规则的适用。然而与财产损害计算标准较为客观、规范化相比,非财产上损害赔偿具有突出的主观性、并且难以加以规范化,为此合理预见规则无法如同在财产损害中那样起重要的作用。不过,由于侵权行为人的过错往往是确定非财产上损害赔偿范围的一个需要斟酌考虑的因素。因此此时合理预见规则主要应该与侵权行为人的过错程度结合起来进行考察。

(张平华)

hetong

合同(contract) ❶ 契约的同义语。广义指一切确立权利义务的协议;狭义则是指确立民事权利义务关系的协议,德国法上称为"私法合同",我国学者多称为民事合同。《中华人民共和国合同法》法中规定,合同是平等主体的自然人、法人、其他组织之间设立、变更、终止民事关系的协议。合同具有以下法律特征:(1)合同是当事人之间在平等自愿基础上达成的协议。合同是地位平等的当事人自愿协商一致的结果即"合意",不是地位平等的人,不是在自愿基础达成的"协议",不是合同;(2)合同是双方民事法律行为。合同是当事人之间意思表示一致的法律行为,既不同于不以意思表示为要素的事实行为,也不同于以单方意思表示即可成立的单方法律行为;(3)合同是以确立民事权利义务关系为目的的。当事人可以通过合同设立权利义务,也可以通过合同变更或终止权利义务。合同一般须经要约和承诺两个阶段,双方就合同的内容达成一致的意思表示,才能成立。依法成立的合同,除法律另有规定或当事人另有约定外,自成立时起生效。依法成立的合同对当事人双方有法律约束力,任何一方不得擅自变更或者解除合同,任何一方不履行合同,都应依法承担相应的民事责任。未依法律规定成立的合同,则不能发生有效合同的法律效力,而发生其他的相应的法律后果。

❷ 又称合同行为或协同行为,同一内容的多数意思表示的合致成立的行为,如社团设立行为、总会决议。参见契约。 (郭明瑞 张平华)

hetongchengli de didian

合同成立的地点(拉丁 locus contractus) 参见合同签订地条。

hetongchengli de shijian

合同成立的时间(time of formation of contract) 订约当事人达成协议的时间,以承诺生效时间为准。依我国合同法规定,采用口头形式订立合同的,合同自双方达成协议时成立;当事人采用合同书形式订立合同的,合同自双方签字或盖章时成立;当事人采用信件、数据电文等形式订立合同的。可以在合同成立之前要求签订确认书,签订确认书时合同成立。 (郭明瑞)

hetong de biyaotiaokuan

合同的必要条款(essential terms of a contract) 又称合同的主要条款或基本条款,是一项合同成立必须具备的条款,欠缺主要条款合同便不能成立。合同的必要条款包括三部分:(1) 法律规定的。凡法律有直接明文规定的合同必须具备的具体条款,均为必要条款。(2) 合同性质决定的。虽无法律规定,但依合同的性质必不可缺的条款,也是合同必备条款。合同的性质不同,所要求的主要条款也不同。如标的物和价款条款是买卖合同的必要条款,期限条款的有无不会影响买卖合同的成立,因而不为买卖合同的必要条款。而承包合同中有关期限的条款则是必要条款。(3) 依当事人的意愿必须达成一致的。当事人双方约定或一方要求合同必须具备的条款,也成为必要条款。我国原《经济合同法》中曾规定了经济合同应具备的条款。《中华人民共和国合同法》根据合同自由原则没有规定具体各种合同的必要条款,只是规定了合同一般包括的条款。《合同法》第12条规定,合同的内容由当事人约定,一般包括以下条款:(1) 当事人的名称或者姓名住所。当事人是合同的主体,没有当事人合同就不能成立。(2) 标的。合同标的是合同当事人权利义务共同指向的对象,是合同法律关系的客体。没有标的即没有客体,而没有客体的民事法律关系是不存在的。(3) 数量和质量。数量和质量是确定合同标的物的具体条款,是一标的物区别于另一标的物的具体特征。数量条款应载明计量单位和计量方法;误差幅度及正负尾差和自然损耗数;毛重或净重。质量条款应载明:对产品质量负责的期限和条件;对质量提出异议的条件和时间;对于检验产品,应注明采用的抽样标准或方法、比例。质量应以有关国家、行业标准规定订立。(4) 价款或酬金。两者统称"价金",是当事人一方取得标的物或接受劳务而向对方交付的代价。依国际通行做法,在合同中在明确定的价格的同时,应议定价格调整条款。(5) 合同履行的期限、地点和方式。合同履行的期限是当事人履行合同的界限,是确定合同是否按时履行的依据,直接关系当事人的经济利益。履行地点指合同当事人履行和接受履行合同规定义务的地点,关系到正确履行义务、费用负担和诉讼管辖。履行方式是当事人履行合同规定的方法。按履行义务的期次可分为一次履行和分期分批履行,按标的交付方式,分为送货式、自提式和代办托运式。(6) 违约责任。在合同中明确规定违约责任,有利于督促当事人自觉履行合同。但该条款的有无,并不影响合同的成立。违约一方应承担违约责任,并非依违约责任条款的约定,而是因合同的法律效力决定的。(7) 解决争议的方法。这是当事人解决合同纠纷的手段、途径。以上条款是提示当事人应注意定明的条款,称为提示条款,并非全为合同的必要条款,但其中某些条款如当事人条款、标的条款等是合同的必要条款。

(肖 燕 郭明瑞)

hetong de biangeng
合同的变更(alteration of contract) 通常是指依法成立的合同主体不变,而变更合同的内容,也就是在维持主体、性质不变的条件下,对合同条款的修改、增减和补充等。广义的合同变更包括合同诸要素的变更。凡未成立的或无效的合同,不存在变更的问题。合同变更一般不包括合同主体的变更,它只是合同关系的局部改变,包括合同内容的变更和合同标的的变更。合同依法成立即具有法律效力,当事人双方必须恪守信用,全面履行合同规定的义务,不得擅自变更或解除。但在合同生效后尚未履行前,由于合同条件发生变化,而使合同不能或不再履行时,法律允许在一定条件下对合同进行变更或解除。

合同变更有协议变更和法定变更。《中华人民共和国合同法》仅规定了协议变更,该法第77条规定,"当事人协商一致,可以变更合同。""法律、行政法规规定变更合同应当办理批准、登记等手续的,依照其规定。"这充分体现了合同自由原则。《联合国国际货物销售合同公约》第29条也规定,合同只需双方当事人协议,就可变更。它改变了英美法国家传统上关于缺乏对价而变更无效的原则。协议变更合同按订立合同的程序进行,当事人对合同中某一事项变更的约定不明确的,推定该事项未变更。合同变更后,应按变更后的合同履行。合同变更的效力一般不溯及已履行的部分,而仅及于未履行部分。 (肖 燕)

hetong de biaodi
合同的标的(object of contract) 即合同法律关系的客体。合同当事人权利义务所共同指向的对象。指合同债权人请求债务人为或不为一定行为。债的标的之一种表现形式。合同的标的反映了当事人订立合同的目的和要求,没有标的或标的不明确的合同,当事人的权利义务无法实现,合同根本不能成立和履行。因此,标的是任何合同必不可少的。按照各国法律的规定,合同的标的与债的标的一样必须至少满足确定、合法、可能三个条件。参见债的客体条。 (万 霞 张平华)

hetong de bukekangli tiaokuan
合同的不可抗力条款(force majeure clause of contract) 又称"人力不可抗拒条款"。合同中有关不可抗力内容和范围的条款。是合同履行的例外条款,规定适用于本合同的不可抗力的含义范围及引起的相应后果等。不可抗力是人力不可抗拒的力量,它包括了某些自然现象和某些社会现象。由于它独立于人的行为之外,不受当事人的意思支配,各国法律都将不可抗力作为免责事由,当事人可依法解除合同或延迟履行并免除违约责任。

为了避免当事人滥用不可抗力的免责权,法律规定当事人可以在合同中约定不可抗力的范围。其作用有二:(1) 补充法律对不可抗力免责事由规定的不足。由于不可抗力情况复杂,在不同环境下不可抗力事件对合同的影响千差万别,法律不可能对各种具体合同条件下的不可抗力作出十分具体的规定,当事人有必要明确约定具体内容。(2) 在发生纠纷时有利于认定责任。不可抗力条款是对法定的不可抗力事件的补充,当事人关于不可抗力范围的约定常常采用列举的方式,在法律规定的基础上对不可抗力事件作出明确的规定,在发生纠纷时,明确的不可抗力条款能减少当事人因此而产生的争议,分清责任。当然,当事人约定的不可抗力条款不能违反法律关于不可抗力的规定,在当事人约定的不可抗力条款与法律对不可抗力的规定不一致时,当事人的约定无效。

1. 不可抗力的性质认定。学术上有三种主张:(1) 主观说。主张以当事人的预见力和预防能力为标准,凡属于当事人主观上已尽最大注意,但仍不能防止其发生的阻碍合同履行的事件都是不可抗力。(2) 客观说。主张以事件的性质和外部特征为标准,凡属于一般人无法抵御的重大的外来力量为不可抗力。(3) 折衷说。认为应兼采主观客观标准,凡属于基于外来因素而发生的、当事人以最大谨慎和最大努力仍不能防止的事件为不可抗力。由于不可抗力具有客观性,而具体客观又千差万别,不可抗力的认定在各国法律中存在一定的差异,也使得当事人援引不可抗力的抗辩具有相当的弹性。《联合国国际货物销售公约》第79条规定当事人可援引不可抗力的场合是:当事人不履行义务,如果他能证明此种不履行义务,是由于某种非所能控制的障碍,而且对于这种障碍,没有理由预期他在订立合同时能考虑到或能避免克服它或它的后果,不负责任。《中华人民共和国民法通则》第153条、《中华人民共和国合同法》第117条规定我国法律所称不可抗力是"不能预见、不能避免并不能克服的客观情况",采用了折衷说的标准。我国台湾地区民法典认定不可抗力是"因不可归责于当事人的事由,致给付不能",采用主观说为标准。

2. 不可抗力的免责条件。不可抗力作为免除违约责任的条件,一般认为还须具备以下条件:(1) 是合同签订后和迟延履行前发生的。援引不可抗力免责，须证明合同不履行与不可抗力之间的因果关系，如果是合同签订以前发生的不可抗力或是在延迟履行后发生的不可抗力，当事人不可以不可抗力为抗辩。(2)非由当事人的故意或过失造成的。如果损害结果全部是由不可抗力导致的，当事人可要求免除全部责任。但如果当事人对损害后果的发生也有过错时（如洪水到来时，未及时将堆放低处的货物转移而造成货物毁损），或在不可抗力造成损害后，因当事人的过错致使损害进一步扩大，则当事人应负一定的民事责任。(3)是当事人不能控制的。我国《合同法》117条规定，因不可抗力不能履行合同的，根据不可抗力的影响，部分或者全部免除责任，但法律另有规定的除外。当事人迟延履行后发生不可抗力的，不能免除责任。第118条规定，当事人一方因不可抗力不能履行合同的，应当及时通知对方，以减轻可能给对方造成的损失，并应当在合理期限内提供证明。

3. 不可抗力的后果。不可抗力可导致两种法律后果：(1)解除合同；(2)暂时中止履行合同即延迟履行，待不可抗力事件结束后，再恢复履行。不可抗力是法定可以解除合同的事由之一，当事人也可通过不可抗力条款在合同中约定是否解除的情况，在当事人约定了不可抗力的后果时，依据当事人约定执行。

（万 霞）

hetong de dingli
合同的订立（formation of contract） 订立合同的当事人达成设立、变更、终止民事权利义务关系协议的过程。《中华人民共和国合同法》第13条规定："当事人订立合同，采取要约、承诺方式。"合同的订立不同于合同的成立，它是缔约各方自接触、协商直到合意的全过程，是动态行为与静态协议的统一体。所谓动态行为，是指缔约人达成协议前的相互协商的过程，这一阶段产生当事人的先合同义务与缔约过失责任。所谓静态协议，是指缔约人达成合意，合同成立，当事人的合同权利义务得以确定。合同的成立是指达成合意，完成了合同订立程序。参见要约、承诺条。

（郭明瑞）

hetong de fading jiechu
合同的法定解除（to rescind a contract according to law） 参见合同的解除条。

hetong de falü xiaoli
合同的法律效力（effects of contract） 广义上指已经成立的合同所发生的法律后果，狭义是指依法成立的合同会在法律上产生的效果。通常指狭义而言。

《法国民法典》第1134条规定，依法订立的契约，对于缔约当事人双方具有相当法律的效力。它把契约看做法律或相当于法律的立法思想，充分体现了契约自治原则。在我国法律中合同虽未被视为法律，但依《中华人民共和国民法通则》第85条的规定，依法成立的合同，受法律保护。也就是说，当事人依合同设定的权利义务关系受法律保护。合同的权利义务虽然是自行约定的，但由于是依法约定的，同样是法律上的权利义务。依《中华人民共和国合同法》第44条规定，依法成立的合同，自成立时生效。……法律、行政法规规定应当办理批准、登记等手续的，依照其规定。合同生效，亦即发生法律效力。

合同的法律效力体现在以下方面：(1)合同的内效力。合同的根本效力是发生当事人预期的法律后果，合同生效也就是在当事人间产生债权债务关系，当事人必须全面认真履行合同义务和与合同义务相关联的随附义务，不得擅自更改或解除合同，否则，应承担相应的合同责任。同时，双方当事人各享有相应的履行请求权、不安抗辩权等。(2)合同的外效力。合同除了约束双方当事人，维护其取得合同的利益外，对第三人也会产生法律效果，即合同的对外效力。一方面，合同可为第三人设定权利。非经第三人允诺其不因合同负义务，但如在第三人为保证人，而被担保人不履行合同时，应按担保约定由保证人履行债务或承担连带责任。在第三人受益合同中，受益第三人享有约定的可以实施的权利，对债务人有直接请求权。另一方面，根据合同自由原则，当事人在法律允许的范围内享有合同自治的权利，任何单位和个人不得利用任何方式侵犯当事人依合同约定享有的权利，也不得以任何方式非法阻挠当事人履行义务。另外，合同债权人的权利可及于第三人，为保全债权法律赋予债权人以代位权和撤销权。(3)合同的证据效力和制裁效力。合同条款是据以确定当事人权利、义务和责任的依据，合同当事人发生争议并提交仲裁机构或法院裁决时，裁决机关应按合同条款处理。当当事人违反合同约定的义务时，应依合同或法律规定承担法律责任。因违约所产生的法律责任，一方面是对受害方的法律补救，另一方面也是对违约方的制裁。(4)合同的约束力。依法成立的合同在合同当事人之间产生制约效力。它与合同对当事人间产生的法律效力无实质区别，只不过因其注重的是法律制约，着眼于约束与被约束的关系，合同有效成立后，就在当事人之间产生法律约束力，当事人不得滥用合同权利，违反合同义务，不得任意变更或撤销合同，任何对这种约束力的不法违反都构成违约，均应承担相应的违约责任。

（肖 燕）

hetong de gongzheng
合同的公证（notariation of contract） 当事人约定或依法律规定，国家公证机关对合同的真实性和合法性进行审查制作的公证证明。合同的公证，一般是合同双方当事人为证明合同的有效性和保障自己的合法权益自愿进行的，若一方当事人要求公证，即应公证。法律也有对特殊性质的合同作强制公证规定的。对于依约或依法须经公证的合同而未经公证的，不能生效。国家公证机关依当事人申请，对合同的合法性、真实性以及履行的可能性进行审查；符合法律规定的，予以证明。经过公证的合同，具有较强的证据效力，可直接作为法院判决或强制执行的证据，除非经公证的合同确有错误，人民法院裁定不予执行。合同的公证有利于约束当事人严格履约，预防纠纷，减少诉讼，也有助于法院准确及时判明是非，维护正常的经济秩序。

（肖 燕）

hetong de jiben tiaokuan
合同的基本条款（essential terms of a contract） 参见合同的必要条款条。

hetong de jianzheng
合同的鉴证（authentic of contract） 合同订立后，由国家的合同管理机关对合同进行的审核证明。合同的鉴证是国家对合同进行管理和监督的一项行政措施，具有行政监督性质。除法律特别规定外，采用自愿原则，由当事人在合同中约定对合同进行鉴证。在《中华人民共和国合同法》颁布前，我国工商行政管理机关负责合同的鉴证。负责鉴证的各级工商行政管理部门依当事人的申请对合同内容是否真实合法、合同主体的订约资格和履行能力的有无、合同条款的明确齐全与否、手续是否完备、程序是否合法等各方面予以审查。鉴证机关认为合同内容有修改必要时，有权要求当事人双方重新协商，予以改正；审查合格的，予以鉴证。对于经过鉴证的合同，鉴证机关应监督执行。鉴证的作用在于提高合同的可靠性，防止非法交易，促进合同的履行，以维护经济秩序和当事人的合法权益。我国《合同法》规定，工商行政管理部门和其他有关行政主管部门在各自的职权范围内，依照法律、行政法规的规定，对利用合同危害国家利益、社会公共利益的违法行为，负责监督处理；构成犯罪的，依法追究刑事责任。依此，合同鉴证事项不再是工商行政管理部门的监管对象。

（肖 燕）

hetong de jiechu
合同的解除（rescission of contract；德 Vertraqsauflösung） 在合同有效成立后，尚未履行或者未完全履行的情况下，提前终止合同效力，也即在约定的有效期限到来之前或合同履行终结前，使合同发生的债权债务关系归于消灭的行为。合同的解除同样以有效成立的合同为对象。广义的合同解除包括协议解除、约定解除和法定解除。我国合同法规定合同解除为广义的。协议解除是指以当事人双方的合意解除合同，实际是当事人通过协商一致达成解除原合同的协议来解除原合同。约定解除，是指当事人基于双方约定的事由行使解除权而解除合同，其基本特征在于：当事人在合同中约定一方解除合同的条件，约定的条件成就时，享有解除权的一方即可行使解除权而使合同解除。

法定解除是指当事人基于法律规定的事由行使解除权而解除合同。就法定解除而言，依《中华人民共和国合同法》第94条规定，有下列情形之一的，当事人可以解除合同：（1）因不可抗力致使不能实现合同目的；（2）在履行期限届满之前，当事人一方明确表示或者以自己的行为表明不履行主债务的；（3）当事人一方迟延履行主债务，经催告后在合理期限内仍未履行的；（4）当事人一方迟延履行债务或者有其他违约行为致使不能实现合同目的；（5）法律规定的其他情形。法律规定或当事人约定解除权行使期限的，当事人应在期限内行使解除权；期限届满当事人不行使的，该解除权消灭。法律没有规定或者当事人没有约定解除权行使期限的，经对方催告后应在合理期限内行使，在合理期限内未行使的，解除权消灭。当事人行使解除权解除合同的，应当通知对方。合同自通知到达对方时解除；对方有异议的，可以请求法院或者仲裁机构确认解除合同的效力。法律、行政法规规定解除合同应当办理批准、登记等手续的，应依照其规定办理有关手续。

关于合同解除的溯及力，各国法律规定不一。依我国《合同法》规定，解除合同后，尚未履行的，终止履行；已经履行的，根据履行情况和合同性质，当事人可以要求恢复原状、采取其他补救措施，并有权要求赔偿损失。因此，合同解除是否溯及已履行部分，决定于当事人是否请求和合同履行的情况以及合同性质。但合同解除与损害赔偿可以并存，即合同的解除不影响当事人要求赔偿损失的权利。

（肖 燕）

hetong de jiechu tiaokuan
合同的解除条款（clause about the right to rescind a contract） 又称解约条款。当事人约定解除合同的条件的条款。一旦解除合同的条件成就，享有解除权的一方可依合同的约定单方解除合同关系。解除条款既可在订立合同时在合同中约定，也可在订立合同后另行补充约定。但须约定在合同成立后，全部履行之前。

合同的解除条款源自罗马法,在古罗马法中,买卖双方可约定此类条款,规定在一定期限内买方未支付价款,卖方即可免除契约上的义务。法国民法允许当事人在合同中设定解除条款,但须采用明示的方法,《法国民法典》第1183条规定,解除条件,为在条件成就时使债消灭,并使事物回复至订立契约以前状态的条件。解除条件并不停止债务的履行;解除权使债权人在条件所预定的事件发生时负返还其已收之物的义务。《中华人民共和国合同法》第93条规定,当事人协商一致,可以解除合同。当事人可以约定解除合同的条件。解除合同的条件成就时,解除权人可以解除合同。各国民法之所以在立法上规定可在合同中约定解除条款主要基于两个理由:一是体现法律对合同自由的尊重;一是使合同的解除简单化、明确化,从而减少或避免当事人之间的纠纷。

1. 约定解除与法定解除的关系。法定解除是法律规定在发生特定事由时当事人可以解除合同的情况(如不可抗力、拒绝履行等);约定解除则基于当事人的约定而发生,又可分为约定解除权的解除和协商解除两种。合同的解除条款即是约定解除权的。对于约定解除和法定解除之间是否可以并存,其关系如何,法律上没有明确规定,学理上解释也不一致。有的学者认为约定解除和法定解除可以并存,即使合同约定了解除条款,也不排除当事人援引法定事由解除合同的权利。但有的学者认为两者不能并存,当事人或依约定解除合同,或依法律规定解除,两者必取其一,不能同时依约定和依法律规定解除合同。但无论哪种看法,都承认约定解除条件可对法定解除条件予以补充或变动,并可排除法定解除条件的适用。

2. 合同的解除条款的特点。合同的解除条款中解除条件虽由当事人约定,也必须符合法律的规定和社会公共利益。其特点是:(1) 是当事人事前约定的解除。在合同中预先约定解除合同的条件及一方享有的解除权。而法定解除是由法律规定的解除,协商解除是事后约定的解除。(2) 合同的解除条款并不一定导致合同的解除。也就是说,解除合同的条件不一定成就,条件不成就,合同就不能解除。但协商解除由于是事后进行,而且是专门为解除而进行的协商,因此往往导致合同的解除。(3) 合同的解除条款一般约定一方在因各种原因违约的情况下另一方享有解除权。而协商解除不要求一定要有一方的违约事实,只要双方合意即可解除。(4) 合同的解除条款规定的是单方解除。即解除条件成就时,由一方行使解除权即可导致合同的解除。协商解除是双方当事人的解除。

3. 合同的解除条款的内容。解除条款一般包括解除条件、解除权行使的程序、方法、期限、后果等。对于解除条件,在不违反法律规定情况下,可由当事人协议确定。它既可包括法定的几种可以解除合同的情况,也可另行约定其他条件。法律并不积极干预解除条件的内容。在解除权行使的程序中,法律规定,当事人一方依解除条款要求解除合同时,应及时通知对方,自解除合同的通知送达对方时起,合同的解除即可生效。对于解除的期限,可在解除条款中约定,如无约定,应由相对人确定一合理期限催告解除权人作出是否解除的意思表示,期限届至而未解除的,解除权人的解除权消灭。我国《合同法》第95条规定,法律规定或者当事人约定解除权行使期限、期限届满当事人不行使的,该权利消灭。法律没有规定或者当事人没有约定解除权行使期限的,经对方催告后在合理期限内不行使的,该权利消灭;第96条规定,当事人一方依照本法第93条第2款、第94条的规定主张解除合同的,应当通知对方。合同自通知到达对方时解除。对方有异议的,可以请求人民法院或者仲裁机构确认解除合同的效力。法律、行政法规规定解除合同应当办理批准、登记等手续的,依照其规定。至于解除合同后的后果,除依法或依约定可免除责任的外,应由责任方负责赔偿。我国《合同法》第97条规定,合同解除后,尚未履行的,终止履行;已经履行的,根据履行情况和合同性质,当事人可以要求恢复原状、采取其他补救措施,并有权要求赔偿损失。当事人可在解除条款中约定合同解除后的效力及责任的承担方式,合同的解除有无溯及力主要依照当事人的约定,如无约定则依合同的性质而定,如一次性给付的合同的解除往往具有溯及力,而持续给付的合同解除往往无溯及力。 (万 霞)

hetong de jieshi

合同的解释(interpretation of contract) 当事人对合同条款的理解不一致以及各合同文本使用的词句不一致时,对该条款及词句的真实意思所作的理解和说明。狭义上仅指法院或仲裁机构对当事人有争议的合同事项所作的解释。依《中华人民共和国合同法》第125条规定,"当事人对合同条款的理解有争议的,应当按照合同所使用的语句、合同的有关条款、合同的目的、交易习惯以及诚实信用原则,确定该条款的真实意思。合同文本采用两种以上文字订立并约定具有同等效力的,对各文本使用的词句推定具有相同含义。各文本使用的词句不一致的,应当根据合同的目的予以解释。" (郭明瑞)

hetong de lüxing

合同的履行(performance of contract) 合同生效以后,合同当事人依照合同的约定或法律规定履行合同的义务,实施属于合同标的的行为,如交付货物、支付价款、完成工作、提供劳务等。在特殊情形下,当事人的不作为,亦可视为合同的履行。合同履行,是当事人在实施合同过程中全面的适当地完成合同义务的行为,从而使合同的目的得以实施。履行主要是针对当事人实施给付义务的过程而言的,与其相关的概念有"给付"与"清偿"。一般认为,它们之间的含义基本相同,不过各自有不同的侧重。"给付"着重于债务人的义务角度,具有抽象、静态的意义。"履行"定位于满足债权的层面,具有动态、具体的意义。"清偿"着眼于债的消灭,是债履行的后果。合同的履行是整个合同法的核心,具体表现在:合同的成立完成了订立合同的程序,是合同履行的前提;合同的生效是合同履行的开始又是合同履行的依据所在;合同的变更和转让不过是合同履行的主体和内容的变更,不是对合同履行的否定;合同的解除,合同的中止和终止在保护当事人的合法权益上与合同的履行是一致的;合同的违约责任制度能够促使债务人履行合同并对不履行合同的行为进行制裁。可见,合同法规则中几乎所有的制度都是为了保障合同之债的全面适当履行而设立的。

1. 合同的履行的含义。合同的履行是合同当事人依约实施合同的标的的行为,这一行为包含以下三层含义:(1)是当事人的履行行为,合同当事人通过为一定行为或不为一定行为来保障债权人债权的实现,合同的履行就是合同当事人履行自己的义务。(2)当事人须全面正确地履行合同的义务。就本质而言,合同的履行是合同的全部履行,只有当事人双方依法依约全面、正确地履行各自承担的义务,才能使合同之债归于消灭。只履行合同的部分义务是不完全履行,不履行合同义务是完全不履行,均不发生合同的履行的法律后果。(3)债权人须协助履行。当事人履行义务的行为须得到债权人的积极配合,如债权人须及时受领及提供履行所需的必要条件等,因债权人原因致使履行不能,债务人不承担责任。

2. 合同的履行的基本原则。各国合同法在对合同履行作出具体规定和要求的同时,也对合同的履行作出了若干原则性规定,用于指导当事人正确完全地履行合同,指导法院公平、合理地处理合同履行中发生的问题。合同履行的基本原则是法律规定的合同当事人在履行合同内容时必须遵循的准则,是合同法基本原则在履行问题上的具体反映,是不同种类合同都必须遵守的一般性指导思想。对合同履行基本原则的概括,理论界存在较大分歧,学者们从各种不同角度提出了诸如实际履行、全面履行、协作履行、经济履行、亲自履行、同时履行、诚实信用、情势变更、合同落空等等各种原则。但上述种种并非都是合同履行的基本原则。作为合同履行的基本原则,须具备三个条件:(1)专门适用于履行阶段的基本原则;(2)用于指导当事人正常履行合同义务;(3)是对当事人履行合同义务普通适用的准则,是各类合同具有的共性要求或反映。

因此,合同履行的基本原则总结起来有三项:(1)严格履行原则。即当事人须严格按照合同约定的标的完成合同义务。(2)全面履行原则。又称正确履行或适当履行。指当事人除按合同约定的标的严格履行外,还要按合同规定的数量、质量、履行期限、履行地点、履行方式等要求,全面履行合同义务。全面履行既包括履行合同规定的义务,也包括合同虽未规定但依法或依交易惯例必须履行的义务,如通知、保密等附随义务。(3)协作履行,又称相互协助义务原则。当事人双方不仅应各自严格履行自己的义务,而且应当协助对方履行义务,在整个履行过程中互相合作。

3. 合同履行的具体规则。是指根据合同履行过程中具体情况的需要,以合同法基本原则及合同履行的基本原则为指导而引申出来的适用于某种场合或某类合同的履行的具体法律制度。重要的具体履行规则包括:(1)由第三人和向第三人履行规则。由第三人代为履行,是经当事人约定由第三人代替债务人履行债务,第三人并不因此成为合同当事人。其与债务承担中承担人成为债务人有明显区别。向第三人履行是由债权人与债务人约定而发生的,原债权人地位不变,但债务人向指定的第三人为履行。(2)同时履行规则。双务合同中,当事人未约定谁先给付,负有义务一方在他方未为对待给付前,有权拒绝自己的给付。当事人的此种权利称为同时履行抗辩权。(3)保证履行规则。当事人一方根据合同约定应向对方先为给付前,如发现对方财产或履行债务能力明显减少,以致可能难为对待给付时,可要求对方提供必要的担保。否则,当事人可拒绝自己先行给付的义务。此权利称为保证履行抗辩权或不安抗辩权。(4)合同约定不明的履行规则,又称法律补缺规则。对那些虽欠缺某些条款或条款约定不明但并不影响合同效力的合同,基于公平原则,由法律直接作出规定用以弥补当事人所欠缺或不明的意思表示,使合同内容合理、确定,并便于合同的履行。

《中华人民共和国合同法》第62条规定,当事人就有关合同内容约定不明确的,适用下列规定:(1)质量要求不明确的,按照国家标准、行业标准履行;没有国家标准、行业标准的,按照通常标准或者符合合同目的的特定标准履行。(2)价款或者报酬不明确的,按照订立合同时履行地的市场价格履行;依法应当执行政府定价或者政府指导价的,按照规定履行。(3)履行地点不明确的,给付货币的,在接受货币一方所在地履行;交付不动产的,在不动产所在地履行;其他标的,在履行义务一方所在地履行。(4)履行期限不明确的,债务人可以随时履行,债权人也可以随时要求履行,但应当给对方必要的准备时间。(5)履行方式不明确的,按照有利于实现合同目的的方式履行。(6) 履行费用的负担不明确的,由履行义务一方负担。

(万 霞)

hetong de neirong
合同的内容(content of contract) 作为一种民事法律关系,合同的内容是指当事人享有的权利和承担的义务,即合同之债的内容。作为一种法律文书,合同的内容是指合同的全部条款,包括据以确定当事人权利义务和责任的合同条款与合同附件。一般指后种含义。合同内容应明确、完整、具体,不能相互矛盾。合同内容不明确,缺漏或明显失误的,当事人应本着协作精神,协商解决;协商不成的,可请求人民法院或仲裁机关通过合同解释来明确当事人间的权利义务。

(肖 燕)

hetong de putong tiaokuan
合同的普通条款(ordinary terms of contract) 又称合同的一般条款,是合同主要条款以外的条款,分为通常条款(常素)和偶尔条款(偶素)。通常条款是指不必经当事人协商而当然地成为合同内容的条款。如买卖合同的出卖人负有保证出卖物没有瑕疵的义务,承租人不得利用出租房进行非法活动等。这些条款一般由法律或交易习惯所规定或依法理可推定的,当事人可不必协商,不论是否写入合同,都为合同内容的组成部分,当事人也可协商变更。偶尔条款是指须经当事人协商一致方能成为合同内容的一般条款,如仲裁条款。它一般并不影响合同的成立,当事人可在合同成立后继续协商确定。合同的一般条款与主要条款一样是合同内容的组成部分,并非可有可无,只是对合同成立与否的意义与主要条款不同。它在合同中的明确,对于明确当事人的权利、义务、责任,促进合同的履行,避免争议,及时解决纠纷,同样具有重要意义。

(肖 燕)

hetong de shenpi
合同的审批(examination and approval of contract) 依照法律或行政法规的规定,由国家有关主管机关对必须经审核批准才能生效的合同进行的审查批准。须审批的合同在当事人的意思表示一致后,经当事人将合同书及有关文件提交法律规定的有关主管机关审查合格后予以批准,合同才生效。法律、行政法规规定须经审批而未经审批的合同,自始不发生法律效力。它集中体现了国家对国家利益、社会公共利益的保护职能和对经济领域的宏观调控职能。合同的审批是国家对特殊合同的特殊要求,当事人不能自主约定或要求国家进行审批。

(肖 燕)

hetong de xieyi jiechu
合同的协议解除(recission of contract by agreement) 参见合同的解除条。

hetong de xingshi
合同的形式(form of contract) 合同当事人所达成的协议的表现形式,是合同内容的外观和载体。形式是正确表现合同内容,证明合同关系中权利义务存在的重要依据。在有些情形下,合同的形式还关系到合同的有效与否。合同形式一般包括口头形式和书面形式两种。口头形式是当事人双方以口头交谈(包括通过电话的方式)达成协议而成立合同的方式,即时清结的买卖合同多采取这种方式。书面形式是以文字表达双方当事人的合意而成立合同的形式,又分为普通书面形式和特殊书面形式:普通书面形式是一般书面合同所采取的形式,包括合同书、信件、数据电文(包括电报、电传、传真、电子数据交换、电子邮件等)等形式;特殊书面形式是指经过公证、鉴证、审核批准及登记等的书面合同形式。合同采取什么形式,决定于两方面的因素:(1) 合同所反映的经济关系的特点和实质;(2) 社会交易活动受国家干预的程序。

不同的历史时期,法律对合同形式的要求不同。在古代法时期,对合同形式采取要式主义,法律对合同的形式要件的要求极为严格,当事人未履行规定的仪式或说固定的套语,即使双方达成合意,合同也不能成立。自由资本主义时期所形成的近代合同法强调合同自由,合同形式完全由当事人自由协商确定,采取不要式主义,与资本主义建立之初强调契约自由、私有财产神圣不可侵犯等法律原则密切相关。现代合同法,在兼顾交易安全与效率的理念下,对合同形式采取以不要式为原则、以要式为例外的模式。《联合国国际货物销售合同公约》第 11 条规定,销售合同无须以书面形式订立或书面证明,在形式方面也不受任何其他条件的限制。《中华人民共和国合同法》也采取此种立法模式。《合同法》第 10 条规定,当事人订立合同,有书面形式、口头形式和其他形式。法律、行政法规规定采取书面形式的,应当采取书面形式。当事人约定采用书面形式的,应当采用书面形式。在《合同法》分则中规定若干合同必须采取书面形式如融资租赁合同、建设工程承包合同等。

根据我国《合同法》第 10 条的规定,合同形式的确定应符合下列原则:(1) 法律有形式规定的,当事人的合同形式应依法律规定执行,否则,合同因违反法律的规定而无效;(2) 法律没有形式规定的,当事人可以约定具体的形式。合同的约定形式既可是口头形式,也可是书面形式,还可是其他形式。但一般于合同成立前在要约中声明或在合同成立后未履行前约定。对于合同的约定形式,当事人可赋予其不同的法律效力,如或是合同成立的要件,或是合同成立的证明,如当事人约定采取一定形式而未采取,一般认定因当事人意思表示不一致而使合同不成立。合同的书面形式和口头形式各有特点。书面形式较为安全,发生纠纷时容易举证,但其缺陷是影响交易的便捷,凡事必起草条文、签字盖章,有时容易丧失商机。口头合同虽能保障交易的便捷和迅速,但发生纠纷时,不容易举证。因此,当事人在选择合同形式时应考虑交易的具体情况和特点,根据自己的需要扬长避短确定合同的形式。

(万 霞)

hetong de yueding jiechu
合同的约定解除(removal by recission of contract according to the agreed terms) 参见合同的解除条。

hetong de zhongcaitiaokuan
合同的仲裁条款(arbitration clause in contract) 仲裁协议的一种表现形式。当事人在合同中约定的以仲裁方式解决合同争议的条款。虽是合同中的条款,但独立存在。依《中华人民共和国合同法》第57条规定,合同无效、被撤销或者终止的,不影响合同中独立存在的有关解决争议方法的条款的效力。因此,凡合同中设有仲裁条款,不论该合同是否有效、被撤销或者终止,当事人均应依该仲裁条款的约定,由约定的仲裁机构仲裁有关的争议事项,而不能向法院提起诉讼。

(郭明瑞)

hetong de zhuyao tiaokuan
合同的主要条款(essential terms of contract) 又称合同的必要条款,合同成立必须具备的条款。参见合同的必要条款条。

(肖 燕)

hetong de zhuanrang
合同的转让(transfer of contract) 合同主体的变更,合同的一方当事人将合同的全部或部分权利义务转让给第三人,但合同的内容并不发生变化。包括合同权利的转让(债权让与)合同义务的转让(债务承担)、合同权利与义务的概括转让三种类型。参见债的移转条。

(万 霞)

hetong guanli
合同管理(supervision on contract) 指行政部门对当事人合同行为的监督、检查等管理行为的总称。1981年我国《经济合同法》规定的合同管理机关是国家工商行政管理机关,合同管理机关有广泛的权限,具有各种管理手段,如监督、检查、鉴证、调解、仲裁等,并有权主动确认合同无效。工商行政管理机关毫无限制的确认合同无效权是典型的计划经济的产物,与市场经济内在要求矛盾,违背了合同自由原则。在统一的《中华人民共和国合同法》制定过程中,是否设立合同管理制度一直存在争论。《合同法》最终建立有限制的合同管理制度。《合同法》第127条规定:工商行政管理部门和其他有关行政主管部门在各自的职权范围内,依照法律、行政法规的规定,对利用合同危害国家利益、社会公共利益的违法行为,负责监督处理;构成犯罪的,依法追究刑事责任。上述条文表明,我国合同管理制度具有如下特征:(1)依法管理。限制管理机关的管理权力;(2)有限管理。管理主体有限即限于工商管理行政部门和其他有关行政主管,部门对象有限即仅管理利用合同危害国家利益、社会公共利益的违法行为,管理方式有限即只能事后监督管理。

(张平华)

hetong guanli jiguan
合同管理机关(state organs of supervision on contract) 指存在合同管理制度国家中依法对当事人的合同行为进行管理的行政机关。《中华人民共和国合同法》第127条规定:工商行政管理部门和其他有关行政主管部门在各自的职权范围内,依照法律、行政法规的规定,对利用合同危害国家利益、社会公共利益的违法行为,负责监督处理;构成犯罪的,依法追究刑事责任。依上述条文,我国合同管理主体为工商管理行政部门和其他有关行政主管部门。

(张平华)

hetong jieshi buliyu qicaozhe yuanze
合同解释不利于起草者原则(拉丁 contra proferentem) 对当事人有争议的合同条款,应当作出不利于该条款拟定者而有利于相对人的解释。这一方面是为了保护合同起草者相对人的利益,另一方面也是让合同起草者对其拟定的含义模糊的条款负责。此原则源于罗马法上的"有疑义应为表意者不利益之解释"的原则,现已为各国法上解释合同的重要原则之一。《国际商事合同通则》第4.6条规定,如果一方当事人所提出的合同条款含义不清,则应做出对该方当事人不利的解释。《中华人民共和国合同法》也明确规定,对格式条款的解释,应采取不利于条款拟定者的解释原则。

(郭明瑞)

hetong jieshi de yuanze
合同解释的原则(principles of interpretation of contract) 解释合同时应予以遵循的规则和指导思想。历来有意思主义与表示主义两种主张。前者认为,对合同的解释依当事人的主观意思为标准，而不拘泥于文字。大陆法国家多采这种主观性解释的主张。如《法国民法典》第 1156 条规定，"解释契约时，应探究缔约当事人的意思，而不拘于文字的字面意思。"后者认为，对合同的解释应以客观表示出的意思为标准，而不能根据当事人自己的意思解释。英美法国家采此客观标准的解释原则。但现代各国对合同的解释原则日益采用意思主义与表示主义相结合的原则。

从各国合同法和《中华人民共和国合同法》第 125 条规定看，合同解释原则主要包括以下几项：(1) 以合同文义为依据的原则。即按照合同所使用的词句解释有争议的条款。对合同条款的文义解释，首先应按照词句的通常含义进行解释；其次在当事人赋予该词句特定含义时，应按其特定含义解释，但主张该词句有特定含义的当事人应负举证责任。文义解释是对当事人表示出来的意思的解释，应以表示主义为主，以意思主义为辅。(2) 整体解释原则。又称体系解释原则，即将合同的全部条款和构成部分作为一个统一的整体，从各个条款及构成部分的相互关联和总体联系上阐明当事人有争议的合同条款的含义，根据合同的有关条款来解释有争议的条款而不是拘泥于争议条款的词句。(3) 目的解释原则。即根据合同目的对有争议的条款进行解释。若合同用语表达的意思与合同目的相反，应按照合同目的更正该用语；若合同内容意思不明或相互矛盾，应尽量予以统一和协调，使之符合合同目的；若合同文句有不同的意思，应按照符合合同目的的含义解释。(4) 参照习惯或惯例原则。即在合同文句或条款有歧义时，应按照习惯或惯例的含义予以明确；在合同存在漏洞，致使当事人的权利义务不明确时，按照交易习惯加以补充。(5) 有效解释原则。又称保留解释原则，即在对合同条款发生争议时，该条款可能有两种意思时，应以使该条款发生效果的意思进行解释。如合同可作成立或不成立、有效或无效两种解释时，应作合同成立或有效的解释。当然，若该合同只有不成立或无效一种解释时，不能将其解释为成立或有效。(6) 历史解释原则。即对争议内容解释时，应根据当事人在订立合同过程中的全部事实材料，如往来文件、合同草案等予以解释。

（郭明瑞）

hetong jiuzhu

合同救助（contract salvage） 指以"无效果，无报酬"为原则的救助协议进行救助的形式。在合同救助中，救助方和被救助方需要就救助的有关事项以合同的形式加以约定。合同救助并非必需书面合同，假如双方仅有口头合同，合同救助仍然成立。

（李洪积　王　青）

hetong lianli

合同联立（德 Vertragsverbindungen） 非典型合同的一种，指数个合同之间具有相互结合的关系，包括单纯外观结合型的合同联立和实质结合型的合同联立两种。单纯外观结合型的合同联立中，各种合同关系之间不存在依赖关系，应分别适用各自的合同规范；实质结合型的合同联立中，不同的合同关系之间虽然在成立和生效上具有一定的独立性，但在效力上存在一定的依存关系。

（刘经靖　张平华）

hetong lüxingdi

合同履行地（拉丁 loci solutionis） 合同义务人履行义务和权利人接受履行的地点。履行地点关系到双方履行费用负担、履行时间和诉讼管辖地等事宜。因此，当事人应当在合同约定的履行地履行。如果合同中约定不明，一般应根据合同性质分别予以确定。依《国际商事合同通则》第 6.1.3 条的规定，如果合同中未明确规定履行地，或者依据合同也无法确定履行地，则应按下列地点履行：(1) 金钱债务在债权人的营业地；(2) 任何其他义务在当事人自己的营业地。按照我国合同法规定，合同履行地点不明确的，当事人可以达成补充协议，不能达成补充协议的，按照合同有关条款或者交易习惯确定，仍不能确定的，则：给付货币的，在接受货币一方的所在地履行；交付不动产的，在不动产所在地履行；其他标的，在履行义务一方所在地履行。

（肖　燕　郭明瑞）

hetong luokong

合同落空（frustration of contract） 也称"合同目的落空"、"合同受挫"或"合同目的不达"。英美法中的术语，与大陆法的情势变更原则相类似。在合同成立以后，非由当事人自身的过失而由于事后发生的意外情况致使当事人在订约时所预期的合同利益不能实现，当事人可以此对抗合同的履行，要求暂停履行合同或解除合同并可以免除自己的责任。合同落空初见于英国 1863 年的"租用音乐厅案"，在 1903 年英国上诉法院判决的"雷尔诉亨利案"中得以明确确立。在前一案例中双方当事人签订租赁房屋合同以举办音乐会，合同签订后房屋意外烧毁，音乐会亦无法举办。法院认为因不可归责于当事人的事由致合同标的物灭失，使音乐会无法举办，合同目的不能实现，当事人可以免责。在后一案例中，为观赏英王加冕典礼，亨利与克雷尔谈妥于 1902 年 6 月 26 日、27 日的白天租用克雷尔公寓房以便从楼上观看。双方约定租金为 75 英镑，先付 25 英镑。然而 6 月 22 日，下议院发出通报：国王要做阑尾炎手术，加冕典礼将改期举行。亨利得到这一消息后拒绝再向克雷尔支付尚未支付的50英镑租金,克雷尔提起诉讼。英国上诉法院在1903年判决,由于加冕典礼的进行是该合同存在的基础,合同的目的因该典礼的取消而落空,因此,亨利支付租金的义务被解除了。

按照英美法系的规则,当事人援引合同落空须证明以下四项要件的存在:(1) 该事件使订立合同的主要目的实质性落空,即合同成立的基础遭到破坏;(2) 该事件不会发生是合同订立时的基本假定。在一个通情达理的人看来,合同当事人倘若事先知道会有此种变化的话,他根本就不会签订此合同,或者会要求根本改变合同的内容;(3) 该落空不是因请求免责一方的过错而发生的;(4) 请求免责方并没有在法律强加的义务之外承担额外的义务。如果请求免责的一方在订立合同时可以预见到导致目的落空的事件发生,他就在法律强加的义务之外承担了额外的义务,如因其可以预见到而没有预见而使合同目的落空,则他不能援引合同落空而免责。

合同落空一般发生在以下四种情况下:(1) 标的物灭失;(2) 情况发生了根本性变化;(3) 违法;(4) 政府的行为如实行封锁禁运和进出口许可证制度。合同落空的法律后果是当事人可以暂停履行合同或依此解除合同并可以免责。

英美法的合同落空原则与大陆法的情事变更原则在理论上及发展过程中都有许多共同之处。就差异而言,最主要的一点表现在合同落空适用的范围比情事变更更广泛,合同落空适用的情形包括两类:合同仍可被履行和合同无法履行。而大陆法的情势变更原则仅适用合同仍可被履行的情况,合同无法履行情形称为"给付不能"、"履行不能",由履行不能原则具体规范。合同落空与履行不能的不同之处显而易见,合同落空并不一定意味着当事人的履行已经变得不可能或难以实施。在上述的克雷尔诉亨利案中,加冕典礼的取消既不妨碍克雷尔向亨利提供房屋也不妨碍亨利向克雷尔支付租金,而只是订立合同的目的不能实现,一方的合同权益完全丧失。而履行不能则是合同根本无法再履行。另外,一般而言,英美法中合同落空的受益者往往是支付金钱的一方。而履行不能的受益者往往是提供货物、房屋、劳务等的一方。

在预期的合同落空情况下,一方当事人在合同订立后履行前发现可能出现合同落空情况时,可以向另一方作出将不履约的表示,并请求免责。另一方可以暂停其履行或解除合同,但是在解除合同时无权要求损害赔偿。如果一方当事人自行猜测对方可能主张合同落空原则而贸然采取暂停履行或解除合同的行动,则其要承担对方并没有不履约的风险。事实上,当一方预见到对方履约情况会变化时,有权要求对方提供履约担保,即行使保证履行抗辩权。暂时的合同落空情况是十分复杂的。英美法院在认定暂时的合同落空情况下当事人解除合同的合理性时依个案的不同而有所不同。如英国王座法庭在1876年同一年中对两个相似的案件作出了完全不同的判决。在第一个案件中,一个音乐会筹办人与歌唱家缔约,请歌唱家参加伦敦15天的歌剧及音乐会演出。但歌唱家因病而延误了行程,致使其无法参加前几天的排演和演出。筹办人因此解除了合同。法院认为该音乐家的迟到并没有涉及问题的根本,只会对前几天的演出发生影响,该合同的解除没有正当理由。在第二个案件中,一个音乐会筹办人雇用一名歌唱家担任一目新歌剧的领唱。后来该歌唱家生病了,直到演出前夕还没有好,筹办人解除了与该歌唱家的合同,让另一名歌唱家代替了他。法院判决,该合同的解除是有正当理由的,即使歌唱家在演出开始后一周就已康复,但此种延误涉及问题的根本,筹办人责任可以免除。以上两案判决说明,对暂时的合同落空,一方是否有权解除合同取决于履行不能是否涉及问题的根本,取决于导致的后果的严重程度。另一个与暂时的合同落空相关联的情况是,如果一方没有解除合同,而只是暂停了请求免责方的履行义务,当合同落空的事件过去以后,他是否可以要求免责方继续履行合同,在英美法的司法实践中,法院往往对请求免责方给予豁免。在美国1948年明尼苏达村诉费尔班克斯案中,一个建筑承包商因战时管制法而未能履行建筑合同。战争结束后,法院免除了该建筑商依战前商订的价格继续履约的义务。法院认为,如果让获得免责一方继续履行原来的合同义务将使之承担重得多的义务,该方就可以免责,不负合同规定的义务。

(万　霞)

hetong qiandingdi

合同签订地(拉丁 locus contractus)　当事人达成协议而建立合同关系的地点,又称合同成立地。确立合同签订地有关案件管辖以及涉外经济合同的法律适用等。合同成立的地点与承诺生效的时间相关。依《中华人民共和国合同法》第34条规定,"承诺生效的地点为合同成立的地点。采用数据电文形式订立合同的,收件人的主营业地为合同的成立地点,没有主营业地的,其经常居住地为合同成立的地点。当事人另有约定的,按照其约定。"依《合同法》第35条规定,当事人采用书面形式订立合同的,双方当事人签字或者盖章的地点为合同成立的地点。签字或盖章不在同一地点的,最后签字或者盖章的地点为合同成立的地点。

(郭明瑞)

hetong shoucuo shixiaolun
合同受挫失效论(theory of losing efficacy) 又称"合同挫败说"。英国合同法中关于合同落空学说的一种。此种学说认为,合同订立后未履行或在履行过程中,因为合同赖以成立的基础不复存在或受到意外破坏而使当事人预期的合理利益不可能实现,合同受到严重挫折,从而失去法律效力,当事人之间的权利义务也因此而解除,债务人可不负赔偿责任。

合同受挫失效论认为合同落空适用于以下几种情况:(1)因意外丧失劳动能力而解除的劳务合同;(2)因受政府干扰而解除的合同;(3)因标的物灭失而解除的合同;(4)因非常事件而解除的合同。但如果当事人在合同中明确规定为获得某种对价而愿意承担意外风险,则不能援引合同受挫失效来免除当事人的赔偿义务。参见合同落空条。 (万 霞)

hetong tiaokuan
合同条款(contract clause) 合同文本中对有关合同内容的某些事项加以规定的条目。是合同内容的客观表现形式。书面合同的条款包括若干条文,一般条下分款,款下分项,明确规定双方当事人的权利义务。合同条款是订立合同的前提和生效的条件,是检验合同履行的标准,也是处理合同纠纷的依据。合同条款一般由当事人协商确定,应做到明确、肯定、完整,不能相互矛盾。如果合同条款含糊不清或者有漏洞,则往往通过当事人另行约定或法律的规定等方式予以解释和完善。合同的条款可依据不同标准进行分类。如根据条款的作用,分为主要条款和普通条款(或称必要条款和一般条款);根据条款的内容,分为实体条款和程序条款;根据条款的表现形式,分为明示条款和默示条款;根据条款的责任内容,分为有责条款和免责条款;另外,还有标准合同中的标准条款与无名条款之分等等。在我国,一般习惯将合同条款分为主要条款和普通条款。但《中华人民共和国合同法》没有采用将合同条款分为主要条款和普通条款的划分方法,而采用了合同"一般包括以下条款"的提法,这与以前我国《经济合同法》等法规的规定不同。

在对《合同法》规定进行解释时,许多人认为,之所以对合同条款的内容作了上述变动,主要基于合同的主要条款的规定有它的消极性:一方面,合同的主要条款与普通条款的划分标准有时很难确定;另一方面,主要条款的规定对合同的成立施加了一些不必要的限制,导致在司法实践中认定合同是否成立的难度增加。采用"一般包括以下条款"的提法,只是起合同示范条款的作用,并非必备的成立条件。《合同法》第12条规定:"合同的内容由当事人约定,一般包括以下条款:(1)当事人的名称或者姓名和住所;(2)标的;(3)数量;(4)质量;(5)价款或者报酬;(6)履行期限、地点和方式;(7)违约责任;(8)解决争议的方法。当事人可以参照各类合同的示范文本订立合同"。国外的民事立法中一般也不具体规定合同的条款,如《德国民法典》第154条规定,合同的成立只需当事人的合意即可,条款也由当事人任意规定。按照美国《统一商法典》,合同的最主要内容是确定货物的数量和提出决定数量的方法,双方对此达成协议合同即可成立。其他条款,可由当事人以后再协商确定。 (万 霞)

hetong xiaoli
合同效力(validity of a contract) 参见契约效力条。

hetong xintuo
合同信托(trust caused by contract) 又称契约信托。由委托人通过与受托人签订信托合同设立的信托。合同信托具体表现为:委托人与受托人签订合同;在其中约定由前者将自己的财产的全部或者一部分转移给后者,由后者对这些财产进行占有、管理或处理,并将因此而取得的利益交付给前者或者合同中指定的第三人享受,或者运用于满足前者的其他私人目的,或者运用于某一或某些社会公益事业。

合同信托的基本特征是:(1)它的委托人与受托人分别为不同的人,而且它的设立必须经过两者协商这一程序;(2)它的设立将引起将委托人的财产向受托人转移,且这一财产转移系由委托人所为。

合同信托为明示信托的一种具体类型。这种信托由其自身特点决定只能够是生前信托,但它却既可以是自益信托也可以是他益信托,既可以是民事信托,也可以是营业信托,还可以是公益信托。《中华人民共和国信托法》第8条第2款通过将信托合同明确规定为设立信托的一种方式而允许设立合同信托,英美信托法以及日本、韩国与我国台湾地区的信托法也均允许设立合同信托,且这些信托法亦均认为合同信托成立的时间即为其生效的时间。 (张 淳)

hetong xingwei
合同行为(德 Gesamtact) 传统民法的称谓,双方或多方民事法律行为的一种。区别于契约,为两个以上的意思表示统一的合致,即两个以上的有共同目的的意思表示的一致。我国法中不区分契约和合同,凡当事人基于意思表示一致而设立、变更、终止合同的民事法律行为,都为合同行为。 (万 霞)

hetongxing touzi xintuo
合同型投资信托(contract type investment trust)

参见投资信托条。

hetong yuanze
合同原则 ❶（principles of contract）合同法确立的合同订立、履行以及解释所应遵循的基本准则，是构建合同具体制度的基础。《中华人民共和国合同法》第一章中的第3条至第8条就合同原则作了规定。❷ 合同原则（德 Vertragsprinzip），又称契约原则。《德国民法典》第305条：以法律行为为债之关系的建立及债之关系内容的变更，除法律另有规定外，应有当事人间之契约。也就是说债法上的权利义务原则上只能以契约建立、变更或解除；单独行为通常是不够的。（郭明瑞）

hetong zeren
合同责任（contractrual liability；德 Vertraqshaftung）广义指合同法上规定的责任，即包括缔约过失责任、变更或解除合同的责任、违约责任等。狭义仅违约责任。一般仅指其狭义。参见违约责任条。（郭明瑞）

hetong zhi zhai
合同之债（obligation of contract；德 Schuldverhältnis aus Vertrag）"非合同之债"的对称。一种最主要最常见的债的关系。基于双方或多方当事人间的意思表示一致（即合同）而发生的债。也有学者称之为"契约之债"、"合意之债"。与之对应的"非合同之债"，也称"法定之债"，指侵权行为之债、无因管理之债、不当得利之债等。合同的范围有广义和狭义的不同理解，合同之债的特点在于：它是由当事人自愿订立的有效合同引起的，以当事人意思表示一致为成立要件，其产生、形式、内容，均由当事人在法律规范的范围内任意确定，与法定之债有很大的不同。参见合同条。
（万 霞）

hetong zhongcai
合同仲裁（arbitration of contract） 由仲裁机构对合同争议进行裁决的活动。合同仲裁具有下列特点：仲裁的根据是当事人事先制订的仲裁条款或事后达成的仲裁协议，故合同仲裁是当事人对合同纠纷解决方式的选择，是合同自由原则的体现；合同仲裁不是行政仲裁而是民间仲裁，但仲裁的效力是终局性的。

1981年以来，我国合同仲裁制度经历了从行政仲裁、非终局仲裁向民间仲裁、终局仲裁的发展阶段。1981年12月颁布的原《中华人民共和国经济合同法》规定，经济合同发生纠纷时，当事人均可向国家规定的合同管理机关申请仲裁。此外，还单独成立技术合同仲裁委员会、版权仲裁委员会等，使合同仲裁呈现多元的行政仲裁的特点。该法并且规定经仲裁不服当事人可向法院起诉。1993年《关于修改经济合同法的决定》，将原法规定经仲裁不服可向法院起诉，改为当事人选择了仲裁即不得向法院起诉，仲裁裁决有终局效力。1995年《中华人民共和国仲裁法》废止多种机构进行的行政仲裁的做法，建立了统一的仲裁机构，明确了民间仲裁的特点。1999年《中华人民共和国合同法》第128条规定：当事人不愿和解、调解或者和解、调解不成的，可以根据仲裁协议向仲裁机构申请仲裁。涉外合同的当事人可以根据仲裁协议向中国仲裁机构或者其他仲裁机构申请仲裁。当事人没有订立仲裁协议或者仲裁协议无效的，可以向人民法院起诉。按照这一规定，《合同法》上的合同仲裁具有下列特点：仲裁自由；涉外仲裁与国内仲裁双轨制；合同仲裁以法院裁判为最后保障。
（张平华）

hetong zhongcai jiguan
合同仲裁机关（institute of arbitration of contract）对合同争议进行仲裁的机构。按照国际惯例，仲裁机关是民间的自律性的组织而不是行政权力机关。自1981年以来，我国合同仲裁制度经历了从行政仲裁向民间仲裁的发展阶段。原《中华人民共和国经济合同法》规定合同管理机关即国家工商行政管理局和地方各级工商行政管理局设立的经济合同仲裁委员会为合同仲裁机关。除此之外，单独成立的技术合同仲裁委员会、版权仲裁委员会等这些仲裁机关的性质均为行政仲裁机关。1995年《中华人民共和国仲裁法》废止多种机构进行行政仲裁的做法，明确了仲裁机构是民间自律机构（社团法人）的特点。

按照《仲裁法》的规定，仲裁机构分国内仲裁机构与涉外仲裁机构两类。国内仲裁机构不与任何行政机关发生隶属关系，仲裁机构本身之间也不建立隶属关系。仲裁机构设立于全国各地区的中心城市，由当地城市的人民政府组织有关部门和商会组建。每一个依法设立的仲裁机构将成为中国仲裁协会的会员。中国仲裁协会作为仲裁机构的自律性组织，根据会员大会制定的章程对仲裁机构及其组成人员、仲裁员的违纪行为进行监督。涉外仲裁机构指定由中国国际商会组织设立，包括中国国际商会下设的中国国际经济贸易仲裁委员会和中国海事仲裁委员会。
（张平华）

hetong ziyou yuanze
合同自由原则（principle of freedom of contract） 又称契约自由原则。意思自治原则的核心或重要组成部分。指当事人自主决定合同事项，不受他人干涉的原则。合同自由的观念源于罗马法，但合同自由原则确立于资产阶级的近代民法。自由资本主义时期，自由经济主义提倡自由放任的经济政策,主张废除各种限制性法规,以保护自由竞争,这为合同自由原则的确立提供了经济理论的根据。同时在反封建中的资产阶级思想家提出"平等"、"自由"、"博爱",主张人生而平等,每个人都有自己的意思自由,有权按照自己的意志以追求自己的利益,这为合同自由原则的确立提供了哲学基础。

现代社会,各国法律普遍确立了合同自由原则。《国际商事合同通则》第1条中就规定:"当事人有权自由订立合同并确定合同内容。"我国《合同法》第4条也规定:"当事人依法享有自愿订立合同的权利,任何单位和个人不得非法干预。"

合同自由原则的内容相当广泛,主要包括以下方面:(1)订约的自由,即是否订立合同,由当事人按照自己的意愿决定。这是其他自由的前提。(2)选择合同相对人的自由。即由当事人根据自己的利益需要自由决定与何人订立合同,因为在市场经济条件下,选择不同的交易伙伴,交易成本会有所不同。(3)决定合同内容的自由。这是合同自由的核心。当事人有权自由决定合同条款,任意创设合同的种类。《中华人民共和国合同法》第12条中明确规定,合同的内容由当事人约定。只要当事人设定的合同条款不违反法律的禁止性规定,就承认其法律效力。(4)选择合同方式的自由。即当事人可依法自由选择合同的形式。近代民法抛弃了古代法上合同形式上的要式主义,现代民法更重视合同形式的简便、实用,实行合同形式上的不要式主义,除法律另有特别规定外,当事人可任意选择合同的形式。(5)变更和解除合同的自由。即当事人可以自由协商变更或解除合同。

(郭明瑞)

heyi

合意(agreement;德 konsens) 当事人各方意思表示的一致。合同本质上是当事人之间的一种合意,当事人的意思表示是否一致为合同是否成立的关键。意思表示的意思包括目的意思与效果意思,相应的意思表示的一致包括目的意思的一致与效果意思的一致。当事人表示出的意思不一致,虽其意思相一致的,不成立合意。当事人的意思不一致而表示出的意思一致的,可成立合意,但其后当事人可以撤销该合意。

(郭明瑞)

heyi tuoguan

合意托管(consensual lodgment with third party of disputed object) 意大利民法上的概念,起源于罗马法,类同于法国民法、瑞士民法上的"讼争物寄托"。指两个或两个以上的人将在他们之间发生争议的一个或数个物托给第三人,由其进行保管并在争议解决时将物返还给应归属之人的契约。合意托管的标的物既可以是动产也可以是不动产,而一般的托管则主要指动产托管。

(刘经靖 张平华)

heyou

合有(joint right) 亦称为公同共有,是位于共有与总有之间的公同关系。在德国民法和我国台湾地区民法中,合伙财产、共同继承财产、夫妻共有财产等等都属于合有。各共同共有人在公同关系存续中,仅就全体财产享有应有部分,而对于各个之物的应有部分,只能透过共同共有人对于全体财产的应有部分而潜在。各公同共有人就其对于全体财产的处分,受有一定的限制;但是对于个人之物的应有部分则无权处分。

(方志平)

hezuo baoxian

合作保险(cooperative insurance) 由有保险需求的个人和经济组织联合起来,共同经营保险业务,为成员提供保险保障的保险业组织形式,是一种非公司式保险经营模式。合作保险与相互保险之间的关系如何,理论上有不同的看法。但一般认为,合作保险与相互保险实际上是一回事,只是名称不同而已。因此,合作保险也包括相互保险公司和相互保险社两种组织形式。

(史卫进 房绍坤)

hezuoshe

合作社(cooperative) 劳动群众为了谋求和维护自身的经济利益,在自愿互利的基础上,共同筹集资金、共同劳动、并共享劳动成果的一种互助性经济组织。合作社制度在世界范围内得到普遍采用。

合作社的分类:(1)根据服务区域的不同,可以分为地方、地区、全国和国际合作社;(2)根据相互关系的不同,可分为地方合作社、集中型合作社、联盟型合作社和混合型合作社;(3)根据集资方式的不同,可以分为使用股票的股份合作社和不使用股票的非股份合作社;(4)根据社员成分的不同,可以分为生产者、消费者、工人和商人合作社等;(5)根据主要职能的不同,可以分为生产、加工、销售、供应、信用及其他服务合作社等;(6)根据法律地位的不同,可以分为法人合作社和非法人合作社。

我国合作社的类型按职能划分主要有生产合作社、手工业合作社、供销合作社、信用合作社等,按服务区域划分为基层合作社及各级合作联社。合作社在法律地位上,依各国立法通例,一般均赋予合作社以法人资格,而且作为社团法人。但是,对于合作社在社团法人中属于何种性质的法人,学界存有分歧:一种观点认为属于公益法人；一种观点认为属于营利法人；还有一种观点认为属于介于营利法人和公益法人之间的法人形态。　　　　　　　　　（李仁玉　卢志强）

hezuoshe de chuzi

合作社的出资(contribution to capital of cooperative)　合作社社员基于社员资格，为达到营利目的，对合作社所为的一定给付。凡合作社社员，都负有出资义务。至于出资的范围，由合作社章程规定。

合作社出资的标的物，可分为三种：(1)财产出资；(2)劳务出资；(3)信用出资。但有的合作社，法律对其出资范围有所限制，须以财产出资为限，劳务及信用均不得作为出资，这主要出于保护第三人利益的角度考虑的。

财产出资是指社员以金钱或其他财产作为出资的标的，所谓其他财产，包括动产、不动产所有权、有价证券、债权、商标权、特许权、专利权、著作权等。除金钱以外的出资，应将其种类、数量、价格或估价标准，载明于合作社章程。劳务出资是指合作社社员以智力的或体力的劳务为标的出资，如对合作社经营的特殊经验技能冲抵出资。这种出资也应在章程中载明其种类、数量及估价的标准。信用出资是指合作社社员以自己在社会上的信用为标的出资，如为合作社提供财产担保，或对公司签发的票据为背书、保证承兑，或作为信誉卓著的人参加合作社以提高合作社信用。这种出资方式同样应在合作社章程中载明其种类、数量及估价的标准。我国并未采用信用出资这一方式，而只规定了财产出资和劳务出资。　（李仁玉　周巧凌）

hezuoshe de gufen

合作社的股份(share of cooperative)　合作社社员的出资单位。社员可一次交纳，也可分次交纳。交纳股份后交纳人即取得社员资格。合作社的股份不能自由转让；转让给其他社员时经理事会同意即可发生转让效力，但一个社员受让股份的最高限额不得超过法律要求；合作社股份转让给非社员时，受让人须具备合作社章程规定的社员资格，并按章程规定的程序办理入社手续，只有在受让人成为社员后才产生股份转让的效力。社员退社时合作社将退还其股份，退还比例或方法由合作社章程规定。为防止少数人操纵，有些国家的合作社法对认购合作社股份的最高限额作出规定，如日本《中小企业合作社法》规定最高不得超过合作社股份总额的25%。合作社的股份与公司的股份不同，它只作为合作社集合社员资产用于互助的手段，出资多少不影响社员在合作社中的权利义务。

（李仁玉　周巧凌）

hezuoshe de jiguan

合作社的机关(organs of cooperative)　合作社的意思机关、执行机关和监督机关，包括社员大会(或社员代表大会)、理事会和监事会。

社员大会，由全体合作社社员组成，是合作社的意思机关和最高权力机构，一般一年召开一次，并可按合作社章程的规定召开临时会。议事规则一般为：应由一半以上社员出席，才能开会；出席会议者，过半数以上同意，才能决议；每个社员只有一票表决权；社员大会休会时，理事会可请求全体社员对应议事项进行表决。职权是：法律专属事项，即法律赋予社员大会的职责，如合作社合并、分立的决议，理事、监事的选任和罢免等；章程专属事项，即章程赋予社员大会的职责，如通过入社、退社决议等；非专属事项，即社员根据合作社业务需要而决议的事项。

理事会，由理事组成的合作社常设业务执行机构。合作社的理事只能从社员中选任，由社员大会或社员代表大会以无记名投票方式或合作社章程允许的其他方式选举产生。理事会由理事会主席召集，有半数以上理事出席，才能开会；出席会议的理事半数以上同意，才能决议。理事会的职权主要是：合作社代表权，即理事会应推举一人或数人对外代表合作社，推举一人时由理事会主席行使代表权，推举数人时由理事会常务理事行使代表权；业务执行权，包括社员大会召集权、社员入社决定权、处理社员大会交办的事项，处理社员提出的问题，负责合作社日常事务管理等。

监事会，合作社的监察机关和常设机关，由章程载明的确定数额的监事组成。监事由社员大会或社员代表大会在社员中选任。监事不得同时兼任理事。监事会负责监察合作社的活动，使其符合合作社法的规定和合作社章程的要求，发现和纠正有悖合作社利益的行为。　　　　　　　　　（李仁玉　周巧凌）

hezuoshe de sheli

合作社的设立(establishment of cooperative)　创设合作社的行为和法律关系。合作社的设立主要包括以下内容：(1)设立原则。各国一般规定合作社的设立实行许可主义，即须经主管官署许可。我国没有合作社设立原则的一般规定，但单行规定一般采取许可主义。(2)设立人。各国对合作社设立人人数的规定不一。如英国、法国、德国和我国台湾地区规定不得低于7人；日本因社而异，消费合作社不得低于20人，中小企业合作社应有4人以上；香港《合作社条例》规定不得低于10人。我国尚无合作社设立人数的统一规定。(3)设立程序。依各国立法通例，合作社的设立必须经下列程序：设立人召集创立会；通过章程；选举理事、监事,组织社务会;向主管机关办理设立登记。

(李仁玉 周巧凌)

hezuoshefa
合作社法(cooperative law) 调整合作社的设立、变更、终止及内部组织和对外活动关系的法律规范的总称。可分为广义合作社法和狭义合作社法。广义合作社法指规定于多种法律中的合作社规范,包括合作社法典、合作社单行法规及宪法、民法、商法等法律中的合作社规范的总称。狭义合作社法专指调整合作社关系的基本法,即合作社法典。

学界对合作社法的性质认识不一,主要有以下观点:(1) 合作社法着眼于经济制度的改善,旨在实现自动互助的新社会,属于社会法的一种。(2) 合作社法具有复合性,作为民法或商法特别法的合作社法为团体立法而非个体立法,为社会经济立法而非纯社会或纯经济立法,非企业法。(3) 合作社法为行政法规。(4) 合作社法是与公司法、企业法等平行的特种经营组织法,非企业性立法。

各国合作社立法概况。自英国公布第一部合作社法——《勤勉节俭社团法》以来,合作社立法在世界范围内得到广泛发展。(1) 英国合作社立法。英国是近现代合作社及合作社立法的发源地,其合作社立法采取法典制,即对各类合作事业综合立法。英国于1852年颁布《勤勉节俭社团法》后,于1862年经修正确认了合作社联合社;1871年修正认可了合作社可以经营金融业务;1874年修正使合作社可经营金库业务,嗣后又于1894年、1895年、1913年、1918年分别对合作社联合社、合作社股金及合作社设立人等问题作出修订。(2) 德国合作社立法。德国是较早指定合作社法的国家之一。早期深受英国立法的影响,实行合作社法典制,将合作社法作为商法的特别法,合作社法未规定的事项适用商法。(3) 法国合作社立法。法国没有综合性合作社法典,但颁布了农业合作与信用合作社法,农业保险合作社法等专门性行业立法。(4) 日本合作社立法。二战以前日本仿德国合作社立法,二战以后为实施经济民主,根据同盟军的建议,将综合性的合作社法改成专业性的单行立法,先后于1947年颁布农业协同组合法和水产业协同组合法,1949年颁布中小企业协同组合法,迄今均在实施。日本的合作社法基本上属于独立的法律部门。(5) 美国合作社立法。美国于1922年制定了"卡帕—沃尔斯坦德法",界定了合作社的含义,规定它不适用《谢尔曼反托拉斯法》。1916年、1923年和1933年通过了三个《农业信用社法》,1926和1929年通过了《农产品合作销售法》,1936年通过《农村电气化法》。

1949年以前的中国,国民政府曾于1934年3月1日颁布并于1935年实施《合作社法》,该法现仍在台湾地区实施。此外还颁布了一系列合作社法规,主要有1935年《合作社法实施细则》,1940年的《县各级合作社组织大纲》,1945年的《组织合作工厂办法》,1946年的《设置合作农场办法》,等,形成了比较完备的合作社法规范体系。新中国成立后,随着生产资料的社会主义改造运动和集体合作经济的发展,20世纪50年代初国家起草了《中华人民共和国合作社法草案》,共6章36条,对合作社的性质、类型、目的、地位、优先权及基层合作社、多级合作联社和合作社登记等事项作了详尽的规定,是新中国合作社立法史上的一个重要文献,但该草案未能正式颁布实施。20世纪80年代以后随着多种合作经济组织的大量涌现,国家又颁布了一系列有关合作组织的法规,如1983年国务院颁布的《关于城镇劳动者合作经营的若干规定》、中国人民银行颁布的《城市信用合作社管理规定》等,但这些法规所规范的合作经济组织和合作社与严格意义上的合作社尚有差异。随着我国合作社体制的改革和多种合作经济的发展,越来越迫切需要制定一部合作社法。

(李仁玉 周巧凌)

hezuoshe faren
合作社法人(cooperative as legal person) 劳动群众为了谋求和维护自身的经济利益,在自愿互利的基础上,共同筹集资金、共同劳动、共享劳动成果,享有法人资格的一种互助性经济组织。参见合作社条。

(李仁玉 卢志强)

hezuoshe mingcheng
合作社名称(name of cooperative) 表示合作社的性质或特点并与其他企业相区别的标志。商号的一种。为保障合作社及合作社交易对方的合法权益,维护社会经济秩序,各国都规定合作社必须选定自己的名称。它不仅是合作社章程的绝对必要记载事项,也是合作社登记的绝对必要事项。有些国家还规定,合作社名称在获准前须进行公告,公告期内无人提出异议,方可办理登记手续。一个合作社只能有一个名称,而且必须用文字表示,不能使用记号、符号或图形。对于名称的内容,各国大都有限制性的规定,如不得与同一区域内进行同类营业的其他企业名称相混淆;不得使用有损于社会公共利益、国家利益的名称;不得使用外国国家或地区、国际组织的名称等。

合作社名称一般由四个部分构成:(1) 表示企业性质的成分,即须标以"合作社"字样。(2) 表示企业字号的成分,即一个合作社特有的、用以区别其他企业名称的成分。(3) 表示企业经营行业的成分,即合作社从事哪个行业的经营。(4) 表示企业所在地行政区划的成分,即合作社是在何地成立,属于哪个地域范围内的企业。合作社名称一经核准登记,便受到法律保护,合作社即取得名称权。此名称权具有排他的效力,未经合作社同意,他人不得使用。合作社名称还可以依法转让。

(李仁玉 周巧凌)

hezuoshe sheyuan
合作社社员(cooperative member) 交纳股金、在合作社内享有权利和承担义务的自然人或法人。有些国家和地区的法律规定合作社社员只限于自然人。自然人成为社员的资格包括积极资格和消极资格两个方面。积极资格一般指自然人具有民事行为能力;消极资格指成为合作社社员的否定要件,通常有下列情形:剥夺公权;凡不直接参加合作社劳动的人不得加入手工业合作社;一人不得同时参加两个同样性质的合作社。

合作社社员享有的基本权利:(1)表决权。社员基于其社员资格,以社员大会的形式,可以对合作社的经营方针、管理运作等事项行使表决权。这是社员共益权的主要内容,也是社员参与合作社管理的主要权利。(2)管理监督权。即社员有权参与合作社事务的执行,并可对合作社机关的行为进行监督。如任免公司机关组成人员;决定利益分派办法;听取合作社营业报告;查阅合作社账目;检查合作社财产等。(3)利益分配权,即社员获得合作社利益的权利。我国初级社时实行按劳分配和按股分红相结合;高级社和人民公社时取消了按股分红。现在的合作经济组织一般采取按股分红和按劳分配相结合的原则。

合作社社员同时应承担的基本义务:(1)出资义务。此义务与社员资格不可分离,社员只有履行了出资义务,才获得社员资格。(2)对合作社的债务承担责任。各国对社员承担责任的规定各不相同,有的规定无限责任,有的规定有限责任。我国目前采纳的是有限责任,即以社员出资额为限对合作社债务承担责任。(3)行为不违反法律和章程规定的义务。

(李仁玉 周巧凌)

hezuoshe zhangcheng
合作社章程(charter of cooperative) 合作社设立时向主管登记注册的政府机构呈交的、记载合作社组织及活动基本规则的书面文件,是设立合作社的必要条件。章程的具体作用可分为对内对外两个方面:(1)对内,它指导和约束合作社的行为,合作社不得随意超越或违反章程;(2)对外,章程是他人据以了解合作社有关情况,以便与其展开业务往来的主要途径。

合作社章程应由合作社的发起人制订,并随着合作社的成立而发生效力。各国法律一般规定合作社章程的必要记载事项和任意记载事项。合作社的章程通常包括机构名称、企业性质、经营宗旨、注册资本数额、业务范围和种类、组织形式、经营范围、固定营业地址等事项。

(李仁玉 周巧凌)

hejie hetong
和解合同(compromise contract) 当事人互相让步,以终止争执或为防止争执发生而达成的协议。又称和解契约。和解的发生需有争执纠纷存在,有防止或终止纠纷的意思表示,且须互相让步,否则无法和解。法国民法、日本民法、德国民法等及我国台湾地区民法对此都做了相应规定。和解属于一种合同。当和解订立后,双方当事人便负有履行互相让步的义务,和解具有明确所争执的法律关系的效力。对于和解的性质,有的认为属物权合同,但一般认为属债权合同。和解合同为双务且有偿合同,因双方给付对价,所以为双务有偿的。和解合同也是诺成、不要式合同,只要当事人之间的意思表示一致,即告成立,并不以书面形式为要件。

和解合同的成立须具备以下条件:(1)须就法律关系有争执或有争执之处。所谓争执,指双方当事人对于法律关系的成立、内容或范围,有不同的理解。对于已发生的争执,可通过订立和解合同解决;对于法律关系内容欠缺,不明确的,将来可能发生争执的,可通过订立合同防止其发生。(2)须当事人有终止或防止争执的意思表示。(3)须当事人互相让步,这是和解的重要条件。因和解以双方当事人互相让步为内容,并互负债务,所以当事人应具有负担债务及处分行为能力及权限。

诉讼上的和解,当事人须有诉讼上的行为能力,且须有特别授权。当事人原则上可以就一切关于权利的存在,即关于其效力、形态及范围的争执达成和解。因和解是关于法律关系的争执为标的,所以当事人之间关于感情上发生冲突而达成的让步,并非和解合同。和解有审判上的和解与审判外的和解之分。审判外的和解,仅发生实体法上的效力,与一般合同相同;而审判上的和解则发生诉讼法上的效力。狭义上的审判上和解指当事人于诉讼中,在受诉法院或受命推事或受托推事前所为的和解,也称为诉讼上的和解。和解与放弃、认诺及诉的撤回相似,但不同。和解以当事人的互相让步为要件,而放弃则为单纯的放弃自己的主张;请求的认诺,则是对对方的请求的单方承认;诉之撤回,并未对当事人之间的争执有所解决,故视同未起诉。

和解与仲裁也不同。一般说来,和解仅终止争执,仲裁是以仲裁裁决代替判决而涉及法律关系本身的解决。然而如果当事人自己决定相互作出让步,而要求专家依其意思为基础决定具体的数额时,则和解成立。和解不同于判决。除审判上的和解外,不制成公证书的和解无强制执行力。判决仅就现存争执做出裁决,而和解也可对未来可能发生的争执而订立。判决可由上诉而改变,而和解则不能保持一部分而放弃其他部分。和解具有使当事人抛弃的权利消灭,使当事人在和解中取得所订明的权利的效力。因和解是当事人之间互相让步终止或防止争执的协议,和解即确定了双方的法律关系。当事人不得就同一事项主张和解前的权利,各自对和解所确定的债务负责,并负有履行的义务,此即谓和解债权的效力。

从法律关系上看,和解具有形成效力。从使原有法律关系继续上讲,和解有认定的效力;从发生新的法律关系的角度上讲,和解具有创设的效力。和解属于合同,可因合同一般的终止原因而消灭,既可依当事人一方债务不履行而发生法定解除权,亦得因约定而解除。和解一旦成立,当事人也可以以反对的合同废止之。我国《最高人民法院关于审理涉及人民调解协议的民事案件的若干规定》(2002年11月1日施行)第1条规定,经人民调解委员会调解达成的、有民事权利义务内容,并由双方当事人签字或者盖章的调解协议,具有民事合同性质。当事人应当按照约定履行自己的义务,不得擅自变更或者解除调解协议。调解协议的性质是和解合同。 (李成林 张平华)

hejie qiyue
和解契约(compromise contract) 参见和解合同条。

heli
和离(agreement on divorce) 亦称两愿离婚,指夫妻彼此协议离婚的形式,它是中国封建社会实行的四种离婚方式之一。《唐律》规定,"若夫妇不相安谐而和离者,不坐"。和离从表面上看,对夫妻双方是平等的,但是,在封建社会,妇女无独立的财产,没有经济地位,又受封建思想和封建婚姻制度的严重束缚,家庭地位和社会地位远较男子低下,已婚妇女离开丈夫,只能回娘家寄人篱下,否则连生存都困难,她们很难按自己的愿望去离婚。离与不离,主要取决于丈夫和夫家。因此,和离往往成了休妻的别名。 (蒋 月)

heping zhanyou
和平占有(peaceful possession) 强暴占有的对称。是根据无权占有人取得占有的手段的不同而对无权占有进行的再分类。和平占有是指对物非以暴力手段而进行的占有,如拾得遗失物、买受赃物等而取得的占有。 (申卫星)

hezhun zhuyi
核准主义(doctrine of licence;德 Konzessionssystem) 又称行政许可主义。公司的设立除具备法律规定的条件外,还需要主管机关的核准和审批,为18世纪的一些大陆法国家采用。核准主义较特许主义灵活,在一定的程度上防止了滥设公司的弊端,但公司的设立取决于行政主管机关的行政裁量不是遵循法律规范,不符合市场经济发展的要求,19世纪后除某些特定行业的公司外,核准主义在西方国家逐渐为准则主义所取代。 (刘弓强 蔡云红)

heizu
黑租(black rents;black mail) 白租的对称。以劳务、谷物、牲畜及类似形式支付的租金。 (杜 颖)

hengpinfa quanyi xintuo
衡平法权益信托(equitable interest trust) 以衡平法权益为信托财产的信托。衡平法权益为英美法确认的一种财产类型。英美信托法承认衡平法权益信托;但依据该法,并不是任何一种衡平法权益均可以用于设立信托,只有那些为法律允许转让的衡平法权益才可以用于设立信托。在衡平法权益信托情形下,受托人对作为信托财产的衡平法权益的管理方式,主要表现为通过行使和运用这些权益以获取收益。以信托受益权为信托财产的信托属于衡平法权益信托,以股份有限公司的股权为信托财产的信托也属于这种信托。 (张 淳)

hengpingfa shang de buchang
衡平法上的补偿(equitable recoupment) 英美法中的概念。在当事人双方都掌握对方一定的财产,而一方是另一方的债务人的情况下,如果一方当事人要求债务人偿还债务,则债务人在对方所掌握的他的财产范围内,有权拒绝履行债务。实际上是对债权人权利的一种限制。 (张平华)

hengpingfa shang de bujiu
衡平法上的补救(equitable relief) 英美法中的概念。向具有衡平法上权利的法院请求补救的形式。如,案件当事人请求一项禁止令或以具体补偿替代金钱赔偿。 (张平华)

hengpingfa shang de shuhuiquan
衡平法上的赎回权(equitable redemptions) 英美担保法中的概念。指为了平衡按揭设定人与按揭权人之间的利益,克服在按揭发展早期阶段,一旦债务人不能按期清偿债务则丧失用于设定按揭的财物的财产权的弊端，衡平法赋予按揭设定人通过清偿债务赎回为设定按揭所让渡出去的财产权益的权利。

该权利具有下列特征：(1) 普遍适用性。既适用于普通法上的按揭，又适用于衡平法上的按揭；(2) 强制性。不管债务清偿迟延的原因为何，也不论经过了多长时间，除非债务人丧失回赎权期，都有权赎回财产，甚至按揭契约中剥夺、不适当限制赎回权的约定也无效。

衡平法上的赎回权因下列原因丧失：(1) 按揭人放弃赎回权；(2) 超过时效；(3) 按揭权人根据制定法出售按揭财产；(4) 按揭权人依法取得取消回赎令。

（张平华）

hengping jinfanyan
衡平禁反言（equitable estoppel） 英美法中传统认为，衡平禁反言是指一方当事人向对方为虚伪的意思表示，对方当事人信赖该意思表示是真实的，为一定的作为或不作为而遭受损害时，为了保护该对方当事人，法院禁止为虚伪意思表示的当事人再作出任何与其先前虚伪表示相反的陈述或主张。在"允诺禁反言"原则产生之前，"衡平禁反言"原则曾被用来解决"允诺禁反言"情势下的问题，但"衡平禁反言"与"允诺禁反言"原则的区别在于，"衡平禁反言"中允诺人的意思表示是虚伪的，而"允诺禁反言"原则中，允诺人的意思表示则是真实的。

（刘经靖）

hongjia
哄价（bidding up） 又称"竞争报价"。拍卖中应买人竞相报出一个比一个高的出价，从而使拍卖物的价格不断上涨的行为。这是拍卖中应买人公开地相互竞争的一种方式。只有出价最高的应买人，才可能买下拍卖物。

（王卫劲）

houfa buneng
后发不能（德 nachträgliche Unmöglichkeit） 原始不能的对称。法律行为成立以后发生的不能，如房屋租赁契约订立以后，房屋被烧毁，又称嗣后不能。后发不能因其原因不同而发生不同的后果，如可归责于行为人的原因，仅免除行为人的履行责任，但行为人应承担损害赔偿责任；如存在不可归责于行为人的原因，除法律另有规定外，则可免除行为人的履行责任和损害赔偿责任。

（李仁玉　陈敦）

houlüxing kangbianquan
后履行抗辩权（defense of later performance） 有的学者也称之为先履行抗辩权。是指当事人互负债务，有先后履行顺序的，先履行一方未履行之前，后履行一方有权拒绝其履行请求，先履行一方履行债务不符合约定的，后履行一方有权拒绝其相应的履行请求。后履行抗辩制度本质上是后履行方对负有先履行义务的当事人违约的抗辩，它的确立有助于正确认定当事人行为的性质，保障合同双方最终利益的实现。后履行抗辩与同时履行抗辩权和不安抗辩权相互补充，从不同角度最大限度地督促合同义务的履行，维护交易安全。后履行抗辩权发生于有先后履行的双务合同中，一般适用于先履行一方违约的场合。大陆法系和英美法系的契约法上都有后履行抗辩制度，《国际商事合同通则》第7.1.3条第2款也规定，凡当事人各方相继履行合同义务的，后履行一方当事人可在应先履行一方完成履行之前拒绝履行。我国在承袭大陆法系后履行抗辩制度的同时，吸引借鉴英美法系以及国际商务合同贸易规则，在《中华人民共和国合同法》第67条规定，当事人互负债务，有先后履行顺序的，先履行一方未履行的，后履行一方有权拒绝其履行要求。先履行一方履行债务不符合约定的，后履行一方有权拒绝其相应的履行要求。按照这一规定，构成后履行抗辩权须符合以下要件：(1) 须双方当事人互负债务。(2) 两个债务须有先后履行顺序，至于该顺序是当事人约定的，还是法律直接规定的，在所不同。(3) 先履行一方未履行或其履行不符合合同的约定。先履行一方未履行，既包括先履行一方在履行期限届至或届满前未予履行的状态，又包含先履行一方于履行期限届满时尚未履行的现象。履行债务不符合债的本旨是指迟延履行、不完全履行（包括加害给付）、部分履行和不能履行等。

后履行抗辩权的行使应当遵循诚信原则。如果先履行一方交付的标的物数量不足，但是该不足的数量甚微，或交付的标的物瑕疵极其轻微，未明显损害对方利益，则后履行一方不得以此为由拒绝履行自己的义务。同时，后履行抗辩权的设置，旨在维持合同履行中的交易安全和公平正义。如果有足够的证据表明后履行抗辩权的行使是后履行一方恶意规避义务或有其他目的，则该抗辩权不成立。

后履行抗辩权的行使具有使后履行一方暂时中止履行自己债务的效力，对抗先履行一方的履行请求，以此保护自己的期限利益和顺序利益；在先履行一方采取了补救措施，变违约为适当履行的情况下，先履行抗辩权消失，先履行一方须履行其债务。因此，先履行抗辩权亦属一时的抗辩权、延期抗辩。后履行抗辩权的行使不影响后履行一方主张违约责任。

（刘经靖）

houshou
后手(subsequent holder) 指在发票人或背书人转让票据后,票据上的所有被背书人及最后持票人。在票据不获承兑或不获付款时,后手对其所有前手享有请求支付票据金额的追索权。此外,后手还负有证明其直接前手签名真实、背书连续及自己合法取得票据权利的义务。 (李 军)

huhui huohubao jiaoyi
互惠或互保交易(reciprocal or intersurance exchange) 通过一个代理人进行合作的交易各方组成团体或联盟,以便在团体或联盟内部使交易各方彼此给予对方优惠交易条件或提供保障的交易。(任自力)

hujian
互见(in sight of one another) 海上航行时一船能自他船以视觉观测到时的状态。互见的认定应注意:(1)互见是指以视觉看到,即凭肉眼看见;(2)互见是指看见他船的形体或号灯,不包括从雷达荧光屏上看到他船的回波;(3)互见是以一船能被他船看到为条件的,而不是以一船实际被他船看到为条件的,故任何船舶不能因其疏忽视觉瞭望而否认互见情况的构成或存在。 (张永坚 张 宁)

huyi hetong
互易合同(contract of exchange) 双方当事人以货币以外的财物相互交换的协议。互易合同双方所交换的财物只能是货币以外的财物,因此,互易又常称为以物易物或物物交换。互易,是人类历史上最古老的一种交换方式,也是人类社会早期商品交换的主要方法。后来,随着商品经济的发展,以货币为媒介物的买卖合同逐渐发达并成为商品交换的主要形式,互易合同则退居次要地位,但仍一直存在,迄今仍为世界各国法律所承认并在社会生活中发挥着巨大的作用,是现代合同制度中种不可缺少的合同形式。

互易合同特征通常认为主要有三:(1)以物易物。这是互易合同最主要的法律特征,也是它与买卖合同的最根本区别。互易合同是以财物直接交换财物,是财物所有权的相互转移;而买卖合同是以货币为媒介进行的交换,是以钱买物;(2)诺成性合同。双方当事人意思表示一致,互易合同即告成立。互易合同发展的早期属于实践性合同,必须有一方的实际交付,合同才成立。现代各国民法一般都有规定互易合同为诺成性合同,如1804年《法国民法典》规定:"互易与买卖的方式相同,仅由双方当事人同意进行",即不以物的实际交付为合同成立要件;(3)双务有偿合同。这是它与赠与合同的主要区别。

互易合同当事人双方既是买者又是卖者,都有享有直接取得对方财物所有权的权利,同时又都负有直接向对方转移财物所有权的义务,合同双方彼此互享权利、互负义务。互易的财物可以是等价的,也可以是不等价的,在进行不等价财物交换时,可以采取混合互易,即一方只交付给另一方一定种类的财物,而另一方则交付价值低于此种财物的另一种财物及金钱差价,这时互易的两种财物虽然不等价,但交换仍是等价有偿的。

互易的种类,通说认为可分为单纯的互易、价值的互易和附补足金的互易三类。《中华人民共和国合同法》第175条中规定,"当事人约定易货交易,转移标的物所有权的,参照买卖合同的有关规定。"这是法律对互易合同作出的明确规定。由于市场商品的供求及地区间商品分配的不平衡,为了互通有无、调剂余缺,法律允许在一定范围内适用互易合同。

互易合同的标的物范围比较广泛,除禁止流通物或限制流通物及货币外,任何特定物或种类物、动产或不动产,小至日常用品,大至航空器均可成为互易合同的标的物。已丧失货币职能的古、旧币及作为收藏品的流通货币也可成为互易合同的标的物。互易合同当事人双方的权利义务以及合同的履行原则,参照适用买卖合同的有关规定。 (任自力)

huyihun
互易婚(marriage by exchange) 亦称交换婚。指以交换妇女为条件而成立的婚姻;或者双方的父母各以其女互换为子妇,或者两家的男子各以其姊妹互换为妻。互易婚发端于个体婚制形成时期,以女易女是早期型的结婚方式之一。根据人类学家提供的资料,澳大利亚的原居民曾有此婚俗。中国古代的两性世婚,在一定意义上也可作为互易婚的例证。《尔雅·释亲》载:"妻之父为外舅,妻之母为外姑,……妇称夫之父为舅,称夫之母为姑。"这些亲属称谓,在互易婚的情形下可以得到合理的解释。我国有的地区还残存着换亲的陋俗,这种换亲往往具有包办婚姻的性质。违背当事人意愿的换亲是对婚姻自由的严重干涉,应当依法禁止。 (杨大文)

huyou
互有(法 mitoyenneté) 指的是标的物之性质上共有人无分割请求权的共有。民法上区分所有的共同墙壁、屋顶、门户、台阶、回廊等建筑物的共同部分及贮藏室、水井、洗濯场、水栓、厕所等附属物的共用部分,推定为各所有人共有。互有关系中,其标的物之性质上应永久维持共有关系,如果将其进行分割,则会导致各

huzhu chujinhui

互助储金会(loan society) 当事人自愿组成的通过储蓄进行经济互助的组织。其会员按照约定定期交纳一定数额的金钱,集中作为互助基金,当会员急需要资金时,可以申请借用,借款有借有还,但不计息。在会员退会时,一次性退还其交纳的储金。 (张平华)

huji

户籍(domiciliary register) 以户为单位记载自然人姓名、出生、住所、结婚、离婚、收养、失踪和死亡等事项的法律文件。户籍制度早在罗马法中就有规定,在我国早在秦律中也有规定,在汉萧何所做《九章律》的《户律》中得以完善。在民法上,户籍的意义在于,它可以确定自然人民事权利能力、民事行为能力的开始和终止时间;确定自然人婚姻、收养、亲子关系的起止时间;确定法定继承人的范围和顺序等。我国实行户籍登记制度,自然人有义务按照国家有关规定进行户籍登记。 (李仁玉　陈敦)

huaxianren

划线人(the person who crosses on a cheque) 是在支票上划线的人。划线人可以是支票的出票人,也可以是支票收款人或其后手持票人。划线人在支票正面划两条平行线,目的是限定收款人的资格,从而防止支票被伪造或支票被盗、遗失时,票款被他人冒领,而真正权利人的损失却无法弥补。若划线人仅在支票正面划两条平行而不在两条线中间写字,或仅在两条线中间写"银行"两字,则付款人只能向银行或付款银行的客户付款;若划线人在支票正面划两条平行线并在两条线中间写特定银行的名称,则付款人必须向该特定银行付款。从理论上讲,支票划线后,出票人在交付支票之前可以变更或涂销划线并签章。出票人出票以后,在征得所有当事人同意的情况下,也应当允许变更或涂销支票上的划线,但在实践中,各国对此规定不一。 (孟志强)

huaxian zhipiao

划线支票(crossed cheques or checks) 又称"平行线支票"、"横线支票"。下面划两道平行线,或于平行线内记载有银行或法定金融机构,付款人仅得对银行或其他法定金融机构,或仅得对线内记载的银行或其他法定金融机构支付票面金额的支票。划线支票又可以分为普通划线支票和特别划线支票。前者仅划有平行线,或于平行线内仅一般记载"银行或其他法定金融机构"字样;后者则于平行线内记载特定银行或其他法定金融机构。普通划线支票可变更为特别划线支票,但特别划线支票不能变更为普通划线支票。划线支票的划线人是发票人或持票人。《英国票据法》中还规定付款人也可划线。划线必须在支票的正面进行,在支票背面或粘单上划线不生法律效力。划线支票可由出票人于平行线内记载"照付"或"同意"等字样并签名盖章后,撤销平行线而变更为普通支票。划线支票的平行线或银行其他法定金融机构的名称被涂销后,除法国规定导致支票无效外,其他国家都规定视为未涂销。 (王小能)

huaxianzhipiao de fukuan

划线支票的付款(payment of crossed cheques or checks) 划线支票除具有普通支票在付款程序上的要求与特征外。参见支票的付款条,还具有特殊要求:(1)提示人特殊。普通划线支票的提示人必须是银行或其他法定金融机构。符合此种资格要求的才能提示付款。若提示人不具备此种资格则其应将支票存入具有此资格的机构,然后委托其收款。特别划线支票的提示人必须是平行线内记载的特定银行或其他法定金融机构,否则,也必须向该特定机构存入支票而委托其收款。划线支票中提示人的特殊性产生了托收银行,即普通划线支票下的付款提示人非银行或其他法定金融机构,特别划线支票的提示人非特定的银行或其他法定金融机构的情况下,受托进行付款提示、收取票款的银行或其他法定金融机构。托收银行接受委托,向付款人取款有条件限制:首先只能接受其客户或其他银行的取款委托。其次,托收银行须对划线支票进行形式上的审查,但若明知持票就划线支票的票据权利有瑕疵而仍接受其委托取款的,要对真正的权利人负损害赔偿之责。(2)对付款人有特殊要求。银行作为划线支票的付款人要遵守下列要求:首先,与普通划线支票的内容不符的非银行或其他法定金融机构提示付款时,或与特别划线支票内容不符的非特定银行或其他法定金融机构提示付款时,付款人有权拒绝付款。其次,付款人必须按划线指令,严格依票面记载内容付款,否则应向真正的权利人负损害赔偿之责。最后,付款人在善意且无过失的情况下,向符合划线要求的持票人付款时,即免除对真正的权利人的赔偿之责。

符合条件的提示人向付款人提示付款,付款人审查后进行付款。但如果有数对特别平行线时,受票人不得付款。除非在存在两对特别平行线而其中之一为票据交换所代收、结算时,它可以付款。受票人违反划线支票的付款规定付款后,承担票面额度内的损害赔偿之责。

1. 划线人。《日内瓦统一支票法》第 37 条规定,发票人或持票人得在支票上划线。这就是说,发票人、持票人均可以充当划线人。我国台湾地区的票据法没有明确规定,通常认为,支票的发票人、背书人或持票人均可以作为划线人。划线无须划线人签名,无论何人划线,其效力相同。《英国票据法》第 77 条对此作了具体规定:(1) 支票可由发票人作普通划线或特别划线。(2) 凡支票未被划线,持票人可加上普通划线或特别划线。(3) 凡支票已被作普通划线,持票人可加上特别划线。(4) 凡支票已被作普通划线或特别划线,持票人可加注"不可流通转让"字样。(5) 凡支票已被作特别划线,被划线的银行可再次加上特别划线给另一家银行请其代收。(6) 凡未经划线或经普通划线的支票送交银行托收,该银行可以其本行作特别划线。所以,在英国票据法中,除发票人和持票人外,付款人也可为划线。

2. 划线支票的效力。(1) 普通划线支票的效力《日内瓦统一支票法》第 38 条规定,普通划线支票付款人仅得对银行业者或付款人之客户支付支票金额。我国台湾地区现行《票据法》也规定,支票经在正面划平行线二道者,付款人仅得对金融业者支付票据金额。普通划线支票的付款提示人,必须是银行或付款人的客户,持票人如不是银行或付款人的客户,就应将支票委托其代为取款。对于其他人所为的付款提示,付款人可以拒绝,持票人不得因此行使追索权。(2) 特别划线支票的效力《日内瓦统一支票法》第 38 条规定,特别划线支票之付款人仅得对指定之银行业者支付支票金额,或者,如该银行业者为支票之付款人时,则对其客户支付之。但该指定之银行业者仍得将该支票委托其他银行业者代为取款。特别划线支票对于受领支票金额人资格的限制,比普通划线支票更严格。

(王小能 孔志明)

huaizhai
坏债(bad debts) 已经无法回收或回收成本高于债务本身的债。在会计处理上,应将其作为确定损失。

(杜 颖)

huanchuan
还船(redelivery of the ship) 承租人在租船合同期满时,按照合同规定的条件,将船舶交还给出租人。

还船地点一般有三种:(1) 船舶卸完货后还船;(2) 引航员在锚地下船后还船;(3) 引航员上船后还船。如果租船合同规定租期为 1 年,通常给予承租人一个附加补充期。在这个补充期内还船,合同继续有效。如合同规定租期为"最少某月/最多某月",因为租期已限定为最多某月,就没有附加补充期。

还船条件通常包括:(1) 船舶各货舱已经清扫干净;(2) 船上存油量和设备符合租约规定;(3) 申请有关船舶检验机构对船舶进行检验后做出检验报告;(4) 由船租双方签署还船证书。

一般而言,船舶交还时应该和出租时处于同样的良好状态,但正常的磨损除外;如果还船时船舶有损坏,除自然损耗外,船舶出租人有权向承租人请求赔偿,承租人应当支付修理船舶所支出的费用,但一般对船期损失不负责任。判断什么是正常磨损必须考虑船舶情况、租船合同性质等。如果租船合同规定船舶所有人负责船舶的日常维护,则因为日常维护不好导致的船舶状况不良租方不应负责。如果合同规定装运货物为废钢铁,正常磨损成都显然应该大于装运粮食的合同。合同还通常规定还船时船上的燃油数量应是多少,防止租方利用燃油的差价牟利。

还船通知。定期租船合同中,承租人向船舶所有人还船的书面通知。船舶按照合同的规定驶往指定的港口交船前,在预计交船之日前若干天,由承租人书面通知船舶所有人,以便船舶所有人作好接船准备。

(张 琳)

huanchuan tongzhi
还船通知(notice of redelivery) 参见还船条。

huanpan
还盘(counter offer) 国际商务中的用语,指一方收到发盘后向发盘人发出的对发盘附有某种条件予以接受的意思表示。还盘不能使合同成立,仅构成反要约或新要约。参见新要约条。

(郭明瑞)

huanjing sunhai
环境损害(pollution damage to the environment) 根据《1989 年国际救助公约》,环境损害是指由于污染、玷污、火灾、爆炸或类似的重大事故对人类健康,对沿海、内水或其毗连区域中的海洋生物、资源所造成的重大的有形损害。

(王 青)

huanfang hetong
换房合同(contract for exchange of lease of real estate) 两个不同的房屋承租人订立的互相交换所租赁的房屋的协议。实质是两个房屋租赁权的互相转让,因此,换房合同只有经房屋的出租人同意才能有效。换房合同生效后,换房人与原租赁房的出租人之间的权利义务转让给被换房人承受。这也可说是原房屋租赁合同终止,而由换房人与房屋出租人订立一个与原租赁合同内容相同的租赁合同。依我国现行法规定,房屋承租人未经出租人同意,擅自调换房屋使用(即换房)的,出租人有权终止合同,收回房屋,由此而造成损失的,由承租人赔偿。　　　　　　　　　　　(郭明瑞)

huanggou qiyue
黄狗契约(yellow-dog contract)　美国雇佣契约的一种。其特点是规定雇工在受雇期间内不得参加工会。20世纪20年代此种契约比较普遍,雇主能够依此契约对试图让工人加入工会的工会组织者提起法律诉讼。自1932年以后,在联邦法院,黄狗契约不再能被强制执行。　　　　　　　　　　　　　　(郭明瑞)

huangjin baoliu tiaokuan
黄金保留条款(gold clause)　简称金约款。在对外贸易合同或对外信贷中对用来计价的货币单位规定其含金量的条款。例如,1972年中国与保加利亚人民共和国政府关于《1972年交换货物和付款协定》第4条规定:依照本协定所供应的货物价值以瑞士法郎计价。现在一个瑞士法郎的含金量为0.2175926克纯金。当瑞士法郎的含金量发生变化时,瑞士法郎清算账户的差额,以及未交货物和交货尚未清算的货物价款,将进行调整,使其体现黄金上的金额不变。显然,对外贸易合同或对外信贷合同中的黄金保留条款其目的就是为了防止合同订立后双方因货币贬值或货币汇率变动而引起的损失。　　　　　　　　　　　(郭明瑞)

huangjin tiaokuan
黄金条款(gold clause)　又称金价条款。提单或海上货物运输合同中有关承运人对货物灭失或损坏的赔偿限额的规定。《海牙规则》第9条规定:"本规则所指的货币单位为金价"。其含义为《海牙规则》中所说的100英镑的赔偿限额为1924年可用以购买相应数量的黄金的金额。由于英镑不断贬值,因此根据该条款数十年来仍以100英镑作为承运人赔偿限额,显然不合理。为此,英国航运结合保险商组织多次协商,于1950年讨论并通过黄金条款协议,把此赔偿限额提高到200英镑,该协议只适用于参加者。1977年把赔偿限额进一步提高到400英镑。黄金条款的含义是指承运人对货物灭失或损坏的赔偿限额"黄金条款协议"确定,该协议已于1988年3月31日被废止。　(张　琳)

huifu mingyu
恢复名誉(rehabilitation of person's repritation)　承担民事责任的方式之一,保护人身权的一种方法。指责令侵害他人人身权或知识产权而损害他人名誉的行为人,为受害人恢复被损害的名誉。如,散布损害他人的言论、剽窃他人的作品、假冒他人的注册商标等,即应承担恢复名誉的民事责任。一般来说,不法行为人的侵害行为在什么范围给他人造成损害,就应当在什么范围内恢复名誉。恢复名誉常常与消除影响合并适用。实际上,恢复名誉也就是消除影响。恢复名誉还可以与其他一些民事责任形式合并适用。　(张平华)

huifu yuanzhuang
恢复原状(restitution; 德 Naturalrestitution)　又称回复原状。有最广义、广义和狭义之分。(1)最广义的恢复原状是民事责任的最高指导原则,指取消不公平的法律后果将受害方回复到原来状态的救济。由于民事责任以补偿为原则以惩罚为例外,所以,整个民事责任的目的都是最广义上的恢复原状。(2)广义的恢复原状是指回复权利未被侵害的状态,也就是通常所说的"回复原状"。恢复原状有回复原有状况与回复应有状况之分,原有状况指损害事故发生时之状况。回复原有状况的结果,并不考虑损害事故发生后的权益变动状况,从而就损害事故发生当时而言,可以达到回复原状的目的。回复应有状况指对损害事故发生后的权益变动状况一并考虑,如考虑应有的收益等,从而达到犹如损害事故未曾发生一样的状态。按照全部赔偿的原则,回复原状应该指回复应有状况。广义上的回复原状包括《民法通则》规定的返还财产、消除影响、恢复名誉等责任形式,如通过返还财产而使财产关系恢复到原有的状态、通过恢复名誉而使受侵害的名誉得到恢复。换言之,恢复原状主要适用于财产损害案件,但是在人格权保护领域也有实际意义。在一些国家如奥地利,恢复原状请求权是因侵害人格权而导致的非财产损失金钱赔偿请求权的基础。另一些欧洲国家,人格权侵权责任形式中的恢复原状,则包括了赔礼道歉、消除影响、恢复名誉等而采取的登报、公开发表判决书等形式。(3)狭义的恢复原状是《中华人民共和国民法通则》规定的承担民事责任的方式之一,指将损坏的财产修复,即损坏他人财产的,侵权人应当将损坏的财产修复。如修复损坏的房屋、生活用品、劳动工具等。当然,由于事实上的恢复并无可能,只能作经济上的恢复。

适用恢复原状的民事责任形式应具备两个条件:(1)须有恢复的可能;(2)须有恢复的必要。恢复原状与修理、重作、更换的区别在于:后者仅适用于违约责任的场合,是合同不适当履行的补救措施;而前者为承担侵权责任的责任方式。　　　　　　(张平华)

huifu yuanzhuang yuanze
恢复原状原则(restitution to the previous condition) 碰撞损害赔偿的基本原则之一,在英美法中也叫"完全赔偿权"。在海商法中关于船舶碰撞的损害赔偿意义上的恢复原状,是指碰撞责任方通过经济赔偿或修复受损财产,使受害方受到损害的财产价值或经济状况尽可能地恢复到其未受损失时应有的状况。卢森顿(Lushington)博士在克拉伦斯(Clarence,1850)案中最早明确地提出这一概念:"碰撞中遭受损害的当事方有权尽实际可能将自己置于如同没有受损害时的同样状况。"该原则既是对无限赔偿原则的一种限制,也是对"遥远损失"不赔偿原则的修正,有利于对受害方利益的保护,长期以来为各国处理船舶碰撞所遵循。根据这一原则,在确定船舶碰撞财产损害赔偿时,赔偿应当首先尽量达到恢复原状,不能恢复原状时,才采取折价赔偿等其他赔偿形式。但是,这一原则只适用于对受害方的金钱补偿,并不适用于碰撞造成的人身伤亡。

恢复原状原则在下列情形下受到某些限制。(1)当过失船舶所有人或经营人等有权限制自己的赔偿责任时,则受损方得不到足额赔偿,即恢复原状的原则将受到限制。(2)在实行对物诉讼时,船舶所有人不出庭抗辩,在这种情况下,法院判决的执行被限制在船舶剩余价值之内。如果碰撞损害赔偿大于船舶价值时,恢复原状原则要受到船价的限制。如果船舶所有人出庭,则由对物诉讼转为对人诉讼,船舶所有人将承担超过船舶价值部分的损害赔偿,除非受到责任限制。我国不存在对物诉讼,但财产保全与其在实质上是一样的。这一原则目前尚只适用于外国船舶,且该船舶的所有人在本国没有其他资产可执行的情形。否则,原告对其索赔未满足的部分仍可以提出对人诉讼或对其他财产的请求。(3)当发生互有过失碰撞时,一方船舶只能向另一方船舶索赔相应过失比例的赔偿额,不可能得到碰撞损害的足额赔偿。 (张永坚 张 宁)

huicheng yunfei
回程运费(back freight; return freight) 又称回运货物运费。指货物运抵目的港后,承运人应托运人的要求,把原货物运回,再由托运人支付的运费。货物回运,一般是由于在卸货港无人收货,或者收货人拒绝收货。通常在班轮运价表中对回运货物的运价加以规定,一般收取原运费的50%。由于货方原因发生货物回运的回程运费,由货方负担;由于承运人的原因,如因配载错误造成的回程运输,货方不负担回程运费。
(张 琳)

huifu yuanzhuang zhuyi
回复原状主义(德 Naturalrestitution) 关于损害赔偿方法的原则之一,金钱赔偿主义的对称。指对损害以回复原状为原则,以金钱赔偿为例外,债权人不得先行请求金钱赔偿。大部分大陆法系国家对损害赔偿都采纳回复原状主义,如德国。有的国家将损害赔偿的方式交给法官自由裁量;如《瑞士债务法》第43条(《俄罗斯民法典》第1082条也有类似的规定)规定:损害赔偿的数额及种类由法官考虑情势和过错程度后确定。按照这一立法例债权人可以在回复原状与金钱赔偿当中进行自由选择。

回复原状主义的特点在于:(1)负损害赔偿责任者,除法律另有规定或契约另有订定外,应回复他方损害发生前之原状。回复原状的方式有两种:一种为实物意义上的回复原状;另一种是以回复原状的费用代替回复原状,但选择权归债权人,即债权人得请求支付回复原状所必要之费用,以代回复原状。(2)回复原状迟延者债权人得请求以金钱赔偿其损害。(3)不能回复原状或回复显有重大困难者,应以金钱赔偿其损害。
(张平华)

huitou beishu
回头背书(re-endorsement) 又称还原背书、回背书、逆背书。以票据上记载的债务人为被背书人的背书。回头背书与一般转让背书的不同在于:一般转让背书是以汇票当事人以外的第三人为被背书人,而回头背书是以已在汇票上签名的票据债务人为被背书人。回头背书使票据债务人又成为票据债权人,即一人同时为票据债务人和票据债权人。按照民法原理,此时债的关系因主体混同而消灭,但是,汇票为流通证券,因此票据法排除民法混同规则的适用。因回头背书得到汇票的持票人可以在汇票到期之前,再以背书方式将汇票转让。

回头背书与一般转让背书的效力基本相同,但是在追索权的行使方面,又有一些特殊的地方:(1)当发票人为持票人时,该持票人对于其后手无追索权,他只享有对承兑人的付款请求权。(2)当背书人为持票人时,该持票人对于其后手追索权。(3)当承兑人为持票人时,该持票人对所有人都没有追索权。(4)当保证人为持票人时,该持票人除可以向被保证人行使追索权外,其余都适用当被保证人为持票人时,该持票人除可以向被保证人行使追索权外,其余都适用当被保证人为持票人时的情况。另外,以未承兑的付款人、预备付款人以及担当付款人为被背书人的背书,称为准回头背书。原因在于上述这三种人都不是票据债务人,他们仅是票据关系人,但他们成为被背书人后,可以向所有前手行使追索权。

《中华人民共和国票据法》在背书制度中未对回头背书作规定,但是在追索权行使中却有明确规定。《票据法》第 69 条规定,当背书人为持票人时,对其前手不得追索;当出票人为持票人时,对其后手不得追索。可见,我国《票据法》承认回头背书。在我国,回头背书只可采取完全背书方式。

(王小能　胡冰子)

huitou beishu de xiaoli

回头背书的效力(effects of re-endorsement)　回头背书在票据关系当事人之间立生的法律后果。回头背书与一般转让背书的效力基本相同,但是在追索权的行使方面,又有一些特殊的地方:(1)当发票人为持票人时,该持票人对于其后手无追索权,他只享有对承兑人的付款请求权。(2)当背书人为持票人时,该持票人对于其后手追索权。(3)当承兑人为持票人时,该持票人对所有人都没有追索权。(4)当保证人为持票人时,该持票人除可以向被保证人行使追索权外,其余都适用当被保证人为持票人时,该持票人除可以向被保证人行使追索权外,其余都适用当被保证人为持票人时的情况。

(王小能)

huitou huipiao

回头汇票(returned bill)　又称还原汇票、回溯汇票。由汇票的追索权人作为发票人发行的以被追索人为付款人的见票即付的汇票。发行回头汇票是追索权人行使追索权的特殊方法。它主要适用于追索权人于被追索人不在同一地方的情况。当追索权人于被追索人相距甚远时,追索权人亲自前往追索,不仅会有诸多不便,同时会有大量的时间与物质的浪费。如果采用发行回头汇票的方法,以被追索人为付款人,再以付款地银行为受款人,追索权人就可以将其及原汇票连同拒绝证书等一起向付款地银行请求贴现,从而克服了异地行使追索权的不足。由于回头汇票是以原汇票的被追索人为付款人的见票即付的汇票,因此,发行回头汇票一般需要没有相反的约定。《日内瓦统一汇票本票法》第 52 条规定,有追索权者,为取得补偿,得以票据之其他债务人为付款人,向其住所所在地发见票即付的汇票。但有相反约定时,不在此限。

在汇票关系当事人之间无相反约定的情况下,回头汇票的发行的一般规则是:(1)发票人必须是原汇票的持票人或其他有追索权的人。(2)付款人必须是被追索人,即原汇票的出票人、背书人等票据债务中的一人。(3)回头汇票应该是见票即付的票据,并且不能转让,原因在于回头汇票的发行就是为了实现追索权,而见票即付和不再被转让最能实现这一目的。(4)回头汇票付款地也必须是被追索人的住所地。(5)回头汇票不能转让,其发行的目的仅在于追偿债务,不在于流通。(6)当事人之间没有不得发行回头汇票的相反的约定。(7)回头汇票的收款人既可以是追索权人也可以是其指定的人。(8)回头汇票开出的金额除了包括持票人的追索金额或再追索权人的再追索金额外,还包括经纪费用和重开汇票的印花费用。

由于回头汇票一般是适用于异地追索,因此,回头汇票记载的金额可能需要换算,各国票据法对此都有特别规定。《日内瓦统一汇票本票法》第 52 条第 3 款规定,执票人发行回头汇票时,其金额依原汇票付款地汇往前手住所所在地之见票即付汇票之汇率定之。背书人发行回头汇票时,其金额依其住所所在地汇往前手住所所在地之见票即付汇票之汇率定之。我国台湾地区票据法规定,执票人发行回头汇票时,其金额依原汇票付款地汇往前手所在地之见票即付汇票之市价定之。背书人发行回头汇票时,其金额依其所在地汇往前手所在地之见票即付汇票之市价定之。前二项市价,以发票日之市价为准。1995 年 5 月 10 日我国第八届全国人大常委会通过的《中华人民共和国票据法》对回头汇票没有规定。

(王小能　孔志明)

huizu

回租(sale and leaseback)　融资租赁的一种,也称"售后回租"。指承租人将其所有的物件出卖给出租人,同时又与出租人签订合同,再将该物件租回使用的租赁。

回租一般有两种形式:(1)企业在急需某种设备而资金又暂时不足的情况下,先从制造厂商那里买进自己所需要的设备,然后转卖租赁公司,企业再从租赁公司租回设备使用;(2)企业进行技术改造或扩建时,因资金不足,将本企业原有的设备先卖给租赁公司,收入现款用于购买急需的新设备,但售出的设备并不拆除,企业在卖出设备的同时即与租赁公司办理租赁手续,设备留在企业继续使用,直到用租赁费用付清卖出设备的价款之后,再以少许代价办理产权转移。这两种形式都转让了设备的所有权,同时又保留了设备的使用权,因而既使原有的生产正常进行,又扩大了投资。

(邹川宁)

huidui

汇兑(exchange)　付款人委托开户银行将应付款汇往外地收款人的结算方式。开户人的资金调拨、清理交易旧欠、往来账款及临时采购等,都可通过银行办理汇兑。汇兑包括信汇和电汇。开户人要求汇兑的,应说明用途和理由。

(邹川宁)

huihua zhipiao

汇划支票(check only for account)　《日本支票法》中规定的一种支票。与中国的转账支票相同,即不以现金支付,只能以记入受款人账户的方式支付的支票。

《日本支票法》第74条规定:"发票人或持票人于证券正面记载'供计费用'字样或与之同一意义的文义而禁止支付现金的支票,如系于外国支票于日本付款的支票,有普通划线支票的效力。"汇划支票的作用在于使支票的流向或着落便于查找,以防冒领,汇划支票的持票人应将支票存入自己的账户中,然后再从自己的账户中提取现金,付款人如违反关于转账的规定而付款的,应负赔偿责任,但以支票金额为限。 (孔志明)

huipiao

汇票(bills of exchange) 发票人(出票人)依据票据法签发,委托付款人指定的到期日,向持票人无条件支付一定金额的票据。作委托他人支付的票据,汇票是委托证券;汇票不以见票即付为限,因此,汇票具有很强的信用功能,又被称为信用证券。

1. 汇票关系的基本当事人有三个,即发票人、付款人和受款人。根据不同的标准,汇票有不同的分类。根据汇票上记载权利人方式的不同,汇票可分为:记名式汇票、指示式汇票和无记名式汇票。此种分类的意义在于,三种汇票的转让方式不同。记名式汇票只能用背书的方式转让,但是发票人或背书人可记载"禁止转让";指示式汇票仅通过背书方式转让,而且发票人或背书人不得记载"禁止转让";无记名式汇票仅依交付即可发生转让的效力。根据汇票上指定的到期日方式的不同,汇票可分为:即期汇票、远期汇票。前者仅具有支付功能,后者的意义更在于信用。远期汇票又可根据付款日期记载方式的不同而分为:定期汇票、计期汇票、注期汇票和分期付款汇票。根据汇票当事人的资格是否重合,汇票可分为一般汇票和变式汇票。变式汇票又可分为指己汇票、对己汇票和付受汇票。这种分类的意义在于,对于变式汇票,善意持票人在行使与保全票据权利时,可根据票据当事人重合的具体情况,灵活地掌握票据权利的时效来保护自己的权利。除上述分类外,英美法还根据发行与付款的地域的不同将汇票分为本国汇票和外国汇票。我国曾以发票人为标准,将汇票分为银行汇票和商业汇票,严格而言,这两种汇票都不是典型意义上的汇票,1995年5月10日我国第八届全国人大常委会通过的《中华人民共和国票据法》仍沿用了这种分类,这种做法遭到了一些学者的批评。

2. 汇票的产生和发展,与商品经济的产生和发展有着密切的联系。一般认为,在我国唐朝宪宗时期(806~820年)就有了被称为"飞钱"的汇票形式。也有人认为,严格而言,我国在清末以前,并没有现代意义上的票据制度,当然也没有汇票制度。清末,西方汇票制度传入我国。1929年,在国民政府制定的中国第一部票据法中,汇票被正式确定下来。新中国成立后的很长一段时间里,汇票仅限于在国际贸易中使用。进入80年代以后,汇票的使用范围逐步扩大,银行和国家企事业单位开始可以发行汇票。1995年5月10日通过的《中华人民共和国票据法》,确定了汇票这种票据形式。在西方,一般认为汇票起源于12世纪的意大利。在当时的意大利,经济贸易的不断发展与政治上的封建割据的矛盾促成了通用货币兑换商的产生。通用货币兑换商在经营汇款业务时交给客商在目的地分店或者代理店取款的凭证,即为本票的前身。后来兑换商业务中又增设了付款委托证书的授受。此种付款委托证书即为汇票的早期形式。随着这类证书的广泛使用,现代意义上的汇票逐渐形成。

3. 汇票是最具有典型意义、使用最为广泛的票据。汇票源自本票,而又远远地突破了本票的功能与使用范围。支票的使用范围也不能与汇票相提并论。票据的各种功能汇票基本部具有,同时它还在一些本票和支票很少涉及的范围内被广泛地使用。票据制度也主要围绕汇票来设计与发展。各国地票据法,无论是属于德国法系、法国法系还是属于英国法系,关于汇票的规定都占相当大的比例。同时,许多国家的票据法都有将汇票的规定用于本票与支票的准用条款。在英美法上,支票被认为是汇票的一种。汇票作为票据的一种,当然具备票据的特征。即汇票是一种出票人依票据法发行的,无条件支付确定的金额或委托他人无条件支付确定的金额给收款人或持票人的一种有价证券并且它属于完全的有价证券。汇票是委托他人支付的票据。汇票中有三个当事人,即出票人、付款人和收款人。 (王小能)

huipiao bude jizai shixiang

汇票不得记载事项(prohibitive terms of bills of exchange) 发票人不能在汇票上加以记载的事项。严格而言,此类事项并非发票人不能记载,而是发票人一旦在汇票上记载,即发生不利与发票人的法律后果。

根据其后果,此类事项可以分为以下三类:(1)记载不生票据法上效力的事项。此类事项发票人如在汇票上加以记载,在票据法上不生任何效力,但在民法或民诉法上仍要产生一定的效力。1995年5月10日我国第八届全国人大常委会通过的《中华人民共和国票据法》第33条规定,背书时附有条件的,所附条件不具有汇票上的效力。背书时附有的条件即属于此类事项。(2)记载无效的事项。此类事项发票人如在汇票加以记载,则不仅不发生票据法上的效力,同时,也不发生其他法上的效力,视为没有记载。《票据法》第33条第2款规定,将汇票金额的一部分转让的背书或者将汇票金额分别转让给二人以上的背书无效。《日内瓦统一汇票本票法》规定,发票人免除担保付款的记载,视为无记载。(3) 记载使票据无效的事项。此类事项又称为记载有害事项,指发票人一旦在汇票上加以记载则整个汇票都归于无效的事项。如发票人对委托支付附加条件,该附加条件的记载即足以使汇票无效。
(王小能)

汇票承兑原则 (principles of acceptance of bills of exchange)
票据法属于私法,私法以意思自治为其基本理念,因此票据法以承兑自由为其承兑原则之一。与此同时,票据法又有自己的立法倾向:在充分尊重当事人承兑自由的同时,票据法规定了对某些汇票不为提示承兑时对当事人的不利后果,这就是汇票以承兑为原则的汇票承兑原则。汇票权利义务长期处于不确定状态,不仅对有关当事人保护不周,也会影响整个汇票制度的运行。汇票应以承兑为原则,以不承兑为例外。详言之:(1) 对于注期汇票,当事人应为承兑,否则将难以确定汇票的到期日从而无法提示付款。对于记载有应为承兑字样的汇票,如果持票人不为承兑,即丧失对为该项记载的票据债务人的追索权。(2) 对于定期汇票和记期汇票法律没有规定不承兑对待票人的不利后果,但如当事人提示承兑,法律也予以支持。(3) 即期汇票和法律规定无需承兑的汇票持票人无需承兑,此为汇票承兑原则的例外。
(王小能)

汇票出票地 (place of draft)
根据《中华人民共和国票据法》第23条规定,汇票出票地即出票人发行汇票时,在汇票上记载的发票地域。我国法律认为汇票出票地为汇票的相对记载事项。如果持票人未为记载,依《票据法》规定,则依出票人的营业场所、住所或经常居住地为出票地。出票地的记载仅形式上具备即可,记载的出票地是否为出票时出票人的真实住所,在所不问。记载出票地的意义主要在于决定票据的准据法。我国《票据法》第98条规定,汇票本票出票时的记载事项,适用出票地法律。
(王小能 温慧卿)

汇票担保承兑 (acceptance on security of bills of exchange)
发票人或背书人向持票人承担的保证汇票获得承兑的责任。汇票是委托证券,付款人是否接受发票人的委托支付汇票金额在发票之时不得而知。因此,只有发票人承担汇票的承兑及付款的担保,受款人才愿意接受汇票,汇票制度才得以存在。发票人的担保责任是票据法规定的法定责任,然而票据法属于私法,意思自治乃私法之核心,因此发票人的担保责任有了可以被特约免除的余地。

发票人的担保责任是否可以被免除,有三种立法例:(1) 英美国家的票据法规定发票人在发票时可以特约免除承兑及付款得担保。《英国票据法》第16条规定,汇票发票人可在汇票上载明否定或限制他对持票人所承担的责任。《美国统一商法典》第3—413条第2款规定:出票人承担在汇票被拒付且出票人收到必要的拒付通知或拒付书时向执票人或任何取得票据的背书人支付汇票金额得义务。出票人可开立免予追索得汇票,从而解除上述义务。(2) 日内瓦法系的立法规定,发票人可依特约免除担保承兑的责任,从而使持票人在请求承兑遭拒绝时,持票人不得行使期前追索权;同时又规定,发票人不得依特约免除承担担保付款的责任。发票人关于"免除担保付款"的记载和其他同义的记载,视为无记载。(3) 1995年5月10日我国第八届全国人大常委会通过的《中华人民共和国票据法》第26条规定:发票人签发汇票后,即承担保证汇票承兑和付款的责任。该法未规定发票人得依特约免除其担保的责任。考虑到《票据法》的立法背景和目的,理论上一般认为,担保承兑中发票人不得依特约加以免除。发票人虽无条件委托付款,但在承兑前,付款人并不负担付款的责任。因此,发票行为不能拘束付款人负有承兑责任。

为保证汇票制度的运行,票据法要求发票人负担偿还的责任,即在付款人拒绝承兑或客观承兑不能如破产时,发票人对于持票人负担偿还票面金额、利息及其他必要费用的责任。

票据权利与一般债权不同,它包括付款请求权与追索权。这两种权利都随发票行为而产生。持票人在不获承兑或不获付款时,经过一定的程序,即可向票据债务人行使追索权,以实现自己的票据权利。
(王小能)

汇票担保付款 (certify for bills of exchange)
发票人或背书人向持票人承担的保证汇票获得付款的责任。汇票一经作成并交付产生就有担保的效力:发票人应该按照汇票文义的记载担保汇票的承兑及付款。汇票是委托证券,付款人是否接受发票人的委托支付汇票金额在发票之时不得而知。因此,只有发票人承担汇票的承兑及付款的担保,受款人才愿意接受汇票,汇票制度才得以存在。发票人的担保责任是票据法规定的法定责任,然而票据法属于私法,意思自治乃私法之核心,因此发票人的担保责任有了可以被特约免除的余地。

发票人的担保责任是否可以被免除,有三种立法例:(1) 英美国家的票据法规定发票人在发票时可以特约免除承兑及付款得担保。《英国票据法》第16条规定,汇票发票人可在汇票上载明否定或限制他对持票人所承担得责任。《美国统一商法典》规定,出票人承担在汇票被拒付且出票人收到必要的拒付通知或拒付书时向执票人或任何取得票据的背书上人支付汇票金额得义务。出票人可出立免予追索得汇票,从而解除上述义务。(2) 日内瓦法系的立法规定,发票人可依特约免除担保承兑的责任,从而使持票人在请求承兑遭拒绝时,持票人不得行使期前追索权;同时又规定,发票人不得依特约免除承担担保付款的责任。发票人关于"免除担保付款"的记载和其他同义的记载,视为无记载。(3) 1995年5月10日我国第八届全国人大常委会通过的《中华人民共和国票据法》第26条规定:发票人签发汇票后,即承担保证汇票承兑和付款的责任。该法未规定发票人得依特约免除其担保的责任。考虑到《中华人民共和国票据法》的立法背景和目的,理论上一般认为,无论是担保承兑还是担保付款,发票人均不得依特约加以免除。此外,发票人虽无条件委托付款,但在承兑前,付款人并不负担付款的责任。因此,发票行为不能拘束付款人负有承兑责任。

为保证汇票制度的运行,票据法要求发票人负担偿还的责任,即在付款人拒绝承兑或客观承兑不能如破产时,发票人对于持票人负担偿还票面金额、利息及其他必要费用的责任。另外,票据权利与一般债权不同,它包括付款请求权与追索权。这两种权利都随发票行为而产生。持票人在不获承兑或不获付款时,经过一定的程序,即可向票据债务人行使追索权,以实现自己的票据权利。

(王小能)

huipiao de jizai shixiang
汇票得记载事项 (optional terms of bills of exchange)
依汇票当事人的意思于汇票上记载的事项。得记载事项的记载与否,不影响汇票的效力,但一经记载,则产生票据上的效力。得记载事项的种类很多,各国家或地区票据法大多没有专门的规定,但是我国台湾票据法例外。

一般而言,得记载事项主要包括以下内容:(1) 担当付款人。即代付款人支付汇票金额的人。记载担当付款人的意义在于增强汇票的信用。汇票的付款人没有资格限制,一般付款人手头不一定留存有大量的现金来支付汇票金额,担当付款人的存在有助于持票人及时获得汇票金额。担当付款人可以由发票人记载,也可以由付款人在承兑时记载。承兑人还有权对发票人的记载加以涂销或变更。担当付款人不在汇票上签名,因此,他不是汇票的当事人,他仅与汇票当事人存在准资金关系或无因管理关系。在本质上,担当付款人是付款人的代理人。汇票上记载有担当付款人时,持票人应向其请示付款。担当付款人的拒绝付款与付款人的拒绝付款有相同的效力。但是对于承兑,持票人仍应向付款人请求,因为承兑是确定债务的行为,应由付款人决定。(2) 预备付款人。指有可能被追索的汇票当事人在汇票上记载的预备将来需要时参加承兑或参加付款的付款人以外的人。记载预备付款人的意义在于,持票人在提示承兑或按照权利要求付款遭拒绝时,为防止持票人行使追索权而由预备付款人参加承兑或参加付款,以保护汇票的信用和防止汇票金额的扩大。因此,有可能被追索的当事人,包括发票人、背书人以及保证人都可以记载预备付款人。预备付款人一般应是居住于付款地的人。与担当付款人不同,预备付款人由于要在汇票上签名,所以,预备付款人在汇票上签名后,便成为汇票债务人。(3) 付款处所。与付款地不同,付款处所指付款地域内具体的付款处。付款处所是付款地的进一步具体化。(4) 利息及利率。利息及利率的记载主要限于见票即付和见票后定期付款的汇票。对于定期付款和发票日后定期付款的汇票,由于到期日确定,利息可预先计算并将其记入汇票金额中,所以不必再附记利息。(5) 免除担保的特约。发票人对汇票应负担保承兑及付款的责任。这一担保责任能否被特约加以免除,各国立法态度不一。英美票据法规定,发票从可以免除承兑及付款的担保。日内瓦《统一汇票本票法》规定,发票人得免除承兑的担保。1995年5月10日我国第八届全国人大常委会通过的《中华人民共和国票据法》规定,发票人承担保证汇票承兑和付款的责任,没有规定允许发票人以特约加以免除。(6) 禁止背书转让。《日内瓦统一汇票本票法》和《中华人民共和国票据法》都规定发票人在汇票上记载有"不得转让"字样的,汇票不得背书转让。这一规定的目的在于尊重发票人的意思,将汇票限定在特定的主体和金额范围内。

除上述各项外,得记载事项还包括:指定请求提示的期限;禁止请求承兑或一定日期前请求承兑;变更请求承兑提示的期限;变更请求提示付款的期限;指定汇票金额的货币种类;免除拒绝事实的通知;免除作成拒绝证书;禁止发行回头汇票,等等。

从票据法理论上讲,凡是与票据性质不相矛盾且不为票据法明文禁止的事项,都应属于得记载事项。

(王小能)

huipiao de baozheng
汇票的保证 (avals) 又称票据的保证。票据债务人以外的第三人,为担保汇票债务的履行,以负担票据债务为目的的附属票据行为。票据保证是汇票和本票共有的制度。支票上没有保证制度,支票上有保付制度,但保付制度与保证制度有本质的区别。票据保证是一种附属的票据行为,以基本票据行为的完成为前提,同时,票据如果在形式上存在瑕疵,将影响票据保证的效力。

票据保证是一种单方要式的法律行为。保证人在汇票上依法记载一定的事项并签名,即可使票据保证成立生效。票据保证的记载事项由法律明文加以规定,行为人必须依法律规定加以记载。票据保证的保证人必须为票据债务人以外的第三人,因为票据保证的目的在于担保汇票债务的履行,所以保证人必须为票据债务人以外的第三人。1995年5月10日我国第八届全国人大常委会第十三次会议通过的《中华人民共和国票据法》第45条第2款规定,保证人由汇票债务人以外的他人担当。《日内瓦统一汇票本票法》对此有不同规定,该法第30条第2款规定,汇票保证,第三者或已在汇票上签名之当事人均得为之。对于保证人的其他资格原则上无任何限制,可以是自然人,也可以是法人。但是,法律上有特殊限制的,应该依其规定。票据保证的被保证人以票据债务人为限。无论票据主债务人,还是偿还债务人,都可以作为被保证人。

被担保的票据债务,即可以是承兑人的付款债务,也可以是发票人、背书人以及参加人人偿还债务。保证人得就汇票金额的全部或一部分为保证。据我国台湾地区票据法规定,如果保证人以汇票金额的一部分进行担保,则保证人公在所担保金额限度内承担汇票责任。票据的保证是就整个票据关系进行担保,因此,即使被保证人的债务无效,保证行为的效力不受影响。被保证人记载不明确时,依《中华人民共和国票据法》第47条规定,对于已承兑的汇票,承兑人为被保证人;未承兑的汇票,出票人为被保证人。《日内瓦统一汇票本票法》、《中华人民共和国票据法》,以及我国台湾地区票据法都对票据保证作了专门的规定。英美国家的票据法对此规定得比较概括。

(王小能)

huipiao de beishu
汇票的背书(endorsement of bills of exchange) 持票人为转让票据权利或为实现其他目的,在汇票背面或粘单上所为的一种附属票据行为。

汇票的背书有如下特点:(1)背书是一种附属的票据行为。相对于发票行为,背书属于附属的票据行为,所以,背书必须在已经发行的汇票上为之。背书行为的效力要受发票行为效力的影响。发票因欠缺形式要件而无效,背书行为也随之无效。如果发票行为具备形式要件,那么无论它事实上是伪造的还是无行为能力人所为,由于汇票是流通信用证券,背书行为的效力不受任何影响,此即背书行为的独立性。背书人应依据票据记载而承担责任。(2)背书是持票人所为的票据行为。持票人如果想转让票据权利或实现其他目的,可通过在汇票上为背书来完成。背书因其目的不同可分为转让背书和非转让背书。背书的次数没有限制。但是转让票据权利的背书,必须在到期日前为之。我国台湾地区票据法规定,到期日后进行的背书仅具有通常债权转让的效力,背书的人不负票据上的责任。但若背书人于背书时未记明日期者,推定其作成于到期日前。背书不得附有条件,背书时附有条件的,所附条件不具有汇票上的效力。将汇票金额的一部分转让的背书或将汇票金额分别转让给二人以上的背书无效。(3)背书应在汇票的背面或粘单上为之。

(王小能)

huipiao de canjia chengdui
汇票的参加承兑(acceptance for honor; acceptance by intervention) 预备付款人或第三人为了票据债务人的利益,在汇票不获承兑或其他法定原因无法为承兑提示时加入票据关系中,以防止持票人行使追索权的行为。参加承兑与承兑一样,都是汇票特有的制度。当汇票因不获承兑或无法承兑时,持票人便可进行期前追索。期前追索不仅给持票人带来了不必要的麻烦,同时将严重地影响发票人和汇票本身的信用。汇票的参加承兑制度正是为了克服上述的不足而出现的。参加承兑者总是为了某票据债务人而参加承兑。一方面,参加承兑阻止了持票人期前追索。保全了汇票发票人及汇票本身的信用,从而有利于票据债务人;另一方面,参加承兑使汇票得到了承兑,票据上的权利义务得以确定。从而有利于持票人。

关于参加承兑的性质,学说与立法向来存有争议。日内瓦法系将参加承兑与参加付款放在一起规定,形成统一的参加制度;我国台湾地区票据法将参加承兑作为一种特殊的承兑制度规定与承兑制度之中。参加承兑制度曾在票据制度中发挥过重要作用,但它毕竟是一种人的担保,在整个私法制度中人的担保让位于物的担保的背景下,参加制度,包括参加承兑制度,日益失去其重要性。美国旧票据法曾规定有参加承兑制度,但《统一商法典》已将其抛弃。1995年5月10日我国第八届全国人大常委会通过的《中华人民共和国票据法》也没有规定参加承兑。

参加承兑与承兑有许多共同的地方:二者都是汇票特有的制度,二者都是以负担票据债务为其直接目的的附属票据行为,二者都必须在汇票到期日前为之并记载于汇票正面,等等。但二者也有如下的不同:(1)最终目的不同。参加承兑的最终目的在于阻止票人行使期前追索权以保全汇票的信用;承兑的目的在于使汇票上的权利义务得以确定。(2)付款责任的顺序不同。参加承兑人的付款顺序排在付款人或担当付款人之后,即只有付款人或担当付款人拒绝付款后,参加承兑人才承担付款责任并只对被参加承兑人及其后手负责;承兑人作为汇票的主债务人,持票人可以直接向其主张汇票权利。承兑人应该向汇票上所有的权利人负责。(3)付款的效力不同。参加承兑人付款后仅取得对付款人、被参加承兑人及其前手的持票人的权利,票据关系并不因参加承兑人的付款行为而消灭,承兑人付款后,整个汇票关系归于消灭。(4)免责事由不同。参加承兑人的付款责任可因持票人的权利保全手续欠缺而免除,即如果持票人不在法定期限内为付款的提示或不在法定期限内作成拒绝证书,便丧失对参加承兑人的追索权;承兑人作为汇票的第一债务人,消灭时效完成是其免责的惟一事由。 (王小能)

huipiao de canjia fukuan
汇票的参加付款(payment by intervention of bills of exchange) 汇票付款人或担当付款人拒绝付款时,由第三人为特定票据债务人的利益对持票人付款,以防止持票人行使追索权的行为。参加付款的意义在于防止持票人行使追索权,保全票据债务人的信用。为达到这一目的,要求:(1)参加付款人应是付款人及担当付款人以外的第三人,如果是付款人或担当付款人付款,则不发生票据的信用问题,也就无所谓参加付款。(2)参加付款应该在持票人可以行使追索权时为之。我国台湾地区票据法第77条前段规定:参加承兑应于执票人得行使追索权时为之。此处的追索权如何解释,学者看法不同。有学者认为此处的追索权包括期前追索和期后追索。即无论是拒绝承兑还是拒绝付款,都可以参加付款,而不以拒绝付款为限。有学者认为,期前追索可以通过参加承兑而来防止,参加付款应主要是针对到期追索而言。(3)参加付款应为特定债务人的利益而为的行为。参加承兑目的在于阻止追索,简化票据关系,因此,我国台湾地区票据法规定,申请参加付款者有数人时,能免除最多数债务人的参加人有优先权。参加承兑人付款,以被参加承兑人为被参加付款人。预备付款人付款,以指定预备付款人之人为参加付款人。无参加承兑人或预备付款人,而汇票上未记载参加付款人的,以发票人为被参加付款人。
(王小能)

huipiao de chengdui
汇票的承兑(acceptance of bills of exchange) 汇票的付款人对于汇票发票人的付款委托在汇票票面上予以承诺的附属票据行为。承兑对于汇票制度具有重要意义。汇票是委付证券,汇票的金额不是由汇票发票人直接支付,而是由发票人委托付款人向持票人支付,发票人的付款委托是单方法律行为,付款人是否接受发票人的委托,发票人在发票时、持票人在接受汇票时并不知晓。在付款人明确表示接受委托前,持票人并不能强制请求其付款。所以持票人付款请求权实际上是一种不确定的权利。汇票是典型的信用证券,汇票的发票日与到期日之间往往有一段时间距离,如果这种不确定状态一直长期存在,必然影响汇票的流通与信用,持票人是否愿意承担付款义务,并不受发票人与付款人之间的基础关系所约束。即使发票人与付款人之间无任何关系,付款人如果愿意,仍可承担付款义务。即使发票人与付款人之间有委托协议,付款人仍可根据自己的意愿来决定是否为汇票付款。在这种情况下,发票人可追究付款人在民法上的违约责任,但在票据法上,付款人不负任何责任。这样的规则对付款人似乎太过于纵容,但是,如果在付款人为承兑之前就可强制其履行付款义务,将使人人都可能受到意想不到的付款委托和强制,这样的后果是每个人都不愿看到的。汇票制度中的承兑制度正是为了克服这些问题,促进汇票制度的发展。

汇票的承兑有以下要点:(1)承兑是汇票特有的制度。支票和本票都无需承兑。但各种汇票的承兑情况也不相同,即期汇票无需承兑,注期汇票和汇票上记载有应为承兑并指定其期限的汇票,持票人必须在指定的期限内向付款人请求承兑。否则,持票人对于为此项记载的发票人和背书人将丧失追索权。其他种类的汇票是否承兑,是汇票持票人的权利。但1995年5月10日我国第八届全国人大常委会通过的《中华人民共和国票据法》规定,除见票即付的汇票无需提示承兑外,其他种类的汇票均需承兑。(2)承兑是付款人所为的表示愿意承担汇票付款义务的行为。付款人一经承兑,则成为汇票的主债务人,应承担汇票的付款义务。汇票上的权利义务便确定了下来。如果承兑人届时不为付款,持票人可请求强制执行。(3)承兑是由付款人在汇票票面上所为的附属票据行为。付款人所为的承兑不得附有条件,承兑附有条件的,视为拒绝承兑,持票人可行使期前追索权。 (王小能)

huipiao de dangshiren
汇票的当事人(parties of bills of exchange) 在汇票关系中享有票据权利,负担票据义务的法律主体。汇票关系是由汇票当事人的票据行为而产生的权利义务关系,所以,汇票当事人都处于汇票关系中,可分为汇票债权人和汇票债务人两大类。汇票债权人为持票人是绝对的债权人,同时享有付款请求权和追索权。除此之外,汇票关系中所有的后手都是其前手的债权人,但他们只享有追索权,故而只是相对的债权人。汇票的债务人是指因实施一定的票据行为而在汇票上签名的人。汇票的债务人可分为第一债务人和第二债务人。前者是负担付款的责任。汇票关系中,付款人一经承兑就成为第一债务人,发票人与背书人都为第二债务人。

汇票的当事人可分为基本当事人和非基本当事人。(1) 基本当事人是指随发票行为而存在的汇票当事人。汇票基本当事人有三个:发票人、付款人和受款人。按票据法理论,汇票的基本当事人无资格的限制。但在我国内地,依1988年6月8日上海市政府发布、1989年7月24日修正的《上海市票据暂行规定》和1997年9月19日中国人民银行制定的《支付结算办法》,汇票的发票人限于银行及其他法人,其他法人以在银行开户者为限。1995年5月10日我国第八届全国人大常委会通过的《中华人民共和国票据法》沿用了商业汇票和银行汇票的称谓,并且规定"汇票分为银行汇票和商业汇票"。这是否意味着汇票发票人的资格仍限于银行和其他在银行开户的法人,目前尚无法律规定,学说认为此类限制实系画蛇添足。(2) 非基本当事人是指票据发行后通过其他票据行为而加入票据关系的汇票当事人。汇票的非基本当事人很多,包括背书人、被背书人、承兑人、参加承兑人、持票人、付款人、参加持票人、预备付款人、担当付款人、保证人等。汇票非基本当事人加入汇票关系所实施的票据行为不同,在汇票关系中的权利义务也不相同。与汇票的基本当事人不同,在一个汇票关系中,并非所有的非基本当事人都会出现。非基本当事人全部出现的汇票并不多见,而第一个汇票关系中都有基本当事人。

(王小能)

huipiao de daoqiri
汇票的到期日(maturity of bills of exchange) 汇票上记载的应该付款的日期。到期日是持票人对票据债务人请求付款的始期,只有汇票到期日届至后,持票人才可请求票据债务人付款。到期日对于汇票的意义是,持票人应在到期日届至时或其后一定日期内请求提示付款,否则,将丧失对其前手的追索权;票据权利的消灭时效期间一般从到期日起算;票据金额受追索时,票据金额的利息自到期日起算;票据到期日届至前,持票人不得请求付款,付款人也不能于到期日之前向持票人付款,否则,付款人并不能因此而免责。到期日必须是确定的一个具体日期。到期日与实际付款日有所不同,到期日是持票人可以请求付款的起始日,付款人可以在到期日这一天向持票人付款,这样,到期日实际付款日就是同一天。但是,付款人并不以在到期日当天付款为必要,各国票据法一般都规定,付款人可以也应该在到期日后的一段时期内付款。因此,到期日与实际付款日往往不是同一天。到期日对于汇票具有重要意义,各国票据法都将到期日规定为汇票的应记载事项,当汇票上未有到期日的记载时,法律规定了确定到期日的方法。

世界各国关于到期日的立法例大概有三种:(1) 设专章规定到期日。采这种立法例的票据法有《日内瓦统一汇票本票法》和我国台湾地区票据法;(2) 将到期日规定于某一节或某几节中。采这种立法例的有德国、瑞士的票据法及1995年5月10日我国第八届全国人大常委会通过的《中华人民共和国票据法》;(3) 将到期日的规定散落于各条规定中,而不是集中规定。采这种立法例的票据法主要是英美国家的票据法。

(王小能)

huipiao de fapiao
汇票的发票(issue of bills of exchange) 发票人作成汇票并将汇票交付给受款人的基本票据行为。汇票的发票行为分为两部分。首先是作成汇票,即发票人以创设票据上权利义务为目的,依照法律的规定,完成一定事项的记载使汇票成为一种存在;其次是交付汇票,发票人作成汇票后,基于自己的真实意思将汇票交付给他人占有。

关于票据行为的性质,有票据行为契约说与票据行为单方行为说。两种说法各有利弊,学者一直争论不休。但是,将交付作为汇票发票行为的组成部分,却是多数学者的共识。交付必须是出于发票人的真意,才产生发票的效果。违反发票人意思的交付,不产生交付的效力。汇票作成后,如果于交付前被窃、遗失或因其他违反当事人的意思的行为或事件脱离其占有,发票人票据上的责任。但是对于善意持票人,发票人仍应负票据上的责任。至于对发票人的救济,则不属于票据法的调整范围。单方行为说又分为创造说和发行说,所谓发行说便主张票据作成后必须有交付才算发票的完成。汇票的发票行为是基本票据行为,发票行为的完成,使汇票法律关系产生,从而在当事人之间形成票据上的权利义务。发票人负担担保承兑与担保付款的责任;付款人则取得了对汇票进行承兑的地位;受款人则取得汇票的转让权、付款请求权和追索权。

汇票的发票是要式法律行为,必须具备一定的格式。否则将视其欠缺事项而产生相应的法律后果。法律规定的票据应记载事项,发票人必须严格记载。如有欠缺,发票行为即无效,其后附属的汇票行为如背书、承兑等也为无效。这里所指的欠缺,指形式上欠缺而非事实上的欠缺。汇票属流通证券,票据法仅强调形式的具备而不问内容的真实。对于形式的欠缺,是出于故意或过失,在所不问。

(王小能)

huipiao de fenlei
汇票的分类(classification of bills of exchange) 为特定的目的,按一定的标准,对汇票进行的划分。根据不同的标准,可以对汇票作不同的分类。

以权利人记载方式为标准,汇票可分为:(1)记名式汇票,指发票人明确记载受款人姓名或名称的汇票。记名式汇票的转让,仅能依背书的方式进行。如果发票人或背书人记载有"禁止转让",则该票据的转让方式与普通债权的转让方式相同,不发生票据法上背书转让的效力。(2)指示式汇票,指发票人在记载受款人姓名或名称的同时记载"或其指定人"字样的汇票。此类汇票的转让,只能依背书的方式进行,同时,发票人或背书人不得为"禁止转让"的记载。(3)无记名式汇票,指发票人没有记载受款人姓名或名称的汇票。此类汇票仅依交付即可转让。无记名汇票可由持票人记载自己或他人的姓名或名称而变为记名式汇票或指示式汇票。

以汇票上指定的到期日方式为标准,汇票可分为:(1)即期汇票,指见票即付的汇票,包括汇票上明确"见票即付"字样的汇票、没有记载到期日汇票以及到期日与发票日相同的汇票。即期汇票仅具有支付功能,在实践中使用不多。(2)远期汇票,指汇票上记载了一定的付款日期或付款日期计算方法的汇票。远期汇票又可分为定期汇票、计期汇票、注期汇票以及分期付款汇票。

以汇票当事人资格是否重合为标准,汇票可分为:(1)一般汇票,指汇票关系中三个基本的当事人分别由不同的人充当。(2)变式汇票,指汇票关系中的两上或三个基本当事人同时由一人充当的汇票。它又可分为指己汇票、对己汇票、付受汇票。此外,还有一种更为特殊的汇票称为己付己受汇票。这种汇票中发票人、付款人和受款人由一人兼任,如同一公司的各分公司之间发行的汇票。

以发行和付款的地域标准,汇票可分为:(1)本国汇票,指发行地和付款地在同境内的汇票。(2)外国汇票,指本国汇票之外的汇票的任何汇票。这是英美法上的一种分类方法,但是英国和美国关于本国汇票的规定不尽相同。

以汇票发票人为标准,汇票可分为:(1)银行汇票,指发票人为银行的汇票。(2)商业汇票,指由银行外的法人为发票人的汇票。这种分类方法为我国大陆所特有,是经济改革过程中的产物。严格而言,此两种汇票为票据法上典型汇票的变态。1995年5月10日我国第八届全国人大常委会通过的《中华人民共和国票据法》沿用了这种分类,并将汇票限于银行汇票和商业汇票,从而排除了自然人对汇票的使用,大大缩小了汇票的使用范围,限制了汇票作用的发挥,对此学者多持异议。

(王小能)

huipiao de fukuan

汇票的付款(payment of bills of exchange) 付款人或担当付款人向持票人支付票据金额以消灭票据关系的行为。付款有狭义和广义之分。付款的狭义和广义的区别在于付款主体的不同。狭义的付款是指付款人或担当付款人支付票据金额的票据行为。狭义的付款使票据关系全部最终绝对的消灭。广义的付款是指任何票据债务人依照票据文义向持票人支付票据金额的票据行为。广义的付款既包括狭义的付款即付款人或担当付款人的付款,也包括其他票据债务人如背书人、保证人、参加付款人等向持票人支付票据金额的行为。除付款人与担当付款人的付款行为外,其他票据债务人的付款行为并不能最后消灭票据关系,只能使票据关系的权利义务主体发生变更。比如付款主体为背书人,付款后该背书人取得对其前手的追索权;如果付款主体为保证人,付款后该保证人取得对被保证人及其前手的汇票上的权利;如果付款主体为参加付款人,付款后该参加人取得对被参加付款人及其前手、发票人及承兑人的追索权。通常的付款指狭义的付款。

狭义的付款包括以下诸要点:(1)付款是汇票的付款人或担当付款人所为的票据行为。(2)付款以支付票据金额为其内容。(3)付款的目的在于消灭票据关系,结束票据关系当事人之间的权利义务关系。(4)付款必须是无条件的。如果汇票在发票时即以一定条件作为付款条件,则该汇票无效。如果付款人在付款时为付款附加一定条件,则持票人可视其为拒绝付款而进行追索。(5)付款人在付款时不必在汇票上为任何意思表示,因此,付款只是一种准票据法律行为。

(王小能)

huibiao de fukuan de chengxu

汇票的付款的程序(procedure of payment of bills of exchange) 汇票的付款所需要经过的步骤。完整的汇票付款一般包括三个阶段:(1)付款的提示。指由持票人向付款人或担当付款人现实地出示票据并请求其支付票据金额的行为。提示是付款的首要步骤,在一般情况下,请求付款必须先为付款的提示。但是在一些特殊情况下,持票人可以免于提示。付款的提示人应该是汇票的持票人,被提示人包括付款人、担当付款人以及票据交换所。关于汇票提示的期间,各国法律在具体时间的长短方面有不同的规定。但是,对于即期汇票,一般要求持票人在发票日后一定时间内为付款的提示,对于远期汇票,一般要求持票人在到期日后一定时间内为付款的提示。提示的地点应该是汇票的付款地,如果汇票上没有记载付款地,提示的地点如何确定,各国法律规定也不尽相同。付款的提示必须由持票人将汇票现实地向被提示人出示。提示对持票人将产生两方面的效力:一方面提示是行使持票人的付款请求权,另一方面并且保全了追索权。提示对于被提示人的效力是,如果提示人是正当的持票人,并且该提示在各方面都没有瑕疵的情况下,被提示人应该在法律规定的期限内付款,否则将承担迟延付款的责任。(2)支付汇票金额。对于持票人的付款提示,付款人有审查的权利和义务。付款人应该在主观上尽到合理的注意的情况下审查汇票的背书是否连续,审查汇票上其他的形式要件是否欠缺。但是,付款人对于背书的真伪及持票人是否是真正的权利人等实质要件不承担审查的责任。付款人履行其应尽的审查义务后,如果持票人为正当的持票人,则应该在法律规定的付款时期内向其支付票据金额。各国票据法对付款时期的规定也互有区别。在承认一部分付款的国家和地区,付款人可以为全部付款也可以为一部分付款。在不承认一部分付款的国家和地区,付款人只能为全部付款。付款人应该支付什么种类的货币,各国票据法规定也不同。(3)缴回汇票。付款人向持票据人付款后,持票人应该在汇票上记载收讫字样并将汇票交给付款人。如果付款人仅向持票人支付一部分汇票金额,持票人应在汇票上记载已收到金额的数目并给付款人签发收据。

(王小能)

huipiao de fuben

汇票的复本(parts of a set of bills of exchange) 又称成套汇票。汇票关系的发票人就同一个汇票关系发行若干份内容完全一致的汇票,每一份汇票都称为复本。汇票复本是为了适应商品交换日益复杂的情况而出现的。复本的发行目的主要有两个,其一是安全,其二是便利。为了防止汇票丢失给汇票关系当事人造成损失,或为了方便持票人在为提示承兑的同时进行汇票的流通转让,发票人发行若干份内容与效力完全相同汇票。汇票复本的出现,一方面给票据关系人带来了便利与利益,另一方面,也使汇票关系变得更为复杂,从而可能给汇票关系当事人带来麻烦与损失。复本是汇票特有的制度,因为本票是单张票据,而支票则是见票即付,其作用更在于付款而不在于流通。许多国家的票据法多规定了汇票的复本制度,其中日内瓦法系还承认支票的复本。1995年5月10日我国第八届全国人大常委会第十三次会议通过的《中华人民共和国票据法》没有关于汇票复本的规定。 (王小能)

huipiao de jujue zhengshu

汇票的拒绝证书(protest of bills of exchange) 证明持票人曾依法积极行使汇票权利,但是因为一定的原因而无法实现权利的要式的文件。权利人应该积极地行使自己的权利,拒绝证书的目的就在于证明权利人曾积极地行使权利从而为自己的权利得到法律的进一步保护提供正当的基础。拒绝证书作为持票人积极行使权利的证明,构成了追索权行使与保全的组成部分。拒绝证书只能证明行使权利事实的存在,它本身不能表示权利。拒绝证书为要式的公证书,只能由一定的机关代表公权力依法律的规定作成。早期的拒绝证书,形式和作成手续都较为繁琐,随着经济生活节奏的加快,拒绝证书也变得越来越简单。略式与多样的拒绝证书正被广泛地使用。免除作成拒绝证书的情况也越来越多。各国票据法及时反映了现实生活的需要,纷纷在立法上简化拒绝证书的作成手续。

近年来,由于票据通过银行与票据交换所进行交换的情况日益增多,银行的退票理由书逐渐被赋予了拒绝证书的效力。1995年5月10日我国第八届全国人大常委会通过的《中华人民共和国票据法》规定许多文件具有拒绝证书的效力,该法第62条规定,持票人提示承兑或提示付款被拒绝的,承兑人或付款人必须出具拒绝证明,或者出具退票理由书。第63条规定,持票人因承兑人或付款人死亡逃匿或者其他原因,不能取得拒绝证明的,可以依法取得其他有关证明。第64条规定,承兑人或付款人被人民法院依法宣告破产的,人民法院的有关司法文书具有拒绝证明的效力。承兑人或付款人因违法被责令终止业务活动的,有关行政主管部门的处罚决定具有拒绝证明的效力。世界各国的票据法中,英美各国的票据法对拒绝证书的规定较为具体和详细;日本有专门的《拒绝证书令》;日内瓦法系票据法关于拒绝证书外规定较为简略。

(王小能)

huipiao de tengben

汇票的誊本(copies of bills of exchange) 又称草票。汇票的持票人为了背书或保证的需要,根据汇票的原本而发行的誊写本。誊本不是汇票,它是在票据制度的长期发展过程在实践中逐步发展起来的一种汇票的替代形式。誊本的发行目的主要在于促进汇票的流通。誊本的这一发行目的主要体现在,当汇票原本必须提示承兑而又有为背书或保证行为的需要时,汇票的誊本即可以满足这种需要。

誊本本身不具有法律上的效力,仅具有对汇票原本的补充效力,持有汇票誊本的持票人,只有同时持有汇票的原本,才能行使票据上的权利。日内瓦法系对汇票的誊本制度有明确规定。1995年5月10日我国第八届全国人大常委会通过的《中华人民共和国票据法》对汇票的誊本没有规定。 (王小能)

huipiao de zhuisuoquan

汇票的追索权(right of recourse on bills of exchange)

汇票在提示承兑或提示付款遭拒绝或有其他法定事由时,持票人履行保全手续后,所享有的向其前手请求偿还汇票金额、利息及其他费用的一种票据上的权利。追索权是持票人所享有的一种票据权利。票据上的权利主要包括两种:付款请求权和追索权。持票人在汇票到期后为提示付款遭拒绝时,一方面,他可以通过诉讼或其他手段来进一步实现自己的付款请求权;另一方面,他也可以向汇票上所有签名的债务人行使追索权。追索权是赋予持票人的第二次的权利,它可以保证持票人在因客观或主观原因从付款人处得不到付款的情况下,尽可能的实现票据权利。但是追索权是一种有条件的权利,其客观条件是汇票不获承兑或到期不获付款或有其他法定原因,如付款人死亡、破产等;其主观条件是持票人适当地履行了保全手续,即遵循提示并作成了拒绝证书,追索权的内容是持票人向其前手请求偿还票据金额、利息及费用。这里所谓前手,不限于其直接接手,而是包括在票据上签名的所有前手。各国票据法对追索权都有规定。

关于票据的追索权有三种立法主义。(1)"一权主义",又称期前偿还主义。指在汇票到期日之前,无论被拒绝付款还是被拒绝承兑,持票人都可以向偿还义务人请求偿还。一权主义认为,汇票被拒绝承兑或无法承兑本身就说明汇票的信用出现瑕疵,应该及时赋予持票人追索权才能更好地保护持票人的利益,从而保护整个汇票制度。(2)"二权主义"又称担保主义。指追索权包括担保请求权和偿还请求权,当持票人提示承兑遭拒绝或无法承兑时,持票人只能行使担保请求权,即只能请求其前手为汇票的付款提供担保;只有提示付款遭拒绝后,持票人才能行使偿还请求权。二权主义认为,汇票不获承兑或无法承兑,并不必然说明汇票一定得不到付款,因此,只有在汇票不获付款,即确凿无疑地不能得到付款时,持票人才能向其前手行使偿还请求权。(3)"选择主义"又称折衷主义。指汇票在不获承兑时,追索权的内容是担保请求权还是偿还请求权,由当事人来决定。折衷主义又因选择权人的不同而分为两种:一是由持票人选择,即在汇票不获承兑时,持票人可决定行使担保请求权还是行使偿还请求权;一是由被追索人选择,即在汇票不获承兑时,被追索人可决定提供担保还是偿还金额。应该说,上述三种立法例各有其价值倾向。其中,一权主义注重保护持票人的利益,注重保护交易安全,更有利于促进票据制度和经济的发展,因此,当今世界上二大法系,日内瓦法系和英美法系都采一权主义,二权主义和选择主义曾为一些国家的票指法采用过,但如今已被许多国家的票据法所抛弃,目前,采用这两种立法主义的国家已为数不多。1995年5月10日我国第八届全国人大常委会通过的《中华人民共和国票据法》和我国台湾地区票据法采一权主义。　　　　　(王小能)

huipiao fapiao de kuanshi

汇票发票的款式(form of issue of bills of exchange) 汇票票面记载的事项。各国法律关于汇票款式的规定不尽相同。一般而言,发票人在汇票上记载的事项包括以下几类:

1. 应该记载事项:(1)绝对应记载事项。1995年5月10日我国第八届全国人大常委会第十三次会议通过的《中华人民共和国票据法》第22条规定,汇票必须记载下列事项:表明"汇票"的字样;无条件支付的委托;确定的金额;付款人名称;受款人名称;出票日期;出票人签章。汇票上未记载上述事项之一的,汇票无效。(2)相对应记载事项。这些事项也是汇票上应记载的,但如未为记载,汇票不因此而无效。对于相对应记载事项,汇票上已经有记载的,依记载发生效力;如未为记载,则依法律规定填补所欠缺的内容。依《中华人民共和国票据法》第23条规定,汇票上记载付款日期、付款地、出票地等事项应当清楚明确。汇票上未记载付款日期地,未见票即付。汇票未记载付款地的,付款人的营业场所、住所地或者经常居住地为出票地。

2. 得记载事项,即法律未严格要求票面上必须记载此类事项,但如果当事人加以记载,法律也会承认其效力;如果没有记载也不影响汇票的效力。此类事项较多,各国票据法一般都没有专门的列举式规定。一般认为,此类事项包括:担当付款人、预备付款人、付款处所、利息及利率、免除担保承兑的特约、禁止背书、指定请求提示的期限、免除作成拒绝证书等。

3. 不得记载事项,根据其被记载后所生之效力不同,这类事项又可分为:(1)记载不生票据法效力的事项,即当事人的记载,在票据法上不生效力,但在民法、诉讼法上,这些记载仍要产生其效力。(2)记载无效的事项,这类事项记载后,不仅不生票据法上的效力,而且在民法、诉讼法上也不生效力,即视为无记载。(3)记载有害事项,这类事项一经记载,即使整个票据归于无效。在实践中,汇票的款式多为事先印好的固定格式,当事人只需要按要求填写即可。　　(王小能)

huipiao fapiao de xiaoli

汇票发票的效力(effects of issue of bills of exchange) 发票行为在汇票当事人之间的产生的权利义务关系。汇票的发票是以创设票据权利义务为目的的基本票据行为。汇票一经作成并交付产生以下效力:

1. 担保的效力。发票人应该按照汇票文义的记载担保汇票的承兑及付款。汇票是委托证券,付款人是否接受发票人的委托支付汇票金额在发票之时不得而知。因此,只有发票人承担汇票的承兑及付款的担保,受款人才愿意接受汇票,汇票制度才得以存在。发票人的担保责任是票据法规定的法定责任,然而票据法属于私法,意思自治乃私法之核心,因此发票人的担保责任有了可以被特约免除的余地。发票人的担保责任是否可以被免除,有三种立法例:(1) 英美国家的票据法规定发票人在发票时可以特约免除承兑及付款得担保。《英国票据法》第16条规定,汇票发票人可在汇票上载明"否定或限制他对持票人所承担得责任"。《美国统一商法典》规定,出票人承担在汇票被拒付且出票人收到必要的拒付通知或拒付书时向执票人或任何取得票据的背书上人支付汇票金额得义务。出票人可出立免予追索得汇票,从而解除上述义务。(2) 日内瓦法系的立法规定,发票人可依特约免除担保承兑的责任,从而使持票人在请求承兑遭拒绝时,持票人不得行使期前追索权;同时又规定,发票人不得依特约免除承担保付款的责任。发票人关于"免除担保付款"的记载和其他同义的记载,视为无记载。(3) 1995年5月10日我国第八届全国人大常委会通过的《中华人民共和国票据法》第26条规定:发票人签发汇票后,即承担保证汇票承兑和付款的责任。该法未规定发票人得依特约免除其担保的责任。考虑到《票据法》的立法背景和目的,理论上一般认为,无论是担保承兑还是担保付款,发票人均不得依特约加以免除。

2. 偿还效力。发票人虽无条件委托付款,但在承兑前,付款人并不负担付款的责任。因此,发票行为不能拘束付款人负有承兑责任。为保证汇票制度的运行,票据法要求发票人负担偿还的责任,即在付款人拒绝承兑或客观承兑不能如破产时,发票人对于持票人负担偿还票面金额、利息及其他必要费用的责任。

3. 追索效力。票据权利与一般债权不同,它包括付款请求权与追索权。这两种权利都随发票行为而产生。持票人在不获承兑或不获付款时,经过一定的程序,即可向票据债务人行使追索权,以实现自己的票据权利。

(王小能)

huipiao fapiaoren

汇票发票人(drawer of bills of exchange) 作成汇票并将其交付与受款人的汇票基本当事人。一般而言,汇票的发票人没有资格的限制,但在我国内地,有一些例外。依1988年6月8日上海市政府发布、1989年7月24日修正的《上海市票据暂行规定》和1997年9月19日中国人民银行制定的《支付结算办法》,汇票的发票人限于银行及其他法人,其他法人以在银行开户者为限。1995年5月10日我国第八届全国人大常委会通过的《中华人民共和国票据法》沿用了商业汇票和银行汇票的称谓,并且规定"汇票分为银行汇票和商业汇票"。这是否意味着汇票发票人的资格仍限于银行和其他在银行开户的法人,目前尚无法律规定,学说认为此类限制实系画蛇添足。

汇票关系因为发票人的发票行为而产生。发票人自己置身于汇票关系的权利义务之中。发票人应当担保汇票的承兑和付款。如果持票人请求承兑或请求付款时遭到拒绝,发票人应对持票人负偿还责任。在汇票承兑后,发票人属于第二债务人。发票人的担保责任是否可以免除,各国的立法规定不同。英美国家的立法规定发票人可以不承担担保承兑和付款的责任。日内瓦法系和我国台湾地区的票据法规定,发票人可以特别约定免除担保承兑的责任,但不可免除付款的担保。我国《票据法》第26条规定,发票人签发汇票后,即承担保证该汇票承兑和付款的责任。因此,该担保责任不得免除。

(王小能 温慧卿)

huipiao fapiaori

汇票发票日(date of draft) 汇票的发票日期是大陆法系国家及我国的必要记载事项之一,在汇票的权利义务关系中具有重要意义。它被用来确定利息的起算日、确定计期汇票的到期日、确定即期汇票的付款提示期限、确定注期汇票的承兑提示期限、确定时效、确定发票人的权利能力等。但是汇票上记载的发票日期,只要在形式上具备即可。无论记载日期与实际发票日是否相符合,均不影响发票行为的效力。汇票上记载的发票日期若是历法上没有的日期,应认为不合要求,等于未记载,此汇票无效。但在英美法上出票日期不是汇票的绝对应记载事项。

(王小能 温慧卿)

huipiao feijiben dangshiren

汇票非基本当事人(non-key parties of bills of exchange) 汇票当事人的一种,基本当事人的对称。是指票据发行后通过其他票据行为而加入票据关系的汇票当事人。汇票的非基本当事人很多,包括背书人、被背书人、承兑人、参加承兑人、持票人、付款人、参加持票人、预备付款人、担当付款人、保证人等。汇票非基本当事人加入汇票关系所实施的票据行为不同,在汇票关系中的权利义务也不相同。与汇票的基本当事人不同,在一个汇票关系中,并非所有的非基本当事人都会出现。非基本当事人全部出现的汇票并不多见,而第一个汇票关系中都有基本当事人。

(王小能)

huipiao fukuanren

汇票付款人(drawee of bills of exchange) 汇票上记载的向持票人支付汇票金额的汇票基本当事人。汇票的付款人一般都是受发票人的委托向持票人付款,但是付款人并不应为发票人的记载而负有付款义务。发票人的发票行为仅是使付款人取得一种在汇票上进行承兑的地位。在未为承兑前,付款人并不受汇票拘束,持票人不得强求付款人承兑或付款。但是付款人如果对汇票进行了承兑,就成为汇票关系中的主债务人,要承担付款的责任。汇票是委托证券,但是付款人和发票人之间的关系,不属于票据法调整的范围。

(王小能)

huipiao jiben dangshiren
汇票基本当事人(key parties of bills of exchange) 汇票当事人的一种,非基本当事人对称。基本当事人是指随发票行为而存在的汇票当事人。汇票基本当事人有三个:发票人、付款人和受款人。按票据法理论,汇票的基本当事人无资格的限制。但在我国内地,依1988年6月8日上海市政府发布、1989年7月24日修正的《上海市票据暂行规定》和1997年9月19日中国人民银行制定的《支付结算办法》,汇票的发票人限于银行及其他法人,其他法人以在银行开户者为限。1995年5月10日我国第八届全国人大常委会通过的《中华人民共和国票据法》沿用了商业汇票和银行汇票的称谓,并且规定"汇票分为银行汇票和商业汇票"。这是否意味着汇票发票人的资格仍限于银行和其他在银行开户的法人,目前尚无法律规定,学说认为此类限制实系画蛇添足。

(王小能)

huipiao qianming
汇票签名(signature on bills of exchange) 出票人签章是出票人承担发行汇票责任的表示行为。也是出票人使汇票发生票据法上效力的最终因素,还是证明出票人有意为汇票承担最终付款义务及其他票据责任的直接证据,因而在汇票关系中属为最为关键的因素。汇票上的出票人可以是一人也可以是两人或两人以上的签章。凡两人以上共同签章的,即为共同出票人,应对票据上的文义负连带责任。如果是法人出票人的,其在汇票上的签章为法人的印章和法定代表人或所授权的代理人的印章。出票人在汇票上的签名应当是其本名。《中华人民共和国票据法》第7条规定汇票的签章是绝对必要记载事项:票据上的签章,为签名、盖章或者签名加盖章。法人和其他使用票据的单位在票据上的签章,为该法人或者该单位的盖章加法定代表人或者其授权的代理人的签章。在票据上的签名,应当为该当事人的本名。该法第14条第2款规定:票据上有伪造、变造的签章的,不影响票据上其他真实签章的效力。

(温慧卿 王小能)

huipiao shangde dangshiren
汇票上的当事人(parties on bills of exchange) 在汇票中享有票据权利或者承担义务或者与汇票权利义务有密切关系的法律主体。在汇票关系中,包括三个基本当事人,即出票人、付款人和收款人。出票人是指签发汇票并委托付款人进行付款的人。由于出票是一种票据行为,出票人的资格必须符合法律规定,具有相应的行为能力是签发票据的前提条件,无行为能力者要由其法定代理人或者监护人代理为出票行为。付款人是汇票上载明的、受托承担付款的人,在付款人承兑后,则成为承兑人。银行汇票的付款人是参加"全国联行往来"的银行,商业汇票的付款人是商品交易活动中接受货物的当事人或者与之签订承兑协议的银行。收款人是汇票上载明的,有权持有汇票并接受付款的人。而从收款人处依法受让汇票并取得付款的人,则为持票人。这三个基本当事人之间相互形成票据关系,出票人和付款人为票据义务人,收款人则为票据权利人。除此之外,汇票上的当事人还包括作为非基本当事人的背书人、保证人等。下面以一般的汇票为例图释汇票上的当事人:

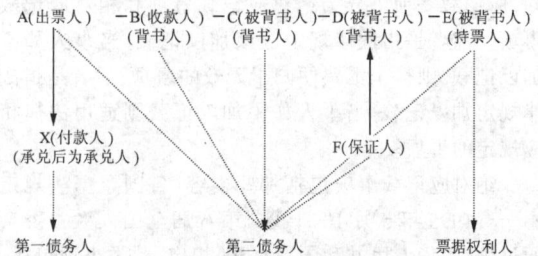

需要注意的是,此图所示各当事人是依据《中华人民共和国票据法》的一般规定而列的,票据实务中有所变通。从图上看,汇票的基本当事人有三方,即出票人A,收款人B,付款人X;非基本当事人有保证人F,背书人C、D、E。实际运作中,背书人也许没有,也许人数更多,保证人亦然。另外,本图中的最后持票人E为权利人,其余人都为票据债务人。其中,A、B、C、D、F属于第二债务人,即当票据得不到承兑或者得不到付款时,由他们向持票人负责。X的身份比较复杂,在其为承兑行为之前,他是出票人记载的对票据无条件付款的第一债务人。同时,如果在票据到期时他拒绝对持票人付款,致使持票人对其他债务人进行追索,这时的成兑人也作为被追索人而被列入第二债务人范畴。

(李 军)

huipiao shoukuanren
汇票受款人(payee of bills of exchange) 汇票上记载的有权接受汇票金额的汇票基本当事人。在日内瓦法系和我国内地,由于不允许发行无记名汇票,因此,受款人的姓名或名称是汇票绝对应记载事项。与此不同,英美法和我国台湾票据法允许发行无记名汇票,因此,在这些国家和地区,受款人的姓名或名称为汇票的应记载事项。受款人取得汇票后,便取得了汇票的付款请求权和追索权。其中付款请求权必须在付款人承兑后才能为现实的权利,追索权的行使也必须符合一定的条件。需要说明的是受款人只是最初的权利人,即汇票发行时的权利人,因为汇票具有流通性,所以最后行使付款请求权和追索权的持票人往往不是票面上记载的受款人。当然,最后持票人行使的上述权利也是通过受让汇票而从受款人那里得到的。受款人不以一个为限。受款人有两人以上时,其权利的行使方式依记载方式不同而不同。记载方式共有两种:一为重叠记载,票据上的权利应由所记载的受款人共同行使;一为选择记载,票据上的权利可由其中一人执票行使。

(王小能)

汇票应记载事项(essential terms of bills of exchange) 法律规定汇票票面应该加以记载的事项。依效力不同,应记载事项可分为绝对应记载事项和相对应记载事项。前者是指法律规定应该加以记载,当事人如不加以记载,则整个汇票便归于无效的事项;后者是指法律规定加以记载,当事人如不加以记载则适用法律相应规定的事项。

绝对应记载事项包括那些内容,各国票据法规定不一。1995 年 5 月 10 日我国第八届全国人大常委会通过的《中华人民共和国票据法》规定,此类事项包括:

1. 表明"汇票"的字样。即所谓的"票据文句",票据文句的作用在于区别各类证券。汇票上没有表明"汇票"的字样,则汇票无效。但表明汇票的文字,理论上认为不应以"汇票"二字为限,凡能表明汇票之性质的文字,都应认为有效。在我国的实务中,"汇票"字样的记载大都在汇票正面的端首;而日内瓦法系则具体要求"汇票"字样记载于汇票的正文内,以防止汇票的变造。

2. 无条件支付的委托。发票人于汇票上委托付款人支付票面金额的表示。这种表示,不得附有任何条件,否则汇票无效。关于对委托无条件的确认,各国票据法规定互不相同。《美国商法典》分别从正反两方面规定了对所谓"无条件"的确认。规定票据有下列事实之一的,原属无条件的承诺或委托不得成为附有条件:(1) 受默示或解释上推论的条件限制;(2) 记明票据的约因,不论是已经履行或已经承诺,或产生票据的交易行为,或作出承诺、委托或票据到期,是依照或符合这种交易行为;(3) 提及或票据产生于另外的协议,或提及关于预付或加快付款的权利来源于另外的协议;(4) 记明是根据信用证签发;(5) 记明票据附有保证,不论是抵押权、产权保留或是其他;(6) 指明记特定账户的借方,或预期从任何其他基金或专门来源偿还;(7) 如果票据由政府、政府机构或单位发行,限定从专门基金或专门来源的收入中支付;(8) 票据是由合伙、非法人团体、信托基金或财产组织体发行或以其名义发行的,限于从其全部财产中支付。第 305 条第 2 款规定:若票据有下列情形的,承诺和委托不是无条件:(1) 记明票据受任何其他协议的约束和限制;(2) 除本条另有规定外,记明票据法从专门基金或来源中支付。我国上海市政府 1988 年 6 月 8 日发布、1989 年 7 月 24 日修正得《上海市票据暂行规定》第 12 条明确规定:票据上所为的下列记载,不被认为是委托支付的条件:(1) 签发票据的原因或用途;(2) 该票据项下的交易合同号码;(3) 该票据项下的有关单证。

3. 确定的金额。汇票上的金额必须确定。汇票上金额的记载可以是文字,也可以是数字。当几种记载的数额不一致时,许多国家的票据法规定,以文字记载的数额为准。《中华人民共和国票据法》规定:票据金额以中文大写和数码同时记载,二者必须一致。二者不一致的,票据无效。

4. 付款人名称。付款人可以是法人,也可以是自然人。付款人通常是发票人以外的第三人,但也可以是发票人本人,此时,即构成已付票据。付款人不以一人为限,如果付款人为一人以上,各付款人的责任依发票人的记载方式不同而不同。(1) 选择的记载:如张三或李四,持票人可以向其中任何一人请求承兑或付款;(2) 顺次的记载:如先向张三,后向李四,此时李四视为预备付款人;(3) 分担的记载:如张三分担票面金额的一半,李四分担票面金额的一半,则持票人应该按照票面所记载的比例,分别请求各人付款;(4) 重叠的记载:如张三即李四,此时二者的付款责任,为连带责任还是分担责任?追索权的行使是否以其中一人拒绝即为满足?学说一般认为,二人均可就汇票为承兑,基于票据行为的独立性,二人应各自独立负责。

5. 收款人名称。收款人又称为受款人,为汇票最初的权利人。我国《票据法》将受款人的名称列为绝对应记载事项,说明我国大陆不允许发行无记名汇票。在我国台湾,受款人名称为相对应记载事项,如果汇票上未为记载,则持票人为收款人。按照交易习惯,收款人名称不一定为全名,只要能明确何人为收款人即可。收款人不以一人为限。如收款人为 2 人或 2 人以上时,其记载方式不外有两种:(1) 重叠记载,在这种情况下,应由所记载的权利人共同行使票据上的权利;(2) 选择记载,在这种情况下,票据上的权利可由其中任一人持票行使。

6. 出票日期。出票日期在汇票的权利义务关系中具有重要意义。它被用来确定利息的起算日,确定计期汇票的到期日,确定即期汇票的付款提示期限,确定注期汇票的承兑提示期限、确定时效、确定发票人的权利能力等。但是汇票上记载的发票日期,只要在形式上具备即可。无论记载日期与实际发票日是否相符合,均不影响发票行为的效力。在英美法上出票日期不是汇票的绝对应记载事项。

7. 出票人签章。签章是出票人承担发行汇票责任的表示行为。

我国《票据法》第 7 条规定:票据上的签章,为签名、盖章或者签名加盖章。法人和其他使用票据的单位在票据上的签章,为该法人或者该单位的盖章加起法定或者其授权的代理人的签章。在票据上的签名,应当为该当事人的本名。该法第 14 条第 2 款规定:票据上有伪造、变造的签章的,不影响票据上其他真实签章的效力。

相对应记载事项,各国票据法规定也不相同。根据我国《票据法》第 23 条规定,汇票上的相对应记载事项有以下几项:(1) 付款日期。即到期日,《票据法》规定的汇票的付款日期的记载方式有:定期付款、注期付款、计期付款。如果出票人未为记载,则该汇票为见票即付。英美国家的票据法承认分期付款。(2) 付款地。即支付票据金额的地域。确定付款地的意义在于:确定了付款地,也就确定了汇票金额请求支付地、拒绝证书作成地、诉讼管辖地等。如果汇票上未为记载,依《票据法》规定,则以付款人的营业场所、住所或者经常居住地为付款地。需要说明的是:付款地与付款处所有一定区别,前者指付款的城市,后者指具体的付款地址。(3) 出票地。即出票人发行汇票时,在汇票上记载的发票地域。出票地仅形式上具备即可,记载的出票地与实际的出票地是否一致,法律在所不问。出票地的意义主要在于决定票据的准据法。如果持票人未为记载,依《票据法》规定,则依出票人的营业场所、依据或经常居住地为出票地。

(王小能)

huikuan

会款(contribution under hehui contract) 又称会钱、会金。合会会员每人每会逐期给付的金钱或物品。首期会款由会首收取。以后每会由会首收集并交付给得标的会员。缴纳会款为会员的主要义务。参见合会契约条。

(郭明瑞)

huishou

会首(chief members of hehui contract) 又称会头。合会契约的起会人。可为一人,也可为数人。会首为数人的,各会首对会款应负连带清偿责任。会首死亡的,其权利义务由继承人继承。参见合会契约条。

(李仁玉)

huisun

毁损 ❶(德 Berschadigung der sche) 指有体物形态的不利变化。狭义上毁损是灭失的对称。指原物仍然存在,但在物理形态上受到损坏或物的内在价值减少,或者二者兼而有之。在合同法中,合同标的物的意外毁损与风险负担问题相关。按照《中华人民共和国合同法》的规定,毁损风险一般由标的物占有人承担。在侵权行为法中不法毁损他人之物可构成侵权行为,如我国台湾地区民法典第 196 条规定,不法毁损他人之物者,被害人得请求赔偿其物因毁损所减少之价额。广义的毁损包含毁灭与损坏。毁灭,指使财产不再以原有的方式存在;损坏指财物部分或全部丧失其原有功用、价值。作为一种侵害他人财产权的行为,是指加害人不法侵害他人财物致使所受侵害之财物不复以原有方式存在或者部分或全部丧失原有功用、价值的行为。《中华人民共和国民法通则》第 117 条第 2 款规定,损坏国家的、集体的财产或者他人财产的,应当恢复原状或者折价赔偿。该款中的损坏应该扩大解释为毁损。最广义的毁损包括四种:物的毁灭;物的损坏;物的剥夺;物的贬价(如汽车被撞虽经修复市场上仍视之为"事故车辆",其价格因而贬低)。最广义的毁损,从物的使用价值、交换价值出发,考虑到物权的各种权能。显然,为最大限度地保护物权人的利益,侵权行为法应该承认最广义的毁损的概念。对于一切不法毁损行为所给予侵权行为法上的主要救济措施可分为两类:一类是物的占有人行使占有返还请求权;一类是占有人行使损害赔偿请求权。

❷ 毁损(Waste),在英国侵权法中指对完全保有的或继承而来的土地进行持久性毁损,或在很大程度上改变土地的性质或毁损其价值的任何行为。其行为可以是有意造成的积极毁损,如拆毁建筑物;也可以是由于失职造成的消极毁损,如任建筑物自行破损到不能修缮的地步。权利人可根据强制令对毁损行为进行检查或要求赔偿。对于土地保有人而不是那些单纯继承土地或限定继承土地的土地保有人,其毁损行为是可以控告的,即土地保有人对毁损行为要负法律责任,除非该土地保有人的权利使他不受因毁损引起控告。长期土地保有人只对故意毁损负责。大法官法院一贯禁止因滥用毁损不受控告的特权而造成所谓衡平法上的毁损行为,如那些不受毁损控告的终身土地保有人蓄意地、恶意地或放肆地对保有产进行破坏,这与砍伐未成材的树木一类的行为一样。

(张平华)

huiyue

毁约(repudiation) (1) 又称拒绝履行。合同债务人明知自己负有债务,且客观上能够履行却任意拒不履行。这种违约行为不仅直接侵犯了债权人的权利,而且也是对法律的藐视。拒绝履行的表示无论在履行期到来之前或履行期届至时或已经发生履行迟延后为之,都会使对方的合同目的落空。因此,对未定有履行期的债务,债务人毁约的,债权人可不经催告,径行解除合同,并请求因毁约所生损害的赔偿及违约金。定有履行期限的,在履行期限届满之前,债务人毁约的,债权人可以解除合同,也可待履行期限届满时请求毁约方承担违约责任;在债务已届期满或于迟延履行后毁约的,债权人可解除合同,也可诉请法院强制继续履行,并请求支付违约金或损害赔偿。(2)英美法上认为,广义上毁约指能够导致合同效力被解除、被否认的行为都可以称作毁约,包括明示预期违约、默示预期违约、根本违约三种导致当事人可以解除合同的情形;狭义上的毁约指预期违约。参见预期违约条。

(肖 燕 张平华)

hunhou suode gongtongzhi
婚后所得共同制(common regime after marriage) 婚姻关系存续期间所得的一切财产属于夫妻共同共有的财产制度。按照这种制度凡结婚后所取得的财产,不论是一方或双方的婚后劳动所得、继承所得、受赠所得、婚前个人财产的收益以及其他一切合法收入或财产,均属夫妻双方共同所有,夫妻双方对共同财产有平等的所有权、管理权、使用权、收益权和处分权。

(蒋 月)

hunli
婚礼(marriage ceremony) 男女结婚时所举行的仪式。通过婚礼程序而确立夫妻关系,从而产生夫妻之间的权利和义务。自古以来,婚礼在全部仪礼中占有重要地位。婚礼的意义还在于与原始社会人类不规范的两性关系相区别,《淮南子·泰族训》上说:"民有好色之性,故有大婚之礼"。《礼记·昏义》也强调:"婚礼者,礼之本也"。据记载,在我国西周时,婚礼就已出现。出于把婚姻看成是绵延后代、繁衍子孙的伦常观念,因此《周礼》中对结婚仪式规定了繁琐复杂的程序。在古代社会,婚礼还因当事人的身份地位而迥异,上自天子、诸侯、大夫,下至庶人,各有差等,阶级名分不同,婚礼也随之而异,不可逾制。传统的婚礼必须履行"六礼"即纳采、问名、纳吉、纳征、请期、亲迎六道礼仪程序。随着社会的变迁和婚姻制度的发展,加之传统文化背景和民族风俗习惯的不同,国家和地区之间的婚礼也有很大差别。从婚礼形式上来考察,可归纳为仪式婚、宗教婚和法律婚等。我国现行婚姻法对婚礼未作规定,仅要求男女结婚必须履行登记手续,取得结婚证,即确立夫妻关系。有些国家和地区的法律把举行公开仪式规定为结婚的必经程序。

(张贤钰)

hunqian caichan
婚前财产(unmarried property) 男女双方结婚前个人所有的全部财产。根据1950年《中华人民共和国婚姻法》第23条规定,男方的婚前财产属于夫妻共同所有,女方的婚前财产则归女方个人所有。夫妻家庭财产如何处理,由双方协议;协议不成时,由人民法院根据财产具体情况,以照顾女方、子女利益和有利于发展生产的原则判决。按照我国1980年《婚姻法》,无论是男方的或是女方的婚前财产,均属于夫妻个人财产。在外国法,婚前财产究竟属于个人财产或属于夫妻共同财产,取决于夫妻共同财产制的具体规定。不过在当代法中,绝大多数国家均规定婚前财产为个人财产。

(蒋 月)

hunsheng fuoren
婚生否认(rebutting the presumption of legitimacy) 丈夫证明在受胎期间内,未与妻子有同居行为,依法否认子女是自己的亲生子女的制度,即当事人依法享有否认婚生子女是自己亲生子女的诉讼请求权的制度。对否认的原因,各国一般采取概括主义,即不列举具体的原因,规定只要提供足以推翻子女为婚生的证据即可。比如,丈夫在妻子受胎期间没有同居的事实;丈夫有生理缺陷,无生育能力等。关于否认权人,有的国家如法国、日本、罗马尼亚等规定,只有丈夫享有否认权;有的国家如瑞士规定,丈夫和子女享有否认权;有的国家如前苏联、保加利亚规定夫妻和子女均享有否认权。在外国法律中,否认请求均规定有时效限制,其目的在于促使当事人及时行使权利,尽快确定子女的法律地位。但是,有关时效的期限长短不同。有的规定为1个月如美国路易斯安那州,有的国家如比利时为90天,有的国家如法国、罗马尼亚为6个月,有的国家如日本为1年,还有的国家如德国请求撤销父亲身份的期限为2年。至于诉讼时效从何时起算,各国规定也不尽相同。大多数国家规定从知悉需要行使权利时开始,也有个别国家规定否认权于子女出生时否认权人在出生地为起算时间,如出生时不在出生地的,以其返回出生地时起算等。我国婚姻法尚无婚生子女的否认的规定,实践中,丈夫如否认子女为婚生子女,可向人民法院提起确认之诉。诉讼中丈夫负有举证责任,其需证明在其妻受胎期间,双方没有同居的事实,或能够证明其没有生育能力。必要时人民法院也可委托有关机构进行亲子鉴定。如果婚生子女否认成立,丈夫可免除对该子女的抚养责任。我国现行法律对婚生子女的否认权没有时效的限制,同时也没有丈夫可对该子女生父追偿已付抚养费的规定。

(马忆南)

hunsheng tuiding
婚生推定(**presumption of legitimacy**) 子女婚生性的法律强制规定,即在婚姻关系存续期间,妻子受胎所生的子女,推定为婚生子女。婚生子女必须具备如下条件:(1)父母有合法的夫妻身份关系;(2)该子女必须是其生父之妻所生,这就排除了父与母之外的女子受胎所生之子女;(3)该子女必须是其生母之夫所受胎而生,即该子女与生母之夫有血缘联系,这就排除了该子女是由父之外的男子受胎所生。上述三个条件中,第(1)、(2)两个条件是比较容易证明的,一般均可直接根据生母怀胎、分娩的事实和生父母婚姻关系存在的客观状况加以确认。但是,要证明第(3)个条件就比较困难。基于此,世界各国几乎都规定了婚生子女的推定制度。而且,顺应社会的发展,很多国家的有关规定发生了较大的变化。许多国家已明确规定,婚前受胎而在婚姻关系存续期间出生的子女,视为婚生子女。这样,婚生子女必须具备的条件已经变得宽松,只要是在生父母婚姻关系存续期间受胎或出生的子女,均为婚生子女。婚生子女推定制度,对于维护夫妻关系的稳定,巩固社会秩序,特别是未成年子女利益的保护,有着十分重要的意义。我国婚姻法尚未建立婚生子女推定制度。
(马忆南)

hunsheng zinü
婚生子女(**children born in wedlock**) 因婚姻关系受胎所生的子女。婚生子女具有以下特征:(1)在婚姻关系存续期间受胎,妻所生的子女,为夫妻的婚生子女。(2)受胎期一般是指子女出生前的第181~302天,经医生证明少于181天或多于302天的,也得为受胎期。在受胎期内夫与妻有同居行为时,子女得为婚生。(3)如夫在受胎期内未与妻同居时,夫对婚生子女有否认权,但须负举证责任。婚生子女与生父母间有血缘关系,为最近的直系血亲,相互间在法律上发生权利义务关系。如未成年的婚生子女和成年未独立生活的婚生子女享有生父母抚养教育的权利;成年已独立生活的婚生子女,对生父母负有赡养扶助的义务;相互间有继承遗产的权利。
(马忆南)

hunshu
婚书(**written promise of marriage**) 我国古代婚约的书面形式。中国古代法律上认为,通过"六礼"中的纳征,交换了婚书,就算婚姻已经成立。如明、清律规定:"凡男女定婚之初,若有残废、老幼、庶出、过房、乞养等,务要两家明白通知,各从所愿,写立婚书,依礼聘娶。若许嫁女已报婚书及有私约而辄悔者,笞五十。虽无婚书,但受聘财亦是。若再许他人,未成婚者杖七十,已成婚者杖八十。男家悔者亦如之,不追财礼。"
(马忆南)

hunyin
婚姻(**marriage**) 为当时社会制度所确认的男女两性互为配偶的结合,是家庭的发生基础和亲属关系的源泉。这一概念普遍适用于哲学、人类学、人口学、社会学、伦理学等相关领域。婚姻有其本身的自然属性。男女两性的差别和人类固有的性的本能,是这种结合的生理学上的基础。通过这种结合实现种的繁衍,是婚姻的生物学上的功能。但是,婚姻的本质并不是由其自然属性而是由其社会属性决定的。从历史上来看,作为社会关系特定形式的婚姻并不是自始存在和永恒不变的,它是人类社会发展到一定阶段的产物;婚姻的形态、特点、配偶双方的地位和关系等,都是与当时的社会制度相适应的。因此,决不能夸大婚姻的自然属性,否定或贬低婚姻的社会属性。如果仅就严格的法律意义而言,婚姻是男女双方以永久共同生活为目的,以夫妻的权利和义务为内容的合法结合。婚姻关系一经法律调整,便成为婚姻法律概念,上述适用于法学领域的概念实际上是婚姻法律关系的概念。
(杨大文)

hunyin caichan qiyue
婚姻财产契约(**contract of marital property**) 亦称夫妻财产契约。男女双方就各自婚前财产和婚后所得财产的归属占有、使用、收益、处分以及债务的清偿、婚姻终止时财产的清算和分割等内容达成的协议。许多国家的立法都规定了约定财产制,它具有优先于法定财产制适用的效力。在允许约定财产制的国家,立法内容不尽相同,有详略之分和宽严之别。从立法限制的程度看,大体可分为两种情况:(1)立法限制较少的,即对婚姻当事人约定财产关系的范围和内容不予严格限制,立法既未设定几种财产制形式供当事人选择;也未在程序上作特别要求,如英国、日本等国立法即属此类。(2)立法限制较多的,即在约定财产制的范围上,明定约定时可供选择的财产制;在约定的内容上明列不得抵触的事由;在程序上,还要求夫妻订立要式契约,如法国、德国、瑞士等国立法即属此类。
(马忆南)

hunyin de chengli
婚姻的成立(**marriage contract**) 亦称结婚,是男女双方以永久共同生活为目的依法结合为配偶的行为。它是婚姻关系借以发生的法律事实,婚姻的全部法律效力都是以此为必要前提的。

综观古今中外各国的婚姻立法,婚姻成立的概念有广义和狭义之别。从广义上来说,婚姻的成立包括订婚(即成立婚约)和结婚,订婚是结婚的先行阶段和必经程序,婚姻行为是合订婚和结婚为一体的。从狭义上来说,婚姻的成立专指结婚,不包括订婚。古代的法律和礼俗对婚姻的成立多采广义说,十分重视婚约的效力。近现代的法律则多采狭义说,订婚并非婚姻行为不可缺少的组成部分,事先未成立婚约的亦可径行结婚。

我国现行法律中并无结婚前必须订立婚约的规定,对婚姻的成立是持狭义说的。婚姻的成立并非仅为双方当事人的私事,而且会产生一系列重要的社会后果。婚姻成立的诸多法律后果称为婚姻的法律效力。这些法律效力可以分为及于当事人的直接效力和及于第三人的间接效力。夫妻的权利和义务因婚姻的成立而发生,在相关领域中,许多法律关系都是以婚姻的成立为基础或中介。关于婚姻成立的效力,在婚姻家庭法中有大量的、集中的规定,其他法律领域也有不少同婚姻效力有关的规定。 (马忆南)

hunyin de xiaoli

婚姻的效力(matrimonial authentic) 男女双方基于结婚而产生的法律约束力。男女两性经结婚确立婚姻关系,其婚姻的效力,始于男女双方结婚,终于配偶一方死亡或双方离婚。根据各国立法例和学者的著述,婚姻效力一词在含义上有狭义和广义之分。

狭义的婚姻效力指夫妻间的权利义务关系,不涉及第三人。它是婚姻效力在夫妻间的直接表现。以中国现行法律规定为例,婚姻效力在婚姻家庭法上的主要体现有:夫妻都有使用自己姓名的权利;都有参加生产、工作、学习和社会活动的自由;都有婚姻住所决定权;都有实行计划生育的义务;夫妻有相互扶养的义务;配偶有相互继承遗产的权利;夫妻对法定的共同财产有平等的所有权,另行约定的除外。在其他民事法律上,夫妻是配偶无行为能力或行为能力受限制的法定代理人和监护人;受害人的配偶享有损害赔偿请求权;失踪人的配偶有权提出申请配偶他方宣告失踪、宣告死亡或提出撤销失踪宣告、撤销死亡宣告的申请;并在宣告生效后成为失踪人财产的管理人等。在刑法上,某些犯罪须受害人与犯罪行为人之间存在包括夫妻关系在内的一定亲属关系才能构成,如虐待罪、遗弃罪;有配偶者又与他人以夫妻名义同居生活即构成重婚罪等。在诉讼法上,配偶身份是构成回避的原因;刑事被告人可由其配偶担任辩护人;经被告人同意,配偶有权为被告人提出上诉,对已发生法律效力的判决或裁定,有权提出申诉;民事诉讼当事人可由其配偶担任诉讼代理人等。在劳动法上,配偶有权享受医疗补助、困难补助,并在配偶一方死亡后受到抚恤;国家机关、企事业单位工作满一年的职工,其分居两地配偶享有探亲权,探亲期间享有一系列福利待遇。在国籍法上,配偶为中国人的外国人、无国籍人可申请加入中国国籍;配偶是外国人的中国人可申请退出中国国籍等。婚姻的效力在行政法和其他法律上也有反映。

广义的婚姻效力泛指因婚姻而产生的一切法律后果,其内容不以夫妻关系为限。如因男女结婚产生姻亲关系等。婚姻效力的大小与具体内容,与一定的社会制度密切相关,因而在不同历史时期不尽相同。一般而论,时间越往古代推,婚姻效力的范围越大,内容越丰富。如中国古代法中,婚姻的效力十分突出,而且这种约束力对于夫妻双方是不平等的,丈夫对妻子享有较大支配权,妻子则依附于丈夫;同时对于夫妻双方各自的亲属也是不平等的。越往近现代发展,婚姻的效力范围有所缩小,内容更趋合理,且对于夫妻双方及双方的亲属的约束渐趋平等。 (蒋月)

hunyin de zhongzhi

婚姻的终止(the end of marriage) 合法有效的婚姻关系因发生一定的法律事实而消灭。婚姻终止的原因有两种:(1) 离婚;(2) 配偶死亡,包括自然死亡和被宣告死亡。另有个别国家规定宣告配偶失踪也引起婚姻的终止。因配偶死亡引起的婚姻终止,其法律效力与离婚大致相同,都是婚姻的彻底永远消灭。但配偶被宣告死亡或被宣告失踪引起婚姻终止,有些国家规定生存配偶一方有待婚期限制,但多数国家规定生存配偶取得再婚资格。至于被宣告死亡或失踪者生还的,多数国家规定,如果生存配偶已经再婚,法律确认后一婚姻有效,前婚终止;如果配偶未再婚,则待有关宣告死亡或失踪判决撤销后,原婚姻自然恢复。 (蒋月)

hunyin dengji

婚姻登记(marriage registration) 结婚登记、离婚登记和复婚登记的总称。是我国法律规定的婚姻的成立或解除的形式要件。在外国法上,某些国家也要求结婚、离婚、复婚须进行登记,婚姻登记由户籍机关办理或者由行政官员、民事登记官员办理。我国原内务部和民政部曾于1955年、1980年、1986年和1994年先后颁行过四个婚姻登记办法或条例。现行的《婚姻登记条例》是民政部经国务院批准于2003年8月8日公布的。该条例共六章:第一章总则;第二章结婚登记;第三章离婚登记;第四章婚姻登记;第五章罚则;第六章附则。 (王歌雅)

hunyin dengji jiguan

婚姻登记机关(marriage registration department)

对当事人提交的成立或解除婚姻关系的申请依法进行审查和登录的机关。在实行婚姻登记的国家,办理婚姻登记的机关有户籍机关、行政机关和专门设立的婚姻登记机关等。根据我国《婚姻登记条例》的规定,内地居民办理婚姻登记的机关是县级人民政府民政部门或者乡(镇)人民政府,省、自治区、直辖市人民政府可以按照便民原则确定农村居民办理婚姻登记的具体机关。中国公民同外国人、内地居民同港、澳、台居民、华侨办理婚姻登记的机关是省、自治区、直辖市人民政府民政部门或者省、自治区、直辖市人民政府民政部门确定的机关。

(马忆南)

hunyin fangshi
婚姻方式(marriage method) 又称婚姻方法,即男女缔结婚姻的方式、方法。古今中外,人类的婚姻方式是多种多样的。在古代社会,婚姻方式主要指嫁娶方式,掠夺婚、买卖婚、劳役婚和交换婚等都是个体婚制形成以来早期型的婚姻方式。晚期型的婚姻方式以聘娶婚为主,仍含有买卖婚的遗迹。在历史上,还存在一些特殊型的婚姻方式,如选婚与罚婚,属于强制婚的性质;赠婚与赐婚,属于赠与婚的性质;收继与续嫁,兄亡收其寡嫂称为收继,民间称为"叔接嫂"、"转房",又称逆缘婚;姊死妹续嫁其夫,属于聘娶婚中的续亲,又称顺缘婚。与历来男娶女嫁的婚姻方式不同,男到女家入赘落户称为入赘婚。此外,古代社会的婚姻方式中,尚有养媳、招夫、典妻、冥婚、姘度等。到了近代,资本主义社会以婚姻契约论为理论基础,结婚须以男女双方自愿合意为要件,故称为共诺婚。婚姻方式归根到底由社会生产方式决定,同时,不同国家、地区和民族的婚姻方式均具有自己的特点。

(张贤钰)

hunyin gonggao
婚姻公告(marriage announcement) 婚姻成立的形式要件之一。这一制度最早源于中世纪意大利、法国的地方习惯,后为寺院法所采用。根据寺院法的规定,婚姻公告由意欲结婚的当事人所属教区的主任司祭进行;公告的时间必须是在连续的三次主日或必须遵守的节日之间,并于弥撒圣祭或信徒多数出席的祭式中在教区中宣布;公告的方式有口头宣布和书面揭示两种;公告的内容必须说明意欲结婚的当事人的洗礼名、姓名和父母名等;公告的目的是为了通知所有信徒在举行婚姻仪式前,将他们所知的当事人的婚姻障碍通知司祭或地区主教,以避免违法婚姻的产生及危害信仰。

在当代各国(德国、瑞士、秘鲁等)的婚姻立法中,婚姻公告成为仪式婚的构成要件之一。即当事人须向所在地的市、镇政府有关官员提出婚姻申请;有关官员在受理了当事人的申请后,在市、镇政府门前发布婚姻公告,写明申请结婚的当事人的姓名、职业、住所、婚礼的时间和地点等;公告期间为10天或8天不等。在公告期内,一切熟悉结婚当事人的人都可以对该婚姻存在的障碍进行监督和告发。在公告期内无人告发或告发不实被法院否决后,当事人须按公告的结婚日期举行结婚仪式。倘公告期满后的一定期间未举行结婚仪式,该公告便不再发生效力,结婚须重新申请并公告。

(王歌雅)

hunyin jiating zhidu
婚姻家庭制度(marriage and family system) 广义上的婚姻家庭制度是一定社会中有关婚姻家庭的各种行为规范的总和,它反映了社会生产方式和生活方式对婚姻家庭的要求,是不同社会中典型的婚姻家庭形态在上层建筑领域的集中表现。在无阶级的原始社会中,婚姻家庭制度是由有关的道德、习惯等社会规范构成的;在阶级社会中,婚姻家庭制度是由国家通过法律加以确认的,具有一定的法律形式,并由有关的道德、习惯等加以补充。狭义上的婚姻家庭制度仅指婚姻家庭法律制度,即调整婚姻家庭关系的法律规范体系。

1. 婚姻家庭制度与经济基础、上层建筑。婚姻家庭制度是社会制度的组成部分,属于上层建筑的范畴,其性质和特点归根结底是由当时的经济基础决定的。社会发展和婚姻家庭制度演进的历史表明,不同社会各有与其经济基础相适应的婚姻家庭制度。群婚制、对偶婚制的婚姻家庭制度产生并决定于原始公有制的经济基础。剥削阶级社会中的片面的一夫一妻制的婚姻家庭制度产生并决定于各种形式的私有制的经济基础。只有在社会主义公有制的经济基础上,才能形成以婚姻自由、男女平等和真正的一夫一妻制为基本特征的新的、更高类型的婚姻家庭制度。经济基础对婚姻家庭制度的要求往往不是直接地,而是通过上层建筑的相关部门表现出来的;与婚姻家庭有关的各种行为规范,是寓于上层建筑的相关部门之中的。政治、法律、道德、宗教等对婚姻家庭制度的制约和影响各有其不同的作用方式,具体表现因不同的时代和国家而异。人们在长期的生产和生活实践中形成的风俗习惯,对婚姻家庭制度的影响也是不可忽视的。另一方面,作为上层建筑的婚姻家庭制度对其所由产生的经济基础绝不是消极被动的,它必然会通过一定的途径,通过婚姻家庭的各项社会职能,能动地仅作用于经济基础,并且通过经济基础影响生产力的发展。

2. 婚姻家庭制度的历史类型。任何一种婚姻家庭制度都不是抽象的,它们只能以具体的历史形态存在于人类社会的一定发展阶段。社会经济基础的不同类型,是划分婚姻家庭制度的历史类型的基本依据。

在学术研究的领域中,对婚姻家庭制度的历史类型有两种主要的划分方法:(1)对婚姻家庭持广义说,认为人类的婚姻家庭制度发端于群婚制。因此,可将婚姻家庭制度分为群婚制、对偶婚制和一夫一妻制三种基本类型。群婚制、对偶婚制都是原始社会中的婚姻家庭制度,一夫一妻制则是阶级社会形成以来的(或者说文明时代开始以后的)婚姻家庭制度。恩格斯在《家庭、私有制和国家的起源》一书中采用了这种划分方法,它同摩尔根在《古代社会》一书中提出的婚姻家庭形态的进化模式是一致的。(2)对婚姻家庭持狭义说,认为婚姻家庭严格地说来是随着阶级社会的形成和一夫一妻制的确立而产生的。因此,可将婚姻家庭制度分为四种历史类型,即奴隶制的婚姻家庭制度、封建制的婚姻家庭制度、资本主义婚姻家庭制度和社会主义婚姻家庭制度。

3.婚姻家庭制度的法律形式。有关婚姻家庭的法律制度在古今中外各国的法律体系中都占有很重要的地位;婚姻家庭制度在具有一定的法律形式以后,就更加系统化和固定化。由于法律是国家制定和认可的,以国家的强制力保障其实施的人们的行为规则,它在调整婚姻家庭关系方面所起的作用,是上层建筑的其他部门无法替代的。从婚姻家庭法的历史沿革来看,大致经历了以下三个主要发展阶段:(1)诸法主体时期的古代婚姻家庭法;(2)近代、现代的资产阶级国家婚姻家庭法;(3)社会主义国家的婚姻家庭法。由于种种原因,婚姻家庭法的名称和含义,在法律体系中所处的地位,以及它的表现形式和编制方法等,在不同的时代和国家里是有很大区别的。

中国古代的婚姻家庭制度详于礼而略于律。诸法合体的历代封建法典中均有户婚律(有的朝代称户律、婚户律或将户、婚二律分列)。户令和封建社会后期与律并行的例,也是婚姻家庭法的重要渊源。实际上,许多为国家所认可的婚礼、家礼等,同样是婚姻家庭法的组成部门。从世界范围来看,许多国家的古代法中,婚姻家庭关系在早期主要是由习惯法加以调整的。在宗教势力特别强的大的国家里,宗教经典的有关内容在调整婚姻家庭关系方面起着法典的作用。如印度的摩奴法典,伊斯兰教的可兰经等。罗马的亲属法是古代世界中婚姻家庭制度的比较完备的法律形式,对后世有很大的影响。欧洲中世纪各国的婚姻家庭法律制度,其渊源主要来自习惯法、寺院法和罗马法三个方面。源于基督教经典的寺院法,在婚姻家庭领域内处于凌驾于世俗立法之上的特殊地位。宗教改革以后,婚姻家庭法律制度逐渐地民事化。1804年法国民法典中的亲属制度和1896年德国民法典亲属编,在资本主义国家的婚姻家庭法律制度中是很有代表性的。

中国婚姻家庭法律制度的近、现代化发端于20世纪之初。清末和北洋军阀政府制定的包括亲属法在内的历次民律草案均未正式颁行。1930年国民政府的民法亲属编,从形式上实现了中国的婚姻家庭法从古代型到近、现代型的过渡。中华人民共和国成立后,颁行了以废除封建主义婚姻家庭制度、实行新民主主义婚姻家庭制度为宗旨的1950年《婚姻法》。随着我国社会性质从新民主主义到社会主义的转变,社会主义的婚姻家庭制度已经初步地建立起来,目前,我国的婚姻家庭法律制度主要是由起着婚姻家庭基本法作用的1980年《婚姻法》和其他相关的法律、法规构成的。

作为婚姻家庭制度的法律形式,世界各国的婚姻家庭法(亲属法)有不同的编制方法。欧洲大陆的许多国家和其他属于大陆法系的国家,一般均将其编入民法典,其中又有罗马式或法国式的编制法和德国式的编制法的区别。在属于英美法系的国家里,婚姻家庭法(亲属法)是由一系列相关的单行法构成的,但它们同样也被认为是民法的组成部分。婚姻家庭关系是普遍存在的社会关系,婚姻家庭法(亲属法)是适用范围极为广泛的法律。按照绝大多数国家的立法例,其内容包括亲属、结婚、夫妻关系、离婚、亲子关系、收养、监护、扶养等一系列具体制度。目前我国的婚姻家庭法律制度虽然已经初具规模,但还有若干立法上的空白。需要采取新的立法措施使之更加完善。　　(杨大文)

hunyin jianhu
婚姻监护(guardianship of marriage)　未成年人因结婚而设置的监护。《法国民法典》、《德国民法典》、《瑞士民法典》均规定,未成年人因结婚而成年,有行为能力,就财产的管理以及代理行为无设置监护之必要,但就纯身份上,或身份财产上行为,如订立夫妻财产契约、离婚协议、收养协议及终止收养的协议等,仍有设置监护的必要。我国因不存在未成年人结婚的问题,《中华人民共和国民法通则》未设置婚姻监护。

(李仁玉　陈　敦)

hunyin shenbao
婚姻申报(marriage application or divorce petition)　结婚申报和离婚申报的总称。要求结婚或离婚的当事人必须到法定的登记机关提出结婚或离婚申请,有关部门对其申请进行登记后,婚姻即告成立或解除。根据各国婚姻家庭法的规定,婚姻申报时,婚姻当事人必须亲自到场,并提交法律要求的各种证件。婚姻申报的机关,一般为户籍机关(日本、保加利亚等);也有专设的婚姻登记机关(朝鲜、墨西哥、蒙古等);有的国家则要求在身份官面前进行婚姻申报(古巴)。婚姻申报的方式,有书面和口头方式两种。　　(王歌雅)

hunyin xuanshi
婚姻宣誓(matrimonial vow) 婚姻成立的形式要件之一。这一要件最初源于欧洲中世纪基督教的宗教习惯,后经16世纪托伦托宗教大会决议,将其规定为婚姻成立的必经程序。依据基督教的教义,婚姻是神作之合,结婚为宣誓圣礼。教会法规定,结婚必须在神职人员面前举行婚姻宣誓。婚姻宣誓的目的,是为了增强婚姻的神圣感,有效地督促婚姻当事人恪守婚姻的忠诚及对婚姻义务的履行。根据当代各国婚姻立法,在采取宗教仪式制的国家里,在神职人员面前举行婚姻宣誓,依然是婚姻成立的形式要件。
(王歌雅)

hunyin zhangai
婚姻障碍(impediment to marriage) 又称结婚的禁止条件或结婚的消极要件,法律规定不允许结婚的情形。如当事人有禁止结婚的亲属关系,当事人患禁止结婚的疾病等。世界各国均禁止一定范围的血亲结婚,有些国家还禁止一定范围的姻亲结婚。许多国家对禁止结婚的疾病的规定,主要以精神病等为对象。参见禁婚亲、禁止结婚的疾病条。
(马忆南)

hunyin zhusuo juedingquan
婚姻住所决定权(right to make decisions of matrimonial domicile) 夫妻选定婚后住所的权利。这里的住所专指婚姻住所或家庭居所。在古代社会,妇从夫居被视为天经地义的准则。资本主义社会早期,各国立法仍普遍规定由夫决定婚姻住所。

当代资本主义国家家庭法,关于婚姻住所决定权的规定,主要有三种类型:(1)继续维护夫权,但稍有变更。如《瑞士民法典》第160条第2款规定,夫决定婚姻住所并应以适当方式扶养妻及子女。(2)强调夫有提供婚姻住所的义务,妻则有在该住所居住的权利。如英国1967年《婚姻住房法》和1970年《婚姻程序及财产法》规定,即使夫对婚姻住房不享有所有权,未经司法裁判也不得强令妻迁移。(3)夫妻协商决定婚姻住所。如1975年修订的《法国民法典》规定,家庭的住所应设在夫妻一致选定的处所。我国法律无关于婚姻住所决定权的明文规定,但从法律精神看,应是夫妻协商决定婚姻住所。
(蒋月)

hunyin ziyou
婚姻自由(freedom of marriage; free choice of partners) 公民依法律缔结婚姻和解除婚姻的权利。是我国宪法赋予公民的一项基本权利,也是我国婚姻法的一项基本原则。在古代社会,男女毫无婚姻自由。无论是在奴隶社会,还是在封建社会,婚姻的缔结和解除,都是关系结婚男女双方家族的大事。法律将主婚权赋予男女各方的家长或父母,婚姻当事人本人没有结婚的自由。"父母之命、媒妁之言"是古代缔结婚姻的合法形式。在离婚问题上,古代法律赋予男子较多的离婚特权,男子有权休妻、出妻,而妻子一般无提出离婚的权利。

在欧洲中世纪,教会法实行禁止离婚主义,当事人没有离婚自由权。婚姻自由是资产阶级革命的产物。资产阶级在反对封建主义的革命斗争中,提出了"自由、平等"的政治主张。婚姻自由也被宣布为一种"天赋人权"。资产阶级革命胜利后,1791年法国宪法规定,法律视婚姻仅为民事契约。1804年《法国民法典》明文规定,未经合意不得成立婚姻。并规定夫妻双方共同请求离婚的或一方基于法定离婚理由要求离婚的,法院得判决准予离婚。此后至今数百年间,许多国家的法律相继承认结婚自由和离婚自由,婚姻自由成为现代社会绝大多数国家的法律普遍承认的一项法律原则。

我国1999年修正后的《中华人民共和国宪法》第6条规定,中华人民共和国的社会主义经济制度的基础是生产资料的社会主义公有制……消灭人剥削人的制度。这为我国男女实行婚姻自由奠定了社会经济基础。我国法律中的婚姻自由,是指婚姻当事人有权依照法律的规定,决定自己的婚姻问题,不受任何人的强制和干涉。

婚姻自由的内容包括结婚自由和离婚自由两个方面:(1)前者是指婚姻当事人有权依照法律的规定,缔结婚姻关系的自由,不受任何人的强制和干涉。实行结婚自由,把结婚的决定权完全交给婚姻当事人,从而使公民按照自己的意愿选择配偶,以组成幸福和睦的家庭。(2)后者是指夫妻双方或一方基于婚姻关系破裂无法共同生活时,有权依照法律规定的条件和程序,提出解除夫妻关系的请求。实行离婚自由,目的是使那些婚姻关系确已破裂的夫妻,通过法律规定的正当途径得到解除,既能解除当事人的痛苦,使其有可能重新建立美满的婚姻,也可以消除社会的不安定因素。从现实社会生活中看,离婚毕竟只是少数夫妻迫不得已的行为。因此,就结婚自由和离婚自由两个方面而言,结婚自由是主要的,离婚自由是结婚自由的必要补充。我们要坚持保障离婚自由,反对轻率离婚。只有当婚姻关系确已破裂,夫妻难以共同生活时,才允许使用离婚这一法律手段。为了保障婚姻自由原则的贯彻实施,我国婚姻法特别规定了禁止包办、买卖婚姻和其他干涉婚姻自由的行为,禁止借婚姻索取财物。我国刑法规定以暴力干涉他人婚姻自由的行为为犯罪。
(马忆南)

hunyue

婚约(promise of marriage 或 engagement；德 Eheversprechen) 男女双方以将来成立婚姻为目的而作出的事先约定。订立婚约的行为称为"订婚"或"定婚"，订立婚约的当事人双方称为"订婚人"或"未婚夫妻"。婚约起源于个体婚形成初期的有偿婚，男子需向女家支付一定的代价才能缔结婚姻，当女家接受了男子的财物后，就负有将女子交付给该男子成婚的义务，婚约由此形成。古代法规定婚约是结婚的必经程序，没有婚约不能成其为婚姻。订立婚约需要一定的形式，如我国古代以"婚书"或"聘礼"为婚约成立的法定要件。婚约订立后，男女产生准夫妻的效力，互负有贞操义务，互负成婚义务。一方如果无故悔婚，对方可以请求强制履行婚约；一方如无正当理由解除婚约，要承担一定的法律责任。如果男方悔约，其给付对方的聘金不得请求返回；如果女方悔约，则不但应返还接受的聘金，而且须支付一定数额的罚金。可见婚姻在古代法具有重要的法律意义。

近现代以后，由于实行婚姻自由，婚约的法律地位及其法律效力大为弱化，婚约的缔结及解除也变得简单容易。有些国家在法律上还取消了有关婚约的相关条文。规定有婚约的国家，也不要求当事人在结婚前必须先行订婚，婚约已成为可由当事人自己选择的一个程序。大体而言，近现代法律中的婚约一般具有以下特征：(1)婚约不是结婚的必经程序。法律不要求必须缔结婚约，当事人在结婚前可以先行订立婚约，也可以直接结婚。婚约不是结婚的法定要件，是否订婚由当事人自行决定。(2)婚约为非要式行为。婚约仅因当事人的合意即可成立，法律不要求婚约的成立须具备某种形式。当事人可以采取各种方式订婚，它可以是口头的山盟海誓，也可以是书面约定。(3)婚约不得请求强迫履行，订婚当事人可以自由解除婚约。双方可以自愿协商解除婚约，也可因一方要求而解除婚约，依一般原则，要求解除婚约的一方以意思表示为之，毋庸以诉讼请求。(4)婚约解除后，双方当事人不再受婚约的拘束，并可发生赠与物的返还及损害赔偿问题。返还之债一般产生于一方毁约而致使婚约不履行之情形，一方应返还从另一方或从第三人处所得的订婚赠品或信物；赔偿之债是指婚约得不到履行的过错方应赔偿另一方因婚约之不履行所遭受的损失，它以有过错为前提条件。

《中华人民共和国婚姻法》没有婚约的规定，司法解释对此也几乎是空白。根据婚姻自由原则和婚姻法的立法精神，对待婚约的法律原则可以解释为以下几点：(1)对婚约既不提倡，也不禁止。婚约不是我国婚姻法所调整的对象，当事人是否订立婚约，听其自便。但是，父母不得为未成年子女订立婚约(《未成年人保护法》第11条)。(2)订婚不是结婚的必经程序。当事人既可按照民间习惯先订立婚约，然后再正式结婚，也可以不经订婚而直接进行结婚登记。无论是否订婚，结婚的惟一必经程序是办理结婚登记。(3)当事人自愿订立的婚约没有法律上的约束力。亦即婚约只产生道义上的义务，不得强制订婚人一定成婚，一方订婚人在另一方悔婚时不得要求法院保护其要求与对方结婚的权利。(4)婚约当事人有解除的自由，可以双方合意解除，也可单方解除，而不论其有无正当事由或有无过错。当一方要求解除婚约时，应通知对方，但无须征得对方的同意，也无须经过法定的诉讼或调解程序。

(马忆南)

hunyue zengyuwu de fanhuan

婚约赠与物的返还(the return of gifts upon a breach of marriage promise) 男女双方因为感情不和及其他原因而解除婚约后互赠礼物的返还。关于婚约期间的赠与，其性质到底是普通的赠与还是特殊性质的赠与，学说上素有争议，有"附解除条件的赠与说"、"附负担赠与说"、"证约定金说"、"从契约说"等观点。我国学术界通常认为，婚约当事人基于结婚的目的，一方或双方将自己的财产无偿给予对方而产生的单方赠与或双方赠与，并非单纯以无偿转移财产权为目的，实际上这种赠与行为是附有解除条件的赠与行为。即是预想将来婚约得到履行(男女双方正式结婚)，而以婚约的解除为解除条件的赠与行为。如果条件不成就(婚约未解除)，那么赠与行为继续有效，赠与物归受赠人所有；如果条件成就(婚约解除)，赠与行为则失去法律效力，赠与财产应当恢复到订立婚约前的状态，即应当返还给赠与人。因此，婚约期间的赠与行为就其法律性质而言，实际上是为证明婚约的成立并以将来成立婚姻为目的的一种赠与，是一种附有解除条件的赠与，它具有普通赠与所不具有的特性。婚约解除后，受赠人应当将受赠物返还给赠与人，如果受赠人拒不返还而继续占有赠与物，构成民法上的不当得利。按照《中华人民共和国民法通则》第92条的规定，赠与人有权请求受赠人返还受赠财产，受赠人则有将自己基于婚约产生的不当利益全部返还的义务。返还的范围，不问赠与物的种类如何，均应返还，包括信件与肖像，但已消耗的物不在返还之列。

(马忆南)

hunhe jifu

混合给付(combine performance) 由义务人的作为与不作为共同构成的给付。即在同一债的关系中，给付由积极给付与消极给付共同组成。如在出版社与作者签订的出版合同中约定，作者将书稿交付出版(作为)，并不得将书稿再转交其他出版社(不作为)。在演员与剧院的演出合同中约定一定期限内该演员在此剧院演出某剧目(作为),并不得在其他剧院再行演出(不作为)。上述合同中的给付即由作为与不作为为给付共同构成。技术转让合同中也多有此类给付。 （万 霞）

hunhe guocuo
混合过错(mixed fault) 源于原苏联民法。指对于损害的发生双方都有过错。损害是由加害人和受害人双方的过错行为共同造成的,双方的过错就是混合过错。按照《苏俄民法典》第458条规定:如果受害人自己的重大过失促使了损害的发生或扩大,在苏联立法没有其他规定的情况下,应当根据受害人的过错程度,减少赔偿数额或者免除赔偿损害的责任。可见,苏俄民法中的混合过错实际上与大陆法系民法中的与有过失基本相同,也发生过失相抵的效果。在抵除加害人的赔偿数额时主要考虑受害人的过错程度。 （张平华）

hunhe konggu gongsi
混合控股公司(mixed holding company) "纯粹控股公司"的对称。指除了控制其他公司的活动外,本身也进行一定的直接的生产经营活动的持股公司。一方面,它通过购买其他公司的股票、有价证券等方式向其他公司投资入股,掌握其股权,进而支配其生产经营活动;另一方面,它本身也从事某种实际的生产经营活动,和其他公司发生联系。混合持股公司一般资本非常雄厚,经营规模比较大。在英美等国,混合持股公司实际上是指母公司。 （王亦平）

hunhe tiaojian
混合条件(mixed terms) 混合当事人的意思及偶然事实,包括第三人的意思而决定法律行为是否成就的条件。如约定甲与某女结婚则赠甲小汽车一辆,甲是否与某女结婚和某女是否同意与甲结婚构成赠甲小汽车一辆的混合条件。《中华人民共和国民法通则》对此没有规定。 （李仁玉 陈敦）

hunhe weiyuejin
混合违约金(hybrid penalty fixed by contract; mixed breach of contract damages) 由当事人双方在法律规定的限额或幅度内自行约定的违约金。有的将其归结为法定违约金。这种违约金是法律规定的,但法律不是直接规定违约金的具体数额比率或比例,而仅规定一定的限额或幅度;这种违约金须由当事人约定的,若无约定则不能直接确定违约金的数额,但当事人只能在法律规定的限额或幅度内约定。因此,它兼具法定性与约定性双重性质。根据原《中华人民共和国经济合同法》所制定的合同条例中规定有这种违约金。 （郭明瑞）

hunhe xintuo
混合信托(blended trust) 以由两个以上自然人所组成的群体为受益人,并以将信托利益由受托人向该群体为整体交付为内容的信托。具体地讲,某一信托,如果是以两个以上于互相之间存在某种特殊的社会关系的自然人(例如某一男子和他的妻子与子女等)为受益人,并且有关的信托行为或国家行为,或者规定这些受益人只能作为一个群体而被交付信托利益以及这种交付只能整体进行,或者规定对该项利益不能根据受益人的数量来划分成相应份额并由受托人向每一个受益人分别交付。像这样一项的信托,即为混合信托。混合信托为英美信托法确认的一种信托品种,属于特殊民事信托。

混合信托中存在的两个以上受益人,在英美信托法上特称为受益人群体,它是共同受益人的一种特殊存在形式;不仅如此,这两个以上受益人对信托所拥有的利益是整体存在,不可分割。这便是混合信托与包含有两个以上受益人的一般民事信托的不同之处。混合信托的实质在于将两个以上受益人的利益作为一个整体来对待;即它只承认全体受益人的整体利益,而不承认其中每一个人的单独利益;此点已为英美信托法所肯定。使受托人在信托存续期间对全体受益人的利益作整体处理,这也是委托人或有关国家机关设立这种信托的目的所在。为了对混合信托进行规范和调整,英美信托法已确立起一项规则。这一规则的内容是:禁止受益人群体中的任何人单独处理信托受益权。 （张 淳）

hunhe zeren
混合责任(mixed duty) 双方当事人对于因债务的不履行或因侵权造成的损害后果都有过错时所共同承担的责任。在发生混合责任时一般应该按照双方当事人的过错程度确定其责任。《中华人民共和国民法通则》第131条规定,受害人对于损害的发生也有过错的,可以减轻侵害人的民事责任。

构成混合责任的条件是:(1)当事人双方都有过错;(2)双方当事人的过错是对同一违反合同的行为或同一侵权损害后果所发生的,如双方当事人各自违反合同的行为是单独的,或者双方当事人都实施侵权行为造成损害,则当事人承担的责任不属于混合责任。在混合责任的情况下,发生过失相抵的后果。 （张平华）

hunhe zengyu

混合赠与(mixed gift) 含有有偿行为的赠与。它要求受赠人承担一定的对待给付义务。比如，当事人以赠与为目的将其所有或有权处分的财产以明显低于其正常价值的价格出售或进行互易。在买卖或互易中，只要当事人一方有将其财产的一部分价值无偿送给对方的意思表示，对方也表示接受该赠送的，即可成立混合赠与。对于赠与价值之外的部分，受赠人应支付一定的对价。这里的对价可以是金钱、其他财产或提供的劳务。

对于混合赠与的性质，主要有分离说和单一说两种观点。(1) 分离说认为，应将当事人的行为分为有偿行为和无偿行为两部分，分别适用各典型合同的规定。具体说，有偿部分适用买卖或互易合同的规定，无偿部分适用赠与合同的规定。(2) 单一说认为，混合赠与是由两种不同种类的合同结合而成的单一合同，应根据当事人的主要意思决定适用相应类型合同的规定。具体说，以买卖为主的，应适用买卖合同的规定；以赠与为主的，应适用赠与合同的规定；以互易为主的，则应适用互易合同的规定。多数人认为，分离说更符合当事人的真实意思。　　　　　　　(任自力)

huntong

混同(confusion) ❶ 债消灭原因之一。因债权债务同归一人，使债的关系归于消灭的事实。有广义与狭义之分。广义的混同，既包括权利与义务的混同，也包括权利与权利、义务与义务的混同。如所有权与其他物权同归一人，其他物权因混同而消灭，主债务与保证债务同归一人，保证债务因混同而消灭。狭义的混同即一般意义上的混同，仅指权利与义务的混同。混同为一种自然事实，无须任何意思表示，只要有债权债务同归一人的事件，即发生债的关系消灭的效果。自罗马法以来，各国法上基本都承认混同为债消灭的原因之一。但民法理论上有多种学说。履行不能说认为，债权债务归于同一人时，发生履行不能，因为任何人不能对自己履行债务。目的达到说认为，债权因混同而达到目的，所以债权为之消灭。债权消灭说认为，债的成立必须有双方的主体，当债权人和债务人为同一主体时，不符合债应具备的要素，所以混同发生时，债权应该消灭，此为通说。

混同发生主要有以下两种原因：(1) 概括承受。此为发生混同的主要原因。债的关系的一方当事人概括承受他人的权利与义务，如法人合并后，合并的两个企业互负债权债务时，债权债务即因同归于合并后的法人而消灭；又如，债权人继承债务人或债务人继承债权人，债权债务也会因同归于一人而消灭。(2) 特定承受。因债权让与或债务承担而承担权利义务。如债务人受让债权人的债权，债权人承担债务人的债务，此时因混同而消灭债权债务。混同导致债权债务绝对消灭。此消灭效力不仅及于债权人和债务人的抗辩，也及于债权的从权利，如担保权、违约金债权等。但是在法律另有规定或债的标的涉及第三人利益时，则不发生债权债务消灭的效力。如债权上设有质权，债权成为他人质权的标的的，在这种情况下，即使发生混同，债权也不因此消灭，此规定的目的在于保护质权人的利益。

❷ 法律上的两个资格，归属于一人而无并存的必要，一方为另一方所吸收的法律现象。就物权的混同来说，有两种情形：其一为作为完全物权的所有权与其他限制物权同时归属于一人，其他限制物权因混同而消灭，例如，某人对某房屋享有抵押权，一旦其取得该房屋的所有权，则该房屋的所有权与抵押权均归于一人，该抵押权消灭。其二为限制物权与以该限制物权为客体的权利(物权)同时归属于一人，该物权因混同而消灭，例如，某人以其地上权为他人设定抵押权，一旦抵押权人取得该地上权，则该地上权与抵押权均归于一人，该抵押权消灭。混同发生的原因在于竞存于一物之上的各物权均有其独立性，可由权利人分别进行处分，则不免因分别的处分而使各权利归于一人。但是不问发生混同的原因究为继承、法律行为，或者法律的规定等原因，其效力上则无不同。关于混同的法律效果，立法例上历来有两种做法，一是以罗马法和法国民法为代表的"消灭主义"，一是以德国民法为代表的"不消灭主义"。消灭主义的理由是，就同一权利关系而言，积极方面与消极方面集中于一人是不可能的，或者一人在自己所有物上再享有他物权没有实际意义。而就消灭主义来说，德国的不动产登记采绝对的公信主义，登记簿上记载的权利对于善意第三人视为绝对的存在，因而如果采取消灭主义，就会发生登记尚未注销，而权利已归消灭，登记与实际物上权利状况不一致的弊害。实际上，在实行消灭主义的立法例上，如法国、日本以及我国台湾地区等，也认可特殊情况下的不消灭结果，即所有权人或者其他第三人，对于本应归于消灭的物权存在法律上利益时，该物权不因混同而消灭。例如，某房屋之上并存数个抵押权，其顺位依次排列。依照担保法原理，前一顺位抵押权人的债权未得到完全清偿之前，后一顺位抵押权人的债权无从就抵押物受偿。然而，如果因各种原因房屋所有权人取得前顺位抵押权，或者前顺位抵押权人取得房屋所有权的，如果使该抵押权因与所有权混同而消灭，则非但不能使所有权回复圆满状态，反而使后顺位抵押权人递升其顺位，享受到额外的利益，使所有权人的利益受到损害。故此时不使前顺位抵押权因混同而消灭。再如，房屋抵押权人将其权利(连同主债权)为他人设定权利质权，后该抵押权人取得房屋的所有权，此时如果

令该抵押权因为与房屋所有权发生混同而归于消灭,则将使权利质权无从存在。故此时不使该抵押权因混同而消灭。而在德国等实行不消灭主义的立法例上,不问有无第三人利益的存在,抵押权、地上权等权利一般情况下均不因所有权发生混同而消灭,在不存在第三人利益的情形,该权利亦为所有权人的利益而存在。尤其在抵押权的情形,这实际上强化了抵押权的独立性,弱化了抵押权对主债权的附随性。

(万 霞 李富成)

huodongwu he zhiwu tiaokuan

活动物和植物条款(provisions of plants and live animals) 涉及承运人是否承担责任风险的一种货物。通常情况下,活动物和植物在运输过程中易发生死亡,出于卫生理由,一经发觉即应抛弃,不能留待抵港解剖检验死亡原因。一般而言,查明活动物和植物的死亡原因事关责任归属问题,但是由于海上运输活动物和植物的通常做法,承运人要在事后证明自己没有责任缺乏最重要的证据——活动物尸体和植物残本。因此,《海牙规则》和《海牙—维斯比规则》不强制适用于活动物和植物,而由当事人就活动物和植物的运输自由约定权利和义务。托运人如果要承运人承担责任,一般都在提单上专设有关条款或承托双方协议做出补充规定,承运人甚至可以利用契约自由来免除自己的责任。

由于活动物和植物均需特殊照料,一般由货方派押运员押运,如有损失由货方自行负责;如果货方未派押运员,但是承运人已经按照货方交待的照料方法照料货物,货物的损失仍由货方承担。《汉堡规则》把甲板货和活动物作为该公约适用对象。依公约,在提单上设置"对活动物的任何损害承运人不负责任"的特约是不允许的。公约规定,关于活动物,如果其灭失损害或者延迟交付,是起因于这类货物运输所固有的任何特殊风险,承运人便不负赔偿责任,但承运人必须举证说明已经按照托运人所给予的任何特别指示行事。如果活动物的灭失、损害或者延迟交付的全部或者一部是由于承运人、他的雇佣人或者代理人的过失或疏忽所造成的,承运人仍应负责任。《中华人民共和国海商法》也将活动物包括在货物的定义内。 (张 琳)

huozai

火灾(fire) 发热达到燃点时形成火焰,进而引起的灾难。承运人对由此造成的货损可以免除责任。烟熏、为了扑灭火灾而使用的水、救火过程中因践踏而造成的损害,都属于火灾所造成的损失,承运人可以免责。但是承运人在灭火过程中疏忽则属于照料和保管货物方面的疏忽,因此若承运人未采取一切合理措施,控制已知或应知的火灾,则没有尽到认真管货的义务,在此情形下,承运人不能依火灾要求免责。依据《海牙规则》,火灾不限于闪电、雷击等不可抗力所致的自然火,它也包括人力所致的火灾;火灾不包括承运人自己故意或过失所导致的火灾,但是包括履行辅助人故意或过失所致的火灾。承运人为了援引本项免责事由,必须首先证明火灾发生的原因以及火灾与损害之间的因果联系,同时还要证明其已经谨慎处理使船舶适航。《汉堡规则》第5条第4款取消了火灾免责,规定如果索赔人证明火灾是由承运人、其受雇人或代理人的过失或疏忽引起的,承运人应对火灾所引起的货物的灭失、损坏或延迟交付负赔偿责任;承运人应对经索赔人证明又与承运人、其受雇人或代理人在采取可以合理要求的扑灭火灾和避免或减轻其后果的一切措施中的过失或疏忽所造成的货物的灭失、损害或延迟交付负赔偿责任。这一规定一方面取消了火灾免责,但是另一方面要求索赔人承担举证责任。然而关于船上火灾,承运人可能有全部证据,货主处于外部,实际上难以取得充分有力的证据,要举证承运人有过失是非常难办到的。

(张 琳)

huozai baoxian

火灾保险(fire insurance) 保险人对于因为火灾或者爆炸引起火灾造成的保险标的的损失,承担赔偿责任的保险。火灾保险的标的有动产和不动产,此等保险可以划分为动产火灾保险和不动产火灾保险。一般而言,火灾保险所承保的财产包括但不限于房屋及地上建筑物、房屋内的设备或设施、工厂及工厂内的各种设施、工具、存货、原材料以及营业用的财产等。

1. 火。亦称火灾。一种异常的燃烧现象,其火势具有蔓延扩大的能力。在火灾保险的场合,火不能按照自然科学的观点来理解,应当按照社会生活的一般观念来理解。构成火灾保险承保的"火",应当具备以下的条件:(1)应存在燃烧的现象。燃烧直接或者间接造成财产的各种损失,保险人按照火灾保险承担保险责任;仅仅因为高热、烟熏而没有燃烧所造成的财产之损失,不属于火灾保险承保之危险。(2)应当是异常的燃烧。燃烧的状态显然已经失去通常使用火的一般条件或者意义。在为使用火而设置的控制火势的环境中发生的燃烧,以及有目的的燃烧,均不属于异常的燃烧。(3)火势具有蔓延扩大的能力。自身没有蔓延扩大能力的燃烧,不能称之为"火"或"火灾";惟有当燃烧自身具有蔓延扩大的能力时,才能构成火灾。常见的火灾主要有意外失火、物质自燃以及他人纵火。

2. 不保财产。除非保险单另有约定,火灾保险不承保下列财产的损坏或灭失风险:(1)寄存或者代管的财产;(2)金银及其制品、珠宝、首饰、古玩、书画等艺术品;(3) 文稿、图样、货币、税票、票据、股票、邮票、债券等其他有价证券;(4) 文件、证件、账簿、账册以及其他商业凭证;(5) 易爆易燃物品。

3. 保险责任范围。因为火灾造成保险标的的毁损或灭失,保险人要承担保险责任。因为救火造成的保险标的的损失,包括因为救火而使保险标的发生水渍、毁损或灭失,因为邻里失火波及保险标的的损失,诸如保险标的因为烟熏、火烤而发生的损失,保险人均应当负责赔偿。

4. 特别约定承保的危险。以下各项危险,尽管可能与火灾的发生由关联,但是未经保险合同的特别约定,保险人对保险标的因之所发生的损失,不承担责任:(1) 保险标的物自身发酵、发热、自燃等;(2) 地震,不论地震是否引起火灾;(3) 台风、旋风、洪水;(4) 罢工、暴动等;(5) 爆炸;(6) 火灾发生时的盗窃等。对于上列危险,保险合同若特别约定为保险危险的,保险人对因之造成保险标的的损失,承担保险责任。

5. 间接损失保险。保险人对火灾保险所承保的危险事故造成被保险人的间接损失,即被保险人的收入减少或支出增加,承担保险责任的附加险。附加于火灾保险的间接损失险,主要有营业中断保险、房租(价值)保险、承租利益保险、额外费用保险、可得利润保险、拆除费用保险、生活费增加保险等。

6. 除外责任。依照火灾保险单的约定,保险人对于因下列各种危险造成保险标的的毁损或灭失,不承担保险责任:(1) 不论是否起因于火灾,各种放射性污染造成的损害;(2) 因为核能引起的火灾及其延续燃烧造成的损害;(3) 战争、类似战争行为、叛乱或者武力强占、征用、没收等;(4) 政府命令焚毁;(5) 火山爆发或者地下发火;(6) 投保人或被保险人故意或者唆使纵火;(7) 发生火灾后,被保险人怠予施救而引起的损失。

7. 危险变更的通知。保险标的物或者存放保险标的物的建筑物或处所的危险状况发生变更,以至于增加火灾发生的危险的,投保人或者被保险人应当将其事实通知保险人。危险增加若系投保人或者被保险人的行为所致,投保人或者被保险人应当在危险增加前,事先通知保险人;危险增加若不是投保人或者被保险人的行为所致,则投保人或者被保险人应当在知其事实后及时通知保险人。危险增加包括但不限于保险标的的使用性质的变更、建筑物的结构或周围环境的变更、保险标的的自身危险状况的变更等。

8. 危险和损失控制条款。火灾保险一般约定有以下内容,以控制火灾危险的发生和损失的扩大:(1) 预防措施。在保险期限内,被保险人应采取一切合理的预防措施,防止火灾等保险事故的发生。(2) 减损措施。保险事故发生时,保险人有责任尽力采取必要的措施,防止或者减少损失;被保险人为防止或者减少保险标的的损失所支付的必要的、合理的费用,由保险人承担;保险人所承担的数额在保险标的的损失赔偿金额以外另行计算,最高不超过保险金额的数额。被保险人故意或者因为重大过失未能履行减损义务而扩大的损失,保险人不承担赔偿责任。(3) 及时通知。在保险事故发生后,被保险人应当于知悉后立即通知保险人,采取一切必要措施保留事故现场及有关实物证据,并在约定的期间内以书面报告事故发生的经过、原因和损失程度。

9. 保险赔偿。在火灾事故发生后,被保险人应在知悉后及时通知保险人。被保险人向保险人索赔的,应当提交损失清单、赔偿申请书、火灾状况说明书以及起火原因证明等。保险人收到被保险人或者受益人的赔偿或者给付保险金的请求后,应当及时作出核定;对属于保险责任的,在与被保险人或者受益人达成有关赔偿或者给付保险金额的协议后10日内,履行赔偿或者给付保险金义务。保险合同对保险金额及赔偿或者给付期限有约定的,保险人应当依照保险合同的约定,履行赔偿或者给付保险金义务。 (邹海林)

huoyou

伙友(partners and friends;德 Ladenanqesteller) 俗称店员,是由商主体或经理人选用的,就部分商事有办理权的商业使用人。商主体或经理人与伙友的关系,于营业中为职务代理关系,于劳动中为雇佣合同关系。伙友的职权范围远小于经理人,其代理权限局限于委托人授权范围内。 (关 涛 梁 鹏)

huobi

货币(currency;德 Geld) 在经济上之意义,指作为交换之媒介,价格之标准,及储备之手段之特殊商品。其中可以固定地作为一般等价物,媒介交换,乃其狭义的经济上之意义。与狭义的经济上意义相对应,货币在法律上之意义,首指法定货币,即为国家制定,依法有强制流通效力的支付手段。例如,在买卖、租赁、承揽、运输、保险、仓储等合同关系,以及侵权损害赔偿、支付违约金等,皆以货币为支付手段。一般来说,依有无限强制流通效力者,为本位货币,依法于一定金额限度内有强制流通效力者,为辅助货币。结果债务人以之为金钱债务之清偿时,债权人有受领之义务,不过对于本位货币与辅助货币,债权人的受领义务应有区别。有些国家,在法定货币以外允许自由货币流通,惟其流通效力,取决于债权人之意思,乃事实上的,而非法定的。

我国的法定货币(又称国家货币)是人民币。所谓人民币是指中国人民银行依法发行的货币,包括纸币和硬币。在我国境内,只有人民币才是法定的支付手段。其法定性就体现在,当以人民币支付境内的一切公共的和私人的债务时,任何单位和个人不得拒收。人民币的本位货币为元,辅助货币为角、分。由于我国实行外汇(包括外币)管制,除法律有特别规定外,一般禁止任何外币在市场上流通。

关于能否以外币计价,原《中华人民共和国经济合同法》第13条明定,经济合同用货币履行义务时,除法律另有规定的以外,必须用人民币计算和支付。但现行法对外币计价问题,未有涉及。此外,有关人民币的设计、印刷、发行、流通、回收、保护,人民币现金管理,国家货币出入境等,分别由《中华人民共和国中国人民银行法》、《中华人民共和国人民币管理条例》、《现金管理暂行条例》、《中华人民共和国国家货币出入境管理办法》等法律、法规加以调整。　　　　　　(张　谷)

huobi suoyouquan
货币所有权(ownership of currency)　货币,从其经济学上的概念来说,就是充当一般等价物的特殊商品。在法律上说,货币是物的一种,居于权利客体的地位,但与其他的物不同,具有以下特征:(1)货币是种类物。货币在经济中起着价值尺度、流通手段的作用,这种作用决定了货币本身不具有个性,它所表现的价值并不是以个数来计算的,而是以货币票面所标示的货币单位金额来计算的,等值的虽然面额不同的货币可以互换。可见,在实际生活中,并不考虑货币的个性,货币具有高度的可代替性,是种类物。(2)货币是典型的消耗物。所谓消耗物,是指同一人对之不能为同一目的的反复使用的物,即经过一次有效的使用即灭失或丧失其权利的物。货币经过所有人使用之后,即转入他人之手,原所有人即丧失其所有权,不得再行使用。在现实生活中,货币作为流通手段,以时时易主为常态,故货币是一种典型的消耗物。

货币所有权与占有紧密相连。货币作为物,除了可以成立所有权外,当然也可以为占有的标的。但货币与一般的物不同,货币所有权与占有合而为一,即货币的占有人即认为是货币的所有人,占有人可行使货币权利。

由于货币的所有权与占有合而为一,因此,货币占有的取得,即为货币所有权的取得;货币占有的丧失,即为货币所有权的丧失。由此也可以得出结论,货币所有权一般没有追及的效力,也即除了一些特定的情形,如收藏家收藏的具有独特特征的货币,因人的行为或其他原因特定化的货币,货币所有人一般没有返还原物请求权(物权请求权),而只有请求返还等额货币的请求权(债权请求权)。

在货币所有人自行占有货币时,占有人即为所有人,而当货币交与他人占有,如借贷,货币所有权也当即发生移转。　　　　　　　　　　　(王　轶)

huobi zhizhai
货币之债(德 Wertschuld;Geldschuld)　又称金钱之债。财物之债的一种。以给付一定货币为标的的债。依给付的货币的种类不同,货币之债可分为通用货币之债、外国货币之债及特种货币之债。在我国,人民币为通用货币。因货币为一般等价物,既是流通手段、支付手段,又是补偿手段。因此,货币之债只能发生履行迟延,而不发生履行不能,当事人也不能以不可抗力为免责事由,只要债务人不按期给付,不论其有无过错均应负赔偿责任。　　　　　　　　　　　(郭明瑞)

huowu baoxian tuifei
货物保险退费(returns of premium-cargo)　在海洋运输货物保险中,如果由于某种原因,事实上货物并未装船启运,保险人应将保险费全部退还给被保险人。如被保险货物仅有一部分装船启运,则保险人应将未装船启运部分的保险费按比例退给被保险人,包括协议规定的退费和保险落空的退费。前者是指如保单中有发生某一事件时退还保险费或部分保险费的规定,当该事件发生时,由保险人将保险费按约定比例退还给被保险人;后者指如果缴付保险费所考虑的对价完全落空,而且被保险人及其代理人方面不曾有任何欺诈和非法行为,保险费便得退还保险人。如果缴付保险费所考虑的对价是可以分割的,并有任何一可分割部分落空,保险费的相应比例部分,便得按同样条件退还被保险人。　　　　　　　　　　(温世扬)

huowu caozuo
货物操作(cargo operation)　货物操作是指搬移、卸载、储存、重载和积载货物、燃料或物料的活动。货物操作过程中产生的损失和费用具有下列情况时可列为共同海损进行分摊:(1)货物操作是为了共同安全;(2)货物操作是为了在避难港修理意外事故所造成的船舶损坏,以安全完成航程。前者体现了共同安全说,后者体现了共同利益说。1994年《约克—安特卫普规则》规定,只有当搬移、卸载、储存、重装和积载货物、燃料以及物料的费用认作共同海损时,随之发生的货物、燃料或者物料的损坏及灭失,才列入共同海损。可以列入共同海损的不仅包括货物操作过程中的货物灭失或者损坏,也包括完成货物操作后,随之发生的货损。

(张永坚　张　宁)

huowu fentan jiazhi
货物分摊价值(contributory value of cargo) 应该参加共同海损分摊的货物的价值。根据 1994 年《约克—安特卫普规则》的规定，货物分摊价值以卸货时的价值为基础，扣减卸货前和卸货时所遭受到损失，再加上共同海损补偿额。卸货时的价值包括货价、保险费和承运人承担风险的运费。此项价值以送交收货人的商业发票确定。如果没有发票，则以起运价值确定。按照《北京理算规则》的规定，货物分摊价值的计算，应按照货物的到岸价格，扣减不属于共同海损的损失金额和由承运人承担风险的运费来计算。如果货物在抵达目的港之前已经出售，应按照出售货物净得的数额，加上共同海损补偿额作为货物的分摊价值。如果在发生共同海损以后，承运人采取了其他运输方式将货物转运至目的地，则货物的分摊价值应以在原目的地交货时的价值为基础加以确定。 （张永坚 张 宁）

huowu jiazhidan
货物价值单(cargo's valuation form) 货方申报货物价值的书面文件。共同海损事故发生后，船方通常要求货方在提货前必须提供担保外，还经常要求收货人提供货物价值单和商业发票，以便计算货物的分摊价值和牺牲金额。 （张永坚 张 宁）

huowu jianding
货物鉴定(cargo inspection) 又称货物检验。指由买受人对交付的货物是否符合合同的要求进行检验或检查。《中华人民共和国合同法》第 157 条规定，买受人收到标的物时应当在约定的检验期间内检验。没有约定检验期间的，应当及时检验。第 158 条规定，当事人约定检验期间的，买受人应当在检验期间内将标的物的数量或者质量不符合约定的情形通知出卖人。买受人怠于通知的，视为标的物的数量或者质量符合约定。当事人没有约定检验期间的，买受人应当在发现或者应当发现标的物的数量或者质量不符合约定的合理期间内通知出卖人。买受人在合理期间内未通知或者自标的物收到之日起 2 年内未通知出卖人的，视为标的物的数量或者质量符合约定，但对标的物有质量保证期的，适用质量保证期，不适用该两年的规定。出卖人知道或者应当知道提供的标的物不符合约定的，买受人不受前两款规定的通知时间的限制。根据上述规定可知：货物鉴定的方式或时间包括当事人约定或者未约定根据货物的性质、交易习惯、诚实信用原则及时检验；货物鉴定是买受人对自己的义务，该义务包括检验及通知两项，怠于通知的，视为出卖人对债务的适当履行。 （张平华）

huowu lianyun hetong
货物联运合同(through contract for delivery of cargoes) 联运合同的主要形式，有两种含义：(1) 不同承运人以同一运输方式进行的相继运输；(2) 以两种以上运输方式进行的多式联运。联运经营人与托运人订立的将托运人交付的货物以联合运输的方式，将其送到指定的地点，并收取运费的协议。货物联运合同需统一的单据，货物所有权因单据的转让而转让，单据的持有人享有对货物的收取权。

依《中华人民共和国合同法》规定，两个以上承运人以同一运输方式联运的，与托运人订立合同的承运人应当对全程运输承担责任；损失发生在某一运输区段的，与托运人订立合同的承运人和该区段的承运人承担连带责任。多式联运的联运经营人对全程运输承担责任，货物的毁损、灭失发生于某一运输区段的，联运经营人的赔偿责任和责任限额，适用调整该区段运输方式的有关法律规定。至于联运经营人对某一区段实际承运人的责任追偿，则应依其约定。 （姜 林）

huowu liuzhiquan tiaokuan
货物留置权条款(lien clause) 货物留置权是货方或承租人不支付运费、共同海损分摊、滞期费和承运人为货物垫付的必要费用以及应当向承运人支付的其他费用，承运人有将货物扣留乃至拍卖的权利。国际上的主要航运国家对货物留置权的规定不尽相同，《中华人民共和国海商法》对货物留置权作了较为明确的规定。而大多承运人会在其提单条款中列明行使留置权的事由，包括：运费、空舱费、滞期费、滞留和共同海损分摊款和承运人对有缺陷货物重新绑扎、重新包装、重加唛头、熏蒸或进行所需的处置而产生的任何费用、承运人为货物所支付或预付的罚款、捐税、通行费、陆上运费或佣金、应付与承运人的任何款项和因扣留货物或针对货物提起的其他法律诉讼而发生的法律费用。这些费用在实际运输过程中都是可能发生的并且与运输合同都是有着密切联系的。可留置的对象包括：货物或与货物有关的任何文件以及分运费、分租金等。对象里包括了"分运费"和"分租金"，主要是考虑到如果租家欺诈或不付租金或运费，而船东又无法对货物或相关文件进行合法留置的情况下，如能对分运费或分租金进行留置，会在一定程度上减少船东的风险。除法律另有规定外，承运人可以自行留置货物，不必通过法定程序留置货物。但被留置货物的数量必须合理。

在留置货物时应当注意以下几点：(1) 承运人占有货物，即货物处于承运人的实际控制和管理之下；(2) 只能就因与本提单证明的运输合同产生的费用，不可因其他运输合同的费用纠纷留置本提单项下的货物;(3) 被留置的货物的所有权属于付费义务人;(4) 费用已到履行期限。只有在具备上述条件时,才能对货物进行留置。所以在进行留置货物时,一定要谨慎行事以避免处于被动不利的地位。

另外,承运人实施留置权后,在留置期间内,对货物仍应妥善保管,采取合理措施避免和减少货损的发生。承运人有权自行决定申请通过公开拍卖或私自出售来行使此项留置权。在出售价款不足抵付所欠款额及已发生费用时,承运人有权向货方收取差额;但在此项价款多于欠款数额时,承运人应将余额退还货方,而不能不当得利。

(宋春风 金 强)

huowu qianzai quexian
货物潜在缺陷(latent defects of goods) 也称货物的潜在瑕疵,指正常情况下从外部不易发现的货物本身存在的缺陷。例如,袋装豆类,装运前就生虫,运输途中繁殖,导致货损。英美法国家对固有缺陷解释较严,要求检查固有缺陷的人具有熟练的技术;而大陆法国家只需适度谨慎的检查即可,比较接近《海牙规则》。由于货物的潜在缺陷致使货物受损,承运人可以免责。但是,尽管货物存在潜在缺陷,如因船方对货物管理不善致使货物受损,承运人仍要负责。承运人要援引货物潜在缺陷作为免责事由,必须证明货损与缺陷的因果关系、缺陷存在的原因,以及自己已经恪尽职守但仍未能发现缺陷。

(张 琳)

huowu sunshi jin'e
货物损失金额(amount allowable for loss of; damage to cargo) 货物损失金额是由海损事故造成的货物本身的损失金额。货物牺牲包括货物损坏和货物灭失。所谓货物损坏与灭失是针对一票提单而言的。在作出共同海损牺牲行为时,某一票提单项下的货物如果没有全部灭失,即属部分损失或者货物损坏,如果全部灭失,即为货物灭失。

货物损失金额的计算应该把握三个原则:(1) 货物共同海损损失金额应以货物的到岸价格为计算基础。在国际市场上过去的很长一段时间内,对货物共同海损损失金额采用以货物在目的港或航程终止港最后卸载完毕日的市场价格作为计算的标准。这一标准变化无常,很难计算。直到 1974 年《约克—安特卫普规则》确立了以货物到岸价格为计算基础的计算方法。到岸价格是货物的装运价值、运费以及保险费之和。(2) 货物损失金额不应包括由承运人实际承担风险的运费。如果运费是到付运费,则在货物全部或部分灭失的情况下,货物损失金额应扣除承运人因货物灭失而无权收取的运费。该运费作为承运人的运费牺牲另行计算。(3) 所牺牲的货物仍应承担牺牲前后的航程风险。如果货物牺牲之前,货物已经遭受单独海损,该损失应从货物的到岸价格中扣除。若货物在牺牲之后遭受单独海损,货物牺牲仅为货损的,该单独海损损失仍应从货物的到岸价值中扣除;货物牺牲如为货物灭失,货物假如没有灭失肯定也将遭受该单独海损,同样应从货物的到岸价值中扣除该单独海损。

货物损失金额的具体计算方法为:(1) 货物牺牲如属灭失,货物的共同海损牺牲的金额 = 货物的到岸价值 - 共同海损牺牲前后的单独海损 - 由于牺牲无需支付的到付运费。(2) 货物牺牲如属损坏或者部分损失,计算货物损坏或者部分损失有两种情况:一是货物的损坏程度已经确定。如果在目的港经检验确定了货物牺牲的程度或者数量,则按损失部分的到岸价值计算货物损失金额。共同海损牺牲部分的检验费作为损失的一个组成部分一并予以补偿。二是货物在确定损坏程度之前贬值出售。货物损失金额按照货物的到岸价值与出售残货净得金额之间的差额计算。出售残货净得金额是指出售货物的货价减除为了出售而支出的各项费用,如整理、重新包装、运输等费用和为出售货物支付的佣金、广告等费用。

(张永坚 张 宁)

huowu xisheng
货物牺牲(sacrifice of cargo) 船舶遭遇恶劣气候或者其他原因,延长了航程,将船上按照正常航行本来已经备足的船舶燃料消耗殆尽,仍然不能驶靠任何港口,为了共同安全,只得将船上的部分货物当作燃料烧掉,此中损失为货物牺牲,列为共同海损。如果船舶事先燃料添加不足,则属于船舶不适航,烧掉的货物不是特殊牺牲,应由承运人赔偿。只有承运人能够证明,即使事先加装的燃料充足也必然烧掉部分货物,则这部分货物作为特殊牺牲,列入共同海损由受益方予以分摊。这是在蒸汽机时代的案例,在现代航海中已经罕见。

(张永坚 张 宁)

huowu yunshu baoxian
货物运输保险(cargo insurance) 货物的托运人向承运人交运货物时,向保险人支付保险费,在被保险货物发生保险合同约定的损失时,由保险人负责赔偿损失的保险。货物运输保险适用于所有的货物运输形式,包括水路货物运输保险、公路货物运输保险、铁路货物运输保险、航空货物运输保险和海洋货物运输保险等。货物运输保险的目的在于补偿被保险货物在运输过程中因自然灾害或意外事故所造成的经济损失,以加强对运输货物的安全防损工作。

1. 保险期间。保险人承担被保险货物受损的赔偿责任的有效期,不是按照约定日期确定的,而是按照货物运输的起讫地确定的。货物运输保险合同普遍采用仓至仓条款。保险责任期间,自被保险货物离开起运地点的仓库或储存处所时开始起算,至到达目的地收货人的仓库或储存处所时终止。如果被保险货物未到达收货人的仓库或储存处所,保险人对被保险货物承担保险责任的期限,以被保险货物在卸离最后运输工具后的约定期间为限。

2. 保险价值的约定。货物运输保险一般采用定值保险,以约定的保险标的的价值为保险金额。货物运输保险的标的的流动性较大而不易确定其价格,被保险货物在起运地、中转地以及目的地的价值会有所不同,特别是在发生货物损失时,难以确定货物的实际价值。在约定被保险货物的价值时,可以采用货物发票价、货物离岸价格、货物到岸价格以及货物到岸价格加利润等4种形态。在发生保险事故时,保险人直接以保险标的的约定价值为依据,向被保险人给付保险赔偿金,不再对被保险货物另行估价。当然,货物运输保险也可以采用不定值保险。

3. 解除合同的限制。货物运输保险的保险责任开始后,保险合同不得解除。除货物运输保险合同另有约定外,保险责任开始后,被保险人和保险人均不得解除合同。根据合同约定可以解除合同的,被保险人要求解除合同,保险人有权收取自保险责任开始之日起至合同解除之日止的保险费,剩余部分予以退还;保险人要求解除合同,应当将自合同解除之日起至保险期间届满之日止的保险费退还被保险人。

4. 保险责任。在我国,保险人在货物运输保险项下的基本责任,以被保险货物在运输过程中因下列原因造成的损失为限:(1) 因运输工具遭受火灾、爆炸、碰撞所造成的损失,以及因运输工具在危难中因货物卸载所造成的损失或支付的合理费用;(2) 因火灾、爆炸、雷击、暴风、暴雨、冰雹、海啸、地震、洪水、地陷、崖崩、滑坡、泥石流所造成的损失;(3) 在装货、卸货或转载时发生意外事故所造成的损失;(4) 利用船舶运输时因船舶搁浅、触礁、倾覆、沉没或遭到码头坍塌所造成的损失,以及依照国家法令或一般惯例应分摊的共同海损费用和救助费用;(5) 利用火车、汽车、大车、板车运输时,因车辆倾覆、出轨、隧道坍塌或人力、畜力的失足所造成的损失;(6) 利用飞机运输时,因飞机倾覆、坠落、失踪以及遭受恶劣气候或其他危难事故发生抛弃行为所造成的损失;(7) 在发生上述灾害或事故时,遭受盗窃或在纷乱中造成的散失;(8) 发生保险事故时,被保险人因施救或保护被保险货物支出的合理费用。在基本责任以外,投保人和保险人可以在货物运输保险合同中特约附加险,以便被保险货物在发生基本责任以外的保险事故时,保险人依照特约向被保险人承担附加责任。

5. 除外责任。一般而言,被保险货物在运输途中或者在存放期间,因为下列原因发生损失,保险人不承担保险责任:(1) 除非保险合同有特约,战争或者军事行动;(2) 除非保险合同有特约,由于被保险货物本质上的缺陷或者自然耗损、市价跌落以及由于运输迟延所造成的损失或费用;(3) 被保险人的故意行为或者过失;(4) 除非保险合同有特约,被保险货物直接由于破碎、渗漏、偷窃、提货不着、短量、串味所造成的损失;(5) 其他不属于保险责任范围内的损失,例如,被保险人在发生保险事故时,不采取合理的施救措施致使被保险货物发生的扩大的损失。

6. 保险赔偿。被保险货物运抵目的地后发现受损或者在运输途中受损,被保险人应当及时通知保险人,并请求保险人检验,以备索赔。被保险人向保险人申请索赔时,应当向保险人提供货运单据或保险单或保险凭证、发票、装箱单、发生货物运输事故的证明、索赔清单以及救护受损货物的合理费用支出单据。保险人以保险合同约定的保险金额为限,承担给付保险赔偿金的责任。保险人违反保险合同的约定不履行给付或者迟延履行给付保险赔偿金的义务的,应当向被保险人承担违约责任。

(邹海林)

huowu yunshu hetong

货物运输合同(contract for carriage of cargoes) 又称货运合同,与客运合同相对应的一种运输合同,是指承运人依托运人的要求,将托运人交付的货物运送到指定的地点,托运人为此而支付运费的协议。

货运合同除具有运输合同的一般特征外,还有以下特征:(1) 货物运输合同往往涉及第三人即收货人。在货物运输合同中,订立合同的当事人是承运人和托运人。托运人可能是货物的所有人,也可能是货物的管理人等。同时托运人既可以自己为收货人,也可以第三人为收货人。由于货物运输具有明显的地点变化,托运人与收货人往往不一致,所以合同往往由第三人作为收货人。第三人作为收货人时,其虽不为订约当事人,但为合同的利害关系人,仍享受合同权利并负有相应的及时提取货物等义务。但是如果第三人对于合同并无实体上的权利义务,那么合同不能视为利他合同,第三人可能只是以托运人的代理人的身份接收货物。(2) 货物运输合同的运送对象是货物。这一点主要是区别于旅客运输合同,尽管旅客运输合同与货物运输合同都是以运送行为为合同的标的。但是由于运送对象的不同,二者在合同的相关权利义务上仍有所区别。(3) 货物运输合同在承运人将货物交付收货人后,即告终结。由于货物运输合同涉及到货物的交付与接收,所以在承运人将货物运送到指定的地点后,必须将货物妥善地交付给收货人后,合同的义务才算是履行完毕。而旅客运输合同则只要将旅客运送到指定的地点后,承运人的合同义务就算是履行完结。按照货物运输合同中所使用的运输工具的不同,可以将货物运输合同分为铁路货物运输合同、公路货物运输合同、水上货物运输合同、航空货物运输合同、管道货物运输合同等。其中管道运输合同是一种较新的货物运输合同方式,所运输的对象多为水、油、气等流体物,适用的范围多有限制。

托运人的权利主要有:(1)要求承运人按约定的方式和路线将货物及时安全运送到指定的地点,并交付给指定的收货人。这是托运人的基本权利,也是实现合同目的的必然要求。(2)变更、解除合同的权利。变更合同的权利指承运人将货物交付收货人前,托运人可单方面变更货物到达地点和变更收货人;解除合同的权利指在承运人将货物交付收货人前,托运人可以要求承运人中止运输,返还货物。由于在途货物可能出现货物的转让或其他特殊情况,所以依合同法规定,在承运人将货物交付收货人之前,托运人可以要求承运人中止运输、返还货物、变更货物运送的地点或者将货物交给其他收货人。尽管托运人或者收货人有此种变更权,但是因此而给承运人造成损失的,托运人应负责赔偿损失。(3)要求承担违约责任。合同生效后,承运人违约的,托运人有权依合同约定或依法律规定要求承运人承担违约责任。

托运人的义务主要是:(1)依合同的约定支付运费的义务。托运人应依合同约定的数额、时间、地点、方式支付运输费用。托运人或收货人不支付运费、保管费以及其他运输费用的,除当事人另有约定外,承运人对相应的运输货物享有留置权。当然,若货物在运输过程中因不可抗力灭失,则承运人未收取运费的,不得要求托运人支付运费;承运人已收取运费的,托运人可以要求返还。(2)如实告知和申报有关事项的义务。托运人办理货物运输,应向承运人准确表明收货人的名称或姓名或者凭指示的收货人,货物的名称、性质、数量、重量、收货地点等有关货物运输的必要情况。对于合同中约定的其他申报事项以及承运人要求托运人申报的与运输有关的情况,以及基于货物特性可能影响正常运输的应注意的事项,托运人也应如实申报。因托运人申报不实或者遗漏重要情况,造成损失的,托运人应负赔偿责任。(3)托运人应当合理安全的包装所托运的货物,使货物达到可以运输的状态,如果货物是易燃、易爆、有毒、有腐蚀性等危险物品,则托运人应当以国家要求的标准进行妥善包装,作出危险物品的标志和标签,并将有关危险物品的名称、性质和防范措施的书面材料提交承运人;否则,承运人有权拒绝运输,也可以采取避免发生损失的相应措施而由托运人承担相关费用。(4)办理有关的审批和检验手续,并将货物的相关文件交付给承运人。需要办理审批、检验等手续的,承运人未取得托运人办理完手续的相关文件前,有权拒绝运输,对由此而造成的迟延运输或货物损坏不承担责任。

承运人的权利义务主要是:(1)承运人应当将货物按托运人指定的方式和路线运送到指定的地点。(2)承运人在将货物运送到指定的地点后,应当及时通知收货人提货。因为即使当事人约定了具体的收货时间,但是在货物运输过程中,可能发生不特定的情形,具体的送达时间可能提前也可能迟延,所以依合同的协作履行原则要求承运人负有此告知的义务。(3)保证货物的安全。承运人在运输过程中,应当防止货物发生毁损灭失的情形,如果承运人未尽到合同义务而使货物有毁损灭失情形发生,致使托运人或是收货人损失的,承运人对此应负有赔偿责任。承运人只有证明货物的毁损、灭失是因不可抗力、货物本身的自然性质或者合理损耗以及托运人、收货人的过错造成的,才可不承担损害赔偿责任。依合同法的有关规定,对于货物的毁损、灭失的赔偿额,当事人有约定的,依其约定;没有约定,可依合同有关条款或交易习惯确定,仍不能确定的,按照交付或者应当交付货物到达地的市场价格计算。但法律、法规规定特殊的计算方法和赔偿限额的,应依其特殊规定。两个以上的承运人以同一运输方式联运的,与托运人订立运输合同的承运人应当对全程运输承担责任。如果能够明确损失发生的具体运输区段,则该区段的运输人与订立运输合同的运输人对损失负有连带责任。

收货人的权利义务主要有:(1)支付运费和其他的运输费用的义务。依照合同的约定,应当由收货人交付运费的,收货人应当依合同的约定支付运费和其他费用。(2)提取货物的权利和及时提取货物的义务。收货人的主要权利是在货物运送到目的地后从承运人处提取货物,即提货权。同时,收货人在收到承运人的收货通知后,应当及时接收货物。如果收货人逾期提货的,应当负担迟延履行的合同责任,承运人可以依法将该货物进行提存。(3)收取货物时有检验货物的权利和义务。收货人应在约定的期限或者合理的期限内检验货物。如果收货人未在约定的期限或者合理的期限内对货物的数量、毁损等提出异议,则视为承运人已按运输单证的记载交付货物的初步证据。其后收货人提出索赔的,必须有充分的证据证明因承运人的原因造成货物毁损。

(姜　林　郭明瑞)

huoyang maimai
货样买卖(sale by sample)　又称样品买卖。依约定的货物样品而定标的物质量的一种买卖。所谓货样,系指实物的样品。对于图样或者模型,如果能显示出标的物的种类与品质,也属货样。此种买卖之特点在于,依货样质量而决定标的物质量,以确保标的物的种类及品质。货样买卖的标的物既可是动产也可是不动产,既可为种类物,也可为特定物。货样的提出通常由出卖人为之,但亦可由买受人提出。货样买卖的成立,要求"依货样决定标的物"须构成买卖合同之一部分,即须当事人双方约定出卖人应交付与货样同一品质之物,并保证其物与货样相同。与货样买卖结合,也可附加标的物的其他品质,如种子的发芽、一定的重量,或者限定其一部分品质,如编制物的种类。这种附加保证,应以商业习惯或物的性质而发生。

货样买卖的效力在于,按照货样约定买卖的,视为出卖人担保其交付的标的物与货样有相同的品质。因为货样买卖既然是依货样决定标的物,则出卖人交付于买受人的标的物应与货样种类相同、品质相同。交付的标的物种类不同者,等于未履行,如经买受人同意则属于"代物清偿",适用其有关规定。出卖人交付的标的物与货样的品质不同的,则属具有瑕疵,买受人可以请求减少价金或解除合同,亦可请求损害赔偿或另行交付符合货样品质之物。

货样买卖不同于一般买卖。对于一般买卖,当事人可以特别约定保证标的物之品质,亦可不为该项约定,但对于货样买卖,即使当事人无关于保证标的物品质之约定,法律上亦视为出卖人对于其交付之标的物当然保证其与货样有同一的品质。依《中华人民共和国合同法》第169条规定,凭样品买卖的买受人不知道样品有隐蔽瑕疵的,即使交付的标的物与样品相同,出卖人交付的标的物仍然应当符合同种物的通常标准。在货样买卖发生纠纷时,若当事人对于是否属货样买卖存有争议,由买受人负举证责任;对于货样买卖本身无争执,仅对于标的物的品质是否与货样相符合有争议时,若买受人在受领之前提出且拒绝受领的,由出卖人负举证责任;若买受人受领后主张瑕疵担保请求权时,则由买受人负举证责任。

(王卫劲)

huozhu chengdan fengxian de yundan
货主承担风险的运单(way-bill with risk born by cargo owner) 运输凭证的一种。明确载明由货主承担标的物风险的运单。于办理货物交付时,由托运人按照约定或规定要求填写。这种运单实际上是对承运人责任的一种限制。

(郭明瑞)

huojiu caichan jiazhi
获救财产价值(the salved value of the ship and other property) 在海难救助中船舶和其他财产获救后的估计价值或者实际出卖的收入,扣除有关税款和海关、检疫、检验费用以及进行卸载、保管、估价、出卖而产生的费用后的价值。获救财产包括获救的船舶和其他财产,但不包括船员的获救的私人物品和旅客的获救的自带行李。

(王青)

huofuman gujiafa
霍夫曼估值法(Hoffman method) 著名的人身伤亡的索赔计算公式。其原理是依据合理的原则,对死者未来收益损失,即对社会贡献的损失进行计算。这种赔偿没有责任限制,故索赔额可达到很高的程度。

对该公式的具体运用,学术界和司法界有争议:(1)认为通货膨胀的因素总是客观存在并且通货膨胀率一般都高于银行利息增长率,因此在索赔计算公式中应该不计银行利息,以弥补通货膨胀的损失;(2)认为,由于银行利息增长率基本上与通货膨胀率保持一致,为避免受害方不当得利,在计算时应反映利息的扣减。

(温世扬)

J

jidong cheliang baoxian

机动车辆保险(mobile vehicle insurance) 财产保险的一种，一般为不定值保险。保险人承保约定的机动车辆的物质损失以及对第三人所造成的损失的赔偿责任，在发生保险事故时，给付赔偿金。保险标的包括汽车、电车、电瓶车、摩托车、拖拉机、各种专用机械车、特种车等机动车辆。

1. 分类。机动车辆保险，以其承保的险别划分，有机动车辆车身保险和第三者责任保险；以机动车辆的用途划分，有私用机动车辆保险和商用机动车辆保险；以投保的方式划分，有机动车辆自愿保险和机动车辆强制保险。

2. 保险责任。机动车辆保险包括基本险和附加险两部分，基本险又分为车辆损失险和第三者责任险，附加险不能独立投保或承保。根据我国开办的机动车辆保险，被保险机动车辆发生事故时，保险人将依据其承保的险别负责赔偿。投保人只投保机动车辆车身险的，保险期间内被保险机动车辆以及车上的零件、备件和设备因下列原因受损，保险人负赔偿责任：(1)雷电、洪水、地震、雪崩、碰撞、翻车、失火、爆炸、自燃、丢失和盗窃；(2)载运保险车辆过河的渡船发生的意外事故，但只以有驾驶人员随身照料的车辆为限。发生保险事故时，被保险人或其允许的合格驾驶员对保险车辆采取施救、保护措施所支出的合理费用，保险人以保险金额为限负责赔偿。若投保人投保机动车辆第三者责任保险，保险人依机动车辆第三者责任保险负责赔偿，参见汽车责任保险条。

3. 特有条款。机动车辆保险除约定有一般财产保险的条款外，保险人和投保人通常还特别约定有以下条款：(1)无赔款优待条款。被保险机动车辆在续保前一年未发生赔款事故，续保的保险费可按一定比例减交。(2)免赔额条款。(3)碰撞互不追偿条款。(4)第三者赔款均分条款等。

4. 除外责任。首先，保险人对保险车辆的下列损失不负责赔偿：(1)自然磨损、朽蚀、故障、轮胎单独损坏；(2)地震、人工直接供油、高温烘烤造成的损失；(3)受本车所载货物撞击的损失；(4)两轮及轻便摩托车停放期间翻倒的损失；(5)遭受保险责任范围内的损失后，未经必要修理继续使用，致使损失扩大的部分；(6)自燃以及不明原因产生火灾；(7)玻璃单独破碎；(8)保险车辆在淹及排气筒的水中启动或被水淹后操作不当致使发动机损坏。

其次，保险人对被保险车辆造成的下列人身伤亡和财产损毁，不论在法律上是否应当由被保险人承担赔偿责任，也不负责赔偿：(1)被保险人或其允许的驾驶员所有或代管的财产；(2)私有、个人承包车辆的被保险人或其允许的驾驶员及其家庭成员，以及他们所有或代管的财产；(3)本车上的一切人员和财产。

再次，保险人对于因下列情况造成的保险车辆的损失或第三者的经济赔偿责任，均不负赔偿：(1)战争、军事冲突、暴乱、扣押、罚没、政府征用；(2)非被保险人或非被保险人允许的驾驶员使用保险车辆；(3)被保险人或其允许的合格驾驶员的故意行为；(4)竞赛、测试、在营业性修理场所修理期间；(5)车辆所载货物掉落、泄漏；(6)机动车辆拖带车辆(含挂车)或其他拖带物，二者当中至少有一个未投保第三者责任险；(7)驾驶员饮酒、吸毒、被药物麻醉；(8)无证驾驶或者驾驶车辆违反驾驶员管理规定；(9)保险车辆肇事逃逸；(10)未按书面约定履行交纳保险费义务；(11)除本保险合同另有书面约定外，发生保险事故时保险车辆没有公安交通管理部门核发的行驶证和号牌，或未按规定检验或检验不合格。

最后，对于下列损失和费用，保险人不负责赔偿：(1)保险车辆发生意外事故，致使被保险人或第三者停业、停驶、停电、停水、停气、停产、中断通讯以及其他各种间接损失；(2)因保险事故引起的任何有关精神损害赔偿；(3)因污染引起的任何补偿和赔偿；(4)保险车辆全车被盗窃、被抢劫、被抢夺，以及在此期间受到损坏或车上零部件、附属设备丢失，以及第三者人员伤亡或财产损失等。

（邹海林）

jidong cheliang baoxian tiaokuan

《机动车辆保险条款》(Motor Vehicles Insurance Clauses) 规定机动车辆保险的财产保险条款。中国人民保险公司于1988年11月1日发布了《机动车辆保险条款》；中国人民银行于1995年2月6日又发布了经修订的《机动车辆保险条款》；1999年2月13日中国保险监督管理委员会再次发布了新的《机动车辆保险条款》，并于同年3月24日发布了《机动车辆保险条款解释》和《机动车辆保险费率解释》。由基本险和附加险两大部分组成，基本险部分共32条，包括车辆损失险和第三者责任险两个险种；附加险部分包括9个险种。承保的机动车辆包括汽车、电车、电瓶车、摩托车、拖拉机、各种专用机械车和特种车。主要内容为：

1. 保险责任。车辆损失险的保险责任范围为下列原因造成的保险车辆损失:(1)碰撞、倾覆;(2)火灾、爆炸;(3)外界物体倒塌、空中运行物体坠落、行驶中平行坠落;(4)雷击、暴风、龙卷风、暴雨、洪水、海啸、地陷、冰陷、崖崩、雪崩、雹灾、泥石流、滑坡;(5)载运保险车辆的渡船遭受自然灾害(只限于有驾驶人员随车照料者)。发生保险事故时被保险人采取施救保护措施而支出的合理费用由保险人赔偿,但以保险金额为限。

2. 责任免除。(1)保险车辆的下列损失,保险人不负责赔偿:自然磨损、朽蚀、故障、轮胎爆裂;地震、人工直接供油、自燃、高温烘烤造成的损失;受本车所载货物撞击的损失;两轮及轻便摩托车停放期间翻倒的损失;遭受保险责任范围内的损失后,未经必要修理继续使用,致使损失扩大部分。(2)保险车辆造成的下列人身伤亡和财产损失不论在法律上是否应当由被保险人承担赔偿责任,保险人均不负责赔偿:被保险人所有或代管的财产;私有、个人承包车辆的被保险人及其家庭成员以及他们所有或代管的财产;本车上的一切人员和财产;车辆所载货物掉落、泄漏造成的人身伤亡和财产毁损。(3)下列原因造成的保险车辆损失或第三者的赔偿责任,保险人不负赔偿责任:战争、军事冲突、暴乱、扣押、罚没;竞赛、测试、进厂修理;驾驶员饮酒、吸毒、药物麻醉、无有效驾驶证;保险车辆拖带未保险车辆及其拖带物或未保险车辆拖带保险车辆造成的损失;保险车辆肇事逃逸经公安部门侦破后;保险事故发生前未按书面约定履行交纳保险费义务;保险车辆全车被盗窃、被抢劫、被抢夺以及在此期间受到损坏或车辆零部件、附属设备丢失,以及第三者人员伤亡或财产损失。(4)下列损失和费用保险人不负责赔偿:保险车辆发生意外事故致使被保险人或第三者停业、停驶、停电、停水、停气、停产、中断通讯以及其他各种间接损失;被保险人或其驾驶员的故意行为;因保险事故引起的任何有关精神损害赔偿;其他不属于保险责任范围的损失和费用。

3. 保险金额。车辆损失险的保险金额可按投保时的保险价值或实际价值确定,也可由被保险人与保险公司协商确定。车辆的保险价值根据新车购置价确定。第三者责任险的每次事故最高赔偿限额分为5个赔偿档次,即5万元、10万元、20万元、50万元、100万元,被保险人可自愿选择投保。

4. 保险赔付。车辆损失险的全部损失,按保险金额赔偿,但保险金额高于实际价值时,以不超过出险时的实际价值计算赔偿;对部分损失,投保时按实际价值确定保险金额的车辆按实际修理费用赔偿,投保时保险金额低于实际价值的车辆按保险金额与保险价值的比例赔偿修理费用。保险车辆、第三者的财产遭受损失后的残余部分,应协商作价折归被保险人,并在赔款中扣除。根据保险车辆驾驶员在事故中所负责任,车辆损失险和第三者责任险在符合赔偿规定的金额内实行绝对免赔率:负全部责任的免赔20%,负主要责任的免赔15%,负同等责任的免赔10%,负次要责任的免赔5%,单方肇事事故的绝对免赔率为20%。赔款金额一经双方确认,保险公司应当在10天内一次赔偿结案。

5. 无赔款优待。保险车辆在上一年保险期间内无赔款,续保时可享受无赔款减收保险费优待,优待金额为本年度续保险种应交保险费的10%。

6. 附加险。附加险的险种共9种,即全车盗抢条款、车上责任险条款、无过失责任险条款、车载货物掉落责任险条款、玻璃单独破碎险条款、车辆停驶损失险条款、自燃损失险条款、新增加设备损失险条款、不计免赔特约险条款。投保人在投保了车辆损失险的基础上方可投保全车盗抢险、玻璃单独破碎险、车辆停驶损失险、自燃损失险和新增加设备损失险;在投保了第三者责任险的基础上方可投保车上责任险、无过失责任险和车载货物掉落责任险;在投保了车辆损失险和第三者责任险的基础上方可投保不计免赔特约险。附加险条款与基本险条款相抵触之处,以附加险条款为准。

(刘凯湘)

jiqi sunhuai baoxian

机器损坏保险(machinery damage insurance) 被保险机器及附属设备因意外事故而损坏或灭失,保险人按照保险合同约定给付保险赔偿金的财产损失保险。保险人承保的机器设备的保险金额,应为该机器设备的重置价值,即重新换置同一厂牌或相类似的型号、规格、性能的新机器设备的价格,包括出厂价格、运保费、税款、可能支付的关税以及安装费用等。被保险人或其代表应根据保险单明细表和批单中的规定,按期缴付保险费。任何被保险锅炉、汽轮机、蒸汽机、发电机或柴油机连续停工超过保险单约定的期间时(包括修理,但不包括由于发生保险责任范围内损失后的修理),保险人按照约定退还停工期间的保险费。

1. 保险事故,机器损坏保险约定的保险事故主要包括:(1)设计、制造或安装错误、铸造和原材料缺陷;(2)工人、技术人员操作错误、缺乏经验、技术不善、疏忽、过失、恶意行为;(3)离心力引起的断裂;(4)超负荷、超电压、碰线、电弧、漏电、短路、大气放电、感应电及其他电气原因;(5)除外责任以外的其他原因。

2. 除外责任。保险人对由于下列原因直接或间接引起的损失、费用和责任,不负责赔偿:(1)机器设备运行必然引起的后果,如自然磨损、氧化、腐蚀、锈蚀、孔蚀、锅垢等物理性变化或化学反应;(2)各种传送带、缆绳、金属线、链条、轮胎、可调换或替代的钻头、钻杆、刀具、印刷滚筒、套筒、活动管道、玻璃、磁、陶及钢筛、网筛、毛毡制品、一切操作中的媒介物(如润滑油、燃料、催化剂等)及其他各种易损、易耗品;(3)被保险人及其代表已经知道或应该知道的被保险机器及其附属设备在本保险开始前已经存在的缺点或缺陷;(4)根据法律或契约应由供货方、制造人、安装人或修理人负责的损失或费用;(5)由于公共设施部门的限制性供应及故意行为或非意外事故引起的停电、停气、停水;(6)火灾、爆炸;(7)地震、海啸、雷电、飓风、台风、龙卷风、风暴、暴雨、洪水、冰雹、地崩、山崩、雪崩、火山爆发、地面下陷下沉及其他自然灾害;(8)飞机坠毁、飞机部件或飞行物体坠落;(9)机动车碰撞;(10)水箱、水管爆裂;(11)被保险人及其代表的故意行为或重大过失;(12)战争、类似战争行为、敌对行为、武装冲突、恐怖活动、谋反、政变、罢工、暴动、民众骚乱;(13)政府命令或任何公共当局没收、征用、销毁或毁坏;(14)核裂变、核聚变、核武器、核材料、核辐射及放射性污染;(15)保险事故发生后引起的各种间接损失或责任;(16)保险单明细表或有关条款中规定的应由被保险人自行负担的免赔额。

3.保险赔偿。对被保险机器设备遭受的损失,保险人可选择以支付赔款或以修复、重置受损项目的方式予以赔偿。原则上,可以修复的部分损失,保险人以将被保险机器设备修复至其基本恢复受损前状态的费用扣除残值后的金额为准,修理时需更换零部件的,可不扣除折旧。全部损失或推定全损时,保险人以被保险机器设备损失前的实际价值扣除残值后的金额为准,予以赔偿。保险人在负责赔偿损失、费用或责任时,若有其他保障相同的保险存在,保险人仅承担按比例分摊赔偿的责任。

(邹海林)

jiyuxing weixian
机遇性危险(opportunity risk) 又称投机危险,指事件的发生既有造成损失的可能,又有获得利益的可能的危险,如赌博、证券买卖、新产品开发等,都属于机遇性危险。机遇性危险是人们追求利益时所存在的一种损失机会,因此,除有特别约定外,保险人均不以机遇性危险为承保危险。

(史卫进)

jifu
给付(performance) 债务人履行或应当履行的某种特定行为。是债的最主要的效力。具有两种含义:一指债的标的,即债务人必须实施的特定行为(作为或不作为)。从抽象和静态的意义上说,给付是债的关系赖以存在的基础。二是债务人实施给付的行为,即债务人于债务清偿期届至时履行自己的义务,亦可称为清偿。我国学者也称之为债的履行。在我国的法学教学研究和立法、司法实践中不常使用"给付"一词,而常使用履行、清偿等概念。给付与清偿、履行的意义本质上并无区别,不同之处在于:给付强调的是静态意义上的债务人的义务,清偿着眼于债的消灭,履行具有动态和具体的实施行为的意义。无论何种含义,均体现债的效力,只不过有的从静态角度而言,有的从动态角度而言。依据通说,债务人的特定行为既包括作为,也包括不作为,前者为积极行为,后者为消极行为。我国台湾学者将给付分为积极给付、消极给付、混合给付。积极给付又称作为之给付,以此种给付为标的的债务称为作为债务;消极给付又称为不作为的给付,以此种给付为标的的债务称为不作为债务;混合给付则为作为与不作为共同构成的给付。

通常认为,给付义务可分为主给付义务和从给付义务。主给付义务是指债的关系的固有的、必备并能决定债的关系类型的基本义务。从给付义务是主给付义务之外,债权人可以独立诉请履行,以完全满足给付上利益的义务。前者如买卖合同出卖人交付出卖物并转移所有权,买受人应支付的价金,后者如在不动产买卖中,出卖人应将不动产的产权证明文件交付买受人。就双务合同而言,主给付义务通常是对待给付义务。从给付义务基于法律上的明文规定、当事人的约定或诚实信用原则等发生。在给付义务之外,尚有附随义务与不真正义务。附随义务是依诚信原则债务人在合同及法律所定内容之外所负有的附随义务,如电热器的出卖人的给付义务为交付电热器,附随义务是告知电热器之安全使用事项;不真正义务强度较弱,其主要特征在于相对人通常不得请求履行,而违反此义务也不发生损害赔偿责任,仅使负担此义务者遭受权利减损或丧失之不利益。如在保险关系中,被保险人对于损害的发生或扩大有过失的,法院可以减轻保险公司的赔偿金额或免之。被保险人由于违反了对自己利益予以适当维护的义务而不得不忍受所得赔偿金额减免的不利益,此义务为不真正义务。作为债的标的的给付,应具备三个要件:(1)合法。至少是法律不禁止的。(2)可能。须是客观上能够实现的行为,以不可能行为为给付内容者无效。(3)确定。须在债成立或债务履行前已确定,不确定的给付不能作为债的标的。

(万 霞)

jifu baoxianjin
给付保险金(to pay the insurance) 在保险事故发生时或规定的保险事故出现时,保险人依合同约定补偿被保险人的实际损失或向被保险人(或受益人)支付约定的保险金。这是保险人最主要的义务。《中华人民共和国保险法》第42条规定:"保险事故发生时,被保险人有责任尽力采取必要的措施,防止或者减少损失。

保险事故发生后,被保险人为防止或者减少保险标的的损失所支付的必要的、合理的费用,由保险人承担;保险人所承担的数额在保险标的的损失赔偿金额以外另行计算,最高不超过保险金额的数额。"根据法律的规定,构成保险人补偿或给付义务应当具备以下条件:1.受损的必须是保险标的;2.必须是由保险事故引起的损失;3.补偿金或保险金的给付,必须在保险合同规定的限额内。财产保险的补偿包括四个方面:(1)直接损失;(2)投保人或被保险人的诉讼支出;(3)其他合理费用;(4)施救费用;4.保险标的的损失,必须是发生在保险合同指定的存放地域。此外,保险标的的损失还必须是在保险期限内发生,否则,也不能构成保险人的赔偿责任。关于给付保险金的日期,《保险法》第24条规定:"保险人收到被保险人或者受益人的赔偿或者给付保险金的请求后,应当及时作出核定;对属于保险责任的,在与被保险人或者受益人达成有关赔偿或者给付保险金额的协议后10日内,履行赔偿或者给付保险金义务。"《保险法》第26条规定:"保险人自收到赔偿或者给付保险金的数额不能确定的,应当根据已有证明和资料可以确定的最低数额先予支付;保险人最终确定赔偿或者给付保险金数额后,应当支付相应的差额。"　　　　　　　　　(温世扬)

jifu biaodi

给付标的(object of performance)　给付的对象。给付行为的客体。又称履行标的。通常为财物,也可以是劳务、智力成果、权利。参见债的客体条、给付条。
　　　　　　　　　　　　　　　(万霞)

jifu buneng

给付不能(impossibility of prestation; 德 Unmöglichkeit)　给付的内容不可能实现,德国法上的称谓。《德国民法典》第306条规定,以不能的给付为标的的契约无效。给付不能包括事实不能与法律不能,全部不能与部分不能,永久不能与一时不能。此外,德国法还特别规定了两种典型的给付不能的类型:(1)以将来财产为让与或设定用益权的合同构成给付不能,该合同无效;(2)关于生存第三人的遗产合同构成给付不能,合同无效。　　　　(李仁玉　陈敦)

jifu chiyan

给付迟延(拉丁 mora solvendi)　又称履行迟延、债务人迟延。债务不适当履行的一种形态,是指债务人于履行期限届满能够履行债务而未履行债务。给付迟延的构成条件为:(1)有效债务存在;(2)债务已届清偿期;(3)债务人能够给付。若不能给付,则发生履行不能;(4)因可归责于债务人的事由而未为给付;(5)债务人未为给付无正当理由。若债务人有正当理由如行使同时履行抗辩权而未给付,则不构成给付迟延。给付迟延发生债务不履行责任:债权人有权要求债务人继续履行;债权人有权要求债务人赔偿其因给付迟延而受到的损失;债务人的履行不能实现合同目的的,债权人得解除合同并要求损害赔偿。在给付迟延时,标的物意外灭失的风险由债务人承担。　　(郭明瑞)

jifu peichang

给付赔偿(payment of compensation)　赔偿义务人向赔偿权利人给付赔偿钱物。为损害赔偿之债的履行行为。　　　　　　　　　　　　　(张平华)

jifuquanzhiquan

给付权质权(pledge on receivatles)　是指以特定的给付权为标的而设立的质权。例如,剧院、旅馆或者公路桥梁、公路隧道、公路渡口等收费站为了贷款,可以将未来特定期间的收益质押给银行,当贷款届期不能清偿时,由债权人在一定期间内行使其对顾客的给付权以抵偿其债权。　　　　　　　(申卫星)

jifu xingwei

给付行为(act of performance)　债务人履行债的内容的行为。例如财物的交付与金钱的支付、他物权的设定、债权的让与、债务的免除等各种与给付相关的财产权和财产利益的转移行为。某些事实行为也可形成给付行为,如将自己的财产附合于他人的财产之中等。但是所有权抛弃或代理权授予等行为不属于给付行为。给付行为大多是有偿的,并且有财产内容,如劳务的提供会获得劳务报酬,物的买受须支付价款等,但也有给付行为不具财产内容或是无偿的,如赔礼道歉、通知或赠与行为。给付行为依给付的种类不同也有多种分类,如积极给付行为(作为)和消极给付行为(不作为);一次性给付行为、反复给付行为和继续给付行为;单独给付行为和合成(或称混合)给付行为;可分给付行为和不可分给付行为;特定给付行为和可替代给付行为等。在债的关系中,给付有双重含义,一指针对给付行为而言,一指针对给付效果而言。有的债仅要求给付行为而不要求一定要达到给付效果,如雇佣合同,受雇人只要按照合同约定提供劳务即履行了给付,至于雇主是否因此获得了财产上的利益则在所不问。但加工承揽合同须以完成约定的工作为给付内容,不以给付行为为标准,而以完成的工作已达成的效果为标准。　　　　　　　　　　　　　(万霞)

jifu jishou huipiao

己付己受汇票(drafts drawn on the drawer paid by self) 变式汇票的一种,发票人、付款人和受款人同为一人的汇票。法人及其分支机构之间可能签发这种汇票。此外,仅为了流通也可能签发这种汇票。给付己受汇票是变式汇票的一种极端形式,各国票据法对此都没有规定。但从理论上讲,应该承认这种汇票的效力。

(王小能)

jiji daili

积极代理(positive agency) 消极代理的对称。代理人为意思表示的代理,又称主动代理。

(李仁玉 陈敦)

jiji diyiquan

积极地役权(positive servitude;德 servitutes affirmativae) 与消极地役权相对,这是依地役权人所享有的地役权内容或供役地人所负的义务对地役权所进行的区分。积极地役权是指地役权人得于供役地为一定作为的地役权。因为地役权人得为一定的作为,又称为作为地役权。通行、排水等地役权均属此类,供役地人仅负有容忍该一定行为的义务。

(钱明星)

jiji jifu

积极给付(positive performance) 消极给付的对称。又称作为的给付。履行债务的作为。最普通的给付方式。一般属财产性给付。以此种给付为标的的债务称为作为债务。此种给付中,义务人以积极作为的方式履行债务,如交付财物、完成工作、提供劳务、返还所得的不当利益、赔偿损害等。积极给付有广义与狭义之分,前者包括物的给付和劳务的提供,后者仅指以劳务为标的的物之外的给付。罗马法和法国民法中,将给付内容为转移物或权利的债,称为"与"之债;将给付内容为提供劳务的债,称为"为"之债。另外,有关意思表示的通知等也可作为积极给付的内容。参见消极给付条。

(万霞)

jiji qinquan xingwei

积极侵权行为(positive torts) 侵权行为的一种,消极侵权行为的对称。又称作为的侵权行为。行为人以一定的作为侵害他人合法权益的侵权行为。如侵占财产、侮辱等。积极侵权行为的行为人违反对他人负有的不作为义务,以一定的作为加害于他人。参见消极侵权行为条。

(郭明瑞)

jiji xintuo

积极信托(active trust) 参见能动信托条。

jiji yichan

积极遗产(positive legacy) 消极遗产的对称,死者遗留的可移转的财产性权利,如债权、质押权等。罗马法实行死因概括继承,继承人不但要承受遗产中的财产性权利,也要承担财产性义务。此后,法国、德国、瑞士、日本等国民法典都明确规定继承人在取得积极遗产时,也要承担遗产中的财产性义务,即消极遗产。我国继承法也采取了概括继承原则,这表明积极遗产和消极遗产之间具有不可分离性,也说明了遗产既包括积极遗产又包括消极遗产,其内容具有总括性。但英国继承法规定,只有扣除了债务的净得的财产性利益,才能算作遗产,可见英国的遗产只能是积极遗产。

(常鹏翱)

jiji yiwu

积极义务(positive obligation) 又称作为义务。消极义务的对称。此乃依义务之内容而为之区别。对于某事项应该有某种行为的义务(即以一定作为为其内容的义务),谓之积极义务。私法上积极义务包括:(1)给与义务,以物或权利之终局的给与为客体,或以物或权利之一时给与而于日后受其返还为客体者。如卖方交付物品或债务人偿还金钱之义务。(2)单纯的作为义务,即以劳力之给付为客体。(3)以意思表示或其他意思之表现或观念通知为客体。

(张谷)

jiji zhaiwu

积极债务(德 positive Schuld) 消极债务的对称。以积极的作为为内容的债务。如承揽人负担的为定作人制作某物的债务。

(郭明瑞)

jilei xintuo

积累信托(accumulation trust) 以要求受托人积累出卖信托财产所取得的收入以留待其终止时作一次性处理为内容的信托。具体地讲,某一信托,如果有关的信托行为或国家行为规定,受托人在它的存续期间,不仅必须多次出卖信托财产,还必须将每一次出卖这种财产所取得的收入积累起来,待它终止时再一次性地移交给它的单独受益人或者在它的共同受益人之间进行分配,像这样一项信托,即为积累信托。积累信托为各国、各地区信托法确认的一种信托品种,属于特殊民事信托。积累信托的根本特征,在于在它的存续期间只存在对信托利益的积累,而不存在对这种利益的给付。使这种利益通过这种信托的运作而在实现"积少

成多"之后再交付给受益人享用,这正是委托人设立这种信托之目的所在。 (张 淳)

jiben baoxian
基本保险(basic insurance) 投保人与保险人签订的保险合同中所约定的保险险种。基本保险是独立投保的险种,是由保险合同的基本条款所约定的保险。基本保险中所约定的承保危险,又称为基本险种,可以是一切危险,也可以是特定危险。基本险种应当是商业保险的主要险种,即由保险监督管理机关或保险业协会规定的统一险种和保险人自行确定的基本险种。基本保险是附加保险的前提,只有在基本保险存在的基础上方可以订立附加保险。 (史卫进)

jiben dangshiren
基本当事人(basic party) 在票据发生时就存在的当事人。它是构成票据法律关系的必要主体,缺少其中任何一个主体,票据法律关系就不能成立,票据也无效。与基本当事人相对应的概念是非基本当事人,指的是在票据发生后基于一定票据行为而加入票据关系的当事人,包括被背书人、保证人等,它的存在与否不影响票据的法律效力。将票据划分为基本当事人和非基本当事人的意义主要可以从以下两个方面来理解。其一,基本当事人与非基本当事人的欠缺与否对票据的效力有不同的影响。出票行为的效力能够直接影响到票据的效力,基本当事人作为出票时已经存在的当事人,如果有欠缺,不仅会使出票行为无效,更严重的是会导致票据的无效。而非基本当事人的有无,不会影响到票据的效力。其二,基本当事人的不同是区分委托票据和自付票据的标准。具有三方基本当事人的票据通常属于委托票据,即出票人不直接对其签发的票据付款,而由他委托的付款人来支付票据金额。具有两方基本当事人的票据通常属于自付票据,由出票人直接对其所签发的票据付款。目前各国通常采用的票据有三种,分别是汇票、本票和支票。这三种票据有着各自的特点,因而涉及了不同的基本当事人。根据《中华人民共和国票据法》的规定,汇票是出票人签发的,委托付款人在见票时或者在指定日期无条件支付确定的金额给收款人或持票人的票据。它所涉及的基本当事人包括出票人、收款人和付款人三方。本票是出票人签发的,承诺自己在见票时无条件支付确定的金额给收款人或持票人的票据。它所涉及的基本当事人包括出票人和付款人两方。支票是出票人签发的,委托办理支票存款业务的银行或者其他金融机构,在见票时无条件支付确定的金额给收款人或持票人的票据。它所涉及的基本当事人包括出票人、收款人和付款人三方。 (李 军)

jiben jianshe gongcheng chengbao hetong
基本建设工程承包合同(contract on undertaking capital construction projects) 又称基本建设工程合同、基本建设工程承揽合同,我国合同法上称建设工程合同,是承包人进行工程建设,发包人支付价款的合同。建设工程合同包括勘察、设计、施工合同。发包人可以与总承包人订立建设工程承包合同,也可以分别与勘察人、设计人、施工人订立勘察、设计、施工承包合同。但发包人不得将应当由一个承包人完成的建设工程肢解成若干部分发包给几个承包人。不论是总承包人还是单项承包人,经发包人同意,可以将其承包的部分工作交由第三人完成,但国家禁止承包人将工程分包给不具备相应资质条件的单位,禁止分包单位将其承包的工程再分包。国家重大建设工程项目的建设工程合同,应按照国家规定的程序和国家批准的投资计划、可行性研究报告等文件签订。未经国家批准或未按国家规定程序办理的重大工程建设项目为非法项目,非法项目的建设工程合同为无效合同。

建设工程合同的基本特征是:(1)建设工程合同是以完成工程建设中的勘察、设计、建筑安装工作等为客体的合同。这里的工程是指土木建筑工程和建筑业范围内的线路、管道、设备安装工程,既包括新建、扩建,也包括改建及大型的建筑装修。但建设工程合同的客体既不是工程项目,也不是勘察、设计、施工的结果。(2)建设工程合同是诺成性、双务、有偿合同。当事人就合同条款达成一致意见,合同即为成立。承包人有按照合同约定完成勘察、设计、施工任务的义务,勘察、设计、施工的质量和期限须符合合同规定;发包人有按时验收承包人勘验、设计成果和竣工工程,并按合同约定支付价款的义务。(3)合同主体特殊。建设工程合同的发包人一般为建设工程的建设单位,国有单位建设的经营性的工程,只能由依法设立的项目法人为发包人。建设工程合同的承包人须是专门从事工程建设且具有相应资质的企业法人。(4)建设工程合同具有较强的国家干预色彩,不同程度上受国家计划的约束。除法律另有规定外,发包人应与监理人订立委托监理合同,对建设工程实行监理。建设工程合同的订立应通过招标投标。(5)建设工程合同为要式合同,应采用书面形式。从广义上说,建设工程合同属于承揽完成不动产工程项目的承揽合同,但因其具有与一般承揽合同不同的特点,各国一般都对其有特别规定。我国合同法将其列为与承揽合同并列的一种合同,同时规定,建设工程合同一章中"没有规定的,适用承揽合同的有关规定",以表明建设工程合同与承揽合同的关系。 (邹川宁)

jiben jianshe gongcheng juebiao
基本建设工程决标(tender decision for capital construction projects; award of a bid for a capital construction projects) 基本建设工程招标人在接到投标人的投标后,对各投标人的投标进行全面审查、评比,从中选出条件最优者作为中标人的行为。决标是合同订立的承诺行为,因而,中标人的确定意味着建设工程承包合同成立。招标人应就此及时向中标人发出中标通知书并于一定期限内与中标人按照招标文件和中标人的投标文件订立书面合同。参见基本建设工程招标条,基本建设工程投标条。 (杜 颖)

jiben jianshe gongcheng kancha hetong
基本建设工程勘察合同(surveying contract for capital construction projects) 又称勘察合同,是基本建设工程承包合同的一种,它是由建设单位与勘察单位签订的,由勘察单位承包完成工程的勘察项目,建设单位接受符合约定要求的勘察成果并支付报酬的协议。基本建设工程勘察合同的主要特征是:(1)勘察合同主体是法人。承包勘察任务的勘察人必须持有经国家或省、市、自治区一级主管机关批准并发给的《勘察许可证》。没有该证,勘察单位没有资格与建设单位签订勘察合同。(2)勘察合同具有计划性。工程、水文地质勘察,必须有国家或省、市、自治区正式批准的计划文件才能进行,没有计划文件,不能签订该合同。(3)勘察合同为诺成性合同。只要双方协商一致,合同即告成立。(4)勘察合同属于双务合同,当事人双方都有相应的权利和义务。(5)勘察合同应当采用书面形式。勘察合同应具备以下主要条款:工程项目名称、规模、投资额、地点等;发包人提交勘察的基础资料的内容、技术要求及期限;承包人勘察的范围、进度和勘察成果的质量要求;勘察取费的依据、取费标准及支付方式、期限;双方其他协作条件。

建设工程勘察合同发包人的主要义务是:(1)向承包人提供进行勘察工作所必需的基础资料、工作和生活条件,并对提供的时间、进度与资料的可靠性负责;在勘察工作开始之前,提出勘察工作所需的有关基础资料,提出勘察技术要求及附图,并对提出的时间、进度与资料的可靠性负责。因发包人变更计划、提供资料不准确,或者未按照期限提供必需的勘察工作条件而造成勘察的返工、停工的,发包人应当按照勘察人实际耗费的工作量增付费用。(2)向承包人支付勘察费。勘察费支付的多少、如何支付及支付的时间,由双方按照国家有关规定在合同中约定。发包人超过合同规定的日期付费的,应负逾期付款的违约责任。(3)维护承包方的勘察成果。不得擅自修改勘察成果,也不得转让给第三方重复使用,否则,应承担损害赔偿责任。

承包人的主要义务是:(1)按照合同规定的进度、质量完成并提交勘察成果。勘察人应按现行的标准、规范、规程和技术条例,进行工程测量、工程地质、水文地质等勘察工作,并按合同规定的进度和质量提交勘察成果,勘察成果的交付,并不能解除承包人保证勘察质量符合合同要求的义务,因为从勘察成果的交付到能确切地证明勘察质量的好坏,需要相当长一段时间。只有当工程验收、交付完毕,弄清了工程质量是否有问题以及出现事故的原因,勘察合同承包人的瑕疵担保义务才能完全解除,因勘察质量低劣引起返工造成损失的,由勘察人继续完成勘察任务,减收或免收勘察费,并赔偿损失。(2)按合同约定完成协作的事项。

(邹川宁)

jiben jianshe gongcheng sheji hetong
基本建设工程设计合同(designing contract for capital construction projects) 简称设计合同,是建设工程合同的一种。建设单位与设计单位签订的,设计单位应用自己的设计力量完成与建设单位约定的设计项目,建设单位应按照合同规定的时间接受设计单位所提供的合格设计成果并支付报酬的协议。设计合同的基本特征是:(1)设计合同的承包人必须是由国家省、市、自治区主管机关批准并发给《设计许可证》,且具有相应工程设计资质的组织。没有设计许可证或不具备相应资质的组织,不得作为设计合同的主体。(2)设计合同与其他建设工程合同一样,具有计划性。签订设计合同须以批准的基本建设计划为依据。具有上级机关批准的设计任务书后方能签订设计合同。小型单项工程须具有上级机关批准的文件方能订立合同。如单独委托施工图设计任务,应同时具有经有关部门批准的初步设计文件方能订立合同。(3)设计合同为诺成性合同,只要发包人与承包人双方意思表示一致即可成立。(4)设计合同为双务合同,双方当事人都承担相应的义务。(5)设计合同为要式合同。依合同法的要求,建设工程合同应当采用书面形式。设计合同应具备以下条款:工程项目名称、规模、投资额、建设地点;发包人提交设计的基础资料的内容、技术要求及期限;设计的阶段、进度、设计成果的质量要求和设计文件份数;设计取费的依据、取费标准及支付方式、期限;双方其他协作条件。

设计合同的发包人的主要义务是:(1)按照合同约定向承包人提供开展设计工作所需的有关基础资料、技术要求。在初步设计前,应提供经过批准的设计任务书、选地报告以及原料(或经过批准的资源报告)、燃料、水、电、运输等方面的协议文件和能满足初步设计要求的勘察资料、需要经过科研取得的技术资料。

在施工图设计前,应提供经过批准的初步设计文件和能够满足施工图设计要求的勘察资料、施工条件以及有关设备的技术资料。设计人员进入现场工作的,应提供必要的工作和生活条件,以保证其能正常开展工作。(2)发包人应维护承包人的设计文件,不得擅自修改,不得擅自转让给第三方重复使用。发包人擅自修改设计成果的,应由发包人自行承担由此引起的工程质量责任;擅自转让设计成果给第三人使用的,应向设计人员承担赔偿责任。(3)向承包人支付设计费。支付的数额、方法和时间,由双方按照国家有关规定协商确定。发包人未按照合同约定的方式、数额、日期支付设计费的,应负逾期付款的违约责任。

设计合同承包人的主要义务是:(1)根据批准的设计任务书或上一阶段设计的批准文件,以及有关设计技术经济协议文件、设计标准、技术规范、规程、定额等进行设计,并按照合同规定的进度和质量提交设计文件(包括概预算文件、材料设备清单)。承包人因设计质量不符合要求或者未按照期限提交设计文件拖延工期,造成损失的,应继续完善设计任务,减收或者免收设计费并赔偿损失。(2)按照合同约定完成协作事项。承包人对所承担设计任务的建设项目应配合施工,进行施工技术交底,解决施工过程中有关设计的问题,负责设计、变更和修改预算,参加试车考核及工程竣工验收。对于大中型工业项目和复杂的民用工程应派现场设计代表,并参加隐蔽工程的验收。 (邹川宁)

jiben jianshe gongcheng toubiao
基本建设工程投标(bid for capital construction projects) 基本建设工程招标的对称,承包人在同意发包人拟定的招标文件所提出的条件的前提下,对招标项目提出报价的一种意思表示。投标单位在经招标人审查获得投标资格后,应在认真研究招标文件的基础上,进行广泛的市场调查,收集各种信息,结合企业自身能力,掌握好价格、质量与工期这三个关键性因素,开列工程估价单、施工方案等,并在规定的期限内向发包人致函,请求承包该项工程,争取中标。因此,选择投标项目应主要考虑项目的可行性、可靠性和可能利润的预测。投标的具体程序包括:报名参加投标、办理资格审查、取得招标文件、研究招标文件、调查投标环境、确定投标策略、制定施工方案、编制标书、投送标书。从法律性质上看,投标属于一种要约。 (邹川宁)

jiben jianshe gongcheng zhaobiao
基本建设工程招标(invitation to bid for capital construction projects) 又称建设工程招标,建设单位(发包人)就拟建的工程提出招标条件,发布招标广告或信函,邀请投标企业前来提出自己完成工程的要求和保证,从中选择条件优越的投标企业完成工程建设任务的一种意思表示。根据招标的工程项目,建设工程招标有以下几种:(1)全过程招标。即要求完成从项目建议书到设计、施工,直到竣工投产、交付使用的全部工作,也就是通常所称的"交钥匙工程"。(2)勘察设计招标。仅要求做勘测、设计工作,一般还包括编制施工招标文件。(3)材料、设备招标。仅指材料、设备供应及设备安装调试的招标。(4)工程施工招标。可分为全部工程招标、单项工程招标。此外,建设工程招标还可分为公开招标、有限招标、两阶段招标、谈判招标。公开招标是由招标单位通过媒体发布招标广告,各承包商均有均等的机会购买招标资料进行投标。有限招标是由招标单位向经预先选择的、数目有限的承包商发出招标邀请。两阶段招标是上述两种方式的结合,先分开招标,再选择报价低、有信誉的几家进行第二阶段报价。谈判招标是由建设单位指定有资格的承包商,提出估价并经其审查,谈判认可,即可签订合同。我国的建设工程招标主要采取公开招标和有限招标两种形式。从法律性质上看,招标属于要约邀请,不具有要约的效力。招标人对于向他提出的投标,可以接受,也可以不接受。 (邹川宁)

jiben jianshe touzi
基本建设投资(construction investment of capital) 固定资产投资的重要组成部分。是以货币形式表现的基本建设总量,反映一定时期内基本建设规模、结构、进度的综合性指标。其主要内容在于将投资用于增添固定资产,从而扩大生产能力(或工程效益)。基本建设投资按其表达规模的不同要求,可分为年度基本建设投资、在建基本建设投资;按其经济内容可分为生产性基本建设投资和非生产性基本建设投资;按其建设性质,可分为新建、改建、扩建、迁建、恢复等投资;按其包含的内容,可分为建筑安装工程投资,设备、工具、器具投资和其他投资。 (邹川宁)

jiben shangxingwei
基本商行为(fundamental commercial transaction; 德 Grundhandelsgeschäft) 是绝对商行为与相对商行为的总称,与附属商行为相对,又称固有商行为,指直接以营利为营业目的的交易行为。在传统商法中,多将从事直接媒介商品交易的商人称为固有商,固有商所实施的商行为是基本商行为。除固有商外,还有大量的附属商,所以,商行为就划分为具有直接营利内容的基本商行为和辅助营利的附属行为。基本商行为是现代商法的调整对象,因为基本商行为是资本经营行为。

(关 涛 梁 鹏)

jiben tiaokuan

基本条款（basic clause） 保险合同中规定当事人双方权利义务等基本事项的条款。我国学者对此存在几种不同的理解。有的学者认为，法律规定必须列入的保险合同条款为保险合同的基本条款；有的学者认为，保险合同基本条款是指用于记载保险合同的基本事项的条款，由法律要求和保险合同的性质来确定，可以是法定条款，也可以是约定条款；还有的学者认为，保险合同的基本条款是保险人事先拟订并印在保单上，根据不同险种而规定的有关保险合同当事人双方权利义务的基本条款。《中华人民共和国保险法》第107条规定，关系社会公共利益的保险险种、依法实行强制保险的险种和新开发的人寿保险险种等的保险条款和保险费率，应当报保险监督管理机构审批。

一般来说，保险合同的基本条款包括：(1) 当事人和关系人的姓名或名称、住所。保险合同的当事人和关系人包括保险人、投保人和被保险人以及人身保险中的受益人。订立本条款的目的在于便于双方当事人在合同的履行期间互相联络，便于保险人进行保险调查、保险监督与理赔。(2) 保险标的。保险标的是指作为保险对象的财产及其有关利益或者人的寿命和身体。明确保险标的，一方面可以认定被保险人是否具有保险利益，另一方面则可以确定保险人对哪些承保对象承担保险责任。保险标的是确定保险费率、保险金额等的依据。财产保险的标的主要是各种财产及相关利益，人身保险的标的一般是人的寿命和身体。因此，在财产保险合同中应明确记载保险标的的数量、质量、坐落地点等，在人身保险合同中应明确记载被保险人的健康状况、性别、年龄、职业等事项。(3) 保险价值。保险价值是针对财产保险合同而言的，是指保险标的的价值，是用货币形式估算出来的投保人对保险标的所具有的保险利益。保险价值是确定保险金额的依据。(4) 保险金额。保险金额是指保险人承担赔偿或者给付保险金责任的最高限额。在财产保险中，保险金额不得超过保险价值和投保人对保险标的所享有的保险利益；在人身保险中，保险金额不得超过投保人对被保险人的寿命和身体所具有的保险利益。投保人与被保险人为同一人时，其保险利益无限，但保险金额一般视投保人的缴费能力、收入水平而定。(5) 保险费和保险费率。保险费率是指每一保险金额所应支付的对价比率，通常用百分比或千分比表示。保险费受保险金额和保险费率影响，与两者成正比例关系。保险费率在财产保险中依据保险标的的损失率确定，在人身保险中依据人的死亡率、生存率或利率来确定。(6) 保险责任和责任免除。保险责任是指保险人按照保险合同的约定对被保险人或受益人承担的赔偿或给付保险金的责任范围。责任免除是指保险人不予承担赔偿或给付保险金责任的范围，一般包括战争或军事行为所造成的损失、保险标的的正常的自然损耗、货物固有瑕疵及自然特性所致的损失、被保险人的故意行为所致损失等。(7) 保险期限。保险期限是指保险人依约定承担保险责任的期限，即保险期间、保险责任的起讫期限。(8) 保险金赔偿或给付办法。即在保险合同中明确约定赔偿或给付保险金的计算方法和给付方式。(9) 违约责任和争议处理。即在保险合同中约定违约责任承担方式和双方争议的处理方式。（温世扬）

jichu guanxi yu piaoju guanxi de guanxi

基础关系与票据关系的关系（relationship between negotiable instrument relation and basic relation） 一般说来，票据关系与票据基础关系之间存在着既互相独立又在特定情况下有所牵连的双重关系。世界上绝大多数国家的票据立法及票据法的一般理论普遍认为，票据关系一经形成，就与基础关系相分离，二者各自独立，基础关系是否存在，是否有效，原则上对票据关系不发生影响。只有在一些特殊情况下，票据关系与票据基础关系才发生牵连。就具体的票据原因关系、资金关系、预约关系三种不同的票据基础关系来说，也分别存在着一般与票据关系分离和在特殊情况下有牵连两种情况。

1. 票据关系与票据原因关系的分离与牵连

(1) 分离关系

票据是无因证券，一经签发就产生了独立的债权债务关系并与该票据的原因关系相分离，无论原因关系有效与否，对票据权利的效力都不发生影响。具体说来，票据关系与票据原因关系的分离体现在以下几个方面：

① 原因关系的无效或有缺陷，不影响已发行流通的票据的效力，票据的作成、支付或背书转让等票据行为只要具备了法定要件，就产生了有效的票据关系，即使原因关系存在着缺陷或因无效而被撤销，票据关系仍然有效。

② 票据债权人行使权利时，只以自己合法持有票据为要件，而无需证明其前手给付自己票据的原因，更不必证明该原因关系有效与否。

③ 除票据法明确规定的以外，票据债务人不得以原因关系不存在、有瑕疵或无效等事由来对抗善意持票人，拒绝履行其义务。

④ 票据关系的存在同样不能证明原因关系的存在或履行，以及原因关系的有效。例如，甲作为出票人签发一张汇票给乙，乙将该汇票转让给了丙，丙又转让给了丁，当丁向甲行使追索权时，甲不得以他与乙的原因关系无效或乙未履行原因关系的义务加以拒绝。同样，如果丙作为追索人，甲也不得向丙提出该抗辩理

由。而当丁或丙向付款人请求付款时，也无需证明丁与丙之间或丙与乙之间的原因关系。而当乙、丙、丁先后取得票据时，也不能当然地说明乙与甲之间、丙与乙之间或丁与丙之间已履行了原因关系的义务或以该票据证明原因关系有效。

(2) 牵连关系

基于公平、诚实和信用原则，原因关系与票据关系又有一定的牵连，具体表现为：

① 对恶意或有重大过失取得票据的人，票据债务人有权以票据原因关系有瑕疵为由进行抗辩。《中华人民共和国票据法》第12条规定，以欺诈、偷盗或者胁迫等手段取得票据的，或者明知有前列情形，出于恶意取得票据的，不得享有票据权利。持票人因重大过失取得不符合本法规定的票据的，也不得享有票据权利。票据法这样规定，是为了保护合法的票据行为，对于非法的票据行为，法律规定持票人不得享有票据权利。但此处只是针对恶意取得和重大过失取得票据的持票人，他们不得享有票据权利，而不影响其他合法持票人的票据权利。

② 对明知存在抗辩事由而取得票据的人，票据债务人有权以原因关系有瑕疵为由进行抗辩。我国《票据法》第13条第1款规定，票据债务人不得以自己与出票人或者与持票人的前手之间的抗辩事由，对抗持票人。但是，持票人明知存在抗辩事由而取得票据的除外。如果持票人明知存在抗辩事由仍然取得票据，则票据债务人可以因该持票人已明知的债务人与出票人或者与持票人的前手之间的抗辩事由，而对该持票人提出抗辩。

③ 授受票据的直接当事人之间，债务人可以用原因关系来对抗票据关系。对此，《票据法》第13条第2款规定，票据债务人可以对不履行约定义务的与自己有直接债权债务关系的持票人，进行抗辩。

④ 如果原因关系对价欠缺或者无对价，当事人之间可以主张抗辩权。对此，《票据法》第11条第1款规定，因税收、继承、赠与可以依法无偿取得票据的，不受给付对价的限制。但是，所享有的票据权利不得优于其前手的权利。这种情况下，如果票据债务人与持票人的前手之间存在原因关系的抗辩事由，就可以用此事由向无对价或欠缺对价取得票据的持票人主张同一抗辩。

⑤ 如果票据上的请求权因时效或其他原因消灭，并不意味着原因关系也消灭，当事人仍可依民法上的关系予以请求。

2. 票据关系与票据资金关系的分离与牵连

(1) 分离关系

在以下几种情况下，存在着票据关系与票据资金关系的分离：

① 出票人与付款人之间是否存在资金关系，不影响持票人的票据权利，持票人的付款请求权来自票据，与出票人是否向付款人提供资金并无关系，即使出票人在不存在资金关系的情况下发生票据，该票据仍然有效。

② 出票人不得以已经将资金给付于付款人为由而拒绝承担其票据义务。

③ 即使资金关系存在，但只要汇票的付款人拒绝承兑，付款人就不承担付款的义务；同时，资金关系即使不存在，承兑行为一经作出便有效，承兑人应承担相应的付款义务，在这种情况下，资金关系与票据关系表现为彻底的分离。

(2) 牵连关系

在以下两种情况中，资金关系与票据关系有牵连：

① 当出票人成为持票人，而向付款人或承兑人请求付款时，如果出票人与付款人或承兑人之间没有资金关系，付款人或承兑人可以此为由拒绝付款。

② 在支票关系中，当资金关系存在时，付款人必须在资信合同约定数额范围内无条件地支付；而当资金关系不存在时，付款人则有权拒绝付款。可见，在支票的付款问题上，起决定作用的是资金关系的存在与否，此时资金关系与票据关系有极强的牵连。

3. 票据关系与票据预约关系的关系

票据预约关系是当事人依合同法所约定的使用票据的合同关系，票据法对此未作规定。票据预约对票据关系的影响在于它是票据关系产生的前提，但是票据关系一旦因此产生，那么事后预约关系是否成立，是否有效就不再影响票据关系。即使票据预约的当事人违反预约而发生票据，该票据仍然有效，有关的票据权利义务关系仍要以票据文义来确定，当事人只能按合同法追究票据预约关系中的违约方，但这时票据关系已不再受追究结果的影响。

4. 我国关于票据关系与票据基础关系的立法与实践

除了在特殊情况下票据关系与票据基础关系存在着牵连关系之外，在一般情况下，票据关系与票据基础关系相分离，这是票据法的一般理论与世界上绝大多数国家的票据立法所普遍公认的原理。但我国《票据法》在这一问题上却采用了与国际通例截然不同的立法例。

我国《票据法》第10条规定，票据的签发、取得和转让，应当遵循诚实信用的原则，具有真实的交易关系和债权债务关系。这实际上即是对票据无因性的否定，也可以说是对票据关系与票据基础关系中原因关系在一般情况下应该分离的基本原理的否定，而实际上是规定票据关系与票据原因关系必须相联系。同时，我国《票据法》第21条第1款规定，汇票的出票人必须与付款人具有真实的委托付款关系，并且具有支付汇票金额的可靠资金来源。第88条第1款规定，支票的出票人所签发的支票金额不得超过其付款时在付款人处实有的存款金额。这实际上是要求产生票据关系必须具有真实的资金关系，也是强调票据关系与作为票据基础关系之一的资金关系之间必须有牵连性。

我国《票据法》的这些规定，否认了票据关系与基础关系相分离的原则，可以说从根本上动摇了作为流通证券的票据所具备的无因性、广义性等特征，从而必然对票据的流通性和使用范围产生影响，使经济活动中的当事人不信赖票据或者为保证实现票据权利而尽量减少背书转让的次数，票据的安全与效率因此大受怀疑。同时，这些规定也给审理票据关系纠纷带来了问题。由于票据的多次背书转让，如果其中某一直接相对人之间存在着对票据基础关系的抗辩事由，不具有真实的原因关系与资金关系，对其非直接后手的其他后手来说，该票据权利能否得到保护，如果按照《票据法》第10条及相关规定，就会使法院处于法律规定与票据实践相冲突的两难境地中。

因此，自1996年1月1日《票据法》实施以来，甚至自《票据法》公布之日起，对于《票据法》第10条及相关规定的批评就没有中止过。虽然作如此规定在立法之初主要是为了防止不具有真实交易关系和债权债务关系或真实的委托付款关系而利用票据进行欺诈活动，但这样规定的结果其消极影响远远大于其积极影响。而对于司法机关来说，是否具有真实的交易关系或委托付款关系，并不应当由《票据法》来调整，法院在办理相关案件时，既不可能也不必要去审查出票人与付款人之间的资金关系与出票人的资信情况；而且，在票据法律关系中存在着众多当事人，不能够只考虑某一交易关系的真实性而损害其他善意相对人的利益。

基于以上状况，一方面是理论界仍然坚持票据关系与票据基础关系相分离的理论；另一方面在最高人民法院和地方各级人民法院对外公布的案例中，不断出现对《票据法》第10条及相关规定的突破。最高人民法院《关于审理票据纠纷案件若干问题的规定》第14条明确规定，票据债务人以《票据法》第10条、第21条的规定为由，对业经背书转让票据的持票人进行抗辩的，人民法院不予支持。这实际是对票据无因性理论及票据关系与票据基础关系相分离理论的肯定，是我国票据立法在票据行为无因性方面的重大立法发展。

(胡冰子)

jidi zulin

基地租赁(building lease; ground lease) 承租人以在建筑基地上自行建筑房屋为目的而对建筑基地进行的租赁。因建筑行为须符合国家有关建筑法律、法规的强行性规定，因此，基地的范围不仅仅限于建筑物占用之下的地域，还包括依上述之强行性规定必须空置的四邻范围内的土地。基地租赁中，承租人就土地享有的权利性质，学者认识不一。有谓租赁权者，有谓地上权者，有谓准地上权者。各国民法就此规定相异。德国民法认为其属地上权，瑞士民法则认为其应属役权，并称之为"建筑权"。基地租赁除具有一般租赁关系的特征外，其突出特点在于严格限制终止租赁合同关系。这源于基地租赁的目的是建筑房屋，房屋是耐久物，若轻易允许出租人收回土地，会造成承租人经济上的重大损失乃至社会财富的浪费。

(杜颖)

jierte zhidu

基尔特制度(guild) 中世纪欧洲职业相同者以相互扶助之精神组成的团体，13～16世纪是此制度的全盛时期。基尔特有商人基尔特及手工工人基尔特两种，其目的除保护职业上的利益以外，当其会员生病、死亡、被盗或遭受火灾时，共同出资予以救济。其后，相互救济功能分化，而专以保护救济为目的，于是有所谓保护基尔特产生，进而形成各种接近保险的组织。如英国的友爱社、德国的扶助金库及火灾互助会等。其中，友爱社及火灾互助会与人寿保险及火灾保险的发展关系很大。友爱社在初期与基尔特类似，除相互救济功能外，以友爱为目的；后来对相互救济事项及社员所缴社费，逐渐有明确的规定，专以对社员及其配偶死亡、年老、疾病等予以金钱救济为工作重心。由此，为人寿保险的产生作了组织和观念上的准备。(温世扬)

jijinhui faren

基金会法人(foundation) 没有组织成员，依靠捐献财产而成立的法人，又称捐献法人。如根据个人捐献而成立的科学、文教、卫生等基金会。其特征是：(1)以捐献财产作为成立基础，是财产的集合体。(2)没有意思机关，其目的、活动范围与方式，均依捐献人的意思而决定。捐献人捐献财产之后，财产便与捐献人相分离，归基金会法人所有，由基金会按其章程管理和使用。(3)只能以公益为目的，而不能以营利为目的。《中华人民共和国民法通则》将基金会法人置于社会团体法人之中。(4)其设立一般采许可主义。

根据我国《基金会管理办法》的规定，设立基金会必须具备下列条件：第一，必须是民间非营利组织；第二，注册资金必须达到人民币10万元以上，基金来源于他人的捐赠；第三，有基金会章程、管理机构和必要的财务人员；第四，有固定的工作场所。基金会依法经核准登记后取得法人资格。全国性的基金会由其归口管理部门报中国人民银行审查批准，向民政部申请登记注册，发给许可证，并向国务院备案，取得法人资格。

地方性的基金会由其归口管理部门报所在地的中国人民银行分行审查批准,向省、自治区、直辖市人民政府的民政部门申请登记注册,发给许可证,并向省、自治区、直辖市人民政府备案,取得法人资格。

(李仁玉 陈 敦)

jiyu suoyouquan de qingqiuquan

基于所有权的请求权(德 Anspruch aus dem Eigentum) 所有人对于无权占有或侵夺其所有物者,得请求返还;对于妨害其所有权者,得请求除去;对于有妨害其所有权的危险者,得请求防止。学说将以上种种通称为基于所有权的请求权或所有人的物上请求权,属于物权请求权或物上请求权的一种。下面简要介绍基于所有权请求权的几种类型:

首先是所有物返还请求权。所有物返还请求权是指所有人在其所有物被他人非法占有时,可依法请求不法占有人返还原物,或请求人民法院责令不法占有人承担返还原物的责任。非法占有有两种情况,一是无权占有所有物,如甲的房屋被乙租用,租期届满后,乙不返还承租的房屋。二是非法侵占,如甲抢夺乙的财产据为己有。这两种情况都构成非法占有,所有人可以通过提出请求或诉讼,要求返还。

其次是所有权妨害排除请求权。妨害排除请求权,是指所有人在其所有权的圆满状态遭受占有以外的妨害时,可依法请求不法侵害人排除妨害,或请求人民法院责令侵害人排除妨害。所有人在请求排除妨害时应注意,妨害人是否具有故意和过失,均不影响所有人提出请求。但妨害行为必须是非法的,如果妨害行为是合法的,即正当行使权利的行为,则"妨害人"可以拒绝所有人的请求。

行使排除妨害请求权与返还原物请求权的条件是不同的,两者的主要区别在于:在请求排除妨害的情况下,所有人一般没有丧失对所有物的占有;在请求返还原物的情况下,所有人已丧失了对所有物的占有。

再次是所有权妨害预防请求权。妨害预防请求权是指所有权人对于妨害其所有权的危险有请求防止的权利。妨害预防请求权属于所有物保全请求权。

(王 轶)

jiqi benpiao

即期本票(demand drafts; sight drafts) 远期本票的对称,是见票付款的本票,本票的付款提示日与付款到期日相同。1995年5月10日我国第八届全国人大常委会第十三次会议通过的《中华人民共和国票据法》意义上的本票都采取这种付款形式。各国就即期本票规定的提示付款期限长短不一。《中华人民共和国票据法》规定,本票的付款期限最长不得超过两个月。超过付款提示期限,持票人只能与出票人协商解决,承担兑付责任的兑付银行有权拒绝付款。

(王小能)

jiqi fukuan

即期付款(payment at sight) 以持票人提示付款之日为到期日,持票人一经提示,付款人即应付款,持票人的提示是确定到期日的依据,这种汇票为即期汇票。发行这种汇票时,发票人可以为"见票即付"的记载,也可以不为任何记载。对于没有记载到期日的汇票,法律推定为见票即付。见票即付的汇票以持票人的提示日期为到期日,即汇票是否到期取决于持票人的意思。如果持票人不为提示,则汇票的到期日就无法确定,如果持票人长期不为提示,将使票据债务人的担保责任长期存在,发票人的预备付款资金长期闲置。如此的结果既不利于社会公共利益,对票据债务人的保护也难言公平,为了避免这种情况的发生,各国票据法一般都规定有持票人的付款提示期限。《日内瓦统一汇票本票法》第34条规定,见票即付的汇票,于提示时付款。此项汇票自发票日起算1年内为付款的提示。此项期限,发票人得缩短或延长之。以上期限,背书人得缩短之,见票即付汇票的付款人,规定不得于指定日期以前提示付款者,其提示之期限应从指定之日起算。我国台湾地区《票据法》第66条准用该法第45条规定,持票人应当在发票日起6个月内提示付款,这一期限,发票人可以延长或缩短,但延长的期间不得逾6个月。英国《票据法》第45条规定,凡即期汇票,依照本法规定,其提示应在发票后或背书后的合理期间内提示,以使发票人或背书人承担责任,所指合理期间,应根据汇票的性质、同类汇票的商业惯例以及个别案件的具体情况决定。《中华人民共和国票据法》第53条规定,见票即付的汇票,自出票日起1个月内向付款人提示付款。持票人如果不在法定或发票人约定的期限内提示付款,将丧失对所有前手的追索权;持票人如不在背书人约定的期限内提示付款,将丧失对该背书人的追索权。

(王小能)

jiqi huipiao

即期汇票(bills payable at sight) 又称"见票即付的汇票",是指一旦持票人向付款人作付款提示,付款人就必须立即付款的汇票。它包括汇票上明确记载"见票即付"字样的汇票、没有记载到期日的汇票以及到期日与发票日相同的汇票。即期汇票仅具有支付功能,在实践中使用不多。与其相对的是远期汇票。即期汇票和远期汇票是按照汇票上指定到期日的方式为标准进行的划分。英国票据法上规定凡汇票逾期后被承兑或背书,就该承兑人或背书人而言,该汇票应被视为即期汇票。

(温慧卿 王小能)

jishi hetong

即时合同(immediate contract) 指在合同成立当时即履行完结的合同,所以又称为即时清结的合同。在有的国家,即时合同也包括标的物于合同成立时所有权即由出卖人转归买受人的合同。 (郭明瑞)

jishi maimai

即时买卖(present sale;德 Barkauf, Handkauf) "信用买卖"的对称。买卖合同成立的同时卖方即移转标的物,买方即支付价金的买卖。这种买卖的特点是即时清偿,一手交钱,一手交货。买卖双方都享有同时履行抗辩权,这种买卖形式在市场信用机制不发达的社会占主导地位,也是现代市场经济社会里,日常消费品买卖的主要表现形式。 (王卫劲 张平华)

jihe baoxian

集合保险(collective insurance) 投保人以多数的财产及其有关利益或者多数人的寿命或身体为保险标的,与保险人订立保险合同,且按每一保险标的分别确定其保险金额的保险。以多数人为保险标的的集合保险,通常称为团体保险,适用于人身保险;以多数物为保险标的的集合保险,通常称为集团保险,适用于财产保险。在集合保险中,如保险事故发生,保险人对每一保险标的以保险金额为限承担赔偿或给付保险金的责任。 (史卫进)

jihewu

集合物(德 Inbegriff) 又称聚合物。由数种标的物(不限于物,包括权利)聚合而成,其聚合之各标的物,仍各有其存在,惟因交易上之便宜赋以一定之名称,谓之聚合物。故准确言之,聚合物非物,是标的物之聚合、标的物之集合而已。

1. 分类。集合物分为事实上集合物与法律上集合物:

(1) 事实上集合物,由多数单体物或者结合物(广义的单一物),未失其个性及经济上价值,为共同的或经济的目的,于特定情形之下,集合于一处,视之如一物。如图书馆、仓库、畜牧场等。盖于法律上,何为单一物,何为聚合物,何时为物之一部,非依自然科学来决定,而依交易观点来决定。交易观点又以取得物之特定目的或使用方法来决定。故一本书,在图书馆中,仍是独立之物,不仅与其他书籍无强固的联系,且其本身仍可被单独使用,只是很多书为了共同之目的集合成为图书馆时,图书馆就成了事实上的集合物。因为集合物包含之各物,非有物理上的结合,不过为多数物的总计而已,从而各物上仍各有一所有权,非集合物之全体为一所有权之客体。欲于事实上之集合物取得物权者,自应就属于该集合物之各独立对象,一一取得其权利,方为适法。例如以仓库全部为买卖之客体时,买受人于该仓库内一切货物,各具备所有权取得要件时,方可因买卖取得其所有权。此乃物权之标的物特定原则。倘出卖人将不属于其所有而堆存于仓库之物,一并出卖者,买受人只能于善意受让其物之占有时,方可取得其所有权。

(2) 法律上集合物,主要指财产和企业。通常所谓财产,指积极财产,即以有金钱价值的物(所有权)、他物权、债权、无体财产权、社员权或他项财产,集合而成一标的物。财产分为一般财产与特别财产。前者指属于某人的财产,后者指由一般财产分离的一定财产。特别财产的情形有两种:一是一定的财产属于数人共同共有,如合伙财产。二是一人除主财产外,尚有一个或数个特别财产,如未成年人的特有财产、夫或妻于共同财产之外的特有财产、限定继承财产、信托财产等。关于特别财产,须有法律规定其类型,当事人不得创设;而法律规定特别财产之目的,涉及一定财产的管理、处分、使用、收益、代偿物的归属、债务承担等,因各个特别财产而不同。所谓企业乃结合物、无体财产权、债权、商誉、劳动关系及顾客关系的有组织的经济单位。如商人之营业、公司等。欲于法律上集合物取得物权者,原则上也应就属于该集合物之各个成分,分别取得其权利,方为适法。但因特殊情形,法律有允许其为概括承受者,例如关于遗产之继承,继承人应于继承开始时,承受被继承人财产上之一切权利义务。

2. 区别的实益。区别集合物与广义的单一物的实益:(1) 单一物以权利存在于物之全部,其一部不得独立为物权客体为原则;而集合物则以权利存在于各部分,而不得在集合物上成立独立的权利为原则。(2) 单一物有一部毁损时,就必须全部赔偿,而集合物中的一部毁损灭失时,可以个别地决定损害赔偿的范围。

3. 区别财产与企业的实益。财产与企业同为法律上集合物,其只能为负担行为的客体,而无法为处分行为的客体;债权人就债务人的财产或企业为强制执行,也必须就个别权利为之,固不待言。不过,权利、财产、企业却受到侵权法不同方面的保护。由于财产毕竟不同于权利,故法律对财产受侵害导致的纯粹经济上损失的保护,要件更为严格。而在德国,针对企业的侵害,倘造成对营业权的侵害,则可能更进一步视为《德国民法》第823条1项所谓的其他权利,而受到保护。此外,反不正当竞争法对于企业另设有保护性规定。 (张 谷)

jiti faren

集体法人(corporations aggregate) 英国法上法人分

类之一种。指由若干成员组成的法人。独任法人的对称。

（李仁玉　陈　敦）

jiti gongsi

集体公司（collective-owned company）　也称集体所有制公司。集体公司是指由原集体所有制企业转化而来，或由集体所有制企事业单位投资建立的公司。另外，国有企事业单位扶植设立的劳动服务公司也是集体公司。集体公司是我国对由各类集体企业改制而来的公司的一种称谓。从严格的公司法律制度上讲，这种称谓并不科学，因为集体公司中的集体股权并没有明确的主体，因此，集体公司还不能成为公司法意义上的公司。这类公司还需要按照公司法进一步改制。随着集体公司改制的到位，其称谓亦将随之消失。

（王亦平）

jiti hetong

集体合同（collective contract）　企业职工一方与企业就劳动报酬、工作时间、休息休假、劳动安全卫生、保险福利等事项达成的协议。由企业工会或职工代表与相应的企业代表进行集体协商签订，采书面形式。集体合同应包括以下内容：劳动报酬；工作时间；休息时间；保险福利；劳动安全与卫生；合同期限；变更、解除、终止集体合同的协商程序；双方履行集体合同的权利和义务；履行集体合同发生争议时协商处理的约定；违反集体合同的责任；双方认为应当协商约定的其他内容。依我国法律规定，集体合同签订后，应当在7日内由企业一方将集体合同一式三份及说明报送劳动行政部门审查。劳动行政部门自收到集体合同文本后15日内未提出异议的，集体合同即生效。生效的集体合同对企业和企业的全体职工具有约束力。职工个人与企业订立的劳动合同中劳动条件和劳动报酬等标准不得低于集体合同的规定。在集体合同规定的期限内，双方代表可对集体合同履行情况进行检查；经协商一致，也可以对集体合同进行修改。在集体合同期限内由于签订集体合同的环境和条件发生变化，致使集体合同难以履行时，合同双方均可提出变更或解除集体合同的要求。集体合同双方协商一致，对原集体合同进行变更或修改后，应在7日内报送劳动行政部门审查。经集体合同双方协商一致，可以解除劳动合同，但应在7日内向审查该集体合同的劳动行政部门提交书面说明。

（郭明瑞）

jiti qiye faren

集体企业法人（collective-owned corporation）　企业法人的一种，包括：(1)乡村集体所有制企业法人，即财产属于主办该企业的乡或村范围内的全体农民集体所有，由乡或村的农民大会（农民代表大会）或者代表全体农民的集体经济组织行使企业财产所有权。(2)城镇集体所有制企业法人，即财产属于劳动群众集体所有。集体所有制企业法人的设立，须经政府有关部门审批，并依法经工商行政管理部门核准登记，领取企业法人营业执照。集体所有制企业法人实行厂长（经理）负责制。厂长（经理）是该企业法人的法定代表人。企业职工代表大会或职工大会是企业民主管理的形式。

（李仁玉　陈　敦）

jiti tudi suoyouquan

集体土地所有权（collective ownership of land）　各个独立的集体组织享有的对其所有的土地进行独占性支配的权利。《中华人民共和国宪法》、《中华人民共和国土地管理法》均规定：农村和城市郊区的土地，除法律规定属于国家所有的以外，属于农民集体所有；宅基地和自留地、自留山，属于农民集体所有。在我国，集体所有的土地主要是耕地、宅基地、自留地、自留山，以及法律规定属于集体所有的森林、山岭、草原、荒地、滩涂等土地。集体土地所有权的主体，依照《中华人民共和国民法通则》第74条、《中华人民共和国土地管理法》第10条的规定，有三种类型：(1)村农民集体。农民集体所有的土地依法属于村农民集体所有的，由村集体经济组织或者村民委员会经营、管理。(2)村内村民小组。土地如果已经分别属于村内两个以上农村集体经济组织的农民集体所有的，由村内各该农村集体经济组织或者村民小组经营、管理。(3)乡（镇）农民集体。土地如果已经属于乡（镇）农民集体所有的，由乡（镇）农村集体经济组织经营、管理。我国实行改革开放以来，集体土地的使用制度一直在进行改革与完善，改革的思路主要是在完善集体所有制的同时，建立各种集体所有土地上的他物权制度。

（李富成）

jiti zuzhi caichan suoyouquan

集体组织财产所有权（collective ownership）　劳动群众集体组织对其财产享有的占有、使用、收益、处分的权利。集体组织财产所有权是劳动群众集体所有在法律上的表现。集体所有制是我国社会主义公有制的组成部分，与全民所有制一起构成我国社会主义经济基础的主体部分。集体组织财产所有权制度对集体所有权起着法律上的保障作用，是我国公有财产制度的重要组成部分。

1. 集体组织财产所有权的主体。集体组织财产所有权的主体是各个集体经济组织。各集体经济组织具有法人资格，分别对所有的财产享有和行使所有权。集体经济组织的成员个人不是集体组织财产所有权的主体,不能处分集体经济组织所有的财产。我国的集体所有制经济遍布城乡,行业众多,组织形式也是多种多样,决定了集体组织财产所有权的主体呈现多样化的特征。根据我国的现实情况,主要有以下几类集体经济组织:(1)农村人民公社,或称农业合作社。是农村中进行农、工、商、牧、副、渔等多种经营的经济组织。农村人民公社与村、队分别是其各自财产的所有权人。(2)乡镇集体所有制的工业、商业、服务业等企业、事业单位。是由乡镇劳动者自愿结合成立的集体所有制经济组织,包括工业、手工业、商业、交通运输业、建筑业和服务业等企业,以及医院、医疗站、图书馆、文化站、影剧院、幼儿园、托儿所、旅社、缝纫社、敬老院等事业单位。这些集体经济企业、事业单位对于发展社会主义的商品生产、商品流通、文化传播,满足城乡人民的物质和文化生活需要,发挥着重要作用。其只要具备法人资格,即成为集体组织财产所有权的主体,其财产所有权和经营自主权应受到保护。(3)城乡合作社及其他合作组织。合作社是劳动群众自愿联合组成的集体经济组织,其主要形式有:农业生产合作社、手工业生产合作社、运输合作社、供销合作社、信用合作社等,以及合作商店、各种修理合作组织等。各种合作社及其他合作组织都独立核算、自负盈亏,独立进行生产经营活动,分别是其财产的所有权主体。

2. 集体组织财产所有权的客体。集体组织财产所有权的客体范围是很广泛的,除了法律规定属于国家专有的财产以外,其他财产均可以成为集体经济组织所有的财产。但是,由于集体经济组织在行业、经营范围等方面的差异性,主体类型的多样化特征,再加上城乡以及地区之间的差异因素的影响,各个集体经济组织所拥有的财产范围并不一样,其所有的具体财产差别比较大。整体来说,可作为集体组织财产所有权客体的财产有以下几种类型:(1)法律规定为集体所有的土地、森林、山岭、草原、荒地、滩涂等。集体所有的土地依照法律属于村农民集体所有的,由村农业生产合作社等农业集体经济组织或者村民委员会经营、管理。已经属于乡(镇)农民集体经济组织所有的,可以属于乡(镇)农民集体所有。另外,村农民集体所有的土地已经分别属于村内两个以上农业集体经济组织所有的,可以属于各该农业集体经济组织的农民集体所有。(2)集体经济组织的财产。例如集体经济组织经营农、林、牧、副、渔各业的资金、设备和产品,以及经营所得的收益和积累等等。(3)集体所有的建筑物、水库、沟渠、农田水利设施和教育、科学、文化、卫生、体育等设施。(4)集体所有的其他财产。例如,国家无偿拨给的财产,公民赠与的财产,以及特定情形下的无主财产(死者生前是集体组织成员的无人继承又无人受遗赠的财产)等。

3. 集体组织财产所有权的内容。集体经济组织依法对其财产行使占有、使用、收益、处分的权能。法律保护集体组织财产所有权的行使。《中华人民共和国民法通则》第74条规定,集体所有的财产受法律保护,禁止任何组织或者个人侵占、哄抢、私分、破坏或者非法查封、扣押、冻结、没收。在实际运转的层面上,集体组织所有的财产只能由劳动者来实际使用。所以,一方面要全面推行联产承包责任制,以充分调动农民的生产积极性,促进农业生产,一方面要注意巩固和发展集体所有制。联产承包责任制是中国共产党十一届三中全会以来制定和实施的农村政策。农村生产队在经营管理中普遍建立和实施各种形式的联产承包责任制,主要有:包干到户,即除承包户承包上交的征购任务、集体提留的公积金、公益金、管理费等,其余产品全部归己所有;包产到户,即按户承包生产任务,超额奖励,减产处罚,产品统一分配;另外有各种形式的专业队、专业组、专业户、专业工等,联系产量计算生产报酬。但是在建立和完善生产责任制的同时,要注意巩固和发展集体所有制。例如,划分责任地时,不得按照土改后、入社前的土地所有权实施所谓的"土地还家";集体所有的水利设施、水库、池塘等,只能加强管理、合理使用;农户对承包的土地只有使用权,不得擅自在承包的土地、自留地上建房、葬坟、挖土烧砖等。

4. 集体组织财产所有权制度的改革与完善。集体组织财产所有权制度的改革与完善,是我国公有制经济改革与完善的重要组成部分。在计划经济时代的意识形态中,集体所有制相对于全民所有制来说,被认为是低级形态的公有制。原因即在于,其只能将公有的程度建立到各个集体经济组织层次,无法在全社会范围内统一组织集体经济的农业及工商业生产,集体经济组织成员虽然在法律上不是集体财产的所有权人,但是其成员全体与集体财产较为直接的生产和生活联系一直存在和发展着。这也使集体组织财产所有权制度的改革和完善能够较为容易地开展。改革与完善的实践采取了鼓励或者许可各地大胆探索,由中央对比较成功的经验加以认可和推广的方式。理论上普遍认为,改革与完善集体组织财产所有权制度须针对现行的集体所有制和集体所有权制度的弊端,结合我国建设社会主义市场经济的需要,从改革集体所有制和改革集体所有权制度两方面进行。集体经济组织作为法人,对其所有的财产的支配关系是明确的,而我国的集体所有制和集体组织所有权制度在集体成员与集体和集体成员与集体财产这两个方面的关系上是模糊的,这可以称为集体所有制中存在的产权模糊问题。因而改革的思路应该是将这两方面的模糊关系清晰化,建立和完善集体成员对集体事务和集体财产管理问题的决策参与制度,强化集体成员对集体所有财产

的相对独立的支配权。 （李富成）

jituan xintuo

集团信托(group trust) 由众多的委托人将其有关财产作为信托财产分别或集中转移给受托人并由此设立的信托。在这种信托存续期间，在需要的情况下，众多的委托人往往按照与信托有关的文件的规定或者应受托人的要求或者自发地召开会议以讨论和决定与信托有关的重大事项；这一会议将他们集中在一起从而形成由人的集合组成的集团，"集团信托"由此得名。集团信托的基本特征在于：第一，它为自益信托；第二，它存在众多的委托人，从而相应地也就存在众多的受益人；第三，它的信托财产是众多委托人（受益人）个人财产的集合体。集团信托属于明示信托。对集团信托的规制适用信托法关于信托的一般规定。除此之外，考虑到各种具体的集团信托在成立、执行、受托人条件、对受益权的满足以及对其运作过程的监督等方面所各自具有的特殊性，为了使这一规制能够得以有效进行，一些国家还有针对性地制定了相应的信托特别法来对它们分别适用。 （张 淳）

jihua hetong

计划合同(contract based on state plan) 非计划合同的对称。直接根据国家指令性计划订立的合同。是落实国家指令性经济计划的法律手段。其特点是受计划约束的当事人必须按照要求订立合同，合同的内容不得违反计划，计划变动或取消时合同必须变更或解除。计划合同是计划经济的产物，不适用合同自由原则。《中华人民共和国合同法》第38条规定，国家根据需要下达指令性任务或者国家订货任务的，有关法人、其他组织之间应当依照有关法律、行政法规规定的权利和义务订立合同。随着社会主义市场经济体制的确立，计划合同的适用范围日益缩小。 （郭明瑞）

jihua maimai

计划买卖(sale for state plan) 自由买卖的对称。买卖的主体、标的物及其价格、质量等均由国家予以规定或限制的买卖形式。是计划经济社会中的主要买卖形式。 （王卫劲）

jihua shengyu

计划生育(family planning) 对人们的生育实行计划化，做到有计划地生育子女，调节人口增长速度，提高人口质量。实行计划生育是我国的一项基本国策，《中华人民共和国婚姻法》第2条和第16条分别规定，实行计划生育。夫妻双方都有实行计划生育的义务。计划生育包括两个方面：一是调节人口增长速度，根据人口状况的多少，或者是节制生育，有计划地降低人口发展速度；或者是鼓励生育，有计划地提高人口发展速度。二是提高人口质量，实行优生、优育。目前我国实行的计划生育是以控制人口增长数量，提高人口质量为主要内容的。基本要求是：少生、优生和适当的晚婚、晚育。国家提倡一对夫妇只生一个孩子，合理安排第二胎生育，禁止超过二胎的多胎生育（对人口稀少的少数民族，生育政策适当放宽）。 （马忆南）

jihua yuanze

计划原则(the principle of economic plan) 民法上的要求民事活动不得违反国家经济计划的原则。经济计划分为指令性计划和指导性计划，这里主要指有法律约束力的指令性计划。中国在改革开放之前，主要依靠行政手段（主要以经济计划的形式）来调整经济生活，合同被视为实现经济计划的手段。改革开放的初期，尽管市场经济因素迅速增长，但是计划在经济生活中仍然占有主导地位。1981年颁布的《中华人民共和国经济合同法》中，第1条明确规定该法的主要目的之一是保证经济计划的执行；第4条规定订立经济合同须符合国家政策和计划的要求，不得利用合同破坏国家计划；第7条规定违反计划的经济合同无效，此外还有其他许多关于经济计划的条文。1986年《中华人民共和国民法通则》颁布的时候，经济计划在国家经济生活中仍然占有非常重要的地位，所以《民法通则》第7条在基本原则的高度上予以强调，规定民事活动不得破坏国家经济计划，并且在第58条第1款第6项明确规定违反国家指令性计划的经济合同无效。但是随着经济体制改革的深入，经济计划的重要性迅速下降，1993年修订后的《经济合同法》中仅有少数条文就经济计划作出了规定，比如第11条规定企业应当按照国家下达的指令性计划订立合同。1999年制定的《中华人民共和国合同法》的总则部分则对经济计划完全没有作出规定，仅在分则中的个别地方有规定（比如第273条）。可见，随着我国经济体制改革的发展，过去民法上规定的计划原则现在基本上已经不存在了。《民法通则》中的相关规定虽然尚未被废止，但是在实践中已基本没有意义。

当然，这并不意味着政府不可以制定和执行经济计划。如果所制定的计划属于依照法律或者行政法规而进行的行政行为，则违反此种计划的行为构成行政违法，合同内容违反此种计划的，构成内容违法的合同，无效。 （葛云松）

jiqi huipiao

计期汇票(time draft) 发票人记载于发票日后经过

一定期间付款的汇票。此类汇票发票人没有记载一个固定的到期日,而是记载于发票日后的某一期间届满之日付款。这一期间,法律无规定,由发票人在发票时加以确定,因此它与定期汇票并无区别。

(王小能　温慧卿)

jiming gongsizhai

记名公司债(debentures payable to registered holder; 德 Namensbond) 与"无记名公司债"相对应。此种公司债在债券上记载债权人姓名,在公司债券存根簿上也同时记载债权人姓名、住所或居所。这种债券只能偿付给债券票面上的记名人。记名公司债又分为本息记名公司债和本金记名公司债。本息记名公司债的利息在付息时剪票支付。《中华人民共和国公司法》规定,股份有限公司、国有独资公司和两个以上的国有企业或者其他两个以上的国有投资主体投资设立的有限责任公司,为筹集生产经营资金,可以依照公司法的规定发行公司债券。公司发行公司债券应当置备公司债券存根簿。发行记名公司债券的,应当在公司债券存根簿上明下列事项:(1)债券持有人的姓名或者名称及住所。(2)债券所有人取得债券的日期及债券的编号。(3)债券总额,债券的票面金额,债券的利率。

(梁　聪)

jiming gupiao

记名股票(registered stock; 德 Namensaktie) 载有股东姓名或名称的股票。记名股票的股东权益属于记名股东,未经授权的非股东持有股票无资格行使股东权益,转让必须依照法律或公司章程规定的程序,并办理过户手续。多数国家的法律允许公司发行的股票可以记名或不记名,对某些特定的股票,如股款没有全部付足的股票、雇员股票、转让受限制的股票等,要求必须采取记名方式。《中华人民共和国公司法》规定,公司向发起人、国家授权投资的机构、法人发行的股票,应当采取记名方式,记载该发起人、机构或法人的名称,不得另立户名或者以代表人姓名记名。对社会公众发行的股票,可以记名股票,也可以为无记名股票。

(丁艳琴)

jiming piaoju

记名票据(bills to order) 出票人在出票时依法须在票面上明确记载票据收款人的姓名或名称的票据。此类票据如果不记名,则属于欠缺必要记载事项,不发生票据效力。而在出票后出票人须将此交付收款人才发生票据效力。收款人如欲转让该种票据,须以背书的方式为之。与记名票据相对应的是无记名票据和指示票据。记名票据可以在票据上记载"不得转让"字样,从而限制票据的流通。根据我国现行票据法的规定,汇票和本票必须是记名票据。而支票虽然可为无记名,但实际上须由出票人授权补记,"未补记前不得转让和提示付款"。

(温慧卿)

jiming tidan

记名提单(straight bill of lading) 参见提单条。

jiming youjia zhengquan

记名有价证券(德 Namenspapier) 又称指名证券、正面证券。仅仅对于证券上记载其姓名之人,有其意义。证券上的权利,大抵为该记名之人之利益而设定,故只能由该记名人行使权利。为证券上债权之让与,原则上应依普通债权让与的方式而为移转,即双方应为让与合意,非以债权让与通知于债务人,对于债务人不生效力,并且应将证券交与受让人。因为记名证券既为有价证券,亦有证券化之性质,其移转应以证券之占有为必要。如禁止背书的汇票和本票。然在记名股票、记名公司债券,公司法则另有特别规定,许其以背书方式让与,并须将受让人姓名或名称记入股东名册或公司债券存根簿。

(张　谷)

jiming zhaiquan

记名债权(credit with sepcific obligee; credit by name) 参见指名债权条。

jishu fuwu hetong

技术服务合同(contract for technical service) 技术合同的一种,指当事人一方以技术知识为另一方解决特定技术问题所订立的合同,不包括建设工程合同和承揽合同。实践中的技术服务合同除包括为解决特定技术问题订立的合同外,还包括技术中介合同和技术培训合同。其中技术中介合同指一方当事人为另一方当事人提供订立技术合同的机会或者作为订立技术合同的媒介的合同。技术培训合同指一方当事人为另一方当事人所指定的人员进行特定技术培养和训练的合同。技术服务合同具有如下法律特征:(1)技术服务合同是为解决特定技术问题而订立的合同,所谓特定技术问题是指需要运用科学技术解决的专业技术工作中有关改进产品结构、改良工艺流程、提高产品质量、降低产品成本、节约能源消耗、实现安全操作、提高经济效益和社会效益等问题。(2)技术服务合同是双务、诺成、有偿、非要式合同。技术服务合同中委托人的义务包括:提供服务条件、完成协作事项;按期接受受托人的工作成果并支付报酬。受托人的义务包括:

按照合同约定完成服务项目、解决技术问题、保证工作质量,并传授相关知识;对委托人提供的技术资料、数据、样品承担保密义务;妥善保管委托人提供的技术资料、样品。在技术服务合同中,除合同另有约定外,受托人利用委托人提供的技术资料和工作条件完成的新的技术成果属于受托人。委托人利用受托人的工作成果完成的新的技术成果属于委托人。 (张平华)

jishu gengxin
技术更新(technological innovation) 以新技术对原有的技术设备进行改造。是在保证固定资产简单再生产的基础上,实现以内涵为主的扩大再生产的一种方式。技术更新与基本建设都是固定资产投资的重要组成部分。但技术更新的目的主要是实现以内涵为主的扩大再生产,而基本建设则以扩大新的生产能力为主要目的。 (邹川宁)

jishu hetong
技术合同(contract for technology) 有名合同的一种,指当事人之间就技术开发、技术转让、技术咨询或者服务所订立的合同的总称。大陆法系民法典一般不规定技术合同。1981年颁布的《中华人民共和国经济合同法》设立了关于科技协作合同的一般规定,但因过于简略而不能满足调整围绕技术流转、服务产生的合同关系的需要。1987年我国颁布实施了《中华人民共和国技术合同法》,建立了较为完整的技术合同法体系。1999年颁布的《中华人民共和国合同法》吸收了《技术合同法》的立法经验,对技术合同作出专章规定。技术合同包括技术开发合同、技术转让合同、技术咨询合同或者技术服务合同三类。技术合同具有下列法律特征:技术合同的标的是技术成果或者技术服务等无形财产,所谓技术指凝聚着人类的创造性智力劳动,根据生产实践和科学原理形成的作用于一切物质设备的操作方法和技能;技术合同一般是双务、有偿、诺成性合同;技术合同的主体具有特定性,当事人通常至少一方是能够利用自己的技术力量从事科技开发、技术转让、技术服务或者技术咨询的自然人、法人或其他组织;技术合同的履行具有特殊性,技术合同不同于以有形产品为标的的合同,技术产品的交付需要合乎知识产权法的要求。技术合同一般包括以下内容:项目名称、标的内容和保密义务;风险承担;技术成果的归属和收益分配办法;验收标准和方法;价款、报酬或者使用费及其支付方法;违约金;解决争议的方法,名词和术语的解释等。技术合同价款、报酬和使用费的支付方法包括定额支付和提成支付两种,其中前者包括一次总付和分期支付,后者包括单纯提成和入门费加提成。技术成果完成人的权利主要包括与完成人人身相关的权利(包括署名权和取得荣誉权),以及技术成果所有权。一般地讲职务技术成果的所有权归法人或者其他组织所有,非职务技术成果的所有权归完成人所有。 (张平华)

jishu kaifa hetong
技术开发合同(technology development contract) 技术合同的一种,指当事人之间就新技术、新产品、新工艺和新材料及其系统的研究开发所订立的合同。技术开发合同除具有技术合同的一般特征外,还具有下列特征:(1)技术开发合同的标的是具有创造性的技术成果。(2)技术开发合同的实现具有不确定性,当事人如无特别约定则需要共同承担开发失败的风险。技术开发合同所约定的技术如果已有他人公开,致使技术开发合同的履行没有意义,当事人可以按照《中华人民共和国合同法》第337条的规定解除合同。(3)技术开发合同是要式合同。《合同法》第330条规定,技术开发合同应当采用书面形式。技术开发合同包括委托开发合同和合作开发合同两种。其中委托开发合同指一方委托另一方进行技术研究开发的合同,委托方负有下列义务:按照合同约定支付研究开发费用和报酬;提供技术资料、原始数据,完成协作事项;接受研究开发成果。受托方的义务包括:亲自制定、实施研究开发项目;合理使用研究开发费用;按期完成研究开发工作并交付成果等。委托开发的技术成果如果没有特别约定,归受托人所有。合作开发合同指当事人各方共同投资(包括以技术出资)、分工参与、协调作业形成的技术开发合同,合作各方的义务均主要包括:出资义务、研究开发义务、协作义务。如果没有特别约定,合作各方共同享有开发的技术成果的权利。 (张平华)

jishu zhuanrang hetong
技术转让合同(technology transfer contract) 技术合同的一种,指当事人就专利权转让、专利申请权转让、专利实施许可、非专利技术转让所订立的合同。技术转让合同除具有技术合同的一般特征外,还具有下列特征:技术转让合同的标的是现有技术成果的所有权、使用权;技术转让合同是要式合同。按照《中华人民共和国合同法》第342条的规定,技术转让合同包括专利权转让合同、专利申请权转让合同、技术秘密转让合同、专利实施许可合同。各种技术转让合同的当事人的义务大同小异,一般地讲让与人的义务包括交付技术以及相关技术资料并向受让人提供必要的技术指导,担保其是技术的合法拥有者,担保技术真实有效,保密义务;受让人的义务包括支付价款义务,保密义务。在技术转让合同有效期内,一方或双方对作为合同标的的专利技术或技术秘密作出革新和改良而取得的技术成果,被称做后续改进技术成果。按照《合同法》第354条,当事人可以按照互利的原则,在技术转让合同中约定实施专利、使用技术秘密后续改进的技术成果的分享办法。没有约定或者约定不明确,依照《合同法》第61条的规定仍不能确定的,一方后续改进的技术成果,其他各方无权分享。按照上述规定,后续改进技术成果可以由当事人约定其归属;如果合同没有约定或约定不明者,当事人可以达成补充协议;不能达成补充协议的按照合同解释规则确定其归属;经过合同解释仍无法确定其归属者,后续改进技术成果归后续改进一方享有。

(张平华)

jishu zixun hetong

技术咨询合同(technology consultation contracts) 技术合同的一种,指当事人就特定技术项目提供可行性论证、技术预测、专题技术调查、分析评价报告等订立的技术合同。技术咨询合同具有下列法律特征:(1)合同标的是技术性劳务,该劳务旨在为委托人提供参考意见而不是最终决策。当事人一方委托他方就解决技术问题提出实施方案、进行实施指导所订立的合同则是技术服务合同。(2)技术咨询合同是诺成、双务、有偿、非要式合同。技术咨询合同中,委托人的义务包括阐明咨询的问题,提供技术背景资料及技术资料数据;按期接受受托人的工作成果;支付报酬;保密等义务。受托人的义务包括如期完成咨询报告或解答问题;提出的咨询报告须达到约定的要求;对委托人提供的技术资料和数据的保密义务。在技术咨询合同中,除合同另有约定外,受托人利用委托人提供的技术资料和工作条件完成的新的技术成果属于受托人。委托人利用受托人的工作成果完成的新的技术成果属于委托人。

(张平华)

jicun qixian

既存期限(existing deadline timelimit) 以已经发生的事实为法律行为效力发生或消灭的期限。既存期限不是期限,因为期限应以将来确定发生的事实为内容,因此,既存期限对法律行为的效力不生影响。

(李仁玉 陈敦)

jide jichengquan

既得继承权(vested remainder) 期待继承权的对称,又称主观意义上的继承权、继承既得权。继承开始后,享有期待继承权的继承人对被继承人的遗产所拥有的现实性的财产权利。期待继承权转化为既得继承权必须具备如下两个法律事实:第一,被继承人死亡并留有遗产;第二,继承人未丧失继承权。既得继承权是具有现实性、财产性的权利,继承人可依这种权利取得应得的遗产份额。

(杨朝)

jide quanli

既得权利(vested rights; acquired rights) 依私权的成立要件是否全部实现所作的区分。凡其成立要件全部实现,已经完全并确定地由某人得到或授予某人,而他人之行为不得再取消或废止之权利。

(张谷)

jiding tiaojian

既定条件(established condition; 拉丁 condicio in praesens) 以已经实现或已确定不能实现的事实作为内容的条件。条件必须取决于将来不确定事实的成就或不成就。既定条件因欠缺不确定性,不为条件。依《日本民法典》第131条的规定,条件于法律行为当时已经成就的,其条件为停止条件时,其法律行为视为无条件;为解除条件时,无效。条件不成就的,其条件为停止条件时,其法律行为无效;为解除条件时,视为无条件。《中华人民共和国民法通则》对此没有规定。

(李仁玉 陈敦)

ji liandai you dandu fuze benpiao

既连带又单独负责本票(promissory notes under joint and several liability) 连带负责本票的对称。票面记载"我承诺"字样并由两个以上发票人签字的本票。既连带又单独负责本票的持票人享有多个起诉权,起诉权的个数与发票人的人数相同。但持票人获得的偿还金额不得超过票载金额。对发票人而言,在既连带又单独负责本票中,即使死亡也不导致其负担的票据债务消灭,持票人仍可向其代表索偿。修正后的《美国统一商法典》(1991年文本)规定了既连带又单独负责的责任方式。根据条文意义,本票除票面特别作以记载外,都为既连带又单独负责本票。

(王小能)

jicheng

继承(succession, inheritance) 又称遗产继承。自然人死亡或宣告死亡之时起,按照其有效的遗嘱或法律的直接规定将其死亡时遗留的财产转移给他人所有的法律现象或法律制度。继承一词在汉语中可解释为相续、承受、演替等意思。在民法学中有多种含义,最广义的继承泛指后代对先人创造的物质文明成果和精神文明成果的继承,例如,继承民族文化、革命传统等。广义的继承既包括财产继承,又包括身份继承,例如中国古代的宗桃继承就是财产继承、身份继承和祭祀继承的统一。狭义的继承仅指对财产的继承,现代法学所指的继承就是财产继承的简称。

继承制度萌生于原始社会母系氏族社会时期,随着母系氏族社会向父系氏族社会的演进经历了母系继承向父系继承的转变。原始社会末期,一夫一妻制的家庭已经形成,私有财产制度业已确立,阶级、国家和法律的产生,使继承成为一项法律制度。奴隶社会、封建社会和资本主义社会的继承制度虽然都以私有财产制度为基础,是私有制的要求在法律上的必然反映,为维护私有财产制和剥削阶级的统治服务,但各有自己的特点。奴隶社会中继承主要在奴隶主阶级内部进行,实行以嫡长子继承为中心的宗祧继承制度,否认男女有平等的继承权。封建社会,土地的继承占重要地位,等级、特权和主要财产由嫡长子继承,一般财产诸子平分,继承权男女仍不平等。资本主义的继承制度取消了身份继承,财产继承独立成为继承制度的主要内容。长子继承制被废除,男女两性在继承问题上的法律地位渐趋平等,遗嘱自由成为继承制度的一项基本原则。

现代民法中,继承作为所有权转移的一种方式与其他所有权转移方式相比有自己的特点:(1)继承的发生以被继承人的死亡和留有遗产等法律事实的存在为前提;(2)被继承人(财产原所有人)和继承人(财产受让人)均为自然人,他们之间存在特定的身份关系;(3)所转移的标的必须是被继承人死亡时拥有的个人合法财产;第四,继承人无偿取得被继承人的财产所有权。继承可作如下分类:第一,按继承人取得遗产的依据不同可分为法定继承和遗嘱继承;第二,按继承人人数的不同可分为共同继承和单独继承;第三,按继承的标的不同可分为财产继承、身份继承和祭祀继承;第四,按继承人在继承被继承人的财产时所承担的责任不同,可以将继承分为有限继承和无限继承;第五,按继承人参与继承时的地位不同,可分为本位继承和代位继承。

(杨　朝)

jicheng caichan xintuo

继承财产信托(estate trust)　以生存的配偶为受益人、以本应由该人继承的财产的全部或者一部分作为信托财产,并以使受托人将这种财产的收益交付给受益人为内容的信托,它是英美信托法确认的一种信托品种,属于特殊民事信托。继承财产在性质上属于遗产。继承财产信托的受益人仅限于委托人的配偶,这便是这种信托不同于以遗产为信托财产的其他各种民事信托的根本特征。这种信托依其性质只能通过遗嘱设立;作为它的标的的信托财产,一般仅限于委托人在生存期间所得收入的积累。西方各国早已普遍建立了遗产税制度。但依一些英美法系国家的税法,只要财产所有人在生前设立了继承财产信托,在其死亡之时,对其已经纳入这种信托的范围的遗产,可以适当地减少征税。这便使这种信托具有了使丈夫或妻子的遗产减税的功能,从而可以被有配偶的人作为使其遗产减税的手段来运用。这种信托之所以会流行于前述各国,原因即在于此。

(张　淳)

jicheng daili

继承代理(agency of succession)　继承开始后,自然人或法人依据继承人的委托授权或者法律规定的权限范围,以继承人的名义参与继承活动,而其行为的法律后果直接归属于该继承人本人。它是代理制度在继承领域的具体运用。大陆法系各国民法多将代理划分为委托代理和法定代理,故而在继承代理中,代理人的代理权亦来源于被代理的继承人的授权委托或直接来源于法律规定。法定继承代理主要适用于继承人为无民事行为能力人或限制民事行为能力人的情形。但有时为了便于处理遗产继承的有关事宜,法律规定的代理权人并不完全限于无民事行为能力人的监护人,如《法国民法典》规定,共同继承遗产分割及返还中,若共有人中的一人不能表达自己的意志时,另一共有人得经法院授权以一般方式或为某些特殊行为代理该共有人,此种代理条件及范围由法官确定;如无法定权利、委托或法院授权,由一个共有人代理另一个共有人所为之行为,根据事务管理规则,对该另一共有人具有效力。《日本民法典》规定,遗嘱执行人视为继承人的代理人。英美法系由于信托与监护制度发达,因而不设法定代理制度,但委托代理制度的适用十分广泛,继承中亦同样适用。《中华人民共和国民法通则》对代理制度作了较为详细的规定,《中华人民共和国继承法》第6条对无民事行为能力人和限制民事行为能力人的继承权的行使作了规定,即无行为能力人的继承权、受遗赠权,由他的法定代理人代为行使;限制行为能力人的继承权、受遗赠权,由他的法定代理人代为行使,或者征得法定代理人同意后行使。司法实践中,最高人民法院《关于贯彻执行〈中华人民共和国继承法〉若干问题的意见》第8条对法定代理人代理权行使的限度作了规定,以维护继承人的利益,即法定代理人代理被代理人行使继承权、受遗赠权,不得损害被代理人的利益;法定代理人一般不能代理被代理人放弃继承权、受遗赠权;明显损害被代理人利益的,应认定其代理行为无效。

(周志豪)

jichengfa

继承法(law of succession)　调整因人的死亡而发生的继承关系的法律规范的总称,是一国继承制度的法律表现形式,是民法的重要组成部分。人们对继承法的理解由于历史或法律体制上的原因有种种区别,大致说来有以下三种不同解释:第一,广义的继承法和狭义的继承法。前者所规定的继承制度既包括身份继承、祭祀继承又包括财产继承,财产继承依附于身份继承和祭祀继承。这是奴隶社会、封建社会继承法的主要特征。后者则仅指对财产的继承。第二,纯粹的继承法和非纯粹的继承法。前者只规定了继承制度,即法定继承制度和遗嘱继承制度;后者则将其他的遗产转移方式囊括在内,如遗赠,无人继承又无人接受遗赠的财产的处理等。我国继承法采取了后一种形式。第三,形式意义上的继承法和实质意义上的继承法。前者专指以继承法命名的规范性法律文件或民法的继承编,后者则泛指调整遗产转移关系的法律规范。

1. 继承法的调整对象和性质。继承法调整的对象是遗产转移关系,包括依法定继承和遗嘱继承发生的社会关系以及依其他方式转移遗产而发生的社会关系。现代各国继承法调整对象的范围大体相同,但也有区别,例如我国将遗赠扶养协议引起的债权债务关系纳入继承法的调整范围,可谓继承法上的一个例外。继承法的调整对象从性质上看虽然也属于财产关系,但是与一般的财产关系有所不同,它所调整的是与一定身份关系紧密相连的财产关系,这种关系的发生以特定身份关系的存在为前提,其主体、客体也具有一定的特殊性,这就使继承法成为具有特殊地位的民法部门。继承法是普通法而非特别法,是实体法而非程序法,是强行法而非任意法。

2. 继承法的立法形式。继承法是民法的部门法,这一点为世界各国所公认。但对于继承法的具体形式,各国做法不一。有的国家采用特别法主义,将继承法独立出民法典,单独制定继承法。例如,英国的继承法和我国的继承法就是遵循这种原则制定的。有的国家则采取法典主义,将继承法作为民法典的一部分,又因各国民法典体系的不同,继承法有的被列入物权编,如荷兰;有的被列入亲属编,如瑞士;有的被列入财产取得编,如法国;还有的单设一编,如日本。有部分国家将继承法的一部分归入民法典中,其余部分单独形成继承法条文,如德国,一方面在民法典中设立继承一编,另一方面将遗嘱继承分立为继承契约法。我国继承法一方面单独立法,另一方面在《中华人民共和国民法通则》中也有继承方面的规定。

3. 继承法的沿革及本质。继承作为一种财产转移的手段,萌芽于母系氏族时期,但那时的继承制度只是一些分散的习俗和惯例,完整意义的继承法出现于私有制、阶级和国家产生之后。奴隶社会时,继承法才作为法律制度的组成部分,成为人们必须遵守的行为准则。人类有史以来的第一部成文法《汉穆拉比法典》就有了继承制度的规定。奴隶社会的继承法具有奴隶主作为继承关系的主体,身份权、祭祀权和财产权合并继承,男女继承权不平等等特点。在中国,宗法制度与继承制度紧密结合,形成了宗祧继承制度。奴隶社会还出现了遗嘱继承的萌芽。封建社会的继承法除了遵循奴隶社会的传统,还有自己的特点:第一,土地继承占重要地位;第二,法定继承为主的同时,遗嘱继承在欧洲各国被广泛采用;第三,农民成为继承关系的主体。资本主义的继承制度在资产阶级"自由、平等、博爱"理念的影响下,受资产阶级个人主义精神的影响,废除了宗祧继承制度,采取了子女均分遗产的做法;取消了身份继承,实行单独的财产继承;男女继承权也渐趋平等;遗嘱自由的原则成为资本主义继承法的基本原则。

继承法作为法律制度的组成部分,其本质是由作为一定社会生产关系核心的生产资料所有制的性质决定的,有什么性质的生产资料所有制,就有什么性质的继承法。在剥削阶级社会,继承制度建立在生产资料私有制的基础上,其本质在于延续死者生前剥削他人劳动成果的权利,是为维护私有制和剥削阶级的统治服务的。俄国十月革命后,社会主义国家制定了自己的继承法。这种继承法建立在生产资料的公有制基础上,保护私人财产所有权,养老育幼,加强家庭团结和睦,其实质是家庭成员间的经济互助,在社会主义社会生活和家庭生活中都有其特殊的地位和作用。

4. 我国社会主义继承法的沿革。1950年《中华人民共和国婚姻法》对家庭成员之间的继承权作了规定,成为处理继承问题的基本法律依据。1954年《中华人民共和国宪法》明确规定:"国家依照法律保护公民的私有财产的继承权。"这是我国继承制度确立的宪法依据。其后,司法部、最高人民法院发布了许多关于继承问题的规范性文件。1985年4月10日,第六届全国人民代表大会通过了《中华人民共和国继承法》。1985年9月11日,最高人民法院还颁布了《关于贯彻执行〈中华人民共和国继承法〉若干问题的意见》,供各级法院在审理案件时执行。我国《继承法》分为5章,37条,具有鲜明的社会主义本质和民族特色。从内容上看有以下特点:第一,从我国实际出发全面系统地规定了法定继承和遗嘱继承方式,并把遗赠和遗赠扶养协议作为处理遗产的补充方式;第二,以婚姻、血缘和扶养关系作为确定公民享有继承权的依据,在分割遗产时适当考虑继承人对被继承人所尽义务的情况;第三,在有关规定中强调了养老育幼的原则;第四,坚持男女平等的原则,保护妇女的合法权益。　　(杨　朝)

jicheng fen'e

继承份额(successional portion)　同一顺序两名以上继承人共同继承时,各继承人取得遗产的比率。参见应继份条。　　(陈　苇)

jicheng kaishi
继承开始(beginning of inheritance) 继承法律关系的发生。导致继承法律关系发生的法律事实称为继承开始的原因。自罗马法开始,就将死亡定为继承开始的法律事实,有"无论何人不能为生存者之继承人"的原则,但当时对于死亡的理解与现代民法不同。罗马法中,自然人(市民权)的消灭,不以自然死亡为限,受人格大减等者,如丧失自由权而沦为奴隶,丧失其民事权利能力,其法律后果与死亡无异。此种法律观念的影响波及近现代资本主义民事法典立法,《法国民法典》规定继承因自然死亡及民事死亡而开始。所谓民事死亡并非现今的死亡宣告制度,而指人并未死亡,但在民事法律上视为已死亡,丧失民事权利能力。通观罗马法以来的民事死亡原因,计有患不治恶疾,沦为奴隶,战争俘虏,委身宗教成为僧侣,丧失国籍,被判处死刑或终身监禁等等。现代民法理论及观念均认为民事权利能力随自然人活体出生的法律事实而当然终身享有,不可剥夺或抛弃,仅因自然死亡和例外情形中的法院宣告死亡而消灭,因而民事死亡已不存在。对于宣告死亡又特设死亡宣告撤销制度以补救制度之疏漏,维护生存中的自然人的利益与人格尊严。总之,现代各国的法律皆以自然人的自然死亡为继承开始的原因,以法院宣告死亡为补充。继承开始的法律效力体现在:产生具体的继承法律关系,确定继承人的范围、遗产的范围、遗产所有权的转移、应继份额、遗嘱以及遗赠的法律效力,也确定了继承最长时效的起算点。《中华人民共和国继承法》第2条规定,继承从被继承人死亡时开始。最高人民法院的司法解释中规定,继承从被继承人生理死亡或被宣告死亡时开始。

(周志豪)

jicheng kaishi de didian
继承开始的地点(beginning location of inheritance) 继承法中规定的继承人行使继承权,接受遗产的地点。继承开始的地点不仅具有决定审判管辖、决定征收遗产税所适用法律的作用,而且在国际私法中还具有决定继承所适用的准据法的作用。关于继承开始地点的学理及立法主张,有本籍地主义、住所地主义、死亡地主义、财产所在地主义等。法国、日本、瑞士的继承立法采用住所地主义,而原《苏俄民法典》兼采住所地主义和遗产所在地主义。我国继承法对于继承开始的地点没有明文规定,理论上有不同的观点。司法实践中结合涉外继承的规定和《中华人民共和国民事诉讼法》第34条的规定,即因继承遗产纠纷提起的诉讼,由被继承人死亡时住所地或者主要遗产所在地人民法院管辖,以被继承人的生前最后住所地或主要遗产所在地作为继承开始的地点。涉外继承中,遗产为动产的,适用被继承人生前最后住所地国家的法律,再通过该国法律确定继承开始的地点;遗产为不动产的,适用不动产所在地法律,然后通过该不动产所在地法律确定继承开始的地点。

(周志豪)

jicheng kaishi de shijian
继承开始的时间(time for beginning of inheritance) 导致继承法律关系发生之法律事实出现的时间。由于罗马法中继承开始的原因不限于自然死亡,因而自然死亡的时间和其他丧失民事权利能力的情形出现的时间都是继承开始的时间。罗马法中又实行遗嘱继承为主、法定继承为辅的继承制度,遗嘱继承优先于法定继承,法定继承的生效并不于被继承人死亡或其他丧失民事权利能力的时间当然开始,而以确定无遗嘱继承的时间为准。现代各国民法中的继承绝大多数仅限于财产继承,并且仅由自然人的死亡而引起,因而不论遗嘱继承还是法定继承,均以死亡时间为准。

关于生理死亡时间的确定,有呼吸停止说、脉搏停止说、心脏停止说、脑死亡说等,我国目前实践中多采用呼吸停止和心脏停止的标准,具体确定上多以医院死亡证书或户籍登记中记载的死亡时间为准,二者不一致时以死亡证书为准,仍有争议的,由法院查证确定。

关于宣告死亡时间的确定,最高人民法院《关于贯彻执行〈中华人民共和国继承法〉若干问题的意见》中规定失踪人被宣告死亡的,以法院判决中确定的失踪人的死亡日期,为继承开始的时间;而在后来实施的《关于贯彻执行〈中华人民共和国民法通则〉若干问题的意见(试行)》中规定,被宣告死亡的人,判决宣告之日为其死亡的日期。两个司法解释并不完全一致,理论界有争论,但就新法优先于旧法的原则而言,应以后一司法解释为准。若被宣告死亡的时间和实际死亡时间不一致的,司法实践中认为被宣告死亡所引起的法律后果仍然有效,但是实际死亡之前所实施的民事法律行为与被宣告死亡引起的法律后果相抵触的,则以实施的民事法律行为为准。死亡宣告被撤销的,依继承法取得原物的公民或者组织应当返还原物或者给予适当补偿,但法律保护善意第三人合法取得的利益。

关于相互有继承关系的几个人在同一事件中死亡的,在不能依其他科学方法确定死亡时间先后的情况下,各国在民法中规定了法律推定的方法。罗马法中采用推定死亡在先与推定死亡在后结合的方法,依不同情况而定,即推定未成年子女先于父母而死亡,成年子女后于父母而死亡;日本、德国、瑞士民法中则采用了同时死亡的推定方法;英国、法国采用死亡在后的推定方法,法律明确规定了在不同的情形下推定哪些人后死亡。我国司法实践中采用死亡在先和同时死亡相结合的推定方法,司法解释中规定,互有继承权的几个人在同一事故中死亡,如不能确定死亡先后时间的,推定没有继承人的人先死亡;死亡人各自都有继承人的,如几个死亡人的辈分不同,推定长辈先死亡,如几个死亡人的辈分相同的,推定同时死亡,彼此不发生继承,由他们各自的继承人继承。

(周志豪)

jicheng qiyue
继承契约(contract of succession) 被继承人与自己的继承人或其他人之间以指定继承人和遗赠,或设定遗嘱负担为内容的协议。对继承契约,各国的态度不同。德国、瑞士、匈牙利、英国、美国等国家对继承契约持肯定态度,法律对继承契约有明确规定。法国和意大利则明文禁止继承契约。法国在大革命以前,继承契约常常被作为调整家庭内部财产转移的工具,因此年幼的子女常常在诱劝之下放弃自己对未来遗产的继承权,并将这些财产转移给家中的长子。大革命以后,继承契约被认为是与继承人权利平等的革命原则相悖的东西而被民法典所禁止。但是,民法典却承认"契约指定",即包含在婚姻财产契约中的,或在婚姻关系存续期间所为的赠与,受赠人可以是夫妻,也可以是他们婚后所生的子女。在德国,继承契约出现于14世纪,在罗马法复兴运动期间受到排斥,但是它却在法学家的帮助下幸存下来并得到发展。在德国民法典中,遗嘱人可以通过继承契约指定继承人,对遗赠和遗嘱负担作出规定,契约的受益人可以是契约之一方,也可以是任何第三者。家庭中任何成员都可以订立继承契约,但实际上,这种契约往往是在未婚夫妻之间订立的,而且常常包含在婚姻契约之中。继承契约对遗嘱人生前处分其财产的权利并未限制,但是契约中指定的继承人得在继承开始后3年内收回损害其利益的赠与。被继承人出于损害受遗赠人的目的将契约指定的遗赠标的毁损、转移或损坏,或转让、设定负担者,以受遗赠人不能取得该标的物的给付者为限,应以标的物的价额代替标的物,或由继承人负责使受遗赠人获得该标的物或为其除去该负担。如果上述转让或设定负担是以赠与的方式所为,在不能从被继承人处获得补偿时,受遗赠人可以请求受赠人返还不当得利。如果后来的遗嘱处分侵害了继承契约的受益人的权利,其处分亦归无效。从德国民法典关于继承契约的规定可以看出,被继承人在订立了继承契约之后,虽然法律并不限制其通过生前行为或遗嘱处分其财产,但是,如果后来的处分损害了继承契约受益人的权利,法律将优先保护继承契约受益人的权利。瑞士民法典规定,被继承人得以继承契约承担使对方或第三人取得其遗产或遗赠的义务。订立继承契约之后,被继承人仍得自由处分其财产,但遗嘱或赠与如与继承契约中被继承人所承担的义务不一致,得撤销之。可见,瑞士民法典规定的继承契约的效力亦高于遗嘱和遗赠。被继承人通过继承契约可以与相对人约定遗赠与扶养问题,在这个方面,继承契约与我国的遗赠扶养协议类似;但是,继承契约还可以就继承问题作出约定,可以与相对人约定由第三人继承或受遗赠,这是继承契约与我国的遗赠扶养协议的不同之处。

(马忆南)

jichengquan
继承权(heirship) 自然人依照法律的规定或者被继承人所立的合法有效的遗嘱的指定,享有的继承被继承人遗产的权利。继承权是一种独特的财产权。它虽以一定的身份关系为前提,却不是身份权;虽以取得一定财产所有权为目的,却不是物权;与债权有关,又不是债权。它与其他各种遗产取得权,如受遗赠权,遗产适当分得权,国家、集体所有制组织对于无人继承又无人接受遗赠的遗产的取得权等权利也有区别。继承权具有以下特征:第一,权利发生于自然人之间,继承权的享有者只能是与死者有一定身份关系的人,这种身份关系表现为婚姻关系、血缘关系和扶养关系。遗嘱继承还要求有合法有效的遗嘱存在。第二,继承权的实现以一定的法律事实的出现及存在为前提,主要指被继承人死亡并留有遗产的事实。第三,权利存在的基础是法律的直接规定或合法有效的遗嘱的指定。继承权可作如下分类:第一,期待继承权和既得继承权。前者指继承开始前,自然人依照法律的规定或合法有效的遗嘱,取得死者遗产的资格;后者指继承开始后,具有继承资格的自然人对被继承人的遗产所拥有的现实性的财产权利(见期待继承权和遗嘱继承权)。第二,法定继承权和遗嘱继承权。这是根据继承权产生的依据所作的分类。前者指继承人依照法律的直接规定取得的继承遗产的权利;后者指继承人依合法有效的遗嘱取得的继承遗产的权利。

继承权在内容上包括以下具体权利:第一,接受或放弃继承权的权利。指继承人有权就同意接受或不接受被继承人的遗产为意思表示。各国立法中,一般规定接受继承的意思表示可以默示作出,而不接受继承的表示应明示作出。《中华人民共和国继承法》第25条规定,继承开始后,继承人放弃继承的,应当在遗产处理前,作出放弃继承的表示。没有表示的,视为接受继承。第二,取得遗产的权利。指继承开始后,继承人根据其享有的合法的继承权,依法律规定或按照合法有效的遗嘱取得被继承人遗产中的应得份额的权利。第三,继承权受到侵害时,享有恢复请求权。指当继承权受到不当侵害时,合法继承人有权请求侵害人将继承权恢复到继承开始的状态。继承恢复请求权的权利人不限于既得继承权人,享有期待继承权的人也可对他人的侵权行为提起诉讼。继承恢复请求权包括两方面的内容：一是请求确认继承人的合法继承资格，二是请求返还遗产。各国民法还规定了这种请求权的诉讼时效。 （杨朝）

jichengquan de paoqi
继承权的抛弃（abandonment of inheritance） 参见放弃继承条。

jichengren
继承人（heir） ❶ 财产继承法律关系的权利主体。是依继承法规定而有资格在继承中取得遗产的自然人。继承人有如下特征：(1) 继承人往往是自然人。罗马法中的"家内继承人"和"家外继承人"都是指自然人，此后，法、德、英、美的继承法也都规定只有自然人才能成为继承人。我国的《继承法》也采取了上述做法。(2) 继承人应具有继承能力，亦即继承人在继承开始时具有权利能力。在被继承人死亡时，继承人只要生存，而不论其是否具备民事行为能力，继承人都有取得遗产的资格。为了保护胎儿利益，世界各国的继承立法都赋予胎儿继承能力，只要胎儿在被继承人死亡之时已受胎，且在出生时是活体，其就可以继承遗产。(3) 继承人取得继承权的依据是法律规定或遗嘱指定。法定继承人由继承法直接规定了范围和顺序，遗嘱继承人则由被继承人生前合法有效的遗嘱予以指定。(4) 继承人在财产继承中取得被继承人的遗产。只有在法定继承或遗嘱继承中，有权取得遗产的人才是继承人，通过遗赠或遗赠扶养协议取得遗产的人不是继承人。(5) 继承人对遗产的取得具有或然性。在主观上，继承人可以放弃继承权；在客观上，继承人也可能被依法剥夺继承权，所以继承人并无取得遗产的必然性和绝对性。

由于婚姻及血缘关系是构成家庭的主要纽带，各国继承法无不将与被继承人有婚姻或血缘关系的人列为法定继承人，而将与被继承人没有上述关系的人列为可能的继承人，即由被继承人用遗嘱指定。我国继承法则从以下三方面划定继承人的范围：第一，与被继承人有婚姻关系的，即配偶；第二，与被继承人有血缘关系的，即子女及其晚辈直系血亲、父母、兄弟姐妹、祖父母和外祖父母；第三，与被继承人有家庭扶养关系的，即有扶养关系的继子女、继父母、继兄弟姐妹、继祖父母、继外祖父母和对公公、婆婆或岳父、岳母尽了主要赡养义务的丧偶儿媳及丧偶女婿。可见，与外国继承法相比，我国继承法的范围在质上增加了与被继承人有家庭扶养关系的人，在量上则仅限于以上范围，没有其他可能成为继承人的人。

继承人作为财产继承法律关系的权利主体，其继承权的实现不需义务主体即非继承人的积极行为，非继承人不得干涉、侵害或妨碍继承人的权利实现。如果有数个继承人共同继承同一被继承人的遗产，则这些继承人之间的关系是共有财产人之间的权利义务关系，他们应本着合法、共利的原则来行使对遗产所享有的权利和承担相应的义务。当被继承人将遗产遗赠于他人时，如果继承人作为遗嘱执行人，则继承人负有按合法有效的遗嘱将遗产移转给受遗赠人的义务，受遗赠人则享有请求继承人交付遗产的权利。由于继承人概括继承被继承人的遗产，其中既包括被继承人在生前享有的债权，也包括被继承人生前负有的债务，继承人在其有权继承的遗产份额内，应当向被继承人的债权人偿还债务，向各被继承人的债务人追索债务。

❷ 被保险人的继承人。就一般保险契约而言，投保人或被保险人死亡或保险标的物所有权移转时，保险契约仍为继承人或受让人之利益而存在，即保险契约并不因被保险人的死亡而终止。对于人身保险契约，在被保险人死亡后，若指定了受益人，则保险金应归属受益人；若未指定受益人，或受益人不能确定，或先于被保险人死亡，则保险金应作为被保险人的遗产，依照继承法的规定进行分配，即被保险人的继承人可能获取保险金利益。 （常鹏翱 温世扬）

jichengshui
继承税（inheritance tax） 参见遗产税条。

jifumu jizinü
继父母继子女（step-parents and step-children） 继父母是父之后妻或母之后夫，继子女是夫与前妻或妻与前夫所生的子女。继父母与继子女关系产生的原因，一是由于父母一方死亡，他方再行结婚；二是由于父母离婚，父或母再行结婚。子女对父母的再婚配偶称为继父母。夫或妻对其再婚配偶的子女称为继子女。继父母子女关系是由于父或母再婚而形成的姻亲关系。我国法律规定，只有在一起共同生活、形成了抚养教育关系的继父母子女间，才具有法律上的拟制血亲关系，产生父母子女间的权利和义务。没有形成抚养教育关系的继父母子女间仅产生姻亲关系，不发生法律上的权利和义务。《中华人民共和国婚姻法》第27条规定，继父母与继子女间，不得虐待或歧视。继父或继母和受其抚养教育的继子女间的权利和义务，适用本法对父母子女关系的有关规定。 （马忆南）

jiren shoutuoren
继任受托人（successor trustee） 参见新受托人条。

jixu cunzai de shoutuoren

继续存在的受托人(surviving trustees) 又称生存受托人。在存在共同受托人的信托中,相对于职责终止的某一个或者某一些受托人而言,而继续存在并且其职责并未终止的另一个或者另一些受托人。在存在共同受托人的信托的存续期间,一旦有受托人职责终止,依各国、各地区信托法的精神,有关信托应当由继续存在的受托人继续执行;再依除中国外的其他国家和地区信托法有关规定的精神,职责终止的受托人对信托财产享有的权利转归继续存在的受托人享有,有新的受托人取代前者进入信托中的除外。 (张 淳)

jixu diyiquan

继续地役权(continuous easement; 德 servitutes continuae) 与非继续地役权相对,这是依地役权行使或内容实现的时间是否有继续性为标准对地役权所作的区分。继续地役权是指权利内容的实现,不必每次有地役权人的行为,在时间上能持续存在的地役权,例如筑有道路的通行地役权、设有水管的汲水地役权均属之。 (钱明星)

jixu gongji hetong

继续供给合同(德 Sukzessivilieferungsvertrag) 买卖合同的一种,是指合同约定出卖方在一定期间或不定期间内,连续地向买受人提供某种财产或服务的合同。例如供用水、供用电、供用气、供用热力等合同。继续供给合同虽然在履行上具有重复性,但这些重复性的行为具有一定的连续性,并由此构成了一个整体,故其并非多个合同,而是一个合同。继续供给合同无论定有期限或不定期限,随着时间的经过在合同当事人之间产生新的权利义务,这与分期给付的一时性合同存在本质的区别,后者在合同成立之时权利义务即已确定,只不过其债务的履行是分阶段进行的。 (刘经靖 张平华)

jixu jifu

继续给付(德 dauerde Leistung) "不继续给付"的对称。具有一定的时间上的持续性的一种给付。此场合下,债的目的须于一定期间内连续为一定行为方能实现。如雇佣合同、租赁合同、委任合同等合同中,债务人的给付均须持续一定的期间。继续给付不同于连续给付,后者是当事人约定在一定时间内,债务人定期或不定期向债权人为给付,但每个给付均为独立的给付。如当事人约定债务人每月供应煤炭若干吨,此给付中,债务人的给付是若干个独立的给付。而前者中的给付是持续一定时间的一个给付,如雇佣合同中债务人提供的劳务,是一次给付行为须延续一定时期。另外,不间断的不作为也可构成继续给付。区分继续给付与不继续给付的意义表现在合同解除上,在不继续给付中,合同的解除具有溯及力,使合同溯及既往地消灭;而在继续给付中,合同解除一般无溯及力,只对未履行的部分发生解除的效力,已履行的给付仍然有效。参见不继续给付条。 (万 霞)

jixu lüxing

继续履行(specific performance) 违约方不履行或不完全履行合同的义务时,基于对方的要求在对方指定或重新约定的期限内,继续完成原来尚未履行或尚未完全履行的合同义务。继续履行是违约方承担的按合同约定标的履行合同的责任,尽管未增加债务人的负担,但它是通过法律强制手段来实现的,因此又称为强制实际履行。继续履行可以说是实际履行原则的延伸和转化。《中华人民共和国民法通则》在"民事责任"一章中规定,当事人一方违反合同时,另一方有权要求履行或采取补救措施,并有权要求赔偿损失。可见,此继续履行属民事责任之一种形式。是否要求继续履行,是受害方的选择权,债权人有权根据自己的需要及市场供求情况,要求继续履行,也有权拒绝继续履行而解除合同并要求损害赔偿。《法国民法典》第1184条规定,双务契约当事人一方不履行其债务时……债权人有权选择:或如有可能履行契约时,要求他方履约,或者解除契约而请求赔偿损害。《中华人民共和国合同法》第109条规定,当事人一方未支付价款或者报酬的,对方可以要求其支付价款或者报酬。第110条规定,当事人一方不履行非金钱债务或者履行非金钱债务不符合约定的,对方可以要求履行,但有下列情形之一的除外:(1)法律上或者事实上不能履行;(2)债务的标的不适于强制履行或者履行费用过高;(3)债权人在合理期限内未要求履行。根据我国现行法律规定,对于金钱债务,债务人承担继续履行责任是没有条件限制的;而对于非金钱债务,违约方承担继续履行责任是有一定条件限制的。

承担继续履行责任,除债务人有违约行为外,还须具备以下条件:(1)债权人在合理期限内要求继续履行。是否要求债务人承担继续履行责任,是债权人的权利,债权人可以选择要求债务人继续履行,也可以选择不要求债务人继续履行。但债权人要求债务人承担继续履行责任的,必须于合理期限内提出。(2)合同债务须有可能履行,若合同债务已属履行不能,无论是法律上不能还是事实上不能,均不能要求违约方承担继续履行责任。(3)继续履行须有必要。所谓必要,是指从经济利益上衡量继续履行是合理的、合算的。若继续履行费用过高,则采用继续履行责任从经济上说是不合理的,不应采用该种责任。(4) 债务的标的适于强制履行。如果债务的标的不适于强制履行,如具有人身性质的劳务合同,就不能采用继续履行的责任形式。 　　　　　　　　　　　(郭明瑞　肖　燕)

jixuxing hetong
继续性合同(德 Dauervertrage)　合同权利非一次性实现而是定期或不定期地连续实现的合同。供用电、供用水合同等为继续性合同的典型代表,定期交付租金的租赁合同等也属于继续性合同。继续性合同的特点为:尽管当事人不是一次性地履行全部合同义务而是分期、分批、分次履行合同,但其属于单一的合同;随着时间的经过在合同当事人之间产生新的权利义务。基于继续性合同的特殊性,法律应限制继续性合同无效或被撤销时的溯及力,使过去的法律关系不因此而受影响。参见继续供给合同条。　(郭明瑞　张平华)

jixu zhanyou
继续占有(continuous possession)　与不继续占有相对,是根据占有的时间是否中断而对无权占有进行的再分类。继续占有是指占有人对物进行的占有是持续的、不间断的。　　　　　　　　　　(申卫星)

jishou hetong
寄售合同(consignment contract)　行纪合同的一种。行纪人受托出售委托人的财产,并收取一定的手续费的协议。目前在我国,一些贸易货栈和信托商店(又称"寄售商店"、"委托商店")经营此项业务。通常是顾客将要出售的物品拿到商店,与店方议定一个合理的价格,由店方出售,售后提取一定比例的手续费;如果顾客中途收回所委托代售的商品,店方也要收取一定比例的手续费。店方也可根据顾客的要求,作价收购,然后作为商店自营商品出售。　　　　(李成林)

jituo hetong
寄托合同(contract of deposit; storage contract)　也称保管合同。参见保管合同条。

jituoren
寄托人(depositor)　又称寄存人。保管合同中将物品交保管人保管的一方当事人。寄托人的义务主要是:(1) 提供有关保管物的资料。寄托人应当向保管人提供为验收所需的必备资料,使保管人了解保管物的特点。由于保管人没有依资料保管物品,发生的损失由保管人赔偿。如果是因寄托人没有提供资料而造成的损失,则由寄托人自己承担。(2) 支付报酬和必要费用。有偿保管合同的寄托人有责任向保管人支付报酬,寄托人如拒不交付保管费,则保管人得行使留置权。无论是有偿保管合同还是无偿保管合同,保管人为保管物的完好无损所支付的必要费用,应当由寄托人予以补偿。一般的必要费用应当以为使保管物保持原状为标准。如包装不合乎要求的,保管人代为修整或重新包装所需费用,也包括在内。(3) 按期提取保管物,保管合同期限届满时,或依保管人的正当要求,寄托人应及时提取保管物,到期不提取的,寄托人应支付超期保管的费用,并按合同的规定支付违约金。寄托人超过保管期限提取保管物的,虽经保管人采取必要措施,仍无法避免保管物出现损坏、变质等现象的,其损失应由寄托人承担。对于超过期限的保管物品,保管人有权按法律规定的时间及程序处理。寄托人依照保管合同和法律的规定向保管人提出赔偿请求的,适用法律有关诉讼时效的规定。　　(李成林)

jituowu
寄托物(deposit)　又称寄存物、保管物。保管合同中寄存人交付保管人保管的物品。保管合同中的物品属特定物。当保管合同终止后,保管人应将保管物返还寄托人,因此寄托物只能是特定物。寄托物可为一般物品,特定化的金钱、货币、有价证券和贵重物品,以及易燃、易爆、有毒等危险物品或易腐物或有瑕疵之物。对于一般物品的保管方法可由双方约定或依通常的方法保管;对于特殊物品应依特别的方法保管。保管物为金钱等可替代物,该保管合同为不规则保管即消费保管合同,保管人可以返还相同种类、数量、品质的物品,而不以返还原物为必要。　　　(李成林)

jiyang
寄养(fosterage)　父母出于某些特殊情形,不能与子女共同生活,无法直接履行抚养义务,因而委托他人代其抚养子女。受托人和被寄养的上述子女间,并无法律拟制的父母子女关系,子女仍是其父母的子女。在寄养的情形下,抚养子女的具体形式虽有变化,亲属身份并未变更,权利义务并未转移。　　(马忆南)

jisi jicheng
祭祀继承(succession of saera)　继承人对被继承人祭祀权的承袭。中国古人重视祭祀,子孙后代都必须祭祀祖先,祭祀祖先必须有一人主祭,其他人陪祭。掌握祭祀权的人也就掌握了相应的财产权和身份权。在中国古代的宗祧继承中,嫡长子一般是祭祀权的继承人。古代日本的家督继承也是祭祀继承的代表。
　　　　　　　　　　　　　　(杨　朝)

jiabanfei

加班费(overtime pay)   船员、港口工人在正常工作时间以外,进行额外的工作而计收的附加费用。有两种计费方法:(1) 在基本费率之外加收一定百分比的附加费率;(2) 规定较高的费率。 （张　琳）

jiabao

加保(increasing amount of insurance)   减保的对称。被保险人在保险单有效期内,因投保标的物数量或品种的增加或原标的物价值的提高,向保险人申请增加保险金额。其实质是被保险人向保险人申请变更保险合同。通常以保险人签发批单或附加条款、被保险人缴纳增加保费的方式完成。加保一经成立,批单或附加条款生效,保险人即按批改后的保险单承担责任,被保险人也依此享有权利。 （温世扬）

jiagong hetong

加工合同(contract of process)   承揽合同的一种,与定作合同相对。承揽人以自己的力量,按定作人的要求,用定作人提供的原材料或半成品,为定作人加工成成品,定作人接受该成品并支付约定报酬的合同。是一种较为常见的承揽合同,涉及的领域很广,如用定作人的材料加工成设备,用定作人的布料加工成衣服等。 （邹川宁）

jiahairen

加害人(inflicter)   又称致害人。实施不合法律要求的行为而损害他人的合法权益的人。既包括侵权行为人,也包括违反合同或者不履行其他义务而应承担民事责任的人。参见侵权行为人条。 （郭明瑞）

jiating baoli

家庭暴力(family violence)   施暴人以殴打、捆绑、残害、限制人身自由的方式或其他手段,对家庭成员的身体、精神等方面造成一定伤害后果的行为。《中华人民共和国婚姻法》第3条规定,禁止家庭暴力。这是经2001年修正的《婚姻法》增补的重要内容之一。禁止家庭暴力的必要性,可从以下两个方面加以说明。第一,改革开放以来,我国的民主和法制建设有了长足的进展,随着人们主体意识、权利意识的增强,家庭暴力越来越受到人们的广泛关注。修正前的1980年《婚姻法》仅有禁止虐待家庭成员的规定,而无禁止家庭暴力的规定,修正后增设这一规定,在立法上加强了保障家庭成员人身权利的力度。第二,家庭暴力是当代各国普遍存在的一个社会问题。近数十年来,国际社会十分重视防止家庭暴力的法律对策。联合国通过了许多与此相关的公约、宣言等规范性文件。我国是《消除对妇女一切形式歧视公约》的最早的缔约国之一。1995年在我国召开的第四次世界妇女大会通过的《北京宣言》和《行动纲领》中,均有禁止家庭暴力的内容。通过立法措施消除家庭暴力,是实践我国所承诺的条约义务。

何谓家庭暴力? 各个国家的规定和中外学者们的见解是不尽相同的。一般说来,国际社会对家庭暴力的界定比较宽泛。而最高人民法院的司法解释结合我国的具体情况,对其作了较狭义的解释(如前所述)。以暴力干涉婚姻自由,对配偶实施性暴力,以及溺婴等残害婴儿的行为,也是家庭暴力的具体表现形式。持续性、经常性的家庭暴力,可按虐待论处。修正后的《婚姻法》在相关条款中对因实施家庭暴力而导致离婚以及损害赔偿等问题作了规定,从民事法的角度为受害人的权益提供了有效的法律保障。构成犯罪的,可以根据家庭暴力的情节和后果,适用我国《刑法》的相关规定。与发生在其他领域的暴力行为相比较,家庭暴力有其自身的特殊性。家庭暴力的施暴者和受害人之间具有特定的亲属关系。施暴者一般是在家庭中处于强势地位的成员。受害人一般是在家庭中处于弱势地位的成员,这些成员往往缺乏独立生活能力或自卫能力,在实际生活中以妇女、老人、儿童为多。家庭生活是人们的私生活。家庭成员是以婚姻、血缘和共同生活等为纽带紧密地联结在一起的。在防止家庭暴力的问题上,对社会知情权和个人隐私权之间的关系,公权力介入的程度和方式等问题,在适用法律时应当适度把握,妥善处理。一般来说,对于情节比较轻微的家庭暴力,有关部门应当根据受害人的请求作适当处理。对造成严重后果的,应当依法追究施暴者的法律责任。 （马忆南）

jiating caichan baoxian

家庭财产保险(household property insurance)   保险人以被保险人的家庭财产为保险标的,在保险标的发生保险事故而受到损失时,依照约定承担赔偿责任的保险。依照我国的保险实务,家庭财产保险合同可以分为家庭财产个人保险合同、家庭财产团体保险合同以及家庭财产两全保险合同。

1. 家庭财产个人保险。城乡居民以其自有的家庭财产为标的,向保险人支付一定数额的保险费,在被保险财产发生保险合同约定的损失时,由保险人负责赔偿损失的保险。在该保险之下,被保险人为被保险财产的所有人;保险标的为保险人同意承保的被保险人自有的家庭财产;保险危险为被保险财产因自然灾害或意外事故造成的损坏或灭失,保险赔偿的范围以保险标的所发生的保险责任范围内的实际损害为限,赔偿责任由保险人承担。

2. 家庭财产团体保险。城乡居民（被保险人）的所在单位以被保险人自有的、共有的或照管的家庭财产为标的，以集体为单位向保险人支付一定数额的保险费，在被保险财产发生保险合同约定的损失时，由保险人向被保险人负责赔偿损失的保险。在该保险之下，投保人为被保险人的所在单位，被保险人为被保险家庭财产的所有人或者共有人或者保管人；保险标的为保险人同意承保的被保险人所有或照管的家庭财产；保险危险为被保险财产因自然灾害或意外事故造成的损坏或灭失，保险赔偿的范围以保险标的所发生的保险责任范围内的实际损害为限，赔偿责任由保险人承担。

3. 家庭财产两全保险。城乡居民（被保险人）的所在单位以被保险人自有的、共有的或照管的家庭财产为标的，以集体为单位向保险人交纳一定数额的保险储金，在被保险财产发生保险合同约定的损失时，由保险人向被保险人负责赔偿损失，以及在保险期满时向被保险人退还保险储金的保险。家庭财产两全保险，在性质上仍属于团体保险的范畴。在该保险之下，投保人为被保险人的所在单位，被保险人为被保险家庭财产的所有人或者共有人或者保管人；保险标的为保险人同意承保的被保险人所有或照管的家庭财产；保险危险为被保险财产因自然灾害或意外事故造成的损坏或灭失，保险赔偿的范围以保险标的所发生的保险责任范围内的实际损害为限，赔偿责任由保险人承担。

4. 保险标的。任何类型的家庭生活消费的财产，包括家庭所有或者共有或者受他人委托而照管的他人财产，都可为家庭财产保险的标的。被保险人可以投保的家庭财产，为可保财产，主要有：房屋及其附属设备；衣服、卧具、家具、用具、器具、家用电器、文化娱乐用品、交通工具等生活资料；农村家庭的农具、工具、已收获的农产品、副业产品、家禽；个体劳动者的营业用器具、工具、原材料、商品。可保财产的具体范围，由被保险人和保险人约定。但是，对于价值不易确定或者有异常危险的家庭财产，为不保财产，不得约定为家庭财产保险的标的。

5. 保险金额和保险期间。由被保险人依照被保险财产的实际价值自行确定保险金额，并且按照保险单上规定的被保险财产项目分别列明。在我国，家庭财产保险的保险期间因保险的种类稍有不同，家庭财产个人保险和家庭财产团体保险的保险期间为1年，家庭财产两全保险的保险期间为3年或者5年。保险期间从约定起保时起至保险到期日的24时止，期满续保的，应当另办保险手续。在保险期间，被保险财产发生保险责任范围的部分损失，保险人给付保险赔偿金后，保险合同继续有效，但其保险金额应当由保险人出具批单批注相应减少。

6. 保险责任范围。保险人承担被保险财产的风险责任范围，主要包括火灾、爆炸等意外事故，雷电、暴风、暴雨等自然灾害，以及保险合同特约的其他事件等。在家庭财产保险项下，保险人可以和被保险人约定，对被保险财产因下列原因造成的经济损失，不承担赔偿责任：(1) 因为战争、军事冲突或暴力行为；(2) 核子辐射或污染；(3) 被保险人或其家庭成员的故意行为；(4) 电机、电器、电气设备因使用过度、超电压、碰线、弧花、走电、自身发热等原因所造成本身的毁损；(5) 堆放在露天以及罩棚下的被保险财产及罩棚，使用芦席、稻草、油毛毡、麦秆、芦苇、帆布等材料为外墙、屋顶、屋架的简陋屋蓬，因遭受暴风、暴雨造成的损失；(6) 被保险财产因本身的缺陷、使用过度、使用不当、保管不善以及变质、霉烂、虫蛀、鼠咬造成的损失，家禽的走失或死伤；(7) 凡在被保险房屋项下的违章建筑、危险建筑发生保险事故的损失；(8) 对于家庭财产两全保险附加盗窃险条款的，被保险财产因被保险人、其家庭成员、服务人员、寄居人的盗窃或纵容他人盗窃所发生的损失；(9) 其他不属于保险责任范围内的损失和费用。保险人的保险给付责任，以保险合同约定的保险金额为限，并另外负担被保险人因为减少被保险财产损失而进行施救、保护、整理工作所支出的合理费用。在保险期限内，不论被保险财产发生一次还是多次保险事故造成损失或有费用支出，保险人均应当区别不同情形支付保险赔款。

（邹海林）

jiating caichan baoxian tiaokuan

《家庭财产保险条款》(Family Property Insurance Clauses) 规定家庭财产保险的专门保险条款。1982年10月由中国人民保险公司发布。共10条。主要内容为：(1) 保险财产为城乡居民的私有家庭财产，包括：房屋及其附属设备；衣服、卧具、家具、用具、器具、家用电器、文化娱乐用品、交通工具等生活资料；农村家庭的农具、工具、已收获的农产品、副业产品、家禽；个体劳动者的营业用器具、工具、原材料、商品。但金银、首饰、珠宝、货币、有价证券、票证、邮票、古玩、古书、字画、文件、账册、技术资料、图表、家畜、花、树、鱼、鸟、盆景以及其他无法鉴定价值的财产和正处于危险状态的财产，不能投保。(2) 保险责任为下列原因造成的损失：火灾、爆炸；雷电、冰雹、雪灾、洪水、海啸、地震、地陷、崖崩、龙卷风、冰凌、泥石流；空中运行物体的坠落以及外来的建筑物和其他固定物体的倒塌；暴风或暴雨使房屋主要结构倒塌；因防止灾害蔓延或因施救保护而采取必要措施而造成的保险财产损失和支付的合理费用。(3) 除外责任为：战争、军事行动或暴力行为;核辐射和污染;被保险人或其家庭成员的故意行为;电机、电器、电气设备因使用过度和超电压、碰线、弧花、走电、自身发热等原因所造成本身的毁损;堆放的露天的保险财产以及简陋屋棚因暴风暴雨造成的损失;虫咬、鼠咬、霉烂、变质、家禽的走失或死伤。(4)保险金额由被保险人根据保险财产的实际价值自行确定,并按照保险单上的保险财产项目分别列明。保险费依照保险人规定的保险费率计算,并在起保当天一次缴清。

(刘凯湘)

jiating caichan fujia daoqiexian tiaokuan

《家庭财产附加盗窃险条款》(Family Property Insurance with Theft Clauses) 规定家庭财产附加盗窃险的专门保险条款。1982年10月由中国人民保险公司发布。共5条。险种性质为在家庭财产保险的基础上附加盗窃险。依该条款,保险人所承保的家庭财产(房屋、手表、怀表除外)存放于保险地址室内,因遭受外来的、有明显痕迹的盗窃损失,由保险人负赔偿责任。保险费依照保险人规定的费率计算。被保险人在发生失窃事故后应当保存现场,向当地公安部门报案,并在24小时内通知保险人,否则保险人有权不予赔偿。

(刘凯湘)

jiating caichan liangquan baoxian tiaokuan

《家庭财产两全保险条款》(Family Property Savings Insurance Clauses) 规定家庭财产两全保险的专门保险条款。1982年10月由中国人民保险公司发布。共11条。其保险财产范围、除外责任、保险金额、赔偿范围等均同于《家庭财产保险条款》,不同之处在于被保险人除需依照规定的保险费率交纳保险费外,还需依照保险人的规定在起保之日一次交纳保险储金,当保险期限届满时,由保险人向被保险人退还保险储金。被保险人在保险期内要求退还保险储金的,依照家庭财产保险及附加盗窃险费率计收保险费,从退还的保险储金中扣回,不满一年的按一年计算。

(刘凯湘)

jiating caituan

家庭财团(family consortium) 为保障家属共同生活,把以不动产为中心的一定范围的财产作为一种特殊财产而形成的财团,可以禁止权利人处分和债权人对其强制执行。我国未采此概念。 (李仁玉 田东平)

jiating hehuo

家庭合伙(family partnership) 英美法上的概念。家庭成员之间组成的合伙,包括配偶、直系尊亲属、直系卑亲属。未成年人可以成为合伙人,但根据税法,未成年人因合伙所得收益,承担纳税义务。

(李仁玉 陈敦)

jiating huomianquan

家庭豁免权(family immunities) 英美侵权法上的免责事由之一,加害人尽管给受害人造成一定损害,但是基于家庭亲属关系,加害人可以不承担侵权责任。家庭豁免权包括两种:一种是夫妻之间的豁免权,一种是亲子之间的豁免权。 (刘经靖 张平华)

jiating shenghuo feiyong

家庭生活费用(matrimonial fee) 婚姻关系存续期间家庭生活所需费用。在古代社会,妻子主要在家中养育子女、照顾老人和料理家务,家庭生活所需费用均由丈夫负担;同时丈夫对妻子的婚前财产享有占有、使用、收益和处分权。近代以来,随着妇女地位的逐渐提高,夫妻在家庭中的地位日趋平等,家庭生活费用由夫妻双方共同负担已成为必然。当代各国法律中,妻子已不再是绝对的被扶养者,而丈夫亦非家庭生活费用的惟一负担者。为了维持婚姻共同生活之目的需要,夫妻双方应以其劳务或财产为家庭提供适当的生活费用。

(马忆南)

jiabanhuo

甲板货(deck cargo) 又称为舱面货。指在运输合同中载明装于甲板并已照装的货物。构成甲板货必须具备两个条件:一是在运输合同中载明该货装在甲板上,二是实际上该货已经装在甲板上。如果这两个条件缺一,即不能认为是甲板货。承运人对货物因装于舱面而引起的灭失或损坏必须负责赔偿。在英国法下,承运人未经同意而将本应装于舱内的货物装于舱面,很可能被认为构成根本违约,承运人将丧失公约、法律或合同下的全部权利;即使不为根本违约,承运人的违约仍然是明确的,因为承运人违反《海牙规则》的甲板运输条款,违反了妥善积载义务。所以承运人在载货时,必须注意,除非航运习惯上或法律规定的可载舱面的货物,如集装箱、木材、危险品等,在装舱面之前,一定要征得托运人同意。《海牙规则》不把甲板货列入货物之内,故各船公司在提单上常采用对装在甲板上的货物所产生的事故不负任何责任的条款,这种规定对使用甲板运货的发展中国家的出口造成很不利的影响。《汉堡规则》规定,甲板货也包括在公约的适用范围内。但是承运人只有按照托运人的协议或者特定的贸易惯例,或者依照法律、规章的要求,才有权将货物装载在甲板上。违反这些规定,由此产生的货物灭失、损坏以及延迟交付，承运人应当负责。如违反将货物装载在舱内的明确协议而将货物装载在甲板上，则承运人丧失限制责任的权利。

在我国，考虑到甲板货的运输特点和风险，《中华人民共和国海商法》对货物的定义并未将其包括在内，而是在第53条对舱面货的运输责任问题进行了特别规定。我国《海商法》第53条规定，承运人在舱面上装载货物，应当同托运人达成协议，或者符合航运惯例，或者符合有关法律、行政法规的规定。……承运人依照前款规定将货物装载在舱面上，对由于此种装载的特殊风险造成的货物灭失或者损坏，不负赔偿责任。……承运人违反本条第1款规定将货物装载在舱面上，致使货物遭受灭失或者损坏的，应当负赔偿责任。根据1993年《跟单信用证统一惯例》第31条的规定，除非信用证另有规定，在海运或多种类型运输包括海运的情况下，可接受的运输单据应未注明货物装于或将装于甲板。 （张　琳）

jiabanhuo tidan

甲板货提单（on deck B/L） 又称舱面提单，为装载于露天甲板上的货物签发的并注明"装载甲板"（on deck）字样的提单。 （张　琳）

jiajin

价金（price in money） 价款和酬金的统称。合同当事人一方向交付标的的另一方支付的以货币为表现形式的代价。在以给付物为标的的合同中，这种代价称为价款；在以劳务、智力成果为给付标的的合同中，这种代价称为酬金。支付价金时，除法律或行政法规另有规定的以外，必须用人民币计算和支付；除国家允许使用现金履行义务的以外，必须通过银行转账或者票据结算。 （王卫劲）

jiajin zhifu

价金支付（payment of price） 买卖合同的买受人向出卖人支付价款的行为。支付价款是买受人的主要义务。买受人应当按照合同约定的时间、地点、方式和数额支付价款。依我国合同法的规定，价金的支付时间、地点和数额没有约定或者约定不明确又不能依其他方式确定的，买受人应在收到标的物或者提取标的物的单证的同时支付价款；约定支付价款以交付标的物或者提取标的物单证为条件的，在交付标的物或者提取标的物单证的所在地支付，否则应在出卖人的营业地交付；支付的价款的数额应按照合同订立时的合同履行地的市场价格确定。执行政府定价或者政府指导价的，在合同约定的交付期间内政府价格调整时，按照交付货物时的价格计价。逾期交货的，遇价格上涨时，按原价格执行；价格下降时，按照新价格执行。遇期提货或逾期付款的，遇价格上涨时，按照新价格执行；价格下降时，按照原价格执行。除国家规定可用现金支付的以外，不得以现金支付。 （郭明瑞）

jiazhi de huyi

价值的互易（priced barter） 最典型的互易形式。当事人双方基于交换财物价值上的等同或互为对价而进行的互易。类似于两个买卖合同的结合，只是不以货币为交换媒介。 （任自力）

jiashi chuanbo guoshi

驾驶船舶过失（neglect or default of the navigation of the ship） 船舶开航后，船长、船员在船舶航行或停泊判断或操纵或其他航行技术的判断或者操作上的错误或不应有的疏忽。过失行为通常表现为违反避碰或航行规则或良好船艺的要求。驾驶过失一般发生在船舶处于航行或漂浮状态时。因为船长、船员以及引航员必须经过国家考试，取得合格证书后，才能任职，而不是船舶所有人可以任意选任的，同时考虑到海上或其他通航水域的危险或意外事故的特殊性，《海牙规则》规定承运人对由于驾驶过失而引起的海上事故所造成的货物损害不负责任。此项规定，历来被认为是偏袒船方的条款，为发展中国家所反对。1978年《联合国海上货物公约》已经废除了此项免责规定。 （张　琳）

jiahetong

假合同（sham contract） 内容虚假的合同。通常以两种形式出现：(1) 徒有形式而无实质内容的合同。如无合同标的的合同、虚构合同当事人的合同、权利义务虚假的合同。(2) 以一种合同形式掩盖另一种合同的合同。如以买卖合同、借用合同形式掩盖赠与合同，以联营合同形式掩盖借贷合同。由于虚假合同构成了意思表示不真实或欠缺，不符合法律行为有效的条件，因而各国合同法均不承认其效力。以虚假合同掩盖的合同如符合法律规定，被掩盖的合同可有效。但以合法形式掩盖非法目的的合同无效。此类合同不仅无效，而且那些违法或有意规避法律的当事人还要承担相应的法律责任，因签订假合同而给对方造成损失的，应当负赔偿责任。《中华人民共和国合同法》第42条规定，当事人在订立合同过程中有下列情形之一，给对方造成损失的，应当承担损害赔偿责任：(1) 假借订立合同，恶意进行磋商；(2) 故意隐瞒与订立合同有关的重要事实或者提供虚假情况；(3) 有其他违背诚实信用原则的行为。 （万　霞）

jiamaishou

假买手(pretented bidder)　拍卖中无意购买拍卖标的而仅是参与竞价以抬高拍卖价格的人,一般是由拍卖人、委托人雇请的。假买手的报价不产生要约的效力,订立的合同也不产生法律效力。此外按照《中华人民共和国拍卖法》的规定,委托人或拍卖人参与竞买或者委托他人代为竞买的,工商行政机关可依法给予其警告、罚款、吊销营业执照等行政处罚。

（郭明瑞　张平华）

jiashe yinguo guanxi

假设因果关系(德 hypothektische kausalitat)　又称修补因果关系。损害事实涉及两个因果关系,一个为对损害的发生有事实上原因力的加害行为;一个为对损害发生并无事实上原因力,但如果前一原因不存在时,损害必将因后一原因事实而发生。此种情形下前者属于真正原因,后者称为假设因果关系。假设因果关系对损害的发生既无事实上的原因力,其问题也就不在于因果关系而在于损害的认定或计算。对假设因果关系连接的损害不得严格适用利益说加以认定。如采用客观的计算损害的方法或选择正确的损害计算时点,损害结果不受假设因果关系的影响;如采用主观的损害计算方法,则应考虑假设因果关系对损害的影响,如遗属扶养请求权的计算,本应按照推知死者的生存年龄计算,如因第二原因介入时死亡提前,则该扶养请求权只能计算至实际生存的年龄。假设因果关系对确定损害赔偿额的影响不得违反法规意旨及公平正义观。

（张平华）

jiazhuang qixian

假装期限(pretended timelimit)　具有期限形式,而不具有期限实质的期限,包括不能期限和犹豫期限。

（李仁玉　陈　敦）

jiazi kouyue

嫁资口约(拉丁 dotis dictio)　罗马法口头契约的一种,又称嫁奁宣许。是指设立嫁资的人在证人面前声明以某项财产作为嫁奁,经未婚夫接受而成立的契约。嫁资口约的口约程式现已无从考证。嫁资口约可以由家父、父系尊亲属和第三人设立,但第三人设立时,只能通过要式口约的形式进行。嫁资口约的设立是一种适法行为,因此,它常常可以附加简约,对嫁资的使用或返还等进行约定,但嫁资简约不能包含任何同嫁资或婚姻本质相抵触的内容。到公元5世纪,狄奥多西二世简化了嫁资口约的形式,承认通过协议作出的嫁资允诺具有法律效力。至优帝时期,嫁资已经可以通过默示的方式设立。

（刘经靖）

jianjie daili

间接代理(德 mitteldare Stellvertretung)　直接代理的对称。代理人以自己的名义为民事法律行为,其效果移转于被代理人的代理,又称隐名代理。间接代理主要发生在商事代理中。

（李仁玉　陈　敦）

jianjie fanzhengfa

间接反证法(indirect reduction to absurdity)　证明因果关系存在的一种方法。按传统的因果关系理论及证明规则,应由受害人对存在因果关系进行充分证明,但根据间接反证法,如果受害人能够证明因果关系锁链中的一部分事实,就推定其他事实存在,而由加害人承担证明不存在因果关系的责任。如在证明污染与损害间有因果关系时,受害者只需证明:(1)加害人具有排放污染物质的行为;(2)受害人曾接触或暴露于污染物质;(3)受害人在接触或暴露于污染物质之后受到损害。在受害人对因果关系的大致框架进行证明后,举证责任便转移到被告一方,由被告证明因果关系的某一锁链不存在,并进而证明因果关系不存在。否则,就推定因果关系存在。

（张平华）

jianjie guyi

间接故意(indirect intention)　故意的一种,直接故意的对称。行为人预见到自己的行为可能导致损害后果,但放任损害后果发生的一种心理状态。（张平华）

jianjie pengzhuang

间接碰撞(indirect collision)　过失船和发生碰撞的船舶之间未发生实际接触而导致他船及另外一船或多船之间相互发生碰撞造成损害的事故。浪损是一种典型的间接碰撞。海商法一般以直接碰撞为调整对象。间接碰撞只有在法律明确规定的情况下,才成为海商法的调整对象,比照我国海商法有关船舶直接碰撞的规定处理。

（张永坚　张　宁）

jianjie qiyue

间接契约(indirect contract)　直接契约的对称。英美法上的概念。合同当事人以外的第三人与合同当事人之间形成的与该合同履行有关的契约。根据英美传统的直接契约原则,第三人不得根据合同向合同当事人提出诉讼请求;而英美法的现代实践却逐渐突破该原则,肯定了一系列例外的情况,如在间接代理或票据流通行为中,有关的第三人就可依合同享有对合同当事人的诉权。参见直接契约条。

（张平华）

间接侵权行为(indirect torts)

侵权行为的一种,直接侵权行为的对称。行为人不是通过自己的直接行为而是借助某种媒介侵害他人权益的侵权行为。所借助的媒介既可是他人的行为,也可是动物或其他物件。是侵权行为的特殊形态,一般构成特殊侵权行为。参见直接侵权行为条。

(郭明瑞)

间接受害人(indirect victim)

受害人的一种,直接受害人的对称。因加害人的侵权行为而间接受到损害的人。如因毁损电缆造成停电而其冰箱中的食物变质受到损害者,因其亲属受伤害而受到财产损失或精神痛苦者,都属于间接受害人。间接受害人一般不享有损害赔偿请求权。依我国法律的规定,被害人死亡的,间接受害人享有损害赔偿请求权。此种间接受害人一般包括:为被害人支出丧葬费等费用的人;被害人对之负有法定扶养义务的人;被害人的配偶、父母、子女(包括胎儿)。

(郭明瑞)

间接损害(indirect damage)

又称消极损害,财产损害的一种。直接损害的对称。一种观点从损害的财产标的是否为现存利益出发,认为间接损害指由于受害人受到侵害而发生的可得的财产利益的丧失,依此观点,间接损害又可称做结果损害。包括:(1)可得财产的法定孳息的丧失;(2)受害人可得的经营利润等的丧失;(3)受害人可得的收入,包括工资、奖金等的丧失;(4)受害人未来的可能的挣钱能力的丧失或者降低。间接损失具有如下特征:其一,在受害人受到侵害时,该财产权益尚未存在;其二,在通常情况下,如果受害人不受到侵害,这一财产上的权益必然或者极有可能得到;其三,一般情况下,间接损失由直接损失所派生。在侵害财产所有权以外的其他财产权的场合往往并不造成直接损害,而产生间接损害,如侵害债权。对于间接损害,受害人能否获得赔偿取决于可得财产利益的可能性。另一种观点从不法行为与损害之间的因果关系出发,认为间接损害指因其他媒介因素所引发的损害。比如购买瘟牛,瘟牛本身的死亡为直接损害,而因为瘟牛死亡前,将瘟疫传染给其他的牛,导致其他牛的死亡则为间接损害。对于与不法行为因果关系联系遥远的损害,是否赔偿以及赔偿责任大小都有限制。还有一种观点认为,就违约损害而言间接损害指因违约行为给第三人造成的损害。我国学者多认为由于间接损害的概念在理论上并不清晰,故主张用消极损害或可得利益损害代替间接损害。

(张平华)

间接因果关系(indirect causation)

直接因果关系的对称。因果关系分类的一种。关于间接因果关系的认定,主要有三种观点:(1)间接因果关系,是指违法行为不是直接引出损害结果,而是以该行为引发的结果为原因再引发出损害结果的一种因果联系形态。例如,某甲把某乙打伤,乙受伤后因感染破伤风而死亡,甲致乙伤害的行为与乙死亡结果间就属于有间接因果关系。(2)间接因果关系,是指违法行为只有在另外的原因作用下,才可能产生损害结果的因果关系,在存在间接因果关系的场合,违法行为只是偶然地作用于直接原因之后才引起损害结果发生。(3)间接因果关系,是指违法行为通过"中介"与结果相联系,间接地对损害结果起作用的因果关系。第一种观点较为可取。

(张平华)

间接责任(indirect liability)

直接责任的对称。民事主体依法对与其有特定联系的他人之行为应当承担的责任。间接责任本质上是民法中"自己责任"的例外,根据现代各国民法中的代理制度、监护制度、保险制度、连带责任制度和其他特别法的规定而产生。在形式上,间接责任可以是无条件的替代责任,如雇主对其雇员在受雇范围内所为不当行为应负的责任;也可以是某种先行偿付责任,如在因第三人对保险标的的损害造成保险事故时保险人向被保险人支付保险赔偿的责任;还可以是某种补充责任,例如,按照某些国家的法律,监护人对限制行为能力人的侵权行为应负的责任。

(张平华)

间接占有(德 mittelbarer Besitz)

直接占有的对称,是指自己不直接占有其物,而是本于一定法律关系对直接占有其物的人享有返还请求权,因而对物具有间接管领力的占有。例如典权人、质权人、承租人、借用人、受托人为直接占有人,而出典人、出质人、出租人、出借人、委托人则为间接占有人。间接占有非属于人对物为事实上的管领力,而是一种观念化的占有或称事实上管领力的拟制,表现为占有概念的扩张。间接占有在外观上不体现为对物进行直接控制的状态,而是借助于基于一定的法律关系对直接占有人享有的返还请求权,以实现其间接占有的目的。这种直接占有与间接占有得以共存的法律关系在学说上被称为"占有媒介关系",直接占有人则称为占有媒介人。此种占有媒介关系可以是基于法律行为而发生,如租赁合同、借用合同、委托合同、典权或地上权的设定、担保物权的设立等;也可以是基于法律规定而发生,如法定监护人管理未成年人的特有财产而进行的占有、无因管理人基于无因管理而占有他人财产等;还可以是基于公权力而产生,如人民法院为了强制执行而对特定物进行的扣押等。缺乏占有媒介关系,不成立间接占有,如所有人相对于窃贼的占有,并非间接占有。而占有媒介关系无效,并不影响间接占有的成立,如租赁关系无效,只要承租人有为出租人占有人的意思,仍存在间接占有。而间接占有人的返还请求权则系占有媒介关系的延伸和必然体现,是指间接占有人对直接占有人享有请求返还占有物的权利。此种权利主要是指基于占有媒介关系而产生的请求权,但不限于此,还包括所有物返还请求权和不当得利请求权。在占有媒介关系之上,直接占有人须有为他人而占有物的意思。即直接占有人对物的占有来自于间接占有人,并在该占有媒介关系消灭后,负有返还占有物的义务。直接占有人一旦改变其他主占有的意思而变为自主占有时,间接占有即归于消灭。间接占有概念的承认,使占有趋于观念化,从占有人的物上请求权言,具有扩大维持社会秩序范围的意义;在以占有为动产物权变动的公示方法言,使观念交付(例如占有改定)成为可能,因而促进了交易的便捷。

(申卫星)

jiannan qingxing

艰难情形(hardship) 《国际商事合同通则》中的概念,同于大陆法系的情势变更或情势变迁原则。指由于一方当事人履约成本增加,或由于一方当事人所获履约的价值减少而发生了从根本上改变合同双方均衡地位的事件。按照《国际商事合同通则》的规定,艰难情形一般应具有如下要件:(1)处于不利地位的当事人知道事件的发生是在合同订立以后;(2)处于不利地位的当事人在订立合同时不能合理地预见事件的发生;(3)事件不能为处于不利地位的当事人所控制并且事件的风险不由处于不利地位的当事人承担;(4)艰难情形就其根本性质来讲,与仍要完成的履行相关,一旦一方当事人已经履行了义务,该当事人不再有权对在履行之后发生的履行费用的大幅度增加或者所接受的履行价值大幅度下降声称情况发生根本变化。

(刘经靖)

jianhu

监护(guardianship) 对未成年人和精神病人的人身、财产及其他合法权益进行监督和保护的一种民事法律制度。监护有广义和狭义之分。因监护而发生的监护人与被监护人之间的关系,称为监护关系。在监护关系中,依法承担监护职责的人称为监护人;被保护和被监督的人称为被监护人。监护具有以下特征:(1)监护人必须具有监护能力,即具有民事行为能力;(2)被监护人必须是无民事行为能力人或者限制民事行为能力人;(3)监护人与被监护人之间具有亲属关系、朋友关系或某种隶属关系;(4)监护人与被监护人之间的关系不得擅自变更。

监护制度起源于罗马法。罗马法为未成年人设立监护人。监护人的职责在于补充受监护人的能力,《法国民法典》和《德国民法典》对监护的规定十分详尽和繁杂。《法国民法典》将监护分为对未成年人的监护和对成年人的监护。法国的监护制度与亲权制度紧密相连,未成年人的父母不是未成年人的当然监护人,对于未成年人也不必都设置监护。对未成年人设置监护只有三种情况:(1)父母双亡,非婚生子女无父母认领或父母无管理能力、失踪或被剥夺、被撤销亲权,在这种情况下监护立即开始;(2)父母一方死亡、失踪、无管理能力、被剥夺或被撤销亲权,监护法官根据自己的职权或根据未成年子女的亲属、姻亲或检察院的请求,在听取未成年人的法定管理人的陈述以后,决定监护开始;(3)未成年子女的父母健在且共同生活,但因重大原因,监护法官可依职权决定监护开始。监护一旦开始,监护法官应召集亲属会议,由亲属会议任命监护人或由监护法官指定监护人。对成年人因精神或生理功能失常,在民事活动中,需要他人以持续的方式代理,应对其设定监护。对成年人设定监护,应由成年人本人、共同生活的配偶、直系血亲、兄弟姐妹、财产管理人或检察院提出请求,并得到医生的确诊以后,由监护法官以民事监护程序进行宣判。对成年人的监护权,一般为其配偶享有,无配偶的,可由监护法官指定成年人的亲属、朋友担任。《德国民法典》的监护制度,其主要内容包括对未成年人的监护及对成年人的监护和保佐。德国区分了监护和亲权,只有对未处于亲权照顾之下的未成年人以及家庭状况无法查明的未成年人,才能设立监护制度。对于被宣布为禁治产的成年人,为其设定监护人。《瑞士民法典》、《日本民法典》和《意大利民法典》均区分亲权和监护。《中华人民共和国民法通则》未区分亲权和监护,统称监护,亲权的内容多包含在监护制度之中。

监护设置的目的是保护无民事行为能力人和限制民事行为能力人的合法权益,进而利于社会秩序的稳定。被监护人或为无民事行为能力人或为限制民事行为能力人,其权利能力的实现因民事行为能力之不足而受影响,监护制度弥补了被监护人行为能力之不足,可有效地保护其合法权益。被监护人由于缺乏对自身行为社会后果和法律意义的正确认识,可能实施不法行为,给他人的合法权益造成损害,从而影响社会的正常秩序。监护制度要求监护人对被监护人加以监督和管束,防止他们实施违法行为,一旦被监护人实施违法行为造成他人利益的损害,监护人对此承担民事责任,这样就有利于社会秩序的稳定。

关于监护的性质,主要有三种观点:(1)权利说。该说认为,监护是一种身份权。(2)义务说。该说认为,监护人无任何利益,是法律加给监护人的片面义务。(3)职责说。该说认为,监护制度之创设,在于保护被监护人之合法权益,而非为监护人自身之利益,因此,监护并不构成对被监护人的权利。罗马法上不视监护为权利,而称为一种职责。我国《民法通则》关于监护的规定,并未赋予监护人任何利益,纯粹是为被监护人的利益而创设的,《民法通则》第18条规定监护为职责。因此,监护的本质为职责而非民事权利。

监护的发生是指具备了设立监护的条件并发生监护状况,又称监护的开始。未成年人监护发生的原因在通常情况下,为无亲权人或亲权人丧失亲权。未成年人监护发生的时间一般为监护原因发生之时。成年人监护发生原因为被宣告为禁治产人。

监护可以从不同角度进行分类。按监护涵盖的内容,可分为广义的监护和狭义的监护;按设立监护人的方式,可分为法定监护、指定监护、遗嘱监护和约定监护;按被监护人的不同,可分为对未成年人的监护和对精神病人的监护;按监护人数的不同,可分为单独监护和共同监护。　　　　　　　　　(李仁玉　陈　敦)

jianhu baozuo

监护保佐(拉丁 curae tutelari)　一种在特殊情况下为被监护人增设保佐人的制度,该保佐人协助遇到实际困难或障碍的监护人履行扶助未成年人或妇女的职责,这种保佐人也称为辅设保佐人。罗马法上的概念。
　　　　　　　　　　　　　　　　(李仁玉　陈　敦)

jianhu de biangeng

监护的变更(alteration of guardianship)　监护人的变更。监护人的变更原因主要有:(1)监护人死亡、丧失了监护能力。在国外民法上,称为监护的相对终止。(2)监护人不履行监护职责,给未成年人、精神病人造成损害或者利用监护方便侵害未成年人、精神病人财产利益的,经未成年人、精神病人的近亲属申请,法院可以变更监护人。在国外民法上,称为监护人的撤退或解任。(3)协议变更。在法律允许的情况下,监护人之间也可以签订变更协议,更换监护人。监护人被指定后,不得自行变更。擅自变更的,由原被指定的监护人和变更后的监护人承担监护责任。
　　　　　　　　　　　　　　　　(李仁玉　陈　敦)

jianhu de zhongzhi

监护的终止(termination of guardianship)　监护关系的消灭,分为绝对终止和相对终止。前者指出于被监护人方面的原因而终止,即监护已丧失其存在的依据;后者指出于监护人方面的原因而终止,即发生监护职责的移转。监护的绝对终止原因包括:(1)被监护人已成年,具有了完全民事行为能力;(2)被监护人自然死亡、被宣告死亡;(3)被监护人被生父认领,或被他人收养;(4)被监护人的父母不能行使亲权的原因已消灭;(5)被监护人已被撤销了禁治产宣告,或被撤销了无民事行为能力或限制民事行为能力的宣告。

监护相对终止的原因包括:(1)监护人自然死亡、被宣告死亡;(2)监护人被宣告为禁治产人、准禁治产人或被宣告为无民事行为能力或限制民事行为能力人;(3)监护人因正当理由辞去监护;(4)监护人被依法撤销监护人的资格;(5)作为监护人的配偶与被监护人离婚。

监护终止的法律后果主要是:(1)对被监护人的财产进行清算。如监护人无意思能力,清算应由其代理人为之;如监护人已死亡,则由其继承人为之。清算账目须交监护权力机关或监护监督机关审查认可,并经监护人或其代理人、继承人和被监护人或其代理人同意后发生效力。(2)将剩余财产移交新监护人或本人。监护关系绝对终止时,剩余财产应交还本人。如被监护人尚未成年,剩余财产应交其亲权人。如被监护人已死亡,剩余财产应交其继承人。监护关系相对终止时,剩余财产应交新监护人。(李仁玉　陈　敦)

jianhu fayuan

监护法院(guardianship court)　为监护人和监护监督人提供咨询、指导,监督监护人和监护监督人履行职责,在特殊情况下选任监护人,对监护人和监护监督人发布命令,并对其不履行职务的行为给予处罚的监护机关。《法国民法典》、《德国民法典》、《瑞士民法典》、《意大利民法典》等设有监护法院制度。《中华人民共和国民法通则》未规定监护法院。(李仁玉　陈　敦)

jianhu jiguan

监护机关(organization in charge of guardianship)　行使监护职责的机构,包括监护权力机关、监护执行机关和监护监督机关。监护权力机关是指负责任免、更换监护人,并就监护中的一些重大事项,如被监护人的就学、就业、重要财产的处分等作出决定的机关。监护执行机关是指具体负责执行监护事务的人或组织,即监护人。监护监督机关是指负责对监护人的活动进行监督,以确保被监护人利益的机关。监护机关在不同国家的法律里称谓不同,分别称为监护人、监护监督人、亲属会议、监护法院、监护官署和家庭裁判所。监护人直接执行监护事务,为常设机关。法国民法、德国民法、日本民法特设监护监督人。法国民法、德国民法、瑞士民法和1929年的国民政府民法特设亲属会议。德国民法、日本民法特设监护法院或家庭裁判所。瑞士民法特设监护官署。我国现行民法未采监护机关概念。

(李仁玉 陈敦)

jianhu jianduren

监护监督人(supervisor of guardianship) 对监护人履行职责和管理事务进行监督的人。1804年《法国民法典》基于对监护属于公共性质的责任的认识,规定了监护监督人制度。该法第420条规定,监护监督人由亲属会议从其成员中选任,任何监护制度中均应设有一名监护监督人。监护监督人的职责是对监护人的管理进行监督,对监护人在管理中的过错进行查证并将该过错通知监护法官。在未成年人的利益与监护人的利益相抵触时,监护监督人代表未成年人主张利益。《德国民法典》、《日本民法典》、《意大利民法典》等均规定了监护监督人制度。监护监督人为外国法上的制度,《中华人民共和国民法通则》未采这一制度。

(李仁玉 陈敦)

jianhuren

监护人(guardian) 依法履行监护事务,承担监护职责的人。依《法国民法典》、《日本民法典》和《韩国民法典》的规定,监护人以一人为限。依《德国民法典》和《瑞士民法典》的规定,监护人以一人为原则,在特殊情形下,监护人可以为多人,共同或分别履行监护职责。《中华人民共和国民法通则》未限定监护人为一人。监护人应具有的监护能力,又称监护人的资格。依照《民法通则》第16条的规定,认定监护人的监护能力,应当根据监护人的身体健康状况、经济条件,以及与被监护人在生活上的联系状况等因素决定。在我国,只有具有完全民事行为能力的人,才具有监护能力。

(李仁玉 陈敦)

jianhuren de baochou

监护人的报酬(guardian's reward) 监护人因从事监护活动所得的报酬。有关监护人的报酬,国外立法例上有三种不同主张:(1)采无偿主义,如法国民法、英国法。(2)采有偿主义,如美国法、瑞士民法。(3)采补偿主义,即以无偿为原则,受报酬为例外,如德国民法。《中华人民共和国民法通则》采无偿原则。

(李仁玉 陈敦)

jianhuren de xieren

监护人的解任(revocation of guardianship) 撤销监护人资格。又称监护人的撤退。对于撤销事由,国外立法或采例示主义,如德国民法、韩国民法、日本民法;或采列举主义兼概括主义,如瑞士民法、奥地利民法。撤销的主要事由包括:违反法定义务、无支付能力、亲属会议选定的监护人违反亲属会议的指示。撤销监护应依法定程序为之。请求撤销监护的人分别是:监护监督人、受监护人的亲属、受监护人、利害关系人。撤销监护的机构分别是:监护法院、家庭裁判所、监护官署。依《中华人民共和国民法通则》的规定,监护人不履行监护职责,或利用监护之便侵害被监护人合法权益的,经利害关系人申请,人民法院可撤销监护人的监护资格,并由此终止监护关系。

(李仁玉 陈敦)

jianhuren de qinquan zeren

监护人的侵权责任(tort liability of a guardian) 监护人对被监护人造成他人损害时,依法应承担的民事责任。各国规定的监护人的侵权责任归责原则有所不同。德国民法实行过错责任原则,即监护人没有尽到监护义务时才承担责任。法国民法实行无过错责任原则。《中华人民共和国民法通则》第133条规定,无民事行为能力人、限制民事行为能力人造成他人损害的,由监护人承担民事责任。监护人尽了监护责任的,可以适当减轻他的民事责任。有财产的无民事行为能力人、限制民事行为能力人造成他人损害的,从本人财产中支付赔偿费用,不足部分由监护人适当赔偿,由单位担任监护人的除外。

(李仁玉 陈敦)

jianhuren de xiaoji zige

监护人的消极资格(incapacity of guardian) 不具有监护能力的人,又称监护人的缺格。由于监护人负有监护职责,对于限制民事行为能力人和无民事行为能力人关系重大,各国民法均规定了不得任监护人的消极资格。监护人的消极资格制度早在罗马法上就有规定,依罗马市民法的规定,外国人和妇女不得作为监护人,奴隶因没有人格,也不得作为监护人。聋子和哑巴不得作为监护人,但瞎子可以作为监护人。精神病人不得作为监护人。未适婚人、未成年人不得作为监护人。经被监护人的父母明示不得为其子女的监护人的人,与被监护人有利害冲突的债权人、债务人不得作为监护人,但生母和庶母不在此限。与被监护人或其父有怨仇的人,不得作为监护人。犹太人不得作为基督徒的监护人。教士和士兵不得作为监护人。为做监护人而行贿的人不得作为监护人。在近现代民法中,不得作为监护人的人主要包括:(1)未成年人,但未成年人已婚者,或为父母者因结婚成年,或因结婚被宣告成年,一般认定为有监护资格。(2)禁治产人、准禁治产人。(3)被判处刑罚的人、失踪人。依法国民法的规定,被判处刑罚的人排除其任监护职务,已任职责当然解除。依日本民法的规定,行踪不明者不得任监护人。(4)破产人。依日本民法的规定,破产人丧失监护资格。但依1929年我国国民政府民法的规定,破产不为丧失监护资格的事由,但破产人因无支付能力,在监护人的指定和选定时,应慎加选择。(5)外国人。依日本民法和法国民法的规定,外国人不得为监护人。但法国民法规定,有亲属关系的外国人有监护资格。1929年国民政府民法、《中华人民共和国民法通则》对此未规定。但依《民法通则》第8条之规定,应解释为外国人不妨碍其为监护人。(6)法人。一般认为,法人不得担任监护人,但依《民法通则》之规定,精神病人所在单位、未成年人的父母所在单位、未成年人、精神病人所在地的居民委员会、村民委员会可作为监护人。监护人的消极资格为学理概念。 (李仁玉 陈敦)

jianhu zeren

监护责任(liability of guardianship) 监护人不履行监护职责,或侵害被监护人合法权益时,应当承担的责任。在国外民法典中,因设置了监护法院、亲属会议、监护监督人等监护机关,监护机关因未履行相应职责给被监护人造成损害的,也应承担相应的责任。监护责任实行过错责任原则。监护责任在监护关系终止以前可由其他亲属以诉讼的方式主张。

(李仁玉 陈敦)

jianhu zhize

监护职责(guardianship) 监护人对被监护人应尽的义务和承担的责任,又称监护事务。在罗马法上,监护人的职责仅限于管理被监护人的财产,至于被监护人的身体、教育、抚养由家长用遗嘱,或由长官选定其生母或其他亲友照管,其费用由监护人在被监护人的财产中开支。监护人管理被监护人的财产有两种方式:一种是能力补充,即被监护人进行法律行为时,监护人以一定方式补充其行为能力的不足;另一种是事务管理,即监护人代被监护人进行法律行为。以上两种方式,由监护人根据情况进行选择。《法国民法典》、《德国民法典》、《瑞士民法典》、《日本民法典》以及我国1929年国民政府民法中,监护人的职责范围均包括对被监护人人身上的照顾和财产上的管理。

根据《中华人民共和国民法通则》第18条的规定,监护人的职责主要有:(1)保护被监护人的身体健康。被监护人无论是未成年人还是精神病人,对其身体健康都不像完全民事行为能力人那样具有全面的知识和自我保护能力。因此,需要监护人保护被监护人的身体健康和人身安全,防止被监护人受到不法侵害。(2)照顾被监护人的生活。监护人在日常生活方面必须给被监护人以必要的关心、照料。对于未成年人来说,其必要的物质和文化生活要求必须满足,以保证未成年人的健康成长。对于精神病人来说,监护人应细心照料其生活,不得虐待或遗弃被监护人。(3)对被监护人进行管理和教育。监护人应当关心未成年人的成长,对其进行教育。对被监护人要进行监督和管理,防止他们受到伤害或侵害他人利益。(4)保护和管理被监护人的财产。监护人应当妥善管理和保护被监护人的财产,对被监护人应得的合法收益,如依法应得的抚养费、抚恤费等,都应依法保护。对于被监护人财产的经营和处分,监护人应尽善良管理人的注意。非为被监护人的利益,监护人不得处分其财产。(5)代理被监护人进行民事活动。《民法通则》第14条规定,无民事行为能力人、限制民事行为能力人的监护人是他的法定代理人。被监护人为无民事行为能力人的,其全部民事活动由监护人代理。被监护人是限制民事行为能力人的,可以进行与他的年龄、智力相适应或者与他的精神健康状况相适应的民事活动;其他民事活动由他的法定代理人代理,或者征得他的法定代理人的同意。(6)代理被监护人进行诉讼。在被监护人的合法权益受到侵害或者与他人发生争议时,监护人应当代理被监护人进行诉讼,以维护其合法权益。(7)监护人应当承担民事责任。《民法通则》第18条规定,监护人不履行监护职责或者侵害被监护人合法权益的,应当承担责任;给被监护人造成财产损失的,应当赔偿损失。如果因监护人管教不严,被监护人造成他人损害的,由监护人承担民事责任。监护人尽了监护职责的,可以适当减轻其民事责任。监护人将部分或全部监护职责委托给他人期间,被监护人有侵权行为,并需要承担民事责任的,应当由监护人承担。但是,被委托人未尽力履行监护职责确有过错的,被委托人负连带责任。如果监护人与被委托人就民事责任的承担有约定的,则应当按约定处理。

(李仁玉 陈敦)

jianhu zhize de weiren

监护职责的委任(commission of guardianship) 监护人因正当理由不能亲自履行监护职责时,委托他人代为履行部分或者全部职责。在我国司法实践中,监护人将监护职责部分或者全部委托给他人的,仍应承担被监护人因侵权行为造成他人损害的民事责任,但当事人另有约定的除外;被委托人有过错的,负连带责任。

(李仁玉 陈敦)

jianbao

减保(reduction of insurance) 加保的对称。在保险单有效期内,由于保险标的数量或品种的减少或原有物价值的降低,经当事人协商一致,减少保险金额。

是保险合同变更的一种形式。通常以保险人签发批单或附加条款的方式完成。批单生效后,保险人按变更后的保险金额承担责任,被保险人也依此享有权利。

(温世扬)

jianzi dengji

减资登记(registration for decrease of capital) 公司登记的主要目的是实行对公司组织的统一管理和监督,使公司设立严格遵守公司法的规定,以维护债权人利益及取信于公众。根据《中华人民共和国公司法》的有关规定,公司减少注册资本,应自减少注册资本决议或减资决定作出之日起 90 日后申请变更登记,并应提交公司在报纸上登载公司减少注册资本公告至少 3 次的有关证明和公司债务清偿或债务担保的说明,以及提交具有法定资格的验证机构出示的验证证明。

(刘弓强 蔡云红)

jiansuo kangbianquan

检索抗辩权(拉丁 beneficium excussinis) 参见先诉抗辩权条。

jianyan hetong

检验合同(contract for inspection) 承揽合同的一种,承揽人以自己的技术、仪器和设备等,按照定作人的要求对特定事物的性能、质量等进行检验,定作人接受检验成果并支付报酬的合同。

(郭明瑞)

jiandan hetong zhizhai

简单合同之债(obligation of informal contract) 也称"简式合同之债","正式合同之债"、"特殊合同之债"的对称。英美法上的概念。不需以正式书面合同或其他特殊形式的文字记录为依据,仅以口头证据或非正式文字记录即可设立的债。其基本要求是诺言以对价作为基础,对价是简单合同之债必不可少的生效要件,至于是否采取书面形式,不影响合同的效力。因此,简单合同之债有效成立的根据不是合同的形式,而是合同的内容。简单合同之债既可采取书面形式,也可采取口头形式。即使法律(如英美防止欺诈法)对有些合同有书面形式的要求,但在具有合同内容的情况下,当事人即使不采取书面形式也不影响合同的效力,只发生法律上不可强制执行的效果。英美法中债的主要表现形式就是简单合同之债。

(万 霞)

jiandan qiyue

简单契约(informal contract) 也称"简式合同"、"非正式契约"。"正式合同"、"正式契约"的对称。英美法上合同分类的一种。指合同形式上无特别要求的契约。与大陆法"不要式合同"类似。它包括除正式契约(主要包括登记契约、记录契约)以外的一切口头或书面的契约。其效力的来源不是基于某种特殊的形式,而是基于其所具备的合同有效的一切实质性要素,如要约与承诺、合意、对价等。其中对价是合同必不可少的有效条件。英美法对合同的规定,大多是针对简单契约的,简单契约几乎是契约的同义语。构成简单契约的方式有四种:(1)口头契约;(2)书面契约;(3)以行为形成的契约,如默示契约;(4)部分书面与部分口头形式共同形成的契约。参见简单合同之债条。

(万 霞)

jiandan suoyouquan baoliu

简单所有权保留(simple retention of title) 是所有权保留的基本形式。在简单所有权保留中,出卖人将标的物交付给买受人,在买受人支付该特定标的物的价款前,该标的物的所有权仍由出卖人保留。此时,出卖人保留所有权的客体仅限于根据本合同而占有的特定标的物,而不包括买受人的转售所得及其对该特定物进行加工、混合、附合所产生的添附物,所保障的价金债权亦仅以该特定标的物的价金为限,而不及于其他。

(申卫星)

jiandan xintuo

简单信托(simple trust) ❶ 以未成年人为受益人、以本应移交给该人的财产为信托财产、并以使受托人在其成年时再将该项财产移交给该人为内容的信托。以此为内涵的简单信托为英美信托法确认的一种信托品种,属于特殊民事信托。这种信托既可以因信托行为设立,也可以因国家行为设立。如系因信托行为设立,其在社会生活中较多地作为民事信托存在。这种信托的基本特征,在于其中为受托人设立的义务,仅限于保管和在受益人成年时向其移交信托财产,不包括在这一关系存续期间按期向其支付信托利益,甚至也不包括于此期间通过运用信托财产以取得收益等;与此相对应的是,虽然受托人也享有一定权利,但在这些权利中并不包括酌情处理权。在这种信托情形下,受托人在很大程度上仅作为信托财产的保管人而存在。在英美信托法中,简单信托在一些场合被在上述意义上使用。❷ 又称单纯信托或光头信托,特设信托的对称。其委托人在信托行为中仅笼统规定信托利益归属于受益人或者规定这种利益的用途,但却没有将受托人依据信托法承担的义务在内容上具体化的信托。以此为内涵的简单信托仅具有分类上的意义。这种信托的基本特征,在于在由委托人实施的信托行为中只能看出其设立信托的意图,却不能看出受托人对信托财产应当如何具体管理和对信托事务应当如何具体处理。这种信托属于明示信托。就这种信托而言,受托人只要实施了管理信托财产和处理信托事务的行为,便算是接受了委托人意志的约束;至于这一财产管理和事务处理的具体进行,则只要不违反信托法关于受托人义务的规定即可。　　　　　　　　　　(张　淳)

简单之债(德 einfache obligation)　选择之债的对称。又称为单纯之债、不可选择之债。债的标的为单一的,当事人只能就该种标的履行而无须选择的债。简单之债的当事人不仅不能选择其他标的履行,而且在履行时间、地点、方式等方面都无可选择的余地。(郭明瑞)

简式提单(simple B/L; short form B/L)　提单上印有简式字样,而背面并没有列明承运人和托运人权利义务条款,只注明以承运人全式提单即列明承运人和托运人权利义务等详细条款的提单上所列条款为准的提单。一般提单背面印有很多条款,这些条款经过法院长期阐释,以及承运人不断完善,已经渐趋合理,其内容大多合乎国际惯例、国际公约以及国内法的规定,即使偶有抵触,依那些规定的强制力,抵触条款也不生效力。所以提单背面的印刷条款有无记载无关大碍,相反,将重要的数条付之明文,将之放大使人可加注意,对承运人和提单持有人都有利。因此,简式提单应运而生。然而,简式提单未列明承运人权利、义务、责任、免责事由,一定程度上影响了其流通性,所以,有些信用证明确规定不接受简式提单。简式提单的主要问题在于,并入条款在不同国家和地区效力不同。在普通法国家,因为有一些判例发展起来的通知原则,并入条款的效力没有太大问题;但是在大陆法国家法院则有更多疑问,尤其在承运人标准条款不易取得时更是如此。　　　　　　　　　　　　　(张　琳)

简易交付(拉丁 traditio brevi manu)　动产物权的受让人,因委任、寄托、租赁、使用借贷等关系,已经占有标的物的,在让与人与受让人达成动产物权变动合意之时,即发生物权变动的效力。此项制度是为达到便利交易、节省费用的目的,使当事人不必拘泥于交付的形式要求,先由受让人处回复占有至让与人,再由其为交付。此处不必非由受让人直接占有,可以由其占有代理人占有;也可以由第三人取得直接占有,而受让人取得间接占有。先期占有标的物可基于任何法律关系,由非法行为而为无权占有亦无不可。对此进行规定的立法例,如《德国民法典》第 929 条第 2 项,《日本民法典》第 182 条第 2 项,我国台湾地区民法典第 761 条第 1 项等。　　　　　　　　　　(李富成)

简易人身保险(brief life insurance)　保额较小,手续简便,被保险人投保体格免检的一种人寿保险。简易人身保险适合于普通大众,性质上为生死两全保险。

1.被保险人。凡是年龄在 16 周岁以上 65 周岁以下,参加全勤劳动或者符合工作条件的人,均可以投保简易人身保险。被保险人本人以及经被保险人同意的近亲属,可以作为简易人身保险的投保人。

2.保险期间。投保人在投保时,可以选择不同的保险期限,有 5 年、10 年、15 年和 20 年等。简易人身保险的保险金额以被保险人的年龄和投保年份为基础确定,最高保险金额为 3000 元人民币。保险费定期交纳,保险人没有催告义务。

3.保险责任。依照简易人身保险,有下列情形之一的,保险人负有给付全部或部分保险金额的责任:(1)被保险人生存到保险期满的,保险人给付保险金额全数。(2)被保险人在保险有效期间因疾病或意外事故而死亡的,保险人给付保险金额全数。(3)被保险人因意外事件而致双目永久完全失明,或者两肢永久完全残废,或者一目永久完全失明和一肢永久完全残废,保险人给付保险金额全数;于此情形下,简易人身保险证继续有效,并从确定发生保险事故次月起,投保人全数免缴保险费。(4)被保险人因意外事件而致一目永久完全失明,或者一肢永久完全残废,保险人给付保险金额半数;于此情形下,简易人身保险证继续有效,并从确定发生保险事故次月起,投保人半数免缴保险费。(5)被保险人因意外事件发生前述以外的伤害而致永久完全丧失劳动能力、身体机能,或永久丧失部分劳动能力、身体机能的,均按照丧失能力的程度,保险人给付全部或部分保险金额,但最高给付以保险金额的全数为限,简易人身保险证继续有效。保险人给付金额达到保险金额 30% 至 50% 的,从确定发生保险事故次月起,投保人半数免交保险费;保险人给付金额不足 30% 的,投保人继续全数交纳保险费;保险人给付金额超过 50% 的,投保人全数免交保险费。

4.除外责任。因为下列原因造成被保险人伤残或者死亡的,保险人不负给付保险金的责任:(1)被保险人或者投保人对投保条件有隐瞒或欺骗情事;(2)被保险人的自杀或者犯罪行为,或者被保险人、投保人、受益人的故意行为所致的死亡或残废;(3)战争或军事行动所致被保险人的死亡或残废。对被保险人的死亡或者残废,保险人因有上列情形而不负给付保险金的责任的,应当将终止简易人身保险的退保金支付

给被保险人或者受益人,但是,投保人或者被保险人交纳的保险费尚不足1年的,不在此限。　　(邹海林)

jianyi renshen baoxian tiaokuan(jiazhong)

《简易人身保险条款(甲种)》(Simple Life Insurance (A) Clauses)　　规定人身保险的专门保险条款。1981年12月18日由中国人民保险公司发布,1987年3月修订。共9章,16条,并附有17份退保金数额表。主要内容如下:

1. 保险责任与投保人。本保险为生死两全保险性质,保险责任为被保险人生存至保险期满,在保险期内身故或因意外伤害事件而致身故或残废,由保险人给付全部或部分保险金额。投保人为16周岁到65周岁、符合全勤劳动和工作条件的人。保险期限分为5年、10年、15年、20年和30年五种,其中5年期仅适用于61至65周岁者。被保险人可以指定受益人,并可中途申请更换受益人;如未指定受益人,被保险人的法定继承人即为受益人。

2. 除外责任。被保险人或投保人对投保条件有隐瞒或欺骗情事,或由于被保险人自杀、犯罪行为或由于被保险人、投保人、受益人的故意行为所致的死亡或残废,或由于战争和军事行动所致的死亡或残废,或因疾病所致的残废,或被保险人自保险单生效之日起180天内因疾病死亡,保险人均不承担给付保险金责任。在此类情形下,若被保险人交付保险费1年以上的,保险人应当向被保险人或者受益人付给退保金。

3. 保险金的给付。(1)被保险人生存至保险期满,给付保险金全数;(2)被保险人自保险单生效180天后因疾病或意外事故死亡的,给付保险金全数;(3)被保险人因意外事件而致双目永久完全失明,或者两肢永久完全残废,或者一目永久完全失明和一肢永久完全残废,给付保险金全数,保险单证继续有效,且自确定发生保险事故的次月起保险费全数免交;(4)被保险人因意外事件而致一目永久完全失明或者一肢永久完全残废,给付保险金半数,保险单证继续有效,且自确定发生保险事故的次月起保险费半数免交;(5)被保险人因意外事件发生上述以外的伤害而致永久完全或部分丧失劳动能力、身体机能的,按照丧失能力的程度给付全部或者部分保险金,保险单证继续有效,并根据给付保险金额的比例决定投保人继续交纳或半数免交或全数免交保险费。在保险期限内,不论被保险人因意外事故发生伤残的次数多少,每次发生伤残时保险人均应分别向被保险人给付保险金,但此项给付的累计总数不得超过保险金额全数。因意外事件而致残废并因同一原因而致死亡的,保险人仅负死亡给付责任。被保险人因保险事故而致伤残领取保险金后,若生存至保险期满或在保险期间死亡,保险人应当给付保险金全数,并不得扣除以前给付的保险金。被保险人生存至保险期满的,由其本人凭保险单证向保险人领取保险金;被保险人发生保险事故而致残废或死亡的,由被保险人或其受益人在事故发生后2年内向保险人请求给付保险金,否则视为自动放弃索赔权益。第三人对被保险人的人身伤亡应负赔偿责任的,被保险人或其继承人或受益人在向保险人请求保险金的同时可以向该第三人请求损害赔偿。　　(刘凯湘)

jianyue

简约(拉丁 pactum, pactio, pactum conventum)　　罗马法上无任何法律效力的协议和完全法律效力的契约制度之间的一种过渡性制度。早期罗马法极其注重形式,因此,除了法律明确规定的契约之外,当事人之间缺乏形式要件的协议只能称为简约。为了将其与具有法定形式的契约区分开来,学说上也称其为无形式简约。在市民法上,简约并不能获得保护,但在万民法上,当事人之间的简约很早就被作为裁判官解决争议的依据,但早期的简约只能用来抗辩,不能用于起诉,故称为裸体简约。后来,大法官根据诚信原则赋予某些简约以诉权保护,称为穿衣简约。穿衣简约又分为附加简约和独立简约两种,独立简约又分为大法官简约和敕令简约。除上述简约外,当事人之间订立的违背社会公益或善良风俗的简约如赌博等方面的简约无效。简约制度的确立和发展反映了罗马法对形式的要求日趋淡化,到优士丁尼时期,简约完全获得了法律的认可;从而融入了统一的契约制度。　　(刘经靖)

jianyue baozheng

简约保证(拉丁 constitum debiti alieni)　　罗马法上的概念。罗马法上为克服委任保证仅适用于未来的金钱债务的限制而创立的一种合意保证。保证人与债权人约定由保证人在确定日期代债务人履行给付的保证。它不发生市民法上的效力,仅由大法官授予债权人以诉权,所以又称为大法官认定的保证。简约保证以主债务的存在为前提,依当事人的合意作成,所担保的金额不得超过主债务的数额,但保证人所负的保证债务可苛于主债务,如保证债务的期限可短于主债务。参见委任保证条。　　(郭明瑞)

jianpiaorihou dingqi fukuan

见票日后定期付款(payment at a fixed date after sight)　　指以持票人提示承兑后一定期限的届至作为到期日。这种汇票称为注期汇票。这里所谓见票,指持票人将汇票现实地向付款人提示。如果付款人承兑,则以承兑日后一定期限的届至作为到期日;如果付款人拒绝承兑,则以拒绝证书作成后一定期限的届至作为到期日。这里所谓一定期限,是由发票人在发票时确定的,而不是由付款人在承兑或拒绝承兑时确定。见票后定期付款的汇票,必须由持票人为承兑提示,否则难以确定到期日。《日内瓦统一汇票本票法》第23条规定,见票后定期付款的汇票应在出票后1年内提示承兑。出票人得缩短或延长此期限。《中华人民共和国票据法》第40条第1款规定,见票后定期付款的汇票,持票人应当自出票日起1个月内向付款人提示承兑。第2款规定,汇票未按照规定期限提示承兑的,持票人丧失对其前手的追索权。 (王小能)

jianzao chuanbo baoxian

建造船舶保险(ship-building insurance) 简称为造船险,海上船舶保险的一种。保险人承保海上船舶在建造过程中的物质损失、费用和责任风险的船舶保险。船舶建造保险为一种综合性的保险,实际包括船舶建造的工程保险、责任保险和建造中的船舶的损失保险。船舶建造保险是专门为造船工业分散危险的需要而产生的保险,以各种建造中的船舶(包括海上装置)和船舶责任为保险对象,保险期间伴随被保险船舶的建造、试航和交付等全过程。船舶建造保险的保险价值,一般以船舶的建成价格或合同价格为准,保险金额的约定不得超过建造的船舶的保险价值。因保险合同约定的保险事故造成建造中的船舶损失或引起责任的,保险人以保险金额为限对被保险人承担给付保险赔偿金的责任。

1. 保险责任。因为下列原因造成被保险的建造船舶的损失、责任和费用,保险人应当承担赔偿责任:(1)自然灾害和意外事故;(2)工人、技术人员、船长、船员和引水员的疏忽过失或缺乏经验;(3)船壳和设备机件的潜在缺陷;(4)因船台、支架和其他类似设备的损坏或发生故障;(5)被保险船舶的任何部分因设计错误而引起的损失;(6)在被保险船舶下水失败后,为重新下水而产生的费用;(7)为确定保险责任范围内的损失所支付的合理费用以及船舶搁浅后检查船底而支付的费用;(8)共同海损的分摊;(9)救助费用;(10)发生碰撞的损失、施救费用以及赔偿责任;(11)被保险船舶发生保险事故后的残骸清理费用、对第三者的人身损害赔偿责任;(12)船舶发生碰撞或其他事故,被保险人为争取限制赔偿责任而征得保险人同意后支付的诉讼费用。

2. 除外责任。因下列原因造成被保险的建造船舶的损失、责任或费用,保险人不承担赔偿责任:(1)被保险人的故意或非法行为;(2)对设计错误部分的修理、修改、更换或重建的费用;(3)因被保险人的雇员的死亡、伤残或疾病所应当承担的责任或费用;(4)核反应、辐射或放射性污染,以及为改进或更新设计所发生的费用;(5)战争、敌对行动、武装冲突、炸弹爆炸、没收、征用、罢工、暴动、民众骚乱,以及任何人的恶意行为或政治动机;(6)船舶建造合同约定的罚款、因拒收或其他原因造成的间接损失;(7)因任何国家和武装集团的扣留、扣押、禁制造成航程受阻。 (邹海林)

jianzhu anzhuang gongcheng chengbao hetong

建筑安装工程承包合同(building and installation contract) 简称施工合同,建设工程合同的一种。发包人(建设单位)和承包人(施工单位)订立的关于完成约定的建筑安装工程项目,明确相互间权利、义务关系的承包合同。建筑安装工程承包合同,可以是单项的建筑工程承包合同或安装工程承包合同,也可以是集建筑、安装为一体的综合承包合同。发包方可将全部建筑安装工程委托给一个承包单位承包,也可分别委托给几个承包单位承包。承包人经发包人同意可将承包的工作交由第三人完成,第三人就其完成的工作成果与承包人承担连带责任。但承包人不得将其承包的全部建设工程肢解后以分包的名义分别转包给第三人。建设工程主体结构的施工必须由承包人自行完成。施工合同的签订除必须遵守国家法律、法规及符合国家政策外,同时还须在勘察设计合同履行后,根据批准的初步设计、技术设计、施工图和总概算等签订。建筑安装工程承包合同的内容包括:(1)工程名称和地点;(2)工程范围和内容;(3)建设工期及中间交工工程的开工、竣工日期;(4)工程质量;(5)工程造价;(6)工程价款的支付、结算及竣工验收办法;(7)设计文件及概算、预算和技术资料提供日期;(8)材料、设备的供应责任和进场期限;(9)质量保修范围和质量保证期;(10)双方互相协作等条款。

根据合同法等法律、法规的规定,发包人的主要义务是:(1)做好施工前的准备,按合同约定提供材料、设备、技术资料等。如办理正式工程和临时设施范围内的土地征用、租用,申请施工许可执照和占道、爆破以及临时铁道专用线接岔等的许可证;确定建筑物(或构筑物)、道路、线路、上下水道的定位标准、水准点和坐标控制点;开工前,接通施工现场水源、电源,开通运输道路,拆迁现场内民房和障碍物(可委托承包方承担);按双方协议约定的分工范围和要求,供应材料和设备;组织有关单位对施工图等技术资料进行审定,按照合同规定的时间和份数交付给承包人。发包人未按照约定的时间和要求提供材料、设备、场地、资金、技术资料的,承包人可以顺延工程日期,并有权要求赔偿停工、窝工等损失。(2)为承包人提供保证工程建设顺利进行的必要条件。如派驻工地代表负责对工程进度、质量进行监督,检查隐蔽工程,办理中间交工工程验收手续,负责鉴证,解决施工中的有关事宜。因发包人的原因致使工程中途停建、缓建的,发包人应当采取措施弥补或者减少损失,赔偿承包人因此造成的停工、窝工、倒运、机械设备调迁、材料和构件积压等损失和实际费用。(3)组织工程验收。发包人在接到承包人检查隐蔽工程的通知后应及时检查。发包人没有及时检查的,承包人可以顺延工期,并有权要求赔偿停工、窝工等损失。建设工程竣工后,发包人应当根据施工图纸及说明书、国家颁发的施工验收规范和质量检验标准及时进行验收。(4)接受验收合格的工程并按约定支付价款。发包人未按照约定支付价款的,承包人可以催告其在合理期限内支付。发包人逾期仍不支付的,除按照工程的性质不宜折价、拍卖外,承包人可以与发包人协议将该工程折价,也可以申请法院将该工程依法拍卖。建设工程的价款就该工程折价或者拍卖的价款优先受偿。

承包人的主要义务包括:(1)按时开工和按要求施工。施工前要按约定做好准备,如做好施工场地平整、施工界区以内的用水、用电、道路和临时设施的施工;编制施工进度计划;按照双方商定要求提供材料和设备,及时做好材料、设备的采购、供应和管理。承包人应及时向发包人提出开工通知书、施工进度计划、施工平面布置图、隐蔽工程验收通知、竣工验收报告、材料设备的购置计划等,按质、按量、按期施工。(2)接受发包人的必要监督。发包人在不妨碍承包人正常作业的情况下,可以随时对作业进度、质量进行检查;承包人有义务接受发包人或工程监理人的必要监督、检查。(3)按期、按质完工并交付工程。承包人应按约定完成工程建设,因可归责于承包人的原因显然不能按期完工而致使合同目的不能实现的,发包人可以解除合同。对已完工的房屋、建筑物和安装设备应妥善保管;承包人应提出竣工验收技术资料、办理竣工结算、参加竣工验收。因承包人的原因致使建设工程质量不符合约定的,发包人有权要求承包人在合理期限内无偿修理或者返工、改建。经过修理或者返工、改建后,造成逾期交付的,承包人应当承担违约责任。(4)对建设的工程及瑕疵负担保责任。在合同规定的保证期内,对属于承包人责任的工程质量问题,负责无偿修理。关于质量保证期限,当事人可以在承包合同中约定,也可以在单独的保修合同中约定。保证期限应自发包人在最终验收的记录上签字之日起算;分单项验收的工程应分别计算质量保证期限。(5)对建设工程合理使用期限内的质量负担保责任。因承包人的原因致使建设工程在合理期限内造成人身和财产损害的,承包人应当承担损害赔偿责任。

(邹川宁)

jianzhu gongcheng yiqiexian
建筑工程一切险(contractor's all risks insurance for construction) 保险人对公路、桥梁、电站、港口、宾馆、住宅等建筑工程项目的财产损失风险和责任风险,承担保险责任的财产保险。建筑工程一切险为综合性的财产保险,包括建筑工程财产损失险和第三者责任险。依照建筑工程财产损失险,在保险期限内,被保险财产在保险单列明的建筑工地范围内,因地震、海啸、雷电、飓风、台风、龙卷风、风暴、暴雨、洪水、水灾、冻灾、冰雹、地崩、山崩、雪崩、火山爆发、地面下陷下沉等自然灾害或意外事故造成的物质损坏或灭失,在保险金额范围内承担赔偿责任。但保险人对保险单约定的因设计错误引起的损失和费用等除外责任范围内的损失,不承担赔偿责任。依照第三者责任险,在保险期限内,因发生与承保的工程直接相关的意外事故引起工地内及邻近区域的第三者人身伤亡、疾病或财产损失,依法应由被保险人承担的经济赔偿责任,保险人以保险金额为限,承担赔偿责任;对被保险人因损害赔偿责任而支付的诉讼费用以及事先经保险人同意支付的其他费用,保险人亦负责赔偿。但对于保险单约定的除外责任范围内的损失或责任,保险人不承担赔偿责任。

(邹海林)

jianzhuwu ji qitasheshi zaocheng sunhai de minshizeren
建筑物及其他设施造成损害的民事责任(德 Gebaeudehaftung) 又称工作物致人损害的民事责任。特殊侵权民事责任的一种。指人工建造的房屋以及其他设施发生倒塌、脱落而造成他人损害,其所有人或者管理人应承担的民事责任。在一些国家的法律中称为工作物致害责任。此种责任的构成须具备以下条件:(1)因建筑物或其他设施致人损害。所谓建筑物及其他设施,是指人工建造的或设置的与土地相结合的为人们所利用的各种物,如房屋、桥梁、道路、沟渠、隧道、广告牌等。因建筑物或其他设施造成的损害既包括财产损害,也包括人身损害。它是因建筑物或其他设施的全部或一部倒塌或脱落造成的,如因房屋倒塌、墙皮脱落将人砸伤。(2)损害结果与建筑物或其他设施的塌落间有因果关系,既包括建筑物或其他设施塌落的物理力直接作用于他人的财产、人身造成损害,也包括建筑物或其他设施脱落的物理力引起其他物理力作用于他人财产、人身而造成损害。(3)建筑物或其他设施的所有人或管理人不能证明自己没有过错。建筑物及其他设施致人损害的民事责任是一种过错推定的严格责任,受害人不必证明建筑物或其他设施的所有人或管理人有过错,只要发生损害即推定其有过错,但所有人或管理人能够证明自己没有过错的,可不承担责任。建筑物及其他设施致人损害的,应由其所有人或管理人承担损害赔偿责任。但如果损害的发生有其他应负责任的人,向受害人承担赔偿责任的所有人或管理人有权向其他负有责任者追偿。 （郭明瑞）

jianzhuwu qufen suoyouquan
建筑物区分所有权(divided ownership of building)
根据使用功能,将一栋建筑物于结构上区分为由各个所有人独自使用的专用部分和由多个所有人共同使用的共用部分,每一所有人享有的对其专有部分的专有权与对共用部分的共有权的结合。

1.建筑物区分所有权的客体。建筑物区分所有权是由共有和单独所有构成的,因此其客体也包括两个方面,即单独所有部分和共有部分。单独所有部分主要是指通过一定方式而对建筑物加以区分,由此所分割出的兼具建筑构造上的独立性和使用上独立性的部分房屋。共有部分包括共用部分及附属物、共用设施等,它们都是区分所有权的客体。

在区分所有情况下,单独部分经分割以后成为区分所有权的客体,必须要具备如下几个条件:(1)必须具有构造上的独立性。构造上的独立性又称为"物理上的独立性",各个部分在建筑物的构造上可以被区分开,可与建筑物其他部分完全隔离,也只有这样才能客观地划分不同部分并为各个所有人独立支配,如一排房屋以墙壁间隔成户。在法律上要求构造上的独立性的原因在于,一方面,由于区分所有是要将建筑物分割为不同部分而为不同所有者单独所有,因此单独所有权的支配权效力所及的客体范围必须明确,要明确划分范围就必须以墙壁、楼地板、大门等作为间隔和区分标志。另一方面,只有在客体范围十分明确的情况下,才能确定权利范围,同时准确地判断他人的行为是否构成对某一专有权的损害,如果各个权利的客体都不能区分开,也就很难判定某人的权利是否受到侵害。(2)必须具有使用上的独立性。也就是说,建筑物被区分为各个部分以后,每一部分都可以被独立地使用或具有独立的经济效用,不需借助其他部分辅助即可利用。(3)通过登记予以公示并表现出法律上的独立性。构造上和使用上的独立性,乃是经济上的独立性,只有通过登记才能表现为法律上的独立,也就是说,通过登记使被分割的各个部分在法律上形成为各个所有权的客体。如果被分割的各个部分登记为各个主体所有,则建筑物作为整体不能再作为一个独立物存在。应当指出的是,通过登记表现出来的法律上独立性,是以构造上和使用上的独立性为基础的,如果构造上或使用上的独立性不复存在,则法律上的独立性也难以存在。例如原被区分所有的二部分同属于一人,间隔除去后,二部分合二为一,则各部分失去其构造上的独立性或使用上的独立性,应解释为一个所有权。

2.建筑物区分所有权的内容。建筑物区分所有权包括专有部分以及共有部分的所有权。专有部分是各个区分所有人所单独享有的所有权的客体,此项单独所有权与一般的单独所有权并无本质区别,所以,权利人可以行使完全的占有、使用、收益与处分权。

所谓共有部分,是指区分所有人所拥有的单独所有部分以外的建筑物其他部分,对共有部分享有的权利称为共有权。共有部分的范围主要包括建筑物的基本构造部分(如支柱、屋顶、外墙或地下室等),建筑物的共用部分及附属物(如楼梯、消防设备、走廊、水塔、自来水管等),仅为部分区分所有人所共有的部分。共有部分具有如下法律特点:(1)共有部分与专有部分不可分离。在经济上,共有部分的存在是专有部分得以存在的基础,也是各专有人满足其生活需要所必不可少的。从财产权利角度来看,共有权与专有权密切联系并且是依附于专有权的。因为在区分所有权情况下,区分所有人取得专有部分所有权,自然就应取得共有部分所有权,而转让专有权自然导致共有权的转让。专有权的大小也常常要决定其承担修缮共有财产的义务范围,任何买受人购买房产,一旦取得专有部分的所有权,则自然取得共有部分所有权。(2)区分所有人对共有部分所享有的权利主要是法定的。也就是说,对共有部分的权利是依据法律规定产生的,无论当事人之间是否有约定,共有权都是存在的。共有部分的范围以及权利和义务内容,在当事人之间不存在特别约定的情况下,应当依据法律和法规确定。此外,为维护共有部分的安全与完整以及全体住户对共有物的利用,法律一般禁止区分所有人请求实际分割共有部分。应当指出,我们说区分所有人对共有部分所享有的权利主要是法定权利,是指在各区分所有人未特别约定时应采用法律的规定,这并不排斥共有人基于约定产生约定共有,例如某些区分所有人将不设定专有权的部分设定共有权。同时也不排斥各区分所有人通过约定而规定共有物的使用方法(如规定是否允许他人在建筑物之上设置广告牌等),一旦区分所有人作出了特别约定,则此种约定应优先于法律规定而适用。(3)各区分所有人对共有部分享有的共有权利既可以是按份共有,也可以是共同共有。对区分所有共有部分的性质不应一概而论,而应根据具体的使用情况来确定。所谓根据具体的使用情况,是指如果共有财产是各区分所有人共同使用的财产,不能具体将哪一部分的财产确定为他人使用,也不能按照一定的份额确定使用范围,则只能认为该财产为共同共有的财产。例如有楼梯、共用的设备和附属建筑物均应共同使用,这些财产显然应为共同共有的财产。但是如果能够将某些共有财产确定为何人使用,或按照一定的份额确定使用范围(如隔墙、为某些层专用的楼梯、房屋共有部位必要的装饰等),可认为是按份共有的财产。此外,如果当事人就共有财产特别约定应按照一定的份额使用、收益并承担修缮等义务,应认为该财产为按份共有的财产。对共同共有的财产,各区分所有人应不分份额地共同合理地使用;而对按份共有的财产,则各区分所有人应按照确定的份额使用、收益。任何区分所有人超越权利范围而使用,侵害他方权益,应停止侵害并赔偿损失。

3. 建筑物区分所有权之专有使用权。在共用部分中,某些为全体区分所有人在生活中必须使用的共有财产,由全体区分所有人共同使用,不得将其确定为哪一部分区分所有人所专门使用。但也有一些共有财产,是可以依据法律规定和区分所有人之间的共同约定,由某一个或数个区分所有人享有排他的、独占性使用权的,此种权利称为专有使用权。

专有使用权的设定,根据国外的立法经验来看,一般都是根据区分所有人的合意而产生的。从共有物的性质来看,既然共有财产为共有人所有,那么对共有物的使用必须经过大多数共有人的同意才能决定,所以设定专有使用权应根据区分所有人的协议而予以确定。

4. 建筑物区分所有权之基地使用权。在我国,土地属于国家或集体所有,任何通过建造、购买等方式取得建筑物所有权的主体,不能自然取得对土地的所有权。所以,在建筑物区分所有的情况下,一般不存在区分所有人共同享有对基地的所有权的现象。由于我国现行立法并未承认地上权,因此也不存在各区分所有人区分地上权的问题。在实践中,通过土地使用权出租而形成建筑物区分所有的现象极少存在。

一般来说,建筑物的建造者、开发商都是在取得宅基地的使用权,或通过出让、转让、划拨等方式取得土地使用权以后建造建筑物的,建筑物建成后,其所有人只能对土地享有使用权。根据土地和房屋的权利不可分离的原则,一幢建筑物即使被区分为不同所有者所有之后,建筑物所有权与土地使用权仍然是不可分割地联系在一起的,这意味着建筑物的区分所有人应当基于对建筑物的区分所有而享有对基地的使用权。

从法律上讲,各区分所有者都应当对基地使用权享有权利,任何一个区分所有者通过购买等方式取得对建筑物某一部分的专有权,那么就应自然享有对基地使用权的部分权利,而区分所有者转让其专有部分,其对基地使用权的部分权利也自然发生转移。

笔者认为,各区分所有者对基地使用权享有的共有权在性质上应为按份共有。各个区分所有人所拥有的专有部分的面积在整个建筑物中所占比例,即构成其对基地的权利享有的份额,在此基础上构成的按份共有不仅符合各区分所有的现实情况,而且最有利于确认和保护各区分所有人的权利和利益,并防止各种纠纷的发生。

5. 建筑物区分所有权之成员权。建筑物区分所有人之间的关系极为密切。尽管在形成区分所有以后,仅仅根据法律关于单独所有权、共有、相邻关系的规定,可以有效地解决产权的确定问题,但不能很好地解决各区分所有人有效管理其财产,尤其是管理共有财产的问题。此时,各区分所有人可以成立一个自治性的管理团体组织。通过这个组织,召开全体所有人大会,订立规约,设置常设性的管理委员会,管理日常事务,并解决因使用专有部分、共有部分而产生的纠纷。

各个区分所有人都是团体的当然成员,从而享有成员的权利。成员权是一种资格,它是与专有部分的所有权联系在一起的,任何人取得了专有部分所有权,自然取得了团体成员权。如果转让了专有部分所有权,其团体成员的权利也随之丧失,而由受让人取得成员资格。一般来说,如果章程、协议无特别规定,那么每个成员所享有表决权的大小应与其专有部分在整个建筑物中占有的份额相联系。某人拥有专有部分越多,其享有的投票权越大,反之亦然。 (王 轶)

jianzhuwu shang de xuanzhiwu zaocheng sunhai de minshizeren
建筑物上的悬置物造成损害的民事责任(德 **Gebaeudehaftung**) 特殊侵权责任的一种。指因建筑物上的搁置物、悬挂物发生坠落造成他人损害应承担的民事责任。这也是物件致人损害的一种责任。只要受害人因搁置物、悬挂物的坠落而受到损害,搁置人、悬挂人就应承担损害赔偿责任,如搁置人、悬挂人不明,则应由建筑物的所有人或管理人承担责任,但搁置人、悬挂人能够证明自己没有过错的,可不承担损害赔偿责任。 (郭明瑞)

jiankang baoxian
健康保险(health insurance) 又称疾病保险。以被保险人的身体健康为标的,以其患病、分娩和因疾病、分娩致残或致亡为保险事故而成立的保险。被保险人因为疾病而引起的费用或者造成的时间损失,通过健康保险可以获得填补。健康保险与伤害保险不同,后者适用于因为意外事故造成被保险人的外部肌体损伤或者残疾,前者适用于被保险人因为病理状况造成疾病而发生的所有的能力欠缺。单纯的健康保险,不承保因为意外事故造成的被保险人的伤害。健康保险可以具体分为工资收入保险或业务所得保险、医疗费给付保险以及残废和死亡保险(遗属生活费、教育费、婚嫁费以及丧葬费等必要费用保险)。

1. 特征。健康保险主要有以下的特征:(1)健康保险为综合性保险。健康保险承保的风险日益呈现出多元化的特征,健康保险不仅承保被保险人的疾病以及分娩危险,而且承保因被保险人的疾病或者分娩所造成的伤残、死亡风险。(2)保险标的为被保险人的健康。除被保险人的工资收入以及医疗费用以外,健康保险的标的难以用金钱价值准确衡量,体现为被保险人的健康这一特定人身利益,故不会发生超额保险的问题。这也决定了健康保险多为定额保险。(3)被保险人的年龄一般无限制。健康保险对被保险人没有年龄上的特别限制,但是,投保人不能以心神丧失的无民事行为能力人或者精神病患者作为被保险人投保健康保险。

2. 成立。投保人向保险人提出订立健康保险合同的请求,保险人同意承保,并就健康保险合同的条款达成一致,健康保险合同成立。依法成立的保险合同,对投保人和保险人产生合同成立的约束力,当事人双方不得任意变更保险合同的内容。健康保险特别重视订约人的善意。在订立健康保险合同时,保险人关于被保险人的年龄、职业、身重、体高、病史、现在健康状况、生活习惯或嗜好等的询问,投保人应当如实告知;若投保人违反如实告知义务,保险人可以不承担保险责任或者解除保险合同。

3. 保险期间。健康保险的保险期间,由投保人和保险人约定,一般为1年。保险期间自起保日的零时起到期满日的24时止。保险期间届满时,投保人可以申请办理续保手续,经保险人同意续保的,保险期间继续有效。但是,健康保险合同所约定的保险期间,也可以为长期期间,例如5年期、10年期等,这种情形多发生于人寿保险附加健康保险的场合。对于健康保险的保险期间,保险合同一般约定有"等待期间",即自投保人和保险人订立保险合同之日起,保险人对于被保险人所患疾病不承担保险责任的延缓期间。在保险实务中,等待期间短则3日,长则180日。惟有合同约定的等待期间届满后,保险人对于被保险人所患疾病才承担保险责任。

4. 保险责任。保险人对于被保险人因为下列情形所致伤残或者死亡而引起的财产损失和人身损害,负担给付保险金的责任:(1)被保险人患疾病。疾病是由被保险人自身的原因所引起的,若因外来事故致使被保险人身体发生痛苦的,不属于疾病,应为意外伤害;同时,被保险人先天具有的身体缺陷也不能构成疾病。(2)被保险人分娩(包括流产)。分娩为妇女在生育上求助医疗所必需,虽不构成疾病,但亦可为健康保险承保的风险。(3)被保险人因疾病、分娩所致伤残或者死亡。被保险人因为患疾病或分娩造成伤残或者死亡的,是被保险人的疾病、分娩所造成的当然结果,属于健康保险承保的风险。

5. 除外责任。被保险人有下列情形之一的,保险人不承担给付保险金的责任:(1)在保险合同成立前或者成立时,被保险人已经患病或者怀孕的;(2)被保险人故意自杀或者企图自杀造成的疾病,并导致残废或死亡的;(3)被保险人因怀孕而非法堕胎引起伤残或者死亡的。

6. 保险金的给付。在发生保险事故时,被保险人或者受益人或者被保险人的法定继承人可以向保险人请求医疗费用给付、工资收入给付、伤残或者死亡保险金给付等。请求保险人给付保险金,应当向保险人提交健康保险单、医疗费用支出收据以及其他有关证明材料。保险人收到保险给付请求后,应当及时予以核实,并尽快给付保险合同约定的保险金。保险人在给付保险合同约定的保险金时,对于致被保险人人身伤亡而负有赔偿责任的第三人没有代位求偿权,但是,医疗费用给付的损害赔偿请求,不在此限。　　(邹海林)

jianquan de yisibiaoshi
健全的意思表示(effective declaration of intention)
行为人出于真心及自由的意思所为的意思表示,其对称为不健全的意思表示。一般的意思表示,如非行为人有其他特别因素或受其他不正当影响,其意思表示均为健全的意思表示。　　(李仁玉　陈敦)

jianzheng xingshi
鉴证形式(form of certification)　特殊书面形式的一种。鉴证形式只适用于合同,是指行为人将其书面的合同提交国家工商行政管理部门或有关机关对该合同的真实性和合法性进行审查后给予证明。鉴证形式是当事人之间约定采用的特殊书面形式,而不是法定书面形式。如果当事人之间约定合同经鉴证才能成立或生效的,鉴证形式就不仅具有证据效力,而且具有成立或生效效力。　　(李仁玉　陈敦)

jiaocha xiangyu hangxing guize
交叉相遇航行规则(navigation regulations in the cross situation)　两艘船舶交叉相遇致有构成碰撞危险时的航行规则。交叉相遇只存在于互见中。当两艘机动船交叉相遇致有构成碰撞危险时,有他船在本船右舷的船舶应给他船让路,如当时环境许可,还应避免横越他船前方。为了避免横越他船前方,即让路船一般应从直航船船尾后通过,采取向右转向通常是给右舷正横前方船舶让路的最好办法;而减速或大幅度向左转向则是给右舷正横附近及正横后方船舶让路的最好

方法。　　　　　　　　（张永坚　张　宁）

jiaocha zeren

交叉责任(cross liability)　行为人依法承担的同时具有两种以上性质的民事责任。民事责任按不同的标准可以作不同的分类,如无限责任与有限责任、连带责任与按份责任等。如果行为人承担的责任,可分别归入两种以上的不同分类中,其承担的责任即为交叉责任。如合伙人对合伙债务的责任既为无限责任,又为连带责任,合伙人的责任即属交叉责任。　　（张平华）

jiaocha zeren yuanze

交叉责任原则(cross liability rule)　单一责任原则的对称。船舶碰撞中双方互有责任,互有损失时,双方船舶所有人将相互向对方索赔。此时的赔偿解决原则有两种:一种是由碰撞双方分别按各自的责任比例赔偿对方的损失。另一种是按各自的责任比例计算出各自赔偿对方损失的数额后,二者相互冲抵,如果有余额,则由其中一方向对方支付该余额。前者即为交叉责任原则,后者则为单一责任原则。通常情况下,两种原则的计算结果是没有太大差别的。但当其中一方或双方涉及责任限制时,差别就会很大。
　　　　　　　　　　　　（张永坚　张　宁）

jiaochuan

交船(delivery of ship)　出租人根据定期租船合同和光船租赁合同的规定将指定的船舶,按规定的条件在约定的期限内于约定的地点交给承租人使用的一种正式手续。在双方签署了"交船证书",并由承租人接受后,即视为出租人履行了合同规定的交船义务。交船条件有:(1) 船上存油量和船上设备符合租约规定;(2) 船舶证书齐全、有效,包括国籍证书、所有权证书、吨位丈量证书、船舶适航证书、船级证书、海航日志、船员名单(光船租赁时不需此项)、无线电日志等;(3) 申请有关船舶检验机构对船舶进行检验后做出检验报告,对于某些潜在缺陷,在交船时未能发现的,承租人可以根据租约规定"接受船舶并不构成承租人放弃其租约权利"的原则进行处理。　　　　　（张　琳）

jiaocuo yaoyue

交错要约(cross-offer)　又称交叉要约,合同当事人双方采取非直接对话的方式,相互提出两个独立但内容一致的意思表示。交错要约一般发生在异地之间,且要约时间几乎为同时的场合。由于当事人双方均有订立合同的相同意愿且在同时作出内容完全一致的意思表示,该两个要约既符合要约的全部构成条件,也符合承诺的全部构成条件,符合合同成立的条件,一般可以视为合同已经成立。　　　　　（肖　燕）

jiaofei kuanxianqi tiaokuan

交费宽限期条款(grace period clause)　保险人和投保人在保险合同中约定的、允许投保人向保险人缓交保险费的期限的条款。交费宽限期一般为1个月。依照交费宽限期条款,投保人逾保险合同约定的交纳保险费的时间,只要投保人在交费宽限期内交纳保险费,不构成违反保险合同;在交纳保险费宽限期内发生保险事故,不论投保人是否实际交纳保险费,保险人均应当承担保险责任。但是,超过交费宽限期条款允许的期间,投保人不交纳保险费的,保险合同自动中止效力。　　　　　　　　　　　　（邹海林）

jiaofu

交付(delivery)　物上现实支配力的移转。交付作为动产物权变动的公示方法,以有交付相对人者为限。就抛弃等无特定相对人的动产物权消灭情形,公示方法应为放弃占有。所谓动产物权,应认为包括所有权、质权与留置权。交付何以能产生物权变动的法律效果,不仅因为交付是占有的移转,还因为当事人之间存在使物权发生变动的意思表示(或为单方意思表示,或为合意)。由于该意思表示的存在,使财产一经交付,即发生物权变动的法律效果。如果双方当事人之间不存在变动物权的合意,而是为了建立其他法律关系或者履行法定义务等,则交付不能发生动产物权变动的法律效果。对于这一点,各国民法学说与立法上有不同的态度:根据法国、日本等国的意思主义做法,动产物权无须经过交付,仅依据当事人之间生效的债权合意即发生变动;根据德国等国的形式主义做法,动产物权的变动不能因为当事人之间的债权合意而生效,而只能根据独立于债权合意的物权合意发生效力。如果认为意思主义的做法只不过采取了"二位一体"的做法,则可以认为在须有当事人的意思表示这一节上,两种立法例之间有共同之处。

　　交付通常是指现实交付。但是,随着市场经济的发展,为了达到交易上的便利,发展出多种变通的交付方法,如简易交付、占有改定、指示交付、拟制交付等。

　　交付亦是合同履行中风险移转的界点。《德国民法典》第446条即规定:"自交付买卖标的物之时起,意外灭失或者意外毁损的危险责任移转于买受人。"《中华人民共和国合同法》第142条也采取了这种"交付移转风险"的原则。　　　　　　　　　（李富成）

jiaofu baoxianfei

交付保险费(payment of premium)　投保人的主要

合同义务。保险合同为有偿合同,投保人交付保险费是保险人承担赔偿和给付责任的对价。《中华人民共和国保险法》第14条规定,保险合同成立后,投保人按照约定交付保险费;保险人按照规定的期间承担保险责任。但是,保险费的交付不构成保险合同发生效力的先决条件。在保险合同期限内,因保险标的的危险增加,保险人要求增加保险费的,投保人应当交纳增加的保险费;危险降低的,投保人可以减交保险费;投保人、被保险人没有履行对保险标的的安全防损责任,保险人增加保险费的,投保人应当增加交纳保险费;因投保人申报被保险人年龄不实而致使其交纳的保险费少于应付的保险费的,投保人应当补交保险费。投保人不依照保险合同的约定交纳保险费,保险人可以催告投保人交纳保险费和利息;除非法律规定保险人不得解除或者终止保险合同,或者保险法对保险合同的效力另有规定,投保人不依照保险合同的约定交纳保险费,保险人可以解除或者终止保险合同。保险费应当由投保人支付。但是,在人身保险的场合,被保险人或者受益人可以代替投保人交付保险费,保险人对此不得拒绝。此外,《保险法》第60条明确规定,保险人对人身保险的保险费,不得以诉讼方式要求投保人交付。这是因为人寿保险具有储蓄性质,保险费不是保险人已经取得的利益,而是保险人对投保人的债务,在合同解除、终止或期满时应返回给被保险人或受益人,绝不能因任何原因不履行此义务。

(温世扬)

jiaofu huowu

交付货物(delivery) 货物运到目的地后,承运人应当按照运输单证的记载交付给收货人。货物如有灭失或损坏,收货人应当及时提交货损通知。对无人提取或收货人拒绝提取的货物,承运人有权作出处理(已在无主货词条中阐明)。对于货物交付,我国海商法作出了相应规定。交付货物是要承运人与收货人互相配合才能实现的。当收货人没有发出或没有在法律规定的期间内向承运人发出货物灭失或损坏的索赔通知时,则是承运人以良好状态交付货物的初步证据。收货人在承运人向他交付货物的次日起连续60日内,没有就发生的迟延交付造成的经济损失向承运人提交书面通知的,承运人对此损失不负赔偿责任。也就是说,承运人如未如期收到迟延损失通知的,则视为收货人放弃索赔权。货物交付前,收货人或承运人均可要求对货物状况进行检验,检验费用由造成货物损失的责任方承担。承运人和收货人对货物检验应当相互提供合理的便利条件。承运人并没有绝对的义务通知货方提货(特别是集装箱货物),这是法律许可的做法,也是国际贸易的客观条件所限定的。在国际贸易中,通过提单背书流转,一票货物经常会被多次易手,承运人是无从确定真正的收货人的,承运人只需要将货物交给正本提单的持有人。进一步讲,提单正面的通知方实际上仅仅是一个陈述栏目,而且通知方往往并不是真正的收货人,这个栏目的设置及承运人通知通知方都是从客户服务的角度提供的方便,并不意味着承运人负有通知提货的义务。针对某些国家(主要是南美一些国家)由海关而不是承运人或他的代理人来决定是否放货或交货的当地法律规定,以及货物不处于承运人控制的情况,只要承运人按照当地的法律规定履行了义务并采取了适当的措施,即应视为承运人已经完全地履行了运输合同的义务。

(宋春凤 金 强)

jiaohu jisuan

交互计算(current account; 德 laufende Rechnung; 法 compte courant) 当事人双方约定对于彼此在一定时期内商品往来中所产生的债权债务,定期进行结算,互相抵消债权债务而只向对方支付抵消后差额的法律行为。它是交易双方基于彼此间长期、稳定的合作关系或者彼此的信赖而采用的一种简化交易程序的结算方式,其意义在于免除了当事人每一笔交易都要分别一一结清价款的繁琐手续,避免了资金的暂时短缺或呆滞带来的不便,加速了货物的流通与资金的周转。作为一种商业结算方式,交互计算在商品经济发展初期就已经存在了,但其成为一种较常用的结算方式,是18世纪之后的事情。现在,交互计算已成为商业上,特别是跨地区或跨国商品贸易中广为采用的一种结算方式。

交互计算的特征:(1) 交互计算的主体。各国立法对于交互计算主体资格的规定不尽一致,主要可分为两类:一类是采民商分立制的国家,如德国、日本等国,这类国家将交互计算规定为一种商事行为,因此其主体也必须是商事行为主体,即当事人双方均须为商人;另一类是采民商合一制的国家,对交互计算的主体资格无特殊要求,任何民事主体,只要双方之间有交易关系存在,即可采用此方式来进行结算。(2) 交互计算的债权债务,须以金钱给付为标的。以金钱之外的货物、利益或劳务为给付标的的结算,不属于交互计算的范围,但如果上述给付标的折算为金钱的则属例外。(3) 交互计算合同为诺成性、要式合同。交互计算合同由当事人双方达成合意即告成立,故为诺成性合同。同时由于交互计算涉及内容较多,比如适用范围、时间、间隔期限、结算货币、结算余额处理等,故一般应当订立书面合同,并逐一作出明确的规定,因此它又属于要式合同。

在交互计算合同履行过程中,必须遵循交互计算不可分原则。具体是指当事人各方在约定的交易期内就彼此间的债权债务只能定期进行结算、互相抵消,而不能在约定的结算期限到来之前就彼此间的债权债务进行个别或部分的结算,除非当事人双方均同意此种结算。一般而言,各国法律均规定,应列入交互计算范围的债权债务,一经当事人双方确定,非经相对人同意,任何一方不得擅自将其由计算内容中除去,或者把它与交互计算范围之外的债权债务相抵消,也不能把它转让于第三人或作为质权的标的。但亦有例外规定,如日本、意大利等国的商法典规定,汇票、本票、支票及其他流通证券记入交互计算的,如果证券的债务人不为清偿时,当事人有权将其从计算内容中除去。交互计算期间内所发生的债权债务为总抵消后,有差额时,债务超过债权的当事人,即负有向债权方清偿该差额的义务。经计算确定的差额,如双方没有即时清偿的特殊约定,一般应记入下一期的交互计算中。

交互计算合同通常基于下述原因而终止:合同存续期间届满;当事人双方的交易关系终止;当事人一方受到破产宣告而致交互计算合同终止时,相对人有权停止交互计算义务的履行并提出支付一方债权的请求,此部分债权属于破产债权,可从破产财产中清偿。

(任自力)

jiaohuan tidan

交换提单(switch bill of lading) 有原起运港的并注明"在某某港换发"或者"switch B/L"字样的提单。这种提单形式是出于贸易上的需要。起运港签发提单后,在中途港由承运人的代理人另行换发一套提单,以表明该批货物是由该中途港出运的,并由原船运至换发提单上注明的目的港。

(张 琳)

jiaohuodan

交货单(delivery order) 又称"提货单"、"小提单",是船公司交给收货人或其代理人凭以向船上或仓库提领货物的凭证。虽然收货人或其代理人提取货物是以正本提单为交换条件的,但在实际业务中采用的办法则是由收货人或其代理人先向船公司在卸货港的代理人交出正本提单,再由船公司的代理人签发一份交货单给收货人或其代理人,到海关办理手续后方可提取货物。船公司的代理人在签发交货单时,会认真核对提单与其他装船单证的内容是否相符,然后才详细地将船名、货物名称、件数、重量、包装标志、提单号、收货人名称、货物到达目的港的日期以及存放地点等内容填入交货单。在运费到付的情况下,收货人只有先付清运费及各项其他费用后才可换领交货单。因此,对船公司来说,交货单起到保证收取运费的作用。交货单的性质与提单完全不同,它不过是船公司或其代理人指令码头仓库或装卸公司向收货人交付货物的凭证而已,不具有物权凭证的作用,不能流通。

(宋春风 金 强)

jiaoyisuo jingjiren

交易所经纪人(floor broker) 也称 2 美元经纪人,此绰号因他们当初每买卖 100 股收取 2 美元佣金而得。交易所经纪人,在性质上属行纪,其营业不是自由营业。在交易所的交易,必须委托经纪人,并以经纪人的名义进行,故委托人与经纪人的关系也适用关于行纪的规定。由于经纪人地位特殊,他所受委托的买入或卖出,都要在交易所内进行,所以对他有特殊要求:(1)定期交易的委托,经纪人不得以低于委托人指定的价格卖出或高于指定价格买入。高价买入、低价卖出,侵犯了委托人的利益,因而没有委托人的特别意思表示,不能为之。通常的委托关系,其买入或卖出,可通过推测委托人的意思表示而决定。然而定期交易是投机生意,其标的物的买入或卖出并非目的,而是利用市场的价格波动以牟利。交易所的买卖价格由竞价产生,经纪人在交易市场上所出的价格对于市场影响很大,所以委托人所指定的价格,经纪人不得违反,否则委托人需对所负差额追加保证金。(2)交易所内的定期交易委托,经纪人无介入权。定期交易的价格是在交易所内竞价产生的,因而不允许进行场外交易,经纪人行使委托事务应在交易所场内买入或卖出。经纪人自身不得成为委托人买入或者卖出的相对人,否则会侵害委托人的利益。

(李成林)

jiaoyiwu

交易物(traded thing) 能够依照法律规定通过买卖取得或转让的物。交易物的所有权一般应在交付时发生转移。但如果法律上有专门规定,或者当事人有特别约定,某些交易物的所有权的转移时间也允许例外,如房屋买卖,依照有关规定,应在有关手续办理完结后,才发生所有权的转移。

(金福海)

jiaoyaoshi hetong

交钥匙合同(turnkey contract) 也称"成套设备交易",工程承包合同的一种。其含义是承包方根据发包方的要求从勘察、可行性研究、设计、制定施工计划、工程建设、安装,一直到正常运行,全部承包,最后将能随时开工生产或者进行工作的工厂、车间或科研设施交付发包方使用和管理,发包方只要有一把打开该设施大门的钥匙,整个设施即可按合同的规定正常运转。可见,交钥匙合同实际上是由一系列合同,包括工程勘察合同、设计合同、许可证合同、建筑合同、机械设备安装合同等构成的一个复杂的整体承包合同。由于在该合同中，承包方需利用发包方提供的材料、设备、场地、资金和技术资料进行工程项目的勘察、设计、建筑和安装工作，为提高工程质量，加快工程进程，也往往采用先进的技术方案和一系列有利于发包方对工程项目施工后进行管理、操作的技术手段，因此，在交钥匙合同之外，往往同时加订技术援助合同、经营管理合同甚至产品销售合同。交钥匙合同承包的标的有两类：一类是有形财产，即物，包括厂房、机械设备等，一类是无形财产，即智力成果，包括商标、专利及专有技术的使用权等。一般认为，一旦承包方将完成的标的移交给发包方，该标的即完成，工程项目的所有风险也随之转移给发包方，发包方应付清价款。此时，承包方一般不保证发包方的操作人员已掌握使用该项目所必需的技术，除非双方还订有技术援助协议。因此，如果发包方技术水平达不到要求，即使取得了成套工厂或项目的钥匙，也不能从中获得预期的利益。在此类国际贸易中，许多发展中国家要求在交钥匙合同中加重承包方对技术援助的义务，并称之为"产品到手合同"，这是交钥匙合同的新发展，要求承包方不仅应保证及时交付合同规定的工程，同时必须保证发包方能够按照合同规定的标准、效率与成本开动工厂设备并制造出合格的产品。　　　　　　　　　　　　（万　霞）

jiaoxing xingwei

侥幸行为（aleatory act）　当事人所为的一种试图获得某种偶然利益的行为。侥幸行为的后果因行为的性质不同而有所不同：(1) 符合法律规定的侥幸行为有效。如购买经政府批准发行的彩票。(2) 法律不禁止而又不损害社会公共利益及他人合法权益的行为有效。如捡得他人已抛弃的财物。(3) 违反法律或损害社会公共利益及他人合法权益的行为无效。如在我国进行赌博的行为。　　　　　　　　　　（万　霞）

jiaogu

缴股（payment of subscribed shares）　认股人按所认领的股份的票面价额支付股款的投资行为，是股份认购的第二步。认股人认领设立中股份公司的股份后，必须按规定的期限足额缴纳股款；逾期不缴纳股款，经公司催告后仍拒绝缴纳的，视为自动放弃认购权，所认购的股份无效，发起人可另行招募，并有权要求认股人赔偿因此给公司造成的损失。股款是否必须一次性全部缴足，各国公司立法规定不一。日本强调认股人"必须毫不迟延地缴足股款"，德国、法国规定可以分期缴款，但要求第一次缴纳的股款数额不得少于全部股款的四分之一。《中华人民共和国公司法》对此未作明确规定，但通说认为应一次性足额缴纳。关于出资方式各国规定也不尽相同，一般包括现金、实物和知识产权等。以实物出资的，要求注册会计师查验核实，且必须在发行股份时立即缴清，不得分期缴纳。我国《公司法》规定发起人可以用现金支付股款，也可以用其他动产、不动产及财产性权利作价抵缴股款，但社会公众只能用现金支付股款。我国《公司法》规定，股份公司以募集方式设立的，发起人应当与银行签订代收股款协议；代收股款的银行应当按照协议代收和保存股款，向缴纳股款的认股人出具收款单据，并向有关部门出具收款证明。　　　　　　　　　　　　　（陈耀权）

jiaohui faren

教会法人（spiritual corporation）　财团法人的一种。在大陆法国家，寺庙当然为财团法人。其他宗教团体，依日本判例，可认为是财团法人。依瑞士民法，宗教财团自始即成立，不以登记为取得法人资格的要件。
　　　　　　　　　　　　　　　　　（李仁玉　陈　敦）

jiepan

接盘（acceptance）　亦称接受、收盘，交易一方在发盘的有效期限内作出的同意另一方的发盘或还盘提出的全部交易条件，并愿意依此订立合同的一种明确表示。接盘属承诺一项实盘，一经有效接盘，合同即告成立。构成有效的接盘应具备以下条件：(1) 必须由受盘人或其授权的人作出；(2) 其内容须对发盘无保留地完全同意；(3) 须在发盘有效期内作出，但若发盘人认为逾期接盘可以同意并毫不迟延地用口头或书面形式将此意见通知发盘人，逾期接盘仍可有效；(4) 接盘人必须声明或作出其他行为来表示，缄默或不行为本身不是接盘。参见承诺条。　　　　　　　　（肖　燕）

jieshou jicheng

接受继承（accept inheritance）　亦称为继承权的承认，与放弃继承相对。继承开始后至遗产分配前，法定继承人或遗嘱继承人作出接受继承的意思表示。依一般民法理论，自被继承人死亡开始，继承权即由期待权转为既得权，非专属于被继承人本身的财产权利义务应当自此转移于继承人。继承人对于此种权利义务是否当然承受，有两种不同的主张。日耳曼法主义观点是继承人须无条件承受，不存在单独作出接受与否的意思表示的选择余地。罗马法主义则认为任意继承人表示接受才对其产生继承的效力。现代各国民法多赋予继承人以选择权，即由其根据自己的意志，选择接受继承或是放弃继承。但对选择的具体范围及内容则有不同的立法例。如日本民法设有单纯承认、限定承认与抛弃继承三种；德国民法设单纯承认及抛弃继承，没有限定承认但有申请宣告破产与之对应；瑞士民法、法国民法都不设限定承认,但分别有清算制度和编制遗产清册制度相配套。我国现行继承法采用限定继承的立法原则,因而继承人的选择仅限于表示接受或者放弃继承,无须特别表示承担有限责任还是无限责任。继承法上贯彻一为继承人,永为继承人的原则,继承人一旦作出接受继承的意思表示,就不得再作相反的意思表示,否则将会造成继承关系的混乱和不确定性。关于接受继承的表示方式,一般认为既可明示,亦可默示,各国立法不作特别的限定。《中华人民共和国继承法》从保护继承人利益的角度出发,在第 25 条规定,继承开始后,继承人放弃继承的,应当在遗产处理前,作出放弃继承的表示。没有表示的,视为接受继承。因此,在我国的继承实践中,接受继承既可以是积极的行为,也可以是消极的行为。继承权是一个整体,具有不可分性,不能同时作出部分接受继承、部分放弃继承的意思表示,这是各国立法通例,我国继承法未作特别规定,宜为同样解释。接受继承在性质上亦为单方法律行为,只须继承人一方作出表示即可,不须征得他人同意即生法律效力。　　　　　　　　　　(周志豪)

jieshou yichan

接受遗产(accept inheritance)　放弃遗产的对称,继承人接受继承权后,在遗产分割时接受遗产的意思表示。接受遗产与接受继承不同,在客体上,前者的客体是遗产,后者的客体是继承权;在内容上,前者意味着接受具体的遗产分配,后者则仅意味着表示参与继承法律关系;接受继承是接受遗产的前提,接受遗产只能在接受继承后作出。我国法律对接受遗产没有作出明确的规定,一般认为应与接受继承的方式相同,既可以明示方式,亦可以默示方式。接受遗产的法律效力在于继承人取得对其具体应继份的独立所有权,可以为各种自由处分,如转让、赠与、抛弃等。接受遗产亦为单方法律行为,只要继承人一方作出意思表示即可生效。另外,继承人在接受继承后遗产分割前死亡的,接受遗产的意思表示可由其转继承人作出。　(周志豪)

jiesen tiaokuan

杰森条款(Jason Clause)　提单条款之一。根据《哈特法》,船长、船员的管船过失引致的损害可以免除船舶所有人的赔偿责任,但不能赋予船舶所有人要求货主分摊因船长过失所引起的共同海损的权利。1897 年伊罗瓦迪(Irrawaddy)一案后,承运人为了维护自身利益,纷纷在提单中订立一个共同海损疏忽条款(General Average Negligence Clause),规定,"如果承运人已尽到了使船舶适航的义务,由于其雇用人员的航海过失或管船过失导致的共同海损,货主应参加分摊"。美国判例对这一条款的效力的态度经历了一个反复的过程。直到 1910 年"杰森"上诉案时,美国最高法院才正式肯定了共同海损疏忽条款的效力,并将其命名为"杰森条款"。自此,凡是开往美国港口的船舶,都在提单中加上"杰森条款"。"杰森条款"后经修订,被称为"新杰森条款"。杰森条款保障了货方分摊承运人可以免责的过失所引发的共同海损。　(张永坚　张　宁)

jieguo

结果(result)　在民事责任中,结果等同于损害事实。参见损害事实条。　　　　　　　　(张平华)

jieguo xintuo

结果信托(resulting trust)　参见归复信托条。

jieguo zeren

结果责任(德 Haftung des Resultat)　只要行为人造成损害结果,行为人即应承担的责任。这种责任不问行为人有无过错,而以行为人的行为是损害原因,作为其承担责任的惟一根据,故又称"原因责任"。它是人类文明不发达的古代社会的产物。在古代社会,最初对侵权行为实行"以牙还牙,以眼还眼"的同态复仇,后虽以赎罚金制度代替复仇方式,但所注重的仍是客观的损害结果,而非加害人的主观意识。"受有损害,即予报复"的结果责任成为行为人承担责任的惟一标准。除不可抗力造成的损害因当时认为是神力所为的以外,对于任何损害,加害人均须负责。古罗马十二铜表法就有此规定。罗马法上虽开始出现了过错责任,但结果责任原则仍一直延续下来。直至 17、18 世纪,资产阶级立法才最终抛弃了结果责任原则,采用过错责任原则,并建立了完整的过错责任的理论体系。近代社会由于经济和社会的原因,又出现了无过错责任制度。因无过错责任也不以加害人的过错为责任根据,所以也有人把它称为结果责任。然而,尽管结果责任与无过错责任均不以行为过错作为责任条件,但二者却截然不同。结果责任是人类社会初期未能区分故意与过失的产物,而无过错责任是为补救过错原则的不足所创设的制度。作为近现代社会大生产下的产物,无过错责任不是对结果责任的简单肯定或回复。
　　　　　　　　　　　　　　(张平华)

jieguo zeren zhi qinquan xingwei

结果责任之侵权行为(德 Gefaehrdungshaftung)　行为责任之侵权行为的一种。行为人对损害后果负结果责任的侵权行为。此种侵权行为因行为人的行为有较大的危险性,虽其从事的活动合法,但只要造成损害后果,行为人就应承担民事责任。参见行为责任之侵

权行为条。　　　　　　　　　　（张平华）

jiehewu
结合物（mixed thing conjuncts） 又称合成物、组成物、组合物、集成物。也有将结合物称为集合物，而将德文中的 Inbegriff 称为聚合物者，此种专用名词，迄今尚不统一。由数独立不等之物，未失其个性，结合而成之个体。例如房屋一栋，船舶一艘，汽车一辆，钟表一只，钻戒一枚等。房屋为门窗玻璃梁柱砖瓦等独立物体组成，故房屋可称为结合物。组成结合物之各独立不等之物，虽未失其结合前之性质，俱成为该新物体之成分。倘若某成分，非经毁损或变更其物之性质不能分离者，则该成分即为新物体之重要成分；反之，则为非重要成分。为防止经济价值之减损，法律上使各重要成分与结合物，受同一之处置，从而重要成分不能独立为物权之客体。但当事人订立债之契约，以物之重要成分作为让与或设定负担之标的者，法律并不禁止。如约定以房屋之硬木地板、梁柱或精美砖雕，为买卖之标的物，于将来房屋拆毁后交付。非重要成分原则上仍得独立为物权之标的。　　　　　　（张　谷）

jiehun
结婚（marriage） 参见婚姻的成立条。

jiehun de shizhi yaojian
结婚的实质要件（substantive essentials of marriage） 参见结婚要件条。

jiehun de xingshi yaojian
结婚的形式要件（formal essentials of marriage） 参见结婚要件条。

jiehun dengji
结婚登记（marriage registration） 我国建立合法有效婚姻关系的必经法定程序。采取登记制的国家，进行结婚登记是婚姻成立的惟一形式要件。根据我国《婚姻登记条例》的规定，结婚登记分为申请、审查和登记三个步骤。要求结婚的当事人双方共同到一方户口所在地的婚姻登记机关申请结婚登记，申请时应出具本人的户口簿、身份证、本人无配偶以及与对方当事人没有直系血亲和三代以内旁系血亲关系的签字声明。婚姻登记机关依法对当事人的结婚申请进行审查，审查的内容包括：(1)当事人所持证件是否真实、完备。(2)当事人双方是否都符合结婚条件，即是否达到法定婚龄；是否完全自愿；是否已有配偶；是否属于直系血亲或者三代以内的旁系血亲；是否患有医学上认为不应当结婚的疾病。婚姻登记机关对符合结婚条件的，应当当场予以登记，发给结婚证；对当事人的婚姻登记申请不予登记的，婚姻登记机关应当向当事人说明理由。　　　　　　　　　　（王歌雅）

jiehunyaojian
结婚要件（essentials of marriage） 即婚姻成立的要件，指婚姻关系建立须符合的法定条件。结婚是确立夫妻关系的法律行为，合法性是婚姻的本质属性。因而，各国法律均为婚姻的成立规定了各项法定的要件。符合法定要件的结合是合法婚姻，具有婚姻的法律效力；欠缺法定要件的结合是违法婚姻，不具有婚姻的法律效力。依据法理和有关的立法例，婚姻成立的要件可以分为：

(1) 实质要件和形式要件。婚姻成立的实质要件，是指结婚当事人的本身状况，以及一方与另一方的关系，均须符合法律的要求。如结婚当事人须达到法定婚龄，双方须有结婚的合意，以及须无结婚的法定障碍等。婚姻成立的形式要件，是指婚姻成立的程序、方式必须符合法律的要求。当代各国的结婚立法多采取要式婚制，有的规定当事人必须办理结婚登记或者户籍申报；有的规定当事人必须举行一定的仪式并有证人在场证明；有的规定当事人必须先向主管部门申请，取得结婚许可证，然后再举行仪式或办理登记，等等。结婚当事人符合婚姻成立的实质要件只意味着具有结婚的可能性，按照形式要件的要求履行结婚程序后，才使这种可能性变成现实性，所成立的婚姻才为法律所承认和保护。按照我国法学和司法实践中的习惯用语，婚姻成立的实质要件称为结婚的法定条件，婚姻成立的形式要件称为结婚的法定程序。

(2) 必备条件和禁止条件。必备条件亦称积极要件，是婚姻成立不可缺少的条件。如结婚须出于双方合意，当事人须达到法定婚龄，结婚须符合法定的方式等。禁止条件亦称消极要件，是婚姻成立的法定障碍。如当事人有禁止结婚的亲属关系，当事人患禁止结婚的疾病等。必备条件和禁止条件的区分不是绝对的，而是相对的。例如，我们可以将必须符合一夫一妻制列为必备条件，也可以将禁止重婚列为禁止条件。角度虽然不同，内容则并无区别。

此外，传统的亲属法学中还将婚姻成立的要件分为公益要件和私益要件。前者是指与社会公共利益有关的要件，如当事人须非重婚，须非禁婚亲等；后者是指仅与私人利益有关的要件，如当事人须有结婚的合意，未成年人结婚须得其法定代理人的同意（在成年年龄高于法定婚龄的国家有此立法例）等。这种分类为我国婚姻家庭法学所不取，我国现行法律中有关婚姻成立要件的规定，既是保护当事人私益的要求，又是保

护社会公益的要求,两者是相互结合的。 (马忆南)

jiehunzheng

结婚证(marriage certificate) 证明婚姻关系成立的法律文件。在我国,结婚证是由婚姻登记机关颁发给获准结婚的当事人双方收执的法律文件。根据《婚姻登记条例》的规定,结婚证的式样由国务院民政部门规定并监制,结婚证遗失或者损毁的,当事人可以持户口簿、身份证向原办理婚姻登记的机关或者一方当事人户口所在地的婚姻登记机关申请补领。 (王歌雅)

jiehun zhunjufa

结婚准据法(applicable law of marriage) 冲突规范所援用的、据以确定婚姻关系的成立过程中双方当事人的权利与义务的实体法规范。结婚准据法是结婚实质要件准据法和结婚形式要件准据法的总称。按照当代各国关于结婚准据法的不同规定,结婚准据法一般适用婚姻缔结地法、当事人属人法及兼采婚姻缔结地法和当事人属人法的混合制法。《中华人民共和国民法通则》第147条规定,中华人民共和国公民和外国人结婚适用婚姻缔结地法律。即无论是婚姻成立的实质要件,还是形式要件,结婚均以婚姻缔结地所在国家的法律为准据法。 (王歌雅)

jiesuan hetong

结算合同(contract for settling accounts) 银行或其他法定金融机构(以下简称"银行等机构")的开户人与银行等机构之间就开户人在银行设立账户,由银行等机构为开户人收付款项、清结债务,开户人交纳结算费用签订的协议。按照该协议,开户人应将其现款存入银行等机构的结算账户内,而银行等机构则应把由结算账户的开户人或由第三人所直接付入的现款记入该账户内,并接受开户人委托,依其请求将账户内金额付出。我国法律规定,法人之间的经济往来,除按国家规定可以使用现金的以外,都须由银行等机构办理转账结算。为此,法人必须把所有资金,包括超过库存现额的现金,及时存入银行等机构。银行等机构通过转账结算和现金结算,为法人收付往来款项,保障生产和流转的正常需要。

结算合同一般为实践性合同。开户人向开户机构填制开户申请书,开户机构审查批准后,开户人向开户机构交存足额款项,结算合同才告成立。结算合同属于双务合同,双方当事人有相应的权利和义务。开户人的义务主要是:按照规定,把应交存的款项存入银行等机构账户,保证有足够的资金支付各项开支;凡一定数额的经济往来要通过银行等机构结算;除国家规定者外,不准预支、预收款项,不准赊购和拖欠;接受开户机构的检查,提供账户使用情况的有关资料;不准出借账户;使用各种收支凭证,要如实填明款项来源或用途;按规定向开户机构缴纳结算费用。开户人的权利是:要求结算人为自己收款付款;按规定收取银行存款利息。开户银行的主要义务是:应准确、如实地把由结算账户的开户人或由第三人所直接付入的现款记入账户;在开户人存款数额内随时为开户人支付款项;除国家有规定者外,银行等机构为开户人支付款项都应经开户人同意;按开户人签订的合同,为开户人收入应得款项;根据结算法规,查验结算所必需的证件;及时与开户人对账;赔偿因结算失误给开户人造成的经济损失;向开户人支付存款利息。开户银行的权利是:向开户人收取结算费用;按法律规定实施强制结算,对开户人的金融和经济活动实行监督。

结算合同虽然是银行等机构与开户人双方订立的,但因其涉及收款方、付款方和银行三者的利益关系,这就需要银行遵循结算法规所确定的结算原则,既保护与自己有账户合同一方的利益,也要处理好所涉及的另一方的利益。这些原则主要是:(1)钱货两清。即:在转账结算中,供货单位必须在按合同供货后,才能委托银行办理收款。购货单位应根据合同规定按期付款,不得延付或无理拒付。(2)维护收付双方的正当权益。银行等机构办理结算,必须遵守国家法律和财经纪律。既维护开户人一方的合法利益,又要保护开户人的债权人或债务人的合法利益。(3)银行不予垫款的原则。结算人为开户人收入款项,必须先把该笔款项收入开户人账户,才准许开户人请求支付;结算人为开户人支付款项,必须以开户人账户余额为限,禁止签发空头支付凭证。

开户人在经济往来时可选择为银行等机构所采纳的支付款项的程序和方法。这种结算方式是履行结算合同所不可缺少的。根据相关规定,我国现有的结算方式有异地结算及同城、县内结算。(1)异地结算是指不在同一地区(城市、县)的各单位之间经济往来的转账结算。异地结算办法由国家统一制定。异地结算主要采取异地托收承付、信用证和汇兑、票汇结算等三种形式。(2)同城及县内结算。由各省、市、自治区银行根据中国人民银行总行的结算原则,结合本地经济往来情况分别作出规定,主要有支票结算、付款委托书结算、托收无承付结算、农村限额结算等方式。

结算合同除因一般合同终止的原因终止外,还可因开户人账户内连续一年未发生资金收付,经开户机构通知撤户而终止。 (邹川宁)

jiekesiluofake shehuizhuyi gongheguo minfadian

《捷克斯洛伐克社会主义共和国民法典》(Civil

Code of Czechoslovak Socialist Republic）1964年2月26日捷克斯洛伐克联邦议会通过并公布，同年4月1日起生效。1982年11月9日曾作修订。捷克斯洛伐克社会主义共和国在1950年曾公布过一部旨在向社会主义过渡的民法典，1964年民法典则是旨在向共产主义过渡的民法典。法典以公民与社会主义组织之间以及公民与公民之间为满足物质与文化需要而发生的关系为调整对象，并以社会主义组织对公民的服务关系为重点，而将社会主义组织之间的经济关系划归经济法调整。1964年通过民法典的同时，也通过了经济法典。民法典的出发点是社会主义经济的统一和社会与公民利益的和谐一致，认为个人所有权是公有制所派生的，并把它看做是满足公民个人需要的一项重要手段加以保护。法典由序言、民事法律关系的原则和以下8编组成：总则，社会主义公共财产和个人财产，住宅、其他场所和地段的个人使用，劳务，其他法律行为产生的权利和义务，损害和不当得利的责任，公民个人所有财产的继承，附则，共40章510条。（张玉敏）

jiemeichuan tiaokuan

姐妹船条款（sister ship clause） 船舶保险的一项附加承保危险的条款。依照船舶保险的约定，发生船舶碰撞时，保险人仅对被保险船舶与第三人所有或管理的船舶发生碰撞遭受的损失承担赔偿责任；若发生碰撞的船舶属于同一船东所有或管理，保险人不承担保险责任。被保险人为分散所有的船舶碰撞风险，需要与保险人附加约定姐妹船条款。依照姐妹船条款，同一船东所有和管理下的船舶发生碰撞，除货损或者对第三人造成的损害仍由船东负责外，碰撞船舶所发生的损害，视同与第三人的船舶发生碰撞引起的损害，被保险人可以请求保险人赔偿。例如，中国人民保险公司发布的船舶保险条款第10条规定：被保险船舶与同一船东所有，或由同一管理机构经营的船舶之间发生碰撞或接受救助，应视为第三方船舶一样，本保险予以负责。（邹海林）

jiechu tiaojian

解除条件（德 auflösende Bedingung） 延缓条件的对称。限制民事法律行为效力消灭的条件，又称消灭条件。即已经发生效力的民事法律行为于条件不成就时保持其效力，于条件成就时丧失其效力。附解除条件的民事法律行为，其效力消灭与否处于不确定的状态。例如，甲与乙约定，如甲的女儿大学毕业回本市工作，则解除与乙的房屋租赁合同，甲与乙之间的租赁合同所附条件即为解除条件。（李仁玉　陈敦）

jiefang xuanshi

解放宣誓（拉丁 jurata promissio libertis; promissio i-urata） 又称自由解放奴隶口约。罗马法上惟一以誓言方式订立的契约。是指恩主解放奴隶时，被解放的奴隶宣誓为恩主服一定劳役，恩主则默示或明示表示同意的契约。由于奴隶在宣誓时尚未获得市民地位，不能成为权利义务主体，因此，奴隶被解放后必须将宣誓重复一次，如果日后违反，恩主可以提起大法官创设的"服役诉"，以强制其履行。上述诉权可以作为财产权继承。要式口约产生后，到公元2世纪时，解放奴隶往往也采用要式口约的形式，但解放宣誓仍然是最常见的形式。（刘经靖）

jiesan dengji

解散登记（dissolution registration） 公司解散时，法律要求对这一法律事实进行登记。日本商法典第96条以及商业登记法第61条规定，当公司解散时，除公司破产以及被兼并之外，公司应于公司解散的事实发生之日起两个星期内，在公司总部所在地的登记机关进行公司的解散登记。解散登记内容包括：(1) 解散的事由、解散发生的时间、解散的原因；(2) 对公司章程中规定的解散事由，应附具证明书；(3) 作为代表公司的清算人申请登记时，应附具该人的身份资格证明。（刘弓强　蔡云红）

jieyue dingjin

解约定金（拉丁 arrha poenitentialis; 德 Reugeld） 也称"反悔定金"。作为保留解约权代价的定金。交付定金的一方得以丧失定金为代价而解除合同，收受定金的一方也得以双倍返还定金为代价而解除合同。常兼有证约定金的作用。法国、日本民法将定金的解约视为定金的基本性质。我国许多学者认为我国民法关于定金的规定也具有解约定金的性质。（万霞）

jieyueri

解约日（cancelling date） 航次租船合同中，船方和租方共同商定的船舶必须备妥装货的最后日期，若在该日期前船舶尚未抵达备妥，租方有权取消合同。有的合同订明具体日期，有的合同订明船舶受载期限为从某日至某日，这个受载期限的最后日期就是船舶必须备妥装货的最后日期，即解除合同日期。不论什么原因，船舶若迟于"解约日"到达装货港，或虽已到达但是未做好装货准备工作，租船人有权解除合同。除由于不可抗力的原因致使延迟到达装货港外，当租船人能够证明船舶延误是由于船东的违约行为所造成的，租船人还有权向船东索赔。由于租船人对迟于"解约日"

到达装货港的船舶有解除合同的可能,因此合同中常规定租船人应在船舶预计抵达装货港 48 小时以前,或最迟于船舶抵达本港时,作出是否有意解除租船合同的决定,也有的合同规定租船人在接到船长、船舶所有人或其代理人的船舶装卸准备就绪通知 24 小时后,应作出是否有意解除合同的决定。 （张　琳）

jieruquan
介入权(right to intervene)　又称委托人的介入权,指在委托合同中,当受托人因第三人的原因对委托人不履行合同义务时,委托人介入受托人与第三人之间的合同关系,直接向第三人主张合同权利的权利。介入权是英美法上间接代理中的一项制度,《中华人民共和国合同法》借鉴英美法确立了介入权制度,其第 403 条规定,受托人以自己的名义与第三人订立合同时,第三人不知道受托人与委托人之间的代理关系的,受托人因第三人的原因对委托人不履行义务,受托人应当向委托人披露第三人,委托人因此可以行使受托人对第三人的权利,但第三人与受托人订立合同时如果知道该委托人就不会订立合同的除外。按照我国《合同法》的规定,委托人行使介入权应当符合以下条件：(1) 受托人因第三人的原因对委托人不履行义务；(2) 受托人已经向委托人披露了第三人；(3) 第三人与受托人订立合同时不存在如果知道委托人就不会同意订立合同的情形。委托人行使受托人对第三人的权利的,第三人可以向委托人主张其对受托人的抗辩。 （刘经靖）

jieru yuanyin
介入原因(intervening cause or force)　英美法上的概念。侵权行为发生后,引起因果关系中断的一种原因事实,原来的前因与后果由于该原因事实的介入而不相连贯。介入原因包括依赖性介入原因和独立性介入原因：前者指介入原因是因为被告过失行为所引起的反应而出现的；后者指介入原因与被告的行为相独立但却是由被告的行为造成的,被告的过失增加了伤害的风险,从而使这种独立性介入原因的出现成为可能。存在介入原因时加害人能否免责,按照下列情形区别对待：损害结果与介入原因都是可预见的,则加害人要承担责任；损害结果可预见、介入原因不可预见的,加害人一般要负责任,除非介入原因是第三人的故意侵权或犯罪行为；损害结果不可预见、介入原因可预见,加害人不负责任；损害结果不可预见、中介原因不可预见,加害人不负责任。参见因果关系中断说条。
　　　　　　　　　　　　　　　　　　　　　　　（张平华）

jiezhi
届至(approach)　期满的对称。对于一个期间而言,届至是始期已经到达,开始发生效力的时间。如《中华人民共和国合同法》第 46 条规定,当事人对合同的效力可以约定附期限。附生效期限的合同,自期限届至时生效。如租赁关系当事人约定合同自 2 月 1 日起生效,租期 3 个月,这时 2 月 1 日为期限届至,从这一天起,租赁合同开始生效。一般而言,只对一个有确定始期的期间使用届至一词,而对始期不确定的期间不适用。如诉讼时效从当事人知道或应当知道权利被侵害之时起计算,这时一般不说诉讼时效期限届至。对于届至时间的计算,应注意几点：按照小时计算期间的,到达规定的时才算届至；按照日、月、年计算期间的,应以期间始期的 0 时为届至,有业务活动时间的,以业务活动开始之时为届至。所以,前例中合同应自 2 月 1 日 0 时为生效期限届至。 （李仁玉　齐　菲）

jiedaifang
借贷方(lender)　借贷合同的一方当事人。把金钱或物品交付给另一方当事人的借贷合同主体,又称贷与人或出借人。借贷方的主要义务有：第一,将出借物交付给借用方并使之享有处分权。在诺成性借贷合同中,借贷方有此义务；在实践性借贷合同中,因交付借贷物后合同才告成立,借贷方并无此项义务。第二,就出借物负一定的瑕疵担保责任。在有偿消费借贷中,若借用方因借贷物的瑕疵而遭受损害,借贷方要对此负赔偿之责；在无偿消费借贷中,出借人只对故意不告知借用方物的瑕疵造成借用方的损害负赔偿责任。但在有偿借贷中,若借用方已知物的瑕疵存在,则借贷方不负以无瑕疵之物替代的义务,更不承担因瑕疵而造成借用方损害的赔偿责任。关于借贷方的权利主要体现在借用方的义务中。参见借用方条。 （杜　颖）

jiedai hetong
借贷合同(contract of loan)　出借人与借用人双方所签订的关于出借人把货币或实物交给借用人处分,借用人在一定期限内返还同等数量的货币或同等数量与质量的实物的协议。借贷合同是商品经济的产物,早在几千年前,借贷关系即为法律所确定,成为人类社会存在最早的契约之一。古巴比伦的汉穆拉比法典和罗马法都对此作了专门规定。拿破仑法典进一步肯定了罗马法中关于借贷合同的基本规定,同时按资产阶级的要求调整了某些关系,从而确立了大陆法系国家借贷法总的格局。但各国关于借贷合同的概念认识并不一致,法国将使用借贷与消费借贷归于一类合同——借贷合同,但德国与日本将使用借贷合同与消费借贷合同列为独立的两类合同。我国一般将使用借贷合同定义为借用合同,而借贷合同多指消费借贷合同。我国《合同法》中仅规定了以金钱为贷与物的借款合同,而未规定借贷合同。借贷是较为常见的一种债,在社会生活中起着重要作用。一方面,它是社会成员在日常生活中互通有无、互相帮助的一种手段,另一方面,金钱借贷又是社会经济流转的重要手段。

借贷合同具有如下特征:(1)借贷合同是转移借贷物处分权的合同。关于借贷合同转移的是标的物的何种权利,学界颇有争论,有人主张转移的是所有权,有人主张转移的是使用权。不论何种借贷都须转移处分权,因为借用人依借贷合同得到借贷物,目的不仅在于占有和使用,主要是为了处分,以满足其经济需要。(2)借贷合同既可为实践性合同又可为诺成性合同。关于借贷合同是实践性合同还是诺成性合同,各国立法与学界认识都不同。多数国家如法国、德国、日本将其规定为要物合同,即合同在出借人将借用物交付于借用人时才成立。瑞士债务法则将其规定为诺成合同。近年来,我国学者对此问题的认识已与传统观念不同,认为诺成性合同更适应现代社会对借贷的要求。还有人主张,把无偿的借贷合同定性为实践合同,而将有偿借贷合同定性为诺成性合同更为妥当。依我国《合同法》的规定,除自然人之间的借款外,借款合同为诺成性合同。(3)借贷合同为单务合同还是双务合同由该合同为诺成性合同还是实践性合同的定性所决定。若借贷合同是诺成性合同则为双务合同,此时出借人(借贷方)有转移借贷物处分权的义务。若借贷合同为实践性合同则同时为单务合同,只有借用人负履行返还同质同量的借贷物且支付利息的义务,出借人不负交付借贷物的义务。(4)借贷合同可以是有偿合同,也可以是无偿合同。借贷合同是否有偿,有些依法律规定,有些由当事人约定。(5)借贷合同的标的物应为可供使用或消耗的可替代物,否则借用人将无法履行返还义务。

对借贷合同,可以从不同的角度作不同的分类。其中最为常见的,是根据借贷标的物的不同,把借贷合同分为实物借贷合同与货币借贷合同即借款合同。

(邹川宁)

jiehunyin suoqu caiwu

借婚姻索取财物(the exaction of money or gifts in connection with marriage) 婚姻当事人一方向对方要一定的财物作为同意结婚的先决条件的行为。在我国现实生活中,通常是女方向男方索要财物,有时女方的父母也向男方索要一定的财物,否则便不同意女儿与对方结婚。对借婚姻索取财物者应当进行批评教育,责令其改正错误,同时要妥善地处理由此而引起的财物纠纷。在认定和处理具体问题时,首先要注意借婚姻索取财物和买卖婚姻的区别。两者虽然都有索取财物这一共同特征,但是,买卖婚姻是根本违背当事人意愿的,借婚姻索取财物时,婚姻本身一般并不违背当事人的意愿;买卖婚姻中的财物是第三者索要的,借婚姻索取财物时,主要是当事人一方索要的。其次,还要注意借婚姻索取财物和当事人自愿赠与的区别。当事人一方对另一方或其父母所为的赠与是完全合法的,只要这种赠与并非成婚的先决条件,即使价值较大也无可非议。此外,还应划清借婚姻索取财物和借婚姻骗取财物的区别,后者是以婚骗财,骗取财物者并无与对方成婚的真实意思,故应按诈骗行为处理。对借婚姻索取财物行为的处理,应按1993年11月3日最高人民法院《关于人民法院审理离婚案件处理财产分割问题的若干具体意见》第19条的规定:"借婚姻关系索取的财物,离婚时,如结婚时间不长,或因索要财物造成对方生活困难的,可酌情返还。对取得财物的性质是索取还是赠与难以认定的,可按赠与处理。"

(马忆南)

jiekuan hetong

借款合同(lending;loan contract) 借贷合同的一种。有广义和狭义之分,广义的借款合同是指金钱借贷合同,而狭义的借款合同是信贷合同。我国《合同法》上规定的借款合同为广义的,是借款人向贷款人借款,借款人到期返还借款,并向贷款人支付利息的合同。

(杜 颖)

jieyongfang

借用方(borrower) 借贷合同中接受金钱或实物并对之进行处分且于合同期满将之返还给借贷方的当事人。借用方的主要义务有:第一,返还相同质量、相同数量的借贷物的替代物给借贷方。在确实无法归还实物的情况下,可以按照相当于或者适当高于归还时市场零售价的数额折价给付。返还的时间与地点要遵从合同的约定。合同中未对期限作出明确约定的,借贷方可随时请求借用方返还,但要为其留出合理的准备时间,借用方可随时主动要求返还。第二,支付利息。这是有偿借贷中借用方的主要义务之一。利息额的确定要符合国家法律的规定,在法律规定的范围内,当事人可选择利息率进行约定。在双方未约定利率的情况下,应按法定利率计算利息。但依《中华人民共和国合同法》的规定,自然人之间的借贷对支付利息没有约定或者约定不明确的,视为不支付利息。自然人之间的借贷约定支付利息的,利率不得违反国家有关限制借款利率的规定。参见借贷方条。

(杜 颖)

jieyong hetong

借用合同(contract of loan for use; 德 Gebrauchsleihvertrag) 又称使用借贷合同,是出借人与借用人订立的、出借人将借用物交给借用人无偿使用,借用人于一定期限内返还所借原物的协议。借用合同的法律特征是:(1)借用人的目的在于临时使用借用物,借用人于使用后返还所借原物。(2)借用合同的标的物是非消耗物。借用消耗物的,只能用于特定的非消耗性使用(如展出)。(3)借用合同的出借人交付借用物,仍保留借用物的所有权,借用人取得的只是一定期限的占有权和使用权。(4)借用合同为无偿合同。(5)借用合同既可是诺成性合同,也可是实践性合同,对此,各国规定不同。我国实务中一般认为,借用合同为实践性合同。

借用合同中出借人的主要义务是:当借用合同为诺成性合同时,出借人应将借用物交付与借用人并允许其使用。在借用合同为要物合同时,出借人只有允许借用人使用借用物的消极义务。因借用合同为无偿合同,所以出借人不负积极地保持借用物合于约定使用状态的义务,也不负修理义务。出借人也只有在因故意或重大过失不告知借用物的缺陷而致使借用人受到损害时,才负赔偿之责。因此,在租赁关系中出租人对租赁物的瑕疵担保责任准用买卖合同中的规定,而借用关系中出借人的瑕疵担保责任准用赠与合同中的规定。

借用人的主要义务是:依约定方法或依物的性质所定之方法使用借用物,违反上述要求造成实际损失的,借用人应负赔偿责任。借用人在借用期间,对借用物负完全的保管责任,法律要求借用人应如同爱护自己财物那样,妥善保管借用物,并负担的通常保管费用。在遇有意外事件致借用物损坏时,如借用人可以证明即使使用自己财物也无法避免毁坏时,才能免除其应负的赔偿责任。属于因使用借用物而发生的正常损耗,借用人不负赔偿责任。除双方有特别约定外,借用物应由借用人自己使用,否则出借人有权解除合同。借用人应在合同期满或使用完毕时返还借用物,合同未定期限,同时也未规定使用目的的,出借人可随时请求返还。

(邹川宁)

jieyongren

借用人(**borrower;德 Entleiher, Leihnehmer**) 出借人的对称。借用合同中无偿使用出借人的物品并于使用期限届满后应将该借用物返还给出借人的一方当事人。因借用合同为无偿的实践性合同,因此借用人的权利仅是无偿使用借用物,其义务是自己正当使用借用物,并保管和维护借用物,于使用后将借用物返还给出借人。

(郭明瑞)

jieyongwu

借用物(**德 Leihsache**) 借用合同的标的物。出借人借给借用人无偿使用的物。可以是动产,也可以是不动产,但因借用人于使用后须归还原物,因此,借用物一般只能为非消耗物。以消耗物为借用物的,借用人对借用物只能用于非消耗性的使用,如用于展出。

(郭明瑞)

jin'ezhi

金额制(**amount system**) 海事赔偿责任限制制度的一种。又称"吨位制"。船舶所有人对船舶每一次事故所产生的责任,以船舶的登记吨位乘以每一吨的赔偿额来确定责任限额的制度。金额制以事故发生的次数为标准,如果同一航次中发生数次事故,需要按照事故次数承担责任,所以金额制又称为事故制度。1854年英国《商船法》就采用了金额制。金额制是目前世界上广泛采用的海事赔偿责任限制制度。1957年《船舶所有人责任限制公约》和1976年《海事赔偿责任限制公约》均规定了金额制。我国海商法也采用了金额制。金额制下,船舶所有人对每次事故的责任限额是事先确定好的,不论船价高低,船舶所有人均需负同样的责任,避免了委付制和船价制中船舶价值越大,船舶所有人的责任越重的缺陷。同时,金额制依船舶吨位确定责任限额,使受害人得到的补偿处于相对稳定的状态,有利于受害人利益的保护。金额制的手续也相对简单得多。但金额制比较容易受通货膨胀的影响,确定的责任限额也可能会低于船舶价值。 (张永坚 张 宁)

jinkang hetong

金康合同(**GENCON**) 即波罗的海国际航运公会通用杂货运输租约(The Baltic And International Maritime Conference Uniform General Charter)。有关普通货物运输的航次租船合同标准格式。波罗的海国际航运公会的前身波罗的海白海航运公会于1939年、1950年、1966年、1976年和1994年对其进行修改。为了便于检索和选用,1966年修订时,将条款分为A、B两部分,将条款原来的排列顺序重新编排;1976年修订时,又将合同分为第一部分和第二部分,另外在合同形式上也作了修改,但是合同条款的内容没有多大变化;1994年修订时,对合同条款进行了很多修改和增加。该格式不分货种和航线,适用范围较广。 (张 琳)

jinqian danbao

金钱担保(**money guarantee**) 以金钱即货币为担保物的担保。与人的担保、物的担保一同构成特别担保的三种形式。有学者认为,金钱担保是以债务人或第三人的货币或有价证券为债的履行设立的担保。也有学者将金钱担保归于物的担保之列,认为从本质上看,金钱、有价证券也属于物,因此金钱担保是物的担保的一种特殊形式。还有的认为,定金担保、违约金担保及权利质押担保也可归于金钱担保。但依我国法律的规定,违约金为责任形式,以有价证券设立的权利质押担保为物的担保(即质权),因此,金钱担保一般指定金担保。金钱担保除具有担保作用外,往往还具有证约和预先支付等作用。 (万 霞)

jinqian jituo
金钱寄托(money deposit) 消费寄托的一种。指一方将金钱交由他方保管,他方于保管终止时应返还同种、同量金钱的不规则保管。其特点在于:保管的标的物为金钱;保管物的所有权转移于保管人;保管人于保管期满后应返还同种类、同数量的金钱。我国《合同法》第378条中明确规定:"保管人保管货币的,可以返还相同种类、数量的货币。" (郭明瑞)

jinqian jiedai
金钱借贷(money loan) 又称货币借贷。以金钱为标的的借贷。出借人(贷与人)将金钱交给借用人,借用人在一定期限内将等同数量的金钱返还给出借人。金钱借贷一般采取书面合同形式。其特点是:(1)一般是单务合同。借用人负担返还义务,出借人一般不承担义务。(2)一般是实践性合同。以出借人交付金钱为成立要件,如没有交付金钱,则借贷关系不能成立。(3)一般是有偿合同。现代各国民法所规定的金钱借贷多是有偿的,当事人在借贷合同中约定相应的利息。若在借贷合同中不约定利息,则为无偿合同。一般地,自然人之间的金钱借贷多为无偿合同。但银行等金融机构与自然人、法人之间的金钱借贷则是有偿的。至于有偿借贷的利息,各国都有限制性规定,禁止高利贷行为。《中华人民共和国合同法》第12章规定了借款合同,其中区分了自然人之间的借款合同和金融机构与自然人、法人之间的借款合同,规定前者为实践性合同,后者为诺成性合同;前者可为无偿合同,后者是有偿合同;前者为不要式合同,后者须采取书面形式。书面借款合同的条款须包括借款种类、币种、用途、数额、利率、期限和还款方式等内容。出借人还可以要求提供担保。利息应当按照中国人民银行规定的贷款利率的上下限确定。自然人之间的借款合同如约定利息,应参照国家有关限制借款利率的规定进行。根据最高人民法院1991年8月31日发出的《关于人民法院审理借贷案件的若干意见》的规定,民间借贷的利率可以适当高于银行的利率,各地法院可以根据本地区的实际情况具体掌握,但最高不得超过银行同类贷款利率的4倍(包含利率本数)。 (万 霞)

jinqian peichang
金钱赔偿(pecuniary redress) 损害赔偿的方式之一,实物赔偿的对称。指将受害人的损失折算成金钱进行赔偿的方式。采用金钱赔偿,便于义务人履行赔偿义务,当事人所受损失很容易获得补救。金钱赔偿不仅适用于财产上的损失,也适用于非财产上的损失。其缺陷是,计算损害不一定准确,且是间接赔偿,与损害赔偿的目的有所出入。参见实物赔偿条。 (张平华)

jinqian peichang zhuyi
金钱赔偿主义(德 Prinzip der Geldentschaedigung) 关于损害赔偿方法的原则之一,恢复原状主义的对称。指对损害以金钱赔偿为原则,以恢复原状为例外,债权人不得先行请求回复原状。极端的金钱赔偿主义对损害赔偿仅承认金钱赔偿的方法。在罗马法,由于坚持报复性惩罚原则,没有完成从报复性惩罚向现代法意义上的损害赔偿过渡,因此只承认金钱赔偿的方法,而且金钱赔偿往往是惩罚性赔偿。日本法、英美法均采金钱赔偿主义。采金钱赔偿主义的现代国家也通过例外规定承认恢复原状的作用,如《日本民法典》第417条、第722条第1款确定了金钱赔偿为损害赔偿之债及侵权行为之债的原则,只有对恢复名誉例外实行单独的或与损害赔偿一并进行的责任,另外,特别法有例外规定或者当事人之间有约定采取恢复原状的方法时,法院也认可恢复原状的责任方式。金钱赔偿主义的特点在于:以金钱赔偿方法为原则可达到简单、实用的目的。为利于债务人承担责任,金钱赔偿经常起到代替回复原状的作用,即发生给付之更替。但是,金钱赔偿往往不能达到回复到损害事实未曾发生的原状的目的;另外,金钱赔偿有用金钱解决是非的功利性,因而有时不容易实现法律上的正义。 (张平华)

jinqian sunshi
金钱损失(pecuniary loss) 又称财产上损害,非财产损害或精神损害的对称。指得以金钱加以计算的损害,如医疗费支出、抚养费用、营业收入减少、物之价值减损或修缮费用等。参见财产损害条。 (张平华)

jinqian xintuo
金钱信托(money trust) 以金钱为信托财产的信托。金钱信托实际上是各种以金钱为信托财产的信托的总称。在金钱信托情形下,受托人对作为信托财产的金钱的管理方式,主要表现为将该项金钱运用于能够产生收益的商业性活动。任何类型的信托都可以是金钱

信托;而诸如浪费者信托、养老金信托、贷款信托与投资信托等,依其性质则只能是金钱信托。 （张　淳）

金钱债权信托（money claim trust） 以给付金钱为内容的债权为信托财产的信托。在金钱债权信托情形下,受托人对作为信托财产的金钱债权的管理方式,主要表现为保全并行使该项债权,并由此而向债务人收取金钱。金钱债权信托分为两类：一类是一般的金钱债权信托,即以单纯的、到期即可行使以向债务人索要金钱的债权为信托财产的金钱债权信托；另一类是特殊的金钱债权信托,如各种有价证券信托、存款证明书信托以及人寿保险信托等。　　　　　　（张　淳）

金融衍生工具（financial derivatives） 在股票、债券等传统金融工具基础上派生出来的,以这些金融工具为交易对象的新型金融工具。产生衍生工具的传统金融工具被称为基础工具。金融衍生工具产生于20世纪70年代,它一方面丰富了金融产品,推动了金融业的发展,另一方面,作为规避金融管制的产物,增加了金融风险,加大了金融监管的难度。

金融衍生工具主要包括：

1. 金融期货。买卖双方在有组织的交易所内以公开竞价的方式达成的,在将来某一特定时间交割标准数量特定金融工具的协议。20世纪70年代初期,布雷顿森林体系崩溃,浮动汇率制取代了固定汇率制,同时西方发达国家发生严重的通货膨胀,导致利率和汇率的剧烈波动。在这种社会背景下,许多公司和金融机构为了避免或减少风险,创设了金融期货这一新的金融手段。金融期货的特征是：（1）金融期货的交易对象是标准化的金融工具凭证,如外汇、股票、利率等；（2）金融期货的交易是现在完成而交割却在未来某一特定时间进行；（3）金融期货在交割日期到来之前,可以在市场上自由转让。金融期货主要包括外汇期货、利率期货和股票指数期货。

2. 金融期权。根据协议,在未来特定的期限内按照约定的价格买卖某种金融产品的选择权。金融期权和金融期货交易的对象都是远期交割的标准化合约,都通过公开竞价进行交易。但两者之间有着明显的不同：（1）标的物不同。金融期货交易的标的是金融产品,而金融期权交易的标的是买卖金融产品的选择权。（2）投资者权利义务不同。期权的买方在支付保险金后就取得买入或卖出金融产品的选择权,而不一定进行实际交割；期货的交易双方负有到期交割的义务或者在有效期内对冲。（3）履约保证金的交付不同。金融期货的买卖双方都要交纳一定数额的履约保证金；而在金融期权中,只要求卖方交纳履约保证金。（4）盈亏不同。金融期权买方的收益随市场价格的变化而波动,是不固定的,其亏损只限于其交付的保险费,卖方的收益是其出售期权的保险费,而亏损是不固定的；金融期货的买卖双方的收益和亏损都是不固定的。按照交易对象不同,可以将金融期权划分为现货期权和期货期权。其中,现货期权包括外汇期权、利率期权、股票指数期权和股票期权；期货期权包括外汇期货期权、利率期货期权和股票指数期货期权。

3. 存托凭证。在一国证券市场上流通的代表外国公司有价证券的可转让凭证。存托凭证起源于1927年的美国证券市场,是为便利美国投资者投资于外国股票而产生的。目前国际上的存托凭证主要是以美国存托凭证的形式存在。存托凭证的优点是：（1）上市手续简单,发行成本低。采用存托凭证方式筹资可以避免直接在国外上市的繁琐程序和严格的法律要求,从而降低发行成本。（2）提高知名度。以存托凭证的形式直接进入国外的证券市场,可以迅速提高发行人的知名度,为以后直接上市奠定基础。

4. 认股权证。股份有限公司发行的,能够按照特定的价格、在特定的时间内购买一定数量该公司股份的选择权凭证。认股权证可以自由转让,形成市场价格,证券持有者可以在规定的期限内以事先确定的价格买入公司发行的股票,其实质是在证券发行中衍生出的一种有价证券。　　　　　　　　　（夏　松）

紧急避险（necessity；德 Noddtoestand） 又称紧急避难。民事责任的一种免责事由。为了使国家、公共利益、本人或者他人的人身、财产或其他权利免受正在发生的危险,不得已而紧急采取的躲避行为。紧急避险在大陆法系民法典中存在三种立法例：其一,紧急避险规定于总则部分,作为权利行使中的自卫行为,另外在债编或物权编中分别将紧急避险规定为侵权责任免责事由及紧急情形下侵入他人土地的免责事由；其二,仅在侵权行为或物权编中分别规定紧急避险,总则部分没有规定；其三,在民法上并不规定紧急避险,而实务中通过解释关于损害赔偿之规定（如法国民法典第1382条）,不问对于他人因紧急状态之攻击有无忍受义务,受害人都有赔偿请求权。上述立法例的差异主要是因为立法技术上采取的做法不同。如《德国民法典》设置总则编,并单独在总则编中规定权利的行使一章,从而将自卫、自助作为行使权利的一种特别情形加以一般性的规定,而民法典中没有总则编的立法当然无此一般性的规定,即使有总则编,但是不专设权利行使一章的,也没有对紧急避险的一般性规定,如日本民法。

大陆法系的紧急避险可以分为攻击性紧急避险与防御性紧急避险。攻击性紧急避险，指对于造成危险之外的物或其他法益加以毁损、破坏（但对于侵害人之物加以毁损则属于正当防卫），例如为雷所逐而破门躲避。我国民法严格区分正当防卫与紧急避险，在紧急避险中仅承认攻击性紧急避险。德国物权编（德国民法典第 904 条）中规定的紧急避险，也是攻击性紧急避险。攻击性紧急避险的构成要件包括：（1）须本人或他人处于急迫危险中。急迫危险具有现实性、客观性、广泛性的特点。所谓现实性，是指危险已发生而尚未终了或者危险现在虽不存在，但是随时可以转换为危险。所谓客观性，是指危险必须是客观存在的，而非主观臆想的危险，对假想的危险而采取的避险行为，行为人不能免责。所谓广泛性，是指既包括一时的危险，又包括继续的危险；既包括人为危险，又包括天灾。（2）为避免危险损害了其他人的合法权益。（3）有避险意思。避险行为是否须有避险的意思，学说上有争论。德国法通说认为，紧急避险以有避险的意思为必要，但此避险的意思并非法律行为的意思，故不生行为能力的问题。我国一些学者认为，只要客观上认可为避险行为即可，不需要主观上有认识避险要件存在。无民事行为能力人、限制民事行为能力人也可进行紧急避险。但是，在判断是否为为他人而进行的紧急危险时，意思为一重要标识。如某甲有独立的加害故意，而砸碎某乙的玻璃，结果避免了某乙被泄漏的煤气毒死，此属纯粹巧合，甲的行为有独自目的，客观上不得认为系为他人而进行的紧急避险行为。（4）须为不得已而为之的行为，并且措施得当或在必要的限度内。避险行为是以损害较小利益保全较大利益的救急措施，因此避险所损害的利益须少于所保全的利益，应以未逾越危险所能导致的损害程度为前提，或欲加以保护的利益必须明显超过实际导致的损害为前提。从而需要在避险所保全与所损害的两个不同法益之间进行权衡，即坚持"法益权衡原则"。有的立法例对实施紧急避险行为的目的法益范围进行限制，如我国台湾地区民法仅以自己或他人的生命、身体、自由或财产为紧急避险的法益，将名誉、信用等排除在外；有的立法例在民法上对紧急避险行为针对的客体进行了限制，如《德国民法典》仅仅规定了对物侵害引起的紧急避险行为，《德国刑法典》第 34 条规定了侵害其他法益的行为，从而使攻击性紧急避险的范围扩展到物之外的其他法益。因为法益权衡并无一般规律可循，因此，大陆法系国家在紧急避险行为中，仍按照不同侵权类型适用侵权法的一般规则，即在严格责任或危险责任中，紧急避险行为不影响受害的第三人向制造危险者追究责任；在过错责任中，紧急避险能否成为免责事由主要看避险人是否存在过失，结果很多国家实践中甚至认为受害人

即使在此情况下，也享有独立的严格责任请求权，即避险人必须承担无过失的损害赔偿义务。根据我国《民法通则》第 129 条的规定，紧急避险发生的后果分为三种情形：第一，因紧急避险造成损害的，由引起险情发生的人承担民事责任，避险人不承担责任；第二，如果危险是由自然原因引起的，紧急避险人不承担民事责任或者承担适当的民事责任，这里的适当民事责任是指避险人为受益人的，应给予受害人补偿；第三，因紧急避险采取措施不当或者超过必要的限度，造成不应有的损害的，紧急避险人应当承担适当的民事责任，亦即避险人应就不应有的损害承担民事责任。

防御性紧急避险，也称物之防卫，指对于发生危险之物本身加以毁损。例如邻人之房屋被焚，破门而入救火以避免延燃之危险。《德国民法典》第 228 条规定了防御性紧急避险，而第 227 条规定的正当防卫以不法加害为前提，从而排除了可以针对动物或物的侵犯进行正当防卫的可能性。受其影响，日本民法则将攻击性紧急避险规定于正当防卫中，而紧急避险仅以防御的紧急避险为限。

在英美法系，紧急避险是故意侵权的抗辩事由之一。指被告为了保护自身或自己的财产或他人或他人的财产免受原告并不负责任的紧迫的伤害，而故意采取的合理的、必要的导致对原告财产伤害的行为。如果不构成紧急避险，这些行为可能会构成侵犯或侵占。紧急避险的事由可能是火灾、洪水等自然灾害，对其他与原告无关的独立的原因引起的危险，也可以实施紧急避险。紧急避险一般会导致被告免责，但某些情形下被告仍需要对原告的损失进行补偿。紧急避险分为公共紧急避险与私益紧急避险。前者指危险影响到整个社区，或者影响到很多人以至于公共利益不能确保。大部分判例承认这种情形下被告是私人时完全免责，其原因是基于"私人不必为公益事业自掏腰包"的公平考虑。同时很多法院认为这一完全免责的情形也适用于即使被告是一个政府机构，而紧急避险行为是政府的雇员为了市民利益而进行的紧急避险的情形。当没有牵涉公共利益，被告的行为仅仅是为了保护一个私人（自己或他人）的利益，则此时进行的紧急避险称为私益紧急避险。所有的紧急避险均要求危险必须足够大、被告必须在当时环境下进行了合理的避险行为。而对于私益紧急避险，与公益避险相比，法院可能很少同情一个完全为了自己原因而避险的人，比如一个人将无辜第三者作为盾牌以抵挡他人的侵害，则该人几乎不可能以紧急避险进行抗辩。一般地讲，被告无须为紧急避险行为仅仅是一个技术侵权而承担损害赔偿责任，比如为躲避危险对私人土地的侵扰，土地占有人并无权阻止其避险行为。但是当避险行为引起实际损害时，比如当一艘船舶为避风暴泊于码头而对所有者

造成损害,被告必须赔偿原告的损失。 (张平华)

jinji zhuangkuang xia de guoshiyuanze
紧急状况下的过失原则(the principle of fault in case of emergency) 该原则英国法称之为"极度困难的时刻",美国称之为"极端情况下的失误"。英美国家的判例长期以来认为在紧急情况下的错误作为或不作为不是过失,除非这种紧迫局面是由于该船的过失造成的,否则它将不承担碰撞责任。其理由是,法律只要求航海人员在正常情况下,表现出正常的心理状态和发挥通常的技术水平。在紧急状况下,一个人可能作也可能不作某种行为,如因此种作为或不作为造成碰撞,不能说明该海员不具备通常的技术水平,没有尽到合理的谨慎和缺乏正常的心理状态。也就是说,判定碰撞过失的客观标准的尺度——"尽通常的技术和谨慎",只适用于通常的情况,而不适用于紧急情况。在紧急情况下,不要求航海人员尽通常的技术和谨慎。紧急情况下的过失可进一步分为如下几种情况:(1)一方过失使另一方突然处于紧迫情况下,因而另一方没能采取正确措施,发生碰撞。该种情况下,后一过失方不承担责任,典型案例是 1879 年的 Bywell Castle 案和 1955 年的 the Belle Vsk 案。(2)一船有过失造成另一船处于紧急状态下,但该船面临多种避免碰撞的选择,其中任何一种都可避免碰撞,然而它偏偏选择了惟一能促成碰撞的一种,或者在明显的危险和无危险两种措施之间选择,结果选择了危险的措施,事实上确实发生了碰撞。在这种情况下,该船不能免除在紧急时采取错误措施的责任。(3)两船都无过失,突然被置于紧急碰撞危险之中,其中一船采取某种措施可能避免碰撞却没有采取,或者任何一种措施都会带来人身和财产损害,无过失船采取了较大或较小碰撞风险的措施,即使发生了碰撞损害,也不认为有过失。

随着时代的进步,这一原则发生了变化。法官虽不要求航海人员在紧急情况下,履行特殊的技术和谨慎,但要求他们履行适应紧急情况下的通常的技术和谨慎。《1972 年国际海上避碰规则》规定了航海人员在紧急情况下的责任:(1)第 2 条第 1 款要求船舶所有人、船长或船员承担因特殊情况可能要求的任何戒备上的疏忽而产生的各种后果的责任;(2)第 2 条第 2 款规定了为避免紧迫危险而要求背离规则的责任;(3)第 17 条第 2 款规定,直航船在发觉本船不论出于何种原因逼近到单凭让路船的行动不能避免碰撞时,也应采取最有助于避碰的行动的责任。由此,国际海上避碰规则以国际公约的方式将判定碰撞过失的客观标准固定下来。 (张永坚 张 宁)

jinpo jituo
紧迫寄托(emergent deposit) 自愿寄托的对称。起源于罗马法,是指在某种事故,如火灾、坍塌、抢劫、船舶遇难或其他未可预见的事件发生时,寄托人迫于情势而设立的寄托。在紧迫寄托中,由于寄托人客观上处于危急状态,并且寄托的设立也往往难以充分协商,因此,紧迫寄托的制度设计往往要体现法律对寄托人的加重保护,其具体体现就是让受寄托人承担较为严格的责任。我国《合同法》在保管合同中没有明文规定紧迫寄托合同,实务中发生的紧迫寄托应当参照保管合同的规定并依诚实信用原则加以处理。 (刘经靖)

jinpo jumian
紧迫局面(close-quarters situation) 紧迫局面是指有碰撞危险的两船已相互驶近到单凭一船的行动已不能安全驶过的局面。紧迫局面的形成取决于船舶操纵性能、会遇形势、接近速度、初始发现来船的距离等,应根据当时的具体情形具体分析。一般认为,在能见度受限的情况下,紧迫局面开始适用的两船距离,在正横以前的任何方向上至少为 2 海里,或以 2 至 3 海里为外界。互见中的船舶可以是 1 海里的较近距离。
(张永坚 张 宁)

jinshen touziren guize
谨慎投资人规则(the prudent investor rule) 以要求受托人以谨慎投资人的注意、技能和谨慎态度来管理信托财产和将该项财产用于投资为内容的信托法规则。它为美国信托法所独有。各国、各地区的信托法均赋予受托人勤勉谨慎义务,但美国信托法却通过谨慎投资人规则将这一义务具体化、详细化。《美国统一谨慎投资人法》对谨慎投资人规则有以下几项主要规定:(1)受托人有遵守本规则的义务。该法第 1 条第 1 款规定,除信托条款规定以其他规则取代的以外,管理信托财产和将该项财产用于投资的受托人,对信托受益人负有遵守本法规定的谨慎投资人规则的义务。(2)本规则对受托人的要求。该法第 2 条第 1 款规定,受托人应当像谨慎投资人那样,在管理信托财产和将该项财产用于投资时,对信托的目的、条款、分配要求以及信托的其他方面加以考虑。为达到这一标准,受托人应当具有合理的注意、技能和谨慎。第 2 款规定,受托人在作出某一项财产管理或者投资决策时,不应当孤立地对此项决策进行衡量,而应当将此项决策与信托文件作为一个整体来衡量,并应当将此项决策作为信托投资策略的整体中的一部分,这一信托投资策略的整体是具有与该项信托相适应的合理的风险和回报的。第 3 款规定,下列与信托及其受益人有关的因素是受托人在管理信托财产和将该项财产用于投资时所应当考虑的因素:a.整体经济条件;b.通货膨胀或紧缩可能造成的影响;c.由投资决策和策略产生的预期的税收负担;d.每项投资或者每项诉讼对信托文件中规定的投资在整体上所能起到的作用,包括对财务资产、从紧密控制型企业获得的利润、有形资产、无形资产和不动产所造成的影响;e.从收益和资本增值中产生的预期的总回报;f.其他与受益人有关的因素;g.资产流动性、收益的有规律性以及资产保值和增值的要求;h.如果存在某项资产对信托目的或者某一或某些受益人有特殊关系或者特殊价值的情况,应当考虑这种特殊关系或特殊价值。第4款规定,受托人应当通过合理的努力来证实与信托财产管理和投资有关的情况。(3)为本规则赋予特殊受托人的特殊义务。该法第2条第6款规定,具有特殊技能或特长的受托人,或者受托人正是由于具有特殊技能或特长而被选任为受托人的,其负有运用特殊技能或特长来管理信托财产和将该项财产用于投资的义务。(4)本规则对受托人委托的要求。该法第8条第1款规定,受托人在将信托财产管理和投资职责进行委托时,应当符合具有相应技能的谨慎投资人在当时情况下所能够具备的恰当的委托的标准。受托人在委托时应当对以下几个方面具有合理的注意:a.选定受委托人;b.设定符合信托目的和条款的授权范围和条款;c.定期检查受委托人的行动,以监督其行为是否符合委托条款的要求。(5)对受托人是否遵守本规则的判断。该法第7条规定,对受托人的行为是否符合谨慎投资人规则的判断,应当根据受托人作出决定或者采取行动的当时的情况和环境来进行,而不应当根据事后的认识来进行。　　　　　　　　　　(张　淳)

jinqinshu
近亲属(immediate family/near relative)　在家庭中具有权利义务关系的亲属,通常是指夫妻、父母子女、祖父母与孙子女、外祖父母与外孙子女以及兄弟姐妹。我国《民法通则》在监护问题上多次提到"近亲属",《最高人民法院关于贯彻执行〈中华人民共和国民法通则〉若干问题的意见(试行)》第12条指出,"民法通则中规定的近亲属,包括配偶、父母、子女、兄弟姐妹、祖父母、外祖父母、孙子女、外孙子女"。我国《民事诉讼法》和《刑事诉讼法》中都规定,审判人员是本案当事人的近亲属的,应当实行回避。此外,我国《继承法》第12条规定:"丧偶儿媳对公、婆,丧偶女婿对岳父、岳母,尽了主要赡养义务的,作为第一顺序继承人。"《老年人权益保障法》第11条则规定:"赡养人的配偶应当协助赡养人履行赡养义务。"由此可见,公婆与儿媳、女婿与岳父母在某种条件下也存在法律上的权利义务关系,按此理解,他们也属于准近亲属的范畴。　(张贤钰)

jinyin yuanze
近因原则(proximity cause principle)　判明风险事故与保险标的损失之间的因果关系,以确定保险责任的一项基本原则。按照这一原则,当被保险人的损失是直接由于保险责任范围内的事故造成时,保险人才给付赔偿。即保险人的赔付限于以保险事故的发生为原因,造成保险标的损失为结果,只有在风险事故的发生与造成损失的结果之间具有必然的因果关系时才构成保险人的赔付责任。　　　　　　(李世奇)

jinhunqin
禁婚亲(prohibited degrees to marriage)　依法禁止结婚的一定范围的亲属。世界各国均禁止一定范围的血亲结婚,有些国家还禁止一定范围的姻亲结婚。禁止近血亲结婚反映了自然选择规律的要求,具有优生优育的科学根据。禁止近亲结婚也是与人类在长期生活实践中形成的伦理观念相一致的,近亲结婚为婚姻道德所不容,被认为是乱伦行为。禁止直系血亲结婚是古今中外各国的通例,至于旁系血亲的禁婚范围,不同时代、不同国家的立法例颇不一致。古代的罗马法起初禁止四亲等内的旁系血亲结婚;禁婚范围曾一度扩大到六亲等内的旁系血亲,后又改为四亲等内的旁系血亲(指罗马法亲等)。欧洲中世纪的寺院法起初禁止七亲等内的旁系血亲结婚,1215年后将禁婚范围改为四亲等内的旁系血亲(指寺院法亲等)。
　　当代各国法律对旁系血亲禁婚范围的规定,有广狭、宽严之别。有只禁止二亲等内旁系血亲结婚的,如德国、古巴、俄国等;有禁止三亲等内旁系血亲结婚的,如日本、巴西、英国、瑞士等;有禁止四亲等内旁系血亲结婚的,如我国、美国的若干州等。除上述种种外,有些国家和地区还有禁婚范围更大的立法例。关于一定范围的拟制血亲禁止结婚的问题,有些国家在法律上有明确规定。另一些国家虽无此类规定,在解释上则是适用有关自然血亲的禁婚条款的。关于一定范围的姻亲禁止结婚的问题,多数国家均禁止直系姻亲结婚,如日本、法国、德国、瑞士、丹麦等。关于旁系姻亲婚,有些国家并不禁止,有些国家则在一定范围内禁止。例如,法国民法典和瑞士民法典均规定,三等亲内的旁系姻亲不得结婚。中国古代实行宗族外婚制,礼与律中均有同姓不婚之制。我国《婚姻法》第7条规定,"直系血亲和三代以内的旁系血亲"禁止结婚。有禁止结婚的亲属关系者结婚,是婚姻无效的法定原因。
　　　　　　　　　　(马忆南)

禁止结婚的疾病

jinzhi jiehun de jibing

禁止结婚的疾病(diseases as impediments to marriage) 法律规定不允许结婚的疾病。法律禁止特定的疾病患者结婚,是保护当事人的利益和社会公共利益的需要。关于禁止结婚的疾病的种类,各国立法均有大体相似的规定。例如:瑞士民法第120条规定,结婚时配偶一方为精神病或因继续的原因无判断能力者,其婚姻为无效。俄罗斯联邦婚姻家庭法典第16条规定,双方中即使仅有一方因患精神病或痴呆症经法院宣告为无行为能力的人,禁止结婚。奥地利民法第48条规定,发狂人、疯癫人、白痴,不能有效缔结婚姻。许多国家对禁止结婚的疾病的规定,主要是以精神病等为对象的。中国古代的户婚律中并无关于禁止结婚的疾病的规定,但以"有恶疾"作为出妻的理由之一。所谓恶疾,当时主要是指麻风病。按照1930年南京国民政府民法亲属编的规定,婚约当事人之一方有重大不治之症者,有花柳病或有其他恶疾者,是他方解除婚约的法定理由。结婚当事人之一方于结婚时不能人道而不能治者,以及于结婚时系在无意识或精神错乱中者,均为婚姻得撤销的原因。1950年的《中华人民共和国婚姻法》规定,患花柳病或精神失常未经治愈,患麻风病或其他在医学上认为不应当结婚之疾病者,禁止结婚。1980年《婚姻法》在相应的规定中将其改为:患麻风病未经治愈或患其他在医学上认为不应当结婚的疾病,禁止结婚。1980年《婚姻法》中有关禁止结婚的疾病原为例示性和概括性相结合的规定。法条中例示的,仅为未经治愈的麻风病,经2001年修正后,第7条的规定中删除了上述例示,改为:"患有医学上认为不应当结婚的疾病的",禁止结婚。患有医学上认为不应当结婚的疾病,婚后尚未治愈的,是婚姻无效的法定原因(《婚姻法》第10条)。

(马忆南)

jinzhi lihun zhuyi

禁止离婚主义(doctrine of prohibition of divorce) 不允许婚姻离异的立法原则。这是欧洲中世纪教会法所采取的有关离婚的立法原则。基督教主张禁欲,贬黜和仇视女性。教会法本诸教义和夫妇一体主义,明确规定,除配偶死亡外,婚姻不得离异,采取禁止离婚主义。教会法认为,婚姻关系是不可解除的,如果夫妇难以共同生活,经教会法庭裁决,可以分开食宿,但配偶身份并不改变,即合法别居。随着罗马天主教教会势力的扩张,到公元10世纪,禁止离婚主义几乎遍及整个欧洲。1563年的托伦托会议上,禁止离婚的原则再一次得到确认。教会所主张的强迫一夫一妻终身制在数百年间发挥了极大作用,至今仍对少数国家的婚姻立法有影响。14世纪以来的宗教改革和婚姻还俗运动后,禁止离婚主义逐渐被许可离婚主义所取代。

(蒋 月)

jinzhiling

禁止令(injunction; inhibition) 简称禁令,英美衡平法上的救济措施。法院针对当事人的请求或依职权作出的禁止当事人实施某行为或强迫当事人实施某行为的命令。禁令产生是为了弥补普通法上损害赔偿救济的不足,但是其不仅适用于对衡平法上的权利也适用于对普通法上权利的救济。禁令分禁止性禁令与命令性禁令,前者适用于禁止一个人实施某项行为,后者则适用于强迫当事人实施某行为。其中禁止性禁令不仅较命令性禁令历史长,在实践中也更为常见。命令性禁令与合同法上的强制实际履行相似,但强制实际履行只适用于违约救济,适用范围窄,且如果法院认为合同当事人不能获得强制实际履行的救济,也不会颁发命令性禁令。禁令还可分为永久性禁令与中间性禁令,永久性禁令是在双方当事人都有庭审机会的诉讼中且其权利已经确定后作出的。永久性禁令并不一定永久有效,在一些情况下,被告有权要求禁令只在特定期间内有效。中间性禁令是暂时性的措施,一般规定直至案件开始审理或作出新的禁令为止有效。

颁布禁令一般需要考虑以下几项因素:当事人权利的确定性及其行为的正当性;损害的严重性、实质性;损害赔偿不足以给当事人提供合理救济;禁令的可执行性;符合公共利益的要求。不遵照禁令行事可构成藐视法庭罪,可对自然人处以2年以下的监禁或者对法人处以查封财产的处罚。大陆法系基于绝对权的理念而产生的各种停止侵害请求权,当事人通过法院行使停止侵害请求权也可以产生与英美法上的禁令相似的效果,但是缺乏严厉的救济手段(如监禁、查封)。最高人民法院《关于实施〈民法通则〉若干问题的意见(试行)》第162条规定,在诉讼中遇有需要停止侵害、排除妨害、消除危险的情况时,人民法院可以根据当事人的申请或者依职权先行作出裁定。该条规定为法院在诉讼过程中及时制止侵权提供了法律依据,实际上开了我国法律上的临时禁令制度的先河。在市场经济日益国际化的趋势影响下,我国知识产权立法等领域开始采用临时禁令等措施。《著作权法》第49条规定,著作权人或者与著作权有关的权利人有证据证明他人正在实施或者即将实施侵犯其权利的行为,如不及时制止将会使其合法权益受到难以弥补的损害的,可以在起诉前向人民法院申请采取责令停止有关行为和财产保全的措施。《商标法》第57条、《专利法》第61条也作了类似规定。

(张平华)

jinzhi liutongwu

禁止流通物(banned things)　流通物、限制流通物的对称。依照法律规定，不允许在任何主体间流通的物。包括：(1) 国家专有物。根据《宪法》规定，矿藏、水流属于国家的专有物，只能作为国家所有权的客体，不能作为集体所有权、公民个人所有权的客体。《民法通则》规定，这两项财产可以依法由集体或个人采挖、使用或承包经营，但不得买卖、出租、抵押或者以其他形式非法转让。(2) 虽非专有但禁止转让的物。如土地、森林、山岭、草原、荒地、滩涂、水面等自然资源，除法律规定归集体所有者外，都归国家所有。集体所有或国家所有由集体使用的上述自然资源，可以由公民和集体承包经营，但不得买卖、出租、抵押或者以其他形式非法转让。(3) 为了维护公共秩序或公共安全需要禁止流通的物。例如武器、弹药，其移转必须依行政程序办理。(4) 为了保护人们的身心健康需要禁止流通的物。例如淫秽书画、鸦片等。

在传统民法学上，兼容我国学理上的禁止流通物和限制流通物的概念为不融通物，指不得为私法上交易客体之物，亦即无权利能力及交易能力之物，与罗马法上包括神法物和人法物的非交易物相若。包括：(1) 公务用物。为国家行政或财务等目的所使用之物，如行政机关的办公厅、法院大楼、军事设施等。(2) 公众用物。国家所有，供一般大众使用之物，如公路、公园、河川、车站等。(3) 圣物、法物。供宗教上使用之物，如教堂、寺庙、墓地等。(4) 禁制物。法律上禁止流通之物。有相对禁止，即仅禁止流通但不禁止私人所有及持有者，如猥亵的书画、伪造的货币；有绝对禁止，即禁止流通并禁止私人所有或持有者，如鸦片、武器等。

(张　谷)

jinzhi quanli lanyong yuanze

禁止权利滥用原则(the principle to prohibit the abuse of rights)　民法上的禁止权利人滥用其权利侵害他人合法权益的原则。任何权利都有限制，即便是所有权也要受到法律的限制。除了法律上的具体规则对权利所进行的限制，以及根据法律行为所进行的限制(比如租赁合同对出租人权利的限制)，民法上还对民事权利设置了一般性限制，也就是说任何权利的行使都要受到的限制。这个限制主要就是禁止权利滥用原则。权利是法律保护的权利人的利益，其行使的结果难免使得他人发生损害，但是如果以法律秩序不能容忍的方式行使权利，造成他人损害，则丧失其合法性。《瑞士民法典》第2条第2款规定，权利显然的滥用，不受法律保护。《德国民法典》第226条规定，权利的行使仅以损害他人为目的的，不得行使权利。我国台湾地区民法典第148条规定，权利之行使，不得违反公共利益，或以损害他人为主要目的。

何种情形属于权利滥用，各国学说和判例上形成了不同的判断标准，主要有以下几种。(1) 故意损害说。行使权利时主观上具有故意损害他人的目的，构成权利滥用。(2) 实际损害说。客观上在损害他人权利的情形下行使权利，构成权利滥用。(3) 缺乏正当利益说。权利人不因为权利的行使而取得正当的利益，却给他人造成损害，构成权利滥用。(4) 权利人有可能以多种方式行使权利，却选择对他人有害的方式的，构成权利滥用。(5) 行使权利给权利人带来的利益小于给他人造成的损害时，构成权利滥用。

民法上对权利的一般性限制，有关的基本原则有诚实信用原则、公共秩序善良风俗原则以及禁止权利滥用原则。这三项原则互有交叉，又各有侧重。比如以违反善良风俗的方式行使权利，也构成权利滥用，但是公序良俗原则还适用于法律行为的生效(内容违反公序良俗原则的行为无效)，而禁止权利滥用原则则不适用；违反诚实信用原则的权利行使可能构成权利滥用，但是诚实信用原则还适用于义务的履行，而禁止权利滥用原则不适用。

(葛云松)

jinzhichanren

禁治产人(interdicted person)　心神丧失或者精神耗弱不能处理自己事务，经本人、亲属或检察官的申请由法院宣告为丧失行为能力的人。这种人因为无行为能力，即在法律上对自己所有的财产无管理和处分能力。宣告禁治产应具备两个条件：(1) 实质条件。必须是成年人因心神丧失或者精神耗弱，不能处理自己事务。心神丧失是指完全丧失意思能力，精神耗弱是指部分丧失意思能力。二者都属于精神上的障碍，只是程度不同。精神耗弱必须达到不能处理自己事务的程度才能宣告禁治产。(2) 形式条件。必须经本人(在精神状态暂时恢复正常时)、配偶、近亲属或检察官提出申请，由法院予以宣告。被宣告为禁治产的人在法律上就成为无行为能力的人，应为其设置监护人。禁治产人的一切法律行为都由其监护人代理。一经宣告禁治产，即发生绝对效力。任何人不经法院宣告不得为禁治产人。被宣告为禁治产人，不经法院宣告撤销，不得为非禁治产人。如果禁治产的原因消灭，即受宣告为禁治产的人心神恢复，可经一定程序由法院宣告撤销，恢复其行为能力。

禁治产人制度起源于罗马法的保佐制度。罗马法为精神耗弱者、盲人、聋哑人和残疾人等不能管理事务者设立保佐人。对于浪费人，罗马法上也设置了保佐人。浪费人是指滥用、挥霍财产，使本人和法定继承人的利益受到损害的人。《十二铜表法》第5表第7条规定，浪费人不得管理自己的财产，应由他最近的族亲为他的保佐人。1804年的《法国民法典》第489条规定，成年人经常处于痴愚、心神丧失或疯癫状态的，为禁治产人，禁止其处理自己的财产。而对于浪费人，则设立辅助人制度。浪费人不得进行诉讼、和解、借款、受领动产并交付受领凭证、让与和抵押。1900年的《德国民法典》第6条规定，因心神丧失被宣告为禁治产的人为无行为能力人。因精神耗弱、浪费、酗酒而被宣告为禁治产的人，为限制民事行为能力人。《瑞士民法典》第17条至第19条以禁治产人有无识别能力为标准决定其行为的效力，即无识别能力的禁治产人原则上无行为能力，有识别能力的禁治产人，经法定代理人同意，得因其行为而负担义务。《日本民法典》第7条、第11条规定，对心神丧失者宣告为禁治产人，对心神耗弱、聋、哑、盲、浪费人宣告为准禁治产人。《意大利民法典》采《日本民法典》的主张。1929年的南京国民政府民法规定了禁治产宣告，禁治产人均为无行为能力人。

　　禁治产人制度的立法理由是，为了避免精神障碍者从事法律行为遭受损失，以及维护交易安全。自然人的精神状态存在障碍以致不能处理自己事务时，由法院宣告其禁治产，暂时剥夺其行为能力，易于保护禁治产人的利益。同时，以法院宣告作为公示方法，避免了法律行为的相对人不易认识或证明自然人存在精神缺陷的困难，利于维护社会交易安全。我国现行民事法律未采禁治产人概念。

（李仁玉　陈敦）

jinzhichanren de jianhu

禁治产人的监护(guardianship of interdicted person)　为禁治产人设立的监护。罗马法为成年的精神病人、浪费人设置保佐制度。《法国民法典》、《德国民法典》、《瑞士民法典》、《日本民法典》、《意大利民法典》以及1929年的南京国民政府民法均设置了禁治产人的监护制度。禁治产人的监护人主要有：(1) 法定监护人。通常包括配偶、父母、与禁治产人同居的祖父母、家长。(2) 指定监护人。依德国民法，行使亲权的父母对未成年子女的监护人有指定权，对成年子女的监护人无指定权。依日本民法，禁治产人无法定监护人时，由家庭裁判所指定监护人。(3) 选定监护人。无法定监护人又无指定监护人时，通常由监护法院征求亲属会议的意见选任监护人。监护人的主要职责是：养护、治疗被监护人的身体；照管被监护人的财产；代理被监护人进行民事行为和民事诉讼。《民法通则》未规定禁治产人的监护制度。

（李仁玉　陈敦）

jingji hetong

经济合同(economic contract)　经济法上的概念。由于对经济法的理解不同，经济合同的含义也不同。在原《中华人民共和国经济合同法》及原《中华人民共和国涉外经济合同法》等文件中经济合同一般指法人之间为实现一定经济目的，明确相互之间权利义务的协议。经济合同概念的产生与计划经济有关，其重要特征之一是计划性。随着社会主义市场经济体制的确立和市场经济的发展，原所谓的经济合同的特殊性不复存在，《中华人民共和国合同法》未对合同作经济合同与非经济合同的区分。

（郭明瑞）

jingji weixian

经济危险(economic risk)　在经济活动中，由于各种相关因素的变化或估计、决策失误，而使人们的经济行为未实现预期目的并导致损失发生的危险。经济危险包括的范围比较广泛，主要包括市场危险(如商品价格涨跌、供求关系变化、市场竞争等)，投资危险(如证券期货投资风险、外汇投资风险和经营投资危险等)，管理危险(如决策失误、管理人员侵吞公司财物等)。经济危险一般不在承保危险的范围之内，除非当事人有特别约定。随着经济的发展和全球一体化经济的建立，经济危险已经不局限于国内市场，国际市场中的经济危险也已经成为经济危险管理的研究重点。

（史卫进）

jingji zeren

经济责任(economic liability)　(1) 具有经济内容的法律责任。这种意义上的经济责任的性质是不确定的，它既可能是一种民事责任，也可能属于行政责任，甚至还可以是一种刑事责任，如赔偿金、罚款、罚金都可谓经济责任，而其性质却截然不同。(2) 单行经济法规中规定的法律责任。(3) 经济组织依法律规定或者合同约定，对国家、社会、合同对方当事人承担的义务和违反该义务所发生的财产法律后果。多数学者认为，"经济责任"的性质、内容及其与其他同样具有经济内容的法律责任的界限都不明确，严格地说并不是一个科学的法律概念。

（张平华）

jingliquan

经理权(Prokura)　经理人所享有的对内管理、对外代表企业进行诉讼及诉讼外的商业代理的权限。在法定权限范围内，经理人可以为关于商号营业的一切行为，原则上不能对抗善意第三人。经理权与其他商业代理权不同。商号虽然授予其代理人与经理人同样的范围的一般代理权，但如果未授予其经理权，其仍不享有经理权。关于经理权的授予，依德国商法第48条第1项的规定，应以明示的方式授予；而瑞士债务法第458条第1项规定，经理权的授予既可以以明示方式，也可以以默示方式授予。虽未授予经理人以经理人的名称,但若有能够表明其具有经理权的意思表示,也享有经理权。经理权是由商号授予的,在授予时即产生,无需通知第三人。　　　　　　　　　　　(李成林)

jingxiaochu

经销处(sale agency)　指专门从事商品买卖并拥有商品所有权的批发商和零售商的统称。特点是:第一,拥有商品所有权和经营权,能独立自主地开展商品购销活动,实行独立核算,自负盈亏。第二,具有固定的营业场所和各种经营设施。第三,有独立的固定资产和流动资金。第四,能独立承担责任。"经销"一词含有代为分配商品和代为销售的意思,因而在对外贸易中一般是指出口方根据协议将某种或某类商品交由外国商人在一定地区、一定时期内销售。获得商品经销权的商人即为"经销商"。经销可分为包销和定销两种,经销商拥有独家经销权的称为包销,包销商和出口商之间仍属买卖关系,包销商自筹资金向出口方进货,自定价格出售,自负盈亏。在包销协议有效期间内,出口方只能通过包销商向指定地区出口指定商品,不得将包销商品交由他人销售。定销与包销的主要区别在于,定销商不享有商品的独家经销权,出口方可以同时在一个地区建立几个定销客户。为加强定销商和出口方的合作关系,在定销协议中须规定定销客户在一定时期内购买商品的数量,这在一定程度上具有了包销的优点,同时可以防止出现垄断市场、包而不销的弊端。随着我国社会主义市场经济体制的建立和完善,生产商在国内也在一定的地区设立或确定经销处,以包销或定销其生产的商品。　　(关涛 梁鹏)

jingyingquan

经营权(德 Geschäftsrecht)　对国家授权其经营管理的财产享有的占有、使用、收益和依法处分权。国有企业对其财产不享有所有权,只享有经营权。《民法通则》第82条规定:"全民所有制企业对国家授予它经营管理的财产依法享有经营权,受法律保护。"在我国,没有进行公司化改制的国有企业,其享有的财产权中物权性的权利,性质仍然是经营权。

经营权有以下的特征:(1)经营权是占有、使用、收益、处分国家财产的权利。经营权的标的,是国家所有的财产。国有企业并不对其经营管理的财产享有所有权,但它在法律规定的范围内有权占有、使用、收益、处分其经营管理的国有财产。(2)经营权是派生于、从属于国家所有权的权利。国有企业对其经营管理的国有财产可以进行占有、使用、收益、处分,并排除包括国家在内的任何人的非法干涉。但是,这种权利对于国家所有权具有派生性和从属性,主要体现在:国有企业对于其财产享有的经营权是由财产所有权人——国家授权产生的。国家根据管理国有财产的需要,按照财产的性质、用途将之交给一定的国有企业经营管理,授予其一定范围内的占有、使用、收益、处分的权利。(3)经营权是在法律规定的范围内享有的权利。国有企业享有的经营权的内容,是由国家颁布的法律、法规等一系列规范性文件加以规定的。这些规范性的文件限定了国有企业对于其经营管理的国有财产的具体的权限范围,国有企业必须在此范围内行使经营权。国有企业违反法律滥用经营权,要承担一定的法律责任。　　　　　　　　　　　(钱明星)

jingshenbingren

精神病人(mental patient)　患有精神疾病的人。精神病是由大脑主宰的高级神经活动失调而产生的一种疾病。此种病人的感觉、知觉、记忆、思维、情感、意志等精神活动发生失常,行为也发生失常,如呆子、疯子。精神病人包括持续性精神病人和间歇性精神病人。持续性精神病人是指心神丧失的精神病人。间歇性精神病人是指精神病发作具有间歇性的病人。为了保护精神病人的合法权益,从罗马法的《十二铜表法》以来,各国民法都对精神病人设置了相应的保护制度。依照《民法通则》第13条的规定,对精神病人设立监护制度。不能完全辨认自己行为的精神病人属于限制民事行为能力人,其只能进行与其智能状况相适应的民事行为。复杂或重大的民事行为,由其法定代理人代理。完全不能辨认自己行为的精神病人是无民事行为能力人,由其法定代理人代理民事活动。由于确认自然人是否有精神病比较复杂,因此,应经利害关系人申请,由人民法院根据司法精神病学鉴定,或者参照医院作出的诊断鉴定,宣告其为限制民事行为能力人或无民事行为能力人。在不具备诊断、鉴定的情况下,也可参照群众公认的当事人的精神状况认定,但应以利害关系人没有异议为限。对未成年的精神病人的监护,依未成年人的监护规定。精神病人恢复正常、能独立处理事务时,经本人或者利害关系人申请,法院在查明事实后,应当宣告恢复其行为能力,并撤销对他的监护。

　　　　　　　　　　　(李仁玉 陈敦)

jingshenbingren baozuo

精神病人保佐(拉丁 cura furiosi)　为精神病人设置的保佐。早期的罗马法仅对心神丧失的精神病人设置保佐,后经大法官法的规定,精神病人的保佐扩及精神耗弱者。精神病人的保佐人由最近的族亲担任,无族亲时,由宗亲担任。无族亲或宗亲时,由长官选任。保佐人的职责,一是保护精神病人的身体,二是管理精神病人的财产。法国民法典对精神病人进行了区分,精神病人在民事活动中需要持续代理的,则设置监护制度,一般情况下则设置司法保护制度。德国民法对于精神病人设置了法定照管制度及保佐制度。《民法通则》对精神病人设置监护制度。 (李仁玉 陈敦)

jingshenbingren de jianhu
精神病人的监护(guardianship of mental patient)
为精神病人设置的监护。起源于罗马法上为精神病人设置的保佐制度。后世民法因精神病人被宣告为禁治产人,适用禁治产人的监护制度。《民法通则》未采禁治产人的概念,设置精神病人的监护制度。依照《民法通则》第17条的规定,为精神病人设立监护人分为以下几种情况:(1) 精神病人的法定监护人。精神病人的法定监护人的范围是:配偶;父母;成年子女;其他近亲属。这些亲属担任精神病人的监护人是其法定义务,只要他们具有民事行为能力,就不允许借故推诿。(2) 关系密切的其他亲属、朋友愿意承担监护责任,经精神病人所在单位或者住所地的居民委员会、村民委员会同意的,也可以担任监护人。但其担任精神病人的监护人不是法定义务,而是基于自愿且得到有关组织的同意。(3) 有关组织担任精神病人的监护人。精神病人没有上述监护人,或者上述监护人均丧失了监护能力,则由精神病人所在单位或者精神病人住所地的居民委员会、村民委员会或民政部门担任监护人。(4) 精神病人的指定监护人。当对于精神病人的监护人有争议时,由精神病人的所在单位或住所地的居民委员会、村民委员会从近亲属中指定监护人。对上述组织指定不服的可以向人民法院起诉,由人民法院指定监护人。无论是有关组织指定,还是人民法院指定,应遵从监护人顺序的原则。如果精神病人有一定的识别能力,还应征求其意见。未成年精神病人的监护适用未成年人监护的规定。 (李仁玉 陈敦)

jingshen shanghai
精神伤害(infliction of mental distress) 英美侵权法中故意侵权的一种。精神伤害是一种独立的侵权行为,在其成为一种独立的侵权行为之前精神伤害是在其他侵权中被作为一种损害提起赔偿的。精神伤害的构成一般需要被告有"极端、骇人、不可忍受的行为(extreme, outrageous, intolerable)",这是一个非常严格的行为标准,而不是指一般的羞辱、亵渎、骚扰以及威胁等。精神伤害的构成一般由法院根据具体案件,将被告与原告的关系、原告的身份、原告特殊的生理和心理状况等各方面情况综合起来考虑。一般来说,原告所受到的精神损害应当是非常严重的,通常需要到医院进行治疗,如神志混乱、长期失眠、长期情绪不稳定等,并且,如果受害人仅仅是作为某种侵权行为的第三者,而不是受害人的近亲属而受到精神刺激时,那么,他必须同时伴有生理上的伤害,才能获得精神伤害赔偿。 (刘经靖 张平华)

jingjue
警觉(apprehension) 美国侵权法上认定是否构成威吓的重要因素之一,参见威吓条。 (刘经靖)

jingyingli sunshi
净营利损失(net profit loss of collided ship) 船舶碰撞中的受损船在滞期期间的营利的损失。净营利损失的计算通常有两种方法:(1) 碰撞前后几个航次的平均利润;(2) 发生碰撞的当航次的预计利润。渔船的捕捞损失参照姊妹船的捕鱼量或者本船去年、前年同时期的捕鱼量。第二种计算方法具有很大的偶然性,不能代表该船的平均营利。《1985年碰撞损害赔偿公约草案》采用了第一种方法,即以碰撞前后各两个航次的平均营利计算滞期损失。航次日均净营利可用下列公式表示:航次日均净营利=(航次毛运费收入-〈航次营运费+佣金+税金〉-有关风险)/航次天数。式中:航次营运费=固定费用+变动费用;固定费用=船舶折旧费+船员工资、给养+船舶保险费+船舶定期修理费+企业管理费;变动费用=燃料、物料费+淡水费+港口使用费+装卸费用+共同海损分摊+其他费用。航次营运费中的固定费用和变动费用所包括的各项均指正常营运中的船舶消耗。

船舶的营运方式不同,航次日均净营利损失的计算方法也有所不同。《1985年碰撞损害赔偿公约草案》第9条分别作出了规定:(1) 船舶丧失使用发生在履行航次租船合同过程中,若这种丧失使用并没有使租船合同解除,索赔方有权按碰撞前后各两个航次的平均净营利计算应得的赔偿。若船舶丧失使用使得租船合同解除,尚未取得运费的索赔方有权索赔包括此净运费的损失。如有其他损失,也应包括在内。若滞期结束后,船舶立即开始履行新的合同,索赔方有权索赔的净运费损失以滞期期间的净运费为限。(2) 船舶丧失使用发生在从事班轮运输过程中的,索赔方有权得到净运费损失的补偿。碰撞发生时尚未取得运费,或者丧失使用持续时间超过发生碰撞航次的周期,赔偿数额以碰撞前后各两个航次的平均净营利计算。(3) 当船舶丧失使用发生在船舶正履行连续航次租船或期租船合同时,索赔方有权得到依据连续航次租船合同或期租船合同尚未履行部分计算出的赔偿数额,这种赔偿还应包括承租人因合同中断而遭受的损失。船舶丧失使用使得定期租船合同被取消时,受损船舶所有人可得到的净营利损失应该包括未履行的那部分租船合同的净租金收入。对此需明确的是:①

如果碰撞损坏修理时间刚好相当于原租船合同的未履行时间,受损船舶所有人有权就未履行的那部分租船合同的净租金获得补偿;② 如果碰撞损坏修理时间比履行原租船合同的时间长,对于超过原租船合同履行时间的部分,受损船舶所有人有权提出索赔,但必须负责举证,证明此间船舶所有人确实遭受了损失;③ 如果碰撞损坏修理时间比履行原租约的时间要短,则受损船舶所有人仍然有权就整个没有履行部分的租船合同的净租金获得补偿,而不是从开始修理到修理结束这段时间内相应的净租金收入,但必须扣除碰撞损坏修理完毕以后,受损船舶所有人又履行其他运输合同而得到的净营利。当按照上述①、②、③项规定的条件,参考碰撞前后各两个航次平均净营利不可能时,应以其他有关航次的平均净营利计算滞期损失。如果其他有关航次也不存在,则以发生碰撞的当航次的净营利作为赔偿的基础。(4) 当碰撞损害修理同必要的船期保养工作或另外的事故所发生的必要修理一起进行时,索赔方有权追偿船舶丧失使用的损害,且仅仅是该碰撞损害修理所持续的修理期间的损害。(5) 发生船舶连续碰撞时,对后来的碰撞负有责任的当事方,应根据上述规定计算对所延长的修理期间承担赔偿损害的责任。我国《关于审理船舶碰撞和触碰案件财产损害赔偿的规定》第10条对船舶全损时的滞期损失,尤其是净营利损失计算方法作出了规定。

(张永坚 张 宁)

jingmairen

竞买人(bidder) 参加竞购拍卖标的的自然人、法人或者其他组织。依照我国《拍卖法》的规定,法律、行政法规对拍卖标的的买卖条件有规定的,竞买人应当具备规定的条件。竞买人可以自行参加竞买,也可以委托其代理人参加竞买。竞买人有权了解拍卖标的的瑕疵,有权查看标的和查阅有关拍卖资料。竞买人一经应价,不得撤回,当其他竞买人有更高应价时,其应价即丧失约束力。竞买人以最高应价购得拍卖标的时即成为买受人。竞买人之间、竞买人与拍卖人之间不得恶意串通,损害他人利益。竞买人之间、竞买人与拍卖人之间恶意串通,给他人造成损害的,拍卖无效,竞买人应当承担相应的赔偿责任。

(任自力)

jingye jinzhi

竞业禁止(prohibition of business strife) 法律规定的某些特定主体不得从事与所在公司、企业同类的营业活动的义务。承担竞业禁止义务的主体包括无限责任公司的股东、两合公司中承担无限责任的股东、合伙人、公司的董事、经理等。无限责任公司股东的竞业禁止义务包括两层含义:各股东非经其他股东同意,不得为自己或他人经营与该公司同类的营业;各股东非经其他股东同意,不得成为另一同类营业公司的无限责任股东或董事。与公司同类的营业指彼公司的经营业务与此公司章程所载的公司经营业务同类。股东违反竞业禁止义务的,根据其他股东的决议,公司可以对违反竞业禁止义务的股东主张损害赔偿,同时可以将该股东自己经营的与公司同类营业的交易视为公司的交易由公司承受,或请求该股东向公司交付为他人经营与公司同类营业的报酬所得,作为公司所得,归公司所有,即行使"归入权",又称为"介入权"。公司归入权需于除斥期间内行使,该除斥期间由公司法规定,自其他股东知悉违反竞业禁止的交易产生或知悉该股东加入另一公司时起算。竞业禁止系公司的内部关系,不能以归入权对外对抗第三人。

(吕来明)

jingzheng qiyue

竞争契约(competitive-formation contract) 当事人以竞争方式订立的合同。这类合同在订立时,由一方向不特定人发出订立合同的公告,由愿意与之订立合同的人相互竞争,其从中选择提出条件最优者为相对人而与之订立合同。以竞争方式订立的合同包括通过招标投标和拍卖订立的合同。参见招标投标条、拍卖条。

(郭明瑞)

jiugu

旧股(old shares) 也称"创业股"、"母股",是股份有限公司在设立登记之前已发行的股份。无论发起设立或募集设立,公司在设立登记之前均须发行一定的股份,且须由发起人或认股人缴足股款,公司始能进行设立登记。在公司设立时已发行的原始股份,作为新股的对称,习惯上称为旧股。认购此种股份等于参与公司开创,旧股的实际红利率通常比新股高。旧股的发行数额是固定的,转让通常不同于新股,要受到某种程度的限制。旧股能取得企业整个结算期的股息。在公司的发起设立过程中,旧股是由公司的发起人认购的;在募集设立过程中,旧股由发起人和公众共同认购。发起设立中的旧股在公司登记后一定期限内不得转让,防止发起人利用设立公司投机牟利,损害公司利益。

(梁 聪)

jiuzhongguo piaojufa

旧中国票据法(Chinese negotiable instruments laws before liberation) 我国票据制度起源较早。据《史记》和新唐书记载,唐宪宗时就出现了"飞钱"。这是我国票据的起源,类似于今天的汇票。宋朝除飞钱外又出现了"便钱"、"交子"和"帖子",分别类似于今天的见票即付的汇票、本票和支票。宋太祖开宝三年曾设立"便钱务"。明末，山西地区票号崛起，后演变成钱庄，经营汇兑业务。这是我国现代汇票制度的雏形。清乾隆年间，钱庄签发"庄票"，代替现金在市场上流通，成为现代本票的先驱。清末，西方银行制度进入我国，钱庄开始衰退，西方银行带来了西方的票据制度，我国固有的票据制度被外来制度所取代。

历史上，尽管我国票据起源甚早，但与本土票据相关的完善的制度却未能建立起来。从唐到清末，我国都没有成文票据法，一切票据关系都依习惯为之，票据的种类和形式也较混乱。我国成文的票据法，始于清末光绪年间。光绪三十三年（1907年）清政府宪政编查馆从日本聘请法学家志田钾太朗起草票据法，志田钾太朗整理了以往的票据习惯，参照海牙统一票据规则及德国和日本的票据法，起草了清朝票据法草案，又称"志田案"。该草案于1911年完成，分总则、汇票及期票3编，共13章，94条。法案许多地方不切合中国实际，加之清政府不久便被推翻，因而其在拟定后并未颁布施行。1913年民国政府在法典编纂时，又以志田钾太朗为顾问起草票据法。1922年，北京政府修订法律馆推举特别委员5人成立票据法编纂会，在调查各地习惯、参考"志田案"的基础上起草了一部票据法，被称为"共同案"，或"修订法律馆第一案"，共4章，11节，109条。与此同时，法国籍顾问艾斯拉克根据海牙票据法也在起草商法典。他竭力主张"民商分立"并力图将票据法纳入商法之中。其起草的票据法草案也被称为"共同案"，条文更多。在此两部草案之后，又相继出现了第三次、第四次、第五次草案。艾氏草案较"志田案"进步，并且也是包括之后出现的草案中最杰出的一部。1928年8月，南京国民政府工商部工商法规委员会在综合以前历次草案的基础上参照日本、英国、美国、法国等国的票据法及海牙统一票据规则，草拟了票据草案。共4章，11节，124条。嗣后几次修订，终于1929年9月28日提交立法院会议通过，并于同年10月30日颁布施行。次年7月1日又公布了票据实行法，共20条。这是我国历史上第一部正式颁布施行的票据法。该法实际是参照德国票据法而制定，在我国内地施行止于1949年，而在我国台湾地区，目前仍在实行中。为顺应经济发展，此法在台湾地区先后于1954年、1960年、1973年、1977年、1986年5次修订。

（温慧卿）

jiuji pinkun de xintuo
救济贫困的信托（the trust of relief of poverty） 委托人出于救济贫困之目的设立，以社会上不特定的人为受益人，并以使受托人将信托财产的本金或收益运用于资助这些人的生活为内容的信托。它是英美信托法确认的一种信托品种，属于公益信托。为美国信托法所确立的规制这种信托的规则的基本内容是：由委托人在信托文件中规定救济对象、救济范围和救济条件；由受托人按照这一规定并通过行使酌情处理权确定受益人，并根据委托人的指示、信托文件中的有关规定或者通过行使酌情处理权来向该受益人提供资助。

（张 淳）

jiujiquan
救济权（secondary rights, sanctioning rights, restitutory rights, rights of redress） 原权利的对称。即原权利遭受不法干涉或受侵害时，由国家所赋予的救济手段之一部。(1) 救济权以原权利遭受他人的侵害行为为其发生要件。侵害的形式为侵权行为及债务不履行行为。(2) 救济权仅为国家所赋予的救济手段的一部，而非全部，即原权利受侵害时所发生的原状回复请求权及损害赔偿请求权，至于权利人所得用以救济的自卫权、自助权，以及解除权、终止权、抗辩权等形成权，则不与焉。在人格权及身份权受侵害时，可能发生财产上损害赔偿及非财产上损害赔偿（即精神损害赔偿，又称慰抚金）；在物权受不法干涉或侵害时，可能发生标的物返还请求权、排除妨害请求权、防止妨害请求权以及损害赔偿请求权；在债权则为债务不履行的损害赔偿请求权，及侵权行为的损害赔偿请求权。(3) 救济权既因原权利受侵害而发生，以原权利之缺损为前提，故其每为原权利之变形，可说是由原权利所衍生的独立权利，且多为请求权。

（张 谷）

jiuzhu baochou
救助报酬（salvage remuneration, salvage award） 又称救助款项。第三者对遇难船舶、货物或其他财产进行抢救而获取的报酬。专门调整救助报酬的国际公约是《1910年救助公约》。确定救助报酬应依据取得效果的程度，救助方的努力与劳绩，被救船舶、所载旅客、船员、货物以及救助方和救助船舶所冒的危险，救助工作所用时间、所耗费用和所受损失，救助方所冒责任上的风险，救助船的用途与价值，被救财产的价值等因素综合考虑。关于救助报酬与共同海损的关系，《1994年约克—安特卫普规则》规定，不论救助是否根据合同进行，只要救助作业的目的在于使同一航程中的财产脱离危险，航程中的各方所支付的救助款项均应列入共同海损。在考虑避免或者减轻环境损害方面的技能与努力的基础上确立的救助款项也计入共同海损。应由船舶所有人付给救助人的特别补偿不得列入共同海损。救助款项中单纯救助船舶或者货物的报酬，应由船东或者货方按获救价值单独承担，从救助款项中剔除，不作为共同海损处理。

海上救助报酬以救助获得效果为先决条件,也就是通常所指的"无效果,无报酬"原则。救助报酬的请求还须具备被救物处于危险之中、救助人的行为须出于自愿、救助必须有效果等条件。关于救助报酬金额的确定,救助人和被救助人之间可协商一致,在合同中事先约定救助报酬金额,或者在救助合同中明文规定由经验丰富的仲裁员根据具体情况确定救助报酬金额。救助报酬的确定通常遵循以下的原则:救助报酬金额不得超过获救财产的价值;救助方有过失,报酬将予以减免,甚至承担赔偿责任。关于救助人命,根据国际海商惯例,海上救助人命为任何人应尽的道德义务,一般不发生报酬请求的问题。

(张永坚 张 宁 王 青)

jiuzhu baochou de danbao
救助报酬的担保(security for salvage reward and other rewards) 被救助方在救助作业完成后根据救助方的要求,为救助款项而向救助方提供的充分适宜的经济担保。根据我国《海商法》的规定,救助方对救助款项的担保提出要求必须是明示的。同时,获救船舶的船舶所有人应当在获救的货物交还前,尽力使货物的所有人对其应当承担的救助款项提供满意的担保。在没有根据救助人的要求对获救的船舶或其他财产提供满意的担保以前,未经救助方同意,不得将获救的船舶和其他财产从救助作业最初完成后最初到达的港口或者地点移走,这实际上承认了享有海难救助债权的救助方对获救财产享有留置权。 (李洪积 王 青)

jiuzhu baochou fenpei
救助报酬分配(distribution of salvage reward) 取得救助报酬时在参与救助的救助人之间的分配。一般来说,救助人之间的报酬分配的标准与确定救助人报酬的标准基本一致(参见救助报酬确定标准条),主要考虑各救助人在救助时所付出的努力、费用防止和减轻环境损害的程度以及所承担的风险等。我国《海商法》规定,参加同一救助作业的各救助方的救助报酬,应当根据法定标准由各方协商确定,协商不成,可以提请受理争议的法院判决或者经各方协议提请仲裁机构裁决。此外,根据《1989年国际救助公约》,每一救助船的所有人、船长及船上其他工作人员之间的报酬分配应根据该船旗国的法律确定。如救助作业不是在救助船上进行的,其报酬分配应根据制约救助人与其受雇人所订合同的法律确定。 (王 青)

jiuzhu baochou qingqiu de tiaojian
救助报酬请求的条件(conditions of claiming for salvage reward) 享有救助报酬请求权应具备的条件。根据各国海商法的一般规则以及相关国际公约,救助报酬的请求一般要求的条件包括:(1)船舶或者货物遭受了海上风险,并且不能自救。(2)救助人的行为须出于自愿。(3)救助必须有效果,即遇难船舶或货物的全部或者一部得救。海上救助报酬的请求以救助获得效果为先决条件,也就是通常所指的"无效果,无报酬"原则。 (王 青)

jiuzhu baochou qingqiuquan
救助报酬请求权(claim for salvage pay) 救助人在救助成功后向被救助船舶、财产的所有人主张报酬的权利。法律规定救助报酬请求权的目的在于鼓励救助遇难的船舶、财产或人命,同时也是为了避免救助人将所救财产占为己有。 (王 青)

jiuzhu baochou queding biaozhun
救助报酬确定标准(decisions on salvage remuneration) 在确定救助人应当获得的救助报酬时所应当参照的标准。根据《1989年国际救助公约》以及我国《海商法》的有关规定,确定报酬应从鼓励救助作业出发,并考虑下列因素:(1)获救的船舶和其他财产的价值;(2)救助人在防止或减轻对环境损害方面的技能和努力;(3)救助人获得成功的程度;(4)危险的性质和程度;(5)救助人在救助船舶、其他财产及人命方面的技能和努力;(6)救助人所花的时间、费用及遭受的损失;(7)救助人或其设备的责任风险及其他风险;(8)提供服务的及时性;(9)用于救助作业的船舶及其他设备的可用性及使用情况;(10)救助设备的备用状况、效能和设备的价值。同时,救助人是专业的救助公司还是一般的救助人,也影响到救助报酬的确定。同时,根据《1989年国际救助公约》,报酬金额不包括应付的利息及可追偿的法律费用,不得超过获救船舶和其他财产的价值。 (王 青)

jiuzhu baochou tiaokuan
救助报酬条款(clause of salvage reward) 在救助合同中约定的关于救助报酬的条款,其主要内容是救助报酬的金额或者救助报酬金额的确定。但在国际海运界广泛运用的新的劳氏救助合同中,并没有直接确定救助的金额,而将救助人应当获得的救助报酬归由伦敦仲裁决定。这在一定程度上更易为双方当事人所接受,也反映了救助合同中救助报酬条款的发展趋势。

(王 青)

jiuzhu biaodi
救助标的(object of salvage)　海难救助的对象。包括船舶、船上财产和人员生命。根据《中华人民共和国海商法》的规定,被救助的财产包括遇险船舶、船上货物、旅客行李和财物以及一切被救助的"非永久地和有意地依附于岸线的任何财产,包括有风险的运费"。
（王　青）

jiuzhu chenggong
救助成功(successful salvage)　广义上的救助成功,实际上即指救助有效果,指通过救助作业使被救助的船舶、其他财产最终部分获救或者全部获救,并依照约定交给被救助方。狭义的救助成功,则仅指救助作业使船舶以及全部财产获救。目前通常所说的救助成功是指广义的救助成功。
（王　青）

jiuzhu chengxiao
救助成效(salvage effect)　参见救助效果条。

jiuzhuchuan
救助船(salving vessel)　对海上遇难的船舶、其他财产以及人命独立进行救助或者参与救助的任何类型的船舶。此类船舶既可以是专业救助公司的船舶,也可以是任何在海上航行的载货或者载客的船舶。救助船不一定都具备专门的救助设备,而一般救助公司的船上则备有专门的救助设备。
（王　青）

jiuzhu danwei
救助单位(rescue unit)　由受过训练的人员组成并配有适于迅速执行搜救工作设备的船舶(或航空器)。根据《1979年国际海上搜寻救助公约》,应当指定地点和设备都合适的国家或其他相应的公私服务机构或其所属部分作为救助单位;或指定不适于指派为救助单位但能参加救助工作的国家或其他相应的公私服务机构或其所属部分作为搜救组织的组成部分,并规定其职责。
（王　青）

jiuzhu feiyong
救助费用(the salvor's expenses)　在海难救助中,救助方在救助作业中直接支付的合理费用以及实际使用救助设备、投入救助人员的合理费用。确定救助费用应当考虑的因素包括:救助方提供救助服务的及时性;用于救助作业的船舶和其他设备的可用性和使用情况;以及救助设备的备用状况、效能和设备的价值等。
（王　青）

jiuzhu fenzhongxin
救助分中心(rescue sub-center)　根据《1979年国际海上搜寻救助公约》,救助分中心是指在搜救区域的特定地区内为辅助救助协调中心而设置的隶属于该中心的单位。
（王　青）

jiuzhu guanxi
救助关系(salvorial relation)　狭义的救助关系是指救助法所确认和调整的救助人与被救助人之间具有救助权利义务内容的社会关系。主要包括:(1)主体,包括救助人与被救助人。(2)内容,救助人与被救助人应当遵循的权利和义务,包括:救助人对处于危险中的船舶或其他财产的所有人负有下列义务:① 以应有的谨慎进行救助作业;② 在履行①项所规定的义务时,以应有的谨慎防止或减轻环境损害;③ 在合理需要的情况下,寻求其他救助人的援助;④ 当处于危险中的船舶或其他财产的所有人或船长,合理地要求其他救助人介入时,接受这种介入,但是,如果发现这种要求是不合理的,其报酬金额不得受到影响。处于危险中的船舶或其他财产所有人和船长对救助人负有下列义务:① 在救助作业的过程中,与救助人通力合作;② 在进行此种合作时,以应有的谨慎防止或减轻环境损害;③ 当船舶或其他财产已被送至安全地点后,如救助人提出合理的移交要求,接受此种移交。(3)客体,指救助法律关系所共同指向的对象,如救助行为。广义的救助关系包括救助法所确认和调整的人们基于救助的权利义务所形成的社会关系,如主体包括与救助有利害关系的第三方,内容包括尽力救助人命、接受沿海国的指示,客体包括救助人命的行为等。我国《海商法》规定的救助关系是指狭义的救助关系。
（王　青）

jiuzhu guoshi
救助过失(fault of the salvor)　救助人在救助作业中没有尽到应有的谨慎,在救助作业中存在过错。由于救助方的过失致使救助作业成为必需或者更加困难时,应当取消或者减少向救助方支付的救助款项。如果因为救助人的过错而导致救助作业失败或者环境损害的产生、扩大,则救助人不仅丧失请求报酬或特别补偿的权利,而且必须对其过错行为导致的后果负赔偿责任。但是,根据《1976年海事索赔责任限制公约》,救助人有权享受责任限制。
（王　青）

jiuzhu hetong
救助合同(contract for salvage operations at sea, salvage agreement)　概念　救助方与被救助方就救助遇难船舶或者货物而签订的合同。由于海难救助属于紧急事项,因此在实践中,救助合同通常都为标准格式合同。根据我国《海商法》的规定,救助方与被救助方就海难救助达成协议,救助合同即成立。同时,遇险船舶的船长有权代表船舶所有人订立救助合同,遇险船舶的船长有权代表船上财产所有人订立救助合同。

救助合同的变更 救助合同在非常的情况下订立、合同条款明显不公平或约定的救助款项金额严重背离救助作业实际情形时,当事人可以提请法院或者约定的仲裁机构对救助合同加以变更。根据我国《海商法》的规定,"合同在不正当的或者危险情况的影响下订立、合同显失公平"或者"根据合同支付的救助款项明显过高或者过低于实际提供的救助服务"的,当事人可以起诉或者根据双方的仲裁协议提起仲裁,受理争议的法院或者仲裁机构可以判决或裁决变更救助合同。《1989年国际救助公约》第7条规定,如有以下情况,可以废止或修改合同或其任何条款:(1)在胁迫或危险情况影响下签订的合同,且其条款不公平;或(2)合同项下的支付款项同实际提供的服务不大相称,过高或过低。该公约没有将合同的变更和废止加以区分,而是留待各国法院在实践中自行予以适用。

救助合同的分类 根据救助合同的标的和报酬的性质,救助合同可以分为如下的种类:(1)"无效果、无报酬"合同。即以救助行为的效果为合同的标的,依照"无效果、无报酬"以及"救助报酬不得超过获救的财产价值"等原则而订立的合同。如果救助无效,救助人无权请求救助报酬。(2)实际费用救助合同。该合同以提供一般性劳务为标的,不问救助的效果和程度,而是根据可能确定的因素,如救助时间或投入的人力、物力等计算报酬。(3)选择性合同。依照该合同,如救助成功,则依照"无效果、无报酬"的原则,如果救助不成功,则依照实际耗费的劳务和费用计算报酬。这种合同目前已经很少有人使用。

救助合同的效力 我国《海商法》第175条规定,救助方与被救助方就海难救助达成协议,救助合同成立。除因欺诈或者胁迫外,救助合同一经成立,对双方都有法律约束力。根据救助合同的不同种类,救助合同可能存在不同的法律效力:(1)在危险中签订的救助合同。在双方有异议时,如果法院在事后认为在危险中签订的救助合同是公平的,一般认为该合同有效,双方必须予以执行。如果法院认为救助合同显失公平,则有权判定合同无效或根据实际情况对合同进行修改。应当注意的是,大陆法对于在危险中签订的救助合同一般采取不承认其效力的做法,即双方约定的救助报酬对双方当事人没有约束力,但不否认救助人请求报酬的权利。(2)在危险过后,与专业的救助人为打捞沉船或者救助货物而签订的救助合同。对于这类救助合同,大陆法系和英美法系的态度基本是一致的,即承认救助合同的效力,认为其对双方均有约束力。只要双方不存在欺诈或者胁迫,即使双方约定的救助报酬超出了救助人提供救助时所实际付出的费用,其效力仍不得变更。

救助合同的废止 救助合同中的条款归于无效。救助合同的废止可由双方协议确定,也可以由法院判决或由仲裁庭裁决。根据《1989年国际救助公约》,在以下情况,可以废止或修改合同或其任何条款:(1)在胁迫或危险情况影响下签订的合同,且其条款不公平;或(2)合同项下的支付款项同实际提供的服务不大相称,过高或过低。主要目的是为了防止在危急状况下双方签订不公平的合同。但在目前大多适用标准国际合同的情况下,这种情况已经比较少见。我国《海商法》没有规定救助合同废止的情况。 (王 青)

jiuzhu keti

救助客体(object of salvage) 参见救助关系条。

jiuzhu kuanxiang

救助款项(Salvage Reward and Other Rewards) 参见救助报酬条。

jiuzhuren

救助人(salvor) 参见救助主体条。

jiuzhuren quanli duliyu hetong yuanze

救助人权利独立于合同原则(rights of salvors are independent of contract) 救助人对遇险的船舶和其他财产在救助取得效果后请求救助报酬的权利和对获救的船、货的留置权以及其他相关权利是基于法律的规定,而不受救助人与被救助人之间签订的救助合同的约束。根据传统的海商法原则,救助人的行为只要符合海上救助的构成要件,就有权请求救助报酬。该原则的主要表现在于:被救助人必须明确、合理地对救助予以拒绝,否则视为救助成立;救助合同并非救助人获得救助报酬的必要要件;救助人与被救助人不得用合同免除法定的义务,以避免或减少环境损害;显失公平的合同可能被变更或者废止;双方可以在救助合同中约定报酬支付或计算的方式等。但救助人的权利独立于合同并不是绝对的。 (王 青)

jiuzhuren yiban guoshi zerenzhi

救助人一般过失责任制(salvor's ordinary negligence liability system) 在海难救助中,如果救助人由于在救助过程中存在过失行为并因此给被救助人或者第三人造成了损失,救助人应当承担赔偿责任。在以往的海难救助中,由于救助是一项非常危险的活动,因此为鼓励救助,常常只有在救助人有重大过失或者故意时才追究救助人的责任。但在现代海上货物运输中,不仅船货的价值有了很大的增长,救助技术也得到了很大的提高。特别是在1971年的"东城丸"案件以后,世界各国广泛采用了救助人的一般过失责任制。我国《海商法》中没有明确规定救助人一般过失责任制,应当依照我国《民法通则》的有关规定进行处理。但是,救助人根据相关国际公约,有享受责任限制的权利。
(王 青)

jiuzhuren yiwu

救助人义务(obligation of salvor) 海难救助中救助人所必须履行的职责。根据《中华人民共和国海商法》和《1989年国际救助公约》的规定,救助人主要承担四项义务:(1)救助方应当以应有的谨慎进行救助,即采取审慎的态度和合理的救助方法进行救助。(2)救助方必须以应有的谨慎防止和减少对于海洋环境的污染和损害。救助方违反此义务,由于自己的过失造成环境的损害,将被减少或免除对于救助报酬的请求权,并可能因此负赔偿责任。(3)救助方在必要时,即其救助能力明显不能满足救助需要或救助风险过高需要其他救助人保证被救助人的安全和避免或减少对环境的污染和损害时,应当合理地寻求其他救助人的援助。(4)救助方无权拒绝被救助方提出的请求其他救助人参加救助的合理要求。
(王 青)

jiuzhuren zerenzhi

救助人责任制(responsibility system of salvor) 在救助中,救助人负有应当尽最大努力的责任,负有在履行救助服务时,防止和减少对于环境污损的责任,而无论此种损害是油类或其他任何污染物质所致。救助人如果违反了此责任,其后果可能导致被减少或剥夺报酬请求的权利,甚至要承担赔偿责任。
(王 青)

jiuzhu tuodai

救助拖带(salvage towage) 拖带船自愿地将遇难船拖至安全地方,使其从危险状态转变为安全状态的行为。一般的海上拖航有可能转变为救助拖带。应具备的条件包括:(1)在海上拖航的过程中遭遇到意外的风险,使被拖带的船舶处于危险状态;(2)承拖方提供的拖带服务已经超出其在海上拖航合同下应尽的义务范围;(3)被拖带的船舶遭遇的风险并非由于承拖方的过失或缺乏技术的原因造成的。
(王 青)

jiuzhu xiaoguo

救助效果(salvage effect) 救助人的救助行为对遇险船舶、人员和货物的获救所起到的实质性作用。救助效果可以为直接效果,也可以为间接效果。当救助方直接将被救助的船舶或者货物救助至安全地带脱离危险,则救助取得的是直接效果。当救助人提供了必不可少的救助以使另外的救助人成功救助了遇难船舶或者货物,则救助取得了间接效果。救助效果是"无效果、无报酬"救助中确定救助报酬的重要因素。依照目前通行的理论,救助方对于被救助物的获救,实际上提供了有效的服务,减轻了被救助物的危险程度,也应当被视为救助有效果。在目前的法律规定中,除为防止或减轻环境损害的情形、法律规定的其他情形以及双方另有约定的情形外,如果救助没有效果,救助方无权取得救助报酬。
(王 青)

jiuzhu xietiao zhongxin

救助协调中心(rescue co-ordination centre) 又称"搜救中心"。根据《1979年国际海上搜寻救助公约》,救助协调中心是指在搜救区域内负责推动各种搜救服务有效组织的和协调搜救工作指挥的单位。根据公约,各缔约方须为其搜救服务建立救助协调中心和其认为适当的救助分中心,并确定救助分中心所负责的区域。救助协调中心的职责主要包括:向其他救助协调中心请求协助,包括可能需要的船舶、航空器、人员或设备;对于此类船舶、航空器、人员或设备进入或越过其领海或领土给予必要的批准;以及为加快此项进入,与相应的海关、移民或其他当局作出必要的安排。同时,救助协调中心在遇有请求时,应当向其他救助协调中心提供协助,包括船舶、航空器、人员或设备等方面的协助。
(王 青)

jiuzhu zeren

救助责任(salvage obligation) 参见救助人责任制条。

jiuzhu zhuti

救助主体(subject of salvage) 狭义的救助主体,一般是指救助人。广义的救助主体,指救助法律关系的主体,包括救助人和被救助人。救助人是救助法律关系中施救主体一方,指不负有私法上救助义务而实际从事救助作业的自然人、法人或者其他组织。救助人在救助结束后,依照"无效果、无报酬"原则可以请求救助报酬,并可依据实际情况取得特别补偿。救助人主要可能包括:(1)施救船舶的船长和其他船员;(2)施救船舶的所有人或者承租人;(3)引航员(在提供的施救行为超出正常职责时);(4)遇险船舶的船员(在船长命令弃船、船长解散船员以及船舶被海盗或者交战团体掳走时);(5)船上旅客(当旅客的救助行为对船舶最终获救有显著、重大贡献时);(6)专业的救助公司与团体。 (王 青)

jiuzhu zuoye
救助作业(salvage operation) 各国法律规定的发生于可发生海难救助的水域中援救处于危险中的船舶或任何其他财产的行为或活动。其水域的范围和可救助财产的范围根据各国法律规定的不同而有所不同。《1989年国际救助公约》将水域规定为"可航水域或其他任何水域中"。

救助作业结束指在海难救助中援救处于危险中的船舶或其他任何财产的行为或活动已经结束。确定救助作业结束的标准一般是通过救助作业,被救助的财产最终部分或者全部获救,并依照约定移交给了被救助方(救助有效果时),或者通过救助作业没有取得任何效果,已经完全结束救助作业行为(救助无效果时)。确定救助作业结束的法律意义在于,救助作业结束后,依照合同约定或法律规定,救助方才能从被救助方得到救助款项,同时在救助作业结束后,被救助方才能根据救助方的要求,对救助款项提供满意的担保。

(王 青)

jiujin tiaokuan
就近条款(nearest clause) 参见航次租船合同条。

jujiandailishang
居间代理商(intermediate agent) 代办商的一种,又称居间代办商、媒介代办商。依德国商法和日本商法的规定,代办商可办理的事务,为商号营业范围内行为的代理及介绍。其中专为交易行为之代理的,称为结约代办商;专为交易之媒介的,称为介绍代办商。居间代办商所媒介的行为须为商行为,其与本商号间成立经常为其提供交易媒介的合同。

居间代理商不同于居间商,居间商也是一种独立的商主体,他仅仅提供给其他商主体一种机会去缔结有关商事契约,仅是一种中介作用,本身并不固定的受托于某一个委托人,他以自己的名义从事中介活动,是独立的中介人。而居间代理商固定地接受他人委托,以他人的名义从事中介活动。

(郭明瑞 关 涛 梁 鹏)

jujianfei
居间费(intermediary fee, brokerage fee) 居间人完成居间服务所得的报酬。居间人为委托人报告订约机会或者提供订约媒介服务,促成了合同成立的,由委托人支付报酬。该报酬包括居间活动的费用。居间费的支付,如果当事人有约定的,依约定;若无约定或者约定不明确的,可以由当事人协议补充;达不成补充协议的,则依交易习惯;仍不能确定的,根据居间人的劳务合理确定居间费的数额。居间费的支付,各国都以居间活动实现目的为条件,即在居间人促成合同成立时,委托人始有支付约定的居间费的义务。 (赵志毅)

jujianhetong
居间合同(intermediate contract, brokerage contract) 居间人为委托人报告订约的机会或者提供订立合同媒介服务,并由委托人支付报酬的协议。居间在古罗马时期就存在,当时对居间人并无限制。欧洲中世纪,从事居间业务成为居间人团体的特权,非居间人团体的成员不得从事居间业务。我国古代,也有居间现象,称居间人为"互郎",因古汉语中"互"写作"乐",后讹为"牙",所以民间称居间人为"牙行"、"牙纪"。现代各国法律中一般都规定了居间合同,对居间业务采取自由营业主义的立法政策。我国《合同法》中也规定了居间合同。

居间合同的法律特征有:(1)居间合同是双务合同,居间人负有报告或媒介的义务,而委托人应承担给付报酬的义务。(2)居间是由委托人给付报酬的合同,因此,居间合同为有偿合同。(3)居间合同自当事人双方意思表示一致起成立,且不以当事人的现实交付为成立条件,因此,居间合同是诺成合同。(4)居间合同也是不要式合同,当事人可以采取口头、书面或者其他形式订立合同。(5)委托人的给付义务具有不确定性。在居间合同中,只有居间人的居间活动达到了目的,即促成了当事人之间合同的订立,委托人才负有给付报酬的义务。而委托人和第三人之间的合同关系能否成立,具有不确定性,并非完全由居间人的意志所决定的。因此,委托人是否给付报酬就具有不确定性。

根据居间人所受委托内容的不同,居间合同可分为指示居间合同和媒介居间合同。前者居间人仅向委托人报告订约机会,后者居间人仅为委托人提供订约媒介服务。但不论何种居间合同,居间人是按照委托人的指示、委托业务的范围和具体要求进行业务活动的。居间人的联系、介绍等活动的目的是促使委托人与相对人订立合同,为此创造条件,提供方便。居间人可以参加双方当事人的谈判过程,但他不是订立合同的当事人。 (赵志毅)

jujianren
居间人(intermediary, broker) 居间委托人的对称,

居间合同中为委托人提供订约机会或者媒介服务,并收取报酬的人。居间人承担向委托人报告订约机会或为订约媒介的义务。居间人应忠实尽力地履行报告或媒介的义务,忠实于委托人。居间人履行这一义务时,关于订约事项,应该就其所知,据实报告给委托人。

（赵志毅）

jujianweituoren
居间委托人(client of intermediate) 居间人的对称。居间合同中委托居间人为自己提供订约机会或为媒介服务而向其支付报酬的人。在居间合同中,委托人所负的义务主要是向居间人支付报酬,即居间费。

（李成林）

jusuo
居所(residence) 自然人居住的处所。居所通常指自然人为特定目的暂时居住的处所,也可以是自然人经常居住的处所。医院、幼儿园、中小学等为居所,不为住所。

（李仁玉 陈敦）

juzhuquan
居住权(right of dwelling;德 habitatio) 因居住而使用他人房屋的权利。该项物权属变相之用益权、使用权,但其范围,广于使用权而狭于用益权。其终止之原因,亦少于上述两种物权。

（钱明星）

jubao
拒保(to declining insurance) 保险人拒绝投保人的投保要求的意思表示。依各国保险法,保险人不负强制缔约义务,对投保人的投保要求(要约),保险人既可以接受(承保),也可以拒绝。通常情况下,保险人拒保必有一定法律依据或事实理由,如投保人无缔约能力,投保人无保险利益,危险程度过高等。

（温世扬）

jufu
拒付(dishonor by nonpayment) 又称为拒绝付款,持票人进行承兑提示或者付款提示时遭到拒绝。该拒绝可以是明确表示拒绝承兑或拒绝付款;付款人故意躲避、死亡或被宣告破产,以至于事实上不可能为承兑或付款也视为拒付。已经承兑的汇票到期被拒绝付款,持票人立即产生对票据的追索权,持票人有权向其前手及出票人、保证人进行追索。在汇票被拒付后,持票人应将拒付事实立即通知其前手背书人、保证人及出票人。背书人或保证人接到通知书后必须将此退票事实通知其他前手。

（王小能）

jujue canjia chengdui zhengshu
拒绝参加承兑证书(protest for non-acceptance by intervention) 持票人在向参加承兑人提示承兑时被拒绝而请求作成的拒绝证书。

（王小能）

jujue canjia fukuan zhengshu
拒绝参加付款证书(protest for non-payment by intervention) 持票人在向参加付款人提示付款时被拒绝而请求作成的拒绝证书。

（王小能）

jujue chengdui
拒绝承兑(dishonor by non-acceptance) 付款人拒绝对汇票的承兑。由付款人的拒绝承兑而引起他与发票人之间的法律关系属于基础关系,不属于票据法的调整范围。《中华人民共和国票据法》第 62 条规定,承兑人拒绝承兑的,必须出具拒绝证书,或者出具退票理由书。未出具拒绝证明或者退票理由书的,应当承担由此产生的民事责任。持票人可凭此拒绝证明或退票理由书进行期前追索。

（王小能）

jujue chengdui zhengshu
拒绝承兑证书(protest for non-acceptance) 持票人在法定期限内为承兑提示而不获承兑时请求作成的拒绝证书。拒绝承兑证书又可以分为全部拒绝承兑证书、部分拒绝承兑证书及无从为承兑提示的拒绝证书。全部拒绝承兑证书是指持票人被拒绝承兑全部汇票金额而请求作成的拒绝证书。部分拒绝承兑证书是指承兑人仅就汇票部分金额为承兑时,持票人就未为承兑的部分请求作成的拒绝证书。无从为承兑提示的拒绝证书是指在付款人死亡或逃匿等情况下,持票人因无从为承兑提示而请求作成的拒绝证书。此外,在拒绝承兑证书中还有拒绝参加承兑证书和承兑日期拒绝证书。拒绝参加承兑证书是指持票人在向参加承兑人提示承兑时被拒绝而请求作成的拒绝证书。承兑日期拒绝证书是指对于见票后定期付款的汇票或指定请求承兑期限的汇票如付款人在承兑时未记载承兑日期,持票人为了保全自己的追索权,可以请求作成证明承兑日期未被记载的拒绝证书。

（王小能）

jujue fukuan zhengshu
拒绝付款证书(protest for non-payment) 持票人在法定期限内为付款提示而不获付款时请求作成的拒绝证书。拒绝付款证书又可以分为全部拒绝付款证书、部分拒绝付款证书、拒绝参加付款证书及无从为付款提示的拒绝证书。全部拒绝付款证书是指持票人作成的证明付款人拒绝支付全部汇票金额的拒绝证书。部分拒绝付款证书是指持票人作成的证明付款人仅支付部分汇票金额而拒绝支付另一部分汇票金额的拒绝证书。拒绝参加付款证书是指持票人在向参加付款人提示付款时被拒绝而请求作成的拒绝证书。无从为付款提示的拒绝证书是指在付款人死亡或逃匿等情况下持票人因无从为付款提示而请求作成的拒绝证书。

(王小能)

jujue jianhu

拒绝监护(refusal of guardianship) 拒绝担任监护人。依《法国民法典》第 401 条的规定,由父或母选定的监护人,无义务接受该监护,即可拒绝监护。第 428 条规定,除父母之外因年龄、疾病、距离遥远、职业或者家庭事务十分繁忙不能负担监护任务的人,或者已负担的监护任务过于沉重,不能负担新的监护任务的人,可免于负担新的监护任务。第 432 条规定,不是未成年人的父与母的血亲或姻亲不受强迫接受监护任务。依《德国民法典》第 1786 条和 1787 条的规定,拒绝担任监护人的事由包括:(1) 主要负责照管两个以上尚未达到学龄的子女的父母一方,或者能够证明其承担的照顾家庭的事务对承担监护职责具有长期的特别的困难;(2) 年龄已满 60 周岁;(3) 已经承担三个以上未成年子女的财产和人身照顾权;(4) 因疾病或者残疾而不能正常行使监护职责;(5) 因住所远离监护法院以致行使监护职责造成特别负担等。拒绝监护应在任命之前向监护法院主张拒绝权,否则该权利消灭。无理由拒绝承担监护职责者,应承担监护延误所致损害的过错责任。监护法院宣告拒绝监护不成立的,拒绝人应暂时担任监护人。我国《民法通则》未设置监护拒绝制度。

(李仁玉 陈敦)

jujue jiaohuan fuben zhengshu

拒绝交还复本证书(protest for refusal of returning bill in a set) 复本接收人拒绝交还复本时,持票人请求作成的拒绝证书。

(王小能 胡冰子)

jujue jiaohuan yuanben zhengshu

拒绝交还原本证书(protest for refusal of returning original bill) 原本接收人拒绝交还原本时。持票人请求作成的拒绝证书。

(王小能 胡冰子)

jujue shishi de tongzhi

拒绝事实的通知(notice of dishonor) 持票人在行使追索权时,在法定的期限内以适当方式将其票据请求权被拒绝的事实告知给票据债务人的意思表示。拒绝事实的通知是票据法规定的一项法律义务,但是,各国票据法对于拒绝事实通知的法律意义的规定不尽相同。概括起来,有两种立法主义:一是所谓条件主义,为英美法系所采用。英美法系的票据法规定,拒绝事实的通知是行使追索权的必要条件,即使其他条件具备,只要持票人未为拒绝事实的通知,就将丧失追索权。《英国票据法》第 48 条"退票通知和未发出通知的后果"规定,依本法规定,凡汇票因不获承兑或不获付款而遭退票的,必须向发票人和每一个背书人发出退票通知,任何未得到通知的发票人或背书人,其责任即告解除。二是所谓义务主义,为日内瓦法系所采用。日内瓦法系认为,拒绝事实的通知仅是持票人的义务,持票人违反此项义务的后果是产生对权利人的损害赔偿责任,但是其追索权并不因此而丧失。《日内瓦统一汇票本票法》第 45 条第 6 款规定,未按规定期限为通知的,并不丧失其追索权利。但因其怠于通知而发生损害时,应负赔偿的责任。赔偿金额不得超过汇票金额。依此规定,通知义务人无论是延期通知还是怠于通知即未为通知,对由此产生的损害都应负赔偿的责任。《中华人民共和国票据法》的规定与此不同。该法第 66 条第 2 款规定,未按照规定期限通知的,持票人仍可以行使追索权。因延期通知给其前手或者出票人造成损失的,由没有按照规定期限通知的汇票当事人承担对该损失的赔偿责任,但是所赔偿的金额以汇票金额为限。依此规定,持票人仅对因延期通知造成的损失承担赔偿责任,对于持票人怠于通知造成的损失持票人是否赔偿则没有明文规定。解释上应认为由于持票人怠于通知造成的损失,持票人也应负赔偿责任。拒绝事实的通知义务人应是有追索权的人,被通知人应是可能被追索的全部汇票上的债务人。

关于通知的期限,各国票据法的规定略有不同。《日内瓦统一汇票本票法》第 45 条第 1 款规定,执票人应于拒绝证书作成后 4 个营业日内,将不获承兑或不获付款之事由通知背书人及发票人。如汇票有"退票时不承担费用"之记载时,执票人应于提示之日后 4 个营业日内为此项通知。背书人应于收到通知后 2 个营业日内,将其收到通知之事由通知其前手,并记明此前各通知人之姓名住址。如此依次通知,直至发票人。此项通知之期限自收到前一通知之日起算。《英国票据法》第 49 条"发出退票通知的规则"之(12)规定,通知可在汇票遭退票后立即发出,并必须在退票后合理时间内发出。除下列情况外,如无特殊原因,通知不被认为是在合理时间内发出:(a) 通知人与被通知人居住在同一地方,而通知的发出及到达被通知人是在汇票遭退票的次日;(b) 通知人与被通知人居住在不同的地方,通知是在汇票遭退票的次日经最近的邮班寄发,已逾该日邮递班次的,则由次班邮递寄发。《中华人民共和国票据法》第 66 条第 1 款规定,持票人应当自收到被拒绝承兑或拒绝付款的有关证明之日起3日内,将被拒绝事由书面通知其前手;其前手应当自收到通知之日起3日内书面通知其再前手。持票人也可以同时向各汇票债务人发出书面通知。

关于通知的方式,《日内瓦统一汇票本票法》第45条第4款规定,应作通知之人,其通知得以任何方式为之,甚至只将汇票退还。我国台湾地区票据法第91条规定,通知得用任何方法为之。付邮送达之通知,如封面所记被通知人之住所无误,视为已经通知。《英国票据法》第49条"发出返票通知的规则"之(5)、(6)、(7)规定,通知的发出方式应通过书面或个人传达进行,并应以足以鉴别汇票及说明汇票曾因不获承兑或不获付款而遭退票的任何方式进行。就形式而言,将遭退票的汇票退还发票人或背书人的,足以视为通知。书面通知无需签名,欠完备的书面通知应依口头方式予以补充并使生效。误述所列汇票的,其通知并不因而失效,但接受通知者事实上也因而误解的不在此限。依《中华人民共和国票据法》第66条的规定,拒绝事实的通知应以书面的方式为之。

(王小能)

jujue shishi tongzhi de mianchu
拒绝事实通知的免除(waiver of notice of dishonor) 持票人及其他通知义务人不负拒绝事实的通知义务。无论在日内瓦法系还是在英美法系,拒绝事实的通知在追索权的行使中都具有重要意义。但是在有些情况下,拒绝事实在客观上无法通知,或者当事人不愿为或接受拒绝事实的通知,可以免除对拒绝事实的通知义务。《英国票据法》第50条"未发通知和迟延通知之责的免除"之(2)规定,凡有下列情形之一的,退票通知可以免除:① 在经过努力后,本法所要求的通知未能发出或未能送达发票人或应负责的背书人之手。② 明示或默示免除退票通知。退票通知可在应发出通知之前或漏发通知之后被免除。③ 在发票人方面,有下列情形之一的,即:(a) 发票人与付款人同属一人;(b) 付款人为虚构之人或无履约能力之人;(c) 发票人为被提示付款的人;(d) 付款人或承兑人与发票人之间并无付款或承兑汇票的责任;(e) 发票人已撤回其支付委托。④ 在背书人方面,有下列情形之一的,即:(a) 付款人为虚构之人或无履约能力之人,而背书人在背书时又知晓这一事实;(b) 背书人为被提示付款的人;(c) 汇票是为了融通而被承兑或签发的。《日内瓦统一汇票本票法》仅在第45条第3款规定,背书人未在票据上记载住址,或记载不明时,其通知对背书人之前手为之。在背书人未记载住址或该记载不明确时,持票人对该背书人免于为拒绝事实的通知。《中华人民共和国票据法》对拒绝事实通知的免除没有规定,该法在第66条第3款规定,在规定期限内将通知按照法定地址或者约定地址邮寄的,视为已经发出通知。根据这一规定,在通知义务人无法为通知时,只要能证明自己已经按照一定的地址进行了邮寄的努力,则可以使自己的追索权得到保全。另外,如果汇票债务人明确表示免除通知义务,则该通知义务即予免除。

(王小能)

jujue zhengshu de fenlei
拒绝证书的分类(classification of protest) 按照一定的标准对拒绝证书进行的划分。

拒绝证书以其作成的主体及程序为标准,拒绝证书可以分为正式拒绝证书与略式拒绝证书。正式拒绝证书是指由法律授权的特定机关按照严格的法定程序所制作的拒绝证书,其特点是其制作机关及程序都非常正式,制作过程往往较为繁琐。略式拒绝证书是指票据法规定的与正式拒绝证书具有同样证明效力的除正式拒绝证书以外的拒绝证书。略式拒绝证书的特点是制作的机关及程序都较为灵活与简单,因此略式拒绝证书正被越来越多地使用。

拒绝证书以其证明的法律事实为标准可以分为:(1) 拒绝承兑证书。拒绝承兑证书是指持票人在法定期限内为承兑提示而不获承兑时请求作成的拒绝证书,又可以分为全部拒绝承兑证书、部分拒绝承兑证书及无从为承兑提示的拒绝证书。全部拒绝承兑证书是指持票人被拒绝承兑全部汇票金额而请求作成的拒绝证书。部分拒绝承兑证书是指承兑人仅就汇票部分金额为承兑时,持票人就未为承兑的部分请求作成的拒绝证书。无从为承兑提示的拒绝证书是指在付款人死亡或逃匿等情况下,持票人因无从为承兑提示而请求作成的拒绝证书。此外,在拒绝承兑证书中还有拒绝参加承兑证书和承兑日期拒绝证书。拒绝参加承兑证书是指持票人在向参加承兑人提示承兑时被拒绝而请求作成的拒绝证书。承兑日期拒绝证书是指对于见票后定期付款的汇票或指定请求承兑期限的汇票如付款人在承兑时未记载承兑日期,持票人为了保全自己的追索权,可以请求作成证明承兑日期未被记载的拒绝证书。(2) 拒绝付款证书。拒绝付款证书是指持票人在法定期限内为付款提示而不获付款时请求作成的拒绝证书。拒绝付款证书又可以分为全部拒绝付款证书、部分拒绝付款证书、拒绝参加付款证书及无从为付款提示的拒绝证书。全部拒绝付款证书是指持票人作成的证明付款人拒绝支付全部汇票金额的拒绝证书。部分拒绝付款证书是指持票人作成的证明付款人仅支付部分汇票金额而拒绝支付另一部分汇票金额的拒绝证书。拒绝参加付款证书是指持票人在向参加付款人提示付款时被拒绝而请求作成的拒绝证书。无从为付款提示的拒绝证书是指在付款人死亡或逃匿等情况下持票人因无从为付款提示而请求作成的拒绝证书。(3) 第二次提示请求的拒绝证书。第二次提示请求的拒绝证书是《日内瓦统一汇票本票法》规定的一种拒绝证书,该法第 24 条第 2 款规定,汇票付款人可以请求持票人在第一次提示的次日为第二次提示,如果持票人未为第二次提示,付款人可以请求作成拒绝证书来证明该事实的存在。(4) 拒绝交还复本证书。拒绝交还复本证书是指复本接收人拒绝交还复本时,持票人请求作成的拒绝证书。(5) 拒绝交还原本证书。拒绝交还原本证书是指原本接收人拒绝交还原本时,持票人请求作成的拒绝证书。 (王小能)

jujue zhengshu de jizaishixiang
拒绝证书的记载事项(form of protest) 《美国统一商法典》第 3—509 条规定,拒绝证书必须载明被拒绝的票据,并证明已作适当的提示,或免除提示的理由,以及票据因不获承兑或不获付款而遭退票。我国《上海市票据暂行规定》第 56 条规定,拒绝证书应当记明:拒绝人或被拒绝人的名称、汇票的细节、提示日期或无从提示的原因、拒绝事由、作成日期,并由公证机关和公证人盖章。《中华人民共和国票据法》对此无具体规定。 (王小能)

jujue zhengshu de mianchu
拒绝证书的免除(exemption from protest) 在法律规定或当事人特别约定的情况下,持票人可以不作成拒绝证书而向票据债务人行使追索权。拒绝证书的免除可以分为法定免除与约定免除。所谓法定免除,指由法律明确规定在何种情况下持票人可以免除作成拒绝证书的义务而不丧失对前手的追索权。根据《日内瓦统一汇票本票法》第 44 条、第 58 条的规定,拒绝证书可以在下列情况下被免除:付款人或持票人被宣告破产的;因不可抗力事由致使持票人不能于提示期限内提示且该事由延至到期日后 10 日以上的。另外,如果持票人已经作成了拒绝承兑证书,就可以免于作成拒绝付款证书。《中华人民共和国票据法》规定在承兑人或付款人死亡、逃匿、被宣告破产或被责令终止业务活动以及其他不能取得拒绝证明文件的情况下,持票人应取得其他有关证明文件。如果其他有关证明文件算作广义的拒绝证书的话,我国票据法上没有法定的拒绝证书的免除。

所谓拒绝证书的约定免除,是由票据债务人在票据上为一定记载,免除持票人作成拒绝证书的义务。拒绝证书的作成需要一定的费用,而此费用将包括在追索金额的范围内,票据债务人为了避免承担该费用,就可以依特约免除拒绝证书的作成。《日内瓦统一汇票本票法》第 46 条规定,出票人、背书人或票据保证人在票据上记载"退票时不承担费用"或"免除作成拒绝证书"及其他同义的记载,即可以免除持票人作成拒绝证书的义务。出票人免除作成拒绝证书义务的,对出票人及其所有后手都具有效力,即持票人可以不作成拒绝证书而不丧失对出票人及其所有后手的追索权。背书人或保证人免除作成拒绝证书义务的,仅对该背书人或保证人发生免除的效力,持票人对其他票据债务人追索,仍需要作成拒绝证书。《中华人民共和国票据法》对拒绝证书的约定免除没有规定,解释上认为应承认当事人之间关于拒绝证书免除特约的效力。 (王小能)

jujue zhengshu de xiaoli
拒绝证书的效力(effects of protest) 拒绝证书在票据关系当事人之间产生的法律后果。拒绝证书是票据法规定的一种证明某种事实存在或不存在的法律文件,其最直接的效力体现在对追索权的保全上。拒绝证书通过影响追索权的效力从而影响到持票人的权利能否实现。持票人如果在法定期限内作成了拒绝证书,即取得对前手的追索权,否则,将丧失对其前手的追索权,从而减弱自己权利实现的可能性。《中华人民共和国票据法》第 65 条规定,持票人不能出示拒绝证明、退票理由书或者未按照规定期限提供其他合法证明的,丧失对其前手的追索权。拒绝证书的证明效力在下列情况下受到影响:(1) 票据债务人提出其他更为可信的证据,其内容与拒绝证书相反;(2) 拒绝证书被当事人依特约加以免除。 (王小能)

jujue zhengshu de zuocheng
拒绝证书的作成(making of protest) 由特定机关依据法律的规定完成拒绝证书的制作。拒绝证书的制作机关一般都由法律明确加以规定。关于拒绝证书的制作机关,《英国票据法》规定,拒绝证书原则上应由公证人作成。但如果在退票地点无法获得公证服务,则可以在当地找任何一位户主或实际上的住户,在两位见证人面前出立证明书,由证人签名,该文件即为拒绝证书。《美国统一商法典》第 3—509 条第 1 款规定,拒绝证书应由美国领事或副领事,或公证人或由拒绝事由发生地法律授权证明拒绝事由的其他人亲笔并盖章作成。《日本拒绝证书令》第 1 条规定,票据或支票之拒绝证书,由公证人或执行官作成之。我国台湾地区票据法第 106 条规定,拒绝证书的作成机关应为拒绝承兑地或拒绝付款地的法院公证处、商会或银行公会。《中华人民共和国票据法》规定了多种拒绝证明文件,各种文件的制作主体各不相同。该法第 62 条规定,持票人行使追索权时,应当提供被拒绝承兑或被拒绝付款的有关证明。持票人提示承兑或者提示付款被拒绝的,承兑人或者付款人必须出具拒绝证明,或者出具退票理由书,未出具拒绝证明或者退票理由书的,应当承担由此产生的民事责任。

关于拒绝证书的作成期限,《日内瓦统一汇票本票法》第44条规定,拒绝承兑证书,应于提示承兑的期限内作成。如果付款人请求在第一次提示的次日再为第二次提示,其第一次提示如果在期限的末日所为,拒绝证书可以在次日作成。定日付款或发票日后定期付款或见票后定规付款的汇票,其拒绝付款证书必须在汇票到期日后两个营业日中之一日作成。见票即付的汇票,拒绝付款证书必须按前项有关拒绝承兑证书的规定作成。我国台湾地区票据法第86条、第87条规定,拒绝承兑证书应于提示承兑期限内作成;拒绝付款证书,应于拒绝付款日或其后5日内作成;但如持票人允许延期付款时,应于延期的末日或其后5日内作成。《上海市票据暂行规定》第56条第3款规定,拒绝证书应当在退票日起5日内作成。《中华人民共和国票据法》对此没有具体规定。

关于拒绝证书的记载事项,《美国统一商法典》第3—509条规定,拒绝证书必须载明被拒绝的票据,并证明已作适当的提示,或免除提示的理由,以及票据因不获承兑或不获付款而遭退票。《上海市票据暂行规定》第56条规定,拒绝证书应当记明:拒绝人或被拒绝人的名称、汇票的细节、提示日期或无从提示的原因、拒绝事由、作成日期,并由公证机关和公证人盖章。《中华人民共和国票据法》对此无具体规定。 (王小能)

jujue zhengshu de zuochengjiguan

拒绝证书的作成机关(maker of protest) 参见拒绝证书的作成条。

juti qingguoshi

具体轻过失(拉丁 culpa in conereto) 轻过失的一种,抽象轻过失的对称。对他人事务或物品未采用对自己事务或物品所采用的勤谨。这种形式的过失与责任人的主观特征相连,而无固定标准,因为一个人对自己的事务也可能表现出疏忽抑或特别疏忽,或者可能严格勤谨行事,然而只要行为人未采取如同对于自己的事务的同样注意,即为有具体轻过失。 (张平华)

juhe yinguo guanxi

聚合因果关系(德 kumulativekausalitat) 又称累积性的因果关系,因果关系的一种特殊形态。造成损害的事实存在多个原因,而各个原因单独均足以引致损害事实的状态。比如甲、乙同时分别对丙下毒,每个人下毒的分量均足以导致丙死亡。在聚合因果关系的情况下,不能适用"若无,则不"的判断标准。如在上例中甲、乙不能各自主张"若我不下毒,则丙仍会死亡,故我下毒非丙死亡的条件",从而皆得不负发丙死亡的责任。故于此情形,"若无,则不"判断标准的适用应受限制,而认定甲、乙的下毒行为皆属丙死亡的条件。

(张平华)

juanzhu

捐助(donate, contribute) 又称"捐献、捐赠"。为公共目的或公共事业而无偿提供财产的民事法律行为。分为狭义的捐助和广义的捐助。前者是以设立财团或基金为目的无偿提供一定财产,后者则还包括不附加任何条件的普通赠与及附负担赠与。捐助主体一般没有限制,任何人均可实施。捐助物可以是实物、现金、无形资产或一定的劳务。捐助可以以遗嘱或者其他任何适当方式进行,但其内容不得违反法律。我国《公益事业捐赠法》中规定,捐赠应当是自愿和无偿的,禁止强行摊派或是变相摊派,不得以捐赠为名从事营利活动;捐赠财产的使用应当尊重捐赠人的意愿,符合公益目的,不得将捐赠财产挪作他用。 (任自力)

juanzhu zhangcheng

捐助章程(charter of foundation) 关于财团法人的组织及管理办法的书面文件。设立财团法人是否必须订立章程,各国法律规定不同。德国民法及日本民法规定,财团法人的捐助行为与设立行为不加区分,故不以制订章程为必要。泰国民法和1929年南京国民政府民法区分了捐助行为与设立行为,故财团法人须订立章程。捐助章程分必要记载事项和任意记载事项。依1929年南京国民政府民法第26条的规定,必要记载事项包括:财团设置的目的、捐助财产、组织及管理办法;任意记载事项包括监督董事执行职务的办法、剩余财产的归属、董事的任免等。捐助章程对财团、董事、监事均有约束力。 (李仁玉 陈敦)

juebiao

决标(decide on a bid) 亦称定标,招标人于评标人评标后从投标人中选定中标人,并允诺与其订立合同。国际上一般有两种决标方法:其一是选择最低标价的投标人;其二是选择招标人认为最合适的投标人,即标价与标底相近,投标人的资历、信誉等条件也与招标人的要求相符。招标人可完全同意投标人的投单内容,此时,定标即为承诺;招标人若对投单并不完全同意,则双方可以就合同条件重新磋商,此时,中标只是选择合同相对人的一种方式。如果所有投标书实质都未按招标文件的要求编制或投单过少,则招标人有权拒绝

全部投标。　　　　　　　　　　（肖　燕）

jueduiquan
绝对权(德 absolutes Recht)　相对权的对称。亦称对世权。依据隶属性权利效力的强弱(亦即其权利效力所及的范围)作出的区分,得对抗一切人的权利,即人人负有尊重此项权利之义务,对于隶属于权利人的法益,不容有丝毫侵害,绝对权因此对于任何人可以行使。物权、知识产权、人格权等均属之。其中尤以所有权最为典型,所有人对其所有物得自由使用收益处分,并得排除他人的干涉。

绝对权依其标的物的不同,又可分为对人的绝对权与对物的绝对权。前者包括对他人的绝对权(如亲权)和对自己的绝对权(如生命权、身体权、名誉权、姓名权)。后者包括对具体物的权利(如通常所称之物权)、对权利的权利(如权利质权)以及人格物权(如商号权、商标权)。在绝对权中,以标的物为标准的分类法,至关重要。

对于绝对权与相对权之分,学者间不乏批评意见:有谓根据权利内容区分物权与债权足矣,认为此种分类为不必要者。有谓作为相对权的债权也有不可侵性,认为此种分类为不能成立者。有谓此种二分法不彻底者,表现在四个方面:(1)无以将一切权利概分为二,例如形成权,既非绝对权,亦非相对权;(2)物权中的他物权则带有若干相对权的色彩;(3)学者有谓亲属权为绝对权者,有以之为相对权者,亲属权实际上兼具绝对权与相对权的性质;(4)债权不能对抗一般人,故第三人对债权加以侵害,不能遽谓之不法行为,此为德国学者向之通说,然英国法有反对之判例。然持肯定意见者则认为,无论从权利本身的效力来看,还是从其保护形式来看,绝对权与相对权的区分仍有意义。盖权利之分为绝对权与相对权,并不是从绝对权无限制性的意义上来说明权利本身的内容,而只是说明负担义务的人的范围、义务的内容以及什么人可能侵害权利等方面有差别。这是权利本身的效力问题,与权利的不可侵性无关。且即使在权利受侵害时,虽然绝对权与相对权均具不可侵性,但在违法性的判断方面、在是否承认妨害排除请求权以及承认该请求权所需的条件方面,区分绝对权与相对权也有其必要性。

凡权利有绝对的效力时,谓之有物权的效力,有相对的效力时,则称之有债权的效力。不过需要指出的是,在典型的绝对权与典型的相对权之间,的确存在着一些混合形态,有债权物权化的,有物权债权化的。前者例如商品房预售合同的预购方仅仅是债权人,但为加强其对商品房的取得地位,必须将预售合同进行登记备案后,才可以对抗任何与预售方从事二次买卖的预购方。又如租赁物在租赁期间发生所有权变动的,不影响租赁合同的效力,学理上称之为"买卖不破租赁"。后者如以《担保法》第42条规定的财产以外的其他财产抵押的,抵押合同自签字之日起生效,非经登记不得对抗第三人。　　　　　　　　（张　谷）

juedui shangxingwei
绝对商行为(absolute commercial act)　相对商行为的对称。又称客观商行为。依照大陆法系近代商法规定无条件属于商行为的行为。绝对商行为的判断标准是行为的客观性和无条件性,即无论行为是否由商人实施,也不论行为人是否有营利性营业目的,均依法认定为商行为。按照多数国家商法的规定,证券交易行为、票据行为、保险行为和海商行为等均属于绝对商行为。《日本商法典》第501条规定了下列绝对商行为:(1)以为获利而转让的意思,有偿取得动产、不动产、有价证券的行为或有偿转让取得物的行为;(2)缔结供给自他人处取得的动产或有价证券的契约,以及为履行此契约而实施的以有偿取得为目的的行为;(3)在交易所进行的交易;(4)有关票据或其他商业证券的行为。凡属于上述行为,不管行为人是不是商人,不管行为的性质是不是营业,只要实施这种行为,都属于商行为。从现代商法看,上述行为均属于资本经营行为,它不强调商人身份,只要实施了资本经营行为均适用商法,这有利于建立现代市场交易秩序。
　　　　　　　　　　（关　涛　梁　鹏）

juedui wuxiao
绝对无效(absolutely nullity)　又称无限制的无效,可由任何人对任何人主张的无效。主要指民事行为的内容违反法律的强制性规定,损害国家利益或社会公共利益而导致的无效。　　（李仁玉　陈　敦）

juedui zeren
绝对责任(absolute liability)　又称绝对赔偿责任,英美侵权行为法中的概念。由法律明文规定的、仅仅因为某种被认为违禁的事件的发生便可构成责任。该责任无需考虑被告人注意程度或可以采取的预防措施,也不需要提供有关过错的证据。绝对责任较之严格责任标准更高。承担严格责任的行为人有法定的抗辩事由可以援引,而承担绝对责任的行为人不能援引任何抗辩事由。但绝对责任一般有责任限额的规定。如因核设施致害的责任就属于绝对责任。　　（张平华）

junhun
军婚(marriage with a person on active militry service)　我国军队现役军人的婚姻。对军婚给予特殊的保护,

是我国婚姻立法的传统。《中华人民共和国婚姻法》第33条规定,现役军人的配偶要求离婚,须得军人同意,但军人一方有重大过错的除外。现役军人,是指正在人民解放军或人民武装警察部队服役、具有军籍的人员;现役军人的配偶,是指现役军人的非军人配偶。离婚须得军人同意的规定,仅适用于其配偶为非军人一方的婚姻。双方都是军人或军人一方提出离婚,则不适用这一规定。根据最高人民法院的有关司法解释,"现役军人一方的重大过错"一般是指现役军人重婚或与他人同居;实施家庭暴力或虐待、遗弃家庭成员;有赌博、吸毒恶习,屡教不改以及有其他重大过错导致夫妻感情破裂的情形。《中华人民共和国刑法》亦保护军婚,《刑法》第259条规定,明知是现役军人的配偶而与之同居或者结婚的,处3年以下有期徒刑或者拘役。

(马忆南)

junzixieyi

君子协议(gentleman's agreement) 有观点认为,"君子协议"是指双方或一方并无诚意,没有法律约束力的口头协议。也有观点认为,君子协议是指当事人达成的依靠当事人的自我约束实现其目的而并无法律约束力的协议。

(郭明瑞)

K

kate'er

卡特尔(cartel) 法语的音译,原意是协定或同盟,生产同类商品的企业,为获取高额利润,在划分销售市场、规定商品产量、确定商品价格等方面达成协议形成的一种企业联合。它是资本主义垄断组织的一种重要形式。参加卡特尔的企业在生产、贸易、财务以及法律地位上都保持各自的独立性,但违背共同协议,要受到一定的制裁。卡特尔类型主要有:规定销售价格的卡特尔,规定销售条件的卡特尔,规定销售范围的卡特尔,规定分配利润的卡特尔等。在成立协定时一般都通过正式书面手续,但也有卡特尔只是通过口头上的协议。卡特尔内部,由参加者共同选出一个委员会,职权是监督协议的执行,保管和使用卡特尔的共同基金。卡特尔这种企业联合组织形式,最初在欧洲大陆,特别在德国盛行,德国曾被称为卡特尔的国家。卡特尔这种垄断联合并不稳固,内部各企业之间为争夺有利的销售市场和扩大产销份额进行着激烈的竞争,经济实力不断发生变化,按企业实力对比签订的协议不断按新的情况重新修订,卡特尔协定持续时间往往不长。由于商品销售条件恶化时(如经济危机爆发),在激烈的竞争下,卡特尔参加者往往违反协议中的规定,许多卡特尔在原定期限届满前纷纷解体。随着垄断资本的活动范围超越国界,各国的大垄断组织之间还建立国际卡特尔,使卡特尔成为国际垄断同盟的一种重要形式。 (刘弓强 蔡云红)

kaibiao

开标(open bid tender) 招投标活动中的一个阶段。招标人在召开的投标人会议上当众启封标书,公开标书内容。开标后应验证标书的效力。按照《中华人民共和国招标投标法》的规定,开标应当在招标文件确定的提交投标文件截止时间的同一时间公开进行;开标地点应当为招标文件中预先确定的地点;开标由招标人主持,邀请所有投标人参加;开标时,由投标人或者其推选的代表检查投标文件的密封情况,也可以由招标人委托的公证机构检查并公证;经确认无误后,由工作人员当众拆封,宣读投标人名称、投标价格和投标文件的其他主要内容。招标人在招标文件要求提交投标文件的截止时间前收到的所有投标文件,开标时都应当当众予以拆封、宣读。开标过程应当记录,并存档备查。 (张平华)

kaifangshi gongsi

开放式公司(public company) 英美国家对股份公司的称谓。在英美等国家,公司主要分为开放式公司(又称上市公司、股票上市公司或公开招股公司)和封闭式公司(又称不上市公司、股票不上市公司或非公开招股公司)。其中的开放式公司类似于大陆法中的股份有限公司,其特点是它的股票可以在股票交易所挂牌公开进行交易。 (王亦平)

kaihu weituo yu chengjiao

开户、委托与成交(account-open, delegate and conclude a transaction)

1. 开户。投资者在证券交易商处开设账户的行为。在我国,投资者应同时开设证券账户和资金账户,实行券现分离。开户要求具有合法性和真实性。合法性是指只有国家法律允许进行证券交易的自然人和法人才能开立证券账户。根据有关规定,下列人员不得办理证券账户:证券主管机构中管理证券事务的有关人员;证券交易所管理人员;证券经营机构中与股票发行或交易有直接关系的人员;与发行人有直接行政隶属或管理关系的机关工作人员;其他与股票发行或交易有关的知情人;未成年人未经法定监护人的代理或允许者;因违反证券法规,经有权机关决定停止其证券交易而期限未满者;其他法规规定不得拥有或参加证券交易的自然人。自然人和法人在同一证券交易所只能开立一个证券账户,禁止多头开户。真实性指投资者开立证券账户时所提供的资料必须真实有效,不得有虚假、隐匿。

2. 委托。投资者授权证券商买卖证券的行为。委托买卖行为必须依据国家的法律和有关交易规则进行。根据证券的委托价格,委托方式分为现价委托、市价委托和限价委托。现价委托是投资者在委托买卖时按当前的证券价格向券商发出买入或卖出的指令。现价委托的价格是确定的,能否成交要视交易所内买卖价格的变化情况。市价委托是投资者要求券商按当时交易所场内的价格买入或卖出。这是最常见的一种委托方式,由于对价格没有限制,因此容易成交,但也容易造成投资者与券商之间的矛盾。限价委托是指投资者要求券商按限定的价格或比限定价格更有利的价格买卖证券。限价委托可以按照投资者预期或比预期更为有利的价格成交,谋求最大利益,但由于限价与市价之间往往有一定的差距,因此成交速度慢,有可能坐失良机。另外,根据委托形式,可以将委托分为当面委托、电话委托、函电委托和自助委托等。在委托没有全部成交之前委托人有权撤销或变更委托。

3. 成交。证券商之间通过竞价就买卖证券的价格和数量达成一致的行为。证券交易所实行证券交易的集中竞价成交方式,竞价原则是价格优先、时间优先。价格优先指买入申报时,买价高的申报优先于买价低的申报;卖出申报时,卖价低的申报优先于卖价高的申报。时间优先指同价位买卖申报时,依照申报的时间顺序进行排列。证券交易竞价的结果有三种,即全部成交、部分成交和不成交。

(夏 松)

kaihu yinhang
开户银行(deposit bank) 在票据清算过程中付款人或收款人开有户头的银行。根据持票人向银行提交票据的方式不同,票据清算分为顺汇清算和委托收款清算两种。顺汇清算的资金清算方式中,付款人开户银行(付款行)直接将款项划入收款人开户银行(收款行)。委托收款清算的资金清算方式中,则由收款人委托其开户银行向付款行收取票据款项。

(胡冰子)

kaikou baoxiandan
开口保险单(open policy) 保险人在承保被保险人在一定时期内分批发运的,以到岸价格(CIF)或成本加运费价格(CFR)条件成交的进口货物所使用的保险单。由于在这种保险单的有效期内,通常都没有承保金额的限制,所以这种保单称为开口保险单。

(李世奇)

kangcai'en
康采恩(德 Konzern) 德语音译,原意是多种企业集团,把分属于不同经济部门的许多企业联合在一起,以其中实力最为雄厚的企业为核心所组成的多种企业集团。通常包括数十个以至数百个不同部门的工业企业、运输公司、商业公司、银行、保险公司和服务性行业。它是资本主义垄断组织的一种最复杂的形式。康采恩以金融控制为基础,其核心可以是大银行,也可以是大工业企业。这些大银行或大工业企业,除经营自己的业务外,又是持股公司,通过收买股票、参加董事会及其他财务上的关系,将参加康采恩的各个企业置于自己的控制之下。通过康采恩这种垄断组织形式,大工业企业或大银行往往可以控制比它本身资本额大十几倍甚至几十倍的许多企业,在经济上居于更强的优势地位,攫取最大限度的垄断利润。

康采恩的历史比卡特尔、辛迪加、托拉斯要稍短一些。第一次世界大战后,极少数最大的康采恩曾统治了德国的经济。在第二次世界大战结束前,日本约有20个大康采恩,其中三井、三菱、安田、住友四个最大的康采恩是统治日本经济的大财阀。通过组织康采恩,大工业企业和大银行通过"参与制",控制一系列子公司和分公司,造成极少数金融资本和金融寡头的全面统治,在经济上掌握国民经济命脉,控制各个部门的大部分生产,操纵市场,规定垄断价格。在政治上还通过人事结合,占据政府和军队要职,直接影响国家对内、对外政策,并通过资本输出,组织跨国公司,形成国际化的垄断资本。

德国法律将康采恩划分为三种不同的类型:(1)事实上的康采恩。如果因持有另一家企业的多数股份或其他原因而拥有对该企业控制权的企业,为了推行统一的企业政策而实际行使这一权力时,即构成了事实上的康采恩。(2)契约性的康采恩。企业之间通过签订契约连接在一起而形成的康采恩。这类契约中最重要的形式是控制契约,即规定一个企业接受另一企业管理的契约和利润分流契约;除此之外,还有部分利润分流契约、利润共享契约,以及企业租赁契约等。(3)联合企业。联合企业是最紧密的企业结合形式,与真正的企业合并非常接近。

依德国法律,康采恩负有特殊的信息披露的义务。如果组成康采恩的各个企业是由德国境内的股份有限公司或股份两合公司即母公司实行单一的管理,母公司的董事会就必须制作整个康采恩统一的资产负债表和损益账目,并公布关于整个康采恩业务情况的年度报告。所有根据1969年的法律负有信息披露义务的母公司,也都适用这一规定。如果母公司根据这些法律都不负有信息披露义务,那么康采恩中所有的股份有限公司和股份两合公司,都必须就本企业的情况制作资产负债表。母公司设在德国境外时,这种部分康采恩的资产负债表也必须制作。

(刘弓强 蔡云红 李仁玉 卢志强)

kangcai'enshi suoyouquan baoliu
康采恩式所有权保留(德 Konzern-Eigentumsvorbehalt) 所有权移转所要求的延缓条件是保留买主须清偿其对多个债权人的已存债务和未来债务,而这多个债权人与保留卖主之间构成康采恩关系。这是过去在德国交易实践中常见的一种所有权保留的扩大形式,德国联邦最高法院一直不能决定这种形式的所有权保留约定是否合法。而学术界的权威观点认为康采恩式所有权保留违反《德国民法典》第138条所要求的善良风俗,因为这种康采恩式所有权保留不能确定,从而使所有权关系难以确定和证明。另外,由于保留卖主滥用合同自由把第三人拉入到保留所有权买卖约定中来,从而造成对保留卖主担保过重,而限制了保留买主的经济活动自由,并且从实质上免除了保留卖主的所有权移转义务。对于这种实践中发展出来的所有权保留形式,德国学术界一向反对,最终自1999年1月1日起,《德国民法典》第455条又增加了一款,即现今《德国民法典》第455条的第2款:如果约定保留所有权是以买受人清偿第三人,特别是与出卖人具有关联关系的企业的债权为条件,这种所有权保留的约定无效。

(申卫星)

kangmeida hetong

康美达合同(Commenda) 中世纪海上贸易中发展出来的一种经济组织形式。货主和船长间订立的货主将财产交给船长,委托其为共同利益而出售的合同。具有委任合同与合伙合同双重性质,财产所有人给予船长处置财产的权利。依据合伙合同的性质,利润由双方分享,一方冒损失其财产的风险,另一方承受损失其劳力的风险。如果销售额未超过原始成本,货主将拿走全部收益。康美达合同具有短期性、临时性的特点,但它却成了后来的有限责任、独立人格的法人制度的渊源。

(张平华)

kangbianquan

抗辩权(right to plea; 拉丁 exceptio; 德 Einrede; 法 exception) 消极形成权之一种,因请求权人之行使权利,义务人有可以拒绝其应为给付之权利。此系义务人对抗权利人请求权之防御方法。例如义务人之消灭时效抗辩权、债务人之期限延缓抗辩权、债权人之留置抗辩权。此种狭义的抗辩权,又称为给付拒绝权。学说上有采广义的抗辩权者,即对抗或阻碍对方行使其权利(不限于请求权,尚包括形成权、抗辩权等)之权利。例如,德国民法第111条、第174条规定,未成年人、意定代理人为单方行为,而未出示法定代理人的同意证书或被代理人的授权书的,相对人对此所为的不迟延的拒绝,第396条关于抵消权行使之抗辩,不得谓之为对于给付请求权之对抗。故有学者将请求权以外的权利之对抗权称为准抗辩权,以与对于抗辩权之再抗辩,合称为反对权。

1. 性质。(1) 抗辩权与抵消权、撤销权虽同属消极权,但其性质并不如后者等之彻底。盖抵消权与撤销权一旦行使,为其对象之权利即彻底消灭。但在抗辩权,其效力并无如此强烈。抗辩权即经行使,对方的基本权利仍然存在,惟其请求权受到影响而已。(2) 抗辩权的目的,固在抵制请求权之行使,但对方的请求权并不因此而消灭。权利人之请求权仍然存在,不过因义务人之对抗意思而不生效力。而抗辩权之行使与否,仍为义务人之自由,在诉讼上于被告主张抗辩时,法院始得就其所主张之事由,予以审究。若义务人不予行使,则请求权仍属存在,并生其效力。

2. 与诉讼上之抗辩的关系。(1) 诉讼上之抗辩,其范围较抗辩权远为广泛,凡当事人就诉讼关系所为事实上及法律上之陈述,而可为攻击或防御之方法者,均属之。故前者包括一切事实,后者仅指抵御对方权利之权利。(2) 诉讼上抗辩之提出,其效力可使请求权归于消灭。在提出权利障碍之抗辩时,则请求权根本不能发生;在提出权利毁灭之抗辩时,请求权虽一度发生,而嗣后则归于消灭。(3) 诉讼上的抗辩又称为无须主张之抗辩。抗辩之效力,既足以使请求权归于消灭,故在诉讼进行中,当事人即未提出抗辩,法院也应审查事实,若认为有抗辩事由之存在,为当事人利益起见,须依职权予以有利之裁判。而抗辩权又称为须主张之抗辩,盖抗辩权之行使与否,纯为义务人之自由;且抗辩权与请求权同,并非必须经法院始可行使。但如请求权之行使经由法院提出,惟于被告主张抗辩权时,法院始得就其所主张之事由,予以审究;倘被告未及适时提出抗辩,法院对于请求权一为有利之确定判决,抗辩权即从此无理由再行提出。所以抗辩权与诉讼上之抗辩事由,两者在范围、效力、提出上有所不同。

3. 类型。(1) 抗辩权依其效力得分为毁灭抗辩权与延缓抗辩权。毁灭抗辩权,又称排除性抗辩权,可以使请求权之行使,永被排除。在诉讼上可使原告之诉,受驳回之裁判,如诉讼时效抗辩权。延缓抗辩权,又称延迟性抗辩权,仅能使请求权于一定期间内不能行使。在诉讼上,有时因期限未届至,致原告之诉被驳回,如期限延缓之抗辩权。有时原告之诉,虽不予驳回,但须判令双方当事人应同时履行义务,如契约不履行抗辩权。(2) 抗辩权依其性质得分为独立的抗辩权与非独立的抗辩权。所谓非独立的抗辩权者,即其抗辩权本身,乃依附于其他某项积极权利而存在,由此积极权利再依情形产生一请求权或一抗辩权。例如,所有权人得请求无权占有人返还所有物,一方面,所有权人得随时随地对任何人请求返还所有物,另一方面,若遇对方有权占有其物者,则该占有人根据其占有之本权,如质权、租赁权等积极权利,即享有抗辩权。大部分抗辩权属之。此类抗辩权,惟限于享有积极权利之主体方可行使,且亦限于对该积极权利之相对人发生效力;如积极权利消灭,则此抗辩权亦消灭。所谓独立的抗辩权,如诉讼时效抗辩权,权利人不受任何积极权利之限制,在法定范围内,无论何时均可提出。

4. 诈伪抗辩权。罗马法及德国普通法,有所谓诈伪抗辩权者,其类有二:(1) 请求权因诈伪关系(如因诈欺、胁迫)而取得者,利害关系人得主张特种诈伪抗辩权。(2) 就外表观察,虽有权利之存在,而按其情形,衡诸法理,权利之取得,显失公平者,如基于此项权利而行使请求权时,利害关系人得主张普通诈伪抗辩权。我国现行法律对因诈伪关系而取得利益者,规定不一。如《民法通则》规定,因受诈欺、胁迫而为之法律行为为无效,显示公平之行为为可撤销。合同法认因受诈欺、胁迫而为之双方行为以及显示公平之双方行为,原则上为可撤销。但衡诸诚信原则,对于因诈伪关系而取得利益者,要么均否认其请求权,利害关系人可以据理攻击,法院亦须依职权纠正之;要么就诈伪抗辩权特设规定,由利害关系人自为救济。

5. 抗辩权之永久性。有请求,斯有抗辩,故保证人之先诉抗辩权、双务契约之同时履行抗辩权等,不会因一定期间之经过而罹于时效。然而因受诈欺、胁迫而为之双方行为以及显示公平之双方行为,利害关系人之撤销权,自其知道或应当知道时起,经过1年而消灭。此时利害关系人,对于诈欺者、胁迫者及利用他人急迫、轻率、无经验者之履行请求(倘法院不依诚信原则否认其人之请求权的情况下),得否予以拒绝而为抗辩?有学者认为,请求权乃以攻击性的(现状变更性)作用出现,而抗辩权则以防御性(现状维持性)的形态出现,因此,在请求权中承认诉讼时效的现状维持机能,在抗辩权中亦应承认其不因期间之经过而消灭,从而发挥其现状维持机能,是为抗辩权之永久性理论。

(张 谷)

kebao caichan

可保财产(insurable property) 投保人可以向保险人投保财产损失保险的财产或者标的。可保财产的范围一般不受限制。除法律规定保险人不能承保的个别财产以外,保险人可以同意承保任何种类的财产。但是,可保财产仅以投保人或者被保险人有保险利益的财产为限。一般而言,保险合同约定的被保险财产,其范围包括投保人所有或与他人共有而由投保人负责的财产、由投保人经营管理或替他人保管的财产,以及和投保人有其他法律上的经济利害关系的财产。诸如投保人所有或者共有或者经营管理的房屋、建筑物及其附属装修设备、建造中的房屋、建筑物以及附属设备、建筑材料、机器和设备、工具、仪器和生产用具、交通运输工具和运输设备、管理用具及低值易耗品、原材料、半成品、产成品以及库存商品等。

(邹海林)

kebiandong baoxian

可变动保险(adjustable insurance) 保单上载明的保险金额可以随时调整的保险。这种保单,大多用于火险的仓库业务、现金运送险和劳工险等方面。由于这类业务在投保时虽有一个最高保额(劳工险以工资为单位),但平时,保险标的的实际"在险金额"往往会有比较大的出入,因此,保险人为了不使被保险人虚耗保费,往往出立此种保单,以便在保险单到期时可按实际的"在险金额"予以调整保费。这种保单的保额,有以每日数字累加后,再按365天平均来计算的;也有以每月中或月尾累加后再按12个月平均来计算的(劳工险的工资则以一年支出的工资总和来计算)。为了不使被保险人在投保时过分夸大其最高额,保险人一般都规定有一个最低的收费数。

(温世扬)

kechexiao de hetong

可撤销的合同(voidable contract) 又称可变更、可撤销的合同。合同成立后因意思表示有瑕疵,当事人一方享有撤销权,可行使撤销权对已经成立的合同予以变更或者撤销的合同。其特点在于,该合同在被撤销前是有效的,只有在被撤销后才是自始无效的;其发生的事由是因当事人的意思表示有瑕疵,其是否有效只与当事人的利益有关;只有有撤销权的人可以主张合同无效,行使撤销权而撤销合同,其他人无权主张合同无效。可撤销合同的种类,各国规定不一。依我国《合同法》第54条的规定,可撤销合同包括:因重大误解订立的合同;在订立合同时显失公平的合同;一方以欺诈、胁迫的手段或者乘人之危,使对方在违背真实意思的情况下订立的合同。因重大误解订立的合同和在订立合同时显失公平的合同,任何一方当事人都享有撤销权;而一方以欺诈、胁迫的手段或者乘人之危订立的合同,只有受害人一方享有撤销权。享有撤销权的合同当事人有权请求法院或者仲裁机构对已经成立的合同予以变更或者撤销。经法院或者仲裁机构裁决撤销合同的,该合同自始无效。但有撤销权的当事人要求变更合同的,法院或者仲裁机构只能裁决变更合同而不得撤销合同,合同一经变更后依变更后的内容发生法律效力。

具有撤销权的当事人应当及时行使撤销权,否则其撤销权即消灭,而不得再请求撤销或变更合同。依我国法律的规定,撤销权的存续期间为1年,自撤销权人知道或者应当知道撤销事由之日起算,撤销权人于该期间内未行使撤销权的,其撤销权消灭;有撤销权的当事人自知道撤销事由后明确表示或者以自己的行为放弃撤销权的,撤销权也消灭。例如,撤销权人知道所订立的合同存在撤销的事由而仍向对方表示履行合同义务或者向对方主张合同权利,其行为就表示其放弃撤销权,其后不得主张变更或撤销合同。

(郭明瑞)

kechexiao de minshi xingwei

可撤销的民事行为(voidable acts) 已经成立且已生效但行为人享有撤销权的民事行为。这种民事行为可以发生民事法律行为的效力,但是享有撤销权的受害人如为撤销的请求,则经撤销其效力溯及至民事行为成立时无效;如果撤销权人未撤销或在一年内未行使撤销权,该民事行为原来的效力不变,民事行为效力继续。

可撤销的民事行为与无效的民事行为在外观上都欠缺民事法律行为的有效要件,除法律另有规定外,都应认为自始无效。其主要区别是:(1)条件不同。可撤销的民事行为的效力消灭,以撤销行为为条件,仅有可撤销的事由,而无撤销行为,其效力不消灭。无效民事行为只要存在无效的事由,该行为当然无效、绝对无效。(2)引起的原因不同。可撤销的民事行为引起的原因主要是意思与表示不一致,或意思与表示不自由。而无效民事行为的无效原因主要是违反法律的强制性规定,或损害社会公共利益。(3)有权主张的人不同。无效民事行为除双方当事人可主张无效以外,与该行为有利害关系的人也可主张行为无效。可撤销的民事行为只有依法享有撤销权的人才能行使撤销权。(4)能否主动宣告不同。对于无效的民事行为案件,人民法院或者仲裁机构可依职权主动宣告其无效;对于可撤销的民事行为,必须在享有撤销权的人提出申请后,才可以予以撤销。(5)申请确定的时间限制不同。无效民事行为申请确定其无效,不受时间的限制;可撤销的民事行为,享有撤销权的人应当自知道或应当知道撤销事由之日起一年内申请撤销。逾期未申请撤销的,撤销权消灭。

可撤销民事行为的当事人可以请求对该民事行为予以变更或撤销。当事人请求予以变更或撤销的权利称为撤销权。(1)撤销权的概念与性质。撤销权是权利人以其单方的意思表示变更或撤销已经成立的民事行为的权利。撤销权在性质上属于形成权。撤销权人承认或撤销民事行为的意思表示须通知相对人,但无须相对人同意,即能产生撤销民事行为的效力。(2)撤销权的产生和内容。撤销权的产生须具备法律规定的事由。依据我国《民法通则》和《合同法》的规定,撤销事由包括欺诈、胁迫、乘人之危、重大误解和显失公平。撤销权的内容包括请求撤销已成立的民事行为的权利,以及请求变更已经成立的民事行为内容的权利。撤销权人对可变更、可撤销的民事行为是否请求撤销、变更,由撤销权人自由选择。(3)撤销权的行使。撤销权的行使,依撤销权人欲为变更、撤销的意图而定。撤销权人如欲变更或撤销可变更、可撤销的民事行为,其意思表示应向人民法院或仲裁机构作出,即依法向人民法院或仲裁机构提出变更或撤销的请求。因为民事行为的变更、撤销请求人是否享有撤销权,须经人民法院或仲裁机构确认;行为人请求变更民事行为的内容,其请求变更的内容是否公平合理,亦须人民法院或仲裁机构裁量。(4)撤销权的行使期间。撤销权的行使期间,是指撤销权人行使撤销权的时间界限。依最高人民法院《关于适用〈中华人民共和国民法通则〉若干问题的意见(试行)》第73条的规定,可变更或者可撤销的民事行为,自行为成立时起超过1年当事人才请求变更或撤销的,人民法院不予保护。《合同法》第55条规定,具有撤销权的当事人自知道或应当知道撤销事由之日起1年内没有行使撤销权的,撤销权消灭。可见,撤销权的行使期间为除斥期间。(5)撤销权行使的法律后果。撤销权的行使,因撤销权人意思表示的不同,产生不同的法律后果:第一,撤销的法律后果。如撤销权人请求撤销该民事行为,人民法院或仲裁机构查明请求人享有撤销权后,即该民事行为存在可撤销的事由后,应作出撤销的裁决。民事行为经撤销后,其撤销的效力溯及于行为开始时,发生与无效民事行为相同的法律后果。第二,变更的法律后果。如撤销权人请求人民法院或仲裁机构变更民事行为的内容,人民法院或仲裁机构查明请求人享有撤销权后,应作出变更的裁决。(6)民事行为撤销对第三人的效力。民事行为的撤销对第三人的效力如何,通说认为,撤销不具有对抗善意第三人的效力。如甲因受欺诈从丙处以高价购得一枚钻戒,并赠与乙,后甲撤销了与丙之间的民事行为,甲不能据此撤销与乙之间的赠与行为。

(李仁玉 陈敦)

kechexiao de xintuo

可撤销的信托(revocable trust) 因存在法律规定的瑕疵而可撤销和由委托人在信托行为中为自己保留有撤销权的信托。它可以分为:(1)因存在法律规定的瑕疵而可以由信托的利害关系人依法将其撤销的信托。以此为内涵的可撤销的信托因被依法撤销而归于无效。这种可撤销的信托属于明示信托。它主要包括两类:一类是存在信托法规定的瑕疵的可撤销的信托。被规定入包括我国在内的各国、各地区的信托法中的这类可撤销信托仅有诈害债权信托一种。另一类是存在民法以及除信托法外的其他法律规定的瑕疵的可撤销的信托。例如,《中华人民共和国合同法》第54条将重大误解的合同、显失公平的合同、欺诈性合同、胁迫性合同与乘人之危的合同规定为可撤销的合同。从我国《信托法》的观点看,凡信托合同只要属于这五种可撤销合同之列,由其设立的信托也属于可撤销的信托。(2)由委托人在信托行为中为自己保留有随时将其撤销之权利的信托。以此为内涵的可撤销的信托仅具有分类上的意义。这种可撤销的信托的基本特征,在于在它的存续期间的任何时候,委托人均可以任意将它撤销,这一撤销不受任何限制。这种可撤销的信托也属于明示信托,但明示信托中仅合同信托与宣言信托能够成为可撤销的信托,遗嘱信托由其自身特点决定不能成为可撤销的信托。这种可撤销的信托一经委托人撤销即归于终止。

(张 淳)

kechexiao de yaoyue
可撤销的要约(revocable offer) 不可撤销要约的对称。不存在撤销限制的要约。根据我国合同法的规定,撤销要约是要约人的权利,该权利应该以通知的方式作出,并应该在受要约人发出承诺之前到达受要约人。除了具有以下两种情况外,要约均为可撤销要约:(1)要约中确定了承诺期限或者要约以其他形式表明,要约具有不可撤销性;(2)要约尽管没有表明不可撤销,但受要约人有理由信赖要约是不可撤销的,并且已经为履行合同进行了准备。 （刘经靖 张平华）

kechexiao de zhuanrang
可撤销的转让(revocable transfer) 又称可收回的转让、可撤回的转让,转让人保留财产收回权,在一定的条件下可以收回财产的转让协议,所谓收回权往往指买回权。可撤销的转让与可撤销的买卖合同不同,后者是因为意思表示存在瑕疵而使表示人享有合同撤销权。参见买回条。 （张平华）

kede liyi
可得利益(loss of expectation) 获利机会被消灭所丧失的应得到而未得到的利益,如工厂停电一日造成营业收入的减少。根据《法国民法典》第1382条到第1386条的规定,在其侵权行为法中并不区分与现存利益损害相对的可得利益损害。可得利益损害只有在违约损害赔偿中有意义。在英美普通法上,与现存利益的损害相对的可得利益损害也是不存在的。大部分国家(荷兰、比利时例外)认为将可得利益损害与现存利益损害相区分具有证据法上的作用,可得利益损害只要证明足够的可能性即可。

对可得利益损害的赔偿有两种立法例。一种立法例为按照全面赔偿或恢复原状的原则,一般承认可得利益的损害也应该赔偿,但是可得利益损害的范围受可预见规则等的限制。如我国《合同法》第113条规定,当事人一方不履行合同义务或者履行合同义务不符合约定,给对方造成损失的,损失赔偿额应当相当于因违约所造成的损失,包括合同履行后可以获得的利益,但不得超过违反合同一方订立合同时预见到或者应当预见到的因违反合同可能造成的损失。我国台湾地区民法典中也规定,损害赔偿,除法律另有规定或契约另有约定外,应以填补债权人所受损害及所失利益为限。依通常情形,或依已定之计划、设备或其他特别情事,可得预期之利益,视为所失利益。另一种立法例为对可得利益损害规定有条件的赔偿,如奥地利法认为可得利益损害只有在有过错者存在故意或重大过失时才能获得补救。 （张平华）

kefen jifu
可分给付(divisible prestation) "不可分给付"的对称。可分为数个给付而不损害债的目的的给付。如给付内容是交付大米若干,此给付如分数次交付并不减少其价值,也不损害债的目的。一般货物买卖合同中货物的分期分批给付都是可分给付。区分可分给付与不可分给付有下列意义:(1)决定债的效力。以性质上不可分的给付而约定分割给付的,债的关系不能成立。(2)可分给付可因法律规定或当事人约定分别履行,可实行一部分给付,也可一次给付。但不可分给付只能一次给付,不允许一部分给付。(3)可分给付中会发生一部分给付不能的情况,即一部分已履行,另一部分给付则因各种原因不能履行,不可分给付中不会发生该种情况。 （万 霞）

kefenwu
可分物(divisible thing) 不可分物的对称。不因分割而变更其性质或减损其价值之物。

可分物与不可分物之区别实益:(1)共有物分割方法不同。共有物为可分物,则以实物分割(自然分割)为原则,反之,则以变价分配(价值分割)为原则。(2)多数人之债中,债的标的物为可分物时,则为可分之债,由债权人或债务人按比例分享或分担,反之,则为不可分之债。 （张 谷）

kefenzhizhai
可分之债(德 geteiltes Schuldverhaltnis) 又称分割之债、联合之债,不可分之债的对称。债的标的为同一可分给付的多数人之债。债权人为多数的可分之债为可分债权,债务人为多数的可分之债为可分债务。可分之债的债权人或债务人按一定份额分享权利或分担义务。我国对多数人之债仅从主体特征上区分为按份之债和连带之债,而不从标的是否可分上区分为可分之债与不可分之债。 （郭明瑞）

keneng wuxiao de hetong
可能无效的合同(voidable contract) 合同的一方或双方有权回避其所产生的法律关系的合同。它是美国法上的概念。该类合同当事人有拒绝履行合同义务的理由,如未成年、胁迫、不正当影响、错误等均属之。可能无效合同未解除前,合同当事人所承担的义务与有效合同相同。此种合同相当于我国法律规定的可撤销合同。 （郭明瑞）

kenengxing chengwei xianshixing yinguoguanxishuo
可能性成为现实性因果关系说(theory of ocas-

sional comsation) 前苏联法学界关于因果关系的一种理论。这种学说认为,一个人的行为如果仅仅产生造成损害的抽象的可能性,则行为和结果间不存在法律上的因果关系。例如,撞伤人与受害人因手术中使用未消毒器械引起的血中毒死亡之间就没有因果关系,撞伤人只是成为该死亡结果发生的抽象的可能性。如果一个人的行为造成产生结果的实际(具体)可能性,或者使可能性成为现实性,则行为人的行为与损害结果之间为存在因果关系,不法行为人需要承担责任。

(张平华)

kesuiyi quxiao de zulin
可随意取消的租赁(tenancy at will) 未定有期限,土地或房产所有人可随时终止合同关系的租赁。依我国合同法的规定,不定期租赁的当事人可以随时解除合同,但出租人解除合同应在合理期限之前通知承租人。

(杜 颖)

kezhanqi zhai
可展期债(deferable debenture) 投资者(公司债债权人)在债券期满时,可根据事先规定的条件将债券展期的特别债券。发行这种债券目的是为了整理旧债或者旧公司债。债券持有人是否将到期公司债券展期,与公司的经营状况密切相关,要求发行公司资信较高,才能利用更多的资金。我国《公司法》没有规定可展期债。

(施余兵)

kezhixing de xintuo
可执行的信托(feasible) 不可执行的信托的对称。因对其内容已经由委托人在信托行为中作出了全面与明确的声明,从而其无须再作进一步的表示即能成立的信托。可执行的信托的基本特征,在于它不仅具备信托的全部条款,且这些条款还均具备确定性。可执行的信托属于明示信托。这种信托一经委托人设立,只要符合法定条件,在法律或信托行为规定的生效时间到来时即可强制执行,即强制受托人履行由这种信托赋予的将信托利益交付给受益人的义务;这一强制执行既无须经过任何审定程序,也无须对这种信托的有关条款再作进一步的补充或说明为前提。

(张 淳)

kezhuanhuan de zhai
可转换的债(convertible debenture) 可转换为公司股份的公司债。依我国现行法律规定,可转换的公司债券须依法定程序发行,在一定期间内依据约定的条件才可转换成公司的股份。上市公司发行的可转换公司债券,在发行结束6个月后,持有人可以依据约定的条件随时转换股份。重点国有企业发行可转换公司债券,在该企业改建为股份有限公司且其股票上市后,持有人可以依据约定的条件随时转换股份。可转换债券转换为股份,债权即转换为股权,债权人转换为股东。可转换公司债券到期未转换的,发行人应当按照募集说明书的约定,于期满后偿还本息。

(郭明瑞)

kezhuanrang de zuyue
可转让的租约(assignable tenancy) 默示或明确规定,赋予承租人转让承租者权益从而转让租赁合同的租约。

(杜 颖)

kezhuoqing chuli de xintuo
可酌情处理的信托(discretionary trust) 又称自由裁量信托,固定信托的对称。受益人所能获得的信托利益的数量或份额被委托人在信托行为中授权受托人根据有关实际情况决定的信托。可酌情处理的信托的基本特征,在于受益人只是对信托受益权的取得决定于委托人的意志,其对信托利益数量或份额的取得却决定于受托人的意志,并且这一数量或份额不具备确定性。可酌情处理的信托属于明示信托。就这种信托而言,受托人对由其向受益人所为的对信托利益的数量给付与份额分配,享有酌情处理权;其可以通过行使这一权利并根据信托财产、信托利益或受益人的实际情况来自行决定这一数量给付与份额分配。

各国、各地区信托法实际上均允许委托人设立可酌情处理的信托。但英美信托法在此基础上还进一步确立起规制这种信托的规则。这一规则的内容是:可酌情处理的信托的受益人既可以为一人,也可以为两人以上;如这种信托只有一个受益人,受托人凭借酌情处理权只能决定应当向其给付的信托利益的数量以及给付时间与方式;如这种信托的受益人为两人以上,则受托人凭借酌情处理权却不仅能够决定应当向这些受益人给付的信托利益的数量以及给付时间与方式,还能够决定其中每一个人在信托利益中所能分得的份额,甚至还能够决定对其中某一人或某些人不给付信托利益;但受托人行使酌情处理权必须做到善意、公正且符合委托人设立信托之目的,并充分考虑到有关受益人的利益,否则即构成对这一权利的滥用,从而有关受益人有权请求法院干预。

英美信托法还将可酌情处理的信托分为两种:一种是积累信托利益型可酌情处理的信托,它的受益人既可以是一人也可以为两人以上,且它允许受托人在取得信托利益后将其中一部分积累起来等到以后再支付给受益人;另一种是用尽信托利益型可酌情处理的信托,它的受益人须为两人以上,且它要求受托人在取得信托利益后必须全部支付给受益人,只是作为这一支付之对象的受益人可以不是其受益人的全部。某一具体的可酌情处理的信托属于这两种中的哪一种由信托文件规定,如信托文件没有规定则认定为属于前一种。

(张　淳)

keguan buneng
客观不能(impersonal impossibility of object)　主观不能的对称,不能的原因与当事人无关,属于客观不能。客观不能导致法律行为无效。(李仁玉　陈敦)

keguan quanli
客观权利(law;拉丁 jus;德 Recht, objektives Recht)　实际上指法或法律,因其以权利为内容,在外国语文中因同一字既训法,又训权利,为示区别,遂以客观一词为限定,专指法。

(张　谷)

keguan shangxingwei
客观商行为(objective commercial act)　主观商行为的对称,又称绝对商行为。参见绝对商行为条。

keguan zeren zhi qinquanxingwei
客观责任之侵权行为(德 objektives delikt)　行为责任之侵权行为的一种,以行为人的客观行为为归责依据的侵权行为。此种侵权行为的行为人虽不以其过错为承担责任的根据,但若能证明对于损害结果的发生作了客观且适当的防止,则可免除责任。(张平华)

kending tiaojian
肯定条件(德 affirmative Bedingung)　否定条件的对称。以某种事实的发生为内容的条件,又称积极条件。

(李仁玉　陈敦)

kenqiu xintuo
恳求信托(precatory trust)　由法院通过对存在于遗嘱中的关于记载遗嘱人的信托意图的恳求性词语进行推定产生的信托。具体地讲,遗嘱人通过遗嘱将其遗产转移给继承人或受遗赠人,但该人却在该遗嘱中留有以关于使该继承人或受遗赠人为某特定的人的利益或者某特定的公益目的或其他私人目的而运用该项遗产的恳求或希望为内容的词语,并且这些词语还包含了一个信托所必备的全部事项,则法院应当推定信托成立。恳求信托便由此产生,记载上述恳求性词语的遗嘱也便因此而具有了信托遗嘱的性质。恳求信托的基本特征,在于它的产生是遗嘱人的行为和法院的推定共同发生作用的结果。

恳求信托是一种特殊的遗嘱信托,它同一般的遗嘱信托的不同之处在于:(1)一般的遗嘱信托,记载它的遗嘱中关于遗产运用的词语是"指令"性质的,即其中硬性规定继承人或受遗赠人"必须"或"应当"为某一特定的人的利益或者某一特定的公益目的或其他私人目的而运用该项遗产;而恳求信托,记载它的遗嘱中关于遗产运用的词语则是"提议"性质的,即其中仅表示"恳求"或"希望"继承人或受遗赠人能够为某一特定的人的利益或者某一特定的公益目的或其他私人目的而运用该项遗产。(2)一般的遗嘱信托随记载它的遗嘱的生效与执行而自然产生,恳求信托则在记载它的遗嘱生效之后,还必须经过法院的推定才能产生。既然恳求信托是一种遗嘱信托,尽管它的产生须经法院推定,对它仍然应当归入明示信托一类。英美信托法承认恳求信托。

(张　淳)

kongbai beishu
空白背书(endorsement in blank)　完全背书的对称。又称不记名背书、略式背书或不完全背书,仅有背书人签章而不记载被背书人姓名或名称的背书。我国《票据法》第30条规定背书转让必须记载被背书人名称。据此,可以认为我国不承认空白背书。

根据票据法原理和国外票据法的规定,空白背书的绝对应当记载事项只有背书人签章一项,不包括被背书人名称。经空白背书取得汇票的持票人欲再转让汇票,可依如下方式进行:(1)单纯交付。空白背书的汇票持票人可以不在汇票上为任何记载,将汇票直接交付他人即可转让汇票。由于该持票人未在汇票上为任何记载,所以他不负担担保承兑及付款的责任。《日内瓦统一汇票本票法》第14条第3款、《美国统一商法典》第3—204条第2款对此都有规定。(2)空白背书。空白背书汇票的持票人,可以空白背书的方式将汇票转让他人。《日内瓦统一汇票本票法》第14条第2款、我国台湾地区现行票据法第32条第2款对此有规定。(3)完全背书。空白背书汇票可完全背书转让。《日内瓦统一汇票本票法》第14条第2款、我国台湾地区票据法第32条第2款对此有规定。(4)变更为记名背书。即将原来的空白背书加以填充使其变为记名背书后,再依记名背书的转让方式加以转让。《美国统一商法典》第3—204条第3款、《英国票据法》第34条第4款对此有规定。我国台湾地区现行票据法第33条规定:汇票之最后背书为空白背书者,执票人得于该空白内,记载自己或他人为被背书人,变更为记名背书再行转让。依此规定,空白背书变更为记名背书的方式有两种:其一是将自己的名字填入原背书空白处,之后再依记名背书方式转让;其二是将他人的名字填入原背书空白处,然后再将汇票交付于该他人完成汇票的转让,这样交付汇票之人未在汇票上留下任何记载,他便不承担任何汇票责任。正因为在空白背书转让中可能出现第一种和第四种转让方式中汇票债务人逃避汇票责任的情况,如对待无记名汇票一样,我国《票据法》禁止空白背书。《日内瓦统一汇票本票法》虽然禁止无记名汇票,但却允许空白背书,这一做法遭到了学者的批评。空白背书的格式一般有以下几种:

空白背书(一)

票据金额让与
（空白）
王××

空白背书(二)

王××（签章）
贺××（签章）
李××（签章）
刘××（签章）

空白背书(三)

被背书人	背书人	年　月　日
	王××（签章）	
	贺××（签章）	
	李××（签章）	

(王小能　胡冰子)

kongbai piaoju
空白票据(blank negotiable instruments) 又称空白授权票据,英美法称之为"未完成票据",日本票据法称之为"白地手形"。票据行为人仅在票据上签章,而将票据上其他应记载事项的全部或一部分授权他人补充记载的票据。

依票据的文义性特征,票据行为人必须严格按照票据法的规定记载应该记载的事项。但在经济交往中,往往出现这种情况,即出票人在签发票据时,无法确定某一些应记载事项比如票据金额、付款地点等,但交易的迫切性使其又不能不签发票据。于是,便先把票据发出去,欠缺的事项授权他人来补充记载。为了方便当事人,同时也为了促进交易,票据法例外地承认这种票据。空白票据与不完全票据不同。前者,票据行为人虽未记载,但他授权他人来补充记载,最终能使之成为完全票据,空白票据持有人享有补充权,所以又称为有意识未完成票据;后者,出票人已经完成出票行为,但欠缺绝对应记载事项,因此属于无效票据,出票人也无意使票据成为完全票据,不完全票据持票人不享有补充权,对不完全票据进行补充还构成票据的伪造。

按照票据的种类,空白票据分为空白汇票、空白本票和空白支票。我国《票据法》仅承认空白支票的效力,不允许签发空白汇票和本票。依票据行为的种类不同,空白票据可以分为空白票据发票、空白票据背书、空白票据保证、空白票据承兑、空白票据保付等。

(孔志明)

kongbai piaoju de goucheng yaojian
空白票据的构成要件(formation of blank negotiable instruments) 成立空白票据的条件。包括:(1)空白票据行为人必须在票据上签章。空白票据是持票人日后补充票据上欠缺的记载事项,签章人负有票据责任的票据。空白票据行为人在票据上签章,一方面是票据法规定有效票据必须有出票人的签章,另一方面表明此空白票据是票据行为人亲自所为,不存在代理或代行。(2)票据上应记载的事项必须有欠缺。从形式上看,这是构成空白票据的最重要的条件。没有欠缺应记载事项,就不存在空白票据的问题。至于欠缺的事项是全部还是部分应记载事项,不影响空白票据的构成。一般说来,欠缺的事项通常是票据金额、出票日期等。在我国只有支票中存在空白票据,实务中常见的是空白支票仅有出票人的签章,其余事项全部欠缺。如果票据行为欠缺的事项不是应记载事项,这种票据即使不加补充也有效。但行为人既然对此留待补充,解释上应适用有关空白票据的规定。(3)空白票据行为人必须对他人授予补充权。这是空白票据与不完全票据的本质区别。空白票据补充权,是指补充记载空白票据上欠缺的事项使之成为完全票据的权利。由于票据是流通证券,并且权利与证券不可分离,因此,补充权一经授予,便不因授权人死亡或丧失行为能力而受到影响,授权人也不得随意撤回。关于补充权的授予方式,实践中,有的将授权记载在票据上,也有的另行发给补充授权书,转让票据时,连同该授权书一同转让。补充权的内容,按双方当事人的合意而定。行使补充权的人,应在授权范围内行使,否则,当补充权人持有票据向授权人行使票据权利时,就会遭到授权人的抗辩。当然,这种抗辩仅限于授权人与补充权人之间,不得对善意第三人主张。(4)空白票据行为人必须交付空白票据。票据行为人需将符合上述三个要件的票据交付相对人,空白票据才能成立。如未完成的票据未经交付,因遗失或被盗等原因,违反票据行为人的意思而使票据进入流通,仍不能成立空白票据的授权,但为了保护善意第三人,应适用票据外观理论,认

定票据签章人的责任。 （孔志明）

空白票据的效力 (legal effects of blank negotiable instruments)
空白票据所产生法律后果。根据各国票据法的规定，空白票据产生如下几方面的效力：(1) 票据自身的效力。空白票据虽然不像欠缺应记载事项的票据那样当然无效，但在补充完成之前，持票人不得行使票据权利。因此，持空白票据提示付款，不发生行使和保全票据的效力，票据债务人未付款也不负迟延履行的责任。我国《票据法》第86条规定，未补记前的支票，不得使用。(2) 对持票人的效力。空白票据的持票人享有表面上的补充权。无论空白票据行为人是否在票据上记载授权意旨，不管是否有补充授权书，持票人对票据上欠缺的事项，有权以自己认为适当的文义加以补充，补填后的票据依票据法完全票据的规定发生法律效力。持票人未按授权补填空白票据的，直接当事人之间则依基础关系有瑕疵而行使票据抗辩权，但是举证责任在于授权人。持票人在取得票据时对授权补充事项如有恶意或重大过失，即明知或可得知补充权人滥用权利，补充记载的事项违反了与授权人之间的协议，那么，该持票人不能享有票据权利。(3) 对票据债务人的效力。空白票据经补充记载完全后，具有与自始完全的票据同样的法律效力。票据债务人不应以该票据原来没有记载完全为理由对抗持票人，也不得以补充记载的事项不符合协议的要求而对抗持票人。空白票据如未完全补充记载，无论何人为持票人，票据债务人都得对之抗辩。(4) 对补充权人的效力。由于空白票据完成之后就具有法律效力，可以对抗票据完成前的任何票据关系人，所以票据法要求补充权人必须在合理的期间内，严格依照授权人的授权来补充记载。如果补充权人怠于补充记载，或滥用权利补充记载，其作为持票人行使票据权利时，票据债务人得对他抗辩。此外，直接授权人还可以违约为由要求赔偿损失。(5) 对于空白票据丧失的效力。持票人如果丧失了空白票据，只能通过"提起诉讼"方式来寻求救济，不得为"挂失止付"和"申请公示催告"。因为未补充记载的票据，不是有效票据，法院不受理尚不具有法律效力的票据公示催告申请，付款人自无义务受理这种票据的挂失止付通知。至于提起诉讼，要求失票人在向付款人提供足额担保后方可请求付款人给付票据金额，付款人如若接受了担保但不支付票款，失票人可向法院提起诉讼。这种补救措施不会因救济了失票人而给无辜的票据关系人造成损失，因而可适用于丧失空白票据的持票人。(6) 在允许签发空白汇票和空白本票的情形下，对于未记载出票日的空白汇票和空白本票，在行使补充权前不存在时效问题。 （孔志明）

空白委托书 (blank trust deed)
委托人用以确定受托人的空白的没有确定的授权内容的法律文书。空白委托书有以下两种情形：其一，委托人不确定受托人，将空白文书交给他人，由他人确定具体的受托人。委托人对实际上被委托的人具有授权的意思表示，而受托人表示愿意接受委托，则在空白委托书上填写姓名，此时委托人与受托人之间即成立委任契约关系。对于空白委托书的委托人而言，他无权任意撤回其委任的要约；而接受委托人的任务，为委托人选择受托人的第三人，则应当依照诚实信用原则，公平地为委托人选任受托人。关于空白合同书的交付，其交付对象是不特定人的，该交付视为承诺。其二，委托人不确定委托的内容，接受委托者即有权填写受托内容。 （李成林）

空白支票 (blank check)
参见空白票据条。

空头支票 (bad cheques or checks)
不存在资金关系而签发的，或虽存在资金关系，但超过了出票人与银行或其他金融机构约定的透支合同的透支限额而签发的支票。签发空头支票是向付款人套取现金的行为，故为违法行为，各国明令禁止，且规定对其进行民事、行政或刑事的处罚。 （王小能）

控股公司 (holding company)
通过拥有另一个或几个公司一定比例以上的股票或其他证券而对其实行控制的公司。控股公司于1890年首先在美国出现，1914年托拉斯被禁止后更加流行。

控股公司的建立有两种方式：一是购现现有公司的足以对其实行控制的一定数量的股票；二是建立新的公司，保留全部或可以对其控制的股票额（股票控制额一般需占被控公司全部股票的51%以上，但由于公司股票分散，不一定要取得过半数的股票额就可获得操纵该公司的权利）。控股公司按其控股的方式不同可以分为两种：(1) 纯粹控股公司，即公司只是凭借持有其他公司一定数量的股票来控制和操纵该公司，自身并不从事任何直接的生产经营活动；(2) 混合控股公司，即公司除了控制其他公司的活动外，本身也进行一定的直接生产经营活动。控股公司的财力，一般比较雄厚。它以现金购买或以本身股票调换其他公司的股票,取得股权,然后在股东大会上,发挥股权的优势,通过选举权和表决权,支配被控制公司的一切业务决策。控股公司必须是"母公司"(母公司不一定是控股公司),被控公司为"子公司",再由"子公司"去收买并掌握其他公司的股票控制额,使之成为"孙公司",以此类推,逐渐形成一种金字塔形层层控制体系,成为一个庞大的经营集团。

控股公司的优点在于,在整合企业资产方面,它比用合并、兼并或收买资产的方式更简单、更省钱;作为母公司它享有子公司的信用与名声,但无须承担其债务。其缺点在于,控股公司和子公司的关系较为复杂,子公司易于成为母公司谋取自身利益的工具,从而导致经营缺乏效率;控股公司维持各个独立的子公司所缴纳的税款往往比联合成一个公司为多。 (王亦平)

koutou hetong
口头合同(parol contract) 合同形式的一种,以口头语言表述协议内容的合同。其订立方式有面对面谈话或电话洽商等。它的优点是简便易行,直接迅速,有利于加速商品流转,满足人们日常生活需要。但该种合同由于没有文字记载,一旦发生纠纷,难以分清责任,故一般适用于标的数量不大、内容不复杂而且又能及时结清的合同关系。依法有效成立的口头合同与书面合同具有同等的法律效力。 (肖 燕)

koutou yizhu
口头遗嘱(oral will, nuncupative will) 亦称为口授遗嘱、口述遗嘱。遗嘱人因生命危险或其他特殊情形而以口头言词的方式所为的遗嘱。遗嘱人在临死或特殊之危急情形时,常不能依自书、公证、代书诸方式为遗嘱,故现代各国立法多规定允许为口头遗嘱。但为防止其过于简便从而导致遗嘱被伪造、篡改或误传,各国均对口头遗嘱加以一定限制。这种限制来自四个方面:(1)对见证人的要求。对于口头遗嘱,各国均要求有证人在场,人数二至三人不等,有的还要求作成笔录,宣读笔录并由证人在笔录上签名盖章。(2)对有效期间的限制。各国法律均规定,口授遗嘱,自遗嘱人能依其他方式为遗嘱时起,经过一定期限即丧失效力。该期限在日本为 6 个月,在德国为 3 个月,法国为 6 个月,我国台湾地区为 1 个月。(3)对遗嘱确认的要求。日本要求口授遗嘱须由一名证人或利害关系人于立遗嘱日起 20 日内提交给家庭法院并经其确认,否则该遗嘱无效。我国台湾地区则要求,口授遗嘱应由见证人之一人或利害关系人,于为遗嘱人死亡后 3 个月内,提经亲属会议认定其真伪。对于亲属会议之认定如有异议,得申请法院判定之。(4)对适用口头遗嘱的情形要求。各国均要求仅于危急情形或身处绝地方可采用口头遗嘱。也有一些国家和地区不承认口头遗嘱的效力,如美国的一些州、葡萄牙和我国的澳门特别行政区等。

口头遗嘱是我国法律确认的五种遗嘱形式之一。我国法律规定,遗嘱人在危急情况下,可以立口头遗嘱,口头遗嘱应当有两个以上见证人在场见证。危急情况解除后,遗嘱人能够用书面或者录音形式立遗嘱的,所立的口头遗嘱无效。危急情形应指遗嘱人生命垂危或身处险境、绝地,因而来不及或无法为其他方式遗嘱时的情形。该情形一旦消失,遗嘱人尚生存并可以为书面或录音遗嘱时,该口头遗嘱自行即时失效。如遗嘱人立口头遗嘱后便死亡,则其遗嘱即发生效力,无须提交任何人确认。 (刘言浩)

koutou zhengju faze
口头证据法则(parol evidence rule) 英美法上适用于合同、遗嘱的解释规则。契约当事人双方对所订立的契约内容发生争议时,根据一方在书面契约内容之外提出的口头证据及其他证据对契约中含义不明确的事项进行解释或补充的一项原则。口头证据规则并不是证据法上的规则,而是实体法上的规则。与证据法上的规则不同的是,口头证据规则旨在阻止当事人证实事实本身,即阻止当事人援用某些与最终达成的书面协议相抵触的口头协议。英美契约法曾恪守书面契约原则,根据这一原则,口头证据的提出不发生增加、变更或抵触书面契约的效力。口头证据规则所排斥的外部证据并不仅限于口头证据,也包括当事人双方在最终协议达成之前书写的和交换的信件、电报、备忘录和协议草案等书面证据。后来,为了探求当事人的真实意思,避免因欺诈而产生的诉讼,法律逐步确立了认可口头证据效力的口头证据法则。口头证据法则的适用须有以下前提:(1)须当事人之间订有书面契约;(2)须书面契约具有法律约束力;(3)书面契约须最终确定且内容完整。

为了防止欺诈,英美法对口头证据的援用规定了如下限制:(1)书面契约的内容不足以成立一个完整的契约时,一方得提出口头证据,补充其未完整的部分;(2)书面契约内容含义不明确时,法院准许采用口头证据以解释其意义;(3)凡文字在字典上的意义与职业传统、社会习惯或术语的意义不相同时,为了解释书面契约的真正意义,法院予以采用口头证据;(4)书面契约的内容,其字面意义虽然较为明确,但契约因其他原因而无效或得撤销时,即不适用口头证据法则。

(刘经靖 张平华)

kouchuan(kouya chuanbo)
扣船(扣押船舶)(arrest of ships) 海事法院根据海

事请求人的申请,为保障其海事请求的实现,对被请求人的船舶实施扣押的诉讼保全措施。根据海事请求的种类不同,扣船的对象可以是当事船或当事船的姐妹船。扣船必须依据法定程序进行。　　　　(王　青)

kouchuan shouling

扣船手令(order of distraint)　　法院根据海事请求权人的扣押船舶的请求,将该海事请求依照其适用的程序法和实体法进行审查后,当法院认为该海事请求符合扣船的条件时,作出的关于扣船的命令。根据各国一般的做法,如果被告在扣船后向原告或者法院提供相应的担保,扣船手令可予以解除。根据我国海事诉讼程序法的规定,情况紧急的,法院应当在48小时以内裁定扣船。　　　　(王　青)

kouhuo

扣货(attachment of cargo carried by ships)　　海事请求人为了保障其海事请求的实现而向法院申请扣押被申请人船载货物的财产保全行为。申请扣押的船载货物,应当属于被请求人所有。海事请求人申请扣押船载货物的价值,应当与其债权数额相当。　(王　青)

kouya guanxia yuanze

扣押管辖原则(jurisdiction of ship's arrest action)　　确定责任限制诉讼管辖权的原则之一。根据扣押管辖原则,责任主体应向其所属船舶或其他财产被扣押地法院申请责任限制,设立责任限制基金。在海事诉讼中,通过诉前扣押船舶取得海事管辖权是国际海事司法界的通常做法。　　　(张永坚　张　宁)

kouya he buhuo bubaotiaokuan

扣押和捕获不保条款(free of capture & seizure clause)　　伦敦保险协会修订的海上货物保险条款(协会条款)的内容之一。对于因为捕获、扣押、逮捕、征收,或者此等行为之后果或者有此等行为的威胁而造成的保险标的的灭失、毁损或费用,保险人不承担保险责任。依照该条款的约定,当保险标的因为战争、类似战争行为、敌对行动、革命、暴乱或者骚乱而引起损失时,保险人不承担赔偿责任。当海上货物运输保险加保战争险时,扣押和捕获不保条款将失去意义。
　　　　　　　　　　　　　　(邹海林)

kuaguogongsi

跨国公司(multinational company)　　亦称多国公司或国际公司。通过直接投资、技术转让或与所在国政府或个人合营等活动,在一国设立总公司或母公司,而在该国以外的国家和地区设立分支机构或子公司,从事国际性生产经营活动的经济组织。它是一种不同国籍的公司联合,其母公司和子公司分属不同国籍,在母公司国籍所属国的利益与子公司国籍所属国的利益发生冲突时,子公司必须遵循母公司国籍所属国的政策。一般情况下,母公司和子公司各具单独的法人资格,如根据国际私法的规则而适用公司的属人法时,对母公司适用母公司国籍所属国法律,对子公司适用子公司国籍所属国法律。但在某种情况下,跨国公司亦被视作一个法律实体。根据《欧洲共同体竞争法》的规定,凡设于欧洲共同体之子公司,若在市场上实际执行其母公司的指示而非自主决定其行动,则欧洲法院对其设于非共同体成员国之母公司享有管辖权。从严格的公司法意义上说,跨国公司并不是一种公司形态,也不是一种独立的法律主体,而只是分布在不同国家的公司的一种特殊的联系形式。跨国公司及其子公司、孙公司遍及世界各地,在世界经济中所起的作用愈来愈大。1974年联合国经济及社会理事会决定,成立协调和研究跨国公司活动的联合国跨国公司中心和跨国公司委员会。　　　　　　(王亦平)

kuaiji baobiao

会计报表(accounting statement)　　根据日常核算资料形成的、以统一货币计量单位综合、概括地反映会计主体一定时期财务状况、经营成果和财务收支情况的书面文件。在会计账簿的基础上,对有关的信息资料进行加工处理、分类汇总,编制成会计报表,形成相互联系的各种财务、成本指标体系,能够总括、综合地反映商主体各方面的情况。会计报表的基本内容包括:编制单位、报表名称、报表日期、计量单位、经济指标、补充资料、编报目录、单位主管人员的签章。其作用在于:(1)会计报表提供的经济信息是企业加强和改善经营管理的重要依据;(2)会计报表提供的信息是国家经济管理部门进行宏观调控和管理的依据;(3)会计报表提供的信息是投资者和债务人进行决策的依据。编制会计报表是提供会计信息资料的一种重要手段,商主体必须编制会计报表,并做到内容完整、数字真实、编报及时。

　　会计报表依据不同的标准可以进行以下分类:(1)按照编制时间分为日常报表和年度报表。日常报表反映月、季度的财会情况,年度报表则是每个会计年度编制的、反映全年资金运用的各个方面并决定财务成果和收益分配的报表。我国法律规定的会计年度为公历1月1日起至12月31日止。各会计主体每个会计年度必须编制会计报表。(2)按照报表反映的资金运动状态分为静态和动态报表。静态报表是反映一定日期资产占有和来源状况的会计报表,如资产负债表。动态报表是反映一定时期内资产、成本与费用、收益等财务情况的会计报表,如损益表。法律上所要求的会计报表包括这两类。(3) 按照报表反映的内容可以分为财务报表和成本报表。财务报表又可分为资金报表和利润报表两类。资金报表反映商主体的资金状况,利润报表反映商主体生产经营、财务收支和财务成果的状况。成本报表是反映商主体生产经营过程中生产费用的发生和产品成本形成情况的报表。

我国有关法律对各种企业都有会计报表的要求,如《公司法》中对公司应当制作的会计报表规定了五种:(1) 资产负债表,是以货币形式记载会计年度终结时公司全部资产、负债和自有资本情况,全面反映公司资金来源和应用情况的会计报表。由资产、负债和股东权益三部分组成,三者之间的关系是:资产＝负债＋股东权益。(2) 损益表,是反映一定期间内公司的经营成果、利润分配或者亏损情况的会计报表。通过公司的收入、费用与利润说明其经营成果,直接显示公司能够给予投资人利润分配的可能性,并能根据其中的数据分析公司的营业状况及利润增减的原因。(3) 财务情况变动表,也称资金来源与运用表,是综合反映公司在一定期间内营运资金的来源、运用及增减变动情况的会计报表。(4) 财务情况说明书,是全面、具体说明公司财务状况的会计文件,它根据其他会计报表对该年度财务情况进行总结和综合分析,并对其他会计报表作出必要的说明。(5) 利润分配表,是反映公司利润分配情况的会计报表。其内容是会计年度终结后公司利润分配的程序和去向,包括弥补亏损、提取公积金和公益金、分配股利等方面的情况。会计报表由商主体的负责人编制。公司的会计报表应当由董事会责成财会部门制作并经股东会承认。(梁 鹏 刘剑华)

kuaiji zhangbu

会计账簿(accounting books) 是以会计凭证为依据,全面、系统、连续地记录和反映商主体业务情况的簿籍,由若干具有专门格式、又相互联结的账页组成。会计凭证只能零散地记录和反映个别的经济业务,不能全面、系统地反映业务的进展和完成情况,只有通过账簿的设置与登记,才能将分散在会计凭证中的会计信息、核算资料系统化,在账簿中提供总括指标和详细指标,进行序时记录和反映。设置和登记会计账簿是会计核算的一种专门方法,也为编制各种会计报表提供了系统依据。

会计账簿的作用在于:(1) 记账可以连续、系统、全面地反映各项经济活动;(2) 通过记账,可以为编制各种会计报表提供依据;(3) 通过记账,可以为会计分析提供资料,为会计检查提供重要依据。

以账簿的用途为标准,会计账簿可以分为三种:(1) 序时账簿。(2) 分类账簿。(3) 备查账簿,也称辅助账簿,是对序时账簿和分类账簿未能记录或记录不全的项目进行补充登记形成的账簿,如"受托加工材料登记账簿"。备查账簿不是必设账簿,也没有固定的格式,商主体可以根据情况自行设计,也可以使用分类账的账页格式。

以账簿的形式为标准,会计账簿可以分为三种:(1) 订本式账簿,也称订本账,是把若干印有一定格式、按顺序编号的账页装订在一起的账簿。这种账簿使用前就已经装订,账页序号和总数是固定的,可以防止账页散失和抽换账页,但在同一时间里只能由一人使用,不能分工协作。订本账主要适用于总分类账和现金、银行存款日记账。(2) 活页式账簿,也称活页账,是将若干零散的账页根据需要进行组合形成的账簿。活页账的账夹上应注明账簿名称,并在登记之后编制目录和页次,可以根据需要,随时将空白账页加入账簿。(3) 卡片式账簿,也称卡片账,是由若干印有一定格式的卡片账页组成的账簿。使用卡片账必须按顺序编号并装置在卡片箱内。 (梁 鹏 刘剑华)

kuanrong zulin

宽容租赁(tenancy at sufferance) 又称逾期居住,英美财产法上的概念。租期已到,但承租人仍占有土地、房屋等不动产的租赁。此种情况下,出租人可选择认定承租人为非法侵占人或继续视其为承租人。至出租人作出决定时止,承租人都为宽容承租人。宽容承租人不是合法的承租人,出租人有权要求其搬离,如果其不搬离,房主在必要的情况下有权使用合理的力量进入房间以驱赶宽容承租人;在使用了过分的武力的情况下,出租人能被提起刑事诉讼,但不必承担"非法闯入"的民事侵权责任。 (杜 颖 张平华)

kuangye diya

矿业抵押(mortgage of mineral industry) 又称"矿业财团抵押",是以采矿权为中心的矿业权以及有关固定资产和土地使用权为标的而设定的抵押。矿业抵押的标的物包括:(1) 采矿权,可含探矿、选矿、冶炼等权利在内;(2) 有关探矿、选矿、采矿、冶炼的设备设施等固定资产;(3) 土地使用权及有关典权、租赁权等;(4) 有关工业产权。矿业抵押权主要是为银行贷款而设,一经设定,标的不得任意减少或转让。 (申卫星)

kuangye hehuo

矿业合伙(mining partnership) 英美法上的概念。几个矿业所有人为了共同经营矿业而组成的合伙。一般来讲,当事人共同经营主要是为了开发石油、天然气,他们通过协议分担费用、分享利润和承担损失。区别于普通合伙或商业合伙的特殊形式。

(李仁玉 陈敦)

kuicangfei

亏舱费(dead freight) 又称"亏舱损失"、"空舱费"。货舱容积不能被充分利用而造成船舶运费收入的减少。因为承租人或托运人未能提供合同约定的货物数量而导致的亏舱损失,由出租人或承运人向承租人或托运人收取亏舱费进行补偿;因为出租人或承运人自己积载不当等原因造成的亏舱损失,由出租人或承运人自己承担。

(张琳)

kuoda de suoyouquan baoliu

扩大的所有权保留(extended retention of title) 所有权保留的一种特殊形式。在保留所有权买卖中,当事人特别约定当保留买主清偿了价金债务和其他相关债务后,才能获得保留买卖标的物所有权,以这种约定作为附延缓条件的所有权保留则被称为扩大的所有权保留。当买卖合同当事人之间存在连续的生意往来时,当事人经常选用这种所有权保留形式,当事人会约定只有买受人清偿了出卖人基于连续交易而产生的全部债权后,才会获得保留标的物的所有权。在这种情况下,所有权保留的担保效力扩展到了与保留买卖标的物没有直接关系的债权,甚至还扩展到在标的物交付之后产生的债权上。未来债权只要是在出卖人对买受人基于生意联系而产生的债权被履行完之前产生的,都被扩张到所有权保留担保之中。这种所有权保留经常是以格式合同的形式达成的,尤其是在商人之间的交易中经常使用。

(申卫星)

kuojian

扩建(extension of existing construction) 在原有固定资产的基础上扩大其生产规模而进行的一种建设活动。如扩大原有产品的生产能力,增加新产品而另建分厂、主要车间和其他项目。分期建设的项目,在一期工程之外建设的各期工程,都可视同扩建。

(邹川宁)

L

lanyong dailiquan
滥用代理权(abuse of right of representation) 代理人行使代理权时,违背代理权的设定宗旨和代理行为的基本准则,有损被代理人利益的行为。滥用代理权的行为是违背诚实信用原则的行为,各国法律一般予以禁止。构成滥用代理权应具备以下三个要件:(1)代理人有代理权。这一要件使滥用代理权的行为与无权代理行为区别开来。(2)代理人行使代理权的行为违背了诚实信用原则,违背了代理权的设定宗旨和基本行为准则。(3)代理人的代理行为有损被代理人的利益。

通说认为,滥用代理权包括以下三种类型:(1)自己代理。(2)双方代理。(3)代理人和第三人恶意串通,进行损害被代理人利益的行为。
(李仁玉 陈 敦)

langfeiren baozuo
浪费人保佐(拉丁 cura prodigi) 对于浪费人设置的保佐。罗马《十二铜表法》规定了浪费人保佐,其目的在于保护法定继承人的利益。保佐人由最近的族亲担任,其职责为管理浪费人的财产。为了保护浪费人的财产利益,管理浪费人的财产,后世的法国民法、意大利民法等对浪费人设置了保护制度。《中华人民共和国民法通则》未采这一概念。 (李仁玉 陈 敦)

langfeizhe xintuo
浪费者信托(spendthrift trust) 以浪费者为受益人,并以将信托财产的本金作为生活费而由受托人按期向该人提供为内容的信托。

浪费者信托为英美信托法确认的一种信托品种,属于特殊民事信托。浪费者信托以使信托财产的本金被一份一份地并且是分期分批地移交给受益人并被其逐步地消耗掉为运行结果,这便是这种信托不同于一般民事信托的最大特征。浪费者信托的受益人一般为成年人。委托人或有关国家机关设立这种信托的目的,在于使本应移交给浪费者的财产能够在一个较长的时期内处于安全状态,从而使该项财产在这一时期内真正成为该人的生活来源。

为了对浪费者信托进行规范和调整,英美信托法已确立起一些规则。这些规则主要涉及浪费者信托的设立与生效、受托人对有关权利的享有、对受益人有关权利的限制等诸多方面。例如,美国信托法要求,浪费者信托必须是针对受益人的浪费或者无节约能力并为了使信托财产处于安全状态而设立,受益人的来自信托财产方面的利益不能够超越于衡平法上的终生利益,受托人必须被授予酌情处理某些以向受益人支付款项或者移交财产利益为内容的事务的权利,这种信托必须是能动信托,有关的信托文件必须包括关于信托财产转移或者受益人预期利益移交方面的规定;这种信托中的受益人并不享有终止信托并要求将信托财产整个地一次性移交给他的权利;法院也并不享有对委托人设立这种信托的理由或智力进行调查的权力,这种理由或智力被假定为已充分具备。该法还认为,浪费者信托只要是针对受益人的浪费并为了使信托财产处于安全状态而设立,即便由此所形成的对信托财产的保护是为了反对受益人的债权人和为了使该项财产在被向受益人支付之前不致发生转让,也应当被确认有效。
(张 淳)

langsun
浪损(damage by waves; surge damages) 因船舶航行兴起的波浪致使他船、他物以及设施等遭受损失。浪损是间接碰撞的一种特殊形式。 (张永坚 张 宁)

lao'aideshe
劳埃德社(Lloyd's) 又译作劳合社,英国保险组织之一。劳埃德原为伦敦一家咖啡店,是贸易商人和保险商人的汇集场所,后结成专营海上保险的保险人社团,1871年经国会批准正式取得法人资格。总部设于英国伦敦。

当今劳合社由五部分组成,即承保成员、承保组合、劳合社委员会、管理公司、经纪人和代理人,实际上是一个保险市场。在劳合社市场上,每一个承保成员以个人名义接受保险业务,承担保险责任。劳合社成员资格要经过严格审定,通常经一名成员推荐,五名成员附议,由劳合社委员会审查批准。此外,要求个人财产不少于7.5万英镑,并向劳合社管理公司提供不少于1万英镑的保证金,具体数额随业务量而定。20世纪初,劳合社仅有600名成员,60年代已达到6000余名,80年代猛增至3万余名,其中80%是英国人。

劳合社的承保成员并不直接承保业务,而是通过承保组合(辛迪加)开展业务。承保组合由若干个成员组成,人数少则几名,多则几百名,最大的承保组合有700余名成员。每一组合由一名承保人作为代表,以组合的名义在劳合社市场上接受保险业务,每名成员按预先确定的对每一危险单位接受的责任额或责任比例,对组合接受的业务承担责任。如因赔偿问题涉讼,必须对每一承保人提出诉讼请求。但事实上,只要对其中一人起诉并作出判决,其余承保人均能遵守和执行。

与一般保险公司不同,劳合社的承保人不到市场上去开展业务,也不依靠代理人开展业务,而是坐等客户上门。劳合社的承保人也不同投保人直接打交道,所有业务均由经纪人介绍而来。在伦敦,有200余家经劳合社委员会授权的经纪公司与世界各地保持联系,把全球范围内的业务送往劳合社。

劳合社委员会是劳合社的领导机关。委员会由成员选举产生,每个成员都有选举权和被选举权。委员会设有16名委员,其中有1名主席,2名副主席。委员4年一任,每年轮换4名,以保持委员会活力。根据1982年法令,增选8名劳合社成员,与委员会原有16名委员组成一个"委员会",作为劳合社的管理机关。劳合社委员会的职能是,审查并批准新的承保成员,监督和保持承保成员和经纪人的财务稳定性。此外,还领导着劳合社管理公司。

劳合社管理公司是一家非营利性机构,资金来源主要是承保成员的捐款和资助。管理公司有长期雇员2000余人,其主要职能是为劳合社运转提供各种服务,包括审核保单,处理赔案,研究和分析国内外新的立法对劳合社的影响,以及提供其他各种支持性的服务。

为了满足在全球范围开展业务的需要,劳合社建立了遍布世界的庞大的代理网络,目前有代理人1000余名。劳合社代理人有两项基本职能,一是从所有有关的港口和地区向劳合社报道有关轮船、飞机的信息及其他劳合社所关心的信息,二是作为劳合社的代表对发生在当地的损失进行检验和理赔。

在险种结构上,劳合社早年以从事水险业务为主,现今非水险业务比重已超过水险。 (温世扬)

laodong baoxian
劳动保险(labor insurance) 对企业劳动者在生、老、病、死、伤残以及发生其他生活困难时提供物质帮助的集体扶助和保险制度。我国自20世纪50年代开始实行劳动保险。劳动保险为强制保险,主要适用于国有企业、集体企业以及有一定规模的其他类型的企业。但我国实行的劳动保险并不具有普遍的社会性,保险金的筹集和给付主要限于企业内部,不是真正意义上的社会保险。随着我国社会保险制度的逐步建立,原先的劳动保险制度已经逐步被社会保险所包括。

劳动保险金 劳动保险的各项费用,全部由实行劳动保险的企业行政方面或资方负担,其中一部分由各企业行政方面或资方直接支付,另一部分由企业行政方面或资方缴纳劳动保险金,交工会组织办理。凡实行劳动保险的企业,其行政方面或资方须按月缴纳相当于各该企业全部工人与职员工资总额的3%,作为劳动保险金。此项劳动保险金,不得在工人与职员工资内扣除,并不得向工人与职员另行征收。劳动保险基金由工会基层委员会用以支付各项抚恤费、补助费和救济费及本企业集体劳动保险事业的补助费。劳动保险金,除用于劳动保险事业外,不得移作其他用途。

劳动保险待遇 劳动保险为综合性社会保险,其待遇包括工伤待遇、医疗待遇、死亡抚恤待遇、养老待遇、生育待遇以及其他待遇。(1)工伤待遇。工人与职员因工负伤,应在规定的医院医治,其全部诊疗费、药费、住院费、住院时的膳费与就医路费,均由企业行政方面或资方负担。在医疗期间,工资照发。工人与职员因工负伤确定为残废时,由劳动保险基金按照伤残程度发放因工残废抚恤费或因工残废补助费。(2)医疗待遇。工人与职员疾病或非因工负伤,在规定的医院医治时,其所需诊疗费、手术费、住院费及普通药费均由企业行政方面或资方负担;贵重药费、住院的膳费及就医路费由本人负担,如本人经济状况确有困难,得由劳动保险基金项下酌予补助。工人与职员疾病或非因工负伤停止工作医疗时,由该企业行政方面或资方发给病伤假期工资或由劳动保险基金项下按月付给疾病或非因工负伤救济费。工人与职员因病或非因工负伤医疗终结确定为残废,完全丧失劳动能力退职后,病伤假期工资或疾病非因工负伤救济费停发,改由劳动保险基金项下发给非因工残废救济费。工人与职员供养的直系亲属患病时,得在规定的医院免费诊治,手术费及普通药费,由企业行政方面或资方负担部分,其余自理。(3)死亡抚恤待遇。工人与职员因工死亡时,由该企业行政方面或资方发给丧葬费,另由劳动保险基金项下,按其供养的直系亲属人数,每月付给供养直系亲属抚恤费。工人与职员因病或非因工负伤死亡时,由劳动保险基金项下付给丧葬补助费,另由劳动保险基金项下,按其供养直系亲属人数,付给供养直系亲属救济费。工人与职员负伤致成残废完全丧失劳动能力退职后死亡时,应付给丧葬费及供养直系亲属抚恤费。工人与职员供养的直系亲属死亡时,由劳动保险基金项下付给供养直系亲属丧葬补助费。(4)养老待遇。原则上,男工人与男职员年满60岁,一般工龄已满25年,本企业工龄满5年者,可退职养老。退职后,由劳动保险基金项下,按其本企业工龄的长短,按月付给退职养老补助费。女工人与女职员年满50岁,一般工龄满20年,本企业工龄满5年者,得享受退职养老补助费待遇。特种行业另有特殊规定。(5)生育待遇。女工人与女职员生育,产前产后共给假 56 日,产假期间,工资照发。女工人与女职员怀孕不满 7 个月小产时,得根据医师的意见给予 30 日以内的产假,产假期间,工资照发。女工人与女职员难产或双生时,增给假期 14 日,工资照发。女工人与女职员怀孕,在该企业医疗所、医院或特约医院检查或分娩时,其检查费与接生费由企业行政方面或资方负担。产假期间(不论正产或小产)仍不能工作者,经医院证明后,可以享受医疗待遇。女工人与女职员或男工人与男职员之妻生育时,由劳动保险基金项下发给生育补助费。

(邹海林)

laodong hetong

劳动合同(德 Arbeitsvertrag) 劳动者与用人单位确立劳动关系、明确双方权利义务的协议。依法订立的劳动合同具有法律约束力,当事人必须履行劳动合同规定的义务。劳动合同应当以书面形式订立,并具备以下条款:劳动合同期限;工作内容;劳动保护和劳动条件;劳动报酬;劳动纪律;劳动合同终止的条件;违反劳动合同的责任;其他内容。劳动合同的期限分为有固定期限、无固定期限和以完成一定的工作为期限。依我国现行法律规定,劳动合同可以约定试用期,试用期最长不得超过 6 个月。

经当事人协商一致,可以解除劳动合同。劳动者有下列情形之一的,用人单位有权解除合同:(1) 在试用期间被证明不符合录用条件的;(2) 严重违反劳动纪律或者用人单位规章制度的;(3) 严重失职,营私舞弊,对用人单位利益造成重大损害的;(4) 被依法追究刑事责任的。

有下列情形之一的,用人单位可以解除合同,但应当提前 30 日以书面形式通知劳动者本人:(1) 劳动者患病或者非因工负伤,医疗期满后,不能从事原工作也不能从事由用人单位另行安排的工作的;(2) 劳动者不能胜任工作,经过培训或者调整工作岗位,仍不能胜任工作的;(3) 劳动合同订立时所依据的客观情况发生重大变化,致使原劳动合同无法履行,经当事人协商不能就变更劳动合同达成协议的。

但劳动者有下列情形之一的,用人单位不得解除合同:(1) 患职业病或者因工负伤并被确认丧失或者部分丧失劳动能力的;(2) 患病或者负伤,在规定的医疗期内的;(3) 女职工在孕期、产期、哺乳期内的;(4) 法律、行政法规规定的其他情形。用人单位依据法律规定解除劳动合同的,应当依照国家有关规定给予经济补偿。

劳动者解除劳动合同的,也应当提前以书面形式通知用人单位。但有下列情形之一的,劳动者可以随时通知用人单位解除劳动合同:(1) 在试用期内的;(2) 用人单位以暴力、威胁或者非法限制人身自由的手段强迫劳动的;(3) 用人单位未按照劳动合同约定支付劳动报酬或者提供劳动条件的。

(郭明瑞)

laodong suode gongtongzhi

劳动所得共同制(community property regime of working income) 夫妻一方或双方婚后通过劳动所取得的财产归夫妻共同所有的财产制度。这种财产制度不仅排除婚前个人财产归夫妻双方的可能性,同时强调因继承、受赠所得财产和婚前财产在婚后的收益不得为夫妻共同财产。

(蒋 月)

laogong peichang

劳工赔偿(workmen's compensation) 德国于 1884 年,英国于 1897 年首创的一种制度,该制度强制雇主对"因雇佣关系而发生的任何在雇用期间发生的事故"所造成的伤害,向雇员承担赔偿责任,而不管雇主是否犯有过失或疏忽。这一制度并不影响根据普通法上的责任要求损害赔偿的权利,但是如若要实现普通法上的损害赔偿的权利主张,工人必须证明雇主方面的过失和疏忽。依劳工赔偿制度,受伤的工人可以要求伤残补偿金,也可以依普通法要求赔偿金,但不是两者兼之。劳工赔偿的金额参照每周的平均工资加以确定,并可以折算为一次性支付的款项。

(张平华)

laoheshe

劳合社(Lloyd's Underwritens Association) 参见劳埃德社条。

laoshi jiuzhu hetong geshi

劳氏救助合同格式(Lloyd's standard form of salvage agreement) 1968 年 1 月 15 日由劳埃德委员会正式印刷出版的,目前国际海运业船东、货主、救助人和保险人使用最广泛的一种标准救助合同格式。劳氏救助合同最主要的特征是实行"无效果、无报酬"的原则。此外,劳氏救助合同的优点还在于,救助双方可以事先了解合同内容,而不必在危险境地中讨价还价;规定了仲裁条款,将容易引起争议的仲裁条款问题归于仲裁员解决;合同一经签订即具有法律约束力,保证双方积极救助;规定救助人可以合理使用遇难船舶的属具,但应当避免使船舶因此遭受财产损失;对担保问题作出了明确规定。

(王 青)

laowuren

劳务人(contract workers) 受商主体或经理人雇用,从事商事业务的人员。劳务人仅受商主体或经理人指派承担一定劳务,原则上无权代理实施商业行为。在实践中,有的商业使用人既承担一定的劳务,又接受委任实施一定的商行为,这种商业使用人便具有劳务人和伙友的双重身份,兼有委任及雇用双重关系。根据商法的一般规定,劳务人虽非商主体,但其法律地位由商法规定。 (关 涛 梁 鹏)

laowuzhizhai
劳务之债(obligation of personal service) 财物之债的对称,以给付一定劳务为标的的债。劳务之债的债务人须向债权人提供一定劳务,债权人所需要的是特定债务人的劳务或体现债务人劳务的工作成果。除法律另有规定或当事人另有约定外,劳务之债一般不得由第三人代替履行,债务人不履行时一般也不能强制债务人履行。 (郭明瑞)

laoyihun
劳役婚(servitude in exchange of marriage) 亦称服役婚,男方为女家服一定期间的劳务,以此作为成婚条件的婚姻。通过为女家服役而得妻,是古代不少民族早期型的结婚方式之一。劳役婚和买卖婚形虽异而实相同,无非是以劳务代替财货而已。各时代、各民族中劳役婚的具体情形不尽相同。有的须在婚前为女家服一定期间的劳务,期满始得成婚;有的须在婚后从妇居,在女家服一定期间的劳务,期满后妻才至男家从夫居。我国古籍《新唐书·北狄传》载:室韦人嫁娶,男方先至女家服役三载,然后"分以财产,与妻载,鼓舞而还"。在我国南方一些少数民族中,至今仍有某些起源于劳役婚的习俗,但其意义已与往昔不同,具有女婿对岳父母家提供帮助的性质。 (杨大文)

leisi gudong zeren
类似股东责任(similar shareholder's responsibilities) 又称为表见股东的责任。不是无限公司的股东,但其行为可以令人误信其为股东时,对于善意第三人,应负与公司股东相同的连带责任。一般认为,股东的亲友代为股东的行为,善意第三人不明其非股东身份,误认其为股东而与之实施法律行为,应当承担与股东相同的责任。转让出资的股东和退股的股东,在不表明其已非股东身份的情况下与善意第三人交易,致使该第三人误认其为股东时,应当承担与股东相同的责任。 (吕来明 刘 霞)

leiji toupiao
累积投票(cumulative voting) 股份公司专门适用于股东大会选举董事和监事的表决方式,指每一股拥有的投票权不是一个,是与将选出的董事人数相同。股东可以把其表决票集中投到一人名下,也可分别投到数人名下。如公司要选出 7 名董事,每股有 7 票(1×7),假如公司某股东有 100 股表决股权,该股东可投的总票数为 700 票(7×100),他可把这 700 票集中投向一个董事候选人,或分别投向他想选举的几个候选人。中小股东将表决票集中使用,可能选出自己中意的董事,防止大股东对董事会成员的垄断。 (黄 艳)

leiji youxiangu
累积优先股(accumulated preferred shares) 当公司在某一个时期所获盈利不足以支付优先股股息时,将应付股息累计于以后某一盈利年度,在发放普通股红利之前连同该年优先股的股利一同发放给优先股股东的股份。优先股的股息是预先确定的,不随公司利润的多少增减。若公司当年利润不足以支付优先股股息,等到公司下一年度获利时再付清过去所欠累积优先股全部股息。累积优先股股东享有相当优惠的条件,不但超过普通股股东,也超过一般优先股股东。并非所有公司都一定发放累积优先股的积欠股息,公司可允许优先股加上积欠的股息,按市场现行价转换成普通股。公司在发行累积优先股时,也可作出特殊规定,允许股东按特定的调换比率将累积优先股转换成普通股。优先股兼具累积性和转换性,被称为"累积调换优先股",在美国、日本等国家较为盛行。我国股份有限公司设置的优先股具有累积优先股的性质。 (梁 聪)

li'an jiage hetong
离岸价格合同(free-on-board contract) 又称船上交货合同。采用 FOB 条件的一种国际货物买卖合同。其特点在于在指定装运港船上交货。货物在指定装运港越过船舷时,出卖人即履行了交货义务。在此之前的风险由出卖人负担,在此之后风险即转移由买受人负担。但出卖人有装船后及时通知买受人的义务,若其未履行适当的通知义务,则货物在越过船舷后的损失仍由出卖人承担。 (郭明瑞)

li'an xintuo
离岸信托(offshore trust) 委托人出于避税的目的在属于外国的某一对取得财产实行免税的国家中设立的信托。由于若干年来世界上对取得财产实行免税的国家基本上都是岛国,而出于避税之目的前往这些国家设立信托的人却一般都是外国人。这些人进入这些岛国又通常是先离开海岸然后再乘船而来,"离岸信托"即由此得名。离岸信托为明示信托,它既可以是自益信托,也可以是他益信托。离岸信托为英美信托法确认的一种信托。考虑到这种信托的委托人一般不可能在设立该信托的岛国上长期居住,为了对它的运作实行有效的监控,英美信托法允许委托人针对这种信托设立保护人。该保护人的职权主要包括:代表委托人或受益人对信托执行情况和信托财产存在状况进行检查和监督,组织专业人士对信托账目进行审计,批准依信托文件规定应当由其批准的由受托人作出的决定等等。

(张 淳)

lihun

离婚(divorce) 配偶生存期间解除合法有效婚姻关系的行为。当代各国立法对离婚的程序、条件、法律后果等作了种种具体规定,有的国家还就离婚问题制定了单行法规。根据当代各国立法例,可从不同角度将离婚分为以下三种类型:(1)从配偶双方对离婚所持态度看,可分为双方自愿离婚与一方要求的离婚;(2)从处理离婚的程序看,可分为非诉讼离婚与诉讼离婚;(3)从解除婚姻关系的方式看,可分为协议离婚与判决离婚。离婚不仅使双方当事人丧失配偶身份并取得再婚资格,同时发生财产关系的一系列变化,而且还涉及子女抚养和亲属关系等问题。

(蒋 月)

lihun chengxu

离婚程序(divorce proceeding) 夫妻申请解除合法婚姻关系的法定方式。古今中外,凡允许离婚的,均须依照一定程序进行方能产生预期的法律效力。按照性质不同,离婚的程序可分为两种:行政程序的离婚和司法程序的离婚。前者由行政机关负责办理,后者则由法院依法审理。根据《中华人民共和国婚姻法》第31条和第32条以及《婚姻登记条例》的有关规定,夫妻双方自愿离婚的,应向一方当事人常住户口所在地的婚姻登记机关申请离婚登记。夫妻一方要求离婚或双方不能就离婚及其他相关问题全面达成协议的,可直接向人民法院提起离婚之诉。

(蒋 月)

lihun de fading liyou

离婚的法定理由(lawful result on divorce) 法律明文规定的准予离婚的具体条件。在实行限制离婚主义的时代,离婚的法定理由,总是与夫妻一方的过错相联系。过错充当原告起诉离婚,往往被认定为理由不正当,难以获准离婚。只有无过错要求离婚,始能得到准许。如1804年法国民法典规定,判决离婚的法定理由是:妻子通奸;丈夫通奸且于夫妻共同居所实行姘居;对方有重大暴行、虐待和侮辱;对方受名誉刑之宣告。1900年德国民法典规定的离婚事由有:配偶一方企图杀害他方;配偶一方严重违反婚姻义务;有不名誉或不道德的行为,致他方不能期待继续维持婚姻关系者;重大的虐待。自20世纪50年代以来,大多数国家对离婚法进行了改革,以自由离婚主义取代了限制离婚主义。离婚的法定理由,虽仍涉及当事人一方或双方的过错,然内容已不限于过错,如规定夫妻分居满一定期间为法定事由。多数国家的婚姻家庭法规定的离婚理由,为婚姻关系确已破裂或夫妻难以共同生活,并进一步规定有具体情形,以供识别判断。

(蒋 月)

lihun de xiaoli

离婚的效力(effect of divorce) 又称离婚的法律后果。离婚对当事人的人身关系、财产关系、子女抚养监护以及亲属关系等方面引起的一系列法律后果。离婚的效力,首先体现为终止夫妻身份关系,如配偶身份的丧失、同居义务的消灭、配偶继承人资格的丧失和代理权的消灭等;其次体现为终止夫妻财产关系,如夫妻共同财产的分割与共同债务的清偿、扶养费的给付或对生活困难一方的经济帮助费的给付等;第三,对未成年子女的监护与抚养责任的分担,等等。离婚的效力,只能开始于离婚的法定手续完成后或准予离婚的法律文书生效之时。

(蒋 月)

lihun dengji

离婚登记(rigistration of divorce) 国家有关机关对于夫妻双方共同要求离婚的申请予以审查,凡符合法定条件的,即准予离婚登记,发给离婚证即解除婚姻关系的制度。在有些国家离婚登记由户籍机关办理,在另一些国家则通过行政官员或民事登记官员办理。离婚登记制度最早产生于前苏联。十月社会主义革命胜利后,为消除宗教对婚姻家庭关系的严重影响,苏联初期的法律大大简化了离婚手续。1918年的《身份登记、婚姻、家庭和监护法典》规定,婚姻关系的解除不需要通过诉讼,只要夫妻一方单方面提出申请,由国家身份处加以登记即可。1927年1月施行的《苏俄婚姻、家庭和监护法典》规定,登记离婚以夫妻双方本人申请为原则,但也允许夫妻一方提出申请。1936年又作出规定,离婚登记必须由夫妻双方去民事登记处办理,并且记入身份证。1944年7月原苏联颁行法令废除了登记离婚制度。我国1950年《婚姻法》第17条也规定了离婚登记,男女双方自愿离婚的,双方应向区人民政府登记,领取离婚证。我国1980年《婚姻法》规定,男女双方自愿离婚的,准予离婚。双方必须到婚姻登记机关申请离婚。婚姻登记机关查明双方确实是自愿并对子女和财产问题已有适当处理时,发给离婚证。

(蒋 月)

lihun tiaojie

离婚调解(divorce mediation) 针对存在离婚纠纷的夫妻,采用说服、教育、劝解和协调的方法,促使纠纷当事人双方在互谅互让的基础上尽可能达成一致以解决纠纷的活动。用调解的方法处理离婚纠纷,是我国的优良传统。《中华人民共和国婚姻法》第32条规定,男女一方要求离婚的,可由有关部门进行调解或直接向人民法院起诉。人民法院审理离婚案件,应当进行调解,如感情确已破裂,调解无效,应准予离婚。据此,离婚调解分为诉讼外的调解和诉讼内的调解两种。前者是由当事人所在单位、群众团体、人民调解组织和婚姻登记机关等有关部门对离婚纠纷进行的调解。诉讼外成立的调解,不具有法律效力,依靠当事人自觉遵守,该调解并不是离婚的必经程序。诉讼内的调解是法院行使审判职能的一个方面,这是在法院主持下的调解,成立后制作的调解书一经当事人双方签收,与判决书具有同等法律效力。调解不成的,才能判决离婚。外国法中,有些国家也有对离婚调解的规定,如日本对家事纠纷案采取先行调停主义,英国的离婚法律也包含有旨在鼓励调解的规定。 (蒋 月)

lihunlü

离婚率(divorce rate) 离婚人口与结婚人口数之比率。另一说为离婚人口数与总人口数之比率。离婚率与一国或一地的婚姻关系稳定与否有一定关联。第二次世界大战结束至20世纪60年代间,各主要国家的离婚案件没有太大变化,离婚率一直处于稳定状态。但进入70年代后,各国相继修改了离婚法,从制度上为离婚提供了更大的自由与便利。由此离婚人数不断增加,离婚率大幅度上升。 (蒋 月)

lihun panjue

离婚判决(judgement of divorce or divorce decree) 法院作出的准予原、被告双方解除婚姻关系的法律文件。它与诉讼离婚相适应,是合法有效的婚姻关系依法解除的有效凭证。离婚判决有一审和终审之别,对于前者,当事人有上诉的权利;上诉期间该判决不发生法律效力。终审离婚判决,自判决书送达之日起生效。婚姻关系自判决生效之日起解除。 (蒋 月)

lihun shi de caichan fenge

离婚时的财产分割(partition when divorce) 离婚的法律效力之一。夫妻共同财产制因离婚而改为分别财产制。我国法律规定,夫妻离婚时,应分清个人财产、夫妻共同财产和家庭共同财产。其中,夫妻双方各自的个人财产,既包括婚前个人所有财产,也包括虽为婚后所得但依照法律规定或者双方约定属于个人所有的财产。家庭共同财产中属于夫妻共同所有的部分应予析出。离婚时所应分割的仅是夫妻共同财产,对是个人财产还是夫妻共同财产难以确定的,主张权利的一方有责任举证。当事人举不出证据又无法查实的,按夫妻共同财产处理。离婚时,夫妻的共同财产由双方协议处理,协议不成时由人民法院判决。按照《婚姻法》的规定和最高人民法院有关司法解释,人民法院处理夫妻共同财产分割问题,应坚持男女平等;保护妇女、儿童的合法权益;照顾无过错方;尊重当事人意愿;有利生产、方便生活;不得损害国家、集体和他人利益等原则。《婚姻法》第39条规定,离婚时,夫妻的共同财产由双方协议处理;协议不成时,由人民法院根据财产的具体情况,按照顾子女和女方权益的原则判决。 (马忆南)

lihun shi de jingji bangzhu

离婚时的经济帮助(economic assistance in a divorce) 离婚时一方对生活困难的另一方的经济帮助。离婚后,一方应为生活确有困难或有特殊需要的另一方提供经济帮助,这在许多国家的法律中都有明确规定,但往往被称为"扶养金"。如法国民法典规定:"如因共同生活破裂而宣判离婚时,采取离婚主动的一方完全负有救助之责",因一方患有精神病而离婚的,要求离婚一方"对生病的一方医疗所需的一切均应负救助之责";"救助义务的履行采用扶养金形式",且规定"如扶养金债务人一方死亡,扶养金由其继承人负担";但"扶养金债权人一方再婚时"或"公然与他人姘居"时,扶养金停付。依其规定,婚姻中的扶养关系在离婚后变成了债权关系。美国统一结婚离婚法、墨西哥民法典、德国民法典等对离婚后的扶养费问题均有规定,德国民法典的规定尤为详尽,有关条款达10条之多。

我国《婚姻法》第42条规定:"离婚时,如一方生活困难,另一方应从其住房等个人财产中给予适当帮助。"可见,离婚时一方对另一方的经济帮助应具备两个条件:第一,受帮助的一方在离婚时生活确有困难;第二,提供帮助的一方应有负担能力。我国《婚姻法》第42条还规定,离婚后一方对他方经济帮助的"具体办法由双方协议;协议不成时,由人民法院判决"。在实践中,这种帮助除了考虑帮助方的经济条件外,着重考虑受助方的具体情况和实际需要,受助方年龄较轻且有劳动能力,只是存在暂时性困难的多采用一次性支付帮助费用的办法;受助方年老体弱,失去劳动能力而又没有生活来源的,往往要作较为长期的妥善安排。在执行经济帮助期间受助方再婚的,帮助方可停止给付,应由其再婚的配偶依法承担婚姻关系存续期间的

扶养义务；原定帮助计划执行完毕后，受助方要求继续得到对方帮助的，一般不予支持。（马忆南）

lihun shi de zhaiwu qingchang
离婚时的债务清偿（redemption of debt in a divorce） 离婚时夫妻共同债务的清偿。共同债务指为夫妻共同生活所负的债务和夫妻共同生产、经营所负的债务。我国《婚姻法》第41条规定，离婚时，原为夫妻共同生活所负的债务，由双方协议清偿；协议不成时，由人民法院判决。为夫妻共同生活所负的债务，包括因购置生活用品、修建或购置住房所负的债务，履行抚养教育和赡养义务、治疗疾病所负的债务，从事双方同意的文化教育、文娱体育活动所负的债务，以及其他在日常生活中发生的应当由夫妻双方负担的债务。为夫妻共同生产、经营所负的债务，包括双方共同从事工商业或在农村承包经营所负的债务，购买生产资料所负的债务，共同从事投资或者其他金融活动所负的债务，在以上的经营活动中所应交纳的税收，经双方同意由一方经营且其收入用于共同生活所负债务等。夫妻共同债务的清偿顺序为：首先用夫妻共同财产清偿。其次，夫妻共同财产不足时，以各自法定个人所有或约定个人所有的财产予以清偿，以保护其债权人的利益。如果没有夫妻个人财产或个人财产不足时，可以承诺日后清偿。由夫妻的个人财产加以清偿或承诺的比例首先由夫妻进行协商。在协商不成的情况下，由人民法院判决。人民法院可以根据双方的财产状况、教育程度、收入水平等综合情况进行判决。（马忆南）

lihun susong
离婚诉讼（divorce proceedings） 夫妻一方以原告身份向法院起诉要求解除与配偶的婚姻关系，法院同意受理并通知配偶他方作为被告应诉的司法活动。离婚诉讼以当事人主动为前提。诉讼涉及的问题主要有四个方面：是否准予解除夫妻关系；子女的监护与抚养教育；夫妻财产的分割；扶养费的给付或生活困难一方的经济帮助费的给付。离婚诉讼过程中，当事人双方可以和解，由原告申请撤回诉讼请求；亦可达成离婚协议，由法院调解离婚。若原、被告双方始终意见不一，则由法院依法作出判决。第一次离婚诉讼终止后，法院判决不准离婚的，当事人双方就同一婚姻关系，在6个月内不得再行起诉，否则法院拒绝受理。（蒋　月）

lihun sunhai peichang
离婚损害赔偿（damages in divorce） 因一方的法定过错导致离婚的，无过错的另一方依法享有的赔偿请求权。这是当代民法、亲属法中的公平原则、保护弱者原则在离婚问题上的表现。我国《婚姻法》第46条规定："有下列情形之一，导致离婚的，无过错方有权请求损害赔偿：（一）重婚的；（二）有配偶者与他人同居的；（三）实施家庭暴力的；（四）虐待、遗弃家庭成员的。"以上4项情形，包括5种违法行为，是离婚时损害赔偿请求权的发生根据。

离婚损害赔偿的构成要件：(1) 一方有特定的违法行为（重婚，与他人同居，实施家庭暴力，虐待、遗弃）。(2) 离婚是由上述违法行为所导致的。(3) 离婚出于有上述违法行为一方的过错，无过错的另一方为赔偿请求权人。(4) 无过错方因离婚而蒙受损害，包括财产上的损害和精神上的损害。在确定损害结果和赔偿的范围时，应注意离婚损害赔偿的特殊性质。其实，离婚一事本身已使无过错方受到损害，据此即可向有上述违法行为的过错方要求赔偿损害。在财产上、精神上蒙受损害的程度，只是确定赔偿范围的具体依据。至于依法享有赔偿请求权的无过错方是否行使这种权利，由本人自行决定。赔偿的具体办法，可由双方当事人协议；协议不成时，由人民法院判决。（马忆南）

lihunzheng
离婚证（divorce certificate） 证明婚姻关系已经解除的法律文件。在我国，离婚证是由婚姻登记机关颁发给获准离婚的当事人双方分别收执的法律文件，为一式两份，分别写有收执者姓名。凡原婚姻经由离婚登记而解除者，申请再行结婚时须持有此证。离婚证遗失或者损毁的，当事人可持户口簿、身份证向原办理婚姻登记的机关或者一方当事人常住户口所在地的婚姻登记机关申请补领。（马忆南）

lihun zhidu
离婚制度（system of divorce） 规定配偶生存期间终止婚姻关系的原则、条件、程序和效力的法律制度。离婚作为一种法律制度，是从一夫一妻制形成后才出现的。由于社会制度、文化传统、民族习惯和宗教信仰的差异，不同国家以及同一国家不同时期的离婚制度各具特色。

古代法中的离婚制度 按照中国古代奴隶制和封建制的礼与法，丈夫可在一定条件下离弃妻子，妇女则只能从一而终。离婚的主要方式有三种：出妻、和离和义绝。出妻以"七出"为法定理由，但又受"三不去"的限制"；和离形式上与近代的两愿离婚相似，实际上往往是出妻的别名；义绝是中国古代官府强制的一种离婚方式。离婚制度上明显存在着男尊女卑和夫权统治的特点。古代罗马法规定，离婚主要有三种方式：第一，出于家父的意思而离婚；第二，出于夫妻双方合意的协议离婚；第三，基于夫妻一方意愿的片面离婚。早期立法把这种单方离婚作为丈夫的特权,后来才加以改变。古罗马的离婚制度对后世各国尤其是大陆法系国家的离婚立法有广泛深远的影响。在宗教势力特别强大并实行政教合一的古代国家,作为法典的宗教经典中,有不少关于离婚的规定。例如,犹太教摩西法典规定,离婚是男子的专权,夫可休妻;妇女处于受制约的地位。古印度摩奴法典规定,妇女没有独立的地位和权利,应该始终从属于男子。任何情况下妻子均无权与丈夫离婚;而丈夫却有多种理由更换妻子,被更换的妻子还不得离家。古印度的摩奴法典至今在印度次大陆仍有着一定的影响。伊斯兰教的古兰经对夫妻离婚作了详细规定,它认为"离婚是一切可以容许的事情中最可憎恶的事情",主张极力加以限制。规定"休妻两次,此后应善意的挽留,或者以优礼解放她们";"如果他休了她三次,那么她以后不可以做他的妻子,直到她嫁给其他男人"。欧洲中世纪的寺院法根据基督教的教义,实行禁止离婚主义,只有存在重大婚姻障碍时,方得经教会当局宣告婚姻无效。寺院法还创立别居制度,在不解除婚姻关系的前提下,免除夫妻间的同居义务。

资本主义国家的离婚制度 随着资本主义制度的确立,国家制定的离婚法逐渐取代了宗教法规的作用。1792年8月,法国立法议会以契约自由为理论依据,在其宣言里宣称,婚姻是可以用离婚解除的契约。从此,离婚自由成了各国仿效的普遍原则。资产阶级打破了婚姻不可离异的神话,是一大历史进步。1804年的《法国民法典》有关离婚制度的规定,可作为早期资本主义离婚制度的代表。该法第229条至第233条列举了各种法定的离婚理由,如通奸、一方对他方有重大暴行、虐待、侮辱、一方受不名誉罪宣告、双方充分证明其共同生活已不能容忍,等等。当代国家多以裁判离婚为惟一离婚方式,但也有一些国家兼采判决离婚和协议离婚两种离婚方式。关于离婚的法定理由,有的采取有责主义,有的采取无责主义,更多的是有责主义与无责主义相结合。在列举数种具体离婚理由后,概括规定离婚理由。常见的离婚理由有:一方有通奸行为;一方遗弃或虐待他方;一方患重大不治或恶性疾病;一方受刑事之宣告;一方失踪;一方不履行同居义务;双方长期分居;婚姻关系破裂致使家庭生活解体,等等。20世纪60年代以来,许多国家的社会条件发生了很大变化,政治经济、科学文化、妇女地位、家庭结构、伦理道德和价值观念与过去大不相同,传统的离婚制度因大大落后于社会生活而不得不改革。主要资本主义国家先后对离婚立法作了重大修改,改革后的离婚制度的主要特点是:第一,对离婚采取相当宽容的态度,越来越多的国家抛弃传统的过错原则,代之以破裂原则;第二,进一步削弱了宗教势力对离婚的影响。

我国现行离婚制度 保障离婚自由又反对轻率离婚。双方自愿离婚的,依行政程序登记离婚;一方要求离婚的,通过司法程序处理,离婚诉讼中应当进行调解。如夫妻感情确已破裂,调解无效,准许离婚。认定感情破裂也有多种具体参照标准。法律对离婚后子女抚养问题的规定,坚持维护未成年子女利益为重,父母双方对子女有同等的权利与义务;还规定分割夫妻共同财产时,在坚持男女平等的同时,照顾妇女和儿童的利益。

(蒋 月)

lipei de chengxu
理赔的程序(procedure of settlement of claims) 在被保险人或受益人向保险人发出出险通知并且提出索赔要求后,保险人应当进行理赔。《中华人民共和国保险法》第23条第1款规定:"保险人收到被保险人或者受益人的赔偿或者给付保险金的请求后,应当及时作出核定;对属于保险责任的,在与被保险人或者受益人达成有关赔偿或者给付保险金额的协议后10日内,履行赔偿或者给付保险金义务。保险合同对保险金额及赔偿或者给付期限有约定的,保险人应当依照保险合同的约定,履行赔偿或者给付保险金义务。"

一般情况下,理赔应遵循下列程序:(1) 立案检验。在投保人、被保险人或受益人向保险人发出出险通知后,保险人应立即接受该通知,详细记录被保险人或受益人的姓名或名称,保险单号码,事故发生的时间、地点、原因及损失约数等事项。保险人经审查认为材料齐全、各项单证真实、一致的,予以立案。(2) 审核责任。保险人通过对事实的调查和对各项单证的审查,决定自己应否承担保险责任及承担多大责任。这是理赔过程中最关键的一步。首先,保险人应审核索赔单证。即审核保险合同的合法性和有效性,包括保险合同是否已经生效或者期满、请求赔偿的人是否具备索赔权、损失标的是否保险标的、发生的事故是否属保险事故等。其次,保险人应进行现场调查。即保险人在接到事故发生通知并审核索赔单证后,应及时赶赴事故发生现场,进行核查,以确定事故发生地点与保险合同约定的地点是否相符、事故发生的时间是否在保险期间内、事故发生的原因以及保险标的的损失情况。第三,保险人确定责任。即保险人根据现场调查的资料,结合考虑保险合同的内容,确定保险人是否应承担保险责任,应承担多大的保险责任。保险人应审核被保险人是否及时、适当地履行了施救和整理义务;未履行的,由此扩大的损失是多少;若已履行,采取必要的合理施救、整理措施而支付的费用是多少。除此之外,保险人还应审核是否存在对保险标的造成损害依法应承担赔偿责任的第三者,被保险人是否已向第三者提出赔偿请求以及因此支付了多少诉讼费用。如果由于被保险人的原因导致保险人支付赔偿金后不能向责任第三者进行追偿的,保险人得以在其因此所受损失的范围内不负保险责任。(3)赔偿或给付保险金。依《保险法》第23条第1款、第2款的规定,保险人首先应按保险合同中约定的保险金额及赔偿或者给付期限赔偿或给付保险金。保险合同中无约定或约定不明的,由保险人与被保险人或受益人先就赔偿或给付的保险金额达成协议。在达成协议后10日内,保险人赔偿或给付保险金。保险人迟延赔偿或给付保险金的,应赔偿被保险人或受益人因此受到的损失,主要是利息损失。此外,《保险法》第25条还规定:"保险人自收到赔偿或者给付保险金的请求和有关证明、资料之日起60日内,对其赔偿或者给付保险金的数额不能确定的,应当根据已有证明和资料可以确定的最低数额先于支付;保险人最终确定赔偿或者给付保险金的数额后,应当支付相应的差额。"(4)赔偿或支付保险金后的事宜。《保险法》第42条规定:"保险标的发生部分损失的,在保险人赔偿后30日内,投保人可以终止合同;除合同约定不得终止合同的以外,保险人也可以终止合同。"对于财产保险合同,保险人在赔偿了保险金以后,依《保险法》第44条、第45条的规定,取得保险标的的权利或向第三者请求赔偿的权利。(温世扬)

lisuanfei
理算费(adjustment fee) 理算费是共同海损理算人或理算机构向申请理算的人收取的报酬。共同海损理算费列入共同海损费用进行分摊。理算费的主要项目包括:书写海事报告和认证费用;共同海损损失和鉴定费用;共同海损分摊价值鉴定费用;理算人的差旅费用和通讯费用等。
(张永坚 张 宁)

liqiu jinsi yuanze
力求近似原则(cy-pres doctrine) 以要求法院或主管机关在赠与人为赠与(赈济)时所具有的某一公益目的已不能实现,或者有关的赠与财产较实现该项公益目的所需财产在数额上较多时,将该项财产的全部或多余部分运用于满足与该项公益目的尽可能相似的另一公益目的为内容的公益法原则。力求近似原则本为英美公益法中的一项关于使用赈济财物的原则,但在目前它却被各国、各地区信托法作为与公益信托中的信托财产处理有关的原则移植其中,从而成为一项关于公益信托的原则。

《中华人民共和国信托法》确立起力求近似原则。该法第72条规定:"公益信托终止,没有信托财产权利归属人或者信托财产权利归属人是不特定的社会公众的,经公益事业管理机构批准,受托人应当将信托财产用于与原公益目的相近似的目的,或者将信托财产转移给具有近似目的的公益组织或者其他公益信托。"此条有两个特点:其一是将信托财产权利归属人不存在或者不特定确立为力求近似原则的适用条件;其二是确定在适用这一原则情形下既可以使有关的公益信托在更换近似的公益目的前提下继续存在,也可以使有关的信托财产在该公益信托终止的前提下被移交给与之具有近似之公益目的的另一公益信托。日本、韩国与我国台湾地区的信托法也确立起力求尽似原则,且它们对这一原则的规定与我国《信托法》的上述规定在内容上相同或相似。

英美信托法也确立起力求尽似原则,但该法却将适用这一原则的情形具体化。例如1960年《英国慈善事业法》第13条第1款规定:对公益信托中的信托财产可以适用力求尽似原则的情形有:(1)如果原来的目的(即委托人在设立信托时所具有的特定的公益目的)已经整个地或者部分地实现或者不能实现;(2)如果原来的目的已经实现,但该项财产仅使用了一部分;(3)如果原来的目的所针对的是某一地区或者某一群体,但这一目的在后来却由于任何适当的理由而被阻止实现,并且这一阻止与信托的精神实质有关;(4)如果原来的目的整个地或者部分地被以其他方式作了适当的修改,或者因这一目的无益于或有害于受托人或因其他原因被阻止实现,并且这一修改或阻止与信托的精神实质有关;(5)如果该项财产和可以使用于同一目的的其他财产能够结合在一起有效地使用,并且可以被适当地使用于共同目的,以及这一使用与信托的精神实质有关。除此之外,英美信托法还特别规定:只有法院才拥有在公益信托领域内适用力求尽似原则的权力,法院适用这一原则无须以信托财产权利归属人不存在或不特定为条件,且其在适用这一原则情形下只能够使有关的公益信托在更换近似的公益目的的前提下继续存在。

依各国、各地区信托法的共同惯例,如果经适用力求尽似原则后有关的公益信托系在更换近似的公益目的的前提下继续存在,其受托人应当继续执行该项公益信托,并将信托利益运用于满足该信托的新的公益目的。
(张 淳)

liji tongzhi tiaokuan
立即通知条款(clause of immediate notice) 一般在保险合同中都有规定,被保险人在保险事故发生后,应立即书面通知保险公司或其代理人。立即通知的目的在于:使保险公司能立即展开对损失的调查,以便及时准确地弄清损失情况;使保险公司得以采取适当的方法,以防止损失蔓延和扩大或及时抢救被保财产。
(李世奇)

lisi

立嗣(adopt a relative's son as the heir for succession of familyline in feudal and old China) 我国古代确立拟制血亲的制度。俗称"过继"或"过房"。唐律及明、清律皆规定,男子无子始许立嗣。立嗣只许立辈分相当的侄子为嗣子。不得立女子为嗣,也不得立异姓子乱宗。立嗣后,嗣父母与嗣子间发生亲子关系。嗣子与嗣父母的其他亲属间也发生亲属关系。嗣子享有宗祧祭祀权和家业继承权。古代立嗣多以过继文书、字据或举行宗族仪式为要件。古代允许嗣父母与嗣子解除关系,叫"退继",可以通过双方协议、一方退继或官府强制终止等方式解除。嗣父子关系解除后,嗣子得归宗。此外,立嗣尚有立继和命继形式。立继是指夫死妻为亡夫立嗣的行为。命继是指夫妻俱亡,由其父母或尊长代为立嗣。立嗣是古代宗祧继承制的重要内容,带有浓厚的男尊女卑的封建性。新中国成立后,封建社会的立嗣制度已被废除,实行现代社会的收养制度。我国现行法律对《收养法》颁行之前民间已经存在的过继予以承认,但对公民死亡的"扬幡碎盆"等立继、命继形式,不予承认。 (马忆南)

lilü

利率(interest rate) "利息率"的简称。一定时期内利息额同存入或贷出本金的比率。通常分年利率、月利率和日利率三种。利率按不同的标准可分为不同的种类。按利率的管制办法,可分为法定利率、限制利率和自由利率;按借贷的主体,可分为银行利率、非银行金融机构利率、有价证券利率和市场利率;按利率的作用,可分为基准利率、优惠利率和普通利率。利率水平受各种因素的制约,直接制约利率水平的主要因素有:平均利润率;资金供求状况;借贷资金的风险大小;借贷期限;预期价格变动率;银行费用;国家经济政策的影响;历史因素和世界利率水平。利率作为一种经济杠杆,在经济生活中起着重要的作用。它可影响社会投资的数量,影响社会资金的供给量,因此,各国政府都利用利率来进行宏观经济调控。 (邹川宁)

lirun sunshi

利润损失(loss of profit) 在违约或侵权行为中,加害人可以预见到的受害人在经营利润收入上的损失。利润损失通常属于可得利益损失,有的称为间接损失。 (张平华)

lirun sunshi baoxian

利润损失保险(profit loss insurance) 对利润损失提供补偿的保险。该险种以财产险、财产一切险或机器损坏险为基础,只有被保险人的房屋、机器设备及其他财产受损后及时得到保险赔偿,才能继续营业,减少利润损失和营业中断期间的费用支出。所以,虽然利润损失保险的保单是单独的,但从实质上看仍是一种附加险,承保的是基础保单责任范围内的财产损毁而导致营业中断或营业额降低,所造成的毛利损失及因恢复正常营业额外支出的损失。利润损失保险的赔偿期,是指保险事故发生后,保险人承担利润损失赔偿责任的那段时间。赔偿期的确定一般以保险财产遭遇可能发生的最大损失后,恢复、重置并使其达到灾前水平需要的时间为依据,视具体情况可长可短。保险金额由三部分组成,即毛利润保额、工人工资保额和审计师费用保额。同时可以约定具体的绝对免赔数额,也可以约定免赔期间。保险人和投保人还可以约定关于扩展保险人责任范围的特约条款。 (温世扬)

lixi

利息(interest) 借款合同中,贷与人(债权人)因贷出货币或货币资本(或货币资金)而从借款人(债务人)处获得的报酬。从债务人的角度来看,利息是借入货币或货币资本(或货币资金)所支付的代价。利息是借贷资本的伴随物,是一种法定孳息。在票据中,存在两种利息:一种是从票据开出日起到票据付款时为止计算出来的利息。有些国家规定,票据记载利息的,视同未记载。有些国家则承认利息的记载与记载的效力。另一种是从票据到期日起至付款日或清偿日为止计算出来的,行使追索权时所要求的利息,这是一种法定利息。 (邹川宁)

lixizhizhai

利息之债(德 Zinsschuld) 原本之债的对称。以给付原本利息为标的的货币之债。利息之债以原本之债的存在为前提,无原本之债即无利息之债。利息为法定孳息的一种,是由原本之债的债务人给付的金钱或其他可代替物。利息是按照一定利率计算的,但其利率不得高于国家规定的最高限额。利息之债可因当事人约定而发生,也可因法律的直接规定而发生。当事人约定利息之债违反国家禁止性规定时,超过限额利率的利息之债部分无效。 (郭明瑞)

liyi changhuan qingqiuquan de chengliyaojian

利益偿还请求权的成立要件(essential of repayment of benefit) 利益偿还请求权关系的成立要件通常有三项:

第一,持票人所享有的票据权利曾经有效存在。由于利益偿还请求权是基于票据权利消灭,为使票据权利人得到救济而赋予票据权利人的一种特别请求权，所以其基础当然是票据权利的有效存在。对于返还义务人或被请求人来说，如果持票人并不是真正的票据权利人，票据义务人无须对其承担票据责任，当然也不负利益返还责任；如果持票人请求履行的票据债务自始就不存在，票据义务人则根本不承担任何票据和票据法上的责任，当然也没有返还利益的责任。

第二，票据权利因超过时效或手续欠缺而消灭。票据权利消灭有两种最常见的情形：超过时效或票据权利行使和保全的手续欠缺。在有关的持票人原来所享有的票据权利因为未在法定期限内行使，或者不于法定期间完成保全手续而使票据权利消灭时，都可以行使利益返还请求权来寻求救济。至于持票人是否对票据权利的消灭存在过失，则不必加以考虑。这里的票据权利消灭必须是任何有关的票据权利都归于消灭，而且是持票人对于所有的票据债务人所可能主张的票据权利都已基于时效超过或手续欠缺而消失。如果持票人还可以对其他有关的票据债务人行使票据权利，则不享有利益返还请求权的救济手段。

第三，返还义务人因票据权利消灭享有利益。所谓享有利益是指出票人或承兑人因出票或承兑而得到利益，包括出票人因基于买卖等原因关系而出票，得到对价或其他利益，承兑人、支票保付人基于委托等原因关系而取得资金。如果出票人因为免除票据上的责任而单方面享有出票所得利益，或者承兑人和支票保付人因为票据权利的消灭而单方面享有因不付款而得的额外利益，这时持票人可向返还义务人要求返还与其未付的票据金额相当的利益，但对于出票人、承兑人包括支票保付人实际上是否受到利益，受到何种利益以及受到多少利益，其举证责任应由利益偿还请求权人承担。 (胡冰子)

liyi changhuan qingqiuquan de dangshiren
利益偿还请求权的当事人(party of repayment of benefit) 利益偿还请求权中的当事人包括权利人和义务人。

利益偿还请求权中的权利人，是票据权利因超过时效或因手续欠缺而消灭的正当持票人。这里所说的正当持票人包括最后的被背书人，因履行追索义务而取得票据的背书人或保证人，因参加付款行为而取得票据的参加付款人，这些持票人应为持有连续背书票据的持票人。如果在背书不连续的情况下，只要能够证明其具有实质票据权利，也为正当持票人。比如基于继承、赠与、公司合并等事实的存在而持有背书不连续的票据，只要能够证明有关事实的存在，就仍然可以作为正当持票人而享有利益偿还请求权。

利益偿还请求权关系中的义务人简称偿还义务人，一般以出票人、承兑人和支票的保付人为限，背书人、保证人等不应成为利益偿还请求权关系中的当事人。因为，出票人在签发有关票据时，一般都得到票据利益，如因为支付货款、交纳税款而签发票据时，承兑人和支票的保付人在承兑或保付时，一般都得到了出票人所提供的票据资金，因此，持票人可向承兑人或支票保付人请求返还其得到的利益。背书人当初取得票据时一般也都付了相应的对价而不是单方面得到票据利益。保证人往往不享有票据权利，不能得到票据利益。背书人和保证人并未单方面取得票据利益，所以不应成为利益偿还请求权中的义务人。 (胡冰子)

liyi changhuan qingqiuquan de xiaoli
利益偿还请求权的效力(effect of repayment of benefit) 利益偿还请求权的行使会发生完全绝对地消灭有关票据关系的效力。持票人在取得相应的偿还利益时，不能再向任何人行使票据权利和票据法上的非票据权利以及除此以外的其他任何权利。与该票据有关的任何票据关系和票据以外的关系都因该利益的偿还而绝对地、彻底地消灭。 (胡冰子)

liyi changhuan qingqiuquan guanxi
利益偿还请求权关系(relation of repayment of benefit) 又称受益偿还请求权关系，是指票据法规定的在持票人因超过票据权利时效或者因手续欠缺而丧失票据权利时，可向出票人或承兑人请求偿还其与未付的票据金额相当的利益的权利的关系。《中华人民共和国票据法》第18条规定："持票人因超过票据权利时效或者因票据记载事项欠缺而丧失票据权利的，仍享有民事权利，可以请求出票人或者承兑人返还其与未支付的票据金额相当的利益。"利益偿还请求权关系的作用在于为了纠正可能由于票据的短期时效和强技术性而发生的不公平，并对因法定原因丧失票据权利的持票人的利益有所补救，就有必要设置特别的救济制度即利益偿还请求权关系，以实现票据当事人利益的均衡。

票据法上的利益偿还请求权关系中的当事人包括权利人和义务人。

利益偿还请求权关系的成立要件通常有三项：(1)持票人所享有的票据权利曾经有效存在；(2)票据权利因超过时效或手续欠缺而消灭；(3)返还义务人因票据权利消灭享有利益。

利益偿还请求权关系的效力有：正当持票人可以向返还义务人要求返回其与未支付的票据金额相当的利益。当持票人行使利益偿还请求权时，出票人或承兑人可以用其对直接持票人行使票据权利的抗辩对持票人。但是出票人或承兑人的抗辩权因票据背书转让被切断时,出票人或承兑人不能对持票人再行使抗辩权。利益偿还请求权的行使会发生完全绝对地消灭有关票据关系的效力。利益偿还义务人在履行了偿还义务以后,可以请求持票人交回有关票据。当持票人丧失票据占有但有充分证据证明自己为正当持票人时,利益偿还义务人在偿还相应利益后也可制成相应的偿还证明,如公证书等。 (胡冰子)

liyi gongsizhai
利益公司债(interest debenture) 又称"利益参加公司债"。债权人除按一定利率取得利息外,还可参加公司利润分配的公司债。利益公司债与收益公司债不同,后者利息的支付以公司利润的发生为条件,即有盈利才有利息,无盈利无利息,性质接近非累积优先股。

我国没有规定此种公司债。在国外,利益公司债也称为"附参与盈余公司债",如韩国 1997 年修订的《证券交易法》第 191 条规定了此种公司债。利益公司债可按章程中的规定发行,也可在章程中规定以股东大会决议发行,如章程中无规定,依董事会决议发行。发行事项包括:(1) 利益公司债的总额。(2) 参与盈余分配的条件及内容。最重要的分派率可与普通股的分派率相同,或以对此加减的方式来确定,也可以与优先股相同的方法确定为优先分派或规定其他多种条件。股份分派的包括与否也是应决定的事项。(3) 赋予股东利益公司债的认购之意以及认购权的标的——利益公司债之额。(4) 向非股东发行利益公司债及对此拟发行的利益公司债之额。发行程序基本与一般公司债相同。向股东发行需经股东分派程序、催告、失权程序,与可转换公司债相同。利益公司债影响股东分派盈余,与股东具有重大利害关系。如同可转换公司债,以股东持有这种公司债的认购权为原则,向第三人发行第三人要认购的公司债之额及参与盈余分配的内容,须在章程中规定或经股东大会的特别会议决定。以侵犯股东盈余的内容不公正地发行,股东可提出留止请求,若第三人以不正当的价格认购应返还给公司。有的国家还规定对发行事项应到登记机关登记。 (施余兵)

liyong cangku
利用仓库(usage warehouse) 非仓库营业人为保管自己物品所经营的仓库。其存在仅以当事人为保管自己的物品为目的,而非以营利为目的,不属于《中华人民共和国合同法》或国外有关仓储合同的法律、法规所提到的仓库。对营业仓库,一般都会有相关的法律、法规对其设施、建筑及其他各项条件作出规定,但对利用仓库,无专门的法律对其予以规定。当事人以利用仓库为他人储存物品的,不构成仓储合同,而只能构成保管合同,应适用保管合同的有关规定。 (李云波)

liandai fuze benpiao
连带负责本票(promissory notes under joint liability) 既连带又单独负责本票的对称。《英国票据法》第 85 条以票据文义、承担责任的方式为标准对两个以上发票人签发的本票所作分类中的一类。连带负责本票在标面上记载"我们承诺"字样,并由两个以上发票人签字。连带负责本票的持票人仅享有一次起诉权,对其中一个发票人起诉未获满意结果后,不得再进行第二次起诉。对发票人而言,在连带负责本票中,其死亡会导致其负担的票据债务消灭,持票人不得向其个人代表索偿。 (王小能)

liandai hetong
连带合同(joint contract) 按份合同的对称。又称连带契约。指合同当事人一方或各方为数人,约定多数人一方不分份额地共同享有债权或负担债务的合同。连带合同是产生连带之债的合同。合同债权人为数人的,发生连带债权;合同债务人为数人的,发生连带债务。 (郭明瑞)

liandai zeren
连带责任(joint duty) 按份责任的对称。两个以上的债务人就共同负担的债务分别负有全部清偿的责任。所谓"连带",指多数债务人之间对债务的清偿有连带关系,债权人得部分地或全部地向债务人要求清偿全部的或部分的债务,任一债务人在共同债务清偿完毕之前,均负有全部清偿责任。因此,连带责任实质是共同债务人相互承担履行债务的担保责任。依照现代各国法律,连带债务人和共同侵权行为人均应承担连带责任。连带责任人在承担责任后,有权向其他责任人追偿。连带责任的各责任人在承担责任上没有先后次序之分。债权人得同时或先后要求连带责任的债务人清偿债务。连带责任是一种加重责任,实质是以全体债务人的总财产保证债权人的利益,具有特别担保作用。因此,除当事人有特别约定或法律有特别规定外,不能让当事人承担连带责任。 (张平华)

liandai zeren baozheng
连带责任保证(joint and several guaranty) 保证方式的一种,一般保证的对称。保证人与主债务人对债务承担连带责任的保证。连带责任保证区别于一般保证的最主要特征是保证人不享有先诉抗辩权,即在连带责任保证情况下,连带保证人与主债务人负连带责任,只要有债务人债务履行期届满不履行债务的事实,保证人的保证责任就发生效力。债权人可以首先要求保证人履行其保证义务,而无论主债务人的不履行是出于主观原因还是客观原因,也不论主债务人的财产是否能够清偿债务。

连带责任保证仍具有保证关系的从属性,连带责任保证仍属保证他人履行债务的债务,以主债务的成立和存续为其存在的必要条件,其标的及范围原则上与主债务相同,随主债务的变更而变更,主债务消灭时连带责任保证债务也随之消灭。当事人在保证合同中约定保证人在债务人不履行义务的情况下承担连带责任的,成立连带责任保证;当事人在保证合同中对保证方式没有约定或者约定不明确的,一般应成立一般保证,但根据我国担保法的规定,按照连带责任保证承担保证责任。有学者认为,我国担保法的这一规定是不合适的。

(奚晓明)

liandai zeren yuanze
连带责任原则(the joint liability rule) 根据传统的民法理论,侵权造成的财产损失是不可分债务,共同侵权责任人对受害人都应负连带责任。但是,当今国际社会在处理船舶碰撞财产损害赔偿案件中已普遍不适用连带责任原则,而是根据《1910年统一船舶碰撞某些法律规定的国际公约》适用过失比例原则。各国海商法的规定大都采用了该公约所确定的原则。但日本和美国的碰撞法中仍规定,互有过失碰撞的各过失方对第三者的财产损失和人身伤亡都负连带责任。据此,发生互有过失的船舶碰撞造成第三者人身伤亡的情况下,无辜的第三方及其家属即可依连带责任原则向任何一艘过失船索赔并获全额赔偿。但在造成第三者财产损失的情况下,无辜的货方是无权向载货船索赔的,而根据连带责任原则,任何遭受财产损失的第三者包括货主均有权向共同侵权的非载货船索赔并获全额赔偿。非载货船可将该赔款加在自己的损失上,再与载货船一起按各自的过失程度比例分担。按照《1910年统一船舶碰撞某些法律规定的国际公约》的规定,连带责任虽不适用于互有过失的碰撞造成第三者财产损失的赔偿,但对第三者的人身伤亡的赔偿则适用。互有过失的船舶,对造成第三者人身伤亡,负连带赔偿责任。一船连带支付的赔偿超过其应负责任比例的,有权向其他过失船追偿。我国海商法对此亦作出了类似的规定。

(张永坚 张宁)

liandai zhaiquan
连带债权(joint creditors; 德 Gesamtforderung;法 solidarita entre creanciers) 连带之债的一种。债权主体为多数,且各个债权人之间有连带关系的债。连带债权的各个债权人都有权要求和接受债务人履行。任一个债权人接受了债务人的全部履行,债即消灭。但在各个债权人之间产生按份债务,未受债务清偿的债权人得就自己应当享有的份额要求接受债务清偿的债权人返还。由于任一债权人接受了债务人清偿后,其他债权人就无权再要求债务人清偿,因此,连带债权对于债权人并非有利。

(郭明瑞)

liandai zhaiwu
连带债务(joint debtors; 德 Gesamtverpfichtung;法 solidarite de la part des debiteurs) 连带之债的一种。债务主体为多数,且各个债务人之间有连带关系的多数人之债。连带债务的各个债务人都负有清偿全部债务的责任,债权人得要求债务人中的一人或几人全部清偿债务。任何一个债务人,只有在全部债务清偿完毕之后,才能免除其清偿责任。连带债务人清偿债务超过其应承担的部分可以向其他债务人追偿。由于连带债务人都负有清偿全部债务的责任,债权人的受偿不会受某债务人清偿能力不足的影响,因此,连带债务有利于债权人的利益保障,实务中较为常见。但同时,连带债务加重债务人的责任,所以除法律有明确规定或者当事人有明确的特别约定外,不得让当事人负连带债务。

(郭明瑞)

liandaizhizhai
连带之债(德 Gesamtschuldverhaltnis;法 obligations solidaires) 多数人之债的一种。债的主体一方为多数,且多数人主体一方的各当事人之间有连带关系的债。包括连带债权和连带债务。参见连带债权条、连带债务条。

(郭明瑞)

lianxu beishu
连续背书(successive endorsement) 转让汇票的背书人和受让汇票的被背书人在汇票上的签章和记载依次前后衔接的背书。背书的连续和有效,应符合以下要求:(1)各背书都是形式上有效的背书。即只要求形式上合法有效而不问实质如何。(2)连续的背书应为同一性质的背书。但背书中有设质背书或委任背书,不影响背书的连续。(3)各次背书必须前后依次衔接,即前一背书的被背书人必须是后一背书的背书人。需要指出的是,前一背书的被背书人与后一背书的背书人的同一性,并不要求其字面完全相同,只要从观念上或交易习惯上能认定二者具有同一性即可。在空白背书,由于被背书人未被记载,故而承认空白背书的立法大多都规定,将空白背书后的背书中的背书人视为空白背书的被背书人,以保证汇票的流通。汇票的每一次背书都必须是有效背书,否则将因其无效而影响背书的连续。汇票为流通证券,为实现其流通目的,票据法规定,依连续背书取得汇票的持票人,自然取得汇票权利。当然,无论是依连续背书取得汇票的持票人,还是依连续背书行使汇票权利的持票人,以及向持有连续背书汇票的持票人付款的付款人,都必须具备主观上的善意,否则不能实现法律上规定的效果。上述各汇票关系人是否具备主观上的善意,由对方当事人负举证责任。

(王小能 胡冰子)

lianxu lüxing de hetong
连续履行的合同(continuous performative contract) 当事人约定在一定期限内分数次履行给付的合同。如约定承租人按月支付租金的房屋租赁合同、按季度或月度借贷及结清货款的商品代销合同以及定期支付劳动报酬和提供劳务的雇佣合同等。连续履行的合同是一个合同而非数个合同。因此,若一期履行迟延、履行不能或不完全履行,即可构成对全部合同的违反,相对人可依此提出抗辩并要求解除合同。另外,以连续的不作为为标的的合同也可构成连续履行的合同。

(万 霞)

lianhe caichanzhi
联合财产制(union of property) 夫妻双方的财产在各自保留个人所有权的前提下,合并由夫统一占有、使用和管理,妻所有的财产于婚姻终止时由妻或其继承人收回的婚姻财产制度。在这种制度下,夫虽不拥有对妻财产的所有权,却享有所有权的全部权能,其代价是夫应负担婚姻生活的全部费用。联合财产制起源于中世纪的日耳曼法,被早期资本主义社会的若干国家继承和发展。如1900年的《德国民法典》规定:妻的财产因结婚而归丈夫管理和用益;妻未得夫的同意以单独行为处分携入财产者无效。第二次世界大战后,大多数原采用此制度的国家纷纷改用男女较为平等的夫妻财产制度。

(蒋 月)

lianhe gongsi
联合公司(affiliated company) 按照生产联合化的原则建立起来的,若干具有密切联系而又相互区别的生产过程或生产部门结合在一起的企业。它是独立的法人单位,实行自负盈亏,自主经营。具体形式主要有:(1)科研生产结合型。使科学技术研究机构与生产企业"联姻",科技开发与产品制造一条龙。(2)生产过程联合型。是对同一原料进行相继加工的生产,如钢铁联合公司包括采矿、选矿、炼铁、炼钢、轧钢等生产。(3)资源利用综合型。是以综合利用原料为基础的生产,如石油化工联合公司,经过对原料的加工,生产出内燃机燃料、润滑油、合成橡胶、塑料、化纤等产品。

联合公司的特点是:(1)所联合的各个企业在生产技术上是密切联系的,成比例地构成统一的生产整体。(2)各个企业受同一管理机构的领导。(3)联合起来的企业在技术、工艺方面是统一的,且处于同一地点,其水、电、气统一供应,能连续生产。(4)联合公司有统一的辅助生产和服务性生产,为各个组成部分服务,反映了劳动社会化和生产集中的过程。联合公司具有综合利用人力、财力、物力,节约流动资金,平衡生产能力,使用最新技术和提高规模经济效益等优点。

(王亦平)

lianheguo guoji huipiao he guoji benpiao gongyue cao'an
《联合国国际汇票和国际本票公约草案》(《Draft Uniform Law on International Bills of Exchange and International Promissory Notes》) 《日内瓦统一汇票本票法》与《日内瓦统一支票法》并未实现票据的统一规范,突出表现是日内瓦法系与英美法系的冲突仍然存在。而第二次世界大战后,国际贸易又进一步发展,票据的运用与流通也随之频繁,解决国际票据的法律冲突、实现国际票据立法的统一问题已迫在眉睫。在此背景下,联合国国际贸易法委员会于1972年第四次大会上,决定进行统一票据法立法工作。并于1973年第五次大会上设立了国际流通证券工作小组,推选摩生·加弗克为主席,罗伯特·路易为执行秘书,以埃及、法国、印度、前苏联等国的代表为委员,在日内瓦草拟国际票据法统一草案。该小组在同年年底草拟出了以调和日内瓦法系与英美法系的冲突为原则的《国际汇票和国际本票公约草案》。《草案》经过长时间的讨论、修改,于1982年由联合国国际贸易法委员会第十五次大会初步通过,并由联合国秘书长分送各国政府征求意见。1984年6月25日至7月10日联合国贸易法委员会在纽约召开第十七次大会,决定委托国际流通证券工作小组修订《国际汇票和国际本票公约草案》。工作小组分别于1985年1月7日至18日在联合国总部、1985年12月9日至20日在维也纳举行第十三次和第十四次会议专门审查《国际汇票和国际本票公约草案》。工作小组由委员会的14个成员国的代表组成,中国和其他23个国家及6个国际组织派观察员出席了会议。几经修订,于1986年向同年6月16日至7月11日在纽约召开的联合国国际贸易法委员会第十九次大会提交草案稿,并获通过。

《草案》分8章,共80条。其本身是日内瓦票据法体系与英美票据法体系相调和的产物,但其内容并不在于消除两者之间的制度上的差异,而仅力图创造票据在国际贸易中使用与流通的方便。因而,其适用范围狭窄,并不触及一国国内法,而仅适用于"国际票据"。在其具体制度的构成中,既采用英美法上的概念与规定,同时又考虑日内瓦法系中存在的相异点。票据形式的要求倾向于日内瓦法系的严格性,但在受保护的持票人制度中采用了英美法系的"正当持票人"的解释,只是不以日内瓦法系中不存在的"对价"为条件。《草案》是国际票据法统一化演进中的一个重要里程碑。

(王小能)

lianheguo guoji huowu duoshi lianyun gongyue
《联合国国际货物多式联运公约》(United Nations Convention on Multimodal Transport of Goods, 1980) 国际海事委员会于1967年草拟了国际联运公约草案,并于1969年东京会议上通过了《东京规则》。之后经过欧洲经济委员会和政府间国际海事协商组织的努力,于1971年11月在伦敦制订了《国际货物联运公约草案》(TCM),原拟提交海协召开的集装箱运输会议审议,但是由于遭到广大发展中国家的反对,未能列入议事日程。联合国贸发会议于1973年起召开国际货物多式联运公约的政府间筹备组会议,首先排除了以TCM作为起草公约的基础。经过六届筹备组会议,完成了公约的起草工作,又经过1979与1980年的两次全权代表会议,终于于1980年5月24日在日内瓦制订了《联合国国际货物多式联运公约》。

公约由序言、8个部分共40条和一个关于海关事项的附则组成,其中多式联运经营人的赔偿责任是核心部分。公约规定:多式联运经营人的责任期间从多式联运经营人接管货物之时起到交付货物时止;实行多式联运经营人的推定过失责任制,不论在哪个运输区段发生货损,除责任限额就高不就低外均按照统一的运输责任制度处理,对承运人的责任采取了"单一责任制"的原则;赔偿责任限制,每件920特别提款权(SDR)或按货物毛重每公斤2.75SDR,以其高者为准,如果多式联运不包括水运的,则其赔偿限额为毛重每公斤8.33SDR;关于延迟交付造成损失的赔偿限额为延迟交付货物的运费的两倍半,但是最多不得超过多式联运合同规定的应付运费的总额。根据公约,有关多式联运的诉讼时效为两年,但是如果在货物交付之日或应当交付之日起6个月内没有提出书面索赔通知的,则在此期限届满后即失去诉讼时效。另外,公约还对公约适用范围、管辖权和仲裁条款等作了规定。

(张 琳)

lianheguo guoji huowu xiaoshou hetong gongyue
《联合国国际货物销售合同公约》(United Nations Convention on Contracts for the Sale of Goods International) 又称《联合国国际货物买卖合同公约》、《国际货物买卖合同公约》。联合国国际贸易法委员会在1964年《国际货物买卖统一法公约》和《国际货物买卖合同成立统一法公约》的基础上进行修改、补充,将其合并成一个公约,定名为《国际货物买卖合同公约》。公约共101条,主要内容包括适用范围和总则、合同的订立、货物销售、最后条款。1980年3月有62个国际代表参加的维也纳外交会议通过了该公约。我国政府代表参加了会议,并提出了补充和修改意见。公约既是发展中国家和发达国家利益折衷的产物,又是大陆法系和英美法系具体制度糅合的结果,具有广泛的国际性。我国于1986年12月11日加入《联合国国际货物销售合同公约》,成为其中的一个成员国。1988年1月,公约对我国正式生效。

《联合国国际货物销售合同公约》不是一部完善的合同法典,因为该法典仅就相当于买卖合同的货物销售合同作出了规制,而且也仅限于合同的成立及当事人的权利义务方面,至于合同的效力、合同对所售货物所有权可能产生的影响以及卖方对于货物对任何人所造成的死亡或伤害的责任,公约都没有规定。此外,《联合国国际货物销售合同公约》的效力仅及于营业地在不同缔约国的当事人之间所订立的国际货物买卖合同,公约对于非缔约国是无效的。公约还允许缔约国双方当事人约定不适用公约。《中华人民共和国合同法》吸收了《联合国国际货物销售合同公约》的先进成分。《中华人民共和国合同法》在合同形式、合同成立、合同履行、买卖双方义务、风险转移、归责原则及违约救济等方面均采取了与公约相类似的规则。我国《合同法》与合同成立有关的要约与承诺的规则与公约原则上是一致的;与公约均以交付作为风险转移的标准,与所有权转移制度区别开来;坚持严格责任原则也是受该公约影响的结果。

(张平华)

lianhe jumai huo jingxiao
联合拒买或经销(boycott) 英美法中的概念。为表示对某人或某商店的不满而联合拒绝购买或经销某人的货物,不与某人发生商业往来的行为。Boycott 原为一英国人名,此人因拒绝接受佃户们提出的确定租金的数额而受到佃户们的联合抵制,并与之断绝往来。后被引申为"联合抵制"、"联合断绝往来"的意思。联合拒买或经销行为可以是合法的,但也可以成为一种旨在损害他人的商业活动的非法行为。

(张平华)

lianhe laodong zuzhi
联合劳动组织(joint labour organization) 前南斯拉夫社会主义自治在经济部门的一种组织形式。从20世纪70年代开始,前南斯拉夫在工人自治基础上,对各经济部门按联合劳动原则进行改组。联合劳动指生产某种产品的单位(企业或车间)为了共同的利益和更有效地进行生产,按生产工艺的不同,通过签订协议的形式,把资金和劳动联合起来。联合劳动组织具有法人资格,享有宪法、法律以及关于联合的自治协议所赋予的权利,并承担相应的义务。联合劳动组织有三种形式:(1) 联合劳动基层组织;(2) 联合劳动组织;(3) 联合劳动复合组织。联合劳动基层组织是联合劳动的基本形式,有自己的工人委员会和管理委员会,设经理、副经理。经理通过招聘,并经工人大会投票选举产生。自治利益共同体可以自己决定产、供、销。前南斯拉夫宪法规定自治利益共同体必须是联合劳动组织的组成部分。联合劳动组织由两个或更多的基层组织联合而成,是基层组织联合的主要形式,有自己的工人委员会,协调联合在其中的各个基层组织之间的利益,但无权直接干预各基层组织的产、供、销。联合劳动复合组织是联合劳动组织中最高一级的组织形式,由两个或更多的联合劳动组织联合而成。有按生产性质相同垂直组成的,也有跨行业形成的。联合劳动复合组织有自己的工人委员会,协调本组织范围内各劳动组织和基层组织的生产、销售、投资、科研等活动。其所属的劳动组织及基层组织往往遍于全国,并在国外派有常驻代表。　　　　　　　　　　(李仁玉　卢志强)

lianshe

联社(joint co-operative)　由下级合作社向上一级合作社入股组成的经济联合体,是合作社联合社的简称。其形式主要有供销合作社联合社、信用合作社联合社等。我国在 1983 年进行供销合作社体制改革时开始建立联社。县合作社联合社是在一个县的范围内,由若干基层合作社作为社员社,联合组织起来的。省(自治区、直辖市)合作社联合社由下一级各合作社组成。各级联社都实行独立核算、自负盈亏、向国家缴纳所得税的制度,经向政府工商行政管理部门登记取得法人资格。联社的组织办法与基层合作社大体相同。权力机关是社员代表大会,社员代表大会闭会期间,执行机关是理事会,监察机关是监事会。　(李仁玉　卢志强)

lianying

联营(affiliation)　企业和企业之间或企业、事业单位之间的共同经营形式。联营的组织形式可以是法人,也可以不是法人,但参加联营的各方必须是法人。法人与法人之间的共同经营就是联营。联营一词作为法律术语,首先出现在 1950 年我国政务院第五十六次会议通过的《私营企业暂行条例》。该条例第 5 条第 1 款规定,同一行业或非同一行业而在生产上或业务上有联系者,得以自主自愿的原则,在保持原有组织的基础上,联合其经营业务的一部分或数部分,订立联营章程,报经当地主管机关核准。公营企业或公私合营企业亦得参加联营组织。联营组织经核准后应受法律保护。国营经济组织得对联营组织给予协助。1950 年确立的联营制度具有以下特点:(1) 联营关系以成员企业保持独立的法律人格为前提。联营不同于法人合并。(2) 联营当事人之间是一种平行的合同关系。当事人并无相互给付的义务。发起联营的行为是当事人的共同行为。联营在与第三人形成法律关系时是独立的民事主体。(3) 公营企业、公私合营企业可以与私营企业结成联营。(4) 联营的组织形式可以是合伙,也可以是公司,但是,公司企业不得投资他企业为无限责任股东。公司企业与公司企业之间的联营只能选择有限公司和股份有限公司的形式。

　　1986 年的《中华人民共和国民法通则》规定的联营制度,在外延上有了明显的扩大。联营既可以是由平行合同关系延伸而来的经济组织,也可以是当事人权利义务互为对等的交叉合同关系,而不形成任何经济实体。依照《民法通则》的规定,根据联营成员之间的关系和联营组织结构紧密程度,联营可分为紧密型联营、半紧密型联营和松散式联营,又称法人型联营、合伙型联营和合同型联营。所谓法人型联营是指联营各方组成新的具有法人资格的经济组织的联营。参加联营的企业法人、事业法人在保留各自法人资格的前提下,另行组成一个新的企业法人。又称紧密型联营。该新的联营企业法人享有独立财产,自主经营、独立核算、自负盈亏、独立承担民事责任。这种联营组织是新的独立法人,联营各方投入的资金均归新的组织所有,收益按投资比例或各方约定分配。所谓合伙型联营是指联营各方组成的具有合伙性质的联营。参与联营的企业法人、事业单位法人订立合伙协议,联营各方按照出资比例或者协议的约定,共同经营,并以各自所有或者经营管理的财产承担民事责任。依照法律的规定或者协议的约定,负连带责任的,承担连带责任。又称半紧密型联营。这种联营体的特征是:(1) 联营各方共同出资,共同经营。(2) 联营各方投入的财产,仍由各方所有,但由联营体共同使用。(3) 联营体可以起字号,有名称,但不是独立的法人。(4) 联营体不独立承担民事责任,但可先以联营体的财产清偿联营债务,不足以清偿联营债务的,由联营各方按约定比例承担民事责任或依照法律规定或合同约定负连带责任。所谓合同型联营是指不组成任何新的经济实体的联营。联营体之间只是一种合同关系,各联营体独立经营,对外各自保持独立和完整的财产地位,并独立承担民事责任。又称松散型联营。　　　　　　(李仁玉　陈　敦)

lianying qiye faren

联营企业法人(joint venture enterprise)　我国民法

上的概念。参与联营的企业或事业单位，在保留各自法人资格的前提下，共同出资，组成的一个新的具备法人资格的经济实体。联营企业法人属于企业法人的一种，因此，具备企业法人的一般特征。联营企业以自己的全部财产承担民事责任，而联营各方则以各自认缴的出资额为限承担责任。 （李仁玉 陈 敦）

lianyun danzheng tongyi guize
《联运单证统一规则》(Uniform Rules for a Combined Transport Document 1973) 由国际商会在1973年制定并于1975年修订的，旨在建立多式联运经营人的责任制度的规则。参加国际货物多式联运的各种运输方式都有自己不同的运输责任制度，特别是国际海上货物运输当前实行航行过失免责的不完全过失责任制，多式联运经营人以一个合同（一张单据）、一次托运、一次收费全程负责组织多式联运，究竟以何种运输责任制度为准处理货物的灭失和损坏，确是一个难题。目前，网状责任制是普遍推行的责任制度。《联运单证统一规则》虽然不是强制性的法规，但是已经成为国际多式联运提单通常采用的联运经营人责任制度，起到了现阶段约定的国际统一作用。

《联运单证统一规则》的责任制度主要由以下各项内容组成：(1) 在确知货物的灭失和损坏所发生的运输区段时，联运经营人的责任应按该运输区段适用的国际公约和国内法的规定办理，称为网状责任制。(2) 在未能确定货物的灭失或损坏所由发生的运输区段时，即货损属于隐蔽损失时，则联运经营人应按《统一规则》所规定的责任制度及责任限额处理。该规则规定了类似国际公路运输或者《汉堡规则》的承运人推定过失责任制，并规定最高赔偿责任限额为每公斤30金法郎。(3) 只有当知道迟延所发生的运输区段，并在国际公约或者国内法规定的赔偿责任范围内，多式联运经营人才有责任支付迟延赔偿。这种赔偿金额不得超过该运输区段的运输金额。(4) 如果未能在联运单证上载明的期限届满后90天内交付货物，或者如单证上未载明此种期限，而未能在努力完成联运工作所允许的合理时间后90天内交付货物，收货人有权认为货物已经灭失。(5) 除非诉讼是在货物交付之日或者货物应当交付之日后9个月内提起，联运经营人应被解除其在《统一规则》中规定的一切责任。

目前，中国国际多式联运经营人的联运提单，基本上也规定了网状责任制度。当不能确定货损发生区段时，提单规定按照国际海上运输责任制度处理。
（张 琳）

lianyun hetong
联运合同(combined transportation contract) 运输合同的一种，又称为联合运送合同、混合运送合同。承运人以两种以上的运输方式，将旅客或货物运送到指定的地点，并收取运费的协议。包括旅客联运合同和货物联运合同两种。《中华人民共和国合同法》中所提到的"联运"包括两种情况：一是两个以上的承运人以同一运输方式的联运，二是承运人以两种以上不同的运输方式联运。前一种联运属于"连续运输"或"相继运输"，有的称为单式联运，其特点为：承运人为二人以上；以同一运输方式运输；托运人或旅客仅与第一承运人订立合同但实行"一票到底制"。后一种联运为多式联运，是由联运经营人以不同的运输方式进行的联运。由于以同一种运输方式进行的联运各区段的责任性质是相同的，联运合同一般是指合同法中特别规定的多式联运合同。

多式联运合同除具有运输合同的一般特征外，还有以下特征：(1) 合同的主体为联运经营人与托运人或旅客。联运合同的实际承运人一般为二人以上，但与托运人或旅客订立合同的仅仅是联运经营人。多式联运的经营人可以是实际承运人，也可以并非实际承运人，但联运的合同订立人即联运经营人对全程的运输享有权利并承担义务。缔约承运人与实际承运人之间是承揽运输的关系。(2) 承运人以相互衔接的不同运输方式进行运输。(3) 联运合同采用统一的单据或运送凭证，托运人或旅客只交一次费用。联运合同是由联运经营人与托运人或旅客订立的运输合同。联运经营人负责履行合同和组织履行合同。联运经营人与托运人或旅客订立的多式联运合同实际性质为承揽运输，联运经营人与各实际承运人之间因组织联运而发生的关系为运输关系。联运的经营人应当依托运人的要求签发联运单据，作为收货人收取货物的凭证。联运单据种类可以由托运人选择，包括可转让单据和不可转让单据。联运单据可以证明联运经营人已经接管货物，也可以作为收货人提取货物的凭证。

多式联运合同与单式的运输合同相较而言，承运人、托运人和收货人或旅客的权利义务并无太大的差异。其特殊性主要体现在联运经营人和托运人的责任上：(1) 联运经营人享有联运合同的全部权利和义务，对整个运输过程负有履行或是组织履行的责任。不论联运经营人是否实际承担运输，在联运合同的全程履行中都为承担合同义务和享有权利的承运人。当然联运经营人一般要通过与各区段的实际承运人之间的合同约定各实际承运人的权利义务和责任。但联运经营人与各实际承运人之间的约定不能对抗托运人或旅客，在某一区段发生损失时，不论联运经营人和该段的实际承运人之间是如何约定责任的，联运经营人都应向托运人或旅客承担损害赔偿责任。联运经营人在赔偿后，可以向真正的责任人按照其相互间的约定追偿其损失,但不得以其对抗受损失的托运人或是旅客。多式联运涉及不同的运输方式,如铁路、公路、航空、海上运输等;在国际多式联运情况下,运输过程可能要通过不同的国家。依我国《合同法》的规定,在某一区段发生损害的,联运经营人的赔偿责任和责任限额,适用调整该区段运输方式的有关法律规定。发生损害的区段不能确定的,依法律关于运输合同的承运人赔偿责任的一般规定处理。(2) 托运人对因其过错造成的联运经营人的损失负赔偿责任,该责任不因托运人是否转让多式联运单据而受影响。 （姜 林 郭明瑞）

lianghao chuanyi

良好船艺(good seamanship) 船员通常做法可能要求的或当时特殊情况可能要求的任何戒备,是船员不能由于疏忽而免责的事项之一。良好船艺的其他表达方式主要有:"海员通常做法或当时特殊情况可能要求的戒备","海员式的做法"。良好船艺对海员的要求是通常的技艺和通常的知识,而不指望他们去预见并防止每一种后果,是在考虑所有相关情况基础上要确定的事实问题。《1972年避碰规则》就是良好船艺的归纳、总结和法律条文化。除了避碰规则的规定外,良好船艺还包括,但不限于下列内容:(1) 在航船舶应让清锚泊船;(2) 锚泊船应适当锚泊,并尽可能采取避碰措施;(3) 逆水船让顺水船;(4) 避免在不恰当之处追越他船;(5) 恰当确定起航时间,以避免与泊位附近行驶的船舶发生碰撞等。 （张永坚 张 宁）

lianghao tianqi gongzuori

良好天气工作日(weather working days) 参见装卸时间条。

liangjianbuhun

良贱不婚(prohibition of marriage between upper and lower classes) 良民与贱民禁止通婚。中国古代嫁娶禁例之一。良贱为婚虽然会遭到礼制的限制和世人的鄙视,但其在秦汉时代多有发生,且"后妃之出于卑贱者多矣"。北魏高宗为禁止良贱通婚,特发布诏书曰:"今制:皇族师傅王公侯伯及士民之家不得与百工技巧卑姓为婚,犯者加罪。"(《魏书·高宗文成帝纪》)《唐律·户婚》规定:"诸杂户不得与良人为婚,违者杖一百,官户娶良人女者亦如之,良人娶官户女者加二等。诸与奴娶良人为妻者徒一年半,女家减一等,离之。其奴自娶者亦如之。"唐以后诸朝,均沿袭良贱不婚之制,并对其有所损益。《宋刑统》规定:"奴诈称良,娶良家女为婚者,所生子女从良,女方知男方为奴者,从奴。"清朝雍正、乾隆年间,解放"贱民"的诏令逐渐增多,良贱通婚的事例也多有发生。良贱不婚禁例的施行,不仅维护了良贱身份的世袭性,也使良贱通婚更为艰难。
 （王歌雅）

lianghe gongsi

两合公司(limited partnership;德 Kommanditgesellschaft) 由无限责任股东与有限责任股东组成的公司。无限责任股东对公司债务负连带无限责任,有限责任股东对公司债务以其出资额为限承担有限责任。两合公司是大陆法系国家的通常称谓。在日本,两合公司被称为合资公司。在英美法系国家,与此类似的企业组织被称为有限合伙。两合公司中无限责任股东的法律地位与无限公司中股东的法律地位相同,如法律对此没有特别规定时,两合公司可引用无限公司的规定。有限责任股东除与无限责任股东所负责任不同外,还不得以信用与劳务出资,转让股份时,也不要求全部股东的同意。大陆法系国家还规定有限责任股东不得执行公司业务和对外代表公司,有限责任股东也不因死亡和丧失行为能力而退股。有限责任股东死亡时,其股份归其继承人所有。

两合公司本身的法律地位与无限公司基本相同。承认无限公司为法人的国家,同样也承认两合公司是法人;而不承认无限公司是法人的国家,也不承认两合公司为法人。两合公司是继无限公司之后出现的一种公司形式。通常为亲友之间成立的小型企业所选择的公司形式。在两合公司中,一般由无限责任股东负责公司的经营管理,有限责任股东只提供资本,分享利润,而无权参与管理。因而,它能够适应不同人的客观条件和需要,使有良好信用和经营能力但却没有资本的人与拥有资本但却无力、不便或不愿直接从事经营活动的人能够互相结合,达到共同营利的目的。两合公司的部分股东承担有限责任,因而较之无限公司更易于广泛吸收资本。由于公司本身的经营活动是由无限责任股东负责的,因而仍保持了无限公司经营效果较好的优点。两合公司要求无限责任股东和有限责任股东至少须各有一人,这是两合公司成立的要件,也是其存续的要件。如只剩下一种股东,两合公司即告解散或变更成另一种公司。虽然许多国家公司法规定两合公司为社团法人,但其以股东个人的信用关系为基础,因而偏向于人合公司,除其有限责任股东具有有限公司股东的特点外,其他情形与无限公司相同。所以,这些国家的公司法都规定,法律对两合公司没有作出规定的,准用无限公司的规定。 （王亦平）

lianghe gongsi chuzi

两合公司出资(investment to joint contribution to capital of limited partnership) 两合公司股东缴纳所

认可资本的行为。无论有限责任股东和无限责任股东都必须出资,但法律对出资形式有不同要求。有限责任股东出资形式各国均有限制。如《日本商法典》第150条规定:"有限责任股东仅得以金钱和其他财产出资。"其他财产包括动产、不动产、物权、债权和无体财产权。有价证券、商标权、特许使用权、专利权、著作权均可以作为出资。以现金或动产出资的应履行交付行为,以不动产所有权出资应做权利转移登记。以无体财产权或权利出资的应交付相应的证券或权利证书。以债权出资时,应通知债务人,当债权到期不能清偿时,由股东补缴出资,如公司因此受损,该股东应给予赔偿。

无限责任股东可以金钱和其他财产出资,还可以劳务和信用出资。劳务出资指股东以精神上和身体上的劳务提供于公司。这种劳务既可以是普通劳动力,又可以是特殊经验或特殊技能,如烹饪技术、裁缝技术、医疗技术、驾驶技术等。劳务出资须由章程订立,且必须明确作价金额或作价方法,出资人以金额或约定的比例分享利润。信用出资指股东将个人信用由公司使用,使公司形成有形利益,主要表现为股东把自己的姓名交给公司使用,利用自己的姓名为公司担保,融通资金。信用出资与劳务出资必须由章程明确规定,明确作价金额或作价方法,而且经全体股东同意。

公司在设立时,无限责任股东和有限责任股东应明确出资形式、数额及已履行的部分,并记载于公司章程。
(宋士心)

lianghe gongsi chuzi zhuanrang
两合公司出资转让(transfer of capital contribution in limited partnership) 股东将自己在两合公司中的份额有偿或无偿让与他人的行为。股东的份额作为股权是一种权利,权利人有权转让。有限责任股东和无限责任股东责任形式不同,各国公司法对两合公司两种股东的出资转让分别作了规定。对无限责任股东规定适用无限责任公司相应的股东出资转让规定。我国台湾地区《公司法》第115条准用第55条规定:"股东出资之转让应得其他全体股东之同意。"即其他全体无限责任股东和全体有限责任股东同意。对有限责任股东出资转让,各国限制程度不一。如《日本商法典》第154条规定:"有限责任股东经全体无限责任股东承诺,可以将股份的全部或一部转让他人,因股份转让而修改章程时亦同。"我国台湾地区《公司法》第119条规定:"有限责任股东非得无限责任股东过半数之同意,不得以出资全部或一部转让他人。"法国《商事公司法》第30条规定:"公司股份只有经全体股东一致同意始得转让。但是章程可规定:(1)有限责任股东的股份在股东之间自由转让;(2)有限责任股东的股份经全体无限责任股东和占人数与资本多数的有限责任股东同意,可转让给与公司无关的第三人;(3)无限责任股东可在上述第(2)项规定的条件下,将其一部分转让给有限责任股东或与公司无关的第三人。"

两合公司出资转让,其他股东有同等条件下的优先购买权。出资转让通过签订转让协议、变更章程、变更公司登记的程序进行。两合公司出资转让的后果,各国规定相似。有限责任股东出资转让应符合两合公司股东法定退股的情形,退股之后有限责任股东对公司不再承担股东责任,新加入的有限责任股东要在其受让的份额内对公司承担有限责任。无限责任股东出资转让后,丧失股东资格,但在转让登记后一段时间(日本商法典规定为4年)内,仍要对转让前的债务承担无限连带责任。新加入的股东自转让登记之日起对公司承担无限责任。
(宋士心)

lianghe gongsi daibiao
两合公司代表(representative of limited partner-ship) 代表两合公司以两合公司的名义与第三人发生业务联系的人员。代表权专属无限责任股东,有限责任股东不得代表公司,即使有限责任股东在章程中被确定为公司的代表,该项章程内容也没有法律效力。代表公司的无限责任股东有权代表公司对外办理公司的一切业务事项,公司对代表公司股东的任何内部限制,不得对抗第三人。代表公司的股东不能代表公司与自己或与自己相关的人交易,但股东向本公司清偿债务的除外。
(宋士心)

lianghe gongsi de dengji
两合公司的登记(registration of limited partnership) 依照法定程序,由两合公司将其设立、变更、解散的事项记载于主管机关的登记簿并公示的行为。两合公司登记分类:(1)设立登记。设立登记由公司代表人申请,并应附具章程及证明有限责任股东业已履行部分的出资。设立分公司时应向本公司所在地提交申请书和附具证明,同时向分公司所在地进行登记。(2)变更登记。住所变更登记,将本公司迁到其他登记所管辖区域时,于新所在地申请登记;入股退股登记,应提交股东入股、退股进行变更登记的申请书,并附具证明其事实的书面资料;组织变更登记,在两合公司作为无限公司继续经营或者变更组织为无限公司,对无限公司进行登记时,登记申请书上应附具章程。(3)合并登记。因合并进行变更或设立登记时,应登记因合并而消灭的公司的商号、本公司以及合并的意旨。因合并进行变更登记的申请书应附具的文件包括:证明已有消灭公司全体股东同意的书面材料;证明已就合并进行了公告及催告;有异议债权人已对其清偿、提供担保或实行信托的书面材料;消灭公司的登记簿誊本,但登记所管辖区域内有消灭公司的本公司或分公司时除外。因合并进行设立登记的申请书除应附具上述文件外,还包括公司章程、证明设立委员资格的书面材料。(4)解散登记。在解散登记中,应登记的事项为解散事宜、事由及年月日。因章程所定事由发生进行解散登记时,登记申请书应附具证明事由发生的书面材料。(5)存续登记。公司设立无效或撤销的判决确定时,如继续经营公司,应于继续经营公司的登记申请书附具判决的誊本。(6)清算登记。《日本商业登记法》第62条规定,执行业务的股东为清算人时,于清算人的登记申请书上应附具章程;股东选任清算人的选任登记申请书,应附具证明已承诺就职的书面材料;因清算退职进行的变更登记申请书,应附具证明其退职的书面材料。(7)履行出资登记。有限责任股东因履行出资提出变更登记时,申请书应附具证明已履行的书面材料。

(刘弓强　蔡云红)

lianghe gongsi gudong zeren
两合公司股东责任(liability of shareholders of limited partnership)　两合公司股东分有限责任股东与无限责任股东。(1)无限责任股东直接对债权人负连带责任,但无限责任股东的此项责任以两合公司资产不足清偿到期债务为前提。如两合公司资产足以清偿两合公司债务则首先以公司的资产清偿。(2)有限责任股东以出资额为限对公司债务承担责任,但有限责任股东使善意第三人相信为无限责任股东时承担无限责任,即对善意第三人负无限责任股东的责任。如《日本商法典》第159条规定:第一,有限责任股东因其行为使人误认其为无限责任股东时,对由于误认而与公司进行交易的人,负无限责任股东同一责任。第二,有限责任股东有使人误认其责任限度的行为时,准用前款的规定。

(宋士心)

lianghe gongsi hebing
两合公司合并(consolidation of limited partnership)　两合公司与一个或多个其他公司通过订立合并协议,按照法律规定程序,不经过清算程序合为一个公司的行为。其他公司可以是两合公司,也可以是其他类型的公司,参与合并的公司中必须至少有一个是两合公司。两合公司合并必须经公司全体股东同意,包括全体无限责任股东和全体有限责任股东。合并后产生的公司对因参与合并而消灭公司的权利义务关系(包括但不限于债权债务关系)概括继受。

(李四海)

lianghe gongsi jiesan
两合公司解散(dissolution of limited partnership)　已经成立的两合公司发生法律规定或章程规定的事由使两合公司趋于消灭的法律行为。两合公司解散使公司丧失营业能力,停止积极的业务活动,开始处理未了结业务。除合并和分立外,都会引起两合公司的清算。除与无限责任公司解散相同的原因外,引起两合公司解散的还有以下特殊的事由:(1)无限责任股东全部退股,又未能吸收新的无限责任股东加入时,由于不符合两合公司构成要件,又不能通过两合公司组织变更变成为有限公司,公司应解散。(2)有限责任股东全部退股,又未能吸收新的有限责任股东加入,且无限责任股东又不能一致同意变更为无限责任公司或者无限责任股东仅为一人时,公司解散。《日本商法典》第162条规定:"两合公司因无限责任股东或有限责任股东全体退股而解散。但是经留存的股东一致同意,可以重新吸收无限责任股东或有限责任股东,而使公司继续经营存在。"两合公司解散要办理解散登记,无限责任股东在登记后的法定年度内仍应对公司的债务负无限连带责任。除合并或分立解散外,要进入清算程序。解散并不使公司的主体资格消灭,只是其营业能力受到了限制。在清算完结并办理注销登记后,公司的主体资格消灭。

(李四海)

lianghe gongsi qingsuan
两合公司清算(liquidation of limited partnership)　两合公司解散后为了终结公司现存的法律关系,了结公司债权债务,而清理、处分公司资产,使公司归于消灭的法律行为。两合公司偏于人和性,可进行任意清算,即按照公司章程或无限责任股东协商进行清算。如果无限责任股东不能协商一致,则必须进行法定清算,即按照法律的规定进行清算。我国台湾地区《公司法》第127条规定两合公司清算人由全体无限责任股东任之,或者经全体无限责任股东过半数同意另行选任清算人,其解任亦同。因此无限责任股东为当然清算人,有限责任股东无清算权,无权过问清算人之选任和解任。有限责任股东和第三人可以被过半数的无限责任股东同意选为清算人。清算中的公司称为清算公司,其公司资格依然存在,股东的出资义务和责任不变,营业能力受到限制,只能从事与清算有关的活动。两合公司的清算可以适用无限责任公司的相关规定。

(李四海)

lianghe gongsi rugu
两合公司入股(admission of limited partnership)　两合公司成立后,加入公司成为股东的行为。广义的入股分两种:一是公司成立后,由股东让与出资的全部或一部给受让人,受让人取得公司股东资格,即出资转让取得股东资格。二是公司成立后,新加入资本取得原始股东资格。狭义的入股仅指公司成立后新加入资本取得股东的资格。入股有三个步骤:(1)订立入股契约。即入股人与两合公司订立入股契约,契约应当表明入股人为有限责任股东还是无限责任股东,应得到全体股东包括全体无限责任股东和全体有限责任股东的同意。(2)变更章程。因股东姓名、出资额为两合公司章程必要记载事项,入股必须变更公司章程。(3)申请变更登记。已登记事项变更应进行变更登记,否则不能以此事项对抗第三人。入股后入股人即取得两合公司股东资格,入股人如为无限责任股东,则对两合公司债务承担无限责任;如为有限责任股东则以出资为限对公司承担责任。

(宋士心)

lianghe gongsi sheli
两合公司设立(creation of limited partnership) 促成两合公司成立,使其进入运营状态,必须完成的各种连续的筹措准备行为。设立两合公司必须符合的条件:第一,人的条件。两合公司无限责任股东及有限责任股东至少各一人,多不限。无限责任股东必须是自然人,有限责任股东没有限制,自然人、法人均可。第二,物的条件,指公司成立所必需的资本。法律没有规定资本的最低限额,但有限责任股东和无限责任股东都必须出资。第三,行为条件。两合公司设立必须制订公司章程,章程应当由全体股东同意,经股东签名盖章后备置于公司,股东每人各执一份。

两合公司设立仅为发起设立,内容包括发起人设立公司的意思表示,决定公司的章程、营业范围,决定资本总额、确定公司住所,推选公司负责人及设立登记等一系列法律行为。设立行为通过订立公司章程、缴纳出资、申请设立登记加以表现。(1)制订公司章程。公司章程应记载以下事项:公司名称(标明两合公司)、营业目的、经营范围、股东的姓名或名称、股东的住所或居住地、资本总额及各股东的出资额、公司所在地、盈余和亏损的分配比例或标准、订立章程的年月日、股东的出资形式及价格或估价的标准、代表公司的股东和执行业务的股东的姓名、关于股东退股及除名的规定、公司的存续期间及公司解散事由。此外还必须记载各股东的责任,即哪些股东承担有限责任,哪些承担无限责任。股东责任如不明确,有限责任股东应承担无限责任。(2)缴纳出资,即按各发起人所约定的出资形式和出资时间出资。(3)申请设立登记,这是设立两合公司的最后阶段,指将公司的主要事项向主管机关进行登记。两合公司的设立申请只能由全体无限责任股东提出,有限责任股东提出不发生法律效力。设立登记后,两合公司取得法人资格,具有权利能力和行为能力,在登记核准的范围内从事经营活动。公司设立由于设立人无行为能力、意思表示不一致和违背强制性规定无效;设立后如发现设立登记或其记载事项有违法或虚假内容的,登记机关有权撤销登记。

(宋士心)

lianghe gongsi tuigu
两合公司退股(retirement from limited partnership) 公司存续过程中,股东由于个人的意思或法定原因丧失股东资格。公司无限责任股东退股适用无限公司的有关规定。无限责任股东在公司章程没有规定公司的存续期间时,可于年度终了退股,但应在6个月前向公司声明,公司章程另有规定的除外;无限责任股东也可在发生不可归责于自己的重大事由(如服兵役)时不受公司期限约束,随时声明退股。股东被除名、死亡、被宣布为禁治产人、出资转让或出资被法院强制执行、出现章程所约定的事由时,应退股。有限责任股东退股也分声明退股和法定退股,在有非可归责于自己的重大事由时,经无限责任股东过半数同意可声明退股或申请法院准其退股。有限责任股东在出现以下事由时应退股:(1)除名,经全体无限股东同意,在有限责任股东不出资或有不正当行为时可被除名;(2)章程所定事由发生;(3)有限责任股东破产;(4)法院强制执行股东出资。与无限责任股东退股不同,有限责任股东被宣布为禁治产人或死亡时,并不当然退股,由他的法定代理人代理事务或继承人继承股份。无限责任股东和有限责任股东退股时,都必须与两合公司结算,公司应返还其出资。股东因退股丧失股东资格,其中无限责任股东应于退股后一定期限内(我国台湾地区公司法规定为两年)对公司债务承担无限责任。

(宋士心)

lianghe gongsi yingyu fenpai
两合公司盈余分派(allotment of surplus of limited partnership) 两合公司股东之间的利润分配和亏损分担。对盈余分配如无特别规定则适用无限公司的规定。年终公司应作成营业报告书、资产负债表、财产目录及损益表、盈亏分配表或亏损分担表,提交股东同意。公司的盈余分配比例和标准依章程确定,章程没有规定时无限责任股东以其出资多少为准分派盈亏,有限责任股东以其出资额为限并按出资比例分担盈亏。公司只有在弥补亏损后,才能分配盈余。以前营业年度如有亏损,本营业年度盈利应先弥补以前的亏损,即两合公司非有净额不得分派。违反限制分派盈余,分配行为无效,利害关系人可请求返还分派的盈余。

(宋士心)

lianghe gongsi yu gufen lianghe gongsi
两合公司与股份两合公司(limited partnership and

association limited by shares；德 Kommanditgesellschaft und Kommanditgesellschaft auf Aktien） 两合公司是大陆法系国家的法律概念，在英美法中与之类似的概念是有限合伙。它起源于15世纪意大利沿地中海一带的康美达契约（Commenda）。1673年，法国路易十四颁布的《商事条例》首次以成文法的形式规定两合公司。两合公司是由一名或一名以上有限责任股东与一名或一名以上的无限责任股东组成，有限责任股东以其出资额为限对公司负责，无限责任股东对公司债务负无限连带清偿责任的公司。无限责任股东可以以劳务或信用出资，享有对公司事务的执行权和出任公司代表人的权利，负有竞业禁止的义务；有限责任股东不能以劳务和信用出资，无权代表公司执行业务，不负竞业禁止的义务。两合公司是有限责任公司和无限责任公司的结合，侧重于人合性质，一般国家对其是否具有法人资格的规定与无限公司相同。两合公司的优点在于既有无限责任股东，使公司能取得较好的信用，又有有限责任股东，能比较容易地筹集资本，使拥有信用和能力者与不愿承担无限责任的资本拥有者结合。其缺点是无限责任股东的责任较重，有限责任股东虽责任轻，但无权参与公司经营管理，且一般转让出资受严格限制。

股份两合公司最早产生在18世纪末的法国，是规避法律，避免设立股份有限公司审批程序的产物。由有限责任股东和一名或一名以上无限责任股东组成，公司资产分为均等的股份，有限责任股东以其认购的股份对公司负责，无限责任股东对公司债务负无限连带清偿责任的公司。与两合公司的主要区别在于公司资本的存在形式和有限责任股东的出资方式不同，其有限责任股东人数要达到法定最低限额。与股份有限公司的区别在于：（1）它有无限责任股东。（2）它的股东大会只代表有限责任股东，不是最高权力机关，其决议对无限责任股东没有拘束力。（3）一般不设立董事会。（4）业务监察人只能从有限责任股东中选任。（5）公司重大事项均需股东大会和全体无限责任股东通过。

股份两合公司是两合公司的特殊形式，股份两合公司侧重于资合性，具有法人资格。它可以发行股票募集资金，由于主要靠无限责任股东的信用，故很难筹集大量资金，且无限责任股东责任较重，有限责任股东又不能实际控制公司业务，所以这种公司并没有得到发展。只有德国和法国的公司法将其作为公司的一种法定形态，法律条文少，实践中此种公司的数量也少。

（李四海）

lianghe gongsi zhangcheng biangeng
两合公司章程变更（modification of constitution of limited partnership） 经两合公司全体发起人同意，依法订立的关于两合公司的组织机构、经营活动基本原则的法律文件，是确立公司内部职权的文件，是设立公司的绝对要件，一经订立非依法不得变更。章程变更适用无限责任公司关于公司章程变更的规定。变更须经全体无限责任股东与有限责任股东同意（我国台湾地区《公司法》第115条规定准用第47条，《日本商法典》第147条规定准用第72条规定）。《法国商事公司法》第31条规定，对公司国籍的修改应经全体股东的一致同意；一切对公司章程其他方面的修改，应得全体无限责任股东和资本多数的有限责任股东的同意作出决定。对章程作出变更决议后，应申请变更登记，未经登记不得对抗第三人。

（宋士心）

lianghe gongsi zhixing jiguan
两合公司执行机关（executive of limited partnership）

对外代表两合公司，执行公司的业务的机关。执行机关是公司业务的执行人。业务执行人是无限责任股东，有限责任股东不得执行公司业务和对外代表公司。无限责任股东执行公司业务需亲自进行，不得选任董事。两合公司无限责任股东有二人以上时，每个无限责任股东均有执行的权利。如果章程注明由无限责任股东一人或数人执行业务时，从其规定。执行方法没有在章程中注明的则执行事项由执行业务的股东过半数通过。执行业务的股东对一般事项可单独执行，但其他执行业务的股东有权提出异议，提出异议时应立即停止执行，由全体执行业务的股东决议。

执行业务股东的权利：报酬请求权、垫款赔偿请求权、损害赔偿请求权、债务承担请求权。执行业务股东的义务：(1) 依法律、章程、决议执行业务；(2) 缴还代收款项；(3) 报告业务执行情况；(4) 答复业务咨询。

两合公司业务执行必要时可由无限责任股东设置经理人执行。经理人的选任和解任由全体无限责任股东过半数通过。对于经理人的资格法律没有作出明确限制，但对经理人的资格有消极限制：限制行为能力人，有重大债务没有了结的人，因犯挪用公款罪、侵占罪等未逾2年的人不可担任公司的经理。经理人的职权依章程确定，章程没有规定的依契约约定，但公司对经理人的内部约定，不得以此对抗善意第三人。经理人应尽忠职守，发展公司。经理人在履行责任期间，不得兼任其他营利企业的经理人，不得自营或为他人经营同类业务，但经无限责任股东过半数同意者除外。

有限责任股东没有业务执行权，有业务监督权，有权于营业年度终了时，查阅公司账目、业务及财产，必要时有限责任股东可向法院申请随时检查公司账目、业务及财产。不执行业务的无限责任股东有权随时查阅公司账目、业务及财产。

（宋士心）

lianghe gongsi zuzhi biangeng

两合公司组织变更(conversion of limited partnership) 又称为两合公司转换。符合一定条件不中断两合公司主体资格以法定程序改变公司组织形式,使其变更为无限公司的行为。下列情况引起两合公司组织变更:(1)全体有限责任股东退股,无限责任股东为两人或者两人以上,经协商继续经营不再吸收新的有限责任股东,两合公司变更为无限责任公司。(2)全体有限责任股东愿意变为无限责任股东,全体无限责任股东同意,两合公司可变更为无限责任公司。两合公司组织变更必须保持其人合性,两合公司只能变更为无限责任公司。两合公司依法变更为无限责任公司后,原两合公司的债权债务由变更后的无限责任公司概括承受,变更后的股东对公司变更前、后的债务均承担无限连带责任。不进行解散和清算程序而实现公司组织形式的变更,可以简化程序,减少费用,有利于保护公司股东、职工和债权人的利益。 (李四海)

liangzao shangxingwei

两造商行为(bilateral commercial transaction) 单方商行为的对称,又称双方向行为。指交易双方均为商人,同时双方的活动都是具有营业性的商行为。如生产商与生产商之间的交易,生产商与销售商之间的交易,批发商与零售商之间的交易等,这些交易行为都适用商法自不待言。至于双方是商个人或商法人,则不影响行为的效力和法律的适用。现代商法主要是调整商人之间的法律,所以对双方商行为也就提供了较多的法律保障。应当指出,单方商行为的场合,当事人双方适用商法;双方商行为的场合,当事人双方当然适用商法;当事人一方为数人时,虽仅其中一人为商行为,商法仍然适用于该方当事人的全体成员。 (金福海)

liaojie zhuyi

了解主义(德 Vernehmungstheorie) 关于非对话的意思表示生效时间的一种学说,即以相对人了解表意人的意思表示时为其发生效力的时间。此种主义对表意人过于苛刻,故现在多数国家立法不采此种主义。 (李仁玉 陈敦)

lindi shiyongquan

邻地使用权(德 Betretrecht; Hammerschlagsrecht; Leiterrcht) 又称营缮的邻地使用关系,指土地所有人或利用人于疆界或其近旁营造或修缮建筑物而有使用邻地之必要时,邻地所有人或使用人负有容忍该人使用其土地的义务。依各国民法规定,通常具备两个要件,土地所有人或利用人对于邻人之土地即有邻地使用权:其一,须于土地疆界或近旁修缮建筑物;其二,须有使用邻人土地之必要。 (方志平)

lindi tongxingquan

邻地通行权(德 Notwegrecht) 又称必要通行权,日本民法谓为"围绕地通行权"、"邻地通行权",德国、瑞士民法谓为"必要通行权",我国台湾地区民法称为"袋地通行权"或"必要通行权",指的是一土地与公共道路如不相通时,土地所有人或使用人有权通行周围土地,以至公路,周围土地的所有人或利用人则负有忍受通行的义务。 (方志平)

linshi daikuan

临时贷款(temporary loan) 贷款人为解决借款人的季节性、临时性资金需要而向借款人发放的一种贷款。季节性原因是指由于自然季节变化规律对产、供、销诸环节产生的影响,临时性原因是指事先难以预料的外界、内部因素对借款人产、供、销环节的影响。因上述影响使借款人产生超过其周转资金额度的需要,客观上要求银行借贷加以调剂。临时贷款属于一种短期调剂性贷款。临时贷款实行借款人逐笔申请、贷款人逐笔核贷,逐笔定期限,到期收回的管理办法。贷款期限一般不超过半年。利率按当时流动资金贷款利率上浮。 (邹川宁)

linshi qiyue

临时契约(binder) ❶当事人解决其权利义务关系的初步协议。该契约的特点是只就部分问题作出约定。临时契约可以视作当事人进一步达成全面协议的一个步骤,在此之前发生争议时,也可作为处理纠纷的根据。❷合同成立之前双方当事人形成的合意,该合意不具备合同的效力。如采用合同书、确认书形式的合同,合同书、确认书签订前双方当事人形成的合意。《中华人民共和国合同法》第32条规定,当事人采用合同书形式订立合同的,自双方当事人签字或者盖章时合同成立。第33条规定,当事人采用信件、数据电文等形式订立合同的,可以在合同成立之前要求签订确认书。签订确认书时合同成立。如果该合意具备预约合同的条件,可构成预约。❸在保险法上指暂保单。暂保单也是保险人承诺的一种方式,暂保单的内容当然不完全,但是保险人出具暂保单后保险合同即成立。不过,在我国台湾地区保险行业中,保险单或暂保单必须与交付保险费同时进行;如果投保人在保险人签发保险单或暂保单前,先交付保险费而发生应予赔偿或给付的保险事故时,保险人应负保险责任。 (张平华)

linshixing baozuo

临时性保佐(temporary tutelage) 日本法上的概念。保佐人或其所代表的人与禁治产人利益相反时,保佐人请求家庭法院为其选任临时保佐人的制度。

（李仁玉　陈　敦）

linshixing hehuo
临时性合伙（partnership of provisionality）　长期性合伙的对称。存续期较短的合伙。临时性合伙一般为民事合伙。其合伙协议可采口头或书面形式，不设合伙字号，而以合伙人的名义进行活动。合伙人对合伙债务负连带无限责任。

（李仁玉　陈　敦）

linyong
赁庸（lin yong）　中国古代法中的概念。"赁"原为雇用之意，又转生租借之意，《说文解字》谓："赁，庸也。"指对车、牛马、奴婢等的租赁。在唐代，租借马牛之类的动产为"庸"，而租借车辆为"赁"。

（郭明瑞）

lingshou fenqi zhifu hetong
零售分期支付合同（instalment selling）　零售买卖双方就价款的分期支付达成的协议。买受人应按照约定的期限、期次和数额向出卖人支付价款。

（郭明瑞）

lingshou maimai
零售买卖（retail trade）　批发买卖的对称。日常生活中最常见的买卖形式。零售商与消费者之间的商品买卖行为。其特征是：(1) 数量一般不大，次数频繁；(2) 按零售价进行交易；(3) 即时清结。买卖的标的物主要是满足人们生活消费的日常用品。出卖人一般实行三包，对某些高档商品，多实行保用制度。对商品瑕疵，买受人可在约定或法定的保证期内提出。

（任自力）

lingzhuang
令状（writs）　源于英国13世纪时期的权利救济制度。所谓令状是指由国王特许的书面命令。在令状制度时期，任何人要在国王的普通法院提起诉讼，都必须获得国王发出的令状。当时的令状数量有限、程序严格，当事人必须依事实选择恰当的令状，令状的内容与当事人请求的事项必须相同，如果原告所请求保护的事实与令状所述不同，则令状无效，原告的请求将被驳回而败诉，必须重新再申请新的正确令状。令状因诉讼案件的不同而分为诸多类型，如非法强占的动产恢复、非法留置的动产恢复、返还确定金钱、封印契约赔偿、直接侵权行为、间接侵权行为、侵害遗失物、承诺履行赔偿、不当得利、不动产侵害等都是重要的令状。

（刘经靖）

liudong zhaiwu
流动债务（floating debt）　不表现为有价证券形式的短期或活期的金钱债务。如应付的金钱账、银行的贷款等。其特点是，可以根据债权人的要求随时给付，或提前给付。

（张平华）

liudong zichan
流动资产（德 fluessige Mittel）　固定资产的对称。指可以在一年或者超过一年的一个营业周期内变现或者耗用的资产，包括现金及各种存款、短期投资、应收及预付款项、存货等。短期投资是指各种能够随时变现、持有时间不超过一年的有价证券及不超过一年的其他投资。应收及预付款项包括：应收票据、应收账款、其他应收款、预付货款、待摊费用等。存货是指企业在生产经营过程中为销售或者耗用而储存的各种资产，包括商品、产成品、半成品、在产品、协作件，以及各类材料、燃料、包装物、低值易耗品等。行政事业单位国有资产也包括流动资产。流动资产与固定资产在处分或处置时，程序不同。

（张　谷）

liushui biangengquan
流水变更权（right of changing the stream）　水流地所有人有权变更其水道。但是，为兼顾对岸土地所有人的利益和下游地所有人的利益，流水变更权必须接受以下两种限制：第一，水流地所有人，如果其对岸之土地属于他人时，则不得变更其水流或宽度。如另有习惯者，则依其习惯处理。第二，两岸之土地，均属于水流地所有人，其所有人得变更其水流或宽度。但是应留下游自然之水路。如另有习惯者，则依其习惯处理。

（方志平）

liushui shiyongquan
流水使用权（right of using water）　水源地、沟渠及其他水流地的所有人自由使用其水的权利。但是流水使用权的行使，仍然受习惯上及法律上的限制：第一，有特别习惯的，应依该习惯，容许他人使用；第二，法律有规定的，自应受其限制。比如我国台湾地区民法就规定，高地自然流至之水，而为低地所必需的，高地所有人纵因土地之必要，不得防堵其全部。

（方志平）

liutong danbao
流通担保（德 Verkehrssicherheit）　保全担保的对称。所设定的担保权可以独立于债权请求权而流通的担保。以德国民法上的土地债务、流通抵押等为典型形式。

（郭明瑞）

liutong diyaquan

流通抵押权（德 Verkehrshypothek） 德国法上抵押权的常态形式，是指用作投资回收手段以期流通安全与确实的抵押权。流通抵押权与保全抵押权的最大不同在于，对流通抵押权关于土地登记簿公信力的规定也适用于债权的存在。即虽然抵押权是依附于债权而存在的，但为了增强抵押权的流通性，即使债权不存在或者无效，就土地登记簿上登记的抵押权即可以推定债权是有效存在的，所以信赖土地登记簿之登记的受让人仍可取得抵押权。流通抵押权可以是登记抵押权，也可以是证书抵押权。 （申卫星）

liutong fuben

流通复本（bill in a set for circulation） 汇票复本的发行使得汇票的提示承兑和流通转让同时进行成为可能。持票人可以将一份复本为提示承兑，另一份复本为流通转让。其中，为流通转让的汇票复本称为流通复本。 （王小能）

liutong piaoju

流通票据（negotiable instruments） 非流通票据的对称。可以通过交割或者背书转让给另一方，并承诺于约定的期限支付款项的正式书面票据。有银行券、期票、汇票、支票等形式。 （温慧卿）

liutongwu

流通物（merchantable objects） 禁止流通物或限制流通物的对称。又称融通物。即具有交易能力或行为能力之财产物。首先，流通物仅仅是对于财产物而言的。所谓财产物，是就物的权利能力而言的，即得为私权客体之资格。经济学上的自由财产或人力所不能支配之物，如日月星辰等（公共物），无权利能力。无权利能力的非财产物，自无交易能力可言。其次，财产物必须同时具备交易能力，始得成为流通物。盖具有权利能力之物，非必具有交易能力或行为能力者。所谓物之交易能力或行为能力者，即得为交易客体之能力。所有民法上的物，除法律禁止流通或限制流通的物之外，原则上都可以成为法律行为的客体，在民事交往中可以流通。 （张 谷）

liuzhi qiyue

流质契约（德 Verfallpfand；拉丁 lex commissoria） 设定质权的当事人之间关于在债权已届清偿期而尚未受清偿时，质物所有权不依法律规定方法进行处分即移转于质权人的约定。质权以移转占有为特点，债权到期不清偿时，质权人应依法定方法拍卖质物，就其卖得价金而受清偿，或与出质人订立契约取得质物的所有权以代替清偿，法律不允许以设定行为或清偿期前的契约约定于债权已届清偿期而未为清偿时将质物的所有权直接移转于质权人，使质权人代替清偿而直接取得质物的所有权。即使质物的价格与债权额相当，或双方已约定债权人应返还超过债权的价额，也仍为法律所禁止。因此，流质契约不论其内容如何，为罗马法以来多数立法例所禁止。《中华人民共和国担保法》第66条规定："出质人和质权人在合同中不得约定在债务履行期届满质权人未受清偿时，质物的所有权转移为质权人所有。"其立法理由在于防止债务人因一时的急迫以高价之物供小数额债权作担保，在不能清偿时即丧失其所有权，从而造成显失公平的后果。但我国《担保法》中的这一禁止流质契约的规定，一般不适用于当铺或其他以受质为营业者。此外，流质契约的无效，并不影响设定质权的契约本身，除非该质权设立契约以流质契约的有效作为成立条件。 （申卫星）

liuren shoutuoren

留任受托人（continuing trustee） 在其职责终止情形下依据信托法规定在新受托人接任其职责前仍应当继续执行信托的受托人。相对于新受托人而言，留任受托人具有原受托人的身份。《中华人民共和国信托法》第38条第2款规定："受托人辞任的，在新受托人选出前仍应履行管理信托事务的职责。"此款规定的在辞任后在新受托人产生前继续履行管理信托事务职责的原受托人即为留任受托人的典型。 （张 淳）

liuzhiquan

留置权（possessory lien；德 Zurückbehaltungrecht oder Retionsrecht） 债权人基于特定合同关系而占有属于他人的动产，在债权未受清偿前可以留置该动产，当债务人逾期不履行债务超过一定期限时，可依法变卖该动产并从中优先受偿的法定担保物权。法律设立留置权制度，在于谋求实现民法的公平正义观念与对等正义原则。因为，债权人既然已经占有债务人财产，且其债权又与该财产存在牵连关系，在债权未受清偿前即允许债务人取回财产，则势必使债权人的债权难以甚至根本无法获得清偿，对于债权人来说，显失公平。为了消除这种不公平状况，法律即应赋予特定债权人在债权未受清偿前可以留置债务人财产的权利，以确保其债权得以清偿。债权人留置债务人财产后，若债务人仍不清偿其债务，则债权人得就留置物取偿，以满足自己的债权。正因为留置权具有如此担保作用，所以现代各国立法上无不规定留置权制度。但从各国对留置权的立法例上看，存在债权性留置权和物权性留置权两种不同的留置权制度。

采用债权性留置权制度的国家主要有德国、法国、意大利等国。《德国民法典》将留置权直接规定于债编总则，以基于同一债权关系所发生的两个对立债权的拒绝给付为核心内容，在性质上无异于同时履行抗辩权等债权性权利。《法国民法典》直接继受罗马法的传统，不仅缺乏留置权制度统一规定，而且否认留置权为物权，将留置权视为双务合同同时履行抗辩权的特例，分散地规定于法典的各处。这些国家在立法上认为留置权在性质上只是债权效力的延伸，债权人在相对人履行债务前，对其已经占有之相对人的财产有拒绝给付的权利。

采用物权留置权制度的国家有英美法系诸国以及日本、瑞士等国。《日本民法典》将留置权作为物权加以规定，但其留置权的效力并不包括优先受偿的权能。英美法上留置权的含义比较广泛，它包括普通法上留置权、衡平法上的留置权、海事留置权和制定法上的留置权。在上述各种留置权中，只有以占有标的物为成立条件的普通法上的留置权，与大陆法系上的留置权相类似。所以，英美法上的 lien 与大陆法系的留置权并非对应概念，英美法系的留置权制度包含了大陆法系的其他担保物权制度。

我国的留置权制度正式确立于《中华人民共和国民法通则》。该法第89条第（四）项规定，债权人因为合同而占有债务人财产，债务人不按合同给付款项超过约定期限的，债权人对其占有的财产享有留置权。《中华人民共和国担保法》第82条规定，债权人按照合同约定占有债务人的动产，债务人不按合同约定的期限履行债务的，债权人有权留置该财产，以该财产折价或者以拍卖、变卖该财产的价款优先受偿。

根据我国《民法通则》和《担保法》及其司法解释的规定，我国民法上的留置权具有以下特征：（1）留置权为担保物权。留置权是以确保债权人债权的受偿为目的的，是担保债权实现的权利，其担保作用体现在，一是可间接强制债务人履行义务；二是在债务人终不履行时，可就担保物留置和受偿，即留置权人在一定条件下，可将标的物进行变价。（2）留置权为法定担保物权。留置权是依法律规定的条件直接发生的，并不是由当事人设定的，不能依当事人的合意而成立。按照我国《民法通则》和《担保法》的规定，可以成立留置权的合同类型有保管合同、加工承揽合同、运输合同，《中华人民共和国合同法》第422条又增加了行纪合同的行纪人就报酬对委托物享有留置权的规定。但留置权的法定性弱于同为法定担保物权的优先权（先取特权），当事人虽不能依合意而设立留置权，却可以依合意而排除留置权的适用。（3）留置权为他物权。留置权为债权人占有他人动产而产生的担保物权，其标的物一般为债务人基于合同而交付给债权人的动产，债权人对其合法占有的债务人交付的第三人动产也可以产生留置权。总之留置权系对他人之物的权利，而不是对自己财产的权利，在自己所有的财产上不能存在留置权。（4）留置权具有从属性。留置权是为担保债权而设，从属于其所担保的主债权，依主债权存在而存在，依主债权消灭而消灭。（5）留置权为占有性担保物权。留置权以债权人对债务人或第三人动产的占有为其成立和存续要件。债权人得留置其所占有的他人动产，以其非因侵权行为而占有他人动产为限。债权人因侵权行为而占有他人动产，不得行使留置权。因此，留置权是权利人非因侵权行为而占有他人财产时，在同该财产有关联的债权获得清偿之前，对该项动产享有扣留并置于其控制之下的权利。债权人丧失对留置物的占有将会使留置权人失去其留置权，可见留置权不具有追及性。（6）留置权具有不可分性。留置权所担保的为债权的全部，而非部分；留置权的效力及于债权人所留置占有的债务人的财产的全部，即留置权于其债权未受清偿前，得就留置物的全部行使其留置权。但在一定条件下可以破除留置权的不可分性，即若留置物为可分物时，留置物的价值应当相当于债务的金额。（7）留置权为可以发生二次效力的权利。留置权人就其所占有的留置物在债务人履行债务前有继续占有的权利，对于债务人等基于债权或物权的返还请求权，均得排除。这被称为留置权的第一次效力。留置权人在债务人超过一定期限仍不履行债务时，可以依法将留置物予以变价并从中优先受清偿，这则被称为留置权的第二次效力。

(申卫星）

liuzhiquan de shixing

留置权的实行（realization of lien） 留置权人行使留置权，以使其债权得以优先受偿的行为。按照《中华人民共和国民法通则》和《中华人民共和国担保法》的规定，留置权的实行应具备以下三个要件：（1）须债务人不履行债务超过一定期限。此期限可由当事人自行约定，但不得少于我国《担保法》所规定的最低期限2个月，如少于2个月应延长至2个月。当事人在合同中对此期限未约定的，具体期限由债权人决定，但也不能低于2个月。（2）通知债务人于确定期限内履行其义务。债权人未为此项通知，不得实行其留置权。（3）债务人于确定期限仍未履行义务，且未提供其他担保。依我国《民法通则》第89条第（四）项和《担保法》第82条、第87条的规定，留置权的实行方法主要有折价与出卖两种。折价一般由留置权人与留置物所有人商定留置物价格，由留置权人取得留置物所有权，以冲抵债务；出卖一般包括拍卖和变卖两种方式。留置权人实行留置权应与债务人协商，协商不成的，留置权人一般应当采取拍卖方式处置留置物，这样有利于维护留置物所有权人的利益。留置权人处分留置物所得价款,若偿还债务后有余额的,应将其返还给留置物所有人;若无法返还,应当予以提存,其提存费用应由债务人承担。若不足以偿还债务的,留置权人可就未受偿部分向债务人要求继续清偿,不过此时债权变为普通债权,并无优先受偿权。　　　　　　　　　　　（申卫星）

liuzhiquan de tiaojian
留置权的条件(the conditions of lien)　　留置权为法定担保物权,这就决定了留置权只能依法律的规定产生,而不能由当事人约定设立。留置权的取得要件,一般分为积极要件和消极要件。

留置权取得的积极要件是指留置权成立所必须具备的要件,主要有以下三个:(1)须债权人占有债务人的动产。留置权的目的是当债务人不能清偿债务时以其财产变价或折价清偿债权人的债权,因此,债权人须占有债务人的财产才可能实现此目的。对于债权人占有之财产是仅为债务人之财产,还是亦包括第三人之财产,各国立法规定不一。《日本民法典》规定,可以留置的财产只须为他人之物;《瑞士民法典》第895条第(三)项规定,债权人对其善意取得的不属于债务人的所有物有留置权,但第三人因更早的占有而享有权利时,不在此限。由此可见,《日本民法典》和《瑞士民法典》规定的债权人占有的财产可以是债务人的财产,也可以是第三人的财产。其立法理由为,其他担保物权既然可在第三人所提供标的物上存在,留置权亦属担保物权,没有理由不可以。而我国台湾地区民法规定,债权人占有的动产仅为债务人所有的动产。其理由是,留置权的建立,原系基于公平观念,今若允许对非所有人的物,亦得行使其留置权,有违立法的本质,况与无合理根据不得限制所有权行使原则亦不相符。《中华人民共和国民法通则》和《中华人民共和国担保法》只规定债权人占有的为"债务人的财产(动产)",但该财产是否须为债务人所有,并不明确。这里"债务人的财产"应理解为基于合同关系由债务人交付债权人占有的财产,并非指债务人所有的财产。因此,在债权人善意占有的第三人财产上亦可成立留置权。《最高人民法院关于适用〈中华人民共和国担保法〉若干问题的解释》第108条规定,债权人合法占有债务人交付的动产时,不知债务人无处分该动产的权利,债权人可以对该动产行使留置权。例如,某人将借来的手表送到表店修理,表店就可以对此表行使留置权。对于债权人占有的财产是否仅为动产,各国立法上亦不相同。德国民法上,留置权的标的不限于物,也包括权利;日本民法上,留置的财产仅以物为限;瑞士民法上,留置的财产以动产和有价证券为限;我国台湾地区民法上留置物仅为动产。而我国《民法通则》中仅规定留置的财产为"对方的财产",未作限制。但我国《担保法》则明确规定债权人占有财产须为债务人之动产,不动产不得留置。(2)须债权的发生与该财产有牵连关系。留置权的目的在于留置债务人的财产,迫使债务人履行债务,以实现债权受偿。但是,如果允许债权人任意留置与债权发生没有关系的债务人所有的财产,对债权人的利益保护过于绝对,对债务人的利益则限制过强,有违公平原则,与留置权制度设立本旨相悖,同时也会损害交易安全,所以债权人占有财产应以存在牵连关系为必要条件。(3)债权已届清偿期。留置权乃是基于对等正义原则,在债务人未清偿其债务前,债权人可以留置债务人的财产而拒绝返还的权利,如债权未届清偿期,债权人尚无请求债务人清偿其债务的权利时,即允许债权人留置债务人财产,则显失公平,也易产生债权人滥用权利的现象。所以,各国一般均规定债权须届清偿期为留置权成立要件,我国亦是。

留置权取得的消极要件是指阻止留置权发生的情形或因素,也称留置权成立的限制。其要件有以下四个:(1)须留置财产与对方交付财产前或交付财产时所作的指示不相抵触。债务人与债权人在合同中明确表示债权人不得留置标的物时,债权人不得留置。留置权系法定担保物权,当事人不得随意设立,但可依当事人合意排除留置权的适用,我国《担保法》第84条3款明确规定,当事人可以在合同中约定不得留置的物。(2)须留置债务人财产不违反公共秩序或善良风俗。此系民事活动应遵循的一般原则,我国《民法通则》和《担保法》虽未明文规定,但也应遵守。(3)须留置财产与债权人所承担义务不相抵触。如果债权人在合同中的义务即是交付标的物,则债权人不得以债务人不履行义务为由行使留置权,否则与其所承担义务的本旨相违背。(4)须留置他人财产非基于侵权行为。留置权系法律基于公平正义观念而赋予债权人留置债务人财产的权利,若因侵权行为而占有他人动产,如盗窃、抢劫等,即使该占有人因占有他人之动产而产生了债权,也不能主张留置权,否则有违民法上的公平正义观念,与留置权的立法旨趣相悖。　　（申卫星）

liuzhiquan de xiaoli
留置权的效力(the effect of lien)　　包括留置权效力的范围、留置权人的权利义务和留置物所有人的权利义务等三个方面。

留置权效力的范围,是指留置权所担保的债权范围以及留置权效力所及的标的物的范围。一般而言,凡与留置物有牵连关系的债权,均属留置权担保的范围。因此,《中华人民共和国担保法》第83条规定,留置担保的范围包括主债权及利息、违约金、损害赔偿金、留置物的保管费用和实现留置权的费用等。由于留置权系法定担保物权,故其所担保的债权,必须是与留置物有牵连关系的债权,而不得由当事人约定。留置权效力所及标的物的范围,除留置物本身外,一般还应及于从物、孳息、代位物。留置权人对所留置财产的从物,依"从物随主物"的原则,可以行使留置权。但是对从物行使留置权仍应以对从物的占有为前提条件。留置权人在留置标的物期间,享有标的物的占有权,自然可以收取留置物的孳息,因此,留置物的孳息亦在留置权效力范围之内。留置权为担保物权,因此具有物上代位性,留置权就留置物灭失而取得的赔偿金上仍应存在。

留置权人对留置物享有以下权利:(1) 留置权人对留置财产有占有权,在其债权未受清偿前得留置标的物,拒绝一切返还请求。留置权人留置标的物,是留置权人的基本权利,也是留置权的基本效力,是行使其他权利之基础。留置权人留置财产的价值应与债务人之债务价值相当,若留置物为不可分物,则留置物之全部;若留置物为可分物,则留置权人应将超过债务之价值返还给债务人,否则构成违反返还之义务,为不正当留置行为。(2) 留置权人对留置物有孳息收取权。留置权为担保物权而非收益使用权,因此,债权人无收益使用留置物的权利,但留置物有孳息时,无论该孳息为法定孳息还是天然孳息,债权人均有权收取。留置权人收取孳息,非基于占有的效力,而是基于留置权的效力。但只能以收取的孳息优先受偿,而不能直接取得孳息的所有权。(3) 留置权人的必要费用求偿权。因留置权人对留置物无使用收益权,但却对留置物负有以善良管理人的注意予以保管的义务,其所支出之费用,系为留置物所有人利益支出的,因此,留置权人可就必要费用向债务人求偿。请求偿还之费用一般可分为有益费用和必要费用。必要费用系指维持留置物品质之费用,有益费用系指留置权人使留置物价值增加而支出的费用。对于有益费用,是否得求偿,立法与实践意见不一,但一般认为可以求偿。(4) 留置权人在严格条件下享有对留置物的使用权。留置权乃是担保物权,故留置权人一般情况下不得对留置物为使用、收益行为,但在下列两种情况下,留置权人可以使用留置物:一是为保管上所必要而使用,因留置权人有保管留置物之义务,为此义务而必要使用,即不构成对所有人义务违反,也不构成侵权行为,此行为并非以积极地取得物的收益为目的,仅限于保存目的,若此行为有收益,则可按孳息以抵偿债权。留置权超出必要范围使用收益,且未被所有人允许的,则收益为不当得利,留置权人应返还给留置物的所有人;造成损害的,留置权人应负赔偿责任。二是经所有人同意而为使用,此系依当事人的合意而进行使用,自为法律所允许。留置权人既可以自己使用,亦可留置物出租或设立担保

等。(5) 留置权的实行权。留置权人留置担保物的终极目的是为了实行留置权以实现其债权,留置权的实行权可分为变价权和优先受偿权,留置权人行使该权利,不仅要求所担保债权已届清偿期,尚须以债务人不履行债务超过一定期限为必要。相对于留置权人的其他权利,该权利为留置权的第二次效力。

留置权人还负有以下各项义务:(1) 对留置物的保管义务。留置权人于债务人清偿债务时,负返还留置物之义务,因此,留置权人应以善良管理人的注意保管留置物,此义务于留置权消灭时始消灭。留置权人违反此义务,负有损害赔偿责任,但是留置物因不可抗力或意外事故遭受风险损失,留置权人不负责任,由债务人自行承担。(2) 不得擅自使用或为其他处分行为的义务。留置权人除为保管上必要和经所有人同意,不得擅自使用或为其他处分行为,此是由留置权的性质决定的。(3) 返还留置物的义务。留置权人于留置物所担保的债权消灭时,无论债权消灭原因为何,都负有将留置物返还于债务人之义务。此外,债权虽未消灭,但债务人另行提供担保而使留置权成立原因消灭时,留置权人亦负返还之义务。留置权人返还留置物的义务非因留置权而新产生的义务,其为原有返还义务于此场合下的继续,这与质权人返还质物的义务不同。

与以上留置权人的权利、义务相对应,留置物所有人也有相应的权利和义务。留置物所有人享有以下权利:(1) 损害赔偿请求权与留置物返还请求权,这是与留置权人保管和返还留置物的义务相对应的。(2) 就留置物为法律上处分的权利。留置物所有人虽丧失对留置物的占有,但并未丧失所有权,所以仍可将留置物让与第三人。即使受让人取得留置物的所有权,留置权人与新的所有人之间仍继续存在留置权法律关系。(3) 留置物所有人有提供相当担保而使留置权消灭的权利。留置物所有人行使该权利,须取得留置权人的同意。我国《担保法》第88条第(二)项规定:"债务人另行提供担保并被债权人接受的",留置权消灭,亦即此意。

留置物所有人还负有以下义务:(1) 支付留置权人保管留置物花费的费用的义务;(2) 因留置物之隐蔽瑕疵致使留置权人受有损害时,留置物所有人负有赔偿损失的义务。 (申卫星)

liuli

六礼(six steps leading to a feudal marriage) 我国古代聘娶婚所要求的六道礼仪程序,六礼备谓之"聘",六礼不备谓之"奔"。六礼一词源自《礼记·昏义》,《仪礼·士昏礼》对此作了详细介绍。所谓六道礼仪程序是指:纳采(遣媒妁通言,送去彩礼求亲);问名(询问女方名

字及生辰,以"卜其吉凶");纳吉(问得女名,"归卜于庙,得吉兆,复使使者往告");纳征(又称纳币,征者成也,纳征后男女即告定婚,双方均不得反悔,所以后来纳征被称为"过定"、"文定");请期(由男家择定完婚日期,遣媒人通知女家);亲迎(男子亲往女家迎娶新妇)。亲迎完毕,合卺成婚。次日清晨还须行"妇见"之礼,新妇拜见舅姑。如舅姑已殁,则于三个月以后而庙见,即行"事宗庙之礼",新妇才成为夫家之宗亲,身分始告确定。到了宋代,除诸王及品官婚姻仪礼仍须具备"六礼"外,一般士庶减为"四礼",即将纳采与问名、纳征与请期合在一起。《朱子家礼》中更将"六礼"减为纳采、纳征、亲迎三礼,并且成为元、明、清代婚礼的定制。事实上,六礼或三礼,只是礼仪程序上的要求,对民间婚姻并无法律上的强制力。

(张贤钰)

loudong buchong

漏洞补充(gap filling in contract interpretation) 合同的漏洞是指当事人在订立合同时对于合同中的应有事项应当订立而没有订立,从而使合同处于一种不圆满的状态。

由于合同的漏洞影响到了合同功能的发挥,因此,对有漏洞的合同必须采取一定的措施进行弥补,这种弥补在合同法上即称为合同的漏洞补充。在英美法上,对于当事人仅仅规定了履行的大致规则而产生的漏洞的补充也称为真空补充。

合同漏洞补充的方法主要包括以下几种:(1)由双方当事人协商补充。《中华人民共和国合同法》第61条规定:合同生效后,当事人就质量、价款或者报酬、履行地点等内容没有约定或者约定不明确的,可以协议补充。(2)根据合同的其他条款或交易习惯补充。我国《合同法》第61条规定,当事人不能达成补充协议,按照合同有关条款或者交易习惯确定。(3)依照法律规定进行补充。我国《合同法》第62条规定,当事人就有关合同内容约定不明确,依照本法第61条的规定仍不能确定的,适用下列规定:(一)质量要求不明确的,按照国家标准、行业标准履行;没有国家标准、行业标准的,按照通常标准或者符合合同目的的特定标准履行。(二)价款或者报酬不明确的,按照订立合同时履行地的市场价格履行;依法应当执行政府定价或者政府指导价的,按照规定履行。(三)履行地点不明确,给付货币的,在接受货币一方所在地履行;交付不动产的,在不动产所在地履行;其他标的,在履行义务一方所在地履行。(四)履行期限不明确的,债务人可以随时履行,债权人也可以随时要求履行,但应当给对方必要的准备时间。(五)履行方式不明确的,按照有利于实现合同目的的方式履行。(六)履行费用的负担不明确的,由履行义务一方负担。(4)通过解释进行补充。合同漏洞的补充解释,又称补充的合同解释,是指对合同的客观规范进行整体性的解释以弥补合同漏洞的方法。(5)其他方法。除了上述方法外,当事人还可以通过协商变更,请求撤销、变更等方法对合同的漏洞进行补充。

(刘经靖)

lukong baoxian

陆空保险(transport insurance) 适用于内陆、内河以及国内航空运输领域的财产保险。陆空保险分为国内运输工具保险、国内货物运输保险、国内旅客运输保险等。由于国内运输工具保险已经形成船舶保险、航空器保险和汽车保险等独立险种,而旅客运输保险则有承运人责任保险、旅客意外伤害保险等的应用,故陆空保险被限定为国内货物运输保险。国内货物运输保险主要有内河货物运输保险、陆上货物运输保险和航空货物运输保险等。

内河货物运输保险 货物的托运人向内河运输的承运人交运货物时,向保险人支付保险费,在被保险货物发生保险合同约定的损失时,由保险人负责赔偿损失的货物运输保险。内河货物运输保险的责任起讫期,自签发保险凭证和保险货物运离起运地发货人的最后一个仓库或储存处所时起,至该保险凭证上注明的目的地的收货人在当地的第一个仓库或储存处所时终止,但保险货物运抵目的地后,如果收货人未及时提货,则保险责任的终止期最多延长至以收货人接到《到货通知单》后的约定期间为限。内河货物运输保险的保险责任可以分为基本险责任和综合险责任。在基本险责任项下,保险人的赔偿责任包括:(1)因火灾、爆炸、雷电、冰雹、暴风、暴雨、洪水、地震、海啸、地陷、崖崩、滑坡、泥石流所造成的损失;(2)由于运输工具发生碰撞、搁浅、触礁、倾覆、沉没、出轨或隧道、码头坍塌所造成的损失;(3)在装货、卸货或转载时,因遭受不属于包装质量不善或装卸人员违反操作规程所造成的损失;(4)按国家规定或一般惯例应分摊的共同海损的费用;(5)在发生上述灾害、事故时,因纷乱而造成货物的散失以及因施救或保护货物所支付的直接、合理的费用。在综合险责任项下,除基本险责任外,保险人的赔偿责任还包括:(1)因受震动、碰撞、挤压而造成破碎、弯曲、凹瘪、折断、开裂或包装破裂致使货物散失的损失;(2)液体货物因受震动、碰撞或挤压致使所用容器(包括封口)损坏而渗漏的损失,或用液体保藏的货物因液体渗漏而造成保藏货物腐烂变质的损失;(3)遭受盗窃或整件提货不着的损失;(4)符合安全运输规定而遭受雨淋所致的损失。由于下列原因造成被保险货物的损失,保险人不负赔偿责任:(1)战争或军事行动;(2)核事件或核爆炸;(3)保险货物本身的缺陷或自然损耗,以及由于包装不善;(4)被保险人的故意行为或过失;(5)其他不属于保险责任范围内的损失。货物发生保险责任范围内的损失时,按货价确定保险金额的,保险人根据实际损失按起运地货价计算赔偿;按货价加运杂费确定保险金额的,保险人根据实际损失按起运地货价加运杂费计算赔偿。但最高赔偿金额以保险金额为限。保险货物遭受损失后的残值,经双方协商,可作价折归被保险人,并在赔款中扣除。

陆上货物运输保险 以陆上运输的货物为保险标的的保险。陆上货物运输保险依照保险责任范围,分为陆运险和陆运一切险两种。被保险货物遭受损失时,保险人按照保险单上订明承保险别的条款承担赔偿责任。保险人按照"仓至仓"责任承担保险责任,自被保险货物离保险单所载明的起运地仓库或储存处所开始运输时生效,包括正常运输过程中的陆上和与其有关的水上驳运在内,直至该项货物运达保险单所载目的地收货人的最后仓库或储存处所或被保险人用作分配、分派的其他储存处所为止,如未运抵上述仓库或储存处所,则以被保险货物运抵最后卸载的车站满保险单约定的期间为止。依照陆运险条款,被保险货物在运输途中遭受暴风、雷电、洪水、地震等自然灾害或由于运输工具遭受碰撞、倾覆、出轨或在驳运过程中因驳运工具遭受搁浅、触礁、沉没、碰撞;或由于遭受隧道坍塌、崖崩或失火、爆炸意外事故所造成的全部或部分损失,保险人负赔偿责任。再者,被保险人对遭受承保责任内危险的货物采取抢救、防止或减少货损的措施而支付的合理费用,保险人以承保的被救货物的保险金额为限,承担责任。依照陆运一切险条款,保险人除承担陆运险条款项下的责任外,对被保险货物在运输途中由于外来原因所致的全部或部分损失,承担赔偿责任。但保险人对被保险货物的下列损失,不负赔偿责任:(1)被保险人的故意行为或过失所造成的损失;(2)属于发货人责任所引起的损失;(3)在保险责任开始前,被保险货物已存在的品质不良或数量短差所造成的损失;(4)被保险货物的自然损耗、本质缺陷、特性以及市价跌落、运输延迟所引起的损失或费用;(5)陆上运输货物战争险条款和货物运输罢工险条款所规定的责任范围和除外责任。

航空货物运输保险 向国内民航运输的承运人托运货物的单位和个人,将其空运货物向保险人投保,保险人对承保的空运货物因意外事故造成的损失承担赔偿责任的保险。该保险的保险责任期限,自保险货物经承运人收讫并签发航空货运单注明保险时起,至空运目的收货人当地的仓库、储存处所时终止。但保险货物空运至目的地后,如果收货人未及时提货,则保险责任的终止期最多以承运人向收货人发到货通知以后的约定期间为限。 (邹海林)

lushang yunshu huowu baoxian tiaokuan

《陆上运输货物保险条款》(Overland Transportation Cargo Insurance Clauses) 规定陆上运输货物保险的专门保险条款。1981年1月1日经中国人民保险公司修订后发布。由责任范围、除外责任、责任起讫、被保险人的义务和索赔期限共5部分组成。适用于陆上火车、汽车运输。其中责任范围将本保险分为陆运险和陆运一切险两种,陆运险的责任范围为保险标的在运输途中遭遇暴风、雷电、洪水、地震等自然灾害和由于运输工具遭受碰撞、倾覆、出轨或在驳运中因驳运工具遭受搁浅、触礁、沉没、碰撞,或由于遭受隧道坍塌、崖崩或失火、爆炸等意外事故所造成的全部或部分损失,以及被保险人为抢救货物、减少货损而支付的合理费用;陆运一切险的责任范围除包括上述陆运险的责任外,还负责保险标的在运输中由于外来原因所致的全部或部分损失。除外责任包括下列原因引起的保险标的损失:被保险人的故意或过失;发货人的责任;在保险责任开始前保险标的已存在的品质不良或数量短差;保险标的的自然损耗、本质缺陷、特性以及市价跌落、运输延迟;陆上运输货物战争险条款和罢工险条款规定的责任范围和除外责任。责任起讫适用仓至仓原则。 (刘凯湘)

lushang yunshu huowu zhanzhengxian tiaokuan

《陆上运输货物战争险条款》(Overland Transportation Cargo Insurance War Clauses) 1981年1月1日经中国人民保险公司修订后发布施行。由责任范围、除外责任和责任起讫三部分组成。该险种为陆上运输货物险的附加险,仅适用于陆上火车运输。责任范围为:直接由于战争、类似战争行为和敌对行为、武装冲突所致的损失;各种常规武器包括地雷、炸弹所致的损失。除外责任为:由于敌对行为使用原子或热核制造的武器所致的损失和费用;根据执政者、当权者或其他武装集团的扣押、拘留引起的承保运程的丧失和挫折而提出的任何索赔要求。责任起讫为自被保险货物装上火车时开始到卸离保险单所载目的地的火车时为止。 (刘凯湘)

luyin yizhu

录音遗嘱(recorded will) 以录音方式制作的遗嘱。录音,指以机械、电磁、光学的方式将声音记录下来。世界上大多数国家都未规定录音遗嘱。我国和韩国规定了录音遗嘱可以作为遗嘱形式的一种。我国法律要求,以录音形式立的遗嘱,应当有两个以上见证人在场见证。为安全起见,录音遗嘱中除了录下遗嘱内容外,还应录下制作遗嘱的日期以及见证人和遗嘱人的姓

名。并且在录音制作完成后,最好将之封存,以防篡改、删除或伪造等情形的发生。 (刘言浩)

lüke
旅客(passenger) 购买车(船、机)票,按客票指定的时间检验票上车(船、机),接受承运方的安全检查,并于指定地点下车(船、机)的自然人。法人和其他法律主体不能成为旅客。旅客作为客运合同的一方当事人,有权要求承运人于指定的时间内将其安全送达指定的地点。如因承运人未履行合同义务而受有损失的,有权请求赔偿。其义务包括按客票票面指定的日期、车(班)次、座别乘车(船、机),接受乘务人员检票;保证携带的物品不超重,不妨碍其他旅客的人身安全;爱护运输设备;托运行李、包裹应支付运费;携带超出免费标准的行李物品应支付相应的运费。 (李成林)

lüke lianyun hetong
旅客联运合同(thorough contract for delivery of passenger) 联合合同的一种,主要是指相继运输,即不同承运人将旅客通过同一运输方式,运送到目的地的协议。多式联运旅客并不多见。与货物联合运输合同相比,旅客联合运输合同的对象是旅客而不是货物,所以旅客联合运输合同不需要特定的收货人,也无须特定的运输单证。在旅客联合运输合同之中,旅客持第一承运人签发的客票乘坐各承运人提供的运输工具,而不另行交费;对于旅客随身物品的运送,不应视为货物联合运输合同,而是旅客联合运输合同的附属义务。 (姜 林)

lüke yunshu hetong
旅客运输合同(contract for carriage of passengers) 货物运输合同的对称,又称客运合同。指承运人将旅客及其行李运送到一定地点,旅客为此支付票款及相关费用的协议。旅客运输合同为运输合同的一种,既有运输合同的一般特征,又具有货物运输合同不具备的特征:(1)合同采用客票形式,一般以客票售出为合同成立的时间。一般情况下,旅客提出具体的站名、座别、车次,并支付相应的费用,承运人依旅客提出的要求售给旅客车票,合同即告成立。例外的情况也有,如旅客先乘车后补票的现象。随着我国旅客运输业的发展,承运人售票的服务方式也多种多样,有购票制、预订票制等。由于两种售票方式不同,合同成立的时间也不同。购票制以承运人当场售出客票为合同成立的时间。而预订票制则应以客票送达客户为合同成立的时间。但无论采何种购票方式,合同成立与合同生效的时间都是不同的,合同的生效时间发生于旅客准备上车(登机、上船)前的检票阶段。(2)旅客一般以预付运费的形式订立合同。旅客提出的购票属要约,承运人同意售票为承诺,因而旅客运输合同一般属于诺成性合同。(3)旅客既是合同的主体,又是运输行为的对象。(4)旅客在合同生效前可以任意解除合同,而不必经承运人同意。(5)合同中包括托运旅客行李的内容。

承运人的义务主要是:(1)按时将旅客及其行李运送到指定的地点。承运人应按照合同约定的运输时间和运输班次以约定的运输工具于指定的时间内,将旅客运送到目的地。由于承运人的原因不能按约定的时间运送旅客或者不能按时送达的,承运人应当承担迟延运输的民事责任,旅客除可以要求改乘其他班次或者退票外,还可以要求承运人赔偿损失。承运人擅自变更运输工具,降低服务标准的,旅客可以要求退票或者减收票款;提高服务标准的不得加收票款。(2)许可旅客按规定免费携带儿童一名和免费携带一定重量的物品。(3)安全保管旅客的行李、物品,保护其人身安全。(4)给旅客提供必要的服务,如卫生、饮食及必要的医疗服务。在运输过程中,旅客发生患急病、分娩、遇险等紧急情况时,承运人应尽其能力帮助旅客脱离危险、减少损害或者采取其他适当的救助措施。(5)及时告知义务。承运人在运输合同成立后应及时向旅客提供有关信息,说明有关情况。如发生不能正常运输的客观情况时,应及时通知旅客;在运输中应将安全运输的注意事项告知旅客。承运人如不履行及时告知义务,给旅客造成损失的,应负赔偿责任。

旅客的义务主要有:(1)持票乘运,接受检票、验票,按指定的时间、车次、座位乘车。承运人于验票时发现旅客无票乘运、超程乘运或者持失效客票乘运的,有权责令旅客补交票款,按规定加收票款;旅客不补交票款的,承运人有权拒绝运输。(2)保证携带物品的安全性,不得携带或在行李中夹带违禁品。旅客违反规定携带或在行李中夹带易爆、易燃、有毒、有腐蚀性、有放射性以及有可能危及运输工具上人身和财产安全的危险品或者其他违禁物品的,承运人发现后可以将该物品卸下、销毁或交有关部门;旅客违反规定携带或夹带违禁品乘运,给承运人或者第三人造成损害的,应当承担损害赔偿责任。(3)按规定支付超重物品的运费,办理托运手续。(4)爱护运输设施。旅客旅行时应注意不要破坏运输设施,否则应予以赔偿。

关于旅客伤亡和物品损坏的赔偿责任,依《中华人民共和国合同法》的规定,在运输过程中旅客伤亡的,承运人应负无过错的赔偿责任,承运人只有证明旅客伤亡是因旅客故意、旅客的重大过失和旅客自身健康原因造成的,才可不承担赔偿责任。这里的旅客包括按照规定免票、持优待票或者经承运人许可搭乘的无票旅客。但是法律、法规规定赔偿限额的,承运人的赔偿责任以规定的限额为限。旅客按规定自带的物品和行李在运输过程中发生毁损、灭失的,承运人有过错的,承担损害赔偿责任,承运人没有过错则不负赔偿责任。但是,对于旅客托运的行李的毁损、灭失,承运人负无过错的赔偿责任,只有证明有法定的免责事由才可不承担赔偿责任。

(郭明瑞 李成林)

lüxingshe banli lüyou yiwai baoxian zanxing guiding
《旅行社办理旅游意外保险暂行规定》(Interim Provisions on the Operating of Accident Insurance for Travelers by Travel Agencies) 我国关于旅行社在组织团队旅行时由旅行社代旅游者向保险公司办理保险行为的部门规章。1997年5月13日由国家旅游局发布,自同年9月1日起施行。共7章,26条。7章分别为:总则;旅游意外保险的赔偿范围;保险期限及保险金额;保险手续;行业监督;罚则;附则。主要内容为:(1)旅游意外保险为强制保险,即旅行社组织团队旅游时,必须为旅游者办理旅游意外保险。旅游意外保险的赔偿范围包括旅游者在旅游期间发生意外事故而引起的下列赔偿:人身伤亡、急性疾病死亡引起的赔偿;受伤和急性病治疗支出的医药费;死亡处理或遗体遣返所需的费用;旅游者所携带的行李物品丢失、损坏或被盗所需的赔偿;第三者责任引起的赔偿。旅行社应同时为其派出的向旅游者提供服务的导游、领队人员办理旅游意外保险。(2)旅游意外保险的保险期限分别为:入境旅游,为旅游者入境后参加旅行社安排的旅游行程开始,至办完出境手续出境时止;国内旅游和出境旅游,从旅游者在约定的时间登上由旅行社安排的交通工具开始,至该次旅行结束离开旅行社安排的交通工具止;旅游者自行终止旅行社安排的旅游行程,其保险期限至其终止旅行行程的时间为止。(3)旅游意外保险的保险金额的最低标准分别为:入境旅游和出境旅游,每人30万元人民币;国内旅游,每人10万元人民币;一日游,每人3万元人民币。(4)旅行社办理旅游意外保险,必须在境内保险公司办理,由组团旅行社负责一次性办理,代旅游者与承保保险公司签订《旅游意外保险合同书》。旅行社的销售价格中应包含旅游意外保险费。保险事故发生时,旅行社应及时取得事故发生地公安、医疗、承保保险公司或其分、支公司等单位的有效凭证,并由组团社同承保保险公司办理赔偿事宜。(5)旅行社违反规定未为旅游者办理旅游意外保险,或办理的旅游意外保险的保险金额低于规定的标准,或未为其派出的向旅游者提供服务的导游、领队人员办理旅游意外保险,由旅游行政管理部门给予责令限期改正、警告、没收违法所得、停业整顿、罚款直至吊销《旅游社业务经营许可证》的行政处罚。

(刘凯湘)

lüxingshe zeren baoxian
旅行社责任保险(travel agency liability insurance) 责任保险的一种。保险人承保依法设立并登记注册、合法经营的旅行社(被保险人)由于疏忽或过失造成其所接待的旅游者损害应当承担的赔偿责任的保险。依照我国保险公司开办的旅行社责任保险,因被保险人的疏忽或过失造成被保险人接待的旅游者遭受下列经济损失,依法应由被保险人承担的经济赔偿责任,保险人负责赔偿:(1)因人身伤亡发生的经济损失、费用;(2)因人身伤亡发生的其他相关费用,包括医疗费,必要时近亲属探望的交通、食宿费,随行儿童或长者的送返费用,旅行社人员和医护人员前往处理的交通、食宿费及补办旅游证件的费用和因行程延迟所导致的费用;(3)行李物品的丢失、损坏或被盗导致的损失;(4)事先经保险人书面同意的诉讼费用。发生保险责任事故时,被保险人为减少赔偿责任,抢救受伤的旅游者及保护旅游者的财产所支付的必要的、合理的费用,保险人也负责赔偿。

但因为下列原因造成的损失、费用和责任,保险人不负责赔偿:(1)被保险人或其代表或其雇员的故意行为;(2)战争、敌对行为、军事行动、武装冲突、罢工、骚乱、暴动;(3)政府有关当局的没收;(4)核反应、核子辐射或放射性污染;(5)地震、雷击、暴雨、洪水、火山爆发、地下火、龙卷风、暴风等自然灾害;(6)旅游者的犯罪、过失行为或自身疾病;(7)被保险人的旅游服务质量未达到国家、行业或合同规定的标准;(8)既不提供全陪或领队,也不提供地陪的散客旅游活动;(9)被保险人委托非旅行社的单位或个人代办旅游业务;(10)被保险人或其代表或其雇员的人身伤亡,以及上述人员所有的财产的损失;(11)被保险人与他人签订的协议所约定的责任,但依照法律规定应由被保险人承担的不在此列;(12)发生未经公安部门认定或无外来明显痕迹的盗窃、抢劫所导致财产的损失;(13)因保险责任事故造成的一切间接损失;(14)罚款、罚金或惩罚性赔款;(15)直接或间接由于计算机2000年问题引起的损失;(16)被保险人对其接待的境内外旅游者的精神损害;(17)金银、首饰、珠宝、文物、软件、数据、现金、信用卡、票据、单证、有价证券、文件、账册、技术资料及其他不易鉴定价值财产的丢失和损坏;(18)赛车、赛马、攀崖、滑翔、探险性漂流、潜水、滑雪、滑板、跳伞、热气球、蹦极、冲浪等高风险活动造成的人身伤亡和财产损失。

(邹海林)

lüxing zhipiao

旅行支票(traveler's check/traveling check) 为旅行者旅行方便,减少携带现金的危险和汇款的麻烦而使用的一种支票,是由银行或旅行社专门为到国内外旅游的人支取现金或抵付费用而签发的一种定额支票。旅行支票的基本当事人有两方,即出票人(付款人)和购票人,兑付机构只是出票人的代理人。旅行支票的持票人(购票人)先向作为出票人的银行或旅行社购买旅行支票,并在其上签字(初签)。在旅游地需支付款项时,在限定兑付机构把旅行支票兑出,兑付时,应在支票上签字(复签)。两次签字相符时,才可兑取。已兑付机构把已兑取的旅行支票交给开出支票的银行或旅行社,从而收回已垫付的资金。旅行支票的票面金额固定,但由于旅行地的多向性,付款地点不确定。

(王小能)

lüxing xingwei

履行行为(act of performance) 义务人根据合同的约定或者法律的规定履行义务的行为。与给付行为、清偿行为常混用,但各有侧重。履行行为侧重债权人债权的实现过程,给付行为侧重于债务人的给付结果,清偿行为着重于债权债务的消灭。 (万 霞 张平华)

lüeduohun

掠夺婚(marriage by capture) 又称抢婚,指男子以暴力强劫女子为配偶的结婚方式,主要流行于原始社会末期和奴隶社会初期,其性质属于无偿婚。我国古籍《易·屯卦》和《贲卦》中有"乘马班如,泣血涟如"、"匪寇,婚媾"等句,郭沫若等学者以其为对抢婚情景的真实描绘。掠夺婚是个体婚制形成时期的结婚方式之一,后来并未成为长期的、普遍实行的制度。但是,从奴隶制时代到封建制时代,豪强之家恃势抢婚的现象还是时有发生的。在我国解放前,一些少数民族中也有抢婚的习俗;经过婚姻制度改革后,这种陋俗已被破除。至于那种专为表示形式的"抢婚",只具有民俗学上的意义,实际上只是对婚礼的一种点缀,并不妨碍当事人的婚姻自由。对此,应当按照国家的民族政策予以尊重。 (杨大文)

lüeshi chengdui

略式承兑(non-formal acceptance) 仅由付款人签章,在汇票上不作其他任何文句记载的承兑。不管付款人是否有承兑的意思表示,只要在汇票上有付款人的签章,法律就推定付款人已为承兑。许多国家的票据法承认略式承兑,但依《中华人民共和国票据法》第42条之规定,我国不承认略式承兑。

(王小能 胡冰子)

lüeshi mianchu

略式免除(acceptilatio Aquilius) 要式免除的对称。又称非正式免除、万民法上的免除,罗马法上的概念。由裁判官所创制的债务免除方式。债权人以简约方式作出的不请求的意思表示,不要求以与债权发生的相同方式作出。略式免除只是一种相对的免除,受债务免除的债务人有权提出"违约之抗辩",以拒绝债权人其后的请求,但债权本身并不因免除而消灭。略式免除后债务人又承诺清偿的,债权人可以再要求债务人清偿债务。

(郭明瑞)

lüeshi yizhuanwu

略式移转物(拉丁 res nec mancipi) 要式移转物的对称。略式移转物对于早期的罗马社会和经济仅具有次要的意义,因而允许人们采用简单的交付方式进行转让。例如,位于行省境内的土地以及城市地役权。

(张 谷)

lundun baoxianren gongsi

伦敦保险人公司(Company of London Insurance) 1710年由英国人查理士·波维创立的火灾保险公司,是英国现存保险公司中最老的公司。伦敦保险人公司的创始人查理士·波维以发明灭火器而闻名,他早在1706年就单独经营动产的火灾保险,但对动产和房屋的火灾保险以分别签订保险单的形式出现。1710年,查理士·波维创立了伦敦保险人公司,后改称为"太阳火灾保险公司"。该公司奠定了现代火灾保险的基础。

(房绍坤)

lundun baoxian xiehui bagongxian tiaokuan

《伦敦保险协会罢工险条款》(Institute Strikes Clauses(Cargo)) 又译《英国协会货物保险罢工险条款》。伦敦保险协会在1982年修改货物保险主体条款时对原来的货物罢工险条款也作了相应的修改,并与货物保险条款同时于1982年1月1日生效。由承保危险、除外责任、保险期限、索赔、保险权益、减轻损失、避免延误、法律及惯例共8部分以及附注组成,共14条。1982年修改货物保险主体条款时沿用了原来的习惯做法,即罢工、暴动、民变属于货物保险单中的不保条款,被保险人欲投罢工险必须单独协商并加付额外的保险费,但不同的是投保手续上原来只需删除保险单上的罢工、暴动、民兵险不保条款,罢工险条款便成为保险单的一个组成部分,现在则需单独加保协会罢工险条款,也即罢工险条款可脱离于海上保险单和战争险保单而独立使用。

本保险承保的危险和损失为:(1)由参与罢工、停工、工潮、暴动或民变人员引起的保险标的的灭失或损害;(2)由任何恐怖分子或任何人的政治动机引起的保险标的的灭失或损害;(3)为避免或有关避免上述危险而致的共同海损和救助费用。所以该《条款》所称"罢工"并非单纯意义上的罢工,还包括民变、暴动、恐怖行为等。

除外责任与《伦敦保险协会货物险 A 条款》和《伦敦保险协会战争险条款》的除外责任基本一样,所不同的有两条专门适用于罢工险的除外责任:(1)由罢工、停工、工潮、暴动或民变引起的工人缺勤、缺员或怠工引起的保险标的的灭失、损害或费用;(2)由战争、内乱、革命、叛乱、颠覆或由此引起的内讧,或交战国的或对抗国的敌对行为引起的灭失、损害或费用。后一种情形属于战争险的承保危险,被保险人需单独投保战争险,换言之,在战争险保单项下承保的危险在罢工险项下不予负责。 (刘凯湘)

lundun baoxian xiehui huowu baoxian tiaokuan
《伦敦保险协会货物保险条款》(Institute Cargo Clauses) 又译《英国协会货物保险条款》。伦敦保险协会在原劳合社船货保险单、1912 年协会条款和 1963 年货物保险标准条款的基础上进行重大修改拟定而成并于 1982 年 1 月 1 日公布实施的新的货物保险条款。劳合社船货保险单曾经是国际间海上保险的主要保单格式,但由于长期未予修改,其格式复杂、语言晦涩、内容陈旧的弊端日益显露,已不适应国际贸易和保险业务发展的需要,英国保险界在联合国贸易发展会议的督促下于 20 世纪 80 年代初期开始对其进行修订,并由技术和条款委员会草拟新的保险单和保险条款。1982 年 1 月 1 日公布新的保险单和新条款并开始使用,1983 年 3 月 31 日开始停止使用劳合社船货保险单,1983 年 4 月 1 日起强制性要求保险人、保险经纪人使用新保单和新条款。

与旧条款相比,新条款取消了原来的一切险、水渍险和平安险的险别名称,将其基本险分为(A)、(B)、(C)三种险别,三套条款均按其条文性质加以分类,各由承保危险、除外责任、保险期限、索赔、保险权益、减轻损失、避免延误、法律及惯例共 8 部分以及附注组成,共 19 条。三套条款除承保范围和除外责任各不相同外,其余 6 部分完全一致,由此形成了《伦敦保险协会货物险 A 条款》、《伦敦保险协会货物险 B 条款》和《伦敦保险协会货物险 C 条款》三个相对独立和完整的海上货物运输保险条款。《伦敦保险协会货物保险条款》同原来的劳合社船货保险单一样,成为国际间新的海上货物运输保险的主要保单格式,在国际货物运输保险业务中具有极为重要的地位,并成为许多国家制订自己的海上货物运输保险单的蓝本。 (刘凯湘)

lundun baoxian xiehui huowuxian A tiaokuan
《伦敦保险协会货物险 A 条款》(Institute Cargo Clauses(A)) 又译《英国协会货物保险条款(A 险)》。伦敦保险协会于 1982 年 1 月 1 日公布实施的《伦敦保险协会货物保险条款》之一部分。由承保危险、除外责任、保险期限、索赔、保险权益、减轻损失、避免延误、法律及惯例共 8 部分以及附注组成,共 19 条。主要内容为:(1)承保范围为规定的除外责任条款以外的一切危险引起的保险标的的灭失或损害,以及共同海损、互有过失碰撞引起的损失和费用。(2)除外责任包括一般除外责任条款、不适航与不适运除外条款、战争险除外条款和罢工险除外条款 4 类。其中一般除外责任条款包括:被保险人的故意或过失引起的损失或费用;保险标的正常的漏损、短量、短重或损耗;保险标的的包装不固或不当或配装不当引起的损失或费用;保险标的的固有缺陷或性质引起的损失或费用;因为延误所致的损失或费用;船东、经理人、租船人或经营人破产或不清偿债务引起的损失或费用;任何使用原子或核子武器或其他类似放射性手段的战争引起的损失或费用。(3)保险期限为承保货物离开保险单所载起运地的仓库或储存处所时起,至保险单所载目的地收货人仓库或其他最终仓库或储存处所,或至保险单所载目的地或中途的任何其他仓库或储存处所并由被保险人用作正常运输过程以外的储存及分配与分派,或至保险货物在最终卸货港完全卸离海轮后届满 60 天为止(以上三种情况以先发生者为准)。(4)本保险的权益不得由承运人或其他受托人享受。(5)被保险人及其雇员和代理人应当为避免和减轻损失而采取合理措施,保证保留及行使对承运人、受托人或其他第三者的权利,在所能控制的一切情况下对保险事故进行合理迅速的处置。被保险人因履行这些义务而支付的合理的开支由保险人负责赔偿。(6)本保险适用英国法律和惯例。 (刘凯湘)

lundun baoxian xiehui huowuxian B tiaokuan
《伦敦保险协会货物险 B 条款》(Institute Cargo Clauses(B)) 又译《英国协会货物保险条款(B 险)》。伦敦保险协会于 1982 年 1 月 1 日公布实施的《伦敦保险协会货物保险条款》之一部分。由承保危险、除外责任、保险期限、索赔、保险权益、减轻损失、避免延误、法律及惯例共 8 部分以及附注组成,共 19 条。除承保范围和除外责任与《伦敦保险协会货物险 A 条款》不同外,其余 6 部分均与之完全一致。其承保范围包括下列危险引起的保险标的的灭失或损害:(1)火灾或爆炸;船舶或驳船的搁浅、触礁、沉没或倾覆;陆上运输工具的倾覆或出轨;船舶或驳船或运输工具与除水以外的任何外在物体的碰撞或接触;在避难港卸货;地震、火山爆发或雷电。(2) 共同海损牺牲；抛货或浪击落海；海水、湖水或河水进入船舶、驳船、运输工具、集装箱、大型海运箱或储存处所；货物在船舶或驳船装卸时落海或跌落造成任何整件的全损。除外责任与A条款的除外责任基本一样，不同之处在于增加了任何的恶意行为造成的损失，即任何个人或数人非法行动、故意损坏或故意破坏保险标的或其任何部分造成的损失，保险人不负赔偿责任，但被保险人可在加缴保费的条件下投保此类危险。 (刘凯湘)

lundun baoxian xiehui huowuxian C tiaokuan
《伦敦保险协会货物险C条款》(Institute Cargo Clauses(C)) 又译《英国协会货物保险条款(C险)》。伦敦保险协会于1982年1月1日公布实施的《伦敦保险协会货物保险条款》之一部分。由承保危险、除外责任、保险期限、索赔、保险权益、减轻损失、避免延误、法律及惯例共8部分以及附注组成，共19条。除承保范围与《伦敦保险协会货物险B条款》有所区别外，其余7部分均与之完全一致。其承保范围包括下列危险引起的保险标的的灭失或损害:(1) 火灾或爆炸；船舶或驳船的搁浅、触礁、沉没或倾覆；陆上运输工具的倾覆或出轨；船舶或驳船或运输工具与水以外的任何外在物体的碰撞或接触；在避难港卸货。(2) 共同海损牺牲；抛货。与B条款对照，承保危险中删除了下列诸项：地震、火山爆发或雷电；货物浪击落海；海水、湖水或河水进入船舶、驳船、运输工具、集装箱、大型海运箱或储存处所；货物在船舶或驳船装卸时落海或跌落造成任何整件的全损。 (刘凯湘)

lundun baoxian xiehui zhanzhengxian tiaokuan
《伦敦保险协会战争险条款》(Institute War Clauses(Cargo)) 又译《英国协会货物保险战争险条款》。伦敦保险协会在1982年修改货物保险主体条款时对原来的货物战争险条款也作了重大修改，并与货物保险条款同时于1982年1月1日生效。由承保危险、除外责任、保险期限、索赔、保险权益、减轻损失、避免延误、法律及惯例共8部分以及附注组成，共14条。其所承保的危险是指下列危险:(1) 战争、内战、革命、叛乱、颠覆，或由此而引起的内讧，或交战国的或对抗交战国的敌对行为；(2) 由上述危险引起的捕获、扣押、拘留、禁止或扣留及其后果，或上述危险的任何企图；(3) 遗弃的水雷、鱼雷、炸弹或遗弃的其他战争武器。除危险条款外，还包括共同海损条款，即本保险承保根据运输合同或有关的法律和惯例所理算或决定的共同海损及救助费用，但上述共同海损和救助费用仅限于为了避免或有关避免本条款项下的承保危险所致的损失。承保责任范围仅限于保险标的的灭失或损害，不包括因战争而使被保险人遭受的财务损失或支出的费用。除外危险与《伦敦保险协会货物险A条款》的除外危险一致。 (刘凯湘)

lunchuan lüke yiwai shanghai baoxian
轮船旅客意外伤害保险(ship passenger accident insurance) 凡搭乘轮船公司所属轮船的旅客(被保险人)，向保险人支付保险费，在其持票离岸上船时开始、至到达旅程终点下船着陆时为止，因意外事故受到人身伤亡的，由保险人给付保险金的保险。轮船旅客意外伤害保险为强制保险，旅客在购船票时必须购买伤害保险，该保险的承保手续，由轮船客运部门办理，保险人不另签发保险凭证。保险期间开始于被保险人持票离岸上船时，终止于被保险人到达旅程终点下船着陆时。如需搭乘轮船部门免费接送旅客的其他船舶时，则搭乘该项船舶的期间亦包括在内。保险人的保险责任，对因故停航或者改乘轮船部门指定的其他轮船而处于继续旅途中的旅客，维持原有效力。旅客在旅途中自行离船不再随同原船航行的，保险人的责任自该旅客下船着陆时终止。但是，该旅客若经轮船客运部门签字证明原票有效，从旅客重新离岸上船时起，保险人的责任自行恢复。旅客在保险有效期间内，因发生意外事故遭受伤害，以致死亡、残废或丧失身体机能者，除依约给付医疗费用外，另由保险公司依照死亡、伤残程度给付约定的保险金。 (邹海林)

lunchuan lüke yiwai shanghai qiangzhi baoxian tiaoli
《轮船旅客意外伤害强制保险条例》(Provisions on Compulsory Accident Insurance for Ship Passengers) 规定轮船旅客意外伤害保险的专门保险条款。1951年4月24日由政务院财政经济委员会发布并自发布之日起2个月内施行。根据《国务院关于废止2000年底以前发布的部分行政法规的决定》，该《条例》已被宣布失效。共7章，18条。主要内容为:(1) 保险性质。本保险为强制保险，凡持票搭乘轮船之旅客均须向保险公司投保轮船旅客意外伤害保险，其手续由轮船公司办理，不另签发保险凭证。(2) 保险期限。自旅客上船时开始，至到达旅程终点下船着陆时为止。(3) 保险金额一律为人民币1500万元。保险费一律按基本票价3%计收，包括于票价之内。(4) 保险范围。旅客在保险有效期限之内，由于遭受外来、剧烈及明显之意外事故(包括战争)受有伤害须治疗者，由保险公司按实际情况给付医疗津贴，其数额以不超过保险金额全数为限。旅客因此发生死亡、残废或丧失身体机能者，除给付医疗津贴外，另由保险公司按下列规定给付保险金：死亡者、双目永久完全失明者、两肢永久完全残废者、一目永久完全失明与一肢永久完全残废者、完全丧失身体机能永久不能继续工作者,给付保险金全数;一目永久完全失明者或一肢永久完全残废者,给付保险金半数;丧失一部分身体机能永久不能复原影响工作能力者,视丧失机能之程度酌情给付一部分保险金。(5)除外责任。包括:疾病、自杀、殴斗或犯罪行为而致死亡或伤害;失踪(因船只失事而致失踪者除外);有欺诈行为意图骗领保险金或医疗津贴。

(刘凯湘)

luomafa qindeng jisuanfa
罗马法亲等计算法(Roman law counting method of kinship) 开始于古罗马时期,后来成为世界上多数国家通用的亲等计算方法。它采用世数为计算标准,以己身为本位,直系血亲从自己上下数,每经一世为一亲等,但自己是不算的。例如父母是一亲等,祖父母是二亲等;子女是一亲等,孙子女和外孙子女为二亲等,余类推。旁系血亲从自己往上数到双方同源之祖先(即双方共同的直系血亲),每经一世为一亲等,再从同源之祖先往下数到与之计算亲等的对方,也是每经一世为一亲等,世数相加就是亲等数。例如兄弟姊妹是二亲等,伯、叔、姑与侄、舅、姨与外甥都是三亲等,堂、表兄弟姊妹是四亲等,余类推。至于姻亲的亲等计算法,血亲的配偶从其血亲的亲等,如儿媳的亲等与儿子相同,也是一亲等;配偶的血亲从其配偶的亲等,如公婆的亲等与丈夫相同,也是一亲等。

(张贤钰)

luoti jianyue
裸体简约(nuda pactum) 罗马法上简约的一种,又称无保护简约,是指没有诉权,只能用来抗辩的简约。参见简约条。

(刘经靖)

M

majisi xieyi
马基斯协议(Makis Agreement) 来源于1928年审理的"马基斯"轮共同海损案。该案中法院判决在共同海损理算中,《约克—安特卫普规则》中的数字规则受制于字母规则。英国的航运组织为了保护自己的利益,与保险人达成了著名的马基斯协议。协议规定了数字规则优先的原则。其含义是,数字规则里有规定的应按数字规则理算,数字规则没有规定的才按字母规则理算,其实质是数字规则优先于字母规则适用。该协议的生效依赖于对提单条款的援引。《1950年约克—安特卫普规则》吸收了马基斯协议的内容,基本上统一了各国有关共同海损的不同做法。

(张永坚 张 宁)

masazhusaizhou xintuo
马萨诸塞州信托(Massachusetts Trust) 又称商业信托。以委托人将自己的财产转移给受托人、受托人将该项财产运用于按照委托人意志建立的商业团体的经营活动、并将由此所取得的收益交付给委托人为内容的信托。这种信托为发端于美国的马萨诸塞州,并成为美国信托法确认的一种信托品种。这种信托在社会生活中一般通过下述方式建立和运行:由两个以上投资者通过签订信托合同,先使受托人按照自己的意志建立一个有经济实体性质的商业团体,然后将自己的财产作为投资而转移给该受托人;受托人将该项财产作为该商业团体的财产来运用,以从事信托合同中规定的商业经营活动,并将在这一活动中所取得的盈利按照出资比例进行分配并交付给委托人。由此可见,在这种信托中,有关的投资为信托财产,投资者则兼有委托人与受益人的身份。

这种信托的根本特征,在于它以建立商业团体为其运行的结果之一,这便使这种信托成为一种旨在组织企业的信托。存在于这种信托中的信托财产由委托人提供。这种财产被划分为若干数量单位,这些单位被法律视为股份,可以被用于转让;委托人也因此而被视为股东,由受托人发给信托凭证,其对股份的转让通过对信托凭证的转让而进行。在信托存续期间,如果有关的商业团体在经营过程中盈利,委托人依法可以按照出资比例获得收益;如果该团体在这一过程中亏损,则委托人依法只须就其出资额负有限责任。这种信托的受托人在进入信托前并不具有营业受托人身份,只是其一旦进入这种信托,法律便将其视为一种特殊的营业受托人。信托法理论正是从此点出发将这种信托归入营业信托的范围。

(张 淳)

maruiwa jinling
玛瑞瓦禁令(Mareva Injunction) 在对人诉讼中所施行的一种诉讼保全制度,广泛施行于英美法系国家。玛瑞瓦禁令的特点在于指向被告的财产和行为,具有财产保全和行为保全的作用。禁令所指向的财产种类没有限制,可以包括动产、不动产和无体财产。根据此禁令,被告也可能被要求为一定行为或不为一定行为,以保障原告的权利。实行该禁令需要以下条件:(1)原告有具体的请求;(2)被告有可能转移财产;(3)在该法院的管辖范围之内被告有可供执行的财产;(4)如果原告请求有错误,原告将承担相应的责任。原告在申请禁令时,必须已经具有诉因和诉权,即被申请人对申请人已经负有某种义务。法院宣布该禁令后,被告不得转移其被禁止转移的财产。根据英国法律的规定,当原告的请求理由不足或者被告实际上不可能转移其资产时,该禁令有可能被撤销;当原告获得胜诉后,则能够针对禁令制约的财产强制执行判决。玛瑞瓦禁令是衡平法下的司法措施,所以其具有任意性,法院享有自由裁量权,根据案情的具体情况,以公平和便利的标准,决定禁令是否发布。违反禁令是藐视法庭的行为,违反者可能被判以监禁、罚款或没收财产。

(王 青)

maihui
买回(redemption) 出卖人以将来买回其所出卖之标的物为目的而于买卖合同中保留买回权利的再买卖。买回制度起源于罗马法,后法、德、日等国的民法无不对其加以规定。由于它既可以使出卖人筹得所需的现款,日后又可以收回卖出的标的物,所以买回制度具有资金融通功能。对于买受人而言,一方面可以取得物之所有权,一方面获得确定之担保安心贷出其资金,且若日后出卖人不买回时,尚能永远取得物之所有权。可见,买回制度对于当事人双方均有所裨益。

买回之性质,因各国立法例不同,学说上尚有争议,大致有两种观点:(1)解除权说:也称解除权保留说。认为买回为买卖合同的一种解除条件,买回权为一种解除权,而非一种再买卖。法国、日本民法之立法例导致该说。(2)再买卖说:又称债权说。认为买回系保留买回权的再买卖,是一种特殊买卖,而非属买卖解除之问题。德国、瑞士之立法例形成该说。在买回中,出卖人有权将来买回其出卖的标的物。买回之当事人及标的物均与原买卖合同相同,不过当事人的地位有所变化。买回人系原买卖合同的出卖人,相对人则系原买卖合同的买受人。买回的标的物为原买卖合同的标的物,原买卖合同为物之买卖,买回亦当然为物之买卖,原买卖合同为权利之买卖,买回亦当然为权利之买卖。买回的价金原则上也应与原买卖之价金相同。

买回须出卖人于买卖合同中保留买回权,而不是单独订立买回合同,即买回须于原买卖合同中附加保留买回权的特别约定方能成立。既然是保留买回权,当然不是现实买回,而是将来买回,所以订立买卖合同时,买回虽已成立,但尚未生效,须等买回权人行使买回权始能生效。买回权的行使,须以意思表示为之。买回权是一种形成权,一经行使即生效力,无须相对人之承诺。此权利系因保留而发生,并非法定的权利。买回权是一种财产权,可以让与或者继承,其行使为条件之完成。其行使方法除须为意思表示外,尚需为价金的提出,故买回权的行使为要物行为。价金的提出既为买回权的行使要件,又为买回人的义务。如果买卖费用由买受人支出,买回人应与买回价金一同偿还之,但该费用的偿还,并非买回权行使的要件。买回权行使的主体,不以原出卖人为限,其继承人及受让人亦可行使,且买回权人的债权人亦可代位行使买回权。买回权行使之相对人,亦不以原买受人为限,其继承人或其他概括的承继人亦可。但买回权除不动产买卖已为登记者外,无物权之效力,故无法对买受人的受让人(特定承继人)行使。买回权须于买回期限内行使方为有效,其期限可由当事人约定。但各国立法上均对期限有一定限制,以避免期限过长,有碍物之改良及不利流通。当事人约定之期限较法定期限短者从其约定,较法定期限长者则从法定期限,当事人未约定买回期限者,也以法定期限为准。法定期限或者约定期限均属于终期,而非始期,即是说,期限届满后则不得行使买回权。

买回一经生效,则当事人双方负有下列义务。买回人的义务主要是:(1) 价金返还义务。价金的数额,原则上与原买卖合同的价金相同,但当事人另有约定者,从其约定。返还价金时不必加算利息,由于原价金的利息与买受人就标的物所得的利益视为互相抵消,即买回人不必返还价金的利息,而相对人亦不必返还标的物之利益(例如孳息),以避免计算之困难。(2) 费用偿还义务。买卖费用由买受人支出的,买回人应与买回价金一并偿还之。如受领标的物的费用、登记的费用等。若双方已约定由原出卖人支出,则无偿还问题。由双方平均负担的买卖费用,属于买受人分担的部分,买回人亦应偿还。上述费用均为原买卖之费用,而买回的费用则由买回人负担,因为买回系为买回人的利益。此外,买受人为改良标的物所支出之费用及其他有益费用而增加价值者,买回人亦应偿还之,但以现存的增价额为限。买回人仅偿还有益费用,而对于必要费用则不在偿还之列。

买回相对人的义务主要有:(1) 交付标的物及其附属物的义务。买回相对人于买回人行使买回权时,应将标的物及其附属物交付于买回人。这里之标的物系原买卖之标的物,附属物系标的物之从物。(2) 损害赔偿义务。买受人因可归责于自己之事由不能交付标的物,如买受人将标的物转卖于第三人无法收回,或因买受人之过失致使标的物灭失,或者标的物显有变更,如买受人将标的物加以改良变更其种类等,买受人均应负损害赔偿责任。买受人对于买回人不负瑕疵担保责任,因为该项责任系以买受人(在此为买回人)之不知有瑕疵为前提,而买回人为原出卖人,标的物原为其所有,有无瑕疵,买回人应比相对人更加清楚,故不能使其相对人负瑕疵担保责任。 (王卫劲)

maihuiren

买回人(redemption person) 买回制度中的买受人。买回是出卖人在买卖合同中保留买回其已出卖的标的物的权利而向买受人为再买回意思表示的买卖。因此,买回人也就是原买卖合同中的出卖人,买回人买回标的物是行使原买卖合同中保留的买回权,以原买卖合同中有买回的特约为前提。当事人若不是行使买回权而买回其已出卖的标的物,则不为买回人。

(郭明瑞)

maijia

买价(buying price) 买卖合同订立时所确定的标的物单位数量的购买价格。 (王卫劲)

maikong

买空(buying long) 卖空的对称。又称"多头"、"做多头"。在商品、证券或外汇的价格看涨时,买进期货,于价格上涨后卖出以取得差额利益的行为。 (王卫劲)

maimai biaodi

买卖标的(subject matter of sales) 买卖合同当事人双方以货币交换的对象。广义的买卖合同的标的可以是各种财产,既包括有形财产,也包括无形财产,出卖人须向买受人转移的既可以是所有权,也可以是使用权或是知识产权,还可以是债权。狭义的买卖合同的标的仅限于物或货物。买卖的标的可以是现存的财产,也可以是出卖人将来取得的财产。出卖人对买卖标的负瑕疵担保责任,于履行时出卖人须对该标的有

处分权。　　　　　　　　　　　（郭明瑞）

maimai hetong

买卖合同（sale；德 Kauf）　商品交换的典型法律形式。出卖人须移交财产给买受人，买受人为此应支付价款的协议。在英美法上，买卖合同仅限于货物买卖，指出卖人向买受人转移货物所有权，买受人为此支付价款的合同；在大陆法国家，买卖合同也适用于其他财产权利的交易，指一方将财产所有权或者其他的财产权利转移给另一方，另一方为此支付价款的合同。我国现实生活中广义的买卖包括各种以支付价款取得财产权利的交易，如国债买卖等；狭义的买卖仅指实物买卖。《中华人民共和国合同法》第 130 条规定：买卖合同是出卖人转移标的物所有权于买受人，买受人支付价款的合同。

依我国《合同法》的规定，买卖合同具有以下法律特征：(1) 买卖合同是出卖人转移财产所有权的合同。转移标的物的所有权是买卖的目的，出卖人不仅须将标的物交付于买受人，而且须将标的物的所有权转移给买受人。移转财产所有权，是买卖合同区别于其他移交标的物的合同（如租赁合同）的主要特征。(2) 买卖合同是买受人支付价款的合同。买受人以支付价款为取得标的物所有权的代价，这是买卖合同区别于其他发生所有权转移的合同（如赠与合同、互易合同）的根本特征。(3) 买卖合同为诺成合同、双务合同、有偿合同、不要式合同、要因合同、有名合同。买卖合同自买卖双方意思表示一致时即成立，不以标的物的实际交付为成立要件；买卖合同的双方负有对待给付的义务；买卖合同当事人任何一方从对方取得权利都须支付相应的财产代价；除法律另有规定或者当事人另有约定外，买卖合同无须以特定方式作成；买卖合同以一方取得标的物所有权及另一方取得价款为原因，无此原因存在则不能成立；买卖合同是法律上明确规定的合同。

依我国《合同法》第 174 条的规定："法律对其他有偿合同有规定的，依照其规定；没有规定的，参照买卖合同的有关规定。"买卖合同是最常见、最普遍的合同，通常可分为以下种类：(1) 一般买卖与特种买卖。前者指法律对其并无特别规定的买卖，后者指法律对其有特别规定的买卖。(2) 动产买卖与不动产买卖。前者以动产为标的物，后者以不动产为标的物。(3) 即时买卖与非即时买卖。前者于买卖合同成立的同时双方即履行了各自的义务，即时清结，货款两清；后者指当事人双方或一方非于合同成立之时而是其后方须履行义务。(4) 批发买卖与零售买卖。前者指批发商出卖商品，后者指零售商出卖商品。(5) 非竞价买卖与竞价买卖。前者指双方按照合同订立的一般程序协商达成买卖协议的买卖，后者指以竞争方式订立买卖合同的买卖。(6) 一时买卖与连续交易买卖。前者当事人双方仅进行一次交易即结束双方之间的买卖关系，后者当事人双方于一定期限内连续进行有关联的多次交易。(7) 特定物买卖与种类物买卖。前者以特定物为标的物，后者以种类物为标的物。

买卖合同的标的物，应当属于出卖人所有或者出卖人有权处分。法律、行政法规禁止或者限制转让的标的物，依照其规定。买卖合同出卖人的主要义务是向买受人交付标的物或者交付提取标的物的单证，并转移标的物所有权；买受人的主要义务是按照约定的数额、地点、时间和方式向出卖人支付价款。（郭明瑞）

maimai hetong dangshiren

买卖合同当事人（parties to a contract of sale）　订立买卖合同、享有债权并负担相应债务的人。包括出卖人（又称卖主、卖方）和买受人（又称买主、买方）双方。买卖合同的当事人双方可以是自然人，也可以是法人或其他组织；可以是一人，也可以是多人；可以是本国人，也可以是外国人或无国籍人。因买卖合同为双务合同，出卖人一方负有交付标的物并转移其所有权的义务，买受人一方负有支付价款的义务，因此，买卖合同的任何一方当事人若无相应的民事行为能力，应由其法定代理人代理或者征得法定代理人的同意。因买卖合同的履行发生所有权移转，所以出卖人应对出卖的标的物享有相应的处分权利。　（郭明瑞）

maimaihun

买卖婚（marriage by purchase）　以男方支付女方的身价为成婚条件的婚姻。最初盛行于原始社会和奴隶社会之交。早期型的买卖婚是公然以妇女为财货的婚姻交易，男方为了购买妻子，必须付出一定数量的货币、牲畜或其他等价物。后来演变为多种形式，有公开的买卖婚和变相的买卖婚之别。在古代罗马，买卖婚是有夫权婚姻的结婚方式之一，男子须在证人和计量者面前以要式契约的形式买受女子。中国古代长期实行的聘娶婚实际上是买卖婚的转化形态，以依礼聘娶、交付聘金、聘礼之名，行买卖之实。这种旧式婚姻，一直延续到近代的半殖民地半封建社会。我国现实生活中残存的买卖婚姻，主要是婚姻领域里的旧制度、旧思想的残余影响造成的。我国婚姻法明令禁止买卖婚姻。按照最高人民法院的司法解释，买卖婚姻是第三者（包括父母）以索取大量财物为目的，包办强迫他人（包括子女）婚姻的违法行为。从事买卖婚姻时以暴力干涉婚姻自由的，应依法追究犯罪者的刑事责任。

（杨大文）

maimai yuyue

买卖预约(preliminary agreement of transaction) 当事人约定将来订立一定买卖合同的协议。买卖预约的内容是使当事人负担将来缔结买卖合同的义务。买卖预约属于债权合同,以发生将来订立买卖合同的债权债务为目的。作为一种独立的合同,它必须具备一般合同的成立和生效要件,其是否可以成立、生效取决于买卖本约的标的是否确定、可能及合法。买卖预约不同于附停止条件的买卖合同,后者本身即是买卖合同,并非仅仅发生将来订立买卖合同的义务,而买卖预约只发生将来订立买卖合同的义务,作为本约的买卖合同尚未成立。如果买卖预约人违反预约而不订立买卖合同,预约权利人有权要求其履行预约义务或解除预约并得请求损害赔偿。《日本民法典》中对买卖预约有较详尽的规定,依该法规定,买卖一方发出预约后,如果相对人在预约期间内作出了订立买卖合同的明确意思表示,则从该意思表示作出时,视为买卖关系成立。
(任自力)

maimai yueji

买卖约剂(written sales contract) 中国古代的买卖契约。古代社会,"约剂"、"券书"、"判书"、书契都指买约。《周礼·秋官·司约》:"司约掌邦国及万民之约剂。"买卖约剂即是民间为买卖而订立的契约。 (郭明瑞)

mairu jianzi

买入减资(capital reduction by buying stock back) 通过收购本公司的股票并注销股份以减少公司资本的公司减资方式。依《中华人民共和国公司法》的规定,公司不得收购本公司的股票,但为减少公司资本而注销股份或者与持有本公司股票的其他公司合并时除外。公司为减少公司资本收购本公司的股票后,须在10日内注销该部分股份,依照法律、行政法规办理变更登记并公告。 (郭明瑞)

maishouren

买受人(buyer) ❶又称买方。买卖合同中约定支付价金的人。买受人可以为自然人,亦可为法人或其他组织;可以为单个人,亦可为多数人。作为买卖合同的一方当事人,买受人对于出卖人负有支付价金、受领标的物等义务。❷保险标的物的买受人。在财产保险中,保险标的的所有权移转会带来保险合同主体的变更,实质上即产生保险合同的转让。世界各国法律对财产保险合同主体变更的程序有不同规定。《中华人民共和国保险法》第33条规定:"保险标的的转让应当通知保险人,经保险人同意继续承保后,依法变更合同。但是,货物运输保险合同和另有约定的合同除外。"在买受人取代标的物(无论为动产或不动产)的原所有权人成为保险合同主体后,即当然享有保险契约上的利益。若保险事故发生于买卖合同成立后,标的物所有权移转前,则原保险契约上的利益之归属应具体分析:若于买卖之际,出卖人纯为买受人之利益而投保,则保险赔偿金应属于买受人,但于未受清偿之价金内,出卖人仍保有其利益;若出卖人纯为自己之利益就标的物投保,则赔偿金仍应由出卖人保留,但于标的物移转后,由于其保险利益完全消失,故保险契约上之利益应归属于买受人。 (王卫劲 温世扬)

maizhu dangxin

买主当心(caveat buyer) 又称"购者自慎"。指买主应注意所购买的商品质量,自行承担购买的商品不合其要求的风险。这是资本主义早期一些国家商品销售中的一项规则。在现代社会,强调保护消费者的利益,强化产品质量责任,这一规则已无适用的余地。
(郭明瑞)

maijia

卖价(selling price) 买卖合同订立时所确定的标的物单位数量的出卖价格。 (王卫劲)

maikong

卖空(selling short) 买空的对称。又称"空头"、"做空头"。在商品、证券或外汇的价格看跌时,卖出期货,于价格下跌后再补进以赚取差额利益的行为。
(王卫劲)

maizhe dangxin

卖者当心(caveat seller) 商品的出卖人应对出卖商品的瑕疵予以注意。现代各国法上普遍规定,出卖人对出卖的标的物负瑕疵担保责任,包括物的价值瑕疵担保、效用瑕疵担保和品质瑕疵担保。因此,为避免承担瑕疵担保责任,出卖人于出卖商品时应检查其有无瑕疵,发现有瑕疵时应告知买受人。若买受人知道出卖物有瑕疵而仍购买的,则出卖人不负瑕疵担保责任。
(郭明瑞)

manxipaxu

曼兮帕蓄(拉丁 mancipatio) 罗马市民法上移转所有权的最古老的方式,即要式买卖。曼兮帕蓄体现了罗马法早期注重形式的特点。根据罗马法学家盖尤斯等的记载,进行要式买卖时,当事人须亲自到场,并邀请适格的成年罗马市民6人到场,5人作为证人,1人作为司秤。买主一手持标的物或者其象征物,一手持作为价金象征的铜块,在司秤面前说:"按罗马法律,此物归我所有,我以此铜块与秤买得之。"言毕以铜块击秤,并将铜块交与卖主,买卖关系即告成立。曼兮帕蓄仅适用于罗马市民之间就要式移转物的交易,其法律效力即转让标的物的市民法所有权。随着罗马社会政治经济的发展,至共和国末期,当事人已经开始采用以书面记载要式买卖的内容的方式,至帝国后期,人们已不再采用繁琐的铜块和秤式,交付即可移转任何物之所有权。优士丁尼皇帝时明令废止曼兮帕蓄。

(李富成)

maoyunfei

毛运费(gross freight) 净运费的对称。指未扣除运费回扣时的运费或者包括各种附加费在内的运费总额。在国际航运中,船公司为了争取货方持续供货和多揽货载,普遍使用运费回扣的做法,即船公司对货方所付运费中减收的款额。一般是从基本运费或者基本运费率中减收百分之几,这一减收百分之几的款额,称为船公司给货方的回扣。未扣除运费回扣的运费称为毛运费。扣除运费回扣的运费,称为净运费。有时也把包括各种附加费在内的运费称为毛运费,在毛运费中扣除各种附加费后的运费,称为净运费。 (张 琳)

maodun tiaojian

矛盾条件(德 perplexe Bedingung) 以导致法律行为自相矛盾的事实为内容的条件,如此物赠你,但你请求交付,则应还我,就属附矛盾条件的法律行为。附矛盾条件的法律行为无效。《中华人民共和国民法通则》对此没有规定。 (李仁玉 陈 敦)

maobochuan

锚泊船(at-anchor vessel) 处于锚泊状态的船舶。锚泊船应按照规定显示锚泊号灯和号型。一般而言,无论是锚泊用锚还是操纵用锚,只要锚一落下并抓住了海底,船舶即应认定为锚泊。一船系泊于另一艘锚泊船上,该船也应被认定处于锚泊状态。

(张永坚 张 宁)

maoxian jiedai hetong

冒险借贷合同(bottomry) 借款人与银行签订的由借款人以船舶或船载货物为抵押获得银行贷款,在船舶或货物安全抵达目的地后,一定期限内偿还借款的本金和利息,若船舶航行途中受损、失事、沉没,则免去借款人部分或全部还本付息义务的借贷合同。

(张平华)

maoyi huozhan

贸易货栈(trade warehouse) 也称为货栈、行栈、贸易信托部。一种以从事居间性、服务性商务活动为营业的商业企业。它一手托两家,不直接买进卖出,而是站在买卖双方中间,为买卖双方提供劳务活动和信息服务,穿针引线,牵线搭桥,促成买卖双方成交。其经营方式多种多样,以代购、代销、代运、代储为主,也开展一部分自营业务。它具有联系面广、信息灵通、交易灵活、购销方便的特点。其主要职能是:沟通行情、牵线搭桥、拾遗补阙、互通有无、搞好吞吐、活跃经济。商品价格由贸易货栈组织交易双方协商议定,根据市场商品供求情况有涨有落。 (关 涛 梁 鹏)

maoyi xianzhi

贸易限制(restraint of trade) 对当事人的自由贸易活动进行的限制。经常作为反不正当竞争法中的一个概念出现,特指通过合同或组成联合体的形式,消除或抑制竞争,实现对产品、价格、市场的垄断行为。一般为非法行为。但下列限制行为属于合理行为:(1)出于反不正当竞争、维护公共秩序、确保国家财政收入、保护公众的健康等目的,而在法律中规定的某些限制。(2)当事人通过协议的形式限制其中一方的某些自由权利,如买卖中卖方强加给买方的不准买方以后从事与卖方有竞争的经营活动的限制等。但当事人的协议限制是否合理,最终由法院根据双方当事人的利益和一般公共利益的考虑作出判断。 (郭明瑞)

moshou

没收(confiscation) 没收官僚资本和敌伪财产。这是中华人民共和国建国初期国家所有权产生的重要方式。在半封建半殖民地的旧中国,官僚资本代表着最腐朽、最反动的生产关系,严重阻碍着生产力的发展。《中国人民政治协商会议共同纲领》总纲中就明确规定,"没收官僚资本归人民的国家所有"。1952年2月中央人民政府政务院发布了《关于没收战犯、汉奸、官僚资本家及反革命分子财产的指示》。根据当时的政策、法律、法令,没收了国民党政府和官僚资本家的工厂、铁路、矿山、银行、邮电、航运、港口等重要财产,使其成为全民所有制财产和企业,奠定了我国社会主义公有制经济的基础。 (李富成)

meijie dailishang

媒介代理商(medium agent) 又称佣金代理。指通过促成交易的介绍活动使被代理人与第三人之间达成交易协定的代理商。媒介代理商在代理权限内为被代理人与第三人创立了交易关系,而代理商则从该关系中脱身而出，自己不成为法律关系的主体，由本人直接向第三人负责。媒介代理商一般是通过中介活动影响意欲缔结契约的第三人，从而使被代理人和第三人达成交易，这时被代理人与第三人之间是一种借助于中介代理权而形成的法律关系，适用商法中关于中介代理权的规定。如果代理商有欺诈第三人的行为，那么即使被代理人全然不知，第三人仍有权撤销其通过代理商与被代理人签订的合同，在这种情况下，被代理人是责任及后果的直接承担者，代理商应被看做被代理人的交易辅助人员，而不作为第三人看待。

(关 涛 梁 鹏)

meijie jujian
媒介居间(德 Vermittlungsmäkler) 居间合同的一种。居间人为委托人提供订约媒介服务的居间。居间人是居于合同双方当事人之间起介绍、协调作用的中间人。在大陆法系国家的立法上，采民商分立的国家，一般以商法来调整媒介居间。在媒介居间，除非当事人另有约定或者另有习惯，居间人的报酬应当由所促成的合同双方当事人平均负担。

(赵志毅)

meiguo 1986 nian zhengfu zhengquanfa
《美国1986年政府证券法》(the USA Government Securities Act of 1986) 1986年10月28日由美国国会通过，是对《美国1934年证券交易法》的修订。其主要目的在于对证券交易中间商和政府证券交易商进行适当的管理，并对证券交易中间商和政府证券交易商规定相应的金融责任、财务记录、报告及有关的管理办法，为政府证券的交易以及相关的事宜和活动提供统一性、稳定性和高效率的规则，从而保护投资者并保证政府证券市场的公平、公正性和流动性。主要内容：(1) 要求政府证券中间商和交易商必须向SEC(the Securities and Exchange Commission，美国联邦证券与交易委员会)登记注册，中间商和交易商进行政府证券业务之前或中止这类业务时，应向有关管理机构发出书面通知；(2) 授权财政部制定规则，管理政府证券交易的某些方面；(3) 授权联邦证券与交易委员会、联邦储备系统、证券交易所、全国证券交易商协会检查政府证券商的财务记录与交易情况，授权联邦证券与交易委员会对某些政府证券实行限制，或推迟或取消政府证券商的交易登记注册。

(宋士心)

meiguo biaozhun gongsifa
《美国标准公司法》(US Model Business Corporation Act) 由美国全国律师协会的公司法委员会在1950年制定，此后又经过多次修改。该法只规定了股份有限公司。它分为实质性条款，公司的结构，修正案，资产出售，解散，外州(国)公司，年度报告，手续费，特种税和征收款，罚款，杂项条款共10个部分，共计152条。《标准公司法》适用于营利性公司，其宗旨为："依本法令，除银行和保险业外，可以为任何合法的宗旨设立公司。"

该法最突出的特征是无论是实质性条款还是杂项条款，无论是条款形式还是其法律效力，都表现出极大的灵活性。《标准公司法》对股份的缴付形式、股东权利的行使、董事会的职权等实质性条款作了较为灵活的规定。例如该法第19条对股份缴付方式就规定为："发行股份对价可全部或部分地以现款、以其他财产——有形的或无形的、或以实际为公司完成的劳务或服务来缴付。"从杂项条款看，《标准公司法》的灵活性主要表现在对州务卿的权力以及非会议决定的股东行动等问题的规定上。例如该法第13条对州务卿的权力规定为："州务卿应具有为了使他能够有效地执行本法令并加于他的责任而理当授予的权力。"在条款形式上，《标准公司法》除规定正式条款外，还有供采纳本法立法相关选择的条款和自行填写的条款。例如该法第26条股东的优先购股权、第27条章程细则、第45条股利等都规定有可选择条款；该法在第127条至第133条关于公司应付手续费、特种税和征收款的规定中，具体缴付标准可由采纳本法的立法机关确定。此外，第149条权力的保留和第152条先前法令的废除，也都由各采纳本法的立法机关自行写入适当内容。

从法律效力看，《标准公司法》仅供各州议会采纳，对各州公司的组建和经营不具有直接的约束力。各州可根据自己的意愿采纳、部分采纳或全部采纳。在美国，大多数公司企业都是按照某一个州的普通公司法组建的。《标准公司法》对各州公司法的制定有很大的影响，该法的大部分内容已被大多数州所采用。

(王亦平)

meiguo piaojufa
《美国票据法》(Uniform Negotiable Instruments Law) 美国在其殖民地时期，其原英属殖民地大都沿袭英国法律。关于票据，19世纪之前只在普通法和各州法律中有一些规定。独立后，从1878年开始，美国律师公会推动法律统一运动。1896年，由非官方组织的统一州法全国委员会以1882年英国票据法为蓝本，制定了《统一流通证券法》(Uniform Negotiable Instruments Law)该法包括汇票、本票和支票。到1924年，此法被美国各州所采纳，但其有一定缺陷。同时这部"统一法"也由于不同法院的不同解释而丧失了其统一性。加之，商法中其他领域的新问题不断涌现，制定一部综合性商法典的需求甚为迫切。1945年美国法律协会和全国专员会议开始起草《统一商法典》并于1952年公布。但1952年文本的《统一商法典》仅为宾夕法尼亚州于1953年4月以立法形式采用。当时，以纽约州为首的各界认为，1952年文本存在大量纰漏。之后《统一商法典》数易其稿。

《统一商法典》中，票据法被列为第三编。它是由原《统一流通证券法》修改而来。第三编在汇票、本票和支票外又增加了存款单，并易其编名为"商业证券"（commercial paper）。这一编尤为专家们首肯：首先，此编基本是对过去判例的重述、归类和现代化，保留了前人所创造、适用的全部合理原则；第二，在此之前，各地法院、不同法官在大多数案件中所持观点各异，不同判例充斥，而此编的规定结束了这种分裂，明确地或采用前一种观点，或采用后一种观点，或干脆另起炉灶、建立第三种标准，消灭对立；第三，这一编对以往适用解释中的一些问题和偏离直接地进行处理，并加以明确，不似一般普遍法做法，将问题作为事实环节，留给法官在诉讼中去解决。虽美国票据立法由各州自行制定，没有全国统一的票据法，《统一商法典》也只是不具备强制立法效力的规范性文件，但至1982年时，除在一定程度上保留大陆法传统的路易斯安那州之外，其他各州均一致采纳了《统一商法典》第三编的内容。因而，《统一商法典》中关于商业证券的第三编虽非联邦统一立法，却已具备了统一立法的效力。

美国票据法的特点是：第一，包括主义，即在立法体例上采取汇票、本票和支票统一立法。这与英国票据法相同，但美国在票据立法中实际容纳了存款单，在总概念上不称"票据"而名为商业证券，把票据规定在《统一商法典》中而不是单行立法，这些又是与英国法的差别之所在。第二，在票据功能上强调信用工具、流通工具和融资工具的作用，并且允许票据功能的创新。第三，在票据行为规则方面强调灵活性和弹性。美国票据立法对空白票据加以承认。第四，无因性和独立性原则。美国向来便有权利财产观念的传统，所以其十分重视保护票据权利的确定性。第五，美国虽为判例法国家，但在票据立法上也基于独特的法理采取成文法形式。

(温慧卿)

meiguo tongyi hehuofa
《美国统一合伙法》（Uniform Partnership Act of America） 美国统一州法委员会于1914年制定的联邦最早的统一法之一。目前该法已被美国多数州采用。其主要内容是：(1) 合伙的含义。合伙是两个或两个以上有能力的人以他的货币、财物和技术或者其中的某几项为投资，并按照投资比例分享收益和分担损失，从事合法交易或事业而成立的团体。(2) 合伙的财产。合伙人入股的财产和合伙取得之财产，均为合伙的财产。(3) 合伙人的权利和义务。合伙人的权利是，对投入合伙的财产享有股权；对合伙企业有平等的经营管理权，各合伙人有权利以合伙名义签署转让合伙财产的协议；有权了解合伙经营状况，检查合伙账簿。合伙人的义务是，按协议的约定交付出资；按投资比例对合伙债务承担清偿责任；未经其他合伙人同意而取得利润的，应向其他合伙人说明情况。该法还对解除合伙的条件和方式作了规定。

(张玉敏)

meiguo tongyi shangfadian
《美国统一商法典》（The USA Uniform Commercial Code） 由美国法学会和美国统一法委员会共同起草，供美国各州自由采用的法律范本。它本身并不是由美国国会通过的法律，不具有法律效力，由美国各州议会自行决定是否采用。美国统一商法典是美国为协调各州商事立法的矛盾和冲突，统一全国商业交易法律而取得的重要成果。美国的商业立法权在各州，由于各州的商业立法相矛盾和冲突，阻碍了美国经济的发展。因而自19世纪末，美国即开始致力于制定统一商法，成立了统一州法委员会，先后制定了《统一流通证券法》、《统一仓库收据法》、《统一载货证券法》、《统一股份转让法》、《统一信托收据法》、《统一商事公司法》等七个法律文本。在此基础上，由美国法学会和统一州法委员会起草了美国统一商法典，并于1952年公布正式文本。

《统一商法典》共10篇，第一编总则，主要内容是宗旨、解释和效力，第二编是买卖，第三编商业票据，第四编银行存款和收款，第五编信用证，第六编大宗转让，第七编仓单、提单及其他所有权凭证，第八编投资证券，第九编担保交易，第十编附则。统一商法典公布后，根据各州意见又进行数次修改，形成了不同版本。《美国统一商法典》具有如下特征：(1) 制定法典的非国家性。(2) 适用法典的自律性。经各州立法机关通过，才能成为该州的法律，且内容上具有彻底自律性，法律规范现代化，能够适应现代市场交易关系。(3) 处理争议的自裁性。

《美国统一商法典》的主要原则有：(1) 灵活性原则；(2) 现代化原则；(3) 惯例、协议优位原则。现在，统一商法典除路易斯安那州对第二、第九编保留外，已为美国所有的州采用，法典的地域效力是所有采纳《统一商法典》的地域，即50个州和哥伦比亚特区及维尔京群岛，是统一其领域内法律规范的一般法。法典是将所共同规范的主题，即商行为的有关原则与规则，经过系统组织的总体性法典。它不仅在美国得到了很高的评价，认为这种精细而又明智的行为填补了在美国领土上留下的法律上的空白，也引起了全世界的关注，其所取得的"成功应归于该法典的内在质量"。

(金福海 徐学鹿 梁 鹏)

《美国统一信托法》(Uniform Trust Act of America)

一部由美国统一各州法律委员会通过运用法典编纂方法制定的,较为系统地规定信托制度的法律文件。美国是联邦制国家,各州享有独立的民事立法权和民事司法权,故其每一个州都有自己的只能适用于本州的信托制定法与信托判例法,且各州的信托制定法与信托判例法在内容上多多少少存在着一些差异。以一部统一的信托法典来施行于美国各州,并取代各州的信托制定法与信托判例法,是美国统一各州法律委员会追求的目标之一。为实现这一目标,该委员会于1937年公布了这部法律文件。至2001年底在美国已有6个州将它批准并使之作为法律在本州施行。

这部法律文件共有25条,其中主要规定了本法若干术语的定义、与信托有关的银行账户、对将信托基金作为贷款使用的限制、对受托人将其固有财产与信托财产进行交易以及将不同信托的信托财产进行交易的禁止、受托人以自己名义对公司股票的持有和以被授权人名义对公司股票的持有以及对与此有关的表决权的行使、受托人的职权、多数受托人行使职权所应当遵循的规则、受托人在订立合同方面的权利、受托人违反信托的赔偿责任及其免责条件、受托人对信托财产的侵权责任、受托人在从混合信托基金中提取款项时所应当遵循的规则、委托人和受益人的权利以及作为这一权利之依据的信托文件、法院的权力、受托人违反本法的责任、对本法解释的统一以及对本法有关条文的分别适用。

这部法律文件被公布以及被美国一些州批准施行后,随着时间的推移和美国各州信托法制建设的发展,它的不足之处也逐渐被发现,致使美国统一各州法律委员会逐渐认识到应当在适当的时间制定一部新的性质相同的法律文件来取代它。在这一认识支配下,2000年8月5日,该委员会公布了《美国统一信托法典》,并意图以它来取代这部法律文件。但到2001年底,美国批准这部法律文件在本州施行的6个州中还没有哪一个州批准那部新的所谓法典并宣布由它来取代这部法律文件。尽管这部法律文件被新的法典取代已成为必然,但可以预见在今后若干年里,这部法律文件还将在批准它的美国各州内作为法律继续施行。

(张 洁)

《美国统一信托法典》(Uniform Trust Code of America)

一部由美国统一各州法律委员会为了取代《美国统一信托法》而制定的系统地规定信托制度的法律文件。该委员会曾于1937年公布《美国统一信托法》,至2001年底它在美国已获6个州批准并作为法律在这些州施行。随着时间的推移,它的不足之处逐渐被发现,致使在它公布六十多年后,该委员会终于制定了这部新的法律文件来将其取代。

这部法律文件于2000年8月5日公布,它共有11章108条。其中各章为:第一章:一般规定和定义,规定了本法能够适用的信托基本类型、本法若干术语的定义、本法中具有强制性的规则、受托人对受益人的通知义务以及与此有关的通知的形式、有关当事人的信托知情权、本法的信托普通法性质、设立信托时对设立地法律的遵守、信托执行的主要地点、与设立信托有关的财产授予协议以及对信托条款的解释规则。第二章:司法程序,规定了法院对信托的监督、法院对受托人与受益人以及信托标的物的司法管辖权及其管辖地点。第三章:代理,规定了关于信托执行的代理的基本效力、由遗嘱指定的遗产占有人和受信任人以及其他人所进行的对信托执行的代理以及与此有关的对代理人的指定。第四章:信托的设立、效力、变更和终止,规定了信托设立的方式、信托生效的条件、信托目的、信托的慈善目的及其对这种目的的信托的执行、由不正当影响与胁迫以及欺诈导致设立的信托的效力、与以口头形式设立的信托有关的证据、以不特定的人为受益人的非慈善信托、与信托的变更和终止有关的批准和否决程序、对不可撤销的信托的变更与终止的同意、由不能预见的或者不能避免的事件引起的对信托的变更的效力、与慈善信托有关的力求近似原则、对非经济信托的终止、为纠正错误或达到税务目标而进行的对信托条款的变更以及对信托的合并与分立。第五章:债权人请求权、浪费者信托和可酌情处理的信托,规定了受益人的债权人和受让人的权利、浪费者信托的效力以及对这种信托的异议、可酌情处理的信托的设立及其效力、债权人对信托设立人的请求权以及对受托人的个人债务的清偿。第六章:可撤销的信托,规定了信托设立人设立可撤销的信托的资格、对可撤销的信托的撤销和变更、信托设立人的撤销权、可撤销信托的诉讼时效以及受托人对这种信托的信托财产的酌情处理权。第七章:受托人的职责,规定了受托人对信托的接受和拒绝、受托人的合同义务、共同受托人、受托人的缺位以及在此情形下对继任者的选任、受托人的辞任和解任、原受托人对信托财产的移交以及对受托人的补偿。第八章:受托人的义务和职权,规定了受托人的执行信托义务、忠实义务、谨慎义务和公平对待多数受益人义务、与执行信托有关的费用、受托人的技能与委托授权、对信托财产的控制和保护、对信托财产的分离与识别、请求权的行使与抗辩、受托人对信托财产的取得、受托人的通知与报告义务、受托人的酌情处理权、受托人的一般职权与特殊职权以及信托终止时受托人对信托财产的分配。第九章：统一谨慎投资人法。本章由美国统一各州法律委员会于1995年公布的同名法律文件的全部条文构成。即是说，这部在时间上早于本法典公布的法律文件既作为本法典的本章存在，又作为单行法存在。第十章：受托人的责任和与受托人进行交易的人的权利，规定了对受托人违反信托的补救以及由这一违反所生赔偿损失的范围、诉讼费用和代理人费用、针对受托人的诉讼时效、有关的判决对信托执行和信托财产分配的效力、受托人的抗辩、经受益人同意和认可的对受托人的免责、与受托人的个人责任有关的诉讼时效、与受托人合作的人的利益、对与受托人进行交易的人的保护以及信托证明书的必要记载事项。第十一章：其他规定，规定了对本法适用和解释的统一、对本法有关条文的分别适用，本法对设立于其施行前的信托的适用以及对信托合同的电子记录与电子签名的效力。

这部法律文件同作为其取代对象的《美国统一信托法》相比较，在条文数量上要显得多一些。不仅如此，在它的全部条文中，一部分是对后者中规定相应事项的条文在原有内容上的移植，一部分是对后者中规定相应事项的条文在修改基础上的移植，一部分则为后者所没有，即这一部分条文相对于后者属于全新的条文。总的来说，这部法律文件在对制度与规则的设计上一方面吸收了后者中的若干合理成分，另一方面则有相当的创新，从而较后者更为成熟。至2001年底，在美国批准《美国统一信托法》的那6个州中还没有哪一个州批准这部新的法律文件，在其他各州中也没有哪一个州批准它。但由于它取代《美国统一信托法》已成为必然，可以预料，随着时间的推移，这部法律文件将逐渐地为美国的一些州批准并由此作为法律在这些州施行。　　　　　　　　　　（张　洁）

meiguo tongyi youxian hehuofa
《美国统一有限合伙法》(Uniform Limited Partnership Act of America)　美国统一各州法律委员会制定的统一法之一，目前已为大多数州所采用。该法规定，有限合伙由有限合伙人和普通合伙人组成，有限合伙人对合伙债务负有限责任，普通合伙人对合伙债务负无限责任。成立有限合伙必须申报合伙的名称、住所，合伙人姓名和住所，普通合伙人和有限合伙人，合伙存续条件以及各合伙人的投资数额等。有限合伙人只出资而不参加合伙企业的管理，合伙由普通合伙人管理和控制。有限合伙人中1人或数人死亡、退伙或丧失行为能力，并不导致合伙的解除。该法经1976年修订后，其规定的有限合伙更类似于有限责任公司。按修订后的法律规定，有限合伙的名称必须含有"有限合伙"字样；必须在本州保有一个登记营业所或为其接受通知的代理人；有限合伙人不得参与合伙经营管理，不得作为合伙的代理人或雇员，不得就合伙问题与他人协商或提出建议，不得提出解除合伙，无权就出让合伙财产和改变合伙名称等问题进行表决。　　（张玉敏）

meiguo xintuofa
《美国信托法》(The Trust Law of America)　美国各州信托法的统称，属于世界上最发达的信托法之一。美国为联邦制国家，各州享有独立的民事立法权和民事司法权，故各州都有只能适用于本州的信托法。美国大多数州的信托法都主要以判例法为存在形式，在这些州中也存在一些关于信托的制定法，但这些制定法一般为单行法，为其所规定的仅仅限于一般信托的某一事项或者某一类型的信托。只有少数州制定有信托法典，这样的州有纽约州、密歇根州、明尼苏达州、维斯康辛州、加利福尼亚州、蒙大拿州、南达科他州、北达科他州、佐治亚州、印第安纳州、宾夕法尼亚州。但即便制定有信托法典，在这些州中也存在着大量关于信托的判例法。

美国各州的信托法在基本内容上趋于一致。尽管在这些信托法之间多多少少存在着一些差异，但这些差异都是非本质的。为了实现对美国各州信托法的统一，美国统一各州法律委员会于20世纪30年代以来，陆续制定了若干关于信托的成文法律文件。这些法律文件主要包括《美国统一信托法》、《美国统一共同信托基金法》、《美国统一谨慎投资人法》、《美国统一保管信托法》、《美国统一本金与收益法》以及《美国统一信托法典》等，其中的大多数已为美国的一些州或者司法管辖区批准从而作为法律施行于这些州或者司法管辖区。

美国信托法作为一个整体，其中绝大多数制度和规则都是对英国信托法中的相应制度和规则进行移植和仿效的产物，故美国信托法与英国信托法在基本内容上是相同的。但相对于英国信托法而言，在美国信托法中还是存在着一些带有创新性质的制度和规则，这些制度和规则体现着美国信托法与英国信托法的不同，正是它们的存在，显示出美国对信托法的发展和丰富。　　　　　　　　　　　　　（张　淳）

meiguo xintuofa chongshu
《美国信托法重述》(Restatement of The American Law of Trusts)　一部由美国法律学会组织有关法学专家通过运用法典编纂方法编写而成的、系统地列举属于信托法范围内的各项制度和规则的法学著作。美国从法律传统角度看属于判例法国家，就该国没有制定信托法典的各州而言，其信托法中的绝大多数制度与规则都表现为判例法；就该国制定有信托法典的各州而言，其信托法中有相当一部分制度与规则也以判例法为存在形式。大量判例法的存在，以及由判例法与制定法共同构成其中若干制度这一状况的存在，致使对信托法的理解和掌握显得十分困难。正是为了方便法官、律师、其他法律工作者和从事信托实务的人士理解和掌握信托法，美国法律学会才在对美国各州的信托制定法和信托判例法的共性加以归纳和总结的基础上编写了这部貌似信托法典的信托法学术著作。

这部法学著作的第一版于 1935 年出版，第二版于 1957 年出版，后者实际上是对前者系统修订后的再版。1957 年版的这部法学著作在正文前面列有"前言"与"引言"，"前言"部分扼要介绍了关于该著作的编写、修改与内容核定，"引言"部分大致提到信托制度的起源及其特点以及为该著作未涵盖的一些信托类型和信托法规则。这部法学著作的正文部分共有 12 章 460 条，其中有的章还分为若干节，甚至有的章的某一节还分为若干目。它的结构为：第一章为"定义和区别"，其中第一节为"定义"，第二节为"区别"。第二章为"信托的设立"，其中第一节为"设立信托的方式"，第二节为"委托人的能力"，第三节为"设立信托的意思"，第四节为"约因"，第五节为"财产权归受托人所有之转移"，第六节为"通知受托人和受托人的承诺"，第七节为"通知受益人和受益人的承诺"，第八节为"权利保留与设定"，第九节为"言词证据规则"，第十节为"书面合同的必要性"，第十一节为"遗嘱信托的设立"，第十二节为"信托目的"，第十三节为"违法性"，第十三—A 节为"给付不能与条件不确定"，第十四节为"其他条件"，第十五节为"用益条例的效果"。第三章为"信托财产"。第四章为"受托人"。第五章为"受益人"。第六章为"受益权的转移"，其中第一节为"任意转移"，第二节为"非任意转移"，第三节为"对任意转移和非任意转移的限制"，第四节为"受益权的连续转移"。第七章为"信托的管理"，其中第一节为"通则"，第二节为"受托人的义务"，第三节为"受托人的职权"，第四节为"受益人的赔偿请求权和受托人的责任"，第五节为"信托基金的投资"，第六节为"继任受托人"，第七节为"受托人的报酬"，第八节为"对受托人支出的费用的补偿"，第九节为"受益人的责任"，第十节为"共同受托人的分担和补偿"，第十一节为"指示和计算"。第八章为"对第三人的责任"，其中第一节为"受托人的责任"，第二节为"债权人对信托财产的权利"，第三节为"受益人的责任"。第九章为"第三人的责任"，其中第一节为"对受托人不利的第三人的诉讼行为"，第二节为"信托财产的受让人"，其中第一目为"一般原则"，第二目为"知悉"，第三目为"有偿转让"，第四目为"信托财产所有权的转让"，第五目为"受益人的禁反言责任"，第六目为"善意买受人的转让"，第三节为"非收受转让而参与违反信托的情形"，第四节为"限制条款和懈怠的效力"，第五节为"受益人免责和对该人的请求权"。第十章为"信托的终止和变更"。第十一章为"慈善信托"，其中第一节为"定义"，第二节为"慈善信托的设立"，第三节为"慈善信托的性质"，第四节为"慈善信托的经营"，第五节为"对第三人的责任"。第十二章为"归复信托"，其中第一节为"总则"，第二节为"明示信托的无效"，第三节为"明示信托的剩余资产"。

从内容上看，这部法学著作以条文化形式列举了与信托财产、受托人和受益人有关的绝大多数信托法制度和规则，这些制度和规则适用于任何类型的信托中的信托财产、受托人和受益人；此外它还列举了与明示信托的设立和终止有关的各项信托法制度和规则，并规定了与民事信托、慈善信托和归复信托有关的若干事项；只是它没有提到营业信托和推定信托，从而自然也就没有对这两种类型的信托的制度构成作出设计。这部法学著作虽然在性质上并不是法律，但它对存在于美国各州的信托法中的若干制度和规则归纳准确，且它的内容具体详尽，涉及范围广泛。故它自出版以来，便成为法官、律师、其他法律工作者和从事信托实务的人士的必读书，它对信托法的阐述的权威性一向得到美国各级法院的一致认可，对这些法院关于信托的审判实践一直起着极大的指导作用。　　(张　淳)

meiguo zhengquanfa

《美国证券法》(Securities Law of the US)　由美国国会制定的联邦证券法和各州立法机关制定的证券法组成的对证券市场进行严格监管的法律体系，是美国金融法的一个重要组成部分。联邦证券法主要包括：1933 年《证券法》、1934 年《证券交易法》、1935 年《公共事业持股公司法》、1939 年《信托契约法》、1940 年《投资公司法》、1940 年《投资顾问法》、1970 年《证券投资者的保护法》、1984 年《内部交易制裁法》、1988 年《内部交易和证券欺诈执行法》等。

其主要内容是：(1) 证券发行与交易的公开原则。依据 1933 年《证券法》和 1934 年《证券交易法》，所有在证券交易所上市的公司都应依法登记注册，场外交易市场上资产额 100 万美元以上、股东人数 500 人以上的任何一种股票的发行公司也应注册。注册公司在证券发行后，每年仍必须向证券管理委员会或其他的主管机关提供有关本公司营业及财务状况的定期报告和报表资料。公开发行公司的董事、重要职员以及直接或间接持有任何一种股票的数量达到 10% 以上的股东，对其持有公司的股份有报告的义务，并且在以后股权变动时应作继续的公开。(2) 证券交易管理机关。主要包括证券交易委员会、证券交易所和全国证券交易商协会。证券交易委员会是 1934 年根据《证券交易法》建立的一个统一管理全国证券活动的最高管理机关。它直属美国总统,独立行使职权,并直接对国会负责,主要职责是:负责制定并调整有关证券活动的管理政策,负责制定并解释证券市场的各种规章制度,并组织贯彻执行;管理全国范围内的一切证券发行和证券交易活动,维持证券市场秩序,调查、检查各种不法的证券发行和证券交易行为,执行行政管理和法律管理措施;作为全国证券发行和证券交易的信息中心,组织并监督证券市场收集和输送各种有关证券发行和证券交易的信息。联邦证券交易所是证券交易委员会下属的一个半管理半经营的机关,其主要职能是:建立会员制度,负责会员的注册登记和对会员资格的审批;建立证券注册制度,除了享有注册豁免的证券外,所有在证券交易所上市发行和交易的证券,都须取得该交易所的注册许可;制定本交易所的规章制度,并监督所有会员遵守执行;在证券交易委员会规定的最高经营收费标准限额下,制定本交易所各类业务收费标准;提供通讯、清算和交易场所等一切必需设施,组织并维持市场活动的进行;负责征集、统计本交易所会员的资产、负债、销售、盈利等经营活动情况和财务情况,并按期进行信息披露;负责征集、统计并公布在本交易所上市的证券种类、价格、交易数量等信息。全国证券商协会是 1939 年成立的一个半官方半民间的营利性组织,全权管理全国场外交易市场上的所有证券交易活动。(3) 实行分业制。法律规定商业银行和投资银行实行业务分离,证券业务由投资银行专营。20 世纪 80 年代以来,由于全球金融市场自由化的影响,美国对银行从事证券业务的限制有所松动,1987 年开始,联邦储备委员会根据 1970 年《银行持股法》修正案,授权部分银行有限地从事证券业务。(4) 禁止证券欺诈和证券操纵等活动。美国证券法对证券欺诈、假冒和操纵活动作了严格的界定并规定了严厉的惩罚措施。

各州证券立法又称为《蓝天法》。最早的蓝天法是堪萨斯州于 1911 年制定的,后为各州所效仿。由于很多证券跨州发行,各州法律的不一致给证券发行带来极大的不便,因此 1956 年美国律师公会起草了一部《统一证券法》,供各州自愿采用。现在大多数州已采用了这项法案,各州的证券法逐步趋于统一,但仍有一些州坚持原有的证券法。

(夏 松)

milan guize

米兰规则(Milan Rule) 在英国,曾存在货物犯有过失的理论。米兰规则是根据英国上议院 1861 年依据上述理论就一起船舶碰撞案件所作的判决而引申出来的。按照这一规则,若承运船舶在碰撞事故中有过失,其所承运的货物亦被视为有同一程度的过失。比如,对方船承担 50% 的碰撞责任,本船也承担 50% 的责任,那么本船的货物所有人只能向对方船索赔 50% 的货物损失,其余的 50% 在任何情况下,都不能向本船追偿,因为货物也有 50% 的过失。1911 年的《英国海事公约法》废除了这一原则。

(张永坚 张 宁)

mimi xintuo

秘密信托(secret trust) 虽有财产出让人的明示,但在将财产转移给受让人的文件中却并未记载其内容的信托。财产出让人在将财产转移给受让人时,在有关的转移文件中并不存在信托的意思表示;但该出让人在该项文件生效之前,却已经通过明示而通知该受让人应当就该项财产设立信托,并由其担任受托人以为某特定的人的利益或者某特定的目的而运用之;而该受让人也接受了该项财产。对此,法院应当认定信托成立,秘密信托便由此而产生。由法院根据对财产出让人关于设立信托的通知与受让人接受财产转移的事实的认定而产生信托,便是秘密信托的根本特征。

秘密信托又分为半秘密信托与完全秘密信托。前者是指在财产出让人的明示通知中既规定有其设立、又规定有其内容的秘密信托,这种秘密信托如何运作由受让人以受托人身份并根据前述通知中的有关内容自行决定;后者由则是指在财产出让人的明示通知中仅规定有其设立、而未规定有其内容的秘密信托,这种秘密信托如何运作由法院依法裁决。秘密信托是一种特殊的明示信托。它的特殊性表现为:这种信托中的财产出让人即委托人关于信托的明示并不是存在于有关的财产转移文件之中,而是存在于另外的通知之中。英美信托法承认秘密信托。

(张 淳)

mianchu

免除(release;德 Erlass;法 remise) 又称债务免除。债权人以消灭债务人的债务为目的而抛弃债权的意思表示。债的消灭原因之一。免除成立后,债务人不再负担被免除的债务,债权人的债权也不再存在,债归于消灭。对于免除的性质,各国立法及学说有所不同。法国民法和德国民法认为免除为双方法律行为,是契约;日本民法认为免除是单方法律行为。根据《中华人民共和国合同法》第 105 条的规定,我国法律所规定的免除其性质也是一种单方法律行为。

免除的法律特征体现在:(1) 免除是民事法律行为。债权是存在于特定人之间的请求权而非支配权,所以抛弃债权不得以事实行为方式作出而必须有抛弃的意思表示。至于其为双方或单方行为则依立法不同而有不同规定。(2) 免除是无偿行为。债务人因免除取得利益时,无须为此支付对价。如规定免除是单方行为时,免除还是无因行为。免除债务的原因有多种,可能有偿也可能无偿,但免除本身仍属无偿行为。(3)免除为非要式行为。无论书面或口头、明示或默示均可。(4)免除须以债权债务关系的消灭为内容。免除是处分债权的行为,因免除而消灭的债务应当与抛弃的债权范围相一致。

免除的要件有:(1)免除的意思表示只能向债务人作出。免除为有相对人的单方行为。如果向第三人为免除的意思表示,债的关系并不消灭。免除可以以合同、交付免除证书、交还债权证书等方式进行。(2)免除作为法律行为适用法律行为的规定,如可以附条件和附期限。(3)免除人应当有对债权的处分权。无行为能力人或者限制行为能力人未获得其法定代理人的同意,不得为免除行为。但对债务人无此要求。(4)免除不得损害第三人利益。如已就债权设定质权的债权人不得免除债务人的债务而以之对抗质权人。(5)免除的意思表示不得撤回。自免除人向债务人或其代理人表示后,免除即发生法律效力。免除不得撤回,否则违反诚信原则,损害债务人的利益。

免除发生债的关系绝对消灭的法律后果。债务全部免除的,债的关系全部消灭,债务人可请求返还债权证书;债务一部免除的,仅该部分消灭。债务消灭时,与之相应的债权也消灭。因债务消灭,债务人的从债务如利息债务、担保债务等,亦同时归于消灭。但当保证债务等从债务免除时,主债务并不消灭。就法律禁止抛弃的债权而免除债务的,其免除无效,不发生债消灭的法律效果。

(万 霞)

mianchu minshi zeren de tiaojian
免除民事责任的条件(exception;德 Einrede) 又称免责事由、抗辩事由。指可以免除或减轻民事责任的情况。在违约责任中,免责事由指从诉讼的角度看,被告在承认损害事实的情况下,得对原告提出的诉讼请求予以抗辩及主张自己不应当承担或者只应承担部分责任的事实。因此,免除民事责任的条件就是抗辩事由。在民事侵权责任中,免责事由是阻却违法性事由,被告的行为因为免责事由而可以不具有违法性,此时自然不能构成侵权责任。

免责事由分法定免责事由(或免责条件)与约定免责事由(或免责条款)。约定免责事由只存在于合同责任中,且必须符合合同生效条件及《中华人民共和国合同法》要求的其他条件。在合同责任与侵权责任中,法定免责事由不同。对我国《合同法》规定的法定免责事由,学者有不同的看法,有的认为违约责任的法定免责事由包括不可抗力、债权人过错;有的认为包括不可抗力、货物本身的自然性质及货物的合理损耗、债权人过错,其中不可抗力是普遍适用的免责条件,其他则仅适用于个别场合。事实上,在坚持严格责任的前提下,普遍适用的法定免责事由只有不可抗力。债权人过错应该成为双方违约或过失相抵规则适用的条件,不能简单说成是免责事由。货物本身的自然性质和货物的合理损耗以及其他的事由如意外事件都是仅适用于个别场合的免责事由。在侵权责任中法定免责事由包括正当理由与外来原因两大类。正当理由包括依法行使权利、正当防卫、紧急避险、自助行为、受害人同意;外来原因包括不可抗力、意外事件、受害人的过错、第三人的过错。

(张平华)

mianpei'e
免赔额(franchise) 亦称"最小损失不赔"。一次保险事故所造成的损失,如已超过保险价额的某一百分比或某一规定额度,全部损失均由保险人赔偿;但若不及规定额度或百分比,保险人不负赔偿责任。此小于规定额度或百分比的损失额即为"免赔额"。分为"绝对免赔额"和"相对免赔额"。所谓"绝对",是指即使损失超过规定的免赔额,保险人也要将其先行扣除;所谓"相对",是指损失超过规定的免赔额时,保险人必须补偿全部损失,而不得将免赔额先行扣除。免赔额规定主要有两个作用:一是节省保险人理赔费用,防止小额损失的发生;二是让被保险人自保一部分以大幅降低保费。

(温世扬)

mianze tiaokuan
免责条款(exception clause) ❶ 海商法上的免责条款,又称除外责任条款。免除或者减轻承运人责任的条款。一般以"印刷条款"形式出现在提单背面,内容是免除或减轻海上承运人将来或现在应负的法定责任。免责条款包括繁多的免责项目,各国航运公司的提单规定也不完全一样。免责条款的有效性取决于它是否与国际公约或国内法相抵触,或者是否属于《海牙规则》第 4 条第 2 款第 17 项及其他法定免责范围。只要满足以下条件,免责条款就有效:(1) 条款不违反《海牙规则》第 2 条第 8 款和《中华人民共和国海商法》第 44 条;或者(2) 提单不适用《海牙规则》或《海牙—维斯比规则》以及法律的强制性规定,并且条款也不违背公共政策或公共秩序。提单条款是否违反公共利益,应就其具体内容判断。

《海牙规则》第 4 条第 2 款规定了承运人可以免责的 17 个项目:船长、船员、引水员或者承运人所雇佣的其他人员在驾驶或者管理船舶上的行为、疏忽或过失;火灾;战争行为;公敌行为;君主统治者或者人民的逮捕或者管制或者依法扣押;检疫限制;托运人或者货主或其代理人或代表的行为或不行为;罢工、关闭、停工或者强制停工;暴乱和骚乱;救助或者企图救助海上人命或财产;货物的隐蔽缺陷、性质或者潜在缺陷所引起的容积或重量的亏损或其他的灭失或损害;包装不固;标志不清或不适当;恪尽职责亦不能发现的潜在缺陷;非由于承运人的实际过失或知情或者承运人的代理人或雇员的过失或疏忽所引起的任何原因。这些免责项目只能缩小,不能扩大。目前各国航运公司的提单也有类似的规定。上列免责项目,大部分是有利于承运人而不利于货主的。《汉堡规则》已经废除了一些不合理的免责项目,如船长、船员在驾驶船舶和管理船舶中的过失或疏忽等。

❷ 合同法上的免责条款。指当事人双方在合同中事先约定的,旨在限制或免除其未来的责任的条款。其特点有:第一,免责条款是当事人约定的一项合同条款;第二,免责条款是责任发生前双方已订立的条款;第三,免责条款的目的在于限制或免除当事人未来所可能负担的责任。依不同的标准分为部分免责条款与全部免责条款;协商订立的免责条款与格式化免责条款;商业性免责条款与消费性免责条款。格式化免责条款订入合同的,条款制作人或提供人应采取合理的方式提请相对人注意,按照对方要求对该免责条款加以说明。免责条款须符合法律的规定才能有效。依《中华人民共和国合同法》第53条的规定:合同中的下列免责条款无效:(一)造成对方人身伤害的;(二)因故意或者重大过失造成对方财产损失的。此外,如果免责条款是格式条款,提供格式条款一方不合理地免除其责任、加重对方责任、排除对方主要权利的,该免责条款无效。

(张 琳 张平华)

minfa
民法(civil law)

民法的概念 民法是调整平等主体之间的财产关系和人身关系的法律规范的总称。民法上所说的平等主体是指自然人、法人和其他组织。自然人即存在于自然界的有生命的人,法人是指依法独立享有民事权利、负有民事义务和承担民事责任的组织,其他组织是指不具备法人条件的社会组织(不具备法人条件的组织,例如合伙等是否可以成为民事主体,学理上有不同的观点)。法人包括具有法人条件的企业、事业单位、社会团体和国家机关等。在法律规定的条件下,在我国的外国人和无国籍人也享有民事主体资格。民法所调整的社会关系涉及每个人、每个家庭,涉及全国各地区、各部门、各行各业,涉及的范围广泛,内容丰富。有学者将民法与宪法相比较,认为宪法规定的是国家的基本观念和构造,民法规定的是社会的基本观念和构造。民法是国家的基本法之一,是涉及全社会的法律,在法律体系中占据重要的地位。

民法的调整对象 要具体了解什么是民法,需要明确民法所调整的对象即民法调整的社会关系是什么。民法调整的对象包括财产关系和人身关系。要了解什么是财产关系,首先要弄清什么是财产。随着经济和科学技术的不断发展,社会财富不断增长,财产的形式也逐渐变化,因此在不同的时期"财产"一词的内涵是不同的。财产的概念有狭义和广义之分。狭义的财产是指有经济价值的物,是指有体物。广义的财产包括有体物、智力成果(知识产品)以及具有经济价值的利益,以上是从财产权的客体角度讲的财产的含义。从另一个角度讲,"财产"作为一个法律概念,与"财产权"具有同一含义,是同一的概念。从这个意义上说,广义的财产是具有经济价值的权利的集合体。财产权的构成有物权、债权、知识产权等权利。另外,尚未形成权利的具有经济价值的利益(法益),受法律的保护,也是财产的构成部分。财产可分为积极财产和消极财产。积极财产是指各种财产权利的总合,消极财产是指财产上的义务(债务)的总合。积极财产的总合可称为毛财产,积极财产减去消极财产可称为净财产。明确了财产的含义,就便于理解财产关系是什么。简单地说,财产关系是人们之间基于财产而产生的社会关系。财产关系的范围非常广泛,它是由不同的法律部门分别从不同的方面、用不同的方法调整的。民法调整的财产关系有以下特点:(1)主体地位平等。作为民事主体的自然人、法人和其他组织,其法律地位都是平等的。平等主体之间的财产关系由民法调整,具有隶属关系的主体之间的财产关系,如财政预算关系、税收关系和基于经济管理所产生的财产关系不属于民法调整的范围。(2)以自愿为原则。当事人之间发生、变更或消灭财产关系,一般都是自愿的,是按照当事人自己的意志处理其财产关系,这些财产关系贯彻意思自治的原则,国家对于民事主体之间的财产关系较少干预。(3)财产关系的等价有偿性。民事主体之间的财产关系基本上具有等价有偿性质,例如商品买卖、金钱借贷、房屋租赁、工程建设、货物运输等等。(4)责任形式的补偿性。当事人违反民事法律义务,应当承担民事责任,违反财产关系方面的义务者,其责任形式主要是补偿性的,如违反合同或侵害他人财产,造成他人损失的,原则上是损失多少,补偿多少,一般没有惩罚性。从法律部门的划分来看,不同的法律部门调整不同的社会关系。民法调整的财产关系的实质是一定范围的经济关系。社会经济关系包括生产、交换、分配、消费的全过程,经济关系是由不同的法律部门分别调整的,民法调整的是平等主体之间的经济关系,其主体部分是商品所有关系和商品交换关系。民法中的物权关系主要是商品所有关系,民法中的合同关系主要是商品交换关系。民法也调整平等主体之间的非商品关系,如赠与关系、继承关系等,从经济上看,这些关系属于分配关系的延伸。

民法调整的另一对象是人身关系。人身关系是与人身不可分离、以人身利益为内容、不直接体现财产利益的社会关系。人身关系包括人格关系和身份关系。人格关系是基于人格利益而发生的社会关系。民法上的人格的一种含义是指享有民事权利、承担民事义务的资格，与民事权利能力同义。另一种含义是基于人格尊严所享有的利益，如姓名、生命、健康、肖像、名誉等利益，在法律上规定为姓名权、生命权、健康权、肖像权、名誉权等。随着社会的发展和人们人权观念的提高，人格权的种类是不断发展的，例如，在人的形象能够通过一定的方式再现之后才会产生肖像权，在侵害人们的隐私的行为增多，人们的隐私观念提高之后，才有了隐私权，今后还会产生其他的人格权。人格权是公民的基本权利，也是具有国际性质的人权的重要组成部分。人格权不仅由民法调整。民法、行政法和刑法从不同的方面用不同的方法调整和保护人格权。人格权包括个别人格权和一般人格权。个别的人格权，如姓名权、肖像权、名誉权等等。一般人格权不等于法律规定的全部个别人格权的总和，一般人格权是具有不确定性、开放性的概念。所谓身份关系是人们之间以特定的身份利益为内容的社会关系。所谓身份是指人在社会上或法律上的地位。在奴隶社会和封建社会，有森严的等级制度，特别强调"身份"。现代民法上，身份关系主要是基于婚姻家庭而产生的关系，即配偶关系、父母子女关系等。作品的作者、专利发明的发明人，是否具有身份性质，基于此产生的关系是否身份关系，有不同的观点。一种观点认为不具有身份性质，属于人格关系，另一种观点认为具有身份性质，属于身份关系。人身关系受多种法律部门的调整，民法调整人身关系的方法是用民事法律规范确认人身关系，用民事法律方法保护人身关系。当人身权受到侵害时，侵权人应当承担停止侵害、消除影响、恢复名誉、赔偿精神损失等民事责任。

民法的词源 "民法"一词在汉语中最早见于尚书孔传，但不是作为一个法律部门的概念。清末制定《大清民律草案》，民国初年制定《中华民国民律草案》，均称"民律"，而不称"民法"。南京国民政府成立后，设立民法起草委员会，起草民法，1929年5月23日公布民法总则（民法典的第一编），是我国在法律上使用"民法"一词之始。作为法律名词的民法是从日本移植而来。有学者认为日本的民法一词是由法国民法典的droit civil 翻译而来，近期日本学者认为民法一词是将荷兰语"burgerlyk Regt"一词采用汉语翻译而成。荷兰语 burgerlyk Regt 和法语 droit civil 都可直译为市民法，均源于罗马的 jus civile（市民法）。在罗马的《国法大全》中包括公法（jus publicum）和私法（jus privatum）两大部分。罗马法中私法部分体系完备，尤为发达。中世纪注释法学派研究罗马法时，往往以市民法（jus civile）指称罗马私法（jus privatum）。后世西方国家直接承袭注释法学传统，袭用市民法（jus civile）一词表述私法，市民法一词就成为罗马私法的同义语，市民法一词也就成了民法的语源。在古罗马时期除市民法之外，还有万民法（jus gentium）。万民法主要是调整罗马公民与外国人之间和外国人相互之间的商业贸易关系的法律，后来万民法的内容被市民法所吸收，市民法中调整商品关系的部分逐步完善，成为调整简单商品经济关系的比较完备的典型的法律。近代著名的法国民法典和德国民法典都是在继受罗马法的基础上发展而形成的。

民法的含义 民法一词有不同的含义，民法可分为实质意义的民法和形式意义的民法。形式意义的民法又称形式民法，是指成文的标明"民法"字样的以法典形式表现的民法，即民法典，如法国民法典、德国民法典等。实质意义的民法又称实质民法，是指不论是否成文，凡具有民法性质的法律、法规及习惯法，均为民法，例如我国《民法通则》、《合同法》、《婚姻法》、《继承法》、《担保法》、《公司法》、《票据法》、《海商法》、《保险法》、《著作权法》、《专利法》、《商标法》等。实质民法又可分为民事一般法和民事特别法。民事一般法（又称民事普通法）通常是指民法典，民事一般法在民法领域有普遍的适用性。民事特别法是指调整民事特别领域的法律，例如德国的失踪法、住宅所有权法。我国民国时期的民法典采取民商合一制，但是公司法、票据法、海商法、保险法等没有纳入民法典中，均作为单行法，故为特别法。我国内地尚未颁布民法典，《民法通则》为一般法。实质民法还可以分为广义的民法和狭义的民法。广义的民法是指全部民法，包括民事一般法和民事特别法。狭义的民法是指除了商事方面的法律和知识产权法之外的民法，或者指的就是民法典。

民法的性质 对于民法的性质可以从不同的角度说明。从公法与私法的分类看，民法属于私法。公法与私法的分类源于古罗马法，它是民法法系适用的一种法的分类。明确民法属于私法，一方面是认清民法的性质问题，另一方面也是认清民法调整的对象的问题。什么是私法？当代德国著名的民法学家卡尔·拉伦茨说：私法是整个法律制度中的一个组成部分，它以个人与个人之间的平等和自决（私法自治）为基础，规定个人与个人之间的关系。这是一个简要的定义，它为我们理解私法提供了一把钥匙。但是，要深入了解什么是私法，需要了解公法与私法是如何划分的，这是民法法系国家理解民法的性质和适用法律必须搞清楚的问题。公法与私法的划分不是一种法律部门的划分，而是一种法学上的划分。关于公法与私法的划分主要有以下学说：一是利益说。此说认为，保护公益的法律为公法，保护私益的法律为私法；也就是说公法以保护公共利益为目的，私法以保护私人利益为目的，故又称目的说。此说最早是由古罗马法学家乌尔比安提出的，是历史最久的学说，后来被多数学者否定，理由是私人利益和公共利益常常互相交织，很难判断立法者的意图是保护私人利益还是公共利益。进而认为，所有的法律规则都可以说同时服务于私人利益和公共利益，例如刑法的设置，固在制裁犯罪，以维护社会秩序（公益），另一方面也在保障私人生命财产安全（私益）。后来有学者提出：当公共利益占绝对优势地位时，则该事项属于公法，否则，就属于私法。利益说虽然不无缺陷，但它从一个侧面说明了划分公法和私法的界限。二是隶属说。此说认为，公法的根本特征在于调整隶属关系，而私法的根本特征则在于调整平等关系。此说在长时期内一直处于主导地位，此说从社会关系属性上说明了公法与私法划分的界限，较利益说进步。反驳此说的学者认为此说也不确切，私法中也有隶属关系，例如亲属法中父母与未成年子女的关系；公法中也存在着平等关系，例如地方政府之间关于公权的协议。因此用平等关系或隶属关系为标准，还无法最后界定公法和私法两个概念。三是主体说。该说认为，至少一方当事人是以公权主体的性质参加这项法律关系，这项法律关系就属于公法范围；不符合这一条件的所有法律关系都属于私法范围。此说是在当今已成为主导的学说。有学者也指出了此说的不足之处：在什么时候，主体行使的是公权，且行使的方法足以表明国家是在上述定义的意义上参与法律关系的？而且国家和国家机关也参与很多私法关系，例如购买或承租一块土地，进行消费借贷等，因此主体说不能完全解决公法与私法界定中的所有问题。四是折衷说。近来有一种将某些主流理论结合在一起的趋势，以发现一种足够宽广的区分基础。主要倾向于将主体说和隶属说结合起来。有学者认为公法在实践中调整公共机构和被管理人的关系，以国家作为一方主体，以个人作为另一方主体。但是并非所有的公共机构与个人之间的法律关系都包括在内。实际上并非他们之间的所有关系都由公法调整，只有国家等公共机构行使职权的时候的关系才属于公法的调整范围。关于公法与私法的划分标准的诸学说，从不同的角度说明了问题，但都难以十分准确地说明问题，这是多种原因造成的，其中有时代的限制和历史的原因，以及公法与私法有时是交错在一起的现象，例如劳动法和经济法就是明显的例证。有学者提出在公法和私法之间，并不能像用刀子把一个苹果切成两半一样，把它们精确无误地切割开。尽管有学者反对公法和私法的划分，但是其实践意义不能够被否定，因为它直接涉及有些国家普通法院（民事法院）和行政法院权限的划分，即使在不分别设立普通法院和行政法院的国家，处理公法关系和私法关系需要适用不同的法律和原则，因此区分公法和私法有现实意义。在我国明确公法和私法的划分，对于建立适应社会主义市场经济需要的法律体系，乃至实现法律观念和国家观念的变革，都有重要意义。说民法是私法，并不是说民法等于私法。在民商分立的国家，商法也属于私法，民法是私法的组成部分，是一般私法。在民商合一的国家，民法等同于私法。

从民法调整的财产关系的内容看，民法的性质是调整商品经济关系的基本法。罗马法对后世影响最大的是罗马私法，罗马私法发达的经济原因是罗马的商品经济的发达。罗马法是简单商品生产即资本主义前的商品生产的完善的立法。民法是市民社会的产物，所谓市民，顾名思义，是指生活在城市里的人。市民社会不是产生于古代的城市，而是产生于近代。在封建社会末期，从农民和领主两大阶级中逐渐分化出城市中的自由民，即"市民"。欧洲各国在18世纪末至19世纪初，实现了市民社会与政治国家的彻底分离。在市民社会中，自然经济变为市场经济，每个人成了独立的人，都可以享有所有权，都能自由进入市场参与交换。资产阶级革命后，市民不再是一个特殊的阶层，所有的人都具有平等的地位，成为主权国家的"公民"，所谓民法，就是适用于全体公民的法。资本主义制度的建立，大大促进了商品经济的发展，法国民法典确立了所有权绝对原则和契约自由原则，法典中关于财产关系的详细的规定，反映了资本主义商品经济的需要，法国民法典是第一部调整资本主义商品经济的典型法典。世界上第一部社会主义的民法典即苏俄民法典，是1921年苏俄实行新经济政策的产物。所谓新经济政策，其实质是在一定程度上承认商品交换。当时列宁认识到在一个小农国家按共产主义原则来调整国家的产品生产和分配行不通，明确指出要从国家资本主义转到由国家调节买卖和货币流通。在此背景下，1922年11月全俄中央执行委员会通过了苏俄民法典（其中包括公司、合伙、保险等商事关系）。我国改革开放以来，逐步由计划经济向市场经济转型，民事立法迅速发展。社会主义国家的民事立法实践，从一个侧面说明民法调整的财产关系的实质是商品经济关系，也从一个侧面说明民法是调整商品经济关系的基本法。

民法的体系与内容 民法的体系是指民事立法体系，民法的内容是指民法所规定的具体的民事法律关系。从体系与内容的关系看，内容是根本，体系是形式；较好的形式能够较好地反映内容。民事法律关系涉及的面很广，科学的立法体系对于正确地调整有关社会关系和适用民事法律都很重要。一个国家的民事立法体系受政治、经济、文化、传统、观念、学术等多种因素影响，因此各国的民事立法体系不可能是统一的。世界上不同类型的民事立法体系，各有利弊。但是对于某一个国家来说，建立什么样的民事立法体系则是关系到指导思想、立法政策、立法效果等的重大问题。以下主要阐述有代表性的民法典体系及其主要内容。

1804年公布施行的法国民法典是一部典型的近代民法典，是法国大革命的产物，是在推翻封建统治之后，为建立和维护资本主义制度而制定的。法国民法典参考罗马的《法学阶梯》的模式（《法学阶梯》分为人法、物法、诉讼法三部分，但法国民法典未包括诉讼法），分为3编。第1编"人"，分为11章，即：民事权利的享有和丧失，身份证书，住所，失踪，婚姻，离婚，亲子关系，收养，亲权，未成年、监护及亲权的解除，成年及受法律保护的成年人。第二编"财产及所有权的各种变更"，分为4章，即：财产分类，所有权，用益权、使用权与居住权，役权与地役权。第三编"取得财产的各种方式"，分为20章，即：继承、生前赠与及遗嘱、契约或约定之债的一般规定、非经约定而发生的债、夫妻财产契约与夫妻财产制、买卖、互易、租赁、合伙、借贷、寄托与讼争物的寄托、射幸契约、委托、保证、和解、民事拘留、质押、优先权与抵押权、对于债务人不动产的强制执行与债权人之间的顺位、时效。从上述规定看，法国民法典的体系虽然不够严谨，但是从内容上看，对于资本主义社会个人与个人之间的各个方面的人身关系和财产关系规定颇为详尽，它是资产阶级推翻封建阶级的胜利成果，是一部为资本主义社会开辟道路的具有划时代意义的法典，全文共计2281条，可谓鸿篇巨制。

1900年1月1日开始实施的德国民法典是世界上另一部著名的民法典。德国民法典的制定有深厚的理论基础。19世纪德国在注释、研究罗马《国法大全》中《学说汇纂》的基础上形成了一种法学思潮和学派，因《学说汇纂》的德文（Pandekten）音译为"潘德克顿"而为名。德国民法典是19世纪后半期最终完成的潘德克顿法学的产物。德国民法典共计2385条，分为5编。第一编"总则"，分为7章，即：人，物，法律行为，期间和期日，消灭时效，权利的行使、自卫和自助，提供担保。第二编"债的关系法"，分为7章，即债的关系的内容、因契约而产生的债的关系、债的关系的消灭、债权的转让、债务的承担、多数债务人和债权人、各种债的关系（其中包括25节，即买卖、互易、赠与、使用租赁、用益租赁、使用借贷、消费借贷、劳务契约、承揽契约、居间契约、悬赏广告、委托、无因管理、寄托、向旅店住处携带的物、合伙、共有、终身定期金、赌博、打赌、保证、和解、债务约束、债务承认、指示证券、无记名证券、物的出示、不当得利、侵权行为）。第三编"物权"，分为9章，即占有，关于土地的一般规定，所有权，地上权，役权，先买权，土地负担，抵押权、土地债务、定期金债务，动产质权和权利质权。第四编"亲属法"，分为3章，即婚姻、亲属、监护。第五编"继承"，分为9章，即继承顺序、继承人的法律地位、遗嘱、继承契约、特留份、丧失继承权、放弃继承、继承证书、遗产买卖。德国民法典采取五编制，体系上具有进步性、科学性。德国民法典将债与物权作为各自独立的两编，作为财产法的两个基本组成部分，在债的关系法中还规定了指示证券和无记名证券等，是新的财产观念的反映。将继承单独设编，明确了继承不同于契约、侵权行为等关系的性质。德国民法典将分则中共同性的法律抽象概括，设立总则编，使法典形成一个有机的整体，可简化条文，避免重复。

法国、德国等民法法系国家，除了民法典之外，还有商法典，学理上称之为民商分立。民商分立不是法律理论的产物，而是源于历史环境。商法是由商业习惯逐渐形成的，在中世纪的欧洲随着商业的发展，商人逐渐形成了一个特殊的阶层，商人的商事纠纷由商人的组织自己裁判。法国是世界上最先有商法的国家。1563年法国首先设立商事法院，把原来掌握在商人团体手中的裁判权夺过来。1673年法国国王公布了《陆上商事条例》，1681年公布了《海事条例》。制定民法典时，考虑到商事法院已经有二百多年的历史，商事问题仍适用上述两个条例，而未将其并入民法典。1807年法国颁布了商法典，开创了民法法系国家民商分立的先河。

与民商分立制相对应的是民商合一制，1907年通过的瑞士民法典开民商合一之先河。瑞士民法典除简明的总则（共计10条）之外，分为5编，前四编共977条。第一编"人法"，第二编"亲属法"，第三编"继承法"，第四编"物权法"。1907年12月10日联邦议会通过，于1912年1月1日起施行。早在1881年瑞士就颁布了《瑞士联邦债务法典》，之后经过修改，议会于1911年将其改名为《关于补充瑞士民法典的的联邦法律（第五编：债务法）》，与民法典的前四编同日施行。作为民法典的第五编的债务法的条文没有和前四编的条文号数连接，而是从第1条编起的，有相对的独立性，习惯上往往称其为瑞士债务法，从官方公布的法律名称来看，是瑞士民法典的第五编。以后对债务法进行了多次修改，现行的瑞士债务法有1186条，分为5个部分。第一部分"总则"，有5章，即债的发生、债的效力、债的终止、特殊形式的债、债权转让与债务承担。第二部分"各种合同"，有18章，即买卖与互易、赠与、租赁合同、借贷合同、劳务合同、承揽合同、出版合同、委任合同、无因管理、行纪合同、运输合同、经理人及其他商业代理、指示证券、寄托合同、保证合同、博彩合同、终身定期金与生活扶助契约、一般合伙。第三部分"公司与合作社"，有6章，即无限公司、两合公司、股份有限公司、股份两合公司、有限责任公司、合作社。第四部分"商事登记、商号与商业账簿",有 3 章,即商事登记、商号、商业账簿。第五部分"有价证券",分为两章,即记名证券、无记名证券与指示证券,公司债券。从上述规定可以看出,瑞士民法典的内容很丰富。瑞士民法典采民商合一模式,引起了法学家的重视,对以后一些国家的民事立法有重大影响。由于商品经济的发展,商人和商行为难以界定,在民商合一立法实践的基础上,学术界逐渐产生了民商合一的倾向。

1961 年公布的《苏联和各加盟共和国民事立法纲要》是前苏联在实行公有制和计划经济的情况下,为各加盟共和国制定民事法律提供的纲要。在前苏联实行计划经济时,并没有完全否定商品经济。1952 年斯大林在其所著《苏联社会主义经济问题》中,针对为评定政治经济学教科书未定稿而举行的经济问题讨论会上关于反对社会主义下保留商品生产的观点,提出了批评,他指出:为了保证城市和乡村、工业和农业的经济结合,要在一定时期内保持商品生产(通过买卖的交换)这个为农民惟一可以接受的与城市进行经济联系的形式。这就是说在前苏联实行计划经济的条件下,在相当大的范围内实行商品交换。1961 年公布的《苏联和各加盟共和国民事立法纲要》明确规定:苏维埃民事立法,调整利用商品货币形式而引起的财产关系,以及与财产关系有关的人身非财产关系。这里说的"利用商品货币形式而引起的财产关系",其实质就是在计划经济体制下,在一定范围内的商品经济关系。该纲要共有 8 章,即:总则;所有权;债权;著作权;发现权;发明权;继承权;外国人和无国籍人的权利能力,外国民事法律、国际条约和国际协定的适用。

我国历史上惟一的一部民法典即中华民国民法典,主要是参考德国民法典及瑞士民法典制定的,在体系上既沿用了德国民法典的五编制,又采纳了瑞士民法典的民商合一制,在体系结构上颇具特色。法典分为 5 编,即总则、债、物权、亲属、继承。法典采民商合一制是在我国学者有一定的研究成果的基础上,在立法者专门就民法典采民商合一制提交了详细的立法理由书之后,经当时的中央政治会议决议通过的。法典所采民商合一制,既不同于瑞士民法典的体系,也不同于苏俄民法典和泰国民法典的体系,凡是性质上能与民法合一规定的,如属于商人通例的经理人及代办商,通常属于商行为的交互结算、行纪、仓库、运送营业及承揽运送,均订入民法典债编。性质特殊,不便与民法合一规定的,如公司、票据、海商和保险等,因其变化较大,不宜纳入作为民事一般法的民法典,也因为这些法的卷帙浩繁,查阅不便,故将这些法以单行法的形式颁布,作为民法的特别法。这种体系既体现了民商合一的原则,又避免了使民法典过于庞杂的缺陷,具有独创性。

值得注意的是荷兰民法典的修订。荷兰民法学者对民法典的修订作了长期的理论准备,由原来的民商分立制改为民商合一制。1992 年的荷兰民法典原定为 9 编,即自然人法和家庭法、法人、财产法总则、继承法、物权、债务法总则、特殊合同、运输法、智力成果法,后来对是否设智力成果法编,形成了与原定计划相反的设计。该法典参考法国民法典,将人法列在第一编,参考德国民法典,将债权与物权分开,将继承法单独成编,但不设民法典的总则而设财产法总则,债务法总则与各种合同分开,各自独立设编,并将运输法作为一编。从体例可以看出,立法者是在法国民法典和德国民法典之外开辟第三条道路,因而引起学者的关注。

中华人民共和国成立后,民国时期的民法典被废除,先后曾经三次起草民法典,均因故搁浅。1979 年末实行改革开放政策以来,随着由计划经济向市场经济转变,民事立法也随之迅速发展。1986 年 4 月 12 日颁布的《中华人民共和国民法通则》分为 9 章,即基本原则、公民(自然人)、法人、民事法律行为和代理、民事权利、民事责任、诉讼时效、涉外民事关系的法律适用、附则。《民法通则》具有民事基本法的地位,加上《合同法》、《担保法》、《婚姻法》、《继承法》,构成民事法律的基本组成部分。从《民法通则》与《合同法》规定的内容看,我国是采民商合一制的,现行的民事特别法还有《公司法》、《票据法》、《海商法》、《保险法》、《著作权法》、《专利法》、《商标法》等。另外,还有若干条例,如《城镇国有土地使用权出让和转让条例》、《计算机软件保护条例》等等。2002 年 12 月全国人大常委会审议了《中华人民共和国民法典》(草案),第四次起草民法典的工作正在进行中。

(魏振瀛)

minfa de jiben yuanze
民法的基本原则(basic principles of civil law) 这个概念常常在不同的意义上使用。一种含义是,民法上主要制度所体现出的根本性指导思想或者价值准则。发源于罗马法的欧洲近代民法有著名的四大基本原则:人格平等原则、所有权绝对原则、契约自由原则、过错责任原则,就是在这个意义上使用的。在我国民法学上更为常用的意义是,效力贯穿民法的各具体领域,体现民法的立法宗旨,用以指导民事立法、司法的根本性原则。民法的基本原则体现了贯穿整个民法的最基本的价值。《民法通则》中所规定的自愿原则、平等原则、诚实信用原则等,都是这个意义上的民法基本原则。

民法基本原则对立法仅具有一般的参考意义,因为立法机关根据宪法赋予的权力立法,在法律上并不受民法基本原则的限制。民法基本原则的意义主要在于民法的解释,这又主要体现在司法活动之中。当然,在民法学的研究中,基本原则也有重要的意义。

根据《民法通则》的规定以及学说上的见解,我国民法的基本原则主要有:平等原则、公平原则、诚实信用原则、等价有偿原则、意思自治原则、禁止权利滥用原则、公共秩序善良风俗原则等。

民法基本原则虽然体现了民法的最根本的价值追求,但是由于本身非常抽象,并不具备民法规范所具有的构成要件、法律效果的逻辑结构,所以如果在实践中随意援用,将导致法官任意以个人的价值判断取代立法者已经在具体法律规定中明确要求司法中予以实现的法律秩序,极大地破坏法律的安定性。因此,根据"禁止向一般条款逃避"的原则,如果就某一案型,法律上已经设有具体规定,原则上应当适用该具体规定,而不得援用基本原则这种一般条款。因为,民法的具体规定已经体现了民法各基本原则所蕴含的价值,所以,一般来说不可以也不必要在个案中援用基本原则。只有在解释上出现不同的解释可能性并且难以确定合理的解释结论,或者具体的法律规定出现漏洞的时候,才有必要和有理由援用基本原则来解决这些困难。但即便如此,民法的基本原则仍必须经过具体化、类型化才能够适用。因此法院担负着充分说明理由的义务。

(葛云松)

minfa de jieshi
民法的解释(the interpretation of civil law) 阐明民法规范的构成要件和法律效果以供适用的工作。法律解释是适用法律的前提,任何法律均须经解释才可以适用。法律的适用须有可资适用的法律规范作为演绎推理的大前提,探寻和确定可以适用的法律规范的工作,即为广义的民法解释。狭义的法律解释则仅指确定民法规范的内容的工作。广义的法律解释包括狭义的法律解释、漏洞补充和价值补充。

在我国现行法之下,有普遍约束力的法律解释主要是立法解释和司法解释。立法解释指有立法权的机关对民法规范所作的解释。除了根据宪法规定全国人大常委会对宪法和法律享有解释权外,其他有立法权的机关根据宪法和法律规定也享有相应的解释权,比如国务院对于其制定的行政法规所进行的解释也属于立法解释。司法解释是最高人民法院根据宪法规定对于审判工作中如何适用法律的问题所作的解释,对于各级法院具有普遍约束力。

没有普遍约束力的法律解释,主要包括裁判解释和学理解释。裁判解释是法院就具体案件中应当如何适用法律而作出的法律解释。裁判解释对具体案件的当事人来说具有约束力,但是并没有普遍约束力。学理解释是学说上对于法律的解释所作的说明。学理解释可以成为有权机关解释和适用法律时的参考。

民法解释(狭义)的方法主要包括文义解释、体系解释、历史解释、扩张解释、限缩解释、目的解释、合宪性解释、比较法解释、社会学解释等。民法漏洞补充的方法包括类推适用、目的性限缩、目的性扩张、反对解释、依一般的法原则补充、依比较法补充等。这些民法解释方法主要在裁判解释和学理解释中运用。

(葛云松)

minfa de xiaoli fanwei
民法的效力范围(the scope of validity of civil law) 又称民法的适用范围,指一国的民法规范得以适用的时间、空间和主体的范围。一国的民法规范仅在一定的时间、空间范围内,对一定的人可以适用。

根据我国的法律规定和一般学说,我国的民法规范生效的时间是法律公布的时间或者法律特别规定的特定时间。失效的时间是新法明文废止旧法的时间,或者就同一事项与旧法相抵触的新法生效的时间。民法规范原则上不溯及既往,但是当时法律没有规定的,也可以比照新法处理(参见《最高人民法院关于贯彻执行〈中华人民共和国民法通则〉若干问题的意见(试行)》第 196 条)。有的时候,法律也可能明确规定其有溯及既往的效力。对于溯及既往的民法规范,其溯及力的情形有两种:一种情形是,对于新法施行前发生的法律关系,新法并不否认其效力,但是其效力须依照新法的规定来确定,理论上称为轻度溯及力。另一种情形是,新法施行前的法律关系,被新法绝对否定,理论上称为重度溯及力。

在空间的适用范围上,原则上全国性的民法规范适用于我国全部领土上发生的民事关系,包括根据国际法视为我国领域的空间,比如在我国领域外的中国船舶和航空器。但是在上述领域内发生的民事活动,也可能根据国际公法或国际私法规则而适用外国法,不适用我国的民法规范。对于地方性的民事规范,比如地方性法规、自治条例等之中的民事规范,则仅适用于该地方的管辖区域内。

我国民法对人的适用范围,采用的是以属地主义为主,结合属人主义、保护主义的原则。具体而言,任何在我国领域内发生民事关系的主体,不论主体的国籍如何,均适用我国的民法规范。在我国领域内的外国人、无国籍人,原则上适用我国民法上关于自然人的规定。外国法人须依我国的认许后,才能够在我国领域内作为民事主体进行民事活动。但是根据国际公法和我国的国际私法规则,上述原则均可能发生例外。另外,虽然原则上民法规范对一切民事主体均平等适用,但也设有例外。比如婚姻家庭法在性质上不适用于法人,票据法所适用的主体也有限制。

(葛云松)

minfadian

民法典(civil code) 在大陆法系国家中,由立法机关制定的规范私法上具有普遍性的基本问题的法律。民法典即形式意义的民法,虽然无法包含全部的民法规范,但是是私法的基本法,其他民事法律仅就民法典没有规定的专门事项加以规定。

近代以来产生世界性影响的第一部民法典是1804年的《法国民法典》(拿破仑法典)。1896年颁布、1900年施行的《德国民法典》是另一部在世界范围内产生广泛影响的民法典。

民法典的编制体例,主要有罗马式(又称法学阶梯式)和德意志式(又称潘德克顿式)两种。

罗马式民法典的结构渊源于罗马法学家盖尤斯的《法学阶梯》和东罗马帝国《国法大全》中的《查士丁尼法学阶梯》的结构。《法国民法典》是近代第一部有世界性影响的民法典,它分为三编:人,财产及对所有权的各种限制,取得财产的各种方法。此后的意大利民法典、西班牙民法典等均仿照之。

德意志式民法典的结构渊源于德国民法学者根据罗马法上的《学说汇纂》(《潘德克顿》)中的资料进行系统整理而成的理论体系。德意志式体例的最主要代表是1896年的《德国民法典》。和《法国民法典》相比,《德国民法典》中继承法独立成编,关于人格(民事主体)的规定与亲属关系的规定被区分开后,后者独立成编,财产法包括债法和物权法两编,最重要的特征是,在民法典的第一部分设置了总则,规定民法各具体部分共通的规则。日本、韩国、苏俄(1922年)民法典都基本承袭了德意志式体例。

罗马式和德意志式的民法典结构各有优缺点。罗马式民法典结构松散,体系性不强,因而文字可以比较简明朴实,较为容易理解,但是精确性则不足;不设总则,因此对于全部民法共通的规则,没有作出统一的规定;物权和债权的区分不够严格,具体规则混编在一起,在逻辑上不够严谨。德意志式民法典在体系上则更加严谨,逻辑性和体系性强,总则编的设计为民法上的共通规定找到了合适的位置,技术上比较进步,但是逻辑严密的特点也导致民法典极为专业化,部分内容十分抽象,一般人很难了解和掌握民法典。

传统的罗马式和德意志式民法典都是民商分立体例下的编制。而自从《瑞士民法典》率先采取民商合一体例后,实行民商合一的国家的民法典又呈现了自己的特点。这些国家的民法并没有同一的模式,大致上是在罗马式和德意志式的基础上进行若干改进,增加了部分的商法内容。其中我国民国时期的民法典(我国台湾地区现行民法典)在结构上几乎完全承袭了德意志式民法典的五编制,《瑞士民法典》分为人格、亲属、继承、物权、债务法,其中债务法在形式上是独立的一个法典,但是同时又构成民法典的一个组成部分。这是德意志式民法典的变形。而《意大利民法典》则分为序编(一般原则)、人与家庭、继承、所有权、债、劳动(包括劳动合同、公司、合伙、知识产权、竞争法等内容)、权利的保护。其结构和《瑞士民法典》颇有类似。所以,民商合一的民法典各自差异较大,尚无得到普遍遵循的编制模式。但是就其基础而言,仍然是罗马式和德意志式的体例,只不过进行了某种程度的改造而已。

(葛云松)

minfa fenze

民法分则(specific parts of civil law) 民法总则的对称,指民法典中除了总则以外的其他各编。在部分大陆法系国家的民法典中,将需要普遍适用于民法典的全部各编或者两编以上的内容进行提取,而规定于民法典的第一部分,这一编被称作总则。而其他各编则仅就某类法律关系进行规定,因此可以将其统称为民法分则。在不同国家的民法典中,民法分则所包括的内容也有不同,但通常包括物权、债权、亲属、继承等部分。但是对于不设总则编的民法典来说,也就无所谓民法分则了。

(葛云松)

minfa shang de xingwei

民法上的行为(德 juristische Handlungen) 发生民法上法律后果的行为,又称法律上之行为。在英美法中,与此类似含义的概念,被称为有法律意义的行为。民法上的行为是民事行为的上位概念,其意义在于与刑法上的行为、行政法上的行为及诉讼法上的行为相区别。关于民法上的行为,在分类上有不同主张。我国台湾地区学者史尚宽认为,民法上的行为包括适法行为、违法行为及无过失有赔偿责任之行为。其中,适法行为包括表示行为与事实行为,违法行为包括侵权行为、失权行为、违约行为。无过失有赔偿责任之行为主要指防卫行为逾越必要程度所负责任的行为、紧急避险超越必要限度所负责任的行为等。我国大陆学者多数认为,民法上的行为包括表示行为和非表示行为。表示行为即民事行为,非表示行为即事实行为。非表示行为既包括合法的事实行为,也包括不合法的事实行为。

(李仁玉 陈敦)

minfa shang wuquan

民法上物权(right in rem in civil law) 由民法典或其他民事基本法如《中华人民共和国民法通则》确认的物权。

(王 轶)

minfaxue

民法学(science of civil law) 以研究民法为中心内容的科学,是法学的一个部门学科。民法学研究的是作为一个法律部门的民法,包括制定法和习惯法。民法的内容多,涉及的范围广,民法可具体分为第二层次的各种法律,如物权法、债法、合同法、亲属法(婚姻家庭法)、继承法、侵权行为法以及知识产权法等。实行民商合一制国家的民法还包括公司法、票据法、海商法、保险法等法律。据此,民法学可细分为物权法学、债法学、公司法学、知识产权法学等不同层次的民法学。民法学不仅研究现行的民法规范,而且研究民事立法、民事司法和实践中的民法问题。从理论法学和应用法学的分类看,民法学属于应用法学。民法学的主要对象和主要任务是研究现行的民法规范,狭义的民法学是以现行民法规范为研究对象的民法解释学,又称民法规范学。民法学是为阐明、健全和发展民法规范服务的科学,民法学必须以民法规范为基础才能具有生命力,因此可以说民法规范是民法学研究的中心,民法解释学是民法学的基础学科。

民法解释学是法解释学的一个分支。法的解释学源远流长,可追溯到古罗马时代法学家对法律的解释。在中世纪的欧洲,学者研究罗马法过程中出现了注释法学家和注释法学派,在19~20世纪出现了不同的有关法律解释的学派。到现代,对法律的解释已经形成了有关法律解释的指导思想、原理、原则和解释方法等系统的学问。由于对民法的解释在民法中占有重要地位,因而有学者认为,一般民法学就是指以实证民法(制定法和习惯法的总称)为对象的民法解释学。民法解释学应遵从法解释学的一般规则,但又有其特点。民法解释学的重点是对民法规范的内容作解释,以便于对民法的理解和适用。解释民法包括解释条文的含义、条文之间的关系、民法的体系结构、条文所体现的指导思想和原理原则等。民法解释的方法包括文义解释、历史解释、体系解释、目的解释、扩张解释、缩小解释、反对解释、当然解释等。民法解释学不仅仅是对法律进行诠释,不仅仅对法律条文以形式理论的方法,进行文字解释、理论解释,而且应当从民法的指导原理、历史背景、社会条件、体系结构、与外国法的比较、学者的见解等多方面进行研究。其中历史的方法和比较的方法是民法解释的重要方法。有时对民法规范需要用历史的方法予以解释,阐明其历史渊源和发展,才能把握其精神实质。对现行民法规范与外国的有关规定进行比较,有利于正确理解其含义和本质。民法解释的目的不仅在于解释本身,更重要的在于适用,因此需要对现实存在的民事法律关系进行研究,结合实践进行解释,才能把过去制定的法律正确适用于现在。民法所调整的财产关系和人身关系的范围广,涉及面宽,而且社会生活在不断地发展变化,民法不可能对所有应当由其调整的社会关系都作出具体规定,同时,由于立法者的主观原因和客观原因,民法还会有漏洞,需要在司法过程中予以补充,以解决实践中出现的新问题。民法漏洞之补充,既是民法解释活动的继续,又是法院造法的尝试,需要有正确的指导原理和严格的规则,因此民法漏洞的补充,就成为民法解释学的重要内容。

民法学的任务不仅要研究现行法律的适用,而且要研究法律的健全和发展,为此就需要了解和研究社会上出现的新情况和新问题,为健全和发展民法提出理论根据和对策。民事法律实践研究的一个重要方面是民事案例研究,特别是疑难案例研究。通过案例研究,总结适用民法的经验和方法,发现民法适用及民事立法上的问题,不仅可以为司法实践提供参考,而且可以为健全和发展民事立法奠定基础。民事法律实践研究的另一个方面是民事习惯的研究。民事习惯经过司法实践的逐步承认,会由习惯变成习惯法,进而可能变为成文法。因此,调查了解和研究民事习惯也是民法学的一项任务。对民事法律实践的研究也是将民法作为一种社会现象进行研究,研究民事法律是否有利于维护社会经济秩序,是否有利于促进市场经济的发展,是否与社会生活和谐一致。为健全和发展民事立法,还需要对民法的各项原则、制度、规则、条文、体系结构及指导思想等进行综合研究和评价,探讨其规律性和发展方向。另外,还需要研究民法理论,包括对民法的新思想、新理念的研究,民法各分支的理论的研究,专题研究等。民法理论对民事立法的健全和发展具有指导意义,例如对民法性质的研究关系到民法调整的社会关系的范围和调整方法,对民法体系的研究关系到民事立法的模式,对民法制度的研究关系到当事人权利的保护及限制,关系到民法制度的改革等等。随着社会的发展,民法观念和理论也会随之发展。另外,民法理论不仅对于阐明、解释民法是必要的,还可能成为民事法律渊源,例如我国民国时期的民法典第1条规定:"民事,法律所未规定者,依习惯;无习惯者,依法理。"

除民法解释学之外,根据研究的角度和方法的不同,民法学还可分为比较民法学、民法史学等学科。比较民法学是对某些有代表性的国家的民事法律制度进行比较研究的科学,是民法学的分支,也是比较法学的分支。通过对不同国家民法的比较研究,可以加深对外国民法的认识,有助于深入了解本国的民事立法和改进本国的民事立法。民法的比较研究对于民事立法和民事司法都有参考价值,也有助于民法教学的发展。比较民法的主要步骤和方法是:掌握所要比较国家的民法的有关材料;对有关材料进行比较,找出其异同;分析异同的原因,作出适当的评价和结论。比较民法的研究可以是双边(即两国民法之间)比较,也可以是多边(即三个以上的国家的民法之间)的比较;可以是宏观的比较,也可以是微观的比较;可以是综合比较,也可以是专题的比较。民法史学是研究民法历史发展的科学,是民法学的分支,也是法律史学的分支。民法史学以研究民事法律规范的发展为主线,了解其内容与结构,研究其发展的社会背景,探讨有关学说的影响及民法的发展趋势。研究民法的发展史,对于了解现行民法,掌握民法的发展规律,对于民法的教学都有重要意义。民法史学的研究包括中国民法史的研究和外国民法史的研究,可以是民法通史的研究,也可以是民法断代史或民法专题史的研究。对外国民法史的研究应当是对我国民法有较大影响的国家的民法史的研究,例如对法国、德国、瑞士等国家民法史的研究,可追根溯源到罗马私法史的研究。除比较民法学和民法史学之外,还有民法社会学、民事立法政策学及民法哲学等等,随着民事立法和民法理论的发展,新的民法分支学科将会不断出现和完善。

民法研究的成果主要表现为各种民法著述,其主要形式有:(1) 民法注释。民法注释是对民法条文的解释,其表现形式主要被称为民法注释、民法释义或民法诠解等。民法注释主要在于准确阐明民法条文的含义,也会涉及有关立法理由、学理和实践。(2) 民法案例研究。民法案例研究主要是分析司法活动中的疑难案例的法律适用问题,重在分析适用法律过程中不同的主张和观点,从法律适用方法和理论上进行剖析,从而得出正确的结论。民法案例研究可以与学说研究相结合,通过疑难案例研究的形式,阐明某种学术观点。(3) 民法教科书。民法教科书是民法学的一种基本形式,是对民法的基本内容、基本概念、基本知识和基本理论进行全面的论述。民法教科书是法律专业大学生必读的,对于司法实务工作者也有参考价值,书名有民法学、民法教程、民法原理或民法等。民法教科书的体系也就是一般民法学的体系,其结构可以和现行民法相一致或基本一致,也可以不一致。我国内地至今尚未颁布民法典,民法教科书多以我国《民法通则》等现行民事立法为根据,参考民国时期的民法典和德国民法典的体系,结合有关民法原理,建立民法学的体系。(4) 民法论文。民法论文是就民法中某一专门的问题进行论述的文章,其特点是问题集中,涉及的范围小,但论述深入,可涉及立法和司法、理论和现实、历史和现在、本国和外国以及不同学术观点的争论。(5) 民法专著。民法专著是对民法某一领域进行专门研究的著作,其表现形式是一本或若干本书。民法专著涉及的领域比民法论文宽,比民法教科书窄,对某些问题论述全面而有深度,可以是理论与实践结合的著作,也可以是专门的民法理论著作。(6) 民事立法草案建议稿及理由书。不少国家重视学者在民事立法中的地位和作用,学者可以提出民事立法建议稿和理由书。学者提出的民事立法建议稿和理由书,可能是理论与实践结合的成果。

(魏振瀛)

minfa yuanyuan

民法渊源(sources of civil law;德 Rechtsquellen) 又称民法的法源,指民法规范的具体表现形式。不同国家的法律对民法渊源的规定不同。《瑞士民法典》第1条规定:"关于法律问题,本法及其文字或解释上已有规定者,一概适用本法。本法未规定者,法官依习惯法;无习惯法者,依自居于立法者地位时所应行制定之法规裁判之。前款情形,法官应依据公认的学说和先例。"我国台湾地区民法典第1条规定:"民事,法律所未规定者,依习惯;无习惯者,依法理。"意大利民法典、土耳其民法典也有类似规定。其他许多大陆法系国家虽然没有在法典中明确作类似规定,但是实际上作相同的理解。根据该种模式,民法的渊源分为三类:制定法,习惯法,法理。

在英美法系国家,民法的渊源主要是制定法和判例法。但是由于判例法的灵活特点,实际上等于赋予法官以随时造法的权力,所以在没有制定法规定以及司法先例的时候,法官仍然可以在事实上参考习惯和法理判决,并且判决本身可以成为有约束力的法律渊源。而另一方面,大陆法系之中的司法判决虽然本身并没有法律约束力,但是上诉法院(尤其是最高法院)的判决事实上具有高度的说服力和权威性,下级法院一般来说乐于遵循。可见,两大法系的民法渊源虽然在形式上有相当差异,但是从实质来说大致上殊途同归。

我国的民事立法对于民法的渊源没有很明确的规定。《中华人民共和国民法通则》第6条规定:"民事活动必须遵守法律,法律没有规定的,应当遵守国家政策。"第7条规定:"民事活动应当尊重社会公德,不得损害社会公共利益,破坏国家经济计划,扰乱社会经济秩序。"有的学者将其理解为关于民法渊源的规定,即,将国家政策、社会公德视为没有法律规定的时候的补充性民法渊源。但是对于什么是国家政策、如何体现,尚缺乏学说上的系统说明。此外在司法实践中也很难见到援用这两条规定作为民法渊源的案例。学说上也有意见认为我国民法的渊源应当如同其他大陆法系国家一样,包括制定法、民事习惯法和法理。

可以作为民法渊源的制定法(民事制定法),包括的范围非常广泛,并不局限于民法典。在我国,全国人大或者全国人大常委会制定的法律、国务院制定的行政法规、地方性法规等都包括在内。最高人民法院的司法解释也是一种重要的民法渊源。我国参加的国际条约也是制定法的一种,但是其是否具有直接调整民事关系的相当于国内法的效力,尚需从具体的国际条约的性质以及根据条约所承担的国际义务等方面予以确定。但是从宪法上说,到底哪些立法层次上的法律可以直接调整民事关系,尚有待研究。有的法律之中明确对这个问题作出规定,自应当依其规定确定相应的法律渊源。比如《中华人民共和国合同法》第52条第5项规定,"违反法律、行政法规的强制性规定"的,合同无效。也就是说,除了全国人大或者其常委会制定的法律、国务院制定的行政法规之外,其他规范性文件不得直接规范合同效力问题。

所谓习惯,指多数人对于同一事项在一定期间内反复所为的同一行为。作为民法渊源的习惯,指的是有法律效力的习惯,即民事习惯法,而非单纯的事实上的习惯。学说上认为,习惯法须具备以下要件:须有习惯之存在;须一般人确信其有法的效力;须为法律所没有规定的事项;须不违反公共秩序、善良风俗。就习惯法的存在有疑义时,主张习惯法存在的当事人负举证责任。我国现行民法上没有明确承认习惯作为法律渊源的效力。但是在司法实践中,在一些情形下和一定范围内,也承认习惯的法律约束力。比如最高人民法院发布的几个关于典权的司法解释。

所谓法理,又称条理,指根据法律的精神可以推知的道理。由于民事关系错综复杂,且变动不居,法律规定难以周全,而民事关系上不采用类似刑法上的罪刑法定原则,所以如果没有具体的民事规范可供援用,又没有习惯或者判例作为依据时,应当认为法官享有较为广泛的自由裁量权,可以依据法理裁判案件。当然,正如《瑞士民法典》所明确规定的,法官应当充分考虑学说和判例,而非全凭主观而为判断。我国现行立法没有规定法理作为法律渊源,但是在司法实践中,在没有可以援用的法律规定时,法院有时会基于对法律原理的分析进行裁判。

判例是法院对所审理案件的裁判。大陆法系国家一般不承认判例具有约束自身或者下级法院的法律约束力。但是,上诉审法院在判例中对法律的解释(参见民法的解释条),特别是最高法院在判例中对法律的解释,在事实上具有很强的权威性。这是因为,由于民事诉讼的上诉制度,下级法院裁判中的法律问题可以被诉讼当事人逐级上诉,一般可以到达最高法院,因此下级法院通常不得不慎重考虑上诉法院在过去裁判中就相同或者类似问题所作出的法律解释,以免自己的裁判被上诉法院改判;另一方面,上诉审法院(尤其是最高法院)在裁判中通常会进行详尽的法律推理,对所持有的法律见解进行详细的说明,基于此而进行的法律解释通常具有高度的说服力。因此,下级法院通常会承认上级法院(主要是最高法院)判例中所作出的法律解释的正确性,并据以对自己审理的案件进行裁判。这样,经过长期的司法实践,就会形成以最高法院判例为核心的一整套基本统一的对法律的解释,其虽然不具有形式上的法律约束力,但是事实上在司法实践中被广泛遵循,在这个意义上,可以认为存在实质上的判例法。判例法虽然对于法院并没有像制定法或者习惯法那样的强制性的约束力,但是如果没有重大的理由,法院(包括最高法院自身)通常会遵循判例法。在这个意义上,判例法也是法律的渊源。瑞士民法上认为,法院在根据法理裁判案件时,应当考虑判例,因此承认了判例在相当程度上的法律渊源地位。另外,如果法院在长期的司法实践中反复适用某项制定法中没有明确规定的规则,并且该规则已经被交易实践所接受,被人们普遍遵循,那么可以认为在该事项上已经形成了习惯法,从而具有了和一般的习惯法一样的直接的法律约束力。我国目前的司法实践中还基本没有形成判例法,这主要是因为,法院的判例通常不公开,无法被其他法院以及公众所了解和遵循;法院的裁判中通常很少进行法律推理,很少就法律的内容进行更加明确化的解释以及法律漏洞补充,从而很难成为先例而被其他法院所遵循;我国民事诉讼的四级两审终审制使得大量的法律问题无法被最高人民法院审理等等。不过,最高人民法院已经开始定期公布其所裁判的部分民事案件,因此中国的民事判例法的形成已经走出了第一步。

(葛云松)

minfa zongze
民法总则(the general principles of the civil law)　在部分大陆法系国家的民法典中,将需要普遍适用于民法典的全部各编或者两编以上的内容进行提取,而规定于民法典的第一部分,这一编被称作总则。其内容一般包括对民事主体的一般性规定、法律行为与代理、消灭时效(或者诉讼时效)、期间与期日等。

大陆法系的民法典有不同的编制体例,设立民法总则的编制体例是德国学者根据对罗马法上的《学说汇纂》(《潘德克顿》)中的资料进行系统整理并加以发展而成,是德意志式民法典最为显著的特征之一。世界上最早设置总则的民法典是萨克森民法典(1863年施行),在世界上产生最广泛影响的设置总则的民法典,是1896年制定的《德国民法典》。

在民法典中设置总则编的优点主要反映在对民事法律行为的一般规定上。由于民事法律行为是外延包括合同、遗嘱以及其他单方法律行为的上位概念,立法者将可以适用于全部各类具体的民事法律行为或者至少部分种类的民事法律行为的一般性规则规定在总则之中,就可以避免对每一种具体的民事法律行为进行重复性规定。当然,为了避免重复,法律上也可以仅就一种具体民事法律行为(比如债权合同)进行全面规定,而对其他民事法律行为仅规定准用前者。但是这无疑将使得此类准用性规定数量庞大,使法律更加复杂。除了民事法律行为外,关于消灭时效(或者诉讼时效)以及权利行使的一般性限制、民法的基本原则的规定,也都适用于民法典的不同编。所以,总则的设计可以使得上述制度与民法上具体规定之间的逻辑关系一目了然。关于民事主体的规定虽然不是作为民法典其他各编中具体制度的抽象规定,但是其他各编规定的所有权利义务都由一定的民事主体承当,而且由于民事主体之间的平等性,民法中只需要对民事主体的人格进行一次性规定,便无须就每项具体制度作主体方面的规定,因此将民事主体的规定置于总则之中,从逻辑关系上来说说也合理科学。

当然,民法总则的设计,特别是民事法律行为概念和制度的规定,一定程度上也使得民法的结构变得复杂,增加了理解的困难。因为一则很多一般性制度十分抽象,理解起来并不容易,二则在适用民法上其他具体制度时,除了适用该具体制度外,还需要考虑总则中是否有可以适用的一般性规定,考虑二者之间的逻辑关系,因此增加了逻辑上的难度。但是总的来说,总则对于法律思维的清晰明确利大于弊。

我国目前尚未制定民法典,但是绝大多数学者都认为将来的民法典中应当设置总则编。现行的《中华人民共和国民法通则》中规定的内容,多数相当于大陆法系民法总则的内容。

(葛云松)

minshang fenli
民商分立(the system of civil law and commercial law formulated seperately) 大陆法系部分国家采用的一种法律编制体例,在民法典之外另外制定商法典,商法是独立于民法的单独法律部门。在德国、法国、西班牙、葡萄牙、比利时、日本等国家,私法主要包括民法和商法两大分支,分别构成不同的法律部门,其中民法的调整范围基本决定于民法典的范围,主要包括关于民事主体的一般规定、物权、债权、亲属、继承等领域。而商法则主要包括公司、票据、海商、保险等领域。商法除了调整的领域相对于民法有特殊性外,还以交易的简便、安全作为主要的目标,其中强制性规定比较多。

与民商分立体例相对应的是民商合一体例,即在大陆法系部分国家中,在民法典之外不另行制定独立的商法典,有关商事的法律在民法典中加以规定或者作为民事特别法另行规定的编制体例。在瑞士、意大利、荷兰等国家以及我国台湾地区,民法就是私法的全部,商事法仅是民法的一个组成部分。

大陆法系的民法(一般私法)直接源于罗马法的发现及在此基础上的发展,而商法则直接源于西欧中世纪的商人习惯法,尽管后者也和罗马法有密切的关系。商人习惯法仅适用于商人,调整商事关系,由特别设立的商事法院审理商事案件和适用商人习惯法。主要由于这种历史渊源的原因,19世纪的民事立法都采取了民商分立的体例。如法国的早期商事立法有1673年的《陆上商事条例》、1681年的《海事条例》,1807年法国制定了《法国商法典》,而《法国民法典》则在1804年制定。德国1861年制定了《普通德意志商法》,1896年制定了《德国民法典》。

世界上首先采取民商合一体例的是《瑞士民法典》。瑞士在1881年制定了《瑞士债法典》,乃是包括一般民法上的债法规范以及公司、有价证券和各种商事合同的法律,根据瑞士法律,该法典成为后来制定的《瑞士民法典》的一个组成部分。意大利和荷兰原来都是采取民商分立体例的国家,但是在20世纪30、40年代和第二次世界大战后分别重新制定民法典时,都改采民商合一体例。采取民商合一体例的还有土耳其、泰国等国家的民法典。我国民国时期制定民法典时,也明确采取了民商合一的体例,现该法在我国台湾地区仍被沿用。

我国现行立法上既没有民法典,也没有商法典。在学说上,有学者主张应当采取民商分立体例,他们认为商法具有特殊性,商法的精神和民法的精神有重大的差异,因此将商法独立于民法有利于反映这种特殊性。但是多数学者赞同民商合一体例。因为,商法调整的也是平等主体之间的财产关系和人身关系,与民法在基本精神和基本制度上相同。即便采取民商分立体例,民法仍是一般私法,商法是特别私法,为了维护法律体系的统一性,避免不必要的重复,商法中仅对商事领域中的特殊问题或者有特殊要求的规则加以规定,与民法共通的规则仅规定于民法,所以,商法并非商事活动的完整的、自成一体的规则,事实上是民法的特别法,仅具有补充或者修正民法上一般规定的功能,须与民法相结合才能够适用。比如,《日本商法典》第1条规定:"关于商事,本法无规定者,适用商习惯,无商习惯者,适用民法。"而且,一般民法上的规定也并非适用于所有民事主体,比如夫妻之间的法律关系仅适用于结婚的自然人,对于其他自然人以及法人并不适用。商法的独立性并没有必然的逻辑根据。所以,民商合一与民商分立的真正差异仅仅在于后者有一个比较综合性的商法典而已。但是哪些商事规则纳入商法典,哪些制定单行的商事法规,各国之间差异很大,这也从一个方面反映了商法欠缺一般民法那样的体系性,而仅是各种商事规则的一个合称而已。民商合一体例下,对于商事领域的特殊性,可以通过民事特别法的形式予以反映,民商合一体例并不会导致忽略或者消灭商法的特殊性。

从商法的起源和发展过程来看,商法的独立性主要源于历史因素,即,民法起源于罗马法,商法则直接起源于商人团体的自治性规范。民商分立和民商合一仅仅是一个形式上的差异,并无实质差异。在民商立法具有很强的历史延续性的国家,比如法国和德国,民商分立体例属于一种客观现实,也许不见得必须重新架构,但是对于不必受到这种历史传统局限的国家,在进行立法时,就可以对民法和商法的关系进行重新定位。综合而言,采取民商合一体例可以使得法律体系在逻辑上更加严密,体例上更加简明,又不至于妨碍立法上制定仅适用于商事关系的特殊规则,所以更加可取。

(葛云松)

minshang heyi

民商合一(the system of civil law and commercial law formulated together) 参见民商分立条。

minshi buchang

民事补偿(reimbursement) 在民事活动中,对为避免他人损害而使自己遭受损害的受害人,由受益人所给予的补偿,或在当事人双方对造成损害均无过错的情况下,由人民法院根据公平的观念,在考虑当事人财产状况及其他情况的基础上,责令加害人对受害人的财产损失给予适当的补偿。民事补偿与民事赔偿的不同之处在于:民事补偿不是违反民事义务的结果,而民事赔偿则是违反民事义务的结果;民事补偿的义务人是无过错的,而民事赔偿的义务人一般是有过错的;民事补偿的义务人一般为受益人,而民事赔偿的义务人一般是实施损害的加害人。《中华人民共和国民法通则》第109条规定了受益人对受害人的补偿义务;第129条规定了受益人对紧急避险所致损害的补偿责任;第132条规定了当事人对造成损害都没有过错的,加害人对受害人的适当补偿责任。

(张平华)

minshi daili

民事代理(agency in civil law or civil agency) 商事代理的对称。依照民法规定的代理,包括委托代理、法定代理和指定代理。

(李仁玉 陈敦)

minshi falü guanxi

民事法律关系(legal relationship in civil law;德 Rechtsverhaeltnis) 基于民法规范的适用,因为一定民事法律事实的发生,在民事主体之间形成的民事权利义务关系。民事法律关系理论是在理论上说明民法各种具体法律规范的基础性理论,对于掌握民法的体系和技术特征具有重要的理论意义,对于正确理解和适用民法规范也具有重要的指导意义。

民事法律关系是法律关系的一种。民事法律关系的特点是,它是平等主体之间的法律关系。尽管民事主体在种类上可以包括自然人、法人、其他组织和国家等,但是在民事法律关系中,它们的地位一律平等。

民事法律关系的要素包括民事法律关系的主体、民事法律关系的客体以及民事法律关系的内容三个方面。可以使得一定民事法律关系发生、变更、消灭的原因,是民事法律事实。也有学说将民事法律事实作为民事法律关系的要素之一。

根据民事法律关系内容的不同,可以将其区分为财产法律关系和人身法律关系。民法上的财产法律关系指其内容通常可以以金钱评价的法律关系,比如物权、债权、知识产权中的财产权等。人身法律关系指以特定的人身利益为客体,并且权利专属于特定权利主体享有的民事法律关系,比如名誉权法律关系、著作人身权法律关系等。

民事法律关系还可以区分为绝对法律关系和相对法律关系、主法律关系和从法律关系。

(葛云松)

minshi falü guanxi de biangeng

民事法律关系的变更(the changing of legal relationship in civil law) 因为一定的民事法律事实,一个既存的民事法律关系在保持其同一性的情形下某个要素发生变更。民事法律关系的变更包括主体的变更、客体的变更和内容的变更。由于权利本身仍然保持同一性,因此权利仍然存续,诉讼时效仍然连续计算。

民事法律关系主体的变更是指民事法律关系的主体一方变更为其他当事人。比如所有权转让,遗产的继承。其含义等同于民事法律关系的相对发生或者民事权利的继受取得。

民事法律关系客体的变更的情形,比如物权客体的部分毁损,种类之债因为特定化而成为特定之债。客体的变更也可以看做内容变更的一种情形。

民事法律关系内容的变更是指民事法律关系或者民事权利在保持其同一性的前提下在权利范围、具体内容等方面发生的变化。比如债权因为部分清偿而减少,合同债权的内容因为债务人的不履行行为而增加了损害赔偿的内容,债权因为诉讼时效期间的经过而发生效力减损,第二顺位抵押权上升为第一顺位抵押权等。

(葛云松)

minshi falü guanxi de fasheng

民事法律关系的发生(the establishment of legal relationshp in civil law) 因为一定法律事实,在民事主体之间形成新的民事法律关系。从民事法律关系的内容角度说,也就是民事权利的取得。

民事法律关系的发生可以分为绝对发生和相对发生。民事法律关系的绝对发生，就是一个新的民事法律关系不依赖于既存的其他民事法律关系而发生，从权利主体的角度也可以称作民事权利的绝对发生或者民事权利的原始取得，即非基于他人的权利，而独立地取得权利。比如因为订立合同而发生债的关系，因为先占无主物而取得所有权。民事法律关系的相对发生，就是一个民事法律关系基于既存的其他民事法律关系而发生，从权利主体的角度可以称作民事权利的相对发生或者继受取得或者传来取得，即基于他人的权利而取得权利。民事权利的继受取得又可以分为移转的继受取得和设定的继受取得，前者是指民事权利的客体、内容不变更但是主体发生变更，比如所有权转让，股权转让，遗产继承；后者是指权利主体仍然保持其原来权利，但是基于该权利为另一个民事主体设定一个新权利，并且因而导致原权利发生变更，比如在国有土地上设定国有土地使用权，在机器设备上设定抵押权，在专利权上设定权利质权。民事法律关系的相对发生与民事法律关系的变更在实质上等同，仅仅是从不同角度的表述而已。 (葛云松)

minshi falü guanxi de keti
民事法律关系的客体（the object of legal relationship in civil law） 民事法律关系的主体享有的民事权利和承担的民事义务所指向的对象。又称民事法律关系的标的。从实质上说，一定的民事法律关系是确定一定的利益在民事主体之间的分配，这种利益就是民事法律关系的客体。民事法律关系的客体主要包括物、行为、特定的智力成果、特定的人身利益，一定的民事权利也可以成为特定民事法律关系的客体。物是物权的客体（参见物条）；行为是债的关系的客体；特定的智力成果是各种知识产权法律关系的客体；特定的人身利益（比如生命利益、健康利益、名誉利益等）是各种人身权法律关系的客体；权利作为民事法律关系的客体的情形，比如以国有土地使用权为客体的抵押权，以股权为客体的权利质权。 (葛云松)

minshi falü guanxi de neirong
民事法律关系的内容（the content of legal relationship in civil law） 民事法律关系主体所享有的民事权利和承担的民事义务。是民事法律关系的要素之一。参见民事权利条、民事义务条。 (葛云松)

minshi falü guanxi de xiaomie
民事法律关系的消灭（the extinction of legal relationship in civil law） 因为一定的民事法律事实，一个既存的民事法律关系不复存在。从民事法律关系的内容角度说，也就是民事权利的消灭。民事法律关系的消灭包括相对消灭和绝对消灭两种情形。

民事法律关系的相对消灭，或者说民事权利的相对消灭，指民事法律关系与原来的主体相分离，移转于其他当事人之间继续存在。其含义等同于民事法律关系的相对发生和主体变更，只是表述的角度不同。比如继承的发生，权利的让与等。

民事法律关系的绝对消灭，或者说民事权利的绝对消灭，指民事法律关系彻底地不复存在，比如债权因为清偿而消灭，所有权因为标的物灭失或者抛弃行为而消灭。 (葛云松)

minshi falü guanxi de zhuti
民事法律关系的主体（the subject of legal relationship in civil law） 参加民事法律关系，享有民事权利或者承担民事义务的当事人。是民事法律关系的要素之一。简称民事主体。参见民事主体条。 (葛云松)

minshi falü shishi
民事法律事实（civil legal facts；德 juristischer Tatbestand） 能够引起民事法律关系发生、变更、消灭的客观情况。一定的民事法律关系的发生、变更和消灭，都须基于一定的原因，对于这些可以成为此类原因的事实，在理论上总称为民事法律事实。只有那些根据民法规范的规定，能够带来民事法律关系变动效果的事实，才属于民事法律事实，其他事实则不属于此概念概括的范围。

民事法律事实概念可以在两个层面上使用。一个层面是法律规范中的法律事实，它是一个民法规范中的法律要件部分，比如根据《中华人民共和国民法通则》第106条第2款的规定，侵权行为是能够产生侵权责任这种法律效果的法律事实。这种意义上的民事法律事实，与法律要件或者构成要件概念基本相同。另一个层面是生活中具体发生的符合一定民法规范中构成要件部分的事实，比如某甲故意打伤某乙，符合侵权行为的构成要件，则某甲的行为是一个法律事实，其法律效果是发生某甲对某乙的侵权责任。

民事法律事实可以分为事件和行为两大类。 (葛云松)

minshi falü shishi zhi gongcheng
民事法律事实之构成（德 Rechtstatbestand） 民事法律规范中，特定法律效果的发生须两个以上的民事法律事实发生并相互结合的法律现象。也称为民事法律事实总和。有的法律效果的发生所须具备的要件仅包括一个法律事实,而有的法律效果则须两个以上民事法律事实的结合。比如遗嘱继承的发生,须遗嘱生效以及立遗嘱人死亡两个法律事实结合;又如动产质权的设定,须双方有合意并且有标的物的交付两个法律事实的结合。在法律效果的发生仅需单一的民事法律事实的情形,法律效力的发生就是该单一事实发生之时;但是在需复数民事法律事实相结合的情形,不同民事法律事实发生的时间可能有先后之别,因此须所有事实均发生之时,也就是说在最后一个民事法律事实发生之时,才能够发生法律效果。 (葛云松)

minshi falü xingwei
民事法律行为(civil juristic acts; act in law; legal act) 民事主体设立、变更、终止民事权利和民事义务的合法行为。这一概念为《中华人民共和国民法通则》所采用。民事法律行为的上位概念是民事行为,具有表意性和目的性,排除了事实行为;同时,民事法律行为是合法行为,以适法性为特征,不包括无效的民事行为、可撤销或可变更的民事行为和效力未定的民事行为。

民事法律行为具有下列特征:(1)应是民事主体实施的以发生民事法律后果为目的的行为。只有民事主体实施的,能够引起民事法律后果的行为才是民事法律行为。其他主体所为的行为,虽然有时也能发生法律后果,但不是民事法律行为,如人民法院或仲裁机构所作的裁决,能够引发民事法律后果,但不是民事法律行为。民事法律行为所要求的目的性,只是一种可能性,不具有必然性,仅指当事人实施民事法律行为所追求的法律后果,而不包括动机。这一特征使民事法律行为与侵权行为、事实行为等非表意行为区别开来。(2)应是以意思表示为构成要素的行为。民事法律行为的成立,须有一个或数个意思表示。在民事法律行为中,有以一个意思表示而构成者,如设立遗嘱;有以相对的两个意思表示而构成者,如签订买卖合同;有由两个同方向的意思表示而构成者,如订立合伙协议。欠缺意思表示则无民事法律行为可言。但是,意思表示并不等于民事法律行为,二者不是同一概念,也不具有一一对应关系,即并非一个意思表示就是一个民事法律行为。(3)应是合法行为。民事行为能否发生当事人预期的民事法律后果,取决于该行为是否符合法律规定,即是否具有合法性。只有合法的民事行为,才能发生当事人预期的民事法律后果。民事法律行为是合法行为,所以才受法律保护。《民法通则》第57条规定,"民事法律行为从成立时起具有法律约束力",即指当事人所为的民事法律行为受法律保护。在我国,违法的民事行为不是民事法律行为,不能得到法律的认可和保护。

依《民法通则》第55条的规定,民事法律行为的有效实质要件有三项:(1)行为人具有相应的民事行为能力。行为人实施的民事法律行为是合法行为,必然产生权利义务关系,产生相应的法律后果,因此,民事法律行为的行为人必须具有预见其行为性质和后果的相应的民事行为能力。就自然人而言,完全民事行为能力人可以以自己的行为取得民事权利,履行民事义务;限制民事行为能力人只能从事与其年龄和智力发育程度相当的民事法律行为,其他行为由其法定代理人代理,或者征得其法定代理人的同意;无民事行为能力人不能独立实施民事法律行为,他们的民事法律行为必须由其法定代理人代理。在司法实践中,无民事行为能力的未成年人所进行的某些习惯所允许的,或与日常生活密切相关的细小民事行为,如购买文具、乘坐公共汽车买票等,一般被认为是有效的。另外,无民事行为能力人和限制民事行为能力人实施接受奖励、赠与、报酬等对本人有利而又不损害他人利益的"纯获法律上利益"的行为是民事法律行为,合法有效,他人不得以行为人无民事行为能力或限制民事行为能力为由,主张以上行为无效。企业法人的民事行为能力是由企业法人核准登记的经营范围决定的,企业法人只应在核准登记的经营范围内活动。但是,从维护相对人的利益和维护市场关系的稳定性出发,当事人超越经营范围订立合同,人民法院不因此认定合同无效。但违反国家限制、特许经营以及法律、行政法规规定禁止经营的除外。法人或其他经济组织的法定代表人、负责人超越权限订立合同的,除相对人知道或应当知道其超越权限的以外,该代表行为有效。(2)行为人的意思表示真实。民事法律行为是以意思表示为构成要素的行为,因此,它要求行为人的意思表示必须真实。意思表示真实是指行为人在自觉、自愿的基础上作出符合其意志的表示行为。意思表示真实包括两个方面:第一,行为人的意思表示须是自愿的,任何个人和组织都不得强迫行为人实施或不实施某一民事行为。第二,行为人的意思表示须是真实的,即行为人的主观意愿和外在的意思表示是一致的。(3)标的合法。民事法律行为的标的即民事法律行为的内容。标的合法并非指标的有法律依据,而是指标的不能违法,不违法的行为就是合法的。法律规范依其适用可分为强制性规范和任意性规范,强制性规范包括强制及禁止规定,当事人不得依自由意思排除适用;任意性规范,当事人可排除适用。行为不违法,是指不违反法律的强制性规范。

民事法律行为可以从不同的角度进行分类,这种分类在理论上和实践中对认定该项行为是否有效有重要意义。(1)以民事法律行为是否由当事人一方之意思表示即可成立为标准,可以将民事法律行为分为单方行为、双方行为和多方行为。(2)依民事法律行为发生的效果的内容是财产性还是身份性的为标准,可以将民事法律行为分为财产行为和身份行为。(3)以民事法律行为有无对价为标准,可以将民事法律行为分为有偿行为和无偿行为。(4)以民事法律行为于意思表示之外,是否还必须交付物件为标准,民事法律行为可分为诺成性行为和实践性行为。(5)以民事法律行为的成立是否必须依照某种特殊的形式为标准,民事法律行为可分为要式行为和不要式行为。(6)以民事法律行为内容上的主从关系为标准,民事法律行为可分为主行为和从行为。(7)以民事法律行为有无独立的实质内容为标准,民事法律行为可分为独立行为和辅助行为。(8)以民事法律行为与原因的关系为标准,民事法律行为可分为有因行为和无因行为。此外,民事法律行为还可以区分为设权行为、变权行为、废权行为及保权行为等。 (李仁玉 陈敦)

minshi falü xingwei de xingshi
民事法律行为的形式(form of civil juristic acts) 意思表示的形式。依照《中华人民共和国民法通则》第56条的规定,对于民事法律行为的形式,当事人可以自由选择,既可以采用口头形式,也可以采用书面形式或者其他形式,但法律规定采用特定形式的,依照法律规定。民事法律行为的形式包括口头形式、书面形式、推定形式和沉默形式。 (李仁玉 陈敦)

minshi hehuo
民事合伙(civil partnership) 商事合伙的对称,又称民用合伙,大陆法系国家合伙分类的一种。我国理论界一般认为,大陆法系国家将合伙分为民事合伙和商事合伙,而分别适用民法典和商法典或商事特别法。民事合伙是依民法典关于合伙的规定成立的临时性的合伙,以合伙契约的形式而存在,并以德国为例,认为德国在民法典中规定了民事合伙,在商法典中规定了商事合伙。但《德国民法典》关于合伙契约的规定,显然可适用于各类合伙。而法国则根据1978年1月4日第78—9号法律,在民法典中对合伙的一般规定、民事合伙、隐名合伙作了详细规定,其中"一般规定"一章,是适用于各种合伙的通则,隐名合伙既可以是商事合伙,也可以是民事合伙。因此,民事合伙和商事合伙应当以是否具有商业目的和成立商业企业为标准划分。《法国民法典》规定:"任何公司(合伙),凡法律未因其形式、性质或标的而赋予其另一种性质者,均具有民事性质。"民事合伙的合伙人按其出资比例对合伙债务负无限责任,但债权人应先向合伙提起诉讼,对于合伙不能清偿之部分,才可请求合伙人偿还。 (张玉敏)

minshi hetong
民事合同(civil contract) 民法上的合同。在民商分立的国家,民事合同指商事合同以外的私法合同。在民商合一的国家,民事合同指各种发生私法上权利义务的合同。我国合同法未区分民事合同与商事合同。 (郭明瑞)

minshihun
民事婚(civil marriage) 参见法律婚条。

minshi panlifa
民事判例法(case law) 参见民法渊源条。

minshi putongfa
民事普通法(general civil law) 参见民事特别法条。

minshi quanli
民事权利(private right) 在权利本质问题上,历来意见不一,约有三说:意思说、利益说以及利益意思说。(1)意思说,认为权利之本质为人之意思所具有之力。彼分权利为两种。一为得要求他人行为或不行为之权利,如有抗拒其意思者,即得发动法律上之力量予以制裁。故权利人此种意思,具有使法律规范发生其实效之力量,法律规范之实现与否,乃全然系于权利者意思之发动。另一种为得以自己之意思造成一种法律地位之权利。权利人具有取得变更或消灭其权利之力量。(2)利益说,认权利为法律所保护之利益。彼谓法律之目的,在于保护利益。所谓利益,包括物质的与精神的两种。人类参与社会生活,必须享有此种利益,而欲能确切享有此种利益,必须法律予以保护。法律既予保护,即须予以得请求公力救济之权。故利益为权利之实质的要素,法律之保护为形式的要素。(3)利益意思说,认为人之意欲,必有其意欲之对象,其对象即为利益。故法律保护意思,实系保护利益。但利益自身不能实现,故又必须人之意思。按照目前通行的定义,权利是法律为了满足人的利益而赋予他的一种意思力或法力。其一,权利必须依据法律而产生。如果某种授权不是源自法律,而是源自习俗或道德,则非权利。作为法律的产物,权利所包含的法律的力量,首先指的是一种规范领域的情况,即法律秩序对权利人的授权或许可,一种"可以作为",或是一种"法律上的可能"。其二,权利须归属于某人。其人可为自然人,可为法人;其人可以是明白确定之人,亦可为不确定之人;其人可为单独之人,可为多数之人。其三,权利乃一种思想力。它赋予权利人以预定的权力,使之拥有实现意思的空间。因此权利确保着个体的自由。其四,权利皆有其目的,即满足人类利益。权利究竟保护何种利益,端视各种权利之内容而异。权利的目的旨在满足人类利益,不仅涉及权利主体之利益,间亦涉及他人之利益。在某种程度上,个体自由范围之扩展,势必缩小他人的自由范围。因此,个体的法律上的力量不应该毫无限制。许多情况下,权利的范围和边界就是依据权利的目的(即利益保护)而得以确定的。权利与法益不同。法律对于社会利益的保障,其处置方法不同:或者设立权利,或者设立保护性规定。在前一种情形,法律依个人主义原则,为每个人划分一利益范围,于此范围内,个人之意志高于一切,国家的任务仅为旁及地予以保障,使该利益不受他人侵扰。国家的干涉仅及于此;一切关于该人利益范围之变更及支配,悉以其主体的自由意志为准。在通常情形下,此项权利范围如受侵害,权利主体即可亲自提出请求,取得国家的保护。在后一种情形,法律对于私权以外,其他涉及大众之利益也往往予以保护。法律保护大众利益,推至其极,个别利益当亦受其惠。但此处所谓公众利益,乃指个人自由意志所不得变更之利益;此种利益,个人既不得自由变更,此中自无所谓私人权利。是故保护此种公共利益之法规,只是人民一般须服从之法规;此处,个人利益虽受其惠,但个人对此利益,却无任何支配之权,只是在第三人侵及此规定时,受害者始有损害赔偿之请求权。其情形学理上称为法益,与前述之权利不同。权利与法益,二者重要区别,在于主张权之存在与否。权利被侵,主体本身即有向任何方面行使其保障意志之可能。而法律所规定不可侵犯之利益,与其谓为个人之权利,毋宁谓为一般的法益,此处个人即无从直接提出主张。例如法律禁止不种痘或命令保持街道清洁,就私人而言,此中无要求他人为自己种痘或要求他人清洁街道权利之产生。在私法领域也有只能享有利益,而无权利可资请求者。例如不真正的为第三人利益之契约,定制蛋糕赠送友人庆贺生日,并约定由西点店向友人为给付,友人可享受蛋糕之利益,但并无向西点店请求给付的权利。 (张 谷)

minshi quanli baohu

民事权利保护(德 Rechtsschutz) 民事权利之和平享有、行使和实现,不能只寄希望于社会成员的自觉性和国家政权的权威性。民事立法确认民事关系的主体有一定权利时,还必须确认享有权利的人享有保护权。

保护权是于权利既受侵害、正受侵害或有受侵害之虞时,权利人拥有的运用各种权利保护措施的可能性。在实体法的意义上只是民事权利的权能之一,只是它的内容的一个组成部分。保护权是民事权利的权能之一这一事实,就决定了保护权的性质和内容:第一,保护权和权利一样,也是权利人的可为行为的限度,但它只是与利用权利保护的各种可能相关;第二,权利保护性的各种可能应与权利自身的性质相符合,故人身权的保护手段与财产权的保护手段略有不同,如恢复名誉、消除影响、赔礼道歉等;第三,就保护权的内容来说,包括一系列足以使权利在其实现的各个阶段上得到保障的权利保护的可能性。这些可能性包括自我保护和国家保护。前者即私力救济,后者为公力救济。

所谓私力救济,乃权利人为保护权利,而可以自己采取法律允许的各种手段以为补救,有最广义的、广义的和狭义的三义。通常所谓的私力救济乃广义的,仅仅指为了保护绝对权,或者为了保护请求权之实现,而须侵越他人权利时的自力救济,包括自卫行为以及学理上的自助行为。自助行为即狭义的私力救济。自卫行为则包括正当防卫、紧急避险。紧急避险可分为防御性的紧急避险和攻击性的紧急避险。因保护自己之权利,有侵越他人权利范围之必要时,自应以诉讼或强制执行等程序,请求国家予以协助,方为正法。但在情况急迫,不及呼吁公门时,为权宜之计,法律有时允许个人以自力救济,然此仅为例外耳。但在契约法领域则反之,法律上往往放任甚至鼓励无辜的债权人自力救济,盖自助者,天助之,况且自救措施方便易行,又可免去司法救济的法律成本和法律障碍。我国合同法就赋予了无辜的合同债权人多种自力救济手段:没收定金、抵消、提存、留置、停运、转售、中止履行、解除合同、行使抗辩权等等。之所以契约法上如此宽松,一来在契约展开过程中,国家之介入多无效率;二来权利人并未逾越自己的权利范围,亦无直接侵害对方权利之虞。准确地说,这时仍然是法律通过授权给合同一方,对不履行义务的相对方直接施加交易上的影响,以此保证债的履行。由此可见,在民法的不同领域,配合着所欲保护的权利之性质,对自力救济的承认程度和手段都有所不同。而上述广义的私力救济与合同法上的私力救济一起,构成我国民法上最广义的私力救济。

所谓公力救济,乃权利受侵害时,权利人对于主管的国家机关(即公权力者),有保护请求权。权利保护请求权,即私人对国家司法机关,提出权利保护行为要求之公权,其种类包括:判决请求权(诉权),即依判决为保护行为之要求之权利;执行请求权,即依强制执行为保护行为之要求之权利;简易程序请求权,即要求依简易程序判决之请求权;给付判决请求权,即依给付判决为保护行为之要求之权利;确认判决请求权,即依确认判决为保护行为之要求之权利;形成判决请求权,即依形成判决为保护行为之要求之权利;此外,还有保全请求权与破产请求权。当然,主管的国家机关不以人民法院为限,例如著作权、专利权、商标权的行政主管机关对各该侵权纠纷的调处,公安机关对于道路交通事故的处理等,也具有保护民事权利的功能。

必须指出的是,在我国,除了婚姻、收养、监护、扶养、继承纠纷外,自然人、法人和其他组织间发生的合同纠纷和其他财产权益纠纷,可以根据当事人的协议,提请民间的自治性的常设的仲裁机构裁决。现实中甚至出现指定非常设的临时仲裁庭裁决纠纷的情形。仲裁实行一裁终局制。仲裁裁决可以作为人民法院的执行根据(参见《中华人民共和国仲裁法》第2、3、6、9、62条)。

民事权利不仅受到民法的保护,同时还受到宪法、刑法、行政法和其他部门法的保护。 (张 谷)

minshi quanli de keti
民事权利的客体(object of the right;德 Objekt des Rechtes) 又称私权客体。民事权利主体的对称。民事权利的客体,在民法著作中表述不一,有称为权利之对象者,有称为权利之标的者,有称为权利之内容者,有称为权利之目的者。凡此种种名词,其本身意义尚不确定,以之解释客体,等于未有解释。依关于权利本质的通说,权利系由特定利益与法律上之力两要素构成。其中被动地接受私权蕴涵的法力之影响的、为法律所保护的特定利益之本体,即权利的客体,称为权利之对象或权利之标的,尚无不可。但目的一词,系一种心理状态,与客体之意义相去甚远。内容则包含权利之一切作用,也不可与客体并称。权利客体因民事权利的不同而不同:物权的客体为有体物,土地使用权可以成为抵押权的客体,权利质权的客体为财产性权利;无体财产权的客体为精神产物(智力成果);债权的客体为债务人的行为(即给付,此与给付之标的,应予区别);人格权的客体为权利人自身之生命、健康、身体、肖像、自由、名誉、姓名、隐私等;身份权的客体是与权利人有一定身份关系之他人;形成权的客体是某种法律关系。

德国学者 Larenz 则在更为狭窄的两种意义上使用权利客体一词。第一种意义是指支配权或利用权的客体,又称狭义的权利客体,或第一顺位的权利客体,如《德国民法典》第 90 条的物,以及可以有效成立支配权或利用权于其上的无体物。人格本身不能成为权利客体,因为人身权实质上是一种受尊重的权利、人身不受侵害的权利,而不是支配权。债权是要求债务人履行债务的权利,而不是一种对人或对人行为进行支配的权利,因此,债务人、债务人的给付不是权利客体,而且也不是所有的给付行为的标的都可以成为狭义的权利客体。身份权蕴涵人格关系,并具有义务性,本质上和完全的支配权有别,亦非以立于一定亲属关系之他人为权利客体。第二种意义是指权利主体可以通过法律行为予以处分的客体,又称第二顺位的权利客体,包括权利和法律关系。所有权,所有其他的支配权(如限制物权、商标权、专利权、商号权等),债权请求权,以及法律关系等等,均属之。作为处分行为客体的是某权利,而不是该权利的客体,此在债权或选择权的处分中,至为清楚,因为这些权利没有客体,它们的客体就是其自身。 (张 谷)

minshi quanli nengli
民事权利能力(capacity for civil rights) 法律确认的民事主体享有民事权利、承担民事义务的资格。民事权利能力在传统民法中称为权利能力。民事权利能力是民事主体参加具体的民事法律关系,享受具体的民事权利,承担具体的民事义务的前提。在我国,民事权利能力又分为自然人的民事权利能力、法人的民事权利能力和其他组织的民事权利能力。民事权利能力是我国民法上的称谓,它是为区别法理学上所称的一般的权利能力而使用的。在罗马法上,没有权利能力的称谓,与此相关的概念是人格或人格权。人格或人格权的内容包括:(1)自由权,即作为自由人所必须具备的基本权利。(2)市民权,即专为罗马市民所享有的权利,包括公权和私权。私权主要指婚姻权、财产权、遗嘱能力和诉讼权。(3)家族权,即家族团体中的成员在家族中的地位和所享有的权利。在罗马法上,奴隶一般不享有人格。非罗马市民、子女、妇女不享有健全的人格。在《法国民法典》中,与权利能力相关的概念被称为"民事权利的享有"。所有的法国人都享有民事权利,而且,民事权利的行使不以公民资格为条件。在《日本民法典》中,与权利能力相关的概念被称为"私权的享有"。权利能力一词源于 1896 年通过的《德国民法典》,后世的《瑞士民法典》、《意大利民法典》、《俄罗斯民法典》均采用了权利能力的概念。权利能力是人格的别称,具有权利主体资格才有权利能力,具有权利能力的人又称有人格。权利主体、权利能力和人格三者的含义相同。

民事权利能力与民事权利是两个不同的概念,其主要区别为:(1)民事权利能力包括了民事义务能力。在现代民法中,没有只享有权利、不承担义务的人,也没有只承担义务、不享有权利的人。但在具体的民事法律关系中,某一当事人可能只享有权利,另一当事人可能只承担义务,例如赠与关系。(2)民事权利能力是法律赋予的,不是个人决定的,也不是他人决定的。民事权利能力的内容、范围由法律确认。在不同的社会中,法律确认的权利能力是不同的。而具体的民事权利是由个人决定的。只有参加具体的民事法律关系,才能享有民事权利。个人享有权利的范围和程度,不仅取决于法律的规定,而且取决于个人的财产状况和行为能力。(3)民事权利能力是民事主体享有权利、承担义务的资格,它并不意味着民事主体实际享有的利益,而民事权利是指民事主体实际享有的利益。(4)民事权利能力是享有权利、履行义务的前提,是民事主体的资格条件,与民事主体有着不可分割的联系。民事权利能力既不能转让,也不能放弃,本人也不得自行处分。而民事权利,除了法律另有规定以外,可以转让、放弃和自行处分。　　　　　　(李仁玉　陈敦)

minshi quanli zhuti

民事权利主体(subject of civil rights)　参见民事主体条。

minshi tebiefa

民事特别法(special civil law;德 Sonderprivatrechte) 又称特别私法,指仅适用于特定的职业群体或者民事领域的民法。在实行民商分立体例的国家,私法包括一般私法(民法)和特别私法两大部分,后者包括商法、劳动法、知识产权法等领域。在实行民商合一体例的国家,民法(广义)就是私法的全部,但是为了避免民法典内容过分庞杂,民法典并不涵盖所有的民事领域,而是将部分特别领域的民事关系由单行的特别法加以规定,从而构成民事特别法。相对应地,那些由民法典直接规定的规则,以及虽然有单行的特别法,但是其性质属于对民法典中直接规定事项的进一步规定的法律规则,则构成民事普通法。由于采取民商合一体例国家的民法典所涉及的范围差异很大,因此被作为民事特别法的民法领域的范围也不相同。我国目前尚未制定民法典,但是按照学说上的一般见解,各种商事法(公司法、票据法、海商法、保险法等)、知识产权法(著作权法、专利法,商标法等)均应作为民事特别法,而不应纳入民法典加以规定。　　　　　　　　(葛云松)

minshi xiguanfa

民事习惯法(customary civil law;德 Gewohnheitsrecht)　参见民法渊源条。

minshi xintuo

民事信托(civil trust)　又称非营业信托。营业信托的对称。具有私益性质、由除营业受托人以外的主体担任受托人的信托。民事信托作为一种信托类型,存在于各国、各地区,且特别流行于英美法系国家和地区。然而,"民事信托"作为一个法学概念却是在大陆法系民法理论影响下形成,且其作为一个法律概念还仅为《中华人民共和国信托法》使用,该法第3条规定:"委托人、受托人、受益人在中华人民共和国境内进行民事、营业、公益信托活动,适用本法。"

民事信托为私人信托的一种。一般说来,凡由自然人担任受托人的私人信托,由除信托公司(包括信托银行)以外的法人或非法人组织担任受托人的私人信托,以及由公共受托人担任受托人的私人信托,均属于民事信托。民事信托属于明示信托范畴,故这种类型的信托系由信托行为设立。但由国家行为设立的各种类型的信托以及法定信托,只要是由除营业受托人以外的主体担任受托人,信托法理论一律视之为民事信托。民事信托既可以是自益信托也可以是他益信托,且其受益人既可以是特定的人也可以是不特定的人。民事信托是相对于营业信托而言的一种私人信托,但它并非与营业信托截然对立,绝对排斥。信托法理论将存在于社会生活中的一部分信托定性为民事信托,主要不是着眼于这种信托在受益人、信托财产、信托行为内容或者信托目的等方面所具有的特殊性,而是着眼于其中的受托人的非营业受托人属性。事实上大多数属于私人信托范围的信托品种和无固定名称的信托,依各国、各地区有关法律均既可以由营业受托人以外的主体担任受托人,也可以由营业受托人担任受托人。像这样的私人信托,如果是由营业受托人以外的主体担任其受托人,它就属于民事信托;与此相反,如果是由营业受托人担任其受托人,它就属于营业信托。从这个意义上讲,大多数可以成为民事信托的私人信托,均可以成为营业信托。

民事信托可以划分为一般民事信托与特殊民事信托。一般民事信托是指其本身对受益人的自然属性或身份与受托人之给付义务的内容,并无特殊要求和限制的民事信托,对这种民事信托的规制仅适用信托法的一般规定。特殊民事信托是指其本身对受益人的自然属性或身份与受托人之给付义务的内容存在特殊要求与限制的民事信托,这种信托主要以具有民事信托性质的各种各样的信托品种为其存在形式,对这种民事信托的规制既适用信托法的一般规定,又适用该法针对其中不同品种的信托所确立的特殊规则。

(张　淳)

minshi xingwei

民事行为(civil act)　自然人、法人或其他民事主体确立、变更或消灭民事法律关系的行为。在学理上,应否在立法中采用民事行为这一概念尚存争议。民事行为一词最早见端于北京大学出版社出版的,由王作堂、魏振瀛、李志敏、朱启超编写的《民法教程》一书。其意在与事实行为相对立的意义上使用这一概念。在立法例上,外国民法从未使用过民事行为这一概念。首先使用民事行为这一概念的,是《中华人民共和国民法通则》第58条至第61条之规定,是指以意思表示为要素,且发生民事法律后果的行为。其外延包括民事法律行为、无效民事行为、可变更(可撤销)的民事行为、效力未定的民事行为。民事行为是民事法律行为的上位概念,是法律上行为的下位概念。民事行为的具体含义,虽学者理解不一,但通说认为应包括以下含义:(1)是民事主体所为的行为。非民事主体所为的行为,不为民事行为。(2)是以意思表示为要素的行为。非以意思表示为要素的事实行为,不为民事行为。(3)是指能发生民事法律后果的行为。该民事法律后果可能是民事主体预期的法律后果,也可能是与民事主体预期相反的法律后果。 (李仁玉 陈敦)

minshi xingwei de chengli
民事行为的成立(establishment/inauguration civil acts) 某种民事行为符合民事行为构成要素的客观情况。民事行为成立要件可分为一般成立要件和特别成立要件。民事行为的一般成立要件,是指一切民事行为成立所必不可少的共同要件。关于民事行为的一般成立要件多有争议,但通说认为,民事行为的一般成立要件是:(1)当事人。任何民事行为不能没有当事人,没有当事人就无人作意思表示,有的民事行为的当事人只有一人,如遗嘱人;有的民事行为须有两个以上当事人,如合同当事人。(2)意思表示。没有意思表示则不构成民事行为,有的民事行为只需一个意思表示,如撤销行为;有的民事行为须两个以上的意思表示,如买卖合同。(3)标的。标的是指行为的内容,即行为人通过其行为所要达到的效果。民事行为的特别成立条件,是指成立某一具体的民事行为,除须具备一般条件外,还须具备的其他特殊事实要素。如实践性民事行为以标的物交付为特别成立要件;当事人约定合同必须采用书面形式方为成立的,则采用书面形式为该民事行为的特别成立要件。 (李仁玉 陈敦)

minshi xingwei de shengxiao
民事行为的生效(civil acts coming into force) 已经成立的民事行为因符合法定有效要件而取得法律认可的效力。生效的民事行为与民事法律行为具有同一含义。

民事行为的成立与民事行为的生效是两个既有联系又有区别的法律概念。其联系在于:民事行为的成立是民事行为生效的逻辑前提。一项民事行为只有成立以后,才谈得上进一步确认其是否有效的问题。在大多数情况下,民事行为的成立与民事行为的生效在时间上是一致的,即在民事行为成立时即具有法律效力。如《中华人民共和国合同法》第44条规定,依法成立的合同,自成立时起生效。只有在少数情况下,民事行为的成立与生效不具有时间上的一致性,即一项民事行为已经成立,但却尚未生效。

其区别主要在于:(1)着眼点不同。民事行为的成立着眼于民事行为因符合法定构成要素,而在法律上被视为一种客观存在;民事行为的生效着眼于成立的民事行为因符合法定的有效条件,而取得法律认可的效力。(2)判断标准和构成要件不同。民事行为的成立以意思表示的成立或意思表示一致为要件;民事行为的生效要件,则包括民事行为能力规则、意思表示自愿真实规则、行为合法性原则等。民事行为的成立要件着眼于表意行为的事实构成,此类规则的判断不依赖于当事人后来的意志;民事行为的有效要件却着眼于当事人的意思表示的效力。(3)发生的时间不同。民事行为具备法定构成要素即为成立,自具备法定有效要件时生效。(4)效力不同。民事行为成立即生效的,当事人应受效果意思的约束,所负担的义务主要是约定义务,可能产生的民事责任主要是违约责任;民事行为成立后不能生效或被撤销或在成立之后未生效之前,当事人所负担的主要义务是法定义务,违反了这种义务所产生的民事责任为缔约上的过失责任。

(李仁玉 陈敦)

minshi xingwei nengli
民事行为能力(capacity for civil conduct) 有广义和狭义之分,狭义的民事行为能力是指民事主体通过自己的行为参与民事法律关系,取得民事权利,承担民事义务的资格;广义的民事行为能力不仅包括实施民事法律行为等合法行为的能力,而且包括实施不合法行为的能力,即对不法行为和不履行义务行为负责的责任能力。我国民法所讲的民事行为能力仅指狭义的民事行为能力。

依照《中华人民共和国民法通则》的规定,根据民事主体的不同,民事行为能力可分为自然人的民事行为能力、法人的民事行为能力和其他组织的民事行为能力。自然人的民事行为能力可分为完全民事行为能力、限制民事行为能力和无民事行为能力。在罗马法上虽未创设行为能力这一概念,但有关行为能力的内容已有规定,如,不满7周岁的自然人由家长或监护人代为取得权利,负担义务;7周岁以上的,纯获法律上利益的行为具有法律效力;已满25周岁以上的成年人,其进行的民事行为具有效力。1804年的《法国民法典》仿罗马法,虽未使用行为能力的概念,但有关行为能力的内容均有规定,如第488条规定,满21岁的成年人有能力为一切民事生活上的行为。1896年通过的《德国民法典》在第三章法律行为的第一节中,首创"行为能力"的概念。后世民法,如《日本民法典》、《意大利民法典》、《俄罗斯联邦民法典》均使用了行为能力的概念。在现代民法中,关于行为能力的立法模式有两种主义,即三分主义和两分主义。三分主义将行为能力区分为无民事行为能力、限制民事行为能力和完全民事行为能力，《德国民法典》、我国1929年南京国民政府《民法典》和《民法通则》均采三分主义。两分主义将行为能力区分为限制民事行为能力和完全民事行为能力，《法国民法典》和《日本民法典》采此主义。民事行为能力又称行为能力，行为能力涉及本人、相对人和社会三方面的利益，因此十分重要。就本人而言，民事行为能力决定其能否实现民事权利能力以及实现民事权利能力的范围和程度。自然人如具备完全民事行为能力，就可以通过自己的行为取得权利，并且应对自己的行为独立承担责任；自然人如为限制民事行为能力人，则只能进行与其能力相适应的民事行为，取得相关的权利；自然人如为限制民事行为能力人或无民事行为能力人，其行为导致的民事责任由其监护人承担。法人和其他社会组织的经营范围决定了其实现民事权利能力的程度。

就相对人而言，民事行为能力决定了其所进行的民事行为的效力，关系到他所进行的具体的民事行为能否依自己的预期取得权利。就社会而言，法律规定哪些人享有民事行为能力，哪些人不享有民事行为能力，或享有受限制的民事行为能力，将关系到社会经济生活的稳定和发展，因此，每个国家总是根据自己的国情和经济生活发展的现实需要在立法上规定自己的行为能力制度。

民事行为能力与民事权利能力是两个不同的概念。民事权利能力与自然人的年龄和精神健康状况无关，而民事行为能力与自然人的年龄和精神健康状况密切相连。在我国，自然人因年龄和精神健康状态不同分为完全民事行为能力人、限制民事行为能力人和无民事行为能力人。所以说，凡自然人均具有权利能力，但不一定有行为能力。（李仁玉 陈敦）

民事义务(duty) 义务是主体依法应当为一定作为或不作为之拘束。如果说权利对于权利人意味着利益及意思之自由，那么，义务对于义务人则意味着不利益及意思上的拘束。(1) 法律规范除了包含权利外，也包含义务。私法向来崇尚自由意志，采取行为本位，对人的自由意志进行规律。权利与义务同为法律规律自由意志之产物。在权利，法律所保障者为一人之自由意志范围，其目的在使主体为自己之利益而自由活动；在义务，则法律之任务在于限制一自由意志之范围，使其主体作某一对他人有利之特定行为。权利是一种法律上的可能，而义务是一种法律上的当为。一定范围内，义务人选择此或选择彼，固为其自由，但他不得不选择，而选择本身仍然属于法律所规定的当为。虽然义务是法律上的当为，但法律所要求者，并非义务人的意志对法律的绝对服从，而为法律上某一特定结果之自由执行，借此限制自由意志的范围。此为现代民法的一大原则，也是民事脱离刑事而能独立之惟一根据。义务作为法律上的当为，是非自动的当为，与自动的道德上的义务不同。对于这种法律上的当为要求，法律制度就带有制裁的威慑力，尽管这并不是必需的，也不总是如此。义务人若不履行义务，法律定有多种办法，如损害赔偿、解除契约、请求履行等为之补救。强制执行，仅其最后之步骤。但依事件之性质，义务亦有根本无从强制执行者，如夫妻同居之义务、服劳务之义务等。此等虽无从强制执行，然其为正式之义务，则无二致(不可强制执行之义务)。(2) 义务既为法律规律自由意志之产物，则义务之主体是否须为有意志之人？有谓负担义务之人须有行为能力。其实在所有权之保障，不侵害之义务不独一般人有之，即如精神病人或未成年人亦俱应遵守。这些人如侵害他人所有权，其行为亦为不法行为，所有权人可以对之为正当防卫；所有权人所不能者，只在如何使之负刑事责任或损害赔偿责任罢了。在物权关系中，一切不特定之第三人皆为义务主体；在债的关系中，则义务主体事前即已确定，可能侵害权利之人事实上常限于相对人。义务主体可有多数。惟义务内容针对的是作为或不作为，非如权利之可为动态也可为静态者，所以实际上只有单独义务之共同体(如可分给付之多数债务人、不可分给付之多数债务人、连带债务人)，而共同义务则无之。(3) 义务乃法律上的当为，故义务的内容针对的是特定的作为或不作为。绝对的不作为是根本没有的。作为又称积极行为，可以是事实行为，如服劳务代为抄写是，也可以包括某种财产的处分。此类义务通常来自于债的关系，而且构成债的主要方面。不作为又称消极行为，主要是针对所有的人的不作为义务，首先来自于绝对权，特别是人格权和物权。(4) 就义务与权利之关系言，权利与义务，常相对待。一人之权利往往即为他人之义务，反之亦然。但准确以言，权利与义务之间，并无固定的配合关系。法律也承认无权利与之对立之义务。在某些场合，经由此等义务，虽然相关的个人利益或公众利益得以保护，但受益之人并无权利，不能依据有关规范自己要求负担义务者履行义务。这种事实上的受益不过为法律的反射效果而已。如父亲在遗嘱中指定其子为继承人，其子有义务以财产之一部，支付于乡亲中的穷困者。其子虽负有给付义务，而穷乡亲之一人或全体无权请求支付。 （张 谷）

民事义务主体(obligee) 参见民事主体条。

民事责任(civil liability)

法律责任的一种,民事法律责任的简称。民事主体因实施民事违法行为而依照民法应承担的不利的民事法律后果。其法律特征在于:(1)是民事主体违反民事法律的后果,以违反民事义务为前提。没有民事义务,也就没有民事责任。只有负有义务,不论该义务是约定的还是法定的,义务人又违反该义务时才会发生民事责任。(2)具有直接强制性,违法行为人不承担民事责任时,法院可以强制义务人承担责任。但民事责任不同于其他法律责任,它可以由责任人自愿承担。从权利人方面说,权利主体具有请求法院强制责任人从事一定行为的法律可能性,故在学理上,不少人将民事责任视为民事权利的诉讼保护制度。(3)以恢复或补偿权利主体被侵害的民事权益为内容,多采取财产赔偿和人格补救等形式。大陆法系民法理论主张民事责任应当以恢复原状为原则,这与以行为惩罚为特征的刑事责任或行政责任有本质区别。(4)民事责任是违反义务的主体一方向权利人一方承担的责任。

由于民事责任是主体承担的一种不利的法律后果,以恢复受侵害的权利为内容,因此,民事责任具有补偿损害、预防违法行为发生、教育主体遵守民事法律规范等多方面的功能。

根据不同的标准,从不同的角度可对民事责任作多种分类,常见的分类有:(1)根据责任发生的原因分为债务不履行的民事责任和侵权的民事责任。前者是因债务人不履行已存在的债务而发生的民事责任,以违约责任为常见,但不限于违约责任;后者是指因实施侵权行为而发生的民事责任,又称侵权行为责任。(2)根据责任内容的性质分为履行责任、返还责任和赔偿责任。履行责任是指责任人须履行自己原承担的义务的责任,返还责任是指以返还利益为内容的责任,赔偿责任是指责任人须以财产赔偿对方损害为内容的责任。(3)根据责任范围有无限度分为有限责任与无限责任。前者是指责任人得以某一部分财产对某种债务负其责任,后者是指责任人须以其全部财产对债务负责。(4)根据承担责任的主体人数可分为一人责任与数人责任。前者承担责任的主体仅为一人,后者承担责任的主体为二人以上。(5)根据责任是由一方承担还是双方承担可分为单方责任与混合责任。前者指仅由当事人一方承担的责任,后者为由当事人双方承担的责任。(6)根据一方多数责任人之间的关系可分按份责任与连带责任。前者是指各责任人按照一定的比例分别承担责任,相互间无连带关系;后者是指各责任人间有连带关系,各责任人都负有全部清偿的责任。(7)根据责任是否有财产内容分为财产责任与非财产责任。前者指直接以一定财产为内容的责任,后者指不具有直接财产内容的责任。(8)根据归责原则可分为过错责任、无过错责任和公平责任。(9)根据责任的承担人与行为人之间的关系可分为个人责任与他人责任。个人责任是行为人对自己行为承担的责任,他人责任是由行为人以外的人承担的民事责任。

因民事违法行为的性质不同、情节不同、后果不同,承担的民事责任也就会不同。依《中华人民共和国民法通则》第134条的规定,承担民事责任的方式主要有:停止侵害;排除妨碍;消除危险;返还财产;恢复原状;修理、重作、更换;赔偿损失;支付违约金;消除影响、恢复名誉;赔礼道歉等。

民事主体在民事活动中依法对自己或他人的行为承担民事法律后果。如《民法通则》第43条规定:"企业法人对它的法定代表人和其他工作人员的经营活动,承担民事责任。"第63条又规定:"代理人在代理权限内,以被代理人的名义实施民事法律行为。被代理人对代理人的代理行为,承担民事责任。"这种含义的责任既包括设定的义务,也包括违反义务的后果。

(张平华)

民事责任的构成要件(constituerds of civil liability)

行为人承担民事责任须具备的条件。民事责任的构成要件,既因责任形式、违法行为的形态不同而各异,也就并非一成不变,而是随着民事责任制度的演进而更改,并在动态上反映了一国立法的价值取向。

民事责任构成要件可分为一般构成要件与特殊构成要件。后者是指法律特别规定的某种责任所须具备的要件。前者为通常意义上的民事责任构成要件,应指除了法律另有规定外,在各种情况下均适用的承担责任的必要条件。具备这些条件,责任则发生;不具备这些条件或欠缺其中某一条件,则不发生民事责任,除非法律另有规定。对此,各国立法也并没有统一的规定。就侵权责任的一般构成要件而言,法国法认为只要符合损害事实、过错、因果关系三要件即可;德国法则认为,一般的侵害权利的侵权行为需要具备行为、过失、行为的违法性、损害、因果关系五要件;我国台湾地区认为侵权责任的构成要件为行为、责任能力、过失、违法、侵害权利或法益、因果关系及损害。我国大陆学者一般认为,侵权责任构成要件包括:(1)损害事实;(2)损害事实与行为人的行为之间的因果关系;(3)行为人有过错;(4)行为人的行为具有违法性。就违约责任构成要件而言,一般地认为,违约责任的构成要件包括:违反义务的行为、损害事实、因果关系以及违约人没有免责事由。与侵权责任构成要件相比,由于当事人之间早已存在合法有效的合同关系,因而在违约责任构成上不强调行为人的主观过错以及行为的违法性问题。

我国立法对违约责任的构成要件的规定经历了一个变迁的过程。原《中华人民共和国经济合同法》第29条规定，由于当事人一方的过错，造成经济合同不能履行或者不能完全履行，由有过错的一方承担违约责任，确立了违约责任的过错责任归责原则，而《中华人民共和国涉外经济合同法》则确立了严格责任。《中华人民共和国合同法》第107条规定，当事人一方不履行合同义务或者履行合同义务不符合约定的，应当承担继续履行、采取补救措施或者赔偿损失等违约责任。由此可见，我国《合同法》总则规定违约责任不以过错为构成要件。但是，《合同法》在分则中也规定了相当多的以过错为责任构成要件的违约责任。如《合同法》第180条后段规定，供电人未事先通知用电人中断供电，造成用电人损失的，应当承担损害赔偿责任；第181条规定，因自然灾害等原因断电，供电人未及时抢修，造成用电人损失的，应当承担损害赔偿责任；第191条第2款规定，赠与人故意不告知瑕疵或者保证无瑕疵，造成受赠人损失的，应当承担损害赔偿责任；第222条规定，承租人应当妥善保管租赁物，因保管不善造成租赁物毁损、灭失的，应当承担损害赔偿责任；第257条规定，承揽人发现定作人提供的图纸或者技术要求不合理的，应当及时通知定作人，因定作人怠于答复等原因造成承揽人损失的，应当赔偿损失；第265条规定，承揽人应当妥善保管定作人提供的材料以及完成的工作成果，因保管不善造成毁损、灭失的，应当承担损害赔偿责任等等。

(张平华)

minshi zeren jinghe
民事责任竞合(德 Anspruchskonkurrenz) 民事责任聚合的对称。简称责任竞合，又称请求权竞合。指同一法律事实符合民法规定的数种责任要件，权利人取得两个以上相互排斥的请求权，而最终只能请求责任人承担一种责任的情形。民事责任竞合的原因是民事法律规范竞合。从权利人(受害人)的角度看，因不法行为人的行为具备多重违法性从而产生民事责任竞合。因为权利救济制度包括物权法上的责任、违约责任、侵权责任、不当得利责任、无因管理责任等，所以受害人的请求权可能有多种选择。可以说，民事责任竞合是法律制度发达，特别是出现合同法、侵权法的独立后的必然产物。最为常见的民事责任竞合是违约责任与侵权责任的竞合。依《中华人民共和国合同法》第122条的规定，因当事人一方的违约行为，侵害对方人身、财产权益的，受损害方有权选择依照《合同法》要求其承担违约责任或者依照其他法律要求其承担侵权责任。

民事责任竞合的法律特征主要在于：第一，责任竞合是因某一违反民事义务的行为引起的；第二，该违反义务的行为符合两个或两个以上的责任构成要件；第三，行为人应承担的数个责任之间互相冲突，不仅责任内容、性质不同，而且权利人只能选择其中之一要求行为人承担。

由于发生责任竞合时选择不同的责任对于当事人的利益会产生实际影响，并会影响当事人正确适用法律，因此通过立法消除民事责任竞合是解决竞合问题的最彻底的途径。《中华人民共和国民法通则》第六章以第一节(一般规定)和第四节(承担民事责任的方式)规定了合同责任与侵权责任两类责任的共同规则，又在第七章中规定了统一的时效制度，这就大大减少了不同的请求权的选择会导致不同的结果的可能性。

(张平华)

minshi zeren juhe
民事责任聚合(德 Anspruchshäufung) 民事责任竞合的对称。又称民事责任并合。造成损害后果的一个民事违法行为同时符合两种或两种以上形式的民事责任的构成要件，违法行为人应承担多重民事责任的法律现象。例如，某人的行为构成对他人名誉权的侵害，行为人应当承担消除影响、恢复名誉、赔礼道歉、赔偿损失等多种民事责任。在责任聚合的情况下，使行为人承担多种法律责任，是法律为保护受害人的利益、制裁不法行为人而特别作出的规定。在民事责任聚合的情形下，责任人承担的多种责任并不冲突，否则，亦可形成责任竞合。民事责任聚合须有法律的明文规定，并且不得违背损害赔偿法确定的回复原状等原则。

(张平华)

minshi zhicai
民事制裁(civil sanction) 人民法院依法对违反民事法律应负责任的行为人采取的强制措施。关于民事制裁与民事责任的关系，学者中有不同的观点。一种观点认为，民事制裁与民事责任的外延是同一的，民事责任即是民事制裁；另一种观点认为，民事制裁与民事责任是完全不同的概念，民事制裁是法院行使审判职能，对在诉讼中发现的严重违反民事法律规范的当事人依法所采取的民事处罚措施，而民事责任是有民事义务的责任人员对相对的权利人应承担的民事法律责任；第三种观点认为，民事制裁与民事责任有联系，但二者的内涵与外延并不完全一致，民事责任由国家机关追究时为民事制裁，但民事制裁方式并不都是民事责任方式。《中华人民共和国民法通则》第134条第3款规定:"人民法院审理民事案件，除适用上述规定外，还可以予以训诫、责令具结悔过、收缴进行非法活动的财物和非法所得，并可以依照法律规定处以罚款、拘留。"该款规定的训诫、责令具结悔过、收缴非法所得、罚款、拘留,就是民事制裁方式而不是民事责任的承担方式。

我国《民法通则》集中规定民事责任,这在民事立法上为一首创。在违法行为人不能自觉承担民事责任时,国家强制追究其责任,也就是给予民事制裁。同时,在特定情况下法院依其职权对不法行为人进行民事制裁,其目的在于宣示民事法律之尊严,弘扬民法的基本原则、惩戒加害人并警戒公众。民事制裁也在一定程度上弱化了民法的私法形象,给国家干预私人生活提供了广阔的空间,提高了民法的制裁与教育功能。

民事制裁具有下列法律特征:(1)补充性。民事制裁以不法行为人应承担民事责任为前提,是民事责任不能得到实现或适用民事责任不足以制裁不法行为时所采取的措施。(2)强行性及法定性。制裁只能由人民法院依法定方式进行而不能由当事人之间自愿承担。(3)程序性。因为民事制裁是代表国家一方的人民法院对民事主体施加的强行性惩罚措施,有的措施已牵涉到公民的人身自由(如拘留),为此必须完善民事制裁程序,一方面严守正当程序原则;另一方面体现对受制裁人的公平,并制约国家权力机关的恣意。根据最高人民法院《关于贯彻执行〈中华人民共和国民法通则〉若干问题的意见(试行)》第163条的规定,采用收缴、罚款、拘留制裁措施,必须经人民法院院长批准,另行制作民事制裁决定书。被制裁人对决定不服的,在收到决定书的次日起10日内可以向上一级人民法院申请复议一次。复议期间,决定暂不执行。另外,第二审人民法院在审理案件过程中,认为当事人有违法行为应予依法制裁而原审人民法院未予制裁的,可以径行予以民事制裁。当事人不服人民法院民事制裁决定而向上一级人民法院申请复议的,该上级人民法院无论维持、变更或者撤销原决定,均应制作民事制裁决定书。人民法院复议期间,被制裁人请求撤回复议申请的,经过审查,应当采取通知的形式,准予撤回申请或者驳回其请求。

我国《民法通则》及有关的司法解释并未对民事制裁的适用加以详细规定,特别是没有规定对于什么样的违法行为可以进行民事制裁。按照最高人民法院《关于贯彻执行〈中华人民共和国民法通则〉若干问题的意见(试行)》第163条的规定,只要"在诉讼中发现与本案有关的违法行为需要给予制裁的"就可以给予民事制裁,从而给法官或法院以太多的自由裁量权。根据《民法通则》颁布实施后的司法实践经验,民事制裁多适用于下列严重的民事违法案件:(1)未办结婚登记而以夫妻名义同居生活,违法情节严重的案件;(2)违法违章集资、拆借等融资活动和各种金融欺诈行为;(3)严重的知识产权侵权案件;(4)销售伪劣种子、化肥、农药、农机等坑农害农的行为;(5)销售假冒、伪劣商品的案件;(6)以刊登虚假广告等进行不正当竞争,损害消费者利益的行为;(7)存单纠纷。

(张平华)

minshi zhidingfa
民事制定法(德 Gesetzsrecht) 参见民法渊源条。

minshi zhuti
民事主体(subject of civil rights) 民事法律关系的当事人。民事主体是一个学理概念,不是法律上的概念。自罗马法以来的各国民法典均未直接采用民事主体这一概念。在英美法中,无论在法律中,还是在学理上,均未采用民事主体的概念。民事主体在学理上详称为民事法律关系的主体,是指能够参与民事法律关系,享有民事权利和承担民事义务的人,俗称当事人。在我国法律上,主要指自然人、法人,还包括不具有法人资格的其他主体。此外,在一定范围内,国家也是民事主体。

民事主体是民事法律关系不可缺少的要素 任何民事法律关系的发生、变更和消灭,必须以民事主体的活动为前提条件,没有民事主体就不可能构成民事法律关系。民事主体是民事法律关系的首要要素。

民事主体得以存在的基础是民事权利能力 民事权利能力一词来源于德国民法的规定,但其基本含义与罗马法所称的"人格",法国民法所称的"权利的享有",日本民法所称的"私权的享有"是一致的。《中华人民共和国民法通则》采用了民事权利能力一词。

民事主体在民事法律关系中,又可以分为民事权利主体和民事义务主体。民事权利主体,简称权利主体,又称权利人,是指在民事法律关系中享有民事权利的人。它具有两种含义:(1)民事权利主体即民事主体。因为法律对民事主体主要是赋予其权利属性。(2)在民事法律关系的当事人中,享有权利的一方。通常所指的民事权利主体,是上述第二种含义。在多数民事法律关系中,当事人双方既享有权利,又承担义务,既是权利主体,又是义务主体。如在买卖关系中,卖方是取得货币所有权的权利主体,同时又是移交货物所有权的义务主体;买方既是取得货物所有权的权利主体,又是转移货币所有权的义务主体。但在有些民事法律关系中,一方仅为权利主体,仅享有权利,不承担义务;另一方仅为义务主体,只承担义务,不享有权利。如在一般赠与关系中,赠与人仅为义务主体,受赠人仅为权利主体。民事义务主体,简称义务主体,又称义务人,是指在民事法律关系中负有民事义务的人。

民事主体制度的历史沿革 民事主体是一个法律的范畴,哪些自然人或社会组织可以成为民事主体都是由国家法律加以规定的。在罗马法上，自然人作为法律上的权利义务主体有一个发展过程。罗马古时，只有贵族家长是民事主体，市民中的家属以及平民都不是民事主体。后来由于战争的发展，参军作战的家属和平民可以取得部分公权和私权，在一定程度上成为民事主体。至《十二铜表法》时，已承认平民是民事主体。到共和国末期和帝政初年，家长的男性子孙以及妇女、拉丁人和外国人逐渐成为民事主体。至罗马法的晚期，民事主体的范围从贵族家长扩展到几乎全体自由人，但奴隶不包括在内。至于组织体，在罗马法上已出现团体的概念，并在罗马共和国末期，承认国家、地方政府具有独立的人格，与其成员相分离。在公元3世纪以后，罗马法承认神庙可以享有财产权，可以自己的名义订立契约，取得债权，承担债务。这些规定是社团或财团的萌芽。至《法国民法典》时代，根据该法第8条的规定，所有法国人都享有民事权利。民事主体已包括了所有的自然人。但法国民法典未明确规定组织体为民事主体。至《德国民法典》时代，不仅自然人为民事主体，而且规定法人为民事主体，但合伙仍为契约关系。第二次世界大战以后，对非法人组织的认识有重大发展，承认非法人组织具有一定的民事权利能力、民事行为能力和民事诉讼能力，即非法人组织的民事主体性得到了普遍认同，这种认识在立法和判例上均有反映。但非法人组织与作为民事主体的自然人和法人不同，后两者有自己独立的财产，能独立承担民事责任；前者有相对独立的财产，不能完全独立承担民事责任。

民事主体的基本特征 (1) 法律地位的平等性。法律地位的平等性是民事主体参与民事活动的前提条件，其意味着民事主体参与民事法律关系的资格平等，即民事权利能力平等，民事主体参与民事法律关系所适用的法律平等，即在适用法律上受平等对待。(2) 主体意思的自主性。民事主体参与民事法律关系的意思表示应当是自愿的、真实的。民事主体的意思自主是民法公平、自愿原则的重要体现，因此，民事主体是否参与民事法律关系或者是否变更、消灭民事法律关系，在法律规定的范围内，具有意思表示的独立性，任何一方不得将自己的意志强加给另一方。(3) 主体范围的广泛性。民事主体的范围十分广泛，在我国，除自然人、法人之外，非法人组织，如合伙、个体工商户、农村承包经营户、个人独资企业、企业法人的分支机构等也可以成为民事主体。国家在一定情况下可以成为民事主体，外国人和外国组织也可以成为民事主体。(4) 权利和义务的一致性。民事法律关系是一种权利义务关系，民事主体既可享受法律赋予的权利，同时应承担法律所要求的义务，权利义务的一致性是民事主体的重要特点。

民事主体的意义 民事主体这一概念高度抽象了自然人、法人和其他组织的本质内涵，使其成为民事法律关系的首要要素。法律赋予民事主体独立享有民事权利和承担民事义务的资格，使民事主体在经济生活和社会生活中能够以自己的名义取得财产，完善人格，履行义务和承担责任。民事主体的平等地位打破了身分、财产、等级、宗教信仰、性别、种族对人的桎梏，使人在民事法律关系中，在法律的适用与保护上，能够受到平等对待。民事主体的权利主体属性，使民事主体与政治权利主体区别开来。作为政治权利主体的人，其政治权利是可以依法被剥夺的，但作为民事主体的人，其民事权利是不能被剥夺的。 （李仁玉 陈 敦）

minying baoxian

民营保险（privately operated insurance） 又称私营保险，由私人投资成立的保险机构所经营的保险。从世界范围来看，民营保险机构是保险市场的主要力量，包括股份有限保险公司、有限责任保险公司以及保险合作社等各种形式。在我国，各类民营的保险机构以股份有限公司的形式大量地产生，它们虽然规模较小，但以灵活的经营方式和科学的管理模式，通过竞争在我国保险市场中占有一席之地。随着我国保险市场的进一步发展和开放，民营保险机构将成为我国保险市场的中坚力量。 （史卫进 房绍坤）

minying gongsi

民营公司（privately operated company） "公营公司"的对称。指私人资本超过公司总资本额50%以上的公司。这是西方国家根据资本构成对公司进行的一种分类。 （王亦平）

mingcheng

名称（name, title） 以一定文字所表现的社会组织的称谓，用以和其他组织相区别。名称是社会组织借以特定化，进行正常的社会活动的必要条件。对社会生活最具实际意义的是企业名称。企业名称由字号（商号）、行业或经营特点和组织形式组成，并须冠以企业所在地的省（自治区、直辖市）或市（州）县（市辖区）的行政区划名称。企业名称经核准登记后，取得名称专用权，在登记机关管辖的行政区划内有排斥他人使用相同名称的权利。 （张玉敏）

mingchengquan

名称权（right of name） 特定的组织依法享有的决定、使用、变更以及依照法律规定转让其名称的权利。享有名称权的组织包括各种类型的法人，也包括不具备法人资格的合伙等非法人组织。名称权具有人格权的性质。名称包括企业名称或商业名称（又称商号），企业的名称权可以依法转让，从这个意义上讲，名称权具有财产权的性质。名称决定权是特定的组织为自己设定名称的权利，他人无权干涉。名称的设定受一定的限制，特别是企业名称的设定，需要经过主管机关的批准或登记程序。名称的使用权是名称权主体对其名称享有的独占使用的权利。在登记机关管辖区内，同行业的经营者不得使用或登记相同的名称。名称权的主体在使用其名称过程中，可以依法变更其名称，依法定程序登记的名称需要变更时，其程序与设定程序相同。企业的名称可以依法转让。企业名称转让给他人，其名称权即丧失。企业名称权的主体可以将其名称使用权部分转让，使用人在约定的范围内使用该名称。名称权是否可以继承，是一个尚未定论的问题。根据我国法律规定的精神，企业的名称可以依法转让，私人经营的企业的名称权，在经营主体死亡后，继承人继承其企业的，可以同时继承企业的名称权。

（魏振瀛）

mingyi hehuoren

名义合伙人(nominal partner) 英美法上的概念。在合伙营业中以合伙人的名义出现，但不享有真正合伙利益的人。

（李仁玉 陈敦）

mingyi peichangjin

名义赔偿金(nominal damages/compensation symbolic damage) 又称象征性损害赔偿金。一般指目的在于宣示权利被侵犯，但是没有必要进行实质性赔偿的极少数额的损害赔偿金。在美国，提起名义损害赔偿仅限于：原告并没有遭受明显的伤害，不可能在第一现场所在地提起的诉讼；或者不必要证明实际损害的故意侵权，如侵扰土地；偶尔适用于原告证明他遭受了实际损害，但不能证明损害数额的案件。在英国，名义上的损害赔偿并没有特定的数额，很多年来这一数目是2英镑，现在通常是5英镑或10英镑。名义上损害赔偿也只有在侵权实际上具有可诉性时才能获得。对名义上损害的赔偿标志着原告法律上的权利受到侵犯，但是并无损失（或者没有证实损失）。名义赔偿金也可以进一步表明原告并没有提起诉讼的充分理由，而这将会导致法院运用裁量权阻止原告花费成本。因此，法庭或陪审团对于原告的行为及其诉讼请求的实际法律意义评价颇低，但是，判予名义赔偿金并不表明原告对于不当行为有过失或者反映原告案件的实际情况。然而，英国法上认为，原告在即使目前没有遭受损失的情况下也有权提起名义赔偿金的诉讼，比如在一个因为土地权属或者为了防止因时效取得权利的问题上相关方之间存在纠纷而侵扰土地的案件中。但是，现在在这样的案件中学者认为为名义损害赔偿提起诉讼是没有必要的，因为当事人完全可以通过宣告或禁令来获得补救。

（张平华）

mingyi sunhai

名义损害(nominal damage) 英美侵权法上的概念。在英美法系的故意侵权诉讼中，法院并不要求原告证明被告的故意行为给自己造成实际损害，如果原告不能证明任何有形的或无形的实际损害，那么可以获得名义上的损害赔偿。

（张平华）

mingyu

名誉(reputation) 社会对自然人和社会组织的品行、才干、道德、信誉和作风等方面的综合性评价，是社会对自然人和社会组织价值的认可。名誉的好坏直接影响自然人和社会组织的信誉、尊严和地位，而且会影响其参与民事活动和其他社会活动的机会和效果，因此名誉对民事主体具有十分重要的意义，故成为民法、行政法和刑法的保护对象。

（张玉敏）

mingyuquan

名誉权(right of reputation) 自然人和社会组织享有的其名誉不受非法侵害的权利，是人格权的一种。名誉是社会对特定的自然人和社会组织的品德、才干、作风、信用、业绩等的客观评价，是社会对自然人和社会组织价值的认可。名誉的好坏，直接影响民事主体的信誉、尊严和社会地位，影响民事主体参与民事活动和其他社会活动的机会和效果，因此，名誉对于民事主体具有非常重大的意义。自古以来，名誉都受到法律的严格保护。如罗马法上，对他人生理上或者精神上（名誉）造成侵害的行为称为"侵辱"，属于"私犯"，应受刑罚（包括同态复仇）制裁，后来裁判官引入"侵辱估价之诉"，侵辱行为的法律后果变为罚金，加害人还要遭受不名誉。现代民法普遍确认名誉权，对民事主体的名誉给予保护。同时，名誉还受到刑法、行政法的保护。

与其他人身权相比，名誉权具有以下特点：(1) 名誉权的主体具有广泛性。自然人和社会组织都享有名誉权。(2) 名誉权的客体是名誉。实践中要注意名誉和名誉感的区别，名誉是社会对特定的自然人和社会组织的品德、才干、作风、信用、业绩等的客观评价，名誉感是自然人所独有的与自己社会地位相当之自尊心或对于自己价值的感情。伤害他人的名誉感或者说人格尊严的行为，如果未造成受害人社会评价的降低，不构成对名誉权的侵害。名誉感是人格尊严权的保护对象，伤害他人名誉感的行为，应当按侵害人格尊严权处理。(3) 名誉权是精神性人格权,不具有财产内容,但与财产利益有密切联系。

名誉权的内容包括:(1) 名誉保有权,即保持自己名誉的权利,当自己的名誉处于不佳状态时,有权采取措施改善这种状态,他人不得干涉。(2) 名誉支配权,即权利人有权利用自己的名誉从事政治、经济、文化等各种社会活动,以获取正当利益。(3) 诉权,又叫名誉维护权,即在名誉受到侵害时,有通过诉讼程序获得司法保护的权利。

按《中华人民共和国民法通则》的规定,名誉权受到侵害,受害人有权要求加害人停止侵害、消除影响、恢复名誉、赔礼道歉,并可以要求赔偿损失。令加害人承担侵害名誉权的民事责任须具备下列条件:(1) 加害人实施了侵害名誉权的行为。《民法通则》规定的侵害名誉权的行为有:侮辱,即故意以暴力、语言、文字或其他方式毁损他人名誉,贬低他人人格的行为。诽谤,即故意捏造、散布虚假事实,损害他人名誉的行为。有学者认为过失散布虚假事实也构成诽谤,值得商榷。依据辞海的解释,诽谤有两种含义,一是议论是非,指责过失;二是造谣诬蔑、恶意中伤。今天,人们通常是在第二种意义上使用"诽谤"一词的,作为侵权行为的诽谤,当指第二种意义上的诽谤无疑。因此,诽谤都是故意的,过失不构成诽谤。其他行为,司法实践中,其他行为是指:新闻报道严重失实;过失散布有损他人名誉的虚假信息(传谣);违法使用他人姓名、肖像,对受害人的名誉造成损害;非法披露他人隐私,造成他人名誉损害,等等。(2) 有受害人名誉贬损的后果。所谓名誉贬损,是指受害人社会评价的降低。在司法实践中,受害人要对名誉贬损或社会评价降低这一损害后果进行证明是极为困难的,学者主张应该免除受害人对名誉损害事实的举证责任,而采取推定的方法确认,即受害人应提供证据证明针对自己的诽谤和侮辱性内容已经为自己以外的第三人所知,在这个基础上,法官根据一般的经验法则推定是否必然产生名誉贬损的损害结果。这种推定是不能以反证的方式推翻的,即使加害人提出受害人没有因为诽谤性事实的传播而受到名誉上的不利影响,也不能证明损害后果不存在。如果受害人主张精神损害赔偿和(或)财产损害赔偿,还应当证明精神损害和(或)财产损害的存在。(3) 侵害名誉权的行为与受害人名誉贬损之损害后果之间有因果关系。(4) 加害人有过错。但是,承担停止侵害的责任不以行为人有过错为必要条件。

针对社会上存在的侵害死者名誉的问题,司法实践中对以侮辱、诽谤、贬损、丑化或者违反社会公共利益、社会公德的其他方式,侵害死者的姓名、肖像、名誉、荣誉等人格利益,致近亲属遭受精神痛苦,允许其近亲属请求精神损害赔偿。对此,理论界有两种不同的解释。一种观点认为这是对死者名誉权的保护,其理由是,人身性的权利不一定随主体的消灭而消灭,如著作权法规定作者的精神权利永久受保护,对死者名誉、肖像、姓名等的保护也说明死者的名誉权、肖像权、姓名权仍然存在。另一种观点认为,权利的享有以民事主体资格的存在为前提,自然人死亡后,民事主体资格消灭,与人身不可分离的权利如名誉权、姓名权等随之消灭,因此,说死者享有名誉权是违反民法原理的。法律禁止侮辱、丑化、贬损死者的名誉、姓名、肖像等,是基于两种考虑,其一,是维护社会公共利益的需要;其二,是对死者亲属精神利益的保护,因为死者的近亲属往往对死者怀有深厚的感情,而且基于近亲属的关系,对死者的名誉、肖像、姓名等享有精神利益,侮辱、丑化、贬损死者的名誉、肖像、姓名等,侵害的是死者近亲属的精神利益,而不是死者的权利。以后说为是。

(张玉敏)

mingshi baozheng
明示保证(express warrantg or exprtss gualanteeship) 默示保证的对称。也称"明示担保"。当事人在交易中就某一事项明确作出的保证。如卖方在合同中对其提供的货物所作的某种明确的保证。一般通过两种方式表示:(1) 卖方的说明。即出卖人对买受人在关于货物的性质、功能、构造、注意事项及其他质量特点等方面所作的陈述。可以通过合同条款、广告、说明书、口头申明或承诺等方式体现。说明是对标的物事实状态的描述,而非对标的物的价值所发表的主观见解或评价,如吹嘘自己货物的夸张溢美之词不构成说明,也不能成为对货物的明示保证。(2) 出卖人的样货。交易时出卖人向买受人提供了货物样品或模型,即表明出卖人保证了其交付的标的物与样货应具有同一品质。它有以下两种形式:一是出卖人在现货中任意选取的一种代表货物平均品质的样货;二是出卖人在无现货情况下制成的一件样品,保证订约后依样货标准生产合同的标的物。上述说明或样货使得买受人相信了标的物的性质、功能、品质等,并与出卖人成交。此时,出卖人的说明和提供的样货构成了双方交易的基础,也成为明示保证。一旦成交后标的物的功用、品质等达不到明示保证的要求,则出卖方违反了其明示保证义务,构成了违约,应承担相应的责任。

按照各国立法的规定,明示保证的产生并不一定需要以"保证"、"担保"之类的语言文字来表示,也不一定需要当事人具有提供担保的特别意图。只要是卖方对其标的物所作的客观上的描述、对事实的确认和介绍,无论其主观意图如何,即构成了对标的物的明示保证。《中华人民共和国合同法》第153条规定:"出卖人应当按照约定的质量要求交付标的物。出卖人提供有关标的物质量说明的,交付的标的物应当符合该说明的质量要求。"此条中即是指出卖人承担说明的明示保证责任。《美国统一商法典》第 2-313 条第 1 款规定:"卖方通过下列方式作出明示担保:(A)卖方向买方就货物作出的许诺或对事实的确认,若是达成交易的基础原因之一,卖方即明示担保货物将符合此种许诺或确认。(B)对货物的说明,若是达成交易的基础原因之一,卖方即明示担保全部货物都将符合此种说明。(C)任何样品或模型,若是达成交易的基础原因之一,卖方即明示担保全部货物都将符合此种样品或模型。"

除了在买卖合同中较多地出现明示保证外,在保险合同及其他合同中也有类似的明示保证,如保险人要求投保人在合同中明确保证自己投保的情况真实有效,没有隐瞒和错误的申报等的明示保证。明示保证与默示保证都属一般担保形式,与特殊担保如保证、抵押、质押、留置、定金等担保形式有区别。 (万 霞)

mingshi chengnuo
明示承诺(express acceptance) 默示承诺的对称。受要约人以口头或书面形式作出的同意要约的意思表示。 (郭明瑞)

mingshi de yisi biaoshi
明示的意思表示(express declaration of will) 默示的意思表示的对称。行为人以语言、文字或其他直接表意方法表示内在意思的表意形式。一般的意思表示均为明示,当事人通常直接表示承诺、同意、免除、承认等。 (李仁玉 陈 敦)

mingshi teyue tiaokuan
明示特约条款(express special clause) 也称明示保证条款。在合同中明文规定或作为特约条款附加于合同中的保证特约条款。明示保证必须包含或写入保险单或包含在合同其他文件中。明示特约条款又可分为确认保证条款与承诺保证条款,前者是指投保人对过去或现在某一特定事项存在或不存在,真实或不真实予以保证的条款;后者是对将来某一特定事项作为或不作为的保证条款。 (温世扬)

mingshi xintuo
明示信托(express trust) 默示信托的对称。由委托人通过明示意思表示并经受托人承诺设立的信托。这里的所谓明示意思表示体现着委托人在实施信托行为。明示信托为信托的一种基本类型,这种信托的基本特征在于:第一,它系因信托行为这一民事行为(法律行为)设立;第二,它存在委托人,且系以委托人的意思为设立依据,并以委托人与受托人之间存在信任为设立基础。凡委托人通过口头或书面的信托行为如信托合同、信托遗嘱或信托宣言设立的信托都是明示信托,故合同信托、遗嘱信托与宣言信托这三种具体类型的信托,以及能够作为其中的任何一种存在的民事信托、营业信托与公益信托,均属于明示信托范畴。明示信托的运作要受到信托法与记载于信托行为中的委托人意志的双重约束,即这类信托的受托人对信托财产的管理和对信托事务的处理,既须按照信托法的要求行事,也须按照记载于信托行为中的委托人的要求行事。

各国信托法均允许设立明示信托。但为《中华人民共和国信托法》所允许设立的信托从基本类型角度看却仅限于明示信托一种:该法第 2 条实际上将信托限定于只能够由委托人基于对受托人的信任而设立。在此前提下该法第 8 条规定:"设立信托,应当采取书面形式。书面形式包括信托合同、遗嘱或者法律、行政法规规定的其他书面文件等。"除此之外在该法中再无任何关于信托产生方式的其他规定。为日本、韩国与我国台湾地区的信托法所允许设立的信托也仅限于明示信托。 (张 淳)

mingshizhizhai
明示之债(express obligation) 又称协议债务。英美法上的概念。以协议内容明确表示的债务。(张平华)

moshi baozheng
默示保证(implied warranty) 明示保证的对称。也称"默示担保"。虽无明确表示但依交易的通常观念或商务习惯,推定当事人承担的对标的物的效用、质量、价值等的担保责任。此种担保由法律强制规定,主要出现在买卖合同中,但在海上保险等合同中也存在。如在海上保险合同中虽未在合同中载明但投保人对于船舶适航、不改变航程、航道合法性的默示保证。默示保证主要表现为出卖人应保证货物具有商销性(可销售性),即具有该货物的一般用途。在买受人要求货物的特殊用途的场合,出卖人还应保证货物具有适用性即具有特殊的用途。如电视机,其一般用途是收视电视节目,但如买受人要求其还可用作电脑显示屏,则是其特殊用途。如出卖人知道并应当知道买受人的意图且向其提供了该货物,则出卖方不仅默示保证了其一般用途,还默示保证了其特殊用途。

默示保证的特征体现在:(1)是法定责任。这一点与明示保证的约定责任性质有不同,默示保证是法律为维护交易安全和保障买受人利益而强行推定给出卖人的责任。即使当事人无明示保证,法律也推定默示保证的存在。(2)当事人可约定排除其适用,但须在契约中明确说明。因此,默示保证不同于无过错责任,买卖双方可以事先限制或清除默示保证,法律不会干预。在《中华人民共和国合同法》第62条中规定了对合同质量要求不明确的处理原则:质量要求不明确的,按照国家标准、行业标准履行;没有国家标准、行业标准的,按照通常标准或者符合合同目的的特定标准履行……。可见,我国法律规定的默示担保要求以国家标准、行业标准、通常标准和符合合同目的的特殊标准来衡量货物的商销性和适用性。

《美国统一商法典》第2—314和2—315条规定了默示担保的三种情况:(1)卖方在出售货物时对买方的货物商销性担保。(2)依买卖双方以前交易中的一贯做法或行业惯例确定卖方向买方承担此种默示担保。(3)卖方在买方要求产品特殊用途时所负担的货物适用性担保。若出卖人给付了不具有此特殊用途的货物时应承担违约责任。《美国统一商法典》第2—316条第2款规定:"若要取消或修改商销性的默示保证或其中任何部分,其用语必须提及商销性,如是书面的,必须醒目。若要取消或修改有关适用性的默示保证,则应采取醒目的书面形式。若要彻底排除有关适用性的默示保证,可以使用除此处说明,不作任何其他担保一类的词句。"
(万 霞)

moshi chengnuo

默示承诺(implied acceptance) 明示承诺的对称。受要约人不是以口头或书面形式而是通过实施一定行为表示同意要约。各国法律一般规定,承诺应依明示方式作出,只有在根据交易习惯或者要约明确表示可以通过行为作出承诺的情形下,承诺才可依默示方式作出,单纯的沉默或不作为不能视为承诺。如《联合国国际货物买卖合同公约》第18条规定:缄默或不行动本身不等于承诺。但是,根据要约的规定以及当事人之间确定的习惯做法或惯例,受要约人可以作出某种行为诸如发货或支付价金等表示同意而无须向要约人发出通知,则承诺于该行为作出时生效,但其行为必须在规定的期限内实施,如未规定期限,则应在合理的时间内作出。
(郭明瑞)

moshi de yisi biaoshi

默示的意思表示(implied or will) 从行为人的某种作为或不作为中推断出来的意思表示,包括意思表示的推定和沉默。例如,租赁期满后承租人继续为租赁物的使用、收益,即为继续承租的默示表示。而出租人继续收取租金,即为延长租赁契约的默示表示。沉默为单纯的不作为,原则上不发生法律效果,因此,一些学者认为,沉默不为意思表示,仅依当事人约定或依习惯,可将沉默视为或解释为意思表示。例如,当事人约定于一定期限内未拒绝的,视为同意。区分明示的意思表示与默示的意思表示的意义在于:有的意思表示必须是明示的,如保证人承担保证责任的意思表示必须明示;默示的意思表示必须在法律有明确规定或有交易习惯或当事人有特别约定时才发生效力。
(李仁玉 陈 敦)

moshi hehuo

默示合伙(implied partnership) 英美法上的概念。因当事人的行为而被法院确认的合伙,法院的确认是为了防止当事人否认这种合伙的存在。实际上,不为真正的合伙。
(李仁玉 陈 敦)

moshi teyue tiaokuan

默示特约条款(implied warranty clause) 也称默示保证条款。保险单内虽未明文规定,但该事项的真实存在是保险人决定承保的依据。默示特约条款与明示特约条款具有同等的法律效力,同样应被严格遵守。默示特约条款主要限于海上保险,通常包括三项:一是保证船舶在开航之时有适航性(定期保单中无此项默示特约);二是保证船舶不得为不合理绕航;三是保证航程具有合法性。投保人无论违反明示特约条款或违反默示特约条款,都会使保险合同自动归于无效,保险赔偿或支付保险金的责任自动解除。
(温世扬)

moshi tiaokuan

默示条款(implied terms) 合同明示条款的对称,英美法的概念,又称隐含条款。是指未经当事人在合同中明示,但被法院认为隐藏在合同之中的条款。英美法上的默示条款主要包括以下三种类型:普通法的默示条款、制定法的默示条款以及习惯形成的默示条款。

普通法上的默示条款可以分为两类,一是法律上的默示条款,是法院从一般公共利益出发而认可的默示条款;二是事实上的默示条款,即对于合同的商业效率具有不可或缺的意义的默示条款。并且,默示条款的确立必须满足以下条件:(1)该条款必须是公平的合理的。(2)该条款必须是显而易见的。(3)该条款必须是清楚的。(4)该条款不能与合同的明示条款相矛盾。

所谓制定法上的默视条款,根据英国《1979年货物买卖法》第12~15条的规定,包括:(1)如果卖方表示自己有权出售货物,就等于卖方默示保证标的物的所有权无瑕疵。(2)如果卖方按照说明书出售货物,就等于卖方默示保证货物与说明书一致。(3)如果卖方的行为属于商业交易,就等于卖方默示保证其标的物具有一般货物的通常用途。(4)如果卖方按照货样出售商品,就等于其默示保证所售商品具有与样品相同的品质。

《国际商事合同通则》第5.2条规定了四种默示义务类型:由合同的性质和目的而产生的默示义务;各方当事人依习惯做法和惯例而形成的默示义务;由诚实信用、公平交易原则及合理性原则而导致的默示义务。

(刘经靖)

moshi xintuo

默示信托(implied trust) 明示信托的对称。又称隐含信托,由法院根据财产出让人的虽未明确表示,但却可因推定得知的意图,或者根据法律的原则、精神或理念进行推定而设立的信托。默示信托的基本特征在于:第一,它系因法院的裁判这一国家行为产生;第二,它不存在委托人。默示信托的运作原则上只受信托法的约束,即这类信托的受托人对信托财产的管理和对信托事务的处理,只需按照信托法的要求行事即可,无须考虑财产出让人的意志。英美信托法允许法院经推定成立默示信托,将这类信托划分为归复信托与推定信托两种,并在此基础上分别确立起不同的规则来对这两种信托进行规范。英美信托法并未针对默示信托的形式确立专门的规则,在该法看来,法院有关裁判依法采取的形式即为这类信托的法定形式。 (张 淳)

moshi xingshi

默示形式(implied forms) 行为人并不直接表示其内在意思,只是根据他的某种行为(作为或不作为)按照逻辑推理的方法,或者按照生活习惯推断出行为人内在意思的形式。默示形式可分为推定形式和沉默形式。推定是指行为人并不直接用口头形式或书面形式进行意思表示,而是通过实施某种行为来进行意思表示,例如,购物人在商场交付货币的行为即可推定为行为人购买物品的意思。推定行为实际上就是通过行为人实施的积极作为,推定出行为人已作出要达到某种法律后果的意思表示。沉默是指行为人既不用语言表示,又不用积极行为表示,而是以消极的不作为方式进行意思表示,即根据行为人的沉默来认定其具有某种意思。我国《继承法》规定,继承人在继承开始后2个月内未公开表示放弃继承的,就视为其接受继承。不作为的默示只有在法律有规定或者行为人双方有约定的情况下,才可以视为意思表示。 (李仁玉 陈敦)

mugongsi

母公司(parent company) 通过拥有其他公司一定比例的股份或通过协议方式使其他公司成为自己的附属公司,从而对它们进行实际控制的公司。母公司通常属于控股公司中的混合控股公司。它除了向其他公司投资控股之外,还从事其他具体的经营活动。各国公司法对母子公司间的关系多有特别规定,比如母子公司关系必须在资产负债表或营业报告书中记载,并在登记机关登记,母子公司间不得相互持有股份,母公司的监事不得兼任子公司的董事或经理等。 (王亦平)

muxi jicheng

母系继承(maternum) 父系继承的对称,按母亲的血缘关系确定继承人的继承制度。这是继承制度萌芽阶段的表现形式。在母系氏族社会中,世系按母系计算,子女只能成为母方氏族的成员,在原始公有制的基础上,死者遗留的少量财物必须留在氏族内部,这就使继承制度具有以下特点:第一,具有公共继承或者集团继承的性质,遗产归本氏族成员共有;第二,继承人的范围按母系的血缘关系确定,属单系继承;第三,夫妻不得相互继承遗产;第四,可供继承的遗产主要是某些生产工具和生活资料,全氏族公有的土地、牲畜和其他生产资料不属于可供继承的范畴;第五,继承关系由习俗和惯例调整,不具有任何法律意义。这种继承制度与后世的继承法律制度有本质区别。随着母系氏族为父系氏族所代替,母系继承也逐渐为父系继承所取代。

(杨 朝)

muxiqin

母系亲(maternal relatives) 在亲属世系中,以母亲为中介而联络的亲属。在原始社会里,人们实行群婚,知其母而不知其父,世系是按照母系来计算的,这是人类最初的亲系。随着私有财产的出现,母系氏族社会解体,亲属世系和继承权转为以父系为中心。母系亲包括外祖父母、舅父母、姨父母、表兄弟姊妹等。在资本主义国家早期法律中,尚有父系亲和母系亲的提法,例如,1804年《法国民法典》(拿破仑法典)第三编在关于继承的各种顺序的规定上仍有父系亲与母系亲的区分。当代各国法律大多采取男女平等原则,父系亲与母系亲在法律上已无区别。 (张贤钰)

mucai tiaokuan

木材条款(timber clause) 承运木材的条款。木材与其他货物不同。提单上虽然记载了在装船时"外表状况良好",但是该木材如有玷污、裂缝、孔洞、碎块等情形,根据运输习惯,承运人并不负责任。但是,在装运木材时,如果违反木材的积载和捆绑方法致使该木材散失时,承运人仍应承担责任。 (张 琳)

mudidi jiaohuo hetong
目的地交货合同(arrival terms) 卖方在买方指定的目的地交货的买卖合同。目的地交货合同属于到货合同,按照《2000年国际贸易术语解释通则》的规定,按照运输方式不同,在采用海运及内河运输时可以适用目的港船上交货(DES)、目的港码头交货(DEQ)两种术语,在包括海运及内河运输在内的任何运输方式中还可以适用边境交货(DAF)、未完税交货(DDU)、完税交货(DDP)三种术语。 (张平华)

mudi sunhai shehui gonggong liyi de xintuo
目的损害社会公共利益的信托(trust of the purpose damnifing social public interest) 又称目的违反公序良俗的信托。信托目的因与社会公共利益相抵触,从而其实现将导致发生损害这一利益之后果的信托。为《中华人民共和国信托法》列举的无效信托的一种。设立信托为民事活动的一种。《中华人民共和国民法通则》第7条规定:民事活动不得损害社会公共利益。此条适用于包括信托目的在内的当事人参加任何民事活动时具有的任何目的。《中华人民共和国信托法》第11条第(1)项据此明确规定:信托目的损害社会公共利益的信托无效。这种信托在其他国家和地区一般是通过将设立这种信托的信托行为视为违反民事普通法中的公序良俗原则的行为从而确认其为无效。 (张 淳)

mudi weifa de xintuo
目的违法的信托(trust of the purpose against law) 信托目的违反法律的强制性规定或者禁止性规定的信托。为《中华人民共和国信托法》列举的无效信托的一种。任何信托,委托人设立它均具有信托目的。《中华人民共和国信托法》第6条规定:设立信托,必须有合法的信托目的。该法第11条第(1)项据此明确规定:信托目的违反法律、行政法规的信托无效。这一规定具有普遍适用的性质,它适用于任何一种目的违法的信托。具体地讲,信托目的从内容上看真可谓各种各样,信托目的违法的情况也可谓五花八门;但依此条的精神,就某一个具体的信托目的而言,无论其内容如何,只要其违反了任何一个法律或者行政法规的强制性规定或者禁止性规定,有关的信托均属于无效信托。英美信托法、韩国信托法和我国台湾地区的信托法也一般性地确认目的违法的信托无效。 (张 淳)

mudi weifan gongxu liangsu de xintuo
目的违反公序良俗的信托(trust of the purpose against public order and good moral) 参见目的损害社会公共利益的信托条。

mudi xintuo
目的信托(purpose trust) 委托人出于使信托利益归属于自己或其他人以外的目的设立的信托。它分为私人目的信托与公益信托。分别参见私人目的信托条与公益信托条。 (张 淳)

mugu
募股(raising of or stocks) 股份公司募集设立时,公开招募不特定的人认购发起人所未认足的股份。募股程序一般包括:订立招股章程;报经主管机关批准;制作认股书;公告招募。《中华人民共和国公司法》规定,发起人向社会公开募集股份时,必须向国务院证券管理部门递交募股申请,并报送下列主要文件:(1)批准设立股份公司的文件;(2)股份公司章程;(3)经营估算书;(4)发起人姓名或者名称,发起人认购的股份数、出资种类及验资证明;(5)招股说明书;(6)代收股款银行的名称及地址;(7)承销机构名称及有关协议。我国证监会于1995年9月5日发布的《申请公开发行股票公司报送材料标准格式》对发行申请材料应包括的文件及其格式作了详细规定。

未经国务院证券管理部门批准,发起人不得向社会公开募集股份。国务院证券管理部门对符合公司法规定条件的募集申请,予以批准;对已作出的批准如发现不符合公司法规定的,应予撤销。尚未募集股份的,停止募集;已经募集的,认购人可以按照所缴股款并加算银行同期存款利息,要求发起人返还。公司法还规定,股份公司经国务院证券管理部门批准,可以向境外公开募集股份,具体办法由国务院于1994年8月4日发布的《国务院关于股份有限公司境外募集股份及上市的特别规定》来规定。 (陈耀权)

muji gongsizhai dengji
募集公司债登记(registration of offering corporation bonds) 对公司发行债券进行管理所采取的措施之一。公司发行债券,许多国家要求必须对债权人以及发行债券的有关事项设立账本。账本中应记载债权人的姓名、住所以及债券的号码,账本由公司经营者制定,存放于公司的营业所供债权人以及公司的股东阅览。对公司债进行登记在法律上具有通知和催告债权人、更换债权人以及对抗第三人的作用。

(刘弓强 蔡云红)

muji sheli
募集设立(establishment by floatation) 发起设立的

对称,又称"募股设立"、"渐次设立"或"复杂设立"。特点是发起人只认足公司第一次发行股份的一部分,其余的股份公开向社会公众募集。我国公司法规定,以募集设立方式设立股份有限公司的,发起人认购的股份不得少于公司股份总数的35%,其余股份应当向社会公开募集。发起人向社会公开募集股份时,必须向国务院证券管理部门递交募股申请,并报送公司法规定的有关文件。未经国务院证券管理部门批准,股份有限公司发起人不得向社会公开募集股份。发起人向社会公开募集股份,应由依法设立的证券经营机构承销,签订承销协议,并应同银行签订代收股款协议。发起股份的股款缴足后,必须经法定的验资机构验资并出具证明,发起人应当在30日内主持召开创立大会。发起人、认股人缴纳股款或者交付抵作股款的出资后,除未按期募足股份或发起人未按期召开创立大会或者创立大会决议不设立公司的情形外,不得抽回其股本。董事会应于创立大会结束后30日内,向公司登记机关报送公司法规定的有关文件,申请设立登记。

(刘弓强 蔡云红)

N

napolun fadian
拿破仑法典(法 Code Napoleon) 广义的拿破仑法典指拿破仑执政时期制定的五部法典,即民法典、商法典、民事诉讼法典、刑法典和刑事诉讼法典。狭义的拿破仑法典仅指以《拿破仑法典》命名的《法国民法典》。法学著作使用的通常是狭义的概念。法国资产阶级大革命胜利后,竖年(1800年),拿破仑即任命了一个由四名法学专家组成的起草委员会起草民法典。拿破仑非常重视民法典的起草工作,据史料记载,在法典制定过程中共召开了102次民法典草案讨论会议,拿破仑亲自主持的达半数以上。为了纪念他对民法典起草作出的卓越贡献,《法国民法典》于1807年和1852年两次被命名为《拿破仑法典》。拿破仑本人也曾自谓:我的光荣不在于打胜了四十多个战役,滑铁卢会摧毁这么多的胜利⋯⋯,但不会被任何东西摧毁,会永远存在的,是我的民法典。自1870年起,习惯上一直称该法典为《法国民法典》。 (张玉敏)

naqie
纳妾(concubinage) 男子占有妻以外的女性,与其形成准配偶关系,是中国古代多妻制的主要形式。与当时的社会制度相适应,纳妾是剥削阶级中男性的特权,而且具有等级制的特点。纳妾的情形,往往是与纳妾者的身份、地位和财富相一致的。有的封建王朝公然颁布置妾令,规定王公和各级品官的妾的数量。有的封建王朝还规定,40岁以上无子的庶人亦可纳妾一人。妾的来源主要是买卖妇女、以婢作妾等,有些豪强之家还恃势掠夺民女为妾。这种压迫妇女的罪恶制度一直延续到半殖民地半封建的旧中国。南京国民政府民法亲属编中虽无有关纳妾的规定,其司法院在解释中却声称"娶妾并非婚姻,自无所谓重婚",上述亲属编还通过"虽非亲属而以永久共同生活为目的同居一家者,视为家属"的规定,为妾的家属地位提供了法律依据。我国1950年《婚姻法》明令禁止重婚、纳妾。1980年《婚姻法》中仅有禁止重婚的规定而无禁止纳妾的规定,新中国彻底废除纳妾制度已有多年,纳妾应按重婚论处。 (杨大文)

nandaonujia luohu de hunyin
男到女家落户的婚姻(marriage in which man lives in the wife's family) 登记结婚后,根据男女双方的约定,男方成为女方家庭成员的婚姻。这一婚姻模式的确立,是与1980年《婚姻法》的颁行密切相关的。该法第8条明确规定:登记结婚后,根据男女双方约定,女方可以成为男方家庭的成员,男方也可以成为女方家庭的成员。倡导男到女家落户的婚姻,其目的在于破除以男性为中心的宗法等级观念,解决有女无儿户的困难,树立社会主义的婚姻家庭观和生育观。男到女家落户的婚姻与旧式的"入赘"有着本质的区别。在入赘婚姻关系中,"赘夫"具有卖身的性质,其家庭地位低下,且要受到社会的歧视。在男到女家落户的婚姻关系中,男女双方均具有独立的人身权利和财产权利,家庭地位也是平等的。 (王歌雅)

nanxiqin
男系亲(agnate, kinship through males only; relatives of the paternal line of family) 以男子为中介而联络的亲属。在我国实行了数千年之久的宗法制度,是父系氏族制在阶级社会中的转化形态。封建礼法出于男尊女卑的传统观念,历来重男系亲而轻女系亲,故以男系亲为本,男系亲在亲属中处于主干、亲近的地位。凡是同一男性始祖的全部同姓后裔,通常是指上至高祖下至玄孙所有五代以内直系和旁系的男性成员及其配偶,未嫁或被"出"而返的女性,都是男系亲。需要指出的是,在亲属世系中,男系亲和父系亲大都互相重合,所谓宗亲,就兼有男系亲和父系亲的性质。但有时男系亲与父系亲又有区别,例如,父之姊妹之子女,虽为父系亲,却不是男系亲,这是由于以姊妹为联络中介之故,因此旧律上归入女系亲。 (张贤钰)

neibu dailiquan
内部代理权(德 innenvollmacht) 在意定代理中,由被代理人通过向被授权人发出意思表示而授予的代理权。德国法上的称谓。 (李仁玉 陈敦)

neihunzhi
内婚制(endogamy) 外婚制的对称,指缔结婚姻时必须在一定范围的人以内选择配偶;在上述范围以外,存在着严格的婚姻禁制。最初的和狭义上的内婚制专指部落内婚制,在同一部落内各氏族间相互通婚。过去有的学者将部落分为内婚制部落和外婚制部落两种,其实一切部落都是实行内婚制的,实行外婚制的是部落内的各氏族。上述谬误的发生,在于将氏族和部落混为一谈。文义上的内婚制则不以部落内婚制为限,各个时代、各个民族禁止外婚的范围不尽相同。古代许多国家均实行身份或阶级、等级的内婚制。如中国古代良贱不婚、士庶不婚,古罗马曾禁止贵族与平民通婚,欧洲中世纪各国禁止自由民与农奴通婚,日本在封建时代禁止华族与平民、良民与贱民间的杂色婚,等等。此外,宗教内婚制(如有的宗教禁止教徒与教外人通婚)、种族内婚制(如有的国家或地区禁止白人与黑人等有色人种通婚)和国民内婚制(如有的国家禁止其公民与外国人通婚)等,也是内婚制的种种表现形式。

(杨大文)

neilu jiaohuo hetong

内陆交货合同(inland delivery contract) 国际贸易中,卖方在出口国的内陆约定地点把货物交给买方的买卖协议。由于卖方对于国际运输不承担任何责任,因而其实际上是一种国内贸易。这种合同在国际贸易中应用较少,多为内陆国家采用。按照《2000年国际贸易术语解释通则》的规定,EXW(Ex Works)即"工厂交货(……指定地点)"这一术语多被内陆交货合同采用。

(张平华)

neimu jiaoyi

内幕交易(insider trading) 又称知情证券交易、内部人交易,证券交易内幕信息的知情人员利用内幕信息进行的证券交易活动。

内幕交易行为的构成要件主要有三个:(1) 内幕信息的知情人员进行的证券交易活动。关于内幕人员的认定,各国一般在法律上作出具体的认定。美国规定,内幕人员是与公司有联系或者由于从事该公司证券交易而拥有内幕消息的人,具体包括公司的董事、监事、经理以上职务的行政管理人员或秘书、财务、出纳等重要职员以及持有公司股份10%以上的大股东、与公司有联系的经纪人、律师、商业银行职员、会计师、审计人员、证券管理委员会成员等。日本规定内幕人员分为三类:一是公司内部人员,包括上市公司或证券公司的职员、代理人或其他从业人员,以及拥有公司股票总额10%以上的大股东;二是与公司有关系的内部人员,包括依法可以对公司行使一定权限的人员和与上市公司或证券公司订有合同的人员,如警察、法官、律师、会计师、持有上市公司股份10%以上的大股东的内部职工;三是公司以外的接受第一手情报的人员,主要包括内部人员和准内部人员的家属、朋友以及新闻记者等。我国证券法规定,下列人员为知悉证券交易内幕信息的知情人员:发行股票或公司债券的公司董事、监事、经理、副经理及有关的高级管理人员;持有公司股份5%以上的股东;发行股票公司的控股公司的高级管理人员;由于所任公司职务可以获取公司有关证券交易信息的人员;证券监督管理机构工作人员以及由于法定的职责对证券交易进行管理的其他人员;由于法定职责而参与证券交易的社会中介机构或者证券登记结算机构、证券交易服务机构的有关人员;国务院证券监督管理机构规定的其他人员。(2) 利用内幕信息进行证券交易活动。内幕信息是证券交易活动中,涉及公司的经营、财务或者对公司证券的市场价格有重大影响的尚未公开的信息,包括:公司的经营方针和经营范围的重大变化;公司的重大投资行为和重大的购置财产的决定;公司订立重要合同,而该合同可能对公司的资产、负债权益和经营成果发生重要影响;公司发生重大债务和未能清偿到期重大债务的违约情况;公司发生重大亏损或者遭受超过净资产10%以上的重大损失;公司生产经营的外部条件发生重大变化;公司的董事长、1/3以上的董事或者经理发生变动;持有公司5%以上股份的股东,其持有股份情况发生较大变化;公司减资、合并、分立、解散及申请破产的决定;涉及公司的重大诉讼,法院依法撤销股东大会、董事会决议;公司分配股利或者增资的计划;公司股权价格的重大变化;公司债务担保的重大变更;公司营业用主要资产的抵押、出售或者报废一次超过该资产的30%;公司的董事、监事、经理、副经理或者其他高级管理人员的行为可能依法承担重大损害赔偿责任;上市公司收购的有关方案;国务院证券监督管理机构认定的对证券交易价格有显著影响的其他重要信息。(3) 实施内幕交易行为。根据证券法的规定,内幕交易行为包括内幕人员利用内幕信息买卖证券或者根据内幕信息建议他人买卖证券;内幕人员向他人泄露内幕信息,使他人利用该信息进行内幕交易;非内幕人员通过不正当手段或者其他途径获得内幕信息,并根据该信息买卖证券或建议他人买卖证券。但持有5%以上股份的股东收购上市公司的股份,本法另有规定的,适用其规定。

内幕交易行为的法律责任包括行政处罚和刑事责任。行政处罚具体包括责令依法处理非法获得的证券、没收违法所得和罚款。构成犯罪的,依法追究刑事责任。

(夏 松)

neizai quexian

内在缺陷(inherent vice) 又称"自然特性"或"固有瑕疵"。货物本身固有的使它在正常的情况下,也会发生质的变化而损坏或者灭失,因而不易于保管运送的自然特性。例如:鲜活货物腐烂、死亡;含水量过高的豆类容易发霉、生虫等都属于内在缺陷。对货物的内在缺陷或自然特性引起的损失,除非保险人和被保险人特别约定并在提单上载明,否则保险人不负赔偿责任。(张 琳)

nengdong xintuo
能动信托(active trust) 又称积极信托。在其存续期间由受托人积极主动地履行由信托行为、设立信托的国家行为和信托法中规定的各项信托职责与义务的信托。能动信托的基本特征在于:在它存续期间,受托人对信托的执行,纯系由其积极主动地进行,而不是在委托人、受益人或者有关国家机关的支配与指挥下进行。任何基本类型的信托均可以作为能动信托成立。就某一具体的信托而言,只要在设立它的信托行为或国家行为中未明确规定受托人只能在委托人、受益人或者有关国家机关的支配与指挥下管理信托财产与处理信托事务,其便属于能动信托。 (张 淳)

nengjiandu shouxian
能见度受限(restricted visibility) 指任何由于雾、霾、下雪、暴风雨、沙暴或任何其他类似原因而使能见度受到限制的情况。任何其他类似原因是指来自本船、他船或岸上的烟雾以及尘暴等。这些类似原因对能见度的限制程度也应与前述所列原因对能见度的限制程度类似。 (张永坚 张宁)

nengquan
能权(德 kannrecht) 又称能为权、可能权、得有权或变动权。即由自己一方之特定行为,得发生、确定、存续或消灭法律关系之权利。例如,准物权中的矿业权、渔业权,及形成权中的承认权、撤销权、解除权、抵消权、终止契约权、选择权、利息滚入原本之权利等属之,此外如离婚权、子女认领权及承认或抛弃继承的权利等,也可说是能权。

能权概念的由来 德国著名私法学者 Zitelmann(1852~1923)尝将私权分为可为权(德 darfrecht)、应为权(德 sollrecht)、能为权(德 kannrecht, recht des rechtlichen koennens)三种,以自由的行为,发生对于自己有利益之法律上的效力,此种权利,Zitelmann 称之为能为权,如取消权、解除权、通知解约权、先占权等为其最显著之例。Hellwig(1856~1913)对之深表赞同,然彼不用能为权之名,而称之为变动权(recht auf rechtsaenderung),Enneccerus 则沿用变动权之名。至1903年 Emil Seckel 以单行论文研究此种权利,更名之为形成权(德 gestaltungsrecht)。此名为 Sohm 及 Endermann 等学者所袭用,遂成为法学界通用之名词。

能权与准物权的关系 旧中国民法学者认为,所谓准物权,非真正之物权,法律上出于便宜考虑,而与物权同视之权利。即非以有体物的使用、收益、处分为目的,乃因权利人的特定行为,得发生变更、确定、存续、或消灭法律行为之无形的利益,故以其实质论,准物权乃能权中之分类者也。基于此,有将能权作为财产权之一部,而与物权、债权、物体财产权相并列者。晚近的学者则不笼统提及能权,只将其中的准物权分析出来,与诸财产权并列。德国学者 Wolf 则强烈反对将无主物的先占、狩猎权、渔业权、采矿权及国库对于被抛弃土地的先占权等物权取得权放在广义的形成权(即能权)中。Larenz 主张物权取得权真正的功能不在于其形成功能:权利人单方面形成一种针对他人的关系,而在于其排除功能:只有权利人能取得标的物,其他人都被排除在外。同时,由于物权取得权明显地不具有支配功能,虽然其性质上与物权相近,但不宜列入物权,而应单独成为一类。

能权与形成权的关系 形成权的实质是能权,不过形成权着眼于权利的作用,能权则着眼于其结果,而生一权利之二种名称,虽然,此两者形式上有其相异之点,即形成权乃限于意思表示而行使,能权则广含一切之行为,故能权包含准物权及其他之权利。 (张 谷)

nikesamu jiedai hetong
尼可萨姆借贷合同(Nexcum) 罗马法上严法契约的一种。拉丁文原为拘束、连接、债之意,采用铜块和衡器的形式,为现金借贷时当事人须用的法定语言,所以又译为要式现金借贷。此种契约对债务人的责任和处罚极残酷。债务到期后于所给予的恩惠期满仍不偿还借款,又无人作保的,债权人就可直接拘禁债务人,只需向长官报告而不必经过审判就可拘债务人于牢,罚作苦役。在关押期间,债务人不能与债权人达成和解或者寻找到保人的,债权人即可将债务人卖作奴隶或杀之。后《珀特利亚·帕披里亚法》规定,除侵权行为之债外,债权人非经判决不得对债务人进行拘押、出卖、罚役、杀害等,同时责令所有债主释放受拘禁的普通债务人。自要式口约产生后不久,此种契约便被废弃。 (郭明瑞)

nisu qiquan
拟诉弃权(拉丁 cessio in jure) 又称"法庭让与",用模拟确认所有权诉讼的方式取得物权的方式。拟诉弃权的产生较曼兮帕蓄为晚。当事人双方必须为罗马市民,交易的标的物须为罗马物。其方法是,买卖双方假装对标的物的所有权发生争议,携带标的物(或其标志)到法官前争讼,买方充当原告,以手触标的物陈述自己的要求:"依照罗马法律,此物应归我所有。"法官即询问被告(即卖方):"你对原告的主张有异议吗?"卖方或者回答无异议,或者沉默,于是法官将该物判归买方所有。拟诉弃权方式完成后,在买方给付价金或者提供担保之前,标的物的所有权不转移。略式移转物得为所有权标的物之后,拟诉弃权扩及适用于略式移

转物。　　　　　　　　　　　　（李富成）

nizhi jiaofu
拟制交付（constructive delivery）　出让人将标的物的权利凭证（如仓单、提单）交给受让人，以替代标的物的现实交付。此时如果标的物仍由出让人或者第三人占有，则受让人取得对物的间接占有。此项交付制度是为适应交易实践中的动产物权的证券化现象。在实质上，所交付的权利凭证不过是对第三人的返还请求权证书，构成"要式的指示交付"，应属于指示交付的范畴。　　　　　　　　　　　　（李富成）

nizhi xintuo
拟制信托（constructive trust）　参见推定信托条。

nizhi xueqin
拟制血亲（relative by law, fictional blood kinship）　又称法定血亲或准血亲，指本无天然的血缘联系，但法律赋予其与自然血亲有同等权利和义务的亲属。例如，养父母与养子女之间，继父母与受其抚养教育的继子女之间的权利和义务，都适用《中华人民共和国婚姻法》对父母子女关系的有关规定，这就是从法律上确认他们之间有拟制的血亲关系。外国法上规定的拟制血亲通常有两种：一种是养父母与养子女，另一种是被继承人与指定继承人。按照我国古代礼制和法律，拟制血亲尚有立嗣所形成的嗣父与嗣子关系，产生与亲生父子相同的权利义务关系；而继母与继子女则是当然的拟制直系血亲，《仪礼·丧服》曰："继母如母"，《唐律·名例》也规定继母"与亲同"；在古代多妻制条件下，所谓"八母"中除了出母（被休出离家之母）和嫁母（改嫁之母）为生身母亲外，其余嫡母、继母、慈母、养母、庶母、乳母都是名分不同的拟制之母，也产生某种程度上与自然血亲相同的法律效力，例如，在服制上，嫡母、继母、慈母、养母通常为斩衰3年，嫁母、出母、庶母为齐衰期年，乳母为缌麻。　　　　（张贤钰）

nizhi zhusuo
拟制住所（fictitious domicile）　法律规定在特殊情况下把居所视为住所。我国民法规范和司法实践肯定了拟制住所的存在：(1) 自然人的经常居住地与住所不一致的，经常居住地视为住所；(2) 自然人由其户籍所在地迁出后至迁入另一地点前，无经常居住地的，仍以其户籍所在地为住所；(3) 当事人的住所不明或者不能确定的，以其经常居住地为住所。当事人有几个住所的，以与产生纠纷的民事关系有最密切联系的住所为住所。　　　　　　　　　　（李仁玉　陈敦）

niyuanhun
逆缘婚（deceased brother's widow's marriage）　妻于夫死亡后与夫之兄或弟结婚。在婚姻立法史上，关于是否承认逆缘婚的问题有不同的立法例。一些民族和国家自古以来就承认逆缘婚，如古代的犹太和日本等。欧洲中世纪的寺院法则是严格禁止逆缘婚的。中国历代封建法律不仅以逆缘婚为无效，而且还须依律科刑。直至清朝末年，《大清现行刑律》娶亲属妻妾条仍规定：若兄亡收嫂、弟亡收弟妇者，各绞。其实，逆缘婚的当事人仅为同辈旁系姻亲，按照我国现行婚姻法和许多国家的规定，双方不属于禁婚亲的范围。我国有的少数民族历来就有实行逆缘婚的习俗。彝族的转房制，则是一种具有强制性质的逆缘婚。妇女在丈夫死亡后，必须尽先转房于亡夫兄弟为妻。经过婚姻制度的改革，强制的转房婚姻已被禁止，双方自愿结婚的不在此限。　　　　　　　　　　（杨大文）

niandan
粘单（allonge）　票据本身经多次背书无空白余地再为背书时，在票据上粘贴以供背书的空白纸张。票据是流通证券，票据的流通主要通过背书来完成。票据的背面空白是有限的，而在理论上背书的次数是无限的。在票据的背面已没有背书位置但仍有背书的需要时，就用空白纸张粘贴在票据上，以加长票据空间，背书人可在此空白纸张上进行背书。《中华人民共和国票据法》第28条规定，票据凭证不能满足背书人记载的需要，可加附粘单，粘附于票据凭证上，粘单上的第一记载人，应在汇票和粘单的粘接处签章。（王小能）

nianjin baoxian
年金保险（annuity insurance）　简称为年金。在被保险人的生存期间由保险人每年按期给付一定金额的生存保险。死亡保险的目的一般在于保障被保险人死后家庭经济生活的安定，而生存保险的目的在于确保被保险人的老年生活的安定。年金是保险人向年老的被保险人支付的保险金额，在这个意义上说，年金保险对于生存到一定年龄而致其取得收入的能力不能满足其需要的人，是一种担保手段。但是，年金保险并不以生存保险为限，可以加保死亡保险。在保险实务中，年金保险一般为生死两全保险。在保险期间内，被保险人死亡，保险人以保险金额为限给付死亡保险金；当被保险人生存到约定的年龄时，保险人承担给付年金的义务，此义务终止于被保险人死亡时。

种类　以保险人给付年金的方式为标准，年金保险可以分为以下四种：(1) 终身年金。被保险人自保险人应当给付年金时起，在其生存期间内一直由保险人处领取年金的保险。依照终身年金保险合同,保险人应当按年、季、月或者周向被保险人给付约定数额的保险金(年金),直至被保险人死亡。(2)期间保证年金。被保险人或受益人自保险人应当给付年金时起,在保险合同约定的最短给付期间由保险人处领取年金的保险。依照期间保证年金合同,保险人在合同约定的给付年金的确定期限内,应当按年、季、月或者周向被保险人或者受益人给付约定的保险金(年金),不论被保险人在该期限内是否死亡;若被保险人在约定的最短给付期间内死亡,保险人向受益人给付年金的义务至最短给付期间届满时终止。(3)退款年金。被保险人死亡而其领取的年金数额低于购买年金的价格,保险人以现金退还或者以给付年金的方式付清其差额的年金保险。(4)变额年金。被保险人每期从保险人处领取的年金给付金额依照一定的方式发生变动的年金保险。变额年金因其给付保险金额的变动方法不同,有递增年金和递减年金之别。

被保险人 符合保险人要求的最低和最高年龄限制而身体健康的人,可以作为年金保险的被保险人。投保人可以是被保险人本人,也可以是被保险人以外的第三人;被保险人以外的第三人订立年金保险合同,对被保险人应当具有保险利益。

保险期间和保险费 年金保险的期限一般为被保险人的终身,除非保险合同另有约定。例如,不以保险人的终身而以特定的期间为给付年金期限订立的年金保险合同。实际上,年金保险的期间自保险合同订立时起算,至保险人给付年金的义务终止时;保险人自投保人交纳第一期保险费时开始,至被保险人死亡时止,承担保险责任。年金保险合同订立后,投保人应当向保险人交纳保险费,保险费的交纳期限由投保人和保险人约定。在保险实务中,除合同约定投保人免交保险费以外,投保人交纳保险费的期限,可以5年、10年、15年、20年等为限分期交纳。对于分期交纳保险费的,年金保险合同可以约定自动垫交保险费条款,在保险单的现金价值额度内,投保人逾期未交保险费时,保险人可以用保险单的现金价值自动垫付保险费。

保险责任和除外责任 在保险期间内,被保险人死亡或残废,保险人应当给付死亡或者残废保险金。保险人生存到保险合同约定的年龄时,保险人应当依照合同的约定给付年金。年金保险的除外责任主要限于死亡保险金的给付。一般而言,年金保险约定的除外责任主要有:(1)投保人故意造成被保险人死亡或者残废;(2)保险单约定的保险人不承担保险责任的被保险人的自杀;(3)被保险人的犯罪行为引致的死亡或者残废;(4)因为战争、军事行动、核辐射或者爆炸等异常事故造成被保险人的死亡或者残废;(5)年金保险合同生效后等待期间内,被保险人因为疾病死亡或者残废;(6)保险合同约定的其他事由所造成的被保险人的死亡或者残废。

保险金的给付 年金保险合同应当约定保险人的给付义务及其方法,特别是年金给付,应当明确约定年金给付额的计算方法。被保险人在保险期间因为保险责任范围内的事故而死亡的,受益人或者被保险人的法定继承人可以请求保险人给付死亡保险金。被保险人生存到年金保险合同约定的年龄时,可以按照保险合同的约定逐月或者逐周向保险人领取固定数额的年金。被保险人或者受益人请求保险人给付保险金或者年金的,保险人应当依照保险合同的约定履行保险给付义务。保险人不履行或者迟延履行保险给付义务,应当向被保险人或者受益人承担违反合同的赔偿责任。

(邹海林)

nianjin hetong
年金合同(contract of annuity) 又称定期金合同。年金债权人与年金债务人之间订立的,以年金债务人定期向年金债权人支付一定数量的金钱或可替代物为内容的合同。年金合同是年金设立的主要形式之一。年金合同可以通过年金债权人向年金债务人转让不动产或本金的有偿方式设立,也可以通过为赠与设定负担的混合合同的方式设立。年金合同根据其期间不同可以分为普通年金合同和终身年金合同。普通年金合同的债权人享有在约定或法定期间内赎回本金的权利,终身年金合同的债权人则无此项权利。

(刘经靖 张平华)

nianjin xintuo
年金信托(annuity trust) 以自然人为受益人、并以将信托财产的本金和收益作为年金而由受托人按期向该人支付为内容的信托。它是各国、各地区信托法确认的一种信托品种,属于特殊民事信托。年金是指应当由财产管理人按年度向受益人支付的固定数额的金钱。这种金钱对于受益人而言在性质上属于受赠财产,而不属于劳动报酬;在此点上它不同于按年度支付的酬金。虽然受益人可以将这种金钱使用于维持生活方面,但法律却并未限定它只能被使用于这一方面,在此点上它又不同于抚养费与生活费。在西方各国的社会生活中,年金支付的现象极为普遍,故年金信托也相应地较为普遍地存在。年金信托的受益人,既可以是未成年人,也可以是成年人;既可以是浪费者,也可以是有节约能力和习惯的人,在这一方面于信托法上并不存在任何限制。委托人或有关国家机关设立这种信托的目的,既可以是为了使受益人得到供养和教育,又可以是为了提高受益人的生活质量,还可以是为了满足受益人的其他各种需求,在这一方面于信托法上也不存在任何限制。

为了对年金信托进行规制,英美信托法已确立起一些规则。这些规则主要涉及年金信托的设立、年金在信托财产中所占比例和信托终止时对剩余的信托财产的处理等方面。例如,美国信托法对年金信托所持的态度便体现了这些规则。这一态度的内容是:一项能得到法律承认的年金信托必须符合有关的基本成文法的要求;年金的数额必须不低于由委托人转移给受托人的那一项信托财产的金额,或者它在信托设立时所具有的从公平合理角度确定出的市场价额总值的5%;在信托终止时剩余的信托财产必须转移给一个合格的慈善机构,即便该项财产为受托人所保留,该受托人也必须将它投入慈善用途。

(张 淳)

nianling wubao tiaokuan
年龄误保条款(misstatement of age clause) 投保人向保险人告知的被保险人的年龄与其真实年龄不相符的,保险合同约定的根据被保险人真实年龄调整保险费和保险金额的条款。年龄误保并非导致人寿保险合同无效的原因,年龄误保条款的主要作用在于确定保险人得以解除保险合同的事由。依照我国保险法的规定,投保人在订立人寿保险合同时,应当向保险人如实告知被保险人的真实年龄,投保人违反如实告知义务,保险人可依法解除保险合同。首先,若投保人告知的被保险人的年龄不真实,而其真实年龄已经超过保险合同约定的年龄限制的,保险人可以解除保险合同。其次,若因投保人申报的被保险人的年龄不真实,致使投保人支付的保险费少于应交保险费的,保险人有权更正并要求投保人补交保险费,或者在给付保险金时按照实付保险费和应付保险费的比例给付;若因投保人申报的被保险人的年龄不真实,致使投保人实付的保险费多于应交保险费的,保险人应当将多收的保险费退还投保人。除非误保的年龄超过保险合同规定的承保限度,自保险合同成立之日起经过 2 年的,保险人不得以年龄误保条款解除保险合同。

(邹海林)

nongcun chengbao jingyinghu
农村承包经营户(farm-leaseholding household) 在法律允许的范围内,按照承包合同的规定从事商品经营的农村经济组织的成员。《中华人民共和国民法通则》第 27 条规定:农村集体经济组织的成员,在法律允许的范围内,按照承包合同规定从事商品经营的,为农村承包经营户。

农村承包经营户是目前我国农业经济中的基本劳动单位,其主要特征是:(1) 农村承包经营户是农村集体经济组织的成员。农村集体经济组织的成员依法承包集体经济组织所有的农、副业,从而成为农村承包经营户。(2) 农村承包经营户是基于各种承包合同产生的。合同规定了承包的生产项目,交付使用的生产资料的数量和承包日期,上缴集体的公积金、公益金、管理费,承包户有使用水利等公共设施的权利,双方当事人的其他主要权利以及违约责任等。(3) 农村承包经营户是在法律允许的范围内从事商品生产、经营活动。农村承包经营户应依照合同的约定从事农、副业生产,应及时上缴承包费,应依法纳税等。

农村承包经营户在法律地位上属于经营性非法人组织。农村承包经营户已不是一个单纯的家庭消费单位,而是一个相对独立的商品生产者和经营者,享有承包权利和商品生产经营权。他们在承包经营的范围内,可以自己的名义进行商品生产和经营,从而参与相应的民事活动,如他们与集体经济组织或个人签订购买化肥、种子、农药的合同,出售各种农产品的合同等。对于违反承包合同或侵犯其经济权利的集体经济组织或个人,他们有权向人民法院起诉要求保护。农村承包经营户应接受集体经济组织的指导和管理,集体经济组织应当尊重农村承包经营户的自主权,不得非法干预。

农村承包经营户在对外责任的承担上分为三种情形:(1) 个人经营的,以个人财产承担财产责任;(2) 以家庭财产经营的,以家庭财产承担财产责任;(3) 虽然以个人名义经营,但以家庭财产进行投资经营或其收益主要供家庭成员享用的,也应以家庭财产承担财产责任。

(李仁玉 卢志强)

nongcun jiating caichan baoxian zanxing banfa
《农村家庭财产保险暂行办法》(Interim Provisions for the Property Insurance of Rural Families) 规定农村家庭财产保险的专门保险条款。1991 年 10 月 24 日由中国人民保险公司发布,共 14 条。依该《办法》,农村家庭财产保险分为房屋保险和室内财产保险两种险别,被保险人可以一并投保,也可以单独投保房屋保险。

房屋保险 (1) 保险标的为农民自有的居住房屋,但不包括正处于紧急危险状态下的房屋、年久失修或无人居住的房屋、征用拆迁房屋、违章建筑、简陋屋棚、畜禽舍、仓房、房屋的附属设备或附属建筑物、在建房屋及建筑材料。(2) 保险危险为:火灾、爆炸;空中运行物体的坠落和其他固定物体的倒塌;雷电、冰雹、雪灾、洪水、崖崩、冰凌、泥石流、海啸、破坏性地震、突发性地陷或滑坡;暴风(8 级以上)或暴雨(12 小时降水30 毫米以上)使房屋主要结构倒塌或毁损;因防止灾害蔓延或因施救保护所采取必要的措施而造成的保险财产损失和支付的合理费用。(3) 除外责任为:战争、军事行动或暴力行为;核辐射和污染;被保险人或其家庭成员的故意行为;虫咬、鼠咬、霉烂、变质、墙皮自然风化、墙体自然断裂、建材自然腐朽、断裂及房屋的自然倒塌;因政府指令分洪、蓄洪、拆迁或个人拆迁、兴建、修复所致的损失等。(4) 保险金额的确定分为两种情形:个人投保的,由被保险人根据其房屋的实际价值自行确定,并依基础、墙体、门窗和房盖分项列明;以乡、镇、村为单位集体投保的,可由投保人为被保险人确定一个或几个统一的保险金额,经被保险人选定后由投保人逐户列明。但若被保险人认为统一的保险金额与本人房屋的实际价值出入较大时,可向保险人申请办理调整保险金额的批改手续。(5) 保险赔偿范围为:全部损失按保险金额扣除残余价值后赔偿,但保险金额高于出险时同类房屋实际价值时,以出险当时房屋的实际价值为限;部分损失既可按保险单或分户清单上列明的某结构部位保险金额与该结构的损失程度计算赔偿,也可按每间房屋的保险金额与该间房屋的损失程度计算赔偿。一次赔款达到保险金额时,保险责任即行终止。

室内财产保险 (1) 保险标的为存放于保险房屋室内、单价在30元以上的属于农民个人所有的家具、用具、服装和床上用品。家用电器、口粮、农机具及非机动交通工具属于特约承保范围,即需经特别约定才在保险财产范围之内。(2) 保险事故与本《办法》中规定的房屋保险的保险事故相同。因撬门、砸窗、掘壁、抢劫等行为造成的盗窃损失也属于保险人的赔偿范围。(3) 除外责任与本《办法》中规定的房屋保险的除外责任相同。家用电器因自身毁损、被保险人及其家庭成员的故意或过失、保险财产本身缺陷等原因所致保险财产的损失,保险人不承担责任。(4) 投保手续同于房屋保险,即个人投保与集体投保两种方式。(5) 保险赔偿范围为:全部损失根据市价值扣除折旧和残余价值计算赔偿;每件财产发生部分损失均按实际损失计算赔偿;各项财产损失赔款以不超过保险金额为限;一次赔款达到保险金额时,室内财产保险责任即行终止。

(刘凯湘)

nongcun renmin gongshe
农村人民公社(rural people's communes) 我国在高级农业生产合作社基础上联合组成的生产资料归劳动群众集体所有的社会主义经济组织。1958年8月,中共中央作出《关于农村建立人民公社问题的决议》,1958年底,全国农村基本实现了人民公社化。在人民公社化运动中,许多地方混淆了全民所有制和集体所有制的界限,混淆了社会主义和共产主义的界限,刮起了一股"共产风",严重侵犯了农民的经济利益,挫伤了集体和农民的积极性,破坏了农村生产力,使农业经济的发展遭到了重大损失。1961年3月的《农村人民公社工作条例(草案)》第1条规定:农村人民公社是政社合一的组织,是我国社会主义社会在农村中的基层单位,又是我国社会主义政权在农村中的基层单位。农村人民公社是适应生产发展的需要,在高级农业生产合作社的基础上联合组成的。它在一个很长的历史时期内,是社会主义的集体经济组织,实行各尽所能、按劳分配、多劳多得、不劳动者不得食的原则。人民公社一般实行公社、生产大队和生产队三级所有,而以生产大队所有制为基础的制度。1979年以后,随着我国农村集体经济体制改革的开展,废除了人民公社制度。

(李仁玉 卢志强)

nongcun shehui yanglao baoxian
农村社会养老保险(urban old-age pension) 由政府主管部门负责组织和管理,农村居民及其所在的农村经济组织、集体事业单位共同承担养老保险费缴纳义务,被保险人在年老时按照养老保险费缴纳状况享受基本养老保险待遇的农村社会保险制度。我国的养老保险主要适用于城镇,对于广大的农村居民,并没有建立普遍适用的养老保险制度。但是农村的养老问题同样存在,而且农村也在进行市场经济的改革,生产和交易的社会化程度逐步在提高,局限于以家庭为农村居民养老单位的现状,不符合我国农村的社会发展状况和趋势,应当建立具有我国农村特点的社会养老保险制度。农村社会养老保险适用于非城镇居民,但城镇居民也可以参加农村社会养老保险。在我国经济相对发达的农村地区,自1987年以来,开始建立以社区为单位的农村社会养老保险。农村社会养老保险实行以劳动者自我缴费积累为主、集体补助和互济为辅,社会保险与家庭养老相结合的原则。我国的农村社会养老保险还处在起步阶段,并没有形成完整的养老保险基金的筹集以及养老保险待遇给付的法律制度,而且这种养老保险还是主要依靠收取养老保险费来维持的,并没有真正实现社会化。

(邹海林)

nongfu chanpin gouxiao hetong
农副产品购销合同(contract of purchasing and selling agricultural products) 购销合同的一种。法人之间、法人与个体经营之间签订的一方出售其生产的农副产品,另一方接受产品并支付价金的协议。其中,出售农副产品的一方为供方,接受农副产品并支付价金的一方为需方。原《中华人民共和国经济合同法》和《中华人民共和国农副产品购销合同条例》规定的有名合同,属于买卖合同的一种。经济体制改革前,农副产品的购销带有指令计划性。经济体制改革后,单纯的计划性统购政策已经废止。从1985年起,除个别品种外,国家不再向农民下达农副产品的统购、派购任务,农副产品购销合同成为特殊类型的买卖合同。其主要特征为：(1) 标的物限于农副产品。农副产品在我国包括的种类广泛，主要可分为三类：第一类主要指粮、棉、油等产品，第二类有猪、禽、鱼、蛋、茶叶、烟、丝等产品，其余为第三类。(2) 合同履行的季节性强。由于农副产品的生产受自然条件影响较大，故农副产品购销合同的履行也有较强的季节性。(3) 标的物生产的分散性。农副产品购销合同的标的物大部分是分散生产的，因此，质量、规格各不相同，尤其是一些土特产品差异更大，一般需要供需双方具体商定收购标准。农副产品购销合同主要有定购合同、议购合同、预购合同、购销结合合同。

(任自力)

nongye baoxian
农业保险（agriculture insurance） 农业生产者以其种植的农作物或者养殖的畜禽等为标的，向保险人支付保险费，并同保险人约定，在被保险人的农作物因保险责任范围内的原因歉收或者毁损时，或者被保险人的畜禽等因保险责任范围内的原因发生死亡时，由保险人给付保险赔偿金的保险。农业保险为农业生产者在从事种植业和养殖业的生产过程中遭受自然灾害和意外事故所致的经济损失提供经济补偿。按照农业种类的划分标准，一般把农业保险分为种植业保险和养殖业保险。我国种植业保险分为棉花种植保险、烤烟种植保险和林木保险，养殖业保险分为牲畜保险、生猪保险、鸡鸭保险和淡水鱼保险。农业种植业和养殖业受自然力量影响很大，危险难以预测，发生损失时价值也很难准确评价，这就使得农业保险的损失赔偿十分复杂。

(温世扬)

nongye hezuoshe
农业合作社（agricultural production cooperative） 从事农业生产的集体经济组织，亦称农业生产合作社，简称农业社。我国在土地改革后组织起来的农业生产合作社通称"初级社"，后一阶段发展为高级农业合作社，通称"高级社"。1955年11月国务院公布了《农业生产合作社示范章程（草案）》；1956年3月全国人大常委会通过为正式章程，规定农业生产合作社是由农民以私有土地作股入社，实行统一经营的集体组织，社员参加集体劳动，按照劳动与土地取得报酬，是半社会主义性质的集体经济组织。1956年6月全国人大又制定了《高级农业生产合作社示范章程》，规定在高级社中，把社员私有的主要生产资料（包括土地、大农具、耕牛等）转为合作社集体所有，组织社员集体劳动，实行按劳分配，农业社的最高机关是社员大会或社员代表大会，由大会选出管理委员会管理社务。合作社主任领导日常工作并对外代表合作社。1979年我国进行农村经济体制改革以后，绝大多数农业生产合作社已不存在。

(李仁玉 卢志强)

nüxiqin
女系亲（relatives on the maternal side） 以女子为中介而联络的亲属。在我国封建社会，通常是指外亲和妻亲，在亲属中处于从属、疏远的地位。为了维护以男性为中心的宗法制度，同样是直系血亲，只因男系亲和女系亲的不同，封建礼制和法律都把祖父母列入宗亲，而把外祖父母列入外亲，以示亲疏有别。需要指出的是，女系亲与母系亲既有联系又有区别，有时互相重合，有时不尽相同。例如，外亲中的母族兼有女系亲与母系亲的性质，而外亲中的姑之夫族虽为女系亲，却不是母系亲，这是由于以父亲为联络中介之故，因此旧律上归入父系亲。

(张贤钰)

nuocheng hetong
诺成合同（德 konsensualvertrag） 又称不要物合同。实践合同的对称。指仅以当事人意思表示一致为成立要件的合同。诺成合同自当事人双方意思表示一致时即可成立，不以一方交付标的物为合同的成立要件，当事人交付标的物属于履行合同，而与合同的成立无关。诺成合同为合同的常态，除法律规定或者交易习惯要求合同自标的物交付时起成立外，都为诺成合同。

(郭明瑞)

nuochengxing falü xingwei
诺成性法律行为（德 Konsensualgeschäft） 仅以意思表示为成立要件的法律行为，又称不要物法律行为。其特点是，只要行为人的意思表示一致，就能发生民事法律行为的效力，行为人约定的民事权利和民事义务就开始设立。例如，买卖合同、租赁合同都是诺成性法律行为，大多数双方法律行为都属于诺成性法律行为。

(李仁玉 陈敦)

O

ouda

殴打（battery） 英美侵权法中故意侵权的一种。指被告故意对他人人身进行伤害性的、冒犯性的接触（harmful and offensive contract），其含义很广，只要碰到他人的身体以及与身体相连的东西都为殴打。其中，故意是指故意接触他人身体，而不是故意伤害他人。接触性伤害或冒犯通常以具有正常思维、情绪和判断能力的人（合理的人）为判断标准。美国侵权法对殴打的规定基本上出于对个人人身尊重的原则，这也与西方人的礼仪习惯有关。根据美国侵权法，殴打的要件包括：(1) 殴打是故意的，而非无意行为；(2) 行为人对他人的身体接触必须是伤害性的、冒犯性的；(3) 接触不仅指对身体的直接触动，还包括对与身体相连的东西，如帽子、提包和衣服等的接触；(4) 在殴打发生时，原告不一定知道他受到了殴打；(5) 原告即使没有受到任何实际的身体伤害，也可以获得名义上的伤害赔偿，只要他能证明故意伤害性或冒犯性接触确实发生过。如果殴打导致的伤害结果非常严重，受害人可以获得惩罚性赔偿。　　　　　　　　（刘经靖）

oucheng tiaojian

偶成条件（拉丁 condicio casualis；德 kausale Bedinung） 以偶然的事实而决定法律行为成就与否的条件，该条件成就与否与当事人意思无关。偶成条件情形有二：一是条件成否系于第三人的意思，如得家父同意则与君结婚；二是条件成否系于自然现象，如约定明日下雨则赠雨伞一把与君。《中华人民共和国民法通则》对此没有规定。　　　　　　（李仁玉　陈敦）

ou'er toupiao

偶尔投票（occasional voting） 仅在一些特别问题上，可不实行一股一票原则，赋予某些股东以特别投票权。
　　　　　　　　　　　　　　　　　　（黄艳）

ouran tiaojian

偶然条件（chance condition） 必然条件的对称。又称偶然原因。偶然引起结果发生的因素。对偶然条件的认定可分为两种学说。一种学说立足于责任构成上的必然因果关系说（参见必然因果关系说条），认为如果行为只是在其他因素的作用下偶然引起损害后果的发生，则该行为即为损害结果的偶然原因，行为与结果之间不存在因果关系，换言之，偶然原因对损害结果不起决定作用，它只是产生损害结果的条件。另一种学说从唯物辩证法偶然性与必然性的辩证统一理论出发，认为既然所有引起损害发生的因素都与损害结果之间具备因果关系，那么单纯区分导致损害结果发生的必然条件（或原因）与偶然条件（或原因）已经不科学，一方面，既然行为与损害后果之间的因果关系具备客观性，则导致损害发生的因素就不存在可能与不可能即必然与偶然的问题；另一方面，在多因一果的情况下，各导致结果的因素是结合在一起而不可分的，单纯就行为人的行为来说，其导致结果的出现既是偶然的，也是必然的，恰是该行为的存在，才使损害结果得以发生，所以也就无法否认行为与结果之间联系的必然性。
　　　　　　　　　　　　　　　　　　（张平华）

P

paiding
拍定(highest bidding) 又称"卖定"。拍卖人以击锤、拍板或者其他惯用的方式作出的,旨在宣告拍卖人接受竞买人的应价、拍卖成交的一种法律行为。拍定的法律性质依拍卖方式的不同而不同:(1)在强价拍卖中,拍卖人的报价为要约引诱,竞买人的竞相应价为要约,拍卖人的拍定是对最高应价的承诺;(2)在损价拍卖中,拍卖人的报价是要约,竞买人的竞买表示为承诺,拍卖人的拍定只具有宣告效力,即宣告拍卖成交、拍卖活动结束。拍定之后,如果买受人不按时支付价金,拍卖人有权不经催告而撤回拍定,其法律后果是原拍卖合同解除,拍卖人可将拍卖标的再次拍卖。如果再次拍卖所得少于原拍卖的价金和费用,拍卖人有权就差额部分向原买受人追偿。 (任自力)

paiding de chehui
拍定的撤回(withdrawl of highest bidding) 拍定后买受人未按照约定支付价款时,拍卖人行使合同解除权,解除基于拍定订立的合同。拍定撤回的,买受人应负违约责任;或者由拍卖人征得委托人的同意,将拍卖标的再行拍卖。拍卖标的再行拍卖的,原买受人应当支付第一次拍卖中本人及委托人应当支付的佣金;再行拍卖的价款低于原拍卖价款的,原买受人应当补足差额。买受人无违约行为的,拍卖人不得撤回拍定的意思表示,否则应承担违约责任。 (郭明瑞)

paimai
拍卖(auction) 在预定的时间、地点,按照一定的规则和程序,以公开竞价的形式,将特定物品或财产权利转让给最高应价者的买卖方式。

拍卖有三个主要特征:(1)公开性。拍卖人将拍卖场所、拍卖标的种类、拍卖日期及其他必要事项公开告知公众,由众多竞买人参加并公开竞价买卖。(2)竞争性。采取公开竞价的方式,邀请众多竞买人参加,而选择应价最高者与之订立买卖合同。(3)现货买卖。拍卖前,竞买人有权查看拍卖标的,以了解其品质决定竞买与否,竞买人与拍卖人一经达成合意,当场即成交。

拍卖的成立必须经过三个阶段:(1)拍卖表示阶段。拍卖人将拍卖标的进行归类、编号,并予以公告,说明拍卖标的品种、数量及其他必要事项,以招揽买主。拍卖人进行拍卖的意思表示一般是要约邀请而非要约。(2)竞买表示阶段。在预定的拍卖日期与地点拍卖人当众拍卖规定的拍卖标的,竞买人竞相以抬高价格的方式应价购买。竞买人的竞价意思表示即应价属于要约,该应价对于竞买人有法律约束力,但在拍卖人拍定之前,竞买人有权撤回该应价。一般而言,拍卖标的无保留价的,拍卖人应当在拍卖前予以说明;拍卖标的有保留价的,竞买人最高应价未达到保留价时,该应价不发生法律效力,拍卖人应当停止拍卖标的的拍卖。(3)拍定阶段。拍卖人用敲击木锤或以其他习惯方式对竞买人的最高应价予以确认、宣告拍卖成交。拍卖成交后,买受人和拍卖人应当签署成交确认书。拍卖人确认的意思表示属于对竞买人竞买要约的承诺。

根据不同的标准,可将拍卖分为不同的种类。根据拍卖是否基于出卖人的自由意志,可分为强制拍卖与任意拍卖。根据拍卖标的的性质,可分为动产拍卖与不动产拍卖。根据拍卖主体的不同,可分为自己拍卖与委托拍卖。根据拍卖过程中价格升降的不同,可分为强价拍卖与损价拍卖。根据拍卖次数的不同,可分为一次性拍卖与再拍卖。根据拍卖标的的底价是否公开,可分为密封式拍卖与非密封式拍卖等。作为一种古老的交易方式,拍卖早在公元前5世纪的古巴比伦就已存在了。古罗马时代的拍卖活动及其程序与现代拍卖已基本类似。17世纪初,英国的动产拍卖已趋于专业化,拍卖活动随着自由资本主义的发展而兴盛起来,由于拍卖方式具有交易时间短、成交量大等优点,故为现代各国所普遍接受。长期进行某种商品的大规模拍卖活动的地区往往成为地方性甚至国际性的拍卖或贸易中心,如英国伦敦、印度加尔各答等是茶叶的国际拍卖中心。 (任自力)

paimai bilu
拍卖笔录(auction record of words) 拍卖中记录人员所作的记录。一般应当记明拍卖的日期、时间、场所,拍卖标的种类、数量、品质、等级,买受人的姓名(名称)、住所及应价,拍卖方式,拍卖不成立或停止的原因,强制拍卖中的债权人与债务人,制作笔录的时间、地点,拍卖人和记录人的签名或盖章。按照《中华人民共和国拍卖法》的规定,拍卖人进行拍卖时,应当制作拍卖笔录。拍卖笔录应当由拍卖师、记录人签名;拍卖成交的,还应当有买受人的签名。拍卖笔录的保管期限,自委托拍卖活动终止之日起计算,不得少于5年。 (任自力)

paimai biaodi

拍卖标的(auction target) 拍卖的对象,委托人委托拍卖的其所有或者可以处分的物品或财产权利。范围很广,既有有形的物品,如茶叶、古玩、艺术品等;也有无形的财产权利,如土地使用权等。在现代社会,随着商品经济的发达,拍卖标的的范围也在日益扩大,小到具体的日常用品,大到企业、矿山甚至国家的某一特定行业,均可成为拍卖的标的。根据《中华人民共和国拍卖法》的规定,委托人委托拍卖物品或者财产权利,应当提供身份证明和拍卖人要求提供的拍卖标的的所有权证明或者依法可以处分的拍卖标的的证明及其他资料。委托人应当向拍卖人说明拍卖标的的来源和瑕疵。委托人在拍卖前声明不能保证拍卖标的的真伪或者品质的,不承担瑕疵担保责任。法律、行政法规规定禁止买卖的物品或者财产权利,不得作为拍卖标的。

(任自力)

paimai changsuo

拍卖场所(auction place, salesroom) 又称"拍卖处所"。进行拍卖活动的地点。一般在拍卖公告中公布。为便利交易,不动产的拍卖场所一般设在不动产所在地,但亦可不受不动产处所的限制,动产的拍卖场所可由拍卖人自由选定。

(任自力)

paimai chuanzai huowu

拍卖船载货物(auction of cargo on board the ship) 拍卖船载货物是扣押船载货物的法院在诉前保全或者依照诉讼程序对船载货物采取保全措施后,在一定条件下,根据申请人的申请,依照法定程序对被扣押的船载货物实行强制拍卖,并依法将拍卖所得价款偿付债权人债权的制度。船载货物扣押期间届满,被请求人不提供担保,而且货物不宜继续扣押的,海事请求人可以提起诉讼或者申请仲裁后,向扣押船载货物的海事法院申请拍卖货物。对无法保管、不易保管或者保管费用可能超过其价值的物品,海事请求人可以申请提前拍卖。海事法院收到拍卖船载货物的申请后,应当进行审查,在7日内作出准予或者不准予拍卖船载货物的裁定。当事人对裁定不服的,可以在收到裁定书之日起5日内申请复议一次。海事法院应当在收到复议申请之日起5日内作出复议决定。复议期间停止裁定的执行。拍卖船载货物由海事法院指定的本院执行人员和聘请的拍卖师组成的拍卖组织实施,或者由海事法院委托的机构实施。

(王 青)

paimai dizhai

拍卖抵债(forced sale by auction) 是指在救助作业结束后一定时期内,当被救助方既不支付救助款项也不提供满意担保以及其他法定情形出现时,法院根据救助方的申请将获救财产予以强制拍卖,以抵偿其救助款项的行为。根据《中华人民共和国海商法》的规定,拍卖抵偿所应当具备的条件是:(1) 船舶或者其他财产获救满90日;对于无法保管、不易保管或者保管费用可能超过其价值的救助的船舶和其他财产,可以提前。(2) 被救助方既不支付救助款项也不提供满意担保。(3) 救助方向有管辖权的法院申请。对于拍卖所得价款,在扣除保管和拍卖过程中的一切费用后,依照《中华人民共和国海商法》的规定支付救助款项;剩余的金额,退还被救助方;无法退还、自拍卖之日起满1年又无人认领的,上缴国库;不足的金额,救助方有权向被救助方追偿。

(王 青)

paimai gonggao

拍卖公告(notice of auction) 向公众公开告知拍卖活动其相关事项的文件。通常张贴于拍卖场所或刊登在报刊上,法院强制拍卖的公告通常张贴在法院的公告栏内。拍卖人在拍卖公告上公开表示的出卖意思属于要约引诱而非要约,对拍卖人不具备法律约束力。按照《中华人民共和国拍卖法》的规定,拍卖人应当于拍卖日7日前发布拍卖公告。拍卖公告应当载明如下内容:拍卖的时间、地点,拍卖标的,拍卖标的的展示时间、地点,参与竞买应当办理的手续,需要公告的其他事项。拍卖公告应当通过报纸或其他媒介发布。拍卖人应当在拍卖前展示拍卖标的,并提供查看拍卖标的的条件及有关资料。并且,拍卖标的的展示时间不得少于两日。

(任自力)

paimairen

拍卖人(auctioneer) 接受委托人委托或者直接基于法律规定主持拍卖活动并因之而获得报酬的人。接受委托人委托主持拍卖活动的为委托拍卖人,直接基于法律规定主持拍卖活动的为强制拍卖人。前者一般是在国家有关机关取得拍卖营业执照的拍卖法人或拍卖商。如在英国,拍卖人是领有政府营业执照来执行公开拍卖的商人。后者主要包括法院、海关等国家机关。在自己拍卖中,出卖人自己也可以成为拍卖人,拍卖自己的特定物品或财产权利。在我国,拍卖人是特指依照《中华人民共和国拍卖法》和《中华人民共和国公司法》设立的从事拍卖活动的企业法人,个人不得经营拍卖业务。拍卖企业可以在设区的市设立。设立拍卖企业必须经所在地的省、自治区、直辖市人民政府负责管理拍卖业的部门审核许可,并向工商行政管理部门申请登记,领取营业执照。在拍卖活动中,拍卖人有权要求委托人说明拍卖标的的来源和瑕疵,并应当向竞买人说明拍卖标的的瑕疵。如果拍卖人未说明拍卖标的的瑕疵给买受人造成损害的,买受人有权向拍卖人要求赔偿;属于委托人责任的,拍卖人有权向委托人追偿。但拍卖人在拍卖前声明不能保证拍卖标的的真伪或品质的,不承担瑕疵担保责任。拍卖人对委托人交付拍卖的物品负有保管义务,拍卖人接受委托后,未经委托人同意,不得委托其他拍卖人拍卖。委托人、买受人要求对其身份保密的,拍卖人应当为其保密。拍卖人可以与委托人、买受人约定佣金的比例。拍卖不成交的,拍卖人可以向委托人收取约定的或者为拍卖支出的合理费用。拍卖人及其工作人员不得以竞买人的身份参与自己组织的拍卖活动中,并不得委托他人代为竞买。拍卖人不得在自己组织的拍卖活动中拍卖自己的物品或财产权利。否则应当承担相应的法律责任。拍卖成交后,拍卖人应当按照约定向委托人交付拍卖标的的价款,并按照约定将拍卖标的移交给买受人。　　　　　　　　　　　　(任自力)

paimairen yong de xiaochui
拍卖人用的小锤(auctioneer's gravel)　在传统的拍卖活动中,拍卖人通常使用一种木制小锤,在竞买人报出最高应价后,拍卖人击锤表示拍定成交。因此人们常用拍卖人用的小锤来影射拍卖。　　(任自力)

paimai riqi
拍卖日期(auction date)　进行拍卖活动的日期。拍卖日期通常通过拍卖公告公布,可以为一日、数日或更长的一段时间。拍卖日期与公告日期之间一般需要一段间隔时间,以便于竞买人有所准备。　(任自力)

paimai shuomingshu
拍卖说明书(articles of roup)　对拍卖标的的名称、品质、特点等内容,特别是对土地和房屋等不动产或其他高值拍卖标的的状况作的书面说明。在拍卖过程中,通常要备有这种说明书以供竞买人查阅,并根据这种说明展示拍卖标的。拍卖人拍定后,最高应价者要在拍卖笔录上签名盖章,使拍卖生效。该拍卖标的的拍卖说明书与拍卖笔录共同构成拍卖合同。(任自力)

paimai zhongbiao
拍卖中标(on the auction)　拍卖人对竞买人的最高应价作出承诺即拍定,从而使最高应价的竞买人成为拍卖标的的买受人的情形。对动产的拍卖,拍卖人通常在拍卖日期公告拍卖中标情况,并在取得价金后将拍卖标的交给拍卖中标人。对不动产的拍卖,拍卖人在公告拍卖中标情况、取得价金后将拍卖标的的产权证书转移给拍卖中标人,拍卖中标人在履行法定的过户或者登记手续后,才能取得拍卖标的的所有权。
　　　　　　　　　　　　(任自力)

paimai zhongbiao xuke jueding
拍卖中标许可决定(decision on the permission of auction)　拍卖的利害关系人就中标的许可与否向裁判机关提出异议,由裁判机关作出的许可出价最高者中标的决定。　　　　　　　　(郭明瑞)

paichu fang'ai
排除妨碍(elimination of obstruction)　又称排除妨害。承担民事责任的方式之一。指责令侵害人排除其不法行为给权利人正常行使权力所造成的妨碍。排除妨碍有广泛的适用范围,不仅是物权、人身权、知识产权等绝对权的保护方法,特殊情况下,也适用于债权的保护。如第三人的行为妨碍债务人履行债务而有害于债权人权利实现的,债权人也可以请求排除妨碍。排除妨碍的适用前提,是行为人的不法行为给他人正常行使权利造成了妨碍。如在通道上设置障碍妨害他人通行,擅自改变流水的流向影响他人的正常生活,在他人窗前堆放物品影响他人通风采光等。任何妨碍他人正常行使权利的行为,只要是违法的,无论侵害人是否有过错,也不论妨碍存续多久,侵害人都应当排除之。排除妨碍的请求权主体为受到侵害的当事人或其监护人、继承人。妨碍可以是现实的,也可以是有转化为现实妨碍的可能性的情形,所以这里的排除妨碍请求权,可以解释为包括传统民法理论上的妨害除去请求权与妨害防止请求权。所谓妨碍,是指以占有以外的方法阻碍或者侵害所有权的支配力的情形,如丢弃垃圾在他人土地之上等。妨碍的情形,有行为妨碍与状态妨碍两种。所谓行为妨碍,指的是妨碍人以自己的行为造成对他人所有权的妨碍,此时请求权的相对人明确为该行为人;所谓状态妨碍,指的是物体或者设施在没有人力介入,或者在人力与自然力共同作用的情况下所形成的对所有权的妨碍,此时请求权的相对人应为经营或者持有该物或者设施的人。排除妨碍请求权不适用于消灭时效,只要该妨碍存在,所有权人即可请求行为人或者负有责任之人排除该妨碍。妨害除去请求权,是指所有权人对于构成其所有权行使的非法妨害的情形,得请求有关行为人或者责任人除去之。妨害防止请求权,是指所有权人对于有妨害其所有权的危险的情形,得请求有关行为人或者责任人进行防止。所谓有妨害的危险,是指虽然尚未对所有权造成现实的妨害,但是却客观存在着转化为现实妨害的危险的情形,例如,在他人房屋之后挖池蓄水,使他人面临房屋地基松懈的危险。　　　　(张平华　李富成)

paishuiquan

排水权(德 Entwasserungsrecht; 法 ecoulement des eaux) 狭义的排水权,专门是指自然流水的排水权,即邻地所有人、使用人就邻地自然之流水比如泉水、雪水、雨水等低流,土地所有人或者使用人不得妨碍。一方面,土地所有人、使用人负有容忍自然流水的义务(承水义务),即由邻地自然流至之水,土地所有人、使用人不得防阻(堵),此为"承水义务"。就邻地所有人、使用人而言,则为自然排水权。负有承水义务的邻地所有人或使用人违反承水义务,加以阻碍的,享有排水权的邻地所有人、使用人可以请求除去。比如我国台湾地区《民法》第775条规定:由高地自然流至之水,低地所有人,不得妨碍。由高地自然流至之水,而为低地所必须者,高地所有人纵因其土地之必要,不得妨碍其全部。

(方志平)

paita daili

排他代理(exclusive agency) 商事代理的一种,即被代理人仅委托某一代理人在某一特定区域或某一特定事项上进行代理行为,如委托甲在东京地区独家销售。被代理人在该特定区域或该特定事项上再委托其他代理人进行代理的,构成违约;但在该特定区域以外或该特定事项以外仍可委托其他代理人进行代理。

(李仁玉 陈 敦)

paita maoyi xieyi

排他贸易协议(exclusive dealing arrangements) 在特定的地理区域内仅与某一特定的当事人进行交易的协议。广义上的排他贸易协议包括排他经销、排他代理、排他特许协议三种,其中前两种主要适用于有形货物买卖,排他特许协议适用于知识产权的排他性许可。在排他经销协议中经销人以自己的名义从产品制造商购进货物、出售货物,排他经销协议中的经销人又被称为总经销;而在排他代理协议中经销人以产品制造商的名义出售货物,排他代理协议中的经销人又被称作总代理。狭义上的排他贸易协议仅指排他经销协议。排他贸易协议通过禁止其他市场主体进入同种贸易而给经销人形成垄断地位,能给经销人带来较高的利润,故其必须符合反垄断法的要求。我国目前尚未制定反垄断法,对于排他贸易协定的法律规制存在漏洞。

(张平华)

paitaxing weiyuejin

排他性违约金(exclusive liquidated damages) 抵销性违约金的对称,指违约方仅以支付违约金承担违约责任的违约金。有排他性违约金规定时,一方违约,无论守约方是否证明违约造成的损失大于违约金的数额,其只能要求违约方支付违约金,而不能要求支付赔偿金。这种违约金实际上是最高限额的赔偿金。

(郭明瑞)

paigou hetong

派购合同(contract of purchase of planned) 国有商业部门根据国家计划和农业生产情况,向农业生产者分派交售特定种类的农副产品,并确定其与农业生产者之间权利义务关系的协议。属于计划性合同,是国家对比较重要又供不应求的农副产品实行的一种计划收购形式。农业生产者必须按合同规定的数量与价格,把特定种类的农副产品交售给商业部门,由商业部门向其支付价金。农业生产者完成合同派购的任务后,多余部分可自行处理。派购合同制度在我国始于1955年,最初仅限于生猪,后来范围逐步扩大,派购的具体品种、指标由国务院有关部门根据不同时期、地区的情况分别确定。派购合同是商品严重缺乏、商品经济不发达的产物,自经济体制改革以来,其适用范围逐步缩小,自1985年起,国家正式停止了向农民下达农副产品的派购任务。

(任自力)

panding zhaiquanren

判定债权人(judgment creditor) 英美法上的概念。判决之债中享有权利的一方。依法院判决或命令而享有债权的当事人。其与债务人间的债务关系并非在平等基础上通过自由缔结合同发生的。

(张平华)

panding zhaiwuren

判定债务人(judgment debtor) 英美法上的概念。判决之债中负担债务的一方。依法院判决或命令负担赔偿或费用债务的人。其与债权人间的权利义务不是基于自由订立的合同发生的。

(张平华)

panjuezhizhai

判决之债(judgement debt) 英美法上的概念,又称为判决上的契约,指因为法院审判而使当事人负担债务或义务,这种债务因为是由法院判决而强令当事人负担赔偿或费用,而非当事人基于平等地位自由意思表示的结果,称其为判决之债或判决上的契约纯属法律上的拟制。在大陆法系,基于法院判决而使当事人承担的给付义务属于民事责任的范畴,故不承认判决之债的概念。

(张平华)

pangxi jichengren

旁系继承人(collateral heir) 直系继承人的对称,是与被继承人有间接血缘关系的继承人。依据法国、德国、英国和美国继承立法的规定，旁系继承人包括兄弟姐妹、叔、伯、姑、姨、舅、侄子女、甥子女、堂兄弟姐妹和表兄弟姐妹；依据中国和日本继承立法的规定，旁系继承人仅指被继承人的兄弟姐妹。在继承顺序的排列上，我国继承法将兄弟姐妹列为第二顺序继承人，德国、瑞士也如是规定，而日本、英国、美国等则将其列为第三顺序；各国继承立法一般将除兄弟姐妹之外的其他旁系继承人，列为第二、第三或第四顺序继承人。以总体上看，旁系继承人的继承顺序滞后于直系继承人的继承顺序。

(常鹏翱)

pangxiqin

旁系亲(collateral relative) 在血缘和婚姻关系方面与自己有间接、横向联系的亲属，包括旁系血亲和旁系姻亲。旁系血亲是与自己有共同的血源，但彼此之间没有直接出生联系的亲属。例如，同胞兄弟姊妹之间的共同血源是父母，因而是最近的旁系血亲；伯、叔、姑与侄子女之间，堂（表）兄弟姊妹之间的共同血源是祖父母；舅、姨与甥子女之间，姨表兄弟姊妹之间的共同血源是外祖父母，也是旁系血亲。凡同源于高祖父母（外高祖父母）以内的所有非直系血亲的亲属，都是五代以内的旁系血亲。旁系姻亲中，一种是旁系血亲的配偶，如兄嫂、弟媳、姊妹夫、伯叔母、姑父、舅母、姨父等；另一种是配偶的旁系血亲，如妻子的兄弟姊妹、丈夫的兄弟姊妹等。

(张贤钰)

paoqi

抛弃(德 waiver) 以消灭物权为目的的单方法律行为。此一概念说明了抛弃的特征：(1) 所抛弃者，是物上的权利而非物之本身；(2) 作为法律行为，抛弃需通过权利人的意思表示进行；(3) 抛弃既为单方行为，则仅凭权利人一方的意思表示即可成立。

抛弃的意思表示是否须向特定相对人进行，要视所抛弃权利的性质而定。所抛弃者为所有权的，其意思表示无须向特定的相对人表示；所抛弃者为限制物权或者构成他人权利的客体的，该意思表示须向因该抛弃行为而直接受益的有关利害当事人进行。抛弃作为法律事实，要达到物权变动的效果，因物权公示原则的要求，往往还要完成一定的公示行为，具体情形因所抛弃的权利属性而有异。就动产物权而言，除了抛弃的意思表示以外，还需要权利人放弃对该动产的占有。放弃占有的形式，也因权利及权利客体的具体情形而异。比如抛弃猛犬的所有权，就不能采用简单地将其弃置于街市的办法，否则不但不生抛弃的法律效果，反而要承担动物致人损害的民事责任。抛弃质权、留置权的，需向因抛弃而直接受益者交付该动产。就不动产物权的抛弃而言，除了抛弃的意思表示以外，还应向不动产登记机关进行不动产权利涂销登记，方能发生抛弃的法律效力。抛弃的直接法律效果，是使所抛弃的物权归于消灭，就其对物上权利状态的影响来说，亦有差异：所抛弃者为动产所有权的，该动产成为无主物，进而可以根据先占制度成为他人的所有权客体。所抛弃者为不动产所有权的，该宗不动产也成为无主物，但因先占制度无从适用，而成为国家财产。所抛弃者为限制物权的，并不能使该利益成为公共领域的猎物，而只是使物之所有权所受的该项限制归于消灭，以使所有权回复圆满状态。所以，受益人只限于物之所有人，或者间接地使其他竞存的物上权利人也受到抛弃的利益。最后，抛弃作为物权人对自己权利的处分，一般应给予充分的自由。但是，当抛弃行为有损第三人利益或者有违法律或者善良风俗的，应予限制以至禁止。如将自己所有的建于地上权之上的房屋为他人设定抵押权的，不能任意抛弃该地上权。

(李富成)

paoqi huowu

抛弃货物(jettison of cargo) 抛弃是一种古老的共同海损措施。抛弃的主要形式是抛货。此外，抛弃的也可能是船上属具、燃料、物料以及旅客托运的行李物品等。海上运输中，为了解除船货的共同危险，比如搁浅的船舶为了脱浅，不得不抛弃船上的货物或其他物品，以减轻重量起浮船舶。对于抛弃所造成的货物或船舶的损失可以列为共同海损。抛货损失不仅包括被抛弃的货物（包括船用物料）本身的损失，还包括由于抛弃货物而引起的财产的进一步损失。抛弃甲板货通常不作为共同海损，除非抛弃那些按航运习惯可以装在甲板上的货物，或根据明确协议装载在甲板上的货物。由于某些货物的固有缺陷而造成危险，将其抛弃的，也不作为共同海损。由于技术的进步和时代的发展，如今抛弃已不多见，逐步被驳载所代替。

(张永坚 张 宁)

paoqi wujian suozhi zhi sunhai de zeren

抛弃物件所致之损害的责任(拉丁 de effusis et dejectis) 从建筑物内向外抛弃物件造成他人损害应承担的民事责任。罗马法上为倒泼和投掷的责任，指从房屋内向公共道路倾倒流质或投掷固体物的行为的责任。原《十二铜表法》中未规定，后由大法官创设了"倒泼和投掷责任诉"。该诉不是向行为人提起，而是向房屋的居住人提起。不论居住者有无过失，均按私犯论处。一房屋由数人共同居住的，居住人须对该房屋内发生的抛弃行为共同负连带责任；一房屋由数人分别居住的，则被害人只能向抛弃物件的部分的居住人起诉。但由旅馆房间内的倒泼和投掷行为不由居住的旅

客负责,而由业主负责,所以,业主向受害人赔偿后,有权向实施抛弃行为的人追偿。 (郭明瑞)

peichang baozheng
赔偿保证(德 Schadlosbuergschaft, Ausfallbürgschaft) 保证人就债权人不能由债务人受清偿的部分所为的保证,亦称不足额保证。赔偿保证的保证责任发生,是以债务人不能全部或者部分清偿债务为前提。在一般保证情况下,保证人享有先诉抗辩权,债权人在对主债务人的财产没有强制执行时,保证人可以拒绝债权人要求其履行的请求。如果债务人发生破产,则保证人不再享有先诉抗辩权;在赔偿保证情况下,债权人必须证明主债务人已经没有能力清偿债务,方可要求保证人履行赔偿义务,即使在主债务人破产的情况下,也必须在破产程序终结后,其方能就在破产程序中未能受偿的不足额部分要求保证人履行。赔偿保证为保证的一种,瑞士债务法规定了这种保证。我国担保法中未作规定,除与其性质相矛盾的方面以外,均适用关于保证的其他规定。 (奚晓明)

peichang sunshi
赔偿损失(compensation;德 Schadenersatz) 财产因他人的非法侵害,无法回复占有或者恢复原状的,所有权人可以要求侵害人赔偿损失。赔偿损失的形式是对不法侵害造成的财产损失,以支付相应金钱的方式加以赔偿。赔偿损失有两种情形:一是因侵害行为使财产全部毁损、灭失,或者财产虽未毁损、灭失,但是所有权人依法丧失了对现实占有人(例如受法律保护的善意第三人)请求返还原物的权利,所有权人请求侵害人对财产的全部价值进行赔偿。二是财产受有损坏,而所有权人不要求恢复原状的,可以要求侵害人对财产因为损坏而减少的价值进行赔偿。赔偿损失是一种债权的保护方法,其以财产受有损失为前提,所有权人应按照侵权法的规定负举证责任。与物权的保护方式相比,其是第二位的保护方式,即在无法回复所有权的完满状态的情况下,才适用赔偿损失的方式。赔偿损失是适用上最为普遍的民事责任方式。 (李富成)

peichangxing weiyuejin
赔偿性违约金(indemnifying fault fine) 又称补偿性违约金,指具有预定赔偿性质的违约金。单纯的约定违约金应由仲裁机构或法院就合同中所表示的当事人意思进行解释,凡不能断定其为惩罚性违约金的,应视为赔偿性违约金。适用赔偿性违约金时,违约方交付了违约金后,便免除损害赔偿的责任。同时,赔偿性违约金不发生违约金与损害赔偿的两种责任形式的并

用问题。 (肖 燕)

peichang zeren
赔偿责任(indemity;德 Schadenersatzpflicht) 保险人根据保险合同有关条款的规定,对有关保险责任范围内的财产损失或人身伤害应负的责任,称为赔偿责任。 (李世奇)

peili daoqian
赔礼道歉(extend a formal apology) 承担民事责任的方式之一。指责令侵害他人民事权益的行为人,向受害人当面承认错误、表示歉意。赔礼道歉是安慰受害人,妥善解决纠纷的有效方法。因此,《中华人民共和国民法通则》将其规定为承担民事责任的一种方式。作为一种民事责任形式,它与一般意义上的赔礼道歉不同,而具有国家强制力。 (张平华)

peiou
配偶(spouse) 男女因结婚而形成的亲属,双方互为配偶。配偶是血亲的源泉,又是姻亲的基础,将配偶列为亲属是符合我国民族传统的。《仪礼》上说:"妻,至亲也",我国古代法律都把妻列入宗亲,明、清律中的《妻为夫族服制图》也把妻列为宗亲。但在一些国家的立法和法学研究中,亦有将配偶不作为或不视为亲属的规定和观点,例如,瑞士民法典认为配偶是产生亲属的源泉,但配偶本身不属于亲属的范畴。旧中国的民法学者,对于配偶是否列为亲属的一种也有过争论。现行《中华人民共和国婚姻法》在家庭关系一章中,首先规定夫妻关系,有关法律和司法解释在规定"近亲属"的范围时也把配偶列在首位。 (张贤钰)

peiou jichengquan
配偶继承权(right of inheritance of a spouse) 生存配偶依法对已死亡配偶的遗产所享有的法定继承权。配偶继承权始于合法婚姻成立,因夫妻双方离婚而消灭。配偶继承权在历史上是很不平等的,现代逐渐走向平等。按当代多数国有现行立法,生存配偶享有配偶继承权,其份额的大小,视死者有无其他亲属及其亲属关系远近而定;但较普遍的做法是规定遗产的固定比例作为配偶的应继份。如《意大利民法典》第585条规定,如死者留有一个子女,配偶应继承遗产的一半;如留有二个以上的子女,配偶的应继份为遗产的三分之一;如死者未留下子女,仅有长辈亲、兄弟姐妹,配偶应继承遗产的三分之二;死者没有其他亲属,配偶则取得全部遗产的继承权。夫妻分居时一方死亡的,配偶享有正常的继承权;但分居是由生存配偶的过错所致

的,则配偶不能参加继承,仅能取得生活年金,年金的数量视合法继承人的多少和所在地区而定,且不得超过原先享有的生活费总数。在我国,配偶作为第一顺序法定继承人,与死者的父母、子女一起平等地参加死亡配偶遗产的继承。(蒋月 陈苇)

pengzhuang chuanbo bufen sunshi

碰撞船舶部分损失(partial loss of collision) 因碰撞造成船舶局部毁坏的损失。船舶部分损失的,受损船舶所有人根据恢复原状的原则向过失方追偿损害。赔偿的范围包括三部分:修理费及附带费;支付第三方的费用;滞期损失赔偿。我国1995年《关于审理船舶碰撞和触碰案件财产损害赔偿的规定》第3条第2项规定:船舶部分损害的赔偿包括合理的船舶临时修理费、永久修理费及辅助费用、维持费用,但应满足下列条件:船舶应就近修理,除非请求人能证明在其他地方修理更能减少损失和节省费用,或者有其他合理的理由。如果船舶经临时修理可继续营运,请求人有责任进行临时修理;船舶碰撞部位的修理,同请求人为保证船舶适航,或者因另外事故所进行的修理,或者与航船例行的检修一起进行时,赔偿仅限于修理本次船舶碰撞的受损部位所需的费用和损失。附带费用包括船舶检验费、进坞费、码头税、监督费等。支付第三人费用包括救助费用、拖带费用、打捞费用、赔偿人身伤亡或个人财产的损失以及杂费等项目。而滞期损失指在进行修理时,由于船舶所有人不能正常使用该船而遭受的损失。(张永坚 张宁)

pengzhuang chuanbo shiji quansun

碰撞船舶实际全损(actual total loss of collision) 是指船舶因碰撞事故致使船舶完全毁坏,或者受到损坏的程度相当严重,不能恢复原来的状态或原有效用的情况。实际全损时,受害方向责任方的索赔额为:索赔额=船舶价值+滞期损失(货船为运费损失,渔船为鱼货损失和渔捞损失)+支付给第三方的赔偿+船员工资和遣返费用+利息+其他费用。

(张永坚 张宁)

pengzhuang chuanbo tuiding quansun

碰撞船舶推定全损(constructive total loss of collision) 船舶碰撞虽未达到完全毁灭的程度,但施救费用和修理费用的任何一项或两项之和连同残值(如果有的话)的价值,估计要达到或超过碰撞时船舶价值的情况。船舶推定全损的损害计算与实际全损损害计算基本上是相同的,这一部分理由是基于恢复原状的原则,一部分理由是基于受损方要尽合理可能减少损失的原则。判定推定全损的标准,残骸的打捞、检查及其法律地位与实际全损有所不同。在确定船舶是否推定全损之前,船舶所有人往往会打捞、检验该船。根据船舶的保险条款,一般只要船舶所有人没有不合理地进行判断,则由此产生的打捞费、检验费和平均费也可以得到索赔。同时,推定全损下,沉船或残骸可能还有些价值,若索赔方向过失方追偿了船舶价值,而船舶残骸尚未出售,则如同被保险人委付船舶,保险人接受委付对船舶的权利一样,过失方对残骸享有权利。或者索赔方仍保有残骸,而索赔数额是船舶完好价值减去估计的残值的价值。如果索赔之前船舶残骸已经出售,则索赔方的索赔额应是出售的价款减去出售费用,然后其差额从船舶完好价值中予以扣除。如果索赔方决定他的船舶无修理价值,责任方也承认其责任,且索赔方已向责任方发出推定全损的索赔通知,此时应认为残骸已转移给责任方处理,并由责任方承担风险。有关利息、运费损失、碰撞后合理保险费及赔偿第三方的损失等,在推定全损的情况下,实际全损的计算原则同样适用。

(张永坚 张宁)

pengzhuang weixian

碰撞危险(risk of collision) 合理存在的碰撞可能性。碰撞危险的构成,主要因素是会遇最近距离小于本船视当时环境和情况而适当选择的安全会遇距离和相关船舶之间的相对方位;其次是两船之间的距离或到会遇最近点的时间;还取决于当事驾驶人员的心理反映和行为方式。1972年《避碰规则》规定:(1)每一船舶应用适合当时环境和情况的一切有效的手段断定是否存在碰撞危险,如有任何怀疑,则应认为存在这种危险。(2)如装有雷达设备并可使用的话,则应正确予以使用,包括远距离扫瞄,以便获得碰撞危险的早期警报,并对探测到的物标进行雷达标绘或与其相当的系统观察。(3)不应当根据不充分的资料,特别是不充分的雷达观测资料作出推断。(4)在断定是否存在碰撞危险时,考虑的因素中应包括:如果来船的罗经方位没有明显的变化,则应认为存在这种危险;即使有明显的方位变化,有时也可能存在这种危险,特别是在驶近一艘很大的船舶或拖带船组时,或是在近距离驶近他船时。

(张永坚 张宁)

pengzhuang zeren tiaokuan

碰撞责任条款(collision clause) 保险人依照船舶保险承担扩展责任的条款。各国的船舶保险条款,对碰撞责任的规定并不相同。英国的船舶定期保险条款规定,保险人仅仅承保被保险船舶与他船发生碰撞所引起的四分之三的赔偿责任,赔偿额以被保险船舶的保险金额的四分之三为限。我国适用的船舶保险条款则规定,保险人对船舶碰撞引起的全部赔偿责任,承担保险责任。例如,中国人民保险公司发布的船舶保险条款规定,因被保险船舶与其他船舶碰撞或触碰任何固定的、浮动的物体或其他物体而引起被保险人应负的法律赔偿责任,本公司负责赔偿;当被保险船舶与其他船舶碰撞双方均有过失时,除一方或双方船东责任受法律限制外,本公司应按交叉责任的原则计算赔偿;当被保险船舶碰撞物体时,亦适用此原则。保险人对每次碰撞所负的责任不得超过船舶的保险金额。

(邹海林)

pianwu qiyue
片务契约(德 einseitiger Vertrag) 又称单务契约。参见单务合同条。

piaoju
票据(negotiable instruments) 在概念上,票据有广义和狭义之分。广义的票据指市场交易中用来证明一定的事物或设定一定权利而作成的所有的凭证。其范围很广,包括股票、债券、提单、仓单、国库券、货币、发票、车船票、收据、汇票、本票、支票等。不仅包含票据法规定的票据在内,而且囊括了票据法之外的有价或无价凭证。狭义的票据仅指票据法明文规定的权利凭证。一般包括汇票、本票和支票。

但是,由于不同时期、不同国家对票据认识上的差异,各国票据立法中所包含的狭义票据分类也存在差异。以支票是否与汇票、本票共存于同一法典为界点,大致有分离主义与包括主义两种:分离主义将汇票、本票归于同一法典,认为支票不具有信用功能,视为特殊证券另行规定。例如,德国既有票据法又有支票法,票据法中包括汇票和本票。法国将汇票、本票规定在商法中,而支票另有支票法,采此立法例的还有意大利、瑞士票据法、日内瓦统一票据法、联合国国际贸易法委员会票据公约等。于此可见,分离主义的狭义票据是指汇票和本票,支票是与之并列的另一种有价证券。包括主义将汇票、本票、支票放入同一法典,但又有两种立法模式:一种是英国和美国的票据立法,其将汇票、本票、支票统一规定在一项法律中,但他们的票据法中没有票据的总概念,例如,英国票据立法的名称为《汇票法》,包括汇票和本票,支票则因与汇票同属委托证券而被归为汇票的一种;美国票据立法在《美国统一商法典》中规定了汇票、本票和支票,却也没有票据的总概念,而是将三者统称为"流通证券"或"商业证券"(1896年的《统一流通证券法》称其为"流通证券"《美国统一商法典》中称其为"商业证券")。另一种是日本旧商法和我国台湾地区票据法,其有票据的总概念,直接规定票据包括汇票、本票和支票,支票并不属于汇票的一种。于此可见,包括主义的票据是指汇票、本票与支票,但是在有无票据的总概念上存在分歧。我国票据法采包括主义模式,明文规定票据是指汇票、本票和支票。

一般认为,狭义的票据是指出票人依法签发的,由本人或者本人委托的人于一定期日对持票人无条件支付确定的金额的可流通有价证券。票据的这一定义,可从以下几方面理解:

(1) 票据是一种有价证券。有价证券是代表一定财产权的格式化凭证,它的特征是:第一,权利的行使以持有证券为必要,不持有证券不享有权利;第二,权利的转移以证券的交付为要件,不转移证券的占有,不能发生证券权利转移的效果;第三,证券直接代表券面文义所记载的财产权利,证券即是财产权的体现;第四,证券的义务人是固定的,权利人则可随证券的转让而变更。票据义务人总是出票人、背书人、承兑人、保证人等,而票据权利人则随票据的持有人变化而变化。

(2) 票据可以自由流通。票据的流通一般是通过背书的方式来实现的,即背书人在票据的背面签字转让票据权利,有时也可以通过交付的方式流通。票据的自由流通可以说是设立票据的根本目的,更是票据的生命之所在,在票据的多次背书转让中,票据所带来的方便与快捷是一般的证券所不能比拟的,如不必通知债务人就可依背书直接转让、票据行为人只对票据所载事项负责等,这些制度都保障了票据流通的实现。

(3) 票据以无条件支付一定的金额为内容。此处的"无条件支付"是指必须支付并且支付不得附带条件,无条件并非指出票人对其交易对方的承诺,因为在交易中不可能无条件,无条件的含义是出票人或其他票据行为人不得将交易中的条件记载在票据上,出票人也不得将其与委托的付款人之间的委托付款条件记载在票据上,以确保票据流通的便捷。至于每一宗交易或每一个委托付款中的条件,只能在相对主体间的合同中约定,从而约束交易关系中的双方当事人或者委托付款关系中的双方当事人。

(4) 票据是出票人自己或者委托他人作为付款人的有价证券。所谓约定出票人自己作为付款人的有价证券,是指出票人自己于到期日无条件支付一定金额给收款人或持票人的自付证券,如本票;所谓委托他人作为付款人的有价证券,是指出票人委托第三人于到期日无条件支付一定金额给收款人的委托支付证券,如支票和汇票。这些票据的付款人尽管在表面上不同,但汇票和支票的付款人之所以接受委托付款,往往是因为出票人在付款人处有存款,或者付款人对出票人负有债务,或者是基于信用和其他合法原因。实际上,票据的最终付款人永远是出票人自己。

(5) 票据的签发必须依照票据法的规定进行。票据法实行严格的票据法定主义,票据的种类以票据法规定的汇票、本票和支票为限,票据上的记载事项必须依据票据法的规定进行,出票人不得在票据法规定的票据种类外再擅自创造发行其他票据,也不得缺少票据上的绝对必要记载事项,否则所签发的票据无效。而且,票据作成后,只有依票据法的有关规定方能变更;票据的流通转让、票据权利的行使也必须严格受票据法所规范。

票据在市场经济中具有重要意义,以至于有人将它称为"能够带来金钱的魔杖"、"商品交易的血管中流动的血液"、"世界不可缺少的第五要素"。并且,票据是最早产生的有价证券,它所彰显的权利彻底证券化,并先于其他有价证券获得长足的发展,在商品经济社会中,票据是产生最早、发展最快、使用范围最广的有价证券,故有"有价证券之父"美称。 (梁 鹏)

piaoju baofu

票据保付(instruments to certify) 票据保付是一种特殊的票据行为,是指作为支票付款人的付款银行,在作成的支票上进行保付文句及保付日期的记载,完成签名并将支票交付持票人,从而表明保证支付票款的行为。保付的付款银行,为保付人。票据保付行为只存在于支票中。在支票付款人为保付行为后,所有的票据债务人,包括出票人、背书人等的票据责任均被解除。保付制度源于美国的《统一流通证券法》,后为其他国家所采用,我国台湾地区票据法也规定了保付制度。鉴于我国银行多为国有银行,商业信誉较好,我国票据法目前没有规定支票保付制度。 (辛丽燕)

piaoju baozheng

票据保证(guarantee by aval) 票据保证是指票据债务人以外的其他人,表示在被保证的票据债务人不履行其票据上的义务时,由其代负履行票据债务的行为。保证负担票据债务的人,是票据保证人。

在各国票据法实践中,票据保证通常适用于信用期较长的远期票据或承兑票据,这通常是指远期汇票和远期本票,以增强和补充未届期票据的信用。支票中银行为付款人且为即期票据,所以无保证制度。为了增加票据的可靠性,提高票据的信用度,各国票据法都规定了保证制度。持票人既可以向被保证人及其前手要求也可以向保证人要求清偿票据债务,保证人在清偿票据债务后,也可以继续行使持票人对被保证人及其前手的追索权,这就构成了票据法律制度的又一个安全阀。除此之外,在票据法实践中,通过背书和票据质押也可以为票据上的原有债务的履行起到实际上的担保作用,但此类行为及其效力并不是票据法上的票据保证。 (辛丽燕)

piaoju baozheng de fenlei

票据保证的分类(classification of avals) 根据不同的标准对票据的保证进行的划分。(1)以保证根据的金额为标准,票据保证可分为全部保证和一部保证。全部保证是指对票据金额的全部所作的保证;一部保证是指对票据金额的一部分所作的保证。(2)以保证人的人数为标准,票据保证可分为单独保证和共同保证。单独保证指一个人为票据保证;共同保证是指若干人共同为票据保证,1995年5月10日我国第八届全国人大常委会第十三次会议通过的《中华人民共和国票据法》第51条规定:保证人为二人以上的,保证人之间承担连带责任。(3)以保证人在汇票上记载的内容为标准,票据保证可分为正式保证和略式保证。正式保证是指保证人在汇票上明确记载"保证"的意旨的保证;略式保证是指保证人在汇票上没有明确记载"保证"的意旨的保证。《中华人民共和国票据法》和我国台湾地区票据法的规定都不承认略式保证。《日内瓦统一汇票本票法》第31条第3款规定,票据保证人仅在汇票票面签名者,视为保证成立。可见,在日内瓦法系承认略式保证的效力。 (王小能)

piaoju baozheng de kuanshi

票据保证的款式(form of avals) 票据保证应记载的事项。1995年5月10日我国第八届全国人大常委会第十三次会议通过的《中华人民共和国票据法》第46条规定:保证人必须在汇票或者粘单上记载下列事项:(1)表明'保证'的字样;(2)保证人名称和住所;(3)被保证人的名称;(4)保证日期;(5)保证人签章。"

我国台湾地区《票据法》第59条规定:保证人应在汇票或其誊本上,记载下列各款,由保证人签名:(1)保证之意旨;(2)被保证人姓名;(3)年、月、日。

票据保证一般应该记载以下事项:(1)表明"保证"的字样。又称保证文句,票据保证人应在汇票上记载表明"保证"的字样,以区别于其他票据行为。该字样只要依票据惯例足以明确为保证的意思即可,并非必须以"保证"二字为限。保证文句为汇票保证的绝对应记载事项,如有欠缺,保证不发生汇票上的效力。但保证人仍应对其签章负责,其所负的责任因其签章的位置而有所不同,如签章位于汇票的正面,则应与发票人一起承担发票的责任。如签章位于汇票背面或粘单上,则应承担背书人的责任。(2)保证人的名称和住所。保证人名称和住所的记载,主要是为了方便持票人行使权利。因此,此类事项应为相对应记载事项,即它的有无不影响保证本身的效力。被保证人名称的记载,对确定汇票权利义务具有重要意义。保证人履行票据债务后,将与被保证人及其前手之间形成新的权利义务关系,因此,我国《票据法》第46条及我国台湾地区《票据法》第59条都规定,票据保证必须记载被保证人的名称。如果票据保证未记载被保证人的名称,我国《票据法》第47条规定:对于已承兑的汇票,承兑人为被保证人;未承兑的汇票,发票人为被保证人。我国台湾地区《票据法》第60条规定:保证未载明被保证人者,视为为承兑人保证;其未经承兑者,视为发票人保证。但得推知其为何人保证者,不在此限。对于已承兑的汇票,承兑人为汇票主债务人,推定保证人为承兑人付款,其他在票据上签名的人都可以免责,这样的结果将汇票关系变得简单,使最多的汇票债务人受益,节约交易费用。对于未承兑的汇票,发票人为汇票的第一债务人,推定保证人为发票人付款,特产生与上述同样的结果。《日内瓦统一汇票本票法》第31条第4款规定,票据保证应载明被保证人。未载明则视为发票人保证。(3)保证日期。它在日内瓦法系是任意记载事项;我国《票据法》和我国台湾地区票据法将其规定为相对应记载事项。票据保证未记载保证日期的,以发票日期为保证日期。(4)保证人签章。保证人签章是保证人承担保证责任的依据。 (王小能)

piaoju baozheng de xiaoli
票据保证的效力（legal effects of avals） 票据保证在票据关系当事人之间产生的权利义务。

及于保证人的效力 1995年5月10日我国第八届全国人大常委会第十三次会议通过的《中华人民共和国票据法》第49条规定:保证人对合法取得汇票的持票人所享有的汇票权利,承担保证责任。第50条规定:被保证的汇票,保证人应当与被保证人对持票人承担连带责任。汇票到期后得不到付款的,持票人有权向保证人请求付款,保证人应当足额付款。保证人与被保证人承担连带责任,体现为保证人责任的从属性及独立性。

保证人责任的从属性指保证人所承担的保证责任的种类数量及性质和时效与被保证人的责任完全相同。首先,保证人责任的数量与被保证人责任的数量相同。如果被保证人的责任中既有票据金额又有追索金额,保证人责任也应承担相同的数量。保证人的责任范围由被保证人的责任范围确定。其次,在责任种类上,如果被保证人为承兑人,则保证人应承担承兑人的责任;如果被保证人为发票人或背书人,则保证人应承担发票人或背书人的责任。再次,被保证人的责任为票据责任,保证人也应承担票据责任,即不得主张先诉抗辩权;同时,保证人的责任与被保证人责任无顺序的差别,在票据权利可以行使后,票据权利人既可向被保证人行使票据权利,也可向保证人行使票据权利。被保证人免除作成拒绝证书的,其免除作成拒绝证书的记载对于保证人也发生效力,持票人无须作成拒绝证书就可向保证人请求付款。最后,在时效方面,保证人保证责任的诉讼时效的计算应以被保证人票据责任的时效计算为准,保证责任的时效期间与被保证人责任的时效期间相同。但在保证行为发生前,原有的票据债务已基于时效而消灭的,对保证人不发生效力。如果被保证的票据债务因为形式要件的欠缺而无效,保证人的债务也归于无效。我国《票据法》第49条规定:保证人对合法取得汇票的持票人所享有的汇票权利,承担保证责任。但是,被保证人的债务因汇票记载事项欠缺而无效的除外。

保证人责任的独立性是票据行为独立性的具体体现,它指在被保证人的债务在实质上无效时,保证人的保证责任仍然有效。票据是文义证券、流通证券,如果因票据实质上的无效而保证责任无效,将严重影响善意持票人的利益,有碍交易安全。保证责任的独立性具体体现在:首先,保证人不能援用被保证人的抗辩事由来对抗持票人;其次,即使持票人同意延长被保证债务的清偿期限,保证责任也不能因此而免除;再次,保证人仅对通过背书转让、继承、赠与等合法方式取得汇票的持票人负有保证责任,保证人对通过瑕疵方式取得汇票的持票人不承担保证责任。

当保证人为二人以上时,保证人为共同保证人。我国《票据法》第51条规定:保证人为二人以上的,证人之间承担连带责任。共同保证人因为其各自在汇票上的签名而承担连带责任,即使他们之间并无共同保证的意思。共同保证人的连带责任是法律规定的责任方式,不得因当事人的意思而免除。保证人在承担保证责任的同时,也享有保证人的权利。我国《票据法》第52条规定,保证人清偿汇票债务后,可以行使持票人对被保证人及其前手的追索权。《日内瓦统一汇票本票法》第32条第3款规定:票据保证人清偿汇票之债务后,取得汇票上对被保证人及其前手的权利。票据保证人清偿票据权利人的付款请求权后,就取得了持票人的资格,可以向票据上的有关当事人行使追索权;保证人的此项追索权,属于独立的原始取得,受追索的票据债务人不得因其与原持票人之间的抗辩事由来对抗保证人。保证人与被保证人之间的关系,属于票据的基础关系,不属于票据法的调整范围。

及于持票人的效力 《中华人民共和国票据法》第50条规定:汇票到期后得不到付款的,持票人有权向保证人请求付款,保证人应当足额付款。持票人在汇票请求权的条件具备后,如果承兑人为被保证人,可以直接向保证人行使追索权;如果发票人、背书人及参加承兑人为被保证人,可以直接向保证人行使追索权。

及于被保证人及其前手、后手的效力 保证人履行保证责任后,被保证人的后手即可免责。被保证及其前手负有对保证人清偿的责任。保证人取得汇票是独立原始取得,产生抗辩切断,保证人不继受原持票人的票据权利瑕疵。 (王小能)

piaoju baozhengren de zeren
票据保证人的责任(liabilities of guarantor) 《中华人民共和国票据法》第49条规定:保证人对合法取得汇票的持票人所享有的汇票权利,承担保证责任。第50条规定:被保证的汇票,保证人应当与被保证人对持票人承担连带责任。汇票到期后得不到付款的,持票人有权向保证人请求付款,保证人应当足额付款。

保证人与被保证人承担连带责任,体现为保证人责任的从属性及独立性。

保证人责任的从属性是指,保证人所承担的保证责任的种类数量、性质和时效与被保证人的责任完全相同。首先,保证人责任的数量与被保证人责任的数量相同。如果被保证人的责任中既有票据金额又有追索金额,保证人责任也应承担相同的数量。保证人的责任范围由被保证人的责任范围确定。其次,在责任种类上,如果被保证人为承兑人,则保证人应承担承兑人的责任;如果被保证人为发票人或背书人,则保证人应承担发票人或背书人的责任。再次,被保证人的责任为票据责任,保证人也应承担票据责任,即不得主张先诉抗辩权;同时,保证人的责任与被保证人的责任无顺序的差别,在票据权利可以行使后,票据权利人既可向被保证人行使票据权利,也可向保证人行使票据权利。被保证人免除作成拒绝证书的,其免除作成拒绝证书的记载对于保证人也发生效力,持票人无须作成拒绝证书就可向保证人请求付款。最后,在时效方面,票据保证人保证责任的诉讼时效的计算,应以被保证人票据责任的时效计算为准,保证责任的时效期间与被保证人责任的时效期间相同。但在保证行为发生前,原有的票据债务已基于时效而消灭的,对保证人不发生效力。如果被保证的票据债务因为形式要件的欠缺而无效,保证人的债务也归于无效。《票据法》第49条规定:保证人对合法取得汇票的持票人所享有的汇票权利,承担保证责任。但是,被保证人的债务因汇票记载事项欠缺而无效的除外。

保证人责任的独立性是票据行为独立性的具体体现,它指在被保证人的债务在实质上无效时,保证人的保证责任仍然有效。票据是文义证券、流通证券,如果因票据实质上的无效而保证责任无效,将严重影响善意持票人的利益,有碍交易安全。保证责任的独立性具体体现在,首先,保证人不能援用被保证人的抗辩事由来对抗持票人;其次,即使持票人同意延长被保证债务的清偿期限,保证责任不能因此而免除;再次,保证人仅对通过背书转让、继承、赠与等合法方式取得汇票的持票人负有保证责任,保证人对通过瑕疵方式取得汇票的持票人不承担保证责任。

当保证人为二人以上时,保证人为共同保证人。《票据法》第51条规定:保证人为二人以上的,保证人之间承担连带责任。共同保证人因为其各自在汇票上的签名而承担连带责任,即使他们之间并无共同保证的意思。共同保证人的连带责任是法律规定的责任方式,不得因当事人的意思而免除。

保证人在承担保证责任的同时,也享有保证人的权利。《票据法》第52条规定:保证人清偿汇票责任后,可以行使持票人对被保证人及其前手的追索权。《日内瓦统一汇票本票法》第32条第3款规定:票据保证人清偿汇票之债务后,取得汇票上对被保证人及其前手的权利。票据保证人满足票据权利人的付款请求后,就取得了持票人的资格,可以向票据上的有关当事人行使追索权;保证人的此项追索权,属于独立的原始取得,受追索的票据债务人不得因其与原持票人之间的抗辩事由来对抗保证人。保证人与被保证人之间的关系,属于票据的基础关系,不属于票据法的调整范围。 (王小能)

piaoju baozheng yu minshi baozheng de guanxi
票据保证与民事保证的关系(relation between aval of commercial instrument and warranty) 票据保证与民事保证的联系和区别。票据保证与民事保证都属于对债务的担保,并且都是人的担保;单就保证行为而言,都属于无偿行为。票据保证与民事保证的关系更多的体现在二者的区别上:(1)票据保证是要式行为,即票据保证必须依法律规定的事项记载在票据上;民法上的保证为不要式行为,其形式由当事人自己约定。(2)票据保证是单方法律行为,依保证人单方的意思即可产生法律效力;民法上的保证是双方行为,须依保证合同而成立。(3)票据保证是就整个票据关系为证,即使被保证的债务无效,保证行为的效力也不受影响;民法上的保证是就特定的主债务人保证,保证行为的效力要受主债务效力的影响。(4)票据保证既有从属性又有独立性,而且独立性要强于从属性。保证债务不因被保证债务的无效而无效,同时,被保证人向债权人可以提出的抗辩保证人不得为自己而提出;民法上的保证仅有从属性而无独立性,主债务的无效或可撤销将导致保证债务的无效或可撤销。同时,主债务人可以行使的抗辩,保证人都能行使。(5)票据保证人如果是复数,则所有保证人都对债权人承担连带责任;民法上保证人如果是复数,各保证人之间的关系依相互间的约定。(6)票据保证没有先诉抗辩权的存在,即债权人可以不先向被保证人行使请求权,而直接向保证人提出请求;在民法上,一般保证债权人只有在对债务人先提出权利请求,并且就其财产强制执行无效果时,方可对保证人提出请求。(7)票据保证人在履行保证责任后,对承兑人、被保证人及其前手,取得持票人的资格,可向这些债务人行使追索权;民法上的保证人向债权人清偿债务后,仅取得对主债务人的追索权。 （王小能）

piaoju beishu

票据背书(endorsement) 票据背书是指持票人以转让票据上权利、质押票据上权利或授权行使票据上权利为目的,在记名票据上从事的附属票据行为。《中华人民共和国票据法》第27条第4款规定:背书是指在票据背面或者粘单上记载有关事项并签章的票据行为。票据背书是票据权利人对票据债务人向谁付款的又一次指示,作成背书的人称背书人,通过背书取得票据成为持票人的人称被背书人。汇票、本票和支票都有背书制度,但并不是这三类票据必须具有的行为。

票据的特点在于流通,票据流通的基础是票据转让,票据转让是票据制度的核心,作为票据转让的主要方式的背书行为,其地位和意义尤其重要。（辛丽燕）

piaoju bei tuxiao shixiang

票据被涂销事项(stated items of obliteration of negotiable instruments) 票据上被涂销的记载内容。票据被涂销事项包括:(1)票据的必要记载事项。票据的必要记载事项包括绝对必要记载事项和相对必要记载事项。对汇票、本票、支票的出票绝对必要记载事项进行涂销,会导致票据无效。对背书、承兑、保证的绝对必要记载事项进行涂销会使得该票据行为无效。《中华人民共和国票据法》规定了相对必要记载事项,如汇票的付款日期、付款地、出票地等,对这些事项进行涂销,并不使票据或票据行为无效,只是发生涂销的效力,被涂销的事项适用票据法的规定。(2)票据的任意记载事项。这类事项是否记载有当事人自由选择记载,但一经记载即发生票据上效力。一般认为,此类事项包括:担当付款人、预备付款人、付款处所、利息及利率、免除担保承兑的特约、禁止背书、指定请求提示的期限、免除作成拒绝证书等。对这类事项的涂销不影响票据的效力,被涂销事项失去票据上的效力。(3)不具有票据效力的记载事项。此事项在其他法律上产生效力,对不具有票据效力的记载事项的涂销,不影响票据的效力,被涂销事项失去了在其他法律上的效力。(4)不得记载事项。此事项的记载导致票据无效或票据行为的无效。对不得记载事项的涂销,有可能会恢复票据或票据行为的效力。如对承兑所附的条件进行涂销,发生承兑的效力。(5)不具有任何效力的记载事项。不具有任何效力的记载事项,不影响票据效力,视为无记载。对不具有任何效力的记载事项的涂销,不具有任何意义。 （孔志明）

piaoju bei weizaoren

票据被伪造人(forged person of negotiable instruments) 指自己的签章被他人假冒的人。票据被伪造人可以是自然人,也可以是法人和其他使用票据的单位;票据被伪造人可能存在,也可能已死亡或已终止。在票据伪造中,尽管伪造人以被伪造人的名义签章,使被伪造人成为该票据形式上的票据义务人,但被伪造人并没有出于自己的意思表示而完成该票据行为,被伪造人不对伪造票据承担任何责任。我国最高人民法院《关于审理票据纠纷案件若干问题的规定》第67条规定:被伪造签章者不承担票据责任。但是,在一些特殊情况下,主要是被伪造人有造成表见代理的过错和被伪造人对伪造票据出于某种考虑予以追认时,被伪造人仍有可能对该票据承担票据责任。（孔志明）

piaoju bianzao de xiaoli

票据变造的效力(legal effects of alteration of negotiable instruments) 票据变造产生的法律后果。(1)对票据的效力。对票据金额、日期、受款人名称的变造,如明显显示变造痕迹的,票据无效;如不显示变造痕迹的,票据仍为有效票据。对票据金额、日期、受款人名称以外记载事项的变造,票据均为有效。(2)对票据签章人的效力。票据上的记载事项被变造的,在变造之前签章的人,对原记载事项负责;在变造之后签章的人,对变造之后的记载事项负责;不能辨别是在票据被变造之前或者之后签章的,视同在变造之前签章。《日内瓦统一票据法》以及其他国家的票据法也规定:票据文义如有变造的,签名在变造之前的,依原有文义负责,签名在变造之后的,依变造文义负责。我国台湾地区《票据法》还补充规定:票据上的签名不能辨别在前后时,推定为在变造前。参与或同意变造的,不管其签名在变造前还是变造后,都按变造文义负票据责任。(3)对变造人的效力。票据变造人对其变造行为应承担相应的法律后果:第一,票据责任。票据变造人承担票据责任的前提是变造人在票据上签章。变造人为直接行使票据权利或减少票据义务,既更改了无权更改的事项,又在变造之后签章,应就票据文义承担票据义务。第二,民事责任。变造人在未承担票据义务或所承担的票据义务不足以弥补持票人所受损失时,持票人有权要求变造人承担损害赔偿责任。票据变造可能加重付款人的付款义务,在付款人无过失付款时,造成对付款人的损害,变造人对此应承担损害赔偿责任。第三,刑事责任。票据变造行为情节严重的,应依法追究变造人的刑事责任。第四,行政责任。票据变造行为情节轻微的,不构成犯罪的,依国家有关规定承担行政责任。(4) 对持票人的效力。持票人如果向变造之后的签章人主张权利,有可能实现其全部票据权利;但如果向变造之前的签章人主张权利,就只能依变造之前记载事项请求。如果持票人向变造人主张权利,如果变造人同时在票据上签章的,持票人既可以行使票据权利,又可以行使民事赔偿请求权。如果持票人是变造人,其他票据义务人可以主张抗辩,但当事人同意或不得主张抗辩的除外。(5) 对付款人的效力。付款人对变造的票据付款时,付款人是否应该负损害赔偿的责任,对此应以过错为原则。有过错时应负损害赔偿责任,无过错或者尽了善良管理人注意的,付款人不负赔偿责任。

(孔志明)

piaoju bianzaoren

票据变造人(maker of alternation) 无权更改票据内容,对票据上签章以外的记载事项加以改变的人。票据变造人可以是自然人、法人和其他使用票据的单位。票据变造人对其变造行为应承担相应的法律后果。票据变造人如没有在票据上进行签章,不承担票据责任;如变造人原为票据上的签章人的,应依票据所载文义,承担票据责任,其签章在变造之前的,依原来文义负责,其签章在变造之后的,依新的文义负责。变造人在未承担票据义务或所承担的票据义务不足以弥补持票人所受损失时,持票人有权要求变造人承担损害赔偿责任。票据变造可能加重付款人的付款义务,在付款人无过失付款时,造成对付款人的损害,变造人对此应承担损害赔偿责任。票据变造行为情节严重的,应依法追究变造人的刑事责任,变造行为情节轻微,不构成犯罪的,依国家有关规定承担行政责任。

(孔志明)

piaoju bianzao shixiang

票据变造事项(stated items of alternation of negotiable instruments) 票据变造中被改变的内容。《中华人民共和国票据法》及其相关法律的规定,使学者在票据变造事项上产生分歧。一种观点认为,中国人民银行发布的《票据结算办法》规定,票据变造是无权更改票据内容的人,对票据上签章以外的事项加以改变的行为。由此也就指明了票据变造的事项,即除签章以外的任何记载事项。对票据上的签章进行变造的属于票据伪造。另一种观点认为,《中华人民共和国票据法》第9条第2款规定:票据金额、日期、收款人名称不得更改,更改的票据无效。票据金额、日期、收款人名称属于法定不得更改事项。有权对票据记载事项进行改变的人即票据更改人对这些事项的变更,会导致票据无效,那么票据变造人对票据金额、日期、收款人名称的改变也会导致票据无效,所以,票据变造事项是除签章、票据金额、日期、收款人名称之外的记载事项。票据变造是导致票据权利义务关系发生变化的一种票据瑕疵,那么就包括了票据上除签章以外的任何记载事项。票据变造的记载事项,不仅包括绝对必要记载事项,也包括票据上的相对必要记载事项,如付款地、出票地等;而对于票据上任意记载事项的变更,因为其内容记载与否与票据效力无关,对票据权利义务关系也不存在影响,所以,一般认为对票据上任意记载事项的变更不构成票据变造。英美法系票据法规定的构成票据变造的事项应当是实质性的事项。《英国票据法》第64条第2款规定:所谓实质变更,特指下列事项:日期的变更、应付金额的变更、付款时间的变更、付款地的变更,以及汇票经一般承兑者,未经承兑人同意加注付款地的变更均属之。《美国统一商法典》第3—407条将构成票据变造的变更规定为只要是从各方面改变了票据上任何当事人的合同,包括下列事项的更改,都属于实质性变更:(1) 当事人的人数或关系;(2) 对空白票据,不是依授权将其补充记载完全的;(3) 对签名字句进行添加,或删减其中任何部分。

(孔志明)

piaoju chengdui

票据承兑(acceptance of a negotiable instrument) 票据承兑是指远期票据的付款人承诺于付款到期日时,将无条件支付票据金额,并将该意思表示记载于票据上的一种附属票据行为。《中华人民共和国票据法》第38条规定:承兑是指汇票付款人承诺在汇票到期日支付汇票金额的票据行为。

承兑是汇票独有的票据行为,本票和支票均无承兑这一票据行为,但也并非所有的汇票都要进行承兑。需要进行承兑的汇票,主要是见票后定期付款的汇票;可以进行承兑的汇票,主要是定期付款和出票后定期付款的汇票;见票即付的即期汇票,无需承兑。承兑是使汇票上付款人的义务和持票人的权利得以确定的重要程序,对持票人来说,是否提示承兑是持票人的自由,但提示承兑和不提示承兑具有不同的法律后果,就是当付款人拒绝承兑时,是否能保全持票人的追索权。对付款人来说,是否承兑也是付款人的自由,付款人承兑之前或者付款人拒绝承兑,出票人是主债务人;付款人一旦承兑,就成为汇票的主债务人,到期必须付款,否则就要承担相应的票据责任。

(辛丽燕)

piaoju dangshiren

票据当事人(parties to a bill) 即票据关系的当事人,指享有票据权利、承担票据义务以及与票据权利、义务有关系的法律主体。票据当事人是票据权利、义务的承受者,根据当事人是享有权利还是承担义务,可以将其分为票据债权人和票据债务人。票据债权人又称持票人，指的是在票据有效的任何时间里合法持有票据的人。由于票据属于流通证券，在整个有效期内可能会发生多次权利转移，因而就在不同的时间产生了多个持票人。根据各国票据法的规定，票据的权利转移通常要以背书为条件。票据凡经背书转让的，就表明背书人曾经是票据的持票人，但一经背书转让，受让人即成为新的持票人，即新的债权人；而背书人则需要对受让人承担责任，因而由债权人变成了债务人。根据背书的接续关系，票据法上将背书在先者称为"前手"，将背书在后者以及持票人成为其前手背书人的"后手"。票据债务人，是指因实施一定的票据行为而在票据上签章的人。由于票据自出票起至付款时止，其间可能发生多次权利转移，所以票据债务人通常有两个以上。根据票据债务人所负责任的不同，可以将其分为主债务人和从债务人。主债务人又称第一债务人，是向持票人承担付款义务的当事人；从债务人又称第二债务人，是向持票人承担担保付款义务的当事人，要在主债务人不能满足持票人的付款要求时向持票人负担偿还义务。不同种类的票据，其主债务人与从债务人的范围也有所不同。在汇票中，付款人一经承兑即成为主债务人，而出票人、背书人、保证人都是从债务人。在支票中，原则上没有主债务人，出票人、背书人、保证人都是第二债务人。在本票中，出票人既是主债务人，又是从债务人，背书人、保证人则是从债务人。另外，如果根据是否伴随出票行为出现，票据当事人还可以被划分为基本当事人和非基本当事人。参见基本当事人、非基本当事人条。　　　　　　　　（李　军）

piaoju de bianzao
票据的变造（alteration of a bill）　无权更改票据内容的人，对票据上签章以外的有关记载事项加以改变的行为。是票据瑕疵的一种，在英美票据法上称为票据的实质更改。进行票据变造行为的人为变造人。票据变造的前提是该票据在变造前须为形式上有效的票据，且在变造后，票据在形式上仍有效。构成票据变造须具备如下条件：(1) 票据变造是没有变更权限的人进行的变更行为。一般而言，对非由自己记载事项进行变更，又没有代理权或其他合法依据的属于无权变更。有更改权人的更改应该发生在交付票据之前，如果已经将票据交付他人，对自己记载事项更改前要得到全体票据关系人的同意方可更改，否则也构成票据变造。变造的手段，既可以是将原有记载涂去后改写新的内容，也可直接在原有的记载上添加新的内容。(2) 票据变造必须是对票据上签章以外的事项变更的行为。对票据签章的变造属于票据的伪造。(3) 票据变造以行使变造后的票据权利或减少票据义务为目的。

票据变造不同于票据的伪造。票据伪造针对的是票据上的签章事项，票据变造则是针对除签章以外的其他事项。票据变造也不同于票据更改。票据更改是享有更改权的人对票据上记载事项进行的变更，票据变造则是无更改权的人对票据上记载事项的变更；票据变造的事项可以是除签章以外的任何记载事项，但票据更改的事项有限制，不得对票据金额、日期、收款人名称进行更改。

以变造在票据外观上的形态为标准，票据变造可分为明显显示痕迹的变造和不显示痕迹的变造。在票面上明显显示变造痕迹的，为明显显示痕迹的变造。在票据外观上不显示变造痕迹的，为不显示痕迹的变造。以变造方法为标准，可将票据变造分为增设变造、删除变造和变记变造。将原票据上没有的事项予以变造增加的，为增设变造。将票据上已有的记载事项予以变造删减的，为删除变造。将票据上原记载事项予以变更其内容的，为变记变造。被变造的记载事项可以是票据上的必要记载事项，也可以是票据上的有益记载事项。

票据上其他事项被变造的，在变造之前签章的人，对原记载事项负责，在变造之后签章的人，对变造之后的记载事项负责，不能辨别是在票据被变造之前或之后签章的，视为在变造之前签章。票据变造人对其变造行为要承担相应的法律责任。　　　　　（孔志明）

piaoju de fenlei
票据的分类（classification of negotiable instruments）　票据按照法律和学理有不同的分类。在法律上票据被分为汇票、本票和支票。学理上，按照不同的标准，票据又可以被分为：(1) 记名票据、无记名票据和指示票据。这是根据票据上是否明确记载特定的人为权利人为标准的分类。(2) 流通票据和非流通票据。这是根据票据是否能在市场上进行流通所作的分类。(3) 委托票据和自付票据。此种分类以出票人是否直接对票据付款为标准所作的分类。(4) 支付票据和信用票据。此种分类以票据的经济职能为标准。此外票据以不同的标准还可以分为逾期票据、展期票据、附息票据、不附息票据和担保票据等。　　　（温慧卿）

piaoju de genggai
票据的更改（change of negotiable instruments）　有更改权的原票据记载人按照票据法的规定改写票据上的记载事项的行为，票据的异常形态之一。现实中，票据行为人进行一定的记载后，由于一定的原因需要改变已记载的事项，如果不允许票据更改，会对利用票据增加困难。我国票据法规定，对票据上的除票据金额、日期、收款人名称以外的其他记载事项,原记载人可以更改,更改时应当由原记载人签章。票据更改必须具备如下条件:(1)票据只能由原记载人更改。对于票据上的记载事项,只有原记载事项人可以更改。但原记载人也只能对自己记载内容在票据交付之前进行更改,无权更改其他票据行为人的记载。(2)票据更改只能更改票据法允许更改的记载事项。根据我国票据法的规定,有效的票据更改,只能对票据法规定的除票据金额、日期、收款人名称这三项不可更改事项以外的记载事项进行更改。(3)票据更改人必须在更改处签章。在更改处签章,可以证明该记载事项的变更是更改而不是变造,以确认票据关系的权利义务内容。

票据更改不同于票据变造。票据更改是有更改权的原记载人进行更改的行为,票据变造是无变更权的人对票据上记载事项进行变更的行为。票据更改人应当在更改处进行签章证明,而票据变造人不可能在就其变造行为进行签章。票据更改的事项是除票据金额、日期、收款人名称之外的其他记载事项,票据变造的事项是除签章之外的记载事项。

符合票据法的更改,以更改后的记载内容代替更改前的记载内容,从而产生票据法律效力,票据上的票据关系以更改后记载内容确定。票据权利人或者持票人对票据记载事项的更改违反票据法的规定,可能会产生三种情况:(1)使票据无效的法律后果。如果更改了票据金额、日期、收款人名称,更改的票据无效。(2)产生票据伪造的法律后果。如果票据权利人或者持票人更改他人签章,其本质是无授权人或假冒他人签章的人,此时就产生票据伪造的法律后果。(3)产生票据变造的法律后果。如果票据权利人或持票人更改签章以外的记载事项,则产生票据变造的法律后果。

(孔志明)

piaoju de jichu guanxi

票据的基础关系(basic relation of negotiable instrument) 票据的基础关系是作为票据行为发生的实质原因或前提的法律关系,是票据当事人实施票据行为、发生票据关系的民法上的债权关系。它是票据关系得以产生的基础,主要包括票据原因关系、票据资金关系和票据预约关系。

(胡冰子)

piaoju de jingji zhineng

票据的经济职能(economic function of negotiable instruments) 票据是市场交易的产物,市场交易需要一种工具来提高交易的效率,并保证交易的安全,于是发展出票据这样的经济工具。但是,票据产生以后反过来又在很大程度上促进了市场交易的发展,促进了商品经济的繁荣。从各国商品经济的发展考察,凡是商品经济发达的国家和地区,票据的使用和流通必然广泛。反之,票据的使用和流通必然受到阻碍。票据的使用使商品的让度与货币的支付从形式上分开,将商业信用有机地溶入商品交换中,加速了资本的流通,方便了交易,节约了货币。总结起来,票据的经济职能表现在以下几个方面:

票据的汇兑功能 指票据作为现金与现金中介的功能,即人们在异地支付交易款项时,先将现金转化为票据,然后在异地再将票据转化为现金用于支付的功能。票据在我国及在世界各地出现的历史说明,最根本和最直接的原因就是为了避免现金输送的困难与危险,方便贸易往来而产生的汇款业务和货币兑换业务。在商业交易中,交易双方往往分处两地或远居异国,如果以现金支付交易产生的债务,将十分不便,因为货币,特别是金钱货币的携带很不方便,而且途中的强盗或海盗出现将使商人的现金荡然无存。于是,实践中就出现了商人们在某地给汇款和货币兑换的经营者以一定数量的现金,领取兑付款项的凭证,在到达交易目的地之后,向汇款和货币兑换经营者开设的分店或代理店出示凭证,领取相等数量的在当地可通用的货币用于支付。例如,威尼斯商人因购买米兰商人的布匹需要支付货款,为支付方便他在威尼斯将自己的货币兑换成票据,携票据到米兰并在米兰的兑换行将票据兑换成米兰货币支付款项。这种隔地兑付款项的凭证可以说是本票的起源,而在汇款和货币兑换业务发展以后,为了扩大业务,汇款和货币兑换经营者相互之间逐渐建立起业务往来,开始相互接受各地汇款和货币兑换经营者所发的付款证书,相互代为付款,汇票的形式就逐渐形成了。可以说,票据的最初功能就是作为隔地输送现金的汇兑作用。无论是在中国唐代和宋代,还是在12世纪的意大利城邦国家,票据的产生和发展的相似性充分说明票据的汇兑功能是票据使用的直接动因。作为票据原始性功能的汇兑功能,在现代社会经济生活中仍然具有极为重要的作用。票据可以作为异地支付的工具,这一点以汇票体现得最为显著。当人们需要在异地之间转移金钱时,可以把相应的款项交存当地的银行,取得以异地银行为付款人的票据,而后再从异地银行提取该款项,现代的国际贸易,几乎绝大多数是在利用票据的汇兑功能进行国际支付和结算,从而实现减少现金的往返运送、避免风险、节约费用的目的。但是,由于现代电汇、邮汇业务的发展,票据作为汇兑工具的职能已经有所缩小。

票据的支付功能 指在交易中以货币的支付代替现金的支付。此种功能也是票据的一项最原始、最简单的功能,当票据作为汇兑工具的功能逐渐形成后,在交易中以支付票据代替现金支付的方式逐渐流行起来。在大量的商品交易活动中,金钱支付的需要经常发生,如果直接以现金进行交付,在需要频繁支付或支付较大数额的情况下,现金保管、清点交接的工作将消耗大量的人力和物力。商人们为了方便交易,就在支付时不再由付款人凭票据提取现金,而是直接将票据交给交易对方,这样,交易对方可以灵活地处理票据,既可以自己去提取现金,又可以拿票据支付自己欠别人的款项,此时,票据的支付就代替了现金的支付。例如,在上例中,威尼斯商人并不在米兰的兑换行将票据兑换成现金,而是将票据交付给米兰商人任凭其自由处置就显示了票据的支付功能。票据在汇兑工具的基础上发展出支付工具的功能,尤其是支票的支付功能在当今仍尤为明显,可以说,票据作为商品交换活动中的主要支付手段,既是商品经济发展的需要也是商品经济发展到较高阶段的表现,人类社会从以物易物的支付到一般等价物即货币的支付,再从货币的支付到票据的支付,反映了支付手段从低级到高级的发展历程,同时也是商品经济从低级到高级的发展历程。

票据的流通功能 指票据代替货币在一系列交易主体之间转让,从而活跃经济的功能。票据作为支付工具,从一个交易主体之手流转到另一个交易主体之手,这本身在某种意义上显示了其流通性,自从背书转让制度出现以后,票据的流通性就大大加强,持票人可以将他的票据背书转让给他人,而且在票据到期前,转让的次数没有限制。所以,票据具有较为强大的流通功能。当然,票据的流通并不完全等同于货币的流通,因为票据的流通不像货币那样具有法定强制性,只有在愿意接受票据的当事人之间,才存在票据的流通。

票据的流通功能比汇兑功能和支付功能出现得晚,但正是票据的流通功能的出现才使票据的功能有了飞跃性的发展,甚至可以说,票据的作用只有通过其流通性才能表现出来,而在发达的商品经济中,如果没有票据的流通,也就丧失了票据制度在经济上的作用。可以说,正是票据的流通功能的产生,才使票据成为真正的有价证券。

票据的流通作用,在现代社会经济生活中也是极为重要的功能,这一功能是通过票据的背书转让实现的。接受票据支付的持票人,在票据到期前如有新的支付需要,就可以将所有的票据经背书后转让给第三人,从而使一张票据实现多次支付,最终实现票据的流通。而且,由于背书人对转让的票据有担保付款的义务,因此票据上的背书次数越多,票据的流通力越强,其信用价值也越高。目前在市场经济发达的国家,票据被广泛地运用来代替现金作为支付手段和流通手段,而现金结算只占一小部分。同时,利用票据的流通功能可以进行多次商品交易,从而达到节约商品流通中的货币资金、促进货币周转速度加快的作用。

票据的信用功能 指当票据出票人或者背书转让人出票或背书转让时,已经得到基于一定票据基础关系而由对方给付的相应对价,如货物、劳务等支出,但出票人或背书人仍可以通过在票据上记载将来的某一时间为付款日,从而在事实上获得了相应期限内的对方给付对价的所有权或使用权。在市场交易中,最初是交易和付款同时进行,称为现货交易。现货交易不存在付款人将来能否支付价款的问题,所以也不存在收款人对付款人支付货款的信任问题,即付款信用问题。后来的交易,交易与付款并不同时进行,而是在交易之后的一定期日再予以付款,接受将来付款的交易人,是基于对付款人的信任而同意期后支付的,这种交易也就存在信用问题。票据,特别是远期票据,是代替将来货币支付的一种工具,本身表现了收款人对付款人的信任和付款人的信用,所以具有信用职能。

与票据的汇兑功能、支付功能和流通功能相比,票据的信用功能的形成是相当晚的,但它一经形成,就立刻成为票据的最主要的功能,在商品经济的发展中,发挥着相当重要的作用,甚至被称为票据的生命。可以说票据的汇兑功能克服了金钱支付在空间上的障碍,而票据的信用功能足以克服金钱支付在时间上的障碍。

票据的信用功能在远期票据上表现得特别明显。远期票据如汇票、本票实际是商业债权合同与到期委托支付凭证的统一,买卖双方在商业交易中采用远期票据作为信用交易,原来掩盖在应收、应付会计账簿上的挂账信用就转化为外在的社会化的票据信用,债务人到期就必须无条件的支付,否则不但要承担票据责任,还要承担商事责任、行政责任,情节严重的还要承担刑事责任。这就敦促交易方中的债务人诚实履行自己的义务,以维护自己在经济活动中的商业信用。即期票据如支票,一般不具有信用工具的功能,但在现代票据实践中,使用支票的人,不把实际签发支票的日期填为出票日,而是把将来的某一日填为出票日,在票载出票日未届至之日予以流通,这种支票也称为远期支票,远期支票也具有信用功能。

票据的信用作用还表现在票据贴现和以票据担保债务上。在票据贴现方面,票据持有人如在票据到期日之前急需现款,可以持票向银行申请贴现,银行从票据金额中扣除未到期的利息和其他费用并将剩余金额交付持票人。持票人通过票据贴现使未来的可用资金变成了实际的可用资金,而银行之所以付款,也是基于对无瑕疵票据中票据义务人信用的信赖。在票据担保债务方面,当债务人向债权人借款时,为了使债权人相信自己的偿债能力,债务人可以签发本票并请求具有资力或信用的人在本票上背书,或者签发汇票请求具有资力或信用的人在汇票上承兑,这样都使票据的付款得到了保障,也就是增加了债务人的信用。

票据的流通性使票据的信用功能从交易当事人之间走向整个社会信用,进一步扩展了票据作为信用工具的功能。

今天,在电子商务高速发展的情况下,票据的汇兑功能、支付功能受到一定影响,但票据的信用功能却不会受到太大冲击。

票据的结算功能 指在商品交换中,各有关当事人之间相互欠款或存在相互支付关系时,可以利用票据行使货币的给付功能,即通过票据交换收付相抵,冲减和抵消相互债务。例如,甲商人向乙商人购买货物,甲向乙签发了票据,而此前乙签发的以丙为受款人的票据经过数次背书转至甲的手中,甲、乙就可以利用票据结算。无论是票据结算,还是票据转账结算,或者票据交换结算,都是将票据用作结算工具。可以在当事人之间进行结算的票据,既可以是相互签发的票据也可以是因背书转让而从他人手中取得的对方签发的票据。利用票据进行结算,尤其是复杂、长期往来多次多项的结算,不仅手续简便,而且保证了交易安全,因此票据的结算功能虽然出现得相对晚,却越来越受到各国的重视。

目前,世界各国为了方便票据结算都广泛地实行票据交换制度,不仅在同一城市内设立票据交换中心,而且在异地之间实行票据联网,用票据进行结算,国际间为方便经济贸易往来,在各经贸中心设立票据交换中心,利用票据进行国际间的结算,同时票据买卖市场也随之建立用来供不同币制国家间的票据结算,因此,票据结算已成为现代国际贸易的一项重要内容。

票据的融资功能 票据的另一个新的功能是用来作为融资的工具。利用票据融资就是利用票据调度资金,它是通过对未到期的票据进行贴现、转贴现或再贴现实现的。在票据所载付款日期到来之前,持票人因资金困难或其他原因将票据卖给买卖票据的经营者,该经营者再将票据卖给需要票据的人,从中获取买卖差价。即使经营者不将票据再行卖出,他也可以在到期日获得付款。由于有获利的可能,买卖票据的业务就发展起来,称为票据贴现。

在我国,银行经营贴现业务的目的主要是向需要资金的企业提供资金,但在国际贴现业务中,贴现对于双方来说更重要的意义在于获得资金和获利。持有未到期票据的持票人在票据所载付款日期到来之前极有可能发生资金调动困难的情况,因此,持票人经常寻求将手中未到期的票据以买卖方式转让于他人;而对于收入来说,收买未到期的票据,再将该票据卖给需要用票据进行支付或结算的人,就可以从买卖票据的差价中获利,即使不能获利,也可能在到期日取得票据记载金额的付款。由于有获利的可能,现代票据市场一方面买卖到期票据,另一方面买卖未到期票据即对票据进行贴现,票据贴现解决了资金流转中的困难,因而具有融资的功能。票据贴现制度出现以后,票据的融资功能日益显现起来,贴现业务也成为金融机构一项重要的业务。

节约货币功能 票据具有支付工具和结算工具的职能,在行使这两种职能的同时,现实经济生活中的货币使用量自然减少。不仅如此,票据的流通性更加强了其节约货币的职能,由于票据的每次转让都会节约一笔货币,而且在到期日前,票据的转让次数是无限制的,所以,节约货币的职能随转让次数的增加而增加。票据流通次数越多,其流通价值越大,替代货币的作用越大,因此,有人将票据称为"商人的货币"。

经济调节职能 票据的经济调节职能是在融资功能的基础上发展起来的,票据的贴现、转贴现、再贴现等融资功能,使得中央银行能够通过贴现率和贴现政策影响现实经济中的货币流量,从而以金融手段调节经济。

(梁 鹏)

票据的历史(history of negotiable instruments) 票据是随着商品经济的发展而发展起来的,它和商业有密切的关系。在商业活动中,一方面,交易的发展使得古老的钱货两清不能在所有的交易中运用,部分交易中货物的转移与货币的转移在时间上分离;另一方面,经济的发展使得交易的范围不断扩大,笨重的金属货币在空间上的运送发生困难。商人亟须一种方便的合支付功能、信用功能为一体的能够代表货币的工具。票据于是应运而生。

我国票据的历史发展 我国票据的雏形始于隋末唐初,当时的"帖子"已经具有今天支票的含义。当时,在京城和较大的城市设有所谓柜坊,接受寄付金钱或财物。当寄付人要支付他人金钱时,则以柜坊为付款人,发行帖(帖子)交给收款人,收款人把帖提示给付款人,就可受领这一款项。据《太平御览》记载,隋末已有类似支票的支付工具。

唐宪宗年间,各地茶商交易频繁而交通不便,携带现金困难并且极不安全,于是出现了一种称为"飞钱"的票券。当时的商人在京城即现在的西安将交易所得的钱款,交付地方驻京城的进奏院和各军、使等机关,或者交给在各地设有联号的富商,由进奏院等机关或商号发给半联票券,另一半寄往各道有关院、号。商人回到地方后,将两个半联合成一个完整的证券即"合券"后取钱。可见飞钱本身并不是货币,而是为了旅途安全或减轻行装,将现金交给有关机关或富户以换取可以在异地取款的工具,这种飞钱的功用类似今天的汇票,是较完整和正式意义上的古代票据。

至宋太祖开宝年间,由朝廷设立了一种称"便钱务"的专门机关来方便商人的贸易活动。商人在京城将现金交付便钱务,请求便钱务给付一种票券称"便钱",商人持"便钱"再到异地经商时可到相关的地方政府取款。为了使便钱务支付便钱事务,朝廷令各地方政府凡是商人持便钱务发给的"便钱"向地方政府提示便钱票券请求付款时,地方政府应当付款不得延误,违者将受处罚,可见这种称为"便钱"的票券与今天见票即付的汇票在功用和特征上都已十分接近。

北宋初年经济繁荣,在今四川当时称蜀地的地方出现了"交子",可以说是今天本票的雏形。由于当时的货币实行铁本位制,重量大而不便运送,蜀地的地势又较为险要,所以四川一带的商人就发明了一种证券"交子"来替代铁钱进行贸易,由地方富户联合设立"交子铺"发行交子作为富户异地运送现款的一种手段。后来由于民间对"交子"的管理不善,有些富商衰败后还不起债务又无其他办法而导致诉讼纷起,政府在一段时间上曾禁止"交子"的使用,后来为方便贸易又改为官办,朝廷设置"交子务"专门承办此事,其发行的"交子"区别于私人办的"交子",被称为"官交子"。

在南宋时期的公元 1131 年前后,出现过另外一种票据形式当时称"关子"。南宋政府在婺州屯兵,此地不通水路,军费输送非常困难,为了解决这个问题,政府让商人把银钱交往婺州换取"关子",商人持"关子"到杭州榷货务领取现钱或茶钱等实物。可见,"关子"已具有了票据的一般特征。

此外,宋代还出现了称做"交引"的票券,实际上是政府发行的一种商业信用流通工具,它们通常因政府向民间纳入粮草而产生,即强制性地要商人或其他人向政府提供商业信用。据《宋史》183 卷记载:雍熙后用兵,切于馈饷,多令商人入刍粮塞下。酌地之远近而优其值,取市价而厚增之,授以票券,谓之交引,至京师给以缗钱,又移文江淮、荆湖给以茶及颗、末盐。这表明:商人把粮食等物提供给政府后,政府授以有价证券——"交引",商人持"交引"到京师取钱。在宋代,"交引"是"茶引、盐钞、矾引、见钱交引"等票据的统称。"茶引、盐钞、矾引"是领取茶叶、食盐、香料药物等货物的票据;"见钱交引",是延期付款的票据。可见宋代的"交引"类似于现在的汇票、本票,而且宋代的"交引"不仅可以用来取钱提货,还可以将它们拿到市场上转让、出卖。这又类似于现代票据的背书转让制度。

明代是我国近代工商业萌芽在某些地区发展的时期,票据的使用也更加广泛。17 世纪前后,在山西地区出现了钱号、票号等金融组织,到了 19 世纪中叶以后,这些组织发展到鼎盛时期,此时,票据已成为这些组织进行交往的主要工具。当时的票号又称票庄、汇兑庄,在各地设立分号,经营汇兑业务以及存放货业务,发行类似今天的汇票和本票的证券,这些证券有许多称呼,如汇券、汇兑票、汇兑信、汇条、庄票、期票等,以后票号逐渐演变为钱庄,成为中国封建时代的典型金融组织之一。

清代是我国历史上票据发展的黄金时期,这时各种形式的票据越来越完备,流通范围也越来越广泛,并新出现了凭帖、兑帖、上帖、期帖等票据形式,而且这时的票据外观也走向规范化,据记载,当时北京的钱票已有尺寸、记载位置等的详细规定。

清朝末年,西方的票据制度伴随其银行制度进入中国并逐渐取代了我国固有的票据形式和钱庄。1907 年,清政府聘请日本法学家志田甲太郎起草票据法,志田甲太郎整理了以往的票据习惯,依照德日立法例提出汇票和期票并据此起草了清朝票据法草案。至中华民国、国民党政府于 1929 年颁布《票据法》,规定了汇票、本票、支票这三种由西方传来的票据形式。

新中国成立以后,由于长时期实行计划经济,商品经济不发达,因此曾一度严格限制票据的使用,在金融方面,国家注重银行信用,基本取消了商业信用,实行严格的现金管理,而使票据失去了存在的必要,当时汇票、本票在国内不得使用,仅在国际贸易中使用汇票;企业与其他单位以使用转账支票为主,个人则不得使用支票。随着改革开放,商品经济发展,国家开始允许银行发行汇票和银行本票,国家企业事业单位可以发行商业汇票和支票,个人包括个体户也可以使用支票。

外国票据的历史发展 票据是伴随着商品交换和信用制度而产生和发展起来的,有人认为票据在古希腊、古罗马时就存在雏形,并把当时的"自笔证书"作为票据的萌芽,这种学说已经被学者所批判。自笔证书由债务人作成交予债权人,债权人请求支付时先向债务人提示证书,取得款项后将自笔证书交还债务人,更大程度上是一种借据,不可将其看做票据。

票据"在公元 8 世纪和 10 世纪期间的地中海就已经为阿拉伯人所使用"(参见伯尔曼著:《法律与革命》,**中国大百科全书出版社 1993 年版,第 426 页**)。只是这时的票据尚不具有流通性,还不是一种发达的概念和做法。11 世纪晚期和 12 世纪早期在意大利商人间流行的一种兑换证书,甲地兑换商收取商人货币后,向商人签发兑换证书,商人持此证书,向兑换商在乙地的分店或者代理机构请求支付款项,支取乙地通用的货币,这种兑换证书可以说是一种较为发达的票据。到了 13、14 世纪,这种兑换证书在欧洲各国逐渐流传开来,形成了大体相同的流通票据。流通票据的形式有其共同的起源,事实上,此种形式在所有从事国际贸易的国家都是相同的。

概括说来,外国的票据的历史发展大体经过了兑换票据时期、市场票据时期、流通票据时期和银行商业票据时期四个阶段。

兑换票据时期。兑换票据是指12世纪在意大利商人之间流行的一种兑换证书。当时欧洲各国贸易商业日趋发达,但是交通很不方便,商人之间的交易用现金支付不仅携带困难,而且极不安全,因而就利用票据作为汇款的工具。但是,由于在城邦割据下的各国,货币币种不统一,所以,货币的通货兑换就由专门进行兑换的商人来完成,通货兑换商不仅仅从事现金的兑换,而且经营汇款的事项。商人在某地交易得款后,将现金付给兑换商人,兑换商人发给商人异地付款的凭证,商人凭付款凭证到异地后向兑换商人在异地开设的分店或代理店领取通用的货币,此种兑换凭证就成为今天本票和汇票的前身。当时,兑换商人除了制作兑换证书外,同时附一种付款委托证书,作为向其在异地开设的分店或代理商指示付款的函件,也为其分店或代理店付款的凭证。持票人请求付款时,必须同时出示兑换证书和指示付款的函件,后来兑换商之间为发展其业务,又将兑换证书和指示付款的函件分别使用。兑换证书是今天本票的前身,指示付款函件则演变为今天的汇票。

市场票据时期。市场票据是指在15世纪法国各地市场贸易中使用的票据,当时的法国商人云集于市,购买货物、定期交易,为了方便和安全,多交付票据以代替现金支付,兑换商到交易日在市场上代交易商为票据上的金额换算而获取一定的报酬,其核算与兑换的方法,类似今天的票据交换,此时的票据开始出现承兑、保证、参加以及拒绝证书等制度。这个时期的票据被称为市场票据时期。

流通票据时期。流通票据始于16世纪意大利的商人,当时意大利商人经常在票据下端记载提示票据人的姓名,以证明提示人有受领该票据金额的权利,实际上这种记载是背书的起源。行至17世纪中叶,法国商人于其所持有的票据背面记载该票据金额,由第三人代为受领的字样,来证明背书人有代领票据金额的权利,被背书人只有为背书人的受任人的资格。后来,被背书人每次支付对价给背书人而取得票据,被背书人即取得票据所有权,背书就成为权利移转的方法。这个时期的票据被称为票据流通时期。

银行票据时期。银行票据是指现代意义上的票据,现代票据制度以银行为中心,使票据制度与银行制度密不可分,以保证票据流通的安全有序。票据信用更多地体现为银行信用,而票据的商业信用功能有所降低。在我国,第八届全国人民代表大会常务委员会第十三次会议通过了《中华人民共和国商业银行法》和《中华人民共和国票据法》,并分别于1995年7月1日和1996年1月1日起实施,《中华人民共和国票据法》中规定了银行汇票与商业汇票,但对商业汇票的使用限制比较严格,本票则只有银行本票一种。可见我国票据法更强调银行信用。我国的票据处于现代意义上的银行票据时期。

（梁 鹏）

piaoju de ren de kangbian
票据的人的抗辩（defense in personam of negotiable instruments） 指由于票据持票人自身的原因或者是票据债务人与特定持票人之间的特殊关系而提出,只能对抗特定的持票人而不能对抗一切票据债权人的票据抗辩。人的抗辩又称为相对抗辩或主观抗辩。人的抗辩是基于票据当事人之间的特定关系而产生,其抗辩事由是一种特殊的人与人之间的关系,为了保护善意持票人的合法利益,持票人一经变更,这种抗辩便被切断,票据债务人不得再以原来的事由对新的持票人行使抗辩。人的抗辩依据主张抗辩的人的不同,可以分为一切票据债务人对特定票据债权人的抗辩和特定票据债务人对特定票据债权人的抗辩。

一切票据债务人对特定票据债权人的抗辩主要是由于持票人因不具备票据权利人资格而形成的票据抗辩,包括以下几方面:(1)票据债权人欠缺票据行为能力。如票据债权人是自然人且为无民事行为能力人或限制民事行为能力人,或债权人为法人且被宣告破产等,债务人可以提出抗辩。(2)持票人以欺诈、偷盗、胁迫等非法手段取得票据,或者明知有上述情形而恶意取得票据。以欺诈等非法方式取得票据的情况下,票据债务人可以提出抗辩,持票合法性的举证责任在持票人。(3)持票人明知票据债务人与出票人或者人的前手之间存在抗辩事由而取得票据。(4)持票人因重大过失取得票据。(5)持票人取得票据时欠缺对价。《中华人民共和国票据法》第10条规定:票据的取得,必须给付对价,即应当给付票据双方当事人认可的相对应的代价。持票人因税收、继承、赠与无偿取得票据的,不受给付对价的限制。但是,所享受的票据权利不得优于其前手的权利,此种情形下,如果其前手的票据权利存在瑕疵,那么,一切票据债务人可以对该持票人提出的优于其前手的权利部分进行抗辩特定票据债务人。

可以向特定持票人行使的抗辩,主要有以下几种情形:(1)因原因关系无效而产生的在特定的票据当事人之间的抗辩。(2)因原因关系消灭而产生的在特定的票据当事人之间的抗辩。(3)因票据行为无效而产生的在特定的票据当事人之间的抗辩。(4)因票据债务人与票据债权人的特别约定或其他的原因而产生的在特定票据当事人之间的抗辩。

（孔志明）

piaoju de texing
票据的特性（properties of negotiable instruments）
票据作为证券的一种,具备了证券的一切特征,但与股

票、仓单、提单、债券、国库券等证券相比,又具有独特的性质,它的性质主要表现在如下几个方面:

票据为完全的有价证券 有价证券是指代表、体现一定权利,行使权利以持有该证券为必要,权利与证券密切结合的一种书面文件。它是相对于无价证券的一种证券。无价证券本身不会给证券持有人带来定期的收益,它只表彰证券持有人能够行使一定的权利,实现一定的目的或利益,义务人(依照证券负有义务的人)向证券持有人履行义务即可免责,例如,粮票、布证。因此,无价证券从权利人角度观之称为资格证券,从义务人角度观之称为免责证券。有价证券具有财产价值,能够给证券持有人带来预期收益的证券。依其所表示的权利与证券关系的不同,可以将有价证券分为完全的有价证券和不完全的有价证券。完全的有价证券又称绝对有价证券,是指证券与权利绝不可分,证券上所表示的权利的发生、转移和行使必须依证券才能行使;不完全的有价证券又称为相对有价证券,是指证券与权利在某些情况下可以分离,证券上所表示的权利的发生、转移和行使其中之一不依证券也能行使,比如,当仓单丢失时,只要权利人能以其他有效方法证明其权利,权利人就并不丧失其权利,因此,仓单是一种不完全有价证券。票据上权利的发生、转移和行使,必须依票据的持有、转移和提示为要件,因此,票据是一种完全的有价证券。

票据为无因债券 所谓无因是指证券权利的行使仅以持有证券为必要,权利人无须证明其取得证券的原因。证券依其所表现的权利与该权利发生原因之间关系的不同,可以分为有因证券和无因证券。有因证券是指证券上载明的权利以证券发行原因、证券外法律关系存在和证券无瑕疵为条件的证券,绝大多数有价证券都是有因证券;无因证券是指证券上权利不受原因关系的存在与否或有无瑕疵影响的证券。对于票据而言,占有票据的当事人就是票据债权人,票据权利的行使只以持有票据为必要,持票人无须证明其取得票据的原因,或票据权利发生的原因,就可以对票据债务人行使票据上的权利。票据上的权利一经发生,就与票据基础关系相分离,票据的这种无因性是保证票据流通的必要条件,对此各国票据法都较为认同。

票据为要式证券 证券依其作成方式的依据不同,可以分为要式证券和不要式证券。所谓要式是指须以法定的程序进行。要式证券则指证券上的记载内容和记载方式必须依照法律规定完成的证券;不要式证券是指对证券上的记载内容和记载方式没有严格的特别法律规定的有价证券。票据的记载内容和记载方式甚至颜色、规格都有严格的法律要求,必须按照法律规定的方式作成,否则不具有相应的票据上的效力。因此,票据是一种要式证券,但要式证券也不是绝对的,《日内瓦统一票据法》及英美票据法采用空白授权记载主义,记载事项虽有欠缺,但票据并不因此而无效。票据之所以为要式证券,是因为票据实际上是货币的另一种形式,在某种意义上可以代替货币,如果它的形式不同一,它的记载事项各异,就丧失了其安全性与严肃性,人们很难放心地使用它,从而影响了票据的使用率和流通性,进而阻碍了经济的发展。

票据为文义证券 证券依其权利与记载文义的关系的不同,可以分为文义证券和非文义证券。文义证券是指证券上权利的内容完全依证券上的记载决定的证券;非文义证券是指证券上权利的内容不完全依证券上的记载决定的证券。票据上的权利必须严格按票据上所载文义来确定,即使票据上所记载的文义有错误,也不允许用票据外的事项来证明并予以修改,所以,票据是一种典型的文义证券。当然,票据上金额以外的记载事项如果有变更,可以于出票的当时予以变更,并于变更之处签名或盖章,只要签名和盖章为真实的,变更的文义就可以具有票据上的效力。票据的文义性既有其积极意义,又有其消极意义。积极意义,即只有在票据上签名的人,才对票据负责,且须依票据上所载明的文义负责,不得以票据以外的事由或文书证据而主张变更。消极意义,即凡未在票据上签名的人,就不承担票据责任。比如,当一个人的签名被伪造于票据上时,由于该人并未在票据上签名,所以不负票据责任;一个人伪造他人的签名于票据上时,由于伪造人在票据上并未签署自己的姓名,故也不负票据责任。再如,即使一个人在票据记载之外对票据债务的承担作了约定,但只要没有在票据上签名也就不能让其承担票据责任。

票据是流通证券 按照证券能否公开在社会上流通并以公共规则予以规范进行分类,可以分为流通证券和非流通证券。流通证券是指能在社会上依公共规则公开流通的证券,如计划经济下的粮票、布票等,市场经济条件下的上市公司的股票、债券等。非流通证券是指不能在社会上以公共规则流通的证券,如非上市公司的股票、存折等。票据是流通证券,可以依票据法的规定通过背书或交付的方式在社会上公开流通。票据的流通性,可以节省通货,方便交易,促进经济发展,因此,允许并保护票据流通,就成为国家发展经济的重要手段之一。但不加节制地放任其流通,或流通规则不科学,也会给社会经济造成不利影响。

票据为提示证券 证券依其权利行使时是否必须向债务人出示的不同,可以分为提示证券和非提示证券。提示证券是指证券债权人请求履行证券义务时必须向债务人提示的证券;非提示证券是指证券债权人要求对方履行义务时,不以提示为必要而可以直接向债务人要求自愿履行或强制履行的证券。票据是提示证券,票据债权享有票据权利以占有票据为必要,为了证明其占有的事实以行使票据权利,就必须向债务人如承兑人、付款人或其前手提示票据,否则无法主张自己的权利成立。但当票据毁损、被盗、遗失时,可依公示催告程序向法院提出申请,并依法院作出的判决向债务人要求履行。

票据为设权证券 证券依证券上权利的发生与证券作成关系的不同,可以分为设权证券与证权证券。证权证券是指证券上的权利在证券作成和交付之前已经存在,通过作成证券将该权利加以证明的有价证券。如提单、仓单分别证明由运输合同和仓储保管合同所发生的物品返还请求权,易言之,这些证券,先有权利,因证明权利而作成证券,用证券证明既有之权利;设权证券是指依证券作成而发生相应权利的有价证券。票据是一种设权证券,票据为持票人创设了一个全新的金钱票据权利,不是证明原有之权利。票据签发前,当事人之间虽可由种种对价性行为发生权利义务,但是,出票人签发票据,为自己或者自己委托的人设定了一个"无条件支付一定金额"的义务,持票人则有请求票据上载明的付款人"无条件支付一定金额"的权利。此种权利,与签发票据前的权利义务彻底独立,是"新生之权"。从法律适用方面讲,票据签发前当事人之间的债权、债务,受合同法或其他法律规范,而票据签发后新生的票据权利,只能适用票据法。没有票据,票据上的权利就不可能产生,这与用来证明已经存在的权利的证券是不同的。

票据为缴回证券 证券依债权人实现权利后是否将证券交还给义务人的不同,可分为缴回证券和非缴回证券。缴回证券是指债权人受领证券所载权利后必须将证券交还给义务人才能使双方的权利义务关系消灭的证券;非缴回证券是指债权人实现证券所载权利后不交还证券给义务人,双方的权利义务关系也能消灭的证券。票据为缴回证券,票据权利人在受领了票据所载金额从而实现债权之后,应将该票据交给向自己付款的人,从而使票据关系消灭或转由付款人行使相应权利。持票人如不缴回票据,债务人有权拒绝支付票据金额。票据法之所以这样规定,是因为票据是金钱的替身,持有票据就享有票据权利,当持票人获得付款时,如果不要求其缴回票据,持票人就有可能以手中之票据再次向票据上所载明的票据债务人行使权利,从而造成纠纷。

票据为个别发行证券 证券以流通方式不同,可以分为社会发行证券和个别发行证券,由特定的人向不特定的多数人以集中方式和同一条件发行的证券,为社会发行证券,如股票、债券、国库券等;由不特定的人向不特定的个别人以分别方式和不同条件发行的证券,为个别发行证券。票据是不特定的出票人向不特定的收款人所发行的,票据金额记载也各不相同,因此,票据为个别发行证券。

票据为货币证券 依证券的经济功能不同,可以把证券分为商品证券、货币证券和资本证券。商品证券是指代表一定商品的有价证券,如提单、仓单等。资本证券是指能够按照事先的约定从发行者处获得收益的有价证券,如股票、债券等。货币证券是指表明对一定数量的货币享有请求权的有价证券。票据权利是持票人向票据债务人请求给付票面金额的权利,而票据本身又代表了一定的货币,故称货币证券。

此外,有学者把票据作为债权证券。他们认为,有价证券依其所表现的财产性权利性质的不同,可以分为债权证券、物权证券和股权证券。债权证券所表示的权利是一定的债权,如债券、提单、仓单等。物权证券是表示一定物权的证券。股权证券是表示一定股东权的证券,它的表现形式就是股票。票据代表了一定的债权,所以是债权证券。但也有学者认为,票据权利是有别于物权、债权、股权等权利的特殊权利,是一种商法上的权利,不同于民法上的物权、债权,不能将票据归为债权证券。

(梁 鹏)

piaoju de tuxiao
票据的涂销(obliteration of negotiable instruments)
将票据上的签名或者其他记载事项以涂抹、刮削、粘贴等方法予以消除的行为。我国票据法对票据涂销未做规定。日内瓦《汇票和本票统一法公约》以及《支票统一法公约》中没有关于涂销的概括性规则,而是将涂销分别规定在有关票据行为中。美国商法典只简单地规定涂销是解除当事人责任的一种方式,没有更具体的涂销规则。英国汇票法将所有的涂销归纳在一起进行了概括性规定,将涂销分为持票人的涂销和非持票人的涂销,故意的涂销和无意的涂销等。我国台湾地区的票据法既有概括性的规定,也有具体票据行为的涂销规定。票据涂销有利于当事人根据确定的票据关系对票据事项予以记载和变更,确认票据文义,保障票据关系当事人的合法权益。

票据涂销与票据变造虽都是对票据上记载事项的变更,但两者法律性质不同。票据涂销一般为有相应权限的人所实施,而票据变造是无变更权限的人实施。票据涂销只限于对票据上记载内容的涂销,不包括对票据上记载内容的增加,票据变造既包括对票据上记载内容的消除,也包括对票据上记载内容的增加。票据的涂销在各国的法律规定中多为合法的行为,并不构成伪造、变造有价证券的法律责任,而票据变造则要承担相应的法律责任。

票据涂销一般做如下区分:(1)根据涂销人有无涂销权,可分为有涂销权的涂销与无涂销权的涂销。

有涂销权的票据涂销是指票据权利人或持票人对票据记载事项进行涂销且对票据权利、义务产生积极后果。无涂销权的票据涂销是指无涂销权人对票据记载事项进行的涂销且不产生涂销人所期望的票据效力。(2)依票据权利人是否故意,可分为故意涂销与非故意涂销。非故意涂销票据记载事项不影响票据的效力。(3)根据涂销所依据的法律和产生的效力,可以分为法定涂销与任意涂销。法定涂销是指在票据法上明确规定了其法律效力的涂销。法定涂销又包括三种,即票据背书的涂销、汇票承兑的涂销和支票划线的涂销。票据背书的涂销是将已经背书的记载消除;汇票承兑的涂销是将汇票上已经进行承兑的记载消除,表明承兑人撤销承兑;支票划线涂销是将支票上已有的划线消除。为了确保支票支付的可靠性,有些国家否认支票划线涂销。任意涂销是指票据法上未规定其效力,而是按民法的有关规定确定涂销的效力。任意涂销又包括保持票据效力的涂销和丧失票据效力的涂销。保持票据效力的涂销是消除不影响票据效力的记载事项的涂销,如对票据上的任意记载事项所进行的涂销。丧失票据效力的涂销是指消除影响票据效力的记载事项的涂销,如对票据绝对必要记载事项的涂销就会导致票据权利归于消灭。

(孔志明)

piaoju de weizao

票据的伪造(forgery of negotiable instruments) 指无权限人假冒他人或虚构他人名义实施的票据行为。票据伪造是票据瑕疵的一种。中国人民银行发布的《支付结算办法》第14条第3款规定:本条所称的伪造是指无权限人假冒他人或虚构他人名义签章的行为。签章的变造属于伪造。在票据伪造中,假冒他人或虚构他人名义签章的人是伪造人;自己的签章被假冒的人是被伪造人。票据的伪造包括狭义的伪造和广义的伪造。狭义的票据伪造是出票的伪造,指假冒出票人的名义而签发票据,又称基础票据行为的伪造。广义的票据伪造是指假冒他人名义所为的任何票据行为,即除了对出票行为的伪造外,还包括伪造他人签章的其他票据行为,如背书、承兑、保证、参加付款和参加承兑的伪造等。除了出票行为的伪造之外的其他票据行为的伪造又称为附属票据行为的伪造。我国票据立法对票据的伪造采广义含义,即一切假冒或虚构他人签章的行为,不论该假冒或虚构发生在出票、背书、承兑、保证的任何一种票据行为中,均构成票据的伪造。刑法上的票据伪造的含义要比票据法上的票据伪造要广,指行为人仿造真实的票据的形式、图案、颜色、格式,通过印刷、复印、绘制等制作方法,非法制造票据的行为。以被伪造的名称是否真实存在可把票据的伪造分为真实名称的伪造和虚拟名称的伪造。在真实名称伪造的情况下,被伪造人可以是仍健在或仍存续的,也可以是已经死亡的或已终止消灭的。伪造人假冒他人签章的手段可以是多种多样的,如私刻他人印章、模仿他人签名、以复写方式在票据上签名、以盗窃手段获得他人印章、私自使用自己保管的他人印章等。

票据的伪造必须具备如下要件:(1)伪造的票据符合票据行为的形式要件。票据伪造不是票据行为,但是,票据伪造人所为的行为符合票据行为的形式要件,即应具备一定的格式、记载事项、签章及交付。(2)票据伪造必须是假冒他人或者虚构他人名义在票据上签章。行为人如受他人委托在票据上代他人签名盖章的,则不构成票据的伪造,而是票据代理。(3)票据伪造以行使伪造后的票据权利为目的。票据伪造人假冒或虚构他人名义在票据上签章,目的是为了从伪造的票据上获得票据权利。我国票据法对票据的伪造做出了禁止性的规定,伪造票据上的签章的,应当承担法律责任。

(孔志明)

piaoju eyi kangbian

票据恶意抗辩(defense of negotiable instruments against bad faith) 指在票据义务人得对抗持票人的前手主张对人抗辩的场合,该持票人明知有害于票据义务人而受让票据时,票据义务人得以对其前手的对人抗辩事由,对该持票人主张抗辩。票据恶意抗辩是票据法上的对人抗辩切断的例外。票据抗辩的切断是为了保护票据正当持票人的合法利益而设定的一项制度,但对于票据恶意取得者,不应当从这种制度中受益,所以票据法规定了票据恶意抗辩。票据恶意抗辩包括两种情形:一是原因关系的恶意抗辩,即在持票人明知票据义务人与出票人或者与自己的前手之间存在抗辩事由,仍受让票据时,发生的恶意抗辩。二是基于票据行为瑕疵抗辩及无权的抗辩而发生的恶意抗辩,即持票人明知其前手系以欺诈、偷盗或者胁迫等手段取得票据,但仍出于恶意或者重大过失而取得票据时,所发生的恶意抗辩。英美票据法将票据恶意抗辩规定在知情抗辩中。

(孔志明)

piaoju fapiao

票据发票(negotiable instrument-drawing) 票据发票也被称为出票行为,《中华人民共和国票据法》第20条规定:出票是指出票人签发票据,并将其交付给收款人的票据行为。发票行为是票据法律关系得以发生的法律事实,出票人依照票据法,作成票据并交付于收款人,在出票人和收款人之间就发生了票据权利义务,因此,发票行为属于票据法律行为。同时,出票行为有效成立,该票据才能有效存在,出票行为无效,票据本身为无效,即使当事人事后承认,也不能使该票据再发生法律效力,在该无效票据上随后所为的其他一切票据行为均为无效,都不能发生当事人预期的法律效力。因此,出票行为属于基本票据行为。 (辛丽燕)

piaojufa
票据法(law of negotiable instruments) 是规定票据的种类、签发、转让及票据在设立、转移、权利实现过程中票据当事人的权利义务等内容的法律规范的总称。各国票据法主要包括以下几方面的内容:(1)票据的种类、格式、记载事项及其法律意义,比如汇票、本票、支票的格式及记载事项;(2)票据行为的种类、要件及法律后果,比如出票、背书、承兑、保证、付款、追索的要件和法律后果;(3)票据权利及票据义务,比如付款请求权和追索权;(4)票据瑕疵,比如票据的伪造和变造;(5)票据救济,比如挂失止付、公示催告和票据诉讼。

票据法的调整对象为票据关系和票据法上的非票据关系。票据关系是指票据当事人之间因票据行为而产生的票据权利义务关系,它是在票据当事人之间发生的、必须由票据法调整的、能够产生票据上的权利义务的法律关系。票据关系主要可以划分为:票据发行关系、票据背书转让关系、票据承兑关系、票据付款关系、票据保证关系等。票据法上的非票据关系是指票据关系以外由票据法规定的社会关系,如票据丧失后失票人请求补发票据,请求非票据权利人返还票据的法律关系,因未实现票据权利而请求返还利益的法律关系等,都属于票据法上的非票据关系。由票据法规定的非票据关系虽然不能产生票据上的权利义务,但其与票据紧密相连,所以应当由票据法加以调整。

在大陆法系国家,票据法从来就是商法的一个重要组成部分。从传统看来,票据法产生于商人的交易实践并在交易实践中发展,后被欧洲各主要大陆法国家纳入商法典,这一传统至今仍未改变,现代商法是市场交易的基本行为准则,票据法是商法的组成部分。在英美法系,没有民法与商法之分,但在有商法典的国家,票据法是商法典的一部分,例如,典型的现代商法的代表《美国统一商法典》的第三编就是关于票据的规定。

制定票据法的目的在于:(1)规范票据行为。票据行为是商行为的一种,其产生于商品交易的实践中,早期的票据行为是通过商人的习惯法来维护的,后来,由于票据行为所涉社会公众越来越多,票据行为越来越复杂、越来越重要,并且票据行为与大陆法系国家的民事行为有着诸多不同。于是,国家通过制定票据法来规范票据行为。(2)保障票据活动当事人的合法利益。票据虽然代表一定的财产利益,但它并非财产本身,它比一般民法上的权利更容易受到侵害,如果没有票据法作保障,当事人取得的可能仅是一张废纸。加之票据具有流通性,涉及的当事人非常广泛,故而需要票据法来保障当事人的合法利益。票据当事人的合法权益,既包括票据债权人,即持票人的权益,又包括票据债务人的合法权益,票据法保护因票据而发生关系的所有当事人的合法权益。(3)维护社会经济秩序。票据作为商务交易工具流通于社会经济中,涉及不特定社会主体的经济利益,在目前社会中有着广泛的适用范围。作为金融工具又事关国家的金融秩序,如果不以严格的票据规则规范票据行为,不仅可能使票据当事人的合法权益无法保障,而且也会破坏金融秩序乃至整个社会经济秩序。因此,票据法的制定有益于维护社会经济秩序。(4)促进市场经济的发展。票据作为市场交易工具,具有信用工具、融资工具、结算工具等功能。正基于此,它成为市场经济的基本制度之一。完备的票据立法能将票据的这些功能发挥到极至,而且能够促进票据活动和票据使用的广泛化,促进市场经济的票据化、金融化。因此,票据法对促进市场经济的发展,具有重要而深远的意义。

在票据法的概念上,有广义和狭义之分。

广义的票据法,也称实质的票据法,是一切有关票据的法律规范的总称。除了专门的票据法律、法规外,还包括其他法律、法规中有关票据的规定,如担保法中的票据质押的规定,民事诉讼法中关于票据纠纷和公示催告程序等的规定,刑法中关于票据犯罪的规定,公证法中关于票据被拒绝承兑及拒绝付款的公证规定,破产法中的票据当事人受破产宣告的规定,税法中的票据印花税的规定;甚至包括国际贸易法中的票汇制度等。以上的规定如果在公法中,称为公票据法,如刑法、诉讼法中的规定等,如果在私法中,称为私票据法,如担保法中的规定等。

狭义的票据法,也称形式的票据法,是指专门规定票据的种类、形式和内容,明确票据当事人之间的权利义务,调整与票据密切相连的社会关系的法律规范。一般是指以"票据法"命名的法律规范或者商法典中以票据为名的编、章、节等,也包括以票据交换、票据贴现、票据结算、票据存款等为内容的附属性行政法规和规章。例如,银行的结算办法等。通常所指的票据法仅指狭义的票据法。以我国为例,狭义的票据法既包括《中华人民共和国票据法》,也包括《支付结算办法》、《票据管理实施办法》、《最高人民法院关于审理票据纠纷案件若干问题的规定》等行政法规和司法解释。

以票据的规定是否涉及公法性因素,还可以将票据法分为公票据法和私票据法。

公票据法是指公法上对票据的规定。这是国家对票据所涉公的社会关系的规范。比如刑法中的破坏社会主义市场经济秩序罪规定有金融票证诈骗罪,伪造、变造金融票证罪；民事诉讼法上关于票据诉讼和除权判决的规定；公证法关于票据公证的规定，也包括票据法关于票据责任的行政责任和刑事责任部分。

私票据法是指私法上有关票据的规定。这些规定不涉及公的因素。狭义票据法上的票据规定多属私票据法，例如，票据法上有关是否记载禁止背书、当事人对票据记载金额的约定，出票地点、付款地点的记载等都属于私票据法的规定。

（梁 鹏）

piaojufa de fazhan qushi

票据法的发展趋势（trend of development of negotiable instruments law） 票据法在20世纪以来的发展趋势就是走向国际统一。随着区域经济、国际经济发展的趋于同一，规范票据这一金融的法律也开始走向统一。20世纪，在荷兰海牙、瑞士日内瓦、美国纽约分别召开了数次会议讨论票据法的统一并制订了相应的文件。票据法学者也纷纷提倡票据法的统一。票据法统一的最根本的动因在于，国际贸易在逐渐增加，票据法的不统一，将使支付与结算困难重重，进而阻碍贸易的发展，阻碍国际经济的发展。

在票据法的统一运动中，出现了三个重要体系：第一个是日内瓦公约体系，几乎包括所有欧洲大陆国家和一些拉美国家；第二个是普通法体系，包括美国和英国以及以普通法作为本国法律基础的国家的法律；第三个是通用体系，该体系覆盖整个世界，保持了各种金融制度的最新发展，如银行信用证和安排，以及国际汇票和可转让的联合运输单据等。

日内瓦公约体系 由于资本主义商品经济在欧美的迅速发展，国际贸易日益频繁，国际间的票据应用日益广泛而票据关系也越来越复杂，而各国国内票据法的不同规定严重阻碍着票据在国际间的流通，影响了国际经济交往的正常发展，因此，票据立法国际化的必要性日益显现出来。1896年意大利召开了一个商业会议上首先倡导制定统一的票据法，同1873年国际法协会和国际法学会先后发表统一票据法草案，这是国际致力于票据法统一运动的最初尝试。1910年由德国和意大利提议，荷兰政府在海牙主持召开了国际票据法统一会议。在这次会议上有31个国家参加，会议拟定了共有88条的《统一票据法草案》和26条的《票据统一有关条约草案》，1912年，在第一次会议的基础上又在海牙召开第二次国际票据法统一会议，制定了80条的《统一票据规则》，30条的《统一票据法公约》，另外还制定了34条的《统一支票规则》。1912年的这两个统一规则制定通过以后，得到了欧洲大陆各国的普遍承认。但第一次世界大战的爆发中止了票据法的国际统一化运动，妨碍了世界各国对这两个规则和《统一票据法公约》的批准，但它们仍对各国票据立法的统一产生了积极的影响。对票据法国际统一运动产生深远影响的，是1930年在日内瓦通过的《统一汇票本票法公约》和《统一支票法公约》两个国际公约，并由此形成了日内瓦票据法体系。

第一次世界大战结束后，国际联盟于1920年在布鲁塞尔召开了一个国际财政会议，在会上重新提到统一票据法问题。1927年国际联盟专门设立了一个法律专家委员会，来负责起草统一票据法及公约草案。1930年，国际联盟理事会在日内瓦召开第一次国际票据法统一会议，经过三十多个与会国家的广泛磋商，大会议定了《统一汇票本票法》与其相关的三个公约，即1930年《汇票本票统一公约》、《解决汇票本票法律抵触事项公约》和《汇票本票印花税法公约》。这三个公约彼此独立，各国可分别加入，最后，有22国政府在前两个公约上签字，有23国政府在第三个公约上签字。

1931年，在日内瓦再集了第二次国际票据法统一会议，以解决支票法的统一问题。此次会议议定了1931年《国际统一支票法》，也通过了三个公约，即《统一支票法公约》、《解决支票法律抵触事项公约》和《支票印花税法公约》，分别有29个国家在上述各公约上签字。

1930年《汇票本票统一公约》和1931年《统一支票法公约》兼取法国法系、德国法系和英美法系三大法系的精华，到目前为止，仍是当今国际社会最为完善的票据立法，自从这两个统一法通过以后，德国、法国、日本、瑞士等多数大陆法系国家都纷纷据此修正或重新制定了各自的票据法，法国法系和德国法系之间的对立情形，从此渐趋消失，至此，日内瓦票据法体系或称大陆票据法体系形成。

普通法票据法体系 普通法票据法体系，即英美票据法体系，到目前为止，有关汇票、支票和本票的法律在英国、美国和其他普通法国家也是统一的，统一的基础建立在1882年英国的《票据法》和1896年《美国统一流通证券法》上。1952年美国在《统一商法典》第三编中规定了"商业证券"，该统一商法典已为除路易斯安那州以外的美国所有各州和管辖区所采纳，第三编的采纳，使普通法系丧失了文字上的统一，但除了次要的变更外，实质上的统一仍然保留下来了，由于普通法法系的各国不愿意参加日内瓦统一票据法，所以当今国际社会仍然存在着两大主要对立的票据法体系：日内瓦体系和普通法体系。

日内瓦体系和普通法体系在内容的规定上存在着很大的不同，主要是普通法体系采用比日内瓦体系更自由的票据法制度，日内瓦体系比较强调票据形式的严格性，而普通法体系却侧重在实际运用过程中的便利，比如允许发行无记名汇票，允许分期付款、设立恩惠日、如果被拒绝承兑可以请求偿还等都是普通法法系国家票据法的特点。

通用体系 由于在现代国际经济贸易交往中都是通过票据特别是汇票来进行国际结算,而日内瓦统一票据法又未能得到普通法体系各国,特别是没有得到作为世界贸易大国的美国、英国、加拿大等国的承认和接受,从而在国际票据法上形成了日内瓦公约体系和普通法体系的对立,妨碍了票据的流通和使用,影响了国际结算的顺利进行,并最终影响了国际经济交往的正常发展。特别是第二次世界大战后国际贸易迅速发展,在这种情况下,即使票据法已经比较好地统一为日内瓦公约体系和普通法体系,但两大体系之间的冲突和矛盾仍需要解决以达到世界范围内的统一。为此,国际商会和联合国进行了有益的尝试。

首先,具有重要意义的两套规则已被广泛采用,即国际商会制定的 1962 年《跟单信用证统一惯例》和 1967 年《商业票据托收统一规则》。跟单信用证是对流通票据的发展,现在已经成为国际贸易中经常使用的支付方法,成为进出口交易中的支付机制,这一统一惯例已被世界上最大多数的国家采用,采用这一惯例国家的数目比联合国会员国还要多,因此,在国际金融体系,首先达到了制定国际贸易法的目标,票据法的通用体系已初步形成。

其次,联合国贸易法委员会也进行了大量有工作,从 20 世纪 70 年代初起,联合国委托国际贸易法委员会组建一个有英国、美国、苏联、法国、印度、墨西哥、埃及、北爱尔兰等国代表参加的国际票据法小组,负责国际统一票据法的起草工作。该工作组 1973 年拟定了《国际汇票与国际本票公约草案》,以后又提出了《国际支票公约》草案,并对这两个草案反复讨论多次修改,于 1988 年 12 月在纽约签订了《联合国国际汇票和国际本票公约》,联合国国际贸易法委员会努力通过这个公约,来消除日内瓦公约体系和普通法体系之间的矛盾和障碍。不过目前在该公约上签字的国家还极为有限,而联合国国际贸易法委员会的这个公约也并不打算作为强制性法规纳入批准国或加入国的国内法,而只是力求制定一部具有选择性质的统一公约。

尽管票据法通用体系的最终确立还需要很长的时间,但作为一种努力的方向,票据法在全世界范围内的真正统一已成为票据法发展的未来趋势。 (梁 鹏)

piaojufa de lishi
票据法的历史(history of negotiable instruments law) 票据法的历史,可以从国外票据法的历史和中国票据法的历史两方面来说。

国外票据法的历史 国外票据法的演进历程,正如商法的发展一样也经历了这样三个阶段:作为商人习惯法时期、纳入国内法时期和国际间票据法的统一时期。

第一阶段:票据法作为商人习惯法时期是指从票据出现到 17 世纪前各国以成文法规定之前的时期。票据在公元 8 世纪就在地中海被阿拉伯人使用着,那时没有成文的票据法,票据这一工具是以商人习惯法的形式被规范着的。在欧洲,关于票据的商人习惯法是由商人团体的规约、"商人法庭"、"市场法庭"的裁判组成的。票据法作为旧商人习惯法及其在中世纪始终保持统一的主要原因有四个:集市法的统一性;票据商事惯例的普遍性;有处理商事包括票据纠纷的专门法院以及公证人的各项活动。

对于集市法之一的票据法的统一性,有学者这样阐述:源于商业和平时期的集市法仍然不折不扣地按照富有古代严密性的一般法律制度行事……统一的趋势得到加强。在各种各样的地方法中,各地大的集市法在本质上是相同的,该法几乎与教会法一样普遍。因此,在民事立法和地方商业惯例之外,出现了商人习惯法的概念……。故作为地球上商业上的最早形式的集市是人类文明史上前所未有的商业协调、统一与和平的手段(施米托夫著:《国际贸易法文选》,中国大百科全书出版社 1993 年版,第 5~6 页)。

票据商事惯例的普遍性主要表现在两个方面:共同的起源和商事企业的普遍要求。从票据历史发展的早期阶段可以看出,票据流通的形式有着共同的起源,而这种形式在所有从事国际贸易的国家都是相同的,尽管后来各民族国家的分裂影响和破坏了最初的欧洲大陆私法的协调而发展了各民族国家的法律特征,但却并没有影响已成为商人们的国际货币的流通票据在形式上的一致性和趋同性。另一方面,商业企业对票据商事惯例也有着共同的要求。因为票据尤其是汇票从出现之日起,就是一种融资的手段,银行家们作为票据的付款人或买卖人,对于导致产生票据的交易本身并不感兴趣。票据交易的典型特征是:它作为一种纯粹的金融交易,完全脱离了交易的最终目的,而按它自己的是非曲直做出判断。对于银行家来说,重要的是考虑票据的形式是否得当。因此,票据的流通性决定了商人们必须遵循普遍的规则来实施票据行为。这就使票据商事惯例的普遍性得到了加强。

此外,处理商事纠纷的专门法院和公证人的各项活动,都使商人们在交易时或发生纠纷时由具有专业知识的人士在各地解决争议,且无论地方惯例有何区别,他们也都明确适用相同的商事惯例。因此,早期的票据法作为商人习惯法而呈现较强的国际特征。

第二阶段:票据法纳入国内法时期。18 世纪以后,票据法被各国纷纷以国内法的形式加以确定,此时的票据法脱离了作为商人习惯法的时期而进入纳入国内法的时期。在这段时期内,先后形成了法国票据法、德国票据法和英美票据法三个主要的票据法体系。从一般的法律传统看，法国票据法体系和德国票据法体系属于大陆法系，而英美票据法体系属于英美法系。

1673年法国国王路易十四颁布《陆上商事条例》（也称《商事敕令》）成为法国票据法的基础，也是近代票据制度成文化的范例。1807年拿破仑主持编纂《商法典》，其中第一编第八章是票据法的规定，从第110条至第189条，共80条，但这里的票据只包括汇票与本票两种。1865年法国又制定了支票法作为特别法，所以法国票据法所指的票据，只是汇票和本票，支票属于另外一种有价证券。

法国票据法在内容上多沿用旧时的习惯，认为票据只是运输金钱的工具，而且是证明当事人之间基础关系的契约，认为票据关系与其基础关系不能分离；同时只着重规定了票据在汇兑和支付过程中的各种关系；同时，法国票据法不太注重票据形式，对票据款式没有做出严格的规定。由于法国票据法没有将票据关系与其基础关系分离而不利于票据流通和信用职能的发挥，无法适应现代社会经济生活的需要。因此，法国于1935年在参考《日内瓦统一汇票本票法公约》和相关规定的基础上，于1936年将修订后的商法公布实施。

受法国票据法体系影响的国家有：比利时、希腊、波兰、土耳其、埃及、西班牙和拉丁美洲的许多国家。

德意志各邦从17世纪起相继颁布了票据法规，但由于内容相互抵触，适用相当困难，所以，在1846年，关税同盟各邦会议时开始倡导票据法统一。1847年根据普鲁士法案，订立《普通票据条例》，被各邦所采用，以后经过修订成为德意志法律，1871年《普通票据条例》正式公布实施。该条例所规定的票据与法国票据法体系相同，仅指汇票、本票两种，1908年《支票法》另行订立实施，这两部法律成为德国票据法法系的基础。

德国票据法体系与法国票据法体系不同，它强调票据的信用和流通这两大作用，着重规定了票据作为信用工具和流通工具所发生的各种权利义务关系；为发挥票据的信用、确保商业贸易的安全，德国票据法规定了严格的票据款式，"票据文句"作为票据绝对必要记载事项必须明确记载于票面，否则票据无效；规定票据关系与其基础关系完全分离，票据原因的效力与票据关系本身无关，不能基于票据原因的无效，被撤销或其他理由而对抗善意的持票人。1930年《日内瓦统一汇票本票法公约》和《日内瓦统一支票法公约》批准通过后，德国法也作了相应的修改，并于1933年6月颁布了新的《德国票据法》和《德国支票法》。

属于德国票据法体系的国家主要有：瑞典、挪威、丹麦、奥地利、匈牙利、瑞士、土耳其、日本、苏联等国。意大利、葡萄牙等国是法国票据法体系，兼采德国票据法体系。

英美法系与大陆法系在法典编纂、法官职权、法律形式等方面存在着很大不同，因此，英美票据法体系也表现出与大陆票据法体系的不同。

英美法系向来以判例法为其主要的法律渊源之一。1882年，英国国会通过并颁布了成文的《票据法》，这部法律集多年的习惯法、特别法及判例法而成，规定的内容包括汇票、本票和支票，其中支票是作为汇票的一种加以规定的。1957年，英国又颁布《支票法》作为票据法的补充，不过该《支票法》仅有8个条文。

美国在殖民地时代，大部分法律都沿袭英国法，关于票据在19世纪末以前只在普通法和各州法律中有一些规定，美国独立之后，于1896年制定了《统一流通证券法》，其中流通证券是指可以背书或交付而转让的证券，包括汇票、本票、支票、无记名票、无记名公司债券等，范围比"票据"含义广。1952年美国制定并通过《美国统一商法典》，其中第三编为"商业证券"，它以汇票、本票、支票为主要规范对象，以取代《统一流通证券法》，但在对汇票、本票、支票的法律规定中，与1896年的《统一流通证券法》大同小异。

英美票据法体系主要以1882年英国的《票据法》和1896年《统一流通证券法》为基础，其特点与德国票据法体系相类似，注重票据上的信用和流通，强调票据关系与其基础的完全分离。不过与法国票据法体系和德国票据法体系相比较，英美票据法体系采取比较自由的票据法律制度，对于票据形式主要侧重于票据在实际运用方面的便利，而不像德国票据法体系那样严格而崇尚形式。属于英美票据法体系的国家有英国、美国、加拿大、澳大利亚、印度及英属各殖民地等。

通过简要的历史回顾我们可以看出：由于政治与社会发展的一般趋势，各国把包括票据法在内的商人习惯法纳入国内法的进程无疑是不可避免的；而包括票据法在内的商法的编纂，无论采用欧洲大陆国家喜欢的成文法的方式，还是英美等普通法国家采纳的司法形式，在开始的阶段都使实施这种编纂的国家明显地从中受益。但是今天，当我们用公正的和批判的眼光看待此项发展时，我们开始怀疑，从长远来看，不利因素是否超过了有利因素。

第三阶段：国际间票据法的统一时期。国际票据法发展的第三个阶段的标志是具有旧的商人习惯法的复归，时间是从20世纪初开始的票据法的国际统一运动至今。票据法之所以会出现这种新的发展趋势主要的原因应该是：不同国家的票据经历的相似性、一些国家在政治和经济上的重要性，从而在法律和文化方面显现了强烈的"辐射力"和影响力以及票据法国际公约的制定与批准等。

中国票据法的历史 我国票据法的产生相对较晚,而且在产生之初具有很强的西方色彩。具体说来,中国票据法的发展可以以 1949 年为标志,分为两个阶段:

第一阶段:1949 年以前的中国票据法。在截至清朝前期的漫长封建历史中,票据交易中所形成的法律关系都是由长期形成的票据习惯和票据惯例来调整的,只存在不成文的票据法。这些不成文的习惯和惯例极为简单,各地流行的习惯也不尽相同,既不利于票据交易的顺利进行,又欠缺必要的整理和系统化,因此,清朝以前,我国并无真正的票据立法可言。

清朝末年,外国资本大量侵入,中外贸易往来频繁,票据交易有了进一步的发展。而清朝政府在门户被迫打开任由列强宰割的现实面前,也认识到要改变先帝之法不可废的做法,被迫变法图新,于是聘请许多了外国专家参与各种成文法的制定和完善工作。当时的宪政编查馆聘请日本法学家志田甲太郎草拟商事法规,其中包括公司法、海商法和票据法。志田甲太郎整理以往的票据习惯,参照海牙统一票据法规则草案和日本及德国的票据立法,拟定了《大清票据法草案》,又称"志田案"。该草案是我国第一部成文的票据法草案,分总则、汇票和期票三编共 94 条,但辛亥革命推翻了清政府,该草案未能公布施行。

国民党政府票据法第一次草案是在 1913 年由法典编纂会起草,顾问仍是日本的志田甲太郎。该草案仍主要参考海牙票据法统一规则草案和德国及日本的票据立法,草案共分三编 15 章 49 条,仅规定汇票和期票,而没有支票的规定。后来由于第一次世界大战以及并不切合中国情况,该草案也未公布施行。1922 年,北京政府修订法律馆推举五人委员会在调查各地票据习惯的基础上,在参考了"志田案"之后,第二次起草了一部票据法,称"共同案"或"修订法律馆第一案",该草案分总则、汇票、支票四编,共 109 条。与此同时,法国籍顾问艾斯拉克也根据海牙票据法统一规则,起草了另一部票据法草案,艾斯拉克主张民商分立,力图将票据法纳入到商法典中,并先后提出了四次草案,但"共同案"和艾斯拉克的草案都没有公布。

1928 年,国民党政府立法院订立了《票据立法原则》共 19 条呈报中央政治会议通过,立法院商法委员会根据票据立法原则,参考以往的各次票据法草案,1912 年海牙票据法统一规则以及德国、日本、英国和美国等国家的票据法,起草了一部票据法,并于 1929 年 9 月 28 日通过,同年 10 月 30 日公布实施,中国历史上第一部正式的票据法产生。该票据法分为 5 章 139 条,第一章为总则,第二章为汇票,第三章为本章,第四章为支票,第五章是附则。1930 年 7 月 1 日,国民党政府又公布了《票据法实施法》共 20 条。该票据法及其实施法经不断修订,至今仍在中国台湾地区适用。

第二阶段:新中国的票据立法。1949 年中华人民共和国成立后,除了国民党政府的其他法律,票据法也被废除。此后在相当长的时期里我国一直采用行政办法来管理票据,并对票据的管理采用限制或禁止的方法。20 世纪 50 年代末,随着资本主义工商业社会主义改造的完成,国民经济逐渐走向了高度计划经济和国营经济占绝对优势的道路。国家实行严格的金融管理,大力推广银行信用,限制乃至取消商业信用,票据使用被限制在很小的范围内。汇票只在国际贸易中使用,本票基本被取消,支票只能由企业或单位使用并以转账支票为主,个人不得使用支票。所以在计划经济体制下,我国没有制定票据的专门规定,只有支票的规定散见于有关结算办法中。

党的十一届三中全会以后,随着改革开放的深入,国家逐渐把票据作为一项制度来规定和推广。1982 年,上海市人民银行制定了《票据承兑、贴现试行办法》;1983 年中国人民银行允许开办银行汇票结算业务;1984 年 12 月中国人民银行发布了《商业汇票承兑、贴现暂行办法》,并于 1985 年 4 月 1 日施行。1986 年 9 月 15 日至 25 日,银行界人士召开票据立法会议,并拟出《中华人民共和国票据暂行条例》草案,向金融界和法律界征求意见,但是,当时国内的票据活动虽然已经逐步开展,人们对票据的认识却仍然很不深入且不统一,所以这项工作暂时停止下来。

1988 年以后,我国票据立法进入一个新阶段,其标志是 1988 年 6 月 8 日上海市人民政府发布的《上海市票据暂行规定》,这是新中国成立以来第一个比较全面系统并与国际票据立法相近的地方性票据规章。该规定共分 5 章 86 条,分别规定了汇票、本票、支票等制度。另外,从 1988 年 8 月起,中国人民银行全面改革银行结算制度,建立起以支票、汇票、本票和信用为核心的"三票一卡"新的银行结算制度,并从 1989 年 4 月 1 日起开始实施新的《银行结算办法》,从而开始了我国正式的票据立法工作。

1990 年底,中国人民银行总行正式成立了票据法起草小组,于同年 11 月形成了《中华人民共和国票据法讨论稿》,并向国务院法制司汇报了立法计划。1991 年 9 月,形成《中华人民共和国票据法修改稿》,在此稿的基础上,经过多次讨论和修订,1994 年初,中国人民银行总行向国务院呈交了《中华人民共和国票据法》的送审稿及附带说明。1994 年 12 月 5 日经国务院总理签署呈报全国人大常委会提请审议。在深入和广泛的研究讨论之后,1995 年 5 月 10 日,第八届全国人民代表大会常委会第十三次会议通过,并于 1996 年 1 月 1 日起实施。该《票据法》共分 7 章共 111 条,其中第一章总则,第二章汇票,第三章本票,第四章支票,第五章涉外票据的法律适用,第六章法律责任,第七章附则。至此,中华人民共和国第一部票据法正式诞生,中国票据法的发展进入了一个有专门法可依的崭新阶段。

(梁 鹏)

票据法的特性(properties of negotiable instruments law) 票据法作为商法的组成部分,无论在英美法系还是在大陆法系都是不争的事实。所谓的票据法的特性,不是指票据法具有公法性还是私法性,而是指票据法所具有的与其他法律,特别是与民法的不同之处,总结起来,票据法具有强制性、技术性、国际性、严格形式性等特征:

票据法具有强制性。票据法的强制性是说有关票据的各个方面,都是由票据法作出硬性的规定,而不允许票据当事人进行约定。票据法的强制性是针对民法的任意性而言的。在民法里充斥的是任意性的规定,法律对当事人之间的行为不进行强制规定。而有关票据的内容,除少数几处可以由当事人约定外,绝大多数由票据法强制规定。主要表现在:(1)票据种类由票据法规定,不允许当事人任意创设汇票、本票、支票以外的形式;(2)票据行为由票据法规定,在规定的行为以外不得任意创设票据行为;(3)票据的记载事项由票据法规定,绝对记载事项必须记载,否则票据无效。相对记载事项如无记载,则按法律规定处理;(4)票据行为的法律后果由票据法规定,当事人不得约定后果;(5)票据权利和义务由票据法规定等方面。票据法之所以具有强制性,其原因大致有二:其一,无强制性将可能导致票据无法流通。如果允许票据当事人任意约定,则后手的票据当事人不得不去追查前手之间的约定事项,否则可能接受的是于己不利的票据。这样,票据当事人必不愿耗时费日,宁愿以现金交易,票据便不得流通。其二,无强制性将导致金融秩序混乱。现代票据是银行票据,以银行信用为中心,是最重要的金融工具。如果允许当事人任意约定,则票据种类、票据行为、票据记载事项都处于不稳定状态,银行接受此种票据,必使金融秩序混乱。例如,票据记载事项如果任意,银行接受的票据形形色色,付款与否,银行很难审查,不仅效率低下,而且极易造成金融秩序混乱。此外,无强制性也会导致票据当事人的权利无法保证,基于此,票据法必须具有强制性。

票据法具有技术性。票据法的技术性,可以从两方面来说:一方面,票据法基本上不涉及善、恶等道德评价问题。法律规范,以是否具有道德因素区分,可以分为道德性规范和技术性规范。道德性规范涉及善、恶等伦理评价,民法的这种规范居多,例如,禁止三代以内的近亲结婚,禁止侵犯他人的隐私权,过错责任原则的规定等。而商法是市场交易的基本法,涉及的道德内容较少,票据法更甚,基本上不具有伦理性。例如,票据出票的规定、背书的规定、付款条件的规定,没有善与恶的问题。另一方面,票据法具有民法所不具有的操作上的技巧。民法在操作上的技巧很少,特别是婚姻、家庭、继承中,所以,一般人可以读懂民法典。票据法则不然,一般人很难读懂。例如,票据在什么情况下可以抗辩,在什么情况下不得抗辩都非常技术,背书、承兑、付款、追索也都具有技术性。票据法之所以具有技术性,是由商品交易的特征决定的,商人有商人的道德标准,以营利为最高目的,如果以一般人的道德约束他们,则交易效率就会降低,从而影响经济发展。票据作为商人交易的一种工具,当然也不应受过多的道德约束。再者,商人在反复使用票据的过程中,摸索出一整套票据的规则,这些规则多出于方便交易目的,在操作上有违常法,具有技术性。票据法是商人关于票据规则的确认,于是被染上了技术性的色彩。

票据法具有国际性。票据法的国际性是指各国的票据法规定应当是一致的。从各国票据法的内容看,票据的种类、票据行为、票据权利义务、票据法律责任等方面,除少数国家因经济的发展状况差异而有少许差异外,大多是一致的。票据法的统一经历了一个由地方法向国家法统一,再由国家法向国际法统一的过程。以《德国票据法》为例,19世纪中叶时,德国各邦乃至各城市都有自己的票据法,共有56种之多,这种状况使得德意志内部的交易严重受阻,产生了统一票据法的需求。于是德国在1847年制定了《普通德意志票据条例》,并于1871年进一步制定了《德国票据法》。而随着国际贸易的增多,各国票据法的不统一影响到国际交易,又产生了统一各国票据法的需要,在20世纪30年代,日内瓦统一票据法得以出台。票据发展到今天,不仅在参加日内瓦公约的国家之间,票据法是统一的,就是在未参加的国家也力求票据规则与日内瓦公约保持一致。可以说,票据法是国际上统一程度最高的法律之一。票据法具有国际性的原因在于,有关商品交易的法律不仅在一国应该统一,而且在世界应该统一,否则,交易因规则的不同而无法进行。如果票据法不统一,国际支付与国际结算将处于混乱状态,阻碍国际交易的发展。

票据法具有严格形式性。票据法注重票据和票据行为的形式,不仅票据的纸样、票据上记载的内容由国家做出一致的形式规定,而且票据权利严格依照票据上的记载,背书、承兑、保证所书写的文字、所书写的位置都有严格的形式规定,这就是票据的形式性。票据之所以有严格形式性,是为了流通的方便,一方面能让票据当事人一目了然地确定票据上所记载的内容和票据权利,另一方面规范的票据形式使商主体更愿意接受票据。因此,票据的形式性有益于提高交易效率。

(梁 鹏)

票据法上的非票据关系(non-negotiable instrument relation on negotiable instruments law) 票据法上的非票据关系是指由票据法直接规定的与票据行为有联系,但不是由票据行为本身所产生的法律关系。这一类关系不属于票据关系,但它的产生与票据行为有联系,所以,由票据法直接加以规定。因此,适用票据法而不适用其他法律的规定。票据法上的非票据关系包括:(1)因时效期满或手续欠缺而丧失票据上权利的持票人对发票人或承兑人行使利益偿还请求权的关系;(2)对于因恶意或重大过失取得票据者,正当权利人向其行使票据返还请求权的关系;(3)汇票持票人行使发给汇票复本请求权,复本持票人行使交还复本请求权,誊本持票人请求交还原本请求权,以及付款人行使交出票据请求权而发生的关系。有的国家还规定了有关票据原本、复本、誊本的发行或返还关系。对这些非票据关系我国票据法未加以规定。票据法上的非票据关系所包含的权利是对票据权利起辅助或救济作用的权利,它的作用在于保障持票人能够顺利实现票据权利,保护票据的正常使用。

票据法上的非票据关系与票据关系主要有如下两点区别:第一,票据关系是基于票据当事人的票据行为而发生;票据法上的非票据关系则直接由票据法的规定而非票据行为本身而发生。第二,作为票据关系内容的权利是票据权利,是与票据相结合的权利,因而权利人行使权利须以持有票据为必要;而作为票据法上的非票据关系的内容的权利,其行使不以持有票据为必要。

(胡冰子)

票据法系(negotiable instruments legal system) 票据法系是按照不同的票据立法模式对西方国家票据立法的分类。目前,票据法上有英美票据法系和日内瓦统一票据法系两大法系。西方票据制度一般被认为起源于12世纪的意大利,早期各国法律中也不乏关于支付工具和汇兑工具的规则。随着商品经济与国际贸易的发展与扩张,到16世纪,西方的票据制度已较为完备,逐渐出现了承兑、背书、交换等各种便利制度。但作为法律制度的一部分,票据立法始于17世纪中叶。当时欧洲大陆法系各国相继出现成文的票据法律制度;其后,又向英美法系及其他国家逐步扩展。由于各国法律文化以及政治、经济条件都各有不同,19世纪末,法、德、英三国分别颁布的票据法规逐渐形成了世界三大票据法系,即法国法系、德国法系和英美法系。法国法系以法国为首,包括法国、意大利、西班牙、比利时、希腊、土耳其等国,它的特点是支票与票据相分开的分离主义;仅重视票据"支付和汇兑功能"的送金主义;强调票据有因性的是票据主义。德国法系以德国为首,包括奥地利、瑞士、丹麦、瑞典、匈牙利、日本等国。德国法系特点是:分离主义,即票据与支票分别立法;重视票据的支付汇兑以及信用和融资流通作用;新票据主义,即采票据无因性原则和独立性原则。英美法系虽为判例法国家,但在票据立法上也采成文法的立法形式,它除了英国、美国外,还包括印度、加拿大、澳大利亚及其英属殖民地,它的特点是:包括主义,即将支票、汇票和本票统一于一部票据法中进行规定;强调票据的信用、流通融资功能;采无因性和独立性立法,英美法系虽与德国法系有许多相似之处,但仍有差异。英美法系注重票据实际运用之便利,对票据形式规定不像德国法系那么严格。进入20世纪后,社会经济发展,票据法系出现了一系列变化。1934年《日内瓦统一票据法公约》生效,先后批准和加入公约的国家是分别以德国和法国为首的德国法系和法国法系的国家,由于参加公约的各国先后依照该公约修订其票据法,所以德国法系和法国法系的对立逐渐消失并融合为日内瓦统一票据法系。由于英美未参加日内瓦会议,并拒绝加入日内瓦公约,所以,以英美为首的英美票据法系诸国仍旧保留了自己原有的票据法制度。有学者认为,世界上英美票据法系与日内瓦统一票据法系的差异和矛盾在于它们对票据流通性这一根本原则的掌握尺度不同,当然,这种差异和矛盾不是绝对对立的。事实上,自日内瓦公约颁布以来,英美票据法系各国在具体制度上也采纳了许多日内瓦公约的立法原则为己所用。值得提出的是:两大法系的对立,并不能涵盖世界票据立法现状之全部。一方面,一些原德国法系和原法国法系的国家明确以立法或以采纳日内瓦公约精神的方式吸收日内瓦公约内容,但另一方面,一些国家仍参照法国旧票据法为基础立法。同时,智利、墨西哥等国家有自己独特的票据立法,实难将其归入一种既有的分类。当然也有些国家,原来就是大陆法系和英美法系的混合型国家,如印度尼西亚,这些国家在票据立法上也贯穿了混合的特点。

(温慧卿)

票据法学(science of negotiable instruments law) 票据法学是以票据法为研究对象,阐明票据法原理和发展规律的一门独立学科。票据法学在法学体系中被认为是商法学的一个分支学科。无论在大陆法系还是在英美法系,有商法典的国家一般在商法典中规定票据法,没有商法典的国家则在理论上承认票据法是商法的一个组成部分。基于票据法在法律部门中的这种位置,以票据法为研究对象的票据法学就取得了隶属于商法学的地位。

票据法学的产生是随着票据法的产生而产生的。票据形成以后,在商人中间出现了关于票据的制度,商人们在有意无意中研究票据制度,形成早期的票据法学萌芽,欧洲11、12世纪的"商人法庭"、"市场法庭"既是票据纠纷裁判的场所,又是研究票据制度的地方。1673年法国路易十四时期的《商事条例》第一次以成文法的形式规定了票据制度,票据法学才有了法典化的研究对象,票据法学从此随票据法的繁荣而繁荣起来,票据法学的繁荣同时也推动了票据立法。

票据法学和其他学科一样,有着自己的研究对象。票据法学的研究对象就是票据法,不仅包括商法典中的票据部分和单行的票据法,而且包括其他法中的票据制度。不仅包括过去、现在的票据制度,而且包括预测将来的票据制度。它所要解决的问题包括票据法的概念、票据法的调整对象、票据法的基本原则、票据法的特征、票据法的演变和发展史、票据法的地位、票据法与其他法的关系、票据法的具体制度如出票、背书、承兑、保证、付款、追索、票据抗辩、票据瑕疵等。比较票据制度也是票据法学研究的重点之一。

票据法学研究的任务大致有以下四方面:(1)发现票据制度的客观规律。任何制度的存在和发展都有其客观规律,票据法也不例外。票据制度的客观规律隐藏在票据本身的发展过程中,隐藏在票据制度的背后,它支配着票据制度的发展。票据法学只有发现了票据制度的客观规律,才能帮助国家建立完备的票据法律制度。(2)为票据法规范的制定提供科学的理论基础。票据法规范的建立需要经过一个从实践到理论再到实践的过程,票据法学对票据实践中存在的问题和取得的经验进行研究,建立理论指导票据规范的制定。(3)为票据司法提供理论支持。现有的票据规范并不能解决所有的票据纠纷,当票据规范无能为力时,票据法学的研究就成为解决纠纷的手段。(4)增进对票据法知识的了解。因为票据法具有很强的技术性,其实际操作又远离日常生活,这就产生了解释票据法的需要。票据法学不仅要研究票据制度,也应当将解释和普及票据法知识作为其基本任务之一。

票据法学的研究方法主要有:(1)规范的研究方法。这种方法以票据法的法规条文为直接研究对象,对规范进行分析,进而指出法规的不足或矛盾,并加以完善。(2)历史的研究方法。这种研究方法从票据和票据法的历史进行研究,得出票据制度发展背后的规律,根据规律指出具体票据制度的缺漏并前瞻性地建立新的理论体系,为票据法的进一步立法提供理论支持。(3)经济的研究方法。经济的研究方法是20世纪60、70年代新兴的法学研究方法,它用经济学作为工具分析法律制度,对商法中的制度尤其适用。票据作为商法的主要制度之一,自然亦可以用经济的工具加以分析。(4)比较的分析方法。各个国家的经济状况不同,决定了他们的票据法律制度也存在差异,对比各国和国际公约的票据制度,从中发现经验和不足,不失为票据制度研究的最佳方法之一。此外,商法学的其他研究方法也适用于票据法学的研究。

需要注意的是,票据法和票据法学既有联系又有区别,它们的联系在于,票据法是票据法学的前提,票据法学随着票据法的发展而发展,没有票据法,票据法学便因无研究对象而不复存在。票据法越发达,票据法学便越有发展基础。它们的区别在于:(1)归属不同。票据法学是一门学科,而票据法是一个法律部门,完全属于不同的领域。(2)对象范围不同。票据法的调整对象是票据关系和票据法上的非票据关系,而票据法学的研究对象主要是票据法。因此,票据法学与票据法是不同的两个概念。 (梁 鹏)

piaoju fukuan
票据付款(payment of negotiable instruments) 票据付款有广义与狭义之分。广义上的票据付款是一个泛称,是指一切票据债务人依据票据文义而对票据权利人支付票据金额的法律行为。该意义上的付款包括:(1)付款人或代理付款人在票据到期时对持票人所进行的支付;(2)追索义务人在发生追索时对追索权利人所进行的支付;(3)票据保证人对持票人所进行的支付。第一种付款是基于持票人进行第一次请求而进行的付款,故又被称为一次支付。第二种付款是在持票人不能获得一次支付的前提下发生的,故又被称做二次支付。票据保证人所进行的付款,应依被保证人在票据上的位置而定,可以为一次支付,也可以为二次支付。在票据法理论上,为区别不同情况下的付款,与票据权利人的请求权相对应,通常将一次支付称为票据付款,而将二次支付称为票据清偿或票据偿还。

狭义上的票据付款,仅指付款人或代理付款人依据票据文义而对票据权利人支付票据金额的法律行为。票据清偿与狭义的票据付款不同,清偿不当然产生消灭全部票据关系的效力,可能消灭全部票据关系,也可能仅消灭部分票据关系,使追索权移转至另一人手中。一般所称的票据付款均为狭义的票据付款。

票据付款的含义有以下几个方面:(1)付款是付款人或代理付款人所为的行为。在票据活动的基本过程中,通常付款是其终点。但是,只有付款人或代理付款人所进行的付款才能消灭票据关系,结束票据活动。付款行为与出票、背书、承兑、保证不同,它不是以承担票据债务为目的的行为,但却是能够消灭票据债务的行为,而且票据法不以行为人在票据上为一定的意思表示并签章为其效力要件,而是直接规定其行为的效力,所以,在票据法的理论上又称付款为准法律行为。(2) 付款人是依照票据文义支付票据金额的行为。由于票据是金钱证券,所以付款人或代理付款人必须按照票据上记载的金额对持票人进行支付。从付款的标的来看,付款行为只能是一定数额的金钱的给付。(3) 付款是消灭票据关系的法律行为。付款的目的在于消灭票据关系,票据付款后,票据上已经没有再应该负责的债务人,票据关系至此消灭。至于付款人或者代理付款人与出票人因资金关系仍有问题时,虽可以行使求偿权,然而却不再属于票据法上的问题。追索义务人所为的二次支付虽然也表现为一定票据金额的支付,但追索义务人付款后,仍得对其前手行使追索权,票据关系并非绝对消灭。 (辛丽燕)

piaoju fukuan de biaodi
票据付款的标的(object of payment) 付款人向持票人支付的票据金额。票据金额的实体形式是货币,但由于各国的货币互不相同,任何处理各国货币之间的关系,各国票据法有不同的规定。《日内瓦统一汇票本票法》第 41 条规定,表示汇票金额的货币,如非付款地通用的,得依到期日的汇价,以付款地国家的货币支付。如债务人拖欠时,执票人得自行选择,要求依到期日或付款日的汇价,以付款地国家的货币支付。外币价值应依付款地的惯例决定。但发票人得载明汇票金额须依票上所记的汇价计算。发票人于汇票上载明汇票金额必须以指定的货币支付的,不适用以上各项的规定。表示汇票金额的货币,如在发票地国家与付款地国家,名同价异的,推定其为付款地的货币。我国台湾地区票据法的规定与《日内瓦统一汇票本票法》的规定大体相同。该法第 75 条规定,表示汇票金额的货币,如为付款地不通用者,得依付款日行市,以付款地通用之货币支付之。但有特约者,不在此限。表示汇票金额之货币。如在发票地与付款地,名同价异者,推定其为付款地之货币。美国《统一商法典》第 3—107 条"金钱"规定:(1) 如果开立票据时指定的交换媒介为金钱,票据即应以金钱支付。以"货币"或"流通资金"支付的票据,应以金钱支付。(2) 以外汇计算支付数额的付款承诺或指令,属于有确定数额金钱的承诺或指令,且除非票据另外指定其他付款媒介,可用相应数额的美元支付。美元数额以票据付款日该种外汇按现期买入价可购买的美元计算;如果是即期付款,则以提出付款要求之日为准计算。如果票据指定要以某种外汇支付,则应以该种外汇支付。《中华人民共和国票据法》第 59 条规定,汇票金额为外币的,按照付款日的市场汇价,以人民币支付。汇票当事人对汇票支付的货币种类另有约定的,从其约定。 (王小能)

piaoju gongshi cuigao
票据公示催告(procedure of public summons for exhortation relating to negotiable instruments) 指在票据丧失后,由法院依申请人的申请,以公示的方法,催告不明的利害关系人在法定期间主张权利;如无人申报权利,经申请人申请,作出除权判决的一种特别诉讼程序。公示催告作为票据丧失后的一种权利救济和保全手段,其主要作用在于,通过将票据丧失的事实以公示的方式,达到向占有票据的利害关系人进行催告的目的,因而,只要规定的公示及催告的程序完成,即达到目的,无论利害关系人是否出现。大陆法系国家,如德国、日本、瑞士等国规定了票据公示催告。通常,票据公示催告是在诉讼法中作为一种特别的诉讼程序加以规定而并不在票据法中规定。英美国家的票据法没有规定公示催告,而采取另外的救济办法。我国 1991 年第七届全国人民代表大会第四次会议通过的《中华人民共和国民事诉讼法》规定了公示催告程序:按照规定可以背书转让的票据持有人,因票据被盗、遗失或灭失,可以向票据支付地的基层人民法院申请公示催告。公示催告与一般催告申报权利不同,在公示催告程序中,利害关系人未在法定期间申报权利的,则权利失效,所以,公示催告有着严格的条件要求:(1) 公示催告的申请人必须是可以背书转让的票据被盗、遗失或者灭失前的最后持有人;(2) 申请公示催告必须符合法定的理由,即票据被盗、遗失或灭失,并提出事实根据;(3) 申请必须以书面形式提出;(4) 公示催告申请必须向票据支付地的基层人民法院提出。人民法院收到申请人的申请后,经审查后认为符合公示催告的条件的,应当立案审理,不符合条件的应当驳回申请人的申请。为了保护申请人的合法权益,人民法院在受理后,应当立即通知支付人停止支付。在通知支付人停止支付的 3 日内,人民法院应当发出公告,催促利害关系人申报权利。在法定期间,利害关系人没有申报权利或申报被驳回的,再依申请人的申请,作出除权判决,宣告票据无效,自判决公告之日起,申请人有权向支付人请求支付。如果利害关系人在法定期间申报权利且未被驳回的,人民法院应当终结公示催告程序,由申请人与申报人另行通过诉讼,确认票据权利的归属。 (孔志明)

piaoju guashi zhifu
票据挂失止付(report the loss of negotiable instruments to prevent payment) 指票据权利人在丧失票据后,为防止可能发生的损害,保障自己票据权利的行使,而进行的通知票据上的付款人,请求其停止票据支付的行为。票据挂失止付是票据丧失的一种救济手段,但其仅仅是一项暂时性的救济措施,因为它没有解决票据权利的真正归属,所以不是根本性的救济措施,其功能仅在于防止发生权利侵害,即防止他人利用丧失的票据,冒领票款,而使失票人受到不应有的损害。如要从根本上恢复失票人的票据权利的行使,必须借助公示催告程序或普通诉讼程序,但挂失止付不是必经程序。挂失止付是我国一种传统的票据丧失的救济方式:票据权利人在丧失票据后,可以出具证书向发票钱庄请求挂失止付,并在著名报纸上刊登文告,声明票据作废,同时应向地方官厅备案,经过100天后,无纠纷发生,失票人可请求付款。1929年旧中国公布的票据法保留了这一传统,规定:票据丧失时,持票人应即为止付通知。我国台湾地区现行票据法仍然保留了挂失止付制度,规定为:票据丧失时,票据权利人得为止付之通知。《中华人民共和国票据法》也规定:票据丧失,失票人可以及时通知票据的付款人挂失止付,但是,未记载付款人或者无法确定付款人及其代理付款人的票据除外。票据的绝对丧失,不会发生票据被他人冒领的情形,所以挂失止付对票据的绝对丧失无意义。依据中国人民银行颁布的《支付结算办法》的规定,未填明"现金"字样的银行本票丧失,不得挂失止付。在票据丧失后,失票人应当及时以书面形式向票据付款人提出挂失止付,通常是以挂失止付通知书的方式提出。票据付款人在收到通知书后,如果查明挂失票据已经支付,则不予受理;如果查明挂失票据未支付的,应当暂停支付,若仍为支付的,无论其为善意或恶意,付款人自行承担责任。根据《中华人民共和国票据法》与《票据管理实施办法》的规定:失票人挂失止付后,从次日起3日内未向人民法院申请公示催告或提起普通诉讼的,自第4日起挂失止付失效,付款人可向持票人支付票款。如果失票人挂失止付后3日内申请公示催告或提起普通诉讼,但付款人或代理付款人在收到挂失止付通知书之日起12日内没有收到人民法院的止付通知书的,自第13日起,挂失止付通知书失效。如果付款人或代理付款人在收到挂失止付通知书之日起12日内收到人民法院的止付通知书的,按照人民法院的停止支付通知书确定止付期限。 (孔志明)

piaoju guanxi

票据关系(legal relation of negotiable instruments) 又称票据本身产生的法律关系,指当事人之间基于票据行为而发生的债权债务关系,或者说是以票据权利和票据义务为内容的法律关系。它实际上是一种特殊的民事法律关系,是存在于票据持票人与其他在票据上签名的人之间的关系,其中持票人得以对票据付款人和所有在票据上签名的其他人主张相应的权利;而票据义务人及其他曾经在票据上签名的人则必须依票据法的规定承担相应的票据义务。可见,票据关系具体由票据当事人、票据行为和票据权利义务三部分组成。票据关系具有以下特征:(1)票据关系是基于诸如出票、背书、承兑、保付等票据行为而发生的票据权利义务关系。票据行为因在票据上表意并签章而发生票据法上的效力。除票据行为以外的行为,如果以不在票据上记载的一般转让方式转让票据权利时,转让人之间不发生票据关系,票据法当然也不加以调整。(2)票据关系的主体具有多方性。票据作为一种流通的有价证券,出票人在签发票据后,持票人可以将票据权利以背书转让方式进行转让,只要在有效期限内,票据流通转让就不受限制。流通次数的增加和保兑、承兑、参加承兑等票据行为的加入,使票据关系的主体相应增加。为了保证票据流通的安全,票据法规定每个背书转让的人都要对票据的真实性负责。所以,票据流通之后已经不再是特定人之间简单的债权债务关系,而是不特定人之间复杂的债权债务关系,有的学者把票据关系称作"团体权利关系"。(3)票据关系具有独立性。虽然票据行为都表示在票据上,但票据行为人的行为本身是独立的,由票据行为而形成的票据关系也是独立的。各个票据关系独立地表现其权利义务内容,即使相关联的其他票据行为存在瑕疵,也不影响票据上其他真实有效签章的效力。(4)票据关系的客体是票据上记载的票据金额。由于票据是一种金钱有价证券,票据行为指向的均为票据记载的票据金额,或者转让,或者保证。至于该类票据所代表的货币种类,一般都不加以特别的限制,任由当事人自由选择。不过票据关系的客体分割问题,因各国对部分付款、分期付款的看法不一而有所不同。在我国,票据款项不能他人享有,不得部分转让票据权利,不能分期转移票据金额,所以票据行为客体只能是票据上载明的全部金额。此外,票据关系还有其他一些法律特征。例如,票据关系主体角色的相对性,票据权利义务的单向性等。前者主要指票据转让过程中,背书人相对前手为债权人,而相对背书转让后的被背书人则为债务人。后者指持票人享有单向的付款请求权和追索权,付款人、被追索人在持票人主张票据权利时为纯粹债务人。持票人票据权利的实现,依赖于债务人积极地履行自己的票据义务。与票据关系相对应的概念是非票据关系,指依票据法中的有关法律规范,或者依其他法律规范(主要是民法的规定)而产生,不以票据权利义务为内容,但与票据有关的法律关系。票据关系与非票据关系共同构成了票据法律关系。 (李 军 胡冰子)

piaoju guanxiren

票据关系人(parties of negotiable instruments) 即因

票据行为而参与票据关系,承担票据法上权利义务的人。包括基本关系人和非基本关系人。基本关系人包括出票人、付款人和收款人。在本票中出票人就是付款人,所以实际上只有两个基本关系人,即出票人和收款人。非基本关系人包括背书人、保证人、承兑人等因在票据上签章而承担了票据支付责任的票据关系人。票据关系人具体分为:(1)出票人。是指以法定方式作成票据并在票据上签章,将票据交付给收款人的人。出票后应承担保兑和保付的责任,是票据的主债务人。但支票除外,因支票无主债权人。(2)付款人。是指根据出票人的命令支付票款的人。承兑前,付款人对票据不负法律责任;承兑后,则成为票据的主债务人。(3)收款人。是指收取票款的人。既可以是持票请求付款的持票人,也可以是背书转让票据的背书人。在前者是债权人,在后者则成为担保票据付款的债务人。(4)持票人。是指依法取得并占有票据的收款人或背书人或被指示人。持票人享有对主债务人及其保证人的付款请求权和对次债务人的第二次请求权。(5)承兑人。是指接受出票人的付款委托或命令,同意承担付款义务并将此项意思记载于汇票上的人,是汇票的主债务人。(6)背书人。是指以转让票据权利或授予他人一定的票据权利为目的,在票据背面签章并交付给受让人或被授权人的人,是票据的次债务人,承担担保票据承兑的责任。(7)保证人。指票据债务人以外的人,即对出票人、背书人、承兑人为保证行为的人。

(胡冰子)

piaoju huaxian
票据划线(crossed negotiable instrument) 票据划线是一种特殊的票据行为,只存在于支票制度中,是指由支票的出票人、背书人或者持票人在支票正面划两条平行线,付款人仅对持有该支票的银行、其他金融机构或者自己的客户进行支付的票据行为。由于支票为支付证券且仅限于见票即付,故普通支票无论是否记名,一经付款就不易追究提款人,在支票被遗失或被窃时,除非立即向付款人发出止付通知,付款人不能拒绝付款,所以容易发生意外损失;而票据划线中,划线支票的付款人仅得对特定的对象为付款行为,可以避免该种情形的发生。划线支票的提示付款人限于持有该支票的银行、其他法定金融机构或者付款人的客户,一般持票人不得为付款提示,而只能委托与其有往来的银行、其他法定金融机构或者付款人的客户代为取款。如果因付款发生纠纷,付款人可以及时查明委托付款人,以解决纠纷。因此,划线支票对于出票人与付款人的安全大有好处。划线支票起源于英国,后为许多国家票据法所采用。如《日内瓦统一汇票本票法》、《日本支票法》、《英国票据法》以及我国台湾地区《票据法》等,对划线支票均有详细规定。

(辛丽燕)

piaoju jianpiao
票据见票(negotiable instrument at sight) 票据见票是在见票后定期付款的票据中,票据付款人因持票人提示见票而在票据上记载见票字样、见票日期并签章的行为。见票制度是本票中的特殊制度。《日内瓦统一汇票本票法》、《英国汇票本票法》、《美国统一商法典》等都规定了见票后定期付款的本票,所以都有见票制度的规定。我国票据法规定本票为见票即付的票据,所以没有关于见票制度的规定。

(辛丽燕)

piaoju jiaohuansuo
票据交换所(clearing house) 是指同一城市各银行之间对相互代收、代付的票据集中进行交换并清算资金活动的场所。世界上最早的票据交换所于1773年成立于英国伦敦。中国于1933年在上海成立第一家票据交换所。依金融体制的不同,票据交换所由银行协会或中央银行及其分支机构管理。目前,中国的票据交换所由中国人民银行主管,各商业银行及其他金融机构经批准后,也可以在票据交换所参加票据交换。

各银行在票据交换所办理票据交换业务的程序一般是:各银行将收进的付款人为其他银行的票据分别整理后在其上加盖交换戳记,结出张数和金额的总数,填具提出交换票据汇总单,再凭此逐一填入票据交换计算表,结出应收票据的总金额。然后按规定时间进入票据交换所,将提出票据及汇总单分别送交有关付款行,并接受其他银行收进的付款人为自己银行的票据,计算张数、金额,按收款行逐一填具提回票据汇总单,再凭此逐一填入票据交换计算表,结出应付票据的总金额。最后,计算出当场应收、应付的差额,填制交换差额报告单,交予交换所总结算员。总结算员收到各银行交换差额报告单后,填制交换差额总结算表,结出总数。当所有银行应收款总数与应付款总数相互平衡,应收差额与应付差额相互一致时,票据交换工作即告结束。

现行的票据交换,除托收票据、凭证以外,对委托付款划回的款项,支票托付款的划收和各种代收款项的划转,也通过交换。随着金融事业的发展,各银行纷纷在中央银行开立账户,通过中央银行办理交换差额的清算。具体而言,应收差额增加其在中央银行账户的存款,应付差额减少其在中央银行账户的存款。通过票据清算,各银行不必逐笔划转款项和分头传递结算凭证,既可节约人力、物力和财力,又可提高效率,加速资金周转。

(孟志强)

piaoju juedui sangshi
票据绝对丧失(absolute loss of negotiable instruments) 指票据作为一种物已被消灭而产生的票据丧失。票据的绝对丧失，又称票据的灭失，是票据本身不复存在，如票据被烧毁、撕毁等。票据的绝对丧失，使得票据权利人丧失了票据的占有且不能进行提示票据和交付票据，从而不能或暂时不能行使票据权利。票据的绝对丧失，票据本身已经消灭，故不会发生票据流入他人之手，失票人亦不会因他人冒领票款或被他人善意取得而丧失利益，所以不需挂失止付，失票人可以采取其他的救济规则来保全利益。 (孔志明)

piaoju kangbian
票据抗辩(defense of negotiable instruments) 票据债务人根据票据法规定对票据债权人拒绝履行义务的行为。票据债务人拒绝履行义务的合法事由为抗辩事由。票据债务人拒绝履行义务的权利为抗辩权。票据为流通证券，世界各国票据法对于票据的抗辩，均有严格的限制，大致有两种做法：(1)积极限制主义，指票据法列举了票据债务人可以抗辩的事由，除此之外，不得主张抗辩。大陆法系的旧票据法，如德国、日本就票据法等都作了如此规定。(2)消极限制主义，指将票据债务人不得主张抗辩的事由在票据法上列举出来，除此之外，均可主张抗辩，如《英国票据法》、《美国票据法》、《日内瓦统一汇票本票法》等作了如此规定。票据抗辩是票据债务人的权利，是与票据权利相对的权利。在票据关系中，票据债权人的优势地位十分明显，为了平衡票据债权与票据债务的关系，减轻票据债务人的债务压力，票据法规定了票据抗辩，这样就在保障票据交易安全的同时，也公平地保障票据债务人的合法权益。

与民法上的抗辩相比，票据抗辩具有以下几方面的特点：(1)从票据抗辩的范围来看，票据抗辩包括根本否认请求人权利的事由，即包括了票据无效的事由在内。而一般的民事抗辩，其行使抗辩权的前提是该民事行为是有效的，无效的民事行为根本不存在债务人的抗辩权制度。票据抗辩的范围比民事抗辩的范围要广。(2)在票据抗辩的主体方面，票据抗辩权不能当然地对所有债权人行使。民事抗辩权，只要在债务承担时债务人取得债权人的同意、在债权让与时通知债务人，不论该债权债务转移多少次，原债务人可以对抗原债权人的抗辩事由，数次转移中的债务人和最后履行义务的债务人可以当然地对抗所有债权人行使该抗辩权。所以，民事抗辩具有延续性和累积性。而票据抗辩中的对特定债权人的抗辩不具有延续性和累积性。(3)票据抗辩是拒绝履行全部票据金额的抗辩。行使民事抗辩权的债务人，其拒绝履行义务的范围可以是全部不履行，也可以是部分不履行。

按照抗辩对象和抗辩效力的不同，票据抗辩分为物的抗辩和人的抗辩。票据物的抗辩又称为客观的抗辩或绝对抗辩，是指由于票据本身或票据所记载的债务人的原因，可由票据债务人来对抗一切持票人而不因持票人的变更而受到影响的票据抗辩。票据的人的抗辩是指由于持票人自身的原因或者是票据债务人与特定持票人之间的特殊关系而提出，只能对抗特定的持票人而不能对抗一切票据债权人的票据抗辩，又称为主观的抗辩或相对抗辩。

票据抗辩会产生以下几方面的后果：(1)票据债务人可以免除其票据义务。票据法规定票据抗辩的目的就是由票据债务人依法定事由对抗持票人的请求以免除其票据义务，保护票据债务人的合法权益。(2)符合条件的票据权利人可以行使利益返还请求权。对因超过票据权利时效或者因票据权利行使和保全手续欠缺的持票人，在被合法拒绝之后，仍然享有票据法特别规定的利益返还请求权。(3)当票据权利人因票据抗辩而丧失了票据权利又不能行使利益返还请求权时，仍可以行使其他民事权利。 (孔志明)

piaoju kangbian de xianzhi
票据抗辩的限制(restriction of defense of negotiable instruments) 指票据债务人与出票人或持票人前手之间存在的抗辩事由，不能用于对抗持票人的票据权利。由于票据物的抗辩属于绝对抗辩、客观抗辩，故票据抗辩的限制不适用于物的抗辩。票据抗辩的限制的核心，在于将票据抗辩中的对人抗辩限制在直接当事人之间适用，不允许特定债权债务人之间的抗辩扩大到其他票据当事人或整个票据关系中去，其目的是保护票据的流通。票据的对人抗辩只在直接当事人之间适用，票据一旦转让给其他人后，原先票据的直接当事人之间的抗辩不能延续，此抗辩不能用于对抗非直接当事人，所以，票据抗辩的限制又称为"对人抗辩的切断"。票据限制有两项规则：(1)票据债务人不得以自己与出票人之间的抗辩事由，对抗持票人；(2)票据债务人不得以自己与持票人的前手之间的抗辩事由对抗持票人。但在有些情形下，票据债务人可以因自己与出票人或者与持票人的前手之间的抗辩事由对抗持票人，这称之为票据抗辩限制的例外，其目的是保障票据债务人的合法权益。

票据抗辩限制的例外，必须有法律明确规定，否则滥用票据抗辩限制的例外会降低票据的流通性，主要有两种情形：(1)无对价抗辩。我国票据法要求，票据的取得必须给付对价。因税收、继承、赠与可以依法无偿取得票据，但享有的票据权利不得优于前手。所以，前手的票据权利中存在的对人抗辩可以延续对抗无对价或无相当对价的票据取得人。(2)知情抗辩。持票人明知存在抗辩事由而取得票据的,票据债务人可以自己与出票人或者持票人前手之间的抗辩事由,对抗持票人。

(孔志明)

piaoju quanli
票据权利(right of bill) 是票据债务人只凭票据就可请求票据债务人支付一定数额金钱的权利。它具有如下特征:

票据权利是证券权利 所谓证券权利,是指通过证券而存在的权利,即表现在证券上的权利。票据权利作为证券权利,票据权利的发生、移转和行使都以票据的存在为必要。票据权利的发生以作为票据为必要、票据权利的转移以交付票据为必要、票据权利的行使以持有票据为必要。离开票据,权利人不能主张自己的权利,票据权利与票据合二为一、密不可分,即所谓"权利与证券相结合,权利证券化"。

票据权利是无因性权利 票据权利的有效与否,并不以票据权利发生的原因有效与合法为前提。即使票据权利发生的原因不合法律规定,但票据一经签发有效成立,票据持有人即独立地享有票据权利。此外票据的无因性特征还表现为票据权利转让时,不必通知债务人即可生效。

票据权利是二重性权利 票据权利人可能对两个以上的不同债务人有请求权。一般来说,应首先承担义务的债务人为主债务人,其他债务人为从债务人。当债权人行使第一次请求权即付款请求权而被拒绝或有其他法定原因时,债权人即得行使第二次请求权,即追索权或称偿还请求权,向其他债务人(背书人、出票人、保证人、承兑人)请求付款。当然,在第二次请求权仍未能得到满足时,与普通金钱债权一样,还可以继续通过其他途径,求得法律救济。

票据权利是期待性权利 票据权利是二重性权利,票据权利分为付款请求权和追索权,其中,追索权是指在付款请求权未能实现时,即票据被拒绝承兑或者被拒绝付款,或者有其他法定原因而使持票人的付款请求权落空时,持票人才对次债务人所享有的,请求其支付票据上所载金额的权利。也就是说,作为票据上第二次请求权的追索权,以票据上的第一次请求权即付款请求权未能实现为其行使的前提条件,故追索权是持票人的期待性权利。此外,即便是付款请求权,在一定条件下也是期待性权利。如在汇票的场合,汇票发票人签发汇票后,受款人虽然取得了汇票,但是,发票人的发票行为不能拘束付款人,即使发票人在付款人处存在一定资金或有一宗债权,或者付款人对发票人有承担付款的约定,因这些都属于票据外关系,并不能使付款人一定负担票据法上的付款义务。而只有在汇票的付款人予以承兑后,受款人的票据权利才能得以确定。因此在付款人承兑汇票前,受款人的付款请求权也只是一种期待权。

票据权利是短期性权利 票据法为督促债权人尽快行使权利,加快债权债务的清偿速度,规定了较一般民法债权时效要短的票据权利的消灭时效,如果持票人不在法定的短期消灭时效期间内行使票据权利,就丧失票据权利。

票据权利按照权利行使的先后顺序分为第一次请求权和第二次请求权。第一次请求权是付款请求权,是票据上的主要权利;第二次请求权是追索权,是在付款请求权得不到实现时而向付款人以外的票据债务人要求清偿票据金额及有关费用的权利,故又称为偿还请求权。在票据法理论上,由于付款请求权不需要依赖其他条件即可实现,所以又叫主票据权利;由于追索权是次要的、附条件行使的票据权利,所以又叫从票据权利。

(杨 璐)

piaoju quanli de qude
票据权利的取得(acquisition of right of bill) 票据是一种完全有价证券,必须占有票据才能享有票据权利,只要持有票据即能享有并行使票据权利。票据权利的取得,有原始取得、继受取得、善意取得三种。

票据权利的原始取得 指持票人不经由其他前手权利人,而依发票人的发票行为而取得票据权利。发票是创设票据权利的票据行为,发票人完成发票行为后,其相对人即通过票据的交付,实现票据的实际占有,从而原始取得票据权利。

票据权利的继受取得 指持票人从有票据处分权的前手,依背书交付受让或单纯交付受让票据而取得票据权利。票据权利的继受取得分为票据法上的继受取得和非票据法上的继受取得。

票据法上的继受取得,指通过背书(记名票据)或通过单纯交付(无记名票据、空白背书票据)而转让票据获得票据权利。此外,依票据法的特别规定,票据保证人因履行保证债务、参加付款人因承担付款责任也均可继受取得票据权利。

非票据法上的继受取得,也称民法上的票据权利的继受取得,包括依普通债权转让方式和继承、公司合并等方式,取得票据权利。非票据法上继受取得的票据权利,只能由其他法来调整和保障,而不能得到票据法的特别调整和保障。

票据权利的善意取得 指票据受让人从无处分权人手中,无恶意或重大过失受让票据,从而取得票据权利。各国为保护票据交易的安全,促进其流通,均在票据法中借鉴了善意取得制度,规定了本国票据权利的善意取得制度。如《日内瓦统一汇票本票法》第16条

第2款规定:汇票持有人因任何原因丧失其汇票时,其已依前款规定对该汇票证明权利之持票人,无放弃汇票的义务,但该持票人以恶意或重大过失取得汇票者,不在此限。另依该法第77条及《日内瓦统一支票法》第21条的规定,这一内容同样适用于本票和支票。此外,日本《汇票本票法》及《支票法》和德国《汇票本票法》及其《支票法》也有相同规定。《中华人民共和国票据法》第12条规定:以欺诈、偷盗或者胁迫等手段取得票据的,或者明知有前列情形,出于恶意取得票据的,不得享有票据权利。持票人因重大过失取得不符合本法规定的票据的,也不得享有票据权利。虽然没有从正面规定票据权利的善意取得制度,但若从反面解释,上述规定则为票据权利的善意取得的规定。

由于善意取得制度,使有处分票据权利的真实权利人的权利相对消灭,使善意持票人相对取得票据权利,这就有效地保护了善意持票人,而削弱了对原权利人的保护。因而,一般在票据法上,均严格规定善意取得的要件,只有在符合法律规定的善意取得要件时,才承认票据权利的善意取得。构成票据权利善意取得,需要具备如下条件:

第一,必须是从无处分权利人处取得票据。无处分权人,是指对票据不享有处分权的人,如票据拾得者、票据盗窃者等。而且无处分权的人又必须是受让人的直接前手,否则也不构成善意取得。

第二,必须是依票据法规定的转让方法取得票据。依票据法的规定,票据权利的转让须依背书和交付进行,并且除了无记名票据和空白背书票据可以单纯交付转让外,其他票据都必须通过背书和交付方式转让票据权利。如果不是通过票据法规定的转让方式转让票据的,则不属于善意取得之列,则不适用于善意取得的规定。诸如因继承、公司合并或普通债权的转让方法而取得票据,则不发生票据权利的善意取得问题外,由无权人处取得禁止背书转让的票据以及取得期后背书和委任取款背书的票据等,也不存在票据权利的善意取得问题。

第三,必须是基于善意而取得票据。所谓善意取得票据是指无恶意或重大过失取得票据。恶意取得票据就是受让人明知让与票据人对该票据没有处分权而受让票据;重大过失取得票据,是指受让人虽非明知,但若稍加注意,即可知悉让与票据人为无处分权人,而竟急于注意而从无处分权人手中受让票据。

第四,必须是付出对价而取得票据。《中华人民共和国票据法》第10条第2款规定:票据的取得,必须给付对价,即应当给付票据双方当事人认可的相对应的代价。如果无权利人是将票据无偿赠与受让人或受让人象征性地付出一点代价而取得票据的,那么受让人享受该票据上的权利不得优于其前手。也就是说票据债务人对他的前手所能行使的抗辩权,也能够对他行使。

第五,必须是取得形式完整的票据。票据的作成格式和记载事项,必须遵照法定方式,才能产生付款请求权的效力;不依法定方式作成票据,则对票据的效力有一定影响。《中华人民共和国票据法》第22条、第76条、第85条分别明确规定了汇票、本票、支票必须记载的事项。票据上欠缺法定应记载事项的,其票据无效,票据上欠缺法定应记载事项的抗辩,可以对抗任何持票人,所以票据的受让人所取得的票据必须是形式完整的票据。

票据权利的善意取得成立后,即具有使善意取得票据的持票人,成为享有票据权利的人,而原持票人的票据权利归于消灭的效力。不论原持票人丧失票据是何原因,均不得向现持票人请求返还票据。(杨 璐)

piaoju quanli de xiaomie
票据权利的消灭(elimination of right of bill) 票据权利依一定的法律事实而消灭。这里的一定法律事实就是票据权利消灭的原因。票据权利消灭的原因如下:

因付款而消灭 当付款人依票据文义支付给持票人票据金额后,持票人的票据权利即归消灭。但是,这里的付款不包括保证人的清偿和参加付款人的付款。因保证人及参加付款人的付款仅能使持票人的票据权利消灭,而保证人或参加付款人仍取得票据权利。此外,如果是全部付款,则持票人的票据权利全部消灭;如果是部分付款,则持票人的票据权利部分消灭。

因时效而消灭 《中华人民共和国票据法》第17条规定,付款请求权在下列期限内不行使而消灭:持票人对票据的出票人和承兑人的权利,自票据到期日起2年。见票即付的汇票、本票,自出票日起2年;持票人对支票出票人的权利,自出票日起6个月。持票人对前手的追索权,自被拒绝承兑或被拒绝付款之日起6个月不行使而丧失;持票人对前手的再追索权,自清偿日或者被提起诉讼之日起3个月不行使而丧失。

(杨 璐)

piaoju quanli de xingshi ji baoquan
票据权利的行使及保全(exercise and preserve of right of bill) 票据权利的行使是票据权利人请求票据债务人履行其债务的一切行为。狭义的行使只包括付款请求权与追索权。广义的行使还包括请求承兑、提示票据请求定期付款等。票据权利的保全是票据权利人防止票据权利丧失而为的各种行为。票据权利的保全行为,大部分情况下同时又是权利的行使行为,因此,各国票据法均将二者相提并论。

票据权利行使和保全的方法 票据权利行使的方

法为票据的提示,即持票人依票据法规定的期间,向票据债务人现实地出示票据,请求其履行票据债务。票据的提示之所以构成票据权利行使的方法,是由票据权利自身的特征所决定的,票据权利作为一种特殊的债权,时刻处于流通转让的运动状态之中,使得票据债务人无从知道何人是最后的票据债权人,这就必须由持票人向票据债务人现实地提示票据,方可得知。否则,即使票据债务的履行期限已经到来,或者超过期限,票据债务人也不负责任。

票据权利保全的方法,通常包括提示票据和中断时效两种:(1)票据提示。在法律规定的期限内进行票据的提示,既是票据债权人行使票据权利的方法,同时也是保全票据权利的方法。票据按期提示后,对债权人来说防止了付款请求权的丧失,对债务人来说则要承担付款的责任。(2)中断时效。票据法为了保证票据的及时流通,督促债权人及时行使票据权利,规定了票据权利的短期时效制度。持票人在较短的法定期限内不行使票据权利,其票据权利就归于消灭。因此,持票人为防止其票据权利因时效而消灭,得依中断时效的方法,保全其票据权利。中断时效是当事人的主动行为,包括诉讼上的行为和诉讼外的行为,前者主要是指向法院提起诉讼,后者主要指提示票据并作成拒绝证书。

票据权利行使和保全的处所 关于票据权利行使和保全的处所,各国票据法均有明确规定。《中华人民共和国票据法》第16条规定:持票人对票据债务人行使票据权利,或者保全票据权利,应当在票据当事人的营业场所和营业时间内进行,票据当事人无营业场所的,应当在其住所进行。

票据权利行使和保全的时间 关于票据权利行使和保全的时间,不同法系、不同国家以及不同地区的票据法均有明确规定,尽管这些规定不尽相同,但总的来说,票据权利的行使和保全,都必须在票据法规定的行为期限内的营业时间(或称工作时间)进行。如《中华人民共和国票据法》第16条规定,票据权利的行使和保全,应当在票据当事人的营业时间内进行。

(杨 璐)

piaoju sangshi
票据丧失(loss of negotiable instrument) 指票据非基于持票人的本意而丧失,即持票人虽主观上无放弃票据占有的意思,但客观上已不再占有票据。依票据本身还是否现实存在,票据丧失可以分为两种情形:一是票据的绝对丧失,又称票据的灭失,即票据作为一种物已经不复存在,如票据被烧毁、撕毁等。二是票据的相对丧失,又称票据的遗失,即票据虽脱离了持票人,但票据本身仍存在,如票据被丢失或被盗窃等,这种情形下的票据丧失,有可能发生被他人冒领票据金额或被他人善意取得的风险。票据为完全有价证券且票据具有提示性和回赎性,票据权利人行使票据权利必须占有票据,如果不提示票据,就不能行使票据权利;如果不交付票据,就不能进行票据转让或受领票据金额,所以,一旦发生票据丧失,持票人就不能或暂时不能行使票据权利。票据作为一种债权证券,票据权利人丧失票据占有时,并不立即表现为票据权利的丧失,而表现为票据权利行使手段的丧失。票据丧失是票据非由于持票人的本意而丧失,如果持票人自愿丧失票据占有则不属于票据丧失,如持票人故意烧毁、撕毁票据等,这种情况下,持票人不仅丧失了行使票据权利的手段,而且也丧失了票据权利。为了恢复因票据丧失而受损害的票据权利人的利益,为了保障票据交易安全和保护善意取得人的权利,各国票据法都有关于票据丧失的补救规则或救济制度。

(孔志明)

piaoju sangshi de bujiu
票据丧失的补救(remedy for loss of negotiable instrument) 指票据丧失后,失票人为保全票据利益或行使票据权利而采取的救济手段。票据丧失的补救,又称票据救济,是在票据权利人因某种原因,而丧失对票据的实际占有,致使票据权利的行使受到一定的障碍时,为使其票据权利得以实现,而对票据权利人提供的特别的法律救济。

票据丧失的补救,世界各国立法差异较大。

大陆法系票据丧失的补救措施主要有:(1)公示催告。指法院依失票人基于法定理由提出的申请,以公示的方式,催告不明的利害关系人在法定期间主张权利,如果无人申报权利,经申请人申请,法院作出除权判决的程序。公示催告是大陆法系票据丧失的最主要的补救办法,德国、日本、瑞士等国采取这种办法,我国也有此种规定。(2)挂失止付。是我国传统的票据救济的习惯做法,失票人向金融机构出具证明请求停止支付,并在著名报纸上刊登公告,声明票据作废,经过一定时间后,无纠纷发生,失票人可以提供担保要求付款。挂失止付,不仅德国、日本、瑞士有规定,美国的统一商法典也有规定。(3)失票人通过向法院提供担保,由法院责令支付票据金额。法国、比利时采取此种做法。

英美法系票据丧失的补救措施主要有:(1)另行补发票据。失票人可以请求发票人按照原票据文义另行补发,如果发票人要求提供担保时,失票人应提供担保。如果失票人提供了担保而发票人拒绝补发,失票人可以请求法院强制其补发。(2)提起普通诉讼。《美国统一商法典》规定,因毁灭、被盗或其他原因而丧失票据的,其所有人应就其对票据的所有权、阻止其提示票据的事实,以及票据款项做出适当的证明后,以自己的名义提起诉讼,并向票据上负责的任何当事人追偿。英国票据法也有通过普通诉讼的方式来救济票据权利的规定。大陆法系与英美法系都有票据丧失的诉讼程序救济方式规定,但英美法系侧重于对失票人的保护,而大陆法系不仅考虑失票人的权利,也注意保护票据善意取得人的合法权益。我国票据法规定了三种票据丧失的补救方法,即挂失止付、公示催告和普通诉讼,三者之间没有特别联系,可以单独进行,但通常是相继进行。

(孔志明)

piaoju shang de baozhengren
票据上的保证人(guarantor) 是担保特定票据债务人履行票据债务的第三人。保证人本非票据当事人,而是基于独立的保证行为成为票据债务人之一。保证存在于汇票和本票的情况下,支票不存在保证。保证人与被保证的票据债务人承担连带责任。在票据债务人不履行付款义务时,持票人有权请求保证人清偿票据金额。保证人的保证责任具有从属性,即票据债务形式上的效力决定了保证行为的效力;被保证人的债务因票据记载事项欠缺无效的,保证人可免除责任。保证责任又具有独立性,在票据债务形式有效的情况下,保证人不因被保证人的债务实质上无效而免除清偿责任。保证人为两人以上的,其相互间也承担连带责任。保证人清偿票据债务的,可以行使持票人对被保证人及其前手的追索权。被保证人及其前手对抗持票人的抗辩不得对抗保证人。

(李 军)

piaoju shang de bei baozhengren
票据上的被保证人(pledgee; warantee) 票据保证中的一方当事人,是特定的票据债务人。凡票据上的债务人都可以充当被保证人,包括票据上的承兑人、发票人、背书人,但无担保背书的背书人、未承兑的付款人,事实上不可能成为被保证人。我国票据法上对被保证人的资格没有限制,所以只要是票据的债务人均可作为被保证人。我国票据法把票据的被保证人的名称、保证日期规定为票据上相对应该记载的事项。

(李 军)

piaoju shengming zuofei
票据声明作废(declaration of invalidity of negotiable instrument) 指在票据丧失后,失票人通过采取发布公告的方式,宣布丧失的票据并声明该票据作废的行为。票据声明作废主要发生在票据的相对丧失情形下,即票据遗失或票据被盗时,票据权利人为了防止权利侵害,在报纸、电视、广播等新闻媒介上发布公告,宣布该票据并声明作废。在票据的绝对丧失情形下,由于票据不复存在,宣布票据作废意义不大。在票据丧失后,声明该票据作废作为一种防止发生权利侵害的措施,有一定的防范作用,但这一行为并非法定票据丧失的救济措施,并不具有法律效力,其作用仅限于警告不法票据占有人,阻碍非法冒领票款,或者提醒打算受让票据的人,减少发生票据善意取得的可能性。票据声明作废,既不发生票据无效的效果,也不发生票据挂失止付的效果。

(孔志明)

piaoju shixiao
票据时效(tolling period of negotiable instruments) 是票据法规定的票据权利经过一定期间不行使而归于消灭的时效。权利时效分为两类:诉讼时效和消灭时效。我国民事诉讼法规定的是诉讼时效,即权利人在法定期间内不行使权利,则丧失在诉讼中胜诉以保护自己的利益的权利。而消灭时效不同,它是权利被消灭的后果,即票据权利人在法定的期间内,不行使权利而超出期限,则票据权利就被消灭而不存在了。诉讼时效是胜诉权的有无问题,而消灭时效是实体权利(票据权利)消灭而不存在的问题。丧失胜诉权,但实体权利还在,丧失实体权利则是无权。

《日内瓦统一汇票本票法》、《日内瓦统一支票法》以及根据统一法制定的一些国家的票据法和支票法,都专门有时效的规定。这些规定的特点在于,票据时效期间较之民法所规定的一般请求权消灭时效期间短得多。例如,《日内瓦统一汇票本票法》第70条规定:基于汇票对承兑人的一切诉讼,自到期日起满3年后不得提起。持票人对于背书人与发票人的一切诉讼,自在适当期限内作成拒绝证书之日起,或在有"无费退回"之约定时自到期日起,满1年后不得提起。背书人对其他背书人及发票人的诉讼,自背书人偿还票款之日或自背书人被诉之日起满6个月后不得提起。《日内瓦统一支票法》第52条也规定持票人对背书人、发票人及其他债务人的追索权的时效期间为自提示期届满后6个月,支票上债务人相互间的追索权的时效期间为6个月(自偿还之日起或自被诉之日起)。所有这些时效期间都很短,这是因为票据关系应该尽快确定才有利于票据上权利的行使与对债务人的保护。

我国首次规定权利的消灭时效,对票据权利的行使,是一种严格的制度,促使票据权利人在规定的时效内及时行使权利。《中华人民共和国票据法》第17条规定了票据权利的时效,按照我国票据法的规定,不同的票据,其消灭时效期限不同。

汇票、本票的时效 (1)持票人对票据的出票人和承兑人的权利,自票据到期日起2年。见票即付的汇票、本票,自出票日起2年。(2)持票人对前手的追索权,自被拒绝承兑或者被拒绝付款之日起6个月。
(3)持票人对前手的再追索权,自清偿日或者被提起诉讼之日起3个月。

汇票的承兑人是汇票持票人的票据债务人,他承诺到期无条件向持票人兑付票款。出票人是本票持票人的付款义务人。而汇票的出票人是持票人在未获承兑时的主债务人,在汇票获承兑后的主担保债务人。出票人和承兑人对汇票、本票的持票人有付款的义务,持票人对票据的出票人和承兑人的权利,依法在票据到期日起2年内必须行使,否则在到期日起满2年后消灭,即票据权利不存在。票据的到期日实际上是票据的付款日。《中华人民共和国票据法》第25条规定了汇票的四种到期日:(1)见票即付;(2)定日付款;(3)出票后定期付款;(4)见票后定期付款。上述四种汇票的到期日除"见票即付"以外,其他三种都有确定的到期日,因此,是从到期日以后票据权利消灭。而"见票即付"的汇票无法确定明确的到期日,因而票据法规定其票据权利的时效为:从出票之日起2年内必须行使权利。出票日起2年未行使票据权利的,票据权利消灭。

本票的出票人为债务人,本票为见票即付,即持票人随时可向出票人提示见票付款。因而,其消灭时效也是从出票日起2年。

汇票、本票的持票人对前手的追索权的时效,票据法规定得较短:从被拒绝承兑或者被承兑人、付款人(本票出票人)拒绝付款之日起6个月。被拒绝之日应当从作成拒绝证明之日起计算,因为只有作成拒绝证明,才能行使追索权。

汇票、本票持票人在获得清偿后,应将票据交还给清偿人,这时清偿人为持票人。清偿人向其前手的追索为再追索。再追索权的时效更短,依法从清偿日或者被起诉之日起3个月。

支票的时效 票据法规定,支票持票人对支票出票人的权利,自出票日起6个月内必须行使,否则满6个月之后,其票据权利因时效而消灭。支票持票人享有的票据权利的消灭时效比较短,是因为支票是发挥支付功能的票据,时效因而规定得比汇票、本票短。支票是短期票据,只能见票即付,并且其付款时间仅为10日,这些与时效的规定都是相配合的。

支票持票人的追索权、再追索权的时效与汇票、本票相同,分别为6个月和3个月。

票据的持票人所享有的付款请求权、追索权和再追索权的消灭时效,与票据的出票日、付款的到期日有着密不可分的联系。因此,出票日、到期日的记载和确定是非常重要的。《中华人民共和国票据法》第17条规定,票据的出票日、付款的到期日由票据当事人依票据法的规定确定。

票据的出票日是法定绝对必要记载事项,票据出票时必须记载。如果票据没有记载出票日,则该票据无效。见票即付的票据,其票据权利的时效都是按出票日起计算的。汇票的付款日期没有记载的,视为见票即付。

票据中规定到期日的是汇票。汇票的到期日是汇票的付款日期。汇票能够确定到期日的有"出票后定期付款"、"定日付款"、"见票后定期付款"三种记载形式。因此,票据法规定记载上述三种到期日的汇票,其票据权利的消灭时效从到期日起计算。这是与"见票即付"的不同点。依票据法的规定,汇票到期日的计算应当适用《中华人民共和国民法通则》关于计算期间的规定。此外,票据法补充规定,按月计算期限的,按到期月的对日计算;无对日的,月末日为到期日。

(杨璐)

票据时效期间(tolling period of negotiable instruments) 票据权利人在一定的期间不行使其权利,票据义务人就可以拒绝权利人的权利请求,此期间为票据时效期间。票据时效期间属于消灭时效期间,即权利人在该期间不行使权利,期间届满后,就发生权利消灭的法律后果。票据为流通证券,所以票据时效期间为短期时效期间。世界上对票据时效期间的规定,大致有两种做法:一是统一立法制,即不分票据债务人的种类,无论主债务人或从债务人,都适用统一的时效期间。法国、意大利、葡萄牙等国采取此种做法。二是差别立法制,即因不同的票据种类,或者因主票据债务人和从债务人的不同,适用不同的时效期间。日内瓦统一票据法、日本票据法、我国台湾地区票据法采取差别立法制。我国票据法采取差别立法制,不仅对不同种类票据的时效期间作了特别规定,而且对不同的票据债务人,规定了不同的票据时效期间。我国票据法中的持票人对票据的出票人和承兑人的权利时效、持票人对支票发票人的权利时效、持票人对前手的权利时效、背书人对前手的权利时效的规定各不相同。

持票人对票据主债务人的权利时效 指票据持票人对汇票的出票人和承兑人、本票的出票人的付款请求权的时效期间。我国票据法规定:持票人对票据的出票人和承兑人的权利,自票据到期日起2年,见票即付的汇票、本票,自出票日起2年期限内不行使,票据权利消灭。因票据的种类不同,具体可以分为两种情形:(1)自票据到期日起2年。此项权利时效只适用定期汇票的出票人和承兑人。(2)自票据出票日起2年。此项权利时效只适用于即期汇票的出票人和本票人的出票人。我国票据法规定的权利时效为消灭时效。《日内瓦统一汇票本票法》第70条规定:汇票上之一切诉讼权利,对承兑人自到期日起算,3年间不行使,因时效而消灭。其权利时效为诉讼时效。

持票人对支票发票人的权利时效 票据持票人对支票出票人的付款请求权的时效期间。《中华人民共和国票据法》第17条规定:持票人对支票出票人的权利,自出票日起6个月期限内不行使的,票据权利消灭。我国台湾地区《票据法》规定:持票人对支票发票人的权利,其时效期间为1年。由于支票仅限于即期支付,其主要功能在于支付而非创设信用,故票据法规定了较短的时效期间。

持票人对前手的权利时效 指票据持票人对前手的追索权的时效期间。票据持票人在被付款人拒绝承兑或被拒绝付款后,享有向前手追索的权利。持票人对其前手的追索权的时效期间,可以分为两种:一是汇票、本票的持票人对其前手的追索权的时效期间;二是支票的持票人对其前手的追索权的时效期间。各国的票据法多将汇票本票和支票分别规定,因此其时效期间不一致。《日内瓦统一汇票本票法》规定的汇票、本票的持票人对其前手的追索权时效为1年,而《日内瓦统一支票法》规定,支票持票人对其前手的追索权的时效期间为6个月。但各国对作成拒绝证书要求不同,如要求作成拒绝证书的,从自拒绝证书作成之日起算;如不要求作成拒绝证书的,汇票、本票从到期日起算,支票从提示日起算。我国票据法规定,持票人对前手的追索权,自被拒绝承兑或者被拒绝付款之日起6个月不行使而消灭。我国票据法未将持票人对前手的追索权因汇票本票和支票而作区别对待,也没有免除持票人的作成拒绝证书的义务。

背书人对前手的权利时效 指票据背书人对其前手的再追索权的时效期间。票据背书人在承担了被持票人的追索义务后,享有对其前手的再追索权的请求。我国票据法规定,持票人对前手的再追索权,自清偿日或被提起诉讼之日起3个月,不行使而消灭。《日内瓦统一票据法》规定,汇票本票的背书人相互之间或支票的各付款债务人之间的诉讼权,自清偿日或被诉之日起6个月,不行使因时效而消灭。我国台湾地区票据法规定,汇票、本票之背书人,对于前手之追索权,自为清偿之日起或被诉之日起算,6个月间不行使,因时效而消灭。支票之背书人,对前手之追索权,2个月间不行使,因时效而消灭。

(孔志明)

piaoju susong bujiu
票据诉讼补救(remedy for loss of negotiable instruments through litigation) 指票据持票人丧失票据后,向法院提起诉讼,主张行使票据权利的一种票据救济。票据诉讼作为一种票据丧失的补救方式,世界各国的立法并不一致,它主要是英美法系国家的做法,大陆法系国家鲜见有此规定。《美国统一商法典》第3—804条规定,因毁灭、被盗或其他原因而丧失票据的,其所有人应就其对票据的所有权、阻止其提示票据的事实,以及票据款项做出适当的证明后,以自己的名义提起诉讼,并向票据上负责的任何当事人追偿。法院应要求其提出保证,以担保被告不因就票据提出的其他权利主张受损失。英国票据法上的票据丧失救济也主要采取普通诉讼的办法。大陆法系国家诉讼法中有票据公示催告程序,但严格说来,公示催告程序不属于真正意义的"诉讼"程序,因为它属于非诉程序,不存在被告。《中华人民共和国票据法》借鉴了英美国家的做法,规定:票据丧失后,失票人可以依法向人民法院申请公示催告,或者向人民法院提起诉讼。票据诉讼补救是适用普通程序进行的票据权利恢复诉讼,不仅具有一般诉讼的特征,它还具有确认之诉和给付之诉的双重性质。根据《中华人民共和国票据法》规定,票据诉讼补救可以在不先提出挂失止付而直接提起,也可以在先提出挂失止付后提起,但对票据诉讼补救没有做出可操作性的规定。一般认为,失票人首先应向票据付款人或代理付款人提供足够担保以请求支付票款,当票据付款人或代理付款人拒绝支付时,失票人可以他们为被告提起诉讼。如果付款人或代理付款人死亡或被宣告破产或被终止业务或由于票据无从查找,失票人才可以向其他票据债务人提供担保以请求支付票款。失票人提起诉讼后,应就自己为票据的合法权利人、付款人有票据付款义务一事,进行举证。票据诉讼补救是普通程序,由该程序作出的判决并不具有使丧失的票据失效的效果,丧失的票据仍为有效票据,善意持票人仍可以依该票据主张权利。

(孔志明)

piaoju tiexian
票据贴现(discount of bill) 票据贴现是收款人或持票人在资金不足时,将未到期的票据向银行或其他金融机构申请贴现,银行或其他金融机构按票面金额扣除贴现利息后将余额支付给收款人或持票人的一种票据行为。票据一经贴现便归贴现银行所有,贴现银行到期可凭票直接向承兑人收取票款。所以,票据贴现可以看做是银行或其他金融机构以购买未到期汇票的方式向企业发放贷款。票据贴现能为持票人快速变现手中未到期的商业票据,手续方便,融资成本低,持票人可预先得到金融机构垫付的融资款项,加速资金周转,提高资金利用效率。但是,票据贴现的贴现期限都较短,一般不会超过6个月,而且可以办理贴现的票据也仅限于已经承兑的并且尚未到期的商业汇票或银行汇票。在我国,商业汇票的持票人向银行办理贴现业务必须具备的条件有:是在银行开立存款账户的企业法人以及其他组织;与出票人或者直接前手具有真实的商业交易关系;提供与其直接前手之前的增值税发票和商品发运单据复印件等条件。

票据贴现的贴现银行一般为票据持票人的开户银行,贴现到期,贴现银行作为持票人,在汇票背面背书栏加盖结算专用章并由授权的经办人员签名或盖章,注明"委托收款"字样,填制委托收款凭证,在"委托收款凭据名称"栏注明"商业承兑汇票"或"银行承兑汇票"及其汇票号码连同汇票向付款人办理收款。对于付款人在异地的,应在汇票到期前,估算付款人的邮程,提前办理委托收款。如果贴现银行收到付款人开户银行或承兑银行退回的委托收款凭证、汇票和拒绝付款理由书或付款人未付票款通知书后,贴现银行在追索票据时,对申请贴现的持票人在本行开户的,可从其账户收取。贴现申请人账户余额不足时,应按照逾期贷款的规定处理。贴现申请人未在本行开立账户的,对已贴现的汇票金额的收取,应按票据法的规定向贴现申请人或其他前手进行追索。　　(辛丽燕)

piaoju tuxiao
票据涂销(obliteration of negotiable instruments) 票据涂销是指将票据上的签名或其他记载事项以涂抹、刮削、粘贴等方法予以消除的行为。

各国票据法关于涂销的规定,在规定方法和规定内容上均有一定的差异。在《日内瓦统一汇票本票法》以及《日内瓦统一支票法》中没有关于涂销的概括性规则,而是将涂销分别规定在各有关票据行为的内容中,所以,上述《日内瓦统一票据法》关于涂销的分类,主要是依票据行为人的分类,例如,背书人的涂销、承兑人的涂销等。《美国统一商法典》只简略地规定涂销是解除当事人责任的一种方式,没有更具体的涂销规则。《英国汇票法》关于涂销的规定方法,是将所有的涂销归纳在一起进行了概括性规定,所以《英国汇票法》中没有依据票据行为人进行的涂销分类,而是将涂销区分为:持票人的涂销和非持票人的涂销、故意的涂销和无意的涂销等。我国台湾地区票据法关于涂销的规定方法,既有概括性规定,也有具体票据行为的涂销规定,如对背书的涂销;但其主要的分类,是将票据的涂销区分为有权利的涂销和无权利人的涂销,故意的涂销和无意的涂销等。在涂销的分类上,英国汇票法与我国台湾地区票据法相近似。《中华人民共和国票据法》对票据涂销未作规定,但是在票据实务中,常有票据当事人对票据进行涂销的情况,其法律性质和法律后果应是票据法需要解决的问题。　　(辛丽燕)

piaoju tuxiao de xiaoli
票据涂销的效力(effects of obliteration negotiable instruments) 票据涂销产生的法律后果。票据涂销的效力具体表现为:(1)由权利人故意所为的票据涂销的效力。有权利人(持票人或其代理人)故意进行的涂销,为有效涂销,被涂销的票据关系人可因被涂销而解除票据责任。《英国票据法》第63条第1款规定:持票人或其代理人有意涂销汇票,而在汇票上明确表示其涂销意图的,该汇票即告消灭。《美国统一商法典》第3—605条规定持票人如有意涂销票据,或毁灭、毁损当事人的签名,或勾销当事人的签名的话,该当事人即可解除票据责任。这种规定的意思就是如果票据权利人故意涂销票据上记载事项,那么该权利人便丧失其在该涂销部分的票据上的权利。我国台湾地区《票据法》第38条的规定:持票人故意涂销背书者,其被涂销的背书人,及其被涂销背书人名次之后而于未涂销以前为背书者,均免其责任。(2)由权利人在非故意的情况下所为的票据涂销的效力。如果票据权利人涂销票据并非出于故意,则该涂销行为不影响票据的权利。我国台湾地区《票据法》第17条规定:票据上之签名或记载事项被涂销时,非由票据权利人故意为之者,不影响于票据上之效力。《英国票据法》第63条第3款规定:凡出于恶意,或由于错误,或未经授权而进行的涂销,是无效涂销。(3)由非权利人所为的票据涂销的效力。由非权利人所为的票据涂销行为,无论行为人在主观上有无故意,都不得影响票据的权利。如果非权利人故意涂销票据上签名或其他记载事项,有时还会构成票据的伪造或变造。(4)关于票据涂销的举证责任。票据权利人在行使权利时,如就涂销与债务人发生争执,权利人如果主张涂销是由权利人非故意所为或为无权利人所为,该权利人就应该对此负举证责任。　　(孔志明)

piaoju tuxiaoren
票据涂销人(canceller of negotiable instruments) 票据涂销的主体。票据涂销人包括有权利人和无权利人两种,英国汇票法和我国台湾地区的票据法都规定了此种分类。所谓有权利人,一般应为原记载人或票据法明确规定的其他有涂销权的人。有权利人的票据涂销,如果属于故意涂销则发生涂销的效力;如果属于无意涂销,那么不产生涂销的效力或者视该涂销为未涂销,但为避免争议,涂销人应当注以"未涂销"字样并签章证明。无权利人的票据涂销,如果涂销人为恶意,该涂销应归为票据伪造或票据变造,涂销人即为票据伪造人或变造人。无权利人涂销如属于无意涂销,该涂销为无效涂销,但无权利人应注明"未涂销"且签章证明。　　(孔志明)

piaoju weizao de xiaoli
票据伪造的效力(effects of forgery of negotiable in-

struments) 票据伪造对票据相关当事人产生的法律后果。包括对伪造人、被伪造人、真实签章人、持票人和付款人的法律后果。(1) 对伪造人的效力。票据伪造人是伪造票据的实际行为人,但伪造人自身并未在票据上以自己的名义签章,因而,伪造人并非票据行为人。伪造人不承担票据责任。虽然伪造人没有在票据上签章,但其并不能免除其他法律责任。伪造人给他人造成损害的,应当承担民事损害赔偿责任,票据伪造人的行为情节严重,构成犯罪的,应当依法追究刑事责任,情节轻微,不构成犯罪的,应当依照国家有关规定追究其行政责任。(2) 对被伪造人的效力。在票据伪造中,尽管伪造人以被伪造人的名义签章,使被伪造人成为该票据形式上的票据义务人,但被伪造人并没有出于自己的意思表示而完成该票据行为,被伪造人不对伪造票据承担任何责任。我国最高人民法院《关于审理票据纠纷案件若干问题的规定》第 67 条规定,被伪造签章者不承担票据责任。但是,在一些特殊情况下,主要是被伪造人有造成表见代理的过错和被伪造人对伪造票据出于某种考虑予以追认时,被伪造人仍有可能对该票据承担票据责任。(3) 对票据上真实签章人的效力。票据行为具有独立性,一行为的无效不影响其他行为继续有效,因而,票据的伪造行为不影响真正签章人的票据行为的效力。各国票据法对此都作了相同的规定。《中华人民共和国票据法》也规定,票据上有伪造签章的,不影响票据上其他真实签章的效力。票据真实签章人应根据各自的签章承担相应的票据责任。(4) 对票据持票人的效力。票据伪造如果为出票伪造的,其票据为无效票据,持票人不能取得票据权利中的支付请求权,但是,由于伪造的票据具备形式要件齐备的外观,如果持票人是从真实签章人处取得该伪造的票据的,依票据行为独立性原理,仍享有对真实签章人的追索权。如果持票人是直接从伪造人手中取得伪造的票据,持票人不能向伪造人和被伪造人行使票据权利,只能依民法原理向伪造人请求赔偿或追回损失。(5) 对票据付款人的效力。如果票据出票行为是伪造的,付款人除了审查背书是否连续和持票人的身份外,付款人还负有验证预留印章的责任,伪造出票留下的签章如果与被伪造人预留在付款人处的签章相符,付款人应该付款,因此造成的损失由被伪造人承担;如果伪造出票留下的签章与被伪造人预留的签章不符,付款人仍付款的,造成的损失由付款人承担。如果出票以外的行为被伪造的,付款人除审查持票人的身份证明外,付款人所负的义务主要是审查背书是否连续,背书如果连续,付款人应该付款。背书不连续的,持票人又无法举证证明其票据权利的,付款人应拒绝付款。通常情形下,出票人与付款人往往对付款错误造成的损失有特别约定,如果付款人未按约定进行付款导致错误付款的,则付款人应承担损失。

我国对票据伪造的效力的规定与《日内瓦统一票据法》和我国台湾地区《票据法》的规定基本相同。英美票据法在伪造背书签名的效力上不同于大陆法系,《英国汇票法》规定:票据上有伪造的背书签名时,伪造签名之后的一切受让人或持票人,都不能真正取得票据权利,付款人负有对包括背书签名是否真实的查验之责,如果付款人对有伪造签名的票据进行付款,付款人自负其责,票据的真正权利人仍可以向付款人请求付款。

(孔志明)

piaoju weizao qianming

票据伪造签名 (forged signature of negotiable instruments) 指票据伪造人假冒他人或虚构他人名义为出票以外的票据行为。票据伪造签名,主要表现为假冒他人名义的背书、保证、承兑的行为,属于附属票据行为的伪造,又称票据上签章的伪造或伪造签章。票据伪造签名是对已存在的票据实施伪造签名的行为,其票据仍然是真正的票据。对于票据伪造签名有两种观点:一种是出票人在出票时伪造签名的不属于票据伪造签名,由于其签名是创设票据的行为,所以,出票时伪造签名属于票据本身的伪造。二是票据伪造签名是指假冒他人的名义或未经授权而用他人的名义在票据上签名的行为,包括假冒出票人签名。

(孔志明)

piaoju weizaoren de zeren

票据伪造人的责任 (liability of forger of negotiable instruments) 指票据伪造人就其票据伪造行为承担的法律责任。《中华人民共和国票据法》规定,票据上的记载事项应当真实,不得伪造。伪造票据上的签章的,应当承担法律责任。就伪造人可能承担责任的性质而言,通常包括票据责任、民事责任、刑事责任和行政责任。(1) 伪造人的票据责任。票据责任的承担原则是"签名人负责原则",由于票据伪造人没有在票据上以自己的名义进行签章,故不承担票据责任。无论持票人善意或恶意以及有重大过失,伪造人都不承担任何票据责任,包括付款义务和担保付款义务。(2) 票据伪造人的民事责任。伪造人的票据伪造行为,属于侵权行为,即故意侵害他人民事权利的行为,因而要承担民事责任。我国最高人民法院《关于审理票据纠纷案件若干问题的决定》第 67 条规定:依照《票据法》第 14 条、第 103 条、第 104 条的规定,伪造、变造票据者除应当依法承担刑事、行政责任外,给他人造成损失的,还应当承担民事赔偿责任。被伪造者不承担票据责任。(3) 票据伪造人的刑事责任。《中华人民共和国票据法》第 103 条对票据欺诈行为应依法追究刑事责任作了规定,其中第 1 项票据欺诈行为就是伪造、变造票据;第2项是故意使用伪造、变造的汇票的行为。我国1997年颁布的《中华人民共和国刑法》第177条规定:伪造、变造汇票、本票、支票的,处5年以下有期徒刑或者拘役,并处或者单处2万元以上20万元以下罚金;情节严重的,处5年以上10年以下有期徒刑,并处5万元以上50万元以下罚金;情节特别严重的,处10年以上有期徒刑或者无期徒刑,并处5万元以上50万元以下罚金或者没收财产。单位犯前款罪的,对单位判处罚金,并对直接负责的主管人员和其他直接责任人员,依照前款的规定处罚。(4)票据伪造人的行政责任。《中华人民共和国票据法》对票据伪造人的行政责任作了原则性的规定。《中华人民共和国票据法》第104条规定,有第103条所列行为之一,情节轻微,不构成犯罪的,依照国家有关规定给予行政处罚。

(孔志明)

piaojuwu de kangbian
票据物的抗辩(exceptio in rem of negtiable instruments) 一切票据债务人或特定债务人可以对抗任何票据债权人的抗辩。票据抗辩的一种。票据物的抗辩的本质特点在于:可以对抗任何票据债权人,即使持票人为善意或无重大过失,所以票据物的抗辩又称为绝对抗辩或对世抗辩。物的抗辩原因主要是基于票据本身或票据行为本身的缺陷,所以票据物的抗辩又称为客观抗辩。依据可以主张抗辩的人的不同,物的抗辩可以区分为两种:

第一种:一切债务人可以对抗任何票据债权人的对物抗辩。主要有以下几种情形:(1)因出票欠缺绝对应记载事项而票据无效的抗辩。我国票据法规定:票据出票欠缺绝对应记载事项之一的,其票据无效。无效的票据,持票人不享有票据权利,任何票据债务人均可抗辩。(2)因更改不可更改事项而票据无效的抗辩。我国票据法规定:票据金额、日期、收款人名称不得更改,更改的票据无效。(3)因不符合票据金额记载规则而票据无效的抗辩。我国票据法规定:不符合票据金额记载规则的,票据无效。因此,票据债务人可以对抗持票人。(4)对不依票据文义而提出请求的抗辩。票据为文义证券,票据债权的内容应依票据文义而享有或行使,因此,不依票据文义而提出的票据债权请求,票据债务人可以提出抗辩。如票据到期日未届至、付款地不符等。(5)票据债权已消灭的抗辩。如票据已经法院除权判决而丧失效力,票据已经付清款项等。(6)票据背书不连续的抗辩。持票人通过背书方式取得票据的,应以背书连续证明自己的票据权利,如果背书不连续的,任何票据债务人均可主张抗辩。

第二种:特定票据债务人可以主张的抗辩:(1)欠缺票据行为能力的抗辩。在票据上进行签章的无民事行为能力人或限制民事行为能力人,可以自己行为能力欠缺而主张抗辩。(2)无代理权而以代理人的名义在票据上签章或代理人超越代理权的,被代理人可以主张抗辩。(3)票据伪造的抗辩。被伪造人可以主张未在票据上进行签章而行使抗辩权。(4)票据变造的抗辩。除参与或同意变造的票据变造之前的签章人,可以主张不依变造后的文义负责的抗辩。(5)票据保全手续欠缺的抗辩。如持票人没有依期提示和依期作成拒绝证明来保全票据权利,其前手可以保全手续欠缺主张追索权已丧失的抗辩。(6)票据债务已因时效而消灭的抗辩。票据法上不同的票据关系人有不同的票据时效。不同的票据关系人因适用自己的票据时效逾期,从而主张票据债权对自己已消灭,行使抗辩权。

(孔志明)

piaoju xiangdui sangshi
票据相对丧失(relative loss of negotiable instruments) 指因票据丢失或票据被他人盗窃,持票人丧失了对票据的占有。票据相对丧失,又称票据的遗失,票据本身未消灭而仍然存在,仅仅是持票人丧失了对票据的占有,而有可能被他人占有。票据的相对丧失,使得票据权利人丧失了对票据的占有且不能进行提示票据和交付票据,从而不能或暂时不能行使票据权利。票据相对丧失时,由于票据仍然存在,所以有被他人占有,进而冒领票据金额以及被他人以善意取得效力而享有票据权利,从而使失票人丧失票据权利的风险。失票人为了保全票据权利应当及时采取救济手段。

(孔志明)

piaoju xingwei
票据行为(act on negotiable instrument) 票据行为是指票据关系人依票据法实施的能够产生票据债权债务关系的要式法律行为。对此应作如下理解:

首先,票据行为是一种法律行为。法律行为,是指能够按照行为人意思表示的内容发生法律效力的行为。票据行为是法律行为,是指票据行为只要按照票据法的规定实施,就能使行为人的意思表示产生法律效力,使票据关系人之间产生票据权利义务关系。依票据法所实施的各种票据行为,包括出票、背书、承兑、保证,能够使当事人之间产生预期的票据关系,而且票据行为不仅要具备合法性,还必须遵守票据法这一商事特别法的规定,是票据法上的法律行为。

其次,票据行为能够产生票据关系。票据行为的发生和变更,在票据关系人之间形成票据债权债务关系,这种法律关系与一般的法律关系在行为主体、行为目的、行为方式等方面都存在区别,按照票据法的强制性规定,只有实施票据行为才能在当事人之间产生票据关系，实施其他民事行为都不会产生票据法上的效果。票据法上的出票、背书、承兑、保证等制度，是票据法所独有的，也是票据法律关系产生、变更的特有制度。

最后，票据行为是依票据法实施的要式法律行为。为了在商事流转中实现安全与效率，票据法对票据行为规定了极为严格的条件，票据行为的实施必须依照票据法所规定的内容和行为方式，如果不依照票据法的规定，即使符合其他民事法律规范，也会归于无效而无法实现其票据法上的效力。　　　　　　（辛丽燕）

piaoju xingwei chouxiangxing
票据行为抽象性（abstraction of negotiable instruments acts） 又称为票据行为无因性。票据行为只要具备抽象的形式即可生效，而不问其实质。例如，发票人发出票据，只要形式上满足法律所规定的各项要求，即为有效的发票行为。发票行为成立后，不受实质关系的影响。票据的抽象性决定出票行为的形式要件是否欠缺，对票据的效力有无具有重要意义。在确定出票行为无效时，只能根据出票行为的形式要件欠缺来确定，不能因为票据形式要件以外的其他事项，包括票据的原因关系而判定出票行为无效。票据行为的抽象性也就形成了票据关系与基础关系相分离。票据行为的抽象性，决定于票据的流通性。　　　（杨璐）

piaoju xingwei danfang xingwei shuo
票据行为单方行为说（unilateralism theory of negotiable instruments acts） 票据书面一经作成即发生票据上的义务，票据行为由于票据债务人一方的行为而成立，因而负担票据上的债务并不以意思表示到达相对人方可成立。但在票据行为成立的具体时间上，学者间又存在不同的看法，主要有创造说和发行说两种观点。

创造说　该说主张，票据债务依票据行为人以签名为要件的单方行为而成立，只要票据行为人已签名于票据之上，即使违反票据行为人的意思而使该票据为他人取得时，票据债务仍然成立。就是说，票据仅以作成书面即已产生权利义务关系，票据行为的有效以及票据效力，不以交付票据为必要条件，是否交付属于直接当事人间的人的抗辩，而不是基于票据的物的抗辩。此种学说因票据债权人取得票据的条件不同，又可分为持票说、占有说、善意说和所有权取得说。持票说又称一方约束说，该说认为，被指定之债权人取得其票据时，不问其是否知道，均当然成为票据的债权人；占有说认为，被指定之债权人取得票据的占有即为取得其债权，至于其取得系善意还是恶意在所不问；善意说认为，被指定之债权人以善意取得其票据的占有时，即取得票据的债权，也即以出票人的签名和债权人的善意取得为票据债权发生的要件；所有权取得说认为，被指定之债权人取得票据的所有权时，取得票据的债权，即以出票人的签名和债权人票据所有权的取得为票据债权发生的要件。

发行说　该说主张，票据债务的成立，除必须有出票人的签名外，还须有交付行为的存在，这样单方行为才能完成。即是说，出票人仅作成票据，票据权利义务关系还未成立，只有当其意思表示到达特定相对人时，才发生票据效力，而交付行为即为意思表示到达相对人的体现。依此主张，可把票据行为分为票据作成票据和票据交付两个阶段，二者都是票据行为成立的必要条件，缺一不可。　　　　　　　（杨璐）

piaoju xingwei de daili
票据行为的代理（agency of negotiable instruments acts） 简称为票据代理，指的是有权实施某种票据行为的人由于某种原因不能或不愿亲自实施该票据行为，而由他人代为实施的一种票据法律制度。票据代理为法律行为，是代理人为本人即被代理人的利益而为的意思表示。民法对代理采取表示主义，即代理须以本人名义为之。而票据法对票据代理进一步采取证券表示主义。未在票据上记载代理关系的，不发生票据代理的效力，仅发生代理人本身的票据行为的效力。然而，票据法更加注意保护善意第三人的市场交易利益，更加注意从票据本身的特点出发，即票据文义性和要式性出发，从票据本身的记载入手，赋予签章人一定的权利和要求其履行一定的义务。因此，相对于普通民事代理来说，票据代理有特殊之处。

票据行为的有权代理　《中华人民共和国票据法》第5条第1款规定：票据当事人可以委托其代理人在票据上签章，并应当在票据上表明其代理关系。依此规定，票据有权代理的成立应具备以下形式要件：(1)应载明本人于票据上。票据代理属法律行为，应具备民事法律行为关于代理的一般规定，即代理人应以本人的名义实施有关票据行为，因此，代理人只有将本人的姓名或名称明确载明于票据，才能使有关票据行为引起的权利义务直接归属于本人。如果代理人以口头或票据以外的书面形式表明其以本人的名义实施有关票据行为，而没有将本人的姓名或名称记载于票据，也不能构成票据行为的代理。故票据法上实行"严格显名主义"。(2)应将授权代理的意思记载于票据。将为本人代理的意思记载于票据上，还有另一要求，即明确性。如果从票面上无法推知代理人是为本人在从事代理行为，则后果由代理人自负，关于该项记载的方式，各国票据法理论和实践都没有明确的规定，一般认为并不一定要求记载"代理人"字样，只要有依一般的票据交易习惯足以认定代理人是以本人名义实施有关票据行为的记载即可视为有效的记载。(3)代理人应签章于票据。票据行为以行为人签章于票据为其绝对的成立要件之一,票据行为代理属于票据法的特殊规定,但是关于票据行为的构成要件的规定同样适用于票据代理,故代理人应在票据上签章。欠缺签章的代理行为无效。

有权代理还需具备实质要件,即代理人具有代理权。判断票据代理为无权还是有权代理的标准即为代理人是否具有代理权。

依此要件,票据行为代理成立后,将发生票据法上的效力,即约束力或强制力。我国学者多认为,符合条件的代理的效力即有权代理的效力,权利义务后果由被代理人承担,即第三人可直接向被代理人主张票据法的权利义务,被代理人不得予以抗辩。

票据行为的无权代理 票据无权代理是指代理人在本人即被代理人没有授予代理权、超越代理权及代理权终止后所实施的票据代理活动。票据无权代理有广义和狭义之分。狭义无权代理是指代理人在本人没有授予代理权或代理权终止后所实施的代理活动。广义无权代理除包括狭义无权代理外,还包括越权代理及表见代理。在实际操作过程中,无权代理的范围更为广泛,本人为虚构之人、因代理权无真实来源,可以成立无权代理;代理人无代理行为能力,无法履行代理之责,也可以成立无权代理,从这个意义上讲,无权代理应包括一切代理权不存在或不能证明其存在的情形。

通常所谓的无权代理是指狭义无权代理。无权代理具备形式要件,即行为人在票据上记明所谓被代理人名称;记明被代理人的意思,即为被代理人而为票据行为;以代理人名义自己签章。但实质上并不存在代理关系,签章人并未经授予任何代理权,即缺乏代理的实质授权要件,并且第三人没有正当理由相信代理人具有代理权,否则构成表见代理,不属无权代理情形。

是否为无权代理应由代理人来负举证责任。如不能证明其具有代理权,代理人应承担无权代理的责任,该责任为法定责任,具有惩罚性质。而且票据法并未规定第三人的善意是无权代理的构成要件,因此,即使第三人不是善意的,代理人也应承担责任,不能以此抗辩。

票据无权代理对被代理人不发生法律约束力,即被代理人可以对抗一切持票人的付款请求而不必负任何票据责任。在我国票据无权代理不存在《中华人民共和国民法通则》上的追认代理,无权代理人履行付款责任后,依票据法追索权制度的规定,取得追索权。我国的上述规定,与国际公约相一致,但英美等国票据法可以追认代理,只不过不像民法规定的把代理关系的成立与否完全取决于被代理人的追认。

票据行为的越权代理 是指代理人超越代理权限,增加被代理人的票据义务的代理行为。实质上越权代理也属于无权代理,因为代理超出代理授权范围的部分,代理人也是没有代理权的。

越权代理主要表现为擅自提高票据金额、提前票据的到期日、改变票据交付给被代理人造成不便等。上述三种情况中,擅自提高票据金额增加了被代理人的票据债务,是票据法规定的主要内容。票据金额是票据的绝对必要记载事项,不记载票据金额的票据无效。代理人增加票据金额是指在票据的初次记载上将应记载的金额数额变大。例如,甲委托乙代理签发一张金额为3万元的汇票,乙却签发了一张5万元的汇票。"代理人增加票据金额"不等于"更改票据金额",更改票据金额的结果是该票据无效;增加票据金额的结果并不会使票据无效,票据在形式外观上仍是有效的。

根据《中华人民共和国票据法》第5条第2款规定:代理人超越代理权限的,应当就其超越权限的部分承担票据责任,但是被代理人对于超越授权范围部分产生的票据责任不承担责任。与无权代理一样,被代理人对越权部分不承担票据责任是可以对抗善意第三人的,并且超越代理权的行为同样是不允许追认的。票据法并未详细规定越权代理的事项和越权代理的后果,代理人的责任范围如何确定,学术界有不同的观点,概括起来有金额责任说、越权部分说又称部分责任说、本人无责任说。"金额责任说"认为,越权代理人应对票据记载的金额承担责任,同时本人即被代理人应对代理人代理权限范围内的金额承担连带责任。"部分责任说"认为,对越权代理行为应划分越权代理人和本人即被代理人的责任范围。前者就其授权范围内的金额负担票据责任,后者则只就其越权部分的金额负担票据责任。"本人无责任说"认为,代理人超越代理权的场合,应视为代理人自己的票据行为,本人即被代理人无需再负担票据上的责任。

实际上,代理人超越本人授权范围实施了票据行为,直接第三人往往具有过失(如上文所述),也就是说,该第三人应该能够判断出代理人的哪些行为超越了代理权限,哪些没有,而却没有尽到合理注意义务去判断,因此,存在过失。在此情形下,应由代理人承担全部票据责任,免除被代理人的票据责任,直接第三人不能向被代理人主张票据权利,因为直接第三人存在过失。在承担了票据责任之后,再由被代理人承担代理人有权代理范围的民事责任。被代理人承担的是民事责任,而非票据责任。同时,票据不是静止的书面凭证,流通性是其重要特点。对于流通中的第三人来说(即间接第三人),很难从票据文义上判断出代理人的哪些行为没有超越代理权,哪些行为超越代理权。因而"代理权的限制,不得对抗善意第三人"。代理人的代理行为是一次完成的,行为本身不易分割,将分割的风险交予间接第三人,太不公平。因此,部分责任说并不合理。在此情形下,应由代理人承担票据责任,被代理人在授权范围内的金额承担连带责任。因此,对于票据流通中的善意第三人来说,"金额责任说"更合理。

此外法人的法定代表人越权代理行为,应由法人承担票据责任。因为严格来说,法定代表人代表法人所实施的票据行为,不是票据的代理行为而是票据的代表行为。从民法一般理论来讲,法定代表人代表法人实施民事法律行为时,其自身的法律人格已被法人的人格所吸收,即法定代表人的行为即为法人的行为,法定代表人超过公司章程规定的范围而实施的票据行为,即法人的越权行为,应由法人承担票据责任,越权代理的法定代表人应按民法上有关滥用权力的规定向法人承担损害赔偿责任。

票据行为的表见代理 在我国民法界,多数学者认为,因本人的行为造成了足以令人相信某人具有代理权的外观,民法上的表见代理是本人须对之负授权责任的代理。我国票据法对表见代理未作明文规定,各国票据法都没有对此作出规定,但各国的票据法理论都主张应将表见代理制度适用于票据法领域。

表见代理的成立需具备以下要件:(1) 代理人无代理权。表见代理属无权代理的一种,在无权代理情形,代理人无代理权可表现为代理人没有代理权、代理权终止或超越代理权。(2) 客观上存在着使第三人相信代理人有代理权的事实理由。表见代理的实质是无权代理,但之所以发生有权代理的法律后果的原因是第三人相信代理人具有代理权,即第三人在审查代理人提供的证据时,主观上没有过错,已尽到合理审查之义务。为了保护第三人的交易安全,法律天平在此偏向于善意第三人,由被代理人承担责任。在我国,多数学者认为表见代理之所以由被代理人承担责任,是因为被代理人有过错,即是被代理人的行为令善意第三人相信代理人具有代理权。并且列举了诸种情形,主要包括以下几种:本人亲自以行为向第三人表示将其代理权授予他人;本人知道他人擅自以本人名义进行代理行为而没有作出反对的表示;本人已限制或撤销了代理人的代理权,但第三人未得知这一事实,如是因第三人自己的过失造成的,则不包括在内;无票据代理权而为他人利益实施票据行为,第三人客观上有相信其代理权存在的理由,同时,本人又有过错的,本人也应承担表见代理的票据责任。笔者认为,从民法的表见代理来说,被代理人的过错不应作为表见代理的成立要件。实际上,当因雇佣关系、夫妻关系产生的表象使得第三人相信代理人有代理权时,本人没有"过错"。

这种情况下,即使善意第三人理由充分,本人也绝对不承担责任,这既不公平也不利于保护交易安全。(3) 第三人在主观上属善意。从以上表见代理情形可以推知被代理人的过失。要么是被代理人没有通知第三人,以往授权不严格,对代理人的行为没有及时制止等。(4) 票面形式完整。表见代理在形式上具备票据有权代理的形式要件,欠缺的是代理人无代理权。

具备以上构成要件的,成立表见代理,代理后果直接归属于本人,本人承担票据责任后,再向无权代理人主张承担责任。在表见代理中,也应由代理人承担举证责任,由第三人对其提供的证据予以审查。无论是直接第三人还是间接第三人,只要能够证明代理人提供的证据足以令其相信代理人具有代理权,均成立表见代理。因此,在表见代理中,没有必要区分直接代理人与间接代理人。

票据行为代理的瑕疵 代理行为必须没有瑕疵。无权代理人的代理行为如有瑕疵,那么他不负无权代理所应承担的责任,例如,无权代理人如系无民事行为能力人,由于主体资格不合格,没有承担票据责任的能力,再例如,票据上的记载不能反映出是代理关系,那么就不能按无权代理确定付款责任。

(杨 璐)

piaoju xingwei de daixing
票据行为的代行(act on one's behalf of negotiable instruments acts) 票据上仅由代理人记载本人姓名并盖本人印章,而未记载代理意旨与代理人名章的,称为票据行为的代行,代行由被代理人承担票据责任。

(杨 璐)

piaoju xingwei de fenlei
票据行为的分类(classification of act on negotiable instrument) 根据不同的标准,票据行为可以分为如下几种:(1) 基本票据行为和附属票据行为。基本票据行为是指创设票据的原始行为,是使票据上的权利义务产生的出票行为。附属票据行为是出票行为以外的其他票据行为,是指以出票为前提、在已经作成的票据上所为的票据行为,主要包括背书、承兑和保证。(2) 狭义票据行为和广义票据行为。狭义的票据行为指以承担票据债权债务关系为意思表示内容的票据行为。依照我国票据法的规定,主要有出票、背书、承兑、保证四种票据行为,在有些国家狭义的票据行为还包括参加承兑行为,我国票据法对此未加以规定。另外,作为狭义票据行为,除了我国票据法所规定的出票、背书、承兑、保证四种票据行为之外,在《日内瓦统一票据法》中,还规定参加与保付也是狭义票据行为。广义的票据行为是指票据权利义务关系的发生、变更、消灭所必须的法律行为,除包括狭义的票据行为之外,还包括付款、参加付款、见票、划线、涂销等行为。(3)普通票据行为和特殊票据行为。普通票据行为是指各种票据共有的票据行为。根据票据行为所涉及的范围,各种票据共有的票据行为是出票和背书,因出票行为是基础票据行为,故为汇票、本票、支票所必需的票据行为;背书是各种票据共有但非必需的票据行为。特殊票据行为是指某种票据独有的票据行为。其中,承兑是汇票特有的票据行为,本票和支票不具备;保证是汇票和本票中可能产生的行为,支票中则没有保证行为。

(辛丽燕)

piaoju xingwei de shizhi yaojian
票据行为的实质要件(substantive essentials of act on negotiable instrument) 票据行为的实质要件包括票据能力、票据行为意思表示和票据行为的合法性三个方面。

票据能力 票据能力包括票据权利能力和票据行为能力两个方面,票据权利能力是指可以享受票据权利、承担票据义务的资格;票据行为能力是指能够按自己独立的行为取得票据上权利、承担票据上义务的资格。

第一,自然人的票据能力。

首先,自然人的票据权利能力。自然人的票据权利能力始于出生,终于死亡,作为自然人享有票据权利的前提或可能性,自然人的票据权利能力不受职业,性别、年龄等其他任何条件的限制。

其次,自然人的票据行为能力。票据行为能力分为完全行为能力,限制行为能力和无行为能力三种。完全行为能力包括18周岁以上的人或已满16周岁不满18周岁以自己的劳动收入作为主要生活来源的人,他们可以独立为票据行为。无行为能力人指10周岁以下的未成年人和不能辨认自己行为的精神病人,在票据关系中由其法定代理人代理其为票据行为,无行为能力人所为的票据行为无效。限制行为能力人包括10周岁以上的未成年人和不能完全辨认自己行为的精神病人,在票据关系中,限制行为能力人与无民事行为能力人一样,所为的票据行为无效。《中华人民共和国票据法》第6条规定:无民事行为能力人或者限制民事行为能力人在票据上签章的,其签章无效,但是不影响其他签章的效力。这说明虽然在民事行为中区分无民事行为能力和限制行为能力具有法律意义,但在票据行为中,无论是无民事行为能力人还是限制民事行为能力人都不具有票据行为能力,其签章都为无效。

第二,法人的票据能力。

首先,法人的票据权利能力。法人的票据权利能力与法人的权利能力一样,始于法人的成立,终止于法人因破产、解散等原因的消灭。与自然人的权利能力不同的是,法人的权利能力既受法人的性质和法律有关规定的限制,还要受其章程所确定的目的范围的限制,但在票据权利能力上,因为票据是无因证券,法人章程所确定的目的范围第三人可能无法知晓,因此,只有在票据的直接当事人之间或者对恶意取得票据的第三人,才可以提出票据行为超出了法人章程目的范围而无效的抗辩,对其他关系人来说,该票据并不因此而无效。

其次,法人的票据行为能力。法人在其票据权利能力范围内享有票据行为能力,这与自然人按年龄和智力区分为三种行为能力不同,法人的行为能力始于法人的设立,终止于法人的消灭,与其权利能力在时间上完全一致不加分离。与自然人行为能力的另一点不同是,自然人可以靠自己的意志行使行为能力,而法人的行为能力是通过法人机关或称法定代表人来实现的,因此法定代表人及其授权的人在职权范围内,以法人名义所为的票据行为就是法人的票据行为,不论是基于法人利益还是基于个人私利,法人对该票据行为都应承担票据责任。因为法人与其代表人的关系是法人的内部关系,如果法定代表人及其授权的人滥用职权以法人名义而实际上是为个人利益而签发票据的,对外部来讲,法人仍要对善意取得票据的第三人承担票据责任,除非是相对人明知该种情形或者故意串通而为的票据行为,在法人的举证被认定之后,法人才可以免除票据责任。

第三,非法人团体和组织的票据能力。

民事主体除了自然人和法人之外,还存在第三类主体,如合伙、非法人型的联营企业、法人的分支机构、社会团体、村办企业等,统称为非法人团体和组织。非法人团体和组织具有票据权利能力和票据行为能力,其行使与法人票据能力的行使类似。对此,《中华人民共和国票据法》第7条规定:法人和其他使用票据的单位在票据上的签章,为该法人或者该单位的盖章加其法定代表人或者其授权的代理人的签章。

票据行为的意思表示 票据行为的意思表示由于票据的辗转流通而存在于不特定的当事人之间,为加强票据的流通性,保护善意取得票据的第三人,倾向于采取注重票据上表示的表示主义的原则。因此,对票据行为的意思表示来说,只有在直接当事人之间,行为人才可以主张其真实意思与票据上表示不一致或意思表示有瑕疵,从而拒绝履行票据义务,对于善意第三人,则不能就意思表示提出抗辩。

导致票据行为人意思表示不真实的情况主要有:
(1)一方以欺诈的方式故意隐瞒真实情况或者故意告知对方虚假情况,诱使对方作出违反其真实意愿的票据行为。

(2) 一方以胁迫的方式迫使对方在违背真实意思的情况下所为的票据行为。

(3) 一方乘对方处于危难之中或不利境地,迫使对方作出违背其真实意愿的票据行为。

(4) 以偷盗手段取得票据或以其他上述之外的手段违背对方意愿意而取得票据的行为。

在以上的四种情况下,只要票据在形式上符合了票据法的要求,行为人都要承担相应的票据责任,但行为人可以对使其意思表示不真实的直接当事人行使抗辩权并依其他法律追究直接当事人的法律责任。对于明知或应知有上述情形存在还取得票据的持票人,票据行为人也可以提出抗辩,对此,《中华人民共和国票据法》第12条规定:以欺诈、偷盗或者胁迫等手段取得票据的,或者明知有前列情形,出于恶意取得票据的,不得享有票据权利。持票人因重大过失取得不符合本法规定的票据的,也不得享有票据权利。

(5) 行为人对票据上的票据行为并不知晓的情形。如果票据上显示的票据行为人根本没有作出也根本不知晓该票据行为而违背其真实意愿,则该票据行为是无效的。这种情形经常出现于票据被伪造和代理人无权代理或超越代理权限的场合。为了保护票据各方当事人的权益、维护社会的公平与正义,对没有对某一票据行为作出意思表示的当事人,应免除其因被伪造、冒用而带来的相应法律责任。对被伪造人来说,因为该伪造行为并非其真实意思而不承担票据责任。对没有代理权而以代理人名义在票据上签章的,应当由签章人承担票据责任;代理人超越代理权限的,应当就其超越权限的部分承担票据责任。

综合以上五种情形,在票据上记载的票据行为,只要是行为人自己的意思表示,不论真实与否都是有效的票据行为,应对善意持票人承担票据责任。行为人并未作出的意思表示,如果是伪造的票据行为,该行为无效,由伪造人承担相应的法律责任;如果是没有代理权或超越代理权所为的票据行为,该行为有效,但被代理人不承担票据责任而由无权代理人自己承担。

票据行为的合法性 票据行为是一种法律行为,必须具备合法性要件,对此,《中华人民共和国票据法》第3条规定:票据活动应当遵守法律、行政法规,不得损害社会公共利益。

但是,因为票据行为的无因性,从票据法理论上看,票据行为一经完成,其效力就不再受原因关系的影响,原因关系无效,票据行为本身仍发生票据法上的效力,如因欺诈、胁迫而为的意思表示不真实的出票行为、为走私目的而为的出票行为,虽然票据行为的原因关系不合法,但该票据并不能简单地认定为无效,如果已经背书转让,则原因关系只能作为对直接当事人的抗辩,而排除其对善意第三人的抗辩。

(辛丽燕)

piaoju xingwei de texing
票据行为的特性(characteristics of act on negotiable instrument) 票据行为是一种法律行为,具有法律行为的基本特征:以发生一定法律后果为目的;以意思表示为要素;是一种合法行为。但票据行为是特殊的法律行为,因此,还具备一般法律行为所不具有的特征,主要是要式性、无因性、文义性、独立性等特征。

票据行为的要式性 一般的法律行为在形式上一般采取自由原则,法律行为采取何种方式可以由行为人任意选择。但票据是要式证券,所以票据行为必须是要式行为,不允许行为人自由选择而必须按照法定款式、方式和手续进行,否则票据行为就不能发生行为人所预期的法律后果。票据行为的要式性是由票据的高度流通所决定的,只有将票据行为规定成具体、明确的要式行为,才能保证票据形式、内容统一,使交易方在票据流通中清楚地确认票据上的权利义务,从而方便收授,提高流通的速度与效率。

票据行为的要式性具体表现在三个方面:(1) 签章。签章是行为人对其行为负责的表示,是确定票据义务主体的方式。无论何种票据行为,行为人必须签名、盖章或签名加盖章,只有在签章后,该票据行为才发生法律效力。(2) 书面。每一种票据行为都要以书面形式,口头形式不发生票据法上的效力,除此以外,票据行为在票据上记载的位置也是一定的,如出票、承兑一般应记载于票据的正面,背书则应记载于票据的背面或票据的粘单上。(3) 款式。款式是票据应记载的内容和对此内容的记载方式,各种票据行为都有一定的款式,票据行为必须依法定款式进行,如果在票据上记载了票据法禁止记载的事项,则该记载无效或者导致整个票据的无效。

票据行为的无因性 票据是无因证券,这种性质就决定了票据行为的无因性。票据行为的无因性也称票据行为的抽象性,是指票据行为与作为其发生前提的原因关系相分离,因此票据行为的效力不再受原因关系存在与否及是否有效力的影响。票据行为通常以买卖、借贷或其他实质关系作为发生原因,然而票据行为一旦成立,行为人之间的实质关系是否有效、是否存在都不会影响票据行为的效力,持票人无须证明给付原因就可以行使票据权利,所以,票据行为只须具备抽象的形式就能生效,而不必考虑其产生的实质原因。

票据行为的无因性具体表现在以下三个方面:(1) 票据行为的效力独立存在,并不因票据行为的原因关系而影响其法制效力。《中华人民共和国票据法》第13条第1款规定:票据债务人不得以自己与出票人或者与持票人的前手之间的抗辩事由,对抗持票人。但是,持票人明知存在抗辩事由而取得票据的除外。因此票据行为只要已完成生效,除非对明知存在抗辩事由而取得票据的持票人,票据义务人都必须承担票据义务,即使原因关系已无效、变更或根本不存在,票据义务人仍不能对持票人免除自己的票据义务。(2)持票人没有证明票据给付原因的义务。持票人无须证明自己及前手依何种实质的原因关系而取得债权,即实质债权是否成立与存续,而只需依背书连续的票据就可以当然地证明票据债务的有效,从而对票据债务人行使票据权利。(3)票据债务人不得以原因关系对抗非直接的善意持票人。票据行为的无因性使票据债权债务关系与原因关系相分离,票据债务人的抗辩能力因此而受到限制,而只能对其直接前手和直接后手以及明知存在抗辩事由而取得票据的持票人以原因关系提出抗辩;对非直接的善意持票人,票据债务人就不能以原因关系提出抗辩。

票据行为的无因性原则对于促进票据流通、保障善意持票人的权利有着重要的意义,因此,虽然票据行为的无因性原则隐含着票据欺诈和票据滥用等问题,无因性原则仍然成为各国票据法普遍规定的内容。《中华人民共和国票据法》第10条规定:票据的签发、取得和转让,应当遵循诚实信用的原则,具有真实的交易关系和债权债务关系。票据的取得,必须给付对价,即应当给付票据双方当事人认可的相对应的代价。这一规定固然表现了我国票据法对票据运作安全的高度重视,但同时必将损害票据运作的快捷与效率,实际上是违背了票据行为的无因性原则。因此,这一规定已受到理论界和实务界相当多的挑战。

票据行为的文义性 指票据行为的内容必须以票据上的文字记载为准,在票据上签章的人必须对票据上所记载的文义负责。票据是文义证券,因此,即使文字记载与实际情况不符,仍要以文字记载为准,不允许当事人以票据上文字以外的证明方法来加以变更和补充。强调票据行为文义性的目的仍在于保护善意持票人,从而促进票据的流通。

票据行为的文义性具体表现为:(1)票据债权人不得以票据上未记载的事项向票据债务人主张权利,票据债务人也不得以票据上文字记载以外的事项对抗票据债权人。(2)在票据行为的解释上,不得以票据文字记载以外的其他事实或证据来证明、变更、补充当事人的意思表示。这种严格的文义解释原则与民法不拘于文字而以证明其真实意思表示为目的的解释原则存在着极大的区别,更加突出了票据行为的文义性特征。

票据行为的独立性 指在同一票据上如果存在数个票据行为,则每一个行为各依其在票据上所载的文义分别独立发生效力,某一行为无效不影响其他行为的效力,这一特征也被称为"票据债务独立原则"。一般法律行为的后续行为效力应取决于作为其前提的在先行为的效力;当作为其前提的在先行为无效时,后续行为则当然归于无效。但是,对于票据行为来说,持票人对于票据债务人的在先行为只能从票据的外观或形式上来判断其行为的效力,而不易确认其在实际上的效力。因此,实行票据债务独立原则,可以免除票据关系是否成立的不确定性,消除交易者的顾虑,从而提高票据的使用频率和可信赖度。

票据行为的独立性在我国票据法中主要规定了以下四个方面:(1)《中华人民共和国票据法》第5条第2款规定:没有代理权而以代理人名义在票据上签章的,应当由签章人承担票据责任;代理人超越代理权限的,应当就其超越权限的部分承担票据责任。(2)《中华人民共和国票据法》第6条规定:无民事行为能力人或者限制民事行为能力人在票据上签章,其签章无效,但是不影响其他签章的效力。(3)《中华人民共和国票据法》第14条第2款和第3款规定:票据上有伪造、变造的签章的,不影响票据上其他真实签章的效力。票据上其他记载事项被变造的,在变造之前签章的人,对原记载事项负责;在变造之后签章的人,对变造之后的记载事项负责;不能辨别是在票据被变造之前或之后签章的,视同在变造之前签章。(4)《中华人民共和国票据法》第49条规定:保证人对合法取得汇票的持票人所享有的票据权利,承担保证责任。但是,被保证人的债务因汇票记载事项欠缺而无效的除外。因此,除了但书中规定的事项外,被保证人的债务即使无效,保证人仍然要负相应的保证责任。对此,最高人民法院《关于审理票据纠纷案件若干问题的规定》第61条规定:票据保证无效的,票据的保证人应承担与其相应的民事责任。

从以上的规定可以看出,票据行为的独立性意味着各个票据行为都是独立发生,相互之间没有必然的联系;意味着在先票据行为无效,并不影响后续票据行为的效力;也意味着某一票据行为无效,不影响其他票据行为的效力。这对于保护持票人的权利,是至关重要的。但是,票据行为的独立性并不意味着票据责任的独立性,相反,票据责任具有连带性。票据行为的独立性是从票据行为各自的效力角度加以说明,而票据责任的连续性是从责任的承担角度加以说明。《中华人民共和国票据法》第68条第1款、第2款规定:汇票的出票人,背书人、承兑人和保证人对持票人承担连带责任。持票人可以不按照汇票债务人的先后顺序,对其中任何一人、数人或全体行使追索权。因此,一张票据上的所有票据行为人,对持票人来讲属于共同债务人,当持票人向票据债务人行使追索权时,票据债务人之间为连带的票据责任,且为同位的连带责任。所以,票据行为是独立的,但由此而产生的票据责任却是连带的。

(辛丽燕)

piaoju xingwei de xingshi yaojian

票据行为的形式要件(formal essentials of act on negotiable instrument) 由于票据行为具有无因性、要式性、文义性等特点，因此，票据法对票据行为的形式要件做了严格的规定，票据行为必须符合票据法有关记载方式、记载事项、签章、交付的规定，才能有效成立。这些要求，是票据行为的形式要件，也称为票据行为的票据法要件或特别要件。

票据行为的记载方式 由于对票据行为形式要件的要求远远超过对票据行为实质要件的要求，因此，票据法对票据行为记载方式上的要求比对一般要式法律行为的要求尤其是书面要求更为严格。《中华人民共和国票据法》第 109 条规定：汇票、本票、支票的格式应当统一。票据凭证的格式和印制管理办法，由中国人民银行规定。《中华人民共和国票据法》第 28 条规定：票据凭证不满足背书人记载事项的需要，可以加附粘单，粘附于票据凭证上。粘单上的第一记载人，应当在汇票和粘单的粘接处签章。中国人民银行于 1997 年颁布《票据管理实施办法》，进一步将对票据格式的要求具体化，该办法第 5 条和第 35 条规定：票据当事人应当使用中国人民银行规定的统一格式的票据。票据的格式、联次、颜色、规格及防伪技术要求和印制，由中国人民银行规定。在中国人民银行《支付结算办法》中规定：票据行为人如果没有使用按中国人民银行规定印制的票据，则该票据无效；签发支票应使用碳素墨水或墨汁填写；票据和结算凭证金额以中文大写和阿拉伯数码同时记载，二者必须一致，二者不一致票据无效等等。从以上相应的规定中可以看出，票据行为对书面格式的要求非常严格，充分体现了票据行为的要式性。

票据行为的记载事项 票据的记载事项是指按照票据法的规定，在票据上能够记载或者不能够记载的内容。票据记载事项分为三类：应该记载事项、得记载事项和不得记载事项。这三类记载事项有时也被称为必要记载事项、有益记载事项和无益记载事项，是否记载了相应事项，往往发生票据法上不同的效力，甚至会使票据归于无效。

1. 应该记载事项。指按照票据法的规定必须在票据上记载的内容，应该记载事项依据其对票据效力的影响分为绝对必要记载事项和相对必要记载事项。

(1) 绝对必要记载事项。指按照票据法的规定票据上必须记载，无此记载则票据无效的事项。不同的票据行为具有不同的绝对必要记载事项，如对于出票行为，其绝对必要记载事项包括：表明票据种类的字样，如"汇票"、"本票"、"支票"字样；表明无条件支付的承诺或委托；确定的金额；收款人的名称，对汇票来说，还应写明付款人名称；出票日期、出票人签章。此外，对于背书、承兑、保证的票据行为，票据法也分别规定了相应的绝对必要记载事项。这些记载事项不能缺失，否则发生相应的票据行为无效的后果。

(2) 相对必要记载事项。也称法定记载事项，是指可以在票据上记载，但如果未做记载就直接适用票据法的规定、票据不因欠缺该事项而无效的记载事项。如《中华人民共和国票据法》第 23 条规定：汇票上记载付款日期、付款地、出票地等事项的，应当清楚、明确。汇票上未记载付款日期的，为见票即付。汇票上未记载付款地的，付款人的营业场所、住所或者经营居住地为付款地。汇票上未记载出票地的，出票人的营业场所、住所或者经常居住地为出票地。此外，对于背书、承兑、保证等票据行为，票据法也分别规定了各自的相对必要记载事项。

2. 得记载事项。又称可以记载事项、任意记载事项，是指根据票据法的规定，是否记载由票据行为人依其意志自由选择是否在票据上记载，但一经记载即发生票据法上的效力，但票据行为人对其不予记载也不影响票据效力的事项。

由于票据种类的不同，又由于不同票据行为所要求的记载内容不同，各国票据法对于得记载事项通常不作统一和集中的规定，多是通过散见的条文对各种票据行为具体的得记载事项加以规定或认可。例如，根据《日内瓦统一汇票本票法》第 5 条、第 9 条的规定，汇票发票人可以通过出票行为在票据上记载预备付款人条款、免除承兑担保责任条款、票据金额利率条款等。我国《票据法》第 27 条第 2 款规定：出票人在汇票上记载"不得转让"字样的，汇票不得转让。第 34 条规定：背书人在汇票上记载"不得转让"字样，其后手再背书转让的，原背书人对后手的被背书人不承担保证责任。

3. 不得记载事项。指在票据上不应该进行记载，记载后也无效力甚至导致票据无效的事项。不得记载事项又可以分为记载无益事项和记载有害事项、记载不生票据法上效力的事项。

(1) 记载无益事项。指法律规定不应该进行记载、如果进行记载也视为无效记载、但并不影响票据行为效力的事项。例如，我国《票据法》第 33 条第 1 款规定：背书不得附有条件。背书时附有条件的，所附条件不具有汇票上的效力。第 48 条规定：保证不得附有条件；附有条件的，不影响对汇票的保证责任。这些内容都属于记载无益事项的规定。

(2) 记载有害事项。又称为绝对无益记载事项或禁止记载事项，是指在票据上绝对不应进行记载、记载以后可能导致该票据行为甚至整个票据无效的事项。例如，我国《票据法》第 33 条第 2 款规定"将汇票金额的一部分转让的背书或者将汇票金额分别转让给二人以上的背书无效"以及第 43 条"付款人承兑汇票,不得附有条件;承兑附有条件的,视为拒绝承兑"的内容,都属于记载有害事项的规定。

(3) 记载不生票据法上效力的事项。指法律未明确规定可以记载而行为人可以自由选择是否记载、记载后虽不具有票据法上的效力但可能发生票据外效力的事项。我国《票据法》第 24 条规定:汇票上可以记载本法规定事项以外的其他出票事项,但是该记载事项不具有汇票上的效力。这一规定也适用于本票和支票。票据的编号、出票银行或付款银行的行号、收款人或付款人账号、与票据相关的交易合同号等都要属于记载不生票据法上效力的事项,记载以后虽然不发生票据上效力,但却可能产生对行为人有利的证据效力、票据自身同一认定效力等票据外效力。

票据签章 票据行为人在进行了相应的票据记载之后,必须在票据上进行签章。各种票据行为记载事项的具体内容是各不相同的,但在票据签章这一问题上是完全相同的;票据记载可以在当时进行也可以在事后自己或授权他人补记,但票据签章必须由票据行为人当时即时进行,不能授权他人在事后进行。因此,票据签章是各种票据行为共同的形式要件,是表明票据行为人所必须的最低限度的形式要件。行为人在票据上签章后就按照票据所记载的事项承担票据责任,签章因此成为确定票据义务人的最基本要素。

因为签章在票据行为中所起的绝对重要意义,所以关于签章的方式,我国票据法及有关的行政法规都对签章加以详细规定。我国《票据法》第 7 条规定:票据上的签章,为签名、盖章或签名加盖章。法人和其他使用票据的单位在票据上的签章,为该法人或者该单位的盖章加以其法定代表人或者其授权的代理人的签章。在票据上的签名,应当为该当事人的本名。在中国人民银行发布的《票据管理实施办法》中,详细地规定了对汇票、本票、支票签章的要求。该办法第 13 条规定:银行汇票上的出票人的签章、银行承兑商业汇票的签章,为该银行的汇票专用章加其法定代表人或者其授权的代理人的签名或者盖章。银行本票上的出票人的签章,为该银行的本票专用章加其法定代表人或者其授权的代理人的签名或者盖章。银行汇票专用章、银行本票专用章须经中国人民银行批准。第 14 条规定:商业汇票上的出票人的签章,为该单位的财务专用章或者公章加其法定代表人或者其授权的代理人的签名或者盖章。第 15 条规定:支票上的出票人的签章,出票人为单位的,为与该单位在银行预留签章一致的财务专用章或者公章加其法定代表人或者其授权的代理人的签名或者盖章,出票人为个人的,为与该个人在银行预留签章一致的签章或者盖章。第 16 条明确规定:票据法所称"本名",是指符合法律、行政法规以及国家有关规定的身份证件上的姓名。第 17 条规定:出票人在票据上的签章不符合票据法和本办法规定的,票据无效;背书人、承兑人、保证人在票据上的签章不符合票据法和本办法规定的,其签章无效,但是不影响票据上的其他签章的效力。

为了规范票据的签章,更加清晰地表明票据法对签章的严格要求,2000 年 11 月 12 日起开始施行的最高人民法院《关于审理票据纠纷案件若干问题的规定》再一次规定了不符合法定要求的签章的效力。该规定第 41 条规定:票据出票人在票据上的签章不符合票据法以及下述规定的,该签章不具有票据法上的效力:(1) 商业汇票上的出票人的签章,为该法人或者该单位的财务专用章或者公章加其法定代表人、单位负责人或者其授权的代理人的签名或者盖章;(2) 银行汇票上的出票人的签章和银行承兑汇票的承兑人签章为该银行汇票专用章加其法定代表人或者其授权的代理人的签名或者盖章;(3) 银行本票上的出票人的签章,为该银行的本票专用章加其法定代表人或者其授权的代理人的签名或者盖章;(4) 支票上的出票人的签章,出票人为单位的,为与该单位在银行预留签章一致的财务专用章或者公章加其法定代表人或者其授权的代理人的签名或者盖章;出票人为个人的,为与该个人在银行预留签章一致的签名或者盖章。第 42 条规定:银行汇票、银行本票的出票人以及银行承兑汇票的承兑人在票据上未加盖规定的专用章而加盖该银行的公章,支票的出票人在票据上未加盖与该单位在银行预留签章一致的财务专用章而加盖该出票人公章的,签章人应当承担票据责任。

票据签章因行为人是自然人还是非自然人而有所不同,自然人的签章,可以采用签名、盖章或签名加盖章,可以采用这三种方式中的任何一种且效力相同,相对来说签章方式比较灵活。法人和其他使用票据的单位在票据上的签章除法律特别规定的外,是该法人或单位的盖章加其法定代表人或者其授权的代理人的签章,二者缺一不可,如果仅有单位公章而无其法定代表人或其授权的代理人的签章,票据签章无效;如果仅有法定代表人或其代理人有签章而无单位公章,则属该法定代表人的个人行为,由其个人承担票据责任。

票据交付 指票据行为人将票据交给行为相对人持有。在票据按一定书面款式记载相关事项并签章后,还需要将票据交付给行为相对人,票据行为才成立生效。在票据行为的性质上,我国采用的是单方行为说中"发行说"的立法体例,因此交付就成为票据行为的有效要件。我国《票据法》第 20 条规定:出票是指出票人签发票据并将其交付给收款人的票据行为。第 27 条第 1 款规定:持票人可以将汇票权利转让给他人或者将一定的汇票权利授予他人行使。第 3 款规定:

持票人行使第 1 款规定的权利时,应当背书并交付汇票。而在票据承兑行为和票据保证行为中,票据交付则属于当然的形式要件。

但是,票据交付与其他三个票据行为的形式要件不同的是,票据交付的事实在票据上无任何表现;也无法表现,而只能存在于票据行为人与其直接相对人之间,即便某一票据行为事实上并未交付,但对于经过多次转让而取得票据的持票人来说已无从知晓。因此,为了促进票据的流通效率与安全,对于已经脱离直接相对人而进入流通的票据,不管其是否经过票据交付都应该推定为已完成交付,出票人或背书人不得以未经交付对持票人提出抗辩,而只能对其直接相对人提出该抗辩;但是如果持票人在已知票据行为人与直接相对人未经票据交付的情况下,仍然受让票据时,出票人可以对持票人主张票据未经交付的抗辩,拒绝履行票据义务。

(辛丽燕)

票据行为的性质 piaoju xingwei de xingzhi

票据行为的性质(nature of act on negotiable instruments) 一般说来,法律行为的性质依其意思表示的内容可以分为契约行为、单独行为和共同行为三种。票据行为作为法律行为的一种形式应属何种性质,在理论界还存在许多争论,但对票据行为是发生于相对的各方当事人之间的行为则无太多异议,但仍存在契约行为说和单独行为说两大学说的分流,而且,英美法系的学者多主张契约行为说,大法系的学者多主张单独行为说。

契约行为说认为票据上的权利义务关系是因为票据债务人和债权人之间订立的契约而发生,契约的成立必须有意思表示上的一致,而票据行为人意思表示的完成必须以票据的交付为标志,票据的交付是契约成立的要件。契约行为说又分为对立的两种学说:单数契约说和复数契约说。

主张单数契约说的学者认为,票据行为人的出票人行为或其他行为属于单数的票据行为,只形成一个契约关系。但对出票行为为什么对其直接当事人以外的第三人即背书后的持票人负担债务,单数契约说又分为四种学说。一是第三人契约说,持这种观点的学者认为,票据合同是为他人设立的合同,因此,票据当事人的出票行为,除对相对人发生权利义务关系以外,对票据行为的所有后手都发生权利义务关系。二是提示说,持这种观点的学者认为,票据的持票人提示其票据,是对票据债务人表示要求其承担票据债务的意思表示,票据提示之前,双方的权利义务尚未确定,提示后双方权利义务明确,提示人为真正的票据债权人。三是债权让与说,持这种观点的学者认为,出票人与其相对人之间因合同而发生票据上的权利义务关系,依背书而将票据转让给后手,因此属于票据权利的让与。四是权利继承说,持这种观点的学者认为,出票人与其相对人之间,因合同而发生票据上的权利义务关系,以背书方式将票据转让给第三人,第三人取得票据权利不是因为债权让与,而是因为权利继承。

主张复数契约说的学者认为,票据行为人之所以对多数票据关系人承担票据债务,是因为他与这些票据关系人之间也有契约存在。但对于票据行为人与其直接相对人以外的票据关系人之间如何订立契约,有三种不同的学说。一是对不特定人契约说,该学说认为出票人签发票据并交付直接相对人的行为,是对相对人以外的不特定多数人发出的要约,这些人取得该票据是对其要约表示的承诺,因而成立票据契约。二是背书变更说,该学说认为背书行为属于变更契约,背书行为变更了原合同而使前手与后手发生了合同关系。三是背书媒介说,该学说认为票据行为人与其各后手之间的契约关系因为背书这一媒介而发生。

单独行为说是与契约行为说相对的一种理论,该学说认为票据行为因票据行为人一方的行为而成立,票据行为人与其他票据关系人的权利义务关系也因票据行为人的单方行为而发生,并且仅依其单方面的票据行为对其他票据关系人承担票据债务。对票据行为人单方的票据行为成立的时间,又存在创造说和发行说两种观点。主张创造说的学者认为,票据行为在行为人签章后完全成立,只要票据人按照票据法的有关规定将其意思表示以书面形式记载于票据并签章,其发生或变更票据关系的有关票据行为就有效成立,票据行为人因此承担票据义务。如果该票据违反票据行为人的意愿而流通,票据行为人对善意取得该票据的当事人也应承担同样的票据义务。主张发行说的学者认为,除了必须有出票人签章于票据的行为外,还必须将票据交付其相对人,票据的单方行为才能完成,因此,交付之后为票据行为人单方票据行为成立的时间。

票据行为的契约行为性质和单独行为性质的理论各有优劣,相比较而言,单独行为说认为出票人一经签发或交付票据,票据即有效成立而无须对方当事人的合意,这种理论有利于票据的流通和对善意持票人的保护,更能适应现代高速发展的商品经济社会的发展需要。但另一方面,英美法系国家虽多主张契约行为说,并把交付作为票据生效的要件,但在立法上又常同时规定,票据行为人虽然能以契约无效来免除其对直接相对人的义务,但不能以此对善意取得有关票据的关系人主张抗辩,因此使主张契约行为说所导致的结果与主张单独行为说的结果大致相同。

《中华人民共和国票据法》第 4 条第 1 款规定:票据出票人制作票据,应当按照法定条件在票据上签章,并按照所记载的事项承担票据责任。第 3 款规定:其他票据债务人在票据上签章的,按照票据所记载的事项承担票据责任。第20条规定:出票是指出票人签发票据并将其交付给收款人的票据行为。根据以上内容,我国票据立法关于票据行为的性质,采用的是单独行为说中的发行说,相对于创造说而言,对票据的流通仍限制得较为严格。 (辛丽燕)

piaoju xingwei de yaojian
票据行为的要件(essentials of act on commercial instrument) 票据行为的构成要件可以分为实质要件和形式要件,实质要件包括票据能力、意思表示、行为合法三项,形式要件则指票据的书面格式、记载事项、签章和交付四项。对于票据行为的构成要件有两种不同的立法例:一种是将票据行为的实质要件和形式要件统一规定于票据法中,如美国;另一种是只在票据法中规定票据行为的形式要件,票据行为的实质要件在票据法中不加以规定,而适用民法中的有关规定,如德国、日本。我国采用的是后一种立法例。 (辛丽燕)

piaoju xingwei dulixing
票据行为独立性(independence among acts on negotiable instruments acts) 票据上有多数票据行为时,各个行为都各自独立发生效力,其中某一个票据行为无效,不影响其他票据行为的效力。一张票据从它创造出来之时到流通过程中,可能会发生诸项票据行为,如出票人制作票据并交付收款人;收款人背书转让给被背书人;多次背书;保证人提供担保;付款人承兑,等等。如果其中某个票据行为无效,其他票据行为有效,那么其他票据行为的效力不受无效票据行为的影响,各自仍然具有独立的法律效力。

不论无效的票据行为发生在先,还是发生在后同样如此。票据法对票据行为独立性的规定主要有:

首先,票据上如有无民事行为能力人或限制民事行为能力人的签名,其签名不影响其他签名人的权利义务,即不影响他人签名的效力。《中华人民共和国票据法》第6条规定:无民事行为能力人或者限制民事行为能力人在票据上签章的,其签章无效,但是不影响其他签章的效力。签章是行为人为票据行为,承担票据债务的固定法定要式,其效力对签章人极端重要。只有具有完全民事行为能力的人能够对其行为的后果具有判断力,具有恰当地、审慎地处理自己事务的能力。因而,票据法规定无民事行为能力人和限制民事行为能力人在票据上的签章无效,即他们即使在票据上签章,也不承担票据责任,而其他有效签章则不受影响,仍然具有法律效力,其他有效签章的票据行为人仍负票据责任,不能因此而解脱。无民事行为能力人和限制民事行为能力人的监护人有过错或有其他原因,依其他法追究其责任。票据法上的自然人行为能力依《中华人民共和国民法通则》的规定执行。例如,甲为无民事行为能力人,发出本票给乙,如该本票具备本票的形式要件即为有效的本票,但甲既为无民事行为能力人,其在本票上的签名无效,发票行为即无效。此时如乙为有民事行为能力人,乙以背书将票据转让与丙,乙的背书行为有效,不受发票行为无效的影响。

其次,票据的伪造或票据上签名的伪造、变造对票据上其他真正的签名的效力也不发生影响。《中华人民共和国票据法》第14条第2款规定:票据上有伪造、变造的签章的,不影响票据上其他真实签章的效力。伪造、变造的签章无效,但是不影响同一票据上其他真实有效的签章的法律效力。

最后,票据保证中,被保证人的债务即使无效,保证人的保证行为也仍然有效,保证人仍应承担保证责任。只有被保证人的债务因票据记载事项欠缺而无效的除外。

票据行为的独立性与民法所实行的一种法律行为无效,会影响其他有关法律行为效力的原则不同。票据行为的独立性的确立是为了便于票据流通,保护持票人的权益。票据行为的独立性不适用于票据行为其他要件的无效,票据债务因形式要件的欠缺而无效时,票据本身就无效。 (杨璐)

piaoju xingwei qiyueshuo
票据行为契约说(bargain theory of negotiable instruments acts) 由19世纪德国商法学家杜尔等人所创立。该学说认为,票据债务人之所以负担票据债务,是票据债务人与票据债权人之间缔结契约所致,且只有票据债务人将票据交付与债权人,而债权人又受领了该票据,票据上的法律关系才发生,因此,票据本身就是契约,无须另外订立契约来证明其存在。由于这种契约具有流通性,故票据法只从形式上推定在票据上签名的人与持票人存在契约关系,至于他们实际上是否订有契约,则在所不问。契约行为说对说明直接当事人之间的票据行为解释易于理解,但对于直接当事人以外的票据关系人之间的权利义务关系的发生,就很难作出圆满的解答。为此,主张契约行为说的学者提出了各种各样的解释,并形成了两大对立的学说派别:单数契约说和复数契约说。

单数契约说主张,票据行为只有一个契约,即出票行为,出票人因出票行为一个契约而负担票据债务。但是,出票人为何对其直接相对人以外之取得票据者负担债务,学者间颇有争议,又有四种观点,即债权让与说、权利继承说、第三人契约说和提示说。债权让与说认为,出票人与其相对人间因契约而发生的票据权利,依背书而转让于后手;权利继承说认为,出票人与其相对人间因契约而发生的票据权利因背书而继承，而不是受让获得；第三人契约说认为，票据契约不仅在直接当事人间因契约而发生权利义务关系，而且与第三人亦可发生权利义务关系；提示说认为，票据的持票人在未提示以前，其权利义务尚不确定，提示后即已确定，提示人就是真正的票据权利人。

复数契约说主张，票据债务人对于多数票据债权人所以负担债务，是由于对各债权人各有其契约。至于对直接当事人以外的债权人如何订立契约，因主张的侧重点不同，又可分为三种学说：一是不特定人契约说。该说认为，票据债务人的行为，乃是对不特定人表示意思，以为要约，各持票人取得票据实为对其要约表示承诺而成立契约。二是变更契约说。该说认为，背书系属更改原契约，从而使票据债务人与各后手间发生契约关系。三是背书媒介说。该说认为，票据债务人与各后手之间的契约关系因背书媒介而发生。

（杨 璐）

piaoju xingwei shizhishuo
票据行为实质说（essentialism of negotiable instruments acts） 票据行为是法律行为，因此，票据行为应具备民法上关于一般法律行为应具备的法律行为的要件。票据行为适用民法上的一般法律行为的要件，称为票据行为的实质要件，包括票据能力、票据意思表示两点。票据行为的实质要件直接影响票据行为的效力。

（杨 璐）

piaoju xingwei wenyixing
票据行为文义性（the literalness of negotiable instruments acts） 票据行为的内容完全以票据上的文字记载为准，票据上签章的人，根据票据上所记载的事项的文义承担责任。票据如果依法成立，即使文字记载与实际情况不一致时，仍以文字记载为准。不允许当事人以票据上文字记载以外的证据来变更或补充票据内容。也就是说，不应当用票据文义以外的事项来作为确定票据内容的根据。例如，票据上记载发票日为某日，而实际上票据是在另一日交付与受款人，即使发票人确能证明实际交付日，票据的发票日仍为票据上记载之日（票据上的法律关系仍以此日）为准。《中华人民共和国票据法》第4条第1款规定：票据出票人制作票据，按所记载的事项承担票据责任。该条第3款规定：其他票据债务人在票据上签章的，按照票据所记载的事项承担责任。这些规定都表明了票据行为文义性这个特点。

（杨 璐）

piaoju xingwei xingshishuo
票据行为形式说（formalism of negotiable instruments acts） 票据行为应当具备票据法上所规定的形式要件，称为票据行为的形式要件，包括票据书面作成与记载、票据交付。票据行为的形式要件对票据行为乃至票据的效力有着直接的影响。

（杨 璐）

piaoju xingwei yaoshixing
票据行为要式性（formality of negotiable instruments acts） 票据行为与民法实行的法律行为方式自由原则不同，是具有严格要式要求的法律行为。法律对每一种票据行为都规定了严格的行为方式，而民事法律要式行为是方式自由原则的例外。每种票据行为都有自身特点的法定要式，但他们也有一些具有共性的基本要式：(1)票据行为必须是书面行为，不能以口头方式为之。每种票据行为必须在书面上为之，而且都必须在书面上的一定地位上为之。例如，发票、承兑、参加承兑都必须记载于票据的正面，背书则必须记载于票据的背面，背书与保证还可以在票据的粘单或誊本上为之。(2)票据行为人必须签章。只有签章后，票据行为才能生效。(3)每种票据行为都有一定的格式，即固定的内容和记载方式。

（杨 璐）

piaoju xingwei zhezhongshuo
票据行为折衷说（eclecticism of negotiable instruments acts） 介于契约说与单方行为说之间。该说完全以出票人为出发点来分析票据行为的性质，认为出票人与收款人之间系契约关系，出票人与收款人的后手之间则是出票人的单方行为。

（杨 璐）

piaoju yuyue guanxi
票据预约关系（pre-engagement of negotiable instrument） 票据预约关系是指票据的当事人之间有了原因关系后，在发生票据前，就票据的种类、金额、到期日等事项达成协议，并以此项协议作为授受票据的依据，该项协议就是票据预约。例如，出票人在签发票据地就与收款人之间关于票据的种类、金额、到期日、是否记名、付款地等事项，已经先有一种协议或预约，或者票据转让时双方就其为正式背书或略式背书而事先约定。正是因为有了上述票据预约关系，才有票据行为，才能产生票据关系。但是票据预约毕竟属于以授受票据的有关事项为内容的合同，其本身并不是票据关系。

票据预约不仅存在于发票人与受款人之间，如发票人与受款人之间必先就票据的种类、票面金额、票据的到期日、是否记名、付款地等事项进行协商，协商一致后方能授受票据。票据预约也存在于背书人与被背书人之间，如背书人和被背书人在转让票据时，也要先就背书的种类（是正式背书还是空白背书）、能否再背书等事项进行约定。所以票据当事人之间先有原因关系,再有票据预约,然后根据预约授受票据,发生票据关系。换言之,票据预约乃沟通票据原因和票据行为的桥梁,票据行为的发生必须依据票据预约,而票据原因又是票据预约的基础,也即票据预约为票据行为的依据,票据行为为票据预约的实现。但票据预约本身并不能发生票据关系,票据关系乃是基于票据行为而生。正因为如此,世界各国和地区的票据法都规定票据行为成立后的事实,而不及于发生票据行为之预约。

票据预约不是要式行为,口头、书面或默示作成皆可。票据预约作成书面形式时,如其书面预约具备票据上所规定的票据上应记载事项,该书面预约称为"临时票据"。"临时票据"通常为票据预约的书面证明,但非票据,它在效力上及事实上与票据都有区别。就效力而言,临时票据随具备票据法上所规定的应记载事项,但其记载的发票日与实际发票日不符。票据预约订立以后,当事人一方负有依预约作成或交付票据的义务,若当事人不依其预约而发票或背书,或行为内容与预约不符,相对人因此而受损害时,预约债务人应负损害赔偿责任。票据预约与票据行为完全分离,因票据行为而产生的票据权利和票据义务,不因票据预约是否成立或票据行为是否遵守票据预约而受影响。

票据预约关系的效力是:(1)票据预约关系中的双方当事人,应依预约而各自履行,如若违反,则构成债务的不履行,应依民法上关于违约的规定来处理。(2)票据预约一经履行,即当事人依预约而为相应的票据行为,该预约对已经发生或转移的票据权利再没有任何影响。

(胡冰子)

piaoju yuanyin guanxi
票据原因关系(cause of negotiable instrument) 票据原因关系又称票据原因,是指当事人即出票人和收款人之间授受票据的原因。票据原因存在于出票人和收款人之间。在票据以背书转让时,亦存在于背书人与被背书人之间。票据原因可能是合法的,如合法的买卖;也有可能是非法的,如赌博。票据原因主要有:(1)支付价金或劳务费用及其他费用;(2)借贷;(3)交付定金;(4)票据本身的买卖;(5)债权担保;(6)赠与;(7)委托收款;(8)上述以外的其他情形。

票据原因关系都是民法上的权利义务关系,其本身并不具有票据权利义务内容。根据我国票据法的规定,票据原因关系可以分为有对价的和无对价的两种情况。《中华人民共和国票据法》第10条规定:票据的签发、取得和转让,应当遵循诚实信用的原则,具有真实的交易关系和债权债务关系。票据的取得,必须给付对价,即应当给付票据双方当事人认可的相对应的代价。这一条就是关于票据原因关系应有的对价的一般规定。同时,《中华人民共和国票据法》第11条第1款规定:因税收、继承、赠与可以依法无偿取得票据的,不受给付对价的限制。但是,所享有的票据权利不得优于其前手的权利。这一款就是关于票据原因关系中无对价的规定。

原则上,票据原因关系与票据关系相分离,即当事人之间授受票据,尽管是基于有一定的原因关系,但票据一经成立,就与其原因相脱离。不管这一原因关系有效与否,都不影响票据权利的效力,票据权利人在行使权利时,不用证明票据原因,票据债务人也不得以没有原因或原因无效为理由对善意持票人主张抗辩。这一原则主要是为了保护善意第三人的利益,但原则之下,还有一些例外情况应注意:(1)授受票据的直接当事人之间,仍可基于原因关系主张抗辩。(2)持票人取得票据时如果未付出代价或未付出相应代价,他所享有的票据权利不能优于其前手。票据债务人可以与其前手之间存在的抗辩事由向其行使抗辩。(3)为了清偿债务而交付票据时,原则上,票据债务不履行,原债务不消灭。当然,如果约定票据的交付为代物清偿的,不在此限。

(胡冰子)

piaoju zaitiexian
票据再贴现(rediscount) 再贴现是指贴现银行持未到期的已贴现汇票向人民银行的贴现,通过转让汇票取得人民银行再贷款的行为。再贴现是中央银行的一种信用业务,是中央银行为执行货币政策而运用的一种货币政策工具。在我国,银行在对商业汇票办理贴现后需要资金时,可以向中国人民银行申请再贴现。贴现银行向人民银行申请再贴现时,必须持已办理贴现但尚未到期的、要式完整的商业承兑汇票或者银行承兑汇票,填制再贴现凭证,并在汇票上背书,一并送交人民银行。人民银行审查后,对符合条件的予以再贴现。再贴现的期限从其贴现之日起至汇票到期止,实付贴现金额按票面金额扣除贴现日至汇票到期前一日的利息计算。已办理再贴现的银行,应于再贴现到期日前在人民银行存款账户内留足资金。再贴现到期日,人民银行从申请再贴现银行存款账户内收取票款。再贴现申请人账户余额不足时,应按逾期贷款的规定处理。

在以中央银行为中心、以专业银行为主体、多种金融机构并存的金融体系下,专业银行的资金需求在时间和数额上并不一致,专业银行和其他金融机构可以通过转贴现,调节季节性、临时性的资金余缺,从而加速资金的周转。而在整个专业银行都有需求时,则可以向中央银行(在我国即为人民银行)再贴现。这样,再贴现就可以成为中央银行调控专业银行和其他金融机构乃至整个社会资金运作的一项有效手段。中央银行开办再贴现业务的目的也在于融通资金,引导资金流向,发挥中央银行的宏观调节作用。

中央银行办理再贴现业务的对象是在当地中国人民银行开立存款账户的银行。因此,票据再贴现的当事人有两个,即再贴现申请人和再贴现接受人。前者是持未到期的已贴现汇票向中央银行请求再贴现的专业银行,后者是接受申请贴现的中央银行及其分支机构,一般是再贴现申请银行的开户银行。因此,再贴现过程就是汇票债权的再一次转让,即专业银行将自己在已贴现票据上的债权转让给中央银行,以换取中央银行的资金。

(辛丽燕)

piaoju zhaiquanren
票据债权人(holder of bill) 是指持有票据,并有权对票据债务人行使票据权利的人,包括发票时的受款人、从最初收款人处受让而取得票据的持票人(如被背书人),及因履行了付款义务而取得票据的人。根据票据行为的不同,票据债权人享有不同的票据权利,如:持票人对票据主债务人、参加承兑人及保证人有付款请求权;持票人及背书人对其前手有追索权;已履行付款义务的保证人对被保证人及其前手有追索权;参加付款人对票据承兑人、被参加付款人及其前手取得持票人的权利。

在一定的条件下,票据债权人会转变成票据债务人。例如,当票据最初的债权人(即出票时票据上载明的受款人)将票据背书转让与他人时,经背书受让而取得票据的持票人即被背书人就成为票据权利人,有权向票据付款人行使付款请求权。而票据最初的债权人,在将票据权利背书转移予他人后,即作为票据背书人负有担保付款的义务,从而成为票据债务人。同样,在一定条件下,票据债务人也会转变成票据债权人。例如,在票据偿还或追索过程中,票据债务人在履行了付款义务并取得票据后,即取得了票据权利,可以向其他有关债务人行使追索权,成为追索权人。 (孟志强)

piaoju zhaiwuren
票据债务人(debtor of bill) 又称票据上的义务人,是票据上记载的付款人及其他在票据上签章实施票据行为的人。根据票据债务人所负义务以及票据权利人向其行使权利所依据的法律程序不同,票据债务人又分为第一债务人和第二债务人。

第一债务人,又称主债务人,是指在票据到期日(针对远期票据)或在见票时(针对即期票据)直接承担无条件支付票据金额义务的票据行为人,是票据权利人首先主张权利的对象,如汇票承兑人、本票发票人、保付支票付款人等。当持票人按照规定提示票据要求付款时,付款人应按票据记载支付票款,履行应尽义务。随着第一债务人的付款,所有的债务人的责任均告解除,票据上的债权债务关系也归于消灭。

第二债务人,又称次债务人,是负有担保付款义务的人。具体而言,是指票据在见票时或到期时没有得到付款,或在票据到期日之前出现了有可能得不到付款的法定原因(如远期汇票在到期日前被拒绝承兑、承兑人或者未承兑的付款人死亡、逃匿、被宣告破产、被责令终止业务活动等)时,应当向持票人承担支付票据金额,以及这笔金额在法定期间的利息和法定必要费用义务的票据行为人。第二债务人是票据权利人在得不到或可能得不到票据金额时再主张其他权利的对象。如汇票出票人、支票出票人、汇票背书人、本票背书人。

在票据被拒绝承兑或拒绝付款时,持票人才可向第二债务人行使追索权,请求第二债务人偿还票款。第二债务人在清偿票款后,即解除了票据责任,同时又可以向其前手进行再追索,直至票据债权债务关系消灭。 (孟志强)

piaoju zhuan tiexian
票据转贴现(discount by transfer) 票据转贴现是指金融机构以贴现购得的没有到期的票据再以贴现方式向另一金融机构转让的票据行为。转贴现一般是金融机构间相互拆借资金的一种方式。贴现的金融机构需要资金时,可持未到期的承兑汇票向其他金融机构转贴现,也可以向人民银行申请再贴现。票据转贴现是金融机构之间进行短期资金融通的一种方式,能够加速资金流通、提高资金使用效率,并增加金融机构的收益。在办理票据转贴现业务时,转贴现接受行一般要对申请行提交的票据以及于该票据相关的贸易往来单据等资料进行审核,在确定票据承兑人的资信符合该行信贷审核标准、票据本身真实有效之后,转贴现接受行将请申请行将票据背书转让给接受行,同时将扣除贴现利息之后的票据款项汇入申请行指定的账户。票据到期,接受行将负责办理票据的托收和清算。根据《中华人民共和国票据法》,在承兑人拒绝付款的情况下,接受行保留对申请进行追索的权利。

在我国,票据转贴现的适用对象是经中国人民银行批准有权经营票据贴现业务的金融机构。转贴现业务的基本当事人有两个,即转贴现申请人和转贴现接受人,前者是要求将已贴现的商业汇票转让出去的金融机构,后者是买进已贴现商业汇票的金融机构。就法律性质而言,转贴现就是转贴现申请人将自己在已贴现商业汇票上的债权转让给贴现受让人,这也是一种票据买卖关系。转贴现的申请人应先以口头或书面形式向转贴现金融机构提出转贴现请求,经转贴现金融机构承诺后，转贴现申请人填制转贴现凭证，由转贴现机构审查其汇票是否合格、是否符合法律及政策的要求，是否有利于资金融通等等。符合转贴现条件的，即可计算填写实付转贴现金额，办理转贴现的划转手续，按票面额扣除从转贴现日至汇票到期日的利息后，予以转贴现。转贴现期限一律从转贴现之日起到汇票到期日至的实际天数计算，转贴现率可由申请转贴现人和转贴现机构双方议定，但应低于企业流动资金贷款利率。票据转贴现可以在各家金融机构之间连续进行。持票的银行或其他金融机构如果资金周转发生困难，还可以持贴现汇票向人民银行申请办理再贴现。

（辛丽燕）

piaoju zijin guanxi

票据资金关系（pension cover negotiable instrument）票据资金关系是指汇票或支票的付款人与出票人或者与其他资金义务人相互之间建立的法律关系，是指出票人之所以将某一特定的当事人为付款人的前提或原因的法律关系。

资金关系一般包括以下几种：(1) 付款人处存有出票人的资金；(2) 出票人与付款人有信用合同，付款人同意为出票人垫付资金；(3) 付款人对发票人负有债务，以支付票款作为清偿方式；(4) 出票人与付款人订有其他合同等等。

票据资金关系中，权利人为票据中的付款人，即他有权要求对方提供资金或抵消债务或给付其他相应的对价；票据资金关系中的义务人通常是发票人，但发票人受第三人委托而发票（委托汇票、委托支票）者，该第三人（委托人）为资金义务人。在票据资金关系上，必须发票人与付款人不具有同一法律资格。汇票与支票，其发票人与付款人不具有同一法律资格，故票据资金关系能发生于两者之间。但本票则不然，其发票人即是付款人，两者具有同一法律资格。

票据资金关系的成立，必须具备如下两个条件：(1) 发票人必须在付款人处存有可由付款人处分之资金。资金系由发票人供给付款人使其得以发票人支付之金额，分为现存资金和补偿资金两种。现存资金包括发票时已交存付款人处的现金和发票人对付款人的债权两种。补偿资金是指发票人约定在付款人付款以后给予补偿的资金，此类资金通常基于发票人与付款人之间的信用合同（在支票，这种信用合同称为"透支合同"），而由付款人以授予信用的方式，预垫票据资金，而发票人对付款人负有给付补偿之对价义务。(2) 资金必须得以票据进行处分。资金关系的成立，仅有资金之存在，尚嫌不足，还必须发票人与付款人之间存在有付款人负担支付票据资金的合同。该合同既可以针对个别的票据，也可以是针对发票人所签发的所有票据。该合同通常采用书面方式。至于付款人是否因其在票据资金关系中所承担的义务而支付票据金，与票据本身的付款效力，没有关系。即便是票据欠缺票据资金，付款人仍然必须付款。因为资金关系存在于票据关系之外，并且只在票据关系之外约束发票人与付款人。

资金关系只存在于汇票和本票之中，本票是自付票据，因此不存在资金关系。对于汇票和支票来说，这两种票据都是委托付款式，付款人不是票据授受或票据行为的当事人，本来没有替出票人向持票人付款的义务，而汇票和支票的出票人之所以委托付款人付款、付款人之所以愿意付款或者承兑，是因为他们之间有一定的约定，这种对资金的约定就是资金关系。但本票如记载有担当付款人时，发票人即应向担当付款人供应资金。汇票承兑人与担当付款人之间，各种参加人与被参加人之间，保证人与被保证人之间也发生类似资金关系的关系，这些资金关系被称为"准资金关系"。准资金关系依据票据规则不能实现时，可转而适用民法规则以追回损失。

票据资金虽然是发票人与付款人之间的基础关系，但由于票据上的权利义务是由票据上的记载内容决定的，所以现代各国票据立法都不把资金关系作为票据关系。资金关系与票据行为绝对分离，对票据上的权利义务不发生任何影响。票据关系独立于资金关系，即使没有资金而开出票据，票据也不当然无效。比如，汇票的付款人在承兑以后，即使解除了和发票人的关系，也不能拒绝票据的付款。

（胡冰子）

piaomian jin'e gupiao

票面金额股票（par value shares）也称额面股，股票票面上记载有每股票面金额的股票。股票的票面金额即股票的票面价值，可大可小，但某一公司发行的票面金额股票其面额应一致。大陆法系国家公司法对股票的最低票面金额有明确规定，英美公司一般不作规定，由创立人自由决定。我国实践中以不低于人民币 1 元为限。额面股的发行价格可按票面金额，也可以高于面额，即溢价发行，不允许以低于股票面额的价格发行股票。这是为防止公司资本虚空。票面金额股票的作用：(1)当公司出售其所有权时，能够获得公正的价格；(2)可防范一些投资者以较低的价格获得新股；(3)可作为股票交易价格的参数。

（丁艳琴）

pinli

聘礼（bride-price；bridewealth）又称聘币、聘财，民间称为彩礼、财礼，古代聘娶婚中男家交付女家的金钱、物品。《曲礼》上说：非受币，不交不亲。收受聘礼是男女双方定婚的标志，"六礼"中的纳征又称纳币，就是指男家交付给女家的聘礼，俗称下彩礼，"婚姻之事于是定"，产生人身方面的约束力。按照礼仪要求，所交聘礼种类及多寡，依当事者身份、地位而不同：天子聘女，须"束帛十端"，大夫及士聘女以玄纁(xun)束帛俪皮为礼。《说文》和《仪礼》郑注：黑而有赤色者为玄，浅绛色为纁，俪，两也，俪皮就是两张鹿皮。庶人聘女"入币纯帛无过五两"。聘礼见之于法条，最早可追溯到《唐律·户婚》：虽无许婚之书，但受聘财，亦是。疏议注为："婚礼先以聘财为信"，可见在当时社会，婚书可以无，而聘财则不可或缺。女家收受聘礼后，不许反悔，《唐律·户婚》上说：若更许他人者，杖一百；已成婚者，徒一年。后娶者知情，减一等，女追归前夫；前夫不娶，还聘财，后夫婚如法。以聘礼为定婚要件的聘娶婚，实质上是变相的买卖婚。民间对于聘礼常有计较过于索求之弊，故明代嘉靖八年曾有禁令：所有仪物，二家俱毋过求。 (张贤钰)

pinquhun

聘娶婚(marriage at cost; betrothal marriage) 由男家向女家依礼聘娶而成立的婚姻，以交付一定的聘金、聘礼为成婚的必要条件。它是中国古代最主要的结婚方式，在奴隶社会、封建社会中历久不衰。相传聘娶婚制始于伏羲氏，有"伏羲制嫁娶，以俪皮为礼"之说，后大备于周。西周始创的六礼，为聘娶婚规定了严格的礼仪程序。"六礼备，谓之聘；六礼不备，谓之奔"。男方依礼将女方迎归后经合卺而确定夫妻身份。按照早期的礼制，女方还须行庙见之礼始得成妇，成为夫方宗族的正式成员。聘娶婚的礼仪程序历代数有变迁，后世有所简化。宋代将六礼改为四礼，即纳采、纳吉、纳征和亲迎，昔时的问名和请期不再作为独立的程序。《朱子家礼》中又将纳吉并入纳征，简化为三礼。元代增议婚一项。明、清基本上沿用《朱子家礼》。一般说来，贵族、高官等依礼聘娶时多行古制，庶民百姓则较为简略。中国历代封建法律均以成立婚书和收受聘财作为定婚要件，同礼制对聘娶婚的要求是一致的。父母之命、媒妁之言是聘娶婚的合法形式；门当户对、交付聘财等是聘娶婚的实际内容。这种婚姻，实际上是用各种礼仪程序和繁文缛节加以包装和掩饰的包办、买卖婚姻。 (杨大文)

ping'anxian

平安险(free from particular average/F.P.A) 海上货物保险的一个险别。保险人仅仅对因为海损事故和自然灾害造成的货物全部损失承担赔偿责任的海上保险。起初，承保平安险的保险人，不负责货物的单独海损。但是随着当今海上保险业务的发展，保险人不负责货物的单独海损的立场有所变化，在当今的平安险项下，保险人对于因为搁浅、触礁、沉没、焚毁等特定意外事故造成的货物单独海损，亦承担保险责任。因为平安险的保险责任不包括货物的单独海损，一般用于低值、粗糙、无包装的大宗货物的海上运输。我国保险公司承保的平安险的责任范围包括：(1) 货物在运输途中由于恶劣气候、雷电、海啸、地震、洪水自然灾害造成整批货物的全部损失或推定全损。当被保险人要求赔付推定全损时，须将受损货物及其权利委付给保险公司。被保险货物用驳船运往或运离海轮的，每一驳船所装的货物可视作一个整批。推定全损是指保险货物的实际全损已经不可避免，或者恢复、修复受损货物以及运送货物到原定目的地的费用超过该目的地的货物价值。(2) 由于运输工具遭受搁浅、触礁、沉没、互撞、与流冰或其他物体碰撞以及失火、爆炸意外事故造成货物的全部或部分损失。(3) 在运输工具已经发生搁浅、触礁、沉没、焚毁意外事故的情况下，货物在此前后又在海上遭受恶劣气候、雷电、海啸等自然灾害所造成的部分损失。(4) 在装卸或转运时由于一件或数件整件货物落海造成的全部或部分损失。(5) 被保险人对遭受承保责任内危险的货物采取抢救、防止或减少货损的措施而支付的合理费用，但以不超过该批被救货物的保险金额为限。(6) 运输工具遭遇海难后，在避难港由于卸货所引起的损失以及在中途港、避难港由于卸货、存仓以及运送货物所产生的特别费用。(7) 共同海损的牺牲、分摊和救助费用。(8) 运输契约订有"船舶互撞责任"条款，根据该条款规定应由货方偿还船方的损失。 (邹海林)

pingbian qiju

平边契据(polt deed) 契据的一种，参见契据条。

pingdeng jicheng zhuyi

平等继承主义(equal inheritance) 自然人享有平等的继承权的立法原则，是民法平等原则在继承制度上的反映。具体含义如下：第一，自然人死亡或宣告死亡时起，与其有特定身份关系的自然人按照统一的血缘关系、家庭关系、婚姻关系被确定为继承人，不因其他原因被排斥于继承范围之外，即继承范围上的平等。第二，继承人的顺序也是按统一的血缘关系、家庭关系、婚姻关系确定的，不因其他原因享有特权或受到歧视，即继承顺序上的平等。第三，实行平均继承原则。平等继承主义一般适用于法定继承领域，在继承制度中表现为男女平等、嫡庶平等、长幼平等以及不歧视私生子等形式。奴隶社会、封建社会继承制度遵循宗法制度的原则，等级森严，如中国的宗祧继承，以嫡长子继承为核心，嫡庶之间、男女之间、长幼之间没有平等可言。资产阶级革命提出了"自由、平等、博爱"的人权思想,平等继承主义逐渐成为继承制度的主流。如《法国民法典》第745条规定:子女或直系卑血亲,不分性别及长幼,亦不论是否出生于同一婚姻,得继承其父母、祖父母或是其他直系血亲的遗产。如继承人均为第一亲等直系血亲并以自己的名义继承时,应按人数继承相等的份额。我国继承法所体现的平等继承主义是多方面的,主要包括男女继承权平等、非婚生子女与婚生子女继承权平等、养子女与亲生子女继承权平等、儿媳与女婿在继承上的平等、同一顺序继承人继承遗产的权利平等。 (杨 朝)

pingdeng yuanze
平等原则(the principle of equal treatment) 在民法上民事主体之间法律地位平等的基本原则。民法所调整的是平等主体之间的财产关系和人身关系,因此,平等原则体现了民法和刑法、行政法等公法部门的区别。平等原则主要体现在几个方面:(1)民事权利能力被平等地赋予所有自然人。《法国民法典》第8条规定:一切法国人均享有民事权利。《中华人民共和国民法通则》第9条也明确规定我国公民均享有民事权利能力,并且根据第8条的规定,外国人、无国籍人在中国领域内也像我国公民一样具有民事权利能力。(2)民事主体的法律地位平等,可以平等地取得和行使权利、负担和履行义务。《中华人民共和国民法通则》第3条规定:当事人在民事活动中的地位平等。民法上设立的各种权利义务,一般来说对当事人的资格没有限制,也就是说对各类民事主体都平等适用。(3)民事主体平等地受到法律保护。当然,平等原则并非绝对的原则。民法上基于特定的理由在一定条件下也会对不同的主体进行差别待遇。比如未成年人和精神病人依法欠缺完全的民事行为能力,没有达到法定婚龄的人不得结婚等。另外,19世纪民法上所强调的民事主体的平等是一种形式平等,不考虑主体之间的各种差别,这造成了经济上的强者利用其优势地位迫使弱者接受不公平的条件,所以,现代民法上对特定种类的弱者给予更多的保障,以求达到实质上的平等。比如,劳动法上对劳动者的保护,消费者权益保护法上对消费者的保护等。 (葛云松)

pingfen guoshi yuanze
平分过失原则(the equal apportionment rule on collision liability) 1910年《统一船舶碰撞若干法律规定的国际公约》适用之前,英美国家对双方责任碰撞采用的责任承担原则。根据该原则,只要碰撞双方均有过失,则不论双方的过失程度,一律按照各方50%的比例承担责任;如果双方对第三方的损害具有共同过失,而该第三方只对其中一过失方起诉索赔,则该过失方不得向另一过失方追偿。该原则在很多情况下显失公平。英国在1911年《海事公约法》(Maritime Conventions Act)之后废除了该原则,而改为采用1910年碰撞公约所确立的过失比例原则,过失双方按照各自过失程度的比例承担赔偿责任。美国不是1910年碰撞公约的参加国,因而仍然沿用平分过失原则,直到1975年美国最高法院在"United States v. Reliable Transfer Co. Inc."一案中才第一次判定采用过失比例原则,但迄今并未通过成文法的方式将其确定下来。
(张永坚 张 宁)

pingxingxian zhipiao
平行线支票(crossed cheques) 参见划线支票条。

pingbiao
评标(德 Angebotswertung) 由评标人(一般为评标委员会)依招标要求对标单的有效性、优劣性进行评比和分析。评标在投标期限届满开标时进行,应遵循客观公正的原则。评标工作的第一步是剔除废标,而后对有效投标书进行实质评审。评标人应当按照招标文件确定的评标标准和方法,对投标文件进行评审和比较,确定最符合招标条件、价格最优惠的合格投标人。评标委员会完成评标后应向招标人提出书面评标报告,并推荐合格的中标候选人。 (肖 燕)

pumie chuanshang huozai
扑灭船上火灾(extinguishing fire on shipboard) 船舶和货物因发生火灾造成的损坏属于单独海损。但是,船舶采取灭火措施所造成的船舶与货物的损坏,应列入共同海损。灭火的损失包括向着火货舱灌水、注入水蒸气或者喷入灭火剂等所造成的损失以及在浅水域将船舶凿沉、搁浅的损失。即使因灭火湿损的货物事先已经着火,只要能区分火烧损失和水湿损失,水湿损失仍可列入共同海损。但是,由于烟熏或者因火引起的热烤所造成的损失,不得列入共同海损。
(张永坚 张 宁)

putong baoxian
普通保险(general insurance) 又称一般保险和商业保险,由保险人依保险法的规定,根据保险市场的需求而设立和经营的保险,其特点在于:(1)普通保险是保险人以制订保险格式条款的形式,确定保险险种的保险;(2)普通保险是保险人通过与投保人协商一致订立保险合同,建立保险保障的保险业务;(3)普通保险是适用保险法规定的保险业务;(4)普通保险多属于

以营利为目的的商业保险。　　　　（史卫进）

putonggu
普通股（common shares）　相对于优先股,指对公司权利一律平等,无任何区别待遇的股份。普通股是公司资本构成中最基本的股份。与优先股相比普通股具有以下三个特点:一是其股息不固定,视公司有无利润及利润多少而定,且须在支付了公司债利息和优先股股息后方能分得;二是在公司清算时,普通股股东分配公司剩余财产,亦须排列于公司债权人和优先股股东之后;三是普通股股东享有表决权,即参与公司重大问题决策的权利。相对于优先股,普通股具有较大的风险性,同时也享有更大的公司管理权力。普通股股东可以享受以下几种权利:(1) 红利分配权,即在公司把红利分配给优先股股东后,即可分享公司分配的红利;(2) 资产分配权,是在公司因破产或解散清算,普通股股东有权分得公司剩余财产;(3) 企业管理权,在股东大会上有表决权,可以选举董事等;(4) 优先认购权,即普通股股东在公司发行新股时有优先认购的权利。普通股股东按其所持股份数额分享公司利润或分担公司亏损,其责任以其所持股份金额为限。西方发达国家把普通股分为 A 级普通股、B 级普通股和 C 级普通股。　　　　　　　　　　　　　　　　（梁　聪）

putonggu gudongquan
普通股股东权（rights of common shareholder）　以股权行使主体不同所作的分类,与特别股股东权相对称,指公司的普通股东即可行使的权利。各国公司法规定普通股股东权有:(1) 公司经营决策的参与权。股东通过参加股东大会,行使表决权,参与公司的经营管理决策。其基本内容,一是听取公司董事会有关经营和财务方面的报告,行使表决权对公司的重大事项做出决策,二是通过选举公司的董事体现股东自身对公司经营决策的参与。(2) 公司盈余和剩余财产分配权。体现在一是普通股股东有权要求从股份公司经营的利润中分取股息和红利,二是在股份公司解散清算时,普通股股东有权要求取得公司的剩余财产。(3) 优先认股权。股份公司为增加公司资本决定增发新股时,普通股股东享有按其持股比例,以低于市价优先认购一定数量新发行股票的权利。　　　　（梁　聪）

putong hehuo
普通合伙（common partnership）　合伙人均对合伙债务承担无限责任的合伙,又称一般合伙。在普通合伙中,合伙人应具有民事行为能力。但依照英国法的规定,未成年人也可以成为合伙人,但该未成年人在成年后的合理期限内,提出撤销合伙契约,该合伙契约就对未成年人不具有约束力,该未成年人对其未成年期间因合伙所承担的债务不负担责任。若该未成年人未在其成年后的合理期限内提出撤销合伙契约,则该契约对其具有约束力。精神病人和酗酒人也可以参加合伙,并应承担合伙债务,但如果能证明其他合伙人知道其不理解自己的行为时,则他对合伙债务不负责任。普通合伙人对合伙债务负无限责任。普通合伙为英美法上的称谓,其对称为有限合伙。在大陆法国家,普通合伙通常称为无限公司。　　　（李仁玉　陈　敦）

putongren de guoshi biaozhun
普通人的过失标准（reasonable man's test of negligence）　确定一般人有无过失的标准。一般人的过失是指没有达到一般人应有的注意程度的过失。一般人应有的注意则根据社会一般行为规则确定,即以社会一般"理智之人"或"谨慎之人"可以做到的注意程度为标准。如果行为人的行为欠缺在当时的环境下一般人的注意,则为具有一般过失。因为在这种情况下行为人稍加注意就不致有过失,所以一般人过失属于重大过失。　　　　　　　　　　　　　　（张平华）

putong shoutuoren
普通受托人（ordinary trustee）　除营业受托人与公共受托人外的因接受委托人在信托行为中的指定而产生的受托人。普通受托人的基本特征,在于虽然其系因信托行为取得受托人身份,但却并非以从事营业信托为职能。目前存在于世界各国、各地区社会生活中的任何一项因信托合同、信托遗嘱或信托宣言而设立的民事信托与公益信托中的受托人,无论其为自然人还是为法人,只要其并不具备公共受托人身份,且其进入信托也并不是出自于法院的指定,则均属于普通受托人。普通受托人如系存在于民事信托中,则其同时也是私人受托人;如系存在于公益信托中,则其同时也是公益受托人。若干年来信托现象在英美法系国家和地区盛行;在这些国家和地区中,普通受托人是最常见、最大量存在的受托人。　　　　　　（张　淳）

putong susong shixiao
普通诉讼时效（general prescription）　在一般情况下普遍适用的诉讼时效,又称一般诉讼时效。《中华人民共和国民法通则》第 135 条规定:向人民法院请求保护民事权利的诉讼时效期间为 2 年,法律另有规定的除外。这是我国民事法律对一般诉讼时效的规定。一般诉讼时效是根据一般民事法律关系的共性规定的,在适用上具有普遍性。凡是法律没有规定特殊诉讼时效的,都应适用一般诉讼时效的规定。按照一般诉讼时效的规定,享有民事权利的自然人和法人在知道或应当知道自己的权利受到侵害的两年之内,应当向人民法院提起诉讼,否则,其民事权利不再受法律的保护。

从法制史的角度看,一般诉讼时效的期间是由长向短发展的。从罗马法到《法国民法典》、《德国民法典》,一般诉讼时效均规定为30年。其后的《瑞士民法典》、《日本民法典》则将一般诉讼时效规定为10年。再往后的《苏俄民法典》对一般诉讼时效期间规定得更短:自然人之间的一般诉讼时效期间为2年,社会组织之间为1年。由于科学技术的进步和社会经济的发展,民事流转的速度日益加快。为减少或避免商品流通中的梗阻现象,就有必要缩短一般诉讼时效的期间,以及时了结债权债务关系。通说认为,《中华人民共和国民法通则》规定的一般诉讼时效的期限,较好地适应了现代经济发展的要求,同时,也为权利人行使诉讼权利提供了充分的时间保证。但也有观点认为,《中华人民共和国民法通则》关于一般诉讼时效期间的规定过短,应予以适当延长。

(李仁玉 陈 敦)

Q

qichu
七出(seven states of affairs) 亦称"七弃",中国古代礼法规定的丈夫"休妻"、夫家"出妇"的七条理由。根据《大戴礼·本命》的解释,七出的具体内容为:不顺父母,为其逆德也;无子,为其绝世也;淫,为其乱族也;妒,为其乱家也;有恶疾,为其不可与共粢盛也;口多言,为其离亲也;窃盗,为其反义也。"七出"起源于我国奴隶社会末期,起初为礼制的内容。汉朝的汉律最早以法律形式肯定了"七弃"。此后的封建律法皆规定了"七出"之条。妇女触犯"七出"之条的,无需经由官府,由丈夫写成休书,邀集男女双方近亲、近邻和见证人一同署名,就可解除婚姻关系。作为例外,我国古代礼和法还用"三不去"对"七出"进行一定限制。"七出"休妻,是我国古代法定的离婚方式之一,且是主要的离婚方式。这种离婚的主动权完全掌握在丈夫和夫家手中。反映了中国古代妇女在法律上从属于丈夫的地位。　　　　　　　　　　　　　　(蒋 月)

qiqin
妻亲(in-laws) 封建旧律上亲属分类之一种,是指以妻子为中介而联络的亲属,《尔雅》中又称妻党。在唐、宋法律中,妻亲包括在外亲之内。自明代以后,法律专设妻亲一项。妻亲包括妻子的父母(岳父、岳母)、兄弟(内兄弟)姊妹(妻姊妹)、侄(内侄)。　　　(张贤钰)

qidai jichengquan
期待继承权(expectant right of succession) 既得继承权的对称,又称客观意义上的继承权、继承期待权。继承开始前,自然人依照法律的规定和被继承人所立的合法有效的遗嘱的指定享有的继承被继承人遗产的资格。期待继承权具有以下特征:第一,这种继承权不能凭继承人的意志取得、放弃;第二,不能仅依这种继承权实现财产权利。这种继承权不是实体权利,只是一种取得遗产的机会和可能性,这种继承权只有在转化为既得继承权之后,才能使继承人真正实现对遗产的权利。但法律仍然对这种权利予以保护,在受到侵害时,可提起确认之诉。　　　　　　　(杨 朝)

qidai quanli
期待权利(德 Anwartschaftsrecht) 又称待取权。乃因各种先决条件尚未完备,权利虽未完全成立,而法律上已予以相当效果者,换言之,此权利之主要事实虽已具备,但尚须其他事实以完成其权利状态者。如附条件法律行为中之各种权利;后继权,即前顺位继承人出缺时,后顺位继承人递补之权;德国法上遗失物招领期间之所有权,此皆属期待权利。　　　　(张 谷)

qihou beishu
期后背书(endorsement on overdue bill) 一定期限后所为的背书。这里所指的一定期限如何界定,各国票据法规定不尽相同。《英国票据法》与我国台湾地区票据法将这一期限规定为到期日,即期后背书是指到期日后所成为的背书。《日内瓦统一汇票本票法》规定,期后背书为"因不获付款作成拒绝证书后,或已过作成拒绝证书之期限后所为的背书"。对于到期日后所为的背书,该法规定与到期日前的背书有同一效力。《中华人民共和国票据法》规定,汇票被拒绝承兑、被拒绝付款或超过付款提示期限的,不得背书转让。超过一定期限未获承兑或付款,说明该汇票的信用产生了瑕疵,因此,汇票应进入追索阶段而不应再为流通,否则将影响正常的票据交易。法律规定期后背书的特殊效力目的在于表示对其的否定态度。国外票据法多规定,期后背书仅具有一般债权转让的效力,即此时的转让仅具有民法上的效力,不产生抗辩切断,也不产生权利担保效力。《中华人民共和国票据法》规定,汇票超过付款提示期限的,不得背书转让。背书转让的,背书人应当承担汇票责任。依此规定,是将期后背书汇票视为该背书人为发票人的新汇票。如果通过期后背书获得汇票的持票人遭拒绝,则该背书人对该持票人应承担发票人的责任。这一规定不同于各国票据法的一般做法,但同样体现了法律对期后背书的否定态度。

背书的日期一般根据背书时记载的日期来确定。但是背书的日期并非背书的必要记载事项,因此,各国票据法一般都规定,对于未记载背书日期的,推定其为期前背书,但有反证的,不在此限。　(王小能)

qihou beishu de xiaoli
期后背书的效力(effects of endorsement on overdue bill) 期后背书在票据关系当事人之间产生的法律后果。期后背书与一般转让背书相同,但是在权利移转效力及权利担保效力方面,期后背书与一般转让背书又有不同。国外票据法多规定,期后背书仅具有一般债权转让的效力,即此时的转让仅具有民法上的效力,不产生抗辩切断,也不产生权利担保效力。《中华人民共和国票据法》规定,汇票超过付款提示期限的,不得背书转让。背书转让的,背书人应当承担汇票责任。依此规定,是将期后背书汇票视为该背书人为发票人的新汇票。如果通过期后背书获得汇票的持票人遭拒绝,则该背书人对该持票人应承担发票人的责任。这一规定不同于各国票据法的一般做法,但同样体现了法律对期后背书的否定态度。 （王小能）

qihou fukuan

期后付款(payment after maturity) 指在到期付款的日期之后的付款。 （王小能）

qihou fukuan de xiaoli

期后付款的效力(effects of payment after maturity) 在汇票付款提示期限经过后或拒绝证书作成后所为的付款在汇票关系当事人之间产生的法律后果。期后付款的效力因付款主体身份的不同而有所不同。(1) 已承兑的付款人为的期后付款的效力。汇票付款人一旦对汇票进行承兑,即成为汇票的主债务人,要承担绝对的付款责任,该责任除因时效完成不得免除。所以,即使在期后,该付款人仍负有付款的责任,期后付款与到期日付款具有同样的效力,汇票关系因付款人的付款而消灭。持票人在期后,可以行使追索权,同时可以继续要求付款人付款。如果在付款人期后付款后,持票人已经进行了追索,追索的费用应该由付款人来承担。(2) 未承兑的付款人所为的期后付款的效力。未承兑的付款人所为的期后付款又分为两种情况:对于需要承兑的汇票,如果持票人提示承兑遭到拒绝,即可以作成拒绝证书进行期前追索。如果在汇票到期后,持票人仍追索未果,此时,如果付款人又同意付款,持票人应有权决定是否接受该付款。如果持票人愿意接受,则应承认该付款效力。但是,已经进行追索的费用应由付款人支付,当事人如有约定依约定。对于不需要承兑的汇票,持票人提示付款遭拒绝后,即可以作成拒绝证书行使到期追索。在追索未果前,如果付款人又同意付款,该付款应与到期付款具有同一效力。如有追索费用,应由付款人承担。当事人如有约定,依约定。 （王小能）

qihuo hetong

期货合同(futures contract) 期货合同是指由期货交易所开发、设计并经期货监管部门批准上市的供期货投资者买卖的一种标准化合同。期货合同具有以下特征:(1) 期货合同由期货交易所设计;(2) 期货合同须由期货监管部门审批;(3) 期货合同是标准化合同;(4) 期货合同由双方当事人自愿订立。从类型上看,期货合同可以分为商品期货合同和金融期货合同。其中商品期货合同又可以分为农产品期货合同、能源期货合同和金属期货合同等;金融期货合同又可以分为外汇期货合同、利率期货合同和股票指数期货合同。 （刘经靖）

qijian

期间(period of time; 德 Fristen; 法 délais) 从时间的某一特定的点到另一特定的点所经过的时间。它是时间的某一特定的段或区间,如 1995 年 5 月 1 日到 1996 年 5 月 1 日即是一个期间。依照《中华人民共和国民法通则》规定,期间按照公历年、月、日、小时计算。按照小时计算期间的,从规定时开始计算;按照日、月、年计算期间的,开始的当天不算入,从次日零时开始计算;按月计算期间的,其时间的长短因大月、小月而异;按年计算期间的,其时间的长短因平年、闰年而异。时间不是连续计算的,按时计算期间的,与连续计算并无不同;按日、月、年计算期间的,无法按历法计算的,应按自然计算法计算,一月为 30 天,一年为 365 天。期间的最后一天是星期日或者其他法定休息日的,以休假日的次日为期间的最后一天。期间的最后一天是星期日或其他法定休假日的,而星期天或者其他法定休假日有变通的,以实际休假日的次日为期间的最后一天。期间的最后一天的截止时间为 24 点,有业务时间的,到停止业务活动的时间截止。期间的法律意义主要有:(1) 确定权利能力的始期和终期;(2) 推定事实及法律上假设之时期;(3) 确定权利取得或者消灭之时期;(4) 确定有效民事行为的最终时期。 （李仁玉　陈　敦）

qijian de jisuan

期间的计算(computation of period of time) 期间是一定的时间段,其是否届满就需要计算。期间的计算方法有自然计算法和历法计算法两种。自然计算法是以实际发生和经过的精确时间,以时、分、秒为单位计算期间时间的方法。历法计算法,指以日历确定的年、月、日为单位计算时间的方法。依《中华人民共和国民法通则》第 154 条规定,期间计算兼采两种方法。以小时为单位计算期间的,以规定时为起点,经过规定的期间达到法定的时为届满点。以年、月、日为单位计算期间的,其开始当天不算入,从下一天(即次日)开始计算。到期间最后一日的第 24 小时。有业务时间的,算到当日业务活动停止之时。最后一日为星期六、日和其他法定假日的,以最后假日之次日为期间最后一天。若星期六、日、其他法定假日有变通的,以变通后的实际最后假日之次日为期间的最后一天。当事人非以月、年的始日为起点,而以月、年规定期间的,一月以

30日计算,一年以365日计算。关于期间的规定有"以上"、"以下"、"以内"用语的,均包括本数;有"不满"、"以外"用语的,均不包括本数。对当事人约定了期间的计算的,其起算时间可从其约定。

(李仁玉 邢 道)

qijian de qisuan

期间的起算(beginning of period of time) 期间自起算点开始计算期间。如《日本民法典》第139条规定,以时定期间的,即时起算。《德国民法典》第187条规定,如果期间的开始是以某一事件或者一天当中的某一时刻为起算标准的,在计算期间时,该时间或者时刻所处的当天不计算在内。《法国民法典》第2260条规定,时效按日计算,不按小时计算。(李仁玉 邢 道)

qijian de qisuandian

期间的起算点(beginning time of period of time) 在持续延长的一段期间中,期间最初开始计算的时间点。依《中华人民共和国民法通则》第154条规定,期间的起点,按小时计算的,其期间"从规定时开始计算",即规定之分、秒,就是期间的起算点。按照日、月、年计算期间的,开始的当天不计入在内,从下一天开始计算,即次日为期间的起算点。 (李仁玉 邢 道)

qijian de zhongjiedian

期间的终结点(届满点)(end of period of time) 在持续延长的一段时间中,期间完成的时间点。期间的终结点,为最后一天的24时。有业务时间的,到停止业务活动的时间截止。如果期间的最后一天是法定休假日的,以休假日的次日为期间的最后一天。以时、分、秒为单位期间之届满点,民法未为规定,应以起算点为准,完成其期间预定时数之时点为届满点。

(李仁玉 邢 道)

qiman

期满(expiry) 终期已经到达,应该消除法律效力的时间。因此,期满的意义在于确定某一法律效力的终止日期。如《中华人民共和国合同法》规定法律规定或当事人约定解除权行使期限,期限届满当事人不行使的,该权利消灭。即从这一天起,当事人解除权的效力终止。对于期满日期的计算,有以下几个注意事项:(1)期间的最后一天是星期日或者其他法定休假日的,以休假日的次日为期间的最后一天,即这一天才算期满。(2)期间最后一天的截止时间为24点。有业务时间的,到停止业务活动的时间截止。

(李仁玉 齐 菲)

qiman shuangbei liangquan baoxian

期满双倍两全保险(term life insurance with two times death benefit) 一种加倍定期保险。合同约定,被保险人于保险期限届满前死亡,将获得二倍以上的保险金给付,该险种是以投保人缴纳保险费换取保险给付的。 (温世扬)

qiqian fukuan

期前付款(payment before maturity) 是指在到期付款的日期之前的付款。 (王小能)

qiqian zhuisuo jin'e

期前追索金额(recoverable amount before maturity) 在票据被拒绝承兑,或付款人、承兑人死亡、逃匿或付款人、承兑人受破产宣告,或因违法被责令终止业务活动时,持票人向票据债务人所请求偿付的一定金额。期前追索是票据未到期所发生的追索,其追索金额包括两个组成部分:一是票据上记载的金额,但应当扣除自清偿日起至到期日止,按照法定利率计算的票据金额的利息;二是行使追索权所支出的合理费用,如作成拒绝证书的费用,通知前手的费用等。 (孔志明)

qiqian zhuisuoquan

期前追索权(right of recourse before maturity) 指票据不获承兑,或者付款人、承兑人死亡、逃匿或者付款人、承兑人受破产宣告或因违法被责令终止业务活动时所行使的追索权。根据追索权行使的时间是在票据到期日之前或之后,票据追索权可以分为期前追索权与期后追索权。除票据法有特别规定外,一般情况下,持票人不得在票据到期日前行使追索权。持票人行使期前追索权时,应当取得拒绝证明。期前追索权一般发生在远期汇票即定日付款、出票后定期付款以及见票后定期付款的汇票上,而见票即付的汇票,由于其事先无确定的到期日,而其提示付款之日即为到期日,所以不发生期前追索。在我国,只有商业汇票为远期汇票,所以其他票据上不发生期前追索权。期前追索权的追索金额包括扣除从清偿日起至到期日止的法定利息的票据金额和支出的追索费用。期前追索权可以因为参加承兑或者参加付款而被阻止行使。(孔志明)

qiri

期日(dates;德 Termine;法 échéances) 不可分割的一定时间,它是时间的某一特定的点。如1998年10月1日。在诉讼法上,期日具有特别的意义,如法院开庭审理的案件的日期、询问被告人的日期、询问证人的日期等。根据法院和诉讼参与人在期日中进行的诉讼行为的不同,可将期日分为准备程序期日、调查证据期日、开庭审理期日、调解期日和宣判期日等不同种类的期日。

(李仁玉 齐菲)

qiwai fukuan
期外付款(payment outside maturiry) 期外付款又可分为期前付款和期后付款。期前付款是指在到期付款的日期之前的付款。期后付款指在到期付款的日期之后的付款。到期付款与期外付款的效力不同。

(王小能)

qixian
期限(德 zeitbestimmung) 当事人以将来确定事实的到来决定民事法律行为的效力的发生或消灭的附款。期限的特征是：(1)期限为限制法律行为效力的发生或消灭的意思表示，即法律行为的普通效力因期限的意思表示而限制其发生或消灭。(2)期限以将来确定发生的事实为内容，这一点上期限与条件不同。期限是确定的、将来一定能到来的；而条件则属将来是否发生不确定的事实。(3)期限为法律行为的附款，即为构成法律行为内容的一部分意思表示。期限为法律行为的内容，应当由当事人任意设定，法律规定的期限或法院指定的期限，虽然能限制法律行为效力，但不为附期限法律行为中所指的期限。

期限依不同的标准可进行如下分类：(1)依期限的效力为标准，可分为始期和终期；(2)依构成期限的事实发生时期为标准，可分为确定期限和不确定期限；(3)依期限是当事人约定还是法院裁定为标准，可分为约定期限和恩惠期限。

(李仁玉 陈敦)

qiyaxing tiaokuan
欺压性条款(unfair clauses) 意大利民法上的概念。指在消费契约中，经营者利用自身优势订立的使消费者的权利义务明显不平等的条款。欺压性条款包括免除或限制经营者责任的条款；排除或限制消费者的救济权利的条款等。欺压性条款的认定需要从契约标的涉及的商品或服务的性质和条款缔结时存在的情况或其他相关方面进行考察。通过特别协商达成的条款不具有欺压性。根据意大利民法的规定，欺压性条款属于无效条款，但其无效不影响合同其他条款的效力。

(刘经靖 张平华)

qizha
欺诈(fraud) 当事人一方故意编造虚假情况或隐瞒真实情况，使对方陷入错误而为违背自己真实意思表示的行为。欺诈的构成要件是：(1)须有欺诈人的欺诈行为。欺诈既为行为，就需以行为人的意思作用为必要，无意识或精神错乱中的所为不为欺诈。无民事行为能力人的欺诈不为欺诈。欺诈行为之情形有三：一是捏造虚伪事实；二是隐匿真实事实；三是歪曲真实事实。沉默是否构成欺诈，通说认为，以行为人是否具有告知义务为限。主观意见陈述是否构成欺诈，通说认为，应以行为人是否具有故意为标准，如鉴定人故意以非自己的意见为自己的意见，应为欺诈。(2)欺诈人必须有欺诈的故意。即行为人须有使对方受欺诈而陷入错误，并因此为意思表示的目的。欺诈故意的含义有二：一是使相对人陷于错误的认识，如果行为人非明知其表述的事实为虚假或虽明知其表述之事实为虚假，而无使相对人陷于错误的意思，不为欺诈。二是使相对人因其错误而为一定意思表示的意思，因此，行为人虽明知其所表示的事实为虚假，而无利用相对人的错误使其为一定意思表示的意思，不为欺诈。在此两种意思之外，行为人有无取得财产利益的意思，及使相对人受财产损失的意思，对欺诈的成立，没有影响。(3)须表意人因相对人的诈欺而陷于错误。所谓表意人陷于错误，不仅指表意人原无错误，受欺诈人的欺诈而陷于错误，而且包括表意人已有错误，受欺诈人的欺诈而陷于更深的错误。如果相对人未受欺诈而陷于错误，则不构成欺诈，如出卖人用种种手段隐瞒货物的瑕疵，仍被买受人发现，而未购买其货物的，不为欺诈。(4)须对方因陷于错误而为意思表示，即错误与意思表示之间有因果关系。错误与意思表示之间的因果关系可分为两种情况：一是无此错误，则根本不为意思表示；二是无此错误，则不以此条件为意思表示。相对人的意思表示非由于错误而生，不为欺诈。如小贩以每条红塔山 10 元的价格叫卖，吸烟的顾客明知是假烟而购买的，不为欺诈。因欺诈而为的意思表示，效力如何，各国法律规定不同。依《法国民法典》第 1116 条规定，欺诈为意思表示无效的原因。依《德国民法典》第 123 条的规定，被欺诈而为的意思表示，表意人可撤销其意思表示。因欺诈陷入错误的认识而为的民事行为的效力如何，世界主要国家民法都规定为可撤销的民事行为。《中华人民共和国民法通则》第 58 条第 3 款规定：受欺诈而实施的民事行为是无效民事行为。这一规定在计划经济条件下，对于国有财产的保护也许是有利的，但在市场经济条件下，可能会损害相对人的利益。如甲利用乙不知道市场行情，高价出卖财产于乙，后该财产市场价格狂涨，甲发现履行对己不利，于是，以自己欺诈为由主张行为无效。为此，《中华人民共和国合同法》第 54 条第 3 款对《中华人民共和国民法通则》的规定进行了修改，受欺诈所为的民事行为是可变更、可撤销的行为。第三人的欺诈能否构成欺诈的民事行为？由于现实生活中交易一方常常使用第三人对交易对手进行欺诈，而且使用第三人欺诈较之本人欺诈更能使交易对手受骗上当,因此,第三人对民事行为一方当事人进行欺诈,只要相对人知道或应当知道第三人的欺诈,即视同相对人本人的欺诈,就构成欺诈的民事行为。 (李仁玉 陈 敦)

qizha de maimai hetong tiaokuan
欺诈的买卖合同条款(deceit clause in sales contract) 一方当事人因受欺诈而违背其真实意思而订立的买卖合同条款。对此种条款,受欺诈的当事人一方可以请求法院或仲裁机构变更或者撤销。 (郭明瑞)

qifeng qiju
骑缝契据(chirograph) 英美法上的概念。由当事人签署加盖章,或由证人签署加以证实的契据或其他正式文件。包括以下几种类型:(1)契据分两部分写成,两部分头顶头,各自是对方的副本;(2)在顶头的中间写有"chirograph"字样;(3)把契据分成带不规则的、有尖角的、波浪形边的两部分,以便通过检验两部分的吻合程度来检验其可靠性。1833年以前,英国骑缝契据的结尾部分由高等民事法院指定的撰写官书写,1833年该官职被废除。 (张平华)

qiye caichan baoxian
企业财产保险(commercial property insurance) 投保人(企业)以其自己所有的财产或者有利害关系的他人财产为保险标的,向保险人交纳一定数额的保险费,而同保险人相互间约定的、由保险人承担被保险财产的风险损失的保险。企业财产保险合同成立后,保险人依其同投保人之间的约定,在发生保险事故时,应当向被保险人支付保险赔偿金。

保险标的 依照我国的保险实务,企业财产保险合同的标的,经由投保人和保险人约定,可以为具有确定价值的任何财产。凡是被保险人所有或者替他人保管、或者与他人共有而由被保险人负责的财产,均可以约定为企业财产保险的标的。企业财产保险合同一般约定有可保财产、特约保险财产和不保财产。可保财产的范围一般不受限制,除法律规定保险人不能承保的个别财产以外,保险人可以同意承保任何种类的财产,主要有:企业所有或者共有或者经营管理的房屋、建筑物及其附属装修设备、建造中的房屋、建筑物以及附属设备、建筑材料、机器和设备、工具、仪器和生产用具、交通运输工具和运输设备、管理用具及低值易耗品、原材料、半成品、产成品以及库存商品等。

特约保险标的 除保险合同一般列明的可保财产外,对某些特定种类或价值难以确定的财产,投保人可以和保险人特别约定为企业财产保险合同的标的。特约保险财产主要有金银、珠宝、首饰、邮票、古玩、古书、古画、艺术作品、稀有金属和其他珍贵财物、牲畜、禽类和其他饲养动物、堤堰、水闸、铁路、道路、涵洞、桥梁、码头、矿井和矿坑内的地下建筑物、设备和物资等。

不保财产 财产保险合同或者保险条款一般列明,土地、矿藏、矿井、矿坑、森林、水产资源以及未经收割或收割后尚未入库的农作物、货币、票证、有价证券、文件、账册、图纸、技术资料以及无法鉴定价值的财产、违章建筑、危险建筑、非法占用的财产以及在运输过程中的物资,不能投保企业财产保险。

保险金额 投保人和保险人依照实际情况约定保险金额。对于被保险人所有或者有利害关系的固定资产,可以按照账面原值确定保险金额,或者由被保险人和保险人协商按照账面原值加成确定保险金额,或者按照重置重建价值确定保险金额;对于流动资产,可以按照最近12个月的账面余额确定保险金额,或者按照最近账面余额确定保险金额;对于已经摊销或者没有列入账面的财产,可以由被保险人和保险人协商按照实际价值确定保险金额。在保险期间内,若被保险财产的价值发生变更而有增加或者减少保险金额的需要时,被保险人应当向保险人办理保险金额的批改手续。

保险责任与除外责任 保险人承担被保险财产的风险责任范围,主要包括火灾、爆炸等意外事故,雷电、暴风、暴雨等自然灾害,以及保险合同特约的其他事件等。企业财产保险约定的除外责任,主要有:(1)战争风险。因为战争、军事冲突或暴乱造成的被保险财产的损失,保险人不承担保险责任。(2)核风险。核子辐射或者放射性污染造成被保险财产损害的,保险人不承担保险责任。(3)道德危险。被保险人故意造成被保险财产的损失,保险人不负赔偿责任。(4)间接损失。被保险财产因保险事故引起的停工、停业的损失以及各种间接损失,保险人不承担保险责任。(5)保险标的的自身缺陷。被保险财产本身缺陷、保管不善导致的损坏,被保险财产的变质、霉烂、受潮、虫咬、自然磨损以及耗损,保险人不承担保险责任。(6)无防护的暴风暴雨损失。堆放在露天以及罩棚下的被保险财产以及罩棚,因遭受暴风、暴雨造成的损失,保险人不承担保险责任。(7)其他约定。凡企业财产保险合同约定的保险人不承担保险责任其他情形发生的,保险人不承担保险责任。

保险赔偿 在发生保险事故后,被保险人对被保险财产采取施救、保护措施所支出的必要的合理费用,保险人以保险金额为限负责赔偿。在被保险财产发生保险责任范围内的损失时,被保险人有权向保险人请求赔偿损失。保险人按照企业财产保险赔偿被保险人的损失时,因被保险财产为固定资产和流动资产而有不同。对于固定资产的损失,如为全损,按照保险金额赔偿，但保险金额高于该财产的重置价值的，赔偿额以重置价值为限。如为部分损失，投保人按照账面原值投保且保险金额低于该受损财产的重置价值的，依据损失金额和财产重置价值的比例赔偿，保险金额相当于或高于该受损财产的重置价值的，按实际损失赔偿。对于流动资产的损失，若投保人按照最近12个月的平均账面余额投保，发生全部损失的，按出险时的账面余额计算赔偿额，发生部分损失的，按实际损失赔偿。若投保人按照最近账面余额投保，发生全损的，以实际损失为限按照保险金额赔偿，发生部分损失的，以保险金额为限按照实际损失赔偿，但是若受损财产的保险金额低于出险时的账面余额，则按比例计算赔偿额。

(邹海林)

qiye caichan baoxian tiaokuan
《企业财产保险条款》(Enterprise Property Insurance Clauses) 为规定企业财产保险活动制定的保险条款。1988年11月由中国人民保险公司发布。共6部分24条。主要内容为：

保险财产范围 包括属于被保险人所有或与他人共有而由被保险人负责的财产、由被保险人经营管理或替他人保管的财产以及与被保险人有利害关系的其他财产。但下列财产不在保险财产范围之内：(1)土地、矿藏、矿井、矿坑、森林、水产资源以及未经收割或收割后尚未入库的农作物；(2)货币、票证、有价证券、文件、账册、图表、技术资料以及无法鉴定价值的财产；(3)违章建筑、危险建筑和非法占用的财产；(4)在运输过程中的物资。

保险责任 因下列原因造成的保险财产损失，由保险公司承担责任：(1)火灾、爆炸；(2)雷击、暴风、龙卷风、暴雨、洪水、破坏性地震、塌陷、崖崩、突发性滑坡、雪灾、雹灾、冰凌、泥石流；(3)空中运行物体坠落；(4)被保险人自有的供电、供水、供气设备因自然灾害或事故遭受损害而引起停电、停水、停气以致直接造成保险财产的损失；(5)在发生自然灾害或事故时采取合理与必要措施造成的保险财产的损失。

但因下列原因造成的保险财产的损失，保险人不承担责任：(1)战争、军事行动或暴乱；(2)核辐射或污染；(3)被保险人的故意行为；(4)保险财产因自然灾害或事故引起的停工、停业的损失以及各种间接损失；(5)保险财产本身缺陷、保管不善导致的损坏，保险财产的变质、霉烂、受潮、虫咬、自然磨损以及损耗；(6)堆放在露天的保险财产由于暴风、暴雨造成的损失。

保险金额与赔款支付 投保的固定资产可以按账面原值计算保险金额，或经协商按账面原值加成数计算，也可按重置重建价值计算。投保的流动资产可按最近12个月的平均账面余额计算保险金额，也可按最近账面余额计算。被保险人在发生保险事故申请赔偿时应当提供财产损失清单、救护费用清单和必要的账册、单据以及相关证明。赔款金额确定后，保险公司应当在10日内支付赔款结案。由第三者造成损失的，若被保险人向保险公司索赔，保险公司应先于赔偿，并取得向第三者的代位追偿权。被保险人自通知保险人发生保险事故当天起3个月不提供相关资料与证明材料，或自保险公司通知起1年内不领取赔款的，视为自愿放弃权益。

被保险人的义务 被保险人自签订保险合同后15天内一次交清保险费。被保险人应维护投保财产的安全，当保险事故发生时应采取措施避免损失的扩大，投保财产发生性质、权属、地址、危险程度等方面的变更或变化时应及时履行通知义务。

(刘凯湘)

qiye chengbao hetong
企业承包合同(agreement on contracting on enterprise) 企业经营合同的一种，又称企业承包经营合同。承包人与发包人之间关于由承包人经营企业并取得相应报酬的合同。企业承包合同是经济体制改革初期的产物，是为了落实了承包经营责任制出现的法律形式，因而具有一定的时代特征。由于企业承包合同是由企业资产所有人或行使资产所有人权利的有关部门与企业经营者依据平等、自愿原则签订的，其目的是实现企业所有权与经营权的分离，所以，具有民事合同的特征。企业承包合同依据不同的标准可以分为不同的种类。(1)按承包指标范围不同，可分为单项承包和综合承包。单项承包即指对某一单项事务所为的承包，而综合承包则是就两项以上的不同事务所为的承包，它是企业承包的主要形式。(2)依上交利润形式的不同，可分为利润递增包干、上交利润基数包干超收分成、上交利润定额包干及减亏包干等。上交利润递增包干指企业上交商品的增值税后，逐年按一定递增率向国家上交利润；上交利润基数包干超收分成指先确定企业上交利润基数，超收部分按规定比例分成或分档分成；上交利润定额包干指核定上交利润定额，超额部分全部留给企业；减亏包干指对亏损企业实行定额补贴，超亏不补，减亏全留或减亏分成的承包方法。(3)依承包指标形式的不同，可分为实物指标承包和价值指标承包。实物指标承包指用实物的计量单位或自然物质单位来计算的承包，价值指标承包则指用货币单位来计算指标的承包。

(李成林)

qiye faren
企业法人(enterprise as legal person/business entity) 以营利为目的，独立从事商品生产和经营活动的法人。我国的企业法人主要有以下特征：

第一,企业法人是以营利为目的的法人。企业法人以营利为目的包含以下三种含义:(1)企业法人具有依法营业的特点。《中华人民共和国民法通则》第42条规定:企业法人应当在核准登记的范围内从事经营。企业法人应当通过营业来营利,营业是手段,营利是目的。只有通过合法的营业,才能达到营利的目的。(2)企业法人具有连续营业的特点,企业法人的经营活动具有连续性,而不是具有一时性。只有通过连续的营业,其营利目的才能得到实现。(3)企业法人将其所获利润分配给出资者为目的。一个非企业法人也可进行非营利性质的民事活动,比如一个慈善性质的基金会,在将基金用于其目的之前,可将钱存于银行获得利息,还可用于证券投资以期有较高的收益,这些民事活动的目的在于增加法人的财产,但这些财产却不能分配给其捐赠人,而是必须用于章程规定的慈善目的。

第二,企业法人必须具有归其所有或经营的独立财产。企业法人的财产是与其出资者的财产彼此分离的。企业法人的独立财产是其独立进行生产经营和独立承担民事责任的基础。

第三,企业法人是依核准登记程序成立的法人。企业法人是生产经营活动的主要参与者,为了规范经济秩序,企业法人的成立必须经过核准登记。在实务中,有些企业法人应予特别说明。依《中华人民共和国铁路法》第72条规定,铁路运输企业法人为各铁路局和铁路分局。火车站不具有法人资格。依《中华人民共和国邮政法》第12条规定,邮政企业法人为省会城市的邮电局、邮政局、电信局;市、县、大型矿山、部队等所在地设置的邮电局、电话局、长途电话局等。邮电所不具有法人资格。依《中华人民共和国中国人民银行法》第12条、《中华人民共和国商业银行法》第22条规定,中国人民银行总行和各商业银行总行具有法人资格。各银行分行、支行不具有法人资格。依《中华人民共和国保险法》第79条规定,保险分公司不具有法人资格。依《中华人民共和国航空法》及有关规定,各航空公司为独立法人,各机场也为独立法人。

(李仁玉 陈敦)

qiyegu

企业股(enterprise shares) 我国一些股份制企业中存在的一种特殊股份,是由公有制企业改建为股份制企业时,将其资产折合成属于该股份制企业自己的股份。企业股是由集体企业多年自我积累的资金折合成的股份;或是由国有企业自有资金即留成资金或企业资金折合成的股份。我国股份制企业试点工作从1984年开始,规范股份制企业试点工作的规章是相隔8年后1992年5月颁行的。股份制企业试点工作中出现了一些不规范的股份制企业,企业股是不规范的表现之一。

首先,企业股与公司取得自有股份的区分。企业股是原国有企业转变为公司时,将原企业的留用资金转变为与国家股并存的企业自有股份;公司法中所称自有股,是指在公司成立后,再从股东手中收购本公司的股票,使公司取得自有股份。企业股产生于公司设立或成立之时,公司的自有股取得于公司成立之后。公司法中允许公司取得自有股份的规定,不能成为允许设置企业股的佐证。

其次,企业股与法人股的区别。法人股是各类法人向公司投资所形成的股份,对公司这部分股份是法人股,向公司投资的法人是公司的股东。世界各国对法人股均予承认。对于企业股存在的分歧主要有:第一,可以设立企业股,理由为:(1)企业股是中国股份中最富有意义的因素,企业股的设立也是中国股份制与西方公司制的实质差异所在。(2)对两权分离后的国有企业实行股份制,在股份制企业中通过企业股的特殊功能,理顺国有资金和自有资金的财产关系,使自有资金所有权与自有资金的运行机制相适应。第二,企业股作为过渡形式可设立。理由是:规范化的股份制不应设企业股,鉴于目前我国情况,可以把企业股作为现有国有企业向股份制过渡的一种形式,以照顾现有企业管理人员和职工对其创造的自有资金的感情,减缓推行股份制的阻力,也是这种企业在一定时期内通过对企业股利益的支配发展企业的生产和扩大企业职工的福利。第三,多数意见认为不应设立企业股,理由为:企业本身不是最终的所有权主体,它的所有财产最终都属于出资的股东,整个企业属于法人财产,该企业不可能再持有企业股。企业股立论的基础是:企业留用资金的所有权应当归属企业,在企业转变为公司时,企业留用资金随之转换为与国家股并存的企业股。这种主张实际上人为地模糊了国有企业的产权性质,并与公司法理论和所有权制度相悖,企业或公司的任何财产,其终极的所有权都应当归属于企业的所有人或公司的股东,包括基于对国有资产运营所获得的增值。企业对留用资产享有一定的处分权,这种处分权有别于股权,企业不能据此在本企业中以股东自居,更不能在本企业中行使任何股东权利,除非它以留用资金对他公司投资而形成法人股,使该企业成为他公司的法人股东。

(梁聪)

qiye jituan

企业集团(corporate group) 以一个或若干个大型企业为核心,按控股、参股和契约关系,由一大批企业联合组成的稳定的经济组织。"企业集团"一词一般认为源于日本。日本认为企业集团是"各成员企业以技术及其他经济机能上的相互补充为目的,以成员的自主权为前提,在平等互利原则下结成的持续长久的经营结合体形态和经营协作体制"。日本的企业集团可以分为横向企业集团(即财阀)和纵向企业集团两种。横向企业集团主要指日本的"六大企业集团",即二次世界大战前称为财阀的三菱、三井、住友、富士、第一劝业及三和集团。其特点是都拥有银行、若干大企业横向联合。纵向企业集团主要指大企业支配中小企业所形成的系列企业。纵向企业集团一般为横向企业集团的成员之一。在其他国家,企业集团的概念表述各不相同。在德国,企业集团的主要形式为康采恩。企业集团的内部企业被称为"联营企业",从联营企业之间的关系看,存在两种类型的康采恩:一种为隶属型。这种企业集团内部,一部分是控股企业(又称"总公司"或者"母公司"),另一部分是依附企业(又称"子公司"、"孙公司"),它们显然都是法律上自主的企业,但在控股企业的统一领导之下。另一种为平行型康采恩,这种企业集团内部不存在依附关系,地位平等,但所有企业必须置于一个统一领导之下。在法国,企业集团一般称为公司集团。依法国1966年公司法规定,由几个公司组成,但又保持各个公司法律地位的为公司集团。在英国,企业集团被称为辛迪加。辛迪加成员不承担连带责任,每个成员仅以其认购额按比例承担责任,与公司不同,辛迪加不具有法人资格。在美国,企业集团被称为托拉斯。依行业和产品性质为标准,把企业集团划分为三种类型:其一为水平型;其二为垂直型;其三为混合型。在前苏联,企业集团被称为联合公司。在我国,企业集团是一种具有多层次组织结构的经济组织。它的核心层是自主经营、独立核算、自负盈亏、照章纳税、能够承担经济责任、具有法人资格的经济实体。作为企业集团成员的子公司或孙公司或关联企业均具有独立的法人资格。　　(李仁玉　卢志强)

qiye zhaiquan

企业债券(corporate bonds)　企业依照法定程序发行,约定在一定期限内还本付息的一种有价证券。企业债券与股票都属于有价证券,作为筹资手段和投资工具,具有安全性、流动性和偿还性的特点。但企业债券与股票有以下几点区别:(1) 发行主体不同。股票只能由股份有限公司发行,企业债券的发行主体不限于公司,还可以是其他形式的企业。(2) 证券权利不同。企业债券是债权凭证,表明发行人与持有人之间的债权债务关系,债券持有人在债券到期时有权对发行人行使还本付息请求权;股票是股权凭证,持有人可以对公司行使资产受益权、重大决策权和选举管理者权。(3) 期限不同。企业债券一般在发行时规定偿还期限,期满时发行人必须还本付息;而股票没有偿还期限,投资者购买股票后不能退股,只能通过转让收回资金。(4) 风险不同。无论企业经营好坏,企业债券持有人可以定期获得利息,而且在企业清算时优先于股东受偿,因此风险相对较小;股东获利多少取决于公司的经营状况,并且在公司清算中最后受偿,其风险相对较大。

根据不同的标准,可以对企业债券进行不同的划分。(1) 根据债券是否记名,可以将企业债券划分为记名企业债和无记名企业债。记名企业债是在债券上记载持有者姓名,以背书方式或法律规定的其他方式转让并需办理过户登记手续的企业债;无记名企业债是在债券上不记载持有者姓名,以交付方式转让且不必办理过户登记手续的企业债。(2) 根据有无担保,可以将企业债划分为有担保企业债和无担保企业债。有担保企业债是企业以其财产作为抵押物,为债券发行作担保的企业债。这种债券的持有人既是企业的债权人又是企业的抵押权人。无担保企业债,又称信用企业债,是仅凭发行人的信用,没有抵押品担保而发行的企业债。(3) 根据债权能否转换为股权,可以将企业债分为可转换企业债和非转换企业债。可转换企业债是持有人可以按事先规定的价格和条件选择将债券转换成股票的企业债。这种债只有股份有限公司才能发行。非转换企业债是持有人不可以将债券转换成股票的一般企业债。此外,根据偿还期限,可以将企业债券分为短期企业债、中期企业债和长期企业债;按计息方式,可以将企业债券划分为附息企业债、贴现企业债、单利企业债和累进利率企业债;按债券利率是否浮动,可以将企业债划分为固定利率企业债和浮动利率企业债;等等。

在理论上,企业债券应包含公司债券,但在西方国家,企业债券即公司债券。在我国,企业债券适用1993年8月2日国务院发布的《企业债券管理条例》,公司债券适用《中华人民共和国公司法》。目前,我国企业债券主要有六种:重点企业债券、地方企业债券、企业短期债券、企业内部债券、1992年发行的住宅建设债券与地方投资公司债券。

发行企业债券必须具备以下条件:(1) 企业规模达到国家规定的要求;(2) 企业财务会计制度符合国家规定;(3) 具有偿还能力;(4) 企业经济效益良好,发行企业债券前连续3年盈利;(5) 所筹资金用途符合国家产业政策。　　(夏　松)

qiye zhaiquan faxing

企业债券发行(bond issuance of corporation)　企业以借贷资金为目的,依法定程序向投资人发行债券的法律行为。国外的企业债券一般即指公司债券;而我国目前由于既有按所有制划分形成的企业体系,如全民所有制企业、集体所有制企业和私营企业,又正在形成按出资者责任和组织形式划分形成的企业体系,包括公司、合伙企业和独资企业。其中,公司债券的发行依据公司法,而全民所有制企业及其他具有法人资格的企业适用 1993 年 8 月 2 日国务院颁布的《企业债券管理条例》。

《企业债券管理条例》要求发行企业债券的企业必须符合下列条件:企业规模达到国家规定;企业财务会计制度符合国家规定;具有偿债能力;企业经济效益良好,发行企业债券前连续 3 年盈利;所筹资金用途符合国家产业政策。国家计划委员会会同中国人民银行、财政部、国务院证券管理机构拟定全国企业债券发行的年度规模和规模内的各项指标,报国务院批准后,下达各省、自治区、直辖市、计划单列城市人民政府和国务院有关部门执行。企业发行企业债券必须按照本条例的规定进行审批,未经批准的,不得擅自发行和变相发行企业债券。中央发行企业债券,由中国人民银行会同国家计划委员会审批,地方企业发行企业债券,由中国人民银行省、自治区、直辖市、计划单列市分行会同同级计划主管部门审批。企业发行企业债券的总面额不得大于该企业的自有资产净值,利率不得高于银行相同期限居民储蓄定期存款利率的 40%。企业发行企业债券,应当由证券经营机构承销,债券的转让应当在经批准的可以进行债券交易的场所进行。

依据《中华人民共和国公司法》和《中华人民共和国证券法》,股份有限公司、国有独资公司和两个以上的国有企业或其他两个以上的国有投资主体投资设立的有限责任公司,为筹集生产经营资金,可以发行公司债。公司债的发行须符合下列条件:股份有限公司的净资产额不低于人民币 3000 万元,有限责任公司的净资产额不低于人民币 6000 万元;累计债券总额不得超过公司净资产额的 40%;最近 3 年平均可分配利润足以支付公司债券 1 年的利息;筹集的资金投向符合国家产业政策;债券的利率不得超过国务院限定的利率水平;国务院规定的其他条件。发行公司债券筹集的资金,必须用于审批机关批准的用途,不得用于弥补亏损和非生产性支出。凡有下列情形的,不得再次发行公司债券:前一次发行的公司债尚未募足的;对已发行的公司债券或者其他债务有违约或者延迟支付本息的事实,且仍处于继续状态的。发行公司债券,必须报经国务院授权的部门审批,发行人必须向国务院授权的部门提交公司法规定的申请文件和国务院授权的部门规定的有关文件。发行公司债券的申请经批准后,应当公告公司债券募集办法。公司债券可以转让,转让公司债券应当在依法设立的证券交易所进行。公司债券的转让价格由转让人与受让人约定。　　　(夏　松)

qiye zulin hetong

企业租赁合同(contract for leasing an enterprise)
企业经营合同的一种。企业资产所有人或其授权的部门作为出租人将企业有期限地交给承租人经营,承租人自主行使企业经营权并交付租金的合同。是经济体制改革中的产物,为初期在所有制不变的情况下,依据两权分离的原则,使中小型企业实现自主经营、自担风险的一种法律形式。企业租赁合同除了具有合同的一般特征外,还有其自身的特征。例如,出租方是企业的资产所有人或其授权的主管部门,具有特定性;出租的标的物为企业的全部财产,企业租赁合同是转移企业全部财产使用权的协议,承租人取得的实际是企业的经营权。承租人应具有专业知识、企业的管理经验等。企业租赁合同在履行时,应注意保护国有财产不受损害,按合同规定收取租金。在发生不可抗力,承租人没有达到生产经营目标时,出租方可以要求承租方适当地赔偿损失,或者要求解除合同。在签订租赁合同时,一般要求承租人提供一定的财产担保。对于企业租赁合同中承租人提供的财产担保,在租赁期内,任何一方不得随意处分。企业租赁合同关于租金的计算,有固定租金法、基数递增租金法、租赁成本法、资产利润法等多种,当事人应在合同中明确。合同中约定的承租人的个人收入,原则上不超过本企业职工的平均工资的 5 倍,其他承租成员的工资应低于承租人的收入。企业租赁合同的当事人双方应具体协商租赁期间的债权债务处理办法。至于租赁期间新增资产的产权,由出租方投入的,归出租方;个人投入的,归个人所有。

(李成林)

qifu tuoqian

起浮脱浅(refloating)　共同海损措施的一种。船舶搁浅后为了维护船舶和货物的共同安全而采取得使船舶重新浮起,脱离搁浅危险的措施。由于起浮脱浅而造成的船舶和货物的损失,列为共同海损。船舶搁浅以后,采取的脱浅措施主要有:(1) 反复用车或超负荷用车,强行起浮。采取这项措施往往是等候涨潮时,开足马力,倒车后退。在此情况下,机器运转往往超过正常负荷运转并有可能造成损坏,起锚机、锚索等船具以及螺旋桨叶、轴系及舵等有时也会因过度使用机器而遭受不同程度的损坏。这些损失都应列为共同海损。因脱浅造成的船底破裂、海水渗入船舱造成的船舶其他部分和货物的损失,也都列为共同海损。但是,意外搁浅时造成的船底破裂及因此造成的船舶其他部分和货物的损失,属于单独海损。(2) 抛弃或卸载部分货物或船用燃料、物料以减轻船体负荷或将船舶搁浅部位的载货、燃料或物料倒移为止,或卸载至驳船上,以便于起浮。反复用车和抛弃、卸载、倒移货物或燃料、物料的措施经常结合使用。抛弃的财产或在卸载、搬移过程中造成船舶和货物的损失以及因此而支出的费用,列为共同海损。(3)雇佣拖轮,将搁浅船舶拖曳脱浅。在这一过程中,只要是为船货共同安全而采取合理措施所造成的船舶、货物等财产的损失,以及支出的费用,均列为共同海损。

1994年《约克—安特卫普规则》规则7和规则8明确了两种起浮脱浅的损失:(1)机器与锅炉的损坏。在船舶搁浅并有危险的情况下,经证明是为了共同安全,甘冒机器、锅炉受损的风险而使用机器及锅炉,以设法起浮船舶,由此造成机器和锅炉的损坏,应认作共同海损。(2)减载搁浅船舶所产生的损坏。卸下货物、船舶燃料和物料如果构成共同海损行为,所产生的减载、租用驳船和重装的额外费用,以及由此造成共同航程中财产的灭失或者损坏,认作共同海损。上述两种起浮脱浅损失可以直接计入共同海损,而不必证明损失的特殊性。但是,如果某项损失不属于上述两项损失,该损失只有属于脱浅措施的直接损失,才可以列为共同海损。 (张永坚 张 宁)

qichuan

弃船(abandonment of vessel) 指船舶在海上遭受严重风险,船员或者旅客为安全原因而被迫离开船舶的行为。弃船应当具备下列条件:(1)船舶在海上遭受海难不能自行脱险,也没有外来救助的船舶,处于严重危急的情况;(2)该遇难船舶已经无法挽救;(3)船长宣布弃船不存在恶意;(4)船长对全体船员宣布弃船命令。弃船的法律意义在于,当船舶处于危险状态时,如果为船员安全暂时离开船舶,船舶如果获救,仍然属于船舶所有人所有,但宣布弃船时,相当于放弃船舶所有权利。但弃船后,船舶所有人有可能根据弃船地的法律,承担强制清除残骸的义务。 (王 青)

qiche disanzhe zeren baoxian

汽车第三者责任保险(mobile vehicle third party liability insurance) 又称汽车责任保险、机动车第三者责任保险。保险人以汽车所有人或使用人对汽车事故受害人应当承担的损害赔偿责任为标的,而订立的责任保险。依照汽车责任保险,被保险人为被保险汽车的所有人或者使用人(包括保险单列明的被保险人及经其同意而使用被保险汽车的人),被保险人对汽车事故受害人的赔偿责任,为汽车责任保险的标的,但其不以汽车事故所造成的受害人的人身损失为限,还包括汽车事故造成受害人的财产损失。保险人以汽车责任保险合同约定的保险金额为限承担保险责任。

强制汽车责任保险 在世界范围内,汽车责任保险原则上为强制保险。推行汽车责任强制保险,相当程度上具有保护汽车事故受害人的利益的功能,保险人不得以汽车责任保险单约定的对抗被保险人的抗辩事由,对抗汽车事故受害人的索赔请求。关于汽车责任强制保险,有的国家实行相对强制保险,有的国家实行绝对强制保险。相对强制保险,是指汽车所有人可以自愿选择投保汽车责任保险,但是,若汽车所有人因使用或者允许他人使用汽车发生交通事故致人损害或者严重违反交通规则,经法院判决确定汽车所有人应当投保责任保险或者提供财务责任保证金的,汽车所有人有义务投保汽车责任保险或者提供保证金,否则,汽车所有人业已领取的汽车行驶牌照即予以吊销。美国除马萨诸塞州、纽约州、北卡罗来纳州以外的其他各州和加拿大的主要省份,实行相对强制保险。绝对强制保险,是指汽车所有人在领取汽车行驶牌照前,必须投保法定最低限额的责任保险,在任何情况下均无例外。英国、新西兰、德国、法国、美国的马萨诸塞州、纽约州、北卡罗来纳州等国家和地区的保险立法,实行绝对强制保险。我国目前规定汽车所有人或者使用人在领取汽车牌照前必须投保汽车责任保险。此制度似乎可以归入绝对强制保险的类型。

投保人和被保险人的义务 汽车责任保险的投保人或被保险人应当承担的义务,主要有:(1)依约交纳保险费的义务。投保人应当依照汽车第三者责任保险合同的约定交纳保险费。投保人在签订保险合同时,应当一次交清保险费;保险合同对于交纳保险费有特别约定的,投保人可以按照保险合同的约定分期交纳保险费。(2)安全防损义务。被保险人及其驾驶人员应当严格遵守交通规则,确保安全行驶,并加强被保险汽车的养护,按期检查和维修,使其经常出于适宜驾驶的状态。被保险人不得利用被保险汽车从事违法活动。被保险汽车若发生保险责任范围内的事故,被保险人应当采取施救保护措施,防止损失进一步扩大。(3)变更通知义务。被保险人出售、转让或者赠与被保险汽车或者变更被保险汽车的用途,应当通知保险人办理批改手续。(4)事故报告和通知义务。在发生保险事故后,被保险人在采取必要的施救措施时,应当立即向交通管理部门报告并及时通知保险人。

保险责任范围 依照我国的保险实务,被保险汽车发生交通事故,被保险人应当向受害人赔偿损失的,保险人应当向被保险人支付保险赔偿金。实际上,保险责任的范围以被保险人或其允许的驾驶人员,在使用被保险汽车过程中发生意外事故,致使第三者遭受人身伤亡或者财产的直接毁损,保险人以被保险人依法应当支付的赔偿金额为限,按照保险合同的约定给付保险赔偿金。在投保第三者责任险的基础上,若保险人加保车上责任险、无过失责任险以及车载货物掉落责任险的,则保险人对于被保险车辆的车载货物的毁损及车上人员的伤亡、被保险车辆无过失造成他人损害而承担的责任或费用,以及车载货物掉落造成他人损害而应当承担的赔偿责任,也应当按照保险合同的约定给付保险赔偿金。

除外责任 保险人对被保险人因下列原因引起的责任或损失,不承担保险责任:(1)被保险人所有或代管的财产损失;(2)私有、个人承保车辆的被保险人及其家庭成员的人身伤亡以及他们所有或代管的财产损失;(3)本车上的一切人员和财产的损害;(4)车辆所载货物掉落、泄漏造成的人身伤亡或财产损失;(5)战争、军事冲突、暴乱、扣押、罚没;(6)竞赛、测试、进厂修理;(7)饮酒、吸毒、药物麻醉、无有效驾驶证;(8)保险车辆拖带未保险车辆及其他拖带物,或者未保险车辆拖带保险车辆造成的损失;(9)保险车辆发生意外事故引起第三者停电、停水、停气、停产、中断通讯、停业或者停驶等发生的各种间接损失。　　(邹海林)

qiju

契据(deed) 英美法中的一种书面凭据。记录在纸上或类似文书上用来表达某人就其所有的土地、房屋及其他不动产进行赠与、转让或抵押的书面凭据。由于衡平法要求涉及上述标的的纠纷必须以书面证据作证,因此任何一个此类交易都必须具备契据形式。契据一般分为双联契据和平边契据。双联契据也称为缺边契据,是多方签订的契据,它的上边或旁边剪成锯齿形,如果把两张契据的锯齿缺口合起来,便变成完整的一张,这是古老的制作契据的方法。因此,双联契据是两个或两个以上的人缔结的证明其权利义务存在的协议。而平边契据则是由一方制作的表达一方意志并仅约束制作者的契据。由于是一方制作,所以无须剪缺口以契合,用平边即可。在没有相对人情况下只对制作者产生效力,类似于标准合同。平边契据是现代广泛适用的契据形式。契据中要求签字,但不需要证人作证,只需加以盖印并交付给相对方。具有身份性质的契据一般需要证明人证明。在此种场合,契据只需签名即可,无须加以盖印。在苏格兰法中,契据的形式要求较宽松,涉及的范围也很广泛,都不强求盖印,但在公司作为一方当事人前提下,则要求契据的签字须有两个证人当面作证。在苏格兰,契据可以是指按法定仪式发生效力的任何一个正式的书面文据。在英美法系国家的当代生活中,根据交易的性质,契据通常以财产转让契据、信托文据、财产赠与契据或抵押契据等形式出现。　　(万　霞)

qiju dengjibu

契据登记簿(registry of deed) 英国法的概念。保存簿籍和记录的书面文本。尤指许可证和契据的登记簿和记录本。一般存放于寺院和修道院中。契据登记簿记载和保存了许多涉及土地所有权、使用权条件、状况以及法律效力等重要的文字证明。它们是13世纪及其以后的许多法律资料的重要来源。据说其中许多内容是由当时的档案团体记载印发的。　　(万　霞)

qiju geshi yu lingzhuangchengshi shuji

契据格式与令状程式书籍(books of forms of deeds and writs) 有关英美等国契据和令状等司法文书的格式的书籍。此种书籍所收集的格式内容往往或者由富有经验的律师编写,或者由法律予以明确规定,或者被司法机构、学术团体解释为具有特殊法律效力的一些固定文书格式。有关契据与令状的各种格式和程式是法庭上确定证据有效性的重要依据,也是开业律师必须首先了解的内容。契据格式与令状程式书籍包括了各种法庭使用的文件格式、财产转让文件格式、遗嘱形式、公司契据格式等等。在某些介绍实体法的书籍中,也有一些涉及到文据格式的内容。从历史角度,此类书籍可追溯到中世纪的文据格式、令状登记簿、契据登记簿以及罗马法上的各种程式。在现代,各国有关此类的书籍相当繁多。例如,在英格兰,主要有:贝斯伍德和贾曼编写的《财产转让证书程式选》、普里多的《财产转让证书的格式与程式选》、基和尔劳斯通的《财产转让证书程式概览》,还有一些由团体出版或学者合著的大型文据格式书籍。在苏格兰,有《司法文件样式》及其以后的各种版本和《苏格兰文据样式丛书》。在美国,有《现代法律文据格式》和《注释英国法律文据格式》等。　　(万　霞)

qiju yinzhang

契据印章(seal) 英美法上的概念。指用于契据上盖印的印章。早期的印章为可有契据制作人姓名的图章或戒指,该印章印在腊封的契据文书上。现在,印章可以是书写或印刷的印文、文字、草签或其他记号的方式作成。一般地认为,欲成立盖印契据,除了需要盖印外,还需要制作人有盖印的主观意图。在美国,契据印章的严格性日趋下降,承认盖印契据的效力的各州甚至承认凡于印有"盖印(seal)"或者其他相同效力字样文件签名者,即推定其有签订盖印契据的意思。

(郭明瑞　张平华)

qiyue

契约(contract;德 Vertrag) 当事人之间设立、变更、终止民事权利义务关系的合意。关于合同与契约的关系,有不同的观点。有的认为,契约是指当事人具有对立性的意思表示的一致,而合同则是当事人具有并行的意思表示的一致。有的认为,合同是指当事人所订立的书面契约。有的学者考证,我国古代合同只是验证契约的一种标记,并不是指当事人之间的协议。中华人民共和国成立后,最初在有关法律文件中将契约与合同并用,后逐渐以合同取代了契约,合同与契约成为同义语。参见合同条。

(郭明瑞)

qiyue de biaodi buneng
契约的标的不能(impossibility of object of contract) 即合同的标的不能。以客观上不可能实现的事项作为契约标的的情况。其法律后果是标的不可能实现,合同行为不发生法律效力。按照罗马法原则,当事人订立合同时,如其标的为不可能,合同应归于无效。

对于标的不能的情形,民法理论分为以下几种:(1)事实不能与法律不能。前者又称"自然不能"或"物理不能",如约定购买根本不存在的自然物质,基于客观情事而不能。后者是由于法律上有禁止性规定而不能,如在我国禁止私人间买卖黄金等,基于法律规定而不能,其本质在于所订的合同违反了法律规定。(2)自始不能与嗣后不能。前者又称"原始不能",指合同成立时其标的已不可能实现,标的不能自始存在。后者为"后发不能",合同成立时标的尚可能实现,但在合同成立后由于各种原因而不能,嗣后发生标的不能。在前种场合,如订立买卖合同时,标的物已经灭失,则债权债务关系自始无效;但后种场合,如标的物在债权成立后才灭失,则发生债务人不履行债务的责任问题,应依可否归责于债务人的事由来确定责任,如各国法律都规定因不可抗力导致标的不能,则债务人可以免责。(3)全部不能与一部不能。前者指合同的标的全部不可能实现,后者仅是标的的一部分不能实现。一部不能中,仅导致不能实现的部分债权债务关系无效。(4)客观不能与主观不能。前者指标的非因当事人本身的原因而不能。后者则是由于当事人本身的原因而不能。(5)永久不能与一时不能。前者指标的不能的情况无清除的可能。后者指开始时标的虽属不能,但嗣后不能可清除。如约定给付未来之物。对此,立法上有截然相反的两种观念,《法国民法典》第1130条规定:未来的物件得为债的标的物,而《德国民法典》第310条则规定:当事人一方以契约让与其将来的财产或其将来的财产的一部分,或对其设定用益权为义务者,其契约无效。《中华人民共和国合同法》与德国主张一致,要求标的必须确定、合法、可能。可见,在现代各国,以交付将来存在的物为标的的契约并非当然无效,应依各国法律具体规定而定。无论对契约的标的不能作何种分类,通说以为,金钱之债与种类之债一般不发生标的不能的问题,除非社会上此种类物全部灭失或者法律有禁止性规定。

对于标的不能的后果,应区别不同的情况:

在可归责于债务人的事由而使标的不能的情况下,其法律后果是:(1)债权人可要求解除合同;(2)债务人可免除债务但应承担违约责任和损害赔偿责任;(3)在特定情况下,发生债权人代位权。

在不可归责于债务人事由而使标的不能的情况下,其法律后果是:(1)债务人可免除债务。(2)债务人不承担不履行债务的责任。(3)债务人应及时向债权人通报并提出相关的不可归责的证明。如果对于标的不能,债权人债务人都有过错的,则应依过错程度分别承担相应的责任。

(万 霞)

qiyue de xiaoli
契约的效力(effects of contract) 即合同的效力。广义指已成立的契约在法律上所发生的效果或拘束力。狭义即一般意义上指当事人依法签订的契约具有的法律效力。契约是当事人之间设立、变更、终止民事权利义务的协议。法律赋予契约以效力,目的在于使契约所规定的义务得以完全履行,债权得以完全实现,维持正常的社会经济生活秩序。

契约的效力的立法发展 自古以来的中外债法,都有关于合同的效力的规定,近现代民法中,一些法典还设专门的章节规定合同的效力。如《法国民法典》第1134条规定:依法成立的契约,对缔结该契约的人,有相当于法律之效力。《意大利民法典》第1372条规定:契约在当事人之间具有法律强制力。该效力只有因相互同意或者法律认可的原因而解除。《中华人民共和国民法通则》第85条规定:依法成立的合同,受法律保护;《中华人民共和国合同法》第44条确认:依法成立的合同,自成立时生效。依照我国立法的规定,合同的效力根据在于法律以其强制力迫使合同当事人必须按照其相互之间的约定完成一定的行为。因此,当事人所订立的合同能否发生法律效力,完全取决于法律对于该合同的评价。只有当事人的合意符合国家法律的规定,法律才赋予其法律效力,如果合同违反了国家法律,合同将会被宣告无效,自然不会产生法律拘束力。而在古代合同法及外国合同制度的规定中,契约的效力根据则被归纳到各个方面,古代债的效力根据,在英国著名法学家梅因看来是庄严的仪式,要物契约的效力是出于道德上的考虑,诺成契约来自于双方的合意。欧洲中世纪的教会法,以"灵魂得救"作为债的效力的根据。当今,德国学者以责任担保理论来解释债的效力,而法国学者认为民法规定协议是有强制性主要基于道德上的合法动机——原因,英国学者指出协议有强制执行力的前提是因为对价的存在。无论如何,债的效力的立法规定及其效力根据随着人类文明的变迁已发生了很大的变化。契约效力的法律规定的变化至少表现在以下四个方面：(1) 契约的效力由及于债务人的人身发展到只及于债务人的全部财产。此种变化是民事主体人格平等及尊重人格的法律思想确立的结果。(2) 契约效力的范围逐渐扩张。表现在传统的合同的法律效力具有相对性特点，只对合同当事人具有法律效力，但近现代各国立法及判例，对此已有突破：各国基于实际需要逐渐承认为第三人利益的合同；债的保全制度趋于完善；租赁物权化；不法侵害债权理论确立；契约的债务人依诚信原则发生对第三人的义务等。(3) 契约的效力的内容不断扩张。如附随义务理论的确立。(4) 法官取得对债的效力予以修正的权力。如情势变更原则、合同落空原则对契约的适用，改变了传统的契约必须遵守原则的限制。法官有权依诚信及公平信念，对契约的效力加以修正。

契约的效力的分类 契约的效力是多方面的，常作以下的分类：(1) 一般效力与特殊效力。前者又称普通效力，是不论何种原因、何种标的之契约所具有的共同效力。如契约当事人必须履行债务、履行迟延与受领迟延的发生及其后果、债权人的各种权利及债务人不履行义务所应承担的民事责任等。后者是指特殊契约的特殊效力，如单务契约的效力、涉他契约的效力，指名契约的效力等。(2) 对债权人的效力和对债务人的效力、对第三人的效力。这是依契约的效力范围而作的分类。对债权人的效力表现在法律赋予债权人多种权利，包括：给付请求权、给付受领权、债权保护请求权，另外还有债权的处分权，以及与上述权利相关的代位权、撤销权等等。对债务人的效力表现在法律强制债务人须履行义务及承担义务不履行的法律后果。所履行的义务应包括给付义务、附随义务，并按照债务履行的原则严格、适当履行。在履行不能、拒绝履行、加害履行等情况下要承担相应的民事责任。对第三人的效力表现在法律赋予任何第三人负担不侵害债权的一般性义务。第三人不得以损害他人债权为目的而妨碍债务人履行债务，否则要追究其责任。债的效力及于第三人还在许多特殊情况下发生，如享受合同上利益的第三人、租赁关系中的第三人、债的移转中的第三人、债的保全中的第三人、受合同法特别保护的第三人以及从债的保证人等，由于债的情况千差万别，在决定债的效力及于第三人时，应依据具体的契约关系加以判断。(3) 积极效力和消极效力。前者指契约当事人可因此而获得利益的效力，其针对债权人而言，又称债权效力；后者是契约当事人必须为或不为特定行为以履行义务的不利益效力，针对债务人而言是债务效力。(4) 主要效力与从属效力。这是从效力是否基于契约的主要内容而发生的角度所作的分类。主要效力针对债务人的主要给付义务而言，从属效力包括附随义务如注意义务、告知义务及债务违反、受领迟延等

的后果。(5) 对内效力与对外效力。这是从契约是否涉及第三人的角度所作的分类。对债权人、债务人间的效力为对内效力，涉及第三人的效力为对外效力。

契约的效力发生时间 对于大多数合同而言，合同成立的同时生效(即发生法律效力)，但根据当事人的协议或者依契约的性质、法律的规定，成立与生效时间也可能不同。合同成立是合同生效的前提条件，合同不成立就谈不上合同生效的问题，合同成立后，在符合生效条件时合同才能生效。合同成立与合同生效的不同点表现在：(1) 合同成立是解决合同是否存在的问题，它基于当事人的意志。合同生效是解决合同效力的问题，它基于国家的法律规定对合同所作的评价与判断。(2) 合同成立的效力与合同生效的效力不同。合同成立后，当事人不得随意撤回要约与承诺，合同生效后，当事人必须按照合同的约定履行义务。两者关注合同效力的角度不一样。(3) 合同不成立的后果仅仅表现在当事人之间产生缔约过失责任的问题，是一种民事赔偿责任，合同无效的还可能会产生行政、刑事上的责任。(4) 由于涉及当事人合意，对于合同成立与否，取决于当事人的主张，国家不会主动干预；但合同无效是否构成，即使当事人不主张，国家也会主动干预，合同违法即无效。

契约的效力的一般内容 从各国的立法规定来看，契约的效力表现在：(1) 依法成立的合同，对当事人具有法律拘束力，在当事人间产生合同之债。(2) 合同成立并生效后，任何一方当事人都必须严格履行自己的全部义务，不得擅自变更和解除。如确需变更或解除合同，需经当事人协商一致实行变更或解除。一方擅自变更或解除合同的行为无效，并应承担相应的违约责任。(3) 除法律明确规定或合同约定可以免责以外，任何一方没有履行或没有全部履行自己的义务，都要承担相应的民事责任。当一方不按约定或法律规定履行自己的义务时，受害一方有权向有关国家机构请求国家强制力的保护，依法调解、仲裁或判决并予以强制执行。(4) 合同是确定当事人间权利、义务和责任的依据。

(万 霞)

qiyueshuo

契约说(contract theory) 公司设立行为的法律性质所持的学术观点。契约说认为，公司设立的过程是相互交换的过程，在此过程中通过意思表示一致而成立，在当事人中产生债权与债务关系。 (刘弓强 蔡云红)

qiyue xintuo

契约信托(trust caused by contract) 参见合同信托条。

qianfa kongtou zhipiao de falü zeren
签发空头支票的法律责任(liability for drawing of bad cheques)
对签发空头支票的补救措施和处罚。各国对签发空头支票的处罚大致有如下四种立法模式:(1) 民事制裁主义。持此种模式的代表国为瑞士。这种立法主义理论基础在于:首先,支票虽仅是一种支付工具,但同时也拥有信用职能,现代经济生活的发展已使支票的信用职能通过不同的方式体现出来,远期支票的出现和存在就是一个很好的佐证。既然有作为证券的一面,就有必要对签发空头支票的行为在一定范围内予以容忍。持票人也完全再通过行使追索权而请求出票人承担偿还义务,若造成其他损失的,还可以请求出票人给予损害赔偿。从而据此认为依民事制裁足以保护持票人的权利和利益。其次,支票是商业流通领域中的一种流通工具,无资金关系而签发空头支票纯属一种个人经济行为,是私法上的私行为,与国家利益和社会公益无关,行政制裁与刑事制裁没有必要。所以,《瑞士债务法》仅规定了对出票人处以除所致损害外,再加处其指示支付而未获支付金额的 5% 的赔偿额。(2) 行政制裁主义。采取这种立法模式的代表国家为日本。其理论基础在于:首先,无资金关系而签发支票是一种单纯违反票据规则的行为,虽违反了票据法,却尚未违反社会利益和国家,因此,对它进行行政处罚足以起到应有的惩戒作用,而无须科以刑罚。其次,实践中签发空头支票的情形多种多样,其中有故意违反禁止性规定而为者,但很多情况下都是出票人不知开户行已无资金或其资金不足而签发的。对于后种过失行为若也规定科以刑罚的话,显然有过严厉。因此,在票据法中仅规定行政处罚已足,而对于故意违反票据法规定的经济诈欺行为,可通过适用刑法中的有关诈骗的规定来达成对其制裁的目的。《日本支票法》中规定对签发空头支票的人处以 5000 日元以下的罚款。(3) 刑事制裁主义立法。采取这种立法模式的代表国家为法国,其理论基础在于:首先,支票是支付证券,代替现金支付的,为使持票人能及时付款,维护支票的信誉,应强调资金关系的存在,对违反资金关系的行为应严加处罚。其次,签发空头支票的行为具有扰乱金融秩序的性质,对其应科以刑罚。而明知无资金,滥签支票的行为更具有欺诈性质,对其应加重处罚。所以,法国 1935 年的《支票统一法令》规定对事前无资金而签发支票者处以支票金额 6% 的罚金,但不得低于 100 法郎,资金不足而签发支票者处以不足额部分的 6% 的罚金。(4) 票据法中无规定主义。采取这种立法模式的代表国为英国和美国。但这种立法方式并不意味着对签发空头支票的行为不予处罚,而是在其他法律中规定有关处罚,主要是在刑法中规定对其处以刑罚。我国台湾地区的《票据法》原采刑事制裁主义的立法模式,后又改采票据法无规定的立法模式。上海市人民政府 1988 年 6 月 8 日发布、1989 年 7 月 24 日修正的《上海市票据暂行规定》对签发空头支票的行为规定了不低于 50 元的支票金额 1% 的罚款。对屡次签发者并处停止其使用支票的行政处罚。1997 年 9 月 19 日中国人民银行发布的《支付结算办法》规定对签发空头支票的处以票面金额 5% 但不低于 1000 元的罚款。《中华人民共和国票据法》仅把签发空头支票的行为票据欺诈行为的一种规定了追究刑事责任,对民事责任、行政责任却没有规定。这反映了票据立法与票据流通起步时期,《中华人民共和国票据法》对票据资金关系的极力维护,意在提高支票的信用,从而使其在社会经济生活中发挥效用。

签发空头支票的行为方式各异,原因各不相同,所以,对这种行为不能笼而统之予以规定制裁方式,应视情节分别加以处罚。在立法体例安排上,可仅在票据法中规定票据法上的制裁措施,要求发票人承担票据责任。而承担民事责任时应适用民法的规定;承担行政责任时应适用行政法的规定;情节严重构成犯罪的,应适用刑法有关规定。当然,几种责任方式不冲突,可以并行适用。这样,既可以达到惩戒的目的,又不失适度与妥当,同时兼顾立法技术上各法的协调与衔接。

(王小能)

qianjiejin
前借金(日文 前借金)
日本法上的术语。劳动合同订立时或订立后,劳动者从雇佣人处借来的、约定将来以工资偿还的金钱。约定前借金事项的合同称为前借金合同。在定期的劳动合同中规定了违约金、损害赔偿额的同时,前借金制度具有不当拘束和剥削劳动者的危害性。日本的劳动法规定,前借金和雇佣者的其他以劳动为条件而设定的债权,不得与劳动者的工资相抵销,从而把金钱借贷关系和劳动关系完全分离开来,以保护劳动者的利益。狭义的前借金专指艺妓契约和其他从事服务性行业(舞厅、酒吧等)的契约订立时从雇主处借来的将来以其报酬偿还的金钱。特别是艺妓契约和以前的娼妓契约几乎都伴有前借金契约。

(郭明瑞)

qianshou
前手(prior holder)
指在持票人取得票据前,在票据上的所有背书人以及发票人。前手对其所有后手承担担保承兑和担保付款的责任。在票据不获承兑或付款时,前手应受后手的追索,负连带还款责任。(李 军)

qianke
捐客(broker)
旧时经纪人的贬称。在旧中国时期将

经纪人称为"掮客",意为不劳而获、投机取巧、居间剥削的钻营之人。中华人民共和国成立后,在计划经济时期,经纪人一直被禁止和取缔。自改革开放后,经纪活动才重新出现。在发展社会主义市场经济条件下,经纪人是市场经济的必要组成部分,它对活跃生产、流通、消费等领域都起着重要作用。20世纪末,经纪人的活动领域已从一般商品扩展到生产资料、文化商品、金融期货、科技成果转化、房地产等领域。经纪人的范围也有所扩大,包括证券经纪人、科技经纪人、房地产经纪人、国际商务经纪人等。 (李成林)

qiangbao zhanyou
强暴占有(violent possession) 与和平占有相对称,是根据无权占有人取得占有的手段的不同而对无权占有进行的再分类。强暴占有是指对物以法律禁止的暴力手段而进行的占有,如以抢夺他人财物的方式而取得的占有。 (申卫星)

qiangjia paimai
强价拍卖(raise price auction) 又叫增价拍卖或者英国式拍卖。拍卖过程中拍卖标的价格逐渐升高的拍卖方式。最基本、最常见的拍卖方式。它可分为有声拍卖与无声拍卖。前者由拍卖人首先叫出拍卖标的的最低价格,然后由竞买人根据预定的加价幅度竞相加价,直到应价最高时,由拍卖人拍定成交。因拍卖标的价格被竞买逐步提高,故此种方式又叫买方增价拍卖。后者由拍卖人逐渐开出增高的价格,竞买人不叫价,而是用各种约定好的手势或举起特定的物品公开表示愿意购买,最后拍卖人把该拍卖的标的卖给最后作手势亦即应价最高的竞买人。因拍卖标的价格是由拍卖人逐步抬高的,故此种方式又叫卖方增价拍卖。 (任自力)

qiangpo
强迫(coerce) 胁迫的一种。强迫是指行为人一方以现时的身体强制,使对方处于无法反抗的境地而作出有违自己真实意思的表示。 (李仁玉 陈敦)

qiangzhi baoxian
强制保险(compulsory insurance) 又称法定保险,由国家或政府以法律或命令的形式,强制一定范围的民事主体参加投保的保险。强制保险是国家或政府基于一定的国家社会和经济政策需要而举办的,是为保护社会公共利益和公共安全而强制实施的。强制保险的特点在于:对于投保人和保险人适用强制性原则,即投保人必须投保,保险人必须承保。同时,保险对象、保险标的、保险责任及保险金额等皆由法律确定,当事人不得约定。强制保险有两种形式:一是自动发生效力的强制保险,即只要符合法律规定的条件,不论投保人是否履行了投保手续或者交纳保险费,保险的效力在投保人和保险人之间依法当然发生,如铁路旅客意外伤害强制保险等;二是经投保发生效力的强制保险,即法律规定投保人必须投保而与保险人订立保险合同,保险的效力在投保人和保险人订立保险合同后发生,如汽车第三者责任强制保险等。 (房绍坤 史卫进)

qiangzhi dalao
强制打捞(compulsory removal of wreck) 指在沉船、沉物有可能或已经妨碍或者危及海上航行安全、海上捕捞作业、港口工程和其他水上工程的情况下,主管机关有权通知此类财产所有人在规定的期限内对船舶、沉物进行打捞,或者由主管机关直接组织对其打捞,所花费的费用和造成的损失由财产所有人承担的制度。强制打捞的目的是为了保证海上航行、海上捕捞和水上工程的安全。目前,各国几乎都以立法的形式规定了强制打捞制度。 (王 青)

qiangzhi dengji zhuyi
强制登记主义(theory of obligatory registration) 商业登记合法的一种学说。依此合法主张,一是要求从事营利性活动的当事人必须履行商业登记手续后才能开业,非经登记不得开业,否则将构成非法商行为,将会面临行政制裁;二是对登记机关当事人没有选择余地;三是对法定登记的内容,当事人不能任意改变;四是商业登记具有要式法律行为的性质,从登记的程序、审理、采取的形式,均不具有任意性。与强制登记主义相对应的是任意登记主义。依任意登记主义,商业可以在开业以后,再行登记,而且对于非连续性从事营利活动的当事人可以不必进行商业登记。在采取任意登记主义的立法中,原则上也须履行商业登记手续。法律虽不将商业登记作为商主体资格或能力取得的逻辑前提,但未经商业登记者从事的营利性商业活动不具有对抗善意第三人的效力。我国及大陆法系的一些国家均采强制登记主义。有的国家或地区曾采任意登记主义,后为维护商业道德、防止商人虚设行号、倒闭诈骗、加强行政管理起见,有的地区又改采强制主义。在近代商法向现代商法的演进中,这仍然是一个值得研究的课题。 (何兵 徐学鹿)

qiangzhi diyue
强制缔约(德 kontrahierungszwang) 指个人或企业负有应相对人的请求与其订立合同的义务,个人或企业有正当理由除外。强制缔约按照义务的来源不同可分为两种：一种为由法律明文规定的直接强制缔约，包括公用事业的缔约义务；医疗合同的缔结等。一种为法律无明文规定，但是经营者事实上居于独占地位而供应重要民生必需品者负有以合理条件与用户订立合同的义务，这就是间接强制缔约，属于对直接强制缔约的类推适用。强制缔约仍以相对方提出要约为定约程序的开始，同时强制缔约并不能取代订立合同所必需的承诺的意思表示。强制缔约义务是民法社会化的产物，主要应规定于经济法及相关的消费者权益保护法律上，我国当前有关经济管理法律上并无对强制缔约义务的统一规定，《中华人民共和国合同法》第289条规定从事公共运输的承运人不得拒绝旅客、托运人通常、合理的运输要求。该条是合同法上强制缔约义务的体现。

强制缔约义务具有下列法律效力：(1)强制缔约义务方对对方合理的要约，有进行承诺的义务。由于强制缔约的存在，缔约义务者对要约的沉默通常可视为默示承诺。(2)强制缔约义务方不得提出不合理的反要约，否则强制缔约义务会名存实亡，学者认为，缔约强制通常不仅涉及契约自由，也限制或排除契约内容的自由，否则负有缔约义务一方得以不可能被接受的条件使他方知难而退。如乘客提出以10元钱的价格搭乘出租车，出租车司机提出30元的反要约，这种情形也应该视为出租车司机对强制缔约义务的违反。可见违反强制缔约义务可能出现两种结果：一种结果是消费者按照经营者所提出的不合理价格进行消费，双方成立合同关系；另一种情形是消费者不同意经营者所提出的不合理要求，双方并未订立合同。(3)违反强制缔约义务的法律后果。对此应该区分合同成立与否分别对待，首先，在合同并未成立的情况下，关于能否强制义务人履行缔约义务问题，学者间有不同的看法，肯定说认为，缔约义务者拒绝缔约时，相对人得提起诉讼，并以强制执行法的规定强制执行。否定说认为承诺义务为公法上的义务，因此倘有违反情势，仅受公法上处罚，并非当然成立契约，但应负侵权责任。折衷说认为，对于公用事业(包括直接强制缔约义务与间接强制缔约义务)违反强制缔约义务，因其涉及对消费者基本生存权利保障，而消费者无进行替代消费的可能，对此仅用金钱赔偿往往无法挽回损失，应该允许强制实际履行，对于医疗合同缔约义务的违反，则在急症情形纵然得强制实际履行，也无济于事。关于违反强制缔约义务的损害赔偿的请求权基础问题。一种观点认为，给相对方造成损失的，缔约义务方应承担损害赔偿责任。由于此时合同并未成立，不能认为当事人已经构成违约，但可构成缔约过失责任。另一种观点认为，在法律有明文规定强制缔约的情形，义务人违反该义务，可以构成违反保护性义务的侵权；反之，在法律没有明文规定的情形，则属于故意违反善良风俗导致他人损害的侵权类型。第三种观点认为，违反强制缔约义务导致损害的场合可构成缔约过失责任与侵权责任的竞合。
（张平华）

qiangzhi jicheng

强制继承(compulsory inheritance) 自愿继承的对称，不管继承人是否愿意，都必须按照法律的规定或被继承人的指定进行继承，而不得拒绝的继承制度。古代社会以强制继承为原则，继承人不得拒绝继承。在古罗马，当然继承人(必然继承人)不得拒绝继承，即使被继承人留下的是纯粹的债务，继承人也不能拒绝继承。我国直至清末，实行的仍是强制继承制度，此即所谓父债子还，天经地义。但是，强制继承并不是对任何继承人都适用，强制继承只适用于被继承人的"真正继承人"，即被继承人的子孙。其他继承人因不属于被继承人的家庭成员，自古以来就有选择放弃继承的权利。近现代各国继承法奉行自愿继承原则，继承人可以自由选择接受继承或放弃继承。为了保护债权人的利益免受继承人欺诈行为的损害，目前，大多数大陆法系国家设有强制的无限责任继承制度，但这不是继承法的原则，而是对继承人欺诈行为的制裁措施。（马忆南）

qiangzhi jiesan

强制解散(compulsory winding up/mandatory dissolution) 公司出现某种情况，主管机关或法院命令解散。强制解散的原因：(1)破产。公司受破产宣告时，应解散，实行破产程序。破产程序终结，公司消灭。(2)命令解散。(3)裁定解散。公司经营遇到显著困难，如公司业务已不能开展，负债过多，若继续经营将导致无法弥补的亏损，或公司遭受重大损害，使其达到不能维持的程度，若继续经营，损害将日益扩大时，股东可向法院提出请求解散公司的申请，由法院作出裁定。(4)撤销登记。公司设立登记后，如发现其登记事项，包括设立登记事项和其他登记事项有违法或虚假情况时，经法院裁定后通知登记主管机关撤销登记。公司设立登记一旦撤销，公司解散。公司解散后，应清算，并到登记主管机关办理解散登记。（刘弓强 蔡云红）

qiangzhi jiuzhu

强制救助(compulsory salvage) 又称"行政救助"，是具体行政行为与民事法律行为交叉结合的一种特殊法律行为，指一国行政主管机关在行政目的、社会公益(如通航环境安全、海洋资源环境保护、不使损害继续扩大等)的要求下，在严格的行为操作前提条件下，对遇险船舶、货物或其他财产强行采取的应急抢险合理的救助决定和措施。行政机关可以以自有的船舶进行救助，也可以委托或者雇佣他船进行救助。强制救助的采取不以违法肇事者的自愿与否为转移，而"救助"其他构成要件则仍须成立。此时，执行行政强制救助决定的救助措施是一种准行政行为(不论谁充当救助执行人)，救助人的权利、义务、责任和经济偿付关系应当依法推定。因为该救助并不仅仅具有商业性质，因此，只要救助行为是善意的，即使无效果，被救助方也应当支付合理的救助报酬。　　　　　　(王　青)

qiangzhi maimai

强制买卖(compulsory sale)　"任意买卖"的对称。依照法律或行政法规强制进行的买卖。这种买卖适用于当事人违反法律或处于法律规定的某种情形之时，如国家征用中的强制收买、破产程序中的拍卖、对违法所得财产或违禁物品的强制收购等。　　(王卫劲)

qiangzhi shouchuan

强制售船(judicial sale)　强制售船即强制拍卖被扣押船舶，是扣押船舶的法院在诉前保全或者依照诉讼程序对船舶采取保全措施后，在一定条件下，根据扣船申请人的申请，依照法定程序对被扣押的船舶实行强制出售，并依法将拍卖所得价款偿付债权人债权的制度。根据《中华人民共和国海事诉讼特别程序法》，强制售船的条件是：船舶扣押期间届满，被请求人不提供担保，而且船舶不宜继续扣押的，海事请求人可以在提起诉讼或者申请仲裁后，向扣押船舶的海事法院申请拍卖船舶。强制售船的审查程序一般为海事法院收到拍卖船舶的申请后，应当进行审查，作出准予或者不准予拍卖船舶的裁定。当事人对裁定不服的，可以在收到裁定书之日起5日内申请复议一次。海事法院应当在收到复议申请之日起5日内作出复议决定。复议期间停止裁定的执行。海事请求人提交拍卖船舶申请后，又申请终止拍卖的，是否准许由海事法院裁定。海事法院裁定终止拍卖船舶的，为准备拍卖船舶所发生的费用由海事请求人承担。　　　　　(王　青)

qiangzhi shouchuan chengxu

强制售船程序(procedure of ship auction)　强制售船程序是指海事法院依法强制拍卖船舶的程序。依照《中华人民共和国海事诉讼特别程序法》，强制售船应当遵循以下的程序：(1)发出售船通知和船舶拍卖公告；(2)组成船舶拍卖委员会；(3)债权人债权登记；(4)具体拍卖程序。

具体拍卖程序为：竞买人应当在规定的期限内向拍卖船舶委员会登记。登记时应当交验本人、企业法定代表人或者其他组织负责人身份证明和委托代理人的授权委托书，并交纳一定数额的买船保证金。拍卖船舶委员会应当在拍卖船舶前，展示被拍卖船舶，并提供察看被拍卖船舶的条件和有关资料。买受人在签署拍卖成交确认书后，应当立即交付不低于20%的船舶价款，其余价款在成交之日起7日内付清，但拍卖船舶委员会与买受人另有约定的除外。买受人付清全部价款后，原船舶所有人应当在指定的期限内于船舶停泊地以船舶现状向买受人移交船舶。拍卖船舶委员会组织和监督船舶的移交，并在船舶移交后与买受人签署船舶移交完毕确认书。移交船舶完毕，海事法院发布解除扣押船舶命令。船舶移交后，海事法院应当通过报纸或者其他新闻媒体发布公告，公布船舶已经公开拍卖并移交给买受人。买受人接收船舶后，应当持拍卖成交确认书和有关材料，向船舶登记机关办理船舶所有权登记手续。原船舶所有人应当向原船舶登记机关办理船舶所有权注销登记。原船舶所有人不办理船舶所有权注销登记的，不影响船舶所有权的转让。竞买人之间恶意串通的，拍卖无效。参与恶意串通的竞买人应当承担拍卖船舶费用并赔偿有关损失。海事法院可以对参与恶意串通的竞买人处最高应价10%以上30%以下的罚款。除上述规定的以外，拍卖适用《中华人民共和国拍卖法》的有关规定。　　(王　青)

qiangzhi tuihuo

强制退伙(compulsory withdrawal from partnership)　退伙的一种形式。合伙人由于不履行法定或约定义务或有其他不当行为，其他合伙人可以强制其退伙。根据《中华人民共和国合伙企业法》第50条规定，合伙人有以下情形之一的，可强制其退伙：(1)未履行出资义务；(2)因故意或重大过失给合伙企业造成损失；(3)执行合伙企业事务时有不正当行为；(4)合伙协议约定的其他事由。强制退伙必须遵守一定的条件和程序。首先，被强制退伙者必须存在强制退伙的情形。其次，必须由其他合伙人一致同意。第三，其他合伙人应对被强制退伙人共同作出除名决议，并以书面形式通知被除名人。被除名人如果对除名决议有异议，则可在接到除名通知之日起30日内向人民法院起诉。如果被除名人没有异议或接到除名通知后30日内未向人民法院起诉，则自被除名人接到除名通知之日起，除名生效，被除名人退伙。　　(李仁玉　陈　敦)

qiangzhi xintuo

强制信托(compulsory trust)　由财产所有人通过对有关法定义务的履行将其有关财产转移给特定的受托人占有和管理并由此设立的信托。强制信托一般这样产生:国家通过颁布法律赋予财产所有人对其特定财产设立信托的义务;该人通过履行这一义务将该项财产转移给有关信托机构并由其以受托人身份占有和按信托法规定的原则和方法管理;如果该人拒不履行这一义务,经有关国家主管机关申请,法院应当强制其履行这一义务,并通过这一强制使得其有关财产被转移给有关信托机构占有并由其按信托法规定的原则和方法管理。强制信托为信托的一种基本类型;它的基本特征在于:第一,它系因民事行为与国家行为以外的行为设立;第二,它存在委托人,这一委托人即为履行法定义务将有关财产转移给有关信托机构占有和管理的财产所有人;第三,它的设立既不是出自于委托人的自愿也不是以委托人的意思为依据,而是出自于法律的强制并以法律的直接规定为依据。强制信托一般是由国家强加在某些具有特殊身份的人的某些特殊类型的财产上的;国家对这些人的有关财产施加强制信托,原因主要在于这些人身份特殊,因而对他们的这些类型的财产有必要通过施加强制信托并因这种信托导致由有关信托机构占有和管理,从而方便国家的监督。

(张 淳)

qiangzhixing de qiyue

强制性的契约(enforceable contract) 英美法上不能强制履行的契约的对称。指具备法律规定的全部有效要件,因而可以强制执行的契约。强制性的契约须订立程序合法,依法律规定的方式作成;须为当事人真实的意思表示之一致;当事人须有订约能力;合同的内容和标的须合法。

(郭明瑞)

qiangzhixing guize

强制性规则(mandatory rules) 《国际商事合同通则》中又称强行法,强行规则,是指在国际社会中公认为必须绝对遵守的和严格执行的法律规范,不得被任意选择、违背、更改。强制性规则一般由主权国家、国际公约或超国家机构制定。《国际商事合同通则》规定强制性规则适用具有优先性,当事人订立的合同条款与强制性规定冲突的,不能发生法律效力。根据《国际商事合同通则》的规定,合同无论双方当事人在合同中引用《国际商事合同通则》的规定,还是将《国际商事合同通则》作为合同的管辖法,强制性规则都可适用。

(刘经靖)

qiaomuquan

樵牧权(right of collecting and herding) 是在我国台湾地区民法中的称谓。在日本法中樵牧权被称为入会权,在瑞士法中则被视为土地踏进权之一。《瑞士民法典》第699条第1项规定:踏进森林、牧场及采取野生之莓、菌或其类似物,除主管官署为耕作上之利益,有个别的限定区域的禁止外,应依地方习惯,允许任何人为之。在我国台湾地区,樵牧权是指除有地方习惯之外,权利人有权在未设围障之田地、牧场或山林进行刈取杂草,采取枯枝枯干,采集野生物或放牧牲畜等项行为。

(方志平)

qiechu canliu bufen

切除残留部分(cutting away wreck) 切除残留部分,此处的残留部分是指因自然灾害或者意外事故而被损坏或已被拆除或已在实际上被毁灭的残留物体,如因海难事故损坏的桅杆或栏杆。根据1994年《约克—安特卫普规则》规则4,切除由于意外事故原已折断或实际上已经毁损的船舶残留部分,不得作为共同海损受到补偿。但是,由于切除残留部分而造成的船舶或货物的进一步损害(如切除残损的船桅而砸坏了船体)或者由此而产生的费用,可以列入共同海损。

(张永坚 张 宁)

qiedian

窃电(electricity filching) 秘密窃取电力的违法行为。窃电属盗窃他人财产的行为,有多种表现形式,如在供电企业线路上私自接线用电,或绕越电度表用电;改变供电企业计量装置的接线、伪造或启动电度表计量封印以及采用其他方法致使电度表计量不准;私自增加用电容量等。窃电行为属于违法用电行为,供电人有权依规定予以停电,按追补电费的3至6倍处以罚金,情节严重的,应依法起诉。

(李成林)

qinbi ziju

亲笔字据(拉丁 chirografi, chirographum) 罗马法时期异邦人之间使用的一种类似于文书契约的一种契约形式,又称债据。亲笔字据通常采用致敬信的形式承认债务,如为双务契约,则互相写信。亲笔字据只书写一份,并由债权人保留,其形式较约据宽松,人们可以不存在债因为由对其提出异议。到后古典法时期,卡拉卡拉帝授予一般居民以市民权,亲笔字据即告消失。但在优士丁尼的《法学阶梯》中仍有记载。

(刘经靖)

qindeng

亲等(degree of kinship) 计算亲属关系亲疏远近的等级尺度。关于亲等制度,历来有两大主义。一种是阶级亲等制(或称等级亲等制)。我国古代的服制,与宗法家族主义相适应,具有强烈的等级特点,除了计算世数远近以外,还要根据双方地位之尊卑、名分之高低、恩情之厚薄、性别之差异而定其等级,例如长子与众子名分有别,因此父为长子服斩衰,为众子则服齐衰。另一种是世数亲等制,即以世数远近而定等级,依计算方法之不同,又有罗马法计算法和寺院法计算法之别。

(张贤钰)

qindeng jisuanfa

亲等计算法(counting method of the degree of kinship) 计算亲属关系亲疏远近等级的方法,当代各国一般有三种不同的亲等计算法:一是罗马法亲等计算法;二是寺院法亲等计算法;三是世代亲等计算法。

(张贤钰)

qinquan

亲权(parental rights) 父母对于未成年子女人身方面的照顾、教育、管束、保护和财产方面的保护、管理的权利义务。德国修改后的民法典将亲权称为"父母照护权"。亲权源于罗马法和日尔曼法,经历了二千多年的历史,其间有了很大的改变。罗马法的家父权,表现为对家子的占有支配权。日耳曼法的父权,还有家父对子女的保护权利之意。现代国家的亲权制度一般继受日耳曼法。从亲权制度的历史发展看,近现代立法与古代立法相比,有了很大的改变,其立法宗旨从古代的"家长本位"、到近代的"父本位"、再到现代的"子女本位",现代社会的亲权制度已以保护未成年子女利益为立法宗旨;从其立法内容看,亲权已不仅仅是权利,而更多的是义务,是权利与义务的结合;从亲子关系看,由亲子间不平等的占有、支配关系,发展到近现代社会,亲子之间相互尊重的平等的亲子关系;从权利的行使看,已由父亲单方面行使演变为父母双方共同行使。大陆法系国家德国、法国、日本、瑞士、秘鲁等国法律设有亲权制度,在民法典中对亲权作了明确规定。英美法系国家英国、美国、加拿大、澳大利亚、印度等国法律则未设立亲权制度,亲权与监护权不分,总称为监护,父母为未成年子女的当然监护人,无父母时则另设监护人。前苏联及东欧各国民法或婚姻家庭法典中虽无亲权制度之名,但均明文规定了有关亲权的内容。

在我国亲属法的历史上,从未专门用过"亲权"的名词,但亲权是存在的。1950年《中华人民共和国婚姻法》对父母子女关系作了专章规定,该法第13条规定,父母对子女有抚养教育的权利和义务,这教育就是关于亲权的规定。1980年《中华人民共和国婚姻法》在此基础上,增加了父母对未成年子女的管教、保护的规定,但未使用"亲权"一词,没有专门设立亲权制度。2001年修订的《中华人民共和国婚姻法》,将管教和保护的规定改为保护和教育的规定,没有大的变化。

从国外的亲权立法来看,包括了人身上的照护权和财产上的照护权两个方面的内容。尽管各国亲权的内容有所差别,但大体都包括了以下一些内容:(1)人身方面的亲权,包括子女的姓氏权、住所指定权、惩戒权、法定的代理权和同意权、子女交还请求权。(2)财产方面的亲权,包括法定的代理权和同意权、管理权、使用收益权、一定条件下的处分权。

(马忆南)

qinxi

亲系(parentelic system) 亲属之间的世系联系,在各种亲属相互交织组成的网络中,都有一定的亲系作为纽带,亲系也可以说就是亲属联系的脉络和途径。从历史发展来看,亲系可以分为男系亲和女系亲,父系亲和母系亲,直系亲和旁系亲。

qinshu

亲属(relative;德 Verwandte) 因婚姻、血缘和法律拟制而产生的人们之间的一种社会关系。法律意义上的亲属,仅指发生法定权利义务关系的亲属,其范围由法律界定。亲属的外在表现是彼此之间的特定身份和固定称谓。在我国,亲属一词最早见于《礼记·大传》:"亲者,属也。"古代典籍中的亲属,是指在丧礼中对死亡者应守服制的亲人范围,他们"生相亲爱,死相哀痛"(《白虎通》)。所以《唐律疏议》曰:"亲属,谓本服缌麻以上亲及大功以上婚姻之家。"唐《永徽律·擅兴律》中有"诸征人冒名相代者,徒二年;同居亲属代者,减二等"的规定。明、清法律中广泛使用"亲属"概念,如"妻与夫亲属相殴","亲属相盗","亲属相奸","娶亲属妻妾"等。古代法律中发生权利义务关系的亲属,基本上限于五代以内,亲属关系越近,规定的条文越多,服制也越重。外亲则仅限于有服亲,《仪礼·丧服》曰:"外亲之服皆缌麻也。"我国现行法律中发生权利义务关系的亲属通常是指近亲属,包括配偶、父母子女、兄弟姐妹、祖父母、外祖父母、孙子女、外孙子女。在特定条件下,儿媳与公婆、女婿与岳父母之间,也会发生法律上的权利义务关系。

(张贤钰)

qinshu huiyi

亲属会议(family council) 为防止亲权的滥用,保护亲属利益或其身后特定事项之讨论与处理,由一定范围亲属所组成的会议。在古代罗马,家长对家庭成员操生杀予夺之权,为防止家长权的滥用,特设亲属会议进行干预。我国古代封建社会也有类似亲属会议之制度,凡宗族内部问题,多由族长依"宗约"、"族规"加以管束调处。清代《户律·户役门》立嫡子违法条附例中,明文规定了宗族及族长的权限。中华民国时期国民党政府所颁民法亲属编也有亲属会议之设定，亲属会议为保护亲属之机构，所保护对象为未成年人、禁治产人及被继承人，并涉及扶养关系。亲属会议成员为上述人员之近亲属五人组成。大陆法系国家中，有的国家（如日本）已取消了亲属会议的规定；有的国家（如法国、瑞士）仍然规定有亲属会议的条款。法国民法典在第9编、第10编中，出于对亲权和监护的干预与监督，详尽地规定了亲属会议的组成、职责范围和运作规则，旨在保证亲权和监护权的依法行使。 （张贤钰）

qinshu zhidu

亲属制度（system of kinship） 因婚姻、血缘和法律拟制而产生的人们之间身份称谓制度。群居的原始人类为了进行感情交流、生产活动和婚姻禁忌等需要，在有婚姻、血缘关系的人之间创设一些不同的名词来互相称呼，久而久之形成了一套约定俗成的称谓。亲属的称谓不是简单的荣誉称号，而是一种完全确定的、异常郑重的相互义务的称呼。正是这种长幼有序、亲疏有别的称呼和相互的义务，构成了一定社会制度的有机组成部分。在不同的社会形态下，通过习惯的、宗教的、法律的规范，去确认一定范围的亲属之间的权利义务，使之成为一种亲属制度。亲属制度是与婚姻和生育禁忌同时形成的，并随着社会的进化而逐步发展。至一夫一妻制确立以后，亲属制度才得到进一步的完善。对亲属制度的研究，不同学科有不同的内容。法学对亲属制度的研究，一方面是从婚姻家庭法律史的角度，去分析各个社会时期的习惯、道德、法律等社会规范中的婚姻家庭制度的沿革，从而把握婚姻家庭关系的特殊性质和发展规律；另一方面是将亲属关系作为区别于其他社会关系的特殊法律关系，概括性地揭示其主体的种类、范围、发生、消灭以及由此引起的法律效力等。

亲属的种类和范围 对亲属种类的划分，在不同社会制度下，由于家庭立法原则的不同，也就有不同的划分标准。就中国而言，古代的划分标准与当代的划分标准截然不同。在古代社会，封建法律基于男尊女卑和宗族为本的原则，将亲属分为宗亲、外亲和妻亲。宗亲又称内亲，指同姓的本宗亲属，包括源于同一祖先的男性血亲及其配偶，以及在室未嫁和被"出"而返的女性血亲。外亲，指有血缘联系的外姓亲属，包括母族，即母亲的父母（外祖父母）、母亲的兄弟姐妹（舅、姨）及其子女；姑之夫族，即姑母的丈夫（姑夫）及其子女；姐妹之夫族，即姐妹的丈夫及其子女；出嫁女之夫族，即女婿及外孙子女。妻亲，指丈夫的妻方亲属，包括妻子的父母（岳父母）及兄弟姐妹。

新中国成立以后，根据男女平等的原则，在亲属分类上，采取了与当今世界大多数国家一致的标准，即按照亲属产生的原因来划分，将亲属分为配偶、血亲和姻亲三种。男女因结婚而互为配偶。配偶是血亲的源泉、姻亲的基础，在我国法律中，配偶是居于首位的近亲属。但另一些国家如德国、瑞士民法认为配偶本身不属于亲属的范畴。血亲是具有血缘关系的亲属，又可分为自然血亲与拟制血亲两种：(1) 自然血亲，出于共同祖先，彼此之间存在天然血缘联系的亲属，如父母子女、兄弟姐妹、祖父母与孙子女、外祖父母与外孙子女、叔伯姑与侄子女、舅姨与外甥和外甥女以及堂、表兄弟姐妹等。(2) 拟制血亲，本无天然的血缘联系，但法律确认其与自然血亲有同等权利和义务的亲属，所以又称法定血亲。例如，养父母与养子女之间，继父母与受其抚养教育的继子女之间的权利和义务，都与亲生的父母子女相同。

姻亲是由婚姻关系而产生的亲属，又可分为以下三种：(1) 血亲的配偶；(2) 配偶的血亲；(3) 配偶的血亲的配偶。

关于亲属的范围，一般有两种类型：一种是概括性限定，例如，《唐律》规定亲属的范围是宗亲为五代，外亲为三代，妻亲为两代。《日本民法典亲属编》规定亲属的范围是六亲等以内血亲、配偶、三亲等以内姻亲。另一种是实用性规定，即根据实际需要对亲属的范围作出不同的规定，例如中外各国法律对于禁止结婚的亲属，有扶养义务的亲属，有法定继承权的亲属等，分别作了具体的规定。我国法律对于亲属的种类和范围未作明文规定，但在婚姻家庭法和其他民事法律、刑事法律和诉讼法等法律中，对于一定范围的亲属之间的权利义务和法律效力，仍作了相应的实用性规定。

亲属的发生 亲属关系发生的原因，血亲和姻亲不同，血亲中自然血亲与拟制血亲又有不同。出生为自然血亲发生的原因，亲子关系和其他血亲关系（如兄弟姐妹）都因出生而发生。非婚生子女从出生时即与其生母发生亲子关系，而与其生父则须经认领或证明才发生法律上的亲子关系，但非婚生子女与其生父间的自然血缘关系同样是基于出生的事实而发生的。拟制血亲一般须经一定的法律行为而发生，例如，养父母与养子女因收养行为而发生法律上的拟制血亲关系。继父母与继子女只有在他们之间形成了抚养教育关系的条件下，才发生法律上的拟制血亲关系。姻亲关系中，不论是血亲的配偶、配偶的血亲，还是配偶的血亲的配偶，都以结婚为惟一的发生原因。

亲属的法律效力 亲属关系一经确定，就会产生相应的法律效力：(1) 在婚姻家庭法上的效力。一定范围的亲属有互相扶养的义务，有法定的共同财产，有相互继承遗产的权利，对于一定亲等以内的亲属禁止结婚等。(2) 在其他民事法律上的效力。一定范围的亲属得为无民事行为能力人和限制民事行为能力人的监护人和法定代理人,例如,《中华人民共和国民法通则》规定,近亲属是未成年人和精神病人的法定监护人,父母是未成年子女的法定代理人,依法代理民事活动;近亲属可依法对失踪的亲属向人民法院提出宣告其失踪或死亡的申请;按照亲属关系的远近亲疏确定法定继承人的范围和继承的顺序等。(3) 在刑法上的效力。一定范围的亲属才构成某些犯罪的主体,如暴力干涉婚姻自由罪、虐待罪、遗弃罪;上述犯罪须亲属告诉的才处理(除非被害人重伤或死亡);对于已经告诉的,在人民法院判决之前,被害人与加害人自行和解或原告撤诉的,人民法院都不追究被告人的刑事责任。(4) 在诉讼法上的效力。在民事诉讼、刑事诉讼、行政诉讼中,审判人员、检察人员、侦察人员、书记员、鉴定人和勘验人员如果是本案的当事人,或者是当事人、诉讼代理人的近亲属,都应自行回避。否则,诉讼当事人可以用口头或者书面方式申请他们回避;对于人民法院第一审的刑事判决、裁定,被告人的近亲属经被告人同意可以提出上诉,对已经发生法律效力的判决、裁定不服的,可以提出申诉;民事案件、刑事附带民事案件、行政案件的判决、裁定以及调解协议中涉及财产内容的,在强制执行时,应当保留被执行人及其扶养亲属的生活费用和生活必需品。此外,亲属关系在劳动法、行政法、国籍法、律师法等法律、法规中,也具有相应的法律效力。

亲属的消灭 亲属关系的消灭,血亲与姻亲不同。血亲之中,自然血亲与拟制血亲也不相同。自然血亲间的血缘关系不能通过法律或其他手段人为地加以消灭,只有死亡或宣告死亡才能引起自然血亲关系的消灭,但是他们之间的权利义务关系则可以通过一定的法律行为(如送养)而消灭。拟制血亲关系既可因一方死亡或宣告死亡而终止,也可因现存的拟制血亲关系的解除而消灭,例如,养父母与养子女之间的拟制父母子女关系因收养的解除或撤销而消灭。继父母与继子女的姻亲关系因继父(母)同生母(父)离婚而消灭;对于曾受继父母抚养教育的未成年的继子女,在生父与继母或生母与继父离婚时,继父或继母不同意继续抚养的,依照有关司法解释,仍应由生父母抚养。按此意见理解,双方已形成的拟制血亲关系,当然就此消灭。由继父母抚养教育至成年且已独立生活的继子女,对于年老体弱、生活困难的继父母,应当承担赡养扶助的义务,即使在继父与生母或继母与生父离婚的情况下,依照有关司法解释,有负担能力的继子女,仍应尽赡养扶助义务。按此意见理解,双方已形成的拟制血亲关系并不就此消灭。

(张贤钰)

qinzi guanxi
亲子关系(relations between parents and children) 即父母子女关系,亲指双亲即父母,子指子女。父母子女在血缘联系上是最近的直系血亲,是家庭中的主要成员,相互之间具有法律上的权利和义务。近、现代外国有关立法,一般将父母子女关系分为两大类:一类是自然血亲的父母子女关系;另一类是法律拟制血亲的父母子女关系。自然血亲的父母子女,根据父母之间有无婚姻关系可分为,父母与婚生子女、生父母与非婚生子女;法律拟制血亲的父母子女,主要是指养父母与养子女。在我国古代,基于纳妾、宗祧制度,以及恩义名分等原因,父母子女的种类繁多。考察我国的法制史,父母子女的种类、称谓大致可分为两类:一是出于自然血统,即亲生父母子女,包括亲生父母、嫡子女、庶子女、婢生子女、奸生子女;二是法律拟制而形成的父母子女,包括嗣父嗣子、养父母养子女。在我国现行的婚姻法中,父母子女关系可分为两大类:一类是自然血亲的父母子女关系。它是基于子女出生这一自然事实而发生的父母子女关系。自然血亲的父母子女关系是客观存在的,不能人为地解除,只能因一方死亡而消灭。根据子女出生时父母是否具有合法婚姻关系可将其分为父母与婚生子女关系,父母与非婚生子女关系。另一类是法律拟制的父母子女关系。指本无该种血亲应具有的血缘关系,但法律上确认其与自然血亲有同等的权利义务的亲子关系。在我国,此类亲子关系包括养父母与养子女,继父母与形成扶养关系的继子女关系。法律拟制的父母子女关系是依法产生的,因此,在一定条件下,也可以依法解除。

(马忆南)

qinzi guanxifa
亲子关系法(law on relations between parents and children) 又称亲子法,是调整亲子关系的法律规范的总称。亲即指父母,子即指子女。亲子关系即父母子女关系。通说认为,亲子关系法演进的历史,大体经历了古代的"家本位的亲子法"、近代的"亲本位的亲子法"、现代的"子女本位的亲子法"的发展进程。在亲子关系法形成初期,亲权具有家长权的实质。罗马法的父权一词原来就是家长权的意思。因为在当时,家庭成员必须绝对服从父家家长的支配。在奴隶社会和封建社会中,亲子关系以家族为本位,父母子女关系完全从属于宗族制度,表现为父系、父权和父治。亲子关系受家族法的支配,养育子女是为了家族利益,父母子女的利益被淹没在家族利益之中。随着生产力的发展,家族的范围逐渐缩小,宗族制度逐步衰落,父亲成为一家之长。这一时期亲子关系法的主流是维护父权即亲的权利。社会发展至现代,亲权已从单纯的父权演变为父母对子女之间平等的权利和义务关系,并且亲子关系的内容也越来越重视对子女的尊重、保护和强调对子女的教育,发展到子女本位的亲子法。我国古代奉行家族主义,亲子关系法长期实行"家本位"制度。亲子关系以孝道为本,"父为子纲"天经地义,子女受家长和其他尊亲属的支配,对父母须绝对服从。唐代以后,根据各个朝代法令的规定分析,亲子关系法还兼有"亲本位"的性质。发展至近、现代,1930年国民党政府民法亲属编在形式上完成了中国亲属法从古代型向近、现代型的过渡。其有关亲子关系的立法以保护子女权益为原则,父母子女权利义务关系平等,但仍然保留有一定男女不平等、以父权为中心的封建色彩。如根据该法第1089条规定,父母对行使亲权意见不一时,父有最后决定权。中华人民共和国成立后,第一部婚姻法即1950年的《中华人民共和国婚姻法》,对父母子女的关系设专章加以规定,以全法的1/6的篇幅规定了以保护子女利益为原则的父母子女之间平等的相互扶养的权利义务关系。1980年《中华人民共和国婚姻法》又以全法1/5的篇幅重申了1950年《中华人民共和国婚姻法》的有关规定,而且增加了关于子女姓氏问题、扶养请求权及父母对子女的管教、保护方面的规定,确立了新型的、以保护未成年子女合法权益为原则、父母子女间平等、相互扶养和相互继承的权利义务关系。

(马忆南)

qinfan xingwei
侵犯行为(trespass) 又称为非法侵入,英美侵权法上的概念。它包括了一切直接侵害他人的合法民事权益而导致的即时后果的行为。非法侵入是所有侵权行为中最古老的,并成为其他侵权行为的渊源。

侵犯行为可分为四种类型:(1)侵犯人身,包括胁迫、攻击和非法拘禁。胁迫指使用暴力相威胁的进而使他人产生将要受到现实痛苦的畏惧的人身强制型侵权行为。攻击指使用暴力侵害人身产生实际痛苦的行为。侵犯人身要求侵权行为人主观上具备故意的心理状态,如果行为人仅仅是过失,则可能属于过失侵权。非法拘禁指对他人的某一特定行动自由进行限制,因过失也可以实行这一侵权行为,并且被害人无须意识到其行为受到限制,也不要求具有实际损害。(2)侵犯土地。提起该诉讼的依据是对合法占有的侵害,而不是对所有权的侵害。只要有过失即可。侵犯他人的土地,法律并不要求原告证明任何实际伤害和损失,不一定要求被告本人进入原告的土地,只要被告所控制的东西进入了原告的土地就算侵犯了他人的土地,不可量物的侵入也算侵入他人的土地。(3)侵犯物品。指一个人故意干扰别人的动产,所谓干扰,包括损害、变形、毁灭、使用、移动或剥夺他人对财产的占有和控制。侵犯他人动产必须要有实际损害发生,但是如果被告侵害了动产占有权(已经使用了),即使没有损害,也应该赔偿名义上损害。(4)侵占他人动产。不仅侵犯而且是占有和剥夺,也就是说侵犯人故意想长久地将他人财产据为己有。前身是非法占有诉讼,具体行为包括:占有、搬动、转移、拒不归还、毁灭或变形、使用。侵占和侵犯他人动产不一样。侵犯他人动产的处理结果往往是物归原主;而侵占他人动产结果往往是让侵权人"自食其果",即强迫他按照物品被侵占时的价值加上利息将其买下来。当然如果确定物品是被错拿而价值没有减损的话,现在有许多法院要求物归原主。侵占动产起初仅保护实际占有人,只要侵占当时占有人实际占有并且比侵权者更有权利享用,那么他就可以提起侵权之诉。现在,许多法院开始允许财产的实际主人在财产受到侵占后也可提起侵权诉讼。

(张平华)

qinquanfa de jineng
侵权法的机能(functions of torts law) 又称侵权法的功能,指通过侵权法的适用所达到的目的,是全部侵权法规范的存在目的。侵权法的机能在历史发展中随着社会经济形态和伦理道德观念的变化而变化,在民法史上,赎罪、惩罚、威吓、教育、填补损害、预防损害等都曾是侵权法的机能。现代侵权法的机能主要体现为填补损害和预防损害两种。

(刘经靖 张平华)

qinquan xingwei
侵权行为(tort) 发生侵权民事责任的法律事实。传统民法上指过错侵害他人财产、人身权利的不法行为。英文中的"tort",来源于拉丁文"tortum",原意指扭曲、弯曲的意思,后演化为错误。在现代民法上,侵权行为已不限于行为人主观有过错的违法行为,其范围已扩大到一切需要加以制止或足以发生赔偿责任的加害行为。《中华人民共和国民法通则》第106条规定:公民、法人违反合同或者不履行其他义务的,应当承担民事责任。公民、法人由于过错侵害国家、集体的财产,侵害他人的财产、人身的,应当承担民事责任。没有过错,但法律规定应当承担民事责任的,应当承担民事责任。这一规定显然将债务不履行的民事责任与侵权行为的民事责任作了区分。债务不履行与侵权行为都是发生民事责任的不法行为,也可说都是侵害他人合法权益的行为。因此,除债务不履行行为外,凡侵害他人合法民事权益,依法应承担民事责任的不法损害行为,都为侵权行为。侵权行为不属于事件而是一种单方实施的事实行为,它不以行为人的意思表示为要素,因此,不同于合同等民事法律行为;侵权行为是一种违法行为,因此,不同于无因管理等合法的事实行为;侵权行为是加害于他人的行为,它所侵害的主要是绝对权益,但在一定情形下侵害债权也可构成侵权行为;侵权行为是应承担侵权民事责任的行为,因此,它既不同于承担债务不履行民事责任的债务不履行行为，也不同于承担行政责任或刑事责任的行政违法行为或犯罪行为。侵权行为根据其构成要件可分为一般侵权行为与特殊侵权行为；根据侵害对象可分为侵害物权、侵害人身权、侵害知识产权、侵害继承权与侵害其他合法权益的侵权行为；根据行为的形式可分为积极侵权行为与消极侵权行为；根据侵权行为的作用可分为直接侵权行为与间接侵权行为；根据行为人的主观状态可分为过错侵权行为与无过错侵权行为；根据侵权行为人的人数可分为单独侵权行为与共同侵权行为。

(郭明瑞)

qinquan xingwei de minshi zeren

侵权行为的民事责任(liabilities for torts) 民事责任的一种，简称侵权的民事责任。侵权行为的效力，指侵权行为人依法应承担的民事法律后果。侵权行为民事责任不同于债务不履行的民事责任：其一，后者以有效债务的存在为前提，无债务则无责任；而前者不以债务的存在为前提，因有侵权责任的发生才有责任人向受害人所负的债务。其二，后者是行为人违反特定债务，相对法律关系被破坏的后果；而前者行为人违反的是不特定的消极义务，绝对法律关系被破坏的后果。其三，后者是财产责任，而前者主要为财产责任却不限于财产责任。其四，侵权民事责任的主体范围较债务不履行责任的主体范围更广泛。侵权行为的民事责任是对加害人的惩处，反映法律对不法行为的否定，具有制裁性、教育性，同时它又是对受害方的补救，具有补偿性。但侵权行为民事责任不同于受益人对特定受害人的补偿义务。侵权行为的民事责任以侵权行为为发生的事实根据，具有法定性，既不能由当事人事先约定成立条件和范围，也不能由当事人事先约定免除。承担侵权行为民事责任的方式主要有停止侵害、排除妨碍、消除危险、返还财产、恢复原状、赔偿损失、消除影响、恢复名誉、赔礼道歉。这些责任方式可以单独适用，也可以合并适用。

(郭明瑞)

qinquan xingwei ren

侵权行为人(tort-feasor) 实施侵害他人合法权益的侵权行为的人。侵权行为人原仅限于自然人。但现代法上，自然人、法人以及国家机关及其工作人员，都可为侵权行为人。一般侵权行为的侵权行为人有过错，特殊侵权行为的行为人不以过错为必要。侵权行为人一般与承担侵权民事责任的主体相一致，但在法律特别规定的情形下，侵权行为人与侵权责任的主体也可不一致。如无民事行为能力人侵害他人权利的，该无民事行为能力人为侵权行为人，而由监护人承担侵权的民事责任。

(郭明瑞)

qinquan zeren nengli

侵权责任能力(德 schuldfahigkeit) 又称过责能力。对于自己的行为结果，有识别的精神能力。责任能力是过错归责主义的产物。在侵权归责中要求当事人的责任能力是法制文明的产物。过错归责原则要求对于自己的行为负责，而行为在民法上指通过意思力量对外界的支配、操纵。因此，只有具备正常的认识能力，其思想和行为之间才有因果联系，才谈得上行为人在违法时有故意或过失的心理状态，才应该让其承担责任。但在特殊侵权行为中，无过失而使其负责任，因而责任能力之有无在所不问。对自然人的侵权责任能力问题，各国立法例规定并不一致，《意大利民法典》第2046条将缺乏侵权责任能力规定为，不能辨别自己的行为或不能实施故意行为的人。晚近以来，以法国为代表的大陆法系国家对于未成年人的责任能力的判决出现下列特点：首先，根据法国法律未成年人的民事责任不再依赖于其辨别能力而是法官所造的判例法，辨别能力不再是承担民事责任的前提，民事责任或者基于监管或者基于过错。其次，自1984年以来判例法已经达成一致，辨别能力特别是在道路交通事故中儿童的共同过失必须加以考虑；对自己伤害的赔偿请求不因为有共同过失而减少；但是由于其共同过失，对汽车受到的损害负有责任，或者是承担过错责任或者是承担监管者的责任。基于此，法国判例法认为民事过错完全取决于实施的行为；加害人的年龄、个性、智力和职业上的能力都与此没有关系。而判断行为是否存在过错的方法，是将幼儿的行为与一个理性人的行为进行比较。如果一个理性人不像他们那样行事的话就认定其实施了过错行为。因这一趋势使过错严重地客观化，而遭致学者的反对。

(张平华)

qingmiao maimai

青苗买卖(pre-sale of crops) 参见青田买卖条。

qingtian maimai

青田买卖(pre-sale of crops) 又称青苗买卖。以正在田中生长的农作物为标的物的买卖。其特点在于买卖的标的物为尚未成熟的青苗，买受人的目的并不是取得青苗的所有权，而是取得该青苗成熟后的收获物，其享有出卖人交付田中的产物的权利，出卖人负有青苗成熟后交付出产物的义务。

(郭明瑞)

qingguoshi

轻过失(拉丁 culpa levis；德 leichte Fahrlässigkeit) 又称一般过失，过失的一种，重大过失的对称。指未尽特殊的注意义务，但尽到一般人在通常情况下应有的注意的主观心理状态。按照判断过失的标准不同,又可以分为抽象轻过失与具体轻过失。参见特殊人的过失标准、抽象轻过失、具体轻过失条。 (张平华)

qingwei weiyue

轻微违约(minor default) 重大违约的对称,相当于《联合国国际货物销售合同公约》中的非根本性违约,指一方当事人违反合同,但其造成的损害后果并不影响合同目的实现,即债权人已经从中得到该项交易的主要利益。轻微违约具有违约的事实,但并不影响合同目的的实现。如履行的时间略有延迟,交付的数量与质量略有出入等;轻微违约给对方造成了损失,但其损失是轻微的,采取相应的补救方法,可以使合同继续履行,并能最后满足订立合同时规定的利益要求。因此,当一方轻微违约时,受损方可要求赔偿损失,但不能拒绝履行自己的合同义务。双方当事人应从共同利益出发,友好协商,互信互让,积极采取补救措施。 (肖 燕)

qingchang

清偿(拉丁 solutio; 德 Erfuellung; 法 execution) 债务人按照法律的规定或者合同的约定向债务人履行义务使债权得以消灭的行为。与履行意义相同,不过履行是从债的动态方面而言,清偿则是从债的静态即债的消灭角度而言。债权人利益的实现是债本来的目的。债务一经履行,债权即因达其目的而得到满足,因此清偿为债的消灭原因。债务人为清偿而实施的行为,一般有三种:一是事实行为,如劳务提供;二是法律行为,如代购代销;三是不作为。

清偿的性质 有法律行为说、非法律行为说、折衷说等不同的看法:(1) 法律行为说认为清偿应有清偿的意思。欠缺清偿意思者,不发生债消灭的后果。其中又可分为契约说、单独行为说、折衷说。如不作为债务、单纯服劳务的债务、运送物品的债务的清偿,为单独行为;物的交付的债务、债权让与债务的清偿,为契约。但此说不能解释不作为债务及未成年人的事实行为清偿债务的情况。(2) 非法律行为说认为清偿与履行行为并不相同。清偿为履行行为所达的目的,因此清偿不需有清偿的意思表示,也不需债权人有受领清偿的意思表示,此说为通说。(3) 折衷说认为清偿性质随履行行为而定。履行行为为法律行为时,清偿为法律行为,履行行为为事实行为时,清偿为事实行为。此说实际使清偿性质难于一致。

清偿的主体 即清偿的当事人,包括清偿人与清偿受领人。清偿人是履行债务的人,又分为应为清偿之人和得为清偿之人。债务人、连带债务人、不可分债务人、保证债务人为应为清偿之人,得为清偿之人是第三人的清偿。但在第三人清偿时,第三人与债务人间会发生代位求偿权。债务的清偿可由第三人进行,但是当事人另有约定或依债的性质不得由第三人清偿的不在此限。清偿受领人是受领债务人给付的人,包括债权人和其他享有受领权的人。债权人的受领权受以下限制:(1) 债权已出质;(2) 债权人受破产宣告;(3) 债权人为无行为能力或限制行为能力的人,依债务履行行为性质不得受领清偿;(4) 债权经执行的。其他享有受领清偿权的人包括债权人的代理人、债权人的破产管理人、债权质权的质权人、收据持有人、代位权人。债务人向无受领权人清偿的,其清偿为无效。但事后经债权人承认或受领人取得了债权人债权的不在此限。受领人为债权的准占有人,如为债权让与中无效让与的受领人,而债务人不知其非为债权人时,债务人向其所为的清偿也应为有效。

清偿的标的 即履行的标的,给付的内容。清偿的标的因债务的不同而有区别,是否符合债务本旨,不可一概而论,应结合当事人的合意、债务的性质、交易的习惯及诚信原则作具体分析。一般地,各国立法均否定一部清偿或称部分清偿,但为维护经济弱者,法律也规定例外情形。如《中华人民共和国民法通则》第108条规定:债务应当清偿。暂时无力偿还的,经债权人同意或者人民法院裁决,可以由债务人分期偿还,有能力偿还而拒不偿还的,由人民法院判决强制偿还。债务人原则上应以债的标的物履行,不得以其他标的物代替,但经债权人同意,也可以其他标的物代替履行,称为代物清偿。

清偿地、清偿期和清偿费用 清偿地为清偿人清偿的场所,又称债务履行地。合同中有约定的,从其约定;依债务性质,不动产权利移转应在不动产产权登记机关所在地履行,修缮房屋,在房屋所处地履行。在前两种场合外,则依习惯确定。如物品寄存,应在寄存场所履行债务等。另外,法律有特别规定的,应依法律规定确定清偿地。如《中华人民共和国民法通则》第88条第2款第3项规定:履行地点不明确,给予货币的,在接受给付一方的所在地履行,其他标的在履行义务的一方所在地履行。《中华人民共和国合同法》第61条、第62条和第160条也有类似的关于履行地的规定,第61条规定:合同生效后,当事人就质量、价款或者报酬、履行地点等内容没有约定或者约定不明确的,可以协议补充;不能达成补充协议的,按照合同有关条款或者交易习惯确定。第62条第3款:履行地点约定不明确,给付货币的,在接受货币一方所在地履行;交付不动产的,在不动产所在地履行;其他标的,在履行义务一方所在地履行。清偿期为债务人应为清偿的时期。有确定期限的债务,债务人应在期限到来时清偿。但期限如专为债务人而设的,债务人可抛弃期限利益而提前清偿。清偿期的确定,有约定的从其约定,有法

律规定的依其规定,既无约定也无规定的,则依债权的性质而定。一般地,未定清偿期限的债务,债务人可随时清偿,但其清偿需债权人协助时,应给债权人必要的准备时间。关于清偿费用,在无约定又无法律规定情况下,由债务人负担。但因债权人原因而使清偿费用增加时,增加的费用由债权人负担。清偿费用并不包括债的标的本身的价值,而是清偿所需的必要费用,如邮汇费、运送费、包装费、汇费、登记费、通知费用等。

清偿抵充 也称为清偿抵冲。债务人对债权人负担数宗同种债务,而债务人的履行不足清偿全部债务时,确定其履行抵充何宗债务的规则。在债务人对同一债权人所负的数宗债务中,可能有附利息的,也有不附利息的,有约定担保的,也有未约定担保的。究竟使哪宗债务消灭,对债权人债务人有不同的利害结果。

从各国立法规定看,抵充须具备三要件:(1)须债务人对同一债权人负担数宗债务。(2)数宗债务种类相同,种类不同,不发生抵充问题。(3)须债务人的履行不足以清偿全部债务。

关于清偿抵充的确定方法有以下几种:(1)约定抵充。有当事人约定的,应从其约定。但此约定应在清偿前确定。(2)指定抵充。清偿人在无约定情况下可单方面指定其清偿的是何宗债务,此指定应于清偿时向受领人以意思表示为之,一经作出,不得撤回。(3)法定抵充。在既无约定又无指定情况下,一些国家的民法规定有抵充次序:首先,债务中已届清偿期的,应优先抵充;债务均已届清偿期或均未届清偿期的,以债务担保最少者优先抵充;担保相同的,以债务人因清偿获益最多者优先抵充;债务人获益相等者,以先到期或应先到期的债务优先抵充;获益及清偿期均相等的,各按比例抵充其一部。如债务人除原本债务外,尚应支付利息及费用的,而债务人的履行不足以清偿全部债务时,则应依费用、利息、原本债务的顺序抵充。

(万 霞)

qingchang qijian
清偿期间(period of payment) 依法律规定或当事人约定为一定行为或不为一定行为的时间限制,又称履行期间和给付期间。确定清偿期间可依法律直接规定,如《深圳经济特区土地使用权出让办法》第 27 条规定,中标者应在合同生效日起 60 日内付清全部地价款。也可由当事人约定,如《中华人民共和国合同法》第 12 条规定,合同的内容由当事人约定,包括履行期限在内。履行期限既无法律特别规定,当事人又无约定的,可依债的性质决定,可依交易习惯或诚实信用原则等确定。依上述规则都不能确定履行期限的,应按《中华人民共和国合同法》第 62 条关于履行期限不明确的,债务人可随时履行,债权人也可以随时要求履行,但应当给对方必要的准备期间的规定处理。

清偿期间一旦届至,即发生下列法律效果:(1)债务人应自觉履行,债权人也可请求清偿;(2)自清偿期届至时,诉讼时效开始计算;(3)清偿期是确定期限的,债务人自期间届满时起不履行的,负迟延责任;(4)清偿期届至,债务人提出清偿要求,债权人拒绝受领或不能受领时,债权人自清偿要求提出时负迟延责任;(5)合同当事人互负债务,并都届清偿期的,在他方当事人未为对待给付前,可以行使同时履行抗辩权;(6)二人互负内容相同的债务,且都届清偿期的,可以互相抵销双方债务。

(李仁玉 提爱莲)

qingjie tidan
清洁提单(clean bill of lading) 参见提单条。

qingsuan jiaoge yu guohu
清算、交割与过户(liquidation delivery and transfer of ownership)

清算 证券买卖双方在证券交易所进行的证券买卖成交以后,通过清算机构将证券买卖的数量和金额分别予以抵销,计算应收应付证券和应收应付金额的一种程序。清算包括资金清算与证券清算两个方面。目前,上海证券交易所和深圳证券交易所采用不同的登记结算体系,但根据证券法的规定,证券登记结算采取全国集中统一的运营方式。

交割 证券卖方将卖出证券交付买方,买方将买进证券的价款交付给卖方的行为。由于证券买卖双方都是通过证券商进行的,买卖双方并不直接见面,证券成交和交割均由证券商代为完成,所以,证券交割分为证券商与委托人之间的交付和证券商与证券商之间的交付两个阶段。

在实际操作中,交割的具体方式可以分为以下几种:(1)当日交割。证券买卖双方在证券交易达成之后,于成交当日进行证券和价款的收付,一般适用于证券商的自营业务。(2)次日交割。证券买卖双方在达成交易后,于下一营业日进行证券和价款的交付。(3)例行日交割。证券买卖双方在达成交易后,按所在交易所的规定,在成交日后的某个营业日内进行交割。(4)特约日交割。证券买卖双方在达成交易后,由双方根据具体情况商定,在从成交日算起 15 天以内的某一特定日进行交割。(5)发行日交割。证券买卖双方对以确定发行但尚未发行的新股在交易所完成买卖后待发行日进行证券和价款的交付,这种交割方式适用于新股发行。我国目前的证券交割方式有两种,即 T+1 交割与 T+3 交割。T+1 交割为次日交割,适用于 A 股、基金券和债券。T+3 为成交日后第三个营业日交割,适用于 B 股。

过户　在记名证券的交易中,成交后办理股东变更登记的手续,即原所有者向新所有者转移有关证券全部权利的记录手续。办理证券过户手续的目的在于使证券交易的买方获得证券所代表的全部权利。

（夏　松）

qingsuan faren
清算法人（legal person under liquidation）　法人存在终止原因时,为了结法人既存法律关系为目的的法人,即清算中的法人。对于清算法人的性质,学理上存在:(1)清算法人说。该说认为,法人已经终止,法人的民事主体资格消灭,但是为了便于清算,应在清算时把原法人视为一个以清算为目的的清算法人。清算法人是一独立法人。瑞士民法采此说。(2)同一法人说。该说认为,法人的解散并不等同于法人的消灭,只有清算终结时法人的资格才归于消灭。在法人清算期间,虽不能进行各种积极的民事活动,但仍以原法人的名义对外享有债权和负担债务。在法人清算期间法人资格依然存在。《中华人民共和国民法通则》第40条规定,法人终止应当依法进行清算,停止清算范围外的活动。表明清算中的法人与清算前的法人具有同一人格,只是其民事权利能力与民事行为能力受清算目的的限制而已。(3)拟制法人存续说。该说认为,法人解散即为法人消灭,只是为了清算的目的法律上拟制法人在清算目的范围内享有民事权利能力,从法人解散至清算完结视为法人仍然存续,又称假法人存续说。德国民法、日本民法、法国民法及我国台湾地区民法均采此说。对于清算法人和清算人的关系,法人因破产以外的原因终止时,法人可自己为清算人;法人因破产原因终止时,由人民法院组成清算人。清算人为清算法人的代表机关及执行机关,清算人在清算目的的范围内与清算前的法人有同一法律地位,清算人为清算法人决定意思执行事务时对外代表法人。清算人的职责是处理清算法人的一切事务。清算人了结了清算事务时,清算终结。自办理注销登记之日起,清算中的法人消灭。

（李仁玉　陈　敦）

qingshi bianqian
情势变迁（change of circumstances；拉丁 clausula rebus sic stantibus）　又称"情势变更",大陆法的概念。与英美法"合同落空"概念相类似。指合同在有效成立以后,非因当事人双方的过错而发生情势变更,致合同不能履行或者如果履行会显失公平,根据诚实信用原则,当事人可以请求变更或解除合同。情势,是指作为法律行为的成立基础或环境的一切客观情况。变更,是指在合同履行中,合同赖以成立生效的环境或基础发生剧变。情势变更强调依法生效的法律行为因其成立基础或环境的客观情况受到意外破坏而导致了重大实质性变动,此种变动是由于外界因素而非由当事人事由而导致发生的。如物价的异常波动、货币的严重贬值及政府的干预等各种因素。与不可抗力不同的是,情势变更适用于合同仍可被履行的情形,发生合同可以履行而因情势变更而不履行的情况。不可抗力则是适用于合同不能履行的情形,或称履行不能。在大陆法系国家,将这两种情形区分开来分别加以规定。而英美法系的合同落空则包含了合同可被履行和不能履行的各种情况,即不可抗力也被作为导致合同落空的原因之一。因此,相对而言,合同落空范围比情势变更更加广泛。

　　情势变更的历史发展　一般认为起源于12、13世纪的注释法学派的著作《优帝法学阶梯注解》,其注释认为合同常包含着一种默示条件,即有"若情事依同样的状态继续存在"的默契,称情事不变条款。此条款规定合同的效力在缔约时的情势继续存在的条件下是有效的,情势不变则合同继续生效,一旦情势发生变迁,则使合同归于无效。在16、17世纪,情势变迁条款由于受自然法思想盛行和推动的影响被广泛使用,甚至有滥用的趋势。至18世纪后期受到立法者和法学家严厉批评和防范,基本在立法及学理上予以否定和抛弃。20世纪初期至中期,由于两次世界大战造成了剧烈的社会动荡以及资本主义国家的经济危机的影响,致使现实社会中许多合同的履行受到极大影响,大陆法系国家借鉴历史上的情势不变条款理论,提出了情势变更原则,并规定其可作为法院裁判修正契约效力的理由。英美法也创立了合同落空理论。情事变更理论已成为当代债法及合同法中最重要的法律原则之一。《法国民法典》第1148条规定:如债务人因不可抗力或不测事变,不能履行其承担的给付或作为的债务,或者违约进行对其禁止之事项,不引起任何损害赔偿责任。《德国民法典》第323条规定了"不可归责的不能",将情势变迁作为丧失给付请求权的原因之一。我国《民法通则》、《合同法》确认了公平、诚实信用等原则,而情势变更正是公平原则、诚实信用原则的具体化,因此在我国适用这一原则,亦符合我国立法的基本原则的精神。

　　情势变更的适用条件　一般认为,情势变更的适用应符合以下几个条件:(1)具有情势变更的客观事实。(2)情势变更发生在合同生效以后,履行终止前。(3)情势变更的情况是当事人所无法预见和防止的。当事人对情势的变更无法预见,也无法防止,表明当事人对情势变更的发生没有过错。(4)因情势变更使原合同的履行显失公平。情势变更发生后,如继续履行合同,将使当事人间利益严重失衡,违反公平和诚实信用原则。(5)情势变更原则的适用,须由法院作出裁判,当事人不能自行决定情势变更的适用,情势变更也不当然导致合同的变更和解除。为此需要当事人在发生不可预见的情势后进行交涉。如《国际商事合同通则》第6.2.3条第1款规定:若出现艰难情况,处于不利地位的当事人有权要求重新谈判。但是,提出此要求应毫不延迟,而且应说明提出要求的理由。

情势变更适用的后果 其后果包括两个方面:一是变更合同;二是解除合同。前者包括:减少债权债务、延期分期履行、特定标的物的变更、拒绝先为给付等。后者是在无法变更的情况下或变更后也不能够排除不公平后果时适用,包括解除合同、拒绝履行、分摊损害赔偿等。

(万 霞 张平华)

qingqiu faxing fuben guanxi
请求发行复本关系(relation of requesting for issuing bill in a set) 即为了增强票据的安全性和便利票据的流通,汇票持票人请求发票人发给汇票复本的关系。

根据票据法原理,汇票持票人行使其汇票权利时必须提示汇票。如果持票人所持汇票遗失或隔地提示时迟误,势必会给持票人带来损失。在发行复本的情况下,持票人可以利用复本来避免这种损失发生,从而使票据权利的安全性大大加强。同时,当持票人的住所与付款的住所相距甚远时,持票人可将复本之一用于向付款人为提示承兑而将其余复本为背书而转让,从而加强票据的流通性。

复本制度仅适用于汇票。本票与支票因都属单张票据,故不能适用票据法有关复本的规定。大多数国家票据法都对汇票的复本制度作有明确规定。《中华人民共和国票据法》虽未规定复本制度,但在票据实务中亦采肯定态度。其中,以发行复本的目的为标准,可将复本分为安全复本与便利复本。安全复本是指为了防止汇票的丧失而发行的复本。便利复本是指为了方便汇票流通而发行的复本。

请求发行复本关系中的请求人为收款人和其他持票人。但在下面两种情况下收款人或其他持票人无权请求发行复本:(1)丧失汇票原本的;(2)汇票被法院除权判决宣告无效的。由于复本是汇票的复制,与汇票原本具有相同的效力。发行复本的行为是基本票据行为(出票行为)的延续,故复本的发行权属于汇票的出票人。非出票人不得发行复本。在收款人请求发行复本时,收款人可直接向出票人请求,出票人经其提示汇票原本后,按其需要制成复本并将复本付给收款人后,复本发行即告完成。请求发行复本后,由于每一份复本都是一份完成的汇票,都可单独地用来表示其汇票关系。每一份复本都体现同一汇票关系,因此就其中一份复本所为的行为,对其他复本也发生同样的效力。

(胡冰子)

qingqiu jiaohuan fuben guanxi
请求交还复本关系(relation of requesting for returning bill in a set) 即汇票复本持票人请求复本接受人交还复本的关系。

(胡冰子)

qingqiu jiaohuan piaoju guanxi
请求交还票据关系(relation of requesting for returning negotiable instrument) 即票据付款人付款后向持票人行使交出票据请求权而发生的关系。

当付款人为全部付款后,持票人应将汇票交还给付款人。否则,汇票再流通至善意第三人之手时,付款人仍要负责任,这对其显然不公平。《中华人民共和国票据法》第55条规定:持票人获得付款的,应当在汇票上签收,并将汇票交给付款人。持票人委托银行收款的,受委托的银行将代收的汇票金额转账收入持票人账户,视同签收。这表明,持票人负有签收和交还汇票的义务,而付款人在付款后有权要求持票人签字和收回汇票。

在实务中,汇票的付款人向持票人作正当付款之后,付款人一般均要求收款的持票人在背面签字作为收款证明并收回汇票,注上"付讫"字样,并可要求持票人出收据。此时汇票就注销了,不仅付款人解除了付款义务,所有票据债务人的债务都因此消灭。

(胡冰子)

qingqiu jiaohuan yuanben guanxi
请求交还原本关系(relation of requesting for returning original bill) 即汇票的誊本持票人请求原本接受人交还原本的关系。誊本是指汇票持票人依据汇票原本而作成的誊写本。俗称"草票"。誊本仅是汇票的补充,不能产生独立的汇票效力。在誊本上只能为背书行为或保证行为,且仅适用于汇票与本票,所以请求交还原本关系也仅存在于汇票和本票之上。誊本的非独立性决定了持票人原则上必须以汇票原本行使追索权,而不能仅凭誊本进行追索。但当为提示承兑送出原本的接收人拒绝将原本给持票人时,持票人可以在作成拒绝交还原本证书证明其曾向原本接收人请求交还原本。

(胡冰子)

qingqiuquan
请求权(right of claim) **请求权之意义** 得请求他人为一定行为(作为或不作为)的权利。此种权利的权利人不得直接使权利发生作用,亦即不能直接取得为此种权利内容之利益。权利人只得请求他人为一定行为,而由其行为间接取得其利益。在隶属权,请求权为其重要内容,因为此种权利可使他人负担为特定行为之义务。至于形成权,则无待于他人的协助,只须权利人的单方行为,即可达到目的,他人于容忍其单方行为所引起的权利变动,并受其拘束外,不需权利人另有任何作为,故形成权不足以成为请求权的基础权利。

请求权的沿革 请求权的观念,系德国普通法时代学者温德夏从罗马法上的诉权中发展而来。此前在观念上,请求权和诉权不分,关于诉权的本质,大体上有两种议论:其一,以此为由侵害权利所发生之独立权利,与英美法上救济权的思想,颇为吻合。其二,以此为权利之附属物,非为独立的权利,故其非与权利同时发生,在权利被侵害以前,仅与以诉权存在之动机;至实行诉追,而实现其权利。两说虽有差异,然于认为请求权和诉权为一体,对于相对人之关系,与对于法院之关系,不可分离一节,却如出一辙。迨至1856年,温德夏在《从现代法的观点看罗马法的诉权》一书中,始分别诉权和请求权,一为对于国家请求保护的公权,一为对私人的私权。前者学者间或称之为权利保护请求权或判决请求权,与私权中的请求权,性质不同。虽然构成请求权内容的行为,义务人不为履行或不为完全之履行时,权利人得依诉讼方法,提起给付之诉,取得执行根据,强制其履行。故凡属请求权,均得以诉讼主张之,此谓之请求权之可诉性,或称为私法上的诉权,以为公法上诉权的对称。

请求权的观念 其一,请求权有由物权产生者,有由债权产生者,然这些请求权与其基础权利,非为同一,不论基础权利的性质如何,凡有得对他人请求作为或不作为之内容者,一概称为请求权。其二,请求权不能独立发生,以基础权利之存在为前提。然一经发生,即有其独立之存在,不必与其基础权利同其命运,故有基础权利存在,而消灭其请求权者,又有请求权离开基础权利而独立让与者。

请求权的类别 请求权,有由物权而发生者,有由债权而发生者。前者称为物权的请求权,后者称为债权的请求权。所谓物权的请求权,不限于由物权(基础权)而发生,即由其他支配权为基础所生请求权,亦包括之。例如,由人格权、亲属权所生之请求权,广义言之,亦有物权的请求权之意味。物权只有受侵害或有受侵害危险之情事发生时,而生回复之圆满状态,或其支配力为内容请求权。就中有基于所有权者,有基于占有者,即返还请求权、妨害除去请求权、危险预防请求权。此种权利,或称为物上请求权,其与物权之关系,或以之为物权的效力,而不以之为独立的权利;或以之为由物权所发生之独立的权利。惟物上请求权以要求他人之积极的行为为内容,而物权本身则不然,故通说以之为带有准物权性质之特种请求权。物上请求权,以物权人因失其对物支配之圆满状态而发生,初不以侵害者之行为有不法原因为要件;若物权受到不法侵害时,更生损害赔偿请求权,此请求权乃纯粹的债权,与物上请求权不同。所谓债权的请求权,每易与债权相混同。债权之效力由两方面而成:一为积极的对债务人请求给付;二为消极的保持债务人所为之给付。由于通常只注重于其积极方面,而第二种效力又为当然之事理,故常常将两者混为一谈。但在我国诉讼时效之客体既为请求权,自应将请求权与其基础权利债权相区别。而在罗马法及法国民法上有所谓自然债务,其与请求权之区别,更为明显。盖在自然债务,仅有消极方面的作用,而无积极方面的作用,故债权人没有进而为请求之权利,既无请求权,即不得提起给付之诉;但债务人如果愿为给付,其债权仍生给付保持之效力,此即无请求权之债权。应予指出的是,请求权虽非债权,但因与债权关系密切,故凡对债权可以适用之条文,于请求权准用之。

请求权的客体 请求权的客体即义务人的行为,其行为有为纯粹动作的场合,也有涉及物或其他客体的场合,前者谓之给付,后者包含之物或其他客体,谓之给付之客体。给付则可分为作为与不作为。作为请求权以义务人之作为为客体,其行为有一次终了者,有于一定期间内继续者,又有于一定期间内循环反复者。后者究竟发生一个抑数个请求权,应视其发生原因而定。若其原因单一,则其发生之请求权也为单一,但对于请求权之基础权利,亦须注意,如以一行为外形上纵为单一,却因此损及数个基础权利,则有数个发生原因,产生数个请求权。其在分期给付或按期给付之请求权,为一个抑或数个,也不能纯就外形上永远是否单一来判断,应依各种情事解释而决定之。不作为请求权以义务人之不作为为客体,其给付样态、请求权的单复,参照上述。

请求权的产生 此关乎诉讼时效之计算。请求权之产生,在绝对权则为妨碍权利之事实存在之时;在债权,原则上凡能即时要求者,此可以即时要求给付之时,当亦为请求权发生之时。反之,若有债权而不能即时请求给付,请求权亦不能即时产生。因此对于给付,如已能即时要求,事实上即可不问权利人行使其权利与否,其请求权必早成立。权利人之意思表示,只为请求权之行使,而无关于请求权之成立;故此意思表示发出之迟早,不足影响请求权成立之时间。亦有请求权必在意思表示之当时始告成立者,此时,请求权成立之迟早,即须依意思表示之提出以为决定。例如,因终止、解除或撤销契约而产生之回复原状请求权,此请求权须俟各该意思表示提出之后始行产生。

请求权的行使 请求权之行使,即由权利人对义务人发出以某种给付为内容之意思表示,以求义务人之实行。权利人此种要求,可由自己提出;也可以依诉讼方法行使,盖权利人可以借此加强其提出行为之效力。但有少数请求权,不得据为向法院起诉之张本,例如,婚约之请求权。请求权一般皆有可诉性,从而可依诉讼方法行使,但请求权之行使,与径行起诉,略有不同:(1) 一般人请求对方给付,并无即行起诉之必要。(2) 起诉之目的非仅在请求相对人行为或不行为,例如在确认之诉与权利变更之诉,当事人即无请求对方给付之事实。(3) 权利人请求给付,也可以在诉讼外以催告方式为之;即使经过法院,也可以在通常之诉讼程序外,依督促程序、送达支付命令等特别方式为之。请求权之行使乃在要求对方给付,于对方提供圆满给付时,该请求权通常因一次行使即告消灭。如对方不给付,请求权人仍可继续不断行使,此与有连续更番产生请求权的情形不同,前者当事人只在重复行使其原已产生之请求权而已。

请求权的保护 请求权一届履行期,即可行使,惟及期行使,非请求权之成立要件,于履行期到来前,仍有请求权之独立存在,不过在履行期到来之请求权,伴以保护此请求权的诉权而已。应注意者,在外国法上,即使在履行期未到来之请求权,具备一定要件时,亦得提起给付之诉,请求义务人将来及期履行之判决,在诉讼法上并有配套之制度,即特别保护请求权。

请求权的消灭 请求权的消灭原因甚多,如对方为圆满给付、罹于诉讼时效、基础权利消灭等,均属之。其中,不论其基础权利为何,请求权共通的特别消灭原因,称为请求权的竞合。即在同一当事者间,于同时生有同一目的之多数请求权,例如,因物之侵夺生所有权之返还请求权,占有之返还请求权,与对于侵权行为之回复原状请求权三种。请求权同时存在,然其经济上的目的则一,故行使一请求权而达其目的时,其他的请求权即归于消灭。出现请求权选择性竞合时,亦同。参见请求权的竞合条。　　　　　　　(张　谷)

qingqiuquan de jinghe
请求权的竞合 (德 konkurrenz von anspruechen) 多数关于请求权成立的法律规定,规范同一个生活事实,或者同一个生活事实充分两个以上关于请求权之成立规定的构成要件时,即出现请求权之竞合。此时,对于该事实应如何适用法律,即成为问题;究竟是只能适用其中一种规定(从而只发生一个请求权),还是此数个规定均可适用(从而发生数个请求权);倘若可以发生数个请求权,则此数个请求权,究竟是只能行使其中之一,还是均可并行不悖;倘若已发生且可一并行使之请求权,究竟是只能满足其中之一,还是均可满足。对于上述问题的解答,有赖于对请求权竞合原因之分析。而基于对上述问题的不同回答,则形成请求权竞合的不同形态。

一是请求权竞合现象之发生,肇因于法律规定之抽象性,以及抽象的构成要件的事实特性(非规范性),从而不同的法律规定的要件要素,势必存在重合或包含的情形。如果仅仅是重合,其适用不互相排斥;如果是包含,于有疑义时,特别是数规定之法律效力不能并存时,则包含其他规定之要件要素者为特别法,受包含者为普通法,依特别法优于普通法的原则,应适用特别法,从而只发生一个请求权。学说上称为法条竞合。有学者称之为排斥性竞合。例如,国家机关工作人员执行职务而有侵权行为时,《中华人民共和国民法通则》第 121 条即为第 106 条之特别法。

二是不同法律规定的要件要素,虽然存在一个规定包含另一个规定的情形,倘其法律效力在存在上并无排斥性,惟于行使上有排斥性或选择性,则就各该规定成立之请求权或形成权(有些请求权之发生即系于形成权之行使),权利人只能择一行使。此为替代性竞合或选择性竞合。例如,《中华人民共和国合同法》第 110 条之继续履行请求权与第 94 条、第 97 条之解除权和解除后的损害赔偿请求权,第 111 条对质量不符的给付之更换请求权与减价请求权,第 116 条之定金请求权与违约金请求权,为其著例。

三是不同法律规定的要件要素纵有重合或包含之情形,倘其法律效力不仅在存在上,而且在行使上亦无排斥性或选择性,则权利人基于各该规定得成立数请求权,其给付目的不同时,并得同时或先后累积行使。此为累积性竞合,又称请求权聚合。其实,这种情形下,相关规定的要件要素间并非重合或包含关系,而是处在交集状态。例如,依《中华人民共和国合同法》第 112 条或第 114 条第 3 款,对于迟延履行的债务人,债权人除请求继续履行外,还可以请求迟延的损害赔偿或迟延违约金;依第 97 条,于解除合同后,债权人可以要求恢复原状、采取补救措施,并有权要求损害赔偿;因过失责任或危险责任致人伤害并造成严重精神损害的,则受害人得同时主张财产损害赔偿和精神损害赔偿。

四是不同法律规定的要件要素处在交集状态,因其竞合之请求权的给付目的相同,致其法律效力在行使上虽无排斥性或选择性,但为避免重复满足,而不得重复或累积行使者,构成请求权竞合或请求权规范竞合。究竟是请求权竞合,还是请求权规范竞合,因学说与竞合的规定之规范意旨而有不同看法。传统见解将之一概论为请求权竞合。后来基于诉讼经济的考虑,诉讼标的理论之需要,原则上作为请求权规范竞合处理;仅于数规定有其个别的不同的法规意旨,而不宜作为请求权规范竞合处理时,才作为请求权竞合处理。如果论定为请求权竞合,则构成在存在上互相独立,但不能重复满足之数个请求权。至于数请求权之关系,尚有请求权自由竞合说与请求权相互影响说。请求权规范竞合理论虽也注重于数规定涉及的请求权之关系,终因其不承认数请求权之存在,从而成为与请求权竞合对立之理论。学说上认为应构成请求权竞合,例如,租赁合同终止后,出租人基于所有权有所有物返还请求权,基于租赁合同有债权性租赁物返还请求权,甚至因对方无权占有,而有不当得利返还请求权。新债抵旧时,新的无因债权请求权与旧债请求权。这些请求权满足其一,即消灭其余。实则,此数个请求权并非完全基于同一个事实而发生,加之交易上有分别处分之需要(如出租人为履行新的租赁合同,先将租赁物占有返还请求权移转与甲,嗣后为移转租赁物所有权而将所有物返还请求权让与甲),实体上尚不宜将数请求权化约为一个请求权。

五是如果论定为请求权规范竞合,同一事实虽足以充分数规定的构成要件要素,但只能产生一个请求权,不过此单一请求权有数个不同的规范作为基础而已。因此,在实体关系上可以避免请求权竞合的情形下,因数请求权之分别处分所带来的困扰,在诉讼上也只构成一个诉讼标的,只有在作为该诉讼标的实体根据的数规范全都不成立时,法院始得以无理由驳回之。但竞合的数规范间,在构成要件(如主观要件、诉讼时效)、法律效力方面都须互相调和,免除矛盾。学说上认为应构成请求权规范竞合的,其类型主要有:因合同项下保护义务违反与侵权行为所生之损害赔偿请求权(《中华人民共和国合同法》第 122 条),例如,购买产品的消费者(即受害人)因产品存在缺陷造成缺陷产品本身损害,或缺陷产品以外财物损害(即财产损失)的,对于生产者或有过错的销售者(即侵害人),要求恢复原状或者折价赔偿,受害人因此遭受其他重大损失的,侵害人应当赔偿,故购买者与销售者间纵有合同关系,就缺陷产品本身的损害部分,其可以与缺陷产品以外财物损害,一并主张,不必另以违约起诉,且时效为 2 年(《中华人民共和国产品质量法》第 44 条第 2 款、第 45 条);因数个侵权行为规定、或数个合同规定、或数个不当得利规定所生之请求权;因不当得利与无因管理、解除合同、侵权行为等发生之请求权,例如,因第三人自无权处分人处善意受让致权利消灭的,权利人除得请求无权处分人返还不当得利外,于处分人之故意、过失导致的其他损害,仍有侵权损害赔偿请求权。

(张 谷)

qingqiuquan guifan jinghe shuo

请求权规范竞合说(德 Anspruchsnormenkonkurrenz) 民事责任竞合的一种学说。该说认为,不侵害他人权益的一般义务因合同上的特别义务而强化和具体化,但决非双重化,债务人基于违约或不法行为所违反的仅是一个义务,故一个事实同时符合违约行为和侵权行为两个要件时,仅产生一个请求权,此请求权兼具合同与侵权行为两种性质,只能履行一次、一次起诉、一次让与。但其请求权具有两个法律基础,一为合同关系,一为侵权关系,请求权的内容应综合各个规范而决定,债权人可主张对自己有利的法律效果;但法律有特别规定时应适用法律的特别规定。

(张平华)

qingqiuquan jinghe shuo

请求权竞合说(德 Anspruchskonkurrenz) 民事责任竞合的一种学说。请求权竞合说认为,不侵害他人权益的一般义务和合同上的特别义务,系两个独立的法律义务,故一个事实具备侵权行为和违约的要件时,可以发生两个并存的请求权。此说又分为请求权自由竞合说与请求权相互影响说。前者认为债权人就两个请求权可以择一行使,其中一个请求权已达目的而消灭时,另一个请求权也随之消灭;但如果一个请求权因其他原因无法行使或消灭的,另一个请求权仍然存在;两个请求权既然相互独立,故债权人不妨为分别处分或为让与。后者认为两个请求权具有相互影响的作用,合同法上的规定可适用于侵权行为所生的请求权,反之亦然。例如,债务人依法律规定仅就故意或重大过失负责时,此责任限制在侵权行为也应适用;法律对于违约行为的请求权规定的短期时效,对侵权行为的请求权也应适用;对人身损害受害人基于侵权行为可以主张较广的赔偿,对基于合同所生的请求权也应适用;法律规定的因故意侵权所发生的债务,债务人不得主张抵消,此限制在故意违约时也应适用。请求权相互影响说为德国学者及判例的通说。请求权自由竞合说认为基于同一事实可发生两个独立的请求权,债权人可择一行使,易于适用,但其可能会使法律特别减轻债务人注意义务和关于短期时效的规定成为具文;且其认为债权人可任意处分两个请求权,可能会造成诉讼上的困扰,因此受到学者的批评。而请求权相互影响说既承认两个请求权的相互作用,事实上也就已经放弃两个请求权独立并存的概念。

(张平华)

qiongkun kangbian

穷困抗辩(donor's hardship defense) 赠与合同中赠与人享有的一项拒绝履行赠与义务的抗辩权,我国台湾地区民法上称之为穷困抗辩权。《中华人民共和国合同法》第 195 条规定:赠与人的经济状况显著恶化,严重影响其生产经营或者家庭生活的,可以不再履行赠与义务。该条规定的拒绝赠与履行权即为穷困抗辩。穷困抗辩的构成要件为:(1) 须赠与人的经济状况显著恶化。赠与人一般都是在其经济状况允许的情况下才订立赠与合同的,如果赠与合同订立后,赠与人的经济状况显著恶化,以至于无力继续履行合同,或履行合同将使其经济状况进一步恶化,则根据情势变更原则,应该允许赠与人拒绝履行赠与义务。(2) 赠与人经济状况的恶化须已严重影响到其生产经营或者家庭生活。

穷困抗辩与法定的赠与撤销权不同。首先,撤销权属于形成权,其行使结果将导致赠与关系的绝对消灭,撤销权既可以在合同履行之前行使,也可以在合同履行之后行使,赠与人于合同履行后行使撤销权的,其撤销具有溯及既往的效力;而穷困抗辩则属于一种抗辩权,且其抗辩具有暂时性,并不能导致赠与合同的永久消灭,在穷困原因解除后,赠与人仍然负有履行赠与合同的义务。其次,撤销权的行使具有惩罚受赠人忘恩行为和不履行义务行为的功能,而穷困抗辩则体现了对经济窘迫中的赠与人的照顾以及双方利益的平衡。

(刘经靖 张平华)

qiuchang baozheng
求偿保证(guaranty of claim) 对于保证人将来的求偿权所为的保证。保证人在依据保证合同履行了保证义务以后,享有对主债务人的求偿权,保证人可以要求主债务人提供包括抵押、质押、保证在内的各种方式的反担保,以保证求偿权的实现。以保证方式对求偿权提供反担保的,则为求偿保证。

求偿保证具有如下特征:(1) 求偿保证所保证的是保证人的求偿权。一般保证是为主债务作保证,再保证是为保证债务作保证,而求偿保证是为保证人的求偿权作保证。(2) 求偿保证的性质为一般保证。求偿保证是在保证人与求偿保证人之间成立的,与其他保证相比,无非是保证对象为求偿权而已,从性质上说一般保证,同样具有从属性和补充性。其从属性表现为求偿保证从属于主债务、保证债务而存在,并随之消灭;其补充性表现为保证人向主债务人请求清偿而不能时,方可要求求偿保证人清偿。(3) 求偿保证系附条件的将来的保证。求偿保证债务的履行是附一定条件的,即保证人不能由主债务人处获得清偿。求偿保证可以成立单一保证,即一个保证人对求偿权所为的保证;也可以成立共同保证,即几个保证人共同对求偿权所为的保证。求偿保证可以为一般保证,即对债务人的财产强制执行而仍不能实现求偿权,才可要求求偿保证人履行义务;也可以为连带责任保证,即主合同的保证人有权要求债务人或者求偿保证人任何一方履行义务,以使自己的求偿权得以实现。同时,求偿保证亦可仅就部分求偿权为保证。

(奚晓明)

qude shixiao de zhongduan
取得时效的中断(interruption of prescription) 是指取得时效进行中,有与取得时效基础相反的事实发生,使已进行的时效期间全部归于无效的制度。取得时效的基础是继续存在的一定事实状态(占有)。时效进行期间,若有与该基础不相容的事实发生,则时效中断,已经进行的时效期间也归于无效,于中断事由终止时,时效期间重新起算。比如《法国民法典》第 2243 条规定:占有人被所有人或第三人剥夺其占有物的享用达 1 年以上者,即为自然的中断。

(方志平)

qude shixiao de zhongzhi
取得时效的中止(abatement of prescription) 又称取得时效的停止或取得时效的不完成。指的是因法定事由导致取得时效期间的进行暂时停止,但该法定事由发生前已经经过的取得时效期间仍保持其效力,待取得时效停止的法定事由消除后,取得时效再恢复进行,并将中止前已经经过的期间与其后恢复进行的期间合并计算。比如我国台湾地区《民法》第 139 条规定:时效之期间终止时,因天灾或其他不可避之事变,致不能中断其时效者,自其妨碍事由消灭时起,1 个月内,其时效不完成。又比如《日本民法典》第 161 条规定:于时效期间届满之际,因天灾或其他不能避免的事变,致不能中断时效时,自其妨碍消灭之时起 2 周内,时效不完成。

(方志平)

quwu zhaiquan
取物债权(credit of retrieval real) 大陆法系的概念。债权人根据契约或法律的规定所享有的可以从特定的当事人处取得某物或占有某物的债权。相对于物权而言,取物债权被视为一种对人的"间接物权"。如《法国民法典》规定的"买回权",确认出卖人可在合同中通过保留返还价金等方式买回其已卖出之物的权利。

(万 霞 张平华)

quwuzhizhai
取物之债(拉丁 obligatio ad rem) 大陆法系概念。可以从特定的当事人处取得某物或对某物的占有的契约或债务。其中的债权称为取物债权,相对于物权是一种对人的"间接物权"。

(张平华)

quanbu baozheng
全部保证(full aval) 是指对票据金额的全部所作的保证。

(王小能)

quanbu buneng
全部不能(德 totale Unmöglichkeit) 法律行为标的全部不能实现,一部不能的对称,如房屋已全部烧毁,该房屋的租赁契约根本不可能实现。法律行为的标的如全部、自始、客观不能,则法律行为无效。法律行为的标的如全部、嗣后不能,则可免除行为人的履行责任,但如存在可归责于行为人的原因,行为人应承担损害赔偿责任。 （李仁玉 陈 敦）

quanbu chengdui

全部承兑(absolute acceptance) 全部承兑是指付款人就汇票全部金额所作的承兑。持票人持有汇票,即享有对票面金额的受领权。只有持票人获得全部承兑,其票据权利才能得到充分保障,所以,全部承兑是汇票承兑的一般原则。付款人承兑时应记载全部承兑的意旨,如未对全部承兑或一部承兑作特别说明,法律推定为全部承兑。 （王小能 胡冰子）

quanbu fukuan

全部付款(payment in full) 指支付汇票记载的全部金额的付款。 （王小能）

quanbu fukuan de xiaoli

全部付款的效力(effects of payment in full) 付款人对汇票金额全部支付后在票据关系当事人之间产生的法律后果。在不承认一部分付款的票据法上,付款的效力当然指全部的效力。《中华人民共和国票据法》第60条规定:付款人依法足额付款后,全体汇票债务人的责任解除。付款人依法全部付款后,所有汇票债务人的责任全部解除,汇票关系结束。 （王小能）

quansunxian

全损险(total loss insurance) 保险人依约对保险标的物因为海上危险而发生全部灭失或其本质上受损坏而不能回复原状承担保险责任的海上保险。

依照英国海上保险法的规定,全损可以分为实际全损和推定全损。我国海商法对之亦有相应的规定:(1)保险标的发生保险事故后灭失,或者受到严重损坏完全失去原有形体、效用,或者不能再归保险人所拥有的,为实际全损。(2)船舶在合理时间内未从被获知最后消息的地点抵达目的地,除合同另有约定外,满两个月后仍没有获知其消息的,为船舶失踪。船舶失踪视为实际全损。(3)船舶发生保险事故后,认为实际全损已经不可避免,或者为避免发生实际全损所需支付的费用超过保险价值的,为推定全损。(4)货物发生保险事故后,认为实际全损已经不可避免,或者为避免发生实际全损所需支付的费用与继续将货物运抵目的地的费用之和超过保险价值的,为推定全损。

保险标的物构成全损,应当符合两个条件:(1)全损必须是海上危险直接造成的损害;(2)全损为保险标的物的利益的全部灭失或者视同全部灭失。在发生全损时,被保险人可以按照保险金额请求保险人赔偿。 （邹海林）

quanli benwei

权利本位(德 Recht-Orientierung) 义务本位的对称。法律本位演进的第二期。法律以义务为本位后,个人主义逐渐发达,法律遂由义务本位时期进于权利本位时期。持权利先在说者认为,法律为规定权利的工具,以法律学为权利之学。持法律与权利同时存在说者认为,法律为客观的权利,权利为主观的法律。 （张 谷）

quanli de bingcun

权利的并存(德 konkurrenz von rechten) 数个权利有同一目的,依其行使发生同一结果时,谓之权利之竞合或并存。在支配权,权利人通常现实地支配其客体,惟依外部保护而得享受其利益,而在请求权、能权、担保物权,有引起将来可为权利人利益的结果之命运。此等权利间往往发生并存之现象。(1)请求权之并存。就一个给付,有数个请求权之并存,而得依其中任何之一请求给付时,谓为请求权之竞合或并存。此现象有发生于数人请求权之间者,如连带债权。一般称为请求权之并存者,谓同一权利人对于同一义务人有同一内容之数个请求权。满足其一,即消灭其余。关于其他各点,各请求权相互独立,各自单独消灭或罹于时效,得同时或顺序行使。有数个物上请求权之并存,如所有人占有被侵害时,占有返还请求权与所有物返还请求权之并存是;有物上请求权与债权请求权之并存,如租赁关系终了时,所有物返还请求权与基于租赁之返还请求权是;有数个债权请求权之并存,如新债抵旧时,新的无因债权请求权与旧债请求权是。(2)其他权利之并存。能权亦得并存,如代理权与处分权之并存,数个消极形成权之并存(如受诈欺而订立之合同,利害关系人既有撤销权又有解除权是)等。此时行使一权利,其他权利因为目的之达到而告消灭。对于同一请求权,有数个抗辩权,或在担保同一债权之数个质权、抵押权之间,也有并存关系。 （张 谷）

quanli diya

权利抵押(mortgage of right) 是以不动产用益物权和具有不动产用益物权性质的权利为标的而设立的抵押权。《中华人民共和国担保法》第34条明确规定:抵押人依法有权处分的国有土地使用权、抵押人依法承包并经发包方同意抵押的荒山、荒沟、荒丘、荒滩等荒地的土地使用权可以设定抵押。权利抵押和权利质都是以财产权为标的而成立的担保物权,但前者的标的是不动产用益物权和具有不动产用益物权性质的权利,如地上权、土地承包经营权、典权、采矿权、渔业权、林业权等权利;后者则是诸如债权、股权和知识产权等权利。此外,附随主债权的担保物权,如抵押权、质权、留置权等可以一并成为权利质押的标的,而不能成为权利抵押的标的。

(申卫星)

quanli lanyong

权利滥用(德 missbrauch des rechts;法 abus du droit) 即权利人行使权利而超越法律上所规定之适当范围,换言之,权利行使行为超脱权利存在之社会根据。权利之行使,如超脱权利存在之社会根据,必妨害公共秩序善良风俗以及诚实信用原则,故法律上对于滥用权利之人,必加以绝对的制裁。《德国民法典》第226条特别规定:权利之行使不得以损害他人为目的。盖权利之行使,原则上固宜任权利人之自由,然如不加限制,则致滥用,流弊实多,法律设此种规定,亦即所以保护权利行使之主旨。

(张 谷)

quanli maimai

权利买卖(sales of intangible property) 货物买卖的对称,买卖合同的标的物不是有体货物的所有权,而是取他的财产权利。如土地使用权出让合同。在英美法系,买卖合同限于有体货物买卖;在大陆法系买卖合同不仅包括货物买卖还包括权利买卖,如《日本民法典》第555条规定:买卖,因当事人相约,一方转移某财产权于相对人,相对人对之支付价金,而发生效力。我国合同法上的买卖合同不适用于权利买卖。权利买卖可以类推适用合同法上买卖合同的规定。参见买卖合同条。

(张平华)

quanli nengli de kaishi

权利能力的开始(the beginning of capacity for civil rights) 权利能力的起始时间。依照《中华人民共和国民法通则》的有关规定,自然人的民事权利能力始于出生。因出生这一自然事实的完成,自然人当然取得民事权利能力,无须履行其他手续。户口登记不是自然人取得民事权利能力的要件。法人的民事权利能力始于法人成立。其他组织的民事权利能力始于成立。

(李仁玉 陈敦)

quanli nengli de xiaomie

权利能力的消灭(the termination of capacity for civil rights) 权利能力的终止时间。依照《中华人民共和国民法通则》的规定,自然人的民事权利能力终于死亡,包括自然死亡和宣告死亡。法人的民事权利能力终于法人资格的注销。其他组织的民事权利能力有的终于注销登记,如个人独资企业、合伙企业,有的终于任务的完成,如临时合伙。

(李仁玉 陈敦)

quanli qinhai shuo

权利侵害说(theory of damage to rights) 相关关系说的对称。主张对加害行为违法性的判断以加害人的行为是否对当事人合法权利构成侵害为标准的学说。该理论盛行于日本新民法典制定后初期。《日本民法典》第709条规定,因故意或过失侵害他人权利时,负因此而产生损害的赔偿责任。与《德国民法典》第823条规定相比,《日本民法典》的规定有下列两个特色:第一,以"权利"一词代替了《德国民法典》对权利种类的具体列举;第二,不明文规定加害人行为的不法性是一般侵权行为的构成要件。但是,受德国法学的影响,日本学者主张一般侵权行为的构成要件包括:故意或过失;权利侵害(违法性);损害事实;责任能力;因果关系。起初,只有法律明文或习惯规定的权利受到侵害才有可能构成侵权行为,否则,即使加害人的行为明显违反法律正义,也不能判加害人有侵权行为。学说上认为,权利侵害就是对行为违法性的另一种表达,但采用加害行为违法性要件不仅可以涵盖权利侵害这种典型的加害行为,而且可以将违反善良风俗、违反法规的行为一并涵盖,从而极大地扩展了侵权行为法适用的范围,适应了社会发展的需求。同时,理论界也有学者认为,为解决可能存在的侵权行为法保护范围过窄的弊端,可以通过扩张解释《日本民法典》第709条规定的权利,将利益也包括在受法律保护的权利范围中(权利扩大说),并认为该说没有采纳加害行为不法性说从而不会违反现行法的规定。参见相关关系说条。

(张平华)

quanli waiguan shuo

权利外观说(theory of right appearance) 是指以交易当事人行为的外观为准,而认定其行为所产生的法律效果。在德国法中称为"外观法理",在英美法系中称为"禁反言"。法律行为完成后,出于对交易安全的保护,原则上不得撤销。权利外观说在票据上表现为对票据行为的解释,应遵循外观解释原则,只能就票据上记载的文字解释,又如在公司法上,公司法定代表人的行为视同公司的行为,即使法定代表人的行为超越了公司章程的授权,只要相对方是善意的,此行为也是有效的,即"越权有效"原则。

(杨 璐)

quanli wuquan
权利物权(right in rem in right) 以权利作为客体的物权,即权利物权。在我国现行的民事立法上,权利物权主要包括权利质押权和权利抵押权等。 (王轶)

quanli xingshi
权利行使(exercise of right) 免责事由的一种。权利人实现其权利的行为。包括公权行使、私权行使两种。行使权利的行为原则上应该构成侵权责任免责事由。然而,无论何种权利的行使均应受合理的限制,如果行为人滥用权利,其行为不得成为免责事由。基于公法上职责或权利之权利行使包括行使公权力、因主管机关之职权行为或正当授权行为、依据合法有拘束力之命令等;行使公权利造成他人损害必须符合下列条件才能成为免责事由:(1)行为人具有合法授权;(2)行使权利的程序合法;(3)造成损害是执行职务所不可避免的或必要的。行使私权利的行为包括基于物权及占有、基于合同债权、基于父母及监护人之惩戒权等权利的行使行为。

行使私权利造成他人损害必须符合下列条件才能成为免责事由:(1)合法并遵守诚实信用等民法基本原则;(2)未滥用权利。我国学者并没有使用"权利行使"这一术语,有的学者将依法行使职责与执行职务的抗辩称为"依法履行职务"或"职务授权行为",按这一观点依法履行职务包括:国家机关工作人员行使职务活动造成的损害;合法执行职务行为导致的损害,如医生动手术截肢;公民自动依法维护公共利益和公共秩序的行为等。有的将权利行使称为"依法行使权利与执行职务",其中前者主要指行使私权的行为,后者指执行职务行为。 (张平华)

quanli yongyiquan
权利用益权(德 nießbrauch an rechten) 《德国民法典》(第1068条至第1084条)中规定的用益权形态之一,指在物的所有权之外的其他民事权利上设立的用益权。权利用益权主要是通过对这些权利的占有而取得其法定孳息,例如,通过占有债权而取得债权的利息,通过占有有价证券而取得其分红。权利用益权人并不是直接享有该项权利,他不能处分该项权利,而是通过对该项权利的占有取得该项权利的利益。 (钱明星)

quanli zhiquan
权利质权(德 pfandrecht an rechten) 是指以可让与的财产权为标的而成立的质权。质押制度产生之初仅有动产质押一种,动产质押以其留置质物和优先受偿的双重效力而达到担保目的,然而因质权人占有质物而给出质人造成许多不便。随着现代社会权利证券化的兴起,人们越来越多地接受以仓单、提单、股票、票据等权利作为质押标的的做法,这些可让与的财产权,在现代市场经济中已经与有体物具有同样重要甚至更为重要的地位,并且以其为标的物设定质押,还克服了传统动产质押要求转移标的物现实占有以致阻碍对质押物利用、收益的缺陷,权利质押由此而兴盛。权利质权的标的,必须是可让与的财产权。

在性质上,权利质权的标的具备以下条件:(1)必须是私法上的财产权。公法上的权利不可以作为权利质押的标的。私法上的财产权有物权、债权、无体财产权等能以金钱估价的权利,生命权、名誉权等人格权和与身份权有关的亲属权、继承权等,因其具有人身性质,不能作为权利质权的标的。(2)必须是具有可让与性的财产权。质权的主要效力在于其变价受偿性,无让与性的权利不能变价,也就无法实现质权的担保价值,当然不能成为权利质权的标的。权利质押的标的须为具有可让与性的财产权,此为各国立法通例。《德国民法典》第1274条规定:不得转让的权利不得设定质权。《日本民法典》第343条也规定:质权,不得以不可让与物为标的。《中华人民共和国担保法》第75条也明确规定设定权利质押的财产权须具有可让与性。不得转让的权利分为三种:一是依权利性质本身的要求不得转让的权利,如身体、名誉等被侵害而产生的精神损害赔偿请求权、养老金、退休金、抚恤金的受领权、注重当事人个性的雇佣契约债权、被人民法院禁止强制执行的债权、不作为债权等,不能作为权利质押的标的。二是依照法律规定不得转让的权利,如《中华人民共和国公司法》第147条规定发起人持有的本公司股份,3年内不能转让,公司董事、经理、监事持有的本公司股份于其在职其间不能转让;《中华人民共和国担保法》第61条规定,最高额抵押所担保的主合同债权不得转让,故这种特殊股份和债权不能作为权利质押的标的。三是当事人约定不得让与的权利,如当事人约定不得转让的票据,但当事人的这种不得转让的约定必须明示,否则这种特约的效力不能对抗善意第三人。(3)须为适于设质的权利。可让与的财产权很多,但并非都适于设定质押,就目前我国《担保法》的规定看,可以设定权利质权的财产权须是有权利凭证或有特定的财产管理机构的财产权利。权利质权的设定方式除质押合同外,有的须交付权利凭证,有的须以登记方式设定,有的以通知方式设定。权利质权的实行除可采取如同动产质权的拍卖、折价、变卖等实现方式外,还可以采取质权人取代出质人的法律地位,向入质权利的义务人直接行使入质权利,从而使自己的债权优先受偿。 (申卫星)

quanyi hebing shuo
权义合并说(theory on coalition of right and obligation) 主张股东权是一般私法上社员权的一种,是基于股东的身份所享有的权利与负担的义务,两者合并而成权利。认为股权是股东"通过认缴资本的一部分而产生的对公司的法律关系的总和"。 (梁 聪)

quanyi jiti shuo
权义集体说(theory of combination of rights and duties) 指基于股东的身份而获得的多数权利与义务的集体,而不是单一的权利,是德国权威的学说。
(梁 聪)

queding de yaoyue
确定的要约(firm offer) 英美法上的概念。在外贸业务中又称为"实盘",指不可撤销的发盘。一般发盘的发盘人从发盘后到受盘之前,可随时撤销发盘,而不需承担责任,但实盘的发盘人不能随意撤回其发盘。
(郭明瑞)

quedingqi maimai
确定期买卖(time-essential sale) 按照买卖的性质或者当事人的约定,只有在确定期限内履行合同才能实现合同目的的买卖。如为某节日购买节日礼物的买卖。其特点在于履行期限直接决定着合同目的,当事人一方迟延履行债务则致使不能实现合同目的。因此,确定期买卖,债务人迟延履行的,债权人即可解除合同。 (郭明瑞)

queding qixian
确定期限(德 gewisse zeitbestimmung) 期限事实的发生时期已确定的期限,如甲和乙约定,次年1月1日交付货物,所附期限为确定期限。其对称为不确定期限。 (李仁玉 陈 敦)

queding wuxiao
确定无效(德 entschiedene Nichtigkeit) 民事行为在行为时即确定不生效力,如违背公序良俗的行为,于行为时即确定不生效力,纵使以后因情事变迁,其标的由不合法变为合法,亦不能由无效行为变为有效行为。不确定无效的对称。 (李仁玉 陈 敦)

queren chanquan
确认产权(confirmation of title) 对产权的归属问题发生争议,处于不确定状态的时候,当事人可以向法院或者有关主管机关提起诉讼或者请求,要求确认争议财产的权属。此一项救济方式可以适用于所有权,也可以适用于其他类型的权利。确认产权的请求可以向人民法院提出,由人民法院通过民事诉讼程序对该权属纠纷加以解决;也可以向有关主管机关提出,如林权纠纷向林业主管部门提出等,惟主管机关对该权属纠纷作出的结论并不具有终局性。确认产权是一项独立的物权保护方法,无法以其他方式代替。其又是采取其他保护方法的最初步骤,产权的归属问题得不到确定时,其他保护方法也往往无从适用。如果无法根据任何一方当事人提出的证据确认该项产权的归属,法院往往根据一定的原则对该产权的归属作出推定。确认产权的请求权不适用诉讼时效的规定,即不论何时,当事人对于产权的归属问题存在疑问的,均可以请求法院加以确认。但是需要注意的问题是,如果根据该项财产的实际管理支配情况,一方当事人已经因取得时效期间届满而取得该项产权,则法院不应受理发起争议一方当事人的起诉。 (李富成)

queshi baozheng baoxian
确实保证保险(surety bond insurance) 投保人向保险人支付保险费,在被保证人因为无能力或者不履行义务而使被保险人受到损失时,以作为保证人的保险人承担给付保险赔偿金为目的而订立的保险合同。确实保证保险的投保人,以被保证人为限,被保证人的相对人为被保险人。确实保证保险主要有司法行为保证保险、行政行为保证保险和合同保证保险等三种,合同保证保险为其基本形式。

司法行为保证保险 又称诉讼保证险。为确保诉讼的正常进行而由保险人提供保证的保险。保险人对于诉讼的正常进行所承担的损失风险,主要限于三个方面,并依照保险合同的约定加以确定:担保被保释的人在规定时间出庭受审;担保承担上诉人在上诉败诉后的诉讼费用;担保由法院指定的财产保管人、破产管理人、遗嘱执行人等忠实履行其职务。

行政行为保证保险 保险人用于担保国家行政机关工作人员忠实履行职务的保险。若国家机关工作人员失职或者不能忠实地履行职务,致使国家或者他人遭受损失的,保险人依照行政行为保证保险,应当承担赔偿责任。

合同保证保险 保险人以担保债务人履行债务为目的,向被保险人提供保证而订立的保险合同。实务上,合同保证保险主要有投标保证保险、履约保证保险、预付款保证保险、维修保证保险等具体形式。履约保证保险为合同保证保险的基本形式。依照履约保证保险,保险人为担保债务人履行合同义务的保证人,债务人为被保证人,债权人为被保险人,保险人以保险合同约定的保险金额为限,对被保险人因为被保证人的违约遭受的损失承担保险责任;但是,保险人对于因为不可抗力等法定免责事由、被保证人可资援引的约定免责事由造成被保险人的损失,以及保险合同特约的保险人不承担保险责任的其他损失,不承担保险给付责任。

保险人对被保险人承担给付保险赔偿金责任的起讫期间,由保险人和投保人依据需要,在保险合同中约定。实务上,确实保证保险的期间有1个月、3个月、6个月、1年等不同期间。确实保证保险的当事人也可以约定与债务人履行债务的期间相同的保险期间。保险人仅对保险期间内发生的不履行义务的行为造成的损失风险,承担保险责任。在发生保险责任范围内的事故时,保险人应当依照确实保证保险合同的约定,向受到损失的被保险人给付约定的保险赔偿金。保险人给付保险赔偿金时,被保险人已经从被保证人处取得之利益,应当从应付的保险赔偿金中予以扣除。被保证人造成被保险人损失的,若被保险人和被保证人进行和解,应当取得保险人的同意,否则,保险人不受该和解的约束。保险人向被保险人给付保险赔偿金的,可依照保险合同的约定相应取得对被保证人的求偿权。

(邹海林)

qunhun

群婚(group marriage) 原始社会中存在于特定的群体内或群体间的一群女子与一群男子互为配偶的两性结合的社会形式。人类社会的始初阶段曾经历过漫长的前婚姻时代,后来才从并无任何限制的两性关系中逐渐演变出各种群婚制的婚姻。按照摩尔根(Lewis H. Morgan)在《古代社会》一书中提出的婚姻进化模式,群婚制的低级形式是血缘群婚,群婚制的高级形式是普那路亚群婚即亚血缘群婚。晚近以来,人类学家们对群婚制的研究获得了长足的进展,一些学者对血缘群婚、普那路亚群婚是否普遍存在,以及能否将它们视为婚姻形态演进过程的不同发展阶段等问题,提出了各种不同的见解。但是,迄今为止的种种研究成果不仅没有否定群婚制本身,反倒为群婚制存在的长期性、广泛性和具体形式上的多样性提供更多、更加充分的根据。

(杨大文)

R

ranliao tiaokuan

燃料条款(bunkering clause) 定期租船合同条款之一。其内容为：承租人应在交船港接受船舶燃料舱内的全部燃料，并支付价款；反之船舶所有人应当在还船港接受船舶燃料舱内的全部燃料，并支付价款。其价格有的按照各该港或附近加油港市价计算，也有的在合同中订明每吨价格，但是前一种方法不太明确，后一种方法计算简单却有价格风险。另一方面，为了避免燃油投机，减少因为燃油市场波动而产生不合理损益，习惯上双方对于在交还船时所存燃料的数量总是议定一个最小和最大的限额，对船上燃油量进行限制。最后，有些谨慎的承租双方还约定燃油价支付的问题，以免发生不必要的支付方面的纠纷。 （张 琳）

rangluchuan

让路船(give-way vessel) 两船会遇时须给他船让路的船舶。让路船是相对于直航船存在的，即当会遇两船中的一船属于直航船时，另一船才属于让路船。《1972年避碰规则》第18条规定了应给他船让路的有关船舶。让路船应尽可能及早采取大幅度的行动，宽裕地让清他船，使直航船对其采取的行动明白无疑，无须采取任何避碰行动。 （张永坚 张 宁）

rangyu danbao

让与担保(德 Sicherungsuebereignung) 是指债务人或第三人为担保债务人的债务，将担保标的物的权利移转于担保权人，在债务人清偿债务后，标的物返还于债务人或第三人；债务不履行时，担保权人有权就该标的物的价值受偿的担保制度。与传统担保制度是在担保标的物上设定具有担保作用的担保物权、而标的物的所有权仍然保留在设定人手中的定限性担保制度不同，让与担保是一种权利转移型担保制度，其最大的特征是，让与担保的设定人将标的物的权利移转于担保权人。因此，只要标的物具有可让与性，即可设定让与担保。

让与担保依其标的物的不同可以分为：(1) 动产让与担保，动产让与担保的设定大多以占有改定的方式进行，即在设定让与担保的同时，当事人约定担保标的物仍然由让与担保设定人继续占有。这样既担保了债权人债权的实现，又保障了让与担保设定人对标的物的使用和收益，极大地扩充了动产的担保与用益功能；(2) 不动产让与担保，即以不动产权利的移转而设定的让与担保。设定不动产让与担保，一般须以登记为要件；(3) 债权让与担保，包括以特定指名债权为标的的让与担保和以无记名债权为标的的让与担保，这在德国民法也被特别地称为担保转让；(4) 集合财产让与担保，包括以集合动产设定的让与担保，即以一定仓库或特定的场所中不断变动的商品及原材料为标的而设定的让与担保，也包括集合债权让与担保，即以企业现有和未来将取得的债权为标的设定让与担保。

让与担保依其效力不同又可以分为：(1) 处分型让与担保，即让与担保权人在债务人不履行债务时，有权处分标的物，并以其价金优先受偿的让与担保形式；(2) 归属型让与担保，即让与担保权人通过取得标的物所有权的方式来抵充自己债权的让与担保形式。归属型让与担保根据其担保权实施的具体方式的不同，又可分为当然归属型让与担保和请求归属型让与担保，前者是指当债务人不履行债务时，标的物所有权当然地归属于担保权人；后者是指当债务人不履行债务时，担保权人必须请求担保设定人交付标的物或者作出以标的物充当债务清偿的意思表示后，该标的物所有权才确定地归属于担保权人。 （申卫星）

raohang

绕航(deviation) 指船舶有意脱离约定的或者习惯的或者地理上的航线。绕航必须是明知而有意为之。在有的国家，绕航这个概念被扩大化了，除了包括偏离航线这种所谓"地理上的绕航"，还包括超载、错误交付、未经申明的甲板运输等这些严重违反海上货物运输合同的"非地理上的绕航"或"准绕航"。但在我国，绕航仅指偏离航线的行为。在海上货物运输中，由于航线的选择是海上航行中最重要的事项之一，离开特定航线，一方面可能影响船舶迅速到达，另一方面可能招致额外的风险，而且船舶或货物的保险人还会因为船舶脱离了其承保的航线而拒绝赔偿，因此绕航一直被视为非常严重的违约行为。《海牙规则》保留了传统海商法理论中的绕航概念。该规则第4条第4款规定：为了救助或企图救助海上人命或财产而发生的绕航，或者任何合理绕航，都不得被认为是对本规则或运输合同的破坏或违反。承运人对由此引起的任何灭失或损害，都不负责。虽然这一条款规定的是合理绕航，而没有规定不合理绕航的定义和后果，但条款的言外之意显然是不合理绕航应被认为是违反了该规则或运输合同，承运人对由此引起的任何灭失或损害应该负责。《中华人民共和国海商法》对绕航的规定和《海牙规则》

绕航条款(deviation clause)

raohang tiaokuan

绕航条款(deviation clause) 租船合同中签订的,出租人为了某种目的可以自由驶离合同规定或习惯的或地理上的直线航线的条文规定。典型的例子是金康合同中的:船舶可以为了任何目的自由地按任意顺序挂靠任何港口,在没有引航员的情况下航行,拖带(或)援助任何情况下的船舶,也可以为了救助人命或(和)财产而绕航。

(张 琳)

ren de danbao

人的担保(guaranty of people) 担保方式的一种,物的担保的对称。以一定人的信用作保证,担保债务人履行债务。人的担保通常称为保证。这种担保方式实质上是使债的担保措施扩张到主债务关系之外的第三人的一般财产上,即以第三人的一般财产作为债务的保证,以增强债权人的受偿机会。人的担保并不对担保人(保证人)的财产进行任何限制,在保证债务成立时,仅是确定保证人在将来可能承担一定的责任。在人的担保中,保证人的责任并不限定于保证人的某项特定的财产,而是扩张到保证人的一般财产。与人的担保相对应的是物的担保,即以某一特定的财产作为债务履行的保证,如果债务人不能履行债务,债权人可以就该财产的价值对自己的债权优先受偿。(奚晓明)

renfawu

人法物(拉丁 humani iuris) 神法物的对称。罗马法上非财产物或非交易物的一种。即不是用于宗教目的,而是供公众使用的非财产物。人法物分为公共物、公有物和公法人物。(1) 所谓公共物或称共用物,指由共同体成员根据自然法共同享用的东西,如空气、流水、海洋、海滨等。公共物是没有主体的,且不是严格意义上的物,既不能作为所有权的客体而归个人所有,也区别于公有物,特别是其中的公用物。(2) 所谓公有物,指罗马全体市民公共享有的物。其所有权一般属于国家,不得为私人所有。惟公用之目的消失后,才可以作为私权之标的。公有物有广、狭二义。狭义的公有物又分两种:一种是全体罗马人可以使用的,如公园、公路、公川等,亦称公众物或公众用物,盖公有物中的公用物为国内一般人民所能使用,而外国人之使用,照例应由本国许可,故其使用范围较公共物为狭。另一种是公务用物,是专供特定国家机关公务使用的物,如官署的建筑物、监狱、军事堡垒、军舰等。而广义的公有物,尚包括那些属于国家的财产,如公奴、国家对工程承揽人的债权、金钱等。奥古斯都时将国家土地分成两部分,一部分由元老院管理,另一部分为帝皇的私产。后者可以卖给私人,而且可以成为私权之客体。(3) 所谓公法人物又称团体物、府有物,指属于自治市、殖民区或其他共同体的财产,它们专门为自治市、殖民区或其他共同体的成员共同享用。如罗马市的斗兽场、剧院、浴场等,供本市人共同享用。公法人物的性质与公有物一样,只是范围较狭小,也有公产与私产之分。

(张 谷)

renge

人格(personality) 一般认为,法学中"人格"这一概念最早出现于罗马市民法,拉丁语称为"caput"或/和"persona"。古罗马最先用"caput"表示具有权利能力的人,"caput"本来的意义是书籍中的"章",古罗马时每一个家长在户籍册中有一章,家属名列其下,当时只有家长才有权利能力,所以"caput"被用来指称具有权利能力的人。"persona"本意为演员使用的假面具,表示剧中角色的不同身份,法律上借用来指称具有权利能力的人。在罗马法上,权利能力也被称为人格。

在近现代民法上,人格一词在三种意义上被使用:第一,指具有独立法律地位的人即民事主体,包括自然人和社会组织。如《瑞士民法典》第一章第一节,在"人格的一般规定"的标题下对自然人的权利能力、行为能力、亲属关系、籍贯、住所作了规定;第二章法人部分,在"人格"的标题下规定的是法人资格问题。在这个意义上,人格是享有人格权的前提条件。第二,指权利能力。在现代的法律语言中,权利能力、主体资格和法律人格经常交替使用。实际上,没有权利能力也就没有主体资格,所谓主体是否适格所表达的就是这个意思。有学者指出,主体资格和权利能力是一个问题的两个方面,主体资格强调的是人格独立、个人主义,权利能力强调的是权利本位。第三,指自然人和社会组织受法律保护的主体性要素的总称,包括物质性要素和精神性要素。自然人人格的物质性要素包括生命、身体、健康,精神性要素包括姓名、肖像、自由、名誉、隐私、贞操、人格尊严等。社会组织人格的物质性要素包括成员和财产,精神性要素包括名称和名誉(信誉)。在这个意义上,人格是人格权的客体。

在古代社会,并不是所有的生物学意义上的人都具有法律人格。在罗马法上,具有权利能力就具有法律人格,但是,要具有完全的人格,则必须同时具备自由权、市民权和家族权。奴隶没有法律上的人格。人类进入资本主义社会以后,资产阶级为废除封建等级制,打破人身依附关系,实现人的自由,为资本主义的发展开辟道路,提出"天赋人权"的口号,宣布"法律面前人人平等",社会实现了由身份到契约的转化,人人都具有平等的法律人格。人格不再是限制人取得主体资格的条件,而是主体基于其自然因素和社会因素应受法律保护的基本要素。人基于自然而形成的物质要素和基于一定社会生活条件而形成的精神要素则成为人格的基本内容。这些要素是人置身社会,求得生存和发展的基本条件,法律保护这些要素也就是保护人生存和发展的基本条件。民法保护人格要素的方法是确认自然人和法人的人格权,并规定侵犯人格权所应当承担的民事责任。

(张玉敏)

renge biangeng

人格变更(拉丁 capitis deminutio) 罗马法上的一种特有制度,又称人格减等或人格降等。依罗马法规定,具有完全人格的人必须具有市民权、家族权和自由权。一个人因某种原因丧失或部分丧失上述三种权利,或者丧失上述某种权利,而取得另一种权利,就称为人格变更。早期的罗马法,人格变更分为两种,一种是人格重大变更,即由市民沦为奴隶而丧失市民权;另一种是人格轻微变更,即在保留市民权的前提下,从受一个家长权的支配转为受另一个家长权的支配。如收养、子女缔结"有夫权婚姻"等。晚期的罗马法,根据盖尤斯在其《法学纲要》中的分类,人格变更分为人格大变更、人格中变更和人格小变更。

人格大变更是罗马法上人格变更中最严厉的一种,意为人格消灭或法律上的死亡。自由人丧失自由权沦为奴隶即为人格的大变更。在罗马法上,人格大变更的原因有三:因犯罪被剥夺自由权;被家长或者债权人出卖到外国为奴隶;违反禁令,投降外国人。人格中变更是罗马市民丧失市民权而成为拉丁人或外国人,或外国人取得罗马市民资格。丧失市民权的市民当然丧失了家族权,但仍享有自由权。

人格中变更的原因有三:受刑事宣告而被剥夺市民身分的,如被judgments到边远地区服刑的,或因犯罪被驱逐出境的;罗马市民加入外国国籍而丧失市民权成为外国人;拉丁人或外国人加入罗马国籍而取得市民资格的。

人格小变更是丧失原有的家族权而取得新的家族权,原享有的自由权或市民权不变。人格小变更因家族权方面的不同变化,分为三种:(1)自权人变为他权人,即原来不受任何家长权支配的罗马市民变为受家长权和夫权支配的人,如自权人被他人收为养子而受养父的家长权支配;自权女子缔结有夫权婚姻而受夫权或丈夫的家长权支配;非婚生子女经生父认领而受生父的家长权支配等。(2)他权人所受家长权支配的变化,即受某一家族权支配的人转而受另一家族权支配,如在家长权支配下的他权人被他人收养,处于新的家长权支配之下,或经家长出卖给罗马市民而处于买主权的支配之下。(3)他权人变为自权人,即处于某种家族权支配下的人变为不受家族权的支配,如处于夫权或者丈夫的家长权之下的妇女,离婚时若其生父已死,她即成为自权人。

人格变更发生两方面的效力:(1)对人的效力,即与人格相关的,有法律创设的亲属关系和权利支配关系,如宗亲、家长权、夫权归于消灭,但血缘关系、夫妻同居关系并不因人格消灭而消灭。至优士丁尼安时代,由于家长权、夫权、买主权已不存在,宗亲被血亲取代,人格变更对人的效力已经式微。(2)对财产的效力。在罗马法早期,自权人享有财产权,他权人不享有财产权,所以,自权人经人格变更后,其财产变为无主财产,为先占者所得。至优士丁尼安时代,人格变更除被判重刑者外,对财产关系的影响已经式微。

(李仁玉 陈敦)

renge liyi

人格利益(interests of personality) 人在社会生活中所享有的与其特定的人身不可分离的利益。人格是民事主体基于自身因素和社会因素应受法律保护的基本要素,包括物质要素和精神要素,如自然人的生命、身体、健康、姓名、肖像、名誉、自由等。这些要素是人置身社会,求得生存和发展的基本条件,因此,人格利益是主体最基本的利益。人格利益包括法律明文规定为个别人格权的利益和法律没有明文规定为个别人格权但受法律保护的人格利益。

(张玉敏)

rengequan

人格权(right of personality) 法律赋予民事主体保持其独立的法律人格所必须的,以人格利益为客体的专属性权利,是民法确认的人身权最重要的组成部分。人格权有以下特点:(1)是与生俱来的权利。人格权是基于人的生存而享有的,使人成其为人的权利,无须经过特别授权,也不需要权利人通过法律行为设定。自然人从出生开始到死亡为止,法人从依法成立开始到终止时为止,享有平等的人格权。而身份权是民事主体基于在一定的社会组织中的特定身份而享有的权利,它以特定身份的存在为前提和基础。(2)以人格利益为客体,不具有直接的财产内容。身份权以身份利益为内容,而身份利益中包括财产利益,如受扶养、赡养的利益。(3)原则上与权利主体不可分离,不能转让和继承。但是,法人等社会组织的名称权可以转让,也可以许可他人使用;随着商品经济的发展,自然人的姓名、肖像等也可以用于商业活动,导致标表性人格权如姓名权、肖像权等发展成为具有人身权和财产权双重属性的权利。(4)是绝对权,权利主体以外的任何人都是义务主体,负有不侵害的消极义务。人格权是主体享有其他一切权利的基础和前提,是主体从事社会活动的必备条件,因而是最基本的人权。

人格权可分为物质性人格权和精神性人格权,前者包括生命权、身体权、健康权,后者包括姓名(名称)权、肖像权、自由权、名誉权、隐私权、贞操权等。但也有学者反对这种分类,认为人格权都是精神性权利。进入20世纪以后,在民法理论上和立法上将人格权分为一般人格权(抽象人格权)和具体(个别)人格权。一般认为,一般人格权是关于人格独立、人格自由和人格尊严的权利,具体人格权是指各项具体的人格权。但是有学者认为,人格独立、人格自由和人格尊严的权利不符合一般人格权的特征要求,一般人格权应当是满足和保护人的身心基本需要的权利,一般人格权最重要的价值在于将基于人格而发生的全部人格利益从整体上予以保护,以弥补个别人格权难以穷尽人格利益之不足。

人格权的发展经历了从无到有、从形式平等向实质平等的发展演变过程。人格权以人格的独立为前提,以具有独立人格的人之人格利益为客体。18世纪以前的社会是一个身份社会,人们在私法上的地位是由其在社会中的身份决定的,贵族和平民、自由民和奴隶、家父和家子的法律地位是不平等的。由于古代的人不具备独立、平等的法律人格,故不可能有近现代意义上的人格权。资本主义商品经济的发展,摧毁了家族制度对人的束缚,资产阶级高举自由、民主、平等的旗帜推翻了封建贵族的统治,在法律中确认自然人从出生到死亡都具有民事权利能力或曰法律人格,为人格权制度的产生和发展奠定了基础。近现代民法对人格权的保护是逐步加强的。《法国民法典》没有规定人格权。《德国民法典》仅在侵权之债部分规定了对生命、身体、健康、自由等几种人格权的保护。1907年的《瑞士民法典》首次明文规定保护人格权,而且在个别人格权之外,规定了一般人格权,法典第28条规定:任何人在其人格受到不法侵害时,可诉请排除侵害。但是,在救济方式上给予严格限制,规定"损害赔偿或满足性措施的金钱给付之诉,只有在法律规定的情况下,始得允许"。20世纪,特别是二次世界大战以后,随着经济文化的发展和人权运动的高涨,人格权的保护日益受到重视,如德国法院在五六十年代以基本法为依据,通过判例发展出一般人格权。《匈牙利民法典》设立专章对人格权的保护作出详细规定。《越南社会主义共和国民法典》以一节22个条文的篇幅对人身权作了专门规定。我国1986年颁布的《民法通则》在民事权利一章专节规定人身权,确认公民享有生命健康权、姓名权、名誉权、肖像权、婚姻自主权和人格尊严权;法人享有名称权、名誉权、荣誉权;人格权的民法保护方式是责令侵权人承担赔礼道歉,消除影响,恢复名誉和赔偿损失(包括精神损害赔偿)等民事责任。

随着社会文明程度的提高,人格权的内容越来越丰富、完善,如隐私权、知情权、信用权、营业权等被一些国家的立法或判例所确认,保护水平提高,精神损害赔偿得到普遍承认,适用范围扩大。

我国在制定民法典的过程中,对于人格权是否应当独立成编有肯定和否定两种意见。主张人格权应当独立成编的理由主要是,人格权独立成编顺应高倡人权的时代潮流,凸现人格权在民法中的重要地位,体现民法的人文主义情怀,它将引导人们在尊重自己和尊重他人的人性关怀中捍卫人的尊严,捍卫自由和平等,对于中国建设法治国家具有重要的意义。反对人格权独立成编的人并不否认人格权的重要性,但是他们认为,人格权是自然人作为民事主体资格的题中应有之义,而且人格及人格权与自然人本身不可分离,可以在主体部分对人格权作出规定:人格权内容太少,单独成编会导致民法典的章节畸轻畸重。

(张玉敏)

renge zunyan quan
人格尊严权(right of personal dignity) 自然人享有的人格尊严不受侵害的权利。人格尊严是自然人人格利益的集中体现。《中华人民共和国宪法》第38条规定:中华人民共和国公民的人格尊严不受侵犯,《民法通则》第101条规定:公民、法人享有名誉权,公民的人格尊严受法律保护,禁止用侮辱诽谤等方式损害公民、法人的名誉。最高人民法院《关于确定民事侵权精神损害赔偿责任若干问题的解释》(2001年3月8日)根据宪法的规定和有关理论研究成果,并总结审判实践经验,规定了作为一般人格权的人格尊严权,实现了精神损害赔偿从具体人格权到一般人格权的发展,对于保护自然人的人格利益具有重要的意义。 (张玉敏)

rengong shengyu zinü
人工生育子女(the child of artificial birth) 根据生物遗传工程理论,采用人工方法取出精子或卵子,然后用人工方法将精子或受精卵胚胎注入妇女子宫内,使其受孕所生育的子女。人工生育子女在现代科学技术条件下,主要有以下几种:(1)同质人工授精。指采用不同形式使丈夫的精子和妻子的卵子经医疗技术手段,实施人工授精,由妻子怀孕分娩生育子女。(2)异质人工授精。是用丈夫以外的第三人提供的精子(供精)与妻子的卵子,或用丈夫的精子与妻子以外的第三人提供的卵子(供卵),或同时使用供精和供卵实施人工授精,由妻子怀孕分娩生育子女。对子女而言,便有两个父亲或母亲:一是供精或供卵者,为子女生物学上的父亲或母亲;一是生母之夫或生父之妻,为社会学意义上的父亲或母亲。(3) 代理母亲。指用现代医疗技术将丈夫的精子注入自愿代理妻子怀孕者的体内受精，或将人工授精培育成功的受精卵或胚胎移植入自愿代理妻子怀孕者的体内怀孕，等生育后由妻子以亲生母亲的身份抚养子女。代理母亲生育的子女也有同质和异质之分，但共同特征是由妻子以外的一位妇女代理怀孕分娩。

目前，世界上大多数国家对人工生育子女尚无明确的法律规定，少数已立法的国家规定的内容也不尽相同。但是，对于在婚姻关系存续期间，因夫妻双方同意而进行人工生育的子女与该夫妻已形成亲子关系的子女，由接受人工生育的夫妇承担法律责任的规定，已基本成为共识。如《美国统一亲子法》规定：在使用第三人精子的情况下，丈夫必须书面承诺，并要求经夫妻双方签字，法律对丈夫和胎儿的自然父亲同样对待。精子的提供者在法律上不视为胎儿的父亲。1991年德国颁布的《胚胎保护法》规定：只允许在婚姻关系内进行人工授精。如果丈夫不育，可以用另一男子的精子进行体外授精。我国最高人民法院对此的司法解释是：在夫妻关系存续期间，双方一致同意进行人工授精，所生子女应视为夫妻双方的婚生子女，父母子女关系适用《婚姻法》的有关规定。据此，只要夫妻双方协议一致同意进行人工授精，不论所生子女是否与父母具有血缘关系，均应视为夫妻双方的婚生子女。在我国法律实务中，实施人工生育技术的目的，是利用医学技术为不孕的夫妇提供生育协助。因此，精子和卵子的提供者以及代孕者旨在帮助不孕的夫妇生育子女，其本身并不承担法律上有关亲权的权利和义务。接受人工生育的主体，应当是已婚的不孕夫妇。凡夫妻就实施人工生育达成协议的，所生子女即为婚生子女，其间的亲子关系适用亲权的法律规定。如妻子未经丈夫同意而进行人工生育，则夫对该人工生育子女的婚生性享有否认权。另外，采用代理母亲生育子女时，应由委托方与代理母亲事先签订委托协议，委托方应支付代理母亲一定的费用，代理母亲应在子女出生后将其交给委托方。基于契约保护的理论，委托他人代为生育的子女，应归委托方抚养。现各国一般都立法禁止以营利为目的的代孕行为。　　(马忆南)

rengong zixi
人工孳息(拉丁 fructus industriales) 又称加工孳息。在罗马法，其与天然孳息、法定孳息相并列。即加以人工而获得的孳息，例如，经过播种、浇水、施肥而产生的谷物、水果等。在德国法上，由于直接实物孳息，不论其取得系基于自然力量还是人为力量，故人工孳息也包括在内。惟人工孳息必须是依照原物的自然的或交易上惯常的用法而取得之收获物。　　(张　谷)

renhe gongsi
人合公司(personal company) "资合公司"的对称。指以股东个人的资信作为其信用的公司。无限公司是典型的人合公司。很多国家和地区的公司法都规定人合公司的股东可以以信用、劳务、债权或其他权利作为出资。股东不是以其出资额，而是以其个人信用作为公司对外关系的基础。因此，股东对公司的责任不能仅限于它的出资，而是以其全部资产承担责任。人合公司是建立在股东内部相互人身信任基础之上的，股东的结合以彼此了解为前提，因此，人合公司的股东是不能轻易更改的。　　(王亦平)

renming jiuzhu
人命救助(salvage of human life/rescue of human life) 是指在海上人命遇到危险时，在海上从事作业的船舶在不严重危及本船安全的情况下必须对其加以救助的法律关系。任何在海上从事作业的船舶，船长在保障船舶、财产等基本安全(未受到严重威胁)的情况下，必须尽最大努力救助海上人命，这是法律的强制性规定，也是一项强制性的义务。对于救助人命是否应当取得报酬，各国有不同的观点。《1989年国际救助公约》沿袭传统的做法，规定单独救助人命，救助者无权取得救助报酬，但在救助船舶、其他财产或者防止、减轻环境损害的同时又救助了人命，应当考虑救助人在救助人命时所表现的技能和所作努力，从财产救助或防止、减轻环境损害的救助款项中给人命救助者以合理的份额。　　(王　青)

renshen baoxian
人身保险(insurance of the person) 以人的寿命或者身体为保险标的的保险。依照人身保险合同，投保人向保险人支付人身保险费，保险人对被保险人在保险期间内因保险事故遭受人身伤亡的，或者在保险期间届满时符合约定的给付保险金的条件时，应当向被保险人或者受益人给付保险金。传统的人身保险，仅以人寿保险为限。现代意义上的人身保险，则几乎涵盖了人的生、老、病、伤、残、死等各种风险，主要有人寿保险、伤害保险和健康保险三大类。

分类　人身保险因划分标准的差异可以分为不同的类别。以被保险人是个人还是团体为标准，人身保险可以分为个人人身保险和团体人身保险。例如，个人人身保险有简易人身保险，团体人身保险有团体人身意外伤害保险。以保险期间长短为标准，人身保险可以分为长期人身保险和非长期人身保险。例如，人寿保险一般为长期人身保险，旅客意外伤害保险为非长期人身保险。以保险标的和保险危险为标准，人身保险可以分为人寿保险、健康保险和伤害保险。依照我国法律，人身保险可以细分为人寿保险、意外伤害保险和健康保险三类。

特征 人身保险的特征主要有：(1) 保险标的人格化。人身保险的保险标的为被保险人的生命或者身体，保险利益为被保险人的人格利益，是基于法定身份关系或者经济上的切身利害关系而发生的、非金钱可以估价的利益；人身上的保险利益体现为投保人和被保险人之间的人身依附关系或者信赖关系。(2) 保险金定额给付。保险标的人格化，使得人身保险的保险标的不能用具体的金钱价值予以确定，从而不存在确定保险金额的实际价值标准，所以，各类人身保险合同的保险金额，只能由投保人和保险人协商确定一个固定数额，以此作为保险人给付保险金的最高限额。再者，人身保险的保险金额不是保险标的的价值体现，被保险人的生命或者身体不能用确定的金钱予以限定，保险金额的多少只取决于投保人和保险人的约定，所以，人身保险不会发生超额保险的问题。(3) 保险费不得强制请求。投保人依照人身保险合同有交纳保险费的义务，可以在合同成立时向保险人一次支付全部保险费，也可以按照保险合同约定分期支付保险费。但是，投保人不按照人身保险合同约定交纳保险费的，保险人不得以诉讼方式请求投保人支付保险费。(4) 受益人的指定。人身保险合同承认受益人的地位，这是人身保险合同为第三人利益而成立的一个显著标志。受益人依照人身保险合同取得保险金给付请求权。受益人一般由被保险人指定，投保人也可以指定受益人。被保险人没有指定受益人或者指定的受益人先于被保险人死亡的，被保险人本人为受益人。(5) 禁止保险代位权的适用。被保险人或受益人请求给付保险金，并非被保险人人格利益的价值体现，不会存在通过保险获取额外利益的情事，保险代位权不能适用于人身保险。同时，保险人给付保险金，不影响被保险人对有损害赔偿责任的第三人的求偿权。

人身上的保险利益 投保人以自己的身体或者寿命为保险标的，订立人身保险合同，有保险利益无疑；投保人以他人的身体或者寿命为保险标的，订立人身保险合同，应当对被保险人有保险利益，没有保险利益，所订立的人身保险合同无效。人身上的保险利益，不同于财产上的保险利益。人身上的保险利益并不直接体现为投保人对保险标的之利害关系，而体现为投保人和被保险人之间的人身依附关系或者信赖关系。学者们长期认为，人身保险利益并非投保人和被保险人之间的法定关系，而是隐藏在这些关系背后的经济利益关系；投保人和被保险人之间凡是依照保险法的规定而存在法定关系的，推定投保人有保险利益，投保人对被保险人的继续生存有法定利益或者合理的期待利益，对于被保险人的死亡将蒙受损失或者负有责任。这种观点，实际上是用财产上的保险利益类比人身上的保险利益而得出的结论。事实上，人的寿命或者身体并没有金钱价值，人与人之间的亲属关系或者信赖关系也不能用金钱价值予以衡量，将人身保险利益归结为投保人和被保险人之间存在的法定关系背后"若隐若现"的经济利害关系，过于牵强。人身上的保险利益实质为投保人对自己的寿命或者身体所具有的所属关系，以及投保人和被保险人之间的亲属关系和信赖关系。我国《保险法》第52条规定：投保人对下列人员具有保险利益：(一) 本人；(二) 配偶、子女、父母；(三) 前项以外与投保人有抚养、赡养或者扶养关系的家庭其他成员、近亲属。除前款规定外，被保险人同意投保人为其订立合同的，视为投保人对被保险人具有保险利益。

人身保险的给付 保险人应当依照人身保险合同的约定，向被保险人或者受益人给付保险金。保险合同约定或者投保人或被保险人指定有受益人的，在发生保险事故时，保险人应当依照约定向受益人给付保险金。没有指定受益人，或者指定的受益人先于被保险人死亡而没有其他受益人，或者受益人放弃受益权或依法丧失受益权而没有其他受益人的，保险人应当向被保险人给付保险金；被保险人死亡的，其保险金作为被保险人的遗产，由被保险人的继承人继承。依照我国保险法的规定，人寿保险以外的其他保险的被保险人或者受益人，对保险人请求赔偿或者给付保险金的权利，自其知道保险事故发生之日起2年不行使而消灭。人寿保险的被保险人或者受益人对保险人请求给付保险金的权利，自其知道保险事故发生之日起5年不行使而消灭。

（邹海林）

renshen baoxian chanpin dingming zanxing banfa
《人身保险产品定名暂行办法》（Interim Provisions on Products Denomination of Life Insurance) 规范人身保险产品名称的部门规章。2000年3月20日由中国保险监督管理委员会发布并自发布之日起实施，共14条。凡经营人身保险业务的保险公司应当依本办法确定人身保险产品的名称及其保险责任。人身保险产品按设计类型分为普通型、利差返还型、分红型、万能型、投资连接型等；按保险责任分为人寿保险、健康保险、意外伤害保险；人寿保险按保险责任分为定期寿险(以死亡为给付保险金条件且保险期限为固定年限)、终身寿险(以死亡为给付保险金条件且保险期限为终身)、两全保险(在保险期间内以死亡或生存为给付保险金条件)、年金保险(以生存为给付保险金条件，按约定分期给付生存保险金且分期给付生存保险金的间隔不超过1年)；健康保险按保险责任分为疾病保险(以疾病为给付保险金条件)、医疗保险(以约定的医疗费用为给付保险金条件)、收入保障险(以意外伤害、疾病导致收入中断或减少为给付保险金条件)。人身保险产品名称应符合以下一般格式:保险公司名称+吉庆、说明性文字+承保方式+产品类别+(设计类型)。其中,保险公司名称可用全称或简称,吉庆、说明性文字由保险公司自定,字数不得超过 10 个。

(刘凯湘)

renshen baoxian hetong
人身保险合同(personal insurance contract) 投保人和保险人以被保险人的寿命或者身体为保险标的订立的保险合同。依照人身保险合同,投保人向保险人支付人身保险费,保险人对被保险人在保险期间内因保险事故遭受人身伤亡,或者在保险期间届满时符合约定的给付保险金的条件时,应当向被保险人或者受益人给付保险金。订立人身保险合同,应当符合以下条件:(1) 投保人具有缔结合同的行为能力;(2) 投保人和保险人有订立合同的合意;(3) 投保人对被保险人的寿命或者身体具有保险利益;(4) 保险标的为被保险人的寿命或者身体,即被保险人的人身利益。

当事人和关系人 人身保险合同的当事人有投保人和保险人,关系人有被保险人和受益人。依照保险法的规定和人身保险合同的约定,投保人负有保险费的支付、保险事故发生的通知、单证提示等多项义务。投保人(包括被保险人和受益人)应当基于诚实信用原则,全面履行其所承担的各项义务。依照保险法的规定和人身保险合同的约定,保险人承担给付保险金的基本义务。保险人依照人身保险合同的约定,在解除保险合同时,还负有退还保险费或者保险单的现金价值的义务。保险人应当基于诚实信用原则,全面履行其所承担的各项义务。以自己的生命或身体作为保险标的的被保险人,在发生保险合同约定的保险事故或符合给付保险金的条件时,除非保险合同另外约定有受益人,享有请求保险人给付约定的保险金的权利;当被保险人死亡的,保险人应当向其法定继承人给付保险金。由保险合同约定,或者经被保险人或者投保人指定,受益人在保险事故发生或者约定的保险期间届满时,依照保险合同享有保险金请求权。

保险金额和保险期限 保险金额由投保人和保险人协商确定一个固定数额,以此作为保险人给付保险金的最高限额。需要说明的是,人身保险合同约定的保险金额,不是保险标的的价值体现,被保险人的生命或者身体不能用确定的金钱予以限定,保险金额的多少只取决于投保人和保险人的约定。投保人可以根据自己的需要和交付保险费的能力,选定一个适合于自己的保险金额,而保险人出于更好地为投保人提供服务以及避免人身保险合同中途失效的目的,应当考虑投保人的年龄、职业、交费能力、健康状况、家庭条件等多种因素,为投保人选定保险金额提出建议。但以未成年人为被保险人的人身保险合同,若约定以死亡为给付保险金条件的,其保险金额总和不得超过国家保险管理机关规定的限额。人身保险合同依照保险人所承担的危险的不同,保险期间呈现多样化,有短期的,也有长期的。人身保险合同约定的保险期间主要有 1 年、5 年、10 年、15 年和 20 年、终身等。

保险事故 保险事故由人身保险合同约定,可以为任何导致保险人对被保险人或者受益人承担给付保险金责任的各种法律事实。包括被保险人生存到保险期满,被保险人在保险期间内发生死亡、伤残、疾病和分娩等。人的寿命终止(死亡)危险,构成人身保险的最为显著的保险事故。

保险金给付 保险人应当依照人身保险合同的约定,向被保险人或者受益人给付保险金。保险合同约定或者投保人或被保险人指定有受益人的,在发生保险事故时,保险人应当依照约定向受益人给付保险金。没有指定受益人,或者指定的受益人先于被保险人死亡而没有其他受益人,或者受益人放弃受益权或依法丧失受益权而没有其他受益人的,保险人应当向被保险人给付保险金,被保险人死亡的,其保险金作为被保险人的遗产,由被保险人的继承人继承。

(邹海林)

renshen baoxian xinxing chanpin xinxi pilu guanli zanxing banfa
《人身保险新型产品信息披露管理暂行办法》(Interim Provisions on Information Disclosure of New Type Products of Life Insurance) 规定人身保险新产品信息披露的部门规章。2001 年 12 月 29 日由中国保险监督管理委员会发布,自 2002 年 1 月 1 日起实施,共 6 章 32 条。立法目的在于规定保险市场行为,防止保险人对客户的欺骗、误导和故意隐瞒,保护保单持有人的利益。本《办法》规定:开办新型产品的保险公司,应当进行信息披露;信息披露应当采用非专业语言;新型产品的产品说明书内容应当与保险条款相一致;保险公司应当在投保单的显著位置用黑体字打印"本人已认真阅读并理解产品说明书"的字样,并由投保人签名确认;保险公司应当将产品说明书、保险利益测算书、公告制度及客户报告制度报中国保监会备案;保险公司在公告、寄送客户报告之前,应当将公告、客户报告内容报中国保监会备案;保险公司及其分支机构以及营销人员所使用的建议书、招贴画和宣传单等材料应当与保险条款和产品说明书保持一致。本《办法》主要对投资连结保险、万能保险和分红保险等三种人身保险新产品的信息披露制度作了详细规定:(1)

投资连结保险的产品说明书应当包括风险提示、产品基本特征、投资账户情况说明和犹豫期及退保等4项内容;保险公司应当至少每月1次在中国保监会认可的公众媒体上公告投资账户单位价值;至少每半年1次在中国保监会认可的报纸上作信息公告;在每个保单周年日后45天内向保单持有人寄送一份保单状况报告。(2)万能保险的产品说明书应当包括保证利率和演示利率下的保费、死亡保险金、保单价值、犹豫期及退保等内容;保险公司应当至少每半年向保单持有人寄送一份保单状况报告。(3)分红保险的产品说明书应当说明产品的性质、特征、红利及其分配方式、保单持有人承担的风险等事项;保险公司不得通过公共媒体宣传分红保险的经营成果或者分红水平,不得使用分红率、投资回报率等比例性指标描述分红保险的分红情况,不得将分红保险的经营成果与其他保险公司的分红成果、投资连接保险、万能保险进行比较;保险公司每一会计年度应当至少向保单持有人寄送一次分红业绩报告。

(刘凯湘)

renshen baoxian zhunbeijin

人身保险准备金(life insurance reserve) 又称人寿保险责任准备金,属于保险准备金的一种。人寿保险人为预备将来支付保险金而依法从收取的保险费中提取而积存的金额。投保人依照长期人寿保险合同交纳保险费后,保险人应当将保险费累积而于将来支付给被保险人或者其指定的受益人。保险公司开展死亡保险、生存保险、生死两全保险、简易人身保险、年金保险等业务,应当依法提取充足的人寿保险准备金。依照我国保险法的规定,对于人寿保险,保险公司提取未到期责任准备金,应当按照有效的人寿保险单的全部净值提取。所谓人寿保险单的全部净值,是指保险公司对被保险人或者受益人应当依约承担的全部保险责任的总额。经营有人寿保险业务的保险公司被依法撤销的或者被依法宣告破产的,其持有的人寿保险合同及准备金,必须转移给其他经营有人寿保险业务的保险公司;不能同其他保险公司达成转让协议的,由金融监督管理部门指定经营有人寿保险业务的保险公司接受。参见保险准备金条。

(邹海林)

renshen liyi

人身利益(personal interest) 财产利益的对称,又称精神利益。民事主体就其人格和身份所享有的利益,是人身权的客体。自然人的人格利益包括生命安全、身体健康、人身自由、人格尊严、姓名、肖像、名誉等利益。自然人的身份利益包括亲属关系上的身份利益和亲属关系外的身份利益。亲属关系上的身份利益包括配偶的身份利益和父母子女之间以及其他近亲属之间的身份利益。亲属关系外的身份利益主要指荣誉称号获得者、作者、发明者基于其身份所享有的利益。自然人的人身利益原则上与其人身不可分离,但姓名、肖像可以成为许可他人使用的对象。社会组织的人格利益指该组织对其名称、商誉所享有的利益。社会组织的人格利益可以转让和许可他人使用。人格利益不具有直接的财产内容,但与财产有密切关系。亲属关系中的身份利益既是一种精神利益,又具有财产利益或曰物质利益的内容,如未成年子女可享受父母的抚养,丧失劳动能力的父母又可受子女的赡养等。非亲属关系中的身份利益,如作者和荣誉称号获得者的身份,不具有直接的财产利益。此类身份利益是精神利益,但与财产利益有密切关系。

(张玉敏)

renshenquan

人身权(right of the person) 财产权的对称。与权利主体的人身不可分离,以特定的人身利益为内容的民事权利,具有以下法律特征:(1)以特定的人身利益为客体。(2)不具有直接的财产内容。但它与财产有密切关系,可以成为发生财产关系的前提或基础,因而能给主体带来财产利益。人身权受到侵害时,往往造成财产利益的减少。(3)与权利主体不可分离。人身权中的人格权因自然人的出生和法人或其社会组织的依法成立而当然产生,因主体的死亡或终止而消灭,人身权中的身份权因特定身份的取得而产生,随特定身份的丧失而消灭,不能脱离主体的人身而存在,因此,不得转让和继承。企业法人、个体工商户和个人合伙的名称依法可以转让,但这些组织的名称实际上是其商誉的载体,属于无形财产。

人身权分为人格权和身份权。人格权是主体依法享有的,为维护其人格利益所必备的权利,是法律对主体参与社会生活之资格确认。不同社会制度下的人格权法律制度有很大的差异。在奴隶社会,奴隶无人格权,也无身份权,自由人的人格权内容也很狭窄。随着社会的进步,人格不平等的制度已为历史抛弃。在现代社会,自然人自出生到死亡,法人从成立到终止享有平等的人格,而且人格权的内容也逐渐丰富、扩大。虽然各国法律所确认的人格权不完全一致,但一般认为,人格权应包括生命权、健康权、身体权、人格尊严权、自由权、姓名(名称)权、肖像权、名誉(商誉)权。此外,有的国家将隐私权、贞操权作为独立的人格权,有的国家则不规定隐私权、贞操权,而将其纳入其他人格权,如名誉权、身体权加以保护。《中华人民共和国民法通则》确认的人格权有生命权、健康权、姓名(名称)权、肖像权、名誉(商誉)权、人格尊严权和婚姻自由权。人格权是最重要、最基本的人权,是人享有其他各项权利的前提条件。

身份权是基于特定的身份关系而产生,为维护该种关系及其所体现的身份利益所必需的权利。在奴隶社会和封建社会,身份权是建立在家长制基础之上的、不平等的、专制性的人身支配权,主要是家长(家父)权和夫权。现代社会中的身份权,则是建立在人格独立和地位平等基础上的平等的、民主性的身份权。我国法律确认的身份权有配偶权、亲属权、荣誉权和著作人身权。

人身权受民法、刑法和行政法的保护,侵犯人身权可能产生多种法律责任。民法对人身权的保护方法是追究加害人的民事责任,对受害人提供同质救济,包括请求加害人停止侵害、恢复名誉、消除影响、赔礼道歉和赔偿损失。刑法采用刑罚的方法,行政法采用追究行政责任的方法,通过制裁加害人,对受害人提供间接救济。因此,追究加害人的刑事责任和行政责任,不能替代民事责任。

(张玉敏)

renshen shangwang de sunhai peichang
人身伤亡的损害赔偿(compensation for casualty) 船舶碰撞造成人身伤亡,负有过失的一方应负赔偿责任;共有过失造成人身伤亡时,则过失方应负连带责任。人身伤亡具体又可分为船员人员伤亡、船上旅客人身伤亡和第三人人身伤亡。

船员人员伤亡 船舶碰撞中责任方应承担的船员人身伤亡赔偿责任,主要取决于审理案件时使用的准据法以及有关雇佣契约。1991 年我国最高人民法院《关于审理涉外海上人身伤亡案件损害赔偿的具体规定(试行)》就伤残和死亡赔偿范围和计算公式作了规定,伤残时的赔偿范围包括:(1) 收入损失,根据伤残者受伤致残之前的实际收入水平计算的收入损失;(2) 医疗、护理费;(3) 安抚费;(4) 其他必要的费用。其中安抚费是指对受伤致残者的精神损失所给予的补偿,可按伤势轻重、伤痛情况、残废程度,并考虑其年龄、职业等因素作一次性赔付。安抚费实际上具有精神损害赔偿金的性质。对死亡赔偿的赔偿范围包括收入损失、医疗、护理费、安抚费、丧葬费(以死者生前 6 个月的收入总额为限)和其他必要的费用。其中,收入损失的计算公式为:收入损失 = (年收入 − 年个人生活费) × 死亡时起至退休的年数 + 退休收入 × 10,死者年个人生活费占年收入的 25% − 30%。海上人身伤亡赔偿的最高限额为每人 80 万元人民币。

船上旅客人身伤亡 目前调整国际海上旅客人身伤亡赔偿的是 1987 年生效的《1974 年海上旅客以及行李运输雅典公约》。该公约规定人身伤亡的总的责任限额,按船舶的载客定额乘以 46666 特别提款权计算,但此项赔偿总额不得超过 2500 万特别提款权。1990 年该公约的议定书将现行的旅客人身伤亡的赔偿限额提高到每人每次 17.5 万特别提款权。人身伤亡的诉讼时效为两年。

第三人的人身伤亡 在船舶碰撞造成第三人(如岸上人员、码头工人)的人身伤亡时,1991 年我国最高人民法院《关于审理涉外海上人身伤亡案件损害赔偿的具体规定(试行)》的规定同样适用。

(张永坚 张 宁)

renshen shang baoxian liyi
人身上保险利益(insurable interest to life) 投保人对保险人的生命或身体享有的为法律所承认的利益,是保险利益原则在人身保险合同中的体现,也是人身保险合同的有效要件。纵观世界各国保险立法,人身上保险利益产生的依据,主要有三种:利益关系;同意关系;利益关系与同意关系兼顾。利益关系是指投保人对被保险人的生命或身体具有金钱上或经济上的利害关系或人身上的依赖、信任关系;同意关系是指被保险人同意保险人以自己的生命、身体作为保险标的的关系;利益关系与同意关系兼顾是指投保人对被保险人的生命或身体具有金钱上利益关系与保险人获得被保险人同意相结合。《中华人民共和国保险法》采纳第三种模式。依据该法第 53 条规定,投保人对下列人员具有保险利益:(1) 本人;(2) 配偶、子女、父母;(3) 前项以外与投保人具有抚养、赡养或者扶养关系的家庭其他成员、近亲属。除前项规定外,被保险人同意投保人为其订立合同的,视为投保人对被保险人具有保险利益。

依此规定,我国人身上保险利益主要包括以下几种:(1) 本人对自己的身体或生命具有无限利益,因而具有保险利益。(2) 投保人的配偶、子女、父母及其他与投保人有抚养、赡养或者扶养关系的家庭成员,如祖父母、外祖父母、兄弟姐妹等共同生活的家庭成员。投保人对这些人具有依赖或依附关系,因而也具有保险利益。(3) 投保人对经过被保险人同意以其生命或身体为保险标的的投保人身保险的人。投保人与这些人之间不具有某种利益关系,但由于被保险人同意而获得法律承认的保险利益。

人身上保险利益不同于财产上保险利益:人身上保险利益的主要体现为人身之间的依附、信赖,这种利害关系虽涉及经济上利益但并不以金钱所能估计的利益为限,而财产上保险利益是一种经济、金钱利益。财产保险利益于事故发生时必须存在,至于合同成立时,投保人是否具有保险利益无关紧要,而人身上保险利益则于订立合同时必须存在,保险事故发生时,保险利益是否存在无关紧要。目前,我国理论界与司法实务界关于人身上保险利益争议最大的问题是,投保人对被保险人的身体或生命具有经济、商务利益关系是否可以认定为投保人对被保险人具有保险利益,如投保人对其债务人、投保人的财产或事务管理人、投保人的雇员及合伙人等。有的学者主张我国保险法对人身上保险利益以投保人与被保险人之间的人身依附与信赖关系为基础,不得将其扩及到这些存在商务关系的人之间,而且,这种经济利益范围本身的难以界定造成了保险金额难以确定,故这些人之间不存在人身上保险利益。另一些学者则极力主张应将人身上保险利益扩大到这些存在商务关系的人之间,以扩大人身保险合同的适用范围。
(温世扬)

renshen sunhai
人身损害(bodily injury) 又称人身伤害或侵害物质性人格权的损害。指自然人的生命权、健康权、身体权受到不法侵害造成致伤、致残、致死的后果以及其他损害。人身损害的权利人有权要求侵权人以财产赔偿等方法进行救济和保护。人身损害的损害赔偿范围包括常规赔偿、劳动能力丧失、致人死亡的赔偿、间接受害人的抚养损害赔偿、抚慰金赔偿等。有时人身损害指侵害他人生命权、健康权而导致受害人死亡或伤残的后果,可分为死亡或伤害,伤害又可分为一般性伤害和重伤。人身损害通常有与之相伴的财产损失。
(张平华)

renshen weixian
人身危险(personal risk) 因人的生、老、病、死以及伤残等原因造成损失的危险。生、老、病、死和伤残,是人生的危险,它不但会导致本人和亲属在财产上的损失,而且会造成依赖本人生活的人在经济和生活上陷入困境。不仅如此,生老病死和伤残作为人生的现象,其何时发生实属不可预料,因此,人身危险成为保险人的主要承保危险之一。在通常情况下,人身危险包括以人的生死为内容的人寿危险、以意外伤害造成的伤残或死亡为内容的伤害危险和以疾病和分娩为内容的健康危险。人身危险与财产危险所造成的损失结果是不同的,由于人的生命价值是无法以金钱计算的,人身危险所致的损失也是无法确定的,因此,人身保险中对人身危险所造成的损失的补偿,通常采用约定给付保险金额,以此作为给付保险金的最高限额。而财产危险所造成的损失是可以用金钱计算的,其赔偿金按"填补损失"原则确定。但是,在人身危险中,除人寿危险外的伤害危险和疾病危险所造成的直接损失也是可以用金钱计算的,此与财产危险也有类似之处。与人身危险有关的还有精神损失危险和失业危险。精神损失危险是指因本人的人格权和财产权遭到不法侵害而致本人和亲属受到精神折磨和痛苦的可能性。精神损失风险和精神损失赔偿是有区别的,前者是指遭受精神折磨和痛苦的可能性;后者则是因精神折磨和痛苦所应得的经济上的补偿。它们既不在承保危险的范围内,也不是保险金的补偿范围的组成部分。失业危险是指劳动者因丧失劳动能力、被解雇等原因而失去赖以生活的工作或职务的危险。工作或职务是劳动者赖以生活的条件,失业就等于失去了生活来源,因而失业危险属于承保危险,但通常是社会保险的保障范围,不属于人身保险的保障范畴。
(史卫进)

renshen zeren
人身责任(德 person-schuld) 又称人格责任。以拘束或处置人身为内容的法律责任。在古代社会,法律思想和法律制度不发达,刑民不分,同态复仇现象严重。行为人不履行债务或侵权(私犯),往往发生现今称为刑事责任(私刑)的后果。如在罗马法上,债务人若不履行债务时,债权人可将其收为奴隶;《十二铜表法》第8表14中规定:现行窃盗如系夜间或昼间携带凶器时格杀勿论;如系昼间无凶器而其人又为自由人时,则由政务官加以鞭打之后,委之被害人,被害人可将其卖为奴隶;若其本为奴隶时,则可由达尔丕亚岩坠杀。这里行为人承担的责任即为人身责任。这种责任在封建社会依然存在。如中国古代秦律即有以劳役抵偿债务的规定。直至资本主义初期的立法中也仍有人身责任的遗迹,如《法国民法典》曾规定,对于债务人人身得予以民事上的约束。现代各国立法中,一般已不再有人身责任的规定。
(张平华)

renshen zhai
人身债(personal contract) 英美法上的概念,要求债务人实施某种行为而不影响其财产的债,或者只能由债务人本人而不能由其继承人履行的债。在前一种意义上与不动产债相对应;在后一种意义上与可继承的债相对应。
(张平华)

renshen ziyouquan
人身自由权(personal liberty) 自然人享有的活动不受非法干涉、拘束或者妨碍的权利,包括身体身由和意思自由两方面的内容。《中华人民共和国宪法》规定,公民的人身自由不受侵犯。这是人身自由权作为一项人格权的宪法渊源。人身自由权是民事主体参与各种社会活动,行使并实现其他民事权利的基础和前提。侵害身体自由权的行为,如绑架、拐卖、非法拘禁、强制卖淫等,在民法上构成侵权行为,在刑法上则往往构成犯罪行为。侵害意思自由的行为,如以威吓、胁迫、欺诈、乘人之危等手段使他人作出违背自己真实意思的意思表示,在民法上构成可撤销的民事行为,受害人可以请求法院或者仲裁机构撤销该意思表示。也有学者认为,侵害意思自由的行为同时构成侵害人身自由权的侵权行为。最高人民法院《关于确定民事侵权赔偿责任若干问题的解释》(2001年3月8日)将人身自由权作为侵权行为的客体,侵害他人人身自由权,受害人可以请求精神损害赔偿。 (张玉敏)

renshi baozheng

人事保证(德 personalkaution) 在雇用或者职务关系中,就可归责于被雇用人的原因,致使雇用人(用主)受到损害,保证人应当承担损害赔偿责任的保证。人事保证可分为三种:(1)人的人事保证。保证人对于债权人(雇用人、用主)保证被用人不违反雇用合同的义务,保证人不仅与被用人对债权人负有同样的债务,同时保证人还对债权人单独地负有使被用人不违反合同的责任,例如当被用人不服从约束时有劝导的义务,被用人对用主的财务等拐带潜逃时有搜索追回的义务等。(2)物的人事保证。保证人对于因被用人中途不履行合同(如雇用合同),依据合同或者法律规定被用人所应承担的损害赔偿责任,而向债权人承担保证责任。(3)损害担保契约。无论被用人是否有过错,只要因其行为使债权人遭受损失,保证人均向债权人负赔偿责任。人事保证是一种对将来的债务所为的保证。当事人在合同中定有保证期间的,依当事人的约定,但有的国家(如日本)法律规定,保证期间不得超过5年,超过5年的,缩短为5年。当事人未约定保证期间的,而职务有一定期间或者雇用合同定有期间的,因保证合同受主合同期间的制约,主合同期间为保证期间;职务或者雇用合同未定有期间的,原则上在职务或者雇用关系存续期间,人事保证债务继续存在。

(奚晓明)

renshou baoxian

人寿保险(life insurance) 又称生命保险。以被保险人的寿命为保险标的、以其生存或者死亡为保险事故而成立的人身保险。人寿保险是最早的人身保险,有死亡保险、生存保险、生死两全保险、简易人身保险、年金保险等具体形式。人寿保险的保险标的为被保险人的寿命;保险事故或者为被保险人的死亡或残废,或者为被保险人的生存,或者为被保险人的死亡和生存二者。

历史发展 中世纪后的欧洲,保险的观念开始向海上保险以外的领域延伸。14世纪以后,基尔特制度和年金制度,开始缔造和发展人寿保险。基尔特为职业相同的人基于共同的互助精神而组成的团体,凡属于基尔特的成员在发生死亡、火灾、盗窃、疾病等灾害事故时,共同出资予以救济;后从基尔特制度中分化出了专门以社员及其配偶的死亡、年老、疾病为保障目的的制度,对人寿保险的产生作了组织和观念上的准备。年金制度最初开始于中世纪,只是到了16、17世纪,年金制度开始盛行,但当时的年金制度,是以募集公债的方式进行的,所募集的公债的年利息作为生存者该年的所得,若参加者死亡,公债本金并不退还。这种以利息计算发还年金的方式对人寿保险观念的发达产生了深远的影响。

种类 人寿保险以人寿保险展业的内容或技术方法为准,可以分为普通人寿保险和特种人寿保险,特种人寿保险有团体人寿保险和简易人身保险;以其承保的保险事故为准,又可以区分为死亡保险、生存保险和生死两全保险。普通人寿保险主要形式为死亡保险、生存保险和生死两全保险。

特征 人寿保险的特征主要有:(1)人寿保险的标的以人的寿命为限。人寿保险承保被保险人的死亡或者生存两种不同类型的风险,且一般不问风险发生的原因。被保险人的寿命或体现为死亡或者伤残,或体现为生存,保险人对之承担保险责任。(2)人寿保险为定额保险合同。保险人给付保险金的依据是,投保人与保险人在人寿保险合同中约定的保险金额。约定之保险金额是保险人给付保险金的依据,使得人寿保险成为典型的定额保险。(3)人寿保险期限长。人寿保险一般为长期保险,保险期限多则几十年、少则几年。(4)人寿保险单具有现金价值。人寿保险具有储蓄功能。对于投保人交纳二年以上保险费的人寿保险单,具有现金价值。具有现金价值的人寿保险单,可以转让或者质押。(5)人寿保险禁止约定保险代位权。保险人和投保人在人寿保险合同中约定保险代位权条款的,其约定无效。

主要内容 人寿保险应当约定的主要内容有:保险人和投保人的名称(姓名)和住所,被保险人和受益人的姓名、住所、年龄、性别;保险事故的范围和除外责任;保险期间;保险费及其交纳;保险金额及其保险金给付;争议处理;若有保险金额减少的条件,其条件;人寿保险合同的不可争议条款、复效条款、自杀条款等特有条款,以及订立合同的时间等。

当事人 人寿保险的当事人有投保人和保险人。投保人在订立和履行人寿保险合同时,应当承担被保险人真实年龄的告知义务、保险费的交纳义务等义务。保险人依照人寿保险合同的约定,主要有收取保险费的权利,并承担给付人寿保险金以及依照约定返还保单现金价值的义务。

关系人 人寿保险的关系人有被保险人和受益人。被保险人在保险期间发生事故或者生存到保险期满时,被保险人或者受益人有权请求保险人给付保险金。被保险人生存到保险期满或者在保险期间发生保险责任范围内的伤残,则保险金给付的请求权人为被保险人,被保险人本人或者其委托代理人可以向保险人请求给付保险金。被保险人在保险期间死亡的,则受益人或者被保险人的法定继承人可以向保险人请求给付保险金。在保险人不能支付其全部债务而受破产宣告时,被保险人、受益人的保险金给付请求权,先于国家税收和普通债权对保险人留存的责任准备金,有优先受偿的权利。

保险金额 人寿保险的保险金额,由投保人和保险人协商确定。保险金额为保险人给付保险金的最高限额。投保人可以根据自己的需要和交付保险费的能力,选定一个适合于自己的保险金额,而保险人往往依照其开展人寿保险业务的需要,事先拟定不同额度的保险金额,供投保人选择。但以未成年人为被保险人的人寿保险合同,若约定以死亡为给付保险金条件的,其保险金额总和不得超过国家保险管理机关规定的限额。

保险责任 依照人寿保险合同的约定,在被保险人生存至保险期满,或者被保险人在保险期间内因保险事故死亡或伤残,保险人负有给付全部或部分保险金额的责任。保险人给付保险金的一般情形主要有:(1)被保险人生存到保险期满的,保险人给付约定的保险金额全数;(2)被保险人在保险有效期间因保险事故死亡的,保险人给付保险金额全数;(3)被保险人因保险事故而致残废的,保险人按照保险合同约定的伤残程度给付保险金额全数或者部分。人寿保险的受益人故意造成被保险人的死亡、伤残,或者受益人故意杀害被保险人未遂的,受益人丧失受益权,但是,保险人给付保险金的责任,不受影响;若没有其他受益人的,保险人应当向被保险人或其法定继承人给付保险金。

除外责任 一般而言,因为下列原因造成被保险人伤残或死亡的,保险人不负给付保险金的责任:(1)被保险人故意自杀,除非保险合同另有约定;(2)投保人、被保险人的故意行为或犯罪行为造成被保险人死亡或残废;(3)战争或敌对行动造成被保险人死亡或残废,除非保险合同另有约定;(4)被保险人打架、斗殴、酗酒而引起的死亡或残废;(5)保险合同约定的其他不属于保险责任范围内的事故。

保险金的给付 一般而言,保险人依约给付人寿保险金,主要采用以下方式:(1)一次性支付保险金。保险人在发生保险事故后,按照合同约定将应当支付的保险金额,一次性以现金或票据的形式支付给被保险人或受益人。(2)支付保险金的利息。保险人按照保险合同的约定,将保险金留存而将其产生的利息,按年、季或月定期支付给被保险人或受益人。(3)定期支付保险金。保险人按照保险合同的约定和被保险人或受益人的要求,在约定的给付期间内,以年金结算的形式向其支付保险金,直至保险期间届满。(4)定额支付保险金。保险人按照保险合同的约定和被保险人或受益人的要求,每隔若干周期向其支付确定数额的保险金,直至全部累计的保险金本金及其利息支付完毕。(5)支付终身年金。保险人按照保险合同的约定,定期向被保险人或受益人支付一定数额的保险金,直至被保险人或受益人死亡。

常见条款 人寿保险的合同期限长,在合同的履行、内容和效力等方面,应当为被保险人的利益之保护多加注意,以防止保险人滥用其地位损害被保险人或者受益人的利益。出于上述考虑,人寿保险对于有关被保险人的保险金给付请求和保险人的保险责任承担,一般约定有以下常见条款:不可争议条款、交费宽限期条款、受益人条款、不丧失价值条款、自动垫交保险费条款、复效条款、保单质借条款、自杀条款、战争条款等。

(邹海林)

renshou baoxian hetong

人寿保险合同(life insurance contract) 投保人以被保险人的寿命为保险标的、以其生存或者死亡为保险事故,与保险人订立的人身保险合同。参见人寿保险条。

(邹海林)

renshou baoxian zeren zhunbeijin

人寿保险责任准备金(life insurance reserve) 人寿保险人为预备将来支付保险金而依法积存的金额。《中华人民共和国保险法》第94第1款规定:保险公司应当根据保障该被保险人利益、保证偿付能力的原则,提取各项责任准备金。人寿保险责任准备金主要来自超收的保险费,一部分为未到期的保险费,一部分为采用均衡保险费办法前期超收的部分。投保人交纳保险费后,保险人应当将之累积而于将来支付给被保险人或者其指定的受益人。责任准备金是保险人向投保人、被保险人或者受益人承担给付义务的基础保障。人寿保险合同的投保人、被保险人和受益人,对保险人为被保险人提存的责任准备金,有优先受偿的权利。保险人依人寿保险合同的约定,有法定或约定情形发生时,向投保人、被保险人或者受益人返还责任准备金的义务。

(温世扬)

renyiquan

人役权(德 Serritutes personarum) 是以他人之物供自己使用的权利,即为特定人的利益而使用他人之物的权利。在罗马法中,就已经形成了发达的人役权制度。但在罗马法的历史上人役权的出现较地役权为晚。与地役权相比,它是为特定的人的利益而设定的。罗马法上的人役权有用益权、使用权、居住权和奴畜使用权等四种形态。

人役权有如下的特征:(1)人役权人一般为自然人。这是因为人役权主要是基于婚姻、家庭关系而产生,主要是源于赡养、扶养和抚养的需要,往往涉及的是家庭成员、配偶的特有或应有的利益,这就决定了人役权人一般是自然人,法人或其他非法人团体不可以享有人役权。在立法例上,有作为人役权的用益权可以为法人享有的情形,如《法国民法典》第619条规定:"用益权,在其不是给予个人时,以30年期间为限。"《德国民法典》第1059a条有关于法人享有用益权的规定。(2)人役权具有时间性,亦称为"暂时性"。由于人役权是为特定的自然人的利益而设定,因而该自然人的生存期限,即为人役权的最长期限。如果人役权同时为两个或两个以上的自然人设定,则该自然人中生存期限最长的人的生存期限即为人役权的期限。当然,所有权人在设定人役权时,亦可以为人役权确定一个具体的期限,在人役权人的生存期限长于该期限时,该期限即作为人役权的期限;如果人役权人在该期限内死亡时,即以人役权人的生存期限为人役权的期限。(3)人役权不具有转让性。在罗马法中,人役权是不能让与的权利,但权利的行使则可以转让,如转让某年对某土地的收获权。就人役权的性质而言,它不能与权利人相分离,故权利人死亡,其权利即行消灭。但《法国民法典》明确规定它用益权不仅可以转让,而且可以出租,该法典第595条第1款规定:"用益权人得自己享有其权利,或者向其他人出租其权利,或者甚至出卖或无偿转让其权利。"而《德国民法典》则坚持了罗马法的做法,该法典第1059条规定:"用益权不得转让。用益权可以由他人行使。"当然,德国立法者从社会经济生活中早就认识到,限制人役权转让的规定也要有例外。德国1935年12月13日的《用益权和限制人役权转让法》在用益权不可转让的问题上有所突破,规定如果是出于公共利益的原因,用益权可以转让。该国1953年通过的法律又对《德国民法典》第1059条增加了a~e条,规定用益权属于法人时,可以在法律规定的范围内转让。这些规定对于法人的合并、分立及收购是有重要意义的。 (钱明星)

renzi jianhe gongsi
人资兼合公司(personal and capital company) 兼有人合公司和资合公司性质的公司,这种公司的设立和经营同时依赖于股东个人的信用和公司的资本规模。最典型的人资兼合公司是两合公司(包括股份两合公司)。 (王亦平)

renjihe baoxian gongsi
仁济和保险公司(Renjihe Insurance Company) 1885年由"仁和"和"济和"两家保险公司合并而成立的民族资本的保险公司,是中国早期的几家民族保险组织之一。1805年,保险业随着"通商"开始传入我国,但当时的保险业均由外国保险公司经营。直到清朝末期,才出现了由中国人自己经营的保险业。1875年12月,清政府成立了保险招商局,主要承保船舶保险和运输保险。1876年7月,招商局在上海成立了"仁和"保险公司,经营水火保险业务。1878年3月,招商局在上海又设立了"济和"保险公司。这两家保险公司成立后,业务范围不断扩大,在海外还设立了分支机构。但1884年的中法战争使仁和、济和两家保险公司的业务陷入了困境。为扭转这一局面,两家保险公司于1885年2月决定合并成立"仁济和"保险公司,继续经营水火保险业务。至1934年10月,仁济和保险公司终因资金周转困难而停止营业。 (房绍坤)

rengu
认股(share subscription) 股份公司设立过程中,投资者承诺购买该公司一定数额股份的行为。广义的认股还包括公司发行新股时的认购行为。"认股"不同于"认缴股份",后者还包括缴纳股款的步骤,前者只是承诺认购设立中公司的若干股份。股份认购因设立方式的不同又可分为两种:发起设立时,公司的发起人承担认购义务,且通常应按认购的股数缴足股款,不允许分期缴纳,股款可以用现金支付,也可以用其他动产、不动产及财产性权利作价抵缴股款;募集设立时,公司发起人和社会公众共同履行认购行为,发起人认购首期发行的部分股份后,其余部分则向社会公众公开募集,即招股。但各国公司立法一般规定,发起人至少应认购第一次发行股份总数的1/3或1/4。《中华人民共和国公司法》规定,发起人认购的股份不得少于公司股份总数的35%(第83条)。这样规定是为了使发起人以一定的资本作为其设立公司的责任担保,防止单纯以他人资本设立公司。发起人可以用现金支付股款,也可以用其他动产、不动产及财产性权利作价抵缴股款,但社会公众只能用现金支付股款。为保护社会公众认股人的利益,各国公司法多规定在公开募股前,应由发起人制定招股章程,报国家主管机关审批后予以公告,以便公众了解公司的实际情况,从而决定是否认股。认股人认股后,须填写发起人(或股份公司)预先准备的认股书,负有按时足额缴纳股款的义务。发起人公告的招股章程是发起人向社会公众发出的招股要约,社会公众的认股是对此要约的承诺,而认股书则是双方权利义务的书面表现形式,认股人缴纳股款(缴股)则是对己方义务的履行。如果认股人拖欠应缴股款,发起人有权催缴,并声明认股人逾期丧失其权利,对由此给公司造成的损失负有赔偿责任。如果公司因股份未被认足而不能成立时,发起人负有退还已缴股款的义务,并赔偿因此给认股人造成的损失。股份公司依法成立后,认股人即转为公司股东,享有股东权利并承担股东义务。

(陈耀权)

rengu quanzheng

认股权证(the certificate of subscription right) 由股份有限公司发行、按特定的价格、在特定的时间内购买一定数量股票的选择权凭证。当股份公司增资发行股票时,可以向原股东发出认股权证。认股权证持有人可以凭证在一定时期内按特定价格购买一定数量的新股。只要这种优先认股权能使股东按低于旧股市价的价格购买新股,认股权证便具有一定价值。认股权证持有人既可以凭认股权证认购新股,也可以在证券市场上出卖认股权牟利。计算认股权价格的公式是:$V = (P \times R)/(1 + R)$。其中,P 代表股票市场价格与股票面值之差额;R 代表新股与旧股的认购比率;V 为每股认股权的价格。此外,还可以用下面的公式计算认股权的价格:$V = (M - S)/(N + 1)$。其中,M 代表旧股市场价格;S 代表认购新股的价格;N 代表每购一份新股所需的旧股数目;V 为每股认股权的价格。例如,某股份公司的旧股市价为 25 元,认购新股的价格为 20 元,每 4 股旧股可认购 1 股新股,则每股认股权的价值为:$V = (25 - 20)/(4 + 1) = 1$(元)。认股权是一种长期选择权,一般是有期限的,也可以是无期限的。认股权证本身具有投资价值,实质上是一种有价证券。我国证券法并未明确规定认股权证系证券的一种,有待法律明确界定。

(陈耀权)

rengushu

认股书(subscription warrants) 又称"认股券",是股份公司发起人或股份公司事先准备的由认购人在认购股份时签署的书面文件,实质上是一种标准合同。认股书的内容包括:公司章程所记载的主要事项;发起人认购的股份数;每股的票面金额和发行价格;无记名股票的发行总数;认购人的权利义务;本次募股的起止期限及逾期未募足时认股人可撤回所认股份的说明;主管机关批准募股的文号和日期。认购人则应在其上填写所认购的股份数、股份种类、金额及法定住所等,并签名盖章。当场以现金认购无记名股票者,通常准予免填认股书。认股人的认股行为,其法律性质一般被认为是一种契约行为,即发起人与认购人之间订立的以加入设立中公司为目的的一种合同,而认股书则是该合同的书面形式。因此,认股人认股后,有按照所填写的认股书缴纳股款的义务。认股人填具认股书时,要预交一定金额作为担保。

(陈耀权)

renxu chehui

认许撤回(withdrawal of recognition) 外国公司在内国被认许后,由于无意在内国继续经营,向内国主管机关提出申请缴销原认许登记证件以撤回其认许。认许撤回申请是出于外国公司自愿进行的具有法律意义的行为,由于他人不能准确了解其真正的意思,也无权进行干涉,故这里的无意是指外国公司主观上的意思,只要其提出认许撤回申请,不需要具备客观上的事实,也不论其意思是否有瑕疵,内国主管机关均依申请对其认许撤回。撤回申请应由外国本公司的董事或执行业务股东,或者公司在内国的负责人或经理人,或上述人员的代理人向内国主管机关提出;要提交法律规定的文书,如认许撤回申请书和债务清偿计划等;由内国的负责人或经理人提出,需同时提交撤回认许之授权证书或委托证书;由代理人提出,还应同时提交代理之授权委托书。我国台湾地区还要求代理人应为会计师或律师,原则上认许撤回申请人不限于原来的认许申请人。外国公司认许撤回申请被批准后,应于法定期间向登记主管机关申请登记,不得继续在内国营业,倘若其在内国拥有分公司,应该一并撤销,但不得免除外国公司所负的债务。我国台湾地区《公司法》第 378 条还有强制性规定:外国公司所负之债务未履行完毕之前,遂以无意在台湾继续营业者,向主管机关申请撤回认许,致债权人之债权无从受偿,该公司在台湾境内之负责人应与公司连带负赔偿之责,因此主管官署,应在外国公司将所负责任或债务履行完毕后,方得准许其撤回认许。认许撤回是引起外国公司在内国清算的原因之一。

(李四海)

renxu chexiao

认许撤销(rescission of recognition) 当出现法律明确规定的情况时,由内国主管机关依其职权主动对外国公司的认许予以撤销的行为。由于认许撤销是内国主管机关主动依职权实施的行为,所以只有在出现法律明确规定的行为时才能进行,否则外国公司会处在一种随时都有可能被撤销的状态中,这不利于公司的稳定,也影响公司与合作伙伴及其顾客建立良好的关系。有权的主管机关包括认许申请的主管机关和登记主管机关。外国公司有下列情况之一时,主管机关必须依职权撤销其认许:(1) 申请认许时所报事项或所提交的文书,在认许申请成立后被查明有虚假记载或重大遗漏足以影响对其认许申请的批准时,对其认许撤销。有的国家还规定应对其进行处罚。(2) 公司已解散,当然终止营业,如果没有申请认许撤回,由主管机关依职权对其认许撤销。(3) 其他类似于公司主管机关吊销内国公司营业执照或法人营业执照的情况，对外国公司对其认许撤销。关于外国公司本公司已受破产宣告，是否撤销认许，各国和学者看法不一：一种观点认为外国公司在国外被宣告破产，效力不及于内国，内国对其认许自不必撤销；一种观点认为外国公司既已宣告破产，其对在内国的分支机构的责任承担能力已不存在，理应对其在内国的认许撤销。主管机关撤销认许，外国公司仍应履行其对债权人的清偿义务和公司的其他义务。认许撤销会引起外国公司在内国清算。

（李四海）

renxu chengxu

认许程序（procedure of recognition） 内国有关机关针对外国公司提出的认许申请，根据本国的法律规定，进行形式和实质审查的程序。各国的认许制度不同，认许程序自然不同。各种认许程序中，以特别认许制国家的认许程序最为复杂，其他认许制度的认许程序一般仅为其一部分。特别认许制国家的认许程序一般包括：(1) 审查申请主体是否适格，外国公司在其本国是否已经有效成立，这是所有国家的认许制度都包括的。《中华人民共和国公司法》第199条规定："本法所称的外国公司是指依外国公司法在中国境外登记成立的公司。"对于尚未成立的外国公司，不予认许。我国台湾地区《公司法》还要求依法设立登记的外国公司已经在本国营业。(2) 审查是否属于本机关的管理范围，对于不属于自己管理范围的，按照法律规定处理，或移交有管理权的机关并通知申请人，或退回申请并告知申请人向有管理权的机关提出申请。(3) 审查提交的相关文书的形式要件，如是否齐全，对于缺少法律规定必须提交的相关文书的，告知申请人于法定期限内补缴齐全，对于拒不补缴的，退回其认许申请；审查是否符合法定形式，如我国《公司法》第202条规定："外国公司的分支机构应当在其名称中标明该公司的国籍及责任形式。"这就要求审查分支机构的名称是否符合规定。(4) 对相关文书进行实质审查，即审查文书所记载的内容是否真实、准确，是否符合内国法律的相关规定。如我国《公司法》第201条规定："外国公司在中国境内设立分支机构，必须在中国境内指定负责该分支机构的代表人或者代理人，并向该公司拨付与其所从事的经营活动相适应的资金。"这就要求审查代表人的指定与资金的拨付是否符合法律规定。我国台湾地区的《公司法》还规定代表人要对外国公司的清算负连带责任及代表外国公司参加诉讼，这就要求审查代表人是否具有相应的能力。(5) 审查对外国公司的认许是否与内国的法律禁止性规定相抵触。如我国《公司法》第204条规定："经批准设立的外国公司分支机构……不得损害中国的社会公共利益……"经审查合格的，在法定期限内向内国登记主管机关申请注册登记，领取营业执照并公告。我国的登记主管机关是国家工商行政管理局，它也可以委托省、自治区、直辖市工商行政管理局办理外国公司分支机构的登记手续。登记公告完成，认许程序终结。

（李四海）

renxu shenqing

认许申请（applicant of recognition） 认许制度的启动行为，是欲得到内国认许的外国公司根据内国的法律，向内国的有关部门提出要求得到认许的行为。一般是公司的董事或公司执行业务的负责人提出认许申请，有的国家规定可以由分支机构所在国的代表人或经理人提出，或者是上述人员的代理人提出。提出申请的人要提交证明本人国籍的证件和公司对它的授权证书或者授权委托书。多数国家规定，提出认许申请要提交相关的文件或证明，文件或证明是外文时必须附有内国文字的译本。如《美国标准公司法》规定，外国公司在美国经营需要从州务卿处获得授权证书，在申请授权证书时需同时提交含有下列内容的文件：(1) 公司名称及该公司据以设立的法律所属国名。(2) 若公司名称中不包括"公司"、"已设立"或"有限"等字样或其缩写，则应添加一个或几个字样或其缩写。(3) 公司设立日期和存续期。(4) 公司在据以设立的法律所属国的办公地址或注册地址。(5) 拟在美国设立的注册住所地址和注册代理人的姓名和地址。(6) 公司在美国从事营业的性质。(7) 公司各董事和职员的姓名及其地址。(8) 公司授权股本及已发行股本和以美元表示的公司设定股本额。(9) 以美元表示的公司资产及在美国的全部财产额。(10) 其他州务卿所要求的。《中华人民共和国公司法》第200条也规定，外国公司在中国境内设立分支机构，必须向中国主管机关提出申请，并提交公司章程、所属国的公司登记证书等有关文件。由于外国公司分支机构所处的行业不同，应向不同的主管机关提出申请：贸易商、制造厂商、货运代理商应向我国对外经济贸易部提出申请；金融业、保险业应向中国人民银行提出申请；海运业、海运代理商应向我国交通部提出申请；航空运输业应向中国民用航空局提出申请；其他行业，按照业务性质，确定我国政府的有关部、委、局为主管机关。向主管机关提出申请时必须提交的文件有：设立外国公司分支机构的申请书，申请公司的公司章程，申请公司在本国的登记证书（副本）。应提交的相关文件有：同申请公司有业务往来的金融机构出具的资信证明书；公司董事及公司负责人的姓名、国籍、住所；公司申请设立分支机构前三年的财务会计报告，包括资产负债表、损益表、现金流量表等；公司债务、税务的责任担保书；在我国境内指定的分支机构的代表人和代理人的姓名、国籍、住所,以及对他们的授权委托书;在我国境内的分支机构的经营计划书;股东会或董事会关于在中国设立分支机构的决议;法定验资机构出具的验资证明等。

(李四海)

renxushuo

认许说(doctrine of recognition) 以公司设立所认许之国家为其国籍所属的学说。即其认许最后程序首先经哪个国家政府承认,该公司就具有哪个国家的国籍。该说认为,一公司未被某一国家认许前不是真正意义上的公司,如果没有一国认许该公司就不能成立。正是因为该国的认许使得该公司成为真正的公司,所以该公司应该具有该国的国籍。实践中,一般认为哪个国家对该公司首次进行注册登记,即可以认为是那个国家首先对这个公司加以承认,该公司就具有那个国家的国籍。这种学说的不足是,当在甲国达不到设立公司的条件时,公司的设立人可能会到设立公司限制较少的乙国进行申请以取得乙国的认许,然后以外国公司的名义,再回到甲国营业,从而达到规避甲国法律的目的。

(李四海)

renxu xiaoli

认许效力(validity of recognition) 外国公司的认许申请被内国认许后,所产生的法律效力,也就是会发生哪些具有法律意义的后果。一般来说,外国公司一经内国认许,即表明该外国法人所具有的权利能力和行为能力在该内国得到承认,有资格并可以有效地在该内国从事商事活动,如《日本商法典》第485条规定:"外国公司适用其他法律时,视为日本成立的同种类或最类似的公司。但是,法律有另外规定时,不在此限。"至于外国商人可以在多大范围内从事商事活动,或者说外国公司在内国可以在哪些范围内从事商事活动,不能在哪些范围内从事商事活动,是一国主权范围内的事,别国无权干涉,应受制于内国法的规定,但内国要遵守国际法的一般原则和国际习惯法规则,不得与该国承担的国际义务相违背。我国对外国公司分支机构认许后发生如下效力:(1) 外国公司分支机构成立的效力。自公司登记机关核准登记并颁发营业执照之日起,就确定了该分支机构成立的事实,其成立日期就是营业执照核发日期。(2) 外国公司分支机构可以在中国境内营业的效力。领取营业执照后该分支机构可以在核准的经营范围内从事生产经营活动。《中华人民共和国公司法》第199条规定:"外国公司依照本法规定可以在中国境内设立分支机构,从事生产经营活动。"第204条还规定:"经批准的外国公司分支机构,在中国境内从事营业活动,必须遵守中国的法律,……"(3) 外国公司分支机构的合法权益受中国法律的保护,当其合法权益受到侵害时,可以进行法律允许的自助行为,也可以向人民法院提起诉讼。(4) 取得其他同中国公司在中国境内的分支机构同样的权利,但法律不允许外国公司分支机构拥有的权利除外。外国公司属外国法人,外国公司在中国境内的分支机构并不具有中国法人资格;外国公司对其分支机构在中国境内进行的经营活动承担责任。(5) 经认许后,除取得权利外,还承担相应的法定义务和责任,但不能任意扩大义务和责任的范围。如我国《公司法》第202条规定:"外国公司的分支机构应当在本机构中置备该外国公司的章程。"第204条规定:"经批准的外国公司分支机构,在中国境内从事营业活动,必须遵守中国的法律,不得损害中国的社会公共利益。"

(李四海)

renxuan tiaokuan

任选条款(optional clause) 又称任意条款、选择条款,是当事人于法定条款之外出于主观意愿订入合同的条款。《保险法》第21条规定:"投保人和保险人在前条规定的保险合同的事项外,可以就与保险有关的其他事项作出约定。"在标准的保险合同中,任选条款实际上是由保险人根据某种实际需要拟定并纳入合同内容的。如保险人办理某些人身险种业务需要对保险金额加以限制,则在条款中予以规定。还有保证条款,常为保险人选入,即要求被保险人作出某项保证,一旦违反,保险人可以解除合同。

(温世扬)

renyi canjia chengdui

任意参加承兑(optional acceptance for honor) 预备付款人及票据债务人以外的第三人,在征得持票人同意后,可以以任一票据债务人为被参加人参加承兑。第三人参加承兑,之所以必须征得持票人同意,是因为汇票一经参加承兑,持票人就不得行使期前追索权。如果参加人并无资信或是与票据债务人恶意串通故意拖延时日,将使持票人利益受损。因此,法律赋予持票人同意权,以保证其利益。第三人的参加承兑即为任意参加承兑。

(王小能)

renyi canjia fukuan

任意参加付款(optional payment by intervention) 其他第三人即参加承兑人或预备付款人以外的第三人参加付款。应由该第三人主动为之,因为在该第三人参加付款之前,持票人并不知道该人的情况。其他第三人参加付款称为"任意参加付款"或"一般参加付款"。

(王小能)

renyi hehuo

任意合伙(partnership at will) 完全根据当事人的意志而没有确定存续期限的合伙。不用通过事先通知,任何合伙人均可解散。英美法上的概念。

(李仁玉 陈 敦)

renyi jiesan

任意解散(optional dissolution) 公司根据自身的需要和条件所为的解散。原因有:(1) 营业期限届满或章程规定的其他事由发生。(2) 全体股东同意或股东大会的决议。无限公司和两合公司须经全体股东同意才能解散;股份有限公司的解散须经股东大会的决议,股东大会须有持股份 3/4 以上的股东参加,决议过半数通过。(3) 公司所经营的事业已成就或不能成就。(4) 合并。公司实行吸收合并时,被吸收公司因合并解散;公司实行新设合并时,全部当事公司因合并解散。以上任意解散原因适用于各种公司的解散。此外,仅适用于特定公司的解散事由,如两合公司或股份两合公司有限责任股东或无限责任股东全体退股时,公司应解散。无限公司、两合公司、股份两合公司股东仅剩一个时,公司应解散。股份有限公司和有限责任公司股东人数少于法定最低人数,公司解散。

(刘弓强 蔡云红)

renyi maimai

任意买卖(purchase and sale by will) "强制买卖"的对称。由当事人自由进行的买卖。一般的普通买卖均为任意买卖。

(王卫劲)

renyi paimai

任意拍卖(voluntary auction) "强制拍卖"的对称。拍卖标的的所有人或者处分权人基于本人自愿对拍卖标的进行的拍卖。分为自己拍卖与委托拍卖行或拍卖商代为拍卖两种方式。拍卖是物主自由意志的体现,但操作中仍需遵循固定的拍卖程序与规则。强制拍卖是法院、海关等国家机关依职权对罚没的或者依诉讼程序强制执行的特定物品或财产权利进行的非基于物主自愿的强行拍卖。

(任自力)

renyi tuihuo

任意退伙(arbitrary withdrawal from partnership) 又称自愿退伙、声明退伙。合伙人出于自愿而退伙,与法定退伙相对。各国一般规定,定有期限的合伙,在有法定情况出现时,合伙人可以退伙;未约定期限的合伙,合伙人得自由退伙,但应提前通知合伙人,并不得给合伙造成损失。我国合伙企业法规定,协议定有合伙经营期限的,有下列情形之一时,合伙人可以退伙:(1) 合伙协议约定的退伙事由出现;(2) 经全体合伙人同意退伙;(3) 发生合伙人难于继续参加合伙企业的事由;(4) 其他合伙人严重违反协议约定的义务。合伙协议未约定合伙经营期限的,合伙人在不给合伙事务执行造成不利影响的情况下,可以退伙,但应提前 30 天通知其他合伙人。自愿退伙原则上因退伙人自己的意思表示而发生效力,该意思表示自通知其他合伙人时生效。

(张玉敏)

renyi zhi zhai

任意之债(拉丁 obligatio facultativa) 限定之债的对称。债的标的虽仅有一种,但当事人得以其他种给付代替原定给付的债。决定以其他给付代替的权利依约定可归债权人,也可归债务人。但无另外约定时应归债务人。如甲借给乙良种若干,乙应偿还良种若干。但乙可以金钱代替,或甲可以要求乙给付金钱。此情况下,甲乙之间的债就为任意之债。任意之债的给付仅有一种,不发生选择,只是当事人可以其他给付代替。如果原定给付因当事人一方的事由发生履行不能,则发生损害赔偿之债,而不会还有其他种给付可供履行。

(郭明瑞)

renyi zhunbeijin

任意准备金(arbitrary fund) 法定准备金的对称。保险人除按照政府有关法律的规定提取准备金外,为防止由于经营损失造成公司财务状况的波动,而提取的准备金。任意准备金的提取由保险人根据业务经营状况和财务状况而确定提取额,其资金来源于保险业务的盈余。

(李世奇)

riben gongsifa

《日本公司法》(Japanese Company Law) 日本的公司立法是在大陆法系和英美法系主要国家的公司法的双重影响下逐步完善起来的,因而形成了自己的特色。《日本公司法》由商法典公司编、《有限公司法》、《商业登记法》及《附担保公司法》等单行法律法规所组成。日本的公司立法是在明治维新以后,随着资本主义经济的发展和公司组织形式的成长而逐步建立健全起来的。

《日本公司法》的发展经历了两个阶段:第一阶段是从明治维新到第二次世界大战前。这一阶段,日本的公司立法无论从体例上还是内容上主要受德国公司立法的影响。明治维新初期,日本在公司立法方面只有某些规定特种公司地位的单行法规,如《国立银行条例》、《私营铁路条例》等。1890 年颁布了商法典,该法典第一编第六章是关于公司的规定。这是日本第一个综合性的公司立法。1899年颁布的新商法典,使日本的公司法得到了进一步的完善,该法典在第二编共七章的449个条款中,对除有限公司以外的其他各种公司形式,即无限公司、两合公司、股份有限公司和股份两合公司作了全面的规定。1911年和1938年日本政府对商法典公司编又进行了较大的修订,并于1938年颁布了《有限公司法》。

第二阶段是从第二次世界大战到现在。第二次世界大战后,由于受美国公司立法的巨大影响,日本的公司立法发生了急剧的变化。主要表现在:虽然该国公司立法总的体例仍保持着原来的模式,但其内容却发生了较大变化。日本公司法采用了许多美国公司立法原理,先后对商法典公司编和《有限公司法》进行了多次修正,其中主要集中在商法典公司编上,尤其是关于股份有限公司的规定。重大的修改有:1948年废止了股款分期缴纳制度,采用了股款全额缴纳制度。1950年采用了美国实行的授权资本制和无面额股份制度;缩小了股东会的权限,加强了董事会的地位;强化了股东的地位,规定股份转让自由、股份买取请求权、代位诉讼等。1962年完善了股份有限公司计算制度。1974年强化了监察制度。1981年对股份制度、股份有限公司机构、股份有限公司财务等方面的制度又作了大幅度修改,主要包括:提高股份单位,采用零股及单位股制度;完善股东全会的活动、新设提案权、书面投票制度;完善、充实公司业务监察机构;进一步贯彻公示主义;采用附新股认购权公司债制度。同时,大量引入了美国关于公司方面的各种法律制度,如参考美国的《证券交易法》、《禁止垄断法》等,颁行了一系列法律与股份有限公司的规定相配合。例如,《禁止私人垄断和确保公平交易的法律》、《证券交易法》、《与股份有限公司的监察等有关的商法特例的法律》、《公司债券发行限度暂行措施法》、《关于股票等保管及转账的法律》等。此外,法务省还制定了若干规则。例如《关于股份有限公司借贷对照表、盈亏平衡计算书、营业报告书及其明细表的规则》、《关于大公司监察报告书的规则》、《关于处理通知召集大公司股东大会附具的参考文件等规则》,这些都是有关股份有限公司业务工作的重要法规,它使日本的公司立法更加完善起来。日本公司立法的突出特点是以股份公司,特别是以大股份有限公司为中心而进行。1950年以前的商法典公司编规定了无限公司、两合公司、股份有限公司和股份两合公司四种公司组织形式。1950年修正商法典时,将公司编中股份两合公司一章删去。而现行商法典公司编多数是为股份有限公司规定的条款。关于无限公司的规定有84条,关于两合公司的规定有19条,而关于股份有限公司的规定则多达292条。这些条款对股份有限公司的设立、公司的资本和股份、公司的组织机构和日常财务管理、公司的解散和清算等,都逐一作了详细规定。

按照日本商法典公司编对股份有限公司的规定,设立股份有限公司必须有7人以上的发起人,必须订立章程,并认足一定的股份。公司设立时发行的股份总数,不得少于公司发行股份总数的1/4。发起人于公司设立时未能认足股份总数时,须招募股东。股份有限公司可以发行面额股份和无面额股份,或者同时发行两种股份。发行的面额股份金额必须相等,其金额不得低于500日元。股份有限公司的组织机构为:股东大会、董事会、监察人。股东大会是公司的最高权力机关。凡选举和罢免董事及监察人、变更公司章程、增减资本、公司的合并与解散等重大事项,都要由股东大会讨论决定。董事会是公司业务执行常设机关,负责公司业务活动的指挥和管理,它对内管理公司事务,对外代表公司进行经济活动。监察人是对公司业务进行监察的常设机关,监察人有权出席董事会并陈述自己的意见,可以随时调查公司的财务和业务执行情况等。股份有限公司解散的原因有:因存续期间届满;章程所规定的解散事由发生;股东会决议;合并与破产;经法院判决或主管机关命令解散等。股份公司解散,除因合并和破产外,都应进行清算。清算完毕要进行登记。从商事判例的内容来看,由于日本公司立法受英美法系国家公司立法的影响,因此由最高裁判所作出的有关公司方面的判例日益受到重视。在有关公司方面的判例中,涉及股份有限公司的判例所占比重最大。例如:1965年9月的重要财产转让不再需要股东大会作出特别决议的判决,1972年11月的确认股票发行前的股份转让的效力的判决等等,都对公司的业务活动有重要意义。

目前,日本公司立法也面临两个主要课题:一是修改商法典和《有限公司法》。由于日本公司立法工作一直面向大型股份有限公司,因此,在中小股份有限公司和有限公司的立法上留下了一定的空白。在日本现实经济生活中,一方面存在着用现代技术设备装备起来的大企业,另一方面存在着技术装备和生产水平相对落后的中小企业。而中小企业在该国国民经济中所占的比重很高。因此,对商法典、《有限公司法》的修改不仅要针对大型股份有限公司,而且也要针对中小股份有限公司和有限公司。日本法务省于1986年公布的商法、有限公司法的修改方案就涉及整个公司法。该修改方案着重要解决的关键课题是大小公司区分立法,对大公司制定符合大公司现状的规定,对中小公司制定符合中小公司现状的规定,把大公司与中小公司、公开的公司与非公开的公司划分开。二是全面修改公司债券法。随着社会经济的发展,公司业务活动的增多,公司法特别是股份有限公司法与公司债券法的关系日趋密切。尽管以往日本政府在修改公司法的同时，都对公司债券法作若干改动，但由于都是微小的改动，所以不能适应股份有限公司发展的要求。因此，如何进一步放宽以至最终取消对公司债券发行的限制，如何全面认识和修改债券法，是日本公司立法面临的重要课题之一。　　　　　　　　　　（王亦平）

riben gongsi gengsheng fa
《日本公司更生法》(Japanese Corporate Regenerate Law) 颁布于1952年6月7日，同年8月1日生效，历经二十余次修改，最近的一次修改是在1997年。分为总则、更生程序的开始、管理人及调查委员、更生债权人、更生担保权人及股东、关系人会议、更生程序开始后的程序、更生计划条款、更生计划的认可与不认可及实行、更生程序废止、报酬及酬劳金、罚则，共11章、295条。立法目的是通过调整债权人、股东及其他利害关系人的利害关系使陷入困境但还有重建希望的股份公司维持、更生。公司更生制度是股份公司如偿还到期债务将给公司带来显著障碍，或有可能导致公司破产时，在法院指导监督下按法律特别规定，通过债权人让步或由第三人承担公司债务等方法来改善公司的财产状况，使其能够继续经营。该法的主要特点是：(1) 规定更生公司股东也是更生关系人，要和债权人一起参加更生程序，对公司作出让步；(2) 更生公司担保权人要和普通债权人一起参加更生程序，对公司作出让步；(3) 法院指派的更生管理人(更生公司的财产管理人及业务管理人)可使用也可不使用更生公司的原经营者，而自行经营公司事业，待公司更生程序结束公司复兴，再将管理、处分及经营权交还更生公司原经营人；(4) 更生中国家作为债权人，也要参加更生程序，对公司作出让步；(5) 公司更生程序只适用于股份公司。　　　　　　　　　　　　　　（宋士心）

riben minfadian
《日本民法典》(Civil Code of Japan) 又称"明治民法"或"新民法"。由5编构成，1896年公布了总则、物权、债权，1898年公布了亲属和继承。是大陆法系比较具有代表性的法典之一，它参照《法国民法典》和《德国民法典》制定而成，对日本现代社会的形成和经济的发展作出了贡献。

制定经过和背景 日本制定民法典，是想通过民法典的编纂来统一江户时代各地多少有些差异的民事法。但是，除此之外，对于日本来说，在18世纪末开展的大规模法典编纂运动就有着自己特殊的目的，也就是修改安政期德川幕府与外国签订的不平等条约，寻求司法独立。从实质上说，其根本目的在于，能够与其他国家齐头并进而强国。在诸法典中，继承西洋法进行的法律编纂事业最初始于民法典。民法编纂事业以法国的Bossonaide为中心，在元老院设置民法编纂局，财产法由法国人负责，而身份法由日本人负责起草。本次起草的成果于1890年公布，这被称为旧民法，预定从1893年1月1日开始实施，但是后来由于法典论争而延期，最后终未实施。1890年，民法草案公布以后，民法典和商法典学界、实务界和政界展开了论争。主要有主张修改和编纂延期的延期派和主张实施的断行派。延期派认为，作为一个独立的国家，将民法典的起草交给外国人来完成，这在历史上是罕见的，而且最为主要的是，旧民法的教义教育性的详细规定居多，这是法国人对不发达国家的日本给予的特殊考虑。民法必须是国家性的，对穷者进行保护是必要的。财产法中的个人本位只会使得穷者愈穷而富者愈富。家族法中的极端个人主义使得"民法出而忠孝亡"，家族法应该是强化家族道德的法。这次论争从参加的人数和范围来讲，可以说是大论争，遗憾的是却没有出现很多具有学说史意义的论著。然而，这一论争的结果是以促进资本主义发达，同时又以确立天皇支配制为目的的近代民法典，在学界、国民意识与国权主义统合的方式下被摸索，从而确定了日本民法今后的方向。论争的结果是使得旧民法流产，而新民法即明治民法得以制定和实施。延期法案在众议院和贵族院以压倒多数获得通过，确定了旧民法实施的延期，而重新设置了由梅谦次郎、富井政章和穗积陈重为委员组成的起草委员会，进行了参考更多的各个近代民法典的新的法典编纂事业。在编排体例上将民法典的查士丁尼式改为潘德克顿式，1896年公布了总则、物权、债权，1898年公布了亲属和继承。

主要内容 明治民法的财产法中也采用了个人所有权、契约自由和作为上述原则基础的法的人格原理；规定租赁权为债权，禁止进行转让、转租、抵押，否则可以作为契约的解除事由；同时缩短了租赁权的存续期间，对第三人仅在进行了登记的情况下具有对抗力，反应了寄生地主的要求。这样，明治时期的资本主义的生成和发展不是通过市民阶层对封建制进行否定而展开的，而是依靠国家强权向资本主义体制转移，这可以说是日本近代化的特殊性所在。

关于侵权行为和国家赔偿，明治民法规定了基于侵权行为进行损害赔偿，但是明治民法的这条规定不适用于国家侵权行为造成的损害。明治宪法上也没有关于国民受国家公务员侵权行为的损害而获得赔偿的规定。

明治民法家族法分为亲属和继承两编。在第四编亲属中设户主与家族，第一章作为总则，以"家"的制度为基础。这种制度中，国民的全体都属于户主或者家族之下的家，户主对其他家族成员享有支配统制的户主权,户主的变更不导致家的构成人员的变动,家族财产的继承只不过是家的代表者家长的变化而已,家的同一性仍然保持。户主对家族实行身份上的统制,有包括居所指定权在内的广泛的户主权。但是,户主权仅限于身份上的权限,户主对家族的财产上的权限不被认可。因为民法是要所有的财产都从家的规制中解放出来,保障其自由流通。户主的地位与财产是一体的,除了前户主一身专属的以外,包括祖先祭祀财产在内的前户主的权利和义务都是家族财产继承的对象。在家族制度关于户主地位的继承中,男子是占有优势地位的,女子自然是处于劣势。继承实行嫡长子继承的原则,嫡出之女较庶男继承顺序在后。除了在继承顺序上体现的不平等以外,男女不平等主要表现为夫妇之间的不平等。总则规定了妻子无行为能力;第799条和第801条规定采用夫妇管理共通制的法定夫妇财产制,但是只有丈夫享有管理和使用收益权。

成功与不足 从明治初年到明治30年代初进行的民法编纂是最大的伟业,在很短的时间内就制定了超过1000条的法典。在当时的条件允许下对日本的特殊国情给予了考虑,甚至还作了社会调查。但法典中保留的日本特色影响了法典的先进性,比如物权法领域实行土地和建筑物的二元制度,而没有制定更为单纯明快的法律制度;债权法上的诺成的非要式契约过多,这可能来源于武士精神;家族法领域非嫡子与非婚生子的待遇差别,有违基本人权。

修改 日本民法进行的重要修改在第二次世界大战后。《波茨坦宣言》宣告了日本的战败,开始了其包括政治体制在内的诸制度的民主改革。战后日本对民法典的修改中,最重要的是昭和二十二年(1947年)依据法律第222号进行的亲属法和继承法的大修改。其动因是,战后的新宪法宣布了家族生活中应以个人的尊严和男女本质上的平等为理想。这次修改,与其说是一次修改,毋宁说是一次新制定。从形式上说,文体是口语体,而文字也是平假名。但是新法实施中又出现了许多不适宜的地方,这样,在昭和三十七年(1962年)又进行了一次相当大的修改。昭和五十一年(1976年)、昭和五十五年(1980年)、昭和六十二年(1987年)又进行了大的修改。

近年,日本民法典又有大的变动,《有关成年监护制度的改正的民法改正案及关联法案》于1999年10月29日通过,2000年4月1日开始实施。新的成年监护制度制定了补助类型,设定了保佐制度、补助制度。在保护的内容上,有财产管理权、代理权、对成年被监护人的行为撤销权;规定了对成年监护人的选任问题;对成年监护人设置了新的监督人。此外,还对遗嘱方式进行了修改;规定金钱债权在让渡或者设定质权的情况下,可以通过登记来获得对抗效力;规定非营利活动组织可以获得团体法人资格。时代的发展必然还会带来日本民法典新的变动,夫妻地位的平等原则的贯彻、电子交易法制立法问题等都会反映到民法典中。

(杜 颖)

riben piaoju fa
《日本票据法》(Negotiable Instruments Law of Japan) 日本于1882年(明治十五年)仿法国法系制定了《汇票本票条例》,这是日本历史上第一次票据立法。1890年(明治二十三年)制定的日本旧商法,其中第一编第十二章对"票据和支票"作了规定。1899年日本新商法的第四编"票据编"把支票纳入票据概念之中。20世纪30年代,为了适应票据法国际统一运动,日本于1932年参加日内瓦统一票据法,颁布了单行的票据法,其中仅包括汇票和本票。次年,又单颁布了支票法。这两部法律沿用至今。日本票据法仿法国票据法制定,但在票据法沿革中,其票据立法例和票据概念不断发生变化。这是日本票据立法的显著特征。日本票据法现行的分离主义立法例与德国的票据立法例基本相同:日本民商立法采分离主义;票据法和支票法采分离主义;票据法与商法采分离主义;票据法与支票法均为单行立法。

(温慧卿)

riben shangfa dian
《日本商法典》(Janpenese Commercial Code) 1881年日本政府聘请德国人海尔·罗恩起草商法典。草案于1884年脱稿,1890年获通过并准备于次年开始施行,共1064条。由于法典抄袭外国法典,与民法典不协调,引起国内舆论强烈反对,不得不两次延期施行,最终该商法典的主要部分经帝国议会通过,其中的公司、票据、破产部分经帝国议会通过,于1893年起施行,是为旧商法典。旧商法典共分三编:商通则、海商和破产。在旧商法典施行的同时,日本政府即任命本国人员着手新商法典的起草工作。新商法典共5编、689条。5编内容是:总则、公司、商行为、票据、海商。日本参加日内瓦票据统一公约后,对票据一编进行修改,制定了票据法,从商法典中独立出来,商法典仅剩下4编。日本商法典颁布至今,已历经大大小小数十次的修订,特别是1948年、1950年的两次修改,吸收了美国法的特点实行授权资本制,加强经理和董事会的作用。目前适用的是1981年修订之后的商法典,全文共4编、851条。4编内容为:总则、公司、商行为和海商。

(金福海 梁 鹏)

riben shangye dengji fa
《日本商业登记法》(Japan Business Registration

Law）昭和三十八年(1963年)七月九日颁布，昭和三十九年(1964年)四月一日实施，平成二年(1990年)修改。规范商事登记机关登记程序等事项的法规。共4章，120条。第一章规定登记所及登记官。关于商业登记事务，由管辖当事人营业所所在地的法务局、地方法务局或其分局、派出所作为管辖登记所掌管。关于登记所的事务，由法务局或地方法务局的局长指定的法务局或地方法务局或其分局、派出所的法务事务官为登记官。第二章规定登记簿。包括登记所应备置的各种商业登记簿，如商号登记簿、未成年人登记簿、监护人登记簿、经理人登记簿、无限公司登记簿、两合公司登记簿、股份公司登记簿、有限公司登记簿、外国公司登记簿。规定私自带出登记簿的禁止、登记簿的灭失及恢复、登记簿或附属文件灭失的防止、登记簿等的阅览、誊本及节本的交付、引见的证明以及所需的手续费。第三章规定登记程序。其中通则部分规定当事人申请原则和当事人到场原则、申请登记的方式、申请书的附具书面、印鉴的提出；登记官接受登记申请书时，应于收件簿上登记相关事项并交付收据；对驳回申请理由的规定。分则部分规定商号的登记、未成年人及监护人的登记、经理人的登记、无限公司的登记、两合公司的登记、股份公司的登记、有限公司的登记、外国公司的登记及登记的更正和注销。第四章，杂则。规定审查请求的事由、审查请求书、审查请求事件的处理、适用行政不服审查法的例外。（刘弓强　蔡云红）

riben xintuo fa
《日本信托法》(Trust Law of Japan)　日本规制信托并调整其中各方当事人之间关系的基本实体法律，属于信托普通法。于1922年4月21日由日本国会颁布，1923年1月1日起施行。此后分别于1947年、1979年、1989年经日本国会三次修订。该法共有73条。第1～65条是关于信托的一般规定，其中主要规定了信托定义，信托设立以及为法律排斥的信托目的，信托关系人种类，信托财产的范围、管理和添附以及这种财产与受托人固有财产的关系，受托人资格及其权利义务与责任，受托人辞任与解任，其他信托关系人的权利义务与责任，信托的监督，新受托人的选任以及与此有关的财产转移与债务承继，信托终止以及终止时信托财产的归属等事项。这部分条文适用于民事信托、营业信托与公益信托。第66～73条是关于公益信托的特殊规定，内容涉及公益信托的范围以及政府主管机关对这种信托的权力等事项。这部分条文只能对公益信托适用。

该法是颁布于大陆法系国家和地区的第一部具有信托普通法性质的信托制定法。为该法确认的信托基本类型仅限于明示信托一种。在这一确认的基础上，该法一方面将存在于英美信托法中的许多规则吸纳其中，这些规则主要由该法关于目的信托确认、信托成立时间、信托财产归属与独立性、受托人条件、受托人权利义务与责任、受益人权利与义务、信托终止事由、公益信托的范围以及这种信托终止时信托财产的归属的规定所体现；另一方面则从遵从大陆法系民法传统的角度出发，确立起一些带有创新性质的、为英美信托法所没有的规则，这些规则主要由该法关于对有关财产信托的登记及其效力、信托财产的添附及其法律效果、对信托财产占有瑕疵的承继、委托人的权利义务、信托监察人及其职责、信托终止时信托财产权利归属人的顺序的规定所体现。该法的施行体现着大陆法系在私法领域内引进英美法中的一般意义上的信托制度的开始，故其从施行之日起便成为属于这一法系内的若干国家和地区制定本国或本地区信托法的样板。颁布于1961年的《韩国信托法》、1996年的中国台湾地区《信托法》、2001年的《中华人民共和国信托法》在立法基本思路与制度设计上均与该法完全或基本相同。不仅如此，其中前面两部信托法中的绝大多数条文也均与该法中的相应条文在内容上完全或基本相同，后面一部信托法在条文内容设计上虽然与该法有异，但存在于其中的若干涉及某一信托事项的制度与该法中的相应制度在内容上也属完全或基本相同。（张　淳）

riben xintuoye fa
《日本信托业法》(Trust Trades Law of Japan)　日本规定信托业即信托公司的组织与活动的基本规则的、具有信托组织法性质的法律。于1922年4月21日由日本国会颁布，1923年1月1日起施行，此后经日本国会多次修订(最后一次修订的时间为1974年)。该法共有23条。其中主要规定了信托业的营业许可、信托业的最低资本限额、可供信托业经营的信托财产的种类、可供信托业兼营的业务的范围、对信托业运用资金的限制、信托业准备金、信托业业务报告书及其呈报、政府主管机关对信托业的监督以及对信托业的违法行为的行政处罚等。该法为颁布于大陆法系国家和地区的第一部规定信托业的组织与活动的基本规则的法律，它自颁布之日起便成为其他大陆法系国家和地区制定本国或本地区信托业法的样板。颁布于1961年的《韩国信托业法》、2000年的中国台湾地区《信托业法》都是在一定程度上效仿该法的产物。（张　淳）

riben zhengquan fa
日本证券法(securities law of Japan)　由证券交易法、商法典、民法典、外汇和外贸管理法、证券投资信托法、外国证券公司法、担保债券信托法等法律组成的规范证券市场的法律部门。其中，证券交易法是关于证券活动的最重要和最系统的法律,是以美国1933年证券法和1934年证券交易法为蓝本制定的。

证券法的主要内容包括:(1)证券管理机构立法。日本的管理体制既不同于美国的独立证券管理机构管理,也不同于英国的自律管理,而是由大藏省统一进行管理。进行证券管理的主要机构是大藏省证券局,其主要职责是调查和规划证券交易制度,对证券公司、证券交易所、证券业协会进行指导和监督,审查证券的发行申请和报告书。日本证券市场的自律管理主要是证券业协会的自律管理和证券交易所的自律管理。(2)证券交易场所管理立法。日本法律规定,证券交易所是实行会员制的法人,其设立必须经大藏大臣的批准。证券交易所的会员仅限于从事证券业务的公司,分普通会员和经纪人会员两种。普通会员是证券公司或指定的外国证券公司,能代客户或为自己在交易厅买卖证券;经纪人会员只能充当普通会员的媒介,既不能代客户也不能自行买卖证券。证券交易所的业务主要包括市场管理、会员管理、交易管理和公布行情,不得从事以营利为目的的业务。日本场外交易市场由证券交易商协会进行管理。(3)证券发行管理立法。企业发行股票实行企业内容公开制度,须事先向大藏大臣提交有价证券申请书和计划书,股票的承销业务只能由证券公司承担。债券分公债和公司债两种,公债的发行通常采用募集发行的方法,由大藏大臣在预算的发行限额内决定国债的发行。公司债的发行方法有直接发行和间接发行两种。(4)证券交易管理立法。证券交易法规定股票上市的条件和手续,同时各交易所对上市的股票也规定了严格的上市标准。非上市的公司股票只能在证券公司的柜台市场进行股票交易,证券业协会制定的柜台交易股票注册制度为非上市股票制定了注册资格的标准。日本绝大部分债券交易是在证券公司进行的,只有部分票面为100万~1000万元的国债、大票面可转换公司债券、亚洲开发银行债券、世界银行债券可以在交易所集中交易。(5)证券经营机构管理立法。《证券交易法》规定,证券公司实行批准制,须符合三项法定标准:申请者拥有从事证券业务所需的足够的财产保证和良好的收支状况前景;经营者具有证券业务知识、经验及良好的社会信誉;申请者申请开业的地区的证券交易状况、已有证券公司及营业所数量。证券公司业务主要包括自营买卖业务、经纪人买卖业务、证券包销和承销业务、受理已发行证券的出售业务。法律原则上禁止证券公司从事证券业以外的业务,但作为例外,也允许部分证券公司兼业。兼营的业务有:代理债券的收款和还本付息、担任证券的投资顾问、代理在国外发行商业票据和可转换存款单、出租金库等。日本的证券公司必须建立买卖损失准备金、利益准备金和证券交易责任准备金。1971年《外国证券公司法》对外国证券公司在日本资本市场进行业务活动作了专门规定。

(夏松)

riben zhengquan jiaoyi fa
《日本证券交易法》(Japanese Securities Exchange Law) 1948年在美国的直接干预下以美国《1933年证券法》为蓝本制定,是日本调整证券法律关系的基本法。制定后修改十分频繁。证券交易法共9章、210条,各章依次为总则、有价证券的募集和销售的申报、证券公司、证券业协会、证券交易所和证券金融公司、调解、证券交易审议会、杂则、罚则。制定的目的是为使有价证券的发行及交易能公平进行,并使有价证券顺利流通,以保证国民经济正常运行,保护投资者的利益。该法确立的证券种类有:国债证券、地方性证券、法人根据特别法律发行的证券、有担保或无担保的公司债券、根据特别法律设立法人所发行的出资债券、股票或表示新股承购权的证券、证券投资信托或贷款信托的受益证券、外国或外国法人发行的证券或证书中具有以上各种证书或证券性质者,以及日本政令规定的其他证券或证书。

该法的主要内容包括:(1)企业信息披露制度。有价证券的发行者、发售者、承销商或登记的金融机构,通过募集或发售让他人购买有价证券时,应向投资者直接交付说明书(说明书是指有价证券在募集或发售时,公司向合格的机构投资者或向一般的证券投资者提供的、说明有关有价证券的发行事宜等大藏省令所规定事项的文件)。公司上市后,每会计年度必须向大藏大臣提出记载其经营内容的有价证券报告书,上市公司还必须向证券交易所、店头登记公司、证券业协会提交有价证券报告书的副本。有价证券报告书应记载公司的概况、经营事业的概况、设备的状况、提出报告的公司的状况、财务的状况、企业集团的状况、股份公司事务概要、参考信息、保证公司的情况等。此外公司还有提供中期报告与临时公告的义务。(2)证券公司经营证券业须经登记,可从事传统的证券买卖、中介业务,还可从事传统证券业以外的证券附属业务、有价证券的借贷及借贷中介和代理,以及从事一些资产业务。证券公司应保证经营的稳健性,禁止不正当的营业行为,如通过提供断定性的判断劝诱投资者投资。(3)证券交易采取竞价交易的方式进行,可进行信用交易、期货交易、期权交易;证券交易禁止操纵市场、传播谣言、内幕交易、卖空交易,证券交易监督委员会有权对不正当的证券交易行为进行调查与处罚。(4)证券业协会是证券市场的自律机构,在证券交易委员会的指导下对证券市场进行自我监督。

(宋士心)

riben zhipiao fa zhong de baozheng
《日本支票法》中的保证(guarantee under Checks Law of Japan)
日本参加了《日内瓦统一支票法》，也即接受此法的约束。但对支票保证，则对《统一支票法公约》第二附件第6条作了保留，而根据日本的传统习惯，特别规定了支票付款保证制度。支票付款保证是支票付款人承诺在提示期间内，支票被遵期提示时，支付票面金额的支票行为，是依付款人的单方意思表示形成的单方法律行为。支票付款保证的方式主要是在支票下面作"付款保证"或其他同义文字的记载，注明日期，并由付款人签章。支票付款保证必须为无条件的就票面金额的全部作出保证，若记载任何条件或变更支票已记载的事项则视为未记载。支票付款保证的记载人为付款人，被记载人为发票人、背书人、持票人。但多数情况下，支票自开出时起即作付款保证记载。

支票付款保证与承兑类似，但仍有区别：(1)支票付款保证中的付款人的义务并不是绝对的，只在被遵期合法提示时才负有付款义务。(2)汇票若不获承兑，则产生追索权，而支票被拒绝支票付款保证时，不产生此种权利。(3)在日本，汇票承兑可就票面金额全部进行，也可就票面金额的一部分进行。但支票付款保证则必须是全额的。(4)依日本《票据法》与《支票法》的规定，承兑后，持票人付款请求权的消灭时效期间为3年，而支票付款保证后的付款请求权消灭时效期间为1年。

付款保证与支票保证既有相同之处，又有相异之处。相同点主要为：(1)都是一种担保制度。(2)付款人都只对遵期提示付款的持票人承担票据之责。(3)持票人都可在遵期提示不获付款后，履行保全手续而行使追索权。(4)发票人、背书人及其他票据债务人均不因发票保证或支票付款保证而免除票据义务。(5)行使追索权时的标的金额相同。(6)在不可抗力导致法定期间内不能遵期提示付款或履行保全手续的情况下，均可以就这一期间进行延长。二者的不同之处主要有：(1)主体不同。支票付款保证只能由付款人来进行，而支票保证则对主体无资格限制。(2)支票付款保证只能就支票的全额作出，而支票的保证可以是全额保证，也可是对部分票面金额的保证。(3)支票付款保证作出后，付款人付款则产生支票上的权利、义务关系消灭的后果；而支票保证后，保证人付款会产生追索权。(4)付款请求权的消灭时效不同。支票付款保证下，时效期间为1年，而支票保证下时效期间为6个月。

付款保证的效力主要体现在：(1)在提示期间内合法提示的情况下，或持票人遵期合法提示被拒绝付款而做成拒绝证书或同等效力的保全手续时，付款保证人是最终的追索权的义务人。(2)支票付款保证人的付款金额为票面金额。但若其拒绝付款而被行使追索权时其应支付的金额为偿还请求权的标的额。(3)支票付款保证人拒绝付款后，持票人虽不得行使对发票人及其他债务人的追索权，但这些人仍不免责，负连带偿还责任。

(王小能)

rineiwa piaoju faxi
日内瓦票据法系(Negotiable Instruments Law of Geneva Legal system)
当今世界票据法上与英美法系相对称的一大票据法立法模式。它是以1934年的日内瓦公约为基础产生的。

由于经济发展和票据的自身特征，票据立法国际化的呼声从19世纪后半期起便已有之。1910年在德国和意大利两国倡议下制定海牙规则便是具有代表性的事件。第一次世界大战后，国际联盟于1920年在比利时的首都布鲁塞尔召开国际财政会议时，重提统一票据法的问题，国际联盟经济委员会组成的专家委员会提出报告：在当时若要形成包括英美在内的统一票据法，时机尚不成熟，建议先在大陆法系国家寻求统一。1927年国际联盟经济委员会设立了法律专家委员会，负责起草统一票据法以及公约草案。该草案形成以后，34个政府主张召开国际会议予以讨论。基于上述情况，再加上第一次世界大战结束以后，世界经济开始恢复，国际贸易日益频繁，国际联盟理事会在日内瓦召开了国际统一票据法会议，有32个国家参加，即第一次日内瓦会议。会议拟订了统一汇票本票法，共计78条，形成了三个公约：《统一汇票、本票公约》，《解决汇票、本票若干法律冲突公约》以及《汇票、本票印花税公约》。根据规定此三个公约相互独立，各国可基于自身的考虑而在任何一个或两个、三个公约上签字。根据资料反映，在第一、第二两个公约上签字的国家有22个，同时在三个公约上签字的国家是23个。1931年又于日内瓦召开了第二次国际票据法统一会议，讨论统一支票问题，三十多个国家参加了该会议。会议通过了《日内瓦统一支票法》，《解决支票的若干法律冲突公约》，《支票印花税公约》。

与海牙规则相比，日内瓦统一票据法体系兼采三大法系之长，受到了许多国家的重视。先后批准和加入票据法统一公约的有德国、日本、意大利、瑞典、瑞士等国。所以德国法系和法国法系的对立基本消失，而逐渐融合为日内瓦统一票据法大法系。日内瓦统一票据法系主要在原德国法系票据法的基础上产生，吸收了原法国法系和英美法系的票据法长处，大大扩展了票据的功能，使票据法规则趋于灵活和便利。但遗憾的是，由于英美拒绝参加此公约而仍保持着原有的规则体系，所以，日内瓦统一票据法并没有解决世界性的票据统一问题,在其之外还有英美票据法体系。

(温慧卿)

rineiwa tongyi huipiao benpiao fa
《日内瓦统一汇票本票法》(《Uniform Law on Bills of Exchange and Promissory Notes》)

1930年6月7日制定,于1934年1月1日生效。分汇票、本票两篇,汇票中单列12章,共78条,从法条内容及立法体例上,可以称得上是集德、法、英美三大票据立法模式之长,是当时最为完善的立法。各国都十分重视这一立法,相应地对本国的票据法规作了修改,如德国在1931年,法国在1935年,瑞士在1936年,日本在1934年分别修改了本国的票据法,以期与国际统一汇票本票法接轨。

《日内瓦统一汇票本票法》是票据法统一运动的产物。票据法统一运动的倡导始于1869年在意大利召开的商业会议,这是学者们倡议的开始。在1872年的德意志法律学会上,又通过决议,编纂欧洲统一票据法。1876年,国际法律修正会拟定柏里门(Bremen)票据规则,后经修改称为布达佩斯(Budapest)规则。1885年,比利时政府在安特普召集了一次国际商法会议,议决票据法案57条,而后又于1888年在布鲁塞尔议决票据法68条。1910年,由德国、意大利两国提议,由荷兰政府主持,在海牙召开了国际票据法统一会议(被称为第一次海牙会议)。会议参加国有31个,拟定了《统一票据法草案》共88条,《票据有关条约草案》26条。1912年,上述国家和政府又在海牙召开了第二次国际票据法统一会议,对第一次会议的草案作了修改,制定了《统一票据规则》共12章80条,草拟了《票据统一公约》共30条及《统一国际支票规则草案》共34条,使票据法的统一又向前迈进了一步。参加会议的国家,除英国、美国声明有保留,日本代表未签字外,其余各国都对这些规则加以承认。只是由于后来第一次世界大战爆发,这些规则与公约未来得及经各国政府批准实行,票据法统一运动也被迫终止。海牙会议的统一票据规则虽然没有成功,但却对一些国家票据法的制定与修改起了重大作用。同时,也是国际票据法统一运动的一个至为重要的里程碑。第一次世界大战结束后,国际票据法统一问题又被重新提出。国际联盟于1920年在布鲁塞尔召开国际财政会议,决定将这一问题交由国际联盟经济委员会办理。国际联盟于1927年又设立法律专家组负责起草统一票据法及公约草案。1930年,国际联盟在日内瓦召开国际票据法统一会议,有31个国家派代表参加。在这次会议上,签署了有关汇票和本票的三个公约,即《统一汇票本票法公约》、《解决汇票本票法律冲突公约》、《汇票本票印花税公约》。三个公约彼此相互独立,各国可分别加入。最重要的公约是《统一汇票本票法公约》。

《日内瓦统一汇票本票法》虽然消除了德国法系与法国法系的区别,却并未实现日内瓦法系与英美法系差异的消除。英国虽参加了日内瓦会议,却没有在重要的公约上签字,美国仅以国际联盟外的国家资格列席了会议。因此,票据法的国际统一仍未实现。

(王小能)

rineiwa tongyi huipiao benpiao fa gongyue
《日内瓦统一汇票本票法公约》(《Convention Concerning Uniform Law on Bills of Exchange and Promissory Notes》)

1927年,国际联盟经济委员会设立了由法国的Perccrou,德国的Flotow等7名法学家组成的法律专家委员会,负责起草统一票据法以及公约草案。草案形成后,34国政府主张召开国际会议予以讨论。基于上述情况,再加上第一次世界大战结束后,世界经济开始复苏,国际联盟理事会认为必须使票据走上国际化的轨道,国际联盟理事会于1930年在日内瓦召开了国际统一票据法会议,参加会议的有32个国家。会议经过充分讨论,拟订了统一票据法78条,形成了三大公约,其中之一就是《日内瓦统一汇票本票法公约》,该公约包括本文11条,第一附件78条,第二附件23条。《公约》的第一附件是统一汇票本票规则的具体条文,即《日内瓦统一汇票本票法》。《公约》的第二附件是对各缔约国规定的,允许对第一附件中的统一规定作出保留的条件。有22个国家加入了该《公约》,并在《公约》上签了字。参加《公约》的国家有德国、奥地利、比利时、巴西、意大利、日本、苏联等,该《公约》于1934年生效。由于参加《公约》的各国先后依照该《公约》修订其票据法,所以德国法系、法国法系的对立已基本消失,但是英美未派代表参加会议,也拒绝加入《公约》。

(孔志明)

rineiwa tongyi zhipiao fa
《日内瓦统一支票法》(《Uniform Law on Cheques》)

1931年3月19日制定,1934年1月1日生效。由1931年日内瓦第二次国际票据法统一会议通过。继议定《日内瓦统一汇票本票法》的第一次国际票据法统一会议后(参见《日内瓦统一汇票本票法》条),国际联盟又在日内瓦召开专门讨论支票法统一问题的会议。此次会议通过了三个公约,即《统一支票法公约》、《解决支票法律冲突公约》、《支票印花税法公约》。其中最重要的是《统一支票法公约》。《日内瓦统一支票法》共10章57条,其制定有重要意义,也存在着局限。

(王小能)

rineiwa tongyi zhipiao fa gongyue
《日内瓦统一支票法公约》(《Convention Concerning Uniform Law on Cheques》) 1931年国际联盟再次在日内瓦召开第二次国际票据法统一会议,专门讨论支票的统一问题,会议议定了《日内瓦统一支票法公约》,共有29个国家在此《公约》上签了字。《公约》分三部分,本文共有11条,第一附件共有57条,第二附件共31条。《公约》第一附件是统一支票法规则的具体条文,即《日内瓦统一支票法》。《公约》第二附件是允许保留的条件。
(孔志明)

rongyuquan
荣誉权(right of honour) 民事主体基于自己获得之荣誉所享有的权利,包括对荣誉及其所包含之利益的保持权和支配权。其法律特征是:(1)客体是荣誉及其所包含的利益。荣誉是社会组织对主体的良好表现和业绩所给予的肯定性评价。因这种肯定性评价所带来之荣耀,如受到人们的崇拜、崇敬,以及所得之奖章、奖品、奖金等,是荣誉所包含之利益。(2)荣誉是一定社会组织授予的,不是自然取得的。荣誉的取得须具备两个条件,其一是主体的模范行为和良好业绩,其二是社会组织对主体贡献和业绩的肯定,并授予其荣誉的行为。(3)荣誉权是支配权。权利人的权利表现为对客体即荣誉及其所含之利益的控制、支配,而非请求权。《中华人民共和国民法通则》明确规定,公民和法人享有荣誉权。关于荣誉权是身份权还是人格权存在着不同的意见。认为是身份权的理由是,荣誉权不是民事主体与生俱来的固有权利,而是基于社会组织授予的荣誉身份而享有的权利,它可能被撤销或剥夺,因此,不属于与主体人身不可分离的人格权。认为是人格权的理由是,荣誉权是名誉权的一种特殊形态。荣誉权和名誉权的区别是,荣誉权是基于荣誉身份而享有的权利,名誉权是主体保护其名誉不受侵害的权利,是与生俱来的,是维持主体独立人格所不可或缺的权利。荣誉不是自然取得的,而是由社会组织依照一定程序授予的,名誉则是社会对民事主体的客观评价,因而是自然产生的。
(张玉敏)

rongjia zhanyou
容假占有(precarium) 罗马法上无名契约的一种,是指当事人的一方(容假占有人)请求他方(所有人)容许自己占有并无偿使用和收益他方之物,在他方要求时即行归还的制度,属于债与债的交换。容假占有是罗马法上特有的制度,其起源已无从考证。通说认为,在罗马王政时期和共和国时期,到罗马谋生的外来人或客民有寻求罗马权势贵族庇护的习惯,而罗马贵族则常占领公地,但多不自己耕种,给自己保护的客民耕作而不收取报酬,但随时可以收回,称为"容假占有",但双方在法律上并非契约关系,这一制度以后扩及了土地以外的财产。帝政后期,容假占有已成为无名契约。
(刘经靖)

rongren dailiquan
容忍代理权(德 Duldungsvollmacht) 在意定代理中,无法确定是否存在具体授权的情况下,因实际从事代理行为,司法上认为代理人享有代理权,发生代理的法律效果。德国法上的称谓。
(李仁玉 陈敦)

rongtong dangshiren
融通当事人(accommodation parties) 以出借自己的姓名给另一票据当事人为目的,而用任何身份在票据上签名的人。依此定义,融通当事人虽然以发票人、承兑人、背书人等身份在票据上出现,但实际上其并没有收到被融通当事人的对价,只是将自己的姓名或信用借给他人使用。《美国统一商法典》的第3—415条规定了"融通当事人的合同"。《英国票据法》没有像美国一样规定"保证人合同",但其第28条规定了"融通汇票或融通当事人"。

依《美国统一商法典》的规定,有关融通当事人合同的规定主要有:(1)融通当事人对以对价取得票据的持票人应当以其票据上签名的身份(如发票人、承兑人、背书人等)负责,即使持票人知悉融通的事实也不例外。(2)因为无对价关系的存在,故融通当事人对接受融通的当事人不负担责任,但如果融通当事人依签名的身份支付了票据金额后,对被融通当事人取得票据上的追索权。(3)如果持票人是不知晓融通事实的正当持票人,口头证明融通不足以使融通人因是融通人而解除责任,在其他情况下,融通当事人的地位可以用口头证据表示。(4)凡显示出的不是权利连续的背书,则表明其具有融通的性质;保证人的保证文句加载在两个以上的本票发票人或汇票承兑人中其中一人的签名处,构成该签名人对他人融通的推定。

融通当事人的特点是:(1)融通当事人合同设立的宗旨在于为被融通当事人融通或筹集资金(通常是将票据向银行贴现,以此获取的资金解决财务的窘迫状况),因此,被融通当事人所采用的这种筹资方法有时被称为"空中筹款"。而隐存的票据保证作用主要是增强该票据的信用,进而使之能更为有效地流通和转让,相比较而言,其融资功能表现得并不如融通当事人合同那么突出。(2)融通当事人和其他票据当事人的区别在于融通当事人和被融通当事人之间并没有对价关系。也正因为如此,融通当事人对被融通当事人不承担责任,因为后者没有付给前者承担责任的对价。

隐存的票据保证之所以能冠以"保证"字样，完全在于保证人和被保证人之间的基础关系，其实隐存保证的保证人只能以其在票据上表现出的身份对持票人负责，而不能主张票据保证关系的适用。(3) 在融通当事人合同中，被融通当事人不能向融通当事人主张票据权利。但在隐存票据保证中，被保证人可以向在票据上以其他身份表现的保证人主张票据权利，只不过保证人完全可基于基础关系而为抗辩。　　(胡冰子)

rongtong piaoju

融通票据（accommodation bills） 与商业票据相对应。又称金融票据。由发票人、承兑人或者背书人一方凭借其资信地位无偿地协助另一方开立、背书或承兑，从而直接担当到期日付款责任的可转让流通票据的一种。它不以商品交易为基础，专以融通资金为目的而签发。由于它不反映真实的商品流转关系。专为套取资金而签发，所以一般是由资信较高的企业或银行为资信较差的企业或银行签发。资信较差的一方当事人自己开立的票据往往难以流通。融通票据当事人双方达成协议后产生的、一方作为债权人签发的票据，一方作为债务人表示承兑，它与普通的商业票据在票面上一般无差别。此票据的发票和承兑方式有三种：(1) 商人发票，商业承兑；(2) 商人发票，银行承兑；(3) 银行发票，银行承兑。发票人应于票据到期日前，把款项送交兑付人，以便清偿。这些票据发出后，大多用来向银行抵押放款。　　(温慧卿)

rongzi zulin

融资租赁（financial leasing） 一种贸易与信贷相结合，融资与融物为一体的综合性交易。根据《中华人民共和国合同法》的规定，融资租赁合同是出租人根据承租人对出卖人、租赁物的选择，向出卖人购买租赁物，提供给承租人使用，承租人支付租金的合同。依融资租赁合同，出租人根据承租人对租赁物的特定要求，向承租人选择的供货商购买承租人选择的租赁物并交付于承租人使用，承租人按约定条件支付租金，享有租赁物的使用权。租赁期满后，如需续租，再办续租手续；如不续租，或按约定由承租人向出租人交还租赁物，或者由承租人按残值购留租赁物，取得租赁物的所有权。

融资租赁具有以下特点：(1) 出租人根据承租人对出卖人、租赁物的选择购买租赁物。融资租赁的租赁物是承租人选择的，但是由出租人购买的。出租人购买标的物是为了"出租"即满足承租人的需要。也正因为租赁物是出租人按照承租人的指示和要求购买的，因而出租人对租赁物不负瑕疵担保责任。但是如果承租人依赖出租人的技能才能确定租赁物或者出租人干预选择租赁物，出租人实质上参与了租赁物的选择，则出租人应承担瑕疵担保责任。(2) 出租人须将购买的租赁物交付给承租人使用、收益。出租人购买租赁物并非为自己使用，而是为满足承租人的需要，因此出租人须将其购买的租赁物交付承租人使用、收益。(3) 在租赁期间，承租人对租赁物负责保养、保险和维修，并承担租赁物意外灭失的风险，但出租人并不丧失租赁物的所有权。(4) 承租人须向出租人支付约定的租金，但租金并非为使用租赁物的代价，与租赁物的使用并不构成对价关系，而为"融资"的代价。(5) 当事人可以约定租赁期间届满租赁物的归属。租赁期满后，当事人约定租赁物归承租人的，承租人可取得租赁物的所有权。(6) 出租人的主体资格有限制，必须是专营融资租赁业务的租赁公司，这是由融资租赁的融资性决定的。融资租赁同时具备买卖、租赁、借贷三种合同的特征及功能，同时还具有上述三种合同制度所不具有的担保属性。因为融资租赁合同的出租人在租赁期间对标的物的所有权一般并无实际意义，出租人保留所有权，其意义并不在于真正的所有，而在于拥有价值权。保留形式上的所有权可以限制承租人擅自处分标的物或发生其他违约行为。即使发生承租人违约，出租人也可以通过解除合同、变卖标的物，使自己得到较享有一般债权更多的受偿机会。

融资租赁盛行于 20 世纪 50 年代的美国，其后发展到西欧、日本，很快成为充满活力的交易形式。第二次世界大战后，世界面临重建和发展，社会化分工日益明细，专业化协作越来越强，工商业及科技产业的飞速发展使资本需求不断扩大，原有的融资方式，特别是作为融通资金最简便方式的银行借贷变得愈来愈困难。这种投资规模增大与资本相对不足、融资保险系数下降之间的矛盾日益突出，迫使企业不得不寻找新的融资途径。在高度发达的商品社会中，营利不一定以享有生产资料所有权为前提，它更直接来自于对标的物的使用。社会经济的这一特点，使企业在不拥有大量资金的情况下仍然可以获得大量先进的机器设备，而金融机构则因依然保留标的物的所有权，从而大大增加其融资的安全系数。融资租赁就是这样应运而生的。所以，融资租赁是生产高度社会化、社会分工不断强化、金融与生产结合日益紧密的产物，它体现了金融业与工商业相互渗透融合的特征。当然，融资租赁也有一些不足，例如，由于租赁物在资产表中不能表现出来，租赁期间，其他客户不把租赁物作为承租人的资产考虑，租赁物也不能作为其履行合同的担保。在经营活动中，就容易影响承租人的资信情况。

融资租赁可分为以下几类：(1) 以承租人在租赁期满后能否取得租赁物所有权为标准，融资租赁可分为资本性租赁和信贷性租赁。资本性租赁是一种在租赁期满时承租人可以依照合同规定取得租赁物所有权的租赁。信贷性租赁是指出租人向承租人提供信贷，并在租赁项目的使用年限即将结束时，把租赁项目的所有权转移给承租人的一种交易方式。(2) 根据出租人在一项租赁设备中的出资比例，可将融资租赁分为单一投资者租赁和杠杆租赁。凡设备购置成本全部由出租人独自承担的租赁，称为单一投资者租赁。设备购置成本的小部分由出租人出资承担，大部分由银行等金融机构投资人提供贷款的，称为杠杆租赁或平衡租赁。(3) 依照参加租赁交易各方当事人所在地域(国别)的不同，融资租赁分为国内租赁和国际租赁。(4) 根据出租人设备贷款的资金来源和付款对象可分为直接租赁、转租租赁、回租租赁。直接租赁是指出租人直接在资金市场上筹措资金，向制造厂支付货款，购进设备，然后直接出租给承租人的融资租赁形式。转租租赁是指由出租人从一家租赁公司或从制造厂商租进一项设备后转租给承租人的融资租赁形式。回租是指由设备物主将自己拥有的部分资产(如设备、房屋)卖给租赁公司，然后再从该租赁公司租回来使用的融资租赁形式。

关于融资租赁的性质，在理论上曾有以下不同观点：(1) 分期付款说。认为融资租赁实质上是一种分期付款买卖。其主要理由是：承租人支付的租金实际上相当于购买的价格，且当交纳完最后一笔租金后，承租人只要支付名义价格即可取得标的物的所有权，符合分期付款买卖的特征。(2) 借贷说。认为融资租赁属于借贷的一种，是由租赁公司将机器设备借贷给承租人，承租人到期以货币的形式返还本息。(3) 特殊租赁说。认为融资租赁是一种特殊的财产租赁合同，其特殊性表现在出租人并不承担修缮、风险负担、瑕疵担保等义务。(4) 动产担保交易说。认为融资租赁在功能上与动产担保交易相同。(5) 无名契约说。认为融资租赁同时具有现存几种典型契约的特征，不可将其划入任何一类中，故为新型无名契约。我国《合同法》已将融资租赁合同规定为一种新型的有名合同。因此，关于融资租赁合同的性质，应认定其为一种独立的有名合同。
(邹川宁)

ruqi tishi
如期提示（presentment as scheduled） 持票人遵照法律的期限对汇票债务人为承兑或付款的提示。如期提示既是持票人行使汇票权利的行为，可以发生汇票被承兑或付款的法律效力，同时，它又是保全汇票权利的行为，即在汇票不被承兑或付款的情况下，持票人可以据此作为行使汇票追索权的根据。汇票的提示可以分为承兑的提示和付款的提示。承兑的提示是期前追索权的保全措施，而付款的提示则是到期追索权的保全措施。参见承兑的提示和付款的提示条。 (王小能)

rushi gaozhi
如实告知（representation） 投保人在保险合同订立阶段应履行的法定义务之一。投保人在保险合同订立时，应当将保险标的或被保险人的有关重要事项向保险人作出如实说明。《中华人民共和国保险法》第17条第1款规定："订立保险合同，保险人应当向投保人说明保险合同的条款内容，并可以就保险标的或者被保险人的有关情况提出询问，投保人应当如实告知。"投保人故意隐瞒事实，不履行如实告知义务，或者因过失未履行如实告知义务，足以影响保险人决定是否同意承保或者提高保险费率的，保险人有权解除合同。投保人故意不履行如实告知义务的，保险人对于保险合同解除前发生的保险事故，不承担赔偿或者给付保险金的责任，并不退还保险费。投保人因过失不履行如实告知义务，对保险事故的发生有严重影响的，保险人对于保险合同解除前发生的保险事故，不承担赔偿或者给付保险金的责任，但可以退还保险费。投保人的告知义务主要表现为如实回答保险人提出的询问。其内容主要包括：(1) 投保标的本身的情况；(2) 保险标的环境方面的情况；(3) 投保人或被保险人对于保险标的的利益关系。但我国保险法有规定，凡保险人未询问的情况，均推定为保险人已经知道或应当知道，投保人无须告知。这是出于对投保人的保护而规定的。如实告知是保险人据以确定是否承保以及采用何种保险费率的条件。因此，它对于保险合同的成立也是至关重要的。
(温世扬)

ruhuo
入伙（to join an existing partnership） 在合伙企业存续期间第三人加入合伙组织并取得合伙人资格的行为。第三人应依法入伙，取得合伙人资格。根据《中华人民共和国合伙企业法》的规定，入伙人入伙应符合两个条件：(1) 全体合伙人的同意。合伙企业是典型的人合企业，合伙人之间的相互信任是合伙企业存在的基础，第三人的入伙也应以其与原合伙人的信赖关系为基础。因此，合伙企业接纳新合伙人，不是由一个或几个人同意即可，而必须由全体合伙人同意。否则，第三人的入伙行为无效。全体合伙人的一致同意是第三人入伙的实质性法定条件。(2) 依法订立书面协议。书面协议是确立合伙人关系的书面文件，也是合伙人共同设立合伙企业的法定条件之一。第三人入伙时必须与原合伙人在平等自愿的基础上签订入伙协议。只有依法签订了入伙协议后，入伙人才取得合伙人的资格。一般来说，第三人加入某一合伙企业除考虑与原合伙人的关系外，还得考虑合伙的经营情况，因为第三人入伙也是为了通过经营活动获得一定的经济利益。因此，原合伙人在与入伙人签订入伙协议书时，应将合伙企业的经营状况和财务状况如实地告知准备入伙的第三人,以便第三人决定是否入伙。入伙人与原合伙人依法签订入伙协议书后即取得合伙人的资格。如果入伙协议没有特别约定,入伙人与原合伙人享有同等的权利。入伙人对合伙的债务承担连带无限责任。入伙人对入伙前的合伙债务承担连带无限责任,是为保护合伙的债权人的利益,维护交易安全。入伙将引起合伙协议内容的变更,即合伙企业登记事项的变更。合伙企业的登记事项变更后,合伙企业的负责人应自作出变更决定或发生变更事由之日起 15 日内,向企业登记机关办理有关变更登记手续。(李仁玉 陈 敦)

rushe

入社(to join a cooperative) 合作社成立后,第三人加入合作社并取得社员的资格。合作社是互助组织,规模愈大,愈能实现其宗旨,因而法律一般鼓励合作社吸收社员。第三人入社必须以接受合作社章程的基本内容为前提,并经社员大会通过决议,签订入社合同后成为新社员。新入社的社员与其他社员享有相同的权利并承担相同的义务,对于未入社前合作社已经发生的债务也要负责。新社员入社后,合作社章程将作出相应变更,并应向主管机关申请变更登记,否则,不得对抗第三人。 (李仁玉 周巧凌)

ruishi minfadian

《瑞士民法典》(the Swiss Civil Code;德 Schweizerisches Zivilgesetzbuch) 1907 年 12 月 10 日经瑞士联邦会议通过,于 1912 年 1 月 1 日正式生效。该法典继承了法国民法典和德国民法典的优秀之处,但并不局限于此,而是创造了具有瑞士特色的立法体例和法律制度。该法首次提出了一般人格权概念,开民商合一立法模式之先河,并为后世各国民法典所效仿,是世界民法立法史上的一个重要里程碑。

中世纪初期,瑞士属于神圣罗马帝国的一部分,1648 年瑞士取得独立,建立了一个由 22 个州组成的联邦国家。当时的联邦没有统一的法律,只有各州的法律。而各州法律的渊源互不相同,仅就民法而言,有的是以《法国民法典》为范式,有的则以《奥地利民法典》为蓝本。19 世纪初期,出于政治上的基本理想和经济发展的需要,瑞士各州相继发起了统一私法的运动。但限于宪法的规定,这种要求在当时是无法实现的。直到 1874 年联邦议会修改了宪法,赋予联邦制定各州共同适用的法律的权利后,瑞士联邦才分别于 1874 年制定了《婚姻法》,1881 年制定了《(自然人)行为能力法》,1881 年制定了《瑞士债务法典》。1884 年经联邦委员会提议,法学家联合会要求对各州的私法作一个比较和总结,在此基础上来起草瑞士民法典。这一重要的历史任务交给了著名的民法学教授欧根·胡贝尔(Eugen Huber)。胡贝尔教授完成任务的结果是 4 卷本的《瑞士私法的体系和历史》(System und Geschichte des Schweizerichen Privatrechtes)。其中 1~3 卷分别于 1886 年、1888 年和 1889 年出版,比较、综述了各州的私法。第 4 卷《瑞士私法的历史》则于 1893 年出版。鉴于胡贝尔教授在此方面的卓越贡献,1892 年瑞士联邦司法和警察部(Justiz-und Polizeidepartment)委托胡贝尔教授起草一部民法典。胡贝尔教授针对当时需要统一的问题开始起草民法典,并于 1894、1895、1899 年相继完成了婚姻、继承和不动产担保三编。经过法学家联合会的讨论,再经小委员会的讨论,产生了联邦司法和警察部部草案。它包括人和家庭法(1986)、物权法(1899)和继承法(1900)。全文于 1900 年 11 月 15 日公布,被称为"联邦司法和警察部部草案"(Vorentwurf des Eidgenoessischen Justiz-und Polizeidepartmentes),又称"部草案"(Departmentalentwurf)或瑞士民法典一草。胡贝尔教授为草案作了立法基本思想及草案目的的说明,称为《解释》,于 1901 年到 1902 年间出版。在整部法典的起草过程中,胡贝尔教授始终是该法典的精神领袖,后世称其为瑞士民法典之父。草案交由联邦委员会任命的专家委员会深入讨论。该委员会由来自各方面的 31 名专家组成,史称"大专家委员会"。该委员会分别在卢塞恩、纽伦堡、苏黎世和日内瓦聚会,编辑委员会的讨论结果交给联邦委员会。联邦委员会将讨论结果加上小委员会增加的导论一章(Einleitungstitel),提交联邦国民与联邦议会联席会议。这就产生了 1904 年 5 月 28 日公布的联邦委员会草案(Entwurf des Bundesrates),又称瑞士民法典二草。该草案经过认真的讨论,于 1907 年 12 月 10 日经联邦议会全体一致通过,并于 1912 年 1 月 1 日开始生效。

瑞士民法典通过之后,立刻得到其"追随者"的效仿。1926 年土耳其对瑞士民法典只略作修改就加以接受;而瑞士民法典的《物权法》与《人和监护法》则分别于 1922 年和 1926 年被列支敦士敦所接受。我国南京国民政府时期起草民法典采民商合一模式,也是受到瑞士民法典影响的结果。

瑞士民法典由导言(即总则)和 5 编构成,前 4 编共计 977 条。总则部分规定了该民法典适用的一般原则,是贯穿整个民法典的基本原则。第一编,人法。包括公民和法人两章,主要规定公民和法人的权利能力、行为能力,公民的身份登记以及法人的成立要件和法人的种类。第二编,亲属法。分别规定了婚姻、家庭和监护等问题。第三编,继承法。主要规定了法定继承、遗嘱继承和遗产的处理等问题,吸收了各国民法典中的特留份制度,并限制了遗嘱继承。第四编,物权法。

包括所有权、限制物权、占有以及不动产登记三部分，分别对动产、不动产以及相邻关系、共有关系进行了规定。物权法占整个瑞士民法典篇幅的近三分之一，突出体现了大陆法系国家对物权法规定的严密性。第五编为原债务法典，该编由于历史的原因单独编号，另行实施。除前四编的规定外，还有不列入序列的《终编：适用规定和施行规定》，共计61条。

瑞士民法典具有以下特点：(1)民主、通俗。首先，瑞士民法典虽由法学家起草，但却是为大众而起草的。瑞士民法典使用的是日常语言，采用的文句结构是日常文句的表达结构，与德国民法典形成鲜明的对照。因此，不经特别训练，人人可以阅读，可以理解。其次，瑞士民法典回避了抽象概念，回避了条文之间的相互援引。即使使用了抽象概念，也不组成体系，差不多是直接适用的规范。再次，和其他国家的民法典相比，其最引人注目的地方是条文短小而简洁。瑞士民法典前4编全文共977条，而德国民法典相应的部分是1533条。瑞士民法典条文之简洁，可以说创下了记录。一般条文很少包括3款以上的，每款一般由一句话组成，每句话一般也不长。(2)法典序号不统一。瑞士民法典的第一编至第二编为统一序号，而第五编则单独排列。(3)兼采德国和法国民法典之所长，又有自己的创新。瑞士民法典在内容和编纂风格上，受德国民法典的影响较大。瑞士民法典以专章规定了法人制度，实行土地登记制度，运用善良风俗和诚实信用等抽象弹性条款较多，使法典具有较大的灵活。这些都带有明显的德国民法典的痕迹。但瑞士民法典在更高程度上运用了一般条款，在立法史上首次将诚实信用原则上升为整个民法的基本原则，其人法独立成编，这些也显然是对德国民法典的超越。瑞士民法典具有法国民法典的实用精神，文字通俗，规定具体。(4)开民商合一立法模式之先河。瑞士民法典制定之初曾有民商分立与民商合一两种主张，最后考虑到其法律传统和早已通过的瑞士债务法典已经涵盖了商法的内容，遂将其归为民法典的第5编，遂成民商合一之势，并对后世各国民商立法产生了重大的影响，成为各国民商立法的范式和模本。

（申卫星）

ruishi zhaiwu fa

《瑞士债务法》(The Swiss Federal Code of Obligations) 系瑞士民法典的第五编。瑞士是一个由22个州组成的联邦国家，19世纪以前联邦在私法领域没有立法权，各州有着互不相同的民法，到了19世纪初期，出于政治上的基本理想和经济发展的需要，瑞士各州相继发起了统一私法的运动。但限于宪法的规定，这种要求在当时是无法实现的。直到1874年联邦议会修改了宪法，才赋予联邦制定各州共同适用的法律的权利。基于此一授权，瑞士联邦委员会于1881年6月14日颁布了《瑞士债务法》，并于1883年1月1日开始生效实施。此后不久，1884年瑞士联邦委员会开始酝酿制定民法典。经过认真的学术总结，1892年瑞士联邦司法和警察部委托著名民法学家欧根·胡贝尔(Eugen Huber)教授起草瑞士民法典。1907年12月10日，瑞士联邦议会全体一致通过了欧根·胡贝尔领导制定的瑞士民法典，并于1912年1月1日开始生效。在瑞士民法典制定的同时，瑞士也开始考虑对1881年颁布的《瑞士债务法》的修订。1904年欧根·胡贝尔制定了一份新债务法的草案，并将其收编为未来瑞士民法典的第五编。1905年3月瑞士联邦理事会向联邦议院正式提交了新的债务法草案，以及一项旨在使债务法纳入民法典的法令的草案。联邦议院则授权一个专家委员会在1908年至1909年对该新债务法草案进行审议，并提出修改意见。鉴于瑞士民法典已经在1907年通过且将于1912年实行，为了能使债务法与民法典一同生效，该专家委员会还提出了要求欧根·胡贝尔仅对债务法的前551条进行修改的意见。欧根·胡贝尔根据专家委员会的意见重新修改了草案，1909年瑞士联邦委员会正式向联邦议会提交了一份新的草案。1911年该法案获得两院的一致通过，并规定新的债务法将与民法典于1912年1月1日同时生效实施。瑞士债务法是以《关于补充瑞士民法典的联邦法律(第五编：债务法)》的名义颁布的，从而使其成为瑞士民法典的重要组成部分。这就形成了为大陆法系国家民法典所特有的现象，即民法典与债法典并存的立法格局。

1912年实施的瑞士债务法，只是对原债务法前551条的修订，因此，其内容仅仅包括了现代债法的一般规定，即合同法、侵权法、不当得利和各种具体的合同之债，并没有包括现在的商法。1911年之后，瑞士联邦理事会又委托另一位原债务法起草委员会委员亚瑟·霍夫曼教授逐步对原债务法中的商事公司、合作性组织、商号、商事财务制度、商事登记、有价证券、支票等进行了修改，并于1928年2月由联邦理事会向联邦议院提交债务法的修改草案。1930年在日内瓦缔结了关于汇票和本票的三个国际公约，为此，瑞士联邦理事会于1931年向联邦议院再次提交草案，要求将上述公约的条文纳入新的债务法中。1932年，联邦议院通过了联邦理事会1928年提交的债务法草案和1931年提交的日内瓦公约引入草案，至此，瑞士债务法的全部内容均修订完成，并最终在世界私法立法史上开创了民商合一立法模式的先河。

瑞士债务法自1932年全部修订完成后，随着社会的发展，在瑞士债务法适用过程中又不断地对其条文进行了一些修改。比较重大的修改有1936年12月18日通过的《瑞士债务法的补充暂行规定》，1962年3月

23日通过的《瑞士债务法修正案最终条款》,1991年10月4日通过的《关于瑞士债务法第二十六章适用的最终条款》。瑞士债务法在修改技术上,同德国民法典的修改一样,不因修改而增减法典的条文数量。例如,原债务法第48条是关于不正当竞争的规定,因1943年瑞士制定了不正当竞争法而使得该条规定被1943年9月30日的联邦法案废除,但该条文的序号仍然保留于原处。又如,1949年2月4日修订法通过的关于"代理合同"的规定,分别以418A~418V的形式出现在第418条和第419条之间,这样修订保证了法条序号的稳定性,使人们对法典的认知呈连续性。

经过多此修改后的现今瑞士债务法共由五部分组成,计1186条。第一部分,总则。包括债的发生(合同、侵权行为、不当得利),债的效力(债的履行、债不履行的后果、债对第三人的效力),债的消灭,特别形式的债,债权让与债务承担。第二部分,各种合同。包括买卖合同、互易合同、赠与合同、租赁合同、借贷合同、劳务合同、承揽合同、出版合同、委任合同、无因管理、行纪合同、运送合同、经理人与其他代办商、指示证券、寄托合同、保证合同、博彩合同、终身定期金合同、一般合伙。第三部分,公司与合作社。包括无限公司、两合公司、股份公司、股份两合公司、有限责任公司、合作社。第四部分,商业登记、商号与商业账簿。包括商业登记、商号与商业账簿。第五部分,有价证券。包括记名证券、无记名证券、汇票(包括本票)、支票、其他指示证券、货物证券(仓单与提单)、债券。

瑞士债务法具有以下特点:(1) 瑞士债务法对于商事企业类型规定得非常全面。瑞士债务法的第三编不仅规定了有限责任公司、股份有限公司、无限公司、两合公司和股份两合公司,还规定了合作社组织,使得关于企业形态的规定非常全面,这将有利于投资人根据自身的情况充分地选择适合自己的企业形态。(2) 瑞士债务法将无因管理纳入合同之中。与一般国家对待无因管理的态度不同,瑞士债务法径直将无因管理作为一种具体的合同类型,列入其第二编各种合同中的第十四章。(3) 最后,瑞士债务法的最大特点在于,它开创了民商合一立法模式之先河。瑞士债务法这种模式的出现,使得过去在法国、德国影响下居于正统地位的民商分立模式受到质疑,并最终在法学上形成了民商二法统一论。其后,很多国家在制定新的法律时不再考虑在民法典之外另行制定商法典,如意大利、荷兰;而已经采取了民商分立立法模式的德国、日本等国家的学者,也开始主张废除他们已有的商法典而实行民商合一。由此可见,瑞士债务法开创的这种民商合一模式对后世各国民商立法产生了重大的影响,并成为各国民商立法的范式和模本,这是它对世界私法发展史最为重要的贡献。

(申卫星)

S

san buqu
三不去(three-agument on divorce) 中国古代妇女合法拒绝被丈夫休弃的三种情形。据《大戴礼记·本命》载,"三不去"具体为:"有所受而无所归,不去;与更三年丧,不去;先贫贱后富贵,不去。""三不去"是我国古代礼法作为对"七出"离婚的限制而规定的。汉朝的汉律较早以法律形式规定了"三不去";后世封建律法均肯定了"三不去",并规定了违背此限制的法律责任。按唐律规定,"虽犯七出,有三不去而出之者,杖一百,追还合"。唐、宋的律法在规定"三不去"的同时,还规定了妇女犯恶疾及奸者,不受"三不去"的保护。元、明、清的律法也规定妇女犯奸者不受"三不去"的保障。

(蒋 月)

sancong side
三从四德(three subordination, four moral integrities) 中国古代妇女应遵守的基本礼教伦常规范。"三从"要求妇女幼时从父兄、出嫁从夫、夫死从子。"三从"出自《仪礼·丧服》,规定了妇女从生到死一辈子从属于男性,是古代确立妇女地位的根本原则,是男尊女卑、夫权统治在妇女生活中的集中体现。"四德"为:妇德、妇言、妇容、妇功。"四德"首次出现在后汉班昭所著《女诫》中,并作了具体解释。妇德为不必才能绝异也,幽娴贞静,守节整齐,行己有耻,动静有法;妇言为不必辩口利辞也,择词而说,不道恶语,时然后言,不厌于人;妇容为不必颜色美丽也,盥洗尘秽,服饰鲜洁,沐浴以时,身不垢辱;妇功为不必功巧过人也,专心纺绩,不好嬉笑,洁齐酒食,以奉宾客。"四德"的另一说,是徐元瑞在《史学指南》中的解释,即"远和邻里,近睦六亲,上孝舅姑,下敬子孙"。不过,这一说法在历史上赞同者少。"四德"是封建社会评价妇女思想和行为的主要标准。

(蒋 月)

sanji suoyou duiwei jichu
三级所有、队为基础(three-level collective ownership with "production-brigade" (village)-ownership as the basis) 我国农村集体所有制经济历史上曾经实行的组织和运行体制。按照该体制,人民公社一般由公社、生产大队(有的地方可以不设)、生产队三级组织组成,生产队作为人民公社的基本核算单位。1958年全国农村普遍实现了人民公社化。人民公社彻底否定了农民家庭作为基本生产经营单位,实行工农商学兵于一体,政社合一,管理高度集中,组织军事化,行动战斗化,生活集体化,多数以大队为核算单位;在将若干公社合并成为大社时,提倡对公共财产和社内外债务"不要采取算细账、找平补齐的办法,不要去斤斤计较小事",急于向共产主义过渡,加上搞各种大办,导致以"一平二调"为主要内容的"共产风"严重泛滥,严重抑制了农民生产积极性的发挥,使农业生产受到极大的破坏。中共中央发觉了"大跃进"、人民公社化运动中"左"的错误,开始进行调查研究和试点调整。1961年3月起草的《农村人民公社工作条例(草案)》(即"六十条")及1961年6月的该条例修正草案将生产大队作为三级所有的基础和核算单位。但是这显然没有考虑到各生产队之间的差异和相对独立的利益,容易导致平均主义。1962年2月发布的《中共中央关于改变农村人民公社基本核算单位问题的指示》,明确规定将生产队作为人民公社的基本核算单位。1962年9月中国共产党第八届中央委员会第十次全体会议通过了《农村人民公社工作条例修正草案》,正式确立了"三级所有,队为基础"的体制,将人民公社的基本核算单位由生产大队下放至生产队。这在一定程度上克服了队与队之间的平均主义,一定程度上保障了生产队的经营自主权。

该条例规定,生产队是人民公社中的基本核算单位,实行独立核算,自负盈亏,直接组织生产,组织收益的分配。并且明确"这种制度定下来以后,至少三十年不变"。强调生产队独立的财产支配权利,禁止生产大队和公社抽调生产队的劳动力和生产资料。生产队范围内的土地,都归生产队所有。生产队所有的土地,包括社员的自留地、自留山、宅基地等等,一律不准出租和买卖。生产队所有的土地,不经过县级以上人民委员会的审查和批准,任何单位和个人都不得占用。生产队范围内的劳动力,都由生产队支配。公社或者生产大队向生产队调用劳动力,必须同生产队的社员群众商量,不得到他们的同意,不许抽调。生产队集体所有的大牲畜、农具,公社和大队都不能抽调。原来公社、大队所有的农具、小型农业机械、大牲畜,凡是适合于生产队所有和使用的,应该归生产队所有;不适合于一个生产队所有和使用的,可以仍旧归公社或者大队所有;有些也可以归几个生产队共有,联合经营。生产队对生产的经营管理和收益的分配有自主权。但是,人民公社仍旧是政社合一的体制,"三级所有,队为基础"的制度一方面无法禁止公社无偿调拨生产大队、生产队的资金和劳动力,生产大队无偿调拨生产队的资金和劳动力的现象,以及公社无偿征用生产队的土地、山林等行为,另一方面由于农民缺乏生产经营自主权,也无法调动和发挥农民的生产积极性。 (李富成)

丧服制度(mourning apparel system: different mourning apparel told respective kinship in feudal China)

简称服制,封建社会以丧服规定亲属的范围和等级以区别亲属关系亲疏远近的制度。丧服制度奠基于礼仪,发展于法制,目的在于"慎终追远",维护宗法家族制度。《礼记·昏义》说:"夫礼,始于冠,本于昏,重于丧祭。"封建社会历代礼法都十分重视丧服制度,自隋唐以来,法律对于"居父母丧,身自嫁娶,若作乐,释服从吉;闻祖父母、父母丧,匿不举哀"者,规定为"十恶"中的不孝罪;"闻夫丧,匿不举哀,若作乐,释服从吉及改嫁"者,规定为不义罪。凡父母丧,为官者须回家"丁忧",冒哀求仕者处罚。

古代的服制具有浓厚的等级色彩,一般说来,亲属关系亲近的,服制重;亲属关系疏远的,服制轻,同时还要参酌双方的地位、名分、恩情和性别来定其等级。丧服共分五等,等中有级。等是丧服规制,级为服丧期限,统称"五服"。第一等斩衰(即粗麻布):丧服用极粗的生麻布做成,不缝衣旁及下边,古礼为父斩衰三年;父在,为母齐衰杖期(丧服用杖,俗称哭丧棒,服丧一年称为期);父卒,为母齐衰三年。至明、清代,子及未嫁女为父母,嫡孙为祖父母,妻为夫,媳为公婆,均为斩衰三年之服。第二等齐衰:丧服用次等粗生麻布做成,缝衣旁及下边。按服期限长短,又有齐衰杖期、齐衰不杖期、齐衰五月、齐衰三月之别。例如,夫为妻、子为出母、嫁母、众子为庶母、侄为伯叔父母、在室(未嫁)之姑,己身为兄弟姊妹,均有齐衰不杖期之服;曾孙为曾祖父母,有齐衰五月之服;玄孙为高祖父母,有齐衰三月之服。第三等大功:为九月之服,丧服用粗熟布做成。妻为夫之祖父母,父母为儿媳及未嫁之女,己身为堂兄弟及在室之堂姊妹等。第四等小功:为五月之服,丧服用稍粗熟布做成。己身为伯叔祖父母、堂伯叔父母、再从兄弟、兄弟之妻,妻为夫之伯叔父母、兄弟等。第五等缌麻:为三月之服,丧服用稍细熟布做成,己身为族伯叔父母、族兄弟,夫为妻之父母。 (张贤钰)

丧偶儿媳继承权(the right of inheritance by bereaved daughters-in-law)

儿子的配偶对儿子的父母而言为儿媳,儿媳称儿子的父母为公婆。儿媳配偶死亡的为丧偶儿媳。儿媳与公婆是姻亲,在法律上本无权利义务,在一般情况下,不论儿媳是否丧偶,对公婆均无遗产继承权。但在我国现实生活中,有些儿媳在丧偶后仍继续对公婆尽主要赡养义务。根据权利义务相一致的原则,我国《继承法》第12条规定:"丧偶儿媳对公、婆,丧偶女婿对岳父、岳母,尽了主要赡养义务的,作为第一顺序继承人。"认定"尽了主要赡养义务"一般可从以下两方面综合考虑:(1)在经济上对公婆或岳父母生活提供了主要经济来源,或者在生活上对公婆或岳父母提供了主要劳务帮助。(2)对公婆或岳父母尽赡养义务具有长期性、经常性。以上两个条件同时具备,可认定为尽了主要赡养义务。尽了主要赡养义务的丧偶儿媳或丧偶女婿,依法规定为公婆或岳父母的法定继承人,而且不论他们是否再婚,均为第一顺序法定继承人。同时,我国司法解释还规定,丧偶儿媳或丧偶女婿依《继承法》第12条规定作为第一顺序法定继承人时,既不影响其子女代位继承,也不影响他们本人对其父母的遗产继承权。将丧偶儿媳和丧偶女婿作为法定继承人,以鼓励他们赡养老人,这是我国《继承法》的独创,当今世界上其他国家的继承立法均无此规定。但有的国家如日本民法采用"对特别关系人的分与"遗产的规定,我国台湾地区民法以"酌给遗产"的规定来解决此类问题。 (陈 苇)

丧偶女婿继承权(the right of inheritance by bereaved sons-in-law)

女儿的父母称女儿的配偶为女婿,女婿称女儿的父母为岳父、岳母(岳父母)。女婿配偶死亡的为丧偶女婿。女婿与岳父母是姻亲,本无法律上的权利义务,在一般情况下,不论女婿是否丧偶,对岳父母均无遗产继承权。但如丧偶女婿对岳父母尽了主要赡养义务的,我国《继承法》规定其作为第一顺序法定继承人,有权继承岳父母的遗产。丧偶女婿与丧偶儿媳享有同等继承权,认定两者"尽了主要赡养义务"的条件也相似。参见丧偶儿媳继承权条。 (陈 苇)

丧失继承权(loss of right of succession)

有广义和狭义之分。狭义的丧失继承权,又称剥夺继承权,指继承人因对被继承人犯有某种严重的罪行或不法行为,被依法取消其继承权。广义的丧失继承权还包括继承权的取消和不分遗产。

丧失继承权的历史沿革 丧失继承权的规定,最早来源于《汉穆拉比法典》,该法典规定了家长剥夺的制度,将剥夺继承权作为家长的特权。古罗马法对丧失继承权作了完备的规定,包括继承缺格(遗产剥夺)和继承人的废除制度。所谓继承缺格,是指在法律上仍承认其为继承人,但剥夺其取得遗产的实际权利。继承人的废除则是指从法律上根本取消继承人的继承资格,并将其应得的遗产没收归公。古罗马法的规定对后世影响很大。现代各国继承法沿用了继承缺格制度,而继承人废除制度则在大多数国家民法典中不复存在。日本民法虽然保留了这一传统,但已不再把遗产没收归公了。

丧失继承权的分类 丧失继承权除有广义和狭义之分外,还可作以下两种分类:第一,依所丧失的继承权种类不同,可分为期待继承权的丧失和既得继承权的丧失。由于继承权丧失的事由既可以发生在被继承人死亡之前,也可以发生在被继承人死亡之后,如我国《继承法》第7条规定的丧失继承权的四种事由中,就有三种发生在继承开始之前。如果这时被害人、利害关系人提起剥夺继承人继承权的诉讼,法院可以依法剥夺继承人的期待继承权。第二,依继承权被依法确认丧失后能否再行恢复,可分为继承权的相对丧失和继承权的绝对丧失。前者又称继承权的非终局丧失,指当发生继承权丧失的法定事由时,依法确定继承权丧失,但如果被继承人对继承人的行为表示宽恕,可不确认该继承人丧失继承权或者恢复其继承权。许多国家都有继承权的相对丧失的规定。我国《最高人民法院关于贯彻执行〈中华人民共和国继承法〉若干问题的意见》第13条规定:"继承人虐待被继承人情节严重的,或者遗弃被继承人的,如以后确有悔改表现,而且被虐待人、被遗弃人生前又表示宽恕的,可不确认其丧失继承权。"继承权的绝对丧失又称为继承权的终局丧失,指当可能引起某一继承权丧失的法律事实发生之后,该继承人不能因为任何原因恢复继承权。

继承权的取消和不分遗产 继承权的取消包括两种情况:第一,遗嘱取消。即被继承人生前用遗嘱的方式改变法定继承人的范围、顺序和份额,或把遗产遗赠他人,从而取消或减少享有期待继承权的继承人的权利(如我国《继承法》第16条)。第二,在附有义务的遗嘱继承中,如果继承人没有正当理由不履行义务,经人民法院判决,可以取消他接受遗产的权利(如我国《继承法》第21条)。

丧失继承权的形式 继承权的丧失可有以下几种形式:第一,继承权的当然丧失。即丧失继承权的法定事由一旦出现,特定继承人即自动丧失其继承权,不得主张继承遗产的权利。第二,依法院判决而丧失。如果因继承权问题发生诉讼,由人民法院依法确认是否丧失继承权。第三,依被继承人明确的意思表示而丧失,这是指被继承人有权通过设立遗嘱的方式剥夺继承人的继承权。

丧失继承权的效力 分为丧失继承权的时间效力和对人效力。继承权丧失的时间效力应当一直追溯到被继承人死亡、继承开始时。继承权丧失的对人效力包括对继承人享有的其他继承权的效力、对取得遗产的第三人的效力以及可否代位继承的问题。根据我国法律,继承权的丧失不影响继承人对其他被继承人的继承,但继承权的丧失对继承人的晚辈直系血亲发生效力,他们不能代位继承。此外,各国继承法在保护其他继承人权益的同时,保护取得遗产的善意第三人的合法权益。第三人善意有偿取得财产的,其他继承人不能主张第三人返还。

(杨 朝)

shanyi chumai
善意出卖(bona fide sale) 出卖人为善意的出卖。在善意出卖中出卖人不知其出卖的标的有物的瑕疵或权利瑕疵。如当事人在合同中有关于物的瑕疵免责条款,出卖人并非故意不告知标的物瑕疵的,则可依约定免除或限制出卖人的责任。

(郭明瑞)

shanyi maizhu
善意买主(bona fide purchaser) 不知或不应知道出卖人对出卖的标的物上的权利瑕疵而购买的买受人。各国法律一般都规定对善意购买人的利益予以保护。如出卖人出卖无权处分的标的物的,善意买主可依善意取得规则而取得标的物的所有权。

(郭明瑞)

shanyi qinhai
善意侵害(innocent trespass) 不知情侵害。英美侵权行为法中的概念。侵害人不知道或不应知道自己的行为是对他人权利的侵害。如善意买得他人无权处分的物品,即构成对所有人的善意侵害。除法律另有规定外,善意侵害的行为人对其行为不承担民事责任。

(郭明瑞)

shanyi zhanyou
善意占有(bona fide possession;德 Bonae fidei Possession, redlicher Besitz, possession de bonne foi) 与恶意占有相对称。根据无权占有人是否误信其占有是有权源的占有,无权占有可以分为善意占有与恶意占有。善意占有是误信其有占有的权利,且无怀疑而进行的占有。善意占有又可再分为无过失占有和有过失占有,无过失占有是指善意占有人就其善意并无过失的占有,即无权占有人对于误信其为有权源的占有并无过失;有过失占有则是指善意占有人就其善意是有过失的占有,即无权占有人对于误信其为有权源的占有是有过失的。

(申卫星)

shanyang
赡养(support) 子女对父母或孙子女、外孙子女对祖父母、外祖父母的供养,即在物质上和经济上为其提供必要的生活条件。广义的赡养还包括在精神上和生活上的关心、帮助和照料。根据我国法律规定,子女对父母物质上的供养扶助是有条件的,首先,父母须是无劳动能力或生活困难的;其次,子女须成年且有赡养能力。孙子女、外孙子女对祖父母、外祖父母的供养扶助也是有条件的,第一,祖父母、外祖父母的子女已经死亡或子女无力赡养;第二,孙子女、外孙子女须成年且有负担能力。赡养义务的内容包括经济上的供养,生活上、体力上的照料、帮助和精神上的尊敬、慰藉、关怀。依据《中华人民共和国老年人权益保障法》的规定:(1)赡养人应当履行对老年人经济上供养、生活上照顾和精神上慰藉的义务,照顾老年人的特殊需要。(2)赡养人对患病的老年人应当提供医疗费用和护理。(3)赡养人应当妥善安排老年人的住房,不得强迫老年人迁居条件低劣的房屋。老年人自有的或者承租的住房,子女或者其他亲属不得擅自改变产权关系或者租赁关系。老年人自有的住房,赡养人有维修的义务。(4)赡养人有义务耕种老年人承包的田地,照管老年人的林木和牲畜等,收益归老年人所有。赡养的方式既可以是与父母、祖父母、外祖父母共同生活,直接履行赡养义务,也可采用经常联系、探望并提供居住条件、生活条件及生活费用的方式。如有多个义务人,则应根据每个义务人的经济状况,共同承担起对权利人的经济责任,赡养人之间可以就履行义务签订协议,并征得老年人的同意。居民委员会、村民委员会或者赡养人所在组织监督协议的履行。赡养费的数额,既要根据赡养人的经济负担能力,又要照顾权利人的实际生活需要。另外,《中华人民共和国婚姻法》第30条还强调,父母的婚姻自主权受法律保护,子女的赡养义务不因父母的婚姻关系变化而终止。　　(马忆南)

shanghai baoxian

伤害保险(accident insurance)　又称意外伤害保险。以被保险人的身体利益为保险标的、以其受到意外伤亡为保险事故而成立的人身保险。伤害保险在保险人的营业过程中,可以是主险,也可以是附加险,如人寿保险附加承保伤害危险。

意外伤害　被保险人的身体受到意外事故损害致死、致伤或者致残,为保险人依约给付死亡保险金、伤残保险金以及医疗费用保险金的前提。意外伤害是被保险人因为不可预料或者不可抗力所造成的人体天然部分的伤害。可见,意外伤害事故属于被保险人非所预见、非所意图、非所期待的伤害事故,不论该事故的发生是由于被保险人自己的过失还是第三人的故意。但是,被保险人因为疾病而死亡的,不属于意外伤害事故。因此,意外伤害事故不包括疾病和其他的自然原因过程。

分类　伤害保险可以具体分为普通意外伤害保险、团体意外伤害保险、旅客意外伤害保险、交通事故伤害保险和职业伤害保险。我国的保险公司开办的伤害保险项目主要有旅客意外伤害保险、团体人身意外伤害保险、普通伤害保险等。

普通伤害保险　又称为一般伤害保险,是适用于被保险人为单个自然人的一种伤害保险,一般为短期保险,保险期间为1年或者少于1年。普通伤害保险的给付,包括因为伤害致死的死亡保险金给付和因为伤害致残的残废保险金给付;经保险合同当事人的协议,普通伤害保险可以加保附加医疗保险金给付。

团体意外伤害保险　以被保险人多人为一个团体而成立的伤害保险合同。团体伤害保险与普通伤害保险并没有本质上的差异,保险人对于被保险人在保险期间发生的意外伤害事故,依照保险合同的约定承担给付保险金的责任。但是,订立团体伤害保险合同,可以简化单个订立伤害保险合同的手续,减轻投保人的保险费负担。

旅客意外伤害保险　以被保险人在旅行期间所发生的意外伤害事故为保险责任范围而成立的保险。依照旅客伤害保险合同,对于被保险人在旅行开始前或者旅行终了后发生的意外伤害,保险人不承担保险责任。由于旅客伤害保险承保被保险人在旅行期间的意外伤害风险,此种风险因被保险人旅行的期间以及旅程的不同而呈现出巨大的差异,为使旅客意外伤害风险得到有效的控制,被保险人承担不随意变更预定旅程的义务。旅客意外伤害保险因为被保险人旅行的地域范围的不同,可以划分为国内旅客意外伤害保险和国际旅客意外伤害保险。

交通事故伤害保险　以被保险人因为交通事故所受伤害为保险责任范围而成立的保险。交通事故伤害保险是专门针对火车、汽车、电车、轮船、飞机等交通运输工具发生交通事故造成被保险人伤亡而设计的特种伤害保险。交通事故伤害保险承保的交通事故风险一般限于:(1)被保险人搭乘交通运输工具,在运输途中遭受外来的意外伤害事故;(2)被保险人在交通运输工具搭乘的场所遭受外来的意外伤害事故;(3)被保险人因为与行驶中的交通运输工具发生相撞、接触所遭受的伤害事故;(4)被保险人因为交通运输工具发生火灾、爆炸所遭受的伤害事故;(5)被保险人在道路上行走时,因为建筑物倾倒、空中物品掉落所遭受的伤害事故。

职业伤害保险　投保人向保险人交纳保险费,在被保险人因为执行职务所受身体伤残而致其暂时或者永久丧失劳动能力时,保险人以给付保险金补偿被保险人的医疗费用和工资收入的保险。职业伤害保险一般采用团体伤害保险的形式。

我国的伤害保险　凡供职于机关、团体、企事业单位的在职人员,身体健康并能正常劳动的,都可以作为被保险人。被保险人本人或者其所在的机关、团体、企事业单位均可以作为投保人,为被保险人的利益投保意外伤害保险。意外伤害保险的保险期间,由投保人和保险人约定,一般为1年。保险期间自起保日的零时起到期满日的24时止。保险期间届满时,投保人可以申请办理续保手续,经保险人同意续保的,保险期间继续有效。意外伤害保险的保险金额,由投保人和保险人约定固定的数额。在意外伤害保险金额之外,投保人还可以投保意外伤害附加医疗保险,并另为约定意外伤害附加医疗保险金额。被保险人的身体受到意外伤害,或者因意外伤害致死、致残的,保险人应当按照下列情形给付保险金:(1)被保险人死亡,给付保险金额全数;(2)被保险人双目永久完全失明,或者两肢永久完全残废,或者一目永久完全失明和一肢永久完全残废,给付保险金额全数;(3)被保险人一目永久完全失明,或者一肢永久完全残废,给付保险金额半数;(4)除前述之外,被保险人永久完全丧失劳动能力、身体机能,或者永久丧失部分劳动能力、身体机能的,按照丧失能力的程度,给付全部或者部分保险金额。再者,投保人投保意外伤害附加医疗保险的,保险人在合同约定的意外伤害附加医疗保险金额范围内,应当给付被保险人实际支付的超过约定额度以上的全部医疗和医药费用。因为下列原因造成被保险人伤残或死亡的,保险人不负给付保险金的责任:(1)被保险人故意自杀、自残、自伤或者为犯罪行为;(2)被保险人或者受益人的故意或者诈骗行为;(3)被保险人有意识地为不必要的冒险行为;(4)被保险人因患疾病所致死亡或者残疾;(5)战争或军事行动;(6)意外伤害保险合同所列其他除外责任。被保险人因意外伤残所支出的医疗和医药费用,保险人不负给付责任;但是,投保人加保意外伤害附加医疗保险的,不在此限。

(邹海林)

shang chengwenfa

商成文法(commercial made law) 由立法机关根据法定程序制定公布的调整市场交易关系的法律和法规。商法的重要渊源之一。在大陆法系国家中,实行民商分立的国家的商成文法包括商法典、商事单行法律、商事法规三种类型。商法典是由立法机关制定的、规范商事活动的基本法。商事单行法是由立法机关制定的、规范商事活动的某一方面的法律,如《公司法》、《保险法》、《票据法》等。商事法规是由行政机关依法制定的规范商事活动的法规。在实行民商合一的国家,商成文法包括民法典、商事单行法律、商事法规等。商成文法较之商习惯法、商判例法等法律渊源,具有明确、统一,易于了解和掌握等特点,因而更符合现代商事活动的要求,成为现代商法最主要的表现形式。大陆法系国家基于其法律传统形成的、以商法典或民法典为核心、以众多的单行商事法律和法规为补充的商成文法体系,构成了商法的主要表现形式。在以判例法为主的英美法系国家,自19世纪末以来,也开始重视商成文法的制定工作,颁布了大量的商事单行法律,使商成文法成为取代商判例法的最重要的商法表现形式。

我国历史上属成文法国家,商成文法作为商法的主要表现形式应无疑问。在商成文法的制定方面,由于西方资本主义国家商事活动开展得较早,商业较为发达,商事立法开展得较早,商事立法也较为完善。我国商事立法工作开展得较晚,但成效比较显著,近几年已制定了一大批商事法律和法规。其中比较重要的有:《中华人民共和国海商法》、《中华人民共和国公司法》、《中华人民共和国票据法》、《中华人民共和国保险法》、《中华人民共和国信托法》、《中华人民共和国证券法》等。

(金福海 梁 鹏)

shangdian daili

商店代理(德 Ladenvollmacht) 商业代理的一种,即商店或公开的营业场所的职员,对通常的营业行为享有代理权。但雇主如果有相反的明示,如在超级市场出口设置自动收款机,则证明商店职员不享有代理权。

(李仁玉 陈 敦)

shangfa

商法(commercial law, merchantile law) 大陆法系也称商事法,是调整商事关系的法律规范的总称。在近代商法向现代商法的演进中,也有学者认为商法是调整市场交易关系的法律规范的总称。大陆法系在商法与民法的关系上,有民商合一和民商分立两种观点,无论是民商合一还是民商分立,商法都是民法的特别法。随着商法成为世界通用的法律,也有学者认为,在市场经济条件下,现代商法是市场经济的基本法。

商法的历史 商法是在市场交易实践中产生的。商法的发展历史大体可以分为三个时期,即古代商法、近代商法和现代商法。古代商法属于习惯法,即商人法,是商人按自己的商业交易习惯形成的行为规范,具有自主发展和自律性的形成特征。近代商法在大陆法系是国家制定的商法典或单行商事法律,最早由国家制定的商法典是1807年的《法国商法典》,按简单商品生产完善法的理念,这些《商法典》和单行商事法都是民事特别法。大陆法系近代商法正在向现代商法演进的过程之中。现代商法是市场交易的基本法,20世纪50年代问世的《美国统一商法典》是现代商法的代表法典,它巧妙地汲取了人类优秀法律文化的精华,即一靠协议,二靠习惯。依靠协议和依靠习惯使法典成为最具生机与活力的商法法典。

商法的特征 商法具有形成的规律性和自律性,规范的技术性和进步性,主体的单一性和法定性,行为的营利性和规范化,制度的有效性,结构的系统性,适用的广泛性等特征,除此之外,现代商法不同于近代商法的最本质的特征,是现代市场主体(商人)是资本经营者,现代市场行为(商行为)是资本经营行为。资本经营是现代商法的精髓。商法就是资本经营法。所谓资本经营,是以资本增值为目标的经营管理方式,它包含的内容概括起来有:第一,以资本增值为目标;第二,这种资本增值有别于近代商法的所谓的"营利",它具有社会化大生产集约化经营的特征,即资本营运增值和资本结构优化增值;第三,这种资本增值在我国要求必须实现经济体制和经济增长方式两个根本转变。

商法的基本原则 在大陆法系国家中,由于近代商法是民法的特别法,商法的基本原则只有一般或具体原则,没有基本原则。一般认为主要有四个:商事主体法定原则,商事交易公平原则,商事交易便利原则,商事交易安全原则。商事主体法定原则,是指从事商事活动的当事人必须符合法律规定的条件并履行法定程序,取得商事活动的资格。例如公司必须依公司法规定建立并经合法登记,才能够成为商事主体。另外,从事保险、证券等业务,还必须符合保险法、证券法等的规定,才能作为商事主体从事相应的商事活动。商事交易公平原则,是指商事活动的当事人在从事商事交易过程中,要建立在平等互利的基础上,彼此尊重,自愿、互利、诚实信用地进行交易。商事活动是所谓平等主体之间的交易活动,因此公平交易是商事活动的基本要求。商事交易便利原则,是指为实现商事活动的营利性目的,商事交易必须建立在迅捷方便的基础之上。商法中的这一原则有许多具体体现,例如短期消灭时效主义、交易定型化、权利证券化及流通化的规定等皆属之。商事交易的安全原则,是指商事交易活动不仅要方便、快捷,还要注重安全,防止意外的损害。商法中采用的公示主义、外观主义以及责任加重主义等内容,都是安全性原则的体现。根据经济全球化和我国成为WTO成员国的形势,也有学者提出,现代商法的基本原则是:(1) 交易自由原则;(2) 交易诚信原则;(3) 交易公平原则。交易自由原则是指交易主体之间自由进行各自拥有的资源交换,以实现社会资源在不同交易主体之间优化配置的商法基本准则。交易公平原则是指商法要求交易主体在交易过程中合理分配交易权利义务,以实现公平、效率等法律价值的基本准则。

商法的渊源 商法的渊源即商法的表现形式,主要有以下几种:(1) 商成文法。由立法机关制定颁布的商事法律法规。包括商法典、商事单行法律。(2) 商习惯法。由法律确认的商事活动习惯。在大陆法系实行民商分立的国家,商习惯法优先于民法的适用。在实行民商合一的国家,商习惯法一般不能优先于民法适用。(3) 商判例法。由法院在处理商事纠纷过程中形成的判例。在英美法系国家,商判例法是商法最主要的渊源。在大陆法系国家,商判例法是介于商习惯法与商事法理之间的一种商法渊源。(4) 商事法理。即商法中的基本理论和学说。(5) 商事国际公约和商事国际惯例。适应知识经济新时代的要求,有些论著认为,现代商法的渊源和适用顺序是,首先适用商自治法;其次是商法特别法及本国签字承认的商事条约;再次是国家按照立法程序,对现代市场主体和现代市场行为所作的最基本规定——商法典。商自治法包括公司、企业制订的章程、合同条款以及交易惯例。

商法的范围 各国法律规定不尽一致。大陆法系近代商法一般包括总则、公司、票据、海商、保险、破产等,如《法国商法典》由四卷构成,第一卷商事总则,第二卷海商,第三卷破产和公司清理,复权和破产的轻罪行为及其他有关破产的犯罪行为,第四卷商事法院,以及后来所附的法律,如银行法、证券与期货交易法、知识产权法、商事租赁法等。现代商法一般包括总则、公司、企业、代理、破产、合同、买卖、证券、期货、担保、信托、租赁、票据、海商、保险等。如《美国统一商法典》包括总则、买卖、商业票据、银行存款和收款、信用证、大宗转让、投资证券、担保交易等内容。概括而言,商法的范围一般限于两个方面的内容:一是有关市场交易主体的规定,二是有关市场交易行为的规定。

(徐学鹿 金福海 梁 鹏)

商法典(commercial code) 在大陆法系的国家中,由立法机关依法定程序制定的,规范商事基本活动的法律。在实行民商分立的国家,大都制定有商法典,商法典是商法重要的渊源。在实行民商合一的国家,没有单独的商法典,有关商事基本活动的法律规范,包含在民法典之中。是否制定商法典是区分民商合一还是民商分立的重要标志之一。历史上最早的商法典,是法国1807年拿破仑一世在位时颁布的《法国商法典》。其后大陆法系的许多资本主义国家相继颁布了自己的商法典。在大陆法系国家的商法典之中,比较有代表性的商法典,除《法国商法典》之外,还有1897年《德国商法典》、1899年《日本商法典》等。《法国商法典》以商行为标准作为立法基础,是"法国商法法系"的代表。《德国商法典》以商人标准作为立法基础,是"德国商法法系"的代表。《日本商法典》以商人和商行为兼作立法基础,是"折衷商法法系"的代表。在英美法系国家,商法典是统一调整商业交易的法律,美国是英美法系中惟一制定有商法典的国家。美国1957年公布了《统一商法典》,法典非立法机关所制定,而是美国法学会和统一法委员会制定的、供各州立法机关采用的法律范本,已被美国所有各州的立法机关以及哥伦比亚特区及其属地维尔京群岛共52个单位通过,其中路易斯安那州仅通过了除第2、9篇以外的其余各篇。美国商法典是与大陆法系国家的商法典不同的现代商法典。

我国清朝时期,清政府于1904年制定了《公司律》和《商人通例》,1906年公布了《破产律》,1909年拟出《大清商律草案》,这是我国历史上第一部商律草案。后来的南京国民政府采用民商合一立法体例,没有制定商法典。建国后我国没有单独制定商法典。

商法典虽属规范商事活动的基本法,但是,由于制定的时间不同,制定国家的习惯和情况不同,商法典的内容也有较大的差别。《法国商法典》由于制定的时间比较早,其中许多内容显得比较贫乏,如关于股份公司只有13条规定。另外,法典中也混杂了不少公法和诉讼法的内容。《德国商法典》的内容、立法技术较《法国商法典》更为完善。德国法学家重理论概括、抽象,在商法典中表现为语言难懂,条文繁琐。正如有的学者所指出的:"德国法典编纂的特点是逻辑结构极为严谨,并以抽象的法律概念为基础。它给人们的印象是偏于学究式的咬文嚼字,而不注重实践"(施米托夫:《国际贸易法文选》,中国大百科全书出版社1993年版,第111页)。《美国统一商法典》在内容和编纂体例上与法国、德国商法典差别更大。该法典共包括10编内容,分别是:总则、买卖、商业票据、银行存款及收款、信用证、大宗转让、仓单、提单及其他所有权凭证、投资证券、担保交易、附则等。《美国统一商法典》坚持实证的方法,抛弃理论上的教条,尽量反映现代商业实践;抛弃简单划一的形式,注重灵活。人们认为《美国统一商法典》的立法史,是一段前所未有的成功史话,其成功表现在法典所体现的现代精神,是一部实用的综合性的现代商法典。

(金福海 徐学鹿)

shangfa ganyu zhuyi

商法干预主义(commercial interventionism) 又称"商法强制主义",是体现国家公共权力干预商事活动的立法原则。该原则学说主要是源于商法公法化的发展。传统商法学说偏重于商事个体之间的权利义务关系,强调商事主体的意思自治,商法规范具有很大的任意性和选择性。但是,随着自由资本主义向垄断资本主义的发展,各国商法虽以私法规范为核心,但为保障私法规范的实现,必须以公法规范或方法对商事关系进行统制,即所谓"商法的公法化"。

随着商法的公法化,国家对私人活动的干预加强,商法规范中加入了很多强制性规定。法国学者丹尼斯特指出:"如今国家对于商业的干预与日俱增,这些干预所应用的方法决不仅限于私法的范围。"根据商法干预主义,各国商法中均对某些商行为设有强行性规范,行为人不得对之加以违反或任意变更,例如有关商业登记的规定,有关公司章程绝对必要条款的规定,有关商主体财产责任的规定,有关商事代理的规定等;在行为形式上,各国商法广泛采取严格要式主义。例如有关保险合同必要条款的规定,海运提单标准条款的规定,证券或票据交易规则等;在法律责任上,多数国家的商法对违反限制性规范者适用惩罚性责任规定。例如对于商业负责人违反商业登记法的罚则,对于发票人签发空头支票的罚则,对于不正当竞争者的行政性罚则等。

商法的公法化以及商法干预主义的发展,绝不意味着商法已经属于公法,更不能否认公法和私法划分的意义,尽管在商法中具有大量的公法规范,但是这些公法条款始终处于为私法服务的地位,不能从根本上改变商法的性质。

(唐广良)

shangfaren

商法人(commercial legal person) 依法成立并依商法规定从事商业活动,能依法独立享有权利和承担义务的法人。并不是所有的法人都能成为商法人。法人有公法人和私法人之分。私法人是根据私法成立的法人,又有社团法人和财团法人之分,以及无经济目的的法人与有经济目的的法人之别。理论上将无经济目的的社团法人和财团法人统称为公益法人,这种私法人不能成为商法人。公法人是依公法成立的法人,一般是指国家机关。国家是否可以成为商法人,各国商法的规定不一。如德国商法明确规定国家可以成为商法人(德国商法第36、42、452条),而意大利商法则持否定态度(意大利商法第7条、第17条)。我国法律对法人未作公法人和私法人的分类,而将法人区别为企业法人、事业单位法人、机关法人和社会团体法人。其中,企业法人是当然的商法人,事业单位法人可以根据法律的规定成为商法人,机关法人和社会团体法人不得成为商法人。在我国,国家一般并不直接从事市场交易活动,而是授权国有企业经营国有资产。

商法人具有如下特征:(1)规模性。具有法律规定的规模才能取得商法人的资格。(2)法定性。必须具备法定条件,经过法定程序才能成为商法人。(3)资本经营性。全部经营活动都是以资本增值为目的。(4)独立人格性。其人格区别于内部工作人员的人格和股东人格,以商法人自己的名义经营。

商法人从不同角度可作不同分类。一是对作为企业的商法人分类,可以分为具有法人资格的各类企业和具有法人资格的公司;二是对作为公司的商法人分

类,可以分为股份有限公司、有限责任公司、股份两合公司、无限公司、两合公司。 (关涛 梁鹏)

shangfaxue
商法学(science of commercial law) 以商法为研究对象的专门学科,是法学领域的一个分支。尽管在大陆法系有民法、商法分别立法和合一立法的区别,但在实行民商合一模式的瑞士、意大利,"在它们的法律教育中,民法和商法仍然是分开的"。"在这种情况下,民法和商法在立法上的合一仅有纯形式的意义"。并且,"按照比较法传统,主要是民法、商法和经济法"。(沈宗灵:《比较法总论》,北京大学出版社,第 124 页、第 23 页)。过去,在我国的法学教学与研究领域,没有专门的商法学概念,属于商法范围的单行法往往被理解为经济法或者国际经济法的内容,如商业登记、公司、票据、海商、保险等。适应社会主义市场经济立法、司法、法学学科的发展,原本属于商法学科的内容已逐步回归,商法学概念及商法学学科正在逐步形成。商法是与民法并列的并互为补充的部门法已成为人们的共识(《中国大百科全书·法学卷》,中国大百科全书出版社 1984 年版,第 505 页)。

商法学的历史是随着商法的历史发展而发展的。自从有了市场交易行为,就有了调整这种行为的商法。有了商法,就有了研究商法的学科——商法学。在早期,人们对商法的研究还处于无意识状态,商法学处于零散的萌芽状态,随着市场交易的发展,它的体系才逐步完善起来。世界上第一部商法典的问世,也表明以商法为研究对象的商法学有了其法典化的研究对象,这也进一步促进了商法学的成熟和完善。

商法学研究的基本目的在于研究商法领域内的各种问题,特别是疑难问题和新问题,引导与促进商法制度本身的完善,形成科学、高效、公平、正义的商法制度。商法学研究的终极目的则是以完善的商法制度规范市场交易组织和市场交易行为,建立正常的市场交易秩序,推动市场经济的健康发展。

与任何其他法学研究部门一样,商法学也有其自己特定的研究对象。商法学要解决的基本问题包括:什么是商法,商法的理论基础,商法的演变与发展史,商法调整的对象,商法的原则,商法的特征与作用,商法的制定与实施,商法与其他法律的关系,商法的各种具体制度如商主体制度、商行为制度、商权利救济制度等。比较商法的研究也是商法学的一个重要领域。

商法学是一门开放的法律科学,它的体系随着市场交易组织和市场交易行为的发展而发展。最初的商法学仅是研究个人及交换的学科,市场交易的发展使商法学的体系不断创新。今天的商法学体系包括:(1)商法总论。阐释商法的概念、特征、原则、历史、商主体和商行为等内容。(2)商主体制度。阐释公司、合伙企业、独资企业、代理商和破产制度等。(3)商行为制度。阐释商事合同、证券、期货、融资租赁、信托、担保、票据、保险、海商等内容。(4)商事权利救济制度。阐释商事法律责任和商事仲裁、诉讼等内容。随着市场交易的发展,商法学的体系仍将进一步创新。

商法学是一门理论性与实践性都很强的学科,更是一门必须与社会发展步伐保持高度一致的学科。概括地说,商法学研究有以下几个特点:

第一,商法学研究在已经形成的学说或理论的基础上,必须密切结合经济发展的客观实际,明确研究的体系和方法,不断创新,做到有的放矢,才可使研究最终取得有实际意义的结果。

第二,商法学研究是理论研究与实务研究的结合,除作为商法之基本理论的各种学说、观念与原理之外,商法的每一个具体法律部门都有着与其各自调整的社会关系密切相关的独特之处,而这些独特之处必须与实际操作联系起来方能理解和把握。为此,现代商法学研究的重心应放在实际问题的解决上。但这并不意味着可以忽视基础理论的研究,基础理论的研究对实务研究起着指导作用,重视基础理论研究不仅可以促进实务研究,而且还可以使实务操作少走弯路,节约研究成本。

第三,虽然商法学一般被视作一个学科,但实际该学科包含着多个相互之间存在某些差异的法律部门。除传统商法所包括的五个法律部门,即商业登记、公司、票据、保险与海商之外,商事合同、商业管理、商业课税、商事诉讼与仲裁等方面的法律关系也是商法学科中必须研究的问题。此外,各国宪法、行政管理法、各种经济行为干预法甚至刑法中都有专门针对商行为的规定,此种规定也属于商法学研究的对象。

作为一个相对比较复杂的法学学科,对商法学的研究包括一般研究与特殊研究两种基本的研究方法。所谓一般研究方法,是指以基本的商法学问题为研究对象,从宏观上研究商法的方法,又有新旧两个派别,具体研究方法各不相同。旧派主张用演绎法研究商法,目的在于求得理论上的统一和概念上的明确。用此种方法研究商法者认为,商法典是商法的惟一渊源,因而将研究的重心放在商法典上,并千方百计用各种法学理论和选择的事实来证明或证实法典之合理性。从法学理论上说,此种研究方法可被归结为"法律实证主义"。新派在一般商法研究过程中主张用观察法,即从社会和经济发展的角度去观察商法的规定,看其是否与社会和经济发展的要求相适应,即注重商法所调整的社会关系的实质,抛弃从概念到概念的研究方法,尤其不以现行法律规范作为商法的惟一渊源。在当代各国商法学研究中,大多数学者都倾向于利用新派的研究方法。所谓特殊研究方法,指以商法之特殊性作为研究出发点的研究方法。此种研究方法的目的不在于揭示和总结商法的一般性质和特点,也不在于抽象出商法各部门共有的特征及原则,而在于探究和强调商法的各部门法所特有的规律与属性。在整个商法学领域,之所以有专门设立公司法、票据法、海商法、保险法等学科之必要,就在于要用特殊方法研究这些法律各自的特殊性。具体地说,商法学的研究方法可以分为规范研究方法、实证研究方法、阶级研究方法、经济研究方法、比较研究方法、历史研究方法等。

(徐学鹿　唐广良　梁　鹏)

shang guyi

商故意(commercial intention)　故意与过失是过错的两种表现形式。故意是指行为人预见到自己的行为可能发生的违法后果,但仍然希望或放任这一结果发生的主观心理状态。

关于商故意,主要有以下几个要点:

首先,商故意的主体具有特定性。它必须是商主体的一种违法心理状态。所谓商主体就是依法从事市场交易活动的主体,包括商法人、商自然人。商法人的故意以其法人机关成员的故意为表现。

其次,只有在市场交易行为中体现出的故意才是商故意。现代市场交易行为本质上是资本经营行为,它既包括商主体直接从事的各种经营活动,也包括与经营业务直接相关的其他活动。

再次,商故意的大小不影响行为人承担商法责任的程度和范围,只有在双方都有故意,违法行为人有多个,或受害人有故意等特殊情况下才可根据行为人故意程度的大小来确定责任范围。同商过失不同,商主体在故意实施违法商行为时,由于故意的恶性强,危害性大,商主体可能在承担私法上的商事责任的同时,还要承担公法上的商事责任,如受到行政处罚、刑事制裁等。

最后,商故意对于确定行为人的商法责任有重要意义:(1) 在适用过错责任时,商主体在实施违法商行为的过程中,主观上只要有故意或过失,则需承担商法责任,反之,则不承担责任。(2) 在适用无过错责任原则的情况下,无论商主体主观上是否有故意或过失,只要其违法商行为造成了损害结果,则必须承担责任。

(梁　鹏)

shang guoshi

商过失(commercial negligence)　过失与故意相对应,过失是指行为人应当预见自己行为的违法后果而没有预见,或虽然预见但却轻信可以避免的心理状态。过失可分为重大过失和一般过失。对于过失的判断,学说中有不同的看法:(1) 客观标准说,主张应以行为作为判断标准,不符合这一行为标准的行为即为有过失;(2) 主观标准说,主张以行为人在主观上能否注意作为判断过失的标准;(3) 主客观标准说,主张以客观标准为准,同时考虑行为人主观上是否应当、能够注意而没有注意。由于客观环境在时间、地点、条件等各方面的变化,行为人应当注意和能够注意的标准也会有所不同,如基于行为人的教育程度、技术水平、负担的责任等而存在差异。

关于商过失,主要有以下几个要点:

首先,商过失是商主体的违法心理状态。所谓商主体,它不同于刑事、民事主体,专指依法从事市场交易活动的主体,如各类企业、商自然人等。作为法人的商主体,其过失以其法人机关的过失为表现。

其次,商过失是商主体在市场交易活动中产生的违法心理状态。所谓市场交易活动是指商主体从事的资本增值行为,它既包括商主体直接从事的各种经营活动,也包括与经营业务直接相关的其他活动。

再次,商过失的大小不影响行为人承担商法责任的程度和范围,只有在特殊情况下,如双方均有过失、违法行为人有多个,或受害人有重大过失等情况下,才会根据行为人过失程度的大小确定责任范围。而且,商主体因过失承担的商法责任主要是私法上的责任,如商违约责任、商侵权责任,即通常情况下,过失不会引起商法上的刑事责任。

最后,商过失对于确定行为人的商法责任有重要的意义:(1) 在适用过错责任原则的前提下,商过失或故意是商主体承担商法责任的必要条件,无过失或故意即无责任。如果当事人均有过失或故意,则按各方过失或故意的程度来决定各自承担责任范围的大小。如:公司提供虚假财会报告的行为,票据付款人期前付款的行为等,均适用过错责任原则。(2) 在适用无过错责任原则的情况下,商过失与故意均不构成商主体承担法律责任的必要条件,即商主体在承担商法责任时,不以其主观上是否有过失和故意作为判断标准,没有过失也必须承担责任。如,商主体的管理机关在执行职务中的行为,商主体的产品质量责任,公司对其从业人员违法行为承担的责任等。

(梁　鹏)

shanghao

商号(business name)　参见商业名称条。

shanghaoquan

商号权(right of business name)　参见商业名称权条。

shanghao zhuanrang

商号转让(transfer of business name)　商号权的一项

内容。商号作为区分同一经营项目的不同经营者的一种标志,可产生识别作用,因此商号成为商事主体商誉外在表现的一个载体,从而使商号具有一定的财产属性,可以成为转让的对象。各国立法对商号转让的规定有所不同：一种是采用绝对转让主义,即商号应与营业一并转让,或在营业终止时转让,商号转让后,转让人不再享有商号权,受让人成为新的商号权人,多数国家采取这种立法方式。另一种是采用相对转让主义,即商号可以与营业分离而单独转让,转让后,转让人和受让人都享有商号权,并且多个商事主体可使用同一个商号。由于相对转让主义容易造成商号使用及管理上的混乱,引起公众的误解,甚至造成转让人转嫁债务或与受让人恶意串通损害债权人利益的情况,因此,现代多数国家的商法规定,商号不得与营业分离而单独转让。我国立法上采取多数国家通行的做法,即商号应随企业一并转让,并且只能转让给一个企业,商号转让后,转让方不得再继续使用已转让的商号。

(於向平)

shang panlifa

商判例法(commercial case law) 法院或仲裁机构在处理商业纠纷活动中形成的判例。商法的渊源之一。商判例法在大陆法系和英美法系国家的地位不同。在英美法系国家,商判例法是商法最重要的渊源。19世纪末以前,英国商法基本上全是判例法。早期的商业纠纷主要由普通法院处理,普通法院的商判例是商法的主要渊源。14世纪中叶,英国设立衡平法院,商业纠纷主要改由衡平法院处理,当时的商法便主要表现为衡平法,即衡平法院形成的判例法。如1791年大法官伏拉斯巴勒在判例中写道："商法的基础在于公平原则,应遵守正义与公平所支配的衡平法准则。"1873年英国实行司法改革,普通法院与衡平法院合而为一,商判例法也就不再有普通法与衡平法之分,但商判例法仍是商法最基本的渊源。从19世纪末期,英国开始制定商成文法,相继制定了《票据法》、《货物买卖法》、《保险法》等一系列商事法律,商成文法的地位和作用得到加强。尽管如此,现代英国商法中,商判例法仍占有重要地位,是英国商法最重要的组成部分。美国与英国相似,商判例法是商法最重要的组成部分,商成文法是作为商判例法的补充而存在的。

在大陆法系国家,基于其成文法的法律传统,商判例法仅是作为成文法的补充,在商法中的地位次于商成文法和商习惯法,通常认为是介于商事习惯和法理之间的一种法律渊源。其功能主要有三：一是解释商事法规,二是确认商事习惯,三是明确商事法理。大陆法系国家商判例法的地位虽不及英美法国家商判例法的地位,但也是商法的渊源之一,对于商法的发展也具有重要作用。

(金福海)

shangpin daikuan

商品贷款(commodity loans) 也可称为商品周转贷款。商主体在经营过程中,由于用于购销商品之周转资金的不足,依据一定的程序,提供相应的经营证明文件、贷款使用计划和运用贷款效果的分析报告,向有关银行提出申请,并经银行批准而贷出之款项。商品贷款是商主体流动资金的重要组成部分,该项贷款只能运用于借贷者在向银行申请贷款时所提起并为银行所认可的商品经营活动中。申请商品贷款,有关银行要求商主体提供以近期商品流转计划和财务收支计划为依据而产生的商品流转实情、财务报告和市场预测资料,以备审核。商品贷款的审批实行"两签"或"三签"制度,即视其金额大小,由信贷员、科股长审批,或由信贷员、科股长、行长审批。商品贷款的数额一年一定,因申请此项贷款的商业企业的经营规模不同而有所不同,其利率也不同。商品贷款一般在银行批准的贷款指标内,实行进项贷款、销货还款的方法。贷款的发放和收回均统一通过企业在银行开立的"往来账户"进行核算。在签订贷款协议后,银行即依据协议将该商品贷款款项划入相应账户。商主体获得该项贷款后,即可在购入或运储商品时使用,商品售出后之回笼款项,也如数存入相应账户,用于下一轮商品资金的周转。由于这种贷款的目的是增加流动资金,实现周转,所以其数额一般比较小,且多为短期信用。续贷或增减额度与否,视前一年度贷款使用情况和使用效果,以及银行监督和审核结果而定。

(梁 鹏 刘剑华)

shangpin jingji

商品经济(commodity economy) 直接以交换为目的的,具有商品生产、商品交换和货币流通的经济形式。它同自然经济、产品经济相对应,是从社会生产的基本出发点或基本目的上,对至少一个国家的经济运行模式所作的类型划分。

在人类社会的早期,不论是狩猎,还是耕种,抑或是其他形式的生产活动,其基本出发点或基本目的都在于满足自身、部落或氏族的生活所需,即通常所说的自然经济阶段。第一次社会大分工使一些社会成员从游牧部落中分离出来,成为专门从事农业生产者,产品逐渐出现了剩余,于是人们便开始用剩余产品去交换本人、本部落或本氏族所没有或缺少的其他产品。这就是最原始的交换,它意味着商品交换成为可能。起初剩余产品的交换是在原始共同体之间通过各自的氏族首领进行的。但是,到了野蛮时期的高级阶段,发生了第二次社会大分工,这时就出现了直接以交换为目的的生产,即商品生产。人类社会进入了文明时代以后,出现了第三次社会大分工,创造出了一个不从事生产而只从事商品交换的阶级——商人,从而使商品经济得到了重大发展。

从商品经济的发展历史看,它的存在必须具备两个条件:一是社会分工,二是社会分工者之间存在各种不同的经济利益。没有社会分工,就没有生产各种不同产品的生产者,就不会产生交换。没有各分工者之间的不同经济利益,也不会产生交换,从而不会产生商品经济。

在商品经济发展的历史过程中,经历了简单商品经济、资本主义商品经济和社会主义商品经济三个阶段。简单商品经济存在于奴隶社会和封建社会中,其特点是商品生产者以生产资料私有制和个人劳动为基础,生产和出卖商品是为了重新购买其他商品,以满足自己的需要。资本主义商品经济不同于简单商品经济之处在于:生产和销售商品不是为了取得其他商品以满足自己的需要,而是为了取得剩余价值,即实现资本的增值。在传统的社会主义国家中,由于实行生产资料的国家所有,并在此基础上建立了高度中央集中的管理体制,限制了自由交换,因而在很大程度上否定和阻碍了商品经济的发展。但是,人们普遍认为社会主义经济仍然是商品经济,而且,随着改革实践的深入,这种商品经济看来将在排除资本主义私人垄断和国家垄断的基础上,形成和发展成为一种更高层次的商品经济。

从法律上说,商品经济具备以下特征或特点:

第一,私有财产的不可侵犯是商品经济制度赖以产生和存在的首要基础。这里所谓的私有财产,并非仅指个体权利人的私有财产,也包括任何依法成立的集体及政府与政府机构所有的财产。之所以称其为私有,指的是有关的财产为特定的法律主体所有。除经过必要的法律程序确定外,任何非所有人不能随意占有、使用、处分属于他人所有的财产,而且在没有正当理由的前提下,也不得从他人财产中受益。与此种私有财产相对应,凡不属于任何特定的法律主体所有,并可由任何法律主体随意占有、使用、处分或从中受益的财产则属于"公有"财产。如空气、空间以及国际公法上的公海、大洋海底与海底资源以及外层空间等。

第二,竞争机会的自由获得与公平分配是衡量商品经济制度是否已经建立起来的关键标准。20世纪30~40年代的中国上海,经济发展速度与发展规模都已经在一定程度上达到了西方国家的水平,但由于当时上海的繁荣是在官僚资本的作用之下暂时呈现出的一种现象,而从全国范围的经济发展状况看,中国的经济发展与西方国家相比还差得很远,社会上根本没有形成自由与平等的竞争机制。正因为如此,任何人都没有,也不会将20世纪30~40年代的中国视为商品经济国家。

第三,行为规范的透明与稳定是商品经济制度健康发展的必要条件。商品经济是在竞争推动下不断向前发展的一种经济制度。然而在现代社会,任何领域的竞争都不可能是绝对自由的,必须服从于一定的行为规范的制约与调整。为了使对经济发展有利的竞争能够在一种良好的氛围中有序地进行,从而不致成为整个社会运行与发展的障碍或破坏力,国家必须制定并适时调整供竞争者遵行的行为规范。

然而,制定行为规范本身并不是目的,最关键的问题还是要保证有关的行为规范能够得到遵守和执行。这就要求行为规范的制定者必须做到以下两点:一是要保证现行有效的行为规范的广泛公开,即具有合理的透明度,使每一个可能受到某种行为规范影响的竞争者,得以及时了解并掌握有关规范的内容,并按照规范的要求安排或调整自身的行为方式。二是要尽可能保证行为规范的稳定性。所谓稳定性,并非要求制定者保证行为规范的一成不变,只要求其在制定某种规范之前对可以预见的未来进行充分而合理的估计,从而制定出具有一定超前性,可在相对较长的时间内不致过时的规则与制度。在有关的行为规范被制定出来并投入实施后,应利用有效手段保证其得到真正的遵守,不应因某些社会因素的变化而任意变更、修改甚至废除。

第四,法律权威的维护是商品经济制度得以维持并能正常运转的最终保障。与人类社会发展的任何其他历史阶段相比,法制化应属商品经济时期最为突出的特征。在这一时期,由以代议制为基础而建立起来的立法机关通过严格的立法程序制定出来的法律,取代了封建制时期的君主令及其他由少数人拟定的规则、规约等,从而使发挥制约作用的行为规范具备了更加广泛的社会基础。此外,法制化还集中体现在以下几个方面:一是法律的制定与社会发展规律保持了最大限度的一致,不允许存在违反社会发展规律与自然规律的主观规条。这也是法制化得以实现的根本保证。二是法律规范的内容达到了无所不包的程度,一切社会活动及社会现象都将置于法律的制约与调整之下。社会上已不存在不受法律制约的人和事。三是法律面前人人平等,除为法律承认并保护的行业差别、职业差别、能力差别、资格差别等无法超越的客观与社会整体性主观差别外,所有法律主体在人格上都是平等的。这是自由与公平的商业竞争得以变成现实的前提。四是法律具备了绝对的权威。社会成员在其参与的各种活动中只遵守法律,而且只要其行为不违反法律,即不受任何形式的干涉与制止。

商品经济同市场经济、计划经济既有联系又有区别,计划和市场是配置资源的两种手段。市场经济是在商品生产和商品交换的基础上,依靠市场供求和价值规律来调节经济活动运行、配置和利用资源的一种经济形式。计划经济则是在商品生产和商品交换的基础上,政府以计划为主调节社会经济运行或对资源进行配置的一种经济形式。可见,市场经济和计划经济都是商品经济,只是资源配置的手段不同而已。

现代经济是知识经济,所谓知识经济是相对于传统的农业经济和工业经济而言的一种新型经济,它是以知识(智力)的占有、生产、配置和使用为基础的经济,是以知识(智力)为主要投入的新型经济,知识经济以知识(智力)作为商品进行交易,它并非超脱于商品经济的一种经济,而是商品经济发展的一个高级阶段。现时代的商品经济包括了知识经济。

商品经济的实质是市场交易经济,调整市场交易经济的法律规范是商法。 (唐广良 梁 鹏)

shangrenfa zhuyi

商人法主义(principle of law of merchant) 大陆法系近代商法采用的一种立法模式,是与"商行为法主义"相对的术语,也是一种商事立法指导思想。又称为"主观主义"或"商业法主义"。在大陆法系商法中,该主义首先规定明确的商人的概念和范围,然后依据商主体资格来确定商事行为以及商事关系范围。认为商事行为无非就是商人营业的基本行为,凡商人(商主体)所从事的活动均为商行为,由此发生的法律关系为商事关系,由商法进行规范调整。商人法主义盛行于中世纪欧洲各国的商人习惯法,法制史上称为"旧商法主义"。1807年《法国商法典》颁布后,欧洲各国多效仿该法而采取商行为法主义;德国自1900年新商法颁布后,重新采用了商人法主义,并以现代意义上的商概念作为商人概念的基础,形成有别于《法国商法典》的立法主义,学说上称之为"新商人法主义"。目前除德国以外,瑞士、奥地利、土耳其、瑞典、挪威、丹麦等国的商法也采用商人法主义。

该种立法思想注重从人的角度出发,思考整个商法的体系设置,不同的立法思想所指导的立法体系是完全不同的。在这样的立法体系中,首先对于商人的资格条件有许多限制和约束,虽然能够明确法律调整的对象,但是法律上往往将仅仅是职业上的限制演变为身份的区别,有危害人的自由之虞。 (唐广良)

shangshi

商事(commerce) 大陆法系近代商法的一个概念,认为商事是法律意义上的商业关系的概括。(1)作为"民事"的对称。其含义在民商合一制和民商分立制的国家有不同的理解。前者指以营利为目的,以及与此有关的一切行为,商事成为民事的一部分,并没有相对独立的概念和意义;后者指商人或与商人在商业上所为的法律行为。(2)关于法律上"商"的一切事项的总称。有广、狭义之分:广义上指有关商事的一切事项,如商业登记、商业组织、商业管理、商业会计、商业课税、商事合同、商事仲裁等均是;狭义上仅是指商事法上规定的,诸如商业登记、公司、票据、保险、海商等内容。

商事,可以从商事主体、商事行为、商事关系等几个方面进行理解。商事主体,又称为商人,包括商自然人和商法人。近代商法在不同的立法模式下,对商人的理解也有所不同。在商行为法主义的立法模式中,通过商行为来界定商人,凡是从事法律规定的商行为的人都是商人,具有商事主体资格,又称为法定商人,分为注册商人和任意商人。在商人法主义的立法模式中,法律首先规定商人的资格条件,如进行持续的营利行为、经过商业登记等。

商行为,亦称"商事行为"。近代商法一般认为商行为包括以下内容:(1) 固有商行为,又称买卖商行为,商事主体从事的买进或卖出货物的营利性行为。(2) 附属商行为,即直接服务于商品买卖活动的一些辅助性营业行为,如包装、修补、加工等行为。(3) 流通商行为,即为了实现商品的正常流转而发生于流通领域内的营业行为,如仓储、运输、承揽、金融、保险、担保、信托、票据、证券、行纪、租赁、广告、代理等行为。(4) 生产商行为,即直接以生产产品为目的而实施的各项生产营业行为,如产品加工制造行为等。现代商法则把以资本增值为目的的市场交易行为作为商行为。

商事关系,是指基于商事目的而产生的,受商法规范所调整的权利义务关系。各国关于商事关系的确定标准、规定各异,主要包括:(1) 客观标准,即以商行为为标准来确定商行为。(2) 主观标准,即以商人为标准来确定商事关系。(3) 折衷标准,即将商行为分为特定行为和一般行为,分别采用主、客观两个标准。

英美法系的民法概念力求贴近交易实践。如《美国统一商法典》第1—102条规定商法是"调整商业交易关系的法律",目的是为了"使调整商业交易的法律更加简洁、明确并适应现代要求"。 (唐广良 徐学鹿)

shangshi falü guanxi

商事法律关系(commercial relationships) 大陆法系近代商法认为,商事法律关系是商法所调整的特定范围的社会关系,即营利性主体从事营业行为所引起的社会经济关系以及与此相联系的社会关系的总和。但是,现代商法的调整对象为市场交易关系,商事法律关系将向市场交易关系演进。

商事法律关系由三个要素组成:(1) 商事法律关

系的主体,指在市场交易活动中依商法享受权利、承担义务的当事人,其基本形式是商自然人和商法人。商自然人包括个体商人、独资企业、合伙企业,是以个人为本位而产生的权利、义务关系的市场主体。商法人是达到一定规模,具备法定条件,经过法定程序设立,实施商行为的,具有独立人格的集合市场主体,主要形式是公司。(2)商事法律关系的客体,指市场交易主体双方权利义务所共同指向的对象。(3)商事法律关系的内容,指由商法规定的市场交易关系的主体所享有的权利和应承担的义务。

现代商事法律关系,包括现代商事组织关系和现代商事行为关系。现代商事组织关系包括:(1)制造商组织关系;(2)销售商组织关系;(3)运输商组织关系;(4)金融商组织关系;(5)保险商组织关系;(6)证券商组织关系;(7)广告商组织关系;(8)代理商组织关系等。现代商事行为关系包括:(1)销售商行为关系;(2)运输商行为关系;(3)保险商行为关系;(4)金融商行为关系;(5)证券商行为关系;(6)信托商行为关系;(7)担保商行为关系;(8)广告商行为关系;(9)代理商行为关系等。

(梁 鹏)

shangshi maimai

商事买卖(commercial sale;德 Handelskaut) 大陆法系近代商法认为,商事买卖是一种由至少一方从事着商行为的当事人所缔结的、关于动产或有价证券的买卖活动。在商事买卖中,至少一方当事人的买卖活动必须具有商事经营的性质。例如,一位学生在一家由商人开设的体育用品商店购买了一副网球拍,这一买卖属于商事买卖;相反,一位工厂主在休息期间向一位银行主购买了一副网球拍,这一买卖就不属于商事买卖,而属于民事买卖。商事买卖首先应适用商法规定,民事买卖则只能适用民法条款。

现代商品经济的发展,也推动了现代商法的发展,现代商法认为,商事买卖是资本经营具体的操作手段,是基本的市场行为。发达国家的商事买卖立法具有创新性的特点,主要表现在:(1)家庭人的买卖行为与商人之间的买卖行为相区别。简单商品生产法并不区分这两种买卖。(2)买卖法作为商法的主要法律制度之一,侧重于调整商人与商人之间的买卖。英国《货物买卖法》和《美国统一商法典》都有这样的规定。(3)家庭人与商人之间的买卖,适用商法的特别法。例如,可以把消费者权益保护法作为商法特别法。(4)买卖领域日益拓宽,不限于货物买卖,而且交易手段日益现代化。《美国统一商法典》所规范的买卖,除货物买卖(货物买卖限于动产)外,还有其他特种买卖,如不动产买卖、证券买卖、技术买卖等。乌拉圭回合《最后文件》将买卖从货物领域拓宽到服务和技术领域。

商事买卖可作不同的分类:(1)按商事买卖达成的形式可以分为口头形式的买卖和书面形式的买卖。口头形式的买卖是通过口头协议达成的买卖,适用于简单的、标的物价款数额比较小的买卖。书面形式的买卖是通过签订书面协议达成的买卖。(2)按商事买卖结算时间可以分为即时清结和非即时清结的买卖。即时清结的买卖是一手交钱、一手交货、钱货两清的买卖。非即时清结的买卖,即非通过一手交钱、一手交货方式进行的买卖。(3)按缔结买卖合同时标的物存在与否分为现货买卖和未来买卖。现货买卖是订立合同与出售货物同时完成的买卖。未来买卖是订立合同时约定的标的物尚不存在,卖方按约日后可获得销售标的的买卖。(4)按商事性质可分为普通买卖和特殊买卖。普通买卖是采取通常形式以普通商品为交易对象的买卖。普通商品是作为动产的货物。特殊买卖,包括以特殊商品为交易对象或采取特殊形式的各种买卖,它们要适用特殊买卖规则。特殊商品买卖,如不动产、有价证券、外汇、企业产权、知识产权等的买卖。特殊形式买卖,如信用买卖、拍卖、期货买卖、试用买卖、货样买卖等。(5)按商事买卖标的物交付地域分为国内买卖和国际买卖。

商事买卖必须采取合同的形式。

(关 涛 梁 鹏)

shangshi xingwei

商事行为(commercial act) 又称商行为,指以营利为目的从事商业经营的行为。商事行为是大陆法系近代商法中特有的概念,但大陆法系不同的国家对这一概念的理解是不同的。如《法国商法典》基于商行为法的立场,将商行为理解为任何主体以营利为目的而从事的商业行为,其商主体的概念是根据商行为来确定的。《德国商法典》第343条第1款规定,商行为是商人从事其商业经营的全部行为。可见,对于商行为的概念,《法国商法典》侧重于对行为内容的要求,《德国商法典》偏重于对行为主体的要求。大陆法系有的国家采取折衷主义的态度,对商行为概念的认定采取主观与客观双重标准,于是近代商法中的商行为既包括任何主体从事的营利性商业经营的客观商行为,也包括商主体从事的任何营业性活动,即主观商行为。例如《日本商法典》就规定,商行为是一系列交易活动的总称,其中不仅包括任何主体基于任何目的而从事的"绝对商行为",如证券交易与票据交易行为,而且包括商主体以营利为目的而从事的"营业性商行为",如商业买卖、商业承揽、商业服务、商业运送、商事代理与居间、商事保险等,还包括商人为其营业而进行的附属性商行为,其范围包括商主体为从事营业而进行的一切附属活动。现代商法认为,现代商行为是市场交易行为,其交易行为的演进包括四个阶段:(1)适应简单商品生产的家庭行为。(2)适应萌芽状态的资本经营行为。中世纪的商人习惯法规范了这种萌芽状态的资本经营行为。(3)直接以交换为目的的追求营利的商行为。近代商法中的商行为多为追求营利的商行为。(4)以资本和智力经营为特征的市场行为。现代商法的商行为是此种行为。

商行为的法律性质 大陆法系近代商法的理论界对商行为的法律性质,大致有三种看法,有认为商行为是法律行为的,也有认为商行为属事实行为的,还有学者认为商行为是法律行为与事实行为的总和。从商行为的概念分析,多数学者倾向于第三种观点。

商行为的形式和内容 现代商法认为,契约是商行为的基本形式,但契约所反映的交易关系的性质却有所不同,现代商法所规范的契约是反映资本和智力经营的现代契约。商事契约与非商事契约有着明确的区分,现代商行为的基本形式是现代商事契约,不包括非商事契约。现代商行为内容丰富多样,其主要内容最基本的是买卖,包括期货、融资租赁、信托、担保、票据、证券、保险、海商等内容。

商行为法律制度的特征 (1)商行为法律制度的规范建立在协议可以改变法律效力的基础上,具有宽松、任意性的特征;(2)商行为法律制度所规范的行为,其性质具有为卖而买的资本经营行为的特征;(3)商行为法律制度规范的行为,其活动空间具有大市场的特征;(4)商行为法律制度的形成具有交易习惯法律化的特征;(5)商行为法律制度的体系具有以市场交易自由为基础的特征;(6)商行为法律制度的体例具有实体与程序相结合、极富操作性的特征。

(梁 鹏 关 涛)

shang waiguan zhuyi

商外观主义(德 Rechtsscheinlehre) 又称"客观主义"、"商事外观原理"。在商事关系中,依据商事行为人的行为外观认定其效果意思的立法原则和学说。该原则由德国商法学者所首倡。根据该原则,商事交易行为人的行为意思应以其行为外观为根据,并适用法律推定规则,最具代表性的就是票据的严格文义性。在英美法中,主要是指禁止反言原则,即商事交易行为完成后,原则上不得撤销,适用"禁止反悔"规则,行为人公示事项与事实不符时,交易相对人可依外观公示主张权利。

商事外观主义着眼于对商交易行为的合理解释,目的在于保护不特定第三人的利益和社会交易安全。现代各国民商法中有关公司章程内容的规定,关于经理人或商事代理人权利的推定,关于票据文义性和要式性的规定,关于背书证明力的规定,关于登记不实的责任的规定,关于商号借用责任的规定,关于表见代理、代表、经理人的责任规定等均体现了这一立法原则的要求。

(唐广良)

shangwu daibiaochu

商务代表处(trade representative's office) 有时也称商务办事处,指一国派至另一国进行商务贸易联系的机关。在现代外交实践中,两国在正式建立外交关系前,有时先互设商务代表处以发展两国贸易,促进两国友好关系的发展。在许多国家,商务代表处已成为使馆的组成部分。商务代表处一般设有商务代表、副代表和其他工作人员,他们所享有的外交特权和豁免权待遇,一般按两国签订的有关协议和条约的规定处理。

(关 涛)

shangwu daili

商务代理(trade agent) 又称商事代理。代理人在代理权限内,以被代理人或以自己的名义同第三人进行商事行为,由此产生的后果由被代理人承担的商法制度。商务代理可分为商业使用人代理和代理商代理两种。前者是指经理、雇员的代理活动,而后者是指依法登记的商人利用自己的商号为其他商人办理商业事务。

商务代理不同于民事代理。首先,商务代理中的被代理人必须是商人,在代理商代理的情况下,代理人也必须是商人,而民事代理没有这种要求。其次,商务代理本身是实践商行为,只能通过有偿行为的形式进行,而民事代理不一定实施商行为,有时还可能实施无偿行为。再次,民事代理只能以被代理人的名义进行,而商务代理有时还可以自己的名义进行,如经纪人的代理活动。

代理人的权利主要有:取得报酬;要求委托人对进行代理事务所花费的费用给予补偿;当委托人不付报酬或不补偿费用时,扣押委托人的财产。代理人的义务有:亲自代理;不超越代理权限;不滥用代理权以损害委托人的利益;结清账目并通知委托人。商事代理是一种适应现代经济生活的法律制度,对发展社会主义市场经济具有重要作用。在市场经济条件下,单凭企业自身能力解决产销之间存在的时空矛盾必将受到许多限制,需要一批为需方寻找供方并沟通货源和劳务来源的商务代理人。在进出口贸易中,由于商务代理制度的介入和保障,企业可以放心地同对方进行交易。商务代理人一般都具有较高的专业水平和丰富的实践经验,通过他们办理有关业务,既可以避免各种不必要的损失,为企业提供一系列方便,又可以加快商品的流转。

(关 涛 梁 鹏)

shangwu dailiren
商务代理人(trade agency) 又称商务代办人。受被代理人的委托,以被代理人的名义实施商业行为的代理人。有广义和狭义的不同理解。狭义的商务代理人仅指代理商。代理商,是指非经理人、非商业使用人而受营业主的委托,在一定处所或一定区域内,以该委托人的名义,经常办理委托人的事务的代理人。代理商须为独立的商事主体,而非商事企业的雇员。代理商须是固定的经常性从事商务代理的职业代理人。广义上的商务代理人包括代理商和其他商务代理人。其他商务代理人,主要是指经理人、商业使用人等。经理人,是指企业的经理,享有管理本企业经营上的一切事务,对外代理本企业从事经营活动,参与本企业的诉讼活动的权利。商业使用人指商业企业中对外享有代理本企业从事营业事务权利的企业职员。经理人、商业使用人所实施的商务代理属于职务代理或业务代理,其代理权基于与企业所存在的委任或委任雇佣关系产生,代理权由法律规定,属法定代理,并由企业主或法定代理人以明示、直接的方式授予代理权。 (金福海)

shang xiguanfa
商习惯法(commercial customary law) 市场交易过程中形成的经国家法律认可的商业习惯。商法的渊源之一。早期的商法主要由商习惯构成。中世纪时期,地中海沿岸的一些城市商业贸易和海上运输业比较发达,在广泛的商业交往过程中,逐步形成了商业活动中的一些习惯规则。这些习惯规则最初由商人组成的一些社会团体根据商业活动的习惯,通过订立自治规则的形式表现出来,这些自治规则即是当时的商习惯法。这些商习惯法仅适用于商人团体内部,其解释和适用都由商人组成的商业法庭进行。商习惯法在中世纪时是调整商业关系的基本规则。中世纪末期,新兴的资产阶级要求制定统一的商法,以保护和发展自由贸易,早期的商习惯法便被逐步纳入资本主义国家的商事立法。在现代商法中,商习惯法在某些商业活动,特别是国际商业活动中仍然发挥重要作用,商习惯法作为商成文法的补充,是商法的渊源之一,商习惯法处于优先于商成文法适用的地位,《美国统一商法典》之所以成为现代商法的标志,依靠习惯、依靠协议是其精髓。该法典第1—102条规定:"使商业做法能够通过习惯、行业惯例和当事方的协议不断获得发展。"该规定对习惯、行业惯例、当事方协议所作的定位,准确地揭示了商法的本质,是法典始终具有生机和活力的源泉。
(金福海 徐学鹿 梁 鹏)

shang xingwei
商行为(commercial act) 参见商事行为条。

shang xingweifa zhuyi
商行为法主义(principle of law of commercial transact) 大陆法系近代商法采用的一种立法模式,是与"商人法主义"相对的术语,也是一种商事立法指导思想。又称"商行为主义"或"客观主义"。大陆法系商法中,该主义是首先在法律规定中明确商事行为的特征、范围等,然后依据商行为来确定商事关系范围的立法原则和学说。该立法主义强调商行为概念,不论是商人或是非商人,只要是基于法定商行为而形成的社会关系,均为商事关系,直接由商法调整;凡法定商行为以外的活动引起的社会关系则不属于商法调整。商法主体的活动均可构成商行为,也均可构成一般民事活动,并分别由不同法律调整。商行为法主义以行为性质而非主体资格作为确定商事关系范围的标准。1807年《法国商法典》率先确认了商行为概念,创商行为法主义立法例,此后为其他大陆法国家所效仿,故该立法主义又称"法国商法主义"。目前除法国外,卢森堡、西班牙、葡萄牙、希腊、埃及和南美拉丁语系各国的商法均采用商行为法主义。

该立法思想体现了资产阶级革命革除身份等级观的思想成果,其仅仅是从行为进行规范,一般由法律将各种商事行为明确列明,根据透明的规范进行范围确定,具有客观的立场。最关键的是其贯彻了私法自治的原则,而不从人的条件方面进行限制和约束。
(唐广良)

shangye
商业(commerce) 是一个多重含义的概念。首先,商业是指一种职业,是个人或组织进行商品买卖经营活动的统称。其次,商业是指一种国民经济部门,商业生产是与传统的农业、工业、服务业相并列的。商业与商品、商人是紧密联系的。商业是商品交换的一种方式,商品交换中产生了一个不从事生产而专门从事商品交换的群体——商人,商人的出现使商品交换成为专门的职业——商业。商业是在奴隶社会开始产生的,是商品生产发展的结果,是社会第三次大分工的结果。商品生产的发展使商品交换由物物交换转化到等价物交换,由直接交换转化到以商人为媒介的交换。这时商品流通的目的已经不再是满足自身的需求,而是实现货币增值。马克思认为,商业就是通过买和卖来交换商品,商业就是商品交换的发达形式。商业形成市场,市场的发展使商业的范围不断扩大。在商业产生时,首先是商人的产生造成了行业的独立,到后来商业发展中商业组织越来越成为市场主体,赚钱营利成为竞争和市场活动的根本动力,价值规律成为基本规律,等价交换成为基本原则。现在商业社会成为资本主义的代名词,韦伯把商业社会与资本主义的精神相联系。

商业越来越超过工业等的发展而成为民众的主要生活方式。在文明状态之中，每个人都是商人，而社会则是商业社会。

（唐广良）

shangye baoxian

商业保险（commercial insurance） 参见普通保险条。

shangye benpiao

商业本票（commercial bills） 银行本票的对称。银行以外的主体签发的本票。商业本票发行的主要目的是缓解资金周转困难。若发票人经济实力强、资信程度高，则其发行的本票就易于被人们接受，本票也会在实践中顺利流通。因此，商业本票的运行受发票人经济实力和信誉的影响。《中华人民共和国票据法》不承认商业本票。上海市人民政府1988年发布、1989年修正的《上海市票据暂行规定》中虽承认商业本票，但非国际上通行的商业本票，其中第4条规定："商业本票是指由企业、事业、机关、团体等单位签发的本票。"因此，个人被排除在商业本票的签发主体之外。商业本票的存在和发展与商品经济的发展、市场意识的强化以及商业道德的弘扬密切相关，它在我国的出现与发展也应为必然趋势。

（王小能）

shangye chengdui huipiao

商业承兑汇票（trade's acceptance bills） 商业汇票的一种。银行承兑汇票的对称。由收款人签发、经过付款人承兑或由付款人签发并承兑的票据。与典型意义的汇票不同，这种汇票只能是指己汇票或对己汇票，并且承兑是其必经的程序。

（王小能）

shangye daibiao

商业代表（commercial representative） 代表商主体为商行为的自然人或机构。商业代表以商人名义实施的行为即为该商人的行为。在对第三人的关系中，商业代表与商人同为一个主体，而不是两个主体。商业代表行为的法律后果由商主体承担，商主体与商业代表的内部约定不得对抗善意第三人，但商主体可在承担责任后依它与商业代表的约定追究其责任。依我国公司法的规定，公司的董事长为公司的法定代表人。公司董事长在其职权范围内的行为即为公司的行为，其对外实施的行为即为商业代表的行为。

（关 涛 梁 鹏）

shangye daili

商业代理（commercial agent） 代理商以委托人的名义或者以自己的名义，在委托人的授权范围内，与第三人进行的商行为，所产生的法律后果，直接或间接地由委托人承担。商业代理与民事代理的区别是：（1）商业代理中的委托人和代理人必须是商法人或商自然人。（2）商业代理人实施的代理行为必须是商行为，代理人亦称代理商。（3）商业代理包括直接代理和间接代理。代理商以委托人的名义与第三人进行的商行为产生的法律后果，直接由委托人承担的，称为直接代理。如代理商以委托人的名义与购货方签订合同，该合同的权利义务直接由委托人承受，代理商只收取报酬。代理商以自己名义与第三人从事的商行为，所产生的法律后果间接由委托人承担的，称为间接代理。（4）商业代理是有偿行为。（5）商业代理在民商分立的国家由商法调整。

（李仁玉 陈 敦）

shangye dailisuo

商业代理所（commercial agency） 代理商主体从事商行为的机构。其接受商主体的委托，为商人办理各项代理业务。代理业务一般为有偿代理，亦可与商主体约定为无偿代理，其法律调整一般适用商法关于代理制度的规定。

（关 涛 梁 鹏）

shangye daikuan

商业贷款（commercial loan） 广义的商业贷款泛指银行作为债权人将资金借贷给商主体的行为。商主体为从事市场经营活动，向银行提出融通资金的申请，经银行认可后，双方签订借贷协议，由银行将资金借贷于商主体，后者承诺于一定期限内向银行偿还本金和利息。商业贷款的对象是商主体，不仅包括商法人，而且还包括商合伙和商个人。贷款目的是为了从事市场交易行为。银行严格审批制度，实行"三查"，即贷前调查、贷时审查和贷后检查。商主体必须依约定的用途使用贷款。商业贷款的分类：（1）依贷款用途，分为投资贷款、周转贷款等，投资贷款中又可分为设备贷款、技术改造贷款、大修理贷款等。（2）依有无担保，分为担保贷款和信用贷款，前者由借款人为贷款提供担保，在不能清偿贷款时变卖担保物或由保证人清偿。后者是在借款人确具有良好信誉的情况下，不提供担保而取得贷款。（3）依偿还期限不同，分为定期贷款和活期贷款，定期贷款又可分为长期和短期贷款。（4）依贷款主体不同，分为单独贷款和共同贷款，在贷款数额较大时，可以由两个以上的银行共同给予贷款。

狭义的商业贷款专指银行为商业、服务业、企业提供的贷款。我国日常所说的商业贷款多为狭义的。

（梁 鹏 刘剑华）

shangye dengji

商业登记（commercial registration 或 business registration) 按商业登记法及有关法律之规定，由当事人将应登记的事项，向营业所在地的主管机关进行登记的行为。商业登记是在市场交易实践中的产物。商人为昭示其营业状况，规范市场秩序，自发地创造了商业登记制度。商业登记的初始形式是行政长官命令商人悬挂"招牌"。后来，市场交易的发展促使登记事项逐步完善起来，至今已成为各国通例。商业登记是赋予或取消商法人、商合伙和商自然人的商法主体资格的行为，目的在于通过国家对商主体的监管来保障交易安全。

商业登记的主管机关在大陆法系中诸如德、法及日本等国采司法监管原则，由法院主管。英美法系国家采用行政监管原则，即由行政机关主管。我国商业登记由行政机关负责，具体由中央及地方各级工商行政管理部门负责办理登记。商业登记主要包括创设登记、变更登记、更正登记、迁移登记、撤销登记等。按商法学说，登记机关对登记申请的审查方式可分为"形式审查主义"、"实质审查主义"和"折衷审查主义"。形式审查主义，指登记机关对申请登记之事项，仅从形式上审查其是否合法，至于登记事项的真伪，不作查实。此主义专重形式，但登记的事项难辨真伪，未免有背商业登记之精神。实质审查主义，即登记机关不仅审查形式是否合法，而且审查登记事项之真伪。凡登记之事项有证明其真伪的效力。但采此主义主管机关由于责任重大，往往过于慎重其事。审查时间过长，为其弊端。折衷审查主义，即登记机关有实质审查的权力，但不承担"经审查者必为真实"的责任。其登记事项的真伪，由执法机关据实裁定。我国有关登记之法律，主要采实质主义。

商业登记通常由申请、审查及注册登记三个阶段构成，对于特定事项，还应公告。商业登记的主要效力在于宣告登记事项的成立和存在，以及"商业"的组织、出资等既存的法律关系。学理上称此为公示效力。商业事项经登记及公告后，如因登记不实致使相信其为真实的第三人利益受损时，除非有法定事由，该商业组织不得否认已登记事项之存在。此即为商业登记的公信力。此外，商业登记还有一定的排他力。

（何 兵 梁 鹏）

shangye dengji de chexiao

商业登记的撤销（to cancel commercial registered matters） 登记机关应利害关系人的申请或依职权决定，对商业登记事项的一部或全部予以撤销的行为。撤销登记一般涉及以下事由：(1)登记失实。如《中华人民共和国公司法》规定，办理公司登记时虚报注册资本、提交虚假证明文件或采取其他欺诈手段隐瞒重要事实而取得公司登记的，如情节严重，撤销公司登记。(2)因营业行为违反国家法令、公共秩序或善良风俗被勒令停业。对被勒令停业的商业主体，登记机关应撤销其登记。(3)登记后在法定期限内未开始营业或营业后自行歇业达一定期限的，应予撤销登记。商业登记事项被撤销登记的，应以适当方式公告。

（何 兵）

shangye dengji de chengxu

商业登记的程序（proceeding of commercial registration） 商业登记的程序主要由申请登记、审查登记、核准登记、公告四阶段组成。(1)申请登记。申请登记应申明请求登记的事项，并应附具有关文件以供备查。登记申请一般分为设立登记申请，变更登记申请，更正登记申请，迁移登记申请和撤销登记申请。如法律规定商业的设立应经政府部门批准的，应在获得相应批文后，方得申请。(2)审查登记。受理登记申请的机关应对商业的登记申请进行审查，以鉴别真伪。按商法学说，对商业登记的审查，立法分采"形式审查主义"、"实质审查主义"和"折衷审查主义"。从我国现行立法而言，似采实质审查主义，登记机关有依法审查申请登记事项真伪之职权，具负实质审查的义务。即审查机关应对登记内容的真实性进行审查。登记机关未认真审查的，应承担相应的法律责任。例如，依我国《公司法》的规定：国务院授权的有关主管部门，对不符合本法规定条件的设立公司的申请予以批准，或者对不符合本法规定条件的股份发行的申请予以批准，情节严重的，对直接负责的主管人员和其他直接责任人员，依法给予行政处分。构成犯罪的，依法追究刑事责任。(3)核准登记。登记机关对于申请登记的事项经审查确认无误后核准予以登记。对于开业的登记申请经审查符合法律规定的，应核准其登记，同时应就商业的登记资料和其他有关资料建立企业登记档案。商主体在领取营业执照后，方可营业。(4)公告。商业事项经登记后，应及时公告。所谓公告，即是将登记的有关事项，通过报刊或其他途径公告周知。公告的作用有三：首先，使公众知悉商业企业的有关信息，利于交易；其次，如有登记不实之情事发生，通过公众监督便于及时发现；再次，可以保障第三人利益免受损害，保证交易安全。

（何 兵）

shangye dengji de jiguan

商业登记的机关（agency responsible for commercial registration） 负责商业登记的国家机关。各国在商业登记机关的规定上，大体分为司法监管和行政监管两种模式。大陆法系国家多采用司法监管的模式，商业登记事项(包括公司登记)均规定由法院主管。但德国法与法国法的规定也有不同，德国设有专门性的经济法院负责办理此类事宜。法国于1935年创设中央商业登记簿制度,要求关于商事公司的设立,法院在接受申请登记后的1个月内,应通知工商所有权局办理登记,其具体登记按事项之不同,分别由法院及行政机关负责。英美法系国家则采用行政监管制模式,对于商业登记由行政机关负责。我国基本上采用行政监管制。具体由工商行政管理机关负责。登记管辖为国家工商行政管理局,省、自治区、直辖市工商行政管理局,以及市、县工商行政管理局,上述各机关皆有权受理属其登记管辖范围内的申请。其管辖权限由法律具体规定。例如,属国务院授权投资的公司由国家工商行政管理局负责登记,属省、自治区、直辖市人民政府授权投资的公司由省、自治区、直辖市工商局负责登记等。

(何 兵)

shangye dengji de shixiang

商业登记的事项(matters of commercial registration) 商法典或商业登记法对商业登记事项一般都明确加以规定,不能多登记几项,也不能少登记一项或几项。违反者即使登记,这一登记也不发生效力。登记事项一般可分为绝对登记事项和相对登记事项。绝对登记事项是法律规定必须登记的内容;相对登记事项是在法定范围内,由当事人自己决定是否登记的内容。登记事项还可分为创立法律关系的登记事项和免责登记事项。创立法律关系的登记事项,如公司、企业的设立登记,经理人的选任等,属于生效要件,不登记不发生法律效力;免责登记事项登记后可以免除公司、企业、经理人、股东的责任,如企业的变更登记,按照变更登记后的记载承担责任,如果是注销登记则可完全免除责任。因此,免责登记事项属于对抗要件,不登记不能对抗第三人。

按我国有关法规,商业登记的内容主要有以下几项:(1)商业字号,即商号,是商业组织或商自然人用以营业的名称。商业字号应反映商业的处所和行业。商号一经登记,商号即代表商主体,主体即可用此名称进行商业活动。(2)住所,住所是商业组织的主要经济活动地点。(3)商业组织的负责人,即代表商业组织行使职权的负责人。(4)注册资本,指在商业登记机关登记的全体出资人的实缴出资额。注册资本一般应以人民币表示,并不得低于法定限额。出资的形式可以是现金、实物、工业产权、非专利技术等。(5)商业组织的类型。商业组织按不同标准,可作多种划分。我国目前以商业的经济性质为标准,主要分为国有、集体、个体、中外合资、中外合作、外商独资等。(6)经营范围,指商业组织从事经营的商品品种和项目,一般分为主营和兼营。学理认为对经营范围不应作过于严格的限制,以免压抑商业组织的经济活力。(7)经营方式,指商业组织从事经营的具体方式,如批发、零售、批发兼零售、经销、代销等。(8)股东。对于有限责任公司或股份有限公司,应登记公司发起人的姓名或名称。(9)其他。

(徐学鹿 何 兵)

shangye dengji de xiaoli

商业登记的效力(validity of commercial registration) 商法学说一般认为商业登记具有以下效力。(1)公示效力。学理认为,对于商业上应登记的事项,如没有登记,则不得对抗善意第三人。商业登记的主要效力在于向外界宣告登记事项业已存在并成立,同时公示该商业的组织状况、资本状况等。对于公示效力,立法上有消极的公示主义和积极的公示主义之分。按积极的公示主义,商业上事项在登记以及公告后,对于第三人,无论是善意或恶意,均可对抗之,除非第三人因为不可抗力或有正当理由对登记事项还不知道。按消极的公示主义,凡商业登记必须进行公告,在登记以后公告以前,只能对抗恶意第三人。(2)公信力。学理认为,按公平原则,商业上的事项经登记和公告后如发生失实,对于相信其登记事项为真实的第三人,如利益受损则应予以保护。商业主体自身受登记公信力的约束,不得否认已登记事项的存在。(3)排他效力。经商业登记的商号名称及有关事项,具有排除他人重复登记的效力。如我国有关登记的法规规定,在一定区域内,商业主体不得使用同行业已登记的名称。(4)生效要件的效力。按商业特别法的有关规定,商业的特定事项如未经登记,则不生效或不成立。《中华人民共和国公司登记管理条例》规定:公司经公司登记机关依法核准登记,领取《企业法人营业执照》,方取得企业法人资格。自本条例施行之日起设立公司,未经公司登记机关核准登记的,不得以公司名义从事经营活动。

(何 兵)

shangye dengji de zuoyong

商业登记的作用(functions of commercial registration) 商业登记对于登记者的作用在于通过登记,取得相应的商业主体资格,从而获得合法经营权。其登记的事项,除虚伪不实之外,可以依法进行,并据以对抗第三人。如我国《公司登记管理条例》第3条规定:"公司经公司登记机关依法核准登记,领取《企业法人营业执照》,方取得企业法人资格。自本条例施行之日起设立公司,未经公司登记机关核准登记的,不得以公司名义从事经营活动。"对于第三人来说,商业登记可以使交易的对方了解商业经营者的经营范围、资本情况等,从而有选择地进行交易,保障交易安全。国家商业登记机关通过商业登记,对商业主体实施监管,维护交易秩序。登记机关通过对商业企业的开办、歇业、合并、分立、转业、迁移的核准登记以及企业登记统计分析,宏观掌握社会总体商业企业产数、人数、资金、行业结构、网点结构等经济指标,并通过对这些指标的分析,反映社会经济构成,为国家制定商业法规、政策提供依据。商业登记是国家宏观调控商业的一种手段,旨在防止商业盲目发展,实现商业资源的合理配置。

(何 兵)

shangye dengjifa

商业登记法(law of commercial registration) 规范商业登记行为,确定商业登记内容和程序的法律。商业登记法理论上有形式意义的商业登记法和实质意义的商业登记法之分。前者指以商业登记命名的专门法律。后者指调整和规范商业登记行为的法律规范的总称,它不仅包括以商业登记命名的法律,而且包括公司法、金融法以及其他有关的法律法规及法律解释中有关商业登记的规范。我国至今尚未制定一部统一的商业登记法,亦即没有形式意义上的商业登记法,但有实质意义上的商业登记法。有关商业登记行为主要由以下法律法规予以规范:《工商企业登记管理条例》、《企业法人登记管理条例》、《公司登记管理条例》、《中外合资经营企业登记管理办法》、《经济联合组织登记管理暂行办法》、《工商企业名称登记管理暂行规则》等。由于商业登记法对于维护经济秩序、保障交易安全具有重要意义,故现代国家皆将商业登记法作为商法的特别法律制度之一。

(何 兵)

shangye dengjifa de lishi

商业登记法的历史(the evolution of commercial registration laws) 商业登记是商人市场交易实践的产物。在市场交易实践中,产生了昭示其进行经营的需要,同时也为了国家管理商业更加方便,商人自发地创造了商业登记。后来,国家对商业的干预逐渐增强,行政长官责令商店必须悬挂招牌,以表示商店正式开业,并成为商人用来公示其营业状况的方式。至于定型的商业登记制度,一般认为始于中古时代意大利商人组合的组合员名簿。当时要取得商人资格,须将商业组合员的姓名、营业牌号、商业使用人及学徒等,登记于簿册。至13世纪,对于经理人的权限、公司名称及有关内容,要求必须在专门的登记簿上登记,该项登记具有一定的公证效力。有关登记的正式立法,以德国为最先。1861年,德国颁行的商法法典中,已规定在地方法院设置商业登记簿,办理一般商业登记。此后欧洲各国及日本先后仿效作类似规定。1867年所颁行的法国商法典中,对商业登记未作规定。1919年3月11日,法国另颁行的特别法即商业登记法规定,在地方商事法院或民事法院设置"地方商业登记簿",由书记在院长监督之下管理之。1935年10月30日,法国又急令设置"中央商业登记簿",要求法院书记在受理登记后1个月内,另将原申请书复印件1份,移送全国性的工商所有权局。日本在明治三十二年三月颁布的商法中,对商业登记予以规定,要求商业营业所所在地的法院,设置商业登记簿,办理登记。

我国早在两汉时期,官府为加强市场管理,规定凡利用官府设置的房舍店铺或空地货场的商人,都必须到市政官府登记,列入市籍,才能在市内定居和营业。但因为我国历来重农轻商,商业未能发展,商业登记法一直未能成型。迟至清光绪二十九年十二月五日,始在大清商人通例中,有商业注册的规定。中华民国时期南京国民政府于1927年8月12日通令商人通例,暂准沿用,并于1928年12月10日颁行商业注册暂行规则,民国1937年6月28日始正式制定商业登记法。

中华人民共和国成立后,政务院于1950年颁布《私营企业暂行条例》,要求对私营工商业进行登记管理。1963年国务院发布《工商企业登记管理试行办法》,对所有企业和个体工商业户进行清理整顿、登记发证。"文化大革命"期间,工商企业登记管理工作中断。1978年国务院发出《关于成立工商行政管理总局的通知》,要求对工商业进行登记管理。1982年7月7日,国务院通过了《工商企业登记管理条例》,这是建国以来第一个比较完善的有关商业登记的法律。1994年6月24日国务院发布《中华人民共和国公司登记管理条例》,规范公司的登记行为。 (何 兵 梁 鹏)

shangye dengjifa de texing

商业登记法的特性(characteristics of business/commercial registration law) 商业登记法具有以下特性:第一,商事登记法具有公法的性质。商事登记法以商业登记关系作为调整对象,而商业登记关系,指在办理商业登记过程中,商主体与商业登记机关因商业登记行为而发生的社会关系,这种关系不同于商主体之间所发生的商业交易关系,它具有行政关系的特性,因而商业登记法具有公法的特性。第二,商业登记法属于商法的组成部分。商业登记法虽具有公法的性质,但其规范的是商业登记行为,其主要目的在于确立商业主体从事商事交易的资格,保证商事交易的安全和便捷,同时,商业登记行为本身是创设和确立商事法律关系的基本要素,因而它属于商法体系中的重要部分。在有商法典的国家,商业登记法是商法的特别法。

(金福海)

shangye dengji shixiang de qingqiuquan

商业登记事项的请求权(claims to commercial registration) 商业登记的主旨在于使人们知悉商业上的

有关事项,以便利和保障商业行为。因此,有关商业登记的法规赋予商业负责人或利害关系人,对于商业上登记的事项有以下请求权:(1)请求发给证明书的权利。即商业负责人或利害关系人有权请求登记机关就已登记的事项发给证明书。如该事项未经登记,发给该事项未登记的证明书。(2)请求抄阅登记簿及其附属文件的权利。商业负责人或利害关系人,有权请求登记机关准于查阅或抄录。但复制登记簿及其附属文件,应说明理由,否则登记机关有权拒绝。 (何 兵)

shangyefa

商业法(business law, commercial law) 调整商业关系的法律规范的总称。其中所谓的商业,仅指直接沟通生产者与消费者之间联系的买卖业和部分营利性服务活动,与经济学中通常使用的商业含义相同,不包括第一产业、第二产业以及第三产业中的银行、保险、信托、货物运输、仓储保管等活动。简言之,商业即指直接媒介商品流转的营业活动。

商业法的调整对象 商业法调整的对象,即商业法调整的社会关系,一般包括商业管理关系、商业经营关系和商业组织内部关系。商业管理关系,是指国家对商业活动进行管理的过程中与商业组织之间发生的社会关系,这是一种不平等主体之间的社会关系,具有命令与服从的性质。商业经营关系,是指商业组织在媒介商品流通过程中,与其他商业组织、商品生产者、消费者之间所发生的社会关系,这是一种平等主体之间的商品交换关系,是商业法调整对象的重要组成部分。商业组织内部关系,是指商业组织内部各机构相互之间的分工协作关系。

商业法的基本原则 商业法的基本原则,概括而言主要有三个:加强国家对商业活动的宏观管理原则、保证商业组织自主经营的原则以及维护消费者利益的原则。加强国家对商业活动的宏观管理原则,是指国家为了经济的繁荣与稳定,充分发挥商业促进生产、引导消费的作用,必须对商业活动进行必要的宏观指导与管理,而不能任由商业组织完全自发地、盲目地行事。保证商业组织自主经营的原则,是指在微观上要赋予商业组织以自主经营权,让商业组织按照市场的要求和国家的宏观指导政策,自主从事商品流通和竞争活动。商业组织是商业活动的主体,只有赋予其充分的自主权,商业组织才能真正发挥其媒介商品流通、促进生产、引导消费的作用。维护消费者利益的原则,是指商业组织在媒介商品流通过程中,要根据消费者的需要,为其提供合格的商品与服务,不得损害消费者利益。商业组织作为商品流转的媒介,其生存依赖于消费者,维护消费者的利益在本质上就是维护自己的利益、维护商业的稳定与繁荣。关于商业法的基本原则,除上述三个原则之外,有的学者认为还应包括:自愿让渡原则、等价交换原则、市场与生产双兼顾原则等。

商业法的内容 商业法应包括哪些内容,法律无明确规定,学理认识也不一致。一般认为,我国商业法应包括以下内容:(1)有关买卖业的法律规定。买卖业,即从事商品购销活动的行业。(2)有关饮食服务行业的法律规定。饮食服务业,指从事食宿服务活动的行业,如饭店、旅店业等。(3)承揽和加工业的法律规定。承揽加工业,指从事来料加工等行为的行业。(4)代办托运业的法律规定。代办托运业,指代他人承办货物托运的行业。(5)居间业的法律规定。居间业,指介绍撮合他人之间进行商业交易的行业。(6)行纪业的法律规定。行纪业,指以自己的名义代他人购销、寄售物品的行业。(7)拍卖业的法律规定。拍卖业,指拍卖物品的行业。(8)咨询业的法律规定。咨询业,指为他人提供商业咨询服务的行业。(9)仓储保管业的法律规定。仓储保管业,指为他人储存保管物品的行业。(10)出租业的法律规定。出租业即为他人提供出租物品的行业。(11)其他商业行业的法律规定。其他商业行业,指除第一、第二产业和上述各行业之外的其他营利性行业。商业法是一个较为陈旧的概念,它的诸多规定应为商法或经济法的内容。
(金福海 梁 鹏)

shangye hehuo

商业合伙(commercial partnership) 民事合伙的对称,又叫商事合伙,大陆法系国家合伙分类的一种。根据商法设立的从事营利性活动的合伙企业,以合伙组织的形式存在。与民事合伙相比,有以下特点:(1)受商法调整;(2)合伙人是商人,以营利为目的;(3)有自己的组织和商号,并以此进行商业登记;(4)以合伙组织的名义从事商业活动。大陆法系国家一般于民法之外,有单独的合伙企业法对商事合伙进行规范。我国《合伙企业法》所规定的合伙属于商业合伙。 (张玉敏)

shangye huipiao

商业汇票(commercial draft, merchant bill) 我国大陆特有的一种汇票。银行汇票的对称,是银行以外的法人团体签发的汇票。根据1997年中国人民银行制定的《支付结算办法》的规定,商业汇票是指由收款人或付款人(或承兑申请人)签发,由承兑人承兑,并于到期日向收款人或被背书人支付款项的票据。它又可分为商业承兑汇票和银行承兑汇票。商业承兑汇票是指由收款人签发、经过付款人承兑或由付款人签发并承兑的票据。与典型意义的汇票不同,这种汇票只能是指己汇票或对己汇票,并且承兑是其必经的程序。银行承兑汇票是指由收款人或承兑申请人签发,并由承兑申请人向开户银行申请,经银行审查同意承兑的票据。与典型意义上的汇票不同,这种汇票必须进行承兑并且只能由银行承兑。商业汇票的主要功能在于结算。《中华人民共和国票据法》也规定了商业汇票,但是并未规定商业汇票的含义,也没有规定它是否还要分为银行承兑汇票和商业承兑汇票。学者对现行《票据法》的这一规定多持批评态度。我国票据法将汇票限于银行汇票和商业汇票,从而排除了自然人对汇票的使用,大大缩小了汇票的使用范围,限制了汇票作用的发挥,学者对此多持批评态度。我国《票据法》规定的银行汇票是否仍沿用《支付结算办法》中关于银行汇票的定义,以及是否有新的含义,学者看法不一。

(王小能)

shangye mingcheng

商业名称(business name) 又称商号(business firm)。商事主体在从事商业活动时所使用的名称。在商事活动中,无论是自然人、合伙组织或公司、企业,都必须具有自己的商业名称,以区别于同一经营、服务项目的不同经营者。商业名称与商事主体相联系而存在,自然人在从事商事活动时应以自己的商业名称来标明自己在营业上的活动。自然人原有的姓名,因其代表该自然人在营业外各方面的活动(包括各种非商业活动),所以,自然人在营业时,往往另立一个商业名称来标明其营业上的活动。合伙组织在从事商事活动时,因其具有相对独立的团体性质,因此,合伙组织要有一个商业名称(字号),以代表各合伙人在营业上的活动。具有法人资格的公司、企业在营业活动中所使用的商业名称,即为该法人的名称。

各国法律中对于调整商业名称一般没有系统规定,而是在不同的法律中分别予以规定。有关公司、合伙的商业名称,一般由公司法或合伙法加以规定。而商业名称的基本规则,在大陆法系是规定在民法典或商法典中,也有些国家在工业产权法或反不正当竞争法中规定商业名称。还有少数国家,如瑞典,有专门的商业名称立法。我国关于商业名称的法律规定,散见于不同的法律和行政法规中,如企业名称登记管理规定、企业法人登记管理条例、公司登记管理条例等。

商业名称作为商事主体在营业上所使用的名称,具有以下法律特征:

第一,商业名称是商事主体在营业上表现自身的名称。商业名称最主要的作用就是在商事活动中明确表示它等同于它的主体——特定的商品生产者、经营者。商业名称是商事主体营业本身的标志,只能由文字构成。它与商标不同,商标是商品生产者、经营者用以表明自己的商品与他人的同种类商品相区别的一种独特标识,通常由文字、图形或其组合构成,它是某一特定商品的标志。商业名称与商标两者在性质上是完全不同的。但是由于某些商事主体的商业名称的文字组成特别显著,具有可识别性,因此,一些商事主体也可用自己的商业名称作为自己商品的商标进行注册,如美国的可口可乐公司。这时该商业名称同时又是该商事主体的产品的商标,受到双重的保护。

商业名称与商业招牌也有区别。商业招牌是商事主体挂在自己营业所门前作为标志的牌子,具有表示商事主体住所和宣示商事主体的作用。一般情况下,商业招牌所用的文字与商业名称是一致的,但有时商事主体不用商业名称作招牌,而使用其他文字、符号或图案。

第二,商业名称是商事主体营业上的名称,即商事主体在商事活动中用以署名或让其代理人使用,与他人进行交易时所用的名称。但在营业之外,不应使用其商业名称,特别是商自然人用自己的姓名作商业名称时,应当添加其他字样,以示区别。若商事主体许诺他人使用自己的商业名称进行营业,包括明知他人使用时而不加制止(即所谓名义出借),从维护交易的安全和秩序出发,依据诚实信用原则,该商事主体应对他人使用该商业名称进行交易所产生的一切债务负连带责任。

商业名称是商事主体营业的标志,它表示了商事主体营业的统一性、独立性和继续性。营业是营业的经营者、营业的财产、营业的商誉等各种要素相互结合的有机整体。商业名称即被用以表示上述营业诸要素相互结合的一个有机整体。同一商业名称的长期继续使用,会给经营者带来信誉,起到维系、吸引和扩大顾客的作用。一个长期使用的商业名称,本身即具有财产价值,是一种无形财产。各国法律都允许商业名称的转让。通常商业名称是与营业同时转让的,但也有些国家允许商业名称单独转让。

大多数国家都规定商业名称必须登记注册,这一方面可使他人了解该商事主体的商业名称,以便与其交易,另一方面,经登记注册的商业名称便取得商业名称权,受到法律的保护。参见商业名称权条。

(於向平)

shangye mingcheng de dengji

商业名称的登记(registration of business name) 将商业名称在法定登记机关登记注册的行为。因为商业名称是商事主体进行商事活动的名称,是商事主体信用的标志,大多数国家都规定商业名称必须登记注册。商业名称进行登记可以保护商事主体的商业信誉不受损害,防止他人使用该商业名称进行不正当竞争。商业名称登记一般应与商事主体成立的登记注册同时进行,商事主体的成立登记中即包含着商业名称的登记。商业名称登记是商业登记的法定事项,不可缺少。商业名称非经登记,不受法律保护。

依其登记原因和目的的不同,可将商业名称登记分为以下几种情况:(1)商业名称创设登记,即商事主体营业创立时对商业名称的登记。(2)商业名称变更登记。商事主体在营业继续中,变更原登记商业名称的全部或一部,应及时向登记机关办理变更登记,并应公告,否则不得对抗善意第三人。(3)商业名称转让登记。商业名称权具有无形财产权的性质,因此,商业名称可以依权利人的意愿,通过法律行为进行转让,一般是与营业一起转让,或在营业终止后单独转让。有些国家允许商业名称与营业分离后单独转让。商业名称的转让,必须及时向登记机关办理转让登记,并应公告,否则不得对抗善意第三人。(4)商业名称注销登记。商事主体终止营业后废止商业名称时,应及时向登记机关办理注销登记。非经登记,不得对抗善意第三人。(5)商业名称撤销登记。当某些法定事由发生时,主管机关可依职权撤销商事主体的营业登记,此时商业名称得一并予以撤销,并依法进行登记。(6)商业名称继承登记。商自然人或私营企业业主死亡,由其继承人依法继承其营业时,应依继承事由,申请继承登记。因商业名称随营业一起被继承,继承登记中也包括商业名称的继承登记。

商业名称一经登记,商事主体即取得商业名称权,并发生以下法律效力:第一,排他效力。即商业名称经登记以后,具有排斥他人使用同一或类似的商业名称的效力。第二,救济效力。商业名称一经登记,商事主体即取得该商业名称的专用权。若在同一地区,有他人使用与已登记的商业名称相同或相类似的商业名称,经营同样的业务,法律上应推定其为不正当竞争。该商业名称专用权被侵害的人,得请求侵害者停止使用。如有损害,得请求侵害者予以赔偿。 (於向平)

shangye mingcheng de qiyuan
商业名称的起源(origin of business name) 在我国古代,有"字号"的称谓。古代的商人们(多为家庭经营、合伙经营)为使自己的店铺与他人的店铺相互区别,并建立起自己的信誉和影响,往往给店铺起字号,用以表示自己的店铺。在我国,字号的称谓一直延续至今。现代商事主体的字号即属于商业名称。但通常认为,现代意义上的商业名称是起源于中世纪的地中海沿岸,是随近现代商法的产生而产生和发展起来的。中世纪的意大利及地中海沿岸城市商业繁荣,商业组织也较发达。这些商业组织大部分起源于家族共同经营的商业团体,以后逐渐成为资本的结合,成员负无限责任。此即近代无限公司的前身。另一种商业组织为

康美达,依据契约,由出资人与经营人共同经营事业,获利后按契约约定进行分配。这是近代两合公司的前身。由于商业的繁荣以及商业组织的发达,各商业组织为了区别于同一经营项目的不同经营者,便将商业组织中若干股东的姓名合在一起,作为该商业组织参与商业活动时的名称,这便是现代商业名称的雏形。随着欧洲中世纪商法的演化,公司的出现,近代商法的产生,商业名称制度逐渐建立起来,并进而形成了现代商业名称的有关制度。 (於向平)

shangye mingcheng de xingzhi
商业名称的性质(nature of the business name) 即商业名称权的性质。理论上对此有不同的见解:一是认为商业名称权属于人格权;二是认为商业名称权属于财产权;三是认为商业名称权兼具人格权和财产权的性质。一般认为第三种见解较为合理。商业名称权是商事主体表示自己名称所生之权,和自然人的姓名权有同样的性质,因而商业名称权具有人格权的属性。同时,商业名称作为商事主体的名称,也代表商事主体拥有从事营业所具有的有形财产,以及营业过程中所建立的商业信誉等无形资产,因而,商业名称权也具有财产权的性质。另外,从各国的法律规定看,允许商业名称在一定条件下转让,说明各国法律认可商业名称具有财产权的性质,若单纯为人格权,则人格权具有不可转让性,商业名称应为不可转让的权利,这显然与各国立法之实践不符。同时,大多数国家对商业名称权的转让又有严格的限制,商业名称的转让须与营业同时转让,或在营业废止后转让,不允许单独转让。这种限制主要也是基于商业名称权具有人格权的性质,而非单纯的财产权,因而不能与一般财产权一样采取自由转让的原则。因此,关于商业名称的性质,应采兼具人格权和财产权属性的见解。 (金福海)

shangye mingcheng de xuanding
商业名称的选定(determination of business name) 又称商号的选定。商事主体在商业活动中必须以其商业名称从事营业,因此,每一商事主体在成立时,必须确定自己的商业名称,并进行必要的登记注册,此即商业名称的选定。

商业名称的选定一般采用两种不同的原则。一是商业名称真实原则,即对于选定商业名称,在法律上加以严格限制。如商自然人以姓名作商业名称必须使用该自然人的真实姓名,商业名称中涉及的营业种类及范围必须名实相符,而不能使用足以使第三人对此产生误解的字样。德国、法国、瑞士等国采用真实原则。二是商业名称自由原则,即商法在原则上允许商事主体自由选择商业名称,而不论该名称与商事主体的真

实姓名是否相符,或与商事主体的营业种类是否有关。但这种自由也不是绝对的。采用这一原则的国家,对这种自由选择一般都有一些限制,如非公司的商事主体在其商业名称中不得使用"公司"字样;公司作为商事主体,其选择商业名称时要按照公司的种类,如有限公司、股份有限公司、无限公司、两合公司等;禁止使用出于不正当目的而使人们误解为他人营业的商业名称。英美法系国家及日本等国采用商业名称自由原则。

我国法律对商业名称的选定也采用自由原则,但对商业名称的选定也有一定限制。首先,选定的商业名称不得与主管机关辖区内已经登记注册的同行业的商业名称相同或相似。其次,选定的商业名称中不得含有下列内容和文字:(1) 有损于国家、社会公共利益的;(2) 可能对公众造成欺骗或者误解的;(3) 外国国家(地区)名称,国际组织名称;(4) 政党名称、党政机关名称、群众组织名称、国际组织名称及部队番号;(5) 汉语拼音字母(外文中使用的除外)、数字;(6) 其他法律、行政法规禁止的内容和文字。第三,商业名称必须标明其组织形式和性质,如"集团公司"、"有限责任公司"、"股份有限公司"等,以便使他人明了商事主体的性质和信用。 (於向平)

shangye mingchengquan

商业名称权(right of business name) 又称为商号权或商号专用权。商业名称经过登记注册,商事主体对其商业名称所享有的专有权利。因为商业名称在商事活动中明确代表特定的商事主体,具有从第三人看来不会与他人的营业相混淆的机能。某一商事主体长期使用同一商业名称,且信誉良好,该商业名称就会得到人们的广泛信任,起到维持商业关系和扩大顾客的作用。法律着眼于商业名称的这种社会经济价值,将其作为一种权利加以保护,这就是商业名称权。商业名称权为特定商事主体所专有的权利,其他商事主体不得使用该名称。因此,商业名称权是一种绝对权、对世权。

关于商业名称权的性质存在着不同的学说。第一种学说认为,商业名称是商事主体在商事活动中用以标明自己身份所用的名称,它与商事主体紧密相连,不可分离,同自然人的姓名权和法人的名称权一样,因此,从性质上说,商业名称权是商事主体的人格权。第二种学说认为,商业名称虽然是商事主体在商事活动中所用的名称,与商事主体有密切联系,但商业名称在经登记后,即由商事主体取得其专用权,而此时商业名称可成为转让或继承的客体,属于无形财产的一种,而不能将其作为人格权,因为人格权与主体是不可分离的,是不能转让和继承的。因此,商业名称权是一种财产权。第三种学说认为,商业名称权兼有人身权和财产权两种属性。一方面,作为人身权,商业名称与商事主体是紧密联系的,是商事主体在商事活动中具有独立人格所必需的权利,具有姓名权、名称权的排他效力,是专有权。商业名称不可能脱离商事主体而存在,只有当该商事主体存在时,其商业名称才能存在,才有意义。而当商事主体因终止营业、撤销等原因不存在时,其商业名称也无意义,商业名称权即不存在。因此,商业名称权具有人身权性质。另一方面,商业名称也可以与企业的其他财产一样转让、继承,同样具有财产价值。有些国家规定商业名称可以抵押(如法国),还有些国家规定,商业名称可以单独转让,从这个意义上说,商业名称权又具有财产权的性质。目前,多数学者对商业名称权的性质采用第三种学说。

商业名称权与商标权虽然都属于绝对权、专有权,而且二者在商事主体的经营中,都有可能给经营者带来一定的信誉和经济效益,但二者还是有一定区别的。首先,二者的性质不同。商标权是一种知识产权,并且商标权原则上不具有人身权的性质;而商业名称权兼具财产权和人身权的属性。其次,期限不同。商标权作为一种知识产权,各国法律都对其规定一定的期限(如我国商标法规定注册商标的有效期为 10 年),而商业名称权则没有期限的限制,它与其所依存的商事主体同时存在。第三,效力范围不同。商标权作为知识产权,其效力及于全国,并可依国际公约的规定,在缔约国内产生效力;而商业名称权的效力则只限于一国之内一定的区域。

商业名称权具有如下法律特征:第一,权利的取得须经法律规定的登记注册程序。大多数国家规定,商业名称必须经过登记注册,商事主体方可取得商业名称权,并受到法律的保护,否则,商业名称不受法律保护。而且,英国法律规定,商业名称未经登记者所订立的合同不能强制执行。也有少数国家(如日本)规定,商业名称权的取得不以登记注册为必要条件,但经登记注册的商业名称,对它的法律保护将加强。第二,商业名称权具有排他性。取得商业名称权的商事主体对其商业名称享有专有权。基于专有权,权利人得排斥、禁止他人登记、使用与权利人已登记、注册的商业名称相同或类似的商业名称。第三,商业名称权具有公开性。商业名称必须经登记注册,为社会所周知。商事主体的牌匾、印鉴、账户、文件、报表以及所订立的合同、所开出的票据、票证等,都应公开载明自己的商业名称,不得故意隐瞒或使用其他商业名称。第四,商业名称权具有地域性。商业名称权不同于其他绝对权。商业名称权仅在一国的一定区域内有效,其排他效力不及于国内其他区域或其他国家。第五,商业名称权具有可转让性。商业名称权具有财产权的性质。各国法律规定商业名称权可依权利人的意愿转移,也可以继承。但对于商业名称权能否单独转让,各国法律规定不同。大多数国家法律规定,商业名称不能单独转让,只能与营业一起转让或在终止营业后转让。少数国家,如法国,允许商业名称单独转让。

商业名称权的内容主要包括两个方面。一是商业名称使用权,即商事主体有权使用自己的商业名称。他人不得干涉或妨害。二是商业名称专用权,即商业名称只能由对此进行登记注册的商事主体使用,任何人未经许可不得登记、使用与该商业名称相同或相类似的商业名称,否则,即构成侵权,商业名称权人有权请求停止侵害,赔偿损失。 (於向平)

shangye piaoju daishou tongyi guize
《商业票据代收统一规则》(Uniform Rules for the Collection of Commercial Paper) 1976年由国际商会理事会修订。第二次世界大战后,统一国际票据法的工作仍未停止。除专门从事立法的国际组织进行的努力外,国际商会理事会为解决银行与顾客之间由于银行术语的差异及银行实务的分歧而可能遇到的复杂问题,于1956年草拟了《商业票据代收统一规则》。1967年,又对此《规则》进行了修订,并建议各银行尽可能于1968年1月1日起施行。此《规则》没有法的效力,仅供国际银行业共同遵守,但经过多年的实施已在国际间票据流通和使用中取得了习惯适用的地位,对国际贸易的发展起到了促进和推动的作用。 (王小能)

shangye shiyongren
商业使用人(trade assistant) 又称商业辅助人。从属于商主体并辅助其营业的人。商业使用人必须具备的条件是:第一,商业使用人必须以商事业务为其职业,如工程师、技师就不是商业使用人。第二,商业使用人与商主体的关系必须是从属关系,没有从属关系的人,如商业代理人就不是商业使用人。第三,商业使用人的经营主人必须是商人;如果经营主人不是商人,就不能称做商业使用人。第四,商主体使用商业使用人时必须以商事为目的,营业以外的使用人,如家庭事务的总管、佣人就不是商业使用人。商业使用人可以分为两种:(1)有代理权的使用人,其中有的拥有一切事务的代理权,如经理人;有的是对某类事务或特定事项有代理权,如伙友。(2)无代理权的使用人,如劳务人。商业使用人不属于商主体,其对外可用商主体的名义从事商业活动,其行为后果由商主体承担,大陆法系各国近代商法一般规定,商业使用人适用商法的有关规定。 (关涛 梁鹏)

shangye shoutuoren
商业受托人(commercial trustee) 参见营业受托人条。

shangye texu
商业特许(special permission in business) 俄罗斯民法上的概念。权利人和使用人之间订立的一种概括性的商业权利特许使用合同,其含义是指由权利人将属于他的专有综合权利——包括权利人的商业名称、商誉、商业经验、商业标识权、商业信息权以及商标权等特许给使用人在其经营活动中、在一定的范围和区域内定期或不定期使用,使用人向权利人给付报酬。商业特许合同是一种双务有偿要式合同。按照俄罗斯民法的规定,商业特许合同的当事人限于商业组织和个体经营者。 (刘经靖)

shangye xintuo
商业信托(business trust, commercial trust) 参见马萨诸塞州信托条、营业信托条。

shangye zhangbu
商业账簿(trade books) 商主体依法设立的,为了反映企业经营和财务状况而制作的在法律上负有义务的簿册。实质意义的商业账簿是指商主体所设置的一切账簿,包括基于法律规定和其他任意原因而形成的各种账簿。形式意义的商业账簿是指商主体依据法律规定设置、制作的会计账簿和会计报表,这就是商法意义上的商业账簿。商业账簿一般包括账簿名称、账簿使用记录、账页格式等内容。其具体含义包括:(1)记载主体是商主体。商业账簿是商法所规定的会计文件,只适用于商主体,如独资企业、合伙企业和公司等。商主体是以一定的资本为基础、从事市场交易活动的自然人或者法人,其资产运行和财务状况是营业的中心内容,必须通过商业账簿加以反映。在各种商主体中,有限公司和股份公司是资合公司,法律往往更为重视其商业账簿的设置,对于规模特别小的个体商人则不作限制。如《日本商法典》有关商业账簿的规定就不适用于小商人。其他会计主体如行政机关、事业单位等各种组织和公益法人,都不是商业账簿的记载人。(2)商业账簿是商主体依法制作的簿册。由于商业账簿的设置是基于法律的直接规定,因此依法设置商业账簿是商主体的义务。商业账簿的内容和程序都必须合法,包括:必须依照法律规定的记载方法和记载事项制作会计账簿;会计报表的设置必须符合法定的种类;商业账簿的生效必须符合法定的程序等。(3)商业账簿包括会计账簿和会计报表两部分。凡是法律要求商主体必须备置的会计文件,都是商业账簿的组成部分。

商业账簿能够准确、清晰地反映营业状况和财产状况,其设置对于商主体具有重要的作用,其法律意义在于:首先,通过商业账簿对营业和财产状况全面、连续、系统、分类的反映,能够考察商主体的财务状况,监督负责人管理业务的能力和合法性;其次,通过商业账簿可以观察商主体是否能够维持法定的财务条件,如超过法定期间不营业、达到破产界限等;第三,商业账簿对资产、负债和所有者权益的反映,明确了商主体内部的权利和义务,并确定了自有资产的数额;第四,商业账簿不同程度的公开,使债权人和公众能够及时了解其财务状况,有利于维护债权人和公众的利益;第五,掌握、了解和分析商业账簿,是商主体的管理机关实施行政监督的重要途径和措施,在诉讼中,合法制作的商业账簿在没有相反证据的情况下,具有相当强的证明力。

商业账簿的法律效力,从狭义的角度理解就是商业账簿的证据效力。因此,对其记载方法和记载内容均有严格要求。各国商业账簿法都规定商业账簿应当保存一段时间,在规定的保存时间内,商业账簿具有法律规定的证据效力。 （梁 鹏 刘剑华）

shangye zhangbu de baocun
商业账簿的保存(maintenance of trade books) 商业账簿是记录和反映商主体营业活动的重要资料和证据,是重要的会计档案,其备置具有商业上和法律上的重大意义,因此要求商业账簿必须保存一定的时期。

根据我国《会计档案管理办法》的规定,在会计年度终结后,应当将各种活页账簿、卡片账簿及必要的备查账簿连同账簿使用登记表装订成册、加具封面、统一编号,由有关负责人签章后与订本账一起归档保存。各种会计报表应当按一定时期装订成册,加具封面,归档保存。商主体的档案部门应当对商业账簿进行科学管理,做到妥善保管,存放有序,查找方便,并严格执行安全和保密制度。

各国有关商业账簿的立法都规定其保存的年限,如日本规定从账簿封存时起算,应当保存10年。我国有关会计档案的立法对于商业账簿的保存年限作了以下规定:(1)会计账簿类的保存年限:现金和银行存款日记账为25年;其他日记账、明细账、总账(包括日记总账)、辅助账簿为15年;固定资产卡片为固定资产报废清理后5年;涉及外事的账簿和其他重要的账簿需永久保存。(2)会计报表的保存年限:月、季度会计报表为5年,年度会计报表为永久保存。《会计档案管理办法》规定:各种会计档案的保管期限,从会计年度终了后第一天算起。 （梁 鹏 刘剑华）

shangye zhangbu de jizai fangfa
商业账簿的记载方法(recording method of trade books) 有两个涵义,一是记账方法,二是记载的具体规则。

记账方法 是依据会计凭证和会计科目在账簿中登记各项业务的会计手段,分为单式记账法和复式记账法。单式记账法对经济业务只记录一个方面,在每项经济业务发生时,只运用一个会计科目登记,账户与账户之间没有联系。一般只记录现金、银行存款的收付以及人欠、欠人等事项。由于单式记账法比较简单,不够完整,目前各商主体适用的都是复式记账法。复式记账法是以相等金额在两个或两个以上的相关账同时登记一项业务的记账方法,这种记账法能够分类、系统、全面地反映资金占用和来源的增减变化,并能利用平衡关系验证全部账户记录的正确性。复式记账法又可分为有借贷记账法、增减记账法和收付记账法等,其中,借贷记账法是世界各国商主体普遍采用的一种记账法,适用最广泛。我国1993年《企业会计准则》规定,设在中国境内的所有企业的会计记账应采用借贷记账法。

借贷记账法有三个方面的要点:(1)以"借"和"贷"作为记账符号,将每个账户分为借(左方)、贷(右方)两方,一方记录数额的增加,一方记录数额的减少,以此反映各项业务和资产的增减变动情况。(2)其基本规则是:有借必然有贷,借贷必须相等,即账户上的每一笔业务都必须同时记入两个或两个以上的账户,记入借方和贷方的金额必须相等。(3)利用借贷记账法可以对账户的余额和发生额进行试算,试算平衡公式为:资金来源=资金占用;各账户借方发生额合计=各账户贷方发生额合计;各账户借方余额合计=各账户贷方余额合计。

记载规则 指记账时应遵守的规则。商业账簿登记必须遵循的规则包括:(1)商业账簿的记载必须真实、准确、完整,并符合有关会计制度的各种规定。(2)登记账簿时,应将会计凭证日期、编制人士、业务内容摘要、金额等资料逐项记入,登记之后,应在凭证上签章并注明符号,表示已经登记入账。(3)登记账簿应当用蓝黑墨水钢笔书写(特殊记账使用红色墨水,如在"进项税额"专栏中用红字登记退回所购货物应冲销的进项税额。在"已交税余"专栏中用红字登记退回多交的增值税额)。(4)登记时不得跳行、隔页,否则即应划线注销或注明"此行空白"、"此页空白"字样,每一账页登记完毕时,应当结出该页的合计数和余额。(5)在账簿记录发生错误时,必须根据错误的具体情况,采用正确的方法予以更正,不能随意更改。(6)我国的账簿登记以人民币为记账本位币,业务收支以外币为主的可以例外,但编制的会计报表应当折算为人民币反映。(7)会计记录的文字应为中文,少数民族地区和外商投资企业可以同时使用少数民族文字或外国文字。此外,记载规则还包括:书写留空、结出余额、过次承前等。

(梁 鹏 刘剑华)

shangye zhangbu fa
商业账簿法(the law of trade books) 商法中有关调整商主体在商业账簿的设置、记载、保存等方面发生的社会关系的法律制度。广义的商业账簿法是指一切调整有关商业账簿关系的法律、法规,狭义的商业账簿法仅指专门规定会计活动的原则、会计凭证、账簿和会计报表的商业会计法或账簿法。大陆法系实行民商分立的国家大多在商法中以专章规定商业账簿,如法国、德国、日本等国的商法中都有关于商业账簿的专章规定;实行民商合一的国家和地区通常以商业会计或其他专门立法规定商业账簿,一般制订有商业会计法。我国于1985年1月21日颁布了《中华人民共和国会计法》,1993年和1999年两次对其进行了修订。1992年发布了《股份制试点企业会计制度》,1993年根据《会计法》发布了《企业会计准则》和《企业财务通则》,这些构成了我国商业账簿法的主要部分。此外,我国关于商业账簿的法律法规还有:公司法、外商投资企业财务管理规定、会计人员工作规则、会计档案管理办法等。商业账簿法的主要内容应当包括:

商业账簿设置和记载的基本原则 原则性地规定会计凭证、会计账簿、会计报表和其他会计资料必须真实、准确、完整,并符合会计制度的规定;会计报表应当根据登记完整、核对无误的账簿记录和其他有关资料编制,做到数字真实、计算准确、内容完整、报送及时等。

商业账簿的种类 规定商主体必须按规定的种类设置商业账簿,通常原则性地规定必须根据情况设置会计账簿,而具体规定会计报表的种类。

商业账簿的记账方法和记载规则 包括记账可以选择或必须采用的方法、记载账簿的文字、币种及具体规则。

商业账簿的保存和监督 包括商主体必须以法定的方式和年限保存商业账簿;管理机关有权对商主体的账簿进行日常的监督和检查;商主体必须定期报送商业账簿,我国规定企业年检时必须提交有关的会计报表;公司的会计报表必须送交各股东,或置备于公司供股东查阅;公开发行股份的股份有限公司必须公告其财会报告;公司应设监事会对财务工作实行监督。

法律责任 有违反商业账簿法规定的行为时,应当承担法律责任。如提供虚假的或隐瞒重要事实的财会文件,伪造、变造、故意毁灭账簿等行为,应当承担相应的行政责任或刑事责任。

(梁 鹏 刘剑华)

shangyu
商誉(good will) 英美法中的概念。商事主体基于其良好的经营而在商事活动中取得的商业信誉以及由此而带来的利益。商誉得以产生和增强的因素很多,如工人生产热情高,机器效率好,销售能力强,业务联系广,以及良好的履约能力和售后服务,还包括优良的地理环境、营业环境等,但最主要的因素还是企业经营者的人格和素质。商誉与营业所、商业名称和商标密切联系,其本质反映了企业与其顾客、消费者之间的关系,表明了顾客、消费者对企业的信赖和好感。商誉是通过企业经营者多年的诚实工作建立起来的,或者是通过巨大的金钱代价取得的(如巨大的广告费用或广泛的销售网和售后服务网)。一般新成立的企业要通过采取各种措施,竭力建立自己的商誉。因为良好的商誉会吸引顾客和消费者,提高企业商品的市场占有率,给企业带来较好的经济效益和经济利益。因此,每一个商事主体的商誉对其生产经营的发展,对其经济效益的好坏都是至关重要的。商誉是商事主体名誉的一部分,与商事主体密不可分。从经济学上讲,商誉是一种无形财产,具有一定的价值,是企业财产的组成部分,它也反映在企业资产负债表的资产一方,但只是在企业被出售、转让或进行企业资产评估时方可反映出商誉的价值。

关于商誉的性质存在着不同的学说。一种学说认为商誉具有独立的无形资产的属性,是可以买卖、继承或者以其他法律形式转让的属人财产。另一种学说认为,商誉本质上是人身权的客体,与特定商事主体的人身不可分离,不具有可让与性。其相关利益只能随着特定营业、商业名称或商标的转让而转移。一般情况下,当某一企业整体被转让时,其商誉也应评估出相应的价值,并随企业一并转移。接受企业的一方,不仅可以得到被转让企业的有形资产及经营场所,而且可以承接原企业的商誉进行营业。也有一些国家规定,商业名称权转移时,商誉即应随之转移,出让商业名称权的人不得再向其旧顾客招揽生意。

由于商誉会给经营者带来经济利益,与企业的经济效益密切相关,因此,法律对商誉给予保护。英美侵权行为法规定,凡无端指称某企业的经营方法不诚实,或是违法经营,或是经营陷入困境等,均属诽谤该企业的商誉,是一种侵权行为,应负赔偿责任。凡未经许可,使用他人沿用的牌子或商业名称,均属盗用商誉的侵权行为,侵权人应停止侵害,并负赔偿责任。

(於向平)

shang zhuti
商主体(subject of commercial relation) 在近代商法中又称为"商人",是指具有商法上的资格或能力,能够以自己的名义从事商行为,独立享有商法上权利并承担商法上义务的组织和个人。商主体是各种商事活动的参加者,商事权利义务的承受者,也是商事法律关系的当事人。现代各国商法在对商主体概念进行概括时,往往并不注重商主体的外部特征,而是强调构成商主体的实质要件,即商主体是从事市场交易的具有专门知识或技能的人。在早期商人法中,商人的概念并不具有确切的法律含义,当时的商人属于一定的社会阶层,具有成为自治团体的特殊身份,这种现象首先体现在商习惯法中,后被各国成文法所确认,并持续了相当长的时期。19世纪以后,随着社会的普遍商化,特别是随着旧法制的变革,商人的特权受到了根本的动摇。1807年的《法国商法典》率先废除了旧时的商人法原则,而代之以商行为法原则,现代商法则以市场交易主体作为商主体。

商主体的构成要件 按照近代各国商法的一般理解,构成商主体的实质性要件在于其从事商行为,因此,构成商主体应具备三个条件:(1)必须实施商行为;(2)必须以实施商行为为其经常职业;(3)必须以自己的名义实施商行为。现代市场经济条件下,虽然也存在宏观调控主体和消费主体,但市场主体(商人)是当然的、普遍的主体,除了区别它不同于宏观调控主体外,既没有必要强化它的特殊性,也没有必要强化它的身份性。因此,现代商法总的趋势是淡化对商人的规定。多数国家的商法规定,无论是自然人还是组织,凡欲取得商事能力者,必须首先履行特定的商业登记程序,以明确其具体的营业范围。

商主体的特征 商主体所具有的公示性和规范性特征较一般的民事主体更为明显。通常认为商事主体的主要特征有三:第一,商主体的商事能力或曰商法上的资格局限于依法核准的营业范围之内。商主体的资格取决于商业登记制度,商业登记这一创立商主体的法律事实既决定着商主体商事能力的起始,也决定着商主体的具体营业范围,同时又对商主体的税收、工商管理奠定了基础。目前,世界上多数国家均规定,商主体的成立必须首先履行商业登记程序,许多国家的商法还对从事金融、证券等行业商主体的成立另设有特殊审批规则,我国也不例外。根据我国法律,商事主体须经工商登记,领取营业执照后才能成立,从事银行业、保险业、证券交易的须经特别审批。第二,商主体是以资本增值活动为职业的主体,也就是说其从事的特定商行为具有特殊性。但是,这种营业性商行为必须以商业登记为前提。第三,商主体是商事法律关系的当事人,是商法上权利义务的承担者。近代商法理论对商人作了不同分类,例如,法定商人、注册商人、任意商人;完全商人、不完全商人;拟制商人、表见商人、形式商人及商人性公司等。现代商法抛弃了近代商法中细微与繁杂的规定,其最基本的分类就是商自然人和商法人。商自然人是以个人为本位而产生权利、义务关系的市场主体,而商法人则是达到一定规模,具备法定条件,经过法定程序创立的,实施商行为的,具有独立人格的集合市场主体。此外,尚需注意市场主体法定化原则是商主体进入市场的一个基本原则,其含义为,以一部法律明确、具体规定商主体的范围、组织形态和取得市场主体资格的程序,明确只有商主体才能从事市场行为,才受法律保护。市场主体法定化原则,可以保证市场交易的安全、确定、及时、有效;从整个国家和社会来看,可以保证市场经济的有序运行和社会的繁荣稳定。　　　　　　(关 涛 梁 鹏)

shang ziranren
商自然人(commercial natural person) 又称商个人。依照商法规定从事市场交易活动,享有权利并承担相应义务的自然人。狭义的商自然人就是个体小商贩;广义的商个人包括个体商人、独资企业、合伙企业。商自然人具有如下特征:(1)主体的商人性;(2)身份的多重性,既是家庭人又是市场交易主体;(3)行为的营利性;(4)形式的多样形,可以采取完全商人的形式,也可以采取行商形式;(5)经营的集中性;(6)责任的无限性。

商自然人可以从不同角度进行分类。按经营规模划分,可以分为摊点和企业。商自然人可以是一人经营的各种摊点,也可以是由营业主聘用人员、具有相当设备、具有一定规模、有商号、有账簿的独资企业。按活动形式分,可以分为行商和坐商。行商,即来往于城乡,流动于各处的商个人;坐商是具有一定数额的经营资本,有自己的商号、账簿,在固定场所经营的独资企业和合伙企业。

商自然人的责任形式采取无限责任制,其对外承担责任不以投入企业或营业的资本为限,个体商人、独资企业和合伙企业概莫能外。　　　　　(梁 鹏)

shanghaishi piaoju zanxing guiding
《上海市票据暂行规定》(Provisional Rules on Checks of Shanghai) 1988年6月8日由上海市民政局发布,1989年7月24日由上海市人民政府修正,自1989年8月1日起施行。共5章86条。是新中国自成立以来第一个比较全面、系统并大量借鉴国际票据立法的地方性法规。它从体例上模仿英美法系和我国台湾地区的票据法模式,将本票、汇票、支票合而规定。除总则、附则两章外,分设汇票、本票、支票三章。票据用语的解释及使用多采国际上的通行用法,同时引进国际上先进的票据制度作为其内容,对票据流通考虑到中国乃至上海市的实际状况作了一些限制,但它从

体例到条文都称得上是比较完善的地方性法规,对全国性立法起到了促进作用。　　　　　　　(王小能)

shanghai waizi baoxian jigou zanxing guanli banfa
《上海外资保险机构暂行管理办法》(Interim Provisions on Foreign-invested Insurance Agencies in Shanghai) 规范上海市外资保险机构的部门规章。由中国人民银行于1992年9月11日发布,并自发布之日起实施。目的在于适应上海市对外开放和经济发展的需要,加强对外资保险机构的管理,共8章,44条。第一章总则,规定了立法的目的、外资保险机构的概念和主管机关。外资保险机构包括境外保险公司在上海市设立的分公司、境外保险公司与境内保险公司或其他金融机构在上海市设立的合资保险公司。中国人民银行是外资保险机构的主管机关,并授权其上海市分行对外资保险机构进行日常管理。第二章设立与登记,规定了申请设立外资保险机构的外国保险公司应具备的条件和申请设立的程序。外国保险公司应具备的条件包括:(1)经营保险业务30年以上;(2)提出申请前一年年末的资产总额在50亿美元以上;(3)在中国境内设立代表机构3年以上。外资保险机构应在接到中国人民银行批准文件后的1个月内办理验资和工商登记手续,并向国家外汇管理局申领经营外汇业务许可证。第三章资本金和业务范围,规定了合资保险公司的最低注册资本和业务范围。经营人身保险业务或其他保险业务的不得低于2000万美元,同时经营人身保险和非人身保险业务的不得低于4000万美元。合资保险公司的实收资本不得低于注册资本的50%。第四章业务管理,具体规定了外资保险公司在准备金、再保险、最低偿付能力、理赔、各项基金、外汇、财务等方面的管理措施。第五章投资,规定了外资保险公司的投资方式。外资保险公司的资本、未分配盈余、各项准备金及其他资产,可用于境内的下列投资:中国金融机构的存款;购买政府债券;购买金融债券;购买企业债券,但不得超过可投资总额的10%;境内外汇委托放款;股权投资,但不得超过可投资总额的15%;经批准的其他投资。第六章清理与解散,规定了外资保险公司出现偿债风险时主管机关可采取的措施。第七章罚则,规定了擅自设立外资保险机构等违规行为的行政责任及处理程序。第八章附则,规定了本办法的适用对象、解释机关和生效时间。2001年12月12日国务院颁布了《中华人民共和国外资保险公司管理条例》,该办法实际已终止效力。　　　　　　　(刘凯湘)

shangshi gongsi de chixu xinxi pilu
上市公司的持续信息披露(continuous disclosure by listed companies) 为维护股东或债权人的合法权益,上市公司依法向证券管理机构和社会公众完全、准确、及时地报告自身经营、资产以及财务状况等公司重要信息的法律制度。我国证券法中关于"持续信息公开"的内容既包括持续信息公开的内容,也包括初始信息公开的部分内容。持续信息披露的内容包括中期报告、年度报告和临时报告。

中期报告 上市公司定期披露的,反映公司上半年度经营业绩和财务状况的重要文件。股票或者公司债券上市交易的公司,应当在每一会计年度的上半年结束之日起2个月内,向国务院证券监督管理机构和证券交易所提交记载以下内容的中期报告,并予公告:公司财务会计报告和经营情况;涉及公司的重大诉讼事项;已发行的股票、公司债券变动情况;提交股东大会审议的重要事项;国务院证券监督管理机构规定的其他事项。

年度报告 综合反映上市公司报告年度内经营业绩与财务状况的重要报告,是投资者据以判断证券价格变动趋势的主要依据。股票或者公司债券上市交易的公司,应当在每一会计年度结束之日起4个月内,向国务院证券监督管理机构和证券交易所提交记载以下内容的年度报告,并予公告:公司概况;公司财务会计报告和经营情况;董事、监事、经理及有关高级管理人员简介及其持股情况;已发行的股票、公司债券情况,包括持有公司股份最多的前10名股东的名单和持股数额;国务院证券监督管理机构规定的其他事项。

临时报告 上市公司对可能对上市公司股票交易价格产生较大影响而投资者尚未得知的重大事件进行披露的法律文件。上市公司发生重大事件时,应当立即就有关该重大事件的情况向国务院证券监督管理机构和证券交易所提交临时报告,并予公告,说明事件的实质。证券法规定的重大事件主要有:公司的经营方针和经营范围的重大变化;公司的重大投资行为和重大的购置财产的决定;公司订立重要合同,而该合同可能对公司的资产、负债、权益和经营成果产生重要影响;公司发生重大债务和未能清偿到期重大债务的违约情况;公司发生重大亏损或者遭受超过净资产10%以上的重大损失;公司生产经营的外部条件发生的重大变化;公司的董事长、1/3以上的董事,或者经理发生较大变化;持有公司5%以上股份的股东,其持有份情况发生较大变化;公司减资、合并、分立、解散及申请破产的决定;涉及公司的重大诉讼,法院依法撤销股东大会、董事会决议;法律、行政法规规定的其他事项。
　　　　　　　　　　　　　　　(夏松)

shangshi gongsi shougou
上市公司收购(merger and acquisition) 投资者公开收购公司已经依法发行上市的股份以达到对该股份

有限公司控股或兼并的目的。其法律特征是：(1) 被收购公司是股票公开上市的股份有限公司，其股票掌握在众多的投资者手中；(2) 收购人可以是企业法人，也可以是自然人；(3) 收购人须通过市场向多个投资者批量购买股份，如果仅从个别人手中购买股份，一般不称为收购；(4) 收购人收购的目的是要在控制股份的基础上控制目标公司的经营管理权，或者是合并目标公司。

上市公司的收购方式，根据不同的标准可以有不同的分类：根据被收购股份的数量不同，可分为全面收购和部分收购；以收购方与被收购方的关系为标准，可以分为善意收购和敌意收购；以收购是否成为一项法律规定的义务，可以分为自愿收购和强制收购；以收购的价格支付方式，可以分为现金收购和换股收购。证券法规定，上市公司可以采取要约收购或者协议收购的方式，在实践中还存在竞价收购的方式。

协议收购 即直接收购，收购公司直接向目标公司提出购并要求，双方通过一定程序进行磋商，共同商定完成收购的各项条件，进而在协议的条件下达到购并目的。通常收购公司和目标公司会就以下购并合同条款达成一致意见：收购公司和目标公司的名称、住所；目标公司拟向本公司股东会提交的解散决议草案；目标公司的股份或财产全部或部分地转换为现金、证券和其他财产形式的条件；收购公司承受目标公司债务的声明草案；收购公司有关股东权利的安排；收购公司有关目标公司雇员退休金计划、雇佣机会的安排等。证券法规定，采取协议收购方式的，收购人可以依照法律、行政法规的规定，同被收购公司的股东以协议的方式进行股权转让。达成协议后，收购人必须在3日内将该收购协议向国务院证券监督管理机构及证券交易所作出书面报告，并予以公告。在未作出公告前，不得履行收购协议。

竞价收购 收购人通过证券交易所以集中竞价交易的方式依法连续收购上市公司股份并取得相对控股权的行为。证券法未规定此种收购方式，但是从实践中来看，以集中竞价交易的方式连续收购，能够达到控股（或者相对控股）的收购目的。然而这种收购方式易造成市场价格的波动，证券法对竞价收购的信息披露作出了严格的规定。

要约收购 收购公司在证券市场上收购目标公司股票达到一定数量后，依照法律规定向目标公司提出收购要约，从而达到购并目的的一种收购方式。这种收购并不直接向目标公司提出购并要求，不需要事先得到目标公司管理层的同意，因此又称间接收购。

通过证券交易所的证券交易，投资者持有一上市公司已发行的股份的5％时，应当在该事实发生之日起3日内，向国务院证券监督管理机构、证券交易所作出书面报告，通知该股份有限公司，并予以公告，即权益公开规则，又称"5％规则"。在上述规定的期限内，不得再行买卖该股份有限公司的股票。投资者持有上市公司已发行的股份的5％后，其所持该上市公司已发行的股份比例每增加或者减少5％，应当在该事实发生之日起3日内，向国务院证券监督管理机构、证券交易所作出书面报告，通知该股份有限公司，并予以公告，即"台阶规则"。在报告期限内和作出报告、公告后2日内，不得买卖该公司的股票。书面报告和公告，应当包括下列内容：持股人的名称、住所；所持有的股票名称、数量；持股达到法定比例或者持股增减变化达到法定比例的日期。通过证券交易所的证券交易，投资者持有一个上市公司已发行的股份的30％时，继续进行收购的，应当依法向该股份有限公司所有股东发出收购要约，但经国务院证券监督管理机构免除发出要约义务的除外，即强制要约规则。在发出收购要约时，收购人必须事先向国务院证券监督管理机构报送上市公司收购报告书，并载明下列事项：收购人的名称、住所；收购人关于收购的决定；被收购的上市公司名称；收购目的；收购股份的详细名称和预定收购的股份数额；收购的期限、收购的价格；收购所需资金额及资金保证；报送上市公司收购报告书时所持有被收购公司股份数占该公司股份总数的比例。收购人还应当将公司收购报告书同时提交证券交易所。收购人在报送上市公司收购报告书之日起15日后，公告其收购要约。收购要约的有效期限不得少于30日，并不得超过60日。在收购要约的有效期内，收购人不得撤回其收购要约。在收购要约的有效期限内，收购人需要变更收购要约中事项的，必须事先向国务院证券监督管理机构及证券交易所提出报告，经获准后，予以公告。收购要约中提出的各项收购条件，适用于被收购公司所有的股东。收购人在收购要约期限内，不得采取要约规定以外的形式和超出要约的条件买卖公司的股票，即同等条件收购规则，但竞价收购与协议收购不受此规则约束。收购要约的期限届满，收购人持有的被收购公司的股份达到该上市公司已发行的股份总额的75％以上的，该上市公司的股票应当在证券交易所终止上市交易，即终止上市规则。收购要约的期限届满，收购人持有的被收购公司的股份数达到该公司已发行股份总额的90％以上的，其余仍持有被收购公司股票的股东，有权向收购人以收购要约的同等条件出售其股票，收购人应当收购，即强制接受规则。被收购公司因收购导致不符合公司法规定的条件的，应当依法变更其企业形式。

在上市公司收购中，收购人对所持有的被收购的上市公司的股票，在收购行为完成后的6个月内不得转让，即转让股份限制规则。收购上市公司的行为结束后,收购人应当在15日内将收购情况报告国务院证券监督管理机构和证券交易所并予公告。上市公司收购中涉及国家授权投资机构持有的股份,应当按照国务院的规定,经有关主管部门批准。 （夏 松）

shaoshu gudongquan
少数股东权(minority shareholders' rights) 持有已发行股份一定比例以上的股东才能行使的权利,也称"复数股东权"。"单独股东权"的对称。少数股东权基于公司利益行使,多为共益权。主要包括:召集临时股东会的请求权;法院检查公司业务及财务状况的请求权;法院解任董事、监事和清算人的请求权;法院裁定重整或裁定解散的请求权;监事对董事或董事对监事的起诉权的请求权等。如我国台湾地区公司法规定:公司在特别清算时,连续6个月以上持有已发行股份总数3%以上的股东,享有召集临时股东会的请求权。英国公司法规定:代表公司股东10%的两个或两个以上股东或代表公司全体人数5%的股东可自行召集股东大会,代表公司已付清的有表决权股10%或代表有投票权股东人数10%的股东可请求召集股东会。《中华人民共和国公司法》第104条规定:持有公司股份10%以上的股东请求时,应当在两个月内召开临时股东大会。 （梁 聪）

she maimai
赊买卖(credit sale) 又称"信用买卖"。出卖人先将财产的所有权移转于买受人,日后由买受人支付价款的买卖。赊买卖的特点是有利于出卖人推销其商品,但若不注意买受人的商业信用,可能承担较大的风险。
 （王卫劲）

sheding xintuo
设定信托(created trust) 法定信托的对称。由委托人或国家机关通过对有关民事行为(信托行为)或其他行为或者有关国家行为的实施而产生的信托。设定信托的基本特征在于,导致其产生的原因并不是法律的直接规定,而是作为法律事实的一定行为。明示信托因系由委托人通过实施信托行为而设立,从而属于设定信托的范畴,归复信托与推定信托则因系由法院通过表现为裁判形式的司法行为对当事人的某种财产性行为的推定而成立,从而也属于设定信托的范畴。如果法律允许法院或有关行政机关通过指定受托人而创设信托,且法院或有关行政机关实施了这一指定行为;如果法律赋予特定的财产所有人将其特定财产用于设立信托的义务,且有关财产所有人主动或被强制履行了这一义务,由此产生的指定信托与强制信托也应当归入设定信托一类。设定信托必须具备法定条件或者符合法律要求才属有效。如果某一具体的设定信托是通过信托行为或者除司法行为与行政行为以外的其他行为而设立,它的生效必须以这一行为依法成立为前提;如果该项信托是通过司法行为或行政行为而设立,则它的生效必须以符合法律的要求为前提,否则这一信托便属于无效信托。 （张 淳）

sheli dengji
设立登记(incorporation registration) 公司设立程序的最后阶段为设立登记。公司实体因章程的订立以及履行其他法定要件已形成,但公司设立的事实及其组织,为维护交易的安全应公示社会,公司法因此设置设立登记制度。公司一经登记,始能以法人存在于社会。关于公司设立登记,立法上一种为设立要件主义,认为设立登记为公司设立的要件之一,公司非经设立登记,不得成立;另一种是对抗要件主义,认为公司的设立登记,仅为公司成立后对抗第三人的要件,并非公司的设立要件。对抗要件主义容易引起法律关系复杂化,并使公司处于不安定状态,为多数国家所不取。在公司设立登记与营业许可上,公司业务依法律或法律授权的规定,须经有关主管部门许可领得许可证,此为申请公司设立登记的前提要件。该规定源于有些公司的业务与公共利益有较大关系,要先经政府机关的营业许可,始得申请公司设立登记,并非公司的设立须经政府机关的核准(股份有限公司须经政府许可),与公司设立所采取的准则主义不相抵触。

设立登记的效力,可分为一般效力与特殊效力。一般效力包括:(1)取得法律人格。公司经设立登记,取得执照后,始成为法人,取得法律人格,即公司的权利能力始于设立登记完成之时,即公司成立之时。(2)公司经设立登记后,始得使用公司名称,从事营业。未经设立登记,不得以公司名称经营业务或为其他法律行为。(3)取得公司名称专用权。特殊效力仅限于股份有限公司:股份有限公司非经设立登记,不得发行股票;一经设立登记,股份可得自由转让。
 （刘弓强 蔡云红）

sheli xingweidi shuo
设立行为地说(doctrine of the creating place) 也称成立地说或登记地说。以公司设立行为地之国籍为公司国籍之所属。这种主张认为,一个组织之所以能成为公司,具有商事法律关系的主体资格,是因为一国依法对该组织的章程给予批准或核准登记。由于一国的批准或给予登记的行为创设了公司,公司应该具有该设立地国的国籍。《秘鲁民法典》规定,私法人的存在,由其成立地国的法律规定。1978年《匈牙利国际私法》第18条规定,公司的属人法为公司的登记国法。1970年国际法院审理比利时诉西班牙巴塞罗那电力公司一案时也肯定了注册登记地说。公司的设立地或成立地易于确定且确定不移,易于用来确定公司国籍。也有人认为,此说不易确定公司受何国人控制;当事人会到设立限制较少的国家去成立公司,依此达到选择公司国籍和规避法律的目的。我国最高人民法院《关于适用〈中华人民共和国民法通则〉若干问题的意见》第184条规定,外国法人以其注册登记地国家的法律为其本国法。也有人认为应以公司的契约签订地或资金募集地为公司的设立行为地。 (李四海)

shequan dengji
设权登记(constituted registration) 创设物权效力的登记。形式主义的物权变动模式之下,登记具有形成效力。如我国台湾地区《民法》第758条规定:"不动产物权,依法律行为而取得、设定、丧失及变更者,非经登记不生效力。"此种登记,如不践行,则当事人之间纵有物权变动的事实,在法律上也绝对不生效力,所以又称绝对的登记。 (方志平)

shezhi beishu
设质背书(endorsement of pledge) 又称质权背书,持票人为在票据权利上设定质权而为的背书。因背书而形成的法律关系中,背书人为出质人,被背书人为质权人。以汇票权利为质权标的质权称为权利质权。《中华人民共和国票据法》规定,设质背书应该记明"质押"字样。其绝对应当记载的事项为三项:背书人签章、设质意旨、被背书人名称。

关于设质背书的法律效力,请参见设质背书的效力条。 (王小能 胡冰子)

shezhi beishu de xiaoli
设质背书的效力(effects of endorsement of pledge) 设质背书在票据关系当事人之间所产生的法律后果。设质背书具有如下效力:(1)设定质权的效力。被背书人经设质背书而取得权利质权,该持票人有权行使汇票上的一切权利,即可受领汇票金额、可为付款的提示、作成拒绝证书请求、行使追索权等。(2)抗辩切断的效力。汇票因背书设质于被背书人,票据债务人不得以自己与背书人之间的抗辩事由对抗持票人。其原因在于,该持票人是为背书人的利益行使,所以,设质背书产生抗辩的切断。(3)权利证明的效力。经设质背书取得汇票的持票人以背书的连续即可证明自己为正当权利人,付款人也得对其善意付款而免责。(4)权利担保的效力。背书人应对被背书人负担保承兑及付款的责任。(5)再背书。设质背书的被背书人有背书权,但是只能为委任取款背书。 (王小能)

shehui baoxian
社会保险(social insurance) 国家依法有目的、按计划建立的、在劳动者或者全体社会成员在生、老、病、死、伤残、失业及发生其他生活困难时,对劳动者或全体社会成员提供物质帮助的社会扶助制度。社会保险是政府开办的非营利性保险业务,属于强制性保险,符合投保社会保险条件的法人和自然人,均应当依法投保社会保险。社会保险的费用筹集不单纯依赖于投保人缴纳的保险费,政府在相当程度上对社会保险提供财政支持。

目的与作用 社会保险的目的在于保障被保险人的经济生活的安定和身心健康,主要具有以下作用:(1)确保劳动者的生活安定。劳动者的工资收入为劳动者及其家庭的基本生活来源,当劳动者丧失劳动能力或者失去劳动机会的时候,劳动者及其家庭的生活就会受到影响,社会保险可以使劳动者从国家获得必要的物质帮助,以维持和安定生活。(2)保全社会生产力。劳动者为社会生产力的重要组成部分,社会保险可以为劳动者体能的健全和恢复、健康的享有以及劳动力的再生等,提供必要的物质帮助,对于保全社会生产力具有积极的促进作用。(3)对国民收入进行再分配。社会保险的费用由雇主和劳动者共担,政府财政给予补助,当被保险人遭受不幸事件时,由社会保险基金给予物质帮助,实现了国民财富的再分配。(4)增进社会福利以安定社会秩序。社会保险的基本目的在于保障劳动者的生活安定和身心健康,为此而设计的各项促进就业、扶助贫困、安定生活的物质帮助措施,直接增加了民众的财富,积累了社会财富,提高了整个社会的福利水平,从而促进人民生活富裕和安定。

历史 社会保险起源于19世纪末的欧洲。19世纪末的欧洲,尤其是在德国,经济萧条,失业增加,劳动人民生活极为贫困,社会矛盾极为突出,劳工问题成为当时政府必须解决的首要问题。当时的德国首相俾斯麦(Bismarck)在1881年就准备实施劳工健康保险、灾害保险、老年残废年金保险,特别是将各地自发成立的工人互助补助基金国有化,建立由国家提供支持的保险制度。德国政府1883年颁布《疾病保险法》,以13周为限对患病的劳工提供医疗补贴;1884年颁布《伤害保险法》,对因工伤灾害而需要接受医疗的劳工,提供医疗费用补贴和年金待遇;1889年颁布《残废和老年保险法》,规定70岁以上的退休劳工和残废劳工,均可领取年金。德国早期的上述立法,奠定了德国社会保险法的发展基础,也为欧洲各国开始社会保险制度的建立,提供了样板。随后的20世纪初期,法国、英国、瑞典、瑞士等欧洲国家开始效仿。法国于1905年颁布《失业保险法》,1910年开始实行强制的工人年金制度,并于1930年颁布了综合性的《社会保险法》。英国自1893年开始模仿德国的社会保险制度,推行老年年金保险和国民保险制度,于1911年颁布《国民保险法》,强制推行失业保险和健康保险;1925年颁布了《老年人补助年金法》,将社会保险的适用扩及65岁以上的男子和60岁以上的女子。瑞典1913年颁布《国民年金法》,1918年颁布《工伤事故保险法》,1926年颁布《国民保险法》,1934年颁布《失业保险法》。日本则以1922颁布的《健康保险法》为基础,逐步建立了以年金保险和健康保险为体系的社会保险制度。随着各国政府对社会保险事业的关注,尽管各国社会保险的水平不同,但在世界范围内已经较为普遍地建立了包括养老、失业、伤残、工伤、疾病、家庭扶助在内的社会保险制度。

性质 社会保险不同于商业保险,它是国家依法设立的公营保险机构依照国家法律开办的强制保险业务。社会保险具有商业保险的特点,但是因其具有以下两个特点,决定其性质不同于商业保险,而是国家借助商业保险的经营模式开展的保险业务:(1)适用的普遍性。社会保险适用于所有的劳动者,不论其年龄、职业、受教育程度、性别、种族。(2)强制性。社会保险实质为政府保险,由国家立法特别规定,并在全社会范围推行;任何企业或者单位不为其劳动者投保社会保险,将受到法律的制裁。

分类 社会保险依照不同的标准有不同的分类。以承保的危险为标准,社会保险可以分为养老保险、医疗保险、失业保险、工伤保险、生育保险等。以参加保险的成员为标准,社会保险可以分为劳动者保险(如劳动保险)、国民保险、居民保险、自雇者保险等。以保险期间为标准,社会保险可以分为短期保险(如一次性给付的社会保险)和长期保险(如养老年金保险)。以加入保险的方式为标准,社会保险可以分为强制保险(社会保险多为强制保险)和自愿保险(补充性的社会保险为自愿保险)。但在社会保险实务和立法上,一般按照社会保险承保的危险对社会保险进行分类。

保险费和保险给付 享受社会保险待遇,应当缴纳社会保险费。社会保险费按照国家规定的保险费率标准缴纳。一般而言,缴纳社会保险费的计算基础是劳动者或国民的工资收入的多少,保险费率则是按照保险的类别分别由法律和政府确定。除全部由雇主负担费用的社会保险以外,社会保险费由雇主和雇员共同缴纳。社会保险的给付范围或内容取决于社会保险的具体类别,主要包括以下的项目:(1)老年残废的死亡给付;(2)疾病生育的医疗给付;(3)工伤事故给付;(4)失业给付;(5)被保险人的家庭补助给付。

(邹海林)

shehui gongzhonggu

社会公众股(public share) 股份公司采用募集设立方式时向社会公众(非公司内部职工)募集的股份。此种由股份公司用募集方式发行的股份,除了由发起人认购一部分外,其余部分应向社会公众公开发行。公司内部职工以外的个人认购的股份,就构成社会公众股。我国《股份发行与管理暂行条例》第8条第6款规定,股份公司通过募集方式向社会公众发行的股份,不得少于公司股份总数的25%。公司拟发行的股本总额超过人民币4亿元的,可以酌情降低向社会公众发行的股份比例,但最低不少于公司拟发行的股本总额的10%。

(梁 聪)

shehui hetong

社会合同(social contract) 又称社会契约。政治学中有关国家起源的概念。主要由霍布斯、洛克、卢梭等近代资产阶级思想家阐发,但其思想可溯源于古希腊哲学家的论著。卢梭倡导社会契约说,著有《社会契约论》一书,书中认为,人类社会初期,人们为了避免战争和冲突,共同约定对个人行为自由加以限制,因此便产生了国家、法律,故国家、法律实质上是一种"社会契约"。

(张平华)

shehui tuanti faren

社会团体法人(association as legal person) 由自然人或法人自愿组成,为实现会员共同意愿,按照其章程开展活动的非营利性社会组织。社会团体法人的特征是:(1)社会团体由会员组成。根据《中华人民共和国社会团体登记管理条例》第10条的规定,社会团体必须有50个以上的个人会员,或者30个以上的单位会员,或者在既有个人会员、又有单位会员时,会员总数有50个以上。(2)社会团体的宗旨是实现会员的共同愿望。会员大会是决定社会团体重大事务的最高权力机关,社会团体的宗旨、业务范围、重大活动、管理机构的组成等重大问题由会员大会决定。(3)社会团体以非营利为目的。《社会团体登记管理条例》第4条规定,社会团体不得从事营利性经营活动,社会团体虽可收费或从事一些赚取利润的活动,但各种活动所取得的财产只能用于其目的事业,不能分配给会员。根据我国民政部1989年12月30日发布的《关于〈社会团体登记管理条例〉有关问题的通知》,社会团体法人可分为:学术性社会团体法人,如中国法学会;行业性社会团体法人,如中国律师协会;专业性社会团体法人;

联合性社会团体法人。上述分类在民法上不具有意义。社会团体法人与社团法人不是同一概念。社会团体法人的财产或基金属于社会团体所有,除依法规定的特别基金外,应以此担负其债务责任。社会团体法人均须制定章程,并经国家主管部门审核批准予以登记后,才能在其核准登记的业务范围及活动地区进行活动。参见社团法人条。　　　　（李仁玉　陈　敦）

shehui weixian

社会危险（social risk）　因个人的异常行为或不可预料的团体行为引起损失的危险,是人类社会因自身原因所形成的一种危险。在社会危险中,个人的异常行为危险是个人反社会的行为的体现,包括故意损害行为(如盗窃、伤害他人等)和过失损害行为(如因司机疏忽大意造成交通事故等);不可预料的团体行为也是引起社会危险的重要因素,如战争、罢工等。　（史卫进）

shetuan

社团（association；德 Vereine）　以永久设立为目的,具有独立人格的人的组合。社团有章程和共同的名称,其存续与社员的变迁无关。其特征为:(1)社团的目的超越社员的个人人格而存在,其组织与社员的变迁无关。(2)社团必须统一,即必须有章程,依其规定多数人的决议可以约束少数;必须有董事,以使社团作为整体从事活动;也必须有共同的名称,以便在法律上以与个别社员不同的主体身份出现。(3)必须具有权利能力并登记。我国未采此概念。（李仁玉　田东平）

shetuan dongshi

社团董事（corporation director）　对外代表社团,对内管理社团事务和执行业务上的经营决策的社团常设机构。社团董事的选任主要有三种方式:(1)由全体社员或者社员大会选举产生。(2)由社团章程规定产生。(3)由法律直接规定产生。如依我国公司法之规定,国有独资公司董事由国家授权投资的机构或者国家授权的部门按照董事会的任期选派,并应当有公司职工代表。社团董事有任期上的限制,各国规定不一,但允许连任。我国《公司法》第47条规定:"董事任期由公司章程规定,但每届任期不得超过3年。董事任期届满,连选可以连任。董事在任期届满前,股东会不得无故解除其职务。"董事作为董事会的成员在其职权范围内享有对内行使经营管理权和对外代表社团的权利,具体包括业务执行权、管理权、董事会参与权、代表权。董事对其所在社团也应承担相应的义务,主要包括董事必须忠实合理地为社团服务和竞业禁止义务。董事若违反了相关法律、社团章程,或在管理中有过错、失误行为,应对社团、社员或第三人承担相应的法律责任。　　　　　　　　　　（李仁玉　卢志强）

shetuan dongshihui

社团董事会（board of corporation directors）　社团中常设的集体的经营决策机构和执行机关,如公司董事会。董事的任命通过全体社团成员大会的决议加以确定。《德国民法典》第26条规定:"(1)社团必须设立董事会。董事会可以由数人组成。(2)董事会在法庭内和法庭外代表社团,董事会具有法定代表人的地位。代表权的范围可通过章程加以限制,其作用可以对抗第三人。"《瑞士民法典》第69条规定:"董事会依照章程授予的权限有处理社团事务和代表社团的权利和义务。"我国《公司法》第46条对董事会的职权亦进行了具体规定。　　　　　　　　　（李仁玉　卢志强）

shetuan faren

社团法人（德 Verein Körperschaft）　私法人之一种。大陆法系国家民法上的称谓。它是以社员权为基础的人的集合体,也称为人的组合。公司、合作社、各种协会与学会都是典型的社团法人。社团法人既可以是营利性法人,也可以是公益性法人。是财团法人的对称。社团法人与财团法人的主要区别是:(1)成立基础不同。社团法人以人为基础,有自己的组织成员或社员;财团法人以财产为基础,因而没有法人成员。(2)设立人的地位不同。社团法人的设立人在法人成立时即为其成员,并享有成员权;财团法人的设立人由于法人成立时与法人相脱离,故不为法人成员。(3)设立行为不同。社团法人的设立行为属于共同的民事行为,且为生前行为;财团法人的设立行为则为单方行为,有的为死后生效的行为。(4)有无意思机关不同。社团法人有自己的意思机关,故又称自律法人;财团法人没有该机关,故又称他律法人。(5)目的不同。社团法人设立的目的可以是为了营利,也可以是为了公益;财团法人设立的目的只能是为了公益。我国《民法通则》未区分社团法人与财团法人。　（李仁玉　田东平）

shetuan jianshi

社团监事（corporation supervisor）　监督社团业务执行的人,是社团的监察机关,又称为"监察人"。监事通常由社员大会选举任命产生,有任期上的限制,各国对任期的规定不一,但允许连任。德国、匈牙利、意大利等国的公司法规定,监事的选任不必以股东为限,即非股东也可被选为监事。日本、葡萄牙等国的公司法则规定,监事必须以股东为限。大多数国家都规定,监事不得担任公司的董事或经理。监事可以辞职,并在任期届满后即应离职。社员大会有权随时撤换监事。监事的主要职责就是监督社团的各项业务活动,如因失职而使社团遭受损失时,应对社团负赔偿责任。

(李仁玉 卢志强)

shetuan jueyi

社团决议(corporation resolution) 出席社团会议的、享有表决权的全体社员中一定数量的社员联合作出的、趋于一致的意思表示的共同行为,又称总会决议。依出席人数及表决同意人数的不同可分为普通决议和特别决议。我国台湾地区民法第 52 条第 1 款规定,通常决议由出席社员过半数通过。第 53 条规定,特别决议中关于章程的变更应有全体社员过半数出席,出席社员四分之三以上同意,或有全体社员三分之二以上书面同意方能通过。经许可设立的社团变更章程,除经总会依法决议外,并应获得主管部门的许可。第 57 条规定,解散社团须经全体社员三分之二以上同意才能进行。社团决议有拘束全体社员的效力。该法第 56 条还规定:"总会之召集程序或决议方法,违反法令或章程时,社员得于决议后 3 个月内请求法院撤销其决议。但出席社员,对召集程序或决议方法,未当场表示异议者,不在此限。总会决议之内容违反法令或章程者,无效。"

(李仁玉 卢志强)

sheyuan

社员(corporation member) 社团法人和社员总(大)会的组成人员,社团成立的基础,但不是社团法人的直接机关。社员资格的取得有两种情况:一是参与设立社团法人;二是社团法人成立后,加入社团。入社又可分为原始的入社和继承的入社。原始的入社是因入社行为而原始地取得社员的资格;继承的入社是已存在的社员资格,因继承或让与而取得。社员资格因社团法人的消灭、社员退社、社员被开除、社员的死亡以及章程所定的丧失社员资格的事由的发生而丧失。如《德国民法典》第 38 条规定:"成员资格不得转让或继承。由成员资格所产生的权利不得委托他人行使。"《瑞士民法典》第 70 条规定:"(1) 社员入社可随时进行。(2) 社员退社,依照法律,须提前半年提出申请。该申请一般在每年的上半年或在业务管理年度的前半年提出。(3) 社员资格不得让与,亦不得继承。"《意大利民法典》第 24 条第 1 款规定:"社团成员的资格不得转让,但是,设立文件或社团章程允许转让的情况除外。"

社员在社团中依法律规定或社团章程享有权利和承担义务。社员权利主要有:(1) 共益权,又称为普益权利,以完成法人所担当的社会作用为目的,而参与其事业的权利,如出席权、表决权、业务执行权、请求或自行召集社员大会的权利、监督权及决议无效宣告请求权等。(2) 自益权,又称为非普益权利,专为社员个人利益所有之权,如利益分配请求权、剩余财产分配请求权及社团设备利用权等。公司法中的股东权利就是一种社员权利。社员义务可分为共益义务和非共益义务;共益义务是为完成社团的作用,参与其事务的义务,如出席总会的义务,参与表决的义务,执行业务的义务,忠实的义务(即不得从事侵害社团目的和妨害社团活动的行为,促进实现社团的目的及参与社团活动);非共益义务是社员作为社团的一员,个人所负担的义务,如出资义务等。

(李仁玉 卢志强)

sheyuan mingbu

社员名簿(registry of members) 社团为记载社团成员的姓名或者名称、住所等基本情况而设置的账簿,是社团必备文件之一,又称为社员名册。《日本民法典》第 51 条第 2 款规定:"社团法人应备置社员名册。社员每有变更,应予订正。"《德国民法典》第 72 条规定:"经初级法院要求,董事会应随时向初级法院提交由其制作的、关于成员人数的证明书。"我国《公司法》第 31 条、第 134 条对此也作了规定。

(李仁玉 卢志强)

sheyuanquan

社员权(德 Mitgliedschaftsrecht oder Mitgliedsrecht) 社员者,社团法人之构成分子也。社员权者,组成社团的社员,基于该社员的资格,对社团所享有的包括性权利也。股份有限公司的股东权与公益性社团法人中的社员都具有这种权利。社员应负的义务有出资义务或者交纳会费义务,其权利则是表决权、分红请求权或设施利用权等。不过,上述权利的性质在股份公司和公益性社团法人中存在很大差异。股东权实质上是股东拥有的对公司资本股权的利己性权利,可以作为让与或继承的对象;而公益性社团法人的社员权则不带任何财产色彩,也不得让与或继承。

社员权之内容有由法律明文规定者,也有由法人章程自由规定者,前者如表决权、执行业务权、监督权、社员大会召集请求权、请求宣告社员大会决议无效权、利益分配请求权、选举或被选举为董事之权等。后者如利用法人俱乐部及图书馆之权利。

(张 谷)

sheyuan zonghui

社员总会(general meeting of members) 社团内部必须设立的由全体社员组成的最高意思机关,是行使社员权的社员会议,又称社员大会。其特征如下:(1) 社员总会是由全体社员组成的机关;(2) 社员总会是社团法人的最高决议机关,以决议的方式决定社团法人意思；(3) 社员总会是社团法人的必要机关，不得以章程废止；(4) 社员总会是非常设机关，由法定有召集权的人依法定程序成立，因会议结束而消灭；(5) 社员总会是法人机关，不是各社员的机关，也不是社员全体的机关。社员总会分为通常总会与临时总会。关于总会的权限，日本和德国民法采概括主义，规定社团的事务除委任给董事或其他社团机关外，依照总会的决议执行。瑞士和土耳其民法采用例示主义，规定社员的入社、开除、董事的选任及未委任给其他机关的一切事务，均依照总会的决议。我国台湾地区民法只对社团的重大事项作了列举规定：(1) 变更章程；(2) 任免董事及监察人；(3) 监督董事及监察人职务之执行；(4) 开除社员，但以有正当理由时为限。

(李仁玉　卢志强)

shexing qiyue
射幸契约(speculation contract)　即射幸合同，实定合同或交换合同的对称。在订立合同时当事人的给付义务尚未确定的合同。《法国民法典》第1105条规定："当事人各方根据不确定的事件而取得利益或遭受损失方面存在偶然性时，此种契约称为射幸契约。"如保险合同就属于射幸合同，在保险合同订立时，仅投保人承担给付保险费的义务，保险人是否承担给付保险金的义务则取决于保险事故是否发生。射幸合同的特点在于：当事人一方应取得的利益具有不确定性，它决定于所约定的事件是否发生，因此双方的给付并不具有对价性，一方虽履行其义务但因事件未发生而未得到利益，也不能以给付不等价为由撤销合同。有的称射幸合同为赌博合同，但二者是不同的。射幸合同是合法的，而赌博合同为违法合同。

(郭明瑞)

sheta qiyue
涉他契约(德 Versprechen der Leistung an einen Dritten und Versprechen zu Lasten eines Dritten)　涉他契约是为合同订立当事人以外的第三人设定合同权利或合同义务的合同。包括为第三人利益的合同和由第三人履行的合同两种。为第三人利益的合同又称第三人利益契约或利他契约，是指当事人为第三人设定了合同权利，由第三人取得利益的合同。利他合同的第三人享有直接请求履行合同的权利。作为合同的特殊类型，涉他契约是对合同相对性原则的突破。在大陆法系，罗马法实行较为严格的合同相对性原则，除了可以为没有被收养、流放、充军以及非奴隶的第三人设定债权外，法律严格禁止为第三人设定债务。为了适应社会发展的需要，近代民法逐步克服了罗马法的僵化性，开始有条件地承认涉他合同。英美契约法上也存在合同的相对性原则(doctrine of privity of contract)，按照这一原则，一份合同不能将其项下的权利义务施加于合同双方当事人之外的任何第三人。这一原则受到了合同自由以及对价理论的支持。由于合同相对性理论的实施往往会导致不公平现象的发生，因此，英国的立法和司法界都对合同相对性的松弛提出了相应的建议。为了克服合同相对性原则的缺陷，法院的判例和制定法都确立了一些例外性规则。主要表现为衡平法上的信托制度以及制定法上的保险制度等。因此，两大法系的现代契约法基本上都承认了涉他合同的效力。

利他合同具有如下特征：(1) 第三人不是缔约人，不介入合同的缔约过程。(2) 合同只能为第三人设定权利，而不得为其设定义务。(3) 合同成立后，第三人可以接受该合同权利，也可以拒绝接受该权利。涉他合同理论的核心在于其对第三人的效力，特别是利他合同中第三人直接享有请求权。我国《合同法》第64条规定，当事人约定由债务人向第三人履行债务的，债务人未向第三人履行债务或者履行债务不符合约定，应当向债权人承担违约责任。这一规定并未赋予第三人直接请求权，故我国《合同法》并未建立真正的利他合同制度。

由第三人履行的合同又称第三人负担契约，是指合同当事人为第三人设定了合同义务，由第三人向合同债权人履行合同义务的合同。第三人负担契约具有如下特征：(1) 第三人不是合同的缔约人，不介入缔约程序。(2) 合同当事人的约定通常仅以第三人既负的给付为标的，故实际上一般并不增加第三人的负担。我国《合同法》第65条规定，当事人约定由第三人向债权人履行债务的，第三人不履行债务或者履行债务不符合约定，债务人应当向债权人承担违约责任。

(刘经靖　张平华)

shewai haishi susong
涉外海事诉讼(maritime actions involving foreign element)　含有涉外因素的海事诉讼案件，包括诉讼一方的当事人是外国法人或自然人、涉诉的财产在国外等。具体包括涉外海事侵权纠纷案件：如船舶碰撞、损坏、污染、非法留置船舶及船载物等侵权纠纷；海商合同纠纷案件：如海运合同、船舶买卖租赁、修理、建造、拆解合同、海员劳动合同、海上救助、打捞合同、海上保险合同、拖航合同等纠纷；海事请求案件：如诉前请求扣押船舶或船载物；其他海事海商案件：包括港口、海上作业纠纷、共同海损、船舶所有权、占有权等纠纷。

(王青)

shewai haishi susong de falü shiyong
涉外海事诉讼的法律适用(application of law in

maritime action involving foreign element) 在含有涉外因素的海事诉讼案件中如何适用法律的问题。根据我国《民事诉讼法》和《海商法》,主要有以下规定:中华人民共和国缔结或者参加的国际条约同我国的法律有不同规定的,适用国际条约的规定,但我国参加公约时声明保留的条款除外;我国法律和我国缔结或者参加的国际条约没有规定的,可以适用国际惯例;除法律另有规定外,合同当事人可以选择合同适用的法律;合同当事人没有选择的,适用与合同有最密切联系的国家的法律。法律另有规定的情况是指:船舶所有权的取得、转让和消灭,适用船旗国法律;船舶抵押权适用船旗国法律;船舶在光船租赁以前或者光船租赁期间,设立船舶抵押权的,适用原船舶登记国的法律;船舶优先权,适用受理案件的法院所在地法律;船舶碰撞的损害赔偿,适用侵权行为地法律;船舶在公海上发生碰撞的损害赔偿,适用受理案件的法院所在地法律;同一国籍的船舶,不论碰撞发生于何地,碰撞船舶之间的损害赔偿适用船旗国法律;共同海损理算,适用理算地法律;海事赔偿责任限制,适用受理案件的法院所在地法律;依照我国的法律适用外国法律或者国际惯例时,不得违背我国的社会公共利益。 (王 青)

shewai haishi susong guanxiaquan de chongtu
涉外海事诉讼管辖权的冲突(conflict of jurisdiction over maritime action involving foreign element) 在涉外的海事诉讼中,有两个或两个以上的国家因为对该案件的管辖权问题产生冲突。广义的管辖权冲突包括两种情况,一是积极的管辖权冲突,即两个或两个以上国家的法律都对该涉外的海事案件拥有管辖权;二是消极的管辖权冲突,即涉及该案件的两个或两个以上国家的法院都没有管辖权。一般涉外海事诉讼中的管辖权冲突是指积极的管辖权冲突。 (王 青)

shewai hetong
涉外合同(contract involving foreign element) 具有涉外因素的合同,既包括当事人一方或双方为外国人(自然人或法人)的合同,也包括标的不在中国领域内的合同。依我国《合同法》规定,涉外合同的当事人可以选择处理合同争议所适用的法律,但法律另有规定的除外。涉外合同的当事人没有选择的,适用与合同有最密切关系的国家的法律。在中华人民共和国境内履行的中外合资经营企业合同、中外合作经营企业合同、中外合作勘探开发自然资源合同,适用中华人民共和国法律。 (郭明瑞)

shewai hetong zhongcai
涉外合同仲裁(arbitration on contract involving foreign element) 涉外经济贸易、运输和海事中发生的合同纠纷的仲裁。世界各国习惯上将涉外经济贸易、运输和海事仲裁称为国际商事仲裁。在一些仲裁制度发展比较完备的国家,大都根据国内仲裁与国际商事仲裁的不同特点,在立法中对国际商事仲裁采取区别规定的做法,其目的是支持本国国际商事仲裁事业的发展,以促进国际贸易,吸引和保护投资。我国《仲裁法》单列一章对涉外仲裁制订了若干与国内仲裁不同的规定:涉外仲裁机构指定由中国国际商会组织设立的中国国际经济贸易仲裁委员会和中国海事仲裁委员会承担;涉外仲裁机构可以从具有法律、经济贸易、科学技术等专门知识的外籍人士中聘任仲裁员;涉外仲裁规则由中国国际商会制定;人民法院对涉外仲裁的司法支持和监督采取与国内仲裁机构不同的程序和标准。涉外合同订立时,当事人一般约定仲裁条款,既可约定由当事人所在国的仲裁机构仲裁,也可约定由第三国的仲裁机构仲裁。涉外合同发生纠纷时,当事人依合同约定申请仲裁。 (张平华)

shewai hunyin
涉外婚姻(marriage involving foreign element) 具有涉外因素的婚姻(包括结婚、离婚和复婚)。所谓涉外,是指婚姻主体涉外或地域涉外。这里的主体涉外,是指婚姻当事人一方或双方为外国人;地域涉外,是指结婚、离婚或复婚的行为地在国外。广义的涉外婚姻,指不同国籍的公民之间的婚姻,或同一国籍的公民之间在外国境内的婚姻。根据办理婚姻事项的地域之不同,它可以分为两种类型:一种是在本国境内,本国公民与外国人或外国人与外国人之间的结婚、离婚和复婚;另一种是在外国境内,本国公民与外国人或本国公民与本国公民的结婚、离婚和复婚。广义的涉外婚姻,主要需解决冲突规范的法律适用问题,应由国际私法调整。狭义的涉外婚姻,是指中国公民与外国人,或外国人与外国人在中国境内结婚、离婚或复婚。我国现行有关法律、法规中所称的涉外婚姻,通常指的是狭义的涉外婚姻。关于涉外婚姻的法律调整,民政部于1983年8月26日颁布了《中国公民同外国人办理婚姻登记的几项规定》,对涉外婚姻的条件和程序作了具体规定。此后我国又先后颁布了《民法通则》、《民事诉讼法》等法律,均含有调整涉外婚姻关系的法律规范,为处理涉外婚姻提供了法律依据。2003年10月1日由国务院批准民政部发布的《婚姻登记条例》实施,对涉外婚姻中的结婚登记、离婚登记等问题作了新的规定。 (马忆南)

shewai jicheng
涉外继承(succession involving foreign element) 含

有涉外因素的财产继承,即在继承法律关系的主体、客体或引起这一法律关系的法律事实中有一个或一个以上的因素涉及外国,因而可能导致适用法律方面的冲突。涉外继承有以下特征:第一,继承法律关系的基本构成要素中有一个或多个涉外因素;第二,一般需要通过适用国际私法的原则,援用国际条约、外国法或国内法的规定加以解决;第三,这类案件的管辖权是直接关系到处理涉外案件结果的重大问题。我国有关涉外继承的规定散见于民事诉讼法、民法和继承法等民事法律中。

(杨 朝)

shewai jingji hetong

涉外经济合同(foreign economic contract) 中华人民共和国的企业或其他经济组织同外国组织、企业或个人之间为实现一定经济目的,明确双方权利义务的协议。涉外经济合同的当事人一方必须是外国法人、其他组织或者自然人;涉外经济合同在性质上属于涉外关系的范畴,具有涉外因素;在对争议处理的法律适用上,往往要适用"准据法"规则,有可能适用国内法,也有可能使用外国法,甚至适用国际条约、国际惯例。在《中华人民共和国合同法》施行前,我国的企业或者其他经济组织同外国的企业、其他经济组织或个人之间订立的经济合同适用《中华人民共和国涉外经济合同法》,但是国际运输合同除外。当时根据最高人民法院的司法解释,适用《涉外经济合同法》的涉外经济合同有:货物买卖合同;合资经营企业合同;合作经营企业合同;合作勘探开发自然资源合同;信贷合同;租赁合同;技术转让合同;工程承包合同;成套设备供应合同;加工承揽合同;劳务合同;补偿贸易合同;科技咨询或设计合同;担保合同;保险合同;仓储保管合同;委托代理合同等。但国际海上运输合同、国际航空合同、国际铁路运输合同以及国际复式联运合同除外。港澳地区企业、其他组织或个人同内地的企业或其他经济组织之间订立的合同;外国企业、其他经济组织或个人之间、港澳地区的企业、其他经济组织或个人之间在中国境内订立或履行的上述17种合同,也可适用《涉外经济合同法》。自《合同法》生效后,不论何种合同都适用《合同法》。根据《合同法》第126条的规定,涉外合同的当事人可以选择处理合同争议所适用的法律,但法律另有规定的除外;涉外合同的当事人未作选择的,适用与合同有最密切联系的所在地的法律;在中国境内履行的中外合资经营企业合同、中外合作经营企业合同、中外合作勘探开发自然资源合同,必须适用中国法律。

(李成林 赵志毅 郭明瑞)

shewai xintuo

涉外信托(trust involving foreign element) 又称国际信托。有关信托行为被委托人实施于一个国家,但信托财产、受益人、受托人或者执行信托的地点却在另一个国家的信托。对于这种信托的规制一般说来只能适用一个国家的法律;既然如此,就需要确立起一定的原则来解决其法律适用问题。目前已有国际私法文件确立起意思自治原则和最密切联系原则,以解决涉外信托的法律适用问题。

(张 淳)

shenqing gonggong xuke

申请公共许可(application for public authorization) 在国际贸易实务中,商事合同的效力或合同的履行往往会涉及某一国家的强制性要求的限制,为了确保合同的效力以及合同的顺利履行,当事人应当采取必要的措施向有关国家提出申请,以获得公共许可。申请公共许可的义务一般由双方当事人自由约定,若合同中未载明,同时,要求许可的法律或具体情况也未表明哪方当事人负有义务申请所要求的公共许可,根据《国际商事合同通则》第6.1.14条的规定,营业地在要求公共许可的国家的当事人,或者履行合同需要得到公共许可的当事人为申请义务人。

(刘经靖)

shenfen

身份(status) 自然人在一定社会组织体系中所形成的稳定关系中所处的地位。身份表示一个人所处的社会地位,并具有相对的稳定性和依存性。一定的身份首先表现为家庭、阶级、政党等团体或社会体系所形成的固定关系,在这种固定关系中,一个人的身份与另一个人或另一部分人的身份相依存。基于互相依存的特定身份所产生的身份关系,或者与特定的民事权利义务相联系,或者与特定的权力和职责相联系。与特定的民事权利义务相联系的身份关系,属于民法的调整对象。

(张玉敏)

shenfen falü xingwei

身份法律行为(juristic act about status) 以发生身份上法律效果为目的的行为。其对称为财产法律行为。身份法律行为的后果是在当事人之间发生身份关系的变动。身份法律行为有广义和狭义之分。广义的身份法律行为包括亲属法律行为和继承法律行为。狭义的身份法律行为仅指直接以发生或丧失身份关系为目的的行为,例如结婚、离婚、收养、解除收养等行为。至于以财产利益为目的的身份法律行为,如订立夫妻财产分别之契约、请求抚养费、抛弃继承权等,与一般的财产法律行为并无不同。区分财产法律行为与身份法律行为的意义在于:(1)适用法律规范不同。财产法律行为主要适用财产法的规范,身份法律行为主要适用身份法的规范。(2)法律效果的性质不同。财产法律行为的目的是取得财产;身份法律行为的目的在于取得或丧失身份,维持伦理秩序,应特别尊重当事人的意思,通常不能由代理人代理。 (李仁玉 陈 敦)

shenfen jicheng
身份继承(succession of status) 财产继承的对称。具有特定身份的自然人死亡后,其有资格的近亲属对其社会地位的承袭。这是最早出现的继承形式,由原始社会末期部落首领世袭制演化而来,奴隶社会和封建社会的继承制度也沿用了这一制度。身份继承在奴隶社会和封建社会是财产继承的前提和根据。例如各国的王位继承制度,日本旧民法的家督继承制度,中国的宗祧继承制、爵位继承和官员袭荫制度,古罗马的概括继承制度,以及法兰克王国的长子继承制等,都是身份继承的表现形式。到了资本主义社会,身份继承逐渐被财产继承所代替。身份继承至今仍然影响着某些国家的继承制度,例如韩国的户主继承制,英国的王位继承等。身份继承有以下特点:第一,继承客体是死者的社会地位,即王位、官职、家长身份等;第二,继承人的范围一般有限制,如我国古代的嫡长子继承制,只有嫡长子才能继承被继承人的社会地位,余子(庶子和同母弟)虽然也能分得一部分财产,但是不能继承死者的身份;第三,被继承人具有特定的身份。 (马忆南)

shenfen jichengren
身份继承人(successor of status) 承受死者生前社会地位及人身特权的继承人。一般认为,身份继承人是从原始社会末期,由部落首领的世袭制推演而来的。在古代西方社会,继承人首先被看做死者人格和地位的延续,故而继承人的首要含义即是身份继承人。随着社会经济的发展,在奴隶社会和封建社会中,西方国家均规定由死者的嫡长子继承死者的身份特权及社会地位,如王位、官职、家长权等,并可分得主要的遗产;其他子女也可分得遗产,但是不能继承死者生前的地位及特权。旧中国一直延续的宗祧继承中,身份继承人是死者的嫡长子,其还有作为祭祀祖先主祭人的权利,其他继承人只能是陪祭。资本主义制度形成和确立后,世界各国的继承立法普遍取消了身份继承人,反映了继承观念的进步。但韩国继承法所规定的户主继承人,在一定程度上属于身份继承人的范畴,这只是极为特殊的规定。 (常鹏翱)

shenfen liyi
身份利益(interests of personal status) 民事主体因其特定身份而享受的人身利益和财产利益。身份利益可分为亲属关系中的身份利益和亲属关系外的身份利益。亲属关系中的身份利益包括配偶之间的身份利益、父母子女间的身份利益以及其他近亲属之间的身份利益。亲属关系中的身份利益具有互利性,当事人在道德和伦理的驱使下,自愿或非自愿地受制于相对人的利益,如配偶的身份利益体现为共同生活、相互扶养、相互关心和爱护,这种利益是双方的利益。亲属的身份利益和亲权人的身份利益都具有这样的特点。亲属关系外的身份利益不具有互利性,如荣誉身份、作者身份之利益。 (张玉敏)

shenfenquan
身份权(rights of personal status) 与人格权相对应的一种人身权。民事主体基于特定身份依法所享有的权利。在奴隶社会和封建社会,身份权有家父权(家长权)和夫权。那时的身份权,是建立在等级制基础上的人身支配权,如古罗马的家父对家庭成员有生杀予夺的权利。随着人类文明程度的提高,家父权和夫权逐渐削弱,至19世纪,身份关系的性质发生了根本性的变化,家父权、夫权消亡,不平等的、专制的人身支配关系演化为平等的、以相互尊重和扶助为特点的新型身份关系。现代意义上的身份权,分为亲属关系上的身份权和亲属关系外的身份权。

亲属关系上的身份权包括配偶权、亲权和亲属权。配偶权是合法的夫妻相互之间所享有的权利,如相互扶养权、同居权、日常事务代理权。亲权是父母对未成年子女人身和财产教育管理的权利和义务的总和,包括管教权(惩戒权)、住所指令权、职业许可权、身份行为(如结婚)同意权、财产管理权和使用收益权、财产行为法定代理权、抚养义务、侵权损害的赔偿义务等。亲权的各项权利,实质上都是权利和义务的统一体,而与一般的民事权利不同。亲属权是除配偶和未成年子女以外的近亲属之间基于亲属身份所享有的权利,主要是相互扶养的权利。

亲属关系外的身份权包括监护权、荣誉权、作者人身权、发明人和设计人的人身权。监护权是监护人基于其监护人身份所享有的权利,包括对被监护人的人身照顾管教权和财产管理权、法定代理权。我国民法通则未规定亲权,而将其内容包含于监护权之中。而德国、瑞士等大陆法系国家和我国台湾地区民法典规定,只有未成年人无父母或父母不能行使亲权时,才须依法定程序设定监护人。监护权的主要内容是保护、监督和教育被监护人,管理被监护人的财产,代理被监护人进行财产法律行为,而且对被监护人的侵权损害承担赔偿责任。荣誉权是荣誉获得者保持和利用其荣誉并排除他人侵害的权利。作者人身权是作者基于作品的创作而依法享有的精神权利,包括署名权、发表权、修改权、保护作品完整权。但也有学者主张著作权系一项完整的民事权利,不应划分为著作财产权和著作人身权,也有人认为著作人身权属于人格权。

(张玉敏)

shenfawu

神法物(拉丁 res divini juris) 人法物的对称。罗马法上以物能否为个人所有为标准,将物分为财产物与非财产物。非财产物又分为神法物与人法物。起初,几乎不是人们所有的物,都属神法物。至《十二表法》时,神法物分为神用物、安魂物和神护物。所谓神用物(拉丁 res sacrae),是经过法定程序供奉给神灵所用的物,包括土地、房屋等不动产,以及教堂和庙宇内的偶像、器皿和用具等动产。非经过与设置供奉相反的程序(即还俗式),不能变更其性质。所谓安魂物(拉丁 res religiosae),是安葬亡魂所用的物,即用以供灵魂或下级神安息、寄托和使用的物,如棺木、坟墓、墓碑、骨灰盒、殉葬物等。所谓神护物(拉丁 res sanctae),是罗马人认为受到神灵保护的物,如城市的城墙、城门、土地的界址等。神法物落入敌手,即失其神圣性,即使重归罗马,因复境权而恢复其占有,仍须经过宗教的去污(拉丁 profanatio)仪式,才能回复原有的法律地位。

(钱明星)

shengchan hezuoshe

生产合作社(production co-operative) 劳动者为共同发展生产而自愿联合组成的生产性的集体经济组织。生产合作社的主要生产资料归社员集体所有,领导者由社员选举产生,实行统一经营、统一核算、自负盈亏的管理方式。生产合作社的收益除按国家规定纳税外,在提取一部分公积金、公益金后,采取按劳分配的报酬方式。我国现存的乡镇企业在理论上讲属于生产合作社的范畴。

(李仁玉 卢志强)

shengchan ziliao

生产资料(means of production; 德 Produktionsmittel) 又称生产手段。指人们从事生产所必需的物质条件,包括土地、矿藏、水流、森林、原材料、生产建筑物、生产工具等。所有权制度是社会主义法律制度的组成部分,是反映和保护我国所有制关系的规范,它的主要任务就是保护社会主义的生产资料公有制。我国宪法和有关的法律规定,生产资料属于国家和劳动群众集体所有,并对集体所有生产资料的范围作出了一定的限制。由于在法律规定范围内的个体经济、私营经济等非公有制经济是社会主义市场经济的重要组成部分,因而对公民个人,则不再只限于保护个体劳动者、农村集体经济组织成员因从事劳动或经营手工业、家庭副业所需的生产资料,而且对私营企业主以个人独资企业、合伙企业、有限责任公司或股份有限公司等各种形式从事工商业活动所需的生产资料,国家也予以保护。过去,我国的生产资料绝大部分是国家所有权或集体所有权的客体,今后,除某些只能是国家所有权客体的生产资料外,在公民个人所有权中,将会有越来越多的生产资料成为其客体。

(张 谷)

shengcun baoxian

生存保险(endowment insurance) 以被保险人在保险期间内的生存为保险事故而保险人应当给付保险金的保险。在被保险人生存到保险期满时,保险人应当按照保险合同的约定给付保险金。若被保险人在保险期间内死亡,保险合同终止,保险人不承担给付保险金的责任,也不退还保险费。实际上,年金保险可以被认为是典型的生存保险。

(邹海林)

shengcun de shoutuoren

生存的受托人(surviving trustees) 参见继续存在的受托人条。

shengcun hehuoren

生存合伙人(surviving partner) 因一合伙人死亡而导致合伙解散时仍生存之合伙人。为了妥善处理合伙事务,保护全体合伙人的利益,法律规定,生存合伙人有义务暂时继续执行由合伙契约或由合伙人依约定方式委托给死亡合伙人执行的事务,直至其余合伙人能共同采取处理措施时为止。德国民法典第727条(2)规定:"1.(合伙)解散时,死亡的合伙人的继承人应立即将死亡事实通知其余的合伙人,并在拖延有危险时,应继续执行由合伙契约委任给被继承人的事务,直至其余的合伙人能会同继承人共同采取其他措施时为止。2.其余合伙人也有义务以同样方式暂时继续执行委任其执行的事务。3.合伙在此范围内视为存续。"

(张玉敏)

shenghuo ziliao

生活资料(德 Verbrauchsgueter, Lebensmittel) 又称消费资料。人们物质和文化生活所必需的供消费的物质资料,例如,居住的房屋、家庭生活用具、文化娱乐用具、食品等。我国宪法和有关的法律规定,国家对公民个人所有的生活资料和合法取得的财产,一律予以保护。生活资料大量地属于公民个人所有权的客体。

(张 谷)

shengming jiankang quan

生命健康权(rights of life and health) 自然人所享

有的生命安全和身体健康不受非法侵害的权利,包括生命权和健康权。生命权是生命安全不受非法侵害的权利,以自然人的生命安全利益为客体,以生命安全之维护为内容。生命是自然人维持其生存的基础,是人的最高人格利益,也是自然人取得民事权利能力和从事民事活动的自然基础,维护生命安全是自然人的第一需要,因此,生命权是最重要、最基本的民事权利。健康权是身体健康不受非法侵害的权利。健康包括人体生理机能的健康和精神健康,即人体的生理机能和神经系统都保持正常。健康权以健康利益为客体,以维护身体健康、排除非法侵害为内容。劳动能力作为身体健康的一项重要内容,也是健康权的保护对象。维护身体健康不仅是自然人提高自己生活质量,追求体格、精神之完美状态的需要,同时也具有维护社会利益,提高人类生存质量的意义。生命健康权是绝对权,任何人都负有尊重和不得侵害的义务。生命健康权受民法、行政法和刑法的多重保护。　　　　（张玉敏）

shengqian falü xingwei
生前法律行为（德 Rechtsgeschäft unter Lebenden） 死后法律行为以外的法律行为。多数法律行为均为生前法律行为,不以当事人一方死亡为必要。人寿保险契约虽以死亡为请求保险金的时间,但是,该契约于订立当时即发生效力,仍为生前法律行为,而非死后法律行为。　　　　　　　　　（李仁玉　陈敦）

shengqian hetong
生前合同（德 Vertrag unter Lebenden） 又称生存合同,是死后合同的对称。于行为人生前就发生法律效力的合同。大多数合同都为生前合同。　（郭明瑞）

shengqian shouyang
生前收养（adoption during one's lifetime） 死后收养的对称,指收养人与被收养人在生存期间建立法律拟制血亲关系的行为。这是世界各国法律普遍规定的收养形式。我国《收养法》亦不准许死后收养子女。
　　　　　　　　　　　　　　　　（马忆南）

shengqian xintuo
生前信托（living trust; trust inter vivos） 遗嘱信托或死后信托的对称。由委托人设立并在其生存期间即发生效力的信托。生前信托的基本特征在于,只要其符合法定条件,在委托人生存期间即发生效力,该人因此而享有和承担为信托法和信托行为设定的权利与义务。生前信托属于明示信托,它既可以是私人信托,又可以是公益信托。凡自然人通过除信托遗嘱外的任何一种信托行为设立的信托均属于生前信托,故以自然人为委托人的合同信托与宣言信托都是生前信托。自益信托由其自身特点决定只能是生前信托,他益信托也可以作为生前信托存在。对生前信托的调整除应当适用信托法外,还应当适用合同法以及其他有关自然人生前行为的法律。　　　　（张　淳）

shengsi liangquan baoxian
生死两全保险（mixed insurance） 又称混合保险。以被保险人在保险期间内的死亡、伤残或者被保险人生存到保险期满为保险事故而保险人应当给付保险金的保险。在被保险人伤残、死亡或者被保险人生存到保险期满时,保险人应当按照保险合同的约定给付保险金。实际上,生死两全保险是由生存保险与死亡保险合并而形成的混合险种。生死两全保险,原则上以死亡保险为基础而对保险金的给付附以生存条件,或者以生存保险为基础而对保险金的给付附以死亡条件。　　　　　　　　　　　　　　（邹海林）

shengwuxue shang de sunhai
生物学上的损害（拉丁 danno biologico） 意大利民法实践中,主要在侵害生命健康权领域适用的概念,是与财产损失和精神损失相并列的第三类损害形态。指无论对主体收入和其他方面有无消极或不利影响,主体在生理或精神上的完整性的损害,即受《意大利宪法》第 32 条的保护。健康上的损害本身就是一种独立的损害形态。换言之,对于一个人心理—生理完整性的侵犯构成本身为可诉的损害。对病理学意义上健康的侵害也构成损害。这使意大利民法拓展了侵权行为法保护的对象——只要一个受到法律保护的利益被侵犯即认为发生了损害。这一变革使侵权之诉的发动极为便宜。

《意大利民法典》第 2043 条、第 2059 条分别规定了对于财产损害及精神损害的赔偿责任。按照第 2059 条的规定,非物质损害的赔偿责任只有在加害人的行为构成刑事犯罪时才能够构成。这一规定严格限制了精神损害赔偿责任的适用范围或条件,但是严格执行这一规定的结果有悖于《意大利宪法》第 32 条第一项的规定：共和国将公民的健康作为个人之基本权利和公共利益予以保护,并且保障必要的免费医疗。由于精神损害赔偿的规定（意大利民法典第 2059 条）不可改变,因此法院通过解释第 2043 条,将生物学上的损害解释成民法典第 2043 条的经济损失（或财产损失）,这一做法现已得到意大利宪法法院的支持。生物学上的损害在工业伤害等法律领域得到了发展。

生物学上损害赔偿制度的建立给人格权保护带来了若干新问题：第一,该制度使主张损害赔偿者不以自己身体遭受伤害为前提。对参与和他人的共同生活的可能性之消极影响也成为该损害的相对独立的内容。比如,夫妻一方因严重受伤而不能进行性生活时,他(她)的配偶也遭受了生物学上的损害。第二,死者的近亲属能否因丧失亲人而对自己的"生物学上的损害"主张权利。按照一般的观点,一个受伤立即死亡的人自己是不会遭受生物学上的损害的,当然也就不会产生对该损害赔偿的继承问题。20世纪90年代中期的判决表明,在立即死亡的情况下,遗属只有精神损害的赔偿请求权,但是这一损害的计算标准已经类似于生物学上的损害。倘若受害人在死亡前还存活了足够长的时间,以至于可以肯定其自己的生物学上的损害,那么其近亲属就可以通过继承法的途径获得对该项赔偿请求权的继承,另外近亲属还有自己的损害赔偿请求权。第三,生物学上损害的创立使人身损害赔偿制度发生了变化。起初意大利对损害赔偿额采用了客观方法,即损害赔偿额不因人而异,而采用参照交通事故损害赔偿法中的计算方法。从1993年开始,采用生物学上的损害制度在一定程度上排除了客观方法中,仅以获得收入的劳动能力减少为基础的补偿制度,而是依据一系列的公平标准来确定赔偿额,以体现当事人伤残程度的不同、侵权行为严重性的不同以及社会和家庭生活条件的改变等因素,给予当事人公平的赔偿。第四,意大利法院开始在其他侵害人格权的案件中也考虑适用生物学上的损害赔偿制度,从而动摇了侵害其他人格权需要造成严重后果才能获得非财产损害的赔偿的原则,使针对人身权的侵权行为法的保护体系内部更为协调、统一。 (张平华)

shengming tuihuo
声明退伙(to secede from partnership at will) 退伙的一种形式。合伙人可依约定或单方面向其他合伙人声明退伙。声明退伙又称任意退伙或自愿退伙,但自愿退伙并不等于随便退伙。根据我国《合伙企业法》第46条的规定,合伙协议约定了合伙企业的经营期限,出现下列情形之一,合伙人可以声明退伙:(1)合伙协议约定的退伙事由出现;(2)经全体合伙人同意退伙;(3)发生合伙人难于继续参加合伙企业的事由;(4)其他合伙人严重违反协议约定的义务。合伙协议未约定合伙企业的经营期限的,合伙人可以随时提出退伙。但是,声明退伙人应该做到:一是不给合伙企业的事务执行造成不良影响,二是应提前30日通知其他合伙人。合伙人如果擅自声明退伙,应当赔偿由此给其他合伙人造成的损失。 (李仁玉 陈 敦)

shengxiang he dengguang xinhao
声响和灯光信号(sound and light signals) 《1972年国际避碰规则》规定的以号笛、号钟和号锣等声号设备发出的长短声,以及以一盏环照白灯发出的闪光为基础组合而成的各种避碰信号的总称。具体包括操纵和警告信号、能见度不良时使用的声号和指引注意信号等。 (张永坚 张 宁)

shengchu baoxian tiaokuan
牲畜保险条款(Livestock Insurance Clauses) 规定牲畜保险的专门保险条款。1982年由中国人民保险公司发布,共11条。其主要内容为:(1)该保险的保险对象为牛、马、骡、驴四种牲畜,起保年龄均为1周岁,最高承保年龄黄牛、马为13周岁,水牛、骡为15周岁,驴为11周岁。牲畜投保时需经兽医部门验体合格,无伤残、疾病。被保险人需将其符合投保条件的牲畜全部投保。(2)保险责任范围为:因火灾、雷击、爆炸、雪灾、冰雹、地震、地陷、崖崩、泥石流、龙卷风、空中运行物体坠落、固定物体倒塌、野兽伤害、互斗、碰撞、窒息、中毒、淹溺、触电、摔跌所致牲畜死亡或终身残废;因疾病、胎产、阉割所致牲畜死亡;因患传染病经当地政府命令捕杀掩埋的。由于被保险人及其家庭成员或饲养人员的故意行为而致牲畜死亡或伤残,或牲畜被盗、走失而致的损失,保险公司不承担责任。(3)保险金额,国有或集体单位的牲畜按投保当时的账面净值或协商估定的价值的七成承保,个人的牲畜最高不超过当时民主评定价格的七成承保。续保时需重新评定保险金额。保险费按本条款所附之费率表计收。(4)保险牲畜发生保险责任范围内的伤亡时,保险公司按保险单所载保险金额赔付,牲畜尸体的残值按本条款规定的比例从赔款中扣除。赔款金额确定后,保险人应当在15天内偿付。如被保险人在6个月内不领取赔款,即视为自动放弃权益。 (刘凯湘)

shengchu zuyang
牲畜租养(法 du bail à cheptel) 法国民法上指一方当事人将其畜群资产交给另一方当事人,由另一方当事人按照双方约定的条件看管、饲养与照料的契约。牲畜租养契约一般可分为四种:单纯或一般的牲畜租养;对半租养牲畜;交由土地承租人或佃农租养牲畜;非严格意义上的牲畜租养契约。 (刘经靖)

shiqu kongzhi de chuan
失去控制的船(vessel not under command) 由于某种异常情况而不能按避碰规则规定的要求进行操纵,因而不能给他船让路的船舶,而不是指完全不能由驾驶人员进行操纵的船舶。失去控制的船舶在1972年避碰规则中首次出现,只适用于船舶在航时。"某种异常情况"主要是指船舶本身的异常情况,如主机或舵机发生故障。某些客观原因造成的情况,如走锚状态、锚已卸掉而只用锚链来顶住风浪,以及帆船在驶帆航行时突然遇到风停的情况等也可视为"异常情况"。恶劣的天气条件一般不认为是"异常情况"。

(张永坚　张　宁)

shiquan xingwei

失权行为(德 Verwirkungen)　因为一定的行为而发生丧失权利的法律效果的一种民事法律事实。例如在有的国家的民法上,丈夫因为同意妻子通奸而丧失请求离婚的权利,父亲因为自己的犯罪行为而丧失对子女的亲权。我国继承法规定继承人在故意杀害被继承人等几种情形下丧失继承权,这些行为在性质上也属于失权行为。

(葛云松)

shiye baoxian

失业保险(unemployment insurance)　因劳动者失业而由社会保险基金向其提供维持基本生活的物质帮助的保险。失业是劳动者有劳动能力和劳动意愿但得不到劳动机会,或者就业后又失去工作的状态。失业保险的待遇是由失业保险基金支付的,失业保险基金是通过向雇主和劳动者收取失业保险费而筹集的。失业保险具有以下特点:(1)失业保险适用于暂时失去工作的劳动者。失业保险项下的物质帮助,仅仅在一定期间内对失业的劳动者有意义。(2)失业保险不仅具有保障失业的劳动者的基本生活需要之功能,还有促使劳动者重新就业的作用。(3)失业保险仅仅对非自愿失去工作的劳动者提供物质帮助。失业保险的基本待遇,是向失业者发放失业保险金,在特殊情况下,还包括对失业者提供免费的再就业培训及其他待遇。

历史　失业保险产生于20世纪初期。在资本主义自由竞争时期,政府对失业采取放任的态度,并认为失业是自由竞争的必然产物。但随着资本主义自由竞争变得过度激烈,劳动者失业对于社会经济生活的影响是巨大的,直接导致资本主义基本矛盾的加剧,威胁资本主义制度的自我完善和发展。20世纪初,资本主义制度比较发达的欧洲各国政府开始注意对劳动者失业的救济,并通过立法建立失业保险制度,以缓解失业对社会发展所产生的负面影响。1905年,法国颁布失业保险法,开始建立非强制性的失业保险制度。随后,挪威和丹麦仿效法国,也建立了非强制性的失业保险制度。1911年,英国颁布国民保险法,将失业保险作为国民保险的一项内容,强制推行。随后,意大利、奥地利、波兰、德国等诸多国家相继仿效英国,建立了强制性的失业保险制度。经济最为发达的美国,也在20世纪30年代建立了强制性的失业保险制度。但是,失业保险并不是世界各国所普遍推行的一项社会保险制度,截至目前,全球只有四十多个国家和地区建立了失业保险制度。我国在20世纪80年代中期开始建立失业保险制度,如今,具有中国特色的失业保险制度已经基本形成。

失业保险基金　失业保险基金是通过国家财政补贴、雇主和雇员共同缴纳费用而筹集的。特别是,雇主必须依法为雇员缴纳失业保险费,雇员也应当为自己的利益依法缴纳失业保险费。我国的城镇企业事业单位按照本单位工资总额的2%缴纳失业保险费,城镇企业事业单位的职工按照本人工资的1%缴纳失业保险费。失业保险基金由下列各项构成:(1)雇主和雇员缴纳的失业保险费;(2)失业保险基金的利息;(3)各级政府的财政补贴;(4)依法纳入失业保障基金的其他资金。失业保险基金由当地政府统筹安排使用。地方政府并可以建立相应的失业保险调剂金。依照我国的有关规定,统筹安排使用失业保险基金的地区,当不敷使用时,由失业保险调剂金调剂、地方财政给予补贴。依法建立的失业保险基金,主要用于失业救济和促进就业两个方面。失业救济的支出,应当直接支付给失业人员,以维持其基本生活;促进就业的支出,由失业保险机构按照促进就业的具体用途使用,以实现劳动者的再就业。依照我国的有关规定,失业保险基金用于下列支出:(1)失业保险金;(2)领取失业保险金期间的医疗补助金;(3)领取失业保险金期间死亡的失业人员的丧葬补助金和其供养的配偶、直系亲属的抚恤金;(4)领取失业保险金期间接受职业培训、职业介绍的补贴;(5)国家规定的与失业保险有关的其他费用。

失业保险待遇　失业人员依照法律规定,享受失业保险待遇。失业保险待遇包括失业保险金和法律规定的其他失业保险待遇,诸如领取失业人员的医疗补助金、失业人员的死亡丧葬补助金和其供养的配偶、直系亲属的抚恤金、失业人员的再就业培训等。依照我国有关失业保险的法律的规定,具备下列条件的失业人员,可以领取失业保险金:(1)按照规定参加失业保险,雇主和雇员已按照规定履行缴费义务满法定年限的;(2)非因雇员本人意愿中断就业的;(3)已按照政府的有关规定办理失业登记,并有求职要求的。失业人员在领取失业保险金期间,按照规定同时享受法律规定的其他失业保险待遇。但失业人员在领取失业保险金期间有下列情形之一的,停止领取失业保险金,并同时停止享受其他失业保险待遇:(1)重新就业的;(2)应征服兵役的;(3)移居境外的;(4)开始享受基本养老保险待遇的;(5)被判刑收监执行教养的;(6)有法律、法规规定的停止失业保险待遇的其他情形。失业人员享受失业保险待遇,其期限不得超过法定之最长期限。依照我国的有关规定,失业人员失业前所在单位和本人按照规定累计缴费时间满 1 年不足 5 年的,领取失业保险金的期限最长为 12 个月;累计缴费时间满 5 年不足 10 年的,领取失业保险金的期限最长为 18 个月;累计缴费时间 10 年以上的,领取失业保险金的期限最长为 24 个月。重新就业后,再次失业的,缴费时间重新计算,领取失业保险金的期限可以与前次失业应领取而尚未领取的失业保险金的期限合并计算,但最长不得超过 24 个月。

(邹海林)

shizong

失踪(missing) 自然人离开自己的住所或居所后,没有任何消息,处于生死不明的状态,又称下落不明(unknow whereabouts)。自然人因失踪使其参与的民事法律关系处于停止状态,既不能实现其权利,也不能履行其义务,这种状态持续下去,既不利于失踪人本人的利益,也不利于利害关系人的利益,为了克服这种状态,各国法律均设置了宣告失踪和宣告死亡制度。失踪包括普通失踪(generally missing)和危难失踪(accidental missing)。普通失踪是自然人离开自己的住所,处于无音讯的状态。危难失踪是指自然人因意外事件下落不明,没有任何音讯,处于生死不明的状态。根据我国《民法通则》的相关规定,危难失踪与普通失踪的法律后果存在区别。在普通失踪的情况下,失踪人离开自己的住所满 2 年,利害关系人可申请宣告失踪,失踪人离开自己的住所满 4 年,利害关系人可申请宣告死亡。在危难失踪的情况下,从事件发生之日起满 2 年,利害关系人或可申请宣告失踪,或可申请宣告死亡。此外,在普通失踪的情况下,宣告死亡的公告期为 1 年,在危难失踪的情况下,宣告死亡的公告期为 3 个月。

(李仁玉 陈敦)

shigong hetong

施工合同(construction contract) 建设工程合同的一种。发包人与承包人订立的关于工程的建筑与安装的承包合同。根据施工合同,施工人应完成工程的建筑、安装工作,发包人于验收后应接受该工程并支付价款。参见建筑安装工程承包合同条。

(郭明瑞)

shisun

湿损(water damage) 货物的水损。船舶遭遇意外事故后,在抢救船舶和货物过程中,货物被涌入或渗入货舱的海水浸湿,或在灭火过程中被水喷湿或浸湿的损失等,属于共同海损的牺牲。

(张永坚 张宁)

shixiao

时效(德 Verjährung) 一定事实状态在法定期间持续存在,从而产生与该事实状态相适应的法律效力的法律事实。时效可分为取得时效和诉讼时效。

时效制度起源于罗马法。在《十二铜表法》中就有关于取得时效的规定。例如,要式买卖的方式有瑕疵,或者亲友间用略式方式转移要式物,在市民法上不发生所有权转移的效力,但可因持续占有标的物,不动产满 2 年,动产满 1 年,买受人即受到法律的保护。到了罗马帝国后期,因战乱频繁,田园荒芜,人口迁徙增多,占有事实普遍化,为了稳定社会秩序和维系经济发展,取得时效的适用更为普遍。罗马法上的消灭时效制度起源于审判官之命令。依罗马市民法的规定,诉权不因时间之经过而消灭,但审判官所给予的诉权,则应在一定期间内行使,该一定期间即称为消灭时效。1804 年的《法国民法典》虽然确立了所有权神圣不可侵犯的原则,但仍继承了罗马法的取得时效和消灭时效制度。《德国民法典》以及后世各国的民法典均规定了取得时效和消灭时效制度。我国《民法通则》只规定了诉讼时效,未规定取得时效制度。民法设立时效制度的目的,在于维护社会公共利益,维护经济秩序。时效期间届满即发生与原权利人利益相反的法律效果,因此时效制度的实质,在于对民事权利的限制。

关于时效种类的立法体例存在两种主张:(1) 统一立法主义。《法国民法典》、《日本民法典》等采用统一立法主义的主张,将取得时效和消灭时效统一规定。例如《法国民法典》在第三编取得财产的各种方法中专设第二十章时效,统一规定取得时效和消灭时效。《日本民法典》在第一编总则中设第六章时效,共分三节:第一节为时效通则,第二节为取得时效,第三节为消灭时效。(2) 各别立法主义。《德国民法典》采此主张。在《德国民法典》第一编总则中,设第五章消灭时效;另在第三编物权的第三章中,规定取得时效。

我国《民法通则》仅规定了诉讼时效,而未规定取得时效。在是否应规定取得时效的问题上,学者们有不同的主张。归纳起来主要有两种学说:(1) 否定说。其主要理由是,在近现代民事立法中,由于财产关系和调整财产关系的法律的变化、土地法的独立、民法不动产登记制度的发达,以及动产善意取得制度的确立,使取得时效制度没有存在的必要。另外,只要完善诉讼时效制度,可以同时起到取得时效的作用。因此,在我国没有必要建立取得时效制度。(2) 肯定说。其主要理由是,取得时效和诉讼时效是两种不同的制度。土地法从传统民法中的分离、动产善意取得制度和不动产登记制度的建立,都不能替代取得时效制度。因此,在我国有确立取得时效制度的必要。在如何确立取得时效制度的问题上,有的学者主张采用各别立法主义,即在我国制定《物权法》时,在所有权通则中规定取得时效。

时效应具备两个条件:(1)要有法律规定的一定的事实状态存在,如占有某物或权利人不行使权利等。如果不存在法律规定的事实状态或只有法律规定外的事实状态存在,则不发生时效的法律后果。(2)一定的事实状态必须持续一定的时间,即不间断地经过法律规定的期间。二者结合起来,才能构成时效,产生一定的法律后果,使当事人取得权利或丧失权利。

时效具有以下特征:(1)时效是法律事实。不论时效的法律后果是引起权利取得,还是引起权利消灭或引起权利不受保护,时效均为民事法律关系产生、变更或消灭的依据。因此时效属于法律事实。(2)时效是事件。时效的法律后果是因一定的事实状态持续地经过法定期间而当然发生,与当事人的意志无关,因而时效属事件而非行为。同时,时效期间不同于一般期间,它以一定的事实状态的存在为前提,是一定事实状态和时间的结合。(3)时效具有强制性。民法对时效的规定属于强制性规定,不得以当事人的自由意志予以排除,时效期间不得由当事人协议延长或缩短,时效利益不得由当事人预先抛弃。当事人关于排除时效适用、变更时效期间或预先抛弃时效利益的约定,依法当然无效。在我国,关于民事时效的规定,无论当事人是否援用,人民法院或仲裁机构均可主动适用。

时效制度的作用:(1)稳定法律秩序。原则上,民事权利的行使与不行使取决于权利人的意志,权利不会因不行使而自动消灭。但是,如果权利人能行使权利而长期不行使,义务人的义务长期不履行,就会使当事人之间的权利义务处于不确定状态,从而导致当事人之间的社会关系的事实状态与法律状态不一致。而在这种不确定的权利义务关系的基础上,又会发生其他权利义务关系,长此以往,必然影响正常的社会经济秩序和交易安全。在社会关系的事实状态与法律状态不一致持续一定期间时,法律应适应现实生活的需要,否认旧的关系,确认新的关系,以稳定社会经济秩序和确保交易安全。实行时效制度,因法定期间的经过而使原权利人丧失权利,使长期存在的事实状态合法化,有利于稳定法律秩序。(2)促使权利人行使权利。西方法谚有言:法律帮助勤勉人,不帮助睡眠人。权利人如不及时行使权利,就可能导致权利的丧失或不受法律保护,或义务人取得权利,这就促使权利人在法定期间内行使自己的权利,以维护自己的利益。(3)避免举证困难。一种事实状态如长期存在,必致证据湮灭、证人死亡,此事实状态是否合法,殊难证明。实行时效制度,凡时效期间届满,即认为权利人丧失权利或不受法律保护,即以时效为证据的代用,避免当事人举证和人民法院调查证据的困难。

(李仁玉 陈敦)

shixiaohun

时效婚(marriage by prescription;拉丁 matrimonium per usum) 古代罗马的有夫权婚姻的结婚方式之一,亦称事实婚,其规定属于市民法。按此结婚方式,男女双方须在事实上以夫妻关系同居生活1年后,始得被视为正式配偶。这种婚姻的效力是因一定的事实和一定的期间经过相结合而发生的。基于市民法的原理,夫权和物权均可因时效届满而取得,两者的一致性充分说明了妇女的地位低下。男子对妇女以作为妻的意思而占有、使用达一定期间,便可享有夫权。这种婚姻借以成立的时效期间必须是连续的。按照《十二铜表法》的规定,如女方外宿达3日以上,时效即告中断。

(杨大文)

shixiao liyi

时效利益(benefit of prescription) 财产占有人因取得时效期间经过,取得财产所有权而获得的增加自己财产的利益,以及债务人因诉讼时效期间经过,可拒绝履行债务而获得的减少自己财产负担的利益。

(李仁玉 陈敦)

shixiao qijian

时效期间(poriod of prescription) 依法律规定,当事人持续占有他人之物从而取得所有权,或当事人不行使权利从而丧失胜诉权的期限。包括取得时效期间和消灭时效期间。

(李仁玉 陈敦)

shixiao qude

时效取得(acquisition by prescription) 依取得时效的规定取得所有权。取得时效是时效的一种,它是当事人因占有他人财产的事实状态经过一定时间而取得该财产所有权的法律制度。

大陆法系各国的民法,一般都有时效的规定,并将时效分为取得时效与消灭时效,其来源都是罗马法。罗马市民法上的 usucapio 制度(即取得时效),只适用于动产和意大利土地。依市民法的规定,凡使用他人土地满2年或动产满1年的,其占有受法律保护。至查士丁尼帝编纂法典时,规定动产的一般时效为3年,不动产则视当事人是否同住一个省区之内,同则为10年,异则为20年。

《法国民法典》将时效归入"取得财产的各种方法"中(第2219条以下)。《日本民法典》在"总则"中将时效作为一章专门规定(第144条以下)。而《德国民法典》则不同,它将消灭时效的内容规定于"总则编"中,而将取得时效的内容规定于"物权编"中。但这些国家的民法典都是把取得时效作为取得所有权的一种方法。

因时效而取得的权利，罗马法上仅限于所有权，《法国民法典》第712条亦如此规定："所有权亦因添附或混合或以时效而取得。"《德国民法典》将之扩张于以占有为要素的限制物权。《日本民法典》规定的范围最广，原则上对于一切财产权都可适用取得时效(第163条)。

关于在何种物上取得权利，各国立法的规定不同。《德国民法典》以时效为动产物权的取得方法(第937条)，不动产有登记取得时效制度(第900条)。一般来说，下列各物不适用取得时效：(1)不融通物、公共物(例如空气、阳光)。例如《法国民法典》第2226条规定："对于不属于买卖的物件，不适用时效的规定。"(2)自己物及无主物不能因时效而取得。

因时效取得物的所有权必须具备一定的条件。一般包括：第一，占有必须是和平的、公开的。第二，要以所有人的名义或意思占有。第三，必须是持续占有，即占有应为连续不断地进行。第四，占有必须是善意的。善意是指不知其占有为有瑕疵而为占有。第五，占有须经过一定期间。

关于时效取得期间，各个国家和地区的立法规定不一。《德国民法典》将动产的取得时效规定为10年。该法典还规定了土地的登记取得时效，在其第900条第1款规定："没有取得土地所有权，而以所有人名义在土地登记簿内业经登记者，其登记经过30年，并在此期间内，为自己而占有其土地时，取得该土地所有权。30年之期间，以动产取得时效之同一方法计算之。此项期间，在土地登记簿上登记否认其正确之异议时，停止进行。"同条第2款规定："将不属于某人其他权利，而以某人名义登记于土地登记簿内，并因有此项权利得占有土地时，或因实行此权利，受有占有规定之保护时，准用前项之规定。关于权利之顺位，应以登记为准。"这是为已登记于土地登记簿内但对土地无有效的法律上权利的人而设立的制度，土地的真正权利人久不行使权利，则由登记的人确定取得权利。《日本民法典》的一般取得时效(包括动产、不动产)是20年，如果其占有的开始即为善意并无过失的，则为10年(第162条)。所有权以外的其他财产权的取得也以占有开始时是否为善意且无过失而定期间为10年或20年(第163条)。

英美普通法中的"不利拥有"制度相当于大陆法系国家中的取得时效制度。

我国现行民事立法尚未认可取得时效制度。但从维护正常的民事流转、建立稳定的社会主义经济秩序的目的出发，建立取得时效是必要的。 （王轶）

shizu chuanbo de hangqu xianzhi
时租船舶的航区限制(trading limit) 也称期租船舶的营业范围。定期租船合同订明的船舶航行区域和装卸货范围。在合同预定的区域内承租人可以指示船长行驶任何航线，停靠任何安全港口。但是超出合同规定的范围，船舶有权不听从承租人的指示。如果合同订明航行区域为世界各地，承租人就可以指示船舶在世界各航线营运，不受区域限制。关于装货范围，一般都规定限于载运合法贸易的合法货物等。对于活动物、易燃品及危险品是否可以载运，也应在合同中订明。 （张琳）

shibie nengli
识别能力(capacity to distinguish) 行为人对于事物有正常认识及预见其行为可能发生法律效果(不以知悉具体之法律要件为必要)的能力。关于识别能力的确定有不同学说：有的认为以有是非善恶的辨别能力为准；有的认为应有事实结果(因果关系)及其行为的社会意义的辨别能力；有的认为应为法律责任的认识能力，其中又有两说：一是主张以有民事上责任即赔偿义务的认识能力为准，二是主张以有法律上责任之发生的认识为已足。识别能力是大陆法系用以判断民事主体有无责任能力的标准，相当于构成行为能力基础的意思能力。但是识别能力与意思能力存在下列不同：在侵权行为，行为人有无侵权责任能力，是就具体情事加以判断的；在法律行为，行为人有无行为能力，原则上以一定之年龄作为标准。其目的在于，法律行为上的行为能力须予以制度化，使之有客观的标准，以兼顾对智力不完全者的保护及交易安全；反之，在侵权行为涉及行为人应否在法律上承担民事责任，不采用具体判断标准，容易导致无识别能力人对于损害后果负责，从而与过错归责思想相违背，而导致法律制度不公正。在侵权法领域，如果民事主体没有识别能力，就没有责任能力，因而也不能承担违法行为的民事责任。此时，民事责任由对无民事行为能力人或限制行为能力人负有监督义务者承担。 （张平华）

shiji chengyunren
实际承运人(actual carrier) 受承运人委托从事货物或旅客运输或部分运输的任何人，并包括接受转委托而从事这项运输的其他人。依据我国《海商法》的规定，构成实际承运人，首先必须基于承运人的委托(包括转委托)；其次是从事实际运输，包括货物或旅客的全程运输或部分航程运输。一般认为实际承运人主要发生在以下三种情况下：(1)根据提单上的自由转运条款，由承运人根据情况决定在运输途中交给其他船舶转载；(2) 在多式联运或海上联运中，联运经营人（包括货运代理或无船经营人）与托运人签订联运合同后，各运输区段的承运人实际完成运输；(3) 托运人缔结运输合同的承运人不是用自己所有的船舶或光船租赁的船舶，而是预先以租船合同等备妥船舶，用其他船公司的船舶进行自己承揽的运输，这时船舶所有人或光船承租人实际承担运输。实际承运人不是承运人的代理人，他要以自己的名义承担海商法规定的义务，同时以自己的名义享受法定的权利。应当说明的是，实际承运人如果不仅从事货物运输，而且同时是海上货物运输合同的当事人，则构成实际承运人和承运人在主体上的同一。在主体不同一的情况下，实际承运人接受承运人的委托包括转委托，而不直接面对托运人的委托，托运人和实际承运人没有合同关系。关于承运人和实际承运人的法律关系，我国《海商法》第 61 条规定："本章对承运人责任的规定，适用于实际承运人。"根据该条规定，实际承运人在责任区段内具有等同承运人的法律地位，实际承运人的受雇人、代理人在其受雇或受委托的范围内具有等同于承运人的受雇人、代理人的法律地位。实际承运人承担的也是不完全过失责任，而且，按照《海商法》的规定，承运人要对实际承运人的过失负责，而实际承运人则不一定要对承运人的过失负责。在航运实务中，由于收货人与实际承运人之间往往不存在货物运输合同关系，而只存在法定运输关系，收货人不能依据合同关系追究实际承运人的运输责任，但可追究其侵权责任。 (张 琳)

shiji guoshi

实际过失(actual fault) 客观存在的无须依靠其他事实加以任何推定的过失，在船舶碰撞中具体表现为管船过失和驾驶船舶过失。管船过失是指在船舶管理中，合格的船长或船员没有合理谨慎地发挥应有的管理技能，船舶所有人未尽到合理的责任，使船舶处于适航和良好状态，如船体、船上设备有缺陷，航行资料不足或未更新，船员配备不当，号灯射程不符合要求等。驾驶船舶的过失是指海员违反良好船艺(good seamanship)或避碰规则所引起的碰撞，比如，疏忽瞭望、错误转向、未遵守航道分航制的规定、没有或不正确显示锚泊号灯号型、声号错误等。 (张永坚 张 宁)

shiji quansun

实际全损(actual total loss) 保险标的被毁损，或受到损坏，失去了投保时本来的品种或者已不可避免地丧失所有权。 (李世奇)

shijian hetong

实践合同(德 Realvertrag) 又称要物合同。诺成合同的对称。除当事人意思表示一致外还须交付标的物才能成立的合同。如我国《合同法》第 367 条规定：保管合同自保管物交付时起成立，但当事人另有约定的除外。因此，除当事人另有约定外，保管合同即为实践合同。实践合同不是合同的常态，而是法律特别规定的一种合同。一些合同虽原为实践合同，但若交易习惯或合同规定不以交付标的物为成立要件，则该合同不再为实践合同。如赠与合同原为实践合同，但《合同法》将其规定为诺成合同，不以赠与人交付赠与物为成立要件，赠与合同也就不再为实践合同。实践合同的一方当事人交付标的物的行为既是合同成立的条件，又是履行合同的行为。 (郭明瑞)

shijianxing falü xingwei

实践性法律行为(德 Realgeschäft) 除意思表示外，还需要以物的交付作为成立要件或生效要件的法律行为，又称要物法律行为和践成法律行为，如借用合同、保管合同、质押合同、定金合同、自然人之间的借款合同。民事法律行为是否为诺成性行为或实践性行为依法律规定、交易习惯确定，如公众场所的小件物品保管合同为实践性行为，只有寄存人将寄存的物品交付保管时，合同才成立，仅有双方当事人的意思表示一致，合同并不成立。再如定金合同，除当事人意思表示一致外，定金合同从实际交付定金之日起生效。区分诺成性法律行为和实践性法律行为的意义在于：诺成性法律行为仅依行为人的意思表示一致而成立；而实践性法律行为除意思表示外，还需要交付实物才能成立或生效。 (李仁玉 陈 敦)

shiwu peichang

实物赔偿(compensation in kind; reparation in kind) 损害赔偿的方式之一，金钱赔偿的对称。用同种类、同等质量的实物来赔偿受害人的损害。例如毁损他人手表，侵权行为人可以通过购置同种类的手表予以赔偿。当然如果被毁损的财产为已经使用过的财产，则赔偿义务人在用实物赔偿时，应当考虑被毁损财产的实际折旧情况。实物赔偿经常发生"以新换旧"的问题，从回复原状的角度言，如果仅以金钱赔偿，可能难以达到损害赔偿的目的，因为此一金额会根本无法购置新物，因此义务人应该负担再购买新物的费用。以旧换新需要考虑的不仅仅是减轻加害人的责任的问题，而且需要在受害人与加害人之间进行综合衡量。 (张平华)

shizai caituan

实在财团(德 Istmasse) 破产管理人作为破产财团实际占有、管理的总财产，又称现有财团或编入财团。

实在财团是相对于法定财团而言的。法定财团与实在财团不一定一致。我国未采此概念。

(李仁玉 田东平)

shizhi minfa
实质民法(德 Buergerliches Recht im Materiellen Sinne) 又称实质意义的民法,"形式民法"或者"形式意义的民法"的对称。作为一个法律部门的民法,即所有民法规范的总称。其表现形式包括民法典、各种民事单行法、民事习惯法等。在民商分立的大陆法系国家,指的是一般私法,不包括商法和其他特别私法。在民商合一的大陆法系国家,比如我国,实质民法又有广义和狭义之分。广义的实质民法即私法的全部,狭义的实质民法则指除去商法和其他特别私法之外的部分私法,即一般私法。英美法系由于并不存在"民法"这一法律部门,所以不存在区分实质民法与形式民法的问题。参见民法渊源条。

(葛云松)

shizhi shangxingwei
实质商行为(commercial act in substance) 商行为分类的一种。以营利为目的,首先适用商法或准予适用商法的行为。实质商行为是广义的商行为,既包括绝对商行为,也包括相对商行为;既包括由商法直接规定的商行为,又包括依法推定的商行为。商法直接规定的行为是当然的商行为,为形式商行为。实质商行为,不仅包括形式商行为,而且包括根据商行为的本质特征依法推定为商行为的行为。对于商行为本质的认识标准,各国有不同的原则,归纳起来大致有三种:一是以行为的主体是否为商人为标准;二是以行为是否具有营利性和营业性为标准;三是将以上两种标准折衷。传统商法认为营利性和营业性是商行为的传统商法本质特征。现代商法以资本经营为本质特征,不管是否由商人作出,只要是资本经营行为,均受现代商法的调整。

(关涛 梁鹏)

shide yishiwu
拾得遗失物(finding of lost thing) 遗失物,是所有人遗忘于某处,不为任何人占有的物。遗失物只能是动产,不动产不存在遗失的问题。遗失物也不是无主财产,只不过是所有人丧失了对物的占有,暂时不为任何人占有的物。

拾得遗失物的效果,在罗马法和日耳曼法中有不同的规定。在罗马法上,拾得人不易取得所有权,只要遗失人不超过诉讼时效期间,都可以对拾得人提起拾得物返还之诉。拾得人必须返还原物,他只能依无因管理,要求遗失人赔偿费用,而无权向遗失人请求拾得遗失物的报酬。在日耳曼法上,遗失物的拾得人,应当向有关机关呈报,如不呈报,就构成刑事上的隐匿遗失物罪。有关机关得到呈报后,应当催告遗失人认领,将原物交还遗失人,但遗失人应向拾得人支付一定的报酬,如果遗失人不认领,则遗失物由国库、寺院、拾得人按法律规定的比例分享。

现代大多数国家和地区的民事立法一般都承袭了日耳曼法的做法。如《德国民法典》第 965 条规定,拾得人应通知遗失人或所有人或其他收益权人,请其领回。如果不知收益权人或不知其居所的,则应当向警察机关提出报告(但物的价值在 3 马克以下的,即无报告的必要)。拾得人有权向收益权人请求偿还保管、保存拾得物,以及为寻找收益权人所支付的必要费用,并得向收益权人请求酬劳金。《日本民法典》则在第 240 条规定:"关于遗失物,依特别法规定进行公告后 6 个月内,其所有人不明时,拾得人取得其所有权。"至于公告前的程序及公告方法,都由特别法加以规定。

在英美国家,拾得人有优先占有权(prior possession)。"在许多情况下,法律关心的不是谁有绝对的占有权,而是在两方中哪一方的权利更充分些。"但拾得人也应向警察机关报告,并提交遗失物。经过一定公告期间失主如不认领,则拾得物交与拾得人,其优先占有权就成为绝对(absolute)权利。这里的例外是国家公职人员在执行公务时发现的可流通证券应交给国库;雇员在工作时发现的动产,应交给雇主。英美法中,拾得人有权要求遗失人支付一定的报酬。

我国《民法通则》对于漂流物、失散的饲养动物与遗失物在同一条中作出规定,这是视遗失物、漂流物及失散的饲养动物有同一法律地位。对于遗失物、漂流物及失散的饲养动物,《民法通则》规定,其拾得人应当将其归还失主。尽管我国现行民事立法尚未明确认可遗失物拾得人有报酬请求权,但学说和审判实践一致认可,如果失主以悬赏广告的方式寻找遗失物,符合条件的遗失物的拾得人有权请求失主支付相应的报酬。

(王轶)

shiyong
使用(usage) 依照物的性能和用途,在不损毁其物或者变更其性质的情况下而加以利用,以实现物的使用价值。例如穿着自己的衣服,住用自己的房屋等。使用权能可由所有权人行使,亦可由非所有权人行使。非所有权人根据法律或者约定使用他人所有之物的,是合法使用。非所有权人没有法律依据而使用他人之物的,为非法使用。非所有权人依法使用他人所有之物,可以依据债权关系,例如承租人使用出租人的财产,也可以依据物权关系,例如不动产所有权人在其不动产之上为他人设定用益物权,供其使用。

(李富成)

shiyong jiedai
使用借贷(loan for use) 一方将物无偿借给另一方使用的借贷。参见借用合同条。 （邹川宁）

shiyongquan
使用权(德 Usus) 权利人在个人需要的范围内，对他人之物按其性质加以利用的权利。在罗马法中，使用权的标的物如为房屋，则可供居住；如为奴隶，则可供役使。这项役权大多是由遗嘱设定，以使使用权人可以保有其日常生活所需要的物。使用权人的权利和义务，基本上与用益权人的相同。二者的不同之处在于，用益权包括使用及收益两种权能，而使用权之行使，则在供个人需要之限度内，使用标的物而已，另外，使用权人不得移转其权利之全部或一部于第三人，或由第三人行使其权利。帝政以后，罗马法学家和判例为补救使用权因遗嘱的设定不符合法律的要求而无效的情况，认为应探求遗嘱人的真意，遂逐渐将使用权作较为灵活的解释。使用权人不仅可以使用其物，有时还可以收取孳息，但只限于本人和家属的需要，且不得将其出卖或赠与。

另外，在《法国民法典》中，使用权为用益权的一种，为该法典第625条至第631条所规定，而居住权则为一种使用权，并适用使用权的规则。因而从性质上讲，使用权与居住权是在效力上减弱了的用益权。
（钱明星）

shiyong tielu zhuanyongxian hetong
使用铁路专用线合同(contract for usage of railway) 租赁合同的一种。使用人与拥有专用线的单位所订立的使用其铁路专用线进行运输，并为此支付使用费用的协议。 （郭明瑞）

shiqi
始期(德 Anfangsetermin) 民事法律行为开始发生法律效力的期限。又称延缓期限。如甲乙订立租赁合同，但约定15日后合同生效，该所附期限即为始期。
（李仁玉 陈敦）

shidai qindeng jisuanfa
世代亲等计算法(system of counting degrees of kinship by generation) 我国《婚姻法》所采用的亲等计算法，即用世代来表示亲属关系的亲疏远近。例如1950年《婚姻法》规定，关于五代以内旁系血亲间是否禁止结婚的问题，从习惯。1980年《婚姻法》禁止三代以内旁系血亲结婚。这种亲等计算法与罗马法和寺院法均不相同，其特点是不以间隔论"世"，而以实体论"代"，即己身为一代，父母与子女为二代，祖孙之间为三代。旁系血亲称"N代以内"，辈分不同的要从共同的祖先来计算。如兄弟姊妹是二代以内旁系血亲，而堂、表兄弟姊妹同源于祖父母或外祖父母，都是三代以内旁系血亲。然而伯、叔、姑与侄，舅、姨与外甥，也是三代以内旁系血亲，因为他们也同源于祖父母或外祖父母。由此可见，我国《婚姻法》的世代亲等计算法，虽简便易行，但精确性不够。 （张贤钰）

shijie maoyi zuzhi dui haiyun fuwu de guifan
世界贸易组织对海运服务的规范(WTO Rules upon Maritime Service) 主要体现在《服务贸易总协定》第六个附件中。海运是世界贸易组织所确定的可贸易服务的一种，也在世界贸易组织规范的对象之内。世界贸易组织调整服务贸易的法律文件主要体现在乌拉圭回合谈判中谈成、而于1995年生效的《服务贸易总协定》中。该协定共有八个附件，其中第六个就是关于海运服务谈判的。我国加入世界贸易组织后，在海运方面作了相应的承诺，今后也必须受世界贸易组织有关法律规则的约束。

《服务贸易总协定》首次确立了有关服务贸易规则和原则的多边框架，以便在透明和逐步自由化的条件下扩展这类贸易，并促进所有贸易伙伴的经济增长和发展中国家的发展。它规定了适用于所有服务部门的普遍义务和规范，将最惠国待遇、透明度、促进发展中国家参与等原则首次从有形的商品贸易扩大到无形的服务贸易。海运服务谈判的附件规定，在服务贸易总协定框架内，海运服务部门的谈判应在自愿基础上进行；谈判在范围上应全面，目的是在海运、辅助服务和港口设施的进入和使用方面作出承诺，达到在一固定的时间范围内取消限制。成立海运服务谈判组(NGMTS)来执行这一使命。NGMTS应定期报告谈判进展情况。谈判应对申明参加意向的所有政府和欧盟开放。附件六还规定，缔约方政府不得经由引入不合理或差别性待遇，以限制市场开放或使用。

根据乌拉圭回合的安排，各国应该在随后进行海运服务谈判，讨论海运服务业的开放等各项具体问题。但由于海运问题不仅与各国经济实力密切相关，还涉及各国国防工业与国防安全，难以达成一致意见。因此，迄今为止，海运服务谈判还没有取得实质性的进展。 （郭 瑜）

shisu faren
世俗法人(lay corporation) 不涉及宗教事务，具有民事权利能力和民事行为能力，能独立享有民事权利、履行民事义务及承担民事责任的组织体。宗教法人的对称。如企业法人、机关法人、事业单位法人等。

(李仁玉 卢志强)

shichang bili zeren shuo
市场比例责任说(theory of market share liability) 又称市场份额责任说。英美产品责任法中的一种学说。以各个被告人的市场份额为依据,按照比例对各被告均生产的某种产品造成的损害承担赔偿责任。由美国于 1986 年在辛德尔诉艾博特制药厂一案中确立。该案的原告人为胰腺癌的受害者,其母亲在怀原告人期间服用过 DES(乙烯雌酚),DES 为一种批量生产的药物,20 世纪 70 年代初人们发现了胰腺癌的发病与 DES 有联系,原告人不能确定系由哪一厂家生产的 DES 致害,遂把她出生前的几年中生产过 DES 的 11 家药品制造商作为共同被告提起诉讼。该案经反复,由加利福尼亚最高法院作出了最后判决。判决中决定,各个被告人可能给原告造成的损失额应当按照它们在 DES 的市场总量中各自拥有的比例来计算。被告人若能证明自己在原告出生前的一定时期内未曾生产 DES,则免除其责任。因此,每个被告人在判决中确定的债务中所占的分量同其市场份额成正比。

(张平华)

shichang jiaoyi
市场交易(market trade) 根据商品交换的价值规律进行的商品往来活动。一般分为国内市场贸易和国际市场贸易两类。前者是指在一国国内市场中进行的商品交换活动,后者是指非局限于一国境内而是跨国进行的商品交换活动。是市场经济中商品交换的一种基本形态,是利用社会分工、节约社会劳动、实现不同商品在价值形态上转换的基本方式。 (任自力)

shichang hangqing
市场行情(market quotations) (1)市场上商品买卖的最新价格。(2)在证券交易所或其他市场上证券或其他商品买卖的最新价格。 (张平华)

shibian chiyan
事变迟延(delay due to accident) 债的迟延的一种。指债的迟延非因当事人的故意或过失而发生。事变是指非因过错而发生的变故,既包括自然事实,也包括人的行为;既包括不可抗力,也包括意外事故。事变迟延的,债务人一般不承担责任,但在一定情形下债务人也须依法承担相应的债的不履行责任。 (郭明瑞)

shigu zhidu
事故制度(accident system) 事故制度是指船舶所有人享受责任限制时,以事故次数为标准,同一航次中如果发生数次事故,则责任人就要承担数个限额,即"一次事故,一个限额"。金额制就属于事故制度。目前大多数国家都采用事故制度。 (张永坚 张宁)

shihou wuxiao
事后无效(void afterwards) 民事行为成立后始发生无效原因,又称嗣后无效。嗣后无效的民事行为是指民事行为成立时该民事行为不违反法律的禁止性规定或强制性规定,或损害社会公共利益,但该行为成立后因法律的变化或社会政策的变化,该行为内容违反法律的禁止性规定或强制性规定,或损害社会公共利益,由于该法律或政策的溯及效力导致该民事行为无效。是当初无效的对称。 (李仁玉 陈敦)

shijian
事件(德 Ereignisse) 参见自然事实条。

shishi buneng
事实不能(impossibility of object in fact;德 Natürliche Unmöglichkeit) 法律行为的内容在事实上不可能实现,又称自然不能或物理不能。例如使死者复生。由于事实不能的法律行为毫无意义,《日本民法典》第 133 条明文禁止。我国《民法通则》对此无规定。 (李仁玉 陈敦)

shishi daili
事实代理(agency in fact) 因委托人与受托人之间达成的协议而建立的一种代理关系,区别于法律上拟制的代理。英美法上的概念。 (李仁玉 陈敦)

shishi guocheng diyue
事实过程缔约(德 Tatsachliche Vorgange) 因一定的事实过程而订立合同。依传统合同法理论,合同只能依当事人意思表示一致的缔结方式成立,意思表示不生效、无效或被撤销时,当事人所订立的合同亦失去效力。德国学者豪普特(Haupt)于 1941 年提出一种新理论,认为合同得因一定的事实过程而成立,当事人的意思如何在所不问。这种因一定事实过程而成立的合同,被豪普特称为事实上的合同关系。他认为,事实上的合同关系并非一种类似合同的法律关系,而是一种典型的合同关系,事实合同关系的特殊之处仅在于其成立方式与传统合同有所不同,而不存在性质上的差异,故合同法的规定对事实合同完全可以适用。依豪普特的观点,基于一定事实过程而成立的合同的类型有三种:(1) 基于社会接触而成立的事实上的合同关系;(2) 基于团体关系而成立的事实上的合同关系;(3) 基于社会给付义务而产生的事实上的合同关系。事实上的合同关系理论的提出,给传统民法上法律行为的价值体系带来了巨大的冲击,它提出,以"一定的客观事实过程"取代主观的"法律效果意思"而创设新的合同概念的构想。

(刘经靖)

shishihun

事实婚(de facto marriage) 男女双方欠缺婚姻成立的形式要件即以夫妻关系同居生活的结合。从历史到现实,事实婚相当广泛地存在于许多国家,其名称和效力则不尽相同。罗马法中的时效婚,英美的普通法婚姻,日本的内缘婚,古巴的非正式婚和德国的同居婚等,均具有事实婚的性质。对于既欠缺形式要件又欠缺实质要件的事实婚,自可按无效婚或可得撤销婚对待。对于仅欠缺形式要件的符合实质要件的事实婚,各国法律中的对策并不一致,有持不承认主义的,有持承认主义的,也有持相对承认主义的。我国婚姻法以办理结婚登记为婚姻成立的形式要件,未办结婚登记的,应当补办登记。在过去一个很长的时期内,我国的司法实践是有条件地承认事实婚的效力的,后来实现了从有条件地承认到完全不承认的转变。按照我国最高人民法院的司法解释,自 1994 年 2 月 1 日《婚姻登记管理条例》颁行之日起,未办结婚登记即以夫妻名义同居生活的,均按非法同居关系对待。自此而后,发生于我国的事实婚一概不具有婚姻的法律效力。

(杨大文)

shishi shang de guocuo tuiding

事实上的过错推定(presumption of fault in fact;德 Tatsächliche Verschuldensvermutung) (1) 又称一般过错推定、可以推倒的过错推定。指在某些情况下,侵害他人人身、财产并造成损失的,应负民事责任,但如果加害人能够证明损害不是由于他的过错所致,可以免除责任。被告只要证明其没有过错、他已尽到注意义务就可以推翻对其有过错的推定。(2) 船舶碰撞法上的事实上过错推定。指船舶发生碰撞,如果受损一方能证明其遭受损害的事实,以及其他符合一定要求的基本事实,法庭就可以从这种基本事实推断出另一方犯有过失的假定事实。除非另一方能够证明损害是不可避免的、自身没有过失或者有过失但未造成损害,否则便应负损害赔偿责任。事实上的过错推定为各国立法或司法实践所普遍采用。

(张平华)

shishi shouyang

事实收养(de facto adoption) 法定收养的对称。不具备收养法规定的实质要件与形式要件,但已形成事实上的父母子女关系的收养。这种收养类型在不少国家存在过,随着国家监督主义的渗入,各国收养立法大多已未给事实收养留有法律余地。我国对于 1992 年 4 月 1 日实施《收养法》以前的"事实收养"原则上予以承认,而对于《收养法》生效以后发生的"事实收养"不予承认,当事人之间不发生养父母与养子女的法律关系。

(马忆南)

shishi tuiding hetong

事实推定合同(implied contract) 默示合同或称推定合同的一种。当事人以其行为为要约和承诺而成立的合同。其特点在于当事人不是用语言、文字表示而是以其行为表示订立合同的意思,该种合同不是采用明示形式,而是采用默示形式。例如,甲未经乙同意,以取得报酬的意思为乙服务,乙接受其服务,则双方就存在事实推定合同。又如商店设置自动售货机,顾客将规定的货币自动投入售货机内,双方即成立的买卖合同就为事实推定合同。再如,乘客乘上公交车并到达目的地,尽管双方既无口头协议也无书面协议,也可推定双方之间存在客运合同。参见事实缔约过程条。

(郭明瑞)

shishi xingwei

事实行为(德 Realakte) 行为人不具有设立、变更或消灭民事法律关系的意图,但依照法律规定客观上能引起民事法律后果的行为,又称构成行为。其对称为民事行为。对于事实行为的外延,学者们认识不一。按照德国法系学者和我国台湾民法学者的观点,事实行为不仅包括引起物权关系发生或变动的行为,而且包括引起债权关系变化的构成行为,甚至还包括引起责任关系的构成行为。例如,德国学者拉伦兹认为,事实行为可以是引起法律关系的行为,也可以是消灭法律关系的行为。抛弃财产的行为,或者事实上的处分都属于事实行为。我国台湾学者史尚宽认为,不当得利、无因管理、侵权行为均构成事实行为。依照我国《民法通则》的规定,事实行为主要指侵权行为、违约行为、无因管理行为、拾得遗失物的行为、发现埋藏物的行为、正当防卫行为、紧急避险行为。不当得利不为事实行为,而为事件。民事行为与事实行为的主要区别在于:(1) 民事行为以意思表示为其必备要素,事实行为完全不以意思表示为其要素。当事人实施行为的目的并不在于追求该行为的民事法律后果。(2) 民事行为依行为人意思表示的内容而发生效力,事实行为依法律规定而直接产生法律后果。(3) 民事行为的本质在于意思表示,而不在于事实构成;事实行为只有在行为人的客观行为符合法定构成要件时,才发生法律规定的后果。(4) 民事行为以行为人具有行为能力为生效要件,而事实行为的构成不要求行为人具有相应的行为能力。

(李仁玉　陈　敦)

shishi yinguo guanxi
事实因果关系(cause in fact;德 Haftungsbegründende Kausalität)　又称责任成立的因果关系、责任根据因果关系、条件关系。合同不履行行为或侵权行为事实与损害事实之间存在的自然意义上的事实上的因果关系。事实因果关系以"若无,则不"为主要判断方法,例外的应采用实质性要素判断、统计的因果关系、盖然的因果关系、疫学的因果关系等方法加以认定。事实因果关系的本来含义不包括任何价值判断,属于纯粹事实问题。但是判断因果关系的过程决非简单的逻辑运作,其中也包括一定程度的政策衡量及法律规范性的判断。事实因果关系成立后,辅之以行为违法性、损害、过错等要件,即可判定损害赔偿责任成立。

(张平华)

shiye faren
事业法人(public institution as legal person)　为了社会公益事业目的,从事文化、教育、卫生、体育、新闻等公益事业的单位。依照法律规定或行政命令组建的事业单位,从成立之日起,即具有法人资格;由自然人或法人自愿组建的事业单位,应依法办理法人登记,方可取得法人资格。我国事业单位法人的特征是:(1) 以公益为目的,而非以营利为目的。事业单位法人从事文化、教育、卫生、体育、新闻等公益事业活动。虽然有时也能取得一定利益,但其所获利益只能用于其目的事业,不能分配给出资人,属于辅助性质。(2) 其独立经费主要来源于国家的财政拨款,也可以通过集资入股或由集体出资等方式取得。事业单位所取得的收入可以作为预算外资金留作自用。(3) 事业单位以法人名义从事民事活动所产生的债务,应以它们的独立经费负清偿责任。

在实务中需要特别说明的问题有:(1) 领取企业法人营业执照的事业单位。如依《出版管理条例》、《电影管理条例》规定,各出版社、电影制片、发行、放映单位均须向工商行政管理部门领取营业执照,这类事业单位传统上均为典型的事业单位法人。但由于其越来越具有营利性的特点,将其视为企业法人更为合理。(2) 企业化管理或企业化经营的事业单位,即在经费上实行自收自支的单位。依照《企业法人登记管理条例》第28条的规定,具备企业法人登记条件的,由该单位到工商行政管理部门进行登记,领取企业法人营业执照,如城市规划设计院等。这类事业单位法人应视为企业法人。(3) 民办非企业单位。依《民办非企业单位登记管理暂行条例》第2条的规定,民办非企业单位是指企业、事业单位、社会团体和其他社会力量以及公民个人利用非国有资产举办的,从事非营利性社会服务活动的社会组织。这类组织主要分布在教育、科研、文化、卫生、体育、交通、信息咨询、知识产权、法律服务、社会福利事业及经济监督事业的领域,如民办大学、民办康复中心、民办图书馆、民办研究所、民办婚姻介绍所、民办法律援助中心、民办体育场等。民办非企业单位大多为民办事业单位,具备法人条件的应视为事业单位法人。

(李仁玉　陈　敦)

shiyan maimai
试验买卖(sale on approval or on inspection;德 Kauf auf Probe)　又称试用买卖。特种买卖的一种。以买受人认可标的物为条件的买卖。其特殊性在于,约定由买受人试用标的物,以买受人认可标的物为生效条件。该种买卖合同虽自双方意思表示一致时成立,但以买受人试用标的物后认可为生效条件,即买受人试用认可标的物的,合同生效;买受人不认可标的物的,合同不发生效力。根据我国《合同法》第170条的规定,试用买卖的当事人可以约定试用期间;当事人对试用期间没有约定或者约定不明确,依其他方法仍不能确定的,由出卖人确定。在试用期内买受人可以作出购买标的物的意思表示,也可以拒绝购买。试用期间届满,买受人对是否购买标的物未作表示的,视为购买。但是,若标的物未交付买受人占有而是在出卖人处由买受人试用的,买受人于试用期间届满后未作表示的,应视为买受人以默示的方式拒绝购买。

(郭明瑞)

shiyangqi
试养期(the probationary period)　被收养人与预期养父母在正式成立收养之前的共同生活期,即收养磨合期。现代社会收养制度以保护儿童的最大利益为目的和出发点,在具体制度设计上充分考虑到儿童的需要和利益。如英国、美国和少数拉丁美洲国家的法律规定,收养应分成两个阶段。在第一个阶段,由法院决定儿童是否适合于收养,法院应终止儿童与原出生家庭的关系或宣告儿童为弃儿,然后指定预期养父母作为儿童的监护人,或者将儿童托付给收养机构。第二个阶段便是试养期或收养磨合期,儿童与预期养父母共同生活一段时间后,便可最后成立收养关系。然而,也有一些国家的法律未将收养分成两个阶段,而是规定为一个阶段,但仍主张在收养成立以前应有一段试养过程,只是以法院给出监护令的方式确立儿童与预期养父母之间的监护关系,以保证试养期中的儿童的身份或法律地位处于稳定状态。这种做法在荷兰比较典型,其法律明确规定收养应为统一的过程,不应再分割成不同的阶段进行。现代国际社会的收养法规定试养期,通常为6个月到1年。但也有少数国家的法律规定为两年,如《瑞士民法典》第264条就有此规定。为了保护儿童的最大利益,现代收养立法不仅出现了规定试养期的趋势,而且许多国家的收养法还规定了收养的社会调查程序。在收养的试养期以前或者在试养期间,由私人收养机构或政府的收养机构负责对预期养父母的收养动机以及是否适合收养等问题进行全面的调查研究,最后决定是否应成立收养关系。

(马忆南)

shidang baozheng lüxing yuanze
适当保证履行原则(principle of guaranty proper performance) 又称充分保证履行原则。英美法规定的有关货物买卖合同履行的一项原则。与大陆法的保证履行抗辩权(即不安抗辩权)作用基本相同。其含义是:合同当事人一方有另一方不能履行合同的确切证据,即有合理的理由认为合同另一方可能不履行自己的给付义务时,有权要求其提供担保。在另一方提供担保之前,该方可以暂时中止自己的履行义务的行为。在援用这一原则时,英美法并不像大陆法那样要求证明相对人财产减少要达到的一定程度,只要有足够理由证明相对人的对待给付没有保证即可。目前,这一原则在英美法系国家已不仅仅局限于货物买卖合同,还扩大适用于其他许多双务合同如租赁合同、运输合同等。参见保证履行抗辩权条。

(万 霞)

shidang liaowang
适当瞭望(proper look) 每一船舶在任何时候应用视觉、听觉以及适合当时环境和情况的一切有效的手段保持适当的瞭望,以便对局面和碰撞危险作出充分的估计。适当瞭望的判定是一个很复杂的问题,应把握下列方面:(1)瞭望人员应是专门承担经环境许可而全面观察灯号、声号、回波或任何航海障碍物的人员;(2)瞭望人员应是有经验的船员,昼夜保持不少于一人值班;(3)瞭望人员一般应配备在船的前部;(4)保持视觉瞭望,即使在使用雷达时也如此;(5)瞭望应仔细、全面、认真,并注意本船设备工作的情况。

(张永坚 张 宁)

shihang
适航(seaworthiness) 承运人用于进行货物运输的船舶应该处于适于航行的正常状态,能够安全收受、载运和保管货物。它的内容主要包括三方面。其一是针对船体本身的,即船舶应该坚固、水密、各种航行设备处于良好状态,简称"适船"。其二是针对船上人员的,船长、船员应该数量充足、经过良好训练、取得适当资格证书并有必需的技能,简称"适船员"。衡量承运人是否妥善配备了船员的一个重要依据,是《1978年关于船员培训、发证和值班标准的国际公约》(STCW)。当然,随着科学技术水平和船舶自动化程度的提高,对承运人适当配备船员的要求也不断提高。其三是针对船上的载货处所的,船舱应该清洁安全,适于装载特定的货物,简称"适货"。适航义务三方面的内容都是针对特定航次的,航次不同、装载的货物不同、运输中的风险不同,这三方面的要求标准也就不同。船舶适航义务并不是绝对的,在班轮运输中,只要承运人尽到适当谨慎的义务,使船舶在开航前和开航当时适航,即认为承运人已经尽到了船舶适航的义务。但是需要注意的是,承运人是否已经"适当谨慎"是一个事实问题,实践中必须结合具体案情予以确认。另外,适当谨慎不能用证书来证明,经检验合格取得适航证书的船舶仍然可能最终被认为不适航。在传统法律,尤其是英国法律下,船舶适航的义务是绝对的;但是,《海牙规则》只要求承运人适当谨慎使船舶适航,不过承运人的该项义务是强制性的。对违反适航义务是否可以使货方有权解除合同有不同看法。在Hong Kong Fir Shipping Co. v. Kawasaki案中,英国上诉法院判决适航义务既不是条件,也不是担保,而是"中间条款",其违反并不必然导致解除合同,而只有在其违反使合同另一方被实质上剥夺了合同的全部利益时才会导致合同解除,否则另一方只能要求违约赔偿。根据我国《海商法》,适航只是承运人的义务之一。违反适航义务的后果是承运人应对由此引起的货物灭失或损坏负责。损失和船舶不适航之间必须要有因果关系。不适航也并不必然构成"根本违约"或使另一方得到解除合同的权利。《汉堡规则》对船舶适航没有明确规定,但承运人在这方面的义务和责任却有所加重,由于规则取消了管船过失免责,实际上要求承运人不仅在开航时,而且在整个航次期间都要保证适航,或者恢复适航。需要指出的是,《汉堡规则》实际上推行的也是谨慎处理保证适航的做法,因为《汉堡规则》规定的过失,实际上并不是绝对的过失,而是承运人及其雇用人、代理人没有为避免事故的发生及其后果而"采取一切所能合理要求的措施"。

(张 琳)

shiyong zeren xianzhi de chuanbo
适用责任限制的船舶(ships applicable to the limitation of liability for maritime claims) 海事赔偿责任限

制的法律所适用的船舶,亦即那些引起海事赔偿的船舶,船舶所有人、经营人等可根据海事赔偿责任限制的法律规定来限制自己的赔偿责任。各国法律对此规定不尽一致。大多数国家规定仅仅限于海商法意义上的船舶,有的国家则作进一步的限制。我国《海商法》第十一章所规定的海事赔偿责任限制的限额是以300吨以上的船舶为起点的。对于300吨以下的船舶、从事沿海运输和沿海作业的船舶以及从事我国港口之间的海上旅客运输的船舶的责任限制的限额,《海商法》授权有关主管机关另行规定。 (张永坚 张 宁)

shoufu shidi

收复失地(re-entry on land, forcible repossession of land) 英美侵权法上的免责事由之一。土地的所有人(或其他合法权利人)可以进入土地,重新取得对土地的占有而不必承担侵权责任。土地所有人收复失地需要符合以下条件:(1)他被非法地剥夺占有,占有人没有合法的占有事由;(2)土地所有人(或其他合法权利人)有权立即取得对土地的占有;(3)土地所有人(或其他合法权利人)在土地被剥夺占有后或者在他知道或应当知道他的土地被剥夺占有后立即进入土地;(4)除非无用或者危险,土地所有人在采取行动前必须要求非法占有人归还土地;(5)所采取的收复土地的措施是合理的。如果财产所有人或占有人错误使用武力夺回财产,他必须承担由此带来的法律后果,除非是现实占有人的行为导致财产所有人或占有人的错误。在我国法律上收复失地属于自助行为。参见自助行为条。 (张平华)

shougoufang

收购方(purchaser) 在计划经济体制下,依国家计划订立农副产品收购合同中购买农副产品的一方当事人,即农副产品收购合同中的买方。现实生活中常指以一定价格公开购买某种或某类物品的人。如收购废品的人。参见买方条。 (郭明瑞)

shouhuigu

收回股(returable share) 在发行后一定时期内可按特定的赎买价格由发行公司收回的优先股份。一般的股份是永久的,其有效期限与股份公司相联系,收回股不具有这种性质,它可依照该股份发行时所附的收回条款,由公司出价收回。股份公司一旦赎回自己的股票,必须在短期内予以注销。收回股有两种类型:一种是强制收回,即这种股票在发行时就规定,股份公司享有赎回与否的选择权。一旦发行该股票的公司决定按规定的条件收回,股东别无选择只能缴回股票。另一种是任意收回,即股东享有是否要求股份公司收回的选择权。若股东在规定的期限内不愿继续持有该股票,股份公司不得拒绝按收回股款购回。实践中大部分可收回股票属于第一种。股份公司收回优先股是为了减少股息负担,在能够以股息较低的股票取代已发行的优先股时予以收回。收回的价格是事先规定的,通常高于股票的面值,目的在于补偿股东因股票被收回而可能遭受的损失,保持股票持有者的利益,规范股份公司的收回行为。 (梁 聪)

shouhuo daiyun tidan

收货待运提单(received for shipment bill of lading) 参见提单条。

shouhuofang

收货方(side of accepting goods) 在指定地点接受承运人送达货物的人。收货人并不必然是货物的所有人。在多数情况下,收货人是托运人以外的第三人,但也可能是托运人本人。收货人一般不是合同的当事人,但为利害关系人,也享有一定的权利和义务。收货人的主要权利是在货物送达前,可以依照有关规定变更到货地点或收货人;在货物送达后,凭证领取货物。收货人的主要义务是缴清托运人未交或少交以及运送期间发生的运输费用,以及由于托运人的责任发生的垫款;及时领取货物。收货人领取货物时,应当会同承运人进行交接验收,如发现货物损坏或者与运输凭证不符,应当立即向承运人提出异议。 (李成林)

shouhuoren

收货人(consignee) 指有权提取货物的人。在海商法中,收货人和提单持有人的概念在一定场合下是重合的。海上货物运输分为签发提单和不签发提单两种情况,在签发提单时,根据提单的定义,有权提取货物的人是提单持有人;在不签发提单的情况下,有权提取货物的人是运输合同中指明的特定人。 (张 琳)

shoupan

收盘(acceptance) 参见接盘条。

shouyang

收养(adoption) 公民(自然人)依法领养他人子女为己之子女,使本无亲子关系的当事人之间发生法律拟制的亲子关系的民事法律行为。收养关系(即收养法律关系)是基于收养行为的法律效力而发生的,在收养关系中,当事人是收养人和被收养人,前者为养父、养母,后者为养子、养女。收养具有不同于其他民事法律行为的特征:(1) 收养是一种身份法上的行为,是用来创设特定的身份关系的。因此,收养关系只能发生在自然人之间,而且是非直系血亲的自然人之间。自然人以外的民事权利主体不可能收养或被收养。直系血亲之间的收养和被收养是既无必要又无任何意义的。(2) 收养是一种变更亲属关系及其权利义务的行为,具有法定的拟制效力和解销效力。通过收养,收养人和被收养人之间发生法律拟制的亲子关系,双方具有与自然血亲的父母子女相同的权利和义务。另一方面,养子女与生父母之间的权利和义务,则因收养的成立而消除。不仅如此,收养变更亲属关系及其权利义务的效力还依法及于父母子女以外的其他亲属。(3) 收养行为创设的是拟制血亲的亲子关系,因而是可以依法解除的。这是由收养行为的性质决定的,也是拟制血亲的父母子女关系与自然血亲的父母子女关系相区别的重要特征。

(马忆南)

shouyang de chengli
收养的成立(establishment of adoption; 德 Entstehung der Annahme als Kind) 收养当事人依照法律规定的条件和程序建立收养关系。由于收养是变更身份关系的一项重要法律行为,涉及当事人的人身关系和财产关系,因而必须符合法律规定的条件和程序。

收养成立的实质要件 当代各国的收养法中,关于收养成立的实质要件有不同的立法例,一般说来:收养人必须是有抚养能力的成年人;多数国家规定被收养人必须是未成年人,有些国家则允许收养成年人;收养人与被收养人必须有一定的年龄差距;收养须经有关当事人同意等。各国收养法中常见的收养禁例主要有:一人不得同时被数人收养;监护人不得收养被监护人,直系血亲间、兄弟姊妹间不得为收养行为等。此外,一些国家的收养法中还有基于宗教、国籍、收养人的品德等方面的原因所作的禁止性规定。

关于收养成立的实质要件,我国《收养法》对被收养人、送养人、收养人的条件和收养合意等问题都作了明确的规定。《收养法》第4条规定,下列不满14周岁的未成年人可以被收养:(1) 丧失父母的孤儿;(2) 查找不到生父母的弃婴和儿童;(3) 生父母有特殊困难无力抚养的子女。《收养法》第5条规定,下列公民、组织可以作为送养人:(1) 孤儿的监护人;(2) 社会福利机构;(3) 有特殊困难无力抚养子女的生父母。《收养法》第6条规定,收养人应当同时具备下列条件:(1) 无子女;(2) 有抚养教育被收养人的能力;(3) 未患有在医学上认为不应当收养子女的疾病;(4) 年满30周岁。收养关系的成立,以有关当事人的意思表示一致为其必要条件。按照我国《收养法》第11条的规定,法律对收养合意有两个要求:(1) 收养人收养与送养人送养必须双方自愿;(2) 收养年满10周岁以上的未成年人还应征得被收养人的同意。

收养成立的形式要件 收养是拟制血亲关系借以建立的重要途径。变更亲子法律关系事关重大,故各国法律均以收养为要式法律行为,只有符合法定形式,收养的成立才产生法律效力。综观各国收养制度的立法例,对收养成立在形式要件上的要求有两种不同的类型:一是收养须依司法程序而成立;二是收养须依行政程序而成立。一般说来,依司法程序而成立的,收养当事人须向有管辖权的法院呈送申请书,并提供有关证件,经法院决定认可后,收养即告成立。德国、法国、英国、美国等均采用此制。依行政程序而成立的,收养当事人须向主管的行政机关申报并提供证件,经行政机关审查批准后,收养即告成立。日本、瑞士、原苏联各加盟共和国等均采用此制。

我国《收养法》规定成立收养关系的法定程序是收养登记程序,同时以收养协议及收养公证为补充。《收养法》第15条规定:收养应当向县级以上人民政府的民政部门登记。收养关系自登记之日起成立。收养关系当事人愿意订立收养协议的,可以订立收养协议。收养关系当事人各方或者一方要求办理收养公证的,应当办理收养公证。

(马忆南)

shouyang de jiechu
收养的解除(cancellation of adoption; 德 Aufhebung der Annahme als Kind) 收养关系通过法律手段而人为地终止。当代各国对收养关系的解除有不同的立法例。有些国家采取禁止主义或部分禁止主义,有些国家则采取许可主义。例如:葡萄牙民法、阿根廷民法、玻利维亚家庭法等均禁止解除收养关系。现行的法国民法典规定,完全收养不得解除,不完全收养则可有条件地解除;申请解除时必须证明有重大理由,如收养人一方提出解除,只有在被收养人年龄已超过15岁的情形下始得受理。日本民法第811条规定,收养的当事人可以协议解除收养。该法第814条还规定,有下列情形之一的,收养当事人一方可以提出解除收养之诉:(1) 被他方恶意遗弃的;(2) 养子女生死不明达3年以上的;(3) 有其他难以继续收养的重大事由的。按照我国《收养法》的规定,根据当事人对解除收养所持的一致或相反态度,收养关系的解除可经由两种不同的方式处理:一是收养关系依当事人的协议而解除,二是收养关系依当事人一方的要求而解除。我国《收养法》第26条规定:"收养人在被收养人成年以前,不得解除收养关系,但收养人、送养人双方协议解除的除外,养子女年满10周岁以上的,应当征得本人同意。"此外,按照该法第27条的规定,养父母与成年养子女也是可以协议解除收养关系的。当事人协议解除收养关系的,应当到民政部门办理解除收养关系的登记。另外,我国《收养法》第26条规定,收养人不履行抚养义务,有虐待、遗弃等侵害未成年养子女的合法权益行为的,送养人有权要求解除收养关系。送养人、收养人不能达成解除收养关系协议的,可以向人民法院起诉。我国《收养法》第27条规定,养父母与成年养子女关系恶化,无法共同生活的,可以协议解除收养关系。不能达成协议的,可以向人民法院起诉。我国《收养法》第29条还规定:收养关系解除后,子女与养父母及其他近亲属间的权利义务关系即行消除。养子女"与生父母及其他近亲属间的权利义务关系自行恢复,但成年养子女与生父母及其他近亲属间的权利义务关系是否恢复,可以协商确定"。

(马忆南)

shouyang de xiaoli
收养的效力(effects of adoption;德 Wirkung der Annahme als Kind) 因收养的成立而引起的法律后果的总称。收养的全部效力可分为拟制效力和解销效力两个方面。

收养的拟制效力 收养依法创设新的亲属关系及其权利义务的效力,又称为收养的积极效力。当代各国收养法对收养的拟制效力有不同的立法例。有的国家规定,收养的拟制效力仅及于养父母与养子女以及收养关系存续期间养子女所出的晚辈直系血亲,而不及于养父母的血亲,如德国、瑞士、法国、奥地利等。有的国家则规定,收养的拟制效力同时及于养父母的血亲,如日本、韩国等。按照我国《收养法》的规定,收养的拟制效力不仅及于养父母与养子女,也及于养子女与养父母的近亲属。我国《收养法》第23条规定:"自收养关系成立之日起,养父母与养子女间的权利义务关系,适用法律关于父母子女关系的规定。"收养的拟制效力,也表现在养子女的称姓问题上,养子女的姓随养亲,这是当代各国亲属法的通例。我国《收养法》第24条规定:"养子女可以随养父或养母的姓,经当事人协商一致,也可以保留原姓。"我国《收养法》第23条还指出:"养子女与养父母的近亲属间的权利义务关系,适用法律关于子女与父母的近亲属关系的规定。"

收养的解销效力 收养依法终止原有的亲属关系及其权利义务的效力,又称为收养的消极效力。在当代各国的收养法中,关于收养的解销效力的规定因完全收养和不完全收养而异。在完全收养的情形下,养子女与生父母及其他近亲属间的权利义务关系基于收养的效力而消除。在不完全收养的情形下,养子女与生父母及其他近亲属间仍保有法定的权利义务关系。按照我国《收养法》的规定,收养均属于完全收养的性质,收养的解销效力不仅及于养子女与生父母,也及于养子女与生父母以外的其他近亲属。我国《收养法》第23条指出,养子女与生父母间的权利义务关系,因收养关系的成立而消除。养子女与生父母以外的其他近亲属间的权利义务关系,亦因收养关系的成立而消除。

(马忆南)

shouyi
收益(fruit) 收取所有物所产生的利益,包括孳息和利润。孳息分为法定孳息与天然孳息。法定孳息是依据法律关系而产生的收益,如利息、租金等。天然孳息是根据物的自然、生理属性而产生的收益,如动物产下的幼畜,从果树上采摘的果实等。在法律没有其他规定的情况下,孳息的所有权应属于原物的所有权人。利润,指的是将物投入社会生产和流通过程所取得的利益。在满足了对生存资源的需要之后,取得收益即成为所有权的更为重要的功能。在现代经济实践与民法理论上,收益权能有着越来越重要的地位,反映为学说上所谓的"所有权价值化"的发展趋势。 (李富成)

shouyi zhiquan
收益质权(德 Nutzpfand, Nutzungspfand) 质权人不仅占有质物,而且可以对质物进行使用收益的质权。这种质权仅适用于非消耗物。 (申卫星)

shouyao tiaokuan
首要条款(paramount clause) 印刷于提单背面,规定提单或承运人的权利和义务适用某一国际公约或国内法的条文的条款。该条款通常只是规定提单适用于《海牙规则》或《海牙-维斯比规则》或者其他采纳上述规则的国内法。提单上订立首要条款的目的是为了明确承运人、托运人和收货人权利义务的根据。关于首要条款的效力,通常认为,如果首要条款指定的国际公约或国内法不适用于该提单,则要通过首要条款,使国际公约或国内法并入提单而成为提单条款。这时首要条款实际上扩大了国际公约和国内法的适用范围。当首要条款选择的法规与提单上的其他条款相抵触时,由于首要条款只是将所指向的法律作为合同条款并入提单,故该法律已失去其强制性,因此应按合同解释规则处理首要条款同其他提单条款的冲突问题。

(张 琳)

shou baohu de yanlun
受保护的言论(defenses to defamation) 美国侵权法指不受诽谤责任追究的言论。如果当事人的言论受到某种特权的保护,则不构成诽谤。上述特权主要分为两类:绝对特权(absolute privilege)和条件特权(qualified privilege)。绝对特权是指美国法院普遍承认的,不受任何情况影响,即使具有恶意攻击性质也可以免责的特权。享有上述特权的人包括:(1) 司法程序中的法官、律师、当事人以及证人;(2) 立法程序中的议员;(3) 政府官员;(4) 夫妻之间;(5) 得到对方同意的人。条件特权是指如果行为人的言论符合以下情况,也不构成诽谤,这些情况包括:保护自己利益;保护他人利益;保护共同利益;保护公众利益;报道公开程序。

(刘经靖)

shouguren

受雇人(employee) 也称雇员。在雇佣关系中,为他人服务,提供劳务并收受报酬的人。在雇佣关系存续期间,受雇人有义务忠诚、诚实地履行职责,包括在固定的时间和地点参加工作、执行工作指令、遵守诺言、保守秘密、在履行职责时给他人以合理的照顾、遵守法律所赋予受雇人的一切义务等等。如果雇佣人违反合同,受雇人有权请求赔偿。此外受雇人还有以下权利和义务:(1) 报酬请求权。受雇人有权请求雇佣人给付报酬。(2) 亲自履行义务。不经雇佣人同意,受雇人不能请第三人代服劳务,否则雇佣人可以终止雇佣关系,也可以请求受雇人负债务不履行或不完全履行的损害赔偿责任。这主要是由于雇佣关系属于一种人身信任关系。(3) 受雇人应对其过失负责任。受雇人就劳务的给付,除另有约定外,应当以善意管理人为标准。受雇人即使是因轻过失致害的,也应负责。然而在劳动关系中,应当对受雇人的责任加以限制。雇佣人交给受雇人的工作特别危险的(如司机的工作),对于受雇人因轻过失所造成的损害,如损害额超过了受雇人所得到的报酬时,除受雇人应承担责任外,雇佣人也应承担一定的责任。受雇人故意不执行合理的指令,有重大的错误行为,不胜任工作,对工作疏忽或对雇佣人的工作实施某种有偏见的行为,雇佣人可解雇受雇人。另一方面,如果雇佣人严重地违反合同或者雇佣人使受雇人遭受严重的干扰,受雇人有权解除雇佣关系。如果雇佣合同的终止是因人员过剩,那么被解雇的受雇人有权获得法定的补偿。

(李成林)

shouhairen

受害人(victim) 财产或人身受到损害的人。可以是自然人,也可以是法人或者其他组织。自然人受损害的,既包括财产损害,也包括精神损害。因他人的侵权行为或债务不履行行为而受损害的受害人有权要求致害人赔偿,其为损害赔偿之债的债权人。因见义勇为,保护他人的财产或人身免受损害而受到损害的受害人,其所受损害不能从致害人得到赔偿的,有权要求受益人给予一定的补偿。

(郭明瑞)

shouhairen guocuo

受害人过错(fault of the victim) 外来原因的一种。受害人对于损害的发生或扩大具有的一种应受非难的主观状态。根据行为人对自己的过错行为负责的原则,因受害人的过错而造成的损害,应当由受害人自己承担。受害人的过错包括两种情况:(1) 受害人的过错是造成损害的惟一原因的,应由受害人自己承担责任,免除加害人的责任。因受害人的过错而免除责任的主要是受害人的故意。如《民法通则》第 123 条规定:从事高空、高压、易燃、易爆、剧毒、放射性、高速运输工具等对周围环境有高度危险的作业造成他人损害的,应当承担民事责任;如果能够证明损害是由受害人故意造成的,不承担民事责任。因受害人过失而造成损害的,只有在法律有规定的情况下,才能成为免责事由。如在动物致害责任中,损害完全是由受害人的故意或过失造成的,则动物饲养人或管理人不承担责任。(2) 受害人的过错与侵害人的过错共同造成损害的,可以减轻侵害人的责任。

(张平华)

shouhairen tongyi

受害人同意(consentment of the victim;德 Einwilligung) 又称受害人承诺、被害者的允诺。免责事由的一种。受害人事先明确作出愿意承担某种损害结果的表示。受害人同意一般地可以看成是受害人处分自己权利的行为,是"允诺阻却违法"原则的体现。在瑞士,受害人同意是一般免责事由,《瑞士债务法》第 44 条规定:受害人同意加害行为的或者其应负责的情势加剧损害的产生或恶化,或者因该情势致使赔偿义务人处于困境的,法官可以减轻赔偿义务或全部免责。《葡萄牙民法典》也承认受害人同意是一般性免责事由,该法第 340 条规定:(1) 侵害他人权利的行为在得到他人事先同意时就是合法的;(2) 但倘若同意的内容违反法律或善良风俗,受害人的同意不排除行为的不法性;(3) 倘若侵害行为是基于受害人的利益所为且符合其推定的愿望时,视为同意。《法国民法典》第 16 条规定,损害人之身体的完整性,谨以对该人的治疗有必要之情形为限。损害人之身体的完整性,除因当事人的健康状况有进行手术治疗之必要并且本人不能表示同意意见之情形外,事先均应征得当事人本人的同意。对其他情况,在法国法上,受害人同意只能视为受害人过错,按照过失相抵的规定处理。在英美侵权行为法不存在统一的"受害人同意"的抗辩。一般情况下,故意侵权由于受害人同意,侵权行为不得构成;在过失侵权,则适用"风险自负规则"。我国现行法律虽未明确规定受害人同意为免责事由,但理论与实践承认其为一种正当理由。

受害人同意需要具备下列要件:(1) 受害人事先

作出明示的(或有的情况下默示的)真实意思表示;(2)行为人主观上善意;(3)损害不超过受害人同意的范围和限度;(4)受害人的同意不得违反法律和公序良俗。这一限制主要适用于人身伤害而不适用于对财产权的处分,如不得同意由他人剥夺生命权。由于对未知的将来事项是很难谈得上同意的,因此受害人同意往往是故意侵权行为的免责事由,而不是过失侵权的免责事由。对此,法国学术界明确将受害人同意排除于过失责任的范畴外,而采用风险自负理论来解决过失责任中与受害人同意相类似的问题。受害人同意不同于合同中的免责条款;前者为侵权责任中的免责事由,而后者为合同责任的免责事由,为合同内容的一部分。但二者具有同一性,一般地说对某事项承认受害人同意可以作为抗辩事由,也要承认免责条款的有效性;否定受害人的同意作为抗辩事由,也必然要否定免责条款的有效性。受害人同意只能于加害行为前作出,且受害人得在加害行为施行前撤回同意,受害人事后同意侵害属于对已发生的损害赔偿请求权的抛弃,不属于受害人同意。受害人同意不得以错误为由撤销,但可以因欺诈或胁迫而无效。受害人同意不能完全适用民法关于行为能力的规定,原则上不以有行为能力为要件,一方面需要根据个案以具体的识别能力为标准来判断受害人可否作出同意的表示;另一方面需要区分受害人同意受侵害的客体是财产权还是人格权利益而分别对待。同意他人毁坏或拿走自己财物的,和通过法律行为交付财产及转移占有实际上是很难分开的,因此相关的合同法和侵权行为法的规定均适用,比如合同法关于行为能力的要求、效力待定的合同等规定;在人格权益以合法方式商业化的情形中同样如此,如为广告目的给未成年人摄影。

如同意的客体不牵涉到财产利益,仅涉及人身利益时,能否一概适用行为能力的规定则需要区别不同情形对待:第一,就性行为的同意而言,如果未成年女子自愿与成年男子发生性关系,当该男子的行为具有刑事违法性时,未成年女子的同意不能成为免责事由;与已婚女子通奸,虽然女方不得主张人格权受侵害,但是女子的配偶得以其配偶间共同生活之圆满及幸福被破坏而向相奸者请求损害赔偿。第二,就医生对患者实施医疗措施而言,只有医生尽了说明义务,经患者或其配偶等近亲属书面同意,才可以免责。第三,在运动竞赛中,参与运动者一般都默示同意,只要遵守运动规则,愿意承受通常由此而生的损害;只要运动主办者采用足够的防范措施,观看运动者也默示同意愿意承受通常由此而生的损害即可。第四,在公害案件中,常常有原告"自己迁入公害"的情况,也就是说,原告在迁来之前,已经知道这个地方存在的公害,但仍然迁了过来。对此,大陆法系学者认为移住于工厂附近,仅仅是单纯受害的预期,而不得径认被害人同意忍受煤烟废气之害,即不承认自己迁入公害等同于受害人同意。在英美侵权法中,自己迁入公害以往常常是被告的抗辩事由,现在为体现对居民迁徙自由与买卖自由权的重视,按照《侵权法重述》的规定,法院只是把自己迁入公害作为考虑被告行为的合理性及伤害结果的一个因素,而不能作为抗辩事由。参见风险自负条。

(张平华)

shoujiren

受寄人(depositary) 也称保管人。参见保管合同条。

shoukuanren

受款人(payee) 又称受票人,是收受发票人交付的票据并有权请求付款人支付票据金额的票据当事人,是票据债权人。受款人取得票据后,即享有票据上的权利。其一是付款请求权,即请求付款人支付票据金额的权利。该权利的性质依票据种类的不同而有所不同。汇票和支票都是委付证券,付款人是否承兑或付款无从可知,因此受款人的付款请求权为期待权,须待承兑、保付或付款时才成为现实权。本票是自付证券,无须承兑,自发票始发票人的付款责任就是绝对确定的,因此受款人的付款请求权是现实权。其二是追索权,即在票据不获承兑、不获付款或有其他法定原因时,受款人向其前手包括发票人追索票据金额、利息及费用的请求权。在行使条件具备之前,追索权处于停止状态。受款人保留有票据利益返还的请求权,但此权利不是票据权利,而是一般民事权利。在发票人未写明禁止转让时,受款人享有票据转让权,经背书转让票据后,成为票据债务人,负担保付款的责任。

(李 军)

shouling chiyan

受领迟延(拉丁 mora accipiendi;德 Annahmeverzug) 债的迟延的一种。债权人未及时接受债务人适当的给付。关于受领迟延的性质,有不同的观点。有的学者认为,受领为债权人的义务,受领迟延为债务不履行。有的认为,受领是债权人的权利,而非义务,受领迟延不为债务不履行。各种观点均有合理之处。一般地说,受领给付属于债权人的权利而非义务,但在某些情况下,受领也可为债权人的义务,债权人负有受领义务而受领迟延的,即为债务的不履行。即使债权人无受领的义务,但因债务的履行须经受领才能实现,依诚实信用原则,债权人负有协助履行的义务,债权人受领给付迟延即为协助义务的违反,亦应承担相应的后果。

受领迟延的构成要件有三:一是须债务人向债权人提出适当的履行。若债务人的履行不适当,则债权人有权拒绝,不能构成受领迟延。二是须债权人有受领义务或者依诚实信用原则应协助债务人履行。若债务的履行不需要债权人的受领,则不发生受领迟延。三是债权人未予受领,包括债权人不受领和不能受领。受领迟延成立后,债务人可以通过提存等方式消灭债而免除其履行责任;自受领迟延后发生的负担,债务人不再承担(如应支付利息的,此后不再支付),因受领迟延而发生的费用由债权人负担;双务合同之债的风险负担自受领迟延转移给债权人。

(郭明瑞)

shouling yisi biaoshi de ren

受领意思表示的人(acceptor of will) 表意人的对称。在意思表示中,接受意思表示的人。

(李仁玉 陈敦)

shou qizha de minshi xingwei

受欺诈的民事行为(civil act under the fraud of counterparts) 参见欺诈条。

shousunfang jinli jianshao sunshi yuanze

受损方尽力减少损失原则(principle of correlative duty of injured party to minimize damages) 在船舶碰撞中,加害方赔偿受害方的损害,这是加害方的责任,而受害方应尽一切可能减少加害方对其造成的损害,这是受害方的对应责任。长期以来,各国海事司法实践都把"受害方减少损害的相应责任"作为船舶碰撞损害赔偿的原则之一。我国《船舶碰撞损害赔偿规定》第1条第2款和1985年《船舶碰撞损害赔偿公约草案》第4条均通过排除赔偿受害方未合理减少而扩大的损失以确立该项原则。据此,船舶发生碰撞后,受害船应该尽力采用合理措施,将损失控制在最小范围之内。否则,加害方有权就扩大的不合理损失拒绝赔偿。受损方尽力减少损失原则的标准是:作为一个谨慎的船舶所有人,当船舶发生碰撞后,是否会采用同样的措施。也即"索赔方尽合理谨慎就会避免或减少的损害不得追偿"(1985年《船舶碰撞损害赔偿公约草案》第4条)。具体而言,"受损方尽力减少损失原则"应包括以下内容:(1)受损方不得扩大损害,尤其不得故意扩大损害。(2)受损方必须采取合理措施以减少损失。对于采取合理措施本可以避免的损失而没有避免,受损方无权请求赔偿。(3)受损方为减少损失而合理支付的费用和导致的新的损害都可以得到赔偿,但以合理为限。"合理"是一个事实问题。(4)受损方采取合理措施,成功地减少了加害方的过失所造成的损害,则加害方有权从中获益,即他不对已经减少了的损失负赔偿责任。(5)受害方因经济实力不足而不能减少损失,对这一部分不能减少的损失,受害方不能获得赔偿。因为受害方的资金不足不是加害方的过失造成的。

(张永坚 张宁)

shoutuoren

受托人(mandatory; trustee; bailee; holder on trust)

❶ 又称受任人,委托人的对称,委托合同中受委托人的委托而处理委托事务的人。受托人可以是自然人,也可以是法人。但受托人应具有一定的民事行为能力。因为受托人须亲自处理委托事务,因此其必应具有处理该事务的能力。以自然人为例,原则上,限制民事行为能力人亦可为受托人,但所受委托事务必须是根据其年龄、智力或精神状况能独立为之的事务;反之,如果某项事务超出其能力范围,因其不能亲自处理该项事务,则该自然人不能作为处理此项事务的受托人。受托人可为一人,也可为多人。当受托人为多人时,委托人可以委托他们共同处理某一项事务,或者委托不同的人处理不同的事务。当有数个受托人共同处理同一委托事务时,则各受托人对因违反注意义务或越权而给委托人造成的损失负连带赔偿责任,但其中一人或几人未与其他人协商而处理事务造成委托人损失的,由实施行为的受托人承担民事责任。若数个受托人分别处理不同的事务,则只对其所处理的事务负责。委托合同中受托人的基本义务即是须依委托人的指示处理委托事务。依我国《合同法》的规定,受托人需要变更委托人指示的,应当经委托人同意;因情况紧急,难以和委托人取得联系的,受托人应当妥善处理委托事务,但事后应当将该情况及时报告委托人。考虑到委托合同的当事人之间有相互信赖的关系,我国《合同法》第400条规定:受托人应亲自处理委托事务。但在情急之下,受托人也可以转委托。即经委托人同意,将委托人委托的部分或全部事务转由第三人处理。受托人应当按照委托人的要求,随时或者定期报告受托事务的处理情况。受托事务终了或者委托合同终止时,受托人应当将处理委托事务的始末经过和处理结果报告给委托人,并提交必要的证明文件,如各种账目、收支情况等。在委托事务的处理过程中,如果委托人要求受托人履行报告义务,告诉事务处理的状况,受托人自然应当报告;若委托人没有要求受托人汇报,但有报告的必要时,如进行有障碍,情事变更或有危险的可能,受托人亦应该随时汇报。受托人因急于报告所致损害,委托人有权请求其赔偿。委托合同解除时,受托人自然应把未处理完毕的事务及处理部分的费用、账目等情况报告给委托人,使委托人得以及时地再行寻觅另一受托人或亲自处理未完事务。因受托人未能

及时报告处理结果而致委托人受损的,受托人应承担损害赔偿责任。受托人报告义务的具体内容一般由当事人约定。受托人作有关汇报,不以有委托人的请求为前提,尤其是事务终了的报告应包括有关收支的计算及提交必要的证明文件,如清单,发票等。受托人因处理委托事务所取得的财产,应当转交给委托人。这些财产,包括金钱、物品及其孳息、权利等,受托人在以下两种情况下应承担赔偿损失的责任:(1) 因违反注意义务致委托人利益受到损害而承担的赔偿损失的责任。对有偿的委托合同,受托人应尽善良管理人的义务;对无偿的委托合同,受托人应给予与处理自己事务一样的注意。当因其违反这些注意义务而给委托人造成损害时,就应对此损害承担损害赔偿责任。根据我国《合同法》的规定,在有偿委托合同中,要求受托人就其过失负损害赔偿责任,在无偿委托合同中,要求受托人就其故意或重大过失负损害赔偿责任。(2) 受托人因越权所负的损害赔偿责任。受托人在处理委托事务时,应在其权限范围内处理。因越权处理事务而致损害的,应负赔偿责任。受托人处理委托事务所需要的费用应由委托人负担。受托人请求处理委托事务的费用应以必要为限。即其所请求的必是处理委托事务所必需的费用。

(李云波)

❷ 因接受委托人在信托行为中的委托或者有关国家机关在国家行为中的指定,或者因法院的推定或者依据法律的直接规定,对信托财产负有为他人利益或者特定目的进行管理或处理职责的人。受托人在信托中居于核心地位:第一,任何信托,无论其属于何种信托基本类型,也无论其为何种品种,均存在受托人。第二,在信托存续期间,在其各方当事人中,系由受托人在具体从事对信托财产的占有支配与经营管理,并在这一过程中通过采取种种措施以促成该项财产产生信托利益;信托的有效运作,信托事务的顺利处理,委托人或有关国家机关设立信托之目的的实现,以及信托的功能与效益的产生,均完全仰赖于受托人的努力。第三,为信托法规定的信托各方当事人的权利义务,纯然是从能够对受托人的行为进行有效规制的角度出发来设计的。受托人为信托中最重要的当事人。依各国、各地区信托法的通例,可以成为受托人的主体有自然人和法人;在有特别法允许的情况下,非法人组织与国家也可以成为受托人。从现象上看,国家担任受托人是通过由有关国家机关出面的方式进行,即有关国家机关只要是代表国家执行信托,在法律上便意味着系由国家担任受托人。当然,上述各种主体必须具备为信托法和其他法律所规定的条件,才能够进入某一项信托并担任其受托人。

受托人可以因委托人在信托行为中的指定而产生。信托行为包括信托合同、信托遗嘱与信托宣言。如果某一国家或地区的信托法将这三种信托行为均确认为设立明示信托的合法方式,那么在该国或该地区这三种行为均能导致产生受托人;如果某一国家或地区的信托法只将其中前面两种方式确认为设立明示信托的合法方式,则在该国或该地区便只有这两种行为能导致产生受托人。信托行为的民事行为属性,决定了委托人在其中对受托人的指定,必须以被指定人的承诺(接受)为成立前提,并且这一承诺只能体现为由后者对前者的关于担任受托人的委托的承诺,在此点上委托人通过信托宣言设立信托的例外,因在宣言信托情形下系由委托人自任受托人从而无所谓承诺。如果某一国家或地区的信托法规定,在明示信托(以及其他类型的信托)存续期间,在前受托人职责终止的情形下,由信托行为或本法规定的利害关系人选任新受托人,该利害关系人的选任行为只要经后者承诺也能够导致产生受托人。

受托人还可以因有关国家机关在国家行为中的指定或推定而产生。能够导致信托设立的国家行为主要包括司法行为与行政行为。如果某一国家或地区的信托法将指定信托、归复信托与推定信托确定为合法的信托类型,该国或该地区法院或有关行政机关的指定行为与推定行为便能够导致产生受托人。其中的指定行为依法在一些情形下须经被指定人承诺才能生效,在另一些情形下则无须经过该人承诺也能生效,推定行为则一律无须经过被推定为受托人的人承诺即能生效。

受托人还可以因法律的直接规定而产生:如果某一国家或地区的法律中规定有法定信托,其中的受托人便由此产生,且其对受托人身份的拥有并不以其承诺信托为条件。就某一信托而言,其受托人既可仅为一人,又可为两人以上,其数量由信托行为或者设立信托的国家行为或者导致信托产生的法律规定,只是存于前面两种行为中的受托人数量必须符合信托法或者其他有关法律的规定。

考虑到信托毕竟系由受托人执行,为了给信托的有效运作在法律上创造条件,信托法理应授予受托人一定职权、权利并赋予其一定义务。依据各国、各地区信托法的一致规定,在信托存续期间,受托人具有按照信托行为与法律的要求管理信托财产与处理信托事务的职权,享有信托变更权、费用补偿权、报酬权,并负有遵从信托条款义务、忠实义务、勤勉谨慎义务、分别管理信托财产义务、保存账目义务、告知义务、保护信托财产义务与交付信托利益义务。同样是依据各国、各地区信托法的一致规定,如果受托人违反了这些义务,只要符合法定条件,则应当依法承担民事责任。

(张 淳)

shoutuoren baochou guize

受托人报酬规则(rule of trustee's remuneration) 信托法针对受托人执行信托所能够获得的报酬所确立的规则。信托主要分为非营业信托与营业信托。在这两种类型的信托关系存续期间,均系由受托人在管理信托财产与处理信托事务,且其在这一管理与处理过程中是在为受益人谋求利益。这便产生了关于受托人的报酬问题,且这一问题需要由信托法通过确立受托人报酬的规则来解决。《中华人民共和国信托法》将受托人报酬规则确定为:信托以无报酬为原则,以有报酬为例外。因该法第35条规定:"受托人有权依照信托文件的约定取得报酬。信托文件未作事先约定的,经信托当事人协商同意,可以作出补充约定,未作事先约定和补充约定的,不得收取报酬。"该法关于受托人报酬的规定仅此一条,此外再无关于营业信托之受托人报酬的特殊规定。该法第3条还规定:"委托人、受托人、受益人在中华人民共和国境内进行民事、营业、公益信托活动,适用本法。"可见,此条规定既适用于非营业信托又适用于营业信托。根据上述条款的精神,这两种类型的信托均系以无报酬为原则、以有报酬为例外。英国信托法确立的受托人报酬规则也是:信托以无报酬为原则,以有报酬为例外。但美国信托法确立的受托人报酬规则却是:信托以有报酬为原则,以无报酬为例外。该法将该规则表述为:受托人有权从信托财产中支取报酬,但信托条款另有规定或者受托人自愿放弃报酬的除外。在美国,这一规则既适用于非营业信托又适用于营业信托。《日本信托法》关于受托人报酬规则的规定却比较特殊。虽然该法第35条规定:"受托人,除作为营业承受信托者外,除非有特别约定,不得接受报酬。"但该法第6条却针对作为营业信托的受托人而专门规定:"作为营业而承受信托时,其承受为商行为。"在日本,商行为涉及对商法的适用。《日本商法典》第4条规定:"本法所谓商人是指以自己的名义,以从事商行为为职业的人。"第512条规定:"商人在其营业范围,为他人进行某种行为时,可以请求相应的报酬。"由这些条文的精神可见,日本信托法所确立的受托人报酬规则是:凡营业信托均有报酬,仅非营业信托以无报酬为原则,以有报酬为例外。我国台湾地区《信托法》关于受托人报酬规则的规定与《日本信托法》中的相应规定在实际内容上相同,但前者在表述上较后者更为直观,其第38条规定:"受托人系信托业或信托行为订有给付报酬者,得请求报酬。" (张 淳)

shoutuoren ciren

受托人辞任(retirement of trustee) 受托人辞去其依据信托行为、设立信托的国家行为或者信托法所承担的执行信托的职责。它是信托法规定的能够导致受托人职责终止的事由之一。《中华人民共和国信托法》第38条第1款规定:"设立信托后,经委托人和受益人同意,受托人可以辞任。本法对公益信托的受托人辞任另有规定的,从其规定。"第66条规定:"公益信托的受托人未经公益事业管理机构批准,不得辞任。"与此相同的规定也存在于日本、韩国与我国台湾地区的信托法中。然而,《日本信托法》第46条、《韩国信托法》第13条第2款与我国台湾地区《信托法》第36条但书却在前述规定的基础上进而规定:凡有不得已的事由,受托人经法院许可,可以辞任。如果说包括我国在内的上述各国、各地区信托法关于受托人辞任的规定在条件方面显得较严,那么英美信托法的相应规定则显得相对较宽。例如:英国信托判例法认为:受托人在下述情况下可以辞任:(1)受益人同意;(2)信托文件允许;(3)通过其指定产生了新受托人。《英国受托人法》第39条在此基础上还规定:希望辞任的受托人,只要在其辞任后有一家信托公司或者至少两个以上的人接替他成为新受托人,并且其经过其他受托人以及有权指定受托人的其他人同意,即可以辞任。上述规定表明:在英国,受托人辞任在任何情形下均既无须经委托人同意,也无须经法院许可。考虑到在受托人辞任后有关信托在新受托人产生前仍然需要有人来执行,《中华人民共和国信托法》第38条第2款规定:"受托人辞任的,在新受托人选出前仍应履行管理信托事务的职责。"类似的规定同样存在于其他各国与各地区的信托法中。 (张 淳)

shoutuoren de baocun zhangmu yiwu

受托人的保存账目义务(trustee's duty to preserve account) 受托人所负有的保存与信托财产管理或处理以及与信托利益收取和支付有关的账目的义务。这一义务实际上要求受托人:第一,必须按规定建立信托账目;第二,对已建立的信托账目不能随便销毁,而是必须按规定保存,以便在需要时能够将它向受益人、委托人或者有关国家机关提供。我国《信托法》仅抽象规定受托人负有这一义务,该法第33条第1款规定:"受托人必须保存处理信托事务的完整记录。"此条中的所谓完整记录正是指信托账目。《日本信托法》与《韩国信托法》也规定受托人负有这一义务,且其关于该义务的规定还显得较为具体:前者第39条与后者第33条一致规定:"受托人必须备置账簿,清楚地记载有关各项信托事务处理及结算情况。受托人必须在接受信托时和每年一次的一定时期编制财产目录。"我国台湾地区《信托法》第31条不仅像日、韩两国信托法那样具体规定了受托人负有这一义务,还规定"受托人应当将其制作成的信托财产目录与收支计算表送交委托人及受益人",并将此点作为该义务的内容之一。英美信托法如同日、韩两国信托法一样,也具体规定受托人负有这一义务,同时,英美信托法还规定,对由受托人建立和保存的信托账簿,在需要时应当送交独立的会计师检查和审核,并将此点作为该义务的内容之一。

(张 淳)

shoutuoren de baohu xintuo caichan yiwu

受托人的保护信托财产义务(trustee's duty to preserve trust property) 受托人所负有的采取积极有效的措施来保护信托财产并使之保持完好而不致发生毁损灭失的义务。《中华人民共和国信托法》第22条第1款规定:"受托人违反信托目的处分信托财产或者因违背管理职责、处理信托事务不当致使信托财产受到损失的,委托人有权申请人民法院撤销该处分行为,并有权要求受托人恢复信托财产的原状或者给予以赔偿。"日本、韩国的信托法也实际确认受托人负有这一义务,且这些信托法对这一义务的确认方式与我国《信托法》基本相同。英美信托法明确肯定受托人负有这一义务。英国信托法认为:受托人必须采取合理适当的措施来保护信托财产,并使该项财产不致受到损害或者不致陷入受到损害的危险境地。美国信托法认为:根据信托条款来保护信托财产是受托人的首要义务,信托基金的安全为法律所首先关注,此点的实现仰赖于针对受托人的行为而制定的每一项规则。因此,受托人必须保护信托财产并防御加害行为,只要他有理由相信该加害行为是不正当的,并且他还必须防御对该项财产的非法要求。不仅如此,英美信托法还一致认为,只要受托人违反了这一义务,并由此致使信托财产毁损灭失,则其应当承担赔偿责任。 (张 淳)

shoutuoren de baomi yiwu

受托人的保密义务(trustee's duty to keep secret) 受托人所负有的对与信托有关的情况进行保密的义务。这一义务要求受托人不要以包括讲述和提供资料在内的任何形式向他人披露与信托有关的情况。仅《中华人民共和国信托法》赋予受托人这一义务。该法第33条第3款规定:"受托人对委托人、受益人以及处理信托事务的情况和资料负有依法保密的义务。"其他各国、各地区的信托法均没有赋予受托人保密义务;但由于与信托有关的情况或者属于商业秘密,或者属于个人隐私,根据有关法律,受托人同样负有这一保密义务。 (张 淳)

shoutuoren de baochouquan

受托人的报酬权(trustee's right of remuneration) 受托人所享有的就其执行信托获得报酬的权利。各国、各地区信托法均在其中确立了受托人报酬规则。依我国《信托法》第35条的规定,受托人报酬权实际上只能够由信托行为授予;如果在信托行为中无此授权,即使受托人执行了信托,并且在这一过程中按照信托法的要求履行了各项义务,其也并无这一权利。美国信托法中的受托人报酬规则确认,受托人只要执行了信托便当然享有报酬权,信托行为另有规定的除外。《日本信托法》第35条与我国台湾地区《信托法》第38条规定的这一规则确认,只有营业信托的受托人当然享有信托报酬权,而非营业信托的受托人则只有在信托行为中存在这一授权的情形下才享有这一权利。

受托人对于报酬权可以通过三种途径行使:一是直接对信托财产行使,二是对受益人行使,三是对委托人行使。受托人究竟按其中哪一种途径行使报酬权,一般应当由授予其报酬权的信托行为、导致信托设立的国家行为或法律来规定;如果在信托行为、国家行为或法律中无此规定,则可以由受托人根据具体情况来选择。考虑到在信托存续期间,有可能存在因受托人的不当行为致使信托财产受到损失的情况,为了公平起见,《中华人民共和国信托法》将其在这种情况下已承担了相应的民事责任确立为受托人对报酬权的行使条件。该法第36条规定:"受托人违反信托目的处分信托财产或者因违背管理职责、处理信托事务不当致使信托财产受到损失的,在未恢复信托财产的原状或者未予赔偿前,不得请求给付报酬。"与此相同或类似的规定也存在于其他各国、各地区的信托法中。此外,针对信托有可能存在其他债权人以及受益人没有支付能力的情况,为了确保对受托人报酬权的满足,《日本信托法》与《韩国信托法》还将这一权利规定为优先受偿权,并规定受托人享有要求对这一权利提供担保的权利:依前者第37条与后者第43条的精神,受托人可以先于其他债权人在变卖信托财产的所得价款中行使其报酬权,并可以就这一权利要求受益人提供相当担保。考虑到受托人对于报酬权有可能在信托终止后才能行使,我国《信托法》第57条还规定:信托终止后,受托人依照本法规定行使报酬权时,可以留置信托财产,或者向信托财产的权利归属人要求给付报酬。这一规定仅为该法独有。 (张 淳)

shoutuoren de feiyong buchangquan

受托人的费用补偿权(trustee's right of compensation) 受托人所享有的对其在执行信托过程中所垫付的有关费用进行补偿的权利。在信托存续期间,要使对信托财产的管理和对信托事务的处理有效地进行,通常需要由受托人支付一定的有关费用。这种费用主要表现为因信托财产所负担的税金与管理费,正常维修信托财产所必需的费用,以及因实施信托行为中规定的各项行为所必需的费用等等。在许多情况下,这些费用均是由受托人用自己的固有财产来垫付的。除此之外,在信托执行的过程中,受托人有时也会非因自己的过失而遭受财产损失,或者对第三人负有债务,并且这种损失或债务又较多地体现为受托人并未取得相应利益然而却开支了一定的金钱,故两者也属于"有关费用"的范围。显而易见,受托人对其在这一过程中所垫付的前述各项有关费用理应获得补偿。我国《信托法》规定了受托人费用补偿权,并将这一权利规定为优先受偿权,且还同时规定,受托人对这一权利只能够向信托财产行使。该法第37条第1款规定:"受托人因处理信托事务所支出的费用、对第三人所负债务,以信托财产承担。受托人以其固有财产先行支付的,对信托财产享有优先受偿的权利。"《日本信托法》不仅实际确认受托人的费用补偿权,并将这一权利确认为优先受偿权,同时还规定,受托人对这一权利既可以向信托财产行使,也可以向受益人行使。该法第36条第1款规定:"受托人可以就有关信托财产而负担的租税、公共课税及其他费用以及为处理信托事务自己并无过失而受损害的补偿,变卖信托财产,先于其他债权人行使其权利。"第2款规定:"受托人可以就前款的费用和损失,请求受益人予以补偿或使其提供相当担保,但是,受益人为不特定的人或尚未存在时,不在此限。"与此相同和类似的规定也存在于韩国与我国台湾地区的信托法中。英美信托法不仅确认受托人享有费用补偿权,而且确认受托人对这一权利既可以向信托财产行使也可以向受益人行使,还将已经履行了注意义务确定为受托人行使这一权利的条件。例如,美国信托法认为:一般说来,如果受托人尽了善良人的注意和适当的关心、谨慎与努力,他对在管理信托事务的过程中所花费的费用,有权从信托基金或者由他所占有的信托财产中进行补偿,或者要求获得作为其努力结果的利益的那些人补偿;即便信托文件没有就补偿作出明确规定,即便花费这些费用并未导致信托财产增加,只要受托人用自己的固有财产来支付了前述费用,他就有权进行这一补偿。英国信托法认为:如果受托人在执行信托的过程中支付了一定的费用,或者招致了与信托财产有关的债务,甚至包括他根据信托文件的规定而正当地从事交易或商业活动所负的债务,对于有关的损失或费用,只要不是由于他的疏忽或不履行所引起,则受托人有权在信托财产中进行补偿,或者向有权处理自己事务的受益人要求补偿;如果受托人是为了保护信托财产并使之处于安全状态,在没有信托基金的情况下支了自己的金钱,他有权就此项开支在信托财产中进行补偿。考虑到受托人对于这一补偿权有可能在信托终止后才能行使,我国《信托法》第57条还规定:信托终止后,受托人依照本法规定行使费用补偿权时,可以留置信托财产,或者向信托财产的权利归属人要求补偿。这一规定仅为该法独有。 (张 淳)

shoutuoren de fenbie guanli xintuo caichan yiwu
受托人的分别管理信托财产义务(trustee's duty to separate trust property administration) 受托人所负的将信托财产与其固有财产区别开来进行管理的义务。这一义务实际上是要求受托人不要仅出于方便的考虑,将信托财产与其固有财产作为一个整体来统一进行管理,因为如此统一管理有可能导致发生对这两种财产无法辨识与区分的情况,从而对受益人不利。《中华人民共和国信托法》明确肯定受托人负有这一义务,该法第29条规定:"受托人必须将信托财产与其固有财产分别管理、分别记账,并将不同委托人的信托财产分别管理、分别记账。"此条的涵义是:受托人既必须将所有委托人的信托财产与自己的固有财产分别管理,也必须将其中每一个委托人的信托财产均分别管理;但如果这些信托财产与固有财产均为金钱,受托人可以将它们合为一体,在管理上只需对它们分别记账即可,这一分别记账便体现着对它们分别管理。其他各国、各地区的信托法也均赋予受托人这一义务,并且这些信托法关于这一义务的规定与我国《信托法》的上述规定内容相同。 (张 淳)

shoutuoren de gaozhi yiwu
受托人的告知义务(trustee's duty of information) 受托人所负有的向委托人和受益人告知信托执行情况的义务。这一义务要求受托人将与信托财产管理和信托事务处理有关的情况,包括信托财产存在与运用情况、与该项财产有关的收益与开支情况,以及信托利益分配与支付情况等向委托人和受益人告知。我国《信托法》明确肯定受托人负有这一义务,该法第33条第2款规定:"受托人应当每年定期将信托财产的管理运用、处分及收支情况,报告委托人和受益人。"《日本信托法》与《韩国信托法》则是通过授予委托人和受益人信托知情权而实际确认受托人负有这一义务。前者第40条与后者第34条均规定:包括委托人和受益人在内的利害关系人,均可以随时向受托人请求查阅信托账簿与信托财产目录等有关信托事务处理的文件;其中的委托人、其继承人与受益人,除可以提出前述请求外,还可以向受托人请求说明与信托事务处理有关的事宜。既然委托人和受益人对受托人享有知情权,受托人便相应地负有了向委托人和受益人告知信托执行情况的义务。我国台湾地区《信托法》也以与日、韩两国信托法相同的方式,确认受托人享有这一义务,该法第32条甚至规定:委托人或受益人可以请求查阅、抄录或影印信托账簿、信托财产目录和收支计算表,并可以请求受托人说明信托事务处理情况。英美信托法也赋予受托人这一义务;但由于该法不承认委托人为信托利害关系人之一,故存在于该法中的这一义务,仅仅是向受益人告知信托执行情况的义务。 （张　淳）

shoutuoren de gongping duidai shouyiren yiwu
受托人的公平对待受益人义务（trustee's duty to deal impartially with beneficiaries） 受托人所负有的公平对待同一项信托中的两个以上受益人的义务。这一义务仅为存在于在有关信托行为中未规定信托利益分配比例的、存在着多数受益人的信托中的受托人所负有,它要求受托人必须将信托利益在这些受益人之间进行平均分配。《中华人民共和国信托法》实际确认受托人负有这一义务。该法第45条规定:"共同受益人按照信托文件的规定享受信托利益。信托文件对信托利益的分配比例或者分配方法未作规定的,各受益人按照均等的比例享受信托利益。"既然此条后段作如此规定,在出现其中规定的情形时,受托人便显然应当将信托利益在各受益人之间进行平均分配。英美信托法也确认受托人负有这一义务,但却是从其特殊性角度出发对这一义务的内容进行表述。例如英国信托法将这一义务的内容表述为:除非信托文件明确地授予受托人酌情处理权,并允许其通过行使这一权利自行决定每一个受益人所能够获得的信托利益数额,受托人应当将全部信托利益在全体受益人之间进行平均分配,在分配信托利益时不能够使其中某一个或者某一类受益人比其他受益人获得特殊照顾。 （张　淳）

shoutuoren de jiaofu xintuo liyi yiwu
受托人的交付信托利益义务（trustee's duty to pay trust interest） 受托人所负有的按照信托行为或信托法的规定向受益人交付信托利益的义务。《中华人民共和国信托法》第34条规定:"受托人以信托财产为限向受益人承担支付信托利益的义务。"《日本信托法》第7条、《韩国信托法》第51条第1款与我国台湾地区《信托法》第17条第1款则是通过规定信托利益归受益人享有而确认其享有信托受益权,并由此而相应地确认受托人负有这一义务。英美信托法也赋予受托人这一义务;不仅如此,英国信托法还特别规定如果受托人因过错将信托利益交付给了一个无权收取该项利益的人,则其还应当承担责任。 （张　淳）

shoutuoren de qinzi zhixing xintuo yiwu
受托人的亲自执行信托义务（trustee's duty to execute trust himself） 受托人所负有的以自己的行为来管理信托财产与处理信托事务的义务。这一义务的实质在于,排斥受托人在信托存续期间通过委托代理人来代其执行信托。《中华人民共和国信托法》第30条第1款规定:"受托人应当自己处理信托事务,但信托文件另有规定或者有不得已事由的,可以委托他人代为处理。"日本、韩国与我国台湾地区的信托法也均赋予受托人这一义务,且这些信托法关于这一义务的规定与上述规定内容相同。但英美信托法却没有赋予受托人这一义务,且由于该法确认,在信托存续期间的任何情形下,受托人均可以不受限制地委托代理人来代其执行信托,故其不能赋予受托人这一义务。 （张　淳）

shoutuoren de qinmian jinshen yiwu
受托人的勤勉谨慎义务（trustee's duty of diligence and prudence） 又称受托人的注意义务。为受托人所负有的以勤勉谨慎的态度来执行信托的义务。这一义务要求,受托人在执行信托过程中必须做到尽忠职守、认真负责。我国《信托法》明确肯定受托人负有这一义务,该法第25条第2款规定:"受托人管理信托财产,必须恪尽职守,履行诚实、信用、谨慎、有效管理的义务。"《日本信托法》第20条、《韩国信托法》第28条与我国台湾地区《信托法》第22条也均将这一义务赋予受托人,且将它视为一种善良管理人的注意义务。这些条款一致规定:受托人应当依信托本旨,以善良管理人的注意,处理信托事务。所谓善良管理人的注意义务与勤勉谨慎义务,在民法中实际上是同义语。英美信托法也将这一义务赋予受托人。英国信托法认为:受托人必须以适当的勤勉态度来执行信托,必须以与一个经商的人在处理自己的事务时所持态度相同的谨慎态度来处理信托事务。美国信托法进而认为:受托人必须是一个诚实信用,并拥有符合信托管理之要求的、高标准操行的人,他必须以公正、正当、诚实和最大限度的善意、健全的判断力以及高度谨慎的态度来从事信托管理。 （张　淳）

shoutuoren de qingsuan yiwu
受托人的清算义务（trustee's duty to liquidation） 受托人所负有的在信托终止时对信托进行清算的义务。这一义务要求受托人在信托终止时必须对该信托的财务状况进行清算,这一清算涉及信托财产及其税金缴纳、信托利益及其支付以及与信托有关的债权债务的清偿等等。我国《信托法》实际确认受托人负有这一义务,该法第58条规定:"信托终止的,受托人应当作出处理信托事务的清算报告。受益人或者信托财产的权利归属人对清算报告无异议的,受托人就清算报告所列事项解除责任。但受托人有不正当行为的除外。"《日本信托法》第65条、《韩国信托法》第63条与我国台湾地区《信托法》第 68 条也以相同的方式确认受托人负有这一义务。

(张 淳)

shoutuoren de shouxinrenren yiwu
受托人的受信任人义务(trustee's duty of fiduciary) 参见受托人的忠实义务条。

shoutuoren de wei shouyiren mouqiu zuida liyi yiwu
受托人的为受益人谋求最大利益义务(trustee's duty for beneficiary seeking greatest interest) 受托人所负有的从为受益人谋求最大利益的角度出发来执行信托的义务。这一义务要求受托人在执行信托的过程中,特别是在以信托财产进行投资或者以其他方式运用该项财产以产生收益的过程中,在出售信托财产、选任新受托人、进行与信托有关的诉讼的过程中,必须从最大限度地为受益人谋求利益的角度出发来作出安排。

(张 淳)

shoutuoren de weituo dailiquan
受托人的委托代理权(trustee's power to delegate agents) 受托人所享有的委托代理人来代其执行信托的权利。《中华人民共和国信托法》有条件地确认委托人享有委托代理权。该法第 30 条第 1 款规定:"受托人应当自己处理信托事务,但信托文件另有规定或者有不得已事由的,可以委托他人代为处理。"第 2 款规定:"受托人依法将信托事务委托他人代理的,应当对他人处理信托事务的行为承担责任。"与此相同的规定还存在于日本、韩国与我国台湾地区的信托法中。但英美信托法却无条件地确认受托人享有委托代理权。以《英国受托人法》为例,该法第 23 条的标题即为"聘用代理人的权利"。其第 1 款规定:"受托人、个人代表可以雇用一位收取报酬的代理人,不管是事务律师、银行家、股票经纪人还是其他人,来处理信托事务或采取处理这些事务所需要的行动,处理实施信托或管理遗嘱人或无遗嘱死亡者的遗产过程中的事务,包括接收和支付货币款项,而不必亲自做这些事情。受托人有权允许给予和支付由此发生的所有费用和开支。受托人只要是善意雇用代理人的,对代理人的过失行为不承担责任。"其第 2 款规定:"如果信托财产、遗嘱人或无遗嘱死亡者的遗产处在英国以外的地方,为出售、转换、收取、收集财产,实施和完成财产的保险、管理、照料或以其他方式管理遗产或其中的一部分,受托人或个人代表可以指定任何人作为他们的代理人。受托代理人可以采取行动,或者行使任何酌情处理权或实施信托,或者行使授予他的、有关这些财产的权力及其附带权力,同时要服从受托人认为适当的要求和限制;并且,不能仅仅因为受托人进行了这种指定,就要求受托人对由此造成的损失承担责任。"其第 3 款规定:"在不损害前述代理人的一般权力的前提下:(a) 受托人可以指定一位律师作为他的代理人,负责接收受托人根据信托可以接受的货币款项、有价值的对价和财产,并解除责任;可以允许律师为这些财产保管出示一份契据或背书一份收据,契据或背书的收据应由被授权为对价提供收据的人执行或签署收据。(b) 受托人不应仅仅因为作出指定或同意指定而承担违反信托的责任;前述律师出示的契据就像指定他人不是受托人一样,具有相同的法定效力和作用。(c) 受托人可以指定一位银行家或事务律师作为代理人,接收根据保险单应付给受托人的任何款项;可以允许银行家或事务律师保管并出示保险单,并附带有受托人签署的收据。受托人不应仅仅因为作出指定或同意指定而承担违反信托的责任。"可见,依据此条,受托人在信托存续期间委托代理人来代其执行信托,既无须以信托文件允许为条件,也无须以发生任何事由为条件。

(张 淳)

shoutuoren de xintuo biangengquan
受托人的信托变更权(trustee's right to alter trust) 受托人所享有的变更信托财产管理方法的权利。这一权利的行使结果是,由信托行为或者设立信托的国家行为中规定的信托财产管理方法,按照受托人的意思而发生了变更,并且变更后的方法还成为关于信托财产的新的管理方法。包括我国在内的各国、各地区的信托法实际上均允许委托人在信托行为中,将可由其直接行使的信托变更权授予受托人,此点由在这些信托法中均不存在关于禁止这一授权的规定所体现。除中国外的其他各国、各地区的信托法还授予受托人在符合法定条件情形下,通过司法程序行使信托变更权。例如,《日本信托法》第 23 条、《韩国信托法》第 36 条与我国台湾地区《信托法》第 16 条均规定:(1) 因信托行为成立时所不能预见的特殊事由发生,致使信托财产管理方法不符合受益人利益时,受托人可以向法院提出变更这一管理方法的请求;(2) 前款规定准用于法院所定之管理方法。英美信托法也认为,只要是出于保护信托或者使信托目的实现的需要,受托人便可以向法院提起诉讼,以要求变更信托财产管理条款。

(张 淳)

shoutuoren de xintuo caichan qiangzhi zhixing yiyiquan
受托人的信托财产强制执行异议权(trustee's right to object to the enforcement of trust property) 受托人所享有的就信托财产强制执行向法院提出异议的权利。我国《信托法》授予受托人这一权利,且该法授予受托人这一权利的条文与其授予委托人这一权利的条文属同一条。日本、韩国与我国台湾地区的信托法也均授予受托人这一权利,且在这些信托法中授予受托人这一权利的条文与授予委托人同一权利的条文也属同一条。英美信托法虽未明确授权,但由于该法确认信托财产不能被用于清偿受托人的、与执行信托无关的个人债务,从而不能被强制执行以清偿这种债务,这无疑等于确认,在这种强制执行发生的情形下,作为信托当事人之一的受托人享有提出异议的权利。参见**委托人的信托财产强制执行异议权条**。 (张 淳)

shoutuoren de zeren
受托人的责任(liability of trustee) 受托人因违反信托法赋予的义务而依法所应当承担的恢复原状和赔偿损失的责任。它属于民事责任范畴。关于这一责任的一般规定实际存在于我国《信托法》中,该法第 22 条授予委托人向违反信托法赋予的义务的受托人要求承担恢复原状和赔偿损失的责任的权利。该条第 1 款规定:"受托人违反信托目的处分信托财产或者因违背管理职责、处理信托事务不当致使信托财产受到损失的,委托人有权申请人民法院撤销该处分行为,并有权要求受托人恢复信托财产的原状或者予以赔偿。"该法第 49 条确认受益人也享有这一权利。该法正是通过这一授权性规定而确认了受托人的责任。此即关于受托人责任的一般规定,适用于由受托人实施的违反任何一项由信托法赋予的义务的行为。此外该法第 27、28 条还明确规定,凡受托人将信托财产转为其固有财产,或者将信托财产与固有财产、或者将不同委托人的信托财产进行不符合本法规定的交易,则应当承担恢复原状或赔偿损失的责任,此两条适用于由受托人实施的违反忠实义务的行为。关于这一责任的一般规定也存在于其他各国、各地区的信托法中,且还是以明文规定方式存在。在信托存续期间,在某些情况下,受托人虽然违反了信托义务,但从公平合理的角度看,却不应当使其承担责任。鉴于此,法律在这方面自然应当作出相应的规定。

除我国外,各国、各地区的信托法均针对受托人违反信托义务的行为而专门就有关的免责事由作了规定。但日本等国家和地区的信托法在这方面的规定显得相对较严格,即由这些信托法所列举的免责事由相对较少。例如:《日本信托法》第 29 条、《韩国信托法》第 39 条与我国台湾地区《信托法》第 24 条均规定:受托人未分别管理信托财产致使该项财产已发生损失,但只要其能够证明即便分别管理该项损失也会发生,则可以不可抗力为理由而免除责任。除此之外,这三部法律再没有规定其他任何免责事由。英美信托法在这一方面的规定则显得相对较宽,即由该法所列举的免责事由相对较多。例如,英国信托法认为:即便违反了信托,受托人可以因信托文件或法律的规定,或者因处于危急情况或其他一些充分理由,或者因得到受损害的受益人的授权或宽恕,或者由于善意的错误而免予承担责任;除此之外,如果受托人是因对实际情况的不知情而违反信托;或者虽然违反信托,但受托人的行为属于诚实的或者合理的行为,法院也可以免除其责任。美国信托法认为:只要受托人在执行信托的过程中具备善意或者合理的谨慎,该人便不应当对违反信托承担责任;除此之外,只要受托人诚实地执行了信托,在这一过程中不存在疏忽大意或者故意不履行,受托人就不应当因其所不能预见的和无法阻止发生的结果承担责任。不仅如此,美国信托法还认为:如果受托人的一项行为违反了信托,只要这一行为是由受益人授权实施,则受托人不应当承担责任;即便受托人对一项行为的实施没有得到受益人的授权,并且这一行为已构成了违反信托,只要它得到了受益人的默许、确认或批准,该受托人也可以拒绝承担责任;但在前述情况下能够使受托人免责的前提是受益人必须对事实及其法定权利的全部有着充分的了解。 (张 淳)

shoutuoren de zhiquan
受托人的职权(power of trustee) 受托人依据信托行为或者设立信托的国家行为或者信托法所享有的,执行信托即管理信托财产与处理信托事务的职权。在信托存续期间,受托人正是通过对这一职权的行使来执行信托。中国、日本、韩国与中国台湾地区的信托法均没有明文规定受托人享有这一职权,它们实际上是通过为受托人执行信托设置义务、并要求其在执行信托过程中履行这些义务的方式,来确认受托人享有这一职权。英美信托法对受托人享有这一职权的肯定则显得较为具体。《英国受托人法》第二章规定受托人的一般职权为 12 项具体的权利:(1)出卖、拍卖信托财产的权利(第 12 条);(2)按折旧条件出卖信托财产的权利(第 13 条);(3)开收据的权利(第 14 条);(4)通过互让解决债务的权利(第 15 条);(5)通过出卖、抵押等方式筹集资金的权利(第 16 条);(6)保险的权利(第 19 条);(7)运用保险金的权利(第 20 条);(8)将有关证明文件寄存的权利(第 21 条);(9)期待权与对信托财产的酌情处理权(第 22 条);(10)聘用代理人的权利(第 23 条);(11)同其他受托人保持一致的权利(第 24 条);(12)在因出国而暂时离开期间委托他人处理信托事务的权利(第 25 条)。英国信托判例法将受托人在行使执行信托的职权时所应当遵循的一般规则确定为:受托人对于其职权的行使,必须按照法律或信托文件的要求进行;这一行使不仅必须符合设立这些权利的目的,还必须是在进行了任何必要的调查之后。

(张 淳)

shoutuoren de zhongshi yiwu
受托人的忠实义务(trustee's duty of loyalty) 又称受托人的受信任人义务。受托人所负有的以忠实于受益人的立场来执行信托的义务。这一义务的确切涵义是:受托人不能采取任何行动以使自己处于同受益人的利益相冲突的立场。即其在执行信托过程中既不得为自己谋取利益,也不得为第三人谋取利益。我国《信托法》第26条第1款规定:"受托人除依照本法规定取得报酬外,不得利用信托财产为自己谋取利益。"第2款规定:"受托人违反前款规定,利用信托财产为自己谋取利益的,所得利益归入信托财产。"该法第27条规定:"受托人不得将信托财产转为其固有财产。受托人将信托财产转为其固有财产的,必须恢复该信托财产的原状;造成信托财产损失的,应当承担赔偿责任。"第28条第1款规定:"受托人不得将其固有财产与信托财产进行交易或者将不同委托人的信托财产进行相互交易,但信托文件另有规定或者经委托人或者受益人同意,并以公平的市场价格进行交易的除外。"该条第2款规定:"受托人违反前款规定,造成信托财产损失的,应当承担赔偿责任。"其他各国、各地区的信托法也均实际确认受托人负有这一义务,并且这些信托法关于这一义务的规定与我国《信托法》的上述规定内容基本相同。

(张 淳)

shoutuoren de zhuyi yiwu
受托人的注意义务(trustee's duty of care) 参见受托人的勤勉谨慎义务条。

shoutuoren de zhuoqing chuliquan
受托人的酌情处理权(trustee's discretionary power) 又称受托人的自由裁量权。受托人根据信托法或者信托行为或者设立信托的国家行为所享有的,以按照信托财产和受益人的具体情况,自行决定如何处理相应的信托事务为内容的职权。酌情处理权一般说来只有在下述情形下才需要由受托人行使:就某一项信托而言,设立它的信托行为或者国家行为只规定了将信托财产转移给受托人管理,然而却并没有规定有关的管理方法;或者虽然规定了信托财产管理方法,然而却并没有限定受托人只能够在什么时间或以什么方式运用这一方法;或者只规定了对信托利益的支付,然而却并没有限定受托人只能够在什么时间或以什么方式向受益人支付。而对酌情处理权的行使则意味着:对信托财产管理方法由受托人根据信托财产的具体情况自行决定;在什么时间或以什么方式运用信托财产管理方法,由受托人根据信托财产的具体情况自行决定;在什么时间或以什么方式向受益人交付信托利益也由受托人根据受益人和信托运作的具体情况自行决定。各国、各地区的信托法均实际承认,受托人在上述情形下,对有关的信托事务享有酌情处理权。但英美信托法不仅使用了"酌情处理权"的概念,还从监督角度出发为受托人行使这一职权确立起相应的规则。在英美信托法看来,受托人对于酌情处理权必须在善意、符合信托目的、并在充分考虑到受益人利益的前提下行使,否则即构成对这一职权的滥用;在发生这一职权滥用时,受益人有权请求法院干预和纠正。英美信托法认为,上面提到的酌情处理权既可以因信托法的规定确认为受托人享有,也可以因信托行为或者设立信托的国家行为的规定而为受托人享有;此外该法还承认一种存在于可酌情处理的信托中的酌情处理权,并认为它只能因信托行为或者有关国家行为的规定而为受托人享有,此即为关于向受益人支付信托利益的酌情处理权。参见可酌情处理的信托条。 (张 淳)

shoutuoren de ziyou cailiangquan
受托人的自由裁量权(trustee's discretionary power) 参见受托人的酌情处理权条。

shoutuoren de zuncong xintuo tiaokuan yiwu
受托人的遵从信托条款义务(trustee's duty to comply with terms of trust) 受托人所负有的按照存在于信托行为中的有关条款的要求执行信托的义务。这一义务实际上是要求受托人按照委托人的意志来管理信托财产与处理信托事务,因为存在于信托行为中的有关条款所记载的正是委托人的意志。 (张 淳)

shoutuoren jieren
受托人解任(removal of trustee) 受托人被解除其依据信托行为或者设立信托的国家行为或者信托法所承担的执行信托的职责。它是信托法规定的能够导致受托人职责终止的事由之一。我国《信托法》对受托人解任持允许态度,该法第39条第1款将"受托人被解任"列举为能够导致受托人职责终止的事由之一,只是该法没有对受托人解任作出进一步的规定,尤其是没有对这一解任作出限制性规定。其他各国、各地区的信托法则一方面持允许态度,另一方面又设置了一定的限制。相对而言,日本、韩国与我国台湾地区的信托法关于这一限制的规定不仅显得较严,还显得较为抽象:《日本信托法》第47、72条与《韩国信托法》第15、71条以及我国台湾地区《信托法》第36条第2款和第76条均规定:受托人违背其职责或者有其他重要事由时,如信托属于公益信托,政府主管机关可以因委托人、其继承人或受益人的请求将其解任;如信托属于其他类型的信托,法院可以因委托人、其继承人或受益人的请求将其解任。英美信托法关于这一限制的规定不仅显得较宽,还显得较为具体。例如,英国信托法认为:受托人可以因在任何情况下所出现的关于新受托人的选任而被解任,前提是选任新受托人是为了取代他,并且这一选任是出自于信托文件或法律的授权;除此之外,受托人还可以因拒绝执行信托、错误地处理信托事务、或者因其处境或行为就继续承担信托任务而言变为不合格而被法院解任,并可因其继续承担信托任务可能对信托、信托财产或受益人有害而被法院解任。美国信托法在这一方面又进了一步。这部法律认为:委托人可以在设立信托的文件中,为其保留解除受托人任务的权利,并可以于信托关系存续期间,通过行使这一权利而将受托人解任;法院也有权解除受托人的任务,但这一解任必须具备正当理由;一般说来,凡是能使信托陷于危险境地的事由,都可以成为法院解除受托人任务的正当理由,这一正当理由包括存在于受托人与受益人之间的对抗性和不友善关系、敌对行为和争执,以及受托人对信托任务的不能胜任。除此而外,它还包括受托人在处理信托事务方面的渎职和管理信托财产方面的错误,这种渎职或错误表现为:(1)放弃或懈怠执行信托;(2)不服从法院命令;(3)拒不向受益人支付应付的本金与收益;(4)拒绝履行誓言或者拒绝对信托财产采取安全措施;(5)对投资不正确考虑;(6)将信托基金与自己的金钱混合为一体,或者将本应作为一个整体而存在的信托基金分割开来;(7)关于信托执行情况的报告或者关于信托财产的账目有缺陷。一般说来,解除受托人任务的程序在法院开始和进行,任何因信托的执行而获得利益的人,包括全体受益人,均可以提起这一程序。 (张 淳)

shoutuoren tiaojian
受托人条件(conditions of trustee) 民事主体担任受托人所应当具备的条件。依《中华人民共和国信托法》第24条,能够担任受托人的民事主体为自然人与法人;但从法律角度看,自然人与法人只有具备了受托人条件,由其担任受托人的信托才能够依法成立。受托人条件分为一般条件和特殊条件,前者指普通受托人所应当具备的条件,该条件由信托普通法规定;后者指普通受托人以外的其他类型的受托人所应当具备的条件,该条件由有关的信托特别法规定。《中华人民共和国信托法》将受托人的一般条件实际确认为:(1)具有完全民事行为能力;(2)未陷于破产。其中前者由该法第24条关于"受托人应当是具有完全民事行为能力的自然人、法人"的规定确认,后者由该法第39条关于"受托人被宣告破产则其职责终止"的规定确认。上述两个条件,也是其他各国、各地区信托法规定的受托人的一般条件。依各国、各地区信托法的通例,普通受托人只须具备这两个条件即可。普通受托人以外的其他类型的受托人则不仅应当具备这两个条件,还应当具备为有关的信托特别法所规定的特殊条件。例如:在我国,作为营业受托人的信托投资公司除必须具备这两个条件外,还必须具备《信托投资公司管理办法》所规定的关于股东资格、注册资本、组织机构与从业人员等方面的条件。 (张 淳)

shoutuoren zhize zhongzhi
受托人职责终止(termination of the office of trustee) 指受托人身份丧失并因此不再是信托中的受托人。这一职责终止一般来说并不导致信托的终止,而只是导致受托人更迭。即是说,在信托存续期间,只要出现了能够导致受托人职责终止的法定事由,该项信托的受托人依法便不能够继续担任受托人,而应当由新的受托人取代,但该项信托却仍继续存在,并由新受托人执行。只有在信托行为中存在能够导致受托人职责终止的事由一旦发生则信托终止的规定,受托人职责终止才导致信托终止。《中华人民共和国信托法》对有关受托人职责终止的事宜作了规定,这些规定包括以下几个方面:(1)能够导致受托人职责终止的事由。该法第39条第1款规定:受托人有下列情形之一的,其职责终止:第一,死亡或者被依法宣告死亡;第二,被依法宣告为无民事行为能力人或者限制民事行为能力人;第三,被依法撤销或者被宣告破产;第四,依法解散或者法定资格丧失;第五,辞任或者被解任;第六,法律、行政法规规定的其他情形。(2)受托人职责终止时对信托财产的保管。该法第39条第2款规定:"受托人职责终止时,其继承人或者遗产管理人、监护人、清算人应当妥善保管信托财产,协助新受托人接管信托事务。"(3)受托人职责终止时对新受托人的选任。该法第40条第1款规定:"受托人职责终止的,依照信托文件规定选任新受托人;信托文件未规定的,由委托人选任;委托人不指定或者无能力指定的,由受益人选任;受益人为无民事行为能力人或者限制民事行为能力人的,依法由其监护人代行选任。"这一规定的最大特点在于,其中规定的对新受托人的选任,在任何情形下都无须经过行政程序或者司法程序。(4)受托人职责终止时新受托人对信托的承继。该法第40条第2款规定:受托人职责终止时,"原受托人处理信托事务的权利和义务,由新受托人承继"。(5)受托人职责终止时原受托人的义务。该法第41条第1款规定:受托人因本法第39第1款中所列第三、四、五、六种情形之一而职责终止的,"应当作出处理信托事务的报告,并向新受托人办理信托财产和信托事务的移交手续"。第2款规定:"前款报告经委托人或者受益人认可,原受托人就报告中所列事项解除责任。但原受托人有不正当行为的除外"。

在其他各国、各地区的信托法中,也存在关于受托人职责终止的规定,其中关于能够导致受托人职责终止的事由的规定,在这一终止时对信托财产的保管和原受托人向新受托人移交信托财产的规定,以及新受托人对信托的承继的规定,与我国《信托法》中的相应规定内容基本相同,只是其中关于受托人职责终止时对新受托人的选任的规定,与该法中的相应规定在内容上存在差异。一般说来,除我国外的其他各国与各地区的信托法均规定,只要信托行为未作规定,则选任新受托人必须经过行政程序或者司法程序。例如,根据《日本信托法》第49条第1、3款、第72条与《韩国信托法》第17条第1、3款、第71条的精神,当受托人职责终止时,凡信托行为规定有选任新受托人的方法的,应当按照这一方法选任新受托人;凡信托行为对这一方法未作规定的,如果信托属于公益信托,利害关系人可以请求主管机关选任新受托人;如信托属于其他类型的信托,利害关系人可以请求法院选任新受托人。类似的规定也存在于美国信托法中。《英国受托人法》第36条第1款虽然规定,凡受托人职责终止时由信托文件中规定的享有选任权的一人或数人选任新受托人,如果在信托文件中不存在这种人,或者这种人虽然存在但却并不具备为这种选任的能力或愿望,则由生存的或者继续存在的受托人选任新受托人;但依该法第41条第1款的精神,如果不存在生存的或者继续存在的受托人,或者这种受托人虽然存在但其却拒绝选任新受托人,则法院可以根据信托利害关系人的请求选任新受托人。 (张 淳)

shou xiepo de minshi xingwei
受胁迫的民事行为(civil act under the duress of counterparts) 参见胁迫条。 (李仁玉 陈 敦)

shou yizengren
受遗赠人(legatee) 按照遗嘱人在遗嘱中的指定,接受遗赠并获得遗赠利益的自然人、法人、非法人团体或国家。受遗赠人必须由遗嘱人在其遗嘱中直接指定,但仅有遗嘱指定,并不一定能成为实际的受遗赠人。其条件是遗赠人在设立遗嘱时和受遗赠人在取得遗赠权利时,受遗赠人都必须具有受遗赠权。一般有权利能力的民事主体,都享有受遗赠权。但若受遗赠人对于遗嘱人或遗嘱有不道德或者违法的行为,如使之受有遗赠,于伦理道德不合,各国遂以法律加以限制。《法国民法典》规定,因杀害被继承人既遂或未遂而被判刑者、诬告被继承人应受死刑者、成年的继承人知悉被继承人被谋杀而不向司法机关告发者,不得享有继承权和受遗赠权(第727条)。《日本民法典》规定,关于继承人欠格的五款规定准用于受遗赠人(第965条)。《德国民法典》规定,受遗赠人有丧失继承权的四类情形之一者,由遗赠而生的请求权是可以撤销的(第2345条)。我国继承法对于丧失继承权的情形有明文规定,即故意杀害被继承人的;为争夺遗产而杀害其他继承人的;遗弃被继承人或者虐待被继承人情节严重的;伪造、篡改或者销毁遗嘱情节严重的(第7条),依学理解释,应当准用于丧失受遗赠权的情形。如果受遗赠人的上述行为在遗嘱人生前得到明确宽宥的,法院可确认受遗赠人不丧失受遗赠权。另外,受遗赠人在遗赠设立和生效时需为生存中的民事主体,是各国有关受遗赠人的立法通例。从维护遗嘱人对其财产的自由处分权出发,法律对于尚未出生的胎儿及设立中的法人、非法人组织所受的遗赠多为有效的解释。胎儿死产的,遗赠无效;法人或非法人组织最终未成立的,遗赠无效。依《德国民法典》规定,尚未受胎者和尚未成立之法人,可以因后来出生的事实和法人许可成立的事实,成为受遗赠人。《法国民法典》规定,胎儿在遗嘱人死亡时已存在者,即有承受遗赠的能力,但仅于婴儿出生时能生存者,发生效力(第906条);尚未受胎者,没有承受遗赠的能力。此为两种不同的立法例。我国继承法对于胎儿及尚未正式成立的法人、非法人组织能否成为受遗赠人,未设明文规定,依法理解释,应以肯定态度为妥,但胎儿受遗赠需以遗赠人死亡时已受孕并且嗣后活产方为有效;法人或非法人组织需在遗赠人死亡之时已开始筹备成立事宜并且后来正式成立,始可承受遗赠财产。 (周志豪)

shouyiren
受益人(beneficiary) ❶根据委托人的指定、或有关国家机关在信托行为或设立信托的国家行为中的指定、或者法律的直接规定而享有信托受益权的人。其依据信托法享受信托利益。信托法意义上的"受益人"在范围上包括法定信托、指定信托、归复信托、推定信托、强制信托中的受益人,以及明示信托中的民事信托与营业信托中的受益人,不包括公益信托中的受益人;因公益信托的目的信托性质,决定了在其存续期间即便其受托人按照信托行为中规定的条件确定了受益人,该人也不能以权利主体身份进入信托关系,并由此成为信托法意义上的"受益人"。依各国、各地区信托法的通例,自然人、法人与非法人组织均可以成为信托中的受益人,在有法律允许的情况下,国家也可以成为信托中的受益人。

首先，受益人为信托的一方当事人。受益人可以因委托人在信托行为中的指定而产生。信托行为包括信托合同、信托遗嘱与信托宣言。如果某一国家或地区的信托法将这三种信托行为均确认为设立明示信托的合法方式，那么在该国或该地区，这三种行为均能导致产生受益人；如果某一国家或地区的信托法只将其中前面两种确认为设立明示信托的合法方式，则在该国或该地区便只有这两种行为能导致产生受益人。如果委托人设立合同信托，其在有关的信托合同中既可以指定第三人为受益人，又可以指定自己为受益人；如果其设立遗嘱信托与宣言信托，其在有关的信托遗嘱与信托宣言中便只能指定第三人为受益人；在法律允许的情形下，委托人甚至还可以在这三种信托行为中指定受托人为受益人。其次，受益人还可以因有关国家机关在国家行为中的指定和推定而产生。能够导致信托设立的国家行为主要包括司法行为和行政行为。如果某一国家或地区的信托法将指定信托、归复信托与推定信托确定为合法的信托类型，则该国或该地区的法院或有关行政机关的指定行为与推定行为便能够导致产生受益人。最后，受托人还可以因法律的直接规定产生：如果某一国家或地区的法律规定中有法定信托，其中的受益人便由此产生。

某一信托的受益人既可仅为一人，又可为两人以上，其数量由信托行为或者设立信托的国家行为或者导致信托产生的法律规定。由于各国、各地区信托法均并未规定，信托行为或设立信托的国家行为的成立必须以被指定享受信托利益的人的承诺为前提，故只要有关的信托行为或国家行为一旦生效，该被指定的人无须作出任何表示，即当然取得受益人身份。由于存在于有关国家和地区的、能导致法定信托产生的法律也并未规定，这种信托中的受益人必须承诺才能取得受益人身份，故只要在财产占有人与有关的人之间形成了为该法所规定的法定信托关系，后者也无须作出任何表示，即当然成为这一信托的受益人。

受益人在信托中居于重要地位。无论是委托人或有关国家机关通过信托行为或国家行为设立信托，还是法律通过直接规定创设信托，目的均在于通过由受托人对信托的执行，最终使受益人获得利益。各国、各地区的信托法之所以赋予受托人种类繁多的义务，正是为了以此形成约束机制以确保这一目的实现；一些国家和地区的信托法之所以授予委托人种类繁多的权利，也是为了以此形成监控机制以确保这一目的实现。考虑到信托利益系由受益人享受，为了使其也能够对信托的运作进行监控，并通过这一监控来确保信托的有效运作与信托利益归属于他，各国、各地区信托法还授予受益人或确认其享有若干权利。这些权利包括信托财产强制执行异议权、信托知情权、信托变更权、损害赔偿请求权、解任权、许可辞任权、新受托人选任权等等。为了满足受托人的费用补偿权和报酬权，各国、各地区的信托法还实际确认，受益人在一定情形下负有相应的补偿义务和支付报酬义务。参见共同受益人条。

❷ 保险合同约定或者经被保险人或投保人指定，在保险事故发生或者约定的保险期间届满时，依照保险合同享有保险金请求权的人。投保人、被保险人或者第三人，均可以为受益人。投保人或被保险人所指定的受益人，不以自然人为限，法人也可以被指定为受益人；指定自然人为受益人的，不以具有民事行为能力的人或者与被保险人有利害关系的人为限，无民事行为能力人或者限制民事行为能力人以及与被保险人没有任何利害关系的人，均可以被指定为受益人。受益人的法律地位源于人身保险合同的约定，或者源于人身保险合同成立后投保人或被保险人的指定，但受益人并非人身保险合同的当事人，而为其关系人。人身保险合同没有约定受益人，或者被保险人或投保人亦没有指定受益人，则被保险人本人为受益人。

受益人的产生 在理论上，受益人的产生方式，主要有约定和指定两种。受益人一般由保险合同加以约定。若保险合同没有约定人身保险的受益人，则在保险合同成立后，被保险人或者投保人可以通知保险人指定受益人。我国《保险法》第 60 条规定："人身保险的受益人由被保险人或者投保人指定。投保人指定受益人时须经被保险人同意。被保险人为无民事行为能力人或者限制民事行为能力人的，可以由其监护人指定受益人。"约定受益人和指定受益人并无实质的差别。

投保人指定受益人 投保人在订立保险合同时，可以指定受益人，以享受保险合同规定的利益；受益人死亡的，投保人可以另为指定受益人。投保人指定受益人时，应事先取得被保险人的同意；事先未取得被保险人同意的，应当在指定受益人后，通知被保险人追认。被保险人同意投保人指定受益人的，应当采用书面形式。投保人指定受益人后，可以变更受益人。但是，投保人指定或者变更受益人，应当经被保险人同意。

被保险人指定受益人 受益人可以由被保险人指定。被保险人为无民事行为能力人或者限制民事行为能力人的，监护人可以行使被保险人的权利，指定受益人。被保险人可以指定投保人为受益人，也可以指定投保人以外的第三人为受益人。合同订立时已经指定受益人的，合同成立后，被保险人还可以追加指定受益人。被保险人可以变更受益人。

受益顺序和受益份额 被保险人或者投保人在保险合同中确定的、各受益人享有保险金请求权的先后次序,为受益顺序。被保险人或者投保人在保险合同中确定的、相同受益顺序的各受益人所享有的保险金请求权份额,为受益份额。我国《保险法》第61条规定:"被保险人或者投保人可以指定一人或者数人为受益人。受益人为数人的,被保险人或者投保人可以确定受益顺序和受益份额;未确定受益份额的,受益人按照相等份额享有受益权。"在保险实务上,投保人或被保险人可以确定受益人的受益顺序和受益份额。受益顺序在先的受益人,享有保险合同约定的全部保险金利益;受益顺序在后的受益人,惟有在受益顺序在先的受益人不能行使或者丧失受益权时,才可以享受保险合同约定的保险金利益。被保险人或者投保人没有确定数个受益人的受益顺序的,各受益人属于同一受益顺序;没有确定受益份额的,同一受益顺序的各受益人按照相等份额共同享有受益权。

受益权的行使和消灭 受益人依照人身保险合同享有保险金给付请求权,但能够行使该请求权的以生存的受益人为限。若受益人在可以请求给付保险金前死亡的,投保人或被保险人对受益人的指定失去效力,该受益人的继承人不得继承其权利。受益人和被保险人同时死亡,或者因为同一事件被推定为同时死亡的,被保险人本人为受益人。除非经被保险人的同意,或者保险合同已有明文约定受益权可以转让,受益人不得将其利益转让于第三人。受益人故意造成被保险人死亡或者伤残的,或者故意杀害被保险人未遂的,丧失受益权。

(张 淳 邹海林)

shouyiren buneng queding de xintuo
受益人不能确定的信托(trust of the uncertainty of beneficiary) 信托行为中规定的受益人或者受益人范围处于不清楚、不明确、不具体或者不肯定状态的信托。为我国《信托法》列举的无效信托的一种。任何信托,如果有关信托行为中规定的受益人或者受益人范围处于不能确定的状态,受托人对信托利益便不能支付或者不能顺利支付,委托人设立它的目的便因此而无法实现或者无法顺利实现。我国《信托法》第11条第5项明确规定:受益人或者受益人范围不能确定的信托无效。英美信托法也要求受益人必须确定,并以此作为任何信托均必须具备的三项确定事项之一,从而将受益人不能确定的信托视为无效,而且,这种信托被确认无效时将导致产生一项归复信托。 (张 淳)

shouyiren de budang xingwei chexiaoquan
受益人的不当行为撤销权(beneficiary's right to revoke improper act) 受益人所享有的撤销由受托人实施的不当处分信托财产的行为的权利。我国《信托法》授予受益人这一权利,该法第49条第1款规定,"受益人可以行使本法第22条规定的委托人享有的权利",该法第22条规定的委托人的权利之一正是不当行为撤销权。为了确保受益人行使这一权利,该款还规定当受益人行使这一权利"与委托人意见不一致时,可以申请人民法院作出裁定"。根据上述条款的规定,受益人行使这一权利只能通过司法程序,并且在任何情形下均不以受让人在接受受托人对信托财产不当处分时具有恶意为条件,只是在该项不当处分行为被撤销时,受让人对这一处分如系恶意接受则应当返还信托财产,如系善意接受则无须承担返还责任。

日本、韩国与我国台湾地区的信托法并未授予委托人不当行为撤销权。但《日本信托法》与《韩国信托法》均授予受益人这一权利,并规定其对这一权利可以直接行使;并且规定,在特定情形下,权利的行使须以受让人在接受受托人对信托财产不当处分时具有恶意为条件。前者第31条与后者第52规定:受托人违反信托本意而处分信托财产时,受益人可以对相对人或转得人撤销其处分;但是,这种撤销应以有信托登记或注册者为限,如果是不必登记或注册的信托财产,则以相对人或转得人明知其处分违反信托本意或因重大过失不知时为限。我国台湾地区《信托法》第18条也授予受益人这一权利,且权利的行使条件与日、韩两国信托法的上述规定相同,只是受益人对这一权利的行使只能通过司法程序。

英美信托法虽然也并未授予委托人不当行为撤销权,但却确认受益人享有只能通过司法程序行使的、对受托人实施的不当处分信托财产行为的无效宣告权。例如,美国信托法认为:受益人可以要求法院的帮助,以使由受托人所为的、与信托财产有关的不正当行为被宣告无效,而无论这一行为是否已经构成欺诈,或者已经给该受益人招致了损害后果;受益人可以使由受托人为了偿付其个人债务而同承租人订立的、关于信托财产的租赁契约归于无效,可以宣告一项对信托财产的取得因有悖于信托条款而归于无效,或者使受托人在未经授权的情形下所订立的、以信托来担保其个人借款的契约归于无效。

根据日本、韩国与我国台湾地区民法的有关规定,可撤销的民事行为因撤销而归于无效。可见前述撤销权与无效宣告权对于受托人不当处分信托财产行为的行使,所能引起的法律效果完全相同。参见委托人的不当行为撤销权条。 (张 淳)

shouyiren de chayue xintuo zhangmuquan
受益人的查阅信托账目权(beneficiary's right to read trust account) 参见受益人的信托知情权条。

受益人的费用补偿义务(beneficiary's duty of compensation)
受益人所负有的对受托人在执行信托过程中所垫付的有关费用予以补偿的义务。各国、各地区的信托法均授予受托人对其在执行信托过程中所垫付的有关费用进行补偿的权利;除中国外,其他国家和地区的信托法均规定受托人对这一权利可以向受益人行使。只要信托法规定受托人对费用补偿权可以向受益人行使,受益人即相应地负有向其补偿费用的义务。
(张 淳)

受益人的解任权(beneficiary's right of dissolution of duty)
受益人所享有的解除受托人职务的权利。我国《信托法》授予受益人这一权利,该法第49条第1款规定,"受益人可以行使本法第23条规定的委托人的权利",而该法第23条规定的委托人的权利正是解任权。为了确保受益人行使这一权利,该款还规定当受益人行使这一权利"与委托人意见不一致时,可以申请人民法院作出裁定"。日本、韩国和我国台湾地区的信托法也均实际确认受益人享有这一权利,而且,确认受益人享有这一权利的条文与确认委托人享有同一权利的条文属同一条文。英美信托法虽然并未授予委托人解任权,但却确认,法院在具备正当理由的情形下,有权将受托人解任,且任何受益人均可以提起解任程序,这无疑也就等于确认受益人享有解任权。
(张 淳)

受益人的认可报告权(beneficiary's right to agree report)
受益人所享有的在受托人职责终止或者信托终止时认可由受托人作出的有关报告的权利。仅我国《信托法》实际确认受益人享有这一权利,且在该法中,确认受益人享有这一权利的条文与确认委托人享有同一权利的条文属相同条文。参见委托人的认可报告权条。
(张 淳)

受益人的损害赔偿请求权(beneficiary's claim of compensation of damage)
受益人所享有的对受托人因违反信托义务的行为给信托财产造成的损失向其要求赔偿的权利。我国《信托法》授予受托人这一权利,该法第49条第1款规定,"受益人可以行使本法第22条规定的委托人享有的权利",而该法第22条规定的委托人的权利之二正是损害赔偿请求权。为了确保受益人行使这一权利,该款还规定,当受益人行使这一权利"与委托人意见不一致时,可以申请人民法院作出裁定"。日本、韩国与我国台湾地区的信托法也均授予受益人这一权利,而且,授予受益人这一权利的规定与授予委托人同一权利的规定属同一条文。英美信托法虽然并未授予委托人损害赔偿请求权,但该法却不仅确认受益人享有这一权利,而且还认为,如果受益人长时间不起诉以向受托人主张这一权利,且依当时情形如再允许其主张该权利对受托人已非公平者,则受益人便不能再主张该权利。
(张 淳)

受益人的特殊补偿义务(beneficiary's duty of special compensation)
在特定的情形下,因受害人的行为而受益的人对受害人所受损害应给予一定的补偿。我国《民法通则》第109条规定:因防止、制止国家的、集体的财产或者他人的财产、人身遭受侵害而使自己受到损害的,由侵害人承担赔偿责任,受益人也可以给予适当的补偿。最高人民法院《关于贯彻执行〈中华人民共和国民法通则〉若干问题的意见(试行)》第157条规定:"当事人对造成损害均无过错,但一方是在为对方的利益或者共同利益进行的活动的过程中受到损害的,可以责令对方或者受益人予以经济补偿。"受益人的特殊补偿义务的产生一般具有下列特征:(1) 限于适用过错责任的案件;(2) 补偿义务的主体只能是受益人而不是加害人,否则应当承担公平责任;(3) 发生于受害人的损害不能得到完全赔偿,补偿的范围应以受益范围为限。
(张平华)

受益人的新受托人选任权(beneficiary's right to appoint new trustee)
受益人所享有的在原受托人职责终止时选任新受托人的权利。我国《信托法》实际确认受益人享有这一权利,且在该法中确认受益人享有这一权利的规定与确认委托人享有同一权利的规定属同一条文。日本、韩国与我国台湾地区的信托法也均确认受益人享有这一权利,且确认受益人享有这一权利的规定与确认委托人享有同一权利的规定属相同条文。英美信托法虽然并未确认委托人的新受托人选任权,但却确认,在原受托人职责终止时,法院可以因包括受益人在内的任何利害关系人的请求而选任新受托人,这无疑也就等于确认受益人享有新受托人选任权。
(张 淳)

受益人的信托变更权(beneficiary's right to alter trust)
受益人所享有的变更信托财产管理方法的权利。我国《信托法》授予受益人这一权利,该法第49

1款规定,"受益人可以行使本法第21条规定的委托人享有的权利",该法第21条规定的委托人的权利正是这种信托变更权。为了确保受益人行使这一权利,该款还规定,当受益人行使这一权利"与委托人意见不一致时,可以申请人民法院作出裁定"。日本、韩国与我国台湾地区的信托法也均授予受益人这一权利,且授予受益人这一权利的规定与授予委托人同一权利的规定属同一条文。英美信托法虽然并未授予委托人信托变更权,但却确认,法院有权变更信托条款并确认受益人可以向法院提出这种变更要求,这无疑也就等于确认受益人享有通过司法程序变更信托事项的权利,包括变更信托财产管理方法在内,只是受益人在何种情形下才可以要求变更信托财产的管理方法由法官确定。参见委托人的信托变更权条。 (张 淳)

shouyiren de xintuo caichan qiangzhi zhixing yiyiquan

受益人的信托财产强制执行异议权 (beneficiary's right to object to the enforcement of trust property) 受益人所享有的就信托财产的强制执行向法院提出异议的权利。我国《信托法》授予受益人这一权利,且授予受益人这一权利的规定与授予委托人同一权利的规定属同一条文。日本、韩国与我国台湾地区的信托法也均授予受益人这一权利,且授予受益人这一权利的规定与授予委托人同一权利的规定也属同一条文。英美信托法虽未明确授权,但由于该法确认信托财产不能被用于清偿受托人的与执行信托无关的个人债务,从而不能被强制执行以清偿这种债务,这无疑也等于确认,在发生这种强制执行的情形下,作为信托当事人之一的受益人享有提出异议的权利。参见委托人的信托财产强制执行异议权条。 (张 淳)

shouyiren de xintuo caichan qudequan

受益人的信托财产取得权 (beneficiary's right to acquire trust property) 受益人所享有的在信托终止时取得信托财产的权利。这一权利的行使结果,将使信托终止时信托财产的所有权转归受益人享有。各国、各地区的信托法均规定,在信托终止时,原则上或者在某些特定情形下,以受益人为信托财产的权利归属人。根据这些规定的精神,在信托终止时,如果受益人成为信托财产的权利归属人,受益人便享有这一权利。 (张 淳)

shouyiren de xintuo jiandu qingqiuquan

受益人的信托监督请求权 (beneficiary's claim of supervision for trust) 受益人所享有的请求有关国家机关对信托的执行情况进行监督的权利。日本、韩国与我国台湾地区的信托法实际确认受益人享有这一权利,而且在这些信托法中,确认受益人享有这一权利的规定与确认委托人享有同一权利的规定属相同条文。参见委托人的信托监督请求权条。 (张 淳)

shouyiren de xintuo jiechuquan

受益人的信托解除权 (beneficiary's right to dissolve trust) 又称受益人的信托终止权。为受益人享有的解除信托的权利。这一权利的行使结果,将导致信托终止。除我国外,其他各有关国家和地区的信托法均有条件地授予受益人或者确认受益人享有这一权利。其中《日本信托法》与《韩国信托法》不仅对受益人的这一权利规定了比较严格的取得条件与行使条件,还规定其对这一权利只能通过司法程序行使。依前者第58、59条与后者第57、58条的精神,在他益信托的受益人享受全部信托利益的情形下,当受益人不以信托财产便不能清偿债务或者有其他不得已的事由时,其可以请求法院解除信托,信托行为另有规定的除外。英美信托法则对受益人的这一权利确定了较宽的行使条件,并确认其对这一权利可以直接行使。根据英美信托法,在不违反信托目的的前提下,如果信托的受益人是单独受益人,只要其具有行为能力,便可以解除信托;如果信托的受益人是共同受益人,只要这些受益人一致同意,且其中每一个人均具有行为能力,也可以解除信托。我国台湾地区《信托法》关于受益人解除权的行使条件类似于英美信托法,关于行使这一权利的程序也相同于英美信托法,只是该法却将这一权利规定为由受益人与委托人共享的权利。该法第64条第1款规定:"信托利益非由委托人全部享有者,除信托行为另有订定外,委托人及受益人得随时共同终止信托。"考虑到解除信托有时可能不利于受托人,该条第2款还从利益平衡的角度规定:"委托人及受益人于不利于受托人之时期终止信托者,应负连带赔偿责任。但有不得已之事由者,不在此限。" (张 淳)

shouyiren de xintuo zhiqingquan

受益人的信托知情权 (beneficiary's right to know about the trust) 又称受益人的查阅信托账目权。受益人享有的通过询问、查账或其他方式向受托人了解与信托运作有关的情况的权利。我国《信托法》确认受益人享有这一权利,该法第49条第1款规定,"受益人可以行使本法第20条规定的委托人享有的权利",而该法第20条规定的委托人的权利正是信托知情权。为了确保受益人行使这一权利,该款还规定,当受益人行使这一权利"与委托人意见不一致时,可以申请人民法院作出裁定"。日本、韩国与我国台湾地区的信托法也均授予受益人这一权利,且在这些信托法中授予受益人这一权利的规定与授予委托人同一权利的规定属同一条文。英美信托法虽然并未授予委托人信托知情权,但却赋予受托人向受益人告知信托执行情况的义务,这无疑等于确认受益人相应地享有这一权利。参见委托人的信托知情权条。　　　　　　　(张　淳)

shouyiren de xintuo zhongzhiquan
受益人的信托终止权(beneficiary's right to terminate trust)　参见受益人的信托解除权条。

shouyiren de xuke cirenquan
受益人的许可辞任权(beneficiary's right to permit resignation)　受益人所享有的许可受托人辞去其职务的权利。我国《信托法》实际确认受益人享有这一权利,且在该法中,确认受益人享有这一权利的规定与确认委托人享有同一权利的规定属同一条文。日本、韩国与我国台湾地区的信托法均确认受益人享有为委托人所享有的许可辞任权。英美信托法虽然并未确认委托人享有许可辞任权,但却确认受托人可以因受益人同意而辞去其职务,这无疑等于确认受益人享有许可辞任权。参见委托人的许可辞任权条。　(张　淳)

shouyiren de zhifu baochou yiwu
受益人的支付报酬义务(beneficiary's duty to give remuneration)　受益人所负有的按照法律、信托行为或者设立信托的国家行为的规定向受托人支付报酬的义务。各国、各地区信托法均确立受托人报酬规则。根据这一规则,在法律、信托行为或者设立信托的国家行为规定受托人可以就其执行信托获得报酬的情形下,受托人便享有报酬权;如果法律、信托行为或有关国家行为规定受托人对这一权利可以或者应当向受益人行使,受益人即相应地负有向其支付报酬的义务。
　　　　　　　　　　　　　　　(张　淳)

shouyiren tiaojian
受益人条件(conditions of beneficiary)　民事主体成为受益人所应当具备的条件。在信托关系存续期间,受益人只享受信托利益,而不承担管理职责,故各国、各地区信托法对于受益人均无行为能力与财产方面的要求。但信托利益毕竟系以财产为存在形式,且受益人对这种利益的获得在法律上体现为对作为这种利益存在的财产的权利的取得(所有权或者其他权利)。这便致使民事主体成为受益人必须具备下述条件:依法能够对有关的信托财产享有权利,或曰依法能够享有信托财产权。我国《信托法》未明确肯定受益人必须具备这一条件,但该法第11条规定目的违法的信托无效,而委托人以依法不能享有信托财产权的人为受益人而设立的信托属于目的违法的信托当属确定无疑。据此便可以认为,该法实际上将这一条件视为民事主体成为受益人所应当具备的条件。其他国家和地区的信托法则明确肯定受益人必须具备这一条件。《日本信托法》第10条与《韩国信托法》第6条均规定:依法令不得享有某项财产权的人,不得作为受益人享受等于有该财产时的利益。英美信托法确认,只有依法对信托财产享有所有权、并成为其权利人的合法实体才能成为信托的受益人。我国台湾地区《信托法》第5条规定,信托行为有"以依法不得受让特定财产权之人为该财产权之受益人者",则属无效。　　(张　淳)

shouzengren
受赠人(donee)　又称"受赠方"。在赠与合同中,无偿接受赠与物的当事人。由于赠与合同是单务无偿合同,受赠人无需履行相应义务或支付对价,故任何自然人、法人或非法人组织均可作为受赠人接受赠与,而不论其是否具备民事行为能力及民事行为能力状态如何。受赠人虽不承担对待给付义务,但在附负担的赠与中,受赠人则须承担赠与所附的义务,该义务之承担不以转移财产为限,也可以是作为或不作为。对于所附负担根本不可能履行的,受赠人可不负履行义务。在混合赠与中,受赠人也须负担一定的义务,该义务的承担形式可以有多种,如可以是支付价金、给付报酬、提供一定劳务或转移一定财产等。　　(任自力)

shouquan buming
授权不明(hazy authorization)　授权的意思表示不明确,即:从意思表示中难以判断其是否授权;难以判断其授权的具体事项、范围和权限;难以判断其授权的起止期。由于授权行为为不要式行为,无论口头形式授权或书面形式授权都可能存在授权不明的问题。我国《民法通则》第65条第3款只规定了书面授权不明的问题,而对口头授权不明未作规定。在书面授权不明的情况下,依《民法通则》规定,被代理人向第三人承担民事责任,代理人负连带责任。代理人对授权不明所负的连带责任,应是补充责任,即首先由被代理人承担民事责任,在被代理人无能力承担全部责任时,才由代理人承担补充责任。对此规定,学者多认为不妥,理由是:授权行为是单方法律行为,授权行为不明实质上是授权人关于授权的意思表示存在瑕疵,而这种瑕疵是由授权人单方面的过错造成的,且授权人在经济上往往处于优势,代理人进行代理活动是为被代理人的利益。通说认为,应区分有偿代理和无偿代理:(1)在无偿代理中,因授权不明给第三人造成的损失,应由被代理人对第三人承担赔偿责任,代理人不负连带责任;

(2)在有偿代理中,因授权不明给第三人造成的损失,只有在代理人对于授权不明存在重大过失的情况下,代理人才负连带责任。 (李仁玉 陈敦)

授权委托书(certificate of appointment, certificate of authorization) 委托代理中的授权书,又称委任状。依我国民法规定,在委托代理中,法律规定必须采用书面形式的,应当采用书面形式,该书面形式的文件,即为授权委托书。授权委托书应当写明委托人的姓名和名称、受托人的姓名和名称、代理权限、代理期限,并由双方签名和盖章,且注明授权书的书写日期。
(李仁玉 陈敦)

授权行为(act of authorization) 被代理人对代理人授予代理权的行为。授权行为的本质如何,学说不一。主要有:(1)委任契约说。该说认为,在委任契约外无所谓代理权的授予行为,故代理权系由委任契约而生。在代理与委任混同的国家,如法国、泰国,多采用此说。(2)无名契约说。该说认为,代理权虽非由于委任契约而生,但为本人与代理人之间的一种契约,此契约属无名契约。日本民法采此说。(3)单独行为说。该说认为,授权行为是以发生代理权为目的的单方行为。代理权因被代理人单方的意思表示而发生,即不必相对人的承诺,也不必因此使代理人负担义务。德国民法及我国台湾地区民法采此说。我国民法对此尚无规定,但一般认为采单独行为说。授权行为是委托代理权发生的惟一原因。在委托代理中,本人未授予代理权时,法院一般不得依职权补授代理权。在法定代理和指定代理中,不存在授权行为问题。

授权行为往往与某种基础关系相结合,如委托合同关系、合伙合同关系、劳动合同关系等。授权行为与基础关系多有相伴而生的现象。授权行为与其基础法律行为的关系如何,在学理上主要有两种观点:第一,无因说。该说认为,授权行为与其基础法律关系是被代理人与代理人之间的内部关系,第三人无从得知,授权行为与其基础关系应相互独立,因此,基础关系无效或被撤销时,代理行为仍然有效。第二,有因说。该说认为,授权行为基于其基础法律关系而生,授权行为从属于其基础法律关系,故基础法律关系无效或被撤销时,授权行为也应消灭,如为代理行为,则属无权代理。我国《民法通则》对授权行为与基础关系未作规定。通说认为,授权行为与基础关系采有因说较为恰当,但涉及第三人利益时,当事人可依表见代理主张权利。

授权行为是委托人的单方法律行为,但授权的意思表示可向受托人或第三人为之,受托人或第三人为授权行为的相对人。本人向代理人所为的授权为内部授权。本人向相对人所为的授权为外部授权。通说认为,授权的意思表示向受托人为之与向第三人为之具有相同的法律效力。

授权行为的受托人是否应具有民事权利能力?通说认为,除法律有特别规定者外,不要求受托人具有民事权利能力,因为受托人不因代理权而取得权利和承担义务,代理行为产生的法律后果对被代理人发生法律效力。代理人无需权利能力,但被代理人应有权利能力。因为,代理行为取得的权利和承担的义务应由被代理人承受。代理人是否应具有民事行为能力?通说认为,代理人应具有相应的民事行为能力,不要求具有完全的民事行为能力,但代理人不能是无民事行为能力人。所说应具有相应的民事行为能力,是指代理人应具有意思能力。在代理行为中,代理人应为意思表示或受领意思表示,故代理人须有意思能力。在代理人为限制民事行为能力人时,如未超出其行为能力的限度,不必有法定代理人的允许,如被代理人选任年满17周岁的未成年人代购一本英汉字典。但选任限制民事行为能力人为代理人的,代理行为所产生的一切不利益,应由被代理人承受。如受托事项超出限制民事行为能力人的行为能力的限度,则应得到其法定代理人的允许,如被代理人选任15周岁的未成年人签发支票。

授权行为是单方法律行为,其形式可以为口头形式,也可以为书面形式。授权行为是独立行为,不是代理人所为代理行为的组成部分,因此,即使代理人为要式行为,如为不动产物权的转移或设定,授权行为的形式也不必为要式行为。当然,有些特别法规定授权行为应采用书面形式的,则应采取书面形式。

授权行为是否可采用默示方式,应依意思表示解释的一般原则来认定。在非有代理权不能为民事法律行为的合同中,如未有特别约定或法律规定,通常应认为成立合同关系时含有授权的默示意思表示。例如在委托、承揽等合同中,可解释为成立合同关系时委托人、定作人同时向受托人、承揽人为授权行为,使其能完成约定的事务或工作。本人单纯的沉默,即知悉他人表示为其代理人而不为反对的意思表示,则应依表见代理的规定,与默示的授权有别。

授权行为的内容由本人决定或依民事法律行为的性质决定,通常包括代理事项、代理权限和代理期限。如果委托人采用授权书的形式,其内容由授权书规定;如果委托人采用默示方式授权的,其内容由该民事法律行为的性质决定。 (李仁玉 陈敦)

书面合同(contract in written form; 德 Schriftlicher

Vertrag) 口头合同的对称,以文字形式表述协议内容的合同。其表现形式不仅包括某种固定格式合同,而且包括任何载明当事人权利义务内容的书面文件,也包括双方达成交易而交换的信件、电报、电传、传真与图表、电子数据交换与电子邮件等。书面合同较口头合同虽订立程序复杂,但内容明了,便于履行和监督,不易发生纠纷,即使有了纠纷,因有合同书面文件为据,易于取证、分清责任。因此,自然人之间的重要合同,特别是企业间的合同,以书面形式签订为宜。我国《合同法》第 36 条规定,法律、行政法规规定或者当事人约定采用书面形式订立合同,当事人未采用书面形式但一方已经履行主要义务,对方接受的,该合同视为成立。上述条文表明,法律可以强行规定某些合同必须采用书面合同形式,否则合同不成立;但是上述缺陷可以因为当事人一方履行主要义务,对方的接受行为而被补救。

(肖 燕 张平华)

shumian xingshi
书面形式(written form;德 Schriftform) 以书面文字的方式进行意思表示。其优点是证明力强,可以使行为人的权利义务关系明确。法律规定采取书面形式才能生效的民事法律行为,只有采取书面形式才具有效力。书面形式又可以分为一般书面形式和特殊书面形式。一般书面形式是指用文字进行意思表示,如书面合同,授权委托书,信件,数据电文(包括电报、电传、传真、电子数据交换和电子邮件),行为人协商同意的、有关修改合同的文书、图表等。一般书面形式,或为当事人约定采用,或为法律、法规规定采用。如果法律有规定或约定应采用书面形式的,民事法律行为的当事人应采用书面形式。一般书面形式在民事法律行为中,具有不同的效力,如证据效力、成立效力和生效效力。在书面形式作为证据效力的情况下,当事人之间是否存在民事法律行为及其权利义务,均以书面形式的记载为依据,只有在书面内容含混不清或不完备时,才可以口头证据作为补充。在书面形式作为成立要件或生效要件的情况下,书面形式不仅具有证据法上的效力,而且还具有实体法上的效力。民事法律行为的成立或生效,不但要具备成立或生效的一般要件,而且要具备成立或生效的特殊要件,即符合约定或法定的书面形式。否则,当事人之间虽就民事行为的内容意思表示一致,也不能使民事行为成立或生效。特殊书面形式通常包括:(1) 公证形式。(2) 鉴证形式。

(李仁玉 陈 敦)

shumian yizhu
书面遗嘱(written will) 以文字书写的方式作成的遗嘱。包括自书遗嘱和代书遗嘱两种形式。参见自书遗嘱条、代书遗嘱条。

(刘言浩)

shuhu tiaokuan
疏忽条款(negligence clause) 又称殷琪玛利条款或潜在缺陷条款。国际海上保险市场中船舶保险单上常见的条款。该条款源于 1887 年英国上议院对殷琪玛利号保险索赔案的判决:"船员疏忽所致的机器损坏,不是海上损害,不在保险单责任的范围之内。"在以后的实践中,为了扩大承保这些原不属于保险责任的损失,保险人在船舶保险条款中增加了疏忽条款。通过该条款,保险责任的范围扩大到:装卸和移动货物或燃料时发生的意外事故;船长、高级船员、一般船只或引航员的疏忽、修理人的疏忽(修理人员并非以本保险的被保险人为限);与飞机相碰撞;与陆上任何运输工具、船坞、港口装备或设施相碰撞。以上种种事故须并非由被保险人、船舶所有人或经理人的缺乏谨慎处理而造成。

(温世扬)

shushuiquan
疏水权(right of dredging waters) 水流如因事变在邻地阻塞时,土地所有人或使用人应以自己的费用,为必要的疏通工事,但费用的负担,另有习惯的,从其习惯。须注意的是,此既然为土地所有人、使用人的权利,而非义务,则邻地所有人、使用人也就自无请求土地所有人、使用人为疏通之权利。在土地所有人、使用人以自己的费用,为必要的疏通工事时,邻地所有人、使用人负有容忍其进入自己土地进行疏通的义务。至于疏通工事的费用负担,原则上由土地所有人、使用人支付。惟有下列情形例外:第一,另有习惯的,从其习惯;第二,因疏通阻塞的流水,邻地所有人、使用人也受利益的,于受利益的限度内,负担相当的费用。比如我国台湾地区民法第 778 条规定:"水流如因事变在低地阻塞,高地所有人得以自己之费用,为必要疏通之工事。但其费用之负担,另有习惯者,从其习惯。"

(方志平)

shumai
赎买(redemption) 建国初期,国家对民族资本主义实行社会主义改造的政策,以有偿收买的方式,将民族资本家的财产收归国有的国家所有权取得方式。中国的民族资本既有剥削工人取得利润的一面,又有拥护宪法、愿意接受社会主义改造的一面;既有有利于国计民生的积极作用,又有不利于国计民生的消极作用。基于这种两面性和双重作用,中国共产党和人民政府决定对民族资本主义工商业实行赎买的社会主义改造政策。赎买不是国家另外拿出一笔钱作为赎金,而是在各种形式的国家资本主义经济中,工人在为国家和人民的需要进行生产的时候,也为资本家生产一部分利润,作为赎金。赎买不是购买,其所支付的数额不必等于资本家的生产资料的价值,而是根据实行社会主义改造的需要和进度来决定。具体的做法如,1956年国务院《关于在公私合营企业中推行定息办法》中规定,在一定期限内支付给参加公私合营的资本家以定息,使资本家和生产资料相分离,将资本主义生产资料所有制转变为社会主义全民所有制,将民族资本家占有的生产资料转变为社会主义国家所有的财产。

(李富成)

shuji hetong
束己合同(contract for the benefit of the selves)　涉他合同的对称,是合同的常态,指严格遵循合同的相对性原则而订立的合同,当事人为自己约定并承受权利义务,第三人不能向合同当事人主张权利和追究责任,合同当事人也不得向第三人主张合同权利和违约责任的合同。在早期合同法上,束己合同是合同的惟一形态。近代合同法逐步突破了合同的相对性原则,承认了许多例外规则,涉他合同得以产生和确立,但束己合同仍然是合同的最为典型的表现形式。

(刘经靖)

shuzi
庶子(concubine's child)　旧指妾所生之子,与嫡子相对。《礼记·内则》:"適(嫡)子、庶子,见于外寝"。注:"庶子,妾子也。"《史记·万石张叔列传》:"御史大夫张叔者,名欧,安丘侯说之庶子也。"又正妻所生之子除长子称为嫡子外,其余的也可称庶子。《仪礼·丧服》:"大夫之庶子为適(嫡)昆弟。"此外,中国古代亦用于称隶属于有爵位的服役者、侍从之臣、太子宫官。

(马忆南)

shuangbaoxian
双保险(double insurance)　又称复保险,投保人以同一保险标的、同一保险利益、同一保险事故,与两个以上保险人分别订立数个保险合同的一种保险。

(史卫进)

shuangbian hetong
双边合同(bilateral contract)　英美法上的概念。又称为双方契约。指当事人双方互为意思表示,在订立合同中双方均为允诺人和受允诺人。其特点在于合同成立后双方均享有相对的权利并负担相对的义务。双边契约也就是双务合同。

(郭明瑞)

shuangfang daili
双方代理(dual agency)　一人同时担任双方的代理人为民事行为,又称同时代理。例如,甲受乙的委托购买电视机,又受丙的委托销售电视机,甲此时以乙丙双方的名义订立购销电视机合同。在通常情况下,双方代理由于没有第三人参加进来,交易由一个人包办。一个人同时代表双方利益,难免顾此失彼,难以达到利益平衡。在有些情况下,这种"一手托两家"的双方代理行为,也有可能满足两个被代理人的利益,甚至及时实现他们的利益。我国《民法通则》对双方代理未予规定。对于双方代理的效力,通说认为,双方代理应予禁止,原则上是无效行为。但经被代理人同意或追认的双方代理的后果由被代理人承受。禁止双方代理是为了保护被代理人的利益,如被代理人已经同意或追认,则无保护之必要。

(李仁玉　陈敦)

shuangfang falü xingwei
双方法律行为(德 Zweiseitige Rechtsgeschäft)　由行为人双方相对应的意思表示达成一致而成立的民事法律行为,又称合同行为、双方行为。双方法律行为一般为负担行为、有因行为,如买卖合同、赠与合同等。

(李仁玉　陈敦)

shuangfang shangxingwei
双方商行为(bilateral commercial act)　与单方商行为相对,又称两造商行为,指商人之间所从事的商行为,是商行为的典型形式,如生产商与销售商间的购销行为、批发商与零售商间的销售行为、销售商与代理商之间的代理行为等。双方商行为应完全适用商法规则进行调整。在通常情况下,如果商法中关于具体商行为的条款内并未明示规定此条款仅适用于一方行为,即行为人另一方必须是非商人,则该条款可以适用于双方商行为。

双方商行为不仅是传统商法的调整对象,也是现代商法的调整对象,不过现代商法调整的市场行为具有资本经营性,双方或多方都是资本经营者,实施的都是资本经营行为。

(关涛　梁鹏)

shuangfang shuhu dengxiao yuanze
双方疏忽等效原则(the principle of negligence for both parties up to the moment of collision)　碰撞双方均有疏忽,且此种疏忽一直持续到碰撞时刻,每一方的疏忽都可能导致碰撞的发生,因此应各自承担50%的责任,此种情况下难以区分谁的过失为主。我国海商法和海事司法实践都承认这一原则。

(张永坚　张宁)

双方有责碰撞条款 shuangfang youze pengzhuang tiaokuan

双方有责碰撞条款（both-to-blame collision clause） 又称"美国碰撞条款"，是针对美国有关船舶碰撞的判例法与1910年《关于船舶碰撞规定统一公约》和大多数航运国家的法律不同而在提单或租船合同中普遍订入的条款。其基本含义是：本船即载货船可向本船货主追偿本来可以免责的，但已由本船赔付给他船即非载货船的本船货物损害的部分。按照国际航运普遍接受的碰撞损失民事赔偿责任规定，双方互有责任的船舶碰撞，应当按照过失责任的大小分担碰撞造成的损失责任。但是根据《海牙规则》的规定，由于驾船过失或管船过失造成的本船货物损失，承运人可以免责，因此，受损货主无法从载货船承运人处取得基于其过失本应由承运人负责的货损赔偿，相应的赔偿只能从保险人处取得。但是，美国法院认为货主是无辜受害者，应该得到全额赔偿，因而规定互有过失的碰撞船舶经营人应当对货主承担连带责任，货主可以向任何一方索取全部赔偿额。为了保护承运人按照《海牙规则》取得的合法权益，在提单上加列"双方有责碰撞条款"，规定货方应从取得的赔偿款项中将按碰撞责任应分摊的本船所载货物损失的金额，退还给船东，以符合货运合同的规定（《海牙规则》）。美国法院已确认该条款加入租船合同的效力，但是对于班轮运输，即公共承运人的责任仍未确认该条款的效力。
（张 琳）

shuangfang ziyuan lihun

双方自愿离婚（divorce by mutual consent） 男女双方就离婚意思表示一致，并对子女抚养和财产分割作了适当安排的，经行政程序登记离婚。它是我国现行的一种非诉讼离婚方式。《中华人民共和国婚姻法》第31条规定："男女双方自愿离婚的，准予离婚，双方必须到婚姻登记机关申请离婚。婚姻登记机关查明双方确实是自愿并对子女和财产问题已有适当的处理时，发给离婚证。"双方自愿离婚，必须同时具备两个条件：夫妻双方确实自愿离婚；双方就子女抚养、夫妻共同财产分割和债务清偿等问题已作妥当安排。符合此条件的当事人，应持结婚证、身份证明和户籍证明向一方户籍所在地的婚姻登记机关申请离婚。登记机关经审查，查明双方确实符合此条件的，准予登记，发给离婚证。凡不符合条件的，登记机关应以书面形式通知当事人不准予离婚登记，并说明原因。当事人对不准予登记的通知可申请作出决定的上一级婚姻登记机关复议；对复议决定不服，还可向人民法院提起行政诉讼。双方自愿离婚与判决离婚具有同等法律效力。
（蒋 月）

shuanglian qiju

双联契据（indenture） 契据的一种，参见契据条。

shuangwu hetong

双务合同（德 Zweiseitiger od. Gegenseitiger Vertrag） 单务合同的对称。当事人双方相互负有对待给付义务的合同。双务合同的一方当事人所享有的权利正是对方当事人所负担的义务，双方所负担的债务具有对价关系。如买卖合同的买受人负有支付价款的义务，出卖人负有转移出卖物所有权的义务，双方的义务互为对价。双务合同是交易的典型法律形式。如买卖合同、互易合同、租赁合同等都属于双务合同。双务合同因双方的义务互为对价，发生债务的履行顺序，相应地发生同时履行抗辩权、不安抗辩权、先履行抗辩权；发生风险由何方负担；在一方违约时，另一方可要求对方继续履行合同；在依法解除合同时可要求对方返还其已取得的财产。
（郭明瑞）

shuangwu jujian

双务居间（mutual duty intermediate） 居间合同的一种。在居间合同中，居间人负有尽力报告订立合同机会或提供媒介之义务者，为双务居间。
（李成林）

shuangwu zhi zhai

双务之债（bilateral debt） 当事人双方均负担义务，且双方的义务具有对价关系的债。双务之债当事人双方所负的债务互为前提，一方的债务不成立，另一方的债务也不能成立。参见双务合同条。
（郭明瑞）

shuangchong youxianquan guize

双重优先权规则（dual priorities） 来自合伙的财产净收益应用以清偿合伙债务，来自普通合伙人的个人财产净收益应用以清偿个人债务的规则，又称资产摊派规则（marshaling of assets）。这一规则由美国联邦破产法所确认，用于解决合伙债务和合伙人个人债务的清偿顺序。它是对合伙人连带承担无限责任的必要补充，以平衡合伙债权人和合伙人个人债权人双方的利益。我国现行合伙法律未明确规定双重优先权规则，但司法实践倾向于适用双重优先权规则。
（李仁玉 陈 敦）

shuizixian

水渍险（with particular average） 海上货物运输保险的一个险别。指保险人对被保险货物在平安险项下的赔偿责任以及平安险不包括的货物单独海损的赔偿责任的海上保险。在水渍险项下，因为海上航行遭受暴风、暴雨、海啸、洪水等自然灾害，致使船舶进水导致被保险货物的损失的，保险人承担保险责任。但保险人对于被保险货物的锈损、碰损、破碎和散装货物的部分损失，不承担保险责任。水渍险主要用于不易损坏或其使用不受锈损影响的货物的海上运输。

（邹海林）

shuishou
税收（taxation） 国家为了实现其职能，凭借国家的强制力，依照税收法律规定的标准，向负有纳税义务的法人、公民和其他纳税义务主体无偿征收一定的货币或者实物，产生国家财产所有权。税收反映了国家与纳税人之间对社会财富的特定分配关系，是国家所有权特有的产生方式。税收具有以下特点：(1) 无偿性。国家和纳税人之间不是平等主体之间的交换关系，国家征税既不需要事先支付对价，也不需要事后直接偿还，或者给纳税人以相应的资金回报。(2) 强制性。税收不取决于纳税主体的意愿，或者征税、纳税双方的意思表示，而只是根据国家法律的规定进行征缴。征税机关是履行法定职责，纳税人是履行法定义务。(3) 固定性。在课税对象、税目、税率、应纳数额以及纳税期限等方面，国家税收法律制度都作出了明确的规定。

（李富成）

shunwei de baoliu
顺位的保留（德 Rangvorbehalt） 不动产的所有权人为将来必然产生的不动产限制物权，预先保留一个优先的顺位。当被保留顺位的限制物权产生时，经登记而直接进入优先的顺位，而不必依其成立时间被登记在后续顺位。

（申卫星）

shunyuanhun
顺缘婚（deceased wife's sister's marriage） 夫于妻死亡后与妻之妹或姊结婚。在婚姻立法史上，绝大多数国家的法律都是承认顺缘婚的。中国春秋战国时代诸侯间通婚盛行娣媵制，夫人死后以娣（即女弟，夫人之妹）为继室。姊亡后继娶其妹，为我国历代封建法律所不禁，日本封建时代亦然。关于是否承认顺缘婚的问题，英国在历史上有过长期的争论，1907年后终于承认顺缘婚为有效。当代许多国家的婚姻法里禁止直系姻亲和一定亲等以内的辈分不同的旁系姻亲结婚，但夫与妻之姊妹为同辈旁系姻亲，不在禁止之列。按照我国现行婚姻法的规定，顺缘婚的当事人并非禁婚亲，双方结合是完全合法的。在民间习俗中，顺缘婚不仅不受歧视，有的还传为美谈。顺缘婚的成立，是亲属关系重复的原因之一，婚姻双方既是配偶又是姻亲。就夫方而言，妻原为其配偶的血亲；就妻方而言，夫原为其血亲的配偶。

（杨大文）

sifa shoutuoren
司法受托人（judicial trustee） 因法院在司法行为中的指定而产生的受托人。司法受托人的基本特征，在于其对受托人身份的取得决定于法院。除中国外，各国、各地区的信托法均允许法院在某些特殊情况下，出于维护受益人利益或社会利益的需要，并依照法律规定的条件和程序，指定某一或某些自然人或法人担任受托人，以设立或维持信托，故司法受托人事实上存在于这些国家和地区且为数不少。例如：这些信托法均一致规定，在信托存续期间，如果出现了致使受托人职责终止的事由，法院可以根据信托利害关系人的请求或者依职权指定受托人，以取代职责终止的受托人。因法院根据这一规定进行指定而产生的新受托人，便为典型的司法受托人。司法受托人既可以出现在民事信托与公益信托中，甚至在特殊性情况下还可以出现在营业信托中。尽管各有关国家和地区在事实上均存在司法受托人，但日本、韩国和我国台湾地区的信托法以及包括美国在内的多数英美法系国家和地区的信托法均不使用"司法受托人"概念，仅英国与少数英美法系国家和地区的信托法使用这一概念。不仅如此，在后面这些国家和地区中，还存在一部具有信托特别法性质的司法受托人法。对司法受托人的规制在各有关国家和地区适用信托法关于受托人的一般规定和关于这种受托人的特殊规定。就后面这类规定而言，英国和少数英美法系国家和地区是将它们集中规定在司法受托人法中并已经使之制度化，从而构成了司法受托人制度。适用这一制度，将使得对司法受托人的规制，能够较为全面地顾及这种受托人所具有的特殊性。以《英国司法受托人法》为例，该法规定的司法受托人制度主要由以下规定构成：(1) 司法受托人的产生及其与法院的关系。该法第1条第1~4款分别规定："法院可以根据一个已经设立或者打算设立信托的人的申请，或者为了维护受托人或受益人的利益，而酌情指定一人（在本法中称为司法受托人）作为该项信托的受托人，如果理由充分，可以使该受托人代替该项信托的所有的或者其中任何一个在任的受托人。""为了管理死者的财产，无论其有无遗嘱，对该项财产的管理即构成信托，遗嘱执行人或遗产管理人即成为本法规定的受托人。""任何一个为该目的被提名为司法受托人的适当人选都可以被指定为司法受托人；如果法院认为被提名的人不合适，或者不存在该项提名，其可以指定一位法院官员担任司法受托人。无论司法受托人因何种情形产生，都必须受到法院的控制和监管。""法院可以在存在请求和不存在请求的情形下，向司法受托人下达关于信托与信托财产管理的一般指令和特别指令。"(2) 司法受托人的报酬。该法第1条第5款规定：司法受托人可以从信托财产中获得不超过规定限额的报酬；当司法受托人是法院官员时，法院可以根据本法确定其应得报酬，其全部的工作与个人支出也应当包括在其应得报酬以内。(3) 对司法受托人的审计。该法第1条第6款规定：由司法受托人执行的信托，其账目必须每年审计一次，并必须由法院指定的特定的人向法院提交审计报告；法院在任何情况下都可以对司法受托人处理的任何信托事项或者其经手的任何一笔交易以法律规定的方式进行审查。(4) 有关的担保、解任与雇用。该法第4条第1款第1、6、9项分别规定："对由非法院官员担任的司法受托人，法院可以要求其对信托财产的充分运用提供担保"；"在司法受托人已经中止执行职务或者被解任的情形下，如果该人的继任者有停止执行信托的可能，法院可以中止其职务或者将其解任"；"司法受托人无权从信托财产中支取费用以雇用其他人，但在非常必要的情形下除外。"

(张 淳)

sifa qiyue

私法契约（contract on private law；德 Privatrechtlicher Vertrag） 公法契约的对称。又称私法合同。以发生民事法律后果为目的的合同，即平等主体之间设立、变更、终止民事权利义务关系的协议。在民商分立的国家，既包括民事合同，也包括商事合同。私法合同既有设立、变更、终止身份关系的协议，也有设立、变更、终止财产关系的协议，因此，比我国《合同法》中合同概念的含义要广。最狭义的私法合同仅指设立、变更、终止债权债务关系的协议。 (郭明瑞)

sifaren

私法人（private legal person；德 Juristische Personen des Privatrechts） 公法人的对称。对于私法人的确定标准，观点不同。通说认为，依私法而设立的法人，为私法人。其主要特点是：(1) 由社员、私人自愿设立；(2) 目的事业由社员、私人意定；(3) 在内部关系上实行平等自愿；(4) 经营私法事业，法人的成立与终止由社员大会决定。

区分公法人和私法人的意义是：(1) 诉讼方式不同。对于公法人，因行使公共权力所生争执依行政救济程序解决，或行政复议或行政诉讼；对于私法人间所生争执，依民事诉讼或仲裁程序解决。(2) 损害赔偿依据不同。公法人及其职员因侵权行为所生损害，依国家赔偿法或特别规定承担损害赔偿责任；私法人及其职员因侵权行为所生损害，依民法规定承担损害赔偿责任。我国民法未采用私法人的概念。

(李仁玉 陈 敦)

sifa zizhi yuanze

私法自治原则（the principle of private autonomy；德 Privatautonomie） 参见意思自治原则条。

siquan

私权（private right；拉丁 jus privatum；德 Privatrecht；法 droits privés；意 diritti privati）

意义 又称民事权利。公权的对称。凡依据私法而生之权利，谓之私权。即私人相互间，或私人与国家或其他公共团体相互间，所生之私法关系之权利。

性质 私权之主体为私人，公权之主体则多为国家或公共团体，但国家或公共团体，有时立于私法关系时，亦得有私权；一如私人立于统治关系时，亦得有公权者然。又私权多为财产之利益，公权多为统治之权限，但国家关于租税征收权、官吏俸给权等，亦属财产利益，仍不失为公权；亲权虽无财产利益，仍不失为私权。又民事诉讼法上所保护之权利，多系私权，但私权有时得不由民事诉讼法而保护，例如权利侵害，得受行政复议法或行政诉讼法保护是。要之，凡立于统治关系时，不问为国家或公共团体对于私人，或者私人对于国家或公共团体所有之权利，均为公权。此外之权利，则皆为私权。

私权之取得 私权与某特定主体（自然人或法人）相结合之谓，即取得权利而为己有之意。私权取得与私权发生，略有不同。私权取得之方法有二：原始取得，如无主物先占而取得其所有权，因时效取得占有物之所有权；继受取得，如因买卖赠与而取得（移转的继受取得），因出让而取得国有土地使用权，或以不动产设定抵押权（创设的继受取得）。

私权之变更 即不失权利之存在，惟其存在之状态发生变更而已。换言之，权利之本质不受任何影响，惟其主体、内容或作用发生多少改变。(1) 主体之变更，分为三种：权利由前手移转至后手，如父死子继，权利及客体如故，而享有权利之人已易，此为新旧主体相代而生变更。权利之实体分属数人，如分家析产。数权利主体，归结为某一权利主体，如共有财产由某一共有人取得单独所有是。要之，主体之变更，乃从来之权利未尝消灭，只移转于承继之人而已。(2) 内容之变更，此为实质上变更，亦分三种：分量上变更，如免除债务之一部。种类上变更，如金钱债务而易以股票为代物清偿。效力上变更，如无担保债权易为抵押权担保之债权。(3) 作用之变更，例如不能对抗第三人的权利变为得对抗第三人之权利，附条件或期限之权利变为无条件或期限之权利。

私权之丧失 即权利脱离其主体之谓。与私权之消灭异,盖私权之消灭,乃完全消灭权利本体,主体固然因为私权本体之消灭而丧失权利,但私权本体并不消灭,惟彼方丧失权利,而由此方取得权利者,对彼方言,亦为私权之丧失。私权之丧失分为两种:(1)主观的丧失,此与私权的取得,正乃一事之两面。(2)客观的丧失,不因他人取得,而因权利消灭致主体丧失其权利之谓。权利之消灭,或因权利人与义务人意思之一致,如清偿;或因权利人一方之意思,如物权之抛弃;或因特定事故之发生,如权利人死亡(亲权、配偶权),权利届期(租赁权、著作权、商标权),或因权利客体毁灭(物权)等等。

私权之保护 参见民事权利保护条。

私权之种类 私权之种类甚多,首先分为人身权和财产权。人身权又分为人格权和身份权。人格权复分为生命权、身体权、健康权、姓名权、名誉权、自由权、隐私权、信用权等。身份权复分为亲权、配偶权、其他亲属间的身份权、继承权、监护权。财产权分为债权、物权、无体财产权。物权复分为所有权、土地使用权、农地承包权、宅基地使用权、典权、抵押权、质权、留置权、占有。无体财产权复分为著作权、专利权、商标权、特许权等。 (张 谷)

siren mudi xintuo
私人目的信托(private purpose trust) 委托人出于将信托利益运用于除社会公益事业和使这一利益归属自己或其他人以外的私人目的而设立的信托。私人目的信托的基本特征在于,它并无受益人,它的运作所产生的信托利益是被运用于处理委托人自己或其他人的私人事务;为对这些私人事务的处理准备资金或物质条件,正是委托人设立它的目的所在。私人目的信托属于明示信托。我国《信托法》实际上允许设立私人目的信托,该法第2条规定:"本法所称信托,是指委托人基于对受托人的信任,将其财产权委托给受托人,由受托人按委托人的意愿以自己的名义,为受益人的利益或者特定目的,进行管理或者处分的行为。"此条中的"特定目的"显然包括"特定的私人目的"。日本、韩国以及我国台湾地区的信托法也以相同的立法方式允许设立私人目的信托。依据我国及上述国家与地区的信托法,委托人可以出于将信托利益运用于除社会公益事业和使这一利益归属自己或其他人以外的任何一种私人目的而设立私人目的信托,在这方面不存在任何限制。英美信托法也允许设立私人目的信托,但该法对能够成为这种信托之目的即所谓私人目的有着很大的限制。例如,在英国,为信托判例法所允许设立的私人目的信托主要有:(1)委托人出于为自己或其他人建立坟墓、墓碑、纪念碑与处理与此有关的事务,并且使该坟墓、墓碑、纪念碑能得到维护之目的而设立的信托;(2)委托人出于为使自己或其他人的特定动物能够生存和繁衍之目的而设立的信托;(3)委托人出于使弥撒能够在私人场合进行之目的而设立的信托。此外,财产所有人将其财产赠与未注册的社会团体,并在赠与行为中指定后者将该项财产或者管理该项财产所得之利益运用于对后者事务的处理,这在某些特殊情况下,也被该法视为是在设立私人目的信托,且为该法所允许。 (张 淳)

siren shoutuoren
私人受托人(private trustee) (1)公共受托人的对称。除公共受托人外的受托人。有关英美法系国家在其制定的公共受托人法中对私人受托人的概念便是在这一涵义上使用的。(2)公益受托人的对称。存在于各种具体类型的私人信托中,且系以民事主体身份进入其中的受托人的统称。英美法系国家在其制定或认可的除公共受托人法外的其他各种信托法中,对私人受托人的概念便是在这一涵义上使用的。日本、韩国与我国台湾地区的信托法理论对这一概念也是在这一涵义上使用的。对私人受托人的规制在各国、各地区均适用信托法关于受托人的一般规定,即适用该法关于受托人的一般条件、职权、权利、义务、责任、职责终止、辞任、解任以及新受托人产生的规定。 (张 淳)

siren xintuo
私人信托(private trust) 公益信托或慈善信托的对称。又称私益信托。委托人为了使特定的人或者处于特定组织或团体范围内的不特定的人获得利益、或者为了实现其他特定的私人目的而设立的信托。这种信托的基本特征在于:如果其有受益人,该受益人或者是特定的人;或者即使是不特定的人,但从法律角度看该人却仅仅是作为特定组织或团体的成员存在,而并不是作为社会公众中的成员存在;如果其并无受益人,委托人则是为了通过利用它来实现特定的私人目的。这里所谓特定的人是指其姓名或名称已经被有关信托行为所确定的人,包括自然人与法人,所谓特定组织或团体之内涵与此大致相同;所谓特定私人目的则由有关信托行为所记载的信托利益的用途来体现。私人信托属于明示信托,且明示信托中的合同信托、遗嘱信托与宣言信托均能够成为私人信托。私人信托分为两大类:民事信托与营业信托。目前存在于各国的各种信托中,私人信托居于绝大多数。 (张 淳)

siyiwu
私义务(duty in private law;德 Privatrechtliche

Pflicht；法 devoir dans le droit privé） 公义务的对称。人民在私法上所负的义务。例如父母之教养子女,子女之扶养父母是。负担私义务者,不问对方为国家或为私人,即国家对于人民有时基于私法上之行为,亦有负担私义务者。 （张 谷）

siyi xintuo

私益信托（private benefit trust） 参见私人信托条。

siyou caichan

私有财产（private property） 公有财产的对称。属于个人所有之一切财产,谓之私有财产。在国内法上,国家保护公民合法的收入、储蓄、房屋生活用品、文物、图书资料、林木、牲畜以及法律允许公民所有的生产资料和其他合法财产的所有权。国家依照法律规定保护公民的私有财产的继承权（我国《宪法》第 13 条,《民法通则》第 75、76 条）。故人民的财产所有权受法律保护,禁止任何组织或个人侵占、哄抢、破坏或者非法查封、扣押、冻结、没收（民法通则第 75 条）。但公益上所必要的处分,依照法律的规定为之。在国际法上,对于交战国内之敌国人民之私有财产,亦不允许没收。由此以观,私有财产无论是在国内法、国际法上,均有受保护的权利。 （张 谷）

siyou qiye faren

私有企业法人（privately owned enterprise） 企业法人的一种,以个人所有的财产出资,并以企业财产承担责任的法人企业。在我国,私有企业法人可以采有限责任公司的形式,也可采股份有限公司的形式。私有企业享有独立的财产所有权,其法定代表人为公司的董事长。 （李仁玉 陈 敦）

sitelasibao gongyue

斯特拉斯堡公约（European Convention on Product Liability in regard to Personal Injury and Death; Strasbourg Convention） 即《关于造成人身伤亡的产品责任的欧洲公约》。该公约是欧洲共同体为统一有关产品责任的法律而作出的一项重大努力,于 1976 年由欧洲理事会在法国斯特拉斯堡讨论通过。该公约由前言、正文和附则三部分组成,正文共 19 条。依该公约规定,对产品责任的赔偿仅限于人身伤亡;凡由产品缺陷造成的损害,生产者均应当负责,如果受害人本身也有过失,则可酌情减少赔偿或不予赔偿;如果生产者能够证明该产品不是他投放市场流通,或者考虑到各种情况,在其产品投入市场流通时造成损害的缺陷可能并不存在,或者缺陷是在以后才发生的,则生产者不应负责。所谓生产者,是指制造者、产品进口商或将其名字、商标等标志在商品上的人;在产品没有标明任何生产者身份时,则每个供应者应视为公约所指的生产者。该公约作为一部产品责任的国际性公约,在很大程度上统一了有关产品责任的法律规定,确认了产品责任适用无过错责任原则。 （郭明瑞）

sihou falü xingwei

死后法律行为（德 Rechtsgeschäft von Todes Wegen） 以当事人一方死亡而发生效力的法律行为,又称死因法律行为,例如遗嘱、遗赠。生前法律行为的对称。 （李仁玉 陈 敦）

sihou hetong

死后合同（德 Vertrag von Todes Wegen） 生前合同的对称。其效力发生于行为人死亡后的合同。这种合同以行为人的死亡为生效要件,在行为人死亡前不发生法律效力,如死因赠与合同。 （郭明瑞）

sihou shouyang

死后收养（adoption after one's death） 生前收养的对称。通常指收养人死后方许可成立收养关系的行为。如果收养一方生前以遗嘱的方式完成死后收养行为的,则称为遗嘱收养。具体地说,遗嘱收养是指收养人生前立有收养子女的遗嘱,一旦收养人死亡,则遗嘱生效,收养关系始为成立。遗嘱收养起源甚早,古埃及就采取了遗嘱收养子女的形式,古希腊对妇女收养子女要求以遗嘱方式收养,古罗马共和国末年自 G.J.恺撒以遗嘱形式收养 G.屋大维作养子后,遗嘱收养曾流行过相当长一段时期。而近代一些国家在收养方面的立法也容许死后收养,如法国旧法第 366 条、日本旧民法第 848 条、韩国旧民法第 880 条都有类似的规定。日本旧民法第 848 条规定得较为明确:"欲收养子女者,可以以遗嘱表示其意思。"现代收养立法已基本废除死后收养,世界各国几乎已经没有采取遗嘱收养的了。我国古代的命继、立继均为死后收养,在我国台湾地区的旧民法第 366 条中曾保留有死后收养的痕迹,但遗嘱收养为新法所删除,故台湾地区现行法只规定了生前收养。《中华人民共和国收养法》不准许死后收养。 （马忆南）

sihou xintuo

死后信托（trust after death） 参见遗嘱信托条。

siwang baoxian

死亡保险（death insurance） 以被保险人在保险期间

内的死亡为保险事故而应当给付保险金的保险。在被保险人死亡时，保险人应当按照保险合同的约定给付保险金。死亡保险依期限可分为终身保险和定期保险。终身保险，是指以被保险人的终身为保险期间，不论被保险人何时死亡，保险人均给付保险金的保险。定期保险，是指投保人和保险人约定一定期间为保险期间，被保险人在保险期间内死亡时，保险人给付保险金的保险。订立死亡保险合同的，除非被保险人死亡，保险人不负给付保险金的责任。 (邹海林)

siyin zengyu

死因赠与（德 Schenkung auf den Todesfall） 赠与人生前与受赠人订立的，以赠与人先于受赠人死亡为生效要件的赠与。最早规定于罗马法中。主要是指赠与人迫于目前或将来的死亡危险，如战争、重病、受审判等，而与受赠人约定在其死亡后将其财产赠与受赠人的情形。死因赠与必须在赠与人实际死亡后才能发生确定的效力。若经过约定期限后赠与人未死亡或者受赠人先于赠与人死亡的，则赠与不生效。死因赠与和遗赠相类似，但不相同。虽然二者均成立于赠与人生前而生效于赠与人死亡之后，但前者是双方法律行为，后者是单方法律行为。古罗马法中对死因赠与有较详细的规定，比如，规定其成立必须经过五个见证人的证明并应向官厅登记，将之分为附停止条件的死因赠与和附解除条件的死因赠与等。其中前者指受赠人于赠与人死亡前不享有任何权益；后者指死因赠与成立后受赠人即获得赠与物，但成立的死因赠与并未生效，若受赠人先于赠与人死亡，赠与人得撤销赠与。现代大陆法系各国民法中大都规定有死因赠与准用遗赠的规定，但不适用于遗赠效力中基于单方行为所作的规定等内容。我国法律中对死因赠与无规定，继承法中规定的遗赠扶养协议虽有死因赠与的一些特点，但其为有偿的。实践中，当事人自愿订立死因赠与合同的，只要内容合法，也可得到法律的承认。 (任自力)

sizu

死租（dead rent） 矿山租赁中经常使用的术语。不论矿山是否经营运作都必须支付租金的租赁。 (杜颖)

siyuanfa qindeng jisuanfa

寺院法亲等计算法（common law counting method of blood kinship） 寺院法即教会法，起源于基督教遗规。寺院法亲等计算法至今仍为少数国家所采用。它以世数为计算标准，以己身为本位。按照这种计算方法，直系血亲与罗马法相同（参见罗马法亲等计算法），而旁系血亲则不同。需要与之计算亲等的双方都从己身这边往上数到同源的祖先（即双方共同的直系血亲），两边的世数相同时，就以这个世数定其亲等，例如兄弟姊妹为一亲等，堂、表兄弟姊妹为二亲等。两边的世数不相同时，就按世数多的一方定其亲等，例如伯、叔、姑与侄，舅、姨与外甥均为二亲等。姻亲的亲等计算法与罗马法相同，即血亲的配偶从其血亲的亲等，例如嫂子的亲等与哥哥一样，也是一亲等；配偶的血亲从其配偶的亲等，例如内弟的亲等与妻子相同，也是一亲等。 (张贤钰)

sizi

嗣子（si zi: an adopted younger male relative who will then be made an heir） 在中国封建宗法家族制度下，男子无子者可以选定同宗辈分相当的男性为嗣子，以传宗接代、承继祖业，此即为立嗣或"过继"。承继人称为嗣子或"过继子"，立嗣人称为嗣父母或"过继父母"。嗣子与嗣父母之间发生拟制血亲关系。嗣子取得嫡子的法律地位，有继承宗祧、继承遗产的权利。《大清律例·户律》规定："无子者，许令同宗昭穆相当之侄承继，先尽同父周亲，次及大功、小功、缌麻，如俱无，方许择立远房及同姓为嗣。""立嗣之后生子者，其家产与原立子均分。"1930年中华民国民法继承编虽未规定立嗣制度，但在有关指定继承人的规定中，以无直系血亲卑亲属作为指定继承人的条件，指定继承人与被继承人的关系（除法律另有规定外）与婚生子女同。这种指定继承人往往是嗣子的别名。中华人民共和国成立后，废除了一切旧法律包括封建立嗣制度。关于"过继"子女的继承权问题，我国有关司法解释规定应区别对待："过继"子女与"过继"父母形成扶养关系的，即为养子女，互有继承权；如系封建性"过继"、"立嗣"，没有形成扶养关系的，不能享有继承权。参见立嗣条。 (陈苇)

songzhengwu jituo

讼争物寄托（拉丁 litis contestatio depositum） 寄托契约的一种，起源于罗马法。现代民法中的法国民法、瑞士民法、意大利民法等沿袭了罗马法关于讼争物寄托的规定。按照法国民法的规定，讼争物寄托分为约定的讼争物寄托和裁判上的讼争物寄托两种。约定的讼争物寄托是指，由一人或数人将有争议之物交至第三人之手，争议终结后，该第三人有义务将寄托物交还经判决应当取得该物的人，是一种有偿寄托。裁判上的讼争物寄托是指法院对于当事人之间发生争议的物强制性地指定寄托。法院进行强制指定寄托的情形包括：(1) 债务人的动产已被扣押；(2) 二人或数人对动产或不动产的所有权或占有发生争议；(3) 债务人提供动产用以清偿。按照法国民法的规定,在裁判上的讼争物寄托中,法院可以指定利害关系当事人协议同意的人为受寄托人,也可以依职权进行指定。被指定的受寄托人应尽善良管理义务,物的扣押人则应当支付相应的报酬。我国合同法上未规定讼争物寄托。

(刘经靖　张平华)

su'e minfadian

《苏俄民法典》(Civil Code of U.S.S.R) 第一部苏俄民法典是在列宁领导下制定的,1922年10月31日第九届全俄中央执行委员会第四次会议通过,1923年1月1日起施行。这是世界上第一部社会主义民法典,该法典是在苏联实行新经济政策的历史背景下产生的。法典在编制体例上与德国民法典大体一致,但没有亲属编,关于婚姻家庭关系,由1926年11月颁布的婚姻、家庭与监护法典调整。就其内容而言,法典与资本主义国家民法典的区别,特别表现在以下两个方面:其一,在物权编,规定了国家所有权、集体所有权和个人所有权;其二,原则上不承认私有财产的继承。在继承编规定,不论依照遗嘱还是法律规定继承,继承遗产的最高额在扣除死者所负债务外,不得超过1万卢布,超过部分归国家所有。

第二部苏俄民法典是依据1961年12月8日批准的《苏联和各加盟共和国民事立法纲要》制定的。1964年6月11日,苏俄最高苏维埃第六届三次会议批准了新的《苏俄民法典》,并定于1964年10月1日起施行。法典共8编569条,包括一个简短的引言和以下各编:总则;所有权;债权;著作权;发现权;发明权;继承权;外国人和无国籍人的权利能力,外国民法、国际条例和国际协定的适用。在继承权编取消了1922年法典对继承遗产最高额的限制。与资本主义国家的民法相比较,这部民法典在体例上有以下突出特点:(1)以所有权代替物权,所有权编分别对国家所有、集体所有和个人所有以及共有作了规定,而没有规定他物权。抵押权则规定于债权编中债的担保部分。(2)将婚姻家庭关系排除于民法之外。立法者认为,民法是调整利用商品货币形式而产生的财产关系,以及与这些财产关系有关的人身非财产关系的法律,婚姻家庭关系不属于这个范围,应由单独的法律调整。(3)将著作权、发现权、发明权纳入民法典,而且各自独立成编,但却未将专利权、商标权纳入民法典。这反映了对智力创造侧重精神鼓励的指导思想。(4)将涉外民事关系的法律适用规定于民法典之中,可收方便适用之功效。就立法技术而言,该法典具有逻辑严谨、通俗、简明的特点,而且不乏很有特色的规定。例如,法典关于不遵守法律行为形式的后果的规定(第45~47条),比法国民法典和德国民法典更加明确、合理;关于损害赔偿责任的确定一般应适用过错推定的规定(第444条),也更为符合司法实践的要求,更有利于对受害人的保护。但是,由于当时苏联对经济发展阶段作了错误的估计,认为苏联已经取得社会主义的完全和最终的胜利,已经进入全面开展共产主义社会建设的时期,在经济生活中,实行高度集中的计划经济体制,片面强调国家所有制和集体所有制在国民经济发展中的作用,民法典也必然带有浓厚的计划经济的色彩。法典的引言部分明确提出:"苏维埃民法的使命在于积极推动共产主义建设任务的完成。它促进社会主义经济制度和社会主义所有制的巩固,从而使不同形式的社会主义所有制发展成为单一的共产主义所有制;促进计划纪律、合用纪律、经济核算制的加强……"在这种思想的指导之下,民法典只规定了所有权,未规定他物权,而且所有权被定义为对财产占有、使用和处分的权利,收益权能被排除在外。法典对国家所有权给予特殊保护,规定国家财产不论以什么方式被非法转让,有关组织都可以向任何取得人要求返还,即不适用善意取得制度(第53条);国家组织关于返还被集体组织和公民非法占有的国家财产的请求权不适用诉讼时效。与此形成鲜明对照的是,法典对公民个人所有权多方加以限制。首先,法典明确规定公民个人所有权的客体限于满足公民物质文化生活需要的财产,而且不得用于谋求非劳动收入(105条)。公民或共同生活的夫妻及其未成年子女只能拥有一所住宅,超过部分,应于1年内出售、赠送或以其他方式转让,否则,将被强制出售(107条)。公民如果用自己的房屋或其他财产谋取非劳动收入,该财产将被无偿征收(111条)。甚至公民个人拥有牲畜的数量,也要由立法加以限制(112条)。另一方面,国营企业财产的流通被严格加以限制。在债编中,合同的订立和履行都必须严格按照计划进行,而且,特别规定了执行国家计划的供应合同。

(张玉敏)

sulian he ge jiameng gongheguo minshi lifa gangyao

《苏联和各加盟共和国民事立法纲要》(Fundamental Principles of Civil Law of the USSR and the Union Republics) 1961年12月8日苏联最高苏维埃第七次会议批准,1962年5月1日生效。《纲要》是苏联第一部全联盟的民事立法文件。此前,苏联调整民事关系的法律主要是实行新经济政策时期颁布的1922年《苏俄民法典》和其他各加盟共和国的民法典。这些民法典在巩固社会主义革命的胜利成果,发展社会主义建设事业中发挥了重要作用。但是,在长期的社会主义建设过程中,随着经济的发展,苏联的民事立法,特别是调整社会主义组织之间财产关系的立法有了很大的发展,而且还产生了一些原来的民法典不曾包括的、关于保护智力成果的法律,客观情况要求对民事立法进行整理和修订。因此,在修订了苏联宪法之后,就开始了民事立法纲要草案的起草工作。围绕着纲要的起草,苏联法学界发生了关于经济法的论争。经济法学派主张把调整社会主义组织之间的财产关系的法律规范独立出来,作为经济法,而把民事立法纲要的调整范围仅仅局限于一方当事人是公民的关系。立法者否决了将调整社会主义组织之间关系的法律规范分离出来、成为专门的法律文件的建议。苏联法案委员会主席 G.C.波利扬斯基在关于民事立法纲要的报告中指出:"采纳这些建议,就意味着由整个社会主义经济的统一所决定的苏联财产关系体系,被人为地分崩离析,从而也就破坏了社会利益同个人利益的和谐结合。"民事立法纲要明确划分了全联盟的和各加盟共和国的立法的适用范围。纲要保证对全联盟各种重要的财产关系和人身非财产关系进行统一调整。纲要由导言和 8 编组成,共 129 条。第一编"总则",其内容包括民事立法的任务,民事法律的调整对象,民事主体的权利能力和行为能力,权利的行使与保护,法律行为与代理,诉讼时效等。关于调整对象,纲要规定苏联民法的调整对象为财产关系和人身非财产关系。财产关系是指"在共产主义建设中因利用商品货币形式而产生的财产关系"。人身非财产关系又分为与财产有关的人身非财产关系,以及与财产无关的人身非财产关系。前者如因科学、文学或艺术作品的作者身份权以及发现人、发明人或管理人、建议人身份而产生的关系等,后者如关于公民、组织的名誉、尊严的关系。第二编"所有权",内容包括所有权的权能、国家所有权、集体农庄合作所有权、工会和其他社会团体所有权、个人所有权以及保护所有人和占有人的权利,所有权发生和终止的时间等。第三编"债权",包括债的一般规定,如债的发生、债的履行、债的担保、不履行债的责任;各种合同之债;非合同之债,如侵权损害之债,因抢救社会主义财产而发生的债,不当得利之债。第四、五、六编是关于保护公民创造性劳动成果的规范,包括著作权、发现权和发明权。第七编是"继承权",规定了继承的根据、继承人的范围、继承人对债务的责任和继承开始的地点等。第八编是"外国人和无国籍人的权利能力、外国民事法律和国际条约的适用"。本编还有关于外国人和无国籍人的法律行为的形式,所有权以及侵权之债的规定。

民事立法纲要是苏联第一部全联盟民事立法文件,在民事法律体系中具有最高的法律效力,为各加盟共和国的民法规定了共同的内容和一致的原则。纲要颁布后,各加盟共和国在 1963 年至 1965 年都先后制定了自己的民法典。 （张玉敏）

suqian kouchuan danbao

诉前扣船担保（guarantee） 担保人为解除海事法院根据申请人的申请对被申请人的船舶进行的扣押而提供的一定数额的担保。诉前扣船担保的种类主要有现金担保、信用担保和实物担保。其中在海事诉讼中最常见的是现金担保。信用担保一般常见的方式有保险人提供的担保函、银行担保或者信誉好的大公司、集团提供的资信。根据 1994 年 7 月 6 日《最高人民法院关于海事法院诉讼前扣押船舶的规定》,提供诉前扣船担保的种类、方式和金额由海事法院决定,当事人已提供充分、可靠的银行担保或其他担保的,无需提供现金担保。《中华人民共和国海事诉讼特别程序法》没有作进一步的规定。

（王 青）

susong daili

诉讼代理（agent ad litem） 诉讼法上的代理。其与民法上代理的区别主要有:（1）代理的内容不同。民法上的代理,代理人代理的是民事法律行为,代行的是民事权利;民事诉讼法上的代理,代理人代被代理人为民事诉讼行为,代行的是诉讼权利。（2）代理关系不同。民法上的代理为三方面的民事法律关系,有本人、代理人、相对人三方当事人,并不涉及国家机关;民事诉讼法上的代理为四方面的民事诉讼关系,涉及原告、被告、代理人及人民法院,人民法院为审判机关,它与原告、被告、代理人是管辖与被管辖的关系。（3）两种代理对代理人所要求的资格不同。民法上的代理,代理人仅需具有民事权利能力和民事行为能力;民事诉讼法上的代理,代理人则须具有诉讼行为能力。（4）法人可以担任民法上的代理人,但不能担任民事诉讼法上的代理人。

（李仁玉 陈 敦）

susong shixiao

诉讼时效（limitation period, prescription of action, limitation of action） 权利人在法定期间内不提起诉讼即丧失请求人民法院依法保护其民事权利的法律制度。这里所说的在法定期间内提起诉讼,即诉讼时效期间,权利人在该期间内有权请求人民法院保护其权利。一旦诉讼时效期间届满,权利人则不再享有请求人民法院保护的权利。

我国《民法通则》第 138 条规定:"超过诉讼时效期间,当事人自愿履行的,不受诉讼时效限制。"可见,《民法通则》采胜诉权的消灭论,即诉讼时效期间届满,权利人的胜诉权消灭。诉权分为实体意义上的诉权和程序意义上的诉权,所说胜诉权为实体意义上的诉权。胜诉权消灭以后,实体权利本身并没有消灭,只是该权利失去了国家强制力的保护,而成为一种自然权利。

此时，义务人自动履行义务的，权利人可以接受。如果义务人以自己不知道关于诉讼时效的规定为由，向人民法院起诉要求返还，人民法院不予支持。程序意义上的诉权是起诉权。时效期间届满以后，权利人丧失的是胜诉权，而不是起诉权。时效期间届满，当事人向人民法院起诉的，只要符合《民事诉讼法》关于起诉的规定，人民法院就应当立案受理，这样，才能查明时效期间是否届满，是否存在能够引起诉讼时效中止、中断的法定事由，是否存在可以延长时效期间的正当理由。

关于诉讼时效的效力范围，即主债权的诉讼时效经过是否及于从债权的问题，按一般法理，主权利消灭，从权利自然消灭，主权利的消灭效力及于从权利。但依《德国民法典》第223条、《瑞士债务法典》第140条的规定，以抵押权、质权、留置权担保的请求权虽经时效消灭，债权人仍得就其抵押物、质物、留置物取偿。理由是债权人因信赖抵押物、质物、留置物的现实存在，而可能不及时行使权利。我国《担保法》第52条、第74条和第88条概括规定，主债权消灭，抵押权、质权、留置权同时消灭。对主债权因时效期间经过是否导致抵押权、质权、留置权的消灭，依我国司法实践，主债权诉讼时效期间经过，抵押权人、质权人、留置权人仍可在两年内主张抵押权、质权、留置权，在诉讼时效期间届满之日起两年内，抵押权人、质权人、留置权人不行使抵押权、质权、留置权的，其抵押权、质权、留置权消灭。

诉讼时效的适用范围，又称诉讼时效的客体。世界各国的民法典对诉讼时效的适用范围的规定不尽一致。有规定为债以及其他非所有权之财产权者，如《日本民法典》；有规定为请求权者，如《德国民法典》。我国《民法通则》对诉讼时效的适用范围未作规定，但一般认为仅适用于请求权，而不适用于支配权如所有权、人格权、身份权等，也不适用于形成权如撤销权、解除权、催告权及承认权等。至于何种请求权适用诉讼时效，我国学者认识不同。在我国司法实践中，未授权公民、法人经营、管理的国家财产受到侵害的，不受诉讼时效的限制。

诉讼时效一般可分为普通时效与特殊时效，在特殊时效中，又可分为短期时效、长期时效和最长时效。

（李仁玉　陈　敦）

susong shixiao de buwancheng

诉讼时效的不完成(suspension of completion of prescription)　诉讼时效期间届满之日，因存在请求权无法或不便行使的事由，法律使已应完成的时效于该时效终止后一定期间内暂缓完成，使因时效完成而受不利益的当事人可利用不完成的期间行使权利，以中断时效的制度。诉讼时效不完成主要为我国台湾地区民法上的制度，其类似制度在德国法上称为诉讼时效的停止，在我国《民法通则》中则称为诉讼时效的中止。它与诉讼时效的中止制度的区别是：(1) 不可抗力事由发生的时间不同。在我国《民法通则》中，诉讼时效中止的不可抗力事由发生在诉讼时效进行中的最后6个月内，或者延续到诉讼时效进行的最后6个月内，而诉讼时效不完成中的不可抗力事由发生在诉讼时效期间届满之际，而不是诉讼时效的进行中。(2) 诉讼时效中止的效力是时效期间停止计算，待事由消灭后继续计算诉讼时效期间，而诉讼时效不完成不存在诉讼时效期间停止计算的问题。依照我国台湾地区民法典的规定，诉讼时效不完成的事由包括：(1) 不可抗力的障碍，如地震、天灾、暴动。该法第139条规定，时效至期间终止时，因天灾或其他不可避免的事变致不能中断时效者，至其妨碍事由消灭时起1个月内，其时效不完成。(2) 继承财产的权利。该法第140条规定，属于继承财产的权利或对于继承财产的权利，自继承人确定、或管理人选定、或破产宣告时起6个月内，其时效不完成。(3) 无行为能力人或限制行为能力人欠缺法定代理人。该法第141条规定，无民事行为能力人或限制民事行为能力人的权利于时效期间终止前6个月内，若无法定代理人，自其成为行为能力人或法定代理人就职时起6个月内，其时效不完成。(4) 无行为能力人或限制行为能力人对法定代理人的权利。该法第142条规定，无行为能力人或限制行为能力人对法定代理人的权利，于代理关系消灭后1年内，其时效不完成。(5) 夫妻相互间的权利。该法第143条规定，夫对于妻或者妻对于夫的权利，于婚姻关系消灭后1年内，其时效不完成。

（李仁玉　陈　敦）

susong shixiao de keti

诉讼时效的客体(object of prescription)　参见诉讼时效的适用范围条。

susong shixiao de qisuan

诉讼时效的起算(the beginning of prescription)　诉讼时效开始计算的时间，又称诉讼时效期间的开始。我国《民法通则》第137条规定："诉讼时效期间从知道或者应当知道权利被侵害时起计算。"诉讼时效的开始是权利人可以行使权利的时间，该权利的行使以权利人知道或者应当知道自己的权利受到侵害为前提。所谓"应当知道"，是一种法律上的推定，不管当事人实际上是否知道权利受到侵害，只要客观上存在知道的条件和可能，即使当事人因主观过错，应当知道而没有知道其权利受到侵害的，也应当开始计算诉讼时效期间。这一规定的目的，是为了防止权利人以不知道权利被侵害为借口而规避诉讼时效。

诉讼时效期间自权利人知道或应当知道权利被侵害之日开始起算，是指在法律上权利人可以开始请求人民法院保护其民事权利，至于权利人在事实上能否请求人民法院保护其权利，并不影响诉讼时效期间的开始。有人担心这样规定会使权利人在只知其权利被侵害的事实而不知侵权人是谁的情况下，由于时效期间届满而不能保护自己的合法民事权利，所以认为诉讼时效期间一般应以权利人可以行使请求权之时起计算最为合理。也有人认为，《民法通则》规定从知道或者应当知道权利被侵害时起作为开始计算诉讼时效期间的标准，在实践中更容易把握和操作；而以能够行使请求权作为起算时间，在实践中不仅难以把握，而且会与时效中止的规定发生冲突；而现行的诉讼时效期间的起算规定，由于有时效中止制度的补充，所以完全可以使权利人的民事权利得到有效的保护。

在我国司法实践中，具体到各类案件，其时效的起算点也不相同。通常有以下几种计算方法：(1) 有约定履行期限的债权请求权，从期限届满之日的第二天开始起算。(2) 没有履行期限的债权请求权，从债权人主张权利时起算；债权人给对方必要的准备时间的，则从该期限届满之日的第二天开始起算。(3) 附条件的债权请求权，从条件成就时开始起算。(4) 附期限的债权请求权，从期限到达时开始起算。(5) 请求他人不作为的债权请求权，应当自义务人违反不作为义务时起算。(6) 因侵权行为而发生的赔偿请求权，从受害人知道或者应当知道其权利被侵害或损害发生时起算。损害事实发生时，受害人知道的，从损害时起算；损害事实发生后，受害人才知道的，从知道时起算。在人身损害赔偿中，侵害当时即发现受伤的，从侵害当日起算；侵害当时未曾发现，事后经检查确诊并证明是由该侵害引起的，从伤势确诊之日起算。

诉讼时效期间的起算，法律有特别规定的，应依法律的特别规定。如我国《海商法》第 258 条规定，海上旅客运输向承运人要求赔偿的 2 年诉讼时效期间，分别依下列规定计算：有关旅客人身伤害的请求权，自旅客离船或应当离船之日起算；有关旅客死亡的请求权，发生在运输期间的，自旅客应当离船之日起算；因运输期间的伤害而导致旅客离船后死亡的，自旅客死亡之日起算，但是此期限自离船之日起不得超过 3 年；有关行李灭失或者损坏的请求权，自旅客离船或者应当离船之日起算。《海商法》第 261 条规定，有关船舶碰撞的 2 年诉讼时效期间，从碰撞事故发生之日起算；该法第 262 条有关海难救助的 2 年诉讼时效期间，从救助作业终止之日起算等。我国《国家赔偿法》第 32 条规定，赔偿请求人请求国家赔偿的 2 年诉讼时效期间，自国家机关及其工作人员行使职权时的行为被依法确认为违法之日起算等。

(李仁玉　陈敦)

susong shixiao de shiyong fanwei

诉讼时效的适用范围（applicable area of prescription of action）　诉讼时效的客体。世界各国的民法典对诉讼时效的适用范围的规定不尽一致。有规定为债以及其他非所有权之财产权者，如《日本民法典》；有规定为请求权者，如《德国民法典》。我国《民法通则》对诉讼时效的适用范围未作规定，但一般认为仅适用于请求权，而不适用于支配权如所有权、人格权、身份权等，也不适用于形成权如撤销权、解除权、催告权及承认权等。至于何种请求权适用诉讼时效，我国学者认识不同。

债权请求权为诉讼时效的客体已无争议。这包括：(1) 基于合同债权的请求权，如履行请求权、损害赔偿请求权、违约金请求权、利息请求权。(2) 基于侵权行为的请求权，主要是损害赔偿请求权。(3) 基于无因管理的请求权，主要有必要费用请求权、损害赔偿请求权。(4) 基于不当得利的请求权。(5) 其他债权请求权，如防卫过当、避险过当的赔偿请求权。

对于物上请求权是否适用诉讼时效，有不同观点：(1) 否定说。认为债权以请求权为主要内容，物权以全面支配标的物为主要内容，有物权必有物上请求权，二者密切联系，物权不消灭，由物权产生的物上请求权也不消灭。我国学者进一步认为，为了实现取得时效和诉讼时效的最佳配置，物上请求权不宜成为诉讼时效的客体。(2) 肯定说。认为物上请求权与债权请求权同为要求他人为一定行为或不为一定行为的权利，同为使财产上利益获得满足的请求权，均应因长期不行使而消灭。所有权确认请求权则不宜适用诉讼时效的规定。

关于人格权请求权是否适用诉讼时效也有不同观点。有学者认为人格权请求权不适用诉讼时效。但亦有学者认为，各种人格权请求权是否适用诉讼时效，应根据诉讼时效的立法目的区分不同的情况而定。例如，因侵害名誉权而产生的请求权不应适用诉讼时效；因侵害身体权而产生的请求权则应适用诉讼时效。因侵害人格权造成财产损失的，损害赔偿请求权应适用诉讼时效。

对基于身份关系而发生的请求权，包括生父母对养子女返还请求权，亲属间扶养、赡养、抚养请求权，离婚后扶养请求权等是否适用诉讼时效，亦有不同观点。有的学者主张不适用诉讼时效的规定，有的学者认为纯粹身份关系的请求权不适用诉讼时效的规定，但以财产利益为目的的请求权与一般请求权并无不同，应作为诉讼时效的客体，适用诉讼时效的规定。通说认为身份权请求权以不适用诉讼时效为宜。

(李仁玉　陈敦)

susong shixiao de wancheng

诉讼时效的完成(expiration of prescription) 诉讼时效期间届满。诉讼时效完成后,即发生诉讼时效的效力。

(李仁玉 陈敦)

susong shixiao de yanchang

诉讼时效的延长(prolong of prescription) 在诉讼时效期间届满以后,权利人基于某种正当理由,向人民法院提起诉讼时,经人民法院调查确有正当理由而将法定时效期间予以延长。我国《民法通则》第137条规定:"诉讼时效期间从知道或者应当知道权利被侵害时起计算。但是,从权利被侵害之日起超过20年的,人民法院不予保护。有特殊情况的,人民法院可以延长诉讼时效期间。"从上述规定可以看出,诉讼时效的延长发生在诉讼时效期间届满之后。在诉讼时效期间完成以后,如果权利人未能行使权利是由于某种特殊情况造成的,人民法院可根据具体情况酌情延长诉讼时效。关于诉讼时效延长的适用有不同观点:第一种观点认为,《民法通则》关于延长的规定只适用于1年的短期时效和2年的普通时效,不适用于20年的特别规定。因为20年的特别规定属于除斥期间,故不适用延长的规定。第二种观点认为,诉讼时效的延长仅适用于20年的特别时效,而不适用于1年的短期时效及2年的普通时效。法律既然规定1年的短期时效、2年的普通时效可以适用中止、中断的规定,延长就没有什么意义了。第三种观点认为,诉讼时效的延长既可适用于1年的短期时效、2年的普通时效,也可适用于4年的特别时效和20年的特别时效。通说认为,除最长时效期间外,均适用延长的规定,但应从严掌握。

关于哪些情况属于人民法院可以延长诉讼时效的特殊情况,法律未作规定,也难作具体规定。司法实践中,人民法院应以是否涉及重大利益或是否有重大影响为判断的基本依据。当然,为使审判人员在具体操作规程中能够宽严适度,有必要从立法上对重大利益的幅度和重大影响的范围作相应规定。

(李仁玉 陈敦)

susong shixiao de yuanyong

诉讼时效的援用(application of presciption) 诉讼时效条款的引用。认为诉讼时效为实体权消灭的国家,不仅当事人可援用诉讼时效条款,而且法院也可主动援用诉讼时效的规定。但日本判例认为,时效的援用不过是诉讼上的防御方法,应由享有时效利益的当事人自由取舍,否认了法院依职权主动援用时效。采诉讼时效为抗辩权发生主义的国家,只有当事人可援用诉讼时效条款,法院不得主动援用诉讼时效的规定。因为时效的原因乃为实体法上的形成权的行使,当事人在诉讼上或诉讼外援用诉讼时效条款,对法院发生法律效力,如当事人在诉讼上不主张时效的抗辩,依德国法之规定,则视为当事人抛弃时效利益。我国民法因采时效为胜诉权主义,诉讼时效完成,当事人可援用诉讼时效的规定,主张时效利益。人民法院发现诉讼时效期间完成,亦可援用诉讼时效的规定,判决驳回其诉讼请求。

(李仁玉 陈敦)

susong shixiao de zhongduan

诉讼时效的中断(interruption of prescription) 在诉讼时效进行中,因法定事由的发生致使已经进行的诉讼时效期间全部归于无效,诉讼时效期间重新计算。我国《民法通则》第140条规定:"诉讼时效因提起诉讼、当事人一方提出要求或者同意履行义务而中断。从中断时起,诉讼时效期间重新计算。"诉讼时效中断与中止都是阻却时效完成的障碍,但时效中止为暂时性的障碍,而时效中断则为根本性障碍,故时效中断后,时效期间重新开始计算。

诉讼时效中断的法定事由包括:(1)提起诉讼。权利人依法向人民法院提起诉讼是行使自己权利的一种最有效的方式,故《民法通则》从一般立法通例,以起诉为时效中断的事由。所谓提起诉讼是指民事诉讼。权利人申请强制执行、申请支付令、申请破产、向仲裁机构申请仲裁,以及向行政机关提出解决权益纠纷的请求行为,都应视为行使其权利的具体表现,应与起诉有同等的效力。但是,如果权利人起诉后又自动撤诉的,自然不能引起诉讼时效的中断。此外,因起诉不符合法律的要求而被人民法院通知不予受理或裁定驳回起诉的,或者权利人经人民法院传唤无正当理由拒不到庭的,均视为未起诉,诉讼时效不能中断。关于起诉从何时中断时效,学理上多有争论。通说认为,应以诉状交于法院为时间界限,无须送达于相对人始生效力。权利人向人民调解委员会或有关单位提出保护民事权利的请求,应从提出请求时起诉讼时效中断。权利人向人民法院申请执行或者向仲裁委员会申请仲裁,应以向上述机关提交文件时为诉讼时效中断的时间。权利人被追加为诉讼当事人,从参加诉讼时起诉讼时效中断。(2)当事人一方提出请求。这是指权利人向义务人明确提出要求其履行义务的主张,客观上改变了权利不行使的事实状态,以使诉讼时效中断。《民法通则》规定的请求专指诉讼外的请求,不包括诉讼上的请求。权利人除向义务人直接提出请求外,权利人向债务人的担保人、代理人或财产管理人主张权利的,也可以认定为诉讼时效中断。当事人一方提出请求,与提起诉讼的不同之处在于,前者属于诉讼外的请求,后者属于诉讼上的请求。民事权利的实现,绝大多数都是通过诉讼外的方式来完成的,只有当运用诉讼外的方式不能解决问题时,当事人才会通过诉讼方式解决。可见,权利人向义务人提出履行义务的要求是诉讼时效中断的最通常的事实。此外,权利人向人民调解委员会或有关单位提出的保护其权利的请求,也是主张权利的一种表现,应当视为诉讼时效中断。经调解达不成协议的,诉讼时效期间即重新起算;如调解达成协议,义务人未按协议所定期限履行义务的,诉讼时效期间应从所定期限届满时重新计算。需要注意的是,权利人向义务人提出请求时,应采取书面或其他有证明力的方式进行,以避免因证据不足而使时效中断不被认可的情况发生。(3) 义务人同意履行义务。这是指义务人通过一定的方式向权利人作出愿意履行义务的意思表示,又称承认。义务人作出的同意履行义务的意思表示,意味着对权利人权利存在的认可。该认可行为,使当事人之间的权利义务关系得以明确、稳定,因而法律规定,义务人同意履行义务为中断诉讼时效的法定事由之一。同意履行义务的表示方法除了书面或能够证明的口头方式之外,债务人向债权人要求延期给付、对债务履行提供担保、支付利息或租金等,都属于义务人同意履行义务的表现方式,这些行为方式只要发生在诉讼时效进行当中,即产生诉讼时效中断的法律后果。上述几种法定事由的出现而导致诉讼时效中断后,权利人在重新计算的诉讼时效期间内再次主张权利,或义务人再次同意履行义务的,可以认定为诉讼时效再次中断。

关于诉讼时效中断的效力可以分为:(1) 对时效力。诉讼时效中断的对时效力,是使中断事由发生前已经进行的诉讼时效全部归于无效,诉讼时效重新计算。(2) 对人效力。诉讼时效中断既基于因时效而受利益的当事人的行为而生,也基于因时效而受不利益的当事人而生,故其效力应为相对而非绝对。通说认为,在多数人之债中,债权人向连带债务人中的一人起诉的,对其他债务人发生同样的效力。但连带债权人中的一人起诉的,对其他债权人不发生起诉的效力。

(李仁玉 陈 敦)

susong shixiao de zhongzhi
诉讼时效的中止(suspension of prescription) 在诉讼时效进行中,因一定的法定事由的发生而使权利人无法行使请求权,暂时停止计算诉讼时效期间。我国《民法通则》第139条规定:"在诉讼时效期间的最后6个月内,因不可抗力或者其他障碍不能行使请求权的,诉讼时效中止。从中止时效的原因消除之日起,诉讼时效期间继续计算。"诉讼时效中止的目的,是为了保证权利人遇有阻却权利行使的特殊事由时,仍然有行使权利的必要时间,这样,即使遇有权利人主观意志以外的原因而使其暂时不能行使权利时,亦有补救的机会。

中止诉讼时效的事由,是法定事由。根据《民法通则》第139条的规定,中止时效的事由有二:一是不可抗力,二是其他障碍。不可抗力,是指"不能预见、不能避免并不能克服的客观情况",如战争、地震、火山爆发等天灾人祸。其他障碍,是指当事人无法控制的除不可抗力之外的其他事由。《民法通则》对"其他障碍"的事由未予列举,通说认为,下列事由可视为"其他障碍":(1) 权利人死亡,尚未确定继承人。继承开始时,继承人尚未确定,无论行使权利或受领权利,均可能陷于不能,故为时效中止事由。(2) 权利人为无民事行为能力人或限制民事行为能力人而又无法定代理人。无民事行为能力人或限制民事行为能力人的权利行使或权利受领应由法定代理人代理,或经法定代理人允许;如无法定代理人,无论是权利行使或权利受领,均陷于不能,故为时效中止事由。(3) 当事人双方有婚姻关系,夫对于妻或妻对于夫,其行使权利并不困难,但因相互信赖以至对权利行使多不计较,基于伦理的考虑,通说认为婚姻关系的持续为时效中止的事由。(4) 当事人之间有法定代理关系。监护人为被监护人的法定代理人,监护人对被监护人的权利通常因法定代理关系的存在而不能行使,故通说认为当事人之间有法定代理关系的,为诉讼时效中止的事由。由于事物本身的不断发展,时效中止原因的外延亦具有不确定性,凡是使权利人无法行使权利的客观情况,都应视为时效中止的事由。

关于诉讼时效何时才能发生中止的问题,各国民事立法大致有两种规定:一是在时效进行中的任何时间都可发生时效中止,如《法国民法典》;二是只有法定事由出现在时效期间的最后一定期限内,才发生时效的中止,如《俄罗斯民法典》。我国《民法通则》采用后一种立法方式,即在诉讼时效期间的最后6个月内才发生诉讼时效的中止。因此,法定事由只有发生在时效期间的最后6个月内,才能引起诉讼时效中止的效力。法定事由发生在最后6个月之前而延续到最后6个月之内的,诉讼时效的中止也从诉讼时效期间的最后6个月开始。

关于诉讼时效中止的效力,有两种立法例。一种立法例是,在中止事由消除后再经过法定的特别期限。如《俄罗斯民法典》规定,从作为中止时效根据的情况消除之日起,时效期限继续计算,而且把剩下的期限延长为6个月。另一种立法例是,在中止事由消除后,时效期间继续计算。我国《民法通则》采用的是第二种立法例,即第139条规定的,中止诉讼时效的原因消除后,时效期间继续计算。中止前已经进行的时效期间仍然有效,中止时效的法定事由消除后,继续以前计算的诉讼时效期间至届满为止。如在一般诉讼时效中,当时效进行到一年零八个月时发生中止诉讼时效的法定事由,该事由延续两个月,那么,这两个月不计入时效期间,待法定事由消除之日起,接着一年零八个月继续计算,直至期满2年,即还有4个月的时效期限。如果时效进行到一年零四个月时发生中止事由,该事由持续了两个月,则法定事由消除后,只能再继续计算6个月,而不是8个月,因为在最后6个月之前的2个月不存在中止时效的问题。 (李仁玉 陈敦)

susong xintuo

诉讼信托(trust of action) 委托人以使受托人代替自己进行诉讼为目的而设立的信托。为我国《信托法》列举的无效信托的一种。诉讼信托一般是这样产生的:委托人为某项财产权的享有者,且该项财产权需要由特定的义务人通过给付财产来满足,但该委托人却不出面起诉该义务人,而是通过信托行为将该项财产权转移给受托人,且在该行为中规定,由该受托人以自己的名义起诉该义务人,并将通过诉讼程序从后者处取得的财产交付给该委托人或者由其指定的人。我国《信托法》第11条第4项明确规定:专以诉讼为目的而设立的信托无效。日本、韩国以及我国台湾地区的信托法也均将诉讼信托列举为无效信托。 (张 淳)

suqianfei

速遣费(dispatch money) 租船人在租船合同中订明的装卸时间内,提前完成了装卸作业,从船东那里取得的报酬。租船人提前完成装卸作业,为船东节约了时间,船东是受益方。船东为了鼓励租船人,给以若干金额作为报酬。速遣费是按照节省的时间和合同规定的速遣费率来计算的。计算节省的时间的方法有两种:一种方法是把合同订明至终止时止的装卸时间减去实际完成装卸的时间,得出节省的时间。这种方法称为节约全部时间。另一种方法是把节省的全部时间减去星期天、节假日和不良天气等不能工作的时间,此种方法称为节省全部工作时间。采取何种方法依照合同的规定。 (张 琳)

suiyi tiaojian

随意条件(德 Potestativebedingungen) 以当事人一方的意思来决定法律行为成就与否的条件。不随意条件的对称。如君若赴美国留学,则赠君万元,"君若赴美国留学"为所附的条件;君是否去美国留学,由当事人一方任意决定。随意条件又可分为纯粹随意条件和非纯粹随意条件。纯粹随意条件(condition purement potestative)是指纯粹以当事人一方的意思表示决定法律行为成就与否的条件,如君如愿意受领,则赠君千元。纯粹随意条件又分为积极的纯粹随意条件和消极的纯粹随意条件。积极的纯粹随意条件(condition affirmative purement potestative)是纯粹以债权人一方的意思表示决定法律行为成就与否的条件。消极的纯粹随意条件(condition negative purement potestative)是纯粹以债务人一方的意思表示来决定法律行为成就与否的条件。附消极的纯粹随意条件的法律行为的效力如何,学说不一。有的认为,该法律行为无效;有的认为,当事人一方负义务时为无效,当事人双方负义务时为有效。《日本民法典》规定,该行为如附停止条件,为无效。非纯粹随意条件(condition simplement potestative)是以当事人意思表示的一定事实的发生而决定法律行为成就与否的条件,又称单纯随意条件或要物随意条件,如我若出国读书,则出租此物,即属附有非纯粹随意条件。非纯粹随意条件的要求是,除当事人一方意思表示之外,尚需一定状态之成立。我国《民法通则》对此没有规定。 (李仁玉 陈敦)

sunhai de jianqing

损害的减轻(mitigation of harm) 又称减损规则,《国际商事合同通则》中确定违约方责任的一项原则,大陆法系通常称之为扩大损失原则。指由于合同一方当事人违约而给另一方当事人造成损害的,受损害方应积极采取一切必要措施来避免和减轻损害;对由于受损害方未采取合理措施而导致的损害的扩大,违约方不承担赔偿责任,但对受损害方因采取必要的避免或减轻损害的措施而额外支出的费用,违约方应予赔偿。《中华人民共和国合同法》第119条规定:"当事人一方违约后,对方应当采取适当措施防止损失的扩大;没有采取适当措施致使损失扩大的,不得就扩大的损失要求赔偿。当事人因防止损失扩大而支出的合理费用,由违约方负担。"上述规定确立了我国合同法上的减损规则。 (刘经靖)

sunhai peichang

损害赔偿(damages;德 Schadenersatz) 又称赔偿损失,民事责任方式之一。赔偿义务人为回复他人的合法权益或填补遭受的损害,向赔偿权利人给付金钱、实物的行为。损害赔偿是现代债权法的重点及民法上的核心问题。损害赔偿有金钱赔偿、恢复原状两种方式。法国法、日本法、罗马法以金钱赔偿为原则,以恢复原状为例外。德国民法、我国民法则以恢复原状为原则,以金钱赔偿为例外。早期民法上的损害赔偿严格坚持自己责任、过错责任原则。在近现代,随着大工业及经济组织化的深入发展,民法上的损害赔偿呈下列特点:第一,责任原因的相对化、多样化。既有过失归责,又有无过失、公平归责。第二,损害赔偿客观化。损害赔偿与赔偿义务人的主观因素分离,且无论是财产损失还是非财产损害都可采用金钱赔偿的方式,损害赔偿计算趋向于采用客观标准。第三,赔偿关系之相对化,衡平原则成为确定损害赔偿数额的重要考虑因素,替代责任等为他人行为负责的侵权责任类型增多。

损害赔偿发生的原因可分为两类:第一类为法律规定,其中包括侵权行为、债务不履行、其他法律规定,如担保责任(如瑕疵担保责任、无权代理人担保其代理权之存在)、缔约过失责任等。第二类为法律行为,主要为损害赔偿额的约定、保险合同、担保合同。损害赔偿的基本功能是填补受害人的损害,即以补偿性为目的,但也存在惩罚性的损害赔偿。赔偿义务人承担损害赔偿责任是通过损害赔偿之债实现的。

损害赔偿之债的一般构成要件包括原因事实(包括行为及其他)、损害、因果关系。就侵权损害赔偿的构成要件而言,法国法认为只要符合损害事实、过错、因果关系三要件即可;德国法则认为,一般的侵害权利的侵权行为包括:行为、过失、行为的违法性、损害、因果关系五要件;我国台湾地区通说认为侵权责任的构成要件为行为、责任能力、过失、违法、侵害权利或法益、因果关系及损害。我国大陆地区理论上一般认为,一般侵权损害赔偿之债的构成要件包括:(1)损害事实;(2)损害事实与行为人的行为之间的因果关系;(3)行为人有过错;(4)行为人的行为具有违法性。

就违约损害赔偿之债的构成要件而言,各国立法差距不大,一般地认为,违约损害赔偿之债的构成要件包括:违反义务的行为、损害事实、因果关系以及可归责事由。与侵权损害赔偿之债构成要件相比,由于当事人之间早已存在合法有效的合同关系,因而在违约损害赔偿之债构成上不强调行为人的主观过错、行为的违法性问题,也忽视因果关系要件。至于可归责事由,对违约损害赔偿之债是坚持过失责任原则还是无过失责任原则,我国立法经历了一个变迁的过程。原《经济合同法》第29条规定,由于当事人一方的过错,造成经济合同不能履行或者不能完全履行,由有过错的一方承担违约责任。确立了违约责任的过错责任归责原则。原《涉外经济合同法》则确立了严格责任。我国《合同法》第107条规定,当事人一方不履行合同义务或者履行合同义务不符合约定的,应当承担继续履行、采取补救措施或者赔偿损失等违约责任。据此,从原则上,我国《合同法》确立了违约责任的严格责任归责原则,但是,《合同法》同时也规定了相当的过错责任。

(张平华)

sunhai peichang liuzhiquan
损害赔偿留置权(distress damage feasant) 英美侵权行为法中的概念。动物不法侵害占有人的土地时,占有人于动物所有人未赔偿其损害之前,扣留该动物的权利。行使损害赔偿留置权必须具备下列条件:(1)扣留人须为土地的合法占有人;(2)动物须不法侵入占有人的土地,并且尚未离开土地;(3)须有损害的发生;(4)扣留人应以和平方法扣留动物。损害赔偿留置权的行使,有停止占有人行使损害赔偿请求权的效力,两者不能同时行使。但是,如果并非由于扣留人的过失或动物已交还原主,而被扣留的动物死亡的,则占有人仍得请求赔偿。

(张平华)

sunhai peichang zhi zhai
损害赔偿之债(damages;德 Schadenersatz) 债的一种。以赔偿损害为标的的债。损害赔偿之债的目的是使一方当事人受到的损害得到赔偿。因此损害赔偿之债的债权人为受到损害的受害人,享有请求加害人赔偿损害的权利;债务人为对损害应予赔偿的人,一般为加害人,负有赔偿受害人损害的义务。损害赔偿之债,从债权人方面看为损害赔偿请求权,从债务人方面说为损害赔偿义务。其成立要件,首先须有损害,因无损害即无赔偿,损害的发生是损害赔偿之债的前提;其次须有归责原因,即有由他人赔偿的事由,如侵权行为、债务不履行以及当事人的约定等;再次须损害与发生的原因事实间有因果关系。

损害赔偿之债多种多样,依其发生的原因可分为法定损害赔偿之债与约定损害赔偿之债。法定损害赔偿之债是依法律规定直接发生的,如基于侵权行为发生的损害赔偿之债、基于债务不履行发生的损害赔偿之债、基于缔约过失发生的损害赔偿之债等;约定损害赔偿之债是依当事人的约定而发生的损害赔偿之债,如基于保险合同因保险事故而发生的损害赔偿之债。根据其是否原始发生损害赔偿之债可分为原始的损害赔偿之债与转变的损害赔偿之债。前者指自始就以损害赔偿为标的的债,如由侵权行为而发生的损害赔偿之债;后者又称传来的损害赔偿之债,指当事人之间原有一般债权而因某种原因转变为损害赔偿之债,如因债务不履行而发生的损害赔偿之债。损害赔偿之债主要因侵权行为和债务不履行而发生,法国民法、日本民法等对侵权行为与债务不履行分别予以规定,德国民法则对损害赔偿之债设有一般规定,我国台湾地区民法参照德国民法的立法,在债的标的中设有损害赔偿之债的通则,同时就侵权行为与债务不履行的损害赔偿分别作了特别规定。损害赔偿之债发生的原因多样,其性质有根本性的差异。就侵权行为与债务不履行发生的损害赔偿之债而言,债务人承担的损害赔偿义务实质上是赔偿损害的民事责任,换句话说债务人系因承担民事责任而负担损害赔偿义务,通过损害赔偿之债实现责任人的责任,这与因保险事故发生保险人所负的损害赔偿义务在性质上根本不同。因此,我国《民法通则》未规定统一的损害赔偿之债,而设单章规定了民事责任,除一般规定外还分别规定了违反合同(债务不履行)与侵权的民事责任,这更能突出行为人负担损害赔偿义务的性质。

(郭明瑞)

sunhai shishi

损害事实(damage;德 Schaden) 简称损害,损害赔偿责任的构成要件之一。一般指当事人的合法权益遭受的不利益。民法上的损害与事实上的损害不同,它必须具有诉讼法上的可补救性或可诉性及确定性。在大陆法系,实务中区分加害人的加害行为对权益构成有形的损害或是妨害,后者指对他人权益造成损害的现实危险,这一做法反映了物上请求权(以及人身权等绝对权的请求权)与侵权责任的融合;在英美法系,原则上以损害之发生为必要,但在若干侵权行为中,如书面之名誉毁损(libel)、对于土地之有形侵害(trespass to land),为当然的侵权行为,此时即使损害很轻微或无法证明损害发生也认定构成名义上之损害(nominal damage)。损害与权利(或法益)侵害联系紧密:因为权利以利益为中心,所以损害可以理解为利益的减少或损失,权利的享有受到某种不法的障碍即可称为损害,或者损害是加害人侵害当事人合法利益而形成的不利的结果。

按照侵害权利性质不同,可以将损害分为侵害财产权的损害与侵害人身权的损害。我国《民法通则》称前者为损失(第 117 条),侵害财产权的损失与侵害人身权的损害也可统称为损害(第 121 条)。损害又可分为财产损害与精神损害(或非财产上损害),此种分类更有实务价值。财产损害指可根据货币计量出遭受实际减损的财产数额,虽然侵害财产权所造成的后果主要是财产损害,但财产损害的发生并不限于侵害财产权,侵害人身权所造成的误工损失、丧葬费、医药费等也属于财产损害。精神损害的后果难以用货币计算,往往需要借助于公平观念和社会一般观念,考虑侵权人的过错程度,侵害的手段、场合、行为方式等具体情节,侵权行为所造成的后果,侵权人的获利情况,侵权人承担责任的经济能力,受诉法院所在地的平均生活水平等多种因素加以确定。

对于如何衡量财产上损害的问题,主要有两种不同观点:一种观点为利益说或差额说,为德国法的通说。该说认为,损害即被害人因该特定损害事故所减损的利益。利益为权利的核心,故利益说可以称为权利减损说。因为利益说的目的在于填补被害人之总财产状况在损害事故发生前后的差额,所以利益说适用于损害赔偿的责任形式。为计算差额需要对遭损后的财产价额与损害前的财产价额进行计算,故损害决定于两个价值量的差额,而与财物、人身外在的具体破坏无关。又由于计算差额时需要结合被害人的特殊环境,斟酌考虑一切有利、不利因素,以达到全面赔偿被害人损害的目的,因而计算出的利益差额必然具备主观性。利益说的缺陷是财产差额与实际损害在某些场合并不一致,如财物的主观价值低于客观价值;计算差额必须考虑损害前后受害人财产的总值,因此导致计算上的麻烦;没有统一的计算标准,虽然照顾主观状况但是损害计算失去客观性。

另一种观点为组织说,该说认为,损害乃法律主体因其财产之构成成分被剥夺或毁损或其身体受伤害所受之不利益。所谓"构成部分"实际上指权利的客体,故组织说可称为权利客体减损说。与利益说注重观念上的损失相反,组织说注重真实损害;与利益说采用财产价额之差的计算方法相反,组织说认为损害是由不同构成部分(即权利的标的物,如财物、人身)的损害组织而成;与利益说注重主观价值相反,组织说注重客观损害的复原。因此,组织说符合民法上恢复原状优先于金钱赔偿的救济原则。但是,正如恢复原状并不能排除损害赔偿的适用一样,组织说也并不排除利益说在确定损害中的适用,只是该说认为财产状况发生之差额,仍得获赔偿,但其赔偿在损害之观念中位居次要地位,且以其差额大于客观损害为前提。财产差额若小于客观损害,则损害即等于客观损害,利益说仍不发生作用。组织说着眼于权利标的的客观损害,因而其比较适合对有体财产或人身权的侵害,但是不适合于需要从权利人的总体财产状况确定损害额的情形,如债务不履行、迟延履行等;组织说以赔偿客观损失为原则,忽视了对于主观状况的考虑,因而会导致与全面赔偿原则的冲突。

(张平华)

sunjia paimai

损价拍卖(Dutch auction) 增价拍卖的对称。又称"减价拍卖"、"荷兰式拍卖",指先由拍卖人喊出最高价格,如无买主,拍卖人自动渐次减价,直到有人同意购买时即拍板成交的拍卖。拍卖按拍卖价格的叫价是由高到低,还是由低到高,分为减价拍卖与增价拍卖。损价拍卖主要用于拍卖一些农用鲜活产品。增价拍卖主要用于工业品、艺术品和专利技术的拍卖。 (金福海)

sunshi buchang yuanze

损失补偿原则(principle of damage) 在补偿性的保险合同中,当保险事故发生造成保险标的毁损,致使被保险人遭受经济损失时,保险人给予被保险人以经济赔偿,以此弥补其因保险事故所造成的经济损失。

(李世奇)

sunshi peichang zeren

损失赔偿责任(liability of indemnity) 当被保险人因保险事故的发生而遭受损失时,保险人根据保险合同所承担的赔偿损失的责任。其主要形式是支付保险赔偿金。在财产保险中,当双方当事人约定的保险事故发生时,保险人在进行充分的调查研究后,应当向被保险人支付保险费;在人寿保险合同中,当保险事故发生时,或保险合同约定的期间届满,而被保险人仍然生存,保险人按照约定,应当向被保险人或受益人给付保险金或年金。至于保险人承担赔偿损失责任的期限,我国《保险法》第27条有明确规定:人寿保险以外的其他保险的被保险人或者受益人,对保险人请求赔偿或者给付保险金的权利,自其知道保险事故发生之日起2年不行使而消灭;人寿保险的被保险人或受益人对保险人请求给付保险金的权利,自知道保险事故发生之日起5年不行使而消灭。所以,保险人只在上述期限内承担赔偿损失的责任,超过期限,则不承担责任。在赔偿损失前,保险人有责任对保险事故作出检验,以确定保险赔偿数额,并出具检验报告。在人寿保险中,对由于第三人的侵害所造成的损失,保险人在赔偿被保险人的损失后,有权向造成损害的第三人进行追偿。

(温世扬)

sunshi zifu yuanze

损失自负原则(assumption of the risk rule) 损失是因无人应对之负责的客观原因或不明原因造成的船舶碰撞所致的,碰撞方互相不负赔偿责任,各方损失自行承担的原则。这项原则是《1910年碰撞公约》第2条所确定的。该条规定:"如果碰撞的发生是出于意外事故、不可抗力或原因不明,其损失应由受损方自负。即使在碰撞发生时,有关的船舶或其中之一是处于锚泊状态,本条规定也得适用。"根据该条规定,船舶碰撞凡因意外事故、不可抗力或原因不明三种原因所致,责任均按"损失自负"的原则承担。该原则同样适用于停泊船舶之间、在航船与停泊船舶之间的碰撞。在确定船舶碰撞属于以上任何一种原因所致时,主张方须负举证责任。我国《海商法》第167条也有类似规定。

(张永坚 张宁)

sunyi xiangdi

损益相抵(拉丁 compensatio lucri cum damno; 德 Vorteilsausgleichung) 又称损益同销,损害赔偿范围的限制规则之一。受害人基于损失发生的同一原因而获得利益时,在其应得的损害赔偿额中应扣除其所获得的利益部分。损益相抵属于赔偿责任范围的确定问题,但是不限于损害赔偿之债,对其他债务清偿也有适用余地。损益相抵不是两个债权相互抵消,因此不适用于债的抵消规则。损益相抵规则源于罗马法,后两大法系通过立法、判例或学说都予以承认。我国台湾地区民法典第216—1条规定,基于同一原因事实,受有损害并受有利益者,其请求之赔偿金额,应扣除所受之利益。我国《合同法》没有明确规定损益相抵规则,但是理论和司法实务上都承认这一规则。

损益相抵的法理依据有利益说与禁止得利说。利益说以损害利益说为基础,因此其说服力并不很强,而禁止得利说是多数法域所坚持的通说。损益相抵的要件包括:损害赔偿之债成立、受害人受有利益、损害事实与利益之间存在因果关系。这里的受害人的利益,指非基于第三人的给付,也不是由于损害事件引起受害人特别努力而产生的。这种利益具有下列特点:(1)一般地讲,只有损害原因引起的新生利益,才能进行损益相抵。若所得利益未离损害而独立,仍为被害人原有权利或物的一部分,则权利人在让与基于物的所有权或基于其权利对于第三人之请求权后获得全额赔偿。(2)须为牵连性利益,即损害的结果与利益紧密相关,从而依生活经验二者视为一体,并足以支持加害人应受利益,才可以相抵。如受害人获得的利益虽起因于侵害,但依法律原因不能为加害人利益考量时,则不符合此要件。如该利益是损害过程结束后发生的,也不予考虑。若在损害发生后被害人以自己的行为而取得利益,也不能适用损益相抵原则,而只能视情况适用减损规则。

关于损害赔偿计算中是先进行过失相抵还是损益相抵的问题,存在过失相抵前扣除说与过失相抵后扣除说两说。过失相抵前扣除说的理由是:损益相抵属于确定有无损害的问题,过失相抵属于损害分配的问题,由于必须先有损害而后才能分配,因此损益相抵应先于过失相抵进行。有的学者认为,基于损益相抵较多发生在有保险金给付的场合,因此灾害发生后应由保险人先负担,即先进行损益相抵。过失相抵前扣除说比较有利于受害人。过失相抵后扣除说的理由是:不应该因为有保险(受益)存在而增加受害人的赔偿额,导致加害人与受害人之间的不公平;劳灾保险等可作为补充地位存在但并非处于双重填补地位;过失相抵前扣除说将加重加害人的负担,而这部分负担本来应是受害人的过失;过失相抵前扣除说在受害人死亡的场合将导致各继承人分配上的不合理。日本实务通说采过失相抵后扣除说。

损益相抵原则不仅适用于金钱赔偿的责任形式,也适用于恢复原状的责任形式。若损害与利益均为某一金钱数额,或损害虽应恢复原状而利益则为某一金钱数额时,实行损益相抵较为容易;前者应自赔偿金额中扣除利益额,后者则应将利益金额交出。当利益为物或权利时，为回复原状，赔偿义务人往往需要赔偿同样的物，而权利人需要将物的残体交付赔偿义务人；或者按照赔偿代位原则处理，而不能仅给付两者之间的差额。

(张平华)

suoyouquan

所有权（ownership；德 Eigentum） 所有权人在法律限制的范围内，对物进行全面支配的权利。全面支配，包括所有权人依其意志对所有物进行占有、使用、收益、处分，并且排除他人干涉。所有权具有以下特征：(1) 完全性。所有权是一个人对于其物所能享有的最完全的支配权，其不是占有、使用、收益、处分四项权能在量上的集合，而是一个整体的权利。各种权能以及对所有物的实际利用，都只不过是所有权所包含的全面支配权的具体表现。由于所有权的完全性，在大陆法系的民法逻辑体系中，所有权成为他物权的源泉，其所包含的对物进行某一方面的支配的权能，得依照所有人的意思或者法律的规定分离出去，形成新的、独立的物权，例如用益物权或者担保物权。(2) 弹力性。所有权人得在其物上为他人设定地役权、抵押权等限制物权，形成所有权的负担。但是，所有权人仍然保持着对所有物的支配权。一俟这些构成所有权负担的限制物权除去，所有权即恢复圆满状态，各项分离的权能复归于所有权人。(3) 永久性。除非发生使所有权消灭的法律事实，如标的物灭失、抛弃等，所有权将永久存续，当事人不得预定所有权的存续期间。与限制物权均有明确的约定期限或者法定期限相比，此一特征至为明显。

所有权的性质 关于所有权的性质，学者提出了形形色色的学说，例如神授说、先占说、劳动说、人性说、法定说、社会契约说、需要说、加工说等等。举其要者有：(1) 先占说。该说认为，世上万物本无定主，某人占有某物，即与其产生了特殊的关系，他人不得侵夺，这就是所有权的开始，也是所有权存续的理由。所有权的性质即是对先占这种事实的保护。这一学说先由罗马法时代的学者倡导，17世纪荷兰法学家格老秀斯对其进行了阐述与发挥。(2) 劳动说。该说认为，所有权是劳动的结果。人通过劳动使原材料变成新物，或者创造出新的价值，由此形成的人与物的关系比先占更为紧密。生产者排除他人干涉而占有自己的劳动果实，也更具有正当性。17世纪英国思想家洛克积极倡导这一学说。(3) 人性说。该说认为，所有权起于人性。人类必须借助外物的供养方得生存，因而出于本性，人人都尽力争夺物资以求生存。但是，组成社会的人们意识到，人们为物资而陷入无休止、无秩序的相互争夺，对社会、对每个人都是不利的，人们应各依其劳动所得生活，相互尊重所有权，互不侵犯。因此所有权是对人性的基本要求的保护。该学说还认为，虽然人人均有取得财产的自由，但是由于人与人之间的能力差异，以及客观条件的不同，财产上的不平等是不可避免的结果。(4) 法定说。该说认为，有人类以来即有对物为所有的事实，但是只是有了法律的保护，才使原来仅能依靠强力维持的"所有的事实"变为"所有的权利"。故而，所有权是由法律所创设。

所有权与所有制的关系 根据马克思主义法学的基本观点，所有权作为社会的上层建筑，是由社会经济关系（经济基础）决定的，所有权制度最直接地反映所有制关系，因而，有什么样的所有制，就有什么样的所有权制度。这种观点一度成为我国学术界的主导观点。根据这一观点，社会主义公有制只能对应社会主义公有权，包括社会主义国家所有权与劳动群众集体所有权，只有在私有制的经济基础之上才能存在私有权。这实际上是对马克思主义的误解。所有权制度作为上层建筑，其主要方面最终由所有制的经济基础决定，但并不是方方面面都由其直接决定：一方面，我国现阶段的经济基础是以公有制为主体，而非以之为全部；另一方面，公有制在法律层面不一定要反映为公有权（国家所有权、集体所有权），也可能会采取其他形式的法律权利，如股权等。这样来理解所有权制度与社会主义所有制的关系，才能使我国社会主义市场经济的建设与发展具备基本的前提条件。

所有权的内容 即所有权的权能，是所有权人为实现其所有权，对其所有物可以实施的行为。所有权的支配性具有完全性，而所有权的权能则是个别的、具体的。一般来说，所有权的内容包括积极权能与消极权能两个方面。积极权能包括占有、使用、收益、处分四个方面，消极权能是排除他人的非法干涉的权能。积极权能：(1) 占有。所有权人对于所有物实际的占领、控制。这往往是所有权人对物作进一步利用的前提条件。(2) 使用。依照物的性能和用途，在并不损毁其物或者变更其性质的情况下加以利用，实现物的使用价值。(3) 收益。收取所有物所产生的利益，包括孳息和利润。(4) 处分。有广义与狭义之分，广义的处分包括法律上的处分与事实上的处分，而狭义的处分仅指事实上的处分。法律上的处分是指依照所有权人的意志，通过法律行为对物进行处置，例如将物转让给他人、将物抛弃等。事实上的处分是指在生产或者生活中，使物的物质形态发生变更或者消灭，例如将食品吃掉，将房屋拆除等。处分是所有权内容的核心权能，决定着财产的命运。消极权能：是指所有权人排除他人对其行使所有权所进行的非法干涉的权能。所谓消极，指的是该项权能在所有权正常行使而没有他人干涉的情况下，并不表现出来。具体权能包括原物返还请求权、妨害除去请求权、妨害防止请求权等物上请求权。

所有权的限制 所有权的限制应是所有权的题中应有之义,但是学说史上却有过不同的认识。在资本主义国家与法律建立之初,主流的法律思潮为个人本位,为了强调反对封建特权与身份关系的精神,所有权绝对原则被确认为民法的三大基本原则之一。《拿破仑法典》第544条即规定:"所有权是指,以完全绝对的方式,享有处分物的权利,但是法律或条例禁止的使用除外。"该条的限制性但书被法学思想与司法实践中弘扬所有权的"完全绝对性"的倾向所忽略,成为资本主义自由放任时代所有权制度的写照。随着资本主义经济的进一步发展,为了解决资本主义所固有的内在矛盾,国家干预经济成为主流的社会经济政治观点,法律制度开始强调以社会利益制约所有权的个人恣意性,强调所有权的社会义务。在现代社会的法律体系中,所有权的限制可谓无处不在,既有私法上的限制,又有公法上的限制。对所有权进行限制的目的,并不是要取消所有权人的自由,而是为了使个人利益与社会利益在所有权中达到适当的均衡。

所有权的保护 是指通过法律规定的方法和程序保障所有权人依法对其所有物进行占有、使用、收益、处分的权利。所有权的保护是多部门法律的共同任务,侵害所有权往往要产生民事责任、行政责任以及刑事责任。就所有权的民法保护来说,依照是否通过国家的民事诉讼程序进行,可以分为两种,不通过民事诉讼程序的,称为所有权的自力救济;通过民事诉讼程序保护所有权的,称为所有权的公力救济。所有权的民法保护方式,既有债的保护方式,又有物的保护方式。债的保护方式如,所有权人根据侵权行为法来追究侵害行为人的侵权责任;物的保护方式即所有权人根据具体侵害的事实,向侵害行为人主张各种物上请求权。这两种方式相比,物的保护方式更具有优势,也是所有权保护的特有方式。传统民法中的物上请求权类型,包括原物返还请求权、妨害除去请求权、妨害防止请求权。我国民事法律制度所确定的所有权保护的特殊方式有:请求确认产权、请求恢复原状、请求返还原物、请求排除妨碍等。所有权人可以根据侵害行为的具体类型,以及所造成的侵害形态,选择适当的保护方式。

所有权的种类 所有权根据不同的标准,可以分为不同的种类。传统民法理论多按照所有权的标的物属性,将所有权分为不动产所有权与动产所有权两大类型,分别研究其在取得、限制及消灭等问题上的不同内容。在我国,受社会主义公有制的经济基础以及意识形态的影响,理论与实践中最重要的分类方法就是按照所有权的主体,将所有权分为国家所有权、集体组织所有权与公民个人所有权。各种所有权在国家经济、政治以及法律等领域中有着非常不同的地位。

(李富成)

suoyouquan baoliu
所有权保留(retention of title;德 Eigentumsvorbehalt) 在买卖合同中,出卖人虽已将标的物先交付买受人,并由其占有、使用、收益,但在该标的物价金的一部或全部付清之前,或者在当事人之间其他债权债务关系清结之前,出卖人仍然保留该标的物或其加工物及其转售所得之所有权的法律制度。通常的买卖合同中,当事人都会约定出卖人与买受人应同时履行各自的义务,出卖人负有移转所有权和交付标的物的义务,买受人有支付价金和接受标的物的义务。但这种常态并不排除当事人之间进行与之不同的约定,如约定买受人先支付价金,或者相反,由出卖人全部或部分赊购给买受人。在经常发生的第二种情况下,即出卖人在没有担保他会得到价金,标的物就脱离其手的情况下,特别需要对出卖人给予担保。在不能要求买受人另外提供担保物的情况下,质权作为担保物权的可能性被排除,因为质权要求占有标的物。所以只有一种可能性,即出卖人虽已将标的物交付给了买受人,但在价金付清之前所有权可以被保留。由是,基于对先履行一方进行担保的必要性,所有权保留制度应运而生。

所有权保留对买卖双方具有双重的担保功能。所有权保留是出卖人在买受人不履行债务时,在其已有权利上产生的一种担保手段,在分期付款买卖中,当事人常常进行这样的约定,如果买受人不履行义务,出卖人可以解除合同,取回标的物。并且即使在价金债权超过诉讼时效时,出卖人仍然可以要求买受人返还标的物。此外,人们也可以把所有权保留看做是买受人的一种担保形式,从法律规定的一般情况看,在买受人支付全部价金前,出卖人根本没有进行所有权移转的打算。从这一层面讲,买受人在尚未付清价金之前,已经对标的物获得了一个重要的物权性期待权。同时,买受人在不必立即支付全部价金的情况下,即可使用标的物,而且通过对标的物的使用,特别是通过对标的物进行的再转让或再加工,从而使买受人有能力支付价金。可见,这种担保手段不仅对双方当事人都有好处,而且能够活跃经济交往。

所有权保留制度顺应了权利分化理论,以出卖人保有保留所有权以担保其价金债权的实现,以买受人享有所有权性期待权以使其能够提前对标的物进行利用、获取收益并受到保护,精巧地构造了所有权的保留制度。我国《合同法》第134条规定:"当事人可以在买卖合同中约定买受人未履行支付价款或者其他义务的,标的物的所有权属于出卖人。"从而首次以立法的形式确立了我国的所有权保留制度。由于所有权保留制度无须债务人另行提供担保物或另行寻觅担保人,这对于简化担保手续、促进经济流转具有重要意义。

(申卫星)

suoyouquan baoliu tiaokuan
所有权保留条款(term of title retention; 拉丁 pactum reservati domini) 多见于买卖合同或互易合同中的一项条款。所有权保留就是对所有权的转移附加条件,即合同双方当事人约定,只有在卖方所附加的条件得到满足时,所有权才转移到买方。此约定实际上是一种附停止条件的法律行为。一旦条件成就,该约定即失去效力。所有权保留条款所附的条件可以有多种,如约定买方未及时支付价款时,标的物的所有权仍属卖方;或约定买方须支付了全部价款后,所有权才转移给买方等。但所附的条件必须是明确的,它能够有效地排除"所有权在交付时转移"的一般规定。所有权保留条款具有交易和担保两大功能,一方面所有权保留条款能极大地促进交易形式的多样性以及交易的快捷和简便,一方面通过保留所有权使卖方获得了交易的安全和保障。在分期付款的买卖中和国际贸易中,所有权保留条款经常使用。所有权保留条款在买方满足了卖方条件后即失去法律拘束力,买方即可取得对交易的货物的所有权。根据所有权保留条款,买方在接受了货物而未取得货物的所有权期间,可以使用甚至转卖此货物,但买方只是作为卖方的受托人对货物进行处分,而非货物的完全所有权人。在此情况下,卖方有权要求返还原物并赔偿相关损失,或要求买方交付转卖货物所得的收益等。如果在买方未取得所有权期间,买方破产或发生了经济能力的重大变化,所有权保留条款对于卖方的意义就更加重大。因为卖方保留了所有权,该项财产就不计入买方的破产财产,卖方可优先于买方的其他债权人,在破产程序外以所有权人的身份取回货物或货物的相应替代品,此种权利称为取回权。如果卖方未保留所有权,该项财产只能计入买方的破产财产,卖方将与其他债权人一起按比例受偿。可见,从法理上讲,保留所有权的卖方行使的是物权方面的救济措施,已让渡所有权的卖方则只能行使债权方面的救济措施。

所有权保留条款分为简单保留条款和扩张保留条款两种。前者是指卖方保留所有权的权利只限于标的物本身。后者指卖方保留的所有权除及于标的物本身外,还及于买方因处分该标的物,如将货物出售、或将以标的物制成的产品销售而取得的收益。此时买方实际上被视为卖方的代理人或信托人。关于所有权保留条款所涉及的货物是动产还是不动产,各国法律规定不一致:(1)主张仅限于动产。以德国、瑞士等国为代表,认为如果承认不动产保留条款,会损害不动产转移的公众信服程度,引起交易观念的恐慌,在不动产上完全可以以约定抵押权的方式来保证交易的安全。(2)主张既适用于动产也适用于不动产。以日本、法国等为代表,认为不动产的所有权保留并不会引起公众的疑惑,不会对物权本身提出不利的挑战。

所有权保留条款在贸易中已得到广泛的利用,它所建立的基础在于物权优于债权的法律原则。它的担保作用不仅不弱于其他的担保形式,反而比其他方式更简便、更灵活、更可靠,因为它不需借助任何外来的人或物,而可直接将交易的安全系于标的物的所有权转移的效力上。此种条款最受卖方欢迎,它使卖方的利益有了更可靠的保障,使其交易过程中的风险降到了最低程度。许多国家的法律都有关于所有权保留的规定,如《德国民法典》第455条规定:"动产的出卖人在支付价金前保留所有权者,在发生疑问时应认为,所有权的转移以支付全部价金为停止条件,并在买受人对支付价金有迟延时,出卖人有解除契约的权利。"《意大利民法典》第1523条规定:"在保留所有权的分期付款买卖中,买受人自支付最后一期价金时起,获得物的所有权,但是风险自物交付时起转移。"我国《合同法》第134条规定的"当事人可以在买卖合同中约定买受人未履行支付价款或者其他义务的,标的物所有权属于出卖人",也是对出卖人所有权保留的规定。

(万霞)

suoyouquan de baohu
所有权的保护(protection of ownership) 通过法律规定的方法和程序保障所有权人依法对其所有物进行占有、使用、收益、处分的权利。所有权的保护是多部门法律的共同任务,侵害所有权除了依照民法要产生民事责任之外,还有可能产生行政责任和刑事责任。就所有权的民法保护来说,又可分为多种类型的保护方式。以是否通过国家的民事诉讼程序寻求保护,可分为自力救济与公力救济两种:不通过民事诉讼程序而直接向侵害行为人主张所有权保护的,称为所有权的自力救济;通过民事诉讼程序保护所有权的,称为所有权的公力救济。所有权的民法保护方式,既有债的保护方式,又有物的保护方式。债的保护方式即所有权人根据侵权行为法来追究侵害行为人的侵权责任,如要求侵害行为人赔偿损失。物的保护方式即所有权人根据具体侵害的事实,向侵害行为人主张各种物上请求权。物上请求权是依附于所有权的附属性权利,其产生和行使只是为了维护所有权的完满状态,不能够与所有权相分离而为让与,或者由非所有权人行使。由于物上请求权的附属性特征,所有权人只要证明其所有权以及受侵害或者妨碍的事实存在,即可向有关行为人主张物上请求权,而不必依照侵权行为的法定构成要件齐备各项证据之后,方得要求行为人承担责任。故这两种方式相比,物的保护方式更具有优势。但是这两种保护方式是并行不悖的,所有权人可以根据自己的利益以及所有权受侵犯的状况,选择使用对自己最有利的保护方式。

传统民法中的物上请求权类型,包括原物返还请求权、妨害除去请求权、妨害防止请求权。我国民事法律制度还确认了请求确认产权、请求恢复原状等所有权保护方式。 (李富成)

suoyouquan de quanneng
所有权的权能(powers or functions of ownership) 所有权人为实现所有权,对所有物可以实施的行为。所有权的支配性具有完全性,而所有权的权能则是个别的、具体的。一般来说,所有权的内容包括积极权能与消极权能两个方面。积极权能包括占有、使用、收益、处分四个方面,消极权能是排除他人的非法干涉的权能。所谓消极,指的是该项权能在所有权正常行使而没有他人干涉的情况下,并不表现出来。当其表现出来,其目的也旨在回复所有权的圆满支配状态,而使该项权能不再有所表现。所有权的消极权能包括原物返还请求权、妨害除去请求权、妨害防止请求权等物上请求权。只有当干涉构成非法时,所有权人才得排除之。如果干涉有法律依据,或者是在行为人的权利范围之内,或者干涉的程度按照通常情形在所有权人可以容忍的限度之内,所有权人均不得排除。

对于所有权的权能与所有权本体的关系,主要有两种学说:一谓权利集合说,认为所有权是由各项具体权能组成的集合体,各项具体权能是构成所有权的独立的权利。一谓权利作用说,认为所有权的权能是所有权的不同作用。通说认为,所有权的本质在于其支配性,是一个人对其所有物所能享有的最完全的支配权,并非占有、使用、收益、处分四项权能在量上的集合,而是一个整体的权利,各种权能以及对所有物的实际利用,都只不过是所有权所包含的全面支配权的具体表现。随着经济生活、交易实践以及对物的利用程度的发展,还会出现新的权能类型。 (李富成)

suoyouquan de shixian
所有权的实现(realization of ownership) 通过对所有权的积极权能的行使,实现物之所有利益。所有权实现的方式,有通过所有权人自己行使所有权的各项权能,也有通过他人行使所有权的权能。(1)所有权人自己行使权能以实现所有权。在自然经济阶段,社会资源与产品不丰富,商品交换不发达,所有权人自己行使其权能,成为所有权实现的主要方式。但是,即使是在商品交换发达的市场经济社会,所有权人自己行使权能也是必要的。尤其是生活资料所有权的实现,基于生存的实际需要,无法尽由别人代劳。而对于生产资料所有权的实现,现代企业的管理方式要求通过权能分离的方式,由企业的管理层对企业及其财产进行实际的管理与支配,但是所有权人(企业股东)保留着最终的决策权与监督权。(2)所有权人通过他人行使具体权能而实现所有权。所有权人得根据自己的意志和利益,将其所有权的各项权能部分或者全部地授予非所有权人行使。此时即发生所有权与其权能的分离。具体采取的分离类型,由所有权人与受让人依法进行协商:可以将占有、使用、收益、处分四项权能中的一项分离出去,或者将几项组合分离出去。所有权与其权能分离的结果,或者形成物权关系,如根据法律的规定或者合同的约定成立土地使用权、抵押权、留置权等;或者形成债权关系,如根据财产租赁合同由承租人有偿使用所有人的财产等。所有权与其权能的分离,形成了对所有权支配力的限制,但是这并不意味着对所有权权能的丧失。由于这种分离总是有期限的(为了保持所有权的本质,法律禁止永久性的权能分离),所有权人保持着回复其权能的可能性。 (李富成)

suoyouren diya
所有人抵押(德 Eigentümershypothek) 在自己所有之物上存在的抵押权。普通抵押权存在于债务人或第三人之物上,与普通抵押权明显不同的是,所有人抵押权的抵押物非系他人所有,而是抵押权人自己之物。所有人抵押权可分为两种:一种是所有人在自己的物上为自己设定的抵押权,因其自始即为所有人而创设,故被称之为原始所有人抵押权;另一种是为他人所设立的抵押权因后来发生的法定事由,如混同,而归于抵押物所有人的抵押权,因其成立后才发生,故称为嗣后所有人抵押权。所有人抵押权制度的价值在于:(1)适应抵押权证券化的要求,促进抵押权的流通。一般情况下,如果抵押权人与抵押物所有人同为一人,如果严格适用混同原则,则抵押权会因混同被所有权吸收而消灭。抵押物所有人如果再度抵押该物以获取融资则必须重新设定,这样显然不利于抵押权的流通,也增加交易成本。相反如果抵押权不因混同而消灭,而归所有人所有,则所有人可通过转让抵押权的方式使之流通,特别是在将抵押权作为证券的情况下,其流通的便捷性更为显著。(2)所有权人通过设定所有人抵押权,可以限制后次序抵押权的"升位"。同一抵押物上存在数个抵押权时,先次序的抵押权一经消灭,后次序的抵押权即升位,从而使所有人无从再次利用先次序抵押权获得融资。因此,所有人通过为自己设定抵押权加以限制,使后次序抵押权仅能在先次序抵押权受偿后有剩余时方可受偿,以方便自己之用。(3)设定所有人抵押权对于将来利用该抵押权进行融资具有便利性。为将来进行融资,所有人在自己的物上为自己设抵押权并保有之;对于现实的融资,则可以通过继续设定后次序抵押权而进行。 （申卫星）

suopei

索赔（claim damages） 被保险人在保险标的遭受损失后,按保险单的有关规定,向保险人要求赔偿损失的行为。

索赔文件 是指保险事故发生后,被保险人向保险人提出索赔的请求时,必须提供的有关损失情况的书面证明文件。索赔文件主要包括:保险单、保险标的的原始单据、出险调查报告、出险证明书,以及损失坚定证明、受损保险财产的损失清单和施救费用的原始单证。

索赔通知 是被保险人在保险标的遭受损失后,根据保险单的有关规定,向保险人提出赔偿请求的书面通知。被保险人如未在规定的期限内提出赔偿要求,保险人有权不负赔偿责任。 （李世奇）

suopei de chengxu

索赔的程序（procedure of claims） 索赔是被保险人或受益人实现其保险权益的具体体现。我国《保险法》第23条第1款规定:"保险事故发生后,依照保险合同请求保险人赔偿或者给付保险金时,投保人、被保险人或者受益人应当向保险人提供其所能提供的与确认保险事故的性质、原因、损失程度等有关的证明和资料。"一般情况,索赔应遵循下列程序:(1)作出出险通知。出险通知,是指投保人、被保险人或者受益人在知道保险事故发生后,及时告知保险人已出险的通知。在出险通知的期限上,保险合同中有约定的从其约定,合同中没有约定的,应按我国《保险法》中的规定及时通知保险人,即投保人、被保险人或受益人在知道保险事故发生后,在客观条件允许的情况下,应迅速地通知保险人。在出险通知的内容与方式上,一般要求,对保险事故发生的原因、地点、时间、程度等内容,以最迅速的方式书面通知保险人。(2)提出索赔。被保险人或者受益人应在索赔时效内向保险人提出索赔。《保险法》第27条规定:"人寿保险以外的其他保险的被保险人或者受益人,对保险人请求赔偿或者给付保险金的权利,自其知道保险事故发生之日起2年不行使而消灭。人寿保险的被保险人或者受益人对保险人请求给付保险金的权利,自其知道保险事故发生之日起5年不行使而消灭。"索赔请求可以在作出出险通知时一并提出,也可以在出险通知后、索赔时效期间届满前的任何时间提出。(3)提供索赔单证。被保险人或受益人在作出通知的同时或在通知作出之后,应立即向保险人提供索赔单证。索赔单证主要包括:保险单或保险凭证的正本;已支付保险费的凭证;账册、收据、发票、装箱单、运输合同等有关保险标的的原始单据;身份证、工作证、户口簿或其他有关被保险人姓名、年龄、职业等情况的证明材料;保险事故证明及损害结果证明,如调查检验报告、出险证明、损害鉴定、被保险人死亡证明或丧失劳动能力程度鉴定、责任案件的结论性意见等;索赔清单,如受损财产清单、各种费用清单、其他要求保险人给付的详细清单。被保险人、受益人提供的索赔资料和文件要真实,否则保险人不仅不承担保险责任,而且还要依法追究当事人的法律责任。(4)保险人经审查认为符合规定的,可以领取保险赔款或保险金。在财产保险中涉及第三者责任时,被保险人、受益人领取保险赔款或保险金后,还应开具权益转让书,并协助保险方向对造成保险事故应依法承担赔偿责任的第三方追偿。此外,在保险事故发生后,投保人、被保险人或受益人应尽可能采取必要的合理措施,以避免损失扩大;应保护现场,接受保险方或其他方面的检验,并为之提供方便条件,以保证保险方及时查明和确认事故原因、损害程度和损失数额等。 （温世扬）

suopei yu lipei

索赔与理赔（claims and settlement） 保险事故发生后或约定的保险期间届满后,保险合同当事人与关系人之间就保险金的支付而实施的各种行为的总称。保险索赔,是指被保险人或者受益人在保险事故发生后,或者被保险人出现合同中约定的事项时,根据保险合同的约定,向保险人要求给予经济补偿或者给付保险金的行为,是被保险人或者受益人获得实际的保险保障和实现其保险权益的具体体现。保险理赔是指,应被保险人或者受益人提出的索赔要求,保险人根据保险合同的约定,审核保险责任,并处理保险赔偿的行为,是保险人履行其经济补偿义务的具体体现。

索赔和理赔是两个相对的概念,既是被保险人或者受益人与保险人之间的权利义务,也是自保险事故发生或者保险期间届满至保险人赔偿或者给付保险金之间必经的程序。一般是索赔在前,理赔在后。索赔是理赔的前提,是法律赋予被保险人或者受益人的权利,保险事故或者约定事项发生后,被保险人或者受益人应迅速向保险人索赔,索赔超过索赔期的视为自动放弃索赔权,没有赔付的保险人可不予理赔。理赔是保险人履行保险合同义务的一个关键环节,必须严格按照法律规定和合同约定进行,必须实事求是,以维护被保险人或者受益人的合法权益,同时保险人的理赔活动离不开被保险人、投保人、受益人的配合。保险索赔与理赔是被保险人或者受益人和保险人行使合同权利、履行合同义务的具体体现,从而使保险合同因履行而终止,从中最能体现保险的职能。

在保险索赔与理赔的过程中,应遵循重合同、守信用和及时、准确、合理的原则。所谓重合同、守信用,是指双方当事人应当注重合同,在合同有约定时,应当严格依照合同的约定行使权利,履行义务;合同无约定或约定不明的,则按照法律规定以及诚实信用原则,行使权利和履行义务,比如保密义务、协助义务等。所谓及时,是指被保险人或受益人提出索赔请求要及时,保险人在接到索赔请求后理赔也要及时,至于是否及时,要根据各个案件的具体情况确定一个合理的时间,合同有约定的,则从其约定。所谓准确,是指被保险人或受益人在索赔时提交的有关证明和资料要准确,保险人理赔时也要准确地查明事故原因,准确地分清责任、核算损失,并赔偿或给付保险金。所谓合理,是指赔偿或给付保险金要合情合理,实事求是,既符合保险合同的约定,又符合实际情况,符合公平原则。一般来说,在保险事故发生后,先由被保险人或受益人提出索赔要求,然后由保险人进行理赔,至双方达成协议及保险人赔偿或给付保险金时,索赔与理赔程序即告终止。

(温世扬)

suozhai xintuo
索债信托(trust of claim of debt) 委托人以使受托人代替自己向其债务人要求清偿债务为目的而设立的信托。为我国《信托法》所列举的无效信托的一种。索债信托一般是这样产生的:委托人为某项债权的享有者,且该项债权需要由其债务人通过给付财产来清偿,但该委托人却不直接向该债务人要求清偿,而是通过信托行为将该项债权转移给受托人,且在该行为中规定,由该受托人以自己的名义向该债务人主张该项债权,并要求后者清偿,并将由此从后者处取得的财产交付给该委托人或者由其指定的人。我国《信托法》第11条第4项明确规定:专以讨债为目的而设立的信托无效。

(张 淳)

T

tawuquan

他物权(right on other's res; 拉丁 jus in re aliena) 在他人所有之物上设定的物权。他物权是对他人财产的权利,由于他物权的内容是在占有、使用、收益或处分某一方面或某几方面对物的支配,所以也是物权的存在形式。

(王轶)

tayi xintuo

他益信托(benefit-to-other trust) 自益信托的对称。由委托人在信托行为中规定信托利益归属于除自己与受托人外的第三人的信托。他益信托的基本特征,在于它的委托人与受益人为不同的人。他益信托属于明示信托。明示信托中的遗嘱信托与宣言信托由其自身特点决定只能够作为他益信托而成立,合同信托也能够成为他益信托。他益信托的委托人及其继承人对信托一般无单方解除的权利,法律或信托行为另有规定的除外。

(张淳)

tazhu zhanyou

他主占有(德 Fremdbesiz) 与自主占有相对称,是以占有人是否具有所有的意思为标准对占有进行的再分类。所谓他主占有,是指不以所有的意思而为的占有,即将物不当作自己的物而进行的占有。一般而言,凡是基于占有媒介关系而占有他人之物的,均为他主占有。例如承租人、受托人、借用人、地上权人、质权人、留置权人等基于租赁合同、委托合同、借用合同以及用益物权和担保物权而为的占有,均为他主占有。但他主占有的成立并不以占有媒介关系的存在为必要前提,如拾得人对于拾得物基于保管的意思而占有,虽不存在占有媒介关系,也构成他主占有。他主占有一般以直接占有为常态,但并非绝对,在多层间接占有的场合,他主占有也可以是间接占有。例如房屋所有人将房屋出租给承租人后,又向承租人租用其中的一间,那么承租人就该房间为间接他主占有。

(申卫星)

tai'er

胎儿(fetus) 尚未脱离母体的未来的民事主体。关于胎儿是否有民事权利能力,学者主张不一。有的学者认为,胎儿在出生前即取得权利能力,出生时是死体的,则溯及地丧失权利能力。有的学者认为,胎儿出生前并未取得权利能力,自其完全出生时,方溯及地取得权利能力。有的学者认为,胎儿不具有民事权利能力,但考虑到胎儿将成为婴儿的事实,法律应给予胎儿以某种利益照顾。各国法律对胎儿利益都有相应的保护规定。《德国民法典》和《日本民法典》对胎儿利益的保护采列举主义,如对损害赔偿请求权、继承权及遗赠权的保护,视同已出生者。《瑞士民法典》和《泰国民法典》对胎儿利益的保护采概括主义,即凡属胎儿将来所享受的利益,法律上均予以保护。1929 年我国南京国民政府民法典对胎儿利益的保护采附条件主义,即胎儿利益的保护以胎儿出生后非为死者为限。我国《继承法》第 28 条规定,遗产分割时,应当保留胎儿的继承份额。胎儿出生时是死体的,保留的份额按法定继承办理。

(李仁玉 陈敦)

tai'er baozuo

胎儿保佐(fetus' tutelage) 为维护胎儿未来的权利,在该种权利需要料理的情况下所设置的保佐。胎儿保佐起源于罗马法,德国民法也有规定。

(李仁玉 陈敦)

taiwan diqu zhengquan jiaoyi fa

台湾地区《证券交易法》(the Securities Exchange Law of Taiwan District) 颁布于 1968 年 4 月,其后随着台湾地区证券市场的发展变化,历经多次修正。修正后的《证券交易法》共 8 章,182 条。分总则,有价证券之募集、发行及买卖,证券商、证券同业公会、证券交易所,仲裁,罚则,附则等共 8 章。其立法目的是发展经济,保护投资者。适用的证券为政府证券,公开募集、发行的公司股票,公司债券以及经核准的其他有价证券,新股认购权利证券以及前项各种有价证券的缴纳凭证或表明权利的证书。该法包括证券发行市场和流通市场的各种制度,主要内容有:(1) 证券发行实行证券申报与核准共存的管理形式。公司公开募集及发行有价证券时,应先向主管机关申请核准或申报生效。(2) 证券上市应当由发行人与证券交易所签订发行契约,契约应当报经主管机关核准。证券可在证券交易所交易,也可在场外店头市场交易。证券经纪商或证券自营商在营业场所受托或自行买卖有价证券,非经主管机关核准不得为之,证券交易允许信用交易,禁止操纵市场、内幕交易、内部人短线交易、欺诈交易;采取证券集中保管及账簿划拨制度。(3) 证券监管采取证券管理委员会集中监管和证券同业公会行业自律结合,以证券管理委员会为主导,对证券市场集中统一监管的管理体制。

(宋士心)

taiwan diqu baoxianfa
台湾地区保险法（Insurance Law of Taiwan District）

我国台湾地区现行的保险法律。除了《保险法》外，台湾地区还颁布了一系列有关保险的法律法规，如《保险法施行细则》(2000年11月30日最新修订)、《保险业管理办法》(1997年5月21日最新修订)、《保险公司设立标准》(2002年3月20日最新修订)、《保险代理人经纪人公证人管理规则》(2001年8月30日最新修订)、《全民健康保险法》(2001年1月30日最新修订)、《劳工保险条例》(2001年12月19日最新修订)、《简易人寿保险法》(1998年10月21日最新修订)、《强制汽车责任保险法》(1996年10月27日最新修订)、《中央再保险公司条例》(1999年6月16日最新修订)、《住宅火灾及地震基本保险条款》(2001年12月25日最新修订)、《保险业务员管理规则》(1998年11月13日最新修订)、《台湾地区与大陆地区保险业务往来许可办法》(2000年9月27日最新修订)、《存款保险条例》(2001年7月9日最新修订)、《农民健康保险条例》(2000年6月14日最新修订)、《公教人员保险法》(2000年1月26日最新修订)、《伤害保险单示范条款》(1998年8月7日最新修订)，等。

台湾地区《保险法》于1929年12月30日由南京国民政府公布，共3章82条，各章分别为：第一章总则，包括通则、契约之成立、契约当事人之义务、时效等；第二章损害保险，包括通则、火灾保险和责任保险；第三章人身保险，包括通则、人寿保险、伤害保险。该法的内容只包含保险契约法，而不包括保险业组织与管理法。该法虽经公布但未经施行。1935年南京国民政府公布《保险业法》，该法规定了保险业组织与管理方面的事项，共7章80条，各章分别为：第一章总则，第二章保证金，第三章保险公司，第四章相互保险社，第五章会计，第六章罚则，第七章附则。上述两项法律于1937年1月11日修订后再次公布，其中《保险法》增至98条，内容有较大的变化。除此之外，南京国民政府还陆续公布了《简易人寿保险法》、《简易人寿保险章程》、《国民寿险章程》、《公务人员团体寿险章程》、《战时兵险法》、《健康保险法草案》、《统制寿险条例草案》、《水、火、人寿三种保险单基本条款》等法律法规。迁台后，于1957年将《保险法》和《保险业法》合并为一，通称《保险法》，于1963年9月2日公布施行，此即为沿用至今的台湾《保险法》，其间分别于1974年、1992年、1997年、2001年数次修订和增订，共6章178条，各章分别为：第一章总则，包括定义及分类、保险利益、保险费、保险人之责任、复保险、再保险等；第二章保险契约，包括通则、基本条款、特约条款；第三章财产保险，包括火灾保险、海上保险、陆空保险、责任保险、其他财产保险；第四章人身保险，包括人寿保险、健康保险、伤害保险；第五章保险业，包括通则、保险公司、保险合作社、保险业代理人、经纪人、公证人、罚则；第六章附则。

台湾地区现行《保险法》的主要内容包括：

调整范围 保险法由保险契约法和保险业组织与管理法组成，规范对象为商业(营业)保险，不包括社会保险。其保险之定义为：根据当事人约定，一方交付保险费于他方，他方对于因不可预料、或不可抗力之事故所致之损害，负担赔偿财物之行为。依据该行为所订之契约，为保险契约。保险业为特许之营业，非申请主管机关核准并依法为营业登记，缴存保证金，领得营业执照后，不得开始营业。非保险业不得兼营保险或类似保险之业务。保险业实行分业经营原则，同一保险业不得兼营财产保险及人身保险业务，但法律另有规定，或财产保险业经主管机关核准经营伤害保险者不在此限。

组织形态 保险业的组织形态为股份有限公司或合作社(但依其他法律规定或经主管机关核准设立者不在此限)。保险法对保险公司或保险合作社的最低资本额并无规定，而由主管机关审酌各地经济实况、及各种保险业务之需要，分别呈请行政院核定。保险业应按资本或资金实收总额的15%向国库缴存保证金。设置安定基金，其提取比例、动用范围由主管机关确定；安定基金为财团法人。保险业自有资本与风险资本之比率不得低于200%。保险业于营业年度届满时，应分别保险种类计算其应提存之各种责任准备金。保险业之各种保险单条款、保险费及其他相关资料，由主管机关规定其销售前应采行之程序。

资金运用 保险业的资金运用，除存款或法律另有规定者外，限于下列各项：有价证券；不动产；放款；办理经主管机关核准之专案运用及公共投资；国外投资；投资保险相关事业；经主管机关核准从事衍生性商品交易；其他经主管机关核准之资金运用。以上各项资金运用均有相应之比例或范围限制，例如投资不动产，以所投资不动产即时利用且有收益者为限，其投资总额不得超过其资金的30%(自用不动产除外)。

监督管理 保险业的主管机关有权随时派员检查保险业的业务及财务状况，或令保险业于限期内报告营业状况。保险业在年度终了时，应将其营业状况连同资金运用情形，作成报告书，并同资产负债表、财产目录、损益表、股东权益变动表、现金流量表及盈余分配或亏损负担之议案，经会计师审核签证并提经股东会或社员代表大会承认后，15日内报主管机关备查。同时应依规定编制记载有财务及业务事项之说明文件以供公开查阅。保险业因业务或财务状况显著恶化不能支付其债务，或无法履行契约责任，或有损及被保险人权益之虞时，主管机关可依情节轻重给予派员监管、派员接管、勒令停业派员清理、或命令解散的处分。

保险利益原则 保险契约的要保人应对保险标的具有保险利益,方可向保险人申请订立保险契约。

保险契约的基本条款 保险契约以保险单或暂单为之,其基本条款包括:当事人之姓名及住所;保险之标的物;保险事故之种类;保险责任开始之日时及保险期间;保险金额;保险费;无效及失权之原因;订约之年月日。为贯彻诚信与公平原则,规定保险契约中的下列条款依订约时情形显失公平者为无效:免除或减轻保险人依本法应负之义务者;使要保人、受益人或被保险人抛弃或限制其依本法所享之权利者;加重要保人或被保险人之义务者;其他于要保人、受益人或被保险人有重大不利益者。

保险种类 财产保险的种类包括火灾保险、海上保险、陆空保险、责任保险、保证保险及其他财产保险。人身保险包括人寿保险、健康保险、伤害保险、年金保险。

消灭时效 保险金给付请求权的消灭时效为2年,自权利人得为请求权之日起计算。

保险人的责任 保险人对于由不可预料或不可抗力之事故所致之损害,负赔偿责任,但保险契约对赔偿事项或赔偿范围有明文限制者除外。对于因要保人或被保险人之过失所致之损害,保险人仍需负赔偿责任,但出于要保人或被保险人之故意所致之损害则不在此限。下列损害均属于保险人应负赔偿责任之范围:因履行道德上之义务所致之损害;因要保人或被保险人之受雇人或其动物或其所有之物所致之损害;因战争所致之损害(除非保险契约有相反约定)。保险人应于要保人或被保险人交齐证明文件后于约定期限内给付赔偿金额,无约定期限者应于接到通知后15日内给付。未如期给付者应给付迟延利息。

要保人之义务 除交付保险费外,要保人及被保险人、受益人的责任主要包括:(1)保险事故发生之通知义务。要保人、被保险人、受益人遇有保险事故发生时,除本法另有规定或契约另有约定外,应于知悉后5日内通知保险人。(2)危险增加之通知义务。在危险增加的情况下,保险人得解除保险契约或提议另定保险费,要保人对于另定保险费不同意者,其契约即为终止。保险人知道危险增加后仍继续收取保险费,或于危险发生后给付赔偿金额,或其他维持契约之表示者,丧失解除契约的权利。(3)据实说明义务。要保人故意隐匿或因过失遗漏或为不实之说明,足以变更或减少保险人对于危险之估计者,保险人得解除契约。该项解约权自保险人知道有解除原因后经过1个月不行使而消灭,或契约订立后经过2年,即使有解除之原因,亦不得解除契约。 (刘凯湘)

taiwan diqu gongsifa
台湾地区《公司法》(Company Law of Taiwan District) 我国台湾地区现行公司法是在1970年修正的公司法的基础上,经过进一步修订而形成的。该法于1980年经台湾"立法院"通过,由台湾当局颁行。该法共分9章20节,其内容为:第一章总则;第二章无限公司;第三章有限公司;第四章两合公司;第五章股份有限公司;第六章股份两合公司;第七章外国公司;第八章公司之登记与认许;第九章附则。修订后的公司法增列了6条,删除了27条,共438条。现行台湾地区公司法的特点在于:着眼于进一步促进企业公开化,健全公司财务制度,改善公司组织结构,倡导员工入股分红,简化登记手续等,并增加了台湾当局有关主管机关对公司的管理权限,以加强对公司的外部管理。现行台湾公司法,其立法采纳了大陆法系和英美法系两方面的经验,兼有两方面的特征,并且几经修订,其立法具有一定的先进性。台湾的公司立法对于20世纪60年代台湾经济的起飞,起到了一定的促进作用。

(王亦平)

taiwan diqu hunyin jiatingfa
台湾地区婚姻家庭法(Marriage and Family Law of Taiwan District) 我国台湾地区有关婚姻家庭的法律。在台湾地区,调整婚姻家庭及其他亲属关系的法律一直沿用1930年国民党政府民法亲属编,此外还有军人婚姻条例、姓名条例、涉外民事法律适用法、民事诉讼法第九编人事诉讼程序、国籍法、户籍法,以及台湾地区与大陆人民关系条例的部分条款和刑法的部分条款,还有习惯法、判例及解释例等。台湾地区民法亲属编(第967条至1137条,共171条)具体地规定了台湾地区的婚姻家庭制度。其共设七章。主要内容有:第一章通则,规定血亲的概念及亲等的计算,姻亲的种类及其亲系、亲等的计算,姻亲的消灭等,但未将配偶列入亲属之内。第二章婚姻,分为:第一节婚约,规定婚约的要件、效力、解除的法定事由和赔偿、返还赠与物等;第二节结婚,规定结婚的要件、婚姻的无效与撤销及其后果等;第三节婚姻之普通效力,规定夫妻的权利和义务;第四节夫妻财产制,规定夫妻财产制的发生依据及其具体内容等;第五节离婚,规定离婚的条件、程序及其后果等。第三章父母子女,规定婚生子女的概念,婚生推定与否认,非婚生子女的准正和认领,收养的要件、效力、成立方式,收养的无效和撤销、终止及其后果,以及亲权的内容等。第四章监护,分为:第一节未成年人之监护,规定未成年人监护的设置、及监护人的权利义务等;第二节禁治产人之监护,规定禁治产人监护的设置、及监护人的权利义务等。第五章扶养,规定扶养关系的主体、扶养顺序、扶养条件、扶养程度和方法等。第六章家,规定家之概念、家长及家属。第七章亲属会议,规定亲属会议之召集人、会议组织、会员选定程序、指定会员以及会员资格、召开会议及会议决议等。

台湾地区民法亲属编自1985年以来,历经多次修正。而1985年的修正是1930年颁行后50年来的第一次修正,修改幅度最大,仅就原有条文中男女不平等的规定加以修正的就有十余处。其中重要的修正有:原规定妻须冠以夫姓、妻以夫之住所为住所、未成年子女以父之住所为住所、子女从父姓、联合财产由夫管理、未成年子女的特有财产由父管理等,修正后的条文都允许夫妻另作不同的约定,以期男女双方有平等的权利;并增订两愿离婚必须登记、收养须经法院认可,以加强国家对婚姻家庭关系之监督和干预。此修正之后,在台湾学者间引起各种反响,毁誉不一。批评者多认为修正仍不彻底,漏误尚多。此后,又经1996年修正、1998年修正、1999年修正、2000年修正及2001年修正,进一步删除了男女不平等的规定,夫妻地位渐趋平等。尤其是近两年的修正,进一步加强了对非婚生子女和未成年子女利益的保护,加大了离婚的自由度,同时加强了对婚姻中弱势一方利益的保护力度,以适应变化了的社会生活的实际需要。 (马忆南)

taiwan diqu jichengfa
台湾地区继承法(Law of Succession of Taiwan District) 我国台湾地区有关继承的法律。台湾地区现行继承法是南京国民政府"立法院"于1930年12月26日公布,1931年5月5日起施行至今的民法典的第五编,总共88条。1937年1月还公布该继承编的实施性规定,即《民法继承编施行法》总共11条,该施行法与民法典同日开始施行至今。台湾地区民法典继承编分为三章,第一章为遗产继承人,规定了法定继承人的范围和继承顺序,应继份额,代位继承,继承权的丧失和保护;第二章为遗产的继承,规定了继承的开始及其效力,限定继承,抛弃继承,遗产的分割,无人承认的继承开始及其效力,限定继承,抛弃继承,遗产的分割,无人承认的继承遗产的处理;第三章为遗嘱,规定了遗嘱的一般原则,遗嘱的效力,遗嘱的执行,遗嘱的撤回,特留份等问题。《民法继承编施行法》在内容上主要包括继承编的时间效力,女子继承权,消灭时效,立嗣子女的继承顺序及应继份额,以及民法继承编中若干规定的适用等问题。

随着台湾地区社会经济生活的变化,上述继承法规的不少观念已显陈旧,其在司法实践中的弊端也日益暴露。从1977年起,台湾当局即开始着手对上述法规的修订工作,至1985年完成全部,并于1985年正式公布实施《民法继承部分条文暨民法继承编施行法修正案》,经过这次修订,台湾地区民法继承编原有条文85条,14条作了修订、删除了3条,增加了2条,修订的内容主要包括:(1)废除歧视养子女的规定。(2)废除指定继承人的制度。(3)缩短禁止分割遗产的时间。(4)限定抛弃继承的方式,进一步明确抛弃继承的效力。(5)加强对遗产的管理和保护。(6)增设录音遗嘱,延长口授遗嘱的有效存续期限。(7)扩大开视遗嘱的范围,明确开视的程序。

除了民法典继承编外,在台湾地区民法典亲属编、涉外民事法律适用法以及非诉事件法等法规中,对继承所涉及的某些概念、涉外继承关系的法律适用以及继承案件的法院管辖等作了具体规定。

现行台湾地区继承法规定,法定继承人的范围包括配偶、直系血亲卑亲属、父母、兄弟姊妹、祖父母。法定继承人的继承顺序分为血亲继承顺序和配偶的继承两种情况。配偶未列入继承顺序,但规定了配偶的应继份。在台湾,代位继承又称代袭继承或承祖继承,代位继承的发生事由,不限于被代位继承人死亡,还包括被代位继承人丧失继承权。按台湾民法继承编第1145条规定,丧失继承权的事由有:(1)故意致被继承人或应继承人死亡或虽未致死而受刑之宣告者;(2)以欺诈或胁迫方式使被继承人为关于继承之遗嘱,或使其撤回或变更遗嘱者;(3)以欺诈或胁迫方式妨害被继承人为关于继承之遗嘱,或妨害其撤回、变更者;(4)伪造、变造、隐匿或湮灭被继承人关于继承之遗嘱者;(5)对于继承人有重大之虐待或侮辱情事,经被继承人表示其不得继承者。在台湾地区,继承的承认有单纯承认和限定承认之分,继承法允许继承人在继承开始后一定期间内,就单纯承认、限定承认及抛弃继承作出选择。如果继承人没有特别表示的,则视为单纯承认。台湾继承法规定的遗嘱方式有自书遗嘱、公证遗嘱、密封遗嘱、代笔遗嘱、口授遗嘱等五种。

(马忆南)

taiping baoxian gongsi
太平保险公司(Pacific Insurance Company) 1929年在上海设立的中国私营保险公司。太平保险公司由金城银行投资创办,经营各种财产保险业务,在全国各地及东南亚等地设有分公司。1956年,太平保险公司经由中国人民保险公司投入资本而成为公私合营的保险公司,现为股份有限保险公司。 (房绍坤)

taiguo shangshi fadian
泰国商事法典(Tailand Civil and Commercial Code) 泰国法中民法和商法不分,没有独立的商法典。民事和商事规定主要集中在废除君主专制国家后颁布的《民事和商事法典》中,该法典在经过30年的准备后于佛历2478年（1935年）最后完成。共6编，分别为总则、债编、特别合同、财产法、家庭法和继承法。其中第一、二编完成于佛历2468年（1925年），第三编完成于佛历2472年（1929年），第四编完成于佛历2475年（1932年），第五、六编完成于佛历2478年（1935年）。

第一编总则，其中各项规定以法国、德国、日本和瑞士法为范本。凡在文字上或内容上届于法律规定范围内的各种案件，都适用法律。无法律规定者，案件必须按当地习惯决定，无该习惯的，类推适用在最近似情况下所能适用的规定；再无此规定，按一般法律原则决定。自然人的人格从出生时始，至死亡时终止。母体中的胎儿如日后出生成活都可享有权利。自然人年满20岁或结婚即具有行为能力。未成年人的各项行为，如未征得法定代理人的同意，都可被取消，但行为结果只是使未成年取得权利或解除义务，且该行为纯属个人性质，或该行为同他的个人身份相适应，并为满足其合理需要所必需的除外。未成年人欲经营一种或多种业务，须征求法定代理人同意。如法定代理人拒绝同意，法院经未成年人申请后，如认为对未成年人有利，可发出命令授权未成年人经营上述业务。法院可根据其近亲属或检察官的申请，宣告精神不健全的人为无行为能力人。无行为能力人的行为，除经监护人同意者外，都可以被取消。出于生理或心理上的缺陷，或由于惯常性挥霍浪费或酗酒而不能处理自己事务的人，也可被宣告为准无行为能力人，而置于保佐人的监管之下。法人按照该法典和其他有关法律规定成立。法人同自然人一样享有权利并履行义务，但按其性质只能由自然人享受和履行的除外。该法典规定的法人包括公共团体、寺院、登记的合伙、有限公司、协会和授权成立的基金组织。

第二编债的规定，相当于关于债的总的规定，是以德国法和日本法为基础。该编对一切合同作了同样的规定，对民事合同和商事合同不加区别；合同的形式并不需要存在对价；双方当事人缔结合同的意愿是一个主要的条件，这一规则也适用于无因管理、不当得利和侵权行为。

第三编特别合同的规定，以德国法和日本法为基础，但也明显受英国普通法的影响。例如在买卖法中，特定物一经出售，不论是否交货或付款，所有权立即转移至买受人，但如买卖合同另有条件或规定的除外。该编规定了包括买卖、交换、赠与、财产租赁、分期付款、服务、雇佣、运送、借贷、储存、担保、抵押、典质、仓库、代理、经纪、和解、赌博、活期存款、保险、票据、合伙和公司、联营等方面的规定。

在泰国，按民商分立国家属商法内容的公司、保险、票据等方面的规定，大部集中于《民事和商事法典》中这一编的规定。关于合伙和公司，该编规定了三种类型：登记或未经登记的普通合伙，该类合伙中合伙人都负有无限责任；有限合伙，这种合伙必须登记，其中至少一名合伙人为有限合伙人，仅在自己出资额范围内承担有限责任，至少有一名合伙人为无限合伙人，对合伙债务承担无限连带责任；有限公司，必须经过登记，并至少须有7名股东，股东责任仅限于出资额。合伙或公司经登记后，即成为与合伙或股东有区分的法律实体。关于票据，泰国票据法所奉行的原则来自《日内瓦公约》、《德国商法典》、《日本商法典》、《瑞士债法》以及英国有关汇票和支票的法规。汇票必须具备下列内容：标明该票据是汇票；无条件给付一定余额的命令；签票人的姓名或商号；到期日；付款地点；受款人姓名或商号，或指明凭票即付；汇票签发日期和地点；签票人的签名。对本票和支票也适用类似规定。

第四编财产法的规定，与德国和日本的规定相类似，设定物权只能依照法律的规定。

第五编家庭法的规定，以泰国的旧法律和习惯制度为基础，但仍受德国和瑞士法中某些概念的影响。男女平等得到了保障。

第六编继承法的规定，以法国法、德国的习惯法为基础。

泰国民商事方面的法律，除《民事和商事法典》外，还有许多单行的法律法规。有关破产事项的规定是佛历2483年（1940年）制定的《破产法》，该法经多次修改后至今仍然适用。关于知识产权方面的法律有：佛历2499年（1956年）的《商业登记法》、佛历2474年（1931年）的《商标法》以及《文学艺术作品保护法》等。

（金福海）

tanmianqin

袒免亲（tan mian qin） 五服以外，同五世祖的亲属为袒免（音wan）亲。用于丧礼时，袒是露出左臂，免是去冠束发。明、清时，遇丧事仅着素服，以尺布缠头。同六世祖的亲属便是无服亲了，所以《礼记·大传》曰："四世而缌，服之穷也，五世祖免，杀同姓也，六世亲属竭矣。"袒免亲在古代法律上也有一定效力，唐代《户婚律》规定："尝为袒免亲之妻而嫁娶者，杖一百。"

（张贤钰）

tebie buchang

特别补偿（extraordinary remedies） 英美法中的概念。根据某种特殊令状所作的补偿。如上级法院依据人身保护令状对下级法院的命令状等所作的补偿。这种补偿不同于通过诉讼而为的一般补偿。特别补偿曾经在英美的许多地区实行过，当事人在任何案件中依据某种特殊令状的补偿请求都能得到满足。现在大多数的特殊令状已经废除，因而特别补偿亦不复存在。

任何补偿请求都按固定的诉讼程序加以解决。

(张平华)

tebie buchang zhidu
特别补偿制度(special compensation) 海难救助报酬中的一项制度。传统的救助报酬请求原则是"无效果无报酬"。随着油运事业以及油轮大型化的发展,船舶污染海域的事故时有发生,为了鼓励救助人对构成环境污染损害危险的船舶,或者船上货物进行救助,防止或减少对海域的海洋生物、海洋资源的损害,《1989年国际救助公约》确立了特别补偿制度,其基本内容是,对构成环境污染损害危险的船舶,或者船上货物进行的救助,如果救助无效果或者效果不明显,且未能减轻或防止环境污损,根据公约确定的救助报酬少于其所花费用时,救助人有权获得相当于该费用的特别补偿。如果在救助作业的同时,防止或减轻了环境污损,特别补偿可增加到救助人所花费用的130%;特殊情况下,法院或仲裁庭可将此项补偿增加到200%。适用特别补偿的前提是,如补偿数额高于根据公约13条确定的救助报酬,此时特殊补偿只支付差额。《中华人民共和国海商法》根据该公约也确立了类似的特别补偿制度。

(王 青)

tebie daili
特别代理(special agency) 代理权被限定在一定范围或一定事项的某些方面的代理,又称部分代理、特定代理或限定代理。

(李仁玉 陈敦)

tebie de sunhai peichang
特别的损害赔偿(special damages) 又称特殊损害赔偿,英美法上损害赔偿的一种。指法院对被告行为实际引起的损害,但并非被告行为自然引起的损害判付的一种赔偿。在英美法中,特别的损害赔偿是与一般的损害赔偿相对应的。它要求原告在起诉书中特别提出,以便被告进行答辩。对这两者的区别,并没有一条确定的规则,通常只是根据侵权行为的性质和所受损害的性质进行划分。在人身伤害案中,一般认为,受害人的经济损失或薪水的减少是特别的损害,而受害人遭受的肉体痛苦和情感折磨等非经济损害则被认为是一般的损害。对特别损害应判付特别的损害赔偿,例如在人身伤害中对受害人的医疗费、失去的工资和异常结果(如神经病)的赔偿,就属于特别的损害赔偿。

(张平华)

tebiefashang wuquan
特别法上物权(right in rem in special law) 又称特别物权。指由特别法规定的、具有物权性质的财产权。所谓特别法指兼有民法规范和其他类型法律规范如行政法规范、刑法规范的综合性法律。特别法上的物权一般依特别法所规定的特许程序取得,受较强的行政干预,在法律适用上优先适用特别法的规定。

(王 轶)

tebie gudongquan
特别股东权(rights of special shareholders) 专属于特别股股东的权利。其权利的范围、行使的顺序、优待、限制或无表决权,均需在章程中订立。特别股分为优先股、后配股以及混合股,特别股股东依其所持股份的种类不同而享有不同的权利。持优先表决权的特别股股东,对特定事项,有优先行使表决权的权利。根据"台湾公司法"的规定,这种特别股限于由本国国民持有,可防止外资侵夺国内企业。但这种特权容易被滥用,作为操纵公司的手段。优先分派剩余财产的特别股东权,是公司解散时,可以优先分派公司剩余财产。优先分派盈余的特别股东权,是公司有盈余时,在弥补损失及提存公积金后,先分派特别股,还有剩余,再分派普通股。《中华人民共和国公司法》规定,公司可设法定累积优先股,其他种类的特别股没有规定。

(梁 聪)

tebie weituo
特别委托(special mandate) 委托合同的一种,概括委托的对称。委托人特别委托受托人处理一项或数项事务的委托。在特别委托情况下,受托人就授权之事项有权采取必要的措施处理。一般说来,以下事务须特别委托:(1) 不动产的出售或设定担保;(2) 不动产的租赁;(3) 赠与;(4) 和解;(5) 起诉和提起仲裁。《中华人民共和国民法通则》对特别委托未做规定,《中华人民共和国民事诉讼法》第59条规定,授权委托书必须注明委托事项和权限。诉讼代理人代为承认、放弃、变更诉讼请求,进行和解,提起反诉或者上诉,必须有委托人的特别授权。未经特别委托,受托人无权享有特别授权的权利。

(李成林)

tebie wuxiao
特别无效(special void) 一般无效的对称。依民法分则各特别规定的无效民事行为。如遗嘱人订立的未保留无劳动能力、又无生活来源的继承人的遗产份额的遗嘱内容无效,再如,已有子女的收养人在不符合特定条件的情况下收养子女的行为无效。

(李仁玉 陈敦)

tebie zeren

特别责任(special liability) 一般责任的对称。1964年的《捷克斯洛伐克民法典》中使用的概念,见该法典第六编第二章"损害责任"中的第二节"特别责任"。依该法典规定,特别责任是指依照法律的特别规定所承担的责任。该法典规定的特别责任包括:对不能理解自己行为意义的人所造成的损害的责任;对于与社会主义公共生活规则不能相容的行为的责任;对非法决定所造成的损害的责任;经营运输工具所造成的损害的责任;以及经营有高度危险性业务所造成的损害的责任等。其他国家民法中虽没有特别责任的概念,但在理论上有时把特殊侵权行为的民事责任也称为特别责任。《中华人民共和国民法通则》第 121~133 条规定了特殊情况下侵权的民事责任。依据这些规定承担的民事责任,可以称为特别责任。　　(张平华)

tebie zengyu

特别赠与(special gift) 赠与的一种。参见赠与合同条。

teding jifu

特定给付(particular presentation) "不特定给付"的对称,又称不可替代的给付。指已经明确和具体化的给付。此种给付一经确定,就具有不能被其他给付所替代的性质。如交付特定的物体、提供特定的劳务等。其特点是:(1) 债务人负有交付特定标的物或提供特定劳务的义务,债权人也只能请求债务人实施特定标的。(2) 给付标的一旦灭失,发生履行不能。如灭失责任不可归责于债务人,则给付义务即归消灭;如灭失责任可归责于债务人,则其特定给付的债务转化为损害赔偿债务。(3) 移转特定的标的物所有权的债,当事人约定自债成立时所有权即移转债权人的,标的物意外毁损灭失的风险自债成立时即转移给债权人。以特定给付为标的的债称为"特定之债"。参见不特定给付条。　　(万 霞)

teding weixian baoxian

特定危险保险(special risk insurance) 当事人约定以特定的一种危险或多种危险作为保险标的的一种保险。在保险合同中,只要是对一种或多种承保危险的名称予以列举,即为特定危险保险。特定危险保险包括多种危险保险和单一危险保险,是保险业经营中常用的险种之一。　　(史卫进)

tedingwu

特定物(special thing, particular thing) 种类物的对称。以当事人间之意思或其他事实而具体指定的物。独一无二的物固然是特定物,但绝大多数的特定物是经由当事人的意思特定化的种类物。例如,指定某一袋米,坐落某处之地,或某人所有之汽车。特定物与不代替物虽大致相同,究其实则各有区别,因为特定物以当事人之意思而定,而不代替物,则以一般交易上物之性质而定。关于特定物与种类物、特定物之债与种类物之债,请参见种类物条。　　(张 谷)

tedingwu maimai

特定物买卖(sale of specific goods) 种类物买卖的对称,合同标的物为特定物的买卖。这种买卖的特点主要是,当标的物因可归责于出卖人的原因而毁损、灭失致使出卖人违反合同时,买受人只能请求减少价金或解除合同而请求损害赔偿,而不能请求继续履行。并且,当事人可以约定标的物的所有权自合同成立时转移。　　(王卫劲)

tedingwu yizeng

特定物遗赠(法 legs particuliers, disposition à title particulier) 种类物遗赠的对称,以特定物为标的的遗赠。一般民法理论认为,特定物遗赠不同于特定遗赠,特定物遗赠是特定遗赠的一种形式。特定遗赠的标的不一定是特定物,也可以是种类物或者其他财产,如债权或某项债务的免除,特定遗赠是概括遗赠的对称。罗马法中,遗赠人不仅可以遗赠自己所有的特定物,而且可以遗赠他人所有的特定物。只是针对不同人所有的特定物,在遗赠方式上存在差别。例如,特定物如为遗赠义务人所有,必须使用嘱令遗赠和容许遗赠两种方式才能生效;特定物如为第三人所有,必须是遗赠人设立遗赠时明知此种情形方为有效,执行时由遗赠义务人先购得该特定物,然后交付给受遗赠人,若不能购得该物,则须将价金交付于受遗赠人。现代各国均承认特定物遗赠,且特定物遗赠的受遗赠人,不负担遗产中的债务清偿,特定物遗赠于遗嘱人死亡时特定物尚存在于遗产之中始生效力。《法国民法典》规定,遗赠人以他人的物件遗赠时,遗赠无效(第 1021 条);如果该特定物设有抵押或负有用益权时,支付遗赠之人,除遗嘱人明白规定应解除此种负担时,不负解除此种负担的义务(第 1020 条);特定遗赠的受遗赠人,不负清偿遗产债务的义务,但法定的遗赠减除和债权人的抵押诉讼不在此限(第 1024 条)。《日本民法典》则规定,遗赠标的不属于继承财产时,遗赠不生效,除非遗赠人有别的意思表示;当遗赠标的不属于继承财产,而依遗嘱人的特别意思表示为有效时,遗赠义务人得取得该标的并移转于受遗赠人,或者在不能取得、费用过巨时偿付标的物价额(第 996~997 条);遗赠标的物为第三人权利标的时,受遗赠人不得请求遗赠义务人消灭该权利,除非遗赠人有相反的意思表示(第1000条)。德国的规定与日本的规定类似。法国法强调不能遗赠他人的物件,而德国法与日本法则更尊重遗赠人的意思表示,灵活性更强,与罗马法的原则接近。我国法律上的遗赠包括特定物遗赠,但此特定物须属于遗赠人所有方生效力,受遗赠人不负清偿遗产债务的义务,但遗赠的受领须在遗产债务清偿之后。对于特定物上的其他权利,如抵押权、用益权等,遗赠义务人是否负有清偿责任,法律未作明文规定,但依我国遗产清偿的顺序,以解释为负有清偿义务较为妥当。

(周志豪)

teding zhi zhai
特定之债(德 Bestimmteschuld) 种类之债的对称,以特定给付为标的的债。特定之债以给付特定物的特定物之债为常态,但不限于特定物之债。以特定劳务给付为标的的债,也为特定之债。特定之债于成立时,给付对象即特定,债务人须按照具体指定的给付履行,而不能以其他的给付代替。对于特定物之债,在法律有规定或当事人有明确约定时,标的物的所有权可自债成立之时发生转移。

(郭明瑞)

teliufen
特留份(forced heirship portion) 在法定继承人的应继份中,被继承人以遗嘱处分遗产时,依法不得处分的份额。特留份是依法律规定特别保留给予法定继承人的遗产份额,不能用遗嘱予以剥夺。因此,特留份制度是对被继承人以遗嘱处分遗产的一种限制,其目的是防止滥用遗嘱自由权,保护法定继承人的利益。特留份制度源于古罗马法。现代世界大多数国家都设立了特留份制度,尽管各国名称不尽相同,德国称"保留份"、瑞士称"特留份"、英国(1939年《家庭保障法》)称"扶养费"、美国称"寡妇产"、"鳏夫产"、"宅园特留份"等,而前苏联和东欧一些国家则称"必继份"或"必留份",我国称"必要的遗产份额"或"必留份",但实质却是一样的,即都是指被继承人用遗嘱处分遗产时,依法必须为一定范围的法定继承人所特别保留的一定份额的遗产。

特留份的法律特征:(1)特留份的权利主体,是法律规定的、享有法定应继份的、一定范围的法定继承人。只有法律规定范围内的法定继承人,并且这些法定继承人没有丧失继承权、抛弃继承权的事由,即享有法定应继份,才是特留份的权利人。(2)特留份权利的标的,是被继承人遗产中的一定份额或一定比例,而不是某个具体的或特定的财产。(3)特留份是强制性规定,被继承人违反特留份规定所作的遗嘱处分,其侵权部分无效。特留份权利人在其权利受到侵犯时,可提起诉讼,请求法律保护。(4)特留份权利的产生,以被继承人用遗嘱处分遗产为产生原因。故实行法定继承则不适用关于特留份的规定。

特留份权利人的范围,各国立法不尽相同,一般限于被继承人比较亲近的法定继承人,并在立法中具体列举。如法国为子女、父母;德国、日本等国为直系卑亲属、父母、配偶;前苏联为未成年子女,以及无劳动能力的其他法定继承人包括成年子女、配偶、父母和依靠死者生活的人,等等。《中华人民共和国继承法》则未予具体列举,仅笼统规定为缺乏劳动能力又无生活来源的法定继承人。

关于特留份的份额,许多国家的立法都具体规定了特留份份额的比率。主要有两种计算方法:(1)共同保留的方法,即规定遗产总额的一定比例作为法定继承人共有的特留份,如法国、日本等国。(2)按份保留的方法,即规定按法定继承人各自应继份的一定比例作为各自的特留份。如德国、捷克斯洛伐克及前苏联等国。《中华人民共和国继承法》则未具体规定"必留份"的比例,其数额是根据享有此权利的法定继承人的"基本生活需要"而定,可少于、等于或高于其应继成分,这既可保障缺乏劳力又无生活来源的继承人的生活,又可使被继承人比较充分地享有用遗嘱处分遗产的自由。参见遗嘱自由、必留份条。

(陈 苇)

teliufen jichengren
特留份继承人(forced heirship) 又称特留份权利人,是继承法规定的、对特留份享有取得权的法定继承人。当代主要国家的继承立法都规定了特留份制度,如《法国民法典》第915条规定,不问生前赠与或遗赠,如处分人并无子女……;如仅一系遗有直系尊血亲时,(其赠与或遗赠)不得超过(其所有财产的)四分之三。前项为直系尊血亲的利益所保留的财产,应按法律规定的继承顺序由此等直系尊血亲受领……,其中的直系尊血亲即为特留份继承人。《中华人民共和国继承法》第19条规定,遗嘱应当对缺乏劳动能力又没有生活来源的继承人保留必要的遗产份额。可见,我国的特留份继承人是既缺乏劳动能力又没有生活来源的法定继承人,其对必要的遗产份额即特留份享有法定的取得权,被继承人不得用遗嘱予以取消,其他人也不能干涉或妨碍特留份继承人权利的行使。一旦特留份被侵害,特留份继承人即享有特留份恢复原状请求权或特留份损害赔偿请求权。继承法规定特留份继承人制度,有利于对缺乏劳动能力无生活来源的继承人进行救济,也有利于对遗嘱加以法律上的控制。

(常鹏翱)

teshe xintuo

特设信托(special trust) 1. 存在特设的受托人，以未成年人为受益人、以本应移交给该人的财产为信托财产，并以使受托人在其成年时再将该项财产移交给该人为内容的信托。以此为内涵的特设信托为英美信托法所确认的一个信托品种，属于特殊民事信托，但从实质上看，它其实是一种特殊的简单信托。这种信托既可以因信托行为而设立，也可以因国家行为而设立。如系因信托行为而设立，则在社会生活中较多地作为民事信托而存在。与一般的简单信托相比较，特设信托的特点在于：(1) 它的受托人有两个以上，并且其中有一个受托人是由委托人或有关国家机关为了实现某一或某些特殊目的而特设；(2) 与其他受托人不同的是，这个被特设的受托人，已不仅仅是信托财产的消极保管人，而是必须在执行委托人或有关国家机关的意图方面发挥积极作用。

特设信托分为两种：(1) 是奉命行事的特设信托。在这种特设信托中，特设的受托人只需按照委托人或有关国家机关的指示行事，其在处理信托事务方面并无决定权。(2) 是有酌情处理权的特设信托。在这种特设信托中，特设的受托人在处理信托事务方面，有自行决定的权利，而无须事事听命于委托人或有关国家机关。在英美信托法中，特设信托在一些场合被在上述意义上使用。

2. 简单信托、单纯信托或光头信托的对称。委托人在信托行为中不仅规定信托利益归属于受益人或者这种利益的用途，还将受托人依据信托法承担的义务在内容上予以具体化的信托。以此为内涵的特设信托仅具有分类上的意义。这种信托的基本特征在于，在委托人实施的信托行为中既能看出其设立信托的意图，又能看出受托人对信托财产应当如何具体管理，或者对信托事务应当如何具体处理。这种信托属于明示信托。就这种信托而言，受托人对信托财产的管理和对信托事务的处理，不仅必须符合信托法关于受托人义务的抽象规定，还必须符合信托行为对这些法定义务的全部或者部分内容的具体规定。

(张 淳)

teshu baoxian

特殊保险(special insurance) 为满足特定的社会保障需要，根据国家特别立法或特别政策而建立和经营的保险。特殊保险主要体现为社会保险，如失业保险、社会养老保险和带有产业政策性的经济保险，如资本输出保险等。

(史卫进)

teshu diyu guanxia yuanze

特殊地域管辖原则(jurisdiction on the basis of special factors) 确定责任限制诉讼管辖权的原则之一。特殊地域管辖原则以诉讼标的物所在地或引起法律关系产生、变更、消灭的法律事实所在地来确定管辖法院。在海事赔偿责任限制诉讼中，事故发生地、船舶第一到达港、与责任限制有关的船载货物卸货港等地点，与案件有着比较密切的联系，可以以此来确定管辖法院。特殊地域管辖原则既方便当事人诉讼，又有利于管辖法院进行调查取证和审理。《1957年船舶所有人责任限制公约》和《1976年海事赔偿责任限制公约》都确认了该原则的适用。1976年公约规定，责任主体在以下地点之一设置责任限制基金：(1) 事故发生的港口，若在港外发生，则在第一到达港；(2) 若系人身伤亡索赔，则在伤亡人员的离船港；(3) 若系货物损害的索赔，则在卸货港；(4) 实行扣押的国家。

(张永坚 张 宁)

teshu hehuo

特殊合伙(particular partnership) 英美法上的概念。为了分享某一特定交易或事业的利益而成立的合伙。

(李仁玉 陈 敦)

teshu qinquan xingwei

特殊侵权行为(special torts) 一般侵权行为的对称，侵权行为的一种。由法律特别规定的、无需具备一般侵权行为的成立要件，而须具备法律规定的特别要件方成立的侵权行为。基于与自己有关的他人行为、事件或其他特别原因造成他人损害的侵权行为，都为特殊侵权行为。特殊侵权行为发生特殊侵权的民事责任，不适用"行为人对自己过错行为负责"的原则。

(郭明瑞)

teshuren de guoshi biaozhun

特殊人的过失标准(test of negligence based on special person standard) 法律、法规对特定人员所要求的注意标准。在传统民法上，特殊人的注意标准包括善良管理人的注意和与处理自己事务同一的注意。善良管理人的注意在罗马法上称"良家父"的注意，是指想像的诚实勤勉且有相当经验的人可有的注意。善良管理人的注意标准较一般人的注意标准要高，行为人的行为未达到这一注意标准的为"抽象的轻过失"。与处理自己事务同一的注意，是指当事人应有的注意，这一注意标准因人而异。行为人欠缺与处理自己事务为同一的注意时，为"具体的轻过失"。在我国民法上，特殊人的注意标准一般指处于特殊环境或从事特殊活动的人所应有的注意，法律根据这些人从事的特殊专业、特殊活动对其应有的注意有较高的要求。如果这些人

做到一般人应有的注意,但欠缺特殊注意,则仍为有过失,只是过失程度较轻而已。 (张平华)

teshu susong shixiao
特殊诉讼时效(special prescription of action) 法律规定的仅适用于某些特殊民事法律关系的诉讼时效。对各种不同的民事法律关系,只要有特殊诉讼时效规定的,就应当适用特殊诉讼时效;没有特殊诉讼时效规定的,适用一般诉讼时效。在我国,特殊诉讼时效包括:短期诉讼时效、长期诉讼时效和最长诉讼时效。
(李仁玉 陈敦)

teshu xieyi
特殊协议(special agreement) 英美普通法上的概念;又称不能强制执行的合同。类似于大陆法系的"自然债务"。指那些有效的,但是不能产生诉权的协议。例如不符合法定形式的契约、没有约因的契约、诉讼时效业已届满的契约等。此类协议尽管可在当事人之间生效,但是一旦出现纠纷,是不能够因此而提起诉讼或申请强制执行的。罗马法上也曾经规定过一类特殊协议,是指那些放弃诉权的妥协协议,后发展到指那些在已确认的正式合同以外订立的一类协议。这类协议只能作为辩护的依据,但不能用来作为提起诉讼的依据。此类特殊协议的含义与英美法上的特殊协议有些差别。现代各国法律中,有关特殊协议的规则已经发生了很大的改变。在英美法国家,特殊协议除了作为辩护的证据外,为了避免因严格执行约因原则而带来的不公平后果,法院在某些情况下也肯定,一些特殊协议在特殊情况下也能产生诉权,如在特殊协议已被执行情况下,履行方事后无权反悔,否则要承担违约责任。欠缺形式要件的协议可通过事后补救的形式来获得协议的强制执行效力。可见特殊协议不同于无效协议和可撤销协议。 (万霞)

teshu zeren
特殊责任(special responsibilities) 无限公司某些特殊类型的股东对公司债务所承担的责任。特殊责任包括以下几种:(1)新加入股东责任。无限公司成立后加入公司的股东,对其加入前公司已发生的债务负连带责任。无限公司是以股东个人信用和声望为基础的,为加强公司的信用,保障公司债权人的利益,要求新加入公司的股东对其加入前公司的债务负责。(2)转让出资股东的责任。未经其他股东全部同意,无限公司股东不能将自己的部分或全部出资转让他人。股东在转让其出资时,应向主管部门申请登记,其对登记前的公司债务于登记后一定时限内,仍负无限连带清偿责任。(3)退股股东的责任。在一定条件下,无限公司股东可以抽回投资,退出公司。公司也可以依照章程规定的事由或法定事由要求某一股东退股。但与转让出资一样,均须向主管部门进行登记。退股股东对其退股前的公司债务,于退股后一定期间内仍负连带责任。如果在其退股后的法定期间内,没有债权人请求债权,期间届满,则该股东的连带责任消灭。(4)解散后股东的责任。无限公司解散后,其法人资格不再存在,股东的连带无限责任自公司解散登记满一定期间后消灭。《日本商法典》和我国台湾地区公司法规定,无限公司股东的连带无限责任自解散登记后满五年而消灭。(5)变更股东的责任。经全体股东同意,无限公司可以通过将一部分股东改为有限责任股东,变更为两合公司。此时,被改为有限责任的股东对公司变更前的债务,于公司变更登记后一定期限内,仍负连带无限责任。参见无限公司退股条。
(吕来明 刘霞)

teshu zhi zhai
特殊之债(debt of special contract) 简单契约之债的对称。英美法契约法上的概念,又称特殊契约之债或要式契约之债。包括裁判上的契约、盖印契约,其中盖印契约是主要的形式,其指契约的形式必须用书面做成,且须遵守有关的法律手续及程序,由当事人签字,加盖正式印章。盖印契约与简单契约不同,无需约因,双方当事人也均受拘束。盖印契约适用于两种场合:(1)法律规定必须严格适用的场合,比如英国法上超过三年的土地租赁契约;(2)为了体现一些重要合同的庄严性和正式性而使用盖印契约。 (张平华)

teshu zhuanrang beishu
特殊转让背书(special endorsement for transfer) 一般转让背书的对称。在被背书人或背书日期等方面存在特殊情况的转让背书,即与一般转让背书相比有特殊情况的背书。这些特殊情况包括:(1)背书人在背书时记载有"免除担保责任"或同义字样,从而该背书人对其后手免于承担担保责任,这种背书称为无担保背书。(2)背书人在背书时记载有"背书禁止"或同义字样,该后手免于对其直接后手之外的后手承担担保责任,这种背书称为禁转背书。(3)背书人在特定日期之后所为的背书,称为期后背书。(4)背书人以票据上原有债务人为被背书人,称为回头背书。特殊转让背书也是转让背书,只是由于背书存在一些特殊情况而使汇票关系的权利义务发生了若干变化。这些变化因背书情况的不同而不同。 (王小能)

teshu zhuanrang beishu de xiaoli
特殊转让背书的效力(effects of special endorsement for transfer) 特殊转让背书在票据关系当事人之间所产生的法律后果。特殊转让背书可分为回头背书和期后背书，其效力也因此而分为回头背书的效力和期后背书的效力。

回头背书的效力是指回头背书在票据关系当事人之间所产生的法律后果。概括地讲，回头背书与一般转让背书具有同样的权利移转效力、权利证明效力和权利担保效力。但是在追索权的行使方面，又有一些特殊的地方：(1)当发票人为持票人时，该持票人对于其后手无追索权，他只享有对承兑人的付款请求权。(2)当背书人为持票人时，该持票人对于其后手有追索权。(3)当承兑人为持票人时，该持票人对所有人都没有追索权。(4)当保证人为持票人时，该持票人除可以向被保证人行使追索权外，其余都适用当被保证人为持票人时的情况。

期后背书与一般转让背书相同，但是在权利移转效力及权利担保效力方面，两者又有不同之处：国外票据法多规定，期后背书仅具有一般债权转让的效力，即此时的转让仅具有民法上的效力，不产生抗辩切断，也不产生权利担保效力。《中华人民共和国票据法》规定，汇票超过付款提示期限的，不得背书转让。背书转让的，背书人应当承担汇票责任。依此规定，是将期后背书汇票视为该背书人为发票人的新汇票。如果通过期后背书获得汇票的持票人遭拒绝，则该背书人对该持票人应承担发票人的责任。这一规定不同于其他国票据法的一般做法，但同样体现了法律对期后背书的否定态度。　　　　　　　　　　(王小能)

texu zhuyi
特许主义(principle of formation by license) 由国家规定特许条例，设立公司既要符合条例的规定，还要经过特许，才能取得法人资格。可分为两种：(1)元首特许主义。公司的设立须经元首的许可。(2)法律特许主义。公司的设立基于特种法律，是一种特权。特许主义盛行于17～19世纪的英国、荷兰等国，多适用于有政治倾向的大公司。英国东印度公司是最早获得此种特许的公司。未得到特许的经营组织只能作为非法人团体进行营业活动。　　　(刘弓强　蔡云红)

teye hehuo
特业合伙(special partnership) 英美法上的概念。为某一特定商业分支机构的经营，或某一特定的事业或项目而组成的合伙。不同于普通的商业合伙，因而又称专门合伙。一般而言，依据州法而设立。部分合伙人承担有限责任，另一部分合伙人承担无限责任。在普通法上又称为有限合伙。　　(李仁玉　陈敦)

teyue dailiren
特约代理人(special agent) 受保险人委任处理特别指定的事项的人，如律师、医师、公证人、理算人等。其权限依委任契约而定。此种特别代理人虽没有订立保险契约的权利，但其于代理权限内所为的行为，对本人有拘束力。　　　　　　　　　　(温世扬)

tezhong maimai
特种买卖(special sale) 一般买卖的对称，又称特别买卖。指法律有特别规定的买卖。狭义仅指民法上有特别规定的买卖，如合同法中规定的分期付款、试用买卖等；广义还包括民法以外的特别法上规定的买卖。其特点在于须适用法律关于该种买卖的特别规定。
　　　　　　　　　　　　　　　(郭明瑞)

tengben de jizaishixiang
誊本的记载事项(terms of copies of bills of exchange) 誊本应记载下列事项：(1)记明"誊本"字样，(2)汇票原本上的背书及一切记载事项；(3)注明何处为誊写部分；(4)载明原票据现由何人持有。
　　　　　　　　　　　　　　　(王小能)

tengben de xiaoli
誊本的效力(effects of copies of bills of exchange) 汇票誊本在汇票当事人之间产生的法律后果。誊本的发行目的主要在于背书及为保证，因此，一般而言，誊本的效力主要体现在票据关系当事人可以在汇票的誊本上为背书及保证行为。在汇票上的背书及保证行为一般发生在汇票的原本被提示承兑的情况下。《日内瓦统一汇票本票法》第67条第3款规定，背书及票据保证也可以在誊本上为之，与原本上所为之背书及保证有同一效力。同时，如果在作成誊本前原本的最后背书中有"此后限于誊本上的背书始有效"，或其他同义记载，则只有在誊本上的背书才具有法律效力。此外，如果原本接受人拒绝交还原本，持票人可以在誊本或其粘单上作成拒绝交还证书，以证明其积极行使权利的事实，便可以向誊本的前手行使追索权。《日内瓦统一汇票本票法》第68条第2款规定，原票据持有人拒绝交还时，持票人非经以拒绝证书证明，曾向该持有人请求交还原本而未经其交还之事由，不得对在誊本上背书人或为票据保证之人行使追索权。
　　　　　　　　　　　　　　　(王小能)

tengben de zuocheng
誊本的作成(making of copies of bills of exchange) 由特定的主体依据法律的规定完成汇票誊本的制作。誊本本身不是汇票,不具有独立的汇票效力,因此,规定有誊本制度的立法对誊本的制作的规定也并不十分严格。关于誊本的制作权利主体,《日内瓦统一汇票本票法》第67条规定,持票人有作成汇票誊本的权利。我国台湾地区票据法第118条也有同样规定。关于誊本的记载事项,《日内瓦统一汇票本票法》第67条第2款规定,誊本应按原本正确复制,将原本上之背书及一切记载事项誊写于上。誊本上应注明何处为誊写部分。该法第68条第1款规定,誊本应载明原票据现由何人持有。一般而言,誊本应记载下列事项:(1)记明"誊本"字样,(2)汇票原本上的背书及一切记载事项;(3)注明何处为誊写部分;(4)载明原票据现由何人持有。誊本作成的事实,应在原本上有所反映,以保障交易安全。我国台湾地区票据法第118条规定,持票人就汇票作成誊本时,应将已作成誊本之旨记载于原本。《日内瓦统一汇票本票法》第68条第3款规定,原本上在作成誊本前之最后背书之后,有"此后限于誊本上背书始有效"之语,或其他同义之习惯语句者,其后在原本上之背书不生效力。 (王小能)

tengben yu fuben de bijiao
誊本与复本的比较(comparison between a set and copies of bills of exchange) 誊本是汇票原本的誊抄本,不具有汇票的效力。而复本是就一种汇票关系而发行的若干份效力相同的汇票,备份之间没有效力上的差别。誊本与复本都能促进汇票的流通,都是在汇票流通的实践过程中产生的。在长期的发展过程中,誊本与复本都被赋予了各种功能,汇票的誊本与复本都可以用来进行背书和保证行为。但二者又有许多不同之处:(1)誊本与复本的发行主体不同。誊本由持票人自己发行,而复本由发票人发行。(2)发行目的不同。誊本的发行目的在于促进汇票的流通,而复本发行的主要目的在于防止汇票的丢失,客观上也起到了促进汇票流通的目的。(3)记载事项不同。誊本应誊写原本上记载的一切记载事项,注明"誊本"字样并注明何处为誊写部分。誊本上可作成拒绝交还原本证书。复本上应标明"复本"字样并列明编号,复本上的记载事项应遵守法律关于汇票记载事项的规定。复本上可作成拒绝付款证书。(4)适用范围不同。誊本适用于汇票与本票,而复本主要适用于汇票。在日内瓦法系,支票也可以发行复本。(5)效力不同。誊本不是汇票,在誊本上只能为背书行为与保证行为,而复本具有汇票的效力,在复本上可以为任何票据行为。 (王小能)

tichang zongjiao de xintuo
提倡宗教的信托(the trust of advocacy of religion) 委托人出于提倡宗教之目的而设立的,并以将信托财产的本金或收益运用于发展社会宗教事业或者资助不特定的神职人员的生活或受教育为内容的信托。它为英美信托法所确认的一种规则托品种,属于公益信托。美国信托法所确立的规制这种信托的基本规则是:受托人应当向信托文件规定的某一宗教事业,并以该文件规定的方法提供资助;如果该文件对此未作规定,受托人可以通过行使酌情处理权而自行选择确定所资助的宗教事业,并自行确定资助方法。 (张 淳)

ticun
提存(lodgment;拉 depositio;德 Hinterlegung;法 deposition, consignation) 有广义、狭义之分。广义的提存是指将金钱等物寄托在提存所,他人通过提存所可以受领其财产,并由此达到一定法定目的的制度。狭义的提存是指,由于债权人的原因而无法向其交付给付的标的物时,债务人可将该标的物提交给提存机关以消灭债务的制度,即清偿提存。一般意义上的提存是指狭义的提存,意味着债务一经提存即告消灭,为债消灭的原因之一。

1. 产生和发展。提存制度源于罗马法,后被现代各国法沿袭作为债的一种消灭原因。如《德国民法典》第372条以下专设"提存"一节,《法国民法典》在第5章第1节"清偿"中设单目"提议清偿与提存"(第1257条以下),《日本民法典》在债权编中总则第5节第1目"清偿"中规定了提存清偿的若干规定(第494条以下)。《中华人民共和国民法通则》虽对提存未作规定,但最高人民法院《关于贯彻执行〈中华人民共和国民法通则〉若干问题的意见》第104条,《中华人民共和国合同法》第91条、第101条至第104条,以及司法部1995年《提存公证规则》均规定了提存制度。提存虽是债务人(即提存人)与提存机关所为的行为,但由于涉及债权人,因此,会在这三者之间产生提存的法律关系。

2. 提存的性质。关于提存的性质,理论上说法不一。主要有以下四种看法:(1)公法上关系说。此说认为,提存机关为国家设立的机关,有受领提存物并以保管的义务,此义务实际是公法上的义务。(2)国家以非讼事件处理的公法关系说。此说认为,提存代表了国家对一些非讼事件的处理,体现了公法的关系。(3)私法上单独行为说。该说认为提存为提存人即债务人的私法上的单独行为。提存属于清偿的要约,即债务人依提存而为要约,因债权人的承诺而成立清偿。(4)私法上特别契约说。该说认为提存是提存人与提存机关之间的契约,依双方的意思表示一致及提存物的交付而成立。提存是一种特别的契约关系,具有为第三人利益而订立的契约的性质。

3. 提存的原因。提存的原因主要有两种:(1) 债权人受领迟延。受领迟延即为债权人未按时受领,既包括债权人无正当理由拒绝受领,也包括因可归责于债权人的事由而受领不能。(2) 债权人不明。包括不知何人为债权人、债权人去向不明、债权人丧失民事行为能力而又未明确确定法定代理人等。我国《合同法》第101条对此有明确规定。

4. 提存的主体。提存的主体为提存人与提存机关。一般情形人,提存人即为债务人,但提存人不以债务人为限。提存机关为国家设立的、接收提存物而负有保管、并应债权人请求发给提存物的机关。有的国家设有专门的提存所,附属于法院;也有的不专设提存所,由法院或其指定的银行、信托局、商会、仓库营业人等办理提存。在我国,公证机关为主要的提存机关,另外,公安机关也可办理拾得遗失物的提存,银行也可办理款项的提存。

5. 提存的客体。提存的客体也就是提存人交付提存机关保管的物,原则上是债务人应给付的标的物。提存标的应为适于提存的物。不动产不适于提存,不能为提存物。动产中不适于提存的物,如易毁损灭失或易腐烂的,或提存所需费用过高的物体,都可按法定程序变卖后将其所得价款提存。各国立法规定的提存物范围存在差异,如法国原则上以金钱为限,德国民法限定金钱、有价证券、其他证券及有偿物可为提存,不动产可依抛弃占有而免除债务,但不属于提存物的范畴。日本民法未限制提存物的范围,但学说上认为不动产也可提存。我国民法未明确规定提存物的范围,学理上的解释也不一致。有人主张以适宜提存的物为限,主要是金钱、物品和有价证券;有人主张应为一般的有体物,动产、不动产及金钱、有价证券都包括在内;对于不宜保存或长期保存将有损其价值的提存物,可将其变卖后以金钱提存。

6. 提存的程序。提存要由提存人提出申请,申请书中应载明提存的原因、提存的标的物、标的物的受领人不知受领人的,应说明不知的理由;其次,提存应经提存机关的同意。提存机关受理申请后应予以审查,以决定是否同意提存。提存机关同意提存的,指定提存人将提存物交给有关的保管人保管;最后,由提存机关作成提存证书并交给提存人。提存证书具有与债的受领证书同等的法律效力。

7. 提存的效力。提存涉及三方当事人,一经成立后发生三方面的效力:(1) 在债务人与债权人之间的效力。债务人或其他得为清偿的人将债的标的物提存后,依法均发生债务消灭的效力。不过对于何时消灭,各国民法上的规定及理论上的看法并不一致。有的国家如日本、瑞士及中国等规定,债因提存而当然消灭,也有的国家如德国规定,提存仅发生对于债权人请求的抗辩,只有在提存人丧失提存物的取回权时,其债权才溯及于提存时消灭。在提存而当然消灭债务的情况下,提存物的所有权因提存而转移于债权人,提存期间提存物的孳息归债权人,其毁损灭失的风险亦移转于债权人。债务人支付利息及收取孳息的义务,也因提存而免除。附有担保的债务,其担保也因提存而消灭。为使债权人及时得知提存的事实,提存人应通知债权人提存的事实,但该通知以有可能通知为限。(2) 在债务人(提存人)与提存机关之间的效力。提存人与提存机关是提存行为的双方当事人。提存成立后,提存机关有保管提存物的义务。提存人在发现提存错误或提存原因消灭时,得撤销提存行为,并取回提存物。但是在提存有效成立期间,提存人不得取回提存物。提存人也不负担提存物的保管费用。但当提存人取回提存物时,提存人自应负担提存物的保管费用。从各国立法规定看,对于提存人能否取回(即撤回提存),有不同规定。有的立法以随时取回为原则,以禁止取回为例外,如《德国民法典》。有的立法如《日本民法典》规定,以不得取回为原则,以得取回为例外。(3) 在提存机关与债权人间的效力。提存成立后,债权人可随时领取提存物,同时应承担提存机关保管、变卖或出卖提存物的费用。债权人对于提存标的物的利息和孳息,有权要求发还。由于标的物风险自提存后已转移给债权人,因此因不可归责于提存机关的事由而导致提存物毁损灭失的,提存机关不负责任,由债权人承担灭失的风险。债权人请求取回提存物时,应持提存通知及债权存在的证明文件。债权人在法定期限内不行使领取提存物的权利时,则提存物的归属又发生移转。各国立法对于该法定期间的规定有长有短;提存物的归属,多数国家规定归于债务人,少数国家则认定其为无主财产,收归国有。

在债权人取回提存物时,提存机关在以下三种情况下可拒绝其请求:(1) 债权人对债务人负有到期债务的;(2) 债权人未履行债务或提供担保的;(3) 债务人要求债权人领取提存时必须履行对待给付的。

(万　霞)

tidan

提单(bill of lading)　承运人签发的、用以证明海上货物运输合同和货物已经由承运人接收或者装船,以及承运人保证据以交付货物的单证。提单中载明的、向记名人交付货物,或者按照指示人的指示交付货物,或者向提单持有人交付货物的条款,构成承运人据以交付货物的保证。有的国家如英国和美国等,陆路和航空运输中使用的运输单据也可以称为提单,而专指海运时,则称海运提单;在我国台湾地区,海运提单被称为载货证券。提单在海上货物运输中的使用历史悠久，其形式和内容也经过了多次重大的改变。现在提单是海上货物运输中使用最多、最为重要的单据之一，同时在国际货物买卖的其他环节也发挥着重要作用，成为国际贸易中一种非常重要的商业单据。

1. 提单的性质。提单是有价证券。作为有价证券，提单既是物权证券又是债权证券，同时它还是要式证券、流通证券、设权证券和缴还证券。

2. 提单的分类。根据不同的标准，提单可以分为不同的种类：(1) 根据提单上对货物外表状况良好与否的记载不同，提单分为清洁提单和不清洁提单。清洁提单是承运人签发的对货物外表状况未加批注、表明货物已如数装船，并且表面状况良好的提单。一般提单上已经印有"上列表面状况良好的货物已经装船"的词句，如果承运人确认接受的货物表面状况良好，在签发提单时，就不需对货物的表面状况做任何批注，这种提单就是清洁提单。在签发清洁提单时，并不要求承运人对集装箱内货物的外表状况加以批注，除非由他实际装箱并有机会检验货物。不过，承运人必须检查集装箱本身的状况。在国际贸易中，买方均要求清洁提单，按照《跟单信用证统一惯例》的规定，除非信用证另有规定，银行拒绝接受不清洁提单。卖方只有向银行提供清洁提单，才能得到货款。不清洁提单又称批注提单，是指承运人签发的、对货物的外表状况或者其他方面加有批注的提单。承运人在收受货物或者装船时，都要求货物外表状况良好，如标志清楚、包装妥当、其坚固程度足以安全承受货物在运输过程中的正常操作和积载，直至在目的港交货。在国际贸易中，买方一般不愿意接受不清洁提单，因为包装不良会使货物在运输中受损，而且这种提单也难以转让。银行一般也不接受不清洁提单。(2) 根据提单签发的时间不同，提单分为已装船提单和收货待运提单。已装船提单是在货物已经全部装上船后签发的提单。收货待运提单又称备运提单或者待装提单，是承运人收到货物但尚未装船时签发的提单。货物装船后，托运人可以用收货待运提单交换已装船提单。(3) 根据提单上运费支付时间的记载不同，提单分为运费预付提单和运费到付提单。注明运费应在货物装运前支付的提单是运费预付提单。注明运费在货物运抵目的港后支付的提单是运费到付提单。(4) 根据提单上"收货人"一栏的记载不同，提单分为记名提单、不记名提单和指示提单。记名提单又称收货人抬头提单。指在收货人栏内填明特定收货人，只有该特定收货人才能提货的提单。承运人只能将货物交给该特定收货人。不记名提单又称空白提单或来人提单。指在收货人栏内未填明收货人或者指示人名称的提单。提单持有人可以不作任何背书，仅凭提单本身提取货物或者转让货物所有权。承运人凭提单交货即认为已经履行了交货责任。指示提单指按照提单载明的指示人的指示交付货物的提单。在国际贸易中使用较多，又分为记名指示提单，即在收货人栏内载明收货人指示、发货人指示或银行指示；不记名指示提单，不注明具体由谁指示，应视作托运人指示。

3. 提单的功能。提单在运输合同中主要起三种作用：货物收据、运输合同证明和货物权利代表。(1) 提单是承运人和托运人之间订立的海上货物运输合同的证明。提单证明在承运人和托运人之间存在海上货物运输合同。作为海上货物运输合同的证明，表现为提单上的条款，即承运人和托运人之间达成的海上货物运输合同的内容，是确定船货双方在海上货物运输关系中权利义务的依据，除非承运人和托运人另有相反特别协议。提单只是海上货物运输合同的证明，而不是合同本身。但是当提单转移或转让至承运人和托运人之外的第三方提单持有人手中时，承运人和提单持有人之间的权利义务关系根据提单中的条款确定。(2) 提单是承运人接管货物或已将货物装船的证明。表明承运人已经收到提单所记载的货物并已经装船，或者承运人已经接管货物，以待装船。对托运人而言，提单是承运人收到如提单所载货物的表面证据；若提单转让到善意第三人手中，承运人不得提出相反证据，提单成为规范承运人和提单持有人的权利义务关系的依据，称为绝对证据。如果交付的货物和提单记载不一致，收货人可以根据提单记载向承运人要求赔偿。提单作为收据应当记明货物的名称、数量、表面状况、标志等重要情况。(3) 提单是货物权利的代表。提单签发后，货物的控制权与提单紧密联系在一起，只有持有提单才能控制货物，连托运人也不例外。承运人在卸货港应将货物交给凭正本提单请求提货的人，如果交给其他人，承运人很可能必须承担根本违约和侵权的双重责任，将不能享受运输合同和公约规定的免除责任和责任限制的权利，即使最后证明实际收货的是货物所有权人，也是一样。如果签发一份以上的正本提单，只要收回一份正本提单就可以交货。在同时有两个收货人分别提交正本提单时，承运人不应将货物交给任何人，而应向法院提出确认交付对象的请求；同时，承运人只要将货物交给提单持有人，就解除了运输合同下的交货义务，即使提单持有人不是真正对货物有权利的人，如采用欺诈手段骗取提单的人，承运人也不负责。

此外，国际上还普遍认为，提单是载明货物的物权凭证，可以用来结汇、流通和抵押等等。提单持有人虽不直接占有货物，但是可以通过背书或交付提单的方式，即提单的转移来转让货物，从而产生货物所有权转移的效力。目前我国法律中尚未规定提单的这一作

用。　　　　　　　　　　　　（郭　瑜）

tidan chiyouren
提单持有人（holder of bill of lading）　实际持有提单的人，可能是托运人，也可能是银行，或者是提单受让人或者收货人。　　　　　　　　　　（张　琳）

tidan de beishu
提单的背书（endorsement of bill of lading）　指示提单的持有人转让提单时，在提单背面签名转让提单的行为。具体分为记名背书和空白背书。前者系指示人（背书人）在提单背面写明被背书人的背书，表明承运人应当将货物交给被背书人，或按其进一步的指示交货。后者系指示人在提单背面不写明被背书人，而只签署自己的姓名的背书。经空白背书的指示提单的效力与不记名提单相同，承运人应将货物交给出示提单的人。指示提单经指示人背书后发生转让，实现提单的流通，在当今国际货物买卖中得到普遍应用。如指示人不做任何背书，则意味着指示人保留对货物的所有权，有权提货的仍是指示人本人。　　（张　琳）

tidan de falü xuanze tiaokuan
提单的法律选择条款（application of law clause）　又称法律选择条款。提单中载明的、当发生争议时双方当事人选择的、提单所应适用的法律的条款。由于海上货物运输合同会与很多国家发生联系，一旦发生纠纷，就会出现应当在何国法院、使用何国法律解决的问题。当事人事先在合同中规定法律适用条款，会使纠纷得到迅速解决，同时也有利于确保提单法律关系的稳定性和确定性。严格而言，法律选择条款指向的是某国完整的法律体系，而首要条款援引的无非是国际或国内的个别法规，因而根据首要条款援引的国际或国内法规无法解决相关事项时，尚需要另行确定提单的准据法，以便解决有关争议。因此，在许多提单中，都同时订有首要条款和法律选择条款。当事人在选择合同适用的法律时，往往受到一定的限制，如有些国家规定，当事人不能选择与合同无关的第三国的法律；有的国家规定当事人选择的法律不得违反本国的强制性规定；有的国家规定当事人选择法律必须是善意、合法的，不得违背本国的公共政策。但是，从目前实践来看，有关强制适用范围的规定只对本国法院有约束力，一般是不为外国法院所承认的。如果诉讼是在外国法院进行，该国法院仍然可以完全根据当事人选择的法律处理有关争议。多数国家主张，法律适用条款中所订明的法律是指有关国家的实体法，不包括冲突法在内。当事人在法律适用条款中，既可以对整个合同关系的各个方面选择一个法律，也可以把合同关系加以分割而选择几个法律。在当事人无明确表示分割而选择几个法律时，通常认为该条款中所选择的法律就是解决合同各法律关系的法律。　　（张　琳）

tidan de fenshu
提单的份数（copies of bill of lading）　承运人应托运人的要求给托运人签发的提单的份数。各国均许可发行数份提单，理由不外乎以下三点：(1) 在提单遗失或被盗时备用；(2) 便于收货人更为迅速地收到提单，行使其收货权；(3) 一份提单交给船长，以便查核。提单分正本和副本。承运人、船长或承运人的代理人根据托运人的要求，签署一式数份的正本提单，作为发货人向银行议收货款的主要结汇单证之一，通常是一式三份。各份正本提单具有同等效力，在卸货港凭其中任何一份办理提货手续后，其他各份失效。在向银行结汇、改变目的港、改变收货人以及提单在国外转让时，必须同时出具所有正本提单，才能履行手续。在贸易合同或者信用证中所提到的"全套"提单，通常是指经过签署的所有正本提单。一个以上收货人同时在目的港提货，或收货人无正本提单而要求提货时，必须履行一定的法律手续，方可提货。承运人只能凭提单交货，否则承运人要承担错交货物的风险和责任。提单副本没有法律效力，其份数视情况需要而定。副本提单对启运港、中途港、目的港的代理人和载货船舶是不可少的补充货运文件。　　　　　　　　（张　琳）

tidan de guanxiaquan tiaokuan
提单的管辖权条款（jurisdiction clause of bill of lading）　又称协议管辖条款。明确规定某国法院对提单争议具有排他性管辖权的条款，一般印刷于提单背面。管辖权条款在一般商事合同中都会得到尊重，但是在提单中却会产生疑问，这是因为提单管辖权约束的往往不单是签订提单的承运人和托运人，而且还涉及在提单流转后，最终接收提单的第三方收货人。第三人是否受管辖权条款的约束目前尚无定论。而且，管辖权条款是否能够得到法院的承认，特别是没有被选择的法院的承认，也是一个问题。还有一个问题是，海事诉讼中管辖权取得的一个特殊之处在于，受案法院可能因为扣船而取得管辖。这些问题都给提单的管辖权条款造成了不确定因素。但是，提单的管辖权条款应当被尊重。在某一航次中发生的货物索赔往往可以在多个地点管辖，很可能会带来浪费的诉讼和不一致的判决结果，而提单中的管辖权条款可以有效地使发生于特定航次的所有货物索赔都在确定的地点管辖。货物索赔人往往是提单的收货人或受让人，由于买卖合同的关系而得到提单，又由于持有提单而产生与承运人的合同关系。虽然标准合同条款会倾向于保护一方的利益，但被认为是有利于商业上的效益的，一般会得到承认和执行，提单也不应例外。英国法院认为，提单是运输合同条款的证明，其条款是一个整体，提单受让人必须接受，没有理由将管辖权条款单列出来另行对待。而且，提单中明确地规定了管辖权，对争议双方尽快解决争议是有益的。但是，在选择管辖法院时，应当尽可能地明确，否则可能得不到承认。

(宋春凤　金　强)

tidan de qianfa
提单的签发(signing and issuing of bill of lading)　货物收归承运人照管后，承运人、船长或承运人的代理人应托运人的要求，做成提单并将其交付给托运人的法律行为。制作是依法形成具有一定格式的提单文本，签字是签发人承担提单责任的意思表示。承运人、船长或承运人的代理人在核对大副收据或其他收货凭证的各项内容无误后，签署提单，并发给托运人。如果大副收据对货物外表状况有批注，则签发不清洁提单。如果托运人要求签发"已装船提单"，则必须在货物实际装船后签发。签发提单是承运人的强制义务，承运人在接受或装运货物后应托运人的请求必须签发提单，否则应承担法律责任，除非托运人要求签发的是违反客观事实的提单。代理人签发提单必须经由承运人委托；班轮及航次租船的船长作为承运人的代表，一般不需要特别委托。不论船长或承运人的代理人都不得对未装船货物签发"已装船提单"。提单可以采取手写签署，也可以采取签字盖章的方式签署。《海牙规则》第3条第3项和《中华人民共和国海商法》第72条第1款规定，承运人、船长或承运人的代理人应托运人请求，有签发提单的义务。

(张　琳)

tidan de qianfa riqi
提单的签发日期(date of issue of bill of lading)　承运人、船长或承运人的代理人签发提单的日期。已装船提单的签发日期为货物实际装船的日期或者货物装船后的某一时间；收货待运提单签发的日期为承运人或其代理人接管货物的日期或其后的某一时间。有时，提单的签发日期晚于或早于货物实际装船的日期或者接管货物的日期，此种提单为倒签提单或预借提单。

(张　琳)

tidan de shanyi disanfang
提单的善意第三方(third party of bill of lading in good faith)　提单流转过程中基于善意而取得提单的人。所谓善意，是指提单受让人或收货人不知道提单记载的内容与事实不符。托运人(货方卖方)按信用证的要求用提单结汇后，提单转移到第三人即收货人、提单受让人或其他提单持有人手中，提单所证明的海上货物运输合同也同时发生了转移。承运人与提单持有人之间的权利义务关系按提单条款来确定。承运人、托运人达成的提单之外的特别协议不因提单转移而转移，不能约束善意的提单持有人。对善意第三方而言，提单上关于货物的记载是绝对证据，承运人不得以托运人出具的保函来对抗第三方提单持有人根据提单记载情况向承运人主张的权利。

(张　琳)

tidan de zhengju xiaoli
提单的证据效力(evidential effects of bill of lading)　提单证明承运人已经收到其上所载明的货物或已将货物装船的作用。承运人、船长或承运人的代理人向托运人签发提单，表明其已收到提单上记载的货物或者已将该货物装船。《海牙规则》第3条第4款规定，提单只构成初步证据，又称表面证据，即如果承运人能够提出足够的证据证明索赔人索赔的损失在装船时就已经存在，承运人不负赔偿责任。但是，提单只作为表面证据对提单持有人殊为不利，直接妨碍到以信用证方式进行的国际贸易。因此，在《海牙—维斯比规则》中有所更改，即当提单转让到善意第三人手中时，就成为对承运人有约束力的最终证据，又称为绝对证据，即对承运人提出的与提单记载内容相反的证据不予接受。《中华人民共和国海商法》第77条规定，承运人或者代其签发提单的人签发的提单，是承运人已经按照提单所载状况收到货物或者货物已经装船的初步证据；承运人向善意受让提单的包括收货人在内的第三人提出的与提单所在状况不同的证据，不予承认。但是如果提单上载有有效的"不知条款"或者类似的批注，则在有效的批注范围内，提单不具有此种证据效力。

(张　琳)

tidan dianzi zhuce zuzhi
提单电子注册组织(Bill of Lading Electronic Registry Organization)　是由环球银行财务通讯协会和联运协会合资成立的跨国公司，公司总部设在伦敦，在美国、香港、日本等地设有分支机构。通常简称为BOLERO，系统旨在使签约方签署并同意遵守Rule Book的规则和法律规定，通过因特网交换安全的电子信息，替代国际贸易中的纸单证，该系统于1999年7月正式运行。BOLERO致力于建立国际贸易的电子商务社区，具有高速、准确、透明、可信和安全的特点。BOLERO通过核心报文平台保证真实完整的数据接收和传送，确保BOLERO报文的发送人不能否认曾经发出的信息，并提供数据传输的高标准安全水平。BOLERO现由两个独立的公司组成，Bolero Association

Limited 和 Bolero International Limited。Bolero Association Limited 是一个由 BOLERO 全体用户所有的公司,其结构类似于船东保赔协会。其成立之初的目的是调研建立适应国际贸易发展的跨行业的统一电子商务平台的可行性。在此之后,该公司主要负责:(1)保证 BOLERO 系统能提供满足用户要求的各种服务;(2)集中 BOLERO 系统用户关于国际电子商务使用的问题;(3)促进有关电子商务的国际标准的制订和推广;(4)建立完善的法律框架,以保证在不增加贸易风险的前提下,对传统贸易单证实行电子化;(5)与各国际组织和各国政府保持联系和合作,以保证 BOLERO 的发展与国际、国内贸易法律、法规的变化相适应。Bolero International Limited 负责 Bolero 系统的建立和运行管理,提供与电子提单相关的各种服务。现阶段,还作为认证机构负责用户加入时的资格审核,向用户签发数字证书。BOLERO 系统除了像其他电子商务系统提供一个安全的数据传输外,还有其特色的地方,那就是其中的"权利注册系统"。因为有该系统的存在,提单的权利转让才成为可能。这是目前其他电子商务系统所无法实现的。所有与提单有关的操作均需由注册用户向权利注册系统发出指令来完成。例如,当承运人按发货人的要求签发一份电子提单时,他应通过核心报文平台,向权利注册系统发出一个指令来创建一份提单,按规定的格式输入发货人、收货人(或通知方)、货物描述等一般提单上需要载明的内容,并在提单持有人项下指定一个提单的持有人;提单的流转将通过提单持有人项的变更来进行;"指定"必须由当前的提单持有人向权利注册系统发出指令来完成;当最后收货人(或通知方)成为提单的持有人时,他可以将提单交回给承运人或承运人指定的其他人,并要求提货;提单内容的修改必须由承运人根据持有提单的发货人的请求,来修改权利注册系统中的记录。

(宋春风　陈悦)

tidan fujia tiaokuan
提单附加条款(superimposed clause on bill of lading) 以纸贴、打印、缮写等方式在提单上加注的条款。提单附加条款是提单印刷条款的补充,其法律效力大于印刷条款;两者内容相抵触的时候,一般应以附加条款的内容为准。手写的附加条款的法律效力顺次于打字、盖印和纸贴的条款。

(张　琳)

tidan qianfaren
提单签发人(issuer of bill of lading) 实际签发提单的人。可以是承运人、船长或者承运人的代理人。承运人包括船舶所有人、航次租船人、定期租船人、再运输的租船人。承运人的代理人主要是船舶代理公司,包括代理缔结运输合同的代理人。不论由谁签发,正本提单均有同等效力。实际工作中,提单通常由船长或者承运人的代理人签发。承运人的代理人代表承运人或者船长签发提单的,必须经过承运人或者船长的授权,未经承运人授权而在提单上签名的人,应向提单持有人承担无代理权而签发提单的侵权责任。但是班轮运输和航次租船运输的船长作为承运代表签发提单,无须取得承运人的特别授权,这在各国得到了普遍承认。

(张　琳)

tidan tiaokuan
提单条款(clauses of bill of lading) 提单正反两面印刷的各项条文。它规定了承运人和托运人双方的权利和义务。目前国际上所采用的提单基本上都是根据与提单有关的国际公约和习惯制订的,因此其基本内容一致。只要提单条款与强制性国际公约或国内法规不相抵触,便是承运人和托运人之间的海上货物运输合同的证明。当提单转移至承运人和托运人之外的第三人手中的时候,提单条款便是承运人和提单持有人之间的权利和义务关系的根据。

(张　琳)

tidan wuxiao tiaokuan
提单无效条款(no effect clause of bill of lading) 提单上订明的与它所适用的海运公约或者国内货物运输法相抵触者无效的条款。按照海牙规则第3条第8款的规定,运输合同中的任何条款、合同或者协议,凡是解除承运人或船舶由于疏忽、过失或者不属于本条规定的责任和义务,因而引起货物的灭失或者损害责任,或在本公约规定以外减轻这种责任的,均应作废和无效。但是,按照海牙规则第5条的规定,承运人可以自由地全部或者部分地放弃本公约中规定的全部权利或者豁免,或者增加他所应承担的责任和义务的任何部分。这种放弃或者增加,并不与海牙规则第3条规定相抵触。《汉堡规则》也规定,在海上运输合同或者证明的其他文件中,直接或者间接地损害本公约的任何规定都是无效的。

(张　琳)

tidan zai gendan xinyongzheng zhong de diwei
提单在跟单信用证中的地位(position of bill of lading in documentary credit system) 国际贸易目前通常的做法是改变买卖货物为买卖单证,并由银行进行资金融通,即通过跟单信用证,以便利国际贸易。银行不仅仅是单纯的支付中介,它在跟单信用证机制中进行的资金融通,既为国际贸易的卖方,又为买方提供了信用。跟单信用证的一般做法是,在谈妥贸易后,由乙国进口商申请其银行向出口商当地银行签发信用证,规定在各项单证要求齐备的情况下,可以凭证向出口商支付货款,然后由银行将全套单证寄到进口商开证银行,由进口商付款赎单并凭此提货。进出口货物的买卖实际上就是单证的买卖。由于海运提单具有货物收据、运输合同证明以及物权凭证的多项职能,因而在跟单信用证要求的各项单证中具有重要地位。为了维护提单的法律地位及其流通性,各国国内法和国际公约都制订了相应的条款。

(张 琳)

tigong suoyou xiguanxing xiezhu
提供所有习惯性协助(render all the customary assistance) 定期租船合同中,对船员履行义务的要求。指船员必须协助租船人,就像船舶是船东自己在使用而船员"习惯上"所应给与船东的协助。这些"协助"包括额外的工作,例如,开、关舱盖及洗舱等工作。通常租船人无需负担任何额外的费用,而被视为已包括在租金当中了。如果船方欲将船员额外工作的报酬归租船人支付,则必须在合同中订明。除非有相应的授权,船长在此无权就船员的额外工作问题径直代理船东与租船人达成任何协议。

(张 琳)

tihuo
提货(pick up goods) 买方于合同约定的地点或卖方营业地取货并自行运输的行为。提货须按照合同约定的期限和地点进行。逾期提货的,买方除应当按照合同约定的时间付款外,并应承担逾期提货的责任。

(王卫劲)

tishi de dangshiren
提示的当事人(parties of presentation) 提示的当事人包括提示人和被提示人。(1)提示人。指向付款人现实地出示票据并请求付款的人,通常为持票人及其代理人。代理人的提示付款与持票人本人的提示具有同等的效力。1995年5月10日通过的《中华人民共和国票据法》第53条第3款规定,通过委托收款银行或者票据交换系统向付款人提示付款的,视同持票人提示付款。(2)被提示人。指接受提示的人,被提示人主要是票据的付款人。如果票据上记载担当付款人的,可以向担当付款人请求付款。我国台湾地区票据法第69条第2款规定,汇票上载有担当付款人者,其付款的提示,应向担当付款人为之。担当付款人的付款或拒绝付款,与付款人的付款或拒绝付款具有同等的效力。有些国家的票据法规定,票据交换所可以作为被提示人。《日内瓦统一汇票本票法》第38条第2款规定,向票据交换所提示者,与付款之提示,有同一效力。我国台湾地区票据法也有相同的规定。票据交换所是随着票据使用的普遍由各金融机构组成的进行票据交换和结算的场所。《美国统一商法典》第3条至第504条第3款规定,提示可以向下列人作出:(1)两个或多个制票人、承兑人、受票人或其他付款人中的任何一人;(2)任何经授权可以决定同意或拒绝承兑或付款的人。

(王小能)

tishi de mianchu
提示的免除(exemption from presentation) 根据《美国统一商法典》第3—511条的规定,在下列情况下,提示可以被完全免除:可被要求承担责任的当事方在其到期或期后,明示地或默示地予以放弃;或该当事方本人已拒付票据,或已撤回付款,或在其他方面没有理由相信,或没有权利要求票据被承兑或被付款;或经过行使合理勤勉仍无法作出提示、拒付书或拒付通知。除跟单汇票外的任何票据的出票人、承兑人或持票人在票据出立后死亡或破产;或非因缺乏适当提示,承兑付款被拒绝。根据《日内瓦统一汇票本票法》第53、54条的规定,持票人请求承兑时如遭拒绝,在作成拒绝证书后,就无需再为付款的提示;持票人因不可抗力不能在法定或约定的期限内为付款的提示,并且该不可抗力的事由延至到期日后30天以外,则持票人无需再为付款的提示。

(王小能)

tishi de xiaoli
提示的效力(effects of presentation) 提示对持票人产生两方面的效力:(1)持票人在履行自己的付款请求权,付款人可以向持票人付款,从而结束票据关系。(2)追索权的保全。付款提示又是保全追索权的行为,如果付款人拒绝付款,持票人即可行使追索权;当付款人在付款期限内提示付款时,付款人在进行正当的审查后,如果持票人为正当的持票人,就应向其付款,这是付款提示对付款人的效力。

(王小能)

tishi qijian
提示期间(term limited for presentation) 持票人向被提示人为提示的时间段。即期汇票和远期汇票的提示期间是不同的。各国票据法对此都有明确规定。它们之间又各不相同。《日内瓦统一汇票本票法》第34条规定,见票即付的汇票,于提示时付款,此项汇票应自发票日起算1年内为付款的提示。此项期限,发票人得缩短或延长之,以上期限,背书人得缩短之。见票即付汇票之发票人,规定不得于指定日期以前提示付款者,提示之期限应从指定之日起算。第38条规定,定日付款、发票日后定期付款或见票后定期付款之汇票的持票人,应于到期日或其后两个营业日之一日为付款的提示。我国台湾地区票据法第66条准用第45条规定，见票即付的汇票、见票后定期付款的汇票，应自发票日起6个月内为付款的提示。第69条规定，持票人应于到期日或其后2日内为付款的提示。美国《统一商法典》第503条"提示的时间"规定：(1) 除非票据对提示时间另有规定，提示的时间按下列原则确定，a. 如果票据应在特定日期或其后一段固定时期付款，承兑提示必须在付款日或之前作出；b. 如果票据为见票后付款，必须在票据票面日期或出立日期(以迟者为准)之后的合理时间内将票据作承兑提示或流通；c. 如果票据注明付款日期，付款提示应于该日作出；d. 如果票据被加速，付款提示应于加速后的合理时间内作出；e. 涉及任何二手当事方的责任时，然后其他票据的付款提示或承兑提示，应于该二手当事方开始承担责任后的合理时间内作出。(2) 提示的合理时间由票据的性质、银行惯例或行业惯例，以及当事案件的具体情况来确定。

《中华人民共和国票据法》第53条规定，持票人应当按照下列期限提示付款：(1) 见票即付的汇票，自出票日起1个月内向付款人提示付款；(2) 定日付款、出票后定期付款或者见票后定期付款的汇票，自到期日起10日内向承兑人提示付款。持票人未按照前款规定期限提示付款的，在作出说明后，承兑人或者付款人仍应当继续对持票人承担付款责任。　　(王小能)

tidai baoguan

替代保管(substitute deposit)　由第三人代替保管人保管保管物。各国法律普遍规定，保管人应亲自保管保管物，不得擅自转由第三人保管。但在一定条件下，也可以由第三人替代保管人为保管行为。《中华人民共和国合同法》第371条规定，保管人不得将保管物转交第三人保管，但当事人另有约定的除外。……保管人违反前款规定，将保管物转交第三人保管，对保管物造成损失的，应当承担损害赔偿责任。　　(郭明瑞)

tidai zeren

替代责任(vicarious liability)　英美侵权法上的概念，又称代负责任、代理责任。一人依法对与其有特定联系的另一人之行为应无条件承担的民事责任。此类责任人不能以自己没有行为过错作为免责事由，而过错行为人则依法不再承担责任。替代责任原则产生于19世纪末，最初表现为普通法判例规则，大陆法系各国立法中的"雇主责任"或者雇佣人责任与替代责任类似。这一责任原则通常表现为以下格言和规则：代理人在代理权限内所为的行为与被代理人本人所为无异，其行为责任应由被代理人承担；雇员在受雇范围内所为的侵权行为应视其雇主的过错，该责任应由雇主承担，一般雇主对其独立缔约人的不当行为不负责任；承保人对于投保人的事故赔偿责任负有合同义务，也应对保险事故承担无条件的替代责任。这一原则在很大程度上改变了过错责任原则的原有内涵。但是，按照多数国家的法律，父母对其子女的侵权行为不适用替代责任原则，而应适用侵权法和监护制度的有关规定。　　(张平华)

tianran zixi

天然孳息(natural fruits)　法定孳息的对称。又称自然孳息、天然果实。

1. 天然孳息之性质。从来学说不一，有从自然科学上观察者，谓仅物之有机的出产物，方可称为天然孳息；有从经济上观察者，谓不仅有机的出产物可称为天然孳息，即无机的出产物亦可称为天然孳息。罗马法上似采前说。罗马法上之天然孳息指依物的性质自然生长，不需加工而按期产生的收益，如土地自然长出的牧草，山中自然长出的树木。而近世各国从后说者为多。但对于哪些有机的出产物可称为天然孳息，学说又有三：(1) 定期收获物说，如瑞士民典第643条规定之定期出产物是。(2) 不消耗原物之收获物说，如普通法。(3) 依物用法之收获物说，如日本民法典第88条是。

2. 德国民法上之天然孳息。在德国民法上，与我国学理上的天然孳息对应者，厥为直接实物孳息和直接权利孳息。(1) 所谓直接实物孳息，乃直接由于所有权之行使而收取之孳息。包括两类：一为原物的产出物，即动物以及土地的所有自然产品，例如鸡蛋、牛奶、犊子、水果、植被、树木是。对于自然产出物而言，无所谓依照原物用法之问题，其是否定期出产，亦非所问。一为其他收获物，如砾石、煤炭、矿泉水是，此类收获物之获得，必须依照原物的用法，即以合乎物性的方法或合乎交易惯例的方法。直接实物孳息也包括通过过度开耕、过度开采方式，或以不合时宜的方式所获得的产品，即所谓过度孳息。但地下埋藏物或地产上的发电，因不是依照原物的用法而生，故非为孳息。而且，直接实物孳息之获得，不得即刻损耗原物，故被宰杀牛的肉，非为孳息。(2) 所谓直接权利孳息指由于直接行使所有权以外的权利，依其使用方法所产生的收入。此之权利不限于物权，尚包括准物权、债权及股东权。例如土地用益租赁的承租人就土地而收取之产出物，农地承包人就农地收取之谷物，股东就股份收取之红利是。但消费借贷法律关系中的利息，似乎既可视作资本的间接实物孳息，也可视作贷款债权的直接权利孳息。

3. 天然孳息之取得。于天然孳息产生过程中，提供资本或劳力之人，与孳息分离时享有原物之所有权或其他收益权之人,若非同一人,天然孳息归属何人,立法例向分两种:(1)生产主义,为德国固有法所采之主义,谓天然孳息应归天然孳息产生过程中提供资本或劳力之人。盖依德国古法,由土地收取之孳息,即为对于劳动之报酬应归提供劳力及费用之人所有,古谚所谓播种者获是也。(2)分离主义或原物主义,为罗马法上之主义,谓天然孳息应属于分离时享有原物之所有权或其他收益权之人。盖与原物未分离之孳息,为原物之一部分,不能独立为权利之客体,故应属于与原物分离时享有收取权之人。生产主义与原物主义对立,不外为劳动与资本之斗争,原物主义卒胜出,而风行各国。须注意者,原物主义,乃明确归属,以杜争执之便宜性规定。非欲使天然孳息收取权人保有其利益。生产者可以不当得利为救济。德国民法为补偏救弊,于二读之际,更采基尔克之说,吸收德国固有法之精义,在第592条、第998条规定了耕作地之用益租赁退约时、耕作地返还时,出租人、所有人对承租人、占有人的费用偿还义务。

4. 我国之现状。《中华人民共和国担保法》第47条规定,于债务人届期不履行债务致抵押物被法院扣押时,抵押权之效力及于抵押物之天然孳息;于扣押事实通知于法定孳息清偿义务人时,抵押权之效力并及于法定孳息。《中华人民共和国民法(草案)》第二编第112条第1款规定,天然孳息,由用益权人取得,但当事人另有约定的除外。故何为天然孳息,法仍无明定;且关于天然孳息的分派,关于生产者的补偿等,皆未顾及。

(张谷)

tianfu

添附(accession;拉丁 accessio;德 Zwachsrecht Akzession) 一般是附合、混合的通称,广义的添附并包括加工在内,这三者都是动产所有权的取得方法,在法律效果上具有共同点,但与善意取得、先占、拾得遗失物、发现埋藏物等取得方法不同,是数个不同所有人之物结合成一物(合成物、混合物),或由所有人以外的人加工而成新物(加工物)。

在罗马法中,本来不认为添附是取得所有权的一种方法,而仅仅将之看做扩大和增加主物的所有权。只是在后来"复兴罗马法"时,注释法学派将之作为取得所有权的方法。现代各个国家和地区的民事立法一般也都把添附作为所有权的一种原始取得方法。

1. 附合。是指两个或两个以上不同所有人的物结合在一起而不能分离,若分离会毁损该物或者花费较大。附合可以分为:(1)动产与动产的附合。是指不同所有人的动产互相结合,非毁损不能分离或分离的费用较大。《法国民法典》规定,动产的附合应完全依照自然平衡的原则处理。该法典第566条规定,在分属于不同所有人的两个物附合而构成一个整体时,则该合成物属于构成其主要部分的物体所有人,但该所有人应对他人返还原有物体的价值。《德国民法典》第947条规定,合成物由原所有人共有,各人的份额按照各该物在附合当时的价格比例来确定。只有当其中一物为主物时,才由主物所有人取得合成物的所有权。英美法上有相对价值规则,即由具有较大价值的物的所有人取得所有权。在动产附合于另一个人的财产时,虽然可以为无损害的分离,仍适用此一规则。我国的审判实践一般认可,动产与动产的附合由原所有人按照其动产的价值,共有合成物。如果可以区别主从物,或者一方的动产的价值显然高于他方的动产,则应当由主物或价值较高的物的原所有人取得合成物的所有权,并给对方以补偿。(2)动产与不动产的附合。是指动产附合于不动产,成为不动产的组成部分。《法国民法典》中对于动产与不动产的附合区分了两种情况:一是第554条规定,土地所有人以不属于自己所有的材料进行建筑、种植,材料所有人不得要求拆除,只能要求土地所有人赔偿损失;二是第559条规定,第三人以其材料进行建筑、种植时,土地所有人既可以保存这些建筑物、种植物,并返还材料的价值与人工的代价,土地所有人也可以要求第三人拆除之,由第三人负担拆除的费用并赔偿土地所有人所受的损害。《德国民法典》第946条规定,动产与土地附合,成为土地之同一体的构成部分者,土地所有权扩充到该动产。但第951条同时规定,应补偿动产所有人的损失。英美法中,动产也可以成为不动产的附加物。例如根据合同要在一块土地上建一栋房屋,但却错误地建筑在另一块土地上。这时,是将房屋看做是土地的一部分,这样的结果就是,动产上的权利移转给土地占有人。我国审判实践一般认为,动产与不动产的附合,如果当事人之间有约定的,按约定办理;没有约定的,由不动产所有人取得动产的所有,但应当给动产所有人以补偿。(3)不动产与不动产的附和。罗马法中大都发生在河川沿岸的土地上,如因河川淤积而增加的土地归沿岸土地所有人所有,被急流冲去的土壤与下游土地附合,由下游的土地所有人取得,至于河川中形成的沙洲、岛屿、河床改道后的旧河床则分别由沿岸的土地所有人取得。《法国民法典》中不动产与不动产的附合也是土地因水力的作用而产生的增积。这主要有:a. 涨滩。该法典第556条规定,河川沿岸逐渐自然产生的冲积地和淤积地称为涨滩,其利益归沿岸地所有人;b. 割除地。这是因江河的急剧水力移走的而附着于下游或对岸并且是可以辨认的土地。移走地所有人得主张割除地所有权,但所有人应在1年内提出诉请,过期法院即不受理,但割除地所附着土地的所有人尚未占有割除地时不在此限;c. 该法典第560条规定,可航行的河流中形成的岛或洲归国家所有。该法典第561条规定,不能航行的河流中形成的岛或洲,属于近旁的沿岸地所有人,但该岛或洲并不偏于两岸任何一岸,以河中央划线,分属于两岸沿岸地所有人;d. 该法典第563条规定,江河离开旧河床,形成新水道时,河岸地所有人直至河中央的划线处取得该旧河床所有权。在英美法上,因水流淤积而形成的土地属于沿岸的土地所有人。河的两岸如不属于同一所有人,则以河的中心线来划分各人所有权的范围。但可以航行的河流属于国家,其增加的土地的所有权也属于国家。

《德国民法典》及《日本民法典》对于不动产与不动产的附合未做规定。我国法律中对此也未做明确规定。

2. 混合。混合是两个或两个以上不同所有人的动产,互相混杂合并,不能识别。混合发生在动产之间;它与附合的不同之处在于:附合(指动产的附合)的数个动产在形体上可以识别、分割,只是分离后要损害附合物的价值,出于社会利益考虑不许分割;而混合则是数个动产混合于一起,在事实上不能也不易区别。但二者的法律效果却无区别规定的理由,故而各个国家和地区的民法大多规定,混合准用附合的规定。英美法中的混合是指两个或多个动产混杂在一起,以至于不能再区分它们各自的财产权利。混合多发生在可替代物,如油、粮食、矿石、未作标记的木材。在同种、同质的动产发生混合时,每一个原先占有人对整个混合物享有按比例的份额,每一个人都必须证明其混合的动产,并获取一个相应的份额;如果按比例进行区分不可能,则每人对于整个混合物都获得一个相等的份额。但一个占有人过失或故意混合动产,该人或者丧失其份额,或者负责证明其份额的多少,如果不能证明,则丧失其份额。

3. 加工。是指在他人之物上附加自己的有价值的劳动,使之成为新的财产。罗马法及《法国民法典》把改进他人的动产而成为新动产的事实称为加工,例如将丝织为丝绸,这是狭义上的加工;而在《德国民法典》及《日本民法典》上,即使加工作于他人动产的表面,因此而成为新动产时,也为加工,如对器皿的电镀。《德国民法典》第950条规定:书法、符号、绘画、雕刻,以及其他类似的表面上工作,亦作为物之加工。这是广义上的加工。

罗马法学家对加工所有权的取得的看法不同。普罗库鲁斯学派依先占理论认为,应当由加工人取得加工物所有权,而沙毕鲁斯学派认为,加工是动产与劳力的附合,依附合的理论,主张物的所有权应归材料所有人,查士丁尼法典则对之采取折衷主义,即加工物可以回复原状时,其所有权归材料所有人,不能回复原状时则归加工人。现代各个国家和地区的民事立法,一般都不采用查士丁尼法典的做法。《法国民法典》及《日本民法典》以加工物属于材料所有人为原则,而在加工物增加的价值远远超过材料的价值时,才属于加工人为例外。而依《德国民法典》的规定,加工于他人动产者,以由加工人取得加工物之所有权为原则,在加工的价值显然少于材料的价值时,由材料所有人取得加工物之所有权为例外。英美学者认为,加工就是未经他人同意而加劳力于他人之动产上,使动产发生变化的行为。在 Wetherbee 案中,被告把别人的木材错误地认为是自己的而砍伐了价值25美元的木材,并将其做成箍桶,价值700美元,这是木材价值的28倍,但木材的所有人提出诉讼要求返还木材。在该案中,科勒法官认为,司法请求仅仅是建立在动产的物理属性的原则上是很难适用的,他举出了谷粒长成麦芽、将硬币溶化做成杯子、将木材建成房屋等改变了物理属性的例子,并将之与衣料做成衣服、皮革做成鞋子进行比较,指出,在所有这些例子中,材料属性的改变都不足以将其权利移转给加工者。科勒法官据此认为加工物的权利应由对最后产品提供了最大价值的人享有。这条相对价值规则已经成为英美法中关于加工的普遍规则。但是,在材料所有人对于加工物的权利的请求被拒绝之后,他仍有权请求补偿材料的价值。对于加工物的所有权归属,我国审判实践一般认为,未经他人同意在他人所有物上进行加工造成损失的,加工人应负赔偿责任。当事人就加工物的所有权有约定的,按约定办理。在没有约定时,加工物的所有权原则上归原物的所有人,但是如因加工增加的价值大于原物的价值时,加工物可以归加工人所有,但应当给原物的所有人以补偿。

所有权的添附取得,是原始取得方法,纵然以后添附物再发生分离,原物的已经消灭的所有权也不能再恢复。但附于原物之上的其他物权是否因添附而消灭,则有不同的学说:(1) 概归消说。因添附的效果,从物的所有权被主物的所有权吸收,因而从物的所有权消灭。如果从物上为他人设有质权、留置权,因该物所有权的消灭,则质权、留置权也随标的物所有权的消灭而消灭;(2) 例外不消灭说。原物的所有人原则上因添附而消灭其所有权,但有时也因添附取得附合物、混合物、加工物的全部所有权,或与他人共同享有其所有权。这时,在其以前的所有物上设定有质权、留置权的,对于以后归其所有的附合物、混合物、加工物,得行使其权利。现代各个国家和地区的民事立法多采例外不消灭说。

(王轶)

tianbu maimai

填补买卖(average sale; cover) 买卖合同中当事人一方在对方不履行义务时,为防止损失扩大或弥补自身所受的损失,在价格合理且及时通知对方的情况下,将标的物出卖给第三人或向第三人购买相同标的物的行为。填补买卖可分为填补出卖和填补购买。(1)填补出卖指标的物是特定物或特定化了的种类物,出卖人提出履行给付义务而买受人迟延受领或拒绝接受时,为防止损失扩大,在出卖价格合理且及时通知买受人的条件下,出卖人可以将标的物出卖而提存价金。在填补出卖的情形下,买受人失去履行请求权,且于出卖价格低于原合同约定的价格时,负有赔偿出卖人损失之义务。(2)填补购买指买卖标的物是种类物,出卖人迟延履行或拒绝履行时,买受人为了弥补自己所受之损失,可以于价格合理且及时通知出卖人的情况下从第三人处购买标的物的行为。在填补购买的情形下,原出卖人无需再履行且须于购买价格高于原合同约定的价格时,赔偿买受人所受之损失。填补买卖在德、日商法上均有所规定。

(王卫劲)

tianbu sunhai

填补损害(to recover damage) 侵权法的基本机能之一,其基本涵义是,加害人就其侵权行为所生的损害承担责任,损害赔偿基本上不考虑加害人的动机、目的,损害赔偿额原则上不因加害人的故意和过失的轻重而有不同,因此与惩罚有着明显的区别。填补损害是基于公平、正义的理念,主要目的是使被害人的损害能获得实质、完整、迅速的填补。为达到填补损害的机能,侵权法以恢复原状为最高指导原则,由此派生出损害赔偿、恢复名誉、赔礼道歉等责任形式。

(刘经靖 张平华)

tiaojian

条件(condition) 1. 民事法律行为中的条件。指当事人实施行为时约定的、用以决定民事法律行为的效力产生和消灭的客观事实。条件是满足下列要求才能产生法律上的效力:(1)应是将来的事实;(2)应是不确定的事实,发生与否尚未确定;(3)须为合法的事实;(4)须为当事人设定而非法定的事实;(5)附条件为法律所允许,即不得对基于公益或私益的考虑不许附条件的法律行为附加条件。有延缓条件与解除条件、积极条件与消极条件之分。延缓条件又称停止条件,指关系法律行为效力发生的条件,只有条件成就时,法律行为才能发生效力;解除条件是指关系法律关系效力消灭的条件,在条件成就时当事人之间的民事权利义务关系终止。《中华人民共和国民法通则》第62条规定,民事法律行为可以附条件,附条件的民事法律行为在符合所附条件时生效。《中华人民共和国合同法》第45条中规定,当事人对合同的效力可以约定附条件。附生效条件的合同,自条件成就时生效。附解除条件的合同,自条件成就时失效。积极条件又称肯定条件,指以所设事实发生为内容的条件;消极条件又称否定条件,指以所设事实不发生为内容的条件。条件的成就有现实成就、拟制成就或不成就之分。现实成就是指所设定的条件内容在事实上实现。拟制成就指所设定的条件内容并未实现,但法律视其实现,当事人为自己的利益,以不正当行为阻止条件成就的,视为条件已成就;反之,为自己利益促成条件成就的,则视为条件不成就。《合同法》第45条规定,当事人为自己的利益不正当地阻止条件成就的,视为条件已成就;不正当地促成条件成就的,视为条件不成就。延缓条件成就的,法律行为产生效力;延缓条件不成就的,法律行为失去效力;解除条件成就的,法律行为的效力终止;解除条件不成就的,法律行为的效力继续。

2. 合同条款的一种,英美法中的概念。与保证相对。契约中具有实质性意义的重要条款。契约一方违反条件,无过错方将整个合同视为终止,或者享有解除契约的自由,因而守约方也被免除了继续履行的义务。而对保证的违反仅仅是赋予了无过错方当事人要求损害赔偿的权利,但是并不免除他自己履行合同的义务。

3. 民事责任中因果关系上的条件。指对损害结果的发生起一定的作用和影响的客观现象。对条件的具体含义的理解,牵扯到对条件与原因的关系的不同认识,对此,存在两种学说:(1)区分说。该说以对损害事实的作用程度为标准,划分条件与原因,认为条件只是对损害结果的发生起一定的作用,但不是决定性的作用,条件与结果之间只是一般联系,而非必然的联系,因而条件与结果之间不构成因果关系。(2)统一说。该说认为,能够引起某一结果发生的条件都是原因,不起作用的都不是原因。如果行为属于对该损害起作用的"原因",则二者间即为有因果关系。只是不同原因的原因力不同。正确确定民事责任范围的出路不在于区分原因和条件,而在于确定各种原因所起的作用。通说认为,判定行为与损害之间具有条件关系是确定因果关系的第一步。换言之,决定责任是否成立的事实因果关系,主要是判断某人的行为与他人权利受侵害之间是否具有条件关系,居于通说地位的相当因果关系即由"条件"关系及"相当性"两部分构成,在司法适用上相应地区分为两个阶段:第一个阶段是审究其条件上的因果关系;如为肯定,再于第二个阶段认定其条件的相当性。判断时应采用以"若无,则不"的方法为主,例外的应采用实质性要素判断、统计的因果关系、盖然的因果关系、疫学的因果关系等方法加以认定。

(张平华)

tiaojian buchengjiu de nizhi

条件不成就的拟制(拉丁 fictio condicio deficit) 法

律行为的当事人在条件不成就时,采取不正当手段故意促成条件的成就,获取不当利益。关于条件不成就拟制的法律后果,《中华人民共和国合同法》第54条第2款规定,当事人为自己的利益不正当地促成条件成就的,视为条件不成就。 (李仁玉 陈敦)

tiaojian buqueding
条件不确定(uncertainty of condition) 当事人作为条件附加的事实是可能发生或可能不发生的事实。对此,在学理上有三种主张:(1)主观说。此说认为,只须于民事法律行为当时当事人不知其确定,即为不确定。即使客观上已经确定,也为不确定。如,君若与某女结婚则赠君千元;虽然某女已死亡,只须当事人不知,仍为赠与行为所附条件。(2)客观说。此说认为,以民事法律行为当时客观不确定为必要,当事人知其不确定与否在所不问。如前例所述,某女已死亡为客观确定,故不得为赠与行为所附条件。(3)折衷说。此说又分为两种:一是以主观不确定为主,以客观不确定为辅;二是以客观不确定为主,以主观不确定为辅。通说认为,客观说具有科学依据。如前述分析,所附条件应为将来之事实,客观上,过去之事实或已经发生之事实不为将来之事实。不管当事人在行为时是否知道,都不影响事实的存在。 (李仁玉 陈敦)

tiaojian chengjiu de nizhi
条件成就的拟制(拉丁 fictio condicio existit) 法律行为的当事人在条件成就时,采取不正当手段故意促成条件的不成就,获取不当利益。其要件是:(1)阻止条件不成就的人,须为因条件不成就而受利益的当事人。如为第三人阻止条件的不成就,不为拟制。(2)此当事人须以不正当行为阻止条件的不成就。何为不正当,应以诚实信用原则来衡量。关于条件成就拟制的法律后果如何,各国法律有不同规定。日本民法规定,可视为条件成就;德国、法国、瑞士法律规定,视为条件已成就。《中华人民共和国合同法》第54条第2款规定,当事人为自己的利益不正当地阻止条件成就的,视为条件已成就。 (李仁玉 陈敦)

tiaojian de buchengjiu
条件的不成就(拉丁 condicio deficit) 构成条件内容的事实确定地不实现。对于积极条件,以该事实的不发生为条件不成就。对于消极条件,以该事实的发生为条件不成就。前者如,你若于本年内结婚则赠君千元,未于本年内结婚,其条件不成就。后者如,你若不于本年内结婚,则赠君千元,于本年内结婚则为条件不成就。 (李仁玉 陈敦)

tiaojian de chengjiu
条件的成就(拉丁 condicio existit) 构成条件内容的事实已经实现。对于积极条件,以条件事实的发生为条件成就。对于消极条件,以条件事实的发生为条件不成就。前者如甲对乙说,你若结婚则赠你千元,则乙结婚为条件成就。后者如甲对乙说,你若不在本年内结婚,则赠你千元,乙未在本年内结婚则为条件成就。 (李仁玉 陈敦)

tielu lüke yiwaishanghai baoxian
铁路旅客意外伤害保险(railway passenger accident insurance) 凡搭乘国有或专用铁路的火车的旅客(被保险人),向保险人支付保险费,在其验票进站或中途上车购票后开始,到达旅程终点出站为止,因意外事故受到人身伤亡的,由保险人给付保险金的保险。铁路旅客意外伤害保险是一种强制保险,旅客在购买火车票时必须购买伤害保险。该保险的承保手续由铁路客运部门办理,保险人不另签发保险凭证。保险期间开始于被保险人验票进站或中途上车购票后,终止于被保险人到达旅程终点出站时;如需搭乘铁路部门免费接送旅客的其他交通工具时,则搭乘该项交通工具期间亦包括在内。保险人的保险责任,对因故停驶或者改乘铁路部门指定的其他班车而处于继续旅途中的旅客,维持原有效力。旅客在旅途中自行离站不再随同原车旅行的,保险人的责任自该旅客离站时终止。但是,该旅客若经铁路客运部门签字证明原票有效,从旅客重新验票进站后,保险人的责任自行恢复。旅客在保险有效期间内,因发生意外事故遭受伤害,以致死亡、残废或丧失身体机能者,除依约给付医疗费用外,另由保险公司依照死亡、伤残程度给付约定的保险金。 (邹海林)

tielu lüke yiwaishanghai qiangzhi baoxian tiaoli
《铁路旅客意外伤害强制保险条例》(Provisions on Compulsory Accident Insurance for Railway Passengers) 规定铁路旅客意外伤害保险的专门保险条款。1951年4月24日政务院财政经济委员会发布并自发布之日起2个月内施行。根据1992年4月30日《国务院关于铁路旅客意外伤害保险问题的批复》,对其中的保险金额条款进行了修改,共7章,18条。主要内容有:(1)保险性质。本保险为强制保险,凡持票搭乘铁路火车之旅客均须向保险公司投保铁路旅客意外伤害保险,其手续由铁路管理局办理,不另签发保险凭证。(2)保险期限。自旅客持票进站加剪票后开始,至到达旅程终点缴销车票出站时为止。(3)保险金额一律为人民币1500万元。根据1992年4月30日《国务院关于铁路旅客意外伤害保险问题的批复》，保险金额已提高到人民币2万元。保险费一律按基本票价的2%计收，包括于票价之内。(4)保险范围。旅客在保险有效期限之内，由于遭受外来、剧烈及明显之意外事故(包括战争)，受有伤害须治疗者，由保险公司按实际情况给付医疗津贴，其数额以不超过保险金额的全数为限。旅客因此发生死亡、残废或丧失身体机能者，除给付医疗津贴外，另由保险公司按下列规定给付保险金：死亡者、双目永久完全失明者、两肢永久完全残废者、一目永久完全失明与一肢永久完全残废者、完全丧失身体机能永久不能继续工作者，给付保险金全数；一目永久完全失明者或一肢永久完全残废者，给付保险金半数；丧失一部分身体机能永久不能复原影响工作能力者，视丧失机能之程度酌情给付一部分保险金。(5)除外责任。包括：疾病、自杀、殴斗或犯罪行为而致死亡或伤害者；失踪者(因车辆失事而致失踪者除外)；有欺诈行为意图骗领保险金或医疗津贴者。

(刘凯湘)

tingzhi qinhai

停止侵害(cease the infringing act) 民事责任的一种承担方式。指责令侵害人停止正在实施的侵害他人合法权益的行为。如停止非法使用他人的动产；停止非法使用他人的专利权。作为民事责任的一种承担方式，停止侵害具有广泛的适用性，不仅适用于对物权、债权、知识产权、人身权等绝对权的保护，特殊情况下也适用于对债权的保护。如第三人以损害债权人的权利为目的将作为债务人的演出者予以非法监禁，致使演出合同的债权人遭受损失的，债权人可以要求第三人停止损害，释放演出者。任何侵害他人合法权益的行为，只要侵害是现实的，而且是尚未终结的，不论侵权人主观上是否存在过错，也不论侵害行为持续多久，都应立即停止。停止侵害的请求权主体为受到侵害的当事人或其监护人、继承人。停止侵害的请求，可直接向加害人提出，也可直接向法院提出。停止侵害是防止损害后果扩大的一种有效措施，它可以单独适用，也可以与其他民事责任形式合并适用。

(张平华)

tingzhi tiaojian

停止条件(德 aufschiebende bedingung) 参见延缓条件条。

tingzu

停租(off hire) 租船期间，由于合同订明的原因致使租船人未能使用船舶时，租船人有权中断支付停止使用船舶期间的租金。定期租船合同中一般都订有这种停租条款。造成停租的原因主要有：船员和船用物料不足，船壳、机器或者设备发生故障或损坏，船舶入坞修理或其他必要的维修，船员罢工或发生碰撞、搁浅、火灾等事故。由于上述原因，造成租船人不能实际使用船舶，才可以停租。如果船舶在港口装卸货物，轮机发生故障，但是不妨碍装卸作业，并且能在开航时修好，则不应停租。停租应从不能继续使用船舶时开始，至恢复使用时为止。一些租船合同中规定，只有船舶连续24小时不能使用时才能停租。停租期间，租金一律停付。合同通常还规定，停租超过一定的期限，租船人可以无偿解除合同。《中华人民共和国海商法》第133条第2款规定，船舶不符合约定的适航状态或不能正常营运连续满24小时的，对因此而损失的营运时间，承租人不付租金，但是上述状态是承租人造成的除外。

(张 琳)

tongchang de jishu he jinshen yuanze

"通常的技术和谨慎"原则(principle of ordinary skill and care) 船舶碰撞中，如果航海人员包括船长、船员、引航员及船舶所有人和经营人，已经运用和尽到了"通常的技术和谨慎"，仍然没有避免或防止船舶碰撞的发生，则不认为有过失，属于双方无责任碰撞，由双方各自承担己方损失。如果未运用及尽到"通常的技术和谨慎"，致使碰撞发生，则判定为有过失，过失方应就其过失承担责任。英国最初的司法实践要求航海人员尽到"一切技术和谨慎"，这对航海人员的要求过高，因为在尽到"一起技术和谨慎"的情况下，几乎可以避免所有的事故。因此，这一原则逐渐演变为"通常的技术和谨慎"，并为大多数国家的海事法所采纳。"通常的技术和谨慎"包括两个方面的内容：(1)驾驶船舶方面的通常技术和谨慎，即要求航海人员具备良好船艺，遵守避碰规则。关于驾驶船舶的过失，其判定的一般原则是，把碰撞的全过程分为几个不同航行阶段，即会遇——构成碰撞危险——形成紧迫局面——出现紧迫危险——碰撞，在每一阶段均以合格船员的良好船艺和国际或地方的航行避碰规则为尺度来衡量，判定是否构成碰撞过失。目前，国际上通行的避碰规则为《1972年国际海上避碰规则》及其随后的四个修正案。(2)管理船舶方面的通常技术和谨慎，即要求船舶所有人提供适航船舶，航海人员保持船舶的良好状态。

(张永坚 张 宁)

tongjian

通奸(adultery) 已婚者同配偶以外的人发生性关系。早期各国的法律都禁止通奸，古巴比伦的《汉谟拉比法典》规定通奸者应被淹死。古代希腊和罗马的法律对女通奸犯处死，对男通奸犯处置较轻。犹太、伊斯兰教和基督教传统明确谴责通奸行为。《新约全书》和《塔木德》比《旧约全书》和《古兰经》更清楚地指责男女通奸犯罪。按照古代印度法律，婚姻是神圣永久的，即使妻子通奸，只要没有堕落，就不能解除合法的婚姻关系。在西欧和北美，通奸可作为离婚的理由。在很多东欧国家，通奸本身不能构成离婚的根据；夫妇必须是感情"完全破裂"并证实通奸的确破坏了保持夫妻关系的感情，才能离婚。我国婚姻法的一项基本原则是一夫一妻制，反对乱搞两性关系及破坏他人家庭等违反社会主义婚姻道德的行为，但在法律上并未规定对通奸行为的处罚措施。

(马忆南)

tongyong chanpin
通用产品(general products) 专用产品的对称。各个部门或行业通常都使用的、无特别要求的工矿产品，如木材、钢材、水泥、煤炭、汽车及日用工业品等。

(王卫劲)

tongzhi ji gaozhi de mianchu
通知及告知的免除(exemption of the duty of notifying and informing) 在保险合同履行期间，投保人或被保险人对保险标的的危险程度的增加或保险事故的发生免负告知义务。投保人或被保险人未告知的，保险人无权要求增加保险费或者要求解除合同，也不得以此为由拒绝承担赔偿责任。

1. 危险增加的通知义务的免除。当保险标的遇到危险增加的情况时，被保险人应当通知保险人，以使保险人明了其所承担的危险的状况，以此来决定是否承保，并采取适当的措施，保护自己的利益。一般在下列情况下，投保人可以不履行其通知义务：(1) 损失的发生不影响保险人的负担，如危险已经发生并且正在进行之中，损失已不可避免。(2) 危险的增加与保险人无关，即增加的危险因素与保险人的赔偿责任无关。(3) 正在发生的危险。保险的危险，于其正在发生之际必然增加，不增加即不能发生，若导致危险发生的情形趋于严重，而非出于投保人或被保险人的故意或重大过失时，则此种情形实为约定危险的开始，非属危险的增加。(4) 必将来临的危险。比如山洪暴发、火灾等。(5) 为保护保险人的利益而导致的危险因素的增加。为了避免保险人的损失而采取的必要措施所造成的危险。(6) 为履行道德义务而致危险因素的增加。

2. 保险事故发生的通知义务。投保人、被保险人或者受益人知道保险事故后，应当及时通知保险人。保险人可以采取必要的措施，防止损失的扩大或保全保险标的残余部分，减轻损失，并可以及时调查损失发生的原因，搜集证据，以保护其合法的利益。但是，被保险人也有免除履行通知义务的情形。投保人在下列情况下，可以不负通知的义务，保险人亦不得拒绝承担赔偿责任：(1) 在保险事故发生时，保险人已知的，那么投保人或被保险人可以不履行通知的义务。(2) 依通常注意保险人应知的。在通常注意的情况下，保险人能够注意或知道的，则不需要投保人尽通知义务。(3) 保险人声明不必通知的。保险人在保险事故发生前，已经声明在保险事故发生后不需要通知的，投保人不负通知的义务。此外，《中华人民共和国保险法》规定，投保人对保险人询问的有关保险标的事项有如实告知的义务，投保人故意隐瞒事实，不履行如实告知的义务，或者因过失未履行如实告知的义务，足以影响保险人决定是否同意承保或者提高保险费率的，保险人有权解除保险合同。但是由于投保人保险知识的有限性，他不可能了解保险合同的全部内容，所以，对于保险人的询问，投保人必须回答，而对于保险人并未询问而投保人又不知晓的事项，投保人免负告知义务。

(温世扬)

tongju yiwu
同居义务(the duty of cohabitation) 男女双方以配偶身份共同生活的义务。同居生活的内容，除夫妻性生活外，还包含其他广泛内容。在古代社会，妻对夫有人身依附性，法律片面要求妻与夫同居。资本主义国家关于夫妻同居义务的立法，在早期更多的仍是对妻子的要求，如日本民法规定，妻负有与夫同居之义务，夫须许妻与之同居。第一次世界大战以后，各国立法才逐渐将对妻方的片面要求修正为对夫妻双方的平等规定。有些国家法律惟允许在一定条件下暂时或部分中止。一种是因正常理由而暂时中止同居，如一方因处理公私事务需要在较长时间内合理离家；一方因生理原因不能履行同居义务的部分或全部。当中止同居的条件消失后，夫妻同居自然恢复。这种中止不会对夫妻关系产生很大影响。另一种是因法定非客观性事由而停止同居。当代资本主义法律多设有相关规定，如瑞士民法典第170条规定，配偶一方，在其健康、名誉或经济状况因夫妻共同生活而受到严重威胁时，在威胁存续期间有权停止共同生活……提起离婚或分居诉讼后，配偶双方在诉讼期间均有停止共同生活的权利。对于无正当理由不履行同居义务的法律后果，当代多数国家仅规定构成诉请别居或离婚的原因；也有少数国家规定其他的后果，如一方无正当理由不履行同居义务，对方不负支付生活费的义务；对方可请求损害赔偿，但以财产上的损害为限。

(蒋 月)

tongshi lüxing kangbianquan
同时履行抗辩权(德 Einrede des nicht erfüllten Vertrags) 又称不履行抗辩权，在双务合同中，如果双方当事人的履行没有先后顺序,则一方当事人在对方对待履行前,可以拒绝自己为相应的对待给付。同时履行抗辩权具有以下特点:(1)履行义务的同时性,即双务合同的当事人依约应履行义务的时间并无先后之分,履行顺序是同时的,否则当事人不享有此种抗辩权。(2)同时履行抗辩权具有防御性,即当事人仅得拒绝履行其应履行的义务。(3)双方义务的依赖性,即双方所履行的义务具有牵连关系,一方的权利以另一方的义务为前提,双方的权利义务互为条件。(4)同时履行抗辩权属于延缓抗辩权,其本质上不具有否定对方请求权的效力。同时履行抗辩权的行使并不意味着行使权利的当事人一方的义务的解除,一旦对方履行了义务,抗辩权即消灭。(5)当事人行使同时履行抗辩权应具有被动性和善意性。行使同时履行抗辩权的一方必须在对方未履行给付义务之后才能行使,如果对方已经履行或开始履行,就不能行使此权利。

同时履行抗辩权的制度功能在于,通过赋予双务合同中一方当事人一种对抗性权利,以阻却对方当事人在没有履行对待给付却行使履行请求的权利,避免该方当事人因对方当事人的请求而陷入履行迟延的可能,保障当事人对待给付利益的实现。

通说认为,同时履行抗辩权最早起源于日耳曼法,现代各国民法普遍规定了同时履行抗辩权或类似制度。英美法上也承认同时履行抗辩权,《中华人民共和国合同法》第66条也规定了同时履行抗辩权。

同时履行抗辩权的理论基础是诚实信用原则。一方面,诚实信用原则要求交易主体在追求自身利益时不得侵害对方利益。其次,诚实信用原则限制了同时履行抗辩权的滥用,如在一方仅为轻微违约,并不影响另一方债权实现的情况下,该另一方不得以行使同时履行抗辩权为由拒绝对方的履行请求。再次,根据诚实信用原则,当事人一方行使同时履行抗辩权时应及时通知对方,以免给对方造成损失。在对方已履行或已提供适当担保的情况下应及时履行自己应承担的义务。

按照我国《合同法》第66条的规定,同时履行抗辩权的适用条件为:

1. 由同一双务合同所产生的双方债务。(1)同时履行抗辩权只存在于双务合同中,在单务合同中不产生该抗辩权,如无偿赠与合同。(2)同时履行抗辩权只适用于因同一双务合同而产生的双方债务,否则,即使双方债务有事实上的密切联系,亦不产生同时履行抗辩权。(3)双方当事人所负的债务之间必须具有对价关系。如果有一方的义务不具有对价性质,就不具有此种抗辩权。该对价关系不强调客观上的等值,只要其符合当事人的主观意愿即可。

2. 双方的给付存在对待关系。同时履行抗辩权作为双务合同效力只能在互为对待关系的债务之间存在。对待关系强调双方之间所负的债务互为条件,互为前提,互为牵连关系,一方为给付旨在换取对方给付之履行。与此相反,如果债务虽由同一双务合同而产生,但缺乏这种对待关系,比如双务合同的主给付义务与附随义务之间,一方当事人就不能以对方未履行附随义务为由而拒绝为自己主给付义务的履行,但是,特殊情况下,附随义务的履行与合同目的的实现具有密切关系,应可以认为该附随义务与对方主给付义务之间具有牵连性或对待性,不妨援用同时履行抗辩权。

3. 须双方互负的债务均已届清偿期,且被请求一方无先为给付的义务。同时履行抗辩权的援用前提是,对于相对人的履行请求,自己也有权请求相对人的履行。从而相对人负担的债务尚未届清偿期时,不得使用该抗辩权。另外,如果被请求方因合同约定或法律规定或依交易习惯有先为给付的义务,对于对方的履行请求,被请求方不得以同时履行抗辩权对抗,否则,被请求方将会陷入迟延。

4. 须对方未为履行或未为适当履行。如果为请求的当事人已经依据合同的约定履行了给付义务,则相对方也应按照合同为对待给付履行。只有在为请求的一方未履行或未依据合同的约定为适当履行时,对方当事人才能援用同时履行抗辩权。对方未为履行或未为适当履行大体可以分为以下几种情形:(1)拒绝履行或全部不履行;(2)瑕疵履行;(3)迟延履行;(4)被请求方的受领迟延。

5. 须对方对待履行是可能的。同时履行抗辩权的目的在于促使双务合同的双方当事人同时履行其债务,故债务的能够履行应是该抗辩权存在的潜在逻辑。如果因不可归责于双方当事人的原因致使履行不能,则发生依据风险负担原则而双方均免除对待之后果,同时履行抗辩权随之消灭;如果因可归责于一方当事人的原因致使履行不能,则发生适用相应的不履行规定予以补救的后果。

同时履行抗辩权的效力主要体现在实体和程序两个方面:(1)实体效力:首先,同时履行抗辩发生延期抗辩的效力,可以阻止请求权人为履行请求效力的发生,在相对人未为履行或未为履行提出前,得拒绝自己的给付。其次,同时履行抗辩权的行使有排除给付迟延的效力,在相对人未为给付前,己方债务已届清偿期而未清偿,也不负迟延责任。同时履行抗辩权作为一项对抗性权利,可以阻止给付迟延的形成,但给付迟延的阻却以权利人为积极主张该抗辩权为要件,相反,权利人急于主张同时履行抗辩权,将会发生给付迟延的后果。最后,同时履行抗辩权本身没有时效的问题。抗辩权具有永久性。(2)程序效力:在诉讼中,对于原告提出给付或履行合同的请求,被告提出同时履行抗辩时，如原告未能证明自己已为给付或为给付之提出，法院应作出交换给付之判决，而不应该作出原告败诉的判决，这主要是从诉讼经济的角度进行考虑。反之，如果被告未提出同时履行抗辩权，则应作出被告败诉之判决，这是因为同时履行抗辩权作为一种抗辩权，以相对人的提出为必要要件。

（刘经靖）

tongxing buhun

同姓不婚（prohibition of marriage within the same clan） 同一姓氏的男女禁止通婚。中国古代嫁娶禁例之一。《大传》载："同姓从宗，合族属。"同姓不婚，即同宗不婚。如同宗相婚，则被视为"禽兽行"，"乃当绝"（《春秋传》）。同姓不婚禁例的确立，首先是基于优生的考虑。"男女同姓，其生不蕃"（《国语·晋语》），"同姓不婚，惧不殖也"（《国语·郑语》）。其次是基于联姻的需要，"婚姻者合二姓之好"（《礼记·昏义》），"娶妻不娶同姓，买妾不知其姓则卜之"（《礼记·曲义》）。将同姓不婚由礼制规条上升为法律规范首推唐朝。《唐律·户婚》规定："诸同姓为婚者，各徒二年。缌麻以上以奸论。"其疏义曰："同宗同姓，皆不得为婚，违者各徒一年。……若异姓缌麻以上为婚者，各依《杂律》奸条科罪。"宋承唐制。《大明律例》和《大清律例》均于《户部·婚姻》中规定："凡同姓为婚者，各杖六十离异"；"娶同宗无服之亲……各杖一百。"清光绪时，法律将"同姓"改为"同宗"。

（王歌雅）

tongyi hangcheng

同一航程（common maritime adventure） 船舶、货物或其他财产结为一体时的期间，即当货物和其他财产被置于船上的期间，是共同海损成立的要件之一。如果船舶在海上航行期间没有装载货物和其他财产，就不会产生共同危险。因此，空载航行的船舶一般不存在共同海损。海上拖航中，如果拖带或顶推是属于商业性的拖航，而不是救助作业，则各船舶间处于同一航程中。如果某一船舶脱离其他船舶是一项共同海损行为，则这些船舶之间仍属于同一航程。

（张永坚 张 宁）

tongyi zerenzhi

同一责任制（uniform liability system） 多式联运经营人对货物损害责任的一种赔偿责任制度。按照这种制度，统一由签发联运提单的承运人对货主负全程运输责任，即货损货差不论发生在哪一个运输阶段，都按照同一的责任内容负责。如果能查清发生损害的运输阶段，多式联运承运人在赔偿后，可以向该段运输的实际承运人追偿。

（张 琳）

tongyangxi

童养媳（foster daughter-in-law） 又称童养婚。女子在童年时即养于夫家，待年长再成婚的一种特殊婚俗。与这种婚俗相似的现象在我国古代很早就已出现，宋代开始流行，并正式有"童养媳"的记载。童养媳大多出身于贫苦之家，娘家为免除从小抚养的负担，便将女儿送人童养。对夫家来说则可省去或减轻以后的聘财费用，同时多了一个劳动力，将来又能为夫家传宗接代，可谓一举数得。童养媳来到夫家后，接受公婆管教，自幼过着受欺凌、供役使的苦日子。南方福建、广东一带旧俗，更有儿子未出生而抱养童媳以待，称为"等郎媳"。自元代开始，在法律上禁止夫家将童养媳转配其奴或转嫁，《元史·刑法志》载："诸以童养未成婚男妇，转嫁其奴者，笞五十七，奴归宗，不追聘财。"明、清两代法律对童养媳的身份并无明文规定，习惯上只有定婚的效力。清代判例中认为，成婚以前的童养媳名分未定，若夫家有变故，仍可回其娘家，夫家不得强留（清《刑案汇览续编》卷七"男女婚姻门"）。童养媳长大后往往直接在夫家成婚，通常不请酒，仅举行简单的拜堂仪式，然后和丈夫一起被推入洞房，称为"圆房"。

（张贤钰）

tonggou hetong

统购合同（central purchasing contract） 国家指定的商业部门与农副产品生产者之间，按照国家统购统销政策的规定，就某些关系国计民生的重要农副产品而签订的、确立彼此间权利与义务关系的协议。属于计划性合同。农副产品生产者必须按国家下达的统购计划同商业部门签订合同，并须按照规定的统购数量与价格完成统购任务。我国从20世纪50年代开始对粮、棉、油三种物资实行统购制，规定生产单位在扣除生产、生活和储备的自由部分后，应按规定数量与计划价格将粮、棉、油卖给国家。生产者完成国家统购任务后的产品（棉花除外），可以议价自行销售。统购合同制度是计划经济的产物，不利于调动生产者的积极性，故自1985年起国家已停止适用这一制度。 （任自力）

tongxiao hetong

统销合同（central selling contract） 统购合同的对称，有时又与统购合同合称为"统购统销合同"。国有商业部门和国有企业签订的、依据国家规定的规格、质量与收购价格，由前者统一经销后者的全部产品，不允许其自行销售的协议。属于计划性合同。统销合同制度既束缚了生产企业开发新产品的积极性，又抑制了商业企业扩大流通的活力，使产销分割、供求脱节，严重阻碍了社会经济的发展。经济体制改革之后，这种合同的适用范围已大大缩小,仅限于个别种类的产品。

(任自力)

tongyi caichanzhi

统一财产制(unity of property regime) 妻将其婚前财产交给夫统一使用和管理,婚姻终止时,夫应将妻之婚前财产或其折价金额返还给妻或其继承人的夫妻财产制度。具体考察又有两种不同的立法例:一种是妻的婚前财产包括动产和不动产;另一种是以妻的动产为限。统一财产制在一定程度上注意到妻子的利益,相对于吸收财产制是个进步。但是,它使妻的婚前财产的所有权转变为对夫的债权,使女方处于十分不利的地位,带有浓重的夫权主义色彩。这种夫妻财产制度为早期资本主义国家的亲属法所采用。 (蒋 月)

tongyi chuanbo pengzhuang huo qita hangxing shigu zhong xingshi guanxiaquan fangmian ruogan guiding de guoji gongyue

《统一船舶碰撞或其他航行事故中刑事管辖权方面若干规定的国际公约》(International Convention for the Unification of Certain Rules Relating to Penal Jurisdiction in Matters of Collision or Other Incidents of Navigation, 1952) 简称《1952年碰撞刑事管辖权公约》,是《1952年民事管辖权公约》的配套公约,由国际海事委员会拟定,于1952年5月10日在布鲁塞尔举行的第九届海洋法外交会议上通过,1955年11月20日正式生效。公约共12条,主要内容有:(1)船舶在公海上发生碰撞或其他航行事故,以致船长或船上其他船员涉及刑事诉讼或纪律处分的案件,只能交由当事船的船旗国司法机关或行政机关处理,除船旗国有关当局外,任何其他国家的有关当局,即使是为了调查,也都无权扣押当事船;(2)一国有权对在其领海内因船舶碰撞或其他航海事故而发生的刑事案件采取措施,或对其本国人在他国船上的犯法行为提出控告;(3)公约不适用于在港口或内河水域发生的碰撞或其他航行事故。 (张永坚 张 宁)

tongyi chuanbo pengzhuang ruogan falüguiding de guoji gongyue

《统一船舶碰撞若干法律规定的国际公约》(International Convention for the Unification of Certain Rules of Law in Regard to Collisions) 简称《1910年船舶碰撞公约》,是有关船舶碰撞方面最重要的国际公约,为世界上许多国家所承认和接受,在很大程度上统一了各国船舶碰撞法律。在国际海事委员会的主持下,于1910年9月23日在布鲁塞尔召开的第三届海洋法外交会议上签订,1913年3月1日生效。公约自生效后,先后于1960年、1972年、1981年和1987年进行了四次修订,但基本精神和基本原则并未改变。公约全文共17条,内容涉及船舶碰撞的定义、公约的适用范围、碰撞责任的划分、碰撞后的救助责任、起诉权和时效期限等。

1. 公约的适用范围。公约适用于海船之间或海船与内河船之间,在任何水域发生的、使船舶或船上财产、人身遭受损害而引起赔偿的碰撞,不适用于军事船舰和专用于公务的政府船舶。

2. 碰撞责任的划分。公约对船舶碰撞责任的划分主要有以下几种情况:(1)无过失碰撞责任。船舶碰撞的发生是出于意外或不可抗力或原因不明时,损害由受害者自行承担。(2)单方过失碰撞责任。碰撞是由于船舶一方的过失所致,损害赔偿责任由该过失船承担。(3)双方或多方过失碰撞责任。两艘或两艘以上的船舶互有过失的,按各自所犯过失程度的比例承担责任。无法确定各船所犯过失程度,或者过失程度相等的,则由各方平均分担责任。(4)人身伤亡的损害赔偿。各过失船对第三方的人身伤亡承担连带责任。若一船付出的人身伤亡赔偿超过其应承担的部分,则该船所有人有权向其他过失船舶追偿超过部分。

3. 碰撞中的救助责任。碰撞事故发生后,相碰撞船舶的船长在不致对其船舶、船员和旅客造成严重危险的情况下,必须对另一船舶、船员和旅客施救。

4. 起诉权和时效期限。因船舶碰撞引起的损害赔偿的起诉权,不得以提出海事报告或履行其他特殊手续为条件。损害赔偿起诉权的时效期限为2年,自事故发生之日起算。对第三方人身伤亡负连带责任的过失船舶,向其他过失船舶进行追偿的起诉权,则须自付款之日起1年内行使。

《1910年船舶碰撞公约》是有关船舶碰撞最早、影响最大的国际公约,在国际上确立了船舶碰撞过失责任原则,废除了平分过失原则和法律推定过失原则,在很大程度上实现了船舶碰撞民事赔偿责任划分标准的统一。 (张永坚 张 宁)

tongyi chuanbo pengzhuang zhong minshi guanxiaquan fangmian ruogan guiding de guoji gongyue

《统一船舶碰撞中民事管辖权方面若干规定的国际公约》(International Convention on Certain Rules Concerning Civil Jurisdiction in Matters of Collision, 1952) 为了统一各国关于船舶碰撞民事管辖权方面的不同法律规定,国际海事委员会于1952年5月10日在布鲁塞尔召开的第九届海洋法外交会议上通过了《1952年统一船舶碰撞中民事管辖权方面若干规则的国际公约》,简称《1952年碰撞民事管辖权公约》。公约是大陆法和普通法管辖理论相互妥协的产物,不仅接受了大陆法的关系原则,也接受了普通法对物管辖的原则。公约共16条,主要内容有:

1. 规定了船舶碰撞的管辖法院。海船之间或海船与内河船之间的碰撞,原告只能向下述法院提起诉讼:(1)被告经常居住地或营业所所在地法院;(2)扣留过失船舶或得依法扣留的属于被告的任何其他船舶的法院,或本可进行扣留并已提出保证金或其他保全地点的法院;(3)碰撞发生于港口或内河水域以内的,为碰撞发生地法院。原告有权选择具有管辖权的法院提起诉讼,但在撤销已提起的诉讼之前,不得就同一事实对同一被告向另一法院提起诉讼。

2. 确认了当事人在选择仲裁和司法管辖上的自治权。公约第2条规定,关于司法管辖权的规定,在任何情况下,都不得妨碍当事人双方通过协议向其选定的法院就碰撞事件提起诉讼,或将案件提交仲裁的权利。

3. 公约不适用于军用船舶、国有船舶或为国家使用的船舶,也不适用于因运输契约或其他契约引起的请求。另外,公约对反诉、共同诉讼以及其他诉讼管辖权也做了规定。 （张永坚 张 宁）

tongyi chuanbo pengzhuang zhong youguan minshi guanxiaquan falüxuanze panjue de chengren he zhixingdeng fangmian ruogan guize de gongyue cao'an

《统一船舶碰撞中有关民事管辖权、法律选择、判决的承认和执行等方面若干规则的公约草案》(Draft International Convention for the Unification of Certain Rules Concerning Civil Jurisdiction, Choice of Law, and Recognition and Enforcement of Judgments in Matters of Collision) 该公约草案由国际海事委员会草拟,并于1977年9月30日在里约热内卢举行的国际海事委员会全体会议上通过。拟定该条约的目的在于统一船舶碰撞中的民事管辖权、法律适用以及判决的承认与执行问题,弥补《1910年碰撞公约》和《1952年碰撞民事管辖权公约》的不足。该公约草案至今尚未生效,但其中的基本原则已为多数国家所接受。公约共4编8条,主要内容有:

1. 适用范围。公约适用于两艘或两艘以上船舶（其中至少一艘为海船）发生接触或其他事故,造成船舶、船上财产的灭失或损害而提起的碰撞诉讼。公约排除对军舰或专用于公务的政府船舶和可以根据契约而提出的请求的适用。

2. 管辖权。除当事人另有协议外,原告只能选择下列法院提起诉讼:被告惯常住所地或主要营业地法院;碰撞发生地法院(指碰撞发生在内水或领海);船舶扣押地法院;被告财产扣押地法院;被告提供限额基金地法院。在一缔约国中尚未结案的诉讼,同一原告不得就同一损害赔偿向另一缔约国法院起诉。同样,一缔约国法院对诉讼作出实质性判决的,诉讼中的一方不得在其他缔约国法院就同一事实对诉讼中的另一方提出进一步的诉讼,除非判决不能得到全部执行。

3. 法律选择。除当事人另有协议外,船舶碰撞应按以下规则适用法律:(1)碰撞发生在一国内水或领海内的,适用该国法律;(2)碰撞发生在领海以外水域的,适用受理案件的法院地法;(3)当事船同属于一国所有的,无论碰撞发生在何处,均适用该国法律;(4)如当事船不属于一国所有,则受理案件的法院应适用对所有这些国家都实施的有关公约,如经确定,这些国家的法律与公约的原则相一致也可适用这一法律。

4. 判决的承认与执行。只要申请执行国与作出判决的国家之间,订有承认与执行判决的协定,而且请求人提供了完整的并经认证的判决书副本、用以证明判决符合条件所需的全部文件的业已认证的副本、执行国家法院所要求的上述文件的译文等文件,缔约国有关法院作出的判决都应得到承认与执行。但判决如果是由没有管辖权的法院作出,或因欺诈而获得的,以及因承认与执行判决违反执行国公共政策时,执行国可以拒绝承认与执行。 （张永坚 张 宁）

tongyi shangfadian

《统一商法典》(Uniform Code of Commercial) 英文简称"UCC"。从1942年起,美国统一州法委员会和美国法学会着手起草《美国统一商法典》。该法典于1952年公布,其后曾经多次修订,现在使用的是1998年修订本。美国各州都通过自己的立法程序采用了《美国统一商法典》,使它成为本州的法律。但有的州并不是全部采用,而只是部分采用。例如,路易斯安那州就没有采用该法典的第二篇。《美国统一商法典》是由各州赋予其法律效力的,而不是美国联邦的立法。《统一商法典》共计10篇49章,内容详细、立法技术科学,是优秀商法典的代表。《统一商法典》调整的关系涉及商事流转或者商行为的各个方面,但是不包括商事主体法。该法包括总则,买卖,商业票据,银行存款和收款,信用证,大宗转让,仓单提单和其他所有权凭证,投资证券,担保交易、账债和动产契据的买卖,生效日期和废除效力。 （张平华）

toubao

投保(applying for insurance, procure insurance) 投保人向保险人作出的订立保险合同的意思表示,即提出保险请求。投保为保险合同成立的必经程序。《中华人民共和国保险法》第12条规定:保险合同由投保人提出保险请求,经保险人同意承保,并就合同条款达成协议后成立。投保是投保人请求和保险人订立保险合同的意思表示,实质为保险要约,具有与订立其他合同的要约相同的法律属性。

(温世扬)

toubaoren

投保人(applicant for insurance) 又称要保人。对保险标的具有保险利益,向保险人申请订立保险合同,并依合同负有交付保险费义务的人。投保人既可以以自己的人身或财产利益为标的,为自己或他人的利益订立保险合同,也可以以他人的人身或财产利益为标的,为他人或自己的利益订立保险合同。投保人经常与被保险人发生重合,即当投保人以自己的人身或财产利益为保险标的时,投保人同时亦为被保险人。在人身保险合同中,投保人还会与死亡保险金受益人发生重合,即当投保人以他人生命为保险标的,而自己为受益人时,投保人同时亦为受益人(限于死亡保险金受益人)。

《中华人民共和国保险法》第12条规定,投保人对保险标的应当具有保险利益;投保人对保险标的不具有保险利益的,保险合同无效。有学者认为:要求投保人在订立保险合同时对保险标的具有保险利益,确实可以有效地防止投保人利用保险进行赌博,防止发生道德危险,有其积极作用;但是,保险合同成立后,保险合同不为投保人的利益而存在,仅仅为被保险人的利益而存在(人身保险合同可以约定受益人),若在此状态下仍然强调投保人对保险标的应当具有保险利益,没有现实性且不合理,因为合同成立后投保人对保险标的失去保险利益的情形甚多,仅因投保人丧失保险利益便使保险合同失去效力显然不妥,故在保险合同有效成立后,被保险人对保险标的是否具有保险利益,对保险合同效力的维持是至关重要的,而投保人对保险标的是否继续享有保险利益,不应当对保险合同的效力产生影响。

根据我国《保险法》的规定,投保人具有如下法律地位:(1)依照保险合同交纳保险费,而且,若保险标的的危险在合同期限内增加,投保人应依保险人的要求增加保险费,若危险降低,则可要求保险人减收保险费。在保险合同提前终止或法律规定应退还保险费的其他情形下,投保人有权请求保险人返还自己的全部或部分保险费;(2)在投保时如实告知保险人关于保险标的或被保险人的会影响保险人是否同意承保或据以确定保险费率的重要情况,否则,保险人可以依法解除保险合同,或不承担保险责任;(3)在订立人身保险合同时,经被保险人同意,指定或变更受益人;(4)保险人提出消除不安全因素和隐患的书面建议后,被保险人应按照约定,履行其对保险标的安全应尽的义务,否则保险人有权要求增加保险费或解除合同;(5)在保险事故发生后,应及时通知保险人,若不通知或迟延通知保险人,以至于保险人不能查明保险事故发生的原因而难以确定保险责任的,保险人不承担保险责任;(6)在保险事故发生后,依照保险合同请求保险人赔偿或给付保险金时,应向保险人提供其所能提供的、确认保险事故的性质、原因、损失赔偿等有关的证明和资料。

(温世扬)

toubaoren yiwu

投保人义务(duty of applicant) 投保人依保险合同法所负的义务。投保人的义务贯穿于保险合同的全过程,可分为订立时的义务、合同履行期间的义务、事故发生时的义务。主要有以下几点:(1)如实告知的义务。投保人或被保险人在保险合同订立时,应当将保险标的的有关重要危险事项,据实向保险人说明,此为告知义务。《中华人民共和国保险法》第17条规定:订立保险合同时,保险人应当向投保人说明保险合同的条款内容,并可以就保险标的或者被保险人的有关情况提出询问,投保人应当如实告知。投保人故意隐瞒事实,不履行如实告知义务的,或者因过失未履行如实告知义务,足以影响保险人决定是否同意承保或者提高保险费率的,保险人对于保险合同解除前发生的保险事故,不承担赔偿或者给付保险金的责任,并不退还保险费。投保人因过失不履行如实告知义务,对保险事故的发生有严重影响的,保险人对于保险合同解除前发生的保险事故,不承担赔偿或者给付保险金的责任,但可以退还保险费。(2)交付保险费的义务。保险合同是有偿合同,投保人交付保险费以换取保险人承担赔偿或给付责任的代价。《保险法》第14条规定,保险合同成立后,投保人按照约定交付保险费;保险人按照约定的期间承担保险责任。财产保险费一般应在保险合同成立之际一次缴清,人寿保险合同的保险费可以分期支付。此外,《保险法》第60条明确规定,保险人对人身保险合同的保险费,不得以诉讼方式要求投保人支付。(3)危险增加的通知义务。我国《保险法》第37条规定,在合同有效期内,保险标的的危险程度增加的,被保险人按照合同约定,应当及时通知保险人,保险人有权要求增加保险费或者解除保险合同。被保险人未履行前款规定的通知义务,因保险标的的危险程度增加而发生的保险事故,保险人不承担赔偿责任。所谓"危险增加"是指订立保险合同时所未预料或未估计到的危险可能性的增加。(4)防灾防损义务。加强安全、防灾防损是保险经营的一项重要内容。我国《保险法》第36条规定:被保险人应当遵守国家有关消防、安全、生产操作、劳动保护等方面的规定,维护保险标的的安全。根据合同的约定,保险人可以对保险标的的安全状况进行检查,及时向投保人、被保险人提出消除不安全因素和隐患的书面建议。投保人、被保险人如未按照约定,履行其对保险标的的安全应尽的义务,保险人有权要求增加保险费或者解除合同。(5)保险事故发生的通知义务。我国《保险法》第22条规定,投保人、被保险人或者受益人知道保险事故发生后,应当及时通知保险人。通知的方式,可以以书面的方式进行,也可以以口头的方式进行,但合同约定以书面方式进行的,则必须书面通知保险人。(6)施救义务。我国《保险法》第42条规定:保险事故发生时,被保险人有责任尽力采取必要的措施,防止或者减少损失。被保险人投保后虽已取得保险保障,但为了避免社会财富的损失,法律除规定被保险人在保险期间有防灾减损的义务外,还规定,被保险人在保险事故发生时负有施救义务。因为保险事故发生时被保险人一般先于其他人知悉情况,且便于采取更有效的施救措施。

(温世扬)

toubiao
投标(offer a bid; submit a tender; tender bidding)
符合招标条件的投标人,在规定的期限内,按招标人提出的要求,向招标人发出的,以订立合同为目的的意思表示。记载该意思表示的文件为投标书或标单。由于标单表明了订立合同的意愿,且投标人在投标后,原则上不能随意撤回投标,投标对投标人具有约束力,因而其法律性质为要约。但投标人的该投标行为是以接受招标人确定的交易条件为基础的,投单不能与标书相悖。招标人接受投单后,即获得承诺资格。招标投标行为是一种公平竞争行为,彼此竞争的投标人相互不知道他人投单的内容,任何人不得以非法方法妨害竞标,串通投标无效。

(肖 燕)

touji maimai
投机买卖(speculative trade) 一种特殊的买卖形式。买卖双方进行交易的目的不是通过货币与商品或者商品与商品之间的交换来实现商品的交换价值,而是为了利用特定商品在一定时期内市场供求关系的变化来赚取其价格升降所产生的差价。买卖双方并不一定要实际拥有或交付约定的货物及价金,只需在约定条件成就时彼此结算货物的差价即可。投机买卖多出现于股票、期货等交易中。商品交易中适度的投机买卖行为可刺激商品的流通、促进市场的发达,但如果投机买卖的比重过大,则会造成市场的虚假繁荣,并可能导致经济秩序的混乱,甚至会导致社会经济基础的崩溃。

(任自力)

toujixing de sunhai peichang
投机性的损害赔偿(speculative damages) 根据现有的诉因的事实和行为所判付的一种预期的或估计的损害赔偿。损害与违法行为之间存在因果关系是违法行为人承担损害赔偿责任的条件之一。按照相当因果关系说,如果某项事实仅于现实情形下发生该项结果,还不足以判断有因果关系。必须在通常情形下,以社会一般情形也认为有发生该项结果的可能性。因而对于非必然发生的损害或因偶然性发生的损害,也应给予赔偿。由于以现有的事实和行为来判断的预期损害往往带有偶然性、推测性或或然性,所以这种损害赔偿具有投机性,因而称之为投机性的损害赔偿。

(张平华)

touzi baoxian
投资保险(investment insurance) 又称政治风险投资保险。投资者向保险人支付保险费,在投资者因为投资国的政治原因而造成投资损失时,由保险人给予赔偿而订立的保险合同。投资保险的当事人为请求订立保险合同的投资人和承保的保险人。投资人作为投保人,同时为被保险人。在投资保险合同约定的政治风险发生时,投资人享有请求保险人给付保险赔偿金的权利,保险人应当承担保险责任。

1.保险责任。保险人以投资保险合同约定的保险金额为限,对于因下列原因造成的投资损失风险,承担保险责任:(1)战争、类似战争的行为、叛乱、暴动、罢工;(2)政府有关部门征用或者没收;(3)政府有关部门采取汇兑限制,致使被保险人不能按照投资合同的约定,将属其所有并可汇出的款项汇出。

2.除外责任。保险人对于被保险人因下列原因发生的投资损失,不承担保险责任:(1)被保险人的投资项目受损后所造成的被保险人的一切商业损失;(2)因被保险人或者其代表违反投资合同或者故意违反法律而造成政府征用或者没收,从而发生的损失;(3)政府有关部门规定有汇出汇款期限,而被保险人没有按照规定汇出汇款时造成的损失;(4)原子弹、氢弹等核武器造成的损失;(5)投资合同范围以外的任何其他财产的征用或者没收所造成的损失。

3.保险期间。保险人对被保险人承担给付保险赔偿金责任的起讫期间,可以由保险人和投保人依据需要,在投资保险合同中约定,一般为一年;期满可以续展。

4.保险赔偿金的给付。在发生保险责任范围内的投资损失风险时,保险人应当依照投资保险合同的约定,以投资金额和保险金额的比例,向被保险人(投资人)给付约定的保险赔偿金。但是,因为发生投资风险的原因差别较大,保险人在给付保险赔偿金时,将完全依照合同约定的方法进行:(1)因为政府有关部门征用或者没收而引起的投资损失,保险人在征用、没收发生满6个月后,给付保险赔偿金;(2)因为战争、类似战争的行为、叛乱、暴动、罢工而造成投资项目的损失,保险人在被保险人提出财产损失证明后,或者被保险人投资项目终止进行6个月后,给付保险赔偿金;(3)因为政府有关部门的汇兑限制造成的投资损失,保险人自被保险人提出申请汇款3个月后,给付保险赔偿金。对于追回征用或者没收的款项,被保险人和保险人可以按照各自承担损失的比例分摊。 (邹海林)

touzi gongsi

投资公司(investment company) 亦称投资信托公司。以其他公司的股票和债券为经营对象,通过证券买卖及股利、股息来获得收益的公司。投资公司出现在19世纪初的英国,是金融市场高度发展的结果。投资公司的出现,一方面促进了资本的集中,另一方面有助于小额投资者作为投资公司的股票持有人参与多样化的证券投资,以获得比较可靠的收益。投资公司的主要业务是:出售自身所发行的投资信托债券以吸收资金;用此资金购入股票、公司债券和公司债,再以此为保证,继续发行债券吸收资金,并以此作为投资。目前,在美、英等国,投资公司主要有两种类型:股份固定型和股份不定型。投资公司根据各自的目标,一般都有专门的投资范围。如普通股基金公司,主要投资于普通股;平衡基金公司则分散投资于普通股、优先股和债券,并力求三者按一定比例保持平衡。另外,也有按特定地区和特定行业进行投资的。我国在解放初期,曾在北京、上海等大城市试办过一批公私合营的投资公司。1956年,随着我国对公私合营金融企业改造的完成,这些公司陆续停办。1979年10月4日,中国国际信托投资公司在北京成立,以后其他省市也相继举办。我国的信托投资公司作为一种以引进和利用外资为主的国有企业,其业务范围主要是:通过发行债券和吸收信托存款等方式,向国内外筹集资金,参与或促进各种形式的中外经济技术合作,办理国内外投资业务,进行国内外贸易,办理租赁业务等。 (王亦平)

touzi renshou baoxian

投资人寿保险(variable life insurance) 又称投资连接人寿保险或可变性人寿保险。保险人按照保险单的约定将一定比例的保险费计入被保险人的投资账户,对被保险人承担支付投资账户价值和死亡或残废保险金责任的人寿保险。投保人所交的保险费,一部分用于保险保障,其余部分转入专门投资账户,通过投资以达到资产保值、增值的目的。该保险一般还约定,被保险人在保险期内且于60周岁的保单周年日之前,因疾病或意外伤害事故导致失能,投保人免交豁免期间内的保险费,保险合同继续有效。投资人寿保险的保险期间为被保险人终身,自保险人同意承保并签发保险单的次日零时起,开始计算保险期间。除收取保险费以外,在合同有效期间,保险人还可以从投资账户中收取以下各项费用:(1)投资账户管理费;(2)保单管理费;(3)风险保费。

依照投资人寿保险,保险人承担下列保险责任:(1)身故保险金。在保险期间内,被保险人因疾病或意外伤害导致身故,保险人应当给付身故保险金,其数额为被保险人投资账户的价值或者保险金额,以价值较高者为准。

(2)残废保险金。在保险期间内,被保险人因疾病或意外伤害导致身体残废,满足保险单约定的给付残废保险金的条件,保险人应当给付残废保险金,其数额为被保险人投资账户的价值或者保险金额,以价值较高者为准。

但是,保险人对于被保险人因为下列原因导致的死亡和残废,不承担保险责任:(1)被保险人故意犯罪或拒捕、故意自伤;(2)被保险人服用、吸食、注射毒品;(3)被保险人在保险合同生效日起二年内自杀;(4)被保险人酒后驾驶、无照驾驶及驾驶无有效行驶证的机动交通工具;(5)被保险人患艾滋病或感染艾滋病毒期间;(6)战争、军事行动、暴乱或武装叛乱;(7)核爆炸、核辐射或核污染。被保险人在保险期满时仍生存,受益人可在保险期满后申领保险单约定的满期特别给付金,以及相等于被保险人投资账户的价值总额的满期保险金,保险合同终止。 (邹海林)

touzi xintuo

投资信托(investment trust) 又称合同型投资信托。(1)以由具有营业受托人身份的基金经营者,通过将其设立的信托投资基金运用于投资,并将投资收益交付给投资者为内容的信托。这种投资信托为典型的营业信托;由于它是以由基金经营者与基金保管人之间订立的投资信托合同为基础和依据,"合同型投资信托"由此得名。(2)由委托人将其金钱作为信托财产交付给受托人并委托其代为投资,由受托人按照信托行为的规定将投资收益交付给委托人或者其他人,或者运用于满足委托人的特定目的的信托。这种投资信托的受托人既可以是营业受托人也可以是普通受托人,故其既可以是营业信托又可以是民事信托。参见证券投资信托与产业投资信托条。 (张淳)

touzi xintuo shouyi zhengquan

投资信托受益证券(investment trust beneficial interest security) 由基金经营者在募集信托投资基金时发

行、由投资者持有以证明其对该基金享有信托受益权的证券。作为一种受益凭证,这种证券在性质上属于有价证券,它既可以是记名证券,也可以是不记名证券。这种证券通常有规定的格式和编号,且还应当记载以下主要事项:(1)信托投资基金的名称、类型与受益权单位总数;(2)基金经营者与基金保管人的名称与住所;(3)本证券的受益权单位数;(4)基金投资的目标与范围;(5)基金存续期间;(6)受益权单位净资产的计算与公告方法;(7)基金经营者与基金保管人所收费用的计算方法、收取方式与时间;(8)基金收益分配的方式与时间;(9)基金存续期间届满时的清算方法、应向投资者返还的金额的计算方法、返还方式与时间;(10)其他依法应当记载的事项。这种证券的发行应当通过专门经营有价证券的机构,如证券公司等进行,并且还应当按照法律规定的方式和程序进行。在投资信托基金存续期间,如果这种证券属于不记名证券,投资者只有依法将它出示,才能够行使其对该基金所生收益的受益权,并因此而从基金经营者处获得应得的收益份额;在该基金终止之时,投资者也只有将它出示,才能够参加对基金的分配,并因此而取回其应得的基金份额。如果这种证券属于记名证券,对前述受益权的行使与基金分配的参加,则应当按照法律或者有关的信托基金募集文件如信托基金募集公告、信托基金征集说明书等所规定的方式进行。 (张　淳)

tuxiaoren

涂销人(person who cancels a negotiable instruments) 是将票据上的签名或其他记载事项以涂抹、刮削、粘贴等方法予以消除的人。涂销人分为有涂销权的人和无涂销权的人。

有涂销权的人一般是指票据权利人或持票人,他们对票据记载事项进行涂销,会对票据的权利、义务产生积极的后果,各国法律多规定其为一种合法的行为。有涂销权的人如果故意涂销,则表明其有抛弃自身权利、免除被涂销的票据义务的意思,而使涂销部分的权利义务归于消灭。当其故意涂销出票人签章时,除非票据所载付款人已作出承兑仍应负责外,持票人的票据权利全部归于消灭;当其故意涂销背书人签章时,被涂销的背书人免除责任,在被涂销背书人名字之后于涂销以前背书的人,也随同免除责任,追索权发生切断;当其故意涂销签章以外的其他记载事项时,一般只有该被涂销的事项的权利义务消灭。有涂销权的人,如果非故意涂销,并不影响票据的效力,但是,持票人要凭票据行使权利,就必须对票据上被涂销的文义的全部内容负举证责任。

无涂销权的人对票据记载事项进行涂销,不产生其所期望的票据效力,而且,无涂销权人对票据上记载事项的涂销,往往构成票据的伪造或者变造,其应承担相应的法律责任。但是,持票人要行使票据权利,仍要就被涂销的文义的全部内容负举证责任。 (孟志强)

tudi

土地(land) 地球表面的陆地部分,也包括内陆水域和沿海滩涂。土地在人类生存所必需的物质条件中处于特别重要的地位,"是一切生产和一切存在的源泉"。土地是自然科学与社会科学中多学科研究的对象。从法学的观点看,土地是地球表层得为人力支配的特定空间(包括地下矿产资源),是一种物,一类重要财产,可以成为权利的客体。土地在法学领域也有不同的意义:在国际公法上土地构成国家领土,在国内公法上构成行政管理的对象,在私法上作为所有权支配的客体。在我国,社会主义公有制决定了土地只能成为公有制经济主体所有权的客体,包括国家和劳动群众集体经济组织。其他主体只能通过国有土地的有偿使用制度,或者农村土地承包制度、宅基地制度等,获得各种土地的使用权。 (李富成)

tudichengbao de zhuanbao

土地承包的转包(subcontracting of contracted land) 又称农业承包合同的转包。指承包土地经营的承包人将自己承包项目的部分或者全部,以一定条件发包给第三人,由第三人向承包人履行承包义务,承包人仍向原发包人履行合同。根据《中华人民共和国农村土地承包法》的规定,转包合同必须采用书面形式,转包不需要征得发包方的同意,但是应当报发包方备案。转包不得改变土地权的属性质和土地的农业用途;转包规定的期限不得超过承包期的剩余期限;受让方须有农业经营能力。此外,在同等条件下,本集体经济组织成员享有优先获得转包的权利。 (郭明瑞　张平华)

tudichengbao hetong

土地承包合同(jobbing land contract) 又称农地承包经营合同。农村集体经济组织(发包人)依法将其所有的土地或依法使用的国有土地承包给承包人经营,承包人支付承包费或使用费的协议。土地承包合同是我国农村经济体制改革的产物,它最初是落实联产承包责任制的一种形式。土地承包合同一般包括下列内容:承包土地的名称、坐落位置、面积、质量等级;承包土地的用途;承包期限和起止日期;发包方和承包方的权利义务以及违约责任等。

土地承包合同主要有以下特点:(1)发包人是对土地享有所有权或者使用权的农村集体经济组织。(2)承包人对所承包的土地并不享有所有权,只是有权按照承包合同的规定对所承包的土地进行合理的使用和收益。(3) 发包人与承包人在订立土地承包合同的过程中地位平等,并且应当遵循诚实信用和意思自治原则。(4) 土地承包合同的标的物是土地,而土地是人类得以生存和繁衍的最为重要的自然资源和社会资源之一,并且土地属于稀缺资源。可以用作耕作、种植的土地更是有限。因此,发包人与承包人在订立土地承包合同时,必须明确土地的用途、土地生产能力的维持等方面的内容。(5) 承包人可以是本集体经济组织的成员,也可以是本集体经济组织以外的单位或者个人。根据《中华人民共和国土地管理法》的规定,本集体经济组织的成员可以取得该集体经济组织所有的土地的承包经营权;经村民委员会以三分之二以上的成员或者三分之二以上的村民代表同意,并报乡、镇人民政府批准,本集体经济组织以外的单位或者个人也可以承包农民集体所有的土地,从而取得承包经营权。根据《中华人民共和国农村土地承包法》的规定,耕地的承包期为30年;草地的承包期为30年至50年;林地的承包期为30年至70年,特殊林木的林地承包期经主管部门批准可以延长。承包人依法享有的承包经营权受法律保护。承包人依法享有的权利包括:依法享有对承包地使用、收益和土地承包经营权流转的权利;有权自主组织生产经营和处置产品;承包地被依法征用、占用的,有权依法获得相应的补偿;法律、行政法规规定的其他权利。

承包人所要承担的义务主要有:(1) 维持土地的农业用途,不得用于非农建设;依法保护土地和合理利用土地的义务,不得给土地造成永久性损害;法律、行政法规规定的其他义务。土地承包合同的发包人是使用发包土地的农村集体经济组织、村民委员会或者村民小组。发包人有权监督承包人依承包合同对土地的使用,包括土地用途、使用方式等,并有权制止承包人损害承包地和农业资源的行为等。　　(赵志毅)

tudi danbao zhaiwu

土地担保债务(liens on land) 苏格兰法上指与土地相联系的债务,或以地上植物作担保的债务或金钱负担。对这类债务的权利可以产生对土地的留置权。债权人有权通过扣押土地来维护和保障其权利。参见土地债权条。　　(郭明瑞)

tudi fudan

土地负担(德 reallasten) 亦译为实物负担、产物负担,是从他人的土地物中获得定期的和持续给付的权利。土地负担是德国民法上的一种典型的不动产用益物权,它是在德国传统的农业经济的基础上形成的一种权利,在德国主要用于农民的养老。

土地负担的特征是:(1) 土地负担的权利人享有从土地获得收益的权利。这种权利不是对土地的使用权,而是要求土地所有权人或其他占有权人定期向自己交纳一定的土地出产物的权利。(2) 土地负担的义务人的给付是定期的、持续的,即该给付义务具有重复性。(3) 土地负担的给付限于土地的出产物。以非土地出产物为标的的权利,不是土地负担。　　(钱明星)

tudi shiyongquan

土地使用权(land use right;德 Bodennutzungsrecht) 因建筑物或其他工作物而使用国家或集体所有的土地的权利。在我国现行的法律概念体系中,没有使用地上权这一概念,而是以土地使用权这一概念来概括因保有建筑物或其他工作物而使用他人土地的权利。

土地使用权是在我国市场经济体制建立的过程中,为实现土地利用的商品化而形成的一项制度。《中华人民共和国民法通则》第80条第1款规定了土地使用权制度,1988年4月12日七届人大一次会议通过的宪法修正案,将土地使用权以宪法的形式肯定下来。除此之外,1986年6月25日通过,1998年8月29日修订的《土地管理法》、1994年7月5日通过的《城市房地产管理法》等法律中都规定了土地使用权的有关内容。

土地使用权推动了我国土地使用制度的改革,提高了土地的利用效益,有力地维护了土地的利用秩序。但土地使用权的内涵并不准确,而且它不能包含现有的因建筑物或其他工作物而使用集体所有的土地的情况。我国民法学者对于如何确认利用他人的土地建造以及保存建筑物或其他工作物的权利,一直存在着不同的观点:(1) 为使国有土地的所有和国有土地的使用的分离获得最有利的法律形式,使土地资源得到合理的利用和维护,宜以物权关系固定国有土地使用关系,应由物权法规定土地使用权属于一种用益物权。作为用益物权的国有土地使用权,相当于德国、日本及我国台湾地区民法上的地上权,但考虑我国大陆的习惯,应称为基地使用权。(2) 土地使用权这一观点在我国现行法上已长期使用,反映了我国物权法的特色,因此应在我国物权法中继续使用这一概念。(3) 应采用地上权。因为我国现行法中的土地使用权实质上是属于传统物权法中的地上权,因而在我国物权法中,应当直接以地上权这种形式来确认利用他人的土地建造以及保存建筑物的权利。但是,尽管对土地使用权的概念和性质有着不同的认识,学者们都认为土地使用权为我国今后的用益物权立法提供了制度基础。

1. 土地使用权的特征。土地使用权具有以下特征:(1) 土地使用权是存在于国家或集体所有的土地之上的物权。国有土地使用权的标的仅以土地为限,而且由于我国城市土地属于国家所有,农村和城郊土地,除法律规定属于国家所有以外,属于集体所有。所以国有土地使用权只能存在于国家或集体所有的土地上。(2)土地使用权是以保存建筑物或其他工作物为目的的权利。这里的建筑物或其他工作物是指在土地上下建筑的房屋及其他设施,如桥梁、沟渠、铜像、纪念碑、地窖等,地上权即以保存此等建筑物或工作物为目的。(3)土地使用权是使用国家或集体所有的土地的权利。国有土地使用权虽以保存建筑物或其他工作物为目的,但其主要内容在于使用国家或集体所有的土地。因此,上述建筑物或其他工作物的有无与土地使用权的存续无关,即有了地上的建筑物或其他工作物后,固然可以设定土地使用权;没有地上建筑物或其他工作物的存在,也无妨于土地使用权的设立。即使地上建筑物或其他工作物灭失,土地使用权也不消灭,土地使用权人仍有依原来的使用目的而使用土地的权利。

2.土地使用权的产生和期限。土地使用权的产生,如果从土地使用权人的角度来考察,就是土地使用权的取得。土地使用权作为一种不动产物权,则不动产物权的一般取得原因(如继承),自然也适用于土地使用权。在此只叙述土地使用权取得的几项特殊原因:(1)土地划拨。划拨土地使用权是指土地使用者通过各种方式依法无偿取得土地使用权,这是土地使用人只需按照一定程序提出申请,经主管机关批准即可取得土地使用权,而不必向土地所有人交付租金及其他费用。(2)乡(镇)村建设用地。在乡(镇)村中,土地使用者经过一定程序的批准,取得使用一定土地的权利。它主要有两种形式:其一,农村居民住宅用地。其二,乡(镇)村企业建设用地。我国的《土地管理法》对以上用地均有相关规定。(3)土地使用权出让。国家以土地所有人的身份将土地使用权在一定期限内让与土地使用者,并由土地使用者向国家支付土地使用权出让金的行为。土地使用者依照这种出让土地使用权的行为即取得地上权。土地使用权出让的形式有:协议、招标和拍卖。(4)土地使用权转让。指土地使用人将土地使用权再转移的行为,如出售、交换、赠与等。基于土地使用权转让的法律事实,新地上权人即取得原地上权人的地上权。

我国法律、法规中对于土地使用权的期限,是分别不同种类的土地使用权进行规定的。通过土地划拨及乡(镇)村建设用地程序取得的土地使用权,是无期限的。通过这种程序取得的土地使用权的土地使用权人,除了法律规定的使土地使用权消灭的原因外,可以无期限地使用土地;通过土地使用权出让取得地上权的,根据我国《国有土地使用权出让和转让暂行条例》第12条的规定,按照土地的不同用途,土地使用权的最高年限也不一样。

3.土地使用权的内容。土地使用权人主要享有以下的权利:(1)占有和使用土地。土地使用权就是为保存建筑物或其他工作物而使用土地的权利,因此使用土地是土地使用权人最主要的权利。土地使用权人对土地的使用权,应当在设定土地使用权的行为所限定的范围内进行。例如,限定房屋的高度,限制房屋的用途,土地使用权人使用土地时不得超出该项范围。由于土地使用权为使用土地的物权,土地使用权人为实现其权利,自然以占有土地为前提。同时,土地使用权人也可以准用不动产相邻关系的规定。(2)权利处分。土地使用权人可以处分其权利,这主要有:转让、抵押和出租。(3)附属行为。土地使用权人可以在其地基范围内进行非保存建筑物或其他工作物的附属行为,如修筑围墙、种植花木、养殖等。(4)取得地上建筑物或其他工作物的补偿。土地使用权人在土地上建造的建筑物或其他工作物,以及其他附着物,其所有权应当属于土地使用权人。

土地使用权人主要负有以下的义务:(1)支付土地使用费(土地出让金)。土地使用权人应当向土地所有人支付土地使用费(地租)。土地使用费的多少,因土地的位置、建筑物的种类、使用目的等因素的不同而不同。(2)恢复土地的原状。土地使用权人在土地使用权消灭时,应当将土地返还给所有权人,原则上应恢复土地的原状。因此,如果土地使用权人以取回地上建筑物或其他工作物及附着物为恢复原状的手段时,则取回不但是土地使用权人的权利,也是他的义务。

(钱明星)

tudi suoyouquan

土地所有权(ownership of land) 以土地为标的物,土地所有权人得独占性地对其加以支配,并排除他人非法干涉的权利。土地是最重要的自然资源,是一切生产和一切存在的源泉,土地所有权则成为异常重要的社会经济权利。我国实行社会主义公有制,土地作为重要的生产资料,实行土地的国家所有制与劳动群众集体所有制。土地公有制在我国现行法律制度上的表现,就是土地的国家所有权与集体所有权。

土地在横的方面本为连绵无垠,在纵的方面则地上空间、地面及地下联为一体,土地所有权需要明确其效力支配范围。在横的方面,土地所有权的范围应以地界为限。在纵的方面,古代罗马法上有所谓"土地所有权及于土地之上下"的法谚,现代西方各国民法典多继承了这一做法,但是在限制方面,各国法律的规定不尽相同。《法国民法典》第552条规定,土地所有权包括该地上及地下的所有权。……土地所有权人得于地下进行其认为合适的任何建筑与发掘,并从此发掘中得到土地可提供的所有产物;但是有关矿产的法律与条例以及有关警察的法律与条例所规定的变更限制,应予遵守。《日本民法典》第 207 条规定,土地所有权于法令限制的范围内,及于土地的上下。《德国民法典》第 905 条规定,土地所有人之权利,扩充到地面上之空间与地面以下之地壳。所有人对于他人在高空或地下所谓之干涉,无任何利益者,不得禁止。可以看出,对土地所有权的纵向效力范围进行限制的因素,各国民法上使用的文字大抵是法律的限制或者所有人的利益范围。土地所有权在纵的方面的效力范围有:(1)内在的限制。民法上的物本以能为人力所支配并满足人类的特定需要为特征,土地所有权的客体也应以此为要件。故土地所有权的效力范围自应以受到法律保护的利益范围为限。在该利益范围之外,所有权人对土地(这里指的应该是自然意义上的土地,而非作为权利客体的土地)应无支配力,所以不得排除他人的所谓干涉行为,如在地下开凿隧道、在地上空中通航飞机、向空中发射无线电波等。但是依照土地的使用目的,各土地所有权人在地上及地下的利益范围得有所不同,其所有权的支配范围即有差异。例如,煤炭企业对土地的支配范围,比房屋所有权人对土地的支配范围及于地下要深得多。存在他人通行权的土地的所有权人即无法排除他人的通行。(2) 法律的限制。如《日本民法典》第 207 条的规定,其以"法令限制"的规定,建立起外接于其他法律部门的明示性联系,既给所有权人以警示,又给其他法律为所有权设置限制提供了民法上的依据。现代社会中对土地所有权的法律限制很多,除了民法本身规定的第三人的权利、相邻关系等限制外,还有国防、电信、交通、自然资源、环境保护、城市规划、古迹文物保护等方面的限制。

《中华人民共和国宪法》与《中华人民共和国土地管理法》均规定:城市的土地属于国家所有。农村和城市郊区的土地,除由法律规定属于国家所有的以外,属于集体所有;宅基地和自留地、自留山,也属于集体所有。土地所有权的移转只在国家与集体之间发生,主要是国家依法征收集体所有土地。

我国的土地所有权主体相对单一、集中,但是实际经济生活中需要利用土地的主体则是分散的。所以,在土地公有制的基础上,为了适应社会主义市场经济建设的需要,我国的土地利用制度相对发达,呈现出多样化的特征。公民、法人取得公有土地的使用权,有的是无偿的,有的是有偿的,以有偿使用为原则。其类型主要有:(1) 国有土地使用权制度;(2) 国有或者集体所有土地的承包经营制度;(3) 农村集体组织成员的宅基地、自留地制度等。 (李富成)

tudi yichan

土地遗产(land inheritance) 标的为土地所有权的遗产,这是土地私有制的产物。在中世纪的欧洲,各国法律一般规定,土地遗产必须由男性继承人继承,且多规定只有长子才能继承土地遗产,如法兰克王国和英国。到了近代,资产阶级国家继承法普遍规定,女性继承人及非长子继承人也可分得土地遗产,这也是男女法律地位平等和废除长子继承制的表现。中国在西周中叶之后,土地逐渐成为奴隶主贵族的私有财产,土地即成为遗产的标的,春秋战国私田的出现,正式确立了土地私有制,土地遗产逐渐普遍化,并日益占据重要地位,各朝法律也均有规定,如唐武德七年《均田令》规定"世业之田,身死则承户者授之"。中华人民共和国成立后即废除了土地私有制,《中华人民共和国宪法》第 10 条规定,城市土地属于国家所有。农村和城市郊区的土地,除由法律规定属于国家所有外,属集体所有;宅基地、自留山也属集体所有。土地不能为个人所有,土地遗产也就不能存在了。 (常鹏翱)

tudi yizeng

土地遗赠(legacy of real estate) 以土地作为标的物的遗赠。土地是典型的不动产,但在土地权利的法律含义上,不同历史时期和不同国家之间存在差别。罗马法中,土地是最基本的不动产,它吸附一切与之结合的财产,因此土地遗赠时,其上的一切添附物随同土地权利同时遗赠。《德国民法典》亦持相同观点,它明确规定,不动产惟限于土地,其上定着物(如建筑物)为土地的组成部分(第 93~96 条)。《瑞士民法典》规定土地所有权在法律规定的范围内,包括全部建筑物、植物及泉水(第 667 条)。英美法系的地产立法及普通法认为,地上建筑物从属于土地,即建筑物只能与土地一起共同形成不动产。在地上物权利附属于土地权利的立法原则下,土地遗赠在法律上意味着遗赠的效力扩及于土地上的附着物。

《法国民法典》则采独立性原则,规定土地及其定着物各为独立的不动产(第 518 条)。《日本民法典》规定,土地及其定着物为不动产(第 86 条),也认为土地与定着物分别为不同的所有权客体。在土地权利与地上物权利相互独立的立法原则下,土地遗赠在法律上意味着其效力只及于土地权利本身,是单纯的土地遗赠。对于土地上存在的其他权利义务如何处理,《德国民法典》规定,遗赠的标的物为土地者,在发生疑问时,承担履行遗赠义务的人不负对土地免除地役权、限制人役权和土地负担的义务(第 2182 条);在遗赠的土地上存在被继承人自己享有的抵押权、土地债务或定期金债务者,应依情形推定该抵押权、土地债务或定期金债务是否作为同时遗赠(第 2165 条);遗赠土地上为被继承人的债务设定抵押权者,或为被继承人对债务人负有清偿义务的债务设定负担者,发生疑问时,以该土地的价值足以清偿债务者为限,受遗赠人对继承人负有及时向债权人为清偿的义务(第2166条),即遗赠义务人不负解除遗赠土地负担的义务,受遗赠人得在遗赠土地价值内,清偿土地债务及负担,土地上的其他权利,依具体情形而定。但《法国民法典》赋予受遗赠人以追偿权,特定遗赠的受遗赠人清偿其受遗赠的不动产所负担的债务后,得对继承人以及概括遗赠的受遗赠人代行债权人的权利(第874条)。

我国现行民法制度中,土地不能为自然人所有,只有国家和集体才能成为土地所有权的主体,因而不存在土地所有权的遗赠问题。但公民依法有偿取得的土地使用权,在合法的使用期限内可以遗赠;公民合法拥有的房屋所有权在遗赠时,其所占用的土地的使用权同时发生转移,但须办理移转登记。由于我国采用在清偿债务和欠税款之后执行遗赠的清偿顺序,所以不存在受遗赠人清偿土地遗赠物所负债务及负担的义务。仅于未清偿债务即接受遗赠的特殊情况下,在所受利益的范围内负有清偿义务,其顺序为,首先由法定继承人清偿,不足时由遗嘱继承人和受遗赠人按比例清偿。

(周志豪)

tudi yongyi zulin

土地用益租赁(德 Grundstükspacht) 又称农地收益租赁。德国民法上指土地出租人与土地承租人之间订立的、以农业使用为目的的用益租赁合同。按照《德国民法典》的规定,农业是指耕种土地和与使用土地相关联的饲养牲畜,以便获得动植物产品,以及园艺制造等。在土地用益租赁合同中,根据合同约定,出租人可以将土地连同用于经营的居住建筑或农庄建筑物交付给承租人。土地用益租赁的规定可以适用于林业土地用益租赁。

(刘经靖 张平华)

tudi zhaiquan

土地债权(encumbrance) 英国法上的概念。债务人在一定的土地上设定负担,向债权人支付一定的土地收益金额,债权人因此享有的相应的权利。其特点是:(1)其性质属主债权,其债权与物权同时发生;(2)标的物以土地为限。

(郭明瑞)

tudi zhaiwu

土地债务(德 Grundschld) 德国法上的概念。从土地的价值中支付一定数额金钱的负担。土地债务的权利人得直接支配设定土地债务的土地,从土地的价值中获得一定数额金钱的支付。其不以担保某一债权为成立条件,因此其设立不需要有任何法律上的原因或前提条件,但须符合法律规定的不动产物权设立的一般条件。证券式土地债务,一般以占有土地债务证券为权利的公示方式,设立时不仅须有当事人的合意和登记,还须交付土地债务证券。登记式土地债务,依当事人的合意与登记而设立,不必交付证券。 (郭明瑞)

tudi zulin

土地租赁(lease of land) 承租人向出租人租用土地并交付地租的法律行为。土地租赁是租赁关系中的一种特殊形式。因其是以土地这一最基本的生产资料作为租赁合同的标的物,故各国一般都对土地租赁设有专门的法律规定,如对地租最高额的限制,预设地租、转租土地之禁止等。

土地租赁也是租赁关系的最早形式之一。我国早在秦律中就有土地租赁之规定。宋代的土地租佃契约大多具体规定地租的剥削数量,言明采取"田之所入,已收其本,耕者得其本"的"对分制"。封建社会中,土地租赁亦是一种最常见的租赁关系。1950年的《中华人民共和国土地改革法》规定,国家所有的土地由私人经营者,经营人不得以之出租或荒废……,从而废除了封建性质的土地租赁关系。自全国农业合作化以后,基本上已经不存在土地租赁关系。但我国三十余年的土地无偿使用制的实践证明,土地无偿使用制不仅在法律上于理不足,而且土地浪费的弊端亦十分明显。

1988年4月12日第七届全国人民代表大会第一次会议通过的"宪法修正案"废除了1982年宪法关于土地不得出租的条文,以法律形式确立了土地使用权有偿转让的法律制度。虽然我国宪法和土地管理法允许土地出租,国家可收取土地租金,但国有土地出让关系却并非传统意义上的土地租赁关系。传统的租赁关系一般是等价有偿关系,而土地使用权关系可以是等价有偿关系,也可不是等价有偿关系。在我国,纯粹意义的土地租赁实际上仅包含土地使用权出租合同这一形式。根据我国法律,出租人出租土地使用权必须符合下述条件:出租人必须是土地使用权的合法享有者;出租土地使用权如果改变土地使用权出让合同规定的土地用途,必须获得市、县土地管理部门的同意;以无偿划拨方式取得的土地使用权出租,必须获得土地管理部门的同意,补交土地使用费;土地使用权出租期限不能长于出租人尚享有的权利的余期;土地使用权出租时,地上建筑物、其他附着物一并出租;租赁合同应以书面形式订立;土地使用权出租,应办理登记手续。

土地使用权出租合同成立后,出租人的主要义务是:(1)交付土地给承租人占有使用。交付土地时,地上建筑物、附着物也应一并交付。但出租人不交付自己的土地使用权证,并以保留土地使用证作为自己的权利证明;(2)负担土地使用权出让合同规定的各项义务。土地使用权出租并不影响土地使用权享有人原来应该承担的各项义务;(3)承担出租土地的负担。如国家征收的土地使用税、应向国家交纳的土地使用费及其他费用仍由出租人负担;(4)租赁关系存续期间,保证承租人占有使用的土地不被第三人追夺。出租人违背上述义务,承租人可请求损害赔偿或解除合同。

承租人享有的权利主要有:(1)在租赁合同有效期间,承租人依其租赁权,可排斥出租人将土地使用权再次出租给第三人;(2)租赁关系存续期间,出租人可将国有土地使用权依出售、交换等合法方式转让给他人,但这一行为不能消灭租赁权,承租人仍可对新的土地使用权享有者主张租赁权;(3)土地使用权享有人将土地使用权出售时,承租人有优先购买权。

承租人所负有的义务主要有:(1)依照合同规定的标准和方式支付租金。但如出租土地因不可抗力的原因影响承租人使用时,承租人可请求减免租金;(2)依照合同规定的条件使用土地、保护土地,不能对土地进行掠夺性使用;(3)不经出租人同意,承租人不得将土地使用权转租;(4)租赁关系终止时,按规定交回土地。交还的土地不能包含隐藏的危险,如有危险时,承租人应以自己的费用予以排除。承租人违背上述义务时,出租人亦有权要求赔偿损失或解除合同。

(邹川宁)

tuanti dingqibaoxian tiaokuan
团体定期保险条款(Group Fixed Insurance Clauses) 规定团体定期保险的专门保险条款。1993 年 9 月 7 日由中国人民保险公司发布施行,共 7 部分,24 条。主要内容为:(1)本保险的投保人为机关、事业、企业单位和社会团体。被保险人为投保人的在职职工,年龄为 16 周岁至 60 周岁。保险费通过投保人统一缴纳,缴纳方式分为年缴和一次缴清。(2)保险期限为 1 年、3 年、5 年、10 年共四种,保险期间开始时被保险人最高不得超过 65 周岁。(3)被保险人自保险单生效之日后的第 181 天起,因疾病死亡的,给付保险金全数,保险责任即行终止;被保险人因遭受意外伤害并自伤害之日起 180 天内死亡,给付保险金全数,保险责任即行终止;如因意外伤害 180 天后死亡,则视为因疾病死亡;被保险人因遭受意外伤害并自伤害之日起 180 天内,致伤残废永久丧失部分身体机能的,按规定给付伤残保险金;保险单期满后的 2 个月内,投保人继续投保本保险,自签发保险单次日起被保险人因疾病死亡的,保险人给付保险金全数,保险责任即行终止。(4)除外责任包括下列情事所致被保险人死亡或伤残:被保险人有自杀、犯罪行为;受益人的故意行为;战争、军事行动、动乱或暴乱。发生上述情事时,投保人可以退保,保险人向投保人给付退保金后,保险责任即行终止。(5)保险单自签发并缴纳第一次保险费后的次日起生效。按年缴纳保费的缴费期限为生效日每年的对应日所在的月,缴费期限的次月为宽限期,宽限期内保险人仍负保险责任,宽限期满后保险单自动失效。保险单失效后的 1 年内投保人可以申请复效,经保险人同意并补缴失效期限间的保险费后,保险单恢复效力。本条款附有"团体定期保险费率表"和"团体定期保险实务手册",对本保险的承保、开户、续期、保险费的收取、失效与复效的处理、退保手续、保险单的挂失与补发、给付保险金手续等事项作了详细规定。 (刘凯湘)

tuanti renshenbaoxian tiaokuan
《团体人身保险条款》(Group Personal Life Insurance Clauses) 规定团体人身保险的专门保险条款。1982 年由中国人民保险公司发布,共 8 章,14 条。主要内容为:(1)该保险由单位作为投保人向保险公司集体办理投保手续,被保险人为机关、团体和企事业单位的在职人员。保险期限为 1 年,期满时可办理续保手续。(2)该保险为死亡、残废保险,被保险人在保险期限内因疾病或意外伤害事故而致死亡或残废的,由保险人给付保险金额。因疾病或意外伤害事故而致被保险人死亡的,或致双目永久失明的,或两肢永久完全残废的,或一目永久失明同时一肢永久完全残废的,给付保险金全数;致一目永久完全失明或一肢永久完全残废的,给付保险金额半数;因意外伤害事故而致丧失劳动能力或身体机能的,视丧失的程度给付全部或部分保险金额。保险公司对下列原因而致被保险人死亡或残废的不承担责任:被保险人的自杀或犯罪行为;被保险人或其受益人的故意或诈骗行为;战争或军事行动;被保险人因疾病而致死亡或残废。此外,被保险人因意外伤残所支出的医疗和医药费用保险公司也不负给付责任。(3)投保单位因人员变动需要加保或退保的,或被保险人要求变更受益人的,应填写变动通知单送交保险公司据以签发批单。被保险人中途离职的,不论已否办理批改手续,均自离职之日起丧失保险效力。(4)被保险人或其受益人应通过投保单位向保险人申请给付保险金。 (刘凯湘)

tuanti renshen yiwaishanghai baoxian
团体人身意外伤害保险(group accident insurance) 以机关、团体、企业、事业单位的在职人员作为被保险人而成立的人身意外伤害保险。团体人身意外伤害保险是我国保险公司针对能正常工作或正常劳动的集体职员而开办的人身保险业务。该保险的投保人为被保险人所在单位,保险期限为 1 年,自起保日的 0 时起到期满日的24时止;期满时,投保人可以另办续保手续。被保险人在投保时,可以指定受益人。如果没有指定受益人,以法定继承人为受益人。投保人应在保险起保日一次缴清保险费,有特别约定的可分期缴费。保险公司于收到保险费后,保险单开始生效。团体人身保险的保险金额并不高,性质为死亡、残废保险,被保险人在保险单有效期间,因疾病或因意外伤害事故以致死亡或残废的,保险公司按下列各款规定给付全部或部分保险金额:(1)因疾病或意外伤害事故以致死亡的,给付保险金额全数;(2)因疾病或意外伤害事故以致双目永久完全失明,或两肢永久完全残废;或一目永久完全失明同时一肢永久完全残废的,给付保险金额全数;(3)因疾病或意外伤害事故以致一目永久完全失明或一肢永久完全残废的,给付保险金额半数;(4)因意外伤害事故造成上述情形以外的伤害,以致永久完全丧失劳动能力、身体机能,或永久丧失部分劳动能力、身体机能的,按照丧失程度给付全部或部分保险金额。被保险人在保险单有效期间,不论由于一次或连续发生意外伤害事故,保险公司均按上述规定给付保险金,但给付的累计总数不能超过保险金额全数。再者,被保险人在保险单有效期间,因疾病或意外伤害事故造成残废,领取保险金后,又因其他原因死亡,保险公司仍给付保险金额全数;但在确定残废后的180日内由于同一原因死亡的,保险公司只给付保险金的差额。

因为下列事由造成被保险人死亡或残废,保险公司不负给付保险金的责任:(1)被保险人的自杀或犯罪行为;(2)被保险人或其受益人的故意或诈骗行为;(3)战争或军事行动。此外,被保险人因疾病或意外伤害所支出的医疗和医药等项费用,保险公司也不负给付责任。被保险人在保险单有效期间,发生保险责任范围内的死亡或残废时,被保险人或其受益人应通过投保单位向保险公司申请给付保险金。 (邹海林)

tuanti renshen yiwaishanghai baoxian tiaokuan
《团体人身意外伤害保险条款》(Group Personal Accident Life Insurance Clauses) 规定团体人身意外伤害保险的专门保险条款。1982年由中国人民保险公司发布。共8章,13条。主要内容为:(1)该保险的投保人为机关、团体和企事业单位,被保险人为机关、团体和企事业单位的在职人员,由投保人向保险公司集体办理投保手续。保险期限为1年,期满时可办理续保手续。(2)被保险人在保险期限内因意外事故而致死亡或残废的,由保险人给付保险金额。因意外事故而致被保险人死亡的,或致双目永久完全失明的,或两肢永久完全残废的,或一目永久失明与一肢永久完全残废的,给付保险金全数;致一目永久完全失明或一肢永久完全残废的,给付保险金额半数;丧失劳动能力或身体机能的,视丧失的程度给付全部或部分保险金额。保险公司对下列原因而致被保险人死亡或残废的不承担责任:被保险人的自杀或犯罪行为;被保险人或其受益人的故意或诈骗行为;战争或军事行动;被保险人因疾病而致死亡或残废。此外,被保险人因意外伤残所支出的医疗和医药费用保险公司也不负给付责任。(3)投保单位如因人员变动需要加保或退保的,或被保险人要求变更受益人的,应填写变动通知单送交保险公司据以签发批单。被保险人中途离职的,不论已否办理批改手续,均自离职之日起丧失保险效力。(4)被保险人或其受益人应通过投保单位向保险人申请给付保险金。 (刘凯湘)

tuiding guoshi
推定过失(presumptive fault) 推定是一项法律原则,是从已经确立的基本事实推断出假定事实的存在,直至这一推定遭到相反证据的反驳或否认。推定过失是从法律已经确定的或已经证实的船舶碰撞事故中推断出过失的存在,除非有相反的证据否定这种推断。推定过失包括法律推定过失和事实推定过失两种。
(张永坚 张宁)

tuiding jichengren
推定继承人(presumptive heir) 《日本民法典》中的一种特定称谓,是法定继承人的一种,该种继承人的继承权可能被被继承人通过诉讼的方式予以取消。根据该法典第892条的规定,有特定身份的推定继承人,如果对被继承人有虐待行为,或者有严重侮辱行为,或者有其他不适当行为时,被继承人可以向家庭裁判所起诉,请求废除推定继承人的资格。这种资格的取消,只能基于被继承人的意愿,国家不能直接干预。故推定继承人的资格是建立在被继承人主观意志的基础上,具有不稳定性。该法典第894条规定,被继承人在任何时候都可请求家庭裁判所恢复被废除的推定继承人的资格,故而,推定继承人资格的丧失只是相对的,非终局性的。
(常鹏翱)

tuiding shangxingwei
推定商行为(contructive commercial act) 纯然商行为的对称。商行为分类的一种,又称非纯然的商行为。按照大陆法系近代商法,是指不能直接根据法律规定或法律列举加以认定,而必须通过事实推定或法律推定方可确认其商行为性质的行为。现代商法认为推定商行为与商人的资本经营行为之间必须具有某种联系,通常所谓推定商行为包括:商人通过非商人所为的行为；商人在营业范围之外从事的与其营业内容密切相关的行为，以及在法律列举范围以外的资本经营行为等。

（关涛 梁鹏）

推定受托人（constructive trustee） 存在于推定信托中的、因法院的推定而产生的受托人。推定受托人的基本特征在于，其对受托人身份的取得仅决定于法院的推定，而与其本人的意志无关。英美信托法要求和允许法院依法将处于某些特定情形中的人推定为受托人，并由此设立推定信托，致使推定受托人成为一种合法的受托人类型。推定信托的运作在内容上仅限于要求由推定受托人将信托财产交付给受益人，而并不包括一般意义上的、对信托财产进行以创造信托利益为目的的管理或处理。这便致使信托法关于受托人在信托财产管理和信托事务处理方面的权利、职责与义务的大部分规定，实际上不能够适用于推定受托人。从实际情况来看，在推定信托情形下，推定受托人只承担两项义务：(1) 对信托财产进行以防止其价值降低与丧失为目的的管理；(2) 将信托财产交付给受益人。

（张淳）

推定违约（constructive breach of contract） 确定违约责任的一种基本形式。当合同出现违约事实后，法律通过推定债务人是有过错而使其承担违约责任，除非债务人能够证明合同违约不是由于自己的原因，而是由于债权人的原因或其他无法预见、不可避免的外因所造成的。推定违约一般在无法判明违约过错的情况下适用。在此场合，法律首先推定债务人有过错，债务人如要免责就必须承担证明自己无过错的举证责任，债权人无须承担举证债务人有过错的责任。近代合同法确立的推定违约修正了自罗马法以来就确立的"谁主张，谁举证"的法律原则。

依照推定违约原则，原告不需证明被告有过错，此与无过错责任相同，但被告得证明自己无过错而免责，此与过错责任相同。由于推定违约界乎过错责任和无过错责任之间，因此称为"中间责任"。《中华人民共和国合同法》第107条规定，当事人一方不履行合同义务或者履行合同义务不符合约定的，应当承担继续履行、采取补救措施或者赔偿损失等违约责任。第117条规定，因不可抗力不能履行合同的，根据不可抗力的影响，部分或者全部免除责任，但法律另有规定的除外。上述规定确立了合同法总则部分违约归责的"中间责任"：违约人只能通过证明违约行为是由不可抗力造成的才能免除违约责任；受害人不需要举证违约人存在过错。

（万霞 张平华）

推定信托（constructive trust） 又称拟制信托。根据公平原则、正义原则或良心原则的精神，推定不当取得财产的人为受托人，由此进而推定其成立并以使该人将其取得的财产交付给有关的其他人为运作结果的信托。这种推定必须针对特定情形进行，能够导致这种推定发生的特定情形由法律规定，或者由法院通过行使自由裁量权确定。

推定信托一般这样产生：某人以自己的行为取得了一项财产。但从法律的公平原则、正义原则或良心原则角度看，该人对该项财产的取得却属于不正当的取得，且该项财产还不应当归属于该人，而是应当归属于与其有或者曾经有某种特定法律关系的其他人，以作为补偿或返还。在这种情况下，只要法律有规定，法院便应当推定信托成立，即使法律没有规定，只要从公平、正义或良心角度看应当如此处理，法院也可以通过行使自由裁量推定信托成立，并基于这一推定责令该财产取得人将有关财产交付给其他人。在这里，为法院推定成立的信托即为推定信托；在这种信托中，不正当取得的财产为信托财产，财产取得人为受托人，与该人有或者曾经有某种特定法律关系且该项财产应当归其享有的人为受益人。

推定信托是默示信托的一种，且它还是信托的一种基本类型。这种信托的基本特征在于：(1) 它是由法院通过将不当取得财产的人推定为受托人的途径而设立，这一推定在性质上属于司法行为，且它仅仅是从公平原则、正义原则或良心原则的精神出发，而并不考虑有关当事人是否存在可因推定得知的信托意图；(2) 它的运作将使得与不当取得财产的人有或者曾经有某种特定法律关系的人获益；(3) 它不存在委托人；(4) 它只要求受托人将信托财产交付给受益人，而并不要求其通过运用该项财产来取得利益，即受托人对它的运作在内容上仅限于交付信托财产于受益人一项。严格说来，这种信托实际上是因法律的适用而产生的信托。

英美信托法承认推定信托，但对推定信托制度的性质，英美两国却有不同的看法。推定信托的基本特征之一在于它只要求受托人将信托财产交付给受益人。由于这种信托中的受托人为不正当取得财产的人，而受益人却是前者取得的财产应当归其享有以作为补偿或返还的人。就受益人而言，实际上或者具有赔偿损失的性质或者具有返还财产的性质。在美国，主流观点正是从此点出发，将推定信托制度定性为一项救济性法律制度。在这一观点指导下形成的美国信托判例法，一般说来，只允许通过将未被宣告破产的、不当取得财产的人推定为受托人而设立推定信托。故在美国推定信托所能给受益人带来的，仅仅是通过要求未被宣告破产的受托人向其支付信托财产,来实现对其损失补偿或财产返还。在英国,主流观点不仅肯定推定信托的损失补偿或财产返还功能,还主张这种信托应当具备为受益人预设权利的功能,因而这一观点将推定信托制度定性为一项实体性法律制度。在这一观点指导下形成的英国信托判例法,不仅允许通过将未被宣告破产的不当取得财产的人推定为受托人而设立推定信托,还允许通过将已被宣告破产且正处于清算阶段的不当取得财产的人推定为受托人而设立推定信托。依据该法,如果法院将破产人推定为受托人,这一推定的效力将溯及到破产宣告的裁定生效之前,故有关的推定信托在法律上也被视为设立于受托人被宣告破产之前,致使受益人相应地被视为在此之前便已经取得了要求受托人向其交付信托财产的权利。基于此点,再适用英国破产法与信托法关于当受托人破产时信托财产不属于破产财产范围的双重规定,致使在以破产人为受托人的推定信托的设立情形下,尽管这一信托在事实上系设立于该受托人被宣告破产之后,其受益人在破产清算过程中,对于信托财产即本应归属于受益人以作为补偿或返还的、由受托人所不当取得的财产仍享有取回权,从而此项财产应当由破产清算人向其交付。所谓推定信托为受益人预设权利就是从上述意义上讲的。在英国,推定信托所能够给受益人带来的,已经不仅仅是通过要求未被宣告破产的受托人向其支付信托财产来实现其损失补偿或财产返还的目的,还包括通过要求已被宣告破产的受托人的破产清算人向其支付信托财产来实现此目的。

《英国受托人法》第 41 条第 1 款明文规定受托人在承担信托职责时不得处于破产状态;尽管如此,由于在以破产人为受托人的推定信托成立的情形下,实际上是由该受托人的破产清算人向受益人支付信托财产,即此时该破产清算人才是事实上的、真正的受托人,可见英国信托判例法关于允许通过推定破产人为受托人而设立推定信托的规则,严格说来并不能构成上述信托制定法之规定的例外。　　(张 淳)

tuibao

退保(cancel)　保险合同履行期间,投保方提出解除保险合同的意思表示。依法成立的保险合同关系是一种民事法律关系,对双方当事人都有法律约束力,任何一方都不得擅自变更或者解除合同。但是,法律也允许在一定的情况下变更或者解除已经合法成立、发生法律效力的合同。保险合同是在平等自愿的基础上订立的,所以,解除保险合同是双方当事人的权利。各国立法都规定,投保人可以随时提出解除保险合同。《中华人民共和国保险法》第 15 条规定:除本法另有规定或者保险合同另有约定外,保险合同成立后,投保人可以解除保险合同。保险合同是在平等自愿的基础上建立的,规定投保人原则上可以随时提出解除保险合同是合理的。投保人可以由于各种原因而解除已经成立的保险合同,而不问原因是什么,但是保险人就不可以随便解除保险合同,除非投保人是恶意行为,否则不能解除。投保人解除保险合同的程序一般为:(1) 保险合同的解除一般应经双方当事人协商一致。保险合同是双方当事人协商一致成立的,解除保险合同是在原有保险合同的基础上进行的,一般也应由双方协商一致才能解除。投保人提出解除保险合同时,保险人一般是允许的;(2) 解除保险合同应当采取书面形式。在实践中,如果投保人想解除合同,只是做口头上的表示,这在法律上是不成立的。保险人有权利不接受投保人的口头表示,在投保人书面解除保险合同后,保险合同即告解除,退保成立。　　(温世扬)

tuihuo

退伙(secede from partnership)　合伙人在合伙组织存续期间退出合伙组织、消灭合伙人资格的行为。根据退伙的原因不同,可将退伙分为法定退伙、强制退伙和声明退伙。

退伙的法律效力主要表现为:(1) 退伙人的合伙人资格丧失。有一种观点认为,因死亡而退伙的,其生前合伙人的资格可依法转移给其继承人。依《中华人民共和国继承法》的规定和《合伙企业法》第 51 条的规定,合伙人死亡或者被依法宣告死亡的,对该合伙人在合伙企业中的财产份额享有合法继承权的继承人,依照合伙协议的约定或者经全体合伙人同意,从继承开始之日起,即取得该合伙企业的合伙人资格。但是,合伙继承人不愿意成为该合伙企业的合伙人的,合伙企业应退还其依法继承的财产份额。这说明,继承人如想成为被继承人生前所在合伙企业的合伙人资格,必须由合伙企业的其他合伙人和继承人协商一致。继承人不能单方要求成为被继承人生前所在合伙企业的合伙人;而作为合伙企业的其他合伙人也不能单方要求继承人直接取得合伙人资格。(2) 退伙人或其合法继承人有权请求退还退伙人在合伙企业中的财产份额,包括设立合伙企业时的个人出资部分和退伙前合伙企业的收益。如何退还,可由合伙协议事先约定或者由全体合伙人协商决定,退还货币或实物。(3) 退伙人应对其退伙前已发生的合伙企业债务,与其他合伙人承担连带责任。依司法实践,合伙期间发生亏损,合伙人退出合伙时未按约定分担或者未合理分担合伙债务的,退伙人对原合伙的债务,应当承担清偿责任;退伙人已分担合伙债务的,对其参加合伙期间的全部债务仍负连带责任。如果合伙人是因死亡或被宣告死亡而退伙,其继承人有权依法继承被继承人在合伙企业中的财产份额;但如果被继承人依法应承担合伙债务时,继承人应将被继承人在合伙中的财产份额首先用于清偿被继承人依法应缴纳的税款、应承担的合伙债务。如果被继承人在合伙中的财产份额不足以清偿合伙债务,则应由被继承人的其他遗产清偿;仍不足以清偿时,且被继承人生前将合伙盈余分配主要用于家庭成员生活时,应由被继承人生前的家庭共有财产清偿。(4)可能导致合伙企业的终止。如合伙企业只有两个合伙人,其中一人退伙后,合伙企业则随之终止。退伙将引起合伙协议内容的变更,即合伙企业登记事项的变更。合伙企业的登记事项变更后,合伙企业的负责人应自作出变更决定或发生变更事由之日起15日内,向企业登记机关办理有关变更登记手续。

(李仁玉 陈 敦)

tuipiao
退票(dishonor) 汇票遭到拒绝付款的事实。

(王小能)

tuipiao tongzhi
退票通知(note of a dishonor) 持票人遭拒付后将被拒付的事实向其前手所为的通知。持票人在遭拒付后应立即将此事实通知其前手。接到退票通知的票据债务人应立即将该事实通知自己的前手。退票通知书必须在下列日期后的两个营业日内发出:(1)作成拒绝证书之日。如果无须作成拒绝证书,则为退票之日。(2)收到前手发出的通知书之日。遇有持票人不能预见、不能避免、不能克服的情况,以至于不能及时发出退票通知书,持票人不负迟延责任。在该迟延事由消失后,必须立即发出退票通知书。退票通知书只要以适当的方式发出,不论被通知人是否收到,都视为已发出通知。通知书是否以适当的方式发出,由发出通知书的人负担举证责任。

(王小能)

tuishe
退社(withdrawal from cooperative) 合作社社员脱离合作社,丧失社员资格。退社分为任意退社和法定退社。任意退社是指社员出于自己的意思而退社。原则上,合作社社员有退社自由,只须社员依章程而为退社的意思表示即可发生退社效力。但是,如因退社影响了合作社事务的开展,给其他社员造成损失的,退社人应给予赔偿。法定退社是指并非基于社员本人的意思,而是根据法律规定的条件退社。法定退社事由主要有社员死亡、破产、受禁治产宣告、被除名等。社员退社必然涉及到财产结算和损益分配等问题。财产结算应以退社时的财产状况为准,如果当时合作社事务尚未了结,应在以后了结时计算。在返还出资及损益分配方面,一般情况下,返还社员的出资数额;不问其出资种类,应以现金返还,法律有特别规定的除外。退社社员的损益分配,以当时合作社财产减除合作社债务的余额为限。在分担合作社债务的责任方面,退社社员对于退社前合作社的债务仍应负责。社员退社应变更合作社章程,并向主管机关申请变更登记。

(李仁玉 周巧凌)

tuolasi
托拉斯(trust) 资本主义垄断组织和企业联合的高级形式之一。为了独占市场、获取高额利润,由若干性质相同或互有关联的企业组成的大垄断企业。托拉斯于1879年首先出现在美国,如美孚石油托拉斯、威士忌托拉斯等。托拉斯本身就是一个独立的企业组织,参加者在法律上和业务上完全丧失其独立性,而由托拉斯的董事会掌握所属全部企业的生产、销售和财务活动。原来的企业主成为托拉斯的股东,按照股权的多少分得利润。托拉斯是资本积聚和生产集中高度发达的产物。美国是托拉斯最发达的国家,在主要工业部门中托拉斯占据了主导地位。托拉斯有各种不同类型,主要分为:(1)以金融控制为基础的托拉斯。参加者保持形式上的独立,实际上完全从属于总公司,总公司的权力以拥有托拉斯的股票为基础,实质上是一种持股公司。(2)以企业完全合并为基础的托拉斯。由同类企业合并组成,或由大企业吞并同类小企业而组成,总公司直接掌握业务公司的产销。我国在20世纪60年代初期建立的企业性工业公司,曾借用过托拉斯这一名称。

(李仁玉 卢志强)

tuoshou chengfu
托收承付(collection with acceptance) 异地结算的一种方式。由收款单位根据合同发货后委托银行向异地的付款单位收取款项,由付款单位向其开户银行承兑付款的结算方式。分托收和承付两个阶段,由收款人和付款人分别委托所在地的开户银行办理。收款人办理托收,需填制托收凭证,并向开户行提供货物确已发运的证件及交易单位。收款人开户行认真审查,认为合乎要求的,办理托收。付款人开户行收到托收凭证后,应及时通知付款人付款。付款人应在承付期内审查核对,并表示承付。承付分验单付款和验货付款两种方式。超过承付期付款人未向银行表示拒绝付款的,视为默认付款。付款人提出拒付后银行应签注是否同意拒付的意见。

(邹川宁)

tuoshou yinhang
托收银行(remitting bank) 接受委托人的委托,负责办理托收业务的银行。

由于托收行地处出口地国家,将转而委托进口地银行代为办理此笔托收业务的汇票提示和货款收取事宜,必须将单据寄往进口地代理银行,所以托收银行也称寄单行。

托收是指债权人向银行(托收行)提交凭以收取款项的金融票据或商业发票或两者兼有,要求托收行通过其联行或代理行(或提示行)向付款人(债务人)提示并要求其付款的一种结算方式。根据委托人提交的单据种类不同,可以分为"光票托收"和"跟单托收"。"光票托收"是指委托人向银行提交的仅仅是金融票据。而"跟单托收"项下的委托人向银行(托收行)提交的是商业单据或商业单据及金融单据。　　(胡冰子)

tuoyundan
托运单(bill of consign) 也称运送状,属不封缄的书状。托运人办理货物托运手续时,应承运人要求填写有关货物情况的文书,一般为货运合同的组成部分,为证明货物内容的文件。托运人应承运人的请求,应如实填写托运单。托运单应包括以下内容:(1)托运人的名称或姓名、住址;(2)货物名称、数量、质量、重量、包装和价值;(3)收货人名称或姓名、住址;(4)运送目的地;(5)填写的日期和地点。托运人应如实填写托运单,否则即违反如实申报的义务,应依法承担相应的民事责任。承运人将托运单与货物一同送到目的地,以使收货人检查货物与发货人所发运的货物是否一致。　　(李成林 郭明瑞)

tuoyunren
托运人(consignor) ❶货物运输合同的一方当事人,以本人名义将货物交给承运人托运并支付相应的运费。托运人既可以是货物的所有人,也可以是货物的管理人,如代储、代发运的贸易货栈等。托运人的权利是请求承运人按照合同约定的时间、地点将货物运送到目的地。托运人托运货物后,在货物发运前,可以要求解除合同,将货取回;在货物发运后,除依有关规定或约定不得变更的情况外,托运人可以按照规定变更到站地点,变更收货人,但应承担因此给承运人造成的损失。托运人应承担的主要义务是,按照合同规定的时间和要求提供托运的货物,并向承运人交付运费等费用。需要包装的,应按国家规定或专业标准进行包装;托运危险物品应事先声明,否则应承担相应的责任。

❷海上货物运输中与承运人相对应的一方当事人称之为托运人。《中华人民共和国海商法》规定,托运人,是指(1)本人或者委托他人以本人名义或者委托他人为本人与承运人订立海上货物运输合同的人;(2)本人或者委托他人以本人名义或者委托他人为本人将货物交给与海上货物运输合同有关的承运人的人。根据这项定义,托运人的判断有两条标准:即订立运输合同或交付货物,符合条件之一的就算做是托运人。具体而言,订约托运人又可分为三种:其一为本人直接与承运人订立海上货物运输合同;其二为委托他人以本人名义与承运人订立海上货物运输合同,运输合同上的托运人记载为委托人本人。其三为委托他人为本人与承运人订立运输合同。此时,受委托人可不以委托人名义与承运人订立运输合同,但委托人本人与受委托人之间应当具有委托关系,受委托人在与承运人订立运输合同时,应当出示有关委托手续,以使承运人明确托运人。对订约托运人必须结合有关运输合同和有关委托关系进行综合判断。依据同样的方法,交货托运人也可以被进一步细分为三种情况;而直接办理交货的人与所交货物的关系,不必是所有权关系。托运人对承运人享有合同诉权。但是如果托运人已经转让提单,则由于其与货物已经没有利害关系,不能提起合同之诉。然而,托运人仍可因赔偿收货人而在赔偿范围内取得对承运人的诉权。　　(李成林 张琳)

tuochuan yu beituochuan hangxing yiti guize
拖船与被拖船航行一体规则(the rule that tug and tow are deemed as one object) 在海上拖航过程中造成第三方的损害,不论拖航采取吊拖、旁拖还是顶推等何种方式,拖船与被拖船或连成一体,或相互牵连,法律均将拖船和被拖船视为不可分的单一船舶或统一航行体。在确定与第三方的损害赔偿责任时,把拖船和被拖船当作当事人一方,第三者作为另一方,赋予第三方对拖船和被拖船享有损害赔偿请求权,拖船和被拖船与第三方按双方各自的过失程度比例来承担责任。因此,在海上拖航中,拖船和被拖船对第三方的损害承担连带责任,拖带合同的任何一方对第三方连带支付的赔偿金额超过其应当负担的比例时,对另一方有追偿权。这一原则也被《联合王国拖航及其他服务合同标准条款》所采用。　　(张永坚 张宁)

tuochuan shu beituochuan guyuan yuanze
拖船属被拖船雇员原则(the principle of tug as the employee of tow) 拖船与被拖船在拖带作业中发生碰撞而造成损失时,确定损害赔偿责任承担的一项原则。该原则认为,拖船基于海上拖航合同的雇佣合同性质而听从被拖船指挥,被拖船的船长和船员指挥拖船提供服务,对拖船拥有支配权和控制权。因此,拖船船员因过失发生拖船或被拖船的碰撞损害赔偿责任,应根据雇佣关系归于雇主,即被拖船。这一原则已被《联合王国拖航及其他服务合同标准条款》所采用。这一原则目前已经发生了一些变化，不再把碰撞责任统统归于被拖船，而是根据拖船和被拖船在船舶碰撞事故中的具体过失来分析责任归属。（张永坚 张宁）

tuolaji baoxian tiaokuan
《拖拉机保险条款》(Tractor Insurance Clauses) 规定拖拉机保险的专门保险条款。1993年4月9日由中国人民银行发布实施，共31条。本保险分为拖拉机损失险和第三者责任险两种。

1. 拖拉机损失险。该险的责任范围是：(1) 碰撞、倾覆、火灾、爆炸造成的损失；(2) 雷击、暴风、龙卷风、洪水、破坏性地震、地陷、冰陷、崖崩、雪崩、雹灾、泥石流、隧道坍塌、空中运行物体坠落造成的损失；(3) 全机失窃(包括拖斗单独失窃)在3个月以上；(4) 载运保险拖拉机的渡船遭受自然灾害或意外事故而造成的损失；(5) 被保险人对保险拖拉机采取施救保护措施而支出的合理费用。

该险的除外责任为：(1) 战争、军事冲突或暴乱；(2) 酒后开机、无有效驾驶证、人工直接供油；(3) 受本机所载货物撞击；(4) 被保险人或其驾驶人员的故意行为；(5) 自然磨损、锈蚀、轮胎自身爆裂或保险拖拉机自身故障；(6) 保险拖拉机遭受损失后未经必要修理而致损失扩大部分；(7) 保险拖拉机遭受保险事故致使被保险人停业、停驶的损失以及各种间接损失。发生保险事故时，全部损失按出险当时的实际价值赔偿，部分损失按实际修理费用赔偿。

2. 第三者责任险。该险的责任范围为被保险人或其允许的驾驶人员在使用保险拖拉机从事道路行使、田间作业、场院作业或停放过程中发生意外事故，致使第三者遭受人身伤亡或财产的直接毁损，被保险人依法应当支付的赔偿金额。除外责任包括下列人身伤亡和财产毁损：(1) 被保险人所有或代管的财产；(2) 被保险人及其家庭成员以及他们所有或代管的财产；(3) 本机的驾驶人员；(4) 本机(含拖斗)及其牵引、悬挂的农机具上的一切人员和财产；(5) 保险拖拉机发生意外事故引起停电、停水、停产、停业或停驶造成的损失以及各种间接损失；(6) 拖斗或被牵引、悬挂的农机具脱离拖拉机机身、单独放置造成的损失；(7) 被保险人的故意行为造成的损失。

被保险人或其允许的驾驶人员酒后或无有效驾驶证开机造成第三者人身伤亡或财产毁损的，保险人仅承担其应负保险赔款的70％。保险人对每次第三者责任事故支付的赔款，不超过保险单载明的每次事故赔偿限额。保险人赔偿后，保险责任继续有效，直至保险期满。（刘凯湘）

tuolun tuodai zeren baoxian tiaokuan
《拖轮拖带责任保险条款》(Tugboat Towage Liability Insurance Clauses) 规定拖轮拖带责任保险的条款。1996年7月25日由中国人民银行发布，自1996年11月1日起施行，共3条。本条款为《沿海、内河船舶保险条款》的附加条款。其承保责任为保险拖轮以顶推、绑(旁)拖、吊拖等方式拖带他船在可航水域发生保险事故，致使被拖带船舶以及所载货物遭受损失，根据拖带合同依法应由保险拖轮承担的赔偿责任。保险费的年费率为0.5％。《沿海、内河船舶保险条款》也适用于本保险，但与本条款相抵触时，则以本条款为准。（刘凯湘）

tuofa xintuo
脱法信托(trust of evasion of law) 委托人以使法律规定不能享有某种财产权利的人享受作为该权利客体的财产所生收益为目的而设立的信托。在大陆法系民法理论中，脱法行为是指行为人以迂迥方式避开法律中的强制性规定或者禁止性规定而实施的民事行为。在日本、韩国与我国台湾地区的信托法理论中，上述信托被视为一种脱法行为，"脱法信托"由此得名。脱法信托为目的违法的信托的一种。《中华人民共和国信托法》没有将这种信托单独列举为一种无效信托，但该法第11条规定，信托目的违反法律、行政法规的信托无效，因此，这种信托也属于无效信托。英美信托法实际上也将脱法信托视为无效信托，且将这种信托确定为无效信托的方法与我国《信托法》相同。日本、韩国和我国台湾地区的信托法在实际上却将脱法信托单独列举为一种无效信托。《日本信托法》第10条在"信托不符合法律时的禁止"这一条文标题下规定，依法令不得享有某项财产权者，不得作为受益人享受等于有该项财产权时的利益。《韩国信托法》第6条与我国台湾地区信托法第5条也有类似规定。（张淳）

tuofa xingwei
脱法行为(德 Gesetzesumgehung) 非直接违反法律禁止性规定，而以他种迂回方法，逃避禁止性规定的行为。脱法行为采取的手段须为合法，否则即为一般的违法行为。在我国民法上，脱法行为被称为以合法形式来掩盖非法目的的行为。如因欠赌债、巧立借据的行为。脱法行为原则上属于无效行为。

（李仁玉 陈敦）

W

waibi
外币(foreign currency; foreign money) 又称外钞,即外国货币。除了一个国家本国货币以外的其他国家的货币,统称外币。外币只是外汇的一种。因为凡以外国货币表示的可用于国际结算的支付手段,包括外币、外币有价证券、外币汇票支票以及可以在国外兑现的外汇凭证等,总称外汇。外币有纸币和铸币两种。
(张 谷)

waibiao shouquan
外表授权(authorization apparent) 具有授权行为之外表或假象,而无实际授权的事实。在英美法中,外表授权是产生代理权的原因之一。因外表授权而产生代理权的,使被代理人承担代理行为的效果,是英美法"禁止翻供"规则在代理关系中的具体应用。按照这一规则,法律不允许当事人否认别的有理智的人从他的言行中得出的合理结论。一个人的言行向相对人表示他已授权给某人,而实际上没有授权,就构成外表授权。代理人没有实际的代理权,但法律为维护交易安全、公平和善意第三人的利益,承认外表授权是发生代理权的法律事实。
(李仁玉 陈 敦)

waibiao zhuangkuang lianghao
外表状况良好(in apparent good order and condition) 货物在装船的时候,承运人对货物的包装、标志等外表情况符合运输要求的确认。"外表状况良好"一语,仅指凭目力所及的范围,说明货物是在外表状况良好下装船的,而不说明货物的内容和质量。一般来说,提单上已载有"上列表面状况良好的货物已经装船"的词句,如果承运人确认接受的货物表面状况良好,在签发提单时,就不需对货物的外表状况作任何批注。承运人签发的这种提单,就可以作为承运人在接受货物装船时货物外表处于良好状况的初步证据,在目的港应按外表良好状态交货,否则,承运人应当承担责任。当凭提单结汇或者转让时,银行或者受让人看到提单载有"表面状况良好"的字样时,就认为这个提单是清洁提单,可以结汇或者交易。如果承运人对货物的外表状况加了批注,例如,包装破损、标志不清、铁桶渗漏等,就是对提单上的"货物外表状况良好"提出异议,则认为是不清洁提单,这种提单,银行不予结汇。(张 琳)

waibu dailiquan
外部代理权(德 Außenvollmacht) 德国法上的称谓。在意定代理中,由被代理人通过向相对人发出意思表示而授予代理人的代理权。
(李仁玉 陈 敦)

waiguan zhuyi
外观主义(德 Rechtsscheinlehre) 又称"客观主义"、"商事外观原理"。指在商事关系中,依据商事行为人的行为外观认定其效果意思的立法原则和学说。该原则由德国商法学者所首倡。根据该原则,商事交易行为人的行为意思应以其行为外观为根据并适用法律推定规则,最具代表性的就是票据的严格文义性。在英美法中,主要是指禁止反言原则,即商事交易行为完成后,原则上不得撤销,适用"禁止反悔"规则,行为人公示事项与事实不符时,交易相对人可依外观公示主张权利。

商事外观主义着眼于对商交易行为的合理解释,目的在于保护不特定第三人的利益和市场交易安全。现代各国商法中有关公司章程内容的规定,经理人或商事代理人权利的推定,票据文义性和要式性的规定,背书证明力的规定,登记不实的责任的规定,商号借用责任的规定,表见代理、代表、经理人的责任规定等,均体现了这一立法原则的要求。
(唐广良)

waiguo benpiao
外国本票(foreign notes) 本国本票的对称。本国本票以外的本票。参见本国本票条。 (王小能)

waiguo faren
外国法人(foreign legal person) 本国法人的对称。不具有本国国籍而具有外国国籍的法人。对于外国法人国籍的确定,各国主要采取下列几种标准:(1)住所地说。认为应以住所地作为标准来确定法人的国籍,但各国学者对于何为企业的住所地又有不同理解,可分为:第一,管理中心地说,即以该法人的管理中心如董事会在哪国则取得哪国国籍;第二,营业中心地说,即该法人的营业中心地在何国则取得何国国籍。第三,成立地或登记地说。即该法人在何国登记,即取得该国国籍。(2)资本控制说。即该法人的实际资本由何国所操纵,则取得该国国籍。目前通行公认的作法是:某一法人是否具有外国国籍,以及在本国享有哪些权利,具有什么样的法律地位等问题由本国的有关国内立法和本国签订或参加的国际条约予以规定。参见法人的国籍条。(3) 法人设立人或成员国籍说。即以法人设立人的国籍为法人的国籍。(4) 法人国籍复合标准说。结合法人住所地和组成地两项标准定其国籍，或结合法人的住所地或设立地和准据法两项标准定其国籍。(5) 法人国籍分类标准说。对不同类型的法人采取不同的国籍标准。(6) 准据法说。以法人设立所依据的法律确定其国籍。参见法人的国籍条。

(李仁玉 卢志强)

waiguo faren de renxu

外国法人的认许（recognition of foreign legal person） 一国（内国）政府承认外国法人人格的存在，赋予其民事主体地位。外国法人在内国法律上是否被认可是内国行使主权的行为，一般来说应依内国法办理。外国法人的认许在国际民事交往中有重要意义，是外国法人进入内国从事民事活动的前提。

对外国法人的认许一般有下列方式：(1) 通过缔结国际条约相互认许。(2) 通过国内立法对外国法人进行认许。这种认许又有三种具体方式：第一，特别认许制，即通过特别批准的程序加以认许，内国可基于国家利益或行政理由拒绝认许。第二，一般认许制，即内国对外国法人，不问其属于何国，只要是营业性法人，不必办理特别认许手续，也无须登记核准，便可以在内国从事业务活动。第三，概括认许制，即内国对属于某一外国的特定的法人概括地加以认许。如法国于1957 年 5 月 30 日制定了一项法律，承认凡经比利时政府许可而成立的法人，均可在法国行使其权利。我国对于外国法人到中国从事贸易活动，采取一般认许制，但对外国公司在我国设立常驻机构，采取特别认许制。1980 年 10 月 30 日国务院《关于管理外国企业常驻代表机构的暂行规定》第 2 条对此有明确规定。对外国来华投资，因合同要逐项审批，也可以认定为特别认许制。

(李仁玉 卢志强)

waiguo gongsi

外国公司（foreign company） 以营利为目的，依照外国法律登记，并经本国政府认可，在国内进行营业的公司。公司的国籍确定，各种学派说法不一，比较典型的有：(1) 认可说，即公司设立的最后程序所在国家即公司国籍。(2) 股东国籍说，即多数出资额股东所在国为公司国籍。(3) 住所地国籍说，即公司住所设于其内的国家为公司国籍。(4) 营业中心地主义，即主要营业地为公司国籍。(5) 设立行为地说，即公司设立行为所在地为公司国籍。(6) 准据法说，即公司依何国法律登记。外国公司要取得其在公司法中的含义和地位，必须符合定义中的条件。对于外国公司的认可，一般国家、政府在法令、法规中都详细规定了具体条件。《中华人民共和国公司法》规定：本法所称外国公司是指依照外国法律在中国境外登记成立的公司，外国公司在中国境内设立机构，必须向中国主管机关提出申请，并提交其公司的章程、所属国公司登记证书等有关文件，经批准后，向公司登记机关依法办理登记手续，领取营业执照。经批准设立的外国公司分支机构，在中国境内从事业务活动，必须遵守中国的法律、法规，不得损害中国的社会公共利益，其合法权益受中国法律保护。

(王亦平)

waiguo gongsi fuzeren

外国公司负责人（representative of foreign company） 经认许后的外国公司在内国为从事营业而设立的分支机构或子公司的负责人。多数国家在对外国公司认许时都要求外国公司指定其在内国的负责人，《中华人民共和国公司法》第 201 条规定，外国公司在中国境内设立分支机构，必须在中国境内指定负责该分支机构的代表人或代理人。这里的代理人或代表人就是外国公司负责人。我国台湾地区公司法第 372 条第 2 款也规定，外国公司应在台湾内指定其诉讼和非诉讼代理人，并以之为在台湾的公司负责人。

外国公司负责人的权利包括：(1) 亲自向内国提出外国公司认许申请，这时该申请人应附送其国籍的证件及本公司的授权证书。(2) 委托代理人向内国提出外国公司认许申请，要附上外国公司负责人对代理人的授权委托书。(3) 有权代理公司在内国从事经营活动。(4) 代表公司参加诉讼。(5) 担当公司的清算人。外国公司负责人承担的义务和责任，我国台湾地区公司法规定，外国公司负责人违反法令违法经营的，应与外国公司对此负连带责任；外国公司及分支机构解散后，如果外国公司在台湾地区的负责人有违法的清算行为应承担连带责任。对担当外国公司负责人的条件，除有特殊要求外，可参照内国公司负责人的相关规定。当外国公司负责人因有事离开内国或更换时，应在离境或更换前，另行指定负责人，并将其姓名、国籍住所或居所向主管机关登记，同时附送授权证书或委托书。

(李四海)

waiguo gongsi guoji

外国公司国籍（nationality of foreign company） 外国公司与其所属国的一种永久联系，是区别外国公司和本国公司的根本标志。随着国际商事交往的日益密切，公司逐渐成为国际商事法律关系的主体，国籍一词由自然人借用到公司，以区分外国公司和本国公司，判断商事法律关系是否为国际商事法律关系。不明确外国公司国籍，就不能根据所参与的国际条约和双边协定针对不同国家的外国公司给予相应的待遇。按照多数国家的立法和实践，公司的行为能力和权利能力受属人法支配，外国公司国籍是属人法的主要依据之一。外国公司国籍的确定是个复杂问题，各国有不同的主张，如认许说、准据法说、住所地说等。
(李四海)

waiguo gongsi jiandu
外国公司监督(supervision of foreign company)　是有关机关对外国公司在内国的相关行为进行的监督，一般分为认许前的监督、认许申请中的监督和认许申请后的监督。我国对外国公司分支机构的监督机关是外国公司分支机构的主管机关和其注册登记机关。

认许前的监督，一般是对外国公司在被认许前禁止在内国从事营业行为的监督。如《中华人民共和国公司法》第 226 条规定，外国公司违反本法规定，擅自在中国境内设立分支机构的，责令改正或者关闭，并可处以 1 万元以上 10 万元以下的罚款。《日本商法典》第 481 条规定，(1) 外国公司在进行第 479 条的登记前，不得在日本进行连续性交易。(2) 违反前款规定进行交易者，就交易与公司负连带责任。并准用第 498 条：对在公司成立以前以公司名义经营业务者，处相当于设立公司的注册许可税额的罚款。我国台湾地区公司法规定：外国公司未经认许，不得依公司名称经营业务或进行其他法律行为，否则其行为人自负其责，并处以台币 3000 元以下的罚金。

认许申请中的监督，主要是对认许申请的实质审查，一般是通过登记制度实现的。主要包括以下内容：(1) 外国公司负责人的设置和登记；(2) 运营资金的拨付；(3) 所设立分支机构的名称；(4) 外国公司本部对其分支机构债务负担的规定；(5) 公司分支机构的登记等。

认许后的监督，多是对公司进行营业情况和账簿的检查与其解散后，对颁发的相关证件的收回及其清算前不得将其在内国的财产移出国外。台湾地区公司法规定：外国公司在认许后，主管机关在必要时可以查阅有关营业簿册文件。《日本商法典》第 484 条规定，于下列情况，法院可以根据法务大臣、股东、债权人或其他利害关系人的申请，关闭外国公司的营业所：(1) 依不法目的设置营业所时；(2) 无正当事由，在进行第 479 条的登记后 1 年不开始营业或停业 1 年以上时，或无正当理由而停止支付时；(3) 外国公司代表人或营业所其他业务执行人，不顾法务大臣的书面警告，连续或反复实施逾越或滥用法定的公司权限的行为或违反刑罚法令的行为时。我国《公司法》第 205 条规定，未清偿债务之前，不得将其分支机构的财产移至中国境外。对外国公司的监督，可参照内国公司法对本国公司监督的相关规定。
(李四海)

waiguo gongsi qingsuan
外国公司清算(liquidation of foreign company)　当外国公司在内国的分支机构或者子公司解散后，必须按照内国的法律规定进行终结现存的法律关系，了结债权债务，清理、处分公司资产，使公司归于消灭的法律行为。外国公司清算的原因包括：(1) 自愿终止营业，如外国公司申请对其认许撤回，除合并或破产外的自愿解散。(2) 强迫终止营业，如内国对其认许的撤销。《香港公司条例》规定：外国公司及分公司清算原因有两种，一是自愿结束营业，二是出现法律规定的情况由法院强制结束营业。

外国公司清算的清算人，自愿解散进行的清算，一般由外国公司在内国的负责人或在内国分公司的经理人担当；强迫解散进行清算时，由法院选任。外国公司在清算范围内，视为尚未解散。清算期间，是否允许其为了结债务及有利于清算进行暂时性营业，多数国家对此持否定态度。在清算完结前，各国均是不允许外国公司将其在内国的财产移出国境的，除了清算人为了执行清算外，不允许对其进行处分。《中华人民共和国公司法》第 205 条规定，未清偿债务之前，不得将其分支机构的财产移至中国境外。清算债务应先由外国公司在内国的财产进行清偿，当不能完全清偿时，由外国公司用其他财产继续进行清偿。对清算后的未了结债务，仍应由该外国公司对其负责清偿，是为充分保护内国债权人，防止外国公司滥用有限责任原则在内国进行恶意的活动。有的国家还规定了外国公司清算人违反清算程序或在清算中移出境内的财产和擅自处分财产时，应对外国公司在境内的债务负连带责任。许多国家规定，外国公司在国外的分支机构结业清算时，依其性质适用分支机构所在国公司法有关公司清算相关程序的规定。我国《公司法》第 205 条规定，外国公司撤销其在中国境内的分支机构时，必须依法清偿债务，按照本法有关公司清算程序的规定进行清算。
(李四海)

waiguo gongsi renxu
外国公司认许(recognition of foreign company)　依某一国家有效成立的公司，要在另一国从事商事活动，首先必须得到另一国承认和许可，才能在另一国允许的范围内从事商事活动，另一国对其的承认和许可就是外国公司认许。外国公司认许就是内国政府承认外国公司在内国具有法律人格，并赋予其本国的权利能力和行为能力，允许其在内国进行商事活动的行为。它是外国公司进入内国从事商事活动的前提。

外国公司的认许涉及：(1) 外国公司在有关国家法律上是否已经有效成立的问题，即根据外国公司的属人法关于公司成立的规定判断外国公司是否已经有效成立,这是内国对外国公司的法律人格存在与否事实上的认定。对依外国法律未有效成立的外国公司,内国不会予以认许。(2)依外国法有效成立的外国公司在内国法律上是否被允许在内国从事商事活动的问题,即依内国法判断外国公司在内国是否具有权利能力和行为能力,是否能独立享有权利和承担义务的问题,是内国对外国公司的法律人格存在与否在内国法律上的认定。外国公司认许必须同时适用两个法律:一是外国公司属人法,二是内国的外国公司法,后者主要是用来规定外国公司能否在内国从事活动、活动范围、权力限制和外国公司监督与清算等。外国公司认许不具有任何创设效果,只是使外国公司在其本国内具有的资格在内国得到承认,不是在内国创设一个新的公司,也不是内国把外国公司变成内国公司。

外国公司在内国法律上是否被认许,是内国行使主权的行为,应由内国在不违反所参加的国际条约和双边多边协定的前提下,根据本国的对外经济政策和实际情况自主决定,任何国家不得强制别国对外国公司认许。

各国的外国公司认许制度并不一致,但外国公司被认许在内国或直接设立子公司或设立分支机构后,只要在内国法律允许的范围内从事商事活动,这类行为应是有效的,能得到内国法律保护。各国的认许制度有:(1)相互认许制。就是有关国家通过制定条约保证相互认可各自的公司。(2)一般认许制。就是内国对于外国公司,不问其所属何国,一般都加以认许。(3)特别认许制。就是内国对外国公司通过特别登记或批准程序加以认许。(4)分别认许制。就是内国对于不同性质、不同种类的外国公司采取不同的认许方式。我国采取特别认许制。　　　　　　(李四海)

waiguo huipiao

外国汇票(foreign bill of exchange) 本国汇票的对称。英美法上规定的一种汇票。英国票据法规定的外国汇票是指除去完全在英国境内或在不列颠群岛境内开立汇票和付款,并以境内居民为付款人的汇票之外的所有汇票。美国法规定的外国汇票是指除出票和付款在美国各州和地区以及哥伦比亚特区的任何汇票外的所有汇票。可见英国法和美国法上的外国汇票的含义并不相同。将汇票分为本国汇票与外国汇票的意义在于,对于外国汇票,无论以什么理由拒绝,都必须作成拒绝证书;而对于本国汇票,则由持票人任意选择是否作成拒绝证书。　　　　　　(王小能 温慧卿)

waiguoren

外国人(foreigner) 居住在某国境内但不具有该国国籍的人。在我国,外国人包括外国国籍的人、无国籍的外国人,在法律上,还包括外国法人。华侨因未放弃我国国籍,不属于外国人。外国人的地位与权利能力,因时代不同而有别。罗马法时代,对外国人采取差别待遇,罗马人适用市民法,罗马以外的人适用万民法。近代以来,各国法律承认外国人具有权利能力。赋予外国人权利能力,在体例上有两种主义,一为相互主义,一为平等主义。相互主义,又分为条约上的相互主义和法律上的相互主义,前者即以条约赋予对方国民权利能力,《法国民法典》第11条采此主张;后者即以法律规定,本国国民在他国享有权利能力时,也给予该国国民以权利能力,《奥地利民法典》第33条采此主张。平等主义,是指本国人和外国人的权利能力原则上一律平等。现代民法以平等主义为基本原则,但对外国人的权利能力作例外性限制。《中华人民共和国民法通则》第8条对外国人的权利能力采平等主义。

(李仁玉 陈敦)

waiguo zhongcaicaijue de chengren he zhixing

外国仲裁裁决的承认和执行(recognition and enforcement of foreign arbitral awards) 根据1958年订立的《承认及执行外国仲裁裁决的公约》(纽约公约)的规定,各缔约国应对声请承认执行的所在国以外的国家领土内所作成的仲裁裁决的拘束力予以承认,并应依援引裁决地的程序规则及本公约各条所载条件执行的行为。承认或执行适用于本公约的仲裁裁决时,不得较承认或执行国内仲裁裁决附加过苛的条件或征收过多的费用。声请承认和执行的一方,为取得缔约国的承认及执行,应在声请时提具原裁决的正本或其正式副本和当事人所签订的仲裁协议的原本或其正式副本。裁决只有于受裁决援用一方向声请承认及执行的主管机关提交证明有下列情形之一时,才可以请求拒绝承认及执行:(1)仲裁协定的当事人依据对其适用的法律由某种无行为能力情形者,或该项协定以当事人作为协定准据的法律系属无效,或未指明以何法律为准时,依裁决地所在国法律系属无效者;(2)受裁决援用一方未接获关于指派仲裁员,或仲裁程序的适当通知,或因其他原因未能申辩者;(3)裁决所处理的争议非为交付仲裁范围的标的,或不在其条款之列,在裁决载有关于交付仲裁范围以外事项之决定者,但交付仲裁事项的决定部分得予承认及执行;(4)仲裁机关的组成,或仲裁程序与当事人各方的协议不符,或无协议而与仲裁地所在国法律不符者;(5)裁决对各方尚无拘束力,或业经裁决地所在国,或裁决所依据法律的国家的主管机关撤销,或停止执行者。

此外,若声请承认及执行地所在国的主管机关认定有下列情形之一者,可拒不承认及执行仲裁裁决:(1)依该国法律争议事项系不能以仲裁解决者,(2)承认或执行裁决有违该国的公共政策。1986年12月2日第六届全国人民代表大会常务委员会第18次会议决定:中华人民共和国加入《承认及执行外国仲裁裁决的公约》。同时声明:中华人民共和国只在互惠的基础上对另一缔约国领土内做出的仲裁裁决的承认和执行适用该公约;中华人民共和国只对根据中华人民共和国法律认为属于契约性及非契约性商事法律关系所引起的争议适用该公约。 (张平华)

waihunzhi

外婚制(exogamy) 内婚制的对称。缔结婚姻时必须在一定范围的人以外选择配偶;在上述范围以内,存在着严格的婚姻禁例。最初的和狭义上的外婚制专指氏族外婚制,同一氏族的男女成员不得互为配偶。这种外婚制既是氏族社会的通婚原则,又是氏族的最高组织原则,是氏族借以产生和赖以维系的根本条件。过去有的学者曾将氏族分为外婚制氏族和内婚制氏族两种,其实一切氏族都是毫无例外地实行外婚制的,相互通婚的是同一部落中的不同氏族。上述谬误的发生,在于将氏族和部落混为一谈。广义上的外婚制则不以氏族外婚制为限,各个时代、各个民族的禁止内婚范围不尽相同。如我国古代同姓不婚,韩国古代禁止同籍贯的同姓者结婚等。近、现代各国婚姻法除禁止一定范围的亲属通婚外,则无其他必须外婚的限制。

(杨大文)

wailai yuanyin

外来原因(external factor) 正当理由的对称。免责事由的一种。行为人在实施行为过程中发生的外在的造成损害的客观因素。构成外来原因的条件为:(1)该因素是在行为人实施行为过程中或实施行为后发生的;(2)该因素非行为人主观意志决定所能控制的;(3)该因素与行为人的行为是独立的;(4)一般是导致损害产生或扩大的直接原因,此时行为人往往因为外来原因而免责。外来原因包括:意外事件、不可抗力、第三人或受害人的行为。除法律另有规定外,外来原因是免除民事侵权责任的条件或事由。参见意外事件、不可抗力、第三人过错、受害人过错条。 (张平华)

waiqin

外亲(in-laws) 宗亲的对称。封建旧律上亲属分类之一种,以女系亲为中介而联络的亲属。在"同姓不婚"、"男娶女嫁"、"妻从夫姓"的古代社会,外亲也就是与自己有血缘关系的外姓亲属。首先是母族(《尔雅》中称母党),即母亲的父母(外祖父母)、兄弟姊妹(舅、姨)及其子女(表兄弟姊妹);其次是出嫁族,包括姑之夫族,即姑母的丈夫(姑夫)及其子女(表兄弟姊妹);姊妹之夫族,即姊妹的丈夫(姊妹夫)及其子女(甥子女);女儿之夫族,即女儿的丈夫(女婿)及其子女(外孙子女)。

(张贤钰)

waizi baoxianjigou zhuhua daibiaojigou guanlibanfa

《外资保险机构驻华代表机构管理办法》(Provisions on Management of Representative Agencies in China of Foreign Insurance Institutes) 规定外资保险机构驻华代表机构管理的部门规章。1999年11月26日由中国保险监督管理委员会发布施行。原由中国人民银行于1996年4月29日发布的《外国金融结构驻华代表机构管理办法》、1997年5月15日发布的《外资金融机构中、高级管理人员任职资格暂行规定》和1997年7月30日发布的《〈外资金融机构中、高级管理人员任职资格暂行规定〉补充规定》中的相关部分规定与本办法不符的,以本办法为准。旨在适应中国保险市场对外开放的需要,加强对外资保险机构常驻中国代表机构的管理。共5章,37条。

主要内容为:(1)外资保险机构驻华代表机构是指在中国境外注册的保险机构在中国境内获准设立并从事联络、市场调查等非经营性活动的派出机构。申请设立代表机构的外资保险机构应向中国保监会提交相关材料报批,包括设立申请书、营业执照(副本)或合法开业证明(副本)或注册登记证明(副本)、申请之日前3年的年报等。中国保监会经审查同意受理申请后,发给申请者正式申请表。申请者自提交设立申请材料之日起6个月内未接到正式申请表,视为其申请未予受理。经批准设立的代表机构,由中国保监会颁发批准书,有效驻在期限为6年,代表机构应在接到批准书之日起30日内到工商行政管理部门办理注册登记,并到当地公安、税务部门办理居留手续和个人所得税登记手续。在中国境内已设立2个及2个以上代表处的外资保险机构,可以申请设立总代表处。(2)代表处及其工作人员不得从事经营性活动,不得与他人签订可能给代表处或其所代表的外资保险机构带来收入的协议或契约。每个代表处的外籍工作人员不得超过3人。代表处有下列情况之一的,应当报中国保监会批准:变更首席代表;变更名称;展期;变更地址;撤销代表处。(3)中国保监会对代表处实行日常和年度检查制度。(4)代表处有违法或违规行为的,视情节由中国保监会分别给予以下处罚:警告或通报批评、限期改正;没收非法所得;取消总代表、首席代表、代表或副代表的任职资格;撤销代表处。

(刘凯湘)

waizi qiye faren

外资企业法人(foreign-owned enterprise) 企业法人

的一种。依照我国法律的规定,在我国境内设立的,全部资本由外国投资者投资的企业法人。

1. 外资企业法人的特征。(1) 全部资本由外国投资者投资,全部利润归外国投资者所有,全部风险和亏损由外国投资者独立承担。外国投资者可以是公司、企业、其他经济组织或者个人。(2) 外资企业法人是中国法人,是依据中国法律在中国境内设立的,受中国的法律管辖和保护。(3) 外资企业法人的组织形式为有限责任公司。外国投资者对企业的责任以其认缴的出资额为限,外资企业法人以其全部资产对企业的债务承担责任。(4) 外资企业的注册资本在经营期内不得减少,其增加或转让注册资本须经审批机关批准,并向登记机关办理变更登记。外资企业将其财产或者权益对外抵押转让,须经审批机关批准,并向登记机关备案。外国投资者可用机器设备、工业产权、专有技术作价出资,但以工业产权作价出资的,一般不得超过注册资本的20%。外资企业法人实行折中资本制。(5) 外资企业法人是独立的民事主体,它以自己的名义进行民事活动,独立承担民事责任。外国投资者对其债务不承担无限责任,这是与外国分支机构的显著区别。

2. 外资企业法人的设立。依据外资企业法的规定,国家鼓励举办产品出口或者技术先进的外资企业。禁止设立外资企业的行业包括:新闻、出版、广播、电视、电影;国内商业、对外贸易、保险、邮电通讯。限制设立外资企业的行业包括:公用事业、房地产、交通运输、信托投资、租赁。有下列情况之一的,申请设立的外资企业法人不予批准:(1) 有损中国主权或者公共利益的;(2) 危及中国安全的;(3) 违反中国法律法规的;(4) 不符合中国国民经济发展要求的;(5) 可能造成环境污染的。外国投资者在提出设立外资企业法人的申请前,应当就下列事项向拟设立外资企业所在地的县级或县级以上人民政府提交报告。报告内容包括:设立外资企业的宗旨;经营范围,规模;生产产品;使用的技术设备;产品在中国和外国市场的销售比例;用地面积及要求;需要用水、电、煤、煤气或者其他能源的条件及数量;对公共设施的要求等。县级或县级以上地方人民政府在收到报告之日起30日内以书面形式答复外国投资者。

外国投资者设立外资企业法人应当通过拟设立外资企业所在地的县级或县级以上人民政府向审批机关提出申请,并报送下列文件:(1) 设立外资企业申请书;(2) 可行性研究报告;(3) 外资企业章程;(4) 外资企业法定代表人名单;(5) 外国投资者的法律证明文件和资信证明文件;(6) 拟设立外资企业所在地的县级或县级以上人民政府的书面答复;(7) 需要进口的物资清单;(8) 其他需要报送的文件。

设立外资企业法人的申请由国家对外经济贸易部门或者国务院授权的机关审查批准。审查批准机关应当在接到申请之日起90日内决定批准或者不批准。国家对外经济贸易主管部门或国务院授权机关审查批准后,发给批准证书。外国投资者在接到批准证书之日起30日内应向国家工商行政管理局或国家工商行政管理局授权的地方工商行政管理局申请开业登记。登记主管机关应当在受理申请后30日内作出核准登记或不予核准登记的决定。申请开业登记的外国投资者经登记主管机关核准登记,领取营业执照后,外资企业法人成立。外资企业的营业执照的签发日期,为外资企业法人的成立日期。

(李仁玉 陈敦)

wanbei de zhengshi de qiyue
完备的正式的契约 (perfect and formal contract)

亦称密封合同、盖印合同。英美法中正式合同的一种,是一种要式契约。必须采取书面形式并且经过签名、盖印、封闭、交付等程序才能生效的合同。在历史上,此类契约最早为法院所承认并加以执行。起初,签订这种契约,需要举行隆重的仪式,现在,只要在契约上加一标签,写上"SEAL"或"L.S",蜡封并加盖印戳即可。依照传统普通法惯例,此类合同签字一般在无利害关系的见证人在场的情况下进行,交付文本通常以亲手交递方式进行。原则上,自出让人持合同交付受让人之日起正式生效。现在在英美法实践中,对形式要求不再如此严格。

完备的正式的契约除了具有在诉讼中强有力的证明力和强制执行的效力外,与其他类型的合同相比,还有两点不同:(1) 由于合同的严格形式,从交付之日起开始生效,因此相对方可能在接受合同时还不完全知晓合同的所有内容,承诺在此类合同中显然意义不大。而在其他类型的合同中,对要约的承诺,是合同成立必不可少的条件。(2) 密封合同不一定有约因的存在,其有效性在于形式的完备性,而不在其他。

按照英国法律,下列合同须采取完备的正式契约形式:(1) 合法地产转让及一切土地权在3年以上的租借契约等;(2) 转让英国轮船股份的契约;(3) 无对价因素的契约,如无偿赠与等;(4) 注册公司的组织章程等。在美国,完备的正式的契约与其他各种契约已没有什么太大的差别,大多数州的法律认为,没有对价的契约不能取得法律效力,即使采取了签字蜡封形式也不例外,这实际上已废除了完备的正式的契约的特殊效力。

(万 霞)

wancheng juzheng shuomingshu
完成举证说明书 (statement of discharging the burden of proof)

在船舶碰撞案件中,当事人据以说明自己举证已经完成的文件。根据《中华人民共和国海商法》

的规定,海事法院审理船舶碰撞案件时,当事人应当在开庭审理前完成举证。当事人只有完成举证并向海事法院出具完成举证说明书后,才可以申请查阅有关船舶碰撞的事实证据材料。 （王 青）

wanquan beishu
完全背书（endorsement in full） 空白背书的对称。背书的一种,又称记名背书、正式背书。背书人在汇票的背面或粘单上记载背书人、背书的意旨及被背书人的名称并签章的背书。根据《中华人民共和国票据法》的规定,完全背书的记载事项分为绝对应当记载的事项、相对应当记载的事项、任意记载事项、记载不发生票据法效力的事项和记载使背书行为无效的事项。应当记载的事项包括:背书人签章,被背书人的姓名或名称。相对应当记载的事项包括背书日期。任意记载的事项在我国《票据法》上仅规定了一种,即"不得转让"的记载,又称背书禁止。记载不发生票据法效力的事项在我国《票据法》上也仅规定了一项,即背书时所附的条件。记载使背书行为无效的事项在我国《票据法》上只有一项,即一部转让的记载。

完全背书取得汇票的持票人如果再次转让票据,必须再以背书方式进行。当然,此次背书方式可以是完全背书,也可以是空白背书。1995年5月10日通过的《中华人民共和国票据法》要求背书必须是完全背书。日内瓦法系禁止发行无记名本票,但是其背书形式不限于完全背书。完全背书的格式一般有如下两种:

完全背书（一）

票面金额让与		
王××		
	顾××	年　月　日
票面金额让与		
王××		
	李××	年　月　日

完全背书（二）

被背书人	背书人	年　月　日
李××	王××	年　月　日
刘××	李××	年　月　日
张××	刘××	年　月　日
毛××	张××	年　月　日

（王小能　胡冰子）

wanquan chengli de xintuo
完全成立的信托（completely constituted trust） 未完全成立的信托的对称。受托人已经实际占有由委托人提供的信托财产的信托。完全成立的信托的基本特征,在于不仅信托行为已由委托人实施完毕,并且受托人还已经实际占有了信托财产。完全成立的信托属于明示信托。这种信托只要符合法定条件即具有强制执行的效力。这里的强制执行特指通过法院强制受托人履行由完全成立的信托赋予的将信托利益交付给受益人的义务,它仅涉及到对这一义务的履行。 （张　淳）

wanquan minshixingwei nengli
完全民事行为能力（full capacity for civil conduct） 自然人通过自己独立的行为行使民事权利、承担民事义务的能力。在一般情况下,自然人成年时,不仅能够有意识地实施民事法律行为,而且能够理智地判断和理解法律的规定和社会共同生活规则,能够估计到实施某种行为可能发生的后果,及对自己的影响,因此,成年人被认为是具有完全的民事行为能力人。《中华人民共和国民法通则》第11条第1款规定,18周岁以上的自然人是成年人,具有完全的民事行为能力,可以独立进行民事活动,是完全民事行为能力人。我国确定自然人年满18周岁为完全民事行为能力人主要是考虑自然人的智力状况,而不是考虑自然人的经济状况。年满18周岁的自然人没有经济收入的,例如在校学习的大学生,在家待业的高中生,他们仍为完全民事行为能力人。他们年满18周岁时,应当由本人承担民事责任。本人没有收入的,由扶养人垫付。未成年人因劳动成年、结婚成年和其他法定理由成年而依法视为具有完全民事行为能力。

在我国,未成年人仅因劳动成年而视为完全民事行为能力人。《民法通则》第11条第2款规定,16周岁以上不满18周岁的自然人,以自己的劳动收入为主要生活来源的,视为完全民事行为能力人。根据《中华人民共和国劳动法》第15条的规定,16周岁以上的自然人享有劳动权。实际生活中,不少年满16周岁不满18周岁的自然人已参加劳动,有自己的劳动收入。如果仅有劳动收入但不能作为自己生活的主要来源的,则不视为完全民事行为能力人。视为完全民事行为能力人是一种法律上的推定,这种推定是建立在自然人以自己的劳动收入为主要生活来源这一事实基础上的,一旦这种事实不存在,即该类自然人失去职业,不以自己劳动收入为主要生活来源,就不应为完全民事行为能力人。 （李仁玉　陈　敦）

wanquan shouyang
完全收养（full adoption） 不完全收养的对称。养子女与其亲生父母之间的父母子女权利义务完全终止,而与养父母发生父母子女关系的收养。这种收养一般只允许收养未成年人。当今世界多数国家兼采完全收养与不完全收养两种制度,单纯采取完全收养的国家并不多。我国、日本、前苏联以及美国部分州采此制。《中华人民共和国收养法》第23条规定:自收养关系成立之日起,养父母与养子女间的权利义务关系,适用法律关于父母子女关系的规定。养子女与生父母的权利义务关系,因收养关系的成立而消除。 (马忆南)

wanquan wanzheng de xieyi
完全完整的协议(integrated contract) 部分完整的协议的对称。英美契约法上的概念。当事人双方的意图之中该协议不仅是完整的和最终的,而且是排他的,即排斥任何其他的外部证据的。该种协议不能用外部证据补充,即使用来补充的外部证据与协议的条款并不发生抵触。对于完全完整的协议,不允许用口头证据修改最终书面协议的意思。 (张平华)

wanquan wuxiao
完全无效(completely void) 法律行为的内容全部无效。例如,预先放弃时效利益的契约。无效原因存在于法律行为的内容的全部时,该法律行为当然全部不生效力。至于法律行为的一部分无效,该法律行为是否全部无效,在立法例上分别有:(1)罗马法例。依照罗马法,有效部分不因无效部分而受损伤的原则,无效部分不影响有效部分的效力。(2)英美法例。英美法以无效原因为条件时,则法律行为全部无效。若无效原因为担保时,则不发生无效问题,仅产生损害赔偿问题。(3)德、瑞法例。法律行为一部无效时致使行为全部无效。我国台湾地区民法采德、瑞法例。《中华人民共和国民法通则》第60条规定,民事行为部分无效不影响其他部分效力的,其他部分仍然有效。
(李仁玉 陈敦)

wanquan xingwei
完全行为(德 vollkommenes Geschäft) 非完全行为的对称。能完全发生法律效力的法律行为。学理上的概念。 (李仁玉 陈敦)

wanhun
晚婚(late marriage) 指男女均晚于法定婚龄若干岁始登记结婚。各国没有统一的界定标准。在我国,一般男25周岁、女23周岁以上初婚为晚婚。《中华人民共和国婚姻法》规定,晚婚晚育应予鼓励。无数事实证明,晚婚晚育对个人与家庭、社会与国家都无害而有益。 (马忆南)

wangzhuang zerenzhi
网状责任制(network liability system) 签发联运提单的多式联运经营人对货物的损害按发生损害的运输阶段的责任内容进行赔偿的一种制度。按照这种制度,签发联运提单的多式联运经营人,虽然对货物仍负全程运输责任,但是与同一责任制不同,它不是按同一责任内容负责,而是按发生损害的运输阶段的责任内容负责。例如,如果损害发生在海上运输阶段,按照海上货物运输法规处理;损害发生在铁路或者公路运输阶段,则按有关铁路和公路运输法规处理。 (张 琳)

weixian
危险(risk) 又称风险,自然界和人类社会中客观存在的,人类无法把握与不能确定的,足以造成社会财富的损毁或影响人的生命安全的潜在损失机会。危险具备以下特点:(1)客观性。在自然界中,各种自然灾害时有发生,如台风、雷电、泥石流、洪水等,它们的存在和发生是不以人们的意志为转移的。在人类社会中,意外事件和人为事件的不断发生,也是危及财产安全和人身安全的重要因素。虽然人为事件是由行为人的意志所控制,但是就整个社会而言,人为事件与意外事件一样有着客观存在的因素。(2)广泛性。人类所面临的风险是多种多样的,自然灾害、意外事故、人身伤亡、疾病等风险,存在于人类生活的各个方面。同时,随着生产力的不断发展和科学技术的进步,新的风险在不断产生,而且危险事故造成的损失也越来越大。例如,核技术的运用产生了核辐射和核污染的危险;航天技术的运用产生了巨额损失的危险等。(3)危害性。危险的存在,不仅潜在地威胁着财产和人身安全,而且在危险发生时,会造成经济上的损失。因此,危险不仅成为人们进行生产和生活的担忧,而且是社会财产和人身安全与健康的损害因素。

在保险法上,保险人所承保的危险不是全部危险,而是具备一定条件的危险。这种危险通常称之为"承保危险"或"可保危险",须具备如下构成条件:(1)危险的发生须具有不确定性。包括危险发生与否的不确定性、危险发生时间的不确定性和危险损失后果的不确定性。危险发生不确定性是指危险是有可能发生的,已经发生的危险、不可能发生的危险或肯定发生的危险,不构成承保危险;危险发生时间的不确定性是指危险虽肯定发生,但其发生的具体时间无法预料;危险损失后果的不确定性是指危险发生时将导致多大损失是无法具体确定的。(2)危险的发生须具有偶然性。危险是因当事人意料以外的原因而造成的。如果危险的发生系由于投保人、被保险人故意所致,如被保险人自杀或受益人谋杀被保险人,或者是由于保险标的本身的自然损耗等,则都应排除在承保危险之外。(3)危险的发生须具有适法性。危险发生的原因应当合法。如果危险的发生是由于违法行为所造成的,则不属于承保危险。如违背法律或者社会公德的危险事故,就不属于保险范围。(4)危险的范围须具有约定性。危险的范围应当由当事人事先约定。当事人没有约定的危险,不属于承保危险。因为如果没有危险范围的约定,则保险人的责任就无法界定。

(房绍坤 史卫进)

weixian baoliu

危险保留(hold of risk) 又称自留危险,对危险的自我承担,是管理危险的方法之一。一般而言,在危险发生的概率较低或损失程度较小,且损失后果可预测时,人们通常采用危险自留的方法。危险保留有主动与被动之分。主动自留危险是明知危险存在而采用自留危险的方法承担危险,如企业财务中提取损失后备金;被动自留危险是对已知或未知的危险,因未采取主动措施而导致的危险自担。由于受自身的承受能力的限制,自留危险的方法一般只用来应付损失发生率低、损失程度小的危险。

(史卫进)

weixian danwei

危险单位(unit of risk) 保险标的发生一次保险事故可能造成的损失范围,是保险人确定其能够承担最高保险责任的计算基础。

(房绍坤)

weixian fasheng de tongzhi

危险发生的通知(notice of occurrence of peril) 又称出险通知。依保险合同规定,在保险事故发生后,为便于保险人及时调查取证及确定责任,投保人或被保险人、受益人通知保险人保险事故已经发生。《中华人民共和国保险法》第22条规定,投保人、被保险人或者受益人知道保险事故发生后,应当及时通知保险人。保险人可以及时采取必要的措施,防止损失的扩大或保全保险标的的残余部分,减轻损失。同时,可以调查损失发生的原因,搜集证据,以保护其合法权益。也即是说,投保人、被保险人、受益人有在事故发生后通知的义务。

关于发出通知的期限,要求投保人、被保险人或受益人知道保险事故发生后,及时通知保险人。在实际中,应该结合当地交通、通讯条件,在合理的时间内通知保险人。保险事故的通知可以采用书面形式,也可以用电话、电报、传真、信函等方式通知保险人,只要能使保险事故发生的通知尽可能快速到达保险人。要求投保人、被保险人或受益人在知道保险事故发生后及时通知保险人,有利于保险人判断事故是否属于保险责任;其次有利于在保险事故发生后,迅速采取必要的措施,防止损失的扩大,减少不必要的损失。(温世扬)

weixian fenlei

危险分类(classification of risk) 人们识别危险,并在生活和生产经营中采取有效对策的主要依据。对于保险人而言,准确进行危险分类,是厘定保险费率、制订保险条款的基本前提。危险可以从不同的角度进行分类,主要有:(1)按危险的发生原因,危险可分为自然危险、社会危险、经济危险;(2)按危险的客体,危险可分为财产危险、人身危险、责任危险;(3)按危险的性质划分,可分为纯粹危险和投机危险;(4)按危险的影响范围,危险可分为特定危险和基本危险;(5)按危险的发生领域,危险可分为动态危险和静态危险。

(史卫进)

weixian huowu

危险货物(dangerous cargo) 货物本身的化学、物理性质不稳定,容易产生危险因素的货物。狭义认为,只有本质上危险的才是危险货物,如含水量过高的铁精矿。广义说认为,不论其本质如何,被主管机关列入危险品目录(如《国际海运危险货物名录》和我国《危险货物运输规则》)的货物即属之,即使其危险性不太大,或包装处理可将其危险性减为零。危险货物应当包括由于其积载可能造成船舶倾覆的货物。与普通货物相比,对危险货物的运输,要求比较严格,对危险货物的包装、标志和标签、积载、隔离、消防等都有特殊要求。因此,托运人必须依照有关海上危险货物运输的规定,妥善包装。危险货物的托运订舱必须按各类不同危险性质的货物分别缮制托运单办理订舱配载,以便船方按各种不同性质的危险物分别堆装运输。除普通货物共同需要的内容外,危险货物的托运人还需增加有关内容;需在配载时有特殊要求的,也应在托运单上列明,供船方安排舱位时参考。另外,托运危险货物时,托运人还应提交进出口商品检验局出具的按《国际海上危险货物运输规则》的要求进行过各项试验合格后的危险货物包装容器使用证书。如果托运人申报不实,不但可能承担损害赔偿责任,而且还须承担其他法律后果。根据《中华人民共和国海商法》第68条,托运人托运危险货物,未将其正式名称和性质以及应当采取的预防危害措施书面通知承运人或通知有误的,承运人可以在任何时间、任何地点根据情况需要将货物卸下、销毁或者使之不能为害,而不负赔偿责任。托运人对承运人因运输此类货物所受到的损害,应当负赔偿责任。承运人知道危险货物的性质并已同意装运,仍然可以在该项货物对于船舶、人员或者其他货物构成实际危险时,将货物卸下、销毁或使之不能为害,而不负赔偿责任,但是不影响共同海损的分担。"

(张 琳)

weixian huowu he weijinpin tiaokuan
危险货物和违禁品条款(dangerous and illegal cargo clause) 海上货物运输合同中的一种特殊条款。托运人与承运人签订的运输合同中,对危险品的运输会有明确的责任划分,在承运人的提单中也有相应的规定:货方除应按照装运此种危险品应遵守的法律、法规和规定,将其妥善包装、清晰标注、加附货签之外,并且还应将其正确品名、性状以及所应采取的预防措施书面通知承运人。在实践中,承运人不可能认识和了解所有的危险品和违禁品以及所应采取的预防措施,这就需要由货方主动告知。货方的这一告知义务是绝对的。如货方违反上述义务,则承运人可将该货卸岸、销毁或使之无害,而不予赔偿,而且货方还应装运此种货物而造成的任何灭失、损害或费用对承运人承担责任。在已知悉危险货物的性质并已同意装运的情况下,如该货对船舶、船员及船上其他人或其他货物构成实际危险,承运人也可将其卸岸、销毁或使之无害而不予赔偿。但不影响对共同海损的分摊。这也是我国海商法中所规定的。

由于各国对违禁品的规定以及处罚不尽相同,因此,在托运人与承运人签订的运输合同中,对违禁品的运输亦会有相应的规定:无论何时发现承运的货物或货物的包装属于违禁品,或在运输中为装货港、卸货港、挂靠港或任何地方、水域的任何法律或规章所禁止,承运人有权将货物予以处置使其无害,或弃海或卸下或由承运人任意处置而不予赔偿。货方应就任何直接或间接地由该运输所引起的,或造成的任何灭失或损坏及承运人的赔偿责任,包括运费损失,承担责任并向承运人赔偿。在对违禁品的规定中,不仅规定了货物本身是违禁品的情况,还包含了货物的包装是违禁品的情况。这是因为即使承运人知道货物不是违禁品,也不可能知道货物的包装是不是违禁品。如果货物或其包装是违禁品,承运人有权将其处置使之无害而不予赔偿,而货方应就任何直接或间接地由该运输所引起的,或造成的任何灭失或损坏及承运人的赔偿责任,包括运费损失,承担责任并向承运人赔偿。

(宋春风 金 强)

weixian shigu
危险事故(accident of risk) 造成财产损失和人身伤亡的偶发性事件。只有危险事故的发生,才能导致损失的出现。在现实中,同一事件往往既是危险因素,又是危险事故。当它是造成损失的间接原因时,属于危险因素;当它是损失的直接原因时,就是危险事故。例如,暴雨使路滑造成车祸致人死亡,暴雨是危险因素,车祸是危险事故。

(史卫进)

weixian yinsu
危险因素(complication of risk) 危险事故发生的潜在原因,包括物质因素、道德因素和心理因素。危险的物质因素是客观事物本身所具有的,足以引起或增加损失概率和损失程度的原因和条件;危险的道德因素是因人的品质所决定的,故意引起财产损失和人身伤亡发生的主观条件;危险的心理因素是由于人的过失以致增加危险发生的概率和损失程度的主观因素。危险的道德因素和心理因素虽同属于主观因素,但两者有着明确的划分界限,即是以人的主观上是故意和过失为划分标准。

(史卫进)

weixian zeren
危险责任(abnormally dangerous) 指特定企业、特定装置、特定物品所有人或持有人,在一定条件下,不问其有无过失,对于因企业、装置、物品本身所具危险而生之损害应负赔偿责任。危险责任具有下列特征:(1)归责事由是危险;(2)危险活动可分为一般危险活动及特别危险活动。一般危险责任适用中间责任,特别危险活动适用无过失责任。大陆法系民法在19世纪即承认危险责任,后形成庞大体系,但为维持民法典过失一元归责体系,一般都将危险责任规定在特别法。我国学者对危险责任有两种看法:(1)狭义说。认为危险责任仅指《中华人民共和国民法通则》第123条规定的高度危险作业致人损害的民事责任为,从事高空、高压、易燃、易爆、剧毒、放射性、高速运输工具等对周围环境有高度危险的作业造成他人损害的,应当承担民事责任。(2)广义说。认为危险责任应该成为与过失责任并列的归责原则。无过失责任的别称。参见无过失责任条。

(张平华)

weixian zengjia de tongzhi
危险增加的通知(notice of increase of peril) 被保险人的合同义务之一。《中华人民共和国保险法》第37条规定,在合同的有效期内,保险标的的危险程度增加的,被保险人按照合同约定应当及时通知保险人,保险人有权要求增加保险费或者解除保险合同。被保险人未履行前款规定的通知义务的,因保险标的危险程度增加而发生的保险事故,保险人不承担赔偿责任。保险合同条款中也常订有危险增加时,应于知悉后通知保险人的规定。所谓"危险增加",是指订立保险合同时所未预料到的危险发生可能性的增加。订约时已预料到的危险和危险事故发生过程中危险程度及危险因素的不断升级不在此列。判断危险增加的主要标准就是保险费率是否提高,如果应当增缴保险费,则为危险增加,否则不属危险增加。

在保险合同中,危险增加如是投保人或者被保险人的行为所致,应事先通知保险人;如并非投保人或者被保险人的行为所致,应于知悉后一定时期内通知保险人。投保人履行了危险增加的通知义务后,保险方应根据法律规定或者合同的约定增收保险费或解除合同。投保方应履行而怠于履行危险增加的通知义务的,除不可抗力外,无论是否故意,即已构成保险人解除合同的原因,由此所发生的保险事故,保险人不负赔偿责任。在投保方履行危险增加的通知义务后,保险人未作任何意思表示,即视为默认,经过一定时期则丧失主张解除合同及增加保险费的权利。 (温世扬)

weixian zhuanyi
危险转移(transfer of risk) 为避免承担损失,采用合同约定的方式将危险损失责任转嫁给他人的一种规避危险的方法。转移危险是管理危险的一种重要方法,包括直接转移和间接转移两种形式。直接转移是指将存在危险的财产或经营业务直接转移给他人,以转嫁危险;间接转移是指将财产和经营业务中的危险以合同形式转让给他人,而财产和经营业务本身不发生转移。

危险转移有多种实现方式:(1) 转让。将可能发生危险的标的物转让给他人,通过所有权的转移,将与标的物相关的危险责任转嫁他人。(2) 转包。将经营中的企业、经营中的项目或工程,通过转包的方式交由他人承包经营,并约定承包人承担经营中一切损失,以此转嫁在该企业、项目或工程经营中的损失危险。(3) 保证。在保证合同中,主债权人通过保证人承担保证责任的方式,将主债务人不履行或不能履行偿债义务的危险,转移由保证人承担。(4) 保险。投保人以具有危险因素的财产或人身作为保险标的,向保险人投保并支付保险费,在约定的保险事故发生后,保险人对保险标的因事故造成的损失承担赔偿责任,即以保险合同的约定,将危险转移给保险人承担。(5) 免责协议。在业务或工作中,对于难以控制的危险,通过签订免责协议,约定对此种危险的发生不承担责任,如医生在进行复杂手术可能危及患者生命时,与患者或其家属签订的手术事故免责协议等。 (史卫进)

weihe
威吓(assault) 英美侵权法中故意侵权的一种。能够引起他人对即将发生的殴打产生合理警觉的行为,即被告的行为引起了他人对将要发生的伤害的警觉。威吓与殴打的区别是,殴打必须是身体上的接触,而威吓则没有身体接触,威吓使原告的心智而不是身体受到了触动。作为一种对被告行为的心理反应,威吓包括了害怕、羞辱等感觉。根据美国侵权法,用拳头向别人比划,用枪对准他人,气急败坏地追赶他人,用下流的语言调戏妇女使其害怕受到攻击等都构成威吓。一般而言,判断一项行为是否构成威吓主要看该行为是否引起了相对人的警觉,而不一定达到害怕的程度,但对方的警觉必须是合理的,并且,威胁必须是现实的。对于威吓的损害赔偿,原告只需要举证名义上的伤害,而不需举证实际伤害的存在。在威吓案件中,原告不仅可以获得精神损害的赔偿,还可以获得惩罚性损害赔偿。 (刘经靖)

weixie
威胁(threaten) 胁迫的一种。行为人一方以未来的不法损害相恐吓,使对方陷入恐惧,并因此作出有违自己真实意思的表示。 (李仁玉 陈敦)

wei tarenliyi baoxian
为他人利益保险(insurance for other's profit) 投保人以自己名义,为他人利益订立保险合同并由被保险人或受益人享有保险赔偿或给付请求权的一种保险。为他人利益保险包括三种情况:(1) 投保人以自己为被保险人,指定他人为受益人;(2) 投保人以他人为被保险人,指定他人为受益人;(3) 投保人以他人为被保险人,没有指定受益人。在为他人利益保险中,投保人是保险合同的订约人,并按照约定支付保险费,但投保人并不享有保险赔偿或给付请求权,该请求权属于投保人之外的被保险人或合同中指定的受益人。 (史卫进 房绍坤)

wei zhijiliyi baoxian
为自己利益保险(insurance for one's own profit) 投保人以自己的名义,为了自己利益订立保险合同并由自己享有保险赔偿或给付请求权的一种保险。为自己利益保险有以下两种情况:(1) 投保人以自己为被保险人,且未指定他人为受益人;(2) 投保人以他人为被保险人,指定自己为受益人。 (史卫进)

weifa bu zuowei
违法不作为(illegal negative act) 违法作为的对称。违法行为的一种,又称消极违法行为。违反作为义务的违法行为。行为人依据法律或合同具有作为的义务,违反该义务而消极的不作为,即构成违法不作为。

如见亲友遭绑架,坐视不报警;孩童溺水,有义务救助而不加救助等。违法不作为往往因为本应中断却未中断导致损害事实发生的因果关系链,而需要承担法律责任。因违法不作为是以行为人负有作为义务为前提的,因而确定行为人是否有作为义务是确定其不作为是否违法的关键。为防止过分容易地认定作为义务,有的国家对作为义务作出明文规定。如《葡萄牙民法典》第486条规定:单纯的不作为只有因法律规定或法律行为应采取行为而违背采取该行为的义务时,才导致损害赔偿义务。理论上,一般的合同义务大多属于作为义务,因而违约行为主要体现为全部或部分不作为的形态。在侵权行为法中,作为义务的产生或者需要不作为人与受害人之间有特别紧密的关系,或者行为人对导致损害发生的危险源负有特别责任。前者包括:基于法律的强行规定或基于公序良俗而产生的作为义务;基于无因管理而产生的作为义务;基于先行行为而产生的作为义务等。后者包括:(1)基于社会活动安全注意义务为避免危险而产生的作为义务;因自己行为导致一定结果的危险,而负有防范义务,如驾车撞人纵无过失亦应将伤者送往医院;开启或维持某种交通或交往而产生的作为义务,如集会场所有缺陷,召集人或负责人应为必要的警告或采取安全措施;因从事一定营业或职业而承担防范危险的义务;(2)危险之除去在某人支配的范围,且只可期待某一人为之。对于违法不作为与损害之间的因果关系,有的认为实际上不存在因果关系。但是,可以通过"有……则不会发生……"的方法进行检验。

实践中违法不作为与违法作为的界限不是全部很清楚,并存在相互转化或介于作为与不作为之间的情况;如将一个花盆放到敞开的阳台边上的行为;明知当地居民会爬上船抢劫,却在船舱未加安全锁的情况下将船发往该港口;将行人撞倒而逃逸等。如果损害赔偿责任既存在于先前作为阶段也存在于后来的不作为阶段,对作为和不作为的分类就不再具有法律上的价值。在侵权行为法上应采吸收的理论,即事后的不作为被先前的作为所吸收。 (张平华)

weifa hetong
违法合同(illegal agreement) 又称非法合同,参见非法合同条。

weifa xingwei
违法行为(illegal action) 合法行为的对称。违反具有法律强制效力的法律、法规及公序良俗的受意思支配、有意识之人的作为与不作为。判断行为是否具备违法性或被告的行为是否为违法行为是归责的前提,亦即只有行为违法,行为人才会承担民事责任。违法行为可分为违约行为、侵权行为及其他法律特别规定的违法行为。因依法订立的合同受法律保护,在当事人之间具有拘束力,违反合同就是不合法律要求的,因此违约行为的违法性不证自明。在一般侵权行为中是否需要对行为的不法性进行判断,有不同的立法例。德国立法明确规定需要对行为不法性进行判断,按此立法例,过错与行为违法性分别揭示了侵权行为主观、客观两方面的内在规定性,换言之,只有将过错与违法性严格区分,才能在侵权责任中主张行为违法性这一要件;而法国法并不作这种区分。受过错客观化趋势的影响,我国有的学者对《中华人民共和国民法通则》106条的规定进行文义解释,认为我国法上侵权行为的构成要件中并没有行为违法性这一要件;但是多数学者不主张局限于对第106条进行字面意义的解释,认为应该承认行为违法性是侵权行为的构成要件之一。

按照判断行为违法性的侧重点不同,理论上存在结果不法、行为不法与折衷说三说。(1)结果不法说认为,对权利的侵害乃是违法性之指标,只有侵害行为有阻却违法事由存在时才不适用此一指标,参见阻却违法性事由条。该说对违法性的判断可概括为:权利侵害即违法,有阻却违法事由除外。(2)行为不法说认为,结果不法说在故意侵害他人权利的情形可以适用,因为故意侵害他人权利为法所禁止,其违法性可以径予认定,而在过失侵害他人的权利的情形,其违法性的成立则须以行为人未尽避免侵害他人权利的注意义务为必要。该说对违法性判断可概括为:注意义务的违反即为行为违法性,反之,虽侵害他人权益,但已尽必要注意义务,则行为不具有违法性。(3)折衷说认为,即使结果不法说,也是通过"结果不价值"以反证行为的违法性,侵害权利原则上即行为不法,在权利侵害上需要区分直接结果还是间接结果,如果造成权利的直接侵害,除非有阻却违法事由都承认违法行为存在;如行为间接导致损害结果,则行为是否为违法行为需要结合实施行为当时是否违反一般注意义务来加以判断。

由于权利法定及司法实践中依定型化权利加以判断的影响,权利侵害型侵权行为主要适用于权利内容可以明确界限的权利,如生命、健康、自由、所有权等,不能涵盖所有的侵权行为类型,从而侵权行为除权利侵害型的不法行为外,还应包括故意以违反善良风俗的方式侵害他人的利益,以及违反保护他人的义务的法律造成他人损害的行为。在侵权责任中,对加害行为的违法性的判断还可以按照作为与不作为的区分进行。参见违法作为条及违法不作为条。 (张平华)

weifaxing renshi
违法性认识(拉丁 ignorantia iuris neminem) 加害人对行为或结果违法性是否知悉的状态,并以此认识结果作为能否构成故意的必要条件。大陆法系民法上一般不规定故意的概念,而直接借用刑法上故意的概念,而刑法上故意一般要求违法性认识。对违法性认识的内涵计有三种学说:(1)故意说。认为故意须有行为人对违法性(违反义务性)的认识,而违法性的认识错误当然被排除在故意之外。如某医生为病人做某种手术,因误信其无说明义务而未为说明时,不构成故意,仅是过失。(2)限制的故意说。认为加害人虽然没有认识到违法性(违反义务性),但是如果对于客观上违法事实有所认识,则仍构成故意。(3)责任说。该说区分作为责任要件的故意与一般的故意,并认为一般的故意要求对构成要件当作事实的认识,而作为责任要件的故意,是指对违法的认识或有认识的可能性时,才有责任非难的可能,从而违法性认识错误应否负故意责任,视对违法性认识可能性有无而定。如甲明知某物为乙所有,但误信其有使用权而为使用时,依故意说,此属违法性认识错误,仅得构成过失侵害他人所有权;依责任说则得成立故意侵害行为。可见,依责任说加害人的行为比较容易构成故意行为。由于民法上损害赔偿以过错归责为原则,且故意、过失的区别在实践中意义并不太大,因此多数学者主张民法上应采故意说。我国刑法不以违法性认识为故意的构成要件,民法上也没有作类似规定的必要。 (张平华)

weifa zuowei
违法作为(illegal act) 违法不作为的对称。违行为的一种,又称积极违法行为。违反不作为义务的违法行为。行为人积极实施的、可从外部识别出来的违法行为。在合同法上,只有合同中规定不作为义务时,作为才能构成违约行为。违法作为在侵害绝对权的场合较易判断,因为在权利侵害型的违法行为中,任何人都负有不侵害他人权利的不作为义务,所以当加害人的作为作用于权利客体时,其行为就具有违法性。对于故意违反善良风俗的方式实施的行为,判断该行为的违法性必须结合行为人的主观心理状态是否为故意,以及行为的方式是否违反善良风俗进行。对于违反保护性法律的行为,判断该行为的违法性主要看行为人的作为是否违反保护性法律的规定。 (张平华)

weifan falü de minshixingwei
违反法律的民事行为(illegal civil acts) 违反法律禁止规定或强行规定的民事行为。民事法律行为的合法性要件是一消极概念,只要行为内容不违反法律的强制性规定和禁止性规定,就应认定为合法,而非行为具有法律依据。法律规范有任意性规范和强制性规范之分,排除适用任意性规范不为违法,不影响民事行为的效力,但违反法律的禁止性规定或强行规定的民事行为则为违法行为,其行为不受法律保护。在认定民事行为是否违反法律的禁止性规定或强行性规定时,一般只需证明这种违法的客观事实即可,至于这种行为是出于行为人的故意、过失或对法律的无知以及行为人的动机是否违法,在所不同。《中华人民共和国民法通则》第58条和《中华人民共和国合同法》第52条规定,违反法律的民事行为为无效民事行为。此处所称的违反法律,是指违反公法型法律,如雇凶杀人、买卖土地所有权,该类民事行为为无效民事行为应无疑问。至于民事行为违反私法型法律,其效力如何,应予以区别:(1)法律对该类行为的效力有规定者,依其规定,如租赁合同的期限不得超过20年,超过20年者,超过部分无效。(2)法律对该民事行为的效力未规定者,如结婚必须办理登记,未经登记的效力如何,法律并未直接规定,但应为无效。 (李仁玉 陈敦)

weifan hunyue de sunhaipeichang
违反婚约的损害赔偿(damages in a breach of marriage promise) 婚约因一方的原因而解除,尤其是因一方过错而致使婚约解除,无过错方要求过错方赔偿因婚约之不履行所遭受的损失。对此,各国法律有不同的规定。有的国家认为婚约不是独立的契约,不承认这是一种契约之债,所以任何人不得根据婚约而提起结婚之诉,也不得追究毁约人的违约责任。有的国家则把婚约视为以婚姻为目的的契约行为,因此,可以追究毁约人的违约责任。有的国家虽然在一定条件下,即以有过错为前提,规定了因婚约解除所生的损害赔偿责任,但是实行"责任法定"原则,即责任的类型与内容由法律确定,不承认当事人有约定责任类型与内容的权利。如在婚约中不得规定,若一方悔婚,需向受害人赔偿"青春补偿费",或在一方死亡时,生存者要为死亡者守节若干年等。在我国,婚约不过是男女双方将来缔结婚姻的事先约定,属于事实行为,因此,一方违反婚约,无论其是否有过错,均不能要求其承担损害赔偿责任。 (马忆南)

weifan shehui gonggongliyi de minshixingwei
违反社会公共利益的民事行为(civil acts against pubilc interest) 行为人实施的行为结果对社会公共利益造成损害的民事行为。在大陆法国家民法典和我国台湾地区民法中,称为违反公序的民事行为。这类民事行为是从行为结果的角度予以考察,而不是从行为的动机角度进行考察。社会公共利益的范围应如何确定,应根据社会的发展和时代需要予以解释。这类行为往往涉及行为内容不具妥当性,而非违法性。这类行为大致有:(1)行为的本身违反了社会公共利益,它又包括实行或鼓励实行有悖于整个社会生活最基本要求的行为,如鼓励赌博;以及故意不实行社会公共利益所要求的起码行为。(2)限制他人或自己权利能力或行为能力的行为。限制法律上的能力的行为仅及于特定的事项,不一定损害社会公共利益;如果这种行为违背了社会生活的基本准则,如约定永远不得结婚的契约,则该行为应属无效。(3)行为的本身也许不损害社会公共利益,但所附的条件损害了社会公共利益,如与国家机关工作人员约定,由其履行职务而给予报酬的行为。依照《中华人民共和国民法通则》第58条和《中华人民共和国合同法》第52条规定,违反社会公共利益的民事行为为无效的民事行为。

(李仁玉 陈 敦)

weiqi buchang
违契不偿(breach of contract) 中国古代法上债务人不按照契约清偿债务的行为。古代法对违约行为不仅规定了民事制裁措施,而且规定有刑事制裁。如依唐律,负债违契不偿,"一匹以上,违二十日笞二十,二十日加一等,罪止杖六十;三十匹加二等;百匹,又加三等。各令备偿。"为使债务人偿债,官府可强制债务人清偿,可牵制债务人债务即在债务额内债权人可以私力扣押债务人的财物,但"诸负债不告官司,而强牵财产,过本契者,坐赃论"。债务人也可以以自己的劳役或者其奴婢的劳役抵偿债务,或者以自己的牲畜供债权人役使以抵偿债务。

(郭明瑞)

weiyue
违约(breach of contract) 又称违反合同。合同当事人违反合同义务的行为。违约的主体只能是合同当事人,而不能是其他人;所违反的义务为合同当事人约定的义务,包括履行合同中依诚实信用原则而发生的附随义务,但不包括先合同义务和后合同义务。违约的形态多种多样,根据违约发生的时间可分为预期违约与实际违约;根据违约行为的性质和后果可分为根本违约与非根本违约。预期违约是在合同履行期到来前违反合同;实际违约是在合同履行期限到来后违反合同,又可分为不履行、不符合约定的履行(包括迟延履行、瑕疵履行、不完全履行)、其他违反合同义务的行为。根本违约又称为严重违约,指致使合同目的不能实现的违约行为;非根本违约又称一般违约,指虽违约但仍可实现合同目的的违约行为。违约所发生的法律后果是由违约人承担违约责任。参见违约责任条。

(郭明瑞)

weiyue de jiujifangfa
违约的救济方法(remedies for breach of contract) 合同当事人一方违约时法律所给予另一方当事人维护其合法权益的补救措施或补偿方式。违约行为不同,法律所规定的救济方法也有所不同。另外,各国法上对救济的方式和条件规定也不完全相同。《中华人民共和国合同法》第107条规定,当事人一方不履行合同义务或者履行合同义务不符合约定的,应当承担继续履行、采取补救措施或者赔偿损失等违约责任。违约承担违约责任就是对守约方的补救,因此,违约责任形式也就是违约的补救方法。另外,依《合同法》第94条规定,有下列情形之一的,当事人可以解除合同:(1)因不可抗力致使不能实现合同目的;(2)在履行期限届满之前,当事人一方明确表示,或者以自己的行为表明不履行主要债务;(3)当事人一方迟延履行主要债务,经催告后在合理期限内仍未履行;(4)当事人一方迟延履行债务,或者有其他违约行为致使不能实现合同目的;(5)法律规定的其他情形。依此规定,因一方违约而另一方依法可以解除合同时,守约方行使解除权解除合同也是一种违约的救济方法。

(郭明瑞)

weiyue dingjin
违约定金(arrha poenalis) 类似于违约金,即作为违约赔偿的定金。定金交付后,交付定金的一方如不履行合同,收受定金的一方可以没收其定金而不予返还;收受定金的一方不履行合同的,应双倍返还定金。具有间接的强制履行合同的效力,常兼有证约定金的作用。罗马法、德国法所规定的定金被认为具有此性质。

(万 霞)

weiyue guocuo zeren yuanze
违约过错责任原则(principle of fault liability on breach of contract) 又称违约过失责任原则,违约责任归责原则的一种。违约当事人只有有过错才承担违约责任的违约责任原则。实行违约过错责任原则,违约人的过错是其承担违约责任的必要条件。在违约责任的归责原则上有两种立法例。一是过错责任原则,一是无过错责任原则。违约过错责任原则源于罗马法。罗马共和国末期对债的履行确定了过失责任原则。这一原则为后世的大陆法系民法所继受。如《法国民法典》第1147条规定,凡债务人不能证明其不履行债务系由于不应归其个人负责的外来原因时,即使在其个人方面并无恶意,债务人对于其不履行或迟延履行债务,如有必要,应支付损害赔偿。《德国民法典》第276条规定:债务人除另有规定外,应对其故意或过失的行为负其责任。而英美法系国家,对违约责任一般采严格责任原则或无过错责任原则。如《美国合同法重述》(第2版)第260条规定:如果合同的履行义务已经到期,任何不履行都构成违约。但大陆法系国家在违约责任上也并不排除无过错责任的适用,英美法系国家对违约责任也并非在各种情况下都不考虑过错。我国原《经济合同法》第32条规定,由于当事人一方的过错,造成经济合同不能履行或者不能完全履行,由有过错的一方承担违约责任。对违约责任采取过错责任原则。《中华人民共和国合同法》第107条规定,当事人一方不履行合同义务或者履行合同义务不符合约定的,应当承担继续履行、采取补救措施或者赔偿损失等违约责任。对违约责任采取了严格责任原则。但《合同法》也规定了过错责任。参见违约责任条。

(郭明瑞)

weiyuejin

违约金(liquidated damages, default penalty) 当事人在合同中约定的或者法律直接规定的,一方当事人不履行或不完全履行合同时须给付对方的一定数额的金钱。关于违约金的性质,有不同的观点,大陆法系以违约金是否排斥强制履行或赔偿损失为标准分为赔偿性违约金与惩罚性违约金。前者不能与强制实际履行或赔偿损失并用;后者则可与强制实际履行或赔偿损失并用。在英美法系,违约金只具赔偿性,因为一方当事人无权对另一方当事人实行惩罚。我国在《中华人民共和国合同法》颁布之前,通说认为,违约金具有赔偿性和惩罚性双重性质。对于《合同法》规定的违约金是否具有惩罚性,观点不一。有的认为,违约金只具有赔偿性,而不具有惩罚性;有的则认为违约金具有赔偿和惩罚双重性。依我国《合同法》第114条第2款规定,违约金数额应与违约造成的损失大体相当,过高或过低的,可请求人民法院或仲裁机构予以减少或增加。因此,违约金实际上为预定损害赔偿金。同时依《合同法》第114条第3款规定,当事人就迟延履行约定违约金的,违约方支付违约金后,还应当履行债务。在罗马法上,违约金是一种债权担保方法。大陆法国家的许多国家也都认为违约金是担保主债务履行的一种担保形式。我国学者对于违约金是否为债的担保方式也有肯定说、否定说与折衷说不同的观点。从《中华人民共和国民法通则》、《中华人民共和国合同法》及《中华人民共和国担保法》规定看,违约金是合同责任形式的一种,而不是担保方式。因为违约金在合同中的约定并不能保证在债务人失去清偿能力时使债权获得满足,因而它不属于债的特别担保。从违约金作为民事责任的形式上说,违约金也有促使当事人履行合同的担保作用,但这只能属于债的一般担保。违约金常被分为:法定违约金、约定违约金、混合违约金;惩罚性违约金、赔偿性违约金、抵销性违约金;选择性违约金、排他性违约金。

支付违约金是违反合同的当事人承担的违约责任,除有违约行为外,还须具备以下条件:(1)须合同中或法律中有关于违约金的规定;(2)须违约方的违约行为属于应支付违约金的情形。违约金虽属于预定赔偿金,但其支付并不以实际损失为条件。如《国际商事合同通则》第7.4.13条规定,如果合同规定不履行方当事人应支付受损害当事人一笔约定的金额,则受损害方当事人有权获得该笔金额,而不管其实际损失如何。但若约定金额大大超过因不履行以及其他情况造成的损害,则可以将该约定金额减少到一个合理的数目。

当事人在合同中既约定违约金又有定金担保时,违约金与定金可否并用呢?对此,在《合同法》颁布前有三种观点:(1)认为违约金与定金二者的性质、功能不同,可以并用。最高人民法院曾在《关于在审理经济合同纠纷案件中具体适用〈经济合同法〉的若干问题的解答》中采取这种观点。(2)认为违约金与定金能否并用,不能一概而论,应具体分析。(3)认为违约金与定金二者不能同时并用,因为不履行合同应产生一个法律后果,不履行合同的当事人一方应承担的民事责任应以补偿对方由此而受到的损失为原则,而不应受到两种同一性质的惩罚。依《合同法》第116条规定,当事人既约定违约金,又约定定金的,一方违约时,对方可以选择适用违约金条款或者定金条款。因此,一方违约时,守约方可以选择请求违约方依违约金条款支付违约金,或者依定金条款丧失或请求双倍返还定金,但二者不能同时适用。

(郭明瑞)

weiyue mianze tiaojian

违约免责条件(exceptions of breach of contract) 又称违约免责事由。当事人违反合同时可以据以免除违约责任的事由。它是对方要求违约方承担违约责任时违约方主张自己不应承担责任的抗辩事由。包括法定免责事由和约定免责事由。法定免责事由,是由法律直接规定的免除或限制违约方本应承担的民事责任的事由。对于法定免责事由,当事人不必约定,但可以约定排除其适用。《中华人民共和国合同法》第117条规定:因不可抗力不能履行合同的,根据不可抗力的影响,部分或者全部免除责任,但法律另有规定的除外。依此,除法律另有规定外,不可抗力为免责事由。此外,《合同法》对具体合同的违约责任还规定了其他的免责事由,如该法第302条规定,在运输过程中旅客伤亡是旅客自身健康原因造成的或者承运人证明伤亡是旅客故意、重大过失造成的,承运人不承担责任;第311条规定,对于运输过程中货物的毁损、灭失,承运人证明货物的毁损、灭失是因不可抗力、货物本身的自然性质或者合理损耗以及托运人、收货人的过错造成的，不承担损害赔偿责任。约定免责事由是指当事人在合同中约定的虽违约但却可不承担违约责任的情况。约定有免责事由的合同条款称为免责条款。免责条款是对当事人未来违约行为的违约责任的免除或限制，因此免责条款只能是明示的，且成立于违约行为发生前，并不得违反法律的强制性规定。如果合同的免责条款依法为无效条款，则不能发生免除或限制违约方违约责任的效力。

（郭明瑞）

weiyue peichangjin

违约赔偿金（damages of breach of contract） 合同当事人的违约方因赔偿违约给对方造成的损失而给付给对方的一定数额的金钱，是违约方承担赔偿损失的违约责任的后果。赔偿损失是具有普遍适用性的民事责任形式，既适用于侵权行为，也适用于债务不履行行为。就违约责任而言，赔偿损失责任既可以单独适用，也可以与其他违约责任形式并用。如《国际商事合同通则》第7.4.1条规定：任何不履行均使受损害方当事人取得单独的损害赔偿请求权，或是与其他任何救济手段一并行使的损害赔偿请求权，除非不履行可根据规定予以免责。《中华人民共和国合同法》第112条也规定：当事人一方不履行合同义务或者履行合同义务不符合约定的，在履行义务或者采取修补措施后，对方还有其他损失的，应当赔偿损失。但依我国现行法规定，违约金具有预定赔偿金的性质，违约方不能同时既支付违约金又支付违约赔偿金。违约方给付违约赔偿金，除有违约行为外，还须具备以下条件：(1) 受害方受到损害，并且该损害是确定的，具有法律上的补救性。若损害是不确定的或在法律上无补偿必要和可能的，则违约方不承担赔偿损失的责任；(2) 受害方的损害与违约行为之间有因果关系，即受害方的损失是因违约方违约造成的，若违约方的违约行为不是受害方受损的原因，则违约方也不承担赔偿受害人损失的责任。

违约赔偿金一般只是对受害的当事人一方因债务人违约所受损失的补偿，因此其数额应以违约所造成的损失额为限。我国《合同法》第113条明确规定：当事人一方不履行合同义务或者履行合同义务不符合约定，给对方造成损失的，损失赔偿额应当相当于因违约所造成的损失，包括合同履行后可能获得的利益，但不得超过违反合同一方订立合同时预见到或者应该预见到的因违反合同可能造成的损失。在确定违约方的赔偿额上，要遵循完全赔偿规则、合理预见规则以及减损规则、损益相抵规则、过失相抵规则。依《合同法》规定，当事人可以在合同中约定损失赔偿额的计算方法。当事人有此约定时，应依其约定的计算方法，确定违约赔偿金金额。在当事人没有约定时，按照法律规定的方式确定违约赔偿金金额，也就是适用《合同法》第113条的规定。对赔偿额的计算有具体计算法与抽象计算法两种方法。具体计算法又称为主观计算法，是指根据受害人具体遭受的损失、支出的费用来计算赔偿额。抽象计算法又称为客观计算法，是指按照当时社会一般情况而确定赔偿额。具体应如何运用这两种方法，我国学者中有不同观点。(1) 认为除了法律规范已明确规定以实际支出的费用为准确定赔偿损失额外，只要存在着市场价格或国家规定的价格，就可采用抽象计算法确定赔偿额；(2) 主张在确定赔偿额上，应以客观方法为主，以主观方法为辅；(3) 认为一方面应允许当事人选择计算方法，另一方面可以适当地有条件地赋予法官以某些裁量权。应当承认，作为确定赔偿额的具体计算方法与抽象计算方法各有其存在价值，不同的条件下应适用不同的方法。若两种计算法都可适用，应以受害人选择的计算法来确定赔偿额。

（郭明瑞）

weiyue xingwei

违约行为（breach of contract） 合同当事人不履行合同规定的义务或其履行不符合法律规定和合同约定要求的行为，又称违反合同行为，是民事违法行为之一种。违约行为之实质在于非法侵害合同所产生的债权。因为合同债权的实现以合同债务的履行为条件，没有按法律规定和合同要求履行合同义务，债权就受到侵害。违约行为主体只能是合同关系的当事人。合同关系当事人以外的他人侵犯合同债权，属侵权行为。违约行为所侵害的对象，只能是合法的合同债权，侵犯合同债权以外权利（如知识产权、人身权等）属侵权行为而非违约行为。违约行为具有违法性，表现在行为人违反受法律保护的合同义务。

由于合同义务的形态多样，违约行为也各种各样。从合同义务履行上说，违约行为既包括不履行合同，也包括不完全履行或者不适当履行合同义务。从违约行为发生的时间上，违约行为可分为预期违约和实际违约两种形态。违约行为是违约责任的必要条件，没有违约行为，也就不可能发生违约责任。

（肖 燕）

weiyue zeren

违约责任（liability of breach of contract） 又称违反合同的民事责任。违约的法律后果，合同的法律效力之一。合同当事人一方不履行合同义务或者履行合同义务不符合约定所应承担的民事责任。作为民事责任的一种，既具有民事责任的一般法律特征，又有不同于其他民事责任的法律特点，主要表现在：(1) 违约责任是不履行合同债务所引发的法律后果。首先，违约责任以有效的合同债务为前提。合同不成立或者合同无效，不存在有效的合同债务，也就不会发生违约责任。其次，违约责任是当事人违反合同义务的结果。违反合同义务也就是当事人未按照合同的约定或者法律的规定履行自己的合同义务，无违约行为也就不会有违约责任。(2) 违约责任具有相对性和特定性。违约责任只能是特定的合同当事人一方向对方当事人承担的民事责任，而不可能由特定的合同当事人以外的人承担。即使因第三人导致债务人一方违约，或者违约行为损害了债权人以外的第三人的利益，违约责任也只能由合同债务人向合同债权人承担，而不能由第三人向债权人或者由债务人向第三人承担违约责任。(3) 违约责任只是财产责任。(4) 违约责任可以由当事人自行约定。合同当事人既可以约定承担或不承担违约责任的情况，也可以约定承担违约责任的范围、方式、赔偿的金额或者损失的计算方法等。但依《中华人民共和国合同法》第53条规定，合同中约定对造成人身伤害的行为、因故意或者重大过失造成对方财产损失的行为予以免责的免责条款无效。

关于违约责任的性质，历来有不同的学说，主要有担保说（认为违约责任是对债务履行的担保）、法律制裁说（认为违约责任是当事人不履行合同债务时依照法律或合同约定须承受的法律制裁）、补偿说（认为违约责任是违约当事人不履行合同时依法律规定或合同的约定给予另一方所受损失的补偿）、替代履行说（认为违约责任债务人不履行合同义务时，以法律的强制手段使债权人获得能够替代债务人正常履行债务时所应得到的给付）。我国《合同法》第107条规定，当事人一方不履行合同义务或者履行合同义务不符合约定的，应当承担继续履行、采取补救措施或者赔偿损失等违约责任。依此规定可见，违约责任的主要性质在于其补偿性。因为违约破坏了正常的合同关系，损害了守约方的合同利益，违约责任正是法律对守约方的救济手段，通过追究违约责任以补偿守约方因违约受到的损害。依我国《合同法》第120条规定，当事人双方都违反合同的，应当各自承担相应的责任。若一方的违约行为，侵害对方人身财产权益，则发生违约责任与侵权责任的竞合，依我国《合同法》第122条规定，受损害方有权选择依照合同法要求其承担违约责任或者依照其他法律要求其承担侵权责任。　　(郭明瑞)

weiyue zeren tiaojian
违约责任条件（conditions of liability of breach of contract）　又称违约责任的构成要件。合同当事人承担违约责任即违约责任成立应具备的条件。对于违约责任的条件，由于违约责任的归责原则不同，有不同的学说。(1) 单一要件说。认为违约责任的构成要件只是一个即违约行为。只要客观上存在违约行为，不论行为人有无主观过错，都应承担违约责任。(2) 二要件说。认为违约责任的构成要件应为两个，即违约行为与行为人的主观过错。不仅须有当事人违约的客观事实，而且还须行为人主观上有过错，才发生违约责任。(3) 三要件说。认为违约责任的构成条件包括违约行为、违约人的主观过错和违约的损害后果。(4) 四要件说。认为违约责任的构成要件，除违约行为、违约人的过错、损害后果外，还须违约行为与损害后果间有因果关系。《中华人民共和国合同法》第107条规定，当事人一方不履行合同义务或者履行合同义务不符合约定的，应当承担继续履行、采取补救措施或者赔偿损失等违约责任。该条未将过错作为违约责任的条件。因此，在一般情形下，违约责任的构成条件仅为违约行为，违约行为被称为违约责任构成的一般要件。但由于各种违约责任的归责原则不完全相同，违约责任的形式也不同，所以有的违约责任的承担条件，不仅须有违约行为，还须有违约方的过错；有的违约责任形式如赔偿损失，须有违约造成的损失；有的违约责任形式如支付违约金，须有当事人的约定。不同场合违约的责任、不同违约责任形式所须具备的条件，被称为违约责任构成的特殊条件。　　(郭明瑞)

weiyue zeren xingshi
违约责任形式（forms of liability of breach of contract）　违约当事人承担违约责任的具体方式。违约形态、后果不同，违约责任的形式也就不同。各国法上规定的违约责任形式也不完全相同。依据《中华人民共和国合同法》的规定，违约责任形式主要有以下几种：(1) 继续履行。又称强制实际履行，指一方当事人违反合同时应承担的按照合同约定继续履行合同债务的责任。违约方承担继续履行的责任，虽然是继续履行原合同约定的义务，但已不属于合同的正常履行。(2) 采取补救措施。当事人一方履行义务不适当的，应当采取措施使其履行符合法律规定或合同的约定。(3) 赔偿损失。违约给对方造成损失的，违约方应当赔偿因其违约给对方造成的损失。(4) 支付违约金。在当事人有违约金约定时，违约方应按照约定支付违约金。(5) 定金责任。当事人以定金担保合同履行的，给付定金的一方不履行约定的债务的，无权要求返还定金；收受定金的一方不履行约定的债务的，应当双倍返还定金。参见继续履行、违约赔偿金、违约金、定金条。违约责任形式选择适用的原则是：一方面应使受害者的损失得到充分弥补，另一方面也应将违约方的违约责任限定在受害方的履行利益范围内，以防当事人获得额外利益。　　(郭明瑞　肖　燕)

weizhang yongdian
违章用电（using electricity on violation of regulation） 供用电合同的用电人在用电中实施的违反国家有关法律、法规中关于安全用电的强制性规定的行为。用电人违章用电应承担如停止供电、赔偿损失等相应责任。

违章用电的表现形式多种多样，包括：(1) 擅自改变用电类别；(2) 擅自超过合同约定的容量用电；(3) 擅自超过计划分配的用电指标；(4) 擅自使用已办理暂停使用手续的电力设备或者擅自启用已被供电企业查封的电力设备；(5) 擅自迁移、更动或者擅自操作供电企业的用电计量装置、电力负荷控制装置、供电设施和约定由供电企业调度的用电人的受电设施；(6) 未经供电企业同意，擅自引入、供出电源或者将自备电源擅自并网。
(李成林)

weichi chuanbo
维持船舶（maintenance of the ship） 定期租船合同中规定由船方保持船舶船级及在整个服务期间内维修船体、机器和设备的条款。船东由于未适当履行该项义务而令租船人遭受损失的，租船人可以依据本条款向船方索赔。同时需要注意的是，除非定期租船合同本身清楚地规定船方必须绝对维修船舶令其处于良好状态，则船方维持船舶的义务只须达到一种合理的程度即可。
(张 琳)

weichi feiyong
维持费用（maintenance expenses） 维持费用的计算公式与航次营运费相同，即：航次营运费＝固定费用＋变动费用；固定费用＝船舶折旧费＋船员工资、给养＋船舶保险费＋船舶定期修理费＋企业管理费；变动费用＝燃料、物料费＋淡水费＋港口使费＋装卸费用＋共同海损分摊＋其他费用。但是，固定费用和变动费用的各项均是指在滞期期间的标准，而不是船舶营运中的标准，这一点不同于净营利损失中航次营运费的计算。船舶碰撞损坏修理与船舶所有人自己的修理项目一起进行的，维持费用、滞期损失的承担遵循下列原则：(1) 如能确切证明，在碰撞事故发生前，被碰船舶所有人安排了修船，而船舶所有人的修理项目和碰撞修理项目都不紧急，加害方不必赔偿受害方的滞期损失；(2) 如果碰撞损害的修理项目必须及时修复，同时又必须进行船舶所有人自己的修理项目，而碰撞损害修理时间并未超过船舶所有人项目的修理时间，加害方也不承担受害方的滞期损失；(3) 如果在碰撞损害修理前，被碰船舶即已构成推定全损，则加害方也不赔偿受害方的滞期损失；(4) 如果被碰撞的损坏项目无需即行修理，而将修复的时间推迟到船舶所有人自修项目一起进行，除非碰撞项目修理时间超过船舶所有人项目修理时间，否则加害方可不必赔偿受害方的滞期损失；(5) 如果被碰船舶发生两次碰撞事故，两次碰撞损坏都需要修理，而第二次碰撞事故损坏修理的时间未超过第一次碰损修理所需的时间，受害方的滞期损失就要由第一次碰撞的加害方承担；(6) 如果被撞船舶的受损项目需要修理，该船舶所有人有权利用此机会修理自己不急需修理的其他项目，只要修理时间不超过碰撞项目的修理时间，加害方必须赔偿受害方的滞期损失；(7) 如果碰撞损害和船舶所有人自己的项目都不必立即进行修理，但是在修理碰撞项目的同时，也修理了船舶所有人自己的项目，如果这些自修项目是合理的，修理时间又不超过碰撞修理项目的时间，加害方必须赔偿受害方的滞期损失；(8) 如果碰撞项目需要修理，在修理过程中，又发现需要修理的船舶所有人自己的损坏项目，只要船舶所有人自修项目的时间不超过碰撞损坏项目的修理时间，加害方应赔偿受害方的滞期损失。我国《关于审理船舶碰撞和触碰案件财产损害赔偿的规定》中关于维持费用的规定是指船舶修理期间，船舶和船员日常消耗的费用，包括燃料、物料、淡水及供应品的消耗和船员工资等。
(张永坚 张 宁)

weihu gongmu huo jinianbei de xintuo
维护公墓或纪念碑的信托（the trust of maintenance of cemetery or monument） 委托人出于维护公墓或具有历史价值或对社会公众具有教育意义的纪念碑之目的设立、并以使受托人将信托财产的本金或收益运用于对这些建筑物的保养与维修为内容的信托。它为英美信托法确认的一种信托品种，属于公益信托。
(张 淳)

weisibi yidingshu
《维斯比议定书》（Visby Protocol） 全称为《关于修订统一提单若干法律规定的国际公约议定书》，也称《1968年布鲁塞尔议定书》。是国际海事委员会制订，并于1968年2月在布鲁塞尔召开的外交会议上通过的对1924年《海牙规则》进行修正的文件。由于该议定书的准备工作是在维斯比完成的，故简称《维斯比议定书》。该文件不是一份独立的文件，而是对《海牙规则》的局部修改和补充，经修改后的公约称为《海牙－维斯比规则》，于1977年6月起生效。议定书共计17条。对《海牙规则》的修改和补充主要有以下几点：(1) 提高了《海牙规则》对承运人规定的赔偿限额及制定双重限额。凡属未申报价值的货物，赔偿限额为每件或者每单位1万金法郎，或者每公斤30金法郎，以高者为准。(2) 增加了集装箱货物运输的责任限制条款。

若提单上列明集装箱、托盘或者类似运输工具所装货物的件数,则此件数可以作为计算赔偿额的件数,否则,此种运输工具应当作为一件或者一个单位。(3)确立了提单在承运人和提单的善意持有人之间的最终证据的效力,从而明确了善意提单受让人的法律地位。(4)扩大了责任限制的适用范围。如果诉讼是对承运人的雇佣人或者代理人提起的,则这种雇佣人或者代理人有权援用承运人按照本公约可以援用的各项抗辩和责任限制。(5)扩大了公约的适用范围。公约规定,提单的签发地或者装货港在一个缔约国时,公约适用于该提单。公约还规定,如果提单规定受公约的约束,则公约应适用。(6)承认喜马拉雅条款,但是排除独立合同人得适用。(7)延长了诉讼时效,明确了经双方协议可以延长诉讼期限的规定。 (张 琳)

weicha

尾差(more or less clause) 卖方的实际交货数与合同规定的交货数量之间的差额。尾差不超过有关主管部门规定(没有主管部门规定的,由当事人约定)的范围的,双方互不退补;超过范围的,按照合同规定的数量计算多交或少交的数量。 (王卫劲)

weifu

委付(abandonment) 被保险人以保险标的的一切权利移转予保险人,而请求保险人给付全部保险金额的权利。被保险人若请求委付,应当在保险标的发生推定全损时,及时通知保险人其委付保险标的的意思,并且所为委付意思不得附加条件。在被保险人了为委付的意思表示时,保险人可以接受委付,也可以不接受委付。《中华人民共和国海商法》第249条规定,保险标的的发生推定全损,被保险人要求保险人按照全部损失赔偿的,应当向保险人委付保险标的。保险人可以接受委付,也可以不接受委付,但是应当在合理的时间内将接受委付或者不接受委付的决定通知被保险人。委付不得附带任何条件。委付一经保险人接受,不得撤回。实际上,委付应当为被保险人向保险人请求给付全部保险金额时应当履行的义务,目的在于贯彻财产保险的损害填补原则,即被保险人请求保险人给付全部保险金额,应当将保险标的委付予保险人。在被保险人做出委付的意思表示后,保险人有义务在合理期间内通知被保险人是否接受委付。保险人接受被保险人的委付的,被保险人对于委付的财产享有的全部权利和承担的全部义务,转移给保险人;保险人不接受委付的,除非保险合同对于保险人的赔偿金给付有所约定,保险人应当向被保险人给付全部保险金额。 (邹海林)

weifuzhi

委付制(abandonment system) 海事赔偿责任限制制度的一种。在船舶所有人本身无过错但要对其代理人或雇佣人员的行为后果承担无限责任的情况下,只有当其将船舶及本航次的运费委付给债权人时才可免除责任。这时船舶所有人的责任仅以委付的该船舶和本航次的运费为限。委付制是一种航次制度,即对每一航次发生的债务,以船舶及该航次的运费为限承担赔偿责任。委付制必须以船舶所有人的意思表示为之,且委付的标的物可以是受损船,也可以是沉船。债权人因船舶所有人委付而取得变卖委付标的物的权利。1807年《法国商法典》最先采用这一制度,而后欧洲大陆国家纷纷效仿。委付制度的优点在于船舶所有人负的责任比较明确,不论其船舶所造成损害的大小,船舶所有人均可以委付其船舶而负物的有限责任。而债权人对其所受到偿付的财产也完全清楚。委付制度的缺点在于,由于责任主体的赔偿限额取决于船舶的价值,因此不利于保护受害人的合法权益,受害人可能因船舶全损而得不到任何赔偿,而且赔偿方法繁琐,在航海业高度发达的今天,委付制度已日趋淘汰。如今该制度只有阿根廷和秘鲁等少数国家采用。

(张永坚 张 宁)

weiren baozheng

委任保证(拉丁 mandatum pecuniae credendae) 又直译为金钱信贷委任。罗马法上的概念。运用委任原则由当事人一方委托他方贷款给第三人而自负保证责任的保证。罗马共和国末年为克服允诺保证、诚意允诺保证及诚意负责保证格式上的局限和保证人的过重责任,由法学家创立的一种保证。委任保证为诺成性契约,依债权人与保证人的合意而成立,其于主债务成立前订立,保证人的保证债务与主债务的标的不同,保证人只有在主债务人被追诉而不能清偿时才负赔偿责任,其可根据委任原则随时要求债权人转让其对债务人的一切权利。 (郭明瑞)

weiren beishu

委任背书(endorsement by mandate) 又称委任取款背书。持票人为让他人代为行使票据权利而授予代理权的背书。《中华人民共和国票据法》第35条第1款规定:背书记载"委托收款"字样的,被背书人有权代背书人行使被委托的汇票权利。但是,被背书人不得再以背书转让汇票权利。我国委任背书的绝对应当记载事项为三项:背书人签章、委托收款的意旨、被背书人名称。委任背书不受背书禁止的限制。在委任背书形成的法律关系中,背书人为委任人,被背书人为代理

人。委任背书有三方面的效力:代理权的授予、抗辩不切断和权利证明。　　　　　　　　（王小能　胡冰子）

委任背书的效力(effects of endorsement by mandate)

weiren beishu de xiaoli

委任背书在票据关系当事人之间产生的法律后果。在背书人与被背书人之间产生代理取款法律关系,委任背书有三方面的效力:(1)代理权的授予。被背书人不能取得汇票权利,他得到的是代理背书人行使票据权利的代理权。他可以代背书人为付款的提示、受领汇票金额、请求作成拒绝证书、行使追索权等;他还可以为委任背书,但是不得再为转让背书与设质背书。(2)抗辩不切断。委任背书并不使票据权利发生移转,因此,背书人仍是票据权利人,票据债务人对背书人的抗辩不因委任背书而切断。同时,票据债务人不得因自己与经委任背书取得票据的持票人之间的抗辩事由而对抗背书人。(3)权利证明。委任背书中的被背书人仅依背书的连续即可证明代理权的存在,不必另行举证,付款人也得因对其付款而免责。（王小能）

委托代理(agency by authorization)

weituo daili

代理人按照被代理人的委托而进行的代理。委托代理人所享有的代理权是被代理人授予的,所以委托代理又称授权代理。授权行为是一种单方民事法律行为,仅凭被代理人一方授权的意思表示,代理人就取得代理权,故委托代理又称为意定代理。委托代理一般产生于代理人与被代理人之间存在的基础法律关系之上,这种法律关系可以是委托合同关系,也可以是劳动合同关系(职务关系),还可以是合伙合同关系。例如,自然人甲与自然人乙就买卖货物签订的委托代理合同;企业授予售货、采购等工作人员代理权的劳动合同;合伙人依约相互授予代理权,每一个合伙人均有权代理其他合伙人签订或履行合同。根据《中华人民共和国民法通则》第65条的规定,授予代理权的形式可以用书面形式,也可以用口头形式,法律规定用书面形式的,应当用书面形式。授权的书面形式称为授权委托书,严格讲应称授权书。授权书应当载明代理人的姓名或者名称、代理事项、权限和期间,并由授权人签名或者盖章。

委托代理因下列情况终止:(1)代理期限届满或者代理事务完成;(2)被代理人取消委托或者代理人辞去委托;(3)代理人死亡;(4)代理人丧失民事行为能力;(5)作为被代理人的法人终止。

（李仁玉　陈　敦）

委托代理人(authorized agent)

weituo dailiren

基于被代理人的授权行为而享有代理权的代理人。委托代理人应具有行为能力。委托代理人必须在被代理人的授权范围内进行活动,没有代理权、超越代理权或者代理权终止后的代理,只有经过被代理人的追认,被代理人才承担民事责任,未经追认的行为,由行为人承担民事责任。本人知道他人以本人名义实施民事行为而不作否认表示的,视为同意。代理人不履行职责给被代理人造成损失的,应当承担民事责任。代理人和第三人串通损害被代理人利益的,由代理人和第三人负连带责任。第三人知道行为人没有代理权、超越代理权,或代理权终止,还与行为人实施民事行为,给他人造成损害的,由第三人和行为人负连带责任。代理人知道被委托事项违法,仍然进行代理活动的,或者被代理人知道代理人的代理行为违法,不表示反对的,由代理人和被代理人负连带责任。委托代理人只有在事先取得被代理人的同意的情况下,才能转托第三人进行复代理。事先没有取得被代理人同意的,应当事后及时告诉被代理人。如果被代理人不同意,由代理人对自己所转托的人的行为负民事责任。在紧急情况下,为了保护被代理人利益而转托他人代理的除外。（李仁玉　陈　敦）

委托合同(contract of mandate;德 Auftragsvertrag)

weituo hetong

又称委任合同,一方委托另一方代为处理一定事务的协议。委托他方办理事务的称为委托人,接受委托的称为受托人。早在古代巴比伦时期汉谟拉比法典对委任合同已有专门规定。但古罗马长期并无委托制度,因当时进行法律行为皆须履行一定方式,且须当事人亲自进行。如奴隶与家子的行为,当然对家长发生效力,而不论是否经过委托授权。盖尤斯的法学阶梯认为,不能用自由人获取财产。到优帝时代,因商品经济日趋发达,由于交换的需要,船主委托奴隶或自由人做船长,商人委托奴隶或自由人做经理,于是便产生了委托制度。罗马法时期,委托合同属于无偿契约,无论有无约定,受托人都不能领取报酬,因此有无报酬便成为区分雇佣契约与委托契约的标准。罗马法对委托合同和代理关系不做区别,认为在委托合同里包含着代理的授权行为。法国法承袭了罗马法的这一观念,如《法国民法典》第19条规定,委托或委任书为一方授权他方以委任人的名义处理其事务的行为。而德国国民法典则对两概念加以区别,在法典中将其分别规定。我国法上也区分委托合同与代理。委托合同的目的是受托人代委托人处理一定的事务。所谓事务有两种理解:(1)认为应是法律事务,它包括法律行为、催告、同意、拒绝、通知、诉讼、登记和申请等;(2)认为应属于非法律事务,它包括经济性事务和单纯事实行为。从日本民法的规定上看,委托合同的事务仅限于法律行为。

而法律行为以外的事务,只能称为"准"委托合同的标的。《法国民法典》第 1984 条、《德国民法典》第 662 条不区分法律事务与非法律事务。我国法上也未区分二者。

委托合同具有以下法律特征:(1) 受托人以委托人的名义和费用为委托人处理事务。在一般情况下,受托人是以委托人的名义处理受托事务的,但受托人也可以自己的名义为委托人处理事务。(2) 委托合同是以委托人与受托人的相互信任为基础的。(3) 委托合同可以是有偿的,也可以是无偿的。(4) 委托合同为双务的、不要式的诺成性合同。

委托合同中受托人的主要义务是:(1) 按照委托人的指示亲自为委托人处理事务;(2) 及时向委托人报告委托事务进展情况;(3) 将处理委托事务中所得利益交给委托人。

委托合同中委托人的主要义务是:(1) 有偿委托合同的委托人应支付报酬;(2) 预付或偿还受托人处理委托事务所需必要费用;(3) 接受受托人在授权范围内所完成的事务后果;(4) 向受托人赔偿受托人在执行受托事务中并非受托人的过错所造成的损失。委托合同因一般原因和特别原因而终止。委托合同终止的一般原因包括:特定委托事务完成、合同无法履行、合同期限届满。委托合同终止的特殊原因主要是当事人一方提出终止合同,或委托人死亡,受托人死亡或受托人丧失行为能力。 (李成林)

weituo maimai
委托买卖(commission business) 受托人依委托人的委托,为委托人利益计算,以自己的名义与他人进行的买卖。商品经纪人或证券交易所受顾客的委托而进行的买卖为典型的委托买卖。 (张平华)

weituo peixun hetong
委托培训合同(contract of train mandate) 属于委托合同的一种,又称委托培养合同。由培训单位、委托单位、学生三方签订的关于培训单位按规定的教学目标培养学生,学生毕业后由委托单位安排工作的协议。该合同应规定培训单位的授课内容,并将学生的学习情况定期通知委托单位。学生在学习期间如有违纪行为,培训单位应及时与委托单位联系,共同研究处理办法。培训单位负责对学生奖学金的评定和发放,委托单位承担学生在学期间的全部学杂费和奖学金。委托单位应按规定发给学生工资和其他福利,并依约定报销学生假期的交通费。委托方应加强对学生的管理、教育,经培训单位考核、考试合格,学生毕业后,委托方应根据学生的专业提供相应的工作。如果学生中途退学或被取消学籍,其应向培训单位交纳各种费用。如果学生不交付,委托方有责任为之交付。学生毕业后,若到其他单位工作,则应征得委托方同意,并补偿学习期间的工资和费用。 (李成林)

weituo piaoju
委托票据(drawer-payee negotiable instruments) 自付票据的对称。这是按照出票人是否直接对票据付款进行的分类。出票人不充当票据付款人,其只在票据上记载他人为付款人而由委托人支付票据金额的票据。委托票据有三方基本当事人,即出票人、收款人和付款人。汇票和支票都属于委托票据。汇票出票人委托的付款人没有资格限制,支票的出票人委托的付款人则必须是银行或其他法定金融机构,但这两种票据最大的共同点就是出票人自己在形式上不负付款责任而是委托其他人付款。票据出票人只有在其委托的付款人不付款或可能不付款时才对票据负责任。也即持票人在票据到期日应先请求付款人付款。 (温慧卿)

weiren qiyue
委任契约(contract of mandate) 委托合同的别称。参见委托合同条。 (李成林)

weituoren
委托人(mandator;德 Auftraggeber;法 mandant) ❶ 受托人、受任人的对称。又称委任人。委托合同关系中将其一定的事务交由他人处理的人。委托人可以是自然人,也可以是法人。自然人为委托人的,其有无民事行为能力不受限制。但自然人如非完全民事行为能力人,其订立委托合同和履行委托合同应由其法定代理人代为之或依法追认。要求受托人按照其指示处理委托事务是委托人最基本的权利,也是委托合同的本质所在。不论委托合同是否有偿,委托人都有支付费用的义务。支付方式有两种,一种是预付费用,即在事务的处理之前向受托人预先支付用于处理委托事务的费用。另一种是偿还费用,即支付受托人在处理委托事务时所垫付的费用,委托人对垫付费用的支付,仅限于受托人为处理事务所支出的必要费用及其利息。此外,对于受托人在处理受托事务时所支出的有益费用,若双方当事人没有约定或者约定不明确时,受托人应根据无因管理或不当得利的规定,向委托人请求偿还。在有偿委托合同中,委托人有向受托人支付报酬的义务。对于因不可归责于受托人的事由而致委托合同解除或委托事务不能完成的,系属委托合同中的风险负担问题。对于此风险,《中华人民共和国合同法》规定由委托人负担,即此时委托人仍应当向受托人支付相应的报酬。对于可归责于受托人的事由而致委托合同终止,或委托事务不能完成时,受托人无报酬请求权。若因此而使委托人利益受到损害的,委托人不仅可以不向受托人支付报酬,还可以就其所受损害向受托人要求赔偿。对受托人因处理委托事务而受的额外损失,委托人应予赔偿。但受托人所受的这些额外损失必是非因受托人自己过错而造成的,至于委托人在其中有过错与否,则在所不问。一般来说,委托人将委托事务委托给受托人之后,不宜再将其委托给受托人之外的第三人处理。若其欲要再行委托第三人,则必须经受托人同意,受托人因此而受有损失的,委托人应予赔偿。

❷ 又称信托人。通过信托行为将自己的财产作为信托财产提供给受托人,并委托其为自己或者自己指定的其他人的利益或者特定目的进行管理或处理,从而导致信托设立的人。依各国、各地区信托法的通例,委托人既可以是自然人和法人,在有法律允许的情况下也可以是依法成立的其他组织;委托人既可以仅为一人,又可以是两人以上。我国《信托法》对委托人为信托当事人之一持肯定态度;此点由该法将若干权利授予委托人所体现。日本、韩国与我国台湾地区的信托法对委托人的态度及其体现与我国《信托法》相同。英美信托法则既不承认委托人为信托当事人之一,也不承认其为信托的其他利害关系人之一;这主要表现为该法并未将任何与信托有关的权利授予委托人。造成此点的主要原因在于,在英美信托法看来,尽管信托系由委托人设立,但它却毕竟是以使受益人获得利益、而并不是以使委托人获得利益为目的;既然信托不是以使委托人获得利益为目的,将委托人视为信托当事人或者其他利害关系人便属毫无必要。但英美信托法的上述态度不是绝对的:该法允许委托人在信托合同中为其保留干预信托的权利,并认为只要委托人依据信托合同享有这种权利则其便成为信托当事人之一。

考虑到信托毕竟系由委托人通过提供信托财产设立;为了使其能够对信托的运作进行监控并通过这一监控确保其信托目的的实现,中国和日本、韩国以及中国台湾地区的信托法均授予委托人或者确认其享有若干权利;这些权利主要包括信托财产强制执行异议权、信托知情权、信托变更权、损害赔偿请求权、解任权、许可辞任权、新受托人选任权等等。为了满足受托人报酬权,上列各国、各地区信托法与英美信托法均实际确认委托人在一定情形下负有相应的支付报酬义务。除此之外,为了避免委托人在与受托人签订了信托合同后因反悔而拒不向后者交付信托财产从而导致信托在事实上不能存在,我国《信托法》还实际赋与委托人交付信托财产义务,英美信托法也有条件地确认委托人负有这一义务。

(李云波 张 淳)

weituoren de budangxingwei chexiaoquan
委托人的不当行为撤销权(trustor's right to revoke improper act) 为委托人享有的撤销由受托人实施的不当处分信托财产的行为的权利。所谓不当处分信托财产在这里特指违反信托目的而处分信托财产。仅《中华人民共和国信托法》授予委托人这一权利。该法第22条第1款前段规定:受托人违反信托目的处分信托财产的,委托人有权申请人民法院撤销该处分行为。当然,依据这一规定委托人对这一权利只能够通过司法程序行使。为了维护交易的安全,此条还确立了善意取得规则来解决接受受托人之不当处分信托财产的受让人对该项财产的返还问题,其第1款后段规定,该信托财产的受让人明知是违反信托目的而接受该财产的,应当予以返还或者赔偿。依此规定的精神,如果该受让人系善意,即在不知道受托人违反信托目的情形下接受信托财产则无须承担返还责任。考虑到委托人对这一权利的行使应当受到时间限制,此条还规定了除斥期间,前款规定的申请权,自委托人知道或者应当知道撤销原因之日起1年内不行使的,归于消灭。

(张 淳)

weituoren de chayue xintuozhangmuquan
委托人的查阅信托账目权(trustor's right to read trust account) 参见委托人的信托知情权条。

weituoren de jiaofu xintuocaichan yiwu
委托人的交付信托财产义务(trustor's duty to give trust property) 为委托人负有的按照信托合同的规定向受托人交付信托财产的义务。这一义务要求委托人必须在信托合同规定的时间和地点将符合该合同规定之品种与数量的信托财产交付给受托人。《中华人民共和国信托法》通过将信托合同定性为诺成合同而赋予委托人这一义务。该法第8条第3款规定,采取信托合同形式设立信托的,信托合同签订时,信托成立。我国《合同法》第8条规定,依法成立的合同,对当事人具有法律约束力。由于任何信托合同均必然包含委托人向受托人交付信托财产的条款,故依上述规定的精神,在自信托合同签订时起,委托人便负有向受托人交付信托财产的义务。英美信托法则是有条件地确认委托人负有这一义务。依据该法,就某一信托而言,只有当在其与受益人之间存在对价,委托人才负有向受托人交付信托财产的义务,否则其便没有这一义务。

(张 淳)

weituoren de jierenquan
委托人的解任权(trustor's right of dissolution of du-

ty)为委托人享有的解除受托人职务的权利。这一权利的行使结果,将导致受托人职责终止。《中华人民共和国信托法》授予委托人这一权利并同时规定了该权利的行使条件和程序。该法第23条规定,受托人违反信托目的处分信托财产或者管理、运用、处分信托财产有重大过失的,委托人有权依照信托文件的规定解任受托人,或者申请人民法院解任受托人。依此条的精神,无论是民事信托、营业信托还是公益信托,委托人对解任权的行使,如果信托文件规定有行使程序则均应当经过这一程序;如果信托文件无此规定则均应当经过司法程序。《日本信托法》与《韩国信托法》则实际确认委托人享有这一权利并同时确认了该权利的行使条件与程序,前者第47、72条与后者第15、71条均规定:受托人违背其职责或者有其他重要事由时,如信托属于公益信托,主管机关可以因委托人或其继承人的请求将其解任;如信托属于其他类型的信托,法院可以因委托人或其继承人的请求将其解任。显然,在这些条文中包含着"委托人可以请求主管机关或法院将受托人解任"的涵义,故有理由认为它们实际上确认委托人享有解任权。不仅如此,这些条文还排除了在委托人行使这一权利时对信托文件规定的程序的适用,它们确定公益信托的委托人行使这一权利应当经过行政程序,其他类型的信托的委托人行使这一权利则应当经过司法程序。此外这些条文还确定对于这一权利在委托人死亡后由其继承人享有。我国台湾地区信托法也实际确认委托人享有这一权利,并同时确认了该权利的行使条件与程序。 (张 淳)

weituoren de quebao xintuocaichanquan zhuanyi yiwu
委托人的确保信托财产权转移义务(trustor's duty to avouch trust property transference) 为委托人负有的确保信托财产权转移于受托人并由后者享有的义务。除我国外的其他各国、各地区的信托法均确认在信托存续期间信托财产权由受托人享有。故在这些国家和地区,在信托成立的当时委托人即负有这一义务,但赋予其这一义务的法律并非该国、该地区的信托法,而是民法或财产法关于财产转让的一般规则。因为根据此项一般规则,任何财产转让行为,作为它的一方当事人的出让人在实施时,均负有确保有关的财产权转移给作为另一方当事人的受让人的义务。由于设立信托依这些国家和地区的法律属于财产转让行为,从而适用这一规则,而依此规则,委托人便显然负有上述确保义务。 (张 淳)

weituoren de renke baogaoquan
委托人的认可报告权(trustor's right to agree report) 为委托人享有的在受托人职责终止或者信托终止时认可由受托人作出的有关报告的权利。这一权利的行使结果,原则上将导致解除受托人对由其作出的与信托有关的报告中所列事项的责任。仅《中华人民共和国信托法》实际确认委托人享有这一权利。这一权利包括两项:(1)在受托人职责终止时认可由其作出的执行信托的报告的权利。此项权利由该法第41条确认。此条第1款规定:受托人因被依法撤销或者被宣告破产、依法解散或者法定资格丧失、辞任或者被解任或者因法律规定的其他情形而职责终止的,"应当作出处理信托事务的报告";其第2款规定,前款报告经委托人或者受益人认可,原委托人就报告所列事项解除责任。但原委托人有不正当行为的除外。(2)在信托终止时认可由受托人作出的信托清算报告的权利。此项权利由该法第58条确认。此条规定,信托终止的,受托人应当作出处理信托事务的清算报告。受益人或者信托财产的权利归属人对清算报告无异议的,受托人就清算报告所列事项解除责任。但受托人有不正当行为的除外。此条中的"信托财产权利归属人",依该法第54条经信托行为指定则可以是委托人;如果该行为没有指定,在有关信托没有受益人及其继承人的情形下也由委托人担任。 (张 淳)

weituoren de sunhai peichang qingqiuquan
委托人的损害赔偿请求权(trustor's claim of compensation of damages) 为委托人享有的对受托人因违反信托义务的行为给信托财产造成的损失向其要求赔偿的权利。这一权利的特点在于:尽管有关的赔偿请求是由委托人通过行使它向受托人提出,但受托人却并不是通过将赔偿金交付给委托人,而是通过将赔偿金纳入处于其占有之下的信托财产的途径来得到它。《中华人民共和国信托法》授予委托人这一权利。该法第22条第1款规定,受托人因违反信托目的处分信托财产或者因违背管理职责、处理信托事务不当的,委托人有权要求受托人恢复信托财产的原状或者予以赔偿。《日本信托法》第27条、《韩国信托法》第38条与我国台湾地区信托法第23条也授予委托人这一权利,且它们关于这一权利的规定与我国《信托法》的上述规定基本相同。 (张 淳)

weituoren de xinshoutuoren xuanrenquan
委托人的新受托人选任权(trustor's right to appoint new trustee) 为委托人享有的在原受托人职责终止时选任新受托人的权利。这一权利的行使结果,是使新受托人进入信托并承担原受托人的执行信托职责。《中华人民共和国信托法》明确地、有条件地确认委托人享有这一权利。该法第40条第1款规定,受托人职责终止的,依据信托文件规定选任新受托人;信托文件未规定的,由委托人选任,委托人不指定或者无能力指定的,由受益人选任。依此规定的精神,委托人和受益人对这一权利可以直接行使。《日本信托法》与《韩国信托法》虽然也是有条件地确认委托人享有这一权利,但却是通过规定"利害关系人可以请求有关国家机关选任新受托人"的途径来确认委托人享有这一权利。根据前者第49条第1、3款、第72条与后者第17条第1、3款、第71条的精神,当受托人职责终止时,凡信托行为规定有选任新受托人的方法的,应当按照这一方法选任新受托人;凡信托行为对这一方法未作规定的,如果信托属于公益信托,利害关系人可以请求主管机关选任新受托人;如信托属于其他类型的信托,利害关系人可以请求法院选任新受托人。在这些条文中提到的"利害关系人"显然包括委托人和受益人。

(张 淳)

weituoren de xintuo biangengquan
委托人的信托变更权(trustor's right to alter trust) 为委托人享有的变更信托财产管理方法和受益人的权利。信托财产管理方法和受益人均由信托行为规定,在信托存续期间对此一般说来不能变更;但在某些特殊情形下,只有将该管理方法或受益人予以变更,才有利于实现信托目的或者显得公平合理。与这一变更有关的权利包括变更信托财产管理方法的权利和变更受益人的权利。《中华人民共和国信托法》有条件地将这两项变更权均授予委托人。该法第21条规定,因设立信托时未能预见的特别事由,致使信托财产的管理方法不利于实现信托目的或者不符合受益人的利益时,委托人有权要求受托人调整该信托财产的管理方法。此条中的所谓调整显然只能解释为"变更";并且依据此条的精神,委托人对变更信托财产管理方法的权利只能通过要求受托人满足的途径行使。该法第51条第1款规定,设立信托后,有下列情形之一的,委托人可以变更受益人或者处分受益人的信托受益权:(1)受益人对委托人有重大侵权行为;(2)受益人对其他共同受益人有重大侵权行为;(3)经受益人同意;(4)信托文件规定的其他情形。依据此款,委托人对变更受益人的权利可以直接行使。

《日本信托法》与《韩国信托法》仅有条件地授予委托人变更信托财产管理方法的权利。前者第23条第1款与后者第36条第1款均规定,因信托行为成立当时不能预见的特别事情,致使信托财产管理方法不适于受益人利益时,委托人、其继承人、受益人或受托人,可以向法院提出变更管理方法的请求。依据此款的精神,(1)委托人对于有关变更权只能够通过司法程序行使;(2)如果在法定的变更事由发生时委托人已经死亡,这一变更权由其继承人享有。

我国台湾地区信托法也是有条件地将变更信托财产管理方法的权利和变更受益人的权利均授予委托人。该法第16条规定,信托财产之管理方法因情事变更致不符合受益人之利益时,委托人、受益人或受托人得请求法院变更之。第3条规定,委托人与受益人非同一人者,委托人除信托行为另有保留外,于信托成立后不得变更受益人或终止其信托,亦不得处分受益人之权利。但经受益人同意者,不在此限。依此两条的精神,(1)委托人对变更信托财产管理方法的权利只能够通过司法程序行使,但委托人的这一权利将因其死亡而消灭;(2)只有在委托人与受益人为同一人的情形下,委托人才直接依据本法享有变更受益人的权利;在委托人与受益人非同一人的情形下,委托人只有当信托行为为其保留有这一权利时其才享有这一权利,否则其便并不享有这一权利。

(张 淳)

weituoren de xintuo caichan qiangzhizhixing yiyiquan
委托人的信托财产强制执行异议权(trustor's right to object to the enforcement of trust property) 为委托人享有的就信托财产强制执行向法院提出异议的权利。信托财产具有独立性。这种独立性的一个方面,体现为信托财产不能被用于清偿受托人的与执行信托无关的个人债务。这就决定了对信托财产不能由法院强制执行以清偿这种债务。《中华人民共和国信托法》正是从此点出发授予委托人这一权利。该法第17条第1款规定,除为清偿设立信托前债权人已对其享有优先受偿权、其本身负担的税款、处理信托事务所生债务以及出现为法律规定的其他情形外,对信托财产不得强制执行;第2款规定,对于违反前款规定而强制执行信托财产的,委托人、受托人或者受益人有权向人民法院提出异议。《日本信托法》第16条、《韩国信托法》第21条与我国台湾地区信托法第12条也与我国《信托法》的上述规定类似。

(张 淳)

weituoren de xintuocaichan quhuiquan
委托人的信托财产取回权(trustor's right to reseize trust property) 为委托人享有的在信托终止时取回信托财产的权利。这一权利在性质上并不属于委托人在对信托的运作进行监控方面所享有的权利,即对这一权利的行使不能够对信托的任何一个方面产生影响,而只能够起到使信托财产回归委托人的作用。我国、日本、韩国与我国台湾地区的信托法均规定在信托终止时在某些特定情形下以委托人或其继承人为信托财产权利归属人,参见信托财产权利归属人条。依据这些规定的精神,在信托终止时,如果委托人成为信托财产权利归属人,其便享有这一权利;如果此时委托人已经死亡,这一权利由其继承人享有。

(张 淳)

weituoren de xintuojiandu qinqiuquan
委托人的信托监督请求权(trustor's claim of supervision for trust) 为委托人享有的请求有关国家机关对信托执行情况进行监督的权利。有关国家机关对信托的监督主要体现为对信托财产管理、信托事务处理与信托利益支付情况进行检查，包括由该机关检查和选任检查人来检查以及对信托进行其他必要的处分。日本、韩国与我国台湾地区的信托法实际确认委托人享有这一权利。《日本信托法》第41、67条与《韩国信托法》第64、69条以及我国台湾地区信托法第60、72条都规定：除营业信托与公益信托外的其他类型的信托由法院监督，法院可以因利害关系人请求，或者依职权就信托事务处理情况进行检查并选任检查人，或者命令实行其他必要的处分。显然，在这些条文中包含着"利害关系人可以请求法院就信托事务处理情况进行检查并选任检查人，或者命令实行其他必要的处分"的涵义，其中的"利害关系人"则包括委托人和受益人。故有理由认为它们实际确认委托人享有信托监督请求权。　　　　　　　　　　（张　淳）

weituoren de xintuo jiechuquan
委托人的信托解除权(trustor's right to dissolve trust) 又称委托人的信托终止权。为委托人享有的在出现法定事由情形下解除信托的权利。这一权利的行使结果，将导致信托终止。这一权利包括两种：(1)因受益人的特定行为而解除信托的权利。仅《中华人民共和国信托法》确认委托人享有这一权利，且对能够导致委托人行使这一权利的受益人的特定行为作了规定。该法第51条第2款规定，受益人对委托人有重大侵权行为，或者经受益人同意，委托人可以解除信托。(2)在其享受全部信托利益时解除信托的权利。我国《信托法》有条件地授予委托人这一权利。该法第50条规定，委托人是惟一受益人的，委托人或者其继承人可以解除信托。信托文件另有规定的，从其规定。依此条的精神，有关解除权归委托人享有。在委托人死亡后归其继承人享有。这后面一点是我国《信托法》关于由其继承人享有曾经为委托人享有的在对信托运作进行监控方面的权利的惟一规定。《日本信托法》与《韩国信托法》不仅授予委托人这一权利并规定该权利在委托人死亡后归其继承人享有，还对与这一权利行使有关的赔偿问题作了规定。前者第57条规定，于委托人享受全部信托利益情形，委托人或其继承人可以随时解除信托。于此情形，准用民法651条第2款的规定。后者第56条规定，委托人享受全部信托利益的信托，委托人及其继承人随时都可以解除之。这种情况准用民法第689条第2款的规定。《日本民法典》第651条第2款和《韩国民法典》689条第2款的内容是：委托合同的一方当事人在对相对人不利的情况下解除委托合同时，应当赔偿后者因此受到的损失，但因不得已事由解除该合同的除外。由上述各条可见，即便委托人通过行使上述解除权解除信托，原则上应当就由此给受托人造成的损失承担赔偿责任。我国台湾地区信托法也授予委托人这种解除权，且该法关于这一权利的规定在内容上与日、韩两国信托法的上述规定实际相同，只是对于有关的赔偿问题该法却是以专门的一款来规定。其第63条第1款规定，信托利益全部由委托人享有者，委托人或其继承人得随时终止信托。第2款规定，前项委托人或其继承人于不利于受托人之时期终止信托者，应负赔偿责任，但有不得已之事由者，不在此限。此外该法还授予委托人一种由其与受益人共享的信托解除权参见受益人的信托解除权条。英美信托法虽然并不承认委托人为信托当事人之一，但也确认当委托人成为惟一受益人时其享有解除信托的权利。此为英美信托法确认由委托人享有的惟一的法定权利。　　　　　　　　　　（张　淳）

weituoren de xintuo zhiqingquan
委托人的信托知情权(trustor's right to know about the trust) 又称委托人的查阅信托账目权。为委托人享有的通过询问、查账或其他方式向受托人了解与信托运作有关的情况的权利。《中华人民共和国信托法》授予委托人这一权利。该法第20条规定，委托人有权了解其信托财产的管理运用、处分及收支情况，并有权要求受托人作出说明。委托人有权查阅、抄录或者复制与其信托财产有关的信托账目以及处理信托事务的其他文件。《日本信托法》第40条、《韩国信托法》第34条与我国台湾地区信托法第30条也均授予委托人这一权利，且它们关于这一权利的规定与我国《信托法》的上述规定基本相同。　　　　　　　　　　（张　淳）

weituoren de xintuo zhongzhiquan
委托人的信托终止权(trustor's right to terminate trust) 参见委托人的信托解除权条。

weituoren de xuke cirenquan
委托人的许可辞任权(trustor's right to agree resignation) 为委托人享有的许可受托人辞去其职务的权利。这一权利及其与受益人的同一权利的行使结果将导致受托人职责终止。《中华人民共和国信托法》实际确认委托人享有这一权利，并同时表明这一确权性规定并不适用于公益信托。该法第38条第1款规定，设立信托后，经委托人和受益人同意，受托人可以辞任。本法对公益信托的受托人辞任另有规定的，从其规定。

第66条规定,公益信托的受托人未经公益事业管理机构批准,不得辞任。类似的规定也存在于日本、韩国与中国台湾地区的信托法中。

(张 淳)

weituoren xuanren xintuojianchaaren de qingqiuquan

委托人选任信托监察人的请求权(trustor's claim of appointment of trust supervisor) 为委托人享有的请求有关国家机关选任信托监察人的权利。信托监察人的职责是维护受益人的利益。一般说来,受益人应当自行维护其利益,但就某一信托而言,如果其受益人为不特定的人或者在其设立时受益人尚不存在,此时便需要由信托监察人来维护其利益。正是从此点出发,日本、韩国与我国台湾地区的信托法有条件地确认委托人享有这一权利。《日本信托法》第8条第1款、第72条与《韩国信托法》第18条第1款、第71条均规定:当受益人为不特定的人或者尚未存在受益人时,如信托属于公益信托,主管机关可以因利害关系人的请求或者依职权选任信托监察人;如信托属于其他类型的信托,法院可以因利害关系人的请求选任信托监察人。但是,已经以信托行为指定了信托监察人的,不在此限。我国台湾地区信托法第52条第1款、第76条在重申日、韩两国信托法的上述规定的基础上,还将"其他为保护受益人之利益认有必要"增列为主管机关或法院可以因利害关系人请求选任有关信托的信托监察人的事由。显然,在这些条文中包含着"利害关系人可以请求主管机关或法院选任信托监察人"的涵义,其中的"利害关系人"则包括委托人。故有理由认为,它们实际确认委托人享有选任信托监察人请求权。

(张 淳)

weituoren de zhifubaochou yiwu

委托人的支付报酬义务(trustor's duty to give remuneration) 为委托人负有的按照法律或信托行为的规定向受托人支付报酬的义务。各国、各地区信托法均确立有受托人报酬规则。根据这一规则,在法律或信托行为规定受托人可以就其执行信托获得报酬的情形下,受托人便享有报酬权。如果法律或信托行为规定受托人对这一权利可以或者应当向委托人行使,委托人即相应地负有向其支付报酬的义务。

(张 淳)

weituoren tiaojian

委托人条件(conditions of trustor) 委托人在设立信托时所应当具备的条件。依《中华人民共和国信托法》第19条,自然人、法人和依法成立的其他组织均可以成为信托的委托人。但从法律角度看,自然人、法人与其他组织只有具备了委托人条件,才能以委托人身份设立的信托才能够依法成立。我国《信托法》将委托人条件实际确认为:(1)具有完全民事行为能力;(2)对信托财产享有所有权。其中前者由该法第19条确认,后者由该法第7条确认。此外,由于提供财产设立信托属于对财产的处分,依我国破产法有关规定,破产人已对其财产丧失处分权,据此有理由认为,在我国"未被宣告破产"也是委托人条件之一。上述各项条件,也是其他各国、各地区信托法共同确认的委托人条件。

(张 淳)

weichengnianren

未成年人(minor) 未达到法定成年年龄的自然人。依照《中华人民共和国民法通则》第12条规定,未满18周岁的自然人为未成年人。已满10周岁,未满18周岁的未成年人为限制民事行为能力人,他们可以进行与其年龄、智力相适应的民事活动,其他民事活动由其法定代理人代理,或者征得其法定代理人的同意。不满10周岁的未成年人是无民事行为能力人,由他的法定代理人代理民事活动。《民法通则》关于限制民事行为能力人和无民事行为能力人的年龄界限,学理上尚存争议。一些学者主张,应以7周岁为限制民事行为能力人和无民事行为能力人的年龄界限。依苏格兰法律规定,未成年人是指大于小学生年龄(男14岁,女12岁),小于成年年龄(18周岁)的自然人。未成年人具有实质性的民事行为能力,可不经任何人同意在16岁结婚。如果未设定监护人,他具有完全的缔约能力;如果设定了监护人,在监护人的同意下,他具有完全的缔约能力。他可以拥有财产,可以宣布破产,可以作为财产受托人,可以立遗嘱,可以起诉和被诉。

(李仁玉 陈 敦)

weichengnianren de jianhu

未成年人的监护(guardianship of minor) 为未成年人设置的监护。起源于罗马法上的未适婚人的监护。近代民法区分了未成年人的亲权与监护。父亲健在的未成年人,设置亲权;父亲死亡的未成年人,则设置监护。这一制度设计带有旧时代保守和家长制度特征。现代民法对于未成年人亲权和监护的区分,一般表现为:亲权重在父母对未成年子女的人身的管教、抚养和财产上管理的权利和义务;监护重在对未成年人行为能力的补充。

我国民法未区分未成年人的亲权和监护,依《中华人民共和国民法通则》第16条规定,未成年人的监护人分为以下几种情况:(1)父母为未成年人的当然监护人。未成年人一经出生,具有监护能力的父母便成为未成年人的当然监护人。这种监护因子女出生而开始,不必另有原因。父母分居或父母离异,其监护人的资格不受影响。但父母一方或双方作为监护人对未成年人明显不利的,人民法院可以取消父母一方或双方担任监护人的除外。父母因正当理由,不能亲自履行监护职责的,实践中也允许父母委托他人代为履行部分或全部监护职责,但父母仍为法定监护人。(2) 除父母之外的未成年子女的法定监护人。未成年子女的父母双亡或丧失监护能力或被取消监护人资格的,由下列有监护能力的人担任监护人:祖父母、外祖父母;兄、姐。他们担任监护人是法定义务。(3) 未成年人的其他亲属、朋友担任监护人。他们担任监护人不是法定义务。他们担任监护人应具备两个条件:一是他们愿意担任监护人,二是应得到未成年人父母所在单位或未成年人住所地的居民委员会或村民委员会的同意。(4) 协议确定未成年人的监护人。未成年人父母双亡或丧失行为能力的,其他法定监护人有两人以上又均具有监护能力的,可以通过协议确定由其中一人担任监护人或由数人担任监护人。(5) 指定未成年人的监护人。是指定未成年人父母之外的近亲属担任监护人。指定未成年人的监护人在两种情况下发生:一是争当未成年人的监护人,二是都不愿担任监护人。为未成年人指定监护人有两种,一种是有关组织指定,另一种是人民法院指定。《中华人民共和国民法通则》第16条第3款规定,有权指定未成年人的监护人的有关组织是未成年人父、母所在单位;如果未成年人父母没有所在单位或者该单位拒绝指定或不适宜由其指定时,由未成年人住所地的居民委员会或者村民委员会指定。当事人不服上述组织指定的,可向人民法院提起诉讼。如果未经有关组织指定,直接向人民法院起诉的,人民法院不予受理。有关组织和人民法院在指定未成年人的监护人时,应依照《民法通则》第16条第2款中的顺序。前一顺序有监护资格的人无监护能力或者由其担任监护人对被监护人明显不利的,可以根据对未成年人有利的原则,从后一顺序有监护资格的人中择优确定。如果未成年人有识别能力,还应征求未成年人的意见。同一顺序的有监护资格的人是数人的,可以指定一人,也可以指定数人。监护人一旦指定,就不允许自行变更。如果擅自变更,则由原被指定的监护人和变更后的监护人共同承担监护责任。(6) 有关组织担任未成年人的监护人。未成年人没有上述法定监护人,也没有其他亲属、朋友担任监护人的,由未成年人父、母所在单位或者未成年人住所地的居民委员会、村民委员会或民政部门担任监护人。上述组织担任监护人不分顺序,遵循监护方便和对被监护人有利的原则确定。(7) 未成年人的监护人的变更。主要有:监护人死亡、丧失了监护能力;监护人不履行监护职责,给未成年人造成损害或者利用监护便侵害未成年人财产利益的,经未成年人的近亲属申请,人民法院可以变更监护人;在法律允许的情况下,监护人之间也可以签订变更协议,更换监护人。变更未成年人监护人的目的在于保护未成年人的合法权益。

(李仁玉 陈敦)

weidiyue peichangjin
未缔约赔偿金(compensation money of lossing to contract) 苏格兰封建法律中的一项意外赔偿金的规定。现已被废除。按照当时的法律,土地的领主与其上级领主签订关于土地的契约,如果土地的领主由于各种原因发生变故,而其继承人因疏忽未与原上级领主缔结关于土地的契约,土地领主须向上级领主支付该地的租金,上级领主有权收取所谓该地的地租。此时租金具有未缔约的赔偿金性质。

(万 霞)

weihun fuqi
未婚夫妻(intending spouses) 参见婚约条。

weilai yichan
未来遗产(estate in expectancy) 又称未来继承的遗产。被继承人生前所有的,能在其死亡之时作为遗产依法移转给其继承人的财产。被继承人是未来遗产的权利义务主体,其对未来遗产享有绝对的支配性权利,或负有完全性的负担义务,故未来遗产是被继承权利义务的客体,其他任何人都不能干涉、妨害或侵害被继承人对未来遗产行使权利。即使未来遗产在被继承人生前用遗嘱加以指定,被继承人仍有权通过变更继承人或遗赠对未来遗产予以处分。故未来遗产充满不稳定性和不确定性,继承人只是对其享有期待继承权,只是存在对未来遗产承受的可能性。只有被继承人死亡时,未来遗产才能够转化为实有遗产,其才成为继承人继承权的客体,从而具备主体的稳定性和数额、价值、范围的确定性。

(常鹏翱)

weiwancheng de yueyin
未完成的约因(executory consideration) 已完成的约因的对称。英美法上的概念,又称待履行的对价。当事人双方均允诺实施某一行为或不实施某一行为,但双方均未履行,该行为有待于将来完成。如一方允诺交付货物以取得价款,另一方承诺支付价款以取得标的物所有权,当事人尚未交付货物或支付价款,交付货物和支付价款的允诺即为未完成的约因。

(郭明瑞)

weiwanquan chengli de xintuo
未完全成立的信托(incompletely constituted trust) 完全成立的信托的对称。受托人尚未实际占有由委托人提供的信托财产的信托。未完全成立的信托的基本特征,在于仅仅是信托行为已经由委托人实施完毕,但受托人却尚未实际占有信托财产。未完全成立的信托属于明示信托。这种信托如果在其他方面具备法定条件,则存在着是否具有强制执行效力的问题。这里的强制执行涉及到对两项义务的履行:(1)这种信托赋予委托人或其他财产管理人将信托财产转移给受托人占有的义务;(2)由这种信托赋予受托人将信托利益交付给受益人的义务。《中华人民共和国信托法》第8条第3款规定,采取信托合同形式设立信托的,信托合同签订时,信托成立。采取其他书面形式设立信托的,受托人承诺信托时,信托成立。此条表明,未完全成立的信托赋予委托人或其他财产管理人将信托财产转移给受托人占有的义务具有强行执行的效力,故前者应当通过对这一义务的履行使这种信托变成为完全成立的信托,并因此而使这种信托赋予受托人向受益人交付信托利益的义务也具有强制执行的效力。

英美信托法对信托自受托人实际占有信托财产时起成立持明确肯定态度,但在坚持此点的前提下却仅认为上述由未完全成立的信托设定的两项义务在原则上均无强制执行的效力,存在法定的特殊情况的例外。日本、韩国以及我国台湾地区的信托法对于信托成立时间没有作出规定,但为这些国家和地区的审判实践将这些规定的信托行为定性为要物行为,从而确认为它们对信托成立时间所持态度与英美信托法相同,并认为依据这些信托法,由未完全成立的信托设定的那两项义务一律无强制执行的效力,在这一方面不存在任何例外。 (张 淳)

文书契约(拉丁 contractus lilteris) 又称债权誊账。由家长在他的收支簿上登记债务人的债额作为成立要件的契约。古罗马时期,贵族家庭都有两本账簿,一本流水账,一本收支账。前者登记日常的收入和支出,后者专记债权债务。收支分页记载,记明对方的姓名、发生债的原因及日期等。一般每月将流水账结算一次,收支相抵,如有余额,即为家庭债权。账簿在罗马法上具有极为重要的意义,直到西塞罗时仍然认为,家长若不善于管理账簿是可耻和不名誉之事。

家长在账簿上登记债权为何能发生契约的效力,学说上有不同观点:有学者认为是以书面记载代替双方当事人的现场口头认可;有学者认为是要式现金借贷的简化;也有学者认为文书契约是指借据。文书契约是单务严法契约,其标的只能是确定的金钱;其主体只能是罗马市民,不能是外国人。由于是记账,所以契约的订立不需要双方当事人到场。文书契约受"确定金额给付诉"和"誓金诉"保护。文书契约通常用于设立或变更债。有学者认为,文书契约到帝政后期即已消失,但优帝的《学说汇编》中仍有记载。 (刘经靖)

我国对海运经济的管理(chinese administration on maritime economy) 主要是通过一系列的国内行政法规以及国际双边、多边条约协定进行。国内行政法规如交通部于1990年3月颁布的《国际船舶代理管理规定》以及1990年6月颁布的《国际班轮运输管理规定》,分别对国际船舶代理业务和国际班轮运输进行管理。国务院于1990年12月发布的《海上国际集装箱运输管理规定》,对集装箱运输业的开业审批、货运管理、交接、责任和罚则等都作了具体的规定。对外经济贸易部1992年发布的《关于国际货物运输代理行业管理的若干规定》以及1995年的《外商投资国际货运代理企业审批办法》,对在我国境内从事国际货运代理业务的企业的活动进行规范,对接受进出口货物收、发货人的委托,以委托人或自己的名义,为委托人办理国际货物运输及相关业务的外商投资企业进行规范。还有许多行政规范都充分体现了我国对海运经济管理的重视。目前,我国正在起草国际海运集装箱运输提单登记和运价报备的管理规定。而一部旨在全面规范我国水路运输行政管理的《海运法》已经在起草过程中,并有望在近期颁布实施。

国际方面,我国国际海运市场基本上是开放的。1998年起,我国取消了货载保留制度,鼓励承运人和托运人依通常的商业做法直接商定运输合同。各国船舶通过双边海运协定或按照我国外籍船舶管理办法都可以按照租船、运输合同来中国装卸货物。经过批准,外商可以与我国航商组建合资轮船公司经营国际航运。在互惠条件下,经过批准,外国航运公司也可以在中国设立登记的子公司,从事母公司船舶在中国的海运业务。港口收费,特别是装卸费对国内外船舶按统一标准征收。对国际班轮运输和船舶、货运代理业制定了管理办法。此外,我国还加入了《班轮公会行动守则》、《世界贸易组织协定》,并和许多海运国家签订了双边海运协定,对双方船舶进入对方港口的条件,双方船舶在对方港口享受国民待遇或最惠国待遇、双方相互承认对方主管当局签发的海员证件,双方相互给遇难船舶进行援助等内容进行了规定。和世界上许多海运国家一致,我国保留了对沿海运输的营运权。我国《海商法》第4条规定,中华人民共和国港口之间的海上运输和拖航,由悬挂中华人民共和国国旗的船舶经营。但是,法律、行政法规另有规定的除外。非经国务院交通主管部门批准,外国籍船舶不得经营中华人民共和国港口之间的海上运输和拖航。 (郭 瑜)

污染环境的民事责任(德 Umwelthaftung)

环境污染致人损害的民事责任的简称,特殊侵权民事责任的一种。指因污染环境造成他人财产、人身损害而应承担的民事损害赔偿责任。污染环境的民事责任是随着工业化大生产的出现而产生的。随着现代工业和城市建设的发展,新的污染源不断出现,环境污染日益严重,已经成为威胁人类生存和发展的世界性严重问题,被称为世界性"公害"。为保护环境,防治污染,各国纷纷立法,确立了污染环境侵权的民事责任。

污染环境致人损害的民事责任属于无过错责任,其构成要件为:(1) 有污染环境的行为。所谓环境是指影响人类生存和发展的各种天然的和经过人工改造的自然因素的总体。所谓污染环境,是指由于人为的原因致使环境发生化学、物理、生物等特征上的变化,从而影响人类健康和生产活动,影响生物生存和发展的现象。污染环境的行为具有多样性、复杂性以及渐进性等特点。如有的排放"三废",并不是一次就造成污染,而是长期的排放造成污染;有的不是因一家排放造成污染,而是因多家一起排放而造成污染。(2) 须有污染损害后果。既包括财产损害,也包括人身损害。污染损害往往具有持续性和广泛性的特点。(3) 污染环境的行为与损害间有因果关系。由于污染损害有持续性、复杂性、潜伏性、广泛性等特点,在确定损害与污染行为间的因果关系上适用因果关系推定。因果关系的推定主要有盖然性因果关系与疫学因果关系。采盖然性因果关系时,受害人只要证明污染物到达损害发生地,该地有多数同样损害的发生,即可认定有因果关系,除非污染者能证明因果关系不存在。采疫学因果关系时,只要某污染物在某疾病发病前曾发生作用,该污染物作用提高,该疾病发病率就提高或加重,该污染物足以发生该种疾病,就可推定该污染物质与该疾病间有因果关系。

按照我国现行法律规定,因下列原因造成污染,污染者可免予承担民事责任:(1) 不可抗力。但虽发生不可抗力,经及时采取合理措施可以避免的损害而没有采取措施致使发生的,不能免除污染者的责任。(2) 受害者自身的责任。如水污染损失由受害者自身的责任所引起的,排污单位不承担责任。(3) 第三者的过错。依《海洋环境保护法》、《水污染防治法》规定,完全由于第三者的故意或者过失造成污染损害的,由第三者承担赔偿责任。由第三者承担赔偿责任的,污染者不承担责任。但是,如果第三者不明或者找不到第三者,污染者仍应向受害人承担赔偿责任。

(郭明瑞)

无表决权股票(non-voting shares)

依法律或公司章程完全被剥夺表决权的股票。通常公司自己拥有的本公司股份依法没有表决权,某些股东投资于公司仅是为了取得股利,不愿参与公司管理,对这类股东公司可按章程规定向其分配股利,不享有表决权,但享有特别分配利益的股份。优先股一般都是无表决权股。无表决权股可分为章定无表决权股和法定无表决权股,前者指在公司章程中完全剥夺表决权的股份;后者指法律规定无表决权股份,如企业赎回自身的股份。

(丁艳琴)

无偿法律行为(德 unentgeltliche Geschäft)

没有对价的法律行为。例如,赠与合同即是无偿行为。其特点是,一方当事人无需给付对方当事人任何代价就可取得某项权利。区分无偿法律行为和有偿法律行为的意义在于:(1) 对行为性质的认定。对于某些民事法律行为,法律规定必须是有偿的或无偿的,如买卖行为必须是有偿的,赠与行为必须是无偿的。如果当事人的意思表示违反了法律规定,则该行为不能成立或依法转换为另一类行为。(2) 对行为效力的认定。有偿行为显失公平,受损害人有权请求变更或撤销。无偿行为则不存在显失公平的认定问题。(3) 对行为人责任的认定。对于行为人责任的轻重,因其行为属于有偿或无偿法律作出了不同的规定。总的来说,无偿行为,行为人承担的义务较轻,相应地,其承担的法律责任也较轻。有偿法律行为与无偿法律行为的区分仅对财产法律行为具有意义,身份法律行为不存在对价问题。

(李仁玉 陈敦)

无偿合同(德 unentgeltlicher Vertrag;法 contrat au titre gratuit)

有偿合同的对称。指当事人取得权利无须向对方支付相应的财产代价的合同。如赠与合同,受赠人取得赠与物无须向赠与人支付代价。有的合同的性质决定其只能是无偿的。如借用合同只能是无偿的,若借用人须向对方支付代价,则该合同就不为借用合同,而为租赁合同。有的合同是否无偿决定于当事人的约定。如保管合同,若当事人没有约定保管费,则为无偿合同;反之,则为有偿合同。无偿合同当事人的注意义务要求较低。如《中华人民共和国合同法》第374条规定,保管期间,因保管人保管不善造成保管物毁损、灭失的,保管人应当承担损害赔偿责任,但保管是无偿的,保管人证明自己没有重大过失的,不承担损害赔偿责任。无民事行为能力人、限制民事行为能力人可以订立自己纯受利益的无偿合同。债务人无偿转让财产给第三人而损害债权人利益的,债权人得行使撤销权。无权处分人无偿转让财产给第三人的,第三人不受善意取得的保护。参见有偿合同条。

(郭明瑞)

wuchang jituo

无偿寄托(gratuitous bailment) 有偿寄托、有偿保管的对称。即无偿保管,无偿寄托对于受寄人来说,并不以报酬为保管的对价。在罗马法时代,寄托为无偿合同,但后来,法律也允许约定报酬。近代各国的合同法都认为寄托合同应是无偿契约,当事人双方特别约定是有偿的除外。《中华人民共和国合同法》也规定,当事人没有明确约定保管费又不能依交易习惯等方法确定的,保管是无偿的。

(李成林)

wuchang weituo

无偿委托(德 unentgeltlicher Auftrag) 有偿委托的对称。无偿委托的受托人为他人处理事务,不收取报酬。在古罗马时代,通常委托契约是无偿的,无论有无特别约定,受托人都不收报酬。当时将是否收受报酬作为委托契约与雇佣契约的区别。但依照当时的习惯,委托人有时也向受托人支付一定的谢金。对于此项谢金,受托人无权通过诉讼程序请求执行。法国民法典继承了罗马法的原则,以无偿为委托契约的特征,但却与罗马法不同,允许双方对报酬进行特别约定。《法国民法典》第 1986 条规定,委托在无相反的约定时,为无偿的。《德国民法典》第 662 条规定,因承诺委托,受任人负无偿地处理委托人委托事务的义务。可见德国民法也以无偿委托为原则。我国民法理论上认为委托可以是有偿的,也可以是无偿的。依合同法规定,无偿的委托合同,只有因受托人的故意或者重大过失给委托人造成损失的,委托人才可以要求赔偿损失。

(李成林)

wucongwei chengdui tishi de jujue zhengshu

无从为承兑提示的拒绝证书(protest for unfeasible presentation for acceptance) 在付款人死亡或逃匿等情况下,持票人因无从为承兑提示而请求作成的拒绝证书。此外,在拒绝承兑证书中还存在拒绝参加承兑证书和承兑日期拒绝证书。

(王小能)

wucongwei fukuan tishi de jujue zhengshu

无从为付款提示的拒绝证书(protest for unfeasible presentation for payment) 在付款人死亡或逃匿等情况下持票人因无从为付款提示而请求作成的拒绝证书。

(王小能)

wudanbao beishu

无担保背书(endorsement without recourse) 使背书人免于承担汇票担保责任的背书。汇票是信用流通证券,法律不仅要求发票人承担汇票承兑和付款的担保责任,同时要求背书人对其后手也承担责任,从而使市场交易主体放心地接受与使用汇票,以促进经济的发展。汇票背书人的这种担保责任是一种法律强制责任,体现了法律强制的一面;另一方面,票据法属于私法,意思自治是私法的核心理念之一,法律允许背书人在背书时记载"免除担保责任"或同义字样,使该背书人对其后手的担保责任免除。只要被背书人愿意接受记载有上述文字的汇票,即视为其与该背书人之间形成一种契约,同意背书人不负担保责任。1995 年 5 月 10 日我国全国人大常委会通过的《中华人民共和国票据法》仅规定了禁转背书,并没有无担保背书的规定。因此,目前在我国不得为无担保背书。

(王小能)

wudanbao gongsizhai

无担保公司债(unsecured debenture) 有担保公司债的对称,又称"信用公司债"。仅凭公司信用无其他财产或人作担保所发行的公司债。与有担保公司债相比,无担保公司债有可能因公司破产得不到清偿或得不到全部清偿,如到期得不到部分或全部清偿,债权人只能作为普通债权人提出权利要求,比有担保公司债风险大。资信、实力较强的大公司通常发行此类公司债。此种公司债因无担保,发行时往往带有附加条款,以约束并限制公司资金应用的行为。

为保障债权人利益,各国立法对发行无担保公司债有更严格的限制:(1) 对发行量的限制。如规定发行无担保公司债数额不得超过公司现有全部资产减去全部负债及无形资产的余额的二分之一;(2) 限制公司发行其他有价证券的数量或不得另举新债;(3) 发行无担保公司债的公司不得设定抵押权;(4) 要求债券所得资金只能供指定用途,不能用作偿还旧债或分配股利等。

有的国家的公司法还规定在下列情况下禁止发行无担保公司债:(1) 对于过去已经发行的公司债或其他债务,曾有违约或迟延支付本息的事实或现状或者其盈利额未达到法定标准;(2) 在发行无担保公司债之前有为其他人设定的超过本债券数额的担保;(3) 最近 3 年或开业不到 3 年之开业年度课税后的平均净利,未达到原定发行的公司债应负担年息总额的150%。《中华人民共和国公司法》没有规定有担保公司债,仅规定了无担保公司债。为了保障债权人的利益及社会经济秩序的稳定,我国《公司法》对公司债券发行的主体及条件、程序作出了严格的限制。

(施余兵)

wufuquan hunyin
无夫权婚姻(拉丁 matrimonium sine manu) 按照罗马万民法规定而成立的婚姻，亦称略式婚。这种婚姻适用于双方或一方为外邦人的结合，婚姻的成立并不导致夫权的发生。在当事人符合结婚的法定条件时，无夫权婚姻依男女双方的合意即可成立。在婚姻关系存续期间，妻在人身权利和财产权利方面具有一定的独立性，其家庭地位是高于有夫权婚姻中之妻的。在离婚问题上，女方的境遇亦较有夫权婚姻中之妻为优。在罗马早期的亲属法中，无夫权婚姻和有夫权婚姻的区别十分严格，经过长期的演变，到了后世两者逐渐趋同，最终导致罗马婚姻的万民法化。有关无夫权婚姻的一些原则和具体规定，对近、现代各国特别是大陆法系国家的婚姻立法具有很重要的影响。

(杨大文)

wuguojiren
无国籍人(stateless person) 不具有任何国家国籍的人。导致某人处于无国籍状态，可以因丧失国籍后，又没有取得新的国籍而引起，也可以由于父母无国籍所造成，还可以是其他原因引起。在我国，无国籍人的权利能力与我国自然人相同。

(李仁玉 陈敦)

wuguocuo zeren
无过错责任(no-fault liability) 过错责任的对称。又称无过失责任。不以过错为归责原则的民事责任，即无论行为人主观上有无过错，都需要按照法律的特别规定对其造成的损害承担民事责任。无过错责任是对过错责任的否定，是随着解决在生产力与现代科学技术发展的情形下因完全实行过错责任会出现新的社会不公问题而产生的。进入20世纪以后，无过错责任在各国先后形成，但名称各异。在德国称为"危险责任"；在英美法系国家称为"严格责任"，在南斯拉夫称为"客观责任"。但严格责任的范围较之无过错责任要广，它还包括过错推定责任。无过错责任并不是古代法上的结果责任的恢复，也不同于绝对责任，行为人可以法律规定的抗辩事由而免责。《中华人民共和国民法通则》第106条第3款所规定的"没有过错，但法律规定应当承担民事责任的，应当承担民事责任"，即为我国民法上承认无过错责任的根据。

无过错责任与过错责任的根本区别在于：前者不以行为人的主观过错作为承担责任的要件，而后者"无过错，即无责任"。

无过错责任有下列法律特征：(1)无过错责任不以行为人的过错为责任的构成要件，行为人有无过错不影响责任的成立。(2)在无过错责任中，受害人只需证明损害的存在、损害与被告的行为(包括被告使用人的行为)或物件之间存在因果关系，无需证明被告对损害的发生有过错，即可请求被告承担责任。被告不能以证明自己没有过错而免责，必须证明自己有法定的免责事由，方可免除其赔偿责任。立法上无过错责任的免责事由一般有：不可抗力、受害人的故意等。另外，根据无过失责任的具体类型的不同，免责事由也不同。(3)保险制度，特别是责任保险制度为无过失责任的实现提供了现实基础。无过失责任的实行也刺激了责任保险业的发展，促进损害赔偿的社会化。(4)无过错责任的适用范围须有法律的特别规定。随着责任保险和社会保险的推广与普及，无过错责任在世界范围内有不断扩大的趋势。(5)责任限制。一方面特别法往往对损害赔偿最高限额做出规定；另一方面，无过失责任一般仅限于对财产损失的赔偿。依我国《民法通则》的规定，国家机关及其工作人员的职务侵权责任、产品责任、危险责任、污染环境责任、地面施工责任、动物致害责任、监护责任等均为无过错责任。依《合同法》的规定，违约责任除法律另有规定外，也为无过错责任。

(张平华)

wuguoshi pengzhuang
无过失碰撞(collision without fault) 非因为任何一方当事船舶的过失或故意所造成的船舶碰撞，包括不可抗力造成的碰撞、意外事故引起的碰撞和原因不明的碰撞。对此，碰撞各方互相不负赔偿责任。

(张永坚 张宁)

wuguoshi zhanyou
无过失占有(innegligent possession) 有过失占有之对称。占有以占有人有无占有的权源可分为有权占有和无权占有，无权占有以占有人对其没有权源在主观上是否知情又可以区分为恶意占有和善意占有，善意占有又可因善意占有人有无过失而进一步区分为有过失占有和无过失占有。无过失占有，是指占有人对于其占有没有权源事实不知情且没有过失，而成立的占有。

(申卫星)

wu jiming gongsizhai
无记名公司债(debentures payable to bearer) 记名公司债的对称。在债券票面上不记持有人的姓名，债券本息直接偿付给债券实际持有人的公司债。这种债券通常是附加息票、剪票付息。债券持有人为无记名公司债的债权人，有权享有债券所记载的一切权利。

无记名公司债在发行时,应募人一般以现金当场购买,无需填写应募书;转让无记名公司债以交付为转让,自由流通;以其设定质权,也以债券交付发生设定质权的效力。公司在发行公司债时,有权自由选择发行记名公司债或无记名公司债,法律一般允许无记名公司债债权人请求将债券改为记名公司债。 (梁 聪)

wujiming gupiao

无记名股票(stock payable to bearer) 在股票上不记载股东姓名或名称的股票。无记名股票的权利归属于股票的持有者,持有股票者即为公司股东,享有股东权。无记名股票在股东缴足股款后发行,否则难以催缴股款。无记名股票可以自由转让,将股票交付受让人即发生转让效力。多数国家的法律允许发行无记名股票,由于其存在一定的流弊,对无记名股票的发行有限制。《中华人民共和国公司法》规定,对社会公众发行的股票可以是无记名股票。 (丁艳琴)

wujiming piaoju

无记名票据(bills payable to bearer) 记名票据和指示票据的对称。无记名票据是指出票人在出票时,在票据上可以不记载票据收款人的姓名或名称,或者仅抽象性地记作"持票人"或"本人"的票据。此类票据依直接交付而转让。持票人可将无记名票据转为记名票据,其方法是把自己的姓名或名称,或他人的姓名或名称载于票据上。依照我国现行票据法的规定,支票可为无记名,但实际上须由出票人授权补记;"未补记前不得转让和提示付款",即我国票据法实际上不承认无记名票据。 (温慧卿)

wujiming youjia zhengquan

无记名有价证券(德 Inhaberpapier) 证券上不记载特定之权利人,而应对于证券持有人为给付之有价证券。此种有价证券对于任何持券人有其意义。因证券而生之权利,与证券本身之权利,有密切不可分离的关系。凡保有证券上之权利,亦即享有由证券而生之权利。无记名证券上的权利,随证券所有权之转让而移转,如无记名支票、无记名股票。这种证券可以用单纯交付方法转让。 (张 谷)

wuminshi xingwei nengli

无民事行为能力(incapacity for civil conduct) 自然人不具有以自己的行为取得民事权利和承担民事义务的能力。《中华人民共和国民法通则》第12条第2款规定,不满10周岁的未成年人是无民事行为能力人,由他们的法定代理人代理民事活动。不满10周岁的未成年人,一般来说处于生长、发育的最初阶段,智力水平普遍较低,一般难以进行民事行为,故将他们归为无民事行为能力人。虽然现实生活中,不满10周岁的未成年人的智力水平相差较大,不否认个别的智力水平较高者,如八、九岁的大学生,五、六岁的儿童音乐家,但总体来说,他们仍不具有综合的认识能力和判断能力,故他们应由其法定代理人代理民事活动。但在实践中,不满10周岁的未成年人,可以进行与他的年龄、智力相适应的细小的民事行为,也可以进行纯获利益的行为,如接受报酬或赠与。我国《民法通则》第13条第1款规定,不能辨认自己行为的精神病人是无民事行为能力人,由他的法定代理人代理民事活动。不能辨认自己行为的精神病人由于其心智丧失,不具有识别能力和判断能力,从保护他们的自身利益出发,法律规定他们为无民事行为能力人,由他的法定代理人代理民事活动。由于判断精神病人是否不能辨认自己的行为比较困难,故我国《民法通则》规定,应经利害关系人申请,由人民法院根据司法鉴定机构或医院所作的鉴定,宣告其为无民事行为能力人。在实践中,完全不能辨认自己行为的精神病人,可以进行纯获利益的行为,如接受报酬或赠与。 (李仁玉 陈 敦)

wuming hetong

无名合同(德 nichtbenannte Vertrage) 有名合同的对称。又称非典型合同。法律上没有确定特定名称的合同。其特点在于法律没有对其确定特定的名称和规则。对于合同,不实行法定主义,当事人不仅可以订立法律规定的有名合同,也可以根据需要订立法律没有规定的无名合同。如果随着交易的发展,某种无名合同关系逐渐形成自己的规则,经法律确认后赋予其特定的名称,则该合同就成为有名合同。

无名合同主要有三种类型:(1) 纯粹的无名合同,即以不属于任何有名合同的事项为合同的内容;(2) 准混合合同,即以一个有名合同的事项与另一个不属于任何有名合同的事项为内容的合同;(3) 混合合同,即由一个有名合同的事项与另一个有名合同的事项为内容的合同。由于法律对无名合同没有规定相应的规则,对于无名合同如何适用法律规则,有不同的观点。

对于纯粹无名合同,通说认为,应当按照合同法的一般规则处理。而对于其他无名合同,则有吸收主义、结合主义、类推适用主义等三种学说。(1) 吸收主义主张,区分合同的主要内容和次要内容,由主要内容吸收次要内容,从而适用主要内容的有名合同规则。罗马法采吸收主义,但因此种观点完全不考虑当事人订立合同的意图,不符合合同自由原则的要求,不为现代民法所采用。(2) 结合主义主张,分解各种有名合同的规定而寻求其法律要件,以发现其法律加以调和统一,创造一种混成法,而予适用。这种观点忽视了各有名合同具有独自的经济目的和社会作用,实践中也难以将有名合同的事项予以分解,并且,机械地结合各事项的法则以定适用也有违当事人的意思。(3)类推适用主义认为,对于无名合同,应当考虑当事人订约的经济目的及社会机能,就无名合同的事项类推适用有关各有名合同的特别规定。此种观点为各国法的通说。我国学者通说认为,对于无名合同,有类似的有名合同的,可以参照类似有名合同的规则处理;没有类似的有名合同的,则应按照合同法的一般规则处理。《中华人民共和国合同法》第124条也明确规定:本法分则或者其他法律没有明文规定的合同,适用本法总则的规定,并可以参照本法分则或者其他法律最相类似的规定。

(郭明瑞)

wuming qiyue

无名契约(age sui generis) 又称纯粹非典型契约,只以法律全无规定的事项为内容,即其内容不符合任何有名合同要件的契约,如广告使用他人的姓名或肖像的契约等。对于无名契约应依照合同的目的、诚实信用并斟酌交易惯例适用法律。 (张平华)

wupiaomian jin'e gupiao

无票面金额股票(no-par-value stock; non-par value stock) 也称无额面股。在股票上不记载票面金额,仅表明发行总额及每股在发行总额中所占比例的股票。无票面金额股票没有票面价值,有账面价值。无票面金额股票在美国较为常见,西方多数国家公司法不允许发行这种股票。《中华人民共和国公司法》只允许发行额面股。无票面金额股票一般在公司增加资本时发行。对发行公司而言,其优点是发行价格可以随市价变动,灵活性强,不受面额限制。对投资者而言,其优点是清楚地知道每股代表的实际资本,不被股票的面额所迷惑。无票面金额股票还有利于股份分割,划分股东的权利义务,以便计算盈余分配比例。 (丁艳琴)

wuqixian wuquan

无期限物权(right in rem of unlimited terms) 是指没有一定存续期间而永久存续的物权,如所有权。

(王轶)

wu qingqiuquan de hetong

无请求权的合同(unenforceable contract) 又称不可强制履行的合同、无诉讼权的合同。指虽有效但当事人无权向法院提起诉讼请求的合同。此种合同可在当事人间产生合同义务,但因某些技术上的缺点或其他法律障碍使当事人丧失请求权,不能请求强制履行。诉讼时效期间已届满而当事人未主张权利的合同、德国法上的婚约等都属于无请求权的合同。在英美契约法上,契约缔结过程中未依法律规定的书面方式(或其他形式)订立的契约也属于无请求权的合同,而在大陆法系(如我国《合同法》第36条)欠缺法律规定的书面方式时,合同不能成立,此时当然也不存在无请求权的合同。

(郭明瑞 张平华)

wuquan daili

无权代理(德 unberufene Vertretung) 代理人不具有代理权,但以本人的名义与第三人进行民事活动的代理。无权代理的具体情形各不相同,学理上一般又将无权代理区分为狭义的无权代理和表见代理,民事立法上也分设不同的制度加以规范。《中华人民共和国民法通则》对无权代理只进行了原则性规定,未区分狭义的无权代理和表见代理,但《合同法》区分了狭义的无权代理和表见代理。

无权代理与滥用代理权是两种不同的制度。其主要区别是:(1)性质不同。无权代理是没有代理权而进行的所谓代理;而滥用代理权则属有权代理,只是代理权行使不当。(2)情形不同。无权代理包括未经授权的代理、超越代理权的代理、代理权终止后的代理;而滥用代理权则包括自己代理、双方代理和代理人与第三人恶意串通损害本人利益的行为。(3)法律后果不同。无权代理并非绝对不能产生代理的法律效果;而滥用代理权的后果情况较为复杂。

无权代理具有如下特征:(1)行为人所实施的民事行为,符合代理行为的表面特征,即以本人的名义独立对第三人为意思表示,并将其行为的法律后果直接归属于他人。若不具备代理行为的表面特征,则不属于代理行为,当然也不为无权代理。(2)行为人实施代理行为不具有代理权。没有代理权包括未经授权、超越代理权和代理权终止三种情况。(3)无权代理行为并非绝对不能产生代理的法律效果。由于无权代理的行为未必对本人或相对人不利,同时为了维护交易安全和保护善意第三人的利益,狭义的无权代理行为应属效力未定的民事行为。在经本人追认的情况下,无权代理变成有权代理,能产生代理的法律效果。表见代理直接发生代理的法律效果。 (李仁玉 陈敦)

wuquanyuan zhanyou

无权源占有(德 Iniusta possession; unrechtmaessiger Besitz; possession injuste) 参见无权占有条。

wuquan zhanyou

无权占有(德 iniusta Possession; unrechtmaessiger Besitz）有权占有的对称。也称无权源占有，没有法律上的原因的占有。如盗贼对于赃物的占有，拾得人对拾得物的占有，买受人在买卖合同被确认无效后对物的占有，以及承租人在租赁关系消灭后对租赁物的继续占有等。无权占有又可以根据不同标准分为善意占有与恶意占有、和平占有与强暴占有、公然占有与隐秘占有、继续占有与不继续占有、无瑕疵占有与有瑕疵占有等。

（申卫星）

wurenge caituan
无人格财团（德 Stiftung ohne Rechtsfähigkeit） 未经许可或未为设立登记，而未依法取得法人资格的财团。我国未采此概念。

（李仁玉 田东平）

wurenge shetuan
无人格社团（德 Verein ohne Rechtsfähigkeit） 未经许可或未为设立登记，而未依法取得法人资格的团体，又称无权利能力社团，如学生会、俱乐部、校友会、同乡会等。无人格社团在法律上的地位既不同于社团的独立人格，又与合伙的性质有别。在德国民法上，无人格社团准用关于合伙的规定，以此种社团名义对第三人所为之法律行为，由行为人自己负责；行为人有数人时，负连带债务人责任。但在特殊情形下，无人格社团也可以独立为权利义务主体，例如无人格社团有诉讼能力，对于社团的财产可以独立开始破产程序等。我国未采此概念。

（李仁玉 田东平）

wuren jicheng de yichan
无人继承的遗产（inheritage without successor） 继承开始后经过一定的期间，确定没有人接受继承也没有人接受遗赠的遗产，在我国有时亦称为无人继承又无人受遗赠的遗产。《中华人民共和国继承法》第32条规定，无人继承又无人受遗赠的遗产，归国家所有；死者生前是集体所有制组织成员的，归所在集体所有制组织所有。

无人继承的遗产主要产生于以下几种情形：没有法定继承人、遗嘱继承人以及受遗赠人；法定继承人、遗嘱继承人全部放弃继承而且受遗赠人也全部放弃受遗赠；法定继承人、遗嘱继承人完全丧失继承权，受遗赠人也完全丧失受遗赠权；执行遗赠财产后遗产尚有剩余，但没有法定继承人和遗嘱继承人或者继承人都放弃继承或者继承人都丧失继承权。

无人继承的遗产与无主财产不同。无主财产是没有所有人或所有人不明的财产，须经人民法院依特别程序审理后作出判决予以确认，收归国家或集体组织所有；无人继承的遗产原所有人是明确的，只是由于前段所述情形的法定原因所形成，无须经过法定的特别审理程序，即依继承法的规定直接归属于国家或有关集体组织所有，并且可以分给继承人以外的依靠被继承人扶养而又无劳动能力及其他生活来源的人，或者继承人以外的对被继承人扶养较多的人适当的遗产。

无人继承的遗产不同于无人承认继承的遗产。前者是已经确定为无人继承或无人受遗赠的遗产，而后者是指有无继承人或受遗赠人不明的遗产，这时，法律规定应当积极依法定方式寻找继承人、受遗赠人并由遗产管理人管理好遗产。在经过法定期间和法定程序后仍找不到继承人、受遗赠人时，无人承认继承的遗产才是无人继承的遗产。

古今中外，对于无人继承遗产的处理法律上都有规定。总体上都采用了无人继承的遗产最终归国家所有的做法。但具体认识和立法例又有不同。罗马法时期，无继承人的遗产视为绝产，归属于国库，但对债务清偿，不超过遗产时，由国库承担；超过遗产时，则以遗产为限变卖清偿。日耳曼法将无人继承的遗产归属于氏族团体或拥有裁判权的领主王侯。现代各国的理论及立法主要有三种类型：(1) 继承说，即国家作为最终法定继承人而取得无人继承遗产所有权。(2) 法定直接归属说，即由法律规定无人继承的遗产归属于国家，但国家并不是法定继承人。(3) 先占说，即国家依法享有优先取得无人继承遗产的权利。我国继承法的有关规定近似法定直接归属说。

关于被继承人债务清偿及继承权回复问题，以国家为法定继承人的立法模式中，国家负有在遗产限度内清偿债务的义务和向继承权回复请求权人偿付所受遗产的义务。但不采纳以国家为法定继承人的国家，国库在接受无人继承的遗产前由遗产管理人先进行债务清偿，有剩余财产的才归属国家，此后国家不再承担义务，其后即便有受遗赠人出现，也不得对国家为偿付请求。

我国古代即有处理无人继承遗产的制度，如唐令拾遗中规定，若无男系继承人则为户绝，其近亲为被继承人办理丧葬的费用扣除后所余遗产，由其亲女接受。没有亲女，由亲戚接受，没有亲戚，最后才收归国家。明清律令中亦有类似规定。但我国古代的继承制度突出的是宗祧继承，宗法色彩强烈，绝户遗产的处理多在宗族内部处理，鲜有达于国家。直至解放前国民政府制订了民法典才正式建立了现代的无人继承遗产制度。《中华人民共和国继承法》中对无人继承遗产的规定很不完善，对于无人继承遗产的归属主体分为国家和集体所有制组织，而不是只限定为国家。由于我国没有建立严格的遗产清算制度，因而取得无人继承的遗产的国家或集体组织有在遗产限度内清偿死者债务和税款的义务。若后来继承人被发现并符合法律规定享有继承权时,应解释为国家或取得遗产的集体所有制组织应返还原物,原物不在时,以偿还合理的金钱或其他利益为妥。另外,最高人民法院《关于贯彻执行〈中华人民共和国继承法〉若干问题的意见》第57条规定,遗产因无人继承收归国家或集体组织所有时,按《继承法》第14条规定,可以分给遗产的人提出取得遗产要求的,人民法院应视情况适当分给遗产。

(周志豪)

wu shouyi tiaokuan
无受益条款(not to insure clause) 亦称不受益条款,即承运人不能受益条款。货物保险之后,不能因为已保险而减免承运人或其他受托人的责任。保险人享有向被保人以外第三者追偿的权利。 (温世扬)

wu suquan de qiyue
无诉权的契约(no actionable contract) 又称不能强制履行的契约。指当事人的请求权不受诉权保护的合同。此种合同不能作为当事人提起诉讼的根据,但并非无效,债务人自愿履行的,不得要求返还。在罗马法上,无诉权的契约可产生自然债务。在英美法上,又称为不能强制履行的契约,指未依法律规定的方式订立的契约,或契约罹于时效而无法实行契约上的权利,以致法院拒绝强制他方履行契约上的义务。 (郭明瑞)

wuti caichanquan
无体财产权(德 Immaterialgueterrecht) 又称知识产权或智慧财产权。以人类精神的产物(如作品、发明),无形的利益为其内容的权利。著作权、专利权、商标权等均属之。无体财产权的内容为人类精神作用的结果,故与人格权不无近似,然现代法则注重其经济利益之一面,认其为财产权,故无体财产权也可以让与、继承,并非专属权。此等权利多受有国际的保护,亦其特征之一。 (张 谷)

wuti yichan
无体遗产(incorporeal hereditament) 有体遗产的对称。又称无形遗产,是死者遗留的没有特定形体不占有空间的不能被触觉到的遗产,其主要指死者生前所享有的可转移的财产性权利及义务,如债权、债务、知识产权中的财产性权利等。无体遗产源于罗马法中的"无形体物"概念,查士丁尼的《法学阶梯》称无形体物是由权利组成的不能被触觉到的东西。但在罗马法中,遗产继承权的标的即死者所遗留下来的权利和义务,也同样被视为无体物。随着社会经济的发展,无体遗产在遗产中的比重也日益增加。无体遗产的分割方法和程序与有体遗产的分割方法和程序相同。

(常鹏翱)

wu tiaojian zhi zhai
无条件之债(unconditional obligation) 附条件之债的对称。不以当事人约定的一定条件成就与否为生效或解除条件的债。参见附条件之债条。 (郭明瑞)

wuxizhai
无息债(debenture without interest) 债券票面没有标准利率或利息,以折扣形式售出,持票人于到期日取得票面所载数额的公司债。这种债券主要针对那些因此可免交利息税的国家。无息债是花旗银行于1981年首先发行的,后为许多大公司采用。发行无息债,持票人无利息收益,借款人以打折扣出售债券。如1982年1月20日,美国百事可乐饮料公司发行10年期无息债券,共计21亿美元,通过大幅的折扣促进了无息债的销售。 (施余兵)

wu xiaci zhanyou
无瑕疵占有(德 possessio non vitiosa; fehlerfreier Besitz; possession non vicieuse) 有瑕疵占有的对称。根据无权占有是否具有瑕疵,无权占有又可再分为无瑕疵占有和有瑕疵占有。无瑕疵占有是指对于占有物以善意、无过失、和平、公然并继续的方式进行的占有。

(申卫星)

wuxian baozheng zhaiwu
无限保证债务(limitless debt of guaranty) 有限保证债务的对称。其范围与主债务范围完全相同的保证债务。这里的主债务不仅包括主债务人的主要债务,也包括主债务人的其他各项义务及责任(如支付利息、违约金、赔偿金等),即主债务人具有什么样的义务,无限保证债务的保证人均对其承担保证义务。保证人承担的是无限保证债务还是有限保证债务,由当事人通过保证合同约定。如果当事人对保证债务是否为无限保证未作出约定时,根据《中华人民共和国担保法》第21条的规定,当事人对保证担保的范围没有约定或者约定不明确的,保证人应当对全部债务承担责任。

(奚晓明)

wuxian'e danbaohan
无限额担保函(unlimited guarantee) 共同海损担保函的一种。由货物保险人出具的无限额担保函是指保险人出具的不论货物保险金额大小,保险人都保证全额赔付该项货物的共同海损分摊金额的书面文件。如果该项货物的共同海损分摊金额超过了货物的保险金额,则在保险人向船舶所有人做出全额赔偿以后,可向被保险人收回超过保险单责任的部分。各保险公司一般都是出具无限额共同海损担保函。

(张永坚 张 宁)

wuxian gongsi

无限公司(unlimited company) 指由两个或两个以上股东组成的、对公司的债务负无限连带责任的公司。各国公司法对无限公司的概念都有明确的表述,原《联邦德国商法典》第105条规定,各股东以共同商号经营商业,对公司债权人负无限责任的公司,为无限公司。《法国公司法》第10条规定,无限责任股东均有商人资格,应就公司债务负无限连带责任。各国公司法对无限公司概念的表述大体上是一致的,但在无限公司的法律地位、股东住所等问题上,也有不同的规定。例如日本、法国等国家以及我国台湾地区,确定无限公司为法人,而原联邦德国、匈牙利等国则不认为它是法人,而是合伙的一种。有些国家的公司法对无限公司股东的住所有所限制,如要求半数以上的股东在国内有住所,而有些国家则对此没有限制。因为无限公司的信用是建立在股东个人基础上的,所以股东的姓名是公司设立登记的必要事项。

无限公司是最典型的人合公司,它具有人合公司的全部特征,主要包括:(1)公司必须由两个以上的股东组成。如果无限公司的股东只剩下一人,那么公司就应解散,而转为独资企业。此外,两个以上的股东都是自然人,而不能是公司。一个无限公司不能成为另一个无限公司的股东。(2)股东对公司债务负连带无限清偿责任。这是无限公司与其他公司最根本的区别。所有的股东均负无限责任,而且不以其出资额为限对公司债务承担责任。(3)无限公司是公司的一种。它与合伙(商事合伙)虽然性质相同,都以经营为内容,以营利为目的,但它们的存在形式却不同。无限公司是一种公司,是法人(只有个别国家例外),具有较完整的组织形式。受属于强制性规范的公司法调整。而合伙不是法人,没有完整的组织机构。在大多数国家,其合同的规范多为任意性规范。

无限公司具有组织简易、股东向心力强、信用可靠等优点,同时也有股东承担责任过重、集资困难等不足。这种公司形式历史悠久,在当代各国企业形式中仍有一定地位。无限公司在经济生活中多为中小企业采用的组织形式,无限公司股东数额有限、不能向社会集资的特点,决定了它的规模不可能太大。无限公司无最低资本出资额的限制,且出资灵活,这又决定了它是技术密集型企业或劳务密集型企业所适宜采取的经营方式。在这类企业中,大都以智力、劳动和经营能力作为主要的经营手段,而不需要雄厚的资金和较多的设备。因此,对于那些无力筹集创办股份公司或有限公司的最低资本,但却有经营管理能力的人来说,无限公司不失为一种值得采用的形式。而且法律一般也要求那些以一定的技能为其经营基础,所需资本不多,而盈利又十分可观的设计公司、咨询公司等采用无限公司的形式。

(王亦平)

wuxian gongsi biangeng

无限公司变更(alteration of an unlimited company) 无限公司可在其存续期间,变更组织形式、股东或章程其他内容。(1)组织形式的变更。因无限公司股东对公司债务负连带责任,不能变更为有限公司和股份有限公司,只能变更为两合公司。无限公司变更为两合公司主要有两种方式:其一,经全体股东同意。其方法是将一部分股东变更为有限责任股东或让新的有限责任股东加入。其二,当公司的股东仅剩一人,不符合法定最低人数时,可以让新的股东加入而使公司存续。新的股东为有限责任股东时,原来的无限公司即变更为两合公司。无限公司变为两合公司后,其法人资格并未消灭,仍继续存在。原来的无限责任股东变更为有限责任股东时,对于其在公司变更前的公司债务,与公司变更登记后的一定期间内仍负连带无限责任。(2)股东的变更。包括入股、退股或转让出资等。入股,即公司成立后新加入股份,成为无限公司的新股东;退股,是公司成立后,股东抽回出资,股东资格消灭,出资人死亡也为退股的原因,但章程中可以规定由其继承人继承其地位;转让出资,是公司股东将其出资转让给他人,股东可以转让全部或部分出资,可向股东之外的人转让,但必须经过其他全体股东同意。(3)章程的变更。只要不违背公司的本质和强制性规定,章程内容可自由变更,但不论是必要记载事项,还是任意记载事项,章程变更均需全体股东同意。章程变更的效力于股东决议通过时发生,且应到主管机关登记,并得通知各债权人或进行公告,否则无限公司不得以其变更对抗债权人。

(吕来明 郝维红)

wuxian gongsi daibiaojiguan

无限公司代表机关(representive of an unlimited company) 有权对外代表无限公司的人。参见无限公司对外关系条。

(吕来明 刘 霞)

wuxian gongsi daibiaojiguan xingwei

无限公司代表机关行为(representive's acts of an unlimited company) 无限公司代表机关处理公司事务的行为。无限公司代表机关与无限公司业务执行机关系同一机关,其所有执行、处理公司业务的行为对内称业务执行行为,对外称代表行为,本质并无不同。无限公司代表机关应按照法律、法规、公司章程和股东决议执行、处理公司业务,否则,要为因此而对公司造成的损害负赔偿责任。代表机关应将业务执行情况随时向公司汇报并得随时答复其他股东的质询,其他股东有权随时查阅公司财务报表、账簿等文件,以对公司业务进行监督。公司可以对代表的权利加以限制,但通常这种限制不得对抗善意第三人。

公司代表在执行公司业务时享有如下权利:(1)报酬请求权。公司代表执行公司业务以无报酬为原则,只在有特别约定时,才享有报酬请求权。(2)偿还垫款请求权。公司代表因执行公司业务所代垫款项,可向公司请求偿还(包括利息)。(3)提供担保请求权。公司代表因执行公司业务负担债务,如果该债务到期,公司应清偿,若未到期,可请求公司提供一定的担保。(4)损害赔偿请求权。公司代表因执行公司业务而受损害,在无过失的情况下可向公司请求赔偿。无限公司代表通常是公司的股东,对公司债务负连带责任,但公司代表的责任首先是公司的责任,其行为首先是公司的行为,其效力归属于公司,首先由公司对外负责。

(吕来明 刘 霞)

wuxian gongsi de dengji
无限公司的登记(registration of an unlimited company) 依照法定程序,将无限公司设立、变更、解散等事项记载于主管机关登记簿,并公示的行为。

无限公司登记分为:(1)设立登记。设立登记由公司代表人申请,并应附具章程。设立分公司时应向本公司所在地提交申请书以及所附具的证明,同时向分公司所在地进行登记,应登记公司成立年月日、设置或迁移分公司及其年月日。(2)变更登记。住所变更的登记,将本公司迁到其他登记所管辖区域时,于新所在地申请登记;入股退股的登记,应股东入股、退股而进行变更登记的申请书,应附具证明其事实的书面材料;组织变更的登记,无限公司变更组织为两合公司,就两合公司进行登记时,应登记公司成立年月日、无限公司的商号、变更组织的意旨及变更年月日;无限公司变更组织为两合公司时,就无限公司提出的登记申请,应同时进行。(3)合并登记。合并进行变更或设立登记时,应登记因合并而消灭的公司的商号、本公司及合并意旨。因合并而进行变更登记的申请书应附具下列文件:证明已消灭公司全体股东同意的书面材料;证明已就合并进行了公告及催告;有异议债权人已对其清偿、提供担保或实行信托的书面材料;消灭公司的登记簿誊本,但该登记所管辖区域内有消灭公司的本公司或分公司时除外。因合并而进行设立登记的申请书除应附具上述文件外,还包括公司章程、证明设立委员资格的书面材料。(4)解散登记。在解散登记中,应登记的事项为解散事宜、事由及年月日。因章程所定事由发生进行解散登记时,登记申请书应附具证明事由发生的书面材料。(5)清算的登记。《日本商业登记法》第62条规定,执行业务的股东为清算人时,在清算人的登记申请书上应附具章程;股东选任清算人的选任登记申请书,应附具证明已承诺就职的书面材料;因清算退职而进行的变更登记申请书,应附具证明退职的书面材料。

(刘弓强 蔡云红)

wuxian gongsi de qingsuan
无限公司的清算(settlement of an unlimited company) 无限公司解散时,依照法律规定的程序了结公司事务、清理债权债务、处理解散公司财产、消灭公司法人资格的行为。除因合并而解散外,无限公司因其他情形解散时,均须清算。在清算期间,公司的法人资格视为存续。清算的方法有两种:任意清算与法定清算。(1)任意清算是指在公司解散的情况下,公司财产的处分方法依章程规定或全体股东同意而进行,通常在章程中规定的存续期限届满或章程规定的其他解散事由发生以及全体股东同意解散公司时,公司进行任意清算。(2)法定清算,即按法律规定的方法处分财产。在法定清算的情况下,当公司财产不足以清偿债务时,清算人可以要求股东清偿。清算应当在法定期限内完成,在法定期限内清算不能终结时,必须申述理由,请求登记机关延期。清算完结,应在一定时期内造具表册,将清算表册送交各股东,请求股东承认,若股东没有在法律规定的一定期限内提出异议,则视为承认,但是清算人有不法行为时,不在此限。清算表册经送请股东承认后,应向登记机关申报,并注销登记。

(吕来明 郝维红)

wuxian gongsi duiwai guanxi
无限公司对外关系(external relations of an unlimited company) 无限公司与第三人以及无限公司股东与第三人的法律关系。对外关系的主要内容,是对外代表公司的问题和对公司债务承担责任的问题。

1. 公司与第三人关系。实质上是谁有权对外代表公司以及代表权范围对第三人的效力问题。原则上无限公司股东均得单独代表公司,公司也可依章程或股东之间的合同确定代表公司的股东或确定数名股东共同代表公司或共同授权一名经理人代表公司。但是,章程或合同对于其他股东代表权的排除以及享有代表权的股东的变更,应当进行商业登记,非经登记,不得对抗善意第三人。在共同代表的情况下,有共同代表权的股东可以授权其中的各个人实施一定的业务或一定种类的业务,第三人向有权共同代表公司的股东中的一人作出有关公司事务的意思表示,视为向公司作出的意思表示。在经理人拥有代表权的情况下,第三人向经理人作出有关公司事务的意思表示,视为向公司作出的意思表示。股东代表权的范围,及于与公司业务有关的一切行为,包括诉讼上和诉讼外的一切法律行为与事实行为。无限公司对股东代表权可加以限制,但此类限制不得对抗善意第三人。与公司营业上事务无关的行为,不属于其代表权范围之内,为无权限行为。不论第三人是否善意,非经公司承认,不对公司发生效力。代表公司之股东,如同时代表他人与公司进行交易时,不得同时为公司的代表,但向公司清偿债务时,不在此限。代表公司的股东,其代表公司的行为相互冲突时,其解决原则通常是:法律行为相互冲突时,相互冲突之单位行为非同时成立,若后行为在法律上足以变更前行为之效力,以后行为为有效。反之,以前行为为有效;相互冲突之行为同时成立时,因同一权利主体意思表示矛盾,不发生法律上的效力。

2.股东与第三人关系。即股东对第三人的责任问题。无限公司股东均对公司债务负无限连带责任,参与设立公司股东资格应负此种责任,公司成立后新加入公司之股东,也应对加入前及加入后公司所负债务负无限连带责任。退股或转让全部出资之股东,对退股或转让出资登记前之公司债务,在登记后一定年限内仍负无限责任,但对退股或转让出资登记后公司所负债务无需负责。股东责任之履行,应以公司财产不足以清偿债务为前提,即公司的债务首先用于公司的财产偿还,当公司财产不足以偿还时,股东以其财产承担无限连带清偿责任。 (吕来明)

wuxian gongsi gudong chuzi
无限公司股东出资(contribution to capital of unlimilited company shareholders) 无限公司的股东向公司缴付资本的行为。出资是股东承担的基本义务,股东均对公司负有出资义务,不得以章程或协议免除。公司对股东的出资请求权不得让与、处置。

无限公司股东的出资方式有:(1)财产出资,包括现金出资、实物出资、物权出资、债权出资、有价证券出资、知识产权以及其他各种权利出资等。(2)劳务出资,即股东以对公司提供一定劳务的形式为出资,如提供其特殊技术上的劳务等。(3)信用出资,即股东以自己的信用作为对公司出资。信用出资的作用在于,股东虽然不以对公司提供财产或劳务作为出资,但以自己的商业信用来对公司承担无限责任,从而提高公司商业信用。上述三种出资方式,都应在章程中载明其种类、数量、价格或者估价标准。以债权出资的,当债务人在清偿期届满时不能清偿的,该股东应当向公司承担清偿责任。

无限公司股东出资义务于股东因参与公司设立、入股和受让股东出资而取得公司股东资格时发生,并且非经变更章程不得变更出资义务,因履行或让与全部出资或退股消灭。但是,股东在退股前,其出资义务若因履行期届至,或因履行请求而成为具体债务时,其出资义务不因退股而消灭。在不违反出资性质的条件下,公司应请求股东同时履行,若允许分期给付,则应按照股东出资额比例请求出资。若股东不履行出资义务,应负债务不履行的责任,公司可以将该股东除名。
(吕来明 江徐来)

wuxian gongsi gudong zeren
无限公司股东责任(shareholder's responsibilities of an unlimited company) 无限公司股东对公司债务承担的责任。无限公司股东对公司债务承担无限连带清偿责任,当公司资产不足以清偿债务时,债权人有权向任何股东或全部股东要求清偿债务。参见无限公司对外关系条。
(吕来明 刘霞)

wuxian gongsi hebing
无限公司合并(consolidation of unlimited companies) 两个以上无限公司或无限公司和其他公司依法定程序合并为一个公司。分为吸收合并和新设合并两种。(1)吸收合并是一个无限公司吸收其他无限公司成为存续公司,其他公司归于消灭。无限公司的吸收合并只能吸收无限公司,不能吸收股份有限公司和有限责任公司。(2)新设合并又称联合,即两个或两个以上的公司通过合并形成一个新公司。无限公司如与股份有限公司和有限责任公司合并,新设公司只能为股份有限公司和有限责任公司。无限公司合并须经法定程序,并须全体股东同意。合并决议生效后公司应编造资产负债表及财产目录,并通知债权人或发出公告。债权人可以在法定期限内提出异议。如债权人有异议,公司应清偿该债务或提供相应的担保,否则不得以合并对抗债权人。

合并的效力主要表现在以下方面:(1)公司的消灭与新设。吸收合并中被吸收的公司,新设合并中所有参加合并的公司皆因合并而解散,主体资格归于消灭,且不经过清算程序。(2)股东的收容。原有股东可因合并而成为新公司的股东,无需另办理入股手续;原有股东也可根据协议规定,将持有的旧公司的出资按比例换为新公司的出资或股份。(3)权利义务的概括承受。无限公司合并后,参加合并的公司全部债权债务由新成立的公司概括承受,无须对每一财产另行转移,也无须另行债务收购程序。如果需要处分所承受的权利,有时应采登记、注册等公示方法。无限公司的利害关系人认为合并有瑕疵,可以向法院主张合并无效。合并无效的主要原因有:吸收合并了股份有限公司、有限责任公司;合并程序不合法,如违反债权人保护程序等。 （吕来明）

wuxian gongsi jiesan
无限公司解散(dissolve an unlimited company) 已经成立的无限公司,当章程或者法律规定的事由发生时,确定消灭该公司法人资格的情形。公司出现解散事由时,法人资格并不立即消灭,直到清算完结后才消灭。无限公司有以下情形之一的应当解散:章程规定的公司存续期间届满或公司解散事由发生;公司经营的事业完成或不能完成;全体股东同意解散;股东仅剩一人时,当然解散;合并;解散命令或判决;破产。无限公司股东承担对公司债务无限连带责任,故无限公司债务超过公司财产时并不当然导致宣告破产,只有在不能支付时才可宣告公司破产。解散的公司除因合并而解散的外,均应进行清算,清算分为破产清算和其他解散清算。 （吕来明 郝维红）

wuxian gongsi jingliren
无限公司经理人(manager of an unlimited company) 无限公司聘任的公司日常经营事务的管理人,在性质上属于商业使用人。公司与经理人之间是委托代理关系,经理人是公司雇员,不必为无限公司股东。经理人的委任与解任,须经股东作出决议。在权限划分上,无限公司经理人与执行业务股东的关系可以比照有限公司和股份有限公司的经理与董事会的关系。经理人管理公司日常事务并有权为公司签署法律文件。公司经理人的职权依公司法、公司章程和雇佣合同规定产生。无限公司以合同形式对公司经理职权的限定,仅对判定公司经理是否应对公司承担责任具有意义,对善意第三人不产生约束力。无限公司经理人以其性质当然负有竞业禁止义务,其职权限制还包括:不得进行与公司性质相违背的事项,也不得径行处分作为公司营业条件的重要财产或在该财产上设定权利负担。
（吕来明 江徐来）

wuxian gongsi neibu guanxi
无限公司内部关系(internal relations of an unlimited company) 无限公司与其股东间的关系以及股东相互间的关系即无限公司内部关系。按大陆法系一些国家的规定,主要包括以下几个方面的内容:股东的出资及权利;公司业务的执行;章程的变更;股份的转让;竞业禁止;股东与公司的交易等。在法律适用方面,在不违反法律强制性规定的前提下,无限公司内部关系首先适用公司章程或股东协议确定,在章程或协议没有规定时,适用公司法的规定,公司法没有规定时,准用民法典关于合伙的规定。 （吕来明 江徐来）

wuxian gongsi qingsuanhou gudong zeren
无限公司清算后股东责任(the shareholder's responsibilities of a settled unlimited company) 无限公司清算结束、公司消灭以后,原股东对公司债权人应当承担的清偿责任。无限公司的股东对公司的债务承担无限连带清偿责任,该责任于公司资产不足以清偿债务时产生。无限公司清算完结后,公司不复存在,如果公司财产不足以清偿债务,公司债权人有权要求原股东就不足部分承担连带清偿责任。债权人的此种权利于解散登记后满一定年限而消灭。 （吕来明 郝维红）

wuxian gongsi qingsuanren
无限公司清算人(liquidator of unlimited company) 无限公司清算过程中执行清算事务的人。清算人在公司清算中执行清算事务并代表公司的机关。各国公司法对任命清算人的规定不尽相同,主要有以下三种做法:(1) 法定清算人,即公司的清算以全体股东为清算人,若其中某一股东死亡,一般由其继承人(继承人有数人时,由继承人推举出一人)代位;(2) 任选清算人,章程中规定或经股东过半数同意决议确定的清算人为任选清算人;(3) 选派清算人,如不能依上述方法产生清算人时,法院可应利害关系人的申请选派清算人。未成年人、禁治产人、受破产宣告尚未复权的人、曾任清算人被解任的人不能作为选派清算人。清算人如有不当行为或急于行使清算职权,对利害关系人不利,法院可因利害关系人之申请,将清算人解任。如清算人为股东选任,可由股东过半数同意将其解任。

清算人的职权主要包括:清算期间对外代表公司,清算人有数名时,应推定一人或数人代表公司;处理公司解散时尚未终了的事务;清理公司财产情形,编制资产负债表及财产目录;清理债权债务;分派盈余与亏损,分派剩余财产,答复股东询问等。
（吕来明 郝维红）

wuxian gongsi rugu
无限公司入股(to become a shareholder of an unlimited company) 无限公司成立后,又新加入股本,而原始取得股东权的行为称为入股。入股又不同于设立公司取得股份,基于设立行为而取得股东权也属于原始取得,但这是在公司成立之前的取得,而入股取得股东权则是在公司成立之后。入股也不同于出资受让取得,出资受让是接受转让出资,继受取得转让人的股东权。入股后,即取得股东资格,享有股东权利,承担股东义务。入股在法律性质属于一种契约行为,须经全体股东的同意。由于无限公司中的股东彼此间所负的是无限连带责任,公司是以股东间相互信任为基础,新增股东不仅对于债权人,而且对于每一股东都有切身利害关系,故许多国家法律对于入股的程序及要求都有强制性的规定,如要在章程中记明入股股东的姓名和出资,并办理变更登记。新增加的股东对于其加入前公司发生的债务应当负连带无限清偿责任。但有的国家立法有认可新加入股东反以其出资额为限,对加入前公司已发生的债务负责。在此种情况下,公司已不单纯为无限公司,而具有两合公司的性质。

(吕来明 郝维红)

wuxian gongsi sheli
无限公司设立(the establishment of an unlimited company) 按照法定的条件和程序创建无限公司,使公司取得法人资格的行为。各国公司法规定的公司种类不完全相同,并非所有国家都有无限公司设立的制度,《中华人民共和国公司法》没有规定无限公司,不存在无限公司设立的制度。在大陆法系国家,多数在《商法典》或《公司法》中规定了无限公司的设立。无限公司的设立,应由全体股东订制章程,在章程上签名,并由全体股东或委托代理人出具申请书及应备文件并加具公司章程向登记主管机关申请设立登记。

申请设立无限公司,一般应登记以下事项:公司的目的;公司的商号及住所;每一股东的姓名、住所;本公司及分公司;公司开业时间等。设立时规定了代表公司的股东时,应同时登记代表公司的股东姓名。《德国商法典》(1897)第108条规定,代表公司的股东应签署其签名,并注明商号,由法院保管。申请设立无限公司的股东,一般应在两人以上。日本、瑞士、我国台湾地区等地的法律规定,无限公司的股东仅限于自然人,公司和法人不得为无限公司股东。设立登记申请经登记主管机关审核,如无违反法律的情事,准予登记,无限公司成立。无限公司设立条件较有限公司与股份有限公司要简便,一般只需经过订立章程、设立登记两个阶段即告完成,通常不要求法定最低资本额,也无需以缴齐股款为条件。

(吕来明)

wuxian gongsi sheli chexiao
无限公司设立撤销(abandonment of the establishment of an unlimited company) 按大陆法系的规定,无限公司设立登记后,相关当事人以设立行为存在民事行为中的可撤销事由或损害债权人利益为由,要求撤销设立行为的制度。当设立公司的行为属于民法中规定的可撤销民事行为时,如存在误解、欺诈、胁迫的设立行为、损害债权人利益的行为等,在一些国家适用设立撤销的规定。设立撤销只能通过诉讼程序在法定期限内提出,起诉人是股东或债权人,被诉人为公司或其他股东。设立撤销的判决的确定,其效力与设立无效的判决基本相同。

(吕来明 江徐来)

wuxian gongsi sheli wuxiao
无限公司设立无效(nullity of the establishment of an unlimited company) 无限公司的设立因违反法定条件和程序而不能产生预期法律效力的制度。大陆法系有的在公司法中径行规定无限公司设立行为无效的制度,有的在公司法中没有专门规定,适用民法典中关于法律行为无效的制度而确定设立行为无效。

无限公司设立无效的原因可以分为两个方面:(1)股东欠缺行为能力。公司股东是无行为能力人时,所实施的设立行为无效;限制行为能力人所为设立行为,未经法定代理人同意为无效。如果公司法规定限制行为能力人不得为公司股东时,则限制行业能力人所为设立行为直接无效,不论法定代理人同意与否。(2)违反法定条件和法定程序。在不具备无限公司设立的条件或与法律规定的条件相冲突的情况下而设立无限公司。例如一个自然人设立无限公司;在不允许法人成为无限责任股东的国家或地区由公司作为股东设立无限公司;章程欠缺绝对必要记载事项等。违反法定程序是没有按照法律规定的设立登记程序而设立无限公司。

在公司登记之前,设立公司的效力尚未产生,故无限公司设立无效的确认,通常是在公司登记成立以后以诉讼的方式提出,并经法院裁判确定。设立无效的诉讼,应在无限公司设立登记后的一定期限内由特定的人提出。例如《日本商法典》第136条规定,设立无效的诉讼,只能在公司成立之日起两年内由股东提出。公司设立无效的判决生效时公司设立无效判决的效力及于第三人,但无溯及力,不影响判决确定以前以公司名义实施的法律行为的效力。无限公司设立无效的判决确定时,公司即进入清算程序,清算结束后公司消灭。但如果设立无效的原因仅存在于某股东,由其他股东协议一致,该公司可继续存在,存在无效事由的股东视为退出公司。

(吕来明 江徐来)

wuxian gongsi tuigu
无限公司退股(retirement of share of an unlimited company) 无限公司的股东在公司存续期间丧失股东资格或死亡而导致公司原有股东减少,统称无限公司退股。退股事由主要包括以下几种:(1)声明退股。即股东单方通知其他股东退出公司、解除与公司的股权关系。多数国家对声明退股有限制性的规定,章程没有规定公司存续期限时，股东可在营业年度终结时退股，但应在此之前的一定时间向公司声明。章程规定了公司存续期限时，除合同或章程另有规定外，股东不得单方声明退股。但股东有非可归责于自己的不得已的事由时，不论公司章程订有存续期限与否，均可以随时退股。(2) 章程所规定的退股事由发生。(3) 股东全体同意。全体股东同意时，不论章程是否规定了公司存续期间，均可退股。(4) 股东死亡。除章程另有规定外，无限公司的股东死亡时，其继承人可以继承该股东的退股财产，不能当然继承股东地位，死亡股东与公司的股权关系解除。(5) 股东破产。(6) 受禁治产之宣告。股东因受禁治产宣告而丧失股东资格。(7) 除名。股东因其他股东作出除名决议而丧失股东资格。在下列情况下，公司经其他股东决议而将某个股东除名或者诉诸法院予以除名：不履行出资义务；有不正当行为妨害公司利益；违反竞业禁止义务；违反股东合同规定的其他重大义务。(8) 股东的债权人经法院扣押该股东的股份，债权人通知该股东退股。股东一经退股，丧失股东资格，并产生以下后果：姓名停止使用。公司名称中列有股东姓名者，该股东退股时，可以请求停止使用并变更登记，否则，对善意第三人仍负股东责任。返还出资。股东退股时，退股股东或死亡股东的继承人与公司结算，返还该股东的出资，公司事务未了结者，于了结后结算。退股股东不论以何种方式出资，均可以折算现金返还。如果结算结果，公司财产少于公司资本的，退股股东应当分担亏损。公司负债的，退股股东对退股前公司的债务承担无限连带责任。

（吕来明　江徐来）

wuxian gongsi yingyu fenpei

无限公司盈余分配（apportionment of profit of an unlimited company） 无限公司股东对公司所得利润进行分配的行为。无限公司每营业年度终结，应作成营业报告书、资产负债表、财产目录及损益表等表册。在无限公司资产负债表上，其净资产额若超过公司资本额，则公司有盈余，反之，为亏损。公司经营有所盈余，应分配于股东。分配的比例和标准，依章程规定。若章程无规定，依合伙之比例平分。但公司在弥补亏损前，不得分配盈余。违反此限制而分配盈余的，分配无效，利害关系人得请求返还分配。

（吕来明　江徐来）

wuxian gongsi zhangcheng

无限公司章程（articles of an unlimited company） 由全体无限公司股东制定的、规定无限公司组织及活动的公司基本原则，在形式上表现为记载这些基本规则的书面文件，在性质上属于规定公司内部组织及活动的自治法。章程不仅能拘束公司原始股东，而且能拘束后加入的股东及公司机关，但章程的规定不得违反法律的强制性规范，否则其规定无效。章程为公司申请设立登记事项之一，随着公司设立登记完成，章程规定事项即可对抗第三人。

无限公司章程的制定，应经全体股东同意并签名盖章。根据其效力及对章程的影响，章程记载的内容分为应记载事项与可记载事项两类。应记载事项又称为绝对必要记载事项，该事项是章程的要素，缺失其一章程无效。

绝对必要记载事项的具体内容在不同的国家不完全相同。通常包括：(1) 公司商号，商号中应标明无限公司字样。(2) 公司目的，即经营事业范围。(3) 股东姓名、住所或居所。(4) 股东的出资标的。(5) 公司所在地。有的国家例如日本法律规定，股东出资标的的价格及评估标准也属于应记载事项。

可记载事项又称为任意记载事项。此类事项如未记载，不影响章程效力，一经记载，即有法律上之约束力。若记载违法，也仅仅该事项无效，并不导致整个章程无效。凡公司的内部关系，只要不违反强行法、公序良俗与无限公司的本质，均可作为可记载事项订入章程。例如：股东以现金以外财产出资的，其种类、数量、价值或者估价标准；分公司所在地；代表公司股东及执行业务股东的姓名；公事解散事由；股东退股事由等。

（吕来明　江徐来）

wuxiang gongsi zhixing yewu

无限公司执行业务（to execute business of an unlimited company） 代表无限公司处理公司内部和外部事务的行为。执行公司业务的权利与义务属于公司内部关系，除章程或合同另有规定外，无限公司各股东均有执行公司业务的权利和义务。但章程或合同将业务执行权确定由一名股东或数名股东行使时，其他股东不得执行公司业务，但不妨其监督权的存在。股东即使无权执行公司业务，但仍有权了解公司事务，查阅公司账簿和文件。章程也可免除某股东或数股东执行业务的义务，但不得剥夺全体股东的业务执行权。业务执行权由全体或数名股东享有的，其中任何一名执行业务的股东，对于公司业务可单独执行。但若其他执行业务股东提出异议时，应停止执行。如果合同或章程规定享有业务执行权的股东只能共同执行业务的，对于公司业务的执行，均需得到全体执行业务的股东的同意，但因此会产生执行业务的迟延并会对公司利益形成危险时，仍可单独执行业务。业务执行权的范围扩及经营公司的日常营业活动所产生的一切行为。在此之外的重大行为，需经全体股东同意。业务执行人应当尽到谨慎的注意义务和忠实义务执行公司业务。

当业务执行人严重违背义务或无力执行日常业务时，经其他股东申请，可以通过变更章程或法院裁判撤销该股东的业务执行权。

(吕来明)

无限公司资本维持 (maintenance of capital of an unlimited company)
公司法对无限公司财产确实性的要求，即无限公司应当维持与其资本相当的财产。无限公司作为典型的人合公司，以股东的信用声望为基础，不论出资多少和盈亏分配比例如何，股东均对公司债务负连带无限清偿责任。但只有当无限公司资产不足清偿其所负债务时，公司股东才对本公司的债务负清偿之责。公司债务虽有股东个人财产担保，但无限公司的财产仍是债权人债权实现的首要保障，故而必须使公司维护与其资本数额相当的资产，以保护债权人。

在各国的立法中，通常采取下列手段来维护无限公司的资产，以求公司资本稳定：(1) 盈余分配的限制。无限公司年度结算时，公司财产总额（积极财产扣除债务后的数额）超出股东出资总额时，超出额为盈余，可分配于股东。但在公司亏损的情况下，即股东出资总额超出公司财产额时，只有先弥补亏损，股东才可分配盈余，否则责任人会受到制裁和处罚，债权人则有权请求返还分配。(2) 抵销的限制。公司债务人不得以其债务与其对股东的债权进行抵销。公司对他人所负债务，也不得以股东对他人的债权予以抵销。

(吕来明 郝维红)

无限股东责任 (liability of unlimited shareholder)
无限责任股东一般只能是自然人，对公司的债务负无限连带清偿责任。所谓无限连带清偿责任，即公司发生债务，如果公司资产不足以清偿公司所欠债务时，无限责任股东必须以其全部个人财产（法律规定不用来清偿债务的财产除外）补足差额，且债权人也可以就公司所欠债务向任何一个无限责任股东要求以他的个人财产进行清偿。当发生无限责任股东退股和转让出资时，仍应对其退股和转让出资前发生的公司债务负无限连带清偿责任。债权人应在一定的期限内行使请求权，超过法定年限，该股东不再负责。

(李四海)

无限责任 (unlimited liability)
有限责任的对称。又称无限财产责任。义务人以其全部财产为债务履行担保的责任。大陆法民法理论认为：财产责任与债务有不可分离的关系。其中债务为义务人应为之给付，而财产责任为此给付义务之担保。原则上，无限责任人须以其全部财产清偿其债务，债权人可依法请求就无限责任人的除不得查封、扣押的物品或权利外的全部财产强制执行。现代各国民商法通常以公司或商组织为经营债务的主债务人，以公司股东或出资人为债务的担保人。前者承担无限责任，后者依出资为限承担有限责任，并以强制性条款方式确认：合伙人需对合伙债务承担无限责任，无限责任股东或担保责任股东须对公司债务承担无限责任。《中华人民共和国民法通则》第35条也规定，合伙的债务，由合伙人按照出资比例或者协议的约定，以各自的财产承担清偿责任。《合伙企业法》第39条规定，合伙企业财产不足清偿到期债务的，各合伙人应当承担无限连带清偿责任。

(张平华)

无限责任股东竞业禁止 (prohibition of business strife for the unlimited liability shareholder)
为防止无限责任股东利用商业秘密，损害公司及有限责任股东的利益，各国均规定了无限责任股东的竞业禁止义务。对两合公司竞业禁止义务适用无限公司股东的规定。无限责任股东竞业禁止分两类：(1) 所有无限责任股东非经其他股东全体同意，不得为其他公司无限责任股东，或合伙企业的合伙人。股东如违反，经全体股东同意可对该无限责任股东除名。(2) 执行业务的无限责任股东，不得为自己或他人从事与公司同类营业的行为。同类营业行为指营业种类相同，并具营利性质的行为。执行业务的无限责任股东违反义务，其他股东可依侵权行为，请求该股东赔偿损失；经其他股东同意也可对该无限责任股东除名。无限责任股东违反竞业禁止义务，其他股东过半数同意可将该股东为自己或为他人经营所得归公司所有，即两合公司的归入权，此权应在一年内行使。归入权是基于公司内部关系所产生的权利，公司不得以归入权对抗第三人。

(宋士心)

无相对人的意思表示 (德 nicht empfangsbeduerftige Willenserklärung)
没有表示对象的意思表示，如遗嘱行为、抛弃动产所有权的行为。意思表示的这类划分与单方行为和双方行为的划分不同。构成双方行为的意思表示必须有相对人，单方行为的意思表示不必皆无相对人，如承认、撤销、抵销、免除皆有相对人。区分有相对人的意思表示与无相对人的意思表示的意义在于：有相对人的意思表示必须于到达相对人时才发生效力；无相对人的意思表示于意思表示完成时立即发生效力。

(李仁玉 陈敦)

wuxiao de hetong tiaokuan

无效的合同条款(invalid term of contract) 合同文本中因违反法律或法律规定的条件而对合同当事人自始不发生法律效力的条目和款项。根据各国民法,一些违反国家法律、违背社会公共利益、违反诚实信用等民法基本原则的合同条款无效,不符合法律规定的生效条件的条款无效。合同条款的无效分为全部无效和部分无效两种。(1)全部无效是指整个合同条款的无效,它会导致整个合同的无效。(2)部分无效合同的法律后果则应具体分析。如果部分无效不影响整个合同的效力,则仅该部分条款无效,对部分无效的条款可以修改或取消,合同的其他条款仍然有效。如果部分无效影响到整个合同的效力,则部分无效的条款可导致整个合同失去法律效力。

无效的合同条款的另一种分类是:相对无效条款和绝对无效条款。前者的有效性要视具体情况而定;后者则是根本无效的条款,一出现便当然无效。

(万 霞)

wu xiaoguo wu baochou

无效果—无报酬(no cure, no pay) "无效果—无报酬"原则是海难救助的一条重要的法律原则,该原则有以下含义:(1)救助行为没有取得实际效果,救助人无权请求报酬,法律另有规定或合同另有约定的除外;(2)救助报酬不得超过船舶和其他财产的获救价值,获救财产的价值是确定救助报酬的主要因素。无论是各国海商立法、国际公约还是专业救助人制定的格式合同大多都采用这一原则。《中华人民共和国海商法》第179条对此作了相应规定,救助方对遇险的船舶和其他财产的救助,取得效果的,有权获得救助报酬;救助未取得效果的,除法律另有规定或合同另有约定外,无权获得救助款项。目前各国使用的救助合同,一般都印有"无效果,无报酬"字样,以"无效果—无报酬"原则作为基本指导思想。"无效果—无报酬"原则的意义在于鼓励救助方奋力抢救海上遇险的船舶和其他财产,体现了海难救助的精神实质。

(王 青)

wuxiao hetong

无效合同(void contract) 因不符合或违反法律规定的合同生效要件,自始就确定的当然的绝对不能发生法律效力的合同。无效合同不发生法律效力,是指不发生该合同当事人所追求的法律效果,而会发生另外的一定的法律后果。无效合同性质上属自始无效、确定无效和绝对无效。不仅自合同成立起就不能发生法律效力,而且其后也不会因其他行为或事实而发生效力;不仅不能因当事人的主张而有效,而且任何人都可主张无效。如果无效只涉及合同的部分内容,且该合同内容可分,无效部分不影响其他部分的效力,则合同的其余部分仍然有效。

各国法上对无效合同的种类或原因的规定不一。依《中华人民共和国合同法》规定,有下列情形之一的,合同无效:(1)违反法律、行政法规强制性规定;(2)一方以欺诈、胁迫的手段订立合同,损害国家利益;(3)损害社会公共利益的;(4)以合法形式掩盖非法目的的;(5)恶意串通,损害国家、集体或者第三人利益。此外,当事人在合同中约定的免责条款,以下两种无效:一是造成对方人身伤害的免责条款;二是因故意或者重大过失造成对方财产损害的免责条款。无效合同的确认权属仲裁机关和人民法院。合同无效,尚未履行的,不得履行;正在履行的,应停止履行。合同无效的,当事人应将因该合同取得的财产返还给对方,不能返还或者没有必要返还的,应当折价补偿;有过错方应赔偿对方因此所受的损失;双方都有过错的,应各自承担相应的责任。双方恶意串通,损害国家、集体或第三人的利益的,因此取得的财产,应当缴归国家所有或者返还集体、第三人。

(肖 燕)

wuxiao hunyin

无效婚姻(invalid marriage;nullity of marriage) 对欠缺法定成立或有效要件的婚姻的法律效力及法律后果的评价制度之一。从婚姻法的历史发展进程来看,罗马法规定违反结婚条件的婚姻原则上不发生婚姻效力,为无效婚姻。以采当然、绝对、自始确定无效为原则,对无效婚姻以全部当然确定的拒绝其发生效力为方法,使任何人得随时主张其无效力,甚至当事人还要受到处罚。但法律行为的瑕疵可以消灭或者当事人善意缔结无效婚姻的,在法学昌明时期,婚姻可能有效。欧洲中世纪,教会婚姻法不仅在理论上而且在实践中都把全部家庭关系建立在婚姻圣事的基础上。一方面存在着对于婚姻当事人的内心意向以及他们个人愿望和反应的强调;另一方面又重视教会的制度权威以及婚姻与教会的和世俗的社会习俗和社会政策之间的协调。这种紧张关系反映在教会法对于无效婚姻问题的解决方式之中,即既要尽可能地使婚姻有效化,又要维护婚姻圣事的神圣性。由此而确立了一项教会法原则:"一项婚姻未经法律诉讼便不能宣布无效"。教会婚姻法的这一原理,被学界公认为无效婚姻法律制度的滥觞,对近代西方国家制定民法典及其有关判例学说影响极大。近现代西方各国婚姻法对于欠缺一定结婚要件的婚姻,一般依其欠缺的程度与瑕疵的轻重,将其评价为"无效"或"可撤销"。

对于严重违反公益要件的婚姻,如重婚、近亲结婚等,其婚姻自始当然无效。任何对该无效婚姻具有利害关系之人均享有否认或质疑该婚姻效力的权利,且该婚姻不生效力不因时间经过而受影响。从程序上看,西方国家大都继受了"一项婚姻未经法律诉讼便不能宣布无效"的原则,确认婚姻无效须依诉讼方式进行。因为宣告婚姻无效事关婚姻当事人的权利和义务以及有关亲属的权益,只能由法院行使审判权,对当事人的婚姻状况进行认定,并对相关的法律后果进行判决。对于无效婚姻,多采用宣告无效的制度。须经裁判的宣告,否则不发生无效的效力。从无效的时间效力上看,婚姻无效一般都具有溯及力。为了保护子女和善意当事人的权益,各国对婚姻无效的溯及力规则一般设有两项例外:(1)婚姻中出生的子女保持婚生子女地位;(2)善意配偶得到保护。如果夫或妻在结婚时不知道婚姻无效的原因,在财产方面视同离婚配偶。英美法系、大陆法系的多数国家确立了推定婚姻制度。婚姻在法律上虽为无效,但是婚姻当事人(至少一方)不知道存在婚姻无效或撤销的原因,善意相信其婚姻有效,即为推定配偶,享有与合法配偶基本相同的权利。

从近年来外国立法例的发展趋势看,由于各国愈来愈重视婚姻的事实性,越来越强化对婚姻家庭权益的保护。鉴于传统法上宣告婚姻无效与可撤销婚姻的区分在程序上意义不大,在后果上实质性的差异越来越小,因而有的国家将二者融合为单一的婚姻撤销制度。如德国民法家庭编于1998年修正后,不再作无效与可撤销的区分,只规定有可撤销婚姻一种形式。有的国家基于婚姻无效制度在现实生活中的作用甚微,大多数当事人根本就其婚姻的效力无争议,而直接以离婚诉讼解决其婚姻纠纷,因而计划最终在法律上将传统的无效婚姻与可撤销婚姻诉讼完全并入到离婚诉讼中,取消无效婚姻制度。其他国家虽然仍保持无效婚姻与可撤销婚姻的区分,但在原因上缩小宣告无效的范围,在后果上缓和无效的效果,重视保护子女和善意当事人的利益,在维护结婚法律制度的同时,平衡社会公益与婚姻当事人的私益之间的冲突,以实现法律的公平与正义。《中华人民共和国婚姻法》将重婚、有禁止结婚的亲属关系、婚前患有医学上认为不应当结婚的疾病婚后尚未治愈、未到法定婚龄等作为婚姻无效的原因。婚姻无效可经由法院依诉讼程序宣告,请求宣告婚姻无效的主体,为该婚姻的当事人和利害关系人(包括有关单位)。《婚姻法》第12条规定:无效或被撤销的婚姻,自始无效。当事人不具有夫妻的权利和义务。同居期间所得的财产,由当事人协议处理;协议不成时,由人民法院根据照顾无过错方的原则判决。对重婚导致的婚姻无效的财产处理,不得侵害合法婚姻当事人的财产权益。当事人所生的子女,适用婚姻法有关父母子女的规定。参见可撤销婚姻条。

(马忆南)

wuxiao minshi xingwei

无效民事行为(void civil act) 法律上当然不发生民事法律行为的效力,业已确定的民事行为。无效民事行为不发生当事人预期的法律效力,但发生其他效力,如无效民事行为具备侵权行为的要件时,发生损害赔偿的法律效力;具备不当得利的要件时,发生不当得利返还的法律效力。

1. 无效的民事行为的含义。(1)自始无效。无效的民事行为,从行为开始时起就没有法律约束力。(2)当然无效。如果民事行为无效,不论当事人是否提出主张,是否知道无效的情况,也不论是否经过人民法院或仲裁机构的确认,该民事行为都是无效的。人民法院或仲裁机构在诉讼或仲裁程序中的确认只是对一个已经存在的事实加以确认而已。(3)确定无效。无效的民事行为从开始时就没有效力,以后任何事实都不能使之有效。比如私人之间买卖文物的行为,即使当事人之间加以确认,也不能使合同有效。无效民事行为不因时效期间的经过而变为有效。(4)绝对无效。无效的民事行为绝对不发生效力,即意思表示的内容绝对不被法律所承认。

2. 无效民事行为与不成立的民事行为不同。民事行为不具备成立要件的,称为不成立的民事行为或民事行为不成立。民事行为具备成立要件,但法律确认其无效的,为无效的民事行为。前者如契约有要约而无承诺,或要约与承诺不一致;后者如要约与承诺一致,但因其内容不合法,契约无效。

3. 无效民事行为可分为全部无效和部分无效。部分无效的民事行为是指民事行为的一部分内容被法律确认无效时,该部分民事行为不具有效力;不影响其他部分效力的,其他部分仍具有效力。例如自然人之间的借款超出法律规定的最高利率时,借款合同仍然有效,但约定利率超出法定最高限额的部分无效。

4. 依据《中华人民共和国民法通则》第58条规定,无效民事行为的种类包括:无民事行为能力人实施的民事行为;限制民事行为能力人实施的不能独立实施的民事行为;一方以欺诈、胁迫的手段或者乘人之危,使对方在违背真实意思情况下所为的民事行为;恶意串通,损害国家、集体或者第三人利益的民事行为;经济合同违反国家指令性计划的;以合法形式掩盖非法目的的民事行为。

对于《民法通则》的规定,我国绝大多数学者认为该规定将民事行为无效的种类规定过宽,不利于保护无过错者或者受害人的合法权益。对此,《中华人民共和国合同法》对合同无效的种类进行了修正。根据《合同法》第 53 条规定,无效合同包括:一方以欺诈、胁迫的手段订立合同,且损害国家利益的;恶意串通,损害国家、集体或者第三人利益;以合法形式掩盖非法目的;损害社会公共利益;违反法律、行政法规的强制性规定。参照《合同法》的规定,我国绝大多数学者将无效民事行为分类如下:(1) 行为人不具有行为能力的民事行为。包括:无民事行为能力人实施的民事行为,限制民事行为能力人的单方民事行为。(2) 意思表示不自由且损害国家利益的民事行为。(3) 恶意串通,损害国家、集体或者第三人利益的民事行为。(4) 标的违法的民事行为。包括:以合法形式掩盖非法目的的民事行为,损害社会公共利益的民事行为和违反法律禁止规定或强行规定的民事行为。

5. 民事行为被确认无效的法律后果。民事行为被确认无效以后,依照《民法通则》及有关法律规定,会发生以下法律后果:(1) 返还财产。民事行为被确认无效,当事人因民事行为取得的财产,应当返还给对方。(2) 赔偿损失。民事行为被确认无效后,有过错的当事人应当赔偿对方的损失。(3) 收归国家、集体所有或返还第三人。双方恶意串通,实施民事行为损害国家、集体或者第三人利益的,应当追缴双方取得的财产,收归国家、集体所有或者返还第三人。这里所说双方取得的财产,应包括双方当事人已经取得或约定取得的财产。　　　　　　　　　(李仁玉　陈敦)

wuxiao minshixingwei de buzheng

无效民事行为的补正(afterwards admit of void civil act)　民事行为在行为时为无效民事行为,后因法律的变化或当事人行为能力的具有而不违反法律时,经当事人事后承认,而成为有效民事行为。至于事后承认,一般认为,向未来发生效力。至于是否发生溯及力,学理上尚存争议。　　　　(李仁玉　陈敦)

wuxiao minshixingwei de zhuanhuan

无效民事行为的转换(conversion of void civil act)　某一无效民事行为若具备其他民事法律行为的要件,即发生其他民事法律行为的效力。如甲行为虽然无效,若具备乙行为的要件,一般可推知当事人欲发生乙行为的效力。无效民事行为的转换主要包括两种情况:(1) 法律上的转换。如《中华人民共和国合同法》第 28 条规定,迟到的承诺,视为新要约。(2) 解释上的转换。如《德国民法典》第 140 条规定,无效的民事行为,若具备其他法律行为的要件,可认为当事人若知其无效,即欲为他法律行为的,他法律行为仍为有效。
　　　　　　　　　　　　　　(李仁玉　陈敦)

wuxiao shouyang

无效收养(void adoption)　欠缺收养成立的法定要件的收养行为,包括实质要件和形式要件。这种行为不具有收养的法律效力,是一种无效民事行为。有的国家对欠缺法定要件的收养行为兼采无效和撤销两种制度。例如:按照日本民法的规定,以当事人间无收养的意思、当事人未为收养的户籍申报,作为收养无效的原因;以收养人为未成年人、被收养人为收养人的尊亲属或年长者、监护人收养被监护人未得家事裁判所的许可等,作为收养得撤销的原因。《中华人民共和国收养法》对欠缺法定要件的收养行为采用单一的无效制,不作无效和得撤销的区分。在我国收养法中,收养无效的原因和收养成立的要件是互相对应的。具体说来,收养因收养人、送养人不具有相应的民事行为能力而无效;因违反法律(被收养人、送养人和收养人不符合法律规定)和社会公共利益而无效;因欠缺收养的合意(包括当事人的意思表示不真实)而无效;因不符合收养成立的法定方式而无效。

按照我国现行法律、法规的规定,确认收养无效的程序有两种,即人民法院依诉讼程序确认收养无效和收养登记机关依行政程序确认收养无效。《收养法》第 25 条规定,收养行为被人民法院确认无效的,从行为开始时就没有法律效力。收养行为经收养登记机关依行政程序确认无效,同样也是自始无效。　　(马忆南)

wuxiao xintuo

无效信托(void trust)　对当事人不存在法律效力的信托。无效信托不受法律保护,不能导致信托法与信托行为规定的权利义务在其当事人之间发生。

无效信托分为两类:一类是违反法律的信托。这里所称的法律包括信托法、其他民事或行政法律、法规以及公共政策。包括我国在内的各国、各地区的信托法均认为违反法律的信托无效,法律另有规定的除外。另一类是被信托法明确或者以其他方式列举为无效的信托。

《中华人民共和国信托法》第 11 条规定,有下列情形之一的,信托无效:(1) 信托目的违反法律、行政法规或者损害社会公共利益;(2) 信托财产不能确定;(3) 委托人以非法财产或者本法规定不得设立信托的财产设立信托;(4) 专以诉讼或者讨债为目的设立信托;(5) 受益人或者受益人范围不能确定;(6) 法律、行政法规规定的其他情形。此类无效信托在其他国家和地区的信托法中也存在,只是为这些国家和地区的信托法列举的此类无效信托与我国《信托法》规定的同类无效信托在数量或种类上不同。例如,《日本信托法》仅以其第 10、11 条通过规定禁止设立而实际上将脱法信托和诉讼信托列举为无效信托;我国台湾地区信托法第5条除实际上将脱法信托和诉讼信托列举为无效信托外,还将目的违法的信托和目的违反公序良俗的信托也列举为无效信托;英美信托法列举的无效信托更是种类繁多,且在这些无效信托中有一些属于全部无效,还有一些则属于部分无效。

无效信托在我国、日本及其他有关大陆法系国家将引起其民法规定的一般无效民事行为的法律后果,如返还财产与赔偿损失等。在英美法系国家依其普通法与衡平法的有关规则也将引起与此相同的法律后果。但对于某些特殊类型的无效信托,英美信托法却规定,它们被确认无效的法律后果是导致产生归复信托并以有关无效信托的委托人为其受益人。

(张　淳)

wuxingweinengli ren zaocheng sunhai de minshi zeren

无行为能力人造成损害的民事责任(德 Schadenersatzpflicht der Geschäftsunfähiger)　特殊侵权责任的一种。无民事行为能力人实施加害行为造成他人损害而发生的民事责任。无民事行为能力人与限制民事行为能力人是受监护人监护的被监护人,因其无完全的责任能力,因此,其实施加害行为造成他人损害的,应如何承担责任成为侵权行为的特殊问题。在古罗马法上,由于家父权的存在,家子无独立的人格,家子因不法行为致他人损害的,家父应负赔偿责任。近代后各国民法抛弃了家父权理论,确定家长为子女的监护人,规定监护人对被监护人的致人损害承担民事责任。但规定的责任不一。法国民法规定:父、母行使对子女的监护权,对与其共同生活的未成年子女所造成的损害,负连带责任。德国民法则规定:依法律规定对未成年人或因精神或身体状况而需要监督的人负有监督义务者,对受监督人非法施加于第三人的损害,有赔偿义务;监督人如已尽相当的监督的责任,或纵然加以应有的监督也难免发生损害者,不负赔偿义务。《中华人民共和国民法通则》第133条规定:无民事行为能力人、限制民事行为能力人造成他人损害的,由监护人承担民事责任。

由于无民事行为能力人或限制民事行为能力人造成他人损害的,由监护人承担民事责任,所以此种责任也就称为监护人的责任或监护人致人损害的责任。此种责任的构成条件为:(1)加害主体为无民事行为能力人或限制民事行为能力人,即受监护的被监护人;(2)有第三人受有损害的事实;(3)无民事行为能力人、限制民事行为能力人的加害行为具有客观违法性,且与损害间有因果关系。在责任承担上,我国台湾地区民法规定,实施行为的无民事行为能力人、限制民事行为能力人行为时有认识能力的,法定代理人负连带责任;无认识能力的,法定代理人单独承担责任。我国《民法通则》规定,监护人尽了监护责任的,可以适当减轻他的民事责任。有财产的无民事行为能力人、限制民事行为能力人造成他人损害的,从本人财产中支付赔偿费用。不足部分,由监护人适当赔偿,但单位担任监护人的除外。监护人有数人的,与被监护人共同生活的监护人应当承担民事责任,如其独立承担民事责任有困难,未与被监护人共同生活的监护人应与其他监护人共同承担民事责任。无民事行为能力人、限制民事行为能力人在幼儿园、学校、医院等单位造成他人损害的,监护人应承担民事责任,单位有过错的,也应承担适当的赔偿责任。

(郭明瑞)

wuxing caichanquan xintuo

无形财产权信托(immaterial property trust)　参见知识产权信托条。

wuxing sunhai

无形损害(intangible damage)　(1)有形损害的对称。指对以无形利益为标的的权利的损害。如对著作权、专利权、商标权等的损害。无形损害所损害的直接对象为无形的利益,但最终往往导致财产上的损失。因无形损害产生的财产责任,包括损害赔偿、排除妨害、停止侵害等。(2)非财产损害的别称。参见非财产损害条。

(张平华)

wuyizhu jicheng

无遗嘱继承(intestate succession)　参见法定继承条。

wuyishi de feizhenyi biaoshi

无意识的非真意表示(德 Erklärugsirrtum)　参见错误条。

wuyin guanli

无因管理(德 Geschäftsfuehrung ohne Auftrag)　债的发生根据的一种。没有法定的或者约定的义务,为避免他人利益受损失而对他人事务进行管理或者服务的法律事实。受事务管理的人为本人,管理事务的人为管理人。无因管理制度源于罗马法。罗马法上无因管理被视为准契约,无因管理发生本人对于管理人的诉权(称无因管理正面诉权或无因管理直接诉讼)与管理人对于本人的诉权(称无因管理反面诉权或无因管理间接诉讼)。法国民法沿袭罗马法。自德国民法始将无因管理作为一项独立的制度。但在德国法上将无因管理视为未受委托而管理事务,编排在委任之后。日本民法将无因管理与合同、不当得利、侵权行为并列在一起,同为债的发生根据。《中华人民共和国民法通则》第93条为对无因管理的专门规定。无因管理为合法的事实行为,其成立即发生阻却违法性。

构成无因管理须具备以下条件:(1)管理他人事务,既包括对他人事务的管理行为,也包括对他人提供服务。但管理人管理为在当事人之间不能发生权利义务的事项的,不成立无因管理。(2)为避免他人利益损失而为管理。即管理人主观上有为他人利益管理的意思。但不要求有为他人利益管理的明确表示。管理人为他人的利益管理,同时自己也受益的,不影响无因管理的成立。(3)无法律上的义务。即管理人法律上无对他人管理事务的义务。有法定的或者约定的管理他人事务的义务而为管理的,不构成无因管理。但管理人无法律上的义务而误认为有义务而为管理的,可以构成无因管理。无因管理一经成立,即在管理人与本人之间发生债权债务关系。参见无因管理之债条。

(郭明瑞)

wuyin guanli de benren
无因管理的本人(德 Geschäftsherr in der Geschäftsführung ohne Auftrag) 无因管理之债的一方当事人。无因管理中其事务受管理人管理的人。因其一般从管理人的管理中受益,故又称为受益人。无因管理之债的管理人有权请求偿还必要费用,本人有偿还管理人所支出的必要费用的义务。此外,对于管理人在事务管理中以自己名义所负担的债务,管理人要求本人直接向债权人清偿的,本人应负责清偿必要的债务。

(郭明瑞)

wuyin guanli de guanliren
无因管理的管理人(德 Geschäftsführer in der Geschäftsführung ohne Auftrag) 无因管理之债的一方当事人。没有法律上的原因而为避免他人的利益损失对他人的事务进行管理的人。所谓无法律上的原因,亦即无法律上的根据,是指无权利或无义务管理他人的事务。管理人无须具备完全民事行为能力,但应有相应的认识能力。无因管理的管理人因无因管理的成立而负有适当管理他人事务,通知本人以及报告与计算义务。所谓适当管理指不违反本人的意思或为维护本人的根本利益,以有利于本人的方法管理事务。管理人未尽适当管理义务的,应负债务不履行的责任。管理人能够通知而未将管理开始的事实通知本人的,对本人因未受通知而受到的损失负赔偿责任。管理人于可能情形下应及时向本人报告,于管理关系终止时应向本人报告事务管理的始末,将管理所取得的利益转归本人。管理人为自己的利益而使用应交给本人或者应为本人利益使用的钱物的,应使用之日起计付利息。

(郭明瑞)

wuyin guanli zhi zhai
无因管理之债(德 Schuldverhältnisse aus der Geschäftsführung ohne Auftrag) 债的一种。无因管理的效力之一,基于无因管理的成立而发生的债权债务关系。无因管理之债的当事人双方为管理人与本人,其内容是管理人与本人享有的权利及负担的义务。无因管理之债双方都既享有权利,又负担相应的义务。参见无因管理、无因管理的管理人、无因管理的本人条。

(郭明瑞)

wuyin guanlizhong de biyaofeiyong
无因管理中的必要费用(德 notwendige Gebühr aus Geschäftsführung ohne Auftrag) 无因管理的管理人在事务管理中所直接支出的有必要支出的费用。管理人所支出的费用是否为必要,应以管理当时的客观情形而定,而不依事后的情形确定。对于必要费用,管理人有权要求本人偿还。

(郭明瑞)

wuyin hetong
无因合同(德 abstrakter Vertrag) 要因合同的对称。又称不要因合同。指与财产给付原因可以分离的合同。此种合同即使财产给付的原因不存在,合同仍有效。参见不要因法律行为条。

(郭明瑞)

wuzeren nengli
无责任能力(incapacity for responsibility) 又称无过责能力。民事主体对自己行为的后果没有识别能力,从而不负担民事责任的资格。无责任能力允许作为免除行为人责任的事由。因为就无责任能力人的行为的性质而言,其不过是一个不可避免的差错,因此不发生责任问题。虽无责任能力的加害人本身对其加害行为不负责,但在一定的条件下,负有法定监督义务的人应承担责任。在各国立法上,关于无责任能力的规定很不一致,德国民法分绝对无责任能力和相对无责任能力:不满7岁的人绝对无责任能力;满7岁而不满18岁的人为相对无责任能力,行为时无责任能力者方不负损害赔偿之责。日本民法依加害他人时不具备足以识别其行为责任的知识和能力的未成年人,及于心神丧失期间加害他人的人为无责任能力。《中华人民共和国民法通则》中没有关于责任能力的规定,而只有民事行为能力的规定。一般认为民事行为能力包含责任能力,没有民事行为能力也就为无责任能力。

(张平华)

wuzhaiwu kangbian
无债务抗辩(demurrer to no debt) 英国法的概念。

1853年在英国出现。针对非盖印契约债权债务诉讼中的一般问题提出的抗辩。在非盖印契约中,大量的债权、债务的规定不可能像盖印契约那样明确和肯定,被诉人须以各种证据证明债务的不存在,并以此抗辩相对人。

(万霞)

wuzhengben tidan fanghuo
无正本提单放货(delivery without original bill of lading) 无单放货一般是指在卸货港没有正本提单的情况下承运人交付货物的行为。交付货物意味着货物运输的完成。海上货物运输的货物交付一般遵循承运人应坚持收回一份正本提单方可交货的原则。但是由于海运业的迅猛发展,在实践中未能凭正本提单即予放货的情况越来越多,无单放货的现象大量存在,形成一种十分普遍商业作法。

造成无单放货的原因大致有以下几种:(1)现代科技在航运业的广泛应用,船舶速度加快,货物在运输途中的时间大大缩短,特别是近洋航线,而提单仍然按照传统的方式通过银行承兑、邮寄,往往比货物到达目的港晚很多,收货人不得不凭提单副本向承运人要求提货。(2)有时买方或收货人必须先卖出货物,才有钱并愿意从提供信用的银行赎领提单,而在此期间货物已经到达卸货港。这也是为什么许多租船人要在租约中加入租船人有权指示承运人向谁交货或凭保函放货条款的原因。(3)收货人可能因货物问题或因经济问题不到银行赎单,而请求以副本提单提货。(4)由于结汇单证不符合要求或其他原因导致提单仍在托运人手中,而买方愿意接受货物,故而凭保函要求提货。(5)某些国家(主要是南美一些国家)是由海关,而不是承运人或他的代理人来决定是否放货的,在这种情况下承运人会按照当地的法律规定放货。

无单放货的性质,有过很大的争论。海事法院在过去的审判中基本将其定性为侵权纠纷。而另有观点认为,应当是违约和侵权责任的竞合。在海上货物运输所产生的纠纷中,无单放货所占的比例较大,一旦托运人收不到货款,或提单持有人提取不到货物,便会起诉承运人,承运人多半要承担全部责任。我国现行的《海商法》并未明确规定"凭正本提单交付货物",而只是规定,"提单,是……承运人保证据以交付货物的单证。"《海商法》还规定,提单中载明适用航次租船合同条款的,适用该航次租船合同的条款。对租约并入条款进行了肯定,也就肯定了承租双方如在卸货港不一定凭正本提单交付货物的约定。

现代货物的买卖是单证的买卖,但最终是货物的实际交付完成运输合同,同时也完成买卖合同。货物和提单处于不同的空间,各自在不同的渠道流通,要使他们在物权关系转移、提单流通、实际交付货物上统一起来是有一定困难的。处理卸货港承运人的无单放货行为,应和买卖合同结合起来分析。若把提单的绝对物权凭证之功能完全应用到运输环节中,将运输环节单独处理,很容易使买卖双方的商业风险转移到运输中去,使承运人承担不必要的责任。承运人无单放货,绝大多数是应货方的要求而进行的。承运人在无单放货的时候,会视情况要求货方或其代理提供书面担保函、一流银行加签的担保函以及银行担保。虽然,在现有法律下,无法确定这些担保函的效力,但这仍不失为保护承运人合法利益的办法之一。目前,保护承运人的最好办法是坚持凭正本提单放货。

(宋春风 金强)

wuzhu huowu tiaokuan
无主货物条款(unclaimed goods clause) 这里的无主货物是广义的无主货物,包括在卸货港无人提取的货物或者收货人迟延、拒绝提取的货物。在海运实践中,存在大量的无人提货的事件,有的是贸易双方发生纠纷影响了提货,有的是市场变化影响其提货,有的是与当地有关当局串通企图以没收、拍卖的方式取得货物,有的甚至蓄意将承运人的集装箱作为垃圾箱。我国的合同法、海商法及世界各国的法律都针对这种对承运人不公平的情况作出了规定。以此为依据规定了承运人可以对无人提取的货物采取卸下、出售、销毁等适当合理措施处理,同时规定承运人有向货方追偿由此产生的任何损失或费用的权利。有时货方接到承运人的提货通知后仍拒不提货,应当构成货方放弃一切由提单证明的运输合同的一切权利。弃货也就自然意味着货方放弃运输合同的权利。权利是可以放弃的,但义务责任是不能放弃的。承运人仍然有权就由货物产生的任何损失而向货方追偿。

(宋春风 金强)

wuzhuwu
无主物(拉丁 res sine domino) 有主物的对称。尚无所有权归属,未成为所有权标的的物。其中有的可以作为财产的一部分,成为权利的客体;有的则不能,如空气、阳光等公用物。无主物可分为两种:从未为人所有的物,前曾为人所有,然现时无人所有的物。有学者形象地称前者为"处女型"无主物,后者为"孀妇型"无主物。"孀妇型"无主物又包括遗弃物、无人继承的遗产、所有人不明的埋藏物或隐藏物、债权人5年间未领取的提存物等。罗马法上,敌人物也属于无主物。

对于无主物是否允许先占,有三种立法例:(1)罗马法的先占自由主义,客体不限于动产。(2)德国古代法的先占权主义,动产原则上允许自由先占,而不动产则非经国王同意,不得先占。因袭日久,国家遂有优先的先占之权。(3)前苏联民法之否认先占主义,将财产分为通常及农家两种。前种无主物概依特别法,归属于国库;后种无主物则移归当地农民合作社或苏维埃。我国目前立法上似仍采取前苏联的否认先占主义,但对于遗弃物习惯上还是承认先占取得的。

(张谷)

wu

物(thing) 民法上所谓物,与物理上所谓物,其性质不同。民法上的物有以下特征:(1)物具有客体性。物为权利客体,权利客体必在某方面有利益于主体,能满足主体之需要。有生命之人体,及其四肢,并一切以人工造成之人身一部,与人身相互联系不可分离者,不是物。例如镶补之牙齿,残疾人之假肢,安装之心脏起搏器等。但与人身分离后之部分,例如剪下的毛发,因手术截断之肢体等,则为物。关于尸体是否为物,性质如何,约有四说:第一,尸体为物,得以之为所有权之客体。但其所有权之行使,受有显著之限制,不似普通所有权之得为使用、收益、处分。至其所有权则应归属于继承人,其归属原因又有遗产说、先占说及习惯法说。第二,尸体为物,但既非所有权之客体,也不得构成遗产,不过得为一定亲属权之埋葬之标的。第三,尸体为物,但不过为遗族之人格权之标的或亲属权之标的而已,不得所有权或其他财产权之客体。第四,尸体非物,只能为特定亲属之埋葬权之标的,盖因人之法律人格并非因死亡而完全消灭,至少于其尸体之上,死者之人格尚存续者也。四说中以第一说为通说。(2)物须为有体物。所谓有体性,指占有一定空间而存在者,故凡固体、液体、气体,均无不可。物的有体性,适足以使之区别于无体财产和权利。各国法例有认物含有体和无体物者,如罗马法,其所谓无体物甚至包括权利(所有权除外);法国民法略同。有认物限于有体物者,如德国民法和日本民法。我国法上未界说物之意义,但解释上似应取有体说。因为《中华人民共和国合同法》第130条买卖的标的物限于有体物,原则上须要交付;第150条、第153条分别规定权利的瑕疵和物的瑕疵;电水气热等别有供应合同规范。担保法区分动产质权和权利质权。此种种说明物取其狭义,不含权利和无体物,甚至不含自然力。不过对于自然力,应可准用物的有关规定。(3)物须为独立存在。法律上的物,与物权法规则密切相关。依一物一权主义以及物权客体特定原则,法律上的物必须个别独立存在。所谓个别独立存在,指此物非为彼物之部分,且此物与彼物相互分离,而各自有其确定之界限。倘不如此,则所有权或其他排他性权利之支配范围不明。故占据漫无限界之空间之物体,不是物。例如江上清风。反之,煤气罐内之煤气,瓶中之饮用水,因其有一定界限,故为物。(4)物须具备支配可能性。民法上的物,以人力所能支配控制者为限。能否被支配控制,应以科学技术及社会观念判断之,一般得以科技加以支配控制者,为有支配可能性。所以,人力不能支配者,例如公海,物理上不失为物,从民法上则不是物。民法上的物可分为若干类:(1)动产、不动产。(2)主物、从物。(3)原物、孳息。(4)消费物、不消费物。(5)可分物、不可分物。(6)无主物、有主物。(7)融通物、不融通物。(8)单一物、结合物、集合物。

(张谷)

wuquan

物权(real right; right in rem) 除《奥地利民法典》第307条把物权界定为"属于个人之财产之权利,得对抗任何人者,为物之物权"外,其他国家和地区的民事立法鲜有关于物权定义的规定。学界对于物权定义意见纷纭。但通说认为物权作为一个法律范畴,是由法律确认的主体对物依法所享有的支配权利。换言之,是指权利人在法定的范围内直接支配一定的物,并排斥他人干涉的权利。

在理解物权这一概念时,不能把物权仅仅视为对物的权利。在社会生活中,人对物的关系实质上反映的是人与人之间的关系。因为个人不是孤立的个人,而是社会的人。单个的主体对物享有的权利,只有在人与人之间的社会关系中才得以体现和形成。物权是特定社会的所有制关系在法律上的表现。

物权是和债权相对应的一种民事权利,它们共同组成民法中最基本的权利形式。在市场经济条件下,人和财产的结合表现为物权。当财产进入流通领域之后,在不同主体之间的交换则体现为债权。主体享有物权是交换的前提,交换过程则表现为债权,交换的结果往往导致物权的让渡和移转。在商品交换中,所有权的权能也可以依据交换原则与所有权发生分离。可见,民法关于物权和债权的规定构成了市场经济运行的基本规则。物权和债权构成了市场经济社会的最基本的财产权利。物权与债权的联系十分密切,但物权作为一项独立的民事权利,和债权比较具有自身的特点,具体表现在:

1. 物权的权利主体是特定的,而义务主体一般是不特定的。物权是指特定的主体所享有的、排除一切不特定人的侵害的财产权利。作为绝对权和"对世权",物权的权利主体是特定的,其他任何人都负有不得非法干涉和侵害权利人所享有的物权的义务。这就是说,一切不特定的人都是义务主体。而债权只是发生在债权人和债务人之间的关系,债权的主体是特定的。依据债的相对性原理,债权人的请求权只对特定的债务人发生效力。正是从这个意义上说,债权又被称为对人权。

2. 物权的内容是直接支配一定的物,并排斥他人干涉。物权的权利人享有对物直接支配,并排斥他人干涉的权利。(1)所谓直接支配,是指利人无须借助于他人的行为,就能够行使自己的权利。物权人对物可以以自己的意志独立进行支配,无须得到他人的同意;也可以在无须他人的意思和行为介入的情况下,就可以直接支配其物并实现其权利,如所有人使用其财产,并在其财产之上获取收益,不需要借助于任何人的行为便可以实现。物权的义务主体的义务是不作为,只要不妨碍权利人行使权利就是履行了义务。(2)所谓排斥他人干涉,是指物权具有排他性。这种排他性一方面是指物权具有不容他人侵犯的性质;另一方面是指同一物之上不得同时成立两个或两个以上内容不相容的物权。例如同一物之上不得同时存在两个所有权或设立两个用益物权。在同一物上,数个物权并存时,先设立的物权优先于后设立的物权。在某物之上虽存在着所有权,但他人因取得时效或善意取得制度而取得对该物的所有权时,先前的所有权将因此而消灭,并不得对抗后一个所有权。(3)债权的内容与物权相反,债权人一般不是直接支配一定的物,而是请求债务人按照债的关系为一定行为或不为一定行为。债权也具有不可侵犯性,在第三人侵害债权(如第三人阻止债务人履行债务),给债权人造成损失时,债权人也可以请求该第三人赔偿损失。但是债权不能像物权那样可以产生排他性效力。在同一物之上,可以设立多个债权,各个债权之间,一般都只具有平等的效力。

3. 在权利设定上的区别。物权设定时必须或者应当公示,动产所有权以动产的占有为权利象征。动产质权、留置权亦以占有为权利象征,而不动产则以登记为权利象征。地上权、地役权、抵押权等亦以登记为权利象征。公示常常伴随着物权的存在。而债权只是在特定的当事人之间存在的,它并不具有公示性,设立债权亦不需要公示。因此当事人之间订立合同设立某项物权,如未公示,可能仅产生债权效力而不发生物权变动。需要指出,物权的设立采法定主义,即物权的种类和基本内容由法律规定,而不允许当事人自由创设物权种类或变更物权内容。然而债权特别是合同债权,遵循合同自由原则,主要由当事人自由确定。当事人只要不违反法律的禁止性规定,可以根据其意思设定债权,同时又可以依法自己决定债的内容和具体形式。

4. 物权的标的是物或权利。物权关系反映的是民事主体之间对物质资料的占有关系,所以,物权的标的是物或权利而不是行为。债权的标的在范围上是十分广泛的。就作为物权客体的物而言,它们在法律上有一个共同的特点,即必须是特定物。如果物没有特定化,权利人对其就无从支配,而且在物权转移时,也无法登记和交付。债权的标的因债权的种类不同而各不相同。一般来说,债权直接指向的是行为,而间接可能涉及到物。在债权关系存续期间,债权人一般不直接占有债务人的财产,只有在债务人交付财产以后,债权人才能直接支配物。但交付以后往往导致债权的消灭和物权的产生。

5. 在期限上的区别。在期限上,债权都是有期限限制的权利。在法律上不存在无期限限制的债权,即使在一些合同之债中没有规定合同的存续期限,债权人享有的债权与债务人所应承担的债务,也应受到时效的限制。但对于物权,尤其是所有权来说,法律上并无期限限制。只要所有人存在,则所有权将必然存在,如果所有物发生转让,尽管原所有人丧失了所有权,但新所有人取得了所有权。正是从这个意义上,通常认为所有权具有无期限性。

6. 物权具有追及效力和优先效力。物权的追及效力,是指物权的标的物不管辗转流入什么人的手中,物权人都可以依法向物的不法占有人索取,请求其返还原物。而债权原则上不具有追及的效力。债权的标的物在没有移转之前,债务人非法转让并由第三人占有时,债权人不得请求物的占有人返还财产,只能请求债务人履行债务和承担违约责任。物权的优先效力包括两方面:(1)当物权与债权并存时,物权优先于债权;(2)在某些情况下,当事人可以在同一物之上设立多个物权。同一物之上有数个物权并存时,应确定物权实现的先后顺序,这就是物权相互间的优先效力。而债权不具有对内优先的效力。在同一物上可以设立多个债权,各个债权一般都具有平等的效力,债权人在依法受偿时都是平等的。

7. 在保护方法上的区别。为保障物权人对其物的支配权,法律赋予物权人享有请求他人返还原物、排除妨碍、消除危险的权利。在民法上通称为物上请求权。它虽然不是物权权能,却是保障物权人对物的支配权所必需的、不能与物权相分离的权利,因此物上请求权成为物权所特有的效力。债权是债权人请求债务人为一定行为或不为一定行为的权利,而并非对物的支配权。因此,在债权受到侵害时,要使债权人的损失得到补救和恢复,一般只宜采取损害赔偿的方式。

(王轶)

wuquan biandong

物权变动(change of right in rem) 物权所产生的动态现象,简称为物权变动。物权变动属民事权利变动的一种,是物权法的核心内容。就其具体含义,可以从权利主体和权利自身两个角度进行考察。从权利主体的角度考察,物权变动是指物权的取得、变更和丧失;从权利自身的角度来考察,物权变动则是指物权的产生、变更和消灭。二者只是在形式上有区别,在实质上并无不同。

1. 物权的取得,也就是物权的产生。根据物权的取得是否以他人既存的权利为依据,可以将其区分为原始取得和继受取得。(1)原始取得又称为物权的固有取得,或物权权利的绝对发生。是指不以他人既存的权利为依据而取得物权。包括两种情形:一种情形是在当事人取得物权以前,该物并未成为任何一个民事主体权利的客体,或虽曾经是某一民事主体权利的客体,但该民事主体嗣后抛弃了该项权利或因其他原因,如民事主体死亡从而丧失了该项权利,因而当事人物权的取得,无须借助其他任何人的意志,属初次取得,取得人不存在物上负担和瑕疵的继受问题。另一种情形是作为客体的物上虽存在他人的权利,但取得者权利的取得与原权利人的意志没有关系。原始取得既可基于私法上的原因,如事实行为而取得,也可基于公法上的原因,如没收、征收而取得。(2)继受取得,又称为传来取得。是指基于他人既存的权利取得物权。基于法律行为而取得的物权,均属继受取得。继受取得与原始取得的不同之处在于,既存的物权的负担或瑕疵原封不动地移转给取得人。继受取得主要分为两类:移转的继受和设定的继受。移转的继受是指前主的物权保持其完整的状态移转给后主,这种物权的取得只是主体的变更,故常被称为"物权的移转",如果是根据合同移转时,则被称为"物权的让渡"。设定的继受是指基于既存的权利,并对其内容加以一定的限制从而产生新的物权,原权利人尽管仍保有其权利,但该权利受到了新产生的物权的限制,这种取得常被称为"物权的设定"。

2. 物权的变更有广义和狭义。广义的物权变更指物权的主体、客体及内容的变更。狭义的物权变更则仅指物权客体与内容的变更。由于物权主体的变更系属权利人的更迭,应属物权的取得与丧失问题,因此通常所说的物权变更仅指狭义的物权变更。其中所谓客体的变更,是指物权标的物所发生的变化,所谓内容的变更,是指不影响物权整体内容的物权范围、方式等方面的变化。

3. 物的消灭,从权利主体的角度考察,即是物权的丧失,即物权与特定权利主体的脱离。物权的丧失可分为绝对丧失和相对丧失:(1)物权的绝对丧失是指物权的标的物不仅与其主体分离,而且也不再与其他主体结合在一起。(2)物权的相对丧失是指物权虽与其主体分离,但又与其他主体结合在一起。由此可见,物权的相对丧失实际上就是物权的继受取得问题。因此,民法上所谓物权的丧失仅指物权的绝对丧失。

4. 根据物权变动原因的不同,可以将物权变动区分为基于法律行为的物权变动和非基于法律行为的物权变动。在基于法律行为的物权变动中,基于合同行为的物权变动,在各个国家和地区都是民法规制的重点,是物权交易法的核心。 (王轶)

wuquan biandong moshi

物权变动模式(change mode of right in rem) 一个国家和地区的民事立法,对于基于法律行为(主要是合同行为)的物权变动进行法律调控的具体方式。就大陆法系而言,具有代表性的物权变动模式有两种,即意思主义的物权变动模式和形式主义的物权变动模式。其中,形式主义的物权变动模式包括物权形式主义的物权变动模式和债权形式主义的物权变动模式。

1. 意思主义的物权变动模式,又称债权意思主义的物权变动模式。是指除了当事人的债权意思之外,物权变动无须其他要件的物权变动模式。以买卖合同为例,标的物所有权的移转,以当事人之间的买卖合同为根据,纯粹取决于当事人的自由意志,既不需要交付或登记行为,也不需要独立于买卖合同的物权行为。

《法国民法典》采取的就是债权意思主义的物权变动模式。以所有权的变动为例,该法典第711条规定:财产所有权,因继承、生前赠与、遗赠以及债的效果而取得或移转。第938条规定:经正式承诺的赠与依当事人间的合意而即完成;赠与物的所有权因此即移转于受赠人,无须再经现实交付的手续。第1583条规定:当事人双方就标的物及其价金相互同意时,即使标的物尚未交付,价金尚未支付,买卖即告成立,而标的物的所有权也于此时在法律上由出卖人移转于买受人。第1703条规定:互易与买卖合同,得仅依当事人双方的合意为之。以上规定都是债权意思主义物权变动模式的具体体现。除了所有权的变动外,就他物权的设定,也都仅以当事人的债权意思为根据,即使是不动产物权变动,登记也仅是对抗第三人的要件,并非不动产物权变动得以发生的要件。

法国物权交易法构建的基础是特定物交易,因此才有了法国民法上前述的规定。但在现实的交易生活中,毕竟还存在为数不少的非特定物交易,主要包括种类物交易以及未来物交易。针对这类交易,《法国民法典》第1138条规定:"交付标的物的债务依缔约当事人单纯同意的事实而完全成立。""交付标的物债务的成立从标的物应交付之时起,即使尚未现实移交,使债权人成为标的物所有人……。"不难看出,在非特定物交易中,标的物的所有权并非自合同成立时起就发生移转,而是从标的物应该交付之时起移转。

《日本民法典》作为法律继受的产物,在物权变动模式的选择上与《法国民法典》近似。《日本民法典》第176条规定:物权的设定及移转,只因当事人的意思表示而发生效力。第177条规定:关于不动产物权的取得、丧失及变更,非依登记法所定,不得以之对抗第三人。第178条则规定:关于动产物权的转让,非有其动产之交付,不得以之对抗第三人。这些规定,被学者认为是《日本民法典》就物权变动采债权意思主义的明证。学者认为,《日本民法典》关于物权变动模式的规定与《法国民法典》存在继受关系,即在所有权观念性的基础上,以所有权移转为目的的物权行为,被作为其原因的观念的债权契约所吸收,二者是一个契约中未分化的统一的存在。物权变动仅是债权契约效力的体现,因此,物权变动仍然是债权关系的一个方面。这意味着物权变动首先是当事人之间的内部关系,对于第三者的对外关系是这个对内关系的当然反射。而且,日本民法的债权意思主义原则比法国民法贯彻得更彻底,法国民法的债权意思主义对于不动产是完全的,对于动产所有权观念性的构成则是不完全的,而日本民法对于动产和不动产一概适用债权意思主义。但日本学者围绕《日本民法典》第176条展开的关于日本民法是否承认物权行为独立性的法律解释论争,至今未达成一致意见。

2. 形式主义的物权变动模式。是指物权变动除了当事人的意思表示以外,还必须具备一定的形式。形式主义的物权变动模式,在各个国家和地区的立法例上,有物权形式主义和债权形式主义之分。在此先介绍由《德国民法典》所确立的物权形式主义物权变动模式。《德国民法典》第873条规定:为转让一项地产的所有权,为在地产上设立一项物权以及转让该项物权或者在该物权上更设立其他权利,如法律没有另行规定时,必须有权利人和因该权利变更而涉及的其他人的合意,以及权利变更在不动产登记簿上的登记。……尚未登记的合意,在当事人的意思表示经过公证证明、或者该意思表示已经提交给不动产登记局、或者权利人已经将获得登记许可的证书交付给相对人时,也同样具有约束力。第929条第1款规定:为转让一项动产的所有权,必须由物的所有人将物交付与受让人,以及双方就所有权的移转达成合意。第1205条第1项第1款规定:为设立质押权,必须由物的所有人将物交付于债权人,以及双方关于为债权人设立质押权的合意。根据前引的几条规定,不难看出物权形式主义的物权变动模式,包括以下几个方面的内容:(1)物权变动中的债权契约只能发生债权法上的权利义务关系,欲发生物权变动,还必须借助于独立于债权契约而存在的物权契约。这即是所谓的物权行为的独立性。(2)物权契约的核心是"物权的合意"。仅有独立于债权意思的物权合意尚不足以引起物权变动,还必须具备一定的形式,方可最终引起物权变动。其中,不动产须有登记,动产须有交付。如果没有登记或交付行为,即使有债权契约与物权合意,也不能发生物权变动。作为物权形式主义物权变动模式的核心,"抽象的物权契约理论"被认为是德意志法系的特征。

我国台湾地区民法第758条规定:不动产物权,依法律行为而取得、设定、丧失及变更者,非经登记,不生效力。第761条第1项规定:动产物权之让与,非将动产交付,不生效力。但受让人已占有动产者,于让与合意时,即生效力。学者解释认为,系采物权形式主义。其中,第758条所谓的法律行为就是指物权行为;第761条第1项所谓的让与合意是指物权契约。

《瑞士民法典》就动产所有权的移转,设第714条第1项:动产所有权的让与,应将其占有移转于受让人。就不动产所有权的移转,设第656条第1项规定:为取得不动产所有权,须于土地登记簿册加以登记。从瑞士民法所确立的物权变动模式来看,是否承认有独立的物权行为,法典的态度并不明朗。通说认为,该民法典的起草者欧根·胡贝尔(Eugen Huber)对动产所有权的移转有意保持沉默。他认为,现实中的各种案件,有不同的外在表现方式,有不同的利害关系,当事人的意思也千差万别,因此法律固定于某个立场的做法是不太妥当的。学者认为,瑞士民法与德国民法一样在动产权利移转时要求物权契约,但并未进一步采认无因原则。对不动产所有权的移转,瑞士民法学界的认识尚不一致。

3. 债权形式主义的物权变动模式。又称意思主义与登记或交付相结合的物权变动模式,指物权因法律行为发生变动时,当事人间除有债权合意外,尚需践行登记或交付的法定方式。也就是说,尽管要求在原则上以交付和登记行为作为标的物所有权移转的表征,但并不承认所谓物权合意的存在,认为债权合同就是所有权移转的内在动力和根本原因。可见,债权形式主义的物权变动模式之下,物权变动法律效果的发生,并非法律行为这一单一民事法律事实的作用,而是以债权合同这一法律行为与交付或登记这一事实行为的相互结合为根据。《奥地利民法典》堪称债权形式主义物权变动模式的代表。尽管债权形式主义的物权变动模式产生在物权形式主义的物权变动模式之前,但一般都将其认为是前述两种物权变动模式的折衷形态。

1811年6月1日公布的《奥地利民法典》第426条规定:原则上动产仅能依实物交付而转让与他人。第431条规定:不动产所有权仅于取得行为登记于为此项目而设定公共簿册中时,始生转让之效力。此项登记称为过户登记。结合该法典第380条、424条和425条的规定,可以看出债权形式主义的物权变动模式包括以下内容:(1)发生债权的意思表示即为物权变动的意思表示,二者合一,并无区别;(2)欲使物权实际发生变动，除当事人间的债权意思表示外，还须履行登记或交付的法定方式，登记或交付为物权变动的成立要件。

1958年制定的《韩国民法典》，作为第二次世界大战后现代民事立法的一项重要成果，在物权变动模式的立法选择上，舍弃了以往所采用的纯粹意思主义的物权变动模式，转而采取债权形式主义的物权变动模式，实现了从意思主义到形式主义的转换。该法第188条规定：在不动产场合，基于法律行为的不动产物权的取得、丧失及变更，非经登记，不生效力。关于动产物权之让与，非将动产交付，不生效力。在立法理由书中指出，物权基于债权契约、交付或登记发生变动，一方面使物权变动存在与否较为明确，有利于交易安全的保护；另一方面也可避免当事人之间的关系与第三者之间关系的复杂状态。

我国民法学界通说认为，我国现行民事立法采债权形式主义的物权变动模式。

(王 轶)

wuquan de gongshi

物权的公示(德 Publizitaet des Sachenrecht) 根据公示原则的要求，物权的产生、变更、消灭等变动事项必须以法定的可以从外部查知的方式表现出来。从法制史上来说，罗马法已经要求物权的变动须采取法定的、公开的形式。早期罗马法注重形式，一切买卖交易均以曼兮帕蓍或者拟诉弃权的方式进行。到了罗马共和国末期，略式移转物已经可以因交付而取得市民法上的所有权，交付要式移转物只能取得裁判官所有权。优士丁尼皇帝进行法典编纂时，废除了曼兮帕蓍和拟诉弃权，将交付作为移转所有权的一般方法。

现代各国民法，根据物和物权的社会经济属性，确定不同的公示方法，基本上都是以交付作为动产物权的公示方法，以登记作为不动产物权的公示方法。对于公示方法与物权变动之间的关系，又有公示要件主义与公式对抗主义之间的区别。(1) 公示要件主义，又称形式主义，为德国与我国台湾地区等地立法与实践采纳。其将登记或者交付作为物权变动的成立或者生效要件，认为不动产非经登记，动产非经交付，无从发生物权变动的法律效力。(2) 公示对抗主义，又称意思主义，为法国与日本等地立法与实践采纳。与形式主义不同，其由当事人之间的物权变动意思表示直接发生物权变动的法律效果，公示的法律效力仅在于使这种物权法律关系获得对抗善意第三人的效力。

1. 动产物权的公示方法为交付。交付作为动产物权变动的公示方法，以有交付相对人者为限。就抛弃等无特定相对人的动产物权消灭情形，公示方法应为放弃占有。所谓动产物权，应认为包括所有权、质权与留置权。交付何以能产生物权变动的法律效果，不仅因为交付是占有的移转，还因为当事人之间存在使物权发生变动的意思表示(或为单方意思表示，或为合意)。由于该意思表示的存在，使财产一经交付，即发生物权变动的法律效果。对于这一点，各国民法学说与立法上有不同的态度：根据法国、日本等国的意思主义做法，动产物权无须经过交付，仅依据当事人之间生效的债权合意即发生变动。根据德国等国的形式主义做法，动产物权的变动不能因为当事人之间的债权合意而生效，而只能根据独立于债权合意的物权合意发生效力。如果认为意思主义的做法只不过采取了"二位一体"的做法，则可以认为在须有当事人的意思表示这一节上，两种立法例之间有共同之处。

2. 不动产物权的公示方法为登记。登记的法律效果，近现代各国立法例主要有三种做法：(1) 地券交付主义，又称"托伦斯主义"。具体内容为，在不动产权进行初次登记时，登记机关依照一定的程序确定不动产的权利状态，制成地券。让与不动产时，当事人应将让与契约与地券一并交给登记机关，经登记机关审查后，在登记簿上记载权利的移转，并向受让人交付新地券，或者在原地券上记载权利的移转，从而使第三人从中了解不动产的权利状态。(2) 登记要件主义，即登记是不动产物权变动的形式要件。(3) 登记对抗主义，即登记不是不动产物权变动的形式要件，而仅仅是已经发生变动的物权对抗第三人的要件。我国现行法律对不动产物权变动，系采取登记要件主义的做法。

(李富成)

wuquan de leixing guding

物权的类型固定(德 Typenfixierung) 属于物权法定主义的内容。它强调民事主体不得创设与物权法定内容相异的内容。违反物权的类型固定，属于违反禁止性规范的，约定无效；属于违反强制性规范的，约定不发生物权的效力。

(王 轶)

wuquan de leixing qiangzhi

物权的类型强制(德 Typenzwang) 属于物权法定主义的内容。它强调民事主体不得创设民法或其他法律未认可的物权类型。违反物权的类型强制，创设的权利不发生物权的效力。

(王 轶)

wuquan de qude

物权的取得(acquisition of property) 某项物权根据一定的法律事实归属于特定权利主体。从法律事实的属性角度言之，能够引起物权取得的法律事实，可以分为因法律行为而取得与因法律行为以外的原因而取得两类。(1) 因法律行为取得物权，又称继受取得、传来取得。是指通过交易行为,如买卖、互易、赠与等法律行为取得他人已有的物权。根据一般民法原理,因法律行为取得物权的,其内容及效力应以既存的权利状况为准。即,如果该物权原本已设定一定的负担,如已设定抵押权等,继受取得该物权的权利人也须承受该负担。但是,随着现代社会经济与法律的发展,保护交易安全的价值愈显突出,逐渐有善意取得制度的适用,遂使该项原则受到相当的限制。该种类型的物权取得,又可进一步分为两类:一类为权利人将自己享有的权利之全部让与受让人,如所有权人将自己所有之物让与受让人,受让人取代该所有权人的地位成为新所有权人,此又称之为移转取得;一类为权利人将自己享有的权利之一部分权能让与他人,依照法律成立新类型物权,如所有权人以自己的土地为他人设定抵押权,系让与土地所有权中的价值支配权,此又称为创设取得。(2) 因法律行为以外的原因取得物权。是指非基于他人既存的权利并通过当事人的自愿交易行为,而是根据法律的规定直接取得新物权,故又称之为原始取得。参照各国立法,这一类型主要有:因取得时效取得物权,因公用征收或者没收而取得物权,因法律的规定而取得物权(法定抵押权、法定留置权等),因附合、混合、加工而取得所有权,因继承取得物权,因拾得遗失物、发现埋藏物而取得物权等。我国现行民法制度对此并未尽采纳,如因取得时效取得物权、因拾得遗失物取得物权等。为了稳定社会经济秩序,对此应予完善。

(李富成)

wuquan de xiaomie
物权的消灭(extermination of property) 某项物权因一定法律事实的发生,而与其主体分离。物权的消灭,从实际法律效果言之,可分为相对消灭与绝对消灭两类。(1) 相对消灭。是指物权因买卖等交易行为而为受让人取得,就原权利人来说,则为物权的消灭。(2) 绝对消灭。是指物权自身归于消灭。物权的绝对消灭可分为两种类型:因法律行为而消灭与因法律行为以外的特定事件的发生而消灭。

1. 物权因法律行为而消灭。主要有以下几项:(1) 抛弃。抛弃是以消灭物权为目的的单方法律行为。对此概念有三个要点:所抛弃者,是物上的权利而非物之本身;作为法律行为,抛弃需通过权利人的意思表示进行;既为单方行为,则仅凭权利人一方的意思表示即可成立。抛弃的意思表示是否须向特定相对人进行,要视所抛弃权利的性质而定。所抛弃者为所有权的,其意思表示无须向特定的相对人表示;所抛弃者为限制物权或者构成他人权利的客体的,该意思表示须向因该抛弃行为而直接受益的有关利害当事人进行。抛弃作为法律事实,要达到物权变动的效果,因物权公示原则的要求,往往还要完成一定的公示行为,具体情形因所抛弃的权利属性而异。就动产物权而言,除了抛弃的意思表示以外,还需要权利人放弃对该动产的占有。就不动产物权的抛弃而言,除了抛弃的意思表示以外,还应向不动产登记机关进行不动产权利涂销登记,方能发生抛弃的法律效力。抛弃的直接法律效果,是使所抛弃的物权归于消灭。就其对物上权利状态的影响来说,亦有差异:所抛弃者为动产所有权的,该动产成为无主物,进而可以根据先占制度成为他人的所有权客体。所抛弃者为不动产所有权的,该宗不动产也成为无主物,但因先占制度无从适用,而成为国家财产。所抛弃者为限制物权的,并不能使该利益成为公共领域的猎物,而只是使物之所有权所受的该项限制归于消灭,以至使所有权回复圆满状态。所以,抛弃限制物权的受益人只限于物之所有人,或者间接地使其他竞存的物上权利人(如同一抵押物上的后顺位抵押权人)也受到抛弃的利益。抛弃作为物权人对自己权利的处分,一般应给与充分的自由。但是当抛弃行为有损第三人利益或者有违法律或者善良风俗的,应予限制以至禁止。如将自己所有的建于地上权之上的房屋为他人设定抵押权的,不能任意抛弃该地上权。(2) 合同。这是当事人以其意思表示一致而使权归于消灭的双方法律行为。有三种情形:一是物权约定的存续期间届满而归于消灭,二是当事人达成合意使存续期间尚未届满的物权提前归于消灭,三是征得对方同意之后,以其他物权取代原有物,而使原物权归于消灭。(3) 撤销权的行使。法律或者合同规定有撤销权的,撤销权的行使导致物权消灭。

2. 物权因法律行为以外的特定事件发生而消灭。主要有以下几项:(1) 标的物的消灭。物权的标的物如果在生产中被消耗、在生活中被消费,或者因地震、火灾等原因而灭失或者毁损的,标的物既已不存在,该物权亦归于消灭。但是,应该注意的是:标的物虽然毁损,原物所有权人对于残余物仍然享有所有权;担保物权的价值支配权属性决定了其有物上代位性的适用,故而当担保物归于灭失或者毁损时,该担保物权在经济上作为该标的物之替代物的保险金、赔偿金之上仍得以继续存在。(2) 物权法定期间的届满。(3) 混同。混同是指法律上的两个资格,归属于一人而无并存的必要,一方为另一方所吸收的法律现象。就物权的混同来说,有两种情形:其一为作为完全物权的所有权与其他限制物权同时归属于一人,其他限制物权因混同而消灭,例如,某人对某房屋享有抵押权,一旦其取得该房屋的所有权,则该房屋的所有权与抵押权均归于一人,该抵押权消灭。其二为限制物权与以该限制物权为客体的权利(物权)同时归属于一人,该权因混同而消灭,例如,某人以其地上权为他人设定抵押权,一旦抵押权人取得该地上权,则该地上权与抵押权均归于一人,该抵押权消灭。混同发生的原因在于竞存于一物之上的各物权均有其独立性,可由权利人分别进行处分,则不免因分别的处分而使各权利归于一人。但是不问发生混同的原因究为继承、法律行为,或者法律的规定等原因,其效力上则无不同。关于混同的法律效果,立法例上历来有两种做法,一是以罗马法和法国民法为代表的"消灭主义",一是以德国民法为代表的"不消灭主义"。消灭主义的理由是,就同一权利关系而言,积极方面与消极方面集中于一人是不可能的,或者一人在自己所有物上再享有他物权没有实际意义。而就消灭主义来说,德国的不动产登记采绝对的公信主义,登记簿上记载的权利对于善意第三人视为绝对的存在,因而如果采取消灭主义,就会发生登记尚未注销,而权利已归消灭,登记与实际物上权利状况不一致的弊害。实际上,在实行消灭主义的立法例上,如法国、日本以及我国台湾地区等,也认可特殊情况下的不消灭结果,即所有权人或者其他第三人,对于本应归于消灭的物权存在法律上利益时,该物权不因混同而消灭。例如,某房屋之上并存数个抵押权,其顺位依次排列。依照担保法原理,前一顺位抵押权人的债权未得到完全清偿之前,后一顺位抵押权人的债权无从就抵押物受偿。然而,如果因各种原因,房屋所有权人取得前顺位抵押权,或者前顺位抵押权人取得房屋所有权的,如果使该抵押权因与所有权混同而消灭,则非但不能使所有权回复圆满状态,反而使后顺位抵押权人递升其顺位,享受到额外的利益,使所有权人的利益受到损害。故此时不使前顺位抵押权因混同而消灭。而在德国等实行不消灭主义的立法例上,不问有无第三人利益的存在,抵押权、地上权等权利一般情况下均不因所有权发生混同而消灭。在不存在第三人利益的情形,该权利亦为所有权人的利益而存在。我国主要学说与现行法律制度,系采取消灭主义立场。

(李富成)

wuquan de xiaoli
物权的效力(effects of right in rem) 包括共同效力和特有效力。共同效力是一般物权所共有的效力,特有效力为各种类型物权独有的效力。通常所谓物权的效力是指物权的共同效力。

近现代各个国家和地区的民事立法并未在条文中明示物权的效力,因此学说上有不同的见解。大致形成了三种不同的学说:(1)二效力说。认为物权的效力有优先性效力与物权的请求权效力两种;(2)三效力说。认为物权的效力有优先效力、物权的请求权效力和排他效力三种;(3)四效力说。认为物权的效力有排他效力、优先效力、追及效力和物权的请求权效力。我国学界通说采四效力说。

1. 物权的排他效力。是指在同一标的物上,不能同时成立两个以上内容互不相容的物权,如在同一标的物上不能有两个以上的所有权或用益物权。当然,内容并非互不相容的物权得存在于同一标的物上,如在同一不动产上得设定数个抵押权或所有权和定限物权并存于同一标的物上。在罗马法上已有"所有权遍及于全部,不得属于二人"的法谚,可见物权的排他效力由来已久。一般认为,物权具有排他效力是由于物权属于对特定物的直接支配权。

2. 物权的优先效力。包括物权对债权的优先效力和物权相互间的优先效力两个方面。

3. 物权的追及效力。是指物权成立后,其标的物不论辗转于何人之手,物权人均得追及于物之所在,并直接支配其物的效力。

4. 物权的请求权效力。又称物权请求权、物上请求权或基于物权的请求权。指物权的圆满状态受到妨害或有被妨害的危险时,物权人为回复其物权的圆满状态,得请求对方当事人为一定行为或不为一定行为的权利。我国现行民事立法尚未认可物权的请求权制度。

(王 轶)

wuquan de youxian xiaoli
物权的优先效力(preferential effect of right in rem) 物权共同效力的一种,包括物权相对于债权的优先效力和物权相互间的优先效力两个方面。

1. 物权相对于债权的优先效力。是指当物权与债权并存时,物权优先于债权得到实现的法律现象。依通说,该种类型的物权优先效力是指如下三种具体类型:(1)所有权的优先性。在一物数卖情形,取得债权在先的买受人不得以其债权对抗取得标的物所有权的买受人。(2)用益物权的优先性。同一标的物上,取得用益物权的当事人得向对标的物享有债权的当事人,如借用人主张返还财产。(3)担保物权的优先性,如有担保物权担保的债权优先于没有担保的债权得到实现。物权相对于债权的优先效力,存有例外。如《中华人民共和国合同法》第229条规定,租赁物在租赁期间发生所有权变动的,不影响租赁合同的效力。通说认为,这一规定体现作为债权的租赁权得优先于受让人对租赁物的所有权得到实现。

2. 物权相互间的优先效力。是指在某些情况下,当事人可以在同一物之上设立多个物权。同一物之上有数个物权并存时,应确定物权实现的先后顺序。依通说,该种类型物权的优先效力包括如下三种具体类型:(1)在所有权与定限物权之间,定限物权得在一定范围内支配标的物,当然具有优先于所有权的效力。(2)数个担保物权并存于同一标的物之上时,成立在先的,位序在前,有优先于后成立物权的效力。(3) 用益物权与担保物权并存于同一标的物上时,成立在先的,也具有优先效力。　　　　　　　　　(王轶)

wuquanfa
物权法(property law;德 Sachnrecht)　　广义的物权法,也称实质意义上的物权法,泛指以物权关系为规制对象的法律规范。狭义的物权法,也称形式意义上的物权法,专指民法典中的物权编或以物权法命名的法律规范。我国民法学界通说采广义说,认为物权法是调整人对物的支配所产生的社会关系的法律规范的总和。

中国近现代意义上物权法的制定,始于清末法律改制。宣统三年(1910年)完成的大清民律草案,将物权规定于第三编,称为"物权编",下设七章,分别为通则、所有权、地上权、永佃权、地役权、担保物权、占有。大清民律草案史称第一次民律草案,未及施行,清朝即已覆灭。中华民国成立后,修订法律馆以大清民律草案为基础,于1925年完成民法修正案,史称第二次民律草案。物权仍置于第三编,共分九章。该草案物权编未曾施行,各级法院曾将其作为法理参考引用。民律第三次草案物权编制定于1929年,并于1929年11月30日公布,1930年5月5日施行。1949年中华人民共和国成立后,有实质意义上的物权法存在,《中华人民共和国民法通则》、《中华人民共和国担保法》、《中华人民共和国土地管理法》、《中华人民共和国城市房地产管理法》等法律、法规中有针对物权的规定。目前立法机关正在进行物权法的制定工作。

1. 物权法属民法的重要组成部分,其性质与民法相同,属于私法。民法分为财产法与身份法。规范经济生活,以保护财产秩序的法律为财产法。规范伦理生活,以保护身份秩序的法律为身份法。规范财产关系的财产法,可分为两大类:

第一大类是财产归属法,以保护财产的归属秩序为目的。财产的归属秩序,指各个财产均归属于特定的权利主体。权利主体对该归属的财产得直接支配,并享受该财产所生利益。在其支配范围内,不仅有排除他人支配的作用,且他人对此种归属负有绝对不干涉的不作为义务。此类财产归属法又可分为三种类型:(1) 关于规范财产本身归属于权利主体的法律。法律保护此种归属法秩序的基本形态有二:第一,赋予该权利主体就该财产得为直接支配,即有排他与优先的效力;第二,赋予该权利主体排除侵害的权利。(2) 关于规范对于他人财产的不当得利返还请求权(不当得利之侵害得利类型)的法律。这是属于财产的归属违反了其应有的状态,为维护财产的归属秩序,赋予权利人以请求权,以恢复财产归属的应有状态。(3) 关于规范侵害财产归属所生损害赔偿关系的法律。多采用回复原状的方法,以回复财产归属的应有状态。

第二大类是财产流转法,以保护财产流转秩序为目的,使归属于一定权利主体的财产,经由权利主体的自由意思完成其流转。此类财产流转法又可分为三类:(1) 关于规范契约即商品交换基本形态为内容的法律。(2) 关于规范给付得利请求权的法律。即虽有给付行为,但财产给付中有瑕疵存在,违反了财产的移转秩序,得主张请求权取回财产,以维护财产的流转秩序。(3) 关于规范侵害债权所生损害赔偿关系的法律。

2. 物权法作为调整主体对客体的财产支配关系的法律,是人们从事社会经济活动,取得或让与财产及对财产进行占有、使用、收益和处分的最基本的法律规则,属于民法财产法中财产归属法的第一种类型。由于物权具有排他性,涉及不特定第三人的利益,所以物权法的一些规定具有强行性,不允许当事人通过约定加以排除。但物权法毕竟具有私法属性,也有不少任意性规范给当事人留下私法自治空间。

3. 物权法的发展趋势:(1) 物权的社会化趋势。物权法有所谓所有权绝对原则,为近代私法三大原则之一。认为所有权为神圣不可侵犯的权利,所有权的行使不受任何限制。此原则发端于罗马法,得到了近代民法的确认。如《法国民法典》第544条规定,所有权是对于物有绝对无限制地使用、收益及处分的权利,但法令所禁止的使用不在此限。在18世纪及19世纪初,所有权绝对原则可谓盛极一时,其结果在促成资本主义市场经济发达的同时,产生了贫富分化、以强凌弱等一系列不良后果。至19世纪末,所有权社会化思想逐渐被承认。所有权社会化思想,强调所有权行使的目的,不仅应为个人利益,同时亦应适当兼顾社会公共利益。(2) 物权的价值化趋势。物权,尤其是所有权,原本是对标的物的现实支配,由所有权人自己进行使用、收益。但随着市场经济的发展,为充分发挥财产的价值,所有权人将所有权的内容予以分化:财产的使用价值,常以利用权的形态,归属于用益物权人,所有人则收取相应的对价;财产的交换价值,则以担保权的形态,归属于担保物权人,所有人则对之取得信用,获得金钱融资。于是,所有权逐渐从注重对标的物的现实支配,演变为注重收取对价或获取融资的价值权。(3) 物权的国际化趋势。物权制度与人类生存息息相关,与一国的经济体制唇齿相依。且所有权通常重在土地,土地为固定而不可移动之物,所以规范物权关系的物权法,本质上最具有固有法的色彩。但随着市场经济的发展,为确保物权的效力与交易安全,物权法定主义原则应运而生,经立法整理后,不仅物权种类已逐渐减少,物权的内容也日趋统一。所有权不仅作为静态的用益对象,而且成为交易的客体。随着国际贸易的发达,世界交通的便利,物权法国际化的趋势越来越突出,在担保物权领域表现得尤为明显。

4. 物权法的结构主要建立在物权法定原则、一物一权原则,以及物权变动的公示、公信原则。（王　轶）

wuquan fading zhuyi

物权法定主义（closed catalogue of rights in rem; 拉丁 numerus clausus; 德 Beschlossenheit des dinglichen Rechts） 属于物权法的结构原则。物权的种类和内容由法律统一确定,不允许依当事人的意志自由创设。物权法定主义在全部物权法的结构体系中居于枢纽地位,是构造物权法的重要支柱。它源于罗马法。

1. 从比较法的角度观察,罗马法以来,关于物权的创设曾有放任主义和法定主义的区分。放任主义强调物权的创设取决于当事人的自由意志,法律不予以限制。法定主义则强调物权的种类和内容都由法律规定,不允许当事人任意创设。在法制史上,目前的资料显示只有1794年的普鲁士普通邦法采放任主义。继受罗马法的大陆法系多数国家和地区采法定主义。如日本、韩国、我国台湾地区的民事立法上明确规定物权的创设,以采法定主义为基本原则。

2. 物权法采认物权法定原则的理由有四:(1) 物权一般具有绝对性,得对抗任意第三人。如果允许依当事人的意志随意创设物权,将会有害于社会公共利益。(2) 物权与社会经济具有密切关系,任意创设,对所有权设置种种的限制及负担,妨碍所有权自由,影响物的利用。以法律明文规定其种类内容,建立物权类型体系,有助于发挥物尽其用的经济效益。(3) 物权一般具有对世的效力。物权的得丧、变更应力求透明。物权的种类和内容法定化,便于公示,可确保交易安全与便捷。(4) 物权法定原则有助于整理旧物权以适应社会需要。

3. 物权法定主义包括两项内容:(1) 物权的种类不得创设,即不得创设民法或其他法律未规定的新类型的物权。例如在我国不得在他人动产上创设用益物权。学说称为"类型强制"。(2) 不得创设与物权法定内容相异的内容,例如在我国设定不移转占有的动产质权,学说上称为"类型固定"或"内容固定"。

违反物权法定原则,创设民法或其他法律未认可的物权类型,仅在当事人间产生债权的效力,不能发生物权效力。违反物权法定原则,约定与物权法定相异的内容,该约定无效或不能发生物权的效力。

4. 严格贯彻物权法定原则,不利于物权法适应变化的社会状况的要求,因此出现了所谓物权法定主义的缓和。就如何缓和物权法定主义有以下观点:(1) 物权法定无视说。认为应该无视物权法定主义的规定,而承认习惯物权的效力;(2) 习惯法包含说。认为关于法律无规定事项形成的习惯,与法律具有同一的效力,因此习惯创设的物权即为法律允许创设的物权;(3) 习惯法物权有限承认说。认为物权法定主义中所指的法律不包含习惯法在内,但从物权法定主义存在的理由看,如果依社会习惯所发生的权利,与物权体系的建立没有妨碍,且非物权法定主义准备排除的封建物权,又有适当的公示方法时,应承认其物权的效力;(4) 物权法定缓和说。认为新生权利,既不违反物权法定主义的立法旨趣,又有一定的公示方法,当可将物权法定主义从宽解释,认其有物权效力。　（王　轶）

wuquan hetong

物权合同（德 dinglicher Vertag） 物权行为的一种,与单独物权行为相对。发生物权法上效果的契约,如丙移转所有权于甲的契约;甲就其所有房屋设定抵押权于丁的契约。物权合同除具有合同的共性外,还具备下列特征:(1) 标的物特定;(2) 当事人须对标的物有处分权;(3) 必须进行物权行为的公示;(4) 无因性,即负担行为从处分行为(如物权合同)中抽离,不以负担行为的存在作为处分行为的内容;处分行为的效力不因原因行为不存在而受影响。无因性理论因违反一般的交易观念,且在原因行为无效时,只能行使不当得利之债权请求权,而无物权请求权,从而在破产、无权处分、强制执行、设置担保等场合对原权利人不利。为缓和无因性理论的适用,学者提出了各种理论使无因性相对化,如条件关联说、瑕疵共同说、行为一体性说等。　（张平华）

wuquan keti tedingzhuyi

物权客体特定主义（principle of speciality） 属于一物一权主义的一项主要内容。物权的本质在于直接支配物,并享受其利益,因此为使法律关系明确,便于公示,以保护交易安全,大陆法系的多数国家和地区采取物权客体特定主义。依此原则,要求物权的标的物必须是特定的,物必须具有可以被特别认定的性质。如果物难以被特定化,就难以被物权支配。但日本民法上有所谓企业担保制度,即以企业现在和将来的全部动产、不动产、无形财产和各种债来设定担保物权。此种担保物权设定后,企业可以自由处分组成担保物的企业财产,而无须征得担保权人的同意,企业新取得的财产也自动加入担保物中。可谓是物权客体特定原则的例外。　（王　轶）

wuquan de qudequan

物权的取得权（德 Dingliche Erwerbsrechte） 又称取

得物权,为定限物权的一种。主要包括优先承买权和期待权两种。指于一定条件下,得就他人之物取得物权的权利。

(王 轶)

wuquan xingwei

物权行为(juristic act of right in rem; 德 dingliches Rechtsgeschäft) 属法律行为的一种,是以直接引起物权变动为目的的法律行为。是学者进一步将法律行为概念和理论予以精致化的产物。

物权行为理论最初是从19世纪德国普通法法学发展而来的。在此之前的"实用法律汇编"中已有类似的思想,该汇编采纳"取得权源与取得方式"理论,认为物的所有权移转必须具备两个条件:"名义"和"形式"。依据"名义",如买卖合同或遗赠,产生有效的法律关系,它是所有权移转的原因。"形式"则是指物的实体交付行为,或者其他的交付替代的履行行为。但当时汇编的编撰者并不认为这种"形式"本身就包含着一种"物权的合意",因而也就没有提出物权行为这一概念。

物权行为概念的提出是德国历史法学派创始人萨维尼(Savigny)。19世纪初他在其讲学中创造了这一思想:即以履行买卖合同或其他以所有权移转为目的的合同的交付,并不仅仅是一个纯粹的事实的履行行为,而是一个特别的导致所有权转移的"物的"契约。在其所著的《现代罗马法体系》一书中,他更清晰、充分地表达了这种思想,认为:"私法契约是最复杂最常见的,在所有的法律制度中都可以产生契约,而且它们是最重要的法的形式。"

萨维尼的这一思想在德国民法学界产生了极大的影响,尽管当时一部分普通法学者表达了不同的意见,但由于萨维尼的巨大影响力,物权行为理论最终形成德国普通法学说的"通说",一些学者将这一理论移植到普鲁士法和奥地利民法上,并从法的构成和解释论上说明这些法律上的所有权让与制度的规范意旨。1872年的普鲁士所有权取得法的颁行,使物权行为概念第一次实现了立法化。

在《德国民法典》制定时,尽管也有学者表示了激烈的反对意见,起草人仍认为应将其采为民法的基本原则。

就《德国民法典》的总则编而言,德国学者认为,关于法律行为制度的一般规定是对于民法分则中所包含的各种具体法律行为的抽象,而这些具体的法律行为就是所谓的"物权法的法律行为"、"债权法的法律行为"、"亲属法的法律行为"以及"继承法的法律行为"。其中考虑到在亲属法和继承法中,基本的法律规范是法定规范,允许当事人用意思表示来决定的法律关系则甚为罕见。如所谓亲属法的法律行为,实际上只是指收养契约或称收养协议;而继承法的法律行为,实际上只是指遗嘱行为。所以作为总则编法律行为一般规定支柱的,其实只有物权法上的法律行为和债权法上的法律行为。

在整个《德国民法典》中,受物权行为理论影响最大的,莫过于物权编,如《德国民法典》第873条第1款的规定,为转让一项地产的所有权,为在地产上设定一项物权以及转让该项物权或者在该物权上更设立其他权利,如法律没有另行规定时,必须有权利人和因该权利变更而涉及的其他人的合意,以及权利变更在不动产登记簿上的登记。这一规定确立了德国民法上不动产物权变动的基本原则,即不动产物权因双方法律行为取得时,都必须具备"合意+登记"的双重行为条件原则。其中所谓的合意即是指物权合意。

物权行为理论的作用在《德国民法典》债务关系编中也有体现,比如在债权让与的法律关系中,即使原因的法律行为即转让合同有缺陷,债权的受让人也可以成为该债权的持有人。同时关于债务的免除,依法理也有同样的效力和结果。

物权行为理论不仅对《德国民法典》的制定产生了巨大影响,对于后来继受德国法律传统,尤其是德国物权法传统的国家和地区的民法典的制定以及学术研究,也都或多或少受其影响。依学界的通说,我国台湾地区的民法就承认物权行为理论。

尽管在承认物权行为理论的学者眼里,《德国民法典》无疑是确定地承认了物权行为理论,但对于这种认识的质疑以及对于物权行为理论的批判却一天也没有停止过。在《德国民法典》的第一草案公布之后,属于历史法学派一支的日耳曼法学派的代表人物基尔克(Otto von Gierke)即对承认物权行为理论的倾向进行了尖锐的批判。

在德国发展史上一个极为特殊的时期——国家社会主义时期,《德国民法典》受到了极为猛烈的抨击。当时一个红极一时的由奉行纳粹法律思想的年轻法学教授所组成的Kiel学派认为,《德国民法典》不过是一种畸形怪胎,因为,"(它)尽量以人为的技术与逻辑体制为方法将丰富的生命局限于一定程序的框框内。该法典大部分系建立于人民所不懂而只有法律家才能够了解的观念之上。实际上,这是一种'法典派的手册',而不是一种德国的大众法律"。在这种对于《德国民法典》的激烈批判声中,被奉为德意志法系特征的物权行为理论自然在劫难逃,当时在德国的民法学界,否认物权行为理论的观点占据了上风,并一度计划要经过制定新的法典,排除物权行为理论对于德国民法的影响。只是随着德意志第三帝国的覆灭,这一极端思潮才逐渐销声匿迹。但它之所以能在短时期内具有巨大的影响,既与当时的特定社会背景有关,也反映出物权行为理论自身所具有的内在缺陷。

时至今日,尽管物权行为理论的面目早已今非昔比,各种例外使该理论的完整性面临重大的挑战,但不可否认的是,物权行为理论仍然在德国民法上居于统治地位。　　　　　　　　　　　　(王　轶)

wuquan xingwei de dulixing
物权行为的独立性（德 Trennungsgrundsatz des dinglichen Rechtsgeschäfts）　指物权的变动须有一个独立于买卖、赠与、互易等债权行为以外,以物权变动为其内容的法律行为。独立的无因性的物权行为理论是由德国历史法学派创始人、著名罗马法学家萨维尼提出来的。按照萨维尼的学说,一定的债权债务关系,并不能发生物权的变动。要发生物权的变动,除债权契约之外,还需要有以直接使物权发生变动的法律行为,即物权契约。例如,买卖契约属于债权行为,仅能使双方当事人负担交付标的物和支付价金的债务,要使标的物和价金的所有权转移,须另有物权契约,由双方当事人就移转标的物和价金的所有权成立合意。这样,物权契约就与债权契约各自独立、各自分开,此即物权行为的独立性。　　　　　　　　　(方志平)

wuquan xingwei de wuyinxing
物权行为的无因性（德 Abstraktionsprizip des dinglichen Rechtschäft）　法律行为的原因理论源自法国法上的"契约原因说(约因说)",首创这一学说的学者多玛(Domat)认为:债权行为发生债的效力不仅以有效意思表示行为的一般规则为基础,而且以当事人负担债务的原因为基础,这一原因"依各种契约而异其内容"。继多玛之后,法国学者波蒂埃(Pothier)进一步主张:契约有效成立以具备"债的合法原因"为必要条件,如原因不存在或违法,契约应一并无效。这些思想对于《法国民法典》的制定产生了直接的影响。依《法国民法典》第1108条以及第1131~1133条的规定,契约有效成立以具备合法原因为其普遍性必要条件,这就在原则上否定了无因契约或不要因契约的存在。

物权行为无因性的含义,还必须从物权行为与其得以独立存在的债权行为之间效力上的关系结构来理解。就物权行为与其得以独立存在的债权行为之间效力关系的结构来看,主要有以下几种情形:(1)债权行为及物权行为均成立并生效;(2)债权行为及物权行为均不成立或归于无效;(3)债权行为成立并生效而物权行为不成立或归于无效;(4)债权行为不成立或归于无效,但物权行为本身成立并生效。确切的物权行为的无因性或称物权行为的抽象原则,仅指在第四种情形下,作为原因行为的债权行为不成立或归于无效,并不影响业已成立并生效的物权行为的效力。申言之,物权行为一旦成立并生效,即使作为原因行为的债权行为不成立或归于无效,仍发生物权变动的法律效果。这就意味着物的履行的效力已经从债务关系的效力中被抽象出来。物权行为无因性是物权行为理论的核心,物权行为概念的实践意义在于最终建立起物权行为的无因性。

第一个明确认可了物权行为无因性的立法是1872年的普鲁士所有权取得法。物权行为无因性的历史机能和当时特定的历史背景有关。在1872年普鲁士所有权取得法颁布以前,此前的两个立法——1783年普鲁士一般抵押令和1794年普鲁士一般邦法先后确认了不动产交易中登记的实质审查主义制度。登记的实质审查主义要求登记官吏不仅要对当事人所提出的申请书及其附件是否齐备进行审查,还要对当事人所提出的申请书及其附件的内容是否完备合法进行审查,同时,也必须对申请书及其附件得以提出的原因关系——债权契约进行审查。

德国的学说和判例力图在现有的法律框架内,对物权行为无因性理论进行修正,以限制物权行为无因性发挥作用的范围。这一努力被称为物权行为无因性的相对化。它主要包括以下内容:

1. 瑕疵的同一性。所谓瑕疵的同一性,是指物权行为与债权合同得基于同一个瑕疵而无效,此时物权行为的无因性就不能发挥作用。成立瑕疵的同一性,在德国民法上主要包括以下几种情形:(1)行为能力瑕疵。行为能力瑕疵通常对债权合同与物权行为都能产生影响。(2)错误。错误在债权合同和物权行为中都可能发生。但单纯发生在处分行为中的错误并不属于瑕疵同一性。在具有法律意义的错误中出现瑕疵同一性,仅会出现在例外的情况之下。比如在债权合同和物权行为中,行为人对标的物的某项重要性质发生了错误。(3)恶意欺诈和非法胁迫。恶意欺诈和非法胁迫往往会产生瑕疵同一性。如果因欺诈而产生的错误或因胁迫而出现的窘境,在进行物权行为时依然存在着,那么就永远具备这种瑕疵同一性。(4)违反法律禁令。如果法律既旨在禁止债权合同,也旨在禁止履行债权合同的物权行为,就也会出现瑕疵同一性。

2. 物权行为附有条件。在物权行为可以附有条件的情况下,当事人可以约定将负担行为的有效性作为物权行为的生效条件。考虑到《德国民法典》第925条第2款明确禁止对不动产所有权的移转合意附条件,因此物权行为附条件主要适用于转让债权以及移转动产所有权的合意。

3. 行为的一体性。《德国民法典》第139条规定,法律行为的一部分无效时,其全部都无效……。依据这一规定,德国有学者主张在现金交易行为中,债权合同与物权行为在时间上是重合的,因此两种行为构成一个整体,它们是单一的一项法律行为的两个部分。

在发生疑问时,债权合同的无效也使物权行为归于无效。行为的一体性理论由于明显背离物权行为的独立性理论,所以受到了质疑。　　　　　　　　（王　轶）

wushang baozhengren

物上保证人（guarantor on thing）　专指为债权提供物上担保的人,如提供抵押物的抵押人、提供质物的出质人等。　　　　　　　　　　　　　　　（申卫星）

wushang daiweiquan

物上代位权（德 dingliche Surrogation）　担保物权的效力之一,也称担保物权的物上代位性。是指当担保物本身灭失、毁损而转化为其他价值形态时,担保物权人可追及至该担保物的变形物或代替物之上来行使担保物权的权利。担保物权中的抵押权、质权都具有这种物上代位性。但留置权因留置权人丧失对留置物的占有而消灭,所以留置权不具有物上代位性。
（申卫星）

wushang danbao

物上担保（real guarantee）　又称物的担保。是指以物担保债权的制度,包括采用不移转所有权形式的物上担保和采用移转所有权形式的物上担保。不移转所有权的物上担保是指担保人将其物作为债的担保,但仍保留担保物的所有权。抵押权、质权、留置权都属于这一类物上担保形式。移转所有权的物上担保是将物的所有权转移给债权人以担保债务的清偿。采用移转所有权形式的物上担保主要有让与担保、卖渡担保、代物清偿预约、所有权保留合同等。历史上的担保制度主要是从转移所有权的物上担保发展到不转移所有权的物上担保。随着现代社会商业发展,转移所有权的物上担保又逐渐在交易中占有重要的地位。（张平华）

wushang qingqiuquan

物上请求权（claim of right in rem；德 dinglicher Anspruch）　又称物的请求权或基于物权而生的请求权。指物权的圆满状态受到妨害或有被妨害的危险时,物权人为回复其物权的圆满状态,得请求对方当事人为一定行为或不为一定行为的权利。

1. 物上请求权制度是大陆法系国家和地区民法特有的物权保护方法。在罗马法上尽管尚无物权请求权的概念,但近现代意义的物上请求权制度的基本内容在罗马法上已大体形成。在罗马法上,具有物上请求权性质的主要是基于所有权、地上权及占有等所得提起的各种诉权。近代以来的民事立法,法国法上对物权的保护主要是通过诉讼法去完成,未确立独立的物上请求权制度。《德国民法典》则接受了普通法学说的研究成果,在民法典上建立了物上请求权体系,其核心是基于所有权的请求权,包括返还请求权、妨害除去请求权和不作为请求权。定限物权则准用关于所有权保护的规定,占有人也得基于占有提起诸种请求权。《瑞士民法典》也确立有物上请求权制度,包括基于所有权的请求权和基于占有的请求权。我国台湾地区民法对基于所有权的物上请求权和基于占有的物上请求权也作有详细规定。《日本民法典》虽然对物上请求权制度没有作一般规定,仅规定了占有之诉制度,但经过判例以及学说的发展,也在实质上确立了较为完备的物上请求权制度。

2. 物上请求权依据其内容,大致可以区分为:在他人无权占有物权的标的物时,发生返还请求权;在他人妨害物权的圆满状态时,发生妨害除去请求权;在他人造成妨害物权圆满状态的危险时,发生妨害防止请求权。

3. 关于物上请求权的性质,学界的看法主要有:(1) 物权作用说。认为物上请求权并非独立的权利,而是物权的作用。(2) 纯债权说。认为物上请求权是请求特定人为特定行为的权利,为行为请求权,故为纯粹的债权。(3) 准债权的特殊请求说。认为物上请求权是请求特定人为特定行为的权利,与债权类似。但此项请求权从属于物权,其发生、移转、消灭均从属于物权,所以并非纯债权,而是准债权的特殊请求权。(4) 非纯粹债权说。认为物上请求权是对人的请求权,非物权本身,但与物权同其命运,表现出是由物权派生的特色,所以非纯粹债权。(5) 物权效力所生请求权说。认为物上请求权是物权效力所生的请求权,与物权不可分离。(6) 物权派生之请求权说。认为物上请求权是由物权派生,并经常依存于物权的独立权利。(7) 所有权动的现象说。认为物上请求权是观念的、绝对的近代所有权,对于特定人主张的一种动的现象形态。我国学界通说认为,物上请求权是依存于物权的独立请求权。　　　　　　（王　轶）

wushang yongyiquan

物上用益权（德 Nießbrauch an der Sachen）　《德国民法典》中规定的用益权形态之一,指不可转让和继承的使用、收益他人之物而不损坏或变更物的本质的权利。这里的"物"包括动产、不动产以及地上权、船舶等。德国民法中的土地用益权是这一权利的基本类型,其他用益权在很多方面都要适用这种用益权的规定。
（钱明星）

wuchuan

误传（德 falsche übermittlung）　表示行为错误的特殊

形式,即由于传达人或传递机关的错误而使表意人的意思表示发生错误。在非对话方式意思表示的情况下,需要由传递机关将意思表示传达于相对人,在传送过程中可能发生错误,例如电信部门误将3万元译成5万元等。误传是传送人或传递机关无意识的错误传送,如果传达人或传递机关有故意,则不为误传。传送人或传递机关在传送过程中发生的错误,在性质上视为表意人的错误。我国司法实践中的做法是:意思表示由第三人义务转达,而第三人由于过失转达错误或没有转达,造成他人损失的,一般可由意思表达人负赔偿责任。但法律另有规定或者双方另有约定的除外。《民法通则》未规定误传,但在我国司法实践中,将误传归入重大误解,适用重大误解的有关规定。但在归责上,误传人的责任一般由表意人承担。

(李仁玉 陈敦)

wujie

误解(misconstruction) 意思表示的受领人对于正确表达或正确传达的意思表示作出错误的理解,在德国法上,又称为受领人的错误。在大陆法国家,对于误解,表意人不需要撤销其意思表示,受领人也不能撤销该意思表示。只有在受领人自己受错误理解的影响而作出了意思表示的情况下,受领人才能撤销。

(李仁玉 陈敦)

wuhao

雾号(fog signal) 海上航行中为了引导船舶在能见度不良的情况下安全航行而由航标发出的音响信号。空气式音响信号发射器包括爆响雾号、低音雾号、雾笛、雾哨等。水下信号由水中振荡器和水中钟产生。大型灯塔施放听程较远的雾号,大都采用压缩空气式雾箱。小型灯塔或灯船大都采用雾笛,听程仅有1~2海里。

(张永坚 张宁)

wuzhong

雾钟(fog signal emitter) 用钟声作为音响信号的设备。通常雾钟设于礁石或浅滩附近的浮标上或无人看守的灯船上,利用波浪的起伏使灯船或浮标摇晃而击钟发声。也有的装在有人看守的灯塔或灯船上,由人力敲打发声。

(张永坚 张宁)

吸收财产制（absorptive consolidation regime as to marital property） 夫的财产为其本人专有外，妻子结婚时携带的嫁妆及婚后所得财产的所有权、管理权及用益权均归属于丈夫的夫妻财产制度。吸收财产制是早期的夫妻财产制度，是奴隶社会和封建社会的产物，与夫妻一体主义时代妻的人格被丈夫吸收相一致。资产阶级革命后被逐渐摒弃。 （蒋 月）

吸收合并（consolidation by merge） 又称"归并"。在两个或两个以上公司合并中，其中一个公司因吸收了其他公司成为存续公司的合并形式。存续公司仍然保持原有公司名称，有权获得被吸收公司的财产和债权，承担它们的债务，被吸收公司不再存续，失去法人资格。存续公司若以现金购买被吸收公司的产权，被吸收公司以取得的现金付给各股东，然后宣布解散；存续公司若以发行股份换取被吸收公司的产权，被吸收公司以这些股份分给各股东，然后宣布解散。吸收合并往往是在被吸收公司本身陷入困境难以自拔，与此同时又有想要发展自身公司存在的情况下发生的。我国公司法规定，公司合并可以采取吸收合并和新设合并两种形式。一个公司吸收其他公司为吸收合并，被吸收的公司解散；二个以上公司合并设立一个新的公司为新设合并，合并后各方解散。公司合并后各方的债权、债务，应当由合并后存续的公司或新设公司承继。 （刘弓强 蔡云红）

习惯婚姻（informal marriage） 按照一般为人们所公认的传统习惯而成立的婚姻。习惯具有强烈的时代和民族特色。习惯婚的成立也要符合一定的结婚方式，但它和法律婚有着明显的区别。在古代社会中习惯婚十分盛行，近、现代不少国家仍然承认习惯婚的效力。在美国各州的结婚方式中，习惯婚和法律婚、宗教婚鼎足而三，承认习惯婚的州约占半数。我国香港特别行政区的法律承认1971年10月7日以前在该地区按照中国传统习惯而成立的旧式婚姻，在上述时间以后成立的不再予以承认。《中华人民共和国婚姻法》规定，婚姻的成立必须依法办理结婚登记，习惯婚是于法无效的。 （杨大文）

习惯速遣（customary quick despatch；C.Q.D.） 又称按照港口习惯尽快装卸。航次租船合同中一种表示货物装卸时间的方法。船舶出租人和承租人约定，按照装卸港和卸货港的当地习惯的装卸方法，以尽可能快的速度装卸货作业。这种表示装卸时间的方法，与通常的"某某晴天工作日"或"每舱口每晴天工作日某某吨"等表示方法不同，没有一个确切的期限，所以在这种条件下，多数国家规定不计算滞期或者速遣，但是要计算起滞期；也有一些国家，以每日通常的卸货量为依据，计算滞期或速遣。 （张 琳）

喜马拉雅条款（Himalaya clause） 提单和租船合同中经常援引的有关承运人的代理人或者雇佣人员以及独立合同人（包括装卸工人、港站经营人甚至干坞公司）对货损免责的条款。该条款源于1953年英国法院审理的 Alder v. Dickson 案。在该案中，一直为早期英美法国家严格遵循的合同相对性原则开始松动，法院逐渐承认第三人也可以享有合同上免责的利益。英国半岛及东方公司的客轮"Himalaya"（喜马拉雅）号，一次靠码头时，由于没有系好缆绳，使一名女乘客摔倒，事后，该女乘客控告该轮水手长疏忽职守。水手长以为自己作为船公司的雇员，同样可以享受船票上印明的船公司许多过失都可以免责的权利。但是法庭认为船票上的免责条款并没有明示或默示地将承运人之外的第三人包括在内，因此水手长不能援引船票上的免责条款，水手长必须负女乘客损害赔偿之责。由于有了上述判例，船东们为了保护自己，纷纷在提单或者船票加上一条"喜马拉雅"条款。条款内容是：由于承运人的代理人或者雇佣人员的疏忽或者过失直接或间接地引起货物的灭失、损害或者延误，在提单中适用于承运人的有关免责、责任限制、豁免、抗辩等权利也扩大到承运人的代理人及其雇佣人员。由于《海牙规则》中没有规定海上货物运输的履行辅助人可得享受的权利或义务，各船公司在提单中加入了喜马拉雅条款，使得承运人可以享受的权利和免责扩大适用于海上货物运输的履行辅助人。《维斯比规则》第3条在《海牙规则》第4条和第5条之间增加了第4条第1款，肯定了喜马拉雅条款，但是排除了对独立合同人的适用。而《汉堡规则》则规定，只要证明其在履行职责范围内，履行辅助人均可享受提单中适用于承运人的各项免责及权利。但是，由于目前批准或加入《汉堡规则》的国家很少并且为非航运大国，而且批准《维斯比规则》或将之纳入国内法的国家也不多，为了使承运人享有的免责、责任限制等权利扩大适用于履行辅助人甚至独立合同人，提单中多加入喜马拉雅条款。　　　　（张　琳）

xizhengwu
系争物（法 chose litigieuse）　又称争讼物、讼争物。在裁判上，争议权利之存否，谓之争讼。而诉讼当事人所争议权利的对象，不论其为动产或不动产，均为争讼物。罗马法禁止在对争议做出最终裁断之前转让争议物。法国民法专门规定了争讼物寄托，包括合意的争讼物寄托，与裁判上的争讼物寄托。　　（张　谷）

xiashuidao
狭水道（narrow channel）　可供通航的水道狭窄使船舶操纵因此受到一定限制的通航水域。船舶在狭水道航行，应该遵循下列航行规则：(1) 尽量靠右行驶。船舶沿狭水道或航道行驶时，只要安全可行，应尽量靠近本船右舷的该水道或航道的外缘行驶。(2) 不应妨碍他船通行。帆船或者长度小于 20 米的船舶，不应妨碍只能在狭水道或航道以内安全航行的船舶通行；从事捕鱼的船舶，不应妨碍任何其他在狭水道或航道以内航行的通行；船舶不应穿越狭水道或航道，如果这种穿越会妨碍只能在这种水道或航道以内安全航行的船舶通行。(3) 在狭水道内追越。在狭水道或航道内，如只有在被追越船必须取行动以允许安全通过才能追越时，则企图追越的船，应鸣放规定的相应声号，以表示本船的意图。被追越船如果同意，也应鸣放规定的相应声号，并采取使之能安全通过的措施。(4) 船舶在驶近他船可能被居间障碍物遮蔽的狭水道或航道的弯头或地段时，应特别机警和谨慎地驾驶，并应鸣放相应声号。(5) 任何船舶，如当时环境许可，都应避免在狭水道内锚泊。　　　　（张永坚　张　宁）

xiayi de daili
狭义的代理（agency in narrow sense）　广义的代理的对称。以被代理人的名义进行的代理，即直接代理。
　　　　（李仁玉　陈　敦）

xiayi de jianhu
狭义的监护（guardianship）　不包括保佐内容的监护，是通常意义的监护。在德国法上，是指对未处于亲权照顾之下的未成年人及家庭状况无法查明的未成年人和被宣布为禁治产人的成年人的监护。我国民法未采这一概念。　　　　（李仁玉　陈　敦）

xiayi de wuquan daili
狭义的无权代理（德 Vertretung ohne Vertretungsmacht）　行为人既没有代理权，也没有令第三人相信其有代理权的事实或理由，而以本人的名义所为的代理。

1. 狭义的无权代理的构成要件。(1) 行为人既没有法定的或意定的代理权，也没有令人相信其有代理权的事实或理由；(2) 行为人以本人的名义与第三人为民事行为；(3) 第三人须为善意且无过失；(4) 行为人与第三人所为的行为不是违法行为；(5) 行为人与第三人具有相应的民事行为能力。

2. 狭义无权代理的原因。(1) 行为人自始没有代理权。行为人既未基于授权行为取得意定代理权（委托代理权），也未基于人民法院或有关机关的指定取得指定代理权，或基于法律的直接规定取得法定代理权，但行为人却以本人的名义与第三人实施民事行为。(2) 行为人超越代理权。即行为人享有代理权，但他超越代理权与第三人实施民事行为。(3) 代理权终止后的代理。在代理权终止以后，行为人仍以被代理人的名义与第三人进行民事行为则属于代理权终止以后的代理，这种代理因行为人无代理权而成为无权代理。

3. 狭义的无权代理处于效力不确定状态。表现为：首先，本人得以意思追认；其次，在本人追认之前，相对第三人可以撤回与行为人所为的意思表示，也可以催告本人予以追认；如果得不到本人的追认，第三人也不撤回其意思表示，行为人则应承担相应的民事责任。

4. 《中华人民共和国民法通则》第 66 条规定，对于无权代理行为，只有经过本人追认，无权代理的后果才对本人发生效力。所谓追认，是指本人对无权代理行为事后承认的单方法律行为。本人的追认具有以下特征：(1) 这种追认是本人关于追认代理权的单方意思表示，因而应具备单方法律行为的一般要件。(2) 追认可以采取多种形式，既可以明示也可以默示，追认的意思表示可以向行为人为之，也可以向第三人为之或者公告为之。本人如果接受第三人履行的义务或者接受行为人转移的合同利益，应推定其追认代理权。(3) 追认的后果是使无权代理行为的后果由不确定状态变为确定状态，发生有权代理的效力。该无权代理行为因追认而自始有效，而不是从追认时起发生效力。(4) 行为人实施了多项无权代理行为，本人可以追认其中的一项或数项，但对某一无权代理行为的追认应当是概括的，不能只追认其利益的方面而不追认其不利益的方面。此外，本人应在第三人行使撤回权以前追认，若第三人已经撤回，则本人的追认不发生法律效力。

5. 第三人具有催告权和撤销权是与本人的追认

权相对应的,是为了维护善意相对人的利益。根据权利与义务相一致、对等的原则,无权代理行为的相对人(即第三人)在本人对无权代理行为作出追认之前,应享有催告权和撤销权。为了积极主动有效地保护第三人的利益,应赋予第三人催告本人在一定期限内作出是否追认的意思表示或者主动撤销其与无权代理人所为的民事行为的权利,而不是仅仅被动地等待本人的追认。《合同法》第47条和第48条分别规定了无权代理的相对人的催告权和撤销权。根据《民法通则》第66条第4款的规定,第三人行使催告权与撤销权,应以第三人与无权代理人为民事行为时不知其无代理权为前提。如果第三人明知无权代理人无代理权仍与其进行民事行为,则该行为的后果与本人无关。

6. 第三人行使催告权的条件。(1) 行使催告权应在本人行使追认权之前。(2) 行使催告权应当有相当的期限,催告本人于期限内作出是否确认的答复。如果本人在该期间内未作出确认的答复,则视为拒绝追认。(3) 行使催告权的意思应向本人或其法定代理人或其法定代表人表示。

7. 第三人行使撤销权的条件。(1) 应在本人行使追认权之前;(2) 第三人在缔结契约的当时应不知行为人无代理权的情事;(3) 第三人撤回的意思表示一般应向无权代理人为之。

8. 无权代理人的责任。(1) 无权代理人对第三人的责任。无权代理人对于第三人的责任根据如何,其说不一。通说认为,在于保护善意第三人的利益,维护交易的安全。无权代理人对第三人承担责任的条件是:第一,无权代理人应具有相应的民事行为能力,否则行为自始无效,也不产生法律上的任何效力;第二,须本人未行使追认权,且第三人未行使撤回权;第三,无权代理行为应为合法行为,否则行为自始无效;第四,须第三人为善意且无过失,不知行为人无代理权。无权代理人对于第三人所负责任的内容,应根据第三人的选择,或履行无权代理行为所产生的义务,或承担损害赔偿的责任。(2) 无权代理人对本人的责任。无权代理人对本人的责任,不为合同责任。本人拒绝追认代理权,则无权代理人与本人之间不存在实质上的代理关系,也无合同关系或合同上的责任。无权代理人对于本人的责任为侵权责任。如果因为无权代理人的行为造成了本人的损失,由无权代理人对本人承担赔偿责任。如果第三人明知无权代理人无代理权仍与其实施民事行为,造成本人损失的,行为人与第三人对本人负连带责任。

(李仁玉 陈敦)

xiayi qiyue

狭义契约(contract in narrow sense) 广义契约的对称。又称债权契约,仅指发生债权债务关系的契约。如因合同等原因而在特定当事人之间产生的体现债权债务关系的契约。广义的契约除债权契约外,还包括物权契约、亲属契约等一切以发生私法上的效果为目的、意思表示一致的法律行为。法国民法上的契约即是狭义契约的概念,其定义为一人或数人对于其他一人或数人负担给付、作为或不作为债务的合意。德国民法采用广义契约的概念,《德国民法典》中第1编第3章第3节专门规定了统一的契约通则。英美法无契约的广义狭义之分,其强调契约是一个或数个允诺,违反允诺法律将予以救济,而与大陆法中侧重契约是双方或多方意思表示一致的协议的概念有一定的区别。另外,日本民法采取的也是狭义契约的概念。《中华人民共和国合同法》第2条规定:本法所称合同是平等主体的自然人、法人、其他组织之间设立、变更、终止民事权利义务关系的协议。婚姻、收养、监护等有关身份关系的协议,适用其他法律的规定。按照本条规定,我国《合同法》上的合同指身份协议之外的债权合同,应该是狭义契约。

(万 霞 张平华)

xiaci

瑕疵(defect; blot) 标的物在形状、质量或效用上存在缺陷,不符合法定、约定或通用的质量要求,或者转让的权利不存在、一部或全部有欠缺或受限制。瑕疵可分为物的瑕疵和权利瑕疵。前者系指标的物在形状、规格或型号等品质方面存在缺陷以致减损其价值或效用;后者系指第三人对标的物享有全部或部分权利以致当事人一方不能取得完全的权利。一切有偿合同的义务人都负有瑕疵担保责任,在买卖合同中最为突出。此外在附义务的赠与中,赠与的财产有瑕疵的,赠与人在附义务的限度内承担与出卖人相同的责任。赠与人故意不告知瑕疵或者保证无瑕疵,造成受赠人损失的,应当承担损害赔偿责任。瑕疵担保责任是无过错责任。德国法系的瑕疵担保的责任形式仅包括降低价金、解除合同;我国合同法并未采取德国法系瑕疵担保责任的规定,按照国际惯例承认瑕疵担保责任是债务的不完全履行行为,当事人可以要求违约人承担各种违约责任形式。参见瑕疵担保责任条。

(王卫劲 张平华)

xiaci danbao zeren

瑕疵担保责任(responsibility for warranty of defect) 出卖人对买卖标的的权利或物的瑕疵所负的担保责任。分为对物的瑕疵担保责任和对权利的瑕疵的担保责任。

1. 物的瑕疵担保责任。物的出卖人就其物本身上的瑕疵应负担保责任,即出卖人应担保其物没有灭失或减少其价值的瑕疵,也没有灭失或减少其通常效用或合同约定效用的瑕疵。物的价值本身有交换价值和使用价值之分,在这里所说的"价值"仅指交换价值,而使用价值则称之为"效用"。在通常情况下,灭失或减少效用(指使用价值)的瑕疵,当然也同时为灭失或减少价值(指交换价值)的瑕疵,如苹果腐烂,其效用灭失,其价值自然也灭失,故腐烂为效用灭失及价值灭失的共同的瑕疵。但价值减少的瑕疵未必即为效用减少的瑕疵,如货物包装(外观)欠美观,因而贬值,但该货物的效用则不减少,可见包装欠美观仅是价值减少的瑕疵而不是效用减少的瑕疵。对于效用的瑕疵担保又有通常效用瑕疵担保与合同预定效用瑕疵担保之分。通常效用是指一般的交易观念上应有的效用,如保温杯的保温,冰箱的制冷等。合同预定的效用是指该物在一般的交易观念上未必有此效用,但当事人特以合同预定其效用,如骏马虽在一般交易观念上可供乘骑,但未必日行千里,若当事人特别约定该马须日行千里,则日行千里即为合同预定的效用,因而若该马不能日行千里即为效用之减少。这里所说的价值或效用瑕疵均指物的品质。至于物的种类或数量与合同约定不符时是否视为瑕疵,则当别论。若种类不符,一般不视为瑕疵,而属错误问题。若数量不符,一般情况下属给付不完全问题,但若数量也同时构成了品质时,则属瑕疵问题,如一本书缺订若干页等就属于瑕疵。

物的瑕疵担保责任成立须具备三个要件:(1)物的瑕疵于交付时存在。出卖人交付的标的物不合品质要求的,即为有瑕疵,至于该瑕疵是于买卖合同成立时即已存在,或者买卖成立后才存在,均无不可。(2)买受人善意并无重大过失。买受人于合同成立时,知其物有瑕疵者,出卖人不负担保责任。由于买受人明知物有瑕疵而仍买,则为自愿承担了标的物瑕疵的风险,法律无特别保护之必要。买受人有重大过失而不知物有瑕疵时,出卖人也不负瑕疵担保责任。但若是出卖人故意不告知其瑕疵的,出卖人仍应负担保责任。在出卖人特别保证其物无瑕疵时,即使买受人有重大过失,出卖人也应负担保责任。(3)买受人须就受领物在规定期间内为检查通知。买受人在受领标的物及受领后,应尽快对其进行检查。若发现瑕疵应在约定的检验期间内通知出卖人,否则视为标的物的质量符合约定。当事人没有约定检验期间的,买受人应在发现标的物质量不符合标准的合理期间内通知出卖人,买受人在合理期间内未通知或自标的物收到之日起2年内未通知出卖人的,视为标的物质量符合约定标准。但对标的物有质量保证期的,不适用该2年的规定而适用质量保证期的规定。但出卖人知道或者应当知道提供的标的物不符合约定的,买受人不受规定的通知期间的限制,出卖人仍应承担瑕疵担保责任。出卖人瑕疵担保责任一经成立,应按约定承担违约责任。因标的物的瑕疵,致使合同目的不能实现的,买受人有权拒绝接受标的物或者解除合同。

2. 权利瑕疵担保责任。出卖人对买卖标的的权利的完整或其存在所负的担保责任,即为权利瑕疵担保责任。权利瑕疵担保责任起源于罗马法,在罗马法上称之为"追夺担保"。权利瑕疵担保分为对权利完整的担保和对权利存在的担保。前者系指出卖人应担保第三人对于买卖标的无权主张任何权利;后者系指卖人应担保买卖标的确实存在。对权利完整的担保适用于物的买卖和权利的买卖,而对权利存在的担保仅适用于权利买卖。

权利瑕疵担保责任成立也须具备三个要件:(1)权利的瑕疵于买卖合同成立时存在。(2)买受人为善意。买受人于合同成立时知道买卖标的权利有瑕疵而仍买者,出卖人不负担保责任,除非双方当事人另有约定。(3)权利的瑕疵于买卖成立后未能除去。对于违反权利瑕疵担保责任者,买受人得根据法律规定或双方约定,请求减少价金或者解除合同。在买受人未支付价款时,其有确切证据证明第三人可能主张权利的,买受人有权中止支付相应的价款,除非出卖人提供适当的担保。

(王卫劲)

xianmaiquan
先买权(德 Vorkaufsrecht) 基于法律规定或者当事人的约定,特定当事人就出卖人所出卖标的物享有在同等条件下优先购买的权利。根据先买权产生原因的不同,先买权可以分为法定先买权和意定先买权。(1)法定先买权。法律明文规定,仅于特定法律关系中的特定当事人就出卖人出卖的标的物享有先买权。此种先买权是基于一定的立法政策而创设的,无须当事人事先特别加以约定,只要当法律规定的特定情形发生,先买权就当然成立。我国民法规定的法定先买权有:按份共有人对其他共有人出让份额的优先购买权(《民法通则》第78条第2款)、承租人就其承租房屋在出租人出卖时享有的优先购买权(《合同法》第230条)、合伙人对于其他合伙人转让出资的优先受让权(《合伙企业法》第22条)、有限责任公司股东对其他股东的出资份额转让时享有的优先购买权(《公司法》第35条第3款)等。(2)意定先买权。通过意思表示来设定的先买权,是基于当事人的法律行为而设立的先买权。意定先买权既可以通过双方法律行为(如合同)来约定,也可以基于当事人的单方法律行为(如遗嘱)而设定。

(申卫星)

xianmairen
先买人(德 vorkaufsrecht Person) 享有优先购买权的人。出卖某一物品有先买人时,只有在先买人放弃或丧失购买权的情况下,其他人才可以购买。

(郭明瑞)

先诉抗辩权 (德 Einrede der Vorausklage)

又称检索抗辩权。保证人在债权人未就主债务人的财产强制执行而无效果之前,可以拒绝债权人要求其履行保证债务的权利。《中华人民共和国担保法》第17条规定:一般保证的保证人在主合同纠纷未经审判或者仲裁,并就债务人财产依法强制执行仍不能履行债务前,对债权人可以拒绝承担保证责任。先诉抗辩权是保证人依其地位可以享有的特殊权利,这种权利的行使可以达到延期履行保证债务的结果,因此其性质为一种延期履行的抗辩权。在成立一般保证的情况下,保证人享有先诉抗辩权。根据我国《担保法》的规定,一般保证由当事人在保证合同中作出约定为成立要件,即先诉抗辩权以当事人作出特殊约定而成立。保证人享有先诉抗辩权是一般保证区别于连带责任保证的最显著的标志。保证人行使先诉抗辩权的效力,表现为保证人可以拒绝债权人即时履行的要求,暂时不履行保证义务,如若要求保证人履行债务,必须符合下列条件:(1)主合同纠纷已经过审判或者仲裁。对于一般保证来说,主合同已经过审判或者仲裁,是债权人要求保证人履行保证义务的首要的前提条件,否则,保证人可以拒绝债权人的履行要求。(2)对主债务人的财产已为强制执行。至于强制执行是基于判决或者基于其他名义,则在所不同。债权人对于债务人的财产设有抵押权或者质权时,亦须先对该抵押物或者质物行使抵押权或者质权。(3)经强制执行而仍不能履行债务。即执行主债务人财产的结果不能或者不足清偿全部债务。

先诉抗辩权可以在诉讼外行使,即当债权人要求保证人履行债务时,由保证人直接对债权人行使,即暂时拒绝履行保证债务,从而延缓履行。先诉抗辩权也可在诉讼中行使,即当债权人起诉保证人,要求法院强制保证人履行债务时,由保证人作为一种实体上的诉权行使,即要求法院判令由主债务人首先履行债务。先诉抗辩权也可在执行程序中行使,即在未对债务人财产依法强制执行仍不能履行债务前,对债权人可以拒绝承担保证责任。

为了切实保证债权人的利益,实现保证制度的目的,各国法律大多对于先诉抗辩权的行使规定了一定的限制。根据我国《担保法》的规定,有下列情形之一的,保证人不得行使先诉抗辩权:(1)债务人住所变更,致使债权人要求其履行债务发生重大困难的;(2)人民法院受理债务人破产案件,中止执行程序的;(3)保证人以书面形式放弃该项权利的。 (奚晓明)

先占 (occupancy)

是指最先占有无主财产。罗马法中即有先占制度,是万民法上的所有权取得方法。先占必须在事实上占有物,这种占有要有取得所有权的意思。至于先占制度的运用,罗马法上限于无主物、委弃物、战时先占和埋藏物几种。

1. 先占学说上的两大派别:(1)自由先占主义,即不论标的物是动产还是不动产,都可以因先占而取得,这是罗马法中关于先占的思想;(2)先占权主义,即无主物不能由个人自由先占,必须经过法律的许可。其中无主的不动产由国家取得,动产则可以由国家允许的特定的私人先占取得,这是日耳曼法中关于先占的思想。现代大多数国家和地区的立法多采取先占权主义。因先占取得所有权的只限于动产,如野生动物、鸟、鱼以及被抛弃的动产。

2. 先占性质上的两种学说:(1)法律行为说。认为先占是以所有的意思先占无主物,其结果为取得所有权,因此先占是法律行为;(2)非法律行为说。认为先占无须有取得所有权的意思,就是说,依先占而取得所有权,并非取得所有权意思的效果,因而先占不是法律行为。依照这个学说,先占的标的物无主的事实只要是客观的存在即可,占有人无须知道其为无主。例如误信是他人所有之物而占有,实际上是无主物,仍能先占取得所有权。反之,虽占有人认为是无主物,但实际上非无主物,就不能因先占而取得物的所有权。从现代各个国家和地区的立法例来看,一般都认为先占是事实行为而非法律行为。

我国现行民事立法没有明确规定先占制度,但学界通说则认可先占为动产所有权取得的一种方式。依学界通说,基于先占取得所有权应符合以下条件:(1)先占物须为无主物;(2)先占物仅限于动产;(3)必须以所有的意思而占有。 (王 轶)

显名合伙 (general partnership)

隐名合伙的对称。合伙人共同出名,共同出资,共享利润,共担风险的合伙,即一般合伙。大陆法上的概念。显名合伙人对合伙财产享有共有权,对合伙事务享有决策权、执行权,对合伙债务负连带无限责任。 (李仁玉 陈 敦)

显失公平 (gross unfairness)

行为的内容明显违反公平和等价有偿原则。在传统民法中,乘人之危与显失公平共同构成一种行为,即暴利行为。乘人之危是前提,显失公平是后果。在《中华人民共和国民法通则》中,乘人之危与显失公平是两种不同的民事行为。显失公平的构成要件是:(1) 须为有偿行为;(2) 须内容明显违反公平和等价有偿原则;(3) 该不公平的结果是表意人无经验所致,即表意人是独立进行意思表示,而不是受他人不正当干涉的结果;(4) 无错误情事。

乘人之危与显失公平的区别是:(1) 乘人之危有时产生显失公平的结果,有时则不一定;而显失公平以利益的严重失衡为要件。(2) 乘人之危所欠缺的要件是表意人意思表示的真实性;而显失公平所欠缺的要件是行为内容的正当性。依照《中华人民共和国民法通则》和《中华人民共和国合同法》的规定,显失公平的民事行为为可撤销的民事行为。 (李仁玉 陈 敦)

xianshi gongping de minshi xingwei
显失公平的民事行为(gross unfair civil acts) 参见显失公平条。

xianjin maimai
现金买卖(sale in cash) 赊买卖的对称。买受人于出卖人移转财产所有权的同时以现金或支票支付价款的买卖。 (王卫劲)

xianjin zhipiao
现金支票(cheques or checks payable in cash) 转账支票的对称。支票的一种。存款人签发的,向银行或其他法定金融提取现金或委托其开户银行向收款人支付现金的支票。《中华人民共和国票据法》第84条第2款规定:现金支票只能用于支取现金。 (王小能)

xianshi jiaofu
现实交付(current delivery) 通常的交付方式,系物上的现实直接支配力的移转。现实交付的成立须符合三方面的要件:(1) 让与人完全丧失物之直接占有。由让与人的占有辅助人,如受雇人,依照让与人的指示向受让人交付的,亦使让与人丧失直接占有。(2) 受让人取得直接占有或者受让人与第三人成立间接占有关系。关于受让人是否取得直接占有,应依照一般交易观念决定。例如,交付自行车钥匙给受让人,应认为直接占有已经移转。在大量的交易实践中,为了便利交易,让与人并非取得物的直接占有,而是取得物的间接占有,也可以成立现实交付。例如:经由占有媒介关系而为交付,即让与人依照受让人的指示,将标的物交付给第三人,在受让人与第三人之间成立占有媒介关系,受让人为间接占有人,第三人为直接占有人。(3) 依照让与人的意思而为交付。 (李富成)

xianding jicheng
限定继承(limited succession) 概括继承的对称。又称限定概括继承。继承人对被继承人债务的清偿仅限于继承人所继承的遗产的实际价值范围内。古罗马法的概括继承原则由于存在种种缺陷,现代继承法已普遍采用了限定继承。例如《中华人民共和国继承法》第33条规定:继承遗产应当清偿被继承人依法应当缴纳的税款和债务,缴纳税款和清偿债务以他的遗产实际价值为限。超过遗产实际价值部分,继承人自愿偿还的不在此限。继承人放弃继承的,对被继承人依法应当缴纳的税款和债务可以不负偿还责任。这一规定是限定继承原则的典型表述。《法国民法典》、《德国民法典》、《瑞士民法典》以及英美的财产继承制度都实行限定继承原则。我国继承法所确定的限定继承原则与其他各国立法相比有独特之处:(1) 限定继承原则自动适用,不需继承人做出特殊表示;(2) 不以制作遗产清册,具报法院为必经程序。而法国、日本、德国的民法则有以上制度的设置,规定较复杂。 (杨 朝)

xianding zhi zhai
限定之债(德 Schuld ohne alternative Ermächtigung) 任意之债的对称。债务人只能依限定的给付履行,而不能任意以其他给付代替的债。参见任意之债条。 (郭明瑞)

xian'e danbaohan
限额担保函(limited guarantee) 共同海损担保函的一种。限额担保函是以应当分摊一定数额的金额为限而出具的书面保证,通常由货物保险人出具。根据限额担保函若分摊金额与货物保险金额相等,或比保险金额小时,则保险人就全额赔付货方应该摊付的共同海损分摊金额。若分摊金额比保险金额大时,保险人则按保险金额与分摊金额的比例赔付分摊金额,超过部分由被保险人自负。此种担保函使船方利益得不到充分保障,船方一般不愿意接受这种限额担保函。 (张永坚 张 宁)

xian'e zerenzhi
限额责任制(limit of liability) 重复保险的分摊方式之一。各保险公司的分摊额并不以其保险金额为基础,而是按照他们在没有其他保险人重复保险的情况下单独应负的赔偿责任限额按比例分摊赔款的方法。即以所有保险公司承保额总和为基数,依每一个保险公司各自承担的赔偿责任限额与总和的比例来计算。 (温世扬)

xianyu chishui de chuanbo
限于吃水的船舶(vessel constrained by her draught) 由于吃水与可航行水域的水深和宽度的关系,致使其偏离所驶航向的能力严重地受到限制的机动船。限于吃水的船舶仅适用于机动船,而不适用于帆船。决定船舶是否限于吃水的因素,不仅包括水深,而且还有可航水域的宽度。还应当考虑到小量的富余水深对船舶操纵性能和船舶偏离其所驶航向的能力的影响。船舶以小量的富余水深在一定水域航行时,如果有足够的水域采取避让行动,就不能视为限于吃水的船舶。

(张永坚 张 宁)

xianzhi de renyiquan
限制的人役权(德 beschrankte personliche dienstarkeiten) 亦译作人的限制役权。是为特定的某个人设定的不动产使用权。限制的人役权是一种介于地役权和用益权之间的权利。与地役权不同的是,限制的人役权是为某一特定的人设定的役权,而不是为土地的利益设定的。限制的人役权与用益权虽然都具有只能为某一特定的人设定的特点,但其与用益权不同的是,限制的人役权只能在不动产上设定。由于限制的人役权的这一特点,它具有地役权和用益权的一些共同内容,特别是限制的人役权的标的物与地役权一样,所以在当事人之间的关系上,可以大量地援引地役权的规定。

限制的人役权的主要内容是使用不动产。不动产的所有权人应当将不动产交付给限制的人役权人使用,并负有容忍限制的人役权人对其不动产进行使用的义务。同时,限制的人役权人可以排除不动产所有权人对于其权利行使的任何妨碍。

(钱明星)

xianzhi lihun zhuyi
限制离婚主义(limitationism on divorce) 当事人只有具备法定的离婚理由才能诉请离婚,且往往以可归责于当事人一方的原因为限的立法原则。资本主义早期的离婚立法,对离婚的限制十分严格,当事人只有具备法定的情形才能诉请离婚,且以可归责于被告方的原因为限。又有两种立法例:(1)具体列举法定理由。主要有重婚、通奸、遗弃、虐待、企图谋杀、受有罪宣告等。(2)概括性规定离婚理由。例如规定"夫妻一方有严重违反婚姻所生义务或不道德行为,致使他方不能继续维持婚姻关系"。后来才逐渐扩大离婚的理由,非出于当事人的主观过错但对夫妻关系有重大影响的某些情形亦可诉请离婚。如配偶有生理缺陷、患重大不治之症、生死不明等。

限制离婚主义的理论依据是契约理论。资产阶级法学认为,婚姻是出于当事人双方合意成立的民事契约,离婚是表达个人自由意思的一个合乎逻辑的行为,某种情形下婚姻是可以解除的。几乎所有主要资本主义国家都接受了民事契约说作为离婚立法的根据。据此所立之法律,允许夫妻离婚,同时加以严格限制,故称限制离婚主义。

(蒋 月)

xianzhi liutongwu
限制流通物(restricted things) 流通物、禁止流通物的对称。依照法律规定,在民事流通的范围或程度上受有一定限制的物。如金银及其制品、外汇、文物等,只能在国家限定的范围内流通,私人之间不得买卖(但可以赠与)。再如非军用的武器(猎枪、火枪、注射枪、火药)、麻醉品、剧毒品和计划物资等,法律对其流通都有特别规定、限制。

(张 谷)

xianzhi minshixingwei nengli
限制民事行为能力(limited capacity for civil conduct) 自然人在一定范围内具有民事行为能力,超出一定范围便不具有相应的民事行为能力,又称不完全民事行为能力。自然人从出生到成年,其智力是不断发育的,对事物的认识能力是不断增强的,因此,现代民法都赋予达到一定年龄的未成年人具有部分民事行为能力。《中华人民共和国民法通则》第12条第1款规定:"10周岁以上的未成年人是限制民事行为能力人……"10周岁以上的未成年人至少是小学四、五年级的学生,他们已有一定的智力水平,对事物有一定的识别能力和判断能力。因此,法律应允许其实施日常生活必需的民事法律行为,进行某些获取法律上利益而不负义务的民事法律行为,享有以自己的行为取得的荣誉权、发明权、著作权等民事权利。但是,这些未成年人,毕竟仍处于发育阶段,还不能充分预见自己行为的法律后果,因此,法律对他们的行为能力给予必要和适当的限制,一些重要的或复杂的民事法律行为由他们的法定代理人代理或征得其法定代理人同意。《民法通则》第13条第2款规定:"不能完全辨认自己行为的精神病人是限制民事行为能力人……"。不能完全辨认自己行为后果的精神病人,虽然有精神障碍,但并未完全失去认识能力,能够进行适合其智能状况的民事法律行为,但对于比较复杂的或重大的民事法律行为缺乏判断能力和自我保护能力,并且不能预见其后果。因此,将他们归于限制民事行为能力人是合适的。由于通常判断他们是否不能完全辨认自己的行为后果比较困难,因此,《民法通则》规定应由利害关系人申请,由人民法院依据医学鉴定宣告他们为限制民事行为能力人。限制民事行为能力人的行为能力所受限制的范围,《民法通则》作了原则性规定,即他们只能进行与其年龄、智力、精神健康状况相适应的民事行为,其他比较复杂或重大的民事行为应由其法定代理人代理或征求其法定代理人的同意后进行。如何判断是否相适应?可以从他们的行为与本人生活相关联的程度、本人的智力或精神状况能否理解其行为,并且预见其行为后果,以及行为涉及的财产数额、行为的性质等方面来认定。但限制民事行为能力人所进行的接受奖励、赠与等对本人有利,且不设定负担的行为应认定有效。

(李仁玉 陈敦)

xianzhi xingweinengliren zaochengsunhai de minshi zeren
限制行为能力人造成损害的民事责任(德 Schadenersatzpflicht des beschränkt Geschäftsfähiger) 被监护人致人损害责任的一种。参见无行为能力人造成损害的民事责任条。

(郭明瑞)

xianzhixing zhaiquan
限制性债权(claims subject to limitation) 责任人根据海事赔偿责任限制的法律,可以限制其赔偿责任的海事请求。海事债权是多种多样的,并不是所有的海事债权都可以限制赔偿。只有对法律或国际公约规定的某些特定债权才能进行限制性赔偿,就是所谓的限制性债权。限制性债权的范围取决于各国立法和国际公约的规定,一般主要包括船舶在营运中某一事故所造成的人身伤亡及财产损害。如果债权人的债权属于限制性债权,则责任主体可申请责任限制。

限制性债权的来源可以是基于违约行为,也可以是基于侵权行为。《中华人民共和国海商法》第207条规定了四类海事赔偿请求为限制性债权:(1) 在船上发生的或者与船舶营运、救助作业直接相关的人身伤亡或者财产的灭失、损坏,包括对港口工程、港池、航道和助航设施造成的损坏,以及由此引起的相应损失的赔偿请求;(2) 海上货物运输因迟延交付或者旅客及其行李运输因迟延到达造成损失的赔偿请求;(3) 与船舶营运或者救助作业直接相关的,侵犯非合同权利的行为造成其他损失的赔偿请求;(4) 责任人以外的其他人,为避免或者减少责任人依照该法规定可以限制赔偿责任的损失而采取措施的赔偿请求,以及因此项措施造成进一步损失的赔偿请求。《1976年责任限制公约》规定的限制性债权的范围比我国《海商法》多两条:即有关沉没、遇难、搁浅或被弃船舶(包括船上的任何物件)的起浮、清除、毁坏或使之变为无害的索赔和有关船上货物的清除、毁坏或使之变为无害的索赔。

(张永坚 张宁)

xiangdang yinguoguanxi shuo
相当因果关系说(the equivalent theory) 又称适当条件说。因果关系原因说的一种学说。该说主张,某一原因仅于现实情形发生某结果者,还不能断定二者间有因果关系,须按照一般的观察,在有同一条件会发生同种的结果时,该条件与该结果间才有因果关系。相当因果关系说旨在以条件的相当性来合理界定侵权责任的范围。此项理论由德国生理学家沃恩·科瑞斯所创。原在限制刑法上加重结果犯罪的构成要件,后为民法所采,并为瑞士、荷兰、希腊、日本等国继受。

在用何标准确定有同一条件即能发生同一结果上,又有主观说、客观说、折衷说三说。(1) 主观说主张,以行为人在行为时所知或可得而知的事实为基础来决定其是否适于发生其结果;(2) 客观说主张,以社会一般人对行为时所发生的结果能否预见为标准来决定是否为相当条件;(3) 折衷说主张,以行为人对一般人所预见或可能预见的事实以及虽然一般人不能预见而行为人所认识或所能认识的特别事实为基础来决定是否为相当条件。

(张平华)

xiangduiquan
相对权(德 relatives Recht) 绝对权的对称。亦称对人权。相对权乃得以对抗特定人的权利,此处的隶属关系因受对方义务人的存在而生限制,盖其隶属关系之范围,只限于相对人之行为而已。此处法律关系中所偏重的是义务人所应为的行为,故亦称之为应为权。相对权中最重要者,厥为债权,此即债权人基于债之关系,得向债务人请求给付之权利。相对权也称为隶属关系者,乃因债务人允诺为某项标的物之给付时,债权人对此项标的物虽无直接关系,然由于债务人之间接联系,从而也有间接的隶属。相对权也称为相对者,乃因相对权关系中,负有义务者仅为债务人,权利人的权利可因债务人不履行义务而受损害,但第三人一般无从损害之,相对权也因此只受相对的保障。当然,某些(而非所有的)相对关系,亦可能因第三人的行为受到损害,但第三人的行为有为适法的,如正常的竞争,对此相对权人应容忍之;有为不法的,相对人可依侵权的损害赔偿请求权得到保障。惟此所谓不法性的判断,要么因为第三人的行为违反法律上保护他人(相对人适为法律所欲保护的该他人)的规定,要么因为第三人的行为出于故意,且违背善良风俗,要么根据于相对权的效力上的特点。故准确以言,此处第三人的侵害责任,纯粹系根据权利之不可侵害性,而为相对权与绝对权所共通者。权利之不可侵害性与相对权效力上的相对性,系属二事,并非立于彼此替代之关系。学者间多有混淆其间的差别,以权利皆有不可侵害性,进而否认绝对权相对权之区分者,实不足取。债权之外,夫妇间的相对权、社员与社团间的社员权、社员彼此间的相对权亦属之。又,在相对权中,以标的物为标准的分类法,并无任何重要性,因为不论何种事物,只要其具有交易之可能性,在相对权范围内皆得为标的物,且在法律上具有要求给付之同等效力。　　　　(张　谷)

相对商行为(opposite commercial act)　绝对商行为的相对。又称主观商行为、营业商行为。按大陆法系近代商法,指商人为营利性营业目的而实施时方构成商行为的行为。相对商行为的基本特征是具有相对标准和条件性,具有商人基于营利性营业目的而实施的行为方能构成。如果行为主体不为商人或虽为商人但其行为目的不符合法定条件,则该行为不构成商行为,只能构成一般民事行为。

按照各国近代商法的规定,相对商行为主要包括财产租赁、加工承揽、保管运送、出版印刷、居间代理等行为。《日本商法典》第502条规定的相对商行为包括:(1)以租赁的意思,有偿取得或承租动产或不动产的行为,或者以出租其取得物或承租物为目的的行为;(2)为他人实施的制造或加工行为;(3)供给电或煤气的行为;(4)运输行为;(5)作业或服务的承揽;(6)出版、印刷或摄影行为;(7)以招徕顾客为目的实施的场所交易;(8)兑换及其他银行交易;(9)保险;(10)寄托的承受;(11)居间或代办行为;(12)商行为的代理承受。

传统商法认为这类行为必须是商人作为营业实施的行为,如果专以获得工资为目的而制造物品或从事劳务,则不是商行为。现代商法认为上述行为都是资本经营行为,具有资本经营性的行为才是市场行为。艺术家、教师、律师、医师、会计师等专以获得工资为目的的行为,不具有资本经营性,显然不是商行为。
　　　　　　　　　　　　(关　涛　梁　鹏)

相对无效(法 nullité relative)　绝对无效的对称。由特定人对特定人主张的无效,如恶意串通损害第三人利益的行为。在相对无效的情况下,只有特定人主张无效,才发生无效的效力。如果特定人不主张无效,则视为特定人放弃自己的权利。　　(李仁玉　陈　敦)

相关关系说(theory of relative relation)　权利侵害说法的对称。日本学者中判断加害行为违法性的一种学说。为民法学家我妻荣、加藤一郎等为克服权利侵害性所带来的僵化、静态的弊端所提出。该说认为权利侵害说适用的范围过窄,而如果采用加害行为违法性则可能会因认定违法范围过宽,导致违法行为的泛化,并且不利于限制法官的恣意。为此必须给违法性判断设置大致的标准,即将被侵害的利益种类与侵害行为的态样相关地加以考虑:(1)被侵害的利益受法律保护的强弱效力不同,对权利性强的利益的侵害比对权利性弱的利益的侵害违法性更强;(2)针对不同的利益,权利人行使权益的行为呈现不同的样态,相应地侵害他人权利的行为也根据权利(或利益)强度而样态各异。为此,应该对该加害行为在被侵害利益中违法性的强弱和在加害行为样态中违法性的强弱进行相关的、综合的考察,从而判断有无作为侵权行为要件的违法性。

相关关系理论采用对具体案件类型化研究作为基本方法,使理论分析与司法运作有机结合起来,司法实践中不仅将不同的权利与违法性的强度结合起来,更为重要的,是把违反公序良俗、违反法规行为等侵权行为的态样作为衡量对象。从相关关系学说提出的违法性要件,使侵权行为法充满了灵活性与动态化。一方面法官不必拘泥于现有的权利进行裁判;另一方面扩大侵权行为法保护的范围也使通过司法创设新权利成为可能。　　　　　　　　　　　　(张平华)

相互保险(mutual insurance)　非以营利为目的,而是以保障保险参加者的利益为目的所经营的一种保险。相互保险有相互保险公司和相互保险社两种基本形式。两者的区别在于,相互保险公司为法人组织,而相互保险社为非法人组织。在相互保险中,保险机构为全体被保险人所共有,被保险人与保险人为同一人,保险的费用与损失均由保险参加者分摊。保单持有人履行了缴纳保险费的义务,也就同时履行了出资义务,不仅享有保险提供的保障,而且享有收益权。相互保险多在人身保险中存在,特别适用于人寿保险。
　　　　　　　　　　　(房绍坤　史卫进)

相互保险公司(mutual insurance company)　保险业特有的组织形态,由有共同保险保障需要的人,以缴纳保险费的方式作为出资而设立的、以互助为目的的、非营利性法人组织。在相互保险公司中,没有单独的公司股东。保险单的持有人不仅可以得到保险保障,即对危险发生后的损失对公司有请求赔偿权,而且保险单的持有人还是相互保险公司的股东,并根据保险单的金额享有一定份额的表决权、公司分红请求权和董事的选举与被选举权等股东权。　　　　(史卫进)

相互保险社(mutual insurance society)　又称保险合

作社。由对某一类危险有保障要求的人组成一个团体，当某个成员因危险发生遭受损失时，团体的其他成员共同分担损失的组织。作为保险业的原始组织形态之一，相互保险社至今有着很强的生命力，在欧洲、美洲和日本等地，这种组织形式大量地存在着。在相互保险社中，保险费的计算并无数理基础，而是采取赋课方式进行组织，即由各社员分担所实际支付的保险金。在发生保险事故时，如果实际支付的保险金高于保险费收入，各社员则需要予以补缴；如果保险费有剩余的，则要在社员间进行分配。　　（房绍坤　史卫进）

xianghu suopei de chongdi
相互索赔的冲抵（cross claims set-off）　当事人双方互为责任人和索赔人的情况下，责任限额是分别适用于各自的索赔还是仅适用于双方的索赔额的差额的问题。如果是"先限制，后冲抵"，则保险法上称为"交叉责任限制"；如果是"先冲抵、后限制"，保险法上称为"单一责任限制"。《中华人民共和国海商法》和《1976年海事赔偿责任限制公约》都采用"单一责任限制"。《海商法》第215条规定：享受本章规定的责任限制的人，就同一事故向请求人提出反请求的，双方的请求金额应当相互抵销，本章规定的赔偿限额仅适用于两个请求金额之间的差额。　　（张永坚　张　宁）

xianglin guanxi
相邻关系（德 Nachbarrecht）　是两个或两个以上相互毗邻的不动产的所有人或使用人，在行使不动产的所有权或使用权时，因相邻各方应当给予便利和接受限制而发生的权利义务关系。

1. 在法律上，相邻关系具有以下特点：(1) 相邻关系的主体必须是两个或两个以上的人，因为一人不可能构成相邻。(2) 相邻关系是因为主体所有或使用的不动产相邻而发生的。(3) 在内容上，相邻关系因种类不同而具有不同的内容。但基本上是相邻一方有权要求他方提供必要的便利，他方应给予必要的方便。所谓必要的便利，是指非从相邻方得到便利，就不能正常行使其所有权或使用权。(4) 相邻关系的客体主要是行使不动产权利所体现的利益。相邻各方在行使权利时，既要实现自己的合法利益，又要为邻人提供方便，尊重他人的合法权益。所以，相邻关系的客体是行使不动产的所有权或使用权所体现的财产利益和其他利益。

2. 相邻关系的类型包括：(1) 因土地、山岭、森林、草原等自然资源的使用或所有而产生的相邻关系。(2) 因宅基地的使用而产生的相邻关系。(3) 因用水、排水产生的相邻关系。(4) 因修建施工、防险发生的相邻关系。(5) 因排污产生的相邻关系。(6) 因通风、采光而产生的相邻关系。

3. 处理相邻关系的原则：《中华人民共和国民法通则》第83条规定，不动产的相邻各方，应当按照有利生产、方便生活、团结互助、公平合理的精神，正确处理截水、排水、通行、通风、采光等方面的相邻关系。
　　（王　轶）

xianggang hunyin jiatingfa
《香港婚姻家庭法》（Marriage and Family Law of Hong Kong）　中华人民共和国香港特别行政区调整婚姻关系和家庭关系的法律规范。香港的婚姻家庭法律制度比较复杂。长期以来，香港政府一方面允许中国清朝时期的婚姻家庭法律制度的存在，如封建社会的纳妾、休妻、兼祧——子嗣等制度，一直在香港的中国人中沿用着；另一方面又实行英国式的婚姻家庭制度，英国的婚姻家庭法和判例的基本原则以及香港立法局制定的婚姻家庭法例，同样对调整香港的婚姻家庭关系发生效力和作用，并成为香港婚姻家庭法的主要内容。因此，由于历史的原因，在长达一个多世纪的时间里，这两种婚姻家庭制度长期并存。

从1971年开始，香港对婚姻家庭法律制度进行了改革。1971年10月7日实施的香港《婚姻制度改革条例》，废除了中国封建的纳妾、兼祧等多妻婚姻制度，实行一夫一妻制，建立了统一适用的结婚、离婚和家庭关系方面的法律制度，结束了一个多世纪的两种婚姻法律制度并存的局面，这在香港婚姻家庭法律发展史上是一个重大的进步。

香港现行的婚姻家庭方面的法律主要有：《婚姻条例》（香港法例第181章）、《婚姻制度改革条例》（香港法例第178章）、《婚姻（战争时期）（效力）条例》（香港法例第258章）、《英国以外婚姻条例》（香港法例第180章）、《婚姻法律程序与财产条例》（香港法例第192章）、《婚姻诉讼条例》（香港法例第179章）、《已婚者地位条例》（香港法例第182章）、《婚生地位条例》（香港法例第184章）、《父母与子女条例》（香港法例第429章）、《领养条例》（香港法例第290章）、《分居及赡养令条例》（香港法例第16章）、《保护儿童及少年条例》（香港法例第213章）、《未成年人监护条例》（香港法例第13章）等等。这些法律对于维护香港居民的婚姻家庭生活的正常秩序和香港社会的安定，起着不可忽视的重要作用。
　　（马忆南）

xianggang jichengfa
《香港继承法》（Law of Succession of Hong Kong）中华人民共和国香港特别行政区有关继承的法律总和。在香港近代继承法律制度的历史发展中，中国的大清律例和习惯，英国的某些法律及判例，香港立法局通过的有关继承的法令，曾经在很长一段时间里都适用，从而出现了诸种法律混合适用的局面。从1970年开始，香港进行了一系列的法制改革，先后制定了一些成文继承法规。如1970年3月颁布的《遗嘱条例》，1971年10月颁布的《无遗嘱者遗产条例》和《遗属生活费条例》等。这些条例的颁布施行，一方面使妇女的权益得到了法律的确认和保护，妻子与丈夫、女儿和兄弟一样有了平等的继承权，子嗣继承的陋习也予以废除，另一方面也从根本上结束了以往"诸法合体"的继承法律制度。香港现行的继承法均为单行的成文法规，其中主要有《遗嘱条例》、《无遗嘱者遗产条例》、《遗属生活费条例》、《遗产税条例》以及《遗产承办和管理条例》等。

英美法系国家早期在财产继承方面奉行绝对遗嘱自由主义，继承法上并无关于给特定范围的继承人保留继承份额即特留份的规定，遗嘱人可以通过遗嘱取消法定继承人应当继承的份额，按照其本人的意愿处分其遗产。以英国继承法为蓝本的香港继承制度也是以遗嘱继承作为其整个继承制度的重要组成部分，并以遗嘱继承作为香港地区转移遗产的主要方式。公民生前只要立有遗嘱，其遗产就不得按法定继承方法继承，必须按遗嘱的规定继承，目前在香港按遗嘱的内容承受遗产，由《遗嘱条例》加以调整。

自进入20世纪以来，在未根本改变"绝对遗嘱自由主义"原则的前提下，香港继承法对遗嘱自由所加的限制已日趋增多，从而出现了某种与大陆法系继承法中的特留份相似的制度。根据这项制度，依靠被继承人扶养的生存配偶和子女不是继承人时，或虽为继承人但其应继份额不足时，可以就遗产请求相当的扶养费，以满足其生活所需。法律准许法院违背遗嘱人的意愿作出裁决，以使被继承人（或立遗嘱人）的生存配偶、未婚之女、未成年之子以及其他没有独立生活能力的子女得到必要的费用。《遗属生活费条例》共17条，它的立法精神是由立法去干预死者对遗产处置的自由权，以保障死者未成年的子女，或者因为身心健康方面有障碍不能自立的成年子女，或者死者的合法配偶等亲属。

在香港，法定继承称为无遗嘱继承，主要由《无遗嘱者遗产条例》调整。该条例共13条，规定了无遗嘱继承时继承人的范围，但没有明文规定继承顺序，而是依继承人与无遗嘱死亡人之间的婚姻、血缘的远近、经济和生活上的依赖程度，来确定继承遗产的先后顺序和应得份额。香港的无遗嘱继承从法律上赋予配偶在继承中的特殊地位，例如，当无遗嘱者死亡时，只遗下配偶而无其他亲属时，其遗产全部由配偶继承；当无遗嘱者有遗下的配偶和其他亲属时，则应首先从遗产拨出一定数额给配偶，其余遗产再由配偶与其他亲属按不同比例继承。

香港不仅承袭英国法中关于遗嘱继承和法定继承的制度，还沿用了英国法中的遗产管理制度，被继承人死后其遗产并不直接归于继承人，而是由遗产管理人在清理遗产债务、交付遗赠财产后，再将剩余的财产交给继承人，所以不产生限定继承和遗产共有的问题。香港《遗产承办和管理条例》对继承开始的时间作了明确规定，除此之外，该条例的规定还涉及遗产管理人的确定及其责任（包括遗嘱指定的遗嘱执行人取得遗产管理人资格的程序，死者亲属取得遗产管理人资格的程序，遗产管理官申请担任遗产管理人的条件，遗产管理人的权利和义务等）以及取得遗产的程序。

香港《遗产税条例》规定了交纳遗产税的程序，它是分割遗产前所必须经过的程序，被继承人的遗产经遗产管理人清点登记后，在对这项遗产进行分割、转移前须交纳遗产税。该条例对遗产税的免交条件、起征点和税率作了明确规定。符合起征条件的遗产只有按《遗产税条例》规定的税率交纳税款，取得税务机关发给的完税证明，并经法院遗产登记部门审核后发给遗产承办文书或遗产管理文书，承办人才可开始办理遗产分割事宜。

（马忆南）

xianggang xintuofa
《香港信托法》（**The Trust Law of Hong Kong**） 为我国香港地区各种各样的信托判例法和信托制定法的统称。1842年香港被英国占领，在此后的一百五十多年间，该地区一方面施行英国信托法中的若干制度，另一方面还陆续创制了若干只能适用于本地区的信托制度。正是这两部分制度共同组成了该地区独特的信托法即所谓香港信托法。至1997年6月香港回归祖国前，香港信托法在制度构成上已趋于完备。此时的信托法从其表现形式角度看包括三部分法律：（1）存在于英国衡平法中的若干关于信托的判例法，为这些判例法确立的一系列规则为信托法的主要规则；（2）由香港最高法院创制的若干关于信托的判例法，为这些判例法确立的一系列规则为信托法的重要组成部分；（3）由香港立法局颁布的若干关于信托的制定法，它们是：《香港受托人条例》、《香港信托基金管理规则》、《香港司法受托人规则》、《香港注册受托人团体条例》与《香港政府证券受托人条例》，为它们确立的一系列规则也是信托法的重要组成部分。

这些信托法实际上是英国信托法本土化的产物：存在于该法中的上述（1）部分法律原本就是英国信托法的核心部分；就（2）（3）两部分法律而言，为它们确立的全部规则在内容上几乎均与存在于英国信托法中的相应规则趋于一致。

1997年7月1日香港回归祖国，并成为我国的一个特别行政区。根据《中华人民共和国香港特别行政区基本法》与全国人民代表大会常务委员会于 1997 年 2 月 23 日颁布的《关于根据〈中华人民共和国香港特别行政区基本法〉第 160 条处理香港原有法律的决定》中的有关规定的安排,在上面提到的组成香港信托法的各种各样的信托判例法与信托制定法中,仅《香港政府证券受托人条例》被废除,其他的全部被保留下来,并被作为香港特别行政区的信托法而继续施行。

(张 淳)

xiang baoxiangongsi touzirugu zanxing guiding
《向保险公司投资入股暂行规定》(Interim Provisions on Investment and Shareholding towards Insurance Companies) 规定投资人向保险公司投资入股管理的部门规章。中国保险监督管理委员会于 2000 年 4 月 1 日颁布并自当日起执行。旨在保证保险公司资金来源正当真实,促进保险公司的规范管理,保障被保险人的利益,共 17 条。本规定所称保险公司为在境内成立的保险股份有限公司。向保险公司投资的企业须符合以下条件:经企业行政主管机关或董事会批准;经营状况良好且有盈利;净资产达到总资产 30% 以上;所投资金为企业自有资金且来源正当。

境外企业、境内外商独资企业经中国保监会批准可以向保险公司投资,但单个外资股东的股份不得超过保险公司总股本的 10%,全部外资股东的股份不得超过保险公司总股本的 25%。当外资股东的投资比例超过 25% 时,则依照外资保险公司管理的有关规定执行,不适用本规定。党政机关、部队、团体以及国家拨给经费的事业单位不得向保险公司投资。除法律、法规另有规定或国务院批准外,银行、证券机构不得向保险机构投资。投资人只能以货币形式向保险公司出资,不得以实物或无形资产出资。禁止投资人用银行贷款向保险公司投资,禁止参股的股东与保险公司之间以股权置换的形式相互投资。

(刘凯湘)

xiang waibugaozhi de neibudailiquan
向外部告知的内部代理权(德 nach außen mitgeteeilte Innenvollmacht) 在意定代理中,被代理人授予了代理人内部代理权后,将这一事实公之于外部。德国法上的称谓。

(李仁玉 陈 敦)

xiaochu weixian
消除危险(elimination of danger) 承担民事责任的方式之一。适用于保护财产所有权、人身权的一种方法。责令行为人消除因其行为给他人人身、财产可能造成损害或扩大损害的危险。如,在公共场所挖坑、修缮地下设施等,有造成他人财产、人身损害的危险时,行为人就应当消除该危险;从事高度危险作业,没有按有关规定采取必要的安全措施,严重威胁他人人身、财产安全的,作业人应消除危险。

消除危险的民事责任,只要存在造成损害或扩大损害的现实可能性,就可发生,而无需损害事实的存在。消除危险与排除妨碍的区别在于:消除危险主要是针对有可能造成他人的人身或财产损害的危险;排除妨碍则是针对侵权人正在妨碍权利人行使权利。消除危险是防止损害发生或扩大的有效措施,体现了民事责任的预防职能。消除危险在一般情况下单独适用。

(张平华)

xiaochu yingxiang
消除影响(elimination of ill effects) 承当民事责任的方式之一。保护人身权和知识产权的一种方法。指责令侵害他人姓名权、肖像权、荣誉权等人身权和著作权、专利权、商标权等知识产权的行为人,消除因其侵害行为所造成的不良影响。如,剽窃他人作品、假冒他人注册商标、散布有损他人名誉的言论等,即应承当消除影响的民事责任。一般而言,不法行为人的侵害行为在什么范围内给他人造成损害,就应当在什么范围内消除影响。消除影响常常与恢复名誉合并适用。实际上,消除影响也就是恢复名誉。消除影响还可以与其他一些民事责任形式合并适用。

(张平华)

xiaofei jituo
消费寄托(despositum irregulare) 又称消费保管、消费寄存,也称不规则寄托、不规则保管、不规则寄存。受寄人取得寄托物的所有权,负有以同质、同种类、同数量之物返还寄托人的一种寄托合同。该返还义务与消费借贷相同。所以自受寄人受领该保管物时起,适用关于消费借贷的规定。关于消费寄托的性质,有人认为它既是寄托又是借贷,有人认为它既非寄托也非借贷。消费寄托的寄托物限于替代物。在消费寄托中,受寄人须以同种、同质、同量之物返还,所以应以替代物为限;其成立须有双方当事人的合意使受寄物的所有权转移于受寄人。

消费寄托与通常寄托的区别在于:消费寄托的标的必须是可替代物,通常寄托的标的为特定物;消费寄托中,寄托物的所有权发生转移,并可消费,而通常寄托并不转移所有权,也不得消费寄托物;通常寄托虽然有返还期限,但寄托人可随时要求返还,而消费寄托为满足双方利益,非有不得已的理由不得提前要求返还。

消费寄托与消费借贷虽有类似之处,但仍有区别。在消费寄托中,当事人并不以金钱或代替物的使用为目的,而是以保管为目的。而消费借贷,是为借用人的利益而设立,通常其利率很高,但消费寄托主要还是为寄托人的利益,故其利率较低;在消费寄托中,虽未有返还的期限,寄托人可以随时要求返还;而在消费借贷,贷与人只能在一定的期限后,以催告方式要求返还。

消费寄托也与混藏寄托类似。混藏寄托是由数人受寄同种、同质的代替物,加以混合,对于其特定寄托人无须返还其所寄托的原物,而以返还其混合物中同数量的物即可。

寄托物为金钱时,只要当事人未将其封存,推定受寄人无返还原物的义务,只须返还同一数额的金钱即可,因而属消费寄托。

(李成林)

xiaofei jiedai
消费借贷(loan for consumption;拉丁 mutuo) 当事人双方约定一方将金钱或其他代替物移转于他方,他方在约定的期限内将同等种类、数量、品质的物返还的协议。交付金钱或物品的一方为出借人或贷与人;另一方称为借用人或受贷人。在一些国家或地区的立法上,如德国法、日本法,将借贷分为使用借贷与消费借贷。消费借贷转移标的物所有权,而使用借贷转移标的物的使用权。我国学者通常将使用借贷称为借用;仅将消费借贷称为借贷。《中华人民共和国合同法》上没有规定借贷合同,仅规定了借款合同。合同法规定的借款合同实际是以货币为标的物的借贷合同,即以借贷货币为内容的消费借贷合同。参见借款合同条。

(郭明瑞)

xiaofei qiyue
消费契约(consumer contract) 契约的一种,又称消费合同或消费者合同。商品或服务的经营者与消费者之间订立的以个人消费为目的的转让商品或提供服务的合同。消费契约中的消费者是指以不同于企业生产或经营者的目的实施企业主或经营者可能实施的行为的自然人;经营者是指在其企业行为或职业行为范围内利用消费契约的自然人、公法人或私法人。完善消费契约立法的宗旨在于在兼顾消费者与经营者的利益平衡的前提下对消费者的利益给予特殊保护。为此需要采用的特殊措施包括:加强对格式条款的管理;通过消费契约实现对消费者权利的保护;加强对消费契约的行政管理。

(刘经靖 张平华)

xiaofeiwu
消费物(consumable things) 非消耗物(不消费物)的对称。又称消耗物。依其性质,使用一次即为消灭,不能再用于同一目的之物。柴、米、油、盐等均属之,其因性质使然,故为自然消耗物。金钱本坚质耐久之物,无即时消灭之患,惟因其性质主于流通而不主于固定。既然金钱因使用一次,即易其主,不能为原主再为使用,故亦为消耗物。但非性质使然,乃法律规定之结果,故为法定消耗物。法律上使用收益权,不能以消耗物为标的;但涉及事实上处分或法律上处分的消费借贷及消费保管契约,则只能就消耗物而为之。

(张 谷)

xiaofei xindai
消费信贷(consumption loan) 银行等金融机构向消费者为消费而发放的贷款,如购房借款、购车借款等。消费信贷往往需要采取综合的担保措施以及进行充分的市场信用调查。消费信贷在法律上表现为买卖合同(往往是分期付款买卖)、借款合同、担保合同的综合体。

(张平华)

xiaofei xindai jiaoyi
消费信贷交易(consumption loan) 又称消费信用交易。狭义上指向消费者个人提供信用,推销商品的交易方式,如以分期付款方式出卖房屋。广义上还包括向企业及其他组织提供信用。赊销、分期付款的买卖以及消费借款等都属于消费信贷交易方式。

(郭明瑞)

xiaoji daili
消极代理(passive agency) 积极代理的对称。代理人受领意思表示的代理,又称被动代理。

(李仁玉 陈 敦)

xiaoji diyiquan
消极地役权(德 servitutes negativae) 积极地役权的相对。这是依地役权人所享有的地役权内容,或供役地人所负的义务对地役权所进行的区分。消极地役权是指供役地人于供役地上不得为一定作为的地役权。因该项地役权的供役地人负有一定不作为的义务,故又称为不作为地役权。采光、眺望等地役权均属之。

(钱明星)

xiaoji jifu
消极给付(negative performance) 积极给付的对称。不作为的给付,履行债务的不作为。以此种给付为标的的债务称为不作为债务。多属非财产性的给付。此种给付中,义务人以消极的不作为的方式履行债务。如约定夜晚不弹奏钢琴,或约定不进行某一特定营业的竞争等。消极给付又分为单纯的不作为与容忍两种。前者如双方约定债权人不得转让债权、技术合同中约定受让方不得将技术再行转让等。后者如出租人应容忍承租人修缮房屋、患者应容忍医师对其作必要的检查等。

（万 霞）

xiaoji qinquan xingwei
消极侵权行为（negative torts；德 Unterlassung） 侵权行为的一种，积极侵权行为的对称。又称不作为的侵权行为。行为人以不作为致他人损害的行为。消极侵权行为违反了对他人负有的作为义务，没有实施或正确实施其所负作为义务要求的行为而加害于他人。其成立的前提是行为人负有作为义务。行为人是否有作为的义务应依法律的规定和行为人所处具体环境及社会公德的要求而定。

（郭明瑞）

xiaoji xintuo
消极信托（passive trust） 参见被动信托条。

xiaoji yichan
消极遗产（debt inheritance） 积极遗产的对称，是死者遗留的可转移的财产性义务，主要是指死者生前所负的债务。在罗马法中就出现了"损益遗产"，即死者的债务即便超过了积极遗产的总额，或遗产只是死者的债务，继承人仍要继受这些债务。随后世界各国为了保护继承人的利益，普遍采取限定概括继承原则，在继承时，消极遗产随积极遗产一并转移，但继承人仅在其所继承的积极遗产价值限度内承担消极遗产，超出的部分，继承人可不予承担，但继承人自愿承担者除外。我国继承法也采取了这种规定。依我国继承法的规定，消极遗产主要指被继承人在遗嘱中指定的财产性义务、被继承人生前所负的债务及被继承人应当缴纳的税款等。

（常鹏翱）

xiaoji yiwu
消极义务（negative obligation；德 negative Verpflichtung；法 obligation négative；意 obligazione negativo） 又称不作为义务。积极义务的对称。对于某事项应该有不行为的义务（即以一定不作为为内容的义务），谓之消极义务。例如，不侵害别人的物权，不妨碍别人的自由权，不为营业竞争等义务。它包括单纯的不作为义务和容忍义务。

（张 谷）

xiaoji zhaiwu
消极债务（德 negative Schuld） 积极债务的对称。以消极的不作为为内容的债务。如债务人负担的不许从事竞业活动的债务。

（郭明瑞）

xiaomie shixiao
消灭时效（prescription extinctive；德 Verjährung） 因当事人不行使权利的事实状态持续经过法定期间，使其请求权归于消灭的制度。自罗马法以来，各国民法均规定了消灭时效制度。至于权利人丧失何种权利，主要有三种立法例：(1) 实体权消灭主义，即消灭时效的效力为实体权利消灭。如《日本民法典》第167条规定，债权在10年间不行使而消灭。债权或所有权以外的财产权，在20年间不行使而消灭。(2) 诉权消灭主义，即诉讼时效完成以后，其权利本身仍然存在，仅诉权归于消灭。诉讼时效届满后的权利，因诉权消灭不能请求法院强制执行，而变为自然债。《法国民法典》第2262条持此主张。(3) 抗辩权发生主义，即时效完成以后，义务人取得拒绝履行的抗辩权，如义务人自动履行，视为放弃其抗辩权，该履行行为有效。《德国民法典》第222条采此主张。多数国家的民法典规定了消灭时效，并不意味着当事人的实体权利消灭，因此，为了更科学地表述这一制度的准确含义，我国《民法通则》未采用消灭时效的概念，而采用诉讼时效的概念。

（李仁玉　陈　敦）

xiaomie tiaojian
消灭条件（德 auflösende Bedingung） 参见解除条件条。

xiaoshou kate'er
销售卡特尔（cartel for sale） 在销售领域中由生产同类商品的企业通过签订某种协议以获取垄断利润的垄断同盟。主要包括：(1) 规定销售价格的卡特尔。参加者不得按低于卡特尔所规定的价格出售自己的商品。(2) 规定销售范围的卡特尔。参加者只能在规定地区内销售自己的商品。不能进入其他参加者的销售地区。(3) 规定销量的卡特尔。参加者的商品生产和销售都有定额限制，超过者要被罚款，未达到限额者可从卡特尔取得相应的补偿。

（张平华）

xiao'e gongsun tiaokuan
小额共损条款（petty G/A clause） 海上保险（一般为船舶险的保险）合同条款之一。小额共损条款规定，当本航次共同海损损失金额低于若干美元时，船方将不宣布共同海损。全部已垫付的共同海损费用将从船舶保险人处得到补偿。小额共损条款免除了此类共同海损的理算，节省了昂贵的理算费用。

（张永坚　张　宁）

xiao shangren

小商人(德 Minderkaufmann) 依法登记成立的资本金在法定数额以下的、从事小规模营利性营业的自然人或组织,在近代商法理论中又称为"不完全商人"。大陆法系国家中的德国和日本等国在其商法及商事特别法中采用这一概念。根据日本商法中的有关规定,除公司之外资本金额不满50万日元的商人称为小商人。《日本商法典》第8条还规定,商法中有关商业登记、商号和商业账簿的规定不适用于小商人。除在概念和适用法律的上述差别之外,小商人的权利与其他商人并无差别,如果小商人实施了作为完全商人才能实施的行为,只要该行为被认为是合格的,小商人也应受商法有关规定的制约。现代商法理论一般不区分完全商人与不完全商人,只要从事市场交易行为,都以商主体论。

(关 涛 梁 鹏)

xiaoxiangquan

肖像权(right of portrait) 自然人依自己的意志同意或禁止他人制作和使用自己的肖像的权利。属于具体人格权之一种。肖像是以一定的物质形式表现出来的自然人的形象。制作肖像的方式多种多样,如摄影、画像、雕塑、录像等等。肖像的制作和利用是自然人重要的人格利益,对于维护人的形象和尊严具有重要意义,因此受法律保护。

肖像权的内容包括:(1) 形象表现权,又叫肖像制作权,即自然人享有的通过特定的物质形式表现自己形象的专有权利。自然人有权同意或禁止他人为自己制作肖像以及决定以何种形式制作肖像,有权要求他人正确真实地表现自己的形象和尊重自己的形象。(2) 肖像使用权。自然人有权决定以适当的方式使用自己的肖像,如展览、传播、复制、用作商标、广告、宣传画和招贴画等,并可要求获得报酬。与其他人格权相比,肖像权具有以下法律特征:(1) 肖像权是标识性人格权;(2) 肖像权的主体只能是自然人,法人不享有肖像权;(3) 肖像权的客体具有可复制性,可以被复制利用;(4) 可以通过对肖像的使用产生财产利益,因此,肖像权既具有人身权的性质,又具有某些财产权的特征,如可以许可他人使用;(5) 同一肖像上往往有肖像权和肖像制作人的著作权并存,因而常常发生肖像权和著作权的冲突。解决这一问题的原则是,肖像权人和肖像制作人之间有约定的依约定,无约定的应优先保护肖像权,即关于肖像的使用,应尊重肖像权人的意见,同时应保护著作权人的获得报酬权。因为肖像权是人格权,应优先保护。

《中华人民共和国民法通则》第100条规定:"未经本人同意,不得以营利为目的使用公民的肖像。"按此规定,侵犯肖像权行为的构成要件有两个,一是以营利为目的使用他人肖像,二是未经本人许可。对此规定学者多有批评,认为此规定注意了肖像权具有财产权性质的一面,而忽视了肖像权的人格权属性。肖像权是标识性人格权,其使用与肖像权人的形象、名誉直接相关,肖像权人对肖像的使用享有专有权利,不以营利为目的使用他人肖像,只要未经本人许可,也构成对肖像权的侵害。未经许可使用他人肖像,构成对他人肖像权的侵害,应承担停止侵害、赔礼道歉、消除影响的民事责任。对于以营利为目的使用他人肖像的,权利人还可以要求赔偿损失。

肖像权人的肖像使用权要受到社会公共利益的限制。一般认为,对肖像的下列使用不需要经过肖像权人的许可,也不需要支付报酬:(1) 为了新闻报道的需要,使用公众人物,如政治家、政府官员、社会活动家、影视明星的肖像。这些人的活动往往为社会公众普遍关注,为了报道这些人士的活动和事迹而使用其肖像,不需要经过本人的同意。(2) 为了社会公共利益的使用,如为了行使正当的舆论监督权而使用他人肖像。(3) 国家机关为执行公务的需要使用肖像,如公安机关为通缉犯罪嫌疑人使用其肖像;司法机关和有关当事人在诉讼活动中作为证据使用有关人的肖像等。(4) 使用在特定场合出席特定活动的人物的肖像,如参加集会、游行、庆典等活动的人的肖像。这类活动往往具有新闻报道价值,而参加者将自己置身于此类场合,即在一定意义上处分了自己的肖像权益,因此应允许将自己的肖像用于公开的场合。(5) 为了自然人本人的利益使用其肖像,如为了寻找下落不明者而在寻人启事上使用其肖像。

未经本人许可以有损他人人格的方式使用其肖像,同时构成对肖像权人名誉权的损害,受害人可以在侵害肖像权和侵害名誉权中选择其一追究加害人的民事责任。

死者是否享有肖像权,有不同的意见。一种意见主张死者享有肖像权,其理由是,(1) 人格权并非随着民事主体的死亡全部消失;(2) 司法实践中对死者的肖像给予保护,他人使用死者肖像应当经过死者亲属的同意,说明死者的肖像权仍然存在;(3) 有的国家法律明确规定,自然人死亡后在一定期限内其肖像权仍然受保护,如《苏俄民法典》第514条规定:"肖像的被制作人死亡后,其肖像的发表、复制或散发均需取得其子女及配偶的许可。"《印度尼西亚版权法》第18条规定:"肖像被制作人死后10年内,肖像作品之版权人在复制或发行其作品前均须征得肖像被制作人的子女同意。"另一种意见认为,自然人死亡,其民事权利能力消灭,主体资格亦随之消灭,不能再享受权利、承担义务,因此,死者享有肖像权的说法违反民法基本原理。使用死者肖像应当经过死者亲属的同意,是因为对死者肖像的使用与其近亲属有密切的利益关系,包括人身利益关系和财产利益关系,因此,要求使用死者肖像要经过死者亲属的同意,不是因为死者仍然享有肖像权,而是为了保护死者亲属的正当利益,同时,也是为了保护社会公共利益。考虑到死者肖像的使用与社会公共利益有密切的关系,可以考虑借鉴外国的立法经验,规定肖像权人死亡后的一定期限内,如15年或者20年,使用死者的肖像要经过其近亲属的同意,超过该期限后,死者的肖像可以自由使用,但不得以有损死者名誉的方式使用。

(张玉敏)

xiaoli weiding de minshi xingwei
效力未定的民事行为(德 schwebende Unwirksamkeit) 已经成立但效力处于不确定状态的民事行为。其特征是:(1)效力未定的民事行为的效力是不确定的,它既非有效,亦非无效,而是处于悬而未决的不确定状态之中。(2)效力未定的民事行为的效力确定,取决于享有形成权的第三人的行为。该第三人称为同意权人或追认权人,对效力未定的民事行为享有同意或拒绝的权利。同意权人对效力未定的民事行为所为的同意或拒绝的意思表示,相对于效力未定的民事行为来说,为辅助民事行为。(3)效力未定的民事行为经同意权人同意后,其效力确定地溯及于行为成立时;经同意权人拒绝,即确定地自始无效。

效力未定的民事行为与无效民事行为的区别在于:(1)无效民事行为自始无效;效力未定民事行为的效力在形成权人同意或拒绝前则处于悬而未决的状态。(2)无效民事行为确定无效,不因第三人的同意而有效;效力未定民事行为由于其效力处于未确定状态,可因形成权人的同意而确定有效。(3)无效民事行为当然无效,无须第三人的意思表示来确定其无效;效力未定民事行为由于其有效与否是不确定的,要确定其无效,须有形成权人为拒绝的意思表示。

效力未定民事行为与可撤销民事行为的区别在于:(1)可撤销民事行为在撤销前是有效的;而效力未定民事行为在同意权人同意或拒绝前,其效力处于不确定状态。(2)对可撤销民事行为的撤销,是使其已经发生的效力消灭;而对效力未定民事行为,形成权人为拒绝的意思表示,则使其确定地不发生效力。(3)对可撤销民事行为的承认,是使其已经发生的效力得以继续;而对效力未定民事行为的同意则是使其确定地发生效力。(4)可撤销民事行为的撤销权人为行为人本人;而效力未定民事行为的同意权人为行为人之外的第三人。

依《中华人民共和国民法通则》、《中华人民共和国合同法》及民事司法实践,效力未定民事行为主要有以下类型:(1)民事行为能力欠缺。自然人实施的民事行为,必须具有相应的民事行为能力。如果自然人实施民事行为时,欠缺相应的民事行为能力,其法定代理人未予追认或拒绝追认的,则为无效民事行为;如果其法定代理人予以追认,则该民事行为发生法律效力。如《合同法》第47条规定,"限制民事行为能力人订立的合同,经法定代理人追认后,该合同有效。"(2)处分权限的欠缺。依《合同法》第51条规定,无处分权人处分他人之物或权利的行为,由于实施处分行为的人无处分权,因而一般不生效力,但经权利人追认,即可产生处分的效力。如甲将从乙处承租的财产出卖给丙,经乙追认,甲与丙之间的买卖合同具有效力。(3)代理权的欠缺。依《合同法》第49条规定,代理人以被代理人的名义对外实施的民事法律行为,只有在代理权限范围内才能对被代理人有效。无权代理的行为对被代理人不发生效力,但经被代理人追认的,仍对被代理人发生效力。(4)债权人同意的欠缺。债权人同意欠缺的情形较多。如债务人将自己的债务转让给第三人的行为,未经债权人同意的,对债权人不生效力;债权人同意后,可以有效。

效力未定民事行为的追认。上述四种效力未定民事行为的追认权人分别为法定代理人、财产权人、被代理人、法人或非法人组织、债权人。追认权人对效力未定民事行为既可以追认,也可以拒绝追认。(1)追认的性质。追认权人的追认行为的性质是:第一,追认权人行使其形成权的民事法律行为。第二,有相对人的单方民事法律行为。追认权人的追认或拒绝追认的意思表示自到达相对人时发生法律效力。第三,追认是辅助性民事法律行为,其作用在于补足相关行为所欠缺的有效要件。(2)追认的方式。追认的方式应采用明示的方式,沉默和推定均不是追认的方式。追认权人的追认或拒绝追认意思表示应向效力未定的相对人为之,向民事行为能力欠缺人、无处分权人、代理权欠缺人、债务人所为的追认不生法律效力。如相对人催告追认权人追认的,则追认权人追认的意思表示应在催告期内以明示的方式向相对人作出,过期不为追认的意思表示的,视为拒绝追认。(3)追认与拒绝追认的效力。效力未定民事行为经追认后,自始有效;追认权人拒绝追认的,该民事行为自始无效。

相对人的催告权与撤销权。效力未定民事行为是否有效,完全操于追认权人一人之手,对相对人来说是不公平的,为平衡相对人的利益,应赋予相对人催告权和撤销权。《合同法》规定了相对人的催告权和撤销权。(1)相对人的催告权。它是指效力未定民事行为的相对人在得知其与对方实施的民事行为存在效力未定的事由后,将效力未定事由告知追认权人,并催告追认权人于法定期限或合理期限内予以确认的权利。效力未定民事行为经催告后,追认权人未于法定期限或合理期限内予以确认的,视为拒绝追认。(2) 相对人的撤销权。它是指效力未定民事行为的相对人撤销其意思表示的权利。相对人撤销其意思表示的意思,可以向追认权人表示,也可以向对方行为人表示。相对人撤销其意思表示后,效力未定民事行为自始无效。相对人撤销权行使的条件是:第一,应采用明示的方式。第二,应于追认权人未予追认之前行使,追认权人追认后,相对人不得撤销。第三,相对人须为善意,始享有撤销权。所说善意是指相对人行为时不知对方为行为能力欠缺人、无处分权人、代理权欠缺人和债权人同意欠缺人。如果相对人行为时明知对方为行为能力欠缺人、无处分权人、代理权欠缺人和债权人同意欠缺人仍与对方共同实施效力未定的民事行为,则相对人就不具有善意,就不享有撤销权。 (李仁玉 陈 敦)

xiao(yuan)fang zeren baoxian

校(园)方责任保险(school liability insurance) 又称学童伤害责任保险。保险人对教育机构因学生在校内或学校组织的校外活动中发生意外伤害事故负赔偿责任的保险。凡经国家有关部门批准依法设立的普通教育机构(教育教学机构)和校外教育机构(非固定学员不定期集中学习、活动的机构),均可向保险人投保校(园)方责任保险。

保险责任。在保险期限和保险单列明的保险区域范围内,被保险人在其校(园)内或由其统一组织并带领下的校(园)外活动中,由于疏忽或过失造成下列依法应由被保险人承担的经济赔偿责任,保险人负责赔偿:(1) 注册学生的人身伤亡或财产损失;(2) 事先经保险人书面同意的仲裁或诉讼费用。发生保险责任事故后,被保险人为缩小或减少对注册学生的人身伤亡或财产损失的赔偿责任所支付必要的、合理的费用,保险人也负责赔偿。

除外责任。因下列原因造成的损失、费用和责任,保险人不负责赔偿:(1) 被保险人及其雇员的违法或故意行为;(2) 战争、敌对行为、军事行为、武装冲突、罢工、骚乱、暴动、盗窃、抢劫;(3) 政府有关当局的没收、征用;(4) 核反应、核子辐射和放射性污染;(5) 地震、雷击、台风、洪水等不可抗力的自然灾害;(6) 直接或间接由于计算机 2000 年问题;(7) 注册学生自伤、自杀,而被保险人及其雇员的教育管理并无不当;(8) 注册学生本人具有特异体质,而被保险人事先并不知情;(9) 注册学生突发疾病,而被保险人及时采取措施,未延误治疗;(10) 被保险人的雇员的非职务行为;(11) 被保险人知道或应该知道其教学、建筑设施不安全,仍继续使用;(12) 被保险人或其雇员的人身伤亡或财产损失;(13) 任何性质的间接损失和精神损害;(14) 保险单或有关条款中规定的应由被保险人自行负担的每次事故免赔额;(15) 保险单列明的其他不属于保险责任范围内的一切损失、费用和责任。

(邹海林)

xieding qijian

协定期间(voluntary period) 法律允许当事人自行约定的期间,或者可以由当事人对法律的规定加以变更的期间。它与由法律直接规定而不允许当事人协议变更或排除适用的强制期间相对应。绝大多数合同期限都是任意的,可协定选择的,凡各种章程或合同上所载期间多为协定期间。协定期间具有优先效力,在法律规定有法定期间并同时允许当事人约定其期间时,优先适用当事人约定的任意期间。《中华人民共和国合同法》第 12 条规定,合同的内容由当事人约定。合同的内容包括履行期间,因此,应认为我国合同法中存在协定期间的规定。

(李仁玉 提爱莲)

xieyi

协议(agreement;拉丁 consensus;conventio) 在罗马法上,协议是指双方当事人之间达成的不具备法定形式要件并不具有法律效力的合意。早期罗马法的契约制度极端重视形式,因此,只有符合法定的形式要件的合意才构成具有法律效力的契约,而不具备法定形式要件的合意则只能称为协议。协议在罗马法上并不具有法律效力。协议和契约的区分是罗马法契约制度的一个显著特色。随着罗马法的发展,形式的地位日渐弱化,某些协议开始在司法实践中逐步获得法律的认可,成为具有一定法律效力的简约,从而形成了协议、简约和契约制度并存的格局。以后,随着罗马法的发展,越来越多的协议获得了法律的认可,同时,许多简约也相应地发展成了与典型契约极为相似的无名契约,到了查士丁尼时代,协议基本上都能获得法律的认可,由此,协议、简约、契约之间的效力区分趋于淡化,统一的契约制度得以形成。

在现代契约法上,协议指两个以上的当事人就某一事项经过协商所取得的认识的一致。它是当事人协商一致的结果,但不以当事人的地位平等为前提,也不必以发生民事法律后果为目的。协议有约束当事人的效力,但该效力并非皆为民事法律效力。所以,合同虽为当事人之间的协议,但协议并非均为合同,协议的适用范围远远广于合同。

(郭明瑞 刘经靖)

xieyi lihun

协议离婚(contract of divorce) 当事人双方经平等协商,自愿以协议方式解除婚姻关系。它相对于裁判离婚而言。协议离婚包括两种:第一,诉讼外的协议离婚;第二,诉讼中的协议离婚。前者比如,在有关登记官面前登记离婚,在律师面前签署离婚等等。我国目前诉讼外的协议离婚,亦称双方自愿的离婚或行政程序的离婚(参见离婚登记)。协议离婚的优点在于:手续简便;可使当事人避免重陷痛苦回忆之中;有利于减少夫妻双方的敌意;能够满足当事人的多种要求等等。但是,由于协议离婚具有较大随意性,有相当一部分国家不承认协议离婚的效力。诉讼中的协议离婚,是在法庭审理案件过程中或在法庭主持之下诉讼双方就离婚等有关问题达成一致意见,其协议经法院审查批准后,当事人可协议离婚。这在我国称诉讼中的调解离婚。

(蒋 月)

xiezuo hetong

协作合同(cooperative contract) 计划经济时期工矿产品购销合同的一种。不同地区或部门的企业之间在完成国家计划后,相互支援,彼此供应生产资料或生活资料等协作物资而签订的协议。

(任自力)

xiepo

胁迫(duress;德 Drohung) 以使人产生恐惧的心理状态为目的的故意行为,包括威胁和强迫。胁迫的构成要件是:(1) 须胁迫人有胁迫的行为。胁迫行为既可以直接对相对人实施,也可对其亲属或友人实施;胁迫的对象不仅包括人的生命、身体健康及自由,也包括人的名誉、荣誉、隐私及财产。已经开始的损害,不足以构成胁迫,但若告知对方将通过自己的作为或不作为使其损害继续而使其陷入恐惧的,也为胁迫行为。(2) 胁迫人须有胁迫的故意。所说胁迫故意,是指胁迫人有通过胁迫行为而使表意人产生恐惧,并因此而为意思表示。胁迫故意的含义有二:一是有使表意人陷于恐惧的意思,二是有使表意人因恐惧而为一定意思表示的意思。除此之外,胁迫人是否有取得财产上利益或使表意人蒙受财产上的损失的意思,在所不问。(3) 胁迫的本质在于对表意人的自由意思加以干涉,所以,胁迫行为应具有违法性。其情形有三:一是目的违法,手段亦违法,如甲对乙说:"你不在伪造的证书上签名,就烧你家房子"。二是目的合法,手段违法,如甲对乙说:"你不履行债务,就揍你"。三是手段合法,目的违法,如甲对乙说:"你不给我钱,就告你所犯的罪行"。(4) 须相对人受胁迫而陷入恐惧状态。恐惧状态应依被胁迫人的主观状态决定。恐惧状态有二:一是表意人原无恐惧,因行为人的胁迫而发生恐惧;二是表意人原有恐惧,因行为人的胁迫而加深恐惧。(5) 须相对人受胁迫而为意思表示,即表意人陷入恐惧或无法反抗的境地,与意思表示之间有因果关系。如甲以告发乙的某种不法行为胁迫乙,乙因爱惜名誉而与甲约定给付若干财产以代替,便可认定存在因果关系。关于被胁迫的意思表示的效力,各国法律规定不同。依法国法的规定,胁迫为意思表示无效的原因。依德国法的规定,被胁迫的意思表示,表意人可以撤销。依英美法的规定,胁迫构成当事人撤销其意思表示的原因。因胁迫陷入恐惧状态而为的民事行为的效力如何,世界主要国家民法规定为可撤销的民事行为。《中华人民共和国民法通则》第58条第3款规定,受胁迫实施的民事行为是无效民事行为。《中华人民共和国合同法》第54条第3款改变了《民法通则》的规定,规定受胁迫而实施的民事行为是可撤销的民事行为,改变理由与欺诈相同。

(李仁玉 陈敦)

xingu

新股(new shares) 股份有限公司成立后,经过公开或不公开的方式发行的股份。新股发行有两种:(1) 非增资发行新股,即公司章程所定的股份总额,可以分次发行的股份。但公司第一次发行的股份,不得少于总股份的一定比例。(2) 增资后发行新股,即公司章程所定股份总额全数发行后,增加资本发行的新股。这需股东会特别决议批准,并变更章程中的资本总额和股份总额,发行数一般规定不得少于增加股份总额数的四分之一。

新股发行可公开也可不公开。不公开发行的对象可由本公司的职工承购,由原有股东按比例认购,或由特定人协议认购。不公开发行新股的程序:(1) 董事会决议或股东会决议。(2) 由本公司员工、原股东或特定人协议认购新股。(3) 备置认股书并由认股人填写具体条件。(4) 催缴股款。(5) 发行新股股票,并记入股东名簿。(6) 重新选举董事及监事。(7) 在一定时间内,向主管机关申请变更登记。公开发行新股公司股东会通过决议后,应申请主管机关核准,同时送交下列文件或资料:公司名称、原定发行股份数及已发行股份数、发行新股总额及条件、最近几年财务表册、营业计划书、特别股有关说明等。

有下列情况禁止公开发行新股:(1) 连续几年亏损;(2) 资不抵债,包括有重整或破产原因的;(3) 对已发行的股票未能按期支付股息。公司在招募新股时,除股东大会决议外,还须有证券主管机关核准,并在核准的有效期内发行股票。认股不足数,可另行发行;如仍不足,则公司应承担由此所产生的损失。在预定发行新股股份数额募足时,公司即可向各认股人催缴股款,认股人不按期缴纳股款,即丧失其认股权利,公司可另行募集,如有损害,得向认股人请求赔偿。新股股款收足后,认股人即取得股东地位,享受权利,承担义务。

(梁 聪)

xingu faxing

新股发行(issue of new shares) 股份有限公司成立之后再次发行股份。依新股发行的目的、要求及方式的不同,新股发行可以分为:(1)增资的发行与非增资的发行。增资的发行是指公司的资本要超过原注册资本所进行的股份发行。在法定资本制下,公司章程所记载的注册资本,在公司设立时即应全部发行完毕,我国目前的规定就是如此。当成立后的公司为增加资本再次发行股份时,须按增资的法定程序,即由股东大会决议、修改章程并进行变更登记。非增资的发行是实行授权资本制的公司再次发行股份。公司首次发行的股份只是章程记载的注册资本的一部分,公司成立后再次发行的股份,不会超出章程记载的注册资本额,属非增资的发行。与首次发行的股份额(发行资本)相比,其实质仍为增资。(2)通常的发行与特别的发行。通常的发行即以增资为目的所进行的新股发行;特别的发行不以增资为目的,而是为了分配盈余,将公积金转为资本或将可转换公司债转变为股份的新股发行。特别的发行虽不以增资为目的,但其结果是公司资本的必然增加。(3)不公开发行与公开发行。不公开发行也称定向发行,是由特定的法人、股东或公司内部职工(公司雇员)认购股份,不向社会公众发行股份。公开发行是向社会公众发行股份。因公开发行涉及到社会公众的利益,其法定要求较之不公开发行更为严格。

各国对新股发行有严格规定,须经以下程序:董事会作出决议;准备招股章程和认股书;报政府主管机关核准;公告招股和认股;催缴股款;新股发行;新股发行登记等。《中华人民共和国公司法》规定,公司发行新股,必须具备下列条件:(1)前一次发行的股份已募足,并间隔1年以上;(2)公司在最近3年内连续盈利;(3)公司在最近3年内财务会计文件无虚假记载;(4)公司预期利润率可以达到同期银行存款利率。公司以当年利润分派新股,不受第(2)项限制。

公司在发行新股时,股东大会应当对下列事项作出决议:(1)新股种类及数额;(2)新股发行价格;(3)新股发行的起止日期;(4)向原有股东发行新股的种类及数额。股东大会决议后,董事会必须向国务院授权的部门或省级人民政府申请批准。属于向社会公开募集的,须经国务院证券管理部门批准。公司经批准向社会公开发行新股时,必须公告新股招股说明书和财务会计报表及附属明细表,并制作认股书。公司向社会公开发行新股,应由依法设立的证券经营机构承销,签订承销协议。公司发行新股,可根据公司连续盈利情况和财产增值情况,确定其作价方案。《公司法》第142条规定公司发行新股募足股款后,必须向公司登记机关办理变更登记,并公告。 (梁 聪)

xinjiapo gonggong shoutuoren fa

《新加坡公共受托人法》(The Public Trustee Act of Singapore) 为新加坡规制公共受托人设立与行为的特别法,于1915年5月27日由新加坡立法会议颁布并于同日起施行,此后于1935年7月1日被该立法会议修订过一次。该法共有23条,其中主要规定了本法中若干术语的定义、公共受托人的设立方式以及作为公共受托人的机构的性质、公共受托人的一般职权、公共受托人对某些以未成年人为当事人的案件的代理、可以为公共受托人管理的信托财产的限额以及公共受托人承受这种财产的方式、公共受托人成为信托之托人的途径、公共受托人的遗嘱检验权及其取得、由公共受托人管理的共同基金的形成、公共受托人董事会的组成与职权及其职责、公共受托人对有关费用的收取、公共受托人的行为标准、公共受托人对无人索偿的资金的处理、对信托账目的核查和审计及其有关事项。该法是一部以《英国公共受托人法》为样板而制定的公共受托人法:它基本上是仿效后者进行制度设计,不仅如此,它还将后者中的许多合理成分吸收入其中;只是它的条文比后者要多一些,且其中对有关事项的规定同后者中的相应规定相比较也要显得更详细一些。

(张 淳)

xinjiapo shoutuoren fa

《新加坡受托人法》(The Trustee Act of Singapore) 为新加坡规制受托人行为的基本法律,于1929年9月1日由新加坡立法会议颁布并于同日起施行,此后于1967年7月15日被该立法会议修订过一次。该法共有8章89条:第一章:导则,规定了本法的适用范围和本法中若干术语的定义;第二章:投资,规定了受托人投资权的种类、受托人的与其投资权有关的附加权利的内容、受托人投资的方式以及与这一投资有关的免责事由;第三章:受托人的一般职权与私人代表,规定了受托人在执行信托方面所享有各项一般职权、对信托财产和其他有关财产的保护措施、受托人在行使某些代理权情形下的免责、受托人在抚养费信托和预付信托以及保护信托中所享有的具体职权以及对该人的保护;第四章:受托人的任免,规定了受托人的数量、原受托人的解任以及与这一解任有关的对新受托人的委任及其实现由后者取代前者的条件、新受托人对信托财产的取得;第五章:法院的权力,规定了法院选任新受托人的权力和授权受托人就其执行信托获得报酬的权力、与信托有关的各种财产交付命令和法院发布这些命令以及其他命令的权力、由受托人向法院所为的款项缴付;第六章:慈善受托人,规定了公共受托人对慈善信托的信托财产的管理、某些不完善的慈善信托的效力、慈善受托人的数量与产生方式及其职责、慈善受托人的保存信托账目与提交年度账目报表义务以及对其违反这一义务的行政处罚;第七章:单位信托项目,规定了单位信托的设立条件和财政部长的关于发出宣布单位信托项目为核准的单位信托项目的命令的权力以及该部长对这种信托项目的监督方式;第八章:一般规定,规定了对受托人犯罪对信托财产影响的排斥和本法对依法行事的人的保护。此外该法还有两张附表:其中附表一规定了为了进入信托并担任受托人而成立的机构的成立证书所必须记载的事项,附表二规定了单位信托的信托合同所必须记载的事项。该法前面五章是以《英国受托人法》为样板而制定:它们不仅在立法基本思路上与后者相同,在结构设计上与后者的相应章节也相同,甚至其中许多制度和规则在内容上也与存于后者的相应章节中的相应制度和规则相同或类似;但该法以第六、七章这两章来专门规定慈善受托人和单位信托,这却为其所独创,且这一独创对于其他有关国家和地区制定受托人法具有一定的示范意义。

(张 淳)

xinjian

新建(new construction) 从无到有、新开始建设的一种基本建设活动。按照国家规定,在原有基础上,经扩大建设规模后其新增固定资产价值超过原有固定资产价值一定比例(如3倍以上)的建设项目,就属于新建项目。

(邹川宁)

xin jiesen tiaokuan

新杰森条款(New Jason Clause) 1936年美国制定了海上货物运输法,为了符合新的法律,各船公司纷纷对提单上的"杰森条款"进行了修订和补充,称为"新杰森条款"。"新杰森条款"的基本内容是:"在开航前与开航时发生危险或者事故,不论承运人是否存在过失,只要承运人根据法律或者合同对此不负责任,货方就应分摊共同海损牺牲与费用,并支付与货物有关的救助及其他特殊费用。本条款仅在依照美国法律进行共同海损理算时适用。""新杰森条款"与"杰森条款"的不同之处在于,当船舶因船长、船员或引航员的过失发生事故而采取救助措施时,即使救助船与被救助船同属一个船公司,被救船仍须支付救助报酬,该项救助报酬可作为共同海损费用,由各受益方分摊。

(张永坚 张 宁)

xin laoshi jiuzhu hetong geshi

新劳氏救助合同格式(New LOF) 1980年对于劳氏救助合同修改后的合同格式。相比原来的劳氏救助合同,最大的进步在于考虑到海上石油运量的增长以及海上油污事故常有发生,适当地考虑到油轮救助人的权益保护以及防止海洋污染。但是,由于相关的利害各方的激烈争论,最终新劳氏救助合同格式维持了"无效果、无报酬"的原则,仅对救助油轮作了例外规定,确立了安全网条款。

新劳氏救助合同格式主要条款包括:(1)安全网条款。这是关于救助油轮的例外规定,仅适用于装有油类货物的油轮而不适用于有溢漏危险的仅载有燃料油的船舶。该条款实际上修改了传统的无效果、无报酬原则。(2)救助报酬条款。该条款并没有要求当事人直接商定救助报酬的具体数额,而是约定相关数额的确定由伦敦仲裁员决定。(3)获救财产的送达地点。该条款规定,如果救助人与被救助人关于获救财产的送达地点不能达成协议,那么只要救助人把获救财产送到安全的地点,被救助人就应当尽快接受。(4)救助人的义务。救助人在救助船舶或船上的货物、燃料和物料时,应当尽最大努力防止船舶漏油。(5)救助报酬的担保和担保金额。救助人应当在救助工作结束以后,立即或者在适当情况下尽早将需要提供的担保金额通知劳埃德委员会和财产所有人。除非双方另有协议,该担保应当提交给劳埃德委员会。(6)仲裁条款。根据该条款,船舶所有人、全部或部分货物的所有人、全部或部分承担风险的运费受益人、救助人、船用燃料和(或)物料所有人以及该救助合同的其他任何一方当事人均有权提起仲裁。此外,该条款还对仲裁程序、裁决的上诉以及仲裁的费用等作出了详细的规定。(7)救助人的责任限制。救助人有权根据本合同享有《1976年海事索赔责任限制公约》所赋予的责任限制权利。劳合社委员会所制定的标准海难救助合同是最为普及的海难救助标准合同的一种,几乎为全球海难救助实务界普遍采用。该合同格式一直适用至今,广为船东、货主、救助人、保险人所接受。自第一份劳合社救助合同问世以来的近100年间,它不断适应海难救助业的发展,已于1914年、1926年、1953年、1967年、1972年、1980年、1990年、1995年先后修改8次,其中包括1926年增设仲裁上诉条款,1972年大幅度修正,1980年增加油污问题条款,1990年特别补偿条款及1995年依据英国1994年商船法进行的修正,成为目前全世界使用最为广泛的标准海难救助合同格式,取得"准公约"的法律地位。劳氏救助合同格式(LOF)是典型的"无效果无报酬"合同,对各国海事立法产生了重要影响,具有国际惯例的地位。 (王 青)

xinshe hebing

新设合并(consolidation) 亦称"创设合并"、"创立合并",两个或两个以上公司通过合并同时消失法人资格,成立新的具有法人资格的公司。新设合并中,参与合并的所有公司不再存在,新设公司接管原来几个公司的全部财产、业务及其债务,并发行新股份分给原公司,原公司将所收股份再分给各股东,然后宣布解散。新设合并的步骤:(1)缔结新设合并契约;(2)股东大会批准新设合并契约;(3)结算资产负债;(4)通告债权人,法定期限内债权人可对合并提出异议;(5)新设合并后的公司申请登记等。这种形式的合并手续复杂,所需设立费用较多,故其运用不如其他形式合并普遍。　　　　　　　　　　（刘弓强　蔡云红）

xin shoutuoren
新受托人(new trustee)　又称继任受托人。在信托存续期间因取代原受托人而进入其中的受托人。新受托人产生的原因,在于因原受托人职责终止而出现的维持信托的需要。即是说,在信托存续期间,其原受托人因具备了能够致使其职责终止的情形,并由此致使该项信托已处于受托人空缺之状态,在这种情形下,为了使该项信托能够继续存在下去,才需要指定新受托人。新受托人由有关信托的利害关系人指定或者由法院指定产生。对新受托人产生的规制适用信托法关于受托人职责终止以及新受托人指定的规定。（张　淳）

xin yaoyue
新要约(counter-offer)　又称反要约。包括两种形式,一种形式指受要约人对要约人发出的要约内容并非完全同意而有所变更的意思表示。新要约人只能是原要约的受要约人,新要约的内容应为对要约内容的扩张、限制或者其他的变更。《中华人民共和国合同法》第30条规定,受要约人对要约的内容作出实质性变更的,为新要约。有关合同标的、数量、质量、价款或者报酬、履行期限、履行地点和方式、违约责任和解决争议方法等的变更,是对要约内容的实质性变更。第二种形式,指受要约人超出承诺期限发出的承诺。按照《合同法》第28条的规定,受要约人超过承诺期限发出承诺的,除要约人及时通知受要约人该承诺有效的以外,为新要约。　　　　　　　　（郭明瑞　张平华）

xin zhaiquan shuo
新债权说(New Theory on Creditor's Claim)　股份是以请求分配利益为目的的附条件债权。因此,共益权是属于人格权,不包括于股份之中。请求权以外的其他权利均非附属于股东的根本性权利。　　（梁　聪）

xinzhongguo piaoju fa
新中国票据法(negotiable instruments law of the Peoples' Republic of China)　1949年中华人民共和国成立后,国民党时的票据法和所有旧法一起被废除,而当时由旧中国沿袭下来的仍然存在的各种票据已无法可依,只能完全依靠原有习惯使用。1950年8月起,我国开始用行政方法管理票据,当时全国金融业联席会议在北京举行。只由中国人民银行、商业部等单位发布行政规章对其作了规定,并延续了10年之久。会议决定:行庄不得发行本票,禁止迟期支票(即票载出票日在实际出票日之后的支票),支配时效期为1年。之后,由于实行高度集中的产品经济管理体制,经济形式逐渐趋向单一,生产资料和生活资料主要是按国家计划统一分配和调拨,金融则实行统存统贷,信用集中到银行,对商业信用则以行政手段反复清理、取消并控制。银行结算通过托收承付、托收无承付、委托付款等八种方式进行。这导致票据在经济生活中无甚价值,票据使用范围被限制在极小的范围内。主要表现在以下方面:汇票只有在国际贸易方面尚能使用;支票基本被取消;个人不得使用支票,企业和其他单位使用支票也受到了很大限制,使用时主要是以转账支票为主。基于此种经济模式及管理方法,严格地讲,我国当时的票据法无存在价值。

党的十一届三中全会后,我国在经济上对内搞活、对外开放,多种经济成分迅速发展,商品多渠道流通,市场经济扩大;横向联系加强,以银行信用为主,多种信用形式并存的社会主义信用制度逐步形成。为有利于加强结算纪律和对商业信用的管理,票据制度也同步得到恢复。此时,一些零散的地方性法规和行政规章也相继出台。1981年中国人民银行上海、辽宁、四川等省市分行,在总行的同意下,开始试办商业汇票,承兑贴现业务,把原来企业间因赊销或约期付款而产生的挂账信用,改为票据信用。1982年中国人民银行上海市分行制定了《票据承兑贴现办法》。1983年中国人民银行开办银行汇票结算。1984年,中国人民银行发布了《商业汇票承兑、贴现暂行办法》,并于1985年4月1日实施。1986年1月27日中国人民银行、中国工商银行、中国农业银行联合颁发了《关于个体经济户和个人使用支票结算基本规定》,确定北京、上海、江苏、浙江、河南、大连、哈尔滨等七个省市为试行个体经济户使用支票结算的重点地区。同时要求上海、北京、天津、重庆、武汉、广州和沈阳市,选择有条件的储蓄所试办个人活期储蓄支票结算。从1986年到1989年:1986年中国人民银行发布了《中国人民银行再贴现试用办法》;1987年中国人民银行、中国工商银行、中国银行、中国建设银行联合发布了《东三省一市票汇结算试行办法》;1988年上海市人民政府颁布了《上海市票据暂行规定》;1988年中国人民银行发布了《银行结算办法》;1989年中国人民银行、中国工商银行、中国农业银行、中国建设银行、交通银行联合发布了《关于交通银行签发跨系统银行汇票委托中国人民银行代理兑付的通知》等。其中 1988 年上海市人民政府发布《上海市票据暂行规定》是新中国成立以来第一个比较全面系统并与国际票据立法有共同之处的地方性票据法规。该法 1988 年 10 月施行,共 5 章 86 条,规定了汇票、本票和支票等制度,虽然该法对票据的使用和流通仍有一定限制,但基本上属于比较正规的票据法规,在新中国票据立法史上是一个里程碑。所有这些规章、办法及规定不仅零散,而且关于票据的含义不统一。为了适应现实需要,制定严格意义上、全国统一的票据法显得尤为重要。1986 年 9 月根据国务院的指示,中国人民银行主持召开了票据立法会议,并拟出《中华人民共和国票据法暂行条例(草案)》,向金融界、法律界征求意见。1990 年底,中国人民银行总行正式成立了票据法起草小组,并于同年 11 月份,在湖南集中研究,草拟、形成了《中华人民共和国票据法讨论稿》,之后,票据法草案又几经修订。1993 草稿被提交国务院。国务院法制局在一年多的时间里,对草案进行了一定的修改,主要删除了草案中带有行政管理色彩的内容,补充了国外先进的票据制度,于 1994 年 12 月 5 月经国务院总理签署呈报全国人大常委会提请审议。经过全国人大法律委员会、财经委员会等权威机构对国务院的草案又进行广泛深入地研究,终于在 1995 年 5 月 10 日,由第八届全国人民代表大会常务委员会第十三次会议通过,并于 1996 年 1 月 1 日起实施。为了贯彻票据法的实施,1997 年 6 月 23 日,国务院依法批准颁布了《票据管理实施办法》,该办法共 36 条,它是《中华人民共和国票据法》的实施性法规。1997 年 9 月 19 日中国人民银行颁发《支付结算办法》,规定自 1997 年 12 月 1 日起实施,同时废止 1988 年 12 月 19 日颁发的《银行结算办法》。《票据管理实施办法》和《支付结算办法》,把票据法的规定进一步细化,使之在实践中更具有可操作性。上述两部法规连同《票据法》实际上构成了我国目前票据法的基本体系。

新中国票据法在票据种类、票据行为、票据权利义务等方面基本采用国际通行的做法和规则,但其许多具体规则仍与日内瓦票据法系的新票据主义有一定的差距。其主要特点是:第一,包括主义。将汇票、本票和支票集中于一部法律之中予以规定。第二,票据无因立法原则。一方面,《票据法》第 10 条第 1 款、第 21 条强调票据基础关系与票据关系的联系;另一方面,与之难以协调的是本法第 13 条第 2 款的规定:"票据债务人可以对不履行约定义务的与自己有直接债权债务关系的持票人,进行抗辩。"究其原因,现行体系难以完全摆脱票据的使用以银行为中心的传统观念。第三,对价制度。《票据法》第 10 条第 2 款的规定表明票据法引入了原属于英美法国家的对价制度。第四,强调票据记名制度(第 10 条第 1 款和第 21 条),使得一些学者认为,新的票据法立法并未贯彻票据无因性这一原则。第五,更多地采用了简单认定,即更多地导致票据无效(如第 8 条和第 9 条),这与票据的最大有效性原则相背离。第六,规定冲突法,并专辟一章(第五章),使之与以往的任何行政规章及地方性法规区别开来。

(温慧卿)

xindai hetong

信贷合同(contract of bank loan) 狭义的借贷合同。银行或其他法定金融机构将一定金额的货币交付给借款人使用,后者于特定时间返还同等金额本金且支付利息的合同,信贷合同区别于一般金钱消费借贷合同的特征在于:(1) 合同主体的特殊性。合同当事人一方必须为银行或其他法定金融机构。我国信贷业务由银行或其他法定金融机构专业经营,其他企业或个人不得放贷。(2) 信贷合同是有偿合同。除法律特别规定或政策要求外,贷款都是有息的。(3) 信贷合同的总体受国家信贷计划的影响。信贷合同的订立要经过借款人申请要求提供贷款,银行等金融机构审查批准,正式签订信贷合同三个阶段。是否批准放贷要根据国民经济和社会发展的需要,并受国家产业政策的指导。(4) 信贷合同属于诺成性、要式合同。1985 年国务院发布的《中华人民共和国借款合同条例》中规定,借款合同经借款方提出申请,由贷款方审查认可后即可成立,借款合同依法签订后,即具有法律约束力,当事人双方必须严格遵守合同条款,履行合同规定的义务。可见,信贷合同不是实践性合同。根据《中华人民共和国合同法》第 197 条的规定,信贷合同(该法称借款合同)是须采用书面形式的要式合同。信贷合同除规定借款金额、利息、还款时间、方式、违约金等一般借款合同的条款内容外,还严格明确贷款种类与借款用途。之所以明确贷款种类是因为国家产业政策影响贷款的利率以及偿还的方式。贷款的种类划分标准繁多,除根据投入产业的不同可分为工业贷款、农业贷款、商业贷款等等;又可根据时间不同分为短期贷款、长期贷款等等。明确借款用途是便于银行等金融机构监督借款人合理使用贷款,做到专款专用并切实保障贷款的回收。信贷合同中,贷款方的主要义务是按约定时间放款,保证资金到位。依我国《合同法》第 201 条第 1 款规定,贷款人未按照约定的日期、数额提供贷款,造成借款人损失的,应当赔偿损失。另外,贷款方还必须按国家法律、政策规定放贷,不得违法计息、非法放贷,不得从借款额中预先扣除借款违约金或保证金或利息。借款方的主要义务是按照合同约定的时间和数额偿还借款,及时偿还贷款并支付利息。接受贷款人的用款监督,并按约定向贷款人提供有关财务会计报表等资料。在《中华人民共和国商业银行法》中规定了银行贷款以要求提供担保为原则,只有经审查评估、确认借款人资信良好,确能偿还贷款的,才可允许不提供担保。另外,为切实保证借款方能按时归还贷款,信贷合同还要求借款方必须专款专用,不得将贷款用于合同规定的用途以外的项目。　　　　　　　　　　（杜　颖）

xintuo

信托（trust）　一种特殊的财产管理关系。关于它的定义,真可谓种类繁多、五花八门。英美法系国家信托法主要以判例法为存在形式,对这些信托法中的信托概念一般由法学界有关学者进行定义。影响较大的有四种:(1)英国学者 D. M. 沃克:"信托,持有并管理财产的一种协议。据此,财产或法定权利的所有者(委托人)将财产或权利交给另一个人或几个人(受托人),后者据此代表或为另一方(受益人)或为其他人、或为某一特定目的或者几个特定目的而持有财产和行使权利。信托之概念的本质在于法定所有权和收益所有权之间的分离,将财产合法地交给一个或者多个受托人,但在衡平法上或者是为其他人持有或者是属于其他人的,而且只有在衡平法院才能强制履行"(D. M. 沃克著,北京社会与科技发展研究所译:《牛津法律大辞典》,光明日报出版社1988年版,第898页)。(2)英国学者卢因:"'信托'一词指同受托人所负担的职责或累积而成的全部义务。这种责任关乎在其名下或在其控制范围内的财产。法院根据其衡平法管辖权可强制要求受托人按信托文件中的合法规定来处理该财产;如果书面上或口头上均无特别规定,或虽有规定但该规定是无效或不充分的,则法院会强制要求受托人按照衡平法的原则去处理该财产。这样的管理方式将使与财产有关的利益并非由受托人占有,而是由受益人享用(如果其人存在),或(如果没有受益人)按照法律所认可的用途来处理。如果受托人同时也是受益人,则他可以受益人的身份得到应得之利益"(转引自港人协会编:《香港法律18讲》,商务印书馆香港分馆1987年版,第85~86页)。(3)美国学者H. C. 布莱克:"信托,一项涉及财产的信任关系,使一个占有财产的人(受托人)遵从衡平法上的义务来为了另一个人(受益人)的利益而经营该项财产,这是作为创设该项利益之目的在表现形式方面的结果。出于对一个人(受托人)能够忠实地运用财产的信任,以及根据这一信任而赋予其前述义务。财产所有人基于委托而将用于托管的财产转移给该人;该项财产虽然归属于他,但却由他纯然地为了第三人的受益而运用"(H. C. Black, 1979, *Black's Law Dictionary*, 5th ed, West Publishing Co., ST. Paul, Minn, U.S.A. p.1352)。(4)美国学者G. C. 鲍吉特:"信托是当事人之间的一种信任关系,一方享有财产所有权,并负有衡平法上的为另一人之利益而管理或处分该项财产的义务"(G. G. Bogert and G. T. Bogert, 1973, *Handbook of the Law of Trusts*, 5th ed, West Publishing Co., St. Paul, Minn, U.S.A. p.1)。

我国、日本、韩国和我国台湾地区信托法均以制定法为存在形式,对这些信托法中的信托概念一律由该法以专门的条文定义:(1)《中华人民共和国信托法》第2条:"本法所称信托,是指委托人基于对受托人的信任,将其财产权委托给受托人,由受托人按委托人的意愿以自己的名义,为受益人的利益或者特定目的,进行管理或者处分的行为"。(2)《日本信托法》第1条:"本法所称信托,系指将财产权转移或者为其他处分,使他人依一定目的而管理或处分其财产"。(3)《韩国信托法》第1条2款:"本法中的信托,是指以信托指定人(以下称委托人)与信托接受人(以下称受托人)之间特别信任的关系为基础,委托人将特定的财产转移给受托人,或经过其他手续,请受托人为指定的人(以下称受益人)的利益或特定的目的,管理和处理其财产的法律关系而言"。(4)我国台湾地区《信托法》第1条规定:"称信托者,谓委托人将财产权转移或为其他处分,使受托人依信托本旨,为受益人之利益或为特定之目的,管理或处分信托财产之关系"。显然,上述各种信托定义,在内容上存在着一定的、甚至是相当大的差异。上述各种信托定义均正确揭示了"信托"之内涵的某一方面或者某些方面;但严格说来,它们中的任何一种,都并不能够将任何类型的信托全部纳入其外延所能包容的范围。具体地讲,虽然"委托人"、"受托人"、"受益人"、"信任"与"财产转移"均可以成为信托的构成要素,但它们却并不是为任何类型的信托均必须全部具备:信托分为明示信托、归复信托、推定信托、指定信托、强制信托与法定信托六种基本类型,其中明示信托与强制信托有委托人并且系以委托人与受托人之间存在信任为基础,归复信托、推定信托、指定信托与法定信托却均并无委托人从而根本谈不上在其与受托人之间存在信任;明示信托又分为合同信托、遗嘱信托与宣言信托三种具体类型,其中合同信托与遗嘱信托存在将委托人的财产向受托人转移,宣言信托则不存在这种财产转移;强制信托存在这种财产转移,归复信托、推定信托、指定信托与法定信托也不存在这种财产转移;除私人目的信托外的明示信托,以及归复信托、推定信托、指定信托、强制信托与法定信托,均一律存在受益人,而作为私人目的信托成立的明示信托却没有受益人。正因为不同类型的信托的构成要素并不相同,致使某一信托定义,无论是否将这些构成要素全部包容于其中,一般说来是不太可能将任何类型的信托无一例外地全部纳入其外延所能包容的范围,即不太可能将任何类型的信托的各个方面均给予正确揭示。

难怪中外法学界几乎公认,要给信托概念下一个准确的、能够适用于各种不同类型的信托的定义实属不易。然各种不同类型的信托却均毕竟具备一般信托的共性。

着眼于上述各种信托定义的内容并联系上述各种类型的信托的构成要素,可以概括出任何类型的信托均具有以下共性:(1) 其内容为一种关于财产管理的设计或安排,这种设计或安排既可以来自于委托人的行为,在法律允许的情况下也可以来自于法院的裁判,还可以来自于法律的直接规定;(2) 在这种设计或安排中,存在可供管理的财产;(3) 在这种设计或安排中,存在受托人,且管理财产的职责系由该人承担;(4) 这种设计或安排,或者是为了使受益人获得利益,或者是为了实现委托人的其他特定目的;(5) 根据这种设计或安排,受托人对在管理财产过程中取得的与该项财产有关的利益,或者是应当交付给受益人,或者是应当运用了满足委托人的其他特定目的。这五项共性,实际上也是信托的认定标准与构成要件。完全可以说,存在于某一国家经济生活中的某一具体的财产关系,只要符合这些标准或要件,并且其还只要能够为该国信托法规定或认可的信托基本类型所包容,则应当将其认定为信托。信托既是一种特殊的财产管理关系,又是一种特殊的以由受托人代替他人管理财产为内容的财产管理方式。外国法学界有一种观点认为信托在人类经济生活的历史上最早出现于古代罗马社会,另一种观点认为信托最早出现在中世纪的英国。尽管这两种观点中哪一种属于正确尚待考查;但以信托方式管理或处理财产,这在近现代的确是最先流行于英国,接着逐渐流行于其他英美法系国家和地区,然后才慢慢地为大陆法系国家和地区所接受;尽管在目前信托已盛行于世界各国,但就存在于社会经活生活中的信托的数量、信托在生活中被运用的范围以及信托品种的多样化而言,英美法系国家无疑大大超过了大陆法系国家。信托的最大优点在于,作为一种多功能的财产管理方式,它具有极大的使用价值、灵活性和适应性;不仅可以被广泛运用于满足民间因个人生活产生的理财需求,可以被广泛运用于满足因商业交易产生的理财需求,还可以被广泛运用于满足因发展社会公益事业产生的需求;不仅可以被运用于满足产生于现实存在的若干经济领域内的理财需求,还可以被运用于满足产生于将来出现的若干新的经济领域内的理财需求。信托之所以会大行于世界各国,原因即在于此。

(张 淳)

xintuo biangen
信托变更(alteration of trust) 在信托存续期间将信托行为或者设立信托的国家行为的内容以及其中规定的信托当事人予以改变。依各国、各地区信托法的一般规则,信托一经依法成立,信托各方当事人均应当接受信托行为或者设立信托的国家行为的约束,而不能对信托进行变更;然而,考虑到在信托存续期间,在某些特殊情形下,只有将信托予以变更才有利于实现信托目的,故各国、各地区信托法均有条件地允许变更信托,以作为上述规则的例外。

信托变更可以划分为:(1) 由信托当事人通过行使法律授予的信托变更权所实现的对信托的变更。这类变更主要包括:第一,对信托财产管理方法的变更。各国、各地区信托法均有条件地授予信托当事人变更信托财产管理方法的权利,故在这些国家和地区信托当事人可以通过直接或者经司法程序行使这一权利变更信托财产管理方法。第二,对受托人的变更。各国、各地区信托法均有条件地确认受益人享有在原受托人职责终止时选任新受托人的权利,此外我国、日本、韩国以及我国台湾地区的信托法还确认委托人享有这一权利,故在有关国家和地区受益人与受托人可以通过直接或经司法程序行使这一权利变更受托人。第三,对受益人的变更。仅《中华人民共和国信托法》有条件地授予委托人变更受益人的权利,故在我国委托人可以通过行使这一权利变更受益人。(2) 由委托人或其继承人通过行使信托行为为其保留的信托变更权所实现的对信托的变更。各国、各地区信托法均允许委托人在信托行为中为其或其继承人保留变更权,在信托行为保留有变更权的情形下,委托人或其继承人可以通过行使这一权利变更信托,在信托行为允许情形下这一变更既可以是对信托财产管理方法的变更,也可以是对受托人或受益人的变更,还可以是对信托行为所载其他任何事项的变更。(3) 经信托当事人协商同意产生的对信托的变更。英美信托法允许受托人与受益人在不违反信托目的的前提下通过协商一致变更信托,还允许委托人与受托人在不损害受益人利益的前提下通过协商一致变更信托,并确认这一变更既可以是对信托财产管理方法的变更,又可以是对除信托当事人外的为信托文件所载其他任何事项变更。(4) 由法院通过行使职权所实现的对信托的变更。英美信托法有条件地允许法院通过行使职权变更信托。例如:英国信托判例法确认法院享有出于保护信托之目的变更信托条款的自由裁量权,只是法院对于这一权力必须谨慎行使。《英国信托变更法》授予法院在特定情形下批准变更信托条款的权力,该法第1条规定:某一信托无论系以合同、遗嘱还是以其他方式设立,法院在认为合适的情况下,均可以代表下列人员批准变更信托:(1) 欠缺行为能力的受益人;(2) 在将来某一特定日期或者因将来某一特定事件发生才能取得受益权的受益人;(3) 尚未出生的受益人;(4) 在保护信托中由受托人依酌情处理权确定其享受信托利益的受益人。被法院通过这一方式变更的可以是任何信托条款,且这一变更还可以是扩大受托人在管理或处理信托财产方面的职权。 （张 淳）

xintuo caichan
信托财产(trust property) 作为信托之标的物的归受托人占有并由其为受益人利益或者为实现委托人的特定目的管理或处理的财产。在明示信托与强制信托情形下,信托财产在一开始系由委托人提供产生;在归复信托、推定信托、指定信托与法定信托情形下,信托财产在一开始则由法院或者有关行政机关确定或者法律规定产生。信托财产既是信托得以设立的前提条件,又是信托赖以存在的物质基础。信托财产从种类上看极为广泛,包括金钱、动产、不动产、有价证券、知识产权以及其他财产或财产权利等等。但并不是属于这一系列财产中的任何一种均可以成为信托财产,法律禁止流通的财产,不得作为信托财产。 （张 淳）

xintuo caichan buneng queding de xintuo
信托财产不能确定的信托(trust of the uncertainty of trust property) 信托行为中规定的信托财产处于不清楚、不明确、不具体或者不肯定状态的信托。是《中华人民共和国信托法》列举的无效信托的一种。任何信托,如果有关信托行为中规定的信托财产处于不能确定状态,对它的运作便无法进行或者无法顺利进行,委托人设立它的目的便因此而无法实现或者无法顺利实现。我国《信托法》第7条规定:"设立信托,必须有确定的信托财产……"。该法第11条第2项据此明确规定:信托财产不能确定的信托无效。英美信托法也通过要求信托财产必须确定并以此作为任何信托均必须具备的三项确定事项之一而将信托财产不能确定的信托视为无效,并确认这种信托被确认无效时将导致产生一项归复信托。 （张 淳）

xintuo caichan bushidang de xintuo
信托财产不适当的信托(trust of the impropriety of trust property) 委托人以依法不能够由其提供的财产为信托财产从而设立的信托。是《中华人民共和国信托法》列举的无效信托的一种。所谓委托人依法不能够提供的财产主要包括:(1) 非法财产;(2) 信托法规定不得设立信托的财产;(3) 除信托法外的其他法律规定不得设立信托的财产;(4) 其他虽然为其合法占有但其却并无所有权的财产。我国《信托法》第11条第3项将由委托人通过提供上述(1)、(2)两种财产设立的信托规定为无效信托,即:委托人以非法财产或者本法规定不得设立信托的财产设立的信托无效。该法第14条第3、4款将不得设立信托的财产规定为:"法律、行政法规禁止流通的财产,不得作为信托财产";"法律、行政法规限制流通的财产,依法经有关主管部门批准后,可以作为信托财产。"该法虽然并未明确地将由委托人通过提供上述(3)、(4)两种财产设立的信托规定为无效信托,但它的第5条规定:"信托当事人进行信托活动,必须遵守法律、行政法规……",第7条第1款规定:"设立信托,必须有确定的信托财产,并且该项财产必须是委托人合法所有的财产";依此两条法律的精神,在这两种财产上设立的信托也属于无效。在除我国外的其他有关国家和地区,委托人通过提供这四种财产设立的信托也是无效信托;只是将它们确认无效的依据并不是信托法,而是其他有关法律与行政法规。 （张 淳）

xintuo caichan dulixing
信托财产独立性(independence of trust property) 信托财产与受托人的固有财产相互独立,明确区别,且并无任何法律上的联系。《中华人民共和国信托法》第16条第1款规定:"信托财产与受托人所有的财产(以下简称固有财产)相区别,不得归入受托人的固有财产或者成为固有财产的一部分"。这是该法关于信托财产独立性的一般规定。

信托财产独立性在信托法上具体体现为:(1) 信托财产在继承方面具有独立性。此点由我国《信托法》第16条第2款关于"受托人死亡时信托财产不属于其遗产"的规定所体现。依此规定的精神,在信托存续期间,即便受托人死亡,信托财产在性质上仍然属于信托财产,故对这种财产不能够按照继承法规定的程序转移。(2) 信托财产在偿债方面具有独立性。此点首先由该法第17条第1款所体现,该款规定:"除因下列情形之一外,对信托财产不得强制执行:(1) 设立信托前债权人已对该信托财产享有优先受偿的权利,并依法行使该权利的;(2) 受托人处理信托事务所产生债务,债权人要求清偿该债务的;(3) 信托财产本身应担负的税款;(4) 法律规定的其他情形。"此外此点还由该法第16条第2款关于"受托人被宣告破产时信托财产不属于其清算财产"的规定所体现。依此两款规定的精神,在信托存续期间,受托人无权用信托财产来清偿与执行信托无关的个人债务,债权人也无权要求处理(强制执行)信托财产以满足其与这种债务相对应的债权。(3) 信托财产在抵销方面具有独立性。此点由该法第18条第1款所体现,该款规定:"受托人管理运用、处分信托财产所产生的债权,不得与其固有财产产生的债务相抵销"。上述关于信托财产独立性及其具体体现的各项规定,也存在于其他国家和地区的信托法中。(4) 信托财产在混同方面具有独立性。此点由一些国家和地区的信托法的有关规定所体现。例如：《日本信托法》第18条、《韩国信托法》第23条与我国台湾地区《信托法》第14条均规定：信托财产属于所有权以外的权利时，受托人即使取得了作为其标的的财产，该权利亦不因混同而消灭。依此规定的精神，在信托存续期间，其本身便属于信托财产的权利（不包括所有权），在作为其客体的财产与受托人的固有财产发生混同即在该项财产由受托人通过信托行为以外的途径所获得从而自然地进入其固有财产范围的情况下并不消灭，而仍然作为信托财产继续存在。信托法赋予信托财产独立性，旨在以此来形成一种法律上的机制，以阻止受托人为谋求个人利益而处理信托财产，从而确保这种财产的安全。 (张 淳)

信托财产共有 (trust property in common) 信托财产权由两个以上委托人或受托人共同享有。依《中华人民共和国信托法》第2、7、15、28、29条的精神，在信托存续期间，信托财产权由委托人享有。由此点推论，如果委托人为两人以上，信托财产权则由这些委托人共有。

其他各国、各地区的信托法则一致确认，在信托存续期间，信托财产权由受托人享有。基于此点，如果受托人为两人以上，信托财产权则由这些受托人共有。在以这后面一点作为共同惯例的前提下，《韩国信托法》第45条第1款规定："受托人为数人时，信托财产为共有"；我国台湾地区《信托法》第28条规定："同一信托之受托人有数人时，信托财产为其共同共有"；《日本信托法》第24条第1款规定："受托人有数人时，信托财产为其合有财产"。英美信托法也确认如果某一项信托存在两个以上受托人则发生信托财产合有，即这些受托人对信托财产权的共有在性质上属于合有。由此可见，尽管这些信托法均认为两个以上受托人对信托财产权的享有为共有，但它们在对这一共有的进一步的规定上还是存在差异的。 (张 淳)

信托财产管理方法 (administrative method of trust property) 占有或持有、照管、料理、经营、运用与支配信托财产的方式。这一方法一般由信托行为或者设立信托的国家行为规定。依各国、各地区信托法的通例，在信托存续期间，受托人应当按照信托行为或者设立信托的国家行为规定的方法来管理信托财产，而不得擅自变更这一方法。但除我国外的其他各国、各地区的信托法允许在符合法定条件前提下对信托财产管理方法进行变更。例如，我国台湾地区《信托法》第15条规定："信托财产之管理方法，得经委托人、受托人及受益人之同意变更"。依该信托法第16条以及《日本信托法》第23条、《韩国信托法》第36条的精神，在信托存续期间，如果出现了在信托成立的当时所不能预见的特殊事由，致使信托行为规定或者法院确定的信托财产管理方法不符合受益人利益时，只要委托人、受益人或受托人提出了变更请求，法院可以对这一方法进行变更。在美国信托法看来，信托财产管理方法可以因委托人、受托人、受益人一致同意而变更；在信托文件为委托人保留有变更权的情形下可以由该人单方变更，在该文件将变更权授予受托人情形下可以由该人单方变更；除此之外，法院可以出于保护信托或者使信托目的实现的需要而变更这一方法。 (张 淳)

信托财产合有 (joint tenancy of trust property) 由两个以上受托人基于相互享有生存者取得权实现的对信托财产的共有。为信托财产共有的一种类型。合有为英美法上的一种财产共有类型。英美财产法中的合有制度的基本内容是：对于由两个以上的人共有的财产，根据生存者取得权规则来解决死亡于先的所有权人对共有财产所有权的归属：即确定在共有关系存续期间，任何一个共有人一旦死亡，其对共有财产的所有权便自动转移给尚生存的其他共有人。这种转移的最终结果，是使最后一名生存的共有人成为共有财产惟一的和绝对的所有权人。

合有制度的基本特征，在于禁止死亡于先的共有人的继承人继承前者对共有财产的所有权。英美信托法确认信托财产权（普通法上的信托财产权）由受托人享有。在此基础上该法进而确认如果某一项信托存在两个以上受托人，则信托财产权由这些受托人合有。正是从此点出发，英美信托法认为，在某一项信托存在两个以上受托人的情况下，在信托存续期间只要其中有受托人死亡并且未进行相应增补，为该人享有的信托财产权便自然转归尚生存的其他受托人享有。不仅如此，只要其中有受托人因其他法定事由致使其职责终止并且未进行相应增补，为该人享有的信托财产权也自然转归其他受托人享有。《日本信托法》第24条1款也通过规定"受托人有数人时，信托财产为其合有财产"确认两个以上受托人对信托财产权的共有在性质上属于合有。这些国家信托法将两个以上受托人对信托财产权的共有定性为合有，目的在于使信托的运作不致因多数受托人中的某一人或者某些人死亡或者因其他法定事由致使其职责终止而受到影响，从而确保受益人的利益不致因此受到损害。 (张 淳)

xintuo caichanquan
信托财产权(trust property) 信托财产所有权和其本身便属于信托财产的其他各种财产权的统称。《中华人民共和国信托法》实际确认信托财产权由委托人享有,该法第7条第1款规定:"设立信托,必须有确定的信托财产,并且该信托财产必须是委托人合法所有的财产"。依此条信托财产权在信托设立前须由委托人享有。该法第2条在此前提下规定:"本法所称信托,是指委托人基于对受托人的信任,将其财产权委托给受托人,由受托人按委托人的意愿以自己的名义,为受益人的利益或者特定目的,进行管理或者处分的行为"。显然,此条中的"财产权委托"不仅在内涵上并不相同于"财产权转移",其实施结果也并不能够导致信托财产权被转移给受托人。可见此条意味着该法实际上是认为在信托设立后信托财产权仍然由委托人享有。关于该法的这一态度,还可以由该法第28、29条使用的"委托人的信托财产"这一法律术语和第15条关于"设立信托后,委托人死亡或者依法解散、依法被撤销、被宣告破产时,委托人是惟一受益人的,信托终止,信托财产作为其遗产或者清算财产"的规定佐证。《日本信托法》、《韩国信托法》与我国台湾地区《信托法》却均实际确认信托财产权由受托人享有;这三部信托法均以其第1条将信托定义为"委托人将财产权转移于受托人并由后者为受益人利益或特定目的进行管理或处分"。其中的"财产权转移"则只能够以导致信托财产权被转移给受托人为实施结果。英美信托法则将信托财产权分为普通法上的信托财产权与衡平法上的信托财产权,在此基础上该法确认普通法上的信托财产权由受托人享有而衡平法上的信托财产权由受益人享有。 (张 淳)

xintuo caichan quanli guishuren
信托财产权利归属人(attributor of trust property) 在信托终止时依法享有取得信托财产的权利的人。在信托存续期间,信托财产由受托人占有。然而,委托人或有关国家机关设立信托,一般说来并不是为了使受托人获得利益。这就决定了在信托终止时一般不应当以受托人为信托财产权利归属人,而应当以其他信托当事人为信托财产权利归属人。《中华人民共和国信托法》对信托财产权利归属人的确定办法作了规定:依该法第54条的精神,在信托终止时,以信托文件指定的信托财产取得人为信托财产权利归属人;如果信托文件没有规定信托财产取得人,以受益人或其继承人为信托财产权利归属人;如果不存在受益人或其继承人,则以委托人或其继承人为信托财产权利归属人。我国台湾地区《信托法》第56条关于信托财产权利归属人确定办法的规定与我国《信托法》的上述规定相同。《日本信托法》第61、62条与《韩国信托法》第59、60条将信托财产权利归属人确定办法规定为:自益信托被委托人或其继承人解除,以及他益信托因受益人或其他利害关系人请求而被法院解除,以受益人为信托财产权利归属人;这两种类型的信托因其他法定事由终止,以及其他任何类型的信托因任何法定事由终止,均以信托行为指定的信托财产取得人为信托财产权利归属人;如果信托行为未作此项指定,则以委托人或其继承人为信托财产归属权利人。英美信托法则将信托财产权利归属人确定办法确定为:凡自益信托与他益信托只要是因被委托人撤销而终止,则以委托人为信托财产权利归属人,因除此之外的其他任何法定事由而终止则以信托文件指定的信托财产取得人为信托财产权利归属人,如果信托文件未作此项指定,则以受益人为信托财产权利归属人。

依各国、各地区信托法有关规定的精神,因被信托文件或信托行为指定而成为信托财产权利归属人的人,既可以是受益人或其继承人,也可以是委托人或其继承人,还可以是其他人,甚至还可以是受托人。当然,受托人因被如此指定而成为信托财产权利归属人,这属于特殊情况。在信托终止时,如果受托人不是信托财产权利归属人,其依法应当向信托财产权利归属人移交信托财产,但此项财产移交在信托终止后往往需要经过一段时间才能办理完毕。在这段时间内,不仅信托财产权利归属人的利益应当获得保护,各种法律关系仍然应当予以明确。鉴于此,我国《信托法》第55条规定:信托终止时,在信托财产被移交给信托财产权利归属人的过程中,信托视为继续存在,以该权利归属人为其受益人。与此相同的规定还存在于《日本信托法》第63条、《韩国信托法》第61条与我国台湾地区《信托法》第66条中。依此规定的精神,信托在自终止时起至信托财产被移交给信托财产权利归属人前这段时间内在法律上被视为继续存在,故受托人仍然负有执行信托的义务,且其对由此取得的信托利益应当交付给信托财产权利归属人,而无论该人在信托终止前是受益人或其继承人还是委托人或其继承人或其他人。依各国、各地区信托法的通例,在信托终止时,信托财产权利归属人只要不是受托人,其便享有向受托人要求交付信托财产的权利。 (张 淳)

xintuo caichan tianfu
信托财产添附(accession of trust res) 在信托存续期间信托财产与受托人的固有财产发生添附。添附作为大陆法系民法中的一个概念,是附合、混合与加工的统称。在这里,附合是指将两项以上本属不同所有人的财产不可分割地组合在一起的法律事实;混合是指将两项以上本属不同所有人的财产互相混杂合并使之溶为一体的法律事实；加工则是指擅自将他人所有的财产作原材料而制作成其他财产的法律事实。附合、混合与加工的事实后果，是使作为其对象的原物变成为附合物、混合物与加工物。

在信托存续期间，由于信托财产是处于受托人占有与控制之下，因而这一财产与受托人的固有财产发生添附，便实属在所难免。这种添附一旦发生，其后果同样是附合物、混合物或加工物的出现。因而法律必须就这三种财产在性质上究竟是属于信托财产还是属于固有财产作出规定。《日本信托法》与《韩国信托法》实际上已经对此作了规定。前者第30条规定："就信托财产有附合、混合或加工时，各信托财产与固有财产视为属于不同所有人，而适用民法典第242～248条的规定"。后者第24条规定："信托财产在附合、混合或加工的情况下，准用民法典第256～261条的规定，视各种信托财产与固有财产属于各自不同的所有人"。此两条中提到的《日本民法典》与《韩国民法典》的有关条文则是关于在附合、混合与加工发生情形下附合物、混合物与加工物所有权之归属的规定。依这两条的精神，凡信托财产与固有财产发生添附，应当视信托财产的所有权归属于一人，固有财产的所有权归属于另一人（依据《日本信托法》与《韩国信托法》有关规定的精神，信托财产的所有权与固有财产的所有权本来均归属于受托人。只是在添附发生的情况下，为了方便对附合物、混合物或加工物是属于信托财产还是属于固有财产的确认，这两部法律的这两条才将这两种财产的所有权视为分别归属于不同的人——笔者注），并在此基础上适用民法典的有关规定，来确认由此产生的附合物、混合物或加工物的所有权究竟应当归属于前者还是归属于后者。如果该项附合物、混合物或加工物的所有权，经依法确认应当归属于前者，由于《日本信托法》第14条与《韩国信托法》第19条均规定："受托人因信托财产的管理、处分、灭失、毁损或者其他事由而取得的财产属于信托财产，"而信托财产与固有财产发生添附则属于此两条中的"其他事由"。可见依据这两条便应当确定该项附合物、混合物或加工物在性质上也属于信托财产。

（张　淳）

xintuo caichan wushang daiweixing
信托财产物上代位性（substitutional nature of trust res）　因信托财产毁损灭失所取得的财产因作为代位物而仍然属于信托财产。这一物上代位性为《中华人民共和国信托法》所肯定，该法第14条第2款规定："受托人因信托财产的管理运用、处分或者其他情形而取得的财产，归入信托财产"。此款中的"因其他情形而取得的财产"可以解释为其中包括因信托财产毁损灭失而取得的财产。这一物上代位性也为《日本信托法》第14条、《韩国信托法》第19条与我国台湾地区《信托法》通过明文规定"受托人因信托财产灭失毁损而取得的财产属于信托财产"的方式予以肯定。受托人因信托财产毁损灭失所取得的财产作为信托财产的代位物，一般是由对信托财产的毁损灭失负有损害赔偿责任的人或者对这一毁损灭失负有支付保险金义务的人出于对这一责任的承担或者这一义务的履行而提供。它从性质上讲既可以是金钱，也可以是实物，还可以是其他财产。但有关责任人或者义务人一旦将这种财产交付给受托人，则该项财产即成为信托财产。

（张　淳）

xintuo caichan zhanyou xiaci
信托财产占有瑕疵（defect of possession of trust res）　委托人在设立信托时对其提供的信托财产欠缺所有权或占有权依据。从民法角度看，占有人在欠缺所有权或占有权依据的情况下对财产的占有在性质上属于有瑕疵的占有。依各国民法的一般规则，对存在占有瑕疵的财产，占有人负有将其返还给所有权人的义务，而没有进行处分的权利。在社会生活中有时会出现这样的情况：占有人对某项财产的占有属于有瑕疵的占有，但其却出于使自己或者自己的近亲属获得信托利益之目的，以委托人身份并通过信托行为将该项财产作为信托财产转移给受托人占有和管理，从而设立起一项信托。为了使得当这种情况出现时该项财产的所有权人的利益能够得到维护，《日本信托法》与《韩国信托法》针对其中存在的信托确立起受托人承继信托财产占有瑕疵规则。前者第13条与后者第9条均规定：(1)受托人就信托财产的占有，承受委托人占有的瑕疵；(2)上述规定准用于金钱、其他物品或者以有价证券给付为标的的有价证券。依此规则的精神，凡委托人通过将存在占有瑕疵的财产作为信托财产转移给受托人以设立信托，并且受托人因接受这一转移而已经占有了该项财产，无论该受托人在接受这一转移时是具有善意还是恶意，该项财产就其而言均属于存在占有瑕疵的财产。故依据上述民法一般规则该受托人负有将该项财产返还给所有权人的义务，所有权人也对其享有要求返还该项财产的权利。

其实，信托法确立起受托人承继信托财产占有瑕疵规则，目的在于在委托人通过提供存在占有瑕疵的财产设立信托的情形下，排斥适用民法中的善意取得制度。具体地讲，委托人将存在占有瑕疵的财产作为信托财产转移给受托人以设立信托，在性质上属于对该项财产的无权处分，有关的信托行为也因此成为无权处分行为。在这一财产转移情形下如果适用善意取得制度，即便该项信托行为因所有权人拒绝追认而无效，善意接受该项财产转移的受托人也有权依据这一制度来对所有权人的返还财产要求进行抗辩,并因此而有权拒绝为此项财产返还;而如果适用受托人承继信托财产占有瑕疵规则,只要该项信托行为因所有权人拒绝追认而无效,善意接受该项财产转移的受托人对所有权人的返还财产要求便不再具有抗辩依据,故其便必须履行通过返还该项财产来满足所有权人要求的义务。 (张 淳)

xintuo chexiao
信托撤销(revocation of trust) 由利害关系人所为的将处于存续状态的信托予以撤销。其结果是导致信托终止。它包括两种:一种是因信托存在法律规定的瑕疵而由利害关系人所为的撤销。因各国、各地区信托法或者其他有关法律均授予这种信托的利害关系人撤销权,故其可以通过行使这一权利撤销信托。另一种是由委托人所为的对信托的撤销。各国、各地区信托法均允许委托人在信托行为中为其保留撤销权,故其可以通过行使这一权利撤销信托。 (张 淳)

xintuo dangshiren
信托当事人(trust parties) 又称信托关系人。存在于信托中且依据信托法或者设立信托的行为的规定享有权利和承担义务的人。明示信托一般存在委托人、受托人与受益人,但其中的私人目的信托仅存在委托人与受托人;强制信托也存在委托人、受托人与受益人;归复信托、推定信托、指定信托与法定信托则只存在受托人与受益人。就信托而言,尽管存在上述各种对其拥有特定身份的人,但这些人只有在得到信托法承认的前提下才能够成为信托当事人。我国、日本、韩国以及我国台湾地区的信托法将委托人、受托人与受益人均视为信托当事人;英美信托法只将受托人与受益人视为信托当事人,而在原则上却并不将委托人视为信托当事人,信托文件为该人保留有权利的除外。英美信托法对委托人之信托当事人身份所持如此态度的原因,在于委托人并不享受信托利益,故信托的运作已与该人的利益无关。在此点上该法已形成一根深蒂固的观念:即应当将委托人视为在信托设立后便已经退出了这种关系。就委托人、受托人与受益人而言,信托法只要承认他们为信托当事人,便将在此基础上根据其在信托中的不同地位分别授予他们相应权利并赋予他们相应义务,并承认为设立信托的行为在合法的前提下授予他们的权利和赋予他们的义务。 (张 淳)

xintuo dengji
信托登记(registration of trust) 对信托由有关国家机关在对其真实性与合法性进行审查的基础上所进行的登记。它为信托公示的一种,体现着对信托设立的国家监督。《中华人民共和国信托法》规定了信托登记并将它确定为有关信托的生效要件,该法第10条第1款规定:"设立信托,对于信托财产,有关法律、行政法规规定应当办理登记手续的,应当依法办理信托登记。"第2款规定:"未依照前款规定办理信托登记的,应当补办登记手续;不补办的,该信托不产生效力"。《日本信托法》第3条、《韩国信托法》第3条与我国台湾地区《信托法》第4条也规定了信托登记,但它们却均将这一登记确定为有关信托的对抗要件,即规定依法应当登记的信托非经登记不得对抗第三人。 (张 淳)

xintuofa (woguo taiwan diqu)
《信托法》[我国台湾地区](Trust Law of Taiwan District of China) 为我国台湾地区规制信托并调整其中各方当事人之间的关系的基本实体法律,属于信托普通法,于1996年1月26日颁布并于同日起施行。该法共有九章86条:第一章:总则,规定了信托定义与信托行为种类、信托登记、无效信托与可撤销信托的种类以及受托人职责终止对信托的影响;第二章:信托财产,规定了信托财产的范围以及这种财产与受托人固有财产的关系;第三章:受益人,规定了受益人的信托受益权及其对由受托人所为之不当行为的撤销权;第四章:受托人,规定了受托人的资格及其在管理信托财产与处理信托事务方面的各种权利义务与责任、受托人的辞任与解任、新受托人的选任及其对信托事务的承继;第五章:信托监察人,规定了信托监察人的资格、产生方式与职责;第六章:信托之监督,规定了法院对信托的监督;第七章:信托关系之消灭,规定了信托终止的原因以及终止时的清算与信托财产归属;第八章:公益信托,规定了公益信托的范围、政府主管机关对公益信托的监督、公益信托之信托监察人设置以及这种信托终止时对信托财产的处理;第九章:附则,规定了本法施行的时间。该法是一部以《日本信托法》和《韩国信托法》为样板而制定出来的信托法:它确认的信托基本类型也像后面这两部法律那样仅限于明示信托一种。不仅如此,它的大多数条文都与后面这两部法律中规定同一事项的条文在内容上相同或者差异不大。但在该法中存在关于检察官之权力、信托监察人资格及其辞任与解任、受托人报酬的减免、信托受益权的转让、设立公益信托时对信托宣言的运用以及对这种信托的信托监察人设置的规定,这一系列规定在后面这两部法律中却均并不存在。可见该法已在一定程度上突破了后面这两部法律的框架。 (张 淳)

xintuo faren
信托法人（trust legal person） 大陆法"没有信托财产法这种制度"，信托源于英国，"这一制度在促进英美等国资本主义经济发展上具有重要作用"（沈宗灵：《比较法总论》，北京大学出版社 1987 年版，第 236 页）。信托法人指以受托人身份经营现代信托业务的企业法人。信托法人可作为个人、企业、公司、非营利机构和政府机关的受托人，除可充任信托契约和遗嘱内规定的受托人外，还可以担任死者遗产的执行人或管理人。通常对受托的财产具有法定的所有权，可以按照委托人的授权和法律的规定，对信托财产进行运用和管理。信托业务主要包括有：(1) 委托业务类，包括信托贷款、信托投资、财产信托等。(2) 代理业务类，包括代理发行股票和债券、代理收付款项、信用签证、代理买卖有价证券、代理会计事务、代理保管等。(3) 租赁业务类，包括直接租赁、转租、代理租赁、衡平租赁、售后租回等。(4) 咨询业务类，包括资信调查，商情调查、投资咨询、介绍客户、金融业务咨询等。信托法人以经营信托业务为营业，其设立和经营须依信托法、银行法、公司法及商法的有关规定为之，未经核准登记者不能成为信托法人。　　　　　　　　　　（关　涛　梁　鹏）

xintuo gongshi
信托公示（announcement of trust） 通过一定方式将有关财产已设立信托的情况向社会作公开表示。公示为大陆法系民法理论中的一个概念。《日本信托法》第 3 条与《韩国信托法》第 3 条均在"信托公示"这一条文标题下对以特定财产设立信托所必须办理的有关手续及其效力作了规定。依这两国的信托法理论，以特定财产设立信托，如果法律没有规定必须办理登记、注册或者其他手续，该项信托以信托财产交付为公示；如果法律规定必须办理登记、注册或者其他手续，该项信托则以办理登记、注册或者其他手续为公示。英美法中并无公示概念，但在英美法系国家中，委托人设立信托必须向受托人交付信托财产，且也有法律规定以特定财产设立信托必须办理登记、注册或者其他手续。可见大陆法意义上的两种信托公示事实上在这些国家中也均存在。信托公示的目的，在于使第三人能够从外观上得知有关财产已被用于设立信托的事实，从而在与委托人或者受托人的交易中免受不当损失。
　　　　　　　　　　　　　　　（张　淳）

xintuo gongsi
信托公司（trust company） 又称信托业。以信托业务为其专门经营或者主要经营之对象的公司。它包括一般信托公司和特殊信托公司，后者又包括信托投资公司、房地产信托公司、金融资产信托公司与信托保管公司等。信托公司既是最常见的营业受托人，也是最重要的营业受托人。目前在许多国家中均存在着一定数量的信托公司，并且每一个信托公司都掌握着一定的、甚至大量的信托财产，承担着一定的、甚至大量的信托业务，从而经常作为营业信托中的受托人而存在。信托公司经营状况的好坏，往往会对其所在地区乃至整个国家的经济生活，产生相当的影响。对信托公司的规制在各国、各地区适用信托法关于受托人的一般规定、关于营业受托人的特殊规定和关于这种公司的专门规定。这些专门规定在一些国家和地区还被集中起来纳入某一特别法中。像这样一项特别法，在加拿大、新加坡以及其他一些英美法系国家和地区被冠以"信托公司法"之名称，在日本、韩国与我国台湾地区则被冠以"信托业法"之名称。　　（张　淳）

xintuo guanxiren
信托关系人（trust parties） 参见信托当事人条。

xintuo guanliren
信托管理人（manager of trust） 参见信托监察人条。

xintuo hetong
信托合同（contract of trust） 又称信托契约。由委托人与受托人签订的、以由前者向后者提供财产作为信托财产以设立信托为内容的合同。信托合同为信托行为的一种，它在性质上属于双方民事行为，且其在委托人生前即发生效力。对信托合同的规制除适用信托法外还适用合同法，如果在一国法律中存在民事行为（法律行为）制度还适用该制度中的有关规定。信托合同在内容上应当记载为信托法要求记载的信托事项且记载这些事项的信托条款还应当具备为该法要求具备的合法性和确定性。如果对由某一特殊的信托合同设立的某一特殊品种的信托的必要条款在特别法中有特殊要求，该合同还必须符合这些要求。不仅如此，信托合同在形式上也应当符合信托法及有关特别法的要求。合同信托由信托合同设立，信托合同既能设立自益信托也能设立他益信托，且既能设立民事信托，又能设立营业信托，还能设立公益信托。《中华人民共和国信托法》对信托合同为设立信托的一种方式持明确肯定态度，该法第 8 条第 1、2 款规定："设立信托，应当采取书面形式"。"书面形式包括信托合同、遗嘱或者法律、行政法规规定的其他书面形式"。除我国外的其他各国与各地区的信托法也均将信托合同明确地确认为设立信托的一种方式。

　　合同形式主要包括口头形式和书面形式。我国

《信托法》以绝对要式原则作为其对信托合同形式采用的态度,该法第8条第1、2款硬性规定,书面形式为信托合同所能够采取的惟一合法形式。依此规定,任何信托合同,无论由其设立的信托是以不动产、动产还是以权利为信托财产,都应当采取书面形式。若干外国信托法对信托合同形式采用的态度却是:以不要式为原则,要式为例外。这一态度的内容是:信托合同既可以采取书面形式又可以采取口头形式,但法律规定应当采取书面形式的除外。这一态度具体表现为:信托普通法只将信托合同规定为设立信托的一种方式,但却并未对这种合同的形式作出统一的硬性规定。仅有少数信托特别法或者其他法律硬性规定关于设立以某种特殊财产为信托财产的信托或者某种品种的信托的信托合同应当采取书面形式。例如:作为信托普通法的英国信托判例法在确认信托合同为设立信托的一种方式时并没有要求该合同必须采取何种形式,但1925年《英国财产法》第53条第1款第2、3两项却分别规定设立土地信托的信托合同和设立衡平法权益信托的信托合同应当采取书面形式。再如:《韩国信托法》第2条在将信托合同列为设立信托的一种方式的同时也没有规定该合同必须采取何种形式,但《韩国信托业法施行令》第5条、《韩国附担保公司债信托法》第12条与《韩国证券投资信托业法》第14条都分别规定以信托业经营者为受托人的信托合同、附担保公司债信托合同与证券投资信托合同应当采取书面形式。当然,无论是在英国还是在韩国,规定某种信托合同应当采取书面形式的特别法,决不仅限于上述这些。但由类似法律规定的应当采取书面形式的信托合同,在为两国信托普通法所允许签订的种类繁多的信托合同中却毕竟居于极少数。

符合法定条件的信托合同自成立时起生效,这一时间同时也是合同信托成立与生效的时间。

我国《信托法》通过将信托合同定性为诺成性合同而确认其自签订时起成立,该法第8条第3款前段规定:"采取信托合同形式设立信托的,信托合同签订时,信托成立"。日本、韩国与我国台湾地区的信托法均既没有给信托合同定性,也没有规定信托合同或合同信托成立的时间。但这些国家和地区的信托法理论中具有学理解释性质的通说认为,信托合同在性质上属于要物合同(要物行为),这些国家和地区的司法机关在对信托合同性质的确认上亦遵循此说。依据此说,信托合同自委托人将信托财产转移给受托人占有时起成立。英美法中并无要物合同概念,但英美信托法也认为信托合同自委托人将信托财产转移给受托人占有时起成立。

(张 淳)

xintuo jijin

信托基金(trust fund) 作为信托之标的物的归受托人占有,并由其为受益人利益或者为实现委托人的特定目的管理或处理的财产。信托基金这一概念在英美信托法中经常使用,但在该法中它实际上与信托财产概念内涵相同。易言之,某一项信托的信托财产无论是金钱、实物或者其他类型的财产,在该法上均被视为信托基金。英美信托法将"信托财产"称为"信托基金",目的在于突出信托财产的独立性并以此来使人们增强对这一独立性的认识。按照英美信托法的观念,信托财产本身便为独立的基金,虽然这种财产的所有权(普通法所有权)由受托人享有,但受托人对这种财产的权利不同于对其固有财产的权利,尤其是对这种财产并无自益权,且其对这种财产还负有保护义务。正是由于这一观念使然,用"信托基金"来代称"信托财产"在英美法系国家的立法上和社会经济生活中已成为习惯。

(张 淳)

xintuo jiancharen

信托监察人(supervisor of trust) 又称信托管理人。根据委托人或有关国家机关在信托行为或国家行为中指定承担起监督受托人执行信托以维护受益人利益之职责的人。受益人的利益应当由其自行维护,这是信托法的一般规则。但在这一方面存在特殊情况:某一公益信托或私人信托,其受益人为不特定的人;或者某一私人信托,其受益人虽为特定的人,但在该信托设立时该人却尚未存在。显然,在这种情况下,前述一般规则实际上已无法适用。因此,需要由信托监察人来监督受托人执行信托以维护受益人的利益。

《中华人民共和国信托法》确立了只能适用于公益信托的信托监察人制度,该法第64条规定:"公益信托应当设置信托监察人。信托监察人由信托文件规定。信托文件未规定的,由公益事业管理机构指定。"依此规定的精神,任何一项公益信托都必须设立信托监察人。信托监察人首先应当根据委托人在信托行为中指定产生,如果不存在这一指定,则应当由承担管理相应公益事业之职责的国家机关选任产生。《日本信托法》与《韩国信托法》则确立起既能适用于公益信托又能适用于私人信托的信托监察人制度。前者第8条第1款、第72条与后者第18条第1款、第71条均规定:当受益人为不特定的人或者尚未存在受益人时,如信托属于公益信托,主管机关可以因利害关系人的请求或者依职权选任信托监察人;如果信托属于其他类型的信托,法院可以因利害关系人的请求或者依职权选任信托监察人;但是,已经以信托行为指定了信托监察人的,不在此限。显然,这两部信托法关于信托监察人产生方式的规定在内容上基本相同于我国《信托法》中的相应规定。它们的特点在于确认包括公益信托在内的任何类型的信托均并非必须设立信托监察人,并确认就某一信托而言是否设立信托监察人取决于利害关系人或有关国家机关的意志。我国台湾地区信托法确立起在适用范围上与日、韩两国信托法相同的信托监察人制度且其也同样认为信托并非必须设立信托监察人,但该法却将信托监察人的产生方式限定于由信托行为指定或者由法院因利害关系人或检察官的请求选任,从而排除了法院或有关国家行政机关依职权选任。此点由该法第52条第1款体现,该款规定:"受益人不特定、尚未存在或其他为保护受益人之利益认为有必要时,法院得因利害关系人或检察官之声请,选任一人或数人为信托监察人。但信托行为定有信托监察人或其选任方法者,从其所定。"不仅如此,该法还在这一规定基础上对信托监察人的条件与更迭作出了在我国以及日韩两国信托法中均并不存在的规定:(1)资格。(2)辞任与解任。(3)新信托监察人选任。我国、日本、韩国与我国台湾地区的信托法确立的信托监察人制度还包括针对信托监察人作出了以下规定:(1)权利:我国《信托法》第65条规定:"信托监察人有权以自己的名义,为维护受益人的利益,提起诉讼或者实施其他法律行为"。《日本信托法》第8条第2款、《韩国信托法》第18条第2款与我国台湾地区《信托法》第52条第2款均规定:信托监察人有权以自己的名义,为维护受益人的利益而进行有关信托的诉讼内或者诉讼外的行为。其中的"诉讼外的行为"既包括法律行为又包括其他行为。这些规定在日本、韩国与我国台湾地区关于信托监察人的实务中被解释为:信托监察人在履行职责的过程中,享有以自己的名义行使信托法出于确保其对信托进行监控的需要授予受益人或者确认其享有的全部权利的权利。(2)报酬。(3)义务。仅我国台湾地区《信托法》第54条规定:"信托监察人执行职务,应以善良管理人之注意为之"。 (张 淳)

xintuo jiandu

信托监督(supervision for trust) 对受托人的执行信托所进行的监督。它体现为对由受托人所为的管理信托财产与处理信托事务的具体情况进行检查、对由受托人实施的不当行为进行纠正以及对信托进行其他必要的处分。信托监督分为两种:一种是由受益人或委托人所进行的监督。这种监督由受益人或委托人通过行使由信托法或信托行为授予的信托知情权、信托变更权、不当行为撤销权、损害赔偿请求权、解任权、许可辞任权、认可报告权等权利所体现。各国、各地区信托法均承认这种监督。另一种是由国家机关所进行的监督。依各国、各地区信托法的通例,公益信托和营业信托均由国家主管机关监督。再依《日本信托法》第41条与《韩国信托法》第64条的精神,民事信托由法院监督,法院可以根据利害关系人请求或者依职权对信托事务处理情况进行检查,选任检查人和进行必要的处分。我国台湾地区《信托法》第60条也规定民事信托由法院监督,且此条关于这一监督的内容的规定与日、韩两国信托法的上述规定相同,不同之处在于此条规定法院对民事信托的监督只能够因利害关系人或检察官的请求进行。不仅如此,该法第61条还规定受托人如果不接受监督则法院可以对其处以罚款。 (张 淳)

xintuo jiechu

信托解除(dissolution of trust) 由当事人所为的将处于存续状态的信托予以解除。其结果是导致信托提前终止。依各国、各地区信托法的一般规则,信托一经依法成立则原则上不能解除,只有在信托行为或法律规定的解除事由出现情形下才能解除。各国、各地区信托法均允许在信托行为中为信托有关当事人保留在某一或某些特定事由出现情形下解除信托的权利。该当事人通过行使这一权利能够导致信托解除。各国、各地区信托法还授予信托有关当事人在某些特定事由出现情形下解除信托的权利,该当事人通过行使这一权利也能够导致信托解除。 (张 淳)

xintuo lihai guanxiren

信托利害关系人(trust interested parties) 与信托存在法律上的利害关系的人。其特点是依据信托法或信托行为对信托负有义务或者享有权利,或者依据其他法律或其他民事行为能够通过接受转移取得并享有这种权利。受托人、受益人因具有信托当事人身份而成为信托的利害关系人,委托人如系因信托法确认为信托当事人从而也属于信托的利害关系人。受益人与委托人的继承人,受益人、委托人与受托人的债权人,也均为信托的利害关系人。信托的利害关系人对其所负有的义务应当依法履行,对其所享有的权利则必须在符合法律要求的前提下才能行使和处分。 (张 淳)

xintuo liyi

信托利益(trust interest) 受托人因管理与处理信托财产所取得的利益。它包括受托人对信托财产进行管理运用所取得的利益,受托人将信托财产用于交易所取得的利益,以及由信托财产本身所派生的利益等等。信托的基本属性决定了信托利益不应当归属于受托人,而应当归属于受益人,或者应当被运用以实现委托人设立信托的特定目的。 (张 淳)

xintuo mudi
信托目的(trust purpose) 委托人希望通过信托设立和运作来实现的目标。就委托人而言,信托目的极为多样化。它既可以是使信托利益被运用于开展社会公益事业或者处理自己或其他人的私人事务;也可以是使自己或其他人获得信托利益;还可以是使除自己外的其他人对其获得的信托利益按照自己的设想进行支配或者使该人实施除此之外的其他行为从而使自己所希望的结果发生;甚至可以是借助于信托实现财产转移并因此而避免其所不希望的与该项财产有关的结果发生等等。任何信托,委托人设立它均具有信托目的。《中华人民共和国信托法》第9条规定:"设立信托,其书面文件应当载明信托目的"。不仅如此,该法还将信托目的合法确立为信托要依法成立所必须具备的一个条件,其第6条规定:"设立信托,必须有合法的信托目的"。英美信托法以及韩国与我国台湾地区的信托法也要求信托目的的合法。 (张 淳)

xintuo pinzhong
信托品种(trust variety) 有固定名称的,以特殊的人为受益人、特殊的财产为信托财产或者以特殊的方法为信托财产管理方法的信托具体类型。不同品种的信托之间,或者在受益人方面具有特殊性;或者在信托财产方面具有特殊性;或者在对信托财产管理方法方面具有特殊性。不仅如此,对于这些特殊性,还需要有针对性地确立起相应的法律规则来加以规制。在每一大类信托的范围内,均存在着若干种信托品种:民事信托中的抚养费信托、混合信托、保护信托与浪费者信托;营业信托中的有价证券信托、投资信托、贷款信托与附担保公司债信托;公益信托中的救济贫困的信托、促进教育的信托与提倡宗教的信托,均属于特定的信托品种。有一些国家已在其信托普通法中针对某一或某些特定的信托品种而确立起了相应的特殊规则,还有一些国家则针对某一或某些特定的信托品种而制定有相应的信托特别法。 (张 淳)

xintuo qijian
信托期间(duration of trust) 信托的存续时间。这一期间一般由信托行为或设立信托的国家行为规定。对于公益信托的期间,各国、各地区信托法均未作出限制性规定:即对于公益信托,这些信托法均允许委托人在设立之时,自行决定是否在信托行为中为它规定期间,同时还允许其在规定期间情形下,任意决定它的长短。依此态度,公益信托的期间,既可以仅为一段时间如数月数年或数十年,也可以垂诸永久,且这一期间究竟属于前者还是属于后者则完全取决委托人。对于私人信托的期间,我国、日本、韩国与我国台湾地区的信托法的态度与它们对公益信托的期间的态度原则上相同。在这一方面的例外是:在这些信托法看来,某一属于私人信托范围的信托品种,如果有特别法对期间作了特殊规定,无论这一规定是将该期间限定为一段时间还是确定该期间不得低于一定期限,均与它们的上述态度并不相悖,故对这种信托的期间应当适用特别法的有关规定,这一适用则致使该信托的期间只能或者仅为一段时间或者必须不低于一定期限。英美信托法对私人信托的期间持特别限制态度:该法适用反对永久信托规则来解决私人信托的期间问题。依此规则的精神,尽管对私人信托的期间也系由委托人在设立信托时确定,但其却不能够使该信托的期间为无限长,而是必须在本规则允许的时间限度内确定它的期间,且这一确定的结果只能是致使该信托的期间为一段时间。对于归复信托、推定信托、指定信托与法定信托的期间,有关国家和地区的信托法也均并未作出限制性规定。信托期间一旦届满,则有关信托归于终止。 (张 淳)

xintuo qiyue
信托契约(contract of trust) 参见信托合同条。

xintuo qingsuan
信托清算(liquidation of trust) 在信托终止时对与信托有关的财务状况所进行的清理与结算。这一清算由受托人进行,只有当它结束以及受托人将信托财产移交给其权利归属人后,信托终止在法律上才属实现。 (张 淳)

xintuoren
信托人(trustor) 参见委托人条。

xintuo sheli
信托设立(creation of trust) 信托设立有狭义和广义之分:(1)由委托人通过信托行为创设信托。此为狭义的信托设立;(2)由委托人通过信托行为创设信托和由有关国家机关通过国家行为创设信托的通称。此为广义的信托设立。其中所谓通过国家行为创设信托主要是指通过司法行为和行政行为指定受托人从而导致信托设立,因司法行为推定信托成立是由此创设信托的一种特殊形式。我国以及日本、韩国的信托法承认的信托仅限于明示信托,故这些信托法及其有关理论中的"信托设立"均系在(1)涵义上使用。英美信托法承认的信托包括明示信托、归复信托、推定信托与指定信托,故存在于它们中的可以适用于这四种类型的信托的一般规则,其中的"信托设立"便是在(2)涵义上使用;而存在于它们中的仅能够适用于明示信托的那些规则,其中的"信托设立"也是在(1)涵义上使用。

(张 淳)

xintuo shengxiao tiaojian
信托生效条件(the conditions of vadility of trust) 信托依法成立并对其当事人产生法律效力所必须具备的条件。依《中华人民共和国信托法》第19条与第24条、第5~11条的精神,信托必须具备以下条件才能生效:(1)委托人为具有完全民事行为能力的自然人、法人或者依法成立的其他组织;(2)受托人为具有完全民事行为能力的自然人或法人,并且其还具备法律规定的其他条件;(3)信托目的合法且并不损害社会公共利益;(4)信托行为内容合法;(5)信托行为中记载的信托财产确定,且该项财产的所有权由委托人享有;(6)信托行为中记载的受益人或者受益人范围确定;(7)信托行为形式合法。其他各国、各地区信托法确认的信托生效条件与此大致相同。

(张 淳)

xintuo shiwu
信托事务(trust routine) 与执行信托有关的事务。它包括与对信托财产的管理、运用、收益、处理与维护有关的事务,与建立信托账簿有关的事务,与对信托利益的分配、支付与运用有关的事务以及与处理信托税收有关的事务等等。在信托存续期间,信托事务由受托人处理。这一处理既为信托法授予受托人的执行信托的职权所要求,也为该法赋予该人的执行信托的义务所要求。

(张 淳)

xintuo shixiang
信托事项(trust matters) 涉及到信托运作、并对信托当事人有重大利害关系的事项。信托事项由信托行为记载,记载这种事项的条款即成为信托行为的条款。如果信托法要求将这种事项中的某些记载于信托行为中,记载这些被其要求记载的事项的条款便成为信托行为的必要条款;如果该法允许将这种事项中的某些记载于信托行为中,记载这些被其允许记载的事项的条款则成为信托行为的普通条款。《中华人民共和国信托法》对其要求记载于信托行为中的信托事项作了列举性规定,它的第9条第1款规定:"设立信托,其书面文件应当载明下列事项:(1)信托目的;(2)委托人、受托人的姓名或者名称、住所;(3)受益人或者受益人范围;(4)信托财产的范围、种类及状况;(5)受益人取得信托利益的形式、方法。"这一规定具有普遍适用的性质,致使记载这五项事项的条款在我国已成为设立任何类型或品种的信托的信托行为的必要条款。该法还对其允许记载于信托行为中的信托事项作了一般性规定,它的第9条第2款规定:"除前款所列事项外,(信托文件)可以载明信托期限、信托财产的管理方法、受托人的报酬、新受托人的选任方式、信托终止等事由。"这一规定也普遍适用于存在于我国的信托,从而记载这些事项的条款也可以进入任何信托行为并成为其中的普通条款。对上列信托事项,英美信托法实际上只将其中受益人与信托财产这两项列为其要求记载于信托文件中的事项。对于其他各项则允许委托人在设立信托时单独或者与受托人共同决定是否将它们记载于信托文件中。日本、韩国以及我国台湾地区的信托法则并未将其中任何一项规定为其要求记载于信托行为中的事项。依据这些国家和地区的信托法,这些事项的全部或者其中某一项或某几项是否由信托行为记载,由委托人在设立信托时单独或者与受托人共同决定。

(张 淳)

xintuo shixiang queding
信托事项确定(certainty of trust matters) 又称信托条款确定。记载于信托行为中的信托事项在内容上清楚、明确、具体、肯定而不存在歧义与前后矛盾。任何信托,只有当其信托事项确定,对它的运作才能够顺利进行,委托人设立它的目的才能够因此而顺利实现。《中华人民共和国信托法》实际规定信托财产与受益人这两项信托事项必须确定,这一态度由该法第7条规定"设立信托,必须有确定的信托财产"和它的第11条将存在"信托财产不能确定"与"受益人或者受益人范围不能确定"这两种情形的信托规定为无效信托所体现。英美信托法除明确要求信托财产确定与受益人确定外,还要求信托措词确定。这就是为该法确认任何信托均必须具备的所谓三项确定事项,在此基础上该法认为,任何信托,只要欠缺其中任何一项确定事项则属于无效,法律另有规定的除外。

(张 淳)

xintuo shouyiquan
信托受益权(trust beneficial interest) 简称受益权。为受益人享有的当然享受信托利益的权利。它为信托之本旨派生,且为受益人的最基本的权利。依各国、各地区信托法的通例,某一信托,如果其受益人为单独受益人,受益权由该人独享;如果其受益人为共同受益人,受益权由全体受益人分别按照信托行为或者设立信托的国家行为规定的份额或者依公平原则确定的份额共享,法律另有规定的除外。受益人对于受益权,可以或应当直接对受托人行使,受益人要求受托人向其交付信托利益和接受由受托人交付的信托利益即为其直接行使受益权的体现。与受益权有关的法律问题以及相应的法律规定主要有:(1) 受益人取得受益权的时间;(2) 受益权的转让、继承与偿债;《中华人民共和国信托法》原则上允许对受益权转让、继承与偿债。(3) 受益权的放弃。 (张 淳)

xintuo tiaokuan

信托条款(trust terms) 存在于信托行为中的记载信托事项的条款。在表现为书面形式的信托行为中,信托条款以文字形式存在。在表现为口头形式的信托行为中,信托条款以语言形式存在。法律关于信托事项的规定一律适用于信托条款。 (张 淳)

xintuo tiaokuan queding

信托条款确定(certainty of trust terms) 参见信托事项确定条。

xintuo touzi gongsi

信托投资公司(trust and investment company) 以信托投资业务为专门经营或者主要经营之对象的公司。它既是营业受托人的一种,也是信托公司的一种。目前存在于我国各地的信托公司,绝大多数都是信托投资公司。这种公司在我国向来被定性为非银行金融机构,它与商业银行、证券公司、保险公司、投资基金管理公司、信用合作社以及其他金融资产管理公司一起,共同构成了以中国人民银行为政府主管机关并分别经营不同金融业务的我国的金融机构体系。在我国各地信托投资公司向来是作为常设的信托机构存在。由于我国法律政策向来并未将这种公司的经营范围仅局限于信托投资业务,而是允许其经营各种财产信托业务,这便致使这种公司无论是在法律上还是在事实上都是作为一般意义上的信托公司存在。由于在我国民间特别是在非商业领域内,人们向来并无将财产通过设立信托交付给他人管理的习惯,故存在于社会生活中的绝大多数信托都并不是民事信托与公益信托,而是营业信托。而这种信托的绝大多数又都是由信托投资公司在担任受托人,这便致使这种公司在我国不仅为最常见的营业受托人,而且还是被作为最基本的受托人而提供给社会,以供人们将其作为受托人并通过向其提供财产以设立信托。在我国,对信托投资公司的规制适用《中华人民共和国信托法》关于受托人的一般规定和《中华人民共和国信托投资公司管理办法》的规定。 (张 淳)

xintuo touzi jijin

信托投资基金(trust investment fund) 参见共同信托基金条。

xintuo wenjian

信托文件(trust instrument) 在设立信托时由委托人单独或者与受托人共同制定的,以记载由前者提供财产作为信托财产以设立信托为内容的书面文件。英美信托法在许多规则中使用"信托文件"概念,且它在该法中还成为书面信托合同、书面信托遗嘱与信托宣言的统称。故这一概念从大陆法系信托法角度看,在实际涵义上等同于表现为书面形式的信托行为。 (张 淳)

xintuo xingwei

信托行为(act of trust) 由委托人单独或者与受托人共同实施的、以由前者提供财产作为信托财产以设立信托为内容且以明示为形式的行为。信托行为在性质上属于法律行为,但它仅限于明示的民事行为。信托行为包括信托合同、信托遗嘱与信托宣言三种基本类型。一些大陆法系国家和地区的信托法在其中使用"信托行为"概念。《中华人民共和国信托法》第1条规定:"为了调整信托关系,规范信托行为,保护信托当事人的合法权益,促进信托事业的健康发展,制定本法"。如果说在该法中使用"信托行为"概念的条文因仅此一条从而显得太少,在《日本信托法》、《韩国信托法》以及我国台湾地区信托法中使用这一概念的条文则比比皆是。英美信托法不使用"信托行为"概念,但存在于它们中的"信托文件"在概念涵义上完全等同于一些大陆法系信托法中的表现为书面形式的信托行为。之所以在一些大陆法系信托法中存在"信托行为"概念,原因在于有关国家和地区的立法机关在制定它们的过程中为这一法系民法理论中的法律行为学说所影响。只要一个国家或地区的信托法使用了"信托行为"的概念,该法便是以此作为信托合同、信托遗嘱与信托宣言的统称。故在该法以及该国或该地区其他法律中规定有"信托行为"的全部条文,一律适用于存在于该国或该地区的任何信托合同、信托遗嘱与信托宣言。对信托行为的规制适用信托法以及其他有关法律。如果在一国法律中存在法律行为制度还要适用该制度中的有关规定,所谓有关规定在这里特指存在于该制度中的以对法律行为当事人资格及其意思表示和该行为内容及其形式提出具体要求为内容、但与信托法及其他有关法律不相抵触的那些规定。在我国,信托行为从一般民事行为角度看应当具备《中华人民共和国民法通则》第55条规定的民事法律行为的全部条件,从特殊民事行为角度看则应当符合我国《信托法》及其他有关法律的全部要求,只有做到了此点才能够将该行为视为已符合法定条件。信托行为能够设立信托,但能够为这一行为设立的信托仅限于明示信托。被我国《信托法》确认能够设立信托的行为实际上仅限于信托行为一种，为《日本信托法》、《韩国信托法》与我国台湾地区《信托法》确认能够设立信托的行为实际上也只是信托行为。信托行为是委托人意志的体现。符合法定条件的信托行为自成立时起即对信托各方当事人产生约束力，即在信托存续期间，无论是受托人对信托财产的管理和对信托事务的处理、受益人对信托利益的获取还是委托人对信托运作过程的干预，均必须以信托行为中的有关规定为依据。 （张 淳）

xintuo xingshi
信托形式（forms of trust） 记载信托行为内容、体现委托人之信托意图的方式。它包括书面形式、口头形式和其他形式。对于委托人在设立信托时对信托形式的采用，《中华人民共和国信托法》有一条统一的规定，该法第8条第1款规定："设立信托，应当采取书面形式"。为此规定确立的要式原则适用于任何类型的信托行为。故任何人设立信托，为其所实施的信托行为无论属于何种类型均必须采取书面形式才能视为形式合法。 （张 淳）

xintuo xuanyan
信托宣言（declaration of trust） 由委托人公开向社会作出的、以由其提供财产作为信托财产以设立信托并自任受托人为内容的宣言。信托宣言为信托行为的一种，它在性质上属于单方民事行为，且属于在委托人生前即发生效力的单方民事行为。对信托宣言的规制适用信托法，如果在一国法律中存在民事行为（法律行为）制度还要适用该制度中的有关规定。信托宣言在内容上应当记载为信托法要求记载的信托事项，且记载这些事项的信托条款还应当具备为该法要求具备的合法性和确定性，在形式上应当符合该法以及其他有关法律的要求。符合法定条件的信托宣言自委托人向社会公开作出时起生效，法律或该宣言另有规定的，以其中规定的时间为其生效时间。

宣言信托由信托宣言设立，信托宣言生效的时间即为宣言信托成立的时间。信托宣言只能设立他益信托，而不能设立自益信托，且这种宣言在他益信托范围内只能设立民事信托与公益信托，而不能设立营业信托。《中华人民共和国信托法》对信托宣言为设立信托的一种方式持实际承认态度，该法第8条第1款规定："设立信托，应当采取书面形式"，第2款规定："书面形式包括信托合同、遗嘱或者法律、行政法规规定的其他书面形式"。后面一款中的"其他书面形式"显然可以被解释为其中包括书面的信托宣言。且依此款及前面一款的精神：第一，只要有法律或者行政法规将信托宣言规定为设立某一或者某些品种的信托的方式，该法便对委托人以信托宣言设立这一或者这些品种的信托持允许态度，而无论这一或者这些品种的信托是民事信托还是公益信托；第二，本法以绝对要式原则作为信托宣言在形式采用上所应遵循的原则，依此原则信托宣言的合法形式仅限于书面形式一种。英美信托法对信托宣言为设立信托的一种方式持明确肯定态度，该法也认为信托宣言既可以运用于设立民事信托又可以运用于设立公益信托，并也从绝对要式原则的精神出发确认信托宣言应当采取书面形式。但英美信托法并未规定只有在有其他法律或者行政法规将信托宣言规定为设立某一或者某些品种的信托的方式的情形下其才对由此设立信托持允许态度，故依据该法委托人可以通过信托宣言设立任何品种的民事信托与公益信托。我国台湾地区信托法也对信托宣言为设立信托的一种方式持明确肯定态度，但该法却只允许法人通过信托宣言设立公益信托，它的第71条规定："法人为增进公共利益，得经决议对外宣言自为委托人及受托人，并邀公众加入为委托人"。依此条的精神，法人可以通过信托宣言设立任何品种的公益信托。《日本信托法》与《韩国信托法》既没有明文规定，也没有以任何方式将信托宣言列为设立明示信托的一种方式。（张 淳）

xintuoye
信托业（trust trades） 参见信托公司条。

xintuoye fa（woguo taiwan diqu）
《信托业法》[我国台湾地区]（Trust Trades Law of Taiwan District of China） 我国台湾地区规定信托业即信托公司的组织与活动的基本规则且具有信托组织法性质的法律，于2000年7月19日颁布并于同日起施行，仅其中第60条曾于2000年12月20日修订。该法共有七章63条：第一章：总则，规定了信托业与共同信托基金的定义、信托业的利害关系人的范围以及对信托业名称使用的要求；第二章：设立及变更，规定了信托业的组织形式、信托业及其分支机构的设立、信托业的应当得到政府主管机关批准才能实施的行为以及在信托业合并或因其他原因变更或解散时对银行法的适用；第三章：业务，规定了信托业的经营范围、信托合同的形式与主要条款、信托业在执行信托时应负的义务、信托业不得实施的行为和其需要经过受益人同意才能实施的行为、共同信托基金的募集和共同信托基金受益证券的转让以及信托业办理委托人不指定运用范围或方法之金钱信托的运用范围；第四章：监督，规定了信托业对赔偿准备金与公积金的提存、信托业对固有财产的运用范围、信托业向政府主管机关申报重要事项的义务以及应当由其申报的重要事项、政府主管机关对信托业的检查及其对有违法行为的信托业的行政处分；第五章：公会，规定了与信托业商业同业公会有关的事项;第六章:罚则,规定了对信托业的应当给予行政处罚与刑事处罚的违法行为以及由这种行政处罚与刑事处罚所涉及到的行政罚款的数量和刑事责任中的罚金的数额与有期徒刑的期限;第七章:附则,规定了对本法施行前设立的信托投资公司的改制以及本法施行的日期。从内容上看,该法显然是参照《日本信托业法》与《韩国信托业法》制定,且相对而言它受后者的影响显得要大一些。但在该法中却存在着一些在后面这两部法律中并不存在的规则,正是这些规则,体现着它在制度方面的创新。 （张　淳）

xintuo yizhu

信托遗嘱(testament of trust)　由委托人订立的、以由其提供遗产作为信托财产并指定受托人以设立信托为内容的遗嘱。信托遗嘱为信托行为的一种,它在性质上属于单方民事行为,且属于在委托人死亡时才发生效力的单方民事行为。对信托遗嘱的规制除适用信托法还适用继承法或遗嘱法,如果在一国法律中存在民事行为(法律行为)制度还适用该制度中的有关规定。信托遗嘱在内容上应当记载为信托法要求记载的信托事项且记载这些事项的条款还应当具备为该法要求具备的合法性和确定性,在形式上应当符合该法以及其他有关法律的要求。符合法定条件的信托遗嘱自委托人死亡时起生效,但由其设立的遗嘱信托成立的时间由信托法另行规定。遗嘱信托由信托遗嘱设立,但信托遗嘱只能设立他益信托,而不能设立自益信托。只是这种遗嘱对属于他益信托范围内的民事信托、营业信托与公益信托均能设立。《中华人民共和国信托法》对信托遗嘱为设立信托的一种方式持明确肯定态度,该法第8条第1、2款规定:"设立信托,应当采取书面形式"。"书面形式包括信托合同、遗嘱或者法律、行政法规规定的其他书面形式"。除我国外的其他各国与各地区的信托法也均将信托遗嘱明确地确认为设立信托的一种方式。遗嘱形式主要包括书面形式与口头形式。我国《信托法》以绝对要式原则作为信托遗嘱在形式采用上所应当遵循的原则。且依该法第8条第1、2款书面形式为信托遗嘱所能够采取的惟一合法形式,或者说信托遗嘱无论是由委托人在一般情况下订立还是在危急情况下订立均应当采取书面形式。尽管《中华人民共和国继承法》第17条规定,遗嘱在一般情况下除可以采取书面形式外还可以采取录音形式,但此条在我国并不能适用于对信托遗嘱形式的采用。英美信托法与日本、韩国及我国台湾地区的信托法均并未对信托遗嘱的形式作出专门规定,在这些国家和地区对信托遗嘱采用的形式适用其继承法或遗嘱法关于遗嘱形式采用的一般规定。此项一般规定体现着该法对遗嘱形式采用所持的下述态度:以要式为原则,不要式为例外。依此项一般规定,信托遗嘱在一般情况下应当采取书面形式,如果本国或本地区的继承法或遗嘱法允许则其还可以采取录音形式或录像形式。只有在危急情况下,并且委托人在其他方面也符合该法规定的条件,其才既可以采取书面形式、录音形式或录像形式,又可以采取口头形式订立遗嘱信托。（张　淳）

xintuo yitu

信托意图(trust intention)　委托人所具有的关于设立信托的意图。信托意图是委托人所为的记载下述内容的意思表示体现:向某人提供财产以设立信托;或者将财产转移给某人占有和管理,并由该人将由此获得的利益交付给他或者他所指定的其他人;或者运用于处理他所指定的特定事务。信托意图既可以由信托行为记载,也可以采取其他方式记载。但就信托的设立而言,这一意图只有当记载于信托行为中才具有法律意义。英美信托法重视信托意图:该法将存在于信托文件中的措词确定视为任何信托均必须具备的三项确定事项之一,在"措词确定"中则包含着"记载信托意图的措词确定"这样一项重要内容。故依据该法,信托意图不确定的信托无效,法律另有规定的除外。
（张　淳）

xintuo yingyeren

信托营业人(the person doing business of trust)　参见营业受托人条。

xintuo zhongzhi

信托终止(termination of trust)　信托由存在变为不存在。它一旦发生,存在于信托中的并为委托人、受托人与受益人所享有的一切权利和所负有的一切义务,包括由信托法规定的权利义务和由信托行为或者设立信托的国家行为规定的权利义务,均归于消灭。信托将因一定事由发生而终止。《中华人民共和国信托法》第53条规定:"有下列情形之一的,信托终止:(1)信托文件规定的终止事由发生;(2)信托的存续违反信托目的;(3)信托目的已经实现或者不能实现;(4)信托当事人协商同意;(5)信托被撤销;(6)信托被解除。"此条列举的除(3)外的其他各项事由,也是其他国家和地区的信托法列举的能够导致信托终止的事由。此外,信托期间届满作为一项事由,在事实上也能够导致信托终止。当然,上述事由中的"信托的存续违反信托目的"、"信托目的已经实现或者不能实现"与"信托期间届满"能够导致信托终止是从原则上讲的。与此有关的例外是:只要信托行为、设立信托的国家行为或者法律规定在这些事由发生情形下信托将继续存在,则信托将不会因这些事由的发生而终止。此点已为各国、各地区信托法所肯定。在信托终止情形下,信托财产应当被转移给依法有权获得它的人。 (张 淳)

xinyong baoxian
信用保险(credit insurance) 保险人对被保险人(债权人)的信用放款和信用售货提供担保而同投保人订立的保险合同。依照信用保险合同,投保人按照约定向保险人支付保险费,在借款人或者赊货人(债务人)不能偿付其所欠被保险人的款项时,保险人按照约定对被保险人承担赔偿责任。信用保险是以信用风险为标的的保险。

信用危险所造成的损失,为财产上的利益之丧失,信用保险业务属于财产保险业务,但信用保险所承保的标的自身具有的特点,使得信用保险在财产保险中居于独立的地位。《中华人民共和国保险法》第91条规定,财产保险业务包括财产损失保险、责任保险、信用保险等保险业务。可见,信用保险与财产损失保险、责任保险等居于同等的地位。信用保险一般被称之为商业信用保险。在实务上,信用保险合同主要有出口信用保险合同、投资(信用)保险合同以及国内商业信用保险合同等多种。

在信用保险合同项下,保险人和投保人为合同的当事人。但是,信用保险合同的投保人只能是被保证人(债务人)的相对人(债权人),被保证人的相对人同时为被保险人。信用保险之被保险人对保险人控制危险或承担责任,应当提供一切必要的协助,特别是应当向保险人提供有关被保险人的交易的资料,并许可保险人查阅与承保的交易风险有关的所有的记录、账簿等文件。被保险人违反此等协助义务,保险人依照保险合同的约定有权拒绝承担保险责任。在发生信用保险合同约定的保险事故时,保险人向被保险人给付保险赔偿金后,有权向被保证人或者负有责任的第三人追偿。

原则上,信用保险所承保的风险为被保险人的债务人不为清偿义务所引起的损害,包括但不限于被保险人的债务人破产或失去清偿能力所引起的损害。具体而言,被保险人的债务人所具有的以下事实,可以约定为信用保险所承保的风险:(1)法院宣告债务人破产;(2)债务人自愿或者被强制清算的;(3)债务人的财产被法院扣押或被强制执行的;(4)债务人向被保险人明确表示不能履行债务的;(5)债务人迟延给付的;(6)被保险人有理由认为债务人不能清偿债务的;(7)发生对债务人清偿债务有影响的战争等异常危险;(8)被保险人与保险人对债务人不能清偿债务达成共识的;(9)其他债务人不为清偿的事实。 (邹海林)

xinyong chuzi
信用出资(to invest by credit) 无限责任公司和两合公司中无限责任的股东将其在商事活动中的信用供公司利用,并以此作为一种出资方式的行为。公司利用信用的方法既可以是在某种交易中使用信用出资股东的姓名或名称;也可以是由信用出资股东承兑或背书公司开出的汇票;还可以是由信用出资股东为公司提供担保等。由于信用具有吸引顾客、融通资金的功能,在商业上可视为一种无形资产,所以将信用作为出资标的也就被一些国家的商法所允许。信用出资股东可以根据公司章程的规定或当事人的约定参与公司的经营管理,享有利润分配权,同时也承担财产责任。我国现行法律不允许无限责任公司和两合公司存在,也不允许以信用方式出资。 (关 涛 梁 鹏)

xinyong daikuan
信用贷款(credit loan; unsecured loan) 担保贷款的对称,不以提供担保为条件,仅以借款人的信用为条件的贷款。依《中华人民共和国商业银行法》规定,商业银行在借款人申请借款时,经审查、评估,确认借款人资信良好,确能偿还贷款的,可以不提供担保而发放信用贷款。商业银行不得向关系人发放信用贷款。 (郭明瑞)

xinyong hezuoshe
信用合作社(credit cooperative) 集体法人的一种,资金独立、自负盈亏的经济、权利义务主体。我国的信用合作社原来包括城市信用合作社和农村信用合作社,现城市信用合作社已改成城市商业银行,农村信用合作社是我国农村劳动人民自愿建立的集体所有的从事金融业务活动的互助组织,简称信用社。信用合作社吸收的股金、经营积累和其他财产,属于该社社员集体所有。它所吸收的存款属于储户所有。信用合作社的主要活动是通过办理农村储蓄和乡村组织的存款,吸收农村中的闲散资金,通过对农民发放短期贷款帮助农民解决生产和生活等方面临时性的资金困难。信用合作社还兼办银行委托的业务。信用合作社年终结算的盈余,首先提出公积金,其次按社员股金进行分红,最后提留奖励金和福利金。 (李仁玉 卢志强)

xinyongka
信用卡(credit cards) 广义的信用卡是指能够据以取得现金、财物、劳务的任何卡片、牌板、票册及其他信用工具。而现实生活中广为流通的狭义的信用卡是指银行或专门机构发给消费者使用的一种信用凭证。凭此证,消费者可到商家购物消费,而不必即付现款。信用卡所具有的功能主要体现在:(1) 因其可直接购物消费,故具有结算功能;(2) 因其可向指定机构存款,故具有储蓄功能;(3) 因凭其可在异地结算,故具有汇兑功能;(4) 因持卡人可先消费后付款,或可先付款后消费,故信用卡又具有信贷功能。

信用卡产生于 1915 年,其前身为美国的百货商店、饮食业为招揽顾客、扩大销售和方便购物而发行的信用凭证。当时,支票在经济生活中的弊端越来越明显,信用卡是为克服支票可能被拒付而出现的替代工具之一。它既减少远城结算携带现金的麻烦,又使债权人的受款得到保证,同时使债务人就付款赢得了时间上的宽裕。在我国,目前只有银行信用卡,而不像西方发达国家在信用卡的发行主体方面具有多样性特点,而且我国对申领信用卡有严格的资格条件和程序条件的限制。信用卡发行后会产生持卡人、发卡人、指定商户三者之间的权利、义务关系。在持卡人与发卡人之间主要为信用卡上的权利、义务关系。而在发卡人与指定商户、持卡人与指定商户尤其是持卡人与指定商之间主要是一般的民事权利、义务关系。

(王小能 邹以宁)

xinyong maimai

信用买卖(credit sale) 又称"赊销"、"赊账买卖"。"现金买卖"的对称。出卖人销售货物给买受人,买受人暂不付款,而将欠款记在出卖人账上,待一定时期之后再付款的交易形式。根据出卖人收取货款的次数不同,可分一次性收款与分期收款两种方式。信用买卖是市场经济社会中广泛使用的一种形式。信用买卖除支付时间和一般买卖合同不同外,其他条件与一般买卖合同相同。如果买受人在规定期限内不能支付货款,应负法律与合同所规定的责任。信用买卖是商品经济发展到一定阶段的产物。买卖双方关系密切时,出卖人以信用买卖方式将货卖给买受人,多是给予买受人的一种优惠。另外,在市场不景气、商品滞销、新商品试销或与其他商品竞销的情况下,信用买卖也常被商家作为一种售货方法而采用。信用买卖对扩大商品销售、促进商品流通有着积极的作用,但同时也易造成市场虚假繁荣,加剧供求矛盾。建国之前,我国的零售商店常采用信用买卖招揽生意,一般逢节日(如端午、中秋、除夕等)收取货款。新中国成立后的 30 年间,国家一直禁止企业采用信用买卖方式。经济体制改革以来,随着商品经济的发展,信用制度逐步得到完善,国家逐渐允许企业在一定范围内采取信用买卖方式经营。

(任自力)

xinyong piaoju

信用票据(credit negotiable instruments) 支付票据的对称。这种分类是按照票据的经济职能进行的。它是指票据金额在指定的到期日才能支付,在到期日之前,是凭借出票人的信用而在贸易中使用、流通的票据,如汇票和本票,即在没有现金的情况下也能使用的票据。信用票据既能克服使用现金在空间上的麻烦,又能克服现金使用在时间上的困难,它的到期日形式不限于见票即付,通常采用远期付款的到期日形式,持票人必须在票载日期到来之后方可以请求付款。而信用票据的使用不受有无资金的限制,法律上不存在"空头支票"的概念。

(温慧帅)

xinyong qiyue

信用契约(credit contract) 指由当事人一方先移转财产权或提供服务,另一方日后支付价金或酬金的合同。如当事人之间关于赊欠消费的协议、关于分期付款的买卖,均属于信用契约。信用契约需要买方或接受服务方本身有可靠的商业信誉或其提供足够的担保。

(郭明瑞)

xinyongquan

信用权(right of credit) 信用是民事主体在经济方面的名誉,即某人在财产上的资力、履行义务的名誉以及由此产生的人们对他的信赖与评价,是民事主体与他人发生正常的经济往来、获取经济利益的基本条件。信用权是民事主体对其信用所享有的不受他人非法侵害的权利。信用权属于民事主体的人格权。信用权人可以利用自己的信用为自己或他人谋利益,例如为债务人提供担保,以融通资金。《德国民法典》第 824 条明文保护信用。《中华人民共和国民法通则》未规定信用权而规定法人有名誉权。因此,可以认为,我国民法是将信用作为名誉权的一项内容来保护的。 (张玉敏)

xinyong sunhai

信用损害(德 Kreditgefährdung) 德国民法上侵权行为的一种。按照德国民法的规定,明知或应知真相而违背真相声称或传播某一事实,危害他人信用或者对他人的生计或前途引起其他不利的人,应当赔偿他人因此而产生的损害。但通知人不知其通知内容不实而通知的,如果通知人或者被通知人对此通知有合法利益时,通知人不负损害赔偿责任。

(刘经靖)

xinyong weiren

信用委任(拉丁 mandatum qualificatum) 又称信用委托,受任人接受他人(委任人)的委托,以自己的名义向第三人(债务人)提供信用借款,委任人就该第三人接受信用的债务,对于受任人承担保证责任。在信用委任情况下，当受任人根据信用委任将款项借给第三人时，则委任人自然成为该第三人的保证人。在信用委任关系中，一方面委任人对受任人负保证责任；另一方面受任人负有依委任人的委任向第三人（主债务人）供与信用的义务。受任人接受委任履行义务时，应注意委任人的利益，如果向外借出款项时发现，因特殊情况日后借款人还款可能发生困难，应及时报告委任人，并依照委任人的指示行动。根据信用委任的性质，委任人应当以自己的财产借予第三人。信用委任中的保证关系，如保证人责任的内容及范围，关于保证人的抗辩权、求偿权等均适用关于保证方面的规定。信用委任为德国民法中的一种制度，我国台湾地区民法中亦有相应的规定。　　　　　　　　　（奚晓明）

xinyong weituo
信用委托（拉丁 mandatum qualification；德 Kreditauftrag）　一方（受托人）受他方（委托人）委托，以自己的名义，向第三人提供信用的协议。例如受他人委托向第三人提供贷款或赊卖货物，又如受他人委托延长向第三人贷款的期限。信用委托的成立以委托人和受托人订立委托契约为前提，根据委托契约，受托人承担对第三人提供信用的义务，对于受托人和第三人之间的债权关系，委托人承担保证责任。信用委托关系成立后，在受托人向第三人供给信用前应适用关于委托的规定，供给信用后，委托人即开始承担保证责任，并适用关于保证的规定。只要受托人在供给信用后发现第三人没有履行债务的能力或履行能力降低时可以随时解除信用委托协议，若受到损失，则有权向委托人请求赔偿。受托人和第三人之间的债权关系虽然是根据信用委托关系而产生的，但仍具有相对独立性，这主要表现在受托人向第三人收取的报酬、本金、利息都无须交还委托人，因提供信用而支出的资金也不能直接向委托人请求偿还，只有在第三人不履行债务时，才能向委托人请求承担保证责任。

　　大陆法系近代商法的这种信用委托在德国普通法上又称为特殊委托，现德国民法将其规定于保证之中，瑞士债务法将其规定于委托中。但信用委托的性质既不同于委托，又不同于一般保证，而是既有委托关系，又有保证关系。因此，信用委托应为委托与保证并存的混合合同关系。　　　　　　（关涛　梁鹏）

xinyongzheng jiesuan
信用证结算（letter of credit settlement）　结算方式的一种，付款人将款额预先交付银行，委托银行开出信用证，通知收款人的开户银行转告收款人，收款人按合同和信用证规定的条件发货或付款人将货物或付款人将货物自提后，银行代付款人付给贷款的结算方式。因信用证结算以付款人在开户行的信用证专项存款为基础，故可充分保证收款人及时收到货款。　（邹川宁）

xinyu
信誉（prestige）　信用和名誉的总称。名誉作为名誉权的客体一般指社会对自然人、法人及其他主体的品德、才能以及其他素质的综合评价。它体现为一种主体的人格价值，无论何人，也无论其属于社会的何种阶层及其在经济上、政治上的地位如何，都应具有自身的名誉，此种名誉理应受到法律的保护，对名誉的保护是人格权制度的重要内容。而信用作为信用权的客体，一般表现为社会对特定主体的经济能力进行的评价，虽然名誉和信用都是一种社会评价，但两者评价的范围不同，名誉的评价范围要比信用的评价范围宽泛，准确地说，信用是将关于主体经济能力的社会评价从一般的社会评价中分离出来，并将其确认为一种独立的人格利益予以保护。

　　商誉作为一种商业信誉，与信誉在许多方面是不同的：(1) 主体范围不同。商誉主体是与从事商品活动有关的组织和个人，非与商品活动有关的组织和个人一般不构成商誉主体，但可成为名誉主体，因此，信誉主体的范围比商誉主体的范围大。(2) 评价行为不同。商誉是针对商主体从事的商行为进行的综合评价，而信誉的评价对象除了包括商主体的市场行为外，还包括其他主体的各种活动及素质，因此，信誉的评价范围要比商誉的评价范围广。(3) 内容属性不同。商誉是一种无形财产，具有财产内容，可以通过科学的评估体系估计其资产价值。而信誉是一种无形的人格，不直接体现为财产，不具有财产内容，它仅仅与财产发生某些联系。

　　在商法领域中，信誉所包含的名义和信用又有其特殊性：首先，商法中的名誉专指社会对商主体的品德、才能以及其他素质的综合评价，即商法中名誉主体的范围要小于民法中的名誉主体的范围。其次，商法中的信用是采取信贷货币资金和延期支付的方式的商品买卖活动，它包括实际的资金及其他信用工具借贷和商品借贷，以及附条件或无条件借贷的承诺。此种意义上的信用可分为：(1) 银行信用，即以银行为一方的货币借贷活动；(2) 商业信用，是商品交易中的延期付款或交货的短期信用；(3) 国家信用，是以国家为一方的借贷活动，如发行公债；(4) 消费信用，即对个人消费者提供的信用，有分期付款和消费贷款两种形式；(5) 国际信用，即国家间相互提供的信用，包括各国政府、政府银行及国际金融机构提供的信用。

　　在现代市场经济条件下，商主体具备良好的信誉是其实现营利的重要条件。首先，交易双方在商业活动中如果具备良好的信誉，就会降低交易费用，如监督违约行为并对之制裁的费用、维护交易秩序的费用等。而交易费用的减少同时也意味着交易成本的降低和交易秩序的稳定,所以,良好的信誉最终带给经营者的是实现较大的营利。其次,交易双方具有良好的信誉有利于保证交易的安全与确实,从而最大限度地排除发生各种纠纷和意外的可能性,这种安全的交易环境也是商主体实现营利的保障。 (梁 鹏)

xingwei
行为(德 juristishe Handlungen) 又称为法律上的行为,指能够发生民法上法律效果的人的有意识的行动。是民事法律事实的两大类之一(另一类是自然事实)。多数的民事法律事实都是行为。

行为可以区分为合法行为、违法行为和放任行为三类。

合法行为又称适法行为,是指法律所容许或者不禁止的行为,或者说发生对行为人有利的法律效果的行为。合法行为又可以分为表示行为和事实行为两类。表示行为可以分为民事法律行为和准民事法律行为两类。

违法行为又称非法行为,是指法律禁止或者不容许的行为,或者说发生对行为人不利的法律效果的行为。违法行为主要包括侵权行为和债务不履行行为两大类,后者包括违反合同或者因为不当得利、无因管理、先合同义务等法定债务的行为。违法行为的行为人主观上可能有过错,但是也可能没有过错,要根据关于各种违法行为的具体法律规定所设定的要件判断。

放任行为又称紧急行为,指权利人处于急迫之不法侵害或者其他危险之下,并且无法及时得到公力救济时,法律上承认权利人可以为保护自己的利益而进行的私力救济性质的行为。放任行为介于合法行为与违法行为之间。由于放任行为属于法律上放任的私力救济,因此虽然造成他人损害,但是违法性被阻却。放任行为人不负损害赔偿责任。但是,放任行为皆有法定的必要限度,超越该限度而造成他人损害,即不能阻却违法性,而构成侵权行为。 (葛云松)

xingwei zeren zhi qinquan xingwei
行为责任之侵权行为(德 unerlaubte Handlung bei Handlungshaftung) 意思责任之侵权行为的对称。以行为人的客观行为作为归责依据的侵权行为。其特点在于只要行为人在客观上实施法律规定的某种行为,就须对该行为造成的损害后果承担民事责任。德国学者称此种侵权行为所承担的责任为危险责任,不以过失为要件,包括客观责任之侵权行为与结果责任之侵权行为。此种侵权行为为特殊侵权行为的一种。
 (张平华)

xingzheng minling zhi zhai
行政命令之债(obligations based on administrative order) 直接根据国家行政管理机关的命令而在民事主体之间产生的债。它存在于一些社会主义国家。起源于前苏联,由于战时共产主义政策的执行使得几乎所有的工业品都由行政机关直接分配,民事主体间的意志完全由行政命令控制。在社会主义国家,关系到国计民生的重要产品和重大经济活动直接根据行政机关的命令进行调配和调拨。如在我国,向贫困地区提供无息贷款甚至无偿援助,建设三峡水库而产生的借贷等,许多都属于行政命令之债。行政命令之债不同于因行政命令而订立的合同之债。前者不需以合同形式体现,直接由命令产生;后者仍需以民事主体间的合同来体现权利义务,行政命令只是起间接或中介的作用。随着我国社会主义市场经济的建立和完善,行政命令之债必将逐渐减少至完全消失。 (万 霞)

xingchengquan
形成权(right of evolvement;德 Gestaltungsrecht) 私权之一种,仅凭权利人单方行为就能使现有的法律关系直接发生变动(即形成法律关系,包括创设、变更及消灭法律关系)之权利。形成权一语,创自德国学者 Seckel。从权利作用角度所作的区分,与支配权、请求权、抗辩权相并列。

形成权法律关系的内部结构为权利——拘束或屈从,从而呈现出不同于一般法律关系的显著特点,因为绝对权或相对权关系的内部结构为权利——义务。在权利义务关系中,义务只是法律对于人的自由意志范围所加的限制。法律折中于权利保障和人格尊重的理想之间,只要求义务人自由执行以达成某一特定结果,并不要求义务人的意志对法律绝对服从。因此义务人常有违反义务之可能,法律为保障权利实现,则通过回复原状或损害赔偿以为补救。同时,由于法律注重特定结果之获致,只要目的达成,完成者是义务人还是他人,即属次要。义务人拒绝履行义务时,法律既然非以义务人为对象,故可采强制执行方法,以义务人的财产承担责任,以期完成真正期求的目的。而在权利拘束关系中,与权利相对的不是义务,而是对于某种结果无可抗拒的必须承受。因形成权之行使,相对方在法律上受其拘束。比如形成权的相对人,合同一方当事人在另一方行使解除权或终止权时,他必须让另一方的行为有效。所以,他的拘束在于:另一方可以将法律关系的形成强加于他,尽管他本人对此并不愿意,但他必须允许这种形成,允许另一方经由形成权来中断原有的法律关系,而且还要允许这种做法有效。因此,根据形成权的性质来说,不需要也不可能允许所谓的义务相对待而存在。正因为相对方非为义务,所以不可能有注意义务及义务违反。没有义务违反，就不可能侵害形成权，进而不发生损害赔偿、强制执行问题。形成权仅得由权利人行使，第三人无从加以侵害，故非为《中华人民共和国民法通则》第 106 条的保护对象。所以，可以将形成权的特点归结为四点：(1) 形成权与支配权之区别，即在形成权，无可供支配的标的，且形成权人之意思，无须他人之协助，依法可以发生一定之效力，而在支配权，必有有体、无体之标的供支配，且支配权之行使，必须有赖他人之行为，始克奏效。(2) 形成权并非要求他人行为或不行为之权，故亦不同于请求权。请求权须有相对人的协力或法院的强制执行，才能实现。在形成权，相对人并不负有相对应的义务，只是受到拘束，须承受此项形成及其法律效果。(3) 形成权为权利人得单独行使之权利，故不必要强制执行。(4) 形成权之相对方无对应之义务，不发生损害赔偿问题。

私法法律关系的形成，原则上须得到有关当事人的同意，由一方行使形成权而得形成私法关系者，则为例外。因此，要么基于法律的规定，要么基于相对方的同意，否则形成权无以确立。

形成权依其所由发生之原因可分为：(1) 因法律行为而发生者，基于契约自由原则，当事人得为形成权的约定，如买回权、约定解除权。惟婚姻、父母子女关系非当事人可以处分，故不得有形成权的约定。(2) 因法律规定而发生者，如法定解除权是。

形成权依其效力的不同可分为：(1) 创设权，即依单方法律行为以创设法律关系之形成权，例如，因行为能力不完全、代理权欠缺或者无处分权，致债务契约或处分契约效力未定，限制行为能力人的法定代理人、被代理人或被处分权利的权利人都享有追认权（《中华人民共和国合同法》第 47、48、51 条）；优先受让权（按份共有人的先买权，见《民法通则》第 78 条，房屋承租人的先买权，见《合同法》第 230 条，有限责任公司股东对出资的先买权《中华人民共和国公司法》第 35 条 3 款）；试验买卖中买受人的承认（《合同法》第 171 条），本人对于无因事务管理的承认（参见《德国民法典》第 684 条）；选择权契约中的选择权（选择权契约的选择权人得以一方的意思表示使契约按照此前双方预定的内容发生效力。而在预约，其仅发生本约的订立请求权，本约订立请求权虽然原则上能强制执行，但本约仍须双方意思表示一致而成立。此乃预约与选择权契约不同之所在）；介入权（行纪人的介入权，见《合同法》第 419 条，公司在董监事或经理违反忠实义务时的归入权，见《公司法》第 61 条、第 214 条、第 215 条）以及买回权，等等。此类形成权，又称为积极形成权。(2) 变更权，即以变更原法律关系为内容的形成权，如法律行为或契约内容有重大错误或显失公平情况下的变更诉权（《民法通则》第 59 条、《合同法》第 54 条），选择之债的选择权（参见《德国民法典》第 262 条），任意之债中的给付更替权，契约给付的确定权（参见《德国民法典》第 315、316 条），一方根本性违反契约义务时另一方对于解约或者实际履行等救济手段的选择（《合同法》第 94 条、107 条），一方违约时另一方对于违约金或定金的选择（《合同法》第 116 条），对于契约关系中的不法行为，受害的契约一方可以选择行使侵权损害赔偿请求权或者违约损害赔偿请求权（《合同法》第 122 条），可转换公司债券之持有人对是否转换成股票有选择权（《公司法》第 173 条）。(3) 废除权，即可依单方法律行为以消灭整个法律关系，或仅消灭法律关系中的个别权利之形成权，例如撤销诉权（《民法通则》第 59 条、《合同法》第 54 条），法定或者约定的契约解除权（《合同法》第 93 条 2 款、94、69 条），赠与人的撤销权（《合同法》第 186 条、192 条），赠与人的继承人或法定代理人的撤销权（《合同法》第 193 条），抵销权（《合同法》第 99 条所谓抵销通知自到达对方时生效，盖该通知既为行使形成权之单方行为，自应以须相对人受领的意思表示作成。而其既经生效，则债权全部或部分消灭之效果应更溯及自抵销要件具备之时。惟此种溯及效力原属例外，现行法上未能特予明确，不免使人误以为债权消灭始于抵销行为生效时），长期契约关系中的通知解约（《合同法》第 232 条、410 条，《中华人民共和国合伙企业法》第 29 条），房屋出典人的回赎权（《最高人民法院关于贯彻执行民事政策法律若干问题的意见》第 58 条），遗嘱的撤销（《中华人民共和国继承法》第 20 条），婚姻撤销权或撤销诉权（《中华人民共和国婚姻法》第 11 条），离婚诉权（《婚姻法》第 32 条），收养关系解除诉权（《中华人民共和国收养法》第 26、27 条）。又例如在第三人表示接受利益前，契约当事人得将附在契约中的利益第三人之约款取消之（参见《德国民法典》第 328 条）；对于附利益第三人约款的契约项下的权利，第三人表示不欲享受（参见《德国民法典》第 333 条）；截至债权人承诺之前，债务人与第三人对于彼此间的债务承担契约亦得变更或取消（参见《德国民法典》第 415 条 1 项 3 句）。此等形成权，又称为消极形成权或者无成权（最属常见，堪称典型的形成权）。至于要约相对人的承诺权，德国通说认之为形成权。债权人的撤销诉权（《合同法》第 74 条）我国通说认为是形成权，但值得商榷。

形成权通常依权利人的意思表示为之，于相对人了解，或到达相对人时发生效力，成为单纯形成权，又称裁判外的形成权。多数形成权属之。若干形成权之行使，权利人须为意思表示外，尚需提起诉讼（形成之诉），而由法院作成形成判决，始生效力，学说上称为形成诉权，又称裁判上的形成权。因为有些形成权影响相对人利益甚巨,或为创设明确的法律状态,有必要由法院审查认定形成权的要件是否具备。惟须注意者三:首先,单纯形成权也可以形成之诉行使,但形成诉权则不得仅以意思表示为之;其次,形成权的行使虽为单方行为,但单方行为非必为形成权之行使行为。例如旨在设立基金会法人的捐助、遗嘱、悬赏广告等,均为单方行为,但因为不是对现已成立的法律关系而为,故非为形成权之行使;再者,在我国,形成诉权的概念是不太准确的。例如有瑕疵的法律行为,其变更或撤销可以不经过法院,而经由仲裁机构为之(《民法通则》第59条,《合同法》第54条)。而婚姻之撤销,也可以经由婚姻登记机关为之(《婚姻法》第11条)。形成权之存续应当受到除斥期间或者相对方的催告权的限制,并且很有必要引入权利失效原则。形成权之行使,原则上不得附条件或期限。

包括形成诉权在内的形成权,原则上不能独立转让,因为它是依附于特定的法律关系,并和其中的主体及其法律地位相关联。因此,如果形成权所附着的法律关系本身具有可移转性,那么形成权只有跟随该法律关系才有可能移转。例如甲向乙购车,乙所交付的汽车有瑕疵时,甲不得单独将其解除权让与于第三人丙。假设甲将其对乙的债权让与于丙时,解除权的行使关系到买卖契约的存废,惟契约当事人才能行使,由于债权的让与人并未丧失其作为契约当事人的地位,解除权不随债权而移转于丙。若甲将其对乙的债权债务概括移转于丙时,丙因契约承担而成为买卖契约当事人,解除权随之移转。撤销权不能移转,但原则上可以继承。但是,如果形成权所附着的法律关系本身无移转性,形成权自不得移转,即使是撤销权也不得继承。例如因受胁迫而结婚的,其婚姻撤销权不得继承。遗嘱的撤销权亦然。

无成权(消极形成权)之行使,有时效果仅及于行使人,而所废除者为行使人自己的某种权利。然多数情形,无成权之行使常对他人权利地位发生作用,其不利后果至少将波及于当事人双方。无成权之行使,通常固然是针对某一法律关系,但结果所废除者,可能不是该法律关系的全体,而是其中的个别权利,例如抵销。无成权之行使,行使人意志之表现,较诸绝对权相对权者,尤为明显,尤为强烈。无成权之效力,行使人以单方之意思加以决定,因此往往随时可令之产生。而权利行使殃及之对象则处于绝对被动的地位,相对人非但无从抗御其行使,而且亦无从阻碍其行使。无成权之行使为法律行为,因此权利人须有行为能力,法院不能代替或补充此行使意志方面的缺乏。无成权行使之效力,有的从现时起算,如契约之终止;有的则有溯及既往的效力,如法律行为之撤销、抵销。无成权之行使,还可能产生其他附带效力,如租赁契约被撤销或

被通知解约,此时可能须依不当得利原则,退还押金。无成权的目的既然在于废除权利或法律关系,则因无成权行使致该权利或法律关系消灭的,无成权也归于消灭,除斥期间或诉讼时效问题也不会发生。在数种无成权若同时并存,则行使其一,即排除其他。然在具有溯及当时效力之无成权,则情形略有不同,如到期或经通知解除之租赁契约,嗣后亦可再加以撤销。盖一经撤销,其他已为之给付可依不当得利促después返还。

广义形成权包括抗辩权,狭义形成权则将抗辩权除外。其实抗辩权乃为消极形成权中之一种。此为专门针对请求权而行使之形成权,惟其作用与一般之消极形成权略异。盖其主要目的在于阻碍对方请求权之行使,而非即能使之整个关系消灭。故学理上多将抗辩权独立于形成权而论列。 (张 谷)

xingshi minfa
形式民法(德 buergerliches Recht im formellen Sinne) 作为成文法之一种的民法典。又称形式意义的民法,是"实质民法"或者"实质意义的民法"的对称。民法典是一个单独的法律文件,按照一定的体系对民事法律规范进行系统编排而成,是一般大陆法系国家最重要的制定法之一。民法典中一般包括了民法规范的基本部分,比如民事主体、物权、债权(包括合同和侵权行为等)、亲属、继承等,但是并非所有的民事法律规范都囊括在民法典之中。也就是,实质意义的民法除了包括民法典外,还包括存在于其他法律中的民事法律规范。比如公司、票据、海商、保险、著作权、专利、商标等,各国大多在民法典外单独立法。此外,在民法典之中,立法者也会为了使用方便而加入一些公法性质的法律规范,比如关于宣告失踪、宣告死亡的非讼程序的规定。所以形式民法和实质民法的范围有较大差异。

由于民法典中包括了民法规范的基本部分,因此其他法律仅规定相关的特殊问题。在民事特别法的适用中,如果法律中有特殊规定,适用该规定而不适用民法典,但是如果没有规定,则适用民法典中的相关规定。

我国目前尚未制定民法典,也就是说尚不存在形式民法。 (葛云松)

xingshi shang xingwei
形式商行为(commercial act in form) 商行为分类的一种,指商法中明确规定的商行为,为狭义的商行为。商法对商行为的规定通常不采用概括定义法,而采用列举的方式。形式商行为分别由商法典或由公司法、海商法、票据法、证券法、破产法和保险法作出明确具体的规定。形式商行为又可称作绝对商行为,它具有客观性和无条件性,即不以行为主体是否为商人以

及行为是否采用营业方式为必要的条件。由于形式商行为是由商法直接限定列举的,所以不允许作类推性质的扩大解释。日本《商法典》第501条对形式商行为作了归纳性列举:"1. 以获利而转让的意思,有偿取得动产、不动产、有价证券的行为或有偿转让取得物的行为;2. 缔结供给自他人处取得的动产或有价证券的契约,以及为履行此契约而实施的以有偿取得为目的的行为;3. 在交易所进行的交易;4. 有关票据或其他商业证券的行为。"现代商法认为,凡属形式商行为均为资本经营行为,它不强调商人身份,只要实施了形式商行为均适用现代商法。

(关 涛 梁 鹏)

xingming
姓名(name) 自然人长期使用的,用于与其他自然人相区别的特定文字符号,是自然人独立人格的标志。姓名通常由姓氏和名字两部分组成,姓氏通常反映人的血统和家族关系,名字则是区别同姓氏自然人的符号。子女的姓名通常由父母或其他监护人在其出生时确定,子女成年后有权自行决定自己的姓名。我国婚姻法规定,子女可以随父姓,也可以随母姓。姓名是姓名权的客体,受法律保护。公民进行民事活动,应当使用在户籍登记簿上登记的姓名。 (张玉敏)

xingmingquan
姓名权(right to name) 自然人享有的决定、使用、改变自己的姓名,并排除他人干涉和侵害的权利。人格权的一种。其内容包括:(1)姓名决定权。又称为命名权,是自然人选择特定文字作为自己姓名的权利。自然人的姓名通常在出生时由其父母或其他监护人决定,本人成年后可以自己决定。自然人除可选择在户籍登记簿上登记的正式名字外,还可以起别名、笔名、艺名等。自然人在选择自己的姓名时,对名字有完全的自由决定权,姓氏通常只能在父姓或母姓中选择。(2)姓名使用权。自然人对自己的姓名有专有使用权,既有权禁止他人使用,也有权排斥他人的干涉,并有权要求他人尊重自己的姓名,正确使用自己的姓名。自然人使用自己的姓名要受一定限制,凡签署具有法律意义的证件、契据、文书等以及向司法机关或其他国家机关提供证词时,应使用在户籍簿上登记的正式姓名,而不能用别名、艺名、笔名等。(3)姓名变更权。自然人有权依法定程序对自己已登记的姓名进行更改,他人不得非法干涉。按照我国户籍条例的规定,未成年人需变更姓名时,由本人或父母、收养人向登记机关申请;成年人变更姓名,由本人向户口登记机关申请。姓名权受民法、行政法等法律保护。

(张玉敏)

xiongyali minfadian
匈牙利民法典(Civil Code of Hungary) 1959年由匈牙利国民议会通过,1977年修改。这次修改涉及近三分之一的条文。修改后的民法典共五编687条,第一编总则,第二编人法,第三编财产法(相当于以前的物权法),第四编合同和损害赔偿,第五编继承。法典没有采取捷克斯洛伐克民法典和经济法典分立并列的方式,而是将社会主义组织之间的财产关系一并纳入民法的调整范围。此外,将婚姻家庭关系从民法中独立出来,由单独的法律调整,也是匈牙利民法典的一个特点。

新的民法典突出了对人格权的保护,并承认精神损害赔偿。在合同部分,则突出了对消费者的保护。

(张玉敏)

xiuxiquan
休息权(right of rest) 劳动者在履行劳动义务的同时依法享有的休息、休养的权利。劳动者的休息权是工人阶级长期斗争争取到的权利。休息权是宪法规定的公民的基本权利之一。《中华人民共和国宪法》第43条规定:"中华人民共和国劳动者有休息的权利。国家发展劳动者休息和休养的设施,规定职工的工作时间和休假制度。"劳动法规定的劳动者休息权的主要内容是:用人单位要保证劳动者每日工作时间不超过8小时,每周工作时间不超过44小时,每周至少应保证劳动者休息1日,法定休假日应安排劳动者休假。劳动者连续工作1年以上的,享受带薪年休假。用人单位不得随便延长劳动者的工作时间,如因生产经营需要,在与工会和劳动者协商后可适当延长工作时间,但一般每日不超过1小时,特殊情况下每日不得超过3小时,每月不得超过36小时,但必须支付不低于工资150%的工资报酬。休息日安排劳动者工作又不能补休的,支付不低于工资200%的工资报酬。法定休假日安排劳动者工作的,支付不低于工资300%的工资报酬。违者,由劳动行政主管部门处理。 (张玉敏)

xiugai zhangcheng dengji
修改章程登记(registration of charter's modification) 公司章程是全体发起人共同的书面意思表示,经批准后为公司组织和行为准则,非经一定程序不能变更。变更登记事项,应向登记机关提交文件:(1)公司法定代表人签署的变更登记申请书;(2)按照《中华人民共和国公司法》作出的股东大会特别决议;(3)公司登记机关要求提交的其他文件;(4)提交修改的公司章程或者公司章程修正案。公司章程修改未涉及登记事项的,公司应将修改后公司章程或公司章程修正案送至原公司登记机关备案。股份有限公司应在变更章程登记被核准后30日内发布变更登记公告,并应自公告发布之日起30日内将发布的公告报送公司登记机关备案。
（刘弓强　蔡云红）

xiuli
修理(repair)　承担民事责任的方式之一。合同不适当履行的一种补救措施。指责令合同当事人一方对其提供的不符合质量要求的标的物进行修理。如,建筑工程不符合质量要求的,即应进行修理。它与恢复原状的区别在于:修理适用于违反合同行为;恢复原状一般适用于侵权行为。如果侵权人将损坏的财产修复,则它承担的是恢复原状的民事责任,而非修理的民事责任。
（张平华）

xiuli hetong
修理合同(contract of repair)　承揽合同的一种,承揽人为定作人修理损坏的物品,由定作人支付约定报酬的合同。承揽人所修理的是制成品,所以这种合同与重新制造成品的定作合同和加工合同不同。
（邹川宁）

xiushan hetong
修缮合同(contract of renovation)　承揽合同的一种,承揽方为定作人完成房屋等不动产的维修工作,定作人支付一定报酬(修缮费)的协议。但构成基本建设工程的修建不适用修缮合同,为完成该工程订立的合同属于建设工程合同。
（邹川宁）

xujia biaoshi
虚假表示(德 bewusstes Felhen des Willens)　有意识的非真意表示。虚假表示可分为两种:其一为心中保留,其二为虚伪表示,又称通谋的虚伪表示。
（李仁玉　陈敦）

xujia chenshu
虚假陈述(misrepresentation)　在合同订立过程中,一方当事人可能通过某种欺骗性行为对对方当事人进行误导,以使对方签订有利于自己的合同。为了防止这种现象的发生,对受到损害的当事人给予救济,各国合同法都确立了相关的制度。大陆法系主要设立了欺诈行为下合同的可撤销、可变更制度。英美法系与此相对应的即为虚假陈述。英美合同法上的虚假陈述又称可诉性虚假陈述(actionable misrepresentation),是指当事人在订立合同的过程中,一方当事人为了诱使对方订立合同,针对有关的事实作出的不符合客观事实的陈述。根据英国《1967年虚假陈述法》,虚假陈述可以分为欺诈性虚假陈述(fraudulent misrepresentation)、疏忽性虚假陈述(negligent misrepresentation)和完全无意的虚假陈述(wholly innocent misrepresentation)三种。所谓欺诈性虚假陈述是指,合同一方当事人在作出一项陈述时明知其陈述不真实,或者根本不关心其陈述的真实性,而借以诱使不知情的对方当事人订立合同的行为。所谓疏忽性虚假陈述是指行为人基于过失而作出的虚假陈述。其要件包括:(1)虚假陈述者可以合理地预见到受害人会依赖其虚假陈述;(2)双方当事人之间存在密切的关系(necessary proximity);(3)从缔约时的客观情况来看,让虚假陈述人对受害人承担谨慎义务是合理的。所谓完全无意的虚假陈述是指陈述人有合理的理由认为其陈述是真实的,但实际上其陈述并不真实。

按照英美合同法,虚假陈述的构成通常包括以下要件:(1)虚假陈述必须是缔约一方向另一方的陈述。合同当事人故意引导旁听的第三人签订合同的,也构成虚假陈述;(2)虚假陈述必须是对事实的陈述,而不是对法律或建议的陈述。由于法律假定任何人都应当知道法律,因此,即使当事人作出了虚假的法律陈述,相对人也被认为不应当依赖这种陈述。如果当事人只是对某一事实发表一般性意见和看法,那么,这一意见由于具有相当的主观性,因而也不构成虚假陈述。同样,对未来行为或意图的描述以及单纯的广告宣传也不构成虚假陈述;(3)虚假陈述必须最终诱使对方当事人签订了合同。如果相对人没有订立合同,或相对人订立合同并非是基于虚假陈述作出的,那么,行为人都不构成虚假陈述;(4)相对人对虚假陈述的信赖必须具有一定的合理性;(5)当事人的陈述必须是虚假的,并且具有引诱相对人订立合同的目的。

虚假陈述通常由明确的陈述行为构成,因此,沉默一般不构成虚假陈述,但如果沉默的同时伴有某种诱导性行为,则有可能构成虚假陈述。而在最大诚信合同中,当事人未尽到合理的信息披露义务的沉默行为也可以构成虚假陈述。英美法对虚假陈述提供了三种救济手段,一是衡平法上的救济,主要是撤销合同;二是普通法上的救济,主要是损害赔偿;三是根据制定法提起虚假陈述的侵权之诉。另外,根据英国《1967年虚假陈述法》,当事人在合同中规定虚假陈述免责条款的,该条款无效。
（刘经靖）

xuwei biaoshi
虚伪表示(德 Simulation)　表意人与相对人通谋,不表示内心真意的意思表示,亦称伪装表示、通谋虚伪表示或假装行为(德 Scheingeschäft)。其特征在于当事人之间欠缺法效意思。例如,债务人为逃避债务与友人通谋制造假债权或虚伪让与财产。虚伪表示的构成要件是：(1) 须有意思表示的存在；(2) 须表示与真意不一致；(3) 须表意人知其表示与真意不一致；(4) 须表意人与相对人之通谋。虚伪表示的目的，或者在于欺诈，或者在于达到其他违法目的，其目的如何，在所不问。

关于虚伪表示的效力，通说认为表意人与相对人通谋所为的意思表示原则上无效，但为保护交易安全，不得以其无效对抗善意第三人。《中华人民共和国民法通则》没有规定伪装表示，而规定了"恶意串通"和"以合法形式掩盖非法目的"的行为。恶意串通实质上是指通谋，但并不仅指当事人通谋为不真实的意思表示，既可能是当事人通谋后以真实意思表示为之，也可能是通谋后为伪装表示；既可能是当事人之间的通谋，也可以是一方当事人与另一方当事人的代理人或代表人的通谋。恶意串通和以合法形式掩盖非法目的，二者一方面都存在伪装行为的可能，另一方面又都存在目的违法情形的可能。二者的区别仅在于恶意串通以通谋为必要，以合法形式掩盖非法目的以伪装行为为必要。

(李仁玉　陈　敦)

xufang

需方（demander）　购销合同、供用合同中取得商品并支付价款的一方当事人。如供用电合同中的用电方，购销合同中的购买方。

(郭明瑞)

xuke qude

许可取得（acquisition by permission）　属于一种所有权取得方法。所谓许可取得，就是指自然人、法人或者其他组织根据法律规定的条件和程序直接取得属于国家的财产。

在我国，自然资源，如森林、渔业、矿产、水、野生动物等，都属于国家所有。如《中华人民共和国矿产资源法》第3条规定："矿产资源属于国家所有。地表或者地下的矿产资源的国家所有权，不因其所依附的土地的所有权或者使用权的不同而改变。"《中华人民共和国水法》第3条规定："水资源属于国家所有，即全民所有。"国家通过其自然资源所有权的行使，促进自然资源的开发和利用。但是，国家不可能直接去开发全部的自然资源，而必须允许民事主体开发部分自然资源，如《矿产资源法》第36条规定："乡镇集体矿山企业可以开采该国营矿山企业矿区范围内的边缘零星矿产，"这样才能促进自然资源的充分开发和利用。同时，有些自然资源，如水，是民事主体的工作、生活所必需的，对于这一部分自然资源，国家应当允许民事主体有条件地取用。可见，许可取得这种所有权的取得方法，是与自然资源的国家所有权密切联系在一起的。

根据我国的法律规定，许可取得必须要符合以下几个条件：首先必须是法律允许取得的自然资源；其次必须符合法律规定的许可取得的目的；再次必须经过法律规定的程序；最后必须缴纳法律规定的税费。

(王　轶)

xukezheng maoyi

许可证贸易（licensing trade）　在国际贸易中，指知识产权权利人通过许可使用合同授权他人以特定方式对其知识产品进行使用和销售相关产品的贸易方式。其具有如下法律特征：买卖标的是无形财产；被许可方（买方）只是在合同规定的时间内取得知识产权的使用权，而知识产权仍归原权利人所有；合同有效期比较长，通常在5年以上，有的长达15年或20年。

(张平华)

xushi zhangbu

序时账簿（chronological books）　以商主体从事业务的时间为依据形成的账簿，也称日记账。其记载依据是以主体所发生的各项经济业务的先后顺序为主，会计科目为辅，记载方法是按顺序逐日逐笔地连续进行登记，包含的内容是某一范围的全部会计业务。

序时账簿按照有无专门用途分为两种：

(1) 普通日记账，是按发生的时间逐日逐笔登记全部经济业务发生情况的序时账簿。其登记方法通常是将每天发生的全部业务按照先后顺序编制成会计分录记入账簿中，普通日记账是连续登记分类账的会计依据，因此又称为分录簿，如记账凭单登记簿。

(2) 特种日记账，是按时间顺序专门逐笔记录某一类经济业务发生情况的序时账簿。其具体方法是确定一个标准，按照时间顺序专门登记某个特定项目经济业务的详细发生情况，现金日记账、银行存款日记账、销售日记账、采购日记账、凭单日记账等都是特种日记账的表现形式，由于货币资金在商主体的生产经营中具有至关重要的作用，在会计业务中特别重视对货币资金的监督和管理，以保证其合理、合法地使用，因此在会计实务中，商主体广泛应用和设置的是记载现金和银行存款事项的现金日记账和银行存款日记账。为了简化记账手续，实务中在设置现金日记账和银行存款日记账以外，对其他项目一般不再设置普通日记账。

现金日记账和银行存款日记账是专门记录货币资金收支情况的特种日记账，必须采用订本式账簿，其账页格式一般采用三栏式，即在同一张账页上分设"借方"、"贷方"和"余额"三栏。现金日记账通常由出纳人员根据审核后的现金收款凭证、现金付款凭证逐日逐笔顺序登记；银行存款日记账通常由出纳员根据审核后的银行存款收款凭证、银行存款付款凭证逐日逐笔顺序登记。在会计实务中,为了反映货币资金的收入来源和支出用途,也可以采用多栏式,即收入栏(借方栏)按与现金和银行存款相对应的贷方科目设置专栏,支出栏(贷方栏)按与现金和银行存款相对应的借方科目设置专栏。多栏式日记账的登记方法有两种,一种是由出纳人员登记日记账,会计人员在月末据此登记总分类账;另一种是由会计人员登记日记账,出纳人员设置现金和银行存款出纳登记簿,会计掌握的日记账和出纳掌管的登记簿应经常核对,由会计人员在月末根据日记账登记总账。

此外,会计实务中还有转账日记账,是专门用来记录现金、银行存款收付业务以外的经济的一种序时账簿。转账日记账是根据转账凭证逐日逐笔顺序记载的,可集中反映转账业务的发生情况,也便于检查转账凭证的完整性。从本质上说,它属于一种普通日记账。

(梁 鹏 刘剑华)

宣告失踪 (declaration of missing)

自然人离开自己的住所,下落不明达到法定期限,经利害关系人申请,由人民法院宣告其为失踪人的法律制度。宣告失踪是对一种不确定的自然事实状态的法律确认,目的在于结束失踪人财产关系的不确定状态,保护失踪人的利益和利害关系人的利益。

宣告失踪的条件和程序 (1)自然人失踪的事实。自然人失踪的事实包括两个方面:其一是指自然人离开自己的住所或居所没有任何音讯,例如渔民出海打鱼一去不返,不知下落;其二是指这种无音讯状态持续时间满2年。2年的期限是从失踪人最后离开住所或居所而下落不明的次日开始计算,战争期间下落不明的,下落不明的时间从战争结束之日起计算。(2)利害关系人的申请。利害关系人是指下落不明人的近亲属或对该人负有监护责任的人以及该人的债权人和债务人。这些利害关系人应具有完全的民事行为能力,限制民事行为能力人或无民事行为能力人不具有申请人的资格。有权申请自然人为失踪人的近亲属包括:配偶、父母、子女、兄弟姐妹、祖父母、外祖父母、孙子女、外孙子女。有权申请自然人为失踪人的利害关系人没有先后顺序,只要其中有人提出申请,未申请的利害关系人即使反对,也不影响人民法院对失踪申请案件的受理。但人民法院应遵循"不告不理"的原则,不能依职权主动宣告某失踪自然人为失踪人。利害关系人申请自然人为失踪人的应采用申请书形式,载明失踪自然人失踪的事实、时间、申请人的请求,并附有关的证明材料。(3)人民法院的受理与宣告。宣告失踪只能由人民法院作出判决,任何其他机关和个人无权作出宣告失踪的决定。根据《中华人民共和国民事诉讼法》第166条规定,利害关系人应到失踪人住所地或最后居住地的基层人民法院提出失踪宣告申请。人民法院依法受理宣告自然人失踪申请案后,首先应发出寻找失踪人的公告。根据该法第168条规定,公告期为3个月。公告期满,受理人民法院应当根据宣告失踪的事实是否得到确认,作出宣告失踪的判决或驳回申请的判决。受理人民法院作出宣告失踪判决的,失踪自然人即为失踪人。

宣告失踪的效力 依《中华人民共和国民法通则》第21条规定:"失踪人的财产由他的配偶、父母、成年子女或者关系密切的其他亲属、朋友代管。代管有争议的,没有以上规定的人或者以上规定的人无能力代管的,由人民法院指定的人代管。失踪人所欠的税款、债务和应付的其他费用,由代管人从失踪人的财产中支付。"自然人被宣告失踪以后,其效力主要有:(1)失踪人的财产管理。失踪人的配偶、父母、成年子女或者关系密切的其他亲属、朋友为失踪人的财产代管人。在通常情况下,失踪人的财产由与失踪人生活最紧密的人代管,不存在谁申请谁享有代管权的问题。但与其生活最紧密的人管理可能损害失踪人的财产利益的,可由顺序在后的利害关系人进行管理。财产代管人应具有完全民事行为能力,限制民事行为能力或无民事行为能力人则不具有财产代管人的资格。无民事行为能力人或限制民事行为能力人失踪的,由其监护人担任财产代管人。失踪人如果没有上述财产代管人,或他们没有能力作为代管人,或不宜作为代管人的,人民法院可以指定他人或有关组织为失踪人的财产代管人。失踪人的财产代管人在代管期间丧失管理能力,或无力履行代管职责,或拒不履行代管职责,或利用代管之便侵害失踪人财产权益的,经利害关系人申请,人民法院可以依法作出变更财产代管人的裁决。失踪人被宣告失踪以后,利害关系人对失踪人的财产管理有约定的,依其约定;没有约定或者不能达成管理协议的,依法由顺序在前的利害关系人为财产管理人;顺序在前的利害关系人丧失管理能力或损害失踪人的财产利益的,经其他利害关系人的申请,可由人民法院依法变更财产代管人,即指定财产代管人。失踪人的财产代管人在管理失踪人的财产时,应妥善管理失踪人的财产,法律要求代管人在保管、维护、收益时,应与管理自己财产尽同一注意。在进行必要的经营和处分时,应尽善良管理人之注意。代管人不得利用和擅自处分失踪人的财产。如果代管人不履行代管职责造成了失踪人的财产损失,或者侵害了失踪人的财产利益,失踪人的利害关系人可以向人民法院请求财产代管人承担民事责任。(2)失踪人的义务履行。自然人被宣告失踪以后,其并不丧失民事权利主体资格,其原来所享有的民事权利仍然有效,其承担的民事义务仍须履行。所说失踪人的义务包括失踪人失踪前所应缴纳的税款,所欠债务以及失踪期间所应支付的其他费用,如赡养费、抚养费和因代管财产所产生的管理费等必要费用。在失踪人失踪期间,失踪人的义务履行,由财产代管人从失踪人的财产中以支付财产的方式来履行这些义务。

失踪宣告的撤销 依《民法通则》第22条规定:"被宣告失踪的人重新出现或者确知他的下落,经本人或者利害关系人的申请,人民法院应当撤销对他的失踪宣告。"撤销失踪宣告的条件有两种情形:其一,被宣告失踪人重新出现。它是指失踪人已经返回原来的住所地、经常居住地或其工作单位,为其亲属、朋友、同事等亲眼看到;或者失踪人在原住所地或经常居住地亲自参加民事活动或其他社会活动,表明自己的出现或存在;或者失踪人亲自以通信、电讯等方式向其亲属、朋友、同事及有关人员告诉其目前的地址和状况。其二,他人确知失踪人的下落。它是指失踪人的亲属、朋友、同事通过各种渠道,得知了失踪人的确切下落。撤销失踪宣告应由失踪人本人或者他的利害关系人向人民法院提出撤销失踪宣告的申请。利害关系人包括失踪人的配偶、父母、子女、祖父母、外祖父母、兄弟姐妹以及与被宣告失踪人有民事权利义务关系的自然人和法人。人民法院对申请人提出的申请进行审核,确认失踪事实消除以后依法作出撤销失踪宣告的判决。失踪宣告一经撤销,代管人的代管权随之终止,他应当将其代管的财产及收益交还给被宣告撤销失踪的人,并负有将代管期间对其财产管理和处置的详情告知被宣告撤销失踪的人的义务。 (李仁玉 陈敦)

xuangao siwang

宣告死亡(declaration of death) 自然人下落不明达到法定期限,经利害关系人申请,人民法院宣告其死亡的法律制度。宣告死亡是生理死亡的对称。宣告失踪制度的目的与宣告死亡制度的设置目的不同。宣告失踪旨在解决失踪人的财产管理问题,但不能解决因失踪人生死不明而引起的民事关系的不确定问题,而宣告死亡制度使这一问题得到解决。宣告失踪制度重在保护失踪人的利益,而宣告死亡制度重在保护被宣告死亡人的利害关系人的利益。

宣告死亡制度发源于罗马法,在罗马法中称为法定死亡。近代民法在宣告死亡和宣告失踪的法律制度设计上存在三种立法模式:一种是只设立宣告失踪制度,不设立宣告死亡制度,如《瑞士民法典》和《日本民法典》;另一种只设立宣告死亡制度,不设立宣告失踪制度,如1900年的《德国民法典》及1929年国民政府民法典;最后一种是同时设立宣告失踪和宣告死亡制度,如《意大利民法典》、《俄罗斯联邦民法典》。《中华人民共和国民法通则》采用同时设立宣告失踪和宣告死亡的立法模式。

宣告死亡的条件和程序 (1)自然人失踪的事实。宣告自然人死亡在通常情况下,必须下落不明满4年,此期限从自然人下落不明事实的次日起算;战争期间下落不明的,从战争结束之日起算;在意外事故的情况下,自然人下落不明的时限只要求2年,此期限从事故发生之日起算,如果能证明自然人不可能生还的,可以少于2年。(2)利害关系人的申请。利害关系人的申请既是宣告死亡的基本条件之一,又是宣告死亡的程序要求。利害关系人包括:配偶;父母、子女;兄弟姐妹、祖父母、外祖父母、孙子女、外孙子女;其他有民事权利义务关系的人,即受遗赠人、债权人、债务人、人寿保险合同的受益人等。(3)人民法院的受理和宣告。人民法院受理利害关系人的书面申请后,应即发出寻找失踪人的公告,普通失踪的公告期为1年,因意外事故失踪的公告期为3个月,公告期满仍不能确定下落不明人尚生存的,即作出宣告死亡的判决。宣告死亡的判决应确定被宣告死亡人的死亡日期,判决中未确定死亡日期的,以判决宣告之日为被宣告死亡人的死亡日期。宣告死亡不以宣告失踪为必经程序。如果自然人下落不明满4年,但利害关系人只申请宣告失踪的,人民法院仍只能作出失踪宣告,而不能作出死亡宣告。

宣告死亡的效力 自然人宣告死亡应发生与自然人自然死亡相同的效力,即宣告死亡人丧失民事主体资格,其民事权利能力和民事行为能力终止;其原先参加的民事法律关系归于消灭;其婚姻关系自然解除;其个人合法财产变为遗产开始继承。但自然人的宣告死亡与自然死亡毕竟不同,宣告死亡只是依法对失踪人死亡的推定,事实上该失踪人的生命不一定终结。某自然人在甲地被宣告死亡,但他在乙地生存时,仍享有民事权利能力,其实施的民事法律行为仍然有效。其中自然死亡前实施的民事法律行为与被宣告死亡引起的法律后果相抵触的,则以实施的民事法律行为为准。

死亡宣告的撤销 因被宣告死亡的人重新出现或者有人确知他没有死亡时,人民法院依法撤销对他的死亡宣告。死亡宣告的撤销将产生如下效力:(1)婚姻关系的自行恢复。被宣告死亡的配偶未再婚的,夫妻关系从撤销死亡宣告之日起自行恢复。但是,如果配偶已再婚,应保护现行婚姻关系;如果配偶再婚后又离婚或再婚后配偶他方又死亡的,不能自行恢复婚姻关系。(2)已经成立的收养关系不得解除。被宣告死亡人在被宣告死亡期间,其子女被他人依法收养,撤销死亡宣告后,仅以未经本人同意而主张收养关系无效的,一般不应准许,但收养人和被收养人同意的除外。(3) 请求返还原物。撤销死亡宣告后,本人可请求返还财产,但原物已经由第三人合法取得的,第三人可不予返还。因继承法而取得财产的自然人或组织,应当返还原物或者给予适当补偿。(4) 请求赔偿损失。利害关系人隐瞒真实情况致使他人被宣告死亡而取得财产的,除应返还原物和孳息以外,还应对给他人造成的损失予以赔偿。 (李仁玉 陈敦)

宣示登记(declaratory registration) 将已经成立的物权变动,昭示于人的登记。如我国台湾地区民法第759条规定:"因继承、强制执行、公用征收或法院之判决,于登记前已取得不动产物权者,非经登记,不得处分其物权。"宣示登记,并无创设物权的效力,因为在登记以前物权变动的效力已经发生。不过非经宣示登记,当事人不得处分其物权。因此,宣示登记的效力是相对的,而非绝对的,从这个意义上讲,宣示登记又可称为相对的登记。 (方志平)

宣言信托(trust by declaration) 由委托人以信托宣言的方式设立的信托。宣言信托具体表现为:某人以公开声明与表示的方式向社会宣称,将自己的财产的全部或者一部分列为信托财产,由自己来进行占有、管理或处理,并将因此而取得的利益交付给另一人或另外一些人享受,或者运用于满足他的其他私人目的,或者运用于某一或某些社会公益事业。宣言信托的基本特征是:(1) 它的委托人与受托人为同一人,即委托人与受托人这两种身份均由作为信托设立人的财产所有人兼任;(2) 它的设立只须由委托人向社会公开作出信托宣言即可,不存在由委托人向受托人所为的财产转移。宣言信托为明示信托的一种具体类型,这种信托由其自身特点决定只能是生前信托与他益信托,并且还只能是民事信托与公益信托。而既不能是自益信托,也不能是营业信托。宣言信托自信托宣言生效时起成立,这一成立时间同时也是这种信托生效的时间。《中华人民共和国信托法》第8条第2款通过允许以合同、遗嘱外的其他方式设立信托而将信托宣言确认为设立信托的一种方式,这体现着该法对设立宣言信托持实际允许态度,且为该法允许设立的宣言信托既可以是民事信托也可以是公益信托。只是依据此款法律设立宣言信托应当有其他法律或行政法规作为依据。英美信托法对设立宣言信托持明确允许态度,且为该法允许设立的宣言信托也包括民事信托与公益信托,但该法并未要求设立这种信托应当有其他法律或行政法规作为依据。我国台湾地区《信托法》也允许设立宣言信托,但为该法允许设立的宣言信托仅限于公益信托。《日本信托法》与《韩国信托法》实际上不允许设立宣言信托。 (张淳)

悬赏广告(advertisement to offer a prize or reward; 德 Auslobung) 广告的一种,以广告的形式公开表示对完成特定行为的人给付约定报酬的意思表示。例如寻人广告、奖励智能创作广告、缉拿人犯广告等,种类甚多。其中,为广告意思表示的人称为广告人,完成广告所指定的一定行为的人,称为行为人。

关于悬赏广告的性质,有两种不同意见:一是单独行为说,认为悬赏广告乃是基于自己的意思表示而对完成一定行为的人负担支付报酬的义务。行为人也是基于广告人的此种意向,产生请求广告人给予约定报酬的权利。只是在这种行为尚未完成时,广告人的义务和行为人的权利尚未生效即附停止条件。惟行为人完成特定行为是其生效要件,无须行为人承诺。德国法即采此说。二是合同说,又称要约说。此说认为悬赏广告是对不特定人所为的成立合同的要约,相对人须以完成指定的行为作承诺,始能成立合同。依此观点,悬赏广告既然为要约,则应具备一般要约的成立要件。而且,因其特殊性,还需具备以下要件:(1) 须以广告方式对不特定人作意思表示。广告方式是指以文字、言词使不特定的大众得知其意旨的方法。至于是登报、电视广播还是张贴街头,则在所不问。(2) 广告人必须表示对完成指定行为的人给付一定的报酬。偶然的事实事件、某种状况不能成为悬赏广告。报酬可是财产上或非财产上的利益。(3) 须完成一定的行为为承诺。悬赏的意思表示应指定须完成的一定行为,包括作为与不作为(如不出现事故)。该行为可为公益,也可为自己的积极利益或为自己的消极利益。《日本民法典》、《瑞士民法典》和英美法系判例采此说。尽管二说不同,但对于悬赏广告是一种具有法律意义的行为,广告人应受其拘束的认识,基本一致。二者相较,单独行为说更利于维护当事人的利益和交易安全。

悬赏广告的法律效力主要在于,不特定人一旦完成悬赏广告的指定行为,即对广告人享有报酬请求权。但指定行为的结果性权利(如发明权)并不当然移转广告人。在数人完成同一行为时,广告人原则上只付一份报酬,具体谁有权受领视不同情形而定:数人完成的行为标的互不竞合,数个行为人的报酬请求权并行不悖;数个行为标的发生竞合时,数人分别先后完成指定行为的,最先完成的有报酬请求权;数人分别同时完成指定行为,报酬按均等比例分配,但如果报酬在性质上为不可分或广告中声明只能由一人取得报酬的,可按抽签等方式决定;数人合作完成指定行为,若报酬可分,按各人协力程度决定分配比例。但广告人在广告中另有意思表示的,则从其意思。悬赏广告的另一法律效力,是广告人应负对完成指定行为的人给付报酬的义务,对于不知有此广告而完成该行为的人,亦同。在履行给付义务时,数人分别完成该行为时,广告人善意对最先通知的人已给付报酬的,其给付报酬的义务消灭。撤销悬赏广告的,应于指定行为完成前为之,若指定行为已完成,则债的关系已经发生,不得撤销。但广告人撤回广告时,行为人已开始实施指定行为,并不能阻却撤销的效力,当然对撤销前善意行为人因准备工作而受到的损害,广告人应负赔偿责任。撤销的方式,一般应与原广告的方式相同,也可采取可以达到原广告影响范围的其他方式进行。悬赏广告中的优等悬赏广告有特别的成立条件和效力。优等悬赏广告是就完成指定行为的数人仅被评为优等者给付报酬的广告,如征文比赛等。其特别成立要件是:广告人须声明仅对被评为优等者给付报酬;定有应募期;行为人应对广告人做应募通知,以接受评定;对裁量者的评优结果,应募者一般不得提出异议。其特别效力表现在:指定行为的结果性权利除广告中另有约定外,应归属应募人,但广告人有优先使用权;被评定为优等者有报酬请求权;广告人对应募行为有评定义务。 (肖 燕)

xuanding jusuo
选定居所(selected residence) 自然人就特定行为选定的居所。在我国,选定居所称为经常居住地,是指自然人离开住所后连续居住一年以上的地方,但住院治疗的除外。经常居住地与住所不一致的,经常居住地发生住所的效力。 (李仁玉 陈敦)

xuanren jianhuren
选任监护人(appointive guardian) 由亲属会议和监护法院选定的监护人。依《法国民法典》第405条规定,无指定监护人,又无祖父母或曾祖父母可任法定监护人时,由亲属会议选任监护人。依1929年国民政府民法第1094条规定,未成年人的法定监护人死亡,或存在不能担任监护人的情况,由亲属会议选定监护人。选定监护人为单方行为,一经决议,被选定人为当然监护人,其承诺与否,在所不问。被选定之人是否与被监护人之间存在亲属关系,民法上不设限制。如亲属会议未能合法成立,或虽成立而不能选任监护人时,利害关系人可申请由法院选任监护人。我国现行民法未规定选任监护人。 (李仁玉 陈敦)

xuanze hetong
选择合同(alternative contract;德 Wahlvertrag) 当事人中有选择权的一方可就其数种给付选定一种履行的合同。一经行使选择权选定,当事人就须按选定的给付履行。实际上,也就是可发生选择之债的合同。 (郭明瑞)

xuanzequan
选择权(option) 又称委托合同中第三人的选择权,指在委托合同中,当受托人因委托人的原因对第三人不履行义务时,第三人可以选择受托人或委托人作为相对人主张其权利的权利。我国合同法借鉴英美法设立了选择权制度。《中华人民共和国合同法》第403条第2款规定,受托人因委托人的原因对第三人不履行义务,受托人应当向第三人披露委托人,第三人因此可以选择受托人或者委托人作为相对人主张其权利,但第三人不得变更选定的相对人。按照我国合同法,第三人行使选择权应当符合以下条件:(1)受托人因委托人的原因对第三人不履行义务;(2)受托人已经向第三人披露了委托人;(3)第三人作出了选择。第三人选定委托人作为其相对人的,委托人可以向第三人主张其对受托人的抗辩以及受托人对第三人的抗辩。 (刘经靖)

xuanzequan qiyue
选择权契约(option contract) 简称选择权,新型金融衍生工具之一。指买方支付一定的权利金,获得卖方于规定的期限,按照规定的价格将标的物出售给买方的权利。在规定的期限里,如果标的物价格高出规定的价格,则买方会支付价金要求卖方履行交付标的物的义务或者将这一权利出售;反之,如果标的物价格低于规定的价格,则买方会放弃权利,但是不得要求返还权利金。选择权契约分两种,一种为欧式选择权契约,这种契约规定买方必须在规定的期限届满才能实现自己的权利;一种为美式选择权契约,该种契约规定买方可以在规定的期限届满时或之前实现自己的权利。 (郭明瑞 张平华)

xuanze wujiming youjia zhengquan
选择无记名有价证券(德 alternatives Inhaberpapier) 证券上记载特定人,并附加证券持有人为权利人之有价证券。如证券上记载付给张三或持有人属之。此种证券有两种立法例:在英美法,有此形式的票据、支票,以之为纯粹的无记名式;在德国民法,以此种证券为指名证券之变化形态,义务人因对于持有人清偿而免责,即为免责证券之指名证券(《德国民法典》第808条)。但就此形式之支票,视同无记名式。我国目前对此无规定。 (张 谷)

xuanzexing weiyuejin

选择性违约金(alternative liquidated damages) 违约方违约后对方既可以选择要求其支付违约金也可以要求其赔偿损失的违约金。在规定选择性违约金的情形下,守约方有权选择:或不必证明自己因违约方违约所受的损失而请求支付违约金,或证明自己的损失而要求违约方赔偿损失。也就是说,对于选择性违约金,债权人可以不适用违约金条款,而只要求违约方支付赔偿金。 (郭明瑞)

xuanze zeren

选择责任(alternative liability) 英美侵权行为法中的概念。受害人得向共同致害人中的一人或数人提起诉讼,使其承担责任。与大陆法中的连带责任相似,但一般不承担责任的被告人对于其他致害人有求偿权。 (张平华)

xuanze zhaiquan

选择债权(alternative creditors) 选择债务的对称。选择之债中债权人享有的债权。该债权只有经给付之确定后才能实现。 (郭明瑞)

xuanze zhaiwu

选择债务(alternative debtors) 选择债权的对称。选择之债中债务人所负的债务。选择债务的债务人只有在给付特定后才能按确定的给付履行。 (郭明瑞)

xuanze zhi zhai

选择之债(alternative obligation;德 Walschuld;法 obligation alternative) 简单之债的对称,又称可选择之债。债的标的有数种,当事人须从中选择一种然后来履行的债。选择之债须具备两个条件:其一为履行上有可选择性,可选择的一般为给付的标的物,但给付时间、地点、方式也为有可选择性;其二为履行标的特定后才能履行。选择之债只有在履行标的确定后才能履行。若债的标的有数种,但不需确定其中一种就可以履行,则该债不为选择之债。选择之债给付的选定即是选择之债的特定,其方法有二:一是选择,即由有选择权的人从数种给付中选定一种。选择权的归属依法律规定或当事人的约定而定,或归债权人,或归债务人,或归第三人,但在法律没有规定当事人也无另外约定时,选择权应归属债务人享有;二是履行不能,即若债的数种给付只有一种可以履行而其他均发生履行不能时,则当事人已无选择的可能,选择之债也就成为简单之债。 (郭明瑞)

xuanzezhi

选择制(choice system) 海事赔偿责任限制制度的一种。所谓选择制是指船舶所有人可以在委付制度、船价制和金额制中选择其一,限制其责任。选择制下,当事人一经选定责任限制制度,则依选定的制度执行。比利时1908年海商法就采用了这种制度,但是目前采用这一制度的国家还是比较少的。 (张永坚 张 宁)

xuanze zhusuo

选择住所(selected domicile) 自然人自主选择且有永久居住的意图的住所。原始住所的对称,英国法的称谓。在大陆法上称为意定住所。 (李仁玉 陈 敦)

xuesheng you'er zhuyuan yiliao baoxian tiaokuan

《学生幼儿住院医疗保险条款》(Pupils and Infants Hospitalization Medicine Insurance Clauses) 规定学生和幼儿住院医疗保险的专门保险条款。1994年2月28日由中国人民保险公司发布执行。共9章,21条。其性质为附加保险,只有在投保学生平安保险或幼儿园儿童平安保险的基础上才能附加投保本保险。保险对象为所有中小学校含职业学校、聋哑、弱智等特殊学校及大学和专科学校的在册学生,但不包括接受成人教育的学员。采取团体投保方式,由学校或幼儿园统一办理投保手续。保险期限为1年,保险期内给付金额达到最高保额时保险责任即行终止。保险费为学生每人每年20元,儿童每人每年30元,如父母方能报销一部分医疗费用,则减按一定的比例交纳相应的保险费。保险金额为每名被保险人60000元,被保险人因疾病或意外事故而发生的医疗费用由保险人按分级累进比例给付表给付保险金。除外责任包括:战争、军事行动、核辐射和核污染;打架、斗殴、寻衅滋事以及违法犯罪行为;被保险人及其监护人的故意行为;投保时隐瞒不予承保的疾病者;因第三者造成被保险人伤害而引起的治疗费用中依法应由第三者承担的部分。对下列费用保险人也不承担责任:被保险人在非保险人指定或同意的医院的住院费用和专科门诊费用;公费医疗管理部门规定的自费项目和药品;因矫形手术或美容支出的各种费用;被保险人先天性疾病或投保前已有残疾的康复和治疗费用;住院期间的挂号费、膳食费、护理费、陪住费、取暖费等。 (刘凯湘)

xueqin

血亲(relative by blood) 具有血缘联系的亲属。在某些情况下,也可因法律拟制而形成拟制血亲。因此,血亲可分为自然血亲和拟制血亲两种。在原始社会,血亲在社会组织中占有重要地位。当时的氏族、胞族等社会组织都以血缘关系为纽带。个体家庭产生以后，血亲关系仍是家庭中的重要组成部分。以血缘关系的联系方式来划分，还可把血亲分为直系血亲和旁系血亲。直系血亲是有直接出生联系的亲属，即生育自己和自己所生育的上下各代亲属；旁系血亲是彼此之间没有直接出生联系但有共同的血源之亲属，例如同胞兄弟姊妹的共同血源是父母，因而是最近的旁系血亲。

(张贤钰)

xueqin jichengren
血亲继承人（a blood heir） 因血缘关系而与死者形成亲属关系的继承人。血亲继承人是法定继承人的主要构成部分，其既包括自然血亲继承人，又包括拟制血亲继承人。按我国继承法的规定，血亲继承人包括：子女及其晚辈直系血亲、父母、兄弟姐妹、祖父母和外祖父母。与其他国家相比，我国血亲继承人的范围较狭窄，如英国将全血缘或半血缘的叔、伯、姑、舅、姨都列入法定继承人范围，瑞士民法典则将曾祖父母纳入血亲继承人，这也反映了各国历史及习俗的差异性。

(常鹏翱)

xueyuan qunhun
血缘群婚（consanguineous marriage） 原始群体内同一世代的男女成员互为配偶的集团婚，是原始社会中群婚的低级形式。血缘群婚已经排除了男女直系血亲之间的两性关系，父母与子女、祖父母与孙子女等相互间有着严格的婚姻禁例。两性的结合被限制在同辈男女旁系血亲之间，于是，便在群体内部组成了依行辈划分的婚姻集团。通过现实的婚姻形态和亲属称谓之间的矛盾发现血缘群婚制的真相，是摩尔根（Lewis H. Morgan）的一大功绩。中国古代神话中对庖羲氏和女娲氏的关系说法不一，或说是兄妹，或说是夫妻。其实，在血缘群婚制下这两种身份是完全可以并存的。恩格斯在《家庭、私有制和国家的起源》一书中指出：按照血缘群婚的典型形式，应该是一对配偶的子孙中每一代都互为兄弟姊妹，正因为如此，也互为夫妻。

(杨大文)

xunpan
询盘（inquiry） 又称询价，当事人一方为洽商交易向相对人提出的有关交易条件的询问。其目的是询问对方是否有买进或卖出该项商品的意图，以便磋商交易条件。但并非对方作出回答后就立即能签订合同，只是期待对方向自己提出条件。它是试探市场动态、联系客户的一种手段，因此，询盘又称邀请发盘，对询盘人没有法律约束力，它虽然往往会引起交易，但并非交易磋商的必经步骤，其与发盘的主要区别在于询盘的主要交易条件不全。

(肖 燕)

yachuan jiedai

押船借贷(bottomary) 又称船舶抵押借贷。指带有保险性质的以船舶作抵押的特殊信贷方式。中世纪地中海沿岸的商人为筹集到海上贸易经费,往往以船舶作为抵押物向贷款人借款,当抵押船舶安全抵达目的地后,借款人需要在约定时间内将借款本利如数偿还贷款人,否则贷款人有权处置抵押船舶。若船舶在航行途中失事、沉没,贷款人所拥有的债权自行消灭,借款人则不再承担还本付息的义务。由于贷款人承担了船舶海损的风险,因此收取的贷款利息极高,通常相当于本金的四分之一。其高出一般贷款利率收取的这部分利息实质上属于保险费的性质,所以一般地认为押船借贷是最早的海上保险形式。 (张平华)

yahui huipiao

押汇汇票(document draft) 又称跟单汇票,必须附有与商务相关的单据才能被承兑或付款的汇票。押汇汇票主要用于国际贸易的进出口商务活动中。押汇汇票需要附具的单据一般包括:提单、仓单、保险单、商业发票、包装单、重量证明单、产地证明书及卫生证明文件等。押汇汇票又可分为:信用证跟单汇票、承兑押汇汇票、付现押汇汇票。信用证跟单汇票是指出口商依据信用证的条款,以押汇银行即跟单银行为收款人,以开具信用证的银行为付款人,并附随一切单据的汇票。承兑押汇汇票又称承兑交单汇票,指付款人或承兑人在承兑汇票后即可以先行取得汇票所附随的单据,凭该单据办理报关手续提取货物并于汇票到期后再付款的押汇汇票。承兑押汇汇票对出口商的风险较大,在实践中较少使用。付现押汇汇票又称付款交单汇票,指付款人在支付汇票金额后才可以取得附随单据,即付款人在付款后才可以得到货物的押汇汇票。 (王小能)

yayunyuan

押运员(escort in transportation) 在运输过程中,为保证运输货物的安全,保持货物的品质,对货物进行特别管理的人员。押运员一般是由运输合同的承运方担任,当货物需托运方凭借自己的设备或经验予以特别管理的,也可以约定由托运方承担。押运员一般不是运输合同的当事人,如因押运员的过错而致使货物受有损失的,押运员所属方的运输合同当事人对此损失承担责任。 (姜 林)

yazu

押租(deposit rent) 出租人要求承租人预付一定财产担保出租财产的安全和租金支付的租赁。通常由承租人以一定数量的货币即押金交付出租人,出租人取得押金之所有权,在租赁关系终止时,如果承租人有不支付租金或其他不履行债务之行为,可从预付押金扣除相应金额并返还剩余部分。关于押租的性质,学理上众说纷纭。通说认为,押租具有让与担保性质。我国的法律实践允许当事人就租用相机、自行车等小额且易灭失的财产的租赁合同中设有押租条款,但在大额标的物出租时,一般不允许收取押金。 (邹川宁)

yaxueyuan qunhun

亚血缘群婚(punaluan marriage) 在两性互为配偶的结合中排除了姊妹和兄弟的同辈男女之间的集团婚,亦称普那路亚婚姻,是原始社会中群婚的高级形式。在亚血缘群婚制下,一群姊妹是她们的共同之夫的共同之妻,但她们的兄弟是除外的;一群兄弟是他们的共同之妻的共同之夫,但是他们的姊妹是除外的。最初排除了同胞的兄弟姊妹,后来又逐步地排除了血缘关系较远的兄弟姊妹。摩尔根(Lewis H. Morgan)先是从易洛魁人的传统的亲属称谓中发现了这种婚姻制度,后来又在夏威夷群岛找到了这种婚姻的现实形态。普那路亚一词是夏威夷语亲密的伴侣的译音,这一名词为恩格斯在其著作中沿用。亚血缘群婚一词,则是我国学者郭沫若首先使用的。亚血缘群婚的出现从血缘构成上为氏族制度的产生准备了条件。恩格斯曾指出,看来,氏族制度,在绝大多数场合下,都是从普那路亚家庭中直接发生的。原始社会中最初出现和长期存在的氏族是母系氏族。由于兄弟姊妹(同胞的和远缘的)间存在着严格的婚姻禁例,这种氏族必然是实行族外婚,婚姻双方分别属于不同的氏族,子女是母方氏族的成员。 (杨大文)

yanchang suoyouquan baoliu

延长所有权保留(prolonged retention of title) 所有权保留的一种特殊形式,主要适用于保留买主是中间商或制造商等情况。此时,中间商和制造商购买保留标的物都不是用于消费,对于中间商是为了将标的物予以转售赚取利润,而制造商则是将标的物进行加工,添附其价值然后出售。在这两种情况下,保留卖主的标的物将再易其占有或者因之而改变形状,甚至丧失所有权。这时简单的所有权保留已无法保障保留卖主的价金债权。故须另寻他法将所有权保留的效力和客体延长到保留买主的转售所得或加工物上,这时成立了延长的所有权保留。如果严格按照简单所有权保留的要求,保留买主只有付清价金后才能成为所有权人,才可以进行出售,则降低了所有权保留对商品流转的促进作用。因此,与简单所有权保留相比,延长所有权保留具有进一步促进商品流转的功效。在延长的所有权保留中,保留买主同在简单所有权保留中一样,在完全支付价金后即可获得保留标的物的所有权。此外,保留买主还被额外地被赋予了一种法律地位,他被授权可以将尚未完全付清价金的保留标的物进行加工或再次转让。保留卖主同意保留买主出让保留标的物,是以保留买主将其再次转让保留标的物而发生的未来债权预先让与给保留卖主为条件的。延长所有权保留有两种特殊形式,它们分别是相互独立的再转让所有权保留和继续进行的再转让所有权保留。这两种所有权保留具有延长所有权保留的共同特点,即在保留买主支付全部价金才能取得标的物所有权的同时,保留买主有权在价金付清前对标的物进行处分。同时保留卖主允许保留买主对标的物进行处分的前提是,再转让仍须以所有权保留的方式进行,并须将再转让的价金债权让与给保留卖主。这两种特殊类型延长所有权保留的区别在于,在相互独立的再转让所有权保留场合,第三受让人清偿其对保留买主的债权即可获得标的物所有权;而在继续进行的再转让所有权保留场合,除第三受让人履行了其价金债务外,还须附加上一个保留卖主也获得了价金的条件。在相互独立的再转让所有权保留场合情况下,保留买主进行处分时无须公开其对标的物享有权利的状况,所以保留买主再次以所有权保留形式进行转让时,其与第三买受人之间的所有权保留合同与其同保留卖主之间的保留所有权买卖无关;而在继续进行的再转让所有权保留情况下,保留买主进行处分时则必须告知第三买受人其标的物是以所有权保留的形式获得的,因此这种再转让实际上是原有所有权保留的继续。

(申卫星)

yanchi zeren

延迟责任(duty of delay) 又称"迟延责任"。广义上的迟延责任指债的当事人双方在无正当理由不按期履行债务或受领延迟时所应承担的一种民事后果,包括债务人履行延迟责任和债权人受领迟延责任。狭义的迟延责任仅指债务人的迟延责任。《中华人民共和国合同法》总则所规定的延迟责任主要指债务人的履行迟延责任,如该法第 94 条中规定,有下列情形之一的,当事人可以解除合同:当事人一方迟延履行主要债务,经催告后在合理期限内仍未履行;当事人一方迟延履行债务或者有其他违约行为致使不能实现合同目的。《合同法》分则规定的迟延责任则涉及到债权人延迟责任问题,如该法第 143 条规定,"因买受人的原因致使标的物不能按照约定的期限交付的,买受人应当自违反约定之日起承担标的物毁损、灭失的风险。"

债务人延迟责任的构成要件包括:第一,债务人违反了履行期限规定,在履行期限届满时未履行债务;第二,在迟延履行的情况下,履行是可能的,否则构成履行不能;第三,延迟履行没有正当理由。债务人迟延履行应承担如下违约责任:继续履行;赔偿损失;对在迟延履行期间因不可抗力造成的损害负责。债权人迟延责任的构成要件包括:第一,债务履行过程中,债权人负有积极配合债务人履行债务的义务却没有积极配合;第二,债务人已经按期做出了履行且适当履行;第三,债权人未按期接受履行;第四,债权人的迟延受领无正当理由。债权人迟延受领的,对因此给债务人造成的损害负赔偿责任。如标的为动产,债务人可以以提存动产或将拍卖、变卖价金提存的方式清偿,债务人停止支付因金钱债务延期支付而应额外支付的利息。

(张平华)

yanhuan tiaojian

延缓条件(德 aufschiebende Bedingung) 解除条件的对称。限制民事法律行为效力发生的条件,又称停止条件,即民事法律行为于条件成就时发生效力,于条件不成就时则不发生效力。附延缓条件的民事法律行为,其效力发生与否处于不确定的状态。如甲和乙约定,如甲的女儿考上大学并到外地读书,甲就将房屋租给乙,甲与乙之间的租房合同所附的条件为延缓条件。

(李仁玉 陈敦)

yanshen haishi shengming

延伸海事声明(extended sea protest) 船长在船舶开舱卸货或检验期间或发生事故后对发现可能发生的船舶损坏,但其程度及范围尚待确定前,发现有与原先提出的海事声明有关的船舶或货物的损害,再次向港务监督机构提出并要求其签证的书面文件。延伸海事声明是原海事声明的延续,可以向同一港口主管机关提出,也可以在发现损害的其他港口向主管机关提出,但需同时提交经过签证的原海事声明副本。延伸海事声明一经主管机关核签,就具有与原海事声明同等的效力。

(张永坚 张宁)

yanzhi sunshi

延滞损失(damage for detention) 由于与装卸无关

的时间损失所导致船舶出租人的损失。一般而言,滞期费与延滞损失应该是一样的。但是在特殊情况下,滞期费可能与延滞损失有差别,例如在海上航行时因租船人迟了宣布选港而使船舶多走了几天的航程,这便是很明显的与装卸时间无关的时间损失,因而不应以滞期费率作为损失赔偿依据,而应算是一种非预订值的真正延滞损失。延滞损失赔偿的依据不是事先拟定好的滞期费率,而是船舶当时实际可赚取的收入,船东负举证责任,证明自己实际遭受到的损失,在这种情形下,延滞损失的具体赔偿数额也往往没有可预期性。

(张 琳)

yanfa qiyue

严法契约(拉丁 stricti iuris) 又称严法行为,罗马法上的概念。与诚信契约相对。指须严格按照法律规定的方式成立的契约。对于严法契约,只要当事人如实履行了法律规定的格式,就须严格按照契约履行,不论当事人的意思表示是否真实,都不影响其效力。

(郭明瑞)

yange zeren

严格责任(strict liability) 又称严格赔偿责任,英美法中的概念。指一种较之没有尽到合理的注意而须负责的一般责任标准更加严格的责任标准。通常情况下,人身伤害或损失的赔偿责任取决于行为人有过错的证据,但在某些情况下,不以行为人的过错为责任标准,而按照制定法规定的标准使行为人承担责任,即当事人应对发生了应该避免的损害负责,而不论其尽到了怎样的注意和采取了何种措施。这种无过错责任包括绝对责任和严格责任两种。严格责任的责任标准比过错责任标准严格,又比绝对责任标准稍低。即尽管当事人不能以尽到合理注意作为抗辩事由,但仍可援引法律规定的某些免责事由抗辩。通说认为,普通法中严格责任最早适用于动物所有人对其动物侵害他人财产的案件。最早的判例是 1868 年 Rylands v. Fletcher。至近代,严格责任被确立为一种归责标准。在侵权法上,严格责任不仅适用于动物所有人对动物致人损害的责任,也适用于高度危险作业致人损害的责任,还适用于部分产品责任案件、工伤事故案件等。在英美侵权行为法中,严格责任的兴起和适用表明,立法者为了加重动物所有人的赔偿责任,尤其是为了对付现代社会化大生产条件下出现的新型侵权行为,平衡社会利益、保护处于弱者地位的受害者的正当权益,必须在传统的归责原则之外寻求新的法律调整方法。从比较法的角度来看,在英美侵权行为法中,其严格责任的使用范围大致等于大陆法系的无过错原则的适用范围加上过错原则的特殊形式(过错推定)适用的范围。严格责任不同于过错责任。由于严格责任不要求受害人对加害人的过错进行举证,因此它与过错责任的一般形态的适用毫无相似之处。虽然英美侵权行为法中过错推定的适用范围大致包括了大陆法中过错推定的适用范围,但严格责任与过错推定在思维模式上存在差异:过错推定以考虑加害人的过错为前提,其特殊之处不外乎举证责任的倒置;而于严格责任,加害人不得以无过错为抗辩事由,受害人当然也无需举证加害人的过错。严格责任也不同于无过错责任。由于二者均不要求受害人对加害人的过错举证,加害人不得以无过错为抗辩理由,所以他们的内涵基本是一致的。但两者仍有一定的区别:其一,严格责任这一概念广泛适用于英美侵权行为法,而在大陆法系侵权法中更多的使用无过错责任的概念;其二,以过错为划分标准,无过错责任包括了过错责任以外的一切责任,这是一种周延的逻辑方法;严格责任是与过错责任相比较而存在的,而在比较级之外还可能存在某种更高级的形态,比如绝对责任,这种逻辑方法并不追求列举的周延性。严格责任还不同于绝对责任。尽管在英美侵权行为法中,严格责任与绝对责任有一些相似之处(均不考虑行为人的过错),但区别仍然很多:严格责任适用于多种侵权行为,构成归责原则,绝对责任只是极个别情形;严格责任较之过错责任要严格一些,而与绝对责任相比并不十分严格;严格责任有一定的免责条件和抗辩事由,而于绝对责任行为人则无任何抗辩事由。

在合同责任领域,学者将严格责任等同于无过失责任。大陆法系契约法以过错责任(或过错推定)为原则,以无过失责任为补充,英美法系以严格责任为原则,以过错责任为补充。对于《中华人民共和国合同法》违约责任归责原则是否以严格责任为原则,学者有不同的看法,一种观点认为《合同法》建立了过错责任与严格责任的二元归责体系,过错责任原则调整的范围是:缔约过失责任;合同无效责任中的损害赔偿责任;预期违约责任;加害给付责任;损害赔偿的违约责任,包括实际违约责任中的一般损害赔偿责任和惩罚性赔偿责任;后契约责任。无过错责任原则调整的范围是:违约责任中的继续履行责任,采取补救措施责任,以及违约金责任;无效合同责任中的返还财产和适当补偿责任。另一种观点认为,《合同法》将违约责任由经济合同法中的过错责任改为无过错责任(严格责任),从而《合同法》以严格责任为归责原则。(张平华)

yange zeren zhuyi

严格责任主义(doctrine of strict liability) 英美法上的概念,是侵权行为法上的一项归责原则。在普通法形成时期主要采取严格责任,至 19 世纪,逐渐向过失责任发展。传统的严格责任包括侵占、侵害、动物责任、极度和异常危险活动责任、妨害。例如,凡有侵犯他人土地权利的行为,不论损害有无发生,也不问其出于法律上或事实上的错误或行为人误信他人土地为自己的土地而进入该土地,均应负侵权行为责任。

严格责任与过错责任的区别,主要表现在是否要求由受害人就加害人的过错问题举证,加害人免责的限制方面。严格责任也不同于无过失责任,严格责任虽然严格,但并非绝对,严格责任并非要求加害人就其行为所生的损害,在任何情况下均应负责,各国立法例一般承认加害人可以提出特定的抗辩或免责事由。严格责任实际上采取了过错推定的方法,即从损害事实中推定被告有过错,但允许加害人通过证明损害是由于受害人的过失、第三人的过失和自然原因造成的而减轻或免除其责任。

商法中的严格责任,具有特殊含义,主要是从商事交易安全的角度出发,为商事主体规定了不同于一般的交易当事人的更为严格的责任,与传统民法中的归责原则中的主观过错关联不大,因为商法中更注重外观主义。这些严格责任主要是因为法律的严格详尽的规定,商法中对于商事行为的一些格式、要件等都予以严格规定,只要违反就要承担有关责任,例如公司法对于公司发起人的严格责任的规定,公司负责人在执行业务时的侵权行为,公司负连带责任的规定等。

(唐广良)

yanhai neihe chuanbo baoxian tiaokuan

《沿海内河船舶保险条款》(Coastal and Inland Water Hull Insurance Clauses) 规定国内船舶保险的专门保险条款。1996 年 7 月 25 日由中国人民银行发布,自同年 11 月 1 日起执行。共 7 部分,21 条。中国人民银行同时于 1996 年 12 月 27 日发布《沿海内河船舶保险条款解释》,对该条款各条进行了详细解释。(1) 保险标的。为在中国境内登记注册从事沿海、内河航行的船舶,包括船体、机器、设备、仪器和索具。(2) 保险责任。本保险分为全损险和一切险两种。全损险的责任范围为下列原因造成的全损:8 级以上(含8 级)大风、洪水、地震、海啸、雷击、崖崩、滑坡、泥石流、冰凌;火灾、爆炸;碰撞、触碰;搁浅、触礁;由上述原因引起的倾覆、沉没;船舶失踪。一切险的责任范围为上述各项原因所造成的船舶的全损或部分损失以及下列责任和费用:碰撞、触碰责任;共同海损、救助及施救。(3) 除外责任。包括下列原因引起的损失、责任和费用:船舶不适航、不适拖;船舶正常的维修、油漆,船体自然磨损、锈蚀、腐烂及机器本身发生的故障和索具等单独损失;浪损、座浅;被保险人及其代表包括船长的故意行为或违法犯罪行为;清理航道、污染和防止或清除污染、水产养殖及设施、捕捞设施、水下设施、桥的损失和费用;因保险事故引起本船及第三者的间接损失和费用以及人员伤亡或由此引起的损失和费用;战争、军事行动、扣押、骚乱、罢工、哄抢和政府征用、没收。(4) 赔偿责任。全损险按保险金额赔偿;一切险中的全损按保险金额赔偿,部分损失的,新船按实际发生的损失费用赔偿,但保险金额低于保险价值时,按保险金额于该保险价值的比例计算赔偿。旧船按保险金额与投保时或出险时的新船重置价的比例计算赔偿,两者以价高的为准。保险船舶遭受全损或部分损失后的残余部分应协商作价归被保险人,并在赔款中扣除。(5) 本条款受中国法律管辖。

(刘凯湘)

yanzheng tiaokuan

验证条款(testing clause) 在苏格兰法中指在正式生效的契据尾处的一条款,要记述签署人和证人的姓名、住址和称谓,以及二者的签名和契据执行的其他细节。

(郭明瑞)

yangfumu yangzinü

养父母养子女(relationships between adoptive parents and adoptive children) 因收养而形成的亲子关系。收养关系成立后,收养人是被收养人的养父母,被收养人是收养人的养子女。养父母养子女之间的权利义务与生父母子女相同。

(马忆南)

yanglao baoxian

养老保险(endowment insurance, old-age insurance) 又称老年生存和残废社会保险。从业人员达到法定的老年年龄并从事劳动达到法定年限时,由社会保险基金向其支付养老金和其他款项以维持其老年或遗属生活的社会保险。养老保险为社会保险的最为重要的组成部分,具有自身的以下特征:(1) 从业人员达到法定的老年年龄并从事劳动达到法定年限,为享受养老保险待遇的法定条件;(2) 从业人员依法不再承担法定的劳动义务,为享受养老保险待遇的前提条件;(3) 养老保险适用于所有的从业人员,保障从业人员老有所养为养老保险的惟一宗旨。

历史 养老保险起源于 19 世纪末期的德国。德国 1989 年颁布了《残废和老年保险法》,规定了养老保险制度,建立了现代养老保险的基本原则。随后,奥地利、英国、卢森堡、瑞典等欧洲国家分别颁布了有关养老保险的法律,开始建立养老保险制度。美国的养老保险制度也在 19 世纪末期开始建立。20 世纪以来,养老保险随着各国经济的发展,在各国政府的积极努力下,养老保险在世界范围内获得迅速发展。截止到目前,全球已经有 150 多个国家和地区建立了养老保险制度。我国的养老保险制度开始于20世纪50年代。《中华人民共和国劳动保险条例》建立了全民所有制企业的职工养老保险。我国从80年代开始进行了养老保险的改革，主要目的是实现养老保险的社会化、基金筹集和保险形式的多样化。1997年国务院发布《关于建立统一的企业职工基本养老保险制度的决定》，提出要"建立起适应社会主义市场经济体制要求，适用城镇各类企业职工和个体劳动者，资金来源多渠道、保障方式多层次、社会统筹与个人账户相结合、权利与义务相对应、管理服务社会化的养老保险体系。企业职工养老保险要贯彻社会互济与自我保障相结合、公平与效率相结合、行政管理与基金管理分开等原则，保障水平要与我国社会生产力发展水平及各方面的承受能力相适应"。目前，我国的养老保险尚不完善，正在进行全面深入的改革。

形式 养老保险的形式与国家的社会经济结构和发展水平紧密相关，在世界范围内体现出多样化。在英国，依照国民保险法建立的养老保险的形式主要有退休年金、老年年金、残疾或遗属津贴。美国的养老保险与英国近似，有老年年金、残疾年金和遗属年金等形式。法国的养老保险主要有老年年金、加付(抚养)年金、遗属年金等形式。瑞典则实行国民年金保险，形式分为基本年金保险和补充年金保险。日本的养老保险则主要包括厚生年金保险、船员年金保险、中央公务员共济年金保险、地方公务员共济年金保险、私立学校教职员共济年金保险、公共企业职员共济年金保险、农林渔团体职员共济年金保险、国民健康保险者年金保险等形式。我国的养老保险的形式有基本养老保险、企业补充性养老保险、个人储蓄性养老保险、国家公务员养老保险等。基本养老保险为我国建立养老保险制度的核心内容，要依法强制推行，并实现社会统筹和个人账户相结合。

养老保险基金 养老保险的基础是建立养老保险基金。为保障从业人员享受养老保险待遇而依法向社会筹集的资金，专用于支付养老保险金和养老保险费用。在世界范围内，养老保险基金通常是向国家、雇主和雇员三方筹集的，我国的养老保险改革也在向这个方面努力。《国务院关于企业职工养老保险制度改革的决定》第2条规定："随着经济的发展，逐步建立起基本养老保险与企业补充养老保险和职工个人储蓄性养老保险相结合的制度。改变养老保险完全由国家、企业包下来的办法，实行国家、企业、个人三方共同负担，职工个人也要缴纳一定的费用。"具体而言，养老保险基金主要由下列各项构成：(1)雇主和雇员缴纳的养老保险费。雇主和雇员应当依照法定的比例缴纳养老保险费。《国务院关于企业职工养老保险制度改革的决定》第4条规定，"企业缴纳的基本养老保险费，按本企业职工工资总额和当地政府规定的比例在税前提取，由企业开户银行按月代为扣缴。企业逾期不缴，要按规定加收滞纳金。滞纳金并入基本养老保险基金。""职工个人缴纳基本养老保险费，在调整工资的基础上逐步实行，缴费标准开始时可不超过本人标准工资的3%，以后随着经济的发展和职工工资的调整再逐步提高。"1997年发布的《国务院关于建立统一的企业职工基本养老保险制度的决定》规定："个人缴纳基本养老保险费的比例，1997年不得低于本人缴费工资的4%，1998年起每两年提高1个百分点。"根据2003年3月11日劳动和社会保障部发布的《关于调整基本养老保险个人缴费比例的通知》，基本养老保险个人缴费比例应达到8%。(2)养老保险基金的利息及其投资收益。养老保险基金除在银行开立的资金账户产生的存款利息外，还可以进行投资以获得较高的收益。养老保险基金的投资渠道应当以投资的安全为出发点，其投资渠道有限。如劳动部发布的《企业职工养老保险基金管理规定》要求，养老保险基金的投资限于银行定期存款、购买国库券和银行发行的债券、委托金融机构放款。(3)各级政府的财政补贴。各级政府能够给予养老保险基金的财政补贴，包括但不限于减免养老保险基金的增值收益税收、直接财政拨款、以国有的其他财产变现补充养老保险基金等。(4)依法纳入养老保险基金的其他资金，诸如社会成员的捐款、依法收取的滞纳金等。养老保险基金由政府统筹安排使用。

养老保险待遇 参加养老保险的从业人员依照法律规定，有权享受养老保险待遇。依照法律规定达到一定年龄并参加工作和缴纳养老保险费达到法定的年限的人，均可请求养老保险机构给付法定数额的养老保险金，直到其死亡，并同时可以享受法定的老年医疗和死亡补助待遇。养老保险待遇的主要形式为养老年金(养老保险金或退休金或退职金)、医疗给付待遇、遗属津贴待遇以及法律规定的其他待遇。依照有关养老保险的法律之规定，具备下列条件的从业人员，可以领取养老保险金：(1)从业人员达到法定的领取养老金的年龄的。对于从业人员年龄的要求，各国的法律所为规定不同。依照我国的现行规定，男性年满60岁、女性年满50岁的，有权请求发放养老保险金。(2)从业人员达到法定的劳动年限的。从业人员以工资收入为其全部或主要生活来源的劳动年限，称之为工龄。各国关于从业人员领取养老保险金的最低工龄的规定不尽相同。依照我国的现行规定，职工连续工龄满10年的，有权领取养老保险金，但因工致残而丧失劳动能力的职工，其领取养老保险金不受工龄的限制。(3)雇主和雇员缴纳养老保险费达到法定最低年限的。从业人员要领取养老保险金，其本人和雇主必须按照法律规定缴纳养老保险费，并达到最低缴费年限，关于最低缴费年限的规定,各国的规定不尽相同,但一般在15年左右。依照我国的现行规定,从业人员和企业的最低缴费年限一般为10年,最低缴费年限可以连续计算,也可以累进计算。

(邹海林)

yanglaojin xintuo
养老金信托(old-age pension trust) 企业为了方便向其退休职工发放养老金(退休金)而设立的信托。养老金信托为各国、各地区信托法确认的一个信托品种,属于典型的商业信托。养老金信托在社会生活中一般通过两种方式建立和运作:一种方式是由企业直接与信托公司签订信托合同,在这一合同规定的期限内,由企业按期将由其提供的、或者是由其职工按工资比例缴纳的、或者是因这两种途径而共同产生的资金所形成的养老金积存金移交给信托公司。信托公司管理和运用该项积存金,并在该企业的职工退休之时或者退休之后的一定时期内,用该项积存金的本金或收益直接向他们支付养老金。在以这一方式建立的养老金信托中,养老金积存金为信托财产,企业为委托人,信托公司为受托人,企业的退休职工为受益人。以这种方式建立和运作的养老金信托称为法定养老金信托。另一种方式是由企业设立一项具有公共法人资格的养老金基金,并按期将由其提供的、或者是由其职工按工资比例缴纳的、或者是因这两种途径而共同产生的资金增加入该项基金中。该项基金由专人控制,该人以基金名义与信托公司签订信托合同,并按期从基金中取出一部分资金移交给信托公司。信托公司在这一合同规定的期限内管理和运用这一部分资金,并通过向基金控制者交付的方式而使由此所产生的收益回流入该项基金中。在该企业的职工退休之时或者退休之后的一定时期内,由基金控制者从该项基金中拿出钱来向他支付养老金。在以这一方式建立的养老金信托中,作为财产而存在的养老金基金实际上成为信托财产,信托公司为受托人,作为公共法人而存在的养老金基金则为委托人兼受益人。以这种方式建立和运作的养老金信托称为福利养老金信托。为了确保养老金信托的安全运作及其信托财产的安全存在,已有国家确立起一定规则。例如,日本大藏省便规定:受托人可以将养老金信托的信托财产运用于贷款和投资,但这一贷款必须拥有确实和充分的担保,这一投资的对象仅限于依法能够在证券交易所进行交易的有价证券。在贷款和投资时运用于相对安全的贷款品种和有价证券品种的资金在信托财产总额所占比例必须在50%以上。

(张 淳)

yangxongdi jiemei
养兄弟姐妹(adopted brothers and sisters) 因收养关系的成立被收养人与收养人所生的子女之间的亲属关系。我国法律规定,养子女与养父母的子女间,有兄弟姐妹间的权利和义务。彼此间的抚养适用《中华人民共和国婚姻法》第29条的规定;法定继承适用《中华人民共和国继承法》第10条及其相关规定。养兄弟姐妹为第二顺序法定继承人。

(马忆南)

yangzinü jichengquan
养子女继承权(the right of inheritance by adopted children) 因收养产生的养父母子女关系中的子女接受养父母遗产的权利。养父母子女是拟制血亲,世界多数国家都规定养子女取得养父母的婚生子女身份,为养父母的继承人。但养子女对养父母的亲属和生父母的继承权却立法不一。关于养子女对生父母的继承权,根据是否"完全收养"大体分两种立法例:(1)"完全收养"的养子女对生父母无继承权,因收养成立后养子女与生父母及其近亲属的权利义务消除。如我国、前苏联、法国的完全收养、德国的未成年人收养及美国一些州采此立法。(2)"不完全收养"的养子女对生父母有继承权,因收养成立后养子女与生父母及其近亲属仍保留权利义务关系。如法国的单纯收养、德国的成年人收养采此立法。关于养子女对养父母亲属的继承权,一般对"完全收养"的予以承认,对"不完全收养"的则不予承认。而美国则基于收养契约的效力不及于收养关系当事人以外的人,养子女对养父母的亲属无继承权。根据《中华人民共和国婚姻法》第26条的规定,实行的是"完全收养"。收养成立后,养子女取得与亲生子女同等的法律地位,与养父母及其近亲属产生权利义务,包括互有继承权;养子女与生父母及其近亲属间的权利义务包括继承权消除。但如养子女对生父母尽了较多赡养义务,可按《中华人民共和国继承法》第14条规定,酌情分得生父母的遗产。如收养关系解除,未成年养子女与生父母及其近亲属的权利义务包括继承权即行恢复;成年养子女与生父母及其近亲属的权利义务关系经协商一致书面同意恢复的,包括恢复相互的继承权。

(陈 苇)

yaobaoshu
要保书(application) 又称投保单或投保书。保险人预先备制、具有统一格式、供投保人提出保险要求的书据。投保单由投保人依其项目逐一填写后交给保险人以供保险人决定是否承保或决定保险费率。这在法律上被视为投保人向保险人发出的保险要约。要保书作为投保人表示愿意与保险人订立保险合同的书面要约,应载明订立保险合同所涉及的主要条款:投保人、被保险人的名称、住所;保险标的;保险期间;保险责任的开始期间;保险价值;保险金额;保险险别等,并应当列出一系列投保人在投保时应当如实告知的事项。投保单本身并非正式合同文本，但投保单经保险人接受并盖章后，成为保险合同的组成部分。投保单上如有记载，保单上即使遗漏，其效力与记载在保险单上一样。投保人在投保单上为虚假陈述或不为如实告知，保险人在保单上又没有修正，保险人可以以此为由解除保险合同。在保险人对投保单签章后，保单送达投保人之前，除非投保单有特别说明或特别约定，发生保险事故，保险人应按照投保单上的规定承担给付保险金的责任。　　　　　　　　　　　　　（温世扬）

yaoshi de yisi biaoshi
要式的意思表示（德 formbedürftige Erklärungen）　不要式的意思表示的对称。表意人除将自己的意思表示出来以外，法律对其意思表示的形式还有特定要求的意思表示。如《中华人民共和国合同法》规定，技术开发合同应采用书面形式。　　　　（李仁玉　陈敦）

yaoshi falü xingwei
要式法律行为（德 formelles Geschäft）　依法律规定或依约定，必须采取一定形式或履行一定程序才能成立的法律行为。例如，票据行为、婚姻行为、遗嘱行为等为法定要式法律行为。民法之所以规定某些行为为要式法律行为，其原因如下：(1) 该行为须特别慎重，如亲属法上的行为应为要式行为，其目的就在于使当事人慎重行事；(2) 为使其行为的成立及内容的公开，如法人的设立行为；(3) 为证据的保存之需要，如遗嘱行为；(4) 为积极确定权利的范围，以便于交易流通，如票据行为。要式法律行为的具体形式主要为：(1) 书面形式，如技术合同、建设工程合同等均应采用书面形式；(2) 登记形式，如房屋抵押、专利权转让、商标权转让、结婚等均应采用登记形式；(3) 公证形式，如收养子女应采用公证形式；(4) 审批形式，如合作开采自然资源、发行股票等均应采取审批形式。要式法律行为的效力在立法上分别存在成立效力、生效效力和证据效力。对于约定要式法律行为，其效力依其约定，如当事人约定，合同未经公证的，合同不成立，则未经公证的合同就不成立。对于法定要式法律行为，其效力如何依照法律规定，如房屋抵押，未经登记的，抵押合同不生效，即不发生生效效力。　（李仁玉　陈敦）

yaoshi hetong
要式合同（formal contract）　不要式合同的对称。指必须采取法律规定的形式才能成立生效的合同。古代社会，对合同形式有严格的要求，采取要式主义。现代社会，合同大多为不要式的，只有一些特别重要的合同，法律要求当事人须采取特定的形式。但在法律对合同形式要件的规定是属于合同的成立要件还是生效要件上，有不同的立法例。一种观点认为，法律规定的合同形式为合同的成立要件，当事人未采取特定形式的，合同不成立；另一种观点认为，法律规定的合同形式为合同的生效要件，当事人未采用法律特别规定的形式的，合同也成立但不能生效；第三种观点认为，法律规定的形式要件为成立要件还是生效要件应依据法律规定的含义及合同的性质确定。对于我国合同法规定的应采用规定的合同形式而未采用的后果，学者中也有不同的观点。一种观点主张，要式合同未采取规定形式的，合同不成立；另一种观点主张，要式合同未采用规定形式的，合同可成立但不生效。　（郭明瑞）

yaoshi hunyin
要式婚姻（formal marriage）　必须符合一定的结婚方式即形式要件始得成立的婚姻，是不要式婚即事实婚的对称。在实行要式婚制的国家，婚姻因不符合结婚方式而无效，或视为婚姻不成立。综观结婚制度的历史和现实，要式婚可分为宗教婚、世俗的仪式婚和法律婚等。我国古代的聘娶婚必须依礼嫁娶，要求婚姻的成立符合礼制上的各种规定，也是要式婚的一种。在当代各国的结婚制度中，要式婚特别是其中的法律婚已占主导地位。《中华人民共和国婚姻法》以办理结婚登记为婚姻成立的必要方式，实行的也是要式婚中的法律婚制。　　　　　　　　　　　（杨大文）

yaoshi kouyue
要式口约（拉丁 stiplatio, stiplazione）　要式口约是指双方当事人用特定的语言，经问答相符而订立的单务严法契约，是罗马法上口头契约中最重要、使用最广泛的一种类型。要约者是债权人（stipulator），承诺者（sponsor, promittor）是债务人。渊源于《十二表法》以前的神前宣誓，但神前宣誓并不具有法律效力，仅靠道德宗教进行约束，后来宣誓的方式为问答所取代，法律也认可了其效力，即形成了要式口约。其条件为：(1) 当事人必须亲自到场；(2) 必须采用一定的问答形式，且必须严格一致；(3) 只适用于罗马市民之间，且限于用拉丁语；(4) 必须达成合意。要式口约的适用范围最初仅限于现金借贷，随后扩展到现金以外的种类物和各种特定物，以后进一步适用于某种作为或不作为等。要式口约既可以用来变更债的内容，也可用做买卖、担保或嫁资设立等。从其产生的根据上看，要式口约可以分为协议口约和必要口约两种，前者是指当事人自由达成的口约，后者是指执法官或裁判官要求达成的口约，故也称大法官要式口约。随着罗马法的发展，在万民法的影响下，要式口约的形式严格性日益衰落,大法官允许外国人使用外国语通过允诺、给予、作为等形式订立要式口约,当事人之间问答的一致性也不如最初时严格,到公元5世纪后叶,要式口约的形式已经演变成了当场的口头协议,到了优帝时期,当事人即使不到场,也可用证书代替问答订立要式口约,此时严格形式意义上的要式口约已经名存实亡。(刘经靖)

yaoshi mianchu
要式免除(拉丁 acceptilatio) 又称正式免除、市民法上的免除。略式免除的对称。罗马法上的概念,为市民法上债务的免除。用以债权债务发生的相同方式作出的免除债务的行为。要式免除发生使债消灭的效力。要式免除不得附条件或期限。 (郭明瑞)

yaoshi xianjin jiedai
要式现金借贷(拉丁 nexum) 又称债务口约。罗马法上最早的要式契约形式。拉丁文 nexum 为拘束、连结、债之意。要式现金借贷在形式上与要式买卖 mancipium, mancipato)极为相似,采用铜和秤(per aes et libram)、5名见证人、司秤和秤铜块的仪式加以缔结。最初,该契约只适用于罗马法市民之间的现金借贷,自验质计量成为虚拟形式之后,现金借贷便逐步扩充适用于所有可计量之物的借贷,由此形成了普通的消费借贷契约。要式现金借贷的效力极为严厉,债务人不履行债务时,将处于同因犯罪而处于"受奴役的人"同样的地位。要式现金借贷的这种效力常常引发贵族和平民之间的斗争,造成历史的动荡,到前326年,《博埃得里亚法》(又称《珀特利亚·帕彼里亚法》,Lex Poetelia Papiria)规定除侵权行为之债外,债权人非经判决不得对债务人进行拘押、出卖、杀戮等,并解放了所有的债务奴隶。自要式口约产生后,"要式现金借贷"不久即被废弃。 (刘经靖)

yaoshi yizhuanwu
要式移转物(拉丁 res mancipi) 略式移转物的对称。土地、房屋、奴隶、用于运输的牲畜、乡村地役权等等,这类物对于早期的罗马社会和经济曾经具有至关重要的意义,因而对它们的转让,必须通过要式买卖或者拟诉弃权的方式进行。 (张 谷)

yaowu de yisi biaoshi
要物的意思表示(德 Realakt) 于欲发生法律上效果的意思表示之外,尚需物的交付始能成立的意思表示。单纯的意思表示的对称。如所有权的抛弃。 (李仁玉 陈 敦)

yaowu hetong
要物合同(real contract) 又称实践合同。参见实践合同条。 (郭明瑞)

yaoxie tiaokuan
要挟条款(coercion clause) 一方以要挟的手段,迫使对方违背其真实意愿而接受的合同条款。要挟条款是一方以胁迫的手段使对方在违背真实意思的情况下订立的,因此,受损害方有权请求法院或者仲裁机构对该条款予以变更或者撤销。但有权撤销的一方当事人须在撤销权的存续期间内行使请求变更或者撤销的权利,撤销权消灭后不得再主张撤销。 (郭明瑞)

yaoyin falü xingwei
要因法律行为(德 kausales Geschäft) 在财产给付行为中,与原因不可分离的法律行为,又称有因法律行为。所说原因就是民事法律行为的目的,例如买卖行为的原因,对于买方就是取得标的物的所有权,对于卖方就是取得价款。在要因法律行为中,原因欠缺导致法律行为不能成立;原因瑕疵导致法律行为无效;原因不成立或不生效时,视为无法律上的原因,受不当得利的追究。在民法上,多数负担行为或债权行为是要因行为,所说原因主要包括清偿原因、取得原因及赠与原因。 (李仁玉 陈 敦)

yaoyin hetong
要因合同(德 kausaler Vertrag) 又称有因合同。不要因合同的对称。指与财产给付的原因不可分离的合同。要因合同的原因不存在,合同无效。 (郭明瑞)

yaoyue
要约(offer) 当事人一方向他人所作的希望与之订立合同的意思表示。在商业活动和对外贸易中又称作发价、报价或发盘。发出要约的一方为要约人,受领要约一方为受要约人或相对人。《中华人民共和国合同法》第14条规定,作为要约的意思表示应当符合下列条件:(1)内容具体明确;(2)表明经受要约人承诺,要约人即受该意思表示的约束。一项有效的要约具有以下特征:第一,要约具有订立合同的旨意。要约人必须具有与被要约人订立合同的真实意愿,其目的是订立合同。若一方虽向他人提议,但仅仅是诱使对方首先提出订立合同的条件,不发生法律效果,则只是要约诱引,而非要约。第二,要约须是特定人对所希望与之订约的相对人做出的意思表示。要约的作用在于引起相对人的承诺。因此,要约人须为特定人,否则,相对人无从承诺。特定人是指为外界所能客观确定的人。至于是自然人还是法人、本人还是代理人则在所不问。要约的相对人可以是特定人,也可是不特定的人。特定人并不限于一人。向不特定人发出要约,一般是指特定范围内的社会公众,如商品标价陈列、自动售货机的设置、投标书的参送。第三,要约内容应十分确定并足以决定合同的主要条款。所谓十分确定,依《联合国国际货物销售合同公约》的规定是指一个要约应写明货物并明示或暗示地规定数量和价格或如何确定数量或价格;所谓足以决定合同的主要条款,指要约的内容应完整、无保留条件。这里的完整,指一项要约应包括标的、数量、质量、价款等主要条款。这里的无保留条件,指要约必须是终局的,无任何保留、限制条件。这样,受要约人才能权衡利弊,以决定是否接受该要约。要约有反要约、交叉要约、悬赏广告、现物要约等特殊形式。反要约是相对人将要约的内容扩张、限制或变更后所作的答复,其性质属一项新要约。现物要约指未订购而由当事人一方向相对人直接寄物品的行为。

要约通常以口头或书面形式做出。口头方式可以当面提出,也可通过电话提出。书面形式包括寄送定货单、书信、电报、电传等。要约的生效时间因要约形式不同而有所不同。口头要约以相对人了解要约时开始发生拘束力,其"了解"应解释为以正常情况下一般人所能理解的程度为标准;书面要约在学理中有两种主张:一为发信主义,亦即邮寄主义,主张要约人将要约置于自己控制范围之外,以书信、电报、电传等形式发出后生效;二为受信主义,又称到达主义,即要约须于到达相对人之时方生效。《国际商事合同通则》采取到达主义。《中华人民共和国合同法》第16条中也规定,要约到达受要约人时生效。同时规定,当事人采用数据电文形式发出要约的,收件人指定特定系统接受数据电文的,该数据电文进入该特定系统的时间,视为到达时间;未指定特定系统的,该数据电文进入收件人的任何系统的首次时间,视为到达时间。

(肖 燕 郭明瑞)

yaoyue de chexiao

要约的撤销(revocation of offer) 要约人在要约到达受要约人并生效之前,将该要约取消,从而使要约的效力归于消灭。要约的撤销和撤回都旨在使要约作废,并且都只能在承诺作出之前进行,但二者之间存在着显著的区别:撤回发生在要约尚未达到受要约人之前,而撤销则发生在要约已经到达受要约人并已经生效,但受要约人尚未作出承诺的期限内。由于撤销要约时,要约已经发生法律效力,因此,要约的撤销必须有严格的限制,如因撤销要约而给受要约人造成损失的,要约人应负赔偿责任。由于承认要约人享有撤回未生效要约的权利既可以充分保护要约人权益,又不致受要约人任何损害,因此,各国合同法皆承认要约人的撤回权,但是否应当承认要约人的撤销权,各国立法则有所不同。按照大陆法的规定,要约对要约人具体形式上的拘束力,要约一经生效,则要约人不得对要约随意撤销。而根据英美法,要约可以随时撤销。上述两种立法例都各有利弊,因此,通说认为,应当允许要约人撤销已经生效的要约,但同时必须对这种撤销加以一定的限制。这种限制一般体现为:(1)要约中确定了承诺期限或者要约以其他形式表明,要约具有不可撤销性;(2)要约尽管没有表明不可撤销,但受要约人有理由信赖要约是不可撤销的,并且已经为履行合同进行了准备。

(刘经靖)

yaoyue de jushuli

要约的拘束力(effects of offer) 亦即要约的法律效力,要约在有效期内所生的法律效果。要约是一种具有法律约束力的意思表示。其拘束力包括两方面的内容:其一是对要约人的拘束力,理论上称为要约的形式拘束力。要约一生效,要约人在要约的有效期限内,便不得随意撤回、撤销或对要约加以限制、变更和扩张;在规定的有效期限内,不得拒绝承诺,并有与受要约人订约的义务;要约人以特定物为标的物的,不能再向第三人发出要约,与之订立合同;要约以同一种类物为标的物向多人发出要约的,只能在满足第一要约人的情况下,以其余部分的标的物向第三人发出要约,与之订立合同。否则,对由此给对方造成的损失应承担赔偿责任。其二是对受要约人的拘束力,理论上称要约的实质拘束力,它指受要约人在要约生效后,取得依其承诺而成立合同的权利,但受要约人没有必须表示承诺或拒绝的义务。受要约人不为承诺,只是使合同不成立,此外不负任何责任,除非法律有特别规定、双方当事人另有约定或依一般商业惯例负有承诺义务。

(肖 燕)

yaoyue de xiaomie

要约的消灭(lapse of offer) 要约不发生效力或失去效力。要约不发生效力,则受要约人不能取得承诺的资格;要约终止效力,要约人解除了必须接受承诺的义务;受要约人丧失其享有承诺的权利。导致要约消灭的原因主要有:(1)要约被拒绝。受要约人拒绝要约的,要约失去效力。受要约人对要约的实质内容变更的,也是对要约的拒绝。(2)承诺期限届满。承诺期限届满受要约人未做出承诺的,要约失效。(3)要约人撤回或撤销要约。要约人撤回要约的,要约不生效力。但撤回要约的通知应当在要约到达受要约人之前或者与要约同时到达受要约人。要约一经撤销,也失去效力。撤销要约的通知应当在受要约人发出承诺通知前到达受要约人。但有下列情形之一的,要约不要撤销:其一,要约确定了承诺期限或者以其他方式明示要约不可撤销;其二,受要约人有理由认为要约是不可撤销的,并已经为履行合同作了准备工作。(4) 特定条件下要约当事人死亡。该情形使要约归于消灭一般应符合下列条件之一:其一,合同具有人身依附性质;其二,要约是专门为要约人的利益而发出的,如为要约人看病的要约;其三,要约含有或者推定含有明显的反对继承人继承的意思;其四,要约人是法人,法人终止。 (肖 燕 郭明瑞 张平华)

yaoyue yaoqing

要约邀请(invitation to offer) 又称"要约引诱",希望他人向自己发出要约的意思表示。是当事人订立合同的预备行为,行为人在法律上无须承担责任。如拍卖公告、招标公告、招股说明书、商业广告等。要约邀请与要约的区别有:(1) 要约是当事人以订立合同为直接目的的意思表示;要约邀请的目的是希望对方主动向自己提出订立合同的意思表示;(2) 要约必须包括未来可能订立合同的主要内容,并表示自己愿意接受要约拘束的意思;而要约邀请则不必包含订立合同所需的主要条款,也不含有接受其拘束的意思;(3) 要约多针对特定的相对人提出,故要约往往采取对话方式、信函方式;要约邀请一般是针对不特定多数人的,往往通过电视、报刊等媒介发出。如《联合国国际货物销售合同公约》第14(2)条规定:"非向一个或一个以上特定的人提出的建议,仅应视为要约邀请,除非提出建议的人明确地表示相反的意向。"尽管区分要约与要约邀请具有现实和理论意义,但实践中,其仍是比较复杂的一个问题。英国学者阿蒂亚的《合同法概论》针对这一问题指出:"我们试图对划归'要约'一类的情况和划归'协商邀请'一类的情况之间加以说明,但很难提出一般原则,只能由法官们认为就当事人的意思表示或成立的合同是否合同来判定"。从各国的立法和实践总结,一般通过以下几个标准来区分:(1) 法律规定。如果法律对某种行为是要约或要约邀请作出了明确的规定,则依法律的规定确定行为的性质。如《中华人民共和国合同法》第15条规定:"要约邀请是希望他人向自己发出要约的意思表示。寄送的价目表、拍卖公告、招标公告、招股说明书、商业广告等为要约邀请。商业广告的内容符合要约规定的,视为要约"。(2) 交易习惯和传统做法。例如,从交易习惯分析,询问商品的价格一般不能认为是要约,而只能是要约邀请。(3) 当事人意思表示的内容。如当事人意思表示包含了合同成立的主要内容,视为要约。反之视为要约邀请。如《意大利民法典》第130条规定:"当公示性提议包含了缔约的主要内容时,该提议即具有要约的效力"。(4) 当事人的声明。要约与要约邀请还可依当事人的声明而加以区分。但声明须在事先作出。因此,尽管提议中包含了主要条款,但当事人在声明中表示不受该条款约束的,也只能是要约邀请。以上种种区分标准都非固定不变的标准,应依具体情况和环境条件的不同综合加以分析。在不同的法系、不同的国家,对待具体事例的分析,可能是完全不同的。如对于商品标价陈列,大陆法系认为构成要约,而英美法系认为是要约邀请。我国《合同法》未明确规定,学者们倾向接受大陆法系观点,但认为对于商店临街的橱窗里陈列的商品,不能认为是要约。对于悬赏广告,英美法系认为是要约,大陆法系国家观点不一。有认为是要约的,如日本、瑞士;有认为是单独民事行为的,如德国。按照德国法,一旦相对人完成悬赏内容,行为人即应给付报酬,此时并不以行为人的承诺为条件。 (万 霞)

yaoyue yinyou

要约引诱(invitation to offer) 又称要约诱引、要约邀请。参见要约邀请条。

yijiuyilingnian jiuzhu gongyue

《1910年救助公约》(Salvage Convention 1910) 由国际海事委员会草拟,于1910年在布鲁塞尔国际会议上通过的国际公约。该公约在国际层面上统一了各国关于海上救助的做法,在国际上得到了广泛的接受。到目前为止,有60多个国家加入该公约。我国没有加入该公约,但在处理救助问题时,一般也依照该公约的精神处理救助问题。但是,随着时代的发展,尽管该公约的基本原则仍在适用,但已经有部分内容不再适应现代航运业的发展,尤其在油轮救助和防止海洋污染等方面缺乏相应规定。《1910年救助公约》共有19条,主要的原则包括:(1) 以人道主义救助人命为原则。主要包括,对于在海上遭受危险的人必须予以救助,除非这种救助会对船舶、船员或者旅客造成严重威胁。除非国内法另有规定救助人命不得请求报酬,但参与救助人命的救助人对于因救助船舶、货物以及附属品所取得的报酬享有分配权。(2) 无效果、无报酬原则。在任何情况下,所获得的报酬,不得高于获救财产的价值。(3) 确保救助合同的公平性。在危险期间并在危险影响下订立的任何救助协议,经当事一方请求,如果法院认为协议条件不公平,可以宣告该协议无效,或予以变更。在任何情况下,如经证明当事一方同意的事项,因有欺诈或隐瞒而归于无效,或所付报酬与救助服务相比,多得过分或少得过分,经受到影响一方的请求,法院可以宣告协议无效,或将该协议加以变更。(4) 救助报酬的确定原则。确定报酬由法院根据具体情况决定,并以下列各项为依据:获得效果的程度;救助人的努力与劳绩;被救船舶、所载旅客、船员、货物以及救助人和救助船舶所冒危险;救助工作所用时间、所耗费用和所受损失、救助人所冒责任上的风险和其他风险,以及冒上述风险的财务价值。如果救助船舶具有特殊用途,尚需加以考虑;被救助财产的价值。如果由于救助人本身的过失以致必须救助,或者救助人有盗窃,私受盗窃货物或其他欺诈行为,法院得酌减或拒绝同意给予救助报酬。同时,公约规定,本公约不适用于军用船舶或专门用于公务的政府船舶。

(李洪积 王青)

油水分离技术)的建议。主要内容包括:(1)只准许油轮在航行中排放;(2)航行时油轮的排油率不得超过每海里60升;(3)空载油轮可以排放的油量不得超过其装油容量的15000分之一;(4)船舶不得在离最近陆地50海里以内排放任何油类。1954年公约及1962年和1969年修正案的目的主要是控制油轮日常操作性的排放,而1971年修正案则集中于对海上以外事故造成油污的处理。到目前为止,两项修正案均未生效。对上述公约及其修正案,我国均未参加。

(王青)

yijiuwusinian fangzhi haiyang youwu de guoji gongyue
《1954年防止海洋油污的国际公约》(International Convention for the Prevention of Pollution of the Sea by Oil, 1954) 简称《伦敦公约》,于1954年4月26日至5月12日在伦敦召开的防止海洋油污国际会议上通过。参加会议的代表来自44个国家。会议的中心内容是寻求防止海上油污的途径。由于分歧太大,会议最终接受了首先实行地区性控制船舶排油的建议,作出了8项决议,通过了《1954年防止海洋油污的国际公约》。公约规定了禁止船舶排放油类或油水混合物的海域(北海、北大西洋和地中海)和离沿岸国50海里的范围,禁止排放含油量在100ppm以上的油类和油水混合物,并要求船方备置统一格式的排油登记簿,随时记录排油的数量、时间和位置以备检查。对违法者处以1000~10000美元的罚款。公约规定的生效条件是:至少20个国家批准,其中5个国家拥有的油轮吨位不少于50万总吨。此项条件已于1958年7月26日得到满足,公约自即日起生效。

《1954年防止海洋油污的国际公约》虽然已经生效,但被广泛地批评为"更多的是一种摆设",实践中很难操作。很多国家对50海里以内的排油禁区难以控制。即使有的沿岸国派飞机对船舶的明显排油情况做了拍照取证工作,但按照公约的规定,也不能对排油船舶进行制裁,只能通知船旗国政府处理。而且,即使制裁,也不过最多罚款1000至10000美元。因此,本公约实际上并未起到禁止排油和改善海洋环境的作用。鉴于此,政府间海事协商组织(现名国际海事组织)于1959年成立后,分别于1962年、1969年、1971年提出了对《1954年防止海洋油污的国际公约》的修正案。其中1962年通过的两个修正案分别于1967年5月18日和6月28日生效,其主要内容是把原定沿岸国50海里以内的禁止排油区扩大到100海里,把适用于的油轮吨级从原定的500总吨以上减为150总吨以上。与《1954年防止海洋油污的国际公约》相比,该修正案操作性明显增强。而1969年修正案于1978年1月20日生效,采纳了英国关于采用顶装法(一种新的

yijiuwuqinian chuanbo suoyouren zeren xianzhi gongyue
《1957年船舶所有人责任限制公约》(International Convention Relating to the Limitation of the Liability of Owners of Seagoing Ships, 1957) 该公约由国际海事委员会于1955年在马德里起草,1957年10月10日在布鲁塞尔第十届海洋外交会议上通过,目前已有近50个参加国。公约于1967年生效。我国没有加入该公约。《1957年船舶所有人责任限制公约》采用金额制度,按每一事故确定责任限额,计算单位为金法郎。公约共16条,其主要内容为:1.适用的船舶。公约适用的船舶为海船,300公约吨以下的船舶以300公约吨为基数。2.责任限制的主体。分为两类:第一类为船舶所有人,包括船舶承租人、经理人以及经营人;第二类为船长、船员以及为第一类人员服务的其他雇员。3.限制性债权。公约规定了三类限制性债权:(1)船上所载的任何人的死亡或人身伤害,以及船上任何财产的灭失或损害;(2)不论陆上或水上其他人员的人身伤亡及船舶所有人须对之负责的船上人员或非船上人员的行为、疏忽或不履行义务,责任主体仅在上述行为、疏忽或不履行义务发生在船舶的驾驶或管理、货物的装卸、运送或旅客的登离船、运送中时,才可限制其责任;(3)有关清除残骸的法律所规定的以及因起浮、清除或销毁沉船、搁浅船或被弃船(包括船上任何物品)所产生的任何义务或责任,以及损坏港口工程、港池及航道所产生的任何义务或责任。4.非限制性债权。公约规定了两类非限制性债权:(1)因救助报酬及共同海损分摊提出的债权;(2)根据调整船舶所有人与其受雇人之间的雇佣合同的法律规定,船舶所有人不得限制责任或虽可限制但限额高于本公约规定的。5.责任限额及基金分配。公约规定,对于单纯的人身伤亡索赔,按每公约吨3100金法郎建立责任基金(即最高赔偿额),各索赔人按比例分配该基金;对于单纯的财产损害索赔,则按每公约吨1000金法郎建立责任基金,各索赔人按比例分配该基金。当同一事故同时造成人身伤亡和财产损害时,则分别按每公约吨2100金法郎和1000金法郎建立人身伤亡基金和财产

损害基金。当人身伤亡基金不足以清偿实际发生的人身伤亡索赔时，不足部分与实际发生的财产损害索赔按比例分配新确定的人身伤亡基金及财产损害基金。《船舶所有人责任限制公约》是国际上有关责任限制方面第一个生效的国际公约，对统一责任限制的国际立法起了积极有效的作用。　　　　　（张永坚　张　宁）

yijiuliujiunian guoji youwu sunhai minshi zeren gongyue

《1969年国际油污损害民事责任公约》(International Convention on Civil Liability for Oil Pollution Damage, 1969)

简称《责任公约》(英文缩写CLC)，是1969年11月29日联合国政府间海事协商组织(现名为国际海事组织IMO)在布鲁塞尔主持召开的海上污染损害法律会议上通过的两个国际公约之一。该公约的目的在于解决由于海上事故引起污染损害的赔偿责任问题。此公约属私法性质，所以也称为《油污私法公约》(同一会议通过的另一公约为《国际干预公海油污事件公约》属公法性质)。截至1991年12月6日，共有71个缔约国，占世界总吨位的84.23%。我国于1980年1月30日向国际海事组织交存了加入文件，1980年4月29日该公约对我国生效。

《责任公约》正文21条加附录三则。其内容主要包括：1.责任限制主体。《责任公约》明确规定为船舶所有人，杜绝了《1957年船舶所有人责任限制的国际公约》责任承担者太多导致龙多不下雨的问题。2.严格责任制原则，同时规定了免责事项：(1)因战争和不可抗力等自然现象；(2)完全是第三者的故意行为；(3)完全是政府或主管部门的疏忽或过失。3.责任限制金额。以"每一事件"为基础，对任何一个事件的责任限定为按船舶吨位计算，赔偿总额为每一吨2000金法郎，但这种赔偿总额不得超过2.1亿金法郎。船舶所有人的赔偿责任和责任限制问题，是《责任公约》的核心内容。《1957年公约》对船舶所有人的责任限制金额是按每"公约吨"1000金法郎来计算赔偿财产损失的。这对油污损害来说，显然是太低了。《责任公约》的限制金额是《1957年公约》的两倍，船舶所有人认为太高了，负担不起，而受害者(主要是沿海国家)却认为太低了，希望再提高。为此，《基金公约》(详见《设立国际油污损害赔偿基金公约》)与《责任公约》成为解决国际油污损害的两个重要公约。

1992年11月23日至27日，国际海事组织又在伦敦召开外交大会，再次修改《1969年民事责任公约》。55个会员国，联系会员香港及12个国际组织派代表或观察员出席了会议。会议审议并通过了《修订1969年国际油污损害民事责任公约的1992年议定书》(Protocol of 1992 to amend the International convention on Civil Liability for Oil Pollution Damage, 1969)，简称《责任公约1992年议定书》(英文缩写为CLC PROT 1992)。我国签署了会议的最后文件。根据我国目前的国情，《1992年议定书》所规定的赔偿限额太高，我国短期内难以接受。　　　　　　　　（王　青）

yijiuliujiunian youlun chuanbo suoyouren ziyuan chengdan de youwu zeren xieding

《1969年油轮船舶所有人自愿承担的油污责任协定》(Tank Owners Voluntary Agreement Concerning Liability for Oil Pollution, TOVALOP, 1969)

简称《船东协定》，是由世界七大石油运输公司(英国油船公司、埃索运输公司、海湾石油公司、飞马石油公司、壳牌国际石油公司、加利福尼亚标准石油公司和德士古公司)于1969年1月7日签署的一个民间协议。"拖利·勘庸"轮油污事故的发生使得建立新的油污损害赔偿责任的国际制度提上了日程。但等待新的国际公约的产生和实施，需要一较长的过程，《船东协定》就是在这种背景下产生的。协定于1969年10月6日生效。由于许多条款是维护船舶所有人利益的，所以到1972年7月13日加入该协定的船舶吨位高达96%以上。1972年7月14日该公约经过修改于1973年2月20日生效。修改的主要内容是：载重吨由原来的5000吨以上改为3000吨以上，对"油类"的定义做了新的界定，以及增加了承担排除污染威胁的责任等。《1969年国际油污损害民事责任公约》(CLC)生效后，TOVALOP的历史使命本应结束。但由于《责任公约》对非缔约国或参加国无约束力，而世界上尚有许多国家未参加1969年CLC公约，加之《责任公约》不适用空载航行的油轮和纯属威胁情况实际上并未发生油污而采取预防措施进行的赔偿，故TOVALOP仍有存在的必要。船东协议对每一事故的赔偿责任限额为，按船舶吨位每吨160美元计算的金额，或总额1680万美元，两者之中以较小者为准。油污受害方对油轮船舶所有人的索赔，必须在事件发生之日1年内，将书面索赔通知送达到油轮船舶所有人。一旦就损害赔偿问题发生争议，原则上适用英国法律。该协定历经修改，形成了如《1985年油轮油污责任暂行补充协定》；《1986年油轮油污责任暂行补充协定》等。　（王　青）

yijiuqiyinian sheli guoji youwu sunhai peichang jijin guoji gongyue

《1971年设立国际油污损害赔偿基金国际公约》(International Convention on the International Fund for Compensation for Oil Pollution Damage, 1971)

简称《基金公约》(英文缩写为FUND)，是1971年12月18日联合国政府间海事协商组织(1982年5月22日更名为国际海事组织)在布鲁塞尔召开的外交会议上通过的一项国际公约。该公约于1978年10月16日生效。截至1991年,已有加拿大、法国、德国、印度、日本、挪威、波兰、西班牙、斯里兰卡、前苏联、英国、葡萄牙等45个国家参加,我国未参加该公约。1969年制定《1969年国际油污损害民事责任公约》时,许多人分别站在船舶所有人或污染受害人一方对船舶所有人的最高责任限额的规定展开激烈争论,呈现两种截然不同的对立意见,一种意见认为责任限额过高,使得船舶所有人无力负担。另一种意见认为责任限额过低,使得油污受害者得不到充分的补偿,因而双方对《责任公约》都不满意。于是有人提出,石油运输的最大获益者是石油公司,石油公司应承担部分油污造成的损失,建议成立一个国际性基金作为补充措施,因此,在通过《责任公约》的同时,通过了一项"最迟不超过1971年订立关于建议国际油污损害赔偿基金的决议"。根据该决议的精神,"海协"于1971年11月29日至12月18日在布鲁塞尔召开了外交会议。会上通过了关于《设立国际油污损害赔偿基金国际公约》。公约把赔偿限额从2.1亿金法郎限额提高到4.5亿金法郎,用以缓冲船舶所有人与受害者之间的矛盾。

《基金公约》可以说是《责任公约》的补充,因此它所适用的船舶和责任原则,与《责任公约》相似。其条款共有48条,内容主要包括基金的来源(主要是世界大石油公司)、对船舶所有人的补贴(前提是船舶所有人的所在国必须同时是《责任公约》和《基金公约》的成员国)、对受害者的补偿,并就如何加入《基金公约》问题做了规定。一般说来,海运发达的国家愿意参加《基金公约》,原因是一旦发生油污损害赔偿,船舶所有人可以从"基金"得到补贴;而沿海国家则不愿意参加《基金公约》,原因是参加之后,要尽摊款义务。我国也只参加了《责任公约》,而未参加《基金公约》。(王 青)

yijiuqiernian guoji haishang bipeng guize gongyue
《1972国际海上避碰规则公约》(Convention on the International Regulations for the Prevention Collisions at Sea,1972) 简称《1972年避碰规则公约》,联合国政府间海事协商组织(1982年更名为国际海事组织)于1972年10月4日在伦敦召开的国际会议上通过,1977年7月15日正式生效。公约生效后,国际海事组织于1981年、1987年、1989年和1993年对其进行了多次修订。目前国际上广泛使用的是1993年修订,1995年生效的公约修正案。我国于1980年参加了该公约。《1972年避碰规则公约》所附的《1972年避碰规则》共38条和4个附录,主要由总则、驾驶和航行规则、号灯和号型、声响和灯光信号以及豁免五章组成。主要内容有:1. 公约的适用范围。依公约第1条规定,规则各条适用于在公海和连接公海而可供海船航行的一切水域中的一切船舶。2. 驾驶和航行规则。这是《1972年避碰规则公约》的核心内容。根据规则要求,船舶的驾驶和航行应当做到:(1)保持正规瞭望,及时发现来船或其他物体,避免发生碰撞。(2)使用安全航速,以便能适当地采取避碰行动,避免在航向和航速上作一连串的小变动。为避碰而进行的航向和航速的变动,应在环境许可的条件下大得足以使他船用视觉或雷达观察时容易察觉到。(3)给他船让路。包括追越船应该给他船让路;两船对遇时,各船应向右转向;两船交叉相遇时,有他船在本船右舷的船应给他船让路;机动船应给失去控制的船舶和非机动船让路;帆船和从事捕鱼的船应给失去控制的船舶、操作能力受到限制的船舶让路;船舶在狭窄水道或航道,应尽量靠在船舶右舷的水道或航道外缘行使。3. 号灯和号型。规则要求,在航或锚泊的所有船舶,不论天气好坏,不论白天或夜晚,都应按规定显示正确的号灯和号型,以便他船明确本船的行动或情况。4. 声响和灯光信号。规则对在能见度良好和不好等不同情况和状态下的各类船舶应如何正确使用声响和灯光信号作了明确规定。《1972年避碰规则公约》属于技术性规范,统一了船舶避碰的技术规范,为减少海上碰撞事故的发生起到了重要作用。同时,由于该规则规定了当事船的权利和义务,主要表现为让路船的让路义务和直航船的直航权利,使之成为海上碰撞法的核心部分,故又属于法律规范。虽然其内容并不涉及船舶碰撞所产生的法律责任问题,但当船舶碰撞事故发生后,它通常是判定碰撞当事人责任的重要依据。(张永坚 张 宁)

yijiuqiliunian haishi peichang zeren xianzhi gongyue
《1976年海事赔偿责任限制公约》(Convention on Limitation of Liability for Maritime Claims,1976) 随着形势的发展,1957年《船舶所有人责任限制公约》日益暴露出其局限:1. 船舶所有人的限额太低。2. 将救助人排除在责任限制的主体之外,不利于鼓励海难救助。3. 采用金法郎作为限额的计算单位,折算成各国货币时会产生差别。在这样的背景下,联合国政府间海事协商组织根据各国的要求,开始着手修改《船舶所有人责任限制公约》,于1976年11月1日至9日在伦敦召开的外交会议上通过了《海事赔偿责任限制公约》。公约于1986年12月1日生效。1976年《海事赔偿责任限制公约》已经基本上取代了1957年《船舶所有人责任限制公约》,代表了海事赔偿责任限制的国际趋势。我国没有加入该公约,但《中华人民共和国海商法》中第11章海事赔偿责任限制实际上基本上吸收了该公约的内容。1976年《海事赔偿责任限制公约》全文分为责任限制的权利、责任限制、责任限制基金、适用范围和最后条款五章,共计23条。其主要内容有:1.适用的船舶。公约适用于海船,不适用于气垫船及航空运输工具及用于海底或底土地自然资源探测或开采的浮动平台。缔约国可以通过国内法调整下列船舶的责任限制制度:(1)依照缔约国法律,意欲在内陆水域航行的船舶;(2)小于300吨的船舶。2.责任限制主体。公约规定的责任主体为船舶所有人、承租人、管理人、经营人、救助人和责任保险人。同时规定,当诉讼是针对船舶本身或船舶所有人及救助人应对之负责的人提起时,责任主体也可限制责任。3.限制责任的条件。公约规定,如经证明,损害是由于责任人的"故意或明知可能造成却采取漫不经心的作为或不作为"所致,责任主体不得限制责任。4.限制性债权。公约规定的限制性债权有六类:(1)因发生在船上或船舶营运或救助作业直接造成的人身伤亡及财产损害灭失及其间接损失;(2)因海运货物、旅客及其行李的延误造成的损失;(3)因船舶营运或救助作业直接造成的侵害非合同权利引起的损失;(4)为使沉船、残骸、搁浅或被弃船得以起浮、清除、销毁或使之无害;(5)为使船上货物得以清除、销毁或使之无害;(6)非责任人为避免或减少根据本公约可限制责任的人须负责的损失而采取的措施及该措施造成的进一步损失。5.非限制性债权。公约规定,下列债权不得限制责任:(1)救助报酬和共同海损分摊;(2)油污损害;(3)根据调整或禁止核损害责任限制的国际公约或国内立法提出的债权;(4)向核动力船舶所有人提出的核损害索赔;(5)根据调整船舶所有人或救助人与其受雇人之间合同的法律规定,船舶所有人或救助人不得限制责任或虽可限制责任,但限额高于本公约规定的。6.责任限额。公约采用了"事故制度"及超额递减的"金额制度",并以特别提款权作为计算单位,以《1969年国际船舶吨位丈量公约》确定的总吨作为计算责任基金的吨位。此外,公约还对责任基金的设置和准据法作出了规定。

(张永坚 张 宁)

yijiuqibanian lianheguo haishang huowu yunshu gongyue
《1978年联合国海上货物运输公约》(United Nations Convention on the Carriage of Goods by Sea, 1978) 关于海上货物运输中承运人和托运人之间权利义务以及赔偿责任等的国际公约。由于海运领域已有的两个公约,即《海牙规则》和《海牙—维斯比规则》在实施多年后日益暴露出严重弊端,并引起了发展中国家的严重不满,在发展中国家的推动下,联合国国际贸易法委员会于1976年草拟出《联合国海上货物运输公约》草案,由1978年3月6日至31日在汉堡召开的联合国海上货物运输公约外交会议审议通过。由于公约在汉堡通过,因此又称《汉堡规则》(Hamburg Rules)。公约于1992年11月1日生效,迄今已有20多个参加国。与《海牙规则》相比,《汉堡规则》删除了一些不合理的规定,提高了承运人的责任,增加了保护货方利益的条款,改善了国际航运中船货双方的权利和义务关系。公约分7个部分34条和一项共同谅解。其主要内容有:(1)承运人的责任基础实行完全过失责任制。删除了《海牙规则》实行的航行过失免责条款以外其他列明的免责事项,实行完全过失责任制。凡在承运人责任期间内发生的货物灭失、损害或者延迟交付,都推定是由于承运人的过失造成的,应当负赔偿责任,除非他能够证明他已为避免事故的发生及其后果采取了一切可能合理要求的措施。但火灾的举证责任由托运人承担。(2)承运人的责任期间。包括货物在装运港、运输途中和卸货港,在承运人掌管的整个期间,改变了《海牙规则》的"从装上船时起至卸下船时止"的责任期间,改为从承运人在装货港接收货物到卸货港将货物交付给收货人时为止的一段期间,即从"港口"到"港口"。(3)赔偿责任限额及制定双重限额。承运人对货物灭失或损坏的赔偿,每件或者每个单位为835个特别提款权,或毛重每公斤2.5个特别提款权,以其高者为准。对延迟交货造成损失的赔偿责任,以相当于该延迟交付货物应付运费的2.5倍为限,但不得超过合同中规定应付运费的总额。(4)公约适用于活动物和舱面货。承运人只有按照同托运人达成的协议或者符合特定的贸易惯例或者依据法规或者规章的要求,才有权在舱面上装货,否则承运人应对装在舱面上造成的损失负赔偿责任。(5)区分了承运人和实际承运人并明确两者之间的关系。如果承运人将全部运输或者部分运输委托给实际承运人时,承运人仍对全部运输负责,如果实际承运人和承运人都有责任,则在此范围内,他们应负连带责任。(6)诉讼时效。将《海牙规则》规定的1年改为2年。如经过货主要求,承运人同意并向货主提出声明,诉讼时效还可以延长,而且可以多次延长。(7)管辖权。原告可以选择以下法院之一提起诉讼:被告的主要营业所或者通常住所所在地;合同订立地,而合同是通过被告在该地的营业所、分支或者代理机构订立的;装货港或者卸货港;海上货物运输合同中以此为目的而指定的任何其他地点,仲裁条款对仲裁地点也规定了申诉人有选择的权利。(8)公约适用的范围。除保留《维斯比规则》规定适用于运输合同规定的装货港位于一个缔约国内、提单在一个缔约国签发或者提单中载有首要条款这三种场合外,还扩大适用与运输合同规定的卸货港位于一个缔约国内,或者备选港之一是实际卸货港,并位于一个缔约国内这两种场合。《汉堡规则》对《海牙规则》作了全面的修改,总体而言,它对承运人提出了更为严格的要求,因而更好地照顾了货方的利益,这既符合航运

安全提高的现实,也符合促进发展中国家发展的大原则。 （张琳）

yijiubajiunian guoji jiuzhu gongyue
《1989年国际救助公约》(International Convention on Salvage 1989) 国际海事组织制订,并在1989年于伦敦召开的外交大会上通过的国际公约。该公约于1996年7月14日正式生效。我国签署了该公约的最后文件,经第八届全国人民代表大会常务委员会第五次会议批准,我国于1994年3月30日向该公约保存人国际海事组织秘书长交存了加入书,同时声明,我国根据该公约第30条第1款的规定,保留该条第1款(a)项、(b)项、(d)项不适用该公约的权利。公约生效后对我国具有约束力。该公约在保持现行的救助制度稳定的基础上,充分考虑了救助油轮和防止海洋污染等重大问题,并保障了海上救助制度的统一。与《1910年救助公约》相比,《1989年国际救助公约》着重于明确救助人与被救助人的权利义务,并增加了救助人在施救过程中的防止或减轻环境污染的义务。公约的主要内容包括:(1)定义条款:对于救助中的救助作业、船舶、财产、环境损害、支付款项等几个术语作出了明确的定义,并将救助作业扩大到对任何水域的遇难船舶或任何财产进行救助的任何行为及活动。(2)适用范围:该公约不适用于已就位的从事海底矿物资源的勘探、开发或生产的固定式、浮动式平台或移动式近海钻井装置。除一国另有规定外,该公约不适用于军舰或国家所有或经营的、根据公认的国际法准则在发生救助作业时享有主权豁免的其他非商业性船舶。同时,该公约不影响国内法或国际公约有关由公共当局从事或控制的救助作业的任何规定。(3)救助合同:除合同另有明示或默示的规定外,该公约适用于任何救助作业。船长有权代表船舶所有人签订救助合同,船长或船舶所有人有权代表船上财产所有人签订救助合同。如有在胁迫或危险情况影响下签订条款不公平的合同或者合同项下的支付款项同实际提供的服务不大相称时,可以废止或修改合同或其任何条款。(4)遇难船舶的所有人和船长应当即时作出合理安排,并以应有的谨慎防止或减轻环境损害。(5)救助人应当以应有的谨慎进行救助作业并以应有的谨慎防止或减轻环境损害。(6)评定报酬的标准,包括获救的船舶和其他财产的价值、救助人在防止或减轻对环境损害方面的技能和努力等。(7)特别补偿条款,同时如果由于救助人疏忽而未能防止或减轻环境损害,可全部或部分地剥夺其应得的特别补偿。(8)救助人之间的报酬分配。(9)索赔与诉讼等。 （李洪积 王青）

yiban baozheng
一般保证(general guaranty) 保证方式的一种,连带责任保证的对称。债务人不能履行债务时,由保证人承担保证责任的保证。依照保证债务与主债务之间是否具有连带关系,保证债务可分为一般保证(又称普通保证)与连带责任保证。一般保证的保证债务与主债务不具有连带关系。一般保证的保证人在主合同纠纷未经审判或者仲裁,并就债务人财产依法强制执行仍不能履行债务前,对债权人可以拒绝承担保证责任。因一般保证中,保证人所承担的保证债务与主债务并无连带关系,因而一般保证的保证债务具有典型补充性,保证人不仅享有债务人的抗辩权、保证人的抗辩权,而且还享有先诉抗辩权。但是,在下列情况下,保证人不再享有先诉抗辩权:(1)债务人住所变更,致使债权人要求其履行发生重大困难的;(2)人民法院受理债务人破产案件,中止执行程序的;(3)保证人以书面形式放弃法律规定的先诉抗辩权的。保证人在主债权履行期间届满后,向债权人提供了债务人可供执行财产的真实情况的,债权人放弃或者怠于行使权利致使该财产权不能被执行,保证人可以请求法院在其提供可供执行财产的实际价值范围内免除保证责任。 （奚晓明）

yiban daili
一般代理(general agency) 特别代理的对称。代理权范围及于代理事项的全部的代理,故又称概括代理、全权代理。在实践中,如未指明为特别代理时则为概括代理。 （李仁玉 陈敦）

yiban de sunhai peichang
一般的损害赔偿(general damages) 又称普通损害赔偿,英美法上损害赔偿的一种。指对侵权行为和致害行为所引起的自然的通常的损害结果的赔偿。按照英美普通法,一般损害赔偿是针对不法行为直接引起的结果,对这种损害结果原告能在起诉中加以举证。对于一般损害,普通法规定必须给受害人以损害赔偿。 （张平华）

yiban gongsizhai
一般公司债(general debenture) 又称"普通公司债",是与参与公司债相对应的分类,指与公司股利分配大小无关、不参与公司盈余分配而仅按公司在发行时所确定的利率支付利息的公司债。这种公司债有明确的还本付息的期限,利息率是固定的,不管公司经营状况,公司股利分配比例大小,到还本付息期限,公司即按原定利息率偿还本息,不予增加或减少。此种公司债是公司债的基本类型,与股份在性质上完全不同:(1)权利人的地位不同:一般公司债券持有人与公司处于对立地位,两者并无共同利害关系,一方权利即为另一方义务;公司股东为公司成员,两者利害关系一致。(2)证券性质不同:公司股票是股权证券;一般公司债券是债券证券,债券优于股权得到满足。(3)对公司净资产影响不同:股东的出资形成公司资本,其总额与公司净资产成正比例;一般公司债会使公司净资产比例减少。(4)募集时间不同:公司股份可在公司成立之前募集,公司成立后交付股票;公司债的募集与债券的交付必须在公司成立后。(5)认购方法不同:一般公司债的认购限于金钱给付;股份则可以财产抵缴股款。一般公司债的发行主体、用途限于股份有限公司、国有独资公司和两个以上的国有企业或者其他两个以上的国有投资主体投资设立的有限责任公司,为筹集生产经营资金发行(《中华人民共和国公司法》第159条)。一般公司债的发行条件:(1)股份有限公司的净资产额不低于人民币3000万元,有限责任公司的净资产额不低于人民币6000万元;(2)累计债券总额不超过公司净资产额的40%;(3)最近3年平均可分配利润足以支付公司债券1年的利息;(4)筹集的资金投向符合国家产业政策;(5)债券的利率不得超过国务院限定的利率水平;(6)国务院规定的其他条件。发行公司债券筹集的资金,必须用于审批机关批准的用途,不得用于弥补亏损和非生产性支出。对发行债券额的限制:累计额不得超过公司净资产额的40%(我国《公司法》第161条)。对再次发行此类公司债的限制:凡有下列情形之一的,不得再次发行公司债券:(1)前一次发行的公司债券尚未募足的;(2)对已发行的公司债券或者其债务有违约或者延迟支付本息的事实,且仍处于继续状态的(我国《公司法》第162条)。　　　　　　　　　　　　　(施余兵)

yiban gongtongzhi
一般共同制(common community of property)　夫妻双方婚前财产和婚后财产均归属于夫妻共同所有,但法律另有规定的除外。有的国家将其作为法定夫妻财产制;有的国家将其列为夫妻约定财产制。
　　　　　　　　　　　　　(蒋　月)

yiban guoshi
一般过失(德 leichte Fahrlässigkeit)　参见轻过失条。

yiban hehuo
一般合伙(general partnership)　又称普通合伙,指二个以上的合伙人共同出资、共同经营、共享利润、共担风险的经济组织。大陆法系国家通常把合伙分为一般合伙与隐名合伙。可见,一般合伙是针对隐名合伙而言的,一般合伙是通过订立合伙合同并经登记而成立的。

按照《中华人民共和国合伙企业法》的规定,一般合伙的财产应当为货币、实物、土地使用权、知识产权或者其他财产权利。一般合伙存续期间,合伙人的出资和所有以合伙名义取得的收益均为合伙企业的财产。合伙企业的财产由全体合伙人共同管理和使用。这与隐名合伙中合伙财产属于出名合伙人所有相区别。一般合伙的债务,首先以合伙财产清偿,不足时,合伙人应承担无限连带责任。在合伙内部则按照约定或出资比例承担按份责任。合伙事务的执行有三种模式:(1)全体合伙人共同执行;(2)委托一名或数名合伙人执行;(3)聘任第三人经营管理。

在入伙上,新合伙人入伙时,应当经全体合伙人同意,并依法订立书面入伙协议,新合伙人与原合伙人享有同等权利,承担同等责任,并且,新合伙人对入伙前合伙企业债务承担连带责任。合伙人的退伙形式有:(1)法定退伙;(2)当然退伙;(3)开除退伙。退伙人对其退伙前已经发生的合伙企业债务,与其他合伙人承担连带责任。一般合伙在下列情形之一发生时应当解散:(1)合伙协议约定的经营期限届满,合伙人不愿继续经营的;(2)合伙协议约定的解散事由出现;(3)全体合伙人决定解散;(4)合伙人已不具备法定人数;(5)合伙协议约定的合伙目的已经实现或者无法实现;(6)被依法吊销营业执照;(7)出现法律、行政法规规定的合伙解散的其他原因。一般合伙解散后应当进行清算,并通知和公告债权人。合伙财产优先支付清算费用,其后按下列顺序清偿:(1)合伙所欠招用职工工资和劳动保险费用;(2)合伙企业所欠税款;(3)合伙企业的债务;(4)返还合伙人的出资。　(梁　鹏)

yiban huipiao
一般汇票(general bills of exchange)　汇票关系中三个基本的当事人分别由不同的人充当。一般汇票是汇票分类的一种,变式汇票的对称。一般汇票与变式汇票的分类标准是汇票当事人资格是否重合。
　　　　　　　　　　(王小能　温慧卿)

yiban qinquan xingwei
一般侵权行为(德 allgemeine unerlaubte Handlungen)　侵权行为的一种,特殊侵权行为的对称。行为人基于其过错造成他人财产或人身损害,并应由行为人自己承担责任的民事违法行为。一般侵权行为的构成须有损害的发生、行为的不法、不法行为与损害间有因果关系、行为人有责任能力并有过错。一般侵权行为的责任适用"行为人对自己过错行为负责"原则。

(郭明瑞)

yiban rengeguan

一般人格权(general right of personality) 具体人格权的对称。一般人格权是民事主体基于人格独立、人格自由和人格尊严等全部人格利益而享有的概括性的基本权利,以一般人格利益为客体。关于一般人格权的概念,有不同的学说:(1) 人格关系说,认为一般人格权即为一般的人格关系,德国学者冯·卡尔莫勒(Von Caemmerer)等人及我国台湾地区学者施启扬采此说。(2) 概括性权利说,大多数承认一般人格权的德国学者,如拉伦茨(Larenz)、尼伯迪(Nipperdey)等,认为一般人格权具有"概括广泛性",是不可列举穷尽的概括性权利,在内容上不易完全确定。(3) 渊源权说,认为一般人格权是一种渊源权,由于其存在,方可引申出各种具体人格权。(4) 个人基本权利说,德国学者胡伯曼(Hubmann)针对否认一般人格权的观点,认为否认一般人格权就是否认了个人的基本权利,他认为一般人格权可分为发展个人人格的权利,保护个人人格的权利和捍卫个人独立性的权利。以上各种观点各自从不同角度对一般人格权的性质和特点作了某种揭示。从中可以看出,一般人格权以抽象概括的方式确认的保护个人全部人格利益的权利,其价值在于将基于人格而发生的全部人格利益从整体上予以保护,以弥补具体人格权难以穷尽人格利益之不足。一般人格权具有以下特征:(1) 一般人格权的标的为受法律保护的人格利益之总和。但是,这不意味着一般人格权是具体人格权的相加。(2) 一般人格权为具体人格权的渊源。从一般人格权产生发展的历史来看,一般人格权是立法者和法官为了弥补立法上所规定的具体人格权之不足所创造的法律概念,其目的是为了适应社会发展的需要,对民事主体的人格利益给予全面、充分的保护。一般人格权具有三种基本功能:(1) 解释功能。一般人格权确定了应受法律保护的人格利益之基本属性,即凡属人格所生之合法利益,均受法律保护。在对立法上规定的具体人格权进行解释时,一般人格权便成为解释之标准。(2) 创造功能。一般人格权的主要功能在于弥补法定的具体人格权之不足。作为人格权客体的"人格利益"的内涵不是固定不变的,它与生存于一定社会的人们特定的价值观念直接相联系,不同社会制度以及同一社会制度的不同历史发展阶段的人们对"人格"的理解是不同的,因此,法律不可能事先对需要保护的人格利益予以全面、穷尽的规定。一般人格权以实质性质确定但边缘模糊的整体性的"人格利益"为标的,赋予法官以创造性司法的自由裁量权,以达到全面、充分保护人格利益之目的。(3) 补充功能。一般人格权是一种弹性权利,可以将尚未被具体人格权具体确认和保护的人格利益概括在一般人格利益之中,依一般人格权进行法律保护。

首次确认一般人格权的法律,是被誉为"20世纪大陆法的里程碑"的《瑞士民法典》,该法典第28条规定:"任何人在其人格受到不法侵害时,可诉请排除侵害。"《瑞士民法典》关于一般人格权的规定对后来的民事立法产生了重要影响,现在,承认和保护一般人格权已为各国立法和司法普遍接受。一般人格权地位的确立,表明民法的重心从注重财产保护向财产和人格并重的转变,凸显了民法对人的关怀。

法人是否享有一般人格权,有肯定和否定两种意见。反对法人享有一般人格权的意见认为,对法人人格的理解,只能局限于财产支配与财产交换领域,绝对不能超越这一领域,认为法人人格在经济生活之外还具有其他更为重要的社会意义。一般人格权,其意义完全在于弥补传统民法保护自然人自由与人格尊严规定之不足,与法人人格之保护毫无关系。 (张玉敏)

yiban wuxiao

一般无效(generally void) 特别无效的对称。欠缺民事法律行为一般要件而导致无效的民事行为。所说欠缺民事法律行为一般要件是指行为人不具有行为能力,行为内容违反法律或损害社会公共利益。如无民事行为能力人实施的买卖房屋的行为,贩卖毒品的行为。

(李仁玉 陈敦)

yiban yiwu

一般义务(德 absolute Pflicht) 又称对世义务。对应义务的对称。指一般人的义务,即不特定人皆负有不侵害他人权利的消极义务,此所谓权利,最常见者为支配权,主要为人格权和物权。违反一般义务时构成侵权行为。

(张 谷)

yiban zeren

一般责任(general responsibilities) 无限公司股东对公司债务承担责任的一般规则。即无限公司股东于公司财产不足清偿债务时,应承担连带无限清偿责任。有限公司的信用主要构筑在股东个人的信用基础之上,各个股东的地位平等,每个股东都应以其全部财产对公司负责,不因其是否代表公司,或执行业务,或出资多寡而有所不同。但是无限公司股东财产与公司财产是分开的,股东的连带责任是股东与股东之间的连带责任,并非股东与公司间的连带责任,只有当公司资产不足以清偿债务时,股东才承担连带责任。如果公司有清偿债务的能力并且易于执行时,公司的债权人只能就公司资产请求清偿,而不能向股东请求清偿。关于"不足清偿"如何界定,争议较多,一般可以分为以下三种:(1)当债权人向公司请求而未受清偿时,即可向股东求偿;(2)认为公司虽有清偿债务的能力,但如果不易于执行,即可向股东求偿;(3)当债权人就公司财产请求清偿,而依强制执行或破产,仍不能全部受清偿时,即可向股东主张连带责任。以上三种见解,第一种对于债权人的保护过于优厚。第二种的"不易于执行"较难把握,易引起纠纷。第三种既可保证债权得以实现,又可兼顾股东利益,减少纠纷,维护交易安全。

(吕来明 刘霞)

yiban zhipiao de fukuan
一般支票的付款(payment of general cheque) 普通支票的付款人依持票人的请求而向其支付支票金额,以消灭支票关系的一种票据行为。一般支票的付款程序与汇票本票大致相同,除我国票据法支票一章有特殊规定外,支票的付款行为适用汇票的有关规定,主要有两个程序:一是由持票人在规定期限内向付款人提示支票请求付款;二是付款人在持票人提示请求付款后,对支票作形式上的必要审查,决定对持票人是否支付支票金额。我国票据法上的支票与本票在提示票据上有一点相同,即不需提示承兑,只需提示付款。我国票据法规定,支票的持票人应当自出票日起10日内提示付款,异地使用的支票,其提示付款的期限由中国人民银行另行规定。持票人如期提示付款后,有受领票据金额的权利,付款人拒绝付款时,持票人作成拒绝证书后可对其前手行使追索权;持票人如未如期提示付款将丧失对出票人以外的前手的追索权,此时,付款人可以付款也可以不付款,由付款人自由决定。持票人提示付款后,出票人的存款足以支付票据金额的,付款人应当在当日足额付款,否则,持票人可行使直接诉权。付款人依法支付支票金额的,对出票人不再承担受委托付款的责任,对持票人不再承担付款的责任。但是,付款人恶意或者有重大过失付款的除外。

(孔志明)

yiban zhuanrang beishu
一般转让背书(general endorsement for transfer) 背书的一种,特殊转让背书的对称,是被背书人与背书时间都无特殊情况的转让背书。一般转让背书的被背书人应该是发票人、汇票已记载的背书人以外的人。背书应该在到期日以前或拒绝证书作成期限以前完成。

一般转让背书的记载事项包括应记载事项、得记载事项和不得记载事项三种。应记载事项包括:背书人签章、被背书人姓名或名称。得记载事项包括:(1)背书日期,各国票据法都规定,背书日期可记也可不记。如果没有记载背书日期的,视为在汇票到期前背书。(2)背书禁止,背书人在汇票上记载"不得转让"及同义字样,其后手再背书转让的,原背书人对其后手的被背书人不承担保证责任。(3)预备付款人。(4)免除担保承兑或担保付款的特约。英美票据法规定,背书人的担保责任可依当事人特约而免除。但依1995年5月10日我国第八届全国人大常委会第十三次会议通过的《中华人民共和国票据法》第37条规定,背书人的担保责任不得依特约而免除。(5)应请求承兑并指定提示承兑的期限。我国台湾地区《票据法》第44条规定,除见票即付的汇票外,发票人或背书人得在汇票上为应请求承兑的记载,并得指定其期限。背书人所定应请求承兑之期限,不得在发票人所定禁止期限之内。(6)住所。(7)免除拒绝事由的通知。持票人的权利请求遭拒绝时,应在一定时间内向其前手通知遭拒绝的情事及事由。背书人可在背书时记载免除持票人对自己的通知义务。(8)免除作成拒绝证书。背书人作此记载的目的,在于免除拒绝证书费用的承担。如背书人有此记载,则持票人不得向其请求拒绝证书的费用。同时持票人可不作成拒绝证书即向其追索,但是此效力不得及于其他债务人。不得记载事项包括:(1)部分背书,即将汇票金额的一部分进行转让或将票据金额分别转让数人的背书。此时发生转让不能,该背书无效。(2)附条件背书,此时背书有效,但所附条件视为无效。

(王小能)

yiban zhuanrang beishu de xiaoli
一般转让背书的效力(effects of general endorsement for transfer) 一般转让背书在票据关系当事人之间产生的法律后果。通常具有三方面的效力:权利移转效力、权利担保效力和权利证明效力。1.权利移转效力。有效完成的一般转让背书将汇票上的一切权利由背书人移转给被背书人。具体而言,这些被移转权利包括:(1)承兑请求权与付款请求权。如果被移转的汇票未为承兑,则被背书人可向承兑人请求承兑;如果被移转的汇票已为承兑,则背书人无需再为承兑,可直接向付款人请求付款。(2)追索权。被背书人继受背书人的追索权,在追索权条件成就后,可向有关债务人进行追索。(3)背书权。票据的背书性依票据的移转而移转。经背书转让获得票据的持票人有权通过背书将票据再为转让。即使背书人有"背书禁止"的记载,只要受让人愿意接受该票据,则背书人有权将票据再为背书转让。2.权利担保效力。票据经背书转让后,背书人对其后手负担保票据权利实现的责任,即背书人应向其后手担保汇票的承兑与付款。依背书转让获得票据的持票人在遭承兑人拒绝或付款拒绝后,可向其前手行使追索权。有些国家的票据法规定,背书人的担保责任可以在背书时由背书人加以特别记载而免除。如果背书人在背书时记载有"免于负担保责任"或同义字样,则背书人的后手不得向其行使追索权。1995年5月10日我国第八届全国人大常委会第十三次会议通过的《中华人民共和国票据法》未规定背书人的担保责任可依特约而免除,应解释为不得。3. 权利证明效力。持有背书连续汇票的持票人,无需再举其他证据即可证明自己为正当的票据权利人。持票人依有连续背书的汇票就可行使票据权利。票据付款人在向持有背书连续汇票的持票人付款后,即可免责。背书的这种权利证明效力,可由相对人举证证明持票人获得汇票时有恶意或重大过失而推翻。

(王小能)

yibu buneng

一部不能(partial imposilibilty of object;德 teilweise Unmöglichkeit) 法律行为的一部分内容不可能实现,全部不能的对称。如古书一套两卷仅遗失一卷。法律行为自始、一部不能时,该法律行为部分无效;法律行为嗣后、一部不能时,行为人仍应负部分履行责任,如存在可归责于行为人的原因,行为人应承担损害赔偿责任。

(李仁玉 陈敦)

yibufen fukuan de xiaoli

一部分付款的效力(effects of partial payment) 付款人仅对汇票金额的一部分为支付在票据关系当事人之间产生的法律后果。对于付款人而言,如付款人已对该汇票进行了承兑,其对汇票金额未为支付的部分仍负有绝对的付款责任,该责任除因时效完成不得免除。如付款人对该汇票没有承兑,其对汇票金额未为支付的部分当然不负有付款的责任。对已支付的部分,依民法的规定处理。对于持票人而言,首先他不得拒绝付款人的一部分付款,对于其他部分,可以作出拒绝证书行使追索权。对于发票人、背书人、保证人以及参加承兑人等汇票的偿还义务人而言,汇票金额的已付款部分,他们不再承担偿还义务;但对汇票上未支付的金额,在持票人履行保全手续后,他们不得免责。

(王小能)

yicixing peichang

一次性赔偿(lump-sum compensation) 损害赔偿的支付方式之一,分期赔偿的对称。指赔偿义务人在规定的时间与地点内,一次性全额给付应赔偿的金钱或实物数额的损害赔偿方式。赔偿金的支付义务从损害实际发生时产生。《中华人民共和国民法通则》没有对赔偿金的支付方式做出规定,在司法实践中法院大多判决加害人或者对损害负有赔偿义务的人一次性支付全部赔偿金。一般地讲,对于受害人已有的损失只应适用一次性赔偿的方式,不得采用分期赔偿的方式。对未来的损害一次性赔偿是常见的赔偿方式,适用于各种法定或约定的损害赔偿责任。按照损益相抵规则,对于赔偿权利人未来损失的赔偿采用一次性赔偿方式的,应当扣除合理的法定孳息。义务人在不能一次性赔偿时,赔偿权利人可以申请强制执行或者请求义务人承担迟延履行责任,也可以通过裁判或当事人之间协商进行延期支付或转化为分期赔偿。对于非财产上损害,为达到惩罚与抚慰的目的,学者主张只能结合义务人的财产状况适用一次性赔偿的方式,而不能适用分期赔偿的方式。

(张平华)

yifang yaoqiu lihun

一方要求离婚(one-sided demand for divorce) 夫妻一方要求离婚或双方不能就子女和财产等问题全面达成一致意见,而向人民法院提起离婚诉讼,以求解决。它是我国现行离婚方式之一。根据《中华人民共和国婚姻法》第32条规定,男女一方要求离婚的,可由有关部门进行调解或直接向人民法院起诉。人民法院受理案件后,查明夫妻感情确已破裂的,调解无效,应判决准予离婚;反之,夫妻感情没有完全破裂的,即使调解和好无效,亦应该判决不准离婚。《婚姻法》第32条还把一些常见的离婚情形作为准予离婚的例示性说明,有下列情形之一,调解无效的,应准予离婚:(1)重婚或有配偶者与他人同居的;(2)实施家庭暴力或虐待、遗弃家庭成员的;(3)有赌博、吸毒等恶习屡教不改的;(4)因感情不和分居满二年的;(5)其他导致夫妻感情破裂的情形。《婚姻法》第32条还规定,一方被宣告失踪,另一方提出离婚诉讼的,应准予离婚。

(马忆南)

yifu duoqizhi

一夫多妻制(polygamy) 一男与多女相结合的婚姻形式,是单复式婚姻的典型形态。一夫多妻制是生产资料私有制的产物,是男尊女卑的制度在婚姻问题上的具体表现。实行多妻制是剥削阶级社会中富人和显贵人物的特权,对多数女性的占有是以男方的财富和权势为凭借的。中国的奴隶制和封建制时代盛行以纳妾为其主要形式的公开的多妻制。历代封建法律只禁止多"妻"而不禁止多"妾",名义上的"一夫一妻制"和事实上的一夫一妻制是并行而不悖的。在近、现代社会里,公开的多妻制已被绝大多数国家的法律废除,只有极少数国家是例外。但是,各种变相的、隐蔽的多妻制在现实生活中仍然存在。新中国的两部婚姻法均以一夫一妻作为婚姻制度的基本原则,禁止一切公开的或变相的多妻制,彻底废除多妻制是我国婚姻制度改

革的重要成果之一。　　　　　　　（杨大文）

yifu yiqizhi
一夫一妻制（monogamy）　一男一女互为配偶的婚姻形式，亦称单偶制或双单式婚姻。产生于原始社会崩溃和阶级社会形成时期。对偶婚制为一夫一妻制所代替，是当时的社会制度变革的必然结果。从母系氏族到父系氏族的过渡，两性社会地位的根本变化和男尊女卑制度的确立等，便是一夫一妻制出现的历史前奏。从历史上来看，一夫一妻制是起源于私有财产制的。马克思主义认为，它是建立在丈夫的统治之上的，其明显的目的，就是生育出确凿无疑的出自一定父亲的子女；而确定出自一定的父亲之所以必要，是因为子女将来要以亲生的继承人的资格继承他们父亲的财产。正因为如此，私有制社会中的一夫一妻制是片面的，名不副实的，专对妇女而言。妻只能有一夫，剥削阶级中的男性都可以凭借其财富和权势，实行公开的或变相的多妻制。称其为一妻一夫制是更加恰当的。在社会主义制度下，生产资料公有制的建立和妇女的解放为一夫一妻制的真正实现提供了根本保障，我国婚姻法明确规定实行一夫一妻的婚姻制度，任何人不得同时有两个或两个以上的配偶，禁止重婚、禁止有配偶者与他人同居等破坏一夫一妻制的行为。（杨大文）

yiqi duofuzhi
一妻多夫制（polyandry）　一女与多男结合的婚姻形式，是单复式婚姻的非典型形态。在婚姻制度的演进过程中，一妻多夫婚只是罕见的例外，它的形成同人们的生产和生活环境以及传统习惯等有着密切的联系。一妻多夫婚分为下列两种，即一妻迎多夫的母系的多夫婚和多夫迎一妻的父系的多夫婚。前者称为捏亚式的多夫婚，曾为印度的捏亚人所实行。后者称为西藏式的多夫婚，曾存在于我国西藏的某些地区，西藏式的多夫婚通常是兄弟数人合娶一妻，一般由长兄出面迎娶。1981年的《西藏自治区施行中华人民共和国婚姻法的变通条例》明令禁止一妻多夫的婚姻。同时规定，对该条例施行前形成的上述婚姻关系，凡不主动提出解除者准予维持；对该条例施行后形成的此类结合，应按重婚论处。　　　　　　　（杨大文）

yiqie weixian baoxian
一切危险保险（all risk insurance）　又称综合保险，保险人所承保的危险是保险合同中所列举的不保危险（即除外责任）以外的任何原因所致损失的一种保险。一切危险保险并不是保险人对任何危险都予以承保，而是以除外责任条款的形式确定不保的危险，即未列入除外责任条款的危险都是承保危险。在一切危险保险中，保险人所承保的危险范围较为广泛，承保危险的范围界定明确，它不仅能为被保险人提供较为广泛的保险保障，而且在保险事故发生后，便于划分责任，迅速理赔，因此，这种保险已经成为保险业者经营的主要险种之一。　　　　　　　（史卫进）

yiqiexian
一切险（all risks）　海上运输货物保险的承保人所承担的风险范围的一种。严格的法律意义上的一切险概念来源于以下三个保险条款：(1) 1963年伦敦协会货物险条款中一切险是指承保人承保除由于延迟、潜在缺陷和保险标的自身性质之外的保险标的的所有风险。(2) 1982年伦敦协会货物条款中的A条款与一切险的概念是不一致的，A条款中也有使用一切险的概念，但此概念非严格法律意义上的一切险概念。(3) 我国海上货物运输保险中一切险的承保范围是除包括平安险和水渍险的各项责任外，还负责赔偿被保险货物在运输途中由于外来原因所致的全部和部分损失。一切险承保的责任范围并非是一切风险造成被保险货物的损失，而是在平安险、水渍险责任范围基础上扩展承保被保险货物在运输途中由于外来原因造成的损失。外来原因并非一切风险，它不是必然发生的，而是被保险货物以外的外部因素导致其受损。外来原因必须是以外的，事先难以预料的，不是必然出现的。外来原因是指一般的外来风险，即仅仅包括下列11种附加险：偷窃提货不着险、淡水雨淋险、短量险、混杂玷污险、渗漏险、碰损破碎险、串味险、受潮受热险、钩损险、包装破裂险、锈损险。因为下列原因造成的被保险货物的损失，保险人不负赔偿责任：(1) 被保险人的故意行为或过失所造成的损失；(2) 属于发货人责任所引起的损失；(3) 在保险责任开始前，被保险货物已存在的品质不良或数量短差所造成的损失；(4) 被保险货物的自然损耗、本质缺陷、特性以及市价跌落、运输延迟所引起的损失或费用；(5) 海上货物运输战争险条款和货物运输罢工险条款所规定的责任范围和除外责任。　　　　　　　（李世奇　邹海林）

yiren gongsi
一人公司（one man's company）　股东仅为一人的有限责任公司或股份有限公司。在近四十年来，西方某些国家，在立法或判例上逐步确立了由一个自然人单独投资设立的有限责任公司或股份有限公司的地位。如法国商事公司法（1966年）于1985年7月11日第85-697号法律第34条规定，有限责任公司是由一人或若干人仅以其出资额为限承担损失而设立的公司。当公司只有一人时该人取名为"一人股东"，一人股东行使公司股东大会的权力。第 36-1 条规定,在有限责任公司的全部股份归集于一人之手的情况下,不适用民法典 1978 年 1 月 4 日第 78-9 号法律第 1844-5 条关于公司解散的规定。第 36-2 条规定,一个自然人只得成为一个有限责任公司的一人股东。一个有限责任公司不得成为另一个由一人组成的有限责任公司的一人股东。对于股份有限公司,法国尚保留有股东不得少于 7 人的限制。日本于 1990 年对其有限责任公司法进行的修订只确定股东人数非经法院许可或因继承而不得超过 50 人的限制,但无下限,即可由一个自然人申请设立有限公司和股份有限公司。这样,就改变了传统公司法中股东人数为一人时公司得解散的制度,形成了"一人公司"。目前,承认一人公司的国家在立法上对一人公司的规定也不完全相同:有的国家仅允许设立一人有限责任公司,如法国、丹麦、比利时;有的国家不仅允许设立一人有限责任公司,还允许设立一人股份有限责任公司,如德国、日本、加拿大、列支敦士登;有的国家则禁止原生性一人公司,但不否认继发性一人公司,如奥地利、瑞士。在传统的公司法理论上,公司是一种社会团体,单个的自然人不能注册为团体,一人公司的出现,对公司法的理论进行了修正,造成原来在独资企业中负无限责任的投资者,在一人公司中只负有限责任的局面。这种情况,反映了资本主义国家经济高度发展的某些要求,并且由于其商事法律和商事的传统相当发达和久远,债权人与一人公司发生交易时,还会寻求其他的债权保障方式,不至于大规模出现一人股东通过一人公司利用有限责任损害债权人利益的状况。一人公司的最大特点在于个人投资者只以投资额为限对企业债务承担责任,股东的风险由此大大降低。在我国的外资企业法中,国家允许外国的自然人到中国境内进行投资,设立外商独资企业。

(王亦平)

一时不能 (temporary imposilibilty of object; 德 zeitweise Unmöglichkeit)

永久不能的对称。暂时的不能,但事后可除去该不能。法律行为的内容虽然不能,但其不能的情形可以除去,当事人并且预期如不能的情形除去始为给付的,其行为有效。如在黄金外币禁止私人买卖期间订立买卖契约,而预定开放自由买卖后始为给付的,其买卖契约有效。

(李仁玉 陈敦)

一体性效力 (effect of integrality)

是指虽然一份汇票可以有数份复本,但每份复本都体现同一汇票关系。因此就同一份复本所为的行为,对其他复本也发生同样的效力。

(胡冰子 王小能)

一物一权主义 (one ownership on one res)

物权法的一项结构原则。它主要包括以下三项内容:第一,物权的客体仅为独立的特定的物。只有在作为物权的客体的物具有独立性和特定性的情况下才能明确物权的支配范围,使物权人能够在其客体之上形成物权并排斥他人的干涉。这就是所谓的物权客体特定主义。第二,一个所有权的客体仅为一个独立物。根据一物一权,一个所有权的客体仅为一个独立物,集合物原则上不能成为一个所有权的客体,而只能成为多个所有权的客体。当然我们说一个所有权的客体仅为一个特定物,并不是说一个特定物之上的所有人不能为多人,事实上数人对一物享有所有权,并不指所有权也成为多重所有权,所有权仍然是一个,只不过主体存在着多人而已。第三,一物的某一部分不能成立单个的所有权。这就是说,按照一物一权原则,物只能在整体上成立一个所有权,而一物的某一部分如尚未与该物完全分离,则不能成为单独所有权的客体。

所有权是一种最终的支配权,决定了所有权的规则只能是一物一权,即一物之上只能存在一个所有权,而不能是多重所有。如果一物之上可以并存多项所有权,则难以确定物的真正归属,而且容易发生各种产权纠纷。根据一物之上只能设置一个所有权的规定,决定了如下几项所有权的规则:第一,所有权的弹力性。所有人在其物之上设定他物权,只是对所有权的限制,他物权亦只是对物享有部分的利益,当他物权消灭以后,所有权的限制也予以解除,这样所有权就恢复其圆满状态,这就是所有权的弹力性规则。所有权的弹力性规则既是由所有权的支配权表现出来的,也是一物一权制度的具体引申。也就是说,按照一物一权规则,所有权对其财产保留最终支配权,而与所有权发生分离的权能在分离期限届满后,最终仍属于所有权人。第二,所有与占有的区别。所有权是对物的独占的支配权,而占有只是对物进行控制的事实状态。在某物的所有权的归属已经确定的情况下,即使物已经为他人占有,占有人非依法律规定不能成为所有人。即使是合法占有,占有人只享有占有权,而不能享有所有权。因为一物之上不能并存两个所有权,占有权并不能成为所有权。由于占有与所有权存在着区别,因此对占有的保护和对所有的保护也应当区分开来。第三,在按份共有的情形下,各共有人虽对其份额享有独立的所有权并依据其份额对财产享有独立的权利,承担相应的义务,但是份额本身并不是单独的所有权。因为按照一物一权规则,共有权只是一项所有权,而不是多个所有权,各个按份共有人的份额不是一项独立的所有权。如果认为各共有人对其份额享有单独的所有权,必然形成各共有人分别享有所有权的状态,则将在一物之上存在多个所有权,且整个共有财产也必然成为无主财产,因此与一物一权原则是相违背的。

一物之上可以存在数个物权,但各个物权之间不得相互矛盾。一物一权原则主要是指一物之上只能设定一个所有权,但并不是指一物之上不能设置多个物权。随着所有权权能的发展和物的使用效率的提高,一物之上设置多个物权,不仅符合所有人的意志,也有利于提高物的利用效率,促进社会财富的增长。

根据一物一权原则,同一物之上可以并存数个物权,但各个物权之间不得相互矛盾。在同一物之上所设定的哪些物权是可以相容、同时并存的呢?一般认为,可以同时并存的物权主要表现在如下几个方面:第一,所有权与其他物权可以同时并存。所有人虽享有占有、使用、收益和处分的权能,但这些权能可以根据法律的规定和所有人的意志移转给非所有人享有,从而在权能分离的基础上使非所有人享有他物权。如在土地所有权之上设定土地使用权、地上权、地役权等。他物权的存在不仅是符合所有权人的意志的,而且有利于所有权的充分实现。第二,在同一物之上设定数个担保物权。我国担保法并不禁止在同一物之上设定数个担保物权。第三,用益物权与担保物权同时并存。例如所有人可将其房屋典给他人,从而在此基础上产生典权,同时也可在该物之上设置抵押权。

建筑物区分所有权以及企业担保制度,被学说上认为是一物一权主义的例外。 (王 轶)

yiyin duoguo
一因多果(one cause, several consequences) 行为与损害间因果关系的一种类型。同一违法行为同时引起多种损害结果的一种因果关系形态。在一因多果的情况下行为人不法行为造成的损害结果不是单一的,行为人因此可能不是就一个损害结果承担责任,而是对所造成的各个损害结果都应承担民事责任。(张平华)

yiliao baoxian
医疗保险(medical insurance) 从业人员患病和非因工伤而需要医疗服务的,由社会保险基金向从业人员提供医疗给付的保险。医疗保险的目的在于使患病或者受伤的劳动者能够得到及时的医疗救助,并缓解劳动者所遇到的暂时的经济困难。医疗保险是为世界各国所普遍关注的社会保险项目。各国关于医疗保险的规定有巨大的差异。英国一方面实行全体国民享受公费医疗的制度,全体国民不论是否缴纳费用,医疗费用均免;另一方面,还有国民保险制度,规定缴纳费用的国民可以享受医疗给付、伤病津贴等医疗保险待遇。法国则实行包括医疗给付、伤病津贴、生育津贴、生育一次给付、死亡一次给付在内的医疗保险制度。我国自20世纪50年代开始建立了公费医疗、劳保医疗和合作医疗等医疗保险制度。除公费医疗外,劳保医疗实质上为企业保险,并没有实现社会化,目前正在进行改革。合作医疗制度适用于农村,但随着"包产到户"的农村经济体制改革,合作医疗制度已经名存实亡。我国在建立和完善的适用于城镇居民从业人员的医疗保险,分为基本医疗保险和补充医疗保险。

医疗保险费 要享受医疗保险,应当缴纳医疗保险费。依照我国的有关规定,基本医疗保险费由用人单位和职工个人共同缴纳。用人单位和职工应当按时足额缴纳基本医疗保险费。不按时足额缴纳的,不计个人账户,基本医疗保险统筹基金不予支付其医疗费用。一般而言,劳动者按其本人上一年月平均工资的一定比例缴纳基本医疗保险费。已退休的从业人员不缴纳基本医疗保险费。从业人员累计缴纳基本医疗保险费男满25年、女满20年的,按照国家规定办理了退休手续,按月领取基本养老金或者退休费的人员,享受退休人员的基本医疗保险待遇,不再缴纳基本医疗保险费。用人单位按全部雇员的缴费工资基数之和的一定比例缴纳基本医疗保险费。用人单位不按照规定缴纳基本医疗保险费或者大额医疗费用互助资金,致使基本医疗保险基金未能按照规定划入个人账户,从业人员和退休人员不能享受相关医疗保险待遇的,用人单位应当赔偿从业人员和退休人员由此遭受的损失。

医疗保险基金 基本医疗保险基金实行社会统筹和个人账户相结合的原则。基本医疗保险的保障水平应当与本市社会生产力发展水平以及财政、用人单位和个人的承受能力相适应。本市在实行基本医疗保险的基础上,建立大额医疗费用互助制度,实行国家公务员医疗补助办法,企业和事业单位可以建立补充医疗保险,鼓励用人单位和个人参加商业医疗保险。

基本医疗保险基金由下列各项构成:(1)用人单位缴纳的基本医疗保险费;(2)职工个人缴纳的基本医疗保险费;(3)基本医疗保险费的利息;(4)基本医疗保险费的滞纳金;(5)依法纳入基本医疗保险基金的其他资金。医疗保险基金实行统筹使用,全部纳入社会保障基金,专款专用,不得挤占或者挪用。

医疗保险个人账户 社会保险经办机构应当为从业人员和退休人员建立基本医疗保险个人账户。医疗保险个人账户由下列各项构成:(1)职工个人缴纳的基本医疗保险费;(2)按照规定划入个人账户的用人单位缴纳的基本医疗保险费;(3)个人账户存储额的利息;(4)依法纳入个人账户的其他资金。雇主应当将其为从业人员缴纳的医疗保险费的一定比例,划入从业人员的医疗保险个人账户。医疗保险个人账户的本金和利息为个人所有,只能用于基本医疗保险,但可以结转使用和继承。从业人员和退休人员死亡时,其个人账户存储额划入其继承人的个人账户；继承人未参加基本医疗保险的，个人账户存储额可一次性支付给继承人；没有继承人的，个人账户存储额纳入基本医疗保险统筹基金。

基本医疗保险待遇 符合医疗保险基金支付范围的医疗费用，由医疗保险统筹基金和个人账户分别支付医疗保险待遇。基本医疗保险基金支付从业人员和退休人员的医疗费用，应当符合国家规定的基本医疗保险药品目录、诊疗项目目录以及服务设施范围和支付标准。医疗保险个人账户支付下列医疗费用：(1)门诊、急诊的医疗费用；(2)到定点零售药店购药的费用；(3)基本医疗保险统筹基金起付标准以下的医疗费用；(4)超过基本医疗保险统筹基金起付标准，按照比例应当由个人负担的医疗费用。医疗保险统筹基金支付下列医疗费用：(1)住院治疗的医疗费用；(2)急诊抢救留观并收入住院治疗的，其住院前留观7日内的医疗费用；(3)恶性肿瘤放射治疗和化学治疗、肾透析、肾移植后服抗排异药的门诊医疗费用。但属于国家规定的不予支付的医疗费用项目，基本医疗保险基金不予支付。需要说明的是，从业人员因工负伤、患职业病的医疗费用，按照工伤保险的有关规定支付；从业人员生育的医疗费用，按照国家有关生育保险的规定支付。

补充医疗保险 在基本医疗保险的基础上，国家建立补充医疗保险。补充医疗保险对享受基本医疗保险的从业人员和退休人员在一个年度内累计超过一定数额的门诊、急诊医疗费用和超过基本医疗保险统筹基金最高支付限额的医疗费用，给予补助。按照我国的有关规定，参加基本医疗保险的企业和事业单位可以建立补充医疗保险。补充医疗保险所需要的资金由用人单位和个人按照法定的比例共同缴纳，该项资金不足支付时，政府财政给予适当补贴。 （邹海林）

yiliao jifu baoxian
医疗给付保险（medical expenses insurance） 健康保险的一种。被保险人因疾病或者分娩而就医或者住院治疗所应当支出的医疗费用，在扣除免赔额后，由保险人负责支付的健康保险。医疗给付保险主要有住院费用保险、住院医疗费用保险、高额医疗费用保险、重大疾病医疗费用保险等险种。医疗给付保险所承保的医疗费用，主要包括住院费、检查费、诊疗费、手术费、护理费、药品费等。但是，医疗给付保险一般不承保小额医疗费用的给付，例如，医疗给付保险通常约定医疗费用免赔额，以排除保险人对小额医疗费用的给付。除此以外，医疗给付保险还约定有保险人的最高给付限额。被保险人在一年内累计的医疗费用或者一次就医支付的医疗费用，超过保险合同约定的给付限额的，保险人对超过部分的医疗费用不承担给付责任。医疗给付保险对于保险人不承担保险责任的事项，诸如以休养或康复为目的的住院医疗服务、美容手术医疗服务等，均有明文约定。 （邹海林）

yiliao shigu
医疗事故（medical malpractice/negligence） 依2002年2月国务院通过的《医疗事故处理条例》，指医疗机构及其医务人员在医疗活动中，违反医疗卫生管理法律、行政法规、部门规章和诊疗护理规范、常规，过失造成患者人身损害的事故。根据对患者人身造成的损害程度，分为四级：造成患者死亡、重度残疾的，为一级医疗事故；造成患者中度残疾、器官组织损伤导致严重功能障碍的，为二级医疗事故；造成患者轻度残疾、器官组织损伤导致一般功能障碍的，为三级医疗事故；造成患者明显人身损害的其他后果的，为四级医疗事故。有下列情形之一的，不属于医疗事故：(1)在紧急情况下为抢救垂危患者生命而采取紧急医学措施造成不良后果的；(2)在医疗活动中由于患者病情异常或者患者体质特殊而发生医疗意外的；(3)在现有医学技术条件下，发生无法预料或者不能防范的不良后果的；(4)无过错输血感染造成不良后果的；(5)因患方原因延误诊疗导致不良后果的；(6)因不可抗力造成不良后果的。发生医疗事故，医疗机构应当承担赔偿责任。医疗事故的具体赔偿数额，应考虑医疗事故等级、医疗过失行为在医疗事故损害后果中的责任程度、医疗事故损害后果与患者原有疾病状况之间的关系等因素。医疗事故的赔偿范围包括：医疗费；误工费；住院伙食补助费；陪护费；残疾生活补助费；残疾用具费；丧葬费；被扶养人生活费；交通费；住宿费；精神抚慰金。 （郭明瑞）

yiliao zeren
医疗责任（德 Arzthaftung） 医疗事故责任的简称，指医疗单位在诊疗护理过程中发生医疗事故造成病人损害所应承担的损害赔偿责任。关于其责任性质有违约责任说、侵权责任说与责任竞合说。现在多倾向于医疗责任为侵权责任。在其归责原则上有过错责任、过错推定责任与无过错责任等不同观点。现多认为医疗责任为采过错推定的严格责任，即医疗单位不能证明其诊疗护理过程中没有过失的，就应承担责任。医疗责任的构成须具备以下要件：(1)行为主体为医疗单位或医务人员。医疗事故发生于医疗活动中，因而其行为人只能是医疗单位或者医务人员。非医疗单位、非医务人员、不具备行医资格的人员造成损害的，不构成医疗责任；(2)医疗护理行为具有违法性，即该行为不合法律、法规、规章、操作规程、惯例、职业道德等的要求;(3)造成病人的人身损害;(4)损害与医疗行为间有因果关系。如果医疗单位能够证明在医疗护理过程中没有过失的,则其可不承担责任。 (郭明瑞)

yiliao zeren baoxian
医疗责任保险(liability of medical malpractice insurance) 专家责任保险的一种。保险人对医院因医疗事故或差错对病人承担的经济赔偿责任,负赔偿责任的保险。凡是依法设立、有固定场所的医疗机构以及经国家有关部门认定合格的医务人员,均可以向保险人投保医疗责任保险。

保险责任 在保险单列明的保险期限及承保区域范围内,被保险人在从事与其资格相符的诊疗护理工作中因过失发生医疗事故或医疗差错造成下列依法应由被保险人承担的经济赔偿责任,保险人负责赔偿:(1)第三者(指病人)的人身伤亡;(2)保险事故发生后并在仲裁或诉讼前经保险人书面同意的仲裁或诉讼费用(案件受理费、勘验费、鉴定费、律师费等)。发生保险责任事故后,被保险人为缩小或减少对病人人身伤亡的赔偿责任所支付的必要的、合理的费用,保险人也负责赔偿。

除外责任 因为下列原因造成的损失、费用和责任,保险人不负责赔偿:(1)被保险人的故意行为;(2)战争、敌对行为、军事行动、武装冲突、罢工、骚乱、暴动、盗窃、抢劫;(3)核反应、核子辐射和放射性污染,但使用放射器材治疗发生的赔偿责任,不在此限;(4)地震、雷击、暴雨、洪水等自然灾害;(5)火灾、爆炸;(6)未经国家有关部门认定合格的医务人员进行的诊疗护理工作;(7)被保险人从事未经国家有关部门许可的诊疗护理工作;(8)被保险人被吊销执业许可或被取消执业资格以及受停业、停职处分后仍继续进行诊疗护理工作;(9)被保险人在酒醉或药剂麻醉状态下进行诊疗护理工作;(10)被保险人使用伪劣药品、医疗器械或被感染的血液制品;(11)被保险人使用未经国家有关部门批准使用的药品、消毒药剂和医疗器械;(12)被保险人在正当的诊断、治疗范围外使用麻醉药品、医疗用毒性药品、精神药品和放射性药品;(13)被保险人的人身伤亡;(14)直接或间接由于计算机问题引起的损失;(15)罚款、罚金或惩罚性赔款;(16)保险单明细表或有关条款中规定的应由被保险人自行负担的免赔额;(17)被保险人在保险单明细表中列明的追溯期起始日以前进行的诊疗护理工作中所致的赔偿责任;(18)被保险人与病人或其家属签订的协议所约定的责任,但应由被保险人承担的法律责任不在此限;(19)被保险人对病人的精神损害;(20)其他保险单明细的不属于保险责任的一切损失、费用和责任。 (邹海林)

yilaixing zhongjie yuanyin
依赖型中介原因(dependent intervening forces) 美国侵权法上"中介原因"的一种,独立型中介原因的对称,指被告的过失引起其他连锁反应,或造成某种伤害,这种连锁反应和伤害在美国侵权法上称为依赖型中介原因。依赖型中介原因的特点在于它是被告人的侵权行为的必然结果,即如果没有被告的侵权行为,则必然不会有此种中介原因的产生。由于依赖型中介原因都是可预见的,因此,被告应当为自己的过失行为负责。在美国侵权法上,依赖型中介原因通常表现为如下情况:(1)随后的医疗事故;(2)受害人的自然反应行为等。 (刘经靖)

yichan
遗产(heritage) 财产继承法律关系的客体,是被继承人死亡时所遗留的,可依法移转给他人的财产性权利、义务的总称。

遗产的特征 一般说来,遗产有如下特征:(1)遗产的形式具有财产性。遗产能以作为所有权标的的物、他物权或债权债务等作为表现形式,它们均可用金钱作为衡量尺度。(2)遗产的内容具有总括性。遗产是被继承人生前所享有的财产性权利和所承担的财产性义务的统一体,在接受继承时,继承人不仅要继承遗产中的财产性权利,也要继承遗产中的财产性义务。这是自罗马法以来,法国、德国、瑞士等大陆法系国家所普遍采用的立法体例,被称为"死因概括继承"。但英美法系的继承法却规定:只有扣除了债务的财产才是遗产。(3)遗产的定性具有时间性。只有在被继承人死亡之时,其所遗留的财产的价值、范围等才能得以确定,这时的财产才能称为遗产,而一旦继承人接受继承,遗产就归属于继承人,成为继承人所具有的财产性权利义务体系的一部分。(4)遗产的移转具有合法性。首先,遗产应专属于被继承人个人,其既不等同于家庭共有财产或夫妻共有财产,也不是国家、集体或他人的财产,其应具有可移转性;其次,遗产的转移应是合法的,如果遗产的专属具有非法性,或法律禁止或限制其移转,则均不能算作遗产。

遗产的法律性质 随着继承的开始,遗产得归属于继承人。如果继承人是一个人,则其单独的、完全的继承遗产,遗产就是继承既得权的标的物,继承人即可享有权利、承担义务。如果继承人是数人,则从继承开始到遗产分割前,遗产的法律性质不能准确予以确定,因为被继承人权利义务主体资格已消灭,而继承人对遗产的权利义务主体资格尚未真正确立。对此,有三种不同主张：其一，罗马法认为遗产是继承人的分别共有物，各继承人可按各自应继份对遗产行使权利、承担义务，但遗产标的物为不可分者除外。法国、日本等采用该种主张。其二，日耳曼法认为遗产是各继承人的共同共有物，各继承人可处分其继承遗产的全部应继份，被继承人的债务由继承人负连带责任。德国、瑞士、我国台湾地区民法典均采取这种主张。其三，英国法认为遗产没有共有关系，其遗产是委托被继承人的受托人负责管理和清算之后，就进行财产分配。

遗产的范围 《中华人民共和国继承法》第3条详细列举了遗产的范围：(1) 公民的收入；(2) 公民的房屋、储蓄和生活用品；(3) 公民的林木、牲畜和家禽；(4) 公民的文物、图书资料；(5) 法律允许公民所有的生产资料；(6) 公民的著作权、专利权中的财产权利；(7) 公民的其他合法财产。从学理的角度而言，只要是符合遗产的特征，又不违反继承法规定的死者所遗留的财产都可列入遗产的范围。根据通说，物权、债权债务、知识产权中的财产权，均可归入遗产的范围。图示如下：

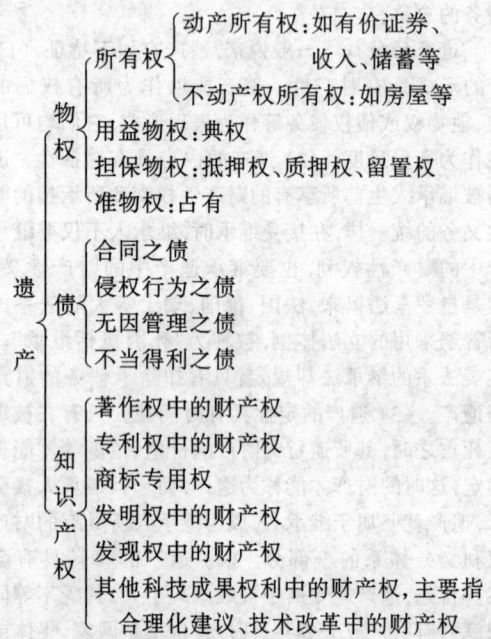

但要注意，建立于特定人身关系上的财产权利义务不能成为遗产，如公民生前对宅基地的使用权、夫妻间相互扶养的财产性权利义务、演出合同中演员的权利义务等。

(常鹏翱)

yichan fenpei yuanze
遗产分配原则(distributive principle of heritage) 同一顺序数人共同进行法定继承时，法律规定确定各自取得遗产份额的准则。根据法定继承人的种类不同，各国立法对遗产分配大体可分为两类原则：一是一般继承人(即只能按顺序继承的人)的遗产分配原则，有三种：(1) 按人数均分遗产原则。即同一顺序继承人以自己的名义参加继承时，按人数平均分配遗产。(2) 按系分配遗产原则。即在父系亲属与母系亲属、或直系亲属与旁系亲属等不同亲系的亲属共同继承时，按亲系均分或不均分遗产。(3) 按代分配遗产原则。即在继承人为代位继承时，不论代位继承人的人数多少，只能继承被代位继承人的应继份。如法国规定的"按房继承"，德国、瑞士等国规定的"按股继承"，其实质均为按代分配遗产。另一种是特殊继承人(即可与任何顺序的一般继承人共同继承一定份额遗产的人)的遗产分配原则，即依特殊继承人的不同身份或参加不同的继承顺序，由法律直接具体规定其应继份。如配偶未列入固定的继承顺序的国家，规定配偶的应继份因共同继承的血亲继承人的顺序而异。许多国家如德国、日本、奥地利等采此立法。根据《中华人民共和国继承法》第13条的规定，法定继承中遗产分配应遵循以下原则：(1) 同一顺序继承人继承遗产的份额，一般应当均等。(2) 对生活有特殊困难的缺乏劳动能力的继承人，应当予以照顾，适当多分遗产。(3) 根据继承人尽扶养义务的情况确定其继承遗产的份额。对被继承人尽了主要扶养义务或者与被继承人共同生活的继承人，可以多分遗产；有扶养能力和有扶养条件的继承人，不尽扶养义务的，应当不分或者少分遗产。(4) 继承人协商同意的，也可以不均等分配遗产。可见我国《继承法》总体上实行的是相对均分遗产原则，不同于许多国家对血亲继承人规定的绝对均分遗产原则。此外，我国《继承法》第28条还规定，遗产分割时，应当保留胎儿的继承份额，胎儿出生时是死体的，保留的份额按法定继承办理。即为胎儿保留的遗产份额，如胎儿出生时就是死体，由被继承人的继承人继承；如胎儿出生后死亡的，由胎儿的继承人继承。

(陈 苇)

yichan guanli
遗产管理(administration of heritage) 我国学理和立法上亦称之为遗产保管，继承开始后至遗产交付、分割前的时间内，依照被继承人在遗嘱中的指定、继承人的委托、法律的规定或者法院的指定而产生的遗产管理人对遗产所为的清理、修缮、保管、维持、孳息收取、到期债权清收、到期债务清偿、遗产登记造册、及时报告管理情况等管理活动。继承开始后，不论有无继承人、受遗赠人，也不论继承人、受遗赠人是否接受继承或遗赠，都存在遗产的临时管理问题，以防止遗产的损毁。

英美法中，遗产管理指处理被继承人事务的过程，内容包括遗产的收集、清理债权和债务，依遗嘱或法律分割清算之后的剩余遗产，因此遗产管理是继承的必经程序,继承人不直接参与遗产的管理活动,只等待最终的遗产交付。大陆法系各国多设有遗产管理制度,但由于不存在强制管理必经程序,因而多数与继承的各项制度混杂在一起。在有遗嘱指定的遗产管理人的情形下,由其担负管理的责任;无指定的管理人,一般由继承人或其委托的代理人进行管理;在继承人不能确定亦无遗嘱指定的管理人时,由法院或专门设立的部门指定专人管理。继承人直接管理遗产时,其具有管理权,应以遗产为独立财产而为管理,但德国民法规定继承人无管理的义务,而日本民法则规定继承人有管理的义务。继承人为数人时,由全体共同继承人共同管理。继承人的管理权限,《德国民法典》规定与无因管理有相同的权利义务(第1959条),《日本民法典》规定须负与处理自己事务相同的注意(第918条)。继承人未尽相当之注意履行管理责任而造成损害时,对于利害关系人负有赔偿责任。若第三人为管理人时,是否对于管理失当所致损害向利害关系人负责,理论上有积极说与消极说,前者认为如果继承人为限定继承,第三人须对其造成的损害进行赔偿;后者认为管理人是继承人的代理人,只对继承人负责,不对利害关系人负责赔偿。理论上以积极说对于保护利害关系人之利益更为有利。遗产管理的范围一般包括清点遗产,编制遗产清单,为保护遗产采取必要的处分措施,如维修、易腐遗产的变卖等,报告管理情况,清偿债务和税款,收取到期债权以及进行遗产的移交。我国现行继承法没有设立专门的遗产管理程序和完整的遗产管理制度,仅有一些个别的规定,如第24条规定:存有遗产的人,应当妥善保管遗产,任何人不得侵吞或者争抢。最高人民法院《关于贯彻执行〈中华人民共和国继承法〉若干问题的意见》第44条规定,人民法院在审理案件时,如果知道有继承人而无法通知的,分割遗产时,要保留其应继承的遗产,并确定遗产的保管人或保管单位。 (周志豪)

yichan guanliren

遗产管理人(administrator or executor of inheritance) 我国学理及实务中亦称之为遗产保管人,在遗产继承过程中,依遗嘱的指定、继承人的委托、法律的规定或者法院的指定而负责管理遗产的人。在英美法系国家,遗产管理是强制性的程序,法律明确规定继承人不得作为遗产管理人,遗产管理人的产生可由被继承人在遗嘱中指定,无此种安排或被指定的管理人因故不能进行管理时,由法院指定。大陆法系各国一般规定继承人可成为遗产管理人,如《德国民法典》规定,各继承人共同享有管理遗产的权利(第2038条),《瑞士民法典》规定,继承人对于遗产中的所有物为共同所有人,并对遗产的权利进行共同的处分,但不得妨碍约定或法定的代理权或管理权(第602条)。其次,规定可由遗嘱指定遗产管理人,如《德国民法典》在遗嘱执行人部分规定,遗嘱执行人应管理遗产(第2205条),被继承人得将遗产管理移转于遗嘱执行人而不向其分配除管理之外的其他任务(第2209条)。第三,规定可由法院指定遗产管理人,如《日本民法典》规定,继承人有数人时,家庭法院应从继承人中选任继承财产管理人(第936条第1款),《法国民法典》规定,继承开始地的民事法院得应利害关系人或国王(共和国)检察官的请求,指定财产管理人(第812条)。另外,我国台湾地区现行民法中将遗产管理人的选任权赋予亲属会议,以体现私法自治原则。对于遗产管理人的法律地位,各国均认其为遗产归属人的代理人,但在具体立法例上又有区别。在承认国家为继承人的国家,如德国、意大利等国,不存在继承人缺失问题,遗产管理人必定是继承人的代理人。在采用法人主义的国家,将继承财产视为自为的法人,如日本,而遗产管理人为法人的代理人,如果继承人承认,其效力溯及于继承发生之时,故而遗产管理人仍为继承人之代理人。如果在法定的管理期间,没有合法的继承人出现,则遗产归属于国家,法人消灭。我国现行继承法规定,遗产保管人是存有遗产的人(第24条),理论及实践中认为,既可以是继承人,也可以是继承人之外的第三人,除自然人外,被继承人生前所在单位或所在地的基层行政组织亦可在特殊情况下成为遗产管理人。遗产管理人也可由遗嘱指定、继承人委托、法律规定或由人民法院指定。其法律地位,在遗产最终归属于继承人时,为继承人之代理人;归属于受遗赠人时,为受遗赠人之代理人;无人继承又无人受遗赠而归属于国家或农村集体组织时,为国家或集体组织的代理人。遗产管理人除保存遗产而为必要的管理处分外,不得随意处分遗产,行为明显不当造成损害的,应负责赔偿。 (周志豪)

yichan jicheng

遗产继承(succession) 参见继承条。

yichanshui

遗产税(estate tax) 亦称为死亡税(death duty)、继承税,被继承人死亡后,国家依法对死者的全部遗产所征收的,以遗产接受人为纳税义务人的税。遗产税的课税客体是被继承人死亡时的遗产,它是扣除丧葬费用、遗产管理费用(包括律师费、诉讼费、财产保管费以及其他必要费用)、死者个人债务、抵押、自死亡时起意外事故或不可抗力造成的不可弥补的损失、慈善捐赠等之后的遗产净值,它是一种直接财产税,从价计征。早在古埃及、古罗马时代就有遗产税。近代遗产税的建立始于荷兰,欧洲各国随后相继设立。理论上关于遗产税的根据有国家共同继承说、纳税能力说、平均社会财富说等，无论观点如何不同，对于税收的功能是有共识的，税收是国家强制性地调节社会财富分配的一种手段。继承税也是西方发达国家财政收入的重要来源。在美国，遗产税在遗产价值中支付，在遗产交付给继承人之前支付，这是由于其实行强制性的遗产信托管理制度的当然结果。但是在美国是区分遗产税和继承税的，后者是对被继承人死亡时已经交付转移给继承人的特定财产所征收的税，有时它依赖于继承人与死者的关系而定。美国的遗产税和继承税都采用累进税制。我国目前尚未开征遗产税，但理论界已有了呼声，对遗产税的内容，较一致的看法是，课税客体是起征点以上的净遗产；纳税义务人包括法定继承人、遗嘱继承人、受遗赠人等取得遗产的人；应实行先税收后分割的原则，根据净遗产的实际价值计征。此外，还应具体规定避税的处理，课税的方法和期限、起征点数额、税率、扣除项目等。

(周志豪)

yichan zhuanrang

遗产转让(transfer at death/transfer of inheritance) 继承开始后至遗产分割前，继承人对于遗产所为的移转所有权于他人的处分行为。在继承人为一人时，不存在遗产的分割问题，继承人自继承开始而当然获得遗产之所有权并可自由处分。在共同继承的情况下，遗产为各共同继承人共同共有，在进行遗产分割前，共同继承人对各项遗产共同享有一个完整的所有权，对于遗产的转让，适用有关共同共有财产转让的法律规定，任何继承人在未经其他继承人同意的情况下，不得擅自处分某项遗产。对于遗产分割前继承人可否转让其应继份的问题，各国规定不同。早在罗马法中，就允许遗产转让，受让人享有应继份的移转请求权，但继承人的法律地位不变，受让人并不能因受让行为而变成继承人。现代多数大陆法系国家允许遗产转让，继承人的法律地位不变。如《德国民法典》规定，各共同继承人均得处分遗产中自己的应有部分；共同继承人为处分自己的应有部分而订的契约，需经公证证明；共同继承人中之一人不得处分自己在个别遗产标的物中的应有部分(第2033条)。《瑞士民法典》规定，共同继承人之间缔结的关于应继份的转让契约，以及父或母与子女间缔结的关于配偶他方应归属于子女的应继份的契约，须采取书面形式方为有效；如转让契约系继承人与第三人缔结，第三人无权参加分割，第三人仅对分割结果中归属于该继承人的应继部分有请求权(第635条)。《日本民法典》规定，共同继承人中的一人，于分割前将其应继份让与第三人，其他共同继承人可以偿还其价额及费用，而受让该应继份(第905条)，即给予其他共同继承人以优先受让权。我国现行继承法和司法解释中对于遗产转让均无规定，理论上有不同的观点，其一，认为共同继承人不得单独转让其应继份遗产；其二，认为在共同继承人内部可以相互转让应继份之全部或一部分，若让与第三人，则其他共同继承人有优先受让权；其三，认为经全体共同继承人同意，任何共同继承人可转让其应继份，但不得转让在个别遗产标的物中的应继份；其四，认为共同继承人内部可自由转让其应继份，转让于第三人时，须经全体共同继承人同意。目前占主流的观点是，在遗产分割前，共同继承人不得将其个人的应继份转让给第三人，以维护由共同继承而形成的共同共有关系的稳定性，方便遗产分割的进行。但是允许在共同继承人内部转让应继份额。

(周志豪)

yizeng

遗赠(bequest) 自然人通过设立遗嘱的方式将其个人所有的全部、部分或特定财产利益无偿赠与其他的自然人、法人或非法人组织并于遗嘱人死亡时生效的单方民事法律行为。遗赠法律关系的双方当事人分别为遗赠人和受遗赠人。遗赠人通常为一人；受遗赠人可为一人，也可为数人，既可为自然人，亦可为非法人的法人或非法人组织。一般民法理论认为，遗赠的根据在于遗嘱人对其个人所有财产的自由处分权，是遗嘱继承的特殊形式，只在不违背法律的限制性规定，得为自由行使，不受任何非法干涉。《中华人民共和国继承法》第16条第3款规定："公民可以立遗嘱将个人财产赠给国家、集体或者法定继承人以外的人。"

遗赠制度最早源于罗马法，其目的仅在于把遗产赠与他人，与遗嘱人的人格延续无关。在罗马共和国时期，遗赠的形式要求极为严格，必须以直接命令式的语言在遗嘱中作出，并且必须记载于指定的继承人之后始生效力。在罗马帝政前期，形成了四种遗赠方式，即指物遗赠、嘱令遗赠、容许遗赠和先取遗赠。指物遗赠是指遗赠人直接将标的物的市民法所有权移转给受遗赠人，它发生物权转移的效力，其标的物限于特定的有体物。嘱令遗赠是指遗嘱人在遗嘱中要求其继承人必须将某项财产给付于受遗赠人，它发生债的效力，受遗赠人仅得向继承人请求权利的移转或给付，其标的物范围广泛，只要是可能和合法的即可。容许遗赠是指遗赠人在遗嘱中命令其继承人不得阻止受遗赠人取走遗赠标的物，即继承人负有消极义务，它亦仅发生债的效力，且标的物仅限于有体物。先取遗赠是指遗赠人在遗嘱中命令一个或数个继承人在分割遗产时先将特定的遗赠物取走，但仍计算在其应继份额之内，并且在遗产分割后所有权才发生移转。到帝政后期，这四种遗赠方式的差别已被废止。欧洲中世纪，教会广泛利用遗赠方式从死亡教徒的遗产中获取大量财产，使之逐渐演变为遗嘱继承的一种形式。现代大陆法系的遗赠制度由此基础上产生，各国民法典均予规定，其立法的根本目的在于保障财产所有人充分实现对其个人遗产的自由处分权。

遗赠的法律特征 (1)遗赠是单方法律行为，只需遗嘱人在遗嘱中作出赠与的意思表示即可，毋须征得受遗赠人的同意。遗赠是无偿的给予受遗赠人利益的法律行为，即使遗赠附有条件或者负担，亦不构成受遗赠人的对价，法律不允许任何遗嘱人仅凭单方的意思表示为其他人设立债务。财产的利益不仅包括财产权利的给予，而且包括受遗赠人义务的免除。(2)遗赠是得于遗嘱人死亡时始生效力的法律行为，在此时间之前，遗嘱人可以依其自由意志随时用法律规定的方式改变或者撤销其所为遗赠，任何人无权干涉。(3)受遗赠人须为法定继承人范围之外的自然人、法人、非法人组织或国家，其他各国均无此限制。

遗赠与相关制度的区别 遗赠不同于生前赠与，前者是单方民事法律行为，后者是双方民事法律行为；前者于遗嘱人死亡后才发生法律效力，后者于赠与人生前双方意思表示一致即产生法律效力；前者必须以遗嘱方式作出，是一种要式法律行为，后者没有形式上的特别要求；前者在生效前，遗嘱人可以自由修改、变更或者撤销遗赠，后者不能依赠与人一方的意志随意修改、变更或撤销，须依合同法的有关规定进行。遗赠与死因赠与不同，前者是遗嘱的一部分内容，是单方法律行为，其修改、变更或撤销适用遗嘱的有关规定，遗嘱人可以依法律规定的方式自由决定即为有效，而后者是合同关系，是双方法律行为，其修改、变更或撤销适用合同法的有关规定。

遗赠的效力 遗赠自遗嘱人死亡或被宣告死亡时发生效力。如果受遗赠人在遗赠人之前死亡或被宣告死亡的，或者受遗赠人由于法律规定的原因丧失遗赠权的，或者特定遗赠的标的物在继承开始时已不属于遗产范围的，遗赠都失去法律效力，并溯及遗赠人死亡之时。遗赠人没有遗嘱能力的，所为遗赠当然无效。遗赠人没有为缺乏劳动能力又无生活来源的继承人保留必要的遗产份额，其遗赠的相应部分无效。无效的原因涉及整个遗赠行为效力的，整个遗赠无效；只涉及部分遗赠行为效力的，部分遗赠无效。对于遗赠法律效力的性质，各国的主张不同。法国、日本、意大利等国家的民法采物权主义，《法国民法典》第1006条规定，如遗嘱人死亡时并无依法得保留部分遗产的继承人时，概括遗赠的受遗赠人依法当然因遗嘱人的死亡而占有遗产，不要求移交的必要。一般认为，法国民法中，概括遗赠和部分概括遗赠具有物权效力。特定遗赠中的特定物遗赠具有物权的效力；而不特定物，一定价值或一定金额的遗赠仅具有债权的效力。《日本民法典》第990条规定，概括受遗赠人，有与继承人同样的权利义务，即认为概括遗赠自继承开始即发生物权效力，判例中认为特定遗赠亦具有物权效力。德国、瑞士等国民法采债权主义，认为遗赠只具有债权效力。《德国民法典》第2174条规定，受遗赠人因遗赠而有向承担遗赠义务的人请求给付遗赠标的物的权利。《瑞士民法典》第562条第1项规定，受遗赠人对执行遗赠义务人，如未特别指定执行遗赠义务人时，对法定的或指定的继承人，有请求权。我国台湾地区的多数学者，亦将遗赠解释为仅具有债权效力，受遗赠人并不于继承开始之时，当然取得所有权或其他物权，而不动产须于移转登记，动产须于交付之时，始发生物权变动的效力。在我国现行民法体系中，理论界通说认为，继承权为一种独立于物权和债权之外的财产权，遗赠作为遗嘱继承的特殊形式，具有不同于物权或债权的法律效力。遗产须经受遗赠人明确表示接受后，其效力溯及遗嘱人死亡之时，遗赠执行人负有给付遗赠标的物的义务。

遗赠的承认或抛弃 遗赠的承认或抛弃是指受遗赠人在得知遗赠后作出接受或抛弃遗赠的意思表示，它是遗赠执行的前提。对此，有两种不同的立法例。其一为积极说，即在法律规定或利害关系人的催告期限内不作表示的，视为承认。《日本民法典》第987条规定，遗赠义务人及其他利害关系人，可以定相当期间，催告受遗赠人于期间内作出承认或放弃遗赠的表示；如果受遗赠人于该期间内未对遗赠义务人表示其意思时，视为承认遗赠。其二为消极说，即在法律规定的期限或利害关系人的催告期限内不作表示的，视为抛弃。《中华人民共和国继承法》第25条第2款规定，受遗赠人应当在知道受遗赠后两个月内作出接受或者放弃受遗赠的表示；到期没有表示的，视为放弃受遗赠。放弃遗赠的，其效力溯及于遗嘱人死亡之时，遗赠归于无效。放弃遗赠后不得再为承认。对于遗赠，任何受遗赠人不得为部分承认或放弃。

遗赠的执行 是指遗赠执行义务人按照遗嘱的要求将遗赠财产给付于受遗赠人的行为。遗嘱人可以在遗嘱中指定遗赠执行人，未指定的，由其继承人负责从遗产中履行给付遗赠的义务。我国《继承法》第34条规定，执行遗赠不得妨碍清偿遗赠人依法应当缴纳的税款和债务。如果在清偿遗赠人生前所欠的税款和债务后没有剩余遗产的，遗赠就因没有可执行的遗赠财产而失效。

(周志豪)

yizeng fuyang xieyi
遗赠扶养协议(legacy-support agreement) 有完全民事行为能力的自然人与其法定继承人以外愿意承担扶养、安葬等义务的其他自然人或集体组织所订立的有关遗赠和扶养关系的协议。根据协议接受扶养的一方当事人为受扶养人，负有扶养义务的一方当事人为扶养人。《中华人民共和国继承法》第31条规定，公民可以与扶养人签订遗赠扶养协议，按照协议，扶养人承担公民生养死葬的义务，享有受遗赠的权利；公民可以与集体所有制组织签订遗赠扶养协议，按照协议，集体所有制组织承担该公民生养死葬的义务，享有受遗赠的权利。这是我国法律上独具特色的一种遗产转移方式。

遗赠扶养协议的法律特征：第一，它是一种双方法律行为，须经协议双方的意思表示一致方可成立。双方已达成的协议，对双方都具有法律约束力，任何一方在未征得对方同意的情况下不得随意改变或解除。遗赠人亦即受扶养人在订立协议时只能是具有完全民事行为能力的自然人；受遗赠人即扶养义务人必须是不具有法定扶养义务的法定继承人之外的第三人，可以是自然人或者集体组织。第二，它是诺成性的要式法律行为，双方意思表示达成一致即发生法律效力，协议需以书面形式作出。第三，它是一种双务法律行为，扶养人负有对受扶养人生养死葬的义务，受扶养人有将其个人财产遗赠给扶养人的义务，但是双方义务履行的时间不同，扶养义务自协议订立时开始履行，而遗赠自受扶养人死亡之时始生履行效力。第四，它是有偿的法律行为，扶养人取得遗产是以履行其生养死葬的义务为前提的。第五，它具有优先于遗嘱和法定继承的法律效力。

遗赠扶养协议与继承契约不同，后者为德国、瑞士、匈牙利、英美等国法律所承认，是指被继承人生前与他方协商一致订立的关于继承或遗赠的协议。例如《瑞士民法典》规定，被继承人得以继承契约，承担使对方或第三人取得其遗产或遗赠的义务。遗嘱或赠与，如与继承契约中被继承人所承担义务不一致，得撤销之（第494条），即继承契约具有优先于遗嘱和遗赠的法律效力。二者的区别表现在：（1）主体不同，遗赠扶养协议的主体分别为被继承人与法定继承人之外的自然人或集体组织；而继承契约中的双方当事人分别为被继承人与配偶或其他家庭成员。（2）受益人不同，遗赠扶养协议中的受益人既有受扶养人，也有扶养人，他们各自受益的时间不同；而继承契约的受益人为契约所指定的继承人、受遗赠人或契约任意指定的第三人。（3）权利义务内容不同，遗赠扶养协议的双方当事人互相对应地享有权利和义务；而继承契约中的指定继承人和受遗赠人一般只享有接受遗产的权利，契约一般不给对方或第三人设定扶养义务。但是匈牙利的继承契约制度作了特殊规定，要求指定的继承人或受遗赠人须对死者负生前扶养或者给付终身定期金的义务，类似我国的遗赠扶养协议。另外，外国继承契约的订立方式比我国遗赠扶养协议的订立方式要求严格，如德国、瑞士民法典多要求以公证遗嘱的方式订立继承契约。

遗赠扶养协议一经订立，即具有法律约束力，双方当事人得依约履行各自的义务。扶养人不依协议认真履行扶养义务的，受扶养人可请求扶养人依约履行，否则有权解除协议。在司法实践中，扶养人或集体组织无正当理由不履行扶养义务，致使协议解除的，不能享有受遗赠的权利，其所支付的扶养费用一般不予补偿；遗赠人无正当理由不履行，致使协议解除的，则应偿还扶养人或集体组织已经支付的扶养费用。被继承人死亡之后，有遗赠扶养协议的，在清偿被继承人的债务之后所剩遗产，应首先用来支付遗赠扶养协议所确定的遗赠财产，还有剩余遗产的，才按照法定继承或遗嘱继承或遗赠办理。

（周志豪）

yizengren

遗赠人（legator/devisor） 在遗嘱中设立遗赠的遗嘱人（亦即被继承人）。遗赠系通过遗嘱的方式而设立，遗赠人就必须具有遗嘱能力。没有遗嘱能力的人不能进行此种法律行为，不能成为遗赠人。早在罗马法中，就要求遗赠人不仅在立遗嘱时要具有遗嘱能力，而且在死亡之前未因法定原因而丧失。导致此种能力丧失的法定原因有，遗嘱人死亡之前被剥夺了遗嘱能力或者人格发生了变更。现代各国民法对于遗嘱人的限制一般有两类：一类是没有达到一定年龄的未成年人不得为遗赠人。《法国民法典》第903条规定，除本编第九章的规定外，未满16岁的未成年人不得处分任何财产；第904条和第907条规定，对已满16岁的未成年人以遗赠方式处分财产予以严格的限制。《日本民法典》第961条规定，已满15岁者，可以立遗嘱；第963条规定，遗嘱人于立遗嘱时，应有其能力。《德国民法典》第2229条规定，未成年人在满16岁时始得为遗嘱；未满16岁的未成年人或暂时受监护的成年人，无需经法定代理人的允许，得为遗嘱；禁治产人不得为遗嘱。具体年龄标准与各国民事行为能力的标准相联系。另一类是精神状态不健全的成年人不得成为遗赠人。《法国民法典》规定，订立遗嘱的人必须精神健全（第901条）；任何人均得以生前赠与方式或以遗嘱方式处分或承受财产，除法律宣告为无上述能力的人以外（第902条）。《日本民法典》规定，遗嘱人于立遗嘱时，应有其能力（第963条）。《法国民法典》规定，因精神错乱、精神耗弱或心神丧失而不能理解自己所为的意思表示的意义，并且不能依这种理解而作为的人，不得为遗嘱（第2229条）。《中华人民共和国继承法》明确规定，无行为能力人或限制行为能力人所立的遗嘱无效（第22条第1款），结合《中华人民共和国民法通则》中有关民事行为能力的规定,不满16周岁的未成年人、16周岁以上不满18周岁且不能以自己的劳动收入为主要生活来源的未成年人、不能辨认或者不能完全辨认自己行为的精神病人都不能成为遗赠人。司法实践中,对于遗嘱人立遗嘱时有行为能力,后来丧失了行为能力的,确认遗嘱有效,其中的遗赠内容亦为有效。

(周志豪)

yizeng shoulingren

遗赠受领人(devisee/legatee) 指由于遗嘱的指定或法律的规定而接受遗赠财产的自然人、法人、非法人组织或国家。它的范围不仅包括遗嘱中直接指定的受遗赠人,而且包括由于法律规定与受遗赠人有关的受领遗赠财产者。各国法律均规定,受遗赠人于遗赠之前或同时死亡者,遗赠无效,这时就不存在真正的受遗赠人或者其他遗赠受领人。遗赠制度中不存在与代位继承相似的制度。但是对于受遗赠人于遗嘱之后死亡者,遗赠究竟如何处理,存在不同的争论。一谓遗嘱无效,不能由受遗赠人的继承人承受遗赠,理由在于,遗嘱人设立遗赠的目的是欲使受遗赠人本人享受利益,并不欲使其他人也享有此种利益;如果遗嘱人真欲使受遗赠人的继承人获得该利益,应当在遗嘱中作出特别的表示。一谓遗赠有效,可由受遗赠人的继承人承受遗赠的利益,理由与前者论述正相反。《日本民法典》即采后一观点,规定受遗赠人未表示承认或放弃遗赠而死亡时,其继承人可以于自己继承权范围内予以承认或放弃;但是遗嘱人于其遗嘱中表示了另外意思时,从其意思。《中华人民共和国继承法》对此未作明确规定,在司法实践中,最高人民法院《关于贯彻执行〈中华人民共和国继承法〉若干问题的意见》第53条规定,继承开始后,受遗赠人表示接受遗赠,并于遗产分割前死亡的,其接受遗赠的权利转移给他的继承人。由此司法解释可推知,只有受遗赠人明确表示接受遗赠的情况下,其继承人才能成为遗赠受领人。在受遗赠人未表示接受遗赠而死亡之情形,其继承人无权表示接受或放弃遗赠,亦即立法及实践的本意为,接受遗赠必须由受遗赠人本人亲自为意思表示方产生执行遗赠的法律效力。如果遗嘱人特别表示该遗赠于受遗赠人未作接受表示即死亡时仍可由受遗赠人之继承人承受,只要与法律的限制性规定和公序良俗不相违背,宜承认其法律效力。对于受遗赠人为无民事行为能力人或者限制民事行为能力人的,由其法定代理人或监护人以受遗赠人的名义接受遗赠,依法进行管理和处分。

(周志豪)

yizhu

遗嘱(will; testament) 自然人于其生前处分其死后遗产或其他非财产性事务并于其死亡时发生法律效力的可撤销的终意之单独行为。早期的遗嘱,如罗马的民会遗嘱,实质上是一种公法上的行为,形式上的要求也很严格,并且遗嘱的内容是公开的。现代遗嘱是纯粹的私法上的行为,其内容包括财产和非财产两个方面。在普通法中,处分动产之遗嘱称为 testament,处分不动产的遗嘱称为 will。近年来二者区别已经消失。现在,will(有时是 last will and testament)包括了对动产和不动产的处分。

遗嘱的内容 遗嘱内容通常有以下几个方面:(1)指定继承人。在古代社会,用遗嘱指定继承人是为了保证家族延续,被指定继承人要接替指定人的人格。现代继承法中对继承人的指定,只具有财产上的意义。(2)指定应继份。遗嘱继承人的应继份由遗嘱指定,而不按法律规定,以便于遗嘱人根据其感情和生活需要,给予某些继承人以特殊利益。但应继份之指定不得侵害法定继承人的特留份。(3)选定遗产管理人和遗嘱执行人。(4)指定受遗赠人和遗赠财产。(5)其他非财产性事务。例如非婚生子女的认领、准正、为未成年人设立监护人和监护监督人、对准禁治产人设立保佐、无继承权人资格的恢复(因法定事由丧失继承权的人,遗嘱人可在遗嘱中表示宽恕从而恢复其继承权)等。我国法律规定,遗嘱可指定继承人、确定继承人之继承份额、指定遗嘱执行人以及将财产遗赠给国家、集体或法定继承人以外的人。对于虐待、遗弃被继承人而丧失继承权的继承人,被继承人可在其遗嘱中表示宽恕,该继承人之继承资格可因此恢复。

遗嘱的特征 (1)遗嘱为单独行为。依单方意思表示即可成立,不需要受遗嘱人的承诺。但受遗嘱人有拒绝或抛弃继承、遗赠。并且遗嘱无须对受遗嘱人为之,因而亦称为无相对人之单独行为。(2)遗嘱为自主行为。遗嘱具有极强的人身属性,不允许他人代理,必须要由遗嘱人亲自为之。法律虽允许代书遗嘱,但仍为遗嘱人自己的意思表示,与代理行为不同。(3)遗嘱为要式行为。遗嘱行为必须以法定方式作成,方能产生效力。遗嘱不依法定方式,纵是在亲友面前所为,亦不能生法律上之效力。遗嘱是否依法定方式为之,应依遗嘱当时为决定。在执行遗嘱时是否与法定方式相合则不用考虑。已经作成的遗嘱,如果因为遗嘱人不知之事变或第三人的恶意以致毁损灭失,并不当然丧失效力。只是此时利害关系人若欲证明遗嘱之存在应负举证责任。(4)遗嘱为可撤销之行为。遗嘱订立以后,可能会因情事之变化而有变更必要,并且遗嘱为无相对人的单独行为,因而可依遗嘱人的意思对已订立之遗嘱加以撤销、变更。(5)遗嘱为终意之法律行为。同一遗嘱人订立数份内容不同的遗嘱时,应以最后的遗嘱即终意的处分为准。当然,这要受到法律对遗嘱形式的要求的限制。如在我国,其他形式的遗嘱不能撤销或变更公证遗嘱,因而在有数份内容抵触的遗嘱时,以最后的公证遗嘱而不是依最后的遗嘱为准。(6)遗嘱在遗嘱人死亡时发生法律效力。遗嘱因遗嘱人的意思表示而成立,但即使遗嘱人生前将遗嘱书完全按照法定方式制作完毕也不能即时生效。只有在遗嘱人死亡时才发生法律效力。在遗嘱人死亡之前,受遗嘱人只取得期待权,遗嘱人亦可随时撤回其遗嘱。

遗嘱的生效要件 遗嘱为法律行为之一种,其生效要件与法律行为的生效要件相同。具体生效要件为:(1)遗嘱人具有立遗嘱之行为能力即遗嘱能力,无遗嘱能力之未成年人和精神病人所立之遗嘱无效。对遗嘱能力的规定,各国不同,但与普通民事行为能力的年龄要求并不同一。依我国法律,无行为能力和限制行为能力人所立遗嘱无效。(2)遗嘱人的意思表示真实。遗嘱制度的目的就在于尊重遗嘱人的真实愿望,使其可将财产留于最亲近之人,纵连法定继承,也视为对遗嘱人真实意思的推定,因而各国法律均规定因欺诈、胁迫所立之遗嘱无效。我国法律规定,遗嘱必须表示遗嘱人的真实意思,受胁迫、欺骗所立的遗嘱无效;伪造的遗嘱无效;遗嘱被篡改的,篡改的内容无效。(3)遗嘱内容必须合法。遗嘱人用遗嘱所处分之财产必须为其有权处分之财产,遗嘱之内容违反强行法之规定或有悖公序良俗者,不能生法律上之效力。(4)遗嘱必须依法定方式作成。遗嘱为要式行为,其方式由法律加以规定,不依法定方式作成之遗嘱,不生法律效力。我国法律规定了口头遗嘱、书面遗嘱、代书遗嘱、录音遗嘱和公证遗嘱等五种遗嘱方式。遗嘱人应在这五种形式中选择一种作为其遗嘱方式。外国立法例还有军人遗嘱,危险情形遗嘱和海上遗嘱、航空遗嘱等特别遗嘱,系于特殊情况下(如遗嘱人身处传染病流行区或在军队服役或在海上、空中旅行)所为之遗嘱,其制作人和制作程序以及制作要求均不同于依普通方式所作遗嘱。外国法上还有秘密遗嘱之规定,即密封并封印之遗嘱,只要打开就会使信封上之封印损坏。秘密遗嘱是为了保证遗嘱的真实性,使其难于被篡改或伪造。规定秘密遗嘱者,通常也要求遗嘱人须亲笔书写该遗嘱或在该遗嘱上签名。我国法律对特别遗嘱和秘密遗嘱未作规定,而是视情况按普通遗嘱处理。

遗嘱的效力 (1)遗嘱的生效时间。原则上,遗嘱于遗嘱人死亡时生效,但遗嘱附有条件或期限者,另当别论。罗马法曾禁止遗嘱附期限或解除条件,其原因是防止发生死者地位中断的情况。现代各国法律未有禁止附条件或附期限之遗嘱者。不过有的在法律中明确规定,如德国、奥地利、日本和意大利诸国民法,有的在法律中暗示规定。我国法律未对遗嘱之附条件或期限作出规定,在解释上应认为遗嘱可以附条件或期限。遗嘱附停止条件者,如果遗嘱人死于条件成就以前,则其遗嘱于条件成就之时发生效力。若遗嘱人死于条件成就以后,则其遗嘱与未附条件无异,于遗嘱人死亡时发生效力。遗嘱附解除条件者,如遗嘱人死于条件成就以前,则其遗嘱于遗嘱人死亡之时发生法律效力。而于条件成就之时,遗嘱溯及至成立时消灭。若遗嘱人死于条件成就之后,则与未立遗嘱无异,不生效力。遗嘱人所附条件不能或不法时,所附条件无效,遗嘱视为未附条件。遗嘱附始期者,如果遗嘱死于期限到来之前,其遗嘱于期限届至之时生效。如果遗嘱人死于期限到来之后,则遗嘱与未附期限无异,遗嘱于遗嘱人死亡时生效。遗嘱附终期者,如遗嘱人死于期限到来之前,则其遗嘱于遗嘱人死亡时生效,在期限届至时,遗嘱溯及地消灭。如遗嘱人死于期限到来之后,则与未立遗嘱无异,遗嘱不生效力。(2)附负担的遗嘱。外国法上有附负担遗嘱的规定,我国也在法律上加以规定,并在司法解释中对之加以细化。附义务的遗嘱继承或遗赠,如义务能够履行,而继承人、受遗赠人无正当理由不履行,经受益人或其他继承人请求,人民法院可以取消他接受附义务那部分遗产的权利,由提交请求的继承人或受益人负责按遗嘱的意愿履行义务,接受遗产。另外,据外国立法例,不可能实现的负担或者违法的负担视为不曾附加,并且如果该负担是促使遗嘱人订立遗嘱的惟一动机,则遗嘱处分无效。我国亦应从此解释。(3)数事遗嘱的效力。遗嘱人在一遗嘱中嘱咐数项事务,在继承开始时,如无特殊原因,应按遗嘱执行。然而若遗嘱中有一项或数项无效,不影响其余遗嘱效力。但若遗嘱中之数事有互相牵连之关系,则一事无效,其余事项亦无效。数事是否牵连,应从客观情况加以判断。(4)遗嘱之内容,虽在法律上未曾规定或与法律规定不符,但只要不违反强行法之规定,应尊重遗嘱人的意思,使其发生法律效力。

遗嘱的解释 遗嘱为法律行为之一种,应遵从法律行为之解释规则。遗嘱解释除了遵循整体解释、目的解释等方法外,还应采有效解释原则,即应尽量使遗嘱有效,从而使死者之意愿得到尊重和实现。另外,由于遗嘱为单方法律行为,没有相对人和第三人,亦不发生交易安全问题,因而在遗嘱解释时应采意思主义,探求遗嘱人之真意,而不可采取表示主义。但由于遗嘱人已经去世,死无对证,因而须严格遵守法定方式,以防遗嘱被篡改或伪造,在保证遗嘱真实性的前提下探求遗嘱人的真实意思。

(刘言浩)

yizhu baoguanren

遗嘱保管人(keeper of will) 根据遗嘱人的指定或法律的规定保存遗嘱的人。遗嘱一般可由遗嘱人自行保管，但为防止不测，遗嘱人亦可指定由他人保管。对于某些形式的遗嘱，法律则要求由特定人或官方机关保管。法国民法规定，遗嘱人订立密封遗嘱时，应将密封并封印的遗嘱提交公证人及两名证人，或在上述人前进行密封和封印。但遗嘱人不能说话而仅能书写时所立之密封遗嘱应交给公证人及证人，并应在上述人在场时在记录证书上方写明其交给公证人及证人的文件为其遗嘱，并签名于后。日本民法规定，密封证书遗嘱应在公证人和2名证人前提交，公证人应将提交日期及遗嘱人的申述记载于封纸后，遗嘱人及证人一起于其上签名盖章。遗嘱保管人知悉继承开始后，应从速将遗嘱提交家庭法院，请求其检认。德国民法规定，遗嘱的官方保管由初级法院为之。该遗嘱应由法官和事务所的认证官吏共同密封。并且应当发给遗嘱人提存证书。遗嘱由他人占有或由法院外的其他官署保管者，应在遗嘱人死亡后移交于遗产法院，由遗产法院或其他法院启封遗嘱。意大利民法规定，遗嘱可存放在公证人处或公共档案馆。任一保存自书遗嘱之人都应当在获悉遗嘱人死亡的消息后立即将遗嘱交给公证人，由公证人公布。我国法律未规定遗嘱保管人。

(刘言浩)

yizhu de biangeng

遗嘱的变更(change of a will) 遗嘱人改变遗嘱内容或增添新内容的行为。遗嘱人既有立遗嘱的自由，亦有变更遗嘱的自由。外国立法例多将之归于遗嘱的撤销中，我国法律规定，遗嘱人可以变更自己所立的遗嘱。遗嘱的变更有两种方式：(1) 在原来的遗嘱上加以修改、删除、涂销或增添有关内容以变更原遗嘱。自书遗嘱、代书遗嘱、录音遗嘱可以此种方式变更。遗嘱人应在变更处签名并写明变更的内容。日本民法规定，自书遗嘱中的增删及其他变更，除非遗嘱人指明变更处，附记有变更意旨和特别签名，并于变更处加盖印章，为无效。公证遗嘱一般不得依此方式变更。我国法律规定，公证遗嘱不得涂改、挖补，必须修改的应加盖公证处校对章。(2) 以立新遗嘱的方式变更原来遗嘱。新遗嘱的形式可以不同于原遗嘱。根据我国法律，自书、代书、录音、口头遗嘱，不得变更公证遗嘱。新遗嘱的内容，可能是原有遗嘱的补充，也可能与原来遗嘱相抵触。在后一种情况下，实际上是对原来遗嘱的撤销。

(刘言浩)

yizhu de chexiao

遗嘱的撤销(revocation of a will) 遗嘱人基于自己之意思使其有效遗嘱对于将来不生效力的行为，根据遗嘱自由原则，遗嘱人得自由撤回其已订立的遗嘱。各国法律均规定，遗嘱人可随时撤销其遗嘱。但对遗嘱撤销的方式又加以限制，法国民法规定，遗嘱，仅得以日后重订的遗嘱或在公证人前作成证书以声明改变意志而全部或部分取消。日本民法规定，遗嘱人可以依遗嘱的方式，随时撤销其遗嘱的全部或一部。遗嘱的撤销可以是全部撤销，也可以是部分撤销；可以是明示撤销，也可以是默示撤销。(1) 明示撤销，即遗嘱人以立新遗嘱的方式撤销原遗嘱。在法国法上，遗嘱人可在公证人前作成证书以声明改变意志而全部或部分撤销。德国法上，遗嘱人从官方保留处取回其遗嘱，即视为遗嘱之撤回。(2) 法定撤销，即前后遗嘱抵触或行为与遗嘱相抵触，法律所拟制的撤销。我国法律规定，立有数份遗嘱，内容相抵触的，以最后的遗嘱为准，即在前的遗嘱视为被撤销。另外，遗嘱人生前的行为与遗嘱的意思表示相反，而使遗嘱处分的财产在继承开始前灭失，部分灭失或所有权转移、部分转移的，遗嘱视为被撤销或部分被撤销。(3) 物质撤销。遗嘱人故意破毁、废弃或涂销遗嘱者，该遗嘱视为被撤销。只毁坏或涂销遗嘱之一部分者，仅就该部分发生撤销之效力。遗嘱撤销权为形成权，仅依遗嘱人之单方意思表示即生效力。有的国家如日本，明文规定遗嘱人不得放弃其遗嘱撤销权。撤销遗嘱的行为复经撤销者，先前所撤销的遗嘱是否恢复效力，立法上有两种主义：(1) 复活主义，即已被撤销之遗嘱因该撤销行为复经撤销而恢复效力。意大利、德国民法采此主义。(2) 非复活主义，即遗嘱不因撤销行为之撤销而恢复效力。日本民法采此主义。

(刘言浩)

yizhu de dichu

遗嘱的抵触(contradiction of will) 前后数个遗嘱在内容上互相矛盾，广义上还包括遗嘱人的行为与遗嘱内容相冲突的情况。遗嘱的抵触是法定的遗嘱撤销方式。罗马法中，除军人所为遗嘱，不许二遗嘱并存，后遗嘱当然使前遗嘱失效。但在不以继承人指定为内容之遗嘱处分，前处分惟与后处分抵触之限度，视为撤销。现代各国民法，均规定当前后遗嘱抵触时，仅就抵触部分，视为后遗嘱撤销前遗嘱。如日本、我国台湾地区、德国、法国、瑞士和意大利的民法即作如是规定。对遗嘱抵触的认定，应依遗嘱人的主观意思，其外观如何无需过问。前后遗嘱在外观上似乎抵触，但依遗嘱人的意思可以共存者，不能认定为遗嘱抵触，前后遗嘱在外观上似可共存，但依遗嘱人意思不能相容者，应认定为遗嘱抵触。所谓抵触，即前后遗嘱在内容上互相矛盾而不能共存的情况。判断遗嘱人之主观意思，应由法院斟酌遗嘱所用文字、语境，并参考法律以及其他相关情事以作决定，不可拘泥于遗嘱的表面意思。遗嘱抵触时，后遗嘱必须为有效遗嘱方能发生撤销前遗嘱的效力。当遗嘱人的行为与其遗嘱相抵触时，就其抵触部分，遗嘱视为被撤销。行为与遗嘱是否抵触，亦应从遗嘱人主观意思决定之。遗嘱后的行为与遗嘱相抵触时，方可视为遗嘱撤销。遗嘱前的行为不能影响遗嘱的效力，另外，遗嘱后的行为与遗嘱抵触时，抵触部分之遗嘱视为撤销，实际上是推测遗嘱人之意思，所以遗嘱人在遗嘱订立后的行为虽与遗嘱抵触，但若非出于其本意，不能产生撤销遗嘱的效力。　　(刘言浩)

yizhu fuben

遗嘱副本(duplicate will)　　遗嘱原稿以外的誊录本、复制本。遗嘱人在订立遗嘱时，可在正本之外，另行复制、誊录若干副本交于遗嘱继承人或利害关系人。遗嘱惟依正本发生法律效力。遗嘱副本与正本不一致时，以遗嘱正本为准。遗嘱副本可以誊写、摘抄、复印、拍照等方式制作。《德国民法典》规定，遗嘱由遗产法院之外的另一法院官方保存者，由该法院于知悉被继承人死亡时立即确定由其保管的遗嘱的启封日，该法院应于启封日启封遗嘱，向关系人宣读或提示遗嘱并作记录。随后应将该遗嘱连同启封记录的经认证的副本送达遗产法院，并应保留一份经认证的遗嘱副本。证明自己有合法利益的关系人可以查阅启封的遗嘱以及请求发给遗嘱的全部副本或个别部分的副本，经请求时，应将副本予以认证。《意大利民法典》规定，利害关系人可以向法院申请发放遗嘱副本。在有正当理由的情况下，根据任一利害关系人的请求，初审法院法官可以将非财产性的段落或词句从遗嘱中删除并且在利害关系人申请发放的遗嘱副本上作出相同的省略，但司法机关应当发放遗嘱全文的情况除外。我国法律未对遗嘱副本作明确规定，但根据《中华人民共和国公证暂行条例》，公证文书办理完毕后，可根据当事人需要，制作若干份副本连同正本发给当事人，《司法部公证程序规则(试行)》中规定，公证处应制作公证书正本和若干份副本发给当事人。由于公证证词中注明的文件是公证书的组成部分，所以公证遗嘱应有若干副本。其余形式的遗嘱也可以制作副本，在正本灭失时，副本具有证据上的效力。　　(刘言浩)

yizhu gongtong zhixingren

遗嘱共同执行人(joint executors)　　遗嘱人在遗嘱中指定的数名遗嘱执行人。遗嘱共同执行人不包括遗嘱人分别为遗嘱执行人指定不同职责的情况，在此种情况下，数个遗嘱执行人各司其职，并非共同执行人。法国民法规定，如有数个遗嘱执行人且均已同意担任该职务时，在其他遗嘱执行人不在时，一个遗嘱执行人得单独行事，但所有遗嘱执行人就受委托的动产账目负连带责任。如遗嘱人曾划分各人的职务，且各人仅限于分配给自己的职务时，则不在此限。日本民法规定，遗嘱执行人有数人时，其任务执行，以过半数决定，但遗嘱人于其遗嘱中另有意思表示者，从其意思。在实施保存行为时，则不要求共同执行，虽单个遗嘱执行人亦得为之。德国民法规定，被继承人得以遗嘱选任一名或数名遗嘱执行人。被继承人亦得授权遗嘱执行人选任一名或数名共同执行人。数名遗嘱执行人应共同执行此项职务，在意见不能一致时，由遗产法院裁决之。共同遗嘱执行人中之一人丧失执行权时，由其他遗嘱执行人执行职务。被继承人不得就共同遗嘱执行人的职务执行作出与前面规定不同的指示。遗嘱执行人任何一人非经其他遗嘱执行人的同意不得采取为了保存属于共同管理范围内的遗产标的物所必要的措施。我国无共同遗嘱执行人之规定，但解释上应认为遗嘱人可指定数名遗嘱执行人，其职务执行应共同为之，但为了继承人的利益必须采取紧急措施的则不在此限。　　(刘言浩)

yizhu jicheng

遗嘱继承(succession testament)　　法定继承的对称，指被继承人生前通过遗嘱来指定继承人、确定应继份和处理其他身后事务的继承方式。现代遗嘱继承制度发源于罗马法。在古代罗马，公民不得立遗嘱。后来，罗马人找到了一个使法律和私人意志相调和的方法，准许个人在人民会议上处分其财产，此即最古老的遗嘱形式：会前遗嘱。王政时期，继承方式分为遗嘱继承和法定继承，允许被继承人用遗嘱处分其死后财产，且遗嘱继承的效力优于法定继承。《十二铜表法》第五表规定了遗嘱继承，被继承人可以遗嘱处分财产，为家属指定监护人或解放奴隶。在无遗嘱时，由族亲为监护人并在无当然继承人时继承遗产。罗马的遗嘱继承制度中，遗嘱居于根本性的地位。由于遗嘱中的任何处置均以继承人的设立及其有效性为前提，遗嘱实质上是一种任命继承人的行为。依罗马法律，被继承人的解放之子不在当然继承人即法定继承人之列，欲使其继承财产必须依遗嘱方式，并且在无遗嘱且无子嗣的情况下，被继承人之遗产将归其同族人即全体罗马公民所有，被继承人的家庭圣物的继承亦因此中断。所以在罗马"无遗嘱死亡"是对敌人的最恶毒的诅咒。出于对无遗嘱继承的恐惧，罗马人大量运用遗嘱权，以遗嘱方式指定其继承人。罗马的统治者亦运用遗嘱来指定其接班人。遗嘱自由的过度运用带来了负效应，出现了剥夺子女继承权的情况。市民法和大法官法逐步对遗嘱自由加以限制，对废除继承人的遗嘱加以规范，以保护享有特留份的继承人。至优帝时，遗嘱继承的规定已比较完善。雅典古代的法律不允许公民立遗嘱，梭伦改革后虽准许立遗嘱，但是有子女的人不得立遗嘱，日耳曼法由于采用血族主义，认为继承系基于出生而非选出，且财产采取总有制度，个人无权以遗嘱处分财产，所以没有遗嘱继承制度。中世纪的欧洲教会为鼓励个人向其捐赠财产，大力倡导遗嘱自由，然而仍奉行长子继承制，在教会的努力下，寡妇有权从遗产中取得一定份额，即寡妇产(dower)，子女亦应取得一定比例的遗产。在大部分的欧洲，遗嘱只能处分动产。用遗嘱绝对分自己的财产，这时还很少见。把遗嘱看做处分财产的绝对权力，是封建制度已完全巩固的中世纪后半期的事。德、法两国遗嘱制度开始于12、13世纪，意大利的遗嘱继承则从11世纪开始，遗嘱继承成为社会风气，在法国为14世纪，在德国则为15世纪以后的事。英国则向来以遗嘱继承为原则，在1938年继承法[Inheritance (Family Provision) Act]颁布之前，甚至没有特留份的规定。由于长子继承权的影响，遗嘱常被用于剥夺其他子的继承权，成为产生不平等之工具。法国大革命后曾一度废除遗嘱继承制度，但1804年《法国民法典》又确立了遗嘱继承制度。此后，欧洲大陆各国先后在其民法典中规定了遗嘱继承制度。随着殖民主义的扩张，遗嘱继承制度连同民法一起传至世界各地。在普通法国家，大都继受英国法，均有遗嘱继承之法律。在伊斯兰教国家，同样承认遗嘱继承的优先地位，但以遗嘱处分的财产不得超过遗产的1/3。今日世界，遗嘱继承已成为各国共有之制度，所不同者，只在于对遗嘱自由的限制范围。俄国十月革命胜利后，曾于1918年颁布《关于废除继承制度的法令》，废除了遗嘱继承，但1922年又恢复遗嘱继承，并将之规定于《苏俄民法典》中，社会主义法系各国也都规定了遗嘱继承制度。

我国古代就有遗言、遗训、遗诏之称，但在奉行宗祧继承的宗法社会中，继承首先是身份的继承，有子立嫡，立嫡以长，无子立嗣，故遗嘱继承的适用余地很小。唐代《丧葬令》是我国现存关于遗嘱继承最早的法规。该令沿用至北宋，又有新的"户绝条贯"对遗嘱继承加以规定。依《丧葬令》和"户绝条贯"的规定，遗嘱继承的前提是"身丧户绝"，宋朝以后的法律则规定"身丧户绝，别无应继之人，其田宅浮财，尽数入官"，遗嘱继承遂失根据。清末变法，于1911年起草《大清民律草案》，立法者参考日本的"相续"，套用我国固有之名词"继承"来表示现代法律中的继承，不再有宗法意义而专指财产的转移。遗嘱继承在1930年的中华民国民法典中有了详细、具体的规定，至今通行于我国台湾地区。但该法典中以遗嘱指定继承人实为立嗣之变相，其本质为遗嘱收养，被指定人与指定人之关系，除另有规定外，与婚生子女相同。指定继承发生亲属身份的关系，与外国法指定继承只限于财产继承而不发生身份关系大不相同。

在新中国建国后的一些文件中，肯定了遗嘱继承的效力，但作了一定限制。1985年《中华人民共和国继承法》于第三章规定了遗嘱继承制度，确定遗嘱继承是纯粹的财产继承，其效力优于法定继承但弱于遗赠扶养协议，公民可依法立遗嘱处分个人财产，并可指定遗嘱执行人。遗嘱继承人的范围仅限于法定继承人，可以是一人也可以是数人。遗嘱应为缺乏劳动能力又没有生活来源的继承人和胎儿保留必要的遗产份额。遗嘱继承可以附义务，继承人应当履行义务，无正当理由不履行义务者，经利害关系人请求，人民法院可取消其接受遗产的权利。法定继承、遗嘱继承和遗赠并存时，首先由法定继承人用其所得遗产清偿债务(被继承人之债务)，不足清偿时，剩余债务由遗嘱继承人和受遗赠人按比例用所得遗产偿还。若只有遗嘱继承和遗赠，则由遗嘱继承人和受遗赠人按比例用所得遗产偿还。

(刘言浩)

遗嘱继承人(testamentary heir)

又称指定继承人，是依据被继承人所设立的合法有效的遗嘱而在遗嘱继承中有资格取得遗产的人。遗嘱继承人的继承权由被继承人通过遗嘱赋予，直接体现着被继承人的意志，只要该遗嘱符合继承法规定，继承法并不直接设计遗嘱继承人的范围和顺序，故而遗嘱继承人的范围不受法定继承人的限制，这是世界上多数国家的普遍做法。我国是个例外，《中华人民共和国继承法》第16条第2款规定："公民可以立遗嘱将个人财产指定由法定继承人的一人或数人继承"，遗嘱继承人只能在法定继承人中选择。遗嘱继承人的顺序不受法定继承人顺序的限制，只要被遗嘱人指定为继承人，遗嘱继承人均可同时对遗产享有权利。我国《继承法》第5条规定：继承开始后，按照法定继承办理；有遗嘱的，按遗嘱继承或遗赠办理。依据该条，如果在继承中，遗嘱继承人和法定继承人同时存在，则遗嘱继承人优先行使继承权，取得遗嘱指定的遗产；遗嘱继承完毕后，如还有剩余遗产，则原遗嘱继承人又可以法定继承人的身份，以法定的顺序，取得其对剩余遗产中的应继份。

(常鹏翱)

遗嘱监护(testamental guardianship)

父母以遗嘱的方式为未成年人指定监护人。遗嘱监护起源于罗马法，即家长在他的遗嘱中，为其未适婚的子女指定监护人，但不得为其孙子、孙女指定监护人。按《十二铜表法》规定，遗嘱监护人优于法定监护人，有遗嘱监护人的，法定监护人就不再任职。后世的法国、日本民法对此有明确规定。只要遗嘱具有法律效力，此种监护指定即可得到法律的确认。但遗嘱指定的监护人为法定监护人以外的人时，被指定的监护人可以拒绝。监护人有正当理由时,经法院许可,可辞去监护。监护人有不正当行为,显著劣迹或其他不适合担任监护职责时,法院可依职权将其解任。监护人的监护任务终止时,应在规定期限内进行监护清算。我国民法对遗嘱监护未作明文规定。

(李仁玉 陈敦)

yizhu jianzhengren
遗嘱见证人(witnesses to a will; testamentary witnesses) 遗嘱人制作遗嘱时在场证明其真实性的人。各国均规定有遗嘱见证人制度,某些形式的遗嘱如无见证人在场证明,即会导致遗嘱的无效。一般来说,只有自书遗嘱无须见证人在场证明。口头遗嘱必须在证人面前作成。秘密遗嘱亦应在证人面前作成。关于公证遗嘱,有的国家要求必须有证人在场,如瑞士、日本、意大利等国;有的国家则要求在公证人面前或公证人和证人面前作成公证遗嘱。如法国规定,公证遗嘱,应由两名公证人或由一名公证人在两名证人协助下作成。遗嘱见证人之人数,各国规定不一,一般为2~3人。意大利民法规定,对于不能阅读的聋、哑或聋哑人的遗嘱,应有4名证人在场,以确保遗嘱不被歪曲或篡改。对于见证人,一般要求其在遗嘱制作时自始至终在场,同时,见证人还应在遗嘱上签名并书写日期。各国法律对于遗嘱见证人的资格均有限制,见证人应有见证能力。如德国民法禁止遗嘱人的一定亲等内的亲属或遗嘱受益人等作为证人。限制证人的资格一般从两个方面进行:一是证人自身能力,即证人是否具有民事权利能力、行为能力或是否被剥夺公权。二是证人与遗嘱是否有利害关系。有利害关系者,自不得为证人。我国法律规定,自书遗嘱、录音遗嘱、口头遗嘱应有两个以上见证人在场见证,无行为能力人,限制行为能力人,继承人、受遗赠人和与继承人、受遗赠人有利害关系的人不能作为遗嘱见证人。继承人、受遗嘱人的债权人、债务人,共同经营的合伙人,也应当视为与继承人、受遗赠人有利害关系,不能作为遗嘱的见证人。

(刘言浩)

yizhu nengli
遗嘱能力(capacity to make a will) 法律规定的订立遗嘱的资格。具备遗嘱能力者方可订立遗嘱,罗马法上规定的遗嘱能力包括三种情形:(1)立遗嘱能力。遗嘱人须有财产并有行为能力且有罗马市民资格以及能够履行遗嘱仪式时,方可立有法律效力的遗嘱。遗嘱权被剥夺者则不能订立有效遗嘱。(2)受遗嘱能力,即受遗嘱人接受遗产的能力。(3)遗嘱作证能力,即充当遗嘱证人的能力。现代各国法律中所称遗嘱能力则仅指遗嘱能力,惟意大利秉承罗马法传统,仍在其民法典中规定了被动遗嘱能力。各国对遗嘱能力的规定,多从年龄和精神健康状况两方面进行。如德国民法规定,不满16岁的未成年人和禁治产人不得为遗嘱。因精神错乱、精神耗弱或心神丧失而不能理解自己所为的意思表示的意义,并且不能依这种理解而作为的人,不得为遗嘱。各国对遗嘱能力的规定,有与行为能力一致者,如我国、英国、美国、加拿大等国;有与行为能力不一致的,如法国、德国、日本、瑞士、奥地利等国。我国法律规定,遗嘱人立遗嘱时必须有行为能力,无行为能力人所立的遗嘱,即使其本人后来有了行为能力,仍属无效遗嘱;遗嘱人立遗嘱时有行为能力,后来丧失了行为能力,不影响遗嘱的效力。在我国,遗嘱能力即指行为能力,确定遗嘱能力的时间也和其他国家一样,即以立遗嘱时为标准来判断遗嘱人是否具有遗嘱能力。间歇性精神病人在其神智清醒时所立遗嘱亦应属有效遗嘱。

(刘言浩)

yizhuren
遗嘱人(testator) 订立遗嘱的人,即遗嘱继承中的被继承人。各国法律均规定,合格的遗嘱人是遗嘱成立的基本条件。合格的遗嘱人指依法有权利订立遗嘱处分自己财产和处理其他身后事务的遗嘱人。

(刘言浩)

yizhu shouyang
遗嘱收养(adoption with will) 参见死后收养条。

yizhu xintuo
遗嘱信托(trust caused by testament) 又称死后信托,生前信托的对称。由委托人通过订立信托遗嘱设立的信托。遗嘱信托具体表现为:委托人订立遗嘱;在其中指定受托人,并规定将自己的财产的全部或者一部分转移给该受托人占有、管理或处理,并将因此而取得的利益交付给该遗嘱指定的第三人享受,或者运用于满足自己的其他私人目的,或者运用于某一或某些社会公益事业。

遗嘱信托的基本特征是:第一,它的委托人与受托人分别为不同的人,但它的设立无需经过两者协商这一程序;第二,它的设立将引起把委托人的财产向受托人转移,但这一财产转移却系在委托人死亡后由其遗产管理人所为。遗嘱信托为明示信托的一种具体类型,这种信托由其自身特点决定只能够是死后信托与他益信托,但它却既可以是民事信托,又可以是营业信托,还可以是公益信托。我国信托法通过将信托遗嘱明确规定为设立信托的一种方式而允许设立遗嘱信托,英美信托法以及日本、韩国与我国台湾地区的信托法也允许设立遗嘱信托。遗嘱信托成立的时间同时也是其生效的时间。尽管符合法定条件的信托遗嘱自委托人死亡时起生效，但这一时间却并不是遗嘱信托成立的时间。我国信托法将委托人在信托遗嘱中指定的受托人承诺遗嘱信托的时间确定为这种信托成立的时间，即采取包括信托遗嘱在内的其他书面形式设立信托的，"受托人承诺信托时，信托成立"。日本、韩国与我国台湾地区的信托法均没有规定遗嘱信托成立的时间。但这些国家或地区的信托法理论中具有学理解释性质的通说认为，遗嘱信托自委托人的遗产管理人将信托财产转移给委托人在信托遗嘱中指定的受托人占有时起成立，且依此通说确认这种信托成立的时间已成为这些国家和地区的司法机关的审判习惯。英美信托法也认为遗嘱信托自委托人的遗产管理人将信托财产转移给受托人占有时起成立。

（张　淳）

yizhu zhixing

遗嘱执行（execution of testament）　遗嘱生效后为实现其内容所进行的程序和行为。遗嘱执行是实现遗嘱人意愿的最后程序，一般以证明遗嘱的存在为开始，以遗嘱所处分之财产分配完毕为结束。遗嘱保管人在知悉遗嘱人死亡时，应尽快将遗嘱提交有关人员或机构（在德国为遗产法院、日本为家庭法院、我国台湾地区为亲属会议、意大利为公证人），由该人员或机构确认其效力。如果是密封遗嘱，则应有启封和开视程序。然后通知遗嘱执行人并由遗嘱执行人执行遗嘱内容。在遗嘱内容执行完毕时，遗嘱的执行即告结束。

（刘言浩）

yizhu zhixingren

遗嘱执行人（executor of will）　依遗嘱人之指定或法院之选任而执行遗嘱之人。罗马中不存在遗嘱执行人制度。因为在罗马法，遗嘱必须指定继承人方为有效，继承人自能实行遗嘱人之遗志，所以无设立遗嘱执行人之必要。遗嘱执行人制度源于日耳曼法，为寺院法所确认，现代各国法律均规定有遗嘱执行人制度。遗嘱执行人有指定遗嘱执行人和选任遗嘱执行人之分。前者为由遗嘱人在遗嘱中指定或委托他人指定的遗嘱执行人，后者则为遗嘱人未为遗嘱执行人之指定或委托他人指定时，由法院选定的遗嘱执行人。我国台湾地区民法还有由亲属会议选定的遗嘱执行人。遗嘱执行人必须有完全的行为能力。无行为能力人和限制行为能力人不得担任遗嘱执行人。遗嘱执行人可以是一人，也可以是数人。遗嘱执行人为数人时，该数人为共同遗嘱执行人，遗嘱执行人应当严格按照遗嘱履行其职务。遗嘱执行人应从速制作遗产目录并应管理遗产。日本民法规定，遗嘱执行人在管理继承财产或其他遗嘱执行事务上有实施一切必要行为的权利义务。在解释上，遗嘱执行人可以为遗产承担债务或处分遗产标的物，并可为遗产起诉或应诉。德国民法即有如是规定。另外，遗嘱执行人可以请求报酬，并可向继承人请求偿还履行职务之必要费用、所负担之债务以及所受损失。遗嘱执行人应随时向继承人报告其职务执行情况。在遗嘱执行人怠于执行职务或有其他重大事由时，经利害关系人申请，法院可以解除其职务。我国法律对遗嘱执行人的规定非常简略，仅规定公民可以指定遗嘱执行人，继承开始后，知道被继承人死亡的继承人应当及时通知其他继承人和遗嘱执行人。

（刘言浩）

yizhu ziyou

遗嘱自由（testamentaire）　现代继承法的基本原则之一，指遗嘱人有权以遗嘱自由处分其死后财产以及其他身后事务。遗嘱自由包括以下几个方面的含义：(1)遗嘱人有权以遗嘱方式来处理其遗产及其他身后事务；(2)遗嘱继承优先于法定继承；(3)在多数国家中，遗嘱不得损害法律为特留份继承人保留的权利。遗嘱自由是私法自治原则在继承领域的体现，是法律对私权的尊重和保护，自然法学派认为，权利的产生与变动基于人的自由意思。死者常希望将遗产留于最亲近的人或最需要的人，所以立法者应顺应人情常理，承认遗嘱自由。法定继承实际上是立法者根据亲属关系的远近，推定死亡人的意思，如果死者另有意思表示，自应舍弃推定而从真实。但又恐遗嘱人滥用权利，不当剥夺其继承人之继承权，因而导致该继承人生活困难之不公情形，所以立法者又对遗嘱自由加以一定的限制。在大陆法系国家，多为特留份之限制，即遗嘱不得侵害继承人之特留份。特留份之多少，各国规定并不相同。在英美法国家，则多为"寡妇产"或"鳏夫产"一类的限制。如在美国，生存配偶有权要求死者遗产的一部分，一般是1/3。如果遗嘱规定较少或没有，可就遗嘱提出争辩，要求法定份额。此外，生存配偶和子女常常有权要求一定时期（如9个月）的生活费。英国1938年的继承法规定，过去依靠被继承人扶养的生前配偶和子女如果没有成为继承人，或者虽然成为继承人而应继份不够充分时，可以对遗产请求一定数额的扶养金。在普通法国家或地区，遗嘱自由也受到一定限制，并非奉行绝对的遗嘱自由主义。其对遗嘱自由的限制只是在名称上与特留份不同，并无本质区别。泰国虽然奉行不受限制的绝对遗嘱自由主义，任何人均可订立遗嘱按其意愿处分其死后的财产，甚至可以排除妻子和子女继承他的遗产，但由于遗嘱人在伦理道义上均有扶养妻子和子女的义务，实际生活中很少发生剥夺妻子、子女继承权的事情。缅甸佛教徒实行无遗嘱继承，是禁止遗嘱自由的一个特例。总之，既承认遗嘱自由，又对之加以一定限制,是各国通行的做法。相对的遗嘱自由是平衡遗嘱人遗嘱权与继承人利益的结果,力求在保证意思自治的前提下实现社会公平。我国亦实行相对的遗嘱自由主义,承认遗嘱人以遗嘱处分其财产的效力,遗嘱继承优先于法定继承,只是在没有遗嘱或遗嘱无效时才实行法定继承。我国对遗嘱自由的限制来自两个方面,(1)遗赠扶养协议,公民可以与扶养人签订遗赠扶养协议。按照遗赠扶养协议,扶养人承担该公民生养死葬的义务,享有受遗赠的权利;公民亦可与集体所有制组织签订遗赠扶养协议。既有遗嘱又有遗赠扶养协议者,按照遗赠扶养协议办理。遗赠扶养协议优先于遗嘱行使。(2)遗嘱人未保留缺乏劳动能力又没有生活来源的继承人的遗产份额,遗产处理时,应当为该继承人留下必要的遗产,所剩余的部分,才可按照遗嘱确定的分配原则处理。我国没有特留份制度,只有缺乏劳动能力又无生活来源的继承人才有权获取一定遗产,其份额亦不固定,而是视情况而定。遗赠扶养协议亦为我国所特有的制度。

遗嘱自由在历史上经历了一个漫长的发展过程。罗马法承认遗嘱自由是为了使家长自由指定继承人,以防止家产分散。后因遗嘱自由之滥用,出现了近亲不能继承之现象,故法律创设遗嘱逆伦之诉和特留份追补之诉以限制过分的遗嘱自由。中世纪教会倡导重兴遗嘱自由,亦于此时期形成了成为全欧习惯法的寡妇产制度,使遗嘱自由受到一定限制。封建的土地制度和长子继承制亦对遗嘱自由构成了相当大的限制,即所谓强制保存主义。此主义要求凡是一家财产,必须移转于其家族团体之一员,不许自由移转于家族以外的人。继承人对此财产不具绝对处分之权,只是准所有者。继承人的资格在成文法或习惯法上均有限制,通常为一成年男子。此主义存在于法国古法中,并风靡北欧和德、法、英诸国。至法国革命后,于1793年至1800年,实行强制分配主义,不问所有者之意思如何,而以强制命令分配其财产于各继承人,不许自由分配。近代以来,个人主义和自由主义思潮兴起,遗嘱自由再度复兴,成为各国继承法之基本原则,但均受到程度不等之限制。故而今日之遗嘱自由,实为相对之遗嘱自由。禁止遗嘱自由与绝对的遗嘱自由实为与历史潮流相悖之两种极端,故而为各国立法所不取。

(刘言浩)

yilüxing de hetong
已履行的合同(executed contract) 又称已履行的契约,待履行的合同的对称。美国法上的概念。指已经由双方全部加以履行的合同。 (郭明瑞)

yiwancheng de yueyin
已完成的约因(executed consideration) 英美法上的概念,"未完成的约因"的对称,又称已履行的对价。指一方应另一方的要求实施了某一行为,该行为履行了其允诺承担的义务。作为有效的已完成的约因,主要有两种情形:一是一方作为应承诺人的要求已作出的行为,如一方承诺给付价款,另一方应其要求已经向其交付货物;二是一方作为承诺而作出的行为,如某人发出寻找失物的悬赏广告,另一人送还遗失物(以取得赏金的承诺),该人的送还遗失物的承诺即构成有效的已完成的约因。已完成的约因不同于过时的约因,过时的约因是当事人已实施行为而后允诺实施该行为,它不属于有效的约因。 (郭明瑞)

yizhuan baofei
已赚保费(premium earned) 保险公司已经了结了保险责任或保险责任已经到期的保险单所对应的保险费。如保险公司赔付了船舶全损后,该业务年度的保险费即视为已赚保费。再如,保险人收取了全年的保费,在保险期间过了6个月后,即可视这6个月的保费为已赚保费。 (李世奇)

yi zhuangchuan tidan
已装船提单(Shipped Bill of Lading; On Board Bill of Lading) 参见提单条。

yi hefa xingshi yangai feifa mudi de minshi xingwei
以合法形式掩盖非法目的的民事行为(德 Gesetzesumgehung) 行为人为规避法律达到违法目的而实施的以合法形式出现的民事行为。这类行为包括:(1)为达到违法目的而实施伪装的民事行为。如为逃避追赃或人民法院强制执行其财产,以伪装的买卖合同或赠与合同隐匿财产。这类民事行为为无效民事行为。(2)为达到违法目的以一个伪装的民事行为掩盖另一真实的民事行为。伪装的民事行为应当无效;被伪装民事行为掩盖的真实的民事行为,如果不违反法律可以有效;如果违反法律,也应无效。 (李仁玉 陈敦)

yi ruogannian weiqi de zulin
以若干年为期的租赁(tenancy for years) (1)以年为单位计算租赁期限的租赁。(2)英美财产法上的概念,又称定期租赁、年租期。根据双方的协定,租赁有一个明确的期限,通常这个期限按一年、几年或一年中的某一段时间来计算。实际上,只要租赁的时间是确定的都可以称作年租期、定期租赁。 (张平华)

yiselie de minshang lifa

以色列的民商立法(Israel civil and commercial legislation) 英美法系没有民法概念。"以色列的民商立法",是一些学者依大陆法系民法思维对待以色列商法的具体表现。在奥斯曼帝国统治时期,以色列使用穆斯林准则的世俗法典"曼吉利"和奥斯曼法规的规定处理商事纠纷。1918年英国统治以色列地区后,便开始接受英国的法律。1948年以色列建国后,以前的法律在保留了一段时间后很快作了根本的改动。以色列议会制定的法律涉及买卖、抵押、代理、担保和寄托、租赁、债务转移、违反合同的补偿及财产(不动产和动产)法等。以色列商法可以概括为以下几方面:(1)财产法。财产法主要包括1969年制定的《不动产法》、1971年制定的《动产法》、1967年制定的《抵押法》、1967年制定的《受托人法》以及1960年制定的《以色列土地法》等法律。(2)合同法。以色列在合同法领域分别制定了《销售法》(1968年)、《赠与法》、《标准合同法》等多项法规。《销售法》在很大程度上仿照了1964年海牙制定的《国际商品买卖统一法公约》的规定。(3)侵权行为法。侵权行为方面的立法主要有1944年的《民事侵权条例》(英国侵权行为法的汇编)、1964年《民事侵权行为(国家责任)法》、1964年的《侵权行为法修正(受伤补偿)法》、1965年的《禁止诽谤法》、1961年的《减少干扰法》等。(4)商法。主要领域都根据委任统治时期的法规规定,这些法规主要包括1929年的《公司条例》、《汇票条例》、1930年的《合伙条例》、1936年的《破产条例》,这些条例都再现了英国法律。在投资和证券领域,以色列于1961年制定了《共同投资信托法》、1968年制定了《证券法》。保险领域,《奥斯曼保险法》和《奥斯曼海事法典》某些章节仍在实施。另外,在1947年制定了《汽车保护条例》、1951年制定了《保险业监督法》。 (金福海)

yixin huanjiu koujian

以新换旧扣减(new for old) 船舶进行共同海损修理,更换了一些材料(如船壳钢板)或者一部分零部件,如果被更换的材料已自然磨损或者被更换的零部件已经严重磨损,经过换新以后,将比未受损失以前耐用,而使船主得到一定的船舶因此种更换升值的好处。为了公平起见,国际理赔界对于这部分换新的零部件的补偿,都作适当地扣减,称为"以新换旧"扣减。《中华人民共和国海商法》、《北京理算规则》和《1994年约克—安特卫普规则》等对此都有规定。进行共同海损修理,对于更换新的部件和材料的"以新换旧"的扣减是以船舶的船龄作为划分标准的,凡是船龄不超过15年的,一概不作任何扣减,所有修理费用全部列为共同海损;对于超过15年船龄的船舶更换的新部件和新材料一律扣减1/3。按照市场做法,应扣减的除了新材料的价值之外,还包括把材料制成新部件的加工费和为新部件或新材料安装或其他可能需要作最后准备工作的费用。将新部件或新材料安装或其他可能需要做最后准备工作的费用。将新部件从制造地运至修理船舶地点的运输费用可以不予扣减而全额补偿。

(张永坚 张 宁)

yijue

义绝(Yijue) 若夫妻间或夫妻一方与他方亲属间发生法定的情形,被认为夫妻之义已绝,由国家强制解除婚姻关系。这是我国封建社会特有的一种离婚方式。古人认为,连接夫妻关系的纽带非亲非情,而是义。失去义,婚姻关系便失去了继续存在的价值。《汉书·孙光传》载,"夫妇之道,有义则合,无义则离"。义绝制度出现于封建社会,但是,封建法律对义绝条件的规定和解释不尽一致,总的看,两汉至唐宋偏严,元至清趋宽。据《唐律疏义》解释,以下五种情形,构成义绝:(1)夫殴妻之祖父母、父母,杀妻之外祖父母、伯叔父母、兄弟、姑、姊妹;(2)夫妻祖父母、父母、外祖父母、伯叔父母、兄弟、姑、姊妹自相杀;(3)妻殴詈夫之祖父母、父母,杀伤夫之外祖父母、伯叔父母、兄弟、姑、姊妹;(4)妻与夫之缌麻以上亲奸,或夫与妻母奸;(5)妻欲害夫。凡在夫妻间或夫妻一方与他方亲属间以及双方亲属间出现以上五种情形之一的,不问当事人意愿如何,均由国家强制其离异;若有违抗者,即予以严厉处罚。而且除第二项外,余皆为妻之责任重于夫。义绝之规定以家族为中心,是为维护封建伦理纲常和宗法家族制度服务的,它反映了封建统治阶级对婚姻家庭关系的直接干预。这种不平等、不合理的律法从唐朝以后一直沿袭下来,为整个封建时代所采用。 (蒋 月)

yiwu benwei

义务本位(德 Pflicht-Orientierung) 本位指法律的本位,即法律的中心观念或法律的立足点。法律作为人为的规范,自然有其一定的中心观念,依其演进而言,分为三期:义务本位时期、权利本位时期及社会本位时期。义务本位时期是法律最初之本位时期,因为人类进化之初,必须固结团体,以御强敌,而固结团体的要件,首先在于牺牲小己,事事服从,于是形成义务观念,法律遂以此义务观念为其中心观念。 (张 谷)

yigou hetong

议购合同(contract of purchase) "派购合同"的对称,又称"议购议销合同"。我国商业部门与农业生产者之间签订的协商议价收购农副产品的协议。议购合同制度始于1961年,当时规定,对统购、派购以外的部分农副产品实行议价收购办法。议购合同在一定程度上仍受国家计划的制约,但合同双方有权协商确定购销商品的品种、数量、质量与价格等,商业部门在收购中要坚持等价交换、按质论价原则。议购合同曾经是统购、派购及定购合同的有益补充,是扩大商品收购的一项重要制度。议购合同对于国家掌握农副产品货源、改善市场供求关系、促进农业生产的发展起着巨大的作用,其适用范围也逐步扩大。但随着社会主义市场经济的建立,这种合同也无适用的余地。(任自力)

yiyi dengji

异议登记(德 Widerspruch) 事实上的权利人以及利害关系人对现时登记的权利的异议的登记。该登记的直接法律效力,是终止现时登记的权利人按照登记权利的内容行使权利。在德国民法中,异议登记又称为异议抗辩登记。异议登记的目的,在于对抗现实登记的权利的正确性,即终止不动产登记权利的正确性推定效力及公信力。在不动产登记实务中出现不正确登记是常有的事,错误登记发生后至更正前,由于登记的权利推定效力与公信力,纵使登记有错误,如果第三人受让,也受公信力的保护。为防止真正权利人可能遭受的此种损害,权利人得为异议登记,以及时防止第三人的介入而借登记的公信力取得受让利益。(方志平)

yiquan

役权(德 Dienstbarkeit) 为特定的人或特定的土地的便利而使用他人之物的权利。役权是所有权上的一种负担,有役权负担的所有权人对其物的所有权受到一定的限制。但所有权人在尊重役权人的权利的范围内仍可自由行使其权利,当役权消灭时,所有权人即恢复其完全的权利。

罗马法上就形成了役权制度,其最早产生的役权是耕作地役,它是土地公有制的土地使用规则演变而来的。《十二铜表法》第7条已有关于土地、导水等的规定,只是尚未形成地役权的观念。以后随着城市的发展,出于土地利用的需要,通行权等就逐渐脱离所通行的土地而成为独立的权利,即地役权。到了罗马共和国末期,无夫权婚姻和奴隶的解放日益增多,丈夫、家主就把一部分家产的使用权、收益权、居住权等遗赠给妻或奴隶。优帝一世时把这些权利统称为人役权。

役权具有如下的特征:(1)役权属于物权。役权人得对供役物直接行使其权利,但供役物所有权人并无为积极行为的义务。由于役权为物权,即当然有追及的效力,供役物易主时,不影响役权的存在,役权人均可追及物的所在而行使其权利。同时,役权具有排他性,役权人可以排除他人对其权利行使的任何妨碍。(2)役权属于他物权。役权仅可以在他人之物上设定,所有权人于自己之物上无设定役权的必要。如果役权与所有权归属于一人时,役权即因混同而消灭。(3)役权是为特定的人或特定的土地的便利而设定的。役权不能与需役地或享用人相分离,故需役地转让时,地役权也随之转让;享用人死亡时,人役权也随之消灭。

(钱明星)

yixue de yinguo guanxi zhengming fangfa

疫学的因果关系证明方法(epidemiological causality) 又称社会流行病学的证明方法。确定因果关系存在的一种方法。指就疫学上可能考虑的若干因素,利用统计的方法,调查各因素与疫病之间的关系,选择相关性较大的因素,对其作综合研究,由此判断其与结果之间有无关系。这种证明方法被许多西方国家的侵权行为法或司法实践所接受,主要适用于污染环境致人健康损害的案件。受害人采用疫学的因果关系证明方法证明污染与损害间存在因果关系时应当证明:(1)该污染物质在发病前曾发生作用;(2)该污染物质的增加与发病率成比例关系;(3)该污染物质量的减少与发病率呈反比例关系;(4)该污染物之可能导致该疾病的结论与科学和医学规律不存在矛盾。(张平华)

yishiwu quhuiquan

遗失物取回权(德 recherche des epaves; Abholunganspruch) 在我国台湾地区民法中的称谓。在瑞士民法中,它被包含于土地踏进权之内。瑞士民法第700条规定"因水、风、雪崩或其他自然力或因事变,物移至他人之土地或大小家畜、蜂群、鸟类、鱼类等之动物,进入他人之土地时,土地所有人应容许权利人之搜索及取回。因此所生之损害,土地所有人得请求赔偿,并为此对于其物有留置权"。依照我国台湾地区民法第791条第1项的规定,逸失物取回权指的是物品或动物之权利人,当其物品或动物偶至他人所有或利用之土地之内时,有权进入该土地之境内寻查其物品或动物并取回之。

(方志平)

yiding xintuo

意定信托(trust by agreement) (1)其设立决定于委托人与受托人的意思的信托。此含义为狭义的意定信托。属于明示信托范围内的合同信托、遗嘱信托与宣言信托均为此含义上的意定信托。(2)其设立决定于委托人与受托人的意思或者有关国家机关的意思的信托。此含义为广义的意定信托。它除包括明示信托外还包括归复信托、推定信托与指定信托,故其实际含义等同于设定信托。我国以及日本、韩国与我国台湾地区的信托法理论对意定信托通常是在(1)含义上使用；英美信托法理论对意定信托则是在(2)含义上使用。

(张 淳)

yiding zhusuo
意定住所（selected domicile） 基于当事人的意思而设立的住所，又称任意住所。意定住所与迁徙自由紧密相连。随着我国市场经济的发展，住所和户籍分离的存在，在客观上要求法律肯定自然人的意定住所。

(李仁玉 陈 敦)

yisi biaoshi
意思表示（declaration of intention） 行为人把进行某一民事法律行为的内心效果意思，以一定的方式表达于外部的行为。意思表示不仅表现表意人一定效果意思，而且通过一定表示行为，达成人与人交换意见的目的。意思表示的主要特征是：(1)当事人须存在预期发生一定民事法律后果的意思，即有发生、变更、结束这种权利义务的内心打算。这种为取得某种民事后果的内在意思，构成民事法律关系发生的前提。(2)当事人的内在意思必须通过适当方式表示出来，让他人了解。这种内在意思的外在表现构成民事法律关系发生的条件。意思表示的方式一般并不要求固定方式，明示、默示的方法都可以。(3)当事人内在意思和外部表示须一致，但在这一问题上，各国学者的主张不同。分别存在意思主义、表示主义和折衷主义。(4)当事人的意思表示是构成民事法律行为的基本要素，没有意思表示，就没有民事法律行为。意思表示与民事法律行为关系如何，学说不一。但一般认为，意思表示只是民事法律行为的主要成分。

意思表示作为一个法律概念，是18世纪沃尔夫（Christian Wolff）在其《自然法论》（Jus Naturae）一书中首创的。在德国法律行为理论形成之后，成为解释、构造法律行为的核心概念，并建立了一个庞大而精深的意思理论。《德国民法典》对意思表示没有明确定义，但该法典立法理由书将意思表示解释为法律行为的本质要素。《中华人民共和国民法通则》引入了"意思表示"的概念，但未进行立法定义。解释上，嫁接德国法学的一般理解。

意思表示的构成要素 即构成意思表示所必须具备的事实要素。关于意思表示的构成要素有哪些，学者们多有争议。但一般认为，意思表示应由目的意思、效果意思两个主观要素和表示行为这一客观要素构成。(1)目的意思。目的意思是指明民事法律行为具体内容的意思要素，又称法律行为意思。它是意思表示据以成立的基础。不具备目的意思，或目的意思不完整，或者目的意思有矛盾的表示行为，不构成意思表示或民事法律行为。如买卖标的物不具体的合同不构成意思表示或民事法律行为。(2)效果意思。效果意思是指意思表示人使其表示内容引起法律上效果的意思要素，即具有设立、变更、终止民事法律关系的意图，又称法效意思、效力意思。在意思表示中，表意人在内心先有期望发生某种法律效果的意思，此项效果包括获得财产上、身份上或精神上的法律利益，如买受人期望获得财产所有权，出卖人期望获得价金，购票人期望欣赏音乐会，演出人期望获得报酬等。行为人的期望必须具有法律意义，才有效果意思，否则不在法律规范之列，如邀请好友晚餐、举办学术研讨会，虽具有重要意义，当事人也应遵守，但不发生民法上的权利义务关系。效果意思是意思表示的基础，它促使意思表示的形成，最后实现民事法律行为的效果。但效果意思与意思表示的动机不同，当事人可能因上学、送礼、陈列等各种动机而购买书籍，动机只是意思表示的间接原因，取得书籍的所有权才为效果意思。效果意思以目的意思为基础，以目的意思为前提，在意思表示过程中，行为人先有目的意思，然后才有效果意思，但效果意思与目的意思不能互相代替，也不能互相融合。缺乏效果意思的社交性协议、交易意向书或未经确认书确认的商业协议均不构成意思表示。(3)表示行为。它是指行为人将内心意思以一定方式表现于外部，并足以为外界客观理解的行为要素。没有表示行为，即使有了内心效果意思，也不能将其客观化，而无法取得法律效果。因此，表示行为是意思表示不可缺少的客观要素。表示行为除当事人间有特别约定外，应按照社会上一般表达方式或某一行业、某一地区习惯上的表达方式为之，否则难以推断其内心的目的意思，不发生表示行为的效力。一般而言，表示行为应以社会上通用的语言、文字、动作为之。所使用的文字、语言含义不清时，如何认定其表示行为，则属于意思表示的解释问题。

意思表示的分类 (1)根据意思表示有无相对人，意思表示可分为有相对人的意思表示与无相对人的意思表示。(2)在有相对人的双方意思表示中，根据相对人是否同步受领意思表示，意思表示可分为对话的意思表示和非对话的意思表示。(3)根据意思表示是否为表意人独立完成即发生效力为标准，意思表示可分为独立的意思表示和非独立的意思表示。(4)根据意思表示的一般方式，意思表示可分为明示的意思表示和默示的意思表示。(5)根据意思表示是否出于行为人的真意及自由的表达，意思表示可分为健全的意思表示和不健全的意思表示。除上述分类外，意思表示在学理上还有如下分类：要式意思表示与不要式意思表示、财产上的意思表示与身份上的意思表示、有偿的意思表示与无偿的意思表示以及主意思表示与

从意思表示等。　　　　(李仁玉　陈　敦)

意思表示的解释(interpretation of declaration of intention;德 Auslegung von Willenerklärungen)
依照法律规定的原则和方式,阐明并确定当事人已为意思表示的正确含义。意思表示的内容有时不十分完整,当事人间可能发生异议,需以解释方式确定其内容。意思表示的解释不仅是事实认定的问题,而且是法律适用的问题。意思表示的解释不仅在阐明不明确的意思表示,而且在补充不完整的意思表示,有时可订正有误解的意思表示。意思表示解释的方法很多,各国民法中对意思表示解释方法的规定也不尽一致,或各有其侧重。《中华人民共和国民法通则》未对意思表示解释方法加以规定,但《中华人民共和国合同法》第125条对合同条款解释进行了规定:"当事人对合同条款的理解有争议的,应当按照合同所使用的词句、合同的有关条款、合同的目的、交易习惯以及诚实信用原则,确定该合同条款的真实意思。"意思表示的解释方法与合同的解释方法大体一致。对于意思表示解释的学说,在学理上主要有:(1)表示主义。表示主义认为,内心的效果意思虽然是意思表示的起源,但当事人表现于客观效果的意思却是意思表示的核心或根本。因此对意思表示进行解释时应贯彻客观主义原则,在表示与意思不一致的情况下,应以外部的表示为准,对于相对人意思表示的解释应当以相对人足以合理客观了解的表示内容为准。表示主义理论是商品流通日趋高度频繁化和大宗化的过程中产生的,其目的在于保护交易的安全。这种理论有利于保护相对人的利益,但不利于保护表意人的利益,可能放纵胁迫、欺诈等行为。(2)意思主义。意思主义认为,意思表示的实质在于行为人的内心意思,民事行为本身是实现行为人意思自治的手段。因此对意思表示解释时,应贯彻探求真意而不拘泥于词语原则。这种理论来源于18世纪的理性主义法学,并为19世纪至20世纪的许多国家立法所采纳,如法、德、瑞士、日本等国民法典。这种理论是自由主义和个人主义的必然产物,其优点是反映了具体表意人的个性化要求,有利于保护表意人的意志自由和利益,保护私有财产的静态利益;缺点是不利于交易的安全和预期,不利于保护财产的动态利益,不利于对相对人利益的保护。(3)折衷主义。折衷主义认为,当意思与表示不一致时,效力的重点既不绝对地放在意思上,亦不绝对地放在表示上,而根据具体情况或以意思主义为原则,表示主义为例外,或以表示主义为原则,意思主义为例外。折衷主义的宗旨是全面考虑各种利益的衡平关系,既顾及当事人利益与交易安全,又顾及表意方与相对方利益。现今世界多数国家的民法及司法实践均采折衷主义。　　(李仁玉　陈　敦)

意思能力(mental capacity)
判断自己行为在法律上效果的正常的认识能力和预期力。在瑞士民法中,称为"判断能力",在1929年国民政府民法中,称为"识别能力"。《中华人民共和国民法通则》未采用这一术语。意思能力是民事行为能力的前提条件,自然人具备意思能力需要达到一定的年龄且智力正常,但意思能力与行为能力在一些情况下未必完全对应,例如早熟的未成年人,尽管其心智已成熟,具有意思能力,但仍不具有完全行为能力。　　　　　　(李仁玉　陈　敦)

意思受领能力(德 Empfangsfähigkeit)
在有相对人的意思表示中,相对人受领表意人意思的能力。受领意思的能力决定意思表示的效力及民事法律行为的效力。意思受领能力受制于行为能力。具有完全民事行为能力人均有意思受领能力,限制民事行为能力人在其能力范围内享有意思受领能力,无民事行为能力人只有接受报酬和赠与或细小的民事行为中享有意思受领能力。　　　　　　　　　(李仁玉　陈　敦)

意思与表示不一致的意思表示(德 Abweichung des Willens von der Erklärung)
表意人的内心意思与外在表示不一致的意思表示,如甲欲将自己的西瓜卖给乙,嘴上却说送给乙,即为意思与表示不一致的意思表示。意思与表示不一致的意思表示的效力如何,存在三种主张:(1)意思主义。依此主张,法律对于意思表示的法律效力的认定,是基于当事人之意思,表示不过是为了明了此意思的方法。如果表示与内心意思不一致,该表示应无效。(2)表示主义。此主张认为,意思不但只能依其表示可以知之,而且为维护交易安全,法律上的效力应以表示为准。(3)折衷主义。在折衷主义中,有主张以意思主义为原则,表示主义为例外,也有主张以表示主义为原则,意思主义为例外。现多数学者认为,应以表示主义为原则,意思主义为例外较为合理。但因意思与表示不一致,分为有意识的意思与表示不一致和无意识的意思与表示不一致,应分别对待。　　　　　　　　　　(李仁玉　陈　敦)

意思责任之侵权行为(德 unerlaubte Handlung bei Willenshaftung)
行为责任之侵权行为的对称。德国等大陆法系学者对侵权行为依据归责依据分为意思责任之侵权行为与行为责任之侵权行为。意思责任之侵权行为以行为人的主观过错为归责依据,无过错则无责任。意思责任之侵权行为属于一般侵权行为。

(张平华)

yisi zizhi yuanze
意思自治原则(the principle of private autonomy) 又称私法自治,指民事主体依据自己的利益需要自主决定涉及其民事权利义务的民事事项。包括两方面含义:一方面当事人自主决定民事事项,不仅可自主决定是否实施某一行为,是否参与某种法律关系,以自己的意思选择行为的相对人、行为的内容、行为的形式,设定权利义务,而且可以自己的意思处分其权利,自主选择处理纠纷的程序和基准法。当事人之间关于民事事项的约定,只要不违反法律的强行性规定,就具有法律的效力;另一方面当事人仅对于表达自己真实意思的行为负责,不是基于当事人真实意思的行为对当事人不发生法律效力。意思自治的基础在于意思自由,是以民事主体的地位平等为前提的。意思自治原则与平等原则为民法的最基本的原则,是"自由"、"平等"观念在民事法律上的表现。意思自治原则确立于自由资本主义,以自由经济主义和人类自由理性为理论基础,强调个人权利与绝对自由,其核心是合同自由或契约自由。如《法国民法典》第1134条规定,"依法成立的契约,在缔结契约的当事人之间有相当于法律的效力。"学者普遍认为,该规定确立了近代民法上的契约自由或意思自治原则。意思自治虽强调的是意志自由,但即使在自由资本主义时期,"意思自治"也不是无限制的自由,也要受到法律的限制。在现代民法中,意思自治仍然是民法特别是合同法的一项重要原则。

(郭明瑞)

yiwai shigu yinqi de pengzhuang
意外事故引起的碰撞(collision caused by inevitable accident) 意外事故指船方已尽到通常的妥善和谨慎,仍不能避免的事故。所谓"通常的妥善和谨慎",一般理解为根据具体情况已采取了应当采取的防范措施,既未违章,又未违反良好船艺。主张碰撞属于意外事故的一方应当证明:第一,事故在客观上的意外性,即是不能预见的;第二,当事人在主观上没有过失,已经尽到了合理的谨慎,而且仅仅证明碰撞当时,或者紧迫危险形成之后的短暂时刻碰撞是不可避免的是不够的,应证明从危险形成之前开始直至碰撞发生的整个一段时间,当事人均无过失才可构成意外事故的碰撞;第三,碰撞是不可避免的,即当事人已经发挥了良好的航行技术,采取了一切必要的措施以避免碰撞,但未能奏效。意外事故引起的碰撞,双方各自承担自己的损失。实践中对该种碰撞举证很难。(张永坚 张 宁)

yiwai shijian
意外事件(拉丁 caso fortuito) 又称为通常事变、意外事故。事变的一种。非出于行为人的故意或过失造成损害而又不属于不可抗力的事实。意外事件与不可抗力都为不可预见的事件,但二者有本质的不同:前者能为人力避免与克服,仅是为行为人意料之外即未能预见;后者非人力所能抗拒,是不能避免和克服的。不过,在罗马法,意外事件包括不可抗力都属于不可归责于债务人的事件,因意外事件致使物品灭失或给付不可能时,风险特别是价金风险及收益由债权人承担,债务人得到解脱,除非有相反的协议。现代合同法上,一般不认为意外事件是免责事由,而认为其属于风险负担的范畴。意外事件能否成为侵权责任的免责事由存在争议:否定说的理由为,意外事件与不可抗力具有包含关系,二者无法完全区分;我国法律上没有明确规定意外事件为免责事由。肯定说的理由为,意外事件为行为人无法预料到的事件,故其主观上无过失,因此意外事件应该成为过错责任的免责事由,但是不能成为无过错责任的免责事由。因过错责任以过错为构成要件,而损害属于意外事件造成的,表明行为人主观上没有过错,也就不应承担民事责任,因此,以肯定说为当。

(张平华)

yin baofu chansheng de piaoju guanxi
因保付产生的票据关系(negotiable instrument relation stemming from certification) 票据法规定的票据当事人之间基于保付行为而产生的债权债务关系。

保付是一种特殊的票据行为,是指作为支票付款人的付款银行,在支票上进行保付文句及保付日期的记载,完成签名并将支票交付持票人,从而表明保证支付票款的行为。保付的付款银行为保付人。

支票一经保付,付款责任即由保付人承担,而且是惟一的债务人,负绝对付款责任。而发票人与背书人的担保责任均免除,即使付款人不付款,持票人也不能向发票人与背书人行使追索权。同时,持票人取得绝对的付款请求权,即使提示期已过,支票发行已满一年,发票人受破产宣告,发票人无资金,持票人均可向付款人请求付款。倘若持票人遗失保付支票,银行一般不能作出止付通知。鉴于我国银行多为国有商业银行,信誉较好,《中华人民共和国票据法》目前没有规定支票保付制度。

(胡冰子)

yin baozheng chansheng de piaoju guanxi
因保证产生的票据关系(negotiable instrument rela-

tion stemming from guaranty) 票据法规定的票据当事人之间基于保证行为而产生的债权债务关系。

因保证产生的票据关系有两种情形:一是指出票人、背书人对票据付款的担保;二是指出票人、背书人以外的其他人对票据付款的担保。其中第一种情况包含在票据出票和背书关系之中,第二种情况则是另一种独立的法律关系。一般而言,票据的保证关系是指第二种情况的担保。票据保证关系中的当事人有:保证人、被保证人和收款人。保证人是除出票人、背书人以外的保证票据付款的人,被保证人是出票人或背书人,收款人一般即为持票人。产生票据保证关系的保证行为有两种:票据保证的作出和票据保证的实现,即因保证的作出产生保证人担保票据付款、并在不获付款时由保证人向收款人付款的担保关系;因保证的实现而产生的保证人进行票据付款后向被保证人追回损失的追偿关系。　　　　　　　　　　　(胡冰子)

yin beishu chansheng de piaoju guanxi
因背书产生的票据关系(negotiable instrument relation stemming from endorsement) 票据法规定的票据当事人之间基于背书行为而产生的债权债务关系。

在因背书产生的票据关系中,当事人是背书人和被背书人。持有票据并转让票据的人,因为票据应依背书方式予以转让,所以称为背书人;接受票据的人,因为背书转让应由背书人在票据背面将票据受让人的姓名写明,所以称被背书人。票据背书转让关系所基于的票据行为主要是票据的背书和票据的交付。

因为背书转让而产生的法律关系有两种:背书人向被背书人交付票据的关系和背书人向被背书人担保承兑、担保付款的关系。背书转让可以多次进行,在多次背书转让中,在前的背书人称为前手,在后的背书人称为后手,这时背书人向被背书人担保票据承兑、付款的关系转化为前手对后手的担保关系,但这种关系会因背书是连续的还是不连续的而有所区别。(胡冰子)

yin canjia chengdui chansheng de piaoju guanxi
因参加承兑产生的票据关系(negotiable instrument relation stemming from acceptance for honour) 票据法规定的票据当事人之间基于参加承兑行为而产生的债权债务关系。

参加承兑行为即当汇票不获承兑,或票据金额一部不获承兑,或因一定原因无法进行承兑(例如承兑人逃避)时,在持票人尚未行使追索权以前,汇票付款人以外的当事人可要求承兑汇票,以阻止持票人在票据到期日前追索,维护票据债务人的信誉。参加承兑亦只发生在汇票中。日内瓦《统一票据本票法》和英国《汇票法》都规定了参加承兑制度,我国台湾地区票据法也规定了参加承兑。《中华人民共和国票据法》对参加承兑未作规定。

因参加承兑产生的票据关系的当事人有参加人、被参加人、持票人。参加承兑的人为参加人,参加所直接保护的票据特定债务人为被参加人,被参加人可以是出票人,也可以是背书人。其中主要的票据行为是参加的作出和参加的实现。因参加的作出,产生参加人在票据不获承兑时可以参加承兑的关系;因参加的实现,产生参加人在参加承兑后向持票人请求交出票据,由参加人替代原持票人成为票据权利享有者的关系。

因参加承兑产生的票据关系和因承兑产生的票据关系最大的区别在于:参加承兑人仅仅在付款人或担当付款人与到期日拒绝付款时才负有支付票款的义务,且仅对于被参加人的后手负有付款的责任,在本质上是汇票上的第二债务人。而承兑人则负有绝对无条件支付票款的票据责任,并且是对于持票人及一切因偿还票据债务而取得票据的全体票据权利人均负有支付的责任,因此是票据的主债务人。　　　(胡冰子)

yin canjia fukuan chansheng de piaoju guanxi
因参加付款产生的票据关系(negotiable instrument relation stemming from payment for honor) 票据法规定的票据当事人之间基于付款行为而产生的债权债务关系。

因参加付款产生的票据关系只存在于本票和汇票中,《中华人民共和国票据法》未规定参加付款行为,因而因参加付款而产生的票据关系在我国尚找不到法律依据。

因参加付款而产生的票据关系其原理与机制与因参加承兑而产生的票据关系相似。因参加付款产生的票据关系的当事人有参加人、被参加人、持票人。参加付款的人为参加人,参加所直接保护的票据特定债务人为被参加人,其中主要的票据行为是参加的作出和参加的实现。二者的不同之处在于:参加付款人是指付款人或担当付款人以外的第三人,并与参加承兑相反,不以持票人的同意为前提。如果持票人拒绝第三人参加付款,将丧失对被参加人及其后手的追索权。参加付款的行为是现实的支付汇票金额的行为。
　　　　　　　　　　　　　　　　　(胡冰子)

yin chengdui chansheng de piaoju guanxi
因承兑产生的票据关系(negotiable instrument relation stemming from acceptance) 票据法规定的票据当事人之间基于承兑行为而产生的债权债务关系。

票据的承兑是指票据的付款人承诺在票据到期日支付票据金额的票据行为,因这一行为而产生的票据关系是票据的承兑关系。票据的承兑关系只发生在汇票中，而票据的付款关系在汇票、本票、支票中都有。

汇票承兑关系的当事人是承兑人和持票人，在承兑关系中，主要的承兑行为有：持票人提示承兑并请求承兑，承兑人予以承兑或拒绝承兑；如果承兑人拒绝承兑，就转化为持票人与出票人或背书人之间担保承兑的关系，即有关追索权的关系。

但也并非所有的汇票都要进行承兑。需要承兑的汇票主要是见票后定期付款的汇票；可以进行承兑的汇票主要是定期付款和出票后定期付款的汇票；见票即付的即期汇票无需承兑。

基于承兑行为可能产生的票据关系有：持票人提示票据并请求承兑，承兑人予以承兑或拒绝承兑。如果承兑人予以承兑，则产生承兑人保证在票据到期日向持票人付款的关系；如果承兑人拒绝承兑，则转化为持票人与出票人或背书人之间担保承兑的关系，即有关追索权的关系。

(胡冰子)

因船舶碰撞所致的运费损失 (loss of freight caused by collision)

运费损失并非碰撞直接引起的损失，但如果能证明该损失是碰撞后相继发生的，或可合理预见的损失，仍然是可以追偿的。这种做法在国际上基本是统一的。1985年《碰撞损害赔偿公约草案》第7条规定，索赔方除了索赔船舶价值外，还有权索赔船舶使用损失。运费损失追偿依据营运方式不同而有所不同。班轮运输航线固定，运费损失可以事先预料，因此在全损后船舶丧失使用的合理期限内，可追偿的运费损失比较容易确定。在受害船舶为航次租船时，受害方只有能够证明在船舶丧失使用的合理期限内确有另外的航次租船合同存在时，才可以索赔。在受害船舶是期租船时，承租人一般不能追偿租金损失，因为租船合同通常只给予他停付租金的权利，而没有给他向责任方追偿租金的权利，而出租方（即船舶所有人）则有权向责任方追偿其因船被停租而遭受的租金损失。当发生转租或承租人从事班轮运输，承租人又不是以自己名义签发提单时，发生与过失船的碰撞，船舶所有人有权向过失方追偿船舶价值和未付的运费或租金；货方可以追偿已付运费；承租人可以在货方未付运费时作为其受托人追偿运费，而不能以自己的名义追偿。在光船租船的情况下，承租人可以取代船舶所有人的地位，独立进行追偿。"船舶丧失使用的合理期限"，是一个事实问题，一般以受害方可以找到替代船舶的合理期限为准。运费损失由应收取运费减去为赚得此运费而应支付的费用和扣减折旧及有关风险所组成，具体为：运费损失＝应收取总运费－（船员工资＋给养＋燃料、物料消耗＋港口费用＋税款＋卸货费等）－折旧－有关风险。公式中船员工资、港口费用、税款和卸货费等应是未予支付的费用，给养和燃料、物料应是尚未在船上的，因为索赔的运费损失是指未来运费损失。折旧一般采用直线法，扣减的折旧是船舶造价乘以折旧率，再乘以损失期限。折旧计算到船舶碰撞发生之日。扣除的风险是指船舶所有人或承租人应承担的正常营运风险，而不是保险公司承担的风险。一般考虑航次长短、季节和政治形势等因素，估计航次结束与碰撞发生之间可能发生的风险，量化为一定的金额。因此，船舶所有人因碰撞的真正盈利损失，并非是租船合同中或提单中订明的运费，而是经过合理扣减的净利润。有关碰撞后沉没的船舶，其营运损失的确定，我国的有关规定给出了限定期限。《交通部关于中外船舶间碰撞事故赔偿范围和赔偿金额计算办法的规定（试行草案）》规定："运输和港作船舶受损沉没不值得打捞或者在短期内不能打捞修复时，可以索取不超过2个月的正常运费或者营业收入或者船租并扣除因停止营运所省去的费用后的损失。"这一规定目前只适用于中外船舶碰撞，我国国内船舶碰撞案件尚不赔偿船舶丧失使用损失。

(张永坚　张　宁)

因恶意取得票据而产生的关系 (relation stemming from malicious acquisition of negotiable instrument)

票据作为一种无因证券，通常情况下，谁持有票据即能享有票据权利。但是在非正当取得或占有票据的情况下，仍然允许持票人继续占有票据，是不公正的。为避免利用票据谋取不当利益，票据法特别规定了因恶意取得票据而产生的关系。《中华人民共和国票据法》第12条规定："以欺诈、偷盗或者胁迫手段取得票据的，或者明知有前列情形，出于恶意取得票据的，不得享有票据权利。持票人因重大过失取得不符合本法规定的票据的，也不得享有票据权利。"因恶意取得票据而产生的关系指票据取得人明知票据转让者在权利上的瑕疵，没有处分、转让票据的权利，仍受让其票据的行为。但是，如果票据取得人不知道或者不可能知道票据转让者存在权利上瑕疵，没有处分、转让票据的权利而受让其票据，根据民法理论中善意取得原则，只要票据形式合法，该票据取得人获得的票据即受法律保护。除上述情形之外，根据《中华人民共和国民法通则》第58条之规定，行为人之间恶意串通损害国家、集体或者第三人利益的，其行为无效。这亦适用于票据行为。

(胡冰子)

因发票产生的票据关系 (negotiable instrument relation stemming from issuing)

票据法规定的票据当事

人之间基于发票行为而产生的债权债务关系。其中，发票行为又称出票行为。《中华人民共和国票据法》第20条规定："出票是指出票人签发票据并将其交付给收款人的票据行为。"出票行为有效成立，该票据才能有效存在；出票行为无效，票据本身即为无效，在该无效票据上随后所为的其他一切票据行为均无效。因此，出票行为也被称为基本票据行为。因发票产生的票据关系的主体是因发票产生的票据关系的当事人，包括出票人和收款人或持票人。作成票据并签发给他人的人是出票人，接受票据并持有票据的人是收款人或持票人。因出票而产生的票据关系也有两种：票据出票人与收款人之间交付票据的关系和票据出票人向收款人担保票据承兑、付款的关系。我国《票据法》规定的票据种类可以具体化为：在本票为出票人向收款人付款的关系；在汇票为出票人向收款人担保承兑和担保付款的关系；在支票为出票人向收款人担保付款的关系。

（胡冰子）

因付款产生的票据关系(negotiable instrument relation stemming from payment) 票据法规定的票据当事人之间基于付款行为而产生的债权债务关系。

因付款产生的票据关系中的当事人为付款人和收款人，在汇票中，承兑人即为付款人；在本票中，出票人即为付款人；在支票中，向出票人发行支票的银行或其他金融机构为付款人；收款人一般就是持票人。付款关系中的票据行为主要是：持票人向付款人提示票据并请求付款，付款人向持票人支付票据款项并收回票据。在支票中，是否付款要依据出票人与银行之间是否有资金、信用的基础关系。

（胡冰子）

yinguo guanxi
因果关系(causation) 哲学上的概念，指客观事物、现象之间的前因后果关联性。若一现象出现是由另一现象的存在引起的，则二现象之间存在前因后果的关联性，为有因果关系。民事责任中的因果关系，指行为与损害之间的关联性，是民事责任的构成要件。作为构成民事责任要件的因果关系是将行为与损害后果之间的关系作为一个断面加以考察的，否则因果关系将无法认定。因为因果关系不是绝对的，作为民事责任构成要件的因果关系始终是与被违反的义务并进而也和导致的损害相对而言的。因果关系在不同的法律制度和不同的侵权责任中有不同的含义和作用。在过错责任中，因果关系只是责任构成要件之一，并非只要损害与行为间有因果关系行为人就应承担责任。在无过错责任和公平责任中因果关系却是决定性要件，只要行为与损害之间有因果关系，而又没有免责事由，则行为人就应当承担责任。大陆法系通说将因果关系分为责任成立上的因果关系(又称事实上因果关系)与责任范围上的因果关系(又称法律上因果关系)。前者指行为与损害之间的因果关系，其与违法性、有责性(故意或过失)要件相配合就可认定责任成立；后者在于确定损害赔偿责任的范围。判断因果关系的标准有条件说、原因说等不同的学说，以相当因果关系为通说。按照相当因果关系说，被害人应负责证明损害与行为之间构成条件，加害人应负责证明二者间不存在相当性。

（张平华）

yinguo guanxi tiaojian shuo
因果关系条件说(德 die Aequilenztheorie) 确定因果关系标准的一种学说，原因说的对称。该说认为，由于条件造成损害后，该损害可能成为另一损害的条件，该另一损害亦可能为又一损害的条件，原始条件与其他条件均同为造成最后损害的条件，因此所有的条件均为原因。简言之，条件说认为凡属发生结果的条件都为原因；凡是原因，对结果的发生都有同等的原因力。条件说注意到引起损害发生的一切因素，但由于将法律上的因果关系等同于哲学上的引起与被引起的因果关系，因而无法正确确定责任。该说原在法国为通说，现已被原因说代替。

（张平华）

yinguo guanxi yuanyin shuo
因果关系原因说(theory of cause) 确定因果关系标准的一种学说，条件说的对称。该说认为，引起结果发生的诸因素中应区别原因与条件，其中有的是原因，其余的为条件；原因与结果之间有因果关系，条件和原因之间没有因果关系。原因说在如何区分条件和原因上又有不同的观点，其中较有代表性的主要是相当因果关系说、近因因果关系说和必然因果关系说。

（张平华）

yinguo guanxi zhongduan shuo
因果关系中断说(intemption of causation) 英美法因果关系理论中的一种学说。所谓因果关系中断，是指原因事实正在进行过程中，由于其他原因的介入而发生损害结果致使前因和后果不相连贯的状态。介入的事实可分为行为人能够预见的事实和行为人不能预见的事实两种，并由此决定行为人是否对结果负责。行为人对于因果关系因其他因素介入而中断的结果能够预见的，行为人对此种结果应负责；行为人对于因果关系因其他原因介入而中断后的结果不能预见的，行为人不负责任。如甲把乙打伤，在送往医院途中乙遇车祸身亡，甲对乙死亡的结果不能预见，因而甲对此种

结果不负责任。　　　　　　　　　　（张平华）

yinqin

姻亲(affinity)　以婚姻关系为中介而联络的亲属,但不包括配偶本身。姻亲可分为以下三种：(1) 血亲的配偶,即自己的直系血亲和旁系血亲的配偶,直系血亲的配偶(即直系姻亲)有儿媳、女婿、孙媳、孙女婿以及继父母等;旁系血亲的配偶(即旁系姻亲)有兄嫂、弟媳、姊妹夫、叔伯母、姑父、舅母、姨夫、侄媳、侄女婿、外甥媳、外甥女婿等。(2) 配偶的血亲,即自己配偶的直系血亲和旁系血亲。从丈夫方面来说,妻子的直系血亲(即丈夫的直系姻亲)有岳父、岳母;妻子的旁系血亲(即丈夫的旁系姻亲)有内兄、内弟、妻姊、妻妹等。从妻子方面来说,丈夫的直系血亲(即妻子的直系姻亲)有公、婆;丈夫的旁系血亲(即妻子的旁系姻亲)有夫兄、夫弟、夫姊、夫妹等。此外,继子女通常也属于直系姻亲。(3) 配偶的血亲的配偶。一种是丈夫的兄弟之妻,即妯娌;另一种是妻子的姊妹之夫,即连襟。古代两婿之间称娅,俗称襟兄弟。这第三种姻亲关系比较疏远,当代许多国家在法律上并不将其列为亲属。
　　　　　　　　　　　　　　　　（张贤钰）

yinqin jichengren

姻亲继承人(heir by marriage)　因婚姻关系而与死者形成亲属关系的继承人,由于配偶不是姻亲,故配偶不是姻亲继承人。姻亲可分为血亲的配偶、配偶的血亲和配偶的血亲的配偶三类,但我国继承法只是有条件的承认了血亲的配偶中的儿媳和女婿为姻亲继承人。《中华人民共和国继承法》第12条规定："丧偶儿媳对公、婆,丧偶女婿对岳父、岳母,尽了主要赡养义务的,作为第一顺序继承人",儿媳和女婿作为姻亲继承人有以下特点：第一,必须丧失配偶,如果其配偶在继承开始时仍然活着,则其不能成为法定继承人；第二,必须对公、婆或岳父、岳母尽了主要的赡养义务,如给被继承人的生活提供了主要经济来源或在劳务等方面给予了主要扶助；第三,符合上述条件的儿媳或女婿当然地成为第一顺序的继承人,而且在分配遗产时,还可以适当地多分。法律对姻亲继承人作这样的规定,既贯彻了权利和义务相一致的原则,也有利于老年人的晚年生活,有利于家庭和睦和社会安定,发扬中华民族的传统美德。
　　　　　　　　　　　　　　　　（常鹏翱）

yinhang baozheng

银行保证(surety provided by bank)　俄罗斯民法上指以银行、其他信贷机关或者保险机构为保证人的保证方式。具有如下特征：主体特定性(特定的金融机构)、要式性(银行保证必须采用书面形式)、有偿性(主债人因保证人出具银行保证而向其给付报酬)、独立性(银行保证人对债务人的责任在其相互之间的关系上独立于银行保证所担保的主债务)、不可撤销性(除另有规定外银行担保不可由保证人撤销)和银行保证权利的不可转让性(除另有规定外银行保证中属于主债权人对保证人的请求权不能转让给第三人)。我国实务中存在的独立保证与俄罗斯民法上的银行保证基本相同。
　　　　　　　　　　　　（刘经靖　张平华）

yinhang benpiao

银行本票(bank bills)　商业本票的对称,由银行签发的本票。这种本票是1995年5月10日我国第八届全国人大常委会第十三次会议通过的《中华人民共和国票据法》意义上的本票。上海市人民政府1988年6月8日发布、1989年7月24日修正的《上海票据暂行规定》则同时承认银行本票和商业本票,但对二者作了一些区别性规范,如银行本票可以采取无记名本票形式,商业本票则必须记载收款人名称；商业本票在背书转让时不得进行空白背书。
　　　　　　　　　　　　　　　　（王小能）

yinhang chengdui huipiao

银行承兑汇票(banker's acceptance bills)　商业汇票的一种。商业承兑汇票的对称。银行承兑汇票是指由收款人或承兑申请人签发,并由承兑申请人向开户银行申请,经银行审查同意承兑的票据。与典型意义上的汇票不同,这种汇票必须进行承兑并且只能由银行承兑。
　　　　　　　　　　　　　　　　（王小能）

yinhang huipiao

银行汇票(bank bill; bank draft)　这是我国大陆特有的一种汇票。商业汇票对称,是指由银行签发的汇票。依1997年9月19日中国人民银行制定的《支付结算办法》的规定,银行汇票是指汇票人将交存当地银行,由银行签发给汇票人持往异地办理转账结算或支取现金的票据。这种票据的发票人只能是银行,收款人多是汇款人,但也可能是与汇款人有业务往来的其他人,付款人则为异地的兑付行。可见,汇款人不是票据的当事人,而发票人与付款人则以银行为限,因此,它不是典型意义上的票据法上的汇票。银行汇票的主要功能在于汇票人持往异地进行结算。它是我国经济改革过程中的产物。1995年5月10日我国第八届全国人大常委会第十三次会议通过的《中华人民共和国票据法》第19条第2款又规定了这种汇票。票据法将汇票限于银行汇票和商业汇票,从而排除了自然人对汇票的使用,大大缩小了汇票的使用范围,限制了汇票作用的发挥,学者对此多持批评态度。此处的银行汇票是否仍沿用《支付结算办法》中银行汇票的定义,以及如果有新的含义那又是什么,学者看法不一。

(温慧卿 王小能)

yinhang jiesuan banfa
《银行结算办法》(Measures of Settlement of Bank Account) 1988年12月19日由中国人民银行制定并发布,于1989年4月1日起实行。此《办法》制定的目的在于加速资金流转,促进商品流通,缩短结算时间,简化结算手续,充分发挥银行在商业交往中的媒介作用。从法律地位上讲,此《办法》是中国人民银行颁布的一个全国性的部门规章,也是新中国制定全国性票据法规的开始。从内容上讲,《办法》分4章,共30条,确定了个人同样可以使用支票的原则,规定了汇票、本票、支票为结算本位的结算制度,重点推行银行汇票、商业汇票、银行本票和支票。同时,规定了面向农户、方便农户的定额支票制度,明确了汇兑、委托收款、代理收货委托收款、代办发货三方交易,直接结算等结算方式。另外,《办法》还明确规定了约束银行内部运行的结算管理体制,规定既约束银行内部操作又规范客户行为的结算依据和结算原则,明确结算纪律和责任。《办法》的制定是新中国制定票据法规的一次尝试,为后来制定《票据法》奠定了基础。但《办法》的局限性也很明显:第一,它的适用领域狭窄,限定在结算操作过程中。第二,《办法》的法律地位不高,只是中国人民银行的一个部门规章。第三,内容上虽然模仿国际上正规票据法律制度的模式,但仍不能超越其产生时的经济发展局限性。

(王小能)

yinhang shigu
引航事故(pilotage accident) 在船舶引航中发生的海上事故。世界各国的海商法一般都规定,进出港口或引航水域的船舶负有责任雇请有关海港主管当局的引航员引导船舶进出海港或引航水域。违法不雇请引航员是犯法行为,由此所造成的损害,船舶所有人及其船长必须负担赔偿责任。在古代罗马法中就残存这一制度的痕迹。引航员在引导船舶航行时,负有谨慎责任,他必须对所在水域的地理特点和航行规章了如指掌,并具有熟练的船舶驾驶技术。船长必须听从引航员的指导,尤其是关于引航海域的航行事务。引航员的责任不是绝对的,他并不承担保证船舶航行于引航水域绝对安全的责任。船长依然对船舶负有统一领导的责任,不论是强制引航,或者自愿引航,船长仍对船舶航行的安全负有全责,对引航员的不当操纵或无能,船长可以纠正并操纵船舶的航行。所以,在引航水域,引航员和船长应当紧密合作。引航员引导船舶航行对他人造成损害的,或者是由于船长的过失造成损害的,如船舶碰撞事故,船舶所有人或船舶营运人必须基于替代责任原则对第三人负赔偿责任,不论引航事故的发生是在强制性的引航水域或者是自愿性的引航水域。船舶所有人、船舶营运人或者船长不能以船舶是在强制性引航水域因当地的引航员的过失所造成事故推卸赔偿责任。1910年《统一船舶碰撞某些法律规定的国际公约》(International Convention for the Unification of Certain Rules of Law with Respect to Collision between Vessels, Brussels, September 23, 1910)(于1913年3月1日生效)明确规定船舶所有人必须为船舶所造成的船舶碰撞负责任,不论该船舶是否在强制性的引航水域因引航员的过失所造成。此原则已经为大多数国家所采纳。一些国家的海商法规定,如英国和新加坡,引航事故属于海事法院的管辖权范围,受害人可以以对物诉讼向当事船舶索偿,即扣押船舶,以保全其请求权;或者以对人诉讼起诉船舶所有人,请求赔偿损害。对引航员的过失所造成的海事事故,各国的法律对引航员的赔偿责任有不同的规定。有的国家规定引航员只负技术责任,而不负经济责任;有的国家则规定引航员须负损害赔偿责任。一些国家的法律,如美国,规定了引航员的担保,受害人可根据担保的规定,向引航员的担保人索偿。规定引航员必须承担损害赔偿责任的国家,也立法规定其责任限额制。引航员的过失造成的事故,构成刑事责任的,可吊销其引航员执照或施予其他惩罚。港务局或当地政府的引航员组织对其引航员个人的过失所造成的损害是否须承担替代责任,是根据船舶所在地法律的规定。英国和英联邦国家的法律一般规定港务局和引航员组织负有替代责任,为其引航员的过失负责任,但也规定了责任限额制。引航员因他人的过失而遭受人身伤害的,有权向致害人请求赔偿损害。如果是因被引导船舶的船员或配备不足而受损害的,可以向船舶所有人请求赔偿损害。

(沈茂树)

yinhang shuiyu
引航水域(pilotage district or pilotage grounds) 依照法律的规定船舶航行水域应当具有专业引航员(licensed pilot)引导船舶航行的地方,一般是海港港域。世界许多国家都有法律强制规定某些特定水域必须由当地的引航员或者持有引航(豁免)证书的船长或大副引航入港或出港。此规定原是以为国家治安为基础,认为当地的引航员熟习水域的地理情况,比船舶的船长引船进出港口会更有助于保护船舶和船上人员的安全。引航业为船舶所在地国家增加收入及为当地人民增加就业机会。世界各国一般都设立有关当局决定引航水域及其界限,及规定某些水域应有强制性引航水域或自愿性引航水域。一些国家的海商法也规定可豁免引航责任的一些船舶,如国家或国营机构所拥有的船舶,如拖泥船、驳船等。一些国家的法律规定,如英国,在强制性引航水域,船舶的船长不聘用引航员引航是犯罪行为。中华人民共和国对进出其海港的外国籍船舶实行强制引航。《对外国籍船舶管理规则》第 4 条规定:船舶进出港口或在港内航行、移泊,必须由港务监督机构派引航员引航。有关引航的具体事项,应按照中华人民共和国交通部颁发的《海港引航工作规定》办理。《中华人民共和国海上交通安全法》第 13 条也有类似规定:"外国籍船舶进出中华人民共和国港口或者在港内航行、移泊以及靠离港外系泊点、装卸站等,必须由主管机关指派引航员引航。"作为引航员必须熟习所在水域的地理特点,航道、水深、水流、航标设置和航行规则,并具有熟练的船舶驾驶操纵技术。中华人民共和国的法律规定,引航员应由考试合格并持有《中华人民共和国引航证书》的中国公民充任。引航员在引航水域执行引航任务时,并不解除被引船船长驾驶和管理船舶的责任。引航员应受船长监督,双方应紧密合作,船长仍对船舶航行安全负有全责,并可在必要时纠正引航员的不当操纵。但引航员对于船长提出的违反法规的请求可以拒绝执行,并将情况通报港务监督。拒交引航费的,海关接到通知,可不予结关。

(沈茂树)

yinhangyuan jiuzhu baochou qingqiuquan
引航员救助报酬请求权(claim for salvage pay of pilot) 引航员在救助成功后向被救助船舶、财产的所有人主张报酬的权利。各国法律一般规定,进出该国港口或者在港内航行、移泊以及靠离港外系泊点、装卸站等,必须由主管机关指派引航员引航,因而在这些情况下,引航员的工作是履行其自身的职责,不应当要求报酬。但当引航员的行为已经超出了其应当履行的职责并取得救助效果时,引航员也有权向被救助人请求救助报酬。

(王 青)

yinhang zhengshu
引航证书(pilotage certificate or pilotage exemption certificate) 在引航水域的引航员主管当局签发给船舶豁免聘雇专业引航员引导船舶进出有关港口水域的证书。船舶的船长凭此证书,可以自行引导船舶自由地进出引航水域。世界各国的引航员法规都设立有此制度。有关当局签发引航证书予船舶的船长的一般要件是,该船长对船舶的操作能力水准高、经验充足及熟悉引航水域的地理情况。一般引航证书都有期限,如一年,而且可以更新。当持有引航证书的船长转换到其他船舶操作时,如果该新的船舶与他以前持有引航证书时的船舶的吨量一样,或属于同一船舶所有人所有,该船长可以申请修改引航证书,以适用于新的船舶。一般国家的《引航员法》也赋予有关当局绝对的自由裁决权,可以不发引航证书或者取消引航证书,如在船舶的船长触犯海商法的刑事过失罪时等。一些国家的法律也规定持有引航证书的船长的雇主,即船舶所有人须缴付有关费用以协助维持引航水域或有关港务局的费用,并且规定调整引航员的纪律行为的法规,包括取消或吊销引航员的专业执照,这些法则也适用于引航证书的持有人。

(沈茂树)

yinbi xiaci
隐蔽瑕疵(concealed defect) 又称"内在瑕疵"。"表面瑕疵"的对称。需经使用或专门的科学技术鉴定才能发现的瑕疵。由于隐蔽瑕疵往往不易被发现,因而法律上一般规定权利人主张该瑕疵的期限较长。

(王卫劲)

yincang xingwei
隐藏行为(德 dissimuliertes oder verdecktes Geschäft) 表意人为虚假的意思表示,但其真意为发生另外法律效果的意思表示。例如,甲欲以 1 万元财产赠与乙,但恐其家人反对,就伪书 1 万元的买卖合同,其 1 万元的买卖是虚假的,但其隐藏的赠与是真实的。关于隐藏行为的效力,通说认为,隐藏行为中的虚假意思表示无效,隐藏的真实意思表示是否有效,应依该真实意思的相关法律确定。

(李仁玉 陈 敦)

yincun baozheng
隐存保证(hidden aval) 以发票、背书、承兑以及参加承兑等方法来实现保证目的的保证。隐存保证在外观上表现为发票、背书、承兑或参加承兑等票据行为,因此,就外观而言,它不是保证;但在实质上,它达到了保证的目的。票据保证维护汇票信用的同时,票据保证的记载也暴露了汇票信用的不足,票据保证有时会产生一些意想不到的效果。隐存保证通过发票、背书、承兑等行为既增强了汇票的信用,又不至于因此而带来其他不利的后果,促进了票据交易安全。需要说明的是,票据为典型的文义证券,因此,隐存的保证并不能在当事人之间产生保证的法律关系。隐存保证以其表现的形式在当事人之间产生相应的法律关系,票据当事人仅在相应的法律关系内承担权利和义务。

(王小能)

yinhan xintuo
隐含信托(implied trust) 参见默示信托条。

yinmi zhanyou

隐秘占有(heimlicher besitz/possession clandestine；德 covert possession)　公然占有的对称,是根据占有方式的不同而对无权占有进行的再分类。隐秘占有是指为了避免他人发现而将物隐藏起来进行的占有。

(申卫星)

yinming hehuo

隐名合伙(dormant partnership)　一般合伙的对称,是合伙当事人相互约定一方对于他方所经营的事业出资而分享利益并分担损失的经济组织。经营者叫作出名营业人,只出资而不经营者称为隐名合伙人。隐名合伙的业务由出名营业人单独享有,隐名合伙人不参与合伙经营。在隐名合伙,隐名合伙人对第三人仅以出资额为限承担责任,第三人不得请求隐名合伙人清偿合伙债务。惟出名营业人对合伙债务负无限责任。这与普通合伙中各合伙人共同经营、相互代理原则显然有别,普通合伙各合伙人均应对合伙债务承担无限连带责任。隐名合伙当时源于公元10世纪左右意大利商业港口一种被称为 Commenda 的有限合伙,由于当时的教会法禁止借贷生息,投资者为规避这一法律,将投资风险限于特定财产,便采取 Commenda 的方式与航海人合作:投资者将金钱、船舶委托给航海人经营,投资者负有限责任;航海人负责营运,负无限责任;营运的盈利由双方按约定分配。现在隐名合伙在各国立法上大多予以确认。

隐名合伙与一般合伙相比,有以下特点:(1)在出资方面,一般合伙中合伙人各自出资,财产属于合伙人共有。在隐名合伙中,隐名合伙人对他方出资,财产属于出名营业人所有。(2)在主体资格方面,一般合伙的合伙人对第三人都是权利主体。在隐名合伙中,只有出名营业人才是权利主体,隐名合伙人各合伙人死亡,不影响合伙营业的继续进行。(3)在权利义务方面,一般合伙人中各合伙人的权利义务相同,原则上都有执行合伙事务的权利和义务。在隐名合伙中,隐名合伙的事务为出名合伙人的事务,隐名合伙人一般不得执行合伙的事务,没有表决权,不能作为合伙的当然代理人。如因故执行合伙的事务,对于第三人所生的权利义务,也只对出名营业人发生效力。(4)在承担责任方面,一般合伙的各合伙人对合伙债务负无限连带责任。在隐名合伙中,隐名合伙人因不参加执行业务,仅限于出资范围内,以自己的出资对合伙债务承担有限责任。

隐名合伙关系中隐名合伙人有以下义务:(1)出资义务。隐名合伙人应按照协议的约定出资,以为出名营业人开展经营之用。出名营业人不负担出资义务。所以出名营业合伙人与隐名合伙人之间无财产共有关系。隐名合伙人出资,其财产权应转移于出名营业的合伙人。倘若出名营业合伙人处分财产,仍须征得其他合伙人同意时,则是一般合伙,而不属于隐名合伙。(2)分担损失义务。原则上仅以其出资额为限。如因损失而致使资本减少时,隐名合伙人原则上也无补充的义务。出名营业合伙人有以下义务:(1)执行业务的义务。出名营业人对隐名合伙人的出资应按协议所规定的目的进行利用。(2)分配利益的义务。出名营业人负有将营业所生利益分配于隐名合伙人的义务。隐名合伙虽在经济上为隐名合伙人与出名营业合伙人的共同事业,但在法律上则为由出名营业合伙人经营的事业,隐名合伙人仅就内部关系分享利益及分担损失。对于第三人(外部),原则上不发生权利义务关系。隐名合伙关系可因下列原因而终止:(1)隐名合伙存续期间届满;(2)全体合伙人同意;(3)合伙事业目的已完成或不能完成;(4)出名合伙人死亡或受禁治产宣告;(5)出名营业合伙人或隐名合伙人受破产宣告;(6)营业的废止或转让。隐名合伙关系消灭后,合伙人之间因契约所生的权利义务归于消灭,对已生的权利义务应予结算,出名营业合伙人对隐名合伙人应返还其出资并分配其应得的利益和应负的损失。《中华人民共和国合伙企业法》对隐名合伙虽未作规定,但1988年最高人民法院《关于贯彻执行〈中华人民共和国民法通则〉若干问题的意见(试行)》第46条规定:"公民按照协议提供资金或者实物,并约定参与合伙盈余分配,但不参与合伙经营、劳动的,……视为合伙人。"这一规定实际上确立了隐名合伙的法律地位。隐名合伙人为那些不便于或不善于从事经营的人进行投资活动开拓了一条途径。

(关涛　梁鹏　张玉敏)

yinming hehuoren

隐名合伙人(dormant partner)　大陆法上的概念。出名营业人的对称。在隐名合伙中,向出名营业人进行投资但不参与合伙业务的决策和咨询,而分享合伙经营的收益,并以其出资为限承担合伙经营损失的合伙人。

(李仁玉　陈敦)

yinsi quan

隐私权(right to privacy)　自然人控制个人生活私域,不受他人干扰的权利,属于人格权的一种。其内容包括:(1)个人信息保密权。自然人对个人的所有信息资料,如身体状况、生理缺陷、生活经历、家庭和社会关系、信仰、日记等,有控制权,他人未经本人同意,不得披露。(2)个人生活安宁权。按照自己的意志从事或不从事与社会公益无害的活动,以及按照自己的意志生活,不受他人干扰的权利。(3)个人通讯秘密权。

对个人信件、电报、电话、传真、谈话内容加以保密，禁止他人窃听、窃取、披露的权利。(4) 个人隐私利用权。利用自己的隐私从事满足自身需要的活动，如利用自己的生活经历撰写回忆录。以自己的身体供拍照和绘画等。隐私权具有以下法律特征：(1) 权利主体只能是自然人。隐私权是保有人的内心世界的安宁和个人私生活不被他人打扰的权利，其产生依据是基于人的精神活动而产生的各种精神利益需求，因此，只有自然人才可享有。法人无精神活动，因而无隐私权。法人的商业秘密属于其无形资产，应由知识产权法保护。(2) 客体是隐私，包括个人信息、私人活动和个人私域。个人信息又称个人情报资料、个人资讯，包括所有的个人情况、资料、生活经历、社会关系等；私人活动是一切个人的与社会公益无害的活动；个人私域又称私人空间，指个人的秘密范围，如个人居所、日记、通信、个人身体的阴私部位等。(3) 保护范围受社会公共利益限制。隐私权保护的是与社会公共利益无关、无害的个人生活和个人情报资料等，当隐私权与社会公共利益发生冲突时隐私权的保护要受社会公共利益的限制，如涉嫌贪污、受贿、偷漏税收时，个人的财产状况就要接受调查；征兵时，应征者的身体资讯、阴私部位就要接受检查等等。

隐私权的概念最早出现在1890年。是年，哈佛大学法学院教授布兰蒂斯(Louis D. Brandeis)和沃伦(Samuel D. Warren)在《哈佛法学评论》上发表了《论隐私权》(The Right to Privacy)一文，首次提出了隐私权的概念和理论，该理论在法学界引起强烈反响。1903年，纽约州以立法的方式承认了部分隐私权的内容，1905年，佐治亚州最高法院承认隐私权为普通法上的权利，1939年，美国法学会将隐私权的保护纳入《侵权行为法整编》(又译为《侵权行为法重述》)之后，隐私权理论对美国立法和司法的影响力逐渐加强，至20世纪60年代，随着现代化的通讯和信息传播技术的发展以及民权运动的兴起，多数州的宪法和私法都确立了隐私权的地位。进入70年代，联邦及各州相继出现了保护隐私权的立法。在欧洲，德国在二战以后，从宪法上确立了一般人格权的概念，隐私权逐渐得到保护。法国于1978年通过了一项有关资料处理的法律，规定资料的处理不得损害个人身份、私人生活以及个人和公众的自由。隐私权不仅在美国和欧洲各国普遍得到法律保护，而且被一些重要的国际公约所确认。1948年的《世界人权宣言》和1966年联合国大会通过的《公民权利和政治权利公约》规定，个人生活、家庭、住宅和通信不得任意或非法干涉。1973年，联合国秘书长在《尊重个人隐私》的报告中，强调对隐私权保护的重要性。经过一百多年的努力，隐私权的理论研究和立法实践已经取得了长足的进步。从各国保护隐私权的实践来看，隐私权既是一种宪法上的权利，又是一种私法(民法)上的权利。作为宪法上的隐私权，是一项基本人权，其内容包括公民对自己的婚姻、生育、家庭关系、子女养育、居所等私人活动的决定权。宪法上的隐私权主要用于对抗政府对私人生活的非法干预。私法上的隐私权主要是为了对抗其他人对私人生活和私人信息、私人领域的侵害，保护个人生活的安宁。

隐私权受法律保护。故意或过失侵犯他人隐私的行为包括：(1) 干涉、监视私人活动，破坏他人生活安宁；(2) 非法调查、窃取个人情报资料；(3) 未经许可公布他人隐私；(4) 未经许可利用他人隐私。侵害他人隐私给权利人造成损害的，应按侵权行为法的规定，承担民事责任。

我国法律尚未对隐私权作出明确规定。最高人民法院《关于审理名誉权案件若干问题的解答》将隐私纳入名誉权进行保护。2001年3月8日最高人民法院《关于确定民事侵权精神损害赔偿责任若干问题的解释》将隐私作为独立的人格利益给予保护，规定违反社会公共利益、社会公德侵害他人隐私或者其他人格利益，受害人可以请求精神损害赔偿。　　(张玉敏)

yindu de minshang lifa
印度的民商立法(Indian civil and commercial legislation)　英美法系没有民法概念。"印度的民商立法"是一些学者按大陆法系民法思维对待印度商法的具体表现。印度法律受英国法影响较大，无专门的商法典。商法的主要渊源是立法，包括附属立法和司法判例。在英国占领之前，商业纠纷由各种教义和教规调整。英国占领时期，英国法大量引进，并且产生了属地和属人双重体制的法律：伊斯兰教徒适用古兰经(Koran)教义，印度教徒适用圣典(Shastra)规范，而加尔各答、马德拉斯和孟买适用英国法，其他地区适用他们各自的习惯法。如果没有习惯法，英国法在"正义、平等和良心"的基础上予以适用。至于其他一切问题仍继续使用英国法。1883年依据《宪章法》建立的印度立法委员会和法律委员会制定了许多商法法规，这些法规大都遵循英国法的规定，构成了印度商法的主体。1947年印度独立后保持了法律内容不受损害，并且独立前制定的大量立法至今有效。

印度的商法主要包括：(1) 规定所有制与财产所有权的1950年的《宪法》和1882年《财产转让法》及《地役法》。印度有两种所有制，即国家所有制和私人所有制。国家取得、持有和处理财产的权力源自《宪法》，私人所有制分个人所有、共有和合作社所有。法律对动产与不动产作了区分。不动产是指土地和与土地有关的物，而动产是指其他种类的财产。在生存者之间的不动产转让由《财产转让法》规定；动产买卖由

《商品买卖法》规定。《地役法》对土地所有权的享有规定了某些限制。(2) 合同法。关于合同的基本法则由1872年的《合同法》规定,它包括总则及处理有关赔偿、担保、委托和代理等特殊合同的法律,该法律原先还涉及商品买卖和合伙等特殊合同,但后来分别由1930年的《商品买卖法》、1932年的《合伙法》规定。《合同法》参照英国法,但并不涉及任何贸易惯例和习惯。合同以协商为先决条件,即要约和承诺。任何协议都是一种合同,只要该合同出自有资格订立合同的当事人的自由意志、合法的约因和合法的目的,而且没有被明确宣布无效。(3) 侵权行为适用英国的侵权行为法。侵权行为诉讼在印度是少见的。侵权行为主要适用英国的侵权行为法,只在少数几个方面由法规作了修改。国家对于政府官员在行使非统治职能而不是行使统治职能的侵权行为负责。

印度商法还包括:(1) 公司法。1956年制定的《公司法》是关于公司的基本法。它规定公司可以是公开的或不公开的,其责任可只限于股份或担保,也可以为无限责任。另外,银行受1949年制定的《银行公司法》、保险公司受1938年《保险法》调整。(2) 票据法。1881年制定的《流通票据法》是关于流通票据的基本法。流通票据包括汇票、本票和支票。关于流通票据的法律与英国法相似,但有某些区别。(3) 破产法。印度的破产法包括1909年制定的《驻节城镇破产法》和1920年《省破产法》。前者适用于加尔各答、孟买和马德拉斯城镇,后者则适用于印度的其他地区。(4) 关于销售合同和运输合同的有关立法。关于销售合同的基本法是1930年制定的《商品买卖法》,它同英国有关销售的法律相似。关于运输合同的法律规定包含在1865年制定的《运输法》、1890年制定的《铁路法》、1856年制定的《提单法》、1925年制定的《海上货物运输法》、1934年制定的《空运法》等法之中。　(金福海)

yinshua hetong
印刷合同(contract for press)　承揽合同的一种。承揽人与定作人之间关于承揽人按照定作人的要求,将定作人交付的文稿打印、印刷成定作人所需要的形式,定作人接受印制的成果并支付报酬的协议。
(郭明瑞)

yingjifen
应继份(successional portion; portion of the estate)　同一顺序数名继承人共同继承时,各共同继承人在分配遗产中应取得的比率或份额。应继份按确定的根据不同,分为法定应继份与指定应继份。前者是由法律直接规定的应继份,后者是由遗嘱指定的应继份。在实行遗嘱继承时,遗嘱人留有指定应继份,只要不违反各国关于"特留份"、"保留份"等限制性规定,即应按指定应继份分配遗产。在实行法定继承时,各国对法定应继份的规定,主要有两个原则:(1) 均等份额原则。(2) 不均等份额原则。关于血亲继承人的法定应继份,在按亲等确定继承顺序的国家,一般规定同一顺序继承人同亲等者应继份相同。如我国、前苏联等国采此立法;在按亲系或亲等与亲系相结合确定继承顺序的国家,则规定同一顺序继承人按亲系分配遗产(各亲系的应继份均等或不均等),同亲系同亲等的继承人再均分该亲系的应继份。关于非婚生子女的法定应继份,大多数国家规定与婚生子女同,仅法国、日本等国规定为婚生子女应继份的半数。关于代位继承人的法定应继份,各国均规定代位继承人无论人数多少,其应继份仅为被代位人的应继份,数名同亲等代位继承人再按人数均分该应继份。关于配偶的法定应继份,主要有三种规定:(1) 配偶有固定的继承顺序,其应继份与同顺序的共同继承人相同。如我国及前苏联等国立法。(2) 配偶无固定的继承顺序,其应继份因参加血亲继承的顺序而异。如德国、瑞士、日本等国立法。(3) 配偶有遗产先取权。继承开始后,配偶有权先取得一定份额的遗产,然后再与血亲继承人共同继承,取得法定份额的遗产。如英国、美国、加拿大等国立法。我国有关法定应继份的规定,采相对均等份额原则,即在同一顺序继承人原则上均分遗产(应继份均等)的前提下,根据继承人的具体情况可让其适当多分、少分或不分遗产。
(陈　苇)

yingliufen
应留份(reserved portion)　参见特留份条。

yingmai
应买(bid)　在拍卖过程中,当拍卖人作出拍卖的表示之后,应买人竞相出价的意思表示。应买的特点是,一个比另一个报价更高,出价最高者通常成为拍卖物的买受人,应买也就宣告结束。　(王卫劲)

yingmairen
应买人(bidder)　拍卖中参加竞争购买拍卖标的的人。应买人一旦出最高价被拍卖人拍定,即成为拍买人。
(郭明瑞)

yingguo S.G baoxiandan
英国 S.G. 保险单(The Lloyd's S.G. form of policy)　即劳埃德 S.G 标准保险单。劳合社船舶货物保险单。全称为"劳合社 S.G.保险单格式"。于1779年开始在伦敦保险市场上采用,1795年在英国取代所有其他海上保险单,成为船舶货物运输保险的标准海上保险单。英国议会于 1906 年通过了海上保险法,把劳合社船货保险单正式列为该法的第 1 附件,此后便成为英国法定的海上标准保险单。英国 S.G. 保险单基本条款包括:说明条款;不论"灭失与否"条款;"在"和"从"条款;保险标的条款;船舶和船长名称条款;保险责任的开始、继续和终止条款;保留条款;保险金额或估值条款;危险条款;施救和整理条款;放弃条款;约束条款;保险条款;证明条款和附注条款等 15 条。由于英国自 17 世纪以来一直居于海上保险业的中心地位,该保险单也就成为国际海上保险单的范本,被世界各国奉为经典。20 世纪 80 年代以来,各国为发展民族保险业,要求建立一套国际通用的海上保险单和条款。联合国贸易会议 1978 年"关于海上保险法律和保险单证问题"报告的发表,促进了对海上保险单和条款的改革。1981 年英国伦敦保险人协会和劳合社承保人联合会组成联合工作组,修订并试行新的海上保险单和条款。1983 年 4 月 1 日,该保险单正式废除,由劳埃德海上保险单(Lloyd's Marine Policy)取代。（温世扬）

yingguo gongsifa

英国公司法(british company law)　英国是最早进行公司立法的国家之一。英国公司法在世界公司立法史上占有特别重要的地位。英国最早的公司立法极为简单,仅原则规定除国家特许外,不得设立公司,因此,该法被称为"泡沫法典"。1844 年英国国会通过一项法律,开始允许私人组织公司,但只有无限责任的公司形式。1856 年,英国颁布了第一部现代公司法,即《股份公司法》,正式确认了有限责任公司的形式。现行英国公司法的基础是 1929 年《公司解散规则》和 1848 年《公司法》。此外,还有判例法。英国公司法的主要调整对象是有限责任形式的公司,包括开放式公司(相当于大陆法系国家的股份有限公司)和封闭式公司(相当于大陆法系国家的有限责任公司)。而无限责任形式的公司和相当于大陆法系国家的无限、有限两合形式的公司,则由 1890 年的《合伙法》和 1907 年的《有限合伙法》来调整。英国公司法在立法形式上独具特色,不拘一格,其调整范围十分广泛,规定全面细致。它除了规定开放式公司和封闭式公司的一般性组织与活动问题之外,还对公司的证券、公司的清算和重整以及公司的破产等作了规定。这是英国公司法与其他许多国家公司法的不同之处。

英国公司法的主要特点表现在以下几个方面:1. 宽松的公司组织与活动规则。具体表现在:(1) 英国公司法在公司设立形式上规定得极为灵活,它对封闭式公司的设立程序规定的较为简单,而对开放式公司的设立程序规定得较为复杂和细致。开放式公司的设立除了必须像封闭式公司那样在设立时制订并提交公司章程大纲和细则,还要求提交其他有关文件,召开股东创立大会等法定会议,取得商业活动证书等。由于这种规定不利于开放式公司迅速开展其业务经营活动,因此,英国公司法又规定允许一个意图公开募集股份的公司可以先组成封闭式公司,然后修改其章程中有关封闭式公司的条款,并在限定时间内提交一封发起书或声明,使其转为开放式公司。实践中,英国设立开放式公司也大多采用这种方式。(2) 关于公司的资本。英国公司法对公司资本规定采用典型的"授权资本制",既不要求公司在成立时资本必须全部被认购,也不要求未被认购的必须在一定期间内发行完毕。同时,不要求必须在公司设立之前支付所认购股份的特定比例。另外,英国公司法无论对开放式公司还是对封闭式公司,都没有关于最低资本额的限制性规定。在为增加资本而发行新股份的问题上,英国公司法允许由董事会对该事项作出决定,而不必经过股东大会的决议。(3) 关于公司的股份。英国公司法一般允许无表决权股份的存在。但对这类股份的规定极为笼统,既没有严格规定无表决权股份在发行数额上的限制,也没有关于无表决权股份各种权利的严格规定。此外,英国公司法对于公司某些股东间的股票交易和股票认购要约以及公司股东对新发行股票的优先认购权均未加以规定。(4) 关于公司的管理机关。英国公司法采用完全单一的管理体制,即董事会为公司的决策与管理机关,而没有关于监事会或监察人的规定。虽然英国公司法规定了董事会中的普通董事享有监督业务董事(主要是执行董事)的权力,但由于这种规定没有使管理和监督机构及其职能严格分立,因此其监督的意义不十分明显。另外,英国公司法中的审计员也仅有会计监察的权限,而没有业务监察的权限。(5) 英国公司法也没有强制性地规定劳动者参加管理和监督的"参与制"等制度。2. 实行公司营业和财务完全公开的原则。此项原则最初是在 1844 年由国会制定的有关法律确定的。该原则的确定,奠定了现代英国公司法中普遍采用公司营业和财务完全公开化的基础。此后,1948 年的《公司法》对此作出了更加详细完整的规定,使之进一步严密化和具体化。完全公开的原则主要表现在:(1) 英国公司法从一开始就彻底地无条件地采用公开原则。其目的在于向有可能成为投资人的社会公众提供有关公司股票、债券等证券的投资价值的资料,从而防止公司发起人、内部知情人以及证券经纪人的诈欺行为,即防止诈欺或架空的公司产生,而且还可以防止投资人在公司因经营不善或财务不健全导致营业状况恶化时,因情况不明而投资有误,即防止投资人冒不合理的投资风险。(2) 英国公司法无论是对开放式公司,还是对封闭式公司,均一律严格规定必须实行公开原则。这与世界上大多数国家的公司法规定不同。通常各国公司立法对于有限公司,由于其不得向社会募集股份和发行债券,故不要求其公开营业和财务状况。而英国公司法则不给予封闭公司任何豁免,仍然严格要求其将营业和财务状况予以公开。3.实行严格的国家监督。其特点主要反映在:(1)英国贸易部可以通过任命调查员及其调查活动对公司事务实行国家的直接监督。(2)国家机关在有关公司的各种法律制度上进行的监督。例如,在公司的合并过程中,英国公司法要求该过程必须得到法庭的认可等。英国公司法的宽松规定是与其公开原则和实行国家监督的严格规定互相补充、互为制约、相辅相成的。前一个特点反映了英国公司法注重实际的传统;后两个特点则是针对前一个特点而特别加以规定的。这三方面特点的结合显示了英国公司法的独特性。

(王亦平)

yingguo hehuofa
《英国合伙法》(The Partnership Act of the United Kingdom) 英国 1890 年《合伙法》,在英国现行合伙制度中占有重要的地位。该法规定,合伙是指"基于营利目的而共同从事某项经营的人们之间结成的关系"(第1条),按合伙法所设立的合伙,为普通合伙。合伙法对合伙的概念、合伙的设立、合伙的名称、合伙人与交易相对人的关系、合伙人的内部关系、合伙的解散作了明确规定。按合伙法的规定,合伙依明示或默示的合同而成立;合伙人的集合称为商行,商行不具有独立的法律人格,但得以自己的名义在法院起诉和应诉。在基于商行经营的活动中,每个合伙人依法被视为商行和其他合伙人的代理人,全体合伙人对商行所负的合同债务和侵权损害债务负连带责任。

合伙人之间的内部关系由合伙协议规定,但可以经全体合伙人明示合意或推定合意改变。合伙因期限届满、合伙人破产或死亡、合伙财产被扣押和违法行为而解散。

(张玉敏)

yingguo lundun baoxianren xiehui
英国伦敦保险人协会(The Institute of London Underwriters) 经营海上保险的保险人公会组织。1884年建立于伦敦。由英国各海上保险公司和部分其他国家在伦敦开设的海上保险公司共同组成,现在已经有一百多家公司取得会员资格。它的主要宗旨是拟订水险方面的条款和研讨承保技术,以增进水险的保险利益。在制订通用的海上保险条款方面,该协会从 1912 年开始拟定一些标准的"协会条款",如"平安险"(FPA)条款和"水渍险"(WA)条款,供海上保险市场采用。其拟定和颁布的协会条款已成为目前国际海上保险市场通用的条款。伦敦保险协会由协会会员选举出的"委员会"来进行统一管理。该协会下属三个委员会:(1)技术和条款委员会(Technical and Clauses Committee);(2)船舶共同委员会(Joint Hull Committee);(3)货物共同委员会(Joint Cargo Committee)。其所辖部门有:(1)退费审核部。在船舶共同委员会的管辖下负责办理审核船舶停泊期间的退费事宜。(2)保单签发部。代表协会会员签发接收业务的联合保单。(3)国外理赔代理部。代表协会会员办理或代洽国外理赔代理事宜。

(温世扬)

yingguo minshangfa guifan
英国民商法规范(English civil and commercial law) 英国没有民法概念。"英国民商法规范",是一些学者按大陆法系民法思维对待英美法的具体表现,他们认为英国民商法规范主要由两部分构成:判例法和成文法。其中判例法占有较大比重,成文法仅为判例法的补充。这与大陆法系国家以成文法为主的法律体系有重大区别。英国早期的民商法规范,主要包含在判例法中。其判例法由普通法和衡平法两部分构成。普通法是英国最古老的法律制度,由法官的判例形成。衡平法是作为普通法的补充在 15~19 世纪逐步形成的。14 世纪中期,英国设立衡平法院,以解决普通法院重形式而对当事人权利保护不够的弊病。衡平法院法官在处理案件中形成的判例,便构成衡平法。商法规范当时主要是由衡平法构成的。1837 年英国司法制度改革后,普通法院与衡平法院合二为一,普通法与衡平法也就随之统一成为英国判例法。英国早期的商法都属于衡平法,19 世纪下半叶,由于资本主义商业经济的迅速发展,使完全以判例法为渊源的民商法规范不适应时代的要求,因而制定成文的民商法律便引起了人们的重视。自 19 世纪下半叶,英国陆续制定了一系列成文法律,其中主要有:1880 年《票据法》、1890 年《合伙契约法》、1893 年《货物买卖法》、1905 年《商标法》、1909 年《保险法》、1911 年《公司法》等。其中有些法不只制定过一次,有些法不断有重大修改。在英国民商法规范中,制定法的比重越来越大,特别是在商法方面,这种趋势更为明显。英国民商法以普通法、衡平法和制定法作为其渊源,这与大陆法系国家的民商法渊源有所不同。英美法系的学者认为,"在传统的英国法上,商法的概念是明确的","商法的概念在联合王国被理解为是对传统商法的现代发展","在普通法上,公法与私法的区分并不认为是重要的",商法是以普通法和衡平法判例为基础,由成文法修订补充组成的商法体系,包括商人、商事财产、商事合同、商事救济方法(施米托夫著:《国际贸易法文选》,中国大百科全书出版社1993年版,第2页、第25页、第28页)。

(金福海 徐学鹿 梁鹏)

yingguo piaojufa

《英国票据法》(Bill of Exchange Act) 英国虽然为判例法国家,但早在1883年就制定了成文票据法,名为《汇票法》(Bill of Exchange Act)。它是由查姆斯(M. D. Chalmers)依据英国历年来的判例以及1878年他所出版的《票据法解释》一书起草,并于同年经英国议会审查通过的。此法调整对象包括了汇票、本票,而支票是作为汇票的一种加以规定的。20世纪以来,英国的《票据法》曾经数次修订、沿用至今。1957年,英国又制定了8条的《支票法》,取代了1882年票据法中第82条。但该法实际上为《票据法》的补充,并且并不具有独立的支票立法意义。英国1970年的财政法修改了票据法第20条第1项,1971年又对第51条第4项进行了修订。

《英国票据法》在立法精神上与德国法系相近,形式上都较为简单,有关票据的形式也较缓和。《英国票据法》对加拿大、美国、澳大利亚、印度以及原英属殖民地的国家都有深远的影响。《英国票据法》的特点是:第一,采成文法形式立法。第二,采包括主义原则,即将汇票、本票和支票统一立法。第三,强调票据的信用作用、流通作用和融资作用。第四,与大陆法系国家"公法"、"私法"以及"民商法"的部门分类不同,英国只将法律分为普遍法与衡平法。英国票据法虽为单行立法,却有"票据"的总概念,这与大陆法系各国票据立法形成鲜明对比。

(温慧卿)

yingguo shangchuanfa

《英国商船法》(Merchant Shipping Act) 英国的海商法主要根源于海事法院(Admiralty Court)的判例和惯例。海事法院的判例属于英国普通法的部分。制定法,即法令和附属法规的制定逐渐地取代海商判例法,海事法院的管辖权也大部分由法令限定。英国海商法中最主要的法令便是商船法。

商船法的历史发展和演变如下:(1)1660年,英国制定和施行《航海法》(Navigation Act 1660)。此法令是应当时英国的经济情况产生的,它主要的规定是,海上贸易须由英国人所有的船舶营运;英国人建造的船舶必须由英国造船商建造;它也强制规定登记英国人所有的船舶。(2)19世纪时,由于英国的贸易处于领导地位,英国船东和工业家倡导自由贸易主义,因此在1849年造成这部充满保护贸易主义的《航海法》的撤销以及英国港口的自由开放,使得任何让英国船舶抵港的国家的船舶都同样地享有利用英国海港的自由。(3)1850年,英国制定《海商法》(Mercantile Marine Act 1850),它首次设立了贸易局(Board of Trade)并制定了管理商务的全面性制度。(4)1854年时,英国已经制定了48个不同的法令,管制各种不同的海商事务。1854年,英国制定《商船法》,初次统一了所有关于海商的法令。在以后的40年,由于英国的工业革命,英国的贸易突飞猛进,英国多次修订《商船法》并制定了27个法令,其中包括1876年首次关于船舶载重线的规定和引航员和船东对引航当局的权利等。(5)1894年,英国制定了全面性的《商船法》,包容了早期法令、法例和训令等章程的规定和精神。在以后的100年,此法历经多次的修正和许多附属法规的补充,不仅增加了商船法的实体法内容,也增广了其施行范围。不少国际公约的规定成了英国《商船法》的部分,其关于海上人命安全和海员福利的法律逐渐为许多国家所认同。(6)1995年,英国废除了上述1894年的《商船法》,而制定一部统一性的法令,即《1995年商船法》,(以下简称《商船法》)它是英国现在施行的商船法的主要法律。

许多英国海商法原则,主要记载于《商船法》。海事法的管辖权则记载于《1981年最高法院法令》(Supreme Court Act 1981)和其他附则。《商船法》共分13部分,其所处理的法律问题如下:(1)船舶登记和船舶所有权;(2)船长、海员及其培训、纪律和福利;(3)海上人命安全和载重线;(4)客船;(5)通船;(6)引航;(7)船舶碰撞;(8)船舶残骸、漂流物和海难救助;(9)海港灯塔;(10)诉讼程序管辖权;(11)船舶所有人的责任限额;(12)诉讼时效;(13)海上污染;(14)气垫船;(15)其他,如海事局和公共记录、海岸警备队、船舶事故审查等。

《商船法》的主要内容包括:(1)船舶登记,船舶的所有权、船长、海员。《商船法》的规定,包括了船舶抵押、船舶所有权的转让,船舶的量度和吨位、船长、海员的资格证书、海员雇佣合同、薪金、死亡海员的遗产,其亲属的赡养、饮食和住宿、福利、纪律、海员名单,海上安全的工作环境等。(2)海上人命安全、载重线和海上货物运输。《商船法》规定了装货的讯息和指导,海上事故的报告、救生配备、警讯、救援讯号,为遇险船舶提供援助,装载危险货物的限制,装卸货物的防备措施,建造船舶的审查和有关证书、无线电条规、装载货物和载重线不适航的刑法规定等。(3)客轮。《商船法》对客轮的设备勘查、鉴定和对甲板载客作出了详细规定。(4)船舶碰撞、船舶残骸和海难救助。《商船法》的规定,在英国海域内的船舶搁浅,遇难船舶上的人命安全及其船载货物,对船舶残骸的索取权,触礁船舶的通知和搬移,犯罪行为,海难救助人的权利及追偿海难救助金的程序等。(5)审查程序。《商船法》规定了审查海上事故的司法权。它规定法庭可设于船舶上,及受理有关投诉及侦查造成船舶搁浅的情况和船舶损害等。法庭可指令海港主管当局勘查或扣留船舶。(6) 诉讼程序和法院管辖权。《商船法》规定了触犯本法的犯罪行为及其管辖权,以及证据的提呈和诉状的送达。其他民事的海事管辖权,如海事请求的财产保全程序则由《1981年最高法院法》规定。(7) 船舶所有人的责任限额。《商船法》对海上人命伤亡和船载货物或其他海上财产的损失作出了责任限额制的规定,包括多艘船舶在同一起船舶碰撞事故中所造成的损害赔偿的分担。(8) 域外效力。《商船法》规定它对在英国海域以外的船舶和海上财产具有法律效力,如果那些海域是英国的前殖民地国家,而且这些国家已经立法接受英国法的施行。(9) 外国船舶。《商船法》的规定适用于外国船舶包括海港费,船舶上人的出生和死亡,扣留不安全船舶、载重线证书、引航等。对船舶碰撞的防止条款和附属法规也适用于外国船舶。(10) 对英国海运和贸易权益的保护。《商船法》规定英国部长有权力,以外国政府或其代理违反英国海运和贸易权益的原因,设立适当措施予以对付。这包括加重海港费、禁止船舶进港或离港、审批或执行有关的租船合同的条款等。(11) 豁免外国船舶遵循本法的权利。《商船法》规定英国政府有权以外国船舶的船旗国法律与英国《商船法》规定相近及该国法律也豁免英国船舶的理由,豁免外国船舶遵行《商船法》的某些规定。(12) 国有的公务船舶。《商船法》明文规定,《商船法》不适用于英政府所有的以及外国政府所有的公务船舶。一些特别保留的条款除外,如船舶所有人的责任限额、损害赔偿金的分担、诉讼时效、海难救助金的追偿等。

(沈茂树)

yingguo xintuofa

英国信托法(The Trust Law of England) 为英国各种各样的信托判例法和信托制定法的统称,属于世界上最发达的信托法之一。信托法在世界各国信托法中的历史最为久长,它发端于15世纪中期由英国大法官法院针对信托纠纷作出的若干判例,在一开始便是作为衡平法规则出现在英国当时的法律体系中。经过英国立法机关和司法机关五百多年来的不断努力,致使这部信托法在20世纪中便已趋于完善和成熟。目前信托法由判例法和制定法共同组成:判例法在信托法中居于主要地位,存在于该法中的能够普遍适用于各种信托基本类型的制度和规则以及能够适用于信托财产、受益人、信托设立与终止以及大多数信托事项的制度和规则大都以判例法的形式存在;但即便如此,制定法在这部信托法中已属为数不少,这些制定法主要是关于受托人的一些制度和规则以及针对一般信托的某一事项作出的规定,它们包括《英国受托人法》、《英国司法受托人法》、《英国公共受托人法》、《英国公共受托人费用法》、《英国信托执行法》、《英国信托变更法》、《英国信托承认法》、《英国受托人投资法》、《英国慈善受托人社团法》、《英国慈善信托确认法》、《英国养老金基金与其他信托基金法》、《英国主教信托取代法》、《英国地方当局股票投资公司信托法》、《英国国家信托机构法》、《英国场所信托法》与《英国土地信托与受托人指定法》等。

在自16世纪后期起至19世纪后期止的三百年间,世界上许多国家和地区都曾经沦为英国的殖民地,英国信托法,严格说来主要是其中的信托判例法便由此而被适用于这些国家和地区。后来在这些国家和地区独立或者以其他方式脱离英国的殖民统治后,这些信托判例法大都被保留下来,并被作为这些国家和地区自己的信托法继续适用。由于这部信托法内容完善,制度设计科学合理,它在若干年来实际上是作为一部信托示范法存在。美国信托法不仅也像这部信托法那样采取判例法与制定法相结合的存在形式,而且它的绝大多数制度和规则都是对英国信托法中的相应制度和规则进行移植和仿效的产物,致使两者在基本内容上趋于一致,故在各国信托法理论中被并称为"英美信托法"。其他英美法系国家和地区的信托法(包括中国香港地区信托法)也像英国信托法那样采取判例法与制定法相结合的存在形式,且它们的绝大多数制度和规则也都来自于英国信托法,不仅如此,存在于这些国家和地区的信托法中的一些制定法,在名称和调整范围上也相同于存在于英国信托法中的一些制定法,这表明前者也是仿效后者制定。完全可以说,英国信托法已成为英美法系国家和地区信托法的典型和代表。属于大陆法系的我国、日本、韩国和我国台湾地区的信托法仅以制定法为存在形式,但存在于这些信托法中的许多制度和规则也同样是来自于英国信托法。可见对其他各国和各地区信托法的产生、发展和完善而言,英国信托法的影响巨大。

(张 淳)

yingguo youxian hehuofa

《英国有限合伙法》(The Limited Partnership Act of the United Kingdom) 英国1907年《有限合伙法》。有限合伙中至少须有一个合伙人为普通合伙人,同时,至少须有一个合伙人为有限合伙人。设立有限合伙须向公司登记机关呈送包括下列事项的文件登记备案:商行名称、营业性质、主营业所、各合伙人姓名、设立日期、存续期限、有限合伙人责任的详细说明、各有限合伙人的出资额。在合伙存续期间,有限合伙人不得抽回出资,否则须对因其抽回出资而发生的商行债务负无限责任。有限合伙人不得参加合伙业务经营,否则应对其参加经营期间商行所负的债务负无限责任。有

限合伙解散时，原则上由普通合伙人清算。（张玉敏）

《英国证券法》（Securities Law of the United Kingdom） 由指导自我管制的证券业法案和与证券业相关的法案组成的立法体系，是对自我管制的补充，主要包括：1958年的《反欺诈(投资)法》、1948年和1967年的《公司法》、1973年的《公平交易法》以及1988年的《财务服务法案》等等。英国实行证券业的自我管制制度，但政府也以立法管理的方式起着重要的作用，证券法的主要内容有：(1)关于招股说明书的规定。公司发行有价证券必须提供详细的招股说明书，《公司法》规定了提供说明书的详细时间、内容、格式等。(2)关于内部人员交易和自我交易的规定。《公司法》和《反欺诈(投资)法》规定，禁止一切证券交易场所中的内幕人士交易，否则予以处罚。内幕人士主要是与公司有某种联系、持有某种大量股份、掌握内部信息者。(3)关于自我管制的立法确认。1988年《财务服务法案》以立法形式确认了自我管制责任，并将其分成两大部分：一是自我管制组织，负责对投资业务的授权并监督他们同客户之间的关系；一是投资交易场所，负责管理交易市场和市场内的投资公司业务。

此外，证券业自我管制机构也制定了一系列的文件，如证券交易商协会制定的《证券交易所管制条例和规则》、收购与合并问题专门小组制定的《伦敦城收购与合并准则》、证券业理事会制定的《证券交易商行动准则》、《基金经理人交易指导线》、《大规模收购股权准则》、证券交易所制定的《证券上市的批准书》等等。这些文件不是立法文件，但作为自我管制的一部分，对证券业具有重要的指导作用。自我管理的主要内容是：(1)关于市场参与者的规定。证券交易所对其成员进行广泛的监督，包括会计监督、财务监督、审计和定期检查。(2)关于上市的规定。证券上市和交易首先要符合"批准要求"，即公司必须具备一定的盈利能力及其他条件，然后上市公司与证券交易所签订一份"上市协议"，要求上市公司遵守持续的公示规则和行动规则。持续的公示规则要求发行人不间断地公开其财务报表、年度季度报告、收益分配决定、损益表和资本额变化等。行动规则要求董事会不经股东大会同意不得发行新股、改变公司所有权结构，还包括选举委托书和投票权等方面的规定。(3)关于持续信息公开的规定。上市公司应遵守持续公示规定，向证券交易所提供下列各方面的文件：重要的收购或资产变动详情；董事的变动和董事所进行的股票交易及其他有关董事权益方面的详情；对公司业务的一般状况进行变更；能对公司状况进行评价的重要资料，包括财务报告、行情报告和发给证券持有者的所有文件等。（夏 松）

英美票据法系（negotiable instruments law of Anglo-American legal system） 与日内瓦法系相对称的以英国和美国为首的一种关于票据法的立法模式。英国虽然为习惯判例法国家，但早在1883年就制定了专门的英国票据法，名为《汇票法》(Bill of Exchange Act)。此法调整对象包括了汇票、本票。支票是作为汇票的一种而加以规定的。20世纪以来，英国的《票据法》虽曾经过数次修订，但沿用至今。英国票据法在精神上与德国法系相近，形式上都比较简单，有关票据的形式也较缓和。英国票据法影响了加拿大、美国、澳大利亚、印度以及南非等原英属主殖民地国家。它的特点是成文法形式立法；采包括主义；强调票据的信用作用、流通作用和融资作用；与大陆法系国家公法、私法以及民商法的部门分类不同，英国只将法律分为普遍法与衡平法，英国票据法虽为单行立法，却有票据的总概念，这与大陆法系各国票据立法形成鲜明对比。而美国原属英殖民地，所以大都沿袭英国法律。当然，美国票据立法由各州自行制订，没有全国统一的票据法。1896年，由非官方组织的统一州法全国委员会制定了《统一流通证券法》(Uniform Negotiable Instruments Law)。该法包括汇票、本票和支票。1952年公布了《统一商法典》。这两个条文虽然不具备强制立法的效力，但已经先后得到了大多数州的采纳。美国票据法的立法例也影响了一些国家的票据法立法。以美国和英国票据法作为主导，加之受其影响的诸多国家一同构成了票据法理论上的英美法系。属于这一法系的有：印度、加拿大、澳大利亚等某些原英属殖民地。

英美票据法系的特点在于：第一，包括主义即在立法体例上采取汇票、本票与支票原则上统一立法。美国商业票据立法中实际又容纳了存款单、资金账户、透支合同等民商法规则。第二，票据功能上强调信用工具、流通工具和融资工具的作用，并且允许票据功能的创新。第三，票据行为规则方面强调灵活性和弹性，美国票据立法对空白票据加以承认。第四，无因性和独立性原则。20世纪30年代，英国和美国没有加入日内瓦公约的主要原因是：日内瓦公约是按照大陆法系的传统，特别是德国法系的传统制定的，如果英美参加日内瓦公约，这将影响英美法系各国已经形成的统一。日内瓦公约的某些规定与英美法系的传统和实践有矛盾。德国法系和法国法系基于日内瓦公约，其间的差异日益消除并走向融合，形成了当今的日内瓦统一票据法系，而以英美为首的英美票据法系依然独立存在着。两者呈现出相对称的局面。（温慧卿）

英美商法体系（Anglo-American system of commercial

law) 一些大陆法系学者习惯以民法思维对待英美法，他们认为美英商法体系又可被称为没有商法的法律体系。由于英国的法律传统是以习惯法与判例法作为法律的基本渊源，其成文立法的制定均以解决和调整现实的法律关系或社会问题为出发点，并不考虑法学理论上的部门划分问题，因而直到今天，在英国及接受英国法律传统的其他国家，即所谓英美法系国家，始终没有"商法"概念。不论从法律主体上，还是从法律行为上说，英国商法法系中既没有"商人"，也没有"商行为"。除危及社会利益或他人利益而需要用刑法调整与制约之行为外，一切被大陆法系国家视为民事行为或商行为的法律行为都要受普通法的调整。此外，为了弥补普通调整手段与调整原则的不足之处，英国又创设了衡平法。但从已经颁布的法律规范上说，属于英国商法法系的国家也有商事立法，只不过这些国家并没有给这些立法冠以"商法"之名称，而仅根据有关法规的调整对象赋予其具体的称谓。自 19 世纪中叶以来，因经济与社会发展之需要，英国商法法系国家已制定了若干单行法规，如 1862 年的公司法、1882 年的票据法、1885 年的提单法、1889 年的行纪法、1890 年的合伙法、1893 年的货物买卖法、1894 年的破产法与商船法、1906 年的海上保险法、1907 年的有限责任合伙法、1924 年的海上货物运输法等。由于没有统一的商法法典的限制，英国商法法系的最大特点就在于立法与执法的灵活性，可根据社会发展的需要随时制定或调整任何一个单行法规，或者通过法院判例变更甚至废除原有的法律原则与法律规范，并创立新的原则。英美法系的学者认为，在英国"商法的概念是明确的，它是长时期历史发展的最终产物"(施米托夫：《国际贸易法文选》，中国大百科全书出版社 1993 年版，第 28 页)。商法是以普通法和衡平法判例为基础，成文法修订补充组成的商法体系，包括商人、商事财产、商事合同、商事救济方法等。

美国是英国商法法系中另一个具代表性的国家，其立法传统及法律渊源与英国大致相同。所不同的是，美国的商事立法权由宪法规定而赋予了各州，因而到目前为止，美国尚没有统一而强制性地适用于全国的商事立法。依美国宪法之规定，有关商事的立法由各州制定。由于各州制定的立法之间存在着许多不同之处，给州际商事活动带来了诸多不便，于是自 19 世纪末，20 世纪初以来，美国采取了一系列措施，谋求各州商事立法的统一。至 20 世纪 50 年代初，美国先后公布了统一流通证券法、统一买卖法、统一提单法、统一股权转让法、统一信托收据法、统一商事公司法等法典。然而，这些法典均不属于联邦议会通过立法程序制定的法律，而是可供各州自愿采纳的立法建议。经过几十年的不断完善，美国最终于 1951 年公布了标准公司法，于 1952 年公布了统一商法典。这两部法典基本上涵盖了大陆法系商法的全部内容，但仍属可由各州自愿采纳的立法建议，而不是统一的立法。此外，为了配合与保证普通商事立法的实施，美国还制定了一系列商事活动干预法，赋予联邦政府在必要时运用国家权力干预商事活动的自由。这方面的立法主要包括：反托拉斯法、证券交易法、产品责任法等。英美法系学者认为，《统一商法典》是西方世界最先进的商法，是商法跨入现代商法的时代标志。法典"在精神上是现代化的；处理方案是切实可行的；概念是综合性的"，法典的"成功应归于该法典的内在质量"，为各国编纂商法典，树立了信心，提供了榜样。法典的成功使"美国已经成为市场经济国家的工业和金融领域的领导力量"(《国际贸易法文选》，第 107 页、第 9 页)。

(唐广良　徐学鹿)

yingli baoxian

营利保险(profit-making insurance)　保险人以营利为目的所经营的一种保险，是保险业得以发展的基本业务。在商业保险中，保险人经营的保险业务多是以营利为目的的，其保险费率的确定不仅应以对危险的概率计算作为依据，而且费率中还应包括保险人的营运成本率和利润率。

(史卫进)

yingli faren

营利法人(for-profit legal person; 德 privatnützige juristische Person)　以营利为目的的法人，公益法人的对称。《中华人民共和国民法通则》中规定的企业法人即属于营利法人。以营利为目的，不是指以法人本身享受财产上的利益为目的，而是以其社员享受财产上的利益为目的。所谓社员享受财产上利益，不限于社员财产上的积极增加，消极地防止其财产的减少亦可称为获得经济上的利益，如消费合作社可称为营利法人。营利法人的设立，一般依特别法的规定，如公司法。其设立程序除有特别规定外，采准则设立主义。营利法人只能采取社团法人的形式。

(李仁玉　陈敦)

yingli shetuan

营利社团(德 Geschäftsverein)　以社员的利益为目的，将团体的利益分配给个人的社团。社员享受利益不以积极的利益分配为限，以减少社员应出资费为目的的行为不失为营利。而且营利不以对外营利事业为限，例如相互保险亦为营利。我国未采此概念。

(李仁玉　田东平)

yingye cangku
营业仓库(commercial warehouse) 由仓库营业人所经营的仓库。即民商法上所称的仓储。这种仓库专门从事为他人储藏、保管货物的商业营业活动。其以营利为目的,收受存货人的报酬。关于这种仓库的条件,一般由法律作出专门的规定。《中华人民共和国合同法》及外国有关仓储合同的法律、法规中所提到的仓库,皆指营业仓库而言。营业仓库用于为他人储存货物即构成仓储合同,这一点同利用仓库有所区别。

(李云波)

yingye dailiren
营业代理人(soliciting agent, solicitor) 根据代理契约或授权书,向保险人收取费用并代理经营保险业务的人。法律上所谓的"保险代理人"一般即指此种代理人。我国保险法对此未作规定。营业代理人的代理行为为经营保险业务,在性质上属于一种可以独立经营的事业,其权限依代理契约或授权书的授权范围而定。按照保险业的通例,此种代理人的权限通常为招揽顾客、交付保险单以及收取首期保险费,并无代表保险人订立保险契约的权利。营业代理人的代理活动若有地区限制,则常称为"某地营业代理人",但其与在某地区有概括代理权的分店经理或代办商的权限有所不同。

(温世扬)

yingyequan
营业权(sales right, trade right) 民事主体享有的营业活动不受妨害的权利。营业可否成为一种权利,有肯定和否定两种意见。肯定者认为营业受反不正当竞争法保护,因此为一种权利;反对者则认为无法律上的根据。承认营业权者,对营业权的性质有人格权说,认为营业活动为人的重要活动之一,因此营业权系人格权之一种;财产权说,认为营业权可依法转让,为财产权之一种;营业活动权说,认为营业权不是以营业财产为客体,也不是以营业组织或其他事实关系为客体,而是营业活动本身受保护的权利。以营业活动权说为宜。营业权是企业和个体工商业者的基本权利,政府不得非法剥夺,其他营业者也不得以不正当手段加以侵害。

(张玉敏)

yingyeshang xingwei
营业商行为(business commercial act) 基本商行为的一种。大陆法系近代商法认为该种类型的商行为一般须具备两个条件:一是行为主体须为商人,非商人所为行为不属营业商行为。二是行为的目的须是为营业的目的,即属于营业的行为。商人非为营业目的所从事的行为,也不属于营业商行为。因营业商行为的认定须以商人为基础,且须采营业形式,而非依行为本身的客观性质确定,所以又称"主观商行为"。 (金福海)

yingye shoutuoren
营业受托人(commercial trustee) 又称商业受托人或信托营业人。由政府或民间出资设立的、以信托业务为其主要经营或者兼营之对象且处于常设状态的信托机构。营业受托人的基本特征,在于其具有商人身份、以营利为目的的执行信托且系以执行信托为其职能或职能之一。营业受托人包括各种各样的信托公司、信托银行、依法有权兼营信托业务的银行以及其他各种专营和兼营信托业务的经济组织。尽管营业受托人为处于常设状态的信托机构,但它要在事实上进入某一项信托并成为其中的受托人,必须是接受了委派人在有关信托行为中的委托,或者是执行法院在设立信托的司法行为中的指定,两者必居其一:如系前者,其仅是以营业受托人身份在执行信托;如系后者,其则是以营业受托人与司法受托人的双重身份在执行信托。对营业受托人的规制在各国、各地区适用信托法关于受托人的一般规定和关于这种受托人的特殊规定。目前在世界各国与各地区,信托公司是最常见的营业受托人。关于对这种受托人的特殊法律规定尤以有关的特别法对信托公司的规定显得典型。(张 淳)

yingyesuo
营业所(business office) 商主体从事商行为的场所。营业所与住所有别,营业所是商人经营商业的活动中心,而住所为商人的生活中心场所。但有时营业所与住所可能合二为一。营业所一般只有一个,若有数个营业所,即发生主从关系,其中只能有一个主营业所,其他的都是从营业所,俗称本店和支店,支店受本店指挥,若本店消失,则支店必随之消灭,但支店消失,则本店并不必然随之消灭。营业所在大陆法系近代商法上具有重要意义,它可以决定商主体起诉或应诉的法院,在合同约定不明的情况下,可以决定合同的履行地点,亦可以决定票据的某些行为地。 (关 涛 梁 鹏)

yingye xintuo
营业信托(commercial trust) 又称商业信托。民事信托的对称。具有私益性质、由具有营业受托人身份的主体担任受托人的信托。营业信托为私人信托的一种,属于明示信托范畴,并系由属于信托行为范围内的信托合同与信托遗嘱设立。但由国家行为设立的各种类型的信托,只要是由营业受托人担任其受托人,则也视为营业信托。营业信托分为典型的营业信托与非典型的营业信托两类。典型的营业信托是指依法只能由营业受托人担任其受托人的营业信托。属于这类营业信托范围内的各种信托品种和无固定名称的信托,依法均仅属于营业受托人的经营范围。这类营业信托只能由信托合同设立。非典型的营业信托泛指除典型的营业信托外的一切营业信托。属于这类营业信托范围内的各种信托品种和无固定名称的信托,依法均既可以由营业受托人担任其受托人,也可以由除营业受托人外的其他主体担任其受托人,如系由前者担任其受托人,其便为营业信托,如系由后者担任其受托人,其便为民事信托。后面这类营业信托既可以由信托合同设立也可以由信托遗嘱设立。营业信托既可以是自益信托也可以是他益信托,且其受益人既可以是特定的人也可以是不特定的人。对营业信托的规制适用信托法的一般规定和该法关于这种类型的信托的特殊规定,对于其中属于典型的营业信托范围内的各种信托品种还分别适用存在于有关法律中的专门规定。除此之外,如果营业信托所在国家或地区制定有商法,对其还适用该法的一般规定即关于商人、商行为以及与商业活动有关的各项事项的规定。

(张　淳)

yingye zhiquan
营业质权(commercial pledge)　适用当铺管理规则的当铺业质权。债务人以一定的财物(当物)交付于债权人(当铺)作担保,向债权人(当铺)借贷一定数额的金钱,于一定期限(回赎期限)债务人清偿债务后即取回(赎回)担保物;期限届满后,债务人不能清偿时,担保物(当物)即归债权人所有或由债权人以当物的价值优先受清偿。营业质权与普通民事质权的区别在于,营业质权不适用关于禁止当事人约定流质契约的规定,当事人可以约定,在债权未受清偿时质物归质权人所有。

(申卫星)

yingye zhongduan baoxian
营业中断保险(business interruption insurance)　又称利润损失保险。以工商企业因保险事故而导致生产或营业的被迫停止所引起的利润损失为保险标的的财产损失保险。营业中断保险1860年起源于法国,当时是作为火灾保险的附加险来承保被保险人停业期间的利润损失。现今的营业中断保险已经发展为保险人独立的基本险种。营业中断保险要求被保险人在这段营业后应当尽快恢复营业。保险人所承担的赔偿责任与被保险人中断营业的时间的长短相关,该保险多约定被保险人应当以合理迅速的措施恢复生产或营业,被保险人违反此等义务,保险人仅以营业中断的合理的期间作为赔偿额的计算依据。保险人依照营业中断保险所承担的赔偿责任,仅以被保险人所遭受的毛利润损失为限,即以营业中断的期间所减少的毛收入扣除可节省的生产(营业)成本计算赔偿金,这又要求被保险人必须保持其财务账册真实和完整。同时,被保险人为索赔而聘请会计师审查其账册并编制索赔报告支付的费用,保险人以保险金额为限,据实赔偿。营业中断保险可以加保扩展保险责任,保险人对被保险人因为其他交易当事人的行为所引起的间接经济损失,亦承担赔偿责任。

(邹海林)

yingye zhongxindi shuo
营业中心地说(doctrine of the business center)　依营业中心地为公司住所,依此来确定公司国籍,这时营业中心地说与住所地国籍说相同。公司的营业中心地是公司从事实际营业活动的场所,是实现公司目的的地方,是公司的利润来源地,对公司的生存有着重要的关系。公司的营业中心地相对较稳定,不易搬迁,不可能应当事人欲意规避法律而由其任意变迁,故应依公司营业中心地确定公司的国籍。《泰国国际私法》第7条规定:"法人国籍冲突时,依总店或主要营业所所在地的国籍为法人国籍。"此说也存在一些不便,如公司有数个营业地且不在同一个国家并难以确定营业中心地,有些行业的公司营业中心地时常转移,难以确定公司的国籍。

(李四海)

yongdianquan
永佃权(德 Erbpacht;拉丁 emphyteusis;法 emphytéose)　中国民国时期民法典的用益物权形态之一,是支付佃租永久在他人土地上为耕作或牧畜的权利。

　　永佃权的特征　永佃权的特征在于:(1)永佃权是存在于他人土地上的物权。永佃权以土地为其标的物,于建筑物上不得设定永佃权。而且这里的"土地",须以他人的土地为限,因为在自己的土地上无设定永佃权的必要。(2)永佃权是以耕作或牧畜为目的的物权。永佃权与地上权虽然同属于利用他人土地的权利,但永佃权的目的,限于耕作或牧畜,在此点上与地上权不同。所谓耕作是指施加劳力于土地,从事耕种粮食、栽培植物以为收获。而牧畜是指放牧以及饲养牲畜,至于狩猎、捕鱼则不包括在内,因为此类活动是属于特别法上物权的范围。(3)永佃权是永久利用他人土地的物权。在这一点上永佃权与地上权及土地租赁均有所不同,因地上权大多定有期间,而土地租赁必然定有期间。例如中国民国时期民法典(现施行于我国台湾地区)第842条第2项规定:"永佃权之设定,定有期限者视为租赁,适用关于租赁之规定。"即附有期限之永佃权不受物权法的保护。另外,由于永佃权是永久利用他人土地的权利,则土地所有权人的更替,对于永佃权不发生影响,即俗称的"换东不换佃"或"倒东不倒佃"之谓。但是在立法例上亦有规定永佃权为有期限物权的。如《日本民法典》第 278 条第 2 项规定当事人设定有期限的永佃权(日本称之永小作权)时,其期间须在 20 年以上、50 年以下,如超过 50 年的缩短为 50 年。另外日本民法施行法第 42 条第 2 项的规定,当事人未定永佃权的存续期间的,如果有短于 50 年的习惯则从其习惯,但习惯较 50 年为长或者无习惯的,则自民法施行之日起的 50 年为永佃权的存续期间。(4) 永佃权是因支付租金而成立的物权。永佃权的设立,必须支付佃租,即佃租为永佃权的成立要件。至于永佃权成立以后,土地所有权人免除其佃租的支付义务,这是抛弃其收租权的问题,不可与永佃权的成立混为一谈。

永佃权的发生与消灭 永佃权的发生,仅从永佃权人方面观察,则为永佃权的取得。永佃权作为不动产物权,有关不动产物权的一般取得原因,如取得时效、继承等,对其均可适用。这里需要特别指出的是永佃权基于法律行为取得的情形。基于法律行为的取得,是永佃权继受取得,可以分为创设的继受取得与移转的继受取得两种:前者指依当事人的合意(契约)或遗嘱(单独行为)而设定;后者则是指永佃权人将其永佃权让与他人的情形。但无论哪种基于法律行为方式的永佃权取得,都应以书面为之,且非经登记不生效力。

永佃权既然是永久利用他人土地的权利,因而不能因期限的届满消灭。但物权的其他消灭原因,如标的物灭失、征收、混同等,均适用于永佃权,此与一般的物权并无不同。在此只说明永佃权消灭的两项特殊原因:(1) 撤佃。这是土地所有权人基于一定的原因,撤销永佃权,而使永佃权消灭的情形。如永佃权人积欠租金达两年的总额时,除另有习惯者外,永佃权人可以撤佃,使永佃权消灭。(2) 抛弃。永佃权因其附有佃租,因而不可以任意抛弃。但在一定的条件下,如永佃权人可以于一定的期限前向土地所有权人以意思表示抛弃其永佃权。

永佃权的效力 永佃权人主要有以下的权利:(1) 土地的使用和收益。永佃权人对于其所佃的土地,可以在耕作或牧畜的范围内而为使用、收益。永佃权人既然得使用土地,则必须对土地为占有,因而应当受占有及物上请求权的保护,并可以援用相邻关系的规定。(2) 永佃权的转让与设定担保。永佃权不是专属性的财产权,自然可以自由转让,并得设定抵押权。如果当事人对此有禁止的特约时,在解释上亦认为此种约定为无效,因其妨碍永佃权人的改业自由及经济流通。

永佃权人主要有以下的义务:(1) 支付佃租。永佃权以佃租的支付为成立要件,因而永佃权人有支付佃租的义务。至于佃租的种类,是为金钱或金钱之外的其他物品,应以当事人的约定为准,如无约定的,则依习惯。(2) 回复土地的原状。在永佃权消灭时,永佃权人应当将土地返还给土地所有权人,而在返还时原则上应当回复土地的原状。　　　　(钱明星)

yongjiu buneng
永久不能(permanent impossilibilty of object; 德 dauernde Unmöglichkeit) 一时不能的对称。永久继续的不能。永久不能的法律行为为无效的法律行为。如使死者复生。永久不能的法律行为当然不发生法律效力,无须相对人行使撤销权。　　(李仁玉 陈敦)

yongjiuxing xiuli
永久性修理(permanent repairs) 对受损船舶按照船级规范的要求所进行的恢复船舶完好状态和原有适航能力的修理。如果船舶受损是由共同海损造成的,此项修理费用应列入共同海损。但应对所使用的新材料和新部件作合理的扣减。　　(张永坚 张 宁)

yongjiu zulin
永久租赁(perpetual lease) 没有时间限制的土地租赁,或以保留永久收取地租权利而进行的土地出让。
　　　　　　　　　　　　　　　　(杜 颖)

yongdianfang
用电方(electricity user) 用电人,供电方的对称。根据与供电方签订的供用电合同用电并支付电费的人。用电人在主体资格上没有特殊的限制,既可以是自然人,也可以是法人或者其他组织。根据用电人和用电目的的不同,用电可以分为生产经营性用电和生活消费性用电两种。在生产经营性用电,用电人一般是企业法人或者其他经济组织。通常情况下,用电人应当与供电人就用电的数量、供电的质量、时间、方式等问题作出特别的约定,此外,在电力供应紧张时,这种用电还要编好用电计划,并向供电人提出申请,由供电人决定。用电人的权利主要是按照合同的约定的质量和数量用电。用电人的主要义务是按时支付电费和安全用电。此外,对于供电人正当的检修、限电、停电等,用电人负有容忍的义务。用电人未按照国家有关规定和合同约定安全用电,造成供电人损失的,应当承担损害赔偿责任。用电人未按规定及时交付电费的,应当按照约定支付违约金;经催告用电人在合理期限内仍不交付电费和违约金的,供电人有权按照国家规定的程序中止供电。　　　　　　　(赵志毅 郭明瑞)

yongshuiquan

用水权(德 Wasserrecht) 水源地、水井、沟渠及其他水流地的所有人、使用人，可依据法律的规定自由使用其水。但另有习惯的，不在此限。比如我国台湾地区民法第781条规定："水源地、井、沟渠及其他水流地的所有人，得自由使用其水。但有特别习惯者，不在此限。"又比如《法国民法典》第641条第1项规定："一切所有权人有权使用并处置降落在其土地上的雨水。"

(方志平)

yongyiquan

用益权(拉丁 usus fructus；德 Niessbrauch an Sachen) 人役权的一种，指使用、收益他人之物而不损坏或变更物的本质的权利。与乌尔比安一起均生活在瑟维鲁皇帝(Severus)时期的法学家保罗在其一个很出名的片段中将用益权定义为："使用和收益他人的物同时不改变物的实质的权利"，也就是说用益权人享有使用他人的物并且从该物中获得收益，但不得改变该物的经济用途。享有用益权的人被称为用益权人，物的所有人则被称为虚所有人。从罗马古时起，用益权就被家长用作处分其遗产的一种手段。因为罗马人经常以遗嘱将某项遗产的使用收益权遗赠给他需要照顾的人，使其生活获得保障，而保留虚有权给其继承人。在受照顾的人死亡后，继承人再恢复其完全的所有权。由于用益权的目的在于维持用益权人的日常生活需要，故不论动产还是不动产，包括房屋，都可以成为用益权的标的。

《法国民法典》对于非所有人因居住而使用他人房屋的权利，基本上承袭了罗马法。该法典在其第578条中对用益权下了定义："用益权是指，如同本人是所有权人，享用所有属于他人之物的权利，但享用人应负责保管物之本体。"用益权包含了用益权人以各种方式对于包括房屋在内的物进行使用和收益的权利。用益权是有期限的权利，当用益权人为自然人时，该自然人的终身为其用益权的最长期限。根据《法国民法典》第619条的规定，在用益权不是自然人时，其期限不得超过30年。

《德国民法典》从第1030条至第1089条用了60个条文来规定用益权。这一权利是指不可转让、不可继承地使用他人之物的权利。用益权人可以为了自己的利益使用物，法律对于用益权人如何使用物并没有限制。但是根据《德国民法典》第1030条的规定，并不是一切用益权都包括有对物的收益权。在设定用益权时，当事人可以约定排除用益权人的收益权。《德国民法典》中规定了物上用益权、权利用益权、财产用益权三种用益权类型，其中的物上用益权包括了对于他人房屋予以使用、收益的权利。

(钱明星)

yongyiquan yizeng

用益权遗赠(德 Nutzniessungsvermächtnis) 以在遗产上设立使用收益为内容的用益权作为标的的遗赠。关于用益权遗赠，《瑞士民法典》设有详细规定，被继承人得将遗产中的某物，或全部或部分遗产的用益权，遗赠受赠人；亦得委托继承人或受遗赠人，从遗产价值中支付受赠人一定金额或免除其义务(第484条)。依《瑞士民法典》解释，在此种情形下，所有权仍为遗赠义务人所有，但用益权属于受遗赠人。关于用益权遗赠的性质，《瑞士民法典》认为，它在对抗继承人的债权人的限度内，自继承开始之时，产生对物的效力(第561条)，受遗赠人的权利适用物权法及债法的有关规定，除非另有约定(第563条第1项)，但受遗赠人与遗赠义务人之间仅于遗赠生效时产生债权关系，即受遗赠人仅有请求遗赠义务人设定用益权的请求权(第562条第1项)，如标的物为动产及债权，需经移转交付给取得人，始为设定用益权。土地需经不动产登记，始设定用益权(第746条第1项)，用益权一经有效设立，则成为物权，受物权法保护。我国台湾地区的民法承认用益权遗赠，但不能设定物权性质的用益权，只能用债权的方法或设定担保的方法予以保护。关于用益权遗赠的内容仅得限于使用与收益的范围，超此界限者，不为用益权遗赠。用益权是有期限的权利，遗嘱定有返还期限者，依期限履行返还义务；未明定期限但能依其性质确定期限者，以该期限为准；若未定期限又不能依性质确定期限者，则推定为以受遗赠人终身为限。若在返还期届满前用益权人死亡，是否用益权当然消灭，《瑞士民法典》规定当然消灭，而我国台湾地区学者史尚宽先生认为应依遗嘱人之意思及遗赠之性质内容进行解释，不可一概而论。用益权的标的各国规定不一，有的限于物，有的不限于物，债权及其他财产权利皆可。我国继承法对用益权遗赠未为明文规定，但法律并未禁止，应解释为只要不违背法律的限制性规定和公序良俗，即应认其有效。由于我国物权法中并无用益权的设定，故应解释为债权效力较为妥当。其标的物既可为物，亦可为债权，不宜过多限制。(周志豪)

yongyi wuquan

用益物权(usufruct of immovable property) 物权的形态之一，是对他人所有之物，在一定范围内进行使用、收益的他物权。

用益物权的内容范围 用益物权之"用益"，就是对他人之物的使用、收益，以取得物的使用价值。用益物权人之对物的使用、收益权利，虽然与所有权的对应权能同名，但在权利范围上用益物权的使用、收益权能是不可以与所有权等同而论的。用益物权主要是基于所有权人的设定行为从所有权中派生出来的权利。用益物权虽然独立于所有权,但其权能的范围不得不受到其设定行为的限制。所有权人与用益物权人在设定用益物权时,根据法律规定的用益物权的种类和内容,明确了用益物权人对其物在使用、收益上的支配范围。该范围的确定,不仅要受到法律对所有权及他物权的一般物的支配范围的限制,而且还要受到法律(体现在用益物权的设定行为)对具体用益物权的支配范围的限制。因此,用益物权人只能在其具体用益物权限定的范围内对物进行使用、收益,如地上权人对土地的使用,有建筑物的种类、面积、用途等方面的限制。

　　用益物权的内容还包括了一定范围的处分权。首先,就法律上的处分而言,用益物权人没有移转物之所有权的处分权。这是因为,所有权是对于物的全面的、总括的支配权,作为他物权的源泉,对所有人的物予以支配的他物权都源于所有权人的设定行为,即所有物上的负担的设定只能是属于所有权人的处分权。用益物权人对于他人之物的支配源于所有权人的用益物权的设定行为,即他对物的支配范围是确定的,这就排除了用益物权人对于标的物享有设定物上负担的处分权的可能性。但是,用益物权人享有用益物权的权利处分权,即权利移转和权利负担的设定。用益物权人享有移转其用益物权的权利,这是用益物权作为一种民事权利所当然具有的内容。同时,用益物权人可以在其权利上设定权利负担,如设定次地上权、次典权、次抵押权等,依该设定行为取得权利的第三人的权利是以用益物权人的用益物权为依据的,该设定的权利就其范围、期限、内容等方面不可以超出用益物权。所有权人在作为物上负担的用益物权除去的时候,不受用益物权人设定的次用益物权的限制,即可恢复其圆满的状态。这样,用益物权人的权利负担的设定行为就不会发生有害于所有权的情形。如果允许用益物权人设定物上负担,则依该设定行为取得的权利依据就是用益物权人的设定行为,如果该设定的权利超出了用益物权的范围,则会限制用益物权消灭时所有权的圆满状态的恢复,而且也有违于所有权人设定用益物权时限定用益物权的范围的初衷。其次,就事实上的处分而言,这与法律上的处分不同。就所有权的权能而言,占有、使用、收益、处分这几项权能包含了所有权人在不同的方面支配物的可能性,是为实现所有权对于物所可以实施的四项独立的行为,各自追求不同的目的,其行使必然引起不同的法律效果。但这几项权能并不是全然独立的,而是相互之间存在着一定的关联性。这种关联性体现在一项权能的行使须依赖于其他权能的行使。不同的权能只是对于同一行为从其行使方式、目的等方面进行观察的结果,如出租房屋可以取得房屋的租金,取得租金是行使收益权能的表现,而这一权能的行使则依赖于对于物的处分(出租,设定租赁使用权)的行为。再如对农地的耕种以收取庄稼,耕种作为使用权能的行使是从行为的方式而言的,收取庄稼作为收益权能的行使是从行为的结果而言的。尤其是对物的事实上的处分,它在实际生产或生活中是对物加以利用的条件,使用、收益权能在很多情况下要与处分权能相结合才能实现。例如,为了在土地上建造房屋或其他工作物,或者在土地上种植粮食、竹木,就必须对土地进行打地基、修田垄等等,这些行为都是属于对土地的事实上的处分,不允许利人对土地进行这样的处分对土地的利用就是不可能的。因而,用益物权中应当包括对物的事实上的处分。但是,对物的事实上的处分是以实现用益物权的使用、收益为目的的,处于辅助的地位,它不构成用益物权的主要内容。另外,这种对物的事实上的处分在法律上要受到严格的限制。一般是在设定用益物权时对其范围和行使方式就要有明确的规定。法律上或用益物权的设定行为未对事实上的处分进行明确的规定时,除了为对于物的使用、收益所必要的事实上的处分行为外,用益物权人不得行使之。

　　用益物权以对其标的物的使用、收益为主要内容,在这一点上它与担保物权有明显的不同。物具有使用价值和价值(交换价值)二方面的属性。用益物权侧重于对于物的使用价值的支配,是以对物的实体的利用为目的的权利,它不赋予用益物权人对于标的物的法律上的处分权,因而可称之为"使用价值权"。而担保物权则侧重于对于物的价值(交换价值)的支配,它不以对物的实体的利用为目的,而是以支配物的价值(交换价值),以确保所担保的债权的实现为目的,在符合法定的条件时,担保物权人可以对于标的物行使法律上的处分权,以取得其价值,因而被称为"价值权"。但用益物权与担保物权的这一区别并不是完全绝对意义上的。就一般情况而言,担保物权人不可以对标的物使用、收益,而只能就其价值优先受偿。但用益物权人除了可以对标的物进行使用、收益外,还可以将其权利用于信用担保。如依《中华人民共和国城镇国有土地使用权有偿出让和转让条例》的规定,以出让方式取得的土地使用权,权利人可以将之予以转让或设定抵押权。基于用益物权与担保物权的上述不同,这两种权利还存在以下的区别:(1)权利的实现方式及时间不同。用益物权的实现在于对标的物的使用、收益。用益物权人在其权利一经设立,即享有对标的物的使用、收益的权利,并在此以后至消灭以前一直行使该权利,其权利的实现体现为一个持续的过程。可见,用益物权的取得即其权利实现的开始,权利的取得与权利的实现同时发生,二者并无时间上的间隔。而担保物权的实现则表现为对标的物的变价受偿权,担保物权人取得权利后,虽然担保物权人可以行使权利的保全等权利,但作为担保物权主要内容的优先受偿权,并不是在权利取得时就立即实现,而是要在所担保的债权已届受偿期而仍未受清偿时担保物权人才可以行使其变价受偿权。而该变价受偿权的实现之时即为担保物权消灭之际。可见,担保物权人的权利的实现与权利的取得不是同时发生的,二者之间有时间的间隔。其权利的行使也不是体现为一个持续的过程,权利实现的同时即有权利消灭的结果。(2) 权利的性质不同。用益物权确认的是用益物权人对标的物的使用、收益,该权益是独立存在的,依当事人之间设立用益物权的行为或法律的直接规定而发生,不以用益物权人享有的其他权利为前提,因而用益物权是独立物权。而担保物权则是以其所担保的债权为前提,从属于所担保的债权,在其担保的债权发生时发生,并随其变更、消灭而相应的变更、消灭。这里需要说明的是,用益物权中的地役权,亦具有从属性和不可分性,但其从属性与不可分性与担保物权也是不同的。地役权的从属性表现为它不可以与需役地的所有权分离而存在,不得将地役权与需役地所有权分别处分。地役权的不可分性是指地役权不得被分割成两个以上的权利,也不得使其一部分消灭。可见,地役权的从属性与不可分性是为保障需役地人的用益目的而采取的措施,而非为保障某一债权的实现而设置的。

用益物权的实现以对标的物的占有为前提　用益物权的设定,并不以标的物的交付(占有的移转)为其成立要件。用益物权的设定行为履行了登记手续后,用益物权人就享有了用益物权。实践中的用益物权也大都是在设定用益物权后再由所有权人将标的物的占有移转给用益物权人。不过,用益物权的行使和实现则是以对标的物的占有为前提。因为用益物权的目的在于对于标的物的使用、收益,从而取得物的使用价值,因而它必须以对标的物的实体上的有形支配,即实际的占有为必要。在用益物权设定后,必须将标的物的占有(直接占有)移转给用益物权人。如果是将对于第三人的返还请求权移转给用益物权人,即移转间接占有时,也必须由用益物权人行使该返还请求权以取得对物的直接占有,由其在实体上支配标的物。否则,用益物权的目的就无法实现。例如,不移转对土地的占有,地上权人就根本不可能在土地上营造建筑物。可见,就对标的物的支配方式而言,用益物权是对标的物的有形支配,而且这种有形支配是以对物的利用的前提而存在的。

对标的物的占有既然是用益物权的实现的前提,用益物权人当然享有占有其标的物的权利。在其占有被包括所有权人在内的任何人侵夺时,用益物权人享有请求返还原物的物上请求权。

在与占有的关系问题上,担保物权则不同。担保物权的目的在于取得物的交换价值,因而可不必对标的物进行有形支配,而以无形支配为满足。担保物权确认的是担保物权人在其债权已届清偿期而未得清偿时就标的物的价值的优先受偿权。这种优先受偿权只需在法律上明确主体享有该权利即可,不必以对标的物的实体的占有为前提。抵押权设立后,抵押物不需移转占有,仍由抵押人占有、使用、收益,抵押权人仅取得对标的物交换价值的支配权。质权人和留置权人虽然占有标的物,但不得对标的物进行使用、收益,其占有是权利的保持和公示的方法,并不是对标的物进行利用的前提。二战以来,随着各国市场经济与信用制度的发达,为同时发挥物的使用价值与交换价值的效益,不移转物的占有的担保制度正日益上升为物之担保的主流。

用益物权的客体范围　用益物权以不动产为其标的物,在这一点上它与所有权、担保物权均有所不同。所有权、担保物权的标的物既包括不动产,也包括动产。但是,用益物权的这一特征也不能绝对化。在近现代大陆法系国家的物权法中,亦存在着以由动产以及动产、不动产构成的财产之集合为标的物的用益物权,例如法国、德国、瑞士民法规定的用益权以及其他人役权。

用益物权之所以主要以不动产为其标的物,主要是出于以下的原因:其一,动产的种类至为繁多,数量亦相当的零碎,而其价值又往往较不动产为低,因而如有需要,尽可买为己有,即使偶有利用他人动产之必要,亦可依借贷(使用借贷)、租赁等方式获得实现,而不必依赖用益物权。即人们对于动产可以通过取得所有权而加以使用、收益,而不动产则往往由于其数量有限、价值较大难以取得,所有权人也往往因其保值性和增值性而不愿意轻易转让,因而用益物权也就成为非所有权人利用他人不动产的有效途径,不动产也就成为用益物权的主要标的物。其二,用益物权是一种效力较强的物权,不仅其权限范围复杂,而且期限较长,它确定了非所有权人利用他人的物的一种长期、稳定的利用关系。就这种关系的性质而言,它不应于种类繁多、移动性强的动产上设定,而是较易存在于种类较少、固定性强的不动产上。其三,就物权的公示而言,动产物权以交付、不动产物权以登记为其公示方法。交付,即占有的转移,只具有相对的、较弱的公示力,仅能公示较简单的法律关系。而登记的公示力较强,能公示较复杂的法律关系。用益物权法律关系是一种较复杂的法律关系,应主要以不动产为其标的物,可依登记以为公示,保护第三人的合法权益,维护交易的安全和快捷。

不动产一般是指土地及其定着物(主要是建筑物,还包括树木、庄稼等)。用益物权的标的物主要是土地,如地上权、永佃权、地役权等权利都是以土地为其标的物的。但典权、居住权等权利则主要是以房屋为其标的物的。因此作为用益物权客体的不动产,则限于土地和建筑物。

不动产在财产体系中的重要地位,使得用益物权成为一类重要的财产权利。而由于不动产作为权利客体本身所具有的特殊性,法律对于用益物权的确认和保护,在权利的效力范围、行使方式及其限制、权利的变动程序等方面的法律思想、法律技术及具体规范都是不同于动产物权的。

用益物权是他物权、限制物权和有期限物权 他物权是与自物权(所有权)相比较而言的。用益物权是在他人所有之物上设定的物权,是非所有人根据法律的规定或当事人的约定对他人所有之物享有的使用、收益的权利。因而从法律性质上讲,用益物权属于他物权。用益物权作为他物权,其客体是他人所有之物。它是所有权人为了充分发挥物的效用,将所有权与其部分权能相分离,由用益物权人享有和行使一定范围的使用、收益权能的结果。因此用益物权是由所有权派生的权利。但是,用益物权的这种派生性并不影响用益物权作为一种独立的财产权的性质。用益物权一旦产生,其权利人即在设定的范围内独立地直接支配其标的物,进行使用和收益。用益物权人不仅可以排除一般的人对于其行使用益物权的干涉,而且用益物权人在其权利范围内可以直接对抗物的所有人对其权利的非法妨害。即使是作为用益物权形态的人役权、地役权,它们对一定的主体或需役地而言具有从属性,但这种从属性是从该权利与其主体或需役地的关联性而言的。这种从属性并不否定人役权、地役权自身所具有的独立支配范围和支配方式,不影响它们作为一种独立权利的存在。

基于用益物权的他物权的性质,用益物权还是限制物权和有期限物权。用益物权是一种限制物权,它只是在一定方面支配标的物的权利,没有完全的支配权。即用益物权既要受到法律对于权利(尤其是所有权)的一般限制,又要受到体现在用益物权的设定行为中的所有权人的意志的限制。例如地上权、地役权只限于特定的方面使用他人的土地,而不像所有权那样作为一种完全的权利,是于一种全面的关系上支配标的物的权利。另外,用益物权的限制物权性还有另一层含义,就是用益物权是在他人之物上设定的权利,虽然以他人的所有权为权源,但用益物权实际上是根据所有权人的意志设定的所有权上的负担,起着限制所有权的作用。因此在权利的效力方面,用益物权较之所有权有更优的效力。例如土地所有权人在自己的土地上为他人设定了地上权,则地上权人要优于土地所有权人使用土地。

用益物权还是一种有期限物权。与所有权不同,所有权是没有一定的存续期间而永久存续的物权。用益物权则有一定的期限,在其存续期间届满时用益物权即当然归于消灭。不过,用益物权的存续期间,其表现形式可以是一个确定的期间,如 20 年、70 年,也可以是一个不定期间,此时的用益物权在符合一定的条件时,可以随时由当事人的行为使其终止。用益物权之所以是有期限物权,是因为用益物权是在他人之物上设定的权利,起着限制所有权的作用,如果允许设定无期限的用益物权,则所有权会处于一种有名无实的境地,有损所有权的本质。　　　　　　（钱明星）

youdeng xuanshang guanggao

优等悬赏广告(德 Preisschreiben)　悬赏广告的一种,参见悬赏广告条。　　　　　　　　（肖　燕）

youhui daikuan

优惠贷款(loan on favourable terms)　中央银行或商业银行根据国家政策和本身利益的需要向借款人发放的在条件、利率等方面具有照顾性质的贷款。在中国一般是指低息贷款。优惠贷款主要包括两层含义:一是利率优惠。优惠贷款的利率低于银行贷款的基准利率。二是贯彻国家在不同历史时期的经济发展政策,对某个生产部门、行业或项目在贷款上进行优先照顾。优惠贷款的主要特征是利率优惠。优惠贷款是对借贷和利率杠杆的灵活运用,有助于国家在借贷政策上进行宏观调控。经济体制改革使优惠贷款的作用正逐渐缩小。　　　　　　　　　　　　（邹川宁）

youxian canjia

优先参加(prior intervention)　对于参加竞合,各国票据法规定了相同的解决办法,即赋予某一参加人优先权。就参加竞合赋予某一参加人优先权,称为优先参加。　　　　　　　　　　　　（王小能）

youxiangu

优先股(preference)　对公司享有比普通股优先内容或优先权利的股份,是特别股的一种。特别股与普通股相对应包括两种股份,即优先股和劣后股(后配股)。以普通股为基准,凡比普通股具有优先权的股份为优先股,凡权利不及普通股权利者为劣后股。优先股不直接等同于特别股。优先股具有以下特点:(1) 可优先获得股息,且股息一般固定,不受公司经营状况好坏的影响,表现出债权的性质,是股权债权化的典型表现;(2) 可优先分配公司的财产,当公司破产或解散清算时,优先股的票面值将从公司的剩余财产中优先于普通股受偿;(3)优先股一般无表决权,按照优先股所享有的具体优先权内容的不同,可将优先股分为累积优先股与非累积优先股;参与优先股与非参与优先股。依我国公司法规定,公司可设普通股和优先股,其中优先股为法定累积优先股。 （梁 聪）

youxian maimai

优先买卖(sale with preemption claimant) 存在着先买权的买卖。所谓先买权,系对标的物有优先购买的权利。这种买卖的特点是,出卖人在出卖其标的物时在同等条件下应当优先出卖给有先买权的人,否则其出卖无效。如果出卖人与第三人订立了买卖标的物的合同,其应将合同的内容立即通知先买权人,若先买权人未对出卖人将标的物出卖给第三人表示异议,则可视先买权人放弃了先买权,出卖人与第三人间的买卖合同为有效合同;若先买权人向出卖人主张优先购买标的物,则出卖人应将标的物出卖给先买权人。
（王卫劲）

youxianquan

优先权(preemptire power;法 privilége) 特定债权人基于法律的直接规定而享有的就债务人的总财产或特定动产、不动产的价值优先受偿的权利。其中就债务人不特定的总财产上成立的优先权被称为一般优先权;而就债务人特定动产、不动产上成立的优先权被称为特别优先权。优先权是一项法定担保物权,其效力强大,可以就债务人的全部财产或特定财产卖得的价金优先于其他有担保或无担保的债权而受清偿。优先权旨在破除债权平等原则,赋予特殊债权人以优先于其他债权人而受清偿的权利,以实现债权人之间的实质性平等。优先权是一项极具特殊性的权利,它可以为特定人而设,也可以因特定事而设;可以为债权人的利益而设,亦可为债务人的利益而设。

优先权具有以下特征:(1) 优先权为法定担保物权。优先权的成立系依法律的直接规定,而不容当事人任意创设。其法定性比同为法定担保物权的留置权还要强,何种债权可以发生优先权、优先权的效力以及优先权之间的顺位,都是由法律来明确规定的。(2) 优先权为无须以占有或登记进行公示的担保物权。根据物权公示原则,物权的变动均须公示,始能生效。一般而言,动产物权是以占有作为公示的方法,不动产物权则是以登记进行公示。优先权基于其权利的法定性,既无须登记,也无须占有债务人的财产。法律对优先权种类、内容、顺位的明确规定本身即为优先权的公示方法。(3) 优先权的顺位由法律直接规定。按照法国、日本民法的规定,无论一般优先权,还是特别优先权,不仅对于何种债权可以发生优先权由法律来明文规定,而且这些优先权之间的行使顺序也由法律来明文规定。这与抵押权的顺位依当事人登记的先后而定显然不同,对此根本不存在当事人的意志,体现了很强的立法政策性。

优先权利制度发端于罗马法,最初设立的优先权有妻之嫁资返还优先权和受监护人优先权,罗马法最初设立优先权制度的目的在于保护弱者,维护公平正义和应事实的需要。优先权自在罗马法确立以来,世界各国民法对其继受程度各不相同。法国和日本继受的较多,分别在各自民法典中设专章对优先权(日本民法称之为先取特权)予以规定,并有新的发展,使其成为一项成熟的法律制度。其中,就债务人不特定的总财产上存在的优先权被称为一般优先权,包括诉讼费用优先权、工资和劳动报酬优先权、丧葬费用优先权、医疗费用优先权以及债务人及其家属的日用品供给优先权等。就债务人特定财产上存在的优先权被称为特别优先权,特别优先权又因其客体的不同而分为动产优先权和不动产优先权。动产优先权一般包括不动产出租人优先权、耕地出租人优先权、种子、肥料、农药提供人优先权、动产出卖人优先权、旅店和饮食店主人优先权等;不动产优先权一般包括不动产修建人优先权、不动产资金贷与人优先权和不动产出卖人优先权等。我国民法对优先权未作专门规定,仅在《中华人民共和国民事诉讼法》和《中华人民共和国企业破产法(试行)》中将其作为特殊债权的清偿顺序予以规定,并未确认为一种独立的权利。虽然我国民法没有设立统一的优先权制度,但近年来在特别法中具体优先权制度却呈现出蓬勃发展的势头,继1993年7月1日施行的《中华人民共和国海商法》确立了船舶优先权制度以来,1996年3月10日施行的《中华人民共和国民用航空法》和1999年10月1日施行的《中华人民共和国合同法》分别确立了民用航空器优先权和建筑物承包人优先权。适应实践发展的要求,我国物权立法应设立统一的优先权制度,使我国担保物权呈现抵押权、质权、留置权、优先权并存的局面。 （申卫星）

youxian zhi zhai

优先之债(preferential debt) (1) 法定优先受偿债权,如劳工工资、福利优先权、海事优先权,此类优先受偿权有的国家规定为优先于其他担保物权担保的债权,有的规定其不能优先于由担保物权担保的债权。(2) 普通之债的对称,指因有担保或法律的特别的规定,在与一般债权一并受清偿时,能够获得优先清偿的债权。包括法定优先受偿权、有担保的债权和租税债权等几类。其中有的优先于担保物权,有的仅优先于普通债权,有的与普通债权同其顺序。 （张平华）

youyu qixian
犹豫期限(grace period;法 terme de grace) 法院为体恤债务人,允许其分期给付或缓清偿的期限,又称恩惠期限。犹豫期限并非附期限法律行为中的期限。
(李仁玉 陈 敦)

youbaoxian tiaokuan
《邮包险条款》(Postal Parcel Insurance Clauses) 规定邮包险的专门保险条款。1981年1月1日经中国人民保险公司修订后发布施行。由责任范围、除外责任、责任起讫、被保险人义务、索赔期限五部分组成。适用于国际运输中的邮包保险。本保险分为邮包险和邮包一切险两种。邮包险的责任范围为被保险邮包在运输途中因恶劣气候、雷电、海啸、地震、洪水自然灾害或因运输工具遭受搁浅、触礁、沉没、碰撞、倾覆、出轨、坠落、失踪,因失火、爆炸意外事故造成的全部或部分损失,以及被保险人因采取防止和减少货损的措施而支出的合理费用。邮包一切险则除包括上述邮包险的各项责任外,还包括被保险邮包在运输途中由于外来原因所致的全部或部分损失。除外责任包括:被保险人的故意行为或过失所造成的损失;属于发货人责任所引起的损失;在保险责任开始前被保险邮包已存在的品质不良或数量短差所造成的损失;被保险邮包的自然损耗、本质缺陷特性以及市价跌落、运输迟延引起的损失或费用;邮包战争险条款和货物运输罢工险条款规定的责任范围和除外责任。
(刘凯湘)

youwu he qita baopei zerenxian tiaokuan
《油污和其他保赔责任险条款》(Oil Pollution and other Protection and Indemnity Insurance Clauses) 规定油污和其他保赔责任险的专门保险条款。1976年3月经中国人民保险公司修订并发布施行。其责任范围为:(1)由于被保险船舶漏油或其混合物污染沿海或可能产生严重危险污染沿海,被保险人采取合理措施清除漏油或其混合物而支出的费用以及补偿有关政府清除被保险船舶有任何程度过失所致的漏油或其混合物而合理支出的费用;(2)由于被保险船舶漏油或其混合物造成对第三者的污染损害,被保险人应负责的赔偿;(3)根据法律应予负责的或由于被保险船舶航行或管理上的疏忽或与被保险船舶有关的任何其他疏忽行为或失检而造成的其他的船舶或其财产、任何固定的和浮动的物体、陆地或水的灭失和损坏;(4)根据法律规定被保险人对被保险船只残骸的起浮、清除、破坏,建立标灯或标记所支出的成本费用或者被保险人在法律上应予承担的此类费用,但获救物料与残骸价值应首先自上述费用中扣除;(5)由于被保险人作为海运承运人或其他应由被保险人代负疏忽过失法律责任的人,违反谨慎地装载、收受、配载、承运、保管、照料、卸装及交付货物或财产的应尽义务,或由于被保险船舶不适航和装备不良造成其待装、装运中或已装货物或其他财产的损失;(6)任何法院、法庭或司法当局所判决的应由被保险船舶担负的各项罚款或罚金;(7)被保险人因涉及本条责任或开支或为避免该项责任或开支而支付的费用。除外责任包括:(1)船东的故意行为造成的损失;(2)被保险船舶的船壳和机件的正常维修、油漆费用和本身磨损或锈蚀;(3)中国人民保险公司船舶战争险条款规定的承保责任和除外责任。
(刘凯湘)

youxi biaoshi
游戏表示(德 Scherzerklärung) 表意人基于游戏的目的而作出的意思表示,并预计他人可以认识其表示欠缺诚意,又称非诚意表示。如戏娱性言谈、吹嘘或社交场合出于礼貌的不严肃的承诺。德国民法上的称谓。游戏表示导致法律行为无效。(李仁玉 陈 敦)

youchang falü xingwei
有偿法律行为(德 entgeltliches Geschäft) 行为人双方须为对价的法律行为。所谓对价,是指一方为换取对方提供利益而付出代价。例如,在买卖合同中,买方为获得对方的货物而支付价金,即为对价;而出卖方交付货物,也为对价。须注意的是,对价并非指行为人在经济利益上的绝对等同。
(李仁玉 陈 敦)

youchang hetong
有偿合同(法 contrat a title onereux;德 entgeltlicher vertrag) 无偿合同的对称。指当事人一方取得权利须支付相应的财产代价的合同。这种财产代价可以是金钱,也可以是实物或者劳务等。当事人互为的对待给付,有的是在合同有效成立后就确定的(如买卖合同),有的一方的给付具有不确定性(如保险合同)。有偿合同当事人的义务受当事人之间利益关系的影响,法律对当事人要求有较高的注意义务,当事人应当具有相应的民事行为能力。在债务人有偿转让财产给第三人而有害债权时,只有受让第三人也知道该转让行为有害债权的,债权人才能行使撤销权。无权处分人有偿将财产转让第三人的,第三人受善意取得制度的保护。合同是否有偿一般取决于合同的性质。有的合同只能是有偿的,如买卖合同、租赁合同。有的合同是否有偿决定于当事人的约定,如保管合同,若当事人约定了保管费,则该保管合同就为有偿合同。(郭明瑞)

youchanghun

有偿婚(marriage for consideration) 以支付某种代价作为成婚条件的婚姻,是掠夺婚、赠与婚等无偿婚的对称。有偿婚的具体形式有买卖婚、互易婚和劳役婚等。
(杨大文)

youchang jituo

有偿寄托(paid bailment; 德 entgeltliche Verwahrung; 法 dépôt au titre gratuit) 即有偿保管。无偿寄托、无偿保管的对称。有偿寄托的寄托人应当依约定向受寄人支付约定的报酬。各国法上一般规定寄托原则上为无偿的,只有在当事人特别约定时才为有偿。《中华人民共和国合同法》中规定,寄存人应当按照约定向保管人支付保管费。这里的保管费,并不是保管人为保管货物支出的费用,而是双方约定的报酬。合同法在同条中也明确规定,当事人对保管费没有约定或者约定不明确,依合同的其他条款及交易习惯仍不能确定的,保管是无偿的。
(李成林)

youchang weituo

有偿委托(德 entgeltliche Auftrag; 法 mandat au titre gratuit) 无偿委托的对称。委托人对受托人处理委托事务而支付报酬的委托。有偿委托的受托人为委托人处理事务,依约收取一定报酬。依法律一般原则,委托合同是无偿的,但如果双方当事人有约定,也可以收取报酬。有偿委托的受托人的责任重于无偿委托受托人的责任。依《中华人民共和国合同法》规定,有偿的委托合同,因受托人的过错给委托人造成损失的,委托人可以要求赔偿损失。
(李成林 郭明瑞)

youchou goumaizhe

有酬购买者(purchase for value) 为购买财产或货物而受有报酬的人。
(郭明瑞)

youdanbao gongsi zhai

有担保公司债(secured debenture) 无担保公司债的对称。以公司财产作为偿还公司债本息的担保而发行的公司债。此种公司债的发行会使认购者提高信心,增加发行量。有担保公司债如果公司到期不能还本付息,债权人有权自由处分公司提供的担保财产并优先受偿,对债权人提供保障方面,有担保公司债优于无担保公司债。发行有担保公司债容易为大众所接受,但发行有担保公司债太多会影响其他债权人和公司的利益,法律对发行有担保公司债的数额设有限制,最高限额不得超过公司现有全部资产减去全部负债及无形资产后的余额。在实务中,有担保公司债主要有抵押债券、保证债券和设备债券等。抵押债券是通过抵押或留置公司的财产为担保而发行的债券,如公司不能依约还本付息,公司债的债权人有权变卖公司的抵押物或留置物,并从中取回本息。保证债券是由一个公司发行由另一个公司或其他主体保证到期支付本息的债券,较常见的是由子公司发行由母公司予以保证的有价证券。当发行公司债的公司到期不能还本付息时,保证人承担连带的清偿责任。设备债券是以购买机器设备为目的,并以该设备为担保,在公司支付债券的本息后,设备所有权归属于公司的一种债权凭证。
(梁聪)

youfuquan hunyin

有夫权婚姻(拉丁 matrimonium cum manu) 按照罗马市民法规定的方式而成立的婚姻,亦称正式婚。这种婚姻仅适用于具有结婚资格或结婚权的罗马市民。罗马法学家认为婚姻是一男一女的终身结合,发生神事和人事的共同关系,这种婚姻是以家族利益为基础,以连续血统、祭祀祖先为主要宗旨的。妻因缔结正式婚而归顺于夫权,成为夫权或家父权支配下的家庭成员。有夫权婚姻的结婚方式分为三种,即共食婚、买卖婚和时效婚。按照罗马市民法的规定,处于夫权下的妻仅具有与女儿类似的法律地位,甚至同养子女一样发生人格小减等的后果。夫有惩戒其妻的权力;妻致人以损害时,夫可将其引渡与他人,以免除自身的责任。妻的婚前财产和婚后所得的财产,均归夫所有。夫妻人身关系和财产关系的不平等性十分显著。离婚权主要属于夫方(早期还有家父),妻方则受到种种限制。
(杨大文)

youfuqin

有服亲(you fu qin) 无服亲的对称。又名服内亲,即按照丧服制度的规定对死亡者应守服制的亲属范围。在我国古代,服制的范围就是亲属的范围,服制的轻重也就是衡量亲属关系亲疏远近的标准。封建社会以父系为重,因而有服亲的范围主要是自高祖以下直至玄孙的九个世代,通称本宗九族。在此范围内所有直系和旁系的男性成员及其配偶,未嫁或被"出"而返的女性,都是有服亲属。凡有死亡者,服内亲属就要为之服丧。亲者服重,疏者服轻,依次递减,《礼记·丧服小记》所谓"上杀、下杀、旁杀"就是上下左右依次递减服制等级的意思。而母系亲为外亲,关系疏薄,所以上至外祖父母,旁至母之兄弟姊妹(舅、姨),下至舅表、姨表兄弟,仅有缌麻之服。《仪礼·丧服》曰:"外亲之服皆缌麻也。"妻亲之中有服者仅限于岳父母,妻子的其他亲属均无服制。
(张贤钰)

youguan haishang yunshu youdu youhai wuzhi de zeren he sunhai peichang de guoji gongyue

《有关海上运输有毒有害物质的责任和损害赔偿的国际公约》(International Convention on Liability and Compensation for Damage in Connection with the Carriage of Hazardous and Noxious Substance by Sea, 1996) 简称《HNS公约》，是第一个关于有毒有害物质污染损害赔偿的国际立法，也是首次对有毒有害物质的含义作出明确规定的一个国际公约。该公约由国际海事组织法律委员会在1995年4月召开的第72届法律委员会会议上审议并通过。公约从酝酿到审议通过颇费周折。早在20世纪60年代末发生"Torrey Canyon"案件时，人们就对海运过程中有毒有害物质溢漏造成环境污染问题予以关注。并于1982年2月，在国际海事组织法律委员会第47届会议上，审议并企图通过《HNS公约》草案，但因对其中主要问题，各国代表未能达成共识而搁浅。直到1987年4月，才在国际海事组织法律委员会召开的第59届会议上，重新对《HNS公约》草案的一些重要问题进行讨论和研究，并最终在1995年4月召开的第72届法律委员会会议上，审议并通过。1996年4月15日至5月3日，国际海事组织在总部伦敦召开了外交大会。会议最终通过了《HNS公约》，并在1996年10月1日至1997年9月30日在伦敦开放并供签字，此后继续开放供加入，目前尚未生效。该公约一共是5章54条，分别对有毒有害物质(以下简称HNS)的定义、损害的含义、公约适用的范围、船舶所有人责任限制、强制保险、基金的设立与赔偿、摊款、生效条件等主要内容做了规定。同时，《HNS公约》还建立了一种新的赔偿机制——双层赔偿机制，类似于处理油污责任的1969年《国际油污损害民事责任公约》和1971年《设立国际油污损害赔偿基金国际公约》的赔偿制度，但《HNS公约》的不同之处在于将两层赔偿机制包括在一个公约内。之所以作出这样的规定是吸取了1969年《国际油污损害民事责任公约》和1971年《基金公约》的经验教训：如许多国家仅参加1969年《国际油污损害民事责任公约》及其议定书，就不能很好地发挥作用，不利于污染受害方获得充分的赔偿。另外《HNS公约》采用这样一种新的赔偿机制，还便于协调两层赔偿机制的赔偿限额之间的关系。《HNS公约》还有一个最大的特点就是船舶所有人赔偿责任限额有较大幅度提高。与《1969年国际油污损害民事责任公约的1992年议定书》和《1976年海事赔偿责任限制公约》相比，《HNS公约》的赔偿额要高得多。在充分考虑了通货膨胀、货币贬值等诸多因素以外，《HNS公约》的规定更具有前瞻性，与油污发展的趋势也相吻合。

you guoshi zhanyou

有过失占有(negligent possession) 无过失占有的对称。占有以占有人有无占有的权源可分为有权占有和无权占有，无权占有以占有人对其没有权源在主观上是否知情又可以区分为恶意占有和善意占有，善意占有又可因善意占有人有无过失而进一步区分为有过失占有和无过失占有。有过失占有，是指占有人因其过失致使其对占有没有权源不知情而成立的占有。

(申卫星)

youjia zhengquan

有价证券(securities) 有价证券有广狭二义。狭义的有价证券，指证券券面所表示的有财产价值之私权(财产权)，与其证券本身有不可分离的关系，让与或者行使证券所表彰之权利时，权利人须持有证券，方能生效者。换言之，证券上所记载的财产权，与证券本身已然是一而二，二而一的关系，两者相依为命，以至于行使权利须提示证券，移转权利须交付证券，非交付证券则其权利不能移转，非提示证券则其权利不能行使。而且权利之范围，及行使权利之要件，一律以证券上所载之文字为准。证券本无财产价值，全因有价值的财产权化体为证券，故成为有价之证券。例如无记名证券、票据及股份有限公司之无记名股票是。

有价证券具有以下特点：(1)有价证券是财产权证券，区别于其他的权利证书。私法上用于记载一定的法律事实或法律关系而有证明作用的文书、书据或票证，谓之证书(其证明力因公证书与私证书而有强弱)。其中只有记载私人的财产权的书据，方为证券。从而其他记载非财产权利的出生证、结婚证等证书，与有价证券无关。(2)有价证券虽也具有证明作用，但与狭义的(单纯的)证据证券不同：有价证券除有证明作用外，又是行使权利的必要工具。在单纯的证据证券，即使记载了某种财产权，也只有证明作用，只是从权利本体以外来证明权利的存在，其券与所载的权利无关，换言之，证券的有无、存否，并不能直接决定当事人间实体权利之存否。如负债证券(即债权证书)纵毁灭，债权人仍有权利请求债务人给付并受领之。于债权存否有争议时，只要能以其他证明手段证明即可，不是非有负债证券不可。而在有价证券，证券与权利紧密结合，有券斯有权，权为券上权，在权利行使或让与时，券不离权，权不离券，证券本身即足以证明权利之存在。只有经过法定程序除去券上权利的，有价证券始回复为无价证券。(3)有价证券与设权证券不同，彼此乃交叉关系。法律上权利之发生，以不要式为原则。但有些权利却只能依证券而发生，因此，证券之作成对于这些权利的生成实乃必要条件。这种证券谓为设权证券，与之相对者则为宣言证券，例如遗嘱，以及记载不动产物权之移转或设定之书面是。设权证券记载的权利并不都是可移转的权利，甚至并不都是财产权利，故设权证券不必是有价证券。而在有价证券，权利与证券之关系，不以权利之发生、行使、移转三部分均与证券相结合为必要，只要有一部分与证券结合即可。惟一部分与证券结合者至少须权利移转之部分与证券结合始可，否则，若权利之移转不与证券结合，纵其他两部分与证券结合，亦非纯正的有价证券。因为有价证券的特色乃注重流通，而移转为流通之手段，为此，须使无形之权利有体化，便于识别，又须使权利之移转与证券结合，则可助长流通之机能，因而若权利之移转可以不与证券结合，有价证券之特色则失之太半矣。有价证券既重在流通，因此可以不问权利如何发生，只问权利将如何而得流转，从而附体于证券上之财产权利多多益善，不必自限于依券而生之少数权利，事实上大部分有价证券都不是设权证券，如股票、公司债券、提单、仓单等。不过，若干有价证券（如票据）因同时兼具设权证券之性质，学理上称为完全有价证券，故其券上权利之发生、保有、移转以及行使，均与证券不可分离，此其既区别于其他不完全有价证券，也不同于一般的设权证券处也。(4) 金券、邮票、印花、纸币等，标明一定金额，只能为一定目的而使用，证券与权利密切结合不可分。这些证券本身就是财产，本身就有价值，与为表彰特定之财产权所作成有价值之证券不同。

在广义的有价证券，债权人对于债务人须以证券证明其确系正当之权利人。例如银行之存折，银行只能凭存折付款于存折持有人，不问其人有无合法之权利，银行即因此免责。在广义之有价证券，券上所载权利之行使，固须以证券之提示为必要，但权利之存在或移转，并不与证券本身有不可分离之关系。故其与证据证券极为相似，所不同的是，一则必具财产上之价值，而一则无此必要。也有学者将此种广义的有价证券称为有价证券之免责证券，以与非有价证券之免责证券相区别。

有价证券的分类 (1) 依证券上权利之利用与证券占有关系之程度，有价证券分为完全有价证券与不完全有价证券。证券权利的发生、移转和行使三点都以证券的占有为必要者，为完全有价证券，又称绝对的有价证券，如票据。只有证券权利的移转或行使以证券之占有为必要，而证券权利的发生不以作成证券为必要者，为不完全有价证券，又称相对的有价证券。如股票、公司债、仓单等。(2) 依证券上所载权利为标准，分为债权证券、物权证券及社员权证券。债权证券，即有价证券上所记载者系一债权。此项债权，有时系金钱债权（即金钱证券），例如汇票、本票、支票、公司债等。有时系物品债权（即物品证券），例如仓单、载货证券。此外，还有有价证券之证券及服务证券。物权证券，即有价证券上所记载者系一物权，例如抵押证券。纯粹的物权证券在我国还没有。提单、仓单虽是债权证券，但因一定条件下，这种证券的交付，往往在法律上视为与物的交付具有相同的效力，所以也有学者以之为兼有物权证券的性质。社员权证券，即有价证券上所记载者，系一种社员权利，如股份有限公司之股票。(3) 依是否以证券上权利之原因为标准，可分为要因证券与不要因证券。(4) 以券上所记载之人为标准，有价证券可分为记名证券、指示证券、无记名证券。(5) 以证券之给付人为标准，分为自付证券与委托证券。前者为证券发行人自己为给付者，如仓单、提单、无记名证券、本票。后者乃委托他人为给付者，如指示证券、汇票、支票。(5) 依有价证券所记载之权利人为标准，有价证券得分为记名证券、指示式证券和无记名证券及选择无记名式证券。

我国目前有价证券的品种越来越多，而有关法律法规所调整的只是其中的一部分。例如，《中华人民共和国证券法》调整的证券限于资本证券，其基本形式为股权证券（如股票、证券投资基金券等）和债权证券（如公司债券、金融债券、政府债券），将来由国务院依法认定的其他证券，也属于证券法的调整范围。证券法主要是对股票、公司债券的交易和有关行为作出规定：股票、公司债券之发行依照《中华人民共和国公司法》的规定，《中华人民共和国公司法》未规定的，适用证券法；政府债券、金融债券、证券投资基金券等证券的发行和交易，则由其他法律、行政法规规定。票据包括汇票、本票及支票，由《中华人民共和国票据法》调整。仓单由《中华人民共和国合同法》（第386条以下）调整。提单则由《中华人民共和国海商法》（第四章第四节）调整。而涉及有价证券上设定担保时，主要有《中华人民共和国担保法》关于权利质押的规定，以及《中华人民共和国信托法》的规定（涉及到本质上为自益信托的担保信托）。

(张 谷 梁 鹏)

youjia zhengquan suoyouquan
有价证券所有权(ownership of securities) "有价证券"一词是由德国学者创造的，现在为大多数大陆法系国家所采用。我国也从日本引进了这一词语。《瑞士民法典》第5编（《债务法》）第965条把有价证券定义为："有价证券是一切与权利结合在一起的文书，离开文书即不能主张该项权利，也不能将之移转于他人。"这是大陆法系国家的一个典型定义。

从有价证券的基本属性看，它是设定并证明某项财产权利的凭证，行使该财产权利以持有证券为必要。在现实生活中有价证券的种类极多，例如票据（汇票、本票、支票）、提单（陆上运输提单、海上运输提单、空中运输提单）、股票、仓单、债券（公司债券、金融债券）、交通票证(车票、船票、机票)、影剧票等。

有价证券与证书不同。证书是记载一定法律行为或其他法律事实的文书,其作用仅仅在于证明这种法律行为或其他法律事实的存在,例如出生证书、死亡证书、借据等。这种证书的存在与否并不能直接决定实体法律关系存在与否,也不能直接决定当事人间权利或义务的有无,例如,债权人可以凭借据向债务人索还借据载明的款项,如果债权人将借据灭失,可以用其他办法弥补,如有其他证据证明债权的存在时,债权人仍然可以实现其权利。而证券则不同,证券不仅记载一定的权利,证券本身就代表一定的权利,而不仅仅是证明权利的存在。证券的存在与否与权利的存在与否有密切的联系。对此可以从以下两点来说明:第一,有价证券是设定并证明财产权利的,财产权利就体现在证券上,权利与证券具有不可分的性质。离开证券,权利也就无所依附。第二,权利的行使与证券的持有必须一致,即证券是实现其表示的权利所必须持有的。不持有证券,就无法行使证券所表示的权利。

有价证券使财产权利表示于证券之上,权利人只要持有证券就可以行使权利。义务人不必去辨认权利人,只须辨认"持有证券的人"就可以对之履行,方便至极。同时,由于权利与证券的结合,证券的让与即发生权利让与的效力,证券的让与又极为方便,避免了一般的债权移转和债务承担的麻烦,满足了现代经济社会迅速流通的要求。而且,将权利表现在证券上既便于大规模、公开地向公众发行,如债券、股票,也可以得到持久而稳定的信用。

严格地说,有价证券一词有两层意义,其一是指具有一定形式并表示一定财产权利的凭证,它是以财产权利为内容;其二是指权利的载体,它又是一种物。因此,有价证券上的权利的特点在于它是由两种权利组成的,即对于物质形态的证券(一张纸)的所有权和证券所表示的权利。这两种权利结合在一起,人们往往会注意到证券所表示的权利而忽视证券的所有权。

证券所有权是所有人对其所有的证券所享有的独占性支配的权利。这种所有权的性质和内容,与其他物的所有权都是一样的,所有人可以对其证券进行占有、使用、收益和处分,并可排除他人的非法干涉。在其证券所有人受到他人的不法侵害时,所有人可以享有物权请求权和债权请求权。 (王轶)

youjia zhengquan xintuo
有价证券信托(securities trust) 以有价证券为信托财产、并以使受托人将管理或运用该项财产所取得的收益交付给委托人或者其所指定的其他人为内容的信托。这种信托,作为其中的信托财产的有价证券,通常仅是那些为法律所允许进入证券交易所进行交易的有价证券。这种信托为各国、各地区信托法确认的一种信托品种,属于典型的营业信托。这种信托可以划分为管理有价证券信托与运用有价证券信托。管理有价证券信托是由委托人出于将有价证券交给受托人管理之目的设立的信托。由于有价证券是一种书面凭证,因而对它的管理仅以妥善保管为内容。在这种信托存续期间,受托人对作为信托财产的有价证券,虽负有保管义务,却仅享有按期向有关的义务人索取由该项证券所生收益的权利,而并不享有运用该项证券的权利。可见这种信托中的受托人,实际上仅仅是作为委托人的保管人与代理人而存在(代理在这里是指代委托人向义务人索取有价证券所生收益)。运用有价证券信托是由委托人出于将有价证券交给受托人运用之目的设立的信托。对有价证券的运用,主要是通过将这种证券作为贷款出借给借用人或者将它用于质押或抵押等方式进行。在这种信托存续期间,受托人对作为信托财产的有价证券,在负有保管义务的同时,既享有按期向有关的义务人索取由该项证券所生收益的权利,又享有能动地运用该项有价证券并因此而取得收益的权利。可见这种信托中的受托人,既是委托人的保管人与代理人,也是其事实上的受托人。

为了对有价证券信托进行规范和调整,一些国家的信托法已确立起一些规则。这些规则主要涉及到受托人取得运用有价证券的权利的方式、法院对这一运用所拥有的权力以及管理有价证券信托中的受托人对该项证券的运用的效力等方面。例如,美国信托法对有价证券信托所持的态度便在一定程度上体现了这些规则。这一态度在内容上包括下列各点:(1)关于将作为信托财产的有价证券用于出借、质押或抵押的权利一般应当以明示方式授予受托人,但这一权利有时也可以默示方式授予该人;(2)法院拥有命令或禁止对作为信托财产的有价证券进行质押或抵押的权力,并且法院行使这一权力可以不受信托文件的有关条款的约束,但法院一般应当批准关于该项证券的质押或抵押,只要它是由受托人出于保存该项证券或者使之具备更好的管理条件之目的而进行,而并不是由该人出于使其能够以此来参与新的商业计划或者带投机性质的投资之目的而进行;(3)如果受托人并不享有将作为信托财产的有价证券用于质押或抵押的权利,由其所为的对该项证券的质押或抵押无效,但如果其因此而取得的借款已经被运用于增加该项有价证券的价值或者为了受益人的利益而被运用于其他方面,出借人对该项证券依法享有质权或抵押权。 (张 淳)

youpeiouzhe yu taren tongju
有配偶者与他人同居(one who has a spouse to cohabit with another person of the opposite sex) 有配偶

者与婚外异性,不以夫妻名义,持续、稳定地共同居住。现实生活中一些违反一夫一妻制的消极现象表明,为了坚持一夫一妻原则,保护公民的婚姻权益,法律上仅有禁止重婚的规定是不够的。如果有配偶者又与他人结婚,或者与他人以夫妻名义同居生活,自可按重婚处理。但是,某些有配偶者规避法律,在"包二奶"或从事与此类似的违法行为时,并不是以夫妻名义同居生活的,对此也应采取必要的法律对策。2001年修正后的《中华人民共和国婚姻法》在第3条第2款中增设了禁止有配偶者与他人同居的规定,从而在法律上增强了保护婚姻家庭,维护一夫一妻制的力度。在《婚姻法》第3条第2款中,禁止重婚和禁止有配偶者与他人同居是同时并提的,因此,有配偶者与他人同居显然是指那些其性质不属于重婚的非法同居关系。在认定有配偶者与他人同居时,既要注意它与重婚的区别,也要注意它与通奸等婚外性关系的区别。《婚姻法》还在相关的条款中规定了有配偶者与他人同居的民事后果、民事责任(第32条第3款、第46条)。 （马忆南）

youming hetong
有名合同（德 benannte Vertrage） 又称典型合同。无名合同的对称。指法律上已经确定了特定名称的合同。其特点在于已经形成统一的规则,为法律所确认并赋予特定的名称。对于有名合同,法律规定有统一的规则,为当事人订立合同提供了便利。但法律对有名合同的规制主要是规范合同的内容,并非代替当事人订立合同。当事人订立有名合同,也须具体商定合同的内容,只是对于当事人未约定的事项,可以直接适用法律关于该有名合同的有关规定。《中华人民共和国合同法》中规定的如买卖合同、供用电(水、气、热力)合同、赠与合同、借款合同、租赁合同、融资租赁合同、承揽合同、建设工程合同、运输合同、技术合同、保管合同、仓储合同、委托合同、行纪合同、居间合同等15类合同,以及其他法律中规定的合同(如《中华人民共和国保险法》中规定的保险合同、《中华人民共和国担保法》中规定的保证合同、质押合同、抵押合同等等)都属于有名合同。 （郭明瑞）

youqixian wuquan
有期限物权（right in rem of limited terms） 有一定存续期间的物权。如我国民事立法上认可的土地使用权、土地承包经营权、典权、抵押权、质押权、留置权等。
（王 轶）

youquan daili
有权代理（德 berufene Vertretung） 无权代理的对称。基于代理权限所发生的代理为有权代理。
（李仁玉 陈 敦）

youquan zhanyou
有权占有（拉丁 Iusta possession;德 rechtmaessier Besitz） 无权占有的对称。也称正权源占有,是指具有法律上原因的占有。该法律上的原因,学说上称之为本权,本权既可以是物权也可以是债权。如所有人、地上权人、典权人、质权人、承租人、借用人、保管人等对物的占有,乃是基于所有权、用益物权、担保物权、租赁权和借用合同、保管合同等产生的债权而进行的占有,故为有权占有。除了物权和债权可以作为占有的本权外,基于其他法律关系而产生的权利,也可以成为占有的本权,如父母对未成年子女特定财产所享有的管理权,也可以成为其占有子女特定财产的本权。
（申卫星）

youti yichan
有体遗产（corporeal hereditament） 无体遗产的对称。又称为有形遗产,是死者遗留的具有一定形体占有一定空间而可被触觉到的财产,如房屋、林木、家禽等。有体遗产源于罗马法中的"有形体物"概念,查士丁尼的《法学总论》称有形体物是按其性质能被触觉到的东西。在继承制度的历史发展过程中,有体遗产一直是遗产的主要构成部分,我国继承法也详细列举了有体遗产的种类,如公民的收入、房屋、储蓄、生活用品等。有体遗产在分割方法上,按《中华人民共和国继承法》第29条的规定,"应当有利于生产和生活需要,不损害遗产的效用。不宜分割的遗产,可以采取折价、适当补偿或者共有等方法处理"。在分割的程序上,按《继承法》第15条的规定,"遗产分割的时间、办法和份额,由继承人协商确定。协商不成的,可以由人民调解委员会调解或者向人民法院提起诉讼"。 （常鹏翱）

youtiaojian yizeng
有条件遗赠 参见附条件遗赠条。

youxizhai
有息债（debenture with interest） 即"息票公司债",指付息时剪票支付的公司债。此种公司债的息率和付息日期在发行时确定并载入债券中,到期后按息率向债券持有人支付公司债的利息。付息方法因公司债的种类不同有差异:(1)记名公司债利息采取向公司寄发债券的方式出示债券,公司通过银行汇兑或现金交付方式向记名债券人支付其名下公司债的利息。(2)无记名公司债利息支付是剪息票,即债券持有人在规定的付息日期,从债券上剪下息票,到规定的付息机构如受托银行等处换取利息。息票是附印于债券上的利息票券,是有息债券定期支付固定利息的依据,可与债券分离独立转让和流通,无记名公司债的债权可以与利息支付请求权分离。(3) 参加公司债付息除取得固定利息,债券持有人在公司股利分配超过债券利率时,有权取得一定比例债券增加的利息,这部分利息的支付也属公司债的付息。各国发行的债券大部分是有息债。有息债券发行与贴现债券不同。贴现债券从债券面额中将债息先行扣除,以低于债券面额的价格发行,到期按票面额偿还,票面额与发行价差即为应支付的利息。有息债券在发行时以票面额为基本发行价格,再根据市场利率水平适当微调,债券利息按照预先规定的支付次数和支付日期支付,支付凭证为息票。

(施余兵)

you xiaci de yisi biaoshi

有瑕疵的意思表示(德 Willensmangel) 由于他人的不当干涉,使意思表示存有瑕疵,亦称不自由的意思表示。对于有瑕疵的意思表示,依《中华人民共和国民法通则》的规定,主要包括欺诈、胁迫、乘人之危。对此,表意人可撤销其有瑕疵的意思表示的民事行为。

(李仁玉 陈敦)

you xiaci de zhanyou

有瑕疵的占有(拉丁 possessio vitiosa; 德 fehlerhafter Besitz; 法 possession vicieuse) 无瑕疵占有的对称。根据无权占有是否具有瑕疵,无权占有又可再分为无瑕疵占有和有瑕疵占有。有瑕疵占有,是指对于占有物以恶意、有过失、强暴、隐秘或不继续占有中任何一种方式进行的占有。

(申卫星)

youxian baozheng zhaiwu

有限保证债务(limited debt of guaranty) 无限保证债务的对称。指其范围与主债务不完全相同的保证债务。保证债务范围可以包括主债务、利息、违约金、损害赔偿金和实现债权的费用。如果保证合同当事人在保证合同中对保证债务的范围加以限制,仅对其中的一项或几项为担保,则成立了有限保证债务,保证人仅对其所承诺内容承担保证义务,有限保证债务不仅可以是对主债务人某一项义务(如清偿主债务义务、支付利息义务)为保证,也可以是对某一项义务限定一定的比例或者数额为保证。同时,有限保证债务还可以是不分具体项目,只对主债务人的各类债务总和,部分地为一定比例或一定数额的保证。无论采取何种方式限定保证债务,只要保证债务范围与主债务不同,均成立有限保证债务。当然这种不同均是以保证债务的范围小于主债务范围的形式而表现出来的,否则,则违反了保证债务的从属性的规定,超出的部分无效。

(奚晓明)

youxian gongsi biangeng

有限公司变更(alternation of limited company) 有限公司依法成立后,在其存续期间,依照法律和行政法规的规定,改变其诸构成要素的法律行为。这些构成要素包括有限公司名称、住所、法定代表人、组织机构、公司形式、注册资本、股东、经营范围、营业期限和公司章程等。依其变更内容重要程度的不同,有限公司的变更可分为一般变更和重大变更。前者指有限公司名称、住所、法定代表人、组织机构、注册资本、经营范围、营业期限和股东的变更;后者则包括有限公司的合并、分立和组织形式的变更。

(陈耀权)

youxian gongsi biangeng dengji

有限公司变更登记(registration of alteration of limited company) 有限公司成立后,所登记的事项发生变化时,在国家公司登记机关所进行的相应登记。引起有限公司登记事项变更的原因,如公司发生合并、分立,公司变更注册资本,以及股东增减等。依《中华人民共和国公司登记管理条例》之规定,有限公司申请变更登记的事项有:有限公司名称;住所;法定代表人、董事、监事、经理和股东;注册资本;经营范围和公司章程等。有限公司申请变更登记,应向公司登记机关提交下列文件:有限公司法定代表人签署的变更登记申请书;依照《中华人民共和国公司法》作出的变更决议或者决定;公司登记机关要求提交的其他文件。另外,有限公司变更登记事项涉及修改公司章程的,还应当提交修改后的公司章程或章程修正案。有限公司变更登记事项,必须向原公司登记机关申请变更登记;依法需经公告的,还必须进行公告;未经核准变更登记,有限公司不得擅自改变登记事项。我国《公司法》规定,公司登记事项发生变更时,未按本法规定办理有关变更登记的,责令限期登记;逾期不登记的,处以1万元以上10万元以下的罚款(第225条)。

(陈耀权)

youxian gongsi chuzi jiaona

有限公司出资缴纳(pay the contribution to capital of limited company) 有限公司股东按照法律和公司章程的规定向公司缴纳出资的义务。有限公司的出资,应以财产出资为限,不得以劳务或信用出资。《中华人民共和国公司法》规定,有限公司股东的出资方式包括货币、实物、工业产权、非专利技术、土地使用权等。各国对有限公司资本缴纳制度的规定有所不同,中国原则上采取法定资本制,除外商投资的有限责任公司外,股东必须在公司设立时全部缴纳其出资,不得在公司成立后分期缴纳。股东以货币出资的,应当将货币足额存入准备设立的有限公司在银行开设的临时账户;以实物、工业产权、非专利技术、土地使用权等作价出资的,应当依法办理其财产权的转移手续。股东全部缴纳出资后,必须经法定的验资机构验资并出具证明。股东的出资缴纳必须在法定或约定期限内完成,逾期没有履行出资义务的,应当向已足额缴纳出资的股东承担违约责任。有限公司成立后,如发现作为出资的实物、工业产权、非专利技术、土地使用权的实际价额显著低于公司章程所定价额,应由交付该出资的股东补交其差额,公司设立时的其他股东对其承担连带责任。

(吕来明 刘 娜)

youxian gongsi de chuzi shezhi
有限公司的出资设质(establishment of pledge of limited company capital) 有限公司的股东以其出资额对自己或他人的债务提供担保,在其股权上为债权人设定质权的行为。在债务人不履行债务时,债权人有权依法以折价或变卖、拍卖质押股权的价款优先受偿。有限公司的出资设质不是对股东的出资财产所设定的质权,而是对股东所享有的股权进行质押,属于权利质押。《中华人民共和国担保法》规定,有限公司的股份出质,适用公司法关于有限公司股份转让的规定。股东向同一公司中的其他股东以股权设质不受限制,但股东向以外的人以股权设质,必须经全体股东过半数同意。有限公司出资设质的质押合同自股权出质记载于股东名册之日起生效。质押合同生效后,质权人对股权享有质权,具体内容包括:(1)在质押合同的有效存续期间,未经质权人书面同意,出质人不得在出质股权上设置任何担保,更不得转让和处分股权。(2)出质人应当按照质权人的要求提供股权所在公司的经营和财务资料,并按照质权人的要求提供有关股权的一切情况。(3)对出质人行使股权权利的限制。在质押合同的有效期间,出质人行使股东权利,即行使重大决策和选择管理者等权利时,应事先取得质权人的同意,未经质权人同意,出质人不得行使股东权利。(4)对股权法定孳息拥有收益权。质权人行使其权利的途径主要有:取得股权产生的全部收益;取得股权用以偿还债务;质权人和出质人可以协商将出质股权折价给质权人,用以直接偿还债务;从股权变卖、转让的价款中优先受偿。

(吕来明 刘 娜)

youxian gongsi de gudan
有限公司的股单(share certificate of limited company; 德 Geschäftsanteilschein) 又称出资证明书,有限公司成立之后向股东签发的出资的凭证。股单在性质上属于证明文书,不是有价证券,不得转让、质押。股单具有证明股东资格和权利义务的效力,但股单的丧失,股东资格或权利仍存在,股东有权要求公司补发股单。股东转让其出资时,公司应收回股单,进行股单记载事项的变更,并将股单交付给受让人。股单应记载下列事项:公司名称;设立登记的年、月、日;公司注册资本;股东的姓名或名称、缴纳的出资额和出资日期,自然人股东姓名必须为其本名,政府或法人为股东的,应记载政府或法人的名称,不得另立户名或仅写代表人的姓名;编号和核发日期。股单应由公司盖章。

(吕来明 刘 娜)

youxian gongsi de gudong
有限公司的股东(shareholders of limited company) 向有限公司出资,并依法享有权利、承担义务的人。有限公司的股东必须符合法律规定的数量,在中国,普通有限公司的股东人数为2人以上50人以下,国有独资公司的股东数量为一个,外资企业也可以设立一个外商单独出资的有限公司。除法律另有规定外,有限责任公司的股东范围原则上不受限制,既可以是自然人、法人,也可以是国家。国家作为有限公司的股东,需由授权的投资机构或部门作为代表,中外合资经营企业、中外合作经营企业的股东,须由中国境内的投资者和境外(包括中国台湾地区、香港地区、澳门地区)投资者共同作为股东,外资企业只有境外投资者才能成为股东。另外,除国家授权投资的机构外,党政军机关不能为有限公司股东。股东之间在签订协议、制订章程时产生相应的权利义务,股东的资格在办理公司登记时确定,股东资格的对外效力以登记机关的登记为准。签订股东协议并在章程上签字、履行了出资义务的股东未在登记机关登记时,有权要求更正登记。未在章程上签字、无意成为股东的人被登记为股东时,不承担股东的权利义务。

(吕来明 刘 娜)

youxian gongsi de gufen
有限公司的股份(share of limited company) 有限公司的股东基于出资在公司中拥有的权利份额。各国公司法对有限责任公司的股份制度的规定不尽相同。德国《有限责任公司法》采取单一股份主义。指有限公司的全部资本并不划分成均等的股份,每个股东只能认购一份出资,但其数额可以不同。采取单一主义时,对于股东在公司资本中所占有的份额通常被称为有限公司的出资,出资是与股份相当的一个概念。法国《公司法》和日本《有限公司法》采取复数股份主义,各股东认缴出资时,可以认缴一份,也可以认缴多份,每股的出资额应当均等,即将全部资本划分为均等的股份。但采取复数主义时,有限公司的股份与股份有限公司的股份仍有性质的差别。有的国家采用不同的术语来区分"出资"和"股份"的差别。如日本称出资为"持份"出资或"持份"证明书,是不可流通的股单;称股份则为"株式"股份,是可流通的股票。不论采取单一主义还是复数主义,股东在公司中拥有的权利份额均依据出资数量的多少确定。《中华人民共和国公司法》采取的是单一股份主义,直接以出资额确定股东的权利份额,并不将股份划分为均等份额。 （吕来明 刘娜）

youxian gongsi de sheli
有限公司的设立（establishment of limited company） 按照法定的条件和程序创建有限公司,使公司取得法人资格的行为。有限公司的设立原则一般采取准则设立主义。在中国,除法律、行政法规特别规定设立有限公司需要报经行政审批的以外,有限公司的设立也采取准则主义。各国公司立法大都对有限公司的设立条件作了明确规定,《中华人民共和国公司法》第19条规定,设立有限公司,应当具备下列条件:股东符合法定人数;股东出资达到法定资本最低限额;股东共同制定公司章程;有公司名称,建立符合有限责任公司要求的组织机构;有固定的生产经营场所和必要的生产经营条件。

有限公司设立的基本程序是:订立股东协议;股东制订公司章程;股东缴纳出资;选举或确定公司机关;申请设立登记。法律、行政法规规定必须报经审批的,在申请设立登记前应依法办理审批手续。根据中国相关法律与行政法规规定,设立外商投资的有限责任公司、商业银行、金融性公司、邮电、通讯、新闻、出版、铁路、航空、烟草等行业的公司,需要报经审批。在中国,国有企业改组为有限公司时,除经过有限公司设立的一般程序外,还应经过以下程序:国有企业改组为国有独资公司或多个股东的有限责任公司,均须经企业资产原先的管理部门或经授权的其他政府部门批准,经批准改组为公司的,应根据国有资产管理部门的规定,办理资产评估、验证、产权界定手续。有限公司设立成功,公司取得法人资格,股东的共同出资转化为公司的整体财产,出资者所有权转化为股权。公司通过其机关对外开展经营活动,自主经营管理,依法享有民事权利并承担民事义务。 （吕来明）

youxian gongsi de zhangcheng
有限公司的章程（charter of limited company） 由全体有限公司股东共同订立和签署的记载公司组织规范及其行为准则的书面文件。制定公司章程是设立有限公司的必要条件,股东制定章程应当在章程上签名、盖章。章程体现着全体股东的共同意志,一经制定,对公司、股东、董事、监事、经理均具有约束力。公司的经营管理活动不能违反公司的章程。《中华人民共和国公司法》第22条规定,有限责任公司的章程应当载明下列事项:公司的名称和住所;公司经营范围;公司注册资本;股东的姓名或名称;股东的权利和义务;股东的出资方式和出资额;股东转让出资的条件;公司的机构及其产生办法、职权、议事规则;公司的法定代表人;公司的解散事由与清算办法;股东认为需要规定的其他事项。根据章程内容对章程效力的影响,章程记载的事项分为绝对必要记载事项、相对必要记载事项、任意记载事项三类。公司可以修改章程,修改章程的决议必须经代表三分之二以上表决权的股东通过,并应向主管机关为登记变更。 （吕来明 刘娜）

youxian gongsi dongshihui
有限公司董事会（board of directors of limited company） 有限公司业务全权执行机关,对股东会负责。有限公司董事会是公司的常设机关,对内执行公司业务决定公司经营活动、对外代表公司。董事会由股东选举产生和依法以其他方式产生的董事组成,《中华人民共和国公司法》规定,有限公司董事会成员为3至13人,规模较小或股东人数较少的公司可以不设董事会,只设1名执行董事。国有独资公司的董事会成员为3至9人。董事会设董事长1人,是公司的法定代表人。

董事会的职权包括:负责召集股东大会,并向股东大会报告工作;执行股东大会的决议;决定公司的经营计划和投资方案;制订公司的年度财务预算方案、决算方案;制订公司的利润分配方案和弥补亏损方案;制订公司增加或者减少注册资本的方案;拟订公司合并、分立、变更公司形式、解散的方案;决定公司内部管理机构的设置;聘任或者解聘公司经理总经理,根据经理的提名,聘任或者解聘公司副经理、财务负责人,决定其报酬事项;制定公司的基本管理制度。

董事会通过会议决议的方式行使职权,董事会会议分为定期会议和临时会议。定期会议应当按照公司章程的规定按时召开,通常每半年至少一次。董事会的临时会议在必要时召开,1/3以上董事可以提议召开董事会临时会议。董事会会议由董事长召集和主持;董事长因特殊原因不能履行职务时,由董事长指定副董事长或者其他董事召集和主持。召开董事会会议,应当于会议一定时间以前通知全体董事,董事会的议事方式和表决程序,除公司法另有规定的以外,由公司章程规定。董事会应当对所议决事项的决定作成会议记录,出席会议的董事应当在会议记录上签名。

（吕来明）

youxian gongsi dongshi yiwu

有限公司董事义务(director's duties) 有限公司董事基于其董事资格应履行的义务。主要包括：依照法律、章程的规定及股东会的决议妥当处理公司事务；遵守公司章程，忠实履行职务，维护公司利益，不得利用其在公司的地位和职权为自己谋取私利；不得利用职权收受他人贿赂或者其他非法收入，不得侵占公司的财产；除法律规定或者股东大会同意外，不得泄露公司秘密；不得挪用公司资金或者将公司资金借贷给他人；不得以公司资产为本公司的股东或者其他个人债务提供担保；不得将公司资产以其个人名义或者以其他个人名义开立账户存储；不得自营或者为他人经营与其所任职公司同类的营业或者从事损害本公司利益的活动；除公司章程规定或者股东大会同意外，不得同本公司订立合同或者进行交易。有限公司董事违反上述义务给公司造成损害的应当承担赔偿责任。

（吕来明　戴少杰）

youxian gongsi dongshi zhiquan

有限公司董事职权(director's authority of limited company) 有限公司董事基于其董事资格而享有的职权。主要是参加董事会就董事会讨论的事项发表意见进行表决的权利。此外还包括董事会委派的对公司某项事务进行管理的权利。董事长除了享有董事的一般职权外，还享有法律和章程规定的特别职权。《中华人民共和国公司法》规定，董事长的职权包括：主持股东会议，召集和主持董事会议；检查董事会决议的实施情况；对外代表公司；设立分公司时，向公司登记机关申请登记，领取营业执照；公司章程规定的其他职权。在股东人数较少、规模较小的公司不设董事会只设一名执行董事时，执行董事的职权主要有：具有相当于董事会的职权；具有相当于董事长的职权；兼任公司经理的执行董事，同时具有公司经理的职权。

（吕来明　戴少杰）

youxian gongsi dongshi zige

有限公司董事资格(qualifications of director of limited company) 法律规定的有限公司董事的任职资格。董事必须是有行为能力的自然人，任何机构均不得成为公司董事。董事的选任强调"适任原则"，各国公司法一般都有董事任职资格的限制。《中华人民共和国公司法》规定，下列人员不得担任公司董事：无民事行为能力或者限制民事行为能力；因犯有贪污、贿赂、侵占财产、挪用财产罪或者破坏社会经济秩序罪，被判处刑罚，执行期满未逾5年，或者因犯罪被剥夺政治权利，执行期满未逾5年；担任因经营不善破产清算的公司、企业的董事或者厂长、经理，并对该公司、企业的破产负有个人责任的，自该公司、企业破产清算完结之日起未逾3年；担任因违法被吊销营业执照的公司、企业的法定代表人，并负有个人责任的，自该公司、企业被吊销营业执照之日起未逾3年；个人所负数额较大的债务到期未清偿。另外，担任国家公务员和在政府担任公职的，也不得担任公司董事，若公司违反上述规定选举、委派董事会，则该选举、委派无效。

（吕来明　戴少杰）

youxian gongsi fenli

有限公司分立(separation of limited company) 有限公司依照法律、法规的规定分成两个或两个以上有限公司的行为。其要点是：(1)有限公司分成两个或两个以上有限公司的行为；(2)必须由公司股东会作出决议；(3)必须依法进行；(4)分立前公司的权利义务由分立后的公司根据分立协议分别承继；(5)分立后的公司必须是有限公司。有限公司分立有两种形式，即存续分立和解散分立：前者指有限公司将其一部分财产或营业分出去，成立一个或几个新公司的行为，新公司取得法人资格，原公司也继续保留法人资格；后者指有限公司以其全部财产依法分别成立两个或两个以上新公司、原有公司解散的行为，解散分立时，以原有限公司法人资格消灭为前提，新公司成立。依据《中华人民共和国公司法》的有关规定，有限公司分立的程序是：(1)股东会作出有关分立的特别决议，即必须经代表2/3以上表决权的股东同意(《公司法》第39条第2款)。国有独资公司由国家授权投资的机构或国家授权的部门决定。分立决议的内容通常包括分立后存续公司或新设公司的名称、分立的条件、资产的划分及归属、有关存续公司章程更改的说明以及新设公司的安排等。(2)通知或公告债权人。有限公司应自作出分立决议之日起10日内通知债权人，并于30日内在报纸上至少公告3次。债权人自接到通知书之日起30日内、未接到通知书的自第一次公告之日起90日内，有权要求公司清偿债务或者提供相应的担保。不清偿债务或者不提供相应担保的，公司不得分立(《公司法》第185条第2款)。(3)编制公司资产负债表及财产清单。(4)签订内部协议。其内容大体包括：分立后各公司资本金的确定、股权的安排、债权及债务的处理和剩余债务的承担、新设公司的住所、进行分立的具体时间等。(5)股东会批准内部协议并由董事会实施。(6)登记申请。有限公司分立后，应向公司登记机关申请有关登记。存续分立时，存续的有限公司办理变更登记，新设的有限公司办理设立登记；解散分立时，被解散的有限公司办理注销登记，新设的有限公司分别办理新设登记。其登记应依法予以公告。

（陈耀权）

youxian gongsi gudonghui

有限公司股东会(general meeting of members of limited company) 由全体有限公司股东组成的公司权力机构,决定公司的重大决策事项。股东会是有限公司必设的非常设机构。一般以会议的形式,于召开股东会议时,才作为权力机构存在。股东会决定公司的所有重大事项,《中华人民共和国公司法》第 38 条规定,有限责任公司股东会的职权包括:决定公司的经营方针和投资计划;选举和更换董事,决定有关董事的报酬事项;选举和更换由股东代表出任的监事,决定有关监事的报酬事项;审议批准董事会的报告;审议批准监事会或者监事的报告;审议批准公司的年度财务预算方案、决算方案;审议批准公司的利润分配方案和弥补亏损方案;对公司增加或者减少注册资本作出决定;对公司发行债券作出决议;对股东向股东以外的人转让出资作出决议;对公司合并、分立、变更公司形式、解散和清算等事项作出决议;修改公司章程。股东会由召集人召集,召集人可由董事会、执行董事、出资最多的股东充任。股东会的首次会议由出资最多的股东召集,未设立董事会的有限公司的股东大会会议由执行董事召集,其他情形由董事会召集。股东会会议的召集时间因会议的类别不同而异。定期会议的召集时间由公司章程规定,临时会议仅在必要时召集。公司法一般规定,代表一定比例表决权的股东、一定人数以上的董事或者监事可以提议召开临时股东大会会议。股东会会议举行的要件包括:召集人于会议召开一定时间(如15 日)前通知全体股东,通知应写明股东会会议召集的日期、时间、地点和目;会议主持人依公司法和公司章程主持,通常情况下由董事长担任会议主持人,董事长因特殊原因不能履行职务时,可以指定副董事长或其他董事主持;出席会议的股东达到法定多数;股东依法行使表决权;决议事项须以法定人数通过,其内容不得违反法律规定。凡属股东会职权范围内的事项,股东会会议均可作出决议,股东会的议事方式和表决程序,除公司法另有规定外,由公司章程规定。《中华人民共和国公司法》规定,股东会对增加、减少注册资本、分立、合并、解散或变更公司、修改公司章程作出决议,应经代表 2/3 以上表决权的股东通过。股东会应当对所议事项的决定作成会议记录,出席会议的股东应当在会议记录上签名。会议记录有证实会议决定的效力。

(吕来明)

youxian gongsi gudong quanli

有限公司股东权利(right of shareholders of limited company) 又称股权,有限公司股东基于其出资在公司中享有的权利。依权利行使的目的,股东权利分为自益权和共益权。根据《中华人民共和国公司法》的规定,有限公司股东的权利主要包括:参加股东大会并按照出资比例行使表决权;选举和被选举为董事、监事的权利;查阅股东大会会议记录和公司财产会计报告,监督公司经营的权利;按照出资比例分取红利的权利;依照法律和公司章程转让出资的权利;优先购买其他股东转让的出资的权利;优先认购公司新增的资本,即对公司股东大会决定新增的资本有优先认购权;依法分配公司解散清算后的剩余财产的权利;共同制定公司章程的权利。除上述权利外,在公司法的理论发展中,产生了期待权、共处权的概念。在不同公司法律、法规相抵触的情况下,公司章程还可规定股东享有其他权利。对于有限公司股东权利的法律属性,我国法学界主要有四种观点,即所有权说、债权说、共有权说和社员权说。所有权说认为,股东对其出资仍保留所有权,因此股东的权利在性质上属于所有权。债权说认为,股东一旦将其财产投资于公司,就丧失了对该财产的所有权,股东所获得的权利只是一种附条件的债权。共有权说认为,每一个股东并不支配某一特定物,而是通过其应有份额参与团体意志,形成所谓的"总有权"。社员权说认为,股东权利是股东基于其股东资格而在公司内部拥有的权利,既不同于所有权又区别于债权,是作为一种独立的权利类型即社员权而存在,以上四种主张,社员权说为通说。

(吕来明 戴少杰)

youxian gongsi gudong yiwu

有限公司股东义务(duties of limited company shareholder) 有限公司股东权利的对称,即股东基于股东资格而对公司所担负的义务。有限公司股东应履行的义务主要有:足额缴纳所认缴出资的义务,有限公司股东应当按照公司章程规定足额缴纳所认缴的出资;公司设立登记后,股东不得抽回出资的义务;遵守公司章程的义务;以其所缴纳的出资额为限对公司承担责任的义务,有限公司股东对公司负有限责任,其范围由股东所认缴的出资额为限;对公司及其他股东的诚信义务;公司章程规定的其他义务。有限公司股东除负有上述法定义务以外,还应当遵守公司章程规定的其他义务。

(吕来明 戴少杰)

youxian gongsi gufen de zhuanrang

有限公司股份的转让(transfer of share of limited company) 有限公司的股东将其拥有的股份(或称出资额)转让给其他股东或第三人的行为。有限公司虽在性质上属于资合公司,但因股东人数不多,股东又重视相互间的联系和稳定,具有人合的因素。各国公司法对有限公司的股份转让都有限制性规定。一般来说,对股东向本公司的其他股东转让出资不加限制,向非股东的转让存在限制。《中华人民共和国公司法》规定,股东之间可以相互转让全部出资或部分出资。股东向股东以外的人转让其出资时,必须经全体股东过半数同意,不同意转让的股东应当购买该转让的出资,如果不购买该转让的出资,视为同意。经股东会同意转让的出资,在同等条件下,其他股东对该出资有优先购买权。国有独资公司不存在股东之间转让出资的问题,国有独资公司股东代表向他人转让其股份时,必须依照有关法律与行政法规的规定审批并办理财产权的移转手续。股东转让其出资后,应由公司将受让人的姓名或者名称、住所及受让人的出资额记载于股东名册,并办理变更登记。

（吕来明 刘娜）

youxian gongsi guxi

有限公司股息(dividend of limited company) 有限公司根据股东投资的数额在公司资本中所占比例,分配给股东的投资收益。股息与红利都是对公司收益的分配,是股东基于投资取得的利润,两者在性质上基本相同。在分配的具体形式上,通常情况下,股息是依固定比例计算的股金收益,该固定比例(股息率)是事先约定的,在一定时期内固定不变,公司只要在营业年度有可进行分配的收益,公司就必须分配股息。红利则是公司在分配股息后,对剩余部分所进行的分配。红利的分配额完全取决于公司当年的盈利状况,其分配额大小事先并不确定。原则上,股息不能从资本中支付,并且公司利润在提取各项储备基金以后才可分配股息。有限公司的股息有下述种类:现金股息,即公司以货币形式支付给股东的股息;财产股息,即公司以持有的有价证券或实物向股东支付的股息。

（吕来明 刘娜）

youxian gongsi hebing

有限公司合并(merger of limited company) 有限公司之间或有限公司与股份公司之间依照法律的规定和合并契约的约定,变更为一个有限公司的法律行为。有限公司的合并方式,有吸收合并和新设合并两种。这一点与其他类型的公司相同。但各国公司立法对有限公司的合并,都有相应具体规定。我国台湾地区公司法规定有限公司的合并,准用无限公司的相应规定(第113条)。日本《有限公司法》对有限公司的合并规定:第一,有限公司与有限公司合并时,合并后存续的公司或因合并而新设立的公司必须是有限公司。这种合并手续简便,只需股东会的特别决议即可。第二,有限公司与股份公司合并,合并后存续的公司或因合并而新设立的公司既可以是有限公司,也可以是股份公司。如果合并后的公司是股份公司,则合并须经过法院的认可;如果合并后的公司是有限公司,则股份公司必须在全部清偿其公司债后才能实行合并(日本《有限公司法》第59条、第60条)。一般公司法规定的合并程序有:(1)股东会特别决议通过;(2)根据股东会决议的条件订立合并契约;(3)编制资产负债表及财产清单,通知或公告债权人,取得债权人同意或对其债权提供担保;(4)到公司登记机关办理相关登记手续。有限公司合并的法律效果有:(1)公司的创立:新设合并时,合并前的公司不经清算而消灭;吸收合并时,除存续公司进行变更登记外,其余公司不经清算消灭。(2)公司的变更或创立。(3)新公司概括承受原公司的权利义务。

《中华人民共和国公司法》对有限公司合并的具体规定如下:第一,有限公司合并,必须经代表2/3以上表决权的股东同意(第39条第2款)。第二,可以采用吸收合并和新设合并两种方式。应由合并各方签订合并协议,并编制资产负债表及财产清单。公司应自作出合并决议之日起10内通知债权人,并于30日内在报纸上至少公告3次。债权人自接到通知之日起30日内,未接到通知的债权人自第一次公告之日起90日内,有权要求公司清偿债务或提供相应担保。不清偿债务或提供相应担保的,公司不得合并(第184条第1款、第2款、第3款)。第三,有限公司合并时,合并各方的债权、债务由合并后存续或新设的公司承继(第184条第4款)。第四,有限公司合并时,合并后存续的有限公司要进行变更登记,因合并而消灭的有限公司要进行解散登记,因合并而新设立的有限公司要进行设立登记(第188条第1款)。第五,有限公司合并时,不按公司法规定通知债权人或者公告债权人的,责令改正,并对公司处以1万元以上10万元以下罚款(第217条)。

（陈耀权）

youxian gongsi kuaiji biaoce

有限公司会计表册(accounting statements of limited company) 有限公司根据会计的概念、假设、原则、程序和方法,按国家的指标体系和格式编制综合反映一定会计期间内公司财务和经营成果的报表。会计报表以货币金额全面而概括地反映了公司的财务状况和经营成果,通过分析会计报表可以较为准确地对公司的获利能力、财务收支、偿债能力、筹资、投资和合理状况作出判断,为投资决策、管理情况的评估、贷款决策以及有关经济事务的其他决策提供重要的依据。会计报表的使用者包括公司管理人员、现在及潜在的股东、债权人以及政府、证券交易所等各方。不同类型的使用者,因着眼点不同而对会计报表有不同的要求,但通用的会计报表,奉行公司的会计原则,基本可以满足不同使用者的各种需求。《中华人民共和国公司法》第175条规定,公司应当在每一会计年度终了时制作财务会计报告,并依法审查验证。财务会计报告应当包括下列财务会计报表及附属明细表:(1)资产负债表。资产负债表是反映公司在某一特定时期财务状况的报表。资产负债表的项目应当按资产、负债和股东权益的类别分项列示。资产是指公司拥有或者控制的能以货币计量的经济资源,包括各种财产、债权和其他权利。负债是指公司所承担的货币计量、需以资产或劳务偿付的债务,分为流动负债和长期负债。股东权益是指股东对公司净资产享有的权益。总之,资产负债表向人们提供公司一定时期的静态的财务状况,即一定时期公司资产、负债和股东权益的情况。(2)损益表。损益表又称利润表,是反映公司一定期间的经营成果及其分配情况的报表。利润是指公司在一定期间的经营成果。损益表项目应当按照利润的构成和利润分配各项目分项列示。损益表向人们提供一定期间内公司是盈余还是亏损的实际情况,人们可以利用该表分析公司利润增减变化的原因,评价公司的经营成果和投资的价值。(3)财务状况变动表。财务状况变动表是综合反映一定会计期间内营运资金来源和运用及其增减变动情况的报表。财务状况变动表向人们提供公司在一定会计期间内财务状况变动的全貌,说明资金变化的原因,使人们分析、了解公司流动资金流转情况,判断公司经营管理水平高低。(4)财务情况说明书。财务情况说明书是对财务会计报表所反映的公司财务状况,做进一步说明和补充的文书。该说明书应力求全面详细,有情况、有分析、有建议。(5)利润分配表。利润分配表是反映公司利润分配和年末未分配利润情况的报表。它是损益表的附属明细表。有限公司应当按照公司章程规定的期限将财务会计报告送交各股东。

(吕来明 郑少荣)

youxian gongsi jianshi
有限公司监事(supervisor of limited company) 对有限公司财务和董事、经理执行公司职务负有监督职责的人员。《中华人民共和国公司法》规定,有限公司监事只能由本公司的股东代表和本公司的职工代表担任。本公司的董事、经理、财务负责人和国家公务员不得兼任监事。对于监事任职资格的限制,同董事任职资格的限制相同。监事的权利包括:出席监事会,就所议事项行使表决权;承担监事会安排的监督公司经营的具体工作;在不设监事会而仅有一两名监事的公司中,监事可直接行使有关监事会的职权。公司监事对公司负有勤勉义务。公司监事应当遵守公司章程,忠实履行职务,维护公司利益,不得利用在公司的地位和职权为自己谋取私利,不得利用职权收受贿赂或者其他非法收入,不得侵占公司的财产。除依照法律规定或者经股东会同意外,不得泄露公司秘密。监事执行职务时违反法律、行政法规或者公司章程的规定,给公司造成损害的,应承担赔偿责任。 (吕来明 戴少杰)

youxian gongsi jianshihui
有限公司监事会(supervisory board of limited company) 有限公司的监督机构,对公司执行机构的业务活动进行专门监督。监事会由股东会选举产生或根据法律规定的其他方式产生。在中国,监事会由股东和职工分别选举的监事组成,其成员不得少于3人。其中监事会中的股东代表由股东大会选举,职工代表由公司职工民主选举。股东代表与职工代表的比例由公司章程规定。监事会在执行职务时,有时可以对外代表公司。监事会行使的职权包括:检查公司财务;对董事、经理执行公司职务时违反法律、法规或者公司章程的行为进行监督;当董事和经理的行为妨害公司的利益时,要求董事和经理予以纠正;提议召开临时股东大会;公司章程规定的其他职权。在德国,监事会除了正常业务监督功能外,还具有任命董事、对重大问题给予同意的职权,监事会与董事会一起构成双重委员会管理体制。采用这种体制的国家还有奥地利、丹麦等。

(吕来明 戴少杰)

youxian gongsi jianzi
有限公司减资(decrease of capital of limited company) 有限公司存续期间减少资本额的行为。资本是有限公司的信用基础,是对公司债权人的必要担保,为保护债权人的利益,各国公司法规定公司不允许随意减资,对减资的条件和程序均严格限制。主要包括:减资后公司注册资本不得低于法定的最低资本限额;公司减资必须履行比增资更为复杂的审查及决议程序;公司不得为了逃避债务而减资。在各种限制中,最重要的是减资必须履行保护债权人程序,并在登记后向社会公众公告。各国公司法一般授予公司债权人在减资前获得清偿的权利,或者获得公司提供的财产担保,否则,有限公司减资对其不具有法律效力。《中华人民共和国公司法》第186条规定,公司需要减少注册资本时必须编制资产负债表及财产清单。公司应当自作出减资决议之日起10日内通知债权人,并于30日内在报纸上至少公告3次。债权人自接到通知书之日起30日内,未接到通知书的自第一次公告之日起90日内,有权要求公司清偿债务或提供相应担保。有限公司减资的方式主要有两种:公司因资本过剩而减资时,按股东的出资比例返还给股东,因亏损而减资的,公司将减少的资本,抵销应由股东弥补的资本亏损。和有限公司增资相同,有限公司减资必须由代表2/3以上表决权的股东通过,同时修改公司章程,并办理变更登记。与增资不同,减资决议对所有股东均产生约束力。

(吕来明 戴少杰)

youxian gongsi jiesan

有限公司解散(dissolution of limited company) 使有限公司法人资格消灭的法律事实。对有限公司的解散,各国法律都有相应规定。我国台湾地区公司法规定有限公司的解散,准用无限公司的相应规定。德国和日本列举了有限公司解散的具体原因,主要有以下几种情形:(1) 章程所定的存续期限届满或所定的其他解散事由发生。(2) 股东会的解散决议。日本和德国都规定这种决议为特别决议,但两国对其要件规定不一。日本规定特别决议须经享有 3/4 以上股东表决权的过半数股东的同意,德国规定只要有表决权 3/4 以上的多数同意即可。(3) 公司合并。(4) 公司破产。(5) 股东仅余 1 人。(6) 主管机关命令或法院判决解散。德国法规定,当公司目的不能达到或有其他应解散公司的重大事由时,集有资本 1/10 以上的股东,可以对公司提起解散之诉。法院经审理后,可以作出解散判决。日本法规定,当公司业务执行陷入困境、产生不能扭转的损失或有产生此损失之虞时,或者因公司转产的处分显著失当,危及公司存在时,集有资本 1/10 以上的股东,可以请求法院解散公司。有限公司解散时,必须向原登记机关履行登记手续,并按公告程序进行公告。有限公司解散后,必须依法进行清算。《中华人民共和国公司法》规定,公司有下列情形之一的,可以解散:(1) 公司章程规定的营业期限届满或者公司章程规定的其他解散事由出现时;(2) 股东会决议解散;(3) 因公司合并或者分立需要解散的(第 190 条)。公司有下列情形之一的,必须解散:(1) 公司成立后无正当理由超过 6 个月未开业,或开业后自行停业超过 6 个月的,由公司登记机关吊销营业执照(第 225 条);(2) 公司采取欺诈手段取得公司登记情形严重的(第 206 条)。公司依法解散,应在 15 日内成立清算组,进行清算。有限公司的清算组由股东组成。公司因违反法律、行政法规被依法责令关闭而解散的,由有关主管机关组织股东、有关机关及有关专家人员成立清算组,进行清算。清算组在清理公司财产、编制资产负债表和财产清单后,发现公司财产不足清偿债务的,应当立即向人民法院申请宣告破产(第 191 条、第 192 条和第 196 条)。 (陈耀权)

youxian gongsi jingli

有限公司经理(manager of limited company) 又称经理人,是负责公司日常经营管理工作的高级管理人员,由董事会聘任,对董事会负责。有限公司经理具有双重身份,一方面是特殊的商业使用人,属于高级雇员,与公司是聘任关系;另一方面是公司机关的组成部分,是负责日常经营管理工作的行政负责人,对内有业务管理权,对外有职务代理权。《中华人民共和国公司法》规定,有限公司经理主要行使下列职权:主持公司的生产经营管理工作,组织实施董事会决议;组织实施公司年度计划和投资方案;拟订公司内部管理机构设置方案;提请聘任或者解聘公司副经理、财务负责人;拟订公司的具体规章;拟订公司的基本管理制度;聘任或者解聘除应由董事会聘任和解聘以外的负责管理人员。经理的任职资格以及义务与董事相同。

(吕来明 郑少荣)

youxian gongsi qingsuan

有限公司清算(liquidation of limited company) 有限公司在解散过程中处理未了结事务、解决公司债务、在股东间分配公司剩余资产、最终终结解散有限公司法律关系、使有限公司法人资格归于消灭的程序。有限公司的清算方法只有一种,即法定清算。有限公司不认许人合公司可以采用的任意清算,也不认许股份公司可以采用的特别清算。有限公司的清算人有四种:法定清算人(董事);公司章程规定的清算人;股东会选任的清算人;法院选任的清算人。根据《中华人民共和国公司法》的有关规定,清算人的职权与股份公司同,即清理公司财产,分别编制资产负债表和财产清单;通知或者公告债权人;处理与清算有关的公司未了结业务;清缴所欠税款;清理公司债权、债务;处理公司清偿债务后的剩余财产;代表公司参加民事诉讼活动。清算组应当自成立之日起 10 日内在报纸上至少公告 3 次。债权人应当自接到通知之日起 30 日内、未接到通知的自第一次公告之日起 90 日内,向清算组申报其债权,说明债权的有关事项,并提供证明材料。清算组应对债权进行登记。清算组在清理公司财产、编制资产负债表和财产清单后,应当制定清算方案,并报股东会或者国家有关主管机关确认。有限公司财产能够清偿公司债务的,分别支付清算费用、职工工资和劳动保险费用、缴纳所欠税款、清偿公司债务。按上述规定清偿后的剩余财产,按股东持有的股份比例进行分配。清算期间,有限公司不得开展新的经营活动。公司财产在未按上述规定清偿债务前,不得分配给股东。清算过程中,清算组发现公司财产不足以清偿债务的,应立即向人民法院申请宣告破产。有限公司经法院裁定宣告破产后,清算组应将清算事务移交人民法院。有限公司清算结束后,清算组应当制作清算报告,报股东会或者国家有关主管机关确认,并报送公司登记机关,由公司登记机关吊销其营业执照,并予以公告。清算遂告完成,有限公司终止。清算组成员应当忠于职守,依法履行清算义务,不得侵占公司财产。清算组成员因故意或重大过失给有限公司或债权人造成损失的,应当承担赔偿责任。清算组不按规定向公司登记机关报送清算报告,或者报送清算报告隐瞒重要事实或者有重大遗漏的,责令改正。清算组成员利用职权徇私舞弊、谋取非法收入或者侵占公司财产的,责令退还公司财产,没收违法所得,并可处以违法所得 1 倍以上 5 倍以下的罚款。构成犯罪的,依法追究刑事责任。

(陈耀权)

youxian gongsi sheli dengji

有限公司设立登记(registration of the establishment of limited company) 有限公司设立时在登记主管机关进行登记的行为。股东在制订章程、履行出资缴纳义务之后,应由全体股东指定的代表或共同委托的代理人向主管登记机关提出设立登记的申请,依法办理设立登记。在中国,登记主管机关是工商行政管理机关。有限公司设立登记的主要法律规范是 1994 年 6 月 24 日国务院发布的《中华人民共和国公司登记管理条例》。设立登记应当申请名称预先核准,申请名称预先核准,应当提交有限公司全体股东签署的名称预先核准申请书、股东的法人资格证明或自然人的身份证明等文件。公司登记主管机关决定核准的,发给《企业名称预先核准通知书》,预先核准的公司名称保留期为 6 个月。申请设立登记应当提交以下文件:公司董事长签署的设立登记申请书;全体股东指定代表或共同委托代理人的证明;公司章程;具有法定资格的验资机构出具的验资证明;股东的法人资格证明或自然人的身份证明;载明公司董事、监事、经理的姓名、住所的文件以及有关委派、选举或者聘用的证明;公司法定代表人任职文件和身份证明;企业名称预先核准通知书;公司住所证明等文件。法律、行政法规规定必须报经审批的,还应提交有关批准文件。公司登记机关对申请人提交全部文件进行审查。经审查确认符合公司法规定的条件的,核准登记,发给《企业法人营业执照》,有限公司即告成立,公司凭《企业法人营业执照》刻制公章、开立银行账户、申请纳税登记。

(吕来明)

youxian gongsi zengzi

有限公司增资(increase of capital of limited company) 有限公司成立后依照法定程序增加资本额的行为,包括原股东追加出资和新股东入股两种基本方式。增加资本对公司债权人并无不利之处,各国法律均允许公司增加资本,且不需要通知债权人。有限公司增资程序,各国法律均有明确规定。一般而言,有限公司增资包括以下程序:(1) 董事会制订方案并由股东会通过决议。增加资本属于公司重大事项变更,《中华人民共和国公司法》规定,股东会增加资本的决议,应由代表 2/3 以上表决权的股东通过。国有独资有限公司的增资必须由国家授权投资的机构或者国家授权的部门决定。(2) 修改公司章程。公司资本是公司章程的必要记载事项,增加资本应修改章程。(3) 股东对增资额缴纳出资。增资对于股东是一项权利而非义务,不同意增资的股东,并不因增资决议的通过而产生认缴增资额的义务,同意增资的股东必须在规定的时间内将应当缴纳的款项交付公司。(4) 办理公司变更登记。有限公司增加资本,原股东有优先认购权。

(吕来明 戴少杰)

youxian gongsi zhangcheng biangeng

有限公司章程变更(the alternation of the charter of limited company) 变更有限公司成立时的章程内容。有限公司章程生效后,一般应保持其内容的相对稳定,不得随意变更。但由于社会经济情况或公司内部状况的变化,有时必须变更有限公司章程的内容。有限公司章程变更的范围,法律并无限制性规定,凡不违反有限公司设立目的、不违反法律和社会公共利益,都可以变更,如公司名称、生产经营范围、生产经营方式、增加或减少公司资本等。但变更章程必须符合法定程序,否则不发生法律效力。有限公司变更章程的程序,各国公司立法规定有较大差异,有的国家规定须经由股东会的特别决议才可修改,如法国、德国;有的国家则规定准用于无限公司的规定,即应经全体股东一致同意。《中华人民共和国公司法》规定有限公司变更章程的,须经代表 2/3 以上表决权的股东通过(第 40 条)。章程变更原则上因股东会通过特别决议或全体股东同意而生效,但对其生效定有时间或条件的,则自该时间届至或该条件成就时生效;应经主管机关批准的事项,则自批准之日起生效。有限公司变更章程须申请变更登记;未经登记的,有限公司不得以其变更的事项对抗善意第三人。

(陈耀权)

youxian gongsi zhuanhua

有限公司转化(transformation of limited company) 在不中断有限公司法人资格的前提下,变更有限公司的组织形式,使其转化为其他类型公司的法律行为。

(陈耀权)

youxian gongsi ziben

有限公司资本(capital of limited company) 有限公司股东认缴的出资额之和,是公司存在的基础。与资本相关的概念有注册资本、实收资本和投资总额。注册资本是在公司登记机关登记的全体股东应缴的出资额,与资本的含义相同。各国公司法通常都规定了注册资本的法定最低限额。《中华人民共和国公司法》根据公司经营范围的不同,对注册资本的最低限额作了不同的规定:以生产经营为主的公司人民币 50 万元;

以商品批发为主的公司人民币50万元;以商业零售为主的公司人民币30万元;科技开发、咨询、服务性公司人民币10万元。特定行业的有限公司注册资本最低限额需高于前款所定限额的,由法律、行政法规另行规定。实收资本是指公司成立时股东实际缴纳的资本。采取法定资本制的国家,注册资本与公司成立时的实收资本应当相同。投资总额是中国外商投资企业立法中存在的一个概念,是指注册资本与公司通过借款投入生产经营的资产总和。 （吕来明　戴少杰）

youxian gongsi zhuzhi biangeng
有限公司组织变更（the alternation of the nature of limited company） 在不中断有限公司法人资格的前提下,变更有限公司的组织形式,使其成为其他类型公司的法律行为。有限公司经全体股东同意,可以变更其组织形式。对于有限公司组织形式的变更,有些国家规定只能变更为股份公司（日本《有限公司法》第67条、我国台湾地区《公司法》第106条）,有些国家则对此无限制性规定,如法国规定有限公司可以变更为无限公司、两合公司、股份两合公司,也可以变更为股份公司（法国《有限公司法》第69条）。有限公司变更组织形式的,应向各债权人分别发出通知并公告。变更组织后的公司,应承担变更组织前公司的债务。有限公司变更组织形式,须进行变更登记。《中华人民共和国公司法》规定,有限公司变更为股份公司的,应当符合本法规定的股份公司条件,并依照本法有关设立股份公司的程序办理（第98条）;有限公司依法经批准变更为股份公司的,折合的股份总额应当相等于公司净资产额;有限公司依法经批准变更为股份公司,为增加资本向社会公开募集股份时,应当依本法的有关规定办理（第99条）;有限公司依法变更为股份公司的,原有限公司的债权、债务由变更后的股份公司承继（第100条）。 （陈耀权）

youxian gongsi zuzhi jigou
有限公司组织机构（organs of limited company） 有限公司中依法行使公司决策、执行和监督权能的机构的总称,典型的组织机构包括权力机构、执行机构和监督机构,通常以股东会、董事会和监事会为三种基本形态。从广义上说,有限公司组织机构还包括工会组织。与有限公司组织机构相关的概念是公司机关。公司机关是就公司事务对外代表公司的机构或个人,通常情况下是公司的法定代表人、董事会等。公司机关并不包括所有的公司组织机构,仅指公司组织机构中的一部分。有限公司组织机构的设置反映了"分权制衡"的思想。根据"分权制衡"的原则,有限公司的决策权、执行权、监督权分别由不同的公司机构承担。但"分权制衡"并非意味着各国有限公司都无例外地设置上述三种组织机构。依《中华人民共和国公司法》规定,一般有限公司的组织机构包括股东会、董事会和监事会,股东人数较少和规模较小的有限公司的组织机构则是股东会、执行董事和监事,国有独资有限公司的组织机构为惟一股东、董事会和监事会。 （吕来明　戴少杰）

youxian gudong zeren
有限股东责任（liability of limited partner） 有限责任股东以其出资额为限对公司承担有限责任,即使公司资产不足以清偿公司债务时,公司债权人亦不得向有限责任股东请求清偿。有限责任股东的责任实际上是股东对公司承担的出资义务在公司债务责任上的表现,有限责任股东完成出资义务即承担了其应承担的责任。在两合公司中,如果有可以令人相信其为无限责任股东的行为时,应同其他无限责任股东一样对因此行为产生的公司债务,对善意债权人负无限连带清偿责任。如果有限责任股东从事公司的对外经营活动,即使是接受委托,仍应对此产生的公司债务负连带责任,并不要求债权人为善意。 （李四海）

youxian hehuo
有限合伙（limited partnership） 无限合伙的对称。是由至少一名普通合伙人和至少一名有限合伙人组成的合伙。有限合伙人对合伙债务负有限责任,即仅以其出资为限承担合伙组织的债务,并且不参加合伙业务的经营。无限合伙人负责合伙业务的经营并对合伙债务负无限责任。英美两国先后制定《有限合伙法》,对有限合伙的各种法律关系作了具体规定。有限合伙人的权利义务与无限合伙人相比,有以下特点:(1)不参与合伙的经营,其行为对合伙人无拘束力。(2)有限合伙人的死亡、破产不影响合伙的存在,不产生终止合伙的后果。无限合伙人死亡和退出,除合伙契约、章程另有规定外,合伙即告终止。(3)有限合伙人无权发出通知终止合伙。(4)经无限合伙人的同意,可以将自己的股份转让他人。(5)对合伙的债务仅以自己的出资负有限责任。有限合伙除隐名合伙人对于合伙有限责任的情形外,还有根据法律规定具有法人资格或具有某些法人特征的合伙。有限合伙的企业形式,在英国和美国的经济发展中具有十分重要的作用。 （梁鹏　关涛）

youxian zeren
有限责任（limited liability） 无限责任的对称。债务人仅以某一部分财产对某种债务承担其责任。当事人可以约定有限责任,但有限责任主要是依照法律规定而产生。包括物的有限责任和量的有限责任。前者指债务人仅以其财产中的特定物或特定财产负其责任,如继承人对被继承人依法应当交纳的税款和债务的清偿责任;后者指债务人仅于一定限额内承担其责任,如股份有限公司或有限责任公司的股东对于公司的债务仅以其出资于公司的财产数额为限承担责任(也有学者指出,股东缴足其出资额后实际对公司债务不负任何责任)。有限责任制度是社会经济、政治、法律、文化发展的产物,对于近现代公司的发展起着重要的作用,它克服了无限公司股东负担的因公司破产会导致个人破产的风险,便于人们投资入股,是广泛募集大量社会资金,兴办大型企业的最有效的手段。 (张平华)

youxian zeren gongsi

有限责任公司(limited liability company) 公司形式的一种,又称有限公司。指由法律规定的一定人数的出资人或者股东所组成、所有出资人或者股东均以其出资额为限对公司承担责任,公司以其全部资产对公司的债务承担责任的公司形式。有限责任公司比其他形式的公司发展较晚,它起源于19世纪后半期的德国,后来在大陆法系的其他国家逐步出现。在英国和美国没有有限责任公司或有限公司的名称,但英国的私公司和美国的封闭式公司(或称为少数人公司、不上市公司等),其特征类似大陆法系的有限责任公司。在英国,还有一种有限保证责任公司,也是有限责任公司的一种形式。同其他形式的公司相比,有限责任公司具有以下法律特征:(1)有限责任公司的出资人或者股东仅就出资额为限对公司负责,对公司的债权人不负直接责任。这一点是有限责任公司与无限责任公司最大的不同之处。股份有限公司的股东虽然也负有限责任,但公司的资本分为等额股份,股东就其所认购的股份对公司负责,而有限责任公司的资本不分为等额股份。另外,有限责任公司出资人、股东在一定情况下,要负资本填补责任。这一点也不同于股份有限公司。(2)有限责任公司的股东有人数限制。有限责任公司股东人数,一般都有最高人数限制。如日本、英国都规定其股东人数不得超过50人(德国例外,其有限责任公司法对股东人数的上限没有规定)。股份有限公司的股东人数可能成千上万,没有限制性规定;至于无限公司,是以人合为基础,不可能像股份有限公司那样具有众多的股东。关于有限责任公司股东人数的下限,一般国家都规定不得少于2人。我国台湾地区公司法规定不得少于5人,而德国、法国公司法规定公司资本可以全部集中在一个股东手中,即所谓"一人公司"负有限责任。(3)有限责任公司不能公开募集股份,不能发行股票。有限责任公司股东的出资证明或者股份的权利证书,一般称作股单,股单与股份有限公司的股票不同。股票是一种有价证券,可以在证券市场上公开发行和买卖;股单只是公司内部的一种权利证书,不能买卖。(4)有限责任公司股东的出资转让有较严格的限制。股东的出资转让应由公司批准,并在公司登记。这与股份有限公司股票的转让与买卖有明显的不同。(5)有限责任公司的资本总额与各股东出资额均应在章程中记载,各股东的出资须一次缴足,并经有关部门验资。股东不得以劳务和信用出资,在公司存续中不得随意减资,且应提取公积金。(6)有限责任公司是不公开公司,有限责任公司的股东人数有限,且比较固定,它的财务和经营状况不涉及社会上其他公众的利益,没有必要公开。(7)有限责任公司的设立程序和组织机构较股份有限公司简便得多。是否可以由一个或几个董事管理,是否设监察人,由公司自行决定。股东会的召集方法及决议方法也简便易行。有限责任公司以资本的信用和稳定为基础,它的股东人数有限且较固定,具备人合公司的因素,这是有限责任公司的长处。目前,在一些资本主义国家,就数量而言,有限责任公司居于首位。

我国公司法规定的两种主要公司形式之一就是有限责任公司。我国公司法规定,有限责任公司是企业法人。有限责任公司的股东以其出资额为限对公司承担责任,公司以其全部资产对公司债务承担责任。公司股东作为出资者按投入公司的资本额享有所有者的资产受益、重大决策和选择管理者等权利。公司享有由股东投资形成的全部法人财产权,依法享有民事权利,承担民事责任。公司中的国有资产所有权属于国家。公司以其全部法人财产,依法自主经营、自负盈亏。依照我国公司法设立的有限责任公司,必须在公司名称中标明有限责任公司字样。我国公司法规定,设立有限责任公司,应当具备下列条件:(1)股东符合法定人数。(2)股东出资达到法定资本最低限额。(3)股东共同制订公司章程。(4)有公司名称,建立符合有限责任公司要求的组织机构。(5)有固定的生产经营场所和必要的生产经营条件。有限责任公司由两个以上50个以下股东共同出资设立。国家授权投资机构或者国家授权的部门可以单独投资设立国有独资的有限责任公司。有限责任公司的注册资本为在公司登记机关登记的全体股东实缴的出资额,其注册资本不得少于下列最低限额:(1)以生产经营为主的公司,不得少于人民币50万元。(2)以商品批发为主的公司,不得少于人民币50万元。(3)以商业零售为主的公司,不得少于人民币30万元。(4)从事科技开发、咨询、服务性的公司,不得少于人民币10万元。特定行业的有限责任公司的注册资本最低限额高于前述所定限额的,由法律、行政法规另行规定。有限责任设股东会,股东会由全体股东组成,股东会是公司的权力机构。有限责任公司设董事会，其成员为3人至13人，董事会设董事长1人，可以设副董事长1至2人，董事长为公司法定代表人，董事会对股东会负责。有限责任公司设经理对董事会负责。有限责任公司，股东人数较少和规模较小的，可以设1名执行董事，不设立董事会，执行董事为公司的法定代表人，执行董事可以兼任公司经理。有限责任公司，经营规模较大的，设立监事会，其成员不得少于3人；股东人数较少和规模较小的，可以设1至2名监事。有限责任公司应当依照法律、行政法规和国务院财政主管部门的规定建立本公司的财务、会计制度。有限责任公司弥补亏损和提取公积金、法定公益金后所余利润，按照股东的出资比例分配。另外，公司法在有限责任公司内部组织机构的设立、民主管理、资产转让等方面对国有独资公司作出了特殊的规定。 (王亦平)

册事项发生变化时，由公司将变化的登记注册事项报原登记注册机关，由原登记注册机关依法审查、核准的过程。登记注册事项包括：名称、住所、法定代表人、注册资本、经营范围、组织形式等。我国《公司登记管理条例》第24条规定，公司申请变更登记时，应提交下列文件：公司法定代表人签署的变更登记申请书；依照《公司法》作出的变更决议或决定；公司登记机关要求提交的其他文件。

有限责任公司注销登记，是指公司登记主管机关对宣告破产、解散，被依法责令关闭或其他原因终止公司的终止程序进行审查，依法取消企业法人资格，收缴营业执照，撤销注册等的过程。注销登记由公司清算组在公司清算结束之日起30日内向公司原登记注册机关提出申请。公司登记发生创立法律关系和免责的效力。 (刘弓强 蔡云红)

有限责任公司的登记(registration of limited liability company) 公司登记管理机关依法对有限责任公司的设立、经营活动的主要事项变更终止行为进行审核，确认并颁发执照确认其法人资格的行政管理活动。是有限责任公司依法获得企业法人资格和从事生产经营活动所必需的法定程序。公司登记注册的基本原则是：依法登记，即符合《中华人民共和国公司法》及国家有关法律规定条件的，准予公司登记；对于不符合《中华人民共和国公司法》及国家有关法律规定条件的不予公司登记。公司的登记注册机关在我国是国家工商行政管理局和地方各级工商行政管理局。

根据《中华人民共和国公司登记管理条例》第17条规定，有限责任公司设立登记应由全体股东指定的代表或共同委托的代理人向登记注册机关申请设立登记；设立国有独资公司，应由国家授权投资的机关或国家授权的部门作为申请人申请设立登记。国家法律、行政法规对设立公司规定必须报经审批的，应在审批后90日内向登记注册机关提出申请。申请设立有限责任公司应向登记注册机关提交下列文件：公司董事长签署的设立登记申请书；全体股东指定代表或共同委托代理人的证明；公司章程；具有法定资格的验资机构出具的验资证明；股东的法人资格证明或自然人的身份证明；载明公司董事、监事、经理的姓名、住所的文件及有关委托、选举或聘用的证明文件；公司法定代表人任职文件和身份证明；企业名称预先核准通知书；住所证明；国家法律、行政规定应提交的其他文件。如法律、行政法规规定设立有限责任公司必须报经审批的以及公司申请登记的经营范围中有法律、行政法规规定必须报经审批的项目，要提交批准文件。

有限责任公司变更登记，是指当公司的原登记注

《有限责任公司规范意见》(Opinions on Standardization of Limited Liability Companies) 1992年5月15日由国家经济体制改革委员会以《规范意见》形式代替国务院行政法规加以公布，并于公布之日起施行，共11章79条。该《规范意见》是新中国成立以来第一次全面系统地规定了有限责任公司的设立、组织机构、财务会计、合并与分立、终止与清算等各方面的问题，是这一时期股份制企业组建和运作的基本依据，为《中华人民共和国公司法》的最终颁布实施奠定了基础。它规定有限责任公司是指由两个或两个以上股东共同出资，每个股东以其所认缴的出资额对公司承担有限责任，公司以其全部资产对其债务承担责任的企业法人。其主要内容有：(1)公司设立的条件和程序，规定公司设立的股东数额、公司注册资本最低限额、股东的出资方式以及公司章程等事项。(2)公司股东和股东会、董事会和经理、监事会等权力机构和管理机构的有关规定；股东的权利和义务；股东会的职权；董事会的选举产生及其职权；监事会的构成及其职能等。(3)公司的财务、会计审计和劳动工资制度。(4)公司转让出资和变更资本的规定。(5)关于公司的合并与分立、公司的期限、终止和清算等事项的规定。(6)公司的法律责任等。该《规范意见》不适用于外商投资企业。 (陈耀权)

有限责任股东竞业自由(liberty of business Strife for the limited liability shareholder) 有限责任股东无须其他股东同意，得为自己或他人为与本公司同类营业的行为，或为从事同种营业的他公司的无限责任股东或董事。有限责任股东对内不执行业务，对外不代

表公司,对两合公司的监察权只是在年度终了时了解公司的财务,有限责任股东不像无限责任股东在业务经营上受到严格限制。有限责任股东被委任为两合公司经理人时,要受经理竞业禁止的限制。 (宋士心)

you xiangduiren de yisi biaoshi
有相对人的意思表示(德 empfangsbeduerftige Willenserklärung) 有表示对象的意思表示。意思表示通常有相对人,如订立合同中的要约与承诺、债务免除、合同解除、授予代理权等均为有相对人的意思表示。有相对人的意思表示又可分为对特定人的意思表示和对不特定人的意思表示。对特定人的意思表示是指意思表示的对象是特定的,如要约和承诺。对不特定人的意思表示是指意思表示的对象是不特定的,如悬赏广告。 (李仁玉 陈敦)

youxiao hetong
有效合同(valid contract) 无效合同的对称。符合法律规定的条件,发生合同的法律效力的合同。有效合同为依法成立的合同,受法律的保护。其效力主要体现在:在当事人之间产生合同之债;任何一方不得擅自变更、解除合同;当事人必须履行合同,否则即应承担相应的违约责任;合同是处理当事人纠纷的依据。 (郭明瑞)

youxiao zhaiwu
有效债务(valid obligation) 无效债务的对称。英美法上的概念。具有法律效力,可依法强制履行的债务。 (郭明瑞)

youxing sunhai
有形损害(tangible damage) 损害的一种。❶无形损害的对称。对以有形物为标的权利的损害。有形损害直接妨碍他人对物的占有、使用、处分权的行使,有时妨碍其中一部分权利的行使。所谓有形物亦即有体物。有形损害是发生债的原因之一。损害发生时,债权人有请求赔偿的权利,债务人负有赔偿的义务。赔偿的方法可以是折价赔偿也可以是用质量相等的物抵顶等。❷财产损害的别称。参见财产损害条。 (张平华)

youyi geqian
有意搁浅(voluntary stranding) 又称自动搁浅。船舶遭遇足以导致沉没、碰撞、失火等重大危险事故,为了避免船舶和货物遭受巨大损失,而有意将船舶开往浅滩,使之搁浅的一种抢险措施。船舶有意搁浅是共同海损措施中的一种,不仅为了起浮有意搁浅的船舶而造成的船舶和货物的损失以及因此而支付的费用可列为共同海损,而且由于搁浅本身造成的损失也可以列为共同海损。意外搁浅产生的船舶或货物的损失则不应列为共同海损,而属于单独海损。判断船舶是否自动搁浅是一件比较复杂的工作,美国法院的司法实践中总结出如下的指导原则:(1)即使船舶将会不可避免地在附近某一地点发生搁浅,如果采取选择另一处可以使船舶最大限度地减少损失的地点自动搁浅,由此造成的损失属于共同海损。(2)后果可以不是船长所企望的,只要出现的搁浅是驾驶行为产生的即可。如果船长希望在某一地点搁浅,而船舶却在另一地点搁浅了,造成的损失即可构成共同海损。(3)不论自动搁浅的船舶其后是否获救和进行修理,或在搁浅中遭受全部损失,都是共同海损的主体。(4)搁浅必须是自动行为的后果。1994年《约克—安特卫普规则》对有意搁浅的规定是:"船舶无论是否势必搁浅,如果为了共同安全有意搁浅,因此造成的共同航程中的财产损失应认作共同海损。" (张永坚 张宁)

you yishi de feizhenyi biaoshi
有意识的非真意表示(德 bewusstes Felhen des Willens) 无意识的非真意表示对称。在意思与表示不一致的意思表示中,表示人知其意思与表示不一致的,称之为有意识的非真意表示。德国法上的称谓。 (李仁玉 陈敦)

youzhuwu
有主物(拉丁 res cum domino) 无主物的对称。已作为所有权标的之物,即其物已归属某个所有权人。乃依物是否已有归属所作的区分。通常的物均属之。有主物不发生先占问题,但有侵占、盗窃的问题。 (张谷)

you zhuanrang quan de hetong
有转让权的合同(transferable contract) 无转让权的合同的对称。有权享有合同权益的人得将合同的权益转让给第三人的合同,现代民法认为,除了根据合同性质不得转让;按照当事人约定不得转让;依照法律规定不得转让的合同外,大部分的合同都是可让与的。其中按照性质不得转让的合同包括:基于个人信任关系而发生的合同,如雇佣、委任、租赁合同;专为特定债权人利益而存在的合同,如与某笑星签订的素描肖像合同;创设不作为债务的合同,如竞业禁止合同;从合同。 (郭明瑞 张平华)

yu'e jiezhuan suoyouquan baoliu

余额结转所有权保留(德 Kontokorrentvorbehalt)
也称往来账户的所有权保留。在广义上讲也是一种扩大的所有权保留。这种所有权保留中,由于双方有经常性的业务往来,所以不要求保留买主付清其对保留卖主的一切债务,而是只要在双方的往来账户中余额达到平衡时,保留买卖标的物的所有权即可移转与保留买主。

(申卫星)

yuhuo sunshi

鱼货损失(loss of fish) 船舶碰撞发生时渔船已捕捞到船上的鱼虾损失。这类损失属于直接损失。鱼货损失不同于货损,货物与船舶一般不属于同一所有人,也有的鱼货为船员与船舶所有人按约定比例分享的,此时鱼货损失相当于是船员和船舶所有人的财产损失。

(张永坚 张 宁)

yuchuan baoxian tiaokuan

《渔船保险条款》(Fishing-boat Insurance Clauses)
规定渔船保险的专门保险条款。1993年4月9日中国人民银行发布实施。1988年1月由中国人民保险公司发布的《国内渔船保险条款》同时被取代。共7部分29条,主要内容为:(1)保险渔船范围。本保险承保的渔船应当具有国家渔业船舶主管部门签发的适航证明和捕捞许可证明,并专门从事渔业生产或为渔业生产服务,包括船体、轮机、仪器和设备。油船、渔港工程船、拖轮、驳船和不足1吨的小型渔船不在保险范围之内。(2)保险责任范围。包括下列原因造成的全部或部分损失:搁浅、倾覆、沉没、碰撞、触礁;火灾、爆炸;雷击、8级以上大风、龙卷风、海啸、洪水、崖崩、破坏性地震、地陷、泥石流、冰凌、滑坡;航行中全船失踪6个月以上。此外,保险渔船因发生保险事故所产生的救助费用,保险渔船上的锚、橹、缆等辅助设备与船体遭受同一保险事故而受损失,保险渔船在航行或作业中发生碰撞依法应由被保险人承担的赔偿责任,被保险人为抢救保险渔船而支付的合理施救费用,均由保险人负责赔偿。(3)除外责任。包括:不适航或不具备作业条件;战争、军事行动、暴力行为或政府征用、扣押;被保险人、船舶所有人、船长的故意行为或违法犯罪行为;正常维修、保养、油漆费用以及蚀损、自然磨损、潜在缺陷、自身故障;清理航道和清理污染的费用;任何人员伤亡或疾病引起的费用;因遭受保险事故导致停航、停业的损失以及各种间接损失。(4)赔偿处理。保险渔船完全灭失或严重毁损不能恢复原有效用,为实际全损,按保险金额赔偿;保险渔船在航行中失踪超过6个月,视为实际全损,按保险金额赔偿;保险渔船实际全损已不能避免,或恢复、修理、救助的费用总和达到保险价值时,在被保险人向保险人发出委付通知后为推定全损,按保险金额赔偿;保险渔船发生部分损失,保险人赔付恢复、修理费用;对施救费用和救助费用,保险人根据获救船舶价值与获救船、货总价值的比例计算赔偿。(5)其他事项。保险费依本条款所附《国内渔船保险费率表》计算。保险金额由被保险人与保险人协商确定,但不得超过保险渔船的保险价值。

(刘凯湘)

yulao sunshi

渔捞损失(fishing loss) 渔捞损失是渔船的滞期损失。我国1995年《关于审理船舶碰撞和触碰案件财产损害赔偿的规定》称之为"渔船渔汛损失"(第10条)。渔捞损失的认定关键是损失期限的认定。通常确定渔捞损失的期限受两个因素制约:其一,渔船的渔汛期;其二,灭失船的船舶所有人欲获得一只新船的合理期间,允许的渔捞损失期限计算到新船取得之日为止。若是造新船,则以最短的造船周期作为允许的渔捞损失期限。这两个允许的时间期限取较短的一个作为渔捞损失期限。我国《交通部关于中外船舶间碰撞事故赔偿范围和赔偿金额计算办法的规定(试行草案)》规定:"渔船受损沉没已不值得打捞或者在短期内不能打捞修复时,可以索取该渔区渔汛期(一般不超过两个月)的正常渔捞收入并扣减因停止渔捞所省去的费用损失。"其具体计算方法是:以该渔船前三年的同期渔汛平均净收益计算,或者以本年内同期同类渔船的平均净收益计算,并考虑到碰撞渔船在对船捕鱼作业或者围网灯光捕鱼作业中的作用等因素。

(张永坚 张 宁)

yujie ziluo

逾界自落(德 Ueberfall) 果实因风吹或因成熟或为他人动摇(邻地所有人或利用人除外)而自落于相邻之水面、私路、田园等客观情况。依德国民法的规定,逾界自落的果实归邻地所有人或使用人所有,但邻地为公用地的,则自落果实仍归果树所有人所有。我国台湾地区民法也采德国民法的立场,规定果实自落于邻地时,果实归邻地所有。

(方志平)

yuqi

逾期(overdue) 超过约定或者法律规定的期间。规定期间的终期是是否逾期的界限,终期之前,都不为逾期,自终期次日0时开始,之后的任何时间,都视为逾期。一般而言,法律对逾期行为都规定了不利的后果,体现对行为人的惩罚,以此来督促行为人及时履行自己的义务,以稳定社会法律关系。如《中华人民共和国合同法》规定执行政府定价或者政府指导价的买卖合同当事人逾期交付标的物的,遇价格上涨时,按照原价格执行;价格下降时,按照新价格执行。逾期提取标的物或者逾期付款的,遇价格上涨时,按照新价格执行;价格下降时,按照原价格执行。一般而言,逾期时间的长短对责任的承担没有影响,但在有关金钱支付的情况下,逾期时间的长短对责任的承担有至关重要的作用。如借款人未按照约定的期限返还借款的,应当按照逾期天数计算逾期利息,逾期时间越长,支付的利息越多。

(李仁玉 齐 菲)

yubei dengji
预备登记(preparatory register) 不动产登记法上与本登记相对应的一项登记制度,是为了保障登记请求权而为的一种登记。

预备登记制度发端于早期普鲁士法所规定的异议登记。普鲁士法上的异议登记,其发展过程以1872年5月5日的所有权取得法和土地登记法为中心,可以分为前、后两期予以说明。前期的普鲁士法,有两种预备登记,即固有异议登记和其他种类的异议登记。后期普鲁士法,即1872年5月5日的所有权取得法以及土地登记法,并未将早期普鲁士法上的异议登记全面废止,而是将其称为预告登记,并承认两种类型的预告登记。即为保全已经成立的物权的预告登记以及为保全物权移转、消灭的债权请求权的预告登记。

德国民法上的预备登记制度与普鲁士法之间存在承继关系。《德国民法典》将预备登记区分为预告登记和异议登记。预告登记规定在《德国民法典》第883条～第888条,其实质是限制现实登记的权利人处分其权利。作为为保障以不动产物权变动为标的的登记请求权而设立的预备登记制度。在德国民法上得依预告登记保全的请求权包括:以不动产物权的得丧、变更、消灭为目的的请求权以及附期限的请求权或者附条件的请求权。该项请求权应当属于预告登记权利人,且以现在的不动产物权人作为义务人。预告登记,如有不动产物权人的同意,得以不动产物权人为登记义务人。如经假处分程序而须有法院判决时,则预告登记权利人得依据法院判决径行向登记机关申请预告登记,也可向法院申请假处分的执行,由执行法院嘱托登记机关为预告登记。因此,预告登记或因登记名义人的同意,或因假处分而作成。

异议登记又称异议抗辩登记,异议登记的目的,在于对抗现实登记的权利的正确性,即中止不动产登记权利的正确性推定效力及公信力。该制度规定在《德国民法典》第899条。异议登记是为阻却登记公信力而设的一种预防措施,借以排除第三人的公信力利益。

日本不动产登记法的起草人,很早就确信有引入德国预备登记制度的必要性和实用性。因此尽管日本民法不严格区分物权契约和债权契约,并且不动产登记是物权变动的对抗要件而非成立要件,日本民法仍然规定了预备登记制度。日本民法上的预备登记制度,包括假登记制度和预告登记制度两项内容。日本民法上的假登记系预备登记的一种,对应于德国民法上的预告登记。它是指应登记的物权变动,已发生物权变动的效力,而登记申请所必要的手续上的要件尚未具备,或物权变动未发生物权的效力,以暂时的处分所为的登记。假登记系以保存日后所为本登记的顺位为目的的登记。假登记的相关内容主要体现在日本《不动产登记法》的第2条、第7条、第32条、第33条以及第105条。日本《不动产登记法》中还设有与德国民法上的异议登记制度相对应的预告登记制度。日本民法上的预告登记是指,因作为登记原因的法律行为无效或被撤销而提起的登记之涂销或回复之诉讼时,由受理诉讼的法院,将就既存登记有提起诉讼的事实,为预告第三人,依职权嘱托管辖登记所将诉讼事实记载于登记簿的登记。预告登记以涂销既存登记或回复原来的登记为目的。

我国台湾地区民法上的预告登记制度,与民国时期的民事立法有着非常密切的关联。1975年我国台湾地区修正公布了《土地法》,此次修正,奠定了我国台湾地区民法预备登记制度的基础。其中最值得注意的是删除了异议登记以及强制之预告登记。

我国以往的民事立法,对于登记制度并未给予足够的重视,这一点在预备登记制度上表现得尤为明显。完备预备登记制度是完备我国民事立法的重要一环。

(王 轶)

yubei fukuanren
预备付款人(preparatory payer) 又称第二次承兑人或付款人。记载于票据之上的、预备在付款人不能承兑或不能付款时参加承兑或者付款的人。预备付款人可以由出票人进行记载,也可以由背书人进行记载,但必须将其与付款人并行记载。预备付款人制度只适用于汇票,中国票据法没有规定预备付款人制度。

预备付款人的资格要受到一定的限制:首先,预备付款人必须是付款人以外的第三人;其次,预备付款人的营业所或住所地,必须与票据上记载的或由法律推定的付款地相一致。

预备付款人与担当付款人不同:(1)预备付款人是第二序位的付款人,是在付款人不做承兑或付款时参加承兑或付款,在付款顺序上排在付款人之后。设置预备付款人的目的就在于避免持票人行使追索权;担当付款人是第一序位的付款人,其对外代表的地位等同于付款人本人。设置担当付款人的目的则在于实践中付款的便利。(2) 预备付款人一般由出票人或背书人指定并记载;担当付款人则由出票人或付款人指定并记载。(3) 预备付款人参加承兑或参加付款时必须在票据上签章,并经签章而成为票据债务人;担当付款人不是票据债务人,而只是付款人的代理人,无需再票据上签章。

(孟志强)

yubei hangci

预备航次(preliminary voyage) 在签订一份新租船合同后,船舶在完成前一份租船卸货任务开往新合同的装货港的空载航次。预备航次是船舶履行新合同的开始。新合同中有关船方责任于预备航次开始时生效。船长必须按照新合同的有关规定做好装货或者交船前的各项准备工作,按时向承租人发出预计装船或者交船通知,并根据新合同规定的受载期或交船期,将船舶准时开航到装货港或者交船港。但是,如果合同中规定由船舶不能到达租方即有权撤销租船合同的"解约日",则免责条款可以使船舶所有人免除责任却不能阻止租船人撤销合同。即使船舶已经明显不能在解约日前到达装货港,它仍然有义务驶向装货港,除非因为租船合同下可以免责的原因导致的延误已经太长导致合同失效。

(张 琳)

yuding ke suishi qingsuan

预定可随时清算合伙(collapsible partnership) 在合伙财产全部转换为收入之前为解散合伙而成立的合伙,意即清算合伙。对于已实现的收益和未实现的收益,均应根据合伙人出资份额进行分配。英美法上的概念。

(李仁玉 陈 敦)

yufang sunhai

预防损害(prevention of damage) 侵权行为法通过规定能够侵权行为人应当承担的责任,以及在行为实施了侵权行为以后责令其承担损害赔偿等民事责任。侵权法的基本机能之一。预防损害能够教育不法行为人,引导人们正确行为,预防各种损害的发生,从而保持社会秩序的稳定和社会生活的和谐。侵权法的预防损害功能受到很多因素的影响,如行为人得否知悉法律的存在,或认识其行为的危害性;行为人即使有此种认识也有时难改变其行为,难免错估危害发生的可能性,低估损害赔偿责任的严重性,而怠于防范。预防损害有抽象意义上的预防损害与具体意义上的预防损害之分。抽象意义上的预防损害主要通过侵权法起到指导当事人正确行为的目的,这就要求合理制定侵权法、严格实施侵权法,以预防当事人的过错行为或者使从事危险行业的人能够采取措施避免对他人造成损害。具体意义上的预防损害则主要通过承认停止侵害、排除妨害、恢复原状等救济措施,简化侵权责任的规则要件,使损害消灭在起始阶段或者避免损害的进一步扩大。

(刘经靖 张平华)

yufang wuran feiyong

预防污染费用(expenses for preventing pollution) 为避免或者减轻环境污染的额外支出费用,即为了防止或者减轻环境损害所产生的费用。主要包括:(1) 在为了共同安全而采取共同海损措施的过程中,船长避免或者减轻环境损害而发生的费用。(2) 为了共同安全驶入避难港,但是港口当局将避免或者减轻环境损害作为驶入、驶出避难港或者在避难港停留的先决条件,则预防污染费用列入共同海损。但是,如果在避难港已经出现溢油或者排放污染物事故,则预防污染费用不得列入共同海损。(3) 如果货物操作费用可以列为共同海损,并且在货物操作过程中涉及避免或者减少环境损害的必要安排,则预防污染费用可以列入共同海损。列入共同海损的费用仅限于针对船舶本身或者货物的预防污染费用,并不包括环境损害本身,即对第三人的赔偿责任。环境损害以及同一航程中的财产溢出或者排放污染物所引起的损失或者费用不得计入共同海损。

(张永坚 张 宁)

yufukuan

预付款(payment in advance) 买方为了帮助卖方解决其履行合同过程中所需资金的困难而于合同约定的价款数额内预先交付的部分货款。合同履行后,预付款可抵作价款。交付预付款后,交付一方不履行合同时,预付款可以抵作违约金和赔偿金,有余款的可以请求对方返还;接受预付款的一方不履行合同时,除承担违约责任外,必须如数返还预付款。

(王卫劲)

yufu peichang

预付赔偿(prepayment of damages) 损害发生后,赔偿义务人在赔偿关系确定前先行支付给权利人部分或全部赔偿,预付赔偿应从最终赔偿额中扣除。预付赔偿的一般特征为:(1) 预付赔偿发生在损害发生后,赔偿关系确定前。基于此,预付赔偿与损害赔偿额的预定不同,后者适用于损害尚未发生而仅处于预想状态时。所谓赔偿关系确定前,既可以指损害赔偿数额尚未最终确定,又可以指损害赔偿关系未经法定判决产生既判力。(2) 预付赔偿的主体只能是真正的赔偿义务人,而其他主体的预付行为一般按照无因管理(垫付)处理。(3) 预付赔偿的根据包括赔偿义务人自愿履行、经权利人请求履行、法定的预付义务。(4) 预付赔偿应该从最终的赔偿给付额中扣除。预付赔偿可分为非经裁判程序的预付赔偿和经裁判程序的预付赔偿(即先予执行)两种。前者可以再分为法定预付赔偿及意定预付赔偿。法定预付赔偿指依照法律规定赔偿义务人必须在损害赔偿额确定前支付部分赔偿金,如《中华人民共和国保险法》第25条规定,保险人自收到赔偿或者给付保险金的请求和有关证明、资料起60日内,对其赔偿或者给付保险金的数额不能确定的,应当根据已有证明和资料可以确定的最低数额先予支付;保险人最终确定赔偿或者给付保险金的数额后,应支付相应的差额。意定预付赔偿指赔偿义务人自愿地或经权利人请求在最终责任确定前或赔偿义务履行期之前的赔偿金给付行为。经裁判程序的预付赔偿是先予执行制度的一种,指法院对特定的民事案件做出终审判决前,为解决当事人一方生产或生活的紧迫需要,根据其申请,裁定另一方当事人给付申请人一定的钱物。《中华人民共和国民法通则》及其司法解释并未对预付赔偿作出明确规定,民事诉讼法的先于执行制度规定了预付赔偿。《中华人民共和国民事诉讼法》第97条规定:人民法院对下列案件,根据当事人的申请,可以裁定先予执行:(1) 追索赡养费、扶养费、抚育费、抚恤金、医疗费用的;(2) 追索劳动报酬的;(3) 因情况紧急需要先予执行的。其中第三类可以先予执行的案件包括:(1) 需要立即停止侵害、排除妨碍的;(2) 需要立即制止某项行为的;(3) 需要立即返还用于购置生产原料、生产工具贷款的;(4) 追索恢复生产、经营急需的保险理赔费的。上述规定除了"需要立即停止侵害、排除妨碍的"及"需要立即制止某项行为的案件的"两类以外的其他的先予执行都属于经裁判程序的预付赔偿。

(张平华)

yugou hetong

预购合同(contract of purchasing goods in advance) 当事人之间订立的预先购买商品的协议。在计划经济时代,预购合同主要适用于工矿产品预购合同与农副产品预购合同两种。前者指需方在供方未投产前,与供方订立的需方先付给供方一定数额的预付款,供方按合同规定的条件生产工矿产品并售给需方,需方接受该产品并付清价款的协议。后者指商业企业与农副产品生产者之间订立的在农作物播种之前,以定金或预付款的形式预先购买某种特定农副产品的协议。预购合同的主要特征是:合同标的物多为特殊种类或规格的商品;合同内容涉及商品的生产过程。需方须向供方预付一定数额的预付款或定金。预购合同的适用,一方面利于解决生产者的资金或物资困难、保证生产的顺利进行,另一方面利于商业企业根据市场供求关系组织货源、保证商品流通的顺利进行。预购的农副产品,主要是需要较多生产资金与技术援助的经济作物及畜产品。我国从1951年起对棉花实行预购,以后逐步推广麻类、烟叶、茶叶、蚕茧等。预购合同不同于乘农民经济困难之际,杀价购买青苗、对农民进行盘剥的"预购"现象。在市场经济时代,预购合同较多地适用于商品房、机器设备等大额商品买卖,往往表现为附有担保的信用买卖。

(任自力 张平华)

yujie tidan

预借提单(advanced bill of lading) 货物装船前或未全部装船前,承运人应托运人要求而签发的已装船提单。此种提单通常是在信用证规定的装船日期和结汇日期即将届满时签发。签发这种提单是不正当的行为,承运人的风险很大,有可能造成承运人和托运人对善意第三方提单持有人的欺诈行为。在我国海事审判实践中,一般将签发预借提单作为侵权处理。

(张 琳)

yuqi weiyue

预期违约(anticipatory breach) 又称预先违约、先期违约、毁约。实际违约的对称。在合同履行期限到来之前,一方当事人没有正当理由明示或默示将不履行合同义务,包括明示预期违约与默示预期违约。前者也称为声明毁约,指一方当事人在合同履行期限到来前无正当理由地以明确的肯定的语言向对方表示将不履行合同义务;后者指当事人一方在合同履行期限到来前以其行为表明将不履行合同义务,如特定物的出卖人于买卖合同合同订立后交付前将该特定物又另出卖给他人并交付。《中华人民共和国合同法》第108条规定:"当事人一方明确表示或者以自己的行为表明不履行合同义务的,对方可以在履行期限届满之前要求其承担违约责任。"因此,发生预期违约时,债权人既可以待履行期限届满后按实际违约要求违约方承担违约责任,也可以在合同履行期限届满前要求预期违约方承担违约责任。依《中华人民共和国合同法》第94条的规定,在履行期限届满之前,当事人一方明确表示或者以自己的行为表明不履行主要债务的,另一方有权解除合同。

(郭明瑞)

yushou zujin

预收租金(pre-received rent) 承租人在对租赁物使用收益前支付的租金。当事人间如果没有特别约定,或者没有习惯,租金一般采取在租赁期满支付或者分期支付两种方式。反之,如果当事人在合同中明确规定或者习惯上认为承租人应先付租金,而该约定或习

惯又不违反法律、行政法规的,承租人应依约定支付,出租人有权预收租金。 (张平华)

yuyue
预约(德 Vorvertrag) 预约合同的简称。参见预约合同条。 (郭明瑞)

yuyue baoxian hetong
预约保险合同(open cover) 保险人与被保险人就事先约定保险范围订立的预约合同。主要适用于长期的、大量的货物运输保险,承保合同项下被保险人的所有货物。通常载明承保货物的范围、险别、每批货物的最高金额以及保险费结算办法等。属于长期性的合同(一般都没有保险期限的规定)可以长期使用,并订有注销条款,订约的任何一方如要求取消合同,应在规定的期限内(通常对一般险别须在7天前)发出注销通知,从而注销合同(通知到期日合同即终止)。属于预约保险合同范围的货物一经起运即自动按保险合同所列条件予以负责。但被保险人在每批货物起运时应将货物发运的航程、保险金额等有关情况直接通知保险人,保险人及时处理保险凭证作为保险人办理结汇的依据。我国的进口货物都采用这种保险合同。 (温世扬)

yuyue hetong
预约合同(德 Vorvertrag) 本合同的对称,简称预约。当事人约定将来订立一定合同的合同。预约合同是相对于本合同而言的,根据预约合同订立的合同即为本合同。没有本合同也就无所谓预约合同,没有预约合同也就无所谓本合同。例如,当事人双方预先约定于将来买卖某货物的合同为预约合同,而其后订立的买卖该货物的合同就为本合同。预约合同的效力在于当事人应当订立本合同,并不发生当事人之间的实体上的权利义务。当一方不依预约定立本约时,他方仅得请求对方履行订立本约的义务,而不得依预定的本约的内容,请求赔偿其可预期的利益。 (郭明瑞)

yunanchuan
遇难船(ships in distress) 在海上或者与海相通的可航水域中遭受的一切真实危险的船舶,危险包括现实的和不可避免即将出现的危险。根据各国海商法的规定,危险一般包括异常气候、异常海况、航行事故、海上活动限制、战争、拿捕、海盗袭击、船员急性流行病疫、非航行事故以及海上特有的其他危险等,即在海上航行中所遭遇的以通常的技能和谨慎所不能防御的风险。处于这种境地的船舶属于遇难船。同时,根据《中华人民共和国海商法》的规定,作为海难救助对象的船舶不能是正在从事军事活动或政府公务活动的船舶,但包括20吨以下的小型船筏水翼船和水上飞机。 (王青)

yunan xinhao
遇难信号(distress signals) 船舶在遇难并需要救助时,按照《国际海上避碰规则》规定应使用或显示的各种信号的总称。遇险信号包括声号、旗号、烟火信号、无线信号以及手势等形式发出的各种信号。 (张永坚 张宁)

yuanbaoxian
原保险(original insurance) 保险人与投保人订立保险合同、作为再保险标的一种保险。原保险是相对于再保险而言的,没有再保险,也就没有原保险。原保险的被保险人,在原保险合同约定的保险事故发生时,仅能向原保险人请求赔偿或给付保险金,而不能向再保险人请求赔偿或给付保险金。 (史卫进)

yuanben zhi zhai
原本之债(debt of principal) 利息之债的对称。债务人除给付原本之外还须给付利息时,则给付原本的债即为原本之债。原本之债多因借贷而发生,但因其他有偿法律行为及损害赔偿等也可发生。原本多为金钱,但也可为其他可代替物。 (郭明瑞)

yuanquanli
原权利(primary rights, sanctioned rights, rights of enjoyment) 又名为先行权。救济权的对称。依据权利间的纵向的相互关系所作的区分。即在一切事物状态平和进行时独立存在的权利,或曰不待他人之侵害行为而原来存在之权利。如人格权、身份权、债权、物权、知识产权等,一般权利均属之。 (张谷)

yuanshi buneng
原始不能(originally impossibility of object; 德 ursprüngliche Unmöglichkeit) 又称自始不能、当初不能。法律行为成立时其内容已不可能实现,如房屋已焚毁仍订立租赁契约。原始之不能的法律行为属于无效行为。后发不能的对称。 (李仁玉 陈敦)

yuanshi shoutuoren
原始受托人(original trustee) 自信托设立时起即进入其中的受托人。如果某一项存续期较长的信托先后存在过若干个受托人,原始受托人则为其中的第一个。

原始受托人因委托人在信托行为中指定或者有关国家机关在司法行为或行政行为中指定或推定产生,且它的产生是出自于设立信托的需要,而不是出自于维持信托的需要。相对于新受托人而言,原始受托人具有原受托人身份。对原始受托人产生的规制适用信托法关于信托设立的规定。 （张 淳）

yuanshi zhusuo
原始住所（original domicile；德 ursprünglicher Sitz） 自然人出生时的住所。英国法认为,每个自然人都有原始住所,该住所将一直存留,除非他移居别处,且有永久居住之意图,从而取得了选择住所。但如果他抛弃了选择住所,原始住所仍为住所。 （李仁玉 陈 敦）

yuanshoutuoren
原受托人（last trustee） 在信托存续期间因其职责终止而被新受托人取代的受托人。在这种取代首次发生的情形下,原受托人与原始受托人同属一人,故其只是相对于新受托人而言具有原受托人身份;但在这种取代第二次发生以及以后每一次发生的情形下,原受托人不仅相对于新受托人而言具有原受托人身份,其相对于原始受托人以及在其前面的原受托人而言还具有新受托人身份。 （张 淳）

yuanwu
原物（substance；德 Substanz） 亦称母物。孳息的对称。能产出孳息（德 Fruechte）或其他收益之物。例如,树为原物,果实为孳息。禽兽为原物,其所产卵或幼仔为孳息。房屋为原物,租金为孳息。对于天然孳息,原物所有人通常有收取之权,是为原物主义,为罗马法上之主义。但法律有特别规定或当事人有特别约定时,非所有人也可以收取天然孳息。 （张 谷）

yuanyin
原因（cause；拉丁 causa） ❶ 构成民事责任要件的因果关系中的原因。指引起损害结果发生的客观现象。只有损害结果是由行为人的行为引起的,即行为与结果之间具有因果关系时,行为人才会承担民事责任。在因果关系理论中,对原因范围的理解不尽相同。有的认为,只有对损害结果的发生起决定性作用的客观现象,才是原因;有的认为,只有对损害结果的发生具有重要影响的客观现象才是原因;还有的认为,对损害结果的发生产生影响的一切客观现象都是原因。原因可分为直接原因和间接原因、必然原因和偶然原因、主要原因和次要原因等等。❷ 法律行为上的原因,指基于给付所欲追求的典型的通常的交易目的,或是基于此种交易目的而欲实现的法律效果。依法律规定某项法律行为的原因应吸入该法律行为之中,成为其一部分时,则该法律行为即属于有因行为。从法律行为本质即可推知当事人的意思与利益关系,原因本应该构成法律行为的一部分,使法律行为有因化。然而为交易安全及政策考虑。立法者常将原因从特定的法律行为中抽离,使原因不成为法律行为的内容,原因欠缺或不存在,法律行为的效力不受影响,这就是法律行为的无因性。一般认为,典型的无因行为包括代理权的授予行为、票据行为、德国法上的物权行为等。在有因行为中,若原因不能实现或当事人未对原因为有效合意时,行为即不能有效成立。有因行为的观念源自于罗马法,并在法国民法典上有明确的规定。在罗马法上,适法行为包括两个要件:主体的意思和事实状态或客观条件,行为人所期待的后果因该条件而受法的保障;这种条件被罗马人称为原因或正当原因,法律行为的原因使适法行为所产生的取得或丧失合法化。受罗马法和宗教法规的影响,法国合同法使用"原因"的概念。《意大利民法典》和《西班牙民法典》仿效《法国民法典》在使合同发生效力方面主要依据其是否具有第一要因或原因。即契约只有在其根据一种原因签订时方为有效。另外,由于管理行为原因缺乏,或原因缺乏而进行的给付可构成无因管理或不当得利之债。按照《法国民法典》第1131条的规定,合同可因原因缺乏、原因错误或原因不法三种情况而无效。法国合同法中的原因包括两种含义:一是指当事人订立合同的"理由";二是指当事人通过合同所希望达到的最终目的。前者是合同的"近因",具有客观性;后者是合同的"远因",具有主观性。传统理论上的原因主要指近因。大陆法系合同法上的原因与英美合同法中的对价不同:在英美合同法中,要求赔偿违约所受的损害的诉讼令状,只有在被告的允诺具有合理动机,有良好的、充分的或足够的对价时,才允许提起赔偿违约所受损害的诉讼。因此与法国法上的原因不同,法国合同法上的原因是可履行与不可履行的合同区别,英美合同法上的对价是合同是否生效的条件。因原因理论容易被当事人滥用从而危及交易安全,现在法国法院只承认合同因违反善良风俗或公共秩序为原因不法。 （张平华）

yuanqi benpiao
远期本票（time drafts） 期本票的对称。见票即付形式以外的其他付款形式的本票。主要包括定日付款本票（定期本票）、出票后定期付款本票（计期本票）和见票后定期付款本票（注期本票）。参见远期汇票条。 （王小能）

yuanqi huipiao

远期汇票(usance bills; usance draft) 汇票上记载了一定的付款日期或付款日期计算方法的汇票。它在出票日后一段时间里不能获得付款,等票面记载的付款时间或者按照票面记载的计算方法计算的付款时间到来时方可获得付款的汇票。如果持票人在到期日前提示付款,付款人有权拒付且不受追索,付款人也只能在期限届满后才能付款,如在到期日前付款的,持票人有权拒绝受领且不发生付款的效力。远期汇票又可分为定期汇票、计期汇票、注期汇票以及分期付款汇票。与远期票据相对的是即期票据。远期票据和即期票据的划分标准是汇票上记载的付款期限。

(温慧卿 王小能)

yuanqi zhipiao

远期支票(postdated cheques or checks) 支票的一种,即期支票的对称。票据理论研究中提出和票据实务中使用的一种习惯用语,并非票据法上的概念。出票人将实际出票日退后记载而开出的支票。远期支票通过使出票日延长从而致支票作为信用工具流通,远期支票从实际出票日起即生法律效力,并可进入信用流通,但付款请求权却只能依票载日期为据取得。依据票据文义证券的性质。除有相反证明外,远期支票中有关出票人的行为能力、代理人代理权限有无的判断应以票载日期为准。远期支票的出票人于票载日期前死亡或丧失行为能力的,不影响支票的有效性,持票人此时可径行行使追索权。

(王小能)

yuanqi zhipiao de fukuan

远期支票的付款(payment of postdated cheques or checks) 远期支票的持票人向付款人出示支票请求付款,付款提示日以票载日期为准,在持票人于此期前提示付款的,付款人应予以拒绝,否则,就由此给出票人及相关人造成的损害负赔偿之责。所以,持票人向付款人在票载日前提示付款遭拒绝时,也不得因此而行使追索权。《日内瓦统一支票法》与此规定的宗旨截然相反,它允许远期支票期前提示付款,并可径行行使追索权。但若付款人自愿付款时,持票人则有受领票据金额之权,且付款人不得就已受领之票据主张返还。远期支票的出票人在受破产宣告或死亡后,付款人不得付款,持票人此时可依法行使追索权。

(王小能)

yueding fuqi caichanzhi

约定夫妻财产制(contractual regime as to marital property) 夫妻以契约形式选择决定婚姻财产关系的法律制度。它在多数国家法律中得到充分肯定,具有较高的法律地位,只有在无约定或约定无效情况下才适用法定夫妻财产制。但是,各国关于夫妻约定财产的范围、程序和效力的规定,受本国立法传统、风俗习惯和妇女在社会现实生活中的经济地位的影响,有诸多差异。

(蒋 月)

yueding jianhu

约定监护(guardianship by contract) 有监护资格的人之间协议确定由其中一人或者多人行使监护职责的监护。在我国司法实践中,有监护资格的人之间可以协议确定监护人,并由协议确定的监护人对被监护人承担监护责任。

(李仁玉 陈 敦)

yueding lilü

约定利率(conventional interest rate) 也称协商利率或自由利率。资金借贷双方在国家利率政策允许的幅度内,按照"低进低出、高进高出"原则自由商定的一种利率。它主要适用于各种信托投资公司办理的存贷款业务。专业银行之间、非银行的金融机构之间以及银行与其他金融机构之间相互拆借资金时的利率也由借贷双方协商确定。其利率水平主要考虑当时的银行贷款利率,因时、因地、因项目而有区别。

(邹川宁)

yueding qixian

约定期限(agreed time limit) 由当事人约定的限制法律效力的期限。所说附期限法律行为的期限为约定期限。法定期限的对称。

(李仁玉 陈 敦)

yueding weiyuejin

约定违约金(liquidated danages) 完全由双方当事人在合同中约定的违约金。《中华人民共和国民法通则》第 112 条规定:"当事人可以在合同中约定,一方违反合同时,向另一方交付一定数额的违约金"。《中华人民共和国合同法》第 114 条中也规定:"当事人可以约定一方违约时应当根据违约情况向对方支付一定数额的违约金"。约定的违约金过分高于或低于违反合同所造成的损失的,当事人可以请求仲裁机构或法院予以适当减少或增加。当事人没有约定违约金的,不能要求违约方支付约定违约金。

(肖 燕)

yueding yiwu

约定义务(德 vertragliche Pflicht;法 obligation contractuelle;拉丁 obligatio ex contractu) 法定义务的对称。依民事义务的发生根据不同而为的分类。即由当事人约定产生的义务,如合同义务。

(张 谷)

约据

约据（拉丁 singrafe） 罗马法时期异邦人之间使用的一种类似于文书契约的一种契约形式，又称书契，是一种严格意义上的要式契约。约据通常被制作成两份原件，一份由债务人保留，另一份由债权人保留。在埃及，约据还须到官厅登记始生效力。到后古典法时期，卡拉卡拉帝授予一般居民以市民权，约据即告消失。

（刘经靖）

《约克—安特卫普规则》

《约克—安特卫普规则》（York-Antwerp Rules） 国际上通用的共同海损理算方面的规则。主要规定了如何划分共同海损损失与费用和确定各有关方参加分摊这项损失和费用的标准。《约克—安特卫普规则》是由英美及欧洲海运国家于1860年在英国格拉斯哥召开的会议上制定的，称为格拉斯哥决议。为了贯彻该决议，国际共同海损大会于1864年在英国约克召开第三届会议通过了《约克规则》。约克会议后，各国的相关国内立法化活动未能成功。于是在1877年在比利时的安特卫普再次召开会议，会议对1864年《约克规则》进行了修改，并将其命名为《1877年约克—安特卫普规则》。由于种种原因，试图通过立法的形式统一共同海损理算工作的努力最终没有成功。《约克—安特卫普规则》从制定到现在，大体经历了四个历史阶段：第一个阶段（1860～1924）。初期阶段，规则中未规定共同海损的具体原则和定义，只是以罗列项目的方式，确定了共同海损的范围，缺乏系统性。第二个阶段（1924～1950）。1924年第33届国际法协会会议对规则进行了较大的修改和调整，开始将条文分为字母规则和数字规则。字母规则（Lettered Rules）共7条，按英文字母A～G顺序排列，规定了共同海损行为并对其下了定义。数字规则（Numbered Rules）共23条，按罗马数字Ⅰ～ⅩⅩⅢ顺序排列，是有关共同海损损失项目的具体规定。由于《1924年规则》的两部分条款有矛盾之处，1949年在荷兰的阿姆斯特丹召开的国际海事委员会上通过了《1950年约克—安特卫普规则》。该规则由三部分内容组成：解释性规则（Rule of Interpretation）、字母规则和数字规则。字母规则仍为7条，数字规则减至22条。解释规则明确规定共同海损适用字母规则和数字规则，并吸收马基斯协议的内容，规定优先适用数字规则，数字规则没有规定的才适用字母规则。第三个阶段（1950～1974）。这一时期主要是对理算规则进行简化。《1950年规则》过于具体繁琐，实践中操作很不方便。《1974年规则》重点简化了两项确定共同海损损失的方法，即火烤和烟熏造成的损失不得列入共同海损，以及不论船舶是否势必将搁浅，只要在搁浅的当时是为了共同安全，其损失即可作为共同海损得到补偿。目前世界上绝大多数运输合同和保险合同中的共同海损条款都规定按《1974年约克—安特卫普规则》理算。第四个阶段（1974～）。1990年对《1974年规则》规则六进行了局部修改，将《1989年救助公约》第14条规定的救助人为防止和减少环境污损所得的特别补偿排除在共同海损之外。1994年10月2日至8日，国际海事委员会在悉尼召开第35届大会，通过了《1994年约克—安特卫普规则》。与1974年规则相比，最大的修改在于：(1)增加了首要条款（Rule Paramount），弥补数字规则的不足，进一步强调共同海损牺牲和费用的合理性。首要条款的内容为："牺牲或费用，除合理做出或支付者外，不得受到补偿。"(2)为确定拖带或顶推作业中船舶是否处于同一航程而划定了界限。(3)进一步细化了处理环境损害和清除污染物费用的规定。(4)吸收了不分离协议的内容，规定了共同海损索赔通知和提供理算所需资料的期限。《约克—安特卫普规则》本身并不是法律，不具有普遍的拘束力，只是一个有关共同海损的国际惯例。规则一经当事人选择适用并在提单、租船合同或保险单中加以注明，就在当事人之间产生法律拘束力。该规则的普遍适用对于各国共同海损的立法有着深刻的影响，实际上在相当程度上起到了统一各国共同海损立法的作用。

（张永坚　张　宁）

约因

约因（consideration） 亦称为对价、代价或对待给付。英美契约法中的重要概念。一方以自己的行为、容忍或所为的诺言来换取对方诺言的代价。1875年英国高等法院在居里诉米沙案的判决中称其为"合同一方得到某种权利、利益、利润或好处，或是他方当事人克制自己不行使某项权利或遭受某项损失或承担某项义务。"在英美法中，除签字腊封的合同（要式合同），任何合同要有约束力须具备三要素：要约、承诺、约因。英美契约法称双方当事人为受约人（promisee）或译承诺人与立约人（promissor）或译允诺人，而不称债权人、债务人。因此，构成约因就是相互允诺，即各自允诺对方担负一定的行为或不行为的义务，每一方既是允诺人，又为承诺人。约因有效的条件是：(1)约因只能在立约人与受约人间进行，不能由第三人承担。立约人只对受约人承诺利益，他不对任何第三人承诺。(2)约因必须合法，否则无效。(3)约因应当具有某种价值。所以又译为对价。但对价不是等价。(4)约因对立约人来说，必须是允诺将来的利益，而非过去的、已经取得的利益。由于英美契约法中对约因的有效性作了种种限制性的规定和解释，使传统的约因原则难以适应当代资本主义社会经济活动的需要。目前，约因理论处在演变中，《美国统一商法典》第2—209条规定：改变现存合同协议,即使无约因也有约束力。美国法为了防止在某些情况下由于缺乏约因而产生不公平的结果,还形成了"允诺禁反言"的原则,即如允诺人在作出允诺时,应当合理地预料到受允诺人会信赖其允诺而作出某种实质性的行为或放弃某种行为,并在事实上引起了这种结果,只有强制执行该项允诺才能避免产生不公平的结果,即使该项允诺缺乏约因,亦应予以强制执行。但约因在英美契约法中的重要作用是勿庸置疑的,它能为合同的订立提供证据,对当事人考虑欠周的交易行为起警戒作用,并引导当事人识别交易的具体类型。　　　　　　　　　　　　（肖　燕）

yunnuo

允诺(promise)　❶罗马法上债产生的一种原因。根据罗马法的规定,当市民依据正当的原因(iusta causa),例如某种荣誉或职务,而向神或城邦作出允诺时,债即产生。如果没有正当原因,那么根据活动开始原则(opus coeptum),当允诺的内容已经具体实施时,则允诺的债亦产生。钱款允诺只有兑付或部分兑付时,才具有约束力。❷一方当事人对于他方当事人负担行为或不行为义务的表示。英美契约法认为只有要约人一方为一允诺时,受要约人或受领允诺人以另一允诺或其他行为为回报方可构成有效的契约。此外如果当事人的允诺不能构成契约,但是符合允诺禁反言规则的要求,则即使是赠与的允诺或无偿的允诺也可以产生拘束力而得到强制执行。　（刘经靖　张平华）

yunnuo baozheng

允诺保证(sponsio)　罗马法上的概念。古罗马最早的保证。其成立采用与主契约相同的有严格格式要求的口头契约形式,须采用问答式,先由债权人对保证人问"同样允诺否",继由保证人回答说"允诺"。此种保证与主债务同时成立,保证人承担与主债务人相同的义务,债权人得直接请求保证人清偿债务,保证人的责任因本人死亡而消灭,不转移于继承人。这种保证仅适用于罗马市民。　　　　　　　　　（郭明瑞）

yunnuo jinfanyan

允诺禁反言(promissory estoppel)　英美法上的允诺禁反言是指在某种情况下,承认赠与允诺或无偿允诺的拘束力,从而对允诺的内容加以强制执行的原则。英美合同法有约因制度,即允诺人的允诺要获得法律上的强制执行力,原则上必须有相对人提供的约因。约因制度的存在常常使得相对人因相信允诺人所为的无偿赠与之允诺而受到损害,早期英国法为了避免这一情况的发生,一般先尽力寻求支持允诺的约因,在实在没有约因的情况下,法院往往援用衡平禁反言(equitable Estoppel)原则以求对相对人进行合理补偿。但"衡平禁反言"原则上仅适用于"一方当事人虚伪陈述事实而造成他方合理信赖致受损害"的情形,因此,上述做法实际上扩张了衡平禁反言的适用范围。1947年,丹宁(Lord Denning)在著名的高树案(High Trees Case)确立了"允诺禁反言"原则,以此作为约因的替代,丹宁称此原则为"言行一致"(My word is my bond)原则。允诺禁反言具有一定的限制:(1)债务人须因债权人之要约而受有损害;(2)该原则仅具有停止清偿的效力,不具有消灭债权的效力;(3)该原则只能用于抗辩,不能用于起诉。并且,高树案所确立的允诺禁反言原则的适用须以一定的既存法律关系存在为前提。允诺禁反言原则对美国合同法产生了巨大影响,美国第一次合同法重述第90条对允诺禁反言原则进行了明确的规定,按照该规定,允诺禁反言的成立须具备以下要件:(1)须有允诺的存在;(2)须允诺人合理预期其允诺将导致相对人的作为或不作为;(3)允诺相对人的信赖须达到确定和确实的程度;(4)只有强制执行允诺才能避免不公平情况的发生。美国第二次合同法重述又对前述原则进行了改进:(1)删除了"允诺相对人的信赖须达到确定和确实的程度"这一较为严格的标准;(2)规定了"弹性救济"原则;(3)将适用对象由允诺相对人扩展至有关系的第三人;(4)对于慈善性捐助和婚姻财产的和解,即使没有证据表明该允诺曾导致相对人的作为或不作为,该允诺也具有强制执行力。允诺禁反言原则作为"未经交付的赠与,不得请求强制执行"这一重要原则的例外,最初仅在允诺相对人有"信赖损害"的赠与中方可适用,时至今日,"允诺禁反言"原则的适用范围非常广泛,无论缔约过程中的允诺、要约还是契约因约定不明而不成立并导致一方损害的情形,凡为避免不公平情形而有强制执行允诺人允诺必要的,均可适用,从而使允诺禁反言成为英美法上的一项重要特色。　　　　　　　（刘经靖）

yunfei

运费(freight)　❶承运人向托运人收取的运送托运物或旅客的费用。不同种类的运输工具有不同的收费标准。货物运输一般以货物的重量、托运人声明的价格和保险费等其他合理的费用为计算标准;旅客运费则主要包括客票价格,以及超重行李包裹的托运费;船舶运费则包括运费、预付运费、包干运费、额外运费、空舱费、按比例计算等方式。航空货物和旅客的运费标准则由航空主管部门具体规定。

❷承运人提供运输工具和劳务,承运货物,向托运人或者承租人计收的费用,在英美法国家,若合同没有清楚地另行规定运费支付的时间,租船人只有在船

舶抵达目的港卸货时才需支付运费。在班轮运费中，有各种分类方法：按交纳时间的不同，有预付运费和到付运费；按是否分程运输，有直航运费、转船运费、中转费、一程运费和二程运费；按运费限额不同，有最低费和最高运费；按有无回扣，有毛运费和净运费等。

比例运费 由于托运人的原因造成运输货物灭失，承运人仍按所完成运输里程的比例计收的运费。

整笔运费 又称"包船运费"。按照容积或者载重吨表示的船舶载货能力为基础计算的整笔运费。在航次租船中，运费不是按照船舶的实际装运货物的数量计算，而是按照出租人提供的运力大小计算。即使船舶未满载，承租人也应按照规定支付约定的整笔运费。

预付运费 在船公司签发提单或承租人在签订运输合同前须由托运人（发货人）或承租人预先支付的运费。从法理上讲，运费是对船方运输行为所给予的报酬，船方在完成运输行为后才有权请求运费，运费的支付应当以到付为原则。但是在国际贸易采用CIF价格条件的情况下，由卖方（托运人或承租人）在装运港预付运费，方便了交易和航运双方。当前的班轮运输普遍采用了预付运费的做法。有的船公司不仅在提单中规定运费预付，而且还规定运费预付后，不论船舶或货物灭失与否，预付运费概不退还。对此，预付运费的货方就要承担运费损失的风险。通常货方都将已付的运费追加在货物价格中，以货物的CIF价格向保险公司投保，一旦货物发生了保险责任范围内的损失，由保险公司予以赔偿。对于货方应报货物的内容、规格的情况，船公司对于由此产生的货物损坏、货物灭失不负责任，并可加倍计收运费。 (李成林 张琳)

yunfei baoxian
运费保险（freight insurance） 以船舶承运人运送海上货物应收取的报酬为保险标的的海上保险。运费保险仅仅适用于货物运输保险，海上旅客运输的运费不在此列。运费的保险利益，原则上以订立有海上货物运输合同为条件，且托运人尚未支付运费。但当今的国际贸易和货物保险实务上，承运人在船舶运输开航前，一般向托运人收取全部运费，而不论货物是否运抵目的地，将预收或预付的运费加入货价而投保货物运输保险，不存在运费收取不能的风险，运费保险适用的余地极少。故只有货物运输合同约定货到付款的，承运人才有投保运费保险的余地。 (邹海林)

yunfei fentan jiazhi
运费分摊价值（contributory value of freight） 应该参加共同海损分摊的运费数额。该运费是指承运人承担风险，并于货物运到目的港时才能收到的净运费。根据1994年《约克—安特卫普规则》的规定，运费的分摊价值，应以航程终止时所应收取的净运费为基础，即扣除采取共同海损措施以后（从共同海损发生在之日起至目的港或其他终止航次的港口卸完货为止）为赚取该笔运费本应发生由于牺牲而（无需支付）没有发生的费用，如燃油费、船员伙食等。按照《北京理算规则》的规定，运费分摊价值，应按承运人承担风险并于事故后收到的运费，根据共同海损事故发生时尚未完成的航程，作相应比例的扣减，加上列入共同海损的运费损失金额。 (张永坚 张宁)

yunfei xisheng
运费牺牲（sacrifice of freight） 由于共同海损行为造成的货物的灭失或者损害所引起的由承运人承担风险的运费损失。此项损失可作为共同海损受到补偿。但是，损失的运费总额应扣减其所有人为赚得此项运费本应支付但由于牺牲而无需支付的费用。运费牺牲一般称为"到付运费"，即支付运费以承运人按照约定数量将货物运抵目的港为条件。 (张永坚 张宁)

yunshu gongju baoxian
运输工具保险（transport vehicles insurance） 以运输工具为保险标的而成立的财产保险。依照运输工具保险，投保人按照约定向保险人支付保险费，在被保险的运输工具发生保险事故时，保险人按照约定向被保险人给付保险赔偿金。

分类 运输工具保险的主要形式有机动车辆保险、船舶保险、飞机保险等，见机动车辆保险、船舶保险、飞机保险。

特征 运输工具保险的主要特征有：(1) 保险标的的坐落地点经常变化。运输工具的所有人、使用人以及其他管理人，占有或者所有运输工具的目的是使用运输工具，使用运输工具的结果是运输工具的坐落地点经常发生变化。因此，作为保险标的的运输工具的坐落环境不是固定的，只要使用运输工具，运输工具所处的环境就在发生变更。由于这个原因，运输工具保险合同一般约定一定的地域范围或者特定行驶路线（航程）作为承担保险责任的限度。(2) 运输工具应当具备特定使用功能。运输工具保险要求被保险运输工具必须具备适合于特定使用目的的能力，例如，船舶、飞机应当具有适航能力等。(3) 保险责任的选择性。发生保险事故时，保险人对于被保险人可以选择承担恢复受损的运输工具原状的责任，或者选择赔偿被保险人因为保险事故而发生的损失。运输工具保险合同可以约定，在被保险运输工具发生保险事故时，保险人承担恢复原状的责任；即使有此约定，保险人在恢复原状和支付保险赔偿金方面，仍然具有选择权。(4) 风险保障综合性。运输工具保险一般为综合性保险，既承保被保险运输工具本身的经济损失，又承保被保险人因使用被保险运输工具造成第三人损害而应当承担的赔偿责任。所以，运输工具保险合同，一般约定有运输工具财产损失保险条款和运输工具第三者责任保险条款。

(邹海林)

yunshu hetong

运输合同（contract of carriage） 也称运送合同。承运人与托运人或旅客关于承运人将货物或旅客运到一定地点，托运人（或收货人）或旅客为此支付约定报酬的协议。一般地来讲，运输合同具有如下法律特征：(1) 运输合同为有偿的双务合同。运输合同中的承运人是经营货物运输或旅客运输的，合同成立后，承运人应当在约定的时间或合理期间内，按照约定的或者通常的路线将旅客或货物安全运输到约定的地点，旅客、托运人或收货人应当支付票款或者运输费用。运输合同成立后双方有对应的权利和义务，所以它是双务合同。(2) 运输合同原则上为诺成性合同。依《中华人民共和国合同法》的规定，客运合同自承运人向旅客交付客票时成立，但当事人另有约定的或另有交易习惯的除外。因此，客运合同一般为诺成性合同，但是当事人另有约定或者另有交易习惯的，客运合同也可是实践合同。就货运合同而言，我国《合同法》颁布前的《铁路货物运输合同实施细则》第5条规定"按年度、半年度、季度或月度签订的货物运输合同，经双方在合同的签认后，合同即告成立，托运人在交付货物时，还应向承运人按批提出货运单，作为运输合同的组成部分"。而"零担货物和集装箱货物的运输合同，以承运人在托运人提出的货物运单上加盖车站日期之后，合同即告成立"。依此规定，货运合同一般为诺成性合同，法律、法规另有规定的，也可为实践性合同。(3) 运输合同一般是标准合同。运输合同中的条款，当事人的权利、义务、规格、注意事项往往由运输法规专门规定或由运输部门事先印刷成标准格式，双方不能变更。如客运合同的客票、货运合同的货运单及提单都是统一印制的，运费是统一规定的。当然运输合同也有非标准合同。(4) 运输合同的目的是将旅客或货物运到指定的地点。承运人在运输中提供的是运输劳务而不是运输工具，因而它不同于借用合同、租赁合同。承运人在运输过程并不改变货物或旅客，因而它不同于承揽合同。并且，承运人是以自己的名义完成运送工作的，因而运输合同与保管合同、委托合同也有很大的差异。(5) 运输合同一般有缔约强制性。依我国《合同法》第289条规定："从事公共运输的承运人不得拒绝旅客、托运人通常合理的运输要求。"在我国，铁路运输、航空运输都属于公共运输，陆路运输、水路运输基本上也是公共运输。依运输工具的不同，运输合同分为铁路运输合同、公路运输合同、航空运输合同、水上运输合同、海上运输合同、管道运输合同等。从运输的对象上，运输合同则分为货物运输合同和旅客运输合同两种。从运输方式上，运输合同还可分为单式运输合同和多式联运合同。从运输地域上，运输合同可分为国内运输合同和国际运输合同。

(李成林)

yunshu tiaokuan

运输条款（transit clause） 英国协会货物保险条款（A、B、C）关于保险人承担海上货物运输保险责任期间的规定。该条款共3款。第1款是普遍适用的规定，规定了在三种正常的运输过程中保险责任的起止时间，即从仓到仓（从货物离载明的仓库或储处所开始到最后交付的仓库或储运所或最后卸货港全部卸离海船满60天）。第2款、第3款分别规定了两类特殊情况下的保险责任期间。第2款规定了货物在最后卸离海船后又被发送到非本保险承保的目的地。第3款规定了在被保险人不能控制的迟延、绕航等非通常事件下保险的效力。尤其是第3款改变了1906年《英国海上保险法》有关保险合同效力终止之规定，对被保险人更有利。该运输条款是对1912年协会货物保险条款的发展和完善。与1963年协会货物保险条款的"运送条款"内容无实质上变化，只是编排更醒目。英国协会货物保险条款A、B、C对运输条款的规定一致。

(温世扬)

yunsongwu

运送物（transported goods） 又称运输物、运输货物。货物运输合同的标的物。在运输过程中，运送物的所有权属于运输单据的持有人的，运输单据的持有人可以以转让运输单据的方式转让运送物的所有权。在运输过程中，承运人应当对运送物妥善保管，将其安全运达目的地并交付收货人。运送物发生毁损、灭失的，除法律规定的免责事由外，承运人应当承担损害赔偿责任。除当事人另有约定外，托运人或收货人不支付运费、保管费以及其他运输费用时，承运人对相应的运送物享有留置权。

(姜林)

Z

zaibaoxian
再保险（reinsurance） 又称为分保险,保险人以原合同中承保的保险责任的一部分或全部为保险标的,以缴纳再保险费为条件,向其他保险人转保,以转嫁原保险风险的一种保险。我国《保险法》第29条规定:"保险人将其承担的保险业务,以分保的形式,部分转移给其他保险人的,为再保险。"再保险是保险人为避免危险过于集中而采用的转移风险于其他保险人的保险,原保险人称为再保险分出人,再保险人称为再保险接受人,其保险标的是原保险中的保险责任。再保险独立于原保险,两个合同是同时存在的。因此,再保险分出人不得以再保险接受人未履行再保险责任为由,而拒绝履行或延迟履行其原保险责任。我国《保险法》第30条规定:"再保险接受人不得向原保险的投保人要求支付保险费。""原保险的被保险人或者受益人,不得向再保险接受人提出赔偿或者给付保险金的请求。""再保险分出人不得以再保险接受人未履行再保险责任为由,拒绝履行或者迟延履行其原保险责任。"

（房绍坤　史卫进）

zaibaozheng
再保证（re-guaranty） 对保证债务的保证。在两个保证人同对一个债权人为保证所成立的两个保证债务中,一个是对主债务为担保,另一个是对保证债务为担保的情况下,前者为正保证债务,后者为再保证债务,亦称副保证或者复保证。再保证具有如下特征:(1)再保证所保证的是正保证的债务,为间接的保证。一般的保证乃为主债务作保证,而再保证是为保证债务所作的保证。主债务、保证债务、再保证债务三者的关系是,主债务由保证债务保证,保证债务由再保证债务保证。相对于主债务而言,保证债务为直接保证,再保证债务为间接保证。(2)再保证关系的债权人仍为主合同的债权人。再保证仍是一种保证关系,只是其所保证的主债务本身就是一种保证债务。再保证关系产生于主合同债权人与再保证人之间,再保证关系中债权人仍为主合同的债权人,债务人为再保证人。(3)再保证人的主债务人为正保证人。再保证是对正保证而为的保证,再保证人的主债务人不是主合同的债务人,而是正保证合同的债务人,即正保证人。(4)再保证具有补充性。再保证的补充性十分明显,只有当正保证为无效或者被撤销,以及正保证人不能履行保证债务时,再保证人方负履行义务。正保证债务是再保证债务的对称,正保证债务就是一般的保证债务。再保证债务是对正保证债务而为的保证债务,只有当保证人不能履行保证义务时,债权人才能要求再保证人履行。

（奚晓明）

zaidaili
再代理（transferred agency） 代理人为被代理人的利益将其所享有的代理权转托他人而产生的代理,故又称复代理、转代理。因代理人的转托而享有代理权的人,又称复代理人、转代理人。再代理的主要特征有:(1)再代理人是由代理人以自己的名义选任的,不是由被代理人选任的;(2)再代理人不是原代理人的代理人,而仍然是被代理人的代理人,再代理人行使代理权时仍应以被代理人的名义进行,法律后果直接归属被代理人,而不归属原代理人,也不是先归属于原代理人,再移转于被代理人;(3)再代理权不是由被代理人直接授予的,而是由原代理人转托的,但以原代理人的代理权限为限,不能超过原代理人的代理权。

根据《民法通则》第68条的规定,"委托代理人为被代理人的利益需要转托他人代理的,应当事先取得被代理人的同意。事先没有取得被代理人同意的,应当在事后及时告诉被代理人,如果被代理人不同意,由代理人对自己所转托的人的行为负民事责任。但在紧急情况下,为了保护被代理人的利益而转托他人代理的除外。"可见再代理附有条件,除非紧急情况,必须事先取得被代理人同意或事后告知被代理人并取得同意。

委托代理人原则上没有复任权,因为委托代理的基础是特定当事人之间的信任关系。但是在尊重被代理人意思和有利于保护被代理人利益的前提下,委托代理人在下列情况下可享有复任权:(1)被代理人事先授权可以转委托的;(2)转委托前征得被代理人同意的;(3)转委托后得到被代理人追认的;(4)在紧急情况下,如由于突患疾病、通讯联络中断等特殊原因,委托代理人不能办理代理事项,又不能与被代理人及时取得联系,如不及时转委托他人代理,会给被代理人的利益造成损失或扩大损失的情况。法定代理人无条件地享有复任权,因为法定代理发生的基础不是特定当事人之间的信任关系,而是法律的直接规定,同时法定代理权具有概括性,其范围甚广,又不允许代理人任意辞任,而且被代理人往往无同意表示的意思能力。指定代理人原则上没有复任权,因为指定代理发生的基础是人民法院或指定机关对指定代理人的信任,而且代理行为限于特定的事务。但如果为被代理人的利益需要,可以在取得指定人民法院或指定机关同意的情况下转委托代理事务。指定代理人擅自转委托代理事务的,应对复代理人的行为承担民事责任,但由于紧急情况而转委托的除外。　　　　　（李仁玉　陈　敦）

zaihun
再婚（remarriage）　初婚的对称。当事人并非首次参与婚姻关系,过去是曾有婚史的。再婚以前的婚姻关系,已因配偶死亡或离婚而终止。这里所说的再婚以婚姻主体的一方为本位,而不是以婚姻主体双方为本位。在同一婚姻中,可能一方当事人为再婚,另一方当事人为初婚。双方均系初婚的当事人离婚后又复婚,主体虽然并未变更,法律亦视其为再婚。在当代各国有关结婚的立法例中,对再婚的次数并无限制性的规定。沙皇时代的旧俄民法曾禁止第四次结婚,这是历史上罕见的例外。　　　　　　　　　（杨大文）

zaipaimai
再拍卖（reauction）　"一次性拍卖"的对称。拍卖标的在一次拍卖活动中即告拍定售出的,称为一次性拍卖。对经过一次拍卖未售出的拍卖标的可继续进行第二次、第三次甚至更多次拍卖,相对于第一次拍卖而言,其后的拍卖活动即为再拍卖。再拍卖的程序与规则和一次性拍卖相同。再拍卖的原因主要有三种:一是拍卖中无人应买;二是竞买人的应价偏低而致拍卖人主动撤回拍卖的标的或停止对拍卖标的的拍卖;三是虽经拍定,但原买受人不能按约定支付拍卖标的的价款,拍卖人解除了拍卖合同,此种情形下,原买受人应当承担违约责任,或者由拍卖人征得委托人的同意,将拍卖标的再行拍卖。拍卖标的再行拍卖的,原买受人应当支付第一次拍卖中本人及委托人应当支付的佣金;再行拍卖的价款低于原拍卖价款的,原买受人应当补足差额。　　　　　　　　　（任自力）

zai zhuisuo jine
再追索金额（recoverable amount of renewed recourse）　再追索权人向被追索人请求偿付的一定金额。包括三个部分,一是因被追索所清偿的全部金额,二是前项金额自其清偿日起至再追索清偿日止的法定利息,三是行使再追索权所支出的合理费用。　　　（孔志明）

zai zhuisuoquan
再追索权（right of renewed recourse）　履行了偿还义务的票据债务人对其前手所行使的追索权。票据背书人等票据债务人因被追索对持票人履行了清偿义务,取得了汇票权利人的地位而对其前手行使追索权。如果再追索权人是票据的出票人,不能对其后手行使再追索权。再追索权人行使再追索权无需再作成拒绝证明,只需将收回的汇票和有关拒绝证明或者起诉书副本向其前手出示,即可行使再追索权。再追索权的追索金额包括已清偿的全部金额、前项金额自清偿日起至再追索清偿日止,按照中国人民银行规定的利率计算的利息和行使追索权所支出的合理费用。我国《票据法》规定,再追索权自清偿日或被提起诉讼之日起3个月,不行使而消灭。　　　　　　（孔志明）

zaihangchuan
在航船（underway vessel）　船舶不在锚泊、系岸或搁浅就属于在航。锚泊船舶只有当锚抛下并且业已抓牢时,或者一船系泊在另一艘锚泊船上时,才能认为是在锚泊中。否则,虽然可能使用锚,但仍认定为在航。系岸一般是指船舶运用缆绳系靠在岸边码头或者傍靠另一艘靠码头的船。靠泊时第一根系缆挂上系缆桩后可视为在航状态结束而系岸状态开始,离泊时最后一根系缆解脱缆桩后视为系岸状态结束而在航状态开始。　　　　　　　　　（张永坚　张　宁）

zai xiangsi lianghao de zhuangtaixia
在相似良好的状态下（in the like good order and condition）　定期租船在还船时所用的一个用语。指在还船时船舶应当与在交船时处于相似的良好状态。　　　　　　　　　　　　　　（张　琳）

zanbaodan
暂保单（cover note, risk note）　又称临时保单。保险人或其代理人同意承保风险而又不能立刻签发保险单或保险凭证时,临时向投保人签发的保险单证。暂保单不同于保险单。其内容比较简单,只记载保险人姓名、承保危险种类、保险标的等重要事项;其他事项以保险单规定的为准。暂保单在有效期限内与保险单具有相同的效力。暂保单期限较短,一般为30天。保险人在出具正式保险单之前,可以提前通知投保人终止暂保单的效力。暂保单期限届满或正式保险单签发后,暂保单自动失效。暂保单主要适用于财产保险,又称暂保条。在人身保险中很少适用,尤其是在人寿保险中一般不使用暂保单。暂保单主要适用于以下几种情形:(1)保险人的代理人在争取到业务而尚未向保险人办妥保险单手续之前;(2)保险公司的分支机构接受投保而在程序上须请示保险公司审批时;(3)保险人和投保人就标准保险单的条款达成一致,但就标准保单记载范围以外的个别事项尚未达成一致,而保险人原则上同意承保时;(4)出口贸易结汇时,保险人

可先出立暂保单,以证明出口货物已办理保险,作为结汇凭证之一。 （温世扬）

zanshi shiyong de linjiedai
暂时使用的赁借贷（temporary lease; short-time lease） 定期租赁中的短期租赁。罗马法上称租赁为赁借贷,既包括物的赁借贷,也包括承揽及劳务的赁借贷,物的赁借贷即发展为今日的租赁。参见租赁合同。 （郭明瑞）

zedi susong
择地诉讼（forum shopping） 当事人在诉讼前进行法院选择（有时也同时包括法律选择）的一种方式。一般来说,当事人倾向于在他认为可能获得对其最有利的判决或者裁定的法院诉讼。通常通过以申请法院扣押被告的船舶或者其他财产作为保全措施来迫使被告应诉,达到择地诉讼的目的。 （王青）

zeyi de yinguo guanxi
择一的因果关系（德 alternative Kausalitat） 造成损害事实的原因行为只有一个,但多个行为都可能为损害的原因。所有的加害人都实施了足以导致损害事实发生的危险行为,且只有一人的行为造成损害而又不知谁是真正的加害人时,行为与损害间即为择一的因果关系。在择一的因果关系的情况下,加害人间成立共同危险行为,所有可能的加害人应对受害人承担连带责任。 （张平华）

zeren baoxian
责任保险（liability insurance） 又称第三者责任保险。保险人以被保险人依法应当对第三人承担的损害赔偿责任为标的而成立的保险合同。我国《保险法》第49条第2款规定:"责任保险是指以被保险人对第三者依法所负的赔偿责任为保险标的的保险。"责任保险不仅可以保障被保险人因为履行损害赔偿责任所受利益丧失或者损害,实现被保险人自身损害的填补,而且可以保护被保险人的致害行为的直接受害人,使受害人可以获得及时赔偿。责任保险一定程度上保障加害人和受害人的利益,从而具有特殊的安定社会的效能。责任保险的基础意义在于加强被保险人的赔偿能力,以至于被保险人行为的受害人值得提起诉讼,并能通过胜诉而取得切实赔偿。依照责任保险合同,投保人按照约定向保险人支付保险费,在被保险人应当向第三人承担赔偿责任时,保险人按照约定向被保险人给付保险金。

责任保险的历史 责任保险并不具有悠久的历史。现有的资料尚不足以证实哪一家保险公司在何时签发了第一张责任保险单。但是,依照通常的说法,责任保险始创于法国。法国在19世纪前期颁布《拿破仑法典》规定有赔偿责任后,首先创办和开展了责任保险;德国随后仿效法国也开办了责任保险;英国在1857年开始办理责任保险业务,美国的责任保险制度则产生于1887年后。在19世纪后半叶,因为工业化国家普遍存在工业损害问题,诸如大量的工厂事故、交通事故、环境污染、产品致人损害等事故,造成社会大众不可预见的损失。工业生产在为社会创造财富时,也为社会制造了比以往任何时候更多、规模更大的危险。责任保险是顺应工业革命后分散危险（赔偿风险）的需要而产生的。但是,责任保险中发展较为迅速的险种为汽车责任保险。汽车责任保险1895年始创于英国,美国在1898年开始承办汽车责任保险。汽车责任保险随着汽车工业的发展和汽车使用的普及,在世界范围内获得了迅速发展。

责任保险的特征 责任保险具有财产保险的全部特征,但又有不同于其他类型的财产保险的特征,主要表现为:（1）保险人承担被保险人的赔偿责任。责任保险为被保险人转移其赔偿责任的方式,除法律规定不能通过责任保险转移的赔偿责任或者保险合同不予承保的赔偿责任以外,被保险人依法应向第三人承担赔偿责任时,由保险人承担赔偿责任。（2）责任保险的标的为一定范围内的损害赔偿责任。非损害赔偿责任不能作为责任保险的标的。例如,刑事责任不得为责任保险的标的。但是,并非所有的损害赔偿责任都可以作为责任保险的标的,损害赔偿责任依法不能作为责任保险标的的,不能投保责任保险,例如,被保险人的故意侵权行为所引起的损害赔偿责任。（3）保险责任不能及于被保险人的人身或其财产。责任保险的目的在于转移被保险人对第三人应当承担的赔偿责任,所以,当被保险人的人身或者财产发生损失时,保险人不承担保险责任。（4）保险赔偿金限额给付。责任保险承保被保险人对第三人的赔偿责任,被保险人的赔偿责任发生与否、赔偿责任大小均取决于多种偶然因素。被保险人赔偿责任发生的偶然性,决定了保险人不可能确切地知道保险合同约定的保险事故所造成损害的大小,保险人也不可能承诺被保险人造成多大损害就赔偿多少。在订立保险合同时,投保人和保险人不可能约定保险金额,只能约定保险责任的最高限额。因此,责任保险为限额保险。

责任保险的分类 以责任保险的效力基础或依据为标准,责任保险可以分为自愿责任保险和强制责任保险。以责任保险承保的风险性状为标准,责任保险可以分为公众责任保险、产品责任保险、雇主责任保险、专家责任保险、展览会责任保险、环境责任保险、汽车第三者责任保险、飞机第三者责任保险、工程承包商第三者责任保险、承运人旅客责任保险等。以责任保险适用的范围和承保对象为标准,责任保险可以分为企业责任保险、专家责任保险和个人责任保险三大类。企业责任保险的主要类型有房屋所有人或使用人责任保险、制造商和承包商责任保险、产品责任保险、汽车责任保险、航空责任保险、公众责任保险等。专家责任保险(参见专家责任保险条)的主要类型有医师责任保险、律师责任保险、会计师责任保险、建筑师责任保险等。个人责任保险与企业责任保险相对应,仅承保非以商业活动为目的的任何个人行为所引起的赔偿责任,如综合个人责任保险、汽车(非营业用)责任保险等。以保险人承担保险责任的基础为标准,责任保险可以分为索赔型责任保险和事故型责任保险。索赔型责任保险,是指保险人以第三人向被保险人请求索赔的事实发生在责任保险单的有效期间作为条件,而对被保险人承担保险给付责任的保险,不论被保险人致人损害的行为或事故是否发生在保险单的有效期间。事故型责任保险,是指保险人仅以被保险人致人损害的行为或者事故发生在责任保险单的有效期间作为条件,向被保险人承担保险给付责任的保险,而不论第三人的索赔是否发生在保险单的有效期间。

责任保险的标的 被保险人对其依法应对第三人承担的损害赔偿责任,可以投保责任保险。被保险人对第三人承担的赔偿责任,除非系被保险人故意所为,对被保险人而言,赔偿责任的承担属于非其所愿、所求的意外事件,能够成为保险分散的危险。关于责任保险的标的,理论和实务有以下三种观点:(1) 责任保险的标的仅限于非故意的侵权责任,因为合同义务的不履行而发生的赔偿责任,不得为责任保险的标的。(2) 责任保险的标的主要为侵权责任,在侵权责任之外,合同责任可以约定为责任保险的标的。(3) 当事人未履行或者不适当履行合同而应当承担的违约赔偿责任,行为人因为过失致人损害而应当承担的赔偿责任,行为人依照法律规定应当承担的无过失赔偿责任,均可以约定为责任保险的标的。我国《保险法》第49条第2款规定:"责任保险是指以被保险人对第三者依法应负的赔偿责任为保险标的的保险。"依照上述规定,责任保险的标的应当具有以下要素:(1) 被保险人承担的赔偿责任;(2) 被保险人对第三人承担的赔偿责任;(3) 被保险人依法承担的赔偿责任,包括依照合同法、侵权法以及其他法律的规定而承担的赔偿责任。因法律条文所涵盖的责任保险的标的,不以侵权责任为限,所以在解释上应当包括被保险人对第三人依法应当承担的契约责任以及其他法律上的责任,例如先契约责任等。总之,责任保险的标的,可以为侵权损害赔偿责任,亦可以为违反合同的损害赔偿责任。

第三人的请求权 因被保险人的行为造成责任保险单约定的当事人和关系人以外的第三人受到损害,该第三人对被保险人享有赔偿请求权。原则上,除非责任保险合同对第三人的赔偿利益已有约定或者法律已有规定,责任保险的第三人对责任保险合同的缔结无任何意思表示,并非责任保险的当事人,仅为责任保险的直接或间接的受益人。依照责任保险合同的约定,第三人得享有请求保险人给付保险赔偿金的权利,取得约定之责任保险的受益人地位;依照法律的直接规定,第三人得享有请求保险人给付保险赔偿金的权利,取得法定之责任保险的受益人地位;除此以外,第三人仅对被保险人因其致人损害而享有赔偿请求权,因合同的相对性而不受责任保险合同的直接保障。

索赔的抗辩控制 被保险人因保险责任范围内的加害行为致第三人受到损害,第三人对被保险人提出赔偿损失的要求的,保险人依照保险合同的约定或者法律的规定,得以被保险人的名义,对第三人的索赔请求予以抗辩或达成和解。各种类型的责任保险合同,一般约定有索赔的抗辩与和解的控制条款,以确保保险人对抗第三人索赔的参与权;保险人为被保险人进行索赔抗辩的,得以被保险人对抗第三人的一切事由,对抗第三人的索赔请求;保险人与第三人进行索赔的和解的,独立于被保险人的意思表示,但应以诚实信用为之。保险人依照责任保险合同的约定,就第三人的索赔进行和解或抗辩时,被保险人有义务提供必要的协助;被保险人违反协助义务,保险人可以不承担保险责任。责任保险之第三人向被保险人索赔,因抗辩与和解而发生的各项费用,原则上属于保险责任范围,应当由保险人负担。我国《保险法》第50条规定:"责任保险的被保险人因给第三者造成损害的保险事故而被提起仲裁或者诉讼的,除合同另有约定外,由被保险人支付的仲裁或者诉讼费用以及其他必要的、合理的费用,由保险人承担。"需要说明的是,责任保险人在控制抗辩与和解时,有为被保险人的利益承担索赔的抗辩或和解之义务,此项义务之履行不依赖于保险人的给付义务。保险人违反抗辩与和解义务,第三人索赔而经确定之被保险人的损害赔偿责任超过保险单约定的赔偿限额,应当承担超额赔偿责任。

保险责任范围 一般而言,责任保险为被保险人转移其赔偿责任的方式,除法律规定不能通过责任保险转移的赔偿责任或者保险合同不予承保的赔偿责任以外,被保险人依法应向第三人承担赔偿责任时,由保险人承担赔偿责任。保险责任范围的大小,取决于责任保险合同的约定。例如,汽车责任保险合同可以约定被保险汽车的行使区域、使用性质、有效期间、每次事故的赔偿限额、免赔额以及除外责任等事项,限定保险人的责任范围。保险人对被保险人依法应负的赔偿责任承担保险责任,而被保险人的赔偿责任,包括赔偿受害人所受的实际损害及失去的利益的责任。因此,除保险合同另有约定或者法院对保险人作出超额赔偿的判决外,保险人在保险金额范围内,对被保险人应承担之赔偿,给付保险赔偿金。需要强调的是,保险人在责任保险合同约定的基本给付责任之外,对被保险人还应当承担附加的给付责任以及无偿服务。附加的给付责任或无偿服务主要包括:(1)保险人对被保险人承担第三人索赔的抗辩与和解的义务,以及对被保险人抗辩第三人索赔的费用承担填补的责任;(2)因诉讼而必须出具保证的费用或者提供担保金;(3)被保险人应保险人要求而为特定行为支付的合理费用,如差旅费用;(4)即时医疗和急救费用;(5)为被保险人的防损而提供风险检视、安全服务;(6)附加承保的医疗给付等。

责任保险金的给付 责任保险合同约定的给付保险金的期间,应当符合保险赔付及时的原则。被保险人请求给付保险赔偿金,保险人应当按照约定及时给付保险赔偿金,拒不给付或者迟延给付的,应当承担违反合同的责任。除此以外,责任保险的保险人若不履行和解或者抗辩义务,致被保险人的赔偿责任超过保险金额,其财产被查封或者被强制执行或者受到其他损失,被保险人可以依据合同不履行或者侵权行为,请求保险人赔偿损失;被保险人基于侵权行为请求保险人赔偿的,保险人应当赔偿被保险人受到的一切损失。责任保险的被保险人因给第三者造成损害的保险事故而被提起仲裁或者诉讼的,除合同另有约定外,由被保险人支付的仲裁或者诉讼费用以及其他必要的、合理的费用,由保险人承担。

(邹海林)

实的调查和对各种单证的审查,决定自己是否应承担保险责任以及承担多大责任。审核的内容包括:(1)保险人应审查保险合同的合法性和有效性。保险合同是保险人承担保险责任的依据,保险合同合法有效,是保险人进行赔偿的前提。审查保险合同的合法性和有效性,包括审核是否有违反诚信原则、保险利益原则的情况,合同是否已经生效或者期满等等。(2)保险人应根据近因原则审查造成保险标的损害的原因。所谓近因,就是造成保险财产损失的最直接的原因。在我国,并没有采取"近因"这一概念,而以"导致损失的重要原因"作为判断责任的依据。保险人是否承担保险责任,要看造成保险标的的损失的原因是否属于保险人承保的保险事故,即损失与所承保的危险是否有因果关系。(3)审查赔付的范围是否符合保险合同条款的规定。凡不属于赔付范围的,应予剔除。(4)保险人应审查被保险人是否及时、适当地履行了施救义务和整理义务。未履行的,由此扩大的损失是多少;若已履行,采取必要的合理施救、整理措施而支付的费用是多少。施救、整理费用包括哪些项目,是否合理、必要。财产保险中保险人还应审查受损财产按什么价格报损,是否合理。(5)保险人应审查哪些属于间接损失。凡灾后由于生产停顿、营业中断等原因造成的损失,都属于间接损失,都应剔除。(6)保险人应审查是否存在对保险事故造成损害依法应承担赔偿责任的第三人,被保险人是否已向第三人提出赔偿请求以及因此支付了多少诉讼费用。如果由于被保险人的原因导致保险人支付赔款后不能向责任第三人进行追偿,保险人得在其因此所受损失范围内不负保险责任。

(温世扬)

zeren caichan

责任财产(德 Haftungsvermögen) 责任人用以承担民事清偿责任的财产。依民法一般规则,债务人或责任人以自己的全部财产对其全部债务承担责任。但在法律另有规定或合同另有约定的情况下,责任人可仅以其特定部分财产对债务负责,此特定部分财产称为责任财产,与责任人的其他财产相区别。例如,在债务设有抵押担保的情况下,抵押人仅以其设定抵押的抵押物为对债务人债务负责的责任财产;在限定继承中,依法律规定,仅以被继承人的遗产为清偿其债务的责任财产。

(张平华)

zeren de shenhe

责任的审核(examination and confirmation of liability within insurance coverage) 责任的审核是保险人应保险关系人的索赔要求、履行其经济补偿义务,以保险合同为依据进行理赔时的最重要环节。保险人经过对事

zeren fanwei

责任范围(德 Haftungsumfang) 行为人对其不履行债务或侵害他人权益的行为及其后果应负责的范围。决定于行为人行为的性质和民事责任的职能。一般地讲,民事责任以恢复被侵害的权益和补偿受害人的损失为主要职能,因此民事责任的范围一般与违法行为的损害范围相一致。除此之外,在英美法系,惩罚性赔偿被广泛运用到合同及侵权领域。为保护消费者利益,各国消费者权益保护法无不规定,因欺诈导致消费者的损失可获得惩罚性赔偿。惩罚性赔偿一般是以补偿性赔偿为基础,其责任范围是补偿性赔偿的倍数,如《中华人民共和国消费者权益保护法》第49条规定:"经营者提供商品或者服务有欺诈行为的,应当按照消费者的要求增加赔偿其受到的损失,增加赔偿的金额为消费者购买商品的价款或接受服务的费用的一倍。"这一条款在我国创设了惩罚性赔偿。《合同法》第113条规定,经营者具有欺诈行为的,"依照《中华人民共和国

国消费者权益保护法》的规定承担损害赔偿责任。"损害赔偿责任的范围因适用归责原则的不同而有所区别。在过错责任中,过错责任既惩罚过错又补偿受害人损失的基本职能决定了其赔偿范围应包括直接损失和间接损失。此观念在侵权责任中已成定论。在无过失责任中,由于无过失责任的基本思想在于合理分配意外损害,故行为人一般只需赔偿受害人损失的一部分。当事人在合同中约定赔偿范围的,从其约定。此外,法律还规定过失相抵、损益相抵、根据责任者的财产状况等规则以对赔偿范围进行限制。对于某些风险较大的行业应根据其特点而限定赔偿范围。(张平华)

zeren fendan

责任分担(apportion of liability) 两个以上当事人对同一损害负担责任时的责任分配。主要发生在三种场合:一是在双方当事人对损害的发生都有过错时,按各自的过错分担责任,这是混合责任中的责任分担;二是在当事人双方对损害的发生都没有过错时,由双方当事人分别承担,这是公平责任的责任分担;三是一方当事人为二人以上,各自按照一定份额承担责任,此为共同责任中的责任分担。保险中的保险人与被保险人共同负担损失时也称为责任分担。 (张平华)

zeren jiuzhu

责任救助(liability salvage) 由于救助人的努力而使船东或其责任保险人避免或减轻了可能产生的对第三人的赔偿责任时,由此收益的船东和其责任保险人应当像获救财产所有人或保险人一样分担应当支付的救助报酬。"责任救助"的目的在于要求把油污责任等第三方赔偿责任与传统的船舶、货物、运费等一样作为救助标的,从而改变以救助财产为出发点的传统海上救助原则。在修改劳氏救助合同时,并没有全部采用这一观点,而只对油轮救助作了例外规定。 (王 青)

zeren leiji

责任累积(accumulative liability) 保险人在计算其对某一危险单位的承保责任时,通常是按每一保单的保险金额确定。当保险人承保了属于同一危险单位的各部分财产时,就会产生责任累积的问题,责任累积超过了自留额,会改变保险人的风险负担并对分保合同产生影响。在分保业中,分保业务接受人在接受经纪人分来同一危险的业务时,也同样会发生责任累积的问题。 (李世奇)

zeren nengli

责任能力(capacity for responsibility) 民事主体对致他人损害的行为承担责任的资格,包括侵权能力及债务不履行能力。具备民事责任能力的主体,将对自己的行为所造成的违法后果承担民事责任。反之,无民事责任能力的主体,在其行为给他人或社会造成损害时,其本人将不受法律的追究,而由其监护人(无责任能力的社团则由其上级机关或组织)承担民事责任。责任能力与行为能力既有联系又有区别,行为能力是从积极的角度规定民事主体可以通过法律行为设定权利、负担义务的资格,而责任能力则从消极方面规定民事主体因违反法律而对他人负责的资格。因而只有既享有行为能力又享有责任能力的民事主体才是一个完全的人格,民事主体的人格才成为对自己负责与对他人、社会负责的结合。一般地讲,有行为能力就有责任能力,因此,法人、合伙及其他非法人组织等法律主体,只要法律上承认其独立人格,都应该承认其具备独立的责任能力。行为能力的判断标准是意思能力,责任能力则决定于识别能力(参见识别能力条)。关于识别能力的判断有两种立法例,一为具体的识别标准,以德国、我国台湾地区立法为代表,认为对行为人的责任能力的判断要以行为人当时有无识别能力为标准(台湾地区民法典187条、221条);一为抽象的识别标准,以民事主体行为能力的有无为其有无责任能力的判断标准。我国现行法律采用抽象的识别标准,按照《民法通则》第133条的规定,"无民事行为能力人、限制民事行为能力人造成他人损害的,由监护人承担民事责任。监护人尽了监护责任的,可以适当减轻他的民事责任。有财产的无民事行为能力人、限制民事行为能力人造成他人损害的,从本人财产中支付赔偿费用。不足部分,由监护人适当赔偿,但单位担任监护人的除外。"关于债务不履行责任能力,依我国台湾地区《民法典》第221条和第187条规定,债务人为无行为能力人或限制行为能力人者,债务不履行责任能力的判断与侵权责任能力的判断相一致;依我国《合同法》第47条规定,限制民事行为能力人订立的合同,经法定代理人追认后,该合同有效,但纯获利益的合同或者与其年龄、智力、精神健康状况相适应而订立的合同,不必经法定代理人追认。可见,合同法将限制民事行为能力人与无民事行为能力人的合同行为与合同效力紧密相连,因而在合同领域责任能力的规定为行为能力的规定所吸收,只有行为能力合格才能产生有效的合同,也才会发生所谓的债务不履行的责任问题,责任能力不为违约责任的构成要件。 (张平华)

zeren weixian

责任危险(liability risk) 人们在从事各项业务和日常生活中,因其行为致他人财产损毁或致他人人身伤亡,依照法律规定或合同约定,对他人遭受的财产损失或人身伤亡承担赔偿责任的危险。从广义上讲,责任危险属于财产危险的范畴,因为责任危险与财产危险所致损害结果均是可以用金钱衡量的。但是,严格地说,责任危险独立于财产危险,这不仅表现在责任危险是以法律或合同规定的责任为产生前提,而且责任危险是以不法行为人损害他人的财产利益或人身利益为内容。责任危险的范围如何,即是否同时包括侵权责任危险和违约责任危险,理论与实务上均有不同的看法。例如,美国法院的绝大多数判例均将违约责任危险排除于责任危险的范围之外,保险人不予承保。我国学者通常认为,责任危险包括侵权责任危险和违约责任危险。侵权责任危险是指行为人因侵权行为侵害他人人身权利和财产权利,而应承担侵权责任的危险。在这一危险中,行为人基于侵权行为所应当承担的侵权责任是一种法定责任,既可以是过错责任,也可以是无过错责任。违约责任危险是指合同当事人因违反合同约定、不履行合同义务而应当承担违约责任的风险。违约责任危险的产生以合同的存在为前提,因为违约责任是合同当事人违反合同约定的义务而应承担的民事责任。

(史卫进 房绍坤)

zeren xiane

责任限额(limitation of liability) 行为人承担赔偿责任的最大数额限度。实质上是对民事责任的一种限制。一般由法律直接规定,但在合同责任中当事人可以依法约定一定的责任限额。在侵权责任中,法律一般对于无过失责任规定责任限额。如我国《民用航空法》第128条中规定:国内航空运输承运人的赔偿责任由国务院民用航空主管部门制定,报国务院批准后公布执行。该法第129条规定,国际航空运输承运人的赔偿责任限额按下列规定执行:(1)对每位旅客的赔偿责任限额为16600计算单位;但是旅客可以同承运人以书面约定高于本项规定的赔偿责任限额。(2)对托运行李或者货物的责任限额,每公斤为17计算单位。(3)对每名旅客随身携带的物品的赔偿责任限额为332计算单位。

(张平华)

zeren xianzhi dun

责任限制吨(limitation tonnage) 责任限制吨是指海事赔偿计算责任限额的船舶总吨位。它是根据《1969年船舶吨位丈量公约》规定的丈量办法得出的。

(张永坚 张宁)

zeren xianzhi jijin

责任限制基金(the fund for limitation of liability) 简称"责任基金",是指在船舶发生重大海损事故以后,被认定为负有责任的并申请责任限制的人,向受理责任限制索赔诉讼的法院或者其他主管部门设立的一项基金。责任限制基金的数额为依照法律规定计算的赔偿限额,加上自责任产生之日起至基金设立之日止的相应利息。设立基金可以储存专款,或提出设立基金的法院认可的担保。责任基金的设立应该严格遵守《海事诉讼特别程序法》的相关规定进行。责任人设立责任限制基金后,任何人不得对责任人责任基金之外的任何财产行使扣押、查封或其他任何权利。如有上述行为,给责任人造成经济损失的,行为人要承担赔偿责任。已设立责任限制基金的责任人的船舶或者其他财产已经被扣押,或者基金设立人已经提交抵押物的,法院应当及时下令释放或者责令退还。但是,责任人申请责任限制和设立责任限制基金,并不构成对其责任的承认。如果处理的结果是责任人对海事请求不负责任或责任限制基金超过了责任人应负的责任,则应把剩余部分退还责任人。关于责任限制基金的分配,一般是将基金分为两部分:一部分为人身基金,专门用于人身伤亡的索赔;另一部分为财产基金,用于财产损害的赔偿。当人身基金不足以支付全部人身伤亡的赔偿请求时,其差额应当与财产损害的赔偿请求并列,比例分配财产基金。

(张永坚 张宁)

zeren xianzhi tiaojian

责任限制条件(conditions for limitation of liability for maritime claims) 法律规定责任主体能够享有责任限制权利的特定情况和前提。这一先决条件以责任主体的过错因素来确定。1957年《船舶所有人责任限制公约》规定:若损害是船舶所有人"实际过失或知情放任"(actual fault or privity)引起的,则不能限制其赔偿责任。1976年《海事赔偿责任限制公约》则规定:如果损害是由于责任人的故意或明知可能造成,却采取漫不经心的作为和不作为所致,则不得限制其责任。我国《海商法》第209条规定:"经证明,引起赔偿请求的损失是由于责任人的故意或明知可能造成损失而轻率地作为或者不作为造成的,责任人无权依照本章规定限制赔偿责任。"

(张永坚 张宁)

zeren xianzhi zhuti

责任限制主体(persons entitled to limit liability for maritime claims) 海事赔偿责任限制主体,简称"责任主体"。对海事赔偿请求负有责任并有权依法限制其赔偿责任的人。责任限制主体最初只限于船舶所有人。随着海上运输业的发展,责任限制的主体范围逐渐扩大。我国海商法有关海事赔偿责任限制主体的规定与《1976年责任限制公约》是一致的,包括:船舶所有人、承租人和经营人以及船长、船员和为船舶服务的其他人员;救助人、救助经营人以及参与救助的船长、船员和与从事救助作业直接相关的任何人;对于享受责任限制的赔偿请求承担责任的保险人。

(张永坚 张 宁)

zeren zhongzhi tiaokuan
责任终止条款(cesser clause) 参见航次租船合同条。

zeren zhuanzhi
责任转质(responsible sub-pledge) 质权人在质权存续期间,无须出质人同意而依自己的责任将质物移转于第三人占有、设定新的质权的行为。转质方式之一。质权人进行责任转质时,须具备以下条件:(1)须于质权存续中进行。转质的目的在于避免在质权存续期间内资金的固定,使得在此期间,对于同一质物能再度利用,因此,质权的存续为转质权发生与存续的前提。(2)须以自己的责任进行转质。所谓"自己的责任",是指质物因转质所生一切损害,转质人均应负担,包括转质权人过失损害以及不可抗力所生损害。这是因为责任转质未经出质人同意而加重转质人的责任,以此来保护出质人的利益。(3)转质权所担保的主债权范围,不能超过原质权担保的范围。转质为质权人对其所支配质物的交换价值进行的处分,故不得超过原质权所担保的范围。即转质所担保的债权额,不得超过原质权所担保的债权额;转质所担保的债权的清偿期,亦不得长于原质权所担保债权的清偿期。(5)须与转质权人签订质押合同,并将质物转移给转质权人占有。责任转质一旦成立,即产生如下效力:(1)转质人的责任加重,转质人对因转质所受的不可抗力致使质物产生的损失应负责任,但对于纵使不转质,质物也不能避免被毁损灭失的,其毁损灭失,转质人不负损害赔偿责任。(2)转质权人优先受偿的权利。转质权人对质物卖得价金,有较质权人优先受偿的权利,出质人欲清偿债务,取回质物时,一般须向转质权人为之。(3)对原质权人的约束。转质权一经设定,原质权人便负有不得使作为入质标的的质权消灭的义务,即他不得实行原质权、抛弃原质权以及不得为债务免除行为和使债权发生抵销。(4)转质权优先受偿的效力,限于原质权所担保的债权额的范围。转质权只有在转质所担保债权的清偿期和原质权所担保的债权清偿期均届至时,方可实行。实行转质权时,标的物的卖得价金宜先由转质权人优先受偿,有剩余时原质权人才能以之受偿。

(申卫星)

zengjia paimai
增价拍卖(德 Versteigerung auf Aufschlag) 拍卖竞价的一种。拍卖人先提出预定的最低价,然后由各竞买人在此基础上竞相加价的拍卖。在增价拍卖时,至竞买人无人再出更高价时拍定,出价最高者即成为买受人。

(郭明瑞)

zengjin jiankang de xintuo
增进健康的信托(the trust of promotion of health) 委托人出于增进社会公众的身体健康为目的设立,并以将信托财产的本金或收益运用于发展社会医疗卫生事业或者资助社会上不特定的人对疾病的治疗为内容的信托。它是英美信托法确认的一种信托品种,属于公益信托。

(张 淳)

zengzhi baoxian
增值保险(increased value insurance) 由于保险标的的保险价值在投保之后增加,因而增加保险金额的保险。分货物增值保险和船舶增值保险两种。买主在估计所买进的货物到达目的地时的完好价值将比卖主投保时与保险人议定的保险价值为高,因而将二者之间的估计差额向原保险人投保。这种保险一般是在原保单上按同样条件增加一笔保险金额,索赔时可以将两笔保险金额加在一起来计算。被保险人在投保船舶的保险价值时订得较低(低于船舶的实际价值或分摊价值)——在这种情况下如果船舶发生全损,则被保险人往往就得不到十足的赔偿(对于施救、碰撞责任、救助或共同海损分摊的赔偿,保险人亦按不定额保险的条件来计算,其不定额部分亦应由被保险人自行负责)。为此,被保险人为了获得充分保障,往往将这部分估计的差额投保船舶增值保险。

(温世扬)

zengzi dengji
增资登记(capital increase registration) 依照我国公司法的规定,公司变更注册资本应向原公司登记机关申请变更登记。公司增加注册资本,应自股款缴足之日起限期申请变更登记,股份公司并应提交国务院授权部门或省、自治区、直辖市人民政府的批准文件;以募集方式增加注册资本,还应提交国务院证券管理部门的批准文件,应登记而未登记,由公司登记机关责令限期办理,逾期未办理处以罚款。 (刘弓强 蔡云红)

zengyu hetong
赠与合同(donation contract) 又称"赠与买卖"。赠与人自愿将自己所有或有权处理的财产无偿地给予受赠人,受赠人同意接受的协议。其中,出赠财产的一方为赠与人,接受财产的一方为受赠人。

赠与合同的特征 通说认为,赠与合同是无偿转移财产所有权或处分权的合同,它主要具有以下特征:(1)双方民事法律行为。赠与合同必须经当事人双方意思表示一致才能成立,即不仅需要赠与人愿意把自己所有或有权处分的财产无偿给予受赠人的意思表示,还需要受赠人有愿意接受的意思表示。这一点与遗赠是根本不同的,遗赠是单方民事法律行为,只要被继承人单方立下遗嘱即成立,而不以受赠人的接受为条件。(2)诺成性合同。关于赠与合同是诺成性合同还是实践性合同,各国立法规定不一致,法学界也存在两种对立的观点。大陆法系各国一般承袭罗马法的传统规定,认为赠与合同属于诺成性合同,只要当事人双方意思表示一致即告成立,无须实际交付赠与物。而原苏联及东欧国家的民法则多规定其为实践性合同,必须有赠与物的实际交付,合同才成立。现《俄罗斯联邦民法典》则将赠与合同规定为诺成性合同。我国在《合同法》颁布前,通说认为赠与合同为实践性合同。最高人民法院《关于贯彻执行〈中华人民共和国民法通则〉若干问题的意见(试行)》第128条规定:"公民之间赠与关系的成立,以赠与物的交付为准。赠与房屋,如根据书面赠与合同办理了过户手续的,应当认定赠与关系成立;未办理过户手续,但赠与人根据书面赠与合同已将产权证书交与受赠人,受赠人根据赠与合同已占有、使用该房屋,可以认定赠与有效,但应令其补办过户手续。"据此,赠与合同一般为实践性合同,法律另有规定的除外。我国《合同法》将赠与合同规定为诺成合性同,赠与合同自当事人意思表示一致时成立,同时在一定情形下,赠与人可以撤销赠与的意思表示。(3)单务、无偿合同。赠与合同只有赠与人一方负有给予受赠人赠与物的义务而受赠人不负有对待给付的义务,故属于单务合同。赠与人实施赠与行为后,其财产减少而不能从受赠人处取得对价,故属于无偿合同。对于赠与合同属于单务、无偿合同,各国立法规定是一致的,各国同时亦均规定赠与人不得逃避法定义务而将财产赠与他人。

赠与合同分类 根据赠与物交付的时间不同可分为现实赠与和非现实赠与。前者又叫即时赠与,指在赠与合同成立时,赠与人即完成了赠与物的交付的赠与;后者指合同成立时,赠与人按赠与合同规定的期限交付赠与物的赠与。根据受赠人接受赠与是否负有负担,可分为附负担的赠与和无负担的赠与。根据赠与合同中是否有特殊情形,比如负有条件、期限或限定了主体、标的物等,可分为一般赠与和特别赠与。一般赠与是不含有特殊情形的赠与,特别赠与则是附有特殊条件的赠与。根据赠与的目的可分为履行道德义务的赠与和非履行道德义务的赠与。履行道德义务的赠与是指赠与人赠与财产的目的是为了履行道德义务。各国法上履行道德义务赠与合同的效力强于非履行道德义务赠与合同的效力。依我国《合同法》规定,履行道德义务的赠与合同与具有救灾、扶贫性质的赠与合同、公证的赠与合同有同样的效力,赠与人不得任意撤销。另外,还可以把赠与合同分为混合赠与、死因赠与等种类。

赠与合同的适用范围 (1)主体的范围。通说认为,赠与合同可以发生在自然人、法人、非法人组织之间及其相互之间,但赠与人的主体主要是自然人,自然人可以把自己的财产赠给他人、集体或国家,也可以接受他人的任何赠与。自然人作为赠与人必须是完全民事行为能力人,限制民事行为能力人只能进行与其智力或精神健康状况相适应的赠与行为;自然人作为受赠人时则不受行为能力的限制,无民事行为能力人或限制民事行为能力人可以接受纯受利益的赠与。法人与非法人组织在不违反财经制度的条件下,可以作为赠与合同的主体进行赠与或接受赠与,但不得以赠与为名行贿受贿或从事其他非法活动。(2)标的物的范围。通说认为,赠与的标的物只能是财产而不能是行为,其中财产包括有形财产与无形财产,如房屋、抵押权、使用权、股权等,但应符合国家对各种物的流转范围与程序的规定。

赠与合同的订立与履行 (1)赠与合同的订立。关于赠与合同的订立方式,各国法律规定不尽一致。法国、德国、瑞士等国家规定,赠与必须采用书面方式进行;《日本民法典》则规定,赠与合同采用书面或口头形式,由当事人选择决定。我国现行法律对赠与合同的形式未作特别规定。通说认为,订立赠与合同可以采用书面形式,也可以采用口头形式,但法律规定需办理特别手续才能成立的赠与合同,于办理特别手续后才能成立生效。如对房屋等不动产的赠与,须采用书面形式。(2)赠与合同的履行。赠与合同生效后,赠与人应按照合同约定将赠与物交付受赠人,并将其权利移转于受赠人。一般赠与合同,因赠与人可任意撤销,因此,赠与人不交付财产的,可视为其撤销赠与;但具有救灾、扶贫等社会公益、道德义务性质的赠与合同或者经过公证的赠与合同,赠与人不交付赠与财产的,受赠人可以请求交付。赠与人履行交付义务,以有交付的可能为前提,若不能交付,则义务免除,但因赠与人的故意或重大过失致使赠与的财产毁损、灭失而不能转移给受赠人的所有的,赠与人对受赠人由此所受的损失应负损害赔偿责任。赠与合同的无偿性决定了赠与人对赠与物的瑕疵一般不负担保责任,但赠与人故意隐瞒赠与物的瑕疵而给受赠人造成损失的,赠与人应负损害赔偿责任。附义务的赠与,赠与的财产有瑕疵,赠与人在附义务的限度内承担与出卖人相同的瑕疵担保责任。

(任自力 郭明瑞)

赠与合同的撤销(withdrawl of contract of gift)
于赠与合同成立后,撤销赠与而使其自始不发生法律效力的事实。包括任意撤销和法定撤销。参见赠与合同的任意撤销、赠与合同的法定撤销条。
(郭明瑞)

赠与合同的法定撤销(legal withdrawl of contract of gift)
赠与合同撤销的一种。指在具备法定事由时由有撤销权的人行使撤销权撤销赠与。其与赠与合同的任意撤销的相同之处在于,一经撤销,赠与即自始不发生效力;与赠与合同的任意撤销的区别在于,须有法定事由由撤销权人撤销,且只要有法定事由,不论何种赠与合同,也不论赠与的财产的权利是否移转,撤销权人均可撤销。依我国《合同法》规定,受赠人严重侵害赠与人或者赠与人的近亲属,或者受赠人对赠与人有抚养义务而不履行,或者受赠人不履行赠与合同约定的义务的,赠与人可以撤销赠与,赠与人的撤销权自知道或者应当知道撤销原因之日起1年内行使;因受赠人的违法行为致使赠与人死亡或者丧失民事行为能力的,赠与人的继承人或者法定代理人可以撤销赠与,赠与人的继承人或者法定代理人的撤销权自知道或者应当知道撤销原因之日起6个月内行使。撤销权人撤销赠与的,可以向受赠人要求返还赠与的财产。
(郭明瑞)

赠与合同的任意撤销(discretionary withdrawl of contract of gift)
赠与合同撤销的一种。于赠与合同成立后赠与人基于自己的意思而撤销赠与。因为赠与合同是无偿合同,赠与人赠与财产不能从对方取得任何财产代价。因此,为保护赠与人的利益,避免因赠与人一时的冲动而为赠与,法律许可赠与人于赠与合同成立后因其某种事由撤回赠与。同时为维护受赠人的利益和诚信原则,法律对赠与人的任意撤销也予以一定限制。依我国《合同法》第186条规定,赠与合同的任意撤销受以下限制:(1)赠与财产权利已经转移的,赠与人不得撤销。赠与人撤销赠与只能于赠与财产的权利转移之前。至于赠与人是以明示方式撤销,还是以拒绝移转财产权利的默示方式撤销,则在所不问;但只要赠与财产的权利已经移转于受赠人,不论是否交付,赠与人均不得撤销。(2)赠与合同经过公证的,赠与人不得撤销。有的国家规定,书面的赠与合同不得任意撤销,但是我国仅公证的赠与合同不得任意撤销,对于其他书面的赠与合同,则并非不可任意撤销。(3)具有社会公益、道德义务性质的赠与合同,不得任意撤销。
(郭明瑞)

赠与婚(marriage by gift)
亦称赠婚。按照父母或其他有主婚权者的意志,将受其支配的女子赠与他人为妻。其性质属于无偿婚。在这种结婚方式中,夫为受赠人,妻则处于赠与标的物的低下地位。赠与婚并不是一种普遍存在的婚姻现象,主要见之于人身依附关系强烈的古代社会。例如:我国古籍《左传》在《僖公二十五年》中记载,晋重耳去国出亡期间,狄人将女俘二名赠其为妻。重耳自娶季隗,而将叔隗转赠赵衰。相传孔子亦曾将其女赠与公治长为妻,将其侄女赠与南容为妻(参见《史记·孔子世家》)。位高者将女子赠与位卑者为妻,则称为赐婚,如帝王将宫人、犯眷、女俘赐与宗室、臣下为妻、妾等。在外国古代也有类似的例证。
(杨大文)

赠与人(donor)
又称"赠与方"。在赠与合同中,将自己所有的或有权处分的财产无偿给予他人的当事人。由于赠与人要将财产转移给他人,故对其转移的财产应拥有所有权或处分权,并且应当具有民事行为能力。赠与人主要是自然人,自然人可以把自己的财产赠送给任何人。自然人作为赠与人,一般应具有完全民事行为能力。限制民事行为能力人所能实施的赠与行为是受限制的,一般与其对自己行为性质及行为后果的认识程度相适应。无民事行为能力人不能作为赠与人。关于法人及非法人组织可否作为赠与人,我国民法学界有不同的观点。有人认为,国有法人及非法人组织不能作为赠与人,因其财产均为国家所有,它们无权赠与。通说认为,法人及非法人组织在不违反财经制度与法律、法规的条件下,可以作为赠与人。关于赠与人是否有权要求受赠人负担一定义务,各国立法规定不同。有的国家的法律规定赠与不得附条件或义务;有的国家的法律规定中有附负担赠与的规定。我国《合同法》第190条中规定:"赠与可以附义务"。赠与人在赠与时附加某些合理的条件或公益性的义务的,受赠人应当按照合同的约定履行义务。关于赠与物交付后,赠与人是否有权撤销赠与,各国立法分歧也较大。有的国家规定不得撤销,有的国家规定可有条件地撤销。依我国《合同法》规定,在一定条件下赠与合同可以撤销。附负担赠与中,如果所附负担可以履行而受赠人不履行,赠与人可以撤销赠与。参见赠与合同条。
(任自力)

诈害债权信托(trust of damage of claim)
以损害到

对债权的清偿为其设立之后果的信托。这种信托对债权清偿的损害表现为：债务人的财产本来足以清偿其债权人的债权，但其却以委托人身份并通过设立信托将其财产的全部或者一部分转移给受托人，故在该信托设立和该项财产转移发生后，该债务人在清偿期届至时已经没有财产或者没有足够的财产来清偿其债权。我国《信托法》将诈害债权信托规定为可撤销的信托，第12条第1款规定："委托人设立信托损害其债权人利益的，债权人有权申请人民法院撤销该信托"。此款中的"委托人设立信托损害其债权人利益"正是指债务人以委托人身份并通过设立信托将其财产转移给受托人从而致使其对债权清偿不能这样一种情况。鉴于债权人对申请撤销诈害债权信托的权利长期拖延不予行使对财产流转秩序的稳定不利，该法还对这一权利规定了除斥期间，第12条第3款规定："本条第一款规定的申请权，自债权人知道或者应当知道撤销原因之日起一年内不行使的，归于消灭"。为了公平地解决这种信托的受益人对已经取得的信托利益的返还问题，第12条第2款规定："人民法院依照前款规定撤销信托的，不影响善意受益人已经取得的信托利益"。依此款的精神，当这种信托被撤销时只有恶意受益人才应当返还信托利益，善意受益人无须返还信托利益。除我国外的其他各国、各地区的信托法也均将诈害债权信托规定为可撤销的信托。

(张 淳)

zhaijidi

宅基地（curtilage） 农村集体经济组织成员建设房屋占用的土地和必要的附属用地。宅基地所有权属于集体经济组织，这在我国现行宪法与土地管理法中有明确规定，不得搞所谓"宅基地还家"。集体组织成员享有宅基地使用权，也就是民法理论上的地上权。按照我国土地管理法的规定，农民取得宅基地必须符合乡镇的土地利用总体规划，尽量使用原有的宅基地和村内空闲地。一户农民只能拥有一处宅基地，宅基地使用权可以随房屋所有权的移转而转让，但是，因房屋出卖而丧失宅基地使用权的，不再批给宅基地。

(李富成)

zhaijidi shiyongquan

宅基地使用权（use of curtilage） 公民因私有房屋而使用国家或集体所有的土地的权利。宅基地使用权是我国土地公有的条件下所形成的一项权利，在我国，土地只能是属于国家或集体所有，但法律同时保护公民的私有房屋所有权，公民因私有房屋而对国家或集体所有的土地享有宅基地使用权。

公民宅基地使用权的取得，必须经过合法的批准手续。任何人都不能未经任何批准擅自占地建造房屋。公民的宅基地使用权受法律保护。任何单位或个人都不得侵害公民的宅基地使用权。公民对于其经审核批准取得的宅基地使用权有长期的使用权。但是，如果因为国家建设需要征用土地，或者村镇规划需要改变土地用途，公民的宅基地使用权就应当相应地进行必要的调整或安排。公民有权在其宅基地上建造房屋或其他建筑物，还可以种植竹木。公民享有其地上的房屋或其他建筑物的所有权。在公民出卖其房屋或其他建筑物时，或者因赠与、继承而使房屋或建筑物的所有权发生移转时，宅基地使用权也随之移转给房屋或其他建筑物的新所有人，但是宅基地的所有权仍然归国家或集体享有。农村居民出卖、出租房屋的，不得再申请宅基地。农村居民迁居并拆除房屋后腾出的宅基地，由集体组织收回，统一安排使用。公民不得买卖或变相买卖宅基地。非法转让宅基地的，视其情节可以没收非法获取的价款或收回对宅基地的使用权。公民必须合理使用宅基地。在行使宅基地使用权时，不得妨碍公共利益或他人的合法权益。

(钱明星)

zhai

债（拉丁 obligation） 特定当事人之间得请求为特定行为的法律关系。自权利方面而言，为债权关系；自义务方面而言，为债务关系。因此债的关系也称为债权债务关系。在债的关系中，享有权利的人为债权人，负有义务的人是债务人。债权人有权请求债务人为特定的行为，债务人有义务满足债权人的请求而为特定的行为。这种特定的行为在法律上被称为"给付"。债权人享有的权利即为债权，债务人承担的义务即为债务。债权和债务对立统一地存在于债中，是债的不可分割的两个方面，债即债权和债务的总和。有学者认为，债作为一种法律关系，也有广义的债与狭义的债之分。狭义债的关系，系指个别的给付关系，对于请求给付的一方当事人而言是债权，对于负有给付义务的一方当事人而言是债务。广义债的关系，包括多数债权债务（即多个狭义的债的关系）的概括法律关系。现代民法上债的概念源自罗马法。罗马法上的债，既指债权、债务，也指债权债务关系，有时并称之为"法锁"（juris vinculum）。《法学阶梯》称"债是依国法使他人为一定给付的法锁"。《法国民法典》只规定了契约之债，对债本身未下明确的定义。《德国民法典》第241条规定："依债务关系，债权人有权向债务人请求给付。给付也可以是不作为"，对债的关系作了表述。英美法系国家甚至没有与债相对应的名词概念。从词源上讲英语中的 Obligation 虽源自拉丁语 Obligatio（即罗马法上的债），但就现代意义而言，通常仅指法律义务，没有权利的含义，更体现不出债的法律关系。有人认为，大陆法系债的概念，相当于英美法上 credit（债权）和 debt（欠债)两个概念。在我国,债是多义词,在不同的场合有不同的含义。民间所称债,专指债务,且专指金钱债务,如借债、欠债、还债等。在古代,"债""责"通用。《正字通说》释"责,财也,俗作债"。《汉书·淮阳宪王钦传》师古注曰:"债,谓假贷人财物,未偿者也"。在我国法律上,自古以来,债的含义甚为狭窄,所含范围极少。《唐律》有"负债违契不偿"的记载,唐《贞观律》设钱债律,仅指欠人钱财。至清末《大清民律草案》,西方民法中债的概念才首次引入我国。新中国建立后,1986年颁布的《民法通则》采用了债的现代概念,该法第84条规定:"债是按照合同的约定或者依照法律的规定,在当事人之间产生的特定的权利和义务关系。享有权利的人是债权人,负有义务的人是债务人。""债权人有权要求债务人按照合同的约定或者依照法律的规定履行义务"。债的要素是构成债的要件或成分,包含主体、内容、客体三方面。债的主体即债的当事人,包括债权人和债务人。既可以是自然人,也可以是法人或其他组织,在特定情况下也可以是国家。债的内容是债的主体间的权利和义务,即债权人享有的债权和债务人负担的义务。债的客体,也称债的标的,通说是指债权债务共同指向的对象,也就是债务人应为的特定行为即给付。债具有以下特征:(1)债是一种法律关系。所谓"人情债"不具有法律属性,不是法律意义上的债。(2)债是特定当事人间的关系。债发生在特定当事人之间,债的主体各方均为特定的人。相对于物权而言,债体现一种相对的法律关系。(3)债以当事人间得请求为特定行为为内容。当事人间得请求的特定行为或称给付是一种会给当事人带来财产利益的行为。它可以是作为,也可以是不作为;可以是给付金钱,也可以是提供劳务,交付货物、移转权利等。(4)债按照合同约定或法律规定而发生。合同约定的债因当事人自由意志而产生;法律规定的债因法律规定而产生,不以当事人意志为转移,如侵权行为之债、无因管理之债、不当得利之债。(5)债反映的社会关系是财产流转的动态的社会关系。　　　　　　　　(万　霞)

zhai de baoquan

债的保全(preservation of creditor's right)　又称责任财产的保全。债的对外效力之一。法律为保障债权的实现,而采取的防止债务人财产不当减少的措施。因为债务人的全部财产是债务人清偿债务使债权实现的责任财产,责任财产的减少影响到债权能否实现,所以为防止因责任财产的不当减少而危及债权人的债权,法律特赋予债权人保全债权的权利,以保障债权的实现。债权人保全债权的权利包括债权人的代位权与债权人的撤销权。由于债务人的责任财产是清偿其全部债务的财产,是债权的一般担保,保全责任财产也就是担保着债务人的所有债权人的债权,因此债的保全又称为债的一般担保。参见债权人代位权、债权人撤销权条。　　　　　　　　　　　　　(郭明瑞)

zhai de biangeng

债的变更(alteration of obligation)　广义指债的要素中的任一要素的改变,包括主体变更、内容变更和客体变更。狭义指债的内容和客体变更。一般指狭义,即在债务未全部履行前当事人就债权债务作出部分的改变或补充。主体变更则属于债的移转。参见合同的变更条。　　　　　　　　　　　　　　　　(郭明瑞)

zhai de biaodi

债的标的(object of obligation)　债权债务共同指向的对象,即给付。参见债的客体条。　(万　霞)

zhai de buluxing

债的不履行(德 Nichterfuellung)　又称不给付。债务人没有完全、适当地履行其义务的状态。债务人不履行债务情形多种多样。有的分为不履行、不适当履行和迟延履行。从债务人是否有履行行为上,可分为不履行与不当履行。不履行指债务人根本就没有履行债务,包括履行不能和拒绝履行;不当履行是指债务人虽有履行行为,但其履行是不适当的,包括履行主体不当、履行标的不当、履行期限不当、履行方式方法不当。其中较常见的是迟延履行,较特殊的为加害履行。
　　　　　　　　　　　　　　　　(郭明瑞)

zhai de buluxing zeren

债的不履行责任(德 Haftung der Nichterfuellung)　债的效力的表现。债不履行发生的法律后果即债务人不履行债务依法应承担的民事责任。债务人不履行债务,债权人利益不能满足,债的目的也就不能实现。因此,从债务人方面说,债的不履行责任是债务人违反其给付义务应承担的民事责任;从债权人方面说,债的不履行责任是债权人利益不能正常得到满足的救济措施。由于债的不履行形态多样,债务不履行的情形不同,其发生的法律后果也就不同。例如,履行地点不适当的,应改为在适当的地点履行。一般说来,债的不履行责任主要是继续履行和赔偿损失。　(郭明瑞)

zhai de chiyan

债的迟延(delay of performance)　债的履行迟延,债务未在规定的期限得到履行,债的目的未在规定的期限实现。包括给付迟延、受领迟延和事变迟延。
　　　　　　　　　　　　　　　　(郭明瑞)

债的担保 (security of debt)

债的担保(security of debt) 广义指保障债权人债权实现的各种法律措施,包括一般担保与特别担保。债的一般担保即债的保全,是为债务人的全体债权人而设的。债的担保一般特指债的特别担保,是法律为确保特定债权人利益的实现而特别规定的以第三人的信用或者以特定财产保障债务人履行义务、债权人实现债权的制度。债的担保具有从属性、补充性、自愿性与保障债权实现的目的性。所谓从属性,指债的担保从属于主债,其效力决定于主债的效力;所谓补充性,是指债的担保是对债的效力的一种补充和加强;所谓自愿性,是指债的担保一般是由当事人自愿设定的;所谓保障债权实现的目的性,是指债的担保的目的在于保障实现债权。债的担保方式包括人的担保、物的担保与金钱担保。人的担保是以第三人的信用担保债的履行。这种方式实质是扩大了债务人的责任财产的范围。人的担保的主要形式是保证。物的担保是指直接以债务人或其他人的一定财产作为债权担保,包括转移物的所有权或其他权利的物的担保与不转移物的所有权的物的担保。转移物的所有权或其他权利的物的担保有所有权保留、让与担保、代物清偿预约等方式。不转移物的所有权的物的担保,是指在债务人或第三人的特定财产上设定一定的担保物权、担保债权,如抵押权、质权、留置权,这是物的担保的典型形式。金钱担保,是指债务人在给付义务外交付一定的金钱作为债务履行的担保,其主要方式为定金、押金。 (郭明瑞)

债的发生根据 (creation of obligation)

债的发生根据(creation of obligation) 又称债的发生原因。引起债的关系原始发生的法律事实。如同其他法律关系一样,须有一定的法律事实,方能引起债的发生。换言之,债须根据一定的法律事实才能发生。至于何种法律事实能引起债的原始发生,则各国立法规定有所不同。在罗马法上,债的发生根据分为契约、准契约(包括无因管理、不当得利、监护、偶然共有及遗赠等)、私犯、准私犯。法国民法沿袭罗马法的立法例。德国民法对于债的发生根据分别规定为契约、无因管理、不当得利、侵权行为。瑞士债法设专章规定债的发生原因,包括契约、侵权行为、不当得利,但认为无因管理有准委任契约的发生,而未将其单列入债的发生章内。我国台湾地区民法于债法通则中专节规定债的发生原因,包括契约、侵权行为、不当得利、无因管理及代理权授予。我国《民法通则》在债权一节中规定债的发生根据有合同、不当得利、无因管理,在其他条文和其他法律中也规定了可发生债的其他事实。总的来说,债的发生根据包括:(1) 合同。合同是最常见的债的发生原因,基于合同发生的债称为合同债。(2) 缔约过失。缔约过失虽不能使当事人间发生合同债,但由此而在当事人间产生的缔约过失责任也是一种债的关系。(3) 单独行为。单独行为虽由行为人自己的意思表示即可成立,但可发生债的关系。如遗赠、悬赏广告等。(4) 侵权行为。民法通则规定,侵权行为人应承担民事责任。因侵权行为的发生,加害人一方有义务赔偿受害人的损害,受害人有权要求赔偿,双方形成债的关系。因侵权行为发生的债称为侵权行为之债。(5) 无因管理。因无因管理的成立,管理人负有通知、适当管理、报告等义务,本人负有偿还必要费用等义务,管理人与本人间发生的债权债务即为无因管理之债。(6) 不当得利。因不当得利的成立,不当得利人负有将其所得不当利益返还受害人的义务,受害人有权要求不当得利人返还其所得利益。因不当得利所发生的债称为不当得利之债。(7) 其他。其他法律事实,如拾得遗失物、公司的设立、某些行政行为等,也能引起债的发生。 (郭明瑞)

债的客体 (object of obligation)

债的客体(object of obligation) 又称债的标的。债的要素之一。债权债务共同指向的对象。债权债务关系都是围绕这一特定对象即标的而发生的。至于何为债权债务共同指向的对象,则有不同的观点:(1) 标的可以是物,包括实物或者货币,也可以是行为,还可以是智力成果,甚至是权利等。按照此种观点,债的客体与债的履行标的相一致。(2) 标的是特定的作为或不作为。这种特定行为在法律上称为给付。客体则指给付的标的物。(3) 客体、标的、内容是同一的,债的标的即债权客体,也就是债务人的给付。大陆学者通说认为,债的标的与债的客体含义相同。不过债的标的使用范围较债的客体要小。标的一词一般在合同关系中使用,客体一词则在物权关系、债权关系中通用。因债权为可请求债务人为特定行为即给付的权利,债务为债务人应债权人请求而为特定行为即给付的义务,因此,债权债务共同指向的对象为给付,给付即为债的客体。罗马法中将债的客体规定为交付、作为和给付。《法国民法典》第1126条规定合同的标的为给付之物、作为或不作为。《德国民法典》第241条则将债的标的总括为给付,给付也可以是不作为。《日本民法典》第399条将债的标的等同于债权的标的,其含义为给付。我国《合同法》第12条规定标的是合同的内容之一。标的与标的物是不同的。债的标的为债的要素即给付,而标的物则为给付的对象,包括物、行为、智力成果等。如买卖合同的标的物是出卖物,借款合同的标的物是货币,建设工程合同的标的物是工程,技术转让合同的标的物是技术成果。债的客体具有形态多样的特点,但必须是确定的,同时须具备合法性。

(万 霞 张平华)

zhai de lüxing
债的履行(performance of debt;德 die Erfüllung der Obligation) 债务人履行其全部义务,以满足债权人的需要。债的履行是债的效力之一。债务人履行了全部义务,债权人的需要就得到满足,债的目的实现,债的关系即消灭。所以,从债务人的行为上看,债的履行即给付;从债的消灭上说,债的履行即清偿。债务人不履行时,债权人得请求其履行和追究其不履行的责任。债的履行原则上为债务人向债权人为给付的行为,但债务的履行也须有赖于债权人的协助,若债权人不及时受领给付,也能发生债的不履行,于此情况下债权人应承担相应的责任。 (郭明瑞)

zhai de lüxing buneng
债的履行不能(德 Unmöglichkeit der Leistung) 又称给付不能。债的不履行的一种。债务人不能按照约定或者法律规定履行其义务。履行不能包括全部不能与部分不能、永久不能与一时不能。全部不能是指债务人的全部义务都不能履行;部分不能则是指债务人仅对部分义务不能履行;永久不能指债务人不仅在履行期限内而且逾期后也不能履行;一时不能则指债务人因暂时障碍一时不能履行,但其后可以履行。部分履行不能的,债务人就能履行的部分仍应履行;一时不能履行的,在有履行可能时,债务人也仍应履行。债的履行不能为债务人已不能为给付的状态,金钱之债不发生履行不能。履行不能依其发生的原因可分为因可归责于债务人的事由而发生的履行不能与因不可归责于债务人的事由而发生的履行不能。前一种履行不能发生以下后果:债务人就不能履行的债务免除履行义务;若部分履行对债权人无利益时,债权人得拒绝受领该部分的履行;债权人有权解除合同;债务人应就履行不能向债权人负赔偿责任。后一种履行不能则发生以下后果:债务人的履行义务免除;债务人从第三人取得代偿利益的,债权人取得代偿请求权;双务合同之债的债权人免除对待给付的义务。 (郭明瑞)

zhai de lüxingdi
债的履行地(德 Leistungsort) 债务清偿地。债务人应为履行行为的地点。在债的履行地履行为履行地点适当,否则为履行地不适当。法律对履行地点有特别规定的,依其规定;没有特别规定的,依当事人约定;当事人没有约定的,可依习惯和债的性质确定。依我国《合同法》第62条规定,履行地点不明确,给付货币的,在接受货币一方所在地履行;交付不动产的,在不动产所在地履行;其他标的,在履行义务一方所在地履行。

(郭明瑞)

zhai de neirong
债的内容(content of obligation) 债的要素之一。债的关系中债权人享有的权利和债务人承担的义务,即债权债务的总称。债权和债务相互对应,相互依存,没有无债权的债务,也没有无债务的债权,债是债权和债务的统一体。债权为债权人请求债务人为特定行为的权利,债务则为债务人向债权人为特定行为的义务。由于它们之间的不可分割和互相依存,在有的场合使用债、债权、债务、债权债务等各种表述,虽侧重点不同,但含义是相同的。但作为债的内容,必须包括债权与债务两个方面,不能只提其一。我国台湾地区一些学者认为债的内容就是债的标的,而债的标的就是给付的行为,一般认为此种说法将权利义务本身(内容)与权利义务共同指向的对象即债的客体(标的)等同起来,是不准确的。如买卖合同,其内容是买方、卖方的权利义务,而其客体或标的是买卖合同的给付行为(交付买卖的标的物及给付价金)。 (万 霞)

zhai de shiji lüxing
债的实际履行(sepcific performance of obligation) 按照约定的或法律规定的标的履行,而不是以其他的标的代替。债的实际履行是由债的内容的特定性所决定的。但这不意味着在任何情况下,都必须实际履行。如经债权人同意,债务人也可以其他给付代替原定给付。 (郭明瑞)

zhai de shidang lüxing
债的适当履行(proper performance of debt) 又称正确履行、全面履行。当事人按照约定或者法律规定由适当的主体在适当的履行期限、履行地点,以适当的方式、适当的标的全面地履行自己的义务。适当履行为债的履行的常态,不适当履行则发生债的不履行的责任。 (郭明瑞)

zhai de xiaomie
债的消灭(discharge of obligation;德 Erlöschen der Schuldverhältnisse) 又称"债的终止"。债的当事人之间的权利义务关系在客观上不复存在。其与债的变更不同,广义的债的变更除了指内容的变更外,还包括主体、客体的变更,但无论如何,原来的债权债务关系依然存在,并非消灭。而债的消灭则是原来的债权债务关系归于消灭。其与债的效力停止也不同。债的效力停止是指债务人基于抗辩权的行使中止债权的效力，抗辩权的作用仅在于阻止债权人行使请求权，但不意谓着债权的消灭，同时一旦抗辩原因解除，债即恢复原来的效力。如诉讼时效完成后的债权虽称为不完全债权，没有国家强制力保障，但债的关系依然存在。

债的消灭原因各国法律规定不一。但都规定自债的消灭原因发生之时起，债的关系即在法律上当然消灭，不需当事人主张。债的消灭原因可分为以下几类：(1) 因债的目的达到而消灭。如清偿、混同以及担保权的实现。(2) 因债的目的不能达到而消灭。如在非因债务人原因而给付不能情况下，可使债务人免除履行义务，债权债务关系消灭。(3) 因当事人的意思而消灭。如债务免除。(4) 基于法律的直接规定而消灭。如因可撤销行为而产生的债权债务关系随可撤销的法律行为效力的消灭而消灭。债的消灭原因多种多样，清偿、抵销、提存、免除、混同等是各国法律都承认并加以规定的。

除了消灭原债权债务关系外，债的消灭还发生以下效力：(1) 从权利和从义务一并消灭。如担保物权、保证债权、违约金债权、利息债权等。(2) 负债字据的返还。负债字据为证明债权债务关系的证明，债消灭后，债权人应将其返还于债务人；因灭失而不能返还时，债权人应向债务人出具债务消灭的字据。(3) 在债的当事人之间发生后契约义务。后契约义务为依诚实信用原则，债关系消灭后，原债的当事人所负担的对他方当事人的照顾义务等。如租赁关系消灭后，出租人对寄送给原承租人的信件应妥为保存，并设法通知其收取等。

（万 霞）

zhai de xiaoli
债的效力（effects of obligation；德 Wirkung der Obligation；法 effets des obligations） 法律为实现债的目的而赋予债的关系的法律效果，具体表现为为实现债的目的债权人得为的行为和债务人应为的行为。债的效力是多方面的，通常可分为：(1) 一般效力与特殊效力。一般效力是指不论何种债一般均具有的效力，如债的请求效力、保持效力、执行效力；特殊效力是指仅某种债所具有的效力，如合同之债约定的违约金支付、双务合同之债的履行抗辩权等。(2) 积极效力与消极效力。积极效力主要是指债权的效力，也就是债权人得为的行为，表现为债权的权能；消极效力一般是指债务的效力，也就是债务人应为的行为，表现为义务的约束性和责任的强制性。(3) 对内效力与对外效力。对内效力是指在债的关系内部即债权人与债务人间发生的效力；对外效力是指对债的关系当事人以外的第三人发生的效力。因债为特定人之间的相对法律关系，原则上不能对第三人发生效力，但在某些情况下，债的效力也可及于第三人。如为保全债权，法律赋予债权人以代位权与撤销权；债权物权化的出现，某些债权具有对抗第三人的效力；债权具有不可侵性，第三人侵害债权可构成侵权行为。有学者认为，债的对外效力所表现出债的相对性变化属于债的效力范围的扩张。

（郭明瑞）

zhai de yaosu
债的要素（elements of obligation） 构成债所必须具备的因素或债不可或缺的组成部分。通说包括债的主体、债的内容和债的客体。

（万 霞）

zhai de yizhuan
债的移转（transfer of obligation；assignment of obligation） 债的主体发生变更，即由新的债权人、债务人代替原有的债权人、债务人，但债的内容和标的并没有发生变化的一种法律制度。变更债权人的，称为债权移转或债权让与；变更债务人的，称为债务转移或债务承担。债的移转的特征有：(1) 是债的主体的变更，债的内容没有发生变化；(2) 没有引起新的债的关系出现，主体变更前后的债保持同一性。根据债的移转发生的原因，可分为：(1) 法律行为上的移转，指依当事人的行为改变债的主体，当事人的行为既可是合同行为（此种情况下的主体变更也称协议变更），也可是单方行为。(2) 法律上的移转，是指因法律规定而直接产生的债的移转。此种移转也称法定变更。我国《民法通则》第44条规定："企业法人分立、合并后，其权利义务由变更后的法人享有和承担"，即为法定变更的一种形式。(3) 裁判上的移转，是指因法院的裁判而产生的债的移转。此种移转往往可以由法院予以强制执行。

根据债的移转所转移的内容，可分为：(1) 概括承受，即债权与债务一同作为财产的整体予以转移。也称为债权债务的概括转移。法律上的移转往往都是概括承受的转移。(2) 特定承受，债权或债务单独发生的移转，即债权让与或债务承担。罗马法上，早期强调债权债务与其主体的不可分性，因此在同一债的关系中，不承认债权让与与债务承担。将发生债的主体变更视为债的消灭的原因之一。罗马法后来规定了债的更改制度。债的更改又称债的更替或更新，在满足严格的前提条件下会出现以下几种情形：债权、债务主体的更改，债的内容更改、债的性质更改、债的期限与条件更改。上述更改都会导致一个新债务的产生和旧债务的消灭。近世法国、日本、意大利等国民法沿用罗马法的债的更改制度，将债的主体变更与内容变更等一并归入债的更改并视为债消灭的原因，如《法国民法典》第3卷第3编第5章"债的消灭"中设"债的更新"一节，第1271条规定其依三种方式发生：缔结新债务以取代旧债务,新债务人取代旧债务人,新债权人取代旧债权人;《日本民法典》第3编第1章第5节"债权的消灭"中第3目为"更改",包括:内容的更改,债务人的交替,债权人的交替三种情况。《德国民法典》没有采用罗马法债的更改的概念,代之以债的变更制度。债的更改发生旧债消灭和新债产生的效果,而债的变更是在维持原债的前提下债的主体和内容发生变更,并不作为债的消灭的原因之一。债的主体的变更又分为债权让与与债务承担。一般而言,狭义的债的变更仅指债的内容的变更,广义的债的变更既包括债的主体的变更也包括债的内容的变更。《德国民法典》在第2编"债务关系法"第2章规定了变更债的内容的契约的一些规则,第4章规定了变更债权主体的债权让与,第5章规定了变更债务主体的债务承担。我国现行立法,在《民法通则》第91条、《合同法》第79条至90条,规定了合同的权利义务内容变更及转让给第三人的情况,区分了内容变更与主体变更,并作出了明确的规定。包括债的移转方法、法律后果、移转的手续、不可移转的权利义务、各种具体债的移转的具体规定等。

根据各国民法规定,在债务承担情况下一般要取得相对人的同意,而债权让与的移转采取三种原则:(1)自由转移。德国法采取此项原则,规定债权让与时不需通知债务人。(2)通知移转原则,债权、债务的转移可以无须征得相对人的同意,但应将移转的法律事实通知相对人。如英国合同法中权利的转让,应以书面形式通告当事人。(3)协议移转原则。债权的移转必须经过当事人的同意才能进行。我国《合同法》第80条中采用了通知原则。至于通知的方式,法律并无限定,既可采取口头形式也可采取书面形式。

(万 霞)

zhai de zhengque lüxing
债的正确履行(correctly performance of obligation) 又称适当履行。履行的主体、履行的标的、履行的期限、履行的地点、履行的方式方法都是正确的。参见债的适当履行条。

(郭明瑞)

zhai de zhuti
债的主体(subject of obligation) 债的要素之一。参与债的法律关系的当事人,其权利主体称为债权人,义务主体称为债务人。在同一债的关系中,权利主体和义务主体既可以是单一的,也可以由两个以上的人组成。债的主体具有以下特征:(1)债的主体是特定的。凡参与债的法律关系的当事人,无论是债权人还是债务人,也无论债权人、债务人是单数还是多数,均须是特定的。主体特定化意味着原则上债权只能由债权人行使,债务只能由债务人履行,除非当事人另有约定或法律另有规定。在债权让与或债务承担的场合,新的债权人或者债务人仍须为特定的人。由于这一特点,债的关系称为相对的法律关系,债权称为相对权。(2)债的主体包括双方当事人即债权人和债务人。债权人和债务人相互对立、相互依存,缺少任何一方,都不能成立债。大多数债的关系中,当事人双方互为债权人与债务人,少数债的关系中一方只享有权利,而另一方只承担义务。前者如买卖关系,后者如借用关系。(3)债的主体双方既可是单数也可是多数,也可是一方为单数另一方为多数。根据债的主体数量,可将债划分为单一之债与多数人之债。一般而言,凡民事主体均可为债的主体。但有的债,法律对其主体资格另行限制。如,根据我国《民法通则》,除法律另有规定外,一切自然人、法人、合伙组织、个体工商户、农村承包经营户等均可成为债的主体,国家在特定情况下如发行公债时,也可成为债的主体。而根据我国《合同法》,合同之债的当事人应当具有相应的民事权利能力和民事行为能力。限制民事行为能力人只能订立与其年龄、智力、精神健康状况相适应的合同或纯获利益的合同。

(万 霞)

zhaiquan
债权(creditor's right; obligatory right) 债务的对称。债的关系中,债权人享有的请求债务人为特定行为的权利。与债务一起共同构成债的内容。由债的关系的特定性所决定,债权的内容也是特定的,并通过合同约定或法律规定的形式表现出来,债权的内容特定包括质的特定和量的特定两个方面,前者指债权人仅能向债务人请求确定的给付事项如支付金钱、交付财物、提供特定劳务等;后者指债权人请求债务人履行的范围不能大于债权的范围即金钱的数额、财物的数量、提供劳务的时间或等级等。债权是一种财产权,是财产存在的一种重要法律形态。其表现形态为以下三种权能:(1)给付请求权。债有效成立后,债权人有请求债务人实行给付的权利。(2)给付受领权,又称受偿权。债务人主动或应债权人请求而为给付时,债权人有权受领并永久保持因此所得的利益。(3)债权保护请求权。当债务人不履行债务时,债权人有权请求国家机关予以保护,强制债务人履行债务。该权利在债的效力上表现为债权的强制执行力。债权人有时会因时效等原因而丧失其债权保护请求权,但对债务人的自愿履行(履行自然债务),债权人仍有受领权。除上述三项基本权能外,债权权能还包括处分权能,即债权人可以抵销、放弃、让与债权等。

一般认为,债权具有下列特征:(1)为相对权。又称对人权。即相对于特定之人而存在的权利。债权人只能向特定的债务人主张债权。(2)为请求权。债权人通过请求债务人履行义务而取得债权利益。债权须通过债务人的履行行为而实现,债权人虽享有债权但不能直接支配债务人的人身和财产,必须通过请求来实现。(3) 其设立具有任意性。主要针对合同之债而言,在法律不禁止的情况下,经当事人自由协商,可任意创设债权。(4) 具有期限性。债权为有期限的权利,期限届满,债权归于消灭。期限包括当事人约定的期限、法律规定的期限等。(5) 无排他性。又称相容性。对同一客体可以成立两个以上内容相同的债权,其效力并无优劣之分。倘数个内容相同的债权中仅有一个得以实现,其他债权并不因此而无效,而是转变为损害赔偿请求权。(6) 具有平等性。当几个债权人对于同一债务人先后发生数个债权时,其效力一律平等。不因其成立先后而有区别,当总债权额超过债务人的财产时,各个债权人只能依各自债权额在债权总额中所占比例分配债务人财产,不能以成立在先为由主张优先受偿。债权除了具备上述特征外,有人还提出可让与性、无追及性、物权优于债权等若干特征。

债权依不同的标准可划分为不同的种类,因发生的根据不同分为因合同发生的债权、因侵权行为发生的债权、因不当得利发生的债权以及因无因管理发生的债权等;因债权人的数量可分为单数主体债权和复数主体债权;因债权人之间的责任关系可分为按份债权和连带债权;因债的履行选择性可分为简单债权和选择债权;依表示债权人的方式可分为记名债权、无记名债权、指示债权。

(万 霞)

zhaiquan dengji yu shouchang chengxu

债权登记与受偿程序(procedure for registration and satisfaction of claims) 债权登记与受偿程序是指海事法院裁定强制拍卖船舶或者设立海事赔偿责任限制基金的公告发布后,债权人就其相应债权应当履行的登记程序以及海事法院确认其债权后债权人的受偿程序。

海事法院裁定强制拍卖船舶的公告发布后,债权人应当在公告期间就与被拍卖船舶有关的债权申请登记。债权人在公告期间届满后没有登记其债权,视债权人放弃在本次拍卖船舶价款中受偿的权利。海事法院受理设立海事赔偿责任限制基金的公告发布后,债权人应当在公告期间就与特定场合发生的海事事故有关的债权申请登记。公告期间届满没有登记的,视为债权人放弃债权。

债权人向海事法院申请登记债权的,应当提交书面申请,并提供有关债权证据,包括证明债权具有法律效力的判决书、裁定书、调解书、仲裁裁决书和公证债权文书,以及其他证明具有海事请求的证据材料。海事法院应当对债权人的申请进行审查,对提供债权证据的,裁定准予登记;对不提供债权证据的,裁定驳回申请。海事法院经审查认定债权人提供证明债权的判决书、裁定书、调解书、仲裁裁决书或者公证债权文书真实合法,应当裁定予以确认。

债权人提供的证据如果为其他海事请求证据,应当在办理债权登记以后,在受理债权登记的海事法院提起确权诉讼。当事人之间有仲裁协议的,应当及时申请仲裁。海事法院对确权诉讼作出的判决、裁定具有法律效力,当事人不得提起上诉。

海事法院审理并确认债权后,应当向债权人发出债权人会议通知书,组织召开债权人会议。债权人会议可以协商提出船舶价款或者海事赔偿责任限制基金的分配方案,签订受偿协议。受偿协议经海事法院裁定认可,具有法律效力。债权人会议协商不成的,由海事法院依照《中华人民共和国海商法》以及其他有关法律规定的受偿顺序,裁定船舶价款或者海事赔偿责任限制基金的分配方案。

拍卖船舶所得价款及其利息,或者海事赔偿责任限制基金及其利息,应当一并予以分配。分配船舶价款时,应当由责任人承担的诉讼费用,为保存、拍卖船舶和分配船舶价款产生的费用,以及为债权人的共同利益支付的其他费用,应当从船舶价款中先行拨付。清偿债务后的余款,应当退还船舶原所有人或者海事赔偿责任限制基金设立人。

(王 青)

zhaiquanfa

债权法(law of obligation) 又称"债法"、"债权债务法"、"债权债务关系法"。调整特定当事人之间债权债务关系的法律规范的总称。通说认为其有广义与狭义之分,狭义的或形式意义上的债权法,专指有关债权债务关系的法典或民法典中的债编,如《瑞士债务法》、《德国民法典》中的债编等;广义的或实质意义上的债权法,除了狭义的债权法外,还包括有关债的单行法、其他法律和法规中有关债的条款、有关债的立法与司法解释、有拘束力的司法判例以及司法中适用的有关国际条约等一切与债有关的法律规范。债权法的名称为大陆法系专用。自罗马法以来,对于其名称的使用各国多有不同。有称债务法的,如瑞士、土耳其等;有称债权债务关系法的,如德国;有称债权法的,如日本、俄罗斯;也有称为债法的,如泰国、我国民国时期等。称谓不同,但其实质内容并无差异。英美法系国家没有债及债权法的概念,其债权法的内容分别规定于合同法、侵权行为法等法律中。民法是调整财产关系和人身关系的法律部门,其中尤以财产关系为主,因而财产法是民法中最重要的部分。传统的财产法包括物权法和债权法,物权法主要规定物的享有与支配,旨在维护财产的"静"的安全,债权法主要规定交易规则和财产、人身受到不法侵害时的救济,旨在维护社会"动"的安全。一般来说,债权法上债权债务的发生以物权法、知识产权法和人格法等的规定为根据和出发点,同时债权法调整的最终结果和归属以债权债务关系的消灭和物权等的确定为标志。例如,债权法中的合同法以规范物的交易为主要内容,交易的当事人通常须为物的所有人,交易完成后,物的所有关系重新确立。侵权行为法中,是否构成侵权行为,须以受害人享有物权法、知识产权法或人格法等法上的权益为要件,而作为债权债务关系的损害赔偿的最终结果使受害人获得了物的权利。债权法虽在一定意义上可说以物权法为出发点和归属,但并不因此附属于物权法,而具有其独立的地位。在商品经济高度发展、财产的流转关系日益频繁和快捷的现代社会,许多学者认为,物权法虽仍具重要地位,但债权法的重要性已超过物权法。债权法在民法中的重要地位,可从一些国家的民法典的债法条文所占比重方面加以认识。1804年《法国民法典》共计2283条,其中涉及债的规定有1573条,占整部法典的68%;1900年施行的《德国民法典》共计2385条,有关债的规定达613条,占整部法典的25%;日本明治三十一年的《日本民法典》共计1044条,涉及债法的有429条,占整部法典的41%。我国《民法通则》中涉及债的规定的条文也有25%以上。

通常认为债权法有三个主要特征:(1)多为任意法。这一特征是由债的关系的特点决定的。债的关系具有相对性,其权利主体与义务主体都是特定的,对一般人影响较小。由于债的关系一般只关系到当事人间的经济利益,较少涉及道德伦理与社会风俗,因而债权法上,若不违背强行法与善良风俗,则尊重当事人的自由意志。任意性主要表现在:债的具体内容允许当事人自由商定,国家一般不积极干预;在当事人合意的情况下当事人的约定甚至可以排除债法规范的适用,这一点在合同法中表现尤为突出,侵权行为之债的发生及内容虽由法律直接规定,但受害人对其债权仍可任意处分。私法上的意思自治原则多体现在债权法中。虽现代立法对个人意思自由加以诸多限制,私法公法化影响日益加强,但债权法中意志自由原则的根本地位并未动摇。(2)多为交易法。它以财产流转关系即动态的财产关系为对象,这种财产流转关系主要因交易而发生。债权法的目的在于保护和促进财产流转的正常进行,维护财产的"动"的安全。这一特点意味着,商品经济愈发达,债的流转关系愈发达,债法的作用也将愈加强大。(3)国际化趋势。有时称为"法律趋同化"。具体体现在:一方面,市场经济中商品交换具有统一的规律,通行着统一的规则,因而债权法在各国具有共性。学者所谓的债法具有"可移植性"即是从各国债法大同小异这一点上来说的。另一方面,规范国际间交易的债权法也大量出现并获得发展。各国债法都不同程度地表现出与国际习惯做法接轨的倾向,同时国际性和地区性的债法统一制定和编纂活动也日益加强,如《联合国国际货物销售合同公约》、《国际商事合同通则》等的制定。

形式意义债权法的编纂体例或结构形式主要存在于大陆法系国家。大致可分为以下四种类型:(1)以债权法为民法典的独立一编。如《德国民法典》第二编为"债的关系法",《日本民法典》第三编为"债权法"。(2)以债权法为单行法,集中专门规定债权债务关系。如瑞士、土耳其等国的《债务法》。(3)在民法典中不区分物权法与债权法,将其规定于同一编。如《奥地利普通民法典》第二编"有关物法"中分为对物物权与对人物权,对人物权即为债权法。(4)将债视为一种财产取得方法,与继承等规定在同一编中。如《法国民法典》、《葡萄牙法典》。上述四种立法体例以前两种为优,后两种时常遭到质疑。因为在现代民法理论中,债权与物权、债权法与物权法、债与继承、债权法与继承法之间的区分已相当清楚。英美法系国家债权法不存在所谓的立法体例。因其没有形式意义上的债权法。而其实质意义上的债权法主要以判例法辅以少量的单行成文法规形式存在。例如,美国除了判例法作为债法的主要渊源外,本世纪以来先后在合同法和侵权行为法领域制定了一系列单行法,包括1952年《统一商法典》、1946《联邦侵权索赔法》等。目前我国债法总则主要规定在《民法通则》中,其中第五章第二节"债权"对债的关系作了若干原则规定,其他章节中有关个人合伙、合同式联营、委托代理、侵权及责任等规定也属债法范畴。另外,有关债的单行法如《合同法》、《担保法》及其他法律、法规中也专门规定或涉及债权债务关系。最高人民法院对有关债事立法的司法解释如《关于贯彻执行〈中华人民共和国民法通则〉若干问题的意见(试行)》等相关内容也具有重要意义。分散的立法体制虽是适应我国社会主义市场经济的需要而逐步建立的,并且已在实践中发挥了重要作用,但其不易体现和尊重债权法制度本身固有的内在逻辑联系,容易造成债法规范相互间的抵触和歧异,增加实际操作的难度。无论如何,建立完善的适应我国现实和发展需要的债权法立法体例、制定统一的民法典及债权法仍是当务之急。

债权法的内容主要包括债的一般原理及合同、无因管理、不当得利、侵权行为、缔约上过失和单方允诺等各种制度。这些制度有不同的构成要件和不同的社会功能,但都发生相同的债权债务法律关系,引起共同的法律效果,即在当事人间发生以给付为标的的法律关系。在"给付"的权利义务基础上,形成了债权法的一系列规则包括债的效力、债的转移与变更、债的担保、债的履行、债的消灭等,构成了债权法的一般原理和共同规则。
(万 霞)

zhaiquan hetong
债权合同(德 obligatorischer Vertrag) 又称负担契约、负担合同。物权合同的对称。以债权债务的产生为目的和效力的合同。在以金钱给付、提供服务等非以特定物转让为内容的合同中,合同仅在双方当事人之间产生债权债务关系,对此,各国民法并无不同。但在有体物权的设立和转让过程中,由于各国所采用的物权变动模式不同,其债权合同的含义也不相同。在采用形式主义物权变动模式的国家,如德国、奥地利、瑞士、韩国以及我国等,由于物权在交付或登记之前不发生变动,因此,双方当事人之间订立的书面或口头约定的合同只能产生债权债务关系,此时的合同即为债权合同,因此,在形式主义物权变动模式下,债权合同是一类含义广泛、体系庞大的合同类型,包括以金钱为标的的债权合同、以劳务为标的的债权合同、以特定物为标的的债权合同等。在采权形式主义或折中主义物权变动模式的国家,在债权合同之外,一般不承认独立的物权合同的存在,而在采纳物权形式主义变动模式的国家,如德国,在特定物的物权变动中,法律在债权合同之外尚承认独立的物权合同的存在,所谓的物权合同指交付或登记的物权转让行为,基于物权合同中的物权行为与债权合同中的债权行为的区分,物权形式主义模式确立了物权变动中物权行为与债权行为之间的独立性、分离性和无因性原则,即以交付和登记为要件的物权合同所引发的物权变动不受债权合同的效力的影响,上述物权行为的无因性原则构成了大陆法系物权法的一个显著特色。而在采用意思主义物权变动模式的国家,如法国、英国、美国等,由于物权的变动不要求必须交付或登记,因此双方当事人经意思表示一致达成的合同通常即具有变动物权的效力,因此,在物权的变动过程中,双方当事人之间订立的合同的性质取决于标的物是否具有特定性,如果标的物是特定的,那么合同就是物权合同,如果标的物尚不特定,那么合同就是债权合同,因此,在意思主义物权变动模式下,所谓债权合同一般仅出现在动产种类物的物权变动中。由于特定物的物权变动基本不存在物权合同与债权合同的区分,故在英美法系不存在物权变动的无因性理论。
(刘经靖)

zhaiquan rangyu
债权让与(transfer of claim or creditor's right) 又称"债权移转"。债关系中权利主体的变更,即在不改变债的内容的前提下,债权人将其债权移转给第三人享有。债权让与有广义与狭义之分,广义的债权让与是指债权人的债权由第三人承受,包括因法律规定或裁判而发生的债权让与和因当事人的合意而发生的债权让与。因法律规定而发生的债权让与可分为两种情形,一是因法定的债的概括移转而发生,如因继承、因企业法人的合并或分立发生的债权债务移转;二是因第三人行使代位权而发生,如保证人清偿了债务人债务后向债务人追偿,从而取代债权人的地位。狭义的债权让与仅指基于法律行为而发生的债权让与,多依合同方式为之,因而也称为协议的债权让与。债权人与第三人订立的关于转让债权的协议称为债权让与合同或契约。让与债权的一方称为让与人,受让债权的一方称为受让人。债权让与生效后,受让人即取代让与人的债权人的地位而成为债权人。债权让与可分为全部让与与部分让与(或称一部让与)。前者指债权人将其债权全部让与第三人,第三人取代原债权人而成为债的关系中新债权人,原债权人脱离债的关系。后者指原债权人将债权的一部分转让给第三人,转让生效后原债权人并不退出债的关系,而是与受让的第三人共享债权。即原来的债成为多数人之债。依据债权让与合同,原债权人与受让人或者约定按份债权或者共享连带债权。如果未约定或虽有约定但约定不明,则视为享有连带债权。

债权让与合同是债权人与第三人订立的将债权转让给第三人的合同。具有以下特征:(1) 为债权人与受让人间的合同,属双方法律行为。让与人是债权人,受让人为第三人。债务人不是债权让与合同的当事人。如果发生债务人为受让人的情况,债权债务会因混同而消灭。(2) 为债权人将特定债权(全部或一部)移转给第三人的合同。以将债权转让给第三人享有为目的。债权让与合同中受让人不同于代债权人接受债务人给付的第三人。后者中第三人仅为债的履行主体,其因此签订的合同也非债权让与合同。(3) 为债权人处分其债权的合同。债权人的让与行为为处分行为,因此要求让与债权的让与人具有行为能力和处分权限。让与人不能处分时,受让人不能取得受让的债权。(4) 为相对的无因行为。原则上让与原因的有效无效不影响债权让与的效力。如让与人以清偿为目的而让与债权时,即使所清偿的债务不存在或无效,债权让与合同仍为有效,受让人仍取得债权人地位。让与人不能主张合同无效而仅能依不当得利的规定请求受让人返还不当得利。当然,债权让与并非绝对的无因行为,当事人如果另有约定的除外。(5) 为不要式合同。除法律另有规定外,债权让与合同可依任何形式作成。只要债权人与第三人达成合意,合同即可成立。

债权让与合同自让与人与受让人达成转让债权的意思表示一致时成立,但须具备以下条件才能有效:(1) 须意思表示真实。让与既为合同行为,应适用民法中关于意思表示的规定。有行为无效的情形时,让与合同即无效。有可变更或可撤销的事由时,当事人也可请求变更或撤销让与合同。合同被撤销后,受让人已受领的利益,应依不当得利的规定返还让与人。(2) 须有有效债权的存在。以不存在或者无效的债权让与他人,或以已消灭的债权让与他人,即为标的不能,受让人因此受到损害的,让与人应当予以赔偿。一般认为,已过诉讼时效的债权、可撤销的债权在让与后其债权尚未撤销前,仍为有效的债权,可进行让与。(3) 所让与的债权须具有可让与性。以不得让与的债权为让与的,构成让与人的自始履行不能,应依履行不能的规定处理。多数国家的民法对可让与的债权不作列举性规定,而仅规定不得让与的债权种类。如我国《合同法》第79条规定以下三类合同债权不得让与:(1) 根据合同性质不得转让,(2) 按照当事人约定不得转让;(3) 依照法律规定不得转让。

综合各国规定,不具有让与性的债权有以下两类:第一,依债权性质不得让与的债权。主要有:以特定身份为基础的债权;如亲属间的扶养请求权,抚恤金请求权等;以特定债权人为基础的债权;如离退休金债权,对特定人进行家教的债权等;基于当事人间的个人信任关系的债权,如雇佣、代培、借用等;从权利,如因担保而产生的权利,不得与主权利相分离而单独转让;不作为债权。第二,债的当事人约定不得转让的债权。当事人在债权成立时或债权成立后作出约定不得转让债权,只要该约定不违反法律和社会公共道德,就具有法律效力。当事人既可以约定禁止向任何人转让债权,也可约定禁止向特定人或特定范围的人转让债权,但约定须在债权让与前作出。除上述两类外,法律规定应依特别批准程序才能让与的债权应依法律规定进行让与,否则不能发生让与的效力。(4) 有的国家规定须通知债务人才能发生效力。债务人的意思对债权让与合同的效力也会有一定的影响,各国立法大体采取三种原则:一为自由转移原则,即债权人不必通知债务人或取得其同意,德国法采之。二为通知转移原则。债权让与协议未通知债务人的,对债务人不生效力。如法国法、我国法采之。三为协议移转原则,债权让与须经债务人同意才能生效,日本法采之。债权让与的效力分为对内效力和对外效力。对内效力发生在让与人和受让人之间。表现为:所让与的债权由原债权人(让与人)移转于第三人(受让人);依附于债权的从权利如保证债权、担保物权、定金债权、违约金债权及损害赔偿请求权等一并转移给受让人;让与人应将债权的证明文件包括债务人出具的借据、票据、合同文书、往来电报书信等交付受让人,应将有关主张债权的一切必要情况告知受让人,并将占有的担保物交付受让人。让与人对让与的债权负担保责任(权利的瑕疵担保责任),对受让人因债权瑕疵而受的损害,让与人应当负责赔偿。对外效力发生在原债权人(让与人)、新债权人(受让人)与债务人之间,表现为:债权让与一旦成立并有效,在让与人与债务人之间,债务人不再向让与人履行原来的债务,让与人也不得受领债务人给付,债务人应向受让人履行债务;在受让人与债务人之间,债务人应视受让人为债权人而履行债务,受让人取代原债权人而成为新债权人,享有和原债权人同样的权利。债务人对抗原债权人的一切抗辩,都可以用以对抗受让人即新债权人。如时效完成的抗辩、债权不发生、债务未届履行期等抗辩,除对抗原债权人的一切抗辩可继续行使外,债务人也可因某种事实获得对于受让人的抗辩,如债务人对受让人享有债权的,可向受让人主张抵销。

(万 霞)

zhaiquanren

债权人(creditor; debtee; holder of debt claims; obligee; creditor) 债务人的对称。债的主体之一。在债的关系中有权请求他方为特定行为的人。债权人是债权的享有者,可以是单数,也可以是多数。债权人为多数时,若享有按份债权,则为按份债权人;若享有连带债权,则为连带债权人。债权人与债务人具有利益的对立性,一方的利益是通过另一方的不利益而获得实现。从债权人角度言,其债权的实现需以债务人履行债务为前提。债权人 creditor 一词,源自拉丁文 crdeo,意即信任。最初债权债务关系的发生是以某种信任关系为基础的,在早期罗马法中,债被认为是债权人与债务人个人之间的联系,具有严格的人身性质,债权人、债务人不仅特定,也均不得转让。随着商品经济的发展,债的人身性质逐渐减少,逐渐允许第三人通过债权转让而享有债权,成为债权人。但在某些以劳务、工作为给付标的的债中,债权人直到现在仍具有严格的人身性质,如委任合同、演出合同等。债权人、债务人都是相对而言的,在大多数债的关系中,当事人既是债权人,也是债务人,在少数债的关系中,一方当事人仅享有权利即只是充当债权人,另一方当事人仅负有义务即仅充当债务人。

(万 霞)

zhaiquanren chexiaoquan

债权人撤销权(德 glaeubigeranfechtungsrecht) 又称废罢诉权。债的保全的一种。为债的对外效力的表现之一。债权人对于债务人所为的危害债权实现的行为,得请求法院予以撤销的权利。起源于罗马法,因为保罗所创,故又称为保罗诉权。后世各国继受罗马法上的废罢诉权,一方面在破产法上规定债权人的撤销权,一方面在债法中规定破产外债权人的撤销权。债权人的撤销权须于审判上行使,但其为实体法上的权利而非程序法上的权利。关于债权人撤销权的性质有不同的观点。请求权说认为，债权人的撤销权为对于因债务人的行为而受利益的第三人直接请求返还其所得利益的债权，此为德国民法的通说。形成权说认为，债权人的撤销权是依债权人的意思而使债务人与第三人之间的法律关系溯及地消灭。责任说认为，债权人并不需请求受益人返还利益，而是得将其视为债务人的责任财产，请求法院径行对之强制执行。折中说认为，债权人的撤销权兼具形成权与请求权双重性质，不仅以撤销债务人与第三人的行为为内容，而且含有请求使债务人的责任财产回复的作用。此为法国法的通说。我国学者也多采折中说。

债权人撤销权的成立要件，依债务人所为的行为系有偿还是无偿而有所不同。若债务人所为的行为是无偿的，则仅需具备客观要件，债权人撤销权即成立；若债务人所为的行为是有偿的，则还须具备主观要件，债权人撤销权才成立。债权人撤销权成立的客观要件是债务人有危害债权的行为。这要求：首先，须有债务人的行为。学说上认为，只要债务人的行为适合于作撤销的标的，不论是双方的还是单方行为均可。其次，债务人的行为须为使其财产减少的行为，若债务人的行为不会使其责任财产减少，则不能危害债权，自不得撤销。再次，须债务人的行为有害债权。所谓有害债权，是指债务人的行为足以减少其一般财产而使债权不能受完全清偿。若债务人的行为虽使其财产减少但不影响其对债权的清偿，债权人自不能干涉债务人的行为。债权人撤销权成立的主观要件是债务人主观上有恶意；在第三人有恶意时，债权人撤销权即可行使。依我国最高人民法院对《合同法》的解释，债务人有下列情形之一的，债权人可以向人民法院提起撤销权诉讼：债务人放弃或者延展其到期债权，以致不能清偿其债务，对债权人造成损害的；债务人无偿转让财产，对债权人造成损害的；债务人放弃到期债权，又无其他财产清偿到期债务，可能影响债权人实现其债权；债务人以自己的财产设定担保，对债权人造成损害的；债务人以明显不合理的低价转让财产或者以明显不合理的高价收购他人财产，且受让人或者出让人明知或者应当知道该行为已经或者可能损害债权人的利益。

债权人撤销权由债权人以自己的名义于诉讼上行使。凡于债务人为有害于债权的行为前成立的且适合于保全的债权，债权人均可行使撤销权。关于债权人行使撤销权应以何人为被告，依对撤销权性质的认识不同而有不同的观点。依折中说，撤销权的行使应以债务人、与债务人为行为的相对人以及利益转得人为共同被告。依我国最高人民法院的解释，债权人行使撤销权提起撤销权诉讼时只以债务人为被告，未将受益人或者受让人列为第三人的，人民法院可以追加受益人或者受让人为第三人。债权人行使撤销权的范围原则上应以债权人的债权为限。

债权人撤销权行使的效力依判决的确定而发生，及于债务人、受益人与债权人。债务人的行为一经被撤销即视为自始无效；受益人已受领债务人财产的，应予返还；受益人已向债务人支付对价的，得向债务人主张返还不当得利。行使撤销权的债权人可以请求受益人将所得利益返还给自己，但该财产利益应加入债务人的一般财产，行使撤销权的债权人无优先受偿权，但若行使撤销权的债权人的债权与返还的财产发生抵销状态时，债权人得依抵销方式受偿。行使撤销权的债权人有权向债务人或其他债权人请求偿还其行使撤销权的必要费用。但依我国最高人民法院的解释，债权人行使撤销权所支付的律师代理费、差旅费等必要费用，由债务人承担；第三人有过错的，应当适当分担。

(郭明瑞)

zhaiquanren chiyan

债权人迟延（拉丁 mora creditoris；德 verzug des glaubigers；法 demeure du créancier） 即受领迟延。参见受领迟延条。

(郭明瑞)

zhaiquanren daiweiquan

债权人代位权（subrogation of creditor） 债的保全的一种。债务人怠于行使其对第三人享有的权利而害及债权人的债权实现时，债权人为保全自己的债权，得以自己的名义代位行使债务人对第三人的权利的权利。债权人代位权为债权人以自己名义行使债务人权利的权利，不适用代理的规定。债权人的代位权以行使债务人的权利为内容，是债权人的权利，为债的对外效力的表现。债权人代位权的行使，虽可使债务人与第三人的法律关系发生变化，但不是依债权人一方的意思而发生的法律效果，因而它不属于固有意义上的形成权，同时也具有管理权的特点。

债权人代位权须具备以下条件才能成立：(1) 须债务人享有对第三人的权利。债权人代位权为债对第三人的一种效力，是涉及第三人的权利，债务人对第三人享有的权利，为债权人代位权的标的。因此只有债务人享有对第三人的权利，才能成立债权人的代位权。债权人的代位权是债权人代位行使的权利，其作用在于保障债务人责任财产的增加，因此，可为债权人代位权的权利须为已存在的债务人对第三人享有的且非专属于债务人自身的财产权。基于扶养关系产生的给付请求权和劳动报酬、退休金、养老金、抚恤金、安置费、人寿保险、人身伤害赔偿请求权等专属债务人自身享有的权利不能为债权人代位权的标的。(2) 债务人怠于行使其权利。债务人若积极行使对第三人的权利，不发生债权人的代位权。只有在债务人能行使其权利而怠于行使时，才能成立债权人的代位权。所谓能行使，指债务人客观上可以行使其权利，不存在行使权利的障碍。所谓怠于行使权利，是指债务人应行使权利而不行使。(3) 须债务人陷入履行迟延。若债务人的履行期未届满，则债权人是否能受偿尚不确定，债权人自不能行使债务人对第三人的权利。若债务人于履行期限届满而未履行债务，则债权未按时受偿已确定，可成立债权人代位权。(4) 须有保全债权的必要。所谓有保全债权的必要，是指债权人的债权有不能实现的危险，债权人有必要代位行使债务人的权利以使债权实现。因债权人代位权是以保全债权为目的的，若无保全债权的必要，也就不必成立代位权。

凡债务人的债权只要符合代位权的成立条件都享有代位权。债权人代位权，应由债权人以自己的名义行使。依我国法的规定，债权人的代位权须通过诉讼程序行使。债权人代位权的行使范围，以保全债权人的债权为必要。债权人行使代位权，应以善良管理人的注意为之，原则上不得处分债务人的权利；如违反该注意义务给债务人造成损失的，应负赔偿责任。

债权人代位权的行使发生三方面的效力：一是对于债务人的效力。通说认为，债权人的代位权行使的效果直接归属于债务人，但也有的认为行使代位权所取得的财产直接由债权人优先受偿。债权人行使代位权后，债务人就其权利不得为妨害代位权行使的处分行为。二是对于第三人的效力。债权人行使代位权不影响第三人的地位，第三人凡对于债务人所享有的抗辩，均得用以对抗行使代位权的债权人。三是对于债权人的效力。通说认为，债权人可代债务人受领第三人的给付。债权人因行使代位权所付出的必要费用，由债务人偿还。但依我国最高人民法院的司法解释，在代位权诉讼中，债权人胜诉的，诉讼费由次债务人负担，从实现的债权中优先支付。债权人向次债务人提起的代位权诉讼经人民法院审理认定代位权成立的，由次债务人向债权人履行清偿义务，债权人与债务人、债务人与次债务人之间的债权债务关系即予消灭。这里的次债务人即是债务人的债务人（债务人对其享有权利的第三人）。

(郭明瑞)

zhaiquanren huiyi
债权人会议（creditors council） 债权人按照人民法院通知或者公告组成的能够在破产程序中表达全体债权人的意见，并对有关破产的重要事项表决的临时性组织。债权人会议由全体公司债权人组成，代表债权人的统一意志。在破产程序中，各个债权人之间的利益既有一致性，也有差异性，债权人会议既代表共同意志又满足各债权人独立利益要求的组织形式。其法律性质是一个没有权利能力的社团组织，是在必要时由法院临时召集的集会。债权人会议的召集有三种形式：(1) 第一次债权人会议必须由人民法院召集；(2) 第一次债权人会议以外，以后的债权人会议可由人民法院、债权人会议主席召集；(3) 必要时可应清算组和占无担保债权 1/4 以上债权人的要求召开。债权人会议的出席人员为主席、破产债权人、破产人（破产公司）、破产管理人和监督人。破产人有义务出席会议并答复和说明。

各国破产法规定债权人会议享有的权利：(1) 有权要求法院撤换破产管理人；(2) 有权选任、撤换监察人；(3) 接受法律规定的各种报告，如破产管理人的报告；(4) 决定破产人是否继续经营；(5) 决定第一次债权人会议后破产管理人营业的继续或停止；(6) 通过或否决破产人提出的和解协议草案；(7) 议定管理破产财团的方法和原则；(8) 调查债权。

我国破产法规定债权人会议的职权：(1) 审查有关债权的证明材料，确认债权的性质和数额；(2) 讨论通过和解协议草案；(3) 讨论并通过破产财产的处理和分配方案。债权人会议行使职权，必须由会议作出决议。决议的作出，应当具备两个条件：(1) 经出席会议的半数以上的有表决权的债权人同意；(2) 这些债权人所代表的债权总额必须占无财产担保债权总额的半数以上。债权人会议的决议，只要具备条件，符合法律要求的，对所有破产债权人发生效力，即使该债权人没有出席会议，也受该决议的约束。一切决议通过法院缴管理人执行。

公司债权人会议与公司债债权人会议不同：(1) 召集人不同。后者为发行公司债之公司、公司债债权人之受托人、有同次公司债总数 5% 以上的公司债债权人。(2) 权限不同。前者为破产事项，后者是对一切有关公司债债权人之利害关系的事项作出决议或者选任受托人之外的其他人代替受托人执行债权人会议之决议等。(3) 作出决议的条件不同。后者要求更严格，如应由代表公司债债权总额 3/4 以上债权人出席，以出席债权人会议的债权人表决权 2/3 以上同意，才能通过。

(施余兵)

zhaiquan xingwei
债权行为（德 Verpflichungsgeschäft） 德国法特有的概念，财产行为之一种。与"物权行为"共同构成能发生财产上法律效果的民事法律行为。又称"义务行为"、"债务行为"、"负担行为"。以发生债权债务关系为内容的民事法律行为。如买卖、悬赏广告等行为。在很多场合，物权行为与债权行为是互相融合的，共同在民事法律行为中产生一定的法律效果。以买卖为例，其债权行为须以物权的存在（即对买卖标的物的所有权和处分权)为依据,其结果则发生了物权的变动,买卖的产生经过和结果自始至终都与物权行为密不可分。因此在各国立法例中,有的国家如法国根本否定物权行为的独立性,称为否定主义;有的国家则在立法中不区分债权行为、物权行为,称为折中主义;而德国法将物权行为与债权行为相分离,特别是使物权行为与债权行为在法律效力上相分离。按照德国法学者的见解,债权行为的效力在于使双方当事人取得债权债务,它并不能发生物权变动的效果,要发生这一效果有赖于以发生物权变动为直接内容的物权行为,因此物权变动并非是债权行为的当然结果,而系独立于债权行为以外的物权行为独立完成。德国法的这一观念将债权行为与物权行为截然分开,赋予两者以完全独立的意义。债权行为和物权行为不仅是独立的,而且前者具有有因性,后者具有无因性。在债权行为中,要求行为的意思表示真实、合法、有效,要求行为人具有行为能力,因此,欠缺上述有效要件的行为不能导致债权债务的成立或有效。但物权行为正好相反,物权的移转不受债权行为是否有效的左右,如在买卖中,即使债权行为因意思表示瑕疵或内容违法未成立、无效或撤销,买受人仍可取得物权,并有权对之进行处分,出让人只能依不当得利规则请求返还。由于物权行为无因性常常严重损害出卖人的利益,当今德国法中多用共同瑕疵理论、条件关联理论和法律行为一体化理论对其加以限制。

一般认为,债权行为与物权行为的关系可以有以下四种情形:(1)两者并行存在。如即时清结的买卖、赠与等行为。(2)债权行为先于物权行为而存在。如期货买卖、附延缓期限的租赁。(3)仅有债权行为而无物权行为。如雇佣行为、委托行为。(4)仅有物权行为而无债权行为。如抛弃所有权的行为、第三人为债务人设定抵押权等行为。债权行为与物权行为的主要区别体现在:(1)物权行为适用标的物特定主义和一物一权主义,而债权行为无此限制;(2)物权行为以行为人享有处分权为要件,债权行为不以行为人享有处分权为条件;(3)物权行为多适用公示原则(如不动产物权行为的登记公示、专利权、商标权转让行为的登记公告公示等),而债权行为一般无须公示;(4)债权行为多为有因行为,物权行为一般为无因行为。

(万 霞)

zhaiquan yizhuan
债权移转(transfer of creditor's right) 参见债权让与条。

zhaiquan zhengshu
债权证书(certificate of creditor's right) 又称负债字据。证明债权的书面文件。债权证书不同于证券,它只能证明债权的存在,并不能代表债权。债权证书损毁、灭失的,债权人得以其他方式证明其权利。债消灭后,债务人得要求债权人返还债权证书。借据是最常所见的债权证书。保管凭证也属于债权证书。

(郭明瑞)

zhaiquan zhiquan
债权质权(pledge on creditor's right) 以债权为标的而设定的权利质权,是权利质权中最为普遍和最为典型的形式。因债权种类的不同,债权质权一般可以分为指名债权质权、指示债权质权和无记名债权质权三种:(1)指名债权质权,是以指名债权为标的的质权。指名债权即普通债权,是指由指名的债权人享有的不以背书方式转让的非证券化的债权。(2)指示债权质权,是以指示债权为标的的质权。指示债权是指以记名有价证券为凭证的,由证券记名的债权人或其指示的持票人享有或行使权利的债权。(3)无记名债权质权,是以无记名债权为标的的质权。无记名债权是指以无记名证券为凭证的,由证券持有人享有和行使证券权利的债权。三种债权质权的设定均须出质人与质权人订立书面债权质押合同及转移出质债权之占有于质权人后才生效。但这三种债权质权转移占有的方式不尽相同。以指名债权设定质权时,出质人将债权出质情况通知债务人,即意味着出质人向质权人转移了债权的占有,而无须实际交付债权证明文书,债务人未经质权人同意不得向出质债权人清偿债务;以指示债权设定质权时,出质人应在债权凭证上背书记载质押情况,并将背书的债权凭证交付质权人,否则不能对抗债务人及其他第三人;以无记名债权设定质权时,只要出质人将无记名证券交与质权人,质权即生效,无须背书,也无须通知证券债务人。

(申卫星)

zhaiquan
债券(bond) 有价证券的一种。表明债权债务关系的一种凭证。指政府、公司向社会公众筹措资金而发行的证券。债券上载有发行单位、面额、利率、偿还期限等内容。发行人为债务人,债券持有人为债权人,债券到期时,债券持有人可以持券要求发行人偿还本金和利息。债券种类甚多,通常可按发行主体、是否记名、有无担保、利息支付方式、本金偿还方式、期限、募集方法、筹集资金的目的以及投资人的收益进行分类,各种不同的债券有不同的特点。

(郭明瑞)

zhaiquan xintuo qiyue
债券信托契约(bond trust contract) 债券发行人与

受托公司之间明确发行人、受托公司以及债券持有人的权利义务的协议。受托公司是保护债券持有人利益的总代表。 （郭明瑞）

zhaiwu
债务（debt, engagement, liabilities, obligation） 债权的对称。债的关系中，债务人所负担的应为特定行为的义务。特定行为既包括作为，也包括不作为。债务与债权在债的关系中相互对应并相互依存，没有债权，就无所谓债务，没有债务，债权也就失去了存在的法律根据。债务是义务的一种，具有一般法律义务的特征。它一经合同约定或法律规定产生，就对特定的当事人产生法律上的约束力。债务人不履行债务即要承担相应的法律责任。债务就其本质而言是债务人所负担的不利益。债务履行的结果，一方面债权人实现其债权和利益，一方面债务人失去其利益，处于不利益的状态。债务具有下列特征：(1) 具有特定性。同债权一样，债务的内容也是特定的。债务的标的、数量、履行期等内容经由合同约定或法律规定而成立，一经成立即不能随意更改或增减。(2) 主体特定性。债务人必须是特定的人。(3) 具有期限性。不存在没有期限限制的永久债务。债务可因清偿、期限届满、债务人主体资格消灭等原因而消灭。(4) 其履行具有强制性。债务人不履行债务时，债权人可以请求法院依法强制债务人履行债务或采取其他补救措施。债务依不同的标准可划分为不同的种类。依发生根据不同分为合同债务和非合同债务（即因不当得利、无因管理、侵权行为等而产生的债务）；因债务人的数量分为单一主体债务和多数主体债务；因债的履行选择性分为简单债务和选择债务；因债务人之间的责任关系分为按份债务和连带债务；因有无担保分为有担保的债务和无担保的债务。

在罗马法中，不区分债务与责任，认为债务系由债务和责任二者合成，凡有债务，必有责任。英美法认为责任系债务不履行的当然结果，债务与责任结合实为一种法律关系，也不加区别。而区别责任与债务被认为是德国的固有法（日耳曼法）对现代民法的最大贡献。日耳曼法中，债务属于"当为"，即应为给付的义务，而责任属于"替代"，具有担保债务履行的作用。责任附加于债务，债务才具有必须履行的强制，债务不履行时，发生责任。现代民法通说认为，债务与责任是相区别的两个概念，表现为：(1) 债务与责任并非绝对不可分离。有时仅有债务而无责任，如自然债务；有时仅有责任而无债务，如物上保证人的责任，取得抵押物的第三人所负的责任。(2) 责任可先于债务而存在。如为附停止条件的债务所设定的担保。(3) 当债务与责任并存时，其主体、范围、内容有不同。如在保证关系中，债务与责任主体不同；当债务人对其债务负有限责任时，债务与责任范围不同。虽有上述区别，但也有学者对债务与责任的区别的现实意义持否定态度。例如，台湾学者王泽鉴认为，债务与责任概念上虽可予区别，然而责任与债务不统一的情况终属罕见之例外，债务与责任原则上相伴而生，如影随形，难以分开，负债务者不仅在法律伦理上负有当为义务，而且也承担其财产之一部或全部将因强制执行而丧失之危险性，若非如此，不能保障债权的实现。

自然债务，也称不完全债务，是不可强制履行的债务。通说认为，自然债务是债务与责任相区别的典型形态。对此债务，债务人不履行，法律不加制裁；债务人自愿履行，债权人可以受领，并非不当得利，债务人不得请求返还。自然债务概念源自罗马法，后世之法国民法典、德国民法典以及英美法有关判例均承认自然债务。从上述各国规定来看，其种类向无定论，一般认为那些已过消灭时效的债务、因赌博等不法原因所生的债务、父母供给子女嫁资的债务、超过法定最高利率限制之利息债务等均为自然债务。关于其性质，一种学说认为其本质上仍属法律上应负的债务，其债的关系仍然存在，与普通债务相比，只是效力不同；一种学说认为其非法律上的义务而是道德上的义务，是道德义务的升华。关于自然债务，应明确：(1) 自然债务履行后不得请求返还已成通说通例。(2) 有的国家如法国民法典规定，自然债务经债务人承认后即产生法律上完全的效力。(3) 消灭时效完成后的债务，可因债务人提出保证而发生完全效力。我国法律没有自然债务的规定。但《民法通则》第 138 条关于"超过诉讼时效期间，当事人自愿履行的，不受诉讼时效限制"的规定，被认为涉及自然债务问题。此外，根据我国法律，违法的合意不能产生法律效力，基于不法原因所为的给付属违法行为，不属自然债务范畴。 （万 霞）

zhaiwu chengdan
债务承担（transfer of obligation） 又称"债务移转"。债务主体的变更。即在维持债的同一性前提下，原债务人的债务移转于新债务人承担。广义的债务承担，包括第三人承受债务人的地位和第三人加入债的关系而与债务人共同负担债务两种情形。前者称为免责的债务承担，后者称为并存的债务承担或称债务加入。一般所说的债务承担系从狭义而定，仅指免责的债务承担。债务承担是随债权让与制度的确认而被确认的。罗马法在承认债权让与的情况下，也允许债务人以委任他人承担债务的方法达到债的更改之目的。德国民法明确规定了债务承担制度。法国民法典上虽没有明文规定，但规定债务人更换构成了债务的更改。日本民法典虽也无明确规定，但判例学说均对此采肯定说。英美法则通过权利义务转让制度体现债务承担的内容。债务承担作为债的移转之一，可因法律的直接规定、法院裁判及当事人的法律行为而发生，在当事人的法律行为中，以当事人之间的合意而发生的债务承担最为常见。因此，一般所说债务承担多指依当事人间的合意，将债务人的债务移转于承担人即新债务人承担。当事人间关于移转债务的合意即为债务承担合同（契约）。免责的债务承担是第三人取代债务人的地位而承担全部债务，债务人脱离债的关系。即债务的全部转移。此为狭义的债务承担，有时也简称为债务承担。有第三人与债权人订立债务承担合同和第三人与债务人订立债务承担合同两种方式。第三人与债权人订立债务承担合同时，一般自合同成立时起，第三人即成为新债务人，承担债务人的全部债务。通说认为，此时并不需经债务人同意也不必通知债务人。第三人与债权人之间的合意也不需要特别的形式。如果债务人对债权人与第三人之间的合意表示反对，学理上对该债务承担合同的效力有不同主张，肯定说认为有效，此为通说。否定说认为无效。第三人与债务人订立债务承担合同时，一般认为，此种合同须经债权人同意方能有效。如我国《合同法》第84条规定："债务人将合同的义务全部或者部分转移给第三人的，应当经债权人同意"。至于为何在此种情况下须经债权人同意，有代理说、债权处分说、要约说、为第三人利益契约说等不同的学说。其中以债权处分说为通说。

债务承担须具备以下要件才能发生法律效力：（1）须有有效的债务存在。若债务并不存在或无效或已消灭，则债务承担合同不能有效。将来发生的债务虽然理论上也可由第三人承担，但仅在该债务有效成立时，债务承担才发生效力，可认为该合同为附停止条件的合同。诉讼中的债务也可由第三人承担，此场合法院针对该债务的判决对承担人具有拘束力。另外，不法债务不能成为债务承担的标的。（2）所移转的债务须具有可移转性。性质上不能移转的债务、约定不得移转的债务、法律规定不得移转的债务，均不能移转。有的债务性质上不可移转但经当事人协议约定可以移转的，为有效的移转。如特定人的劳务提供经协议可进行移转。（3）须有以债务承担为内容的合同。即以债务移转为目的和内容，使第三人承担债务。此要件与第三人的履行承担不同，后者为债务人与第三人的内部约定，与债权人无关。在履行承担情况下，由债务人与第三人约定由第三人代为履行债务，但债务人仍对债权人负担债务，也可以请求第三人向债权人履行债务。第三人处于债的关系之外，对债权人不负担债务，债权人也不得向第三人请求履行。而在债务承担中，第三人成为债务人，原债务人退出债的关系。债务承担为无因行为，因此无论其发生原因是否有效或可撤销，只要经过债权人同意，即发生债务承担的效果。债务人或第三人主张合同无效或可撤销，须在债权人作出同意表示之前作出。与债权让与合同一样，债务承担合同也是不要式合同。（4）须经债权人同意。各国民法及学说均认为债务承担须经债权人同意方能有效。债务人和第三人须提供第三人的资历、信用等证明，以供债权人选择。债权人的同意，明示或默示均可。在债权人同意之前，债务承担合同处于效力未定状态，债务人或第三人可变更或撤销该合同。债权人拒绝承认时，债务人与第三人间债务承担合同无效，但此时债务人与第三人的关系如何，则有不同见解。德国民法认为此时合同视为有债务承担与履行承担的默示约定，债务人可请求第三人在债务到期时代债务人履行债务。也有学者（如台湾地区学者史尚宽）认为，债务承担与履行承担性质不同，不当然具有默示履行承担的约定。但当事人意思不明时，可推定有此结合约定。此时如果第三人向债权人履行债务，债权人不得拒绝受领。债务承担的效力表现在：债务人脱离债的关系，由承担人直接向债权人承担债务；新债务人取得原债务人基于债权债务关系所有的抗辩权，从属于主债务的从债务一并移转于承担人承担。并存的债务承担是债务人不脱离债的关系，由第三人与债务人共同承担债务，即债务的部分移转。又称债务加入。既可以是由第三人与债务人分担债务成立按份债务，也可以是由第三人与债务人负同一责任即成立连带债务。并存的债务承担多发生承担连带债务的情形。由于原债务人并不脱离债的关系，因而原则上此种移转不需取得债权人同意，只要向债权人发出通知即可。

实践中，并存的债务承担具有担保债权的作用，但其性质与保证的性质不同。前者中第三人成为主债务人，债权人可径向第三人请求履行全部债务，而后者中保证人所负担的不是主债务而是保证债务。并存的债务承担为无因行为。因此第三人不得以对抗原债务人的事由对抗债权人。第三人可以以原债务人对抗债权人的事由对抗债权人。由于债的同一性，第三人所负担的债务不能超出债务人原承担的债务范围和限度。对于债务承担之后所发生的利息、违约金、损害赔偿等，第三人即承担人也应一并承担。与免责的债务承担一样，并存的债务承担中所移转的债务须为有效存在并具有可移转性。

（万霞）

zhaiwu nuli

债务奴隶（拉丁 nexus） 古代罗马准奴隶（quasi servus）的一种。罗马《十二表法》第三表规定，"要式现金借贷（nexum）"的债务人逾期不能清偿债务的，债权人有权把他拘押于私牢，此际债务人即失去了行动自由，但在法律上仍为自由人，故称为准奴隶。在拘押期间,债务人可以和债权人订立还债协定。公元325年,罗马通过《波特利亚·帕披里亚法》,规定除私犯和经判决的外,债务人不再因契约而以人身对债权人负责。到帝政后期,债务奴隶制度全部废止。　　（刘经靖）

zhaiwu qingchang di
债务清偿地（德 Leistungsort）　又称债的履行地、给付地。债务人应为清偿行为的地点。参见债的履行地条。
　　　　　　　　　　　　　　　　　　（郭明瑞）

zhaiwuren
债务人（德 Schuldner；拉丁 debter；loanee；obligor）　债的主体之一,债权人的对称。在债的关系中,负有实施特定行为的义务人。债务人是债务的承担者,既可以是一人,也可以是多数人。债务人为多数时,多数债务人内部,若负有按份债务则称为按份债务人;若负有连带债务,则称为连带债务人。在当事人间互有债权债务时,一方当事人既是债务人同时也是债权人。根据当事人的约定或者法律的规定,债务人负担为特定行为的义务,该特定行为既可是作为,也可是不作为。债权人债权的实现要通过债务人为特定行为而获得。债务人履行债务的后果是自己丧失特定利益,从而处于"不利益"的状态。依照法律规定,债务人不履行债务时,债权人有权请求法院强制其履行债务,债务人应承担不为特定行为即不履行债务的法律责任。
　　　　　　　　　　　　　　　　　　（万　霞）

zhaiwuren chiyan
债务人迟延（拉丁 mora debitoris；德 verzug des schulduers；法 demeure de debiteur）　参见给付迟延条。

zhaiwu yizhuan
债务移转（transfer of obligation）　参见债务承担条。

zhanyou
占有（possession；德 Besitz）　对物有事实上管领力的事实。被管领的物,被称之为占有物,为占有之客体。管领其物的人,被称之为占有人,为占有之主体。占有制度是一项古老的法律制度,源于罗马法的 possessio,并融合了日耳曼的 Gewere,为欧陆各国民法典所继受并予以成文化,成为各国物权法中的一项重要制度。占有的构成须具备以下两个条件:一是占有人须对占有物有事实上的管领力。所谓对物有事实上的管领力（德文 tatsächliche Gewalt）,是指对物得为支配,并排除他人干涉。判断有无管领力,须依社会一般交易观念并斟酌人对物可识别的外部上的空间关系、时间关系及法律关系结合予以个案认定。就空间关系言,人与物在场合上须有一定的结合关系,且这种结合关系正在持续之中。就时间关系,人与物之结合在时间上须有相当的稳定性,即非短暂的结合,稍存即逝,须有相当的继续性。否则无法显现占有人对占有物的管领已处于得排除他人干涉的状态。就法律关系而言,若人对物有某种法律关系存在,则即使人与物没有空间和时间上的结合关系,仍然可以成立占有。这种法律关系常见的有以下类型:(1)基于租赁、借用、出质等而产生的间接占有;(2)占有继承,占有可以成为继承的标的,继承发生时,继承人虽未在事实上管领其继承财产,仍然可以取得占有;(3)依占有辅助人而进行占有。这种基于特定法律关系而成立占有的现象,被称之为占有的观念化,这种观念化的占有松弛了人与物事实上的关联关系,使占有由直接的实力支配而逐渐扩展至观念上的支配。从而使得占有概念呈现出扩大（如间接占有和占有继承）与限缩（占有辅助人）的状态。占有构成的第二个条件是,占有人须有占有意思。对于占有是否以占有人有占有意思为成立要件,是占有理论上最有争议的问题。学说上向有主观说、客观说与纯客观说三种见解。主观说认为,占有的成立须兼具事实上的管领力和占有意思。主观说源于罗马法,罗马法学家保罗（paulus）认为,我们通过握有和意旨取得占有。主观说因对占有意思的理解不同,又可以分为所有意思说、支配意思说和自己意思说。所有意思说主张占有是以所有的意思而进行事实的支配,该说为德国法学家萨维尼（Savigny）所倡导;支配意思说主张占有意思是在各方面对物进行支配的意思,该说为德国法学家温得沙伊德（Windescheid）所倡导;自己意思说主张占有意思是指以自己的名义或为自己的利益而占有物的意思,该说为德国法学家邓伯格（Dernburg）所倡导。客观说认为,占有是对物的事实管领力,不需有特别的意思,仅需有管领意思即可,而此管领意思是管领事实的一部分,并非独立的要素。纯粹客观说认为占有纯为客观地对于物有事实上的管领,不以占有意思为必要。此说为德国法学家耶林（Jhering）所倡导。纯粹客观说则认为,占有纯粹是占有人客观地对物事实上的管领,不以占有意思为必要。此说为德国法学家贝克尔所倡导。现有通说认为,主观说以个人具体的意思为占有要件,而个人具体的占有意思经常变化,难以揣定,且不易从外部认识,不仅难以判断,更不易证明,因而不足采。而取得占有又无占有意思也很难想像,所以纯粹客观说也不足采。通说采客观说,对于占有的成立占有人须有占有意思,但占有意思并非法律行为上的意思,而是一种自然的意思。所以,取得对物的占有或维持其占有都不要求占有人具有行为能力,只要对物具有支配的自然能力即可。

占有具有以下特征：(1) 就占有主体而言，因占有为人与物之间的关系，任何权利主体均可以成为占有主体。所有人成为占有人乃常态，非所有人成为占有亦为社会所必需。同时，占有是因自己行为而取得的，非属法律行为，则不以占有人有行为能力为必要，无行为能力人或限制行为能力人有事实上支配能力，也可以成立占有。至于占有的继承，则不以继承人具有自然的意思能力为必要，植物人、出生的婴儿、胎儿也可因继承取得占有。法人因可经由法人机关行使对物的事实上管领力，使法人成为占有人。可见，自然人和法人都可以成为占有人。(2) 就占有的客体而言，须为有体物，包括动产、不动产。就占有标的物性质而言，与权利的标的物在范围和限制上有所不同。动产、不动产，无论私物、公物均可成立占有，如国有土地可为占有的客体，却不可成为个人所有权的客体。且占有不受物权法上一物一权原则的约束，占有物可以是非独立物，在物的一部分或构成部分上也可以成立占有。(3) 就占有的性质而言，占有是一种事实。对于占有是事实还是权利，各国立法例规定不尽一致。法国、日本、韩国民法典规定占有是权利，称为占有权；德国、瑞士和我国台湾地区民法则规定占有是一种事实。我国学说认为占有是事实，而非权利。将占有定位为事实，旨在对物的事实支配状态的保护，此种支配仅仅是事实上的支配，是否具有法律上的正当权利并不考虑，以此维护社会的平和秩序。

（申卫星）

zhanyou baohu qingqiuquan
占有保护请求权（德 Besitzschutzanspruch） 在占有被侵夺时，占有人享有的占有物返还请求权；占有被妨害时，占有人享有的占有妨害除去请求权；以及占有有被妨害的危险时，占有人享有的占有妨害防止请求权。

（申卫星）

zhanyou de baohu
占有的保护（protection of possession） 占有虽为一种事实，但占有状态的保持有利于维护社会的平和秩序，因而对占有要进行充分地保护。占有的保护可以分为物权法上的保护和债权法上的保护。物权法上的保护，包括占有人的自力救济权和占有保护请求权；债权法上的保护，包括不当得利请求权和侵权行为损害赔偿请求权。占有人自力救济权，是指由占有人或者其占有辅助人以强制力保护其占有，一般包括占有防御权和占有物取回权。占有保护请求权，是指在占有被侵夺时，占有人享有的占有物返还请求权；占有被妨害时，占有人享有的占有妨害除去请求权；占有有被妨害的危险时，占有人享有的占有妨害防止请求权。

（申卫星）

zhanyou de gongxinli
占有的公信力（德 Oeffentliche Glaube des Besitzes） 动产物权的享有以占有为其公示方法，因此动产的实际占有也就具有了使社会公众相信占有人对其占有的动产享有物权的公信力。基于占有的公信力，纵使占有人对占有的动产无处分权，自占有人受让动产的善意第三人的利益也受法律保护。从占有的公信力出发，为保护善意第三人的利益及动产的交易安全，近现代各国在其物权法或相关法规中规定了善意取得制度。

（方志平）

zhanyou de xiaoli
占有的效力（effects of possession） 占有的效力体现在法律所赋予占有的不同功能上。一般而言，占有具有保护功能、权利连续功能和公示功能：(1) 占有的保护功能，占有是占有人对物事实上的支配，占有一经存在即应受到法律的保护，以维护社会平和的秩序。这是占有的基本功能。(2) 占有的继续功能，占有人基于其占有可以对抗所有权的继受人，从而保障占有不因所有权或处分权的移转而受到损害。同时，对物的占有达到一定的期间，还可以发生取得其占有物上权利的效果。(3) 占有的公示功能，占有具有表彰本权的作用，本权通常经由占有而实现。具体表现在以下三个方面：第一，占有具有权利移转的效力，即动产物权的移转以标的物的交付为要件；第二，占有具有权利推定的效力，即占有人在占有物上行使权利，推定其适法地享有此项权利；第三，占有具有权利合法化的效力，即占有成为善意取得的基础。

（申卫星）

zhanyou fangyuquan
占有防御权（德 Recht zur Bisitzwehrung） 占有人及其占有辅助人对于侵夺或妨害其占有的行为，得以己力进行防御的权利。

（申卫星）

zhanyou fanghai chuqu qingqiuquan
占有妨害除去请求权（德 Anspruch wegen Besitzstoerung） 占有被妨害时，占有人所享有的请求除去其妨害的权利。占有被妨害是指以侵夺以外的方法妨碍占有人对占有物的管领，这种妨碍分为行为妨碍和状态妨碍，前者是指妨碍人以其行为妨碍占有，后者则是指妨碍人以其意思而容许妨碍占有状态的持续存在从而造成对占有的妨害。对于这两种妨害占有人均得请求排除。

（申卫星）

占有妨害防止请求权(德 Auspruch wegen Besitzstoerung)

当占有有被妨害的危险时,占有人可以请求防止其妨害的权利。所谓占有有被妨害的危险,是指占有人的占有物存有将来被妨害的可能性。至于有无此种危险,非依占有人的主观意思加以判断,而应就具体事实,依照一般社会概念客观地加以认定。

(申卫星)

占有辅助(德 Fremdbesitz)

与自己占有相对称。根据对物的占有是占有人亲自占有,还是基于他人的指示而为占有,占有可分为自己占有与占有辅助。所谓占有辅助,是指基于特定的从属关系,受他人的指示而对物为事实上的管领和控制。如甲雇乙驾车,甲为占有人,乙为占有辅助人(德文 Besitzdiener)。占有辅助制度,古已有之。在现代分工与合作的工商业社会中,占有辅助制度更具现实意义。例如,商店售货员对商品的占有、工人对工厂机器的占有、证券公司交易员对其所保管的股票的占有、银行经理对其经手的金钱的占有等等,都是基于一定的从属关系而成立的占有辅助。学说上认为占有辅助人仅是占有人的占有机关,因此占有辅助人的占有并不构成独立的占有。可见,占有辅助制度的承认,构成了对占有概念的限缩。

(申卫星)

占有改定(德 Besitzkonstitut)

让与动产物权的合意虽然已经成立,但是如果让与人与受让人约定标的物继续由出让人占有的,则视为该动产已经交付,受让人取得间接占有。占有改定须让与人与受让人之间有关于物权让与的合意,以及使让与人继续为直接占有而受让人取得间接占有的契约关系两重合意。须有使受让人取得间接占有的法律关系,如委任、寄托、租赁、使用借贷等。此一法律关系可以因契约而建立,也可以因法律的规定而建立。例如,监护人向被监护人赠与某项动产,其基于法定监护关系而取得直接占有,被监护人取得间接占有。让与人不必均为直接占有,其取得间接占有,而能使受让人对直接占有人享有返还请求权即可。例如,将某物寄存于他人处,后将其出卖,同时与受让人签订租赁契约,此时受让人取得该物的间接占有,因物仍寄托于他人处,让与人亦取得间接占有。占有改定的立法例,参见《德国民法典》第930条、《日本民法典》第183条、我国台湾地区民法典第761条第2项等。

(李富成)

占有权(德 Besitzrecht)

占有权可以在以下两种含义上使用:(1)所有权的权能之一。所有权是完全物权,所有权人对所有物有占有、使用、收益和处分四项权能。基于所有权权能分离而形成的用益物权和特定的担保物权,如质权和留置权等,也具有占有权能。(2)在对占有的性质上各国立法认识不一,有的明定占有为对物的事实管领力,认占有为一种事实,如德国、瑞士和我国台湾地区民法典,有的则规定占有为一种权利,称之为占有权,如《法国民法典》第2228条、《日本民法典》第180条、《韩国民法典》第192条和《意大利民法典》第1140条。我国民法迄今未规定占有制度,对于此一问题的立法态度尚无可考,学说上倾向认为占有乃是一种事实,而非权利。

(申卫星)

占有的权利推定效力(德 Rechtigkeitsvermutung)

占有的效力之一。占有特定物的人在该物上行使权利,即推定其具有此项权利的效力。如占有人以所有的意思就占有物行使权利,即推定其有所有权,以租赁的意思行使权利即推定其有租赁权。此一效力即为占有的权利推定效力。占有的权利推定效力具有保护占有背后的权利,维护社会秩序和促进交易安全的作用。

(申卫星)

占有物的取回权(德 Recht zur Besitzkehrung)

占有物被侵夺后,占有人可以即时排除加害人予以取回,或者就地追踪向加害人取回的权利。

(申卫星)

占有物返还请求权(right for petition of returning things in possession)

当占有被侵夺时,占有人享有的请求返还其占有物的权利。占有物返还请求权的行使以占有被侵夺为要件,若占有不是被侵夺,即使对于占有物有合法的权源,也不得行使此项请求权。

(申卫星)

占有之诉(德 Besitzklage)

占有人基于其占有事实而提起的请求占有保护的诉讼,旨在维护其对物的管领力。

(申卫星)

占有质权(德 Faustpfandrecht; Besitzpfandrecht)

质权人对质物仅能占有,而不得使用收益的质权,一般适

用于消耗物。 （申卫星）

zhanyou zhuangtai de tuiding

占有状态的推定(德 Vermutung des Besitz) 不同占有状态产生不同的法律效力，因而占有人对占有物是否以所有的意思、善意并无过失、公然、和平及继续占有，对于占有的效力关系重大。但对占有状态若须由占有人一一加以证明，非但不易，而且也与法律因欲维持社会现状而设占有制度的旨趣相悖。为此，对于占有状态法律一般设以下推定规则：(1) 占有人对占有物究竟是自主占有还是他主占有不明时，推定其为自主占有；(2) 占有人究竟是善意占有还是恶意占有难于证明时，推定其为善意占有；(3) 占有人就其善意占有有无过失难于证明时，由于无过失为常态和消极事实，因而一般推定为无过失占有；(4) 和平占有、公然占有，均属占有之常态，在事实不明时，推定为和平及公然占有；(5) 占有主张继续占有的，只须证明前后两时有占有即可，无须证明从头到尾的占有无间断。即依前后两时占有的事实，即可推定其为继续占有。
（申卫星）

zhanzheng tiaokuan

战争条款(war clause) 人寿保险合同约定的常见条款之一。保险人对被保险人因战争所发生的死亡或伤残，不承担保险责任的条款。战争条款为人寿保险的除外责任条款，人寿保险之所以有此约定，是因为战争风险属于异常危险，造成被保险人死亡的几率或损失程度较高，而且难以预料。 （邹海林）

zhanzhengxian

战争险(war risks insurance) 海上货物运输的一个附加险。海上保险一般约定有战争条款，将因为战争造成保险标的物的损害规定为除外责任。但被保险人可以申请加保战争危险，保险人可以加收保险费而对战争危险予以承保。依照海上保险的战争险条款，保险人对被保险货物在运输途中由于外来原因（包括战争或类似战争行为）所致的全部或部分损失，均承担保险责任。但保险人对被保险货物因为下列原因造成的被保险货物的损失，不负赔偿责任：(1) 被保险人的故意行为或过失所造成的损失；(2) 属于发货人责任所引起的损失；(3) 在保险责任开始前，被保险货物已存在的品质不良或数量短差所造成的损失；(4) 被保险货物的自然损耗、本质缺陷、特性以及市价跌落、运输延迟所引起的损失或费用；(5) 海上货物运输罢工险条款所规定的责任范围和除外责任。 （邹海林）

zhaobiao

招标(invitation to bid) 当事人以一定方式向数个特定人或公众公布一定条件以成立合同为最终目的的意思表示。发出招标公告或招标通知的称为招标人，记载招标的意思表示的文件即为标书。招标依公布方式不同可分为：(1) 无限竞争性招标(Unlimited Competitive Bidding) 或公开招标 (Public Bidding, Open Bidding)，这种招标形式，招标人往往在国内外主要报刊、广播电视上公开刊登广告，凡有意者有均等的机会购买招标资料，在规定期限内，按招标条件相互竞争；(2) 有限竞争性招标(Limited Competitive Bidding)或邀请招标(Inviting Bidding)，是招标人仅向有承担能力的若干特定人直接发出招标通知书。前者的公平性、合理性、安全性均优于后者。招标的目的在于吸引并促使投标人发出要约，以便在众多的投标要约中选择最佳者订立合同，而且招标中，标底不公开，招标的意思表示并不具备合同的主要条款，因而招标从法律性质上属于要约邀请。招标在我国多用于建设工程承包、加工承揽、土地使用权转让等交易，它以其公开、公平竞争性，有利于达到投入产出的最佳效益和防止官商勾结，促进政府廉政建设。 （肖燕）

zhaogu zhangcheng

招股章程(prospectus) 也称"招股说明书"。股份公司发起人（在增资新股发行时则为股份公司）为公开招募股份、募集公司资本，向社会公众发出的认购公司股份的要约邀请。各国法律为了保护社会认购人的利益，防止发起人或股份公司以不正当手段招募股东，大多规定在公开募股之前，发起人或公司应事先制定招股章程以使公众了解公司的实际情况。招股章程的记载事项根据招募股份的需要确定，包括：(1) 公司章程的绝对必要事项和相对必要事项；(2) 各发起人所认购的股份数；(3) 每股的票面金额及发行价格；(4) 无记名股份的发行总数；(5) 认购人的权利义务；(6) 本次募股的起止期限及逾期未募足时认股人可撤回所认股份的说明等。国务院《股份发行与交易管理暂行条例》第 15 条规定了招股章程应载明的事项。招股章程的有效期为 6 个月，自招股章程签署之日起计算。股份公司发起人对招股章程的真实性、准确性和完整性承担责任，报主管机关审核批准后，予以公告。
（陈耀权）

zhezhong shangfa zhuyi

折中商法主义(Eclecticism) 大陆法系近代商法采用的一种立法模式，是一种介于商人法主义与商行为法主义之间的商事立法思想指导。该种立法多数情况采取商行为主义，同时在一些方面也采取商人主义。法律在一些方面就商人的条件作出明确规定，只有满足商人的条件的人从事的行为才属于商事行为；但是就另外的方面又对主体资格没有任何的限制，而是对具体的商事行为进行了列明，属于该范围的就是商事行为。所以在该种体例中实际上是就商事领域予以区分，并采取了两种不同的立法思想。

采取折中主义立法例最重要的是日本1893年的新商法，该法典以商行为和商人两种标准同时作为立法的基础，集中体现在该法的第4条："本法所谓的商人是指用自己的名义，以从事商行为为职业的人。""以店铺或其他类似的店铺、设备，以从事出卖物品为职业的，或经营矿业的人虽然不是以从事商行为为职业，也看做是商人。"第25(2)条规定（社团公司）的公司也是相同的。

其实，商人法主义与商行为主义都是追求准确界定商法的调整对象，但是商行为和商人本身就具有紧密和难以区分的关系，所以有些国家将两者共同运用以进行确定，是有一定的客观基础和实用性的。

（唐广良）

zhencaoquan

贞操权（right to chastity） 在汉语里，贞操有两种含义，其一，指坚定不移的操守，其二，旧指女子不失身或从一而终的操守。在英美，贞操指不为非法性交的性的纯洁状态，日本认为贞操是公民性纯洁的状态。贞操权是贞操不受他人侵犯的权利，其实质是公民的性自由，即性的不可侵犯性。贞操权能否作为一种独立的人格权，学者间存在争议，肯定说认为贞操权是一种以性为特定内容的独立人格权，以人的贞操为客体，以"性"所体现的利益为内容。否定说认为，不存在或没有必要承认独立的贞操权，贞操之侵害不外乎对身体、健康、自由及名誉的侵害，民法有身体权、健康权、自由权、名誉权的规定，无须另承认独立贞操权的存在。对于贞操权的性质，有五种见解：(1)为自由权；(2)为身体权；(3)为名誉权；(4)兼具身体权、名誉权、自由权的性质；(5)独立的人格权。虽然对贞操权的性质及是否应承认独立的贞操权存在争议，但在贞操受到侵害应获得民事救济一点上，各派则有共识。在立法上，《德国民法典》第825、847条明文规定，用欺诈、胁迫或滥用服从关系，诱使妇女允诺为婚姻外之性交或同居者，或对妇女犯违反道德的罪行或不法行为者，负赔偿该妇女因此所受损害之责任。奥地利和希腊民法典对此亦有明文规定。日本判例确认侵害贞操应负赔偿责任。采否定说的国家，民法典不直接规定对贞操的保护，司法实践中适用法律对其他人格权（如身体权、自由权、名誉权）保护的规定，对贞操给予保护。

（张玉敏）

zhenyi baoliu

真意保留（德 mental reservation） 表意人把真实意思保留心中，所做出的表示行为并不反映真实意思，它是一种有意识的非真意表示，又称为心中保留，在德国法上称为意思保留（Willensorbehalt）。真意保留的构成要件：(1)须有意思表示。该意思表示的内容应具有法律的价值，如表意人表明不依其表示行为而受法律拘束时，则不成立意思表示，也不发生真意保留。如在演出时，甲演员对乙演员表示给予其终生扶养费，则不存在真意保留。(2)须表示与真意不一致。表意人全无内心的真实意思或另有其他的效力意思，在所不问。(3)表意人意识到其真意与表示不一致。(4)表意人内心不希望该表意发生效力，至于当事人进行表意的动机不具有任何意义。

真意保留的效力，因采意思主义、表示主义和折中主义而不同。现多数大陆法国家认为真意保留原则上有效，但也规定了例外情况，即相对人明知或可得而知表示人非为真意的，为无效。在实务中，应区分以下情况：(1)相对人明知表意人真意保留，在此种情况下，因相对人无蒙受损害的问题，故以保护表意人之利益为妥。该意思表示以无效为宜。(2)在无相对人的情况下，真意保留的意思表示不成立。该民事法律行为也不成立。(3)相对人不知表意人真意保留，表意人不得以真意保留而恶意主张行为无效，相对人也不得以表意人真意保留为由而恶意主张行为无效。但戏言、大话除外。(4)真意保留的意思表示为相对人明知而无效时，其无效不得对抗善意第三人。(5)真意保留的意思表示隐藏有其他民事行为之真意时，其隐藏行为的效力意思因缺少表示行为，即使相对人知道，也不发生任何效力。

（李仁玉 陈敦）

zhenyi hetong

真意合同（genuine contract） 为当事人真实意思表示的合同。其特点在于当事人的内在意思与其外部表示相一致，意思表示无瑕疵。

（郭明瑞）

zhenzheng jiuzhu

真正救助（true salvage） 又称"纯救助"、"正式救助"。参见纯救助条。

（王青 郭明瑞）

zhengyong

征用（requisition） 国家根据国家建设或者应付紧急状态的需要，依照法律规定的条件和程序，将某项财产收归国家所有或者使用，包括征收和征用两种制度。

征收是对原所有权的强制剥夺，由此产生国家所有权；而征用只是造成对所有权的限制，产生国家对财产的使用权，在紧急状态结束后，财产应归还给所有权人。各国对征收和征用制度规定的共同特点主要是：(1) 必须依照法律规定的条件和程序进行。因为这两种制度形成了对财产权的极大限制，所以必须纳入法律的制约轨道，否则将严重扰乱社会经济秩序。(2) 必须是为了国家和社会的公共利益，否则其所包含的强制性就失去了正当性理由。(3) 必须给予适当补偿或者赔偿。实施征收应对被征收人的全部损失进行公平合理的补偿。征用之物遭到损坏的，应给与所有权人相应的赔偿。

(李富成)

zhengbi yunfei

整笔运费（lumpsum freight） 参见运费条。

zhengdang fangwei

正当防卫（self defense；德 Notwehr） 免除民事责任的正当理由的一种。在自己或他人受到正在发生的不法侵害时为避免损害或防止损害扩大而采取的一种必要的自卫行为。正当防卫属适法行为，属于私权利受侵害时，在原权的基础上产生的救济权。正当防卫属权利的自力救济，是现代社会以禁止私力救济为原则的例外。各国都将正当防卫作为民事侵权责任的一般抗辩事由。我国《民法通则》第128条规定："因正当防卫造成损害的，不承担民事责任。正当防卫超过必要的限度，造成不应有的损害的，应当承担适当的民事责任。"正当防卫的构成要件为：(1) 进行防卫必须为了保护本人或他人的合法利益。(2) 行为人有防卫的意思。对于防卫目的或意思是否为正当防卫的构成要件有两种学说：一种学说认为防卫目的是正当防卫的构成要件，并认为如果防卫目的认识错误，按照法国法规定行为人应负民事责任，德国法一般规定不负民事责任，英美法则认为是"不可避免的错误"而不主张行为人应负赔偿责任。在我国则应该按照《民法通则》第132条规定由当事人分担民事责任。另一种学说认为，考虑到正当防卫是一种消极的动作，而且无行为能力人或限制行为能力人也可以进行正当防卫，因此只要客观上具有保护本人或他人的目的即可，换言之，不必要求防卫人必须有明确的防卫意思。(3) 须针对他人正在实施的不法侵害行为。对于已经结束或者尚未发生的不法行为以及对于合法行为，都不能实施防卫。但不必要求他人正在实施的不法行为必须构成侵权行为，即使不法行为人没有故意、过失和责任能力也一样可以进行正当防卫。另外，德国法系认为对于不在他人控制之下的动物或其他物件造成的侵害，受害人只能进行紧急避险，而不能实行正当防卫。(4) 防卫须在必要限度内。正当防卫必须受合理限制及比例原则的限制的适用，不得逾越必要限度。有多种防御方法时应选择反击较轻而相当的方法，否则应负赔偿责任。正当防卫是否过当，应视具体客观的情事，及各当事人的主观事由来决定，而不能仅凭侵害人一方的受害情况进行判断。依我国《民法通则》第128条规定，正当防卫超过必要的限度，造成不应有的损害的，应当承担适当的民事责任。所谓适当的民事责任，是指防卫人仅对超过必要限度而造成的不应有的损害部分承担责任。在轻重两种民事责任均可适用时，应选择轻者；在涉及财产责任时，应当减除防卫在必要限度内的损害部分。

(张平华)

zhengdang liyou

正当理由（拉丁 causas de justificacion；法 faits justificatifs） 又称为正当理由的抗辩。民事责任中抗辩事由的一种。虽然损害是被告的行为或其控制的物件所导致，但是其行为是正当的、合法的。正当理由的特征为：(1) 行为人实施的行为或控制的物件客观上导致损害。(2) 行为人的行为具有合法、正当性。因此正当理由抗辩在本质上是侵权行为构成要件中"行为违法性"要件的延伸，即如果存在正当理由就不构成侵权行为。(3) 正当理由一般由立法作出明文规定，并视为行为人的一项权利，如正当防卫权。(4) 不同法律对正当理由的规定不同，同时，几乎不存在任何一个可以适用于所有侵权行为的正当理由。在我国，正当理由包括依法行使权利、正当防卫、紧急避险、自助行为、受害人同意。

(张平华)

zhengquan yuan zhanyou

正权源占有（iusta possessio；德 rechtmaessiger Besitz；possession juste） 参见有权占有条。

zhengshi chengdui

正式承兑（formal acceptance） 又称完全承兑。付款人应在汇票正面记载"承兑"字样和承兑日期并签章的承兑。各国票据法均承认正式承兑。依我国《票据法》第42条之规定，正式承兑的绝对应当记载事项为："承兑"字样、付款人签章。相对应当记载事项只有一项，为承兑日期。

(胡冰子 王小能)

zhengquan

证券（security） 证券的外延很广，一般意义上的证券指记载并代表一定权利的凭证。它不同于证书。证书是记载一定的法律事实或法律行为的文书，其作用仅仅是证明这种法律事实或法律行为的存在或发生，不能直接决定当事人之间权利或义务之有无。换言之，证书与实体上的权利义务相分离，行使权利不以持有证书为必要条件。而证券不仅记载一定的权利，其本身就代表一定的权利，因此在通常情况下，权利与证券相结合，行使权利以持有证券为必要条件。

根据证券与其代表的权利之间的联系是否密切，证券可以分为以下三类：(1) 金券。标明一定金额只能为一定目的而使用，证券与权利密切结合而绝不可分的一种证券。例如邮票、印花等。行使此种证券权利不仅以持有金券为必要前提，而且在金券遗失、灭失或被盗的情况下，持有人既不能行使权利也不能获得任何补救。(2) 资格证券。又称免责证券，表明持有人具有行使一定权利的资格，证券与权利在特殊情况下可以相分离的一种证券。例如行李票、存车证等。行使此种证券权利以持有证券为前提，持有证券的人被推定为真正权利人，证券持有人可以凭证券向义务人行使一定的权利，义务人向证券持有人履行义务后即可免责。但在证券遗失、灭失或被盗的情况下，真正权利人如能以其他方法证明其权利，不持有证券仍有权向义务人行使权利。(3) 有价证券。表示一定民事权利，行使权利以持有证券为必要条件的一种证券。例如票据、提单、股票、债券等。行使此种权利以持有证券为前提，持有证券人被推定为真正权利人，但在证券遗失、灭失或被盗的情况下，权利人即使能用其他方法证明其权利也不能行使权利，只能依照法律规定的特殊程序寻求法律上的救济。在各种证券中，有价证券应用最广。"有价证券"(德 Wertpapier)一词是德国学者创造的，最早被德国1861年旧商法典采用，现在为大多数大陆法系国家采用。我国也从日本引入了这一词语。关于有价证券的定义，有多种学说。最早学者认为，权利即证券，证券即权利。19世纪末，德国学者布伦拿(Bruner)提出，有价证券是表彰私权的证券，其利用(主要指权利行使，也包括权利转移)以证券之持有为必要条件。其后，德国学者雅克比(Yacobi)在此定义基础上，进一步将有价证券界定为一种表彰具有财产价值的私权证券，权利的发生、转移和行使以持有证券为必要。这一定义为通说，但随着有价证券种类的增多，这个定义显得过于狭隘，不能包括股票等有价证券。因此许多学者采用另一定义：有价证券是一种表示民事权利的证券，行使民事权利以持有证券为必要。现在一般把前一定义中的有价证券作为狭义的有价证券，又称为完全的有价证券；把后一种定义中的有价证券作为广义的有价证券，又称为不完全的有价证券。英美法中没有与大陆法"有价证券"一词完全等同的概念。

有价证券可以依不同的标准进行分类：(1) 依权利和证券结合的方式，有价证券分为完全的有价证券和不完全的有价证券。完全的有价证券，又称绝对的有价证券、狭义的有价证券，证券权利的发生、转移和行使分别以证券的作成、交付和持有为必要条件的有价证券。例如汇票、本票、支票。不完全的有价证券，又称相对的有价证券，只有证券权利的转移和行使分别以证券交付和持有为必要条件，证券权利的发生不以证券的作成为必要条件的有价证券。例如股票、债券等。广义的有价证券包括完全的有价证券和不完全的有价证券。(2) 依据证券权利的标的物不同，有价证券可以分为实物证券、货币证券和资本证券。实物证券，又称商品证券，一种表示对特定商品有请求权的有价证券，如提单、仓单等。货币证券，一种表示对货币享有请求权的有价证券，如本票、支票、汇票等。资本证券，一种表示对资本享有一定利益请求权的有价证券，如股票、债券等。此外，依记载事项是否为法律规定，分为要式证券和不要式证券；依证券是否具有流通性分为流通证券与非流通证券；依证券权利的性质不同分为物权的有价证券、债权的有价证券、社员权的有价证券；依证券转移方式不同分为记名证券、指示证券和无记名证券；等等。

证券一词在不同的部门法(如民法、商法、刑法等)中，其具体含义和内容并不完全一致。证券法意义上的证券，是一种发行人为筹集资金而发行的，表示证券持有人对发行人行使特定权利的可自由转让的书面凭证。这种证券主要是指具有筹资功能的有价证券，不包括支付功能的有价证券(如票据)和流通功能的有价证券(如提单)。世界各国证券法上证券的种类及范围因各国法律规定的不同而不同。例如，美国1933年《证券法》第二节规定：证券一词系指任何本票、股票、库存股票、债券、公司债券、债权凭证、盈利分享协议下的权益证书或参与证书、以证券作抵押的信用证书、公司成立前的认股证、可转让股票、投资契约、股权信托证、证券提存证书、石油天然气或其他矿产小额利息滚存权、任何卖出、买入、买入或卖出的选择权或证券上的特权、证券的集合指数，包括其上的利益或价值，或在全国性证券交易所有关外国货币的卖出、买入、买入或卖出的选择权或特权，或一般所谓的证券，或对以上所有项目的参与利益证书、临时凭证、收据、保证或认购权。日本《证券交易法》第2条规定的证券是：国债、地方债券、法人依据特别法发行的债券、有担保或无担保的公司债券、根据特别法设立的法人所发行的出资债券、股票或表示新股认购权的证书、证券投资信托和贷款信托的受益凭证、外国或外国法人所发行的证券证书中具有以上各款证券或证书性质者，以及其他由政令规定的证券和证书。我国1998年12月29日通过的《中华人民共和国证券法》第2条规定："在中国境内，股票、公司债券和国务院依法认定的其

他证券的发行和交易,适用本法。" （夏 松）

证券承销（securities underwriting） 又称间接发行。证券承销商按照与证券发行人签订的证券承销合同,向证券市场上不特定的投资人公开销售股票、债券及其他投资证券,证券发行人向承销人支付报酬或者手续费的一种证券发行方式。

证券承销的法律特征:(1) 是一种证券发行方式,证券商进行证券承销的目的是为了帮助证券发行人发行证券并取得相应的报酬,承销人必须在证券发行期内按照证券发行条件公开向不特定的人销售其承销的证券,至于证券商从证券发行人手中购买证券,在证券市场上自营买卖证券,以及代理发行以外的其他人买卖证券等业务活动,均不属于证券承销。(2) 是一种间接的证券发行方式,即证券发行人以证券商为中介,利用证券商的人员和网络,向社会公众销售新证券。(3) 承销的证券必须是经批准公开发行的证券,除政府债券外,公司债券和股票的公开发行必须经国务院证券监督管理机构或者国务院授权的部门核准或者审批,承销的证券必须是向社会公开发行的证券,只向特定人发行的证券,如企业内部债券,则不必采取承销方式。(4) 证券承销人必须具有承销资格,证券承销人必须是国务院证券监督管理机构审查批准成立的,并取得从事证券承销业务许可的证券经营机构,非证券经营机构及个人均不得从事证券承销业务。(5) 证券承销必须依法进行,证券承销人应当依照法律、法规的规定承销发行人向社会公开发行的证券,证券承销人应当对公开发行募集文件的真实性、准确性、完整性进行核查;发现有虚假记载、误导性陈述或者重大遗漏的,不得进行销售活动;已经销售的,必须立即停止销售活动,并采取纠正措施。公开发行证券的发行人有权依法自主选择证券承销的证券经营机构,证券经营机构不得以不正当竞争手段招揽证券承销业务。

证券承销的作用是:(1) 分散发行风险。采取承销发行可以将发行的风险转嫁由证券承销商分担,由于证券承销商具有专门承销证券的业务经验,其人员的业务素质较高,具有固定的分支机构网络和业务范围,并在公众中具有一定的信誉和影响力,因此,采取承销方式能将发行的证券在较大的范围、较短的时间内推销出去,从而使发行人能够较快地筹集到资金,顺利地实现发行。(2) 便利发行。由于直接发行需要建立自己的发行机构,且筹资时间较长,而承销发行的成本实际上较低,且能够很快地筹集到资金,使发行人早日将筹集到的资金投入到生产经营过程中,早日获得收益。

我国《证券法》规定,证券公司应当依据法律、行政法规的规定承销发行人向社会公开发行的证券。证券承销业务采取代销或包销方式。证券代销是指证券公司代发行人发售证券,在承销期结束时,将未售出的证券全部退还给发行人的承销方式,其特点是:(1) 发行人自己承担风险;(2) 费用相对较低;(3) 发行人获得的资金数额不确定;(4) 是一种委托代理关系。证券包销是指证券公司将发行人的证券按照协议全部购入或在承销期结束时将售后剩余证券全部自行购入的承销方式,其特点是:(1) 证券的所有权自承销合同签订后由发行人转移给承销人;(2) 费用高于代销;(3) 发行人可以较快地、可靠地获得资金。向社会公开发行的证券面值超过人民币 5000 万元的,应当由承销团承销,承销团应当主要由主承销和参与承销的证券公司组成。公开发行证券的发行人有权依法自主选择承销的证券公司,证券公司不得以不正当竞争手段招揽证券承销业务。证券公司承销证券,应当同发行人签订代销或包销协议,载明下列内容:当事人的名称、住所及法定代表人姓名;代销、包销证券的种类、数量、金额及发行价格;代销、包销的期限及起止日期;代销、包销的付款方式及日期;代销、包销的费用和结算办法;违约责任;国务院证券监督管理机构规定的其他事项。证券公司承销证券,应当对公开发行募集文件的真实性、准确性、完整性进行核查;发现含有虚假记载、误导性陈述或者重大遗漏的,不得进行销售活动;已经销售的,必须立即停止销售活动,并采取纠正措施。证券的代销、包销期最长不得超过 90 日。证券公司在代销、包销期内,对所代销、包销的证券应当保证先行出售给认购人,证券公司不得为本公司事先预留所代销的证券或预先购入并留存所包销的证券。证券公司包销证券的,应当在包销期满后的 15 日内,将包销情况报国务院证券监督管理机构备案。证券公司代销证券的,应当在代销期满后的 15 日内与发行人共同将证券代销情况报国务院证券监督管理机构备案。股票发行采取溢价发行的,其发行价格由发行人与承销的证券公司协商确定,报国务院证券监督管理机构核准。

（夏 松 林桂华）

证券登记结算机构（institution of security registration and liquidation） 经国家证券监督管理机构批准,依法设立的为证券交易提供集中的登记、托管与结算服务,不以营利为目的的法人。其中,证券登记是指记录并确定当事人对证券账户、证券持有情况、当事人相关权益的法律行为。证券托管是指证商和投资者将自己拥有的证券委托给证券登记结算公司保管,并由证券登记结算公司提供相应服务的行为。我国证券托管的功能主要有管理新股和配股、管理实物证券、管理非上市流通的证券、为托管证券的分红派息提供服务等。证券结算是指证券交易成交后,对买卖双方应收应付的证券和价款进行核定计算,完成证券交割和资金支付的行为。新中国第一家专业性证券登记机关是1990年成立的深圳证券登记公司。其法律特征是:(1) 具有法人资格;(2) 不以盈利为目的,但不意味着它不能收任何费用,为了保证其业务的开展,它可以依法收取有关费用;(3) 设立目的是为证券交易提供集中的登记、托管与结算服务。

根据我国证券法的规定,设立证券登记结算机构必须经国务院证券监督管理机构批准,并应具备下列条件:(1) 自有资金不少于人民币2亿元;(2) 具有证券登记、托管和结算服务所必须的场所和设施;(3) 主要管理人员和业务人员必须具有证券从业资格;(4) 国务院证券监督管理机构规定的其他条件。另外,依据证券法的规定,证券登记结算机构的名称中应当标明"证券登记结算"字样。证券登记结算机构采取全国集中统一的运营方式,依法制定章程和业务规则,并须经国务院证券监督管理机构批准。设立证券登记结算机构应当由申请人向国务院证券监督管理机构提出书面申请,然后由国务院证券监督管理机构依据法定条件审查批准。未经国务院证券监督管理机构批准,擅自设立证券登记结算机构的,由国务院证券监督管理机构予以取缔,没收非法所得,并处以违法所得1倍以上5倍以下的罚款。证券登记结算机构申请解散,也应当经国务院证券监督管理机构批准,未经国务院证券监督管理机构批准,证券登记结算机构不得解散。

证券登记结算机构履行下列职能:(1) 证券账户、结算账户的设立;(2) 证券的托管和过户;(3) 证券持有人名册登记;(4) 证券交易所上市证券交易的清算和交收;(5) 受发行人的委托派发证券权益;(6) 办理与上述业务有关的咨询;(7) 国务院证券监督管理机构批准的其他业务。

由于证券结算是证券市场的高风险活动,这种风险来自于信用风险、技术故障、操作失误以及不可抗力等,而证券登记结算机构的业务开展的好坏,事关证券交易的顺利进行乃至整个证券市场的稳定,因此一方面证券登记结算机构应当采取必要的措施保证其业务的正常运行,如设置必备的服务设备和完善的数据安全保护措施;建立健全的业务、财务和安全防范等管理制度;建立完善的风险管理系统等。另一方面,证券登记结算机构应当设立结算风险基金。结算风险基金是指证券登记结算机构依法设立的用于补偿证券登记结算机构损失的一种基金。其资金来源有两个:一是从证券登记结算机构的业务收入和收益中提取;二是由证券公司按证券交易业务量的一定比例缴纳。第二个来源是否利用,由证券登记结算机构自主决定,法律上未作强制性规定。对结算风险基金应当严格管理:(1) 基金应当依法筹集,提取的比例以及征缴的办法必须依章办理;(2) 基金应当存入指定银行的专门账户,确保基金安全;(3) 基金必须专款专用,主要用于因技术故障、操作失误、不可抗力造成的证券登记结算机构的损失;(4) 向责任人追偿,如果风险损失是人为的因素造成的,证券登记结算机构运用基金赔偿后,应当向有关责任人提出追偿。

证券登记结算机构在业务执行中,应当严格遵守以下规则:(1) 不得将客户的证券用于质押或者出借给他人;(2) 不得伪造、篡改、毁坏证券持有人名册和登记过户记录,确保名册登记真实、准确和完整;(3) 妥善保管登记、托管和结算的原始凭证。重要的原始凭证的保存期限不得少于20年。 (夏 松 林桂华)

zhengquan diya
证券抵押(德 Briefhypothek) 以流通为目的,针对抵押权与其被担保债权作成证券的抵押权,又称抵押证券。其实质是一种将抵押权证券化,进而依有价证券流通规则进行流通的制度。证券抵押的特殊之处主要有两点:一是普通抵押为保全抵押,即为补充既存债务的担保责任,而确保其清偿的抵押,其成立以债权的存在为前提,其本质属于债权的担保物权。而证券抵押为投资抵押,乃投资于不动产所有人获得资金的媒介,即诱导债权发生的一种法律手段。此种抵押的成立,不以债权存在为前提,而且其目的正在于促成债权的发生,为抵押权从属性的例外。二是普通抵押不发行证券,而证券抵押成立,必须发行证券,抵押权的移转以转移证券方式进行。证券抵押制度的价值在于:一是使投资具有安全性和流动性,实现资本在流动中增值;二是简化转让手续。证券抵押权只须背书及交付证券,即发生转让的效力。 (申卫星)

zhengquan faxing de xinxi pilu
证券发行的信息披露(disclosure in securities issuance) 又称初始信息披露。证券发行人为了出售其发行的证券,同时为了维护股东或债权人的合法权益,按法律规定的条件和程序向社会公众完全、准确、及时地公开公司重要信息的法律制度。公司信息公开制度始于1845年的英国公司法,其目的在于通过公司信息的完全公开,防止证券市场中的欺诈、操纵等不正当行为,维护投资者的合法权益。信息披露具有重要的作用:(1) 能监督企业经营管理,提高企业经营效率。(2) 能够防止证券欺诈等行为的发生。(3) 能较真实地反映证券价格。(4) 能够提高证券市场运行效率,便于证券监管。

无论是证券发行的信息披露还是证券交易市场的

持续信息披露,都应当符合全面性、真实性、最新性及适法性的特点。但是两者也存在区别:(1)披露主体:前者主体范围很广,包括证券发行人及其高级管理人员和董事会成员、参与证券发行活动的中介公司;后者主体范围相对狭窄,主要是发行人及其高级管理人员、依法履行职责的人员和机构,如出具年度审计报告的会计师事务所等。(2)披露的目的:前者旨在实现证券发行人募集股份或者公司债而向社会公众投资者披露有关信息;后者目的在于通过信息披露使投资者合理预见投资利益和投资风险,是维持其上市的重要条件。(3)信息披露的文件:前者主要包括招股说明书或者债券招募章程等,后者主要包括中期报告、年度报告等。

招股说明书是股票公开发行的最基本的法律文件。所有公开发行股票的公司必须向证监会报送此文件,经审核批准后,股票发行公司应当按照规定披露有关信息。该文件包括封面、目录、正文、附录和备案。正文部分内容包括:主要资料;释义;绪言;发售新股的有关当事人;风险因素与对策;募集资金的运用;股利分配政策;验资证明;承销;发行人情况;发行人公司章程或章程草案的摘录;董事、监事、高级管理人员及重要职员;经营业绩;股本;债项;主要固定资产;资产评估;财务会计资料;盈利预测;重要合同及重大诉讼事项;公司发展规划。发行公司债的文件主要是债券募集办法及财务会计报告。债券募集办法的主要内容有:公司名称;债券总额和债券的票面金额;债券的利率;还本付息的期限和方式;债券发行的起止日期;公司净资产额;已发行的尚未到期的公司债券总额;公司债券的承销机构。

我国《证券法》规定,公开发行股票,必须依照《公司法》规定的条件,报经国务院证券监督管理机构批准,发行人必须向国务院证券监督管理机构提交《公司法》规定的申请文件和国务院证券监督管理机构规定的有关文件。发行公司债券,必须依照《公司法》规定的条件,报经国务院授权的部门审批,发行人必须向国务院授权的部门提交《公司法》规定的申请文件和国务院授权的部门规定的有关文件。发行人向国务院证券监督管理机构或国务院授权的部门提交的证券发行申请文件,必须真实、准确、完整。为证券发行出具有关文件的专业机构和人员,必须严格履行法定职责,保证其所出具文件的真实性、准确性和完整性。证券发行申请经核准或审批,发行人应当依照法律、行政法规的规定,在证券公开发行前,公告公开发行募集文件,并将该文件置备于指定场所供公众查阅。发行证券的信息公开前,任何知情人不得公开或者泄露该信息。发行人不得在公告公开发行募集文件之前发行证券。未经法定的机关核准或审批,擅自发行证券的,或者制作虚假的发行文件发行证券的,责令停止发行,退还所募资金和加算银行同期存款利息,并处以非法所募资金金额1%以上5%以下的罚款,对直接负责的主管人员和其他直接责任人员给予警告,并处以3万元以上30万元以下的罚款,构成犯罪的,依法追究刑事责任。

(夏 松 林桂华)

zhengquan faxing shichang
证券发行市场(primary market) 又称一级市场或者初级市场。证券发行人按照一定的法律规定和程序,向投资者销售所发行的证券而形成的市场,是首次出售发行人新证券的市场,证券发行市场没有一个固定的市场场所,主要由发行人、投资者和中介机构组成,其作用是将发行人发行的新证券出售给投资者,便于发行人筹集资金。发行人指为筹措资金而发行证券的企业、金融机构、政府部门等,主要有政府部门、股份有限公司、金融机构以及其他企业;投资者是原始投资者,可以是法人也可以是自然人,包括个人投资者、企业、金融机构、基金等;中介机构包括证券承销商和证券专业服务机构,其作用是证券发行过程中为证券发行人提供必要的专业服务。

根据发行对象不同,将证券发行分为公募和私募,公募是指针对所有合法的社会投资者销售发行的证券,私募是指只有特定的投资者可以认购发行人发行的证券。根据发行的证券种类不同,可以分为股票发行、债券发行、基金单位发行;根据发行方式不同,可以分为直接发行和间接发行两种,前者是发行人直接向投资人出售证券,后者是发行人委托一定的中介机构承销证券。在发行市场上,大多采用间接发行的方式。根据我国《证券法》的规定,证券公司应当依照法律、行政法规的规定承销发行人向社会公开发行的证券,证券承销业务采取代销或者包销两种方式。证券代销是指证券公司代发行人发售证券,在承销期结束时,将未出售的证券全部退还给发行人的承销方式。证券包销是指证券公司将发行人的证券按协议全部购入或者在承销期结束时将售后剩余证券全部自行购入的承销方式。向社会公开发行的证券票面总值超过人民币5000万元的,应当由承销团承销,承销团应当由主承销商和参与承销的证券公司组成。主承销商由发行人按公平竞争的原则通过竞标或者协商的方式确定。

(夏 松 林桂华)

zhengquanfa
证券法(securities law) 规定证券发行和交易以及证券监督管理的法律规范的总称。证券法有狭义和广义之分。狭义的证券法是指体系化地制定于一部法律文件内,直接以证券法命名的法律。例如,我国1998年

12月29日第九届全国人民代表大会常务委员会第六次会议通过的《中华人民共和国证券法》。广义的证券法指作为部门法意义上的证券法，除了狭义的证券法之外，还包括《公司法》、《刑法》等法律、行政法规、地方法规中关于证券的法律规范的总称。

证券法的任务是规范证券募集、发行、交易、服务、监督管理等活动，引导社会资金合理配置，保证证券市场的参与者各方的利益，促进证券市场的繁荣和经济的发展。证券法的结构，从表现形式看，包括：国家立法机关制定的《公司法》、《证券法》及其他有关证券的商事、行政、刑事法律规范；国家行政机关及其部门制定的有关证券监督管理的行政法规规章；地方立法机关与行政机关制定的有关证券的法规规章；经证券监督管理机构认可的证券业协会、证券交易所制定的自律规章、守则等。《中华人民共和国证券法》自1999年7月1日起施行，分为总则、证券发行、证券交易、上市公司收购、证券交易所、证券公司、证券登记结算机构、证券交易服务机构、证券业协会、证券监督管理机构、法律责任、附则等12章，共214条。该法的立法宗旨是：规范证券发行和交易行为，保护投资者的合法权益，维护社会经济秩序和社会公共利益，促进社会主义市场经济的发展。

证券法的法律特征有：(1) 多为强制性规范，任意性规范较少，这主要是由于证券市场活动关系到投资大众的利益，而且关系到整个经济秩序和社会生活秩序的安定，如果任意性规范过多，则当事人可以依自己的意思任意变更或者排除适用证券法的规定，就可能引发各种证券欺诈行为，扰乱市场秩序，危害国计民生。(2) 具有要式性，证券发行和交易法律关系的发生，证券发行行为和交易行为的实施，都必须按照法律规定的条件、程序和方式进行，否则无效。(3) 多体现技术性规范的特点，证券法的制定完全是立法者的一种设计，其规范没有任何道德意义，仅具有一般常识和伦理观念的人，对其内容是不能了解的，当然其中也有一小部分涉及伦理性的规范。(4) 具有一定的国际性，这是因为世界经济一体化及证券法技术性规范的影响，使得各国证券立法不得不借鉴国际立法。(5) 证券法是行为法和管理法的结合，但主要是一部管理法，一方面，证券法规定了证券发行、证券交易、上市公司收购等行为的具体规则，为平等商事主体提供了证券行为的依据，是一部行为法；另一方面，证券法主要规定了证券监督管理机构和证券业协会的职责，证券交易所、证券公司和证券交易服务机构的设立程序及其从业人员的资格，并规定了大量的行政强制措施、行政处罚和刑事责任，全部法律规范属于强制性规范，从而体现出证券法主要是管理法。

证券法与民法 民法是调整平等主体间的财产关系和人身关系的法律规范的总称。证券法调整平等主体间在证券发行和交易过程中形成的经济关系，这种关系是平等主体间财产关系的一种，因此证券法与民法是特别法与一般法的关系。根据特别法优于一般法的适用原则，对于证券发行和证券交易等发生在平等主体间的证券行为，在证券法有规定的情况下，优先适用证券法，反之适用民法中的相关规定。

证券法与公司法 公司法是规定各种公司的设立、组织、经营、解散、清算以及股东权利义务的法律规范的总称。证券的发行、转让和公司收购是公司的重要活动，因此公司法中规定了证券发行方面的内容；公司是证券发行和公司收购的惟一主体，因此证券法中规定的证券发行、交易和上市公司收购也涉及对公司行为的规范。由此可以看出，证券法和公司法是一种交叉关系，只是法律调整的内容各有侧重。《中华人民共和国证券法》第2条对两者的适用关系作了具体规定："在中国境内，股票、公司债券和国务院依法认定的其他证券的发行和交易，适用本法。本法未规定的，适用公司法和其他法律、行政法规的规定。"

证券法与行政法 证券法中有关行政的法律规范是行政法的组成部分，它体现加强证券业管理的国家意志。内容主要包括：证券监督管理机构对证券市场的管理监督；有关具有行政管理权的政府部门对证券业的税费征管、协调、控制等。

证券法与刑法 证券法中有关刑事的法律规范是刑法的特别法。当然，它也可以在刑法典中反映。证券市场秩序的建立仅靠商事法律规范和行政法律规范是不够的，证券刑事法律规范是维护市场秩序必备的强有力工具。

（夏　松　林桂华）

zhengquanfa de yuanze

证券法的原则（principles of securities law） 贯串证券法始终，证券市场参与者必须遵守的最基本的活动准则，集中体现证券发行、交易以及证券市场监督管理中的基本法律要求，是证券立法、执法和司法的出发点和指导思想，具有行为准则、立法准则、执法准则和司法准则的重要功能。我国确立的证券法的原则有以下几项：

公开、公平、公正原则 简称"三公原则"。这项原则是维护投资者合法权益、保障证券市场健康发展的基本原则。公开原则始于1845年的英国公司法，旨在通过公司信息的完全公开，防止欺诈或者架空公司的行为发生，防止公司经营不当或者财务制度混乱，保护股东和投资者的合法权益。主要指证券发行者在证券发行、交易过程中依法向证券监督管理机构和投资者提供规定的财务信息和其他公司经营中的重大事项，包括证券信息的初期公开和持续公开。信息初次公开

是指证券发行人在首次公开发行证券时应当依法如实公开有可能影响投资者作出投资判断的所有信息，包括与证券发行有直接关系的信息，如招股说明书、认股书、新股招股说明书、债券募集办法等。持续信息公开是指证券发行后，发行人应当依法定期向社会提供经营与财务状况的信息，以及不定期公告有可能影响公司经营活动的重大事项，持续公开的信息主要包括股票上市公告、中期报告、年度报告、重大事项报告、上市公司收购公告等。公开原则要求公开的信息符合真实、完整、及时、易得、易解的标准。真实是指证券发行人公开的信息资料应当准确，不得有虚假记载、重大遗漏、误导性陈述；完整是指与投资者判断证券投资价值有关的材料，应全部记载于发行文件中予以公开，不得隐瞒和故意遗漏；及时是指公司要以最快的速度将有关法律规定的事项向社会公布，以有利于投资者对股票、债券投资价值作出合理判断；易得是指证券发行人公开的各种信息应当在国务院证券监督管理机构指定的媒体上刊登，并放置于指定场所，供投资者阅读；易解是指证券发行人公开的信息应当能被具有一定文化知识和经营知识的投资者所理解，对晦涩、难懂的专业术语应当以通俗的方式进行解释。证券发行人、承销的证券公司没按照上述标准公开与证券发行和交易有关信息致使投资者在证券交易中遭受损失的，应当承担赔偿责任，对此负有责任的董事、监事、经理应当承担连带赔偿责任。公开原则是公平、公正原则的前提和保障，是证券法的精髓所在。实行公开原则，有利于投资者在全面了解情况的基础上作出投资决定，以维护投资者的利益；有利于发行公司受到广大股东和社会公众的监督，从而改善自身的经营管理；有利于国家及时掌握证券发行和证券交易的信息，对证券市场实行统一管理和监督。贯彻此原则的具体制度即是信息披露制度，主要包括：发行披露制度、上市披露制度、定期披露制度、临时披露制度。证券监督管理机构、证券交易所、承销的证券公司及有关人员，对公司依照法律、行政法规规定必须作出的公告，在公告前不得泄漏其内容。依照法律、行政法规必须作出的公告，应当在国家有关部门规定的报刊上或者在专项出版的公报上刊登，同时将其置备于公司住所、证券交易所，供社会公众查阅。

公平原则是指证券发行和交易过程中，证券发行人、投资者、证券商和证券专业服务机构等市场主体享有平等的法律地位，其合法权益得到公平的保护，包括公平地参加证券市场活动、公平地享有权利承担义务等内容。此原则强调各市场主体的机会均等，即证券发行人有公平的筹资机会；证券经营机构在证券市场上有公平的权利和责任；证券投资者享有公平的交易机会；在证券交易所内，本地会员与外地会员享有同样的权利和义务等。也就是说证券市场的所有参与者，不能因为在市场中的职能差异、身份不同、经济实力大小而受到不公平的待遇，而应当按照公平统一的市场规则进行各种活动。此原则不仅包括证券市场参与主体在利益分配方面要达到的实体的公平，还包括程序上的公平，即证券市场各参与者在程序上应当受到同等的对待。程序上的公平包括：市场的进入、监督机关的监督、权利受到侵犯时的法律救济等方面的公平。程序上的公平是将法律确认的抽象公平转换为具体公平的过程，是公平得以实现的必要法律保障。

公正原则指证券监督管理机构在公开、公平的基础上，依法行政，公正地处理证券争议和处罚证券违法行为，给被监管者以公正待遇。它表现为三个方面的内容：(1) 立法者建立起一个实现投资者之间、发行者与投资者之间、管理者与发行者之间平衡、有秩序的法律框架；(2) 执法者与司法者在法律框架内公正执行法律、解决利益冲突与纠纷；(3) 公众以公正的法律观念评价证券市场中的事件、行为及其是非。

总之，"三公原则"是贯串证券市场运行始终的基本原则。其中，公开原则是基础，如果没有公开就不可能有真正的公平和公正；公平和公正则从不同角度和出发点强调了证券法律制度的正义性。建立公开、公平、公正的市场环境，保证所有的市场参与者都能按照市场经济的原则，在相互尊重对方利益的基础上进行投融资活动，是证券市场规范化的一个基本要求，也是保障投资者合法利益的前提和基础。

平等、自愿、有偿、诚实信用原则 平等包括三个方面的内容：(1) 任何公民在适用法律面前一律平等；(2) 任何公民都依法平等地享受权利和承担义务；(3) 司法机关对任何公民的合法权益都要平等地予以保护，对违法行为都要依法予以追究。据此，证券市场中参与证券发行和证券交易活动的当事人应当享有独立的法律人格，在具体的发行、交易过程中地位平等，其合法权益受到法律的平等保护，违法行为也要依法受到追究。自愿原则指在遵守法律和不损害其他人合法权益的前提下，当事人按照自己的意愿参与证券发行与交易活动，依法行使自己的民事权利，任何人不得干涉。有偿原则指当事人在从事平等主体间的证券发行和交易活动中应按照价值规律的要求进行等价交换，当事人一方不得无偿占有、剥夺他方的财产，损害他人的利益，这是当事人法律地位平等在经济利益上的反映，任何人取得他人证券或者享受在证券发行、交易活动中提供的服务，除非法律、行政法规或者合同等另有规定，取得方都必须向对方支付对价。诚实信用原则指当事人在从事平等主体间的证券活动时，应依法、依约履行其义务，诚实不欺、恪守信用，不得规避法律和合同，不得弄虚作假，隐瞒、遗漏真实情况，否则要承担相应的法律责任。

合法性原则 合法性原则指证券发行、交易活动必须遵守法律、行政法规，禁止欺诈、内幕交易和操纵交易市场的行为。

分业管理、分业经营原则 证券业与银行业、信托业、保险业分业经营、分业管理，证券公司与银行、信托、保险业机构分别设立。我国确立的金融业采取分业经营模式是与我国的国情和金融业现状相适应的。它有效降低了整个金融体系的风险，促进了金融行业的专业化分工，明确了监管职责，提高了监管效率，积累了监管经验。分业型模式产生于20世纪30年代初美国的经济危机时期。然而，80年代以来，随着金融创新及金融全球化的发展，实行金融分业经营的国家纷纷进行了改革。1999年美国《金融服务法》的通过以及一些旧法案的废除标志着全球范围内金融分业主义与混业主义之间高墙的倒塌，意味着金融混业经营局面在世界主要发达国家建立起来。我国自1999年下半年以来，银行、证券、保险市场相继出台了一些涉及金融混业经营的措施，可以看成是我国适应世界发展趋势的一大举措。　　（夏　松　林桂华）

zhengquan falü guanxi

证券法律关系(securities legal relationship) 证券市场参与者在证券发行、交易和证券监督管理过程中依据证券法的规定形成的权利义务关系。证券法律关系由主体、客体和内容三要素组成。证券法律关系的主体是以自己名义参与证券法律关系、享有权利并承担义务的当事人，包括证券发行人、证券投资者、证券交易所、证券公司、证券登记结算机构、证券交易服务机构、证券业协会和证券监督管理机构等。证券法律关系的内容是证券法律关系主体享有的权利和义务。证券交易关系的客体是证券法律关系主体的权利和义务所共同指向的对象，包括证券和证券行为。　　（夏　松）

zhengquan falü zeren

证券法律责任(securities legal liabilities) 证券法律关系主体违反证券法律法规或者不履行法定义务，侵害国家、法人和个人的合法权益而应当依法承担的不利的法律后果。由于证券法所调整的证券经济关系是一种十分复杂的社会经济关系，它既有在平等主体之间发生的物质利益关系，如证券买卖关系，又有在不平等主体之间发生的行政管理关系，如证券主管机关与证券经营机构之间的关系，还有司法机关运用强制力对证券犯罪进行刑事处罚的法律关系，因此，证券法律责任包括民事责任、行政责任和刑事责任。而这三种责任形式的运用是根据证券违法行为的性质及其对证券经济秩序和当事人的危害程度和具体情节而设置的，它既可以单独使用一种责任，也可以同时并用三种责任。这正体现了证券法的特殊性及其调整对象的广泛性、法律关系的复杂性、法律责任的综合性特点。

证券民事责任指证券发行人、证券经营机构、服务机构和证券投资人在证券发行、交易过程中违反证券法律法规而产生的民事上必须承担的法律后果。根据证券违法行为所侵害的证券法律关系的内容不同，可以将证券民事责任分为两类：一类是违反证券合同关系的民事责任(又称证券违约责任)，一类是证券侵权民事责任。证券违约责任是指在证券发行、交易、委托、代管、认购、取息等过程中，当事人不履行合同义务而产生的民事责任。证券侵权民事责任是指在证券发行、交易过程中当事人违反国家法律法规，侵害他人合法权益而应当承担的民事责任。证券侵权民事责任包括：擅自发行证券行为的民事责任；欺诈客户行为的民事责任；操纵市场行为的民事责任；虚假陈述行为的民事责任；内幕交易行为的民事责任。

证券行政责任是指证券主管机关或者其相对人在证券发行、交易过程中违反证券法律法规而应当承担的行政责任。证券行政责任的产生，一方面是由于实施证券法律法规或者证券管理机构规章所禁止的行为引起的必须承担的法律后果；另一方面是由于证券主管机关未能依法行使职权，而应由其自身承担行政责任；还包括证券主管机关的相对人，如证券发行者或者证券经营机构或证券交易所没有服从证券主管机关的管理，也应当承担行政责任，主管机关可以对它处以罚款或者其他制裁措施。证券行政责任按制裁的方式不同可以分为行政处分(或纪律处分)和行政处罚两种。其中行政处分是指证券主管机关、证券交易所、证券经营机构依法对隶属于它的、犯有轻微违法或者违纪行为人的一种制裁措施。包括：(1) 警告；(2) 记过；(3) 记大过；(4) 降级、降职；(5) 撤职；(6) 开除等责任形式。行政处罚是指由证券监督管理机构基于行政管理职权，对犯有一般违法行为，尚未构成犯罪的相对人依法所采取的一种制裁。行政处罚是一种相对比较严厉的责任形式，包括：(1) 警告；(2) 罚款；(3) 没收违法所得、没收非法财物；(4) 责令停产停业；(5) 暂扣或者吊销许可证、暂扣或吊销执照等。

证券刑事责任是指证券犯罪主体依法应当受到的刑事处罚。我国《证券法》和《刑法》对其进行了规定，包括证券发行中的刑事责任和证券交易过程中的刑事责任，包括：(1) 罚金；(2) 拘役；(3) 有期徒刑。

我国《证券法》第十一章专门规定了法律责任，其中包括民事、行政责任和刑事责任。　　（林桂华）

zhengquan fuwu jigou

证券服务机构(securities service institutions) 为证

券发行和流通提供各项服务的机构,包括证券登记结算机构、证券投资咨询机构、证券资信评估机构、证券金融公司、从事证券业务的资产评估机构、会计师事务所和律师事务所等。

证券登记结算机构 (参见证券登记结算机构条)。

证券投资咨询机构 又称投资顾问,具有专业性知识技能的人士向客户提供证券投资分析、预测或者建议等直接或者间接有偿咨询服务的机构。狭义的证券投资咨询机构仅指专业性的投资咨询机构,广义上包括专营投资咨询的机构、兼营投资咨询的证券经营机构、证券信息服务机构、证券投资基金管理机构等。其主要业务是:接受投资者委托,运用技术分析为客户提供证券投资方面的业务咨询;接受政府委托,提供证券市场方面的研究分析报告;接受公司的委托,策划公司的发行与上市方案;发行有关证券投资的出版物;举办证券业务讲座等。根据《证券法》及相关规定,专门从事证券投资咨询业务的机构,注册资本至少100万元人民币;有固定的业务场所和与业务相适应的通讯及其他设施;具备公司章程和健全的管理制度;至少有5名取得证券投资咨询从业资格的专职人员,并且高级管理人员中至少有一人取得从业资格。另据《证券法》的规定,证券投资咨询机构的从业人员必须具备证券专业知识和从事证券业务2年以上经验,不得从事下列行为:代理委托人从事证券投资;与委托人约定分享证券投资收益或者分担证券投资损失;买卖本咨询机构提供服务的上市公司股票;法律、行政法规禁止的其他行为。

证券资信评估机构 依法设立的专门从事证券评级业务的机构。一般为独立的民间机构,不受政府或任何其他机构的干预,能够比较客观地反映证券发行人和证券的信用等级,形成对证券市场参与者的监督。目前,国际上比较著名的证券评级机构有:美国的穆迪投资服务公司、标准普尔公司;日本的债券评级研究所;英国的国际银行业和信贷分析公司等。

证券金融公司 是为投资者融资或融券的公司。其业务主要包括:证券买卖的融资融券;证券保管;证券机关批准的其他业务。

资产评估机构、会计师事务所和律师事务所主要对证券公开发行、上市交易的企业资产进行评估和从事与证券业务有关的资产评估业务。从事证券业务的会计事务所主要对发行证券的公司进行财务审计、咨询及其他相关专业服务。从事证券业务的律师事务所主要为发行和买卖证券的公司出具证券及相关业务的法律意见书,制作各种有关法律文件。根据《证券法》的规定,上述专业机构和人员必须按照执业规则规定的工作程序出具报告,对所出具报告内容的真实性、准确性和完整性进行核查和验证,并就其负有责任的部分承担连带责任。

(夏 松)

zhengquan huigou jiaoyi
证券回购交易(securities redemption) 在卖出(或买入)证券的同时,事先约定到一定时间后按规定的价格买回(或卖出)这笔证券,是一种附有购回(或卖出)条件的证券交易。回购交易主要分为两种:一种是卖出回购交易,又称回购交易,指在卖出一种证券时,事先约定在一定时期后按规定价格再从对方买回证券的交易。回购交易的目的是筹措短期资金。采用回购交易方式取得资金实际上是一种短期借款,由于有证券作为借款的抵押,借款安全性高,利息率也较低。另一种是买入回购交易,又称反回购交易,指在买进一种证券时,事先约定在一定期限后按规定价格再卖给对方的交易。反回购交易的目的是通过暂时性地持有证券,使富余的短期资金得到充分运用,从中获得利息收益。

证券回购是中央银行进行公共市场业务的重要工具,中央银行通过证券回购可以有效地控制货币供应,以加强宏观经济管理,采用卖出回购交易是扩张性货币政策,采用买入回购交易是紧缩性货币政策。

我国目前证券回购的法定内容是国债回购,而在实际运作过程中,还有股票回购、基金受益券回购,目前开展国债回购的主要场所为沪、深两地交易所及我国的部分证券交易中心。我国开展国债回购业务,具有积极的意义:(1)有利于提高国债的流动性;(2)有利于国债一级市场的发展;(3)对于利率市场具有积极作用;(4)成为中央银行进行公共市场业务的工具。当今条件下,我们应当尽快出台证券回购交易的管理法规,有效引导和调节证券回购交易的总量结构、流向和利率,使证券回购市场健康发展。

(夏 松 林桂华)

zhengquan jiage
证券价格(securities price) 又称证券行市。证券买卖的价格。证券价格具有如下两个特征:一是无价值与有价格的不对称性。证券本身并没有价值,但代表了一定的价值,因此在流通中形成了价格。二是不稳定性。证券价格受多种因素的影响,波动较大。证券价格分为证券发行价格和证券交易价格。

证券发行价格 向社会首次发行某种证券所确定的价格。确定发行价格需要考虑下述几种因素:(1)公司盈利水平。公司税后利润反映了一个公司的经营能力和上市时的价值,在总股本和市盈率已定的前提下,税后利润越高,发行价格越高。(2)公司潜力。在总股本和税后利润确定的前提下,公司经营的增长率和盈利预测越高,发行价格也越高。(3)发行数量。

一般而言,本次证券发行的数量较大,为了保证证券的顺利出售,发行价格应适当定得低一些,若发行量小,价格可定得高一些。(4)行业特点。发行公司所处的行业的发展前景,也是确定发行价格的一个参考因素。(5)证券市场行情。二级市场的价格水平直接关系到一级市场的发行价格。若在发行期内,二级市场处于熊市,发行价格应定得低一些,以保证证券的顺利出售。若二级市场处于牛市,发行价格可以定得高一些,以避免市场上的投机。根据我国《公司法》的规定,股票不得以低于股票票面金额的价格发行,因此股票发行只能采取面值发行和溢价发行的方式。债券发行可以采取面值发行、溢价发行和折价发行的方式。

证券交易价格 证券在流通市场上的价格。证券市场价格的形式有:(1)开市价和收市价。开市价,又称开盘价,在证券交易机构内,每个营业日开市后各种证券的第一笔成交价。收市价,又称收盘价,分为前日收盘价、昨日收盘价和当日收盘价。当日收盘价是各种证券在该营业日结束前的最后一笔成交价格。(2)最高价、最低价、市场价和平均股价。最高(低)价可分为当日最高(低)价和历史最高(低)价。当日最高(低)价是某一营业日内各种证券在证券市场上成交的最高(低)价。历史最高(低)价是各种证券自当天营业日至以前营业日中成交过的最高(低)价。市场价是在证券买卖中形成的价格。平均股价,又称股价平均数,是证券交易所中上市的全部证券在某一时点的证券价格算术平均数,用具体的金额表示。在证券市场上,影响证券交易价格的因素包括技术因素、公司因素、政治因素、心理因素等。 (夏 松)

zhengquan jiage zhishu

证券价格指数(securities price index) 表示多种股票价格一般波动情况的百分数,是反映证券市场行市变化的指标。证券价格指数是先把某一时点作基期定为100,再将当期证券价格与基期相比并用百分比表示。证券价格指数编制有加权和不加权两种。世界上主要证券价格指数主要有道琼斯股票平均价格指数、标准普尔股票价格指数、金融时报30种股票指数、日经股票价格指数和香港恒生指数。 (夏 松)

zhengquan jiandu guanli jigou

证券监督管理机构(securities regulatory commission) 依法对证券市场实行监督管理,维护证券市场秩序的机构,是金融监管的一个重要组成部分。各个国家和地区证券监督管理机构的设置不完全相同,主要可分为自律性监管机构和政府监管机构。自律性监管机构是指证券交易所和证券业协会等民间监督管理机构。政府监管机构分独立机构管理和兼管机构管理两种情况。独立机构管理指在中央政府中设立专门的机构对证券市场进行管理。例如,美国的联邦证券管理委员会执行、监督国会的立法,独立于立法、司法和行政机关;法国的证券交易所管理委员会隶属于行政内阁,是相对独立的行政管理部门;意大利的全国公司与证券交易所管理委员会,是由与证券业相关的政府管理部门组成的协调机构,挂靠在财政部下。兼管机构管理包括财政部兼管、中央银行兼管、财政部和中央银行共管等多种情况。例如,日本大藏省证券局在指导和监督证券业方面拥有很大的权力。由于具体情况不同,各国采取了不同的监管模式,主要有以下三种:(1)集中管理型。这种模式以美国为典型代表,政府监督管理机构在证券管理中占主导地位,而自律性组织起辅助作用。(2)自律管理型。这种模式以英国为典型代表,政府不设专门的证券管理机构,证券市场主要由证券交易所和证券业协会等民间自律组织自行管理。(3)分级管理模式。分级管理模式包括二级管理和三级管理模式。二级管理指政府和自律机构相结合的管理,形成官方与民间的权力分配与制衡。三级管理指中央、地方两级政府加上自律机构的管理,形成中央与地方、政府与民间的权力分配与制衡。目前,世界上大多数国家和地区都开始采取分级管理模式,美国、法国、意大利等国也逐步向二级、三级管理模式靠拢。

根据我国《证券法》的规定,证券监管机构依法对证券市场实行监督管理,维护证券市场秩序,主要履行四方面的职责:(1)立法权,主要是依法制定有关证券市场监督管理的规章和规则以及依法制定从事证券业务人员的资格标准和行为标准。(2)审批或者核准权,如对公开发行股票的核准、对公司股票和债券上市交易的核准、对设立证券公司和证券登记结算机构的审查批准等。(3)监督管理权,主要包括对证券的发行、交易、登记、托管、结算进行监督管理,对证券市场参与者的证券业务活动进行监督管理,对证券发行和交易的信息公开情况进行监督检查等。(4)调查处分权,主要是依法对违反证券市场监督管理法律、行政法规的行为进行查处。在我国原先的证券管理体制中,除了证券委和证监会作为主管机关外,国务院有关部门(包括国家计委、中国人民银行、财政部、国家体改委)和地方人民政府也参与证券市场的监管。这就容易产生部门、地区间权力上相互摩擦、责任上相互推诿的弊端,也容易因政出多门使政策、法规不统一,致使证券市场运作不规范。此外,证券业协会和证券交易所的职责定位不是很明确,没有充分发挥其在证券市场中的自律管理作用。《证券法》以法律的形式确定了国务院证券监督管理机构依法对全国证券市场实行集中统一监督管理的地位。原来的地方证管办由地方政府的办事部门转变为中国证监会的派出机构,作为全国集中统一的证券监管体系的一个组成部分,其中心任务是依法进行一线监管,不再参与上市公司的预选、推荐和审核。同时明确政府监督管理机构和自律组织的职权范围,形成以证券监督管理机构为主、自律管理机构为辅的证券监督管理体制。

证券监督管理机构的工作人员应当遵守下列几项基本准则:保守商业秘密的义务,工作人员在依法履行自己的职责时,应当出示证件及必须对知悉的有关单位和个人的商业秘密予以保密;忠于职守的义务,工作人员必须忠于职守、依法办事、公正廉洁、不得利用自己的职权牟取不正当的利益;办事公开的义务,办事所依据的监管机构的规章规定、监督管理工作制度、对当事人的处罚结果都要依法公开;兼职禁止的义务,工作人员不得在被监管的机构中兼任任何职务,以确保执法的公正性。

我国证监会于1995年7月加入了总部设在加拿大蒙特利尔市的证监会国际组织(IOSCO)。该组织是常设性的国际性组织,其宗旨是帮助其成员:(1)加强合作,确保无论是在国内范围还是国际范围,都能更好地监管证券市场,从而维护证券市场的公平与效率;(2)交换信息,促进各成员国内证券市场的发展;(3)共同努力,制定国际证券交易的标准和有效的监管机制;(4)互相协助,通过严格执行有关标准对违反者的有效处罚,确保证券交易的公正。中国证监会自成立起一直很重视与证监会国际组织成员之间的交流与合作,目前已经同美国、日本、德国、新加坡等10余个国家和我国香港地区的证券监管机构签署了监管合作谅解备忘录。这必将促进我国证券监管机构的良性发展。

(夏　松　林桂华)

zhengquan jiaoyi

证券交易(trading of securities)　对依法发行并经投资者认购的证券依法进行买卖的行为,是证券转让的一种方式。其法律特征是:(1)是一种具有财产价值的特定权利的买卖,即其不仅仅是具有一定价值的财产的买卖,而且是与财产相关的权利的买卖,如股票上的股权、债券中的债权等。(2)是一种标准化合同的买卖。同一种证券的面值设计是一定的,代表的权利内容也一致,当事人买卖证券除了可以选择品种、数量和价格以外,其他均需依统一的规则进行。(3)是一种已经依法发行并经投资者认购的证券的买卖。无论是证券内容还是证券形式,都是经法定的主管部门审查认可的;证券已经依法发行且已经到达投资者手中。

根据买卖双方交易主体结合方式,证券交易可以分为议价交易和竞价交易;根据达成交易的方式,证券交易可以分为直接交易和间接交易(委托交易);根据交割期限和投资方式,证券交易可以分为现货交易、期货交易、期权交易、信用交易和回购;根据交易对象,证券交易可以分为股票交易、债券交易、基金交易和其他证券衍生工具的交易;根据交易场所,证券交易可以分为场内交易和场外交易。

场外交易　又称店头交易、柜台交易,没有一个集中进行证券交易的场所,主要是证券商之间或证券商与客户之间以电话方式进行的交易。场外交易的特点主要是:(1)交易价格由交易双方协商确定;(2)场外交易方式灵活多样,既可整股交易,也可零股交易;(3)手续简便,成本较低;(4)市场分散,规模各异。

场内交易　在证券交易所内进行的证券买卖。我国证券法中仅规定了这一方式。证券交易当事人依法买卖的证券必须是依法发行并交付的证券,非依法发行的证券不得买卖。经依法核准的上市交易的股票、公司债券及其他证券应当在证券交易所挂牌交易。证券在证券交易所挂牌交易,应当采用公开的集中竞价交易方式。证券交易的集中竞价应当实行价格优先、时间优先的原则。证券交易所、证券公司、证券登记结算机构必须依法为客户所开立的账户保密,证券交易的收费必须合理。对证券交易有下述限制:(1)依法发行的股票、公司债券及其他证券,法律对其转让期限有限制性规定的,在限定期限内不得买卖。(2)证券交易所、证券公司、证券登记结算机构从业人员、证券监督管理机构工作人员和法律、行政法规禁止参与股票交易的其他人员,在任期或者法定限期内,不得直接或者以化名、借他人名义持有、买卖股票,也不得收受他人赠送的股票。任何人在成为前款所列人员时,其原已持有的股票,必须依法转让。(3)证券公司不得从事向客户融资或者融券的证券交易活动。(4)持有一个股份有限公司已发行的股份5%的股东,应当在其持股数额达到该比例之日起3日内向该公司报告,公司必须在接到报告之日起3日内向国务院证券监督管理机构报告;属于上市公司的,应当向证券交易所报告。前条规定的股东,将其持有的该公司的股票在买入后6个月内卖出或者在卖出后6个月内又买入,由此所得的收益归该公司所有,公司董事会应当收回该股东所得收益。但证券公司因包销购入售后剩余股票而持有5%以上股份的,卖出该股票时不受6个月时间的限制。

我国证券交易主要是通过证券交易所电脑竞价方式进行,其程序包括:名册登记与开设账户;委托;证券公司接受委托;成交;结算交割与过户。(参见开户、委托与成交及清算、交割与过户条)

我国证券法禁止的证券交易行为有:内幕交易(参见内幕交易条)、操纵证券市场(参见操纵证券市场条)、编造并传播虚假信息、欺诈客户、法人以个人名义设立账户买卖证券、挪用公款买卖证券和国有企业炒作股票。

编造并传播虚假信息 指没有某种情况而进行制造,并通过他人或者机构将其进行传播的情形,我国从两个方面对主体行为作了限制:(1)禁止国家工作人员、新闻传播媒介从业人员编造并传播虚假信息,严重影响证券交易;(2)禁止证券交易所、证券公司、证券登记结算机构、证券交易服务机构、社会中介机构及其从业人员,证券业协会、证券监督管理机构及其工作人员,在证券交易活动中作出虚假陈述或者信息误导。违反者,处以3万元以上20万元以下的罚款。构成犯罪的,依法追究刑事责任。

欺诈客户 证券公司及其从业人员在证券交易活动中诱骗投资者买卖证券以及其他违背投资者真实意愿、损害其利益的行为。

法人以个人名义设立账户,买卖证券 这一行为不但对法人单位的资金运行增加风险,产生公款转移、财产流失的问题,而且还会给监管工作带来难度,影响市场真实情况的反映。这种行为必须禁止,违反者责令改正,没收违法所得,并处以违法所得1倍以上5倍以下的罚款;其直接负责的主管人员和其他直接责任人员属于国家工作人员的,依法给予行政处分。

挪用公款买卖证券 任何人不得挪用公款为个人买卖证券谋利,挪用公款买卖证券的,没收违法所得,并处以1倍以上5倍以下的罚款;属于国家工作人员的,还应当依法给予行政处分。构成犯罪的,依法追究刑事责任。

国有企业炒作股票 国有企业在短时间内连续不断地买进又卖出、卖出又买进赚取差价的交易行为。国有企业以及国有资产控股的企业,其资金主要应用于生产经营活动,如果用于炒作,不仅影响正常生产经营,而且使国有财产置于高风险状态下,时刻有遭受损失的可能。禁止国有企业炒作上市交易的股票是保障国家财产安全的重要措施之一。我国证券法规定国有企业不得参与股票的炒作,但是对国有企业炒股的行为未规定法律责任。 (夏 松 林桂华)

zhengquan jiaoyi fengxian
证券交易风险(securities trading risk) 证券交易行为带来的风险。从证券经营机构角度看,证券交易风险可分为证券自营风险和证券代理买卖风险。

证券自营风险 证券经营机构在证券自营业务中产生的风险,主要包括系统风险、个别风险与特殊风险。系统风险,又称公共风险,指对市场上所有证券都会带来收益损失可能性的不可分散的风险。政治、经济、法律、社会环境都是导致公共风险的原因。系统风险具体可分为国际风险、市场风险、购买力风险、利率风险、法律风险、汇率风险、经济景气风险等。个别风险,又称非系统风险,指对个别企业或个别行业证券带来收益损失可能性的可分散的风险。个别风险主要包括财务风险、价格风险、经营风险、流动性风险等。特殊风险指系统风险和个别风险以外的在特殊情况下发生的风险,包括自然灾害风险、政治风险、投机风险、舆论风险等。

证券代理买卖风险 证券经营机构在证券代理买卖业务中产生的风险,主要包括信用交易风险、交易差错风险、系统保障风险等。信用交易风险是在代理业务中由于给予客户融资融券而可能给证券经营机构带来的损失。我国法律禁止信用交易,因此即使证券经营机构在信用交易中被客户诈骗或因其他原因造成损失,不仅不能得到法律救济还要受到法律制裁。交易差错风险是交易结果违背委托人意愿而造成的经济损失。交易差错风险的存在是不可避免的,例如受委托时因约定不明、证券经营机构审核凭证不慎而导致委托内容不全、不清,证券经营机构工作人员申报错误,交割中的失误等。系统保障风险是在交易超量或非正常情况下不能及时完成代理业务而可能带来的经济损失。 (夏 松)

zhengquan jiaoyi fengxian fangfan
证券交易风险防范(risk prevention) 针对证券交易风险而设立的证券交易风险防范制度和防范措施。证券交易风险防范制度包括风险准备制度、监察制度和自律管理制度。风险准备制度通过足额保证金制度、风险准备金制度和坏账准备制度减少证券经营机构在证券交易业务中的风险,提高风险防御能力。监察制度通过事先预防、实时监控和事后监察保证证券经营机构管理层充分、及时掌握风险状况并采取有效措施,从而降低风险损失水平。自律管理制度是证券业内部和证券经营机构内部主动采取各项积极措施防范证券交易风险,主要包括制度建设、内部自查和行业检查三方面内容。证券风险防范措施视不同的证券交易风险而不同。证券自营风险中,针对系统风险,可以加强宏观经济预测并根据预测结果调整证券经营机构自营证券库存的结构和库存总量,具体的方法包括经济形势分析法、基准利率跟踪法、国际局势观测法等技术。针对个别风险,主要是在公共风险防范的基础上,采取行情资料积累法、单个企业特别分析法和投资品种多样化等方法来防范。针对特殊风险,主要通过广泛收集各种信息资料并进行综合分析、根据突发事件及时作出反应的方法来防范。证券代理风险中,针对信用交易风险,目前阶段主要通过法律禁止来避免。针对交易差错风险,可以从严格操作程序、提高员工素质、严格内部管理等方法来预防。针对系统保障风险,主要通过提高证券经营机构硬件设施的数量、质量、维

修等方法来防范。 （夏　松）

证券交易所（securities exchange）　提供证券集中竞价交易场所的不以营利为目的的法人。证券交易所是高度组织化的二级市场，是最主要的证券交易场所，也是很多国家惟一承认的证券交易场所。证券交易所的主要作用是：（1）为证券提供连续的交易市场。证券交易所为投资者提供了公开进行交易的场所，投资者可以随时在市场上买进或卖出证券，减少持有证券的风险。（2）形成公平合理的证券价格。证券交易集中在交易所内进行，并且通过竞价的方式确定证券价格，因此在充分竞争的条件下，能够比较真实地反映出股票的供求关系，形成公平合理的价格。（3）有效地反映市场经济运行状况。证券交易所是市场经济发展的晴雨表，能够反馈上市公司的经营业绩，直接或间接地反映一国货币供给量的变动，甚至在一定程度上反映一国或者世界的经济和政治形势。（4）为管理证券市场提供了有效的机制。各国的实践证明，证券交易所是整个证券市场的核心环节，通过控制证券交易所就能够有效地管理证券市场，从而缓解证券对经济的负面作用。目前，世界上著名的证券交易所主要有美国的纽约证券交易所、英国的伦敦证券交易所、日本的东京证券交易所、香港的联合证券交易所、法国的巴黎证券交易所等。我国自20世纪90年代以来，建立了深圳证券交易所和上海证券交易所。

证券交易所的主要特征是：（1）集中性。证券交易所有固定的场所和完善的设施，为证券交易提供了一个集中的市场。（2）组织性。证券交易所必须按照法定的组织形式和组织机构依法设立，其活动也必须遵循法律规定的交易规则和证券交易所规定的自律规范。（3）间接性。买卖双方不能直接进行证券交易，而是必须委托证券经营机构代理其买卖。（4）交易采用竞价方式。证券交易所中证券的买卖按照竞争的方式，按时间优先、价格优先的原则进行。（5）交易对象的特殊性。证券交易所中买卖的证券只能是上市公司发行的证券。由于上市公司必须符合法律规定的标准和要求，因此其发行的证券质量相对较高。

证券交易所的组织形式主要有会员制和公司制两种。公司制证券交易所是以营利为目的、按照股份有限公司形式设立的证券交易所。其特点主要是：（1）依据《公司法》和《证券法》的规定设立。公司制证券交易所的设立程序与一般股份有限公司一样，通过发行股票筹集资金，并且依法制定公司章程，设立股东大会、董事会和监事会。（2）证券交易所是独立的法律主体，不直接参与证券买卖。虽然证券交易所可以由证券商投资兴办，但具有法人资格的证券交易所在法律上独立于证券商，它只为证券商提供交易场所、设施和服务，并不直接进行证券交易。（3）交易所参加者与交易所之间是合同关系。公司制证券交易所的主要参加者是证券经纪商和证券自营商，它们与证券交易所签订合同，并缴纳营业保证金；证券交易所以营利为目的，依法收取证券上市时的上市费和证券成交时的手续费。公司制证券交易所的优点是：因其不参与证券买卖，在证券交易中处于中立地位，故能保证证券交易的公正性并能提供完备的设备和服务。其主要缺点是：由于公司制证券交易所以营利为目的，因此上市费用和其他手续费较高，而且为了增加收入，交易所也可能人为地推动某些证券交易活动。韩国和我国台湾地区采用了公司制证券交易所的形式。会员制证券交易所是作为会员的证券商自愿出资设立的、不以营利为目的的证券交易所。其特点主要是：（1）不以营利为目的。会员制证券交易所是非营利的社会团体，它不向交易双方收取成交额一定比例的佣金，只按照章程向会员收取会费，以维持证券交易所的日常营业。（2）交易所由会员共同经营，实行高度的自我管理。会员制证券交易所的会员必须是出资的证券商，包括证券经纪商、证券自营商、交易厅经纪商和零售自营商。会员与交易所之间不是合同关系而是自律关系，证券交易所自行制定管理规则，会员若违反法律和管理规则，由交易所给予处罚。（3）会员制证券交易所的法律地位。会员制证券交易所可以是法人，也可以是非法人团体，依据证券法和民法设立。交易所的最高权力机关是会员大会，下设理事会作为执行机关，由会员大会选举产生。会员制证券交易所的优点是：由于其采用会员自律制度且不以营利为目的，因此交易手续费用较低，能够防止上市证券的场外交易。其缺点是：由于证券交易所的会员直接参与证券买卖，因此在提供交易设备和服务、交易的公正性方面可能不及公司制证券交易所。目前多数国家和地区的证券交易所采用了会员制证券交易所的形式。

根据我国《证券法》的规定，证券交易所是会员制的法人机构，其设立和解散由国务院决定。设立证券交易所必须制定章程，章程的制定和修改必须经国务院证券监督管理机构任免。证券交易所必须在其名称中标明证券交易所字样，其他任何单位或个人不得使用证券交易所或者近似的名字。证券交易所的积累归会员所有，其权益由会员共同享有，在其存续期间，不得将其积累分配给会员。证券交易所设理事会和总经理，总经理由国务院证券监督管理机构任免。进入证券交易所参与集中竞价交易的，必须是具有证券交易所会员资格的公司。证券交易所对在交易所进行的证券交易实行实时监控，并按照国务院证券监督管理机构的要求，对异常的交易情况提出报告。证券交易所应当对上市公司信息披露进行监督,督促上市公司依法及时、准确地披露信息。证券交易所依照证券法律、行政法规制定证券集中竞价交易的具体规则,制订证券交易所的会员管理规章和证券交易所从业人员业务规则,并报国务院证券监督管理机构批准。在证券交易所内从事证券交易的人员,违反证券交易所有关交易规则的,由证券交易所给予纪律处分;对情节严重的,撤销其资格,禁止其入场进行证券交易。

(夏 松)

zhengquan jingjiren

证券经纪人(securities broker) 接受客户委托、代客买卖证券并收取佣金的中间人。一般分为柜台交易形式下的委托买卖和证券交易所集中交易的委托买卖证券经纪人。证券经纪人必须遵照客户发出的委托指令买卖证券,尽可能地以最有利的价格使委托指令得以执行,证券经纪商不承担交易中的价格风险。证券经纪人向客户提供服务以收取佣金作为报酬。目前,我国具有法人资格的证券经纪人是在证券交易中代理买卖证券、从事经纪业务的证券公司。

(丁艳琴)

zhengquan jingji yewu

证券经纪业务(securities brokerage) 证券代理业务。证券公司在核定业务范围内,通过其设立的证券营业部,接受投资者的委托,按投资者的合法要求,依投资者的名义和账户代理投资者进行证券买卖或者其他证券投资的业务活动,是证券公司向投资者提供的特殊投资服务,可以分为柜台代理买卖和证券交易所代理买卖两种。鉴于我国证券代理买卖业务绝大部分是通过证券交易所完成的,股票和债券的柜台代理买卖很少见,因此,证券经纪业务主要是指证券公司按照客户的委托,代理其在证券交易所买卖证券的有关业务。投资者不直接进入证券交易所进行证券投资,而必须借助证券公司才能完成。在证券经纪业务中,投资者是委托人,是根据国家法律、法规,允许进行证券买卖交易并委托他人代理的自然人或法人。委托人应承担的法律义务有:如实填写开户和委托合同的内容,接受受托人的审查,登记事项发生变化,应及时通知证券商;正确选择委托买卖价格、委托方式和委托期限等;吝存交易资金,不得卖空买空;根据发出的委托指令接受交易结果;履行交割清算义务和交纳保证金。投资者向证券公司缴纳必要的费用或者佣金,并自行承担投资风险,包括:(1) 委托指令无法执行的风险,如证券卖出价过高或者买进价过低而使交易无法成立;(2) 价格风险,如买进证券后该种证券市场价格降低或者卖出证券后该种证券价格上升;(3) 收益风险,如因证券发行人经营状况恶化或者证券市场其他风险而无法收回投资或者收益无法达到预期。

证券经纪商是在证券交易中依法代理客户买卖证券、从事中介业务的证券公司,它要从事证券经纪业务,必须具备一定的条件:(1) 必须是经国家证券监督管理机关批准的可以经营证券业务的金融企业单位;(2) 是独立的法人,具备承担从事证券代理业务的风险能力;(3) 有关业务人员必须取得相应的证券从业人员资格,其出市代表必须取得证券交易所注册登记的业务资格或者场内注册交易员的资格;(4) 有固定的交易场所和合格的交易设施,受托场所限于经批准的证券经营机构的营业部;(5) 有健全的组织机构和管理制度。证券经纪商是证券经纪业务的受托方,证券公司按照投资者的交易指令办理证券买卖业务,它应承担的法律义务有:置备统一制定的证券买卖委托书,供委托人使用,采取其他委托方式的,必须作出委托记录,并按规定的期限保存于证券公司;为客户分别开立证券和资金账户,并对客户交付的证券和资金按户分账管理,如实进行交易记录,不得作虚假记载;证券公司接受证券买卖的委托,应根据委托书载明的证券名称、买卖数量、出价方式、价格幅度等,按照交易规则代理买卖证券,买卖成交后,应按规定制作买卖成交报告单交付客户;证券公司接受委托卖出或买入证券必须是客户证券账户上实有的证券或资金账户上实有的资金,不得为客户融券交易或融资交易;证券公司不得以任何方式对客户证券买卖的收益或赔偿证券买卖的损失作出承诺;证券公司办理经纪义务,不得接受客户的全权委托而决定证券买卖、选择证券种类、决定买卖数量或者买卖价格;证券公司及其从业人员不得未经过其依法设立的营业场所私下接受客户委托买卖证券;证券公司的从业人员在证券交易活动中,按其所属的证券公司的指令或者利用职务违法交易的,由所属的证券公司承担全部责任。投资者无论是否受益,证券公司都有权依法收取必要的佣金和手续费,但是违反指令而使投资者受到的损失应由其承担。

证券经纪业务的对象是委托合同中的标的物,即投资者指定的特定价格的证券。经纪关系一经成立,经纪商就应该按照委托合同中的有关条款,在受托的权限范围内寻找交易对象或者办理委托事项。

证券经纪商在办理经纪业务时,应当遵守一定的原则:(1) 价格自主原则,即委托买卖的价格由证券投资者自主决定,经纪商不能干涉,只能按照委托人的委托价格办理证券交易;(2) 价格优先原则,即证券经纪商在同时接受多个客户委托的情况下,价格较高的买进申报优先于价格较低的买进申报,价格较低的卖出申报优先于价格较高的卖出申报;(3) 时间优先原则,即同价位申报,依照申报时间顺序决定优先顺序;(4) 公开、公正交易原则,要公开上市公司的有关资料、交易价格、交易数量,交易各方均应根据交易原则和操作程序办理,防止发生欺诈和操纵证券市场的行为;(5)充分披露原则,证券经营机构要向公众及证券主管机关诚实地报告自己的经营状况,并不得用任何虚假信息扰乱视听,使人迷误;(6)依法收入原则,证券经纪商代客进行证券买卖时,其手续费收入、佣金收入都必须按规定收取,不得为多收取收入而采取任何欺骗及违法行为。

证券经纪业务是操作性极强的业务,具有如下几个特点:(1)对象的广泛性、多变性。证券经纪对象是特定价格和数量的证券,所有上市交易的有价证券都是证券经纪业务的对象,而且证券价格经常处于变化之中。(2)经纪业务的中介性。证券经纪业务是一种中介业务,证券经纪人不以自己的资金进行证券买卖,也不承担交易中的风险,而是充当证券买方和卖方的代理人。(3)客户指令的权威性。证券经纪商必须按照委托人指定的证券、数量、价格、有效时间买卖证券,不能擅自改变委托人的意愿,否则应承担赔偿责任。(4)客户资料的保密性。经纪人有义务为客户保密,保密的资料包括客户开户的基本情况、客户委托的有关事项、客户账户中的情况等。

证券经纪业务包括两个过程和四个步骤。两个过程是:客户委托证券公司代理买卖和证券公司通过专线在证券交易所中代客交易。四个步骤为:开户、委托买卖、申请、清算与交割。开户即投资者委托买卖证券必须事先开立两个账户:证券账户和资金账户;委托买卖即证券经纪商接受投资者委托,代理投资者买卖证券,从中收取佣金的交易行为,是证券经纪商的主要业务;受理委托即证券经纪商在收到委托后,应对委托人身份、委托内容、委托卖出的实际证券数量及委托买入的实际资金余额进行审查,经审查符合要求的,才能接受委托;证券公司接受客户证券买卖的委托,应当根据委托书载明的证券名称、买卖数量、出价方式、价格幅度等,按照交易规则代理买卖证券;买卖成交后,应当按规定制作买卖成交报告单交付客户;清算是指买卖双方在证券交易所进行的证券买卖成交后,通过证券交易所将各证券商之间证券买卖的数量和金额分别予以抵销,计算应收、应付证券和应收、应付资金的差额的一种程序,交割是指投资者与受托证券公司就成交的买卖办理资金与证券清算业务的手续。

为保护投资者利益,我国《证券法》规定了证券经纪商的法律责任:证券经纪商代理买卖未经核准或者擅自发行的证券的,由证券监督管理机构予以取缔,没收违法所得,并处以违法所得1倍以上5倍以下的罚款,对直接负责的主管人员和其他直接负责任人员给予警告,并处以3万元以上30万元以下的罚款,构成犯罪的,依法追究刑事责任。证券经纪商为客户卖出其账户上未有的证券或者为客户融资买入证券的,没收违法所得,并处以非法买卖证券等值的罚款,对直接负责的主管人员和其他直接负责任人员给予警告,并处以3万元以上30万元以下的罚款,构成犯罪的,依法追究刑事责任。证券经纪商违背客户的委托买卖证券、办理交易事项,以及其他违背客户真实意思表示,办理交易以外的其他事项,给客户造成损失的,依法承担赔偿责任,并处以1万元以上10万元以下的罚款。证券经纪商及其从业人员私下接受客户委托买卖证券的,没收违法所得,并处以违法所得1倍以上5倍以下的罚款。

(夏 松 林桂华)

zhengquan jingying jigou
证券经营机构(securities undertakers) 又称证券商。依法设立的从事证券业务的金融组织。对于证券经营机构的内涵和外延,有不同的观点。一种观点认为,证券业务包括证券承销、证券经纪、证券自营、证券融资、证券投资信托、证券登记、清算和过户、证券投资咨询等,因此证券经营机构包括证券公司、证券金融公司、证券投资信托公司、证券登记公司、证券投资咨询公司等。一种观点认为,证券业务包括证券承销、证券经纪、证券自营和证券融资,因此证券经营机构包括证券公司、证券投资信托公司和证券金融公司。一种观点认为,证券业务主要包括证券承销、证券经纪和证券自营,因此证券经营机构主要是证券公司。在法律中,对证券经营机构的界定在不同时期也有不同的解释。在早期的证券立法中,并未对证券经营机构作出明确的定义,而是1990年颁布的《证券公司管理暂行办法》、《证券交易营业部管理证券办法》和《中国人民银行关于设立证券交易代办点有关问题的通知》中分别规定了证券公司、证券交易营业部和证券交易代办点。证券公司是依法设立的专门经营证券业务、具有独立企业法人地位的金融机构;证券交易营业部是依法经中国人民银行批准由金融机构设立的专门经营交易业务的对外营业场所;证券交易代办点是证券经营机构委托金融机构及其分支机构利用现有营业场地和人员代办证券业务的场所。1995年国务院证券委员会发布的《证券从业人员资格管理暂行规定》中,证券经营机构指证券专营机构和证券兼营机构,证券专营机构即是证券公司,证券兼营机构指信托投资公司和证监会会同有关部门共同认定的其他可经营证券业务的金融机构。1996年国务院证券委员会发布的《证券经营机构股票承销业务管理办法》和1996年证监会发布的《证券经营机构证券自营业务管理办法》中规定,证券经营机构指依法设立并具有法人资格的证券公司和信托投资公司;其中证券公司是证券专营机构,而信托投资公司是证券兼营机构。1998年12月29日全国人大常委会通过的《证券法》只规定了证券公司。根据该法第6条规定,我国实行证券业和银行业、信托业、保险业分业经营、分业管理制度,证券公司与银行、信托、保险业务机构分别设立。同时,该法还规定,本法施行前依照行政法规和国务院金融行政管理部门的规定经批准设立的证券经营机构,不完全符合本法规定的,应当在规定的期限内达到本法规定的要求。

根据证券经营机构的业务范围,可以将其分为承销商、经纪商、自营商和综合证券商。证券承销商是在证券发行市场中依照承销协议以包销或代销方式为发行者销售证券的证券经营机构。证券自营商是在证券市场中以营利为目的自行买卖证券的证券经营机构。证券经纪商是根据客户委托在证券交易所内代客户买卖证券以赚取佣金收入的证券经营机构。综合证券商是同时从事证券承销、经纪、自营中至少两种以上业务的证券经营机构。在美国,主要有6种证券商:(1)佣金经纪商,是受客户委托在交易所内代客户买卖证券并按固定比率收取佣金的证券经营机构。这种经纪商向交易所派驻代表即经纪人进行证券买卖,经纪人是证券交易所中数量最多、最为活跃的成员。(2)交易厅经纪商,又称场上经纪商、二元经纪商,是佣金经纪商雇佣的在交易所大厅代其进行证券买卖并收取佣金的人。这种证券商不接受一般客户的委托,可以自行买卖证券,有时也可以代理在交易所没有席位的交易商参加交易。(3)债券经纪商,是在债券交易厅接受客户委托,代其买卖债券并收取佣金的人。由于美国债券多在场外交易,因此债券经纪商数量不太多。(4)证券交易商,又称证券自营商,是在证券交易所内为自己买卖证券、赚取差价收入并自担风险的人。对证券自营商存在的必要性曾经存在争议。反对者认为,证券自营商只以营利为目的,不对客户和社会负责,而且在知识、技术、信息和财力等方面优于一般投资者,容易产生不公平竞争和过度投机或操纵市场。赞成者认为,证券自营商的理性投资能够增加市场的稳定性、流通性和连续性。从立法上看,世界各国都对证券自营商加以限制,并通过证券交易所对其行为进行严格监控。(5)零数自营商,是以佣金经纪人为交易对象、进行的每笔交易额不足一个成交单位的证券买卖的人。(6)专业证券商,是兼有经纪商和自营商双重身份、既可以为交易所内的佣金经纪商或自营商代理买卖又可以自行买卖证券的人。

根据我国《证券法》的规定,证券公司是依照《公司法》规定和《证券法》规定从事证券经营业务的有限责任公司或者股份有限公司。国家对证券公司实行分类管理,分为综合类证券公司和经纪类证券公司。设立综合类证券公司必须具备下列条件:注册资本最低限额为人民币5亿元;主要管理人员和业务人员必须具有证券从业资格;有固定的经营场所和合格的交易设施;有健全的管理制度和规范的自营业务与经纪业务分业管理的体系。综合类证券公司可以经营证券经纪业务、证券自营业务、证券承销业务和经国务院证券监督管理机构核定的其他证券业务。经纪类证券公司注册资本最低限额为人民币5000万元;主要管理人员和业务人员必须具有证券从业资格;有固定的经营场所和合格的交易设施;有健全的管理制度。经纪类证券公司只允许专门从事证券经纪业务。　　(夏　松)

zhengquan liutong shichang
证券流通市场(secondary market)　又称证券交易市场、次级市场、二级市场。投资人买卖已发行证券而形成的市场。证券经发行后就进入证券流通市场,该市场由证券转让者、交易场所和证券购买者组成,其作用是为投资者转让证券收回本金提供便利的条件,为新投资者提供证券投资机会。与发行市场不同,发行市场上是发行人向投资者筹集资金;而流通市场上,投资者之间相互融通资金。

证券流通市场一般分为证券交易所(参见证券交易所条)和场外交易市场。场外交易市场,又称店头交易市场、柜台交易市场,是指证券经纪人或证券自营商不通过证券交易所,将未上市的证券或小部分已上市的证券直接同顾客进行买卖的市场。它的主要特征是:(1)分散性和无形性。场外交易市场没有固定的集中交易场所,而是遍布各地,大小规模差别很大。自20世纪70年代以来,由于电子计算机与现代通讯设备在证券交易场所中的广泛应用,很大一部分场外交易是通过电话、电传和计算机网络完成的,因此场外交易场所又具有无形性的特征。(2)交易证券的广泛性。场外交易的证券以未上市证券为主,同时也买卖少量已上市的证券,因此场外交易的证券数量和种类都远远大于证券交易所。但根据我国《证券法》的规定,经依法核准的股票、公司债券及其他证券,应当在证券交易所挂牌交易。(3)交易采用直接议价方式。证券价格不是由集中竞价的方式确定,而是由买卖双方协商确定,因此场外交易的价格波动较小,总是在一定时间内(一般为1天)确定一个买卖价格并在这一段时间内相对不变。(4)场外交易风险大。由于场外交易的大量证券是未上市证券,而发行这些证券的公司往往规模小或经营不佳,所以经营这种证券风险较大。另外,场外交易由于非集中竞价、信息阻塞等原因易造成交易的不公平,从而增加了场外交易的风险。

由于场外交易为不能上市的中小公司提供了直接融资的渠道,而且交易成本低,发行人不需要定期公布财务会计报告,因此这种方式不仅为中小公司采用,而且为一些虽具备上市资格但出于种种原因不愿上市的大公司采用。场外交易市场早于证券交易所出现，发展速度也很快。美国的场外交易最为发达，其地位仅次于纽约证券交易所，居第二位。我国的场外交易市场主要包括证券交易柜台、证券交易中心、STAQ 和 NET 系统。在实践中，场外交易市场也存在一些问题，如缺乏统一的市场组织，秩序性差，容易诱发过度投机行为；缺乏统一的交易运作规则和充分的竞争，证券价格不能最大限度地接近自由市场的均衡价格等。鉴于此，应该加强对场外交易的监管。从各国实践看，主要从两方面对场外交易进行管理：一方面，加强自律管理，如美国的证券商协会主管全国的场外交易市场；另一方面，系统制定场外交易市场的管理规范，如证券商注册制度、交易证券审核制度等。

场外交易市场的发展带动了第三市场和第四市场的出现。第三市场是在证券交易所外买卖上市证券形成的市场。第三市场的出现主要是为了规避证券交易所的固定佣金制度。第四市场是投资者不经过证券商直接进行证券买卖形成的市场。第四市场目前只在美国有所发展，其特点是交易成本低，有利于保持交易的秘密性，交易双方直接谈判且成交迅速。我国法律目前不允许第三市场和第四市场的存在，因为我国证券市场历史较短，在很多方面还不成熟，集中场内交易和柜台交易，便于管理和维护投资者利益。　　（夏　松）

zhengquan qihuo jiaoyi
证券期货交易(securities futures trading)　证券交易双方在签订证券买卖合同后并不立即执行，而是同意在此之后的某一特定时间，按照成交合同规定的数量和价格进行清算和交割的证券交易方式。此方式为场内交易所特有，场外交易一般不允许。证券期货一般包括股票期货、股价指数期货和债权期货等种类。与证券现货交易相比，其特点是：(1)是一种远期交易。期货合约期限通常较长，常以月计算，乃至一两年。(2)标的可以是证券，也可以是该期货交易合同。在第一手交易中，多方买进的是证券（非即日取得），但此后，在未到清算交割期以前，该期货交易合同亦可卖出，这时交易的标的就成了期货合约了，期货合约属于证券交易所制定的标准化合约，一方当事人应于交割期限内，向持有期货合约的另一方交付期货合约指定数量的证券。(3)标的是整买整卖、不可拆分的，而现货是以手(100 股)为交易单位的。(4)一般采用对冲方式清算，不一定进行实物交割，实际上采用期货交易的证券市场，真正进行实物交割的只占交易额的极小部分。(5)期货交割以非实物化为主。期货双方往往并不需要或不具有具体的商品，而是各自预期市场涨落差，先买后卖，或先卖后买期货合约来套期保值或投机获利，合约到期日只需交割价格涨落差，取代实物交割。(6)必须在证券交易所交易，在结算所结算。(7)保证金制度。交易双方都要向交易所缴纳一定的保证金，并且根据交割日期的远近还可能被追加和提高保证金比例。

作为一种金融工具，证券期货交易具有下列重要功能：(1)套期保值的功能。基本做法是在现货市场买入或者卖出某证券，同时在期货市场上进行同种类同数量证券的反方向交易操作，即可转移价格风险，实现保值目的。(2)价格发现功能，经过期货市场上多空双方的公开、公平和持续地买卖与竞争，证券期货的价格水平会渐趋稳定，该价格水平基本上反映出正常市场对证券价格的理性预期。(3)投机功能。投资者可以凭借其对证券市场的准确判断从中渔利。期货交易的优点在于能以较少量的保证金启动大规模的交易，但因此具有高投机性。我国证券法禁止证券期货交易。这种交易方式由于风险较大，目前为我国证券法所禁止。　　（林桂华）

zhengquan qiquan jiaoyi
证券期权交易(stock option)　又称选择权交易。指证券交易当事人为保障或者获得证券市场价格波动带来的利益，约定在一定时间内，以特定价格买进或者卖出指定证券，或者放弃买进或者卖出指定证券的交易，是一种在一定时期内证券买卖权的交易。期权购买者在支付约定数额的权利后，即拥有了买卖该证券合约的权利，购买者可以在到期前的任何时候行使、转卖或者放弃这种权利，随时决定是否履约，因此不必承担买进或者卖出的义务。若放弃这一权利，损失的只是投入的购买期权的费用，即权利金，而不是证券合约的保证金。期权交易是期货交易的衍生物，但是两者存在区别：(1)前者交易的标的是证券期权，到期后当事人依约获得交易与否的选择权，后者标的是期货证券或者期货合同(多为期货合同)；(2)前者交易的结果是期权的执行，即决定是否买卖，后者交易的结果是依约买卖，否则视为违约；(3)前者交易风险小于后者，因为期权交易的结果是一种选择权，所以当事人可以根据当时证券的实际价格决定是否实施交易，故一定程度上可以遏制投机，降低风险。期权交易合同具有重要地位，一般包括：(1)买方；(2)卖方；(3)选择权的有效期限，一般 30 天至 90 天不等；(4)双方商定的远期成交价；(5)证券的种类和数量；(6)契约价格，又称权利金、保险费、期权费等。根据交易性质，可以分为看涨期权交易和看跌期权交易。看涨期权交易又称为买入期权交易或者延买期权交易，指期权购买者可以在期权期间，按协议价格向期权出售者购买约定数量的证券。买入期权是购买者基于对某一证券未来价格趋于上涨的判断而买入的一种权利。看跌期权交易又称卖出期权交易或者延卖期权交易,指购买者在期权合同的有效期内可能按某一具体履约价格卖出特定数量相关证券合约的期权交易。看跌期权交易是基于对某一种证券或者其合约未来价格趋于下跌的判断而卖出的一种权利。优点:交易者不必像证券交易者那样被局限在某一具体的最低价位和最高价位上,而可以灵活地利用市场的变动趋势。另外,期权交易者可以依其判断,决定卖或者不卖,从而降低交易风险。我国不允许证券期权交易。　　　　　　　　　(林桂华)

zhengquan qizha

证券欺诈(securities frauds)　在证券交易活动中诱骗投资者买卖证券以及其他违反投资者真实意图、损害其利益的行为。各国法律都对欺诈投资者的行为作出了禁止性规定。我国证券法规定,在证券交易中,禁止证券公司及其从业人员从事下列损害投资者利益的欺诈行为:违背客户的委托为其买卖证券;不在规定时间内向客户提供交易的书面确认文件;挪用客户所委托买卖的证券或者客户账户上的资金;私自买卖客户账户上的证券,或者假借客户的名义买卖证券;为牟取佣金收入,诱使客户进行不必要的证券买卖;其他违背客户真实意思表示、损害客户利益的行为,如证券经营机构不按国家有关法规和证券交易场所业务规则的规定处理证券买卖委托,证券经营机构保证客户的交易收益或者允诺赔偿客户的投资损失,证券经营机构作为客户的交易对方时,故意不以合理的价格与客户进行证券买卖的行为等。其构成要件是:(1)证券公司及其业务人员有欺诈客户的故意,即证券公司及其业务人员实施欺诈行为的目的是使客户陷于错误认识;(2)证券公司及其业务人员实施了欺诈客户的行为,即实施了前述损害客户利益的行为;(3)客户因为证券公司及其业务员的欺诈而陷于错误,并且基于这种错误而做出了不真实的意思表示;(4)客户的利益因而受到损害。

证券公司违背客户的委托买卖证券、办理交易事项,以及其他违背客户真实意思表示,办理交易以外的其他事项,给客户造成损失的,依法承担的法律责任包括:(1)民事赔偿责任。证券公司要赔偿因其欺诈而给客户造成的实际损失。(2)行政罚款。有关行政机关有权对证券公司处以1万元以上10万元以下的罚款。证券公司、证券登记结算机构或者其他从业人员,未经客户委托,挪用、出借客户账户上的证券或者将客户的证券用于抵押,或者挪用客户账户上的资金的,应当承担的法律责任包括:(1)责令改正。对于已做出的违法行为,行为人要及时地予以改正。(2)没收违法所得。对于未经客户的委托,证券公司、证券登记结算机构及其从业人员买卖、挪用、出借公司账户上的证券或者将客户的证券用于质押,或者挪用客户账户上的资金而获得的非法所得,由有关的行政机关处以违法所得1倍以上5倍以下的罚款。(3)责令关闭或者吊销责任人员的从业资格。证券交易经营机构及其内设业务部门负责人,证券登记、托管、清算机构高级管理人员及其内设业务部门负责人,将自营业务与代理业务混合操作、挪用客户资金,擅自将客户证券出售、质押以及有其他严重欺诈客户行为的,或对上述行为负有直接责任或者直接领导责任而被中国证券监督管理委员会认定为市场禁入者的,自决定宣布之日起,3至10年内不得担任任何上市公司和从事证券业务机构的管理人员职务;情节特别严重的,永久性不得担任上市公司和从事证券业务机构的管理人员职务。(4)刑事责任。上述公司及其人员构成犯罪的,依法追究刑事责任。　　　　　(夏　松　林桂华)

zhengquan shangshi

证券上市(listing of securities)　符合法定条件的股票、债券等有价证券依照法定条件和程序在证券交易所或其他法定交易场所公开挂牌交易的法律行为。它与证券发行有明显的区别:(1)证券发行的对象是初始投资者,这些投资者要通过申购程序产生;证券上市的对象是市场上的所有投资者,欲购买证券的人通过交易所均可购得。(2)证券发行的价格一般是事先确定的;而证券上市的价格则可以通过交易所竞价产生,由供求情况决定。(3)证券发行的卖方是确定的,买方是不确定的;而证券上市的买卖双方都是不确定的。证券发行也可以和证券上市合并进行。证券上市有重大的意义,有利于上市公司扩大筹集资金的来源,并提高在证券市场上的知名度;使上市公司置于公众监督之下,有利于规范上市公司的行为,提高上市公司的素质;使投资者的投资可以及时变现,减少投资风险。

根据证券上市的对象不同,可以分为股票上市、债券上市、权证上市、基金上市等。根据我国证券法规定及上海、深圳两家证券交易所的上市情况,股票、公司债券、政府债券、金融债券、权证、基金等有价证券,均可在证券交易所上市交易。其中,政府债券的上市通常不设条件和程序上的限制,只要证券主管机关通知,即可在交易所挂牌交易。而一般所称证券上市主要是指股票和公司债券上市。

股票上市　股票有A种股票和B种股票之分,上市条件也不同,股份有限公司申请其A股上市须符合下列条件:股票经国务院证券监督管理机构批准已向社会公开发行;公司股本总额不少于人民币5000万元;开业时间在3年以上,最近3年连续盈利;原国有企业依法改建而设立的,或者公司法实施后新组建设立,其主要发起人为国有大中型企业的,可连续计算;

持有股票面值达人民币1000元以上的股东人数不少于1000人,向社会公开发行的股份达公司股份总数的25%以上;公司股本总额超过人民币4亿元的,其向社会公开发行股份的比例为5%以上;公司在最近3年内无重大违法行为,财务会计报告无虚假记载;国务院规定的其他条件。B股即境内上市外资股,又称人民币特种股票,上市条件是:其股票经证券监督管理部门批准已经发行;发行后的股本总额不少于证券监督管理部门要求的数额;持有人民币1000元以上的个人股东(包括A股股东和B股股东)不少于1000人,个人持有的股票面值总额不少于人民币1000万元;A股股东和B股股东所持有的股份不少于公司股份总额的25%;公司总股本超过人民币4亿元的,A股和B股所占的比例不少于15%;发起人持有的股份不少于公司股份总额的35%;发起人对股份有限公司的净资产出资额不少于1.5亿元;但是原有股份公司增资发行B股或者《关于股份有限公司境内上市外资股的规定》颁布之前已经发行完B股的外商投资股份公司,不在此限;公司最近3年财务会计报告无虚假记载,最近3年无重大违法行为;公司最近3年连续盈利;原国有企业改组或者国有企业作为主要发起人设立公司的,可以连续计算;所筹资金用途符合国家产业政策和国家有关利用外资的规定;依法已取得外商投资股份有限公司的资格和能力;证券监督管理部门规定的其他条件。股份有限公司申请其股票上市交易,必须报经国务院证券监督管理机构核准。国务院证券监督管理机构可以授权证券交易所依照法定条件和法定程序核准股票上市交易。向国务院证券监督管理机构提出股票上市交易申请时,应当提交下列文件:上市报告书;申请上市的股东大会决议;公司章程;公司营业执照;经法定验证机构验证的公司最近3年的或者公司成立以来的财务会计报告;法律意见书和证券公司的推荐书;最近一次的招股说明书。股票上市交易申请经国务院证券监督管理机构核准后,其发行人应当向证券交易所提交核准文件和法律规定的其他文件。证券交易所应当自接到上述文件之日起6个月内安排股票上市交易。上市公司丧失公司法规定的上市条件的,其股票依法暂停上市或者终止上市。

债券上市 公司申请其公司债券上市交易必须符合下列条件:公司债券的期限为1年以上;公司债券实际发行额不少于人民币5000万元;公司申请其债券上市时符合法定的公司债券发行条件,包括:(1)股份有限公司的净资产额不低于人民币3000万元,有限责任公司的净资产额不低于人民币6000万元;(2)累计债券总额不超过公司净资产的40%;(3)最近3年平均可分配利润足以支付公司债券1年的利息;(4)筹集的资金投向符合国家产业政策;(5)债券的利率不得超过国务院限定的利率水平;(6)国务院规定的其他条件。公司申请其公司债券上市交易必须报经国务院证券监督管理机构核准。国务院证券监督管理机构可以授权证券交易所依照法定条件和法定程序核准公司债券上市申请。向国务院证券监督管理机构提出公司债券上市交易申请时,应当提交下列文件:上市报告书;申请上市的董事会决议;公司章程;公司营业执照;公司债券募集办法;公司债券的实际发行数额。公司债券上市交易申请经国务院证券监督管理机构核准后,其发行人应当向证券交易所提交核准文件和其他法律规定的文件。证券交易所应当自接到该债券发行人提交的文件之日起3个月内安排该债券上市交易。公司债券上市交易后,公司有下列情形之一的,由国务院证券监督管理机构决定暂停其公司债券上市交易:公司有重大违法行为;公司情况发生重大变化不符合公司债券上市条件;公司债券所筹集资金不按照审批机关批准的用途使用;未按照公司债券募集办法履行义务;公司最近2年连续亏损。公司有前述第1项、第4项所列情形之一经查实后果严重的,或者有前述第2项、第3项、第5项所列情形之一,在限期内未能消除的,由国务院证券监督管理机构决定终止该公司债券上市。公司解散、依法被责令关闭或被宣告破产的,由证券交易所终止其公司债券上市,并报国务院证券监督管理机构备案。国务院证券监督管理机构可以授权证券交易所依法暂停或者终止股票或者公司债券上市。

根据证券上市的地域不同,可以分为境内上市和境外上市。前者是指一国的企业的证券在本国证券交易所上市;后者是指不在本国境内上市而在他国证券市场上上市。二者上市的条件和程序均不同。根据证券上市的程序不同,可以分为申报上市和许可上市。申报上市是指由证券交易所决定的上市,该种上市只向主管机关申报即可;许可上市是指由证券主管机关决定的上市,该种上市必须经过主管机关的核准。

(夏　松　林桂华)

zhengquan shichang
证券市场(securities market) 股票、债券、基金单位等有价证券及其衍生产品(如期货、期权等)发行与交易的场所,是金融市场的重要组成部分。有广义和狭义之分,广义的证券市场包括证券发行市场和证券交易市场;狭义的证券市场又称证券交易市场或者证券流通市场。证券市场是市场经济发展的产物,早在16世纪,西欧就已有了证券交易。我国最早的证券交易市场创立于清朝光绪末年上海外商组织的上海股份公所和上海众业公所。1919年,北京成立了全国第一家专营证券业务的证券交易所。新中国成立后,证券市场的发展基本上处于空白状态,但自 1978 年改革开放以来,有价证券发行逐步增加,证券市场也逐步发展起来。从全球范围看,证券市场的发展呈现出国际化、自由化、多样化、计算机化的趋势。

证券市场的主要特征是:(1) 市场参与者广泛。它们包括证券发行人、证券投资者、证券交易所、证券经营机构、证券服务机构、证券业协会和证券监管机构等各类组织和个人。(2) 市场交易对象是特殊的金融商品。一般商品市场以各种具有市场价值的商品为交易对象,人们购买商品的目的是获得其使用价值,而证券市场的交易对象是股票、证券等有价证券,人们购买的主要目的是为了获得股息、利息和买卖证券的差价收入。(3) 市场风险大。证券市场不仅受微观方面(如发行人资产、盈利能力),而且受宏观方面(如国家政策、经济)甚至投资者心理的影响,证券市场上的供求关系变动频繁,证券价格具有很大的波动性和不可预测性,因此证券市场的风险较一般商品市场大。

根据不同标准可以对证券市场作不同的分类:(1) 依交易对象不同,可以将证券市场分为股票市场、债券市场和基金市场;(2) 依组织形式不同,可以将证券市场划分为证券交易所和场外交易市场;(3) 依具体任务不同,可以将证券市场分为证券发行市场和证券交易市场;(4) 依交易地点和交易参加人的不同,可以将证券市场分为证券一级市场、证券二级市场、证券三级市场和证券四级市场。证券一级市场又称证券初级市场或者发行市场,是指新发行的证券从发行者手中出售给投资者的市场;证券二级市场又称证券交易所;证券三级市场又称第三市场,是指对已经上市的证券通过在场外进行交易而形成的市场,或者说是已上市的证券的场外交易市场;证券四级市场又称第四市场,是指一些投资机构、团体和个人,绕过证券交易人,彼此直接进行上述证券的买卖。

证券市场是市场经济中一种高级的市场组织形态。它的主要作用是:(1) 便于筹集资金。在间接融资的方式下,人们将闲置资金存入银行,银行将集中起来的资金贷给企业。而证券市场的产生,向企业提供了新的直接融资的方式。企业可以通过证券市场直接向投资者发行证券,在较短的时间内迅速筹集巨额的、可供长期使用的资金。相对于间接融资而言,其优点是:所筹资金具有高度稳定性和长期性,股东一旦入股,就不能要求退股;筹资成本低,而且可以连续筹资;积少成多,面对众多的个人投资者和机构投资者,发行人可以筹集到巨额资金。(2) 有助于资源合理配置。证券市场导致了资产证券化的趋势,市场上资金的流动带动了生产要素在各生产部门间的再分配。投资者有很强的趋利性,这就使经济效益好、有发展前途、利润较高的生产部门或企业能在证券市场上吸引巨额资金从而获得较大的增长动力,提高社会资金的使用效益,而业绩差、前景黯淡的生产部门或企业则很难在市场上筹集到资金从而减小生产甚至关闭。证券市场的优胜劣汰机制有助于资源的合理配置,实现利润最大化。(3) 有利于国家宏观调控。证券市场具有资金蓄水池的功能,各国中央银行可以通过这种功能调节货币流通量。经济过热时,货币供给量超过市场需求量,中央银行可以通过证券市场卖出有价证券实现货币回笼,平衡市场货币供需以稳定币值。反之,经济萎缩时,中央银行通过买进有价证券以增加货币投放,刺激经济增长。(4) 转换机制。我国证券市场还具有促进国有企业转换经营机制的功能。具体来说,国有企业通过股份制改造,使出资者所有权与法人财产所有权相分离,并通过出资者行使按投入公司的资本额享有的所有者的资产受益权、重大决策和选择管理者等权利,形成规范化的公司治理结构。此外,证券市场有助于促进国有企业监督机制、激励机制和退出机制的建立和完善。

(夏　松　林桂华)

zhengquan susong

证券诉讼(securities litigation) 国家司法机关在案件当事人和其他诉讼参与人参加下,审理和解决证券纠纷案件,依法定程序所进行的全部活动。通常包括起诉、审判、执行三个基本阶段,刑事案件还包括侦查阶段。根据证券纠纷案件所适用的程序法不同,可以分为证券民事诉讼、证券行政诉讼、证券刑事诉讼。证券民事诉讼指在证券发行和证券交易活动中的个人和单位因发生了证券方面的民事纠纷和经济纠纷而依法向人民法院起诉,由人民法院在证券民事纠纷或者证券经济纠纷的当事人双方和其他诉讼参与人的参加下依照法定程序审理和解决证券民事纠纷和证券经济纠纷的全部诉讼过程。证券民事诉讼依照《民事诉讼法》进行。证券行政诉讼指证券发行和交易过程中的个人和单位如果认为证券主管机关和其他行政机关及其工作人员的具体行政行为侵犯了其合法权益,而依法向人民法院起诉,由人民法院在双方当事人和其他诉讼参与人的参加下依照法定程序进行审理并解决行政纠纷的审判活动。证券行政诉讼依照《行政诉讼法》、《证券法》进行。证券刑事诉讼指司法机关为追究证券犯罪行为人的法律责任、惩罚犯罪而进行的全部活动。它依照《刑事诉讼法》、《证券法》进行。

(林桂华)

zhengquan touzi jijin

证券投资基金(mutual fund) 又称共同基金。一种利益共享、风险共担的集合证券投资方法,即通过发行基金单位,集中投资者的资金,在基金托管人托管下,由基金管理公司管理和运用资金,从事股票、债券等金融工具投资。世界上第一个比较正式的基金是英国于1868年成立的"海外和殖民地政府信托"(The Foreign and Colonial Trust),这家基金与股份公司类似,向社会公开募集资金,不能退股,也不能将基金单位兑现,投资者只可享受分红和派息。现代意义上的基金最早是1924年在美国波士顿成立的"马萨诸塞投资信托基金"(Massachusetts Investors Trust),如今投资基金已成为美国最普遍的投资方式。我国在1981年引入投资基金业务,中国新技术创业投资公司与汇丰银行、渣打银行在香港联合发起设立了首批港币基金"中国置业基金"。1987年,中国银行和中国国际信托投资公司在我国大陆首先开展了投资基金业务。我国证券投资基金正式开始于1991年,同年10月,武汉证券公司经中国人民银行批准发起设立了我国第一家基金"武汉证券投资基金",规模为人民币1000万元;"深圳南山风险投资基金"经深圳市南山区人民政府批准设立,规模为人民币8000万元。

证券投资基金具有以下特点:(1)规模经营,由不特定多数人的分散基金集合而成,该基金的投资起点金额很低,使得众多的投资者有可能加入其中,一方面可以汇集成巨额资金,另一方面也方便了投资者投资,使证券经营机构和投资者实现双赢。(2)投资对象主要是证券,包括股票、债券、金融票据等,但其投资方式却是以分散风险为原则。按照我国1997年11月14日出台的《证券投资基金管理暂办法》的规定,1个基金持有1家上市公司的股票,不得超过该基金资产净值的10%,同一基金管理人管理的全部基金持有1家公司发行的证券,不得超过该证券的10%。因此基金一般都持有很多支股票,从而将投资风险降低到极小的程度。(3)投资目的是取得股息、利息等收益。(4)由具有专门证券投资知识与经验的管理人和托管人进行管理、运用和保管,他们一般都经验丰富、信息灵敏,对国内国际的经济情况、上市公司情况等比较了解,与证券市场、经纪人等也联系密切,这使得他们掌握下的基金通常能带给投资者较高的收益。(5)证券投资基金提供给投资者高效、低费、完善的服务,这使得投资者享受到便捷的服务,使投资者乐于投资于基金。

证券投资基金的设立应当符合一定的条件:(1)主要发起人符合一定的条件(主要发起人为按照有关的国家规定设立的证券公司、信托投资公司、基金管理公司;每个发起人的实收资本不少于3亿元,主要发行人有3年以上的从事证券投资经验,连续3年的盈利记录,但是基金管理公司除外;发起人认购的基金单位必须达到主管机关规定的比例);(2)基金托管人、基金管理人有符合要求的营业场所、安全防范设施和与业务有关的其他设施;(3)中国证监会规定的其他条件。申请设立开放基金,还必须在人才和技术设施上能够保证每周至少一次向投资者公布基金资金净资产和申购、赎回的价格。

根据法律地位可以将基金分为两大类:契约型基金(又称单位信托基金)和公司型基金(又称共同基金)。契约型基金由委托者(基金托管公司)、受托者(基金管理公司)和受益者(投资者)订立信托投资契约,由委托人监督基金投资和保管基金资产,受托人根据信托契约运用信托财产进行投资,受益人分享投资收益的一种基金类型。这种基金包括三方当事人,即投资者、管理人、托管人,这三方当事人由证券投资基金信托契约联结在一起,在契约中约定各方的权利义务。其中,基金管理人负责基金的日常管理和操作,托管人接受管理人的委托,以自己的名义为基金注册、开立独立的账户,并负责基金资产的保管、处分及对基金管理人的监督。这种基金具体又可以分为两类:(1)单位型。这类基金以一定资本额为限筹集资金并组成一个单独的基金进行管理。单位型基金往往规定一定的期限,每年分配一次收益。期限届满,解除信托契约并返还本金和利息。(2)基金型。这类基金不按一定资本额划分为若干个单位,而是一个综合的基金。基金型基金虽然设置期限,但由于期限可以延长,所以实际上可以永续存在。投资者可以将受益凭证卖给代理投资机构抽回资金,也可以买入受益凭证进行投资。公司型基金是指基金本身为一家股份有限公司,公司通过发行股票的方式筹集资金以进行分散性的证券投资,并向投资者定向派发股息和红利。公司与股东的权利义务由公司章程规定,投资者在购买了投资公司所发行的股票后即成为该公司的股东,凭股票领取股息和红利,享受投资所获取的收益。投资公司的业务集中于证券投资领域,即投资公司的业务既非生产,也非经营,而是投资,且投资局限在证券这种对象上。这类基金通常包括四方当事人:投资公司、管理公司、保管公司和承销公司。投资公司是公司型基金的主体,它以发行股票的方式筹集资金,股东即为受益人。管理公司由股东大会选定并与公司订立管理契约,主要负责证券投资事务,同时为投资公司充当顾问,提供调查资料和服务。保管公司一般是投资公司指定的信托公司或银行,根据保管契约负责投资证券的保管。承销公司负责销售和回购股票。公司型基金按照收益凭证是否可以收回分为两类:(1)封闭型。这种基金在基金管理人设立基金时限定了基金发行的数量,发行期满后基金就封闭起来,不再增加股份。投资者既不能退股也不能增加投资,但可以经过证券经纪商在证券交易所通过竞价交易进行转让,基金管理人在一定时期内不得追加发行新的基金单位。(2)开放型。这种基金在设立时发行的基金单位总数不固定,可以根据经营决策的实际需要连续发行,投资人可以随时申购基金单位，也可以随时要求基金管理人赎回其基金单位，申购或者回赎基金单位的价格按照基金的净资产值计算。

根据业务种类可以将基金划分为：(1) 收入基金。将资金投资于各种高收益的有价证券以获取稳定当期收入的一种基金。这种基金成长潜力小，但损失本金的风险也较低。(2) 成长基金。将资金投资于具有发展潜力的公司发行的有价证券从而实现长期增长的一种基金。这种基金较注重发展，所以其股利收入比收入基金少。(3) 收入和成长基金。将资金投资于高收益的证券和有成长潜力的证券，以实现稳定收入和长期发展并重的一种基金。这种基金偏重于成长，但为了顾及收入，其投资的股票又必须能分配股利。(4) 特殊基金。将资金投资于特定行业的一种基金，这是1981 年才兴起的新型基金，主要为吸引对特定行业感兴趣的投资者而设。这种基金，其价格波动性大，风险也比较高。

根据投资基金投资计划所编定的证券资产组合是否可以变更，可以将基金划分为：(1) 固定型基金。基金管理人严格依照事先编定的投资计划进行投资，不论其投资组合中的证券价格如何变化，基金管理人都不得通过出卖、转让等方式任意改变已编定的证券投资组合。(2) 融通型基金。基金管理人可以按照市场情况，自由决定其证券投资组合，任意变更基金所编入的证券投资的内容与结构，以期有效防止若干证券价格的跌落所导致的受益权单位价格的跌落。(3) 半固定型基金。介于固定型基金与融通型基金之间，即基金所投资的证券资产组合编定后，基金管理人可以在一定的条件和范围内变更基金的资产内容。

根据投资对象可以将基金划分为：(1) 货币基金。由货币存款构成投资组合的基金。其投资意图是汇集众多投资者的零散资金作大额存款以获取较优惠的利率，并享受货币升值时带来的收益，风险较低。(2) 股票基金。以股票为主要投资对象的基金，其收益主要是股息、红利等，风险较大。(3) 债券基金。以债券为主要投资对象的基金，风险较小。(4) 期货基金。以期货合约为主要投资对象的基金，是一种高风险的投资工具。基金管理人投资期货一般有两个目的：其一是利用期货对冲，减少现货市场上的风险；其二是谋求资本的高增值。(5) 认股权证基金。以认股权证为主要投资对象的基金，是一种高风险投资工具。认股权证是一种金融票据，持有人有权在指定的期限内按预定的价格购买发行公司一定数量的股票。

根据投资基金的资金来源渠道及投资市场可以将基金分为：(1) 国家基金。面向外国投资者销售并投资于本国证券市场的基金。(2) 国际基金。在境外注册登记，面向外国投资者销售并投资于外国证券市场的基金。(3) 国内基金。面向国内投资者销售并投资于本国证券市场的基金。

(夏　松　林桂华)

zhengquan touzi jijin faxing
证券投资基金发行(issuance of mutual fund)　投资基金管理公司或信托投资机构依法将基金证券或受益凭证向投资者出售的法律行为。根据《证券投资基金管理暂行办法》，基金的设立必须经中国证券监督管理委员会审查批准。基金发起人可以申请设立开放式基金，也可以申请设立封闭式基金。申请设立基金，应当具备下列条件：(1) 主要发起人为按照国家有关规定设立的证券公司、信托投资公司、基金管理公司；(2) 每个发起人的实收资本不少于 3 亿元，主要发起人有 3 年以上从事证券投资经验、连续盈利的记录，但是基金管理公司除外；(3) 发起人、基金托管人、基金管理人有健全的组织机构和管理制度，财务状况良好，经营行为规范；(4) 基金托管人、基金管理人有符合要求的营业场所、安全防范设施和与业务有关的其他设施；(5) 中国证监会规定的其他条件。申请设立开放式基金，还必须在人才和技术设施上能够保证每周至少一次向投资者公布基金资产净值和申购、赎回价格。

基金发起人认购基金单位占基金总额的比例和在基金存续期间持有基金单位占基金总额的比例，由中国证监会规定。基金发起人应当于基金募集前 3 天在中国证监会指定的报刊上刊载招募说明书。招募说明书中的信息披露受中国证监会的监督管理，不得有下列行为：就基金业绩进行预测；保证获利、保证分担亏损或承诺最低收益；通过促销方式，劝诱、利诱投资人购买基金；诋毁同行；刊登任何虚假或欺诈内容；中国证监会禁止的其他行为。封闭式基金的募集期限为 3 个月，自该基金批准之日起计算。封闭式基金自批准之日起 3 个月内募集的资金超过该基金批准规模的 80% 的，该基金方可成立。开放式基金自批准之日起 3 个月内净销售额超过 2 亿元的，该基金方可成立。不符合前述条件，基金不得成立，基金发起人必须承担基金募集费用，已募集的资金并加银行活期存款利息必须在 30 天内退还基金认购人。开放式基金只能在符合国家规定的场所申购、赎回；封闭式基金成立后，基金管理人、基金托管人可以向中国证监会及证券交易所提出基金上市申请。

基金发起人在基金设立过程中负责各种筹备工作，负有多项义务，对基金组织承担以下义务：如果基金第一次发行的基金股份或者基金券没有认足，或已认但没有交款的，发起人应付连带认缴责任，而不问发起人是否有过错；如果已经造成损失，发起人有赔偿义务；发起人由于自己的故意或者重大过失给公司造成损失，要负连带赔偿责任；发起人所得报酬或特别利益以及基金筹建的费用,超过创立会所承担的部分应予以裁减,由此造成的损害,应承担赔偿责任。对第三人承担的义务是:发起人在执行基金组织筹建业务时,如违反国家法令、法规和政策,造成对他人的损害,对他人则应负担连带赔偿责任。第三人也应包括基金的认购者在内。如果是由于发起人工作懈怠而使基金价格暴跌而给认购人造成损害的,发起人应负责任。在基金组织最终不能成立时,发起人对基金筹建期间的行为和费用都要负连带责任,对认购人所缴的基金款项也要负还本付息的连带责任。　　　　　　　(夏　松)

zhengquan touzi xintuo
证券投资信托(securities investment trust)　以由基金经营者通过将其设立的投资信托基金投资于有价证券,并将投资收益交付给投资者为内容的信托。这种信托为投资信托的一种,且是为各国、各地区信托法确认的一种信托品种,属于典型的营业信托。这种信托在社会生活中一般通过下述方式建立和运作:先由基金经营者与基金保管人订立证券投资信托合同并将该合同报经主管机关批准然后将它向社会公布,接着由基金经营者按照该合同的有关规定向社会发行(出售)投资信托受益证券;社会上众多的投资者购买这种证券,并通过这一途径将其投资交给基金经营者,基金经营者将由此取得资金集中起来,使之成为一项信托投资基金并移交给基金保管人保管;在证券投资信托合同存续期间内,由基金经营者按照该合同的有关规定将该项基金运用于对有价证券的投资(买卖),只是这一投资所需资金系由基金保管人按照基金经营者的指令从该项基金中划出并直接投向有关的投资目标,且对这一被划出的资金的收回和对投资收益的收取也由基金保管人按照基金经营者的指令进行,在收取该项投资收益后,先由基金保管人移交给基金经营者,再由基金经营者按照证券投资信托合同的有关规定交付给投资者。证券投资信托为一种二元信托结构,即在其中存在两项信托:一项信托是存在于投资者与基金经营者之间的信托,此项信托以投资者为委托人兼受益人,以基金经营者为受托人;另一项信托是存在于基金经营者与基金保管人之间的信托,此项信托以基金经营者为委托人,以基金保管人为受托人,以投资者为受益人;就这两项信托而言,其中前者为能动信托,后者为被动信托。《日本证券投资信托法》是一部典型的关于证券投资信托的单行法,该法在将基金经营者称为"委托公司"、并在确认信托投资基金应当移交给信托公司与信托银行保管的基础上,对与证券投资信托有关的一些重要事项作了规定。这些规定主要包括六个部分:(1)证券投资信托所能投资的有价证券范围。(2)证券投资信托合同当事人的资格。(3)与证券投资信托合同有关的国家承认。(4)证券投资信托受益权的分割与表示以及证券投资信托受益证券的记名。(5)证券投资信托受益权的平等性。(6)委托公司的义务。　　　　　　　　　　　　　(张　淳)

zhengquan touzi xintuo hetong
证券投资信托合同(securities investment trust deed)　由基金经营者与基金保管人订立并由基金投资者接受的、以规定与证券投资信托基金的设立与运作有关的事项以及这三者的与该基金有关的权利义务为内容的合同。证券投资信托合同在性质上属于为第三人利益订立的合同,因相对于订立该合同的有关证券投资信托基金的经营者与保管人而言,作为该基金的受益人的投资者却属于第三人,且该投资者是通过购买与该基金有关的投资信托受益证券成为该合同的第三人的;不仅如此,这种合同还属于特殊的要式合同:依有关国家和地区信托法或者其他有关法律的一致规定,证券投资信托合同应当采取书面形式,且应当经国家主管机关批准。证券投资信托合同应当包括以下主要条款:(1)基金经营者与基金保管人的名称与住所;(2)证券投资信托基金的名称、类型与预定数额;(3)证券投资信托基金的募集方式、时间与范围;(4)证券投资信托受益证券的数量、发行程序、发行价格以及每一受益证券的面值;(5)基金经营者将证券投资信托基金移交给基金保管人保管的时间;(6)证券投资信托基金的投资目标、投资政策、投资范围与投资限制;(7)基金经营者对投资指令的下达与基金保管人对这一指令的执行;(8)基金保管人对证券投资信托基金的保管;(9)证券投资信托基金净资产与收益的计算方法;(10)证券投资信托基金的最高负债率;(11)投资者会议的召集与议事规则;(12)向投资者分配投资收益的时间与方式;(13)基金经营者与基金保管人所收费用的计算方法;(14)证券投资信托基金的存续期间以及这一期间届满时对有关事宜的处理;(15)本合同变更与解除条件及其程序;(16)法律规定或者基金经营者与基金保管人认为应当约定的其他事项。在证券投资信托基金设立时,证券投资信托合同是与该基金有关的全部文件如基金说明书、基金募集与发行计划书以及基金上市申请书等的依据;在该基金存续期间,该合同是基金经营者、基金保管人与投资者行使与基金有关的权利与履行与基金有关的义务的依据;在该基金终止时,该合同则是处理与这一终止有关的事宜的依据。　　　　　　　　　　(张　淳)

zhengquan touzi xintuo jijin
证券投资信托基金(securities investment trust fund)　由具有营业受托人身份的基金经营者通过发行信托

受益证券,从社会上众多的兼具委托人与受益人身份的投资者处分别募集到的小额资金集合而成,并专门投资于有价证券的信托基金。为英美信托法中的共同信托基金的一种,且其在该法上是作为一种特殊的信托财产存在,关于它的管理办法由特别法规定。

(张 淳)

zhengquan touzi xintuo ye wu
证券投资信托业务(securities investment trust) 通过组建证券投资信托基金,发行基金单位募集投资者的资金,并由专业证券管理公司将资金运用于证券投资,获得收益后由投资者按出资比例分享的业务。基金的设立,必须经中国证监会审查批准,并具备下列条件:主要发起人为按照国家有关规定设立的证券公司、信托投资公司、基金管理公司;每个发起人的实收资本不少于3亿元,主要发起人有3年以上从事证券投资经验、连续盈利的记录,但是基金管理公司除外;发起人、基金托管人、基金管理人有健全的组织机构和管理制度,财务状况良好,经营行为规范;基金托管人、基金管理人有符合要求的营业场所、安全防范设施和与业务有关的其他设施;中国证监会规定的其他条件。

证券投资信托法律关系的主体主要包括投资人、基金托管人和基金管理人。投资人是基金单位的持有人,是证券投资信托关系的受益人。基金持有人享有下列权利:出席或者委派代表出席基金持有人大会;取得基金收益;监督基金经营情况,获取基金业务及财务状况的资料;申购、赎回或者转让基金单位;取得基金清算后的剩余资产;基金契约规定的其他权利。基金持有人应当履行下列义务:遵守基金契约;交纳基金认购款项及规定的费用;承担基金亏损或者终止的有限责任;不从事任何有损基金及其他基金持有人利益的活动。基金托管人是信托资产的保管人,根据我国《证券投资基金管理暂行办法》,由商业银行担任并应符合下列条件:设有专门的基金托管部;实收资本不少于80亿元;有足够的熟悉托管业务的专职人员;具备安全保管基金全部资产的条件;具备安全、高效的清算、交割能力。基金托管人应当履行下列职责:安全保管基金的全部资产;执行基金管理人的投资指令,并负责办理基金名义下的资金往来;监督基金管理人的投资运作,发现基金管理人的投资指令违法、违规的,不予执行,并向中国证监会报告;复核、审查基金管理人计算的基金资产净值及基金价格;保存基金的会计账册、记录15年以上;出具基金业绩报告,提供基金托管情况;基金契约、托管协议规定的其他职责。基金管理人是负责管理和运用基金资产的人,由基金管理公司担任。设立基金管理公司必须经中国证监会审查批准,并具备下列条件:主要发起人为按照国家有关规定设立的证券公司、信托投资公司;主要发起人经营状况良好,最近3年连续盈利;每个发起人实收资本不少于3亿元;拟设立的基金管理公司的最低实收资本为1000万元;有明确可行的基金管理计划;有合格的基金管理人才;中国证监会规定的其他条件。基金管理公司经批准可以从事基金管理业务和发起设立基金。基金管理人应当履行下列职责:按照基金契约的规定运用基金资产投资并管理基金资产;及时、足额向基金持有人支付基金收益;保存基金的会计账册、记录15年以上;编制基金财务报告,及时公告并向中国证监会报告;计算并公告基金资产净值及每一基金单位资产净值;基金契约规定的其他职责。

在证券投资基金业务中,禁止下列行为:基金之间相互投资;基金托管人、商业银行从事基金投资;基金管理人以基金的名义使用不属于基金名下的资金买卖证券;基金管理人从事任何形式的证券承销或者从事除国家债券以外的其他证券自营业务;基金管理人从事资金拆借业务;动用银行信贷资金从事基金投资;国有企业违反国家有关规定炒作基金;将基金资产用于抵押、担保、资金拆借或者贷款;从事证券信用交易;以基金资产进行房地产投资;从事可能使基金资产承担无限责任的投资;将基金资产投资于与基金托管人或者基金管理人有利害关系的公司发行的证券;中国证监会规定禁止从事的其他行为。

(夏 松)

zhengquan weifa xingwei
证券违法行为(securities illegal conducts) 证券发行和交易过程中违反法律、行政法规的行为。依照证券违法的性质和危害程度不同,分为严重的证券违法行为——证券犯罪和一般的证券违法行为——即狭义的证券违法。其法律特征是:(1)主体既可以是法人也可以是自然人,自然人包括证券公司从业人员、证券业管理人员、个人投资者,法人包括证券发行人、证券经营机构、证券管理机构和证券服务机构;(2)侵害的客体是证券市场的管理秩序和公众投资者的合法利益;(3)行为具有违法性,即违反证券法律法规;(4)违法主体主观上存在故意或者过失。证券犯罪行为主要包括:擅自发行股票和公司、企业债券;内幕交易、泄漏内幕信息;编造并传播证券交易虚假信息;诱骗投资者买卖证券;操纵证券交易价格。狭义的证券违法行为是指行为人具有违反国家权力机关和行政机关颁布的有关证券法律、法规但是尚未触犯刑律而应受行政处罚和民事处罚的行为,包括违反证券法的违法行为和违反其他证券法律法规的违法行为。

根据违法行为主体,可以将证券违法行为划分为:(1)证券交易所的违法行为,包括非法开设证券交易所、内幕交易行为、虚假陈述行为、操纵市场行为等。

(2)证券经营机构的违法行为,包括擅自设立证券公司、承销或代理买卖非法发行证券、为客户融资融券、欺诈客户、虚假陈述等行为。(3)上市公司的违法行为,包括内幕交易、虚假陈述、擅自发行证券等行为。(4)投资者违法行为,包括国有企业炒作股票、法律禁止买卖股票的人投资股票交易等行为。(5)其他证券市场主体的违法行为,包括违法设立证券登记结算机构,为证券发行、上市或者证券交易活动出具审计报告、资产评估报告或者法律意见书等文件的专业机构提供虚假内容,证券监督管理机构非法批准证券发行、上市等。

(夏 松 林桂华)

zhengquan xianhuo jiaoyi

证券现货交易(securities spot trading) 现金现货交易,与期货交易、期权交易相对,证券交易双方在成交后很短时间内进行交割,买方付出现金、卖方交付证券的交易方式。其法律特征是:(1)现金实物交易,交易双方一方交付款额,另一方马上或在很短时间内交付证券;(2)现货交易的证券交割,以当日交割为原则;(3)及时清算。早期现货交易通常是成交后即时交割,"一手交钱,一手交货"。发展到现代,证券成交与证券交割之间通常都有一定的时间间隔,具体间隔长短,依照证券交易所规定的交割日期确定。在国际上,现货交易的成交与交割之间的时间一般不超过20日。不同证券交易所都会对证券成交与证券交割之间的时间作出规定,但为了防止时间间隔太长而影响交割的安全性,交割日期主要有当日交割、次日交割和例行交割。当日交割,也称"T+0"交割,为成交当日进行交割;次日交割,也称"T+1"交割,为成交完成后下一个营业日办理交割;例行交割,则依照交易所规定确定,往往是成交后5个营业日内进行交割。现在最为通行的是"T+1"交割规则,证券经纪机构与投资者之间应在成交后的下一个营业日办理完毕交割事宜,如果下一个营业日正逢法定节休假日,则交割日期顺延至法定休假日开始后的第一个营业日。

证券现货交易是最早出现的证券交易方式,是现代证券交易中最普遍采用的。相对其他方式,投机性较弱,风险较小,适用信用制度相对落后和交易规则相对简单的社会环境,为大多数投资者青睐,也为各国证券法采用。其缺点是不能适应买卖双方对市场预期价格变动的预测及有效投资选择要求。我国证券法规定证券交易实行的是现货交易方式。 （林桂华）

zhengquan xinyong jiaoyi

证券信用交易(securities credit sale and short sale) 融资融券交易、保证金交易、垫头交易,证券投资者在买卖证券时只向证券商交付一定数额的保证金或部分证券,其应付价款或应付证券不足时,由证券商垫付并完成交易的一种交易形式。当证券现货交易作为证券期货交易的对称时,证券信用交易亦是一种现货交易。因为从外部关系来看,它与现货交易并无二致,都是"即时清算交割",所不同的只是内部委托关系中,部分资、券是由经纪商垫付而已。根据内容可以分为保证金买入(长)交易和卖出(短)交易。买入交易亦称多头交易、融资交易,借经纪商的资金买入证券,待其价格上扬后再卖出,交割后偿还所借资金及利息,余额即为获利。卖出交易亦称空头交易、融券交易,借经纪商的部分证券,卖出变现,待其价格下跌后再买入,从中获利。信用交易相对于足额保证金交易,这种交易方式要求客户在进行证券买卖前须交存足额的保证金,证券经营机构不代为垫款。信用交易的优点在于,可以刺激投资者参与交易的积极性,满足其扩大投资额的愿望,同时使市场保持较大的交易量,有利于活跃市场,主要表现在:(1)信用交易可以把闲散资金吸引到证券市场上来,增加交易量,提高证券的流动性;(2)信用交易的较好运用有利于稳定证券市场行情,形成合理价格;(3)信用交易中的保证金比例是一重要的宏观调控杠杆,与国家的货币松紧度、通货膨胀率等经济变量密切相关。但其消极面在于投机性强,易加剧市场的动荡。因此,各国虽然允许信用交易,但都依法加强监督管理。我国证券市场由于发展时间短,监督管理缺乏经验,市场投机气氛较浓,因此开放信用交易的时机还不成熟。我国证券法规定,证券公司不得从事向客户融资或融券的证券交易活动。

(夏 松 林桂华)

zhengquanye xiehui

证券业协会(association of securities) 又称证券商协会、证券商同业公会。由证券经营机构组成的证券业自律管理的具有法人资格的社会团体组织。该协会的成立,是为了促使证券交易的公正进行,保护投资者利益,谋求证券业的健康发展。证券业协会按照需要可设立分支机构。

中国证券业协会(The Securities Association of China,简称 SAC)成立于1991年8月28日。其宗旨是:根据发展社会主义市场经济的需要,贯彻执行国家有关方针、政策和法律法规,发挥政府与证券经营机构之间的桥梁和纽带作用,促进证券业的开拓发展,加强证券业的自律管理,维护会员的合法权益,建立和完善具有中国特色的证券市场体系。

证券业协会的法律特征是:(1)行业性和自律性组织,它由证券行业的成员自己组织起来,成立团体,一方面可以共同对抗外界的不当干预;另一方面通过加入该协会可以协调彼此间的关系,从而避免同行业成员间的排挤,参与公平竞争。为了促使证券业的自我约束,各国证券法律一般要求证券经营机构都必须加入协会。我国证券法要求证券公司应当加入证券业协会。(2) 社团法人,即以人的结合为基础而成立的法人,是人的集合体。作为社团法人,有自己的章程、组织机构、场所以及独立的经费,能独立承担民事责任。证券业协会的章程是其开展活动、履行职责的依据。(3) 受政府机构的指导和监督,该协会是民间组织,政府不应当干预其具体的组织事务,但可以依法规范其组织行为,如协会章程和规则应当报主管机关批准,未经批准不得实施等。

证券业协会与证券交易所是证券业自律管理的两种形式。证券业协会在证券管理中的作用取决于一国采用的证券管理模式,主要有三种情况:(1) 在证券监管机构集权管理模式下,证券业协会在证券管理中起辅助和补充作用;(2) 在自律型管理模式下,证券业协会在证券管理中起主要作用;(3) 在证券监管机构管理和自律管理相结合的模式下,证券业协会在证券管理中与证券监管机构并重,共同负责对证券业的管理。

证券业协会的会员分为团体会员和个人会员两种。团体会员主要是指依法获准成立的证券交易所、专门经营证券业务的证券公司以及兼营证券业务的金融机构及团体;个人会员是指根据需要所吸收的证券市场管理部门的有关人员以及从事证券研究及业务工作的专家、学者。在会员资格的取得方式上有两种立法例:一种是自愿入会,例如美国法律规定证券商加入证券业协会实行自愿原则,没有加入协会的证券商直接受联邦证券交易委员会管理;另一种是强制入会,即证券商必须加入证券业协会,否则不得开业。我国《证券法》规定,除了证券公司外,证券登记结算机构、证券交易服务机构及其人员也可以成为证券业协会的会员,可见我国采取自愿入会与强制入会相结合的立法例。

我国证券法以及证券业协会的章程规定,证券业协会设立会员大会、理事会、常务理事会和秘书处。会员大会由全体会员组成,是协会的权力机关,其职责是:(1) 制定、修改协会的章程,并报国务院证券监督管理机构备案;(2) 选举会长、副会长及理事会理事;(3) 审议理事会的工作报告;(4) 确定会费的收取标准;(5) 讨论决定协会的其他重要问题。会员大会分为定期大会和临时大会。定期大会每两年举行一次,临时大会根据需要经常务理事会决议可随时召开。会员大会的决议必须有半数以上的会员出席,并有半数以上出席会员投票才能通过。理事会依章程的规定由选举产生,是协会的最高执行机构,其职责是:(1) 执行会员大会决议;(2) 制定协会的年度工作计划和实施方法;(3) 选举理事长、副理事长、常务理事;(4) 审查协会财务预算、决算。理事会的理事由会员大会选举产生,每届任期两年,可连选连任。理事会会议每年至少召开一次,由理事长召集,其会议决议必须经 2/3 以上理事出席讨论通过方可生效。常务理事会是理事会闭会期间具体行使理事会职责的机构,由理事会选举的理事长、副理事长和常务理事组成。其职责是:(1) 理事会闭会期间行使理事会职责;(2) 聘任协会正副秘书长及其他工作人员;(3) 负责筹集召开下届会员大会或者理事会,并向会员大会或者理事会报告工作;(4) 审查批准会员入会或者退会申请;(5) 表彰、奖励对证券行业及协会工作做出特殊贡献的团体和个人;(6) 定期向理事会报告会员基金及会费运用情况及财务收支情况;(7) 协调解决协会重大问题。秘书处设秘书长一人,副秘书长若干人,负责协会的日常工作。此外,协会还设会长一人,副会长若干人。会长和副会长都由会员大会选举产生,其职责是:(1) 审定协会聘请的顾问人选;(2) 听取常务理事会的工作汇报,审定协会的工作计划;(3) 监督检查常务理事会工作。

证券业协会履行下列职责:(1) 协助证券监督管理机构教育和组织会员执行证券法律、行政法规;(2) 依法维护会员的合法权益,向证券监督管理机构反映会员的建议和要求;(3) 收集整理证券信息,为会员提供服务;(4) 制定会员应遵守的规则,组织会员单位的从业人员的业务培训,开展会员间的业务交流;(5) 对会员之间、会员与客户之间发生的纠纷进行调解;(6) 组织会员就证券业的发展、运作及有关的内容进行研究;(7) 监督、检查会员行为,对违反法律、行政法规或者协会章程的,按照规定给予纪律处分;(8) 国务院证券监督管理机构赋予的其他职责。(夏 松 林桂华)

zhengquan zhongcai

证券仲裁(securities arbitration) 仲裁机构根据当事人的申请,依法对证券经营机构、上市公司、证券交易所之间在证券发行、交易活动中发生的各种纠纷进行调解和裁决的活动。证券仲裁包括两种形式:一种是争取到主管机关授权的仲裁机构对上市证券发行者或者证券交易所之间在办理上市手续时产生的纠纷等居中调解和仲裁;二是由当事人自愿请求由投资者、上市公司、证券商、会计师事务所、律师事务所和证券交易所的代表组成仲裁委员会对投资者、上市公司、证券商以及证券交易所之间因交易引起的各种纠纷,进行居中调解或者仲裁。后一种仲裁,由于仲裁委员会是由各方代表组成,因而与一般的经济仲裁有所不同,更加体现了民间仲裁的性质。当事人将争议提交仲裁的依据及仲裁机构受理仲裁和强制执行仲裁的前提是合同中订立的仲裁条款或者事后达成的仲裁协议。如果当事人没有达成愿将争议提请仲裁解决的有效仲裁协议,只能向人民法院提起诉讼而不能单方面提请仲裁。如果当事人双方事先有提请仲裁的书面协议,那么一旦证券纠纷发生,仲裁条款或仲裁协议就有排除司法管辖权的效力,当事人不得向人民法院提起诉讼,只能以仲裁方式解决。

证券仲裁的原则包括:(1)自愿原则。自愿原则是仲裁制度中的基本原则,主要体现在:当事人采用仲裁方式解决纠纷,必须双方自愿,达成仲裁协议;当事人双方协商选定仲裁机构、仲裁解决的争议事项、仲裁庭的组成形式等。(2)独立原则。仲裁机构从设置到仲裁纠纷都具有法定的独立性;仲裁机构独立于行政机构,不受行政机构的干预;仲裁委员会按地域分别设立,没有隶属关系;仲裁庭对案件独立审理和裁决,仲裁委员会不能干预;仲裁机构独立于法庭,不受法院的管辖和非法干预。(3)一裁终局原则。仲裁裁决作出后即发生法律效力,当事人不得就同一纠纷再申请仲裁或者向人民法院起诉。"一裁终局"的裁决制度突出了仲裁程序简便、快捷的特点,也有利于维护仲裁裁决的严肃性和权威性。其他司法原则如法律面前人人平等,以事实为依据、以法律为准绳,辩论等原则在证券仲裁中也有一定的体现。证券仲裁的程序包括:(1)申请仲裁;(2)仲裁申请的受理;(3)组成仲裁庭或者指定独立仲裁员;(4)调查取证;(5)采取保全措施;(6)先行调解;(7)开庭仲裁;(8)生效与执行。

(夏　松　林桂华)

zhengquan ziying yewu

证券自营业务(securities dealing)　证券经营机构用自己可以自主支配的资金通过证券市场从事以营利为目的而买卖证券的经营行为。证券经营机构从事证券自营业务时,应当以公司名义建立证券自营账户,并报中国证监会备案;证券经营机构同时经营证券自营与代理业务时,应当将经营两类业务的资金、账户和人员分开管理,并将客户交易结算资金全额存入指定商业银行,将公司证券自营资金设立专门账户单独管理核算。证券自营业务的特点是:(1)证券商必须拥有资金或证券。我国证券法规定,禁止银行资金违规流入股市,证券公司的自营业务必须使用自有资金和依法筹集的资金。(2)自主性。表现在:交易活动的自主性,证券经营机构自主决定是否买入或者卖出证券,从投资决策到整个操作完全自主,不受外来的限制;交易方式自主性,柜台上买卖或者通过交易所买卖,在法规范围内依照一定的时间、条件由证券经营机构自主决定;交易价格自主性,可根据市场行情,自主决定。根据我国《证券法》的规定,证券公司自营业务必须以自己的名义进行,不得假借他人名义或者以个人名义进行。证券公司在证券自营业务中是证券交易的直接当事人,并且直接承担交易的结果,且只有综合类证券公司才可以从事证券自营业务,综合类证券公司必须将其经纪业务和自营业务分开办理,业务人员、财务账户均应分开,不得混合操作。(3)风险性。证券自营业务以自己的名义和合法资金直接在二级市场上进行证券买卖活动,证券市场的风险性决定了自营买卖的风险性,证券经营机构自行承担买卖的权益与损失。(4)收益性。收益主要来自低买高卖的价差,其收益不像收取手续费那样稳定。

证券自营业务的范围包括:(1)上市证券的自营买卖,上市证券是证券经营机构自营买卖业务的主要对象,证券经营机构根据市场行情的变化情况自营买卖证券;(2)承销业务中的自营买卖,如采取余额包销方式发行证券时,未能售出的余额部分由证券经营机构购入;(3)非上市证券的自营买卖,主要包括上市公司的法人股、非上市公司的股权证、兼并收购活动中的自营买卖等。

证券经营机构从事证券自营业务,首先应当取得中国证监会认定的证券自营业务资格,并领取中国证监会颁发的《经营证券自营业务资格证书》。未取得证券自营业务资格、"经营证券自营业务资格证书"失效或被暂停的证券经营机构不得从事证券自营业务。证券经营机构只能为本机构买卖上市证券以及中国证监会认可的其他证券。具体条件如下:证券专营机构具有不低于2000万人民币的资产和不低于1000万元人民币的净资产;证券专营机构具有不低于2000万人民币的证券营运资金和不低于1000万元人民币的净证券营运资金;2/3以上的高级管理人员和主要业务人员获得中国证监会颁发的"证券业从业人员资格证书",在取得"证券业从业人员资格证书"前,应具备以下条件:(1)高级管理人员具备必要的证券、金融、法律等有关知识,近两年内没有严重违法违规行为,其中2/3以上具有两年以上证券业务或者3年以上金融业务的工作经历;(2)主要业务人员熟悉相关的业务规则及业务操作程序,近两年内没有严重违法违规行为,其中2/3以上具有两年以上证券业务或者3年以上金融业务的工作经历;证券经营机构最近1年内没有严重违法违规行为或在近两年内未受到根据自营业务管理办法规定的取消证券自营业务资格的处罚;证券经营机构成立并且正式开业已超过半年;证券兼营机构的证券业务与其他业务分开经营、分账管理;设有证券自营业务专用的电脑申报终端和其他必要的设备等。

证券自营业务的操作程序包括:定价、挂牌、调价及交割。定价是指确定证券转让价格;挂牌是指从事柜台交易的场所挂出所从事交易的证券行情,内容主要包括:证券名称、证券或股票的买入卖出价、债券的到期日、债券的收益率等;调价是指证券交易柜台根据各种影响证券行市变化的形式,调整已经定好的转让价格,使之适应新的变化,通常调价应该遵循平缓调价原则和持续调价原则,前者指每一次调价幅度不宜过大,防止引起行市的较大波动,后者指调价周期不宜过长,有规律地调价;填写成交单是指按证券柜台的挂牌成交后,买卖双方应填写成交单,内容包括证券名称、成交价格、数额、证券编号等,记名证券应填写卖方或者卖方地联系方式和联系地址,并提供身份证件、加盖背书;证券柜台受理成交单后,审核成交单内容,点收款项和证券,鉴别真伪,并验鉴身份证件,在确认无误后,即行交割,记名证券加盖背书、填写证券过户申请书后,由买入方向证券原发行单位办理过户手续。

由于证券经营机构的自营业务量占整个市场业务量的比例相当大,对证券市场的正常运行很重要,所以证券管理部门明确规定了其自营业务时的禁止行为:禁止内幕交易;禁止操纵市场;禁止欺诈客户;其他禁止事项。

证券经营机构在进行自营业务时,如果违反法律法规的规定,应当受到相应的处罚:取得资格证书前或在资格证书失效后从事或变相从事证券自营业务的,将处以警告、没收非法所得及相应的罚款;不接受不配合证监会的检查调查、不按规定上报自营业务资料和情况报告等等,将视情节轻重给予警告、没收非法所得、罚款、甚至暂停自营业务资格半年至一年的处罚;进行内幕交易,情节严重的,处1年以下有期徒刑或者拘役,并处或者单处违法所得1倍以上5倍以下罚款,情节特别严重的,处5年以上10年以下有期徒刑,并处违法所得1倍以上5倍以下罚金;编造并且传播影响证券交易的虚假信息,造成严重后果的,处5年以下有期徒刑或者拘役,并处或者单处1万元以上10万元以下罚金,情节特别恶劣的,处5年以上10年以下有期徒刑,并处2万元以上20万元以下罚金;操纵证券市场价格,获取不正当利益或者转嫁风险,情节严重的,处五年以下有期徒刑或者拘役,并处或者单处1倍以上5倍以下罚金。　　　　　　　　　　　（林桂华）

zhengshu zhi zhai

证书之债（德 Schlichte-beweisurkunde schuld） 由证书证明特定法律关系存在的债。如由借据证明的债,所谓证书指记载一定法律事实的文书,其作用仅仅是证明这种法律事实曾经发生。证书本身与实体上权利与义务并无直接的密切的关系。证书仅仅具有证据效力,权利完全可以脱离证书而存在。　（张平华）

zhengyue dingjin

证约定金（arrha confirmatoria） 为证明合同的成立而交付的定金。是合同订立并成立的证据,但并不是合同成立的要件,其给付与否并不影响主合同的效力,仅具有证明的性质。罗马法上采用此种定金。德国法、瑞士法及我国《民法通则》、《担保法》、《合同法》上所规定的定金也具有证约定金的性质。　（万　霞）

zhengzhi fengxian baoxian

政治风险保险（political risk insurance） 投资保险的别称。承保本国投资者在外国投资期间因投资国政治原因造成的投资损失。由于风险较大,一般由投资者本国政府或政府指定的机构办理。我国政府在所颁布的法律条例中,均明确宣布并规定保护外国投资人的合法利益,外国投资者与我国有关单位进行合作生产或建立合资企业时,如果担心由于政治性原因而造成投资的损失,可以投保投资(政治风险)保险。此种保险,应由外国投资者投保并支付保费,与中方合作或合资者无关。

责任范围包括:被保险人在保单列明的投资,由于下列原因遭受损失时,保险公司负责赔偿,但以不超过保单所载明的保险金额为限:(1)战争、类似战争行为、叛乱、罢工及暴动;(2)政府有关部门征用或没收;(3)政府有关部门汇兑限制,使被保险人不能将按投资契约规定应属被保险人所有、并可汇出的汇款汇出。

对被保险人下列投资的损失,不负责赔偿:(1)被保险人的投资项目受损后造成被保险人的一切商业损失;(2)被保险人及其代表的违背或不履行投资契约、或故意实施违法行为导致政府有关部门的征用或没收造成的损失;(3)政府有关部门如规定汇出汇款期限而被保险人没有按照规定汇出汇款时造成的损失;(4)原子弹、氢弹等核武器造成的损失;(5)投资契约范围以外的任何其他财产的征用、没收造成的损失。

（温世扬）

zhifu piaoju

支付票据（payable negotiable instruments） 与信用票据相对称。这是按照票据的经济职能进行的分类。只能克服使用现金在空间上的障碍,不能克服使用现金在时间上的障碍的票据。即有现金方可使用,无现金就不得使用,如支票。它的到期日只有一种即见票即付,持票人可随时请求付款,并且只能由银行或其他法律金融机构充作付款人的票据,支付票据只能在有资金的情况下才可以签发,否则构成了空头支票,签发人要为此承担相应的法律责任。　（温慧卿）

zhifu piaokuan

支付票款（payment） 付款人向持票人支付票据金额的行为。持票人提示付款后,付款人应该向持票人支付票款。付款人应该在持票人提示后多长时间内付款,各国票据法有三种立法例。《中华人民共和国票据法》第54条规定,持票人提示付款的,付款人必须在当日足额付款。在未付款前,付款人负有审查义务。各国票据法对付款人的审查义务都有明确规定。1995年5月10日我国第八届全国人大常委会第十三次会议通过的《中华人民共和国票据法》第57条规定,付款人及其代理付款人付款时,应当审查汇票背书的连续,并审查提示付款人的合法身份证明或者有效证件。付款人及其代理付款人以恶意或者有重大过失付款的,应当自行承担责任。付款人及其代理人首先应该具备主观上的善意,即在主观上没有恶意或重大过失的情况下,审查汇票背书的连续,审查提示付款人的有关身份证明。如果付款人怠于履行自己的注意及审查义务,其付款行为不得对抗真正持票人。付款人履行自己的审查义务后,如果持票人为正当持票人,付款人就应当向其支付票款。《日内瓦统一汇票本票法》、《日本票据法》和我国台湾地区票据法允许付款人为一部分付款。《日内瓦统一汇票本票法》第39条第2款规定,部分的付款,持票人不得拒绝。《中华人民共和国票据法》不允许为一部分付款,该法第54条规定,付款人必须足额付款。关于票据金额的货币种类,各国票据法规定互有不同。《日内瓦统一汇票本票法》第41条规定,表示汇票金额的货币,如非付款地通用者,得依到期日的汇价,以付款地国家的货币支付。如债务人拖欠时,持票人得自行选择,要求依到期日或付款日的汇价,依付款地国家的货币支付。外币价值应依付款地的惯例决定。但发票人得载明汇票金额须依票上所记载的汇价计算。发票人于汇票上载明汇票必须以指定的货币支付的,不适用以上各项规定。表示汇票金额的货币,如在发票地国家与付款地国家名同价异的,推定其为付款地的货币。《中华人民共和国票据法》第59条规定,汇票金额为外币的,按照付款日的市场汇价,以人民币支付。汇票当事人对汇票支付的货币种类另有约定的,从其约定。付款人向持票人足额支付票据金额后,汇票关系结束。　　　　　　　(王小能)

zhipeiquan

支配权(control)　仅凭权利人的意志得直接使权利发生作用之权利。所谓直接使权利发生作用,指直接支配权利客体、取得作为权利内容之利益。物权、知识产权、人格权皆属此类,但亲属法上的亲权、监护权是否属于支配权,甚有争议。具有支配权作用的权利,一方固然可以支配其权利的客体,同时在自己支配范围之内,通常也具有排斥他人使勿加侵害之消极作用,学理上称之为禁止权(德 Verbeitungsrecht)。禁止权不是一种独立存在的权利,仅为支配权中的禁止作用而已。但亦有不然者,例如地役权中的通行权,虽得通行于他人的土地,然不得排斥第三人之通行。故当支配权受到侵害时,除有得要求赔偿损害的权利外,通常尚有得要求排除妨害的权利,但此种权利本身仅能以其自身作为确认之诉的对象。　　　　　　　　(张　谷)

zhipiao

支票(checks; cheques)　票据的一种。发票人委托银行或其他法定金融机构于见票时无条件支付给受款人或持票人票款的票据。支票产生较本票、汇票晚。支票制度随特定付款人的出现及发展产生和完善(参见票据条)。支票的立法模式及定义表述,各国不尽相同。日内瓦法系采取独立立法方式,在《日内瓦统一汇票本票法》之外,单独制定《日内瓦统一支票法》,而对支票之定义无概括性文字表述,仅通过列举支票的法定形式或记载事项来阐释支票的概念。日本也采用这种立法形式,制定单独《支票法》(《小切手法》),定义方式也与《日内瓦统一支票法》相同。英美国家则将支票与汇票、本票规定在一起,并把支票视为汇票的一种形式。英国1982年《票据法》第73条规定"支票是由银行见票即付的汇票。"美国《统一商法典》第3-104条规定"支票指付款人为银行的即期付款汇票"。我国台湾地区现行《票据法》第4条规定:"称支票者,谓发票人签发一定之金额,委托金融业者于见票时,无条件支付与受款人或执票人之票据。" 1995年5月10日我国第八届全国人大常委会第十三次会议通过的《中华人民共和国票据法》第四章专门规定了支票,其第82条规定:"支票是由出票人签发的,委托办理支票存款业务的银行或其他金融机构,在见票时无条件支付确定的金额给收款人或者持票人的票据。"

利用支票的出发点主要是避免携带现金支付产生的危险和麻烦。支票的形成往往依据发票人与银行之间签订的委托付款合同或透支合同。发票人先将足够的现金存在银行,由银行发给存款人支票用纸,存款人依此可在自己的存款数额内或透支合同约定的限度内签发支票以获付款。支票的经济职能主要有两个:(1)支付工具职能。发票人将现金无息存入银行,作为对价,银行为其提供对外付款服务。支付实质上是非让自己付款而让银行代自己付款的一种支付手段,持票人凭票向银行提示后即受付款。(2)异地交易中,支票作为支付证券,可以执行汇款职能。主要操作过程是:首先,由委托人向银行提出申请,并将欲汇金额存入银行;其次,银行开出以受款地本行支店或关系行为付款人的支票给委托人;最后,由委托人将支票交于受款人凭支票向付款银行提示后即可受支付。

支票的特性由上述支票的经济职能,主要体现在:(1)支票是一种支付工具,仅限于见票即付。为保障支付之迅捷,支票中无承兑制度,也没有提示付款制度;为保障支付之确实,特设保付制度;为保障支付之安全,又特设划线制度。(2) 支票的付款人特定。为保障支付之安全,仅限于银行与其他法定金融机构,这一点由其支付工具的特质决定。(3) 支票付款条件特定,必须有资金关系存在,主要表现为委托合同和透支合同。

支票与汇票都是委托第三人支付一定金额的货币的票据,都具有三方当事人,都与代表票面金额请求权的本票相区别而为代表支付受领权限的票据。但两者在很多方面体现出明显的差异:(1) 经济职能不同。汇票具有信用职能、汇款职能和支付职能,而支票主要执行支付职能;(2) 汇票中有承兑制度,付款人承兑后,持票人原有的支付受领权转化的确定的票面金额请求权;而支票中无承兑制度,在保付支票中,持票人的权利也是一种附解除条件的权利。(3) 汇票的付款人没有资格限制,但支票的付款人必须是银行或其他法定金融机构。(4) 汇票的受款人为必要的记载事项,而支票则无此种要求,可以是无记名支票。(5) 支票中特设划线制度和保付制度。(6) 汇票付款人承兑后成为主债务人,而支票中,即使已为保付,保付只是最终的返还请求权的义务人,非主债务人。(7) 支票的到期日只有一种确定方式,即见票即付;而汇票有四种到期日计算方式,即见票即付、见票后定期付款、出票后定期付款、定日付款,支票的付款提示期间相对而言也很短。(8) 就追索权的丧失要件而言,汇票与支票不同。支票持票人若未遵期提示或履行保全手续则丧失对前手的追索权,但发票人仍对持票人负有责任,而且支票中对发票人行使追索权的时效期间长于对一般前手的追索权时效期间。(9) 支票中的付款人无付款之强制性义务(保付支票除外),但在其与发票人有资金关系存在的情况下,付款人应该付款;汇票中的付款人除受承兑约束外,不受此种限制。(10) 支票中无参加制度,也不得发行誊本。

(王小能)

zhipiao de baozheng

支票的保证(guarantee of cheques or checks) 支票付款人以外的人为担保支票债务的履行,以负担同一内容的票据债务为目的的一种附属票据行为。我国《票据法》对支票保证没有规定,完全适用汇票保证的有关规定(参见汇票的保证条)。《日内瓦统一支票法》第三章专章规定了支票的保证制度。根据日内瓦统一票据的相关规定,支票的保证与汇票的保证的区别在于:支票的付款人不得为保证人,而汇票的付款人可以为保证人。

(孔志明)

zhipiao de beishu

支票的背书(endorsement of cheques or checks) 支票持票人为转让票据权利或其他目的在汇票背面或粘单上所为的一种附属票据行为。我国《票据法》支票一章未对背书作任何特殊规定,完全适用汇票背书的有关规定(参见汇票的背书条)。根据支票的性质,支票背书也有一些特点,如支票中没有承兑制度,所以支票背书人不承担担保承兑的责任;支票中无参加承兑和参加付款问题,背书人不得记载预备付款人;支票不得作成誊本,所以背书人不得在誊本上为背书行为;我国台湾地区票据法还规定了支票的背书人可在支票上划平行线。

(孔志明)

zhipiao de dangshiren

支票的当事人(parties of cheques or checks) 享有支票上票据权利、承担票据义务的法律关系主体。支票的基本人主要包括发票人、受款人和付款人。由于支票是委托银行或其他法定金融机构付款的票据,故对其当事人的资格有一定的限制。

发票人 开出支票并将其交付给受款人的人。支票的发票人(drawer)从形式上无特定资格限制,但由于支票要求资金关系存在,故实质上,发票人应是与付款人有一定资金关系的人。

受款人 发票时即存在的支票上的权利人。支票的受款人(payee)无特别的资格要求,也可以由发票人或付款人充任。

付款人 向持票人或受款人支付支票票面金额的人。支票的付款人(drawee)受严格的资格条件限制,绝大多数国家都规定支票的付款人为银行及其他法定金融机构。但各国关于银行及其他法定金融机构的范围是不同的。《日内瓦统一支票法》将支票的付款人统一规定为"银行业者",包括法律上将其等同于银行业者之人或机构。日本在对《支票法》中的银行作定义时,范围甚广,主要包括《银行法》所规定的银行、其他法律所称的银行以及邮政局、信用金库、农协、渔协、水产加工联合会等 17 种机构。后半部分所指的机构相当于我国的"其他法定金融机构。"美国在 20 世纪七八十年代也相继出现了一些与商业银行相竞争的储蓄银行及金融机构,主要包括储贷银行、信用组合、互济银行。1995 年 5 月 10 日我国第八届全国人大常委会第十三次会议通过的《中华人民共和国票据法》规定支票付款人是办理支票存款业务的银行或其他金融机构。

(王小能)

zhipiao de fapiao

支票的发票(drawing of cheques or checks) 又称支

票的出票。发票人作成支票并将其交于受款人的票据行为。支票的出票是创设支票权利、义务关系的行为,主要表现为委托银行或其他法定金融机构向持票人无条件支付支票的票面金额。支票的出票与本票、汇票的出票不同,主要表现在:(1)支票的出票人要与银行有资金关系,签订支票资金关系合同后才可以签发支票,因而发票人的资格有限制。(2)支票的签发必须使用由相应的银行印制的支票用纸。一般而言,支票用纸只能由与银行或是其他法定金融机构建立资金关系的人从银行或其他法定金融机构领取。银行统一发行的支票用纸有序号编制,出售时加盖本行行名和存款人账号。支票的出票与汇票、本票的出票一样,都是创设票据权利义务关系的基本票据行为,是其他票据行为,如背书、划线、保付行为的前提和基础。支票发票的构成要件主要有:(1)发票人发票时要具有发票能力,而这种能力的有无要以票据上记明的出票日期为准加以判断。(2)支票的发票行为为要式法律行为,要严格按照法定格式进行,确定应记载的事项、可以记载的事项、不应记载的事项等,否则会影响票据的效力,甚至会导致支票无效。(3)出票行为在支票作成后,交付给受款人时完成,支票即发生法律效力。在支票交付给受款人前,被盗或遗失的,支票本身不发生法律效力,但出票人仍对善意持票人负票据责任。

发票的款式 发票时,在支票上所记载的事项及记载形式。与汇票、本票相同,支票的记载事项主要包括:1.绝对应记载的事项:(1)表明支票的文句。即在票据上写明"支票"或其他同义文句,否则不发生支票效力。(2)确定金额的记载。否则不是作为金钱证券的支票。(3)付款银行的名称及账号。支票的付款人只能是特定的银行或其他法定金融机构。(4)无条件支付的文句。附条件的支付与支票内在规定性相冲突。(5)出票年月日。此项可确定判断发票人有无票据能力的判断时间。(6)发票人签名、盖章。发票人负严格的担保付款之责,故有绝对记载之必要。且签名、盖章可在付款核查时,用于判断支票上发票人的签名盖章与银行的预留印鉴是否相符。2.相对应记载的事项:出票地与付款地的记载。3.任意记载的事项:(1)受款人的姓名或名称。(2)禁止背书的文句。(3)免除拒绝事实通知的记载,免除作成拒绝证书的记载。(4)禁止回头支票的特别约定。(5)保付的记载。(6)不许以付款地通用货币支付的特别约定。4.不发生票据法上效力的事项:主要指一些不得成为附加条件的记载事项:(1)签发支票的原因或用途。(2)支票项下交易合同号码。(3)支票下的有关单证。5.记载本身无效的事项:(1)到期日的记载。(2)承兑的记载。(3)利息的记载。(4)免除担保特约的文句。6.记载使支票无效的事项:(1)有条件的委托支付文句。(2)银行等法定金融机构以外的第三人为付款人的记载。(3)分期付款的记载。

发票的效力 支票一经签发即会在发票人、付款人、受款人之间形成一定的权利、义务关系。因此,发票的效力也体现在对这三方当事人的效力方面。1.发票对发票人的效力:(1)发票人要担保支票的付款。即使支票上有特约免除担保付款的责任,也应视为无记载。因此,支票发票人担保付款的责任是绝对的、最终的。(2)发票人不得签发空头支票,一旦签发则可能承担民事的、行政的或刑事的法律责任。(3)发票人可以发行空白支票,由发票人授权他人填充。但如果填充人所为填充与发票人授权的内容不符,发票人不得以此对抗善意持票人。(4)支票发票人签发支票后,在法定付款提示期间内不得撤销付款委托。这是日内瓦法系国家对撤销付款委托的限制性规定,英美法系国家没有此种规定。(5)支票的持票人在提示期间经过后才提示付款的,虽丧失追索权,但发票人仍有义务向持票人支付票面金额。2.发票对付款人的效力:(1)支票的付款人没有当然的付款义务。发票人的发票行为对付款人没有强制付款的效力,付款与否要视付款人是否接受发票人的委托而定。(2)发票人若与付款人存在资金关系则付款人应当付款。因此,资金关系的存在是付款人付款的前提条件。(3)付款人付款必须以支票的票面记载为据。(4)提示期间届满后,付款人可以拒绝付款,也可以进行付款。但若发票人已发出撤销委托付款之通知或支票发行已超过规定的期限,则付款人不得付款,否则,要向发票人承担损害赔偿的民事责任。3.发票对受款人的效力:受款人经支票发票人的发票而取得依支票的记载向付款人请求付款的权利,这种付款请示能否实现取决于付款人是否进行付款。

(王小能)

zhipiao de fenlei

支票的分类(types of checks;types of cheques) 支票根据不同的标准可以划分为不同的类型:(1)以记载权利人的方式为标准,可以划分为记名式支票、指示式支票和无记名或支票。(2)以支票上记载的出票日与实际出票日是否一致为标准,可以将支票分为即期支票、远期支票。(3)以支票的付款有无特别要求为标准,可以划分为普通支票、保付支票和划线支票。(4)以对当事人的记载的标准,可以将支票划分为对己支票、指己支票和受付支票。(5)以支票的付款方式为标准,可以将支票分为现金支票和转账支票。(6)我国台湾地区票据法还依票面金额有无限额标准,将支票划分为限额支票、不限额支票和限额保证支票。另外,随着经济生活的发展,还出现了一些新的支票类别,如旅行支票。

(王小能)

zhipiao de fukuan

支票的付款(payment of cheques or checks) 支票的付款人向持票人支付支票的票面金额以消灭票据关系的票据行为。支票主要充当支付工具,故在付款方面,为确保其迅速、确实,规定其与汇票、本票不同的操作。同时,由于支票有不同的类型,其付款程序也呈现出不同的特点。

就普通支票的付款而言,主要有持票人提示付款和付款人付款两步:1.支票持票人提示付款,指在规定的付款提示期间内向付款人出示支票,请求付款。由于支票中不存在承兑制度,持票人所为的提示都是付款提示,也即持票人现实地出示支票以获付款。(1)持票人进行付款提示应在规定的期间内进行。关于期间,各国规定方式不同。日内瓦法系国家明确规定具体天数,而英国仅规定合理期限内,而后又区分发票人、背书人两主体分别规定票载发票日或实际发票日后30日内与背书后7日内的提示期限。这一期间在性质上属于除斥期间,持票人若未按期提示就丧失对发票人以外的人的付款请求权和追索权。(2)付款提示的提示人应为持票人或其代理人,被提示人应是付款人或票据交换所。(3)付款的提示地点是支票上记载的付款地点,支票上未明确记载付款地点的,应在付款人的营业所或住所进行。(4)付款提示的方式也应以现实地出示票据为原则。(5)付款提示按时间可分为期前提示、到期提示和息期提示。期前提示主要存在于远期支票中,我国不承认期前提示。到期提示为法定提示期间内提示,又称届期提示,持票人依此获得受领支票金额的权利,被拒绝付款时,可以向其前手行使追索权。持票人届期提示时,发票人不得撤销付款委托。急期提示是法定提示期间经过后,持票人所为的付款提示或根本未为付款提示,持票人丧失对出票人以外的一切前手的追索权,发票人此时可撤销付款委托。2.付款人接受持票人的付款提示后,对持票人的付款受领资格进行审查。这种审查为形式上的审查,主要包括了支票是否符合有效要件;支票上的印鉴与预留印签是否相符;支票背书是否具有连续性;支票是否已过付款提示期间等。在持票人有形式上的受领资格情况下,若付款人与发票人存在资金关系,支票金额未超过透支合同的透支限额,付款人又未收到发票人的破产宣告、停止支付等通知时,付款人应向持票人付款。付款日为付款提示日。

付款的方式依支票的种类、票面记载而有所不同,主要有现金支付、转账支票和抵销式支付三种(参见转账支票的付款条)。付款人没有绝对的付款义务,不是票据债务人。只有当发票人有足额存款或与付款人签有透支合同而支票面额又在透支范围内时,付款人才对持票人有付款义务。

有关付款人的付款责任性质,学者有三种理论:(1)支票资金说,支票资金的所有权随支票的转移而转移,故持票人提示付款,支票资金又足以支付时,付款人应为付款。(2)利他契约义务说。付款人与发票人签订了向受款人付款的利他契约条款,作为当事人的付款人应依此条款向受款人付款。(3)法定义务说。付款人的付款义务只能认为是因具备法定的义务条件承担的法定义务,是附条件的法定付款义务。付款人在付款后,有权要求受款人在支票上记载"收讫"等文字以表明其已为全部付款或部分付款。(王小能)

zhipiao de jujue zhengshu

支票的拒绝证书(protests of check) 支票在被拒绝付款时,持票人为行使追索权所取得的,证明持票人曾经依法行使支票权利,但未达到目的或无从行使支票权利的要式证明文件。支票的拒绝证书,与汇票的拒绝证书基本相同,可以适用汇票的有关规定(参见汇票的拒绝证书条),但支票只存在拒绝付款证书,而没有拒绝承兑证书,同时,在支票实务中,作成正式的拒绝证书的情形较少,多为略式拒绝证书。在汇票中,拒绝证书还可以在誊本上作成,但支票的拒绝证书不允许在誊本上作成。 (王小能 孔志明)

zhipiao de zhuisuoquan

支票的追索权(right of recourse of check) 支票持票人为提示付款时不获付款,对支票上的债务人请求偿还票据金额、利息及其他费用的权利。英美国家将支票作为汇票的一种,支票的追索适用汇票追索的规定。《日内瓦统一支票法》第40条规定,持票人按期为付款提示而不获付款时,对于背书人、发票人及其他债务人,得行使追索权。我国《票据法》第94条规定,支票追索权的行使,除有特别规定外,适用有关汇票的规定(参见汇票的追索权条)。我国《票据法》中支票一章对支票追索权无特殊规定。支票不需承兑,所以无拒绝承兑而行使追索权的情形。 (王小能 孔志明)

zhipiao qiyue

支票契约(cheque contract) 支票出票人与银行或者其他金融机构之间关于委托办理支票存款业务和对支票无条件支付的合同。 (张平华)

zhipiao shang de dangshiren

支票上的当事人(parties of check) 在支票上享有权利或者承担义务或者与支票权利义务有密切关系的法律主体。在支票关系中,包括三个基本当事人,即出票人、付款人和收款人。出票人是签发支票、委托付款人进行付款的人;付款人是票据上载明的、受托承担付款的银行或者其他金融机构;从收款人处依法受让支票并取得付款的人,为持票人。通常支票上所载的收款人也就是第一持票人。支票的三个基本当事人相互形成票据关系。其中,出票人和付款人为票据义务人,收款人为票据权利人。支票无须由付款人承兑,付款人不承担绝对付款义务,仅在出票人在付款人处的实有存款金额足以支付时才承担付款义务。我国对支票当事人有特别的限制,只能是银行或者其他金融机构,非银行的公司、企业和个人不得为支票付款人。下面以一般的支票为例图释支票上的当事人:

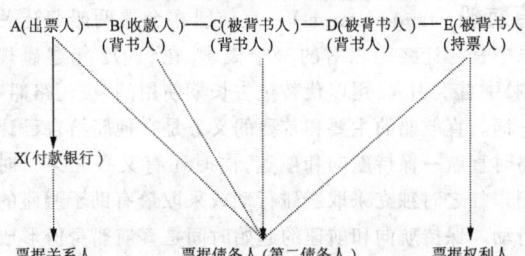

《中华人民共和国票据法》和《中华人民共和国支付结算办法》中关于支票的规定与国际上的票据概念基本一致,只是在背书问题上有些不同。依据《支付结算办法》第27条的规定,转账支票可以背书转让,用于支取现金的支票不可以背书转让。此图所示为转账支票。根据《票据法》第85条和第87条的规定,支票中的"收款人名称"不是出票必须记载的事项,这就是说,支票可以是记名式的,也可以是无记名式的,此图为记名式支票。依据《票据法》上关于支票的规定,支票的付款银行一般没有可能在支票上为票据行为,所以不可能成为票据债务人,根据其地位可以确定其为票据关系人。出票人以及各背书人都是票据债务人。根据《票据法》第94条第2款关于支票出票行为准用汇票的有关规定,支票出票人承担的票据债务为担保性的,即当支票持票人在付款银行处得不到付款时,出票人才向持票人负责任。这样,支票中无第一债务人,出票人与背书人都是第二债务人。

(李 军)

zhipiao shiyong huipiao de guiding

支票适用汇票的规定(provisions relating to bills of exchange apply to cheques or checks) 《日内瓦统一支票法》将支票与汇票、本票分开,单独立法,各自形成独立完整的立法体系,因支票与汇票同属委付证券,由此而产生了法律条文上重复的现象。英美法系国家将汇票、本票和支票规定在一部统一的票据法中,就支票与汇票相同的规定采用准用汇票有关规定的方式来避免重复。我国票据有关立法均采统一规定的原则,以汇票的规定为中心,本票、支票与汇票相同的内容准用汇票的有关规定,不同的内容自设条款加以综合起来,支票准用汇票的有关规定主要有票据转让、付款规定中的个别来款、追索权的行使等。但由于支票具有付款人特定、见票即付的特征,使得汇票的发票及款式、承兑、保证、到期日、参加付款、复本、誊本等规定不适用于支票。追索权行使中也无不获承兑等问题,故有关这方面的规定不适用于支票。付款中的付款提示期限、担当付款人制度和分期付款等问题不适用于支票。

(王小能)

zhipiao zhong de zijin guanxi

支票中的资金关系(contract of deposit) 支票的付款人就支票的付款而发生的与出票人之间的实质关系。票据为文义证券、无因证券,因此,票据关系与票据的基础关系,如资金关系是相分离的(参见票据的特性条)。但由于支票是委托银行或其他法定金融机构付款的票据,且具有即付性,因而,为提高支票的信誉,促进其流通,有必要设定一些规定来保证受托银行或其他法定金融机构及时付款兑现。这即是资金关系设立与存在的意义及依据。有资金关系存在的情况下,付款人有向持票人付款的义务;在无资金关系存在时,付款人无付款的义务;但支票仍为有效流通,持票人可依法行使追索权,发票人应承担空头支票的责任。

支票中的资金关系主要表现为三种:(1)支票合同关系(contractual relationship),也称支票委托付款合同,出票人在银行或其他法定金融机构存有自己可得处分的资金,从而与银行或其他法定金融机构明确约定,由其从这部分资金中,就自己签发的支票按票面所指示的金额支付的协议。(2)透支合同(an agreed overdraft)出票人与银行或其他法定金融机构约定,在自己的存款余额不足以支付支票金额时,由其先作垫付,事后再由出票人补足的协议。透支合同产生多依赖于出票人拥有较高的信用,就透支的数额,双方当事人往往另作规定。(3)出票人以外的第三人与银行或其他法定金融机构之间签订的"为第三人利益的合同",也即为出票人利益的合同。约定由出票人签发支票,银行或其他法定金融机构在合同另一方当事人存入的资金范围内向持票人兑付。

违反资金关系而签发支票虽不影响票据关系的存在,但资金关系是民法上的合同关系,因此,签发空头支票首先要接受合同上违约责任的处罚,如损害赔偿金,其计算方式往往是未获兑付额的一定百分比。有的国家还对其规定施加行政处罚、刑事处罚。

(王小能)

zhishi chanquan xintuo

知识产权信托(intellectual property trust) 又称无形财产权信托。以知识产权为信托财产的信托。在知识产权信托情形下,受托人对作为信托财产的知识产权的管理方式,主要表现为向使用者发放有关智力成果的使用许可证与收取使用费,向非法擅自使用的人以及其他侵权行为人索取赔偿金,向有关国家机关缴纳与知识产权有关的各种费用等等。凡以著作权、专利权、商标权、表演者权、录制者权、广播组织权以及其他各种专有技术等智力成果权为信托财产的信托均属于知识产权信托。

(张 淳)

知识产权质权(pledge on intellectual property)
以专利权、商标权和著作权中的财产为标的而设立的权利质权。知识产权质权因标的不同可以分为:(1)著作权质权,包括以著作权中的财产权设定的质权,也包括以著作邻接权设定的质权,如以出版者权、表演者权、音像制作者权、广播电视组织权等设定的质权。著作权质权的设定,须出质人与质权人订立书面质押合同,并向版权管理机关办理质押注册登记。(2)专利权质权。专利权质权的设定,双方须订立书面质押合同,并经专利管理机关登记和公告后生效。(3)商标权质权。商标权质权的设定,应由质权人与出质人订立书面质押合同,并经商标管理机关核准并公告后生效。

(申卫星)

执行制(performance system)
海事赔偿责任限制制度的一种。因船舶发生的债务,债权人只限于对船舶所有人的该项海上财产(如该航次的船舶和运费等)强制执行,而不得对船舶所有人的其他财产主张权利。1861年《德国商法典》就采用了这一制度。北欧四国挪威、瑞典、芬兰和丹麦也采用过执行制度。执行制度也是一种航次制度,如果船舶非因船舶所有人的故意或过失而灭失,则债权人的债权也因执行标的灭失而失去执行的能力。执行制度不以船舶所有人意思表示为要件,只要符合法律规定即可生效。为了平衡船舶所有人等责任主体和债权人之间的物质利益关系,执行制度规定,债权人就其债权对船舶所有人的该项海上财产享有担保物权。执行制度是物的有限责任。该制度将船舶所有人的财产划分为海上和陆上两部分,船舶所有人对船舶发生的债务仅以海上财产负担有限责任,债权人只能对海上财产强制执行。

(张永坚 张 宁)

直达提单(direct bill of lading)
也称直运提单。承运人签发的货物自装货港装载后直接运往卸货港,中途不转船的提单。这种提单只填装货港及卸货港的名称,而无中途转船的注明,有的提单明确载明不得在中途港转船,有时提单条款内载有所谓"自由转船条款",但是没有转船的批注,这种提单也应视为直达提单。对货主而言,直达提单意味着较少的风险和费用,又可以节省运输时间,因而比转船提单有利。在国际贸易中,如果信用证规定不准转船,托运人必须向承运人取得直达提单方可向议付银行结汇。

(张 琳)

直航船(stand-on vessel)
直航船在会遇两船避让关系中是与让路船相对的一个概念,在《1972年避碰规则》中首次引入,用以代替过去长期使用的"被让路船"一词。直航船的主要和首要的义务是在他船给自己让路时直航—保持航向和航速,同时还有义务在某一时刻来临之时独立采取避碰行动或采取最有助于避碰的行动。保持航向和航速的起始时间是直航船身份形成的时间,追越局面或交叉相遇局面构成之时。直航船一经发觉规定的让路船显然没有遵照避碰规则采取适当行动时,该船即可独自采取操纵行动;当直航船发现不论由于何种原因逼近单凭让路船的行动不能避免碰撞时,应采取最有助于避碰的行动。但直航船所采取的上述行动并不解除让路船的让路义务。

(张永坚 张 宁)

直接代理(direct representation;德 unmitteldare Stellvertretung)
间接代理的对称。代理人在代理权限范围内,以被代理人的名义为民事法律行为,直接对被代理人发生法律效力的代理,又称显名代理、露名代理。

(李仁玉 陈 敦)

直接故意(direct intention)
故意的一种,间接故意的对称。行为人明知自己的行为会导致损害后果,但仍然追求损害后果发生的一种心理状态。

(张平华)

直接继承(direct succession)
间接继承的对称。继承开始以后,继承人直接从被继承人处继承遗产的制度。按照这种制度,从继承开始的时候起,遗产在法律上就直接归属于继承人,即使是共同继承也不例外。大陆法系国家采此制度,我国继承法也采直接继承制度。

(马忆南)

直接碰撞(direct collision)
造成损害的船舶之间的

实际接触。各国海商法和国际公约所调整的船舶碰撞关系主要是指直接碰撞。　　　　（张永坚　张　宁）

zhijie qiyue
直接契约（direct contract）　"相对契约"或"间接契约"的对称。英美法特有的诉讼法上的一项原则。根据传统普通法原理，合同当事人之间存在某种默契关系，它是合同义务对双方当事人发生约束力的前提。合同对非合同当事人不具有强制力，只直接约束契约的双方当事人。按照直接契约原则，契约关系具有严格的相对性质，因而在诉讼中原告、被告都是契约的直接当事人，而非任何第三人。此原则也被有的学者称为合同默契原则、合同相对性原则。可见，所谓直接契约、间接契约与合同的分类无关，体现了诉讼法上的原则，表现了一种严格意义上的契约当事人之间的关系。在现代英美法中，此原则已作了很大修正，法院在许多案例中已肯定了第三人可因一定事实和理由与合同当事人一起参与诉讼的权利。　　　　　　　　（万　霞）

zhijie qinquan xingwei
直接侵权行为（direct torts）　侵权行为的一种，间接侵权行为的对称。行为人以自己的行为直接侵害他人权益的侵权行为。是侵权行为的常态，多属于一般侵权行为。但并不以过错为必要条件。参见间接侵权行为条。　　　　　　　　　　　　　　　（郭明瑞）

zhijie shouhairen
直接受害人（direct victim）　受害人的一种，间接受害人的对称。财产或人身直接受到损害的人。如电缆被毁损的，电缆所有人就为直接受害人；被他人致害死亡的，死亡人即为直接受害人。直接受害人享有损害赔偿请求权，有权要求加害人赔偿；在直接受害人死亡时，间接受害人享有损害赔偿请求权。参见间接受害人条。　　　　　　　　　　　　　　　　（郭明瑞）

zhijie sunhai
直接损害（direct damage）　又称积极损害，财产损害的一种。间接损害的对称。一种观点认为，直接损害指直接损及财产权标的的损害，或者受害人为补救受到损害的民事权益所为的必要支出。依此种观点，直接损害具有下列特征：(1) 直接损害是现有财产的减少，如侵权行为直接作用于受侵害的财产导致受害人的财产量的损失，或者侵权行为直接作用于受害人的人身或人格而发生的必要财产（金钱）支出；(2) 侵权行为或违约行为是其发生的直接原因；(3) 直接损害结果出现的时间大约相近。对于直接损害原则上应当全面赔偿，有些国家规定特殊情况下只赔偿直接损害，如《法国民法典》第1151条规定：即使在契约不履行是由于债务人欺诈所引起的情况下，对债权人受到的损失以及被剥夺的可得利益应给予的损害赔偿，仅以契约不履行立即发生的直接结果为限。一种观点认为，直接损害是加害行为直接引发的损害，比如购买瘟牛，瘟牛本身的死亡以及因为瘟牛死亡前将瘟疫传染给其他的牛，导致其他牛的死亡都为直接损害。而因为牛死导致牛厂破产则属于间接损害。还有一种观点认为，就违约行为来说直接损害是因行为直接给债权人而不是合同当事人之外的他人造成的损害。我国学者多认为由于直接损害的概念在理论上并不清晰，故一般用积极损害或实际损害[参见实际损害条]代替直接损害。　　　　　　　　　　　　　　　（张平华）

zhijie sunshi peichang yuanze
直接损失赔偿原则（principle of the recovery of damages proximately caused by the collision）　《1985年碰撞损害赔偿公约草案》第5条规定："除本公约另有规定外，仅由碰撞直接造成的损害方可追偿。"这一规定确立了船舶碰撞损害赔偿应遵循的又一原则，直接损失赔偿原则，即能得到赔偿的损害必须是碰撞的直接后果（direct consequence of the collision），而不是间接后果。我国最高人民法院1995年颁布的《关于审理船舶碰撞和触碰案件财产损害赔偿的规定》第1条第1款规定："请求人可以请求赔偿对船舶碰撞或者触碰所造成的财产损失，船舶碰撞或触碰后相继发生的有关费用和损失，为避免或者减少损害而发生的合理费用和损失，以及预期可得利益的损失。"因此，我国也确定了直接损失赔偿原则。判断某一损失是否属于碰撞直接损失，应把握下列几个原则：(1) 损失必须是碰撞的直接后果，如碰撞直接造成的船货损失或人身伤亡。间接碰撞应准用船舶碰撞法。因此，因间接碰撞直接产生的船货损失（包括浪损）或人身伤亡，也视为是船舶碰撞的直接后果。(2) 损失必须是相继碰撞事故之后直接发生的后果（immediate consequence of the collision）。如因碰撞损害产生的救助、拖带或打捞费用的损失和修理期间的营运损失均可作为直接损失向责任方追偿（修理费作为第1项直接损失补偿）。但受损方不能追偿因营运损失而失去的诸如投资、投标、贷款等之类的机会损失，更不能无穷尽地追偿下去。(3) 损失虽不是碰撞事故的直接后果或相继碰撞之后直接发生的后果，但它是伴随碰撞事故的发生可合理预见的后果，即期得利益损失也被视为直接损失，予以赔偿。如因船舶碰撞而使航次租船合同被解除，本应赚得而没有赚得的运费等滞期损失，以及渔船丧失捕捞季节的生产损失，受损方有权向责任方进行索赔。(4) 如果损害既不是碰撞直接发生的后果,也不是伴随碰撞可合理预见的后果,该损害就不能作为直接损失进行索赔了。　　　　　　　　　　　(张永坚　张宁)

zhijie toupiao

直接投票(straight voting)　股东通过决议的通常表决方式,即股东的每一股份仅享有一个投票权,且只能表决一次。只要符合法定的人数和票数,决议即可通过。　　　　　　　　　　　　　　　　(黄艳)

zhijie yinguo guanxi shuo

直接因果关系说(immediate cause theory)　以损害与指控行为之间具有直接因果关系为责任构成的必要条件的学说。所谓直接因果关系,指作为原因的现象直接引起作为结果的现象而不存在中间现象传递的关系。例如毁损某物、杀伤某人即是。而若借用他人的自行车因忘记上锁而失盗,则在借车和丢车之间尚有盗窃行为存在,便不属于直接因果关系。直接因果关系又称狭义因果关系,是以哲学上严格意义的因果关系作为侵权行为的要件。该观点的缺陷在于认定因果关系成立难度大,某现象与另一现象之间确定无疑地具有因果关系必须以足够的经验材料,尤其是统计资料作为归纳的依据。无法解决多个原因导致一个损害事实的问题,原因事实往往由多种因素组合而成,各原因因素形成一个合力,该合力才是原因。然而对于合理的原因因素以及其原因力,却无法加以量化。因此以直接因果关系作为侵权行为的要件不仅对受害人过苛,而且不具有足够的可操作性,因而实务上一般并不采纳。　　　　　　　　　　　　　(张平华)

zhijie zeren

直接责任(direct liability)　间接责任的对称。民事主体对自己不法行为后果依法应当直接承担的民事责任。自近代始,英美法和大陆法民法均奉行以下基本规则:任何有行为能力的人均应直接承担自己的行为后果;谁的行为造成不法侵害,就由谁直接承担民事责任。学理上称为"自己责任原则"。但是在近代各国法律中,这一原则又受到监护制度、代理制度、保险制度、连带责任制度和其他特别法制度的限制。由此形成了直接责任与间接责任并列的法律状况。根据不同国家法律的特别规定,与行为人有特定联系的间接责任人可负无条件替代责任、先行偿付责任或补充责任。参见间接责任条。　　　　　　　　　　(张平华)

zhijie zhanyou

直接占有(德 unmittelbarer Besitz)　间接占有的对称。对物有事实上的直接管领力的占有。所谓对物有事实上的直接管领力,一方面是指占有人与占有物具有一定的空间上的联系;另一方面是指这种空间上的联系须持续一定的时间。符合以上两个条件方可构成直接占有。直接占有是占有中最为简单而且也是最为常态的占有。　　　　　　　　　　　(申卫星)

zhixi jichengren

直系继承人(immediate successor)　旁系继承人的对称。与继承人有直接血缘联系的继承人。依我国继承法的规定,直系继承人包括被继承人的直系卑亲属子女、直系尊亲属父母、祖父母和外祖父母等。同时,直系继承人在继承顺序中存在着一定的差别,在以亲等的远近来确定继承人的继承顺序的国家,如中国,将与被继承人亲等近者作为顺序在先的继承人,即父母和子女为一亲等,他们也是第一顺序继承人,祖父母和外祖父母为二亲等,则作为第二顺序继承人;在以亲系的血缘关系远近来确定继承人继承顺序的国家,如德国,则将子女列为第一顺序继承人,父母为第二顺序继承人,祖父母为第三顺序继承人。　　　　　(常鹏翱)

zhixiqin

直系亲(lineal relative)　在血缘和婚姻关系方面与自己有直接纵向联系的亲属。包括直系血亲和直系姻亲。直系血亲是与自己有直接出生联系的亲属,也就是生育自己和自己所生育的上下各代亲属。生育自己的上溯各代有父母、祖父母、外祖父母、曾祖父母、外曾祖父母、高祖父母、外高祖父母;自己所生育的下续各代有子女、孙子女、外孙子女、曾孙子女、外曾孙子女、元孙子女、外元孙子女。直系姻亲是按配偶的亲系而定的,包括两种,一种是直系血亲的配偶,如儿媳、女婿、孙媳、孙女婿、继父、继母等;另一种是配偶的直系血亲,如公婆、岳父母、继子女等。　　　　(张贤钰)

zhigong chigu xintuo

职工持股信托(staff shares trust)　以由股份有限公司的职工将其拥有的该公司的股票移交给职工持股会管理、职工持股会将管理股票所生收益交付给该职工为内容的信托。这种信托为日本信托法确认的一种信托品种,属于特殊的民事信托。存在于这种信托中的职工持股会系由股份有限公司、该公司的工会或者职工出于设立该种信托之需要而成立,一般为非法人团体。这种信托有两种产生方式:一种是先由股份有限公司的职工本人自己出资直接向该公司购买股票,买到之后再由其将该股票移交给职工持股会并委托其代为管理。另一种是由该职工将资金交付给职工持股会,委托其代为向该公司购买股票并对买到的股票代为管理。这种信托无论系以这两种方式中的哪一种而产生,在设立时均须由职工与职工持股会订立信托合同。这种信托成立后,被移交给职工持股会管理的职工的股票成为信托财产,职工为委托人兼受益人,职工持股会为受托人。在这种信托存续期间,职工作为股票持有者依公司法对股份有限公司享有的自益权与共益权,一律由职工持股会行使;这一权利行使正是对以股票为存在形式的信托财产的管理方式。 (张 淳)

zhigonggu

职工股(staff shares) 又称"内部集资"。向本公司职工发行的股份。目的一是为筹集资金,一是为把职工利益与公司经营效益联系起来,调动职工的积极性。职工股类似于其他国家的雇员股,是个人股的一种。我国企业发行职工股,一般分为基本股和自愿股,或"基础股"和"浮动股"。基本股是每个企业职工必须认购的股份,具有强制性和长期性,不能自由退股、随意转让。职工退休、调离或者去世时,部分股份制企业规定可退股。自愿股是本企业职工自愿认购的股份,有最高限额规定,在企业职工内部可自由转让,可按规定自由退股。职工股为记名股,其转让有特别限制。我国《股份制企业试点办法》规定:不向社会公开发行股票的股份制企业内部职工持有股份,采用记名股权证的方式,不印制股票,严格限制在本企业内部。如企业向社会公开发行股票,内部职工持有的股权证应换发成股票,并按规定进行转让和交易。依据我国公司法规,定向募集公司内部职工认购的股份,不得超过公司股份总额的20%。社会募集公司的本公司内部职工认购的股份,不得超过公司向社会公众发行部分的10%。由定向募集转为社会募集者,超过此限时,不得再向内部职工配售股份。社会募集公司向社会公众发行的股份,不少于公司股份总数的25%。 (梁 聪)

zhiwu daili

职务代理(agency in duty) 根据其所担任的职务而产生的代理。职务代理确有不同于委托代理的某些特征,如职务代理的代理人是被代理人的工作人员;代理人与被代理人之间与其说是受民事法律关系的约束,不如说更多地受劳动法律关系或行政法律关系的约束;职务代理相对稳定,除非代理人职务变动,其代理权一般不能剥夺等。但职务代理又具有委托代理的本质特点,即都是被代理人单方授权行为的结果,尽管其授权形式各有特点,代理人都只能在授权范围内以被代理人的名义对外进行民事活动等。因此,职务代理实质上是委托代理的特殊形式。 (李仁玉 陈 敦)

zhiwu qijian

职务期间(period in duty) 任职期间。其法律意义在于,在任职期间内,当事人负有法定义务,如合伙人在任职期间内负有竞业禁止的义务;公司的董事、监事、经理在任职期间内不得转让所持有的本公司的股份。 (李仁玉 陈 敦)

zhiwu qinquan xingwei

职务侵权行为(德 beamthaftung) 国家机关及其工作人员职务侵权行为的简称。特殊侵权行为的一种。国家机关或者国家机关工作人员在执行职务中侵犯他人的合法民事权益并造成损害的侵权行为。职务侵权行为的行为主体是国家机关或者国家机关工作人员。所谓国家机关,是指依法享有一定权力、实现国家职能的组织;所谓国家机关工作人员,是指在国家机关中依法从事公务的人。职务侵权行为的构成须主体在执行职务中实施具有违法性的行为,给他人的合法权益造成损害,执行职务的行为与损害后果间有因果关系。我国《民法通则》和《国家赔偿法》对职务侵权行为的责任作了具体规定。由国家对职务侵权行为承担损害赔偿责任是法律发展的结果。在古代专制社会,"主权无责任",国家根本不能作为承担责任主体。现代各国法律普遍规定了国家赔偿责任,由国家对国家机关及其工作人员的职务侵权行为承担损害赔偿责任。关于国家对职务侵权行为承担责任的性质有违法责任说、过错责任说和无过错责任说等不同的观点。通说认为,国家赔偿责任属于无过错责任或严格责任,不以赔偿义务机关的过错或者直接行为人的过错为构成要件。国家赔偿义务机关在依法承担损害赔偿责任后,可以向直接实施侵害行为的工作人员追偿,但国家机关工作人员并不是与国家机关一起向受害人就其职务侵权行为承担连带责任。 (郭明瑞)

zhiding daili

指定代理(demonstrative agency) 代理人根据人民法院或者指定机关的指定而进行的代理。在指定代理中,代理人所享有的代理权是由人民法院或者指定机关指定的,与被代理人的意志无关。指定代理是在没有委托代理人和法定代理人的情况下,为无民事行为能力人和限制民事行为能力人设立的代理。根据《民法通则》第16条、第17条的规定,有权指定代理人的,一是人民法院;二是未成年人的父母所在单位或者精神病人的所在单位;三是未成年人或精神病人住所地的居民委员会或村民委员会。在指定代理中,依法被指定为代理人的,如无特殊原因不得拒绝担任,对指定不服提起诉讼的,由人民法院裁决。这里指定的代理人主要是《民法通则》第 16 条、第 17 条所列的被监护人的一些亲属、朋友。此外,在民事诉讼中,没有诉讼能力的人,又没有法定代理人的,由人民法院为其指定诉讼代理人,所指定的诉讼代理人不限于《民法通则》第 16 条和第 17 条规定的监护人。自然人为指定代理人的,应具有行为能力。自然人可以为指定代理人,有关单位或组织也可以为指定代理人,如村民委员会、居民委员会、民政部门为无民事行为能力人或限制民事行为能力人的监护人时,即为其指定代理人。指定代理人制度是为无民事行为能力人和限制民事行为能力人设立的。

《民法通则》第 70 条规定,指定代理的消灭原因有:(1) 被代理人取得或者恢复民事行为能力;(2) 被代理人或者代理人死亡;(3) 代理人丧失民事行为能力;(4) 指定代理的人民法院或者指定单位取消指定。

(李仁玉 陈敦)

zhiding jianhu

指定监护(designated guardianship) 没有法定监护人,或法定监护人对担任监护人有争议时,由有关单位或人民法院指定监护人的监护。依《民法通则》第 16 条规定,有关单位是指未成年人父母所在单位,精神病人的所在单位,未成年人、精神病人住所地的村民委员会、居民委员会。有关单位只能在被监护人近亲属中指定监护人。人民法院对有关单位的指定有裁决权或最终指定权。人民法院可以在被监护人的近亲属中指定,没有近亲属,或者近亲属依法不能担任监护人,也可在居民委员会、村民委员会或民政部门中指定。在我国司法实践中,有关单位的指定是人民法院指定的必经程序。被监护人的近亲属未经指定,而直接向人民法院起诉的,人民法院不予受理。指定监护人可以书面或口头形式。人民法院在指定监护人时,应依照法律规定的顺序进行,只有前一顺序的近亲属无监护能力,或者对被监护人明显不利的,才能从后一顺序的人中择优确定。被监护人有识别能力的,还应征求被监护人的意见。

(李仁玉 陈敦)

zhiding qingchang

指定清偿(specified payment) 又称指定抵冲,清偿抵冲的一种类型,参见清偿抵冲条。

zhiding xintuo

指定信托(trust caused by appointment) 由有关国家机关通过对受托人的指定设立的信托。这一指定包括法院指定和有关行政机关的指定;前面一种指定在性质上属于司法行为,后面一种指定属于行政行为。指定信托为信托的一种基本类型。这种信托的基本特征在于:第一,它系因司法行为或行政行为这两种国家行为设立;第二,它不存在委托人。英美信托法承认指定信托。例如,英美法系国家破产法关于破产受托人产生及其职责的基本规定的内容是:法院在宣告破产的裁定中,应当为破产人指定受托人,并责令该破产人将其全部财产移交给该受托人占有和管理,同时要求该受托人依法将该财产用于破产清算以清偿该破产人的债权。从英美信托法的观点看,由法院对破产受托人的指定所导致设立的信托便是一项指定信托,该项信托以破产财产为信托财产并以破产人的全体债权人为受益人。

(张淳)

zhiding yizhu zhixingren

指定遗嘱执行人(designated executor) 遗嘱人在遗嘱中指定的或委托他人指定的于其死后执行其遗嘱的人。指定遗嘱执行人须在遗嘱中为之。遗嘱人可指定一人或数人为遗嘱执行人,也可以在遗嘱中委托第三人代为指定遗嘱执行人。被指定者须具有法定行为能力。瑞士民法规定,遗嘱人在遗嘱中指定他人为遗嘱执行人时,应将此种指定正式通知执行人,执行人应在得到通知后 14 天内说明是否愿意接受此种指定,其沉默视为接受。被指定人有权拒绝接受遗嘱执行人的职务,德国民法要求允受或拒绝的意思表示应向遗产法院为之,并且仅能在继承开始后为之。拒绝或接受之意思表示不得附条件或期限,若附条件或期限时,该意思表示无效。遗产法院经利害关系人申请,可以对被指定人规定为意思表示的期限,该期限届至后未表示接受者,视为拒绝。日本民法则规定,继承人及其他利害关系人,可以定相当期间,催告遗嘱执行人于期间内作出是否承诺就职的确切答复。遗嘱执行人于该期间内未给予继承人以确答时,视为承诺就职,意大利民法规定,遗嘱执行人接受任命不得附条件或期限。根据利害关系人的请求,司法机关可以为被任命的遗嘱执行人确定接受任命的期限,期限届满后仍未作出任何表示的,视为放弃。参见遗嘱执行人条。

(刘言浩)

zhiji huipiao

指己汇票(self-ordered bill of exchange) 变式汇票的一种,又称己受汇票,发票人以自己为受款人的汇票。这种汇票产生于市场交易实践,卖方常常签发以自己为受款人、以买方为付款人的汇票。凭这种汇票,卖方可将其背书转让、贴现,也可于到期日请求付款。这种汇票将买卖双方单纯的付款关系转变为更灵活的票据关系。双方当事人可借助汇票的支付功能、信用功能和融资功能,更好地扩展自己的业务。日内瓦法系、英美法系和我国台湾票据法都承认这种汇票。1995 年 5

月10日我国第八届全国人大常委会第十三次会议通过的《中华人民共和国票据法》对此无禁止规定。

（王小能）

zhiming qiyue
指名契约（contract with nominating right） 意大利民法规定的一种契约类型。契约成立后，按照合同约定，当事人可以在法定或约定的期间内，以合理的方式指定由第三人享有契约权利或承担契约义务。当事人的指定权应在3日或约定的期间内行使，并应当采用与订立契约相同的形式或其他合法形式。指名权人的指名表示合法有效的，被指名人取代指名人成为合同的当事人，指名表示不发生法律效力的，契约仍然在原缔约人之间发生效力。指名契约实际上是一种债的转移方式，由于指名契约在指名成立后，原缔约人完全退出合同关系，合同仅涉及双方当事人，因此，指名契约不同于一般意义上的涉他合同。我国《合同法》没有明文规定指名合同，但依据合同自由原则，当事人可以约定指名合同。

（刘经靖）

zhiming zhaiquan
指名债权（credit with specific obligee, credit by name） 又称"记名债权"。"无记名债权"、"指示债权"的对称。只能属于记名的特定债权人享有的债权。一般认为，一般的债权债务关系均属指名债权债务关系。指名债权的让与、设质及消灭等均依法的一般规定。如《日本民法典》第467条规定："指名债权的转让，非经转让人将其向债务人通知，或由债务人将其承诺，不得以之对抗债务人或其他第三人。"同时要求："通知或承诺非以附确定日期的证书进行，不得以之对抗债务人以外的第三人。"

（万霞）

zhiming zhi zhai
指名之债（obligition with specified obligor） 又称记名之债。债权人为明确的特定人的债。一般的债都为指名之债。此种债的债务人应向特定的债权人给付。

（郭明瑞）

zhishi jiaofu
指示交付（德 Vindikationszession） 动产由第三人占有，出让人将其对于第三人的返还请求权让与受让人，以替代实际交付，故又称返还请求权的让与。此处返还请求权究竟为债权的返还请求权，还是包括物权的返还请求权，德国民法学说上存有争议，而多数观点主张兼指两者。返还请求权的让与是否以通知第三人为必要？因让与行为不要式行为，故不必通知第三人。但是，未通知第三人的，对其不生效力，第三人基于善意仍向出让人履行债务的，对于受让人免除义务。第三人自受通知以后，得以对抗出让人的事由向受让人主张抗辩。

（李富成）

zhishi piaoju
指示票据（bill drawn to order） 出票人在出票时依法在票面上不仅记明收款人姓名而且记明可以以收款人指定的人为权利人的票据。指示票据必须经背书才能转让。此类票据的记载方式介于记名票据和无记名票据之间。其出票人不可以记载"不得转让"，以免与其记载的"特定人或其指定之人"这种权利人记载方式相矛盾。我国现行的票据法实际上不承认指示票据。

（温慧卿）

zhishi youjia zhengquan
指示有价证券（德 Orderpapier） 又称指定式有价证券。券面上记载特定之人或由该特定之人所指定之人的有价证券。例如"付给张三或其指定的人"。指示有价证券，对于该特定之人或其所指定之人有其意义。证券上之权利，系为此等人而设定。指示证券的法律特点在于权利移转之方式有不同。上例中"或其指定的人"云云，称为指定文句。指定的方式通常用背书。故指示证券，系以背书为转让，并将证券交付于受让人。有的证券，即使没有指定文句，只记载有特定人的姓名，但法律规定其可以依背书转让的，这种证券也称为指示证券，理论上称为当然的或法定的指示证券。例如汇票、本票、支票、提单等。

（张谷）

zhiji
质剂（zhi ji） 中国古代买卖契约的书面形式。西周时书面契约的一种。《周礼·地官·质人》载："凡卖者质剂焉，大市以质，小市以剂。"郑玄注：质剂"谓两书一札，同而别之。长曰质，短曰剂。"这种形式是在竹木简的两面写上相同的契约内容文字，在简侧刻上记号，然后从中一剖为二，各执其一。质用于奴隶、土地、马牛的交易；剂用于珍奇异物的交易。

（郭明瑞）

zhiquan
质权（pledge） 债权人占有债务人或第三人为担保债务履行而移交其占有的财产，当债务人不履行债务时，债权人享有就该财产卖得的价金优先受偿的权利。其作用是以留置质押物和优先受偿的双重效力来共同担保债权的实现。与抵押权的不同在于，质权中的出质人（债务人或第三人）要将出质财产交给质权人（债权人）占有，债务人或第三人不能再对质物占有、收益、处分。质权具有附随性,质权是为担保债权受偿而设定或发生的物权,具有从属于被担保债权的属性。被担保的债权为主权利,担保债权实现的质权为从权利。质权的从属性表现在以下三个方面:(1)质权的成立,须以现存的债权或将来可能发生的债权的存在为前提。为担保不存在、不能确定或无效的债权而设定质权,其设定行为无效。为担保将来可能产生的债权而设定质权,须于被担保债权发生且数额确定,始得行使质权。(2)质权不能与被担保的债权相分离,已经发生的质权因债权的转移而随之转移。质权人不得将质权让与他人或为他人设定担保而自己保留质权,亦不得将质权让与他人或为他人设定担保而自己保留债权,更不能将质权与债权分别让与不同的第三人或分别向不同的第三人提供担保。(3)质权随着被担保的主债权的消灭而消灭。质权具有不可分性,质权不因质物的分割或者让与而变化,质权人仍得以担保物的全部行使权利以担保债权的全部。也就是说,即使债务人已清偿大部分债务,仅有部分债务未清偿,质权人也得就其未受偿的债权对全部质权标的物行使质权。而当质物部分灭失时,未灭失的质物部分仍担保债权的全部,而不能相应地缩减质权的担保范围。质权具有物上代位性,质权因其性质为价值权,其权利内容在于支配标的物的交换价值,而交换价值在本质上不因物的形态或性质变化而变化,仍然保持其同一性。因此,不论质物是否变化其原有的形态或性质,只要还能维持其交换价值,质权基于直接支配标的物的交换价值的效力,可以涉及变形物或代替物,如第三人之损害赔偿、保险给付以及其他对待给付,质权人可依质权人物上请求权请求优先受偿。

根据不同的标准对质权可以做如下分类:(1)依质权标的物的类别不同,质权可以分为权利质权、动产质权和不动产质权。动产质权是以动产为标的的质权,动产质权以占有为公示条件。动产质权为质权基本形式,各国民法都有规定。不动产质权是以不动产为标的的质权,它曾是农业经济社会中一种重要物权担保方式,但现代社会中除少数国家(如日本)采用外,多数国家已废弃这一制度,我国《担保法》不承认不动产质权。权利质权是指以可让与的财产权利为标的而成立的质权。权利质权为现代各国立法普遍采取,只有少数国家虽在形式没有规定权利质权,但将权利质包括于动产质权,实质上仍然采用。(2)依质权内容的不同,质权可以分为占有质权、收益质权与归属质权。占有质权是指质权人对质物仅能占有,而不得使用收益的质权,一般适用于消耗物;收益质权是指质权人不仅占有质物,而且可以对质物使用收益的质权,仅适用于非消耗物;归属质权是指质权人通过取得质权标的所有权,以充抵其债权的质权。该质权为多数国家所禁止,仅限适用于营业质权。我国亦是如此,我国《担保法》第66条规定:"出质人和质权人在合同中不得约定在债务履行期届满质权人未受清偿时,质物的所有权转移为质权人所有。"(3)依质权成立原因的不同,质权可以分为意定质权和法定质权。意定质权是指债务人或第三人以法律行为而设定的质权;法定质权是指依法律规定而当然发生的质权。两者竞合时,法定质权效力优于意定质权。

质权关系中双方当事人的权利义务主要包括以下内容:(1)在债务人没有全部清偿债务之前,质权人可以占有质物,并可以质物关系的存在为由而拒绝出质人返还担保物的请求并可对抗人民法院的强制执行;(2)在债务人有多个债权人的情况下,质权人可以从出质财产的变卖中优先满足自己的债权,质权人对于质物的占有权受到他人(包括出质人)的侵害时,根据受侵害的情况可以请求返还原物、排除妨害、恢复原状或者赔偿损失;(3)质权人对于出质财产应当妥善保管,非经出质人同意,质权人不得使用出质物,不得将出质物出租或提供担保。质权人因保管质物支出的必要费用,有请求出质人予以偿还的权利。质权人因保管不善而造成质物毁损灭失时,应负赔偿责任。质权是一种从权利,当主债消灭时,质权随之消灭,质权人应将质物返还出质人。中华人民共和国建国后至1986年《民法通则》颁布前,我国并无质权制度立法。而《民法通则》只规定了抵押权,没有将抵押权与质权分开。1995年颁布的《担保法》中明确区分抵押权与质权,将质权分为动产质权与权利质权,不动产只能设定抵押权,即不承认不动产质权。 (申卫星)

zhiya

质押(德 Pfändung) 债权人与债务人或第三人协商订立书面合同,将债务人或第三人的特定动产或权利移转于债权人占有,在债务人到期不履行债务时,债权人可以变卖担保物并就其价值优先受偿的担保方式。其中,提供担保物的债务人或第三人被称为出质人(德文 Pfandschuldner oder Verpfänder),为质押所担保的债权人被称为质权人(德文 Pfandgläubiger),由债务人或第三人提供并转移于债权人占有的担保物被称为质物(德文 Pfandsache)。质押为我国《担保法》所规定的债权担保方式之一,分为动产质押与权利质押。 (申卫星)

zhiya hetong

质押合同(contracts for pledge) 债权人与债务人或第三人就特定债务的履行担保设定质权的书面协议。质押合同是设权合同,要求出质人(债务人或第三人)不仅应为完全行为能力人,而且对所出质财产须享有完全的处分权。质押合同是要式合同,我国《担保法》第64条第1款、第78条、第79条明确规定,出质人和质权人应当以书面形式订立质押合同。按照我国《担保法》第65条的规定,质押合同应当包括以下内容:(1)被担保的主债权种类、数额;(2)债务人履行债务的期限;(3)质物的名称、数量、质量、状况;(4)质押担保的范围;(5)质物移交的时间;(6)当事人认为需要约定的其他事项。质押合同是要物合同,我国《担保法》第64条第2款规定,质押合同自质物移交于质权人占有时生效;第76条对票据质押规定,质押合同自权利凭证交付之日起生效;第78条、第79条对股票质押和知识产权质押规定,质押合同自登记之日起生效。但应明确的是,此处所要求的条件并非质押合同的成立要件,质押合同因双方意思表示一致,且已签订书面合同即已有效成立。这些条件是质权设定的生效要件,未履行以上手续在当事人之间并不产生具有物权效力的质权,但具有债权效力的质押合同已经有效成立,出质人和质权人应受其约束,出质人有义务协助办理相应的质权设定手续。 (申卫星)

zhihairen
致害人(inflicter) 参见加害人条。

zhinajin
滞纳金(late charges) 亦称滞纳罚金,与违约金相对,行政责任的一种。因纳税人等逾期缴纳保险费、税款而按法律规定需额外缴纳的罚金。它是对滞纳行为的一种教育与处罚形式,一般依逾期交纳款项的百分比计算按日加征。我国的社会保险合同、供电、供水、供煤气等合同也将本来在民事合同中应采用的违约金称为滞纳金。 (肖 燕 张平华)

zhiqifei
滞期费(demurrage) 租船人在租船合同规定的装卸时间内未能完成装卸作业,根据合同的规定向船东支付的违约金。滞期费率在合同中订明,有的合同规定每天每艘船若干元,有的合同规定每天每载重吨若干元。计算滞期时间,如合同没有相反的规定,都按照"一旦滞期,始终滞期"的原则计算。即指进入滞期期间后,即使遇到星期天、节假日等停止工作的时间,也应计入滞期时间内。船舶滞期时间不能过长,在租船合同中一般都规定一个滞期期限,如10天,如果滞期时间未超过规定的期限,可以按照规定的滞期费率支付滞期费,如果超过了规定的期限,对于超过部分,须另付高于滞期费率的滞留赔偿金。 (张 琳)

zhiqi sunshi
滞期损失(loss for detention) 也叫船期损失或船舶丧失使用损失,是指在进行船舶碰撞损坏修理时,由于船舶所有人因该船不能投入正常的运营而遭受的损失。滞期损失的索赔数额为净营利损失加维持费用。索赔方必须证明:(1)确实有滞期损失的存在;(2)滞期损失是由于碰撞事故导致的;(3)合理的滞期损失数额。滞期损失的数额一般通过下列公式计算:滞期损失=(每天的净营利损失+每天的维持费用)×滞期天数。滞期天数一般是从碰撞妨碍了船舶使用之时起到船舶恢复正常营运之时为止的天数。另外,索赔方还可以追偿由于天气恶劣、工人罢工或分合同人延误等其不能控制的原因导致的滞期增加的损失。索赔人也可以就租用船舶代替受损船或者以备用船代替受损船而额外支付的费用向过失方进行索赔。
(张永坚 张 宁)

zhongbiaohun
中表婚(marriage between cousins) 表兄弟与表姊妹结为配偶的婚姻。中表婚在中国历史上存在的时间较长,其产生的原因是"亲上加亲",以维系和加强家族间政治、经济力量的联合。有些朝代基于优生的考虑,对中表婚严加禁止。《宋刑统》规定:"中表为婚,各杖一百,离之。"明、清律例中也有"若娶己之姑舅两姨姊妹者,杖八十"的规定。有些朝代基于对婚俗的顺应,对中表婚采驰禁的原则。清律《附例》载:"姑舅两姨为婚者,听从民便。"新中国成立后,由于禁止中表婚的条件还不成熟,且民间多有中表为婚的嫁娶习惯,故1950年《婚姻法》对中表婚采取了"其他五代内的旁系血亲间禁止结婚的问题从习惯"的规定。1980年《婚姻法》顺应了移风易俗、避免近亲结婚的危害、提高中华民族人口素质的迫切需要,明确规定:"三代以内的旁系血亲禁止结婚。"凡中表为婚,其婚姻无效。 (王歌雅)

zhongguo faren
中国法人(Chinese legal person) 外国法人的对称。依照中国法律,在中国境内设立的法人。区分中国法人与外国法人的意义,主要在于对外国法人有专门的认许制度。按照我国《中外合作经营企业法》、《中外合资经营企业法》和《外资企业法》的规定,以公司形式设立的中外合作经营企业、外资企业和中外合资经营企业是中国法人。 (李仁玉 卢志强)

zhongguo guoji maoyi cujin weiyuanhui haishi zhongcai weiyuanhui jiuzhu qiyue biaozhun geshi
中国国际贸易促进委员会海事仲裁委员会救

助契约标准格式(CMAC) 中国贸促会海事仲裁委员会参照 LOF1990 的精神,对原"中国国际贸易促进委员会海事仲裁委员会救助契约标准格式"进行修改,制定了新的救助合同格式即 1994 年"中国海事仲裁委员会救助合同标准格式",代号 CMAC1994。CMAC1994 中英文对照,共有 17 条。该救助契约标准格式的内容主要有:(1) CMAC1994 规定了"无效果、无报酬"原则。(2) CMAC1994 在第 4、7、9、13、14 等条明确规定:在救助作业过程中,救助方和被救助方、船长均有义务以应有的谨慎防止或减少环境污染损害。确定救助报酬,应体现对救助作业的鼓励并综合考虑 10 项因素。救助报酬不得超过船舶和其他财产的获救价值。"特别补偿"应是"无效果、无报酬"原则的例外及其确定原则。救助报酬金额应由获救船舶和其他获救财产的各所有人,按照船舶和其他财产各自的获救价值占全部获救价值的比例承担。参加同一救助作业的各救助方对救助报酬或特别补偿的分配,根据第 7、8、9 条的规定由各方协商确定。(3) 被救助标的的移送地点。CMAC1994 增加如下内容:如果没有上述约定或商定地点,可送往任一安全地点,当获救的船舶或其他财产已被送到前款规定的地点时,被救助方应及时接受救助方提出的合理移交要求;如未及时接受,被救助方应对非属救助方过失造成的后果负责。(4) 关于救助人可使用被救助人的船上机器及其他物料方面,规定"救助方不应无故损坏、抛弃或牺牲上述对象或其他被救财产"。(5) 增加人命救助规定。规定"在救助作业中,救助人命的救助方,对获救人员不得请求酬金,但有权从救助船舶或其他财产,防止或减少环境污染损害的救助方获得的救助款项中,获得合理份额。"(6) 关于担保。CMAC1994 规定:为了保全救助方应得的救助报酬,在救助作业结束后,被救助方应根据救助方的要求,在 14 个银行工作日内(法定节假日除外)提供满意的担保。船舶所有人及其雇佣人、代理人应在获救货物交还前,尽力使货物所有人对其应承担的救助报酬提供满意的担保。还规定了有关财产保全措施问题及担保金额应包括利息和进行仲裁可能发生的合理费用在内。(7) 关于默示签约的效力。CMAC1994 规定:如果在签订合同前,被救助方或船长没有明确和合理地制止,救助方对遇险的船舶或船上货物、运费、燃料、物料和其他财产已提供了本合同所指的全部或部分救助服务,本合同的规定适用于这种服务。(8) 关于仲裁。CMAC1994 规定:救助方和被救助方之间以及签订本合同的各救助方或各被救助方相互之间根据本合同所发生的或与本合同有关的一切争议,均应提交中国海事仲裁委员会仲裁解决。仲裁委员会依照我国仲裁规则规定的程序进行仲裁,依据仲裁委员会仲裁规则组成仲裁庭。有权根据救助方的请求,在合理条件下,作出中间裁决或部分裁决,要求被救助方先行支付适当的金额。被救助方根据仲裁庭上述裁决先行支付适当的金额,提供的担保金额应作相应扣减。仲裁委员会的裁决是终局的,对所有当事人均有约束力。(9) 关于法律适用。CMAC1994 增加规定"除另有明确约定外,本合同和根据本合同进行的仲裁适用中华人民共和国法律。" (王 青)

zhongguo haishi fayuan

中国海事法院(maritime court of China) 中国海事法院是中国国家审判机关的组成部分,是我国的专门法院,专门受理国内外海事诉讼案件,不受理刑事、行政和其他民事案件。中国海事法院审理国内以及涉外的第一审的海事海商案件,其级别相当于我国的中级人民法院。海事法院的审判业务受其上级地方人民法院,即各省和直辖市的高级人民法院指导和监督。各海事法院在专门业务方面可直接受最高人民法院交通运输审判庭的监督和指导。我国的海事法院是根据我国全国人民代表大会常务委员会于 1984 年 11 月 28 日作出《关于在沿海港口城市设立海事法院的决定》而设立的。目前,全国共有 10 个海事法院,分别是大连海事法院、天津海事法院、青岛海事法院、上海海事法院、武汉海事法院、广州海事法院、厦门海事法院、宁波海事法院、海口海事法院和北海海事法院。 (王 青)

zhongguo renmin baoxian (jituan) gongsi jingji chufa zanxing guiding

《中国人民保险(集团)公司经济处罚暂行规定》(Interim Regulations of People's Insurance Corporation(Group) of China on Economic Punishment) 对中国人民保险(集团)公司所属各专业子公司及分支机构、各级公司所办经济实体的违法、违规行为进行经济处罚的部门规章。由中国人民保险(集团)公司(以下简称中保集团)于 1997 年 8 月 19 日发布并自发布之日起实施。共 20 条。主要内容为:(1) 中保集团所属各专业子公司及分支机构、各级公司所办经济实体的有关责任人员违反财政、金融法律、法规及政策的,可予以罚款和赔偿经济损失的处罚。其中,主要责任人承担经济损失金额应予赔偿部分的 70%,次要责任人员承担 30%。(2) 对违反规定超过业务范围承保业务、擅自扩大承保权限等 5 类违反业务操作规程的行为,处以 2000 元以下的罚款;对因未严格履行查勘定损手续而导致错赔或误赔、擅自扩大理赔权限等 5 类行为,处以 5000 元以下的罚款;对未经批准擅自扩大指令性投贷规模、以拆借或其他名义给非金融机构融资和贷款等 7 类行为,处以 2000~7000 元的罚款,造成经济损失的,按损失金额的1%~10%比例进行赔偿;对伪造原始凭证、违规列支成本等14类行为,处以5000元以下的罚款。(3)对抗拒稽核检查、明知故犯、违章不纠、屡查屡犯、毁灭证据、打击报复、以赔谋私等行为,从重处罚。(4)经济处罚由上级公司稽核、监察及其他职能部门提出处罚意见,报公司领导审批后下发执行。(5)处罚通知书发至被处罚人所在公司,由财会部门在工资中扣缴。罚款最高不超过7000元,赔偿经济损失最高不超过5万元。(6)对处罚决定不服的,可在接到处罚通知书之日起15日内向上一级公司申请复查,复查期间处罚决定照常执行。　　（刘凯湘）

zhongguo renmin baoxian gongsi

中国人民保险公司(People's Insurance Company of China)　　中华人民共和国的国有保险企业,是经营保险业务的专业公司。经中央人民政府政务院财政经济委员会批准,该公司成立于1949年10月20日,中国人民银行总行副行长胡景云兼任第一任总经理。1958年10月国务院决定停办国内业务,自1955年起该公司专营国外业务,归属中国人民银行国外局领导。1979年中国人民保险公司恢复建制,并在随后的金融体制改革中升格为国务院直属局级经济实体。1995年10月1日《中华人民共和国保险法》开始实施,根据《保险法》的规定,1995年11月经国务院批准,中国人民保险公司实施改制,改为中国人民保险(集团)公司(简称"中保集团")。改制后设立的中保集团的注册资本为30亿元,不再经营具体保险业务,而成为控股公司,下设若干子公司分别经营财产保险、人身保险、再保险和国外保险业务。中保集团为国有独资公司,直接对国务院负责。中国人民银行负责对中保集团的领导、监督和管理,财政部负责其财务管理。中保集团及其子公司均为企业法人,中保集团公司以控股公司的身份对其专业子公司投资并实施领导、监督和管理。中保集团公司和专业子公司所属省以下分公司仍维持原人保公司的行政级别不变。中保集团控股专业子公司有:(1)中保财产保险有限责任公司,专门经营各类财产险业务。中保财产保险有限责任公司注册资本为人民币20亿元,其中,中保集团投资11亿元,企业投资9亿元。(2)中保人寿保险有限责任公司,专门经营长期寿险和短期人身险业务。中保人寿保险有限责任公司注册资本为人民币15亿元,其中,中保集团投资8亿元,企业投资7亿元。(3)中保再保险有限责任公司,经营系统内部的再保险业务以及集团对外的分出分入业务,并代行国家法定再保险职能。中保再保险有限责任公司的注册资本为人民币20亿元,其中,中保集团投资11亿元,国有企业投资9亿元。(4)现有海外保险机构仍作为独立的实体直属中保集团,继续经营海外保险业务。　　（史卫进）

zhongguo taipingyang baoxian gongsi

中国太平洋保险公司(Pacific Insurance Company of China)　　交通银行投资组建的保险公司,中国人民银行总行于1991年4月26日批准成立,是我国第二家全国性保险公司。公司注册资金10亿人民币,公司总部设在上海。该公司是有限责任公司,实行董事会领导下的总经理负责制,实行总公司统一领导分级核算管理体制。1995年以前,该公司经营包括财产保险和人身保险在内的综合业务。1995年以后按照财产保险和人身保险分业经营的原则,该公司经营财产保险业务,原经营的人身保险业务另行成立人寿保险公司进行经营。　　（史卫进）

zhongguo wailun daili zonggongsi

中国外轮代理总公司(China Ocean Shipping Agency Company)　　中国外轮代理总公司及所属公司统称为中国外轮代理公司(以下简称外代)。1953年1月1日,经中央人民政府批准,中国外轮代理总公司及大连、秦皇岛、天津、青岛、上海和广州六家分公司对外宣布成立。随之代理业务迅速扩大,成为名副其实的国际运输公共代理人。自1955年下半年起,外代开始接管外籍航商和代理行的在华业务。截至1960年,全部接管工作结束,从此外代成为中国独家经营国际航行船舶代理业务的公司。1978年,中国实行改革开放政策后,外代业务不断发展。1984年以后,随着国家政策的改变,外轮代理业务从独家经营逐步走向日益开放。外代一方面积极稳妥地在各开放口岸建立分支机构,增设服务网点,拓宽服务渠道;另一方面创造条件开展新的代理业务,包括集装箱运输代理、散装化肥灌包、原油过驳、船员外派等,积极促进中国对外贸易的发展。进入20世纪90年代以后,外代明确提出了"巩固主业,强化服务,经营多元化,市场国际化,管理科学化"的经营发展战略,并通过实施这一战略使企业效益不断提高,实力明显增强,市场竞争优势得到发挥。
　　（宋春风　金　强）

zhongguo yuanyang yunshu jituan

中国远洋运输集团(China Ocean Shipping Group Company, COSCO)　　中国以国际航运为主业的大型跨国企业集团。1961年4月27日,以"光华"轮为标志,新中国第一家国际海运企业——中国远洋运输总公司宣告成立。经过几十年的发展,1993年2月16日,中国远洋运输集团成立。目前,中远集团拥有和经营着500余艘现代化商船,包括集装箱船、干散货船、杂货船、客运船、特种船和油轮等,共计2200万载重吨,规模居世界前列。中远集团数百家国内外成员企业形成了以北京为中心,以香港、日本、新加坡、韩国、美国、欧洲、澳大利亚、南非和西亚等九大区域为辐射点的全球航运业务网络,航线遍及世界160多个国家和地区的1500多个港口,为工贸界提供全球性海上运输服务。中远集团是以国际航运为主业,集现代物流、船务代理、货运代理、空运代理、码头仓储、内陆集疏运、海上燃物料供应、电子商务、贸易、工业、金融、保险、房地产开发、旅游、劳务输出、院校教育等业务于一体的大型企业集团,是国家确定的56家大型试点企业集团之一。中国远洋运输(集团)总公司是中远集团的核心企业,是集团成员单位的出资者,担负国有资产保值增值的责任,对各成员单位有监督、检查、协调、指导和服务的职能。

(宋春风　金　强)

zhonghua renmin gongheguo baoxianfa
《中华人民共和国保险法》(The Law of Insurance of P.R.C)　我国规定保险活动的基本法律规定。1995年6月30日由第八届全国人民代表大会常务委员会第十四次会议通过,同日由国家主席令第51号公布,自1995年10月1日起施行。2002年10月28日第九届全国人民代表大会常务委员会第三十次会议通过了《关于修改中华人民共和国保险法的决定》,该《决定》自2003年1月1日起施行。新中国第一部专门保险立法。共8章,分别为总则、保险合同、保险公司、保险经营规则、保险业的监督管理、保险代理人和保险经纪人、法律责任和附则,总计152条。其立法目的在于规定保险活动,保护被保险人和保险当事人的合法权益,加强对保险业的监督管理,促进保险事业的健康发展。该法确立了我国保险法以商业保险为规定对象,不调整社会保险中的法律关系;确立了合法、诚实信用、公平竞争为保险活动的三项基本原则;规定了保险业为许可经营行业,实行许可经营制度和专业监管制度。除总则外,主要内容为:

保险合同　在保险合同的一般规定中,主要规定了保险合同的概念、订立保险合同的原则、保险利益要件、投保与承保的程序、保险合同的成立与生效、保险合同的形式、保险合同的基本条款与任意约定条款、保险合同的变更与解除、免责条款的效力、如实告之义务、保险事故的通知、保险给付、再保险等内容;在财产保险合同中,主要规定了财产保险合同的概念、财产保险合同的变更与解除、被保险人的防灾减损义务和危险增加的通知义务、保险价值的确定与适用、保险费的变动、重复保险及其效力、保险赔偿金的给付、保险代位权的行使及其限制、责任保险及其效力等;在人身保险合同中,主要规定了人身保险合同的概念、人身保险利益、被保险人年龄误保的后果、以死亡为给付保险金条件的人身保险合同的投保限制、人身保险单的转让与质押、保险费的交付与退还、保险合同的中止与复效、受益人及其指定方式与变更、投保人或受益人故意造成被保险人伤亡时的保险责任、被保险人自杀时的保险责任、被保险人因故意犯罪而导致自身伤亡时的保险责任、保险代位权的禁止适用等。

保险公司　主要规定了保险公司的性质及其设立程序与条件。保险公司的组织形式为股份有限公司和国有独资公司两种。保险公司注册资本的最低限额为人民币2亿元,且须为实缴货币资本。保险公司的设立由保险监督管理机构审批,凭批准部门颁发的经营保险业务许可证向工商行政管理机关办理登记。保险公司经批准可以设立分支机构,分支机构的民事责任由保险公司承担。保险公司不能支付到期债务时经保险监督管理机构同意,可依《破产法》宣告破产并进行清算。

保险经营规则　主要规定了保险公司的业务范围、再保险业务、保险公司偿付能力的维持、资金运营规则等内容。确立了保险公司分业经营的原则,即同一保险人不得同时兼营财产保险业务和人身保险业务。保险公司需依规定提取未决赔偿准备金、公积金和提存保险保障基金。保险公司需将其承保的每笔财产保险业务的20%办理再保险。保险公司的资金运用限于在银行存款、买卖政府债券、金融债券及国务院允许的其他资金运用形式,而不得用于设立证券经营机构和向企业投资。

保险业的监督管理　主要规定了保险监督管理机构对保险公司在保险条款、保险费率、业务和财务等方面的监管、保险公司的整顿和接管、保险公司的营业及财务报告制度等内容。关系社会公众利益的保险险种、依法实行强制保险的险种和新开发的人寿保险险种等的保险条款和保险费率,应当报保险监督管理机构审批,其他险种的保险条款和保险费率应当报保险监督管理机构备案。保险监督管理机构有权检查保险公司的业务状况、财务状况及资金运用状况,包括查询保险公司在金融机构的存款,发现有违法或违规情形时可以责令保险公司限期整改,并可决定对保险公司进行整顿;若保险公司的违法行为危及其偿付能力时,可以对其实行接管。

保险代理人和保险经纪人　主要规定了保险代理人和保险经纪人这两种保险辅助人的法律地位、资格取得、业务活动准则和责任承担等内容。保险代理人和保险经纪人应当具备保险监督管理机构规定的资格条件,并取得保险监督管理机构颁发的经营保险代理业务许可证或经纪业务许可证,向工商行政管理机关办理登记,领取营业执照,才能开展相关的业务。

法律责任 主要规定了违反本法从事保险活动应当承担的行政责任和刑事责任，其中行政责任由保险监督管理机构追究，包括责令改正违法行为、罚款、限制业务范围、责令停业整顿、没收违法所得、吊销经营保险业务许可证等。行为人违反本法的规定而构成犯罪的，依据刑法追究其刑事责任。

此外，该法的附则还分别规定了海上保险的法律适用、外商投资或者经营保险业务的法律适用、农业保险的法律适用、保险公司以外的保险组织等事项。

(刘凯湘)

zhonghua renmin gongheguo chanpin zhiliang fa
《中华人民共和国产品质量法》(Law of the People's Republic of China on Product Quality) 1993年2月22日第七届全国人民代表大会常务委员会第三十次会议通过，2000年7月8日第九届全国人民代表大会常务委员会第十六次会议修正。该法律包括总则、新产品质量的监督、生产者、销售者的新产品质量责任和义务、损害赔偿、罚则、附则等6章，共74条。该法明定其立法目的是"为了加强对新产品质量的监督管理，提高新产品质量水平，明确产品质量责任，保护消费者的合法权益，维护社会经济秩序"。规定"在中华人民共和国境内从事产品生产、销售活动，必须遵守本法"；"本法所称产品是指经过加工、制作，用于销售的产品"；"建设工程不适用本法规定；但是，建设工程使用的建筑材料、建筑构配件和设备，属于前款规定的产品范围的，适用本法规定"。该法明确规定了生产者、销售者的质量管理责任、各级政府的职责、产品质量监督的主管部门的职权。该法不仅规定了产品质量监督制度，而且规定了生产者、销售者的产品质量责任和义务，规定了违反本法规定的各种法律责任。该法确立了较完善的产品责任的损害赔偿制度，明确规定"因产品存在缺陷造成人身、缺陷产品以外的其他财产损害的，生产者应当承担赔偿责任"；"由于销售者的过错使产品存在缺陷，造成人身、他人财产损害的，销售者应当承担赔偿责任"；"销售者不能指明缺陷产品的生产者也不能指明缺陷产品的供货者的，销售者应当承担赔偿责任"；"因产品存在缺陷造成人身、他人财产损害的，受害人可以向产品的生产者要求赔偿，也可以向产品的销售者要求赔偿。属于产品的生产者的责任，产品的销售者赔偿的，产品的销售者有权向产品的生产者追偿。属于产品的销售者的责任，产品的生产者赔偿的，产品的生产者有权向产品的销售者追偿。"该法还明确规定了因产品存在缺陷造成人身、财产损害的赔偿范围，要求赔偿的诉讼时效以及质量纠纷的解决办法等。

(郭明瑞)

zhonghua renmin gongheguo gongsi dengji guanli zanxing guiding
《中华人民共和国公司登记管理暂行规定》(Temporary Provisions of the People' Republic of china on management of corporation registration) 1985年8月14日经中国国务院批准，同年8月25日国家工商行政管理局颁布施行。全文共20条。规定所称公司指依本规定程序设立，有独立财产，自主经营，自负盈亏，依法承担经济责任的从事生产经营或服务性业务的经济实体。规定开办公司必须向公司所在地的市、县工商行政管理机关申请登记。经核准登记，领取营业执照后始得营业。全国性公司向国家工商行政管理局申请登记。个体经营者不得单独申请成立公司。公司的生产经营或服务范围，应与其注册资金、设备条件、技术力量相适应。符合国家法律、法令规定的经核准登记，可以一业为主，兼营其他。公司申请登记，必须提交有关文件和副本，申请经营国家有专项规定的行业，应提交有关主管机关的专项批准证件。公司违反规定的，按照《工商企业登记管理条例》的规定，由工商行政管理机关根据不同情况，给予批评教育；情节严重的，给予警告、罚款、通知银行冻结存款或者撤销银行账户、勒令停办或停业、吊销营业执照的处分。本暂行条例已为1988年6月3日颁布的《中华人民共和国企业法人登记管理条例》所废止。 (刘弓强 蔡云红)

zhonghua renmin gongheguo gongsi fa
《中华人民共和国公司法》(Company Law of the People's Republic of China) 1993年12月29日第八届全国人民代表大会常务委员会第五次会议通过并公布，自1994年7月1日起施行。《中华人民共和国公司法》(以下简称《公司法》)的制定，是为了适应建立现代企业制度的需要，规范公司的组织和行为，保护公司、股东和债权人的合法权益，维护社会经济秩序，促进社会主义市场经济的发展。《公司法》分11章，共230条，对有限责任公司和股份有限公司的设立，内部组织机构，股份的发行与转让，公司债券，公司财务、会计，公司合并、分立，公司破产、解散和清算及外国公司的分支机构，法律责任等重大问题均作出了明确规定。《公司法》适用于不同经济性质的企业，包括国有企业、集体企业、私营企业、联营企业和外商投资企业，都可以采用规范的公司形式，但有关中外合资经营企业、中外合作经营企业、外资企业的法律另有规定的，适用其规定。

《公司法》在总则中规定：本法所称公司是指依照本法在中国境内设立的有限责任公司和股份有限公司。有限责任公司和股份有限公司是企业法人。有限责任公司，股东以其出资额为限对公司承担责任，公司以其全部资产对公司的债务承担责任;股份有限公司,其全部资本分为等额股份,股东以其所持股份为限对公司承担责任,公司以其全部资产对公司债务承担责任。公司股东作为出资者按投入公司的资本额享有所有者的资产收益、重大决策和选择管理者等权利。公司享有由股东投资形成的全部法人财产权,依法享有民事权利,承担民事责任。公司中的国有资产所有权属于国家。公司以其全部法人财产,依法自主经营,自负盈亏。公司在国家宏观调控下,按照市场需求自主组织生产经营,以提高经济效益、劳动生产率和实现资产保值增值为目的。公司的合法权益受法律保护,不受侵犯。总则还规定,公司必须保护职工的合法权益,加强劳动保护,实现安全生产。公司职工依法组织工会,开展工会活动,维护职工合法权益。公司应当为本公司工会提供必要的活动条件。国有独资公司和两个以上的国有企业或者两个以上的国有投资主体设立的有限责任公司,依照宪法和有关法律的规定,通过职工代表大会和其他形式,实行民主管理。

《公司法》在第二章、第三章中,对公司的内部组织机构,即股东会、董事会、监事会等作出了规定。股东是公司资产的所有者,由其组成股东会作为公司的权力机构,决定公司的重大事项;董事会是公司的经营决策机构,对股东会负责;监事会由股东代表和适当比例的职工代表组成,作为公司的内部监督机构,对经营管理者进行监督。股份有限公司必须设立股东会、董事会和监事会。有限责任公司须设立股东会,其股东人数较少和规模较小的,可以设执行董事,不设立董事会,执行董事可以兼任公司经理;规模较大的设立监事会,股东人数较少和规模较小的,可以设一至二名监事。在第二章中,以专节形式对国有独资公司作了规定。《公司法》所称国有独资公司是指国家授权投资的机构或者国家授权的部门单独投资设立的有限责任公司。国务院确定生产特殊产品的公司或者属于特定行业的公司,应当采取国有独资公司形式。《公司法》对国有独资公司在内部组织机构的设立、民主管理、资产转让等方面作了特殊规定。两个以上的国有企业或者其他两个以上的国有投资主体设立的有限责任公司,适用公司法对一般有限责任公司的规定。《公司法》在第四章中,对股份有限公司的股份发行的原则,记名股票、非记名股票记载事项的要求,发行新股必须具备的条件,股份转让以及上市公司等均作了具体规定。《公司法》第五章规定,股份有限公司、国有独资公司和两个以上的国有企业或者其他两个以上的国有投资主体投资设立的有限责任公司,为筹集生产经营资金,可以发行公司债券。公司债券是指公司依照法定程序发行的、约定在一年期限还本付息的有价证券。该章还对发行公司债券必须符合的条件等作了规定。《公司法》第六章规定,公司应当依照法律、行政法规和国务院财政主管部门的规定建立本公司的财务、会计制度。公司应当在每一会计年度终了时制作财务报告,并依法审查验证。公司除法定的会计账册外,不得另立会计账册。对公司资产,不得以任何个人名义开立账户存储。《公司法》第七章规定,公司合并或者分立,应当由公司的股东会作出决议。股份有限公司合并或者分立,必须经国务院授权的部门或者省级人民政府批准。公司合并可以采取吸收合并和新设合并两种形式。《公司法》第八章规定,公司因不能清偿到期债务,被依法宣告破产的,由人民法院依照有关法律的规定,组织股东、有关机关及有关专业人员成立清算组,对公司进行破产清算。公司有下列情形之一的,可以解散:公司章程规定的营业期限届满或者公司章程规定的解散事由出现时;股东会决议解散;因公司合并或者分立需要解散的。公司违反法律、行政法规被依法责令关闭的,应当解散。公司解散,应当成立清算组织进行清算。《公司法》第九章规定,外国公司依照本法规定可以在中国境内设立分支机构,从事生产经营活动。《公司法》所称外国公司是指依照外国法律在中国境外登记成立的公司。外国公司在中国境内设立分支机构,必须向中国主管机关提出申请,并提交公司章程、所属国的公司登记证书等有关文件,经批准后,向公司登记机关依法办理登记,领取营业执照。外国公司属于外国法人,其在中国境内设立的分支机构不具有中国法人资格。外国公司对其分支机构在中国境内进行经营活动承担民事责任。经批准设立的外国公司分支机构,在中国境内从事业务活动,必须遵守中国法律,不得损害中国的社会公共利益,其合法权益受中国法律保护。《公司法》第十章对设立公司过程中的商业欺诈行为,公司负责人侵犯公司财产、损害股东和公司利益的行为,国有企业改组为公司时将国有资产低价折股、低价出售或者无偿分给个人,侵害国有资产的行为和资产评估、验资和公司在审批登记中徇私舞弊等行为,规定了严格的责任。《公司法》施行后,新设立公司要严格按照《公司法》规定的条件设立。《公司法》第十一章规定,《公司法》施行前依照法律、行政法规、地方性法规和国务院有关主管部门制定的《有限责任公司规范意见》、《股份有限公司规范意见》登记成立的公司,继续保留,其中不完全具备《公司法》规定的条件的,应当在规定的期限内达到《公司法》规定的条件。

《公司法》是我国第一部有关公司企业的基本法律,是建立现代企业制度的法律保障。《公司法》与其他企业法律,如全民所有制工业企业法的关系是:《公司法》不能代替、取消其他法律,《公司法》并不覆盖所有的企业,也不是所有的企业都要适用《公司法》。在适应社会主义市场经济的法律体系中,《公司法》与其他企业法律同时并存,调整各自所规定的企业组织形式,共同对社会主义市场经济体系起保护和促进作用。

(王亦平)

zhonghua renmin gongheguo gupiao faxing yu jiaoji zanxing tiaoli

《中华人民共和国股票发行与交易暂行条例》(Provisional Regulation on the Management on the Issuance and Trading of Stocks of People's Republic of china)

1993年4月22日由国务院第112号令发布,自公布之日起生效。是中国证监会成立后颁布的第一部行政法规,也是我国第一部由国务院发布的全面规范股票发行与交易的行政法规,对规范我国证券市场、创建证券市场的基本原则,起了重要的作用。1999年7月1日我国《证券法》生效,条例与《证券法》的内容不一致或相冲突的内容,自然失效,不再适用;与《证券法》一致的内容,可继续适用。第一章总则,规定制定目的、适用范围、基本原则、证券市场的监督机构;第二章股票的发行,规定股票发行人资格、发行条件、发行股票的交易、上市公司的收购、保管清算和过户、上市公司的信息披露、调查和发行方式、发行审批、发行承销、发行中信息公开;第三章上市公司收购,规定公开要约收购方式、程序;第五章保管清算过户;第六章上市公司信息披露,规定上市公司年度报告、中期报告、临时公告的公开程序和内容;第七章调查与处罚,规定任何单位违反条例规定的义务,证监会有权处罚;第八章争议的仲裁;第九章附则,共84条。制订目的是为了适应社会主义市场经济的需要,建立和发展全国统一、高效的股票市场,保护投资者的合法权益和社会公共利益,促进国民经济的发展(该条例第1条)。条例与《证券法》不同的主要方面:(1)自然人不得为证券收购主体。条例第46条规定,任何个人不得有一个上市公司的0.5%以上的发行在外的普通股,超过的部分,公司在征得证监会同意后,按照买入价格和市场价中较低的一种价格收购;证券法对此没有限制规定。(2)没有规定协议收购方式。《证券法》第78条规定,上市公司收购可采取要约收购或协议收购的方式。(3)特定数量持股的报告义务不同。条例第47条规定,任何一个法人持有一个上市公司5%以上的发行在外的普通股后,其持有该种股票的增减变化每达到该种股票发行在外的股票总额的2%时,应当自该事实发生之日起3个工作日内,向证券交易所和证监会作出书面报告并公告;《证券法》第79条规定,投资者持有一个上市公司已发行的股票的5%后,通过证券交易所证券交易,其所持该上市公司已发行的股份每增加或减少5%,应当自该事实发生之日起3日内,向国务院证券监督管理机构、证券交易所作出书面报告,通知该上市公司,并予以公告。(4)《证券法》取消了收购未达50%、股份收购为失败的规定。条例第51条规定,收购人收购要约期满,收购要约人持有的普通股未达到该公司发行在外的普通股总数的50%的,为收购失败。

(宋士心)

zhonghua renmin gongheguo haishang jiaotong anquanfa

《中华人民共和国海上交通安全法》(Maritime Traffic Safety Law of the People's Republic of China)

我国建国以来由立法机关制定的关于海上交通安全管理的第一部法律。1983年9月2日中华人民共和国第六届全国人民代表大会常务委员会第二次会议通过,1984年1月1日施行。该法共12章53条,对船舶检验和登记、船舶设施上的人员、航行停泊和作业、安全保障、危险货物运输、海难救助、打捞、交通事故的调查处理、法律责任等作了规定。适用于在中华人民共和国沿海水域航行、停泊和作业的一切船舶、设施和人员以及船舶、设施的所有人、经营人。规定中华人民共和国港务监督机构是对沿海水域的交通安全实施统一监督管理的主管机关。此外,交通部还制定了《船舶交通管理系统安全监督管理规则》、《高速客船安全管理规则》、《船舶安全检查规则》等一系列有关安全方面的行政规章。

zhonghua renmin gongheguo haishi susong tebie chengxu fa

《中华人民共和国海事诉讼特别程序法》(Maritime Procedure Law of the People's Republic of China)

《中华人民共和国海事诉讼特别程序法》是为保障我国《海商法》实施的需要、履行国际公约规定的义务、弥补我国《民事诉讼法》不能完全满足海事诉讼需要的缺憾而制定的,由中华人民共和国第九届全国人民代表大会常务委员会第十三次会议于1999年12月25日通过,自2000年7月1日起施行。

《海事诉讼特别程序法》共分为12章127条,分别规定了总则、管辖、海事请求保全、海事强制令、海事证据保全、海事担保、送达、审判程序、设立海事赔偿责任限制基金程序、债权登记与受偿程序、船舶优先权催告程序和附则。根据该法的相关规定,在中华人民共和国领域内进行海事诉讼,无论沿海、内河还是远洋运输发生的海事案件,无论由海事法院还是由高级人民法院、最高人民法院审理的海事案件,均适用《海事诉讼特别程序法》,体现了坚持国家主权的原则。《海事诉讼特别程序法》适用于海事诉讼,《海事诉讼特别程序法》没有规定的适用《民事诉讼法》和其他相关法律规定,表明《海事诉讼特别程序法》以《民事诉讼法》为基本法,是对《民事诉讼法》及相关法律的必要补充,也体现了特别法优先适用的原则。在审理涉外海事诉讼案件时,我国缔结或参加的国际条约与《海事诉讼特别程序法》有不同规定的,适用该国际条约的规定,但我国声明保留的条款除外;我国法律和我国缔结或者参加的国际条约没有规定的,可以适用国际惯例,但不得违背我国的社会公共利益。 (王 青)

zhonghua renmin gongheguo hehuo qiye fa

《中华人民共和国合伙企业法》(Partnership Enterprises Act of People's Republic of China) 1997年2月23日第八届全国人大常委会第24次会议通过,同日公布,1997年8月1日起施行,共9章78条。该法规定,合伙企业是依法设立的由各合伙人订立合伙协议,共同出资、合伙经营、共享收益、共担风险,并对合伙企业债务承担无限连带责任的营利性组织。明示本法所规范的合伙为普通合伙,不包括隐名合伙。合伙企业法对合伙企业的设立、合伙企业的财产、合伙事务的执行、合伙企业与第三人的关系、入伙和退伙、合伙企业的解散和清算等问题作了明确的规定。

合伙企业的设立 设立合伙企业应具备以下条件:(1)有二个以上合伙人,且都是承担无限责任者;(2)有书面合伙协议;(3)有合伙人实际缴付的出资;(4)有自己的名称;(5)有经营场所和从事合伙经营的必要条件。合伙人应当是具有完全民事行为能力的人,法律、行政法规禁止从事营利性活动的人,不得成为合伙人。合伙企业经核准登记、签发营业执照之日成立,得以合伙企业名义从事经营活动。

合伙企业的财产 合伙人的出资和以合伙企业名义取得的收益为合伙企业的财产,由全体合伙人共同管理和使用,合伙企业进行清算前,合伙人不得请求分割,法律另有规定的除外。合伙人转让其在合伙企业中的财产份额时,其他合伙人有优先受让的权利,合伙人如果向合伙人以外的人转让其份额,须经全体合伙人一致同意,并修改合伙协议。合伙人以其在合伙企业中的份额出质的,须经全体合伙人一致同意,否则行为无效,或作为退伙处理。

合伙事务的执行 合伙人对执行合伙事务有同等的权利。可以由全体合伙人共同执行合伙事务,也可以由合伙协议约定或全体合伙人决定,委托一名或数名合伙人执行合伙事务。执行合伙事务的合伙人对外代表合伙企业,其执行合伙事务所产生的收益归全体合伙人,亏损和民事责任由全体合伙人承担。不执行合伙事务的合伙人有权监督合伙事务的执行情况。合伙人分别执行合伙事务时,合伙人可以对其他人执行的合伙事务提出异议。合伙人负有不竞业义务,除合伙协议另有约定或经全体合伙人同意外,也不得同本合伙企业进行交易。对合伙企业有关事项作出决议时,实行1人1票的表决方法。下列事项须由全体合伙人一致同意决定:(1)处分合伙企业的不动产;(2)改变合伙企业名称;(3)处分合伙企业的知识产权和其他财产权利;(4)变更企业登记;(5)为他人提供担保;(6)聘任合伙人以外的人担任合伙企业的经营管理人员;(7)合伙协议约定应由全体合伙人一致同意的其他事项。

合伙企业与第三人的关系 合伙企业的债务,首先由合伙企业的财产清偿,不足部分,由各合伙人承担无限连带责任。合伙企业对合伙事务执行人权利的限制,不得对抗善意第三人。某一合伙人在合伙企业中的财产权利,不得作为其债权人代位权和抵销权的标的。

入伙和退伙 入伙应经全体合伙人同意。入伙人对入伙前合伙企业的债务与其他合伙人一样承担连带责任。合伙协议未约定合伙经营期限的,合伙人在不给合伙企业事务执行造成不利影响的情况下可以自由退伙,但应在30日前通知其他合伙人。合伙协议约定有经营期限的,只有在下列情况下才可以退伙:(1)约定的退伙事由出现;(2)经全体合伙人同意;(3)发生合伙人难以继续参加合伙企业的事由;(4)其他合伙人严重违反合伙协议约定的义务。违反上述规定擅自退伙的,应当赔偿因此给其他合伙人造成的损失。合伙人死亡、被宣告为无民事行为能力人、个人丧失偿债能力、在合伙企业中的财产份额由人民法院强制执行时,合伙人当然退伙。合伙人有下列情形之一的,经其他合伙人一致同意,可以决议将其除名:(1)未履行出资义务;(2)因故意或重大过失给合伙企业造成重大损失;(3)执行合伙事务时有不正当行为;(4)合伙协议约定的其他事由。被除名人有异议的,可诉请人民法院裁决。退伙人对其退伙前已发生的合伙债务,仍应承担连带责任。

合伙企业的解散 合伙企业有下列情形之一时,应当解散:合伙协议约定的经营期限届满,合伙人不愿继续经营的;合伙约定的解散事由出现;全体合伙人决定解散;合伙人已不足法定人数;合伙约定的目的实现或无法实现;被依法吊销营业执照;出现法律、行政法规规定的合伙企业解散的其他原因。合伙企业解散后应当进行清算,并通知和公告债权人。合伙企业解散后,原合伙人对合伙企业存续期间的债务仍应承担连带责任,但债权人在5年内未向债务人提出清偿请求的,该责任消灭。

合伙企业清算结束,应当编排清算报告,经全体合伙人签名、盖章后报送企业登记机关,办理合伙企业注销登记。

《合伙企业法》的颁布,标志着我国合伙企业法律制度基本完备,合伙企业作为与自然人、法人并列的第

三种民事主体的法律地位得以确立。　　（张玉敏）

zhonghua renmin gongheguo hetong fa
《中华人民共和国合同法》（Contract Law of the People's Republic of China）　简称《合同法》，1981年、1985年和1987年我国先后颁布了《经济合同法》、《涉外经济合同法》和《技术合同法》。20世纪90年代后，三法并存的合同立法模式以及三法中存在的较多体现计划经济体制的特征，既不能够适应市场经济体制统一交易规则的要求，也不能与国际公约和国际惯例协调一致。1993年10月，立法机关委托学者、专家设计了合同法立法方案，于1995年1月产生了由学者起草的建议草案，在此基础上经过6年修改，三易其稿，《合同法》于1999年3月15日在第九届全国人民代表大会第二次全体会议上通过。《合同法》不区分国内合同、涉外合同、商事合同和民事合同，包括自然人、法人、非法人组织一切主体，调整范围涵盖一切合同关系，规定严格责任原则，实现了交易规则的统一。《合同法》建立了合同自由原则、公平原则和诚实信用原则，不专章规定合同管理、合同管理机关和合同管理机关对合同的监督，不规定行政制裁措施，充分保障了当事人意思自治。《合同法》借鉴了发达国家和地区的立法、司法经验，创建了缔约过失责任、表见代理、越权行为、无权处分、合同履行抗辩权、债的保全、预期违约等各项新制度；《合同法》总结了生活实践经验，结合之前的3个合同法及有关司法解释，规定了15种有名合同：买卖合同，供用电、水、气、热力合同，赠与合同，借款合同，租赁合同，融资租赁合同，承揽合同，建设工程合同，运输合同，技术合同，保管合同，仓储合同，委托合同，行纪合同，居间合同。

尽管《合同法》第2条规定，凡是平等主体的自然人、法人、其他组织之间设立、变更、终止非身份关系的协议都属于《合同法》上的合同，但是《合同法》的分则并未规定土地使用权出让合同、土地承包合同、抵押合同、房地产买卖合同等与不动产物权的创设、变动有关的合同，也遗漏了雇用合同、合伙合同、储蓄合同、结算合同、旅游合同等重要的合同。未规定损益相抵、过失相抵规则、情事变更原则等重要制度。未规定不安抗辩权与预期违约如何协调、严格责任与过错责任如何协调。上述缺陷除了由法官在司法实践中依照自由裁量权加以弥补外，也有赖于制订民法典进行完善，由于我国目前尚未制订民法典，《民法通则》的内容又过于简单，《合同法》包括了债法总则的一些内容，如合同之债的保全制度、合同之债的消灭制度等。这些属于债法总则的内容将被未来民法典的债法总论吸收，而各有名合同的规定则会被债法各论吸收，剩余部分内容将被合同法总论吸收。　　（张平华）

zhonghua renmin gongheguo hunyinfa
《中华人民共和国婚姻法》（Marriage Law of the People's Republic of China）　中华人民共和国有关婚姻家庭关系的基本法。1950年4月，中央人民政府委员会第七次会议通过了《中华人民共和国婚姻法》，自同年5月1日起公布施行。这部《婚姻法》是新中国成立后颁行的第一部具有基本法性质的法律，"废除包办强迫、男尊女卑、漠视子女利益的封建主义婚姻制度，实行男女婚姻自由、一夫一妻、男女权利平等、保护妇女和子女合法利益的新民主主义婚姻制度。"1950年《婚姻法》的上述规定，表明了该法的立法宗旨和基本原则。重婚、纳妾、童养媳、干涉寡妇婚姻自由和借婚姻关系索取财物等，都是中国的旧婚姻家庭制度的产物，也是实行新婚姻家庭制度的障碍，《婚姻法》对上述违法行为明令予以禁止。1950年《婚姻法》分为8章，即原则、结婚、夫妻间的权利和义务、父母子女间的关系、离婚、离婚后子女的抚养和教育、离婚后的财产和生活、附则；共27条。就其内容而言，以调整婚姻关系为主，同时对家庭关系也作了必要的规定，但比较简略。名称虽为婚姻法，实际上是以婚姻关系为其调整对象的。

1980年9月10日，第五届全国人民代表大会第三次会议通过了第二部《中华人民共和国婚姻法》，自1981年1月1日施行。1980年《婚姻法》是在1950年《婚姻法》的基础上，根据30年来的实践经验和当时婚姻家庭领域的新情况和新问题规定的。这部《婚姻法》分为5章。第一章总则，是有关婚姻法立法宗旨和立法原则的规定。第二章结婚，是有关婚姻成立的条件和程序的规定。第三章家庭关系，是有关夫妻、父母子女和其他近亲属间的权利义务关系的规定。第四章离婚，是有关婚姻解除的程序和处理原则以及离婚后的子女、财产等问题的规定。第五章附则，是有关制裁、执行和施行等问题的规定。

与1950年《婚姻法》相对照，1980年《婚姻法》对我国婚姻家庭立法的发展主要表现在以下几个方面：第一，基本原则的补充。除重申原法的各项基本原则外，增加了保护老人合法权益和实行计划生育的内容。第二，结婚条件的修改。关于法定婚龄，将原法规定的男20岁、女18岁提高为男22周岁、女20周岁。关于禁婚亲，将原法中的规定改为禁止直系血亲和三代以内的旁系血亲结婚。第三，扩大对家庭关系的法律调整。原法只规定了夫妻、父母子女间的权利和义务，新法的规定将祖孙、兄弟姐妹关系也列入了调整的范围，赋予其一定的法律效力。在夫妻财产制、扶养、抚养、赡养、收养、继父母继子女关系、父母对未成年子女的管教和保护等问题上，新的规定比原规定更为具体。第四，离婚条款的增补。对于男女一方要求离婚，在程序上作了可由有关部门进行调解或直接向人民法院提出离婚诉讼的规定;在实体上增设了有关判决离婚的法定理由的规定。在离婚后子女的抚养教育、财产和生活等问题上,对原规定也作了适当的修改。

1980年《婚姻法》施行之后的二十多年,我国经历了改革开放,社会生活和婚姻生活发生了巨大的变化。鉴于这部法律存在着若干立法上的空白,而且某些规定已经滞后于现实,第九届全国人民代表大会常务委员会第二十一次会议于2001年4月28日通过了《关于修正〈中华人民共和国婚姻法〉的决定》。这是进一步完善我国婚姻家庭法制的重大立法措施。

将修正后的《婚姻法》和修正前的加以比较,增补、修正之处主要有以下几个方面:第一,在总则章中增设了禁止有配偶者与他人同居,禁止家庭暴力的条款和婚姻双方、家庭成员共同责任的规定。第二,在结婚章中增设了婚姻无效和撤销的制度。对婚姻无效和可撤销的法定原因、婚姻撤销的程序以及婚姻无效或被撤销的法律后果,都作了明确的规定。第三,在家庭关系章中改进了法定夫妻财产制,规范了夫妻财产约定。对非婚子女生活和教育费用的负担,父母子女间、祖孙间、兄弟姐妹间权利和义务的规定,也作了若干补充和修改。第四,在离婚章中将原来关于离婚法定理由的原则性规定,改为原则性和列举性、例示性相结合的规定。在离婚后的子女、财产问题上增设了有关探望权、经济补偿等规定。第五,增设了"救助措施与法律责任"一章,对各种违反婚姻家庭法的行为,分别规定了救助措施、行政责任、民事责任和刑事责任,从而加强了公民婚姻家庭权益的保障机制。

(马忆南)

zhonghua renmin gongheguo jishu hetongfa
《中华人民共和国技术合同法》(Law of the People's Republic of China on Technology Contracts) 简称《技术合同法》,1987年6月23日第六届全国人民代表大会常务委员会第二十一次会议通过。《技术合同法》调整当事人一方不是外国企业、其他组织或者个人的法人之间、法人和公民之间、公民之间就技术开发、技术转让、技术咨询和技术服务所订立的合同法律关系。该法主要包括如下内容:总则,技术合同的订立、履行、变更和解除,技术开发合同,技术转让合同,技术咨询合同和技术服务合同,技术合同争议的仲裁和诉讼,附则等内容。该法关于技术开发合同、技术转让合同、技术咨询合同和技术服务合同的规定基本上被1999年10月1日生效的《中华人民共和国合同法》接受。《中华人民共和国合同法》生效后,《中华人民共和国技术合同法》失效。

(张平华)

zhonghua renmin gongheguo jichengfa
《中华人民共和国继承法》(Law of Succession of the People's Republic of China) 中华人民共和国继承制度基本法,1985年4月10日,由我国第六届全国人民代表大会第三次会议通过。《中华人民共和国继承法》分为5章,共37条。第一章总则为继承法的基本原则部分,规定继承法的立法根据,继承开始的时间,遗产的范围,法定继承、遗嘱继承、遗赠和遗赠扶养协议的关系,行使继承权和受遗赠权的能力,丧失继承权的原因,继承权纠纷的诉讼时效等。第二章为法定继承,其中涉及男女继承人的平等权利,法定继承人的范围和顺序,代位继承、遗产的分配原则和分配方法等。第三章为遗嘱继承和遗赠,其中规定了公民以遗嘱处分财产的权利,遗嘱的内容和形式,遗嘱见证人的资格,对缺乏劳动能力又无生活来源的继承人的保护,遗嘱的撤销和变更、附义务的遗嘱,遗嘱无效的原因等。第四章是有关遗产的处理,其中规定了继承的通知,遗产的保管,继承和遗赠的接受、放弃,遗产和夫妻共同财产、家庭共有财产的关系,遗产须按法定继承程序移转的各种原因,胎儿应继份额的预先保留,遗产分割的原则和方法,生存配偶带产再婚的权利,遗赠扶养协议和当事人的权利义务,无人继承又无人受遗赠的财产的处理,继承人对被继承人所负债务、所欠税款的清偿责任等。第五章附则部分规定了民族自治地方制定执行《继承法》的变通、补充性规定,涉外继承关系的法律适用以及《继承法》的施行日期等。

从我国《继承法》的内容看,具有以下特点:(1)从我国的实际情况出发,全面、系统地规定了法定继承方式和遗嘱继承方式的内容,以此作为处理遗产的主要手段,同时又把遗赠和遗赠扶养协议作为处理遗产的补充方式。(2)以婚姻、血缘和家庭关系作为确定公民享有继承权的根据。在分割遗产时,适当地考虑继承人对被继承人所尽义务的情况。(3)坚持男女平等原则,保护妇女在继承问题上的合法权益。(4)贯串养老育幼、照顾无劳动能力和生活困难的继承人的精神,并强调应以团结互助的精神协商处理继承问题。

(马忆南)

zhonghua renmin gongheguo jingji hetongfa
《中华人民共和国经济合同法》(Law of the People's Republic of China on Economic Contracts) 简称《经济合同法》,于1981年12月13日由五届全国人大四次会议通过,是《中华人民共和国合同法》生效前调整我国国内贸易中不涉及技术贸易的合同关系的基本法律。《经济合同法》包括总则、经济合同的订立和履行、经济合同的变更和解除、违反经济合同的责任、经济合同纠纷的调解和仲裁、经济合同管理、附则等内容,也确立了很多合同的基本制度,同时,《中华人民共和国经济合同法》也较多地体现了计划经济的特点,该法将经济合同管理单独成章以强化工商管理部门对经济合同的行政管理,与当事人自治原则相违背。甚至《经济合同法》这一名词也是受前苏联经济法学思想影响的产物。1993年9月八届全国人大对《中华人民共和国经济合同法》进行了修改,以使经济合同法适应市场经济发展要求,这次修改集中反映以下几项要求:经济合同的效力不再受是否违反国家计划的影响;减少了政府干预经济合同的权限;使行政机关不再享有确认合同效力的权力;对《经济合同法》中与《民法通则》不一致的地方进行了修改。单纯修改《经济合同法》并不能解决其适用范围过窄、仅调整法人及其他组织之间的经济合同关系,进而对不同法律主体的合同关系区别对待,造成合同立法三足鼎立的缺陷。为彻底解决这一问题,我国立法机关于1993年开始制定统一合同法,1999年10月1日《中华人民共和国合同法》生效后,《中华人民共和国经济合同法》失效。 (张平华)

zhonghua renmin gongheguo minfa tongze

《中华人民共和国民法通则》(General Principles of Civil Law of the People's Republic of China)

简称《民法通则》,1985年7月开始起草,1986年4月12日第六届全国人民代表大会第四次会议通过,1987年1月1日起实施。《民法通则》是我国实行改革开放的产物。1984年10月通过的《中共中央关于经济体制改革的决定》提出了增强企业活力,建立自觉运用价值规律的计划体制,发展社会主义商品经济,积极发展多种经济形式等一系列战略决策。在改革开放的新形势下,随着商品经济的发展,对外经济交往增多,人们的民事权利意识随之增强,法院的民事案件也随之上升,在这种情况下,亟须健全民事立法,《民法通则》就是为了适应迅速发展的新形势的需要而制定的,是在计划经济体制尚未根本改变、改革开放处于初期阶段的情况下制定的,也是在关于民法与经济法的调整对象问题的激烈争论的情况下制定的。《民法通则》共计156条,分为9章,即基本原则、公民(自然人)、法人、民事法律行为和代理、民事权利、民事责任、诉讼时效、涉外民事关系的法律适用和附则。《民法通则》第2条规定:"中华人民共和国民法调整平等主体的公民之间、法人之间、公民和法人之间的财产关系和人身关系。"这里用简明的条文划清了民法和经济法的调整对象的界限,在理论上和实践上都有重要意义。民法通则基本涵盖了传统民法典民法总则的主要内容,但不限于民法总则的范围。民法通则的第一章规定了平等、自愿、公平、诚实信用等民法的基本原则,强调民事权益不受侵犯。在第五章概括规定了4种民事权利,即财产所有权和与财产所有权有关的财产权、债权、知识产权和人身权。上述规定突出了对民事权益的保护,海外有些学者称《民法通则》为中国的民事权利宣言。《民法通则》在法律上肯定了法人的地位,规定了企业法人联营、个体工商户、农村承包经营户及个人合伙,反映了发展商品经济的需要。《民法通则》将民事责任设专章(第六章)规定,包括一般规定、违反合同的民事责任和侵权的民事责任三节,其中较为详细地规定了侵权责任,是为了适应审判实践的迫切需要,同时对违反合同责任的一般问题作了规定,显示了《民法通则》的基本法的地位(在1981年通过的《经济合同法》仅规定了违反经济合同的责任)。《民法通则》的内容颇为简要,但是它确立了我国民法的基本制度和基本内容,为单行民事立法和民事司法提供了准则,为人民法院进行创造性的司法实践开辟了广阔的道路。总的来看,《民法通则》有创新之处,也有其历史的局限性。在民法典颁布之前的相当时期内,《民法通则》起着民事基本法的作用。 (魏振瀛)

zhonghua renmin gongheguo shewai jingji hetongfa

《中华人民共和国涉外经济合同法》(Law of the People's Republic of China on Economic Contracts Concerning Foreign Interests)

简称《涉外经济合同法》,于1985年3月21日由六届全国人大十次会议通过。《涉外经济合同法》主要包括总则,合同的订立,合同的履行和违反合同的责任,合同的转让,合同的变更、解除和终止,争议的解决,附则等内容。《涉外经济合同法》调整中华人民共和国的企业或者其他经济组织同外国的企业和其他经济组织或者个人之间订立的国际运输合同之外的经济合同关系。《涉外经济合同法》吸纳了《联合国国际货物销售合同公约》的一些法律原则或精神,与《经济合同法》相比,创建了一些新的制度,其中包括:(1)严格责任制度,该法第18条规定:当事人一方不履行合同或者履行合同义务不符合约定条件,即违反合同的,另一方有权要求赔偿损失或者采取其他合理的补救措施。采取其他补救措施后,尚不能完全弥补另一方受到的损失的,另一方仍然有权要求赔偿损失。(2)违约损害赔偿中的合理预见规则,该法第19条规定,当事人一方违反合同的赔偿责任,应当相当于另一方因此所受到的损失,但是不得超过违反合同一方订立合同时应当预见到的因违反合同可能造成的损失。(3)借鉴《联合国国际货物销售合同公约》第71条创建了不安抗辩权制度,该法第17条规定,当事人一方有另一方不能履行合同的确切证据时,可以暂时中止履行合同,但是应当立即通知另一方;当另一方对履行合同提供了充分的保证时,应当履行合同。当事人一方没有另一方不能履行合同的确切证据,中止履行合同的,应当负违反合同的责任。(4)完善了不可抗力制度,该法第 24 条规定,当事人因不可抗力事件不能履行合同的全部或者部分义务的,免除其全部或者部分责任。当事人一方因不可抗力事件不能按合同约定的期限履行的,在事件的后果影响持续的期间内,免除其迟延履行的责任。不可抗力事件是指当事人在订立合同时不能预见、对其发生和后果不能避免并不能克服的事件。不可抗力事件的范围,可以在合同中约定。第 25 条规定,当事人一方因不可抗力事件不能履行合同的全部或者部分义务的,应当及时通知另一方,以减轻可能给另一方造成的损失,并应在合理期间内提供有关机构出具的证明。上述制度大都被 1999 年 10 月 1 日生效的《中华人民共和国合同法》所采用。1999 年 10 月 1 日《中华人民共和国合同法》生效后,《中华人民共和国涉外经济合同法》失效。

(张平华)

zhonghua renmin gongheguo shouyangfa
《中华人民共和国收养法》(Adoption Law of the People's Republic of China) 中华人民共和国有关收养制度的基本法。1991 年 12 月 29 日第七届全国人民代表大会常务委员会第二十三次会议通过,1991 年 12 月 29 日中华人民共和国主席令第五十四号公布,并于 1992 年 4 月 1 日起施行。1998 年 11 月 4 日第九届全国人民代表大会常务委员会第五次会议通过了《全国人大常委会关于修改〈中华人民共和国收养法〉的决定》,对该法进行了修改,修改后的《中华人民共和国收养法》自 1999 年 4 月 1 日起施行。我国《收养法》第 2 条和第 3 条明确规定:"收养应当有利于被收养的未成年人的抚养、成长,保障被收养人和收养人的合法权益,遵循平等自愿的原则,并不得违背社会公德。""收养不得违背计划生育的法律、法规。"通过这些原则性规定,可以把我国收养法的基本原则概括为 5 项,即有利于未成年人的抚养和成长的原则、保障被收养人和收养人合法权益的原则、平等自愿的原则、不得违背社会公德的原则、不得违背计划生育的法律和法规的原则。该法共 6 章,计 34 条,分别规定了总则、收养关系的成立(包括收养成立的实质要件和形式要件)、收养的效力(包括收养的拟制效力和解消效力)、收养关系的解除(包括依当事人协议而解除和依一方的要求而解除以及解除收养关系的法律后果)、法律责任和附则。

(马忆南)

zhonghua renmin gongheguo waizi baoxian gongsi guanli tiaoli
《中华人民共和国外资保险公司管理条例》(Provisions on the Management of Foreign Invested Insurance Companies) 规定在中国境内的外资保险公司的管理的行政法规。2001 年 12 月 12 日由国务院颁布,自 2002 年 2 月 1 日起施行。我国第一部专门规定外资保险公司的行政法规。共 7 章,40 条。第一章总则,规定了立法目的、外资保险公司的涵义、设立原则以及监管机关。外资保险公司包括在中国境内设立的合资保险公司、外商独资保险公司和外国保险公司的分公司。第二章设立与登记,主要规定了外资保险公司的设立条件、报批文件、审批程序和登记机关。申请设立外资保险公司的外国保险公司应具备以下条件:经营保险业务 30 年以上;在中国境内已经设立代表机构 2 年以上;提出申请前 1 年年末总资产不少于 50 亿美元;所在国家或地区有完善的保险监管制度;符合所在国家或地区偿付能力标准;所在国家或地区有关主管当局同意其申请。设立外资保险公司应由申请人向审批机关中国保险监督管理委员会提出书面申请,呈报所需文件,审批机关进行初步审查,对决定受理的申请发给正式申请表,申请人应当自此后的 1 年内完成筹建工作,再向审批机关提交正式申请文件。审批机关应当在 60 天之内作出批准或不批准的决定,对批准的颁发经营保险业务许可证。第三章业务范围,规定外资保险公司除可以经营财产保险业务、人身保险业务及其分出保险、分入保险外,经核定还可以经营大型商业风险保险业务和统括保单保险业务。第四章监督管理,规定了中国保险监督管理委员会对外资保险公司在业务经营、财务状况、资金运用等方面进行监督管理的具体措施。除经中国保监会批准外,外资保险公司不得与其关联企业从事再保险的分出或者分入业务、资产买卖或其他交易。外国保险公司分公司应当于每一会计年度终了后 3 个月内将该分公司及其总公司上一年度的财务会计报告报送中国保监会并予公布。第五章终止与清算,规定了外资保险公司因解散、被撤销或破产而终止时的清算程序。第六章法律责任;主要规定了擅自设立外资保险公司或者非法从事保险业务活动、外资保险公司超出核定的业务范围或业务地域范围或服务对象范围从事保险业务活动、未按规定提存保证金或违反规定动用保证金、违反规定与其关联企业从事交易活动、未按规定补足注册资本或者营运资金、未按规定提交或报送有关文件和资料、提供虚假文件和资料、违反规定将财产转移至中国境外等行为的行政责任。第七章附则,规定了本条例的适用与生效。

(刘凯湘)

zhonghua renmin gongheguo xintuofa
《中华人民共和国信托法》(Trust Law of the People's Republic of China) 为我国规制信托并调整其中各方当事人之间的关系的基本实体法律,属于信托普通法;于 2001 年 4 月 28 日由中华人民共和国第九届全国人民代表大会常务委员会第二十一次会议通过并于同日颁布,于同年 10 月 1 日起施行。1993 年,全国人民代表大会法律委员会将这部法律纳入立法规划,并于同年组织有关部门和有关专家起草。在起草过程中有关部门发现,由于信托业存在的问题比较复杂,对它的管理、规制与调控需要进一步总结经验,故将对它的组织与活动纳入这部法律的调整范围的客观条件尚不够成熟;基于此点,有关部门与法律委员会共同决定,这部法律只规定关于信托的各种基本规范,而不再规定关于信托业的各项规则。这部法律就是以此为立法基本思路而被制定出来的。这部法律共有 7 章 74 条。其中各章及其基本内容为:第一章:总则,规定了信托定义、本法的立法目的与适用范围以及当事人从事信托活动所应当遵循的原则;第二章:信托的设立,规定了本法对设立信托在信托目的、信托财产、信托行为形式与内容方面的要求、信托登记及其效力、无效信托与可撤销信托以及继承法对遗嘱信托的适用;第三章:信托财产,规定了信托财产的范围、信托财产与受托人固有财产的区别以及对信托财产强制执行与抵销的禁止;第四章:信托当事人,规定了委托人的条件与权利、受托人的条件与职责终止以及所产生的新受托人选任、受托人的权利义务与责任以及受托人的报酬、受益人的信托受益权以及其他权利;第五章:信托的变更与终止,规定了委托人对信托的解除与变更、信托终止事由以及在信托终止时确定信托财产权利归属人的顺序;第六章:公益信托,规定了公益信托的种类以及关于这种信托的信托监察人的设置、对公益信托的国家监督以及在这种信托终止时对有关事务的处理;第七章:附则,规定了本法施行的时间。这部法律系参照《日本信托法》、《韩国信托法》与我国台湾地区《信托法》制定,为该法确认的信托基本类型也像后面这三部法律那样仅限于明示信托一种;该法还将存在于它们中的大多数制度与规则吸收入其中。尽管充分借鉴了后面这三部法律的有益经验,但该法中的一些规定却与它们中的相应规定在内容上不同,这些规定主要包括关于信托合同性质的规定、信托财产所有权归属的规定、信托登记效力的规定以及委托人对其有关权利的行使程序的规定等;该法还将一些仅为英美信托法所特有、而为这三部法律所没有的规则吸收入其中,这些规则主要包括信托事项确定性规则、受托人报酬规则、共同受益人分配信托利益的原则以及关于信托受益权转让的一般规定等。除此之外,在该法中还存在一些仅为其独有、而为其他国家和地区信托法所没有的规定,这些规定主要包括关于讨债信托为无效信托的规定以及关于委托人的在受益人有重大侵权时将其变更或解除信托之权利的规定、受托人之保密义务的规定和允许将信托受益权用于清偿受益人之债务的规定等。完全可以说,该法是一部具有明显特色和创新性质的信托制定法。　　　　(张　淳)

zhongjian faren

中间法人(legal person between making profits and public welfare) 既不属于营利法人,又不属于公益法人的法人,如同乡会、校友会等。中间法人采社团法人形式。我国现行法律未采这一概念。
　　　　(李仁玉　陈　敦)

zhongjian shetuan

中间社团(neutral society) 营利社团和公益社团的对称,其活动目的既不是为了取得经济利益又不是为了公益事业,如工会、政党等。在德国、瑞士民法中,社团分为营利、非营利两种,我国台湾地区民法则将非营利社团更分为公益社团和公益以外非营利社团,即中间社团。公益社团须经许可和登记,中间社团只须登记。我国未采此概念。　　　　(李仁玉　田东平)

zhongjian yinhang

中间银行(intermediary bank) 即在托收过程中起中间作用的银行。在托收的过程中,为了使委托人的指示得以实现,寄单行将以委托人所指定的银行作为代收行。在未指定代收行时,寄单行将使用他自身的任何银行或者在付款或承兑的国家中,或在必须遵守其他条件的国家中选择另外的银行。单据和托收指示可以由寄单行直接或者通过另一银行作为中间银行寄送给代收行。　　　　(胡冰子)

zhongjian yunsong

中间运送(mesne delivery) 多式联运或相继运输中始发区段和终点区段中间的运输。　　　　(郭明瑞)

zhongjian zeren

中间责任(liability for presumptive wrongs) 又称过错推定责任,过错责任的特殊形式。中间责任属于从过错责任向无过错责任过渡的责任形态,指行为人的行为致人损害时,若不能证明自己没有过错即应承担的民事责任。从归责原则上说,它与过错责任都以行为人的过错为归责事由;但中间责任受害人只需证明损害存在即可,而加害人只有证明自己没有过错才可免责,否则即推定其有过错,应承担民事责任。中间责任与一般过错责任的根本区别在于举证责任的倒置:前者由被告证明自己没有过错,而后者由原告证明被告有过错。中间责任与无过错责任的根本区别在于:

前者被告只需证明自己没有过错即可不承担责任;而后者被告不能仅以证明自己没有过错而不承担责任。我国《民法通则》第126条规定的建筑物及其他设施致人损害时,所有人或管理人应承担的侵权责任,就属于中间责任。

(张平华)

zhongjieren
中介人(finder; broker; intermediate; jobber) 居间人的一种,又称媒介居间人。依居间合同约定,为当事人提供订立合同的媒介服务的人。中介人只是受双方当事人的委托,为双方当事人进行撮合,以便促成他们之间合同的订立。但是,中介人在撮合过程中并不代表任何一方当事人。因媒介而促成合同订立的,得向该合同当事人双方请求支付报酬。

(赵志毅)

zhongwai hezi jingying qiye hetong
中外合资经营企业合同(contract of joint venture with Chinese and foreign investment) 外国企业、组织、个人与我国企业及其他经济组织为在中国境内共同举办合营企业,通过协商就双方的权利义务达成一致意见的协议。为了加强国际交流与合作,扩大改革开放的力度,保护外国投资者及中国投资者的合法权益,我国制定《中华人民共和国中外合资经营企业法》等法律、法规。中外合资经营企业合同是设立中外合资经营企业的基础或前提,须报对外经济贸易主管部门批准后方能生效。中外合资经营企业合同是中外合资双方共同签订的合同,它具有明确的目的性,即在中国境内设立一个共同投资、共同经营、共担风险的股权式合营企业;合同的内容较为复杂,它包括企业的经营范围、各方的出资比例、利润的分配等内容。合同的有效期限较长,一般为10年到30年。合同生效需经有关部门的审批;为要式合同,必须以书面形式签订;中外合资企业合同的主体一方必须是外国的企业、组织或个人,另一方须是我国具有法人资格的公司、企业或者其他组织,并且外方投资者的投资比例一般不得低于25%。合资企业合同订立后双方必须严格按照合同规定的权利义务内容履行合同,未经它方同意,一方不得擅自变更和终止合同。在合同履行中,中方负有办理合营企业的审批、登记、土地使用权等手续,为合营企业筹措资金,为外国投资者办理设备的报关手续等义务。外方的义务主要有:为合营企业培训管理人员、技术人员、工人,为合营企业在境外购买原料及机器设备,为合营企业人员办理境外签证手续等。合营各方应当认真履行合同规定的内容,如有一方违反,应承担违约责任;如双方均有违约,应承担各自相应的责任。一方违约时,另一方应及时采取措施防止损失扩大。一方转让合同的,须经另一方的同意,并报审批机关同意。合同的变更、终止和解除,一般也应报审批机关批准。合同的变更、终止和解除不影响当事人要求赔偿的权利。

(李成林 赵志毅)

zhongwai hezi qiye faren
中外合资企业法人(chinese-foreign joint venture) 企业法人的一种,中国合营者与外国合营者依照中华人民共和国法律的规定,在中国境内共同投资,共同经营,并按投资比例分享利润,分担风险及亏损的企业法人。其特征:(1)其组织形式为有限责任公司,具有中国法人资格。作为股东的中外合营各方以投资额为限对企业债务承担有限责任。(2)其注册资本中,外方合营者的出资比例不得低于25%,特殊情况需要低于该比例的,须报国务院批准。合营各方的出资方式包括:货币、实物、工业产权、专有技术、场地使用权,实行折中资本制。(3)中外各方依照出资比例分享利润,分担亏损,回收投资。(4)企业建立由董事会、经理会组成的组织机构,实行规范的企业内部治理结构。董事会是合营企业的最高权力机构,其职权由章程规定。董事长是合营企业的法人代表。合营一方担任董事长的,合营他方担任副董事长。经理会为经营管理机构。设总经理一人,副总经理若干人。总经理、副总经理、总工程师、审计师由合营企业的董事会聘任,可以由中国公民担任,也可以由外国公民担任。总会计师由董事会聘任,通常由中国公民担任。

中外合资经营企业法人的设立 其设立的积极条件包括以下一项或数项要求:(1)采用先进设备或管理办法,能增加产品品种,提高产品质量或产量,节约能源或材料;(2)有利于技术改造,能做到投资少,见效快,收益大;(3)能扩大产品出口,增加外汇收入;(4)能培训技术人员和管理人员。其设立的禁止条件包括:(1)有损中国主权的;(2)违反中国法律的;(3)不符合中国国民经济发展要求的;(4)造成环境污染的;(5)签订的协议、合同、章程显属不公平,损害合营一方利益的。依照我国现行法律和法规,允许设立中外合资企业法人的行业包括:(1)能源开发,建筑材料工业,化学工业,冶金工业。(2)机械制造工业,仪器仪表工业,海上石油开采设备的制造业。(3)电子工业,计算机工业,通信设备的制造业。(4)新工业,纺织工业,食品工业,医药和医疗器械工业,包装工业。(5)农业、牧业、养殖业。(6)旅游和服务业。依照我国现行法律和法规,国防、军工、内河运输、公路运输、航空运输、新闻、广播、电视、保险、银行、稀有金属资源开发、传统工艺等行业禁止或限制设立合资企业法人。

设立合资企业的申请 设立合资企业应由中方合营者向企业主管部门呈报与外国合营者设立合营企业的项目经营书和初步可行性研究报告。该经营书和初步可行性研究报告经企业主管部门审查同意,并转报审批机关批准后,合营各方才可在此基础上签订合营企业协议、合同和章程。申请设立合资企业由中方合营者负责向审批机关报送下列正式文件:(1)设立合营企业的申请书;(2)合营各方共同编制的可行性研究报告;(3)合营各方授权代表签署的合营企业协议、合同和章程;(4)合营各方委派的,合营企业董事人选名单,以及由合营各方协商确定或由董事会选举产生的董事长、副董事长人选名单;(5)合营企业的企业主管部门和合营所在地的省、自治区、直辖市人民政府对设立该合营企业签署的意见。

设立合资企业的审批 在我国境内设立合资企业必须经国家对外经济贸易部门审查、批准,并由其发给批准证书。但具备以下条件的,国家对外经济贸易主管部门可委托有关的省、自治区、直辖市人民政府或国务院有关部局审批:(1)投资总额在国务院规定的金额内,中方合营者的资金来源已经落实的;(2)不需要国家增拨原材料,不影响原料、动力、交通运输、外贸出口配额等的平衡的。审批机关自接到中国合营者按规定报送的全部文件之日起在3个月内决定批准或不批准。

设立合资企业的登记 合营企业应在收到国家对外经济贸易主管部门发给的批准证书30日内,由企业的组建负责人向登记主管机关申请办理开业登记。合营企业申请开业登记应当提交的文件、证件主要有:(1)组建负责人签字的登记申请书;(2)国家对外贸易主管部门发给的批准证书;(3)合营各方签订的合营章程;(4)资金信用证明,验资证明或者资金担保;(5)企业主要负责人的身份证明;(6)住所和经营场所使用证明;(7)其他有关文件、证件。合营企业登记注册的主要事项:企业法人名称,住所,经营场所,法定代表人,经营范围,经营方式,注册资本,从业人员,经营期限,分支机构。合营企业由国家工商行政管理局或国家工商行政管理局授权的地方工商行政管理局核准注册登记,经核准登记注册,领到企业法人营业执照后,合营企业即成立,取得中国法人资格。其合法权益受中国法律保护。 (李仁玉 陈敦)

zhongwai hezuo jingying qiye hetong
中外合作经营企业合同(Chinese-foreign co-operative joint-venture enterprise contract) 我国企业或其他经济组织与外国企业、经济组织或个人签订的关于在我国境内成立合作经营企业,明确双方权利义务关系的协议。中外合作经营企业合同的主体一方是外国的或者港、澳、台地区的企业、经济组织或个人。它可以是法人企业,也可以是非法人组织或自然人,但必须是有资金、有财产、有信誉、懂经营管理的当事人。中方的合作者,必须是中国的企业或其他经济组织。中外合作经营企业合同的订立一般应经过申请、签订合同、报请批准等程序。合同中应明确规定合作各方资本缴纳的期限及缴纳方法,合作各方不依合同的规定缴纳投资额,审批机关有权取消企业批准证书,工商部门有权吊销企业执照或经营登记证。合同中还应当规定合作企业收益的分配方法及亏损分担办法。我国《合作经营企业法》规定,允许外方投资者先行回收其投资。一般的回收投资的方式有利润分配、固定资产折旧和产品分成等三种。中外合作企业合同的双方当事人必须严格按照合同内容履行,任何一方不得擅自变更和解除合同。双方当事人协商变更合同的,应签订书面变更协议,并报审批机关批准。变更经营项目的税务登记的,应向工商、税务部门办理变更手续。合同的转让,必须经另一方同意,并报原批准机关批准。合同期满后,经双方同意可以延长,但应在距合同期满180天前向审批机关提出批准申请。审批机关自收到申请之日起30日作出是否批准的决定。 (李成林)

zhongwai hezuo qiye faren
中外合作企业法人(sino-foreign cooperative joint venture with legal personal status) 企业法人的一种,由中国合作者和外国合作者依照中国法律的规定,在中国境内举办的按合作企业合同的约定分配收益和产品、分担风险和亏损的企业法人。其特征主要有:(1)中外合作经营企业属于契约式的合营企业,中外合作者的投资或者提供的合作条件不折算成股份,即各方的投资不作价,不计出资比例。收益或产品的分配以及风险或亏损的分担,由合作合同约定。这是与中外合资经营企业股权式的特点的明显区别。(2)中外合作经营法人的组织形式为有限责任公司。合作各方对合作企业的责任以各自认缴的出资额或提供的合作条件为限。合作企业以其全部资产对其债务承担责任。(3)合作经营企业的组织机构一般实行董事会制。董事会是合作企业的最高权力机构,决定合作企业的重大问题。董事长、副董事长由合作各方协商产生。中外合作者的一方担任董事长的,由他方担任副董事长。董事会可以决定任命或者聘请总经理负责合作企业的日常经营管理工作,总经理对董事会负责。合作企业的经营管理机构可设副总经理若干人。副总经理协助总经理工作。经合作各方一致同意,合作企业可以委托中外合作一方进行经营管理,另一方不参加经营管理,也可以委托合作各方以外的第三方经营管理。合作企业成立后,改为委托第三方经营管理的,必须经董事会同意,并报审批机关审批,向工商行政管理机关办理变更登记。(4)合作经营企业一般采取让外方先行回收投资的做法,但合作期满,企业的资产归中方所有。

合作企业法人的设立。 依照《合作经营企业法》第4条的规定，国家鼓励兴办产品出口或者技术先进的先进型企业。所谓产品出口企业是指产品主要用于出口，年度外汇总收入额减除年度生产经营支出额和外国投资者汇出得利润所需外汇额以后，外汇有节余的生产型企业。所谓先进技术企业是指外国投资者提供先进技术，从事新产品开发，实行产品升级换代以增加出口创汇或者替代进口的生产型企业。申请设立中外合作企业法人，应当由中方合作者向审查批准机关报送下列文件：(1) 设立中外合作企业的项目建议书，并附送主管部门审查同意的意见；(2) 合作各方共同编制的可行性研究报告，并附送主管部门审查同意的意见；(3) 合作各方的法定代表人或授权的代表签署的合作企业协议、合同、章程；(4) 合作各方的营业执照、资信证明及法定代表人的有效证明文件，外国合作者是自然人的，应提供有关其身份、履历和资信情况的有效证明；(5) 合作各方协商确定的董事长、副董事长、董事的名单；(6) 审查批准机关要求报送的其他文件。中外合作企业法人的设立，由对外经济贸易合作部或者国务院授权的部门和地方人民政府批准。设立中外合作企业法人的申请经批准后，应当自接到批准之日起30日内向工商行政管理机关办理开业登记，领取营业执照。营业执照的签发日期为合作企业法人的成立日期。

(李仁玉　陈　敦)

zhongwai lailiao jiagong zhuangpei hetong

中外来料加工装配合同（Chinese-foreign contract for processing of materials supplied by the foreign businessmen） 涉外合同的一种。当事人双方关于由外商提供的材料、零部件，必要时提供一定的设备技术，由我国国内的一些单位按照一定的要求进行加工装配，成品交由外商销售，我方收取加工费的协议。来料加工装配一般具有来料加工、来样加工、来件装配等三种主要形式。实践中还有来样加工与部分来料加工、来料加工与补偿贸易相结合的方式。来料加工装配特点在于：双方当事人之间是一种加工定作承揽关系；在加工装配中，外商享有原材料的所有权，并承担其生产、运输、储存过程中的风险责任；来料加工装配业务也具有输出劳务的性质。依据不同的标准，来料加工装配合同可分为不同的种类。根据合同当事人的不同，分为中方外贸公司与外商签订的来料加工装配合同，以中方外贸公司和国内加工单位为一方，外国及港、澳、台地区的公司、企业、其他经济组织或者个人为另一方而签订的来料加工装配合同，以及有对外经营权的国内加工单位与外国、港、澳地区公司、企业及其他经济组织或者个人签订的来料加工装配合同。根据合同内容的不同，可分为综合式的来料加工装配合同、分别式的来料加工装配合同。根据加工装配业务性质，可分为来样加工合同、来料加工合同及来件装配合同。中外来料加工装配合同的当事人一方必须是外国当事人或港、澳、台地区的企业、组织和个人，另一方是我国的外贸公司、企业和经济组织。在项目确定、选择客户时应通过分析、预测、调查了解情况，防止盲目签订合同，造成损失和浪费。来料加工装配合同的内容一般包括：当事人的名称、注册国家、住所；合同订立的时间和地点；加工或装配的项目；来料加工的种类、数量、质量、交货时间、地点和检验方法；工缴费；设备技术、商标的使用及运输和保险等其他条款。定作方应负的义务主要是：按时按质向承揽方提供原材料或零部件，以及按照约定的货币、支付方式和支付日期向承揽方支付加工费；按指定的时间接受已加工装配好的产品，并依合同的规定进行验收，如发现数量、品质与合同不符，应当在规定的期限内请求赔偿。承揽方应承担的义务主要是：按时、按质、按量完成加工或装配任务，未经定作方许可，不得擅自改变所要加工或装配的成品的规格、质量、数量或交货期限，也不得改变双方约定的原材料、零部件的损耗率，如未能按时、按质、按量完成任务，应当赔偿定作方的相应损失；按时将加工装配完的产品交付定作方，如果承揽方未能在合同规定的时间内交付定作产品，承揽方应依据约定赔偿定作方的损失。

(李成林)

zhongxing xingwei

中性行为（德 rechtlich neutrale Geschäft） 未给予限制民事行为能力人或无民事行为能力人法律上的利益，亦未使其受有法律上不利益的法律行为，又称无损益行为，如限制民事行为人所为的代理行为，因其法律行为的效果归本人，对限制民事行为能力人并无损益，因此，大陆法系国家民法认为，代理人所为或受领意思表示的效力不因其为限制民事行为能力人而受影响。我国民法要求代理人具有相应的民事行为能力，该代理行为才发生效力。

(李仁玉　陈　敦)

zhongshi yiwu

忠实义务（the duty of chastity） 通常是指配偶的专一性生活义务，也称为不为婚外性生活的义务、贞操义务。对忠实义务的广义解释，还包括不得恶意遗弃配偶他方以及不得为第三人的利益而牺牲、损害配偶他方的利益。在近代立法例上，法国、意大利、瑞士、葡萄牙等国民法明定夫妻相互负有忠实义务。其他国家民法虽未明定夫妻有守贞的义务，但依民法规定，配偶通奸为离婚原因之一，因此学说解释上多认为夫妻互负守贞义务。20世纪中叶以来，婚姻观念发了巨大变化,许多国家不再将贞操义务规定为夫妻的法律义务,而依夫妻相互间自发的意思来加以遵守。在实行无过错的破裂离婚主义的国家,通奸的规定已完全从法律中消失,通奸已不再作为一个离婚的理由,被吸收进婚姻关系无可挽回的破裂这一抽象的离婚理由之中。我国《婚姻法》第4条规定"夫妻应当互相忠实",但该条规定于总则之中,并非权利义务规范,而是宣导性、倡导性规范,不能因此而认为《婚姻法》已明定夫妻间互负忠实义务。

(马忆南)

zhongqi

终期(德 Endtermin) 民事法律行为终止法律效力的期限。又称解除期限。如甲乙订立租赁合同,但约定2个月后合同终止,所附期限即为终期。

(李仁玉 陈敦)

zhongshen dingqijin

终身定期金(德 Leibrente) 依终身定期金合同,债务人应向债权人定期给付的一定数额的金钱。参见终身定期金合同条。

(郭明瑞)

zhongshen dingqijin hetong

终身定期金合同(contract of annuity for life time;德 Leibrentenvertrag) 当事人约定,一方在自己或他方或第三人生存期内,定期以金钱给付他方或第三人的合同。终身定期金合同是以金钱给付为标的而且是定期给付的合同。定期给付是指每到固定的时期,即向他方或第三人给付约定的金钱。其应给付的金钱为定期金,负给付义务的人为定期金债务人,接受给付的人为定期金债权人。终身定期金合同的性质:(1)终身定期金合同属诺成合同。终身定期金合同的订立,依当事人的意思表示一致而成立,而给付并非成立的条件,故为诺成性合同。然而对于该合同的成立是否须经一定方式有不同的看法。日本民法为不要式,法国分为要式和不要式两种。德国、瑞士则认为应属要式合同。(2)终身定期金合同属有偿合同或无偿合同。如果定期金债权人对于定期金债务人有对价给付,属有偿合同。如果不须对价给付,则属无偿合同。(3)终身定期金合同为无因合同。因为终身定期金合同的成立虽以其他法律关系为原因,但该合同成立后,便与其原因分离,而为无因合同。(4)终身定期金合同为射幸合同。定期金给付义务,取决于当事人一方或第三人生存期间的长短,而人的死亡时间是无法确定的,故其为射幸合同或冒险行为。

终身定期金合同的效力:终身定期金合同成立后,一方负有给付定期金的义务,而另一方或第三人便取得了接受给付的定期金的权利。(1)关于终身定期金的存续期间。该期间以债务人、债权人或第三人的终身为标准。究竟以何人为标准由合同当事人自由约定。如无约定则推定以债权人生存期内按期支付。(2)关于终身定期金的数额和给付期限。当事人一般应当在合同中约定,如果约定不明的,则推定为每年给付的金额。定期金的给付期限,由当事人自由约定。如没有约定的应当预行给付还是每期终了时开始给付,各国有不同的规定。日本民法无明文规定,在解释上认为,除有预付的约定外,应于期间经过后支付;德国民法规定应预行支付。我国台湾地区民法也规定,如无约定,应预行支付。定期金给付之后,次一期给付之前,而依其生存期间定终身定期金的人死亡的,则定期金债权人应该取得该期金额之全部。(3)关于定期金债务不履行的效力。定期金债务人不履行定期金给付义务时,应适用延期履行的一般原则。各个分期债务的不履行,并非定期金基本债务的一部分不履行,债权人也不因此而取得终身定期金的解除权。但当事人有特别约定时,也可因定期金的迟延履行而解除合同。终身定期金的权利,除合同另有约定外,不得转移。《瑞士债务法》第519条第1项规定,终身定期金债权人除合同另有规定外,可让与其权利的行使。该法同条第2项规定,无偿对于第三人设定终身定期金债权者,得同时规定其终身定期金不得因强制执行或破产程序而由第三人剥夺之。对于终身定期金的移转,我国台湾地区民法规定,对于每期已经实现的债权,因与总的定期金债权分离,故可以转移。终身定期金合同,除依一般合同消灭的原因消灭之外,其特定的消灭原因为合同上规定的标准人的死亡。如标准人的生存期结束,则终身定期金合同当然终止。如果标准人死亡的事由属于定期金债务人的责任,法院可依债权人或其继承人的申请,宣告债权在相当期限内仍可存续。该项规定须具备以下三项条件,其一,必须是标准人死亡。至于标准人是债务人或债权人或第三人,则在所不问。其二,死亡的理由可归责于债务人。其三,必须有债权人或其继承人的申请,因标准人死亡,终身定期金就终止,故债权人或其继承人得申请法院宣告其延续。未兼做标准人的债权人可能死于标准人之前,此时终身定期金也于债权人死亡时消灭。未兼做标准人的债务人死亡后,原则上终身定期金合同也消灭。

(李成林)

zhongshen shanyang

终身赡养(lifelong support agreement) 作为年金接受人的自然人与年金支付人之间订立的,由前者将住房、公寓、土地或其他动产移转给年金支付人所有,而后者有义务向前者或其指定的第三人支付终身赡养费的合同。按照俄罗斯民法典的规定，终身赡养不同于年金合同，其支付方式并非像年金合同那样按年度要求支付固定的金额，而是依据赡养的需要支付赡养费的，但是终身赡养可以转化为年金合同。

(刘经靖　张平华)

zhongshen zulin

终身租赁(tenancy for life) 以承租人或其他人的生存期间为合同存续期间的土地、房屋租赁。(杜　颖)

zhongleiwu

种类物(indefinite thing) 又称不特定物。特定物的对称。对于债权债务关系中应作为给付的标的物，依当事人的意思抽象地以种类、品质、数量而指定者。故种类物与特定物之分与代替物不代替物之区分略有不同：前者纯系依债之关系当事人的主观意思为标准，对民事流转中的物所作的区分；后者则系以一般社会观念为客观标准，对静态的物所作的区分。而且，两类区分的实益也各不相同。在我国民法理论上，因为受前苏联民法学说的影响，迄今仍将种类物与可代替物、特定物与不可代替物等同，这种做法未见妥当。因为，代替物固然多作为种类物而交易，但也可以经由当事人具体指定而作为特定物来交易。反之，不代替物固然多作为特定物参与交易，但也可以经由当事人以种类品质数量抽象地指定(独一无二之物除外)，而作为种类物进行交易。所以，代替物亦得为特定物，不代替物亦得为种类物，当事人的意思乃最后之决定标准。

　　以给付某种类之物品为标的之债，谓之种类之债。种类之债与特定之债、货币之债有四点区别：(1)债务履行上的便利性不同。种类债的债务人，只须于全体种类物中任取某个或某些个别物体给付即可，而特定之债的债务人必须给付业已指定的特定物体。对于债务人而言，前者在履行上之便利，实不让于货币之债。(2)有否标的物的品质问题不同。货币之债中，债务人只须给付法定本位货币即可，不发生货币之品质问题。种类债之标的物有不同品质，而当事人未指定且无法确定时，应给付何等品质之物，立法例有采下等品质主义者，如古代罗马法，现代英美法；有采中等品质主义者，如德、日民法，法国、瑞士也大体相同。我国《合同法》第 62 条 1 项，所谓没有国家标准、行业标准的，按照通常标准或者符合合同目的的特定标准履行云云，所针对者仅仅限于，根据交易习惯或合同目的，能够通过合同解释确定标的物之品质之情形。遇无从确定标的物之品质时，该条规定即不敷运用，此时，解释上应取中等品质主义，于债权人债务人两方皆可不偏不倚，允执厥中。(3)给付上的危险负担不同。债务人方面在给付责任的强度上，强于特定物之债，而弱于货币之债。在货币之债，债务人不能以能力不足(即无资力)为由拒绝履行(《合同法》第 109 条)，所谓凯撒抗辩(即没钱时皇帝亦不能付款之抗辩)当然不能适用，故学理上称为金钱之债不灭。在种类物之债，原则上不会发生事实上或法律上的客观履行不能。因为在种类物之债，除当事人另有约定外，债务人所负担者，不过是以自己的金钱购买某种类的标的物，以给付于债权人，故其本质上仅为尽力购备或获取之债。只是在不可归责于债务人之事由，致其无能力取得标的物之时，即使该种类之标的物在客观上仍有取得之可能，但债务人为此却可能需要作出不相称的、过分的牺牲，而依照诚实信用原则，债权人实不应如此期待者，应视之为经济上不能，债务人得拒绝给付，而代之以金钱赔偿义务(《合同法》第 110 条 2 项)。在特定物之债，一旦因事实上或法律上的原因导致不能履行，债权人的实际履行请求权即告消灭。总之，债务人在给付责任强度上的差异，集中体现在给付上的风险负担不同。这对于双务契约中对待给付上的风险负担尤为重要。(4)买卖合同中针对物的瑕疵之救济不尽相同。种类物买卖与特定物买卖中，卖方都负有使买方取得与合同规定相符的、无质量瑕疵的标的物之义务(《合同法》第 153、154 条)。卖方交付的标的物不符合质量要求的，买方有权以买方违反义务为由，要么维持合同，选择行使追加履行请求权(包括修理、更换及重作)或减价请求权，要么解除合同(《合同法》第 155 条、第 111 条、第 94 条及第 111 条的退货)。维持合同的情况下，买方还有其他损失的，得按照《合同法》第 112 条要求赔偿。解除合同的情况下，买方依照《合同法》第 97 条有损害赔偿请求权。如果有瑕疵的标的物不是种类物，而是特定物，买方的追加履行请求权的内容只限于要求修理，不包括要求更换或重作，除非双方另有变更合同的约定。所以，我国现行法上种类物买卖与特定物买卖在瑕疵履行时，卖方得自为补救的可能性有所不同，买方的追加履行请求权的内容不同，买方因卖方无法追完或拒绝追完而退货的机率也不同。此与原德国民法对种类物的瑕疵与特定物的瑕疵区别处理者迥异，与《国际货物销售合同公约》及德国新债法的设计殆同。

　　在我国，对于种类物与特定物区分的意义问题，存在两种误解：(1)前苏俄 1922 年民法第 66 条规定，依照出让人和受让人间所订立的合同移转物的所有权的，对于特定物，从订立合同时起，受让人取得所有权，对于种类物，从交付时起，受让人取得所有权。故在前苏俄民法理论上，种类物与特定物之分，关系到所有权移转的时间，意义非同寻常。前苏俄 1964 年民法第 135 条以及 1995 年俄罗斯民法第 223 条不再根据种类物特定物而异其移转时期，此后学理上也不复将此种分类与所有权移转联系起来。《民法通则》第 72 条与后来的立法例相同，并未区分种类物与特定物而异其所有权移转时期。然学理上仍执前苏俄之旧说，而强为解释者，不乏其人。我国对物之所有权依法律行为而移转时，主要区分动产不动产：动产须交付，不动产须登记。须交付始得移转之动产也好，须登记始得移转之不动产也罢，依当事人之主观意思，其系以种类物或特定物而参与交易，均不影响其所有权移转的时间。这一点必须明确。(2) 前苏俄民法学说曾认为，种类物与特定物对应的具体民事法律关系不同，如财产租赁合同、使用借贷合同仅由于特定物而产生；金钱借贷合同则仅由于种类物而产生。此亦种类物与代替物、特定物与不代替物相互混淆之皮相之说，未见其然。所以，租赁合同必以不代替物为标的物，但是否必为特定物，种类物是否不足当之，则未必然，悉以当事人意思为准。　　　　　　　　　　　　　　（张 谷）

zhongleiwu maimai

种类物买卖(sale of general goods)　"特定物买卖"的对称。合同标的物为种类物的买卖。这种买卖的特点主要是，当标的物因可归责于出卖人的原因而毁损、灭失致使出卖人违反合同时，买受人除了可行使损害赔偿请求权外，尚可请求出卖人继续履行。并且，只能在交付后才发生标的物所有权的移转。　　　　（王卫劲）

zhongleiwu yizeng

种类物遗赠(德 Gattungsvermächtnis)　特定物遗赠的对称。以种类物作为标的物的遗赠。种类物由遗嘱指定，但其种类范围不宜过宽，标的物需可以通过一定方式确定，得由遗产中给付或由遗赠义务人购取后给付。种类物的品质存在差别时，如何选择？在罗马帝国前期，对于指物遗赠和先取遗赠，由受遗赠人选择，因为这两种遗赠具有物权效力；对于嘱令遗赠和容许遗赠，由于仅具有债权效力，由遗赠义务人选择。到罗马帝国后期，随着遗赠方式的统一，种类物遗赠原则上由受遗赠人选择。除非遗嘱人特别表示可以任意选择，否则受遗赠人只能依照习惯选择中等质量的种类物。如果受遗赠人尚未选择而死亡，遗赠仍为有效，由遗赠义务人选择中等质量的种类物交付。现代各国民法对种类物遗赠中的选择权行使也多有规定。《德国民法典》规定，被继承人仅以种类指定遗赠者，应给付符合受遗赠人情况的物；由受遗赠人或第三人指定遗赠物者，得向遗赠义务人作出选择的意思表示；由受遗赠人或第三人作出的指定明显不符合受遗赠人的情况时，遗赠义务人应以相同于被继承人对物的指定未为指示的方式而为给付(第 2155 条、2154 条)，实际上最终的选择权仍属于履行遗赠义务的一方。《法国民法典》规定，遗赠物为非特定的物件时，继承人无须交付质量最好的物件，但亦不得提供最差的物件(第 1022 条)，即由遗赠义务人选择，但质量要适中。《日本民法典》规定，以不特定物作为遗赠标的，受遗赠人受到追夺时，遗赠义务人对其负与出卖人相同的担保责任；物有瑕疵时，遗赠义务人应以无瑕疵物替代(第 998 条)，即由遗赠义务人选择，但须负担保责任。对于种类物遗赠在遗嘱人死亡时不属于他的遗产之情形，遗赠是否仍然有效？《意大利民法典》规定，如果仅仅确定种类的物品，此种遗赠仍为有效(第 653 条)，但若指明遗赠某件种类物，则此种遗赠无效(第 654 条)。同时该法典亦规定，除非遗嘱人特别指定由受遗赠人或第三人选择，否则由遗赠义务人享有选择权，且以中等以上品质物品交付(第 664 条)。对于金钱遗赠，通常认为是无限制的种类赠赠，只要清偿债务与特留份后有剩余遗产，即应支付。我国现行继承法没有明文规定种类物遗赠，一般认为从第 16 条中可以推知应包含种类物遗赠。但选择权如何行使，未为规定。实践中宜以遗赠义务人选择中等质量以上的种类物交付为妥，并须付担保责任。但依第 34 条和我国继承立法的精神，种类物若在遗嘱人死亡时已不属于遗产范围，且无该种类物转移的对价存在时，该遗赠应为无效。

　　　　　　　　　　　　　　　　　　（周志豪）

zhonglei zhi zhai

种类之债(德 gattungsschuld)　特定之债的对称。以不特定给付为标的的债。种类之债以给付标的物为种类物的种类物之债为常态。若给付的劳务或权利以种类定之，则该债也为种类之债。种类物之债的特点在于：于债的成立时，给付的标的物虽以种类、品质、数量等确定，但并不具体特定，甚至可以并不存在。因此，种类物之债只有在履行时，给付标的物才特定。除当事人另有约定外，种类物之债的标的物所有权自交付时转移。　　　　　　　　　　　　　　（郭明瑞）

zhongda guoshi

重大过失(gross negligence)　过失的一种，轻过失的对称。超出一般人注意的非常疏忽，即未采用最平常的注意，或违反一般人都能做到的注意。重大过失表现为行为人的极端疏忽或极端轻信的心理状况。民法上的重大过失视为故意。重大过失在归责与免责上都体现出一定的特殊性：一方面，有的民事责任构成要件规定只有在重大过失或故意的情形下，义务人才承担责任。如《合同法》第 406 条规定，无偿的委托合同，因受托人的故意或者重大过失给委托人造成损失的，委托人可以要求赔偿损失；第 189 条规定，因赠与人故意或者重大过失致使赠与的财产毁损、灭失的，赠与人应当承担损害赔偿责任;第374条规定,保管期间,因保管人保管不善造成保管物毁损、灭失的,保管人应当承担损害赔偿责任,但保管是无偿的,保管人证明自己没有重大过失的,不承担损害赔偿责任。另一方面,因重大过失违反义务的,不可以免责。如《合同法》第53条规定,合同中约定的"因故意或者重大过失造成对方财产损失的"免责条款无效。在旅客运输合同中,承运人应当对运输过程中旅客的伤亡承担损害赔偿责任,但伤亡是旅客自身健康原因造成的或者承运人证明伤亡是旅客故意、重大过失造成的除外。　　(张平华)

zhongda guoshi dengtong yu guyi
重大过失等同于故意(gross negligence is equated with intention to harm)　指在民事归责时,除了法律明确规定外,重大过失和故意是等同的。本质上看,尤其是明知的重大过失与间接故意之间区别很少:在间接故意的场合,行为人预见到了结果发生的现实可能性并接受了它,而在明知的重大过失中行为人虽然预见到了结果的可能性但非现实可能性且相信结果不会发生。归责上的等同,不等于否定了二者在本质上的区别。故意在道德上具有恶性,重大过失则没有。在民法上法律可以规定仅在当事人具备故意的主观要件下才能构成民事责任,比如故意以有违善良风俗的方式加害他人。《中华人民共和国消费者权益保护法》第49条规定,经营者提供商品或者服务有欺诈行为的,应当按照消费者的要求增加赔偿其受到的损失,增加赔偿的金额为消费者购买商品的价款或者接受服务的费用的1倍。通说认为欺诈必须具备故意的心理状态。另外,在确定损害赔偿范围特别是在确定精神损害赔偿的范围时,在同等情况下故意侵权的赔偿范围重于重大过失侵权的赔偿范围。　　(张平华)

zhongda jibing baoxian
重大疾病保险(fundamental sickness insurance)　保险人对被保险人因重大疾病导致死亡、残疾或进行手术治疗,承担给付保险金的人身保险。在我国,凡1周岁以上、65周岁以下,身体健康,能正常工作或劳动的人,均可作为被保险人;被保险人本人、对被保险人有保险利益的其他人可作为投保人投保重大疾病保险。

保险责任　在保险期间内,保险公司承担以下保险责任:(1)给付身故或全残保险金。被保险人因疾病导致身故或身体全残,保险人按保险合同载明的保险金额给付身故或全残保险金。(2)给付重大疾病保险金。被保险人患保险单所指的重大疾病或实施保险单所指手术,保险人按保险合同载明的保险金额给付"重大疾病保险金"。

重大疾病与手术　急性心肌梗塞、恶性肿瘤、慢性肾衰竭(尿毒症期)、重要器官移植、四肢瘫痪、脑血管意外后遗症、脊髓疾病、冠状动脉绕道手术、暴发性肝炎、严重烧伤、主动脉手术。

除外责任　因下列情形之一造成被保险人身故、全残或者患保险单所指的重大疾病或实施保险单所指手术,保险人不负给付保险金的责任:(1)投保人、受益人对被保险人的故意行为;(2)被保险人故意犯罪或拒捕;(3)被保险人殴斗、醉酒、故意自伤及服用、吸食、注射毒品;(4)被保险人在本合同生效(或复效)之日起2年内自杀;(5)被保险人受酒精、毒品、管制药物的影响而导致的意外;(6)被保险人酒后驾驶、无照驾驶及驾驶无有效行驶证的机动交通工具;(7)被保险人患艾滋病(AIDS)或感染艾滋病病毒(HIV呈阳性)期间;(8)战争、军事行动、暴乱或武装叛乱;(9)核爆炸、核辐射或核污染。有上述情形发生时,保险人对投保人退还保险单的现金价值;投保人未交足2年保险费的,保险人扣除手续费后退还已交保险费。

　　(邹海林)

zhongda weiyue
重大违约(material breach of contract)　指债务人没有履行合同或履行合同有重大缺陷,致使债权人合同目的不能实现,且其后果并未预知或无理由预知。相当于根本性违约,一般认为,重大违约违反的是与商品有直接联系的条款。在重大违约情况下,受损方可解除合同,并可要求赔偿全部损失。参见根本违约条。

　　(肖　燕)

zhongda wujie
重大误解(mistake;德 Irrtum)　行为人对行为的性质、对方当事人、标的物的品种、质量、规格和数量等的错误认识,使行为的后果与自己的意思相悖,造成较大损失的情形。重大误解源自前苏俄民法典的规定,我国《民法通则》采用了该概念。《民法通则》规定的重大误解,包含了错误和误解两种情形。重大误解的构成要件是:(1)重大误解是对行为内容的错误认识,不包括动机错误。(2)重大误解是由行为人的过失造成的,即由行为人的不注意、不谨慎造成的。行为人的故意行为和重大过失行为造成的错误,如行为人对于对方提交的合同文本根本不看就签字盖章,则不发生重大误解的法律后果,行为人无权请求撤销。(3)重大误解是对行为内容的主要错误认识,且造成较大损失的情形。如果行为人对行为内容发生了误解,对其权利义务影响不大,则不能视为重大误解。依《民法通则》规定,对于重大误解的效力,当事人可在1年内请求人民法院或仲裁机构予以变更或撤销。当事人未予撤销以前,其意思表示有效。依《民法通则》第59条第

1款和《合同法》第54条第1款规定,因重大误解的民事行为是可撤销的民事行为。例如把复制品误认为真品。构成民法上的重大误解民事行为,必须符合下列条件:(1) 表意人因为误解而作出了意思表示。一方面,表意人要将其意思表达出来,另一方面,表意人所作出的意思表示乃是由于误解所造成的。(2) 必须是对行为内容等发生重大误解,一般说来,表意人对行为的性质、对方当事人、标的物的品种、质量、规格和数量等发生错误认识,从而使行为的后果与自己真实意思相悖,并造成较大的经济损失,可以认定为构成重大误解。(3) 误解是由表意人自己的过失造成的或相对人过失造成的。 (李仁玉 陈敦)

zhongda wujie de minshi xingwei
重大误解的民事行为(德 Geschäft aus Irrtum) 参见重大误解条。

chonghun
重婚(bigamy) 有配偶者又与他人结婚的违法行为。重婚关系中一方或双方原有的合法婚姻并未终止,故发生于后的违法结合以重婚相称。重婚是对一夫一妻制的严重破坏。禁止重婚是当代各国立法的通例。在婚姻家庭法上,重婚是结婚的禁止条件,是婚姻无效或撤销的原因,是判决离婚的法定理由(此处系指重婚者的配偶诉请离婚的情况)。在刑法上,对构成重婚罪的依法追究刑事责任。我国《刑法》规定,有配偶而重婚的,或者明知他人有配偶而与结婚的,处2年以下有期徒刑或者拘役。应按重婚罪追究刑事责任的,是为重婚行为的有配偶者和明知故犯与有配偶者结婚的无配偶者,不知他人有配偶而与之结婚的无配偶者,不是重婚罪的主体。后一种情况,往往是由于有配偶一方的欺骗、隐瞒而造成的。根据有关司法解释,应当对重婚作实质意义上的理解。有配偶者又与他人登记结婚的固然是重婚(法律上的重婚),虽未登记但确与他人以夫妻名义同居生活的也是重婚(事实上的重婚)。所以,明知他人有配偶而与其以夫妻名义同居生活的,亦应按重婚论处。 (马忆南)

zhouchuan lüguan he majiu yuanyi suo sheng zhi sunhai de zeren
舟船旅馆和马厩员役所生之损害的责任(拉丁 receptum nautarum cauponum stabulariarum) 又称船东、旅馆业主和马厩商的责任。指舟船、旅馆和马厩员役对旅客造成损害,由船东、旅馆业主和马厩商应承担的赔偿责任。依罗马法规定,船东、旅馆、马厩商应对其所雇员役的致害行为或不作为的损害负责,包括旅客财物失窃也应负责。此种责任为后世立法关于雇主对雇工的责任所吸收。如《法国民法典》第1384条规定:主人与雇主对其仆人及其雇用人因执行受雇职务所造成的损害负赔偿责任。 (郭明瑞)

zhunian lianxu de zulin
逐年连续的租赁(tenancy from year to year) 租赁期限按年计算,习惯上租出、租入两方都需提前半年预先通知,才能终止一年的租赁关系。 (邹川宁)

zhuyue zulin
逐月租赁(lease without fixed-term) 没有固定的租赁期限,承租人逐月支付租金的租赁。此种租赁的当事人可随时终止租赁,但出租人终止租赁的,应给承租人一定的宽限期。 (郭明瑞)

zhuci guoshi yuanze
主次过失原则(major-minor fault rule) 美国法院过去经常采用的一种确定船舶碰撞过失的原则。所谓主次过失原则是指当一方船舶犯有重大疏忽,对船舶碰撞具有主要过失,而另一方即使有过失,也仅仅是次要的过失时,法院就会降低损害赔偿平均分担这一原则的苛刻性,对相对无过失的一方采取有利的解决办法,对某些情况下应视为过失的行为,法院可视而不见,或者尽管发现有过失,但由于另一方的过失极其严重,因而对一方的轻微次要的错误可忽略不计,不再作为事故发生的原因。主次过失原则是美国司法实践对平均分担损害赔偿原则的反动,尽可能地在船舶过失程度相差悬殊的情况下,对损害赔偿做出相对公平的处理。但是,主次过失原则的界线极其模糊,在很多案件中,即使一船的过失与另一船的过失不成比例,美国法院的判决往往仍然依据平均分担损害赔偿原则进行。 (张永坚 张宁)

zhufalü xingwei
主法律行为(德 nebensachliches Geschäft) 不需要有其他行为的存在就可以独立成立的法律行为。例如,对于抵押合同来说,主债务合同就是主法律行为。 (李仁玉 陈敦)

zhuguan buneng
主观不能(subjective impossibility of object;德 subjektive Unmöglichkeit) 客观不能的对称。不能的原因存在于当事人,例如因生病不能弹琴。主观不能只有相对人知其不能的原因时,法律行为才为无效,否则主观不能属于履行不能的问题。 (李仁玉 陈敦)

zhuguan quanli

主观权利(right) 主观的权利一词用在民法上与用在哲学中，迥然不同。哲学中主观与客观的差别在于，客观的是指不依赖于意识而存在的实在的事物。民法上的主观权利同其他自然现象、社会现象、自然的和社会的过程一样，也是客观现实的东西。之所以称权利为主观的权利，仅仅因为它们是属于具体的民事主体。在俄语中也有同样的情况。过去，我国学者有将 droit subjectif、subjektives Recht 及俄语的相关词译作主观权利、主观法，而将 Droit objectif、objektives Recht 及俄语的相关词译作客观法、客观权利者，未见妥当。倘旨在强调法与权利之关系，谓权利为主观化的法律(subjektives Recht)，法律为客观化的权利(objektives Recht)，或无不可。但中文里权利与法既非一词，权自为权，法自为法，不会混淆；一般情形，主观客观，凡此饰语，即无必要，尽可摒弃，否则，反易生误会。 （张 谷）

zhuguan shang xingwei

主观商行为(subective commercial act) 在大陆法系近代商法中，是与"客观商行为"对应相应的概念。以商人为基础确定商行为，即先认定商人，凡商人营业上的行为，为商行为，非商人所为行为，或商人所为非营业行为，不属商行为。在此，商行为与主体密切相连，又称"营业性商行为"。因其与绝对商行为相比，具有相对性，所以又可称"相对商行为"。这类行为的特点是：第一，行为的主体要求是商人。主观商行为是商人所实施的行为，如果不是商人所为，虽同一行为，也不是商行为。第二，行为的方式必须是以营业的方式进行。这是它最重要的特征。营业包括主观意义上的营业(即营业活动)和客观意义上的营业(即作为组织的营业)。第三，这类行为多数要受相关商事特别法调整。如保险法、银行法、运输法等。总之，它不是绝对的商行为，具有特定的条件性，可以依人依活动方式，依不同国家的立法政策而有所不同。《日本商法典》第502条列举了12种行为为主观商行为：出租行为，指以物为媒介而企图得到利益的行为，如房屋出租、汽车出租、服装出租等；为他人制造或加工的行为，指由他人借给的或由他人买入的原材料，用有偿的方式进行制造加工的行为，如为他人加工制作的纺织业、染色业、洗涤业等；供给电气、煤气的行为；运输行为，包括陆上、海上、航空的物品和旅客的运输；承揽作业或劳务行为，主要指工程承包及船舶工程的承揽及家房建筑等；出版、印刷或摄影行为；以招徕顾客为目的而设置场所交易的行为，如旅馆、理发店、剧院、娱乐场等；兑换及其他银行交易行为，指从他人那里同时接受资金的行为；保险，包括财产险和生命险；承担寄托行为，主要是仓储保管等；居间代办行为；承担代理商行为，指为本人承办代理契约的商行为等。但是专以获得工资为目的而制造物品或从事劳动的行为不属于营业商行为。 （金福海）

zhuhetong

主合同(德 Hauptvertrag) 从合同的对称。指不依赖于其他合同而能独立存在的合同。主合同是相对于从合同而言的，只有在两个有关联的合同中才有主合同与从合同之分，其中不能独立存在而须以主合同的有效存在为前提的合同为从合同。如借款合同与为担保该合同履行的保证合同之间，借款合同为主合同，保证合同为从合同。主合同决定从合同的命运。若没有从合同，就无所谓主合同；反之亦然。 （郭明瑞）

zhuhunren

主婚人(the person performing the marriage) 婚事的主办人，可分为实质上的主婚人和仪式上的主婚人。实质上的主婚人指男女婚姻事宜中真正享有主婚权的人，如当事者的父母。仪式上的主婚人是出面主持婚姻仪式的人，一般就是实质上的主婚人，但也可以由其他特殊身份的人担任。在原始母系社会里，从群婚过渡到对偶婚才产生了主婚人，一般是当事者的母亲及其他母方尊长亲属。如北美洲东北部的印第安部落易洛魁人，男女婚姻事宜全部是由双方的母亲安排的；有时母方亲戚和老人也参与意见，但父亲不加过问。在父系制度确立以后，男女婚配一般由父亲及其他父方尊长亲属作主。在中国古代社会中，特别强调"父母之命"；如当事者为奴婢，则由其主人主婚。周代天子、诸侯有女儿下嫁，为不屈自己的身分，使与男家同等地位者主婚。《公平传》庄公元年："天子嫁女于诸侯，必使同姓诸侯者主之；诸侯嫁女于大夫，必使大夫同姓者主之。""主之"为主持婚姻仪式。唐宋时代，律令规定由祖父母、父母主婚，祖父母不在由期亲尊长(伯叔父母、姑、兄、姊等)主婚，无期亲尊长由其他尊长主婚。元代规定："嫁女皆由祖父母、父母、父亡随母婚嫁。又嫁女、弃妻若不由所由皆不成婚亦不成弃。"历代封建法律规定，婚姻违法，主要追究主婚人的责任。如唐律规定："诸嫁娶违律，祖父母、父母主婚者，独坐主婚。若期亲尊长主婚者，主婚为首，男女为从。余亲主婚者，事由主婚，主婚为首，男女为从；事由男女，男女为首，主婚为从；其男女被迫，若年十八以下及在室之女，亦主婚独坐。"直至明清，均有类似规定。 （马忆南）

zhuquanli

主权利(principal rights) 亦称独立权利。从权利的对称。系依据权利间的横向相互关系所作的区分，指相互关联的两种以上的权利中无须依赖其他权利而能独立存在的权利。一般债权、人格权、身份权以及所有权、城镇国有土地使用权、农村土地承包经营权、典权等大部分物权均为主权利。　　　　　　　　　（张　谷）

zhuwu

主物(main thing)　从物的对称。主物与从物乃由二物相互间一定关系所生之区别，主物即得独立保全其效用之物。此种区别渊源于罗马法，近代东西各国民法多以明文规定，但其所取之主义，则不尽一致：如罗马法、日本民法及旧中国民法不必限于动产，始有此区别（不动产亦可为从物），德、瑞民法以从物仅限于动产；又依日本民法第87条及旧中国民法第68条，主从二物，须同为一人所有，他国民法则无此要件。

　　主物从物之关系　从物概念：(1)从物须为动产，不得为地产，盖土地登记簿要求对每块地产予以分别处理，故此地产不能为彼地产之从物也。按中古时代普通法认为，不动产亦得为从物。(2)从物须独立之物，盖从物亦有其经济上独立之利益。从物不得为主物之成分，既不能是重要成分，也不能是非重要成分，否则即成为物与其组成部分之关系，而非二物间之关系。主物与从物间虽也存在某种经济上的联系，但终究只是空间上的接近，不如物与其成分在经济上的联系那么紧密，盖后者存在外形上之结合故也。从物与成分之分辨，每极微妙，其较具体之标准为二者分离，各不受破坏或变更本质之影响者，为从物，否则即为物之成分。(3)从物须因主物之经济上目的而被确定地使用。所谓经济上目的，并非指主物被利用于工商营业，而仅指主物的效用，即人们可以任何方式对之加以利用的可能性。(4)从物须附属于主物，供其使用，从而促进主物的目的效用或使之实现，两者间属于一种附属关系。

　　从物必须确定地服务于主物之经济上目的，为此，尚须具备以下扩展性条件：(1)从物对于主物之经济上目的(效用)之补助或服务必须特定，为此，要求具有相应的奉献或配属。因为物有在性质上有从属性，非配属于主物不能发挥其效用者，有非性质上有从属性，而因占有人之意思以之配属于主物者。即在性质上有从属性之物，亦非必即为特定一物之从物。故一物是否特定地服务于他一物，均应以占有人之意思为准。此奉献或配属之行为非为法律行为，而为类似于法律行为之行为，行为人有自然的意思能力即可。有学者认为，对主物从物间之主从关系与从物常助主物之效用，应予区别：前者应依交易上之通念，后者则应依所有人之意思以为决定。(2)从物对于主物之经济上目的(效用)之补助或服务必须具有永久性。若仅为暂时性补助他物之经济上效用者，不得谓之从物。此种永久性，并非不可间断之意，故一旦为从物，虽暂时与主物分离，仍不失其从物之性质。如船舶之篷帆锚索，因拆取修缮，暂时与船只分离，仍不失为从物。其主张对物仅为一时利用者，须负证明责任。又，德国民法不以主、从物同属一人为必要，承认他人之物亦可为从物，或在所有权保留条件下交付的物可以为从物。旧中国民法第68条、日本民法第87条规定主、从物须同属一人。前者以保护经济上利益着眼，后者则侧重保护从物所有权。(3)从物与主物，须具有与其服务目的相适应的空间关系。但所谓空间的关系，应以主物之特定目的为断。从物的本质特点要求对从物的空间关系有明显的标志，但立法或交易观念对此很难给出确定的标准。(4)即使全部具备从物概念中的要件，但只要存在相反的交易观念，其物亦非从物。是否在交易上有特别的观念，其内容如何，应由主张此项事实者负担举证责任。

　　区别之实益　从物既常助主物之效用，以之分属二人，非但从物之效用无以发挥，主物之效用亦因而减损。就社会经济而言，乃莫大之损失。故主物从物区别之实益，首先在于从物须与主物在法律上同其命运，处分主物之效力当然及于从物。惟其处分之程度，各国立法例不一：(1)德国民法采取分别规定，例如某人负有义务出让某物，或以之设定负担者，有疑义时，其义务及于该物之从物(《德国民法典》314条)；对一物之遗赠，有疑义时，其效力及于继承开始时该物之从物(《德国民法典》2164条)；地产之让与，有疑义时，及于地产之从物(《德国民法典》926条1款2句)；地产的转让根据约定或法定，其效力及于地产的从物者，对地产的所有权扩及于取得时存在的该地产之从物，但以从物属于让与人为限(《德国民法典》926条1款1句)；抵押权以及土地债务也可延伸至地产所有权人所有的地产之从物(《德国民法典》1120条、1192条)。(2)旧中国民法则采取概括的规定，主物的处分及于从物(旧中国民法68条2款，日本民法87条2款参照)。所谓处分，除物权行为外，尚包括债权行为在内。旧中国民法第862条规定：抵押权之效力及于抵押物之从物。由于彼时民法上之从物不限于动产，因此，抵押物之从物为不动产时，抵押权之效力是否及于该不动产，即发生问题。虽有采肯定说者，但观诸《德国民法典》97条以及日本民法370条之规定，以否定说为是。我国《担保法》第55条规定：城市房地产抵押合同签订后，土地上新增的房屋不属于抵押物。我国将来民法典中，倘若规定从物不限于动产，则须注意及此。在法律上关于主物之处分及于从物之规定，倘为解释性规定时，当事人自得以特别约定，排除其适用。其次，在买卖契约，因主物有瑕疵，而解除契约者，其效力亦及于从物。第三，就主物从物之关系，于主物与从权利,以及主权利与从权利之关系,亦可适用。

须注意几点:(1)从物须与主物在法律上同其命运,不限于所有人或一切有处分权人以意思表示为债权性或物权性之处分之一端,即使由于法律之直接规定,对于主物有使用权、管理权者,对于从物亦有使用权、管理权。在强制拍卖、公用征收以及其他之行政处分,除法律另有规定外,从物也随主物同其命运。(2)对于物以特定法律事实之存在为发生法律上效果之要件时,则其法律上效果应以于事实存在之范围为限。若其事实之存在,仅限于主物时,则其效果不能并及于从物。(3)处分权人只处分从物时,从物之处分不及于主物。　　　　　　　　　　　　　　(张　谷)

zhuwuquan
主物权(main right in rem；德 Hauptsachenrecht) 是指与其他权利没有从属关系,可以独立存在的物权。我国现行民事立法上,主物权主要包括所有权、土地使用权、土地承包经营权、宅基地使用权、典权等。
　　　　　　　　　　　　　　(王　轶)

zhuyao baoxianzhi
主要保险制(primary coverage system) 重复保险(Double Insurance)中计算本保与他保分摊保险责任的一种方式。美国海上保险经常采用这种计算方式。其含义为:当同一保险标的有两个或两个以上保险公司承保时,最早保险的保单就称为主要保险,在后承保的保单在前一保单承保金额范围内其保险无效。当然,日期在后的保险人必须要就其不生效的保额部分,按比例退还所收取的保费。　　　　　　　(温世扬)

zhuyao cuowu
主要错误(德 Wesentlicher Irrtum) 《瑞士债务法》对错误的分类之一。瑞士法在接受德国法的意思表示理论的基础上又援用了13世纪注释法学派的错误理论基础,将错误分为主要错误和非主要错误。主要错误采取了列举方式,包括对法律行为性质、当事人、标的物、标的物的数量表示错误,又称不完善的意思表示。对决定性的动机错误,也归入了主要错误的范畴。法律行为存在主要错误的,无拘束力。
　　　　　　　　　　　(李仁玉　陈　敦)

zhuyiwu
主义务(德 haupte Pflicht) 从义务的对称。此系依义务之依从关系而为之区别。在权利有主权利与从权利之分,而在义务也有主义务与从义务之别。独立存在之义务为主义务,如普通义务。　　　　(张　谷)

zhuzhai
主债(德 hauptschuld) 从债的对称。相互联系的两债中能够独立存在、不以他债的存在为存在条件的债。主债的效力决定着从债的效力。主债虽不依赖从债的存在而存在,但若无从债,也就无所谓主债。(郭明瑞)

zhuzhaiquan
主债权(德 hauptforderungsrecht) 从债权的对称。同一债权人享有的两项债权中能够独立存在而不以他债权的存在为存在前提的债权。主债权的效力决定从债权的效力,但若无从债权也就无所谓主债权。如设定保证担保的债权,债权人享有的债权相对于保证债权就为主债权。　　　　　　　(郭明瑞)

zhuzhaiwu
主债务(德 Hauptschuldverhaeltnisse) 从债务的对称。相互联系的两项债务中能够独立存在而不以他债务的存在为存在前提的债务。主债务的效力决定从债务的效力。参见从债务条。　　　(郭明瑞)

zhuzulin
主租赁(master lease) 控制与支配派生租赁关系的租赁。　　　　　　　　　　　　　　(杜　颖)

zhusuo
住所(domicile) 民事主体生活和进行民事活动的中心处所。《民法通则》第15条规定,自然人以其户籍所在地的居住地为住所。经常居住地与住所不一致的,经常居住地视为住所。《民法通则》第36条规定,法人以其主要办事机构所在地为住所。对于确定住所的标准,罗马法采形式主义标准。最初以设祖先祭坛之处为住所,且一个人只有一个住所。后期的罗马法以财产的集中地为住所或业务的中心地为住所,并采复数住所制。近现代民法采实质主义标准,又可分为三种情况:(1)主观说。该说强调意思因素,认为以当事人长久居住的意思决定住所,英美法系国家多采此主张。(2)客观说。该说强调事实因素,认为实际上长期居住地就是住所,大陆法系国家多采此说。(3)折中说。该说把意思因素和事实因素结合起来,认为以久住的意思而决定经常居住的某一住处为住所。瑞士和我国台湾地区采此说。对于住所的单复,瑞士和泰国民法采单一主义,一人不得同时有两处住所;德国民法、韩国民法采复数主义,一人可同时有两个以上住所。日本民法对此未明文规定,但学说和判例采复数主义。《民法通则》采单一主义。对于住所的法律意义,根据我国现行法律规定主要有:(1)确定自然人失踪的标准;(2)确定债务履行地的标准;(3)作为继承开始地的标准;(4)确定诉讼管辖权的标准及诉讼文书送达的标准;(5)决定国际私法准据法的标准。

(李仁玉 陈敦)

住所地国籍说(doctrine of domicile)

zhusuodi guoji shuo

又称为公司社会住所说,认为公司的住所是公司的经营管理和经济活动中心,因此公司的国籍应以其住所的所在地而定。对何为公司住所,学者见解和各国实践尚不统一,有几种观点:(1)主事务所在地说或称管理中心地说,《日本民法》第50条规定,法人依其主事务所在地为住所。《希腊民法典》第10条规定法人的住所地是其主事务所所在地法。(2)营业中心地说。(3)章程指定地说,《瑞士民法》第56条规定,法人的住所依法人章程的规定(在无章程规定时,则以执行其事务之住所为法人住所)。有国家法律上关于公司住所的规定,只能确定其公司的住所,并不能用来确定外国公司的国籍,如我国《公司法》第10条规定,公司以其主要办事机构所在地为住所。反对者认为,由于公司可以随意选定住所,难以防止他们随意改变住所和规避法律的行为。

(李四海)

住院医疗保险(hospital room and board insurance)

zhuyuan yiliao baoxian

健康保险的一种。被保险人因疾病而住院治疗所应当支出的住院费、食宿费、诊疗费、手术费、护理费、药品费等医疗费用,由保险人负责支付的健康保险。住院医疗保险的主要目的在于负担被保险人的高额住院费用,一般约定有保险人的最高给付限额。一般而言,保险人对于下列医疗服务,不承担给付保险金的责任:(1)以休养或康复为目的的住院医疗服务;(2)以锻炼被保险人的体格或谋生能力,或以其他不以治疗严重疾病为目的而享受的医疗服务;(3)矫正视力及体检;(4)装配助听器或眼镜;(5)因为怀孕而引起的医疗服务,但保险单另有约定的除外;(6)因酒精中毒或吸食麻醉品而导致的医疗服务;(7)因为语言矫正或语言疾病而引起的医疗服务;(8)美容手术服务;(9)因不行单列明的器官移植以外的器官移植医疗服务;(10)其他不行单列明的医疗事项。 (邹海林)

注期汇票(sight bills)

zhuqi huipiao

发票人记载见票后一定日期付款的汇票。此类汇票并没有记载一个固定的到期日,而是根据持票人请示付款人为承兑,以付款人记载"承兑"并签名的日期来决定到期日。也就是说,注期汇票的到期日需要根据承兑的日期加以确定。如果承兑人拒绝承兑,则根据拒绝承兑证书作成之日来计算到期日。因此,此类汇票必须被提示承兑。但是,所谓见票后的一定日期,并非要由承兑人确定,而是由发票人在签发汇票时加以记载。如果承兑日期未被加以记载或未作成拒绝证书,法律将采用推定方法确定见票日期,以确定到期日。《日内瓦统一汇票本票法》第35条规定,在此情况下,"对于承兑人,视为于承兑提示期限之末日所为。"1995年5月10日我国第八届全国人大常委会第十三次会议通过的《中华人民共和国票据法》也采用同样的推定计算方法。 (王小能)

抓斗条款(grab discharge clause)

zhuadou tiaokuan

也称"抓斗卸货条款"。此条款出现于20世纪60年代初,是以大型装卸机器代替岸上劳工的产物。航次租船合同规定了当船舶运输散装煤炭、金属矿适合其他习惯上使用抓斗卸载的货物时,船货双方有关卸货的协议。其主要内容为:船方保证船舶适合正常使用抓斗卸货;货物不能装在抓斗接触不到的地方;如因不能使用抓斗卸货,所增加的卸货时间和费用由船东负担;抓斗卸货所造成的船舶损坏,承租人不承担责任。 (张琳)

专家责任保险(professional liability insurance)

zhuanjia zeren baoxian

又称职业责任保险或者业务过失责任保险。以提供专门职业服务的被保险人因其专家行为致第三人损害而应当承担的赔偿责任为标的而订立的责任保险。专家因其服务的疏忽或过失致人损害而应当承担的民事责任,称之为专家责任;专家责任为专家责任保险的标的。专家责任保险为时代特征相对较强的责任保险。

专家 具有特定的专门技能和知识,并以提供技能或知识服务为业的人员,主要包括提供专门职业服务的医师、药剂师、美容师、理发师、律师、会计师、公证员、工程师、建筑师、经纪人、保险代理人等。上列人等因为工作上的疏忽或者过失造成他人的人身伤亡或者财产损害而应当承担的赔偿责任,可以投保专家责任保险;保险人依照其签发的专家责任保险单对上列人等承担保险责任。实务上运用较多的专家责任保险,有医师(院)责任保险、美容院(理发师)责任保险、建筑师责任保险、会计师责任保险和律师责任保险等。

分类 因保险人承担保险责任的基础不同,专家责任保险分为索赔型责任保险和事故型责任保险。保险人以第三人向具有专家身份的被保险人请求索赔的事实发生在责任保险单的有效期间作为条件,对被保险人承担保险给付责任的保险,为索赔型专家责任保险。索赔型专家责任保险基本要素包括:(1)第三人对被保险人的索赔发生在保险单约定的有效期间内，而不论被保险人致人损害的行为或事故是否发生在保险单的有效期间；(2) 保险事故为第三人对被保险人的索赔；(3) 保险标的为被保险人对第三人承担的赔偿责任。依照索赔型专家责任保险，保险人对被保险人在保险单的有效期间，因被保险人从事的任何专家业务所导致的任何索赔或者首次索赔而承担的任何民事责任(包括索赔的费用)，承担保险责任。保险人仅对因被保险人在保险单约定期间内所为对第三人造成损害而应当承担的责任为限承担责任的保险，为事故型专家责任保险。依照事故型专家责任保险，保险人承诺对被保险人因为约定的事件在保险期间内发生造成的损害责任，承担保险责任。因为在实务上，如何证明被保险人的行为或疏忽发生在保险单有效期间，是颇为困难的，保险公司实际上几乎已经不再利用事故型专家责任保险了。

保险责任范围 被保险人因为工作疏忽或者专家业务过失行为，而应当对第三人承担的损害赔偿责任，为保险责任范围。专家的工作疏忽或者专家业务过失应以专家行为的性质进行判断，以利用专业化的知识或者脑力支配的技能为特征，例如，专家因使用专业设备而致第三人的损害的行为。专家或其雇员所为不属于其专家业务范围内的行为所造成的损害，以及为犯罪行为而造成的他人损害，不属于专家责任保险的保险责任范围；被保险人的赔偿责任因其雇员的犯罪行为或者其他不诚实的行为所导致，诸如被保险人的雇员盗窃或者欺骗行为，不适用专家责任保险。

除外责任 除外责任因承保的专家责任的类型之不同而不同，除法定不予承保的情形外，除外责任取决于保险单的明确约定。例如，依照不动产评估师责任保险单的约定，除外责任的情形主要有：(1) 其他责任保险明示承保的责任；(2) 因雇佣关系而发生的责任；(3) 企业间因有从属关系而发生的索赔；(4) 使用汽车而发生的责任；(5) 自有物引起的责任或损失；(6) 因虚伪行为引起的责任；(7) 因交易行为而发生的责任；(8) 违约金或违反明示担保的责任；(9) 环境污染责任；(10) 因法院判决的执行而发生的责任；(11) 不具有一定资格的人员引起的责任；(12) 因为发生放射性污染或者核辐射、战争、外敌入侵、敌对行动、内战、暴动等事件引起的损害。

(邹海林)

zhuanmai

专卖(monopoly) 国家出于某种需要设立专门机构或指定专门商业机构垄断某种商品的销售权，禁止其他组织或个人参与此种商品的销售。如世界各国几乎都对军火买卖实行专卖制度，不允许市场自由买卖。专卖商品通常是国家在法律、法规中规定的某些对人们的生活、健康等有重大影响的特定商品，如烟草、酒类、药品等。专卖商品的经营是垄断式的，否则不能达到专卖的目的。也就是说，只有国家制定和特许的企业方可生产、制造、加工专卖的商品，其生产、制造、加工的商品必须卖给专卖机构。专卖必须由国家规定，其他任何组织或个人都不能对某种商品实行独家经营。

(王卫劲)

zhuanquan lihun

专权离婚(patent right of divorce) 离婚作为丈夫的一种特权，夫可基于法律规定的理由单方面解除婚姻；妻子一般情况下无提出离婚的权利。它是古代社会婚姻家庭法普遍推行的立法原则。早在古罗马时代，就有作为丈夫特权的片面离婚方式。在我国奴隶社会和封建社会，礼与法均规定了离婚是男子的专权，丈夫可以"七出"休妻，妻却必须从一而终，永不可弃夫。古代日本深受中国儒家"三从四德"等伦理规则影响，规定了近似中国古代的"休妻制"。犹太教摩西法典同样把离婚规定为男子的专有权利，夫可休妻，妇女则始终处于受制约地位。古印度摩奴法典规定了"妇女始终不应该随意自主"，任何情况下妻子都无权与丈夫离婚，而丈夫要求离婚却很容易。伊斯兰教的古兰经赋予夫休妻的权利，妻子却无权主动要求离婚。专权离婚深含对妇女的歧视。

(蒋 月)

zhuanyong chanpin

专用产品(special products) "通用产品"的对称。卖方根据买方的特殊要求而专门生产的某种产品或某类产品。其特征是，买方对专用产品的性质、规格、型号、质量等往往有特定的要求，卖方必须按照其要求提供合格的产品，否则为违约。

(王卫劲)

zhuanshu quanli

专属权利(exclusive rights) 亦称专有权。非专属权利的对称。专属于权利人，与权利人之个人利益有不可分离的关系之权利，如人格权、身份权。系依据权利与主体间之关系所作的区分。专属权利无移转性，不得让与或继承，如社员权原则上不得继承，侵权所生的精神损害赔偿请求权，不得让与或继承。在精神损害赔偿，如以金额赔偿之请求权已经契约承诺或已起诉者，得让与或继承之。此时专属权已经改变性质，成为非专属权理矣，自然具有移转性。

(张 谷)

zhuandian

转典(re-dien) 典权人与出典人仍保持原有的法律关系，而依原典条件，将典物向他人设定新的典权。转典的性质是在典物上再设定典权,故为典权人就典物为处分,而非对典权的处分,典权人不过使转典权人因转典而发生一个新的典权关系而已。

转典除了契约另有约定或另有习惯外,典权人可以自由为之。但转典须具备以下的条件:(1)须于典权存续中为之。因典权人之转典,系以原典权的存在为前提,典权人如丧失典权,自无转典可言。(2)典权定有期限的,其转典期限,不得逾原典权之期限。典权未定期限的,其转典不得定有期限。(3)转典之典价,不得超过原典价。

转典权人因转典而取得新典权,得占有典物而为使用、收益。典权人对于典物因转典所受之损害,应负赔偿责任。 (钱明星)

zhuanfenbao
转分保（retrocession） 分入保险公司将所接受的再保险业务又一次转分给其他保险公司,用以分散风险并赚取分保手续费的分保方法。 (温世扬)

zhuanhuan gongsi zhai
转换公司债（convertible debenture） 又称"可转换公司债"或"调换公司债",指在公司债契约中赋予债券持有人(或称"债权人")有权在公司债发行经过一定期间后,得依本身自由之意志,在法定或约定之期间(可请求转换之期间)内,选择是否按约定条件(即转换价格或转换比率)将所持有的债券转换为其他有价证券(通常仅指公司股份)的公司债。转换公司债与普通公司债的区别,前者附带了可转换为股票的权利,这种权利是债券发行人在发行时赋予债券认购人的。转换是一项权利而不是义务,债券持有人既可以行使这种权利,也可以放弃这种权利,各国公司法普遍赋予债券持有人这种选择权。转换公司债券实际上是一种"潜在"的股票,它体现了现代法发展中"公司债股份化"趋势,还兼容了公司债和股票的双重功能,兼顾了投资者、发行公司、公司原有股东和证券公司的利益;对于投资者,可转换公司债既具有债权的安全价值,又具有股票的高增值价值。在股票价格下跌时,债券持有人的本金及利息不受影响,在股票价格上涨时,债券作为潜在的普通股,价格也会随之上涨;对于发行公司先通过转换公司债以优惠条件获得投资,然后通过向股票转换减少债务,增加资本。发行转换公司债是一种附条件的增加资本的方法,对公司很有吸引力;转换公司债券转换为股票后,对原有股东利益会造成一定冲击。各国立法对公司原有股东给予不同程度的保护。如我国1997年经国务院批准由国务院证券委员会颁布的《可转换公司债券管理暂行办法》第12条第2款规定:"股东大会决议还应当包括股东购买可转换公司债券的优先权的内容。"对于证券公司,某一证券售销两旺对自己非常有利。基于转换公司债的优越性,各国公司法普遍允许公司发行这种债券(如日本《商法》、德国《股份公司法》、法国《商事公司法》和我国台湾地区《公司法》均对此作了规定),我国《公司法》明确规定公司除可发行普通公司债外,也可以发行转换公司债。转换公司债券应当记载公司债转换为股份的条件及方法,未明确记载的视为非转换公司债。我国有资格发行转换公司债的主体限于上市公司及拟改制为上市公司的重点国有企业;我国对上市公司发行转换公司债资信条件的要求比发行普通债券严格,除累计债券额占公司净资产额的比例、募集资金投向要求以及兜底条款完全相同外,对净资产的要求、公司近3年经济效益的要求以及债券利率的要求比发行普通公司债券严格;上市公司发行转换公司债券必须通过股东大会决议,还应报请国务院证券管理部门批准。这体现转换公司债利益和风险的平衡,也体现国家立法对转换公司债所持的慎重态度。 (施余兵)

zhuanhuangu gupiao
转换股股票（convertible shares） 在股份公司发行数种股票的情况下,给予股东将其所持有的某种股票转换成其他股票的转换请求权的股票。如从优先股转换为普通股,从无表决权股转换为有表决权股等。转换股票使公司支付的股息降低,使公司筹资成本降低,定期的股息支出变为不定期的股息支付。转换股份对投资者的吸引力较大:(1)它具有安全性和投机性。投机性就是转换股票的价值有增值的可能。(2)它具有避免通货膨胀性。转换股是公司给予股东的一种优惠,在必要时多被要求转换为普通股。公司在发行转换股票时,必须明确规定转换股的转换条件、日期和有关事宜,须经公司董事会的同意。 (丁艳琴)

zhuanjicheng
转继承（transfered succession） 也称转归继承、连续继承或再继承,继承人于继承开始后、遗产分割前死亡,其应继份额转归其继承人承受的法律制度。转继承关系中最终实际接受遗产的死亡继承人的继承人称为转继承人,死亡的继承人称为被转继承人。转继承制度的目的在于保护继承人的继承人的利益,使其能够直接参与尚未完成的遗产分割活动。转继承发生的前提条件是继承人在死亡前没有放弃继承权或丧失继承权,否则不发生转继承。转继承人不论一人还是数人,其接受的只是被转继承人的应继份额。关于转继承的性质,存在学理和立法例上的不同认识和制度安排。其一认为转继承是继承权的转移,如《日本民法典》规定,继承人未表示承认或放弃而死亡时,其继承人自知悉有继承之事起3个月内应作出单纯承认、限定承认或放弃的意思表示(第915条、第916条);《法国民法典》规定,如应继承遗产的人未放弃继承,亦未明示或默示接受继承而死亡时,该继承人的继承人得以前者的名义接受或放弃继承(第781条)。日本、法国的转继承人所享有和行使的是已死亡的继承人的继承权。其二认为转继承只是已死亡的继承人应继份额内的遗产权利的转移,如《苏俄民法典》规定,如果依法或依遗嘱应召继承的继承人,在继承开始后亡故而未能在规定的期限内接受继承,则接受应属他的应继份额的权利转归他的继承人(第548条)。我国现行继承法对转继承没有规定,最高人民法院《关于贯彻执行〈中华人民共和国继承法〉若干问题的意见》第52条规定,继承开始后,继承人没有表示放弃继承,并于遗产分割前死亡的,其继承遗产的权利转移给他的合法继承人。我国继承法采取直接继承主义,自继承开始,被继承人的全部遗产即归属于有继承权之人,遗产分割只是确定各共同继承人对于具体遗产享有单独的所有权,因此继承人在继承开始后、遗产分割前只要没有放弃继承,享有继承权,则其应继份额在法律上就属其财产。转继承人根据法律规定参加到继承关系中来,其作用在于直接参与分割遗产,承受被转继承人的应继份额,而不是代替行使被转继承人对于被继承人的遗产继承权,因而转继承人没有接受或抛弃继承的权利,他只有接受或抛弃遗产的权利。转继承与代位继承不同,性质上,前者的转继承人不享有继承权,后者的代位继承人直接享有继承权;时间上,前者发生于继承开始后、遗产分割前的继承人死亡之时,后者发生于被继承人的子女先于被继承人死亡的情形,代位继承权产生的时间是被继承人死亡之时;主体上,前者是被转继承人死亡时的合法继承人,后者仅限于被代位继承人的直系晚辈血亲;适用范围上,前者法定继承、遗嘱继承均适用,后者仅适用于法定继承。 (周志豪)

zhuan jichengren

转继承人(subsuccessor) 继承开始以后,继承人未放弃继承并于遗产分割之前死亡,继承其继承地位的继承人。我国最高人民法院《关于贯彻执行〈中华人民共和国继承法〉若干问题的意见》第52条指出:"继承开始以后,继承人没有表示放弃继承,并于遗产分割前死亡的,其继承遗产的权利转移给他的合法继承人。"该条所规定的就是转继承。在转继承中,继承开始后死亡的继承人叫被转继承人,继承其继承地位(或继承权)的人叫转继承人。转继承人是被转继承人的继承人,包括法定继承人和遗嘱继承人、本位继承人和代位继承人。 (马忆南)

zhuanrang beishu

转让背书(endorsement for transfer) 背书的一种,是持票人以转让汇票权利为目的而为的背书。汇票为法定指示证券,除非票面上有背书禁止的记载或法定背书禁止的情形,原则上均得依背书转让。背书转让的汇票上的权利,包括付款请求权和追索权两种。票据权利为债权,但是依背书转让的汇票权利与一般债权转让在法律上有不同的效果:其一,依背书转让权利,不必通知债务人即可产生转让的效果;其二,依背书转让权利,产生抗辩切断;其三,依背书转让权利,权利发生的同时,还产生权利证明效力和权利担保效力。参见背书的意义条。 (王小能)

zhuanrang beishu de bulianxu

转让背书的不连续(un-successive endorsement for transfer) 汇票的转让背书在形式上前后不连续。造成不连续背书的原因可能是:(1)前一背书的被背书人与后一背书人在形式上不具有同一性,或者二者完全不是同一人,或者二者虽是同一自然人,但他作为被背书人是代表法人,而作为背书人却是代表自然人。(2)某一背书因欠缺有效形式要件而无效,从而影响了背书的连续。转让背书不连续对汇票本身效力不产生影响。 (王小能)

zhuanrang beishu de lianxu

转让背书的连续(successive endorsement for transfer) 转让汇票的背书人和受让汇票的被背书人在汇票上的签章和记载依次前后衔接的背书。转让背书的连续,应符合以下要求:(1)各背书都是形式上有效的背书。即只要求形式上合法有效而不问实质如何。(2)连续的背书应为同一性质的背书。但背书中有设质背书或委任背书,不影响背书的连续。(3)各次背书必须前后依次衔接,即前一背书的被背书人必须是后一背书的背书人。需要指出的是,前一背书的被背书人与后一背书的背书人的同一性,并不要求其字面完全相同,只要从观念上或交易习惯上能认定二者具有同一性即可。在空白背书,由于被背书人未被记载,故而承认空白背书的立法大多规定,将空白背书后的背书中的背书人视为空白背书的被背书人,以保证汇票的流通。汇票的每一次背书都必须是有效背书,否则将因其无效而影响背书的连续。 (王小能)

zhuanrangshang

转让商(tranferor) 在市场交易中转让财产权利的一方商人。 (关涛)

zhuanzhang zhipiao

转账支票(cheques or checks payable in account) 支票的一种，现金支票的对称。出票人向其留有存款的开户银行或其他法定金融机构签发的，要求其对受款人办理转账结算的支付凭证。根据1995年5月10日我国第八届全国人大常委会第十三次会议通过的《中华人民共和国票据法》第84条第3款的规定，转账支票只能用于转账，而不能用于支取现金。《德国支票法》与《联合国国际支票公约草案》对转账支票都作了详细规定，其主旨相同，即转账支票的记载必须是"只可记账"或"转账付款"以及类似含义的文句，于正面横跨票面书写。记载人既可以是出票人，也可以是持票人。记载后即发生只得转账而不得以现金支付票款的效力。如此种记载被涂销则视为未被涂销。《日本支票法》同时规定，若转账支票从外国开出，而在日本付款，则具有普通划线支票的效力。　　　　(王小能)

zhuanzhang zhipiao de fukuan

转账支票的付款(payment of cheques or checks payable in account) 关于转账支票能否为现金支付问题，《中华人民共和国票据法》严格规定转账支票只能用于转账，不得支取现金，但对支取现金做法的处理未作具体规定。《日内瓦统一支票法》规定转账支票不得用于支付现金，如付款人不遵守此种规定，应就由此产生的损害负赔偿之责。但其数额不得超过票面金额。同时，若是对真正的权利人付款，即使是以现金支付转账支票也免除付款银行的责任。银行或其他法定金融机构的转账支付方式主要有记入贷方账(credit in account)、从一个账转入另一个账(transfer from one account to another)、抵销(set off)或通过票据交换所结算(clearing house settlement)，我国采取的转账方式主要是受款人将转账支票连同填讫的进账单送交开户银行，他行支票银行通过"票据交换"收妥后入收。转账支票的真正权利人在付款人未按转账支票票面记载付款时，可以要求付款人向其负担损害赔偿之责。此时，发票人亦有担保付款之义务。若查究出冒领人，则真正权利人可分别或同时向付款人、发票人、冒领人起诉，要求其承担赔偿责任或连带赔偿责任。若付款人按转账支票之要求付款使真正权利人遭受损失，则后者只能在前者协助下查找冒领人后，向冒领人追偿。《日本支票法》对在外国开立于日本付款的转账支票规定了付款方面的特殊效力，即普通划线支票的效力，此种支票只得对银行或其他法定金融机构付款。　　　　(王小能)

zhuanzhi

转质(德 Afterpfand) 质权人在质权法律关系存续期间，为提供自己债务的担保，将质物移转给第三人占有，于该质物上设定新质权的行为。转质是质权人对质物的处分行为，质权人这种为担保自己的债务而将质物交与债权人设定新的质权的权利，被称为转质权。因转质而取得质权的权利人，称为转质权人。转质制度的主要目的在于促进质物的利用价值，活跃经济交往。质权人因质权的设定而占有质物，必妨碍质物使用价值的发挥，若质权人能通过转质而充分利用质物的交换价值，可以弥补质物的使用价值不能获得充分发挥的缺陷，因此，转质具有促进资金融通的经济机能，质权人因设定质权而投下的资本，通过转质而有再度流动的可能。转质可以分为承诺转质和责任转质。承诺转质是经过质物所有权人的同意而转质；责任转质则是未经过质物所有权人的同意，由质权人以自己的责任进行的转质。承诺转质与责任转质性质相同，都是质权人为担保自己或他人债务而在质物上设定新质权的行为，属于质权的再设定，新设定的转质权所支配的标的仍为原质权支配的标的，但转质权就质物取得更优先的支配力。承诺转质与责任转质的区别有以下几点：(1)承诺转质须取得出质人同意，而责任转质以转质人自己的责任进行转质，未取得出质人同意。(2)承诺转质的范围，即被担保的债权额与清偿期，无须在原质权担保的范围内，可超过原质权的担保范围；责任转质则须在原质权担保范围之内，不得超过。(3)承诺转质中转质人的责任并未加重，而责任转质中转质人的责任加重。(4)承诺转质的转质权不受质权清偿或其他原因消灭的影响；责任转质于质权消灭时，转质权亦同时消灭。(5)承诺转质的转质权人于自己债权已届清偿期时，无须原质权亦具备实行条件，即可实行其转质权，而责任转质，须待自己债权与原质权均具备实行要件时，始得行使转质权。对于质权人是否享有转质权，各国规定不一，法国和德国民法未明确规定转质权，但学说上承认质权人的转质权，瑞士和日本民法则对转质权进行了明文规定。我国《担保法》对转质制度未作规定，2000年12月13日颁布实施的《最高人民法院关于适用〈中华人民共和国担保法〉若干问题的解释》第94条第1款承认了承诺转质，但作了一定的限定，该款规定，"质权人在质权存续期间，为担保自己的债务，经出质人同意，以其所占有的质物为第三人设定质权的，应当在原质权所担保的债权范围之内，超过的部分不具有优先受偿的效力。"同条的第2款则明确否定了责任转质，该款规定，"质权人在质权存续期间，未经出质人同意，为担保自己的债务，在其所占有的质物上为第三人设定质权的无效。质权人对因转质而发生的损害承担赔偿责任。"　　　　(申卫星)

zhuanzu

转租(sub-chart) ❶ 承租人不退出租赁关系，而将租赁物出租给次承租人使用收益。转租后虽承租人仍为租赁关系的当事人，但实际上承租人将租赁物有偿转移给第三人即次承租人使用收益，因对租赁物如何使用收益对出租人有直接利害关系，因此各国法上对转租均有规定。对转租的立法大体有三种体例：一是规定承租人转租均须经出租人同意；二是区分动产与不动产，动产转租须经出租人同意，而对不动产的转租设有例外；三是规定除当事人有相反的约定外，承租人均可转租。我国《合同法》采取第一种立法例，该法第224条中规定，"承租人经出租人同意，可以将租赁物转租给第三人。承租人转租的，承租人与出租人之间的租赁合同继续有效。第三人对租赁物造成损失的，承租人应当赔偿损失。""承租人未经出租人同意转租的，出租人可以解除合同。"依此，承租人经出租人同意转租的，为合法转租；承租人未经出租人同意转租的，为不合法转租。

❷ 承租人在租期内根据租船合同的条件把船舶转租给第三人的行为。多见于定期租船合同中。由于转租，即出现在同一艘船舶的使用中，同时存在两个合同的情况：原租船合同和以二船东身份出现的原承租人与第三人签定的合同。处理这两个合同关系的原则是：原期租租船合同是船东和承租人的协议，它约束船东和承租人；新租船合同是原承租人和第三人之间的协议，只能约束原承租人和第三人，而不能约束船东；新租约中增加的义务和责任，应由原承租人负责，而不能给船东增加额外的义务和责任。 (郭明瑞 张琳)

zhuanglianzhi

妆奁制(regime dotal) 关于女方因婚姻带往男家嫁资、奁产的提供、所有、管理、处分、收益以及返还的法律制度。早在古罗马，法律就规定了妆奁制度，前期的妆奁是一种赠与，目的在于维护家庭共同生活，因此婚后丈夫便取得了完全的所有权。后期由于丈夫休妻现象增多，而且往往只许女方带走衣服和一些日常用品，为了维护自身的利益，防止丈夫对妆奁的滥用，尽管仍由丈夫管理，但女方家长或其本人在提供婚嫁时常用"要式口头约定"使男方家长或其本人在婚姻终止时承担返还的义务。后来相沿成习，裁判官对没有约定的也承认女方有返还请求权。查士丁尼时对妆奁的返还多次作了改革，其中规定，妆奁的所有权属于丈夫，但对妆奁中的不动产，未征得妻子同意不得出让或抵押，否则妻子对受让人有追诉权。近、现代一些资本主义国家继承罗马法的传统，在法律中也规定有妆奁制。例如瑞士民法典(1981年修订版)第247条规定：夫妻财产契约，可约定将其财产中的一部分作为嫁资交与夫，以分担婚姻生活的费用。应该提及的是，在一些亚洲国家，女方在结婚时必须携入丰厚妆奁的传统习俗仍有深远的影响，1983年印度议会通过一项法案，旨在禁止男家因对方妆奁不足而虐待甚至焚烧新娘的行为。 (张贤钰)

zhuanghuo xiehuo he jiaofu tiaokuan

装货、卸货和交付条款(loading, discharging and delivery clause) 提单条款之一。对托运人在装货港提供货物以及收货人在卸货港提取货物的义务所作的规定。该条款通常要求，托运人或者收货人应以船舶能够装载和卸下的速度，按照承运人要求，不分昼夜、星期天或者节假日，不间断地提供或者提取货物。否则，对引起的一切费用如装卸工的待时费，包括船舶港口费用以及滞期费等等，均由托运人、收货人承担。有的还进一步规定滞期费的计算方法。如收货人不及时提货、拒绝提货或货物无人认领，承运人有权将货物卸下码头或者卸入仓库，货物卸离船舶后的所有风险和费用由收货人承担。承运人负责货物装卸费用。但是货物装船前和卸船后的费用由托运人、收货人负担，除非港口习惯与此相反。但是双方当事人另有约定时，则以约定为准。提单中通常还有其他条款规定，当按照港口习惯或受港口条件限制，船舶抵达港口时不能或不准进入港口靠泊装卸货物，其责任又不在承运人时，在港口内或者港口外货物过驳费用由托运人、收货人承担。但是在班轮运输中，由于没有租船合同及装卸期限，承运人要依据本条款收取滞期费比较困难。 (张琳)

zhuangxie shijian

装卸时间(lay time, layday) 也称许可时间。航次租船合同中订明允许租船人完成装卸货物的时间。租船人必须在合同订明的装卸时间内完成货物的装卸。如果实际使用装卸时间超过了订明的装卸时间，租船人应付给船东滞期费；如果实际使用装卸时间少于订明的装卸时间，船东应当付给租船人速遣费。装卸时间的计算方法：租船合同中对装卸时间的规定通常采取如下两种方法：一种，具体规定若干天(或者若干小时)；另一种，规定每天装卸定额(每天应当装或卸货物吨数)，然后根据实际货物数量计算出装完或卸完全部货物所需要的天数，即以每天装卸定额除全部货物数额得出。无论采取何种方法，最终都是为了计算出装完或卸完全部货物所需要的时间。装卸时间的计算：租船合同中计算装卸时间的方法有多种，常见的有以下：(1) 工作日，指不包括星期日和法定节假日的港口可以进行工作的日数。工作日的正常工作时间按照港口习惯办理。例如，我国港口规定：中华人民共和国法定假日和星期日前一日下午6时以后,法定假日和星期日次日上午8时以前的时间均不计入装卸时间。此外为正常工作时间。(2) 24小时工作日,即只有在按照约定的装卸速度装卸的情况下,每连续24小时算一个工作日。(3) 晴天工作日,又称为良好天气工作日,即只有天气许可进行特定货物装卸的时间才能计入工作日。(4) 连续24小时晴天工作日,即天气许可进行装卸的时间才能计入工作日,每连续24小时才算一个工作日。

(张 琳)

zhuangxie zhunbei jiuxu tongzhishu
装卸准备就绪通知书(notice of readiness) 又称"准备就绪通知书"。根据英美法,船方有义务通知租船人/交货人船舶已经准备就绪可以装货。递交准备就绪通知书有两个先决条件:(1) 船舶抵达。船舶根据合同已经抵达指定的港口、码头或泊位。(2) 船舶准备就绪。但是那些不影响装卸作业的细微缺陷并不影响准备就绪通知书的递交。通知书可以口头形式,也可以其他任何形式递交;通知书生效的时间是针对"递交"而不以租船人/交货人接受与否为条件。递交准备就绪通知书是装卸时间开始起算的标志,因此极为重要。

(张 琳)

zhuangyungang jiaohuo hetong
装运港交货合同(contract of deliver ex shipping port) 国际贸易中,双方约定出口国的装运港口完成交货义务的买卖合同。包括船边交货(FAS)、船上交货(FOB)、成本加运费(C&F)以及成本、运费加保险费(CIF)以及飞机场交货(FOA)等。按照该种合同条款,卖方应按照约定的时间、地点在装运港提交合同规定的货物,并支付有关的费用和提交有关单据。买卖双方风险划分一般都以装运港的船舷为界,即货物越过船舷以前的风险由卖方承担,越过船舷以后的风险由买方负担。除一些国家对某些种类的FOB合同有不同规定外,一般都认为在采用上述三种交货条件时,卖方都要负责申领出口许可证、缴纳出口税等。由于实务中FOB被滥用于在任何地点交货,按照2000年国际贸易术语解释通则(Incoterms 2000)的建议,FOB应慎用,否则其会失去原有的船上交货的意义。

(张平华)

zhuangtai
状态(德 Zustand) 参见自然事实条。

zhuisuo fuyangfei
追索扶养费(fee to seek) 扶养义务人不主动履行给付扶养权利人金钱或财物的义务时,扶养请求权人即需要扶养的一方,有权通过调解或诉讼的程序,要求对方给付应承担的扶养费。扶养费的数额,应根据义务人的经济能力和权利人的需要确定。

(蒋 月)

zhuisuo fuyangfei
追索抚养费(demand support payments) 父母不履行其抚养义务时,未成年子女或不能独立生活的成年子女请求其履行义务的行为。追索抚养费的要求,可向抚养人义务人所在单位或有关部门提出解决,也可直接向人民法院提起诉讼。人民法院应当根据子女的需要和父母的抚养能力,通过调解或判决的方式,确定抚养费的数额、给付期限及方法。一般来讲,对未成年子女的抚养程度是与自己维持同一生活水平,对成年子女的抚养程度是维持当地一般生活水平。对拒不履行抚养义务、恶意遗弃未成年子女,情节严重构成犯罪的,应当依法追究其刑事责任。

(马忆南)

zhuisuo jine
追索金额(recoverable amount) 追索权人可以向被追索人请求的一定金额。追索金额因不同的追索种类,其组成部分不同。(1) 期前追索的追索金额,包括两个部分,一是扣除了自清偿日至到期日止的法定利息的票据金额,二是行使追索权支出的合理费用,如作成拒绝证明的费用、通知的费用等。(2) 期后追索的追索金额,包括三个组成部分,一是汇票上记载的票据金额,二是从到期日至清偿日止的汇票金额的法定利息,三是行使追索权所支出的合理费用。(3) 再追索的追索金额,包括三个组成部分,一是因被追索所清偿的全部金额;二是前项金额自其清偿日起至再追索清偿日止的法定利息;三是行使再追索权所支出的合理费用。

(孔志明)

zhuisuoquan
追索权(recourse) 是指持票人在票据到期不获付款或期前不获承兑或有其他法定原因时,在依法行使了或者保全了票据权利后,向其前手请求偿还票据金额、利息及其他法定款项的一种票据权利。如汇票在期前不获承兑或到期不获付款时,持票人可请求发票人、背书人等法定的前手票据债务人偿还票据金额及其他费用。持票人所行使的这种请求权就是追索权。此种权利为票据上的一种权利,所以各种票据都有。

(杨 璐)

zhuisuoquan de baoquan cuoshi
追索权的保全措施(measure for preservation of

right of recourse） 又称为追索权的形式要件,为使追索权不丧失而由持票人采取的一定的行为。追索权是汇票上的第二次的权利,它对持票人的利益和整个汇票制度都具有重要意义。但是追索权的行使必须以追索权的保全为前提。追索权的保全一般由两部分组成:(1)如期提示,即持票人遵照法律规定的期限对汇票债务人为承兑或付款的提示。如期提示既是持票人行使汇票权利的行为,可以发生汇票被承兑或付款的法律效力,同时,它又是保全汇票权利的行为,即在汇票不被承兑或付款的情况下,持票人可以据此作为行使汇票追索权的根据。汇票的提示可以分为承兑的提示和付款的提示（参见承兑的提示和付款的提示条）。承兑的提示是期前追索权的保全措施,而付款的提示则是到期追索权的保全措施。(2)作成拒绝证书,即持票人按照法律的规定作成拒绝证书以证明自己的提示遭到拒绝的事实。参见汇票的拒绝证书条)。

(王小能)

zhuisuoquan de fenlei
追索权的分类（classification of right of recourse on bill of exchange） 按照一定标准对追索权进行的划分。(1)以追索权行使的时间为标准,追索权可分为期前追索和期后追索。期前追索指汇票在提示承兑遭拒绝或无法承兑时,持票人享有的追索权。期后追索指持票人在提示付款遭拒绝时,所享有的追索权。期前追索和期后追索的阻止手段不同。期前追索可以通过参加承兑或参加付款来阻止,期后追索只能通过参加付款来阻止。期前追索权和期后追索权的标的即追索金额也不同。(2)以行使追索权的权利人不同,追索权可分为最初追索权和再追索权。最初追索权指提示承兑或提示付款遭拒绝的持票人行使的追索权。再追索权指偿还了最初追索金额的票据债务人所享有的追索权。最初追索权和再追索权的标的即追索金额不同,二者的消灭时效也不同。

(王小能)

zhuisuoquan de keti
追索权的客体（objects of the right of recourse） 追索权人可以向被追索人请求的一定金额。因追索权种类的不同,追索权的客体的范围也不同。1.最初追索权的客体。它一般包括:被拒绝的汇票金额、利息以及追索费用。其中汇票金额指被拒绝支付的金额,如果汇票金额全部被拒绝,则汇票的全部金额都属于追索权的客体;如果付款人支付了一部分金额,则只有未被支付的部分才可成为追索权的客体。其中利息是指自到期日至被清偿之日的利息,利息具体如何计算,各国法律有不同规定。其中费用是指作成拒绝证书的费用、通知的费用、计算书作成的费用、调查被追索人的费用以及通讯费用等。《日内瓦统一汇票本票法》第48条规定,执票人向汇票债务人行使追索权时,得要求偿还下列金额:(1)被拒绝承兑或付款之汇票金额。如有约定利息者,其利息;(2)自到期日起依年利6厘计算之利息;(3)作成拒绝证书与通知及其他必要费用。追索权如在到期日前行使者,汇票金额须扣除付款日至到期日前之利息。其利率按行使追索权之日,执票人住所所在地当日公定贴现利率(银行利率)计算。我国台湾地区票据法第97条规定,执票人向汇要债务人行使追索权时,得要求下列金额:(1)被拒绝承兑付款之汇票金额,如有定利息者,其利息;(2)自到期日起依年利六厘计算之利息;(3)作成拒绝证书与通知及其他必要费用。于到期日前付款者,自付款日至到期日前之利息,应由汇票金额内扣除,无约定利率者,依年利6厘计算。1995年5月10日我国第八届全国人大常委会第十三次会议通过的《中华人民共和国票据法》第70条规定,持票人行使追索权,可以请求被追索人支付下列金额和费用:(1)被拒绝付款的汇票金额;(2)汇票金额自到期日或者提示付款日起至清偿日止,按照中国人民银行规定的利率计算的利息;(3)取得有关拒票证明和发出通知书的费用。被追索人清偿债务时,持票人应当交出汇票和有关拒绝证明,并出具所收到利息和费用的收据。2.再追索权的客体。再追索权的客体一般包括:该追索权人清偿的全部金额以及清偿金额的利息、所支付的费用。由于每次追索的客体都包括上次清偿的利息,因此,追索的次数越多,追索的客体范围就越大。《日内瓦统一汇票本票法》第49条规定,汇票当事人之一已为清偿时,得向其他债务人要求偿还以下金额:(1)已清偿的全部金额;(2)前款金额自清偿日起按年息6厘计算的利息;(3)所支付的其他费用。我国台湾地区票据法第98条规定的再追索权的客体范围是:(1)所支付的金额;(2)前款金额的利息;(3)所支付之必要费用。《中华人民共和国票据法》第71条规定,被追索人依照前条规定清偿后,可以向其他汇票债务人行使再追索权,请求其他汇票债务人支付下列金额和费用:(1)已清偿的全部金额;(2)前项金额自清偿日起至再追索清偿日止,按照中国人民银行规定的利率计算的利息;(3)发出通知书的费用。

(王小能)

zhuisuoquan de sangshi
追索权的丧失（extinction of the right of recourse） 因一定事由的出现而使追索权人的追索权不复存在。使追索权丧失的事由主要有:(1)诉讼时效的经过。诉讼时效的经过将使汇票权利包括追索权消灭。1995年5月10日我国第八届全国人大常委会第十三次会议通过的《中华人民共和国票据法》第17条规定,持票人对前手的追索权，自被拒绝承兑或拒绝付款之日起6个月不行使而消灭；持票人对前手的再追索权，自清偿日或被提起诉讼之日3个月，不行使而消灭。(2)未依法履行追索权的保全手续。未依法履行追索权的保全手续包括未遵期提示，未依法作成拒绝证书，在英美票据法上未依法为拒绝事实的通知等(参见遵期提示、汇票的拒绝证书、拒绝事实的通知条)。(3)持票人拒绝参加付款。参加付款的目的就在于使持票人获得付款，从而防止追索权的行使。持票人在可以获得付款的情况下，不去取得付款而坚持行使追索权，不能认为是权利的善意行使，因此，在这种情况下持票人将丧失追索权。《日内瓦统一汇票本票法》第61条规定，拒绝接受参加付款的持票人对任何因参加付款而解除责任的人丧失追索权。(4)参加人故意违反优先权的规定。参加付款可以使一部分汇票债务人免除汇票责任，因此，可使汇票关系变得较为简单。当有数人参加付款时，为了参加付款的目的应赋予能使汇票关系变得最简单的参加人参加付款的优先权。参加付款人如故意违反这一规则，将对因此未能免除汇票责任的人丧失追索权。《日内瓦统一汇票本票法》、《日本票据法》及我国台湾地区票据法对此都有相同的规定。

(王小能)

zhuisuoquan de texing
追索权的特性（characters of recourse on bill of exchange） 追索权区别于其他权利的特征。追索权是法律为保护持票人利益的实现从而保护整个票据制度而赋予持票人的第二次权利。具有如下特性：(1)飞跃性，又称选择性，指持票人在追索权的条件具备后，不必依票据债务人顺序的前后，可以按照自己意愿向一个或数个甚至全体债务人行使追索权。(2)变向性，又称变更性，指持票人在已经向某一票据债务人行使追索权的情况下，还可以向其他票据债务人行使追索权。变向性是飞跃性的补充，即持票人对任一票据债务人的追索，不影响他对其他票据债务人的追索。(3)代位性，又称移转性，指被追索的票据债务人在清偿了持票人的追索债务后，便取得持票人的权利，可以向其他负有票据债务的票据债务人行使追索权。这一追索权同样具有追索权的三个特性。1995年5月10日第八届全国人大常委会第十三次会议通过的《中华人民共和国票据法》第68条规定，汇票的出票人、背书人、承兑人和保证人对持票人承担连带责任。持票人可以不按照汇票债务人的先后顺序，对其中任何一人、数人或全体行使追索权。持票人对汇票债务人的一人或者数人已经进行追索的，对其他票据债务人仍可行使追索权。被追索人清偿债务后，与持票人享有同一权利。

(王小能)

zhuisuoquan de xiaoli
追索权的效力（effects of the right of recourse） 追索权在汇票关系当事人之间产生的权利义务关系。由于追索权行使的结果分别及于追索人和被追索人，因而对被追索人和追索人分别产生不同的法律效果。1.追索权人享有和承担如下的权利义务：(1)追索权人有权向被追索人行使追索权。追索权的行使具有选择性、变更性的特征。所谓选择性指追索权人可以不按照被追索人在汇票上签名的先后顺序，对汇票上的任何一个、多个或全体被追索人行使追索权；所谓变更性指追索权人在向某被追索人行使追索权后，还可以再向其他被追索人行使追索权。(2)追索权人有权在被追索人偿还票据金额时，接受该给付并保有该给付。(3)追索权人在获得被追索人的偿还后，应当向其交付汇票和不获承兑或不获付款的证明，并出具收到利息及费用的收据，追索权人因怠于履行退票事由通知义务而致被追索人损害时，应承担损害赔偿责任。2.被追索人享有和承担如下的权利和义务：(1)被追索人应该在受到追索时及时向追索权人偿还追索金额，所有汇票债务人对追索权人都负连带责任，因此无论被追索人在汇票上的签名顺序如何，都应在被追索时及时向追索权人偿还追索金额。(2)被追索人在为清偿后，有要求追索权人交付汇票、拒绝证书以及其他收款收据的权利。被追索人得到汇票及拒绝证书后，可以向其前手行使再追索权，再追索权的行使与追索权的行使的效力及程序相同，但是出票人作为追索权人时，对其前手无追索权，背书人为持票人的，对其后手无追索权。(3)背书人为清偿后，有权涂销自己及后手的背书，以免再受到善意持票人的追索。(4)被追索人因清偿而取得的票据，可以适用票据抗切断制度，当其进行再追索时，票据债务人不得以自己与出票人或者其前手之间存在的抗辩事由，对抗被追索人，但该被追索人未履行与票据债务人之间的约定义务以致两者之间存在直接的债权债务关系的，票据债务人有权以此为由主张抗辩权，拒绝履行追索义务。

(王小能 孔志明)

zhuisuoquan de xingshi yu baoquan
追索权的行使与保全（exercising and preservation of right of recourse） 追索权行使是票据持票人在汇票不获承兑、不获付款或因其他法定原因无从提示承兑或付款时，向其前手请求履行偿还义务的行为。追索权是在票据付款请求权得不到实现的前提下发生的，是票据的第二次权利。追索权的行使必须有一定的原因出现，持票人才可以行使追索权。追索权行使的原因因追索权种类的不同而有所不同，它可以分为到期追索权行使的原因和期前追索权行使的原因。到期追索权行使的原因主要是票据在到期日被拒绝付款;期前追索权的行使主要是因为票据得不到承兑或者因为其他原因无法提示承兑或付款。出现追索权行使的原因后,持票人必须对追索权进行保全。所谓对追索权的保全,就是在出现追索权行使的原因后,持票人应依照法律的规定采取一定的措施,否则,将丧失对其前手的追索权。因此,追索权的保全是追索权行使的前提。追索权的保全一般分为两步:如期提示和作成拒绝证书。追索权进行了保全后,持票人就可以行使追索权。追索权行使的程序一般包括:向前手通知被拒绝的事实;确定被追索人;请求被追索人偿还;受领追索金额。

(王小能 孔志明)

zhuisuoquan de zhuti
追索权的主体(subjects of recourse on bills of exchange) 享有追索权和负担被追索义务的票据关系当事人,包括追索权人和被追索人。追索权人,指可以行使追索权的人。追索权人又分为二类:(1) 最初追索权人或基本追索权人,即汇票的最后持票人,汇票的最后持票人在提示承兑或提示付款遭拒绝时,在履行必要的保全手续后,就可以对其所有前手行使追索权。(2) 再追索权人,即因被追索而清偿票据债务后取得与最后持票人同一权利而行使追索权的人。票据债务人被持票人追索清偿票据债务后,即享有了同持票人相同的权利,他可以向其所有前手行使追索权成为再追索权人。包括背书人、参加承兑人、参加付款人以及保证人等。关于清偿了后手追索的发票人是否可以作为再追索权人向承兑人行使追索权,学者有不同的看法。有学者认为,追索制度的设立目的是保护善意持票人的利益。发票人是负担最后偿还义务的人,追索权行使到发票人即刻停止,承兑人不应被追索。另有学者认为,发票人可以作为再追索权人向承兑人行使追索权,其理由有如下三个:首先,发票人、背书人及保证人对持票人负连带责任,持票人可以不依票据债务人的前后顺序向其行使追索权,背书人和保证人清偿了追索后,享有同持票人一样的权利,发票人也应享有同样的权利。其次,从法律规定的追索金额与发票人清偿后向承兑人请求的金额的数量来看,清偿了追索的发票人与承兑人之间的关系实质上就是追索与被追索的关系。因此,发票人也可以作为再追索权人。

被追索人,即偿还义务人,指负有偿还票据金额及其利息和费用责任的人。偿还义务人主要包括三类:(1) 发票人,汇票的发票人应该担保汇票的付款及承兑,在汇票不获付款或不获承兑时,应依法负清偿责任。有些国家的票据法规定,发票人可以以附约免除其担保承兑的责任,在这种情况下,发票人可免受期前追索。发票人的担保付款的责任,一般票据法都规定不得依特约而免除。(2) 背书人,背书人应担保汇票的承兑及付款,在汇票不获承兑或不获付款时,应依法负清偿责任。一些国家的票据法规定背书人的担保承兑和担保付款的责任可以依特约而免除,在背书人有免除担保的特约时,追索权人不得向其行使追索权,该背书人就不再是被追索人。(3) 其他票据债务人,指除汇票的发票人、背书人以外的保证人及参加承兑人等票据债务人。这些票据关系人的存在意义就在于担保汇票债务的实现,因此,他们也应该是追索人。

(王小能)

zhuisuoquan ren
追索权人(holder of the right of recourse) 依法享有追索权的人。分为两种:(1) 基本追索权人。又称为最初追索权人,即汇票的最后持票人,汇票的最后持票人在提示承兑或提示付款遭拒绝时,在履行必要的保全手续后,就可以对其所有前手行使追索权;但是经回头背书取得汇票的出票人对其前手不得行使追索权,持票人为背书人时,对其后手不得行使追索权。(2) 再追索权人。因清偿而取得票据的人或被追索而未履行义务又被持票人诉讼之人。被追索人清偿了持票人的追索金额后,便取得了持票人的权利,可向其前手进行追索。再追索权人包括背书人、保证人、参加承兑人和参加付款人。被追索者是出票人时,因出票人是最后的偿还义务人,依通常情形,不得再享有追索权,但汇票经付款人承兑后,持票人可否向承兑人进行追索,理论上有不同的看法。肯定说认为,出票人对后手履行了偿还义务后,与持票人有同一权利,出票人向承兑人进行追索,所取得的追索金额较行使利益偿还请求权所取得的金额多,持票人对承兑人的付款请求权因时效而消灭后,追索权的时效虽比付款请求权的时效短,但存在多次追索,追索权累积的时效期间较付款请求权的时效期间长,持票人仍可以对承兑人继续行使追索权。否定说认为,追索制度的目的就在于汇票不获承兑或付款时,保护持票人,出票人是最后的偿还义务人,不得向承兑人进行追索。

(孔志明)

zhuisuoquan xingshi de chengxu
追索权行使的程序(procedure of exercising of right of recourse) 追索权行使需要遵循的步骤。追索权行使的程序一般包括以下内容:(1) 通知拒绝事实。追索权是法律赋予持票人在其付款请求权不能得以正常实现时的补救措施。追索权的行使以持票人的请求权被拒绝为条件,而付款人的请求权被拒绝也是所有票据债务人所不愿意看到的事情,为使被追索人有足够的时间来应付持票人的追索,法律要求持票人在行使追索权时应首先将被拒绝的事实通知给票据债务人。

如果持票人怠于履行其通知义务,将产生对其不利的法律后果(参见拒绝事实的通知条)。(2)确定追索对象。持票人发出拒绝事实的通知后,就可以确定对象开始追索。汇票债务人对持票人承担连带责任,持票人可以在全部票据债务人的范围内以自己的意愿决定追索对象。《日内瓦统一汇票本票法》第96条规定,发票人、承兑人、背书人及其他票据债务人,对于执票人连带负责。执票人得不依负担债务之先后,对于前项债务人之一人或数人或全体行使追索权。执票人对于债务人之一人或数人已为追索者,对于其他票据债务人,仍得行使追索权。1995年5月10日第八届全国人大常委会第十三次会议通过的《中华人民共和国票据法》第68条规定,汇票的持票人、背书人、承兑人和保证人对汇票的持票人承担连带责任。持票人可以不按汇票债务人的先后顺序,对其中任何一人、数人或者全体行使追索权。持票人对汇票债务人中的一人或者数人已经进行追索的,对其他汇票债务人仍可以行使追索权,被追索人清偿债务后,与持票人享有同一权利。(3)请求偿还。持票人在确定追索对象后,就可以向该对象请求偿还属于追索权客体范围的金额。这种请求权行使的方式与普通债权的行使方式相同。持票人在为偿还请求时,应出示所持汇票及拒绝证书或其证明请求权被拒绝的文件。(4)受领。被追索人为清偿时,持票人有权受领该清偿。持票人受领清偿时,应交出汇票、拒绝证书及其他有关文件。清偿人也有权要求持票人交出上述文件。《日内瓦统一汇票本票法》第100条规定,汇票债务人为清偿时,执票人应交出汇票,有拒绝证书时,应一并交出。汇票债务人为前项清偿,如有利息及费用者,执票人应出具收据及偿还计算书。该法第101条规定,汇票金额一部分获承兑时,清偿未获承兑部分之人,得要求执票人在汇票上记载其事由,另行出具收据,并交出汇票之誊本及拒绝承兑证书。《中华人民共和国票据法》第70条第2款规定,被追索人清偿债务时,持票人应交出汇票和有关拒绝证明,并出具所收到利息和费用的收据。该法第71条规定,行使再追索权的被追索人获得清偿时,应当交出汇票和有关拒绝证明,并出具所收到利息和费用的收据。持票人得到追索金额并交出有关证明后,追索权行使的程序结束。

(王小能)

zhuisuoquan xingshi de yuanyin
追索权行使的原因(cause of exercising of right of recourse) 持票人可以行使追索权的法定事由。追索权的行使必须具备一定的法定事由,即只有出现法律规定的原因时,持票人才可以行使追索权。追索权行使的原因也可以分为到期追索行使的原因和期前追索行使的原因。(1)到期追索行使的原因,汇票到期不获付款是持票人行使到期追索权的原因,而且是惟一的原因。《日内瓦统一汇票本票法》第43条前期规定,汇票到期不获付款时,汇票人对于背书人、发票人及汇票上其他债务人得行使追索权。我国台湾地区票据法第85条第1款规定,汇票到期不获付款时,执票人于行使或保全汇票上权利之行为后,对于背书人、发票人及汇票上其他债务人得行使追索权。1995年5月10日第八届全国人大常委会第十三次会议通过的《中华人民共和国票据法》第61条第1款规定:汇票到期被拒绝付款的,持票人可以对背书人、出票人以及汇票的其他债务人行使追索权。汇票到期不获付款是到期追索权行使的原因,对汇票到期不获付款如何认定,各国票据法一般都没有规定。只有上海市政府1988年6月8日发布、1989年7月24日修正的《上海市票据暂行规定》第54条规定,汇票有下列情形之一的,视为不获付款而遭遇退票:① 持票人依法提示付款时,付款人或其开户银行不能按票据金额足额付款;② 付款人明确表示拒绝付款的;③ 付款人或承兑人被宣告破产、解散、歇业时,持票人无需提示付款的。(2)期前追索行使的原因。期前追索行使的原因主要有:汇票不获承兑、付款人或承兑人死亡、故意逃避受破产宣告或其他使持票人无法为提示承兑的情况。《日内瓦统一汇票本票法》第43条规定,有下列情形之一的,虽在到期前,执票人也得行使追索权:① 汇票之全部或一部分不获承兑时;② 付款人不论其已否承兑,破产时付款人未经法院裁定停止付款时;或对其财产经过执行而无效果时;③ 不获承兑之汇票,其发票人破产时。我国台湾地区票据法第85条规定,存下列情形之一者,虽在到期日前,执票人亦得行使追索权,① 汇票不获承兑时。② 付款人或承兑人死亡、逃避或其他原因无从为承兑或付款提示时。③ 付款人或承兑人受破产宣告时。1995年5月10日我国第八届全国人大常委会第十三次会议通过的《中华人民共和国票据法》第61条第2款规定,汇票到期日前,有下列情形之一的,执票人也可以行使追索权:① 汇票被拒绝承兑的;② 承兑人或者付款人死亡、逃匿的;③ 承兑人或者付款人被依法宣告破产的或者因违法被责令终止业务活动的。

(王小能)

zhuisuo shanyangfei
追索赡养费(demand support payments) 依法负有赡养义务而不履行该义务,赡养权利人向有关组织或人民法院请求其履行义务的行为。关于因追索赡养费的纠纷,可以要求家庭成员所在组织或者居民委员会、村民委员会调解,也可直接向人民法院提起诉讼。人民法院在处理赡养纠纷时,应坚持保护老年人的合法权益的原则,通过调解或判决的方式,确定赡养费的数额和给付方式。对老年人追索赡养费或者抚养费的申请,可以依法裁定先予执行。义务人有能力赡养而拒绝赡养,情节严重,构成遗弃罪的,应依法追究其刑事责任。

(马忆南)

zhuihun

赘婚(marriage in which man becomes a member of the wife's family) 中国宗法制度下男子就婚于女家的婚姻,是传统的女子就婚于男家的嫁娶婚的反常形式。赘婚中的男子称为赘夫或赘婿,即俗称之招女婿。其他国家也有类似的婚姻形式,如欧洲的母处婚,日本的入夫婚姻等。我国古籍《汉书·贾谊传》载:"家贫子壮则出赘。"颜师古注曰:"谓之赘婿者,言其不当出在妻家,亦犹人身体之有疣赘,非应所有也。"以赘名之,实含贬义。赘夫或赘婿在家庭中和社会上是备受歧视的。《中华人民共和国婚姻法》规定:"登记结婚后,根据男女双方约定,女方可以成为男方家庭的成员,男方可以成为女方家庭的成员。"其立法精神主要是提倡男到女家落户的婚姻,是符合男女平等原则的。男方成为女方家庭的成员有利于破除以男性为中心的宗法家族观念,有利于消除有女无儿户的思想顾虑和解决其实际困难,有利于发挥生男生女都一样的新风尚,促进计划生育工作的开展,当然,双方登记结婚后亦可不加入任何一方的原有家庭,另行成立新的小家庭。根据约定成为女方家庭成员的男方,其各项权益受到法律的有效保障;一定要将这种男到女家的婚姻同旧式的赘婚加以严格的区别。

(杨大文)

zhunbei qijian

准备期间(period for preparation) 债权人为便于债务人履行债务而确定的必要期限。我国《民法通则》第88条规定,债的履行期限不明确时,债务人可以随时向债权人履行债务,债权人也可以随时要求债务人履行债务,但应当给对方必要的准备时间。

(李仁玉 提爱莲)

zhun chengnianren

准成年人(quasi-adult) 未达法定年龄而依法认定为成年的自然人。准成年人制度起源于罗马法。依罗马法规定,成年年龄为25岁,但男满20岁,女满18岁,可由皇帝许可为成年人。依现行各国民法典的规定,未成年人依法认定为成年的,大体有三种原因:(1)未成年人因结婚而成年。《日本民法典》第753条规定,未成年结婚的,视为成年。(2)未成年人因一定事由而解除亲权成为自治产人,享有行为能力。《法国民法典》第476条规定,未成年人因结婚依法当然解除亲权。未成年人虽未结婚,年满16周岁,得被解除亲权。解除亲权的未成年人,与成年人相同,有处理一切民事行为的能力,但不得经营商业。(3)由法院宣告达一定年龄的未成年人为完全行为能力人。《德国民法典》第3条规定,未成年人满18周岁,依监护法院的决定,得宣告其为成年人。经宣告成年的未成年人取得成年人的法律地位。我国准成年人制度仅适用于劳动成年。依我国《劳动法》的规定,年满16周岁的自然人,享有劳动权。《民法通则》规定,年满16周岁,不满18周岁的公民,以自己的劳动收入为主要生活来源的,视为完全民事行为能力人。所说以自己的劳动收入为主要生活来源,是指他们的劳动收入可以满足其个人的一般生活需要。我国不存在婚姻成年。

(李仁玉 陈 敦)

zhun duiren susong

准对人诉讼(quasi-action in personam) 指船舶所有人面对对物诉讼时,如果选择应诉,则对物诉讼将成为混合性的对人诉讼和对物诉讼,其诉讼性质即为准对人诉讼。在这种诉讼中,如果物的所有人应诉但是败诉,海事请求人除了可以从被扣押的物的变卖所得中获得赔偿外,也可以将其其他财产强制执行判决,即物的所有人必须本身负责满足法院所判决的债务,而不以被扣押的物为限。

(王 青)

zhun falü xingwei

准法律行为(德 geschäftsähnliche Handlungen) 非基于表意人的表意行为,而基于法律规定发生法律效力的行为。准法律行为可分为意思通知、事实通知及感情表示三种。(1)意思通知。它是指表示人以一定意愿为内容的准法律行为。如承认的催告和拒绝、义务履行的要求和拒绝、要约的拒绝等。(2)事实通知。它是指表示人通知对方或公众一定客观事实为表意内容的行为。如股东大会召集公告、承诺迟到的通知、授予代理权的通知等。(3)感情表示。它是指以一定的感情为表意内容的行为。如被虐待或被遗弃的被继承人对有遗弃或虐待行为的继承人的宽恕表示等。准法律行为的特征在于,不论表示人内心是否意欲发生一定的法律效果,法律均使其直接发生某种法律效果。如通知让与债权而对债务人发生法律效力。此项法律效果,是由法律规定,而非基于表示人的表示行为,与法律行为必须基于行为人意思表示内容而发生法律效力不同。

(李仁玉 陈 敦)

zhun hehuoren

准合伙人(quasi-partner) 又称表见合伙人。不是合伙人,但其行为使第三人相信其为合伙人的人。在英美法上,为了保护善意第三人的利益,准合伙人因其给人以合伙人的表象,也须承担合伙人的责任。合伙明知准合伙人的行为而不表示反对的,亦须对准合伙人的行为负责。

(张玉敏)

zhun jinzhichanren

准禁治产人(quasi-incompetent person) 成年人中被限制民事行为能力的人。《法国民法典》规定,浪费人的行为能力受到限制;《德国民法典》规定,精神耗弱人、浪费人、酗酒人为限制民事行为能力人,即准禁治产人;《瑞士民法典》规定,有一定识别能力的禁治产人为准禁治产人;《日本民法典》规定,心神耗弱、聋、哑、盲、浪费人宣告为准禁治产人;《意大利民法典》规定,心神耗弱者、浪费人、酗酒成性人、吸用毒品成瘾人、没受过教育的先天性聋哑人、盲人或者自幼失聪、失明人可宣告为准禁治产人。我国现行民法未采用准禁治产人的概念。

(李仁玉 陈敦)

zhunjufa shuo

准据法说(doctrine of applicable law) 认为公司都是依一定的法律规定并基于该国的明示或默示认许而成立的,公司的国籍应以设立时所依据的法律确定,即公司的国籍依其成立所根据的那个国家的法律确定。前《南斯拉夫法律冲突法》第17条规定,公司的国籍依其创立时所依据的那个国家的法律。1988年《瑞士联邦国际私法》第154条规定:公司由公司成立所依据的那个国家的法律支配。《蒙得维的亚公约》也采用这一标准,即私法人的存在按承认其为私法人的国家法律规定。如果一公司的实际活动处所不在其成立国而在另一国,并按另一国法律具有其国籍,应视为该国法人。

(李四海)

zhun qiyue

准契约(quasi-contract) 罗马法中的概念。指非以当事人的合意为要件,又不违法而可发生与契约所发生的法律效果相同的法律事实。包括不当得利、无因管理以及其他准契约(包括监护与保佐、意外共有、继承与遗赠、共同海损等)。《法国民法典》沿用了罗马法上的准契约概念,自《德国民法典》后,各国民法一般不再使用准契约的概念,不当得利、无因管理为独立于契约的债的发生根据。

(郭明瑞)

zhun shangxingwei

准商行为(para commercial act) 按大陆法系近代商法,准商行为是以营利为目的的社团,虽然所进行的事业本身不是商行为,由于把它看做是公司,因而其行为作为准商行为。根据《日本商法》第4条第2项的规定,准商行为是依店铺或其他类似店铺设备贩卖物品的行为或经营矿业的行为。由于准商行为不具有明确的营业性质,其活动变化较大,且不具有本质性,其行为主体不须进行商业登记,因此,对于准商行为的范围应由商法作出明确规定。

(关 涛 梁 鹏)

zhun weiren

准委任(quasi-mandate) 又称准委托。在委托以法律行为的处理为限的国家,指对处理其他非法律事务的委托。如在日本民法上,委托以受托人处理法律行为的事务为限,委托处理其他事务的,则为准委任。我国《合同法》中规定,委托合同是委托人和受托人约定,由受托人处理委托人事务的合同。受托人受托处理的委托人事务并不限于法律行为,因此无委托与准委托之分。

(郭明瑞)

zhun xiaofei jiedai

准消费借贷(quasi-consumption loan) 当事人双方在一方负有给付金钱或其他可代替物义务的基础上达成的以一方应给付的金钱或其他可代替物为借贷标的物的协议。

(郭明瑞)

zhunze zhuyi

准则主义(principle of formation by statute) 相对于特许主义和核准主义。特许主义广泛适用于17世纪的荷兰、英国等国家,强调设立公司要得到国王或国会的特别许可。核准主义适用于18世纪的法、德等国,强调设立公司必须经过行政机关的审核批准。准则主义是19世纪末为适应社会经济发展的要求出现的。优点在于其规范明确,对所有人平等适用,为各国普遍适用。特点在于公司设立的条件由国家法律统一规定,凡符合法律规定的要件,经登记注册公司即可成立,无须呈请立法机关或行政机关的特许或许可。准则主义可分为单纯准则主义与严格准则主义。单纯准则主义使法律规定公司设立的要件极为简单,公司过于容易设立。为防止滥设公司,确保交易安全及债权人利益,对公司设立要件严加限制,并加重发起人责任,为严格准则主义。它一方面加重设立要件及设立责任,另一方面加强法院及行政机关对公司的监督。避免了特许主义和核准主义的缺陷,也克服了自由设立主义、单纯准则主义过于放任的不足,是较理想的立法制度。我国采取准则主义为主、核准主义为辅的原则。《公司法》第8条规定:"设立有限责任公司、股份有限责任公司,必须符合本法规定的条件。符合本法规定的条件的,登记为有限责任公司、股份有限责任公司,不符合本法规定的条件的,不得登记为有限责任公司、股份有限责任公司。法律、行政法规对设立公司规定必须经审批的,在公司登记前依法办理审批手续。"依规定除法律、行政法规明确规定报经审批的实行核准主义以外,其他公司的设立均实行准则主义。我国采取的公司设立原则,克服了核准主义的弊端,又考虑到我国市场经济体制需要逐步完善的实际,比较符合我国社会经济生活的要求。 (刘弓强 蔡云红)

zhun zhanyou
准占有(quasi possession) 又称权利占有,指以财产权为客体的占有。对于权利得否为占有的标的,法制史上几经变迁。罗马法上,占有以物为限,只对地役权设有例外。日耳曼法上,占有与权利关系密切,一般的权利也可以成为占有的标的。教会法时代,占有的标的扩张及于身份权。《法国民法典》扩大了权利占有的范围,身份关系也可以成为占有的标的,称为身份占有。《德国民法典》对权利的占有未设一般规定,只承认役权的准占有。《瑞士民法典》将准占有的标的仅限于地役权和土地负担。《日本民法典》受法国法影响,对准占有采概括主义,认财产权为准占有的标的。我国台湾地区民法也以财产权为准占有标的。一般而言,除不相容者外,占有的规定皆可适用于准占有。 (王轶)

zhun zulin
准租赁(quasi lease) 不完全具备租赁特征的特种租赁,以权利而非物为标的物的租赁,主要包括矿业权租赁与专利权租赁,以劳务为租金的租赁,也可视为准租赁。除特别法有规定而从其规定外,属于一种无名契约,准用民法关于租赁的规定,因而称为"准租赁"。这也是日本民法与我国台湾地区民法严格限定租赁物为物的结果。德国民法与瑞士债务法承认权利亦可为租赁的标的,而直接将相应的租赁划入用益租赁中。 (杜颖)

zhuofen yichanren
酌份遗产人(the person getting the heritage besides successor) 除法定继承人以外,依靠被继承人扶养,缺乏劳动能力又没有生活来源的,或在被继承人生前对其尽扶养义务较多而依法可分适当遗产的人。酌分遗产人依法享有的可酌情分得遗产的权利,被称为酌分遗产权。关于酌分遗产问题,我国古已有之。如清律有义男女婿为所后之亲喜悦者,酌予分给遗产的规定。中华民国时期1930年民法继承编亦有被继承人生前继续扶养之人,应由亲属会议依其受扶养之程度及其他关系,酌给遗产(现我国台湾地区民法典第1149条仍有此规定。)这里的酌给遗产人,不以被继承人的近亲为限,也不以有法律上的权利义务关系为必要,只须是被继承人生前事实上继续扶养的人即可。我国《继承法》第14条规定:"对继承人以外的依靠被继承人扶养的缺乏劳动能力又没有生活来源的人,或者继承人以外的对被继承人扶养较多的人,可以分给他们适当的遗产。"即酌分遗产权有以下特征:(1) 其权利主体仅限于法定继承人以外的两种人,包括继承人以外的依靠被继承人扶养的缺乏劳动能力又无生活来源的人和继承人以外的对被继承人扶养较多的人。(2) 其权利的取得根据,是在被继承人生前与其形成一定扶养关系,包括依靠其扶养和对其扶养较多两种情况。(3) 其权利的标的,即酌分遗产份额是不确定的,应据酌分遗产人依靠被继承人扶养或对被继承人扶养的程度及遗产总额而定。一般应少于继承人的平均份额,但特殊情况下,也可等于或多于继承人的平均份额。至于酌分遗产的适用范围,只适用于法定继承,不适用于遗嘱继承。 (陈苇)

zihe gongsi
资合公司(captial company) "人合公司"的对称,指以公司的资本作为其信用基础的公司。股份有限公司是最典型的资合公司。公司不是以其股东的个人条件,而是以其资本数额作为公司对外关系的基础,即信用的大小与公司资本的多少成正比关系。资本越大,公司信用越大;资本越少,公司信用越小。资合公司的股东无需相互信任,彼此可以互不相识,公司中股东的人身性质没有任何意义,股东仅仅是股票的持有者,他对公司的权利体现在股票上,并且随着股票的转移而转移。任何愿意出资的人都可以成为股东,没有资格上的限制。任何股东退出公司都无需取得其他股东的同意,而且,股东的退出和加入都对公司资本的整体性不发生影响,或者影响不大。所以资合公司也称为"大众化"公司。股东对公司的责任仅限于其出资。一般资合公司的所有权与经营权是分开的。 (王亦平)

zijin mujidi shuo
资金募集地说(doctrine of the floating-stock place) 此说以公司的资金募集地为准,确定公司的国籍。随着经济发展和公司规模的扩大,设立一个公司的首要问题是募集到足够的资金,公司的资金募集地把拥有资金的投资者和需要资金的公司紧密地联系到一起,资金的募集地对公司具有重要的意义,公司应该具有资金募集地国家的国籍。这种学说的不足是,公司设立时可能同时在不同的国家募集资金,一个公司可能会再次募集资金,当后一次资金募集地与前一次资金募集地在不同国家时,会遇到难以解决的问题。

(李四海)

zixi

孳息(fruits) 因物或权利而生之收获。广义的孳息,含有用益之意,除通常所称之孳息外,兼及依物或权利的使用方法而得之一切收益(即使用利益)。罗马法及法德瑞日等国民法,均有关于物的孳息之规定。罗马法上按照不同标准将孳息分为:(1) 天然孳息、加工孳息和法定孳息;(2) 未分离孳息和已分离孳息;(3) 实收孳息和应收孳息;(4) 现存孳息和已消耗孳息。这些区分,对于占有人的善意或恶意的返还义务范围以及计算损害赔偿的数额有实际意义。故后世各国民法多从之。德国民法由于将物限于有体物,并对物的天然孳息的范围有所扩张,故其从两个不同层面对孳息作出区分:一是依据其来源(源于物还是源于权利),二是依据其产生或获取之方法(直接还是间接)。由此产生四个范畴:直接实物孳息(又译为物的天然孳息)、间接实物孳息(又译为物的法定孳息)、直接权利孳息(又译为权利的天然孳息)、间接权利孳息(又译为权利的法定孳息)。我国学理上常将孳息分为天然孳息和法定孳息,前者大抵相当于德国民法上的直接实物孳息和直接权利孳息,后者则相当于德国民法上的间接实物孳息和间接权利孳息。

(张 谷)

zigongsi

子公司(subsidiary company) 亦称"附属公司"或"从属公司"。指股权和经营业务活动受其他公司控制的公司。通常子公司半数以上(有时无须达到半数)的股票归为实际控制的公司(控股公司或母公司)所有。子公司虽然受母公司实际控制,在许多方面都要受母公司的管理,但是在法律上,子公司具有独立的法人资格,有自己的公司名称、公司章程,能以自己的名义从事经营活动。子公司与母公司的财产是彼此独立的。它们以自己所有的财产为限担各自的财产责任。母公司控制子公司有两种方式:一是基于投资持股而形成的控制关系;二是通过协议而产生的控制关系。实践中,大多数母子公司的关系都是基于股份控制而产生的,而以意思表示一致为基础的协议控制只是少数。但无论是股份控制,还是协议控制,一旦控制关系形成,子公司在经营计划、人事安排等方面都要受到母公司的制约。子公司分为全资子公司和控股子公司。全资子公司的资产全部由母公司投入,属独家投资设立的子公司。控股子公司的资产是由母公司和其他公司或个人共同投入的,只是母公司投资的比例达到了控股的地位。根据中国工商行政管理局《关于施行〈中华人民共和国公司登记管理条例〉若干问题的意见》(工商企字[1994]185号)第14条的规定,只有国家授权投资的公司可投资设立全资子公司,其他公司只能设立有限责任公司或股份有限公司形式的控股子公司。

(王亦平)

zinü jiaohuan qingqiuquan

子女交还请求权(right to ask for the return of the children) 亲权的内容之一,当未成年子女被人诱骗、拐卖、劫持和隐藏时,亲权人依法享有请求交还子女的请求权。如《德国民法典》规定:人身照顾权包括要求对子女的父母或父母的一方非法藏匿子女的人交还子女的权利。这是亲权人行使保护权的重要内容,但父母离婚后,未成年子女由一方行使亲权时,除非行使亲权的一方对子女的利益明显不利,否则作为该子女的另一方父或母不得行使这种请求权。

(马忆南)

zinü jiaoyu baoxian A tiaokuan

《子女教育保险(A)条款》(Children Education Insurance A Clauses) 规定子女教育保险的A类保险条款。1999年6月29日由中国保险监督管理委员会发布执行。共19条。主要内容为:(1) 投保范围。凡20至50周岁身体健康者,可作为投保人为其14周岁以下身体健康的子女或有抚养关系的少儿投保该保险。(2) 保险责任。始于保险公司同意承保、收取首期保险费并签发保险单的次日,责任范围为:被保险人生存至15、16、17周岁的生效对应日,保险人每年按基本保额的10%给付高中教育保险金;生存至18、19、20、21周岁的生效对应日,每年按基本保额的30%给付大学教育保险金,在被保险人21周岁的生效对应日给付保险金后保险合同终止;被保险人身故,保险人退还保险单上现金价值,合同终止;投保人身故或身体高度残疾,保险人于每年的生效对应日按基本保额的5%给付成长年金,直至被保险人21周岁的生效对应日为止。(3) 保险费。缴付方式为年缴,缴付期间自保险合同生效之日起至被保险人年满14周岁的生效对应日止,缴付日期为合同每年的生效对应日。(4) 受益人。高中教育保险金、大学教育保险金和成长年金的受益人为被保险人本人,不能另行指定或变更。

(刘凯湘)

zinü jiaoyu baoxian B tiaokuan

《子女教育保险(B)条款》(Children Education Insurance B Clauses) 规定子女教育保险的B类保险条款。1999年6月29日由中国保险监督管理委员会发布执行。共19条。主要内容为:(1) 投保范围。凡20

至50周岁身体健康者,可作为投保人为其17周岁以下身体健康的子女或有抚养关系的少儿投保该保险。(2)保险责任。始于保险公司同意承保、收取首期保险费并签发保险单的次日,责任范围为:被保险人生存至18、19、20、21周岁的生效对应日,保险人每年按基本保额的30%给付教育保险金;在被保险人21周岁的生效对应日给付教育保险金后保险合同终止;被保险人身故,保险人退还保险单上现金价值,合同终止;投保人身故或身体高度残疾,保险人于每年的生效对应日按基本保额的5%给付成长年金,直至被保险人21周岁的生效对应日为止。(3)保险费。缴付方式为年缴,缴付期间自保险合同生效之日起至被保险人年满17周岁的生效对应日止,缴付日期为合同每年的生效对应日。(4)受益人。教育保险金和成长年金的受益人为被保险人本人,不能另行指定或变更。

(刘凯湘)

zinü zhusuo zhidingquan

子女住所指定权(right to decide the domicile for the children) 亲权的内容之一,父母对未成年子女的住所或居所享有的指定权,子女不得随意离开父母指定的住所或居所。由于在传统的亲权理论上,父母子女是一个生活共同体,子女是在父母的保护下生活,应当与父母同居。如《法国民法典》规定,未经父母同意,子女不得离开其父母的家庭。子女应于行使亲权人指定的处所定其居所。《日本民法典》的规定是,子女应于行使亲权人指定的处所定其居所。《德国民法典》也明确规定:人身照顾权,特别是包括了对子女的培养、教育、监督和决定其住所的权利和义务。

(马忆南)

zidong dianjiao baoxianfei tiaokuan

自动垫交保险费条款(automatic payment clause) 人寿保险合同约定的保险人得以人寿保险单所具有的现金价值自动垫付投保人应交或欠交的保险费而维持保险合同效力的条款。人身保险单具有现金价值,在保险单的现金价值额度内,投保人或者被保险人可以用保险单的现金价值自动垫付保险费,以避免人寿保险合同因投保人逾交费宽限期欠交保险费而中止效力或失去效力。保险合同中约定有自动垫交保险费条款的,除非投保人事前另有书面的反对声明,保险人可以退保金余额自动垫交投保人所欠保险费及利息。参见保险费条。

(邹海林)

zifu piaoju

自付票据(negotiable instruments paid by self) 委托票据的对称,这是按照出票人是否直接对票据付款进行的分类。是指出票人自己在一定时期支付票据金额的票据,即出票人同时又是付款人,他必须无条件付款的票据。本票属于自付票据。自付票据的基本当事人只有两个:出票人和持票人。在自付票据中,出票人得首先对票据负责任,持票人应对出票人直接请求付款。

(温慧卿)

zifue

自负额(deductible) 一次保险事故所造成的损失,若未超过保单规定的金额或保险价额的某一百分比时,保险人不负赔偿责任,超过规定金额或某一百分比时,也只赔偿其超过部分。其中,保险人不负赔偿责任的部分即被保险人的"自负额"。自负额条款广泛用于健康保险、汽车碰撞保险中。近些年来,火灾保险合同中所承保的各种从属损失也多采用该条款。设计自负额条款的目的在于减少小额损失的补偿。因为小额损失的理赔费用有时可能超过实际补偿金额。就被保险人而言,由于被保险人了解到他必须负担任何损失的一部分甚至不能获得补偿,所以被保险人必然会尽量设法减少损失的发生。因而,自负额是行之有效的防损手段。当然,这一条款也有其副作用,它们常鼓励被保险人故意扩大或放任保险事故造成的损失,以便能从保险中获得好处。

(温世扬)

ziji daili

自己代理(德 Selbstkoutrahieren) 代理人以被代理人名义与自己进行民事行为。在这种情况下,代理人同时为代理关系中的代理人和第三人,交易双方的交易行为实际上只由一个人实施。通常情况下,由于交易双方都追求自身利益的最大化,因此很难避免发生代理人为自己利益而牺牲被代理人利益的情况。当然,在某些情况下,自己代理也可能满足代理人和被代理人双方的利益,甚至及时实现被代理人的利益。现行法未规定自己代理。在实务中,对于自己代理的法律效力,有两种主张:(1)无效说。自己代理违背了代理的本质特征,因此,自己代理无效。(2)效力未定说。自己代理属于效力未定的行为,如事后得到被代理人的追认,自己代理的法律后果归属于被代理人。通说认为,自己代理实际上是代理人和被代理人之间的民事行为,形成了代理人和被代理人之间的民事权利义务关系,该民事权利义务关系未涉及第三人,为维护被代理人的利益,被代理人应享有撤销权。如果自己代理的结果未损害被代理人的利益,被代理人也未主张撤销,被代理人与代理人之间的民事行为自始发生效力。

(李仁玉 陈敦)

ziji qiyue

自己契约(德 Selbstkontrahieren) 又称对己契约。指代理人以本人的名义与自己订立的契约。因契约应为双方的意思表示的一致,而在自己契约实际只有一方的意思表示,与契约的性质不符,因此自己契约应为禁止。但法律禁止自己契约的目的在于保护本人的利益,而与社会利益无关。因此,若经本人许诺,自己契约也可有效。 （郭明瑞）

ziji zhanyou

自己占有(德 Eigenbesitz) 与占有辅助相对称,根据对物的占有是占有人亲自占有,还是基于他人的指示而为占有,占有可分为自己占有与占有辅助。所谓自己占有,是指占有人自己对于物进行事实上的管领和控制。自己占有主要强调占有是否是由占有人亲自进行的,至于占有人是否是以所有的意思而为占有则在所不问。所以,自己占有可以是自主占有,也可以是他主占有。 （申卫星）

ziliudi

自留地(family plot) 中国农村实行农业合作化以后,土地归集体经济组织所有。集体经济组织分配给社员少量的土地,该土地的所有权仍属于集体,但由社员享有占有、使用和收益的权利。1962年9月《农村人民公社工作条例修正草案》第40条规定:"人民公社社员可以经营以下的家庭副业生产:(一)耕种由集体分配的自留地。自留地一般占生产队耕地面积的百分之五到七,归社员家庭使用,长期不变。"现行宪法和土地管理法均对自留地的集体所有性质加以明确。 （李富成）

ziliue

自留额(retention) 亦称"自保额"。保险人在承保后,将其所承保的部分保险金额分保给其他保险人后,自己所留存的保险金额。为了保护被保险人的利益,各国都在保险法规中规定保险公司的最低资本额和每一笔业务或每一危险单位的最高自留额不得超过其资本金加责任准备金的一定比例,超过部分必须参加再保险。例如,《中华人民共和国保险法》第99条规定,保险公司对每一危险单位,即对一次保险事故可能造成的最大损失范围所承担的责任,不得超过其实有资本金加公积金总和的10%,超过的部分应当办理再保险。亦即每一危险单位的最高自留额为该承保人实有资本金和公积金总和的10%。 （温世扬）

ziran ji yangyu de jianhuren

自然及养育的监护人(guardian by nature and nurture) 母亲作为未成年子女的监护人。依英美法早期普通法的规定,父亲对未成年子女享有监护权,在父亲生存期间,母亲一般不享有监护权。在父亲死亡未以遗嘱指定监护人时,母亲对未成年子女享有监护权。在父母离婚时,法院基于未成年子女利益的考虑,可判决父母任何一方以监护权。 （李仁玉 陈敦）

ziranren

自然人(natural person) 基于出生而享有法律人格的人,是相对于作为法律上的人格者而言的,如法人。自然人的外延包括本国人、外国人和无国籍人。自然人这一概念,在罗马法上未直接采用。在罗马法上有三个关于人的概念,即 Homo 意指生物学意义上的人;caput 表示法律上的人格;persona 表示某种身分。《拿破仑民法典》也未直接采用自然人概念。其第一编直接采用"人"的概念,当然,其"人"的概念亦指自然人。后世的《德国民法典》第一编第一章第一节径采"自然人"概念。《瑞士民法典》第一编第一章使用"自然人"概念。《日本民法典》第一编第一章采"人"的概念,当然,其"人"亦指自然人。1929年国民政府的民法典第二章第一节采"自然人"概念。《俄罗斯民法典》第一编第二分编第三章采"公民(自然人)"的概念,与我国《民法通则》的规定相同。《民法通则》第二章采"公民(自然人)"概念,未直接采"自然人"。《合同法》采"自然人"概念,不采"公民"概念。在学理上,据称自然人这一概念的采用,起源于自然法学派学者的著作。英国自然法学派学者托马斯·霍布斯(Thomas Hobbes,1588~1679年)在其所著《利维坦》第十六章"论人、授权人和由人代表的实物"中,将自然人表述为"言语和行为被认为发自其本身的个人"。霍布斯使用自然人这一概念是将其与拟人或虚拟人相区别,代表他人的言语或行为就是拟人或虚拟人。组织体被认为是虚拟人的一种。后世的法学家在制定民法典时,为了区别两种不同的"人",而分别采用了自然人和法人的概念。自此,自然人是相对于法人而使用的称谓。自然人概念与公民概念相比,更加彰显人作为权利主体的存在。人具有独立的法律人格,是私法意义上的人。 （李仁玉 陈敦）

ziranren de minshi quanli nengli

自然人的民事权利能力(natural person's capacity for civil rights) 自然人依法享有民事权利和承担民事义务的资格。在传统民法中,自然人的民事权利能力称为权利能力。自然人的民事权利能力享有的范围和程度，在本质上取决于社会的物质条件。在历史发展的各个阶段，自然人的民事权利能力的范围和程度是不同的。罗马法未赋予奴隶享有民事权利能力，外省人、妇女、子女不享有与罗马人、家长相同的民事权利能力。近代民法确立的平等原则使自然人享有平等的民事权利能力。近代民法的权利本位思想使自然人的民事权利能力具有广泛性。我国《民法通则》在借鉴人类法律文明成果和根据我国国情的基础上形成的自然人的民事权利能力制度体现了以下几个特征：(1)统一性。自然人的民事权利能力的内容，既包括自然人享有民事权利的资格，又包括自然人承担民事义务的资格，即自然人的民事权利能力是自然人享有民事权利的资格和承担民事义务资格的统一。自然人的民事权利能力的统一性决定了自然人既是权利主体又是义务主体。例如，自然人依法享有财产所有权，既意味着自然人享有对自己财产的占有、使用、收益和处分的权利，又意味着自然人负有对他人财产不得侵犯的义务。(2)平等性。自然人的民事权利能力一律平等。在我国，自然人不分男女老少，无论职务高低，不管财产多少，均有平等的民事权利能力。(3)广泛性。自然人享有广泛的民事权利能力，其内容涉及自然人生存和发展的一切方面，其领域涉及财产关系和人身关系两大领域。就财产关系领域而言，自然人既具有取得财产所有权等绝对权利的权利能力，又具有取得债权等相对权利的权利能力。就人身关系领域而言，法律既赋予了自然人生存和发展所要求的人格方面的权利能力，如生命健康权、肖像权等，又赋予了自然人身份关系方面的权利能力，例如荣誉权。另外，自然人还有取得知识产权的权利能力。　　(李仁玉　陈 敦)

ziranren de minshi xingwei nengli

自然人的民事行为能力(natural person's capacity for civil conduct)　自然人能以自己的行为取得民事权利、承担民事义务的资格。它以认识能力为根据，而人的认识能力与人的年龄、健康状况密切联系。自然人只有达到一定的年龄才有健全的智力，才能对客观事物具有判断能力，因此，自然人的民事行为能力与民事权利能力不同，它并不是基于出生就享有的，而是与他的年龄、健康状况相关。此外，自然人的民事行为能力也不受性别、政治面貌、出生条件的限制。自然人的民事行为能力不是由自然人个人决定的，也不是天赋的，而是由国家法律赋予的，除法律另有规定以外，自然人的民事行为能力不得剥夺或限制。各国民法都对自然人的民事行为能力进行了划分。《民法通则》将自然人的民事行为能力划分为完全民事行为能力、限制民事行为能力和无民事行为能力。对自然人民事行为能力的划分，主要考虑两个因素：一是人的智力成熟程度。人的智力有个发展过程，在不同的年龄阶段，人的认识能力是不一样的。二是社会关系的性质。不同的社会关系，其复杂程度不同，后果不同，对其认识能力的要求不同。对自然人民事行为能力的划分，在理论上有两种方法：一是法律上划定一定的年龄界限，规定达到一定的年龄就具有行为能力，或具有相应的行为能力，不达到一定的年龄，就不具有行为能力，或不具有相应的行为能力。这种方法就整个社会而言，能保障形式上的精确与统一，在实践中，也具有运用的方便。但这种方法没有考虑到具体人的特点。二是在每一具体的场合，由法院来具体确定行为人是否有认识能力，决定他是否有行为能力。这种方法可能使诉讼增加，不利于保护当事人的合法权益。因此，现行各国民法将两种方法相结合，以一定的年龄界限为划分行为能力的标准，即根据一般人的智力发育状况确定年龄界限，同时对于特殊情况特殊处理，由法院对那些虽达规定年龄，但智力有缺陷，不能认识自己行为后果的自然人作出行为能力欠缺的宣告。《民法通则》对自然人的民事行为能力的划分标准也采上述方法。

(李仁玉　陈 敦)

ziranren zhusuo

自然人住所(natural person's domicile)　自然人生活和进行民事活动的中心处所。在我国，自然人以户籍所在地的居住地为住所。经常居住地与住所不一致的，经常居住地视为住所。自然人由户籍所在地迁出后至迁入前，仍以其原户籍所在地为住所。

(李仁玉　陈 敦)

ziran shishi

自然事实(德 Zustand und Ereignisse)　民事法律事实中与当事人的意识无关的事实。其中虽然有的情形与人无关，比如因为自然原因而造成的不当得利，但是大量的自然事实与人有关，比如人的出生、死亡。作为自然事实的与人有关的民事法律事实与民事法律事实的另外一类——行为的区别，主要在于前者的法律事实的构成并不以当事人有意识地进行某种行为为要件，而仅仅考虑某种客观的事实是否发生，换句话说，即便该客观情况的发生并非出于当事人有意识的行为，也不妨碍其法律效果的发生。相反，在行为概念下，须当事人有意识地进行该行为，才能够发生相应的法律效果。比如人的死亡，不论是自杀还是因病死亡，都发生死亡的法律后果（民事权利能力消灭、继承开始），相反，无因管理的构成须无因管理人有管理意思，否则不构成无因管理，因此无因管理属于行为（事实行为）。另外，民事法律关系当事人以外的其他人的有意识的行为，也可以构成自然事实。

自然事实又可以分为状态和事件。状态是指某种客观情况的持续,比如权利的继续性不行使达一定期间(作为诉讼时效适用的民事法律事实),自然人下落不明满一定期间(作为申请宣告失踪、宣告死亡的法律要件之一)。事件是指某种客观情况的发生,并不需要一定时间的持续,比如人的出生、死亡,物的自然孳息的分离,不当得利的构成等。

(葛云松)

ziran siwang

自然死亡(death) 自然人生命的终结,又称生理死亡(physiological death),是宣告死亡的对称。自然死亡包括正常死亡和非正常死亡,正常死亡又称病理死亡(pathological death),指自然人因疾病而死亡;非正常死亡又称意外死亡(accidental death),指自然人非因疾病而死亡,如谋杀、遇难等。自然死亡不仅导致自然人民事权利能力的终止,而且,死亡日期对于各种法律关系的变动密切相关,它决定继承的开始、遗嘱效力的发生、各种保险金额请求权的发生、抚恤金请求权的发生、生存配偶再婚的可能时期等,因此,死亡时间颇显重要。死亡时间的确定,在学理上分别有:(1)脉搏停止跳动说,该说认为,自然人是否已死,应以脉搏停止跳动为准。在脉搏尚未停止跳动以前,无论自然人生命如何垂危,不为死亡人,但在脉搏停止跳动以后,即为死亡人。该说的弊端在于,无法解决假死者、休克者的问题。(2)心脏搏动停止说,该说认为,应以心脏是否搏动为是否死亡的标准。心脏搏动停止时,为人之死亡日期。(3)呼吸停止说,该说认为,人之死亡应以呼吸停止为标准。但该说无法解决假死者、休克者的问题。(4)脑死亡说,该说认为,人之死亡,应以脑波无反应为标准,即脑波完全停止工作为死亡日期。脑死亡说在医学上尚存争论,但已为多数人所接受。我国司法实践对于自然死亡的时间一般以死亡证书上记载的时间为准。

死亡时间的推定。几个人在同一事件中死亡,又不能确定死亡先后时间的,就存在死亡时间的推定。罗马法规定抵抗力强者后死,抵抗力弱者先死。《法国民法典》以年龄、性别进行推定,如死亡者均不足15岁时,年长者为后死之人;死亡者均在60岁以上时,年龄最小者为后死之人;如死亡者皆在15岁以上,60岁以下,年龄相等或相差不超过1岁的,男性为后死之人;如死亡人为同一性别时,年龄较低者为后死之人。《德国民法典》推定为同时死亡。我国司法实践中,相互有继承关系的几个人在同一事件中死亡,不能确定死亡先后时间的,推定没有继承人的人先死亡;死亡人都有继承人的,推定长辈先死;死亡人辈分相同的,推定同时死亡,彼此不发生继承关系。

(李仁玉 陈敦)

ziran waixian

自然危险(natural risk) 因自然因素和物理现象所导致的危险,是客观世界自身存在的一种危险。在自然危险中,自然因素是指客观存在的自然界本身的现象和规律,如暴风雨、雷电、泥石流以及人的生老病死等;物理现象是指存在于事物本身的内在属性和规律,如核辐射、炸药爆炸和自燃等。在许多情况下,自然因素和物理现象是无法区分的。自然危险是人类社会无法阻止的危险,其发生是不以人的意志为转移的,但是随着科学技术的发展,人类抵御自然危险的能力正在增强。

(史卫进)

ziran xueqin

自然血亲(relative by natural blood) 出于同一祖先,彼此之间存在天然血缘联系的亲属。自然血亲以出生的事实为发生原因,由血缘纽带联结在一起,如父母与子女,祖父母与孙子女,外祖父母与外孙子女,兄弟姊妹等。自然血亲又有全血缘和半血缘之分。全血缘自然血亲是指出自同父同母的兄弟姊妹,即同胞兄弟姊妹;半血缘自然血亲是指同父异母或同母异父的兄弟姊妹,即半同胞兄弟姊妹。我国有关法律关于兄弟姊妹之间权利义务的规定,既适用于全血缘兄弟姊妹,也适用于半血缘兄弟姊妹。

(张贤钰)

ziran zaihai

自然灾害(act of god) 又称天灾,不可抗力的一种。独立于人们意志之外发生的地震、飓风、洪水、雷电等灾难性自然现象。在侵权行为法中,天灾一般可以成为免责条件。在特别法中,为了限制天灾的范围,常用不可抗拒的自然灾害代替天灾,如按照我国《环境保护法》的规定,只有不可抗拒的自然灾害才能成为免责事由。在合同法中,天灾成为免责事由。在保险法中天灾一般是保险事故的一种。自然灾害作为免责事由或保险事故可以是默示规定,但在实践中常常是明示规定。

(张平华)

ziranzhai

自然债(natural obligation) 法定债的对称。又称不完全债、无责任债。不具有完全效力即无强制执行力的债。自然债的债务人是否履行债,不受法律拘束:债务人履行的,债权人有权接受,不发生不当得利;债务人不履行的,也不承担债务不履行的责任。最典型的自然债就是诉讼时效完成后的债。有的国家或地区规定,基于不法原因的债、基于道德义务的债等也为自然债,当事人也可自行约定自然债。

(郭明瑞)

zisha tiaokuan

自杀条款(suicide clause) 人寿保险合同约定的经过约定的期间而被保险人自杀的,保险人应当给付保险金的条款。一般而言,自杀条款在保险合同成立后经过2年,方为有效。被保险人自杀,解释上应当为被保险人有自杀意图的自杀或者故意自杀;被保险人因为非故意的原因、精神失常或者心智失常而导致的死亡,不属于被保险人自杀的范畴。依照我国保险法的规定,以死亡为给付保险金条件的合同,被保险人自杀的,保险人不承担给付保险金的责任,仅仅按照保险单退还其现金价值;但是,以死亡为给付保险金条件的合同,自成立之日起满2年后,如果被保险人自杀的,保险人可以按照合同给付保险金。在我国订立人寿保险合同,可以约定自杀条款,自杀条款有条件地排除了保险人以被保险人的自杀作为除外责任的抗辩事由。
(邹海林)

zishu yizhu

自书遗嘱(holographic will) 完全由遗嘱人自己亲笔书写的遗嘱。自书遗嘱无须证人在场证明,即能产生法律效力。此种遗嘱方式,甚为简便,凡通晓文字者均可为之。但由于过于简便,易于为他人伪造或变造,因而对之又有一定限制。罗马法中已有自书遗嘱,现代各国法律多将自书遗嘱作为普通遗嘱之一种而承认其效力。如法国、德国、瑞士、日本、意大利诸国。就一般情况而言,各国均要求遗嘱人亲笔书写遗嘱全文、签名及日期。有的立法例还要求遗嘱人加盖印章和书写遗嘱地点。自书遗嘱之更改,遗嘱人必须在更改处签名、盖章。在美国,许多州拒绝承认自书遗嘱的法律效力。我国法律承认自书遗嘱的法律效力,自书遗嘱由遗嘱人亲笔书写,签名,注明年、月、日。要求自书遗嘱全部由遗嘱人亲自书写是为了保证其真实性。公民在遗书中涉及死后个人财产处分的内容,确为死者真实意思的表示,有本人签名并注明了年、月、日,又无相反证据的,可按自书遗嘱对待。遗嘱人修改其自书遗嘱时,应在修改处签名。当遗嘱中有印刷、打印或他人书写的内容时,应视遗嘱人之意思以定其效力。如果遗嘱人有意使该内容成为遗嘱之一部分,则该遗嘱全部无效,如果遗嘱人无意使该内容成为遗嘱之一部分,则仅该部分内容无效,遗嘱人亲笔书写之部分仍应有效。之所以如此,乃是遗嘱要式性的必然要求。
(马忆南)

ziwo fangwei

自我防卫(self-defense) 英美侵权法上免责事由之一。指为了保护自己不受伤害而实施的合理的造成他人损害的行为。自我防卫必须符合以下要件才能成为免责事由:(1)被告面临直接现实的威胁的时候或者被告合理地相信他面临着巨大威胁时;(2)使用了足以抵挡攻击和防止伤害所必需的方式。在我国法上自我防卫属于正当防卫的范围。参见正当防卫条。(张平华)

ziwuquan

自物权(德 Eigentum) 是权利人对于自己的财产所享有的权利,也就是所有权。罗马法上称所有权为dominium re provietas,有占有、使用、收益、处分四要素,因其与他人之物无关,故称作自物权。
(王轶)

ziyiquan

自益权(right of self-benefit) 股东基于出资实现自身财产利益的权利。自益权的存在以股东的个人利益为基础,依附于股东资格。股东权利中属于自益权的包括:按照出资比例分取红利的权利;依照法律、公司章程转让出资的权利;优先购买其他股东转让出资的权利;优先认购公司新增的资本的权利;依法分配公司解散清算后的剩余财产的权利。(吕来明 戴少杰)

ziyi xintuo

自益信托(self-benefit trust) 他益信托的对称。由委托人在信托行为中规定信托利益归属于自己的信托。自益信托的基本特征,在于它的委托人与受益人为同一人。自益信托属于明示信托,但在明示信托中仅合同信托能够作为自益信托成立,遗嘱信托与宣言信托由其自身特点决定均不能成为自益信托。
(张淳)

ziyou caituan

自由财团(德 freies Vermögen) 破产宣告时不依破产程序分配,仍保留为破产人所有,由其独立管理处分的财产,即不属于破产财团的破产人的财产,又称自由财产。自由财团通常包括专属于破产人个人的财产权利及禁止扣押的财产,如破产人因身体、名誉受损害而产生的赔偿权,破产人及其家属一定期间的生活费,必要的生活用品、职业工具等。自由财团主要是基于社会政策而为破产人保留的财产。此外,在对破产宣告的域外效力采属地主义时破产人在国外的财产或者在对破产财团的范围采固定主义时破产人于破产宣告后所得的财产,也具有自由财产的性质。自由财团仅在破产人为自然人时存在,法人破产后即告消灭,无保留财产问题。我国未采此概念。(李仁玉 田东平)

ziyou cailiang xintuo

自由裁量信托(discretionary trust) 参见可酌情处

理的信托条。

ziyou jicheng zhuyi
自由继承主义(doctrine of free choice in inheritance) 法定继承主义的对称,又称遗嘱继承主义,继承依被继承人合法有效的遗嘱进行的立法原则。遗嘱继承制度起源于古罗马法中的《十二铜表法》,至查士丁尼时代大体完备。根据自由继承主义的原则,立遗嘱人可以不受法定继承所限定的继承人范围、继承顺序、遗产分配原则等规定的影响,按自己所立的合法遗嘱处分自己的遗产。自由继承主义发展到近代,受资产阶级人文主义思潮的影响,成为"遗嘱自由原则",即公民以遗嘱方式自由处分自己的遗产,不受法定继承的局限的原则。近现代各国立法普遍遵循这一原则,根据赋予遗嘱人用遗嘱处分遗产权利的大小不同,有绝对遗嘱自由主义和相对遗嘱自由主义之分。前者遗嘱人不受特留份等制度的限制,依自己所立的遗嘱自由处分自己的遗产,英美法系国家多采用这种做法;后者则为保障特定继承人的利益,对遗嘱人处分遗产的权利加以限制,大陆法系国家一般采取这种做法。但是,即使实行绝对遗嘱自由主义的国家晚近立法也有强化对遗嘱自由的限制、以保护配偶和未成年子女利益的趋势,如英国1938年颁布的《家庭供养条例》和美国1969年的《统一继承法》(又译作《统一遗嘱检验法》)。我国《继承法》第16条规定:"公民可以依照本法规定立遗嘱处分个人财产,并可以指定遗嘱执行人。"同时规定了遗嘱条件的限制,如第19条规定:"遗嘱应当对缺乏劳动能力又没有生活来源的继承人保留必要的遗产份额"。

(杨　朝)

ziyou lihun zhuyi
自由离婚主义(freedomism on divorce) 夫妻任何一方都有权依照法律规定的条件和程序提出离婚的立法原则。原俄国十月社会主义革命胜利后,社会主义苏联为消除宗教婚姻对婚姻家庭关系的严重影响,对离婚制度作了重大改革,在立法上实行自由离婚主义,对离婚无限制。如1918年的《身份登记、婚姻、家庭和监护法典》规定,婚姻关系的解除只需夫妻一方单方面提出申请,由国家身份处予以登记即可。这不仅大大简化了离婚的手续,而且无任何限制。后来法律虽有所修改,但仍然未规定具体离婚理由,而是以"法院认为确有必要解除婚姻必要的",作为准许离婚的标准。一般所谓的自由离婚主义,即为破绽主义或破裂主义。20世纪40年代以来各主要资本主义国家纷纷对婚姻家庭法作出重大修改,以婚姻关系确已无可挽回地破裂或家庭共同生活难以继续作为准予离婚的条件。按自由离婚主义原则,法律不再追究过错问题,婚姻的过错与是否获准离婚无关。这就为离婚提供了广泛的可能性。

(蒋　月)

ziyou maimai
自由买卖(free transaction) "计划买卖"的对称。买卖的主体、标的物及其价格、质量等均由当事人双方自由协商的买卖形式。是市场经济社会中的主要买卖形式。

(王卫劲)

ziyouquan
自由权(rights to freedom liberty) 自然人的个人意志和行为不受他人非法干涉的权利。自由权是人类的基本权利,是享有和行使其他权利的基础和前提。没有自由权,许多权利就无法得到有效的行使。自由权的内容非常广泛,我国宪法规定公民享有言论自由、出版自由、集会自由、结社自由、游行示威自由、宗教信仰自由、通信自由等广泛的自由权利。这些权利多数属于政治权利的范畴。作为民法上人身权范畴的自由权,包括人身自由权,即公民的身体和行为自由不受侵犯,非依法律不受拘禁、逮捕、搜查和审问;意思表示自由权,即在民事活动中自由表达自己的意思的权利,他人不得以威吓、胁迫、欺诈或乘人之危等不正当手段干涉他人意思表示的自由;婚姻自由权,即按自己的意志决定自己的婚姻关系,并排除他人干涉的权利;通信自由权,即公民得自由地用信函、电报、电话等各种方式进行社会交往,传达感情与信息,他人不得干涉的权利,非依法律,公民的通信不得被扣押、隐匿和毁弃;住宅自由权,即公民享有的选择住宅和住宅不受他人侵犯的权利等。

(张玉敏)

ziyou zhuanchuan tiaokuan
自由转船条款(free transshipment clause) 规定承运人有转船自由,并且只对处于自己控制下的运输负责的条款。如果这种条款有效,则货主的利益根本无法保障。在货物由几个承运人运输的情况下,各承运人的责任很难确定;如果货物在一个不适用《海牙规则》的港口转船,就会导致该运输阶段不适用《海牙规则》;如果每次转船的提单上都载有管辖权条款,而这些条款都有效,货主就必须根据这些条款的规定在每一个地方诉不同的承运人。因此,根据《海牙规则》第3条第8款和我国《海商法》,自由转船条款无效。但是,如果承运人合理行事,自由转船条款有时候也被接受。为了救助人命或财产,承运人完全可以依照《海牙规则》第4条第4款将货物转船。另外,在规定承运人对货主负全部责任的情况下,自由转船条款也将有效。

(张　琳)

自有股 (owned shares)

股份公司持有的本公司已发行的股份。股份有限公司拥有自有股份有两种主要方式：一是动用公司资金购回已发行在外的股份，二是保留的未发行股份，即库存股。自有股是在公司成立后，再从股东手中回购本公司的股票，从而使公司取得自有股份，与企业股产生于公司设立或成立之时相区别（参见企业股条）。自有股份会引起公司股份和资本的虚假，容易导致投机行为，如公司可以利用自有股通过有计划地买进或卖出股票来改变该股票的市场供求关系，影响或操纵股票的价格，西方国家的公司法一般不允许自有股的存在。公司为了抵制它企业对自己的控制或接管，为了向其雇员分配股份或取消部分股份，减少资本等，可拥有自有股份。自有股份有一定比例的限制，并且没有表决权。英美公司法对公司取得自有股份的限制较少；大陆法系国家的公司法对公司取得自有股份的规定则较严，原则上均规定禁止公司取得自有股。如日本公司法规定：公司不得取得自有股份，即使用第三者名义取得但使用了公司自有资金也是无效和违法的。以第三者名义取得股份是转让人出于良好意愿，判例法则认为是合法有效的。又如法国《商事公司法》第5小节关于"公司认购、购买或抵押其自己的股份"规定：股份公司只能在为了减资而取消股份和按照利益分享计划分派股份于雇员的两种情况下，可以在某些限制规定下使用自由公积金买进自己的股份，但不能超过总额的10%。我国《公司法》第149条规定："公司不得收购本公司的股票，但为减少公司资本而注销股份或者与持有本公司股票的其他公司合并时除外。公司依照前款规定收购本公司的股票后，必须在十日内注销该部分股份，依照法律、行政法规办理变更登记，并公告。公司不得接受本公司的股票作为抵押权的标的。"

（梁 聪）

自愿保险 (voluntary insurance)

又称约定保险，是投保人与保险人在公平互利、协商一致的原则下，通过自愿所实施的保险。自愿保险是保险的基本形式，其特点在于：投保人有投保与否的自由，也有选择保险人、保险险种、保险费的缴付方式和期限等方面的自由，任何人不得强迫；保险人有是否予以承保、确定保险险种、确定保险费率和拟定保险条款的权利。在自愿保险中，保险合同的订立过程，是合同当事人充分表达自己意志、进行协商达成一致的过程。自愿保险不仅有利于投保人获得适合自己需要的保障，而且可以促进保险市场的竞争，提高保险人的服务质量。

（史卫进 房绍坤）

自愿继承 (voluntary succession)

强制继承的对称，继承人可以自由选择接受继承或放弃继承的继承制度。罗马法自最高裁判官法时期就开始出现自愿继承制度的萌芽。在古代，被继承人的子孙是不得拒绝继承的，哪怕被继承人遗留的是纯粹的债务，这显然有失公允。因此，至最高裁判官法时代，最高裁判官顺应时代潮流，合乎社会公平观念，通过发布告示，赋予正统当然继承人和当然继承人拒绝继承的权利，但继承人必须遵守一定的条件，即不得有干预遗产的行为，不得欺诈债权人。继承人违反这些条件，即丧失拒绝继承的权利。至查士丁尼时代，拒绝继承的权利作为一项制度确定下来。现代社会以自愿继承为原则，任何人不得被强制继承。为贯彻自愿继承原则，各国继承法设有接受继承和放弃继承制度，赋予继承人继承选择权，继承人在遵守法律规定条件的前提下，可以选择接受继承或放弃继承。在许多国家，如德国、法国、瑞士、日本等国，继承人还可以在有限责任继承和无限责任继承之间进行选择。

（马忆南）

自愿寄托 (voluntary deposit)

紧迫寄托的对称。起源于罗马法，是指寄托人和受寄托人在一般情况下，经过完全自愿协商，相互同意而设立的寄托。我国合同法规定的保管合同基本属于自愿寄托。参见紧迫寄托条。

（刘经靖）

自愿原则 (the principle of voluntariness)

参见意思自治原则条。

自治利益共同体 (autonomous community of interests)

前南斯拉夫社会主义自治制度下的一种自治形式。前南斯拉夫1971年《宪法修正案》提出了自治利益共同体的概念，1974年《南斯拉夫社会主义联邦共和国宪法》第51条规定："为了满足自己个人的和共同的需要和利益，以及为了协调基于这种需要和利益的利益共同体的劳动，劳动人民组织自治利益共同体。"自治利益共同体具有法人资格。自治利益共同体大致有四种：(1) 教育、文化、保健以及其他社会服务性的自治利益共同体；(2) 经济自治利益共同体，如，动力、自来水、运输等自治利益共同体；(3) 退休方面的自治利益共同体；(4) 某些慈善事业的自治利益共同体。自治利益共同体通过协议，在共同体内部，劳务提供者和劳务享有者可以自由地进行劳动交换，相互合作。

同自治利益共同体有联系的各方派代表参加自治利益共同体的会议。协调和领导各自治利益共同体之间关系的是公社(即区)一级的议会。若自治利益共同体的利益超越于区或共和国范围以外,则由共和国或联邦一级的议会进行协商解决。 （李仁玉 卢志强）

zizhi shetuan
自治社团（municipal corporations） 英国法上的概念。在英格兰和威尔士,由自治城市的居民组合,通常根据章程构成的法人团体,以及由市长、高级市政官和市民或居民组成的法人团体。自从1972年地方组织法颁布后,除了伦敦以外,市属团体便停止行使地方政府的职权,高级市政官亦被废除了,市民变成了现在的纳税人。 （李仁玉 田东平）

zizhu zhanyou
自主占有（possession of one's own；德 Eigenbesitz） 他主占有的对称,是以占有人是否具有所有的意思为标准对占有进行的再分类。所谓自主占有,是指占有人以所有的意思而进行的占有,即将物作为自己的物而占有。至于占有人是否为真正占有人还是误信为占有人,甚至明知自己为非所有人,仅会影响其是否为有权占有或无权占有乃至善意占有还是恶意占有,不会影响其是否为自主占有。因此,窃贼对赃物的占有、侵夺人对侵占物的占有也是自主占有。所谓所有的意思,是指支配其物的自然意思,只要以其物认为是自己的物而排斥他人占有的意思即可,无须是依法律行为取得所有权意思表示的意思。所以,自主占有以占有人有事实上的意思能力即可,无须有完全行为能力。故孩童或限制行为能力人也可以因物的先占或交付而取得自主占有。 （申卫星）

zizhu xingwei
自助行为（self-supporting act；德 selbsthhilfe） 正当理由的一种。指行为人为了保护自己的权利,在情势紧迫而又不能及时请求国家机关予以保护的情况下,对他人的人身自由加以拘束或对他人的财产加以扣留、毁损的行为。广义上还包括正当防卫与紧急避险,通常仅指其狭义。我国现行法对此未作规定。一般说来,自助行为应具备下列条件:须为保护自己的合法权利;须情势紧迫来不及请求公力救济;须为法律和社会公德所允许,行为人所采取的方式适当,不能超过必要的限度;须于事后立即请求公力救济。 （张平华）

zongjiaohun
宗教婚（religious marriage） 世俗婚的对称,指按照一定宗教对结婚方式的要求而成立的婚姻。宗教婚盛行于古代社会,如依摩西法典而成立的古犹太婚姻,依摩奴法典而成立的古印度婚姻,依可兰经而成立的伊斯兰婚姻,依寺院法而成立的天主教婚姻等。在宗教势力特别强大的时代和国家里,宗教婚是主要的甚至是惟一的合法婚姻。欧洲中世纪寺院法有关婚姻成立的规定,处于凌驾于世俗立法之上的特殊地位;结婚被认为是宣誓圣礼(Sacraments)之一,必须举行隆重的宗教仪式。这种情形在宗教改革以后出现的婚姻还俗运动中才发生变化。在近、现代各国的结婚方式中,世俗婚特别是法律婚已占优势,但宗教婚仍有广泛的影响,并为许多国家的法律所认可。中国古代的宗教有其自身的特点,除若干少数民族外,宗教婚并未成为普遍通行的结婚方式。 （杨大文）

zongqin
宗亲（member of the same clan） 也称内亲,封建旧律上亲属分类之一种。从广义上说,宗亲泛指同一宗族的族内所有成员,即《礼记·大传》中所说的"百世不迁之宗",他们之间除了有源远流长的共同祖先以外,大多并无固定的亲属称谓和明确的权利义务关系。因此,在实行"聚族而居"、"同宗不婚"、"男娶女嫁"的古代社会,宗亲通常是指同源于高祖父母的本宗九族。以己身为本位,上溯四代(父、祖、曾祖、高祖)、下推四代(子、孙、曾孙、元孙),合称九族。明、清通行"本宗九族五服图",以五服来体现九族成为定制。在此范围内所有直系和旁系的男性成员及其配偶,未嫁或被"出"而返的女性,都是受礼、法调整的宗亲。 （张贤钰）

zongtiao jicheng
宗祧继承（inheritance of family lineage） 自然人死亡后,其继承人依宗法制度对死者身份权、祭祀权和相应的财产权的承袭。大宗之庙,百世不迁者,谓之宗;小宗之庙,五世则迁者,谓之祧。宗祧继承始于中国奴隶制时代,至西周而大备。奴隶社会的宗祧继承制度有以下特点:第一,继承基本上在奴隶主阶级内部进行,奴隶是继承关系的客体,奴隶主享有的继承权与他们在宗法系统中所处的地位等级相一致;第二,以嫡长子继承制为原则;第三,女子没有继承权。封建社会,社会组织基本上不再以宗为单位,而是以家为单位,宗祧继承从维系宗统的工具变成维系家族的工具。随着宗法下移,广大农村成为继承关系的主体,宗祧继承的适用范围更为广泛。但封建时代宗祧继承仍保持着奴隶时代的传统,嫡长子继承仍是其核心。如《唐律疏议》载:"无嫡子及有罪疾,立嫡孙;无嫡孙,以次立嫡同母弟;无同母弟,立庶子;无庶子,立嫡孙同母弟;无同母弟,立庶孙;曾、玄以下准此,无后者为户绝。"宗祧继

承制度与宗法制度相辅相成,到了资本主义社会,随宗法制度的废除而不复存在。　　　　　　　(杨 朝)

zonghe shangshe

综合商社(multiple mass organizations) 以贸易活动为中心,自主经营、自负盈亏,集贸易、金融、工业、运输、海上保险、综合服务、信息于一体的综合性大型股份企业集团。首创于日本,后为世界上其他国家所借鉴和效仿。其特点是:(1) 集团性,综合商社拥有核心银行和大企业的巨额股票,已经不再是一种单纯的商业资本,而与产业资本、银行资本形成了密切的结合,具有强大的经济实力。(2) 综合性与实业化,综合商社突破大型贸易公司的模式,不仅经营商品的进出口贸易规模大、营业额大,而且在经营范围上也不断开拓新领域,走工贸、贸农、贸技相结合之路,通过为生产部门提供原材料、能源、先进的科技情报等方式与生产部门紧密结合,把生产与销售有机联系起来,建立生产、销售、再生产、再销售的产销"一体化"综合运营体系,成为集生产与贸易为一体的独特集合体。(3) 国际化,综合商社通过发展对外贸易,扩大海外投资,建立遍布全球的海外分店。筹划和组织国际大型项目的建设,摆脱国内市场的局限性,把全世界作为经营活动的范围,利用强大海外网络和丰富的海外直接投资经验,在世界范围内实现资源的合理配置。综合商社的功能有:(1) 以外贸为主,主要从事进口和"三种"贸易等形式的有形贸易,此外,还在国内兼营内贸;(2) 从事有助于贸易活动的金融活动,不仅从银行接受贷款,而且直接从国内外资本市场上筹集巨额资金,组织起一个能够最大程度满足需求的企业联合体;(3) 拥有大批海外网点,收集、分析和传输与产业活动有关的所有领域的信息,增加产业活动的机会并减少风险损失。
　　　　　　　　　　　　　(关 涛)

zonghexing hetong

综合性合同(comprehensive contract) 大型工业工程合同中的一种。见于联合国欧洲委员会主编的《大型工业工程合同起草指南》一书中。类似于中国的总包合同及交钥匙合同。综合性合同由包括建筑合同、土建工程合同、工业设备的供应合同、工业设备的安装合同等一系列分合同的总合同构成。在该合同中,由主要承包人承担整个工程的建设、供应、安装、调试等责任,对综合性合同的债权人负责,主要承包人也可将部分非主体工程再转让给分包人。分包人与主要承包人共同向发包人承担连带责任。　　　(万 霞)

zonghe zeren xianzhi

综合责任限制(limitation of liability for maritime claims) 又称"海事赔偿责任限制",也称"总的责任限制",是指发生海难、给他人造成人身伤亡或财产损害时,将责任人的赔偿按船舶吨位或船价对该次事故所引起的各类债务综合性地限制在一定限度之内的赔偿制度。综合责任限制是相对于单位赔偿责任限制而言的,又称为二次限制,而后者称为一次限制。当综合责任限制和单位赔偿责任限制同时存在时,若前者大于后者,则后者起作用,若后者大于前者,则前者起作用。综合责任限制的责任主体、责任限制的法律依据、责任限额和责任限制的程序等都区别于单位责任限制。
　　　　　　　　　　　(张永坚　张　宁)

zongbao hetong

总包合同(general contract; prime contract) 签订建设工程合同的一种形式,单包合同的对称。发包人将建设工程的勘察、设计、施工等工程建设的全部任务一并发包给一个具备相应资质条件的承包人而订立的建设工程合同。依总包合同,发包人应依合同的约定向总承包人提供必要的技术文件、资料和其他工作条件,总承包人应当按照合同的约定按期保质保量地完成工程建设工作。　　　　　　　　　(郭明瑞)

zong dailiren

总代理人(general agent) 有权代表保险人订立保险契约的人。又称概括代理人,其行为即视为保险人之行为,而由保险人负责。我国保险法对此未予规定。依学者见解,总代理人往往表现为总经理、协理、经理或分公司、分社、分店经理,若为代办商,也可表现为代理处或经理处经理。总代理人仅于财产保险中有代表保险人订立保险契约的全权;在人寿保险中,则应由总代理人的本公司或本社审定后订立,代理人通常没有订立保险契约的权利。　　　　　(温世扬)

zongkuo baodan

总括保单(blanket policy) 财产保险合同的一种形式,它对于同一地点的不同财产或不同地点的同一种或多种财产,不分类别、不分项目,只笼统规定一个保险金额,任何地点及任何财产的损失都可在此统一的保险金额内获得赔偿。　　　　　(李世奇)

zongkuo yizeng

总括遗赠(general legacy) 参见概括遗赠条。

zongyou

总有(德 Gesamteigentum) 不具备法律上人格的团体以团体资格而就所有物形成的共同共有。它是共有的一种形态,主要特点在于将一个所有权分解为管理、处分、使用、收益各权能,分别由总有人去行使,而要完全实现所有权,则需要依团体内部的组织法统一结合而为行使。日耳曼村落共同体的所有形态即属于总有。此村落共同体,将村落与其村民调和为一个实在的综合体。总有的内容,一方面为质的分割,对于共同体财产的管理处分等支配权利属于村落共同体享有,该权利的行使应获得成员全体的同意或者经基于团体规约的多数决定。对于共同体财产的使用收益,属于各村民享有。另一方面,各村民享有的权能,依量的分割而享有,非独立的直接的对于物而成立。依团体统制的规范,按照成员身份的取得和丧失,其享有的权能也相应地发生与消灭。总有权是各成员对于物享有的经济上权能,不同于个人所有。后者是以个人利益为标准,而前者则以团体利益为优先。 (方志平)

zongzhai

总债(general obligation) "分债"的对称,在具有相互包容关系的几个债中起主导作用的债。如含有分包合同的总建筑工程承包合同之债。其特点是:(1)总债和分债是两个独立的债。不同于主债与从债。(2)总债与分债当事人虽不一致,但有着密切的联系,其中,总债的债务人是分债的债权人。(3)分债的标的是总债标的的一部分。由于上述特点,总债与分债间形成了复杂的法律联系。表现在:(1)对于总债的债务,无论总债的债务人是否将其分配给分债的债务人完成,也无论其分配多少给分债债务人,总债的债务人都要对总债的债权人承担履行总债债务的责任。(2)总债的债务人如经债权人同意将其义务交由分债的债务人履行,总债债务人应与分债债务人共同对总债的债权人承担连带责任。(3)分债中的债权人是总债的债务人,债务人是分债的债务人,因此,总债的债权人并非分债的当事人,但由于总债与分债的特殊联系,一旦形成分债,则分债中的债务人与总债债务人共同成为总债的当事人,也就是共同债务人,承担连带责任。由此可见,总债与分债的关系不同于债务移转(也称债务承担),因为后者中,债务一经转让,原债务人即退出债务关系,第三人成为新债务人,单独对债权人承担债的责任。我国《合同法》第272条规定了适用于总建设工程合同之债的一般规则:"发包人可以与总承包人订立建设工程合同,也可以分别与勘察人、设计人、施工人订立勘察、设计、施工承包合同。发包人不得将应当由一个承包人完成的建设工程肢解成若干部分发包给几个承包人。总承包人或者勘察、设计、施工承包人经发包人同意,可以将自己承包的部分工作交由第三人完成,第三人就其完成的工作成果与总承包人或者勘察、设计、施工承包人向发包人承担连带责任。承包人不得将其承包的全部建设工程转包给第三人或者将其承包的全部建设工程肢解以后以分包的名义分别转包给第三人。禁止承包人将工程分包给不具备相应资质条件的单位。禁止分包单位将其承包的工程再分包。建设工程主体结构的施工必须由承包人自行完成"。

(万 霞)

zongzulin

总租赁(gross lease) 由承租人支付总括租金给出租人,而后者从中支付税收、保险、水电等所有费用的租赁。 (杜 颖)

zuchuan hetong

租船合同(charterparty) 海上货物运输合同的一种,班轮运输合同的对称。和班轮运输合同相比,租船合同并没有专门的法律规定而只受《合同法》的调整。租船合同又可分为航次租船合同和定期租船合同,前者适用于一定的航次,后者适用于一定的期间。有的租船合同同时规定了租船的期间和将用于运输货物的航次,这种合同称为"航次期租",是定期租船合同的一种。也有的租船合同规定的不是一个而是连续几个航次的租船,这种合同称为"连续航次租船合同",是航次租船合同的一种。还有的合同规定的是一定期间内承运人负责将一定数量的货物分批运送到目的地,这种合同被称为"包运合同"或"货运总合同",这种合同约定的内容主要集中于货物运输而不是船舶的使用,承运船的装备和人员配置仍由承运人负责。 (张 琳)

zuchuan hetong de biaozhun geshi

租船合同的标准格式(standard forms of charter party) 国际租船业务中,各个航运组织或者各种大宗货物贸易商会制定的适用于不同货类、运输航线以及租船方式的租船合同范本,供船舶所有人和租船人洽谈租船业务时使用。这种范本将合同的条款先行拟就,租船双方洽商时,可以就这些条款进行谈判,把增减或修改事项加注于标准格式上,或者另行补充。经过租船双方同意签字后,合同成立。国际上采用的标准租船合同格式多种多样,被广泛采用的有:波罗的海船舶所有人公会的"标准杂货租船合同",简称GENCON;波罗的海航运公会的"标准定期租船合同",简称BALTIME;"澳大利亚谷物租船合同",简称AUST—WHEAT;"太平洋沿岸谷物租船合同";纽约物产交易所的"定期租船合同";"古巴食糖租船合同";"巴尔的摩泊位条款谷物租船合同"。中国租船公司制定有"定期租船合同"标准格式,简称SINOTIME。 (张 琳)

zuchuan hetong xia de tidan

租船合同下的提单(bill of lading under charter party) 也称"包船提单"、"租船合同项下的提单"或者"租船提单",指在租船合同下签发的提单。一般而言,船东签发给租船人的提单,只是形式上的一种收据,由于提单可以转让,租船人有时由于本身货载不足,它可以组织不属于租船人自有的货物,并签发提单,即租船提单。当船东为租船人托运的货物签发提单时,提单只是货物收据和潜在的物权凭证,双方的权利义务关系以租船合同为准。当船东直接向第三人签发提单或租船人将提单转让给善意支付对价的第三人时,租船合同不能约束第三人,提单就是运输合同的绝对证据,这时往往出现承运人识别的难题。在定期租船合同的情况下,由于签发提单,承租人成为承运人,而船东就成为实际承运人,定期租船合同的承租人作为代理人替船东签发的提单,对船东有约束力。在光船租船合同项下,租船人相当于船东,由于船长作为光船承租人的代理人签发提单,光船出租人(即原船东)不对光船承租人签发的任何提单负责。一般而言,租船提单应当与租船合同条款结合使用,有关承租人和出租人之间的权利义务和责任,以租船合同条款为依据。出口商以这种提单议付,银行一般不接受。如果开证银行在信用证中明确规定可以使用租船提单,议付银行也都要求出口商交出租船合同副本,以便审查提单和合同的内容。 (张 琳)

zudi jianzhu hetong

租地建筑合同(hire-building contract) 存在于英国的一种长期土地租赁合同。其内容是,土地的所有人(即出租人)将土地出租给承租人,承租人按照双方约定的规模和价值,在所租的土地上建造一座或多座建筑物并享受相应的权利。出租人应保证租赁土地无权利瑕疵,保证承租人平安正常地使用租赁的土地。当租赁合同到期后,出租人可将其土地及其上的有关建筑物一并收回。 (万 霞)

zudi zaowu quan

租地造屋权(leasee's right of a building lease) 承租人在租赁土地上建造房屋的权利。参见基地租赁条。 (杜 颖)

zujin

租金(rent) 也称"租赁费",承租人为取得某种财产的使用收益权,向让渡财产使用收益权的出租人支付的等价物。租金是租赁合同的必要条款。若无租金的规定,合同为使用借贷即借用合同,而非租赁合同。租金一般情况下以货币支付,但有时也为实物。出租人要从收取的租金中得到出租财产的补偿和收益,即要回收财产的购进原价、借款利息、营业费用和必要的利润,而承租人则要核算用租赁的财产进行经营所获得的收入,除抵补租金处,还要取得高于租金的利益,因此,在达成租赁协议前,双方都要考虑财产的原价、利率、支付时间、支付次数等因素,以决定租金的水平。租金的构成要素通常包括:租赁物的购置成本、租赁期间借款的利息、购买租赁财产的手续费、管理费、保险费、税收、租赁财产风险费等。在租赁合同中,租金为对租赁物使用、收益的代价;而在融资租赁合同中,租金为"融资"的代价。因此,融资租赁中的租金高于一般租赁的租金,通常以租赁物的总成本、出租人为购买租赁物向银行贷款而支付的利息、出租人经营租赁过程中所开支的营业费用为基础,同时依据租赁物的供求关系来确定。 (邹川宁)

zulin de gengxin

租赁的更新(innovation of lease;德 Erneuerung des Mietvertrag) 定期租赁合同租赁期限届满后当事人续订租赁合同,使租赁关系继续存在。包括明示更新与默示更新两种情形。明示更新又称约定更新,是指于租赁合同期满后续订一租赁合同,其内容与原租赁合同的内容不变,亦即前后合同维持着租赁的同一性,却为两个租赁关系。它只能发生于租赁合同期限届满时,而不能是在租赁合同期限内对期限的变更,因此不属于租赁合同的变更。默示更新是指于租赁期限届满后当事人以自己的行为表明租赁关系继续存在。 (郭明瑞)

zulin de moshi gengxin

租赁的默示更新(拉丁 relocatio tacita;德 Erneuerung des Mietvertrags durch stillschweigende Verlängerung) 又称租赁的法定更新,租赁变更的一种方式。指于租赁期限届满后,当事人的行为表明其继续租赁关系。如租赁期限届满后,承租人继续为租赁物的使用收益,而出租人也不反对;承租人继续交付租金,而出租人仍接受之。有此行为则推定双方继续租赁关系。默示更新,当事人之间继续存在的租赁关系为不定期租赁。参见租赁的更新条。 (郭明瑞)

zulin hetong

租赁合同(contract of lease;德 Mietvertrag) 一方当事人将某一特定的财产交与另一方使用,另一方当事人支付租金并于使用完毕后返还原物的合同。把自己的财产交给他人使用的人称为出租人,使用他人财产并支付租金的人为承租人。租赁合同在人们的生产和生活中普遍存在。通过租赁，出租人与承租人双方的利益不经过买卖即可得到满足。租赁合同的法律特征是：(1)租赁合同是转让财产使用权的合同。这是租赁合同区别于买卖等转让所有权合同的最根本的特征。租赁合同既可定有期限，也可不定期限，但不论承租人租用财产的期限在事实上有多长，所有权始终属于出租人。在财产出租期间，出租人有权将出租的财产出卖给第三人，但根据买卖不破租赁的原则，该买卖并不能消灭租赁关系。(2)租赁合同是有偿合同。它是双方当事人商定的对租赁物的有偿使用。承租人使用的租赁物无论属于哪种财产，都应向出租人交付租金。租金既可表现为货币，也可表现为实物。因此，租赁合同的有偿性使其明显地区别于借用合同。(3)租赁合同的标的物，必须是有体物、非消费物、特定物。因双方约定在租赁终止时须返还原租赁物。因此，租赁物须是特定物和非消耗物。租赁标的物为消耗物的，只能用于非消费性的使用(如用于展出)。租赁合同的标的物以有体物为限，包括动产和不动产，也可以是由动产和不动产构成的企业。过去，我国法律禁止将作为不动产的土地作为租赁合同标的物。1988年宪法修正案取消了土地不得出租的条文，允许以有偿转让的方式转让土地使用权，土地使用权也可以出租。租赁合同的标的物可以是财产的整体，也可以是财产的一部分。(4)租赁合同中承租人的租赁权虽产生于租赁合同这种债权法律关系，但具有物权性特征。这表现为：出租人在租赁关系存续期间可将财产出卖，但租赁关系对租赁物的新所有权人仍然有效；同时，承租人的优先购买权也使租赁权的物权性特征更加明显。学界将此种倾向称为"租赁权的物权化"。(5)租赁合同是双务合同。即租赁合同的双方当事人均享有相应的权利和承担相对应的义务。(6)租赁合同是诺成性合同。即双方当事人只要就租赁合同的主要条款达成一致，租赁合同即告成立。对双方都有约束力。(7)租赁合同具有临时性。租赁合同不适用于财产的永久性使用。各国法律大都规定了租赁合同的最长期限。我国合同法也规定，租赁期限不得超过20年；超过20年的，超过部分无效。租赁关系是在商品关系逐步发展后出现的一种财产流转关系。在封建社会，土地租佃契约大量存在。以土地这一基本生产资料作为租赁标的物的契约形式不仅使佃户处于人身依附地位，而且土地出租方还通过对租金的实现和占有，对承租方——佃户进行着超经济的剥削。只有在近代资本主义社会，才出现了纯粹以物作为租赁标的物的租赁关系和有关租赁的法律规定。《法国民法典》把租赁契约分为物的租赁契约和劳动力租赁契约。这种规定不仅把有别于一般租赁关系的承揽、运送等法律关系一概纳入租赁契约，而且也把劳动力的雇佣作为租赁契约。《德国民法典》将承揽、雇佣等契约与租赁契约分开，单独设立。租赁关系仅限于在承租人对租赁物的使用范围。根据承租人是否有权获得租赁物的收益，分为使用租赁契约和用益租赁契约两种。前者是指纯粹是以租赁物的使用为目的的租赁。后者则是指以使用和收益为目的的租赁，如租种土地而获得粮食等。在此情况下出租人所出让的使用权，也就包括了收益权。因耕地、宅基地和建筑物的租赁有其特殊性，在一战期间，一些资本主义国家相继制订了关于上述三种物的租赁的特别法，以作为民法的补充。我国合同法中规定了租赁合同，它既包括以租赁物使用为目的的租赁，也包括以使用、收益为目的的租赁。其他法中也有关于租赁的规定。我国现在的财产租赁合同主要包括房屋租赁合同、土地使用权租赁合同和一般的财产租赁合同。按照我国合同法的规定，租赁合同一般包括租赁物的名称、数量、用途、租赁期限、租金及其支付期限和方式、租赁物维修等条款。租赁合同的主要条款是租赁物、租金。租赁物必须是法律允许流通的，可用于租赁使用的特定物。租期包括定期和不定期两种。不定期不是永久租赁，而是任意期限，即承租人有权在任意时间提出退租，出租人也有权在任意时间撤租，但都应给对方必要的准备时间。依《合同法》规定，租赁期限6个月以上的，应当采用书面形式；未采书面形式的，视为不定期租赁。租金由当事人约定，但须符合法律规定，公平合理。某些租赁合同有押金条款。

(邹川宁)

zulinquan

租赁权(the right of lessee) 承租人通过租赁合同取得的对租赁物占有、使用和收益的权利。租赁权有时还包括一定的处分权能，例如，在一定条件下的转租。承租人因其享有租赁权，可在其使用、占有租赁物受到妨害时享有与所有权人相同的排除妨害的权利。租赁本来是一种债的关系，没有对抗第三人的效力。但现代各国民法为保护承租人，大都赋予租赁权一定物权效力，即承认租赁权有对抗第三人的效力。根据这种效力，承租人取得租赁权后，出租人将租赁物的所有权让与第三人，原租赁合同对新所有人继续有效。这种规定在理论称为"买卖不破租赁"，是"债权物权化"的表现，起初为《德国民法典》所采用，后逐渐为各国所接受。我国《合同法》第229条也规定："租赁物在租赁期间发生所有权变动的，不影响租赁合同的效力。"这种租赁权的物权化，已成为近现代租赁法中的一种新趋势。

(邹川宁)

zulinwu

租赁物(leased property) 租赁合同法律关系的标的物,出租人应交付承租人使用、收益的财产,是租赁合同成立的必备要素之一。租赁合同的标的物既可以是生产资料,也可以是生活资料,既可以是动产,也可以是不动产。但租赁关系的标的物必须是特定物和不可消耗物(可消耗物的租赁只能用于非消费性的目的使用)。同时,租赁物还必须是法律所允许的、可能用于租赁使用的流通物。如果以法律禁止流通物或限制流通物作为租赁关系标的物的,则要承担相应的法律责任。租赁物上的一切负担,例如税收,除当事人另有约定外,应由出租人负担。租赁合同的标的物因各国或地区对租赁合同的定义与认识的不同而不同。在罗马法与法国法上,劳务可为租赁之标的;在德国法与瑞士法上,权利与营业也可以为租赁之标的的;而在日本与我国台湾地区民法上,租赁标的仅限于物;我国《合同法》规定的租赁物包括物及权利。 (邹川宁 张平华)

zulinwu zhuanrang de fengxian

租赁物转让的风险(risk allocation when leased property is transferred) 承租人将租赁物转让给第三人使用收益即转租时租赁物毁损、灭失的责任承担。依我国《合同法》规定,承租人经出租人同意,可以将租赁物转租给第三人,承租人与租赁人之间的租赁合同继续有效,第三人对租赁物造成损失的,承租人应当赔偿损失。也就是说,合法转租的,不论承租人有无过错,只要第三人对租赁物造成损失,承租人就应负赔偿责任,出租人也只能要求承租人赔偿。承租人未经出租人同意转租的,出租人有权解除合同,第三人对租赁物造成损失的,出租人既可要求承租人赔偿,也可以基于所有权直接要求第三人赔偿。 (郭明瑞)

zuqi

租妻(zu qi) 又称雇妻,与约定期限赎回的典妻不同,它是"计日受值,期满听归"的一种民间陋俗,也是临时得妻的一种婚姻方式。汉代以前,只有嫁卖妻子一法,南北朝以后,才有质、卖、雇之分。"雇者佣赁于人而受值也;卖则人财交易,一去不复返矣。宋时民间质卖及雇妻子者,益复普遍。"(陈鹏:《中国婚姻史稿》第 539~540 页,中华书局 1990 年版)明、清以后,凡民间贫不能娶妻,或有妻无子者,往往雇妻妾以求子。而家贫而无以生计者,则典雇甚至嫁卖其妻。在封建社会直至中华人民共和国建立以前,租妻通常有两种人:一种人是娶妻多年仍无子息,想娶妾又忌大妻,或因资财不敷无力买妾,就租个年轻力壮的妇女(多已有生育),直到生了儿子才将其遣回。另一种人是在原籍家乡有妻有子的商人,在外经商期间,因不耐孤单寂寞,就出钱租个年轻的女子同居,成为临时夫妻。而出租妻子的一般是因天灾人祸无力养家糊口的穷人,指望三两年内靠租金渡过难关。被租出生子传代的妻子在租期内是绝对不准回家的,如果生了男孩,就让该妇女喂奶直到周岁,便解除租约,遣回丈夫家中,从此不许她再来看望亲生儿子。租期内没有生育的,征得各方同意,也可以续租。 (张贤钰)

zue baoxian

足额保险(full insurance) 又称全额保险,保险合同中约定的保险金额等于保险价值的一种保险,即投保人按照投保财产的价值足额投保。在足额保险中,由于投保人是按照保险财产的实际价值投保的,所以,如果保险财产的实际价值发生变化,保险金额也应当随之增加或减少。在发生保险事故时,如果保险财产全部损失,则保险人应当按照保险金额全部赔偿;如果保险财产一部分受损,则保险人按照实际损失赔偿保险金。 (史卫进)

zusun jian de fuyang yiwu

祖孙间的抚养义务(the obligation for grandparents and grandchildren to support each other) 祖父母与孙子女、外祖父母与外孙子女间经济上供养、生活上扶助的义务。我国《婚姻法》第 28 条规定:"有负担能力的祖父母、外祖父母,对于父母已经死亡或父母无力抚养的未成年的孙子女、外孙子女,有抚养的义务。"可见,祖父母、外祖父母在下列条件下有抚养孙子、外孙子女的义务:(1)祖父母、外祖父母有负担能力。(2)孙子女和外孙子女的父母已经死亡或父母无力抚养。(3)孙子女和外孙子女未成年。我国《婚姻法》还规定:"有负担能力的孙子女、外孙子女,对于子女已经死亡或子女无力赡养的祖父母、外祖父母,有赡养的义务。"这种赡养义务,也是在一定条件下发生的:(1)孙子女和外孙子女有负担能力。(2)祖父母、外祖父母的子女已经死亡或子女无力赡养。 (马忆南)

zuanjing pingtai yiqiexian

钻井平台一切险(offshore drilling platform all risks insurance) 以钻井平台装置及其附属设施为保险标的的财产损失保险。该保险的保险标的包括平台本身、人行道、登陆斜梯(但不包括系缆桩)以及保险明细表内所列的属于被保险人所有、照料、看管、控制的置放于该平台的所有财产。依照该保险,保险人负责赔偿被保险财产的一切直接物质损失。

除外责任 因为钻井平台一切险承包钻井平台的

所有风险,故保险人有必要限定其承担保险责任的范围,对除外责任事项予以明确约定。一般而言,保险人对于被保险财产因为被保险人、财产所有人或管理人的重大过失造成的损失,不承担赔偿责任;特别是,保险人对于因为下列原因所引起的损失,也不承担责任:(1) 命名的暴风和/或飓风引起的损失、损坏或费用;(2) 地震或火山爆发或由此而引起的火灾、爆炸、海啸所造成的损失、损坏或产生的费用;(3) 为控制关系到其他平台或设备单位的喷火、塌陷而打救护井所造成的损失和费用,除非立即通知承保人这类用途并加付保费;(4) 不论是施救费用或其他索赔,由于发生井喷而为控制井喷塌陷或为熄灭井喷造成的火灾所产生的费用、耗用或牺牲的财产;(5) 由于延迟或丧失使用所造成的损失和费用;(6) 损耗、变质、金属疲劳、机器损坏,由于气温引起的膨胀或收缩、腐蚀、生锈、电解,错误设计,以及因为内在缺陷而引起的损失或产生的修理或置换费用;(7) 由于电路损失或干扰而造成的发动机、振荡器、电灯、马达开关和其他电器设备的损失;(8) 对第三者责任;(9) 有关搬移财产、清理场地或障碍物的索赔,而不论是否法律、法令或规章等所要求;(10) 钻井机或服务钻机包括钻杆和钻铤以及构成钻井机或服务钻机的所有其他部件;(11) 正在钻探或不在钻探的井或井眼;(12) 实际使用的钻探泥浆、水泥、化学物质及燃料、井中套管、管道;(13) 未经提炼的油、气或其他原产品;(14) 设计图案、计划、规格表或记录、被雇佣人员或其他人的个人物品。　　(邹海林)

zuichang susong shixiao

最长诉讼时效(longest-term prescription) 诉讼时效期间为 20 年的诉讼时效。《民法通则》第 137 条规定:"从权利被侵害之日起超过二十年的,人民法院不予保护。"最长诉讼时效与其他诉讼时效的区别在于:第一,最长诉讼时效的期间是从权利被侵害时开始计算的,而其他诉讼时效的期间是从权利人知道或者应当知道权利被侵害时开始计算的;第二,最长诉讼时效不适用诉讼时效的中断、中止等规定,而其他诉讼时效适用有关时效中断、中止的规定;第三,最长诉讼时效的目的主要在于稳定社会经济秩序,而其他诉讼时效的目的更强调保护权利人的权利。因此,另一种观点认为,20 年的期间不为诉讼时效,而为除斥期间。
　　(李仁玉　陈敦)

zuichu zhuisuo jine

最初追索金额(initial recoverable amount) 最初追索权人向被追索人所请求偿付的金额。由于最初追索可能是在票据到期之前也可能是在票据到期之后发生,所以,最初追索金额分为两种情况进行计算:(1) 在票据到期之前发生的最初追索的追索金额,包括扣除了自清偿日至到期日的法定利息的票据金额和行使追索权支出的合理费用,如作成拒绝证明的费用、通知的费用等。(2) 在票据到期后发生的最初追索的追索金额,包括三个组成部分,一是汇票上记载的票据金额,二是从到期日起至清偿日止的汇票金额的法定利息,三是行使追索权所支出的合理费用。　　(孔志明)

zuichu zhuisuoquan

最初追索权(initial right of recourse on bills of exchange) 提示承兑或提示付款遭拒绝的持票人行使的追索权。根据追索权行使的主体不同,票据追索权可以分为最初追索权和再追索权。在汇票不获付款或者不获承兑,或者具有其他法定原因无从请求付款或承兑时,持票人是最初追索权的追索权人,持票人可以对背书人、出票人以及汇票的其他债务人行使追索权。持票人行使最初追索权应当作成拒绝证书或取得有关证明文件,并应将拒绝事由通知其前手,最初追索权的追索金额包括汇票上记载的金额、汇票金额自到期日或者提示付款日起至清偿日止,按照中国人民银行规定的利率计算的利息和取得有关拒绝证明和发出通知书的费用。我国《票据法》规定的最初追索权的消灭时效为汇票自被拒绝承兑或被拒绝付款之日起 6 个月。
　　(孔志明)

zuida chengxin qiyue

最大诚信契约(contract of the utmost good faith) 英美法上指一方当事人有责任向另一方当事人透露重要的事实(material facts)的义务的契约,又称最大善意契约、完全坦白契约、诚实信用契约等,典型的如保险合同。在最大诚信契约中,当事人之所以负有诚实陈述的义务,是因为其在事实了解上处于特别优越的地位,为平衡合同双方的地位,故赋予其此项义务。在最大诚信契约中,义务人违背诚实陈述义务而构成虚伪陈述的,将影响合同的效力。　　(刘经靖)

zuida chengxin yuanze

最大诚信原则(the utmost good faith) 是指保险合同当事人订立合同及在合同有效期内,应向对方提供影响对方作出订约与履约决定的全部实质性重要事实;同时绝对信守合同订立的约定与承诺。否则,受到损害的一方,可以此为由宣布合同无效或不履行合同的约定义务或责任,甚至对因此而受到的损害要求对方予以赔偿。
　　(李世奇)

zuida nuli
最大努力(best efforts) 英美法上指当事人在订立契约时,对有些无法在订约时详细订定的事情,仅在契约中规定一方在履行契约条款时必须尽最大的努力来履行(use best efforts)或者合理的努力来履行(reasonable efforts)。对于具有一定弹性的最大努力条款的履行,在发生纠纷时,对于债务人是否尽到了最大努力的义务,法院一般采客观标准或引用诚实信用原则进行判断。
(刘经靖)

zuida xiandu de zeren
最大限度的责任(limitation of liability) 又称最高责任限额、赔偿责任限制。指法律对某些责任人规定可以承担的最大损害赔偿责任范围的责任。最大限度的责任是对损害赔偿中的全面赔偿原则的修正,主要适用于两类情形:(1)在侵权法中适用无过失责任(严格责任)、公平责任的场合。现代各国立法,一方面有无过错责任的规定,同时,另一方面又对某些责任规定了最大限度。在德国法中,几乎所有规定无过失责任的法规都确立了对补救数额的最高限制。这种限制特别适用于铁路和公路企业、从事电气运输和作业的企业、机动车驾驶员、飞机驾驶员,以及原子能设施的所有人的责任等。《葡萄牙民法典》第508、519条对汽车驾驶员的责任和从事电气运输和作业的企业的无过失责任,规定了赔偿范围的最高限制。法律作出此种限制的目的,在于适当限制无过失责任承担者的责任范围。正如德国立法者所指出的,"无过失责任只有在经济上加以限制时才能为人们所承受"。(2)在具有高度风险行业如海上运输业,因发生海上事故或依提单运输而出现需要承担损害赔偿责任的场合。前者称为海事赔偿责任限制,后者称为单位责任限制。我国《海商法》建立了完善的海事责任限制与单位责任限制制度。就海事赔偿责任限制而言具有下列法律特征:(1)享有海事赔偿责任限制特权的法律主体包括船舶所有人、经营人、承租人等;(2)责任人主观上不具有故意或明知可能造成损失而轻率的作为或不作为的心态(《海商法》第209条);(3)一次事故所引起的人身损害和财产损害的总的综合性限制(主要包括侵权之债及部分合同之债),因而海事赔偿责任限制又称为综合(责任)限制。单位责任限制指提单中规定的或者依据国际公约、国内法规定承运人对货物毁损灭失应承担的每件或每一其他货运单位的货物的赔偿不超过一定的限额。
(张平华)

zuidi xiandu de zeren
最低限度的责任(lowest liability) 法律对损害赔偿的数额规定最低赔偿标准的责任。在侵权行为法上,各国很少规定赔偿的最低限制。但有些国家对某些侵权损害的赔偿规定有最低的赔偿标准。例如,《菲律宾民法典》第2206条规定,对他人的死亡应负责任的侵权行为人,不论其是否具有减轻情节,至少必须支付3000比索的赔偿费。这种责任规定具有明显的惩罚性质。
(张平华)

zuigaoe diya
最高额抵押(德 Höchstbetragshypothek) 在预先限定的最高额度内,为担保将来一定期间内连续发生的债权而设定的抵押,又称最高限额抵押。最高额抵押权的特殊之处在于其是为将来债权担保的一种抵押权,而普通抵押权必先有债权而后始能设定抵押权,亦即抵押权的成立是以债权的存在为前提,抵押权从属于主债权。最高额抵押权的设定,不以先有债权存在为必要,且最高额抵押担保的将来债权数额并不确定,仅预定一个最高数额限度,作为担保范围的标准。最高额抵押是现代民法中逐渐发展成熟的一项重要担保制度,是为适应具有长期业务往来的民事主体之间连续性交易关系而产生的,主要适用于连续交易关系、劳务提供关系及连续借款关系的情况。最高额抵押制度的价值在于克服普通抵押权在连续交易中频繁设定抵押权而造成交易成本的浪费,追求交易便捷与交易安全的市场经济本旨。依此制度,当事人只需设定一个抵押权,便可担保基于一定法律关系并于一定期间内重复发生的债权,简便了抵押权的设定手续,节约了交易成本。按照我国《担保法》的有关规定,最高额抵押应以书面订立抵押合同设定并经登记公示而生效力。该抵押合同应包括以下内容:(1)被担保的主债权种类及最高担保数额;(2)担保的期限;(3)抵押物的名称、数量、质量、状况、所在地以及权利状况;(4)抵押担保的范围;(5)当事人认为需约定的其他事项。最高额抵押所担保的债权为将来发生的不特定债权,该债权因以下一定事实的发生而确定:(1)最高额抵押合同中约定担保的存续期间届至;(2)抵押当事人一致同意确定被担保债权(协议决算);(3)连续交易的终结;(4)被担保的债权已无再发生的可能;(5)抵押权人行使抵押权或抵押物被查封;(6)债务人或抵押人破产。以上原因的出现,即可对最高额抵押的担保范围进行定额化计算,这被称为最高额抵押权的决算。最高额抵押权决算后,最高额抵押权即转化为普通抵押权。最高抵押所担保的债权如果确定不发生,则最高抵押权消灭。
(申卫星)

zuigao'e zhiquan
最高额质权(maximum pledge) 对债权人在一定范

围内不特定连续发生的债权预定一个限额,由债务人或者第三人提供质物予以担保而设定的特殊质权。最高额质权在我国《担保法》中未作规定,但《担保法》规定了最高额抵押权,最高额质权与最高额抵押权在理论与实务上极为相似,具有同等的社会价值,立法上有加以承认和规制的必要。最高额质权仅以特定范围的原因关系所引起并不断发生的债权为担保对象。最高额质权的原因关系,可由当事人自行约定,并且须为具有连续性的民事法律行为而产生的。最高额质权所担保质权一般为将来发生的债权,它是否发生以及债权数额在设定时并不能确定。最高额质权虽与其所担保的债权不具有附随性,但仍从属于其原因关系。债权因抵消、清偿等原因消灭,最高额质权仍然为将来可能发生的不特定债权而存在,不因债权的消灭而消灭;债权的让与使得债权脱离最高额质权的担保范围,但最高额质权并不随被担保债权的让与而发生转移。最高额质权的当事人应在质押合同中明确规定所担保的最高限额。最高额质权所担保的债权仅限于预定的最高担保额。当最高额质权确定时,若债权额超过预定的最高担保额,则超过部分不属于担保范围,最高额质权实际担保债权额为预定的最高担保额;若债权额低于预定的最高担保额,则以实际存在的债权额为担保债权额。最高额质权当事人可以协议变更质押担保的债权范围,但须于被担保债权确定以前而为之。出质人与质权人变更最高限额的,应当经其他利害关系人同意。被担保的债权确定前,最高额质权可以随着引起被担保债权发生的原因关系的转移而转移,但质权人不得脱离债权发生的原因关系而单独转让最高额质权或以最高额质权设定担保。最高额质权所担保的债权一经确定,即转化为普通质权,受质押担保的主债权、利息、违约金、赔偿金受质物优先取偿的,不得超过最高额质权预定的最高额,但保管质物和实行质权的费用,应当从质物的拍卖价金中扣除,不得计入最高额内。最高额质权的当事人应当在质押合同中限定最高额质权的存续期。最高额质权因存续期届满而确定,从而转变为普通质权。若没有规定存续期,则出质人可随时通知质权人终止最高额质押合同,最高额质权的效力仅以最高额质权确定时已特定的债权的存续期间为限,并附随于该债权的存在而存在。最高额质权除适用其特殊规定外,应适用于法律对质权的一般规定。

(申卫星)

zuihou hangci

最后航次(final voyage) 定期租船合同的租期接近终了时,租船人为船舶安排的最后一个航次。定期租船合同是固定期限的租船合同,租船人仅有权在租期内使用船舶,期满还船。但是租船合同中租期届满日期和最后航次结束日期超过了租期届满日期,就发生超期还船,因而发生是否构成违约和如何支付超期租金的问题。如果租船人在租期结束前合理安排了船舶的最后航次,则不能认为是违约,超出租期的一段时间仍按照租约规定的租金计付。如果还船的延误是由于租船人对最后航次安排不合理所导致,则超期租金应当按照当时的行情计付。

(张 琳)

zuihou jihui yuanze

最后机会原则(last opportunity rule) 英国称此原则为"避让机会原则"(Clear Chance Rule)、过失中断(Faults separate),美国称之为"最后避让机会"(Last Clear Chance)。该原则是指在船舶碰撞中,有最后机会避免碰撞发生的船舶,由于其过失而未能避免时,应认定该船舶对碰撞损失负全部责任。根据该原则,如果一方确实观察到或者经过仔细的观察可以发现另一方有疏忽行为,并有充分的时间采取避碰措施却没有采取合理的行为,则应承担责任。因此,援引"最后机会原则"必须符合两个条件:(1)一方的过失为碰撞的发生形成了条件,而这种条件是可以被对方觉察到的;(2)对方必须有充裕的时间采取措施,以避免碰撞的发生。该原则在英国司法实践中影响深远,常常成为判案的依据。但是,该原则具有较大的不合理性:(1)给犯有严重疏忽的过失方提供了免责的理论根据;(2)削弱了国际避碰规则的作用,导致避碰行为的混乱;(3)用"最后机会"代替"因果关系",不符合民事赔偿责任的构成要件。因此,我国法律和司法实践均不承认这一原则。即使在英国,也逐渐放弃了该原则,认为比较公平的原则不是看谁有最后的机会避免发生碰撞,而是分清谁的过失导致碰撞的发生。可以说,最后机会原则正在成为历史。

(张永坚 张 宁)

zuihou yizhu

最后遗嘱(last will) 遗嘱人所立之数份遗嘱中的最后一份遗嘱。也即遗嘱的最后正式文本。发生法律效力的只能是遗嘱人最后所立遗嘱,前遗嘱与最后遗嘱发生抵触时,视为后遗嘱撤销前遗嘱。遗嘱乃终意之处分,最后遗嘱在效力上优于遗嘱人以前所立遗嘱,乃是遗嘱的应有之义。就情理而言,越是在后的意思表示,越是符合遗嘱人的真实愿望。各国法律均规定,遗嘱人可以订立新遗嘱的方式撤回原来所订遗嘱。意大利民法规定,在后订立的遗嘱可以明示撤销在先的遗嘱。如未明示撤销,则在先订立的遗嘱与后订立的遗嘱互相矛盾时,对于互相矛盾的遗嘱处分产生撤销的效力。在后订立的遗嘱在被指定的继承人或受遗赠人先于遗嘱人死亡、无受遗嘱能力、无继承资格或者放弃继承(遗赠)而丧失效力的情况下,恢复被后订立的遗嘱撤销的遗嘱的效力。美国法则要求遗嘱人必须在遗嘱上签字并声明它是在证人面前所立的最后遗嘱。证人必须签名证实这一声明。我国法律规定，遗嘱人立有数份遗嘱，如其内容互相抵触，以最后的遗嘱为准。但自书、代书、录音、口头遗嘱不得撤销、变更公证遗嘱。这是考虑到公证遗嘱的制作程序复杂，制作要求严格，具有较强的真实性。但遗嘱人可以公证遗嘱的方式撤回原公证遗嘱。《最高人民法院关于贯彻执行〈中华人民共和国继承法〉若干问题的意见》规定，遗嘱人以不同形式立有数份内容相抵触的遗嘱，其中有公证遗嘱的以最后所立公证遗嘱为准；没有公证遗嘱的，以最后所立的遗嘱为准。在解释上，如果最后所立遗嘱因法律规定事由而无效，则应使离最后遗嘱最近的次后遗嘱恢复法律效力。　　　　　　　　(刘言浩)

zuijiejin de sunhai peichang

最接近的损害赔偿(proximate damages)　又称近因损害赔偿。是指对被告行为引起的自然结果的赔偿。这种损害结果具有直接性和立即性的特点，通常是被告能够预见到和应当预见到的。在英美法中，依据损害因果性不同，有近因损害与远因损害之分。远因损害是指被告的行为由于远因的作用引起的损害，通常是被告难以预见的。对近因损害，被告通常负全部赔偿责任，而对远因损害，被告的赔偿责任往往可以减轻和免除。　　　　　　　　　　　　(张平华)

zuijinyin

最近因(proximate cause)　又称"近因"，英美法上的概念。广义上的"最近因"涉及事实因果关系及法律因果关系或责任因果关系两个领域。狭义上的最近因仅指法律因果关系或责任因果关系。通常意义上的最近因仅指狭义上的最近因。最近因指一种与损害结果具有最密切联系的原因，近因并不要求行为在时间或空间上最接近于损害后果。近因往往是损害产生的基本前提条件。最近因原则指侵权行为人往往仅须对因最近因引起的损害赔偿的原则。最近因原则适用的前提是损害事实与加害人的行为之间已经确立了事实因果关系。被告的行为与损害之间是否存在最近因是法律问题，当然是法官而不是陪审团的职能范围。法官在考虑是否存在最近因时，以"最接近的原因"、"最后一个实施违法行为的人"、"实质性因素检验"等方法都是不完备的，他们必须综合考虑逻辑、一般理念、正义、公共政策及先例等，法官关注的与其说是事实本身，还不如说是法律的规定、民事立法和司法政策，以及社会福利和公平正义等价值方面要素。因而认定最近因的实质为对侵权行为与损害结果之间的因果关系所做出的价值评判，是将客观因果关系与法律责任相衔接的重要环节。为判断何为法律上的最近因，英美学者提出了相当说、危险说（或可预见说）、直接结果说等理论。可预见说为通说，这可以从判断最近因需要考虑的因素中得到验证。除了事实上的因果关系外，后果的可预见性[参见合理预见规则条]及介入原因[参见介入原因条]是确定最近因的最重要的两个要素。通说认为，行为人只对可预见的后果负责，而介入原因能否替代被告的行为也取决于行为人对介入原因的预见性以及损害后果的预见性的综合考虑。可见，可预见规则在最近因的确定中有重要作用。或许正是因为如此，美国法学家迈克尔·贝勒斯认为在侵权法中可以用"可预见规则"代替"最近因规则"，其理由在于：(1)将责任限于可预见的损害之上成为损害赔偿法的基本原则。法院要求在成就责任前，被告的行为必须成为原告损害的近因，否则损害便"过于遥远"。因损害不可预见，被告则不必承担责任。(2)尽管可预见性这一概念不易适用，但比区分两种类型的原因——近因和原因更加清楚，通过使用可预见性可将问题集中于与证成责任明显有关的因素上。(3)如何承担责任往往并非基于因果关系的考虑而是"由谁承担责任最佳"等政策上的考虑。　　　　　　　　　　(张平华)

zuizhong zhengju

最终证据(conclusive evidence)　初步证据的对称，又称最后证据。指丧失了提出反举证权利的证据。按照《海牙规则》的规定，提单正面记载的由托运人提供的货物主要标志、件数或数量或重量以及表面状况，仅仅是承运人收到货物的表面证据。这样往往使提单持有人的利益得不到保障。《汉堡规则》规定：承运人在签发"已装船提单"的情况下，可以在提单内记入一项保留，详细说明提单所载关于货物一般性质、主要标志、包数或件数、重量或数量的不正确性、怀疑理由或适当核对方法的缺乏。除此之外，则提单为承运人接受提单所描述货物的表面证据；但如果提单已转让给真诚信赖提单中对货物的描述的第三方，包括收货人在内，承运人提出与此相反的证据不得接受。此时提单上所记载的事项对承运人来说已经构成最终证据，承运人已经丧失了提出反举证的权利。我国《海商法》也有类似规定。　　　　　　　　　　　　(张　琳)

zunqinshu

尊亲属(ascendants)　卑亲属的对称，古代礼法对辈份高于自己的亲属统称，即当代的长辈亲。尊卑是辈分不同的亲属，而长幼则是同辈亲属中年龄上的差异。自同辈以上，父亲、伯叔父、堂伯叔父等均属于父辈尊亲属；祖父、伯叔祖父、族伯叔祖父等均属于祖父辈尊亲属，余类推。《礼记·大传》说："亲亲也，尊尊也，长长也,男女有别,此其不可得与民变革者也。"按此要求,尊卑之分,长幼之序,被认为是天经地义、万古不变的准则。因此,在亲属关系中,以辈分、年龄、亲等、性别为基础所形成的尊卑、长幼、亲疏的区别,决定了人们之间的法律地位是不同的,在权利义务上的差别极大。例如封建法律关于亲属间相互侵犯的规定,完全以服制上的尊卑、长幼、亲疏次序作为处理的依据,直系尊亲属(父母、祖父母)最亲,依次为期亲、大功、小功和缌麻,尊长殴卑幼,非至折伤以上是不论罪的,折伤以上的罪按亲疏关系递减。

(张贤钰)

zuocheng jujue zhengshu

作成拒绝证书(protest) 票据持票人提示承兑或付款遭到拒绝时,为行使和保全追索权而取得有关证明文件的行为。作成拒绝证书是保全追索权的方法,是行使追索权的形式要件,同时又是行使追索权的首要步骤。持票人提示票据遭拒绝后,在行使追索权前,应对被拒绝事实负有举证责任,作成拒绝证书即为履行举证责任的法定证明方法。《日内瓦统一票据法》和我国台湾地区票据法都规定,作成拒绝证书是行使和保全追索权的必须手续之一。但英美票据法规定,作成拒绝证书,仅是国外票据行使和保全追索权的要件,对于大多数国内票据则不是必须作成拒绝证书。我国《票据法》第62条规定,持票人行使追索权时,应当提供被拒绝承兑或者被拒绝付款的有关证明。持票人虽有作成拒绝证书的义务,但其并不是拒绝证书的制作人,拒绝证书的制作人,各国票据法一般都要求为法定机关或法定制作人员。我国台湾地区票据法规定的拒绝证书的制作人为拒绝地的法院公证处、商会或银行公会;英国规定为公证人,如无法获得公证人服务的,可由当地的任何户主或有资产的居民,连同两个以上见证人,出具证书。

(孔志明)